JUS PUBLICUM
Beiträge zum Öffentlichen Recht

Band 199

Martin Will

Selbstverwaltung der Wirtschaft

Recht und Geschichte
der Selbstverwaltung in den Industrie- und
Handelskammern, Handwerksinnungen,
Kreishandwerkerschaften, Handwerkskammern
und Landwirtschaftskammern

Mohr Siebeck

Martin Will; Studium der Rechtswissenschaften, der Geschichtswissenschaften und der Sinologie; 1997 LL.M. (Cambridge); 1999 Promotion zum Dr. iur.; 2007 Habilitation; 2008 Promotion zum Dr. phil.; 2010 Professur für Öffentliches Recht an der Universität zu Köln.

Gedruckt mit Unterstützung des Förderungs- und Beihilfefonds Wissenschaft der VG Wort.

ISBN 978-3-16-150705-2
ISSN 0941-0503 (Jus Publicum)

Die Deutsche Nationalbibliothek verzeichnet diese Publikation in der Deutschen Nationalbibliographie; detaillierte bibliographische Daten sind im Internet über *http://dnb.d-nb.de* abrufbar.

© 2010 Mohr Siebeck Tübingen.

Das Werk einschließlich aller seiner Teile ist urheberrechtlich geschützt. Jede Verwertung außerhalb der engen Grenzen des Urheberrechtsgesetzes ist ohne Zustimmung des Verlags unzulässig und strafbar. Das gilt insbesondere für Vervielfältigungen, Übersetzungen, Mikroverfilmungen und die Einspeicherung und Verarbeitung in elektronischen Systemen.

Das Buch wurde von Gulde-Druck in Tübingen aus der Garamond gesetzt, auf alterungsbeständiges Werkdruckpapier gedruckt und von der Buchbinderei Spinner in Ottersweier gebunden.

Für Nicole

Vorwort

Dieses Buch beruht auf meiner im Sommer 2007 von der rechtswissenschaftlichen Fakultät der Philipps-Universität Marburg angenommenen Habilitationsschrift. Die der Vertretung verschiedener Lehrstühle, dem Aufbau der Kölner Professur und der Fertigstellung meiner geschichtswissenschaftlichen Dissertation geschuldete Verzögerung der Drucklegung wurde nicht nur für eine Aktualisierung, sondern auch für eine Straffung und Restrukturierung verschiedener Abschnitte genutzt. In Anpassung an heutige wissenschaftliche Lesegewohnheiten wurde dabei versucht, die Eigenständigkeit der verschiedenen Kapitel zu erhöhen, um deren Verständlichkeit auch bei isoliertem Interesse an einzelnen Themenkomplexen zu verbessern.

Großen Dank schulde ich Herrn Prof. Dr. Steffen Detterbeck, der mich nicht nur auf die Lücke im Schrifttum aufmerksam gemacht, sondern auch stets regen Anteil an der Entstehung der Schrift genommen hat. Die Zeit an seinem Lehrstuhl werde ich nicht nur wegen seiner steten Gesprächsbereitschaft – selbst bei starker eigener Arbeitsbelastung – und wegen idealer Arbeitsbedingungen, sondern auch aufgrund der proaktiven Verwirklichung des mens sana in corpore sano-Gedankens im legendären Marburger Dozentenfußball sowie in zahlreichen Badmintonmatches in bester Erinnerung behalten. Danken möchte ich auch Herrn Prof. Dr. Dr. h.c. mult. Gilbert Gornig für die bereitwillige Erstellung des Zweitgutachtens trotz Dekanspflichten sowie der Handwerkskammer Kassel für die Auszeichnung der Habilitationsschrift mit ihrem Sonderwissenschaftspreis.

Mein Dank gilt schließlich allen, die zur Entstehung dieses Buchs beigetragen haben: Die Drucklegung in dieser Form wurde durch ein großzügiges Stipendium des Wissenschaftsfonds der VG Wort ermöglicht. Herr Dr. Franz-Peter Gillig und Herr Matthias Spitzner vom Verlag Mohr Siebeck haben die Veröffentlichung in steter Freundlichkeit umsichtig begleitet. Der wichtigen Aufgabe des Korrekturlesens der Buchfassung haben sich mit unermüdlicher Energie und großer Sorgfalt meine Kölner Mitarbeiterinnen und Mitarbeiter Frau ref.iur. Hannah Severin, Herr Wirtschaftsjurist Sascha Marcus Uecker, Frau stud.iur. Judith Kedzierski und Herr cand.iur. Gregory Skavron unterzogen.

Widmen möchte ich dieses Buch meiner lieben Frau Nicole.

Köln, im August 2010   M.W.

Inhaltsübersicht

Abkürzungsverzeichnis XXXIX

Einleitung

1. Kapitel: Die Selbstverwaltung der Wirtschaft als juristischer Forschungsgegenstand. 1

1. Teil: Der Begriff der Selbstverwaltung der Wirtschaft

2. Kapitel: Begriff und Kategorien der Selbstverwaltung 12

3. Kapitel: Begriff und Erscheinungsformen der Selbstverwaltung der Wirtschaft. 137

2. Teil: Das Recht der Selbstverwaltung in den einzelnen Selbstverwaltungskörperschaften der Wirtschaft

4. Kapitel: Historische Entwicklung des Rechts der Industrie- und Handelskammern. 239

5. Kapitel: Das Recht der Industrie- und Handelskammern 394

6. Kapitel: Historische Entwicklung des Rechts der Selbstverwaltung des Handwerks 522

7. Kapitel: Das Recht der Selbstverwaltungskörperschaften des Handwerks . . . 643

8. Kapitel: Das Recht der Landwirtschaftskammern. 778

Zusammenfassung der Ergebnisse und Ausblick

9. Kapitel: Das Recht der Selbstverwaltung der Wirtschaft 891

Quellenverzeichnis. 913
Literaturverzeichnis 917
Sachverzeichnis. 965

Inhaltsverzeichnis

Abkürzungsverzeichnis XXXIX

Einleitung

1. Kapitel: Die Selbstverwaltung der Wirtschaft als juristischer
Forschungsgegenstand 1
  I. Der umstrittene Begriff der Selbstverwaltung der Wirtschaft 1
  II. Selbstverwaltung der Wirtschaft oder Kammerrecht? 4
  III. Selbstverwaltung der Wirtschaft als Gegenstand der Forschung . . . 5
    1. Monographien zur „Selbstverwaltung der Wirtschaft" bzw.
       „Wirtschaftlichen Selbstverwaltung" 5
       a) Friedrich Glums „Selbstverwaltung der Wirtschaft" von 1925 6
       b) Kurt Münchs „Wirtschaftliche Selbstverwaltung" von 1936 7
       c) Ernst Rudolf Hubers „Selbstverwaltung der Wirtschaft" von 1958 . . 7
    2. Literatur zum Thema Selbstverwaltung der Wirtschaft 8
  IV. Gegenstand und Ziel der Untersuchung 9

1. Teil
Der Begriff der Selbstverwaltung der Wirtschaft

2. Kapitel: Begriff und Kategorien der Selbstverwaltung 12
  I. Eckpunkte des umstrittenen Begriffs der Selbstverwaltung 12
    1. Juristische Person des öffentlichen Rechts als Rechtsform der
       Selbstverwaltungsträger 14
       a) Beispiele für weit gefasste Selbstverwaltungskonzeptionen und Kritik
          an ihnen 16
          aa) Der funktional geprägte weite Begriff der Selbstverwaltung
              am Beispiel von Ernst Rudolf Hubers Selbstverwaltungsbegriff . 16
          bb) Sozialverwaltungsrechtliche bzw. sozialstaatliche
              Selbstverwaltungskonzeptionen 17
              aaa) Wilhelm Henkes Plädoyer für einen Paradigmenwechsel der

Selbstverwaltung aus sozialverwaltungsrechtlicher
Perspektive 17
      bbb) Ulrich K. Preuß' Begriff sozialstaatlicher
           Selbstverwaltung................................. 20
   cc) Gunnar Folke Schupperts Begriff einer „mittelbaren
       Selbstverwaltung".................................... 21
 b) Zusammenfassende Bewertung........................... 24
 c) Konsequenzen für den Begriff der Selbstverwaltung: Ausschluss
    privatrechtlich organisierter Dachverbände................. 25
2. Eigenverantwortliche Verwaltung eigener Angelegenheiten........ 27
 a) Eigener Wirkungskreis................................... 27
 b) Eigenverantwortliche Verwaltung, Beschränkung auf Rechtsaufsicht. 28
3. Partizipation der Betroffenen............................... 29
 a) Einleitung: Formalisierung und Rematerialisierung des
    Selbstverwaltungsbegriffs................................ 29
 b) Partizipation als zentrales Element in Selbstverwaltungs-
    konzeptionen des 19. Jahrhunderts........................ 30
    aa) Freiherr vom Stein und die preußische Städteordnung von 1808. 30
    bb) Lorenz von Stein................................... 36
    cc) Rudolf von Gneist................................... 40
    dd) Otto von Gierke.................................... 45
    ee) Fazit: Die Schlüsselfunktion der Partizipation in den
        vorpositivistischen Selbstverwaltungslehren............. 48
 c) Die reduzierte Bedeutung der Partizipation in den positivistischen
    Selbstverwaltungskonzeptionen des 19. Jahrhunderts seit Laband ... 49
    aa) Die Auseinandersetzung der Positivisten mit dem Begriff der
        Selbstverwaltung.................................. 49
    bb) Paul Laband...................................... 51
    cc) Heinrich Rosin.................................... 54
    dd) Oscar Gluth...................................... 58
    ee) Ernst Neukamp................................... 63
    ff) Hermann Blodig................................... 64
    gg) Fazit: Korporative Selbstverwaltungslehren und partizipatives
        Element... 67
 d) Die Auseinandersetzung mit dem korporativen Selbstverwaltungs-
    begriff bis 1918.. 68
    aa) Hugo Preuß....................................... 68
    bb) Georg Jellinek..................................... 72
    cc) Julius Hatschek.................................... 75
    dd) Gerhard Anschütz und Georg Meyer................... 77
    ee) Fazit: Die Perpetuierung des Meinungsstreits bis zum Ende des
        Kaiserreichs...................................... 78
 e) Die Diskussion um den Selbstverwaltungsbegriff in der Weimarer
    Republik: Partizipation und Demokratisierung............... 79

aa) Selbstverwaltung in der Weimarer Republik:
vom Kampfbegriff zur Desillusionierung 79
bb) Bill Drews' Vorschlag eines Selbstverwaltungsstaates 84
cc) Die Tradierung der auf Rosin und Laband basierenden
positivistischen Lehre. 86
dd) Die wissenschaftliche Diskussion um Begriff und Konzept der
Selbstverwaltung 88
    aaa) Rudolf Herrmann-Herrnritt 88
    bbb) Fritz Fleiner. 89
    ccc) Hans Kelsen. 91
    ddd) Hans Peters 95
    eee) Fazit: Von der tätigen Partizipation zur demokratisch
vermittelten Partizipation 97
f) Die Aufhebung des partizipativen Elements der Selbstverwaltung
im Nationalsozialismus 99
  aa) Die Denaturierung der Selbstverwaltung und die Demontage
ihrer partizipativen Elemente im NS-Staat. 99
  bb) Die Aufgabe des partizipativen Elements durch die Wissenschaft
am Beispiel Fritz Voigts 105
g) Die Diskussion um den Selbstverwaltungsbegriff und sein
partizipatives Element in der Bundesrepublik Deutschland 109
  aa) Wiederherstellung und verfassungsrechtliche Verankerung der
Selbstverwaltung nach dem Zweiten Weltkrieg 109
  bb) Die wissenschaftliche Diskussion um die Selbstverwaltung und
deren partizipative Elemente. 113
    aaa) Die Wiederbelebung des formalen Selbstverwaltungs-
begriffs 114
      (1) Hans Peters 114
      (2) Ernst Forsthoff 114
      (3) Hans Julius Wolff 116
    bbb) Materiale Selbstverwaltungskonzeptionen 118
      (1) Rudolf Elleringmann 118
      (2) Ulrich Scheuner 119
      (3) Erich Becker 120
      (4) Jürgen Salzwedel 122
      (5) Ulrich K. Preuß 124
      (6) Eberhard Ramin 125
      (7) Reinhard Hendler 126
      (8) Winfried Kluth 127
h) Plädoyer für die Reintegration des partizipativen Elements in den
Rechtsbegriff der Selbstverwaltung 128
  aa) Die positivistische Wende des Selbstverwaltungsbegriffs und
deren Nachwirkungen 128
  bb) Repräsentative Betroffenenpartizipation als konstitutives
Element des Rechtsbegriffs der Selbstverwaltung 132

cc) Exkurs zum möglichen Verlust des genossenschaftlichen
Charakters der Selbstverwaltung 133
4. Definition des Rechtsbegriffs der Selbstverwaltung 134
II. Kategorien der Selbstverwaltung 134

3. Kapitel: Begriff und Erscheinungsformen der Selbstverwaltung
der Wirtschaft 137
I. Selbstverwaltung der Wirtschaft oder wirtschaftliche Selbstverwaltung? 137
II. Die historische Entwicklung des Begriffs der Selbstverwaltung der
Wirtschaft bzw. der wirtschaftlichen Selbstverwaltung 139
1. Anfänge der Begriffsbildung im 19. Jahrhundert 139
a) Rudolf von Gneists Begriff der wirtschaftlichen Selbstverwaltung. . . 139
b) Innungen, Handelskammern etc. als Selbstverwaltungskörper
oder wirtschaftliche Interessenvertretungen 140
2. Die Etablierung des Begriffs der Selbstverwaltung der Wirtschaft in der
Weimarer Republik 143
a) Organisationsformen der Kriegswirtschaft als Anknüpfungspunkte
für die wissenschaftliche Begriffsbildung 143
b) Die „neuen wirtschaftlichen Selbstverwaltungskörper" als Schlüssel
zur gemeinwohlorientierten Wirtschaftslenkung. 145
c) Der Paradigmenwechsel von den „neuen wirtschaftlichen Selbstverwaltungskörpern" hin zu Handelskammern usw. als Trägern der
Selbstverwaltung der Wirtschaft 156
3. Bruch der Begriffsentwicklung im Nationalsozialismus 162
4. Begriffsentwicklung in der Bundesrepublik Deutschland. 167
a) Die Rückführung des Begriffs der Selbstverwaltung der Wirtschaft
auf den allgemeinen Selbstverwaltungsbegriff 167
aa) Hans Peters 168
bb) Ulrich Scheuner. 169
cc) Ernst Rudolf Hubers weiter Begriff der Selbstverwaltung der
Wirtschaft 169
dd) Wilhelm Reuß' erweiterter Begriff der Selbstverwaltung der
Wirtschaft 172
ee) Werner Weber und seine Kritik an Huber 173
ff) Peter J. Tettinger 174
gg) Reinhard Hendler. 175
hh) Winfried Kluth 176
b) Fazit zur Begriffsentwicklung nach 1945 176
III. Der Begriff der Selbstverwaltung der Wirtschaft 177
1. Das Substantiv Selbstverwaltung. 177
2. Das Genetiv-Attribut „der Wirtschaft" 178

      a) Bezugspunkte des Attributs, zugleich Definition der
          Selbstverwaltung der Wirtschaft 178
      b) Zum Begriff der Wirtschaft 178
          aa) Der weite sozialökonomische Begriff der Wirtschaft 178
          bb) Der engere pragmatische Begriff der Wirtschaft 181

IV. Erscheinungsformen der Selbstverwaltung der Wirtschaft sowie Abgrenzung zu verwandten Organisationsformen 182
   1. Industrie- und Handelskammern 182
      a) Zuordnung der Kammerzugehörigen zur Wirtschaft 182
      b) Zuordnung des Gegenstands der Selbstverwaltung zur Wirtschaft ... 186
   2. Körperschaften des Handwerks 187
      a) Handwerkskammern 187
          aa) Zuordnung der Handwerkskammerzugehörigen zur Wirtschaft   187
          bb) Zuordnung des Gegenstands der Selbstverwaltung
              zur Wirtschaft 188
      b) Handwerksinnungen 189
          aa) Zuordnung der Handwerksinnungszugehörigen zur Wirtschaft . 189
          bb) Zuordnung des Gegenstands der Selbstverwaltung
              zur Wirtschaft 190
      c) Kreishandwerkerschaften 191
          aa) Zuordnung der Mitglieder der Kreishandwerkerschaft
              zur Wirtschaft 191
          bb) Zuordnung des Gegenstands der Selbstverwaltung
              zur Wirtschaft 191
   3. Landwirtschaftskammern 192
      a) Bremen 193
          aa) Zuordnung der Landwirtschaftskammerzugehörigen
              zur Wirtschaft 193
          bb) Zuordnung des Gegenstands der Selbstverwaltung
              zur Wirtschaft 195
      b) Hamburg 195
          aa) Zuordnung der Landwirtschaftskammerzugehörigen
              zur Wirtschaft 195
          bb) Zuordnung des Gegenstands der Selbstverwaltung
              zur Wirtschaft 197
      c) Niedersachsen 197
          aa) Zuordnung der Landwirtschaftskammerzugehörigen
              zur Wirtschaft 197
          bb) Zuordnung des Gegenstands der Selbstverwaltung
              zur Wirtschaft 199
      d) Nordrhein-Westfalen 199
          aa) Zuordnung der Landwirtschaftskammerzugehörigen
              zur Wirtschaft 199

	bb) Zuordnung des Gegenstands der Selbstverwaltung zur Wirtschaft.	201
e)	Rheinland-Pfalz	202
	aa) Zuordnung der Landwirtschaftskammerzugehörigen zur Wirtschaft.	202
	bb) Zuordnung des Gegenstands der Selbstverwaltung zur Wirtschaft.	204
f)	Saarland	205
	aa) Zuordnung der Landwirtschaftskammerzugehörigen zur Wirtschaft.	205
	bb) Zuordnung des Gegenstands der Selbstverwaltung zur Wirtschaft.	206
g)	Schleswig-Holstein.	206
	aa) Zuordnung der Landwirtschaftskammerzugehörigen zur Wirtschaft.	206
	bb) Zuordnung des Gegenstands der Selbstverwaltung zur Wirtschaft.	208
h)	Zusammenfassung der Ergebnisse zu den Landwirtschaftskammern .	208

4. Exkurs: Die (vorläufige) Hauptwirtschaftskammer Rheinland-Pfalz und die bremische Wirtschaftskammer. 209
   a) Wirtschaftskammern oder Wirtschaftsräte? 209
   b) Die (vorläufige) Hauptwirtschaftskammer Rheinland-Pfalz 210
      aa) Die Hauptwirtschaftskammer in der Verfassung für Rheinland-Pfalz von 1947. 210
      bb) Einrichtung und Rechtsgrundlagen der (vorläufigen) Hauptwirtschaftskammer 211
      cc) Problematik und Scheitern der Hauptwirtschaftskammer. 212
      dd) Aufgaben und Tätigkeit der Hauptwirtschaftskammer. 214
      ee) Fazit und Beurteilung der Hauptwirtschaftskammer Rheinland-Pfalz. 216
   c) Die Wirtschaftskammer Bremen 217
      aa) Rechtsgrundlagen und Entwicklung der Wirtschaftskammer Bremen. 217
      bb) Rechtsnatur und Organisationsstrukturen der Wirtschaftskammer. 219
      cc) Die Mitgliedschaft in der Wirtschaftskammer. 220
      dd) Die Aufgaben der Wirtschaftskammer 221
      ee) Fazit 223
5. Abgrenzung der Selbstverwaltung der Wirtschaft zu verwandten Organisationsformen 224
   a) Die Arbeitskammer des Saarlandes. 225
      aa) Die Arbeitskammer des Saarlandes als Interessenvertretung der Arbeitnehmer und Arbeitnehmerinnen des Saarlandes. 225
      bb) Die Mitgliedschaft in der Arbeitskammer 226

cc) Der Gegenstand der Selbstverwaltung in der Arbeitskammer ... 227
dd) Ergebnis 228
b) Die Arbeitnehmerkammer Bremen. 229
   aa) Die Arbeitnehmerkammer im Lande Bremen als Interessen-
       vertretung der bremischen Arbeitnehmer 229
   bb) Die Mitgliedschaft in der Arbeitnehmerkammer 230
   cc) Der Gegenstand der Selbstverwaltung in der Arbeitnehmer-
       kammer. 231
   dd) Ergebnis 232
c) Die Kammern der freien Berufe. 232
6. Ergebnis. 235

2. Teil
Das Recht der Selbstverwaltung in den einzelnen Selbstverwaltungskörperschaften der Wirtschaft

4. Kapitel: Historische Entwicklung des Rechts der Industrie- und Handelskammern 239

I. *Die historische Entwicklung des Rechts der Selbstverwaltung von Handel und Industrie.* 239
   1. Die mittelalterlichen Kaufmannsgilden als Vorläufer der IHK? 239
      a) Gilde und Zunft 239
      b) Frühmittelalterliche Gilden als Vorläufer der Kaufmannsgilden 240
      c) Die Kaufmannsgilden des 11. Jahrhunderts 242
      d) Die Entwicklung zur spezialisierten Sondergilde ab dem
         12. Jahrhundert 243
      e) Der Niedergang der Kaufmannsgilden im späten Mittelalter 245
      f) Fazit 246
   2. Handlungsvorstände und Kommerzialbehörden als Organe kaufmännischer Interessenwahrung in der Zeit bis zum frühen
      19. Jahrhundert 247
      a) Handlungsvorstände 247
      b) Kommerzialbehörden 249
         aa) Johann Joachim Becher und das Wiener Kommerzkolleg 249
         bb) Die Kommerzialbehörden des 17. und 18. Jahrhunderts 250
      c) Kommerzienkammern in Gebieten mit hugenottischen Einwanderern 252
      d) Fazit: Handlungsvorstände und Kommerzialbehörden als eigenständige Institutionen kaufmännischer Interessenwahrnehmung des
         17. und 18. Jh. 255
   3. Die Entwicklung der französischen „Chambres de Commerce" seit dem
      17. Jh. als Wurzel der deutschen Handelskammern. 256
      a) Die Wurzeln der französischen Handelskammern 256
         aa) Die „Chambre du Commerce" von Marseille 256

Inhaltsverzeichnis

   bb) Die Politik der Handelsräte seit Henry IV. 258
  b) Die Errichtung von Handelskammern als Unterbau des Handelsrats
   Anfang des 18. Jh. 259
  c) Handelskammern sowie Industrie- und Gewerbekammern nach der
   französischen Revolution 260
   aa) Auflösung und Wiedererrichtung der Handelskammern. 260
   bb) Einrichtung von Industrie- und Gewerbekammern. 263
   cc) Bedeutung und Entwicklung der französischen Handelskammern sowie Industrie- und Gewerbekammern 265
4. Entwicklung des Handelskammerrechts und Handelskammerwesens im
 19. Jh. in Preußen. 267
  a) Zur unterschiedlichen Entwicklung der Handelskammern im
   Deutschen Bund 267
  b) Handelskammern und Kaufmännische Korporationen als
   Vertretungen der Kaufleute 267
  c) Die Handelskammer von Elberfeld und Barmen als Prototyp der
   neuen Kammer mit korporativen Elementen 270
  d) Die Preußische Handelskammerverordnung vom 11. Februar 1848 . . 275
  e) Das Preußische Handelskammergesetz vom 24. Februar 1870 279
  f) Reformbestrebungen bis zur Handelskammergesetznovelle von 1897 283
   aa) Reforminitiativen des Deutschen Handelstags. 284
   bb) Der Preußische Volkswirtschaftsrat und die Gewerbekammern . 284
   cc) Die Diskussion in der Wissenschaft und der Berlepsche
    Entwurf von 1896. 286
   dd) Die Handelskammergesetznovelle 1897 289
5. Grundzüge der Entwicklung des Handelskammerrechts und -wesens in
 anderen deutschen Staaten bis zum frühen 20. Jh. 292
  a) Baden 292
   aa) Die frühen badischen Handelskammern als Vorstände
    zunftartiger Handelsinnungen 292
   bb) Anpassung an die Einführung der Gewerbefreiheit im Jahr 1862 295
   cc) Das badische Handelskammergesetz von 1878 295
  b) Bayern. 298
  c) Hessen. 306
   aa) Großherzogtum Hessen (Darmstadt). 307
    aaa) Erste Handelskammern in Mainz und Offenbach a. M. . . . 307
    bbb) Reform und Ausbau des Handelskammerwesens ab 1841 . . 308
    ccc) Das Großherzoglich Hessische Handelskammergesetz von
     1871 309
    ddd) Das Großherzoglich Hessische Handelskammergesetz von
     1902 312
   bb) Kurfürstentum Hessen (Kassel). 315
   cc) Freie Stadt Frankfurt 317
  d) Sachsen 320

aa) Handels- und Gewerbekammern auf Grundlage des Gewerbegesetzes und der Handels- und GewerbekammerVO von 1861 . . 320
bb) Folgen der Revision des Gewerbegesetzes im Jahr 1868 321
cc) Das Sächsische Handels- und Gewerbekammergesetz von 1900 . 322
e) Württemberg 323
aa) Vertretungen von Handel und Gewerbe bis 1848 323
bb) Die HandelskammerVO-1854 und die Bildung von Handels- und Gewerbekammern 325
cc) Das Württembergische Handels- und Gewerbekammergesetz von 1874 328
dd) Das Württembergische Handelskammergesetz von 1899. 330
6. Der Status quo des Handelskammerrechts in Deutschland zu Beginn des 20. Jh. 332
a) Zum Entwicklungsstand des Handelskammerrechts. 332
b) Die wissenschaftliche Erfassung des Handelskammerrechts und -wesens 334
7. Entwicklung des Handelskammerrechts bis zum Ende der Weimarer Republik 335
a) Der Gesetzentwurf des preußischen Handelsministeriums 1917/18 . . 335
b) Die Diskussionen über ein reichseinheitliches Kammerrecht 336
c) Änderungen des preußischen Handelskammergesetzes in den Jahren 1921 und 1924. 338
d) Rechtsentwicklung in den anderen Ländern 340
8. Aufhebung der Selbstverwaltung und spätere Auflösung der IHK im Nationalsozialismus 342
a) Einbeziehung der Minderkaufleute in die IHK 342
b) Einführung des Führergrundsatzes durch die IHK-VO von 1934 . . . 343
c) Integration in den nationalsozialistischen Wirtschaftsaufbau, Zusammenfassung in Wirtschaftskammern. 345
d) Die Errichtung der Gauwirtschaftskammern im Jahr 1942 349
9. Vom Ende des Zweiten Weltkriegs bis zum IHK-Bundesgesetz von 1956 . 352
a) Das Recht der IHK in der französischen Besatzungszone. 353
b) Das Recht der IHK in der amerikanischen Besatzungszone. 355
aa) Bayern 356
bb) Bremen 357
cc) Hessen 358
dd) Württemberg-Baden 360
c) Das Recht der IHK in der britischen Besatzungszone 361
d) Das Recht der IHK in (West-)Berlin. 363
e) Das Recht der IHK in der sowjetischen Besatzungszone sowie der DDR 364
aa) Wiedererrichtung der IHK und deren Auflösung im Jahr 1953 . . 364
bb) Errichtung der IHK der DDR sowie der IHK Groß-Berlin 1953/ 1954. 364

cc) Auflösung der IHK der DDR und Einrichtung der Bezirks-IHK
im Jahr 1958 367
10. Das Bundes-IHK-Gesetz vom 18. Dezember 1956 368
a) Die Entstehung des Bundes-IHKG 368
b) Grundzüge der Regelungen des Bundes-IHKG 371
c) Die Ausführungsgesetze der Länder 374
11. Entwicklung des IHK-Gesetzes und des IHK-Wesens seit 1956 376
a) Änderungen des IHK-Gesetzes 376
b) Grundsätzliche neuere Entwicklungen: Privatisierung der IHK?... 383
c) Entwicklung des Industrie- und Handelskammerwesens 384
12. Exkurs: Internationale und europäische Dimension des Kammerwesens 387
a) Auslandshandelskammern 387
b) Europäisches Kammerwesen, Eurochambres 387
c) EU-rechtliche Dimension des Kammerrechts 388
II. Zusammenfassung: Die historische Entwicklung des Rechts der IHK 389

5. Kapitel: Das Recht der Industrie- und Handelskammern 394

I. Gegenstand und Ziel des Kapitels 394
II. Das heutige Recht der IHK im Lichte des Selbstverwaltungsprinzips 394
1. Rechtsform und Rechtsfähigkeit sowie Errichtung, Auflösung und
bezirkliche Neuabgrenzung 394
a) Rechtsform und Rechtsfähigkeit der IHK................. 394
b) Die landesrechtlichen Ausführungsvorschriften über die Errichtung,
Auflösung und bezirkliche Änderung 395
c) Die Regelung der Errichtung, Auflösung und bezirklichen Änderung
von IHK 397
aa) Errichtung und Auflösung von IHK 397
bb) Bezirkliche Gliederung und Neugliederung von IHK 400
2. Die Verwirklichung der Selbstverwaltung in der mitgliedschaftlichen
Struktur der IHK 402
a) Die partizipative, genossenschaftliche Organisation als prägendes
Merkmal der Selbstverwaltung der Betroffenen in den IHK 402
b) Der Mitgliederkreis der IHK 403
aa) Gesetzessystematik 403
bb) Die Tatbestandsvoraussetzungen der Mitgliedschaft gem.
§ 2 Abs. 1 IHKG 404
aaa) Rechtsformerfordernis..................... 404
bbb) Veranlagung zur Gewerbesteuer 404
(1) Die Voraussetzung der objektiven Gewerbesteuerpflichtigkeit 404
(2) Zur Tatbestandswirkung der Veranlagung durch das
Finanzamt 407
(3) Temporale Anknüpfung 407

ccc) Unterhaltung einer Betriebsstätte im Kammerbezirk 408
    (1) Allgemeines 408
    (2) Der Begriff der Betriebsstätte 408
    (3) Räumliche Anknüpfung beim Reisegewerbe 409
    (4) Keine Tatbestandswirkung der Feststellung des Unterhaltens einer Betriebsstätte durch die Steuerbehörden 409
cc) Sonderregelung der Kammerzugehörigkeit für freie Berufe, § 2 Abs. 2 1. Var. IHKG................................ 410
   aaa) Das weitgehende Leerlaufen der Sonderregelung....... 410
   bbb) Einzelfälle...................................... 411
dd) Sonderregelung der Kammerzugehörigkeit im Bereich Land-/Forstwirtschaft, § 2 Abs. 2 2.-4. Var. IHKG 412
   aaa) Das weitgehende Leerlaufen der Sonderregelung....... 412
   bbb) Wichtige Fälle, in denen der Regelung Bedeutung zukommt 412
ee) Sonderregelung der Kammerzugehörigkeit handwerklicher und handwerksähnlicher Betriebe, § 2 Abs. 3 IHKG............ 413
   aaa) Grundregel: Mitgliedschaft in der Handwerkskammer und nicht in der IHK................................. 413
    (1) Handwerkliche und handwerksähnliche Betriebe 413
    (2) Die Sonderregelung für Kleinunternehmer (§ 90 Abs. 3, 4 HwO) 414
   bbb) Die doppelte IHK- und Handwerkskammerzugehörigkeit von Mischbetrieben 415
ff) Ausnahme für landwirtschaftliche Genossenschaften, § 2 Abs. 4 IHKG...................................... 415
gg) Ausnahme für Gemeinden und Gemeindeverbände, die Eigenbetriebe unterhalten, § 2 Abs. 5 IHKG 416
c) Die Repräsentation der Kammermitglieder in der Vollversammlung als Verwirklichung des Selbstverwaltungsprinzips 417
aa) Die Wahl der Mitglieder der Vollversammlung 418
   aaa) IHKG und Wahlordnung als Rechtsgrundlagen der Wahl zur Vollversammlung 418
   bbb) Die aktive Wahlberechtigung....................... 419
   ccc) Die passive Wahlberechtigung 420
   ddd) Die Wahl zur Vollversammlung 422
    (1) Grundlegende Regelungen 422
      (a) Die Zahl der Mitglieder der Vollversammlung 422
      (b) Die Amtsdauer der Mitglieder der Vollversammlung.... 422
    (2) Personenwahl als Regelfall 424
    (3) Wahl nach Wahlgruppen (§ 5 Abs. 3 S. 2 IHKG) und ggf. Wahlbezirken 424
      (a) Das System der Wahl nach Wahlgruppen und ggf. Wahlbezirken 424
      (b) Die Bildung der Wahlgruppen und Wahlbezirke 425
      (c) Stimmenzuteilung für die einzelnen Wahlgruppen 428
    (4) Technische Durchführung der unmittelbaren Wahl 429
      (a) Wahl und erste Aufgaben des Wahlausschusses 430

　　　　　　　　(b) Die Erstellung der Bewerberlisten 430
　　　　　　　　(c) Der Wahlvorgang 431
　　　　　　　　(d) Feststellung des Wahlergebnisses 433
　　　　　　(5) Mittelbare Wahl von Mitgliedern der Vollversammlung 433
　　　　　　　　(a) Die zwei Grundformen mittelbarer Wahlen 433
　　　　　　　　(b) Allgemeine Bedingungen für die Zulässigkeit mittelbarer
　　　　　　　　　　Wahlen 435
　　　　　　(6) Wahl und Stellung sog. Ehrenmitglieder 435
　　　bb) Beendigung der Mitgliedschaft in der Vollversammlung 436
　　　　　aaa) Ausscheiden aus der Vollversammlung 436
　　　　　bbb) Die Wiederbesetzung vorzeitig ausgeschiedener Sitze 436
　　　cc) Die Mitgliedschaft in der Vollversammlung als aktive,
　　　　　ehrenamtliche Selbstverwaltung. 437
　　　　　aaa) Umfassende Mitwirkungsrechte 438
　　　　　bbb) Kein Anspruch auf Vergütung oder Aufwands-
　　　　　　　entschädigung 438
　　　　　ccc) Kein Stimmrecht bei Interessenkollision 439
　　　　　ddd) Verschwiegenheitspflicht 439
　　　dd) Aufgaben der Vollversammlung 440
　　　　　aaa) Allzuständigkeit der Vollversammlung im Rahmen der
　　　　　　　gesetzlichen Regelungen. 440
　　　　　bbb) Wichtige Aufgaben der Vollversammlung 441
　　　　　　　(1) Beschlussfassung über die Satzung, Inhalt der Satzung 441
　　　　　　　(2) Beschlussfassung über die Wahlordnung 442
　　　　　　　(3) Beschlussfassung über die Beitragsordnung und die Sonder-
　　　　　　　　　beitragsordnung 443
　　　　　　　(4) Beschlussfassung über die Gebührenordnung 444
　　　　　　　(5) Beschlussfassung über die Feststellung des Wirtschaftsplans
　　　　　　　　　und die Beitragsmaßstäbe 444
　　　　　　　(6) Beschlussfassung über sonstiges Satzungsrecht 445
　　　　　　　　(a) Sonstiges Satzungsrecht 445
　　　　　　　　(b) Ausnahmeregelung des § 4 S. 3 IHKG (Zuständigkeit des
　　　　　　　　　　Berufsbildungsausschusses) 446
　　　　　　　(7) Beschlussfassung über die Erteilung der Entlastung 446
　　　　　　　(8) Aufgabenübertragung an andere IHK, Bildung öffentlich-
　　　　　　　　　rechtlicher Zusammenschlüsse, Beteiligung an einer
　　　　　　　　　Einrichtung i. S. v. § 1 Abs. 3b IHKG 447
　　　　　　　(9) Beschlussfassung über die Art und Weise der öffentlichen
　　　　　　　　　Bekanntmachung 447
　　　　　　　(10) Kreationsfunktion: Wahl des Präsidiums, Bestellung des
　　　　　　　　　Hauptgeschäftsführers 448
　d) Weitere Formen aktiver, ehrenamtlicher Selbstverwaltung in der IHK 448
　　　aa) Mitgliedschaft in der Vollversammlung 449
　　　bb) Tätigkeit als Präsident oder weiteres Mitglied des Präsidiums . . . 449
　　　　　aaa) Der Präsident (Präses) 449
　　　　　　　(1) Wahl des Präsidenten 449
　　　　　　　(2) Stellung des Präsidenten 450
　　　　　　　(3) Aufgaben des Präsidenten. 450
　　　　　bbb) Das Präsidium 451
　　　cc) Mitgliedschaft in einem Ausschuss der IHK. 452

Inhaltsverzeichnis XXIII

	aaa) Frei gebildete Ausschüsse	453
	bbb) Der Berufsbildungsausschuss	453
	(1) Der Berufsbildungsausschuss als Organ der IHK	453
	(2) Die Bildung des Berufsbildungsausschusses	454
	(3) Die ehrenamtliche Stellung der Mitglieder des Berufsbildungsausschusses	454
	(4) Organisation des Berufsbildungsausschusses	455
	(5) Aufgaben des Berufsbildungsausschusses	455
	ccc) Prüfungsausschüsse	457
e)	Die Beitragspflicht der Mitglieder	457
	aa) Das gesetzliche System der IHK-Beiträge	457
	bb) Beitragsordnung und Wirtschaftssatzung der IHK	458
	cc) Der Grundbeitrag	459
	dd) Die Umlage	461
	aaa) Bemessungsgrundlagen für die Umlage	461
	bbb) Berechnung der Umlage	463
	ee) Die Ermittlung der Bemessungsgrundlagen	463
	ff) Ausnahmen von der Beitragspflicht	464
	aaa) Beitragsfreistellung für Kleingewerbetreibende und Existenzgründer	464
	(1) Die Beitragsfreistellung für Kleingewerbetreibende, § 3 Abs. 3 S. 3 IHKG	464
	(2) Die Beitragsfreistellung für Existenzgründer, § 3 Abs. 3 S. 4 IHKG	465
	(3) Möglichkeit zur Herabsetzung der Freistellungsgrenzen gem. § 3 Abs. 3 S. 5 IHKG	466
	bbb) Möglichkeit der Grundbeitragsermäßigung für Komplementär- und Tochtergesellschaften gem. § 3 Abs. 3 S. 9 und 10 IHKG	468
	ccc) Der Umlagefreibetrag für natürliche Personen und Personengesellschaften gem. § 3 Abs. 3 S. 7 IHKG	468
	ddd) Die eingeschränkte Beitragspflicht handwerklicher Mischbetriebe gem. § 3 Abs. 4 S. 1 IHKG	469
	eee) Die eingeschränkte Beitragspflicht für Apotheker gem. § 3 Abs. 4 S. 2 IHKG	471
	fff) Die eingeschränkte Beitragspflicht für Freiberufler, Land- und Forstwirte sowie Binnenfischer gem. § 3 Abs. 4 S. 3 IHKG	472
	gg) Der Sonderbeitrag	473
	hh) Rechtsschutz der Kammermitglieder gegen Beiträge und Gebühren	474
3. Die Organe der IHK		475
a) Vollversammlung, Präsident, Präsidium und Ausschüsse als Organe aktiver, ehrenamtlicher Selbstverwaltung		475
b) Hauptgeschäftsführer		476

    aa) Die Doppelstellung des Hauptgeschäftsführers als Organ und
      höchster Angestellter der IHK 476
    bb) Bestellung und Anstellung des Hauptgeschäftsführers....... 476
    cc) Aufgaben des Hauptgeschäftsführers................. 477
      aaa) Vertretung der IHK 477
      bbb) Geschäftsführung der IHK.................. 478
        (1) Allgemeines........................... 478
        (2) Funktion als Vorgesetzter der Kammermitarbeiter 479
 4. Die Aufgaben der IHK 480
  a) Die Systematik der Aufgabenzuweisung im IHKG 480
  b) Aufgabenübertragung und Bildung von Zusammenschlüssen zwecks
    Aufgabenerfüllung, § 10 IHKG...................... 480
  c) Die wesentlichen Einzelaufgaben zur Verwirklichung der
    Selbstverwaltung............................... 481
    aa) Wahrnehmung des Gesamtinteresses der zugehörigen Gewerbe-
      treibenden (§ 1 Abs. 1 IHKG) 481
    bb) Förderung der gewerblichen Wirtschaft (§ 1 Abs. 1 IHKG) 483
    cc) Erstattung von Gutachten (§ 1 Abs. 1 a. E. IHKG) 485
    dd) Wahrung von Anstand und Sitte des ehrbaren Kaufmanns
      (§ 1 Abs. 1 a. E. IHKG)....................... 486
    ee) Anlagen und Einrichtungen zur Förderung der gewerblichen
      Wirtschaft oder einzelner Gewerbezweige (§ 1 Abs. 2 1. Alt.
      IHKG)................................ 488
    ff) Maßnahmen zur Förderung und Durchführung der kauf-
      männischen und gewerblichen Berufsbildung (§ 1 Abs. 2 2. Alt.
      IHKG)................................ 489
      aaa) Die weitgehende spezialgesetzliche Regelung der
        Berufsbildung.......................... 489
      bbb) Aufgaben der IHK aufgrund des BBiG im Bereich
        Berufsausbildung........................ 490
      ccc) Aufgaben der IHK aufgrund des BBiG und § 1 Abs. 2 2.
        Alt. IHKG in den Bereichen Fortbildung und Umschulung 493
        (1) Fortbildung 493
        (2) Umschulung 494
    gg) Ausstellung von Ursprungszeugnissen und anderen
      Bescheinigungen (§ 1 Abs. 3 IHKG) 495
      aaa) Ausstellung von Ursprungszeugnissen 495
      bbb) Ausstellung von anderen dem Wirtschaftsverkehr
        dienenden Bescheinigungen.................. 496
    hh) Weitere durch Gesetz oder Rechtsverordnung übertragene
      Aufgaben (§ 1 Abs. 4 IHKG).................... 497
      aaa) Öffentliche Bestellung von Sachverständigen......... 497
      bbb) Öffentliche Bestellung besonders sachkundiger
        Versteigerer 502

	ccc) Geschäftsführung der Einigungsstellen für Wettbewerbsstreitigkeiten, § 15 UWG	503
	ddd) Abnahme von Fach- und Sachkundeprüfungen	505
	eee) Unterrichtung in den Bereichen Gaststätten- und Bewachungsgewerbe	508
	fff) Gefahrguttransporte/Gefahrgutbeauftragte	509
	(1) Prüfungen sowie Anerkennung von Lehrgängen im Bereich Gefahrguttransporte	509
	(2) Prüfung von Gefahrgutbeauftragten sowie Anerkennung von Lehrgängen	510
	ggg) Weitere übertragene Aufgaben	511
	d) Keine Aufgabe der IHK: Wahrnehmung sozialpolitischer und arbeitsrechtlicher Interessen	512
5.	Die staatliche Aufsicht über die IHK	512
6.	Die Finanzierung der IHK	515
	a) Allgemeines	515
	b) Gebühren	516

III. Zusammenfassende Beurteilung: Die IHK als Selbstverwaltungskörperschaft der Wirtschaft 518

6. Kapitel: Historische Entwicklung des Rechts der Selbstverwaltung des Handwerks 522

I. Die Trias der Selbstverwaltungskörperschaften des Handwerks in historischer Perspektive 522

II. Die historische Entwicklung der Selbstverwaltungskörperschaften des Handwerks 523

1. Aufstieg und Niedergang der Zünfte im Mittelalter und der frühen Neuzeit 523
   a) Zum Begriff der Zunft 523
   b) Der Ursprung der Zünfte 524
   c) Die Doppelstellung der hoch- und spätmittelalterlichen Zunft als wettbewerbsregulierender Sozialverband und Element der städtischen Verfassung 527
   d) Zunftkämpfe und politischer Aufstieg der Zünfte im späten Mittelalter 529
   e) Zuspitzung der Zunftordnung in der frühen Neuzeit 531
   f) Gesetzgeberische Ansätze zur Disziplinierung der Zünfte 533
   g) Vom langen Überleben der Zünfte 537
2. Zünfte und Innungen in der ersten Hälfte des 19. Jahrhunderts in Preußen 538
   a) Die Gewerbefreiheit in Frankreich als Vorbild der preußischen Gewerbefreiheit 539
   b) Die Einführung der Gewerbefreiheit in Preußen 541

      c) Der Fortbestand der Zünfte bzw. Innungen unter der Gewerbefreiheit
         bis 1848 544
      d) Die preußische Allgemeine Gewerbeordnung von 1845 547
  3. Die Selbstverwaltung in der Handwerkerbewegung von 1848/49 550
      a) Der Hamburger Vorkongress 551
      b) Der Entwurf einer allgemeinen Handwerker- und Gewerbeordnung
         des Frankfurter Handwerker- und Gewerbekongresses 551
      c) Der Frankfurter Gesellenkongress 554
      d) Nationalversammlung und Gewerbeverfassung 556
  4. Die Einschränkung der Gewerbefreiheit durch die preußischen
    Notverordnungen von 1849 559
      a) Die Stärkung des Innungswesens 559
      b) Die Errichtung von Gewerberäten 561
  5. Die Gewerbeordnung des Norddeutschen Bundes von 1869 563
  6. Die Stärkung der Innungen in den Novellen zur Gewerbeordnung
    ab 1881. 567
      a) Die Innungsnovelle von 1881 568
      b) Die Änderungen der Gewerbeordnung in den Jahren 1884, 1886 und
         1887 570
  7. Die Handwerkernovelle zur Gewerbeordnung von 1897 572
      a) Der Weg zur großen Handwerkernovelle 572
         aa) Vorschläge der Handwerksorganisationen zu Innungen und
            Handwerkerkammern 572
         bb) Das Berlepsche Konzept von 1893. 574
         cc) Der Böttichersche Entwurf des Reichsamts des Inneren von 1895 575
         dd) Der Entwurf des preußischen Ministeriums für Handel und
            Gewerbe von 1896. 576
         ee) Der Gesetzentwurf der verbündeten Regierungen von 1897 577
      b) Freie Innungen und Zwangsinnungen nach der Handwerkernovelle
         von 1897 578
      c) Die neuen Handwerkskammern 581
  8. Die Rechtsentwicklung bis zum Ende der Weimarer Republik 585
      a) Innungen, Handwerkskammern sowie Handwerks- und Gewerbe-
         kammertag bis zum Ende des Kaiserreichs 585
      b) Rechtsentwicklung in der Weimarer Republik 588
         aa) Gründung des Reichsverbands des deutschen Handwerks (1919),
            Aufwertung des Handwerks- und Gewerbekammertags (1922) . . 590
         bb) Die Handwerksnovelle vom 11. Februar 1929 591
         cc) Der Organisationsgrad des Handwerks gegen Ende der Weimarer
            Republik 593
  9. Die Aufhebung der Selbstverwaltung im Nationalsozialismus 593
      a) Die faktische Gleichschaltung der Handwerksorganisationen nach der
         Machtergreifung 593
      b) Der nationalsozialistische Umbau der Selbstverwaltung des
         Handwerks 596

  aa) Das Gesetz über den vorläufigen Umbau des deutschen
    Handwerks vom 29. November 1933 596
  bb) Erste HandwerksVO vom 15. Juni 1934: Pflichtinnung,
    Kreishandwerkerschaft und Führergrundsatz 597
  cc) Zweite und Dritte HandwerksVO vom 18. Januar 1935:
    Führergrundsatz bei der Handwerkskammer; großer
    Befähigungsnachweis 599
  dd) Die Handwerksorganisationen im neuen nationalsozialistischen
    Wirtschaftsaufbau 601
 c) Auflösung der Handwerkskammern und Einrichtung von
  Gauwirtschaftskammern im Jahr 1942 604
10. Die Selbstverwaltung des Handwerks im besetzten Deutschland 605
 a) Die Selbstverwaltung des Handwerks in der britischen Besatzungs-
  zone 606
 b) Die Selbstverwaltung des Handwerks in der französischen Besat-
  zungszone 608
 c) Die Selbstverwaltung des Handwerks in der amerikanischen
  Besatzungszone 609
 d) Die Selbstverwaltung des Handwerks in der sowjetischen
  Besatzungszone 611
11. Die Handwerksordnung vom 17. September 1953 612
 a) Der Weg zur Handwerksordnung 612
  aa) Der ZDH als zentrale Lobbyorganisation des Handwerks 612
  bb) Das Gesetzgebungsverfahren zur Handwerksordnung 614
 b) Die Regelung der Selbstverwaltungskörperschaften 620
  aa) Handwerksinnungen 621
  bb) Kreishandwerkerschaften 622
  cc) Handwerkskammern 623
12. Entwicklung des Rechts der Selbstverwaltung des Handwerks seit 1953 . 625
 a) Die Novelle zur Handwerksordnung von 1965 626
 b) Die Novelle zur Handwerksordnung von 1993 628
 c) Die Novelle zur Handwerksordnung von 1998 629
 d) Die Novelle zur Handwerksordnung von 2003 630
 e) Weitere Änderungsgesetze 631
 f) Entwicklung des Bestands der Selbstverwaltungskörper seit
  Inkrafttreten der HwO 632
13. Exkurs: Die europäische Dimension der Selbstverwaltung des
 Handwerks 634
 a) Handwerkskammern in den Staaten der Europäischen Union 634
 b) EU-rechtliche Dimension der Selbstverwaltung des Handwerks . . . 634

III. Zusammenfassung: Die Entstehung des heutigen rechtlichen Systems
der Selbstverwaltungskörperschaften des Handwerks 635
 1. Historische Entwicklung des Rechts der Handwerksinnung 635
 2. Historische Entwicklung des Rechts der Kreishandwerkerschaft 638
 3. Historische Entwicklung des Rechts der Handwerkskammer 639

7. Kapitel: Das Recht der Selbstverwaltungskörperschaften des Handwerks 643

I. Die Körperschaften des Handwerks 643

II. Das Recht der Handwerksinnung 643

1. Rechtsform, Errichtung und Bezirk 643
   a) Rechtsform, Rechtsfähigkeit, Errichtung 643
   b) Gründung einer Handwerksinnung 644
   c) Ausschließlichkeit der Handwerksinnung im Bezirk 646
   d) Anforderungen an den Innungsbezirk 646
2. Die Verwirklichung der Selbstverwaltung in der mitgliedschaftlichen Struktur 648
   a) Die genossenschaftliche Organisation als prägendes Merkmal der Selbstverwaltung 648
   b) Die Mitgliedschaft in der Handwerksinnung 648
      aa) Freiwilligkeit der Mitgliedschaft, Aufnahmeanspruch 648
      bb) Gesetzliche Voraussetzungen der Mitgliedschaft 649
      cc) Satzungsmäßige Voraussetzungen der Mitgliedschaft 650
      dd) Mitgliedschaft in mehreren Innungen 650
      ee) Gastmitgliedschaft 651
   c) Die Selbstverwaltung der Innungsmitglieder in der Innungsversammlung 651
      aa) Die Mitgliedschaft in der Innungsversammlung 652
      bb) Vorstand, Einberufung und Beschlussfassung der Innungsversammlung 653
      cc) Die Aufgaben der Innungsversammlung 655
         aaa) Zuständigkeitsvermutung für die Innungsversammlung 655
         bbb) Vorbehaltsaufgaben der Innungsversammlung 655
            (1) Änderung der Satzung 655
            (2) Auflösung der Handwerksinnung 657
            (3) Feststellung des Haushaltsplans, Prüfung und Abnahme der Jahresrechnung 657
            (4) Innungsbeiträge / Gebühren 657
            (5) Kreationsfunktion: Vorstand, Ausschüsse 658
            (6) Vorschriften über die Lehrlingsausbildung 658
            (7) Beschränkung der Vertretungsmacht des Vorstands für bestimmte Geschäfte 658
            (8) Mitgliedschaft beim Landesinnungsverband 659
   d) Weitere Formen aktiver, ehrenamtlicher Selbstverwaltung in der Innung 659
      aa) Mitgliedschaft im Vorstand 659
         aaa) Wahl des Vorstands 660
         bbb) Stellung der Vorstandsmitglieder 661
         ccc) Aufgaben / Kompetenzen des Vorstands 662
      bb) Mitgliedschaft in einem Ausschuss 662
         aaa) Frei gebildete Ausschüsse 663

	bbb) Der Ausschuss für die Berufsbildung	664
	ccc) Der Ausschuss zur Schlichtung von Ausbildungs-streitigkeiten	665
	ddd) Der Gesellenprüfungsausschuss	666
	eee) Der Zwischenprüfungsausschuss	668
	fff) Der Gesellenausschuss als Einrichtung sui generis	668

bbb) Der Ausschuss für die Berufsbildung 664
ccc) Der Ausschuss zur Schlichtung von Ausbildungsstreitigkeiten 665
ddd) Der Gesellenprüfungsausschuss 666
eee) Der Zwischenprüfungsausschuss 668
fff) Der Gesellenausschuss als Einrichtung sui generis 668
 (1) Wesen und Rechtsnatur des Gesellenausschusses 668
 (2) Zusammensetzung und Bildung 669
 (3) Aufgaben und Mitwirkungsrechte 670
e) Die Beitragspflicht der Innungsmitglieder 671
 aa) Zusammensetzung des Beitrags, Bemessungsgrundlage 672
 bb) Beschluss über die Beitragshöhe, Erhebung des Beitrags 673
3. Die Organe der Handwerksinnung 673
4. Die Geschäftsführung der Handwerksinnung 675
5. Die Aufgaben der Handwerksinnung 676
 a) Systematik der Aufgabenzuweisung in der HwO 676
 b) Die Kategorien der öffentlichen und der staatlichen Aufgaben 676
 aa) Öffentliche Aufgaben 676
 bb) Staatliche und nichtstaatliche Aufgaben 677
 c) Die wesentlichen Innungsaufgaben 679
 aa) Uneingeschränkte Pflichtaufgaben gem. § 54 Abs. 1 HwO 679
 aaa) Förderung der gemeinsamen gewerblichen Interessen der
  Mitglieder (§ 54 Abs. 1 S. 1, Abs. 4 HwO) 679
 bbb) Pflege von Gemeingeist und Berufsehre (§ 54 Abs. 1 S. 2
  Nr. 1 HwO) 680
 ccc) Gutes Verhältnis zwischen Meistern, Gesellen und
  Lehrlingen (§ 54 Abs. 1 S. 2 Nr. 2 HwO) 681
 ddd) Regelung und Überwachung der Lehrlingsausbildung
  (§ 54 Abs. 1 S. 2 Nr. 3 HwO) 681
 eee) Abnahme von Gesellenprüfungen, Errichtung von
  Gesellenprüfungsausschüssen (§ 54 Abs. 1 S. 2 Nr. 3 HwO) 682
 fff) Förderung des handwerklichen Könnens der Meister und
  Gesellen (§ 54 Abs. 1 S. 2 Nr. 5 HwO) 683
 ggg) Mitwirkung bei der Verwaltung der Berufsschulen
  (§ 54 Abs. 1 S. 2 Nr. 6 HwO) 683
 hhh) Förderung des Genossenschaftswesens (§ 54 Abs. 1 S. 2
  Nr. 7 HwO) 683
 iii) Erstattung von Gutachten und Auskünften (§ 54 Abs. 1
  S. 2 Nr. 8 HwO) 684
 jjj) Unterstützung sonstiger handwerklicher Organisationen
  und Einrichtungen (§ 54 Abs. 1 S. 2 Nr. 9 HwO) 684
 kkk) Durchführung der Vorschriften und Anordnungen der
  Handwerkskammer (§ 54 Abs. 1 S. 2 Nr. 10 HwO) 685
 bb) Soll-Aufgaben gem. § 54 Abs. 2 HwO 685

	aaa) Einrichtungen zur Verbesserung der Arbeitsweise und der Betriebsführung (§ 54 Abs. 2 Nr. 1 HwO)	685
	bbb) Beratung von Vergabestellen (§ 54 Abs. 2 Nr. 2 HwO)	686
	ccc) Unterstützung des handwerklichen Pressewesens (§ 54 Abs. 2 Nr. 3 HwO)	686
	cc) Kann-Aufgaben gem. § 54 Abs. 3 HwO	686
	aaa) Abschluss von Tarifverträgen (§ 54 Abs. 3 Nr. 1 HwO)	686
	bbb) Errichtung von Unterstützungskassen (§ 54 Abs. 3 Nr. 2 HwO)	687
	ccc) Vermittlung bei Streitigkeiten mit Auftraggebern (§ 54 Abs. 3 Nr. 3 HwO)	688
	ddd) Errichtung von Innungskrankenkassen (§ 54 Abs. 5 HwO i. V. m. §§ 157 ff. SGB V)	689
6. Die Aufsicht über die Handwerksinnung		691
7. Die Finanzierung der Handwerksinnung		694
a) Die Finanzierungsquellen der Handwerksinnung		694
b) Die Gebühr		694
8. Zusammenfassende Beurteilung: Die Handwerksinnung als Selbstverwaltungskörperschaft		695

III. Das Recht der Kreishandwerkerschaft 697

1. Rechtsform, Errichtung und Bezirk der Kreishandwerkerschaft 697
    a) Rechtsform und Rechtsfähigkeit 697
    b) Bezirk 698
2. Die Verwirklichung der Selbstverwaltung in der mitgliedschaftlichen Struktur 698
    a) Die Mitgliedschaft in der Kreishandwerkerschaft 698
    b) Die Vertretung der Mitglieder in der Mitgliederversammlung 699
        aa) Zusammensetzung der Mitgliederversammlung 699
        bb) Stimmrecht in der Mitgliederversammlung 699
        cc) Einberufung und Beschlussfassung der Mitgliederversammlung 700
        dd) Die Aufgaben der Mitgliederversammlung 701
            aaa) Zuständigkeitsvermutung für die Mitgliederversammlung 701
            bbb) Kein Beschluss über die Auflösung der Kreishandwerkerschaft 701
            ccc) Vorbehaltsaufgaben der Mitgliederversammlung 701
                (1) Änderung der Satzung 702
                (2) Feststellung des Haushaltsplans, Prüfung und Abnahme der Jahresrechnung 703
                (3) Beschlüsse zu Beiträgen und Gebühren 703
                (4) Kreationsfunktion: Wahl des Vorstands bzw. von Ausschussmitgliedern, Einsetzung besonderer Ausschüsse 703
                (5) Bewilligung bestimmter Geschäfte 704
    c) Weitere Formen aktiver, ehrenamtlicher Selbstverwaltung in der Kreishandwerkerschaft 705
        aa) Mitgliedschaft im Vorstand 705

		aaa) Wahl des Vorstands	705
		bbb) Stellung der Vorstandsmitglieder	706
		ccc) Aufgaben und Kompetenzen des Vorstands	706
	bb)	Mitgliedschaft in einem Ausschuss	707
d)	Die Beitragspflicht der Mitglieder, das Geschäftsführungsentgelt		708
	aa) Zusammensetzung des Beitrags		708
	bb) Geschäftsführungsentgelt		708
	cc) Beschluss über die Beitragshöhe und das Geschäftsführungsentgelt		709

3. Die Organe der Kreishandwerkerschaft 709
4. Die Geschäftsführung der Kreishandwerkerschaft 710
5. Die Aufgaben der Kreishandwerkerschaft 711
   a) Systematik der Aufgabenzuweisung an die Kreishandwerkerschaft . . 711
   b) Öffentliche und staatliche Aufgaben 712
   c) Die einzelnen Aufgaben der Kreishandwerkerschaft 713
      aa) Wahrnehmung der Gesamtinteressen des selbständigen
          Handwerks usw. (§ 87 Nr. 1 HwO) 713
      bb) Unterstützung der Handwerksinnungen bei der Erfüllung ihrer
          Aufgaben (§ 87 Nr. 2 HwO) 714
      cc) Schaffung und Unterstützung von Einrichtungen
          (§ 87 Nr. 3 HwO) 714
      dd) Unterstützung der Behörden, Erteilung von Anregungen,
          Auskünften und Gutachten (§ 87 Nr. 4 HwO) 716
      ee) Führung der Geschäfte der Handwerksinnungen
          (§ 87 Nr. 5 HwO) 717
      ff) Durchführung von Vorschriften und Anordnungen der
          Handwerkskammer (§ 87 Nr. 6 HwO) 717
6. Die Aufsicht über die Kreishandwerkerschaft 718
7. Die Finanzierung der Kreishandwerkerschaft 719
   a) Die Finanzierungsquellen der Kreishandwerkerschaft 719
   b) Die Gebühr 720
8. Zusammenfassende Beurteilung: Die Kreishandwerkerschaft als
   Selbstverwaltungskörperschaft 720

IV. *Das Recht der Handwerkskammer* 722
1. Rechtsform, Errichtung und Bezirk der Handwerkskammer 723
   a) Rechtsform, Rechtsfähigkeit und Errichtung 723
   b) Der Kammerbezirk 724
2. Die Verwirklichung der Selbstverwaltung in der mitgliedschaftlichen
   Struktur 725
   a) Die genossenschaftliche Organisation als prägendes Merkmal der
      Selbstverwaltung 725
   b) Die Mitgliedschaft in der Handwerkskammer 725
      aa) Überblick über die gesetzliche Regelung der Mitgliedschaft . . . 725
      bb) Mitgliedschaft gem. § 90 Abs. 2 HwO 726

cc) Mitgliedschaft gem. § 90 Abs. 3 und 4 HwO 726
dd) Ehren- und Gastmitgliedschaft 727
c) Die Repräsentation der Kammermitglieder in der Vollversammlung
als Verwirklichung des Selbstverwaltungsprinzips 728
aa) Die Zusammensetzung der Vollversammlung 728
bb) Die Wahl der Mitglieder der Vollversammlung 729
aaa) Rechtsgrundlagen der Wahl. 729
bbb) Unmittelbare Wahl: Wahl und Wahlverfahren 729
ccc) Aktive Wahlberechtigung bei der unmittelbaren Wahl . . . 731
(1) Wahl der Vertreter des Handwerks und handwerksähnlichen
Gewerbes. 731
(2) Arbeitnehmervertreter 732
ddd) Wählbarkeit bei der unmittelbaren Wahl 733
(1) Vertreter des Handwerks und handwerksähnlichen Gewerbes 733
(2) Arbeitnehmervertreter 734
eee) Zuwahl von Mitgliedern der Vollversammlung. 734
cc) Die Mitgliedschaft in der Vollversammlung als aktive,
ehrenamtliche Selbstverwaltung. 735
aaa) Ehrenamt: Kein Anspruch auf Vergütung. 736
bbb) Repräsentation und umfassende Mitwirkungsrechte. 736
ccc) Kein Stimmrecht bei Interessenkollision 737
dd) Beendigung des Amtes als Mitglied der Vollversammlung. 737
ee) Vorsitz, Einberufung und Beschlussfassung der
Vollversammlung 737
ff) Aufgaben der Vollversammlung. 738
aaa) Vorbehaltsaufgaben und Vermutung der Zuständigkeit
der Vollversammlung 738
bbb) Wichtige Vorbehaltsaufgaben der Vollversammlung. 739
(1) Satzungsrecht 739
(a) Änderung der Satzung 739
(b) Beschluss über sonstiges Satzungsrecht 740
(2) Kreationsfunktion: Wahl des Vorstands und der Ausschüsse
sowie des Geschäftsführers 741
(3) Haushalts- und sonstige Finanzangelegenheiten 741
(4) Beteiligungen an Gesellschaften / Erwerb und Veräußerung von
Grundeigentum 742
(5) Festsetzung der Beiträge und Erhebung von Gebühren 742
d) Weitere Formen aktiver, ehrenamtlicher Selbstverwaltung in der
Handwerkskammer 743
aa) Tätigkeit als Mitglied des Vorstands 743
aaa) Zusammensetzung des Vorstands 743
bbb) Wahl des Vorstands 743
ccc) Ende des Amtes als Vorstandsmitglied. 744
ddd) Stellung des Vorstands. 744
eee) Aufgaben und Befugnisse des Vorstands und des
Präsidenten 745

    bb) Mitgliedschaft in einem Ausschuss 746
  e) Die Beitragspflicht zur Handwerkskammer. 746
    aa) Das gesetzliche System der Beiträge zur Handwerkskammer . . . 747
    bb) Rechtsgrundlagen der Beitragserhebung 748
    cc) Der Grundbeitrag. 748
    dd) Der Zusatzbeitrag. 749
      aaa) Bemessungsgrundlagen für den Zusatzbeitrag 749
      bbb) Berechnung des Zusatzbeitrags. 750
    ee) Die Ermittlung der Bemessungsgrundlagen 750
    ff) Subjektive Beitragspflicht: Grundregel und Ausnahmen 751
    gg) Der Sonderbeitrag. 752
3. Die Organe der Handwerkskammer. 752
4. Die Geschäftsführung der Handwerkskammer 753
5. Die Aufgaben der Handwerkskammer 754
  a) Systematik der Aufgabenzuweisung in der HwO. 754
  b) Aufgaben gem. §§ 91 i. V. m. 90 HwO 755
    aa) Vertretung und Förderung der Interessen des Handwerks 755
      aaa) Vertretung der Interessen des Handwerks
        (§ 90 Abs. 1 HwO) 755
      bbb) Förderung der Interessen des Handwerks, gerechter
        Interessenausgleich (§ 91 Abs. 1 Nr. 1 HwO) 756
      ccc) Förderung der wirtschaftlichen Interessen des Handwerks
        (§ 91 Abs. 1 Nr. 9 HwO). 757
      ddd) Unterstützung der Behörden in der Förderung des
        Handwerks (§ 91 Abs. 1 Nr. 2 HwO). 759
    bb) Führung der Handwerksrolle und anderer Verzeichnisse
      (§ 91 Abs. 1 Nr. 3 i. V. m. § 6 HwO etc.) 760
    cc) Berufsausbildung, Fortbildung, Umschulung etc.
      (§ 91 Abs. 1 Nr. 4–7 HwO). 761
    dd) Bestellung und Vereidigung von Sachverständigen
      (§ 91 Abs. 1 Nr. 8 HwO) 762
    ee) Förderung der Formgestaltung im Handwerk
      (§ 91 Abs. 1 Nr. 10 HwO). 763
    ff) Einrichtung von Vermittlungsstellen (§ 91 Abs. 1 Nr. 11 HwO) . . 763
    gg) Ausstellung von Ursprungszeugnissen etc.
      (§ 91 Abs. 1 Nr. 12 HwO). 764
    hh) Maßnahmen zur Unterstützung notleidender Handwerker etc.
      (§ 91 Abs. 1 Nr. 13 HwO). 765
  c) Ausgewählte sonstige Aufgabenzuweisungen in der HwO 765
    aa) Bereich der Ausbildung. 765
    bb) Aufsicht über Innungen und Kreishandwerkerschaften 766
  d) Aufgabenzuweisungen in sonstigen Gesetzen am Beispiel des BBiG . . 767
    aa) Aufgaben aufgrund des BBiG im Bereich Berufsausbildung. . . . 768
    bb) Aufgaben aufgrund des BBiG im Bereich Umschulung. 770

XXXIV Inhaltsverzeichnis

    6. Die Aufsicht über die Handwerkskammer 771
    7. Die Finanzierung der Handwerkskammer 773
       a) Die Finanzierungsquellen der Handwerkskammer........... 773
       b) Die Gebühr 774
    8. Zusammenfassende Beurteilung: Die Handwerkskammer als Selbstverwaltungskörperschaft.................................. 774
V. Ergebnis: Die Selbstverwaltungskörperschaften des Handwerks 776

8. Kapitel: Das Recht der Landwirtschaftskammern 778

I. Die Landwirtschaftskammern 778

II. Die historische Entwicklung des Rechts der Landwirtschaftskammern 778

    1. Ökonomische Gesellschaften des 18. Jh. als Vorläufer der Landwirtschaftskammern?.. 778
    2. Landwirtschaftliche Zentralvereine des 19. Jh. als Vorläufer der Landwirtschaftskammern................................. 780
    3. Die Entstehung der Landwirtschaftskammern................ 783
       a) Die bremische Landwirtschaftskammer von 1849 783
       b) Der Weg zu einem Landwirtschaftskammergesetz für Preußen 784
    4. Das preußische Landwirtschaftskammergesetz von 1894 786
    5. Die Landwirtschaftskammern in der Weimarer Republik.......... 791
       a) Die gescheiterten Bemühungen zur Einrichtung einer Reichslandwirtschaftskammer.................................... 791
       b) Entwicklung des preußischen Landwirtschaftskammerrechts 792
       c) Das Landwirtschaftskammerrecht in den anderen Einzelstaaten des Deutschen Reichs 794
    6. Die Ersetzung der Selbstverwaltung der Landwirtschaft durch den Reichsnährstand im Nationalsozialismus.................... 796
       a) Errichtung des Reichsnährstands unter Aufhebung der Landwirtschaftskammern 797
       b) Verfassung des Reichsnährstands...................... 798
       c) Wesen und Entwicklung des Reichsnährstands............. 801
    7. Die Entwicklung des Landwirtschaftskammerrechts und -wesens seit Ende des Zweiten Weltkriegs 802
       a) Die Abwicklung des Reichsnährstands 802
       b) Das Scheitern eines Bundesgesetzes über die landwirtschaftliche Selbstverwaltung................................... 803
       c) Die Entwicklung des Landwirtschaftskammerrechts in den Ländern seit 1945 806
          aa) Baden-Württemberg 806
          bb) Bayern 807
          cc) Berlin...................................... 808

       dd) Bremen 808
       ee) Hamburg. 809
       ff) Hessen 810
       gg) Niedersachsen 811
       hh) Nordrhein-Westfalen 813
       ii) Rheinland-Pfalz. 814
       jj) Saarland 815
       kk) Schleswig-Holstein 816
       ll) „Neue Bundesländer": Brandenburg, Mecklenburg-Vorpommern, Sachsen, Sachsen-Anhalt, Thüringen. 818
   8. Status quo des Landwirtschaftskammerwesens 818
   9. Exkurs: Landwirtschaftskammern in den Staaten der Europäischen Union 819

III. Das aktuelle Recht der Landwirtschaftskammern 819
   1. Rechtsform, Errichtung und Bezirk der Landwirtschaftskammern 820
      a) Rechtsform, Rechtsfähigkeit, Errichtung 820
      b) Der Kammerbezirk. 822
   2. Die Verwirklichung der Selbstverwaltung in der mitgliedschaftlichen Struktur der Landwirtschaftskammern. 822
      a) Die partizipative Organisation als prägendes Merkmal der Selbstverwaltung der Betroffenen in den Landwirtschaftskammern 822
      b) Die Mitgliedschaft in den Landwirtschaftskammern 823
        aa) Vorbemerkung: Zum Begriff des Kammermitglieds 823
        bb) Voraussetzungen der Mitgliedschaft in den Kammern 824
           aaa) Anknüpfung an den landwirtschaftlichen Betrieb bzw. die Landwirtschaft. 824
           bbb) Kammerzugehörigkeit von landwirtschaftlichen Arbeitgebern und in der Regel auch Arbeitnehmern. 825
           ccc) Zusammenfassung: Das gesetzliche System zur Bestimmung der Wahlberechtigung (und damit der Mitgliedschaft in der Kammer). 826
      c) Die Repräsentation der Kammermitglieder in der Kammerversammlung als Verwirklichung des Selbstverwaltungsprinzips 827
        aa) Bezeichnung und Zusammensetzung der Repräsentativversammlung 827
        bb) Die Wahl der Mitglieder der Kammerversammlung 830
           aaa) Rechtsgrundlagen der Wahl, unmittelbare Wahl und Zuwahl 830
           bbb) Die unmittelbare Wahl. 831
               (1) Aktive Wahlberechtigung bei der unmittelbaren Wahl 831
               (2) Passive Wahlberechtigung bei der unmittelbaren Wahl. . . . 831
               (3) Wahlgrundsätze und Wahlperiode 832
               (4) Grundsätze des Wahlverfahrens 833
                  (a) Wahlgruppen der Betriebsinhaber und Arbeitnehmer, Wahlvorschläge 833

                (b) Wahlbezirke bzw. -kreise 834
                (c) Wählerlisten und -verzeichnisse 835
                (d) Stimmenzahl 835
                (e) Wahlsystem und Feststellung des Wahlergebnisses 835
            ccc) Zuwahl von Mitgliedern der Kammerversammlung 836
                (1) Regelung der Zuwahl in den einzelnen Bundesländern 836
                (2) Status der zugewählten Mitglieder, Hintergrund und
                    Problematik der Zuwahl 838
        cc) Die Mitgliedschaft in der Kammerversammlung als aktive,
            ehrenamtliche Selbstverwaltung. 839
        dd) Beendigung der Mitgliedschaft in der Kammerversammlung . . . 839
        ee) Vorsitz, Einberufung und Beschlussfassung der Kammer-
            versammlung 840
        ff) Aufgaben der Kammerversammlung 842
            aaa) Vorbehaltsaufgaben und Vermutung der Zuständigkeit der
                Vollversammlung. 842
            bbb) Wichtige Aufgaben der Kammerversammlung 842
                (1) Hauptsatzung und sonstiges Satzungsrecht 842
                (2) Kreationsfunktion: Wahl des Vorstands, der Ausschüsse und
                    des Direktors 844
                (3) Haushalts- und sonstige Finanzangelegenheiten 844
                (4) Festsetzung der Beiträge, Erhebung von Gebühren 845
    d) Weitere Formen aktiver, ehrenamtlicher Selbstverwaltung in der
        Landwirtschaftskammer. 846
        aa) Tätigkeit als Mitglied des Vorstands 846
            aaa) Der Vorstand als Kollegialorgan 846
                (1) Zusammensetzung des Vorstands 846
                (2) Wahl des Vorstands 847
                (3) Ende des Amts als Vorstandsmitglied 847
                (4) Aufgaben und Befugnisse des Vorstands 848
            bbb) Der Präsident. 848
        bb) Mitgliedschaft in einem Ausschuss 849
    e) Die Beitragspflicht der Betriebsinhaber 850
        aa) Rechtsgrundlagen der Beitragserhebung 851
        bb) Die subjektive Beitragspflicht 851
        cc) Grundlagen der Beitragsberechnung 853
            aaa) Bemessungsgrundlage 853
            bbb) Beitragssatz. 854
        dd) Beitragsfestsetzung und -erhebung 855
3. Die Organe der Landwirtschaftskammer 856
4. Die Geschäftsführung der Landwirtschaftskammer 856
5. Die regionalen Untergliederungen der Landwirtschaftskammern 858
    a) Niedersachsen. 859
    b) Nordrhein-Westfalen. 859
        aa) Kreisstellen 859
        bb) Ortsstellen. 860
    c) Schleswig-Holstein. 861

6. Die Aufgaben der Landwirtschaftskammern 862
   a) Systematik der Aufgabenzuweisung in den Landwirtschaftskammer-
      gesetzen 862
      aa) Grundaufgabe und Einzelaufgaben 862
      bb) Übertragung weiterer Aufgaben. 863
      cc) Negativklausel: Ausgeschlossene Aufgaben 863
   b) Die Grundaufgaben der Landwirtschaftskammern 864
   c) Ausgewählte Einzelaufgaben der Landwirtschaftskammern 864
      aa) Förderung der Landwirtschaft und der in ihr Berufstätigen. . . . 864
      bb) Beratung und Förderung der landwirtschaftlichen Arbeitnehmer 866
      cc) Maßnahmen zur Durchführung und Förderung der
          Berufsbildung 866
          aaa) Rechtsgrundlagen für Zuständigkeiten im Bereich der
               Berufsbildung. 866
          bbb) Kammeraufgaben in der Berufsbildung nach dem BBiG. . . 867
               (1) Berufsausbildung 867
               (2) Fortbildung 869
               (3) Umschulung 869
      dd) Erstattung von Gutachten, Benennung von Sachverständigen etc. 870
      ee) Schutz von Natur und Umwelt sowie Verbraucherschutz 871
      ff) Weitere Aufgaben, insbesondere Anhörungsrechte 872
7. Die staatliche Aufsicht über die Landwirtschaftskammer. 874
   a) Grundsätzlich Rechtsaufsicht. 874
   b) Aufsichtsmittel 875
   c) Präventive Aufsicht. 878
8. Die Finanzierung der Landwirtschaftskammer 879
   a) Die Finanzierungsquellen der Landwirtschaftskammer. 879
   b) Gebühren 880
   c) Staatszuweisungen an die Landwirtschaftskammern 881
9. Zusammenfassende Beurteilung: Die Landwirtschaftskammern als
   Selbstverwaltungskörperschaften 885

Zusammenfassung der Ergebnisse und Ausblick

9. Kapitel: Das Recht der Selbstverwaltung der Wirtschaft. 891

I. Die Entwicklung der Selbstverwaltung der Wirtschaft 891

*II. Die Verwirklichung der Selbstverwaltung der Wirtschaft im
heutigen Recht* 896
1. Rechtsform und Gründung des Selbstverwaltungskörpers 897
2. Die Verwirklichung der Selbstverwaltung in der mitgliedschaftlichen
   Struktur. 898
   a) Grundstrukturen der Mitgliedschaft. 899

b) Die Repräsentation der Mitglieder in der Binnenverfassung der
      Körperschaft 900
   c) Potentiale für aktive, ehrenamtliche Selbstverwaltung 900
   d) Die Größe der Körperschaft als Faktor für deren
      Selbstverwaltungsgehalt 901
  3. Die Verwirklichung der Selbstverwaltung in der Aufgabenstruktur der
     Selbstverwaltungskörperschaft 901
  4. Die Staatsaufsicht über die Selbstverwaltungskörperschaft 903
  5. Die Finanzierung der Selbstverwaltungskörperschaft 903
  6. Abschließende Gesamtbeurteilung 904

*III. Von der partizipativen zur demokratischen Selbstverwaltung der
Wirtschaft: Eine Optimierungsaufgabe* 906

Quellenverzeichnis 913
Literaturverzeichnis 917
Sachverzeichnis 965

Abkürzungsverzeichnis[1]

a. A.	anderer/abweichender Auffassung/Ansicht
ABl.	Amtsblatt
Abs.	Absatz
Abschn.	Abschnitt
ADHB	Allgemeiner Deutscher Handwerkerbund
ADR	Annalen des Deutschen Reichs für Gesetzgebung, Verwaltung und Statistik – Staatswissenschaftliche Zeitschrift und Materialiensammlung / Europäisches Übereinkommen über die Beförderung gefährlicher Güter auf der Straße (Accord européen relatif au transport international des marchandises Dangereuses par Route)
a. E.	am Ende
AEUV	Vertrag über die Arbeitsweise der Europäischen Union
a. F.	alte (frühere) Fassung
AG	Aktiengesellschaft
AGB	Allgemeine Geschäftsbedingungen
AGIHKG	Ausführungsgesetz zum IHKG
AHK	Auslandshandelskammer
ALR	Allgemeines Landrecht für die Preußischen Staaten von 1794
Anm.	Anmerkung/Fußnote
ArbGG	Arbeitsgerichtsgesetz
BayPAG	Gesetz über die Aufgaben und Befugnisse der Bayerischen Staatlichen Polizei
BB	Betriebs-Berater (Zeitschrift)
BBiG	Berufsbildungsgesetz
Bd.	Band
BDSG	Bundesdatenschutzgesetz
Begr./begr.	Begründer / begründet
BeitragsO	Beitragsordnung
ber.	berichtigt
BerlASOG	Allgemeines Gesetz zum Schutz der öffentlichen Sicherheit und Ordnung in Berlin
BewachV	Bewachungsverordnung
BewG	Bewertungsgesetz
BGB	Bürgerliches Gesetzbuch
BGBl.	Bundesgesetzblatt
BImSchG	Bundes-Immissionsschutzgesetz
BlldtLG	Blätter für deutsche Landesgeschichte
BPolG	Gesetz über die Bundespolizei
brem.	bremisch
bspw.	beispielsweise
BStBl.	Bundessteuerblatt

---

[1] Dieses Abkürzungsverzeichnis konzentriert sich auf wichtige und auf weniger geläufige Abkürzungen. Im Übrigen wird auf die gängigen juristischen Abkürzungsverzeichnisse verwiesen.

BT-Drs.	Bundestagsdrucksachen
BVerfG	Bundesverfassungsgericht
BVerwG	Bundesverwaltungsgericht
CDU	Christlich Demokratische Union Deutschlands
CID	Centralausschuß der Innungsverbände Deutschlands
CSU	Christlich-Soziale Union in Bayern
DAR	Deutsches Autorecht
DB	Der Betrieb (Zeitschrift)
DDR	Deutsche Demokratische Republik
DGO	Deutsche Gemeindeordnung vom 30.01.1935
d.h.	das/dies heißt
DHT	Deutscher Handelstag
DIHK	Deutscher Industrie- und Handelskammertag
DIHT	Deutscher Industrie- und Handelstag
DJZ	Deutsche Juristen-Zeitung
DP	Deutsche Partei
DR	Deutsches Recht (Zeitschrift)
Drs.	Drucksache
DV	Die Verwaltung (Zeitschrift)
EDV	Elektronische Datenverarbeitung
EFTA	European Free Trade Association
EStG	Einkommensteuergesetz
EStR	Einkommensteuer-Richtlinien
EU	Europäische Union
e.V.	eingetragener Verein
evtl.	eventuell
EWG	Europäische Wirtschaftsgemeinschaft
FamFG	Gesetz über das Verfahren in Familiensachen und in den Angelegenheiten der freiwilligen Gerichtsbarkeit
FDGB	Freier Deutscher Gewerkschaftsbund (DDR)
FDP	Freie Demokratische Partei
FGG	Gesetz über die Angelegenheiten der freiwilligen Gerichtsbarkeit
Fn.	Fußnote
FS	Festschrift
GastG	Gaststättengesetz
GBl.	Gesetzblatt
GbR	Gesellschaft bürgerlichen Rechts (BGB-Gesellschaft)
GbV	Gefahrgutbeauftragtenverordnung
gem.	gemäß
GewArch	Gewerbearchiv
GewO	Gewerbeordnung
GewStG	Gewerbesteuergesetz
GewStR	Gewerbesteuer-Richtlinien
GG	Grundgesetz für die Bundesrepublik Deutschland
ggf.	gegebenenfalls
GGVSEB	Gefahrgutverordnung Straße, Eisenbahn und Binnenschifffahrt
GmbH	Gesellschaft mit beschränkter Haftung
GO	Gemeindeordnung
grhzgl.	großherzoglich
GrStG	Grundsteuergesetz
GS	Gedächtnisschrift / Gedenkschrift / Gesetzsammlung
GV	Gesetz- und Verordnungsblatt
GVBl.	Gesetz- und Verordnungsblatt
GVwR	Grundlagen des Verwaltungsrechts (hrsgg. von Hoffmann-Riem / Schmidt-Aßmann / Voßkuhle)

HambSOG	(Hamburgisches) Gesetz zum Schutz der öffentlichen Sicherheit und Ordnung
HAR	Handwörterbuch des Agrarrechts
Hbg.	Hamburg / hamburgisch
HdbKR	Handbuch des Kammerrechts, 2005 (hrsgg. von Kluth)
HdKW	Handwörterbuch der Kommunalwissenschaften
HdSoW	Handwörterbuch der Sozialwissenschaften
HdStW	Handwörterbuch der Staatswissenschaften
HdWW	Handwörterbuch der Wirtschaftswissenschaft
Hess.	Hessisch
HGB	Handelsgesetzbuch
HK	Handelskammer(n)
HKG	Handelskammergesetz
HkWP	Handbuch der kommunalen Wissenschaft und Praxis
HS	Halbsatz
HSOG	Hessisches Gesetz über die öffentliche Sicherheit und Ordnung
HStR	Handbuch des Staatsrechts der Bundesrepublik Deutschland
HwK	Handwerkskammer(n)
HwO	Handwerksordnung
HZ	Historische Zeitschrift
i.d.F.	in der Fassung
i.d.F.d.B.	in der Fassung der Bekanntmachung
i.d.R.	in der Regel
IHK	Industrie- und Handelskammer(n)
IHKG	IHK-Gesetz
i.H.v.	in Höhe von
insbes.	insbesondere
i.S.d.	im Sinne des
i.S.e.	im Sinne eines/einer
i.S.v.	im Sinne von
i.V.m.	in Verbindung mit
JbKBR	Jahrbuch des Kammer- und Berufsrechts
JbkGeschV	Jahrbuch des kölnischen Geschichtsvereins
JbKR	Jahrbuch des Kammerrechts
JbNSt	Jahrbücher für Nationalökonomie und Statistik
Jh.	Jahrhundert
JNS	Jahrbücher für Nationalökonomie und Statistik
JöR	Jahrbuch des öffentlichen Rechts der Gegenwart, 1907–1938, N.F. seit 1951
JW	Juristische Wochenschrift
KAG	Kommunalabgabengesetz
KStG	Körperschaftsteuergesetz
LaS	Landessatzung (für Schleswig-Holstein)
LexMA	Lexikon des Mittelalters
Lfg.	Lieferung
LOG	Landesorganisationsgesetz
Lsbl.	Loseblattsammlung
LVO	Landesverordnung
LwK	Landwirtschaftskammer
LwkG	Landwirtschaftskammergesetz
MarkenG	Markengesetz
MGH	Monumenta Germaniae Historica
MSVO	Mustersachverständigenordnung
MV	Mecklenburg-Vorpommern
Nds.	Niedersachsen/niedersächsisch
NdsSOG	Niedersächsisches Gesetz über die öffentliche Sicherheit und Ordnung

n. F.	neue Fassung
NordÖR	Zeitschrift für Öffentliches Recht in Norddeutschland
NRW	Nordrhein-Westfalen
NSDAP	Nationalsozialistische Deutsche Arbeiterpartei
NZS	Neue Zeitschrift für Sozialrecht
o. J.	ohne Jahresangabe
PBefG	Personenbeförderungsgesetz
PolG NRW	Polizeigesetz des Landes Nordrhein-Westfalen
Preuß.	Preußisch
Preuß. GS	Preußische Gesetzsammlung
PrStO 1808	Preußische Städteordnung vom 19. 11. 1808
PrVBl.	Preußisches Verwaltungs-Blatt (Zeitschrift)
RBerG	Rechtsberatungsgesetz
RdA	Recht der Arbeit
RdL	Recht der Landwirtschaft (Zeitschrift)
Rh.-Pf.	Rheinland-Pfalz/rheinland-pfälzisch
S.	Satz/Seite
SGB IV	Sozialgesetzbuch Viertes Buch
SGB V	Sozialgesetzbuch Fünftes Buch
sog.	sogenannt(e/er/es)
Sp.	Spalte
StBerG	Steuerberatungsgesetz
StGB	Strafgesetzbuch
StPO	Strafprozeßordnung
u. a.	unter anderem
UAbs.	Unterabsatz
UKlaG	Unterlassungsklagengesetz
u. U.	unter Umständen
UWG	Gesetz gegen den unlauteren Wettbewerb
VA	Verwaltungsakt
Var.	Variante
VBl.	Verordnungsblatt
Verf.	Verfassung
VerwArch.	Verwaltungsarchiv
VVDStRL	Veröffentlichung der Vereinigung der Deutschen Staatsrechtslehrer
VO	Verordnung
VwGO	Verwaltungsgerichtsordnung
VwVfG	Verwaltungsverfahrensgesetz
WahlO	Wahlordnung
WHKT	Westdeutscher Handwerkskammertag
WiVerw.	Wirtschaft und Verwaltung (Zeitschrift)
WRV	Weimarer Reichsverfassung
ZAG	Zentralarbeitsgemeinschaft des Handwerks im vereinigten Wirtschaftsgebiet
z. B.	zum Beispiel
ZDH	Zentralverband des deutschen Handwerks
ZHG	Zeitschrift des Vereins für hessische Geschichte und Landeskunde
ZPO	Zivilprozeßordnung
ZRG Germ. Abt.	Zeitschrift der Savigny-Stiftung für Rechtsgeschichte, Germanistische Abteilung
ZStW	Zeitschrift für die gesamte Staatswissenschaft
z. T.	zum Teil

Einleitung

1. Kapitel

Die Selbstverwaltung der Wirtschaft als juristischer Forschungsgegenstand

I. Der umstrittene Begriff der Selbstverwaltung der Wirtschaft

Zur Selbstverwaltung der Wirtschaft wird heute meist die Selbstverwaltung in den Industrie- und Handelskammern (IHK), Handwerkskammern, Handwerksinnungen, Kreishandwerkerschaften und Landwirtschaftskammern gerechnet. Doch ist diese Aufzählung keineswegs selbstverständlich, da der Begriff der Selbstverwaltung der Wirtschaft bzw. der meist synonym gebrauchte Begriff der wirtschaftlichen Selbstverwaltung immer noch ungeklärt ist und zu den umstrittensten Begriffen des Wirtschaftsverwaltungsrechts, ja des gesamten Verwaltungsrechts, gehört[1]. Bereits ein kurzer Blick in wichtige Veröffentlichungen, seit der Begriff in den siebziger Jahren des 19. Jh. in die wissenschaftliche Diskussion eingeführt wurde, offenbart, dass ihm ein sehr unterschiedlicher Inhalt beigemessen wurde und beigemessen wird[2].

Der für das deutsche Selbstverwaltungsdenken überaus einflussreiche *Rudolf von Gneist* verstand unter wirtschaftlicher Selbstverwaltung in den siebziger Jahren des 19. Jh. noch einen besonderen Teil der kommunalen Selbstverwaltung, nämlich gewählte Vertretungen („Verwaltungsräthe, Stadtverordnetenversammlungen"), die im Bereich der wirtschaftlichen Geschäfte der Lokalverwaltung, also der Vermögens- und Steuerverwaltung, tätig wurden[3]. Zu Beginn der Weimarer Republik als der Ära, in der sich der zuvor selten gebrauchte Begriff durchsetzen sollte, wurde er hingegen auf bestimmte nach dem Ersten Weltkrieg neu geschaffene Organisationsformen angewandt, die meist der Ressourcenbewirtschaftung dienten und auch von Gesetzes wegen ausdrücklich als wirtschaftliche Selbstverwaltungskörper bezeichnet wurden[4]. So stellte etwa *Paul Gieseke* 1921 fest, dass der Begriff der wirtschaftlichen Selbstverwaltung induktiv anhand der prägenden Merkmale der neuen wirtschaftlichen Selbstverwaltungskörper auf den Gebieten

---

[1] Näher zum umstrittenen Begriff der Selbstverwaltung der Wirtschaft unten S. 137 ff.
[2] Näher zu einzelnen Begriffsbildungen unten S. 139 ff.
[3] *von Gneist*, Die preußische Kreis-Ordnung, 1870, S. 8 ff., 19 ff., 98 ff., 160 ff.; *ders.*, Selfgovernment, 3. Aufl., 1871, S. 73 f., 940 ff.
[4] Näher dazu unten S. 143 ff.

der Eisen-, Teer- und Schwefelsäurewirtschaft sowie der Außenhandelsregelung zu gewinnen sei[5].

Auch in der Bundesrepublik Deutschland wurden vielgestaltige Definitionen vorgeschlagen. So ist etwa *Ernst Rudolf Hubers* 1958 publizierte Monographie „Selbstverwaltung der Wirtschaft" letztlich ein Plädoyer für einen extrem weiten Begriff, der nicht mehr auf öffentlich-rechtliche Wirtschaftsverbände körperschaftlichen Charakters beschränkt ist[6]. Huber verstand unter Selbstverwaltung der Wirtschaft „ein in Zuordnung zum Staatsganzen entwickeltes Gefüge von Einrichtungen und Verrichtungen, in dem die Wirtschaftstätigen in körperschaftlichen oder organschaftlichen Formen ihre eigenen gemeinsamen Angelegenheiten in eigenständiger Selbstgestaltung, doch unter öffentlicher Verantwortung zusammenwirkend wahrnehmen"[7]. Damit bezog er neben aus heutiger Sicht klassischen Selbstverwaltungsträgern der Wirtschaft wie den IHK, den Handwerkskammern, den Handwerksinnungen und den Landwirtschaftskammern eine Vielzahl weiterer Organisationsformen in den Begriff ein, wie etwa Betriebsräte, Schlichtungs-, Einigungs- und Vermittlungsstellen, Börsenorgane, vielfältige Formen von Verwaltungsräten, Beiräten und Ausschüssen, aber auch Unternehmensverbände, Gewerkschaften und sogar schlichte Erwerbs- und Wirtschaftsgenossenschaften.

Ein viel engerer Begriff der Selbstverwaltung der Wirtschaft findet sich dann aber z.B. in *Werner Webers* „Staats- und Selbstverwaltung in der Gegenwart"[8]. Weber verwirft hier Hubers weiten Begriff der Selbstverwaltung der Wirtschaft als zugleich „auswuchernd" und „entleert"[9]. Selbstverwaltung der Wirtschaft, wie von Huber verstanden, verliere ihre Konturen und alle theoretische und praktische Handlichkeit[10]. Weber plädiert stattdessen – ähnlich wie vor ihm bspw. *Hans Peters*[11] und *Ulrich Scheuner*[12] – für eine Rückführung des Begriffs der Selbstverwaltung der Wirtschaft auf den allgemeinen, primär anhand der kommunalen Selbstverwaltung geprägten Selbstverwaltungsbegriff[13]. Als Formen wirtschaftlicher Selbstverwaltung erkennt Weber danach „von der landwirtschaftlichen Marktordnung und einer gewissen staatlich inaugurierten Selbstkontrolle des Güterkraftverkehrs und der Binnenschifffahrt abgesehen" nur das „Kammerwesen" an, worun-

---

[5] *Gieseke*, Wirtschaftliche Selbstverwaltung, in: Recht und Wirtschaft 10 (1921), 245 (246 ff.); im Ergebnis schlossen er (a.a.O., S. 246 f.) und manche andere Autoren wie *Herrfahrdt*, Die Formen der wirtschaftlichen Selbstverwaltung, in: JöR XI (1922), 1 ff.; *Glum*, Selbstverwaltung der Wirtschaft, 1925, S. 33 ff., insbes. S. 33, Fn. 46 dann aber resignativ, dass diese „neuen wirtschaftlichen Selbstverwaltungskörper" so vielgestaltig seien, dass bei Anknüpfung an das geltende positive Recht jedenfalls kein juristischer Begriff der wirtschaftlichen Selbstverwaltung gebildet werden könne.
[6] *E.R. Huber*, Selbstverwaltung der Wirtschaft, 1958, S. 9 ff.
[7] *E.R. Huber*, Selbstverwaltung der Wirtschaft, 1958, S. 9.
[8] *W. Weber*, Staats- und Selbstverwaltung, 2. Aufl., 1967, S. 142–159.
[9] *W. Weber*, Staats- und Selbstverwaltung, 2. Aufl., 1967, S. 150 ff., insbes. 153.
[10] *W. Weber*, Staats- und Selbstverwaltung, 2. Aufl., 1967, S. 151.
[11] *H. Peters*, Lehrbuch der Verwaltung, 1949, S. 52, 290, 506 f.
[12] *Scheuner*, Wirtschaftliche und soziale Selbstverwaltung, in: DÖV 1952, 609 ff.
[13] *W. Weber*, Staats- und Selbstverwaltung, 2. Aufl., 1967, S. 151 ff.

ter er IHK, Handwerkskammern, Handwerksinnungen, Kreishandwerkerschaften, Innungsverbände und Landwirtschaftskammern fasst[14].

Ist der Begriff schon im juristischen Schrifttum hoch umstritten, verliert er seine Konturen noch mehr, wenn man eng verwandte Wissenschaftsgebiete wie etwa die Geschichtswissenschaft in die Betrachtung einbezieht: So stellt *Werner Plumpe* in seinem Beitrag zur wirtschaftlichen Selbstverwaltung in einer Mitte der neunziger Jahre des 20. Jh. erschienenen „Modernen Wirtschaftsgeschichte" fest, dass unter wirtschaftlicher Selbstverwaltung „in der Regel die privaten und öffentlich-rechtlichen Zusammenschlüsse von Unternehmen, also insbesondere Verbände mit wirtschaftlichem (Kartelle etc.) und wirtschafts- und sozialpolitischem (Unternehmer- und Arbeitgeberverbände) Charakter sowie das Kammerwesen begriffen" würden[15].

Der dargestellte kleine Ausschnitt aus dem Schrifttum zur Selbstverwaltung der Wirtschaft lässt die Bandbreite der Auffassungen erahnen, die zur Definition der Selbstverwaltung der Wirtschaft und damit auch zu der Frage vertreten werden, welche Organisationsformen dieser zuzurechnen sind[16]. Dabei ist auch angeklungen, dass bereits der grundlegende Begriff der Selbstverwaltung als solcher höchst umstritten ist[17]. Eine Klärung des Begriffs der Selbstverwaltung der Wirtschaft setzt daher zunächst voraus, dass eine Definition des Begriffs Selbstverwaltung gefunden wird, die dann in einem zweiten Schritt im Hinblick auf die attributive Bestimmung „der Wirtschaft" bzw. „wirtschaftlich" näher eingegrenzt werden kann.

---

[14] *W. Weber*, Staats- und Selbstverwaltung, 2. Aufl., 1967, S. 155.
[15] *Plumpe*, Wirtschaftliche Selbstverwaltung, in: Ambrosius, Moderne Wirtschaftsgeschichte, 1996, S. 375 – in der 2. Aufl., 2006, ist der Beitrag zur Wirtschaftlichen Selbstverwaltung leider nicht mehr enthalten.
[16] Einen weiten Begriff der Selbstverwaltung der Wirtschaft vertreten z. B. auch *Hoppe/Beckmann*, Rechtsgrundlagen, 1988, S. 61 f.
[17] Vgl. aus der Fülle der Selbstverwaltungs-Definitionen in Lexika aber auch spezifisch juristischer Literatur etwa *Herrmann-Herrnritt*, Grundlehren des Verwaltungsrechts, 1921, S. 187; *Kelsen*, Allgemeine Staatslehre, 1925, S. 181 f.; *H. Peters*, Grenzen der kommunalen Selbstverwaltung, 1926, S. 36; *Most*, Selbstverwaltung der Wirtschaft, 3. Aufl., 1927, S. 13; *Bausen*, Selbstverwaltung, in: Staatslexikon, 4. Bd., 5. Aufl., 1931, Sp. 1486 ff.; *Scheuner*, Wirtschaftliche und soziale Selbstverwaltung, in: DÖV 1952, 609 (611); *Köttgen*, Selbstverwaltung, in: HdSoW, 9. Bd., 1956, S. 220 ff.; *Becker*, Selbstverwaltung als verfassungsrechtliche Grundlage, in: HkWP 1, 1956, S. 113 (121); *Achterberg*, Allgemeines Verwaltungsrecht, 2. Aufl., 1986, S. 191; *N. N.*, wirtschaftliche Selbstverwaltung, in: Brockhaus Enzyklopädie, 17. Aufl., 20. Bd., 1974, S. 392; *Weides*, Selbstverwaltung, in: Staatslexikon, 4. Bd., 7. Aufl., 1988, Sp. 1163 ff.; *Hendler*, Selbstverwaltung als Ordnungsprinzip, 1984, S. 284; *ders.*, Selbstverwaltung der Wirtschaft, in: LdR 7/730, S. 2; *Faber*, Verwaltungsrecht, 4. Aufl., 1995, S. 85; *Maurer*, Allgemeines Verwaltungsrecht, 14. Aufl., 2002, §23 Rn. 2 f.; *Püttner*, Selbstverwaltung, in: Deutsches Rechts-Lexikon, Bd. 3, 3. Aufl., 2001, S. 3810 ff.; *Reiger*, Selbstverwaltung, in: Katholisches Soziallexikon, 2. Aufl., 1980, Sp. 2524 ff.; *Rinck*, Wirtschaftsrecht, 5. Aufl., 1977, Rn. 591; *Schick*: Selbstverwaltung – Berufsständische, in: Evangelisches Staatslexikon, Bd. II, 3. Aufl., 1987, Sp. 3115 ff.; *Burgi*, Selbstverwaltung, in: VVDStRL 62 (2002), S. 405 (408 ff.).

II. Selbstverwaltung der Wirtschaft oder Kammerrecht?

Zuvor lässt sich allerdings grundlegend fragen, ob der Begriff der Selbstverwaltung der Wirtschaft heute überhaupt noch einer Untersuchung wie der vorliegenden zugrunde gelegt werden sollte oder ob gerade angesichts des schwer fassbaren Begriffs der Selbstverwaltung nicht alternative, handhabbarere Begriffe in den Mittelpunkt gestellt werden sollten. Die Offenheit des Begriffs der Selbstverwaltung einerseits und die Tatsache, dass viele potentielle Träger wirtschaftlicher Selbstverwaltung mit dem konkreteren Begriff der Kammer bezeichnet werden andererseits[18], könnten dafür sprechen, sich vom umstrittenen Begriff der Selbstverwaltung der Wirtschaft zu lösen und stattdessen an denjenigen der phänomenologisch abgesicherten Organisationsform der Kammer anzuknüpfen. So hat *Peter J. Tettinger* einer 1997 erschienenen grundlegenden Monographie den anschaulichen Obertitel „Kammerrecht" gegeben und weist in den Vorbemerkungen darauf hin, dass die Untersuchung „die Grundlinien der in Verfassungsrecht und Verwaltungsrecht wurzelnden Rechtsverhältnisse eines spezifischen, traditionsreichen Organisationstypus wirtschaftlicher und freiberuflicher Selbstverwaltung, der Kammern, in den Blick" nehme[19]. Indes kommen als Träger wirtschaftlicher Selbstverwaltung zwar überwiegend, aber doch nicht ausnahmslos Kammern in Betracht. Als Gegenbeispiel ist insbesondere die Handwerksinnung anzuführen, die heute nach herrschender Auffassung neben den Handwerkskammern das zweite zentrale Element der staatlichen Ordnung der wirtschaftlichen Selbstverwaltung des Handwerks und die quantitativ mit Abstand bedeutendste Erscheinungsform der Selbstverwaltung der Wirtschaft überhaupt bildet[20].

Der anschauliche Begriff der Kammer bzw. des Kammerrechts trägt damit zunächst die Gefahr in sich, einen bedeutsamen Träger wirtschaftlicher Selbstverwaltung wie die Handwerksinnung aus dem Untersuchungsgegenstand herauszudefinieren oder diesen dann stillschweigend oder explizit doch wieder über den Begriff der Kammer hinaus zu erweitern. Tettinger behandelt die Handwerksinnung eher

---

[18] Zu den Trägern wirtschaftlicher Selbstverwaltung bspw. *Frotscher*, Selbstverwaltung und Demokratie, in: FS v. Unruh, 1983, S. 127 (143); *Badura*, Wirtschaftsverwaltungsrecht, in: Schmidt-Aßmann, Besonderes Verwaltungsrecht, 12. Aufl., 2003, S. 245 (294 ff.); eine auf die Bedürfnisse des Gesetzes zur Förderung der Kreislaufwirtschaft und Sicherung der umweltverträglichen Beseitigung von Abfällen zugeschnittene enge Definition von „Selbstverwaltungskörperschaften der Wirtschaft" findet sich in § 18 Abs. 1 KrW-/AbfG (Handelskammern, Handwerkskammern und Landwirtschaftskammern).

[19] *Tettinger*, Kammerrecht, 1997, S. 1; zu beachten ist in diesem Zusammenhang, dass *Tettinger* den Begriff der wirtschaftlichen Selbstverwaltung in seiner Abhandlung zur Selbstverwaltung im Bereich der Wirtschaft, in: FS v. Unruh, 1983, S. 809 (811) – über den zentralen Komplex der wirtschafts- und berufsständischen Kammern und der Handwerksinnungen hinausgehend – vorläufig in einem weiteren, stärker funktional orientierten Sinne versteht; auch das 2005 von *Winfried Kluth* herausgegebene Handbuch des Kammerrechts wählt die Perspektive des Kammerrechts.

[20] Die Innungen werden ganz überwiegend der Selbstverwaltung zugerechnet; vgl. bspw. *Scheuner*, Wirtschaftliche und soziale Selbstverwaltung, in: DÖV 1952, 609 (612); *Hendler*, Selbstverwaltung der Wirtschaft, in: LdR 7/730, S. 5; *N. N.*, Selbstverwaltung, in: Verwaltungslexikon, 3. Aufl., 2002, S. 951; *Rinck*, Wirtschaftsrecht, 5. Aufl., 1977, Rn. 620.

am Rande als eine dem „Kammerwesen nahestehende Korporation"[21]. Vor allem aber könnte eine Orientierung am Begriff der Kammer eine Fokussierung auf die Organisationsform implizieren, in deren Rahmen sich die Selbstverwaltung der Wirtschaft vollzieht. Der Begriff der Selbstverwaltung stellt hingegen nicht nur in seiner historischen Genese seit dem *Freiherrn vom Stein*, sondern – wie später noch zu zeigen sein wird – auch in materialer Perspektive bis zum heutigen Tag die sich selbst Verwaltenden in den Mittelpunkt, während die Kammern und anderen Organisationsformen der Selbstverwaltung als Foren zur Ausübung des materialen Vorgangs der Selbstverwaltung fungieren. Die partizipative Dimension könnte leicht einer organisationsformbezogenen Perspektive geopfert werden, legte man einer Untersuchung wie der vorliegenden statt des Begriffs der Selbstverwaltung der Wirtschaft denjenigen des Kammerrechts zugrunde.

Obwohl der formale Begriff der Kammer an Anschaulichkeit dem Begriff der Selbstverwaltung der Wirtschaft überlegen ist, ist es daher angeraten, mittels des materialen Oberbegriffs der Selbstverwaltung der Wirtschaft alle Ausprägungen dieses Begriffs, die sich heute in der Rechtsordnung der Bundesrepublik Deutschland materialisiert haben, gleichberechtigt in die Untersuchung einzubeziehen. Angemerkt sei, dass auch Tettinger seiner Untersuchung neben dem griffigen Titel „Kammerrecht" den materialen Untertitel „Das Recht der wirtschaftlichen und der freiberuflichen Selbstverwaltung" beigefügt hat.

III. Selbstverwaltung der Wirtschaft als Gegenstand der Forschung

1. Monographien zur „Selbstverwaltung der Wirtschaft" bzw. „Wirtschaftlichen Selbstverwaltung"

Die Selbstverwaltung der Wirtschaft als solche war in Deutschland seit nunmehr über einem halben Jahrhundert nicht mehr Gegenstand einer umfassenden juristischen Monographie. Insgesamt tragen drei Buchveröffentlichungen exakt den Titel „Selbstverwaltung der Wirtschaft" der vorliegenden Schrift bzw. den synonym verwendeten Titel „Wirtschaftliche Selbstverwaltung": In chronologischer Reihenfolge sind dies die im Jahr 1925 erschienene Arbeit „Selbstverwaltung der Wirtschaft" von *Friedrich Glum*, die im Jahr 1936 publizierte Monographie „Wirtschaftliche Selbstverwaltung" von *Kurt Münch* und schließlich die schon erwähnte, im Jahr 1958 vorgelegte Schrift „Selbstverwaltung der Wirtschaft" von *Ernst Rudolf Huber*. Alle drei Bücher sind allerdings inhaltlich stark dem jeweiligen Zeithintergrund verhaftet. Zudem verfolgten die Autoren mit ihnen meist ganz bestimmte Anliegen.

---

[21] *Tettinger*, Kammerrecht, 1997, S. 30f.

a) Friedrich Glums „Selbstverwaltung der Wirtschaft" von 1925

Die Monographie von *Friedrich Glum* nimmt zwar den Titel des vorliegenden Buches vorweg, behandelt jedoch im Schwerpunkt ganz andere Organisationsformen, da ein eigenständiger, stark in der Frühphase der Weimarer Verfassungsentwicklung verwurzelter Begriff der Selbstverwaltung der Wirtschaft zugrunde gelegt wird: Ohne dass hier zu sehr dem zweiten und dritten Kapitel vorgegriffen werden soll, kann festgehalten werden, dass in den ersten Jahren der Weimarer Republik, eingebettet in gemeinwirtschaftliche und wirtschaftsdemokratische Konzepte, insbesondere im Bereich der Ressourcenbewirtschaftung neue Organisationsformen wie der Eisenwirtschaftsbund eingerichtet wurden, welche die zugrunde liegenden Gesetze ausdrücklich als wirtschaftliche Selbstverwaltungskörper bezeichneten. Das in Glums Monographie gipfelnde juristische Schrifttum der frühen Weimarer Republik bemühte sich um eine juristische Erfassung dieser neuen Organisationsformen[22]. Durch Abstraktion der Merkmale der gesetzlich ausdrücklich als wirtschaftliche Selbstverwaltungskörperschaften bezeichneten Organisationsformen sollte daher induktiv ein Begriff der wirtschaftlichen Selbstverwaltung gebildet werden, an dem dann auch andere Organisationsformen gemessen werden konnten[23]. Im Ergebnis führte dies dazu, dass die überkommenen Handelskammern, Handwerkskammern, Handwerksinnungen usw. gerade nicht der wirtschaftlichen Selbstverwaltung zugerechnet wurden. Bezeichnend ist Glums Feststellung, es handele sich bei diesen Organisationsformen um Kammern „mit einem Einschlag zum Selbstverwaltungskörper hin"[24].

Dieser herrschenden Auffassung trat vor allem *Otto Most* mit seiner programmatisch „Die Selbstverwaltung der Wirtschaft in den Industrie- und Handelskammern"[25] betitelten Schrift von 1927 entgegen: Most leitete den Begriff der Selbstverwaltung der Wirtschaft nicht induktiv von den „neuen Selbstverwaltungskörpern" ab, sondern definierte zunächst abstrakt den Begriff der Selbstverwaltung, um diesen dann deduktiv auf die „neuen Selbstverwaltungskörper" anzuwenden. Dabei gelangte er zum Ergebnis, dass Eisenwirtschaftsbund, Kohlensyndikate und dergleichen gerade keine Selbstverwaltungskörper seien[26]. Bei ihnen handele es sich vielmehr um vom Staat zur Erledigung von Aufgaben der Staatsverwaltung geschaffene Zweckvertretungen der jeweiligen Interessenten, denen gerade die wichtigsten Merkmale der Selbstverwaltung fehlten[27]. In dezidiertem Kontrast zur herrschenden Meinung schloss *Most* daher, dass die Industrie- und Handelskammern

---

[22] Näher dazu unten S. 143 ff.; *Glum*, Reichswirtschaftsrat, 1929, S. 25 ff.
[23] Vgl. bereits *Gieseke*, Wirtschaftliche Selbstverwaltung, in: Recht und Wirtschaft 10 (1921), 245 ff.; *Wauer*, Die wirtschaftlichen Selbstverwaltungskörper, 1923, S. 19 ff.; *Isay*, Das Gesetz über die Regelung der Kohlenwirtschaft, 1920, S. 63 ff.
[24] *Glum*, Selbstverwaltung der Wirtschaft, 1925, S. 163.
[25] Nach der ersten Auflage von 1927 gab Most noch im selben Jahr sowohl eine unveränderte zweite als auch eine erweiterte dritte Auflage heraus.
[26] *Most*, Selbstverwaltung der Wirtschaft, 3. Aufl., 1927, S. 15 f.
[27] *Most*, Selbstverwaltung der Wirtschaft, 3. Aufl., 1927, S. 17.

zusammen mit den Landwirtschafts- und den Handwerkskammern vorläufig die einzigen Vertreter der Selbstverwaltung der Wirtschaft seien[28]. Festgehalten werden kann, dass Glums Monographie heute vor allem rechtshistorischen Wert besitzt, da sie spezifisch im Verfassungsdenken der frühen Weimarer Republik verwurzelte gemeinwirtschaftliche Organisationsformen, die in der zweiten Hälfte der Weimarer Republik längst ihren Nimbus eingebüßt hatten, zu erfassen suchte.

b) Kurt Münchs „Wirtschaftliche Selbstverwaltung" von 1936

Auch *Kurt Münch* knüpft in seiner 1936 erschienenen Monographie „Wirtschaftliche Selbstverwaltung" zeitgebunden an spezifische, de lege lata als Selbstverwaltungskörper bezeichnete Organisationsformen – hier des nationalsozialistischen Regimes – an und entwickelt so einen entsprechend geprägten, heute obsoleten Begriff wirtschaftlicher Selbstverwaltung. Dabei geht er zwar im historischen Abschnitt seiner Arbeit auch auf Kammern, Innungen und die gemeinwirtschaftsorientierten „neuen Selbstverwaltungskörper" ein, ordnet diese jedoch lediglich als historische Entwicklungsstufen auf dem Weg zu der aus seiner Sicht eigentlichen, nämlich nationalsozialistischen, wirtschaftlichen Selbstverwaltung ein, welche „die gemeinschaftliche Regelung überbetrieblicher Angelegenheiten durch die unmittelbar Beteiligten unter gliedhafter Einfügung in den Staat als die lebendige Form der Volksgemeinschaft" bedeute[29]. Münchs Monographie ist aufgrund ihrer Verwurzelung in der spezifischen, nationalsozialistischen Rechtswirklichkeit aus heutiger Sicht ebenfalls nur noch von rechtshistorischem Interesse.

c) Ernst Rudolf Hubers „Selbstverwaltung der Wirtschaft" von 1958

Ernst Rudolf Hubers bereits oben erwähnte Schrift „Selbstverwaltung der Wirtschaft" von 1958 ist nicht zuletzt aus dem Grund bemerkenswert, als es sich um eine monographische Stellungnahme zu einem Thema handelt, zu dem sich der Autor – mit durchaus unterschiedlichen Ergebnissen – unter drei Regimen, der späten Weimarer Republik, dem Nationalsozialismus und eben der Bundesrepublik geäußert hat. Wie bereits ausgeführt, ist die hier in Rede stehende Monographie von 1958 letztlich ein Plädoyer für einen extrem weiten, nicht mehr auf öffentlich-rechtliche Wirtschaftsverbände körperschaftlichen Charakters beschränkten Begriff der Selbstverwaltung der Wirtschaft[30]. Damit diente Hubers Veröffentlichung zwar – wie auch das vorliegende Buch – dazu, das Phänomen „Selbstverwaltung der Wirtschaft" aus juristischer Perspektive zu definieren. Er verfolgte indes ein sehr spezifisches Ziel, das auf heftige Kritik im juristischen Schrifttum stieß und sich hier letztlich nicht durchsetzen konnte.

---

[28] *Most*, Selbstverwaltung der Wirtschaft, 3. Aufl., 1927, S. 19.
[29] *Münch*, Wirtschaftliche Selbstverwaltung, 1936, S. 29, 65 f.
[30] *E. R. Huber*, Selbstverwaltung der Wirtschaft, 1958, S. 9 ff.

2. Literatur zum Thema Selbstverwaltung der Wirtschaft

Löst man sich von den selbständigen Schriften, die den Titel des vorliegenden Buches vorwegnehmen, lässt sich die einschlägige Forschungsliteratur – anhand des später noch genauer umrissenen Gegenstands dieser Arbeit – in zwei Gruppen unterteilen, wobei Überschneidungen inhärent sind: Die erste Gruppe wird von Veröffentlichungen gebildet, die aus der Perspektive des Selbstverwaltungsprinzips – wenn auch nicht im Schwerpunkt so zumindest auch – die Selbstverwaltung der Wirtschaft und ihre Erscheinungsformen behandeln. Insgesamt hat dieser lange vernachlässigte Forschungsgegenstand seit den letzten Jahrzehnten des 20. Jh. wieder mehr Aufmerksamkeit erfahren. Hervorgehoben seien die grundlegende, den gesamten Bereich der Selbstverwaltung umfassende Habilitationsschrift „Selbstverwaltung als Ordnungsprinzip" von *Reinhard Hendler* aus dem Jahr 1984 und die die kommunale Selbstverwaltung ausklammernde Habilitationsschrift „Funktionale Selbstverwaltung" von *Winfried Kluth* aus dem Jahr 1997. In einem weiteren Sinne kann auch eine Monographie wie *Tettingers* ebenfalls im Jahr 1997 veröffentlichtes „Kammerrecht" der ersten Gruppe zugerechnet werden. Zwar ist diese nicht auf den Begriff der Selbstverwaltung, sondern auf denjenigen der Kammer zentriert, doch liegt ihr ebenfalls eine Perspektive zugrunde, welche synoptisch analysierend die gemeinsamen Strukturen der untersuchten Organisationsformen in den Mittelpunkt stellt.

Die zweite Gruppe von Veröffentlichungen untersucht weniger das grundlegende Rechtsprinzip der Selbstverwaltung, sondern befasst sich mit Rechtsfragen der einzelnen Organisationsformen, die der Selbstverwaltung der Wirtschaft zugerechnet werden. Aus der umfangreichen Literatur zu verschiedensten rechtlichen Aspekten dieser Körperschaften seien die Kommentierungen der einschlägigen Rechtsgrundlagen hervorgehoben: Das Recht der IHK ist in dem von *Gerhard Frentzel* und *Ernst Jäkel* begründeten, in der 2009 erschienenen siebten Auflage wiederum von erfahrenen Praktikern primär aus den Reihen des Deutschen Industrie- und Handelskammertages (DIHK) bearbeiteten Kommentar zum Industrie- und Handelskammergesetz (IHKG) umfassend erläutert[31]. Das Recht der Handwerkskammern, Handwerksinnungen und Kreishandwerkerschaften wird gegenwärtig in drei namhaften Kommentierungen der Handwerksordnung (HwO) behandelt: Neben dem Kommentar von *Steffen Detterbeck*, der 2008 in vierter Auflage erschienen ist[32], stehen der nunmehr vom Generalsekretär des Zentralverbands des Deutschen Handwerks (ZDH), *Holger Schwannecke*, herausgegebene, über-

---

[31] *Frentzel/Jäkel/Junge*, Industrie- und Handelskammergesetz – Kommenar zum Kammerrecht des Bundes und der Länder, 7. Aufl. 2009, bearbeitet von *Ralf Jahn*, *Annette Karstedt-Meierrieks*, *Jürgen Möllering*, *Axel Rickert* und *Bettina Wurster*; die 1999 erschienene sechste Auflage wurde von *Werner Junge*, *Hans-Werner Hinz* und *Jürgen Möllering* bearbeitet.
[32] *Detterbeck*, Handwerksordnung (HwO), 4. Aufl., 2008; Vorauflagen sind: *Musielak/Detterbeck*, Das Recht des Handwerks, 3. Aufl., 1995; *Siegert/Musielak*, Recht des Handwerks, 2. Aufl., 1984; *Siegert/Musielak*, Recht des Handwerks, Lsbl. 1. Lfg. 1966.

wiegend von Praktikern des Handwerksrechts erstellte Loseblattkommentar zur HwO[33] und ein ebenfalls traditionsreicher, kleinerer Kommentar zur Verfügung, den in der 2008 erschienenen vierten Auflage *Gerhart Honig* und *Matthias Knörr* bearbeitet haben[34]. Während mithin das Recht der Selbstverwaltungskörperschaften des Handwerks in mehreren fundierten Kommentierungen erläutert wird, ist das Recht der Landwirtschaftskammern seit langem vernachlässigt. Die bislang letzte Kommentierung der landesrechtlichen Landwirtschaftskammergesetzgebung ist in dem vor mehr als einem halben Jahrhundert erschienenen Kommentar „Landwirtschaftliche Selbstverwaltung" von *Ernst Sauer* enthalten[35]. Auch sonst ist das Recht der Landwirtschaftskammern in den letzten Jahrzehnten geradezu ein Stiefkind der juristischen Selbstverwaltungsforschung geblieben. Das Gebiet ist gegenwärtig weitestgehend unerschlossen[36].

IV. Gegenstand und Ziel der Untersuchung

In den bisherigen Ausführungen ist bereits angeklungen, dass die vorliegende Untersuchung ein doppeltes Ziel verfolgt: Im ersten Teil geht es um die Klärung des Begriffs der Selbstverwaltung der Wirtschaft. Dafür muss zunächst im zweiten Kapitel eine Definition des seinerseits hoch umstrittenen Begriffs der Selbstverwaltung herausgearbeitet werden, bevor dann im dritten Kapitel der Begriff der Selbstverwaltung der Wirtschaft folgt. Materiell geht es dabei – dies sei hier bereits vorweggenommen – primär um die Reintegration des partizipativen Elements in den juristischen Begriff der Selbstverwaltung der Wirtschaft. Der zweite Teil des Buches behandelt dann, auf der Grundlage einer Vorprüfung im dritten Kapitel, das Recht der Selbstverwaltung in den einzelnen potentiellen Organisationsformen der Selbstverwaltung der Wirtschaft, nämlich den IHK, den Handwerksinnungen, den Kreishandwerkerschaften, den Handwerkskammern und den Landwirtschaftskammern. Dabei werden im Anschluss an die Geschichte des jeweiligen Rechts die wesentlichen Strukturen des Rechts der Selbstverwaltung in den einzelnen Körperschaften analysiert, so dass diese Abschnitte durchaus auch als kondensierte Ab-

---

[33] *Schwannecke*, Die Deutsche Handwerksordnung – Kommentar, Mustersatzung und Materialien, Lsbl., Stand: 44. Lfg., März 2010; der vormals von *Hans-Jürgen Aberle* herausgegebene Kommentar geht auf die 1954 zunächst in gebundener Form (*Kolbenschlag/Leßmann/Stücklen*, Die neue Handwerksordnung, 1954), ab 1967 dann als Loseblattsammlung (*Kübler/Aberle/Schubert* (Hrsg.), Die Deutsche Handwerksordnung, Lsbl., 1. Lfg., 1967) publizierte Kommentierung der Handwerksordnung zurück.

[34] *Honig* hat als Praktiker des Handwerksrechts nicht nur die ersten drei Auflagen dieses Kommentars von 1993, 1999 und 2004 verfasst, sondern zuvor bereits die 1973 erschienene dritte Auflage des früheren Standardkommentars zur HwO von *Erich Eyermann* und *Ludwig Fröhler*, *Eyermann/Fröhler/Honig*, Handwerksordnung – Kommentar, 3. Aufl., 1973, mitverfasst. Zuvor war bereits die 2. Auflage jenes Kommentars von 1967 „unter Mitarbeit" von *Honig* erschienen.

[35] *Sauer*, Landwirtschaftliche Selbstverwaltung – Kommentar zur Landwirtschaftskammergesetzgebung der deutschen Bundesrepublik, 1957.

[36] Vgl. auch *Franz*, Landwirtschaftskammern, in: JbKR 2002, S. 123 (140).

handlungen über das Recht der einzelnen Körperschaften gelesen werden können. Das Wesentliche liegt aber in der Aufarbeitung dieses Rechts aus der Perspektive des Selbstverwaltungsprinzips: Hier geht es also darum, die unterschiedliche Verwirklichung des materialen Selbstverwaltungsprinzips in der Binnenverfassung der verschiedenen Selbstverwaltungskörperschaften herauszuarbeiten. Letztlich kann das vorliegende Buch damit einerseits aus der Mikroperspektive des Rechts der jeweiligen Selbstverwaltungskörperschaft gelesen werden. Übergreifend, in seiner Gesamtheit ist es andererseits eine Abhandlung über das Wesen der Selbstverwaltung der Wirtschaft, dessen Entwicklung und schließlich auch dessen tatsächliche Verwirklichung im aktuellen Recht der einzelnen Selbstverwaltungskörperschaften.

Angemerkt sei, dass im zweiten Teil über das Recht der Selbstverwaltungskörperschaften der Wirtschaft jeweils zunächst die historische Entwicklung des einschlägigen Rechts aufgearbeitet wird. Dies ist schon aus dem Grund geboten, dass das aktuelle Recht der Selbstverwaltungskörperschaften der Wirtschaft in besonders starkem Maße historisch gewachsenes Recht ist. In gewisser Hinsicht ist der Entwicklungsstand, den das Kammerverfassungsrecht etwa der Handelskammern gegen Ende des für die Ausformung des Selbstverwaltungsprinzips so wichtigen 19. Jh. in Preußen erreicht hatte, in der Folge im Wesentlichen nur noch Detailänderungen unterworfen gewesen. Frappierend ist dabei, dass es sich insgesamt um eine evolutive Rechtsentwicklung handelte, die sich meist auf Betreiben der unmittelbar Betroffenen (sich selbst Verwaltenden) vor dem Hintergrund und in den Spielräumen der jeweiligen politischen Systeme vollzog. Versuche revolutionärer, politisch aufgeladener Rechtsänderungen blieben vorübergehende Ausnahmeerscheinungen, die sich langfristig gerade nicht durchsetzen konnten. Daher lässt sich insgesamt eine erstaunlich harmonische Rechtsentwicklung konstatieren, die bis zum heutigen Tage andauert. Diese Beobachtung ist besonders spannend in einer Zeit, in der bspw. der Vorschlag einer Privatisierung der IHK gelegentlich in der politischen Agenda aufflackert: ein Gedanke, der möglicherweise auch auf andere Selbstverwaltungskörperschaften der Wirtschaft übertragen werden könnte. Käme es tatsächlich dazu, könnte dies eine fundamentale Zäsur in der über 200 Jahre währenden evolutiven Rechtsentwicklung des Rechts der Selbstverwaltungskörperschaften der Wirtschaft bedeuten.

1. Teil

Der Begriff der Selbstverwaltung der Wirtschaft

2. Kapitel

Begriff und Kategorien der Selbstverwaltung

I. Eckpunkte des umstrittenen Begriffs der Selbstverwaltung

Gegenstand der vorliegenden Untersuchung ist die Selbstverwaltung der Wirtschaft. Schon der Begriff der Selbstverwaltung allein ist indes – wie bereits erwähnt – vielfältigen Deutungen und Definitionen zugänglich[1]. Schlaglichtartig deutlich wird dies anhand der thematischen Bandbreite der Beiträge zur Festgabe für *von Unruh* aus dem Jahr 1983[2] „Selbstverwaltung im Staat der Industriegesellschaft", in deren Zentrum – wie *von Mutius* einleitend formuliert – „Selbstverwaltung als Rechtsinstitut, als administratives, politisches, soziales und organisatorisches Prinzip" steht[3]. Im Einzelfall ist daher heftig umstritten, welches Phänomen Selbstverwaltung darstellt und welches nicht[4]. Durch die Anknüpfung an den ambivalenten Begriff der Verwaltung kann sich der Begriff der Selbstverwaltung dabei sowohl auf die materiale Tätigkeit bzw. den Vorgang der Verwaltung[5] beziehen als auch auf

---

[1] Die Weite des auch in der Alltagssprache verbreiteten Begriffs der Selbstverwaltung birgt die Gefahr in sich, ihn auch im Rechtssinne auf Organisationseinheiten im weitesten Sinne auszudehnen, die ihre inneren und äußeren Angelegenheiten selbstbestimmt regeln. Dem Begriff der Selbstverwaltung bspw. mit *Pernthaler*, Die verfassungsrechtlichen Schranken, 1967, S. 32 f., der eine Kategorie „gesellschaftlicher Selbstverwaltung" postuliert, neben der Tätigkeit von Gesellschaften, Vereinen, Genossenschaften und anderer privater Organisationsformen sogar „die Befugnisse des Einzelnen im Rahmen der sog. Privatautonomie (Hausordnung, Anstaltsordnung, [...] u. a." zu subsumieren, würde sich zu sehr diesem alltäglichen Sprachgebrauch bzw. dem Begriff der Selbstbestimmung annähern und dabei die Grenzen zwischen Öffentlichem Recht und Privatrecht verwischen.
[2] Selbstverwaltung im Staat der Industriegesellschaft – Festgabe zum 70. Geburtstag von Georg Christoph von Unruh, hrsgg. von Albert von Mutius, Heidelberg 1983.
[3] *von Mutius*, Selbstverwaltung im Staat der Industriegesellschaft, 1983, S. VIII; *Becker*, Selbstverwaltung als verfassungsrechtliche Grundlage, in: HkWP 1, 1956, S. 113 (117) sieht Selbstverwaltung als „politisches Prinzip, Institution und Rechtsbegriff"; *Jestaedt*, Selbstverwaltung, in: DV 2002, 293 (293 f.) spricht auch innerhalb der Rechtswissenschaft von einem „intradisziplinären Verbundbegriff".
[4] Vgl. exemplarisch die Abgrenzung bei *Hendler*, Selbstverwaltung als Ordnungsprinzip, 1984, S. 284 ff. sowie *Weber*, Staats- und Selbstverwaltung, 2. Aufl., 1967, S. 145 ff.; BVerwGE 51, 115 (118) stellt resignativ fest, „daß es im geltenden Recht nicht ein einheitliches Recht der Selbstverwaltung schlechthin gibt. Richtig ist vielmehr, daß immer nur das jeweilige Selbstverwaltungsrecht zur Rede stehen kann. Dessen Inhalt und Grenzen lassen sich nicht einem übergreifenden generellen Maßstab, sondern immer nur derjenigen konkreten gesetzlichen Regelung entnehmen, auf der das jeweilige Selbstverwaltungsrecht für jeweils bestimmte Selbstverwaltungsträger und für die ihnen jeweils übertragenen Aufgaben beruht".
[5] Vgl. beispielhaft die Definitionen von *H. Peters*, Grenzen der kommunalen Selbstverwaltung, 1926, S. 36: „[...] eine sich im Rahmen der Reichs- und Staatsgesetze abspielende Tätigkeit

I. Eckpunkte des umstrittenen Begriffs der Selbstverwaltung 13

die organisatorischen Einheiten, die jene materiale Selbstverwaltung ausüben[6]. Insofern stellen etwa die im zweiten Teil dieses Buches behandelten Wirtschaftskammern usw. entweder Träger der Selbstverwaltung dar oder können selbst als Teil der organisatorischen Selbstverwaltung begriffen werden.

Um den Inhalt des Begriffs der Selbstverwaltung der Wirtschaft bestimmen zu können, ist es unerlässlich, zunächst den Begriff der Selbstverwaltung zu klären[7]. Dabei soll allerdings die umfangreiche, facettenreiche und viele Einzelprobleme betreffende Diskussion um den Begriff der Selbstverwaltung nicht abstrakt und umfassend nachvollzogen werden[8], zumal die auf die Arbeiten *Labands* und *Rosins* zurückgehende Unterscheidung zwischen einem juristischen Begriff der Selbstverwaltung einerseits und einem politischen und ggf. weiteren Begriffen der Selbstverwaltung andererseits bereits manchen Streit entschärft hat[9]. Stattdessen sollen die

---

von juristischen Personen des öffentlichen Rechts [...] kraft deren diese Verbände Aufgaben, welche weder solche der Rechtsprechung noch der Rechtsetzung sind, unter eigener Verantwortung erfüllen"; *Most*, Selbstverwaltung der Wirtschaft, 3. Aufl., 1927, S. 13: „[...] die Erfüllung öffentlicher Aufgaben durch vom Staat dazu berufene öffentlich-rechtliche Körperschaften unter staatlicher Aufsicht [...]"; *Wolff*, Verwaltungsrecht II, 1962, § 84 V b (S. 135): „[...] die selbständige, fachweisungsfreie Wahrnehmung enumerativ oder global überlassener oder zugewiesener eigener öffentlicher Angelegenheiten durch unterstaatliche Träger oder Subjekte öffentlicher Verwaltung"; *Püttner*, Selbstverwaltung, in: Deutsches Rechts-Lexikon, Bd. 3, 3. Aufl., 2001, S. 3810: „[...] selbständige, weisungsfreie Wahrnehmung überlassener oder zugewiesener öffentlicher Angelegenheiten durch unterstaatliche Rechtssubjekte [...]"; *Schick*, Selbstverwaltung – Berufsständische, in: Evangelisches Staatslexikon, Bd. II, 3. Aufl., 1987, Sp. 3115 (3116): „[...] versteht man unter [berufsständischer Selbstverwaltung] die Tätigkeit jener Organisationen im berufl. Bereich [...]" einerseits sowie die Definition von *Forsthoff*, Lehrbuch des Verwaltungsrechts, 10. Aufl., 1973, S. 478: „Selbstverwaltung ist also die Wahrnehmung an sich staatlicher Aufgaben durch Körperschaften, Anstalten und Stiftungen des öffentlichen Rechts" andererseits.

[6] Vgl. etwa *Hendler*, Selbstverwaltung als Ordnungsprinzip, 1984, S. 284: „Bei der Selbstverwaltung handelt es sich um öffentlichrechtliche Organisationseinheiten, die [...]"; allgemein zu diesem Begriffsdualismus bereits: *O. Mayer*, Deutsches Verwaltungsrecht I, 1895, S. VIII.

[7] Zur Interdependenz des grundlegenden Begriffs der Selbstverwaltung und des Begriffs der Selbstverwaltung der Wirtschaft etwa *Ballerstedt*, Wirtschaftsverfassungsrecht, in: Bettermann etc., Grundrechte III/1, 1958, S. 1 (25 ff.).

[8] Vgl. bereits *Rosin*, Souveränetät, in: Annalen des Deutschen Reiches, 1883, S. 265 (305 ff., insbes. 308, 320) sowie insbes. *Weber*, Staats- und Selbstverwaltung, 2. Aufl. 1967; *Hendler*, Selbstverwaltung als Ordnungsprinzip, 1984; *E. R. Huber*, Selbstverwaltung der Wirtschaft, 1958, S. 41 f.; *Henke*, Rechtsformen der sozialen Sicherung, in: VVDStRL 28 (1970), S. 149 (163 ff.); *Kluth*, Funktionale Selbstverwaltung, 1997, S. 18 ff.

[9] Vgl. zum juristischen und zum politischen Begriff der Selbstverwaltung, die allerdings ihrerseits mit durchaus unterschiedlichen Inhalten gefüllt werden, grundlegend: *Rosin*, Souveränetät, in: ADR 1883, 265 (305 ff.), basierend auf: *Laband*, Staatsrecht I, 1876, S. 95 ff. sowie aus dem umfangreichen späteren Schrifttum bspw. *G. Meyer/Anschütz*, Lehrbuch des Deutschen Staatsrechts, 2. Teil, 7. Aufl., 1917, S. 386; *Wolff*, Verwaltungsrecht II, 1962, § 84 V a, b (S. 135) sowie die erweiterten Ausführungen in der 2. Aufl., 1967, § 84 IV a, b; *Bausen*, Selbstverwaltung, in: Staatslexikon, 4. Bd., 5. Aufl., 1931, Sp. 1486 (1486 ff.); *Elleringmann*, Begriff und Wesen, 1936, S. 17 ff.; *Kluth*, Funktionale Selbstverwaltung, 1997, S. 19; *Brohm*, Strukturen der Wirtschaftsverwaltung, 1969, S. 248 f. (Fn. 33); *Faber*, Verwaltungsrecht, 4. Aufl., 1995, S. 85; *N. N.*, Selbstverwaltung, in: (Creifelds) Rechtslexikon, 17. Aufl., 2002, S. 1226 f.; *N. N.*, Selbstverwaltung, in: Verwaltungslexikon, 3. Aufl., 2002, S. 951; oft wird auch zwischen Selbstverwaltung im weiteren und im engeren Sinn differenziert, vgl. etwa *Köttgen*, Selbstverwaltung, in: HdSoW, 9. Bd., 1956, S. 220 (223);

drei Kernmerkmale des juristischen Selbstverwaltungsbegriffs benannt und – je nach dem Maß ihrer Umstrittenheit – in unterschiedlicher Detailschärfe diskutiert werden[10]: Dabei handelt es sich zunächst um die Rechtsform, die ein Selbstverwaltungsträger haben muss. Sodann gilt der Blick dem Wirkungskreis der Selbstverwaltungsträger als eigenverantwortlicher Verwaltung eigener Angelegenheiten. Der Schwerpunkt dieses Kapitels liegt dann aber auf dem partizipativen Element der Selbstverwaltung, d.h. der Frage, ob die Mitwirkung der Betroffenen, also das sich selbst Verwalten im ursprünglichen Wortsinne, Element des juristischen Selbstverwaltungsbegriffs ist. Der Stellenwert des partizipativen Elements im juristischen Selbstverwaltungsbegriff ist – wie auch bereits bei der Diskussion um die Rechtsform der Selbstverwaltungskörper anklingen wird – der zentrale Streitpunkt in der nun bereits über einhundertfünfzig Jahre währenden Diskussion um den Begriff der Selbstverwaltung. Diese Diskussion fokussiert auf das partizipative Element in ihren gegenläufigen Entwicklungen zu analysieren und vor den jeweiligen Hintergründen nachvollziehbar zu machen, um letztlich die Grundlage für eine Verortung des partizipativen Elements im juristischen Selbstverwaltungsbegriff zu schaffen, ist das zentrale Anliegen dieses Kapitels.

1. Juristische Person des öffentlichen Rechts als Rechtsform der Selbstverwaltungsträger

Während die Träger der Selbstverwaltung als Rechtsbegriff wie bspw. in der streng formalen Definition von *Forsthoff* „Wahrnehmung an sich staatlicher Aufgaben durch Körperschaften, Anstalten und Stiftungen des öffentlichen Rechts"[11] ganz überwiegend auf juristische Personen des öffentlichen Rechts beschränkt werden[12],

---

Püttner, Selbstverwaltung, in: Deutsches Rechts-Lexikon, Bd. 3, 3. Aufl., 2001, S. 3810; *Reiger*, Selbstverwaltung, in: Katholisches Soziallexikon, 2. Aufl., 1980, Sp. 2524 (2525) (Selbstverwaltungskörperschaften im engeren und im weiteren Sinn); *Schick*, Selbstverwaltung – Berufsständische, in: Evangelisches Staatslexikon, Bd. II, 3. Aufl., 1987, Sp. 3115 (3115 f.); *Baier*, in: Krauskopf, Soziale Krankenversicherung, Lsbl., § 29 SGB IV, Rn. 10 f. (2002).

[10] Vgl. etwa *Hendler*, Prinzip Selbstverwaltung, in: HStR VI, 3. Aufl., 2008, S. 1103 (1112 ff.); *R. Schmidt*, Wirtschaftspolitik, in: Achterberg etc., Besonderes Verwaltungsrecht I, 2. Aufl., 2000, S. 1 (35); *Wallerath*, Allgemeines Verwaltungsrecht, 6. Aufl., 2009, S. 193; *Mann*, Berufliche Selbstverwaltung, in: HStR VI, 3. Aufl., 2008, S. 1203 (1204).

[11] *Forsthoff*, Lehrbuch des Verwaltungsrechts, 10. Aufl., 1973, S. 478.

[12] Vgl. bspw. *H. Peters*, Grenzen der kommunalen Selbstverwaltung, 1926, S. 36; *ders.*, Lehrbuch der Verwaltung, 1949, S. 287; *Most*, Selbstverwaltung der Wirtschaft, 3. Aufl., 1927, S. 3 ff., 13; *ders.*, Die Selbstverwaltung der Wirtschaft, 1929, S. 4 f.; *W. Jellinek*, Verwaltungsrecht, 1928, S. 59, 509; *Simons*, Aufbau der Kohlenwirtschaft, 1931, S. 12; *Helfritz*, Grundriß des preußischen Kommunalrechts, 3. Aufl., 1932, S. 7 f.; *Strassert*, Selbstverwaltung, 1933, S. 13 f.; *Scheuner*, Wirtschaftliche und soziale Selbstverwaltung, in: DÖV 1952, 609 (611); *Köttgen*, Selbstverwaltung, in: HdSoW, 9. Bd., 1956, S. 220 (223 f.); *Weber*, Staats- und Selbstverwaltung, 2. Aufl., 1967, S. 144; *Brohm*, Strukturen der Wirtschaftsverwaltung, 1969, S. 248 f. (Fn. 33); *Forsthoff*, Lehrbuch des Verwaltungsrechts, 10. Aufl., 1973, S. 478; *Linckelmann*, Nochmals: Zum staatsrechtlichen Lehrbegriff, in: DÖV 1959, 813 (814); *Becker*, Selbstverwaltung als verfassungsrechtliche Grundlage,

I. 1. Juristische Person des öffentlichen Rechts als Rechtsform

werden auch verschiedene weiter gefasste Selbstverwaltungskonzeptionen vertreten[13], die zum Teil auch privatrechtliche Träger in den Bereich der Selbstverwaltung miteinbeziehen[14]. Solche weiten Selbstverwaltungskonzeptionen verfolgen meist den Zweck, die nicht dem Staat zuzuordnende „Grauzone" überindividueller, gemeinwohlorientierter, selbstorganisierter Aufgabenwahrnehmung in die Betrachtung einzubeziehen, und können dabei an historische Vorbilder, insbesondere aus der Weimarer Republik, anknüpfen[15].

Hinter weiten, privatrechtliche Träger einschließenden Selbstverwaltungsbegriffen stehen damit häufig als politisch zu charakterisierende Selbstverwaltungskonzeptionen, die nicht selten die Grenzen zwischen dem Rechtsbegriff Selbstverwaltung und einem weiten politischen Begriff der Selbstverwaltung verschwimmen lassen. Im Folgenden seien stellvertretend die weiten Konzeptionen von *Ernst Rudolf Huber* und *Wilhelm Henke* sowie der auf privatrechtliche Organisationsformen bezogene Begriff der „mittelbaren Selbstverwaltung" von *Gunnar Folke Schuppert* angesprochen.

---

in: HkWP 1, 1956, S. 113 (122); *ders.*, Selbstverwaltung, in: Staatslexikon, 6. Aufl., 1962, 7. Bd., Sp. 45 (46); *Rinck*, Wirtschaftsrecht, 5. Aufl., 1977, Rn. 595, 604; *Brause*, Begriff der Selbstverwaltung, 1900, S. 28 f.; *Frotscher*, Selbstverwaltung und Demokratie, in: FS v. Unruh, 1983, S. 127 (142 ff.); *Ramin*, Geschichte der Selbstverwaltungsidee, 1972, S. 210, 212; *Rittner*, Wirtschaftsrecht, 1979, S. 101; *Salzwedel*, Staatsaufsicht in der Verwaltung, in: VVDStRL 22 (1965), S. 206 (208 ff., 216, 258 f.); *Hendler*, Selbstverwaltung als Ordnungsprinzip, 1984, S. 279 ff.; *ders.*, Selbstverwaltung der Wirtschaft, in: LdR 7/730, S. 2; *Stern*, Staatsrecht I, 2. Aufl., 1984, S. 397 f.; *Elleringmann*, Begriff und Wesen, 1936, S. 16, 19 ff., 45; *ders.*: Selbstverwaltung, 1951, S. 3; *Achterberg*, Allgemeines Verwaltungsrecht, 2. Aufl., 1986, S. 191; *Weides*, Selbstverwaltung, in: Staatslexikon, 4. Bd., 7. Aufl., 1988, Sp. 1163 (1164); *Hoppe/Beckmann*, Rechtsgrundlagen, 1988, S. 60 f.; *Stober*, Allgemeines Wirtschaftsverwaltungsrecht, 12. Aufl., 2000, S. 413; *Püttner*, Selbstverwaltung, in: Deutsches Rechts-Lexikon, Bd. 3, 3. Aufl., 2001, S. 3810; *Muckel*, Selbstverwaltung in der Sozialversicherung, in: NZS 2002, 118 (122); *Burgi*, Selbstverwaltung, in: VVDStRL 62 (2002), S. 405 (410 f.); *Reiger*, Selbstverwaltung, in: Katholisches Soziallexikon, 2. Aufl., 1980, Sp. 2524 (2525) (für Selbstverwaltungskörperschaften im engeren Sinn).

[13] BVerwGE 31, 359 (364 f.) bezeichnet die Frachtenausschüsse im Binnenverkehrsrecht, die keine juristischen Personen des öffentlichen Rechts sind, im Anschluss an den Ausschuss für Verkehr (vgl. a.a.O., S. 362) als Selbstverwaltungseinrichtungen.

[14] Vgl. etwa *E. R. Huber*, Selbstverwaltung der Wirtschaft, 1958, S. 16, 42 ff.; *Reuß*, Die Organisation der Wirtschaft, in: Bettermann etc., Grundrechte III/1, 1958, S. 91 (103 ff.); *Zierold*, Die Deutsche Forschungsgemeinschaft, in: DÖV 1960, 481 (482); *ders.*, Selbstverwaltungsorganisationen, in: DÖV 1961, 686 (686 f.); *Fikentscher*, Wirtschaftsrecht, Bd. II, 1983, S. 121 f.; *Bullinger*, Staatsaufsicht in der Wirtschaft, in: VVDStRL 22 (1965), S. 264 (305, Fn. 169); *Henke*, Rechtsformen der sozialen Sicherung, in: VVDStRL 28 (1970), S. 149 (163 ff.); *Bausen*, Selbstverwaltung, in: Staatslexikon, 4. Bd., 5. Aufl., 1931, Sp. 1486 (1488); *U. K. Preuß*, Zum staatsrechtlichen Begriff des Öffentlichen, 1969, S. 197 ff.; *Wolff*, Verwaltungsrecht II, 1962, § 84 V b 3. (S. 137); *Schwark*, Wirtschaftsrecht, 6. Aufl., 1986, Rn. 923.; *Schick*, Selbstverwaltung – Berufsständische, in: Evangelisches Staatslexikon, Bd. II, 3. Aufl., 1987, Sp. 3115 (für Selbstverwaltung im weiteren Sinn).

[15] Vgl. etwa *E. R. Huber*, Selbstverwaltung der Wirtschaft, 1958, S. 21 ff.; *Forsthoff*, Lehrbuch des Verwaltungsrechts, 10. Aufl., 1973, S. 476 f.; *Tettinger*, Selbstverwaltung im Bereich der Wirtschaft, in: FS v. Unruh, 1983, S. 809 (810 ff.).

2. Kapitel: Begriff und Kategorien der Selbstverwaltung

a) Beispiele für weit gefasste Selbstverwaltungskonzeptionen und Kritik an ihnen

aa) Der funktional geprägte weite Begriff der Selbstverwaltung am Beispiel von Ernst Rudolf Hubers Selbstverwaltungsbegriff

Den in der Ära der Bundesrepublik entstandenen Schriften *Ernst Rudolf Hubers* lässt sich eine Entwicklung von einem auf öffentlich-rechtlich organisierte Träger beschränkten Selbstverwaltungsverständnis hin zu einem weiten Verständnis der Selbstverwaltung entnehmen. In der zweiten Auflage seines Wirtschaftsverwaltungsrechts von 1953 vertritt Huber noch eine enge Selbstverwaltungskonzeption: Selbstverwaltung sei „die unter Einsatz hoheitlicher Mittel bewirkte Wahrnehmung eigener Angelegenheiten durch einen körperschaftlichen Verband, der mit Autonomie gegenüber dem Staat ausgestattet und zwar einer staatlichen Legalitätskontrolle, aber grundsätzlich keiner darüber hinausgehenden Weisungsgewalt unterworfen ist"[16]. Wirtschaftliche Selbstverwaltung liege vor, „wo öffentlich-rechtliche Wirtschaftsverbände körperschaftlichen Charakters eigene wirtschaftliche Aufgaben mit administrativen Mitteln wahrnehmen, und die übergeordneten Staatsbehörden auf die bloße Legalitätskontrolle beschränkt sind [...]"[17].

In seiner fünf Jahre später erschienenen Monographie „Selbstverwaltung der Wirtschaft" spricht sich Huber dann aber – wie schon in der Einleitung erwähnt – für einen deutlich weiteren Selbstverwaltungsbegriff aus[18]. Zwar bestreitet er auch hier nicht, dass die Selbstverwaltung der Wirtschaft vornehmlich in öffentlich-rechtlichen Formen geführt werde[19], indes werde die der traditionellen Selbstverwaltungstheorie zugrunde liegende Beschränkung des Selbstverwaltungsbegriffs auf öffentlich-rechtliche Einrichtungen der aktuellen Lage nicht mehr gerecht[20]. Seit langem hätten sich in der Wirtschaft Selbstverwaltungseinrichtungen in privater Rechtsform entwickelt, zu denen etwa Unternehmensverbände, Gewerkschaften und sogar Erwerbs- und Wirtschaftsgenossenschaften zählen könnten[21]. Huber ersetzt den überkommenen „Formalbegriff" der Selbstverwaltung daher durch einen „Funktionsbegriff" und führt aus, dass Selbstverwaltungsfunktionen auch von privatrechtlichen Einrichtungen wahrgenommen werden könnten[22].

Diese funktionale Perspektive auf den Selbstverwaltungsbegriff will diesen für ein viel größeres Spektrum an Einrichtungen öffnen, dessen genauer Umfang von der Definition der Selbstverwaltungsfunktion abhängt[23]. Indem die Ausübung ei-

---

[16] E. R. *Huber*, Wirtschaftsverwaltungsrecht, 1. Bd., 2. Aufl., 1953, S. 110.
[17] E. R. *Huber*, Wirtschaftsverwaltungsrecht, 1. Bd., 2. Aufl., 1953, S. 112; vgl. auch *ders.*, Rechtsformen der wirtschaftlichen Selbstverwaltung, in: VerwArch. 37 (1932), 301 (366): „[...] weil es Selbstverwaltung im vollen Sinne nur bei öffentlich-rechtlichen Körperschaften gibt".
[18] E. R. *Huber*, Selbstverwaltung der Wirtschaft, 1958, S. 9 ff.
[19] E. R. *Huber*, Selbstverwaltung der Wirtschaft, 1958, S. 41 f.
[20] E. R. *Huber*, Selbstverwaltung der Wirtschaft, 1958, S. 16, 42 ff.
[21] E. R. *Huber*, Selbstverwaltung der Wirtschaft, 1958, S. 43 ff.
[22] E. R. *Huber*, Selbstverwaltung der Wirtschaft, 1958, S. 16 f., 43.
[23] E. R. *Huber*, Selbstverwaltung der Wirtschaft, 1958, S. 17 f. postuliert neben der Selbstverwaltung in körperschaftlicher Form (Selbstverwaltungsverbänden) auch eine Selbstverwaltung in

ner öffentlichen Funktion als wesentliches Merkmal postuliert wird, werden die dem Selbstverwaltungsbegriff unterfallenden Phänomene allerdings übermäßig ausgeweitet, so weit, dass sogar privatrechtliche Genossenschaften einbezogen werden, soweit sie der wirtschaftlichen Gemeinschaftsarbeit von Unternehmern oder Verbrauchern im öffentlichen Interesse und unter öffentlicher Verantwortung dienen[24]. Sicherlich ist es legitim, den Blick auf die die Sphäre des Individuums überschreitende, ordnende und gestaltende Wirkmacht einer Vielzahl privatrechtlich organisierter Einrichtungen für das Gemeinwesen zu öffnen[25]. Indes lässt die Schlüsselfunktion des überweit auslegbaren Merkmals der öffentlichen Funktion den Rechtsbegriff der Selbstverwaltung – wie das Beispiel der von Huber einbezogenen privatrechtlichen Genossenschaften deutlich illustriert – letztlich konturenlos werden und droht, ihn von seiner Zuordnung zur Staatsorganisation abzukoppeln[26].

bb) Sozialverwaltungsrechtliche bzw. sozialstaatliche Selbstverwaltungskonzeptionen

aaa) Wilhelm Henkes Plädoyer für einen Paradigmenwechsel der Selbstverwaltung aus sozialverwaltungsrechtlicher Perspektive

Wilhelm Henke entwickelte in seinem Vortrag auf der Staatsrechtslehrertagung 1969 aus ganz anderer, nämlich sozialverwaltungsrechtlicher, Perspektive ein Selbstverwaltungskonzept[27], in dem auch privatrechtliche Organisationseinheiten Raum finden[28]. Henke verwirft das Paradigma der Selbstverwaltung des 19. Jahrhunderts, die kommunale Selbstverwaltung, vor dem Hintergrund der sie prägenden Opposition zwischen Bürgertum und Monarch als nicht mehr gültig und charakterisiert sie als dezentralisierte Staatsverwaltung[29]. An ihrer Stelle propagiert er die „Sozialversicherung in ihrer heutigen Ausgestaltung" als neues Paradigma der Selbstverwaltung[30]. Hier habe sich Selbstverwaltung als „soziale Selbstverwal-

---

„organschaftlicher Form". Hierunter versteht er die beratende oder entscheidende Mitwirkung der Wirtschaftstätigen an der Erledigung öffentlicher Angelegenheiten durch ehrenamtliche Vertreter „in zahlreichen Beiräten, Ausschüssen, Kollegialbehörden der Wirtschafts- und Sozialverwaltung", die ihrem Status nach nicht dem öffentlichen Recht angehören müssten.

[24] *E.R. Huber*, Selbstverwaltung der Wirtschaft, 1958, S. 23, 44.
[25] Vgl. auch *Reuß*, Die Organisation der Wirtschaft, in: Bettermann etc., Grundrechte III/1, 1958, S. 91 (103 f.).
[26] Vgl. auch die Kritik an Hubers Begriff einer „körperschaftlichen Selbstverwaltung der Wirtschaft in privatrechtlicher Form" durch *Salzwedel*, Staatsaufsicht in der Verwaltung, in: VVDStRL 22 (1965), S. 206 (209 f.), *Weber*, Staats- und Selbstverwaltung, 2. Aufl. 1967, S. 150 ff. und *Ramin*, Geschichte der Selbstverwaltungsidee, 1972, S. 209 f.
[27] Zum Konzept einer sozialstaatlichen Selbstverwaltung siehe vor allem auch *U.K. Preuß*, Zum staatsrechtlichen Begriff des Öffentlichen, 1969, insbes. S. 197 ff.
[28] *Henke*, Rechtsformen der sozialen Sicherung, in: VVDStRL 28 (1970), S. 149 (163 ff.).
[29] Ähnlich zur kommunalen Selbstverwaltung bspw. auch *Schuppert*, Selbstverwaltung als Beteiligung Privater, in: FS v. Unruh, 1983, S. 183 (203 f.).
[30] *Henke*, Rechtsformen der sozialen Sicherung, in: VVDStRL 28 (1970), S. 149 (164 f.).

tung" herausgebildet[31], „getragen von den sozialen Kräften, die das liberale Bürgertum abgelöst haben, und von einer Bewegung der Zusammenarbeit der Sozialpartner, die nach 1918 begann [...]. Sie ist heute ein wesentlicher und, richtig verstanden, ausbaufähiger Teil unserer öffentlichen Ordnung".

Von der Prämisse der Dichotomie von Staat und Gesellschaft ausgehend[32], sieht Henke den Bereich möglicher Selbstverwaltung in der Zone öffentlicher Aufgaben zwischen reinen Staatsaufgaben, die von der Ämter- und Behördenverwaltung des Bundes und der Länder wahrgenommen werden, und der rein gesellschaftlichen Erfüllung öffentlicher Aufgaben bspw. durch Wohlfahrtsverbände[33]. Charakteristisch sei das Zusammengreifen von Gesellschaft und Staat bei der Erfüllung öffentlicher Aufgaben. Selbstverwaltungsträger könnten dabei verschiedenartig, eben auch privatrechtlich, organisiert sein[34]. So führt er die privatrechtlich organisierte Deutsche Forschungsgemeinschaft als Beispiel für Selbstverwaltung an und charakterisiert die Beleihung Privater als mögliche Form der Selbstverwaltung, „sofern auf ihrer Grundlage Glieder der Gesellschaft öffentliche Aufgaben unter Mitwirkung der Staatsverwaltung – in Gestaltung der Übertragung, der Aufsicht, eventuell der Finanzierung – erfüllen"[35].

Henkes Plädoyer für ein neues Paradigma der Selbstverwaltung steht in engem Zusammenhang mit dem Versuch einer Abkoppelung der Selbstverwaltung vom Begriff der mittelbaren Staatsverwaltung[36], deren Gegenstand insbesondere *Forsthoff* für weithin deckungsgleich mit der Selbstverwaltung hielt[37]. Er will den Blick vielmehr auf die realen, zwischen Staatsverwaltung und gesellschaftlicher Eigenverwaltung angeordneten Erscheinungsformen und Möglichkeiten der Erfüllung öffentlicher Aufgaben lenken und diese einer Systematisierung zugänglich machen[38]. Ausgehend von der Sozialverwaltung, die von Anfang an keine oppositionelle, sondern eine zwischen Staat und Gesellschaft geteilte Verwaltung gewesen sei, will er so der Selbstverwaltung insgesamt eine neue Grundlage geben, da die Steinsche sowie die Gneistsche Konzeption in der modernen Gesellschaft keine reale Grundlage mehr habe[39].

---

[31] Zum Postulat einer Kategorie sozialstaatlicher Selbstverwaltung als Institut, „das unter den Bedingungen der Verteilung tendenziell standardisierter Verwaltungsleistungen spezifizierte und differenzierte Interessenwahrnehmung organisierten könnte": *U. K. Preuß*, Zum staatsrechtlichen Begriff des Öffentlichen, 1969, S. 197 ff.

[32] *Henke*, Rechtsformen der sozialen Sicherung, in: VVDStRL 28 (1970), S. 149 (166); kritisch zur Prämisse strikter Trennung zwischen Staat und Gesellschaft, auf deren Basis sich der ganze „gesellschaftliche Bereich", insbesondere soweit ihm öffentliche Bedeutung zukomme, mit „Selbstverwaltung" bezeichnen lasse: *Brohm*, Strukturen der Wirtschaftsverwaltung, 1969, S. 248 f. (Fn. 33).

[33] *Henke*, Rechtsformen der sozialen Sicherung, in: VVDStRL 28 (1970), S. 149 (167 f.).

[34] *Henke*, Rechtsformen der sozialen Sicherung, in: VVDStRL 28 (1970), S. 149 (167 ff., 170 ff.).

[35] *Henke*, Rechtsformen der sozialen Sicherung, in: VVDStRL 28 (1970), S. 149 (169 f.).

[36] Vgl. auch bereits *Reuß*, Die Organisation der Wirtschaft, in: Bettermann etc., Grundrechte III/1, 1958, S. 91 (103 f.).

[37] *Forsthoff*, Lehrbuch des Verwaltungsrechts, 10. Aufl., 1973, S. 478.

[38] *Henke*, Rechtsformen der sozialen Sicherung, in: VVDStRL 28 (1970), S. 149 (171 f.).

[39] *Henke*, Rechtsformen der sozialen Sicherung, in: VVDStRL 28 (1970), S. 149 (172).

Henkes Rekalibrierung des Selbstverwaltungsbegriffs verfolgt damit letztlich auch das wiederum legitime Ziel, den insbesondere im Bereich des Sozialverwaltungsrechts bedeutsamen, zwischen Staat und Gesellschaft angesiedelten Erscheinungsformen der Erledigung öffentlicher Aufgaben durch eine Kategorisierung mittels des anerkannten Begriffs der Selbstverwaltung Beachtung und damit Wirklichkeit zu verleihen. Dies läuft letztlich auf den Versuch hinaus, derartigen Kräften bei der Erfüllung öffentlicher Aufgaben insgesamt einen breiteren Raum einzuräumen[40]. Gerade in Anbetracht des Fehlens allgemeingültiger verfassungsrechtlicher oder einfachgesetzlicher Definitionen des Begriffs der Selbstverwaltung kann dies nicht als falsch verworfen werden. Henkes Plädoyer zeigt allerdings einmal mehr exemplarisch auf, dass der Begriff der Selbstverwaltung aufgrund seiner sprachlichen Weite und in Ermangelung gesetzlicher Definition – je nach Perspektive und Vorverständnis dessen, der den Begriff konkretisieren möchte – mit sehr unterschiedlichen Inhalten versehen werden kann[41].

Inhaltlich lässt sich ganz konkret fragen, welche positive Definitionswirkung Henkes Selbstverwaltungskonzept zukommt. Sicherlich ist es legitim, zwischen Staat und Gesellschaft angesiedelten Organisationsformen und deren Beitrag zur Erfüllung öffentlicher Aufgaben durch eine Kategorienbildung erhöhte Aufmerksamkeit zukommen zulassen. Indes droht hier einmal mehr eine konturenlose Ausuferung, wenn sich als positive Definitionsmerkmale von Selbstverwaltung kaum mehr als eine in unterschiedlicher Ausprägung vorzufindende Kooperation zwischen Staat und Gesellschaft bei der Erledigung spezifisch öffentlicher sowie politisch relevanter Tätigkeiten[42] und das Vorhandensein administrativen Handelns auf beiden Seiten[43] anführen lassen[44]. Das letztlich politische Anliegen, bestimmten Kooperationsformen zwischen Staat und Gesellschaft stärkere Bedeutung bei der Erfüllung öffentlicher Aufgaben beizumessen, wäre daher besser durch die Prägung eines darauf zugeschnittenen neuen Begriffs zu verfolgen, dessen Akzeptanzfähigkeit sich im offenen Diskurs über die dahinter stehenden Konzepte erst noch beweisen müsste[45]. Eine Umprägung des eingeführten Begriffs der Selbstverwaltung scheint hier hingegen gefährlich zu sein[46], zumal sehr fraglich ist, ob sich die postulierte paradigmatische Erfüllung öffentlicher Aufgaben in einer Zone zwischen reinen Staatsaufgaben und rein gesellschaftlichen Aufgaben über den Bereich

---

[40] Vgl. *Henke*, Rechtsformen der sozialen Sicherung, in: VVDStRL 28 (1970), S. 149 (170 f.); vgl. auch *U. K. Preuß*, Zum staatsrechtlichen Begriff des Öffentlichen, 1969, insbes. S. 215 ff.

[41] Grundsätzlich kritisch zur Eignung als Rechtsbegriff etwa *Jestaedt*, Selbstverwaltung, in: DV 2002, 293 (294 ff.).

[42] *Henke*, Rechtsformen der sozialen Sicherung, in: VVDStRL 28 (1970), S. 149 (170 f.).

[43] *Henke*, Rechtsformen der sozialen Sicherung, in: VVDStRL 28 (1970), S. 149 (170).

[44] Ähnlich auch die Kritik von *Hendler*, Selbstverwaltung als Ordnungsprinzip, 1984, S. 283, der allerdings als Begriffsinhalt nur auf das Zusammenwirken des Staates und gesellschaftlicher Kräfte abstellt.

[45] Vgl. dazu im Bereich der Selbstverwaltung der Wirtschaft *Tettinger*, Selbstverwaltung im Bereich der Wirtschaft, in: FS v. Unruh, 1983, S. 809 (813 ff.).

[46] Vgl. auch die pointierte Kritik an der drohenden Begriffsauflösung durch *Weber*, Staats- und Selbstverwaltung, 2. Aufl. 1967, S. 152.

des Sozialverwaltungsrechts hinausgehend tatsächlich auf andere Bereiche der Selbstverwaltung ausdehnen ließe.

bbb) Ulrich K. Preuß' Begriff sozialstaatlicher Selbstverwaltung

Auch *Ulrich K. Preuß* wendet sich in seiner 1969 veröffentlichten Schrift „Zum staatsrechtlichen Begriff des Öffentlichen" gegen den zu einem „Instrument der Verwaltungsorganisation"[47] formalisierten Selbstverwaltungsbegriff Forsthoffscher Prägung. Preuß stellt diesem den Begriff einer sozialstaatlichen Selbstverwaltung gegenüber, in dem er den Bereich „spezifischer verfassungsrechtlicher Legitimation und Verantwortlichkeit" sieht, „in dem aus dem Verwaltungsapparat der Organe des politischen Gemeinwesens ausgegliederte, grundsätzlich nicht standardisierbare Funktionen der Daseinsvorsorge für die konkreten Bedürfnisse der Adressaten abweichend von den Prinzipien der Art. 20 Abs. 2, 38 Abs. 1 GG in voll- oder teilrechtsfähigen Organisationen demokratisch verwaltet werden"[48]. Es handele sich um einen Bereich, „in dem Umverteilungsprozesse im Medium demokratischer Teilnahme organisiert werden"[49]. Dem so postulierten sozialstaatlichen Selbstverwaltungsbegriff könnten dabei prinzipiell sowohl öffentlich-rechtliche als auch privatrechtliche Organisationen – bspw. die Deutsche Forschungsgemeinschaft e.V.[50] – unterfallen[51]. Preuß will sich damit ebenfalls von einem übermäßig formalisierten Selbstverwaltungsverständnis lösen und eine bestimmte Funktion – hier eine sozialstaatliche – in den Mittelpunkt des Begriffs rücken. Im Rahmen dieses funktionalen Selbstverwaltungsbegriffs spielen nicht bestimmte Rechtsformen die entscheidende Rolle, sondern Funktion und Partizipation. Die juristische Aufgabe bestehe darin, „formale Prozeduren zur Verfügung zu stellen, die den beteiligten Gruppen erlauben, ihre Rechte und Interessen auch in einer für die Rechtsanwendung vollziehbaren Weise zum Ausdruck zu bringen"[52].

Ähnlich wie Henke plädiert Preuß damit für einen neuen, spezifisch sozialstaatlichen Blickwinkel auf den Selbstverwaltungsbegriff. Preuß' Begriff der sozialstaatlichen Selbstverwaltung sieht sich damit allerdings auch der schon gegen Henkes Selbstverwaltungsbegriff vorgebrachten Kritik ausgesetzt. Letztlich läuft sein Konzept auf einen weiteren Selbstverwaltungsbegriff hinaus, der wie der politische Selbstverwaltungsbegriff den juristischen Selbstverwaltungsbegriff zu ergänzen, aber nicht grundlegend zu modifizieren oder gar zu ersetzen vermag. Zudem rückt Preuß mit Elementen wie der demokratischen Teilnahme und der Umverteilung materiale Kriterien in den Mittelpunkt des Begriffs, die aber ihrerseits alleine eine nur geringe Trennschärfe aufweisen. Eine klare Definition, was unter

---

[47] *U.K. Preuß*, Zum staatsrechtlichen Begriff des Öffentlichen, 1969, S. 202.
[48] *U.K. Preuß*, Zum staatsrechtlichen Begriff des Öffentlichen, 1969, S. 211 f., vgl. auch a.a.O., S. 164 f.
[49] *U.K. Preuß*, Zum staatsrechtlichen Begriff des Öffentlichen, 1969, S. 217.
[50] *U.K. Preuß*, Zum staatsrechtlichen Begriff des Öffentlichen, 1969, S. 218.
[51] *U.K. Preuß*, Zum staatsrechtlichen Begriff des Öffentlichen, 1969, S. 215 f.
[52] *U.K. Preuß*, Zum staatsrechtlichen Begriff des Öffentlichen, 1969, S. 217.

den Begriff sozialstaatlicher Selbstverwaltung fällt und was nicht, ist danach kaum möglich[53]. Der Begriff bleibt letztlich ein inhaltliches Postulat, das definitorischer Präzisierung und formaler Konkretisierung in der Rechtswirklichkeit bedarf[54]. Auch Preuß' Konzept der sozialstaatlichen Selbstverwaltung stellt damit letztlich ein beeindruckendes Plädoyer für einen Perspektivenwechsel auf den Selbstverwaltungsbegriff dar, vermag diesem aber nicht die für einen Rechtsbegriff erforderliche klare Gestalt zu verleihen.

cc) Gunnar Folke Schupperts Begriff einer „mittelbaren Selbstverwaltung"

Ähnlich wie den soeben genannten Autoren geht es auch *Gunnar Folke Schuppert* in seinem Beitrag zur Festgabe für von Unruh, in welchem er Elemente zu einer Theorie der Selbstverwaltung entwirft[55], um eine grundlegende Neukalibrierung des Selbstverwaltungsbegriffs. Auch Schuppert wendet sich letztlich gegen den formalen Selbstverwaltungsbegriff, dessen zentraler Anknüpfungspunkt der rechtsfähige Verband und nicht – wie in der Theorie Gneists[56] – der zur Mitwirkung an der Verwaltung berufene Staatsbürger sei[57]. In Anknüpfung an Gneist, über dessen Selbstverwaltungs-Paradigma der ehrenamtlichen politischen Beteiligung des Besitzbürgertums allerdings die Zeitläufte, insbesondere die nach Fachleuten verlangende sozioökonomische Entwicklung[58], hinweggegangen seien, fragt Schuppert, ob sich an die Stelle des Besitzbürgertums heute nicht die organisierten Interessen setzen ließen, deren Vertretern sich die staatliche Verwaltung zunehmend und in vielfältiger Weise geöffnet habe[59]. Er untersucht daher, ob die sich pluralistisch auffächernde und gleichzeitig gesellschaftlichen Einflüssen öffnende heutige Verwaltungsorganisation als moderne Variante der Selbstverwaltung verstanden werden könne[60].

Öffentlich-rechtliche Körperschaften seien Ausdruck einer zweiseitigen, durch gegenseitigen Nutzen geprägten Beziehung zwischen staatlicher Verwaltung und gesellschaftlicher Gruppierung[61]. Die öffentlich-rechtliche Körperschaft bilde gewissermaßen den Schnittpunkt zweier Prozesse, nämlich zum einen des Herauswachsens des Staates aus den Organisationsformen der unmittelbaren Staatsverwaltung und zum anderen des Hineinwachsens privater Verbände durch den Be-

---

[53] *Hendler*, Selbstverwaltung als Ordnungsprinzip, 1984, S. 279.
[54] So führt *U. K. Preuß*, Zum staatsrechtlichen Begriff des Öffentlichen, 1969, S. 212 selbst aus, dass es „eine konkrete organisatorische Ausformung eines sozialstaatlichen Selbstverwaltungsträgers noch kaum gibt".
[55] Siehe den Untertitel von *Schuppert*, Selbstverwaltung als Beteiligung Privater, in: FS v. Unruh, 1983, S. 183: „Elemente zu einer Theorie der Selbstverwaltung".
[56] Dazu ausführlich unten S. 40 ff.
[57] *Schuppert*, Selbstverwaltung als Beteiligung Privater, in: FS v. Unruh, 1983, S. 183.
[58] So bereits *Forsthoff*, Lehrbuch des Verwaltungsrechts, 10. Aufl., 1973, S. 473.
[59] *Schuppert*, Selbstverwaltung als Beteiligung Privater, in: FS v. Unruh, 1983, S. 183 f.
[60] *Schuppert*, Selbstverwaltung als Beteiligung Privater, in: FS v. Unruh, 1983, S. 183 (184).
[61] *Schuppert*, Selbstverwaltung als Beteiligung Privater, in: FS v. Unruh, 1983, S. 183 (187 f.).

reich des Öffentlichen in die staatliche Verwaltungsorganisation[62]. Die nicht kommunale körperschaftliche Selbstverwaltung könne daher als eine Methode – aber eben nur als *eine* unter vielen – der Integration gesellschaftlicher Interessen in die Staatsverwaltung angesehen werden[63]. Bei dem Versuch einer typologischen Erfassung der Erscheinungsformen der Selbstverwaltung führt Schuppert daher neben bspw. den Kategorien körperschaftlicher und anstaltlicher Selbstverwaltung auch eine Kategorie mittelbarer Selbstverwaltung ein, die sich auf privatrechtliche Organisationen bezieht[64].

Mittelbare Selbstverwaltung durch staatliche Nutznießung der Verwaltungskraft privatrechtlicher Organisationen soll danach den Fall erfassen, dass der Staat unterhalb der Schwelle organisatorischer Inkorporierung gesellschaftlicher Interessen durch Verkammerung verbleibe, sie vielmehr im Bereich der Gesellschaft, das heißt des Privatrechts belasse und durch andere Methoden, z. B. die der Finanzierung, für sich nutzbar mache[65]. Beispiele solcher mittelbarer Selbstverwaltung durch Nutzbarmachung des Sachverstands, der Verwaltungskraft und der binnenpluralistischen Zusammensetzung privatrechtlicher Organisationen seien vor allem im Bereich der Forschungsförderung zu finden. So beschränke sich der Staat bei der privatrechtlich organisierten Deutschen Forschungsgemeinschaft e.V. (DFG) darauf, deren Ausgaben zu bestreiten, anstatt eine eigene Wissenschaftsförderungsverwaltung aufzubauen oder aber die DFG in ein öffentlich-rechtliches Gebilde umzuwandeln[66]. Die DFG lebe zwar vollständig von öffentlichen Mitteln, sei aber sowohl nach ihrer organisatorischen Binnenstruktur als auch nach ihrem Selbstverständnis als Selbstverwaltungsorganisation der Wissenschaft anzusehen[67]. Da gerade diese Kombination für die Qualität der Erfüllung der Staatsaufgabe Wissenschaftsförderung von entscheidender Bedeutung sei, könne man insoweit von absichtsvoller mittelbarer Selbstverwaltung durch den Staat sprechen[68].

Bestimmte Formen der Nutzbarmachung privatrechtsförmiger Gestaltungskräfte für Staat und Verwaltung mit dem attributiv erweiterten Begriff der mittelbaren Selbstverwaltung zu belegen, erscheint zunächst nicht unattraktiv. Vor allem wird hier der Blick dafür geöffnet, dass sich die weite Grauzone zwischen Staat und Gesellschaft in verschiedener Hinsicht kategorisieren lässt und zwar gerade auch im Hinblick auf die Nähe zum Staat. So erscheint es denn auch naheliegend, privat-

---

[62] *Schuppert*, Selbstverwaltung als Beteiligung Privater, in: FS v. Unruh, 1983, S. 183 (187 ff.); vgl. auch *Baron*, Das deutsche Vereinswesen, 1962, S. 93 ff. sowie *Schäffle*, Das Problem der Wirtschaftskammern, in: ZStW 51 (1895), 300 (330 ff.).
[63] *Schuppert*, Selbstverwaltung als Beteiligung Privater, in: FS v. Unruh, 1983, S. 183 (190).
[64] *Schuppert*, Selbstverwaltung als Beteiligung Privater, in: FS v. Unruh, 1983, S. 183 (203 ff.).
[65] *Schuppert*, Selbstverwaltung als Beteiligung Privater, in: FS v. Unruh, 1983, S. 183 (197 f.).
[66] *Schuppert*, Selbstverwaltung als Beteiligung Privater, in: FS v. Unruh, 1983, S. 183 (199).
[67] Für eine Zuordnung der DFG zur Selbstverwaltung sprechen sich auch aus: *Zierold*, Die Deutsche Forschungsgemeinschaft, in: DÖV 1960, 481 ff.; *ders.*, Selbstverwaltungsorganisationen, in: DÖV 1961, 686 (687 ff.); *Henke*, Rechtsformen der sozialen Sicherung, in: VVDStRL 28 (1970), S. 149 (170).
[68] *Schuppert*, Selbstverwaltung als Beteiligung Privater, in: FS v. Unruh, 1983, S. 183 (199).

rechtlichen Organisationen, die z. B. über eine staatliche Finanzierung erkennbar im Staat verankert sind, gleichzeitig aber ein starkes Element der Betroffenenmitwirkung aufweisen, einen besonderen Stellenwert innerhalb der politischen Selbstverwaltung oder der Selbstverwaltung im weiteren Sinn zuzuweisen. Sie über das Attribut „mittelbar" in den Begriff der Selbstverwaltung im Rechtssinne einzubeziehen, ist jedoch – wie oben für die funktional bzw. sozialverwaltungsrechtlich fundierten Ansätze skizziert – mit der Gefahr des Konturenverlustes für den Selbstverwaltungsbegriff verbunden. Dies gilt auch für den scheinbar enger gefassten Begriff mittelbarer Selbstverwaltung, zumal nicht abschließend definiert wird, wann dieser Begriff anwendbar sein soll und wann nicht. So fragt sich, ob das weite Kriterium der „Nutzbarmachung" stets eine finanzielle Abhängigkeit vom Staat voraussetzt[69] oder ob hier auch andere Konstellationen bzw. Anknüpfungspunkte denkbar sind[70], die diese Nutzbarmachung und damit die Zuordnung zur mittelbaren Selbstverwaltung begründen können.

Nicht unproblematisch erscheint zudem der Begriff der mittelbaren Selbstverwaltung als solcher. Durch die Parallelität zum Begriff der mittelbaren Staatsverwaltung wirkt dieser zunächst anschaulich, wird doch durch die Mittelbarkeit eine erhöhte Distanz zur unmittelbaren Staatsverwaltung zum Ausdruck gebracht, die auch Schupperts Begriff der mittelbaren Selbstverwaltung (im Vergleich zur Selbstverwaltung durch juristische Personen des öffentlichen Rechts) zugrunde liegt. Andererseits droht aber durch die offensichtliche Ähnlichkeit eine Vermischung mit dem Begriff der mittelbaren Staatsverwaltung, dessen Kommensurabilität mit der Selbstverwaltung gerade Gegenstand heftiger Kontroversen ist. Hinzu kommt aber vor allem, dass der Begriff der mittelbaren Selbstverwaltung einen Perspektivenwechsel von den betroffenen Subjekten der Selbstverwaltung zum Staat implizieren würde. Selbstverwaltung bedeutet material, dass bestimmte Angelegenheiten von den Betroffenen selbst verwaltet werden[71]. Eine mittelbare Selbstverwaltung könnte also aus der Perspektive dieser Interessenträger implizieren, dass nicht mehr diese selber ihre Angelegenheiten unmittelbar verwalteten, sondern dass die unmittelbare Verwaltung von anderen wahrgenommen würde. Das ist aber gerade nicht das, was Schuppert mit seinem Begriff der mittelbaren Selbstverwaltung anstrebt, welcher Organisationsformen erfassen soll, die ein Selbstverwaltungsgepräge haben[72]. Das „mittelbar" ist also – wie ausgeführt – letztlich in Parallelität zur mittelbaren Staatsverwaltung aus Sicht des Staates gedacht, während Schuppert gerade die Perspektive der „organisierten Interessen" und nicht den rechtsfähigen Verband ins Zentrum der Selbstverwaltung rücken will[73]. Letztlich droht der Be-

---

[69] Dafür spricht die Beschreibung der mittelbaren Selbstverwaltung in der Typologie: *Schuppert*, Selbstverwaltung als Beteiligung Privater, in: FS v. Unruh, 1983, S. 183 (203).
[70] Dafür spricht die Formulierung „[...] durch *andere Methoden*, z. B. die der Finanzierung, für sich nutzt." [Hervorhebung durch Verf.] von *Schuppert*, Selbstverwaltung als Beteiligung Privater, in: FS v. Unruh, 1983, S. 183 (198).
[71] Näher unten S. 30 ff.; *Storr/Schröder*, Allgemeines Verwaltungsrecht, 2010, S. 48.
[72] *Schuppert*, Selbstverwaltung als Beteiligung Privater, in: FS v. Unruh, 1983, S. 183 (198).
[73] *Schuppert*, Selbstverwaltung als Beteiligung Privater, in: FS v. Unruh, 1983, S. 183 (183 f.).

griff der mittelbaren Selbstverwaltung daher, die Perspektive des Staates einerseits und diejenige der Interessenträger andererseits zu vermischen und erscheint daher nicht zur Bezeichnung des von Schuppert näher charakterisierten Phänomens geeignet. Insgesamt ist zu schließen, dass auch der Vorschlag einer scheinbar behutsamen Erweiterung des juristischen Selbstverwaltungsbegriffs um eine Kategorie mittelbarer Selbstverwaltung nicht zu überzeugen vermag.

b) Zusammenfassende Bewertung

Die exemplarisch referierten und viele weitere Selbstverwaltungskonzeptionen, die auch privatrechtliche Organisationen in den Begriff der Selbstverwaltung einbeziehen, verfolgen legitime Anliegen. Dem streng formalen Selbstverwaltungsbegriff, der sich völlig vom historisch gewachsenen partizipativen Ansatz der Selbstverwaltung gelöst hat und auf eine „Selbstverwaltungslehre ohne Selbstverwaltung" hinausläuft[74], sollen materiale Selbstverwaltungskonzeptionen entgegengestellt werden. Diese halten indes die im 19. Jh. verwurzelten Selbstverwaltungsparadigmen bürgerschaftlicher Partizipation für überholt und lassen als zeitgemäßer empfundene Formen der Betroffenenpartizipation oder Nutzbarmachung speziellen privaten Sachverstands für staatliche Verwaltungsaufgaben an deren Stelle treten.

Aus dieser materialen Perspektive auf den Selbstverwaltungsgedanken ist es naheliegend, ergebnisorientiert die Frage in den Mittelpunkt zu stellen, welchen Beitrag bestimmte zwischen Staat und Gesellschaft angesiedelte Organisationsformen – unabhängig von bestimmten Rechtsformen – durch Betroffenenpartizipation für die Erfüllung öffentlicher Aufgaben leisten. Wie oben bereits aufgezeigt wurde, droht bei der Einbeziehung privatrechtlicher Organisationsformen indes zum einen eine Ablösung des Selbstverwaltungsbegriffs von den Rechtsformen des öffentlichen Rechts und damit einer eindeutigen Zuordnung zum verwaltenden Staat[75]. Zum anderen sind die – je nach individueller Perspektive – postulierten funktionalen und materialen Kriterien des jeweiligen Selbstverwaltungsbegriffs alleine meist ihrerseits so wenig trennscharf, dass eine Konturenlosigkeit droht, die den Rechtsbegriff Selbstverwaltung weitgehend entwertete. Um einer drohenden Disintegration des überkommenen Begriffs durch eine Ausweitung auf einen Bereich zwischen Staat und Individuum vorzubeugen[76], ist es daher vorzuziehen, ihn auf Einrichtungen zu beschränken, die das trennscharfe Kriterium der öffentlich-

---

[74] So pointiert *Hendler*, Selbstverwaltung als Ordnungsprinzip, 1984, S. 274.
[75] *Frotscher*, Selbstverwaltung und Demokratie, in: FS v. Unruh, 1983, S. 127 (141 f.); *ders.*, Wirtschaftsverfassungs- und Wirtschaftsverwaltungsrecht, 3. Aufl., 1999, Rn. 417; *Weber*, Staats- und Selbstverwaltung, 2. Aufl. 1967, S. 152 f.; *Irriger*, Genossenschaftliche Elemente, 1991, S. 169; *Hendler*, Prinzip Selbstverwaltung, in: HStR VI, 3. Aufl., 2008, S. 1103 (1114).
[76] Vgl. auch *Weber*, Staats- und Selbstverwaltung, 2. Aufl., 1967, S. 151 f.; *Isensee*, Subsidiaritätsprinzip und Verfassungsrecht, 1968, S. 101 spricht davon, dass der Grundsatz der Selbstverwaltung einen öffentlich-rechtlich geordneten Eigenbereich zwischen dem Staat und der Sphäre freier Individuen erfasse.

rechtlichen Organisationsform erfüllen, das sie nicht nur in materialer Hinsicht[77], sondern auch in formaler Hinsicht eindeutig dem Bereich des (verwaltenden) Staates zuordnet[78]. Wie schon mehrfach angeklungen ist, spricht indes nichts dagegen, diesem auf öffentlich-rechtliche Organisationsformen beschränkten Rechtsbegriff weitere politische, soziologische etc. Selbstverwaltungsbegriffe zur Seite zu stellen, welche auch privatrechtliche Einrichtungen umfassen können.

Wichtig ist schließlich gerade im Lichte der berechtigten Anliegen der oben referierten Begriffsbildungen, dass die Frage, ob das Element der Betroffenenpartizipation für den juristischen Selbstverwaltungsbegriff konstitutiv ist, von der Frage, ob der Selbstverwaltungsbegriff auch privatrechtliche Organisationsformen umfassen kann, zu trennen ist. Auch ein auf juristische Personen des öffentlichen Rechts beschränkter Selbstverwaltungsbegriff kann das partizipative Element der Betroffenenmitwirkung als weiteres konstitutives Merkmal umfassen oder sogar in den Mittelpunkt stellen. Genau mit dieser Frage wird sich der Hauptteil dieses Kapitels beschäftigen[79].

c) *Konsequenzen für den Begriff der Selbstverwaltung: Ausschluss privatrechtlich organisierter Dachverbände*

Insgesamt ist mit der herrschenden Auffassung davon auszugehen, dass der Begriff der Selbstverwaltung im Rechtssinne auf eine Trägerschaft durch öffentlich-rechtliche juristische Personen beschränkt ist, da nur hierdurch die formale Zuordnung zum verwaltenden Staat und damit auch die Konturenschärfe des Begriffs gewährleistet werden kann. Zwangsmitgliedschaft stellt hingegen ein zwar häufiges, aber nicht notwendiges Merkmal dar[80]. Die oben bereits aufgelisteten Kammern, In-

---

[77] *E.R. Huber*, Selbstverwaltung der Wirtschaft, 1958, S. 9 spricht von der Anerkennung als „legitime Träger öffentlicher Verwaltung".
[78] *Ramin*, Geschichte der Selbstverwaltungsidee, 1972, S. 210; *Hendler*, Selbstverwaltung als Ordnungsprinzip, 1984, S. 283; *Frotscher*, Wirtschaftsverfassungs- und Wirtschaftsverwaltungsrecht, 3. Aufl., 1999, Rn. 418; *Brohm*, Strukturen der Wirtschaftsverwaltung, 1969, S. 248 f. (Fn. 33); *Elleringmann*, Begriff und Wesen, 1936, S. 21 ff., 24 ff.; vgl. auch *Püttner*, Selbstverwaltung, in: Deutsches Rechts-Lexikon, Bd. 3, 3. Aufl., 2001, S. 3810 (3811) zur Abgrenzung des Rechtsbegriffs vom Begriff der wirtschaftlichen Selbstverwaltung als üblichem Begriff für „vielfältige Formen einer Beteiligung der Betroffenen an der Wirtschaftsverwaltung".
[79] Dazu unten S. 29 ff.
[80] Eine Zwangs- bzw. Pflichtmitgliedschaft in der Körperschaft ist keine konstitutive Voraussetzung von Selbstverwaltung. Im Ergebnis würden hierdurch insbes. die gem. § 58 Abs. 1 HwO auf freiwilliger Mitgliedschaft beruhenden Handwerksinnungen als nach herrschender Ansicht quantitativ bedeutsamste Selbstverwaltungskörperschaften der Wirtschaft überhaupt aus dem Begriff der Selbstverwaltung herausdefiniert. Dies wäre paradox, zumal der Partizipationsgedanke im Innungsrecht in besonders hohem Maß verwirklicht ist, besteht doch die Innungsversammlung nach dem gesetzlichen Leitbild des § 61 Abs. 1 S. 2 HwO nach wie vor aus allen Innungsmitgliedern, während die Wahl einer Vertreterversammlung gem. § 61 Abs. 1 S. 3 HwO die Ausnahme darstellt. Näher dazu unten S. 127 f., S. 651 ff.; a. A. hingegen *Kluth*, Funktionale Selbstverwaltung, 1997, S. 543, Fn. 16, der die Pflichtmitgliedschaft im Hinblick auf die Zuweisung von Partizipationsrechten an alle Betroffenen als konstitutives Merkmal funktionaler Selbstverwaltung betrachtet. Innungen seien lediglich Träger funktionaler Selbstverwaltung im weiteren Sinne, da

nungen und Kreishandwerkerschaften als potentielle Träger wirtschaftlicher Selbstverwaltung sind Körperschaften des öffentlichen Rechts[81]. Sie können daher insoweit auch unproblematisch dem hier vertretenen Selbstverwaltungsbegriff unterfallen.

Für die von ihnen gebildeten Dachverbände ist dies hingegen nicht der Fall, da diese regelmäßig in Rechtsformen des Zivilrechts organisiert sind. So ist heute bspw. der Landesinnungsverband als Zusammenschluss von Handwerksinnungen des gleichen Handwerks oder sich fachlich oder wirtschaftlich nahestehender Handwerke im Bezirk eines Landes eine juristische Person des Privatrechts[82]. Gleiches gilt für den Bundesinnungsverband als Zusammenschluss von Landesinnungsverbänden des gleichen Handwerks oder sich fachlich oder wirtschaftlich nahestehender Handwerke im Bundesgebiet[83]. Ein weiteres Beispiel aus dem Handwerksrecht ist der als privatrechtlicher Verein organisierte Zentralverband des Deutschen Handwerks (ZDH) als oberster Dachverband des Handwerks[84]. Während der ZDH mit der Vertretung der handwerkspolitischen Interessen der Mitglieder gegenüber Staat und Öffentlichkeit klassische Verbandsfunktionen erfüllt, nehmen die Landesinnungsverbände und der Bundesinnungsverband öffentliche Aufgaben wie insbesondere die Einrichtung oder Förderung von Fachschulen und Fachkursen wahr[85]. Dennoch zählen nicht nur der ZDH, sondern auch die Landesinnungsverbände und der Bundesinnungsverband, da sie nicht öffentlich-rechtlich organisiert sind, nicht zur Selbstverwaltung im Rechtssinne[86]. Gleiches gilt etwa auch für den als e.V. organisierten Deutschen Industrie- und Handelskammertag (DIHK) als Dachorganisation der heute 80 Industrie- und Handelskammern. Insgesamt kann festgestellt werden, dass das Recht, privatrechtlich organisierte Dachverbände zu gründen, zwar gerade eine Verwirklichung des Selbstverwaltungsprinzips durch die als juristische Personen des öffentlichen Rechts organisierten Selbstverwaltungsträger darstellen kann[87]. Die privatrechtlich organisierten Zusammenschlüsse als solche können allerdings nicht der Selbstverwaltung zugerechnet werden.

---

ihnen mangels Pflichtmitgliedschaft die spezifisch demokratische Legitimation fehle, welche die funktionale Selbstverwaltung aus staatsrechtlicher Perspektive als eigenständigen Verwaltungstyp kennzeichne und die Grundlage ihrer demokratischen und verfassungsrechtlichen Legitimation ausmache (a.a.O., S. 544).

[81] Näher dazu unten S. 182 ff.
[82] §§ 80 S. 1 1. HS, 79 Abs. 1 HwO.
[83] §§ 85 Abs. 1 und 2 i. V. m. 80 S. 1 HwO.
[84] Im Internet unter: <www.zdh.de>.
[85] § 81 Abs. 2 HwO.
[86] *Weber*, Staats- und Selbstverwaltung, 2. Aufl., 1967, S. 155 bezieht hingegen trotz eines pointierten Plädoyers für einen strengen „konservativen" Begriff der Selbstverwaltung (S. 151 ff.) die Innungsverbände in die wirtschaftliche Selbstverwaltung mit ein.
[87] Vgl. auch *Hendler*, Selbstverwaltung als Ordnungsprinzip, 1984, S. 281 f.

2. Eigenverantwortliche Verwaltung eigener Angelegenheiten

a) Eigener Wirkungskreis

Zu den konstitutiven Merkmalen der Selbstverwaltung gehört seit den Entwürfen des *Freiherrn vom Stein*, dass die juristische Person des öffentlichen Rechts als Selbstverwaltungsträger – bzw. eigentlich die in ihr Organisierten[88] – über einen eigenen substantiellen Wirkungskreis verfügen, also eigene, wesentliche Angelegenheiten verwalten[89]. Häufig wird der Wirkungskreis der Selbstverwaltungsträger in pflichtige und freiwillige Selbstverwaltungsaufgaben unterteilt[90]. Pflichtige Selbstverwaltungsaufgaben sind solche, zu deren Wahrnehmung der Selbstverwaltungsträger gesetzlich verpflichtet ist, wobei die Art und Weise der Wahrnehmung aber in den gesetzlich vorgegebenen Grenzen vom Selbstverwaltungsträger selbst bestimmt wird. Freiwillige Selbstverwaltungsaufgaben werden hingegen dadurch charakterisiert, dass es im Ermessen des Selbstverwaltungsträgers steht, ob er in der betreffenden Angelegenheit tätig wird oder nicht.

Umstritten war lange, ob Selbstverwaltungsträger über einen originären, nicht vom Staat abgeleiteten Wirkungskreis verfügen oder ob der eigene Wirkungskreis der Selbstverwaltungsträger letztlich umfassend vom Staat abgeleitet ist. Aus historischer Perspektive ist es gerade im Hinblick auf den wichtigsten Bereich der Selbstverwaltung – die kommunale Selbstverwaltung – verständlich, wenn z. T. heftig für einen originären, nicht abgeleiteten Kompetenzbereich der Städte und Gemeinden gefochten wurde. Lange bevor der Prozess der Staatenbildung einsetzte, hatten Städte nämlich bereits im Mittelalter regelmäßig einen eigenen, weitreichenden Wirkungskreis inne. Im modernen Verfassungsstaat des Grundgesetzes kann demgegenüber kein Zweifel daran bestehen, dass sämtliche Selbstverwaltungsträger, also auch diejenigen, die über eine lange Tradition weitreichender Autonomie verfügen, umfassend in den Staat eingegliedert sind[91]. Selbst insoweit als Selbstverwaltungsträger inklusive eines eigenen Wirkungskreises verfassungsrechtlich garantiert werden – wie im Falle der kommunalen Selbstverwaltungsgarantie gem. Art. 28 Abs. 2 GG und der entsprechenden Regelungen der Landesverfassungen –, bedeutet dies nicht, dass hier ein vorstaatlicher Kompetenzbereich anerkannt würde. In den Grenzen des Art. 79 GG könnte auch diese Garantie der kommunalen Selbstverwaltung durch Verfassungsänderung modifiziert bzw. sogar aufgehoben werden. Letztlich leiten sich alle Kompetenzen der Selbstverwaltungsträger – auch im

---

[88] Vgl. näher zum partizipativen Element der Selbstverwaltung sogleich S. 29 ff.
[89] Siehe bspw. *Wolff*, Verwaltungsrecht II, 1962, § 84 V b 1. (S. 136); *E. R. Huber*, Selbstverwaltung der Wirtschaft, 1958, S. 13 ff.; *Sachs*, Einheit der Verwaltung, in: NJW 1987, 2338 (2343); *Irriger*, Genossenschaftliche Elemente, 1991, S. 168 f.; *Muckel*, Selbstverwaltung in der Sozialversicherung, in: NZS 2002, 118 (122).
[90] Exemplarisch *Wolff*, Verwaltungsrecht II, 1962, § 84 V b 1. (S. 136); *Ziekow*, Öffentliches Wirtschaftsrecht, 2007, S. 52.
[91] *H. H. Klein*, Demokratie und Selbstverwaltung, in: FS Forsthoff, 2. Aufl., 1974, S. 165 (177).

Bereich der kommunalen Selbstverwaltung – vom Staat ab und sind den Selbstverwaltungsträgern zur eigenverantwortlichen Wahrnehmung überlassen[92]. Ein vom Staat grundsätzlich unantastbarer, vorstaatlicher Kompetenzbereich existiert nicht. Dies präjudiziert indes nur die Frage, ob der Staat grundsätzlich auf Kompetenzbereiche der Selbstverwaltungsträger zugreifen darf. Dass im konkreten Fall hierbei insbesondere einschlägige verfassungsrechtliche Grenzen zu beachten sind, versteht sich von selbst. Ebenso ist bei jedem Eingriff in die Kompetenzen des Selbstverwaltungsträgers kritisch zu überprüfen, ob unter dem Aspekt des eigenen Wirkungskreises quantitativ und qualitativ auch weiterhin von Selbstverwaltung gesprochen werden kann.

b) Eigenverantwortliche Verwaltung, Beschränkung auf Rechtsaufsicht

Selbstverwaltung kann nur da vorliegen, wo der eigene Wirkungskreis eigenverantwortlich verwaltet wird[93]. Eigenverantwortlichkeit bedeutet, dass die Selbstverwaltungsträger – bzw. eigentlich die in ihnen Organisierten[94] – die eigenen Angelegenheiten frei von fachaufsichtlicher Einflussnahme staatlicher Behörden verwalten[95]. Eigenverantwortlichkeit bedeutet hingegen nicht, dass die Selbstverwaltungsträger außerhalb des Staates stünden. Die Selbstverwaltungsträger sind vielmehr in den Staat eingegliedert[96]. Sie sind daher zum einen an das staatliche Recht gebunden, welches die Freiheit der Verwaltung wesentlich einschränken kann. Zum anderen unterliegen sie, da sie ihrerseits öffentliche Aufgaben wahrnehmen und hoheitliche Gewalt ausüben, der Rechtsaufsicht übergeordneter Behörden, die im Lichte von Art. 20 Abs. 3 GG eine Beachtung der rechtlichen Vorgaben durch die Selbstverwaltungsträger zu gewährleisten hat[97]. Als eigenständige juristische Personen des öffentlichen Rechts sind Selbstverwaltungsträger im Staatsaufbau jedoch so stark verselbständigt, dass jene übergeordneten Behörden grundsätzlich keine Befugnis haben, durch Fachweisungen in die Verwaltung der eigenen Angelegenheiten einzugreifen. Eine Fachaufsicht kommt daher prinzipiell nur im zusätzlich zum allgemeinen Aufgabenkreis spezialgesetzlich übertragenen Aufgabenkreis zur Erfüllung nach Weisung in Betracht[98].

---

[92] *Maunz*, in: Maunz/Dürig, GG, Bd. IV, Art. 28, Rn. 50 (1977).
[93] *Hendler*, Prinzip Selbstverwaltung, in: HStR VI, 3. Aufl., 2008, S. 1103 (1119); *Vogelsang*, in: Friauf/Höfling, GG, Art. 28 Rn. 87 (2001).
[94] Vgl. näher zum partizipativen Element der Selbstverwaltung sogleich S. 29 ff.
[95] *Storr/Schröder*, Allgemeines Verwaltungsrecht, 2010, S. 48; *Bull/Mehde*, Allgemeines Verwaltungsrecht, 8. Aufl., 2009, Rn. 393; *Hendler*, Prinzip Selbstverwaltung, in: HStR VI, 3. Aufl., 2008, S. 1103 (1119); *Groß*, Kollegialprinzip, 1999, S. 139.
[96] *E. R. Huber*, Selbstverwaltung der Wirtschaft, 1958, S. 9.
[97] *Stern*, Staatsrecht I, 2. Aufl., 1984, S. 402; *E. R. Huber*, Selbstverwaltung der Wirtschaft, 1958, S. 17.
[98] *Erbguth*, Allgemeines Verwaltungsrecht, 3. Aufl., 2009, S. 68; *Hendler*, Prinzip Selbstverwaltung, in: HStR VI, 3. Aufl., 2008, S. 1103 (1119).

3. Partizipation der Betroffenen

a) Einleitung: Formalisierung und Rematerialisierung des Selbstverwaltungsbegriffs

Zentraler Streitpunkt des juristischen Selbstverwaltungsbegriffs ist seit langem das partizipative Element. Während wesentliche Selbstverwaltungskonzeptionen des 19. Jh. wie etwa diejenigen des *Freiherrn vom Stein, Lorenz von Steins, Rudolf von Gneists* und *Otto von Gierkes* die Mitwirkung von Staatsbürgern bei der Erfüllung staatlicher Aufgaben für essentiell hielten, rückten ausgehend vom Rechtspositivismus des späten 19. Jh. im 20. Jh. Selbstverwaltungskonzeptionen in den Vordergrund, welche die Betroffenenmitwirkung nicht mehr zu den konstitutiven Merkmalen der Selbstverwaltung zählten. Besonders einflussreich war in den letzten Jahrzehnten neben der bereits erwähnten, heute überwundenen Definition von Forsthoff, der Selbstverwaltung als „Wahrnehmung an sich staatlicher Aufgaben durch Körperschaften, Anstalten und Stiftungen des öffentlichen Rechts" sah[99], die Definition von *Hans Julius Wolff*, wonach Selbstverwaltung im Rechtssinne „die selbständige, fachweisungsfreie Wahrnehmung enumerativ oder global überlassener oder zugewiesener eigener öffentlicher Angelegenheiten durch unterstaatliche Träger oder Subjekte öffentlicher Verwaltung in eigenem Namen" ist[100]. Die Wirkmacht der Wolffschen Definition kommt exemplarisch darin zum Ausdruck, dass *Tettinger* seiner 1997 erschienenen Monographie zum Kammerrecht „in Einklang mit der gängigen Sichtweise" ohne größere Diskussion den Wolffschen Selbstverwaltungsbegriff zugrunde legt[101].

Waren die formalen Selbstverwaltungskonzeptionen nie unumstritten, hat nicht zuletzt die reduktive Formalisierung des Selbstverwaltungsbegriffs insbesondere durch *Forsthoff*, aber auch durch *Wolff* seit den sechziger Jahren des 20. Jh. eine deutliche Reaktion der Rematerialisierung des Begriffs durch andere Autoren hervorgerufen, welche die konstitutive Bedeutung der Betroffenenmitwirkung für das Konzept der Selbstverwaltung betonen. Da das partizipative Element die eigentliche Wurzel des Selbstverwaltungsgedankens im 19. Jh. war und es – wie schon oben deutlich wurde – bis heute den zentralen Streitpunkt im Rahmen der Definition von Selbstverwaltung im Rechtssinne bildet, soll im Folgenden die Entwicklung der wissenschaftlichen Diskussion um die Bedeutung des partizipativen Elements für den Selbstverwaltungsbegriff nähere Beachtung finden.

---

[99] *Forsthoff*, Lehrbuch des Verwaltungsrechts, 10. Aufl., 1973, S. 478.
[100] *Wolff*, Verwaltungsrecht II, 1962, § 84 V b (S. 135).
[101] *Tettinger*, Kammerrecht, 1997, S. 33; bei *Stern*, Staatsrecht I, 2. Aufl., 1984, S. 399 f. steht die Wolffsche Definition gleichsam exemplarisch für den juristischen Selbstverwaltungsbegriff seit der zweiten Hälfte des 19. Jh.; *Kluth*, Funktionale Selbstverwaltung, 1997, S. 20 hebt Wolffs Definition „beispielhaft als Ausdruck der formalen Selbstverwaltungskonzeption" hervor; *Hendler*, Selbstverwaltung als Ordnungsprinzip, 1984, S. 271 bezeichnet sie als „charakteristisches Beispiel für einen stark formalisierten juristischen Selbstverwaltungsbegriff".

b) Partizipation als zentrales Element in Selbstverwaltungskonzeptionen des 19. Jahrhunderts

Obwohl Elemente des Selbstverwaltungsgedankens bereits in mittelalterlichen Erscheinungsformen wie der städtischen Autonomie oder aber den Gilden und Zünften verwurzelt sind[102], besteht doch breite Einigkeit darüber, dass das Konzept der Selbstverwaltung im heutigen Sinne ein Produkt von Praktikern und Theoretikern vor allem des 19. Jh. ist. Ausgangspunkt der modernen Selbstverwaltung in Deutschland ist die kommunale Selbstverwaltung, die in der durch *Reichsfreiherr Heinrich Friedrich Karl vom und zum Stein* geprägten preußischen Städteordnung vom 19. November 1808 eine konkrete Ausgestaltung erfuhr[103]. Die kommunale Selbstverwaltung bot einen Bezugsgegenstand für wissenschaftliche Erörterungen des Selbstverwaltungskonzepts, das in der zweiten Hälfte des 19. Jh. von Wissenschaftlern wie *Lorenz von Stein*, *Rudolf von Gneist* und *Otto von Gierke* theoretisch fundiert und schließlich allmählich auch für andere Bereiche wie z.B. die Selbstverwaltung der Wirtschaft nutzbar gemacht wurde.

aa) Freiherr vom Stein und die preußische Städteordnung von 1808

Die in der Erkenntnis der tiefgreifenden Entfremdung des Volkes vom spätabsolutistischen Militär- und Beamtenstaat des späten 18. Jh. verwurzelten und durch die desaströsen militärischen Niederlagen Preußens gegen die Truppen Napoleons bei Jena und Auerstedt am 14. Oktober 1806 katalysierten[104] Reformvorstellungen des

---

[102] Vgl. zu den historischen Wurzeln der Selbstverwaltung bzw. der Selbstverwaltungsidee bspw. *Heffter*, Die deutsche Selbstverwaltung, 2. Aufl., 1969, S. 11 ff.; *Schwab*, Die „Selbstverwaltungsidee" des Freiherrn vom Stein, 1971; *Ramin*, Geschichte der Selbstverwaltungsidee, 1972, S. 3 ff.; *Steinbach/Becker*, Geschichtliche Grundlagen, 1932, S. 73 ff. sowie *Steimle*, Über Begriff und Wesen, in: VerwArch. 41 (1936), 18 ff. sehen die Reformen des Freiherrn vom Stein entgegen der herrschenden Meinung nicht als Neubeginn, sondern allenfalls als Wiederbelebung einer historischen Kontinuität.

[103] BVerfGE 11, 266 (274); *E. Meier*, Verwaltungsrecht, in: Holtzendorff, Encyclopädie der Rechtswissenschaft, 3. Aufl., 1877, S. 879 (891 ff.); *G. Meyer*, Lehrbuch des Deutschen Staatsrechts, 2. Aufl., 1885, S. 283; *Neukamp*, Begriff der „Selbstverwaltung", in: AöR 4 (1889), 377 (405 ff.); *Hatschek*, Selbstverwaltung, 1898, S. 69 ff.; *Brause*, Begriff der Selbstverwaltung, 1900, S. 10; *H. Preuß*, Die Lehre Gierkes, in: FS Gierke, Bd. 1, 1910, S. 245 (254 ff.); *H. Preuß*, Entwicklung der kommunalen Selbstverwaltung, in: Handbuch der Politik, 1. Bd., 3. Aufl., 1920, S. 266 (268); *Stier-Somlo*, Handbuch des kommunalen Verfassungsrechts, 2. Aufl., 1928, S. 9 f., 38; *R. Brauweiler*, Art. 127, in: Nipperdey, Grundrechte und Grundpflichten, Bd. 2, 1930, S. 193 (195); *E. R. Huber*, Selbstverwaltung der Wirtschaft, 1958, S. 7; *Heffter*, Die deutsche Selbstverwaltung, 2. Aufl., 1969, S. 11, 84 ff.; *Schwab*, Die „Selbstverwaltungsidee" des Freiherrn vom Stein, 1971, S. 11 ff.; *Frotscher/Pieroth*, Verfassungsgeschichte, 9. Aufl., 2010, Rn. 234 ff.; *Menger*, Entwicklung der Selbstverwaltung, in: FS v. Unruh, 1983, S. 25 (25 f.); *Forsthoff*, Lehrbuch des Verwaltungsrechts, 10. Aufl., 1973, S. 471; *Voigt*, Die Selbstverwaltung, 1938, S. 22 ff., 30; *Wolff*, Verwaltungsrecht II, 1962, § 86 I a (S. 144); *Ramin*, Geschichte der Selbstverwaltungsidee, 1972, S. 11; *Becker*, Entwicklung der deutschen Gemeinden, in: HkWP 1, 1956, S. 62 (77 ff.); *Rittner*, Wirtschaftsrecht, 1979, S. 101; *Stolleis*, Geschichte des öffentlichen Rechts, Bd. 2, 1992, S. 61 f.

[104] Zur Bedeutung der militärischen Niederlage Preußens und ihrer Begleiterscheinungen für die Durchführbarkeit der Reformen z.B. *Koselleck*, Preußen zwischen Reform und Revolution, 3. Aufl., 1981, S. 560 f.; *von Münchow-Pohl*, Zwischen Reform und Krieg, 1987, S. 31 ff.; *Treffer*,

I. 3. b) Partizipation in Selbstverwaltungskonzeptionen des 19. Jh. 31

Freiherrn vom Stein[105] zielten auf eine Umgestaltung aller Verwaltungsebenen des Staates von den Landgemeinden und Städten über die Kreise und die Provinzen bis hin zum Gesamtstaat ab[106]. Steins Konzept einer Reformierung des Staats durch eine Beteiligung der „Nation"[107] (Gesellschaft) an der Erfüllung öffentlicher Angelegenheiten fand seinen prägnanten Ausdruck zunächst vor allem in der nach seinem Konflikt mit dem preußischen König und der Entlassung aus dem Staatsdienst entstandenen Nassauer Denkschrift aus dem Juni 1807[108], bevor es nach Steins Wiederberufung als leitender Minister in der preußischen Städteordnung von 1808[109] zumindest für die Städte verwirklicht wurde[110].

In der Ära des Absolutismus waren die seit dem Mittelalter erworbenen Eigenrechte der Städte zwar nicht überall völlig beseitigt[111], aber doch meistenorts zu-

---

Entwicklung der kommunalen Selbstverwaltung, in: Der Staat 35 (1996), 251 (253); *Ramin*, Geschichte der Selbstverwaltungsidee, 1972, S. 11.

[105] Zu den ideengeschichtlichen Wurzeln der Selbstverwaltungskonzeption Steins insbes. *Botzenhart*, Die Staats- und Reformideen des Freiherrn vom Stein, 1927, passim; *Schwab*, Die „Selbstverwaltungsidee" des Freiherrn vom Stein, 1971, S. 11 ff.; *Becker*, Die staatspolitische Bedeutung, in: FS Hugelmann, Bd. 1, 1959, S. 37 (59 ff.).

[106] *Hubatsch*, Die Stein-Hardenbergschen Reformen, 1977, S. 148; *von Saldern*, Rückblicke, S. 23 f.; *H. Preuß*, Entwicklung des deutschen Städtewesens, 1906, S. 276; *Ramin*, Geschichte der Selbstverwaltungsidee, 1972, S. 18 f.; *M. Botzenhart*, Landgemeinde und staatsbürgerliche Gleichheit, S. 85 ff.; *Schwab*, Die „Selbstverwaltungsidee" des Freiherrn vom Stein, 1971, S. 13 ff.; *Mieck*, Städtereform in Preußen, S. 54.

[107] Vgl. z. B. *Freiherr vom Stein*, Stein an Minister Schroetter, 27.06.1808, in: ders., Briefe und amtliche Schriften, Bd. II/2, Nr. 729 (S. 764): „[...] der Nation selbst einen Anteil an der Verwaltung zu geben [...]".

[108] *Freiherr vom Stein*, Über die zweckmäßige Bildung der obersten und der Provinzial-, Finanz- und Polizei-Behörden in der preußischen Monarchie, Juni 1807, (Nassauer Denkschrift), in: ders., Briefe und amtliche Schriften, Bd. II/1, Nr. 354, S. 380 ff.; vgl. dazu *Hubatsch*, Reichsfreiherr Karl vom Stein, S. 40 f.; *von Unruh*, in: Jeserich/Pohl/v. Unruh, Deutsche Verwaltungsgeschichte, Bd. 2, 1983, S. 408 ff.; *Ritter*, Stein, 3. Aufl., 1958, S. 179 ff.; *Conrad*, Freiherr vom Stein, 1958, S. 16; *Lehmann*, Freiherr vom Stein, 2. Teil, 1903, S. 65 ff.

[109] Ordnung für sämmtliche Städte der Preußischen Monarchie mit dazu gehöriger Instruktion, Behuf der Geschäftsführung der Stadtverordneten bei ihren ordnungsgemäßen Versammlungen vom 19.11.1808, Preuß. GS 1806–1810 (im Folgenden: PrStO 1808), abgedruckt auch in Freiherr vom Stein, Briefe und amtliche Schriften, Bd. II/2, 1960, S. 947–979; Quellen zum modernen Gemeindeverfassungsrecht, 1975, S. 104–134; Krebsbach, Die preußische Städteordnung von 1808, 1957.

[110] *Koselleck*, Preußen zwischen Reform und Revolution, 3. Aufl., 1981, S. 560 ff.; *Lehmann*, Freiherr vom Stein, 2. Teil, 1903, S. 447 ff.; *Ritter*, Stein, 3. Aufl., 1958, S. 251 ff.; *Lange*, Entwicklung des kommunalen Selbstverwaltungsgedankens, in: FS Weber 1974, S. 851 (855); *Frotscher/Pieroth*, Verfassungsgeschichte, 9. Aufl., 2010, Rn. 234 ff.; *H. Preuß*, Verwaltungsreform, in: Zeitschrift für Politik 1 (1908), 95 ff.; *Treffer*, Entwicklung der kommunalen Selbstverwaltung, in: Der Staat 35 (1996), 251 (254); *B. Vogel*, Verwaltung und Verfassung, 1993, S. 36.

[111] In der Literatur ist umstritten, inwieweit die Selbstverwaltungskonzeption der preußischen Städteordnung einen klaren Neubeginn markiert (so etwa *Hatschek*, Selbstverwaltung, 1898, S. 69 ff.; *H. Preuß*, Entwicklung des deutschen Städtewesens, 1906, S. 264; *R. Brauweiler*, Art. 127, in: Nipperdey, Grundrechte und Grundpflichten, Bd. 2, 1930, S. 193 (195, 202); *Forsthoff*, Lehrbuch des Verwaltungsrechts, 10. Aufl., 1973, S. 471 f.) oder aber doch eine Kontinuität der eigenverantwortlichen Wahrnehmung örtlicher Angelegenheiten besteht, die allenfalls wiederbelebt oder verstärkt wurde (*Steinbach/Becker*, Geschichtliche Grundlagen, 1932, S. 73 ff.; *Botzenhart*, Entwicklung der preußischen Stadtverfassungen, in: Jahrbuch für Kommunalwissenschaft 2 (1935),

nehmend zurückgedrängt, ausgehöhlt und durch staatliche Rechte überlagert worden[112]. Hier setzte die vor allem von den Ministern Stein und *von Schroetter* sowie dem Stadtverwaltungsdirektor von Königsberg *Frey* geprägte[113], mit Kabinettsorder vom 19. November 1808 durch Friedrich-Wilhelm III. in Kraft gesetzte Städteordnung an, die den Städten – zunächst Preußens in den Grenzen des Friedens von Tilsit (also der Provinzen Preußen, Schlesien, Pommern und Brandenburg) – eine vergleichsweise selbständige Rolle innerhalb des preußischen Staats zuwies. Die Städte wurden als vom Staat zu unterscheidende, eigenständige Korporationen mit der Kompetenz konstituiert, die örtlichen Angelegenheiten durch ihre Bürger eigenverantwortlich verwalten zu lassen[114].

Dabei wurde zwar durch die Einführung eines einheitlichen Bürgerrechts die Unterscheidung zwischen Groß- und Kleinbürgern und dergleichen ausdrücklich aufgehoben[115], der Schritt von der Bürgergemeinde zur Einwohnergemeinde aber noch nicht vollzogen und zwischen Bürgern[116] und sonstigen Einwohnern, den sog. „Schutzverwandten"[117], unterschieden. Nur die stimmberechtigten Bürger[118] besaßen das Wahlrecht zu der die Bürgerschaft („Stadtgemeine"[119]) repräsentierenden Stadtverordnetenversammlung als zentralem Rechtsetzungs- und Verwaltungsträger der Stadt[120]. Zum Stadtverordneten gewählt werden konnten wiederum nur stimmberechtigte Bürger des jeweiligen Bezirks bei einer Amtsdauer von drei Jahren[121]. Die Stadtverordneten wählten ihrerseits den aus besoldeten und unbesol-

---

S. 129 (150 ff.); *Steimle*, Über Begriff und Wesen, in: VerwArch. 41 (1936), 18, 26 ff., 32 ff.; *Hubatsch*, Die Stein-Hardenbergschen Reformen, 1977, S. 148); vgl. zum Ganzen auch *Mieck*, Städtereform in Preußen, S. 57 ff.

[112] *E. R. Huber*, Deutsche Verfassungsgeschichte, Bd. I, 2. Aufl., 1967, S. 173.

[113] Zu den Mitarbeitern Steins, die z. T. maßgeblichen Einfluss auf die primär mit seinem Namen verbundenen Reformen hatten: *Hubatsch*, Die Stein-Hardenbergschen Reformen, 1977, S. 97 ff.; *ders.*, Stein und die ostpreußischen Liberalen, 1958, S. 29 ff.; *ders.*, Reichsfreiherr Karl vom Stein, S. 42 f.; *Mieck*, Städtereform in Preußen, S. 65 ff.; *Becker*, Die staatspolitische Bedeutung, in: FS Hugelmann, Bd. 1, 1959, S. 37 (46 f.); *Krebsbach*, Die preußische Städteordnung von 1808, 1957, S. 16, 22.

[114] *E. R. Huber*, Deutsche Verfassungsgeschichte, Bd. I, 2. Aufl., 1967, S. 174; *H. Brauweiler*, Berufsstand und Staat, 1925, S. 119 ff.; auf die Regelung einer Allzuständigkeit der Gemeinden in der Preußischen Städteordnung von 1808 weist auch BVerfGE 79, 127 (146 f.) hin.

[115] § 16 PrStO 1808 (Anm. 109); *Koselleck*, Preußen zwischen Reform und Revolution, 3. Aufl., 1981, S. 562.

[116] §§ 5, 14 ff. PrStO 1808 (Anm. 109).

[117] §§ 5, 40 ff. PrStO 1808 (Anm. 109).

[118] Für das Wahlrecht war das Bürgerrecht notwendige aber nicht hinreichende Voraussetzung; so blieb Frauen gem. § 74 lit. c PrStO 1808 (Anm. 109) das Wahlrecht vorenthalten; sog. „unangesessenen" Bürgern ohne Grundeigentum im Stadtgebiet wurde das Wahlrecht gem. § 74 lit. d PrStO 1808 (Anm. 109) nur gewährt, wenn sie über ein (relativ gering angesetztes) Mindestjahreseinkommen von 150 (in mittleren und kleinen Städten) und 200 Reichstalern (in großen Städten) verfügten.

[119] § 46 PrStO 1808 (Anm. 109).

[120] §§ 69 ff. PrStO 1808 (Anm. 109); die Wahl erfolgte gem. § 72 PrStO 1808 in den verschiedenen Bezirken der Stadt, die frühere Wahl „nach Ordnungen, Zünften und Korporationen" wird hingegen in § 73 Preußische Städteordnung aufgehoben.

[121] §§ 84, 86 PrStO 1808 (Anm. 109).

deten Mitgliedern bestehenden Magistrat[122], der als Kollegialorgan an der Spitze der Stadtverwaltung stand, der Stadtverordnetenversammlung aber nachgeordnet war[123].

In kompetentieller Hinsicht wurde den Städten die Verwaltung prinzipiell aller örtlichen Angelegenheiten übertragen[124], während zugleich die ihnen vormals zustehende Polizeigewalt[125] und Rechtsprechung[126] – als nach damaligem Verständnis typische Staatsaufgaben – auf den Staat übergingen. Die Polizei konnte der Staat dabei entweder durch eigene Behörden wahrnehmen oder aber auf die städtischen Magistrate übertragen, die nunmehr „vermöge Auftrags" als „Behörden des Staates" handelten[127]. Im Rahmen ihrer Kompetenzen genossen die Städte weitgehende Unabhängigkeit. Eine staatliche Bestätigung war nur in wenigen Fällen, so etwa beim Erlass neuer Statuten[128], einzuholen. Über die enumerierten Prüfungsrechte der Staatsbehörden, z. B. im Hinblick auf die Rechnungslegung, hinaus besaßen diese allerdings in praxi das ungeschriebene Recht, eingreifen zu können, um die Stadtverwaltung zu einem Handeln im Rahmen der Staatszwecke und der Staatsgesetze anzuhalten[129].

---

[122] § 152 PrStO 1808 (Anm. 109).
[123] *Frotscher/Pieroth*, Verfassungsgeschichte, 9. Aufl., 2010, Rn. 237.
[124] § 68 PrStO 1808 (Anm. 109): „Alle übrige innere sowohl als äußere Angelegenheiten der Stadtgemeine werden durch Berathschlagungen und Schlüsse ihrer [...] Stadtverordneten angeordnet, es mögen diese Angelegenheiten die Stadtgemeine, als eine moralische Person betrachtet, oder die Mitglieder derselben, als solche, betreffen"; § 108 PrStO 1808: „Die Stadtverordneten erhalten [...] die unbeschränkte Vollmacht, in allen Angelegenheiten des Gemeinwesens der Stadt, die Bürgergemeine zu vertreten, sämmtliche Gemeine-Angelegenheiten für sie zu besorgen [...]"; *Freiherr vom Stein*, Immediatbericht der Minister Schroetter und Stein, in: ders., Briefe und amtliche Schriften, Bd. II/2, Nr. 889, S. 931; vgl. zur Allzuständigkeit der Gemeinden nach der Preußischen Städteordnung von 1808 auch BVerfGE 79, 127 (146f.).
[125] Ob unter Polizei hier der traditionelle weite Begriff der umfassenden Fürsorge für die Wohlfahrt des Gemeinwesens oder aber bereits der moderne, enge Begriff der Gefahrenabwehr zu verstehen ist, ist umstritten, schon in der Praxis war die genaue Abgrenzung der polizeilichen von den sonstigen Angelegenheiten höchst umstritten; vgl. dazu etwa *Schinkel*, Polizei und Stadtverfassung, in: Der Staat 3 (1964), 315 (316ff.); *Treffer*, Entwicklung der kommunalen Selbstverwaltung, in: Der Staat 35 (1996), 251 (255); *E. R. Huber*, Deutsche Verfassungsgeschichte, Bd. I, 2. Aufl., 1967, S. 175f.; *Koselleck*, Preußen zwischen Reform und Revolution, 3. Aufl., 1981, S. 566; *Krabbe*, Die lokale Polizeiverwaltung, in: BlldtLG 119 (1983), 141 (146f.); *von Unruh*, in: Jeserich/Pohl/v. Unruh, Deutsche Verwaltungsgeschichte, Bd. 2, 1983, S. 418.
[126] Zur Bedeutung der städtischen Gerichtsbarkeit im 18. Jahrhundert etwa *Botzenhart*, Entwicklung der preußischen Stadtverfassungen, in: Jahrbuch für Kommunalwissenschaft 2 (1935), S. 129 (139).
[127] § 166 PrStO 1808 (Anm. 109); bis 1810 wurden in den 21 größeren und mittleren Städten Preußens staatliche Polizeidirektionen begründet, während den Magistraten der übrigen Städte die Polizei „vermöge Auftrags" zur Ausübung überlassen wurde; *E. R. Huber*, Deutsche Verfassungsgeschichte, Bd. I, 2. Aufl., 1967, S. 175; *Wollmann*, Entwicklungslinien lokaler Demokratie, in: ders./Roth, Kommunalpolitik, 1999, S. 199; *H. Preuß*, Entwicklung des deutschen Städtewesens, 1906, S. 250f.
[128] § 51 PrStO 1808 (Anm. 109).
[129] *E. R. Huber*, Deutsche Verfassungsgeschichte, Bd. I, 2. Aufl., 1967, S. 177; *von Unruh*, in: Jeserich/Pohl/v. Unruh, Deutsche Verwaltungsgeschichte, Bd. 2, 1983, S. 417; *Treffer*, Entwicklung der kommunalen Selbstverwaltung, in: Der Staat 35 (1996), 251 (255f.).

Steins in der preußischen Städteordnung in positives Recht umgesetztes Bestreben, jedenfalls dem gehobenen Bürgertum die Möglichkeit zu geben, die es jeweils besonders betreffenden Angelegenheiten eigenverantwortlich zu erledigen[130], stellte keinen Selbstzweck dar, sondern war vielmehr ein Mittel, um verschiedene grundlegende Ziele zu fördern[131]. Während der liberale Gedanke der Gewährleistung einer individuellen Freiheitssphäre gegenüber dem Staat in den Schriften Steins noch keinen breiten Raum findet[132], und auch der ökonomische Aspekt der möglichen Kostenreduzierung durch ehrenamtliches Engagement eine zwar größere, aber letztlich doch untergeordnete Rolle spielt[133], stehen für Stein vor allem die folgenden Zwecke im Vordergrund[134]:

Es ist dies zunächst die Verbesserung der Verwaltungsqualität durch eine Aktivierung der Sachkunde der Bürger, die zudem eine besondere Motivation zur Erledigung der sie besonders betreffenden Angelegenheiten besäßen[135]. Dass er Sachnähe, Sachkunde und Motivation betroffener Kreise für wichtiger erachtet als die

---

[130] Den Reformgedanken des Freiherrn vom Stein lag kein egalitär-demokratisches Staatsverständnis oder gar eine sozialrevolutionäre Konzeption zu Grunde. Der egalitären Stoßrichtung der französischen Revolution stellte Stein eine erneuerte ständische Gliederung der Gesellschaft gegenüber, in deren Rahmen lediglich den besitzenden und gebildeten Bürgern eine Beteiligung an der Erledigung der öffentlichen Angelegenheiten zukommen sollte; zur Verknüpfung von Eigentum und politischer Handlungsfähigkeit in den Konzeptionen Steins insbes. *Schwab*, Die „Selbstverwaltungsidee" des Freiherrn vom Stein, 1971, S. 132 ff.; *Engeli/Haus*, Quellen zum modernen Gemeindeverfassungsrecht, 1975, S. 101 f.; *Frotscher/Pieroth*, Verfassungsgeschichte, 8. Aufl., 2009, Rn. 236; *Conrad*, Freiherr vom Stein, 1958, S. 26; *Thiel*, Die preußische Städteordnung, 1999, S. 6.

[131] *Hendler*, Selbstverwaltung als Ordnungsprinzip, 1984, S. 10 ff.; *Lange*, Entwicklung des kommunalen Selbstverwaltungsgedankens, in: FS Weber 1974, S. 851 (852 ff.); *Becker*, Gemeindliche Selbstverwaltung, 1941, S. 171 f.; *H. Brauweiler*, Berufsstand und Staat, 1925, S. 117 ff.; *Köttgen*, Die Krise der kommunalen Selbstverwaltung (1931), 1968, S. 7 f.

[132] Anklang findet dieser Aspekt bspw. im Schreiben *Freiherr vom Stein*, Stein an Minister Schroetter, 27. 06. 1808, in: ders., Briefe und amtliche Schriften, Bd. II/2, Nr. 729 (S. 764): „Da der Zweck vorzüglich ist, den ganzen Geschäftsgang möglichst zu vereinfachen, der Nation selbst einen Anteil an der Verwaltung zu geben und alle überflüssige und schädliche Einmischung der Regierung bei Gegenständen, welche der Fürsorge jedes Einzelnen überlassen werden können, abzustellen [...]" sowie in *ders.*, Denkschrift über die Theilnahme der Provinzial Stände, 13. 03. 1818, in: ders., Briefwechsel, Bd. V, S. 448 (450); siehe zu diesem Aspekt mit weiteren Nachweisen aus den Schriften Steins *Lange*, Entwicklung des kommunalen Selbstverwaltungsgedankens, in: FS Weber 1974, S. 851 (854); vgl. auch *Ramin*, Geschichte der Selbstverwaltungsidee, 1972, S. 17 f.

[133] Vgl. z. B. *Freiherr vom Stein*, Nassauer Denkschrift (Anm. 108), S. 390 f., 394; *ders.*, Stein an Minister Schroetter, 27. 06. 1808, in: ders., Briefe und amtliche Schriften, Bd. II/2, Nr. 729 (S. 764); vgl. dazu auch *Lange*, Entwicklung des kommunalen Selbstverwaltungsgedankens, in: FS Weber 1974, S. 851 (854); *Schwab*, Die „Selbstverwaltungsidee" des Freiherrn vom Stein, 1971, S. 115.

[134] *von Unruh*, in: Jeserich/Pohl/v. Unruh, Deutsche Verwaltungsgeschichte, Bd. 2, 1983, S. 409 f., 423 ff.

[135] *Freiherr vom Stein*, Nassauer Denkschrift (Anm. 108), S. 394 f.: „Der Formenkram und Dienst-Mechanismus in den Kollegien wird durch Aufnahme von Menschen aus dem Gewirre des praktischen Lebens zertrümmert, und an seine Stelle tritt ein lebendiger, fortstrebender, schaffender Geist und ein aus der Fülle der Natur genommener Reichtum von Ansichten und Gefühlen"; *Schwab*, Die „Selbstverwaltungsidee" des Freiherrn vom Stein, 1971, S. 112 ff.; *Hendler*, Selbstverwaltung als Ordnungsprinzip, 1984, S. 10 f.

bürokratischen Spezialkenntnisse ausgebildeten Fachpersonals, kommt in seinem prägnanten Satz aus einem Schreiben an Schroetter unmittelbar zum Ausdruck: „Sach-, Ort- und Personenkenntnis und lebhaftes Interesse an den Geschäften ist wichtiger als aller Formenkram"[136]. Mit der Aktivierung der Bürger ist für Stein deren Entwicklung und Erziehung zu Gemeingeist und Bürgersinn eng verbunden[137]. Seine Gesamtkonzeption erschöpft sich nicht in einer punktuellen Verbesserung der Mechanik staatlicher Institutionen, sondern zielt vielmehr auf eine grundlegende Reform des Staatswesens im Ganzen ab, deren zentrales Element in einer aktiven Identifikation der Bürger mit eben diesem Staat gesehen werden kann. Gerade dieser durch die Beteiligung geförderten Identifikation mit dem Gemeinwesen misst Stein dann auch wiederum eine wesentliche befriedende und damit staatsstabilisierende Wirkung bei[138].

Den Lehren des Freiherrn vom Stein, die in der aufgrund der besonderen historischen Situation Preußens nach den Niederlagen gegen Napoleon möglich gewordenen Städteordnung von 1808 ihren greifbaren Niederschlag gefunden haben, und in denen die Partizipation des Bürgertums bei der Erledigung öffentlicher Aufgaben einen zentralen Stellenwert besitzt[139], kommt entscheidende Bedeutung für die Begründung des Selbstverwaltungsgedankens in Deutschland zu. In terminolo-

---

[136] *Freiherr vom Stein*, Stein an Minister Schroetter, 25.08.1808, in: ders., Briefe und amtliche Schriften, Bd. II/2, Nr. 795, S. 835; *Herzfeld*, Demokratie und Selbstverwaltung, 1957, S. 9.

[137] Vgl. etwa *Freiherr vom Stein*, Nassauer Denkschrift (Anm. 108), S. 394 f.: „Ersparung an Verwaltungskosten ist aber der weniger bedeutende Gewinn, [...], sondern weit wichtiger ist die Belebung des Gemeingeistes und Bürgersinns, die Benutzung der schlafenden oder falsch geleiteten Kräfte und der zerstreut liegenden Kenntnisse, der Einklang zwischen dem Geist der Nation, ihren Ansichten und Bedürfnissen und denen der Staatsbehörden, die Wiederbelebung der Gefühle für Vaterland, Selbständigkeit und Nationalehre"; ders., Immediatbericht der Minister Schroetter und Stein, in: ders., Briefe und amtliche Schriften, Bd. II/2, Nr. 889, S. 929; vgl. auch BVerfGE 11, 266 (274); *Lange*, Entwicklung des kommunalen Selbstverwaltungsgedankens, in: FS Weber 1974, S. 851 (853); *Hatschek*, Das Wesen der Selbstverwaltung, in: Wörterbuch des Deutschen Staats- und Verwaltungsrechts, 2. Aufl., Bd. 3, 1914, S. 419 (420); *Becker*, Das staatspolitische Vermächtnis, in: DÖV 1957, 740 ff.; *Forsthoff*, Krise der Gemeindeverwaltung, 1932, S. 7 f.; *Ramin*, Geschichte der Selbstverwaltungsidee, 1972, S. 16 f.; *Hubatsch*, Reichsfreiherr Karl vom Stein, S. 114; *Hahn*, Rudolf von Gneist, 1995, S. 80; *Thiel*, Die preußische Städteordnung, 1999, S. 10; kritisch zum Aspekt des Bürgergeists: *Koselleck*, Preußen zwischen Reform und Revolution, 3. Aufl., 1981, S. 571.

[138] Vgl. etwa *Freiherr vom Stein*, Nassauer Denkschrift (Anm. 108), S. 391: „Auch meine Diensterfahrung überzeugt mich innig und lebhaft von der Vortrefflichkeit zweckmäßig gebildeter Stände, und ich sehe sie als ein kräftiges Mittel an, die Regierung durch die Kenntnisse und das Ansehen aller gebildeten Klassen zu verstärken, sie alle durch Überzeugung, Teilnahme und Mitwirkung bei den National-Angelegenheiten an den Staat zu knüpfen, den Kräften der Nation eine freie Tätigkeit und eine Richtung auf das Gemeinnützige zu geben [...]"; ders., Denkschrift über die Theilnahme der Provinzial Stände, 13.03.1818, in: ders., Briefwechsel, Bd. V, S. 448 (450).

[139] *von Unruh*, Spannungen zwischen Staats- und Selbstverwaltung, in: Der Staat 4 (1965), 441 (442); *H. Brauweiler*, Berufsstand und Staat, 1925, S. 227; *Krebsbach*, Die preußische Städteordnung von 1808, 1957, S. 23; *Brause*, Begriff der Selbstverwaltung, 1900, S. 11 f.; *Köttgen*, Die Krise der kommunalen Selbstverwaltung (1931), 1968, S. 7; *Herzfeld*, Demokratie und Selbstverwaltung, 1957, S. 9; *Stier-Somlo*, Handbuch des kommunalen Verfassungsrechts, 2. Aufl., 1928, S. 10.

gischer Hinsicht sei indes angemerkt, dass der Begriff der Selbstverwaltung Stein zwar nicht, wie dies oft festgestellt wird[140], unbekannt war, er ihn allerdings erst in seinen späteren Lebensjahren und nur am Rande, vereinzelt verwendete[141]. In seinen Hauptschriften spricht Stein stattdessen bspw. von Teilnahme an der Verwaltung[142], Einwirkung auf die Verwaltung des Gemeinwesens[143], Mitwirkung der Beteiligten, Anteilnahme am Gemeinwesen[144], Beteiligung an öffentlichen Aufgaben oder Selbstregierung. Erst mit dem Aufschwung des Selbstverwaltungskonzepts in den vierziger Jahren des 19. Jh. fand der Begriff Selbstverwaltung Verbreitung[145], bevor er sich dann erst nach 1848/49 – wenn auch ähnlich wie heute mit durchaus unterschiedlichen Inhalten – endgültig durchsetzte[146].

bb) Lorenz von Stein

Eine zentrale Rolle nimmt der Begriff der Selbstverwaltung in der „Verwaltungslehre" *Lorenz von Steins* (1815–1890) ein[147], die dazu beitragen sollte, die Verwaltungslehre von den überkommenen staatswissenschaftlichen Kategorien des Verfassungsrechts und der Polizeiwissenschaft zu emanzipieren und zur selbständigen Disziplin im Rahmen einer die Rechtswissenschaften, die Nationalökonomie, aber auch die Gesellschaftslehre umfassenden Staatswissenschaft auszubauen[148]. Steins

---

[140] Vgl. etwa *H. Brauweiler*, Berufsstand und Staat, 1925, S. 119; *Heffter*, Die deutsche Selbstverwaltung, 2. Aufl., 1969, S. 264; *Becker*, Das staatspolitische Vermächtnis, in: DÖV 1957, 740.

[141] *von Unruh*, in: Jeserich/Pohl/v. Unruh, Deutsche Verwaltungsgeschichte, Bd. 2, 1983, S. 424; *Schwab*, Die „Selbstverwaltungsidee" des Freiherrn vom Stein, 1971, S. 12; *Frotscher/ Pieroth*, Verfassungsgeschichte, 8. Aufl., 2009, Rn. 235; *Mulert*, Erneuerung des Selbstverwaltungsrechts, in: DJZ 1931, 186.

[142] *Freiherr vom Stein*, Nassauer Denkschrift (Anm. 108), S. 391, 393 f.

[143] Präambel zur Preußischen Städteordnung 1808 (Anm. 109), S. 948.

[144] *Freiherr vom Stein*, Immediatbericht der Minister Schroetter und Stein, in: ders., Briefe und amtliche Schriften, Bd. II/2, Nr. 889, S. 929 ff.

[145] *Heffter*, Die deutsche Selbstverwaltung, 2. Aufl., 1969, S. 264; *Becker*, Selbstverwaltung des Volkes, in: FS Steinbach, 1960, S. 534 (541).

[146] Vgl. näher: *Voigt*, Die Selbstverwaltung, 1938, S. 125 ff.; *Heffter*, Die deutsche Selbstverwaltung, 2. Aufl., 1969, S. 265 ff.; *Becker*, Selbstverwaltung als verfassungsrechtliche Grundlage, in: HkWP 1, 1956, S. 113 (115); *Lorenz von Stein*, in dessen Verwaltungslehre der Begriff der Selbstverwaltung vollständig etabliert ist, führt in der Verwaltungslehre I/2, 2. Aufl., 1869, S. 172 aus, „[...] dass man in der Philosophie so wenig als im Staatsrecht auch nur den Begriff und Namen der Selbstverwaltung findet, während in der Wirklichkeit die Selbstverwaltung nirgends organischer entwickelt ist als in Deutschland. Wir haben alles von der wahren Selbstverwaltung, nur nicht das Bewusstsein derselben".

[147] Zur Person Lorenz von Steins: *W. Schmidt*, Lorenz von Stein, in: Männer der deutschen Verwaltung, 1963, S. 117 ff.; zu seiner Selbstverwaltungskonzeption: *R. Brauweiler*, Art. 127, in: Nipperdey, Grundrechte und Grundpflichten, Bd. 2, 1930, S. 193 (199); *Voigt*, Die Selbstverwaltung, 1938, S. 152 ff.; *Heffter*, Die deutsche Selbstverwaltung, 2. Aufl., 1969, S. 449 ff.; *Ramin*, Geschichte der Selbstverwaltungsidee, 1972, S. 102 ff.; *Hendler*, Selbstverwaltung als Ordnungsprinzip, 1984, S. 50 ff.; *E. Busch*, Entwickelung des Selbstverwaltungsbegriffes, 1919, S. 28 f.; instruktiv, wenn auch aus der allgemeineren Perspektive der Verbandsbildung, auch: *Bieback*, Die öffentliche Körperschaft, 1976, S. 249 ff.

[148] *L. von Stein*, Verwaltungslehre I/1, 2. Aufl., 1869, Vorrede zur zweiten Auflage, S. XII: „Die Epoche naht mit raschem Schritt, wo die Verwaltungslehre als die Pandekten der Staatswis-

I. 3. b) Partizipation in Selbstverwaltungskonzeptionen des 19. Jh.

wissenschaftliches Hauptwerk erschien von 1865 bis 1868 in sieben Teilen, der zentrale erste Teil über die vollziehende Gewalt, in drei „Abtheilungen" genannte Teilbände untergliedert, bereits 1869 in so stark überarbeiteter zweiter Auflage, dass die erste Auflage insoweit weitgehend als obsolet betrachtet werden kann[149]. Der zweite Teilband des ersten Teils der Verwaltungslehre behandelt dabei „Die Selbstverwaltung und ihr Rechtssystem"[150].

Als Repräsentant des gemäßigten Liberalismus versuchte Stein vor dem Hintergrund der manifesten sozialen und politischen Spannungen und Umwälzungen seiner Epoche ein staatswissenschaftliches System zu entwickeln, das den überkommenen Obrigkeitsstaat mit liberalen Konzeptionen versöhnen, befriedend wirken und so revolutionären Bestrebungen die Spitze nehmen sollte[151]. Auf der Basis vergleichender Betrachtungen des deutschen, französischen und britischen Rechts sah Stein einen zentralen Ansatzpunkt hierfür in einer partiellen Ausdehnung des im Konstitutionalismus auf den Bereich der Legislative konzentrierten liberalen Prinzips der Freiheit durch Teilnahme auch auf den Bereich der noch monarchisch geprägten Verwaltung[152].

Transmissionsriemen zur Verwirklichung der Freiheit auch im Rahmen der Verwaltung ist für Stein die Selbstverwaltung[153]: „Die Selbstverwaltung ist daher die

---

senschaft anerkannt werden wird. In zwanzig Jahren wird man nicht mehr begreifen, wie man Verwaltungsbeamte hat bilden können auf Grundlage des römischen Rechts, das grundsätzlich das Jus publicum ausschließt, und des deutschen Rechts, das das Jus publicum nicht begreift. Ich habe die beste Kraft meines Lebens daran gesetzt, dieser Zeit vorzuarbeiten"; *Heffter*, Die deutsche Selbstverwaltung, 2. Aufl., 1969, S. 450 f.; *Pankoke*, L. von Steins staats- und gesellschaftswissenschaftliche Orientierungen, in: Blasius/Pankoke, Stein, 1977, S. 79 (132 ff.); *F. Mayer*, Die Verwaltungslehre des Lorenz von Stein, in: Schnur, Staat, 1978, S. 440 ff.; *Stolleis*, Geschichte des öffentlichen Rechts, Bd. 2, 1992, S. 391 f.; vgl. auch *Böckenförde*, Lorenz von Stein, in: FS O. Brunner, 1973, S. 248 (272).

[149] Vgl. *L. von Stein*, Verwaltungslehre I/1, 2. Aufl., 1869, Vorrede zur zweiten Auflage, S. XI-II; eine Zusammenfassung der Verwaltungslehre enthält das von Stein bereits 1870 vorgelegte, auch als Grundlage für Vorlesungen über Verwaltungslehre gedachte Handbuch der Verwaltungslehre und des Verwaltungsrechts, das zuletzt in 3. Aufl., 1888, in drei Teilen erschien.

[150] *L. von Stein*, Verwaltungslehre I/2, 2. Aufl., 1869.

[151] *Heffter*, Die deutsche Selbstverwaltung, 2. Aufl., 1969, S. 450; *Bieback*, Die öffentliche Körperschaft, 1976, S. 249; vgl. auch *Blasius*, Zeitbezug und Zeitkritik, in: Schnur, Staat, 1978, S. 423 ff.

[152] Vgl. *L. von Stein*, Verwaltungslehre I/2, 2. Aufl., 1869, S. 129: „Denn je weiter die Entwicklung des Volkslebens geht, um so klarer wird es, dass die Verfassung mit all ihren Formen nicht genügt, sondern dass wir die Vollendung erst da zu suchen haben, wo auch die Verwaltung durch dieselben Grundsätze der Selbstbestimmung geleitet wird, wie die Verfassung." sowie die im Abschnitt über Frankreichs Selbstverwaltung enthaltenen Ausführungen, a.a.O., S. 169: „Dennoch ließ sich andererseits die zweite Anwendung des Princips der Freiheit, die grundsätzliche Theilnahme des Staatsbürgers auch an der vollziehenden Gewalt nicht bestreiten. Es wäre ein zu schreiender Widerspruch gewesen, jedem Staatsbürger durch freie Wahl volle Betheiligung an der Gesetzgebung zu verleihen, und daneben die Verwaltung als eine, von jeder solchen Betheiligung ausgeschlossene Potenz hinzustellen"; vgl. grundlegend zum Wesen der Freiheit auch: *L. von Stein*, Verwaltungslehre I/1, 2. Aufl., 1869, S. 29 ff.; *Hendler*, Selbstverwaltung als Ordnungsprinzip, 1984, S. 51, 55 f.; *Bieback*, Die öffentliche Körperschaft, 1976, S. 254 f.; *Huber*, Lorenz von Stein, in: Forsthoff, Stein, 1972, S. 495 (498 ff.).

[153] *Ramin*, Geschichte der Selbstverwaltungsidee, 1972, S. 107 ff.; *Scheuner*, Rolle der Verbän-

erste, wir möchten sagen die natürliche Grundform der freien Verwaltung überhaupt; so lange sie noch anerkannt ist und wirkt, gibt es eine freie Verwaltung im Staate; wo sie verschwindet, verschwindet überhaupt das Element der Freiheit in der Verwaltung; wo sie blüht, ist die letztere gesichert. [...] Die Selbstbestimmung aber ist es, welche bestimmt und fähig ist, das Princip, welches in der freien Gesetzgebung lebendig ist, auch in die Verwaltung hinüber zu leiten"[154]. Selbstverwaltung und Staatsverwaltung sind damit bei Stein – entgegen der im 19. Jh. vorherrschenden Doktrin – keine unvereinbaren Gegensatzpaare, sondern potentiell komplementär, ohne dass dies Konflikte zwischen beiden stets ausschlösse[155].

Selbstverwaltung ist für Stein „die Gesammtheit derjenigen freien Verwaltungskörper, welche auf Grundlage der gegebenen gemeinsamen Interessen und des Grundbesitzes an der vollziehenden Gewalt Theil nehmen"[156]. Innerhalb der Selbstverwaltung unterscheidet er zwei Grundformen[157]: Die erste bilden die Vertretungen der Interessen[158], als jede Form, in der sich Interessen bei der Regierung Gehör verschaffen, um in Gesetzgebung und Verwaltung Geltung zu erlangen[159]. Die Vertretungen sind unterteilt in freie Vertretungen, zu denen Stein Gesuche, Petitionen und Petitionsrecht, Gutachten und Vernehmungen (Enqueten) zählt[160], sowie die eigentlichen Vertretungen[161], welche als gesetzlich eingesetzte institutionalisierte Formen der Interessenwahrnehmung insbesondere durch die von der Regierung mit der Vertretung besonderer Interessen beauftragten „Räthe"[162] und die Handels- und Gewerbekammern[163] gebildet werden.

Die zweite Grundform der Selbstverwaltung, die für Stein die „eigentliche Selbstverwaltung" darstellt und unter der die „Selbstverwaltung überhaupt" zu verstehen sei[164], umfasst die als juristische Persönlichkeiten anerkannten Selbstverwaltungskörper Landschaft, Gemeinde und Korporation[165]. Unter Landschaft versteht er das Selbstverwaltungsorgan, das ein durch Gleichartigkeit der natürlichen Lebensbedingungen innerhalb bestimmter, natürlicher Grenzen charakterisiertes Land und den dort ein gemeinsames Leben führenden Stamm vertritt und verwal-

---

de, in: Schnur, Staat, 1978, S. 295; vgl. auch *F. Mayer*, Die Verwaltungslehre des Lorenz von Stein, in: Schnur, Staat, 1978, S. 437 ff.

[154] *L. von Stein*, Verwaltungslehre I/2, 2. Aufl., 1869, S. 128 f.
[155] *Voigt*, Die Selbstverwaltung, 1938, S. 154 f.; *Scheuner*, Rolle der Verbände, in: Schnur, Staat, 1978, S. 297; *Hendler*, Selbstverwaltung als Ordnungsprinzip, 1984, S. 56; *Forsthoff*, Krise der Gemeindeverwaltung, 1932, S. 16 f.
[156] *L. von Stein*, Verwaltungslehre I/2, 2. Aufl., 1869, S. 109.
[157] *L. von Stein*, Verwaltungslehre I/2, 2. Aufl., 1869, S. 109 ff.
[158] *L. von Stein*, Verwaltungslehre I/2, 2. Aufl., 1869, S. 23 f., 110 ff.
[159] *L. von Stein*, Verwaltungslehre I/2, 2. Aufl., 1869, S. 111.
[160] *L. von Stein*, Verwaltungslehre I/2, 2. Aufl., 1869, S. 112 ff.
[161] *L. von Stein*, Verwaltungslehre I/2, 2. Aufl., 1869, S. 117 ff.
[162] *L. von Stein*, Verwaltungslehre I/2, 2. Aufl., 1869, S. 118 ff., 23 f.
[163] *L. von Stein*, Verwaltungslehre I/2, 2. Aufl., 1869, S. 124 ff., 23 f.
[164] *L. von Stein*, Verwaltungslehre I/2, 2. Aufl., 1869, S. 127.
[165] *L. von Stein*, Verwaltungslehre I/2, 2. Aufl., 1869, S. 25 f., 130; *Voigt*, Die Selbstverwaltung, 1938, S. 155.

I. 3. b) Partizipation in Selbstverwaltungskonzeptionen des 19. Jh.

tet[166]. Letztlich handelt es sich hier also um die Selbstverwaltung eines idealtypisch zu verstehenden überkommunal-regionalen Gebildes. Im Zentrum der eigentlichen Selbstverwaltung steht für Stein aber die Gemeinde, die er als Hauptkörper der Selbstverwaltung bezeichnet, dem alle anderen Formen der Selbstverwaltung untergeordnet seien und an dem sich die Frage entscheide, ob ein Staat wirklich Selbstverwaltung besitze oder nicht[167]. Neben Landschaften und Gemeinden treten als Selbstverwaltungskörper schließlich Korporationen (namentlich Berufsgenossenschaften) und Stiftungen[168], die Stein allerdings bereits im „Übergang von der eigentlichen Selbstverwaltung im Gemeindewesen zum Vereinswesen" verortet[169].

Obwohl Stein auch die einzelnen Selbstverwaltungsträger einer genauen Analyse unterzieht[170], steht doch das Konzept der Selbstverwaltung als solches im Mittelpunkt der Betrachtung. Der im Begriff der Selbstverwaltung kondensierte Gedanke der Partizipation ist für ihn die Messlatte, an der die verschiedenen Erscheinungsformen ihren wahren Selbstverwaltungsgehalt beweisen müssen[171]. Da für Stein Selbstverwaltung das zentrale Prinzip darstellt, das geeignet erscheint, den liberalen Gedanken der Freiheit durch Partizipation auch in der Verwaltung zu etablieren, ist sie zugleich ein Desiderat, dessen Umsetzung weitergehende politische Ziele – wie einen Ausgleich politischer Spannungslagen und damit eine Befriedung der im schnellen Wechsel begriffenen Gesellschaft – zu verwirklichen verspricht[172]. Selbstverwaltung liegt für Stein aber nur dort vor, wo die Bürger praktisch an der Verwaltung ihres Gemeinwesens Anteil nehmen[173]. Partizipation und Selbstbestimmung der Betroffenen bilden damit für ihn den Kern der Selbstverwaltung[174].

---

[166] *L. von Stein*, Verwaltungslehre I/2, 2. Aufl., 1869, S. 180 ff.; a.a.O., S. 206 ff. führt *von Stein* hierfür aus der deutschen Geschichte u. a. das Beispiel der seit dem Mittelalter gebildeten Landstände und Landtage an.

[167] *L. von Stein*, Verwaltungslehre I/2, 2. Aufl., 1869, S. 220; Stein widmet der Gemeinde entsprechend ca. ein Drittel des Teilbandes der Verwaltungslehre über die Selbstverwaltung: a.a.O., S. 214–344; vgl. auch *Hendler*, Selbstverwaltung als Ordnungsprinzip, 1984, S. 52 f.

[168] *L. von Stein*, Verwaltungslehre I/2, 2. Aufl., 1869, S. 344 ff.

[169] *L. von Stein*, Verwaltungslehre I/2, 2. Aufl., 1869, S. 344.

[170] Vgl. insbes. Steins Ausführungen zum Gemeindewesen: *L. von Stein*, Verwaltungslehre I/2, 2. Aufl., 1869, S. 214 ff.

[171] Vgl. etwa die äußerst negative Einschätzung Preußens, wo die Selbstverwaltung zwar der Form nach bestehe, in der Wirklichkeit ihres Rechts aber vernichtet sei: *L. von Stein*, Verwaltungslehre I/2, 2. Aufl., 1869, S. 301, 305; dazu auch *Blasius*, Zeitbezug und Zeitkritik, in: Schnur, Staat, 1978, S. 431 f.; *Blasius*, Lorenz von Stein als Geschichtsdenker, in: Blasius/Pankoke, Stein, 1977, S. 3 (70 f.).

[172] *Hendler*, Selbstverwaltung als Ordnungsprinzip, 1984, S. 55 f.

[173] *Ramin*, Geschichte der Selbstverwaltungsidee, 1972, S. 115.

[174] Bspw. *L. von Stein*, Verwaltungslehre I/2, 2. Aufl., 1869, S. 129; vgl. auch *Gluth*, Selbstverwaltung, 1887, S. 58; *Forsthoff*, Krise der Gemeindeverwaltung, 1932, S. 16; *von Unruh*, Der Kreis, 1964, S. 202.

cc) Rudolf von Gneist

Obwohl sich *Rudolf von Gneist* (1816–1895)[175] und der etwas ältere Lorenz von Stein mit ihren Arbeiten gegenseitig stark beeinflussten[176], unterscheiden sich ihre Selbstverwaltungslehren wesentlich voneinander. Gneists Selbstverwaltungslehre besitzt eine eigenständige Prägung[177], die wesentlich auf einem extensiven Studium der englischen Kommunalverfassung und speziell des Systems des englischen *Self-government* beruht[178]. Unter dem Eindruck von Lorenz von Steins auf Hegel fußender Gesellschaftslehre geht Gneist von einem antithetischen Gegensatz zwischen Staat und Gesellschaft aus[179]. Die Gesellschaft durchziehe zudem ein Interessengegensatz zwischen den Besitzenden, denen daran gelegen sei, Abhängigkeiten hervorzurufen und zu vergrößern und den Nicht-Besitzenden, die jene Abhängigkeiten vermindern oder aufheben wollten[180]. Entgegen dem seinerzeit herrschenden liberalen Grundverständnis hält Gneist es dabei nicht für möglich, dass es durch gesellschaftliche Selbstregulierungsmechanismen zu einem harmonischen Ausgleich der Interessengegensätze kommen könne[181].

---

[175] Zur Person Rudolf von Gneist: *Schiffer*, Rudolf von Gneist, 1929, S. 1 ff.; *Scheerbarth*, Rudolf von Gneist, in: Männer der deutschen Verwaltung, 1963, S. 135 ff.; *Hahn*, Rudolf von Gneist, 1995, S. 1 ff.; *Stolleis*, Geschichte des öffentlichen Rechts, Bd. 2, 1992, S. 385–388.

[176] Vgl. etwa *von Gneist*, Der Rechtsstaat, 2. Aufl., 1879, S. 333, Anm. 1: „Ueber den Begriff der Gesellschaft vgl. L. Stein [...] Diese meisterhafte Darstellung ist für meine Bearbeitung der englischen Verfassungsgeschichte von maßgebender Bedeutung geworden"; *ders.*, Die preußische Kreis-Ordnung, 1870, S. 7: „Die Antithesen zwischen Staat und Gesellschaft auf diesem Boden sind mustergültig dargelegt in L. Stein, der Begriff der Gesellschaft und die sociale Geschichte der französischen Revolution. Leipzig 1850"; *ders.*, Englische Verfassungsgeschichte, 1882, S. III (Vorwort); *von Stein*, Verwaltungslehre I/1, 2. Aufl., 1869, S. V ff. (Vorrede zur ersten Auflage: Dem Herrn Professor Dr. Rudolph Gneist), S. 200 ff.; *Blasius*, Lorenz von Stein, 1970, S. 167 ff.

[177] Zu Gneists Selbstverwaltungslehre: *Redlich*, Englische Lokalverwaltung, 1901, S. 745 ff.; *R. Brauweiler*, Art. 127, in: Nipperdey, Grundrechte und Grundpflichten, Bd. 2, 1930, S. 193 (299 f.); *Voigt*, Die deutsche Selbstverwaltung, 1938, S. 148 ff.; *Heffter*, Die deutsche Selbstverwaltung, 2. Aufl., 1969, S. 372 ff.; *Ramin*, Geschichte der Selbstverwaltungsidee, 1972, S. 116 ff.; *Schmidt-Eichstaedt*, Staatsverwaltung und Selbstverwaltung, in: DV 8 (1975), 345 ff.; *Bieback*, Die öffentliche Körperschaft, 1976, S. 267 ff.; *Hendler*, Selbstverwaltung als Ordnungsprinzip, 1984, S. 57 ff.

[178] Vgl. insbesondere *von Gneist*, Das heutige englische Verfassungs- und Verwaltungsrecht, Bd. 1, 1857; Bd. 2, 1860; *ders.*, Verwaltung Justiz Rechtsweg, 1869; *ders.*, Englische Verfassungsgeschichte, 1882; zum Ganzen: *Heffter*, Die deutsche Selbstverwaltung, 2. Aufl., 1969, S. 378 ff.; *Hahn*, Rudolf von Gneist, 1995, S. 57 ff.

[179] Vgl. bspw.: *von Gneist*, Die preußische Kreis-Ordnung, 1870, S. 7; *Redlich*, Englische Lokalverwaltung, 1901, S. 759; *Schiffer*, Rudolf von Gneist, 1929, S. 46; *Schmidt-Eichstaedt*, Staatsverwaltung und Selbstverwaltung, in: DV 8 (1975), 345 (347); *Heffter*, Die deutsche Selbstverwaltung, 2. Aufl., 1969, S. 738; vgl. zum Gegensatz von Staat und Gesellschaft bei von Stein auch: *Huber*, Lorenz von Stein, in: Forsthoff, Stein, 1972, S. 495 (497 ff.); *Forsthoff*, Einführung, in: Forsthoff, Stein, 1972, S. 7 (10 f.); *Bieback*, Die öffentliche Körperschaft, 1976, S. 252 f.; *Hahn*, Rudolf von Gneist, 1995, S. 59 ff.

[180] *von Gneist*, Die preußische Kreis-Ordnung, 1870, S. 2; *ders.*, Der Rechtsstaat, 2. Aufl., 1879, S. 1 ff.

[181] *von Gneist*, Die preußische Kreis-Ordnung, 1870, S. 2.

I. 3. b) Partizipation in Selbstverwaltungskonzeptionen des 19. Jh. 41

Gneist sieht die Lösungsmöglichkeit für den Ausgleich dieser Spannungen vielmehr in einer organischen Verbindung von Staat und Gesellschaft[182], welche die Einheit, aber auch die politische und bürgerliche Freiheit gewährleisten könne[183]. Das konkrete staatliche Organisationsprinzip zur Verwirklichung einer solchen harmonischen Verbindung ist für Gneist aber gerade die Form der Selbstverwaltung[184], die er idealtypisch im überkommenen, zu seiner Zeit allerdings bereits wesentlich reformierten System des englischen Selfgovernment[185], insbesondere im traditionellen ehrenamtlichen Friedensrichtertum der englischen Grafschaftsverwaltung[186], zu erkennen glaubte[187].

Im Zentrum von Gneists Selbstverwaltungskonzept steht danach die sog. obrigkeitliche oder gesetzmäßige Selbstverwaltung[188], deren Wesen in einer ehrenamt-

---

[182] *von Gneist*, Die preußische Kreis-Ordnung, 1870, S. 5.

[183] *Voigt*, Die Selbstverwaltung, 1938, S. 149 f.; *Hendler*, Selbstverwaltung als Ordnungsprinzip, 1984, S. 57.

[184] Vgl. z.B. *von Gneist*, Verwaltung Justiz Rechtsweg, 1869, S. 100; *ders.*, Die preußische Kreis-Ordnung, 1870, S. 10; *von Unruh*, Spannungen zwischen Staats- und Selbstverwaltung, in: Der Staat 4 (1965), 441 (445); *Hahn*, Rudolf von Gneist, 1995, S. 145; *Stolleis*, Geschichte des öffentlichen Rechts, Bd. 2, 1992, S. 386 f.

[185] Gneists Hauptwerk „Das heutige englische Verfassungs- und Verwaltungsrecht" erschien in zwei Bänden 1857 („Geschichte und heutige Gestalt der Aemter in England") und 1859/60 („Die heutige englische Communalverfassung und Communalverwaltung oder das System des Selfgovernment"). Den geplanten dritten Band über die englische Parlamentsverfassung legte er hingegen nicht vor. Wie schon der Titel des zentralen zweiten Bands und letztlich auch die Nichtbearbeitung des 3. Bands belegen, sah Gneist den eigentlichen Standort des selfgovernment im damals wissenschaftlich weitgehend unerschlossenen englischen Verwaltungsrecht, namentlich dem Verwaltungsrecht der Grafschaften (counties). Den Parlamentarismus als eigentliches Kernstück des englischen Selfgovernment vernachlässigte er hingegen; vgl. näher: *Heffter*, Die deutsche Selbstverwaltung, 2. Aufl., 1969, S. 379 ff.

[186] Grundlegend: *von Gneist*, Das heutige englische Verfassungs- und Verwaltungsrecht, Bd. 1, 1857, S. 611 ff., Bd. 2, 1860, passim, insbes. S. 40 ff., 164 ff., 828 ff.; vgl. dazu aus späterer Perspektive *Heffter*, Die deutsche Selbstverwaltung, 2. Aufl., 1969, S. 38 ff.

[187] Gneists in mancherlei Hinsicht falsche und überhöhte Sichtweise des englischen Selfgovernment ist in der Literatur vielfach zu Recht kritisiert worden; vgl. die ausführliche, grundlegende Kritik bei: *Redlich*, Englische Lokalverwaltung, 1901, S. 743 ff., insbes. S. 755 ff. sowie *H. Preuß*, Die Lehre Gierkes, in: FS Gierke, Bd. 1, 1910, S. 245 ff. (253 f., 258 ff., 272 ff.); *H. Preuß*, Selbstverwaltung, in: HdKW, Bd. 3, 1924, S. 768 (772); *H. Brauweiler*, Berufsstand und Staat, 1925, S. 125 ff.; *Heffter*, Die deutsche Selbstverwaltung, 2. Aufl., 1969, S. 372 Fn. 2, S. 379 ff., insbes. 387; *Salzwedel*, Staatsaufsicht in der Verwaltung, in: VVDStRL 22 (1965), S. 206 (229); *Schmidt-Eichstaedt*, Staatsverwaltung und Selbstverwaltung, in: DV 8 (1975), 345 (348 ff.); *Darmstaedter*, Grundlage, in: GS W. Jellinek, 1955, S. 535 (536 ff.); *Ramin*, Geschichte der Selbstverwaltungsidee, 1972, S. 119 ff.; *Blasius*, Lorenz von Stein, 1970, S. 168.; *Hahn*, Rudolf von Gneist, 1995, S. 64 ff.

[188] *von Gneist*, Die preußische Kreis-Ordnung, 1870, S. 8 ff., 14; vgl. auch *von Brauchitsch*, Die neuen preußischen Verwaltungsgesetze, Bd. 1, 1881, S. 81, 159; zur Kritik am Begriff vgl. etwa *Darmstaedter*, Grundlage, in: GS W. Jellinek, 1955, S. 535 (537 f.). eher am Rande ergänzt Gneist die obrigkeitliche Selbstverwaltung durch einen anderen Typ der Selbstverwaltung, nämlich die sog. „wirtschaftliche Selbstverwaltung", unter der er gewählte Vertretungen („Verwaltungsräthe, Stadtverordnetenversammlungen") versteht, die im Bereich der wirtschaftlichen Geschäfte der Lokalverwaltung (im Gegensatz zu staatlichen Geschäften), also der Vermögens- und Steuerverwaltung, tätig werden; vgl. *von Gneist*, Die preußische Kreis-Ordnung, 1870, S. 8 ff., 19 ff.; *ders.*, Selfgovernment, 3. Aufl., 1871, S. 940 ff.; vgl. auch *Fleiner*, Institutionen, 8. Aufl., 1928, S. 99.

lichen Beteiligung Einzelner bei der Ausführung des Staatswillens, das heißt beim administrativen wie auch beim jurisdiktionellen Vollzug eines vollständig gesetzlich durchgebildeten Verwaltungsrechts, besteht[189]. Gneist plädiert dafür, die hoheitliche Verwaltung so weit wie möglich von Berufsbeamten auf Ehrenbeamte zu übertragen, die aber nicht gewählt[190], sondern hoheitlich ernannt werden sollen[191]. Auf diese Weise könne nach englischem Vorbild zwischen Parlament und Staatsverwaltung ein „Zwischenbau"[192] etabliert werden, der zur Kontrolle der Staatsverwaltung und zur Sicherung der Rechte des Einzelnen beitrage[193]. Als Träger eines Ehrenamts und der damit verbundenen Amtspflicht kommen für Gneist insbesondere Angehörige derjenigen Gesellschaftsklassen in Betracht, die „durch Besitz, Intelligenz und Lebensstellung geeignet sind, das obrigkeitliche Amt selbst zu verwalten"[194]. Dass Gneist damit vor allem den grundbesitzenden Adel über das Ehrenamt an der Verwaltung beteiligen wollte, sollte diesen allerdings nicht so sehr privilegieren. Ihm ging es vielmehr darum, die nach seiner Auffassung besonders Leistungsfähigen und Einflussreichen in die Pflicht der Verwaltung zu nehmen[195]. Obwohl Gneist zugleich für eine höhere Durchlässigkeit in den Adelsstand nach dem Vorbild der englischen Gentry plädierte[196], unterschätzte er dabei allerdings die Gefahr, dass sein Selbstverwaltungskonzept, das eigentlich gerade den Einfluss

---

[189] *von Gneist*, Das heutige englische Verfassungs- und Verwaltungsrecht, Bd. 2, 1860, S. 828 ff.; *ders.*, Die preußische Kreis-Ordnung, 1870, S. 8 ff.; *R. Brauweiler*, Art. 127, in: Nipperdey, Grundrechte und Grundpflichten, Bd. 2, 1930, S. 193 (200); *Scheerbarth*, Rudolf von Gneist, in: Männer der deutschen Verwaltung, 1963, S. 135 (137); *Hendler*, Selbstverwaltung als Ordnungsprinzip, 1984, S. 58 f.; *Neukamp*, Begriff der „Selbstverwaltung", in: AöR 4 (1889), 377 (429); *Voigt*, Die Selbstverwaltung, 1938, S. 151.

[190] Vgl. etwa *von Gneist*, Die preußische Kreis-Ordnung, 1870, S. 40, 214; kritisch dazu: *Brause*, Begriff der Selbstverwaltung, 1900, S. 34 f., der zutreffend anmerkt, dass die Wahl und nicht die königliche Ernennung der Organe dem deutschen Selbstverwaltungsbegriff am meisten entspreche.

[191] *von Gneist*, Der Rechtsstaat, 2. Aufl., 1879, S. 287; zum englischen selfgovernment: *ders.*, Das heutige englische Verfassungs- und Verwaltungsrecht, Bd. 2, 1860, S. 879 ff.; *ders.*, Verwaltung Justiz Rechtsweg, 1869, S. 96 ff; *ders.*, Selfgovernment, 3. Aufl., 1871, S. 908 ff.; *ders.*, Das Englische Verwaltungsrecht, Bd. 1, 3. Aufl., 1883, S. 256 ff.

[192] Vgl. zum englischen Recht: *von Gneist*, Verwaltung Justiz Rechtsweg, 1869, S. V (Vorwort), 101; *ders.*, Die preußische Kreis-Ordnung, 1870, S. 11; *Hatschek*, Das Wesen der Selbstverwaltung, in: Wörterbuch des Deutschen Staats- und Verwaltungsrechts, 2. Aufl., Bd. 3, 1914, S. 419 (420).

[193] So zum englischen selfgovernment *von Gneist*, Verwaltung Justiz Rechtsweg, 1869, S. 101; vgl. auch *ders.*, Der Rechtsstaat, 2. Aufl., 1879, S. 173, 287; *Ramin*, Geschichte der Selbstverwaltungsidee, 1972, S. 125; *Schmidt-Eichstaedt*, Staatsverwaltung und Selbstverwaltung, in: DV 8 (1975), 345 (352); *Neukamp*, Begriff der „Selbstverwaltung", in: AöR 4 (1889), 377 (430).

[194] *von Gneist*, Der Rechtsstaat, 2. Aufl., 1879, S. 286.

[195] *von Gneist*, Das heutige englische Verfassungs- und Verwaltungsrecht, Bd. 1, 1857, S. 643 ff., Bd. 2, 1860, S. 829 ff. 869 ff., 898 ff.; *ders.*, Die preußische Kreis-Ordnung, 1870, S. 10, 43 ff.; *ders.*, Verwaltung Justiz Rechtsweg, 1869, S. 124 f.; *Hatschek*, Das Wesen der Selbstverwaltung, in: Wörterbuch des Deutschen Staats- und Verwaltungsrechts, 2. Aufl., Bd. 3, 1914, S. 419 (420); *H. Preuß*, Selbstverwaltung, in: HdKW, Bd. 3, 1924, S. 768 (771).

[196] Vgl. dazu *von Gneist*, Das heutige englische Verfassungs- und Verwaltungsrecht, Bd. 2, 1860, S. 898 ff.

I. 3. b) Partizipation in Selbstverwaltungskonzeptionen des 19. Jh. 43

von Interessengruppen auf die Staatsverwaltung mindern sollte, dem Adel und dessen speziellen Interessen im Gegenteil entscheidenden Einfluss auf die Staatsverwaltung einschließlich jurisdiktioneller Bereiche eingeräumt hätte[197].

Für die Selbstverwaltung geeignete Sachbereiche sind für Gneist die Materien, die sich „zu einer Handhabung im Nachbarverband eignen"[198], am Beispiel Englands namentlich der „Geschwornendienst, die Verwaltung der Sicherheits- und Wohlfahrtspolizei, die Militäraushebungen und das Landwehrsystem, die Armen-, Schul- und Wegeverwaltung, die Erhebung und Verwaltung der Communalsteuern und des communalen Stammvermögens"[199]. Der lokalen Selbstverwaltung entzogen seien hingegen, „die Gesammtbeziehungen des Staats nach außen, das stehende Heer, die indirecten Steuern und Regalien, wichtige Theile der Gerichts- und inneren Verwaltung"[200]. Diese Auflistung ist Gneists 1870 im Zusammenhang mit dem anhängigen Gesetzgebungsverfahren der preußischen Kreisordnung entstandenen Schrift „Die preußische Kreis-Ordnung in ihrer Bedeutung für den inneren Ausbau des deutschen Verfassungs-Staates" entnommen, die noch stärker als das zwei Jahre zuvor vor dem selben Hintergrund veröffentlichte Werk „Verwaltung Justiz Rechtsweg"[201] die aus dem englischen Selfgovernment kondensierten Gedanken auf die konkreten deutschen, speziell preußischen Verhältnisse überträgt[202]. In der preußischen Kreisordnung vom 13. Dezember 1872[203] fanden indes als Ergebnis zahlreicher Kompromisse im Gesetzgebungsverfahren nur einzelne Elemente der Gneistschen Selbstverwaltungslehre, stärker hingegen die Ideen des Freiherrn vom Stein ihren Niederschlag[204]. Auf Gneist ging vor allem die Figur des

---

[197] Vgl. die pointierte zeitgenössische Kritik von *Schäffle*, Bau und Leben des socialen Körpers, Bd. 4, 1878, S. 213, 387 f.; *Hahn*, Rudolf von Gneist, 1995, S. 148 f., 167 f.; *Neukamp*, Begriff der „Selbstverwaltung", in: AöR 4 (1889), 377 (433 ff.).

[198] So zum englischen Recht *von Gneist*, Verwaltung Justiz Rechtsweg, 1869, S. 95; ders., Die preußische Kreis-Ordnung, 1870, S. 9.

[199] *von Gneist*, Die preußische Kreis-Ordnung, 1870, S. 9; ders., Verwaltung Justiz Rechtsweg, 1869, S. 95.

[200] *von Gneist*, Die preußische Kreis-Ordnung, 1870, S. 9; ders., Verwaltung Justiz Rechtsweg, 1869, S. 95.

[201] *von Gneist*, Verwaltung Justiz Rechtsweg; Staatsverwaltung und Selbstverwaltung nach englischen und deutschen Verhältnissen mit besonderer Rücksicht auf Verwaltungsreformen und Kreis-Ordnungen in Preußen, 1869; diese Schrift soll nach Gneists Aussage bereits im September 1868 erschienen sein; vgl. *von Poschinger*, Fürst Bismarck, Bd. 2, 1895, S. 73.

[202] Vgl. dazu *von Unruh*, Der Kreis, 1964, S. 132 ff.; *Hahn*, Rudolf von Gneist, 1995, S. 144 ff.

[203] Kreisordnung für die Provinzen Preußen, Brandenburg, Pommern, Posen, Schlesien und Sachsen vom 13. 12. 1872, abgedruckt bei: Engeli/Haus, Quellen zum modernen Gemeindeverfassungsrecht, 1975, S. 470–513; vgl. dazu aus zeitnaher Sicht auch: *von Stengel*, Organisation der preußischen Verwaltung, 1884, S. 143 ff.

[204] *von Unruh*, Der Kreis, 1964, S. 127 ff.; *Schmidt-Eichstaedt*, Staatsverwaltung und Selbstverwaltung, in: DV 8 (1975), 345 (360); Engeli/Haus, Quellen zum modernen Gemeindeverfassungsrecht, 1975, S. 468 f.; *Hahn*, Rudolf von Gneist, 1995, S. 168 ff; vgl. auch *Neukamp*, Begriff der „Selbstverwaltung", in: AöR 4 (1889), 525 ff.; *von Brauchitsch*, Die neuen preußischen Verwaltungsgesetze, Bd. 2, 1882, S. 5 ff.

Amtsvorstehers zurück[205], dem es als ehrenamtliches Organ des Amtsbezirks oblag, die Sicherheits- und Wohlfahrtspolizei zu verwalten[206].

Die Selbstverwaltungslehre Rudolf von Gneists, in deren Zentrum – wenn sich Gneist auch, um die Funktionen der Selbstverwaltung zu verdeutlichen, des Bilds vom „Zwischenbau" bedient – eine perfekte Integration von Ehrenbeamten in die eigentliche Staatsverwaltung steht[207], die einer Selbstverwaltung durch verselbständigte Verwaltungseinheiten, in denen die Betroffenen ihre Angelegenheiten möglichst frei von staatlicher Einwirkung wahrnehmen, hingegen kritisch gegenübersteht[208], hat im Schrifttum der folgenden Jahrzehnte starken Widerhall gefunden[209]. Im intensiven rechtswissenschaftlichen Diskurs zwischen Anhängern und Gegnern des Gneistschen Selbstverwaltungskonzepts wurde dieses aufgrund seines speziellen Gepräges indes immer weniger dem juristischen Selbstverwaltungskonzept im engeren Sinn zugeordnet und erscheint aus heutiger Sicht vielmehr als eine zentrale Spielart der politischen Selbstverwaltung[210]. Dabei sollte aber nicht über-

---

[205] §§ 50 ff. Preußische Kreisordnung 1872; *H. Preuß*, Selbstverwaltung, in: HdKW, Bd. 3, 1924, S. 768 (772); *von Brauchitsch*, Die neueren Organisationsgesetze, 1876, S. XI f.; *Schmidt-Eichstaedt*, Staatsverwaltung und Selbstverwaltung, in: DV 8 (1975), 345 (360); vgl. auch *E. Busch*, Entwickelung des Selbstverwaltungsbegriffes, 1919, S. 52.

[206] §§ 59 ff. Preußische Kreisordnung 1872; vgl. *von Stengel*, Organisation der preußischen Verwaltung, 1884, S. 213 ff. sowie die kritische Stellungnahme: *H. Preuß*, Selbstverwaltung, in: HdKW, Bd. 3, 1924, S. 768 (772).

[207] *Heffter*, Die deutsche Selbstverwaltung, 2. Aufl., 1969, S. 394; *Ramin*, Geschichte der Selbstverwaltungsidee, 1972, S. 125; *R. Brauweiler*, Art. 127, in: Nipperdey, Grundrechte und Grundpflichten, Bd. 2, 1930, S. 193 (200 f.); *Salzwedel*, Staatsaufsicht in der Verwaltung, in: VVDStRL 22 (1965), S. 206 (229); *Strassert*, Selbstverwaltung, 1933, S. 4; *Hettlage*, Gestalt- und Bedeutungswandel, in: Tillmanns: Ordnung, 1954, S. 107 (108); *Herzfeld*, Demokratie und Selbstverwaltung, 1957, S. 11 f.

[208] *von Gneist*, Verwaltung Justiz Rechtsweg, 1869, S. 121 zum englischen selfgovernment: „[...] befestigt sich die Einsicht, dass die einmal gewonnene politische Einheit des Willens der Nation, die einheitliche gesetzgebende Gewalt, nicht wieder in Bruchstücke, in particuläre Autonomieen zerlegt werden kann; dass die verschiedenen Besitz-, Erwerbsklassen und geistigen Berufe sich heute nicht mehr wie im Mittelalter nach ihren Vorstellungen und Interessen ihre eigenen Gesetze geben können, und dass noch weniger in naturwüchsiger, unbewusster Rechtsbildung jeder Provinz, Stadt, Dorffschaft, Körperschaft ihr eigenes Recht wachsen soll"; *ders.*, Die preußische Kreis-Ordnung, 1870, S. 69.

[209] Vgl. etwa *Laband*, Staatsrecht I, 1876, S. 96 ff.; *Rosin*, Souveränetät, in: ADR 1883, 265 (307 ff.); *Neukamp*, Begriff der „Selbstverwaltung", in: AöR 4 (1889), 377 (426 ff.); *Redlich*, Englische Lokalverwaltung, 1901, insbes. S. 741 ff.; *R. Brauweiler*, Art. 127, in: Nipperdey, Grundrechte und Grundpflichten, Bd. 2, 1930, S. 193 (200 f.); *Herzfeld*, Demokratie und Selbstverwaltung, 1957, S. 11.

[210] In diese Richtung argumentiert bereits *Laband*, Staatsrecht I, 1876, S. 95 ff.; begrifflich ausgebildet ist die Unterscheidung dann bei: *Rosin*, Souveränetät, in: ADR 1883, 265 (305 ff.); vgl. auch *Schoen*, Das Recht der Kommunalverbände, 1897, S. 3 f.; *Hatschek*, Das Wesen der Selbstverwaltung, in: Wörterbuch des Deutschen Staats- und Verwaltungsrechts, 2. Aufl., Bd. 3, 1914, S. 419 (422); *G. Meyer/Anschütz*, Lehrbuch des Deutschen Staatsrechts, 2. Teil, 7. Aufl., 1917, S. 386; *E. Busch*, Entwickelung des Selbstverwaltungsbegriffes, 1919, S. 34; *Heilberg*, Aufbau der Gemeinwirtschaft, 1929, S. 29 f.; *Simons*, Aufbau der Kohlenwirtschaft, 1931, S. 11 f.; *Strassert*, Selbstverwaltung, 1933, S. 3 ff.; *H. Peters*, Grenzen der kommunalen Selbstverwaltung, 1926, S. 6 f.; *Steimle*, Über Begriff und Wesen, in: VerwArch. 41 (1936), 18 (19); *Scheerbarth*, Rudolf von Gneist, in: Männer der deutschen Verwaltung, 1963, S. 135 (140); *Wolff*, Verwaltungsrecht II, 1962, § 84 V

I. 3. b) Partizipation in Selbstverwaltungskonzeptionen des 19. Jh.   45

sehen werden, dass das Gneistsche Selbstverwaltungsparadigma der ehrenamtlichen Partizipation bis heute eine zentrale Koordinate der Selbstverwaltungsdiskussion insgesamt geblieben ist und dabei auch immer wieder auf juristische Begriffsbildungen ausstrahlt. So hat sich bspw. in Ernst Rudolf Hubers oben angesprochenem funktional geprägtem, weitem Begriff der Selbstverwaltung der Wirtschaft, insbesondere in der Kategorie der organschaftlichen Selbstverwaltung, unübersehbar Gneistsches Gedankengut niedergeschlagen[211]. Festhalten lässt sich, dass auch für Gneist das eigentliche Wesen der Selbstverwaltung in der – hier ehrenamtlich ausgeprägten – Partizipation Einzelner an der Verwaltung zu sehen ist[212].

dd) Otto von Gierke

Eine eigenständige, gerade im Hinblick auf den Partizipationsaspekt interessante Perspektive auf die Selbstverwaltung nimmt *Otto von Gierke* (1841–1921) ein[213]. Anders als etwa für Rudolf von Gneist ist für Gierke allerdings nicht die Selbstverwaltung Zentralbegriff, sondern die Genossenschaft, die er indes als Grundlage der Selbstverwaltung ansieht[214]. Als Vertreter des germanistischen Zweigs der historischen Rechtsschule versteht Gierke Recht primär als „geschichtliches Produkt", das nur aus seiner historischen Genese heraus verständlich sei[215]. Gierke entwickelt

---

(S. 135 f.); *Heffter*, Die deutsche Selbstverwaltung, 2. Aufl., 1969, S. 403; *Hendler*, Selbstverwaltung als Ordnungsprinzip, 1984, S. 64; *Schmidt-Eichstaedt*, Staatsverwaltung und Selbstverwaltung, in: DV 8 (1975), 345 (360); *H. Preuß*, Gemeinde, Staat, Reich, 1889, S. 220 f., der sich selber dezidiert gegen die Dichotomie des politischen und juristischen Selbstverwaltungsbegriffs wandte, stellte fest, dass die Lehre Gneists, welche politisch, besonders legislatorisch und organisatorisch, so überaus fruchtbar gewirkt habe, zur juristischen Begriffskonstruktion ungeeignet sei.

[211] Vgl. *E. R. Huber*, Selbstverwaltung der Wirtschaft, 1958, S. 41 f.

[212] Siehe z. B. *von Gneist*, Die preußische Kreis-Ordnung, 1870, S. 11: „Das an jedem Punkt Entscheidende ist die gewohnheitsmäßige Selbstthätigkeit im Staatsberuf. Sie ist die schaffende Kraft, welche aus der Gesellschaft heraus das Bewusstsein erzeugt, dass die Gemeinschaft der Menschen über die Bestrebungen und Interessen des Tages hinaus ein selbständiges und dauerndes Dasein im Staate haben muss"; vgl. als Quintessenz des Gneistschen Hauptwerks auch den auf eine mögliche Reform des preußischen Staatswesens bezogenen Schlusssatz in *ders.*, Das heutige englische Verfassungs- und Verwaltungsrecht, Bd. 2, 1860, S. 964: „Wie in England liegt die Lösung in einem persönlichen ‚Ich will'".

[213] Vgl. zu Gierkes Genossenschaftslehre und Selbstverwaltungskonzeption: *R. Brauweiler*, Art. 127, in: Nipperdey, Grundrechte und Grundpflichten, Bd. 2, 1930, S. 193 (199 f.); *Voigt*, Die Selbstverwaltung, 1938, S. 156 ff.; *Böckenförde*, Die deutsche verfassungsgeschichtliche Forschung, 1961, S. 147 ff.; *Heffter*, Die deutsche Selbstverwaltung, 2. Aufl., 1969, S. 525 ff.; *Ramin*, Geschichte der Selbstverwaltungsidee, 1972, S. 164 ff., 169 ff.; *Bieback*, Die öffentliche Körperschaft, 1976, S. 433 ff.; *Hendler*, Selbstverwaltung als Ordnungsprinzip, 1984, S. 64 ff.; *M. Peters*, Genossenschaftstheorie Otto v. Gierkes, 2001, S. 75 ff.

[214] *von Gierke*, Das deutsche Genossenschaftsrecht I, 1868, S. 7, 5.

[215] *von Gierke*, Labands Staatsrecht, 2. Aufl., 1961, S. 18: „Mag nun aber das Recht in seinem genetischen Zusammenhange mit der Gesamtheit der sozialen Lebenserscheinungen oder mag es zunächst für sich betrachtet werden, so hängt alle tiefere Einsicht in sein inneres Wesen von historischer Forschung ab. Als geschichtliches Produkt kann es nur aus seiner Geschichte begriffen werden. Die „juristische Methode" muss zugleich durch und durch „historische Methode" sein, wenn sie den Anforderungen wirklicher Wissenschaft genügen soll".

im ersten Band seines vierbändigen Hauptwerks, „Das Deutsche Genossenschaftsrecht"[216], aufbauend auf Vorarbeiten seines Lehrers *Georg Beseler*[217] sowie *Otto Bährs*[218] in historischer Perspektive das Recht der deutschen Genossenschaft als Idealtypus menschlicher Verbände und lässt dabei über den Bezugspunkt der Genossenschaft, die sich in einem dauernden Spannungsverhältnis zum herrschaftlichen Verband befinde[219], eine Theorie menschlicher Verbandsbildung im sozialen, politischen und ökonomischen Bereich entstehen[220].

Unter dem bis heute umstrittenen Begriff der Genossenschaft versteht Gierke in der Einleitung zum ersten Band seines Genossenschaftsrechts „im engsten und technischen Sinne" jede auf freier Vereinigung beruhende deutschrechtliche Körperschaft, das heißt einen Verein mit selbständiger Rechtspersönlichkeit, in „einem weiteren Sinne" aber auch Gemeinden und den Staat[221]. Das nationale Gemeinwesen betrachtet er aus einer gerade in der Abstraktion überraschend modernen „bottom-up"-Perspektive als komplexen Organismus, der sich, beginnend von der unteren Ebene, dezentral aus genossenschaftlich strukturierten Selbstverwaltungskörpern, insbesondere den Gemeinden und übergemeindlichen Verbänden wie den Kreisen[222], zusammensetze[223]. Gierke untersucht den Genossenschaftsgehalt vor allem von Städten und Gemeinden durch die verschiedenen Epochen bis ins 19. Jh.[224] und beklagt, dass zwar erstens in fast allen Gesetzen vor und nach 1848 den Gemeinden die Selbstverwaltung zuerkannt werde, dieser „an sich schon schwankende Begriff" dann aber möglichst eng interpretiert und jedenfalls unter Selbstverwaltung „nur die freie Bewegung nach einer von außen gegebenen Lebensnorm verstanden werde, wogegen die Selbstbestimmung und Selbstentscheidung bezüglich des ihr inneres Leben beherrschenden Rechts mit dem Untergang der genos-

---

[216] *von Gierke*, Das deutsche Genossenschaftsrecht I: Rechtsgeschichte der deutschen Genossenschaft, 1868; *ders.*, Das deutsche Genossenschaftsrecht II: Geschichte des deutschen Körperschaftsbegriffs, 1873; *ders.*, Das deutsche Genossenschaftsrecht III: Die Staats- und Korporationslehre des Alterthums und des Mittelalters und ihre Aufnahme in Deutschland, 1881; *ders.*, Das deutsche Genossenschaftsrecht IV: Die Staats- und Korporationslehre der Neuzeit, 1913.

[217] Vgl. *Beseler*, Volksrecht und Juristenrecht, 1843, insbes. S. 158 ff.; vgl. auch *von Gierke*, Genossenschaftstheorie, 1887, S. 1 ff.

[218] Vgl. *Bähr*, Der Rechtsstaat, 2. Aufl., 1963, S. 18 ff.

[219] Anders als die Genossenschaft, die autonom aus den Mitgliedern heraus entsteht und diese in ständiger Wechselwirkung durch eine innere Ordnung verbindet, fasst der herrschaftliche Verband seine Mitglieder nicht autonom, sondern ohne deren Einfluss, von außen zusammen; vgl. zum Spannungsverhältnis zwischen Genossenschaft und Herrschaftsverband durch die Geschichte: *von Gierke*, Das deutsche Genossenschaftsrecht I, 1868, S. 8 ff.; *Bieback*, Die öffentliche Körperschaft, 1976, S. 435.

[220] *Hendler*, Selbstverwaltung als Ordnungsprinzip, 1984, S. 65; *Bieback*, Die öffentliche Körperschaft, 1976, S. 435, 438, 445; *M. Peters*, Genossenschaftstheorie Otto v. Gierkes, 2001, S. 84 ff.

[221] *von Gierke*, Das deutsche Genossenschaftsrecht I, 1868, S. 5; vgl. auch *R. Brauweiler*, Art. 127, in: Nipperdey, Grundrechte und Grundpflichten, Bd. 2, 1930, S. 193 (199 f.).

[222] *von Gierke*, Das deutsche Genossenschaftsrecht I, 1868, S. 651 f., 758, 801.

[223] *Heffter*, Die deutsche Selbstverwaltung, 2. Aufl., 1969, S. 527.

[224] *von Gierke*, Das deutsche Genossenschaftsrecht I, 1868, insbes. S. 202 ff., 300 ff., 514 ff., 657 ff., 710 ff.

I. 3. b) Partizipation in Selbstverwaltungskonzeptionen des 19. Jh.

senschaftlichen Autonomie und Gerichtsbarkeit bis auf geringe Reste der Gemeinde verloren ist"[225]. Zweitens werde der Begriff der Gemeindeangelegenheiten eng gefasst, so dass die Selbstverwaltung zu einer „eigenen Vermögensverwaltung" zusammengeschrumpft sei[226], und drittens werde die Gemeinde auch in dem ihr eigenen Gebiet einer weitgehenden Staatsaufsicht unterworfen, die in Wahrheit eine Fortsetzung der alten Bevormundung darstelle[227].

Dies alles steht im Gegensatz zu Gierkes Vorstellung vom Selbstverwaltungskörper Gemeinde, dem aus eigenem Recht die Bedeutung eines „politischen und sittlichen Gemeinwesens" zustehe, das „als solches selbständige, vom Staat nicht verliehene, sondern nur anerkannte öffentliche Rechte und Pflichten nach außen und innen" innehabe[228]. Dazu sei den Gemeinden zunächst weitgehende Rechtsetzungsautonomie einzuräumen[229]. Damit „die Selbstverwaltung zur Wahrheit werde", müsse zudem die Mitverwaltung des Staates verschwinden und an die Stelle staatlicher Bevormundung eine bloße Aufsicht treten, die bspw. überprüfe, ob die Gemeinde ihren gesetzlichen Wirkungskreis überschreite[230]. Die Gemeindeangelegenheiten, die von der Gemeinde selbständig zu verwalten seien, umfassten „alle Seiten des menschlichen Daseins, so weit es für ihre Durchführung beziehungsweise für einen Theil ihrer Durchführung nicht einer höheren Gemeinschaft" bedürfe[231]. Die Aufrechterhaltung des Friedens, der Ordnung und der Sicherheit, die Sorge für das materielle wie für das geistige Wohl ihrer Glieder, das Schul-, Armen-, Wege-, Feuer- und Sittlichkeitswesen, all dies seien nur einzelne Seiten des auf den menschlichen Gemeinschaftszweck gerichteten genossenschaftlichen Gemeinwesens einer selbständigen Gemeinde[232].

Gierkes Idealvorstellung von der Gemeinde exemplifiziert sein Bild von den Selbstverwaltungskörpern, die als „körperschaftliche Zwischenverbände"[233] zwar in den Staat eingebunden, aber doch unabhängig von diesem aus dem jeweiligen Personenverband heraus gebildete und mit originären, nicht vom Staat abgeleiteten,

---

[225] *von Gierke*, Das deutsche Genossenschaftsrecht I, 1868, S. 743 f.
[226] *von Gierke*, Das deutsche Genossenschaftsrecht I, 1868, S. 744.
[227] *von Gierke*, Das deutsche Genossenschaftsrecht I, 1868, S. 744 f.
[228] *von Gierke*, Das deutsche Genossenschaftsrecht I, 1868, S. 743, 762.
[229] *von Gierke*, Das deutsche Genossenschaftsrecht I, 1868, S. 762: „Der Staat darf daher mit seinen Gemeindeordnungen nur die Stelle bereiten und begrenzen, welche die Gemeinde einzunehmen hat, ihre Pflichten normiren und die unabänderlichen Grundzüge ihrer Organisation feststellen: er muss dagegen dem Ortsherkommen und Ortsstatut Raum genug lassen, um eigne rechtschaffende Thätigkeit zu entwickeln. [...] Er darf der Gemeinde nicht einen bloßen Rechtsvorschlag einräumen, der erst durch die Staatssanktion bindende Kraft erhält, sondern er muss innerhalb der immerhin engen Schranken ein wirkliches Selbstgesetzgebungsrecht anerkennen, dem gegenüber die staatliche Prüfung und Gutheißung (gewissermaßen ein Placet) nur die Bedeutung behält, zu konstatiren, dass der Gemeindewirkungskreis nicht überschritten und kein Recht höherer Ordnung verletzt ist".
[230] *von Gierke*, Das deutsche Genossenschaftsrecht I, 1868, S. 763.
[231] *von Gierke*, Das deutsche Genossenschaftsrecht I, 1868, S. 764.
[232] *von Gierke*, Das deutsche Genossenschaftsrecht I, 1868, S. 764.
[233] So die Charakterisierung in *von Gierke*, Das deutsche Genossenschaftsrecht IV, 1913, S. 489 im Hinblick auf die Korporationstheorie des Naturrechts.

sondern von diesem nur anerkannten Rechten versehene Körperschaften mit eigener Rechtspersönlichkeit seien[234]. Die von Gierke pointiert mit „thätiger bürgerlicher Freiheit"[235] gleichgesetzte Selbstverwaltung schafft damit Freiheitsräume gegenüber dem Staat, welcher „den Individuen und den Korporationen ihre eigenen Lebensgebiete" nicht verkümmern lassen und „insoweit nur subsidiär in Thätigkeit" treten solle[236]. Grundlage aller Selbstverwaltung ist für Gierke aber letztlich der genossenschaftliche Zusammenschluss und damit die aktive Partizipation des betroffenen Personenkreises an der umfassenden Verwaltung des jeweiligen Gemeinwesens[237].

ee) Fazit: Die Schlüsselfunktion der Partizipation in den vorpositivistischen Selbstverwaltungslehren

Den im Laufe des 19. Jh. entwickelten vorpositivistischen oder aber sogar dezidiert antipositivistischen Selbstverwaltungskonzeptionen des *Freiherrn vom Stein, Lorenz von Steins, Rudolf von Gneists* und *Otto von Gierkes* lag kein einheitlicher, den jeweiligen konkreten Bezugsgegenstand transzendierender Selbstverwaltungsgedanke zugrunde. Die verschiedenen Theorien unterscheiden sich vielmehr sowohl in ihren Grundlagen wie auch in vielen Einzelaspekten ganz wesentlich voneinander[238]. Als zentrales verbindendes Element der hier behandelten Selbstverwaltungskonzeptionen lässt sich indes der Gedanke der Partizipation – entweder durch eigenes aktives Tätigwerden oder vermittelt durch die Wahl von Repräsentanten – ausmachen, der als eigentliche Triebfeder der Selbstverwaltung erscheint. Der Partizipationsgedanke ist dabei derart untrennbar mit den großen Selbstverwaltungskonzepten des 19. Jh. bis zu den Positivisten verbunden, dass *Linckelmann* - in Auseinandersetzung mit der Definition von Forsthoff – noch 1959 formulieren konnte: „Nun hat der Begriff der Selbstverwaltung, nachdem er in Gebrauch gekommen war (*Freiherr vom Stein* sprach noch von „Selbstregierung"), verschiedene Begriffswandlungen durchgemacht. Immer aber stand in seinem Zentrum die maßgebende Bestimmung der Verwaltung durch die Beteiligten oder gewählten Vertreter"[239].

---

[234] *von Gierke*, Das deutsche Genossenschaftsrecht I, 1868, S. 759; *Voigt*, Die Selbstverwaltung, 1938, S. 157.
[235] *von Gierke*, Das deutsche Genossenschaftsrecht I, 1868, S. 3.
[236] *von Gierke*, Labands Staatsrecht, 2. Aufl., 1961, S. 56; *Hendler*, Selbstverwaltung als Ordnungsprinzip, 1984, S. 68 f.
[237] Vgl. z. B. *von Gierke*, Das deutsche Genossenschaftsrecht I, 1868, S. 651 f., 757 f., 801; *Ramin*, Geschichte der Selbstverwaltungsidee, 1972, S. 169 f.
[238] Vgl. *Hendler*, Selbstverwaltung als Ordnungsprinzip, 1984, S. 43 ff., 108.
[239] *Linckelmann*, Zum staatsrechtlichen Lehrbegriff, in: DÖV 1959, 561 (563 f.).

c) Die reduzierte Bedeutung der Partizipation in den positivistischen
Selbstverwaltungskonzeptionen des 19. Jahrhunderts seit Laband

aa) Die Auseinandersetzung der Positivisten mit dem Begriff
der Selbstverwaltung

Ab Mitte der siebziger Jahre des 19. Jh. setzten sich Vertreter des öffentlich-rechtlichen Positivismus kritisch mit dem Begriff der Selbstverwaltung und dessen bisheriger Deutung durch die Wissenschaft auseinander[240]. Bezugspunkt der Positivisten waren insbesondere die Werke *Rudolf Gneists*, welche in der Literatur als die herrschende Lehre galten[241]. In der heftig geführten Auseinandersetzung zwischen den Positivisten und den Vertretern der konstitutionalistischen Staatslehre wurden schließlich Merkmale des Selbstverwaltungsbegriffs herausgearbeitet, die diesen bis heute prägen. Das zuvor als essentiell angesehene Partizipationselement trat dabei allerdings zunehmend in den Hintergrund.

Der juristische Positivismus des 19. Jh. sah das Recht als autonome, die Willensbeziehungen und Machtverhältnisse zwischen Rechtssubjekten regulierende Ordnung, die ausschließlich mittels einer speziellen, rein formal-logischen Methode zu analysieren sei. Rechtsbegriffe und Regeln wurden durch Abstraktion entwickelt, aus grundlegenden allgemeinen Rechtsbegriffen und -sätzen speziellere abgeleitet oder aus Elementen akzeptierter Begriffe neue konstruiert[242]. Diese formal-logische Analyse bemühte sich in ihrer extremen Form, exogene, bspw. historische, soziale und politische Faktoren von der Analyse auszuschließen und stand damit im offenen Gegensatz zu Autoren wie *Lorenz von Stein*, *Gneist* und insbesondere *Gierke*, der alles Recht nur aus seiner historischen Genese heraus für verstehbar hielt[243].

Der öffentlich-rechtliche Positivismus lehnte sich an das Begriffssystem der Privatrechtswissenschaft an und übernahm dort etablierte Begriffe wie etwa den der juristischen Person[244]. Zur Fundierung des eigenen Begriffssystems bezog man dieses zudem umfassend auf die – letztlich allerdings exogene – Kategorie des „modernen Staats", der formal als Rechts- und Verfassungsstaat verstanden wurde, wel-

---

[240] Zu den positivistischen Selbstverwaltungskonzeptionen: *Voigt*, Die Selbstverwaltung, 1938, S. 161 ff.; *Heffter*, Die deutsche Selbstverwaltung, 2. Aufl., 1969, S. 736 ff.; *Ramin*, Geschichte der Selbstverwaltungsidee, 1972, S. 137 ff.; *Bieback*, Die öffentliche Körperschaft, 1976, S. 415 ff.; *Hendler*, Selbstverwaltung als Ordnungsprinzip, 1984, S. 108 ff.

[241] Vgl. etwa *Laband*, Staatsrecht I, 1876, S. 96: „Diese [Gneists] Auffassung des Begriffs der Selbstverwaltung ist schnell herrschend geworden und es könnten unzählige Zeugnisse aus politischen Reden, Flugschriften und Zeitungsartikeln dafür beigebracht werden, dass man sich fast allgemein daran gewöhnt hat, Selbstverwaltung und Verwaltung mittelst Ehrenämtern zu identifizieren."; vgl. auch *ders.*, Deutsches Reichsstaatsrecht, 1907, S. 27, Fn. 1; *ders.*, Staatsrecht I, 5. Aufl., 1911, S. 102 ff., Fn. 4.; *Neukamp*, Begriff der „Selbstverwaltung", in: AöR 4 (1889), 377 (426 ff.); *Redlich*, Englische Lokalverwaltung, 1901, S. 743.

[242] Vgl. bspw. *Laband*, Staatsrecht I, 2. Aufl., 1888, S. XI (Vorwort zur zweiten Auflage); *Gluth*, Selbstverwaltung, 1887, S. 2 f.

[243] Vgl. bspw. *Laband*, Staatsrecht I, 2. Aufl., 1888, S. XI (Vorwort zur zweiten Auflage).

[244] Vgl. bspw. *O. Mayer*, Deutsches Verwaltungsrecht I, 1895, S. VIII (Vorwort).

cher als juristische Person an keine höhere Ordnung gebunden sei und das Rechtssetzungs- und Herrschaftsmonopol innehabe. Daraus wurde von einigen Autoren beispielsweise hergeleitet, dass Rechtspersönlichkeit nur vom Staat verliehen werden könne, was vorstaatliche Freiheitsbereiche, bspw. im Sinne von Gierkes aus dem jeweiligen Personenverband heraus gebildeten und mit originären, nicht vom Staat abgeleiteten, sondern von diesem nur anerkannten Rechten versehenen Selbstverwaltungskörperschaften, ausschloss[245].

Die Auseinandersetzung der Positivisten mit dem Selbstverwaltungsbegriff entzündete sich nicht zuletzt an der zentralen Rolle, welche die Selbstverwaltung in den staatswissenschaftlichen Schriften von Autoren wie Rudolf von Gneist und Otto von Gierke einnahm. Gerade der in diesen Werken vorgefundene, wie Gierke es selbst formuliert hatte[246], noch „schwankende Begriff" der Selbstverwaltung konnte mit den Vorstellungen der Positivisten von einer formal-logisch hergeleiteten, klaren Begrifflichkeit kaum vereinbar sein[247]. Zudem war der Begriff der Selbstverwaltung längst in allerdings sehr unterschiedlicher Ausprägung in das positive Recht eingegangen, so dass ein konkretes Auslegungs- und Systematisierungsbedürfnis bestand. Schließlich versprach eine Analyse des Selbstverwaltungsbegriffs auch systembildenden, dogmatischen Ertrag, schien er sich doch für die Erfassung einer Fülle neuerer verwaltungsorganisatorischer Körper zu eignen[248], und *Paul Laband* sah in ihm gar eine Kategorie, um die für die Bundesstaatslehre zentrale Frage zu klären, wie sich die Einzelstaaten in das Reich einordneten[249].

Die genannten Gründe trugen dazu bei, dass eine Fülle positivistischer Stellungnahmen zum Selbstverwaltungsbegriff entstanden, die darauf abzielten, in Abkehr von den vorgefundenen Definitionen der Selbstverwaltung einen verallgemeinerungsfähigen, rein formal-rechtlichen Begriff der Selbstverwaltung zu entwickeln. Bevor auf die wesentlichen positivistischen Begriffsbildungen eingegangen wird, sei vorweggenommen, dass die formal-logische Methode des Positivismus letztlich nicht in der Lage war, das zuvor als prägend empfundene partizipative Element der Selbstverwaltung in seinen vielfältigen Ausprägungen in das eigene Begriffssystem zu integrieren[250]. Symptomatisch für die Unmöglichkeit, das Phänomen Selbstverwaltung insgesamt formal-logisch begrifflich zu erfassen[251], ist die spätere resignative Stellungnahme *Otto Mayers*, dass die Rechtswissenschaft mit dem Begriff der

---

[245] *Bieback*, Die öffentliche Körperschaft, 1976, S. 369.
[246] *von Gierke*, Das deutsche Genossenschaftsrecht I, 1868, S. 743.
[247] *Laband*, Staatsrecht I, 1876, S. 96, 99f.; *ders.*, Staatsrecht I, 5. Aufl., 1911, S. 102f., Fn. 4; *Rosin*, Souveränität, in: ADR 1883, 265 (305ff.); *Gluth*, Selbstverwaltung, 1887, S. 2ff.; *Hendler*, Selbstverwaltung als Ordnungsprinzip, 1984, S. 108.
[248] *Bieback*, Die öffentliche Körperschaft, 1976, S. 416.
[249] *Laband*, Staatsrecht I, 1876, S. 94ff., insbes. 104ff.
[250] *Bieback*, Die öffentliche Körperschaft, 1976, S. 372.
[251] Auch der Versuch einer allgemeingültigen Ableitung des Selbstverwaltungsbegriffs aus dem positiven Recht kam aufgrund der sehr unterschiedlichen Verwendungsweise des Begriffs der Selbstverwaltung in den verschiedenen Gesetzen einer Quadratur des Kreises gleich; vgl.: *Voigt*, Die Selbstverwaltung, 1938, S. 162f.

Selbstverwaltung gerade deshalb „wenig Freude erlebt" habe, „weil das Politische hier so stark hereinspielt"[252].

bb) Paul Laband

Die positivistische Auseinandersetzung mit dem Begriff der Selbstverwaltung nimmt ihren Ausgang im 1876 erschienenen ersten Band von *Paul Labands* „Staatsrecht des Deutschen Reiches"[253]. Als Hauptvertreter des Positivismus geht es dem wohl einflussreichsten Staatsrechtler des deutschen Kaiserreichs darum, einen eindeutigen juristischen Begriff der Selbstverwaltung zu entwickeln. Bei allen Verdiensten Labands um eine begriffliche Klärung gilt es allerdings zu beachten, dass sich seine Ausführungen zum Begriff der Selbstverwaltung nicht etwa in einem Abschnitt über klassische Selbstverwaltungskörper wie bspw. Gemeinden finden, die auch Laband als Selbstverwaltungskörper anerkennt[254], sondern im Kapitel über das Verhältnis des Reichs zu den Einzelstaaten[255]. Wie bereits angedeutet, dient der Selbstverwaltungsbegriff in Labands Staatsrecht vor allem dazu, eine spezifische Form der Unterordnung der Einzelstaaten unter das Reich dogmatisch zu erklären[256]. Dies schlägt sich dann allerdings entscheidend in seinem Selbstverwaltungsbegriff nieder.

Laband setzt sich einleitend kritisch mit der von ihm als herrschend charakterisierten Gneistschen Lehre auseinander[257]: Zwar sei das System der Ehrenämter in politischer Beziehung wichtig, indes erweise sich „der von Gneist zur Herrschaft gebrachte Begriff der Selbstverwaltung" für die juristische Betrachtung der Organisation des Staates als nicht hinlänglich bestimmt und nicht konsequent verwendbar[258]. Um den Begriff der Selbstverwaltung für das Staatsrecht zu bestimmen, ver-

---

[252] O. *Mayer*, Deutsches Verwaltungsrecht II, 3. Aufl., 1924, S. 357 (Anm. 11).
[253] Zu Labands Selbstverwaltungsbegriff: *Voigt*, Die Selbstverwaltung, 1938, S. 163 f. *Heffter*, Die deutsche Selbstverwaltung, 2. Aufl., 1969, S. 740 f.; *Ramin*, Geschichte der Selbstverwaltungsidee, 1972, S. 139 ff.; *Bieback*, Die öffentliche Körperschaft, 1976, S. 416 f.; *Hendler*, Selbstverwaltung als Ordnungsprinzip, 1984, S. 110 ff.
[254] *Laband*, Staatsrecht I, 1876, S. 102; ders., Staatsrecht II, 5. Aufl., 1911, S. 200 f.; *Hendler*, Selbstverwaltung als Ordnungsprinzip, 1984, S. 111.
[255] *Laband*, Staatsrecht I, 1876, S. 94 ff.; ders., Staatsrecht I, 5. Aufl., 1911, S. 102 ff.; ders., Deutsches Reichsstaatsrecht, 1907, S. 26 ff.; kritisch zu Labands Ansatz bspw. *Brause*, Begriff der Selbstverwaltung, 1900, S. 30 ff.
[256] *Laband*, Staatsrecht I, 1876, S. 95 ff.; ganz deutlich wird diese dienende Funktion der viel beachteten allgemeinen Klärung des Begriffs der Selbstverwaltung durch Laband in der 5. Aufl., 1911, S. 102 ff., wo die allgemeinen Ausführungen zum Selbstverwaltungsbegriff in eine umfangreiche Fußnote verlegt sind; vgl. auch *Gluth*, Selbstverwaltung, 1887, S. 58 sowie *Zorn*, Staatsrecht des Deutschen Reiches, Bd. I, 2. Aufl., 1895, S. 109 f.
[257] *Laband*, Staatsrecht I, 1876, S. 95 ff.; vgl. auch ders., Staatsrecht I, 5. Aufl., 1911, S. 102 ff., Fn. 4.
[258] *Laband*, Staatsrecht I, 1876, S. 96 ff.; ders., Deutsches Reichsstaatsrecht, 1907, S. 27, Fn. 1: „Das Wesen der Selbstverwaltung ist nicht mit der vulgären Auffassung in der Verwaltung durch unbesoldete Ehrenbeamte (im Gegensatz zur Verwaltung durch besoldete Berufsbeamte) zu erblicken [...]"; ebenso verwirft ders., Staatsrecht I, 1876, S. 100 f. die extrem weite Selbstverwaltungskonzeption Hermann Röslers.

wirft Laband dann zunächst Gneists Konzept von der Selbstverwaltung als Zwischenbau zwischen Staat und Gesellschaft mit dem idealtypisch positivistischen Argument, dass die bürgerliche Gesellschaft weder Rechtssubjekt noch Objekt von Rechten, ja überhaupt kein Rechtsbegriff sei[259]. Selbstverwaltung sei vielmehr der „Zwischenbau zwischen Staat und Unterthan"[260] und beruhe auf der Selbstbeschränkung des Staats hinsichtlich der Durchführung seiner Aufgaben und Herrschaftsrechte, deren Ausübung er an Personen übertrage, die ihm zwar unterworfen seien, aber ihm gegenüber eine besondere öffentliche Rechtssphäre, eine begrifflich verschiedene Existenz hätten. Als solche Mittelglieder erkennt Laband zum einen – in historischer Perspektive – monarchisch gebildete, bspw. „die zu Landesherrn gewordenen Fürsten und Grafen des alten Reichs", an[261], zum anderen korporativ organisierte juristische Personen des öffentlichen Rechts, „als örtlich begränzte Verbände, die ihre rechtlich normirte Verfassung haben und als Subjecte von öffentlichen (obrigkeitlichen) Rechten und Pflichten fungiren"[262]. Die Verwandlung der feudalen Selbstverwaltungsämter in korporative, bzw. die Neubildung korporativer Verbände und die Beauftragung derselben mit obrigkeitlichen Geschäften, die der Staat zuvor durch eigene Beamte ausgeführt habe, bezeichnet Laband dabei als „die politische That unserer Zeit"[263].

In Anlehnung an *Lorenz von Steins* Begriff des Verwaltungskörpers als juristische Persönlichkeit[264] prägt Laband den Begriff des Selbstverwaltungskörpers[265]. Natürliche Substrate des Selbstverwaltungskörpers seien, wie diejenigen des Staats, ein örtlich begrenztes Gebiet und die auf demselben ansässigen Staatsbürger[266]. Die rechtliche Quelle seiner Befugnisse sei das souveräne Herrschaftsrecht des Staats, der dem Selbstverwaltungskörper die selbständige Handhabung obrigkeitlicher Rechte und Pflichten übertragen, bzw. überlassen habe[267]. In der sich anschließenden entscheidenden Wortlautanalyse stellt Laband fest, dass Selbstverwaltung den Gegensatz zum Verwaltetwerden bedeute[268]. Selbstverwaltung setze daher begrifflich immer eine höhere Macht voraus, von welcher der Selbstverwaltungskörper auch verwaltet werden könnte. Das Wort sei deshalb auf den souveränen Staat nicht anwendbar, aber überall dort, wo eine obere Gewalt die ihr zustehenden Hoheitsrechte nicht unmittelbar mittels eines eigenen Apparates wahrnehme, sondern sich darauf beschränke, Normen für die Ausübung dieser Hoheitsrechte aufzustellen

---

[259] *Laband*, Staatsrecht I, 1876, S. 101, Fn. 1.
[260] *Laband*, Staatsrecht I, 1876, S. 101.
[261] *Laband*, Staatsrecht I, 1876, S. 102.
[262] *Laband*, Staatsrecht I, 1876, S. 102.
[263] *Laband*, Staatsrecht I, 1876, S. 102.
[264] *L. von Stein*, Verwaltungslehre I/2, 2. Aufl., 1869, S. 128.
[265] *Laband*, Staatsrecht I, 1876, S. 102 f.
[266] *Laband*, Staatsrecht I, 1876, S. 103.
[267] *Laband*, Staatsrecht I, 1876, S. 103; eine bloße Überlassung der selbständigen Handhabung obrigkeitlicher Rechte und Pflichten habe da stattgefunden, wo der Staat den Selbstverwaltungskörper bereits vorgefunden habe.
[268] *Laband*, Staatsrecht I, 1876, S. 103.

I. 3. c) Bedeutung der Partizipation in positivistischen Konzeptionen

und deren Durchführung zu beaufsichtigen, während die Durchführung selbst untergeordneten politischen Körpern übertragen oder überlassen sei[269]. Laband gelangt so zu der Definition, dass Selbstverwaltung im einzelnen Staat diejenige obrigkeitliche Verwaltung sei, die nicht durch den Staat selbst, sondern durch ihm zwar untergeordnete, aber innerhalb ihres Wirkungskreises selbständige Korporationen oder Einzelpersonen versehen werde[270].

Dass der Partizipationsaspekt für Labands Selbstverwaltungsbegriff, welcher Selbstverwaltung letztlich auf eine verselbständigte Form von Staatsverwaltung reduziert, keine Rolle spielt, macht bereits seine – allerdings nicht völlig willkürfrei anmutende – Wortlautanalyse deutlich[271]. Im Element des „Selbst" sieht Laband durch den Gegensatz zum Verwaltetwerden letztlich allein verankert, dass der Selbstverwaltungskörper nicht unmittelbar durch Behörden des Staats verwaltet werde. Entscheidend ist für Laband also, dass gerade der betreffende Selbstverwaltungskörper selbst verwaltet[272], nicht aber etwa die im Selbstverwaltungskörper organisierte betroffene Personengruppe. Wiederum in Abgrenzung zu Gneist führt Laband aus, dass es für den Begriff der Selbstverwaltung unerheblich sei, ob die Verwaltung durch besoldete Berufsbeamte oder durch unbesoldete Inhaber von Ehrenämtern besorgt werde[273]. Auch die kommunale Verwaltung durch besoldete, auf lange Zeit angestellte Bürgermeister bleibe Selbstverwaltung. An anderer Stelle betont er allgemeiner, dass es ganz unrichtig sei, in der Selbstverwaltung die freie Tätigkeit der einzelnen Bürger zu sehen. In der Selbstverwaltung betätige sich nicht die natürliche Freiheit des Einzelnen, sondern die staatliche Herrschaft, der obrigkeitliche Zwang über den Einzelnen.

Als eigentliches Ergebnis seiner vorbereitenden allgemeinen Ausführungen zum Selbstverwaltungsbegriff schließt Laband, dass auch die Einzelstaaten im Verhältnis zum Reich zumindest partiell als Selbstverwaltungskörper zu charakterisieren seien[274]. Er nutzt den Selbstverwaltungsbegriff also letztlich als dogmatisches Ins-

---

[269] *Laband*, Staatsrecht I, 1876, S. 103 f.; insofern gilt es zu beachten, dass Labands Ausführungen zur Selbstverwaltung in den Abschnitt über die Unterordnung der Einzelstaaten unter das Reich integriert sind; Laband untersucht, inwieweit die Einzelstaaten als Selbstverwaltungskörper begriffen werden können (a.a.O., S. 104 ff.); im Ergebnis schließt er, a.a.O., S. 109, differenzierend, dass die Einzelstaaten dem Reich unterworfen seien, teils als Bestandteile, in denen sich die Reichsgewalt unmittelbar betätige, teils als Selbstverwaltungskörper, welche die Durchführung und Handhabung der Reichsgewalt nach den vom Reich gegebenen Normen und unter Aufsicht des Reiches vermittelten, teils als autonome (nicht souveräne) Staaten.

[270] *Laband*, Staatsrecht I, 1876, S. 104; *ders.*, Deutsches Reichsstaatsrecht, 1907, S. 27, Fn. 1.; *Voigt*, Die Selbstverwaltung, 1938, S. 163 f.

[271] Jedenfalls hat sich Laband mit der vorgenommenen Wortlautanalyse deutlich von dem entfernt, was die wichtigsten Theoretiker vor ihm unter dem eigentlichen Wesen des Begriffs verstanden; kritisch zu Labands Wortlautauslegung z. B. auch: *Ramin*, Geschichte der Selbstverwaltungsidee, 1972, S. 140.

[272] *Laband*, Staatsrecht I, 5. Aufl., 1911, S. 102 f., Fn. 4: „[…] wird von einer Körperschaft ausgesagt, dass sie selbst verwaltet […]".

[273] *Laband*, Staatsrecht I, 1876, S. 104.

[274] *Laband*, Staatsrecht I, 1876, S. 104 ff., 109.; vgl. dazu *Heffter*, Die deutsche Selbstverwaltung, 2. Aufl., 1969, S. 741.

trument, um eine spezifische Form der Ausübung von Hoheitsrechten durch die Einzelstaaten dogmatisch zu erfassen[275]. Dies impliziert allerdings, dass der auf die Einzelstaaten des Reiches nicht direkt anwendbare Partizipationsgedanke in seinem Selbstverwaltungsbegriff keine Rolle spielen kann. Die spezifische Funktion, die der Selbstverwaltungsbegriff in Labands Bundesstaatslehre einnimmt, dürfte ebenso wie die Ablehnung des konkreten Gneistschen Selbstverwaltungskonzepts wesentlich dazu beigetragen haben[276], dass das für Stein, Gneist und Gierke zentrale partizipative Element in Labands Selbstverwaltungsbegriff, der bis heute einflussreich ist[277], jegliche Bedeutung eingebüßt hat.

cc) Heinrich Rosin

Bis zum heutigen Tage wirkmächtig sind auch die auf den Arbeiten Labands aufbauenden Studien *Heinrich Rosins*[278] (1855–1927) zum Rechtsbegriff der Selbstverwaltung, die vor allem in seinem frühen, 1883 erschienenen Aufsatz „Souveränetät, Staat, Gemeinde, Selbstverwaltung – Kritische Begriffsstudien"[279] enthalten sind und in der Monographie „Das Recht der Oeffentlichen Genossenschaft"[280] von 1886 eine Erweiterung erfahren haben. Im Anschluss an Labands Ausführungen etablierte Rosin die Begrifflichkeit der juristischen Selbstverwaltung einerseits und der politischen Selbstverwaltung andererseits[281]. Zugleich weitete er vor dem Hintergrund entsprechender Entwicklungen des positiven Rechts den Begriff der Selbstverwaltung von den bis dahin im Vordergrund stehenden kommunalen und regionalen Körperschaften auf sog. öffentliche Genossenschaften aus, zu denen er bspw. die Innungen zählte.

In seinem grundlegenden Aufsatz von 1883 verwirft Rosin in Anlehnung an Laband zunächst Gneists Selbstverwaltungslehre. Schon einleitend weist er darauf hin, dass Gneist „in erster Reihe keinen juristisch-dogmatischen, sondern einen politischen Zweck" verfolgt habe[282]. So „hochwichtig" die von Gneist angeführten

---

[275] Vgl. auch *Laband*, Staatsrecht I, 5. Aufl., 1911, S. 102 ff., wo die Ausführungen zum Selbstverwaltungsbegriff – wie erwähnt – nur noch in einer Fußnote enthalten sind, sowie *ders.*, Deutsches Reichsstaatsrecht, 1907, S. 26 ff.; vgl. auch *Gluth*, Selbstverwaltung, 1887, S. 58, Fn. 1.
[276] *Ramin*, Geschichte der Selbstverwaltungsidee, 1972, S. 140 spricht davon, dass Labands „ethymologische Interpretation" augenscheinlich vom gewünschten Ergebnis her diktiert worden sei.
[277] *Ramin*, Geschichte der Selbstverwaltungsidee, 1972, S. 146.
[278] Zum Selbstverwaltungsbegriff Heinrich Rosins vgl. *Gluth*, Selbstverwaltung, 1887, S. 57 ff.; *Voigt*, Die Selbstverwaltung, 1938, S. 164 ff.; *Ramin*, Geschichte der Selbstverwaltungsidee, 1972, S. 141 ff., der allerdings den Einfluss Gneists auf Rosin überbewertet; *Hendler*, Selbstverwaltung als Ordnungsprinzip, 1984, insbes. S. 116 ff.
[279] *Rosin*, Souveränetät, in: ADR 1883, 265 (305 ff.); den Titel dieses überaus einflussreichen Aufsatzes hat später Hugo Preuß in seiner in der Festgabe für Laband veröffentlichten, von Preuß selbst als polemisch bezeichneten Kritik der Grundpositionen Labands und Rosins aufgegriffen: *H. Preuß*, Selbstverwaltung, Gemeinde, Staat, Souveränität, in: FS Laband, Bd. 2, 1908, S. 197 ff.
[280] *Rosin*, Genossenschaft, 1886, insbes. S. 55 ff., 101 ff.
[281] *Grassmann*, Hugo Preuss und die deutsche Selbstverwaltung, 1965, S. 28.
[282] *Rosin*, Souveränetät, in: ADR 1883, 265 (305).

I. 3. c) Bedeutung der Partizipation in positivistischen Konzeptionen

Momente politisch sein möchten, für eine juristische Betrachtung sei dessen Definition schon wegen der Fülle der Merkmale des Selbstverwaltungsbegriffs nicht verwendbar[283]. Rosin wendet sich wie Laband insbesondere gegen die Gleichsetzung der Selbstverwaltung mit dem Ehrenbeamtentum und lässt den einleitenden Abschnitt sodann in der These gipfeln, dass in dem „bisher vielfach unterschiedlich gebrauchten Begriffe der ‚Selbstverwaltung' zwei Gedankenrichtungen sich begegnen, welche begrifflich gar nicht mit einander zu thun haben, während sie thatsächlich allerdings nach der modernen Gestaltung unserer staatlichen Einrichtungen in engster Verbindung mit einander stehen"[284]. Beide hätten ihre Berechtigung, jedoch dürfe nur einer von ihnen die juristische Bezeichnung als Selbstverwaltung in Anspruch nehmen.

Die sich anschließende formale Deduktion des juristischen, speziell staatsrechtlichen Begriffs der Selbstverwaltung gelangt, obwohl sie etwas differenzierter angelegt ist, doch zu einem sehr ähnlichen Ergebnis wie Labands Herleitung, und erscheint wie diese kaum logisch zwingend[285]. Laband definiert dazu einerseits Verwaltung im staatsrechtlichen Sinne als fortgesetzte Willensbetätigung eines politischen Gemeinwesens zur Erreichung seiner Zwecke (Aufgaben) durch Verwendung seiner Mittel und andererseits Verwaltungsrecht (im subjektiven Sinne) als die anerkannte Rechtspersönlichkeit eines politischen Gemeinwesens in seiner Selbstbetätigung zur Erfüllung seiner Lebenszwecke[286]. Da nun schon Verwaltungsrecht im subjektiven staatsrechtlichen Sinne die Selbstbetätigung eines als Persönlichkeit anerkannten Verwaltungskörpers zur Erfüllung seiner Lebenszwecke sei, sei das Recht der Selbstverwaltung nichts anderes als eben dieses Verwaltungsrecht, das heißt der Zustand der anerkannten Rechtspersönlichkeit im Gegensatz und Verhältnis zur Möglichkeit der Aberkennung respektive Beschränkung derselben[287]. Letztlich misst Rosins begriffliche Herleitung damit der näheren Bestimmung „Selbst" in Selbstverwaltung keinen materialen Eigenwert bei, sondern sieht darin in Anlehnung an Laband lediglich eine Manifestation des Gegensatzes zu der „der selbstverwaltenden übergeordneten, sie beherrschenden Persönlichkeit"[288].

In deutlicher Orientierung an Laband bezieht Rosin den Begriff der Selbstverwaltung damit „auf das Verhältnis zweier politischer Gemeinwesen zu einander, das des sog. Selbstverwaltungskörpers zu der ihm übergeordneten souveränen Gewalt"[289]. Selbstverwaltung im staatsrechtlichen Sinne definiert Rosin danach als „die Anerkennung eines nicht souveränen politischen Gemeinwesens (Selbstverwaltungskörpers) durch das souveräne als verwaltende Rechtspersönlichkeit"[290].

---

[283] *Rosin*, Souveränetät, in: ADR 1883, 265 (306).
[284] *Rosin*, Souveränetät, in: ADR 1883, 265 (308).
[285] *Rosin*, Souveränetät, in: ADR 1883, 265 (308 f.).
[286] *Rosin*, Souveränetät, in: ADR 1883, 265 (309).
[287] *Rosin*, Souveränetät, in: ADR 1883, 265 (309).
[288] *Rosin*, Souveränetät, in: ADR 1883, 265 (309); vgl. dazu auch *Gluth*, Selbstverwaltung, 1887, S. 63; *Voigt*, Die Selbstverwaltung, 1938, 164 f.
[289] *Rosin*, Souveränetät, in: ADR 1883, 265 (312).
[290] *Rosin*, Souveränetät, in: ADR 1883, 265 (319, 309).

Als derartige Selbstverwaltungskörper erkennt er in seinem Aufsatz von 1883 definitionsgemäß nur nicht souveräne politische Gemeinwesen, namentlich Gemeinden und, wie Laband, auch die Einzelstaaten im Reich, an[291]. In der drei Jahre später publizierten Monographie „Das Recht der Oeffentlichen Genossenschaft" lässt Rosin das Erfordernis des *politischen* Gemeinwesens[292] dann aber fallen und bezieht neben staatlichen und gemeindlichen Selbstverwaltungskörpern auch genossenschaftliche in den Begriff der Selbstverwaltung ein[293]. Über den Begriff der öffentlichen bzw. öffentlichrechtlichen Genossenschaft[294] erweitert Rosin den Kreis der Selbstverwaltungskörper damit unter anderem auf Berufsgenossenschaften der Unfallversicherung[295], Orts- und Betriebskrankenkassen[296], Knappschaftsvereine[297], Innungen nach der Reichsgewerbeordnung von 1881[298], öffentliche Wassergenossenschaften[299], Waldgenossenschaften[300] und die Schulsocietäten oder Schulgemeinden zur Errichtung und Unterhaltung von Volksschulen[301]. Den von der Selbstverwaltung umfassten Aufgabenkreis dehnt er über die ursprüngliche Auffassung Labands, der ihn noch auf die rein hoheitliche Aufgabenwahrnehmung beschränkt hatte, hinaus auch auf die privatrechtliche Vermögensverwaltung aus[302].

Dass Rosin der näheren Bestimmung „Selbst" im Begriff der Selbstverwaltung keinen materialen Eigenwert beimisst, präjudiziert, dass sein streng formaler juristischer Begriff keinen Raum für das partizipative Element lassen kann[303]. Rosin beschäftigt sich allerdings im Anschluss an die begriffliche Deduktion interessanterweise recht ausführlich mit dieser Frage, wobei er allerdings vorsichtshalber schon einleitend apodiktisch klarstellt, dass die Art der Organisation der Verwaltung innerhalb des Selbstverwaltungskörpers für den Rechtsbegriff der Selbstverwaltung gleichgültig sei[304]. Rosin konzediert, dass der juristische Begriff der Selbstverwaltung den diesem Wort nach dem Sprachgebrauch zukommenden Inhalt, welcher eine bestimmte Art der Organisation der Verwaltung, nämlich eine verfassungsmäßige Mitwirkung des Volkes bei der Verwaltung, impliziere, nicht erschöpfe[305]. In Anlehnung an Labands Argumentation schließt er allerdings an, dass

---

[291] *Rosin*, Souveränetät, in: ADR 1883, 265 (310, 312 f.).
[292] Vgl. zum Begriff des politischen Gemeinwesens: *Rosin*, Souveränetät, in: ADR 1883, 265 (309).
[293] *Rosin*, Genossenschaft, 1886, S. 101 f., Fn. 4.
[294] Vgl. *Rosin*, Genossenschaft, 1886, S. 40 ff.
[295] *Rosin*, Genossenschaft, 1886, S. 56 ff.
[296] *Rosin*, Genossenschaft, 1886, S. 62 ff.
[297] *Rosin*, Genossenschaft, 1886, S. 75 ff.
[298] *Rosin*, Genossenschaft, 1886, S. 71 ff.
[299] *Rosin*, Genossenschaft, 1886, S. 79 ff.
[300] *Rosin*, Genossenschaft, 1886, S. 88 f.
[301] *Rosin*, Genossenschaft, 1886, S. 91 f.
[302] *Rosin*, Souveränetät, in: ADR 1883, 265 (311 f.); Laband schloss sich später Rosins Auffassung an: *Laband*, Staatsrecht I, 2. Aufl., 1888, S. 97, Fn. 1; *Gluth*, Selbstverwaltung, 1887, S. 58 Fn. 1.
[303] Ausführlich dazu: *Rosin*, Souveränetät, in: ADR 1883, 265 (312 ff.).
[304] *Rosin*, Souveränetät, in: ADR 1883, 265 (312).
[305] *Rosin*, Souveränetät, in: ADR 1883, 265 (313).

I. 3. c) Bedeutung der Partizipation in positivistischen Konzeptionen 57

die genossenschaftliche Teilnahme des Volkes an der Verwaltung dem juristischen Begriff der Selbstverwaltung entzogen sei, da das Volk als genossenschaftliches Element im Staat keine eigene Rechtspersönlichkeit darstelle[306]. Das genossenschaftliche Element unterfalle vielmehr einem zweiten Begriff der Selbstverwaltung[307], der Selbstverwaltung im politischen Sinne[308]. Diesen vom juristischen Begriff zu trennenden politischen Selbstverwaltungsbegriff definiert er als „die genossenschaftliche Bildung der Verwaltungsbehörden innerhalb des Gemeinwesens"[309]. Mittel zur Verwirklichung des genossenschaftlichen Elements sei insbesondere die Besetzung eines Verwaltungsamts im Wege der Wahl durch die Bürger[310].

Zwar sagt dem Positivisten Rosin das Nebeneinander zweier Selbstverwaltungsbegriffe eigentlich nicht zu. Entsprechend hielte er es für angemessen, die „Selbstverwaltung im politischen Sinne" juristisch [sic!] anders zu bezeichnen[311]. Indes sei zu befürchten, dass ein anderer Vorschlag angesichts der Intensität, mit der sich auch die Rechtswissenschaft jenes Wort in der politischen Bedeutung angeeignet habe, ohne Wirkung bleibe und nur die Verwirrung vermehre. Um indes die Verschiedenheit der Begriffe deutlich zu machen, solle begrifflich zwischen der auf die Verwaltung der Selbstverwaltungskörper bezogenen „körperschaftlichen Selbstverwaltung" einerseits und der „bürgerlichen Selbstverwaltung" andererseits unterschieden werden, als einer Organisation der Verwaltung, in der eine verfassungsmäßige Beteiligung der Bürger an der Bildung der Verwaltungsbehörden hervortrete[312].

Rosins auf Labands Arbeiten fußender Selbstverwaltungsbegriff hat unter seinen Zeitgenossen starke Resonanz gefunden und ist bis heute von großem Einfluss[313], gehen doch die viel zitierten formalen Selbstverwaltungsbegriffe beispielsweise von *H.J. Wolff* und *Forsthoff* letztlich kaum über Rosins status quo hinaus. Rosins Verdienst liegt letztlich neben der strikten Trennung zwischen juristischem

---

[306] *Rosin*, Souveränetät, in: ADR 1883, 265 (313f., 319f.).
[307] *Rosin*, Souveränetät, in: ADR 1883, 265 (313f.).
[308] *Rosin*, Souveränetät, in: ADR 1883, 265 (319f.).
[309] *Rosin*, Souveränetät, in: ADR 1883, 265 (319, 317); vgl. auch die ausführliche Definition a.a.O., S. 314: „Selbstverwaltung (im zweiten Sinne) ist daher im monarchischen Staate diejenige Organisation der Verwaltung, nach welcher bei der Bildung der Behörden das genossenschaftliche Element des Staates neben dem herrschaftlichen zum Ausdruck gelangt, oder mit anderen Worten eine verfassungsmäßige Betheiligung der Staatsbürger als solcher stattfindet".
[310] *Rosin*, Souveränetät, in: ADR 1883, 265 (314ff.); als Konzession an die herrschende Gneistsche Auffassung ist es zu verstehen, wenn *Rosin*, a.a.O., 316 auch das Ehrenamt in den Begriff einbezieht. Rosin betont indes, dass dieses nur einen weiteren Weg neben der Wahl darstelle, auf dem das eigentliche Prinzip, die genossenschaftliche Struktur der Selbstverwaltungsämter zur Erscheinung gelangt; vgl auch *Gluth*, Selbstverwaltung, 1887, S. 58f.
[311] *Rosin*, Souveränetät, in: ADR 1883, 265 (320).
[312] *Rosin*, Souveränetät, in: ADR 1883, 265 (320).
[313] Vgl. etwa *Gluth*, Selbstverwaltung, 1887, S. 57ff.; *Laband*, Staatsrecht I, 2. Aufl., 1888, S. 97, Fn. 1; *Schoen*, Das Recht der Kommunalverbände, 1897, S. 5ff.; *Strassert*, Selbstverwaltung, 1933, S. 3; *Voigt*, Die Selbstverwaltung, 1938, S. 166f.; *Heffter*, Die deutsche Selbstverwaltung, 2. Aufl., 1969, S. 741.

(körperschaftlichem) und politischem (bürgerlichem) Selbstverwaltungsbegriff nicht zuletzt in der korporativen Anbindung des Ersten an die verselbständigten Selbstverwaltungskörper (körperschaftliche Selbstverwaltung[314]), deren Kreis zudem in der späteren Schrift konzeptionell von den „politischen" gebietsbezogenen Körperschaften wie bspw. den Gemeinden auf die viel größere Gruppe der „öffentlichen Genossenschaften", bspw. die Handwerksinnungen, ausgeweitet wird[315].

Rosin schließt wie Laband das partizipative, von ihm als genossenschaftlich bezeichnete Element vom Begriff der Selbstverwaltung aus[316], ohne dass dies formallogisch notwendig wäre. Insbesondere erscheint es nicht zwingend, das partizipative Element mit der Begründung auszuschließen, dass dem Volk keine Rechtssubjektivität zukomme, während Rosin an anderer Stelle in Anlehnung an Laband, die Gneistsche Lehre vom Zwischenbau verwerfend, herausarbeitet, Selbstverwaltung bilde zwar keinen Zwischenbau zwischen Staat und Gesellschaft, „wohl aber [einen] Zwischen- oder besser Verbindungsbau zwischen Staatsgewalt und Unterthan, indem sie den letzteren als Staatsbürger bei der Organisation der ersteren betheiligt"[317]. Hätte er daher das partizipative Element konsequenterweise an die einzelnen Bürger (Untertanen), denen zweifelsohne Rechtssubjektivität zukam, statt an das Volk bzw. die Gesellschaft angebunden, wäre der Ausschluss des partizipativen Elements vermeidbar gewesen. Zudem erhöht gerade die Tatsache, dass in Rosins begrifflicher Herleitung dem Bestandteil „Selbst" in Selbstverwaltung letztlich kein materialer Eigenwert mehr zukommt, die Überzeugungskraft seiner formallogischen Begriffsbildung nicht. Letztlich orientiert sich Rosin stark an Labands Selbstverwaltungsbegriff und auch für ihn sind die Einzelstaaten des Reichs Selbstverwaltungskörper. Angesichts dieser Prämisse ist es dann allerdings – wie schon bei Laband – naheliegend, das partizipative Element aus dem Begriff herauszunehmen. Insgesamt scheint daher auch Rosins Begriffsbildung außer von Gesetzen der Logik auch vom argumentativen Kontext mitbestimmt worden zu sein.

dd) Oscar Gluth

Labands und Rosins Thesen wurden von einer Fülle positivistischer Autoren aufgriffen und weiterentwickelt. Während sich die Unterscheidung zwischen einem juristischen und einem politischen Selbstverwaltungsbegriff zügig durchsetzte, ist bemerkenswert, wie der Partizipationsgedanke bei näherem Hinsehen trotz aller Kritik auch in die verschiedenen positivistischen Begriffsbildungen ausstrahlte. Oscar Gluth[318] etwa unternahm mit seiner 1887 in Österreich erschienenen Monographie „Die Lehre von der Selbstverwaltung im Lichte formaler Begriffsbestimmung" den Versuch, „für die Austragung des Meinungsstreites über die Selbstver-

---

[314] *Rosin*, Souveränetät, in: ADR 1883, 265 (320).
[315] *Hendler*, Selbstverwaltung als Ordnungsprinzip, 1984, S. 116 f.
[316] *Gluth*, Selbstverwaltung, 1887, S. 58.
[317] *Rosin*, Souveränetät, in: ADR 1883, 265 (314).
[318] Zu Gluths Selbstverwaltungsbegriff: *Hendler*, Selbstverwaltung als Ordnungsprinzip, 1984, S. 119 ff.

I. 3. c) Bedeutung der Partizipation in positivistischen Konzeptionen

waltung eine Art neutralen Bodens zu gewinnen"[319]. Wie schon im Titel der Arbeit zum Ausdruck kommt, ging es Gluth um eine formale Begriffsentwicklung, mittels derer drei Klippen zu umschiffen seien, an denen eine Einigung bisher gescheitert sei[320]: Zum Ersten werde so vermieden, den Begriff der Selbstverwaltung von Anfang an mit einer bestimmten politischen Idee in Verbindung zu bringen[321]. Zum Zweiten würden die Begriffsmerkmale der Selbstverwaltung auf diese Weise nicht von bestimmten Einrichtungen abstrahiert. Schließlich werde so die Frage, ob Selbstverwaltung ein Rechtsbegriff oder ein politisches Prinzip sei, nicht aufgeworfen, bevor in den rein sachlichen Merkmalen des Begriffs Selbstverwaltung das zu ihrer Beantwortung notwendige Substrat gewonnen sei[322].

Gluths ausführliche Deduktion des Selbstverwaltungsbegriffs setzt in Auseinandersetzung insbesondere mit den Selbstverwaltungskonzeptionen Rosins und des stark von Gneist beeinflussten *Otto von Sarwey* zunächst vor allem am Präfix „Selbst" in Selbstverwaltung an[323]. Wie für Rosin bezeichnet es für Gluth eine Gegensatzstellung[324]. Gluth erkennt Labands Gegenüberstellung von Selbstverwaltung und Verwaltetwerden als richtigste Formulierung des Gegensätzlichen an[325]. Allerdings dürfe diese Gegensatzbeziehung nicht bloß möglich sein. Vielmehr müsse „etwas Reales, auf das Vorstellen nothwendig Wirkendes, etwas Positives gegeben sein, wodurch das Selbst-Verwalten im Gegensatz zum Verwaltet-Werden besonders zum Bewußtsein gebracht wird"[326]. Dazu genüge nicht das bloße Verhältnis der Über-Unterordnung[327]. Ohne dass dieser Schluss logisch zwingend wäre, hält Gluth nach Darstellung verschiedener Lehrmeinungen schließlich vielmehr „die durch Identität der Zwecke bewirkte Beziehung zwischen zwei im Verhältnis der Über- und Unterordnung stehenden Subjecten der Verwaltung" für entscheidend[328]. Unter der Prämisse, dass der Staat das übergeordnete Subjekt der Verwaltung sei, gelangt er daher zu einem formalen Begriff der Selbstverwaltung als der Tätigkeit eines dem Staat untergeordneten Subjekts der Verwaltung, insofern durch sie mit den eigenen Zwecken dieses Subjekts zugleich Aufgaben des Staates erfüllt würden[329].

Anhand einer ausführlichen Bestimmung des Verwaltungsbegriffs[330] als zweitem Element des Selbstverwaltungsbegriffs untersucht Gluth die Subjekte der

---

[319] *Gluth*, Selbstverwaltung, 1887, S. 1.
[320] *Gluth*, Selbstverwaltung, 1887, S. 2.
[321] *Gluth*, Selbstverwaltung, 1887, S. 2 f.
[322] *Gluth*, Selbstverwaltung, 1887, S. 3.
[323] *Gluth*, Selbstverwaltung, 1887, S. 57 ff., insbes. S. 62 ff.
[324] Vgl. auch *H. Peters*, Grenzen der kommunalen Selbstverwaltung, 1926, S. 20.
[325] *Gluth*, Selbstverwaltung, 1887, S. 63 f.
[326] *Gluth*, Selbstverwaltung, 1887, S. 65.
[327] *Gluth*, Selbstverwaltung, 1887, S. 65.
[328] *Gluth*, Selbstverwaltung, 1887, S. 68.
[329] *Gluth*, Selbstverwaltung, 1887, S. 69.
[330] Unter der Verwaltung im technischen Sinn versteht Gluth dabei die Tätigkeit, die unmittelbar auf Unterordnung des Willens des sein individuelles Interesse selbsttätig verfolgenden Einzel-

Selbstverwaltung, in denen beide Elemente vereint seien[331]. Dabei unterscheidet er phänomenologisch berufliche und politische Verwaltungskörper[332]. Berufskorporationen spricht er die Eigenschaft als Selbstverwaltungskörper ab. Zwar wiesen sie Elemente derselben auf, soweit sie das Kollektivinteresse gegenüber ihren Mitgliedern verträten, doch verträten sie ihre Interessen als gesellschaftliche nach außen hin, und zwar auch dem Staat gegenüber[333]. Sie seien daher als eine besondere Klasse von Verwaltungskörpern zu behandeln, deren Tätigkeit teilweise den Charakter delegierter Verwaltung habe, teilweise aber auch nur gesellschaftliche Tätigkeit sei[334].

Als Selbstverwaltungskörper erkennt er unter den politischen Verwaltungskörpern hingegen ausdrücklich die Gemeinden an[335]. Diese stünden zwar mit dem Teil ihrer Aufgaben, welcher dem örtlichen Kollektivinteresse entspringe, dem Staatszweck fern, doch blieben sie vor einer Kollision mit dem Staat bewahrt, da sie in Verfolgung dieser Aufgaben nur innerhalb der Gemeinschaft selbst tätig würden[336]. Soweit die Gemeinden im Staat für den politischen Gemeinschaftszweck tätig würden, der zugleich der Gemeinde als auch dem Staat diene, sei Selbstverwaltung gegeben[337]. Um dem zuvor aufgestellten formalen Begriff Inhalt zu geben, sei Selbstverwaltung daher die Tätigkeit eines dem Staate untergeordneten, naturnotwendigen Gebietsgemeinwesens für den politischen Gemeinschaftszweck[338]. Selbstverwaltung liege danach nur vor, soweit die Gemeinden obrigkeitliche, insbesondere polizeiliche[339], Tätigkeiten ausführten, während die örtliche Gemeinwirtschaft nicht unter den Begriff der Selbstverwaltung falle[340]. Selbstverwaltung im engsten Sinne sei die „Handhabung der Polizei durch die Gemeinden im Staate"[341].

Dieser engste Begriff der Selbstverwaltung ist für Gluth zugleich die Grundlage für einen Rechtsbegriff der Selbstverwaltung, den er dem zuvor entwickelten, weiteren, als „etwas rein Thatsächliches" charakterisierten Selbstverwaltungsbegriff gegenüberstellt[342]. Verwaltung im Rechtssinne als Element des Rechtsbegriffs der Selbstverwaltung sei identisch mit der Polizei[343], unter der er – sehr weit – jeden unmittelbar auf den politischen Gemeinschaftszweck gerichteten konkreten Be-

---

nen unter die Anforderungen des öffentlichen Interesses gerichtet ist; vgl. *Gluth*, Selbstverwaltung, 1887, S. 101.
[331] *Gluth*, Selbstverwaltung, 1887, S. 71 ff.
[332] *Gluth*, Selbstverwaltung, 1887, S. 90 ff., 93 ff.
[333] *Gluth*, Selbstverwaltung, 1887, S. 92.
[334] *Gluth*, Selbstverwaltung, 1887, S. 92 f.
[335] *Gluth*, Selbstverwaltung, 1887, S. 98, 102, 103 f.; Kommunen höherer Ordnung (z. B. Kreise, Provinzen) und der Staat selbst könnten hingegen nur unter bestimmten Voraussetzungen Selbstverwaltungskörper werden; vgl. *Gluth*, Selbstverwaltung, 1887, S. 143 f., 146.
[336] *Gluth*, Selbstverwaltung, 1887, S. 102.
[337] *Gluth*, Selbstverwaltung, 1887, S. 98, 102, 106.
[338] *Gluth*, Selbstverwaltung, 1887, S. 98.
[339] *Gluth*, Selbstverwaltung, 1887, S. 116 ff.
[340] *Gluth*, Selbstverwaltung, 1887, S. 106.
[341] *Gluth*, Selbstverwaltung, 1887, S. 119.
[342] *Gluth*, Selbstverwaltung, 1887, S. 119 ff.
[343] *Gluth*, Selbstverwaltung, 1887, S. 121.

I. 3. c) Bedeutung der Partizipation in positivistischen Konzeptionen

fehl, welcher wenigstens teilweise aus Erwägungen des öffentlichen Interesses hervorgehe, insoweit also originärer staatlicher Willensart sei, versteht[344]. Kurz gefasst zählt also die Ausübung obrigkeitlicher Staatsverwaltung durch die Gemeinde zur Selbstverwaltung im Rechtssinne[345]. Das zweite Begriffselement der Selbstverwaltung, „die auf der Gemeinsamkeit des politischen Gemeinschaftszweckes für die auf demselben Gebiete zusammentreffenden Gebietsgemeinwesen beruhende Beziehung der Thätigkeit des untergeordneten auf die Zwecke des übergeordneten", könne hingegen nicht mit einer allgemeingültigen Formel unter juristische Gesichtspunkte gebracht werden, da es von der Verfassung des jeweiligen Staates abhänge[346]. In der Staatsform der konstitutionellen Monarchie hält Gluth es für prägend, dass den Gemeinden als Rechtssubjekten die Kompetenz zur Durchführung der Polizeiverfügungen anerkannt werde, während die übergeordnete Regierung auf die gesetzlich näher determinierte Aufsicht hierüber beschränkt sei[347].

Analysiert man insofern die Bedeutung, die der partizipative Aspekt in Gluths Selbstverwaltungskonzeption einnimmt, ist bemerkenswert, dass er die Selbstverwaltung zugleich auch als Organismus charakterisiert, welcher die Selbstregierung in der Verwaltung vermittele[348]. Für den konstitutionellen Staat sei das Prinzip der Selbstregierung prägend, wonach kraft Verfassung nicht nur die Herrschenden, sondern auch die Untertanen bei der Herrschaftsausübung in einer die Gewalthaber bindenden Weise tätig würden[349]. Auch Polizeiverfügungen müssten im Verfassungsstaat daher grundsätzlich aus dem Zusammenwirken der Herrschenden und der Beherrschten hervorgehen[350]. Wie das entsprechende, die Beteiligung der Beherrschten an der Herrschaftsausübung vermittelnde lokale Organ beschaffen sein müsse, ergebe sich nicht unmittelbar aus dem Prinzip der Selbstregierung[351]. Aus diesem folge nur, dass es den dem Regierungsapparat nicht angehörenden Beherrschten entnommen sein müsse. Die aus Wahlen hervorgegangene Repräsentativverwaltung[352] sei ebenso wie das Ehrenamt eine Form der Selbstregierung in der Verwaltung[353]. Während es letztlich eine Frage der Politik sei, hierfür geeignete Organe zu schaffen, bestünden doch mit den Gemeinden bereits Organismen, die hierfür prädestiniert seien[354]. Die Bestellung der Gemeinden zu lokalen Organen

---

[344] *Gluth*, Selbstverwaltung, 1887, S. 118; vgl. zu Gluths Polizeibegriff auch *Hendler*, Selbstverwaltung als Ordnungsprinzip, 1984, S. 119f.
[345] *Gluth*, Selbstverwaltung, 1887, S. 148, 152.
[346] *Gluth*, Selbstverwaltung, 1887, S. 122.
[347] *Gluth*, Selbstverwaltung, 1887, S. 123ff., insbes. 131, 132f., 134f., 138, 142; a.a.O. S. 122f. spricht er vom „monarchischen Staat mit gemischter Verfassung (nationaler Theilnahme an der Herrschaftsübung des Staatshauptes)".
[348] *Gluth*, Selbstverwaltung, 1887, S. 123ff., insbes. 131f.
[349] *Gluth*, Selbstverwaltung, 1887, S. 123f.
[350] *Gluth*, Selbstverwaltung, 1887, S. 126.
[351] *Gluth*, Selbstverwaltung, 1887, S. 130.
[352] *Gluth*, Selbstverwaltung, 1887, S. 130, 132; vgl. auch *Blodig*, Selbstverwaltung, 1894, S. 41f.; *Bieback*, Die öffentliche Körperschaft, 1976, S. 421.
[353] *Gluth*, Selbstverwaltung, 1887, S. 130.
[354] *Gluth*, Selbstverwaltung, 1887, S. 131.

der Polizeiverwaltung trage das Prinzip der Selbstverwaltung in die Verwaltungsorganisation des Verfassungsstaats. Damit die Selbstverwaltung als Einrichtung der Selbstregierung ein Rechtsinstitut werden könne, müsse nicht nur das Zusammenwirken der Regierung und der Gemeinde beim Erlass von Polizeiverfügungen gesetzlich geregelt werden, sondern auch die innere Organisation der Gemeinde, vermöge welcher die Bürger als Organe der Gemeinde hierbei tätig würden[355].

Erhebt Gluth damit das partizipative Element der Selbstregierung zu einer Voraussetzung dafür, dass die Selbstverwaltung als Einrichtung der Selbstregierung ein Rechtsinstitut werden könne, betont er doch sofort, dass die konkrete Ausgestaltung, wie die Staatsbürger zu Organen der Gemeinde bestellt werden, nicht näher zu beleuchten sei, da es sich hier nur um die Durchführung des Prinzips der Selbstregierung in der Selbstverwaltung, nicht jedoch um die Selbstverwaltung als solche handele und die wirkliche Gestaltung weit mehr von politischen Momenten als von Rechtsgrundsätzen beherrscht werde[356]. Von eigentlich entscheidender Bedeutung für die rechtliche Natur der Selbstverwaltung sei vielmehr das Verhältnis zwischen der Regierung und der Gemeinde als solcher[357].

Zu beachten ist ferner, dass Gluth die Funktion der Selbstregierung in der Selbstverwaltung nicht primär im liberalen Moment der Freiheitssicherung sieht. Grundlegend führt er dazu aus, dass Selbstregierung im Allgemeinen nicht nur die „negative", begrenzende Funktion habe, einem Missbrauch der Staatsgewalt vorzubeugen[358]. Die verfassungsmäßigen Institutionen der Selbstregierung hätten vielmehr auch die „positive" Tendenz, dass ein Tätigwerden der Beherrschten in staatlicher Funktion die Wahrscheinlichkeit erhöhe, dass das der Staatserhaltung und dem Gesamtwohl Dienliche erkannt werde[359]. Während bei der originären Willensfestsetzung die positive Tendenz der Selbstregierung dominiere, stehe bei der Verwirklichung des feststehenden Staatswillens die negative Tendenz im Vordergrund[360]. Bei der Polizeiverwaltung, also dem Erlass konkreter Befehle, sei die Feststellung des Inhalts des Staatswillens und die Erhebung desselben zum Befehl aus Gründen des praktischen Bedürfnisses in einem Organ vereinigt[361]. Wie bei der Gesetzgebung bezwecke die Heranziehung der Beherrschten auch hier vor allem, dass das dem Staatswohl Dienliche erkannt werde[362]. Nicht das Schädliche zu verhindern, sondern das Gute und Zweckmäßige zu tun, sei die erste Aufgabe der entsprechenden Organismen.

Selbst wenn Gluth daher zumindest für die Staatsform der konstitutionellen Monarchie über den Begriff der Selbstregierung das partizipative Element in Affinität zur Selbstverwaltung bringt, bleibt zu berücksichtigen, dass dies für ihn we-

---

[355] *Gluth*, Selbstverwaltung, 1887, S. 132.
[356] *Gluth*, Selbstverwaltung, 1887, S. 132.
[357] *Gluth*, Selbstverwaltung, 1887, S. 132.
[358] *Gluth*, Selbstverwaltung, 1887, S. 123 f.
[359] *Gluth*, Selbstverwaltung, 1887, S. 124.
[360] *Gluth*, Selbstverwaltung, 1887, S. 124.
[361] *Gluth*, Selbstverwaltung, 1887, S. 129.
[362] *Gluth*, Selbstverwaltung, 1887, S. 131.

niger eine liberale staatsbegrenzende, freiheitssichernde Funktion, sondern vielmehr eine prostaatliche, auf dessen Verwirklichung gerichtete Funktion einnimmt. Dennoch belegt Gluths Deduktion, dass das partizipative Element auch im Rahmen einer positivistischen Selbstverwaltungskonzeption nicht in die Domäne des rein Politischen verwiesen werden muss. Gluths Monographie hat indes deutlich weniger Resonanz im deutschen Schrifttum gefunden als etwa die grundlegenden Arbeiten Labands und Rosins – vielleicht weil er nicht trennscharf zwischen einem rechtlichen und einem politischen Selbstverwaltungsbegriff unterschied[363].

ee) Ernst Neukamp

Ernst Neukamp[364] setzt sich in seinem 1889 im damals von Laband mitherausgegebenen Archiv für Öffentliches Recht erschienenen Aufsatz „Der Begriff der ‚Selbstverwaltung' im Rechtssinne" mit der Frage auseinander, was den juristischen Begriff der Selbstverwaltung einerseits und den politischen Begriff anderseits ausmache[365]. Eine allseitig befriedigende Begriffsbestimmung der Selbstverwaltung im Rechtssinne sei bislang nicht gefunden worden, da man entweder wie Laband und Rosin versucht habe, den Begriff aus dem Wortsinn zu bilden, oder aber, wie andere Autoren, irgendein Merkmal der Selbstverwaltungskörper bzw. -organe als entscheidendes Begriffsmerkmal hingestellt habe[366]. Anstatt aufgrund allgemeiner Deduktionen eine Formel zu finden und unter diese den Sprachgebrauch und das Gesetzeswort zu „pressen", sei umgekehrt aus der historischen Entwicklung des positiven Rechts und unter Zugrundelegung des jeweiligen Sprachgebrauchs diejenige Definition zu finden, welche eine für das gegenwärtige positive Recht brauchbare, die wesentlichen Begriffsmerkmale wiedergebende Konstruktion enthalte[367]. Alle juristische Begriffsentwicklung müsse nämlich vom positiven Recht ausgehen[368].

Neukamps Begriffsbildung baut auf einer Analyse der historischen Entwicklung der Selbstverwaltung und ihrer Regelung im positiven Recht seit der preußischen Städteordnung von 1808 auf[369], in die auch eine Auseinandersetzung mit der Selbst-

---

[363] *Bieback*, Die öffentliche Körperschaft, 1976, S. 420 f. führt aus, dass Gluth „die rigide Trennung zwischen einem politischen und einem rechtlichen Begriff der Selbstverwaltung noch nicht vollzogen" habe; diese Beurteilung lässt indes die Möglichkeit außer Acht, dass Gluth das Element der Selbstregierung ganz bewusst in Affinität zum Selbstverwaltungsbegriff gebracht hat. Bei der geringeren Rezeption Gluths dürfte auch eine Rolle gespielt haben, dass die Studie in Österreich publiziert wurde, vgl. etwa *H. Peters*, Grenzen der kommunalen Selbstverwaltung, 1926, S. 20 ff., insbes. S. 21 f., Fn. 3; relativ starke Beachtung fanden Gluths Thesen in der ebenfalls in Wien publizierten Monographie von *Blodig*, Selbstverwaltung, 1894, z. B. S. 5 f., 41 f.
[364] Zu Neukamps Selbstverwaltungsbegriff: *Voigt*, Die Selbstverwaltung, 1938, S. 167 f.; *Hendler*, Selbstverwaltung als Ordnungsprinzip, 1984, S. 125 f.
[365] *Neukamp*, Begriff der „Selbstverwaltung", in: AöR 4 (1889), 377 ff., 525 ff.
[366] *Neukamp*, Begriff der „Selbstverwaltung", in: AöR 4 (1889), 377 (402 f.).
[367] *Neukamp*, Begriff der „Selbstverwaltung", in: AöR 4 (1889), 377 (403).
[368] *Neukamp*, Begriff der „Selbstverwaltung", in: AöR 4 (1889), 377 (403).
[369] *Neukamp*, Begriff der „Selbstverwaltung", in: AöR 4 (1889), 377 (404 ff., 525 ff.).

verwaltungskonzeption Gneists eingewoben ist[370]. Neukamp konstatiert, dass das neueste Recht für gewisse Zweige der Verwaltung denselben Gedanken verwirklicht habe, der schon längst die Zivil- und Strafrechtspflege beherrsche, nämlich die Ersetzung der Ministerialverwaltung durch Organe, die rechtlich von der Zentralinstanz unabhängig seien und deshalb nicht nach deren Weisungen und in deren Auftrag, sondern aufgrund eigener Entschließung, sozusagen kraft eigenen Rechts, und nur den Gesetzen des Landes gemäß zu verfahren hätten[371]. Dies sei das entscheidende Kriterium, der juristische Kernpunkt aller Selbstverwaltung[372].

Neukamp definiert Selbstverwaltung daher im Gegensatz zur „Ministerverwaltung" als „die von der Minister- (Cabinets-) Verwaltung rechtlich unabhängige, nur den Gesetzen des Landes unterworfene und deshalb von Weisungen einer vorgesetzten Behörde unabhängige Verwaltung"[373]. Neukamp sieht somit im Kriterium der weisungsfreien Selbständigkeit, der rechtlichen Unabhängigkeit, das entscheidende Merkmal der Selbstverwaltung[374]. Das partizipative Element ist hingegen für seinen Selbstverwaltungsbegriff unerheblich. Dies wird auch in seiner abschließenden Untersuchung deutlich, ob alle Selbstverwaltung das Kriterium der Selbständigkeit und rechtlichen Unabhängigkeit enthalte[375]. Die partizipative Strukturierung von Organen der Selbstverwaltungskörper spielt hierbei allenfalls mittelbar insofern eine Rolle, als sich z.B. aus dem Charakter der Gemeinde-, Stadtverordneten-, Kreis- oder Provinzialversammlungen als Wahlversammlungen ergebe, dass diese „Beschlussbehörden" weisungsfrei und damit prinzipiell unabhängig seien[376]. Einen Eigenwert, wie dies etwa der Freiherr vom Stein getan hat, misst Neukamp dem partizipativen Element hingegen gerade nicht bei.

---

[370] *Neukamp*, Begriff der „Selbstverwaltung", in: AöR 4 (1889), 377 (426 ff.); *Voigt*, Die Selbstverwaltung, 1938, S. 167 beschreibt Neukamps Begriffsbildung treffend als Suche nach einem „einheitlichen Nenner für die untereinander verschiedenen Stellungen der Begriffe im geltenden Recht".

[371] *Neukamp*, Begriff der „Selbstverwaltung", in: AöR 4 (1889), 525 (537 f.).

[372] *Neukamp*, Begriff der „Selbstverwaltung", in: AöR 4 (1889), 525 (538).

[373] *Neukamp*, Begriff der „Selbstverwaltung", in: AöR 4 (1889), 525 (538).

[374] *Hendler*, Selbstverwaltung als Ordnungsprinzip, 1984, S. 126.

[375] Zum Bereich der Selbstverwaltung zählt *Neukamp*, Begriff der „Selbstverwaltung", in: AöR 4 (1889), 525 (551) schließlich: „a) die Verwaltung der ‚eigenen' Angelegenheiten der politischen Verwaltungskörper (Gemeinden, Kreise, Provinzen), die sog. ‚wirthschaftliche Selbstverwaltung'; b) die Verwaltung gewisser Gebiete der allgemeinen Staatsverwaltung durch collegialisch formirte Beschlussbehörden; und c) die Kontrole der Ministerverwaltung, sowie der zu a) und b) gedachten Selbstverwaltung durch Verwaltungsgerichte." Im Hinblick auf die Zurechnung der verwaltungsgerichtlichen Kontrolle zum Bereich der Selbstverwaltung durch Neukamp ist mit *Hendler*, Selbstverwaltung als Ordnungsprinzip, 1984, S. 126 auf die damals noch nicht vollendete Trennung der Verwaltungsgerichtsbarkeit von der Administrative hinzuweisen. Insofern ist gerade auch an Neukamps eigene Äußerung, a.a.O., S. 537 zu erinnern, wonach der Gedanke der Weisungsfreiheit und Selbständigkeit schon längst die „Civil- und Strafrechtspflege" beherrsche.

[376] *Neukamp*, Begriff der „Selbstverwaltung", in: AöR 4 (1889), 525 (539).

ff) Hermann Blodig

Auch *Hermann Blodig* unterscheidet in seiner 1894 in Wien publizierten Monographie „Die Selbstverwaltung als Rechtsbegriff" zwischen einem politischen und einem juristischen Begriff[377]. Dem Wort „Selbstverwaltung" misst er in Anlehnung an Laband primär eine negative Bedeutung bei, indem es das Gegenteil von „Verwaltung durch Andere" bezeichne[378]. Selbstverwaltung sei gleichbedeutend mit „Freisein von fremder Verwaltung" und gewissermaßen der rechtliche Ausdruck der Mündigkeit eines öffentlichen Gemeinwesens, seine Angelegenheiten selbst zu besorgen. Selbstverwaltung im Rechtssinne definiert er somit in offensichtlicher Anlehnung an Laband und Rosin als „die vom souveränen Gemeinwesen anerkannte rechtliche Fähigkeit eines nicht souveränen Gemeinwesens, seine Angelegenheiten selbst zu verwalten"[379].

Von den verschiedenen Literaturansichten zu der Frage, welche „korporativen Verbände" Selbstverwaltungskörper seien, schenkt Blodig Rosins erweitertem Selbstverwaltungskörperbegriff aus dessen 1886 publizierter Monographie „Das Recht der Oeffentlichen Genossenschaft" besondere Beachtung. Blodig unterscheidet entsprechend zwei Klassen von Selbstverwaltungskörpern als juristischen Personen[380], nämlich diejenigen, welche auf dem nachbarlichen Beisammenwohnen, und diejenigen, welche auf der Verwandtschaft des Berufs der Mitglieder beruhen[381]. Selbstverwaltungskörper seien danach Gemeinden[382], „gemeindeähnliche Verbände für besondere Zwecke"[383], kommunale Verbände über der Gemeinde wie Kreise und Provinzen[384] sowie öffentlich-rechtliche „Berufsgenossenschaften", z.B. Handels- und Gewerbekammern, Innungen, Notar- und Rechtsanwaltskammern, Ärzte- und Apothekerkammern, aber auch Genossenschaften für Zwecke der Unfall-, Kranken-, Invaliditäts- und Altersversorgung[385].

---

[377] Zu Blodigs Selbstverwaltungsbegriff: *Voigt*, Die Selbstverwaltung, 1938, S. 168f.; *Hendler*, Selbstverwaltung als Ordnungsprinzip, 1984, S. 127f.
[378] *Blodig*, Selbstverwaltung, 1894, S. 14.
[379] *Blodig*, Selbstverwaltung, 1894, S. 14.
[380] *Blodig*, Selbstverwaltung, 1894, S. 39: „Die Selbstverwaltungskörper bedürfen, da sie juristische Personen sind, [...]".
[381] *Blodig*, Selbstverwaltung, 1894, S. 32; kritisch zu dieser Dichotomie im Hinblick auf die juristische Begriffsbildung: *Schoen*, Das Recht der Kommunalverbände, 1897, S. 12, Fn. 2.
[382] *Blodig*, Selbstverwaltung, 1894, S. 33, 95 ff.
[383] *Blodig*, Selbstverwaltung, 1894, S. 273 ff.; gemeint sind z.B. Wegeverbände, Schul- und Kirchengemeinden, Deichgenossenschaften und -verbände, öffentliche Wald- und Wassergenossenschaften, Fischereigenossenschaften und bergrechtliche Revierverbände. Blodig bezeichnet diese Kategorie korporativer Verbände zur Erfüllung einzelner durch das nachbarliche Beisammenwohnen ihrer Angehörigen bedingter öffentlicher Zwecke, welche von der Ortsgemeinde nicht oder wenigstens nicht so vollständig oder sachgemäß verfolgt werden könnten, wie von eigens dazu geschaffenen Organismen, auch als „Spezialgemeinde" (a.a.O., S. 273).
[384] *Blodig*, Selbstverwaltung, 1894, S. 302 ff.
[385] *Blodig*, Selbstverwaltung, 1894, S. 33, 365 ff.; im besonderen Teil seiner Monographie ergänzt Blodig, a.a.O., S. 267 ff. diese Kategorien von Selbstverwaltungskörpern noch um die Gutsherrschaft als „monarchisch organisirten Selbstverwaltungskörper".

Im Hinblick auf die Bedeutung des partizipativen Elements in Blodigs Selbstverwaltungskonzeption sind seine Ausführungen zur Organisation der Selbstverwaltungskörper aufschlussreich[386]: Einleitend macht er deutlich, dass die Zusammensetzung, der Wirkungskreis und die Art der Geschäftsführung der Organe der Selbstverwaltungskörper mit dem rechtlichen Selbstverwaltungsbegriff nicht in unmittelbarem Zusammenhang stünden[387]. Wohl sei aber von maßgebender Bedeutung, wer über die Zusammensetzung der Organe bestimme. Die Organe, welche die leitenden Grundsätze der Verwaltung aufstellten und deren Beachtung überwachten, würden von den zu den Selbstverwaltungskörpern gehörenden Personen gewählt[388]. Denn das Wesen der Selbstverwaltung durch korporative Verbände liege gerade darin, dass deren Verwaltungsorgane ihre Direktiven nicht nur von der Staatsbehörde, sondern auch von den Vertretern der Selbstverwaltungskörper erhielten, und ihnen auch für die Befolgung derselben verantwortlich seien[389]. Die unmittelbaren Verwaltungsorgane könnten hingegen von einer Staatsbehörde ernannt oder von den wahlberechtigten Personen des betreffenden Selbstverwaltungskörpers mittelbar oder unmittelbar bestimmt werden.

Indes lasse sich die Wahl der Organe der Selbstverwaltung nicht als logische Konsequenz allein aus dem Begriff der Selbstverwaltung als „Eigenverwaltung selbständiger Gemeinwesen" folgern[390]. Im Widerspruch damit stünde es nur, wenn die Geschäfte der Selbstverwaltung von einem fremden Machtfaktor geführt würden. Das Prinzip der Wahl der Organe der Selbstverwaltung hänge also rechtlich mit der Begriffsbestimmung derselben nicht zusammen, sondern vielmehr mit der Organisation der Selbstverwaltungskörper als korporativen Verbänden[391]. Die Willensbildung solcher Verbände erfolge durch gewählte Vertreter der zum Verband gehörigen Personen. Werde nun der Wille der Korporation durch gewählte Vertreter gebildet, so sei es nur konsequent, dass die Verwaltung, die vom willensbildenden Organ nicht geführt werden könne, Personen überlassen werde, die mittelbar oder unmittelbar durch dasselbe bezeichnet würden. Es entspreche demnach der Organisation der Selbstverwaltungskörper als korporativen Verbänden, dass die mit der Führung der Verwaltung betrauten Organe nicht von einer staatlichen Behörde ernannt, sondern unmittelbar durch die Vertreter des korporativen Verbands gewählt würden.

Wie vor ihm bereits Gluth bringt also auch Blodig das partizipative Element, hier in Form der Wahl der Organe der als korporative Verbände organisierten Selbstverwaltungskörper, durchaus in die Nähe des Selbstverwaltungsbegriffs, betont aber zugleich, dass dies nicht dem (juristischen) Selbstverwaltungsbegriff als solchem unterfalle. Blodig nutzt dazu den Kunstgriff des Verweises auf die Organisa-

---

[386] *Blodig*, Selbstverwaltung, 1894, S. 39 ff.
[387] *Blodig*, Selbstverwaltung, 1894, S. 39.
[388] *Blodig*, Selbstverwaltung, 1894, S. 39 f.
[389] *Blodig*, Selbstverwaltung, 1894, S. 40.
[390] *Blodig*, Selbstverwaltung, 1894, S. 42.
[391] *Blodig*, Selbstverwaltung, 1894, S. 42.

tion der Selbstverwaltungskörper als korporative Verbände, deren mit der Führung der Verwaltung betraute Organe charakteristischerweise durch die Vertreter des Verbands gewählt würden. Was den juristischen Selbstverwaltungsbegriff angeht, bleibt er damit letztlich auf dem Terrain, das Laband und Rosin bereitet haben. Anzumerken ist, dass Blodigs bewusste Trennung des partizipativen Elements vom juristischen Begriff der Selbstverwaltung nicht zuletzt auch die im besonderen Teil der Monographie vollzogene Einbeziehung der Gutsherrschaft in den Selbstverwaltungsbegriff ermöglichte. Die nicht partizipativ strukturierte Gutsherrschaft stellt für ihn einen „monarchisch organisierten Selbstverwaltungskörper" im Gegensatz zur Kategorie der in Form korporativer Verbände organisierten Selbstverwaltung dar[392].

gg) Fazit: Korporative Selbstverwaltungslehren und partizipatives Element

Ausgehend von den knappen Ausführungen Labands zum Selbstverwaltungsbegriff, die von Rosin auf eine breitere Basis gestellt wurden, hat sich in den folgenden Jahrzehnten eine Reihe weiterer positivistischer Autoren dem in Anschluss an Rosins Begrifflichkeit als körperschaftlich oder korporativ bezeichneten positivistischen Selbstverwaltungsbegriff angeschlossen und diesen in verschiedener Hinsicht präzisiert oder erweitert. Außer den hier ausführlich behandelten Autoren haben zahlreiche weitere Wissenschaftler – genannt seien hier nur *Philipp Zorn*, *Carl Gareis* und *Paul Schoen* – den korporativen Selbstverwaltungsbegriff aufgegriffen[393].

Den Selbstverwaltungskonzeptionen der konstitutionellen Staatslehre, in deren Mittelpunkt die Betonung der Partizipation der Bürger an der Verwaltung stand, wurde ein abstrakter juristischer Begriff der Selbstverwaltung entgegengestellt. Dessen zentraler Bezugspunkt war das Hoheitsmonopol des souveränen Staates, von dem sich die Selbstverwaltungsmacht der in ihn eingegliederten und ihm untergeordneten Selbstverwaltungskörper, insbesondere der Gemeinden, ableitete[394]. Das „Selbst" in Selbstverwaltung bezeichnete nicht mehr das partizipative Element der Betroffenenmitwirkung, sondern nur noch eine formale Gegensatzstellung zum Verwaltetwerden durch den Staat, war mithin auf die Selbstverwaltungskörperschaft, nicht auf die Bürger bezogen. Obwohl der positivistische Selbstverwaltungsbegriff in vielen Spielarten vertreten wurde, die, wie die Konzeptionen Gluths oder Blodigs demonstrieren, durchaus auch eine Affinität zum partizipativen Element aufweisen konnten, ist doch die Verschiebung des „Selbst"-Elements von den betroffenen Bürgern zum Selbstverwaltungskörper sein prägendes Merkmal.

---

[392] *Blodig*, Selbstverwaltung, 1894, S. 267.
[393] *Zorn*, Staatsrecht des Deutschen Reiches, Bd. I, 2. Aufl., 1895, S. 109 f.; *Gareis*, Allgemeines Staatsrecht, 1883, S. 86 ff.; *Schoen*, Das Recht der Kommunalverbände, 1897, S. 5 ff.; weitere Autoren nennt bspw. *Hendler*, Selbstverwaltung als Ordnungsprinzip, 1984, S. 131.
[394] *Bieback*, Die öffentliche Körperschaft, 1976, S. 422.

Mit dem positivistischen, korporativen Selbstverwaltungsbegriff, wie er von Laband begründet und von Rosin vermittelt wurde, war zugleich ein neuer Diskussionstopos im Sinne einer griffigen Antithese zur herrschenden Selbstverwaltungskonzeption Gneists etabliert. Beide konfligierenden Auffassungen von der Selbstverwaltung wurden von späteren Autoren als Ausgangspunkte eigener Erwägungen genutzt und beeinflussten so maßgeblich die weitere wissenschaftliche Auseinandersetzung mit dem Begriff der Selbstverwaltung.

d) Die Auseinandersetzung mit dem korporativen Selbstverwaltungsbegriff bis 1918

aa) Hugo Preuß

Der spätere Innenminister der ersten parlamentarischen Reichsregierung der Weimarer Republik und maßgebliche Mitschöpfer der Weimarer Reichsverfassung *Hugo Preuß* (1860–1925) entwickelte seine Selbstverwaltungskonzeption unter dem prägenden Einfluss seines Lehrers Otto von Gierke und dessen Genossenschaftslehre[395], wurde aber auch stark von den Ideen des Freiherrn vom Stein[396] und, zumindest in seinen früheren Schriften, partiell auch noch von denjenigen Rudolf von Gneists[397] beeinflusst[398]. Trotz dezidierter Ablehnung der positivistischen korporativen Selbstverwaltungskonzeption akzeptiert Preuß zumindest einige Errungenschaften der positivistischen Staatsrechtslehre[399]. So betont er einer-

---

[395] *Heffter*, Die deutsche Selbstverwaltung, 2. Aufl., 1969, S. 751 ff.; *Grassmann*, Hugo Preuss und die deutsche Selbstverwaltung, 1965, S. 23 ff.; *Hendler*, Selbstverwaltung als Ordnungsprinzip, 1984, S. 129 f.; insbes. zu Preuß' Einfluss auf die Regelung der kommunalen Selbstverwaltung in der Weimarer Reichsverfassung: *Grassmann*, a.a.O., S. 92 ff.

[396] Vgl. etwa *H. Preuß*, Die Lehre Gierkes, in: FS Gierke, Bd. 1, 1910, S. 245 (250 f., 254 ff.); *ders.*, Verwaltungsreform, in: Zeitschrift für Politik 1 (1908), 95 ff.; *ders.*, Entwicklung der kommunalen Selbstverwaltung, in: Handbuch der Politik, 1. Bd., 3. Aufl., 1920, S. 266 (268 ff.); *Heffter*, Die deutsche Selbstverwaltung, 2. Aufl., 1969, S. 757 f.

[397] *Heffter*, Die deutsche Selbstverwaltung, 2. Aufl., 1969, S. 753 f.; bereits in *H. Preuß*, Gemeinde, Staat, Reich, 1889, S. 220 f. führt er allerdings auch aus, dass die ganze Lehre Gneists, welche politisch, besonders legislatorisch und organisatorisch, so überaus fruchtbar gewirkt habe und auf diesem Felde die reichsten Früchte noch in der Zukunft zeitigen werde, zur juristischen Begriffskonstruktion ihrer ganzen Anlage nach ungeeignet sei. In den Anfangsjahren des 20. Jahrhunderts wandte sich Preuß zunehmend von Gneist ab. Insbesondere in *H. Preuß*, Die Lehre Gierkes, in: FS Gierke, Bd. 1, 1910, S. 245 ff. (z. B. 253 f., 258 ff., 272 ff.) findet sich eine pointierte Kritik von Gneists Selbstverwaltungslehre; vgl. auch *ders.*, Selbstverwaltung, in: HdKW, Bd. 3, 1924, S. 768 (772).

[398] Zur Selbstverwaltungskonzeption von Hugo Preuß: *H. Peters*, Grenzen der kommunalen Selbstverwaltung, 1926, S. 12 f.; *Voigt*, Die Selbstverwaltung, 1938, S. 174 ff.; *Heffter*, Die deutsche Selbstverwaltung, 2. Aufl., 1969, S. 751 ff.; *Herzfeld*, Demokratie und Selbstverwaltung, 1957, S. 14 ff.; *Grassmann*, Hugo Preuss und die deutsche Selbstverwaltung, 1965, S. 16 ff.; *Salzwedel*, Staatsaufsicht in der Verwaltung, in: VVDStRL 22 (1965), S. 206 (230 f.); *Ramin*, Geschichte der Selbstverwaltungsidee, 1972, S. 175 ff.; *Hendler*, Selbstverwaltung als Ordnungsprinzip, 1984, S. 129 ff.

[399] Vgl. etwa *H. Preuß*, Das städtische Amtsrecht, 1902, S. 5: „Gewiß ist es das hohe und bleibende Verdienst der positiven Dogmatik und ihres mit Recht gefeierten Führers [gemeint ist La-

I. 3. d) Auseinandersetzung mit dem korporativen Selbstverwaltungsbegriff bis 1918

seits ganz im Sinne Gierkes und im direkten Gegensatz zur positivistischen Schule die integrale Bedeutung der historischen und philosophischen Analyse für die rechtlich konstruktive Arbeit[400], erkennt aber – anders als sein Lehrer – die Notwendigkeit einer sorgfältigen Scheidung historisch-politischer und rechtlicher Begriffe durchaus an[401].

In historisch-genetischer Hinsicht konstatiert Preuß, dass die „altgermanische" Idee der Selbstverwaltung in England fortentwickelt worden sei, während sie in Kontinentaleuropa erst mit dem Ende des Absolutismus wieder habe aufleben können[402]. Obwohl das allgemeine Konzept des englischen Selfgovernment und der deutschen Selbstverwaltung identisch sei[403], unterschieden sich die positivrechtlichen Ausgestaltungen maßgeblich voneinander[404]. Dezidiert wendet sich Preuß in diesem Zusammenhang gegen die für die positivistische Selbstverwaltungslehre grundlegende Dichotomie eines juristischen und eines politischen Selbstverwaltungsbegriffs[405]. Die politische und die rechtliche Bedeutung der Selbstverwaltung stünden zueinander nicht im Verhältnis zweier verschiedener Begriffe, sondern wie alle Institutionen des öffentlichen Rechts zu den entsprechenden politischen Ideen im Verhältnis der organisatorischen Rechtsform zu ihrem politischen Inhalt[406].

Was das für die positivistischen Selbstverwaltungskonzeptionen grundlegende Problem des Verhältnisses des Reichs zu den Gliedstaaten und anderen ihm eingegliederten Verbänden angeht, wendet sich Preuß bereits in seiner Habilitationsschrift „Gemeinde, Staat, Reich als Gebietskörperschaften" von 1889 entschieden gegen das positivistische Paradigma der Souveränität, in dessen Gespinst sich die

---

band], das spezifisch juristische Wesen des Staatsrechts scharf herausgearbeitet zu haben; ihrer langjährigen Herrschaft ist es zu danken, dass ein Rückfall in jenen Dilettantismus als ausgeschlossen erscheint [...]"; in *ders.*, Selbstverwaltung, in: HdKW, Bd. 3, 1924, S. 768 (773) erkennt Preuß bspw. die wesentliche positivistische Wortlautinterpretation von Selbstverwaltung an, wonach dieser Begriff den Gegensatz „andeute", dass das Gemeinwesen sich selbst regiere und verwalte und nicht von einer über ihm stehenden Obrigkeit regiert und verwaltet werde.

[400] *H. Preuß*, Das städtische Amtsrecht, 1902, S. 5.
[401] Vgl. insbes. *H. Preuß*, Gemeinde, Staat, Reich, 1889, S. 331 sowie 117 f., 231, 298, 392 (Fn. 76); *ders.*, Das städtische Amtsrecht, 1902, S. 5 f.
[402] *H. Preuß*, Gemeinde, Staat, Reich, 1889, S. 136; *ders.*, Das städtische Amtsrecht, 1902, S. 122 f.; *ders.*, Selbstverwaltung, in: HdKW, Bd. 3, 1924, S. 768 ff.
[403] *H. Preuß*, Selbstverwaltung, Gemeinde, Staat, Souveränität, in: FS Laband, Bd. 2, 1908, S. 205 f.; *ders.*, Selbstverwaltung, in: HdKW, Bd. 3, 1924, S. 768 (773).
[404] *H. Preuß*, Selbstverwaltung, Gemeinde, Staat, Souveränität, in: FS Laband, Bd. 2, 1908, S. 206; *ders.*, Entwicklung der kommunalen Selbstverwaltung, in: Handbuch der Politik, 1. Bd., 3. Aufl., 1920, S. 266 (267 f.); *Hendler*, Selbstverwaltung als Ordnungsprinzip, 1984, S. 130.
[405] Preuß' Ablehnung der Trennung zwischen juristischem und politischem Selbstverwaltungsbegriff ist bereits in *H. Preuß*, Gemeinde, Staat, Reich, 1889, S. 222 deutlich angelegt, wo er ausführt, Rosin habe den an sich einheitlichen Begriff des Selfgovernment in die beiden angeblich nicht notwendig zusammengehörigen Begriffe der „körperschaftlichen" und „bürgerlichen" Selbstverwaltung „zerrissen". Besonders ausgeprägt findet sie sich später in Preuß' Polemik gegen die Selbstverwaltungskonzeptionen Labands und Rosins: *H. Preuß*, Selbstverwaltung, Gemeinde, Staat, Souveränität, in: FS Laband, Bd. 2, 1908, S. 205, 201; vgl. auch *ders.*, Das städtische Amtsrecht, 1902, S. 130; *ders.*, Selbstverwaltung, in: HdKW, Bd. 3, 1924, S. 768 (773).
[406] *H. Preuß*, Selbstverwaltung, Gemeinde, Staat, Souveränität, in: FS Laband, Bd. 2, 1908, S. 205; ähnlich auch: *ders.*, Selbstverwaltung, in: HdKW, Bd. 3, 1924, S. 768 (773).

Staatsrechtslehre verfangen habe wie die Fliege im Gewebe der Spinne[407]. Der positivistischen, souveränitätszentrierten, staatsorganisatorischen, von oben herab gerichteten Perspektive stellt Preuß eine auf der Basis der Genossenschaftstheorie von unten hinauf entwickelte genossenschaftliche, organische Staatskonstruktion entgegen[408], deren Zentralbegriff die „Gesammtperson" ist[409]. Im Mittelpunkt der genossenschaftlichen Verfassungsform stehe eine Mehrheit von Organen, deren Gesamtheit den Staatswillen bilde[410]. Dem weiten Begriff der Gesamtperson subsumiert Preuß in seinen frühen Schriften neben den Gemeinden und einer Zahl weiterer Verbände auch die Gliedstaaten und sogar „den Staat" (das Reich)[411]. Der Staat sei nicht der alleinige Souveränitätsträger, welcher Hoheitsrechte bzw. deren Ausübung auf ihm eingegliederte Verbände delegiere, sondern als „Evolution der gleichen Idee" Selbstverwaltungskörper wie alle ihm eingegliederten Gesamtpersonen[412]. Zu den Selbstverwaltungskörpern als juristischen Personen zählen daher für Preuß neben Gemeinden[413] „Berufsverbände" wie „die Organisationen des Handels, des Handwerks, der Landwirtschaft sowie die der modernen Sozialversicherung, Krankenkassen und Berufsgenossenschaften"[414], aber eben auch die Gliedstaaten des Reichs[415] und – jedenfalls in seinen früheren Schriften – in letzter Konsequenz auch das Reich selbst[416]. Den Gesamtpersonen könnten dabei neben der weit zu verstehenden Selbstverwaltung als zentralem Element der übergeord-

---

[407] H. Preuß, Gemeinde, Staat, Reich, 1889, S. VI (Vorbemerkung); Grassmann, Hugo Preuss und die deutsche Selbstverwaltung, 1965, S. 20 ff.

[408] Der Untertitel der Gierke gewidmeten Monographie „Gemeinde, Staat, Reich als Gebietskörperschaften" lautet: „Versuch einer deutschen Staatskonstruktion auf Grundlage der Genossenschaftstheorie".

[409] H. Preuß, Gemeinde, Staat, Reich, 1889, S. VI f. (Vorbemerkung); Grassmann, Hugo Preuss und die deutsche Selbstverwaltung, 1965, S. 16 ff., 25 ff.

[410] H. Preuß, Selbstverwaltung, in: HdKW, Bd. 3, 1924, S. 768 (773); Grassmann, Hugo Preuss und die deutsche Selbstverwaltung, 1965, S. 16 ff.

[411] H. Preuß, Gemeinde, Staat, Reich, 1889, S. 223 f.; vgl. auch ders., Entwicklung der kommunalen Selbstverwaltung, in: Handbuch der Politik, 1. Bd., 3. Aufl., 1920, S. 266 (285); siehe dazu auch: Grassmann, Hugo Preuss und die deutsche Selbstverwaltung, 1965, S. 16 ff., 29; Salzwedel, Staatsaufsicht in der Verwaltung, in: VVDStRL 22 (1965), S. 206 (230).

[412] H. Preuß, Gemeinde, Staat, Reich, 1889, S. 223 f.; H. Peters, Grenzen der kommunalen Selbstverwaltung, 1926, S. 13; Grassmann, Hugo Preuss und die deutsche Selbstverwaltung, 1965, S. 16 ff.

[413] H. Preuß, Selbstverwaltung, in: HdKW, Bd. 3, 1924, S. 768 (773) bezeichnet die Gemeinden als die „eigentlichsten Träger der Selbstverwaltungsorganisation".

[414] H. Preuß, Selbstverwaltung, in: HdKW, Bd. 3, 1924, S. 768 (774).

[415] H. Preuß, Selbstverwaltung, in: HdKW, Bd. 3, 1924, S. 768 (773 f.).

[416] H. Preuß, Gemeinde, Staat, Reich, 1889, S. 222 f.; vgl. auch Hendler, Selbstverwaltung als Ordnungsprinzip, 1984, S. 131; später rückt Preuß allerdings von der Einbeziehung des Reichs ab, indem er auf Basis der von ihm ursprünglich (vgl. H. Preuß, Gemeinde, Staat, Reich, 1889, S. 223 ff.) abgelehnten positivistischen Prämisse, dass Selbstverwaltung den Gegensatz zum Verwaltetwerden „andeute", darauf abstellt, dass ein Selbstverwaltungskörper in ein übergeordnetes politisches Gemeinwesen eingegliedert sein müsse; vgl. ders., Selbstverwaltung, in: HdKW, Bd. 3, 1924, S. 768 (773 f.).

I. 3. d) Auseinandersetzung mit dem korporativen Selbstverwaltungsbegriff bis 1918 71

neten Kategorie Selbstregierung auch deren weitere Elemente[417], die Selbstgesetzgebung und die Selbstrechtsprechung, zustehen[418].

Obwohl mit den Gesamtpersonen somit genossenschaftlich strukturierte Sozialverbände im Mittelpunkt von Preuß' Staatskonstruktion und Selbstverwaltungskonzeption stehen, spielt die Partizipation des Einzelnen für ihn nicht die Rolle, die sie noch bei Lorenz von Stein oder Rudolf von Gneist eingenommen hatte. Dies ist primär darauf zurückzuführen, dass Preuß' Staatsentwurf nicht auf die Einzelperson und deren Partizipation im übergeordneten Verband, sondern auf die Bedeutung jener genossenschaftlichen Verbände fokussiert ist. Sinn und Zweck der Selbstverwaltungsorganisation beruhen für Preuß auf dem Prinzip, dass an die Stelle der verantwortlichen Leitung von oben die Selbständigkeit des engeren Verbands trete, deren gesetzliche Grenzen durch die Staatsaufsicht zu kontrollieren seien[419]. Damit stehen für Preuß – anders als etwa für den von ihm hochgerühmten Freiherrn vom Stein – in staats- und verwaltungsorganisatorischer Perspektive nicht die Partizipation des Einzelnen an der Ausübung von Verwaltung, sondern letztlich die verbandliche Willensbildung und -ausführung im Vordergrund[420]. Das Ehrenamt müsse jedenfalls ebenso wie die Wahl der Organe als entscheidendes Kennzeichen der Selbstverwaltung versagen[421], da bspw. in den „eigentlichsten Trägern" der Selbstverwaltungsorganisation, den Gemeinden, Ehrenämter und Berufsämter, gewählte und ernannte Beamte untrennbar gemischt seien[422]. Im Hinblick auf die konkrete Ausgestaltung des Systems der Selbstverwaltung in den verschiedenen genossenschaftlich strukturierten Verbänden erkennt Preuß indes durchaus die große Bedeutung sowohl des Ehrenamts, das ein wichtiges „naturale" der Selbstregierung, aber eben kein „essentiale" des Selbstverwaltungsbegriffs sei[423], sowie des gesetzlich zu regelnden Wahlmodus für die Besetzung der Organe an[424]. Entscheidend sei die Bestellung aus dem Selbstverwaltungskörper heraus oder durch dessen Organe, möge dies nun die Gesamtheit der Verbandsgenossen oder ein Repräsentativorgan sein[425]. Gerade diese Bestellung der Selbstverwal-

---

[417] *H. Preuß*, Selbstverwaltung, in: HdKW, Bd. 3, 1924, S. 768 (774).
[418] *H. Preuß*, Gemeinde, Staat, Reich, 1889, S. 222 f.; ders., Selbstverwaltung, in: HdKW, Bd. 3, 1924, S. 768 (774).
[419] *H. Preuß*, Selbstverwaltung, in: HdKW, Bd. 3, 1924, S. 768 (774).
[420] *Ramin*, Geschichte der Selbstverwaltungsidee, 1972, S. 177.
[421] *H. Preuß*, Gemeinde, Staat, Reich, 1889, S. 230 f.; ders., Selbstverwaltung, in: HdKW, Bd. 3, 1924, S. 768 (776); im Hinblick auf den gesetzlichen Rahmen der Selbstverwaltung erkennt *ders.*, Selbstverwaltung, in: HdKW, Bd. 3, 1924, S. 768 (774) die Bedeutung der Wahlregelung für die Qualität der Selbstverwaltung aber ausdrücklich an.
[422] *H. Preuß*, Selbstverwaltung, in: HdKW, Bd. 3, 1924, S. 768 (773, 775 f.); ders., Das städtische Amtsrecht, 1902, S. 128 ff.; *Grassmann*, Hugo Preuss und die deutsche Selbstverwaltung, 1965, S. 45 ff.
[423] *H. Preuß*, Selbstverwaltung, in: HdKW, Bd. 3, 1924, S. 768 (775).
[424] *H. Preuß*, Gemeinde, Staat, Reich, 1889, S. 230 f.; ders., Selbstverwaltung, in: HdKW, Bd. 3, 1924, S. 768 (774); ders., Entwicklung der kommunalen Selbstverwaltung, in: Handbuch der Politik, 1. Bd., 3. Aufl., 1920, S. 266 (286); *Voigt*, Die Selbstverwaltung, 1938, S. 176.
[425] *H. Preuß*, Das städtische Amtsrecht, 1902, S. 127 ff.; ders., Selbstverwaltung, in: HdKW, Bd. 3, 1924, S. 768 (775 f.).

tungsorgane durch den Selbstverwaltungskörper und – wenn möglich – aus dessen Mitte sei von entscheidender Bedeutung[426].

Obwohl Preuß' genossenschaftliche Selbstverwaltungskonzeption daher in den verschiedenen sich selbst verwaltenden sozialen Verbänden die eigentlichen Bausteine des Staates sieht, führt doch gerade diese argumentative Fixierung auf den sozialen Verband prima facie zu dem Ergebnis, dass zwar der Dualismus zwischen Staatsverwaltung und Selbstverwaltung überwunden wird[427], die Partizipation des Einzelnen jedoch scheinbar in den Hintergrund tritt[428]. Tatsächlich steht aber auch für Preuß die Partizipation der Bürger im Mittelpunkt der Selbstverwaltung, aber eben die genossenschaftlich institutionalisierte Partizipation[429]. Dies scheint besonders klar in seinem Diktum auf, dass in der parlamentarischen Selbstregierung der Volksgesamtheit wie in der Selbstverwaltung ihrer engeren Verbände die gleiche politische Idee zum Ausdruck komme: „Selbstbestimmung eines mündigen Volkes im Gegensatz zur Bevormundung einer willenlosen Untertanenschaft und ihrer Teile durch eine absolute Obrigkeit". Und so wie diese politische Idee inhaltlich eine einheitliche sei, sei formell das organisatorische Rechtsprinzip ebenfalls ein einheitliches: „genossenschaftliche Organisation von unten herauf im Gegensatz zur anstaltlichen Organisation von oben herab"[430].

bb) Georg Jellinek

Georg Jellinek[431] (1851–1911) nimmt im Abschnitt über die öffentlichen Rechte der Gemeinde seines 1892 veröffentlichten, grundlegenden Beitrags zur Entwicklung des deutschen öffentlichen Rechts „System der subjektiven öffentlichen Rechte" auch zur Selbstverwaltung Stellung[432]. Eine Erweiterung dieser noch recht konzi-

---

[426] *H. Preuß*, Selbstverwaltung, in: HdKW, Bd. 3, 1924, S. 768 (776); *ders.*, Das städtische Amtsrecht, 1902, S. 128 stellt fest, dass es nicht unbedingt geboten sei, dass jene Organe aus dem betreffenden Verband stammten, da die entsprechenden Selbstverwaltungsorgane durch den Bestellungsakt in eine organische Verbindung zum Selbstverwaltungskörper träten.
[427] *H. Preuß*, Selbstverwaltung, in: HdKW, Bd. 3, 1924, S. 768 (773 f.); *Heffter*, Die deutsche Selbstverwaltung, 2. Aufl., 1969, S. 753; *Ramin*, Geschichte der Selbstverwaltungsidee, 1972, S. 179.
[428] Vgl. insbes. *Ramin*, Geschichte der Selbstverwaltungsidee, 1972, S. 177.
[429] Vgl. z. B. *H. Preuß*, Das städtische Amtsrecht, 1902, S. 121 ff., 129 ff.; in der Mikroperspektive des einzelnen Selbstverwaltungskörpers spricht sich *ders.*, Selbstverwaltung, in: HdKW, Bd. 3, 1924, S. 768 (774) dafür aus, durch die Art der gesetzlichen Organisation des Selbstverwaltungskörpers für die Qualität seiner inneren Verwaltung zu sorgen: und zwar außer durch eine reale Verantwortlichkeit seiner Organe gegenüber dem Verband insbesondere durch eine Gestaltung der Wahlrechte, die denen, die unter einer schlechten Verwaltung am unmittelbarsten zu leiden haben, die Macht gebe, die Verwaltung ihrer eigenen Angelegenheiten zu bessern.
[430] *H. Preuß*, Selbstverwaltung, in: HdKW, Bd. 3, 1924, S. 768 (773); sowie bereits *ders.*, Das städtische Amtsrecht, 1902, S. 121 ff. (122), 129 ff.
[431] Zu Jellineks Selbstverwaltungsbegriff: *Voigt*, Die Selbstverwaltung, 1938, S. 170; *Ramin*, Geschichte der Selbstverwaltungsidee, 1972, S. 151 f.; *Hendler*, Selbstverwaltung als Ordnungsprinzip, 1984, S. 128 f.
[432] *G. Jellinek*, System, 1892, S. 262 ff. (insbes. S. 277 ff.); *ders.*, System, 2. Aufl., 1905, S. 275 ff. (insbes. S. 290 ff.).

I. 3. d) Auseinandersetzung mit dem korporativen Selbstverwaltungsbegriff bis 1918

sen Ausführungen findet sich dann in seiner 1900 erschienenen „Allgemeinen Staatslehre", wobei Selbstverwaltung hier im Kapitel über die Gliederung des Staates pri-mär als ein Mittel zur Dezentralisierung unter anderen Beachtung findet[433]. Jellinek übernimmt dabei zwar positivistische Grundpositionen, was die Trennung zwischen politischem und rechtlichem Selbstverwaltungsbegriff angeht. Unübersehbar schwingt bei ihm aber auch noch der große Einfluss Gneists mit[434], dessen Arbeiten er als „epochemachend" charakterisiert[435]. So misst seine Allgemeine Staatslehre dem Ehrenamt besondere Bedeutung zu[436]. Zudem findet auch das schon von Gneist betonte Pflichtenmoment der Selbstverwaltung – eingebunden in Jellineks zwischen aktivem und passivem Status differenzierende Statuslehre – starke Beachtung[437].

Historisch-genetisch sieht Jellinek die Selbstverwaltung primär als politisches Mittel zur Dezentralisierung in Abkehr vom Absolutismus[438]. Der politische Begriff der Selbstverwaltung lege das Schwergericht auf die Natur der verwalteten Personen und bestehe in der Verwaltung eines öffentlichen Interessenkreises durch die Interessenten selbst[439]. In der Allgemeinen Staatslehre definiert Jellinek den politischen Selbstverwaltungsbegriff in noch deutlicherer Anlehnung an Gneist als „alle öffentliche Verwaltung, die entweder ausschließlich von nicht im öffentlichen Dienst angestellten Personen oder doch unter deren Mitwirkung vorgenommen wird, oder, noch kürzer und prägnanter ausgedrückt, alle öffentliche Verwaltung, die nicht oder nicht ausschließlich von öffentlichen Berufsbeamten geübt wird"[440]. Dieser politische Begriff diene als Wegweiser für die Erfassung des Rechtsbegriffs, der nötig sei, wenn sich die Selbstverwaltung von einem bloßen Prinzip im politischen Parteikampf oder einem Gesichtspunkt, unter dem zu bestimmten praktischen Zwecken gewisse Erscheinungen des Staatslebens geordnet würden, zu einer bleibenden Institution verdichtet habe[441]. In Folge vertiefter Untersuchung habe sich daher eine „Sonderung des staatsrechtlichen von dem politischen Momente in der Selbstverwaltung ergeben"[442].

---

[433] G. Jellinek, Allgemeine Staatslehre, 1900, S. 576 ff., 585 ff.; ders., Allgemeine Staatslehre, 3. Aufl., 1914, S. 628 ff., 637 ff.
[434] Vgl. auch Ramin, Geschichte der Selbstverwaltungsidee, 1972, S. 151.
[435] G. Jellinek, Allgemeine Staatslehre, 1900, S. 577.
[436] G. Jellinek, Allgemeine Staatslehre, 1900, S. 577 ff., 585 ff.; ders., Allgemeine Staatslehre, 3. Aufl., 1914, S. 628 ff., 638 ff.
[437] G. Jellinek, System, 1892, S. 278 ff.
[438] G. Jellinek, Allgemeine Staatslehre, 1900, S. 576 ff.; ders., Allgemeine Staatslehre, 3. Aufl., 1914, S. 628 ff.; Voigt, Die Selbstverwaltung, 1938, S. 170.
[439] G. Jellinek, System, 1892, S. 277.
[440] G. Jellinek, Allgemeine Staatslehre, 1900, S. 579 f.; ders., Allgemeine Staatslehre, 3. Aufl., 1914, S. 631 f.
[441] G. Jellinek, Allgemeine Staatslehre, 1900, S. 580; ders., Allgemeine Staatslehre, 3. Aufl., 1914, S. 632.
[442] G. Jellinek, System, 1892, S. 277.

Das juristische Wesen könne dabei nur in der Beziehung der Kompetenzen eines subjizierten Verbands zur staatlichen Kompetenz liegen[443]. Als Selbstverwaltung stelle sich danach jene Verwaltung der Verbände – vornehmlich der Gemeinden – dar, welche staatliches Imperium als ein dem Verband zustehendes Recht zur Erfüllung der Verbandszwecke in Übereinstimmung mit den Gesetzen und unter der Kontrolle des Staates ausübe[444]. Neben den Kommunalverbänden, insbesondere den Gemeinden, übe eine Fülle weiterer Verbände Selbstverwaltung aus, beispielsweise die Kirchen, wo sie den Charakter öffentlicher Körperschaften besäßen, sowie Handels- und Gewerbekammern, Innungsverbände, Krankenkassen, Berufsgenossenschaften, Innungen und Handwerkskammern[445].

Jellineks juristischer Selbstverwaltungsbegriff fußt damit auf Labands Konzeption, nach der Selbstverwaltung diejenige obrigkeitliche Verwaltung ist, die nicht durch den Staat selbst, sondern durch ihm zwar untergeordnete, aber innerhalb ihres Wirkungskreises selbständige Korporationen oder Einzelpersonen versehen werde[446]. Jellinek erweitert diesen Begriff allerdings signifikant, indem er entscheidend darauf abstellt, dass der Verband vom Staat abgeleitetes Imperium ausübe[447]. Zudem betont er die Pflichtenstellung des Verbands, das vom Staat überlassene Imperium auch tatsächlich auszuüben[448].

Das partizipative Element ist für Jellineks juristischen Selbstverwaltungsbegriff, wie er ihn im „System der subjektiven öffentlichen Rechte" formuliert, aufgrund der Anknüpfung an den positivistischen korporativen Selbstverwaltungsbegriff nicht von unmittelbarer Bedeutung. Vor allem in seiner Allgemeinen Staatslehre, welche die Selbstverwaltung primär aus dem Blickwinkel der Dezentralisierung beleuchtet, wird aber deutlich, dass Jellinek – insoweit durchaus ähnlich wie Hugo Preuß – die auf Partizipation angelegte politische Selbstverwaltung letztlich als das grundlegende, allgemeine Prinzip versteht, das juristisch in verschiedenen Formen umgesetzt werden könne[449]. Als eine Form der konkreten juristischen Umsetzung dieses Prinzips erscheint nun aber die Verpflichtung von Ehrenbeamten im Gneistschen Sinn[450], die alleine oder aber neben Berufsbeamten in „gemischten Staatsbehörden" Selbstverwaltungsaufgaben wahrnehmen könnten[451]. Das System der gemischten Staatsbehörden schließe dabei nicht nur eine „Dezentralisation der Ver-

---

[443] G. Jellinek, System, 1892, S. 277.
[444] G. Jellinek, System, 1892, S. 278.
[445] G. Jellinek, System, 1892, S. 278, Fn. 1; ders., Allgemeine Staatslehre, 1900, S. 589 f.; ders., Allgemeine Staatslehre, 3. Aufl., 1914, S. 643.
[446] Laband, Staatsrecht I, 1876, S. 104; ders., Deutsches Reichsstaatsrecht, 1907, S. 27, Fn. 1.
[447] G. Jellinek, System, 1892, S. 278 ff.
[448] G. Jellinek, System, 1892, S. 278 ff.
[449] G. Jellinek, Allgemeine Staatslehre, 1900, S. 576 ff., 585 ff.; ders., Allgemeine Staatslehre, 3. Aufl., 1914, S. 628 ff., 638 ff.
[450] Hendler, Selbstverwaltung als Ordnungsprinzip, 1984, S. 129.
[451] G. Jellinek, Allgemeine Staatslehre, 1900, S. 585 ff.; ders., Allgemeine Staatslehre, 3. Aufl., 1914, S. 638 ff.

waltung durch Teilnahme der Interessenten", sondern auch eine Kontrolle der bürokratischen Verwaltung durch die Selbstverwaltung ein[452].

cc) Julius Hatschek

Julius Hatschek[453] verfolgte mit seiner 1898 erschienenen Monographie „Die Selbstverwaltung in politischer und juristischer Bedeutung" wie viele Autoren seiner Epoche das Ziel, den zuvor von *Otto Mayer* konstatierten „durch Juristen und Politiker geschaffenen Schwebezustande" im Hinblick auf den Begriff der Selbstverwaltung zu beenden[454]. Hatschek will dazu „die Idee der Selbstverwaltung" historisch erfassen, um so „die politische Bedeutung jeder Selbstverwaltung von ihren juristischen Bestandteilen zu sondern, kurz ein judicium finium regundorum zwischen der politischen und juristischen Bedeutung des Selbstverwaltungsbegriffs vorzunehmen"[455]. Vor dem Hintergrund der historischen Entwicklung des Selbstverwaltungskonzepts insbesondere in England, Frankreich, Belgien und Deutschland gelangt Hatschek im ersten Teil seiner Monographie zu dem Ergebnis[456], das Wesen der Selbstverwaltung auf dem Stand der neuesten preußischen Gesetzgebung in der planmäßigen und bewussten Heranziehung örtlich geschlossener Kollektivverbände für Staatsaufgaben zu sehen[457].

Dem Titel des zweiten Teils „Die politische Selbstverwaltung und ihre juristischen Elemente" entsprechend arbeitet Hatschek sodann heraus, dass Selbstverwaltung ein politisches Institut sei[458], welches aber juristische Elemente aufweise[459]. Als Rechtsinstitut könne die Selbstverwaltung nicht gefasst werden, da sich die Interessenverknüpfung, welche als „politische Selbstverwaltung"[460] den eigentlichen Kern des Selbstverwaltungsbegriffs ausmache, einer juristischen Erfassung entziehe[461]. Selbstverwaltung als Staatsverwaltung liege nämlich nur da vor[462], wo

---

[452] *G. Jellinek*, Allgemeine Staatslehre, 1900, S. 586 f.; ders., Allgemeine Staatslehre, 3. Aufl., 1914, S. 640.
[453] Zu Hatscheks Selbstverwaltungsbegriff: *R. Brauweiler*, Art. 127, in: Nipperdey, Grundrechte und Grundpflichten, Bd. 2, 1930, S. 193 (201); *Voigt*, Die Selbstverwaltung, 1938, S. 172 ff.; *Ramin*, Geschichte der Selbstverwaltungsidee, 1972, S. 152 f.; *Bieback*, Die öffentliche Körperschaft, 1976, S. 418 ff.; *Hendler*, Selbstverwaltung als Ordnungsprinzip, 1984, S. 121 ff.
[454] *Hatschek*, Selbstverwaltung, 1898, Vorwort (S. V).
[455] *Hatschek*, Selbstverwaltung, 1898, Vorwort (S. V).
[456] *Hatschek*, Selbstverwaltung, 1898, S. 3 ff., vgl. auch den Anhang, S. 173 ff.; kritisch zu Hatscheks historischen Deduktionen: *Voigt*, Die Selbstverwaltung, 1938, S. 172 f.
[457] *Hatschek*, Selbstverwaltung, 1898, S. 80, 84, 87 sowie passim; ders., Institutionen, 1919, S. 79.
[458] *Hatschek*, Selbstverwaltung, 1898, S. 85 ff., insbes. S. 141 ff., 151.; ders., Das Wesen der Selbstverwaltung, in: Wörterbuch des Deutschen Staats- und Verwaltungsrechts, 2. Aufl., Bd. 3, 1914, S. 419 (423); ders., Lehrbuch, 2. Aufl., 1922, S. 64.
[459] *Hatschek*, Selbstverwaltung, 1898, S. 85 ff.
[460] *Hatschek*, Das Wesen der Selbstverwaltung, in: Wörterbuch des Deutschen Staats- und Verwaltungsrechts, 2. Aufl., Bd. 3, 1914, S. 419 (423).
[461] *Hatschek*, Selbstverwaltung, 1898, S. 167; ders., Das Wesen der Selbstverwaltung, in: Wörterbuch des Deutschen Staats- und Verwaltungsrechts, 2. Aufl., Bd. 3, 1914, S. 419 (420) spricht – am Rande – vom juristischen Institut der Selbstverwaltung, womit er allerdings die konkrete

eine Interessenkongruenz zwischen Staatsinteressen und Interessen des Selbstverwaltungsträgers eine Verknüpfung jener Interessen ermögliche[463]. Die erforderliche Homogenität der Interessenquellen sei indes nur bei örtlich geschlossenen Kollektivverbänden („Kommunalverbänden als Gebietskörperschaften"), namentlich Gemeinden, gegeben[464]. Jeder Gemeindebürger sei Staatsbürger, jedes Gemeindeterritorium Staatsterritorium, so dass die immer neu aufstrebenden örtlichen Kollektivinteressen vom Staat als von ihm zu lösende Aufgaben aufgefasst würden[465]. Kollektivverbände wie bspw. Innungen und Handelskammern, die Partikularinteressen bestimmter Berufsgruppen verträten, kämen hingegen mangels vergleichbarer, kontinuierlicher Interessenkongruenz nicht für die Selbstverwaltung in Betracht[466].

Die angesprochenen juristischen Elemente des politischen Instituts Selbstverwaltung werden für Hatschek von der konkreten Rechte- und Pflichtenverteilung gebildet, welche die Rechtsordnung der Interessenverknüpfung entsprechend (als ihr „objektives Bild"[467]) vornehme[468]. Hatschek versteht die konkrete Ausgestaltung dieser Rechte- und Pflichtenverteilung – wahrscheinlich beeinflusst durch Jellinek – indes letztlich als „Rechtstechnik"[469], die für den konkreten Selbstverwaltungsträger bedeutsam, für das überzeitliche Institut Selbstverwaltung indes nicht prägend sei[470]. In diesem Zusammenhang verwirft er dann auch konsequenterweise die Ansicht, wonach sich das Wesen der Selbstverwaltung im Ehrenamt oder aber im Wahlrecht und seiner Verwendung bei der Besetzung von Kommunalämtern erschöpfe[471]. Beide seien vielmehr lediglich mögliche rechtstechnische Mit-

---

Ausgestaltung meint, in der das übergeordnete Institut der politischen Selbstverwaltung im aktiven und passiven Verband zu Tage tritt; vgl. auch *ders.*, Institutionen, 1919, S. 81.

[462] Vgl. *Hatschek*, Selbstverwaltung, 1898, S. 138; *ders.*, Institutionen, 1919, S. 81.

[463] *Hatschek*, Selbstverwaltung, 1898, insbes. S. 106 ff., 156 ff.; vgl. dazu auch *Voigt*, Die Selbstverwaltung, 1938, S. 173 f.

[464] *Hatschek*, Selbstverwaltung, 1898, S. 158 f.; *ders.*, Das Wesen der Selbstverwaltung, in: Wörterbuch des Deutschen Staats- und Verwaltungsrechts, 2. Aufl., Bd. 3, 1914, S. 419 (423 f.); *ders.*, Institutionen, 1919, S. 79; ablehnend zu dieser These: *Glum*, Selbstverwaltung der Wirtschaft, 1925, S. 37, Fn. 52; *Heilberg*, Aufbau der Gemeinwirtschaft, 1929, S. 32 f.

[465] *Hatschek*, Selbstverwaltung, 1898, S. 158 f.

[466] *Hatschek*, Selbstverwaltung, 1898, S. 159 (auch Fn. 2); *Bieback*, Die öffentliche Körperschaft, 1976, S. 418 f.

[467] *Hatschek*, Selbstverwaltung, 1898, S. 166.

[468] *Hatschek*, Selbstverwaltung, 1898, S. 166.

[469] *Hatschek*, Selbstverwaltung, 1898, S. 97 ff., 112 ff., 130 ff. übernimmt von Georg Jellinek (vgl. grundlegend: *G. Jellinek*, System, 1892, S. 255 ff.) die Trennung zwischen passiv(en) und aktiv(en) öffentlich-rechtliche(n) Verbänden und stellt fest, dass juristisch-technisch prinzipiell beide für die Selbstverwaltung geeignet seien; siehe auch: *Hatschek*, Das Wesen der Selbstverwaltung, in: Wörterbuch des Deutschen Staats- und Verwaltungsrechts, 2. Aufl., Bd. 3, 1914, S. 419 (423); *ders.*, Lehrbuch, 2. Aufl., 1922, S. 64 f.; kritisch zum Wert der Unterscheidung für den Selbstverwaltungsbegriff: *G. Meyer/Anschütz*, Lehrbuch des Deutschen Staatsrechts, 2. Teil, 7. Aufl., 1917, S. 387 (Fn. 13); *H. Peters*, Grenzen der kommunalen Selbstverwaltung, 1926, S. 21; *Forsthoff*, Die öffentliche Körperschaft, 1931, S. 4 f. (Fn. 6); *Hendler*, Selbstverwaltung als Ordnungsprinzip, 1984, S. 123 f.

[470] *Hatschek*, Selbstverwaltung, 1898, S. 138 ff., 152 f.

[471] *Hatschek*, Selbstverwaltung, 1898, S. 139.

I. 3. d) Auseinandersetzung mit dem korporativen Selbstverwaltungsbegriff bis 1918 77

tel zur Erzielung von Selbstverwaltung unter anderen[472]. In der Selbstverwaltung habe so auch das Staatsamt seinen berechtigten Platz.

Indem Hatschek Selbstverwaltung als Heranziehung örtlich geschlossener Kollektivverbände für Staatszwecke definiert und das eigentliche Wesen der Selbstverwaltung in der Interessenverknüpfung zwischen Staatsinteresse und lokalem Kollektivinteresse erblickt, deren konkrete rechtstechnische Ausgestaltung als juristische Elemente der Selbstverwaltung aber dem eigentlichen Selbstverwaltungsbegriff entzieht, schließt er notwendigerweise auch die konkrete Ausgestaltung eines partizipativen Elements – bspw. in Form der Wahl oder des Ehrenamts – vom (politischen) Begriff der Selbstverwaltung aus. Damit dreht er im Hinblick auf das partizipative Element aber interessanterweise gerade das Ergebnis vieler Positivisten um, welche die konkrete Ausgestaltung des partizipativen Moments dem juristischen Selbstverwaltungsbegriff entzogen und dem politischen Selbstverwaltungsbegriff zugeordnet hatten. Wenn Hatschek somit die konkrete Form des partizipativen Elements dem für ihn sekundären Bereich der Rechtstechnik zuordnet, darf andererseits aber auch nicht übersehen werden, dass er die für seinen Selbstverwaltungsbegriff zentralen Elemente des Staatsinteresses und des lokalen Kollektivinteresses zwecks „psychologischer Fundierung des Selbstverwaltungsbegriffs"[473] auf die Interessen der den Staat bzw. den lokalen Verband bildenden Individuen zurückführt[474]. Dabei findet dann mittelbar doch auch das partizipative Element Berücksichtigung, indem Hatschek davon spricht, dass im Hinblick auf die Aufgabe, „den Verbandswillen mit physischen Willensträgern zu versehen", eine andere Interessenverknüpfung, nämlich diejenige zwischen örtlichem Kollektivinteresse des Kommunalverbands und den Individualinteressen der Verbandsangehörigen, genutzt werde[475]. Zwar ist das partizipative Element für ihn nur am Rande von Bedeutung. Dennoch hat er durch die Rückführung der Selbstverwaltung auf jene Interessenverknüpfung den Selbstverwaltungsbegriff – zumindest auf dieser letztlich allerdings sehr abstrakten Ebene – wieder stärker in den gesellschaftlichen Rahmen eingebettet[476].

dd) Gerhard Anschütz und Georg Meyer

Gerhard Anschütz beklagt in seiner 1917 erschienenen Bearbeitung des zweiten Teils der siebten Auflage[477] von Georg Meyers Lehrbuch des Deutschen Staats-

---

[472] *Hatschek*, Selbstverwaltung, 1898, S. 111 f.
[473] *Hatschek*, Selbstverwaltung, 1898, S. 161.
[474] *Hatschek*, Selbstverwaltung, 1898, insbes. S. 161 ff.
[475] *Hatschek*, Das Wesen der Selbstverwaltung, in: Wörterbuch des Deutschen Staats- und Verwaltungsrechts, 2. Aufl., Bd. 3, 1914, S. 419 (423).
[476] Vgl. auch *Ramin*, Geschichte der Selbstverwaltungsidee, 1972, S. 153.
[477] Der erste Teil (Band) der 7. Auflage des Lehrbuchs des Deutschen Staatsrechts von Meyer und Anschütz erschien kurz nach Beginn des ersten Weltkriegs, im Jahr 1914, der zweite Teil 1917 und der dritte Teil 1919. Die siebte Auflage bezieht sich damit auf das deutsche Staatsrecht des Kaiserreichs (vgl. *G. Meyer/Anschütz*, Lehrbuch des Deutschen Staatsrechts, 3. Teil, 7. Aufl., 1919, S. V). Lediglich in einem Nachtrag geht Anschütz auf Ursachen und Inhalte des neuen Staats-

rechts[478] – wie viele Autoren vor und nach ihm – die durch den doppelten Selbstverwaltungsbegriff entstandene „Verwirrung der Terminologie", meint aber, dass der juristische Begriff der Selbstverwaltung so verbreitet sei, dass er sich nicht mehr beseitigen lasse[479]. Selbstverwaltung sei ursprünglich ein politischer Begriff[480], der sich auf die Ausübung von Verwaltungsbefugnissen durch Personen beziehe, die aus dem Staatsdienst nicht ihren Lebensberuf machten[481]. Den von ihm notgedrungen akzeptierten Begriff der Selbstverwaltung im Rechtssinne definiert Anschütz in Anlehnung an Rosin als „Verwaltung, ausgeübt durch juristische Personen, welche, obwohl dem Staate untergeordnet und eingegliedert, doch ihm gegenüber selbständig sind, insbesondere durch kommunale und andere korporative oder anstaltliche Verbände des öffentlichen Rechts"[482].

Bemerkenswert ist, dass Anschütz ganz im Sinne bspw. des Freiherrn vom Stein und Rudolf von Gneists die Bedeutung des partizipativen Elements der Selbstverwaltung (im politischen Sinne) für die Entwicklung des konstitutionellen Staatslebens hervorhebt[483]. So hört man quasi den Freiherrn vom Stein sprechen, wenn Anschütz ausführt, Selbstverwaltung erzeuge, indem sie die Staatsangehörigen zu regelmäßiger Beteiligung an den Staatsgeschäften zwinge, den Staatssinn und die politische Bildung, welche die notwendigen Grundlagen des konstitutionellen Staatslebens seien[484]. Gneist hingegen scheint durch, wenn Anschütz hinzufügt, Selbstverwaltung mache eine schrankenlose Herrschaft der Zentralregierung unmöglich und verhindere die Handhabung der Staatsgewalt im Sinne der regierenden Partei, indem sie die Erledigung vielfacher Verwaltungsangelegenheiten in die Hände von Personen lege, die von der Zentralregierung unabhängig seien[485]. Natürlich unterfallen diese partizipativen Aspekte aber dem für Anschütz im Vordergrund stehenden politischen Selbstverwaltungsbegriff, während sie dem – wie ausgeführt nur widerwillig akzeptierten – formalen juristischen Selbstverwaltungsbegriff nicht subsumiert werden können.

ee) Fazit: Die Perpetuierung des Meinungsstreits bis zum Ende des Kaiserreichs

Obwohl der weit verbreiteten Meinung zuzustimmen ist, dass sich die von Laband und Rosin begründete positivistische, korporative Selbstverwaltungslehre mit ihrer Trennung zwischen einem politischen Selbstverwaltungsbegriff einerseits und einem juristischen Selbstverwaltungsbegriff andererseits bereits Ende des 19. Jh. als

---

rechts ein (vgl. a.a.O., S. 1023 ff.). Dennoch übte das bewährte Lehrbuch vor allem mit seinen theoretischeren Teilen großen Einfluss auf die Staatsrechtslehre der Weimarer Republik aus.
[478] G. Meyer/Anschütz, Lehrbuch des Deutschen Staatsrechts, 2. Teil, 7. Aufl., 1917, S. 384 ff.
[479] G. Meyer/Anschütz, Lehrbuch des Deutschen Staatsrechts, 2. Teil, 7. Aufl., 1917, S. 386.
[480] G. Meyer/Anschütz, Lehrbuch des Deutschen Staatsrechts, 2. Teil, 7. Aufl., 1917, S. 385, Fn. 9.
[481] G. Meyer/Anschütz, Lehrbuch des Deutschen Staatsrechts, 2. Teil, 7. Aufl., 1917, S. 385.
[482] G. Meyer/Anschütz, Lehrbuch des Deutschen Staatsrechts, 2. Teil, 7. Aufl., 1917, S. 386.
[483] G. Meyer/Anschütz, Lehrbuch des Deutschen Staatsrechts, 2. Teil, 7. Aufl., 1917, S. 388.
[484] G. Meyer/Anschütz, Lehrbuch des Deutschen Staatsrechts, 2. Teil, 7. Aufl., 1917, S. 388.
[485] G. Meyer/Anschütz, Lehrbuch des Deutschen Staatsrechts, 2. Teil, 7. Aufl., 1917, S. 388.

herrschende Ansicht etablierte, zeigen nicht zuletzt die exemplarisch angeführten Autoren, dass hier keinesfalls von einer einhelligen Ansicht gesprochen werden kann. Der Meinungsstreit um den Selbstverwaltungsbegriff wurde vielmehr bis zum Ende des Kaiserreichs intensiv fortgesetzt. So belegen vor allem *Hugo Preuß'* Ausführungen, dass namhafte Gelehrte die positivistische Begriffsbildung mit guten Gründen nach wie vor grundsätzlich in Frage stellten. Aber auch bei denjenigen Autoren, welche die positivistische Selbstverwaltungskonzeption grundsätzlich übernahmen, finden sich – wie etwa bei *Georg Jellinek* – doch so viele Abweichungen im Detail, dass letztlich viele Spielarten des positivistischen Selbstverwaltungsbegriffs erkennbar sind.

Dieser grundlegende Befund zum wissenschaftlichen Diskurs über die Selbstverwaltung wird gerade auch in der zentralen Frage der Bedeutung des partizipativen Elements widergespiegelt. So stellt für den Nicht-Positivisten Preuß letztlich die Partizipation – hier des Volkes vermittelt durch die genossenschaftlich strukturierten Gesamtpersonen – den eigentlichen Kern der Selbstverwaltung dar[486]. Aber auch zahlreiche Autoren, welche die positivistischen Grundpositionen prinzipiell übernehmen, betonen die zentrale Bedeutung der Partizipation, wenn sie diese dann auch regelmäßig dem politischen Selbstverwaltungsbegriff zuordnen. So scheinen denn auch deutlich die Gedanken des Freiherrn vom Stein durch, wenn etwa *Georg Meyer* die Selbstverwaltung als Quelle von Staatssinn und politischer Bildung behandelt[487], *Julius Hatschek* ausführt, sie werde mit Recht als die beste Schule des Bürgers für das öffentliche Leben angesehen[488], und *Otto von Sarwey* letztlich die Steigerung von Legitimität und Effizienz durch Selbstverwaltung thematisiert, indem er ausführt, dass die örtlichen Bedürfnisse richtiger von den Organen der Selbstverwaltung erkannt und gewürdigt würden und Verfügungen, die von aus dem Kreis der unmittelbar Beteiligten hervorgegangenen Organen getroffen würden, von den Beteiligten williger befolgt würden[489].

e) *Die Diskussion um den Selbstverwaltungsbegriff in der Weimarer Republik: Partizipation und Demokratisierung*

aa) *Selbstverwaltung in der Weimarer Republik: vom Kampfbegriff zur Desillusionierung*

Nach Novemberrevolution, Abdankung des Kaisers und Ende des Ersten Weltkriegs stritten verschiedenartigste politische Gruppierungen um die konkrete Aus-

---

[486] Auch für *Fritz Fleiner*, dessen Selbstverwaltungskonzeption im folgenden Abschnitt über die Weimarer Republik behandelt wird (S. 89 ff.), war Partizipation das zentrale Element der Selbstverwaltung; vgl. *Fleiner*, Institutionen, 3. Aufl., 1913, S. 97 f.
[487] *G. Meyer*, Lehrbuch des Deutschen Staatsrechts, 2. Aufl., 1885, S. 281.
[488] *Hatschek*, Selbstverwaltung, 1898, S. 158.
[489] *von Sarwey*, Allgemeines Verwaltungsrecht, 1884, S. 105.

gestaltung des politischen Systems in Deutschland[490]. Neben dem Konzept der Rätedemokratie, das in verschiedenen Ausprägungen, so primär mit revolutionär-marxistischer Tendenz, teilweise aber auch mit konservativer berufsständisch-korporativistischer Tendenz vertreten wurde[491], und das nach den für viele enttäuschenden Erfahrungen mit dem repräsentativen, parteiengetragenen Parlamentarismus wilhelminischer Prägung endlich eine unmittelbarere Teilhabe des Volkes an politischen Entscheidungen zu versprechen schien, wurde auch die Selbstverwaltung als eine Möglichkeit zur Demokratisierung des Staats, speziell der Verwaltung, propagiert[492]. In Fortführung der Ideen mancher Selbstverwaltungstheoretiker des 19. Jh. schwebte den extremen Befürwortern des Selbstverwaltungsgedankens dabei vor, die Aufgaben der öffentlichen Verwaltung möglichst weitgehend auf autonome Selbstverwaltungskörperschaften zu übertragen[493].

Die Schöpfer der Weimarer Reichsverfassung entschieden sich indes gegen einen Selbstverwaltungsstaat oder eine Rätedemokratie und für ein repräsentatives parlamentarisches System westlicher Prägung mit integriertem staatlichem Verwaltungssystem[494]. Selbstverwaltungs- und Rätegedanke wurden nicht zu tragenden Pfeilern der Staatsorganisation, sondern ergänzten vielmehr das parlamentarisch-repräsentative System. In dieser subsidiären, unterstützenden Funktion fanden beide dann auch Eingang in die Weimarer Reichsverfassung. So lautete der in der Staatsrechtslehre der Weimarer Republik umstrittene Art. 127 WRV[495]: „Gemein-

---

[490] Vgl. dazu statt Aller: *Winkler*, Weimar 1918–1933, 1993, S. 9 ff.; *Kolb*, Die Weimarer Republik, 6. Aufl., 2002, S. 1 ff.

[491] Vgl. etwa *Friters*, Räte, Selbstorganisation und Reichsverfassung, 1919, insbes. S. 54 ff.; *Herrfahrdt*, Das Problem der berufsständischen Vertretung, 1921, S. 111 ff., 129 ff. sowie *H. Brauweiler*, Berufsstand und Staat, 1925, insbes. S. 153 ff.; nach *Tatarin-Tarnheyden*, Die Berufsstände, 1922, S. 122 ist „die Räteidee selber in ihrer Ausbildung nichts anderes, als eine Verkörperung des berufsständischen Gedankens". Im Gegensatz zur russischen Räteidee, die nichts anderes sei als die zellenartige Organisation einer privilegierten Klasse, stelle sich der deutsche Rätegedanke als eine Organisationsform sämtlicher Arbeit im Staate zwecks praktischer Mitarbeit an diesem dar (a.a.O., S. 123 f.); kritisch zur Forderung nach der Ersetzung des demokratischen Parlamentarismus durch eine berufsständische Organisation: *Kelsen*, Vom Wesen und Wert der Demokratie, 2. Aufl., 1929, S. 47 ff.

[492] *Drews*, Verwaltungsreform, in: DJZ 24 (1919), Sp. 361 (366); vgl. zum Ganzen auch *Hendler*, Selbstverwaltung als Ordnungsprinzip, 1984, insbes. S. 135, 169 f.

[493] Vgl. insbes. *Drews*, Verwaltungsreform, in: DJZ 24 (1919), Sp. 361–366; vgl. auch das von *Stier-Somlo*, Universitätsrecht, in: AöR 54 (1928), 360 (361 f.) wiedergegebene Plädoyer des Oberbürgermeisters der Stadt Berlin, *Gustav Böss*, für einen Selbstverwaltungsstaat in dessen Vortrag über „Die Selbstverwaltung und die Republik" im Rahmen der Berliner Verwaltungsakademie; *R. Brauweiler*, Art. 127, in: Nipperdey, Grundrechte und Grundpflichten, Bd. 2, 1930, S. 193 (207): „Wenn man auch anerkennt, dass eine starke Staatsgewalt gerade im deutschen Volke mit seinen divergierenden und zentrifugalen Strömungen notwendig ist, so wird man doch in Erkenntnis der Vorzüge der Selbstverwaltung unter Betonung ihres Einklangs zu der Staatsverwaltung dem Selbstverwaltungsprinzip die möglichste Ausdehnung überall da wünschen müssen, wo es sich um Aufgaben handelt, die sich nach ihrer Natur zur Erledigung im Wege der Selbstverwaltung eignen."; vgl. auch *Forsthoff*, Lehrbuch des Verwaltungsrechts, 10. Aufl., 1973, S. 476.

[494] *Gusy*, Weimarer Reichsverfassung, 1997, S. 52 ff., 62 ff., 90 ff., 163 ff., 231 ff.

[495] Vgl. zu dem eng mit dem Streit über die Rechtsqualität der Grundrechte der Weimarer Reichsverfassung verbundenen Kontroverse über den materialen und formalen Rechtsgehalt von

I. 3. e) Diskussion um den Selbstverwaltungsbegriff in der Weimarer Republik

den und Gemeindeverbände haben das Recht der Selbstverwaltung innerhalb der Schranken der Gesetze". Zugleich dehnte Art. 17 WRV den demokratischen Grundsatz allgemeiner und gleicher Wahlen auf Gemeindewahlen aus[496], womit das System des parlamentarisch verfassten Parteienstaats auf die Gemeinden erstreckt und zuvor bestehenden konservativen Sonderformen kommunalen Wahlrechts wie den Klassenwahlsystemen Preußens, der Hansestädte oder der sächsischen Großstädte der Boden entzogen war[497].

Aber auch an anderer Stelle fand die Selbstverwaltung Eingang in den Verfassungstext: Gem. Art. 156 Abs. 2 WRV konnten wirtschaftliche Unternehmungen und Verbände auf der Grundlage der Selbstverwaltung durch Reichsgesetz zusammengeschlossen werden. Art. 165 Abs. 6 WRV führte gar den Rätegedanken und den Selbstverwaltungsgedanken zusammen, indem er Arbeiter- und Wirtschaftsräte als soziale Selbstverwaltungskörper bezeichnete. In verschiedenen weiteren Verfassungsnormen schien zumindest der Gedanke der Selbstverwaltung deutlich auf. So fand das Gneistsche Konzept der politischen Selbstverwaltung in Art. 132 WRV seinen Ausdruck, nach dem für jeden Deutschen die Pflicht zur Übernahme ehrenamtlicher Tätigkeiten nach Maßgabe der Gesetze bestand[498]. Nach Art. 161 WRV hatte das Reich zur Erhaltung der Gesundheit und Arbeitsfähigkeit, zum Schutz der Mutterschaft und zur Vorsorge gegen die wirtschaftlichen Folgen von Alter, Schwäche und Wechselfällen des Lebens ein umfassendes Versicherungswesen „unter maßgebender Mitwirkung der Versicherten" zu schaffen[499].

In der Verfassungswirklichkeit der Weimarer Republik konnten sich neben der verfassungsrechtlich hervorgehobenen, nach wie vor dominierenden kommunalen

---

Art. 127 WRV insbes.: *Schmitt*, Verfassungslehre, 1928, S. 170 ff.; *ders.*, Inhalt und Bedeutung, S. 595 (Art. 127 WRV als institutionelle Garantie der kommunalen Selbstverwaltung); *Giese*, Verfassung des Deutschen Reiches, 8. Aufl., 1931, Art. 127 (S. 271 f.); *Anschütz*, Verfassung des Deutschen Reichs, 11. Aufl., 1929, Art. 127 (S. 510 f.); *Glum*, Recht der Selbstverwaltung, in: AöR 56 (1929), 379 (381 ff.); *Tatarin-Tarnheyden*, Grundlegende Betrachtungen, in: AöR 52 (1927), 313 (329 ff.); *ders.*, Das rechtliche Wesen, 1926, S. 8 ff.; *Poetzsch-Heffter*, Handkommentar, 3. Aufl., 1928, Art. 127 (S. 431); *Thoma*, Die juristische Bedeutung, in: Nipperdey, Grundrechte und Grundpflichten, Bd. 1, 1929, S. 1 (38); *E. R. Huber*, Bedeutungswandel der Grundrechte, in: AöR 62 (1933), 1 (66 ff.); *Forsthoff*, Die öffentliche Körperschaft, 1931, S. 102 ff.; *ders.*, Krise der Gemeindeverwaltung, 1932, S. 22 ff.; *R. Brauweiler*, Art. 127, in: Nipperdey, Grundrechte und Grundpflichten, Bd. 2, 1930, S. 193 (202 ff.); *Stier-Somlo*, Das Grundrecht, in: AöR 56 (1929), 1 ff.; *Ramin*, Geschichte der Selbstverwaltungsidee, 1972, S. 179 ff.; *Hendler*, Selbstverwaltung als Ordnungsprinzip, 1984, S. 136 ff.

[496] Art. 17 WRV: „Jedes Land muss eine freistaatliche Verfassung haben. Die Volksvertretung muss in allgemeiner, gleicher, unmittelbarer und geheimer Wahl von allen reichsdeutschen Männern und Frauen nach den Grundsätzen der Verhältniswahl gewählt werden. Die Landesregierung bedarf des Vertrauens der Volksvertretung. Die Grundsätze für die Wahlen zur Volksvertretung gelten auch für die Gemeindewahlen. [...]"; vgl. dazu auch BVerfGE 11, 266 (275).

[497] *Heffter*, Die deutsche Selbstverwaltung, 2. Aufl., 1969, S. 776; *Rebentisch*, Die Selbstverwaltung in der Weimarer Zeit, in: HkWP 1, 2. Aufl. 1981, S. 86 (88).

[498] *H. Peters*, Art. 132 und 133 Absatz 1, in: Nipperdey, Grundrechte und Grundpflichten, Bd. 2, 1930, S. 290 (299) stellt fest, dass „das gesamte Gebiet der sog. politischen und wirtschaftlichen Selbstverwaltung" in Art. 132 WRV eine wichtige verfassungsrechtliche Stütze finde.

[499] Hervorhebung durch Verf.

Selbstverwaltung⁵⁰⁰ zahlreiche weitere, bereits im Kaiserreich begründete Selbstverwaltungsfelder konsolidieren⁵⁰¹. Zu nennen sind hier insbesondere die wirtschaftliche⁵⁰², die freiberufliche und die akademische Selbstverwaltung⁵⁰³ sowie die Selbstverwaltung in der Sozialversicherung⁵⁰⁴, die an Art. 161 WRV anknüpfen konnte⁵⁰⁵. Nachdem Selbstverwaltung in der Frühphase der Weimarer Republik Schlüssel-, wenn nicht sogar Kampfbegriff für die demokratische Umgestaltung der Verwaltung gewesen war, nahm allerdings im Laufe der Jahre in der juristischen wie politischen Debatte die Kritik am Selbstverwaltungskonzept trotz prominenter Fürsprecher zu⁵⁰⁶. Hatte partizipative Selbstverwaltung in der Monarchie per se ein Mehr an Demokratie bedeutet, ließ sich ihr prodemokratischer Effekt und damit eine zentrale Legitimation selbstverwalteter Hoheitsausübung im seinerseits demokratisierten Gesamtstaat nicht ohne Weiteres begründen, zumal partikulare Herrschaftsordnungen die Homogenität der demokratisch determinierten Staatsgewalt zu bedrohen schienen⁵⁰⁷. So bemängelten vor allem in der von einem weitreichenden Verfassungswandel geprägten Endphase der Weimarer Republik nicht nur Vertreter des rechten Flügels, dass dem Konzept der Selbstverwaltung eine Tendenz zu Pluralismus⁵⁰⁸ und vor allem Polykratie⁵⁰⁹ innewohne, die ihrer-

---

⁵⁰⁰ Zur problematischen praktischen Situation der kommunalen Selbstverwaltung in der Weimarer Republik vor allem in finanzieller Hinsicht: *Herzfeld*, Demokratie und Selbstverwaltung, 1957, S. 19 ff.; *Holtzmann*, Der Weg zur Deutschen Gemeindeordnung, in: Zeitschrift für Politik, 1965, 356 (358 ff.); *Ziebill*, Politische Parteien, 1964, S. 17 ff.
⁵⁰¹ *Forsthoff*, Lehrbuch des Verwaltungsrechts, 10. Aufl., 1973, S. 476 f.
⁵⁰² Vgl. insbes. *Most*, Selbstverwaltung der Wirtschaft, 3. Aufl., 1927, S. 13 ff.
⁵⁰³ Vgl. insbes. *Stier-Somlo*, Universitätsrecht, in: AöR 54 (1928), 360 ff.
⁵⁰⁴ Vgl. etwa *Stier-Somlo*, Universitätsrecht, in: AöR 54 (1928), 360 (370 ff.).
⁵⁰⁵ Vgl. etwa *Most*, Selbstverwaltung der Wirtschaft, 3. Aufl., 1927, S. 1 ff.; *Stier-Somlo*, Universitätsrecht, in: AöR 54 (1928), 360 (365 ff.); *R. Brauweiler*, Art. 127, in: Nipperdey, Grundrechte und Grundpflichten, Bd. 2, 1930, S. 193 (207).
⁵⁰⁶ Vgl. dazu *Herzfeld*, Demokratie und Selbstverwaltung, 1957, S. 32 ff.; *Ramin*, Geschichte der Selbstverwaltungsidee, 1972, S. 182 ff.; *Frotscher*, Selbstverwaltung und Demokratie, in: FS v. Unruh, 1983, S. 127 (134 f.); *Hendler*, Selbstverwaltung als Ordnungsprinzip, 1984, S. 167 ff.; *Laux*, Kommunale Selbstverwaltung, in: FS v. Unruh, 1983, S. 51 (54 ff.).
⁵⁰⁷ Siehe bereits die Ausführungen des späteren ersten Bundespräsidenten der Bundesrepublik Deutschland zum ambivalenten Verhältnis von Selbstverwaltung und Demokratie: *Theodor Heuss*, Demokratie und Selbstverwaltung, 1921, S. 5; zum Ganzen: *Gusy*, Weimarer Reichsverfassung, 1997, S. 231.
⁵⁰⁸ Für *Schmitt*, Hüter der Verfassung, 1931, S. 71 bezeichnet Pluralismus hier „eine Mehrheit festorganisierter, durch den Staat, d. h. sowohl durch verschiedene Gebiete des staatlichen Lebens, wie auch durch die territorialen Grenzen der Länder und die autonomen Gebietskörperschaften hindurchgehender, sozialer Machtkomplexe, die sich als solche der staatlichen Willensbildung bemächtigen, ohne aufzuhören, nur soziale (nicht-staatliche) Gebilde zu sein".
⁵⁰⁹ *Schmitt*, Hüter der Verfassung, 1931, S. 71 charakterisiert Polykratie als Mehrheit rechtlich autonomer Träger der öffentlichen Wirtschaft, an deren Selbständigkeit der staatliche Wille eine Grenze finde. Anders als der Pluralismus, der die Macht mehrerer sozialer Größen über die staatliche Willensbildung bezeichne, sei Polykratie auf dem Boden einer Herausnahme aus dem Staat und einer Verselbständigung gegenüber dem staatlichen Willen möglich; vgl. auch Carl Schmitts Schüler *Forsthoff*, Die öffentliche Körperschaft, 1931, S. 182; sowie im Hinblick auf die kommunale Selbstverwaltung: *ders.*, Krise der Gemeindeverwaltung, 1932, S. 59 ff.; vgl. auch *Popitz*, Der Finanzausgleich, 1930, S. 6 ff. (sowie zu Popitz' Polykratiekritik: *Hettlage*, Johannes Popitz, in:

I. 3. e) Diskussion um den Selbstverwaltungsbegriff in der Weimarer Republik 83

seits zur Auflösung der staatlichen Einheit beitrügen[510]. In demokratietheoretischer Hinsicht wurde zudem insbesondere von *Hans Kelsen* und *Hans Peters* herausgearbeitet, dass die Bildung von Partikularwillen in Selbstverwaltungsverbänden die Verwirklichung des demokratischen Mehrheitswillen im Staat behindern könne[511]. Der Gedanke der Selbstverwaltung stehe daher im Widerspruch zu den Prinzipien konsequenter[512] bzw. absoluter[513] Demokratie, nach denen dem Willen des Gesamtvolks in politischen Fragen konsequent der Vorrang zukommen müsse[514].

So waren in der Praxis der Weimarer Republik zwar vielfältige Bereiche der Selbstverwaltung grundsätzlich anerkannt. Gerade in deren wichtigstem Teilgebiet, der kommunalen Selbstverwaltung, entwickelte sich jedoch angesichts einer mit den zugewiesenen Quellen nicht angemessen finanzierbaren Ausweitung der Zuständigkeiten der kommunalen Gebietskörperschaften eine Krise, welche die Stellung der Selbstverwaltung in den Schlussjahren nachhaltig untergrub[515]. In der theoretischen Debatte verlor die Selbstverwaltung die Anziehungskraft der frühen Jahre der Weimarer Republik und wurde in deren Verfallsjahren im Rahmen einer polarisierten Diskussion aus verschiedenen Blickwinkeln heraus zunehmend heftig kritisiert.

Männer der deutschen Verwaltung, 1963, S. 329 (345 f.)); *Becker*, Gemeindliche Selbstverwaltung, 1941, S. 318 f.
  [510] *Popitz*, Der Finanzausgleich, 1930, S. 6 ff.; *Schmitt*, Hüter der Verfassung, 1931, S. 71 ff., insbes. 91 ff.; vgl. auch bereits *ders.*, Verfassungslehre, 1928, S. 272 f.; *Forsthoff*, Krise der Gemeindeverwaltung, 1932, S. 57 ff.; *ders.*, Die öffentliche Körperschaft, 1931, S. 181 ff.; vgl. dazu auch *Herzfeld*, Demokratie und Selbstverwaltung, 1957, S. 34 f.
  [511] *Kelsen*, Allgemeine Staatslehre, 1925, S. 366 f.; *ders.*, Vom Wesen und Wert der Demokratie, 2. Aufl., 1929, S. 72 f.; *H. Peters*, Grenzen der kommunalen Selbstverwaltung, 1926, S. 43 f.
  [512] *Keucher*, Geschichtliche Entwicklung, 1931, S. 90 führt aus, dass die „konsequente Demokratie" Gegnerin der „dezentralisierten Selbstverwaltung" sei; *Forsthoff*, Krise der Gemeindeverwaltung, 1932, S. 21: „Konsequent verwirklichte Demokratie schließt die Selbstverwaltung aus – und umgekehrt."; vgl. auch *ders.*, Um die kommunale Selbstverwaltung, in: Zeitschrift für Politik 21 (1932), 248 (254 ff.).
  [513] *H. Peters*, Grenzen der kommunalen Selbstverwaltung, 1926, S. 44.
  [514] Vgl. *H. Peters*, Grenzen der kommunalen Selbstverwaltung, 1926, S. 43; *ders.*, Zentralisation, 1928, S. 28 f. (hinsichtlich Dezentralisierung); *Köttgen*, Die Krise der kommunalen Selbstverwaltung (1931), 1968, S. 32, 35 wies demgegenüber darauf hin, dass zwar nicht die Demokratie, wohl aber der Parteienstaat im Gegensatz zu jeder Selbstverwaltung stehend angesehen werden müsse.
  [515] Vgl. *Popitz*, Der Finanzausgleich, 1930, S. 41 f.; *ders.*, Der künftige Finanzausgleich, 1932, S. 2 ff.; *Mulert*, Erneuerung des Selbstverwaltungsrechts, in: DJZ 1931, 186 ff.; *H. Preuß*, Deutschland und die Preußische Verwaltungsreform (1925), S. 140; *Herzfeld*, Demokratie und Selbstverwaltung, 1957, S. 20 ff., 30 f.; *Bracher/Sauer/Schulz*, Die nationalsozialistische Machtergreifung, 2. Aufl., 1962, S. 444; *Heffter*, Die deutsche Selbstverwaltung, 2. Aufl., 1969, S. 777; *Hettlage*, Gestalt- und Bedeutungswandel, in: Tillmanns: Ordnung, 1954, S. 107 (109); *Forsthoff*, Krise der Gemeindeverwaltung, 1932, S. 33 ff., 59 ff.; *ders.*, Um die kommunale Selbstverwaltung, in: Zeitschrift für Politik 21 (1932), 248 ff.; *ders.*, Lehrbuch des Verwaltungsrechts, 10. Aufl., 1973, S. 477; *Rebentisch*, Die Selbstverwaltung in der Weimarer Zeit, in: HkWP 1, 2. Aufl. 1981, S. 86 (97 ff.); *Salzwedel*, Staatsaufsicht in der Verwaltung, in: VVDStRL 22 (1965), S. 206 (231); *Ziebill*, Politische Parteien, 1964, S. 25 f.

bb) Bill Drews' Vorschlag eines Selbstverwaltungsstaates

Der seit 1917 mit der Vorbereitung der Verwaltungsreform in Preußen befasste letzte königlich preußische Minister des Innern *Bill Drews* (1870–1938)[516], der am 1. Mai 1919 dann auch von der neuen preußischen Staatsregierung zum Staatskommissar für die Reform der preußischen Verwaltung ernannt werden sollte, verfasste in der revolutionären Umbruchzeit Ende 1918 eine Denkschrift zur Verwaltungsreform, die auszugsweise im Mai 1919 in der Deutschen Juristen-Zeitung publiziert wurde[517]. Drews plädierte hierin dafür, dass die preußische Verwaltungsreform vom Gedanken der Selbstverwaltung getragen und in allen Einzelheiten diktiert sein müsse[518]. Der bisherige Obrigkeitsstaat sei in einen Selbstverwaltungsstaat zu überführen[519]. Dazu schlug Drews – maßgeblich durch die Konzeptionen Hugo Preuß' beeinflusst[520] – vor, im preußischen Staat geschichtete Selbstverwaltungskörper von den Gemeinden, über die Kommunalverbände bis hin zu den nunmehr ebenfalls als Selbstverwaltungskörper zu organisierenden Provinzen zu etablieren, die weitestmöglich die bislang staatlichen Aufgaben wahrnehmen sollten[521].

Dem so um wesentliche Aufgaben entkleideten Staat sollten insbesondere die folgenden Zuständigkeiten verbleiben: Kraft seiner zentralen Steuergewalt sollte er den finanziellen Ausgleich zwischen leistungsstarken und leistungsschwachen Gebietsteilen vornehmen, große Unternehmungen, die die Leistungsfähigkeit einzelner Provinzen überstiegen, ins Leben rufen und Einrichtungen, insbesondere auf dem Gebiet des Schul- und Bildungswesens, zu denen sich die Selbstverwaltungsverbände alleine nicht entschlössen, durch finanzielle Unterstützung ermöglichen und fördern[522]. Die Aufsicht über die Geschäftsführung der Selbstverwaltungskörper sollte vom jeweils übergeordneten Selbstverwaltungskörper wahrgenommen

---

[516] Bill Drews war vom 6. August 1917 bis zum Rücktritt Max' von Baden vom Amt des Reichskanzlers im November 1918 preußischer Staatsminister und Minister des Innern. Von 1921 bis 1923 war er Staatskommissar für die Verwaltungsreform. Vom 1. März 1921 bis zum 31. März 1937 war Drews zudem Präsident des preußischen Oberverwaltungsgerichts; zur Person Bill Drews: *Ule*, Bill Drews, in: Männer der deutschen Verwaltung, 1963, S. 261 ff.

[517] *Drews*, Verwaltungsreform, in: DJZ 24 (1919), Sp. 361–366; Drews legte neben der hier beschriebenen Denkschrift im Jahr 1919 unter dem Titel „Grundzüge einer Verwaltungsreform" einen bereits im Juli 1917 abgeschlossenen umfassenden Verwaltungsreformplan für die preußische Verwaltung vor; vgl. dazu *Wagener*, Neubau der Verwaltung, 1969, S. 105 f.

[518] *Drews*, Verwaltungsreform, in: DJZ 24 (1919), Sp. 361; Zu Drews' Konzept eines Selbstverwaltungsstaats: *Wagener*, Die Städte im Landkreis, 1955, S. 95 f.; *ders.*, Neubau der Verwaltung, 1969, S. 106; *Ule*, Bill Drews, in: Männer der deutschen Verwaltung, 1963, S. 261 (269 ff.); *Ramin*, Geschichte der Selbstverwaltungsidee, 1972, S. 181 f.; *Hendler*, Selbstverwaltung als Ordnungsprinzip, 1984, S. 135.

[519] *Drews*, Verwaltungsreform, in: DJZ 24 (1919), Sp. 361 (366); vgl. auch das von *Stier-Somlo*, Universitätsrecht, in: AöR 54 (1928), 360 (361 f.) wiedergegebene Plädoyer des Oberbürgermeisters der Stadt Berlin, *Gustav Böss*, für einen Selbstverwaltungsstaat.

[520] *Wagener*, Die Städte im Landkreis, 1955, S. 95; *ders.*, Neubau der Verwaltung, 1969, S. 106; *Forsthoff*, Lehrbuch des Verwaltungsrechts, 10. Aufl., 1973, S. 476, Fn. 1; *Heffter*, Die deutsche Selbstverwaltung, 2. Aufl., 1969, S. 779.

[521] *Drews*, Verwaltungsreform, in: DJZ 24 (1919), Sp. 361 ff.

[522] *Drews*, Verwaltungsreform, in: DJZ 24 (1919), Sp. 361 (365).

I. 3. e) Diskussion um den Selbstverwaltungsbegriff in der Weimarer Republik 85

werden, die Aufsicht über die Provinzen von der Staatsregierung[523]. Dem Staat sollte schließlich ein Kontrollrecht gegenüber den Selbstverwaltungskörpern zustehen, das aber immer nur als außerordentliche Maßnahme – stichprobenartig oder aus besonderen Anlässen – zur Ausübung kommen sollte[524]. Nur in sehr wenigen Selbstverwaltungsangelegenheiten sollte, um dauerhaften Schaden vom betreffenden Selbstverwaltungskörper abzuwenden, eine Zustimmung der übergeordneten Behörde für das Zustandekommen rechtsgültiger Beschlüsse erforderlich sein[525].

Die innere Organisation der Selbstverwaltungskörper sollte durch das Wahlrecht zu den Vertretungen geprägt sein[526]. Würden die Wahlen in den Gemeinden auf Grundlage des gleichen Wahlrechts durchgeführt, könnten die Gemeindevertretungen diejenigen der Kreise und diese wiederum die Vertretungen der Provinzen wählen[527]. Schließlich sollten die verschiedenen Vertretungen ihrerseits alle Beamten, insbesondere die leitenden, wählen[528]. Diese Beamten sollten aber nur die laufenden Geschäfte führen, während die eigentliche Verwaltung Selbstverwaltungsorganen wie dem Provinzial- und dem Kreisausschuss obliegen sollte.

Drews bietet im publizierten Auszug seiner Denkschrift keine tiefergehende theoretische Auseinandersetzung mit dem Konzept der Selbstverwaltung. Stattdessen legt er als Staatsminister und Kommissar für die Reform der preußischen Verwaltung einen in seiner Radikalität einzigartigen Vorschlag für eine völlige Umgestaltung der staatlichen Verwaltung in einen Selbstverwaltungsstaat vor. Was das Partizipationselement angeht, stehen dabei, anders als etwa bei vielen Selbstverwaltungstheoretikern des 19. Jh., nicht mehr die erwünschten positiven Effekte der Selbstverwaltung für den Einzelnen und die Verwaltungsqualität im Vordergrund. Ganz im Sinne des herrschenden Zeitgeists nach dem Ende der Monarchie steht für Drews vielmehr eine umfassende Demokratisierung des Staats im Mittelpunkt[529]. So konzentrieren sich denn auch seine Ausführungen zur Partizipation in der Selbstverwaltung nicht auf die tätige Mitarbeit des Einzelnen, sondern auf das Wahlrecht zu den Vertretungen, dem er die entscheidende Funktion für den inneren Ausbau der Selbstverwaltungskörper beimisst[530], welche durch „selbstbestellte Organe regiert" würden[531].

Erscheinen Drews Ausführungen überwiegend als apodiktisch formuliertes Plädoyer für den Selbstverwaltungsstaat, finden sich ganz am Ende dann allerdings auch Zweifel insbesondere an der zu erwartenden Qualität der Verwaltung im Selbstverwaltungsstaat[532]. Im letzten Absatz gibt er so auch zu erkennen, dass es an

---

[523] Drews, Verwaltungsreform, in: DJZ 24 (1919), Sp. 361 (363).
[524] Drews, Verwaltungsreform, in: DJZ 24 (1919), Sp. 361 (363).
[525] Drews, Verwaltungsreform, in: DJZ 24 (1919), Sp. 361 (363f.).
[526] Drews, Verwaltungsreform, in: DJZ 24 (1919), Sp. 361 (364).
[527] Drews, Verwaltungsreform, in: DJZ 24 (1919), Sp. 361 (364).
[528] Drews, Verwaltungsreform, in: DJZ 24 (1919), Sp. 361 (364).
[529] Drews, Verwaltungsreform, in: DJZ 24 (1919), Sp. 361 (366).
[530] Drews, Verwaltungsreform, in: DJZ 24 (1919), Sp. 361 (364).
[531] Drews, Verwaltungsreform, in: DJZ 24 (1919), Sp. 361 (361).
[532] Drews merkt kritisch an, es sei sehr zweifelhaft, ob eine derartig umgestaltete Verwaltung

sich berechtigte Bedenken gegen den Selbstverwaltungsstaat gebe[533]. Letztlich werde sich aber „der demokratische Geist der Zeit, in der wir stehen" nicht beruhigen, wenn die Umwandlung des Obrigkeitsstaats in den Selbstverwaltungsstaat nicht alsbald tatsächlich und ernsthaft in Angriff genommen werde[534]. In diesen Worten wird schlaglichtartig deutlich, dass mit dem Ende der Monarchie Selbstverwaltung ganz offen als Mittel zur Demokratisierung propagiert wurde. Partizipative Aspekte, die in der monarchischen Staatsordnung in einer Mikroperspektive mit utilitaristischen Effekten wie einer Erhöhung der Verwaltungsqualität, einer Erziehung der einzelnen Staatsbürger etc. in Verbindung gebracht wurden, waren nunmehr konzeptionell in dem übergeordneten Ziel der Demokratisierung des Staates aufgegangen. Selbstverwaltung war hier somit primär ein Mittel zu einer umfassenden Demokratisierung des Gesamtstaats.

cc) *Die Tradierung der auf Rosin und Laband basierenden positivistischen Lehre*

Der wissenschaftliche Diskurs der Weimarer Republik über den Begriff der Selbstverwaltung knüpfte bei allem revolutionären Impetus naturgemäß stark an den im Kaiserreich erreichten Meinungsstand an, zumal die grundlegenden Autoren der Kaiserzeit weiter gelesen wurden und viele bedeutende Wissenschaftler jener Epoche wie etwa Preuß, Anschütz und Fleiner auch weiterhin publizierten. Einflussreich für die wissenschaftliche Diskussion waren beispielsweise die oben bereits dargestellten knappen Ausführungen zur Selbstverwaltung von Anschütz im 1917 erschienenen zweiten Band der siebten Auflage von Georg Meyers Lehrbuch des Deutschen Staatsrechts[535].

Die wissenschaftliche Diskussion wurde stark von Rosins und Labands positivistischen Thesen geprägt, denen die grundlegenden materialen Ansichten etwa eines Freiherrn vom Stein, Lorenz von Stein, Otto von Gierke und insbesondere Rudolf von Gneist gegenübergestellt wurden[536]. So trennten die meisten Autoren weiterhin zwischen einem politischen Begriff der Selbstverwaltung, der in der Regel das Ehrenamt, wie es der nach wie vor hoch geachtete Gneist herausgearbeitet hatte[537], oder auch die durch Wahl vermittelte Verwaltung eines Interessenkreises

---

in näherer Zeit sachlich besser oder auch nur ebenso gut arbeiten werde wie diejenige des bisherigen Obrigkeitsstaates, *Drews*, Verwaltungsreform, in: DJZ 24 (1919), Sp. 361 (366).

[533] *Drews*, Verwaltungsreform, in: DJZ 24 (1919), Sp. 361 (366).

[534] Bei vernünftiger, gradueller Einführung ließen sich die zu erwartenden Probleme indes erheblich vermindern. Die Maschine des neuen Selbstverwaltungsstaates könne bei richtiger Konstruktion und richtiger Bedienung nach einer längeren Übergangszeit ihre Arbeit zum Dienste des öffentlichen Wohles mit Erfolg leisten, *Drews*, Verwaltungsreform, in: DJZ 24 (1919), Sp. 361 (366).

[535] *G. Meyer/Anschütz*, Lehrbuch des Deutschen Staatsrechts, 2. Teil, 7. Aufl., 1917, S. 384 ff.; dazu oben S. 77 f.

[536] *Herzfeld*, Demokratie und Selbstverwaltung, 1957, S. 11.

[537] *Giese*, Verfassung des Deutschen Reiches, 6. Aufl., 1925, Art. 127 (S. 334); *Herzfeld*, Demokratie und Selbstverwaltung, 1957, S. 11 f.

I. 3. e) Diskussion um den Selbstverwaltungsbegriff in der Weimarer Republik   87

durch die Interessenten selbst umfassen sollte[538], und einem auf die Körperschaft zentrierten juristischen Begriff der Selbstverwaltung[539]. Ähnlich wie in den späteren Jahren des Kaiserreichs favorisierte die wohl herrschende Lehre den gut handhabbaren korporativen juristischen Selbstverwaltungsbegriff, wie ihn vor allem Rosin geprägt hatte[540]. Im Mittelpunkt des formalen juristischen Selbstverwaltungsbegriffs stand danach die Ausübung vom Zentralstaat abgeleiteter Verwaltungsbefugnisse durch einen juristischen Verband, der gegenüber dem Zentralstaat über ein bestimmtes Maß an Unabhängigkeit verfügte[541]. Wie viele Autoren der Kaiserzeit ergänzten jedoch auch zahlreiche Wissenschaftler der Weimarer Republik diesen gemeinsamen Nenner der herrschenden Lehre durch vielfältige eigene Merkmale, ohne dabei allerdings insgesamt wesentlich über Rosins Definition hinauszugehen[542]. Andere Autoren verließen hingegen den wissenschaftlichen Mainstream und stellten der herrschenden Lehre eigene Definitionen gegenüber, die entweder an früher vertretene alternative Selbstverwaltungskonzeptionen anknüpften oder aber – oftmals vor dem Hintergrund der drängenden Fragen der Weimarer Epoche – neue, insbesondere demokratiezentrierte Elemente hervorhoben.

---

[538] Vgl. exemplarisch *E. Busch*, Entwickelung des Selbstverwaltungsbegriffes, 1919, S. 51; *Stier-Somlo*, Universitätsrecht, in: AöR 54 (1928), 360 (366); *Giese*, Verfassung des Deutschen Reiches, 6. Aufl., 1925, Art. 127 (S. 334); *Helfritz*, Grundriß des preußischen Kommunalrechts, 3. Aufl., 1932, S. 9.; *Strassert*, Selbstverwaltung, 1933, S. 3 ff.
[539] *G. Meyer/Anschütz*, Lehrbuch des Deutschen Staatsrechts, 2. Teil, 7. Aufl., 1917, S. 386; *E. Busch*, Entwickelung des Selbstverwaltungsbegriffes, 1919, S. 41 ff.; *Goldschmidt*, Reichswirtschaftsrecht, 1923, S. 45 ff.; *Stier-Somlo*, Handbuch des kommunalen Verfassungsrechts, 2. Aufl., 1928, S. 15 ff.; *Giese*, Verfassung des Deutschen Reiches, 8. Aufl., 1931, Art. 127 (S. 271 f.); *Tatarin-Tarnheyden*, Das rechtliche Wesen, 1926, S. 11 ff.
[540] *Köttgen*, Die Krise der kommunalen Selbstverwaltung (1931), 1968, S. 7 weist demgegenüber kritisch darauf hin, dass die allzu einseitige Konzentration des verwaltungsrechtlichen Interesses auf die juristische Unabhängigkeit des Selbstverwaltungskörpers gegenüber dem Staat vielfach das eigentliche Verständnis für die Selbstverwaltung verdunkelt habe. Wenn etwa der Freiherr vom Stein dem ehrenamtlich tätigen Bürger ein Feld der Betätigung habe erschließen wollen und dieses heute der Sache nach in der Mehrzahl der deutschen Gemeinden wieder an Berufsbeamte zurückgefallen sei, so hätten wir es mit einer fraglos eminent bedeutsamen Strukturwandlung zu tun, der gegenüber aber eine Deutung der Selbstverwaltung unempfindlich bleiben müsse, die sich allein für die rechtliche Unabhängigkeit des Selbstverwaltungskörpers gegenüber dem Staat interessiere.
[541] *Most*, Selbstverwaltung der Wirtschaft, 3. Aufl., 1927, S. 13; *Heilberg*, Aufbau der Gemeinwirtschaft, 1929, S. 30 f.; *Stier-Somlo*, Universitätsrecht, in: AöR 54 (1928), 360 (367); *Giese*, Verfassung des Deutschen Reiches, 8. Aufl., 1931, Art. 127 (S. 271 f.); *R. Brauweiler*, Art. 127, in: Nipperdey, Grundrechte und Grundpflichten, Bd. 2, 1930, S. 193 (205); *E. Busch*, Entwickelung des Selbstverwaltungsbegriffes, 1919, S. 41 ff.; *H. Peters*, Grenzen der kommunalen Selbstverwaltung, 1926, S. 36; *W. Jellinek*, Verwaltungsrecht, 1928, S. 59, 509; *Glum*, Recht der Selbstverwaltung, in: AöR 56 (1929), 379 (389); *Helfritz*, Grundriß des preußischen Kommunalrechts, 3. Aufl., 1932, S. 7; *Strassert*, Selbstverwaltung, 1933, S. 18.
[542] Vgl. etwa *H. Peters*, Grenzen der kommunalen Selbstverwaltung, 1926, S. 36; *W. Jellinek*, Verwaltungsrecht, 1928, S. 509; *Most*, Selbstverwaltung der Wirtschaft, 3. Aufl., 1927, S. 13; *Tatarin-Tarnheyden*, Das rechtliche Wesen, 1926, S. 11 ff.; *Heilberg*, Aufbau der Gemeinwirtschaft, 1929, S. 30 f.; *R. Brauweiler*, Art. 127, in: Nipperdey, Grundrechte und Grundpflichten, Bd. 2, 1930, S. 193 (205).

dd) Die wissenschaftliche Diskussion um Begriff und Konzept der Selbstverwaltung

aaa) Rudolf Herrmann-Herrnritt

Rudolf Herrmann-Herrnritt (1865–1945), Professor der Rechte und Rat des Verwaltungsgerichtshofs in Wien, definiert Selbstverwaltung in seinen 1921 publizierten, vor allem auf das österreichische Recht bezogenen „Grundlehren des Verwaltungsrechts" als „jenen Anteil an der öffentlichen Verwaltung, welcher einzelnen als Verbandspersonen organisierten Gruppen der menschlichen Gesellschaft innerhalb des Staates mit Zulassung der Staatsgewalt zwecks besserer Wahrnehmung der von ihnen vertretenen Interessen zu eigenem Rechte eingeräumt ist"[543]. Herrmann-Herrnritt differenziert nicht offen zwischen einem politischen und einem juristischen Begriff der Selbstverwaltung, führt aber zumindest in einer ausführlichen Fußnote die rechtlichen Momente auf, welche die Selbstverwaltung als Rechtsinstitut kennzeichneten. Dies seien u. a. die Selbständigkeit (Persönlichkeit) des Subjekts, das die Verwaltung von Interessen der Verbandsperson (ihrer Mitglieder) als subjektives Recht durch seine eigenen Organe führe, die Gewalt, die eigene Tätigkeit durch innerhalb der gesetzlichen Schranken erlassene Satzungen zu regeln (Autonomie) und eine Aufsicht durch die Staatsverwaltung[544].

Ein zentrales Element seines Selbstverwaltungsbegriffs ist die Wahrnehmung der Interessen der Verbandsperson. Damit steht hier nicht die juristische Person (Korporation) im Vordergrund, sondern die Verbandsperson als Zusammenschluss der Mitglieder. Dies wird auch in seiner Auffassung von der Organisation der Selbstverwaltung widergespiegelt, deren wesentlicher Gegensatz zur Staatsverwaltung darin bestehe, dass sie ihren Antrieb nicht oder wenigstens nicht ausschließlich von staatlichen Organen empfange[545]. Selbstverwaltung liege nur dann vor, wenn Verbände ihre Verwaltungsangelegenheiten durch von ihnen selbst, in der Regel durch Wahl, bestellte Organe führten[546]. Das Wesen der Selbstverwaltungstätigkeit wiederum liege in der Besorgung der Verwaltungsangelegenheiten, welche

---

[543] *Herrmann-Herrnritt*, Grundlehren des Verwaltungsrechts, 1921, S. 187; fast identisch findet sich diese Definition auch in: *Herrnritt*, Österreichisches Verwaltungsrecht, 1925, S. 69 f.: „Die Selbstverwaltung bildet demnach jenen Anteil an der öffentlichen Verwaltung, welcher einzelnen als Verbands- (juristische) Personen organisierten Gruppen der Gesellschaft („Selbstverwaltungskörper") behufs besserer Wahrnehmung ihrer Interessen zu eigenem Rechte eingeräumt ist."

[544] *Herrmann-Herrnritt*, Grundlehren des Verwaltungsrechts, 1921, S. 187 f. (Fn. 2): a) Die Selbständigkeit (Persönlichkeit) des die Verwaltung führenden Subjekts; dieses führe die Verwaltung, wenn auch auf Grund gesetzlicher Verleihung, als subjektives Recht, durch seine eigenen Organe; b) Den Gegenstand der Tätigkeit bilde die Verwaltung von Interessen der Verbandsperson (ihrer Mitglieder); c) Die Selbstverwaltung sei gleich der Staatsverwaltung öffentliche Verwaltung; d) Die Selbstverwaltungsverbände könnten ihre Verwaltungstätigkeit durch innerhalb der gesetzlichen Schranken erlassene eigene Satzung regeln (Autonomie); e) Die Selbstverwaltung unterliege dem Aufsichtsrecht durch die Staatsverwaltung.

[545] *Herrmann-Herrnritt*, Grundlehren des Verwaltungsrechts, 1921, S. 188.

[546] *Herrmann-Herrnritt*, Grundlehren des Verwaltungsrechts, 1921, S. 188.

I. 3. e) Diskussion um den Selbstverwaltungsbegriff in der Weimarer Republik 89

die Interessen des Verbands und seiner Mitglieder unmittelbar berührten, mit eigenen Mitteln[547].

Obwohl Herrmann-Herrnritt somit die einzelnen Elemente aufführt, welche seiner Ansicht nach die Selbstverwaltung als Rechtsinstitut kennzeichnen, ist Selbstverwaltung für ihn ein politisch geprägtes Institut, in dessen Zentrum die Wahrnehmung der Interessen der Verbandsperson (Mitglieder) durch von diesen gewählte Organe steht[548]. Selbst in die Merkmale der juristischen Dimension der Selbstverwaltung findet die Ausübung der Selbstverwaltung durch eigene Organe ebenso Eingang wie die Verwaltung von Interessen der Verbandsperson (Mitglieder) als Tätigkeitsgegenstand der Selbstverwaltung[549]. In Herrmann-Herrnritts Selbstverwaltungsbegriff spielt das partizipative Element – primär in Form der Wahl der Organe – also durchaus eine Rolle. Ganz im Vordergrund seines Selbstverwaltungskonzepts steht indes die Wahrnehmung der Interessen der Verbandsperson (Mitglieder)[550].

bbb) Fritz Fleiner

Fritz Fleiner (1867–1937)[551] trennt in seinen „Institutionen des Deutschen Verwaltungsrechts" nicht zwischen einem politischen und einem juristischen Begriff der Selbstverwaltung[552]. Für ihn ist gerade das partizipative Element der Interessenwahrnehmung durch die Verbandsmitglieder das wesentliche Element der Selbst-

---

[547] *Herrmann-Herrnritt*, Grundlehren des Verwaltungsrechts, 1921, S. 189; in inhaltlich-gegenständlicher Hinsicht betont *Herrmann-Herrnritt*, a.a.O., S. 200 ff., ders., Österreichisches Verwaltungsrecht, 1925, S. 69 dass die ursprünglich auf den kommunalen Bereich beschränkte Selbstverwaltung über die territorialen Ortsverbände hinausgewachsen sei und mittlerweile auch berufliche Personenverbände (Berufsgenossenschaften) umfasse.
[548] *Hendler*, Selbstverwaltung als Ordnungsprinzip, 1984, S. 165.
[549] *Herrmann-Herrnritt*, Grundlehren des Verwaltungsrechts, 1921, S. 187 f. (Fn. 2).
[550] *Herrmann-Herrnritt*, Grundlehren des Verwaltungsrechts, 1921, S. 187 ff.; *Herrnritt*, Österreichisches Verwaltungsrecht, 1925, S. 69 f.
[551] Fritz Fleiner wurde nach Habilitation (1892), außerordentlicher Professor (1895) in Zürich und ordentlicher Professur in Basel (1897) 1906 nach Tübingen und 1908 nach Heidelberg berufen. Von 1915 bis 1936 war er ordentlicher Professor für Staats-, Verwaltungs- und Kirchenrecht an der Universität Zürich. Fleiners Institutionen des Deutschen Verwaltungsrechts erschienen in erster Auflage im Jahr 1911 während seines Ordinariats in Heidelberg. Nach der bereits 1913 erschienenen überarbeiteten dritten Auflage und Fleiners Rückkehr nach Zürich erschienen bis zur sechsten und siebten Auflage (1922) lediglich unveränderte Nachdrucke der dritten Auflage (vgl. das Vorwort zur sechsten und siebten Auflage, 1922). Erst 1928 legte Fleiner die überarbeitete achte Auflage der Institutionen vor. Die Grundgedanken Fleiners zur Selbstverwaltung, insbesondere der zentrale Stellenwert der Partizipation, sind bereits in den Vorkriegsauflagen ausgeprägt. Indes hat Fleiner diese gerade im Hinblick auf die Demokratisierung Deutschlands in der achten Auflage um wesentliche Aspekte erweitert, so dass sie sich gut in den wissenschaftlichen Diskurs der Weimarer Republik einfügen.
[552] *Fleiner*, Institutionen, 3. Aufl., 1913, S. 95 ff.; zumindest führt Fleiner, a.a.O., S. 100 aus, dass das für das juristische Wesen der (Selbstverwaltungs-)Verbände entscheidende Moment in der Belehnung mit staatlichem Herrschaftsrecht (imperium) liege; vgl. auch die Kritik an der Trennung bei: *Heilberg*, Aufbau der Gemeinwirtschaft, 1929, S. 29 ff.

verwaltung[553]. So betont er, dass Selbstverwaltungsverbände das ihnen zustehende Stück öffentlicher Verwaltung durch Organe führten, die sie regelmäßig selbst bestellten[554]. Bei dieser Art der Geschäftsbesorgung würden daher die Interessenten selbst – entweder als Wähler der Verbandsorgane oder als gewählte Mitglieder derselben – indirekt oder direkt an der Verwaltung des Verbands beteiligt. Dies gerade rechtfertige es, in jenen Fällen von Selbstverwaltung zu sprechen[555].

Eine Verwaltung, die den Händen unabhängiger Bürger anvertraut sei, bilde das Gegenstück zu der durch Berufsbeamte geführten staatlichen Verwaltung. Die Selbstverwaltung bilde eine Schranke gegen die Omnipotenz des Staats und schaffe, politisch gesprochen, die Möglichkeit, die Bürger durch Beteiligung an der öffentlichen Verwaltung politisch zu schulen und ihr Interesse für öffentliche Angelegenheiten zu wecken. Die Selbstverwaltung habe in Deutschland bis zum Weltkrieg zu einem bestimmten Grad die Funktion übernommen, die in der reinen Demokratie den sog. Volksrechten zukomme, das heißt der Mitwirkung der Aktivbürgerschaft an den Staatsgeschäften[556]. Das parlamentarische System, das mittlerweile in Deutschland herrsche, ruhe letztlich auf derselben demokratischen Grundlage wie die Selbstverwaltung der Gemeinden und der höheren Kommunalverbände[557]. Parlamentarismus und Selbstverwaltung seien beide Ausflüsse der Selbstregierung des Volks[558].

Für Fleiner ist Selbstverwaltung mithin ein zutiefst demokratisches Institut, dessen inneres Wesen in der Partizipation der Betroffenen liegt[559]. Nicht ohne Pathos spricht er von der „mit demokratischem Öle durchtränkten Selbstverwaltung"[560]. Fleiner ist indes Realist genug, um zu konzedieren, dass das Wesen der Partizipation nicht allein in der unmittelbaren Teilhabe an der Ausübung der Selbstverwaltungsaufgaben liegen kann. Neben den Mitgliedern des Verbands könnten „eventuell" auch interessierte Nichtmitglieder Organfunktionen ausüben[561], was etwa bei

---

[553] *Fleiner*, Institutionen, 3. Aufl., 1913, S. 95–120; *ders.*, Institutionen, 8. Aufl., 1928, S. 99–120; vgl. auch *Hendler*, Selbstverwaltung als Ordnungsprinzip, 1984, S. 165.
[554] *Fleiner*, Institutionen, 3. Aufl., 1913, S. 97 f.; *ders.*, Institutionen, 8. Aufl., 1928, S. 100.
[555] *Fleiner*, Institutionen, 3. Aufl., 1913, S. 98; *ders.*, Institutionen, 8. Aufl., 1928, S. 100.
[556] *Fleiner*, Institutionen, 3. Aufl., 1913, S. 98 f.; *ders.*, Institutionen, 8. Aufl., 1928, S. 100.
[557] *Fleiner*, Institutionen, 8. Aufl., 1928, S. 99 ff. verortet die Selbstverwaltung inhaltlich primär in der Verwaltung der Gemeinden und Kommunalverbände, führt aber a.a.O., S. 102, 105 ff. auch aus, dass Reichs- und Landesgesetzgebung in steigendem Maß für die Durchführung der neuen Verwaltungsaufgaben selbständige Spezialinstitutionen wie Krankenkassen und Berufsgenossenschaften der Arbeiterversicherung, Fürsorgeverbände etc. ins Leben gerufen hätten, die als öffentliche Zweckverbände im weiteren Sinne bezeichnet werden könnten.
[558] *Fleiner*, Institutionen, 8. Aufl., 1928, S. 103.
[559] Auch *Zorn*, Staatsrechtliche Stellung der Handelskammern, in: Festgabe Zitelmann, 1923, S. 167 (172) betont, dass den von ihm unterschiedenen Bereichen der allgemeinen Selbstverwaltung und der Selbstverwaltung für besondere Interessen des Volkes, welcher er u.a. die Handelskammern zuordnet, gemeinsam sei, dass sie nicht von Staats wegen bestellt werden, sondern „aus freier Wahl des Volkes, sei es des Gesamtvolkes, sei es der besonderen Interessengruppen" hervorgingen.
[560] *Fleiner*, Institutionen, 8. Aufl., 1928, S. 103.
[561] *Fleiner*, Institutionen, 3. Aufl., 1913, S. 97 f. bzw. *ders.*, Institutionen, 8. Aufl., 1928, S. 119 f.

I. 3. e) Diskussion um den Selbstverwaltungsbegriff in der Weimarer Republik 91

den Ortskrankenkassen der Arbeiterversicherung der Fall sei[562]. Der für Fleiners Selbstverwaltungskonzeption zentrale Aspekt der Teilnahme der Mitglieder kann danach entweder direkt durch unmittelbare Partizipation an den Verwaltungsaufgaben oder aber indirekt durch die Wahl der Organe vermittelt werden[563].

ccc) Hans Kelsen

Der Begründer des kritischen Rechtspositivismus *Hans Kelsen* (1881–1973) betont in seiner 1925 publizierten „Allgemeinen Staatslehre" die demokratische Funktion der Selbstverwaltung und arbeitet dabei zentrale Kriterien für die demokratische Wertigkeit der Selbstverwaltung im seinerseits demokratisierten Zentralstaat heraus[564]. Kelsen stellt grundlegend fest, dass sich im geläufigen Begriff der Selbstverwaltung zwei Gedanken unklar vermengten, die systematisch wenig miteinander zu tun hätten: Demokratie und Dezentralisation[565]. Mit dem Schlagwort der Selbstverwaltung sei im Wesentlichen eine dezentralisierte Teilordnung gemeint, deren Normen demokratisch erzeugt würden, wobei der Inhalt dieser Normen, wenn auch vornehmlich, so doch keineswegs bloß Verwaltung sein müsse. Er könne vielmehr auch Gerichtsbarkeit sein, und es handele sich dabei nicht nur um Dezentralisation individueller, sondern auch genereller Normen, insbesondere auch formeller „Gesetze"[566].

Kelsen hält die auch in der Weimarer Republik von vielen Gelehrten zumindest im politischen Selbstverwaltungsbegriff tradierte Gneistsche Lehre, wonach Selbstverwaltung durch Ehrenbeamte und Staatsverwaltung durch Berufsbeamte charakterisiert werde, im demokratischen Staat für obsolet[567]. Dieser Unterschied zwischen der Zentralverwaltung und der Lokalverwaltung bestehe nämlich nur solange, wie die Staatsverwaltung – im weiteren, generelle wie individuelle Normsetzung umfassenden Sinne – in der Zentralinstanz autokratisch organisiert sei[568]. Solcher Zentralverwaltung gegenüber müsse sich tatsächlich eine Lokalverwaltung deutlich abheben, die gewisse, nur für kurze Funktionsperioden von den Normunterworfenen gewählte Organe im Ehrenamt neben einem bürgerlichen Hauptberuf führten. Der Unterschied zwischen ehrenamtlich und berufsamtlich geführter Verwal-

---

erweitert dies dahingehend, dass eine direkte Ernennung von Selbstverwaltungsbeamten durch den Staat eine Einmischung der Staatsaufsicht in den Selbstverwaltungsbereich darstelle. Indes würden die jeweiligen Beamten dadurch nicht Staatsbeamte. Ihre Organfunktionen gehörten dem Selbstverwaltungskörper an, was alleine entscheidend sei. Im Übrigen sei in der neueren Gesetzgebung seit dem Weltkrieg das Bestreben sichtbar, den Selbstverwaltungskörpern grundsätzlich die freie Wahl ihrer Organe zu überlassen.

[562] *Fleiner*, Institutionen, 8. Aufl., 1928, S. 100, Fn. 3.
[563] *Fleiner*, Institutionen, 3. Aufl., 1913, S. 97 f.; *ders*., Institutionen, 8. Aufl., 1928, S. 100.
[564] *Kelsen*, Allgemeine Staatslehre, 1925, S. 180 ff., 366 ff.; zu Kelsens Selbstverwaltungskonzeption: *Hendler*, Selbstverwaltung als Ordnungsprinzip, 1984, S. 165, 168 f.
[565] *Kelsen*, Allgemeine Staatslehre, 1925, S. 180 f.
[566] *Kelsen*, Allgemeine Staatslehre, 1925, S. 181.
[567] *Kelsen*, Allgemeine Staatslehre, 1925, S. 184 f.
[568] *Kelsen*, Allgemeine Staatslehre, 1925, S. 184.

tung nehme indes in demselben Maße ab, wie sich einerseits auch die Zentralverwaltung demokratisiere, die Lokalverwaltung andererseits an Umfang und Intensität zunehme[569]. Die gewählte Gemeindevertretung entspreche – was die Qualifikation der Organe betreffe – vollkommen der gewählten Volksvertretung des zentralen Parlaments, und die vom Parlament gewählte Zentralregierung unterscheide sich nicht mehr allzu sehr von den durch die Gemeindevertretung gewählten Exekutivorganen der Gemeinde[570]. Die Minister stünden doch meist außerhalb des Status der pragmatisch angestellten staatlichen Berufsbeamten. Gleichzeitig seien die Gemeinden und Kommunalverbände gezwungen, neben den ehrenamtlich tätigen, gewählten Organen von diesen ernannte Berufsbeamte als Hilfsorgane anzustellen[571]. Zudem zwinge die starke Arbeitsbelastung die von der Gemeindevertretung gewählten Exekutivorgane, ihr Amt als Hauptberuf auszuüben. Das Verhältnis zwischen ihnen und den Berufsbeamten der Gemeinde sei ein ganz ähnliches wie das zwischen den parlamentarischen Ministern und ihrer Bürokratie. Letztlich sei der Staat auch in seiner Zentrale ein Selbstverwaltungskörper geworden, so wie die Gemeinde ihren autokratisch-bürokratischen Apparat erhalten habe[572].

Dies bedeutet aber keinesfalls, dass Kelsen der Selbstverwaltung im demokratischen Zentralstaat keinen zusätzlichen Demokratie(mehr)wert mehr beimäße. Dies ergibt sich vor allem aus einem weiterführenden Abschnitt, in dem er herausarbeitet, dass die mit dem Prinzip der Selbstverwaltung verbundene Demokratie eine spezifische Art von Dezentralisation herbeiführe[573]: Sofern nämlich der Demokratie das Prinzip der Selbstbestimmung und damit der Grundsatz immanent sei, die Normen von den Normunterworfenen selbst erzeugen zu lassen und jeden Einfluss von anderer Seite aber auszuschließen, scheine sich dieser Grundsatz der Demokratie mit der Tendenz der Dezentralisation zu decken, die inhaltliche Bestimmung der lokalen Norm von jeder zentralen Instanz unabhängig zu machen. Dies nun gerade sei aber nicht nur der Fall, wenn die zentrale Instanz autokratisch sei, sondern auch, wenn sie demokratisch organisiert sei. Denn in der Demokratie seien an der Erzeugung der zentralen Norm zwar auch die der lokalen Norm Unterworfenen, aber eben auch das gesamte übrige Volk beteiligt. Erfolge die Erzeugung auf dem Weg des Mehrheitsbeschlusses, dann könne, wenn das Gesamtvolk auch die Lokalnorm zu setzen habe, die Mehrheit sich ganz aus denjenigen Individuen bilden, die der zu beschließenden Norm nicht unterworfen seien, die nicht zu jenen gehörten, die durch diese Lokalordnung zu einem Teil-Volk, einer Teilgemeinschaft konstituiert würden. Seien daher an der Erzeugung der lokalen Norm nur die ihr Unterworfenen beteiligt[574], könne dies daher nicht nur mehr Dezentra-

---
[569] *Kelsen*, Allgemeine Staatslehre, 1925, S. 184 f.
[570] Vgl. im Einzelnen: *Kelsen*, Allgemeine Staatslehre, 1925, S. 185.
[571] Vgl. auch *Most*, Selbstverwaltung der Wirtschaft, 3. Aufl., 1927, S. 11.
[572] *Kelsen*, Allgemeine Staatslehre, 1925, S. 185.
[573] *Kelsen*, Allgemeine Staatslehre, 1925, S. 181.
[574] Im Abschnitt über die Demokratisierung der Verwaltung (*Kelsen*, Allgemeine Staatslehre, 1925, S. 365) stellt er fest, dass zur Selbstverwaltung im weiteren Sinne auch die Selbstgesetzgebung oder Autonomie, das der autonomen Körperschaft delegierte Recht zur Satzung genereller

I. 3. e) Diskussion um den Selbstverwaltungsbegriff in der Weimarer Republik 93

lisation, sondern auch mehr Demokratie vermitteln[575]. Dieser stringente Gedanke Kelsens kann als ein eindrucksvolles Argument dafür gewertet werden, dass Selbstverwaltung den unmittelbar Betroffenen selbst im demokratisierten Gesamtstaat wie der Weimarer Republik auch bei der Normsetzung einen Mehrwert an Demokratie vermitteln kann. Dies zeigt, dass Selbstverwaltung aus Sicht der Demokratieförderung im demokratischen Staat keineswegs obsolet ist.

Im Hinblick auf die demokratische Normvollziehung betont Kelsen[576], dass grundsätzlich alle Stufen der Verwaltung einer Demokratisierung fähig seien, indem die Organe womöglich als Kollegialbehörden nicht von vorgesetzten Stellen ernannt, sondern von den Normunterworfenen, den zu verwaltenden Menschen, auf beschränkte Zeit gewählt würden[577]. Selbstverwaltung sei demokratische Verwaltung, Verwaltung der zu Verwaltenden durch sich selbst oder doch durch ein von ihnen gewähltes Kollegium[578]. In dem sich anschließenden Abschnitt über das Verhältnis zwischen der Demokratie der Gesetzgebung und der Demokratie der Vollziehung arbeitet Kelsen dann aber auch heraus, dass eine radikale Demokratisierung in der Mittel- und Unterinstanz der Verwaltung die Gefahr einer Aufhebung der Demokratie der Gesetzgebung in sich trüge[579]. Insbesondere wenn die politische Struktur der vollziehenden regionalen und lokalen Verwaltungskörper anders sei als diejenige der zentralen legislativen Körperschaft, sei es mehr als wahrscheinlich, dass sie nicht die Gesetzmäßigkeit ihrer Akte als höchstes Ziel ansähen, sondern sich allzu leicht in einen bewussten Gegensatz zu den vom Parlament beschlossenen Gesetzen stellten[580]. Der Wille des Ganzen – so wie er in der zentralen Legislative zum Ausdruck komme – drohe durch den Willen des Teils – in den einzelnen Verwaltungskörperschaften – paralysiert zu werden[581]. Insofern könne innerhalb gewisser Schranken die autokratische Form der Vollziehung durch von der Zentralstelle ernannte und dieser verantwortliche Einzelorgane die Gesetzmäßigkeit der Vollziehung – und das bedeute bei demokratischer Gesetzgebung: den

---

Rechtsnormen, gehöre. Zwischen autonomer Rechtssatzung einerseits und Gesetz sowie Verordnung andererseits bestehe kein Wesensgegensatz. Das demokratisch zustande gekommene Gesetz – also das Gesetz in der konstitutionellen Monarchie oder demokratischen Republik – sei ebenso autonome Rechtssatzung, wie die generelle Rechtssatzung einer autonomen Körperschaft innerhalb einer Monarchie oder Republik nur aufgrund und im Rahmen des Gesetzes möglich sei und daher mit der Verordnung auf einer Stufe stehe, ja geradezu als Verordnung bezeichnet werden könne, sofern man nicht diesen Begriff für eine autokratische Satzung genereller Normen reservieren wolle.

[575] *Kelsen*, Allgemeine Staatslehre, 1925, S. 181.
[576] Die Ausführungen über die Demokratisierung der Verwaltung finden sich im Abschnitt „Demokratie der Vollziehung" (*Kelsen*, Allgemeine Staatslehre, 1925, S. 361 ff. (364 ff.)).
[577] *Kelsen*, Allgemeine Staatslehre, 1925, S. 364.
[578] *Kelsen*, Allgemeine Staatslehre, 1925, S. 365.
[579] *Kelsen*, Allgemeine Staatslehre, 1925, S. 366 ff.; ders., Vom Wesen und Wert der Demokratie, 2. Aufl., 1929, S. 71 f.
[580] *Kelsen*, Allgemeine Staatslehre, 1925, S. 366.; ders., Vom Wesen und Wert der Demokratie, 2. Aufl., 1929, S. 72.
[581] *Kelsen*, Allgemeine Staatslehre, 1925, S. 366; ders., Vom Wesen und Wert der Demokratie, 2. Aufl., 1929, S. 72.

Volkswillen und mithin die Demokratie – in der Mittel- und Unterinstanz besser wahren als die Vollziehung durch Selbstverwaltungsorgane[582].

Aus historischer Perspektive führt Kelsen aus, dass – während der historische Typus des englischen Selfgovernment, von dem nicht nur die Bezeichnung, sondern zum großen Teil auch die Idee der Selbstverwaltung auf dem Kontinent herstamme, einen Fall von Dezentralisierung mit autokratischen und demokratischen Elementen darstelle – für die kontinentale Form der Selbstverwaltung der demokratische Gedanke entscheidend sei[583]: Nicht Verwaltung der lokalen Gemeinschaft durch von der autokratisch organisierten Zentrale ernannte Beamte, sondern Verwaltung durch von der lokalen Gemeinschaft gewählte Kollegien sei der Sinn, der vornehmlich mit dem Gedanken der Selbstverwaltung verbunden werde[584]. Der Kampf um Selbstverwaltung sei auf dem Kontinent primär ein Kampf um Demokratisierung der Lokalverwaltung und nicht zu trennen vom allgemeinen Kampf um Teilnahme des Volks an der Bildung des Staatswillens[585]. Die mit Widersprüchen behaftete Bestimmung des Begriffs der Selbstverwaltung in der Literatur führt Kelsen darauf zurück, dass mit jenem Begriff versucht werde, nicht nur zwei verschiedene theoretische Gesichtspunkte, wie Dezentralisation und Demokratie, sondern auch zwei verschiedene historische Typen, wie das englische Selfgovernment und die kontinentale Selbstverwaltung, unter eine Haube zu bringen[586].

Letztlich gelingt Kelsen im Hinblick auf das partizipative Element der Selbstverwaltung zweierlei: Zum einen misst er die Gneistsche Lehre, die das Wesen der Selbstverwaltung im Ehrenamt erblickt, an den tatsächlichen Gegebenheiten der modernen Selbstverwaltung und erklärt sie zutreffend für nicht mehr zeitgemäß. Dabei überführt er das partizipative Element von der bspw. für den Freiherrn vom Stein und Gneist entscheidenden aktiven Partizipation des Einzelnen an der Erledigung der Verwaltungsgeschäfte konsequent in das für die moderne Selbstverwaltung prägendere Element der demokratischen Partizipation vermittels eines oder mehrerer Wahlakte. Natürlich spielt die aktive Partizipation der Betroffenen weiterhin eine wichtige Rolle[587], strukturell kommt indes der demokratischen Partizipation durch Wahlen die entscheidende Funktion zu. Zudem formuliert Kelsen zentrale Argumente, um den materialen Demokratiegehalt der Selbstverwaltung bestimmen zu können. Primär arbeitet er im Hinblick auf die Normsetzung heraus, dass das demokratische Ideal der Selbstbestimmung in der Selbstverwaltung dadurch verwirklicht werde, dass hier – im Gegensatz zur Zentralnorm – nur die Betroffenen die Normsetzung verantworteten. Bei der Normvollziehung stellt er

---

[582] *Kelsen*, Allgemeine Staatslehre, 1925, S. 366 f.; *ders.*, Vom Wesen und Wert der Demokratie, 2. Aufl., 1929, S. 73.
[583] *Kelsen*, Allgemeine Staatslehre, 1925, S. 181 f.
[584] *Kelsen*, Allgemeine Staatslehre, 1925, S. 182.
[585] *Kelsen*, Allgemeine Staatslehre, 1925, S. 182, 365.
[586] *Kelsen*, Allgemeine Staatslehre, 1925, S. 182.
[587] *Kelsen*, Allgemeine Staatslehre, 1925, S. 365: „Selbstverwaltung ist ja demokratische Verwaltung, Verwaltung der zu Verwaltenden durch sich selbst oder doch durch ein von ihnen gewähltes Kollegium".

I. 3. e) Diskussion um den Selbstverwaltungsbegriff in der Weimarer Republik 95

das grundsätzliche Potential der Selbstverwaltung zur Demokratisierung der Verwaltung heraus, gibt aber gleichzeitig auch die Gefahren zu bedenken, die sich bei der Vollziehung der von der Zentralinstanz demokratisch kreierten Normen aufgrund einer Vollzugshemmung durch Selbstverwaltungsorgane für die Demokratie des Gesamtstaats ergeben können. Kelsen formuliert damit zentrale Argumente für die in der Spätphase der Weimarer Republik zugespitzte Diskussion zu der Frage, ob Selbstverwaltung den Demokratiegehalt des seinerseits demokratischen Staates insgesamt erhöhe oder aber gerade gefährde.

ddd) Hans Peters

Hans Peters (1896–1966)[588] geht im ersten Kapitel seiner 1926 publizierten Habilitationsschrift „Grenzen der kommunalen Selbstverwaltung in Preußen" ausführlich auf den Begriff der Selbstverwaltung ein. Auf der Grundlage einer kritischen Betrachtung der vorgefundenen Begriffsbildungen definiert er den juristischen Begriff der Selbstverwaltung als „eine sich im Rahmen der Reichs- und Staatsgesetze abspielende Tätigkeit von juristischen Personen des öffentlichen Rechts – außer von Reich und Staat –, kraft deren diese Verbände Aufgaben, welche weder solche der Rechtsprechung noch der Rechtsetzung sind, unter eigener Verantwortung erfüllen"[589].

Dieser formale juristische Selbstverwaltungsbegriff weist selbst keine partizipativen oder gar demokratiebezogenen Elemente auf[590]. Diesbezüglich ist indes Peters' dezidierte Stellungnahme zu der kurz zuvor schon von Kelsen thematisierten Frage von Interesse, wie sich Selbstverwaltung und deren Grundgedanken in den demokratischen Staat einfügen[591]. Peters weist hier zunächst in historisch-genetischer Perspektive darauf hin, dass die Selbstverwaltung durch die Stein-Hardenbergsche Reform „einzig und allein als Mittel zur Erweckung des Interesses am öffentlichen Leben bei der Bevölkerung und zur Aufrüttelung der im Aktenstaub versunkenen staatlichen Bureaukratie" eingeführt worden sei[592]. In der Reform der siebziger Jahre des 19. Jh. habe man versucht, demselben politischen Prinzip einen anderen Ausdruck zu geben. Seit dieser Zeit stünden in Preußen der politische und der juristische Selbstverwaltungsbegriff nebeneinander. Selbstverwaltung habe ihre Existenzberechtigung aus dem Gedanken abgeleitet, dass ein „Gegengewicht gegen die obrigkeitlichen polizeistaatlichen Gelüste des alten Staates bestehen müs-

---

[588] Zur Person etwa *von Trott zu Solz*, Hans Peters, 1997, S. 19 ff. m. w. N.
[589] *H. Peters*, Grenzen der kommunalen Selbstverwaltung, 1926, S. 36; dieser Definition im Wesentlichen zustimmend: *Stier-Somlo*, Universitätsrecht, in: AöR 54 (1928), 360 (367).
[590] *Forsthoff*, Krise der Gemeindeverwaltung, 1932, S. 17 spricht von einer „für den gegenwärtigen status gewiss zutreffende[n], trockene[n] und formale[n] Umschreibung", die nichts mehr ahnen lasse von der großen politischen Mission, die die Selbstverwaltung im 19. Jh. nach den Absichten ihrer Anhänger erfüllen sollte und zu einem guten Teil auch wohl unzweifelhaft erfüllt habe.
[591] *H. Peters*, Grenzen der kommunalen Selbstverwaltung, 1926, S. 43 f.
[592] *H. Peters*, Grenzen der kommunalen Selbstverwaltung, 1926, S. 43.

se"[593]. Dadurch dass der Gegensatz zwischen Obrigkeit und Volk verfassungsmäßig nun nicht mehr bestehe, sei diese angebliche Notwendigkeit indes entfallen.

Heute stünden sich nur noch das Gesamtvolk und seine Teile gegenüber[594]. Ob Letztere des Schutzes der Selbstverwaltung bedürften, laufe auf die Frage hinaus, ob man die Auffassung von Minderheiten gegen das Volk als den Träger der gesamten Staatsgewalt schützen wolle. Vom Standpunkt streng durchgeführter Demokratie müsse alles beseitigt werden, was als eigener Wille der Durchsetzung des Gesamtwillens entgegentreten könne. Der Sonderwille des Teils könne theoretisch neben dem Willen des Ganzen nicht Bestand haben. Vor Einführung des demokratischen Prinzips habe der Wille des Gesetzgebers und der Staatsbehörden dem von der Bevölkerung in den Gemeinden gebildeten Willen als ein aliud gegenübergestanden. Heute hingegen sei Ersterer ein maius gegenüber dem Letzteren als minus. Deshalb müsse die Demokratie ihrem Wesen nach ein Feind der Selbständigkeit öffentlich-rechtlicher Verbände im Staat und damit mittelbar auch der diesen eigentümlichen Verwaltungsform sein. Wohl werde aber auch die Demokratie die gewaltigen Kräfte nicht brachlegen wollen, die durch die Existenz von Verbänden mit eigener Verantwortung und durch die daraus entstehende Verantwortungsfreudigkeit der einzelnen Bürger erweckt worden seien[595].

Nach Peters stehen sich also letztlich gegenüber: Auf der einen Seite der Gedanke des Schutzes von Minderheiten und rege, sich zum Wohle des Ganzen auswirkende Kräfte, angespornt durch das Gefühl eigener Verantwortlichkeit. Auf der anderen Seite das Streben, alle Einheiten mit eigenem abweichenden Willen in folgerichtiger Durchführung des Prinzips absoluter Demokratie zu beseitigen. Wofür die Entscheidung in der Zukunft falle, werde im Wesentlichen davon abhängen, ob die Selbstverwaltungskörper ihre Kräfte in den Dienst der Allgemeinheit stellten und sie nicht nur dazu benutzten, kleinliche egoistische Interessen durchzusetzen. Ansätze einer Politik von Sonderinteressen habe man in den letzten Jahren wiederholt beobachten können[596].

Peters führt in seiner Gegenüberstellung der Vor- und Nachteile der Selbstverwaltung mithin Aspekte an, die auch Kelsen in seiner 1925 publizierten Allgemeinen Staatslehre thematisiert hatte, welche von Peters allerdings wohl nicht mehr ausgewertet werden konnte[597]. So ist für ihn im demokratischen Staat die auch von Kelsen beklagte Gefahr der Hemmung des demokratischen Zentralstaatswillens durch regionale und lokale Selbstverwaltungskörper von zentraler Bedeutung. Als damit verbundenes Positivum der Selbstverwaltung erkennt er hingegen zusätzlich eine Verbindung zwischen Selbstverwaltung und Minderheitenschutz an[598]. Die

---

[593] *H. Peters*, Grenzen der kommunalen Selbstverwaltung, 1926, S. 43.
[594] *H. Peters*, Grenzen der kommunalen Selbstverwaltung, 1926, S. 43.
[595] *H. Peters*, Grenzen der kommunalen Selbstverwaltung, 1926, S. 44.
[596] *H. Peters*, Grenzen der kommunalen Selbstverwaltung, 1926, S. 44.
[597] Ausweislich der Einleitung (*H. Peters*, Grenzen der kommunalen Selbstverwaltung, 1926, S. 1) wurde Peters Habilitationsschrift bereits im 2. Halbjahr 1925 gedruckt.
[598] Dies betont *Hendler*, Selbstverwaltung als Ordnungsprinzip, 1984, S. 169.

Einstufung der in Selbstverwaltungskörpern organisierten Menschen als Minderheit gegenüber dem Gesamtvolk erinnert wiederum an Kelsens Gedanken zum Demokratiemehrwert der Selbstverwaltung. Indes erreicht Peters doch nicht ganz Kelsens demokratiezentriertes Abstraktionsniveau, zumal er nicht völlig deutlich macht, wie genau die Selbstverwaltung den postulierten Minderheitenschutz verwirklichen kann. Insofern ist zu bedauern, dass Peters in seiner Habilitationsschrift die entsprechenden Gedanken Kelsens nicht mehr berücksichtigen und zum Anlass weiterer Präzisierung nehmen konnte. Jenseits der demokratietheoretischen Ebene wird jedoch zugleich deutlich, dass Peters einer tätigen Partizipation der Bürger in der Selbstverwaltung vor allem zwecks Förderung der Verantwortungsfreudigkeit der Betroffenen weiter einen erheblichen Eigenwert beimisst.

eee) Fazit: Von der tätigen Partizipation zur demokratisch vermittelten Partizipation

Was den partizipativen Aspekt der Selbstverwaltung angeht, tradierte mithin auch die wissenschaftliche Diskussion der Weimarer Republik den Gedanken der tätigen Partizipation des einzelnen Bürgers mit all seinen schon vom Freiherrn vom Stein betonten positiven Folgewirkungen[599]. Dieser Aspekt wurde, soweit man den positivistischen, korporativen Selbstverwaltungsbegriff Rosinscher Prägung übernahm, dem politischen Selbstverwaltungsbegriff zugeordnet, teilweise aber auch dem Selbstverwaltungsbegriff schlechthin subsumiert.

Eine wesentliche Novität der Weimarer Diskussion war allerdings die Transzendierung dieses weiterhin anerkannten, aber doch zunehmend in den Hintergrund tretenden Aspekts tätiger Partizipation des Einzelnen durch eine abstraktere Rückführung des in der Selbstverwaltung verwurzelten Gedankens des sich selbst verwaltenden Bürgers auf das Demokratieprinzip. Konnte die Selbstverwaltung bis 1918 als partizipatives, demokratisches Element im autokratischen Staatswesen aus sich heraus gerechtfertigt werden, stand die Staatsrechtswissenschaft der Weimarer Republik, die nicht lediglich die überkommenen Positionen zur Selbstverwaltung weitervermitteln wollte, vor allem vor dem Problem, das Phänomen Selbstverwaltung und damit dessen Rechtfertigung im nun seinerseits demokratischen Staat demokratietheoretisch neu verorten zu müssen. Vor allem Kelsen ist es gelungen, wesentliche Argumente für eine Diskussion zu formulieren, die im wissenschaftlichen Diskurs ein modernes, weithin akzeptables Verständnis der Selbstverwaltung einschließlich ihres partizipatorischen Elements hätte begründen können. Das partizipative Element der Selbstverwaltung als solches passten Kelsen und teilweise auch andere Autoren den Zeitläuften an, indem sie es nicht mehr primär in der tätigen, ehrenamtlichen Partizipation des Einzelnen, sondern in erster Linie in der durch

---

[599] Vgl. etwa *R. Brauweiler*, Art. 127, in: Nipperdey, Grundrechte und Grundpflichten, Bd. 2, 1930, S. 193 (206 ff.).

Wahlen vermittelten Selbstverwaltung durch Repräsentanten der Verbandsmitglieder verorteten[600].

Weiterführend zeigten insbesondere Kelsen und Peters einerseits auf, dass eine Demokratisierung untergeordneter staatlicher Ebenen durch Selbstverwaltung die Demokratisierung des Gesamtstaats einzuschränken droht, da die in der Zentrale demokratisch erlassenen Gesetze durch Willensentscheidungen auf der Vollzugsebene in ihrem Vollzug gehemmt werden könnten[601]. Kelsen wies aber zugleich auch darauf hin, dass die mögliche Identität zwischen repräsentierten Normsetzern und Normunterworfenen in Selbstverwaltungsverbänden ein Mehr an Demokratie im Sinne von Selbstbestimmung verspricht[602]. Hier hätte ein neues, modernes Verständnis von Selbstverwaltung – auch im juristischen Sinne – seinen Ausgang nehmen können, in dem ein demokratiebezogen reformuliertes Partizipationselement wieder einen festen Platz eingenommen hätte.

Die historischen Zeitläufte wollten es, dass sich die vor allem von Kelsen angestoßene Diskussion nicht mehr differenziert entfalten konnte. Anstelle einer ausgewogenen Diskussion über die demokratieerweiternden und demokratieeinschränkenden Wirkungen der Selbstverwaltung gewannen Stimmen an Gewicht, die der Kompatibilität von Demokratie und Selbstverwaltung grundsätzlich kritisch gegenüberstanden[603]. Der wissenschaftliche Diskurs konzentrierte sich vor dem Hintergrund des um sich greifenden Demokratiepessimismus der Spätphase der Weimarer Republik zunehmend auf Fragen der drohenden Polykratie sowie einer Effektivitätseinschränkung durch Selbstverwaltung[604]. Symptomatisch ist insofern, dass das von Kelsen noch differenziert formulierte Argument der möglichen Hemmung der zentralen Demokratie durch Selbstverwaltung vor allem von *Carl Schmitt* im Hinblick auf die Gefährdung der Durchsetzung des Staatswillens primär als Effektivitätsproblem beim Verwaltungsvollzug des (zentral-)staatlichen Willens reformuliert wurde[605]. Damit deutete sich im Grunde zugleich bereits an, welche

---

[600] Vgl. z. B. auch *Most*, Selbstverwaltung der Wirtschaft, 3. Aufl., 1927, S. 10 ff.; *R. Brauweiler*, Art. 127, in: Nipperdey, Grundrechte und Grundpflichten, Bd. 2, 1930, S. 193 (205 ff.); ähnlich in Kritik am Paradigma des Ehrenbeamten bei Gneist bereits: *Brause*, Begriff der Selbstverwaltung, 1900, S. 34.

[601] *Kelsen*, Allgemeine Staatslehre, 1925, S. 366 ff.; *ders.*, Vom Wesen und Wert der Demokratie, 2. Aufl., 1929, S. 71 f.; *H. Peters*, Grenzen der kommunalen Selbstverwaltung, 1926, S. 43.

[602] *Kelsen*, Allgemeine Staatslehre, 1925, S. 181.

[603] *Herzfeld*, Demokratie und Selbstverwaltung, 1957, S. 32.

[604] *Herzfeld*, Demokratie und Selbstverwaltung, 1957, S. 46: „Die Erörterung des Selbstverwaltungsproblems bis 1933 blieb somit in einer Zwischenposition stehen, die das Misstrauen gegen den bis in den Grund politisierten demokratischen Parteienstaat nicht zu überwinden vermochte und das Ende der kommunalen Selbstverwaltung gekommen sah, wenn sich nach ihrer Befürchtung der Staat in eine Mehrzahl pluralistisch sich bekämpfender Parteien und Verbände aufgelöst haben würde."

[605] *Schmitt*, Hüter der Verfassung, 1931, S. 92 f.; *Köttgen*, Die Krise der kommunalen Selbstverwaltung (1931), 1968, S. 30 wies demgegenüber darauf hin, dass so wie dem Wesen der Demokratie jeder Imperialismus zuwiderlaufe, das Gleiche auch von einem innerstaatlich gewendeten Absolutismus gelten müsse. Wesensmäßig stünden Demokratie und Zentralismus daher in Ausschlussstellung einander gegenüber.

Rolle die Selbstverwaltung in der folgenden Zeit des Nationalsozialismus spielen sollte.

f) Die Aufhebung des partizipativen Elements der Selbstverwaltung im Nationalsozialismus

aa) Die Denaturierung der Selbstverwaltung und die Demontage ihrer partizipativen Elemente im NS-Staat

Die demokratisch-repräsentative, durch Wahlen vermittelte Partizipation der Bürger an der Selbstverwaltung ihrer eigenen Angelegenheiten, wie sie in der Weimarer Republik konsolidiert worden war, war mit dem System des gleichgeschalteten nationalsozialistischen Führerstaats wesensmäßig unvereinbar[606]. Obwohl sich die offizielle nationalsozialistische Rhetorik eine Wiederbelebung der Selbstverwaltung auf die Fahnen geschrieben hatte[607], verwundert es daher nicht, dass schon bald nach der Machtergreifung am 30. Januar 1933 damit begonnen wurde, die verschiedenen Bereiche der Selbstverwaltung auszuhöhlen und vor allem ihrer partizipativen Anbindung an die Bürger zu berauben[608].

Im Bereich der kommunalen Selbstverwaltung übernahmen die Nationalsozialisten bis zum Sommer 1933 teils als Folge der auf den 12. März 1933 vorverlegten preußischen Kommunalwahlen, teils im Wege quasirevolutionärer Übernahme der städtischen Exekutive durch Mitglieder von NSDAP oder SA de facto die Führung der meisten größeren Städte[609]. Die im Dezember 1933 ergangene preußische Gemeindegesetzgebung schränkte dann sowohl die partizipativen Elemente als auch die Unabhängigkeit der Gemeinden gegenüber dem Staat erheblich ein[610]. In ganz

---

[606] *Matzerath*, Zeit des Nationalsozialismus, in: HkWP 1, 2. Aufl. 1981, S. 101 (109); *Löw*, Kommunalgesetzgebung im NS-Staat, 1992, S. 227 f.

[607] Siehe etwa das Vorwort von *Markmann*, in: Fuchs, Germanische und englische Selbstverwaltung, ca. 1936, S. 5 f.; *Weidemann*, Zur Entstehungsgeschichte, in: Jahrbuch der Akademie für deutsches Recht 2 (1935), S. 90 (103): „Da nun aber die Erhaltung und Ausgestaltung einer echten Selbstverwaltung im Sinne der nationalsozialistischen Staatsauffassung liegt, [...]"; *Fiehler*, Deutsches Gemeinderecht, S. 8; *Laforet*, Fragen der Selbstverwaltung, in: Schmollers Jahrbuch 62 (1938), S. 141 ff.; vgl. dazu auch *Matzerath*, Nationalsozialismus und kommunale Selbstverwaltung, 1970, S. 438 ff.; *Ramin*, Geschichte der Selbstverwaltungsidee, 1972, S. 197; *Gönnenwein*, Gemeinderecht, 1963, S. 22 f.

[608] *Heffter*, Die deutsche Selbstverwaltung, 2. Aufl., 1969, S. 787 ff.; *Holtzmann*, Der Weg zur Deutschen Gemeindeordnung, in: Zeitschrift für Politik, 1965, 356 (360 ff.); *Bracher/Sauer/Schulz*, Die nationalsozialistische Machtergreifung, 2. Aufl., 1962, S. 444 f.; *Engeli/Haus*, Quellen zum modernen Gemeindeverfassungsrecht, 1975, S. 673 ff.; *Ziebill*, Politische Parteien, 1964, S. 26 ff.; *Hendler*, Selbstverwaltung als Ordnungsprinzip, 1984, S. 174 ff.; *Löw*, Kommunalgesetzgebung im NS-Staat, 1992, S. 218 ff.

[609] *Bracher/Sauer/Schulz*, Die nationalsozialistische Machtergreifung, 2. Aufl., 1962, S. 442 ff.; *Matzerath*, Nationalsozialismus und kommunale Selbstverwaltung, 1970, S. 61 ff.; ders., Zeit des Nationalsozialismus, in: HkWP 1, 2. Aufl. 1981, S. 101 (102 f.); *Menger*, Entwicklung der Selbstverwaltung, in: FS v. Unruh, 1983, S. 25 (35).

[610] Gemeindeverfassungsgesetz vom 15. 12. 1933, Preuß. GS 1933, 427; Gesetz über die Haushalts- und Wirtschaftsführung bei Gemeinden und Gemeindeverbänden (Gemeindefinanzgesetz)

Deutschland wirksam wurde die nationalsozialistische Programmatik durch die nicht von ungefähr am zweiten Jahrestag der Machtergreifung Hitlers verabschiedete Deutsche Gemeindeordnung von 1935 (DGO)⁶¹¹, die das Gemeindeverfassungsrecht Deutschlands weitgehend vereinheitlichte⁶¹². Die missbräuchliche Berufung auf den „wahren Geist" des Freiherrn vom Stein im einleitenden Vorwort der DGO⁶¹³, deren weiterer Text bereits erkennen ließ, dass hier gerade nicht eine Aktivierung der Bürger durch Partizipation, sondern vielmehr die Eingliederung

---

vom 15.12.1933, Preuß. GS 1933, S.442; dazu: *Drews*, Das neue preußische Gemeindeverfassungsrecht, in: JW 1934, 197ff.; *Fuchs*, Germanische und englische Selbstverwaltung, 1936, S.44ff.; *Laforet*, Fragen der Selbstverwaltung, in: Schmollers Jahrbuch 62 (1938), S.141 (146f.); *Holtzmann*, Der Weg zur Deutschen Gemeindeordnung, in: Zeitschrift für Politik, 1965, 356 (361). *Engeli/Haus*, Quellen zum modernen Gemeindeverfassungsrecht, 1975, S.673; *Menger*, Entwicklung der Selbstverwaltung, in: FS v. Unruh, 1983, S.25 (35); *Hendler*, Selbstverwaltung als Ordnungsprinzip, 1984, S.174.

⁶¹¹ Die Deutsche Gemeindeordnung vom 30.01.1935, RGBl.I, S.49, in Kraft getreten gem. § 123 DGO am 1. April 1935; abgedruckt in: Quellen zum modernen Gemeindeverfassungsrecht, 1975, S.676–698; die Deutsche Gemeindeordnung stand damit in einer Linie mit dem am 30. Januar 1934 verabschiedeten Gesetz über den Neuaufbau des Reiches, das die Länder ihrer Staatlichkeit beraubte; zur Entstehungsgeschichte: *Bracher/Sauer/Schulz*, Die nationalsozialistische Machtergreifung, 2.Aufl., 1962, S.619ff.; *Matzerath*, Nationalsozialismus und kommunale Selbstverwaltung, 1970, S.132ff.; *Holtzmann*, Der Weg zur Deutschen Gemeindeordnung, in: Zeitschrift für Politik, 1965, 356ff; *Löw*, Kommunalgesetzgebung im NS-Staat, 1992, S.33ff.; sowie aus zeitgenössischer, nationalsozialistischer Perspektive: *Weidemann*, Zur Entstehungsgeschichte, in: Jahrbuch der Akademie für deutsches Recht 2 (1935), S.90ff.

⁶¹² Entgegen der von namhaften Wissenschaftlern nach dem Ende des Nationalsozialismus vertretenen Ansicht, welche die gerade in ihrem kommunalwirtschaftsrechtlichen Teil für die Gemeindeordnungen in der Bundesrepublik vorbildhafte DGO als „kein typisches nationalsozialistisches Gesetz" charakterisiert haben (*H. Peters*, Lehrbuch der Verwaltung, 1949, S.284f.; vgl. auch *Forsthoff*, Lehrbuch des Verwaltungsrechts, 9.Aufl., 1966, S.493; *Hettlage*, Gestalt- und Bedeutungswandel, in: Tillmanns: Ordnung als Ziel, 1954, S.107 (110) sowie *Becker*, Entwicklung der deutschen Gemeinden, in: HkWP 1, 1956, S.62 (104): „[...] lässt man also die Probleme der inneren Gemeindeverfassung außer Betracht, so kann man der DGO in mancher Hinsicht die Anerkennung eines recht brauchbaren Kommunalgesetzes nicht versagen"), hat *Matzerath*, Nationalsozialismus und kommunale Selbstverwaltung, 1970, S.156ff. differenzierend auf die prägende Bedeutung der nationalsozialistischen politischen Bestimmungen im Umfeld einer auf die Verwirklichung des zentralistischen Willens von Staat und Partei zugeschnittenen Rechtsordnung hingewiesen; *Holtzmann*, Der Weg zur Deutschen Gemeindeordnung, in: Zeitschrift für Politik, 1965, 356 (366) resümiert, dass das „technisch Vollkommenste" nicht immer auch das Richtige sei; vgl. auch *Engeli/Haus*, Quellen zum modernen Gemeindeverfassungsrecht, 1975, S.674f.; *Ziebill*, Politische Parteien, 1964, S.25f.; *Hendler*, Selbstverwaltung als Ordnungsprinzip, 1984, S.177.

⁶¹³ „Die Deutsche Gemeindeordnung will die Gemeinden in enger Zusammenarbeit mit Partei und Staat zu höchsten Leistungen befähigen und sie damit instand setzen, im wahren Geiste des Schöpfers gemeindlicher Selbstverwaltung, des Reichsfreiherrn vom Stein, mitzuwirken an der Erreichung des Staatszieles: in einem einheitlichen, von nationalem Willen durchdrungenen Volke die Gemeinschaft wieder vor das Einzelschicksal zu stellen, Gemeinnutz vor Eigennutz zu setzen und unter Führung der Besten des Volkes die wahre Volksgemeinschaft zu schaffen [...]"; vgl. dazu aus dem Schrifttum bspw. auch *Hedemann*, Deutsches Wirtschaftsrecht, 1939, S.182f.: „Und von der Ruhmestat des Freiherrn vom Stein [...] führt eine gerade Linie zu der schwungvollen und gehaltreichen nationalsozialistischen Deutschen Gemeindeordnung vom 30. Januar 1935 [...]".

I. 3. f) Aufhebung der partizipativen Selbstverwaltung im Nationalsozialismus

der Gemeinden in das von der gesamten Volksgemeinschaft getragene Reich angestrebt wurde[614], nimmt sich angesichts der getroffenen Regelungen als Lippenbekenntnis und im Grunde fast schon höhnisch aus[615]. So wurde die grundlegende Regelung, wonach sich die Gemeinden selbst unter eigener Verantwortung verwalten[616], noch im selben Absatz dadurch konterkariert, dass ihr Wirken im Einklang nicht nur mit den Gesetzen, sondern auch „mit den Zielen der Staatsführung" zu stehen hatte[617]. Dass es der DGO mit der Ausrichtung der Gemeinden auf den gesamtstaatlichen Willen ernst war, bestätigt die Generalklausel über Inhalt und Umfang der Staatsaufsicht, nach welcher der Staat die Gemeinde beaufsichtigt, um sicherzustellen, dass sie im Einklang mit den Gesetzen und den Zielen der Staatsführung verwaltet wird[618]. Darüber hinaus wurden dem „Beauftragten der NSDAP" zur Sicherung des Einklangs der Gemeindeverwaltung mit der Partei Mitwirkungsrechte eingeräumt[619]. Ihren Höhepunkt fand die Eingliederung der Gemeinden als untere Verwaltungsebene in einen hierarchisch durchstrukturierten Zentralstaat im Zusammenhang mit den Kriegsvorbereitungen im Führererlass vom 28. August 1939, der den Aufsichtsbehörden Weisungsbefugnisse gegenüber den Gemeinden einräumte[620]. Über diese Einflussnahmemöglichkeiten von Staat und Partei hinausgehend wurde der Zuständigkeitsbereich der Gemeinden während des

---

[614] Vgl. zu dieser Umdeutung der Steinschen Partizipationsphilosophie für die nationalsozialistische Auffassung von Selbstverwaltung z.B. auch *Voigt*, Die Selbstverwaltung, 1938, S. 232; *Fiehler*, Deutsches Gemeinderecht, S. 8 ff.

[615] Vgl. auch *H. Peters*, Lehrbuch der Verwaltung, 1949, S. 290.

[616] § 1 Abs. 2 S. 2 DGO.

[617] § 1 Abs. 2 S. 3 DGO; *Gönnenwein*, Gemeinderecht, 1963, S. 24; *Drews*, Das neue preußische Gemeindeverfassungsrecht, in: JW 1934, 197 führt bereits zum preußischen Gemeindeverfassungsrecht vom 15. Dezember 1933 aus, dass „im Einklang mit den Zielen der Staatsführung" bedeute, dass die Gemeinden verpflichtet seien, ihre Verwaltung so zu führen, wie es die Staatsregierung im Interesse der Gesamtheit oder der einzelnen Teile des Staates vom höheren Gesichtspunkt aus für zweckmäßig und geboten erachte.

[618] § 106 Abs. 1 S. 1 DGO; nach § 106 Abs. 1 S. 2 DGO sollte die Aufsicht so gehandhabt werden, dass die Entschlusskraft und Verantwortungsfreudigkeit der Gemeindeverwaltung gefördert und nicht beeinträchtigt wird; *Voigt*, Die Selbstverwaltung, 1938, S. 237 f. sieht in der Erstreckung der Staatsaufsicht auf die Frage, ob Maßnahmen der Selbstverwaltungskörper mit den Zielen der Staatspolitik in Einklang stehen, eines der zentralen Mittel der nationalsozialistischen Gesetzgebung, um die Selbstverwaltung „strengstens auf die Ziele des Staates und damit auf die Gesamtheit des Volkes" auszurichten; für *Jeß*, Körperschaften des öffentlichen Rechts, 1935, S. 18 f. ist Staatsaufsicht Mittel zur „Staatsführung"; vgl. auch *H. P. Ipsen*, Über Selbstverwaltung, in: Jahrbuch für Kommunalwissenschaft 4 (1937), S. 1 ff. (insbes. 11 ff.); vgl. zum Ganzen auch *Matzerath*, Nationalsozialismus und kommunale Selbstverwaltung, 1970, S. 158.

[619] § 6 Abs. 2 S. 2 DGO; *Becker*, Entwicklung der deutschen Gemeinden, in: HkWP 1, 1956, S. 62 (104) führt aus, dass sich das beschränkte Mitwirkungsrecht der NSDAP nach der DGO in der Praxis contra legem zu einer unbeschränkten Intervention der NSDAP in der Kommunalpolitik entwickelt habe; vgl. zum Ganzen auch *Bracher/Sauer/Schulz*, Die nationalsozialistische Machtergreifung, 2. Aufl., 1962, S. 621; *Löw*, Kommunalgesetzgebung im NS-Staat, 1992, S. 121 ff.

[620] Erlass des Führers und Reichskanzlers über die Vereinfachung der Verwaltung vom 28. 08. 1939, RGBl. I, S. 1535; *Holtzmann*, Der Weg zur Deutschen Gemeindeordnung, in: Zeitschrift für Politik, 1965, 356 (365 f.).

Nationalsozialismus ausgedünnt, indem kommunale Angelegenheiten zunehmend auf Sonderbehörden des Staats und der Partei verlagert wurden[621].

Im Hinblick auf das partizipative Element der Selbstverwaltung kappte die DGO die prägende demokratische Verbindungslinie zwischen den Gemeindebürgern einerseits und deren kommunalen Repräsentanten andererseits, indem sie keine Wahl der gemeindlichen Vertretungskörperschaft durch die Bürger mehr vorsah[622]. Gemeinderäte (in den Städten: „Ratsherren"[623]) wurden vielmehr im Benehmen mit dem Bürgermeister vom Beauftragten der NSDAP berufen, wobei u. a. auf „nationale Zuverlässigkeit" der Kandidaten zu achten war[624]. Die unter diesen Voraussetzungen ernannten Gemeinderäte besaßen keine Entscheidungsbefugnisse[625]. Als eine Art Puffer oder Mittler zwischen Bevölkerung und Gemeindeverwaltung oblag ihnen vielmehr lediglich, den Bürgermeister zu beraten und dessen Maßnahmen in der Bevölkerung Verständnis zu verschaffen[626]. Der Bürgermeister, der in Umsetzung des „Führerprinzips" die Verwaltung in voller und ausschließlicher Verantwortung leitete[627], wurde seinerseits ebenfalls nicht gewählt, sondern vom Beauftragten der NSDAP in Zusammenarbeit mit staatlichen Stellen eingesetzt[628]. Partizipative Konzepte einer Beteiligung der Bürger an der Verwaltung ihrer Angelegenheiten insbesondere durch die Wahl von Repräsentanten wurden so demontiert[629].

---

[621] *Gönnenwein*, Gemeinderecht, 1963, S. 24; *Matzerath*, Nationalsozialismus und kommunale Selbstverwaltung, 1970, S. 369 ff.; *Engeli/Haus*, Quellen zum modernen Gemeindeverfassungsrecht, 1975, S. 675; *Hendler*, Selbstverwaltung als Ordnungsprinzip, 1984, S. 175.

[622] *Bracher/Sauer/Schulz*, Die nationalsozialistische Machtergreifung, 2. Aufl., 1962, S. 621; *Hendler*, Selbstverwaltung als Ordnungsprinzip, 1984, S. 175; *Löw*, Kommunalgesetzgebung im NS-Staat, 1992, S. 222 ff.; vgl. auch die billigende zeitgenössische Stellungnahme von *E. R. Huber*, Die Gestalt des deutschen Sozialismus, 1934, S. 35 zur Abschaffung des Wahlprinzips in der Selbstverwaltung: „Wer diese Organe bestellt, ist gleichgültig, wenn sie ihre Arbeit nur aus der Lebensmitte des genossenschaftlichen Seins heraus vollziehen. Die Wahl der Organe durch die Mitglieder hat oft genug dazu geführt, dass an die Spitze von Körperschaften starre Bürokraten gekommen sind; die Wahl hat hier die bürokratische Staatsverwaltung zur Folge gehabt. Umgekehrt kann die Berufung der Führer durch den Staat, wird sie im richtigen Geiste vollzogen, die genossenschaftliche Selbstverwaltung bewirken".

[623] § 48 Abs. 2 DGO.

[624] § 51 Abs. 1 S. 1 und 2 DGO; *Voigt*, Die Selbstverwaltung, 1938, S. 237.

[625] *Löw*, Kommunalgesetzgebung im NS-Staat, 1992, S. 169, 171.

[626] § 48 Abs. 1 DGO; *Gönnenwein*, Gemeinderecht, 1963, S. 24; *Melzer*, Die Wandlung des Begriffsinhalts, 1937, S. 175 f.; *Lang*, Politische oder juristische Selbstverwaltung, 1937, S. 92.

[627] § 32 Abs. 1 DGO; *Bracher/Sauer/Schulz*, Die nationalsozialistische Machtergreifung, 2. Aufl., 1962, S. 621; *Becker*, Selbstverwaltung als verfassungsrechtliche Grundlage, in: HkWP 1, 1956, S. 113 (154); *Voigt*, Die Selbstverwaltung, 1938, S. 239 spricht im Hinblick auf die Stellung des Bürgermeisters davon, dass die Deutsche Gemeindeordnung völlig vom „Führerprinzip" durchdrungen sei; vgl. auch *Fuchs*, Germanische und englische Selbstverwaltung, ca. 1936, S. 38 f.; *Fiehler*, Deutsches Gemeinderecht, S. 14 f.

[628] § 41 DGO; *Voigt*, Die Selbstverwaltung, 1938, S. 237; vgl. zum preußischen Gemeindeverfassungsrecht vom 15. Dezember 1933: *Drews*, Das neue preußische Gemeindeverfassungsrecht, in: JW 1934, 197 (199 f.).

[629] *Bracher/Sauer/Schulz*, Die nationalsozialistische Machtergreifung, 2. Aufl., 1962, S. 621; *Hendler*, Selbstverwaltung als Ordnungsprinzip, 1984, S. 182; *Löw*, Kommunalgesetzgebung im NS-Staat, 1992, S. 171 f.

I. 3. f) Aufhebung der partizipativen Selbstverwaltung im Nationalsozialismus

Die im praktisch besonders wichtigen Bereich der kommunalen Selbstverwaltung exemplarisch verwirklichte Denaturierung der partizipativen Selbstverwaltungskörperschaften zu nach dem Führerprinzip hierarchisch gestalteten, dem Einfluss der Partei unterworfenen und streng in den Gesamtstaat integrierten Verwaltungseinheiten[630], wurde auch in den anderen Bereichen der Selbstverwaltung – wenn auch teilweise mit unterschiedlicher Intensität – umgesetzt[631]. So wurden die Landwirtschafts- und Bauernkammern noch im Jahr der Machtübernahme durch den reichseinheitlichen Reichsnährstand ersetzt, der zwar als Selbstverwaltungskörperschaft bezeichnet wurde[632], tatsächlich aber eine hierarchisch organisierte, eng in den totalitären Staat integrierte Organisation war[633]. Die Industrie- und Handelskammern, die Handwerkskammern und die Handwerksinnungen

---

[630] *Weidemann*, Die Selbstverwaltung der Gemeinden, in: Frank, Deutsches Verwaltungsrecht, 1937, S. 185 (194): „Besonderer Wert wird vom Gesetz auf die vorbehaltlose Einordnung der Gemeinden in den Staat gelegt"; *Fiehler*, Deutsches Gemeinderecht, S. 8: „[...] eingefügt in den auf absoluter willensmäßiger Einheit stehenden Führerstaat."; Vorwort von *Markmann*, in: Fuchs, Germanische und englische Selbstverwaltung, ca. 1936, S. 5f.; *Voigt*, Die Selbstverwaltung, 1938, S. 238f.: „Aus allen gesetzgeberischen Maßnahmen des nationalsozialistischen Staats spricht das Bestreben, die inneren Beziehungen zwischen Staat und Selbstverwaltung nicht mehr allein auf das Gebiet der Staatsaufsicht und einer – meist verfassungsmäßig gehemmten Gesetzgebung zu beschränken, sondern Staat und NSDAP als Führer der Selbstverwaltungsgemeinschaft zu betrachten."; vgl. auch a.a.O., S. 244f.; *Forsthoff*, Nationalsozialismus und Selbstverwaltung, in: Frank, Deutsches Verwaltungsrecht, 1937, S. 176 (183) spricht von einer „Verklammerung von Staat und Selbstverwaltung durch die Partei", welche die neuartige und unvergleichbare Rechtsstellung der Selbstverwaltungsgebilde im Staat kennzeichne; *Hedemann*, Deutsches Wirtschaftsrecht, 1939, S. 189f.; vgl. auch BVerfGE 11, 266 (275): „Unter der Herrschaft des nationalsozialistischen Regimes wurde die Selbstverwaltung gleichgeschaltet und damit ihrer Substanz beraubt. Die Einführung des Führerprinzips und die Beschränkung der Zuständigkeiten der Gemeindevertretungen auf beratende Funktionen machten die „Selbstverwaltung" zu einer bloßen Verwaltungsform des zentralistisch gesteuerten Einheitsstaates"; *Bracher/Sauer/Schulz*, Die nationalsozialistische Machtergreifung, 2. Aufl., 1962, S. 625; *Friedrich*, Der Verfassungsstaat der Neuzeit, 1953, S. 290; *Kluth*, in: Wolff/Bachof/Stober, Verwaltungsrecht, Bd. 3, 5. Aufl., 2004, S. 639.

[631] *Hendler*, Selbstverwaltung als Ordnungsprinzip, 1984, S. 177ff.; *Salzwedel*, Selbstverwaltung in der Sozialversicherung, in: Verhandlungen des deutschen Sozialgerichtsverbandes, 1966, S. 50 (51f.); *E.R. Huber*, Selbstverwaltung der Wirtschaft, 1958, S. 25; vgl. auch die zeitgenössischen Stellungnahmen von *Voigt*, Die Selbstverwaltung, 1938, S. 237ff.; *E.R. Huber*, Die Selbstverwaltung der Berufsstände, in: Frank, Deutsches Verwaltungsrecht, 1937, S. 239ff.; *Herm. Peters*, Rechtsnatur, Organisation und Aufgaben, 1941, S. 15ff.; *Richter*, Führertum und Selbstverwaltung, in: AöR 1935, 187ff.; *Jeß*, Körperschaften des öffentlichen Rechts, 1935, S. 41ff.; *Forsthoff*, Nationalsozialismus und Selbstverwaltung, in: Frank, Deutsches Verwaltungsrecht, 1937, S. 176: „Die Gesetzgebung des nationalsozialistischen Staates hat in dem Vorspruch zur Reichsgemeindeordnung vom 30. Januar 1935 ein klares Bekenntnis zur Selbstverwaltung abgelegt. Darüber hinaus lassen sich Gesetze und Verordnungen in großer Zahl anführen, die entweder an überkommene Formen der Selbstverwaltung anknüpfen, um sie im Sinne nationalsozialistischer Staatsgestaltung umzuprägen, oder neue und zum Teil sehr umfassende Selbstverwaltungsgebilde ins Leben gerufen haben".

[632] § 1 Abs. 2 S. 1 Erste Verordnung über den vorläufigen Aufbau des Reichsnährstandes vom 08.12.1933, RGBl. I, S. 1060: „Der Reichsnährstand ist eine Selbstverwaltungskörperschaft des öffentlichen Rechts."

[633] Näher zum Reichsnährstand: unten S. 796ff. sowie *Sauer*, Landwirtschaftliche Selbstverwaltung, 1957, S. 20ff.; *Haushofer*, Reichsnährstand, in: HAR, Bd. 2, 1982, Sp. 668ff.; *Frank*, Der „Reichsnährstand", 1988, insbes. S. 115ff.

wurden intern nach dem Führerprinzip restrukturiert und in einen neuen hierarchischen Aufbau der gewerblichen Wirtschaft eingebunden[634]. Das Zusammenspiel der vormals entweder – wie bei den Innungen – von den Mitgliedern des jeweiligen Selbstverwaltungskörpers selbst gebildeten oder aber – wie bei den Kammern – durch deren Wahl bestimmten Beschlussorgane mit von diesen bestimmten Vollzugsorganen wurde durch eine hierarchische Binnenstruktur mit einem Führer an der Spitze ersetzt, dem ein aus ernannten Mitgliedern bestehendes, nicht demokratisch legitimiertes Gremium lediglich beratend zur Seite stand[635].

Insgesamt greift es nicht zu weit, von einer Demontage der Selbstverwaltung im NS-Staat zu sprechen[636]. Angesichts der Beseitigung partizipativer Strukturen innerhalb der verschiedenen Selbstverwaltungsbereiche und der Denaturierung der Selbstverwaltungskörper zu hierarchisch strukturierten Verwaltungseinheiten, die letztlich nur eine untere Verwaltungsebene zur Verwirklichung des von Partei und Staat gebildeten Zentralwillens darstellten[637], blieb vom überkommenen Wesen der Selbstverwaltung nur wenig übrig[638].

---

[634] Näher dazu unten S. 342 ff. und 593 ff.; *Weike*, Der Aufbau der gewerblichen Wirtschaft, 1935, S. 5 ff.; *Großmann-Doerth*, Wirtschaftsrecht, S. 43 ff.; *Spitz*, Die Organisation des Deutschen Handwerks, 1936, S. 30 ff.; *E. R. Huber*, Die Selbstverwaltung der Berufsstände, in: Frank, Deutsches Verwaltungsrecht, 1937, S. 239 (252 ff.); *Teschemacher*, Handbuch des Aufbaus der gewerblichen Wirtschaft, Bd. III, 1937, S. 1 ff.; *Wernet*, Soziale Handwerksordnung, 1939, S. 455 ff.; *Herm. Peters*, Rechtsnatur, Organisation und Aufgaben, 1941, S. 15 ff.; *Heinz*, Die geschichtliche Entwicklung, 1958, S. 109 ff.; *Bracher/Sauer/Schulz*, Die nationalsozialistische Machtergreifung, 2. Aufl., 1962, S. 647 ff.; *Chesi*, Struktur und Funktionen der Handwerksorganisation, 1966, S. 31 ff.; *Kolbenschlag/Patzig*, Die deutsche Handwerksorganisation, 1968, S. 20 f.; *Stremmel*, Kammern der gewerblichen Wirtschaft, 2005, S. 92 ff.

[635] Vgl. etwa *Fuchs*, Germanische und englische Selbstverwaltung, ca. 1936, S. 38 f.; *Gönnenwein*, Gemeinderecht, 1963, S. 24.

[636] *Bracher/Sauer/Schulz*, Die nationalsozialistische Machtergreifung, 2. Aufl., 1962, S. 627: „Der Begriff der Selbstverwaltung unterlag in der nationalsozialistischen Ära einer geradezu radikalen Entleerung und Relativierung, die ihn für diese Zeit in krasser Weise von seiner Herkunft und Vergangenheit abhebt und jegliche Vergleichsmöglichkeit mit Institutionen der Selbstverwaltung außerhalb Deutschlands entfallen lässt."; *Hendler*, Selbstverwaltung als Ordnungsprinzip, 1984, S. 181; *Engeli/Haus*, Quellen zum modernen Gemeindeverfassungsrecht, 1975, S. 675; vgl. auch BVerfGE 11, 266 (275).

[637] *Voigt*, Die Selbstverwaltung, 1938, S. 237: „In den neuen Rechtsnormen über die Selbstverwaltung kam es dem Gesetzgeber vor allem darauf an, alle Sicherungen zu treffen, damit keinerlei Dualismus zwischen Staat und Selbstverwaltung mehr auftreten kann. Die Selbstverwaltung soll vielmehr strengstens auf die Ziele des Staates und damit auf die Gesamtheit des Volkes ausgerichtet sein."; vgl auch a.a.O., S. 238 f., 244: „In einem starken vom Gesamtvolk getragenen Staat besteht aber gar kein Zweifel, dass die Selbstverwaltung sich absolut und vollständig der Führung des Staates unterzuordnen hat. Nur und ausschließlich auf den Gesamtstaat hat sich die Selbstverwaltung in allen ihren Lebensäußerungen auszurichten."; *Fuchs*, Germanische und englische Selbstverwaltung, ca. 1936, S. 38 f.

[638] *Bracher/Sauer/Schulz*, Die nationalsozialistische Machtergreifung, 2. Aufl., 1962, S. 625 f.; *Gönnenwein*, Gemeinderecht, 1963, S. 24; *Laux*, Kommunale Selbstverwaltung, in: FS v. Unruh, 1983, S. 51 (64 f.); *Hendler*, Selbstverwaltung als Ordnungsprinzip, 1984, S. 177; *Becker*, Selbstverwaltung, in: Staatslexikon, 6. Aufl., 1962, 7. Bd., Sp. 45; *Salzwedel*, Staatsaufsicht in der Verwaltung, in: VVDStRL 22 (1965), S. 206 (231).

I. 3. f) Aufhebung der partizipativen Selbstverwaltung im Nationalsozialismus

bb) Die Aufgabe des partizipativen Elements durch die Wissenschaft am Beispiel Fritz Voigts

Während die Wissenschaft in den ersten Jahren des Nationalsozialismus die überkommenen Selbstverwaltungsbegriffe, insbesondere den auf Laband und Rosin zurückgehenden korporativen Selbstverwaltungsbegriff, in verschiedenen Spielarten weiter vertrat[639], schlug sich die Demontage der Selbstverwaltung in der Verfassungs- und Verwaltungswirklichkeit nach 1933 auch bald in der Literatur nieder. In der zweiten Hälfte der dreißiger Jahre dominierten Stellungnahmen in der Wissenschaft, die darauf abzielten, den Begriff der Selbstverwaltung der veränderten Rechtswirklichkeit anzupassen[640]. So bemühte sich die herrschende Lehre darum, den Begriff der Selbstverwaltung unter Aufgabe der Trennung zwischen einem juristischen und einem politischen Selbstverwaltungsbegriff an die nationalsozialistische Ideologie anzupassen und im Sinne einer geborenen Organisationsform völkischer Gemeinschaftsbildung neu zu fassen[641]. Indem der Selbstverwaltungsbegriff seiner zentralen Elemente, insbesondere einer gewissen Staatsdistanziertheit der Selbstverwaltungseinheit als juristischer Person einerseits und des partizipativen Elements andererseits, beraubt wurde, entstand letztlich ein nationalsozialistischer Selbstverwaltungsbegriff, der – entgegen propagandistischen Anrufungen insbesondere des Freiherrn vom Stein[642] – mit dem überkommenen Selbstverwaltungsbegriff nur wenig zu tun hatte[643].

---

[639] *Elleringmann*, Begriff und Wesen, 1936, S. 19 ff., 45 ff.; *Steimle*, Über Begriff und Wesen, in: VerwArch. 41 (1936), 18 (21 ff.), in dessen historischer Untersuchung sich allerdings die Zeitläufte bereits deutlich bemerkbar machen (vgl. bspw. a.a.O., 23 f., 44 f.); Ähnliches gilt für *Koellreutter*, Deutsches Verwaltungsrecht, 2. Aufl., 1938, S. 68 ff., der explizit die Unterscheidung zwischen politischer und juristischer Selbstverwaltung für überholt erklärt.

[640] So etwa bereits *Drews*, Das neue preußische Gemeindeverfassungsrecht, in: JW 1934, 197 (200); *Höhn*, Rechtsgemeinschaft, in: DR 1935, 233 (234); *Bode*, Das politische Prinzip der Selbstverwaltung, 1936, S. 18 f., 72 ff.; *Krüger*, Die Aufgaben der Gemeinde, in: ZStW 96 (1936), 593 (621 ff.); *Fuchs*, Germanische und englische Selbstverwaltung, ca. 1936, S. 36 ff.; *Forsthoff*, Nationalsozialismus und Selbstverwaltung, in: Frank, Deutsches Verwaltungsrecht, 1937, S. 176 ff.; *H.P. Ipsen*, Über Selbstverwaltung, in: Jahrbuch für Kommunalwissenschaft 4 (1937), S. 1 ff.; *Lang*, Politische oder juristische Selbstverwaltung, 1937, S. 72 ff.; *Melzer*, Die Wandlung des Begriffsinhalts, 1937, S. 134 ff.; *Merz*, Die berufsständische Gliederung, 1937, S. 39; *Voigt*, Die Selbstverwaltung, 1938, insbes. S. 177 ff.

[641] Vgl. insbes. *Voigt*, Die Selbstverwaltung, 1938, S. 194 ff.; *Forsthoff*, Nationalsozialismus und Selbstverwaltung, in: Frank, Deutsches Verwaltungsrecht, 1937, S. 176, insbes. 181 ff.; *Fuchs*, Germanische und englische Selbstverwaltung, ca. 1936, S. 38 ff.; *Lang*, Politische oder juristische Selbstverwaltung, 1937, S. 72 ff.

[642] Vgl. zu den durch die häufigen Bezugnahmen auf den Freiherrn vom Stein in der offiziellen Rhetorik initiierten Bemühungen der zeitgenössischen Wissenschaft, Gemeinsamkeiten der nationalsozialistischen Selbstverwaltungslehre mit Steins Auffassungen zu betonen, aber auch Unterschiede herauszuarbeiten exemplarisch: *Melzer*, Die Wandlung des Begriffsinhalts, 1937, S. 178 ff.

[643] *Hendler*, Selbstverwaltung als Ordnungsprinzip, 1984, S. 177; *Löw*, Kommunalgesetzgebung im NS-Staat, 1992, S. 222 ff.; *Ramin*, Geschichte der Selbstverwaltungsidee, 1972, S. 197 f. führt aus, dass die Elemente der Selbstverwaltung, z.B. die Rechtspersönlichkeit des Verbands, das Ehrenamt, die Selbstverantwortlichkeit und die Wahl der Organe, durch unklare Wertvor-

Das Ringen verschiedener Autoren darum, den Begriff und das Konzept der Selbstverwaltung zwar einerseits auf ihre historischen Wurzeln zurückzuführen, dann aber doch an die positivrechtlichen Vorgaben des hierarchischen nationalsozialistischen Führerstaats anzupassen, wird in der 1938 publizierten Monographie „Die Selbstverwaltung als Rechtsbegriff und juristische Erscheinung" von *Fritz Voigt* exemplarisch deutlich. Voigt betont im Anschluss an eine Darstellung der geschichtlichen Wurzeln der Selbstverwaltung, dass die grundlegende Umgestaltung der politischen Stellung der Selbstverwaltung im nationalsozialistischen Staat auch Rückwirkungen auf den Begriff der Selbstverwaltung haben müsse[644]. Die eigentlichen Triebkräfte der Selbstverwaltung gingen stets auf die „Lebenskraft einer engeren Gemeinschaft" zurück[645]. Maßgebend für das Wirken und die Entwicklung der Selbstverwaltung – als Erscheinung sowie als Begriff – sei stets das Leben einer engeren Gemeinschaft, nie der Charakter einer juristischen Form gewesen[646]. Wesen und auch juristischer Kern der Selbstverwaltung könnten daher am besten als die politische Lebensform engerer Gemeinschaften gekennzeichnet werden[647]. In der Geschichte sei dann Selbstverwaltung entstanden, wenn der Staat einer bestimmten Aufgabe nicht dieselbe Bedeutung zugemessen habe, wie die entsprechende Gemeinschaft[648]. Im Nationalsozialismus hingegen wachse „der Staat aus dem Fühlen des Volkes heraus", was dazu führe, dass Selbstverwaltungskörper auch durch Staatsinitiative und in enger Verbindung mit dem Staat entstünden[649]. Entspreche der Staat „dem inneren Fühlen des Volks", dann sehe man den fruchtbarsten Einsatz aller Selbstverwaltungskräfte für diesen Staat[650]. Im nationalsozialistischen Staat sei daher dieselbe Selbstverwaltung, die dem Staat im Liberalismus unvereinbar gegenüber gestanden habe, „ein Mittel für den Staat"[651]. Während die Selbstverwaltung im Liberalismus also in einer Oppositionsstellung zum Staat gestanden habe, sei der Dualismus zwischen Selbstverwaltung und Staat im Natio-

---

stellungen wie Heimatliebe, Religion, Sitte und Brauchtum als Grundlage gemeinsamer Willensbildung ersetzt worden seien.

[644] *Voigt*, Die Selbstverwaltung, 1938, S. 177.
[645] *Voigt*, Die Selbstverwaltung, 1938, S. 200; vgl. auch *Forsthoff*, Nationalsozialismus und Selbstverwaltung, in: Frank, Deutsches Verwaltungsrecht, 1937, S. 176 (181 f.); *Krüger*, Die Aufgaben der Gemeinde, in: ZStW 96 (1936), 593 (621 f.); *Melzer*, Die Wandlung des Begriffsinhalts, 1937, S. 137 f.
[646] *Voigt*, Die Selbstverwaltung, 1938, S. 201, 212, 238, 242, 258; vgl. auch *Höhn*, Rechtsgemeinschaft, in: DR 1935, 233 (234).
[647] *Voigt*, Die Selbstverwaltung, 1938, S. 202, 212, 249; vgl. auch *Gerber*, Genossenschaftliche Verwaltung im nationalsozialistischen Staate, in: AöR 1934, 82 (86 ff.).
[648] *Voigt*, Die Selbstverwaltung, 1938, S. 206 f.
[649] *Voigt*, Die Selbstverwaltung, 1938, S. 206.
[650] *Voigt*, Die Selbstverwaltung, 1938, S. 209.
[651] *Voigt*, Die Selbstverwaltung, 1938, S. 177, 210, 244: „Der Wesenskern der Selbstverwaltung liegt demnach stets in der sittlichen Pflicht; in dem Streben, aus den Kräften der Gemeinschaft das Beste und Höchste für die Gemeinschaft herauszuholen".

I. 3. f) Aufhebung der partizipativen Selbstverwaltung im Nationalsozialismus 107

nalsozialismus aufgelöst[652]. Dies impliziere, dass sich die Selbstverwaltung „in all ihren Lebensäußerungen" umfassend auf den Gesamtstaat auszurichten habe[653].

Dem Staat komme die Aufgabe der Führung zu, denn ohne „kraftvolle Führung" werde die Selbstverwaltung oft zu einer Gefahrenquelle für die Volksgesamtheit und den Staat[654]. Führen könne indes nur ein Staat, der ein Teil des eigenen Wesens der Selbstverwaltungsgemeinschaften sei, in dem das (deutsche) Volk eine Verwirklichung „seines eigenen Wesens" sehe[655]. Die Selbstverwaltung sei nun aber gerade ein Mittel für den Staat, den Einzelnen in seiner Sonderheit und seiner Persönlichkeit zu erfassen und so die „schöpferischen Kräfte im Volk" am besten an sich heranzuziehen[656]. Der Hauptwert der Selbstverwaltung liege nicht in einer besonders guten oder billigen Erfüllungsmöglichkeit öffentlicher Aufgaben, sondern vor allem im „Seelischen". Dem Einzelnen werde in der Selbstverwaltung ein „Standort im Staat" gegeben und ein „kämpferisches Ziel" gezeigt.

Für Voigt sind Selbstverwaltungskörper letztlich Organisationseinheiten von Volksteilen, Zellen des staatlich organisierten Gesamtvolkes[657], deren Aufgabe und Wesen darin bestehe, den angestrebten Gleichklang zwischen dem Gesamtvolk und dem organisierten Einzelnen zu erzeugen[658]. Die Ziele und Interessen der Ge-

---

[652] *Voigt*, Die Selbstverwaltung, 1938, S. 177; vgl. auch: *Lang*, Politische oder juristische Selbstverwaltung, 1937, S. 85; *Weidemann*, Die Selbstverwaltung der Gemeinden, in: Frank, Deutsches Verwaltungsrecht, 1937, S. 185 (192); *Melzer*, Die Wandlung des Begriffsinhalts, 1937, S. 160 ff.; *Forsthoff*, Nationalsozialismus und Selbstverwaltung, in: Frank, Deutsches Verwaltungsrecht, 1937, S. 176 (183): „Die nationalsozialistische Selbstverwaltung, als verfasstes Eigenleben eines besonderen Lebenskreises verstanden, kann mit dem spezifisch liberalen Autonomiebegriff nicht mehr in Verbindung gesetzt werden".
[653] *Voigt*, Die Selbstverwaltung, 1938, S. 244f.; *Fuchs*, Germanische und englische Selbstverwaltung, 1936, S. 40; *Forsthoff*, Nationalsozialismus und Selbstverwaltung, in: Frank, Deutsches Verwaltungsrecht, 1937, S. 176 (181): „Das Eigenleben im Rahmen der nationalsozialistischen Selbstverwaltung ist nicht staatsfrei und kann es nicht sein. Es ist nicht durch Schranken gesichert, die der Staat nicht zu überschreiten vermöchte; es ist lediglich ein Sonderfall des von Staat und Bewegung geleiteten und betreuten Volkslebens".
[654] *Voigt*, Die Selbstverwaltung, 1938, S. 215; vgl. auch *Krüger*, Die Aufgaben der Gemeinde, in: ZStW 96 (1936), 593 (603); *Drews*, Das neue preußische Gemeindeverfassungsrecht, in: JW 1934, 197 (199).
[655] *Voigt*, Die Selbstverwaltung, 1938, S. 216.
[656] *Voigt*, Die Selbstverwaltung, 1938, S. 216f.; vgl. auch *Jeß*, Körperschaften des öffentlichen Rechts, 1935, S. 16f.
[657] *Voigt*, Die Selbstverwaltung, 1938, S. 247; *Melzer*, Die Wandlung des Begriffsinhalts, 1937, S. 160 ff., 194; *Forsthoff*, Nationalsozialismus und Selbstverwaltung, in: Frank, Deutsches Verwaltungsrecht, 1937, S. 182: „Alle Selbstverwaltungskörper sind Zellen des Staates. Ihre Aufgaben können von denen des Staates nicht mehr, wie früher, qualitativ getrennt werden"; *Steimle*, Über Begriff und Wesen, in: VerwArch. 41 (1936), 18 (45): „Die kommunale Selbstverwaltung hat keine geringere Aufgabe als die, die deutsche Volksgemeinschaft zu bauen und zu erhalten"; *Krüger*, Die Aufgaben der Gemeinde, in: ZStW 96 (1936), 593 (605).
[658] Vgl. *Voigt*, Die Selbstverwaltung, 1938, S. 237: „Der nationalsozialistische Staat will das Volk als Grundlage seines Staatsaufbaus nehmen. Er will lediglich Mittel sein, um das deutsche Volk zu schützen und zu höchsten Leistungen zu befähigen. Er muss deshalb die Selbstverwaltung als Grundelement des Staatsaufbaus einsetzen und hat dies getan. Der Dualismus zwischen Staat und Volk, der die Zeit des Reichsfreiherrn vom Stein und das gesamte 19. Jahrhundert in seinen gesetzgeberischen Maßnahmen beeinflusst hatte, ist verschwunden. [...] Der gesamte Staat

samtheit haben für ihn dabei absoluten Vorrang, und die Staatsaufsicht muss seiner Ansicht nach die äußere Garantie dafür sein, dass sich die Selbstverwaltung nie in Widerspruch zu den Zielen und Aufgaben der Gesamtheit setzen könne[659]. Eine Partizipation der Mitglieder der Selbstverwaltungskörperschaft bspw. durch die Wahl von Repräsentanten lehnt Voigt in seiner völkischen Selbstverwaltungskonzeption, der es um die Ausrichtung des Einzelnen auf das Ganze geht, erwartungsgemäß ab[660]. Was die Willensbildung innerhalb der Selbstverwaltungskörper angehe, spreche zwar eine „gewisse Integrationswirkung" für die Wahl[661]. Eine Wahl oder Abstimmung könne indessen nie den wirklichen Willen der Gemeinschaft ermitteln, da sie von den unzähligen Entscheidungsmöglichkeiten nur einige wenige zur Auswahl stelle. Zudem würden die Stimmen der Nichtbetroffenen und derjenigen, die nichts von der Angelegenheit verstünden, genauso gewertet wie die Stimmen der Betroffenen und derjenigen, die etwas von der Angelegenheit verstünden. Schließlich trügen Wahlen die Gefahr einer Interessenvertretung in sich, da sich der Gewählte stets seinen Unterstützern verpflichtet fühle[662]. Ein „Führer" könne dagegen eher den wirklichen Willen einer Gemeinschaft ausdrücken, vorausgesetzt, dass er auch „wirklicher Führer" sei[663]. Er könne „ausgleichen, wägen, werten"[664]. In der gemeindlichen Selbstverwaltung seien durch Einführung des Führerprinzips mit einem Schlag viele der Schäden geheilt worden, welche die Selbstverwaltung beinahe zerstört hätten[665]. Letztlich sei es unmöglich, das Füh-

---

ist in die Führerverfassung eingegliedert worden. [...]"; *Krüger*, Die Aufgaben der Gemeinde, in: ZStW 96 (1936), 593 (602f.).

[659] *Voigt*, Die Selbstverwaltung, 1938, S. 244 f.; *Fuchs*, Germanische und englische Selbstverwaltung, ca. 1936, S. 41; vgl. auch *Forsthoff*, Nationalsozialismus und Selbstverwaltung, in: Frank, Deutsches Verwaltungsrecht, 1937, S. 176 (183 f.); *H. P. Ipsen*, Über Selbstverwaltung, in: Jahrbuch für Kommunalwissenschaft 4 (1937), S. 1 (11 f.).

[660] Vgl. auch *Drews*, Das neue preußische Gemeindeverfassungsrecht, in: JW 1934, 197 (199); *Claß*, Die gelenkte Selbstverwaltung, 1941, S. 32 ff.; *Melzer*, Die Wandlung des Begriffsinhalts, 1937, S. 188 ff. spricht sich hingegen für eine (eingeschränkte) Wiederbelebung des Mitwirkungsgedankens aus; *Friesenhahn*, Die Selbstverwaltung öffentlicher Genossenschaften, in: Frank, Deutsches Verwaltungsrecht, 1937, S. 262 (265 f.) differenziert insoweit hingegen zwischen „öffentlichen Genossenschaften" und „natürlichen Gemeinschaften" (zu denen er die Gemeinden und die Berufsstände zählt (vgl. a.a.O., S. 263)). Eine Verwaltungsführung nach dem Führer-Gefolgschaftsverhältnis komme nur bei „natürlichen Gemeinschaften", nicht aber bei „öffentlichen Genossenschaften" in Betracht, bei welchen die Aufrechterhaltung eines aktiven Einflusses der Mitglieder auf die Willensbildung notwendig sei.

[661] *Voigt*, Die Selbstverwaltung, 1938, S. 222.

[662] *Voigt*, Die Selbstverwaltung, 1938, S. 239; vgl. auch *Fuchs*, Germanische und englische Selbstverwaltung, ca. 1936, S. 40.

[663] *Voigt*, Die Selbstverwaltung, 1938, S. 222 f.; vgl. auch *Lang*, Politische oder juristische Selbstverwaltung, 1937, S. 82.; *Melzer*, Die Wandlung des Begriffsinhalts, 1937, S. 141 ff., 162.

[664] *Voigt*, Die Selbstverwaltung, 1938, S. 222.

[665] *Voigt*, Die Selbstverwaltung, 1938, S. 223 f.

rerprinzip[666], welches die Gemeindeordnung von 1935 durchdringe, unter Beibehaltung von Wahlen im Selbstverwaltungskörper zu enfalten[667].

Wie manche andere Apologeten der nationalsozialistischen Selbstverwaltungsgesetzgebung entwarf Voigt so eine an die nationalsozialistische Ideologie angepasste Selbstverwaltungskonzeption. In dieser ging es letztlich darum, die Selbstverwaltung und die in den Selbstverwaltungskörpern organisierten Menschen auf das übergeordnete Ziel des Gesamtstaats und der NSDAP auszurichten[668]. Eine Artikulation partikularer und pluraler Anschauungen und Willensäußerungen mittels partizipativer und demokratischer Selbstverwaltungselemente hatte in diesem System – wie in allen diktatorischen Staatsformen – keinen Raum[669]. An die Stelle einer Einflussnahmemöglichkeit der Bürger trat eine mit weitestgehenden Kompetenzen ausgestattete, von Partei und Staat bestimmte Führergestalt, am idealtypischen Beispiel der kommunalen Selbstverwaltung der Bürgermeister, die vorgeblich den „wirklichen Willen" der im Selbstverwaltungskörper Organisierten, in Wirklichkeit aber die Ziele von Staat und Partei verwirklichen sollte[670].

g) Die Diskussion um den Selbstverwaltungsbegriff und sein partizipatives Element in der Bundesrepublik Deutschland

aa) Wiederherstellung und verfassungsrechtliche Verankerung der Selbstverwaltung nach dem Zweiten Weltkrieg

Nach dem Zusammenbruch des Nationalsozialismus und dem Ende des Zweiten Weltkriegs in Europa am 8. Mai 1945 wurden die verschiedenen Bereiche der Selbstverwaltung, die unter dem Nationalsozialismus demontiert worden waren, zügig wiederbelebt[671]. Die Wiederherstellung der Selbstverwaltung war sowohl für die drei westlichen Besatzungsmächte als auch für die Väter und Mütter der ab 1946

---

[666] Nach *Fuchs*, Germanische und englische Selbstverwaltung, ca. 1936, S. 38 bedeutet das Führerprinzip „alleinige Entscheidung nach unten" und „alleinige Verantwortung nach oben"; vgl. auch *Gerber*, Genossenschaftliche Verwaltung im nationalsozialistischen Staate, in: AöR 1934, 82, (86 ff.); vgl. zum Bereich der Sozialversicherung: *Richter*, Führertum und Selbstverwaltung, in: AöR 1935, 187 ff.

[667] *Voigt*, Die Selbstverwaltung, 1938, S. 239; *Lang*, Politische oder juristische Selbstverwaltung, 1937, S. 82 ff.; *Fuchs*, Germanische und englische Selbstverwaltung, ca. 1936, S. 39 f. misst der Gemeindevertretung im Einklang mit den Regelungen der DGO lediglich eine beratende Funktion zu.

[668] Vgl. auch das Vorwort von *Markmann*, in: Fuchs, Germanische und englische Selbstverwaltung, ca. 1936, S. 5 f.; *Weidemann*, Zur Entstehungsgeschichte, in: Jahrbuch der Akademie für deutsches Recht 2 (1935), S. 90 (109 ff.); *Melzer*, Die Wandlung des Begriffsinhalts, 1937, S. 194; *Jeß*, Körperschaften des öffentlichen Rechts, 1935, S. 16 f.; *H.P. Ipsen*, Über Selbstverwaltung, in: Jahrbuch für Kommunalwissenschaft 4 (1937), S. 1 (11); *Claß*, Die gelenkte Selbstverwaltung, 1941, S. 24 ff.

[669] Vgl. auch *Forsthoff*, Nationalsozialismus und Selbstverwaltung, in: Frank, Deutsches Verwaltungsrecht, 1937, S. 176 (181); *Melzer*, Die Wandlung des Begriffsinhalts, 1937, S. 171 f.

[670] *Ramin*, Geschichte der Selbstverwaltungsidee, 1972, S. 197 f.

[671] *Erler*, Freiheit und Grenze, 1952, S. 9 ff.

entstehenden Landesverfassungen und schließlich des Grundgesetzes der Bundesrepublik Deutschland von großem Interesse, da die mit der Selbstverwaltung untrennbar verbundenen Programmatiken der Dezentralisierung, Subsidiarität und Betroffenenpartizipation es ähnlich wie die Wiederbelebung des Föderalismus ermöglichten, im neuen staatsorganisatorischen Aufbau einen deutlichen Gegenakzent zum überwundenen zentralisierten Kollektivstaat des Nationalsozialismus zu setzen[672].

So wurde die kommunale Selbstverwaltung von den Besatzungsmächten schon bald nach Kriegsende wiedererrichtet, und die ersten demokratischen Wahlen fanden meist auf Gemeindeebene statt, um die Deutschen wieder an die Demokratie heranzuführen[673]. Der hohe Stellenwert, welcher der kommunalen Selbstverwaltung in einem von unten nach oben aufgebauten[674], freiheitlichen Staat zugemessen wurde, manifestierte sich nicht zuletzt auch in den umfangreichen Garantien kommunaler Selbstverwaltung der neuen Landesverfassungen[675]. Mit Inkrafttreten des Grundgesetzes am 23. Mai 1949 brachte schließlich der – anders als seine Vorgängernormen, § 184 Paulskirchenverfassung-1849 und Art. 127 WRV – nicht mehr im Grundrechteteil der Verfassung verortete Art. 28 Abs. 2 GG eine weitreichende institutionelle Garantie kommunaler Selbstverwaltung[676]. Angesichts der Kappung der partizipatorisch-demokratischen Elemente der kommunalen Selbstverwaltung im Nationalsozialismus wurden der institutionellen Garantie verfassungskräftige Mindestanforderungen an die Binnenstruktur der Kommunen zur Seite gestellt. Diese müssen gem. Art. 28 Abs. 1 S. 2 GG über eine Vertretung des Volks verfügen, die aus allgemeinen, unmittelbaren, freien, gleichen und geheimen Wahlen hervorgegangen ist, wobei gem. Art. 28 Abs. 1 S. 4 GG[677] in Gemeinden an die Stelle einer gewählten Körperschaft die Gemeindeversammlung treten kann[678]. Damit hat die kommunale Selbstverwaltung im Grundgesetz eine doppelte demokratische Legitimation erhalten: zum einen sachlich-inhaltlich beim Gesetzesvollzug über die

---

[672] Vgl. auch *Salzwedel*, Staatsaufsicht in der Verwaltung, in: VVDStRL 22 (1965), S. 206 (229f.); *Heffter*, Die deutsche Selbstverwaltung, 2. Aufl., 1969, S. 790f.

[673] *Friedrich*, Der Verfassungsstaat der Neuzeit, 1953, S. 289f.; *Ziebill*, Politische Parteien, 1964, S. 29ff.; zum Beispiel Hessens: *Will*, Entstehung der Verfassung des Landes Hessen, 2009, S. 19ff., 39ff.; *ders.*, Die Konstituierung Hessens, in: ZHG 108 (2003), 231 (244ff.).

[674] So ausdrücklich Art. 11 Abs. 4 Bay. Verf., Art. 3 Abs. 2 Meck.-Vorp. Verf.

[675] Heute sind die kommunalen Selbstverwaltungsgarantien landesverfassungsrechtlich geregelt in: Art. 69, 71–76 Ba.-Wü. Verf.; Art. 9–12, 83 Bay. Verf.; Art. 2 Abs. 4 S. 2, 97–100 Brand. Verf.; Art. 143–149 Brem. Verf.; Art. 137f. Hess. Verf.; Art. 3 Abs. 2, 72–74 Meck.-Vorp. Verf.; Art. 57–59 Nds. Verf. (früher: Art. 44, 45 a. F.); Art. 3 Abs. 2, Art. 78f. Verf. NRW; Art. 49f. Rh.-Pf. Verf.; Art. 117–123 Saarl. Verf.; Art. 82 Abs. 1 und 2, 84–89 Sächs. Verf.; Art. 3 Abs. 2, 87–90 Sachs.-Anh. Verf.; Art. 46–49 Schl.-Holst. Verf. (früher: Art. 39–42 LaS Schl.-Holst.); Art. 91–95 Thür. Verf.; zu zusätzlichen Gewährleistungsgehalten dieser landesverfassungsrechtlichen Garantien: *Tettinger*, Die Verfassungsgarantie, in: HkWP 1, 3. Aufl., 2007, S. 187 (212ff.).

[676] Vgl. *Köttgen*, Die Gemeinde und der Bundesgesetzgeber, 1957, S. 37ff.; *Nierhaus*, in: Sachs, GG, 5. Aufl., 2009, Art. 28 Rn. 33; *Stern*, in: Bonner Kommentar, Art. 28 Rn. 67 (1964).

[677] Früher: Art. 28 Abs. 1 S. 3 GG.

[678] Eine Gemeindeversammlung ist heute nur noch in § 54 Gemeindeordnung Schl.-Holst. vorgesehen; *Jarass/Pieroth*, GG, 10. Aufl., 2009, Art. 28 Rn. 9.

I. 3. g) Diskussion um das partizipative Selbstverwaltungselement nach 1945

Bindung an die ihrerseits demokratisch zustande gekommenen Gesetze gem. Art. 20 Abs. 3 GG und zum anderen über die Volkswahl der Gemeindevertretung vor allem organisatorisch-personell, aber im Hinblick auf die beschlossenen Satzungen dann mittelbar wiederum auch sachlich-inhaltlich[679].

Andere Formen der Selbstverwaltung etwa in den Bereichen von Industrie und Handel, Handwerk, Landwirtschaft, freien Berufen, Sozialversicherung und Hochschulen wurden auf Initiative der Betroffenen teilweise noch zügiger wiederbelebt als die kommunale Selbstverwaltung, wobei dieser Prozess in den verschiedenen Besatzungszonen allerdings unterschiedlich verlief[680]. So führten etwa bei den IHK Vorbehalte insbesondere der amerikanischen Militärregierung gegen die als staatsinterventionistisch empfundene Organisation mit Zwangsmitgliedschaft und Pflichtbeitrag, aber auch politische Streitigkeiten beteiligter deutscher Kreise primär über die Frage der Mitbestimmung in der Binnenstruktur zu einer zersplitterten Rechtslage in den einzelnen Bundesländern, bis die IHK schließlich Ende 1956 durch das IHK-Gesetz bundeseinheitlich den Rechtsstatus von Körperschaften des öffentlichen Rechts erhielten[681]. Die Organisationsstrukturen der Selbstverwaltung des Handwerks trafen insbesondere bei der amerikanischen Militärregierung auf ähnliche Bedenken wie diejenigen von Industrie und Handel. Eine bundeseinheitliche Regelung gelang hier indes bereits mit Verabschiedung der Handwerksordnung im September 1953, welche mit den Handwerkskammern und den Handwerksinnungen, ergänzt durch die Kreishandwerkerschaften, die bis heute prägende Struktur der Selbstverwaltung des Handwerks etabliert hat[682].

Eine Art. 28 Abs. 2 GG vergleichbare institutionelle Garantie wurde den anderen Selbstverwaltungsbereichen, bspw. der Selbstverwaltung der Wirtschaft, im Grundgesetz nicht eingeräumt. Zurückzuführen war dies auf die Zurückhaltung des Parlamentrischen Rats, was die Verwaltungsorganisation der Länder anging[683], und auf die im Kontrast zur Weimarer Reichsverfassung bewusst gewählte wirtschaftspolitische Neutralität des Grundgesetzes[684]. In dessen Text findet sich der Begriff Selbstverwaltung nur noch in der Zusammensetzung „Selbstverwaltungs-

---

[679] *Dreier*, in: ders., GG, Bd. 2, 2. Aufl., 2006, Art. 28, Rn. 85 f.; *Schmidt-Aßmann*, Garantie kommunaler Selbstverwaltung, in: FS BVerfG, Bd. 2, 2001, S. 803 (811 f.); *Nierhaus*, in: Sachs, GG, 5. Aufl., 2009, Art. 28 Rn. 18; zum Erfordernis personeller Legitimation angesichts des gegenständlich nicht eingegrenzten Aufgabenkreises der Gemeinden: *Henneke*, in: Schmidt-Bleibtreu etc., GG, 11. Aufl., 2008, Art. 28 Rn. 31.
[680] Näher dazu unten S. 352 ff., 605 ff., 802 ff.
[681] § 3 Abs. 1 Gesetz zur vorläufigen Regelung des Rechts der Industrie- und Handelskammern vom 18. 12. 1956, BGBl. I S. 920 (IHKG); näher dazu: unten S. 368 ff.; *Hendler*, Selbstverwaltung als Ordnungsprinzip, 1984, S. 229 f.
[682] Zur dualen staatlichen Ordnung des Handwerks: *Detterbeck/Will*, Handwerksinnungen, 2003, S. 14 ff.
[683] *Faber*, in: Alternativkommentar GG, Bd. 2, 1984, Art. 28 Rn. 32.
[684] *Erler*, Freiheit und Grenze, 1952, S. 13; grundlegend zu der in den fünfziger Jahren des 20. Jh. noch heftig umstrittenen wirtschaftspolitischen Neutralität des Grundgesetzes: BVerfGE 4, 7 (17 f.); 50, 290 (336 ff.); vgl. dazu auch den konzisen Überblick bei *J. Ipsen*, Staat der Mitte, 2009, S. 245 ff.

körperschaften" und eher beiläufig in Art. 90 Abs. 2 über die Bundesauftragsverwaltung der Bundesautobahnen und sonstigen Bundesstraßen des Fernverkehrs durch die Länder oder die nach Landesrecht zuständigen Selbstverwaltungskörperschaften. Nach herrschender Ansicht garantiert allerdings die Wissenschaftsfreiheit in Art. 5 Abs. 3 S. 1 GG, ohne ausdrücklich auf sie Bezug zu nehmen, im Kern die akademische Selbstverwaltung[685], während fraglich ist, ob die vom Bundesverfassungsgericht aus der Rundfunkfreiheit des Art. 5 Abs. 1 S. 2 GG abgeleiteten Maßstäbe für das Rundfunkorganisationsrecht tatsächlich eine Selbstverwaltung der öffentlich-rechtlichen Rundfunkanstalten verankern[686]. Berührungspunkte jedenfalls zu bestimmten Trägern sozialer und anderer nicht-kommunaler Selbstverwaltungsbereiche weisen Art. 87 Abs. 2 und 3 sowie Art. 130 Abs. 3 GG mit ihren Bezugnahmen auf bundes- und landesunmittelbare Körperschaften des öffentlichen Rechts auf[687].

Schließlich sind auch in verschiedene Landesverfassungen Garantien einzelner nicht-kommunaler Selbstverwaltungsbereiche eingegangen. Während die akademische Selbstverwaltungsgarantie der Hochschulen fast überall ausdrücklich gewährleistet ist[688], finden sich in den Landesverfassungen ansonsten nur vereinzelte Gewährleistungen, deren Schutzgehalt zudem von einer bloßen Anerkennung bis zu einer institutionellen Garantie reicht[689]: Während die niedersächsische und die baden-württembergische Verfassung neben der Selbstverwaltung der Gemeinden und Gemeindeverbände, auch diejenige der sonstigen öffentlich-rechtlichen Körperschaften gewährleisten[690], erkennen die Verfassungen von Bremen, Hessen, Rheinland-Pfalz und dem Saarland die Selbstverwaltung im Bereich der Sozialversicherungen an[691]. Die saarländische Verfassung erkennt gleichzeitig auch ausdrücklich die IHK, die Handwerkskammer, die Landwirtschaftskammer und die Arbeitskammer als öffentlich-rechtliche Vertretungen der Wirtschaft an[692].

---

[685] BVerfGE 95, 193 (209f.); *Starck*, in: von Mangoldt/Klein/Starck, GG, Bd. 1, 5. Aufl., 2005, Art. 5 Abs. 3 Rn. 363 ff.; *Wendt*, in: von Münch/Kunig, GG, Bd. 1, 5. Aufl., 2000, Art. 5 Rn. 112; *Oppermann*, Freiheit von Forschung und Lehre, in: HStR VI, 1989, S. 809 (819, 839 ff.); *Trute*, Forschung, 1994, S. 370 f.; *Fehling*, Neue Herausforderungen, in: DV 2002, 399 (399f.).

[686] *Hendler*, Selbstverwaltung als Ordnungsprinzip, 1984, S. 301, 253 ff.; sehr fraglich ist, ob bei den Rundfunkanstalten überhaupt von Selbstverwaltung gesprochen werden kann; ablehnend bspw. bereits *Weber*, Staats- und Selbstverwaltung, 2. Aufl., 1967, S. 146; *Scheuner*, Wirtschaftliche und soziale Selbstverwaltung, DÖV 1952, 609 (612).

[687] BVerfGE 107, 59 (89f.); *Jestaedt*, Selbstverwaltung, in: DV 2002, 293 (305).

[688] Art. 20 Abs. 1 und 2 Ba.-Wü. Verf.; Art. 138 Abs. 2 Bay. Verf.; Art. 32 Abs. 1 Brand. Verf.; Art. 60 Abs. 1 Hess. Verf.; Art. 7 Abs. 3 S. 2, 72–74 Meck.-Vorp. Verf.; Art. 5 Abs. 3 Nds. Verf.; Art. 16 Abs. 1 Verf. NRW; Art. 39 Abs. 1 S. 1 Rh.-Pf. Verf.; Art. 33 Abs. 2 Saarl. Verf.; Art. 107 Abs. 2 Sächs. Verf.; Art. 31 Abs. 2 Sachs.-Anh. Verf.; Art. 28 Abs. 1 S. 2 Thür. Verf.

[689] *Kluth*, Funktionale Selbstverwaltung, 1997, S. 517 ff.

[690] Art. 71 Abs. 1 Ba.-Wü. Verf.; Art. 57 Abs. 1 Nds. Verf.; *Kluth*, Verfassungs- und europarechtliche Grundlagen, in: HdbKR, 2005, S. 109 (114 ff.).

[691] Art. 57 Abs. 3 S. 2 Brem. Verf.; Art. 35 Hess. Verf.; Art. 53 Abs. 4 S. 1 Rh.-Pf. Verf.; Art. 46 S. 2 Saarl. Verf.

[692] Art. 59 Abs. 1 Saarl. Verf.; der frühere Art. 69 Abs. 1 S. 1 der Rh.-Pf. Verf. vom 18. 05. 1947, „Alle Unternehmungen eines Bezirks finden ihre öffentlich-rechtliche Organisation jeweils in

bb) Die wissenschaftliche Diskussion um die Selbstverwaltung und deren partizipative Elemente

In der wissenschaftlichen Diskussion wurde der Begriff der Selbstverwaltung nach dem Zweiten Weltkrieg von seinen völkischen, nationalsozialistischen Elementen gereinigt. Die meisten Autoren knüpften naheliegender Weise an den status quo der Diskussion der Weimarer Republik bzw. des Kaiserreichs an und unterschieden wieder zwischen einem juristischen Begriff der Selbstverwaltung und einem politischen Begriff[693], welcher in der Regel mit dem Gneistschen Konzept der ehrenamtlichen Beteiligung gleichgesetzt wurde[694]. Unter den zahlreichen Veröffentlichungen lassen sich, was den Begriff der Selbstverwaltung angeht, trotz unzähliger Spielarten und Schattierungen im Anschluss an eine grundlegende Kategorienbildung von *Rudolf Elleringmann* und *Erich Becker* zwei Grundrichtungen unterscheiden[695].

Die Vertreter eines formalen Selbstverwaltungsbegriffs knüpften an eine bestimmte Organisationsform der Selbstverwaltung und die Ausübung von Verwaltungsaufgaben durch diese an und perpetuierten damit letztlich den von *Laband* und *Rosin* begründeten korporativen Selbstverwaltungsbegriff. Am einflussreichsten waren hier bezeichnenderweise nicht etwa monographische Abhandlungen zum Thema der Selbstverwaltung, sondern das viel gelesene und zitierte klassische Lehrbuch von *Hans Julius Wolff*[696].

Nicht zuletzt vor dem Hintergrund, dass gerade der wertungsoffene positivistisch korporative Selbstverwaltungsbegriff es Gesetzgebung und Wissenschaft im Nationalsozialismus erleichtert hatte, das Konzept der Selbstverwaltung für eigene Zwecke zu usurpieren, setzten mehrere Autoren den formalen Selbstverwaltungsbegriffen materiale Selbstverwaltungsbegriffe entgegen[697]. Viele dieser – z.T. bereits oben angerissenen – materialen Selbstverwaltungsbegriffe betonten dabei die

---

den Industrie- und Handelskammern, Handwerkskammern, Landwirtschaftskammern und der Kammer der freien Berufe"; wurde durch Gesetz vom 15.05.1991 aufgehoben.

[693] Kritisch zu dieser begrifflichen Dichotomie indes: *H. Peters*, Lehrbuch der Verwaltung, 1949, S. 286 f.; *Forsthoff*, Lehrbuch des Verwaltungsrechts, 1. Aufl., 1950, S. 342; kritisch zur Begrifflichkeit als solcher und für deren Ersetzung durch „rechtsfähige" und „staatsbürgerliche" Selbstverwaltung: *Elleringmann*, Selbstverwaltung, 1951, S. 5 sowie *Becker*, Selbstverwaltung als verfassungsrechtliche Grundlage, in: HkWP 1, 1956, S. 113 (115 f.).

[694] Vgl. etwa *Wolff*, Verwaltungsrecht II, 1962, § 84 V (S. 135); *Irriger*, Genossenschaftliche Elemente, 1991, S. 168; *Elleringmann*, Grundlagen der Kommunalverfassung, 1957, S. 13 f.

[695] *Elleringmann*, Begriff und Wesen, 1936, S. 5; ders., Selbstverwaltung, 1951, S. 2 ff.; ders., Grundlagen der Kommunalverfassung, 1957, S. 11 ff.; *Becker*, Selbstverwaltung als verfassungsrechtliche Grundlage, in: HkWP 1, 1956, S. 113 (116); ders., Kommunale Selbstverwaltung, in: Bettermann/Nipperdey, Grundrechte, IV/2, 1962, S. 673 (696); ders., Selbstverwaltung, in: Staatslexikon, 6. Aufl., 1962, 7. Bd., Sp. 45 (46 f.); vgl. auch *Ramin*, Geschichte der Selbstverwaltungsidee, 1972, S. 198 ff.; *Hendler*, Selbstverwaltung als Ordnungsprinzip, 1984, S. 271 ff.

[696] Näher dazu unten S. 116 ff.

[697] Vgl. etwa *U.K. Preuß*, Zum staatsrechtlichen Begriff des Öffentlichen, 1969, S. 197 ff.

von der formalen Betrachtungsweise ausgeklammerte Partizipation der sich selbst verwaltenden Menschen als notwendiges Element der Selbstverwaltung[698].

aaa) Die Wiederbelebung des formalen Selbstverwaltungsbegriffs

(1) Hans Peters. Hans Peters knüpft in seinem 1949 erschienenen „Lehrbuch der Verwaltung" an seine Habilitationsschrift von 1926 und weitere Veröffentlichungen der Weimarer Ära an, mit denen er – wie ausgeführt – einen wesentlichen Beitrag zur wissenschaftlichen Diskussion der Weimarer Republik über die Selbstverwaltung geleistet hatte[699]. Selbstverwaltung im rechtlichen Sinne, deren wichtigster Fall die kommunale Selbstverwaltung sei, bestehe in der Führung der öffentlichen Verwaltung durch vom Staat verschiedene juristische Personen des öffentlichen Rechts. Ihr Zweck sei die eigenverantwortliche Durchführung der gemeinschaftlichen Aufgaben, ihr Mittel eine von der zentralen staatlichen Verwaltung unabhängige Dezentralisation[700]. Kommunale Selbstverwaltung sei daher diejenige Tätigkeit der Gemeinden als Körperschaften des öffentlichen Rechts, kraft deren sie unter eigener Verantwortung örtliche Gemeinschaftsaufgaben des betreffenden Gebietes erfüllten.

Im Mittelpunkt von Peters formalem Selbstverwaltungsbegriff steht somit im Einklang mit der in seiner Habilitationsschrift gegebenen Definition[701] sowie ganz im Sinne des von Rosin und Laband geprägten korporativen Selbstverwaltungsbegriffs die juristische Person des öffentlichen Rechts, welche eigenverantwortlich Gemeinschaftsaufgaben erfüllt. Das partizipative Element der Beteiligung der Betroffenen an der Verwaltung ihrer eigenen Angelegenheiten bleibt hingegen bewusst ausgeklammert[702].

(2) Ernst Forsthoff. Ernst Forsthoff gehört zu den Autoren, die in der Weimarer Republik, im Nationalsozialismus und schließlich in der Bundesrepublik Deutschland zu Fragen der Selbstverwaltung Stellung bezogen haben. In der Diskussion um die Krise der (kommunalen) Selbstverwaltung in der Spätphase der Weimarer Republik hatte sich Forsthoff vor allem auf *Lorenz von Stein* berufen, an dessen Lehren festzuhalten sei[703]. Vor dem konkreten verfassungsrechtlichen Hintergrund

---

[698] Vgl. etwa *U. K. Preuß*, Zum staatsrechtlichen Begriff des Öffentlichen, 1969, S. 197 ff., insbes. S. 211 f., der die von ihm postulierte Kategorie der „sozialstaatlichen Selbstverwaltung" (vgl. dazu bereits oben S. 20 f.) als den Bereich spezifischer verfassungsrechtlicher Legitimation und Verantwortlichkeit definiert, in dem aus dem Verwaltungsapparat der Organe des politischen Gemeinwesens ausgegliederte, grundsätzlich nicht standardisierbare Funktionen der Daseinsvorsorge für die konkreten Bedürfnisse der Adressaten abweichend von den Prinzipien der Art. 20 Abs. 2, 38 Abs. 1 GG in voll- oder teilrechtsfähigen Organisationen demokratisch verwaltet werden; vgl. auch *Ziebill*, Politische Parteien, 1964, S. 76 f.
[699] Siehe dazu oben S. 95 ff.
[700] *H. Peters*, Lehrbuch der Verwaltung, 1949, S. 287.
[701] Siehe oben S. 95; *H. Peters*, Grenzen der kommunalen Selbstverwaltung, 1926, S. 36.
[702] *H. Peters*, Lehrbuch der Verwaltung, 1949, S. 286 f.
[703] *Forsthoff*, Krise der Gemeindeverwaltung, 1932, S. 20.

I. 3. g) Diskussion um das partizipative Selbstverwaltungselement nach 1945   115

des Art. 127 WRV hatte er sich letztlich für einen entpolitisierten, korporativen Selbstverwaltungsbegriff im Sinne der Tätigkeit von der Staatsorganisation distanzierter Verwaltungssubjekte ausgesprochen[704]. Im Gegensatz zu dieser liberalen Selbstverwaltungskonzeption hatte sich Forsthoff, inzwischen Professor in Königsberg, im Nationalsozialismus in seinem Beitrag „Nationalsozialismus und Selbstverwaltung" zu dem 1937 vom Reichsleiter der NSDAP und Präsidenten der Akademie für deutsches Recht, *Hans Frank*, herausgegebenen „Deutschen Verwaltungsrecht" dann darum bemüht, „die Selbstverwaltung in der Ausprägung zu erfassen, die sie im nationalsozialistischen Staat gewonnen hat"[705]. Forsthoff hatte so ein an den Vorgaben der Deutschen Gemeindeordnung ausgerichtetes nationalsozialistisches Selbstverwaltungskonzept entwickelt, das auf einen Gleichklang zwischen Selbstverwaltungskörpern und Staat bzw. politischer Führung ausgerichtet war[706] und in bewusstem Kontrast zur liberalen, staatsdistanzierten Selbstverwaltungskonzeption des 19. Jh. stand[707].

In seinem 1950 in erster Auflage erschienenen „Lehrbuch des Verwaltungsrechts" kehrte Forsthoff, dem erkennbar stets daran gelegen war, das Wesen der Selbstverwaltung in der Ausprägung zu erfassen, die es vor dem jeweiligen verfassungs- und verwaltungsrechtlichen Hintergrund einnahm, wieder zu einem streng formalen Selbstverwaltungsbegriff zurück[708]. Im Anschluss an eine historische Herleitung der Selbstverwaltung und ihres Begriffs – welche die Zeit des Nationalsozialismus bezeichnenderweise weitestgehend ausklammert – definiert er Selbstverwaltung als „die Wahrnehmung an sich staatlicher Aufgaben durch Körperschaften, Anstalten und Stiftungen des öffentlichen Rechts"[709]. Für Forsthoff ist damit zugleich der Begriff der mittelbaren Staatsverwaltung definiert[710]. Dessen Gegenstand decke sich nämlich weithin mit der Selbstverwaltung[711], wenn auch der Akzent jeweils anders gesetzt sei: Während er bei der Selbstverwaltung auf dem Eigenleben des Trägers liege, weise der Begriff der mittelbaren Selbstverwaltung auf die Abhängigkeit vom Staat hin.

Forsthoffs Selbstverwaltungsbegriff ist damit im Sinne des von Laband und Rosin begründeten korporativen Selbstverwaltungsbegriffs auf die juristische Person des öffentlichen Rechts zugeschnitten, welche Staatsaufgaben wahrnimmt. Er treibt dessen Formalisierung allerdings auf die Spitze, indem er auch das Element der

---

[704] Vgl. etwa *Forsthoff*, Die öffentliche Körperschaft, 1931, S. 102 f.
[705] *Forsthoff*, Nationalsozialismus und Selbstverwaltung, in: Frank, Deutsches Verwaltungsrecht, 1937, S. 176 ff.
[706] *Forsthoff*, Nationalsozialismus und Selbstverwaltung, in: Frank, Deutsches Verwaltungsrecht, 1937, S. 176 (181 ff.).
[707] *Forsthoff*, Nationalsozialismus und Selbstverwaltung, in: Frank, Deutsches Verwaltungsrecht, 1937, S. 176 (182 ff.).
[708] *Forsthoff*, Lehrbuch des Verwaltungsrechts, 1. Aufl., 1950, S. 339 ff.
[709] *Forsthoff*, Lehrbuch des Verwaltungsrechts, 1. Aufl., 1950, S. 346; 10. Aufl., 1973, S. 478.
[710] *Ramin*, Geschichte der Selbstverwaltungsidee, 1972, S. 198.
[711] Kritisch dazu *Salzwedel*, Staatsaufsicht in der Verwaltung, in: VVDStRL 22 (1965), S. 206 (235 f.).

körperschaftlichen, also den Willen der Verbandsmitglieder zur Geltung bringenden, Struktur des Verbands[712] eliminiert[713]. Es sei nicht recht einzusehen, warum es noch auf die körperschaftliche Struktur ankommen solle, nachdem der Selbstverwaltungsbegriff an den selbständigen Träger angeschlossen worden sei[714]. Die Beschränkung verdiene jedoch erst recht fallen gelassen zu werden, nachdem die genossenschaftliche Gestaltung innerhalb der Strukturen rechtsfähiger Verwaltungseinheiten so stark zurückgetreten sei, wie das in den letzten zwei Jahrzehnten geschehen sei[715]. Forsthoff blendet damit die Stellung des sich im Selbstverwaltungskörper selbst verwaltenden Einzelnen endgültig aus. Wie *Hendler* trefflich formuliert hat, vertritt Forsthoff mit seiner weitestgehenden Gleichsetzung von Selbstverwaltung und mittelbarer Staatsverwaltung letztlich eine „Selbstverwaltungslehre ohne Selbstverwaltung"[716].

(3) Hans Julius Wolff. Hans Julius Wolff unterscheidet im 1962 veröffentlichten zweiten Band seines „Verwaltungsrechts" im Einklang mit der seit Ende des 19. Jh. herrschenden Lehre zwischen politischer Selbstverwaltung und Selbstverwaltung im Rechtssinne[717]. Politische oder „passive" Selbstverwaltung stellt für ihn ganz im Gneistschen Sinne die Wahrnehmung öffentlicher Verwaltung durch unbesoldete, ehrenamtlich tätige Personen im Gegensatz zur Wahrnehmung durch berufsmäßig angestellte Beamte und Fachkräfte dar[718]. Selbstverwaltung im Rechtssinne oder „aktive" Selbstverwaltung bedeute hingegen die selbständige, fachweisungsfreie Wahrnehmung enumerativ oder global überlassener oder zugewiesener eigener öffentlicher Angelegenheiten durch unterstaatliche Träger öffentlicher Verwaltung[719]. Wenn Wolffs Begriff der Selbstverwaltung im Rechtssinne damit im Vergleich zu Forsthoffs blasser Definition zumindest um weitere Elemente wie den eigenen Aufgabenkreis und die fachweisungsfreie Wahrnehmung erweitert ist, handelt es sich dennoch – entgegen der Ansicht etwa von *Ramin*[720] – um einen stark formalisierten Selbstverwaltungsbegriff, in dessen Zentrum – durchaus im Sinne des körper-

---

[712] *Forsthoff*, Lehrbuch des Verwaltungsrechts, 1. Aufl., 1950, S. 342; 10. Aufl., 1973, S. 474.
[713] *Forsthoff*, Lehrbuch des Verwaltungsrechts, 1. Aufl., 1950, S. 346; 10. Aufl., 1973, S. 477 f.
[714] *Forsthoff*, Lehrbuch des Verwaltungsrechts, 1. Aufl., 1950, S. 346; 10. Aufl., 1973, S. 478.
[715] Kritisch dazu *Salzwedel*, Staatsaufsicht in der Verwaltung, in: VVDStRL 22 (1965), S. 206 (235), der feststellt, dass tatsächlich noch sehr vielen Selbstverwaltungsträgern eine rein genossenschaftliche Solidargemeinschaft als Grundlage diene.
[716] *Hendler*, Selbstverwaltung als Ordnungsprinzip, 1984, S. 274; ablehnend bspw. auch *U. K. Preuß*, Zum staatsrechtlichen Begriff des Öffentlichen, 1969, S. 201 f.
[717] *Wolff*, Verwaltungsrecht II, 1962, § 84 V (S. 135 f.).
[718] *Wolff*, Verwaltungsrecht II, 1962, § 84 V a (S. 135); interessant ist, dass Wolff in der 1967 erschienenen 2. Auflage (§ 84 IV a [S. 164]) auf den Gestaltwandel der bürgerschaftlichen Selbstverwaltung vom Ehrenamt hin zu der durch Parteien vermittelten Partizipation verweist.
[719] *Wolff*, Verwaltungsrecht II, 1962, § 84 V b (S. 135).
[720] *Ramin*, Geschichte der Selbstverwaltungsidee, 1972, S. 199 ordnet Wolffs Selbstverwaltungsbegriff im Hinblick auf das Element der Eigenverantwortlichkeit sowie des eigenen Wirkungskreises als materiellen Selbstverwaltungsbegriff ein; anders und zutreffend hingegen: *Hendler*, Selbstverwaltung als Ordnungsprinzip, 1984, S. 271 ff.; *Kluth*, Funktionale Selbstverwaltung, 1997, S. 20.

schaftlichen Selbstverwaltungsbegriffs – die Wahrnehmung öffentlicher Angelegenheiten durch unterstaatliche Träger öffentlicher Verwaltung steht[721].

Bemerkenswert ist indes, dass Wolff zwar feststellt, dass in der Sprache des Gesetzgebers „Selbstverwaltung" immer nur in dieser engeren rechtlichen Bedeutung verwendet und hierdurch der Gegensatz zur unmittelbar staatlichen Verwaltung betont werde. Dennoch fühlt er sich bemüßigt, im Anschluss zu betonen, dass dabei auch der Selbstverwaltung im politischen Sinne insofern entsprochen werde, als jedenfalls die Hauptorgane der Selbstverwaltungsträger durch Repräsentanten der Verwalteten gebildet würden, welche oft auch unmittelbar zu ehrenamtlicher Mitwirkung herangezogen würden. Wolffs Unbehagen gegenüber dem rein formalen Selbstverwaltungsbegriff wird vor allem auch in der 1967 erschienenen zweiten Auflage seines „Verwaltungsrechts II" deutlich[722], in welcher er den entsprechenden Abschnitt bemerkenswerterweise um *Herrmann-Herrnritts* materiale Selbstverwaltungsdefinition ergänzt und feststellt, dass Sinn der rechtlichen Selbstverwaltung vor allem die Volks-, Orts- und Sachnähe der Verwaltung sei[723]. Da Maßnahmen der öffentlichen Verwaltung allermeist eine Auswahl nach der Dringlichkeit und nach der Art ihrer Ausführung erforderten, setzten sie eine Abwägung der dafür und dagegen sprechenden Gründe und damit der jeweils betroffenen Interessen voraus. Diese aber solle nicht „am grünen Tisch", sondern möglichst „nahe", und zwar unter selbstverantwortlicher Beteiligung der Interessenträger, geschehen.

Letztlich sieht Wolff die Partizipation der betroffenen Bürger also durchaus als regelmäßiges Element oder sogar als wesentlichen Aspekt der Selbstverwaltung an. Dass er dennoch an seinem streng formalen juristischen Selbstverwaltungsbegriff festhält, ist wohl im Wesentlichen darauf zurückzuführen, dass er das partizipative Element als vorwiegend politisches Prinzip charakterisiert, das „juristisch schwer fassbar" sei[724]. Festzuhalten bleibt, dass Wolffs formaler Begriff der Selbstverwaltung im Rechtssinne von zahlreichen Autoren aufgegriffen wurde und sich so zum wohl wirkmächtigsten Selbstverwaltungsbegriff in der Bonner Republik entwickelt hat[725]. Wolffs integrale Zusätze hinsichtlich der Bedeutung des partizipativen

---

[721] So überschreibt *Wolff*, Verwaltungsrecht II, 1962, § 84 V (S. 135 ff.) den Abschnitt über die Selbstverwaltung auch mit „Körperschaftliche Selbstverwaltung".
[722] Ähnlich auch *Hendler*, Selbstverwaltung als Ordnungsprinzip, 1984, S. 273.
[723] *Wolff*, Verwaltungsrecht II, 2. Aufl., 1967, § 84 IV b (S. 165); vgl. auch *Wolff/Bachof*, Verwaltungsrecht II, 4. Aufl., 1976, § 84 IV b (S. 180 f.); *Herrmann-Herrnritt*, Grundlehren des Verwaltungsrechts, 1921, S. 187 hatte Selbstverwaltung definiert als, „jenen Anteil an der öffentlichen Verwaltung, welcher einzelnen als Verbandspersonen organisierten Gruppen der menschlichen Gesellschaft innerhalb des Staates mit Zulassung der Staatsgewalt zwecks besserer Wahrnehmung der von ihnen vertretenen Interessen zu eigenem Rechte eingeräumt ist"; vgl. dazu auch oben S. 88 f.
[724] *Wolff*, Verwaltungsrecht II, 1. Aufl., 1962, § 84 V a (S. 135); 2. Aufl., 1967, § 84 IV a (S. 164).
[725] Vgl. etwa *Stern*, Staatsrecht I, 2. Aufl., 1984, S. 399 f.; *Schröder*, Grundlagen und Anwendungsbereich, 1979, S. 337 f.; *Hennecke*, Schule und Selbstverwaltung, in: FS v. Unruh, 1983, S. 931 (932) spricht von einer „wohl Allgemeingut gewordenen Definition"; *Folz*, Selbstverwaltung der Studentenwerke, in: FS v. Unruh, 1983, S. 901 (912); *Schmidt-Aßmann*, Zum staatsrechtlichen

Elements haben hingegen in der allgemeinen verwaltungsrechtlichen Literatur nur wenig Beachtung gefunden.

bbb) Materiale Selbstverwaltungskonzeptionen

(1) Rudolf Elleringmann. Rudolf Elleringmann (1887–1956), der bereits in seiner 1936 erschienenen Habilitationsschrift für eine Trennung zwischen der „formellen Organisation" und dem „materiellen Kern" der juristischen Selbstverwaltung plädiert hatte[726], unterschied in seinen späten, in der Bundesrepublik erschienenen Schriften zwischen dem „formellen" Selbstverwaltungsprinzip einerseits und dem „materiellen" Selbstverwaltungsprinzip andererseits[727]. Rechtsfähige Selbstverwaltung im formellen Sinne sei „die Tragung und Wahrnehmung öffentlicher Angelegenheiten durch dem Staate fremde, ihm aber doch organisch eingegliederte juristische Personen des öffentlichen Rechts"[728]. Hierbei handelt es sich um einen streng formalen Selbstverwaltungsbegriff, der bspw. dem Wolffschen Selbstverwaltungsbegriff ähnelt, diesen allerdings an Formalisierung noch übertrifft, indem er auf das Element der selbständigen, fachweisungsfreien Wahrnehmung der öffentlichen Angelegenheiten verzichtet. Entsprechend stellt Elleringmann auch selbst fest, dass der angeführte Begriff eine bestimmte Verwaltungsform kennzeichne und mithin formale Bedeutung habe[729]. Er bedürfe daher der Ergänzung durch die inneren – materiellen – Gründe, die dieser Verwaltungsform zugrunde lägen.

Das innere Wesen der Selbstverwaltung, ihr Grund und ihre Rechtfertigung liege nun aber in der Lockerung der Bindung an den Staat und einer Stärkung der Verbindung mit Volk, Örtlichkeit und Leben[730]. Diese habe ihr den Namen Selbstverwaltung gegeben, der bedeute, dass die von einer Angelegenheit Betroffenen diese Angelegenheit selbst verwalteten, so dass sie zugleich Objekt und Subjekt der Selbstverwaltungstätigkeit seien. Fehle die gekennzeichnete Verbindung im Einzelfall, falle dies noch nicht ins Gewicht. Fehle sie aber der Selbstverwaltung eines Staats allgemein und überall, so sei diese, weil sie ihres Sinns und Inhalts entbehre, in ihrem Weiterbestand gefährdet. Dies habe die nationalsozialistische Zeit mit ihrer zu einer bloßen Form erstarrten Selbstverwaltung gezeigt. Eine Stärkung der Verbindung zu Volk, Örtlichkeit und Leben führe ganz von selbst dazu, dass das Element der ehrenamtlichen Tätigkeit mit dem der abgesonderten, rechtsfähigen Verwaltung verbunden werde[731]. Die Mitglieder der Gemeindevertretungen und

---

Prinzip, in: GS W. Martens, 1987, S. 249 (250) bezeichnet die Definition als klassisch; *Tettinger,* Kammerrecht, 1997, S. 33: „in Einklang mit der gängigen Sichtweise in Orientierung an der klassischen Formel von H.J. Wolff"; eine ähnliche Definition verwendet bspw. *Achterberg,* Allgemeines Verwaltungsrecht, 2. Aufl., 1986, S. 191.

[726] *Elleringmann,* Begriff und Wesen, 1936, S. 5.
[727] *Elleringmann,* Selbstverwaltung, 1951, S. 3 ff., insbes. 7.
[728] *Elleringmann,* Selbstverwaltung, 1951, S. 3; ders., Grundlagen, 1957, S. 12.
[729] *Elleringmann,* Selbstverwaltung, 1951, S. 4; ders., Grundlagen, 1957, S. 13.
[730] *Elleringmann,* Selbstverwaltung, 1951, S. 6; ders., Grundlagen, 1957, S. 15.
[731] *Elleringmann,* Selbstverwaltung, 1951, S. 6; ders., Grundlagen, 1957, S. 16.

I. 3. g) Diskussion um das partizipative Selbstverwaltungselement nach 1945   119

der entsprechenden Vertretungsorgane in den Gemeindeverbänden bildeten das eindrucksvollste Beispiel hierfür[732].

Obwohl sich Elleringmann dafür ausspricht, rechtsfähige (juristische) und staatsbürgerliche (politische) Selbstverwaltung begrifflich zu trennen, betont er doch, dass die eigentliche Bedeutung und die volle innere Kraft der rechtsfähigen Selbstverwaltung nur dort vorhanden seien, wo formelles und materielles Selbstverwaltungsprinzip in ein und demselben Selbstverwaltungsorganismus zusammenträfen[733]. Bei aller begrifflichen Verschiedenheit gehörten formelle und materielle Selbstverwaltung praktisch zusammen. Wirkliche Selbstverwaltung ist für Elleringmann also nur da gegeben, wo neben dem formalen Selbstverwaltungsprinzip auch das materiale, partizipative verwirklicht ist[734]. Elleringmann trennt also zwar begrifflich zwischen rechtsfähiger und staatsbürgerlicher Selbstverwaltung, konzeptionell geht er aber von einem notwendig beide Elemente umfassenden Gesamtprinzip aus[735].

(2) Ulrich Scheuner. Ulrich Scheuner betont in seinem 1952 erschienenen Aufsatz „Wirtschaftliche und soziale Selbstverwaltung", dass weder das für den Begriff der mittelbaren Staatsverwaltung prägende formale Moment der Dezentralisation durch Ausgliederung selbständiger Verbände noch das Ehrenamt zur Kennzeichnung des Begriffs der Selbstverwaltung ausreichten[736]. Konstitutive Bestandteile der Selbstverwaltung im demokratischen Staat seien vielmehr die Übertragung öffentlicher Aufgaben auf rechtsfähige Verbände des öffentlichen Rechts zur eigenverantwortlichen Entscheidung (eigener Wirkungskreis, Selbstverwaltungsaufgaben) und eine maßgebende Mitwirkung der Mitglieder des Verbands oder der unmittelbar Beteiligten an seiner Leitung und Willensbildung[737]. Scheuner definiert zwar nicht näher, wann genau von einer solchen maßgebenden Mitwirkung der Mitglieder gesprochen werden kann. Er stellt aber mehrfach fest, dass echte Selbstverwaltung nur bei Vorliegen dieses von ihm als genossenschaftlich charakterisierten Elements gegeben sei[738].

So stellt für Scheuner bspw. die Tätigkeit der „Rundfunkunternehmen" entgegen der Bezeichnung in zahlreichen Landesgesetzen keine echte Selbstverwaltung auf

---

[732] *Elleringmann*, Selbstverwaltung, 1951, S. 7; *ders.*, Grundlagen, 1957, S. 16.
[733] *Elleringmann*, Selbstverwaltung, 1951, S. 7; *ders.*, Grundlagen, 1957, S. 16 f.
[734] *Elleringmann*, Selbstverwaltung, 1951, S. 7 f.; *ders.*, Grundlagen, 1957, S. 16 f.; vgl. auch *Hettlage*, Gestalt- und Bedeutungswandel, in: Tillmanns: Ordnung, 1954, S. 107 (117): „Die Mitwirkung der Bürgerschaft in den Gemeindeangelegenheiten durch ihre gewählten Vertreter gehört zu den wesentlichen und unabdingbaren Merkmalen der Selbstverwaltung".
[735] Weitergehend *Ramin*, Geschichte der Selbstverwaltungsidee, 1972, S. 201, der feststellt, dass Elleringmann (und Erich Becker) die Wahl der Organe durch die Verbandsmitglieder, die Führung der Geschäfte im eigenen Namen und die ehrenamtliche Tätigkeit dem Inhalt des Selbstverwaltungsbegriffs hinzurechneten.
[736] *Scheuner*, Wirtschaftliche und soziale Selbstverwaltung, in: DÖV 1952, 609 (610 f.).
[737] *Scheuner*, Wirtschaftliche und soziale Selbstverwaltung, in: DÖV 1952, 609 (611).
[738] *Scheuner*, Wirtschaftliche und soziale Selbstverwaltung, in: DÖV 1952, 609 (611, 612, 613).

genossenschaftlicher Grundlage dar, da die Beteiligung interessierter Kreise an Verwaltungsrat und Leitung lediglich eine Mitwirkung beteiligter Gruppen bedeute[739]. Letztlich bezieht er eine Gegenposition insbesondere zu *Forsthoff*. Zwar rechnet auch Scheuner die Selbstverwaltung der mittelbaren Staatsverwaltung zu, hält beide aber nicht wie Forsthoff für weitgehend deckungsgleich[740]. Indem er das partizipative Element der maßgebenden Mitwirkung der Mitglieder oder unmittelbar Beteiligten an der Leitung und Willensbildung des Verbands zum konstitutiven Bestandteil des Begriffs der Selbstverwaltung erklärt, geht Scheuner vielmehr weit über Forsthoffs formalen Selbstverwaltungsbegriff hinaus.

(3) Erich Becker. Erich Becker stellte wenige Jahre später fest, dass der Rechtsbegriff der Selbstverwaltung in einem doppelten Sinn Verwendung gefunden habe[741]: Als „staatsbürgerliche Selbstverwaltung" im Gneistschen Sinne, die irreführend oft als Selbstverwaltung im politischen Sinn bezeichnet werde, und als „rechtsfähige Selbstverwaltung" durch Körperschaften, die irrtümlich meist Selbstverwaltung im juristischen Sinne genannt werde[742]. Becker selbst trennt zwischen einem Rechtsbegriff der Selbstverwaltung im formalen Sinne und einem Rechtsbegriff der Selbstverwaltung im materialen Sinne[743]. Der Rechtsbegriff der Selbstverwaltung im formalen Sinne bestehe in der öffentlichen Verwaltung durch juristische Personen, die dem Staate eingegliedert seien. Der Rechtsbegriff der Selbstverwaltung im materialen Sinne beziehe hingegen den Zweck der Verwaltungstätigkeit in die Umschreibung ein und erstrebe die eigenverantwortliche Erfüllung der Gemeinschaftsaufgaben im Rahmen der Gesetze[744]. Zur Selbstverwaltung im materialen Sinne seien nur öffentliche Körperschaften berufen[745]. Die Entfaltung materialer Selbstverwaltung sei nämlich nur in mitgliedschaftlich begründeten Personenverbänden des öffentlichen Rechts gesichert. Die Bestellung von Organen der „Verwaltungsbetroffenen" und „Kostenträger" in Anstalten und Stiftungen des öffentlichen Rechts reiche hingegen nicht aus, um Selbstverwaltung im materialen Sinn zur Entfaltung zu bringen.

---

[739] *Scheuner*, Wirtschaftliche und soziale Selbstverwaltung, in: DÖV 1952, 609 (612); vgl. auch *Weber*, Staats- und Selbstverwaltung, 2. Aufl., 1967, S. 146.
[740] *Scheuner*, Wirtschaftliche und soziale Selbstverwaltung, in: DÖV 1952, 609 (611).
[741] *Becker*, Selbstverwaltung als verfassungsrechtliche Grundlage, in: HkWP 1, 1956, S. 113 (115); vgl. auch *ders.*, Kommunale Selbstverwaltung, in: Bettermann/Nipperdey, Grundrechte, IV/2, 1962, S. 673 (695 f.)
[742] *Becker*, Selbstverwaltung als verfassungsrechtliche Grundlage, in: HkWP 1, 1956, S. 113 (115 f.); *ders.*, Kommunale Selbstverwaltung, in: Bettermann/Nipperdey, Grundrechte, IV/2, 1962, S. 673 (695).
[743] *Becker*, Selbstverwaltung als verfassungsrechtliche Grundlage, in: HkWP 1, 1956, S. 113 (116); *ders.*, Kommunale Selbstverwaltung, in: Bettermann/Nipperdey, Grundrechte, IV/2, 1962, S. 673 (696); *ders.*, Selbstverwaltung, in: Staatslexikon, 6. Aufl., 1962, 7. Bd., Sp. 45 (46).
[744] *Becker*, Selbstverwaltung als verfassungsrechtliche Grundlage, in: HkWP 1, 1956, S. 113 (116); *ders.*, Kommunale Selbstverwaltung, in: Bettermann/Nipperdey, Grundrechte, IV/2, 1962, S. 673 (696); *ders.*, Selbstverwaltung, in: Staatslexikon, 6. Aufl., 1962, 7. Bd., Sp. 45 (46).
[745] *Becker*, Selbstverwaltung als verfassungsrechtliche Grundlage, in: HkWP 1, 1956, S. 113 (117).

I. 3. g) Diskussion um das partizipative Selbstverwaltungselement nach 1945

Becker hält es zwar aus Gründen exakter Begriffsbestimmung für erforderlich, auf die positivistisch geprägten Elemente der Selbstverwaltung als Verwaltungsform zurückzugreifen[746], plädiert aber andererseits dafür, auch die Zweckbestimmung miteinzubeziehen, um so zu einem wirklich brauchbaren, allseitigen Rechtsbegriff der Selbstverwaltung zu gelangen[747]. Zweck der Selbstverwaltung sei die eigenverantwortliche Durchführung der gemeinschaftlichen Aufgaben[748]. Indem die Mitglieder des Selbstverwaltungsverbands ihre gemeinsamen Angelegenheiten selbst verwalteten, belebten sie den Gemeingeist, erstrebten die Gemeinnützigkeit und sicherten die Wahrung der Belange aller nach dem Grundsatz des gemeinen Besten und der sozialen Gerechtigkeit. In der Gemeinschaft des rechtsfähigen Selbstverwaltungsverbands würden öffentliche Aufgaben unter eigener Verantwortung des Vertretungsorgans durch ehrenamtliche Mitwirkung und Ehrenbeamte, aber auch durch Berufsbeamte unter der Aufsicht des Staates verwaltet. In der parlamentarischen (repräsentativen und konstitutionellen) Demokratie verwalte sich das Volk selbst – sowohl in den örtlichen und überörtlichen Gemeinschaften als auch in den anderen Selbstverwaltungsverbänden durch Erfüllung von Ordnungs- und Leistungsaufgaben in unlösbarer Verbundenheit mit dem Staat und unter Beachtung der von ihm gesetzten Rechtsordnung[749].

Becker reintegriert mithin den partizipativen Gedanken der Selbstverwaltung der Betroffenen in seiner demokratischen Ausprägung („gewählte Organe", aber auch „gemeinschaftliche" öffentliche Aufgaben und „Verbände") in den formalen Rechtsbegriff der Selbstverwaltung, um zu einem „umfassenden Rechtsbegriff der Selbstverwaltung im materialen Sinn" zu gelangen[750]. Selbstverwaltung ist danach „die eigenverantwortliche Erfüllung gemeinschaftlicher öffentlicher Aufgaben im eigenen Namen durch dem Staat eingegliederte, rechtsfähige öffentliche Verbände mit eigenen gewählten Organen unter der Aufsicht des Staates"[751]. Zu den Begriffsmerkmalen gehören entsprechend gemeinschaftliche öffentliche Aufgaben, eigene Verantwortung, Verwaltung im eigenen Namen, rechtsfähige öffentliche Verbände,

---

[746] Die Verwaltungsform der Selbstverwaltung lege Wert auf die Rechtsfähigkeit der Selbstverwaltungsverbände, auf ihre Eingliederung in den Staat, ohne mit diesem identisch zu sein, und auf die Führung öffentlicher Verwaltung, *Becker*, Selbstverwaltung als verfassungsrechtliche Grundlage, in: HkWP 1, 1956, S. 113 (120).

[747] *Becker*, Selbstverwaltung als verfassungsrechtliche Grundlage, in: HkWP 1, 1956, S. 113 (121); ders., Kommunale Selbstverwaltung, in: Bettermann/Nipperdey, Grundrechte, IV/2, 1962, S. 673 (696).

[748] *Becker*, Selbstverwaltung als verfassungsrechtliche Grundlage, in: HkWP 1, 1956, S. 113 (121).

[749] Vgl. auch *Becker*, Die staatspolitische Bedeutung, in: FS Hugelmann, Bd. 1, 1959, S. 37 (69f.).

[750] *Hendler*, Selbstverwaltung als Ordnungsprinzip, 1984, S. 276.

[751] *Becker*, Selbstverwaltung als verfassungsrechtliche Grundlage, in: HkWP 1, 1956, S. 113 (121); vgl. auch *ders.*, Kommunale Selbstverwaltung, in: Bettermann/Nipperdey, Grundrechte, IV/2, 1962, S. 673 (696); vgl. auch *Ziebill*, Politische Parteien, 1964, S. 76, der Beckers Definition als formalen Rechtsbegriff der Selbstverwaltung bezeichnet, der „unstreitig" sei.

eigene gewählte Organe, Eingliederung in den Staat und Staatsaufsicht[752]. Becker stellt fest, dass mit der Verwirklichung des Rechtsbegriffs der Selbstverwaltung im materialen Sinn die staatspolitischen Zielsetzungen eines Aufbaus der Demokratie von unten nach oben in allen Zweigen des öffentlichen Lebens angestrebt, die Vertretung des Volks in örtlichen und überörtlichen Selbstverwaltungsverbänden gesichert und die selbstverantwortliche Erfüllung öffentlicher Ordnungs- und Leistungsaufgaben durch Gemeingeist gepflegt und erhalten würden. Das ehrenamtliche Element habe zwar in großen Selbstverwaltungsverbänden an Bedeutung verloren, da die Schwierigkeit und Fülle der Aufgaben Fachleute verlangten[753]. Auf die genossenschaftliche Struktur der Selbstverwaltungskörperschaften könne indes nicht verzichtet werden[754].

Wichtig ist, dass Beckers materiale Selbstverwaltungskonzeption das von den Zeitläuften weitgehend überholte Selbstverwaltungsparadigma der ehrenamtlichen Laienbetätigung im Gneistschen Sinne durch das den Verfassungs- und Verwaltungsrealitäten angepasste Element der Existenz gewählter Organe ersetzt[755]. Hierdurch wird der von Kritikern materialer Selbstverwaltungskonzeptionen immer wieder genutzte Angriffspunkt, dass nämlich die ehrenamtliche Partizipation längst der Vergangenheit angehöre, wenn sie denn jemals für die Rechtswirklichkeit prägend gewesen sei[756], vermieden. Becker formuliert so einen partizipativen Rechtsbegriff der Selbstverwaltung, der in der aktuellen Rechtswirklichkeit verwurzelt ist und somit zumindest potentiell auch positivistischen Ansprüchen an eine Begriffsbildung zu genügen vermag[757].

(4) Jürgen Salzwedel. Jürgen Salzwedel geht Mitte der sechziger Jahre des 20. Jh. zunächst von einem formalen Selbstverwaltungsbegriff ohne partizipatives Element aus, wenn er Selbstverwaltung als Organisationsform der öffentlichen Verwaltung definiert, bei der vom Staat verschiedene juristische Personen des öffent-

---

[752] *Becker,* Selbstverwaltung als verfassungsrechtliche Grundlage, in: HkWP 1, 1956, S. 113 (121 f.).
[753] *Becker,* Selbstverwaltung als verfassungsrechtliche Grundlage, in: HkWP 1, 1956, S. 113 (152 ff.).
[754] *Becker,* Selbstverwaltung als verfassungsrechtliche Grundlage, in: HkWP 1, 1956, S. 113 (122).
[755] *Becker,* Selbstverwaltung, in: Staatslexikon, 6. Aufl., 1962, 7. Bd., Sp. 45 (47); sowie ausführlich: *Becker,* Selbstverwaltung des Volkes, in: FS Steinbach, 1960, S. 534 (555 ff.).
[756] Abgesehen von der grundlegenden Kritik an Gneists Selbstverwaltungskonzeption, die teilweise auf einem überhöhten und auch z. T. falschen Verständnis des englischen selfgovernment beruht (vgl. dazu oben S. 41 Fn. 187), ist zu Recht auch schon früh angezweifelt worden, ob das – von vielen als prägend empfundene – Dogma der ehrenamtlichen Beteiligung wirklich mit der deutschen Rechtswirklichkeit zu vereinbaren ist; vgl. etwa *Brause,* Begriff der Selbstverwaltung, 1900, S. 33 ff.; *Stier-Somlo,* Handbuch des kommunalen Verfassungsrechts, 2. Aufl., 1928, S. 14 f.
[757] *Hendler,* Selbstverwaltung als Ordnungsprinzip, 1984, S. 277 kritisiert indes gerade diese starke Orientierung an der Rechtswirklichkeit. Beckers Konzeption könne lediglich verhindern, dass politische Idee und juristischer Begriff der Selbstverwaltung immer stärker auseinander trieben. Solle aber beides in einem neu gestalteten rechtlichen Selbstverwaltungsbegriff wieder fest zusammengefügt werden, sei es erforderlich, über Beckers Konzeption weit hinauszugehen.

lichen Rechts aufgrund gesetzlicher Gewährung des Selbstverwaltungsstatuts eigene Aufgaben mit eigenen Organen in eigenem Namen und im Rahmen der Gesetze auch in eigener administrativer und finanzieller Verantwortung erfüllten[758]. Sodann differenziert er aber – auch im Hinblick auf die existierenden Selbstverwaltungsträger[759] – zwischen Selbstverwaltung im Sinne mittelbarer Staatsverwaltung – also der Selbstverwaltung im Forsthoffschen Sinne als Verwaltung an sich staatlicher Aufgaben durch Körperschaften, Anstalten und Stiftungen des öffentlichen Rechts – und einer anderen Form der Selbstverwaltung, die er als „gesellschaftliche Selbstverwaltung" bezeichnet[760].

Der Begriff „gesellschaftliche Selbstverwaltung" solle deutlich machen, dass der Verfassungs- und Gesetzgeber hier gesellschaftliche Kräfte organisatorisch zusammenfasse, die sich nun in freier Bewältigung eigener Aufgaben entfalten könnten[761]. Gesellschaftliche Selbstverwaltung bedeute eigenverantwortliche Verwaltung eigener öffentlicher Aufgaben entweder durch körperschaftlich organisierte Solidargemeinschaften der Betroffenen – wie bei Gemeinden und Krankenkassen – oder Verwaltung durch körperschaftlich zusammengefasste gewählte Repräsentanten der Betroffenen – wie bei Handwerkskammern und Landesversicherungsanstalten – oder aber Verwaltung durch organschaftlich zusammengefasste, fachlich besonders qualifizierte Persönlichkeiten – wie bei öffentlich-rechtlichen Kreditinstituten[762]. Die Verankerung von Selbstverwaltungsträgern, die das Prinzip vertikaler Gewaltenteilung verwirklichten, im Grundgesetz und in den Länderverfassungen, sei nicht auf mittelbare Staatsverwaltung, sondern auf gesellschaftliche Selbstverwaltung und somit auf echte Selbstregierung nicht-staatlicher Verbände abgestellt[763].

Ohne diese so zu benennen, stellt also auch Salzwedel dem rein formalen Selbstverwaltungsbegriff Forsthoffscher Prägung einen von ihm als „gesellschaftliche Selbstverwaltung" bezeichneten materialen Selbstverwaltungsbegriff gegenüber, der quasi das Leitbild der im Grundgesetz und den einschlägigen Landesverfas-

---

[758] *Salzwedel*, Staatsaufsicht in der Verwaltung, in: VVDStRL 22 (1965), S. 206 (216); vgl. auch bereits *ders.*, Zur rechtlichen Struktur, in: ZfS 1963, 202.

[759] Vgl. *Salzwedel*, Staatsaufsicht in der Verwaltung, in: VVDStRL 22 (1965), S. 206 (227 ff.): „Die Auslotung des geltenden Rechts danach, ob Selbstverwaltungsträger den Status mittelbarer Staatsverwaltung oder gesellschaftlicher Selbstverwaltung haben, [...]".

[760] *Salzwedel*, Staatsaufsicht in der Verwaltung, in: VVDStRL 22 (1965), S. 206 (223); vgl. auch *ders.*, Selbstverwaltung in der Sozialversicherung, in: Verhandlungen des deutschen Sozialgerichtsverbandes, 1966, S. 50 (51 ff.); zustimmend zur Kategorie der gesellschaftlichen Selbstverwaltung: *Scholz*, Koalitionsfreiheit, 1971, S. 245 (Fn. 82); *Ress*, Überlegungen, in: WiVerw. 1981, 151 (157 ff.); kritisch demgegenüber die Diskussionsbeiträge von *Ipsen*, in: VVDStRL 22 (1965), S. 331 f. („nicht präzise genug definiert") sowie *Weber*, in: VVDStRL 22 (1965), S. 341 f.

[761] *Salzwedel*, Staatsaufsicht in der Verwaltung, in: VVDStRL 22 (1965), S. 206 (223, Fn. 48); vgl. auch a.a.O., S. 227: „Gesellschaftliche Selbstregierung ist [...] Selbstregierung nach den für die eigenen Angelegenheiten selbst aufgestellten Leitbildern und Richtlinien"; vgl. auch *ders.*, Selbstverwaltung in der Sozialversicherung, in: Verhandlungen des deutschen Sozialgerichtsverbandes, 1966, S. 50 (51) sowie *ders.*, Zur rechtlichen Struktur, in: ZfS 1963, 202.

[762] *Salzwedel*, Staatsaufsicht in der Verwaltung, in: VVDStRL 22 (1965), S. 206 (223 f.).

[763] *Salzwedel*, Staatsaufsicht in der Verwaltung, in: VVDStRL 22 (1965), S. 206 (232 f.).

sungen verankerten Selbstverwaltungsträger sei[764]. Letztlich wiesen die Selbstverwaltungsträger eine Kombination von gesellschaftlicher Selbstverwaltung und mittelbarer Staatsverwaltung auf[765]. Nur mache die gesellschaftliche Selbstverwaltung stets den Kern der Institution aus[766]. Die ersten beiden Beispielsgruppen gesellschaftlicher Selbstverwaltung, also die eigenverantwortliche Verwaltung eigener Angelegenheiten zum einen durch körperschaftlich organisierte Solidargemeinschaften der Betroffenen oder zum anderen durch körperschaftlich zusammengefasste gewählte Repräsentanten der Betroffenen, sind dabei eindeutig partizipativ geprägt[767]. Die dritte Beispielsgruppe der eigenverantwortlichen Verwaltung durch organschaftlich zusammengefasste, fachlich besonders qualifizierte Persönlichkeiten zielt hingegen auf eine auf moderne Verwaltungsabläufe ausgerichtete Optimierung der Verwaltungsleistung durch die Heranziehung von Spezialisten ab, die mit gesellschaftlicher Partizipation verbunden sein kann aber nicht muss[768].

(5) Ulrich K. Preuß. Oben wurde bereits auf den Begriff „sozialstaatlicher Selbstverwaltung" hingewiesen, den Ulrich K. Preuß dem formalisierten Selbstverwaltungsbegriff Forsthoffscher Prägung gegenübergestellt[769]. Indem Preuß sozialstaatliche Selbstverwaltung als den Bereich „spezifischer verfassungsrechtlicher Legitimation und Verantwortlichkeit" definiert, „in dem aus dem Verwaltungsapparat der Organe des politischen Gemeinwesens ausgegliederte, grundsätzlich nicht standardisierbare Funktionen der Daseinsvorsorge für die konkreten Bedürfnisse der Adressaten abweichend von den Prinzipien der Art. 20 Abs. 2 und 38 Abs. 1 GG in voll- oder teilrechtsfähigen Organisationen demokratisch verwaltet werden"[770], weist er der demokratisch vermittelten Partizipation konstitutive Bedeutung für diesen Selbstverwaltungsbegriff zu.

Dies wird auch noch einmal in seiner Feststellung deutlich, wonach sozialstaatliche Selbstverwaltung als Bereich zu verstehen sei, „in dem Umverteilungspro-

---

[764] *Salzwedel*, Staatsaufsicht in der Verwaltung, in: VVDStRL 22 (1965), S. 206 (233 ff.).
[765] *Salzwedel*, Selbstverwaltung in der Sozialversicherung, in: Verhandlungen des deutschen Sozialgerichtsverbandes, 1966, S. 50 (54).
[766] *Salzwedel*, Selbstverwaltung in der Sozialversicherung, in: Verhandlungen des deutschen Sozialgerichtsverbandes, 1966, S. 50 (54); ders., Staatsaufsicht in der Verwaltung, in: VVDStRL 22 (1965), S. 206 (236): „Der Kernbereich der Selbstverwaltung ist also heute gesellschaftliche Selbstverwaltung".
[767] *Salzwedel*, Staatsaufsicht in der Verwaltung, in: VVDStRL 22 (1965), S. 206 (235) betont entgegen Forsthoff, der gerade vom angeblichen Verlust des körperschaftlich-genossenschaftlichen Charakters der Selbstverwaltungsträger seine Theorie der mittelbaren Staatsverwaltung ableite, dass „sehr vielen Selbstverwaltungsträgern noch eine rein genossenschaftliche Solidargemeinschaft als Grundlage" diene. Es seien wirklich noch Bürger, die hier verwalteten, die „Bürokratie" sei noch in ihrer Hand, und es gehe auch nur um Anliegen, die noch jeden Genossen persönlich angingen.
[768] Vgl. auch *Hendler*, Selbstverwaltung als Ordnungsprinzip, 1984, S. 278.
[769] Siehe oben S. 20 f.
[770] *U. K. Preuß*, Zum staatsrechtlichen Begriff des Öffentlichen, 1969, S. 211 f.; vgl. auch a.a.O., S. 164 f.

I. 3. g) Diskussion um das partizipative Selbstverwaltungselement nach 1945

zesse im Medium demokratischer Teilnahme organisiert werden"[771]. Soweit der Kreis der Betroffenen homogen sei, kämen die überkommenen Mechanismen demokratischer Teilnahme, das heißt Repräsentanz der „Betroffenen" zur Anwendung, während im Fall eines ökonomisch, sozial und kulturell inhomogenen Betroffenenkreises eine Zusammenarbeit von „Sachverstand und Interesse" einschlägig sei[772]. Preuß prägt mit der sozialstaatlichen Selbstverwaltung mithin einen materialen Selbstverwaltungsbegriff, zu dessen zentralen Elementen die Partizipation – hier in ihrer demokratischen Ausprägung – gehört.

(6) Eberhard Ramin. Eberhard Ramin zieht Anfang der siebziger Jahre des 20. Jh. das grundgesetzliche Demokratie- und Rechtsstaatsverständnis heran, um das Verhältnis zwischen materialem und formalem Selbstverwaltungsbegriff zu bestimmen[773]. Material verstanden bedeute Selbstverwaltung Regierung durch die Regierten selbst, sofern die Wahrnehmung der Aufgaben ohne das Eingreifen eines höheren Verbands durchführbar sei[774]. Dies sei mit einem material verstandenen Rechtsstaatsbegriff, aber auch durchaus mit dem Gedanken der Demokratie vereinbar, die ihrem Wesen nach ebenfalls Identität von Regierung und Regierten bedeute. Mit diesem Prinzip sei es nämlich unvereinbar, wenn die Gesamtheit Aufgaben wahrnehme, an deren Erledigung sie kein Interesse haben könne und deren Durchführung durch den Kreis der Interessenten möglich sei.

Ramin plädiert auf dieser Basis für einen einheitlichen Rechtsbegriff der Selbstverwaltung[775]. Im Lichte der Wertvorstellungen des Grundgesetzes könne der materiale Selbstverwaltungsbegriff nicht mehr aus der Rechtssphäre verwiesen werden[776]. Unter dem Zeichen der Demokratie und des Rechtsstaats zähle er zu einer Grundentscheidung unserer Verfassung. Begrifflich möge man zwar die materiale und die formale Selbstverwaltung trennen, inhaltlich gehörten sie indes zusammen und bildeten einen einheitlichen Rechtsbegriff im Normensystem des Grundgesetzes. Wie sich aus seinen weiteren Ausführungen ergibt, hält Ramin indes nur das materiale Element für wirklich notwendig. Fehle nämlich das formale Element, die Rechtssubjektivität des Verbands, dann könne immerhin noch eine abgeschwächte

---

[771] *U. K. Preuß*, Zum staatsrechtlichen Begriff des Öffentlichen, 1969, S. 217.

[772] *U. K. Preuß*, Zum staatsrechtlichen Begriff des Öffentlichen, 1969, S. 212; das zuletzt genannte „pragmatistische Modell" (Habermas) einer Zusammenarbeit von Sachverstand und Interesse weist dabei offensichtlich Berührungspunkte zu Salzwedels dritter Form gesellschaftlicher Selbstverwaltung (Verwaltung durch organschaftlich zusammengefasste, fachlich besonders qualifizierte Persönlichkeiten) auf; vgl. *U.K. Preuß*, Zum staatsrechtlichen Begriff des Öffentlichen, 1969, S. 208 sowie *Hendler*, Selbstverwaltung als Ordnungsprinzip, 1984, S. 279.

[773] *Ramin*, Geschichte der Selbstverwaltungsidee, 1972, S. 201 ff. (Ramin differenziert indes begrifflich zwischen einem formellem und einem materiellem Selbstverwaltungsbegriff, was in der vorliegenden Darstellung als formaler und materialer Selbstverwaltungsbegriff wiedergegeben wird).

[774] *Ramin*, Geschichte der Selbstverwaltungsidee, 1972, S. 202.

[775] *Ramin*, Geschichte der Selbstverwaltungsidee, 1972, S. 203 f.

[776] *Ramin*, Geschichte der Selbstverwaltungsidee, 1972, S. 203.

Form der Selbstverwaltung vorliegen[777]. Fehlten aber die materialen Elemente, dann sei überhaupt keine Selbstverwaltung mehr gegeben[778]. Die „Idee der Selbstverwaltung" sei jedenfalls nur dort voll verwirklicht, wo öffentliche Verwaltung durch gewählte berufsmäßige oder ehrenamtliche Organe einer rechtsfähigen Körperschaft des öffentlichen Rechts selbstverantwortlich und in eigenem Namen ausgeübt werde[779]. Bei Ramin tritt das materiale, partizipative Element also sogar in den Mittelpunkt eines einheitlichen Rechtsbegriffs der Selbstverwaltung.

(7) Reinhard Hendler. Auch Reinhard Hendler spricht sich in seiner 1984 publizierten Habilitationsschrift „Selbstverwaltung als Ordnungsprinzip", der grundlegenden zeitgenössischen Untersuchung zur rechtlichen Dimension des Selbstverwaltungsprinzips, für eine Reintegration des materialen, partizipativen Elements in den Rechtsbegriff der Selbstverwaltung aus[780]. Ein Rechtsbegriff der Selbstverwaltung müsse zwei zentrale Anforderungen erfüllen: Zum einen müsse eine Koinzidenz von traditioneller politischer Idee und juristischem Begriff erzielt werden. Zum anderen dürfe der Begriff nicht zu weit gefasst sein, wenn er seine rechtswissenschaftliche Brauchbarkeit erhalten wolle[781]. Eine Definition könne danach etwa folgendermaßen lauten: „Bei der Selbstverwaltung handelt es sich um öffentlichrechtliche Organisationseinheiten, die gegenüber dem staatsunmittelbaren Behördensystem institutionell verselbständigt, aber gleichwohl dem Staatsverband eingegliedert sind und sich dadurch auszeichnen, dass bestimmte öffentliche Angelegenheiten von den davon besonders berührten Personen, den Betroffenen, eigenverantwortlich (d. h. höchstens unter staatlicher Rechtsaufsicht) verwaltet werden"[782].

Hendler macht dabei deutlich, dass das partizipative Element der eigenverantwortlichen Verwaltung durch die besonders berührten Personen nicht im Gneistschen Sinne als ehrenamtliche Verwaltung zu verstehen sei. Ehrenamtliche Tätigkeit in den Selbstverwaltungsorganisationen möge zwar verwaltungspolitisch erwünscht sein und vielfach praktiziert werden – begriffswesentlich sei sie nicht[783]. Es komme vielmehr darauf an, dass den Betroffenen die rechtliche Befugnis zustehe, die administrative Aufgabenerfüllung der Organisationseinheit (über entsprechende Vertretungsmechanismen) zu steuern. Hendler führt also den Rechtsbegriff der Selbstverwaltung einerseits insofern auf seine Wurzeln zurück, als Selbstverwaltung für ihn nicht mehr im positivistischen Sinn nur die Selbstverwaltung der Selbstverwaltunginstitution, sondern wieder die Selbstverwaltung der Betroffenen

---

[777] *Ramin,* Geschichte der Selbstverwaltungsidee, 1972, S. 203 f.
[778] *Ramin,* Geschichte der Selbstverwaltungsidee, 1972, S. 204. Ramin zieht insoweit a.a.O. die Konsequenz, dass es letztlich doch besser wäre, den formalen Begriff der Selbstverwaltung ganz aufzugeben und es insoweit beim Begriff der mittelbaren Staatsverwaltung zu belassen.
[779] *Ramin,* Geschichte der Selbstverwaltungsidee, 1972, S. 204.
[780] *Hendler,* Selbstverwaltung als Ordnungsprinzip, 1984, S. 271 ff.
[781] *Hendler,* Selbstverwaltung als Ordnungsprinzip, 1984, S. 284.
[782] *Hendler,* Selbstverwaltung als Ordnungsprinzip, 1984, S. 284; *Hendler,* Wirtschaftliche Selbstverwaltung, in: DÖV 1986, 675 (677).
[783] *Hendler,* Selbstverwaltung als Ordnungsprinzip, 1984, S. 284.

ist. Andererseits löst er das partizipative Element aber von den Fesseln der im 19. Jh. verwurzelten Gneistschen Ehrenamtsdoktrin, deren problematische rechtliche Erfassbarkeit einerseits und deren von Anfang an zweifelhafte Repräsentativität andererseits dem Siegeszug des positivistischen korporativen Selbstverwaltungsbegriffs maßgeblich Vorschub geleistet hatten. Auch wenn dies im Wortlaut von Hendlers Definition selbst nicht eindeutig zum Ausdruck kommt, wird Selbstverwaltung der Betroffenen für ihn nicht mehr durch das Ehrenamt, sondern durch repräsentative Mechanismen vermittelt. Damit passt er das partizipative *Selbst*verwaltungselement an die Rechtswirklichkeit der Selbstverwaltung der zweiten Hälfte des 20. Jh. an.

(8) Winfried Kluth. Winfried Kluth verfolgt in seiner 1997 publizierten Habilitationsschrift „Funktionale Selbstverwaltung" das Anliegen, die funktionale, also nicht-kommunale Selbstverwaltung als einheitlichen Verwaltungstypus zu akzentuieren, der sich sinnvoll und organisch in das grundgesetzliche Verfassungsgefüge einfügt[784]. Leitgedanken der Arbeit sind dabei zum einen – ähnlich wie bei Hendler – das Verständnis der Betroffenenpartizipation als Integrations- und Legitimationsfaktor eines Verwaltungsträgers und zum anderen ihre Bedeutung für den Gesamtstaat[785]. Die von ihm entwickelten dogmatischen Kennzeichnungen der funktionalen Selbstverwaltung bringt Kluth auf den Begriff, indem er für sie die folgenden definitorischen Elemente feststellt: „(1) Die Zuweisung von demokratischen Partizipationsrechten an (2) ein kollektiv legitimiertes Verbandsvolk, (3) das zur eigenverantwortlichen Erledigung der sachlich und personell eigenen Angelegenheiten berufen ist und (4) deshalb über letztverantwortliche Entscheidungsfreiräume verfügt, die (5) durch eine Beschränkung der staatlichen Aufsicht auf eine Rechtsaufsicht gesichert sind"[786]. Damit spricht sich auch Kluth dezidiert für eine Reintegration des demokratischen Partizipationselements in die Definition der Selbstverwaltung aus.

Zu beachten ist, dass Kluth funktionale Selbstverwaltung nur da für gegeben hält, wo Partizipationsrechte *allen* Betroffenen zugewiesen werden[787]. Anders als etwa Hendler sieht er damit die Pflichtmitgliedschaft als konstitutives Merkmal seines auch als „Demokratische Betroffenenverwaltung" umschriebenen staatsrechtlichen Begriffs der funktionalen Selbstverwaltung an[788]. Dieser Schluss erscheint jedoch problematisch, wie schon die Tatsache illustriert, dass dadurch die auf freiwilliger Mitgliedschaft beruhenden Handwerksinnungen aus dem Begriff herausdefiniert werden könnten[789]. Die Innungen sind aber nicht nur nach ganz herrschender Ansicht die quantitativ mit Abstand bedeutendste Organisations-

---

[784] *Kluth*, Funktionale Selbstverwaltung, 1997, S. 8, 550.
[785] *Kluth*, Funktionale Selbstverwaltung, 1997, S. 8.
[786] *Kluth*, Funktionale Selbstverwaltung, 1997, S. 543.
[787] *Kluth*, Funktionale Selbstverwaltung, 1997, S. 543 f.
[788] *Kluth*, Funktionale Selbstverwaltung, 1997, S. 543, Fn. 16.
[789] *Kluth*, Funktionale Selbstverwaltung, 1997, S. 544.

form der Selbstverwaltung der Wirtschaft, sondern weisen vor allem – wie später noch im Einzelnen gezeigt werden wird – in ihrer Binnenverfassung einen besonders hohen Partizipationsgrad auf, da nach dem gesetzlichen Leitbild hier alle Mitglieder (und nicht nur gewählte Repräsentanten) dem obersten Organ, der Innungsversammlung, angehören[790]. Dass Kluth die Pflichtmitgliedschaft als Definitionsmerkmal funktionaler Selbstverwaltung ansieht, beruht letztlich auf dem von ihm – vor dem Hintergrund der Diskussion um den Demokratiegehalt der funktionalen Selbstverwaltung im Staatsgefüge – postulierten Konzept demokratischer Legitimation[791]. Dieses kennzeichne die funktionale Selbstverwaltung aus staatsrechtlicher Perspektive als eigenständigen Verwaltungstypus und mache die Grundlage ihrer demokratischen und verfassungsstaatlichen Legitimation aus, fehle aber bspw. den Handwerksinnungen[792]. Soweit man jedoch nicht diesen spezifischen Begriff demokratischer Legitimation, sondern vielmehr die Partizipation als solche in den Mittelpunkt stellt, ist ein Erfordernis der Pflichtmitgliedschaft nicht nur nicht zwingend, sondern sogar kontraproduktiv. Die ganz herrschende Ansicht rechnet die Handwerksinnungen jedenfalls der Selbstverwaltung zu[793]. Dieser spezifische Aspekt von Kluths Definition ändert aber nichts daran, dass seine Habilitationsschrift insgesamt ein beeindruckendes Plädoyer für die Verankerung des demokratisch-partizipativen Elements im Begriff der (funktionalen) Selbstverwaltung ist.

h) Plädoyer für die Reintegration des partizipativen Elements in den Rechtsbegriff der Selbstverwaltung

aa) Die positivistische Wende des Selbstverwaltungsbegriffs und deren Nachwirkungen

Die bis heute nachwirkende große Wende in der juristischen Erfassung des Phänomens Selbstverwaltung liegt in der Prägung des positivistischen, korporativen Selbstverwaltungsbegriffs durch Laband und Rosin in den siebziger und achtziger Jahren des 19. Jh. Zuvor hatte, ausgehend von der preußischen Städteordnung des Freiherrn vom Stein von 1808, die auf Aktivierung gesellschaftlicher Kräfte ange-

---

[790] § 61 Abs. 1 S. 2 HwO; näher dazu unten S. 651 ff.
[791] Näher zur demokratischen Dimension funktionaler Selbstverwaltung unten S. 906 ff.
[792] *Kluth*, Funktionale Selbstverwaltung, 1997, S. 544.
[793] Grundlegend bereits *Rosin*, Genossenschaft, 1886, S. 71 ff., 101 ff.; vgl. ansonsten bspw. *Schoen*, Das Recht der Kommunalverbände, 1897, S. 11 f.; *Wolff*, Verwaltungsrecht II, 2. Aufl., 1967, § 84 IV b (S. 164); *Achterberg*, Allgemeines Verwaltungsrecht, 2. Aufl., 1986, S. 202; *Schick*, Selbstverwaltung – Berufsständische, in: Evangelisches Staatslexikon, Bd. II, 3. Aufl., 1987, Sp. 3115 (3117); *Stern*, Staatsrecht I, 2. Aufl., 1984, S. 400; *Ballerstedt*, Wirtschaftsverfassungsrecht, in: Bettermann etc., Grundrechte III/1, 1958, S. 1 (27); *Becker*, Selbstverwaltung, in: Staatslexikon, 6. Aufl., 1962, 7. Bd., Sp. 45 (51); *Weber*, Staats- und Selbstverwaltung, 2. Aufl., 1967, S. 155; *Tettinger*, Selbstverwaltung im Bereich der Wirtschaft, FS v. Unruh, 1983, S. 809 (811); *Schuppert*, Öffentlich-rechtliche Körperschaften, in: HdWW, 7. Bd., 1980, S. 399 (401); *Detterbeck/Will*, Handwerksinnungen, 2003, S. 23 ff.; *Ziekow*, Öffentliches Wirtschaftsrecht, 2007, S. 49 f.; *Frotscher/Kramer*, Wirtschaftsverfassungs- und Wirtschaftsverwaltungsrecht, 5. Aufl., 2008, Rn. 596.

I. 3. h) Plädoyer für die Reintegration des partizipativen Elements

legte Partizipation der Bürger den zentralen Bezugspunkt der Selbstverwaltung gebildet. Im positivistischen Bemühen um die Bildung eines eindeutigen juristischen Begriffs der Selbstverwaltung verwarf Laband das zu seiner Zeit als paradigmatisch empfundene Gneistsche Konzept der ehrenamtlichen Selbstverwaltung als Zwischenbau zwischen Staat und Gesellschaft mit dem idealtypisch positivistischen Argument, dass die bürgerliche Gesellschaft weder Rechtssubjekt noch Objekt von Rechten, ja überhaupt kein Rechtsbegriff sei[794]. Selbstverwaltung sei vielmehr der „Zwischenbau zwischen Staat und Unterthan"[795]. Sie beruhe auf der Selbstbeschränkung des Staats hinsichtlich der Durchführung seiner Aufgaben und Herrschaftsrechte, deren Ausübung er an Personen übertrage, die ihm zwar unterworfen seien, aber ihm gegenüber eine besondere öffentliche Rechtssphäre, eine begrifflich verschiedene Existenz hätten. Laband prägte zugleich den Begriff des Selbstverwaltungskörpers und fokussierte den Begriff der Selbstverwaltung auf diesen, indem er das Element der *Selbst*verwaltung an der Verwaltung durch den Selbstverwaltungskörper selbst anstatt durch den Staat festmachte.

Wie oben deutlich wurde, verfolgten die einflussreichen Ausführungen Labands zur Selbstverwaltung im systematischen Zusammenhang seines Lehrbuchs nicht so sehr den Zweck einer positivistischen Begriffsbestimmung der Selbstverwaltung als solcher. Sie dienten vielmehr primär der dogmatischen Erfassung einer spezifischen Ausübung von Hoheitsrechten durch die Einzelstaaten im Bundesstaat. Labands Kassierung des partizipativen Elements war daher zumindest auch darauf zurückzuführen, dass dieses auf die Gliedstaaten des Reichs so nicht anwendbar gewesen wäre. Dennoch wurde Labands Selbstverwaltungsbegriff von Rosin und zahlreichen anderen positivistischen Autoren begierig aufgegriffen, deren Anforderungen an eine juristische Begriffsbildung die historisch, politisch und soziologisch geprägten, weniger griffigen Selbstverwaltungskonzeptionen bspw. eines Gneist oder aber eines Gierke nicht genügen konnten. Die auf den Vorarbeiten Labands aufbauenden Ausführungen Rosins machen exemplarisch deutlich, dass das Ringen um einen positivistischen Selbstverwaltungsbegriff zuvörderst auch eine Auseinandersetzung mit den einflussreichen Arbeiten Gneists war, denen – nicht ganz zu Unrecht – eine Eignung zu präziser juristischer Begriffsbildung abgesprochen wurde. Das bei Gneist auf die ehrenamtliche Beteiligung fokussierte Element der Betroffenenpartizipation wurde als politische Selbstverwaltung eingeordnet, welcher der eigene körperschaftliche oder korporative juristische Selbstverwaltungsbegriff gegenübergestellt wurde. Bei allem verständlichen Streben nach einer klaren Begriffsbildung ist es doch bemerkenswert, dass der positivistische, korporative Selbstverwaltungsbegriff letztlich als Antithese zu Gneists Thesen entstand, die in vielerlei Hinsicht wenig prägnant waren, auf teilweisem Fehlverständnis und weitgehender Überbewertung des englischen Selfgovernment beruhten und

---

[794] *Laband*, Staatsrecht I, 1876, S. 101, Fn. 1; näher dazu oben S. 51 ff.
[795] *Laband*, Staatsrecht I, 1876, S. 101.

schließlich auch in der Rechtswirklichkeit des Deutschen Reichs nicht mehr als repräsentativ empfunden werden konnten.

In der Auseinandersetzung mit den bis weit ins 20. Jh. einflussreichen Thesen Gneists fand der griffige korporative Selbstverwaltungsbegriff indes zahllose Anhänger und wird in seinen verschiedenen Spielarten, wie etwa dem viel zitierten Selbstverwaltungsbegriff von Wolff, bis heute vertreten. Schnell stellte sich allerdings auch Opposition gegen den korporativen Selbstverwaltungsbegriff ein. Hat dieser den Vorteil großer Prägnanz für sich, stellten zahlreiche Autoren schon bald fest, dass das positivistische Bemühen um eine präzise Begriffsbildung einen vom eigentlichen Zweck der Selbstverwaltung, nämlich der Betroffenenpartizipation, entkernten juristischen Selbstverwaltungsbegriff produziert hatte. Anstatt – was durchaus vorstellbar gewesen wäre – die partizipativen Elemente der Selbstverwaltung an der Rechtswirklichkeit orientiert juristisch prägnant zu erfassen, beispielsweise durch Herausarbeitung der repräsentativ-partizipativen Elemente der Selbstverwaltung, hatte die positivistische Schule das genossenschaftliche Element der Selbstverwaltung schlicht in die Sphäre der außerjuristischen, politischen Selbstverwaltung verbannt. Während der korporative Selbstverwaltungsbegriff gerade bei solchen Autoren, die in anderem Zusammenhang einen prägnanten Selbstverwaltungsbegriff benötigten, sich selbst aber nicht näher mit dem Konzept befassten, seinen Siegeszug antrat, sprachen sich bezeichnenderweise gerade solche Autoren, die eine vertiefte eigene Analyse der Selbstverwaltung vornahmen, oft für einen partizipativen juristischen Selbstverwaltungsbegriff aus.

Dieses Auseinanderfallen der herrschenden Meinung, die verschiedene Spielarten des korporativen Selbstverwaltungsbegriffs tradierte, und z.T. komplex begründeter abweichender Meinungen – häufig in Monographien und spezialisierten Aufsätzen – setzte sich auch in der Debatte der Weimarer Republik und schließlich der Bundesrepublik Deutschland fort. Die Demokratisierung des Staats in der Weimarer Republik bot den Hintergrund dafür, dass in deren späteren Jahren Risiken und Potentiale der Selbstverwaltung im Hinblick auf eine umfassende Demokratisierung in den Blickpunkt der Selbstverwaltungsdiskussion gerieten. Konnte die Bildung von Partikularwillen in Selbstverwaltungskörperschaften einerseits als Gefährdung für den Vollzug des demokratisch gebildeten Mehrheitswillen des Staats und damit als Widerspruch zur konsequenten bzw. absoluten Demokratie gebrandmarkt werden, versprach – wie insbesondere Kelsen herausarbeitete – eine demokratisch strukturierte Selbstverwaltung andererseits gerade auch einen Mehrwert an Demokratie, indem hier eine Annäherung an das demokratische Ideal einer Kongruenz zwischen Normsetzern und Normunterworfenen möglich schien. Die wissenschaftlich auf hohem Niveau geführte Weimarer Selbstverwaltungsdebatte hätte das Potential gehabt, einen an die Zeitläufte angepassten juristischen Selbstverwaltungsbegriff unter Einschluss des partizipativen Elements zu prägen. Dabei hätte das im modernen, arbeitsteiligen Verwaltungsstaat nicht mehr typische Gneistsche Ehrenamtsparadigma überwunden und eine Fokussierung auf die inzwischen dominante repräsentativ-demokratische Betroffenenbeteiligung und deren demokratietheoretische Implikationen erreicht werden können. Die dafür nötige Diskussion konnte sich indes nicht mehr voll entfalten, da die vor allem durch eine finanzielle Unterversorgung herbeigeführte Krise der kommunalen Selbstverwaltung in der Spätphase der Weimarer Republik den Blick zunehmend auf die Nachteile der Selbstverwaltung lenkte. Nach der Machtergreifung am 30. Januar 1933 wurde dann unter dem Deckmantel angeblicher Wiederherstellung wahrer Selbstverwaltung im Steinschen Sinne tatsächlich die Ablösung der überkommenen partizipativen Selbstverwaltung durch eine nicht-partizipative, nicht-demokratische völkisch-nationalsozialistische Selbstverwaltung betrieben, die diesen Namen nicht mehr verdiente.

In der Selbstverwaltungsdebatte der Bundesrepublik Deutschland wurden zunächst zum einen verschiedene Spielarten formaler Selbstverwaltungsbegriffe vertreten, die überwiegend auf dem korporativen Selbstverwaltungsbegriff Labands und Rosins beruhten, z.T. aber dessen Formalisierung – wie im Fall Forsthoffs – noch deutlich verschärften. Am einflussreichsten ist hier Wolffs prägnanter, korporativ geprägter Selbstverwaltungsbegriff, der – gerade in der allgemeinen verwaltungsrechtlichen Literatur – gerne zitiert wird, während Wolffs spätere Zweifel an der Aufgabe des partizipativen Elements hier weniger Beachtung finden. Zum anderen wird die bundesrepublikanische Debatte durch eine Vielzahl materialer Selbstverwaltungskonzeptionen geprägt, die ein partizipatives Element aufweisen, und regelmäßig von solchen Autoren entworfen wurden, die sich vertieft mit dem Konzept und dem Begriff der Selbstverwaltung auseinandergesetzt haben. Auffällig ist, dass viele dieser materialen Selbstverwaltungskonzeptionen, die – oftmals eingebunden in die jeweiligen Zeitströmungen – durchaus unterschiedliche Zielrichtungen verfolgten, in der Auseinandersetzung mit dem extrem formalisierten Selbstverwaltungsbegriff Forsthoffs entstanden. Ähnlich wie der positivistische, korporative Selbstverwaltungsbegriff in Auseinandersetzung mit dem Gneistschen Selbstverwaltungskonzept geprägt wurde, nehmen materiale Selbstverwaltungskonzeptionen oftmals in der Ablehnung einer extremen Gegenposition, hier der Gleichsetzung von Selbstverwaltung und mittelbarer Staatsverwaltung bei Forsthoff, ihren Ausgangspunkt. So unterschiedlich die verschiedenen materialen Selbstverwaltungskonzeptionen ausgeprägt sein mögen, haben sie doch eines regelmäßig gemeinsam, nämlich dass sie das Element der Betroffenenpartizipation wieder als konstitutives Element in den Rechtsbegriff der Selbstverwaltung integrieren.

Zusammenfassend ergibt sich das paradoxe Bild, dass einerseits formale Selbstverwaltungsbegriffe wie der Wolffsche gerade in der nicht-spezialisierten Literatur bis heute als herrschende Meinung des juristischen Selbstverwaltungsbegriffs erscheinen. Anderseits vertreten diejenigen Autoren, die sich monographisch eingehender mit Konzept und Begriff der Selbstverwaltung befassen, überwiegend einen materialen Ansatz, sehen also das partizipative Element wieder als konstitutiven Bestandteil auch des Rechtsbegriffs der Selbstverwaltung an.

bb) Repräsentative Betroffenenpartizipation als konstitutives Element des Rechtsbegriffs der Selbstverwaltung

Die Partizipation der Betroffenen stellt den Ausgangspunkt der modernen deutschen Selbstverwaltung in der preußischen Städteordnung des Freiherrn vom Stein von 1808 dar und ist – abgesehen von der Zeit des Nationalsozialismus – bis heute kontinuierlich eines ihrer zentralen Strukturmerkmale geblieben. Selbst die Vertreter des formalen, körperschaftlichen Rechtsbegriffs der Selbstverwaltung bestreiten dies regelmäßig nicht, verorten den Partizipationsaspekt jedoch im politischen Selbstverwaltungsbegriff. Damit sieht sich der formale, körperschaftliche Rechtsbegriff der Selbstverwaltung jedoch von vornherein der Kritik ausgesetzt, ein zentrales Element der de lege lata existierenden Selbstverwaltung von der juristischen Definition auszuschließen. Setzt man den Gedanken der Partizipation mit Gneists Ehrenamtsparadigma gleich, wie sich dies bis heute im Schrifttum findet, ist die Zurückhaltung im Hinblick auf dessen Integration in einen Rechtsbegriff der Selbstverwaltung verständlich: Vielgestaltigkeit und mangelnde Konturenschärfe des Konzepts ehrenamtlicher Beteiligung einerseits und vor allem dessen mangelnde Repräsentativität in der Rechtswirklichkeit der heutigen Selbstverwaltung (und letztlich auch bereits der Selbstverwaltung zu Zeiten Gneists) entziehen es dem Rechtsbegriff der Selbstverwaltung, der eine handhabbare, an der Rechtswirklichkeit orientierte Begriffsbildung verlangt. Dies soll nun keineswegs bedeuten, dass ehrenamtliches Engagement in der modernen Selbstverwaltung obsolet sei. Im Gegenteil ist das ehrenamtliche Engagement der Betroffenen in der Selbstverwaltung nicht nur nach wie vor äußerst wünschenswert, sondern tatsächlich auch in den verschiedenen Formen der Selbstverwaltung regelmäßig anzutreffen und – wie gerade das Beispiel der Selbstverwaltung der Wirtschaft deutlich macht, wo sich zehntausende Berufsträger in Prüfungsausschüssen usw. engagieren – von großer praktischer Bedeutung. Es handelt sich aber nicht um die Form der Partizipation, die für das Phänomen Selbstverwaltung heute insgesamt strukturell prägend ist[796].

In der notwendig arbeitsteilig organisierten komplexen modernen Gesellschaft und Wirtschaft können Leitungsfunktionen und operative Tätigkeiten der Selbstverwaltungskörper meist nicht mehr von den Betroffenen selbst wahrgenommen werden und fallen vielmehr angestellten Spezialisten zu. Gerade in größeren Selbstverwaltungskörpern konzentriert sich die Teilnahme der Betroffenen daher oft auf den Wahlakt zum Vertretungsgremium[797], das wiederum in verschiedener Hinsicht auf die Leitung und damit operative Aufgabenerfüllung des Selbstverwaltungskörpers Einfluss nimmt[798]. So stellt das Vertretungsgremium regelmäßig insbesondere durch den Erlass von Satzungen allgemeine Regeln bspw. für die Leitung der Selbst-

---

[796] Vgl. zur kommunalen Selbstverwaltung: *Ziebill*, Politische Parteien, 1964, S. 77.
[797] *Freiherr vom Stein*, Denkschrift über die Theilnahme der Provinzial Stände, 13. 03. 1818, in: ders., Briefwechsel, Bd. V, S. 448 (450) empfahl, dass die Gemeindeangelegenheiten durch „selbst gewählte Vorsteher" möglichst frei und selbständig verwaltet werden sollten.
[798] Vgl. zur kommunalen Selbstverwaltung: *Ziebill*, Politische Parteien, 1964, S. 76 f.

verwaltungskörperschaft durch die Exekutivorgane auf, hat entscheidenden Einfluss auf deren personelle Zusammensetzung und überwacht ihre Tätigkeit. Der entscheidende Unterschied zwischen der Betroffenenpartizipation in der Selbstverwaltung, wie sie im 19. Jh. geprägt wurde – aber schon damals oftmals eher Idealtypus denn Verwaltungsrealität war –, und der modernen Selbstverwaltung liegt mithin in einem Übergang von der tätigen Partizipation an den Alltagsgeschäften hin zu einer durch einen Wahlakt vermittelten Einflussnahme auf die Besetzung des Vertretungsgremiums, das wiederum gestaltenden und kontrollierenden Einfluss auf die operative Tätigkeit der Selbstverwaltungsorgane ausübt.

Insgesamt kann geschlossen werden, dass ein juristischer Begriff der Selbstverwaltung, der diese wesensmäßig erfassen will, heute nicht mehr auf das partizipative Element in seiner repräsentativen Ausformung verzichten kann, will er sich nicht dem Vorwurf aussetzen, nicht nur einen wesentlichen Zweck und Hintergrund der Selbstverwaltung, sondern auch ein wesentliches Strukturmerkmal der inneren Verfassung der de lege lata existierenden Selbstverwaltungskörperschaften schlicht auszublenden.

cc) Exkurs zum möglichen Verlust des genossenschaftlichen Charakters der Selbstverwaltung

Die mediatisierende Entwicklung von der tätigen Partizipation hin zur Wahl von Repräsentanten könnte zumindest auf den ersten Blick die Vermutung nahe legen, dass der Selbstverwaltung ihr ursprünglicher, oft als genossenschaftlich bezeichneter Charakter verloren gegangen sein könnte. Indes ist zu beachten, dass sich in den privatrechtlich organisierten Genossenschaften im gleichen Zeitraum eine ähnliche Entwicklung vollzogen hat. Natürlich existieren auch heute noch viele, insbesondere kleinere privatrechtliche Genossenschaften, an deren Leitung die Mitglieder höchst aktiv partizipieren. Bei den größeren Genossenschaften, etwa den mitgliederstarken Bank-, Konsum- und Wohnungsbaugenossenschaften ist jedoch schon lange eine Entwicklung vollzogen, bei der die Mitwirkung des einzelnen Mitglieds – ähnlich wie bei den größeren Selbstverwaltungskörperschaften – vor allem in der Wahl ihrer Repräsentanten für die Mitgliederversammlung besteht, die – ähnlich wie das Repräsentationsorgan der Selbstverwaltungskörper – in verschiedener Form Einfluss auf die operativen Leitungsorgane der Genossenschaft nimmt. Diese sind meist mit spezialisiertem Fachpersonal besetzt, das ebenso gut mit der Leitung einer nicht-genossenschaftlich organisierten Gesellschaft betraut sein könnte. Sowohl in den Selbstverwaltungskörpern als auch in den privatrechtlich organisierten Genossenschaften hat also eine Entwicklung der Partizipation von der tätigen Mitwirkung am Tagesgeschäft hin zu einer durch Wahlen vermittelten Einflussnahme auf die Steuerung der Körperschaft stattgefunden. Damit ist ein Wandel in der Form der Partizipation eingetreten, ohne dass beiden dadurch der genossenschaftliche bzw. partizipative Charakter abhanden gekommen wäre.

4. Definition des Rechtsbegriffs der Selbstverwaltung

Zu der hier untersuchten Leitfrage der Definition des Selbstverwaltungsbegriffs wurde bereits oben festgestellt, dass zu den konstitutiven Merkmalen des Rechtsbegriffs der Selbstverwaltung zunächst gehört, dass der Selbstverwaltungsträger als juristische Person des öffentlichen Rechts – in der Regel als Körperschaft des öffentlichen Rechts – organisiert ist und dass ihm ein eigener Wirkungskreis aus pflichtigen und freiwilligen Selbstverwaltungsaufgaben zusteht, der eigenverantwortlich – d. h. vor allem fachweisungsfrei unter reiner Rechtsaufsicht – wahrgenommen wird. Daneben muss ein Rechtsbegriff der Selbstverwaltung, der das Phänomen der Selbstverwaltung und dessen Grundlagen adäquat erfassen will, auch das partizipative Element der Betroffenenmitwirkung enthalten. Wenn auch die vor allem gegen das Gneistsche Ehrenamtsparadigma gerichtete positivistische Eliminierung des partizipativen Elements aus dem juristischen Selbstverwaltungsbegriff dazu geführt hat, dass bei Selbstverwaltung heute jedenfalls im juristischen Schrifttum zuerst an den Selbstverwaltungsträger gedacht wird, darf nach alledem nicht übersehen werden, dass Selbstverwaltung zuvörderst existiert, um den jeweils Betroffenen ein institutionalisiertes Forum zur Wahrnehmung ihrer kollektiven und individuellen Interessen (aber auch zur Gewährleistung ihrer Pflichten) zur Verfügung zu stellen[799]. Die Einflussnahmemöglichkeit der Betroffenen schließt ein ehrenamtliches Tätigwerden keinesfalls aus. Dieses ist vielmehr erwünscht und nach wie vor – gerade im Bereich der Selbstverwaltung der Wirtschaft – von großer praktischer Bedeutung. Strukturell prägend ist heute indes die meist durch Wahlakt vermittelte Einflussnahme auf die Zusammensetzung des Repräsentationsorgans und damit letztlich auf die Besetzung und die Tätigkeit der operativen Lenkungsorgane des Selbstverwaltungsträgers.

Der Rechtsbegriff der Selbstverwaltung kann daher heute definiert werden als die regelmäßig insbesondere über die Wahl eines Repräsentationsorgans vermittelte, eigenverantwortliche, nur einer Rechtsaufsicht unterworfene Verwaltung eines eigenen Wirkungskreises durch die in einer juristischen Person des öffentlichen Rechts als Selbstverwaltungsträger organisierten Betroffenen.

II. Kategorien der Selbstverwaltung

Die kommunale Selbstverwaltung ist nicht nur Ausgangspunkt der Selbstverwaltung, sondern bis zum heutigen Tag deren bedeutsamste Erscheinungsform. Dies hat sich auch im wissenschaftlichen Schrifttum niedergeschlagen, das sich überwiegend mit der kommunalen Selbstverwaltung beschäftigt. Bereits im 19. sowie

---

[799] Vgl. *Sachs*, Einheit der Verwaltung, in: NJW 1987, 2338 (2343); zur Selbstverwaltung der Wirtschaft: *E. R. Huber*, Selbstverwaltung der Wirtschaft, 1958, S. 11: „Die Wirtschaft, die sich selbst verwaltet, sind die Wirtschaftstätigen […]".

II. Kategorien der Selbstverwaltung

verstärkt ab der Wende zum 20. Jh. haben sich jedoch weitere Formen der Selbstverwaltung herausgebildet, die nach und nach auch entsprechende Beachtung im wissenschaftlichen Schrifttum gefunden haben[800]. Die einzelnen Formen der Selbstverwaltung werden dabei heute zumeist in verschiedene Kategorien eingeteilt[801].

Die Dominanz der kommunalen Selbstverwaltung – oft wurde Selbstverwaltung schlechthin mit kommunaler Selbstverwaltung gleichgesetzt[802] – hat dazu geführt, dass mit der „funktionalen Selbstverwaltung" ein Gegenbegriff etabliert wurde, der in negativer Abgrenzung letztlich alle Formen der Selbstverwaltung umfasst, die keine kommunale Selbstverwaltung sind[803]. Zwar ließe sich fragen, ob der Begriffsbestandteil „funktional" tatsächlich einen adäquaten Beschreibungswert besitzt, der über „nicht-kommunal" hinausgeht[804]. Zudem könnte der Begriff missverständlich sein, indem man meinen könnte, den entsprechenden Selbstverwaltungsbereichen werde das Attribut der Funktionalität zugeschrieben. Schließlich ließe sich in diesem Zusammenhang die fehlende Anschaulichkeit kritisieren, kann sich doch – jenseits von Expertenkreisen – anders als unter dem Begriff der kommunalen Selbstverwaltung kaum jemand etwas unter dem Begriff der funktionalen Selbstverwaltung vorstellen[805]. Doch ist dieser Begriff jedenfalls in der juristischen Literatur und in der Rechtsprechung inzwischen als Sammelbezeichnung für die nicht-kommunalen Selbstverwaltungsbereiche weitgehend etabliert[806].

Neben diesem blass gebliebenen Sammelbegriff werden ganz unterschiedliche Kategorienbildungen und Typologien für die verschiedenen Formen der Selbstverwaltung vertreten[807]. Durchgesetzt haben sich vor allem die Kategorien der kommunalen Selbstverwaltung von Gemeinden und Gemeindeverbänden, der Selbst-

---

[800] *Reuß*, Die Organisation der Wirtschaft, in: Bettermann etc., Grundrechte III/1, 1958, S. 91 (102).

[801] Vgl. etwa *Weber*, Staats- und Selbstverwaltung, 2. Aufl., 1967, S. 141.

[802] So behandelt etwa *Rudolf Elleringmann* in seiner Monographie „Begriff und Wesen der körperschaftlichen Selbstverwaltung" im Anschluss an einen Abschnitt über den Begriff der korporativen Selbstverwaltung ausschließlich Fragen der kommunalen Selbstverwaltung.

[803] Siehe etwa BVerwGE 120, 255 (257).

[804] *Oebbecke*, Demokratische Legitimation, in: VerwArch. 1990, 349 ff. spricht noch von nichtkommunaler Selbstverwaltung.

[805] Dies hat sich auch darin niedergeschlagen, dass bewusst oder unbewusst relativ häufig abweichend von „funktioneller Selbstverwaltung" gesprochen wird; vgl. etwa *Rennert*, in: Umbach/Clemens, GG, Bd. I, 2002, Art. 28 II, Rn. 66; *Bull/Mehde*, Allgemeines Verwaltungsrecht, 8. Aufl., 2009, Rn. 102.

[806] Vgl. etwa BVerfGE 107, 59 (89); *Emde*, Die demokratische Legitimation, 1991, S. 5 ff.; *Kluth*, Funktionale Selbstverwaltung, 1997, S. 12 ff.; ders., Funktionale Selbstverwaltung, in: DV 2002, 349 ff.; *Böckenförde*, Demokratie als Verfassungsprinzip, in: HStR II, 3. Aufl., 2004, S. 429 (450 ff.); *Wolff/Bachof/Stober/Kluth*, Verwaltungsrecht II, 7. Aufl., 2010, S. 805 ff.; *Wallerath*, Allgemeines Verwaltungsrecht, 6. Aufl., 2009, S. 194; *Storr/Schröder*, Allgemeines Verwaltungsrecht, 2010, S. 50 f.; *Stern*, Staatsrecht I, 2. Aufl., 1984, S. 398 spricht von gesellschaftlicher oder funktionaler Selbstverwaltung.

[807] Vgl. etwa *Weber*, Staats- und Selbstverwaltung, 2. Aufl., 1967, S. 152; *Jeß*, Körperschaften des öffentlichen Rechts, 1935, S. 30 ff.; *Hendler*, Selbstverwaltung als Ordnungsprinzip, 1984, S. 191 ff.; ders., Prinzip Selbstverwaltung, in: HStR VI, 3. Aufl., 2008, S. 1103 (1134 f.); *Oebbecke*,

verwaltung der Wirtschaft (bzw. wirtschaftlichen Selbstverwaltung), der Selbstverwaltung der freien Berufe (bzw. berufsständischen Selbstverwaltung[808]), der akademischen Selbstverwaltung im Bereich der Hochschulen sowie der sozialen Selbstverwaltung insbesondere im Bereich der Sozialversicherung. Davon unterschieden werden schließlich oftmals die Selbstverwaltung in den sog. Realkörperschaften (z. B. Wasserverbänden) sowie z. T. auch eine Selbstverwaltung der öffentlich-rechtlichen Rundfunkanstalten[809]. Die vorliegende Untersuchung hat die Selbstverwaltung der Wirtschaft zum Gegenstand. Bevor daher auf das Recht der einschlägigen Körperschaften eingegangen werden kann, ist im folgenden Kapitel zu klären, was unter dem Begriff der Selbstverwaltung der Wirtschaft zu verstehen ist und welche Organisationsformen ihm im Einzelnen unterfallen.

Selbstverwaltung, in: VVDStRL 62 (2002), S. 366 (369); *Wolff/Bachof/Stober/Kluth*, Verwaltungsrecht II, 7. Aufl., 2010, S. 811.

[808] Dazu unten S. 232 ff.

[809] Gegen die Existenz von Selbstverwaltung bei den öffentlich-rechtlichen Rundfunkanstalten – mit guten Argumenten – bspw.: *Weber*, Staats- und Selbstverwaltung, 2. Aufl., 1967, S. 146; *Scheuner*, Wirtschaftliche und soziale Selbstverwaltung, in: DÖV 1952, 609 (612).

3. Kapitel

Begriff und Erscheinungsformen der Selbstverwaltung der Wirtschaft

I. Selbstverwaltung der Wirtschaft oder wirtschaftliche Selbstverwaltung?

In der wissenschaftlichen Literatur wird die Selbstverwaltung in Wirtschaftskammern, Innungen usw. teils als Selbstverwaltung der Wirtschaft[1], teils als wirtschaftliche Selbstverwaltung[2] bezeichnet[3]. Der adjektivisch erweiterte Begriff der wirtschaftlichen Selbstverwaltung sieht sich ähnlichen Einwendungen ausgesetzt wie der Begriff der funktionalen Selbstverwaltung. In allgemeiner sprachlicher Hinsicht lässt sich kritisieren, dass er sachgebietsübergreifend als Selbstverwaltung verstanden werden könnte, die wirtschaftlich im Sinne von rationell geführt wird[4]. Vor allem aber ist in etymologischer Hinsicht problematisch, dass der konkrete Begriff der wirtschaftlichen Selbstverwaltung – wie bereits in der Einleitung angeklungen ist – z. T. für die Bezeichnung von Phänomenen genutzt wurde, die mit der Selbstverwaltung der Wirtschaft nur wenig zu tun haben. So verstand etwa der für die Entwicklung des Selbstverwaltungsbegriffs überaus einflussreiche *Rudolf von Gneist* unter wirtschaftlicher Selbstverwaltung als Gegenbegriff zur obrigkeitlichen Selbstverwaltung (der ehrenamtlichen Beteiligung Einzelner bei der Ausführung des Staatswillens) die Wahrnehmung bestimmter wirtschaftlicher Interes-

---

[1] *Glum*, Selbstverwaltung der Wirtschaft, 1925; *H. Peters*, Lehrbuch der Verwaltung, 1949, S. 506 f., vgl. aber auch S. 52, 290 („wirtschaftliche Selbstverwaltung"); *E. R. Huber*, Selbstverwaltung der Wirtschaft, 1958, S. 7 ff., vgl. dann aber S. 9 ff. („Der Begriff der wirtschaftlichen Selbstverwaltung"); *Reuß*, Organisation der Wirtschaft, in: Bettermann etc., Die Grundrechte, III/1, 1958, S. 91 (101 ff.); *W. Weber*, Staats- und Selbstverwaltung, 2. Aufl., 1967, S. 142 ff.; *Scholz*, Selbstverwaltung der Wirtschaft, in: FS Tilmann, 2003, S. 977 ff.

[2] Vgl. etwa *Heilberg*, Aufbau der Gemeinwirtschaft, 1929, S. 31 ff.; *E. R. Huber*, Rechtsformen der wirtschaftlichen Selbstverwaltung, in: VerwArch. 37 (1932), 301 ff.; *Münch*, Wirtschaftliche Selbstverwaltung, 1936; *Scheuner*, Wirtschaftliche und soziale Selbstverwaltung, in: DÖV 1952, 609 ff.; *Heinz*, Die geschichtliche Entwicklung, 1958, S. 12 ff.; *Korinek*, Wirtschaftliche Selbstverwaltung, 1970, S. 7 ff.; *Hendler*, Wirtschaftliche Selbstverwaltung, in: DÖV 1986, 675 ff.; *Oberndorfer*, Wirtschaftliche und berufliche Selbstverwaltung, 1987; *Tettinger*, Wirtschaftliche und freiberufliche Selbstverwaltung, in: Schoch, Verwaltungsrecht als Element der europäischen Integration, 1995, S. 193 ff.

[3] *R. Schmidt*, Wirtschaftspolitik, in: Achterberg etc., Besonderes Verwaltungsrecht I, 2. Aufl., 2000, S. 1 (35 ff.) sieht Selbstverwaltung der Wirtschaft als Oberbegriff, dem er die wirtschaftliche Selbstverwaltung (IHK etc.) und die berufsständische Selbstverwaltung (Kammern der freien Berufe) zuordnet.

[4] *Most*, Selbstverwaltung der Wirtschaft, 3. Aufl., 1927, S. 14; zum Begriff der funktionalen Selbstverwaltung siehe oben S. 135.

sen der Gemeinde durch die Gemeindevertretung[5]. *Karl Geiler* sah das Wesen der wirtschaftlichen Selbstverwaltung zu Beginn der Weimarer Republik aus zivilistisch-genossenschaftlichem Blickwinkel in der Ablösung der rein individualistischen und egoistischen Wirtschaft durch eine kollektive Individualwirtschaft, bei der Kapital und Arbeit sich auf genossenschaftlicher Basis zu einer neuartigen Arbeitsgemeinschaft verbänden[6], wobei die zu Beginn der Weimarer Republik eingerichteten neuen wirtschaftlichen Selbstverwaltungskörper mit Kammern, Innungen usw. wenig gemein hatten[7]. Es sei vorweggenommen, dass der Begriff der Selbstverwaltung der Wirtschaft für die Bezeichnung des vorliegend untersuchten Phänomens der Kammern usw. der Wirtschaft letztlich als präziser anzusehen ist. Der griffige Begriff der wirtschaftlichen Selbstverwaltung ist allerdings im einschlägigen Schrifttum so häufig auch im Sinne der Selbstverwaltung der Wirtschaft verwendet worden, dass er sich trotz der angeführten Bedenken ebenfalls als Begriff zur Bezeichnung des Phänomens der Selbstverwaltung der Wirtschaft durchgesetzt hat. Wie dies auch in großen Teilen der Literatur seit langem üblich ist[8], soll er daher hier gelegentlich synonym mit dem Begriff der Selbstverwaltung der Wirtschaft Verwendung finden, zumal er sich stilistisch oft besser in den Duktus einfügt.

Gegenstand dieses Kapitels ist es, in einem ersten Schritt als Unterfall des Selbstverwaltungsbegriffs im juristischen Sinne einen juristischen Begriff der Selbstverwaltung der Wirtschaft zu entwickeln. In einem zweiten Schritt soll unter Zugrundelegung der gewonnenen Definition grundlegend ermittelt werden, welche Organisationsformen der Selbstverwaltung der Wirtschaft heute möglicherweise zuzurechnen sind. Als Grundlage für die juristische Definition der Selbstverwaltung der Wirtschaft soll der Blick im Folgenden zunächst der wechselhaften Begriffsentwicklung seit Rudolf von Gneist gelten.

---

[5] *von Gneist*, Die preußische Kreis-Ordnung, 1870, S. 8 ff., 19 ff., 98 ff., 160 ff.; ders., Selfgovernment, 3. Aufl., 1871, S. 73 f., 940 ff.; näher dazu unten S. 139.

[6] *Geiler*, Der genossenschaftliche Gedanke, in: Beiträge zur Erläuterung des Deutschen Rechts N. F. 2 (1921), 134 (144).

[7] Dazu unten S. 145 ff.

[8] Vgl. etwa *H. Peters*, Lehrbuch der Verwaltung, 1949, S. 52, 290 (wirtschaftliche Selbstverwaltung), S. 506 f. (Selbstverwaltung der Wirtschaft); *E. R. Huber*, Selbstverwaltung der Wirtschaft, 1958, S. 9 ff.; *Ballerstedt*, Wirtschaftsverfassungsrecht, in: Bettermann etc., Die Grundrechte, III/1, 1958, S. 1 (24 ff.); *Reuß*, Organisation der Wirtschaft, in: Bettermann etc., Die Grundrechte, III/1, 1958, S. 91 (101 ff.); *W. Weber*, Staats- und Selbstverwaltung, 2. Aufl., 1967, S. 142 ff., insbes. 147; sowie bereits oben S. 137, Fn. 1.

II. Die historische Entwicklung des Begriffs der Selbstverwaltung der Wirtschaft bzw. der wirtschaftlichen Selbstverwaltung

1. Anfänge der Begriffsbildung im 19. Jahrhundert

a) Rudolf von Gneists Begriff der wirtschaftlichen Selbstverwaltung

Wie oben bereits angedeutet wurde, weist *Rudolf von Gneists* einflussreiche Selbstverwaltungslehre eine Dichotomie auf. Im Zentrum von Gneists Selbstverwaltungslehre steht die sog. obrigkeitliche oder gesetzmäßige Selbstverwaltung[9], deren Wesen er in der ehrenamtlichen Beteiligung Einzelner bei der Ausführung des Staatswillens, d.h. sowohl beim administrativen als auch beim jurisdiktionellen Vollzug des vollständig gesetzlich durchgebildeten Verwaltungsrechts, insbesondere Polizeirechts[10], sieht[11]. Diese für ihn zentrale Form der Selbstverwaltung ergänzt Gneist durch eine weitere Form der Selbstverwaltung, die er „wirtschaftliche Selbstverwaltung" nennt. Unter den Begriff der wirtschaftlichen Selbstverwaltung fasst Gneist nun aber nicht ehrenamtliche Verwaltung, sondern gewählte Vertretungen („Verwaltungsräthe, Stadtverordnetenversammlungen"), die im Bereich der wirtschaftlichen Geschäfte der Lokalverwaltung (im Gegensatz zu staatlichen Geschäften), also der Vermögens- und Steuerverwaltung, tätig werden[12].

Wirtschaftliche Selbstverwaltung ist bei Gneist also nicht durch besondere, der Wirtschaft zugehörige Subjekte und Träger charakterisiert, auf welche die im kommunalen Bereich entwickelten Grundsätze der Selbstverwaltung angewendet würden. Wirtschaftliche Selbstverwaltung im Gneistschen Sinne vollzieht sich vielmehr wie obrigkeitliche Selbstverwaltung grundsätzlich im Rahmen von Gemeinden und Gemeindeverbänden. Sie unterscheidet sich von der obrigkeitlichen Selbstverwaltung grundsätzlich durch die Akteure und ihren Gegenstand: Anders als bei der obrigkeitlichen Selbstverwaltung agieren hier nicht ehrenamtlich tätige Personen, sondern gewählte Vertretungen. Gegenstand ist nicht der administrative und jurisdiktionelle Vollzug des Verwaltungsrechts im Allgemeinen, sondern die Besorgung der wirtschaftlichen Geschäfte der jeweiligen Lokalverwaltung. Aus heutiger Sicht ist Gneists wirtschaftliche Selbstverwaltung letztlich ein Teilaspekt der kommunalen Selbstverwaltung[13], während die für ihn zentrale obrigkeitliche (ehrenamtliche) Selbstverwaltung heute als politische Selbstverwaltung eingeordnet wird.

---

[9] *von Gneist*, Die preußische Kreis-Ordnung, 1870, S. 8 ff., 14.
[10] Vgl. etwa *von Gneist*, Die preußische Kreis-Ordnung, 1870, S. 101.
[11] *von Gneist*, Das heutige englische Verfassungs- und Verwaltungsrecht, Bd. 2, 1860, S. 828 ff.; ders., Die preußische Kreis-Ordnung, 1870, S. 8 ff.; ders., Selfgovernment, 3. Aufl., 1871, S. 879 ff.; R. *Brauweiler*, Art. 127, in: Nipperdey, Die Grundrechte und Grundpflichten, Bd. 2, 1930, S. 193 (200); *Scheerbarth*, Rudolf von Gneist, in: Männer der deutschen Verwaltung, 1963, S. 135 (137); *Hendler*, Selbstverwaltung als Ordnungsprinzip, 1984, S. 58 f.; *Neukamp*, Begriff der „Selbstverwaltung", in: AöR 4 (1889), 377 (429); *Voigt*, Die Selbstverwaltung, 1938, S. 151.
[12] *von Gneist*, Die preußische Kreis-Ordnung, 1870, S. 8 ff., 19 ff., 98 ff., 160 ff.; ders., Selfgovernment, 3. Aufl., 1871, S. 73 f., 940 ff.
[13] *Fleiner*, Institutionen, 8. Aufl., 1928, S. 99 charakterisiert die wirtschaftliche Verwaltung im

Damit prägt der für das Selbstverwaltungsdenken in Deutschland so bedeutsame Rudolf von Gneist einen eigenständigen Begriff der wirtschaftlichen Selbstverwaltung[14], der sich allerdings nicht durchsetzen konnte und mit späteren, auf wirtschaftsnahe Selbstverwaltungsträger bezogenen Begriffen der wirtschaftlichen Selbstverwaltung bzw. Selbstverwaltung der Wirtschaft nur wenig zu tun hat.

b) Innungen, Handelskammern etc. als Selbstverwaltungskörper oder wirtschaftliche Interessenvertretungen

Kommt in Gneists Begriffsbildung letztlich die Dominanz der kommunalen Selbstverwaltung in der Selbstverwaltungstheorie des 19. Jh. zum Ausdruck, existierten doch in der zweiten Hälfte des 19. Jh. und stärker noch zu Beginn des 20. Jh. bereits eine Fülle von Kammern und Innungen, die aus heutiger Sicht als Selbstverwaltungsträger der Wirtschaft zu charakterisieren wären. In der Wissenschaft war indes lange umstritten, ob der in Bezug auf Gemeinden und andere Gebietskörperschaften entwickelte Begriff der Selbstverwaltung vorbehaltsfrei auch auf Phänomene wie Handwerkskammern und -innungen, Handels- und Gewerbekammern sowie Landwirtschaftskammern zu übertragen sei. Während der Begriff der Selbstverwaltung teilweise strikt auf kommunale und regionale Gebietskörperschaften beschränkt wurde, plädierten manche Autoren dafür, ihn auch auf nicht gebietskörperschaftliche Organisationsformen anzuwenden.

So liegt *Heinrich Rosins* Verdienst – wie bereits angesprochen – nicht nur in der Trennung zwischen juristischem (körperschaftlichem) und politischem (bürgerlichem) Selbstverwaltungsbegriff, sondern auch darin, dass er in seiner 1886 erschienenen Monographie „Das Recht der Oeffentlichen Genossenschaft" den juristischen Selbstverwaltungsbegriff außer auf gebietsbezogene Körperschaften auch auf einen sehr viel weiteren Kreis „öffentlicher Genossenschaften", bspw. die reformierten Innungen nach der Reichsgewerbeordnung von 1881, anwendete[15]. *Hermann Blodig* unterschied im Anschluss an Rosin dann zwei Klassen von Selbstverwaltungskörpern, nämlich „diejenigen, welche auf dem nachbarlichen Beisammenwohnen, und diejenigen, welche auf der Verwandtschaft des Berufes der Mitglieder beruhen"[16]. Für Blodig waren Selbstverwaltungskörper danach nicht nur Gemeinden und Gemeindeverbände[17], sondern bspw. auch öffentlich-rechtliche „Berufsge-

---

Sinne der Verwaltung des eigenen Vermögens als Kern der lokalen (Selbst-)verwaltung, die in der Folge auf die Befriedigung aller lokalen Bedürfnisse ausgedehnt worden sei.

[14] Übernommen wurde Gneists Begriff der wirtschaftlichen Selbstverwaltung bspw. von *von Brauchitsch*, Die neueren Organisationsgesetze der inneren Verwaltung, 1876, S. XXII; vgl. auch ders., Die neuen preußischen Verwaltungsgesetze, Bd. 1, 1881, S. 81, 159; vgl. zu Gneists Begriff der wirtschaftlichen Selbstverwaltung auch: *Schoen*, Das Recht der Kommunalverbände, 1897, S. 3, insbes. Fn. 3.

[15] *Rosin*, Genossenschaft, 1886, S. 71 ff.

[16] *Blodig*, Selbstverwaltung, 1894, S. 32; kritisch zu dieser Dichotomie im Hinblick auf die juristische Begriffsbildung: *Schoen*, Das Recht der Kommunalverbände, 1897, S. 12, Fn. 2.

[17] *Blodig*, Selbstverwaltung, 1894, S. 273 ff.; Blodig bezeichnet diese Kategorie korporativer

nossenschaften", z. B. Handels- und Gewerbekammern, Innungen, Notar- und Rechtsanwalts- bzw. Advokatenkammern, Ärzte- und Apothekerkammern[18]. Auch *Paul Schoen* wandte sich in seinem 1897 publizierten „Recht der Kommunalverbände in Preußen" in Anschluss an Rosin dezidiert gegen eine Gleichsetzung der Begriffe der Selbstverwaltung bzw. der Selbstverwaltungskörper mit der Kommunalverwaltung und übertrug sie auf einen viel weiteren Kreis von Organisationen einschließlich der Innungen und korporierten Innungsverbände[19]. Obwohl gegen Ende des 19. Jh. also zumindest einzelne Autoren auch Organisationsformen wie Innungen und Handelskammern der Selbstverwaltung zurechneten, die heute fast selbstverständlich dem Begriff der Selbstverwaltung der Wirtschaft unterfallen, wurde für diese noch nicht der Begriff bzw. die Kategorie der Selbstverwaltung der Wirtschaft bzw. der wirtschaftlichen Selbstverwaltung geprägt[20]. Diese Begriffe konnten sich vielmehr erst in der Zeit der Weimarer Republik durchsetzen.

Erscheint die zögerliche Anwendung des Selbstverwaltungsbegriffs auf Phänomene wie Innungen und Handelskammern aus heutiger Sicht angesichts offenkundiger Parallelen zur Selbstverwaltung von Gemeinden und anderen Gebietskörperschaften auf den ersten Blick verwunderlich, lassen sich hierfür doch zumindest zwei wesentliche Gründe nennen: Zum einen waren Begriff und Konzept der Selbstverwaltung als solche im 19. und frühen 20. Jh. – wie oben ausführlich dargestellt wurde – noch höchst umstritten[21]. Solange sogar im Hinblick auf die unstreitig als Selbstverwaltungsträger zu charakterisierenden Gemeinden kein Konsens über den Begriff der Selbstverwaltung gefunden war, musste eine Ausweitung des umstrittenen Begriffs bzw. Konzepts auf andersartige Phänomene mit der Gefahr verbunden sein, die noch schwachen Konturen des Begriffs insgesamt zu gefährden. So haben denn auch verschiedene Autoren die Möglichkeit einer Übertragung des Selbstverwaltungsbegriffs auf Phänomene wie z. B. Handelskammern zwar diskutiert, aber dann – je nach der vertretenen Auffassung vom Wesen der Selbstverwaltung mit unterschiedlichen Begründungen – ganz bewusst verworfen. Zu

---

Verbände zur Erfüllung einzelner durch das nachbarliche Beisammenwohnen ihrer Angehörigen bedingter öffentlicher Zwecke, die ihrer Natur nach von der Ortsgemeinde nicht oder wenigstens nicht so vollständig oder sachgemäß verfolgt werden können wie von eigens dazu geschaffenen Organismen, auch als „Spezialgemeinde" (a.a.O., S. 273).

[18] *Blodig*, Selbstverwaltung, 1894, S. 33, 365 ff.; im besonderen Teil seiner Monographie ergänzt *Blodig*, a.a.O., S. 267 ff. diese Kategorien von Selbstverwaltungskörpern noch um die Gutsherrschaft als „monarchisch organisirten Selbstverwaltungskörper".

[19] *Schoen*, Das Recht der Kommunalverbände, 1897, S. 12; vgl. auch bereits *von Stengel*, Organisation der preußischen Verwaltung, 1884, S. 13 ff., der neben Gemeinden und Kommunalverbänden insbesondere auch Korporationen als potentielle Selbstverwaltungsträger anerkennt.

[20] Vgl. etwa *G. Jellinek*, System, 1892, S. 278, Fn. 1; ders., Allgemeine Staatslehre, 1900, S. 589 f.; ders., Allgemeine Staatslehre, 3. Aufl., 1914, S. 643; siehe wesentlich später noch *Gieseke*, in: Dochow/Gieseke, Eisenwirtschaftsverordnung, 1920, S. 39: „Sie [die Handelskammern und die entsprechenden Vertretungen von Landwirtschaft und Handwerk] als ‚Selbstverwaltungskörper' zu bezeichnen, ist bei dem beschränkten Wirkungskreis dieser ‚Selbstverwaltung' bisher nicht üblich gewesen."

[21] Siehe oben S. 36 ff.

nennen ist hier bspw. *Julius Hatschek*, der – wie oben bereits angerissen[22] – in seiner 1898 erschienenen Monographie „Die Selbstverwaltung in politischer und juristischer Bedeutung" feststellte, dass Selbstverwaltung als Staatsverwaltung[23] nur da vorliegen könne, wo eine Interessenkongruenz zwischen Staat und Selbstverwaltungsträger eine Verknüpfung jener Interessen ermögliche[24]. Die erforderliche Homogenität der Interessen sei indes nur bei Gebietskörperschaften, namentlich Gemeinden, gegeben[25]. Jeder Gemeindebürger sei Staatsbürger, jedes Gemeindeterritorium Staatsterritorium. Die örtlichen Kollektivinteressen würden daher vom Staat als von ihm zu lösende Aufgaben aufgefasst[26]. Kollektivverbände wie Handelskammern und Innungen, die Partikularinteressen bspw. bestimmter Berufsgruppen verträten, kämen demgegenüber in Ermangelung einer vergleichbaren Interessenkongruenz nicht als Träger von Selbstverwaltung in Betracht[27].

In Hatscheks Begründung spiegelt sich auch der zweite wesentliche Grund für die späte und z. T. zögerliche Übertragung des Selbstverwaltungskonzepts auf Handelskammern usw. wider: In der Ära des Wirtschaftsliberalismus, in der der Staat Einflussnahmen auf die freie Wirtschaft auf das nötige Minimum beschränken sollte, war es naheliegend, Handelskammern, Innungen etc. als Vereinigungen von Wirtschaftstreibenden nicht dem Staat, sondern primär der privaten Sphäre zuzurechnen[28]. Abgesehen davon, dass sich die Konturen dogmatischer Grundfragen wie etwa der genauen Scheidung von öffentlichem und privatem Recht erst allmählich herausbildeten, erschienen Handelskammern, Innungen etc. nicht gleichermaßen wie Gebietskörperschaften als natürliche Zellen des Staatsgebildes, in denen sich die Bürger selbst verwalteten. Trotz weitgehender Aufsichts- und Einflussnahmerechte des Staates gegenüber Handelskammern, Innungen usw. wurden diese nicht wie etwa die Gemeinden als Bausteine des Staates begriffen. Sie erschienen vielen Zeitgenossen vielmehr primär als dem Staat potentiell entgegengesetzte private Interessenvertretungen von Wirtschaftstreibenden zur Wahrnehmung ihrer Partikularinteressen gegenüber dem Staat. Widergespiegelt wird dies bspw. in der 1879 publizierten umfassenden monographischen Untersuchung *Richard von Kaufmanns* zu Handels- und Gewerbekammern sowie vergleichbaren Organisationen in Deutschland und Europa, deren Obertitel gerade „Die Vertretung der

---

[22] Vgl. zu Hatscheks Selbstverwaltungsbegriff ausführlich oben S. 75 ff.
[23] Vgl. *Hatschek*, Selbstverwaltung, 1898, S. 138; *ders.*, Institutionen, 1919, S. 81.
[24] *Hatschek*, Selbstverwaltung, 1898, insbes. S. 106 ff., 156 ff.; dazu oben S. 75 f.
[25] *Hatschek*, Selbstverwaltung, 1898, S. 158 f.; *ders.*, Das Wesen der Selbstverwaltung, in: Wörterbuch des Deutschen Staats- und Verwaltungsrechts, 2. Aufl., Bd. 3, 1914, S. 419 (423 f.); *ders.*, Institutionen, 1919, S. 79; kritisch dazu: *Glum*, Selbstverwaltung der Wirtschaft, 1925, S. 37, Fn. 52; *Heilberg*, Aufbau der Gemeinwirtschaft, 1929, S. 32 f.
[26] *Hatschek*, Selbstverwaltung, 1898, S. 158 f.
[27] *Hatschek*, Selbstverwaltung, 1898, S. 159 (auch Fn. 2); *Bieback*, Die öffentliche Körperschaft, 1976, S. 418 f.
[28] Ganz deutlich wird dies noch bei: *von Moellendorff*, Wirtschaftliche Selbstverwaltung, in: Handbuch der Politik, 4. Bd., 3. Aufl., 1921, S. 160, der feststellt, das Kammersystem stelle, so wie es sei, „in seiner Ärmlichkeit ein Wahrzeichen mangelnder Selbstverwaltung dar."

wirthschaftlichen Interessen in den Staaten Europas" lautet[29]. Obwohl also bereits namhafte Autoren für eine Erstreckung des Selbstverwaltungsbegriffs bspw. auf Innungen plädierten, wurden Handelskammern, Gewerbekammern, Innungen und dergleichen doch von vielen noch eher als wirtschaftliche Interessenvertretungen Privater charakterisiert[30]. Soweit hingegen bspw. in Preußen in den Auseinandersetzungen um die Kammerreformen und -neubildungen der achtziger und neunziger Jahre des 19. Jh. gerade versucht wurde, die Kammern in eine stärkere Nähebeziehung zum Staat zu bringen, und dabei auch die Parallelen zur kommunalen Selbstverwaltung deutlich wurden, fehlte es jedenfalls noch an einem Begriff der Selbstverwaltung der Wirtschaft.

2. Die Etablierung des Begriffs der Selbstverwaltung der Wirtschaft in der Weimarer Republik

Während im Kaiserreich noch kaum von einer Selbstverwaltung der Wirtschaft gesprochen wurde[31], fanden Begriff und Phänomen in der wissenschaftlichen Literatur der Weimarer Republik von Anfang an starke Aufmerksamkeit[32]. Dies führte dazu, dass sich der Begriff der Selbstverwaltung der Wirtschaft – bzw. hier zunächst derjenige der wirtschaftlichen Selbstverwaltung – nach dem Ende des Ersten Weltkriegs schnell durchsetzte, während sein genauer Inhalt allerdings zunächst überaus umstritten blieb.

a) Organisationsformen der Kriegswirtschaft als Anknüpfungspunkte für die wissenschaftliche Begriffsbildung

Die Grundlage für die intensive wissenschaftliche Auseinandersetzung mit der wirtschaftlichen Selbstverwaltung in der Weimarer Republik wurde allerdings be-

---

[29] *von Kaufmann*, Die Vertretung der wirthschaftlichen Interessen, 1879.
[30] Vgl. bspw. noch *von Moellendorff*, Wirtschaftliche Selbstverwaltung, in: Handbuch der Politik, 4. Bd., 3. Aufl., 1921, S. 160; auch bei *Heréus*, Die deutschen Handelskammern, 1922, S. 31 f., der die Handelskammern primär als Interessenvertretung eines bestimmten Berufszweigs und erst danach als wirtschaftliche Selbstverwaltungskörper (a.a.O., S. 33 ff.) charakterisiert, wird dies noch widergespiegelt; selbst *Keucher*, Geschichtliche Entwicklung, 1931, S. 7, 130 f. behandelt IHK, Landwirtschaftskammern und Handwerkskammern nicht unter dem Oberbegriff der Selbstverwaltung der Wirtschaft, sondern noch unter demjenigen der gesetzlichen Berufsvertretungen.
[31] *Hedemann*, Deutsches Wirtschaftsrecht, 1939, S. 184 f.
[32] Vgl. etwa *Gieseke*, Wirtschaftliche Selbstverwaltung, in: Recht und Wirtschaft 10 (1921), 245 ff.; *von Moellendorff*, Wirtschaftliche Selbstverwaltung, in: Handbuch der Politik, 4. Bd., 3. Aufl., 1921, S. 160 ff.; *Schäffer*, Neue Tendenzen, in: Archiv für Sozialwissenschaft und Sozialpolitik 48 (1920/1921), 761 ff.; *Geiler*, Der genossenschaftliche Gedanke, in: Beiträge zur Erläuterung des Deutschen Rechts N.F. 2 (1921), 134 (143 ff.); *Herrfahrdt*, Die Formen der wirtschaftlichen Selbstverwaltung, in: JöR XI (1922), 1 ff.; *Goldschmidt*, Reichswirtschaftsrecht, 1923, S. 59 ff.; *Wauer*, Die wirtschaftlichen Selbstverwaltungskörper, 1923; *Glum*, Selbstverwaltung der Wirtschaft, 1925.

reits während des Ersten Weltkriegs gelegt[33]. Die schon bald nach Kriegsausbruch im August 1914 entstandene wirtschaftliche Notsituation führte dazu, dass der Staat in Abkehr von seiner liberalen Wirtschaftspolitik intensiven dirigistischen Einfluss auf die Güterproduktion nicht nur im landwirtschaftlichen, sondern letztlich in allen kriegs- und versorgungswichtigen Produktionsbereichen nahm[34]. Aus verschiedenen Gründen scheute man jedoch davor zurück, die kriegs- und versorgungsrelevante Wirtschaft zu verstaatlichen; zum einen wegen einer zu großen Nähe zu sozialistisch-planwirtschaftlichen Konzeptionen, zum anderen da man meinte, der Krieg sei schnell zu beenden, und schließlich schlicht, da der erforderliche Beamtenapparat und die notwendigen finanziellen Mittel fehlten[35]. Stattdessen wurden zur Regulierung der Wirtschaft nach und nach spezielle Organisationsformen wie Kriegsgesellschaften[36], Kriegsstellen[37], Kriegsausschüsse[38], Zwangssyndikate[39] und Überwachungsausschüsse[40] geschaffen, die zwischen Staat und Privatwirtschaft angesiedelt waren und sich einer eindeutigen systematischen Zuordnung zur staatlichen Verwaltung oder aber zum privaten Sektor häufig entzogen[41]. Zwar hatte es durchaus auch zuvor schon ähnliche Einrichtungen gegeben,

---

[33] *von Moellendorff*, Deutsche Gemeinwirtschaft, 1916, S. 31 ff.; *ders.*, Wirtschaftliche Selbstverwaltung, in: Handbuch der Politik, 4. Bd., 3. Aufl., 1921, S. 160 ff.; *Rathenau*, Die neue Wirtschaft, 1919, S. 50 ff.; *Herrfahrdt*, Die Formen der wirtschaftlichen Selbstverwaltung, in: JöR XI (1922), 4 ff.; *Goldschmidt*, Reichswirtschaftsrecht, 1923, S. 46; *E.R. Huber*, Rechtsformen der wirtschaftlichen Selbstverwaltung, in: VerwArch. 37 (1932), 301; *Voigt*, Die Selbstverwaltung, 1938, S. 64; *Scheuner*, Wirtschaftliche und soziale Selbstverwaltung, in: DÖV 1952, 609 (610)

[34] *Kahn*, Rechtsbegriffe der Kriegswirtschaft, 1918, S. 10 ff.; *Nußbaum*, Das neue deutsche Wirtschaftsrecht, 2. Aufl., 1922, S. 47 ff.; *Wauer*, Die wirtschaftlichen Selbstverwaltungskörper, 1923, S. 4 ff.; *Glum*, Selbstverwaltung der Wirtschaft, 1925, S. 67 ff.; *Münch*, Wirtschaftliche Selbstverwaltung, 1936, S. 35 ff.; *Matthias*, Die staatliche Organisation der Kriegswirtschaft, 1937, S. 10 ff.; *Gündell*, Die Organisation der deutschen Ernährungswirtschaft, 1939, S. 1 ff.; *Hendler*, Selbstverwaltung als Ordnungsprinzip, 1984, S. 155.

[35] *Heymann*, Rechtsformen der militärischen Kriegswirtschaft, 1921, S. 132 f.; *Glum*, Selbstverwaltung der Wirtschaft, 1925, S. 68 f.; vgl. auch *Matthias*, Die staatliche Organisation der Kriegswirtschaft, 1937, S. 25.

[36] *Kahn*, Rechtsbegriffe der Kriegswirtschaft, 1918, S. 48 ff.; *Heymann*, Rechtsformen der militärischen Kriegswirtschaft, 1921, S. 136 ff.; *Geiler*, Gesellschaftliche Organisationsformen, in: ders., Gesellschaftliche Organisationsformen, 2. Aufl., 1922, S. 11 (36 f.); *Nußbaum*, Das neue deutsche Wirtschaftsrecht, 2. Aufl., 1922, S. 48; *Wauer*, Die wirtschaftlichen Selbstverwaltungskörper, 1923, S. 5 ff.; *Glum*, Selbstverwaltung der Wirtschaft, 1925, S. 68 ff.; *Gündell*, Die Organisation der deutschen Ernährungswirtschaft, 1939, S. 68 ff.

[37] *Glum*, Selbstverwaltung der Wirtschaft, 1925, S. 74 ff.; *Gündell*, Die Organisation der deutschen Ernährungswirtschaft, 1939, S. 63 ff.

[38] *Heymann*, Rechtsformen der militärischen Kriegswirtschaft, 1921, S. 147 ff.; *Nußbaum*, Das neue deutsche Wirtschaftsrecht, 2. Aufl., 1922, S. 48 f.; *Wauer*, Die wirtschaftlichen Selbstverwaltungskörper, 1923, S. 5 ff.; *Glum*, Selbstverwaltung der Wirtschaft, 1925, S. 77 ff.

[39] *Geiler*, Gesellschaftliche Organisationsformen, in: ders., Gesellschaftliche Organisationsformen, 2. Aufl., 1922, S. 11 (33 ff.); *Nußbaum*, Das neue deutsche Wirtschaftsrecht, 2. Aufl., 1922, S. 49 ff.; *Kahn*, Rechtsbegriffe der Kriegswirtschaft, 1918, S. 42 ff.; *Wauer*, Die wirtschaftlichen Selbstverwaltungskörper, 1923, S. 9 ff.; *Glum*, Selbstverwaltung der Wirtschaft, 1925, S. 80 ff.

[40] *Wauer*, Die wirtschaftlichen Selbstverwaltungskörper, 1923, S. 12 ff.; *Glum*, Selbstverwaltung der Wirtschaft, 1925, S. 80 ff.

[41] *von Moellendorff*, Wirtschaftliche Selbstverwaltung, in: Handbuch der Politik, 4. Bd.,

doch war letztlich deren sprunghafte Zunahme in Zeiten der Kriegswirtschaft Anlass für eine verstärkte Beachtung durch die Wissenschaft der frühen Weimarer Republik[42]. In ihrem Bemühen um eine Systematisierung der vielgestaltigen Organisationsformen ordnete die Wissenschaft einen Teil derselben schließlich als Vorläufer wirtschaftlicher Selbstverwaltungskörper ein[43] und rückte das ihnen zugrunde liegende Phänomen zumindest in die Nähe der wirtschaftlichen Selbstverwaltung[44].

b) *Die „neuen wirtschaftlichen Selbstverwaltungskörper" als Schlüssel zur gemeinwohlorientierten Wirtschaftslenkung*

Nach Beendigung des Ersten Weltkriegs konnten sich die Vertreter einer vor allem in der revolutionären Umsturzphase 1918/1919 propagierten sozialistischen Staatswirtschaft nicht durchsetzen[45]. Stattdessen sollte die Wirtschaft zwar einerseits von den Fesseln der staatlichen Kriegswirtschaft befreit werden, andererseits schied jedoch auch eine Rückkehr zum liberalen Wirtschaftssystem des 19. Jh. aus, herrschte doch im Anschluss an das berühmte Wort *Walther Rathenaus* die Auffassung vor, dass Wirtschaft nicht mehr Privatsache, sondern vielmehr Gemeinschaftssache sei[46]. Schlüsselbegriffe und -konzepte zur Abmilderung der dessen ungeachtet gewählten freiheitlichen Wirtschaftsverfassung im Rahmen einer Art von neomerkantilistischer „Neuer Wirtschaft" waren vor allem „Gemeinwirtschaft" und

---

3. Aufl., 1921, S. 160 (161); *Nußbaum*, Das neue deutsche Wirtschaftsrecht, 2. Aufl., 1922, S. 47 ff.; *Herrfahrdt*, Die Formen der wirtschaftlichen Selbstverwaltung, in: JöR XI (1922), 4 f.; *Geiler*, Gesellschaftliche Organisationsformen, in: ders., Gesellschaftliche Organisationsformen, 2. Aufl., 1922, S. 11 (34 ff.); *Heymann*, Rechtsformen der militärischen Kriegswirtschaft, 1921, S. 132 ff.; *Glum*, Selbstverwaltung der Wirtschaft, 1925, S. 67 ff.; *Cohn*, Die Rechtsgebilde des Kohlenwirtschaftsgesetzes, 1926, S. 23 ff.; *Heilberg*, Aufbau der Gemeinwirtschaft, 1929, S. 3 ff.; *Braun*, Konservatismus und Gemeinwirtschaft, Duisburg 1978, S. 47 ff.

[42] *Heymann*, Rechtsformen der militärischen Kriegswirtschaft, 1921, S. 134.

[43] Vgl. z. B. *von Moellendorff*, Wirtschaftliche Selbstverwaltung, in: Handbuch der Politik, 4. Bd., 3. Aufl., 1921, S. 160 (161); *Heymann*, Rechtsformen der militärischen Kriegswirtschaft, 1921, S. 133; aus späterer Sicht: *Matthias*, Die staatliche Organisation der Kriegswirtschaft, 1937, S. 11 („wirtschaftliche Selbstverwaltungsorgane").

[44] *von Moellendorff*, Verwaltungsreform und Selbstverwaltung, in: Konservativer Sozialismus, S. 141 (146 f.): „Die ersten damals zur Bewirtschaftung einiger besonders knapper Industrierohstoffe begründeten Kriegsgesellschaften verraten Spuren dieser Gesinnung und können recht eigentlich als Vorläuferinnen der wahren Selbstverwaltung bezeichnet werden [...]"; *Herrfahrdt*, Die Formen der wirtschaftlichen Selbstverwaltung, in: JöR XI (1922), 5; *Friedländer*, Art. 156, in: Nipperdey, Die Grundrechte und Grundpflichten, Bd. 3, 1930, S. 322 (325) nennt insbes. die gegen Kriegsende geschaffenen Reichswirtschaftsstellen für die verschiedenen Zweige der Textilwirtschaft sowie die Wirtschaftsstellen für Kakao, Kaffee und Tee; vgl. aus späterer Sicht: *Münch*, Wirtschaftliche Selbstverwaltung, 1936, S. 35 ff.

[45] *E. R. Huber*, Deutsche Verfassungsgeschichte, Bd. VI, 1981, S. 1026 ff.

[46] Vgl. *Rathenau*, Die neue Wirtschaft, 1919, S. 5; *Göppert*, Sozialisierungsbestrebungen, in: Schmollers Jahrbuch 45 (1921), S. 313 (318 ff.); *Hoch*, Die staatsrechtliche Stellung, 1921, S. 73 ff.; *Herrfahrdt*, Die Formen der wirtschaftlichen Selbstverwaltung, in: JöR XI (1922), 1 (5, Fn. 1); *Glum*, Selbstverwaltung der Wirtschaft, 1925, S. 13 ff.; *Naphtali*, Wirtschaftsdemokratie, 2. Aufl., 1928, S. 21 ff.

„Wirtschaftsdemokratie"⁴⁷. Als zentrales Mittel zur Verwirklichung insbesondere der angestrebten Gemeinwirtschaft wurde aber gerade das Konzept der wirtschaftlichen Selbstverwaltung angesehen, zumal Ansätze zu einer Heranziehung der Betroffenen zur Verfolgung staatlicher Ziele ja – wie ausgeführt – bereits in der Kriegswirtschaft vorhanden gewesen waren⁴⁸. Wirtschaftliche Selbstverwaltung erschien einflussreichen politischen Akteuren, wie vor allem dem damals stark von Rathenaus Ideen beeinflussten Unterstaatssekretär im Reichswirtschaftsamt, *Wichard von Moellendorff*⁴⁹, als Mittel, um die Wirtschaft zwar von der autoritären Einflussnahme der „Zwangswirtschaft" des Weltkriegs zu befreien, andererseits aber die Möglichkeit gemeinwohlorientierter Einflussnahme mittels öffentlich-rechtlicher Bindungen nicht völlig aufzugeben⁵⁰.

Die Begriffe der Selbstverwaltung und des Selbstverwaltungskörpers fanden vor diesem Hintergrund von Anfang an Eingang in die wirtschaftsbezogene Gesetzgebung der Weimarer Republik und damit auch in die öffentliche und wissenschaftliche Diskussion. Den Ausgangspunkt bildet hier das Sozialisierungsgesetz vom 23. März 1919⁵¹, dessen § 3 grundlegend bestimmte, dass die Aufgaben der durch Reichsgesetz geregelten Gemeinwirtschaft u.a. unter Aufsicht des Reiches stehen-

---

⁴⁷ Vgl. Art. 156, 165 WRV; Grundlegend: *von Moellendorff*, Deutsche Gemeinwirtschaft, 1916; *ders.*, Aufbau der Gemeinwirtschaft, in: Konservativer Sozialismus, S. 109 ff.; *ders.*, Aufruf zur Gemeinwirtschaft, in: Konservativer Sozialismus, S. 125 ff.; *Rathenau*, Die neue Wirtschaft, 1919, S. 50 ff., 60 ff.; *Glum*, Selbstverwaltung der Wirtschaft, 1925, S. 13 ff.; *Naphtali*, Wirtschaftsdemokratie, 2. Aufl., 1928, S. 7 ff.; *Heilberg*, Aufbau der Gemeinwirtschaft, 1929, S. 8 ff.; *Simons*, Aufbau der Kohlenwirtschaft, 1931, S. 7 ff.; *Reuß*, Organisation der Wirtschaft, in: Bettermann etc., Die Grundrechte, III/1, 1958, S. 91 (102 f.); *Forsthoff*, Lehrbuch des Verwaltungsrechts, 10. Aufl., 1973, S. 476; *Braun*, Konservatismus und Gemeinwirtschaft, 1978, S. 64 ff., 143 ff.; *E.R. Huber*, Deutsche Verfassungsgeschichte, Bd. VI, 1981, S. 1032 ff.

⁴⁸ Grundlegend: *von Moellendorff*, Deutsche Gemeinwirtschaft, 1916, insbes. S. 31 ff.; *ders.*, Aufruf zur Gemeinwirtschaft, in: Konservativer Sozialismus, S. 125 (137 ff.); *ders.*, Verwaltungsreform und Selbstverwaltung, in: Konservativer Sozialismus, S. 141 ff.; *Rathenau*, Die neue Wirtschaft, 1919, S. 50 ff., 61; *Goldschmidt*, Reichswirtschaftsrecht, 1923, S. 46 f., 59 f.; *Wauer*, Die wirtschaftlichen Selbstverwaltungskörper, 1923, S. 36 f.; *Cohn*, Die Rechtsgebilde des Kohlenwirtschaftsgesetzes, 1926, S. 28 f.; *E.R. Huber*, Rechtsformen der wirtschaftlichen Selbstverwaltung, in: VerwArch. 37 (1932), 301; *Münch*, Wirtschaftliche Selbstverwaltung, 1936, S. 43.

⁴⁹ Zu Person und Wirken von Moellendorffs: *Curth*, Einleitung, in: Konservativer Sozialismus, S. 7 ff.; *Braun*, Konservatismus und Gemeinwirtschaft, Duisburg 1978, S. 15 ff.

⁵⁰ *von Moellendorff*, Aufbau der Gemeinwirtschaft, in: Konservativer Sozialismus, S. 109 (116 ff.); *ders.*, Aufruf zur Gemeinwirtschaft, in: Konservativer Sozialismus, S. 125 (137 ff.); *ders.*, Wirtschaftliche Selbstverwaltung, in: Handbuch der Politik, 4. Bd., 3. Aufl., 1921, S. 160 ff.; *Wissell*, Wirtschaftliche Selbstverwaltung, S. 9 ff.; *Rathenau*, Die neue Wirtschaft, 1919, S. 5, 27 ff.; *Göppert*, Sozialisierungsbestrebungen, in: Schmollers Jahrbuch 45 (1921), S. 313 (326 ff.); *Wilbrandt*, Voraussetzungen und Grenzen, in: Handbuch der Politik, 4. Bd., 3. Aufl., 1921, S. 333 (341); *Glum*, Selbstverwaltung der Wirtschaft, 1925, S. 13 ff., 52 ff., 91 f.; *Naphtali*, Wirtschaftsdemokratie, 2. Aufl., 1928, S. 35 ff.; *Friedländer*, Art. 156, in: Nipperdey, Die Grundrechte und Grundpflichten, Bd. 3, 1930, S. 322 (325 ff.); *E.R. Huber*, Die Gestalt des deutschen Sozialismus, 1934, S. 29 f.; *Münch*, Wirtschaftliche Selbstverwaltung, 1936, S. 42 f.; *Heinz*, Die geschichtliche Entwicklung, 1958, S. 13; *Zunkel*, Industrie und Staatssozialismus, 1974, S. 59 ff.; *Braun*, Konservatismus und Gemeinwirtschaft, 1978, S. 77 ff., 103 ff.; *Hendler*, Selbstverwaltung als Ordnungsprinzip, 1984, S. 156.

⁵¹ RGBl. 1919, S. 341.

den „wirtschaftlichen Selbstverwaltungskörpern" übertragen werden konnten[52]. Die tragende Bedeutung des Konzepts der wirtschaftlichen Selbstverwaltung für das angestrebte System der Gemeinwirtschaft wurde dann vor allem auch darin deutlich, dass es Eingang in die Weimarer Reichsverfassung vom 11. August 1919 fand. Art. 156 Abs. 2 WRV schuf die Grundlage, um wirtschaftliche Unternehmungen und Verbände im Falle dringenden Bedürfnisses zum Zwecke der Gemeinwirtschaft auf der Grundlage der Selbstverwaltung durch Gesetz zusammenzuschließen, mit dem Ziel, die Mitwirkung aller schaffenden Volksteile zu sichern, Arbeitgeber und Arbeitnehmer an der Verwaltung zu beteiligen und Erzeugung, Herstellung, Verteilung, Verwendung, Preisgestaltung sowie Ein- und Ausfuhr der Wirtschaftsgüter nach gemeinwirtschaftlichen Grundsätzen zu regeln[53].

Die Begriffe der Selbstverwaltung bzw. des Selbstverwaltungskörpers fanden sich in der Folge in verschiedenen wirtschaftsbezogenen Gesetzen[54]. Insbesondere wurden zur Verwirklichung der angestrebten Gemeinwirtschaft in mehreren Wirtschaftszweigen Organisationsformen eingerichtet, die gesetzlich ausdrücklich als Selbstverwaltungskörper bezeichnet wurden und nach der ursprünglichen Konzeption in einem Reichswirtschaftsrat zusammengefasst werden sollten[55]. Bevor auf diese Organisationsformen näher eingegangen wird, sei vorweggenommen, dass es vor allem die wissenschaftliche Auseinandersetzung mit diesen neuen wirtschaftsrelevanten Organisationsformen, die ausdrücklich als Selbstverwaltungskörper bezeichnet wurden, und verwandten Einrichtungen war, welche den Fokus der Wissenschaft auf das Konzept der wirtschaftlichen Selbstverwaltung als solcher lenkte[56]. Die ausdrückliche gesetzliche Benennung als Selbstverwaltungskörper hatte zugleich zur Folge, dass die Wissenschaft de lege lata primär eben jene (und verwandte) Organisationsformen als Ausdruck der wirtschaftlichen Selbstverwaltung begriff[57]. Allmählich wurden dann aber auch Zweifel lauter, ob es sich

---

[52] §3 S. 1 und 2 Sozialisierungsgesetz; *Cohn*, Die Rechtsgebilde des Kohlenwirtschaftsgesetzes, 1926, S. 29 ff.

[53] Art. 156 Abs. 2 WRV: „Das Reich kann ferner im Falle dringenden Bedürfnisses zum Zwecke der Gemeinwirtschaft durch Gesetz wirtschaftliche Unternehmungen und Verbände auf der Grundlage der Selbstverwaltung zusammenschließen mit dem Ziele, die Mitwirkung aller schaffenden Volksteile zu sichern, Arbeitgeber und Arbeitnehmer an der Verwaltung zu beteiligen und Erzeugung, Herstellung, Verteilung, Verwendung, Preisgestaltung sowie Ein- und Ausfuhr der Wirtschaftsgüter nach gemeinwirtschaftlichen Grundsätzen zu regeln."; vgl. dazu *Heilberg*, Aufbau der Gemeinwirtschaft, 1929, S. 2 ff.; *Friedländer*, Art. 156, in: Nipperdey, Die Grundrechte und Grundpflichten, Bd. 3, 1930, S. 322 ff.

[54] So regelte §3 der Verordnung, betreffend Maßnahmen gegenüber Betriebsabbrüchen und -stillegungen vom 08. 11. 1920, RGBl., S. 1901, dass bestimmte behördliche Tätigkeiten „geeignetenfalls unter Heranziehung von Sachverständigen, insbesondere der zuständigen Fachorganisationen (z. B. wirtschaftliche Selbstverwaltungskörper [...])" durchzuführen waren.

[55] *Friedländer*, Art. 156, in: Nipperdey, Die Grundrechte und Grundpflichten, Bd. 3, 1930, S. 322 (326 f.).

[56] W. *Weber*, Staats- und Selbstverwaltung, 2. Aufl., 1967, S. 147.

[57] Vgl. etwa *Gieseke*, Wirtschaftliche Selbstverwaltung, in: Recht und Wirtschaft 10 (1921), 245; *Hoch*, Die staatsrechtliche Stellung, 1921, S. 35 ff.; *Herrfahrdt*, Die Formen der wirtschaftlichen Selbstverwaltung, in: JöR XI (1922), 1 (10 ff.); *Wauer*, Die wirtschaftlichen Selbstverwal-

3. Kapitel: Begriff und Erscheinungsformen der Selbstverwaltung der Wirtschaft

hierbei – ungeachtet der gesetzlichen Bezeichnung – systematisch wirklich um Selbstverwaltung im Rechtssinne handelte[58], und so fanden schließlich Handelskammern, Handwerkskammern, Innungen und dergleichen als Träger der Selbstverwaltung der Wirtschaft Beachtung[59].

Das erste Beispiel einer gesetzlich ausdrücklich – und ohne nähere Erläuterung – als „Selbstverwaltungskörper" bezeichneten Organisationsform war der durch § 1 der Verordnung zur Regelung der Eisenwirtschaft vom 1. April 1920[60] geschaffene „Eisenwirtschaftsbund"[61]. Dieser war als öffentlich-rechtlicher „Selbstverwaltungskörper" nicht etwa als Zusammenschluss der an der Eisenwirtschaft Beteiligten konzipiert[62]. Ihm gehörten vielmehr „Vertreter" der verschiedenen Gebiete der Eisenwirtschaft, nämlich der Erzeuger, Händler und Verbraucher an[63], wobei man, dem gemeinwirtschaftlichen Gedanken entsprechend, sowohl Arbeitgeber- als auch Arbeitnehmerrepräsentanten einbezog[64]. Aufgabe des Eisenwirt-

---

tungskörper, 1923, S. 19ff.; *Glum*, Selbstverwaltung der Wirtschaft, 1925, S. 91ff.; *Heilberg*, Aufbau der Gemeinwirtschaft, 1929, S. 32ff.; *Simons*, Aufbau der Kohlenwirtschaft, 1931, S. 1ff.

[58] Vgl. etwa *Göppert*, Staat und Wirtschaft, 1924, S. 32; *ders.*, Staat, Wirtschaft und Staatsform, in: Wirtschaftliche Nachrichten für Rhein und Ruhr 1926, 5 (9f.); *Most*, Selbstverwaltung der Wirtschaft, 3. Aufl., 1927, S. 15f.; *Simons*, Aufbau der Kohlenwirtschaft, 1931, S. 14.

[59] So – allerdings ohne nähere Diskussion des Begriffs bzw. Konzepts der Selbstverwaltung der Wirtschaft bzw. wirtschaftlichen Selbstverwaltung – bereits *Heréus*, Die deutschen Handelskammern, 1922, S. 33ff.; grundlegend dann: *Most*, Selbstverwaltung der Wirtschaft, 3. Aufl., 1927, S. 13ff.

[60] RGBl. 1920 S. 435; im Folgenden: Eisenwirtschafts-VO; kommentiert bei: *Dochow/Gieseke*, Eisenwirtschaftsverordnung, 1920, S. 9ff.; § 1: „Zur Regelung der Eisenwirtschaft wird ein Selbstverwaltungskörper gebildet, dem die Rechtsfähigkeit verliehen wird und der die Bezeichnung „Eisenwirtschaftsbund" erhält. Sein Sitz ist Düsseldorf.".

[61] *Dochow/Gieseke*, Eisenwirtschaftsverordnung, 1920, S. 9ff.; *Bruns*, Der Eisenwirtschaftsbund, 1922, S. 16ff.; *Glum*, Selbstverwaltung der Wirtschaft, 1925, S. 105ff.; *Hendler*, Selbstverwaltung als Ordnungsprinzip, 1984, S. 157.

[62] *Gieseke*, in: Dochow/Gieseke, Eisenwirtschaftsverordnung, 1920, S. 39f.

[63] Nach § 4 Eisenwirtschafts-VO gehörten der Vollversammlung als oberstem Organ des Eisenwirtschaftsbunds 70 ordentliche Mitglieder, darunter – jeweils zur Hälfte Arbeitgeber und Arbeitnehmer – 34 Repräsentanten der Erzeuger, zwölf des Handels und 24 der Verbraucher an. § 5 Eisenwirtschafts-VO regelte die Ernennung der Mitglieder der Vollversammlung, wobei insbesondere Verbänden wie dem Roheisenverband, dem Deutschen Stahlbund, dem Wirtschaftlichen Vereinigung der Eisenhändler Deutschlands, dem Reichsverband des Deutschen Handwerks sowie Verbraucherverbänden das Recht zur Ernennung zuerkannt wurde. Die praktische Arbeit des Eisenwirtschaftsbunds lag v. a. in den Händen der sog. Arbeitsausschüsse (§ 10 Abs. 2 Eisenwirtschafts-VO) und des Vertrauensmanns (§ 10 Abs. 3 Eisenwirtschafts-VO). Die von der Vollversammlung zu wählenden Arbeitsausschüsse bestanden aus 16 bis maximal 32 stimmberechtigten Mitgliedern (§ 5 Ziff. 1 der Geschäftsordnung des Eisenwirtschaftsbundes von 1920, abgedruckt bei: *Dochow/Gieseke*, Eisenwirtschaftsverordnung, 1920, S. 43ff.), wobei gem. § 8 Abs. 2 Eisenwirtschafts-VO jede der drei Gruppen Erzeugung, Handel und Verbrauch sowie Arbeitgeber und Arbeitnehmer vertreten sein musste. Der Vertrauensmann (und seine zwei Stellvertreter) wurde gem. § 9 Eisenwirtschafts-VO von der Vollversammlung gewählt und leitete deren Sitzungen. In dieser Eigenschaft war er zugleich gesetzlicher Vertreter des Eisenwirtschaftsbunds (§ 9 Abs. 2 Eisenwirtschafts-VO); vgl. näher: *Bruns*, Der Eisenwirtschaftsbund, 1922, S. 16ff.

[64] Vgl. näher *Bruns*, Der Eisenwirtschaftsbund, 1922, S. 16f.; *Glum*, Selbstverwaltung der Wirtschaft, 1925, S. 106f.

II. 2. Etablierung des Begriffs in der Weimarer Republik

schaftsbunds war die „wirtschaftliche Regelung" der in der Verordnung im Einzelnen benannten eisenwirtschaftlichen Erzeugnisse[65]. Dazu sollte seine Vollversammlung die Eisenwirtschaft einschließlich der Ein- und Ausfuhr nach gemeinwirtschaftlichen Grundsätzen unter Oberaufsicht des Reichs leiten[66]. Statt einer globalen Zuständigkeit in diesem Bereich erhielt der Eisenwirtschaftsbund aber lediglich einzelne Zuständigkeiten wie etwa die Festsetzung der (Höchst-)preise und Verkaufsbedingungen der seiner Bewirtschaftung unterliegenden Produkte für den Absatz im Inland[67]. Diese Kompetenz konkurrierte allerdings auch noch mit dem vorrangigen Recht des Reichswirtschaftsministers, die Inlandspreise für das ganze Reichsgebiet einheitlich festzusetzen[68]. Eine andere wesentliche Kompetenz des Eisenwirtschaftsbunds bestand darin, einen Teil der Produktion für die Deckung des dringenden Inlandsbedarfs zu bestimmen. Dies hatte den Effekt, dass jener Teil vor der Erfüllung der sonstigen Lieferverpflichtungen der inländischen Werke und vor Deckung des Eigenbedarfs für andere als die der wirtschaftlichen Regelung durch den Eisenwirtschaftsbund unterliegenden Erzeugnisse diesem zur Verfügung gestellt wurde. Der Eisenwirtschaftsbund konnte diese Kompetenz allerdings nur im Zusammenwirken mit dem Reichswirtschaftsminister ausüben, der nach Verständigung mit dem Eisenwirtschaftsbund über die festzusetzenden Mengen und die Begrenzung des dringenden Bedarfs zu entscheiden hatte[69]. Die wichtigen Bereiche der Schrottwirtschaft und der Regelung der Ein- und Ausfuhr verblieben schließlich insgesamt in der Kompetenz des Reichswirtschaftsministers, der den Eisenwirtschaftsbund insofern lediglich zu konsultieren hatte und angehalten war, eine Verständigung mit diesem zu erreichen[70].

Die Tätigkeit des Eisenwirtschaftsbunds unterlag einer strengen Rechtsaufsicht des Reichs, die vom Reichswirtschaftsminister ausgeübt wurde, und diesem weitgehende Kontroll- und Einspruchsbefugnisse einräumte[71]. So konnten etwa Kommissare abgeordnet werden, die zu sämtlichen Sitzungen der Organe des Eisen-

---

[65] § 2 Eisenwirtschafts-VO; vgl. *Bruns*, Der Eisenwirtschaftsbund, 1922, S. 40 ff.

[66] § 10 Abs. 1 Eisenwirtschafts-VO.

[67] § 12 Abs. 1 Eisenwirtschafts-VO (mit Ausnahme von Schrott); *Glum*, Selbstverwaltung der Wirtschaft, 1925, S. 107 ff.; *Bruns*, Der Eisenwirtschaftsbund, 1922, S. 40 ff., 58 ff.; *Wauer*, Die wirtschaftlichen Selbstverwaltungskörper, 1923, S. 52 f.; zur Praxis der Preisfestsetzung durch den Eisenwirtschaftsbund: *Bruns*, Der Eisenwirtschaftsbund, 1922, S. 68 ff.

[68] § 12 Abs. 2 Eisenwirtschafts-VO; *Gieseke*, in: Dochow/Gieseke, Eisenwirtschaftsverordnung, 1920, S. 36 f.; *Glum*, Selbstverwaltung der Wirtschaft, 1925, S. 107.

[69] § 11 Abs. 2 Eisenwirtschafts-VO; *Gieseke*, in: Dochow/Gieseke, Eisenwirtschaftsverordnung, 1920, S. 37; *Glum*, Selbstverwaltung der Wirtschaft, 1925, S. 107 f.

[70] Vgl. §§ 13, 14, 15 Eisenwirtschafts-VO; vgl. auch *Wauer*, Die wirtschaftlichen Selbstverwaltungskörper, 1923, S. 52 f.

[71] § 19 Abs. 1 Eisenwirtschafts-VO; *Gieseke*, in: Dochow/Gieseke, Eisenwirtschaftsverordnung, 1920, S. 38; *Bruns*, Der Eisenwirtschaftsbund, 1922, S. 44 ff.; *Goldschmidt*, Reichswirtschaftsrecht, 1923, S. 70 f.; *Glum*, Selbstverwaltung der Wirtschaft, 1925, S. 109 f.; *Hendler*, Selbstverwaltung als Ordnungsprinzip, 1984, S. 157.

3. Kapitel: Begriff und Erscheinungsformen der Selbstverwaltung der Wirtschaft

wirtschaftsbunds einzuladen waren und Zugang zu allen Geschäftsführungsunterlagen des Bunds hatten. Diese Kommissare konnten bspw. Einspruch gegen Beschlüsse und Wahlen des Eisenwirtschaftsbunds einlegen, die „öffentliche Interessen gefährdeten"[72]. War innerhalb von zehn Tagen keine Verständigung zu erzielen, oblag das Recht der endgültigen Entscheidung dem Reichswirtschaftsminister[73]. Dieser konnte zudem die Einberufung der Organe des Eisenwirtschaftsbunds verlangen und bei Nichterfüllung der Aufgaben des Bunds andere Stellen mit deren Wahrnehmung beauftragen[74].

Die starke Begrenzung der Aufgaben des Eisenwirtschaftsbunds sowie die weitgehenden Aufsichtsrechte des Reichswirtschaftsministers wurden in der Wissenschaft wahrgenommen und im Lichte des gesetzlichen Anspruchs, dass es sich um eine Selbstverwaltungskörperschaft handeln sollte, scharf kritisiert[75]. *Franz Dochow* bspw. stellte in seiner konzisen Kommentierung der Eisenwirtschaftsverordnung fest, dass jedenfalls von einer Selbstverwaltung im bisher üblichen Sinne nicht die Rede sein könne[76]. *Paul Gieseke* konstatierte im selben Band, dass von Selbstverwaltung nur „ein kleiner Schimmer" vorhanden sei und stellte die rhetorische Frage, ob es gesetzgeberisch richtig sei, durch den Gebrauch der Bezeichnung „Selbstverwaltungskörper" und die scheinbare Wiederholung von Bestimmungen, die eine Selbstverwaltung begründeten, die wirkliche Bedeutung der Gesetzesvorschriften so zu verwischen, wie es beim Eisenwirtschaftsbund geschehen sei[77]. Andererseits bezeichneten nicht wenige Stimmen in der zeitgenössischen Literatur den Eisenwirtschaftsbund angesichts der ausdrücklichen gesetzlichen Bezeichnung durchaus als Selbstverwaltungskörper oder zumindest als Organ eines Selbstverwaltungskörpers[78]. *Friedrich Glum*, dessen ambivalenten Ausführungen

---

[72] § 19 Abs. 3 Eisenwirtschafts-VO.
[73] § 19 Abs. 3 Eisenwirtschafts-VO.
[74] § 19 Abs. 1 und 2 Eisenwirtschafts-VO.
[75] Vgl. bspw. *Bruns*, Der Eisenwirtschaftsbund, 1922, S. 58 ff.; *Goldschmidt*, Reichswirtschaftsrecht, 1923, S. 62; *Glum*, Selbstverwaltung der Wirtschaft, 1925, S. 105 ff.; *Göppert*, Staat, Wirtschaft und Staatsform, in: Wirtschaftliche Nachrichten für Rhein und Ruhr 1926, 5 (9 f.).
[76] *Dochow*, in: Dochow/Gieseke, Eisenwirtschaftsverordnung, 1920, S. 9: „Die den neugeschaffenen Selbstverwaltungskörpern eingeräumte Selbstverwaltung besteht darin, dass der Reichswirtschaftsminister vorschreibt, wie die Regelung bestimmter wirtschaftlicher Angelegenheiten der Verwaltung zu erfolgen hat. Der Selbstverwaltungskörper hat dann die Wahl, die Anordnungen des Ministers zu befolgen oder ihm die Ausführung zu überlassen. Der Minister handelt nach Verständigung oder nach Anhörung des Selbstverwaltungskörpers, also nach versuchter Einigung oder nach gutachtlicher Äußerung des Selbstverwaltungskörpers, an die er nicht gebunden ist. Von einer Selbstverwaltung im bisher üblichen Sinne kann hier nicht die Rede sein [...]."; ähnlich auch bereits: *Dochow*, Wirtschaftsrechtliche Tagesfragen, in: Deutsche Wirtschafts-Zeitung 1920, 227 f.
[77] *Gieseke*, in: Dochow/Gieseke, Eisenwirtschaftsverordnung, 1920, S. 39; vgl. aber auch *ders.*, Wirtschaftliche Selbstverwaltung, in: Recht und Wirtschaft 10 (1921), 245 ff.
[78] *Hoch*, Die staatsrechtliche Stellung, 1921, S. 116; *Dix*, Die gebundene Volkswirtschaft, in: Handbuch der Politik, 4. Bd., 3. Aufl., 1921, S. 133 (142); *Wauer*, Die wirtschaftlichen Selbstverwaltungskörper, 1923, S. 19 ff., 49 ff.; *Goldschmidt*, Reichswirtschaftsrecht, 1923, S. 61 f.; *Glum*, Selbstverwaltung der Wirtschaft, 1925, S. 105 ff., 119 ff. (Eisenwirtschaftsbund etc. seien „Organe wirklicher Selbstverwaltungskörper"); a.A.: *Bruns*, Der Eisenwirtschaftsbund, 1922, S. 61, der

II. 2. Etablierung des Begriffs in der Weimarer Republik 151

allerdings gleichzeitig auch durchaus Zweifel an der Charakterisierung als Selbstverwaltungskörper bzw. Organ eines solchen anzumerken waren, verwies dabei sogar auf den Geist des Gesetzes, der anders als dessen Buchstabe für das Bestehen echter Selbstverwaltung spreche[79].

Die Gesetzessprache der frühen Weimarer Republik verwendete den Begriff der Selbstverwaltung noch für verschiedene andere Organisationen aus dem Bereich der Wirtschaft[80], deren Selbstverwaltungsgehalt indes ebenfalls von Anfang an stark umstritten war[81]: Gleichfalls ausdrücklich als Selbstverwaltungskörper bezeichnet wurde der durch § 1 der Verordnung über die Regelung der Teerwirtschaft vom 7. Juni 1920[82] eingerichtete, 1924 wieder aufgehobene[83], dem Eisenwirtschaftsbund vergleichbare „Wirtschaftsverband für Rohteer und Teererzeugnisse"[84]. Im Bereich der Schwefelsäurebewirtschaftung wurde dem 1920 formierten und Mitte 1923 wieder aufgelösten[85] rechtsfähigen Ausschuss für Schwefelsäure[86] das Recht

---

ausführt, der Eisenwirtschaftsbund könne „wohl kaum mehr als Selbstverwaltungskörper" bezeichnet werden sowie *Göppert*, Staat und Wirtschaft, 1924, S. 32.

[79] *Glum*, Selbstverwaltung der Wirtschaft, 1925, bspw. S. 110; vgl. auch a.a.O.S. 119f.

[80] Vgl. auch *Gieseke*, Wirtschaftliche Selbstverwaltung, in: Recht und Wirtschaft 10 (1921), 245.

[81] Ablehnend etwa *Göppert*, Staat und Wirtschaft, 1924, S. 32: „In der außerdem noch zu verzeichnenden Regelung der Teerwirtschaft, der Schwefelwirtschaft und der Eisenwirtschaft ist nichts anderes zu erblicken als Notstandsmaßnahmen. So viel auch von Selbstverwaltungskörpern und Selbstverwaltung der Wirtschaft die Rede war, im Grunde bezweckten diese Organisationen nichts anderes, als dem Reichswirtschaftsminister die Möglichkeit zu geben, die Versorgung des lebenswichtigen Bedarfs zu erträglichen Preisen zu sichern, wobei man nur den Beteiligten das erste Wort ließ, aber, durchaus staatssozialistisch, die Enden der Drähte in die Hand des Ministers legte, dessen Willen schließlich entscheidend war."; *Gieseke*, Teer- und Schwefelsäurewirtschaft, 1920, S. 8.

[82] RGBl. 1920, S. 1156 (auch abgedruckt bei: *Gieseke*, Teer- und Schwefelsäurewirtschaft, 1920, S. 7ff., im Folgenden: Teerwirtschafts-VO), aufgehoben durch die Verordnung über die Aufhebung der Teerbewirtschaftung vom 12.01.1924, RGBl. I S. 29.

[83] Verordnung über die Aufhebung der Teerbewirtschaftung vom 12.01.1924, RGBl. I S. 29.

[84] Der Wirtschaftsverband für Rohteer und Teererzeugnisse hatte die Aufgabe, die Teerwirtschaft zu regeln, wozu ihm bspw. das Recht zustand, Höchstpreise für Rohteer und Teeröle festzusetzen. Ihm gehörten gem. §§ 3, 4 Teerwirtschafts-VO Vertreter der Rohteererzeuger, der Rohteerverarbeiter, des Handels und lebenswichtiger Verbraucherkreise unter Wahrung der Parität von Arbeitnehmern und Arbeitgebern an. Organisatorisch war er in eine Vollversammlung, Ausschüsse und einen Vertrauensmann gegliedert. Bemerkenswert sind die weitreichenden Einflussrechte des Reichswirtschaftsministers bei der Besetzung der Organe; vgl. näher zum Ganzen: *Gieseke*, Teer- und Schwefelsäurewirtschaft, 1920, S. 7ff.; ders., Die Rechtsverhältnisse, 1922, S. 67f.; *Wauer*, Die wirtschaftlichen Selbstverwaltungskörper, 1923, S. 53ff.; *Glum*, Selbstverwaltung der Wirtschaft, 1925, S. 111ff.

[85] Verordnung, betreffend Aufhebung der Verordnung über die Regelung der Schwefelsäurewirtschaft vom 31. Mai 1920 etc. vom 19.06.1923, RGBl. I, S. 400.

[86] Zweck des Schwefelsäureausschusses war es gem. § 1 der Verordnung über die Regelung der Schwefelsäurewirtschaft vom 31.05.1920, RGBl. S. 1113 (im Folgenden: Schwefelsäurewirtschafts-VO), die „Sicherstellung der Versorgung der lebenswichtigen Betriebe an Schwefelsäure für den Inlandsbedarf". Hierzu konnte der Ausschuss gem. § 3 Schwefelsäurewirtschafts-VO Bestimmungen über den Kreis der lebenswichtigen Betriebe, die Verteilung und Verwendung der Rohstoffe und über den Verkehr mit Schwefelsäure für die Schwefelsäureindustrie erlassen, soweit es sich um Schwefelsäure aus inländischen Erzen oder aus gebrauchter Gasreinigungsmasse han-

eingeräumt, eine ihrerseits rechtsfähige Geschäftsstelle und – mit Zustimmung des Reichswirtschaftsministers – „weitere Organe der Selbstverwaltung" zu bilden[87]. Im Zusammenhang der Außenhandelskontrolle bezeichnete § 1 der Ausführungsbestimmungen[88] zur Verordnung über die Außenhandelskontrolle[89] die eingerichteten Außenhandelsstellen als „fachliche Selbstverwaltungsorgane" der verschiedenen Wirtschaftsgruppen[90]. Erwähnt sei schließlich die Verwendung des Begriffs des wirtschaftlichen Selbstverwaltungskörpers in der Verordnung, betreffend Maßnahmen gegenüber Betriebsabbrüchen und -stillegungen vom 8. November 1920, die vorsah, dass die Aufklärung, welche Umstände einen beabsichtigten Betriebsabbruch oder eine Stilllegung veranlassten, geeignetenfalls unter Heranziehung „der zuständigen Fachorganisationen (z.B. wirtschaftliche Selbstverwaltungskörper [...])" erfolgen sollte[91]. Obwohl der Selbstverwaltungscharakter der angeführten Organisationen angesichts eng begrenzter Zuständigkeiten und weitgehender Aufsichts- und Weisungsrechte des Staates ähnlich umstritten war wie derjenige des Eisenwirtschaftsbunds, wurde er aber – wohl wiederum vor allem

---

delte. Insbesondere konnte er Preise sowie die Lieferungsbedingungen für Schwefelsäure festsetzen, wofür allerdings die Genehmigung des Reichswirtschaftsministers erforderlich war. Der Ausschuss setzte sich aus Vertretern der Erzeuger und gewerblichen Verbraucher unter paritätischer Berücksichtigung von Arbeitgebern und Arbeitnehmern zusammen; vgl. näher zum Ganzen: Geschäftsordnung des Ausschusses für Schwefelsäure, abgedruckt bei: *Gieseke*, Teer- und Schwefelsäurewirtschaft, 1920, S. 29, 41 ff., *ders.*, Die Rechtsverhältnisse, 1922, S. 67 f.; *Wauer*, Die wirtschaftlichen Selbstverwaltungskörper, 1923, S. 56 ff.; *Glum*, Selbstverwaltung der Wirtschaft, 1925, S. 113 ff.

[87] § 2 Schwefelsäurewirtschafts-VO.

[88] Ausführungsbestimmungen zu der Verordnung über die Außenhandelskontrolle vom 20.12. 1919 vom 08.04.1920, RGBl. S. 500.

[89] Verordnung über die Außenhandelskontrolle vom 20.12.1919, RGBl., S. 2128 (im Folgenden: Außenhandelskontroll-VO).

[90] Nach § 1 Außenhandelskontroll-VO war der Reichswirtschaftsminister ermächtigt, die Ausfuhr von Waren jeder Art über die Grenzen des Deutschen Reichs mit Erlaubnisvorbehalt zu verbieten, so dass die Ausfuhr nur noch mit Bewilligung des Reichskommissars für Aus- und Einfuhrbewilligung oder der sonst zuständigen Stellen erfolgen durfte. Der Reichskommissar konnte seine Befugnisse gem. § 3 Außenhandelskontroll-VO u.a. auf Außenhandelsstellen übertragen, von denen mehrere für die verschiedenen Wirtschaftsgruppen gebildet wurden. Die Außenhandelsstellen wurden von einem Reichsbevollmächtigten nebst Stellvertretern geleitet, die nach Anhörung der beteiligten Kreise vom Reichskommissar für Aus- und Einfuhrbewilligung bestellt wurden. Daneben besaß jede Außenhandelsstelle einen Außenhandelsausschuss, der sich aus Repräsentanten von Erzeugung, Handel und Verbrauch unter paritätischer Beteiligung von Arbeitgebern und Arbeitnehmern zusammensetzte, die von den jeweiligen Berufsorganisationen gewählt oder dem Reichskommissar benannt wurden. Aufgabe der Außenhandelsausschüsse war gem. § 3 Abs. 2 der Ausführungsbestimmungen zur Außenhandelskontroll-VO, RGBl. 1920, S. 500, Richtlinien für die Handhabung der Außenhandelskontrolle aufzustellen, den Geschäftsgang zu überwachen und den Reichskommissar zu beraten. Die Außenhandelsstellen unterlagen gem. § 2 S. 1 der Ausführungsbestimmungen nicht nur der Aufsicht, sondern auch den Weisungen des Reichskommissars; vgl. näher zum Ganzen: *Gieseke*, Die Rechtsverhältnisse, 1922, S. 94; *Wauer*, Die wirtschaftlichen Selbstverwaltungskörper, 1923, S. 59 ff.; *Glum*, Selbstverwaltung der Wirtschaft, 1925, S. 115 ff.; *Hendler*, Selbstverwaltung als Ordnungsprinzip, 1984, S. 157 f.

[91] § 3 Abs. 1 Verordnung, betreffend Maßnahmen gegenüber Betriebsabbrüchen und -stillegungen vom 08.11.1920, RGBl., S. 1901.

II. 2. Etablierung des Begriffs in der Weimarer Republik 153

wegen der ausdrücklichen Benennung als Selbstverwaltung in den zugrunde liegenden Gesetzen – überwiegend bejaht[92].

Von den gesetzlich als solche benannten wirtschaftlichen Selbstverwaltungskörpern ausgehend sahen große Teile des Schrifttums schließlich verschiedene noch vor dem Eisenwirtschaftsbund eingerichtete Organisationsformen im Bereich der Kohlenwirtschaft sowie ähnliche Organisationsformen im Bereich der Kaliwirtschaft als wesentliche Beispiele wirtschaftlicher Selbstverwaltung an[93], obwohl die einschlägigen Gesetze für sie nicht einmal den Begriff der Selbstverwaltung verwandten[94]. Einen besonders hohen Integrationsgrad wies vor allem die Organisation der Kohlenwirtschaft auf[95]: Durch das Gesetz über die Regelung der Kohlenwirtschaft vom 23. März 1919[96] und die dazu ergangenen Ausführungsbestimmungen[97] waren im Deutschen Reich elf Bergbaubezirke mit jeweils einem Kohlensyndikat gebildet worden[98], dem die Besitzer aller Kohlenbergwerke des jeweiligen Bezirks beitreten mussten. Den Syndikaten übergeordnet war der Reichskohlenverband, dem die Kohlensyndikate, das Gaskokssyndikat und die deutschen Länder, die als Besitzer von Kohlenbergwerken mehreren Kohlensyndikaten ange-

---

[92] Vgl. bspw. *Goldschmidt*, Reichswirtschaftsrecht, 1923, S. 61 f.

[93] Vgl. zur Organisation der Kaliwirtschaft: *Friedländer*, Die Selbstverwaltung der Kohle- und Kaliwirtschaft, in: Preuß. VBl. 41 (1919/20), 76 ff.; *Herrfahrdt*, Die Formen der wirtschaftlichen Selbstverwaltung, in: JöR XI (1922), 1 (23 ff.); *Gieseke*, Die Rechtsverhältnisse, 1922, S. 17 ff., 23 ff., 33 ff., 49 ff., 57 ff., 95 ff.; *Wauer*, Die wirtschaftlichen Selbstverwaltungskörper, 1923, S. 43 ff.; *E. R. Huber*, Deutsche Verfassungsgeschichte, Bd. VI, 1981, S. 1072 ff.

[94] *Gieseke*, in: Dochow/Gieseke, Eisenwirtschaftsverordnung, 1920, S. 32 ff.; *ders.*, Wirtschaftliche Selbstverwaltung, in: Recht und Wirtschaft 10 (1921), 245 (246); *Hoch*, Die staatsrechtliche Stellung, 1921, S. 95 ff.; *Herrfahrdt*, Die Formen der wirtschaftlichen Selbstverwaltung, in: JöR XI (1922), 1 (11, 15); *Goldschmidt*, Reichswirtschaftsrecht, 1923, S. 46 f.; *Glum*, Selbstverwaltung der Wirtschaft, 1925, S. 92 ff.; *Cohn*, Die Rechtsgebilde des Kohlenwirtschaftsgesetzes, 1926, S. 48 ff., 67; *Naphtali*, Wirtschaftsdemokratie, 2. Aufl., 1928, S. 38 ff.; *Friedländer*, Art. 156, in: Nipperdey, Die Grundrechte und Grundpflichten, Bd. 3, 1930, S. 322 (338 ff.); *Simons*, Aufbau der Kohlenwirtschaft, 1931, S. 81; *E. R. Huber*, Rechtsformen der wirtschaftlichen Selbstverwaltung, in: VerwArch. 37 (1932), 301 (358 ff.); *Münch*, Wirtschaftliche Selbstverwaltung, 1936, S. 45 ff.

[95] Siehe dazu: *Friedländer*, Die Selbstverwaltung der Kohle- und Kaliwirtschaft, in: Preuß. VBl. 41 (1919/20), 76 ff.; *Göppert*, Sozialisierungsbestrebungen, in: Schmollers Jahrbuch 45 (1921), S. 313 (329 ff.); *Herrfahrdt*, Die Formen der wirtschaftlichen Selbstverwaltung, in: JöR XI (1922), 1 (10 ff.); *Glum*, Selbstverwaltung der Wirtschaft, 1925, S. 92 ff.; *Cohn*, Die Rechtsgebilde des Kohlenwirtschaftsgesetzes, 1926, S. 33 ff.; *Friedländer*, Art. 156, in: Nipperdey, Die Grundrechte und Grundpflichten, Bd. 3, 1930, S. 322 (339 ff.); *Simons*, Aufbau der Kohlenwirtschaft, 1931, S. 15 ff.; *E. R. Huber*, Rechtsformen der wirtschaftlichen Selbstverwaltung, in: VerwArch. 37 (1932), 301 (358 ff.); *Braun*, Konservatismus und Gemeinwirtschaft, Duisburg 1978, S. 112 ff.; *E. R. Huber*, Deutsche Verfassungsgeschichte, Bd. VI, 1981, S. 1068 ff.; *Hendler*, Selbstverwaltung als Ordnungsprinzip, 1984, S. 158 f.

[96] RGBl. 1919 S. 342; kommentiert bei *Isay*, Das Gesetz über die Regelung der Kohlenwirtschaft, 1920, S. 16 ff.

[97] Ausführungsbestimmungen zum Gesetz über die Regelung der Kohlenwirtschaft vom 21.08.1919, RGBl. S. 1449 (im Folgenden: Ausführungsbestimmungen zum Kohlenwirtschaftsgesetz); kommentiert bei *Isay*, Das Gesetz über die Regelung der Kohlenwirtschaft, 1920, S. 23 ff.

[98] Das Saar-Kohlensyndikat wurde allerdings wegen der Abtrennung des Saargebietes in der Weimarer Republik nicht dem Kohlenwirtschaftsgesetz unterworfen; vgl. *E. R. Huber*, Deutsche Verfassungsgeschichte, Bd. VI, 1981, S. 1069, Fn. 13.

hörten (was de facto nur Preußen betraf), zusammengeschlossen waren[99]. Über den Kohlensyndikaten und dem Reichskohlenverband war schließlich auf einer dritten Ebene der Reichskohlenrat angesiedelt[100]. Dieser erließ als oberstes Organ der Kohlenwirtschaft u. a. allgemeine Richtlinien für die Brennstoffwirtschaft, insbesondere zur Ausschaltung unwirtschaftlichen Wettbewerbs und zum Schutz der Verbraucher[101]. Der Reichskohlenverband erließ Ausführungsbestimmungen zu den Verordnungen des Reichskohlenrats und überwachte die Durchführungen der Richtlinien und Entscheidungen desselben[102]. Den Syndikaten schließlich oblagen neben der Umsetzung der Vorgaben der ihnen übergeordneten Organe verschiedene eigene Aufgaben wie bspw. die Festsetzung der allgemeinen Lieferungsbedingungen sowie deren Überwachung[103]. Während das Schrifttum den Reichskohlenrat eher als Reichsbehörde – wenn auch z. T. mit „selbstverwaltungsmäßigem Einschlag"[104] – einstufte[105], wurden vor allem die Kohlensyndikate und der Reichskohlenverband meist als Selbstverwaltungskörper angesehen[106].

---

[99] § 20 der Ausführungsbestimmungen zum Kohlenwirtschaftsgesetz.
[100] Der Reichskohlenrat bestand gem. §§ 24, 28 der Ausführungsbestimmungen zum Kohlenwirtschaftsgesetz aus 60 Mitgliedern und einer gleichen Zahl von Stellvertretern. Unter diesen waren gem. § 25 der Ausführungsbestimmungen je 15 Vertreter der bergbaulichen Unternehmer und Bergarbeiter. Hinzu kamen drei Vertreter der Länder, sieben weitere Arbeitnehmervertreter, fünf Vertreter des Kohlenhandels und zwölf Vertreter der verschiedenen Verbrauchergruppen nebst drei Sachverständigen für Kohlenbergbau etc. Die Mitglieder wurden nach § 26 der Ausführungsbestimmungen nicht etwa von den Syndikaten oder dem Reichskohlenverband, sondern von verschiedenen einschlägigen Organisationen und Institutionen gewählt. So wurden bspw. die Vertreter des Kohlenhandels vom Deutschen Industrie- und Handelstag auf Vorschlag von Kohlenhändlerverbänden und die Vertreter der kohlenverbrauchenden Kleingewerbetreibenden vom Deutschen Handwerks- und Gewerbekammertag gewählt. Neben dem Plenum verfügte der Reichskohlenrat gem. §§ 30, 38, 40 ff. der Ausführungsbestimmungen über einen Vorsitzenden nebst Stellvertreter, einen Schriftführer nebst Stellvertreter, den großen und den kleinen Ausschuss, verschiedene Spezialausschüsse sowie einen Geschäftsführer nebst Stellvertreter. Vgl. näher zum Ganzen: *Isay*, Das Gesetz über die Regelung der Kohlenwirtschaft, 1920, S. 63 ff.; *Herrfahrdt*, Die Formen der wirtschaftlichen Selbstverwaltung, in: JöR XI (1922), 1 (13 f.); *Glum*, Selbstverwaltung der Wirtschaft, 1925, S. 100 ff.; *E. R. Huber*, Deutsche Verfassungsgeschichte, Bd. VI, 1981, S. 1071.
[101] § 49 Ausführungsbestimmungen zum Kohlenwirtschaftsgesetz; vgl. näher *Isay*, Das Gesetz über die Regelung der Kohlenwirtschaft, 1920, S. 88 ff.; *Glum*, Selbstverwaltung der Wirtschaft, 1925, S. 99 ff.
[102] § 57 Ausführungsbestimmungen zum Kohlenwirtschaftsgesetz; vgl. näher *Isay*, Das Gesetz über die Regelung der Kohlenwirtschaft, 1920, S. 97 ff.; *Glum*, Selbstverwaltung der Wirtschaft, 1925, S. 95 ff.
[103] §§ 69 ff. Ausführungsbestimmungen zum Kohlenwirtschaftsgesetz, vorbehaltlich der Genehmigung des Reichskohlenverbands; dazu: *Isay*, Das Gesetz über die Regelung der Kohlenwirtschaft, 1920, S. 106 ff.; *Glum*, Selbstverwaltung der Wirtschaft, 1925, S. 93 f.
[104] *E. R. Huber*, Rechtsformen der wirtschaftlichen Selbstverwaltung, in: VerwArch. 37 (1932), 301 (313).
[105] Vgl. bspw. *Herrfahrdt*, Die Formen der wirtschaftlichen Selbstverwaltung, in: JöR XI (1922), 1 (15); *Cohn*, Die Rechtsgebilde des Kohlenwirtschaftsgesetzes, 1926, S. 40: „[...] das die Aufsicht über die kohlenwirtschaftlichen Selbstverwaltungskörper führende Organ des Reiches [...]"; *Isay*, Das Gesetz über die Regelung der Kohlenwirtschaft, 1920, S. 65 f. definiert den Begriff „wirtschaftlicher Selbstverwaltungskörper" hingegen offensichtlich gerade nach dem Vorbild des

II. 2. Etablierung des Begriffs in der Weimarer Republik

Obwohl die in den Gesetzen ausdrücklich als Selbstverwaltungskörper bezeichneten Einrichtungen und die diesen verwandten Organisationsformen die meiste Aufmerksamkeit fanden[107], übertrug das umfangreiche Schrifttum der Weimarer Republik zur wirtschaftlichen Selbstverwaltung diesen Begriff schließlich auf eine Reihe weiterer Organisationsformen[108]. Zu nennen sind hier etwa der 1920 gemäß Art. 165 Abs. 3 WRV eingerichtete (vorläufige) Reichswirtschaftsrat[109], die als dessen Unterbau geplanten, später allerdings nicht verwirklichten Bezirkswirtschaftsräte[110], aber auch Sozialversicherungsträger[111]. Im Rahmen einer zunehmend inflationären Verwendung des Begriffs wurden schließlich sogar noch viel allgemeinere Konzepte bis hin zur Gewinn- und Unternehmensbeteiligung der Arbeitnehmer als Ausprägungen des Gedankens der wirtschaftlichen Selbstverwaltung diskutiert[112].

Reichskohlenrats („mit öffentlicher Verwaltung betrautes berufsständisches Wirtschaftsparlament von fachlich begrenzter Zuständigkeit").

[106] *Hoch*, Die staatsrechtliche Stellung, 1921, S. 98 ff., 112; *Herrfahrdt*, Die Formen der wirtschaftlichen Selbstverwaltung, in: JöR XI (1922), 1 (15); *Cohn*, Die Rechtsgebilde des Kohlenwirtschaftsgesetzes, 1926, S. 48 ff.; *Simons*, Aufbau der Kohlenwirtschaft, 1931, S. 81; *E. R. Huber*, Rechtsformen der wirtschaftlichen Selbstverwaltung, in: VerwArch. 37 (1932), 301 (358 ff.).

[107] Neben den bereits angeführten Einrichtungen sind hier v. a. die Reichswirtschaftsstellen für das Textilgebiet sowie die Wirtschaftsstellen für Kakao, Tee und Kaffee zu nennen, die unter Beteiligung der einschlägigen Interessenkreise die Gebiete der Textil- und Kolonialwarenwirtschaft reglementieren sollten. Vgl. dazu etwa: *Wauer*, Die wirtschaftlichen Selbstverwaltungskörper, 1923, S. 63 ff.

[108] Vgl. bspw. *Herrfahrdt*, Die Formen der wirtschaftlichen Selbstverwaltung, in: JöR XI (1922), 1 (23 ff.); *Goldschmidt*, Reichswirtschaftsrecht, 1923, S. 60 ff.; *E. R. Huber*, Rechtsformen der wirtschaftlichen Selbstverwaltung, in: VerwArch. 37 (1932), 301 (332 ff.).

[109] Verordnung über den vorläufigen Reichswirtschaftsrat vom 04. 05. 1920, RGBl. S. 858; *Tatarin-Tarnheyden*, Die Berufsstände, 1922, S. 144 ff.; *Goldschmidt*, Reichswirtschaftsrecht, 1923, S. 48 ff.; *Glum*, Selbstverwaltung der Wirtschaft, 1925, S. 130 ff.; *Grabi*, Zur Frage des endgültigen Reichswirtschaftsrates, in: Wirtschaftliche Nachrichten für Rhein und Ruhr 1926, 564 ff.; *Glum*, Reichswirtschaftsrat, 1929, S. 13 ff., 25 ff.; ders., Der Reichswirtschaftsrat, in: Handbuch des Deutschen Staatsrechts, Bd. 1, 1930, S. 578 ff.; *E. R. Huber*, Rechtsformen der wirtschaftlichen Selbstverwaltung, in: VerwArch. 37 (1932), 301 (390 ff.); *Dotzenrath*, Wirtschaftsräte, 1933, S. 36 ff.; *Schwarzkopf*, Der vorläufige Reichswirtschaftsrat, in: DÖV 1952, 559 ff.

[110] Art. 165 Abs. 3 WRV; *Goldschmidt*, Reichswirtschaftsrecht, 1923, S. 66; *Glum*, Selbstverwaltung der Wirtschaft, 1925, S. 159 ff.; *Tatarin-Tarnheyden*, Die Berufsstände, 1922, S. 204 ff.; *Most*, Selbstverwaltung der Wirtschaft, 3. Aufl., 1927, S. 18; *Dotzenrath*, Wirtschaftsräte, 1933, S. 66 ff.

[111] *Herrfahrdt*, Die Formen der wirtschaftlichen Selbstverwaltung, in: JöR XI (1922), 1 (15); *E. R. Huber*, Rechtsformen der wirtschaftlichen Selbstverwaltung, in: VerwArch. 37 (1932), 301 (351 ff.).

[112] *Geiler*, Der genossenschaftliche Gedanke, in: Beiträge zur Erläuterung des Deutschen Rechts N. F. 2 (1921), 134 (144 ff.).

c) Der Paradigmenwechsel von den „neuen wirtschaftlichen Selbstverwaltungskörpern" hin zu Handelskammern usw. als Trägern der Selbstverwaltung der Wirtschaft

Industrie- und Handelskammern[113], Handwerksammern, Innungen, Landwirtschaftskammern und andere Organisationsformen, die heute meist als Träger wirtschaftlicher Selbstverwaltung gelten, fanden im Schrifttum zur wirtschaftlichen Selbstverwaltung demgegenüber interessanterweise zunächst nur geringe Beachtung[114]. So gehen *Paul Gieseke* und *Heinrich Herrfahrdt* in ihren 1921/1922 publizierten grundlegenden Aufsätzen zur wirtschaftlichen Selbstverwaltung und *Friedrich Glum*, in seiner 1925 erschienenen Monographie „Selbstverwaltung der Wirtschaft" nur am Rande auf diese Organisationen ein. Während Gieseke bestimmte Teilaspekte der von ihm untersuchten neuen Selbstverwaltungsträger en passant mit den „bisherigen Berufsvertretungen (Handwerkskammern, Handelskammern, Landwirtschaftskammern)" vergleicht[115], stellt Herrfahrdt lediglich im historischen Überblicksteil seines Aufsatzes fest, dass sich in Deutschland schon vor dem Weltkrieg eine große Reihe von Einrichtungen entwickelt habe, welche wenigstens zum Teil Träger wirtschaftlicher Selbstverwaltung seien[116]. Dies gelte vor allem für die Landwirtschafts-, die Handels- und die Handwerkskammern. Glum schließlich geht ebenfalls nur am Rande seiner Monographie, nämlich innerhalb des Abschnitts über die Bezirkswirtschaftsorganisation im Anschluss an die damals geplanten, später aber nicht verwirklichten Bezirkswirtschaftsräte, auf

---

[113] In Preußen wurden die Handelskammern im Jahr 1924 durch Notverordnung des Staatsministeriums (Verordnung zur Änderung des Gesetzes über die Handelskammern vom 01.04.1924, Preuß. GS 1924, S.194) in Industrie- und Handelskammern umbenannt. Die meisten Staaten schlossen sich diesem Vorbild an.

[114] *von Moellendorff*, Wirtschaftliche Selbstverwaltung, in: Handbuch der Politik, 4. Bd., 3. Aufl., 1921, S. 160 bezeichnet das Kammersystem gar als ein „Wahrzeichen mangelnder Selbstverwaltung"; umgekehrt stellt *Heréus*, Die deutschen Handelskammern, 1922, S. 33 ff. in seiner Monographie, die sich mit den Handelskammern und nicht allgemein mit der wirtschaftlichen Selbstverwaltung befasst, durchaus fest, dass die Handelskammern „Selbstverwaltungskörper der staatlichen Gewerbeverwaltung", bzw. Selbstverwaltungskörper der wirtschaftlichen Selbstverwaltung seien, ohne allerdings diese Begriffe – vor dem Hintergrund des abweichenden Gebrauchs im Schrifttum der frühen Weimarer Republik – näher zu problematisieren; vgl. auch *Schäffer*, Neue Tendenzen, in: Archiv für Sozialwissenschaft und Sozialpolitik 48 (1920/1921), 761 (762).

[115] *Gieseke*, Wirtschaftliche Selbstverwaltung, in: Recht und Wirtschaft 10 (1921), 245 (246, re. Sp., vgl. auch 248, li. Sp.); interessant ist auch der Vergleich, den *Gieseke*, in: Dochow/Gieseke, Eisenwirtschaftsverordnung, 1920, S. 39 zwischen Eisenwirtschaftsbund einerseits und Handelskammern etc. anderseits anstellt: „Neben den wenigen Obliegenheiten, die man als Selbstverwaltung bezeichnen kann, bleibt für den Eisenwirtschaftsbund nur eine gutachtliche Tätigkeit übrig. So ergibt sich eine Verwandtschaft zu den Handelskammern (und den entsprechenden Vertretungen von Landwirtschaft und Handwerk). Auch diese haben eine Doppelstellung, einmal als begutachtende Behörden für Handelsangelegenheiten (daneben auch in beschränktem Umfang als ausführende Organe des Staates), anderseits als selbständige Körperschaften zur Vertretung der Handelsinteressen ihres Bezirks. Sie als ‚Selbstverwaltungskörper' zu bezeichnen, ist bei dem beschränkten Wirkungskreis dieser ‚Selbstverwaltung' bisher nicht üblich gewesen".

[116] *Herrfahrdt*, Die Formen der wirtschaftlichen Selbstverwaltung, in: JöR XI (1922), 1 (4).

Handels- Landwirtschafts- und Handwerkskammern ein[117]. In den – stellvertretend behandelten – Handelskammern komme zumindest der politische Gedanke der Selbstverwaltung im Sinne einer Heranziehung der Nächstbeteiligten zur Staatsverwaltung zum Ausdruck[118]. Da sie über einen eigenen Wirkungskreis verfügten und juristische Personen des öffentlichen Rechts seien, seien sie den Selbstverwaltungskörpern der Wirtschaft „nicht unähnlich gestaltet" und reichten insoweit auch an den juristischen Begriff der Selbstverwaltung heran[119]. Trotzdem überwögen Elemente des politischen Begriffs der Selbstverwaltung. Sie seien „Kammern in dem Sinne Lorenz von Steins mit einem Einschlag zum Selbstverwaltungskörper hin".

Insgesamt ging das Schrifttum der frühen Weimarer Republik überwiegend davon aus, dass jedenfalls die gesetzlich ausdrücklich als wirtschaftliche Selbstverwaltungskörper benannten Organisationsformen de lege lata dem Begriff der wirtschaftlichen Selbstverwaltung im Rechtssinne zu subsumieren seien[120]. Durch Abstraktion der Merkmale dieser Organisationsformen wurde induktiv ein Begriff der wirtschaftlichen Selbstverwaltung gebildet, an dem dann andere Organisationsformen gemessen werden konnten, die gesetzlich nicht ausdrücklich als wirtschaftliche Selbstverwaltungskörper bezeichnet waren[121]. Vor diesem Hintergrund war es dann aber nur naheliegend, dass vor allem den ausdrücklich als wirtschaftliche Selbstverwaltungskörper bezeichneten Organisationsformen ähnliche Einrichtungen wie etwa die Kohlensyndikate und der Reichskohlenverband als weitere wirtschaftliche Selbstverwaltungskörper begriffen wurden. Die sich von diesen wesentlich unterscheidenden Handelskammern, Handwerkskammern usw. wurden demgegenüber meist nicht als wirtschaftliche Selbstverwaltungskörper im eigentlichen Sinne eingestuft, sondern allenfalls, wie Glum dies eben formulierte, als Kammern „mit einem Einschlag zum Selbstverwaltungskörper hin"[122].

Dass der Begriff der wirtschaftlichen Selbstverwaltung in den frühen Jahren der Weimarer Republik für die „neuen wirtschaftlichen Selbstverwaltungskörper" reserviert zu sein schien, wird gerade auch anhand seiner fehlenden Verwendung in Veröffentlichungen deutlich, die sich primär mit Organisationsformen befassen, die heute meist als typische Repräsentanten der Selbstverwaltung der Wirtschaft erscheinen. Genannt sei hier der Beitrag *Philipp Zorns* zu der 1923 veröffentlichten

---

[117] *Glum*, Selbstverwaltung der Wirtschaft, 1925, S. 161 ff.
[118] *Glum*, Selbstverwaltung der Wirtschaft, 1925, S. 162 f.
[119] *Glum*, Selbstverwaltung der Wirtschaft, 1925, S. 163; zu Glums Selbstverwaltungsbegriff auch: *Most*, Die Selbstverwaltung der Wirtschaft, 1929, S. 11.
[120] *Gieseke*, Wirtschaftliche Selbstverwaltung, in: Recht und Wirtschaft 10 (1921), 245 (247); *Heilberg*, Aufbau der Gemeinwirtschaft, 1929, S. 41 f.
[121] Vgl. etwa: *Gieseke*, Wirtschaftliche Selbstverwaltung, in: Recht und Wirtschaft 10 (1921), 245 ff.; *Wauer*, Die wirtschaftlichen Selbstverwaltungskörper, 1923, S. 19 ff.; *Cohn*, Die Rechtsgebilde des Kohlenwirtschaftsgesetzes, 1926, S. 48 ff.; mustergültig auch *Isay*, Das Gesetz über die Regelung der Kohlenwirtschaft, 1920, S. 63 ff. (allerdings in Bezug auf die nicht ausdrücklich gesetzlich als wirtschaftliche Selbstverwaltungskörper bezeichneten Organisationsformen der Kohlenwirtschaft); vgl. auch *Naphtali*, Wirtschaftsdemokratie, 2. Aufl., 1928, S. 35 ff.
[122] *Glum*, Selbstverwaltung der Wirtschaft, 1925, S. 163.

Bonner Festgabe für Ernst Zitelmann, in der Zorn die staatsrechtliche Stellung der Handelskammern untersucht[123]. Zorn, der das deutsche Staatsrecht über fast fünf Jahrzehnte mitgeprägt hatte, wendet sich in seinem Beitrag gegen das seit Jahrzehnten diskutierte staatliche Auflösungsrecht gegenüber Handelskammern, das Bestandteil des Anfang der zwanziger Jahre des 20. Jh. vorgeschlagenen, aber später nicht verwirklichten Reichs-Handelskammergesetzes sein sollte[124]. Vor diesem Hintergrund entwickelt er, dass es sich bei den Handelskammern um Selbstverwaltungsorgane handele[125]. Bei der Kategorienbildung unterscheidet er allerdings – verhaftet in überkommenen Denkmustern – lediglich zwei Formen der Selbstverwaltung, nämlich die allgemeine Selbstverwaltung, der er vor allem die kommunale Selbstverwaltung zuordnet, und die „Selbstverwaltung für besondere Interessen des Volkes", für die vor allem die Interessen von Handel und Gewerbe sowie diejenigen der Landwirtschaft in Betracht kämen[126]. Die Bildung einer Kategorie der Selbstverwaltung der Wirtschaft oder dergleichen zieht Zorn für Handelskammern etc. hingegen nicht in Erwägung, was wiederum auch auf die Reservierung des Begriffs für die anders gearteten „neuen wirtschaftlichen Selbstverwaltungskörper" in der Wissenschaft zurückzuführen gewesen sein dürfte.

Die in den Gründerjahren der Weimarer Republik noch als Schlüssel für die angestrebte Demokratisierung der Wirtschaft betrachteten neuen wirtschaftlichen Selbstverwaltungskörper büßten jedoch schon bald einen Großteil ihres Nimbus ein. So wurden bspw. der Ausschuss für Schwefelsäure bereits 1923[127] und der Wirtschaftsverband für Rohteer und Teererzeugnisse Anfang 1924 wieder aufgehoben[128]. Der Eisenwirtschaftsbund verzichtete bereits im Jahr 1921 durch Beschluss der Vollversammlung auf seine zentrale Kompetenz zur Festsetzung von Höchstpreisen und beschränkte seine Tätigkeit im Wesentlichen auf die Erstattung von Gutachten, was ihn schnell bedeutungslos werden ließ[129]. Der 1920 geschaffene (vorläufige) Reichswirtschaftsrat bestand zwar formal bis über das Ende der Weimarer Republik hinaus fort[130], tagte jedoch infolge der Sparmaßnahmen der Infla-

---

[123] *Zorn*, Staatsrechtliche Stellung der Handelskammern, in: Festgabe Zitelmann, 1923, S. 167 ff.; vgl. zu Person und Werk Zorns (1850–1928) das lesenswerte Selbstbildnis in: Planitz, Die Rechtswissenschaft der Gegenwart in Selbstdarstellungen, 1924, S. 215–236; *Fuchs*, in: Biographisch-Bibliographisches Kirchenlexikon, Bd. XIV, 1998, Sp. 584–588; *J. Schmidt*, Konservative Staatsrechtslehre und Friedenspolitik – Leben und Werk Philipp Zorns, 2001.
[124] *Zorn*, Staatsrechtliche Stellung der Handelskammern, in: Festgabe Zitelmann, 1923, S. 167 (177 ff., 188).
[125] *Zorn*, Staatsrechtliche Stellung der Handelskammern, in: Festgabe Zitelmann, 1923, S. 167 (172 ff.).
[126] *Zorn*, Staatsrechtliche Stellung der Handelskammern, in: Festgabe Zitelmann, 1923, S. 167 (171).
[127] Verordnung, betreffend Aufhebung der Verordnung über die Regelung der Schwefelsäurewirtschaft vom 31. 05. 1920 (RGBl. S. 1113) etc. vom 25. 04. 1923, RGBl. I, S. 400.
[128] Verordnung über die Aufhebung der Teerbewirtschaftung vom 12. 01. 1924, RGBl. I, S. 29.
[129] *Naphtali*, Wirtschaftsdemokratie, 2. Aufl., 1928, S. 42.
[130] In den ersten Monaten nach der Machtergreifung Hitlers wurde zwar auf Initiative Hugenbergs ein Wiederbelebungs- bzw. eher Umgestaltungsversuch unternommen, der auf die Schaffung eines wirtschaftspolitischen Beirats hinauslief. Das dazu ergangene Gesetz über den vorläu-

II. 2. Etablierung des Begriffs in der Weimarer Republik 159

tionszeit bereits seit 1923 nicht mehr im Plenum und verlor schließlich fast völlig an Einfluss[131]. Die geplanten Bezirkswirtschaftsräte wurden zudem ebenso wenig realisiert wie manche anderen angedachten Einrichtungen, die auf eine Beteiligung der betroffenen Wirtschaftskreise an der Regulierung der Wirtschaft unter paritätischer Berücksichtigung von Arbeitnehmern und Arbeitgebern abzielten[132]. *Heinrich Friedländer* konstatierte vor diesem Hintergrund im Jahr 1930, dass von den gemeinwirtschaftlich geregelten Gebieten mit Selbstverwaltung letztlich nur diejenigen der Kohle- und Kaliwirtschaft übrig geblieben seien[133].

In dieser Situation war einerseits der Begriff der Selbstverwaltung der Wirtschaft bzw. der wirtschaftlichen Selbstverwaltung aufgrund der starken Beachtung, die er im Schrifttum erfahren hatte, in der Wissenschaft verankert, andererseits wich die Fokussierung auf die nach Kriegsende eingerichteten neuen wirtschaftlichen Selbstverwaltungskörper einer breiteren Perspektive, welche die längst etablierten Handels-, Handwerks- und Landwirtschaftskammern usw. ins Blickfeld nahm. So wurden zunächst Zweifel lauter, ob der Begriff der wirtschaftlichen Selbstverwaltung bzw. der wirtschaftlichen Selbstverwaltungskörper wie er sich in den Gesetzen fand, tatsächlich mit dem Rechtsbegriff der Selbstverwaltung kongruent sei, der vor allem für die kommunale Selbstverwaltung entwickelt worden war[134]. Daran anknüpfend wurde dann aber auch als dezidierte Antithese zum Schrifttum der frühen zwanziger Jahre die Auffassung vertreten, dass eben nicht die „neuen wirtschaftlichen Selbstverwaltungskörper" wie bspw. der Eisenwirtschaftsbund, sondern vielmehr Handels-, Handwerks- und Landwirtschaftskammern usw. die eigentlichen Organisationsformen der Selbstverwaltung der Wirtschaft seien.

Eine bedeutende Rolle spielte dabei *Otto Most*, damals erster Syndikus der Niederrheinischen Industrie- und Handelskammer Duisburg-Wesel, der schon mit

---

figen Reichswirtschaftsrat vom 05.04.1933, RGBl. I, S. 165, wurde indes nicht umgesetzt. Durch das Gesetz über die Aufhebung des vorläufigen Reichswirtschaftsrats vom 23.03.1934, RGBl. II, S. 115, Begründung dazu: Reichsanzeiger 1934 Nr. 72, S. 4, wurde der (vorläufige) Reichswirtschaftsrat dann auch formal aufgelöst; vgl. dazu auch *Facius*, Wirtschaft und Staat, 1959, S. 142f.

[131] Siehe unten S. 336f.; *Dotzenrath*, Wirtschaftsräte, 1933, S. 38ff., 83; *Schwarzkopf*, Der vorläufige Reichswirtschaftsrat, in: DÖV 1952, 559 (560); *E. R. Huber*, Deutsche Verfassungsgeschichte, Bd. VI, 1981, S. 401f.

[132] Vgl. bspw. zu den letztlich gescheiterten Plänen des Reichswirtschaftsministeriums zur umfassenden gemeinwirtschaftlichen Organisation der deutschen Volkswirtschaft: *Braun*, Konservatismus und Gemeinwirtschaft, 1978, S. 129ff.

[133] *Friedländer*, Art. 156, in: Nipperdey, Die Grundrechte und Grundpflichten, Bd. 3, 1930, S. 322 (338f.).

[134] Vgl. bspw. *Göppert*, Staat und Wirtschaft, 1924, S. 32; *ders.*, Staat, Wirtschaft und Staatsform, in: Wirtschaftliche Nachrichten für Rhein und Ruhr 1926, 5 (9f.): „Mit Selbstverwaltung im eigentlichen Sinne hat das gar nichts zu tun. Was wir seit der Revolution als wirtschaftliche Selbstverwaltung bezeichnen, ist im Grunde genommen nichts weiter, als dass unser neuer Staat Dinge, die man früher der Wirtschaft selbst überließ, zunächst durch sogenannte wirtschaftliche Selbstverwaltungskörperschaften treiben lässt, sich aber selbst die letzte Entscheidung, die letzten Direktiven vorbehält, also lediglich eine Vermittlung neuen Staatseinflusses. Ich verweise nur auf die Kohlenwirtschaft und den Eisenwirtschaftsbund."; *Most*, Selbstverwaltung der Wirtschaft, 3. Aufl., 1927, S. 15f.; *Simons*, Aufbau der Kohlenwirtschaft, 1931, S. 14.

dem Titel seiner 1927 publizierten Monographie „Die Selbstverwaltung der Wirtschaft in den Industrie- und Handelskammern" gegen die Auffassung Glums und Herrfahrdts Stellung bezog[135]. Inhaltlich induziert Most gerade nicht einen Begriff der wirtschaftlichen Selbstverwaltung durch Abstraktion der Merkmale der gesetzlich so bezeichneten „neuen wirtschaftlichen Selbstverwaltungskörper". Vielmehr definiert er zunächst unter Auswertung der einschlägigen Literatur den Begriff der Selbstverwaltung im Allgemeinen als „Erfüllung öffentlicher Aufgaben durch vom Staat dazu berufene öffentlich-rechtliche Körperschaften unter staatlicher Aufsicht, aber mit eigener Verantwortlichkeit und eigener Entschlussfreiheit, sowie mit eigenen, selbstgewählten Organen"[136]. Indem er sodann diesen Begriff an die „neuen Selbstverwaltungskörper" anlegt, gelangt er zum Ergebnis, dass Eisenwirtschaftsbund und dergleichen gerade keine Selbstverwaltungskörper seien[137]. Zwar lägen hier in der Tat öffentliche Aufgaben und zum Teil auch öffentlich-rechtliche Befugnisse vor[138]. Auch übe der Staat überall ein von ihm ausbedungenes Aufsichtsrecht aus. Aber schon die Organe gingen in der Mehrzahl der Fälle nicht aus freier Wahl der Beteiligten hervor, sondern würden vom Reich ernannt. Vor allem aber handele es sich durchweg nicht um freie Betätigung eigener Initiative innerhalb eines weiten, vom Staat gesteckten Rahmens, wie sie für Selbstverwaltung Voraussetzung sei. Vielmehr stehe lediglich die Wahrnehmung staatlicher Hoheitsrechte durch Körperschaften aus Vertretern beteiligter Kreise in Rede. Daher handele es sich eben nicht um Selbstverwaltungskörperschaften, sondern lediglich um vom Staat zur Erledigung von Aufgaben der Staatsverwaltung geschaffene Zweckvertretungen der Interessenten, denen gerade die wichtigsten Merkmale der Selbstverwaltung fehlten[139]. In dezidiertem Kontrast zur herrschenden Meinung schließt Most daher, dass die IHK zusammen mit den Landwirtschafts- und den Handwerkskammern vorläufig die einzigen Organisationsformen der Selbstverwaltung der Wirtschaft seien[140].

In der wissenschaftlichen Diskussion der folgenden Jahre gewann Mosts Auffassung zunehmend an Einfluss. Doch handelte es sich um einen langsamen Prozess, in dem oftmals die ursprüngliche These, wonach die neuen Selbstverwaltungskörper Träger wirtschaftlicher Selbstverwaltung seien, neben der Antithese, dass le-

---

[135] *Most*, Selbstverwaltung der Wirtschaft, 3. Aufl., 1927, S. 13 ff.; nachdem die erste Auflage im Jahr 1927 erschienen war, veröffentlichte Most noch im selben Jahr sowohl eine unveränderte 2. Auflage als auch eine erweiterte 3. Auflage; vgl. auch die kleinere Schrift mit ähnlichem Titel: *Most*, Die Selbstverwaltung der Wirtschaft, 1929, S. 3 ff.
[136] *Most*, Selbstverwaltung der Wirtschaft, 3. Aufl., 1927, S. 13.
[137] *Most*, Selbstverwaltung der Wirtschaft, 3. Aufl., 1927, S. 15 f.
[138] *Most*, Selbstverwaltung der Wirtschaft, 3. Aufl., 1927, S. 16.
[139] *Most*, Selbstverwaltung der Wirtschaft, 3. Aufl., 1927, S. 17.
[140] *Most*, Selbstverwaltung der Wirtschaft, 3. Aufl., 1927, S. 19; *Behnke*, Die rechtliche Stellung, 1929, S. 65 ff. charakterisiert die Landwirtschaftskammern als Selbstverwaltungskörper, ohne allerdings die Kategorie der Selbstverwaltung der Wirtschaft zu verwenden; signifikant ist, dass sich *Behnke*, a.a.O., S. 70, Fn. 96 bemüßigt fühlt, zu betonen, dass eine Beschränkung des Begriffs „Selbstverwaltungskörper" auf die Kommunalverwaltungen jeder sachlichen Grundlage entbehre.

diglich IHK usw. dem Begriff der Selbstverwaltung der Wirtschaft zu subsumieren seien, Berücksichtigung fand[141]. Ein Beispiel für einen synthetischen Ansatz, der die ehemals herrschende Ansicht mit dem neuen Ansatz vereinte, ist etwa der in der Spätphase der Weimarer Republik 1932 erschienene Aufsatz von *Ernst Rudolf Huber* „Rechtsformen der wirtschaftlichen Selbstverwaltung"[142]. *Huber* behandelte in dieser synoptischen Darstellung zwar bereits an erster Stelle IHK, Landwirtschaftskammern, Handwerkskammern[143] und Innungen[144], daneben dann aber auch noch Kohlensyndikate und dergleichen[145] sowie eine Vielzahl weiterer Einrichtungen als Rechtsformen wirtschaftlicher Selbstverwaltung[146].

Festgehalten werden kann, dass der Begriff der Selbstverwaltung der Wirtschaft bzw. der wirtschaftlichen Selbstverwaltung gegen Ende der Weimarer Republik etabliert war. Nicht die Kammern und Innungen, sondern die zu Beginn der Republik geschaffenen „neuen wirtschaftlichen Selbstverwaltungskörper", die z.T. von Gesetzes wegen als wirtschaftliche Selbstverwaltungskörper bezeichnet wurden, waren Anknüpfungspunkt und Katalysator für die Begriffsbildung durch die Wissenschaft gewesen. Der zunehmende praktische Bedeutungsverlust der neuen wirtschaftlichen Selbstverwaltungskörper, aber auch die stärkere Anbindung des heftig diskutierten Begriffs der Selbstverwaltung der Wirtschaft an den allgemeinen juristischen Begriff der Selbstverwaltung führte indes dazu, dass der Begriff der Selbstverwaltung der Wirtschaft bzw. der wirtschaftlichen Selbstverwaltung, der zum Allgemeingut geworden war, zwar weiterhin verwendet wurde. Statt der „neuen wirtschaftlichen Selbstverwaltungskörper" wurden nunmehr aber überwiegend IHK, Landwirtschaftskammern, Handwerkskammern und Innungen als eigentliche Träger der Selbstverwaltung der Wirtschaft angesehen.

---

[141] Dass sich der Begriff der Selbstverwaltung der Wirtschaft auch Anfang der dreißiger Jahre noch nicht eindeutig als Oberbegriff für IHK etc. durchgesetzt hatte, macht bspw. *Keucher*, Geschichtliche Entwicklung, 1931, deutlich, der die von ihm behandelten IHK, Landwirtschaftskammern und Handwerkskammern noch als gesetzliche Berufsvertretungen kategorisiert.

[142] *E.R. Huber*, Rechtsformen der wirtschaftlichen Selbstverwaltung, in: VerwArch. 37 (1932), 301 ff.

[143] *E.R. Huber*, Rechtsformen der wirtschaftlichen Selbstverwaltung, in: VerwArch. 37 (1932), 301 (332 ff.); *Meyer-Ibold*, Die Organisation des deutschen Handwerks, 1931, S. 37 ff. wendet hingegen noch nicht den Begriff der wirtschaftlichen Selbstverwaltung auf Handwerkskammern und Innungen an, obwohl er bei seiner Charakterisierung zentrale Merkmale desselben impliziert.

[144] *E.R. Huber*, Rechtsformen der wirtschaftlichen Selbstverwaltung, in: VerwArch. 37 (1932), 301 (339 ff.).

[145] *E.R. Huber*, Rechtsformen der wirtschaftlichen Selbstverwaltung, in: VerwArch. 37 (1932), 301 (358 ff.).

[146] Vgl. auch *E.R. Huber*, Selbstverwaltung der Wirtschaft, 1958, S. 24 f., wo primär Innungen und Kammern als Träger wirtschaftlicher Selbstverwaltung angeführt und Kohlensyndikate und dergleichen als gemeinwirtschaftliche Selbstverwaltungsverbände bezeichnet werden; in *E.R. Huber*, Deutsche Verfassungsgeschichte, Bd. VI, 1981, S. 1057 ff. behandelt er in Abschnitt 69 „Die Selbstverwaltung der Wirtschaft" interessanterweise nur noch Landwirtschaftskammern, Industrie- und Handelskammern und Handwerkskammern sowie Wirtschaftsverbände wie bspw. die verschiedenen Landwirtschaftsverbände, während Kohlensyndikate usw. in Abschnitt 70 „Wettbewerbsfreiheit und Wettbewerbsbedingungen" Beachtung finden.

3. Bruch der Begriffsentwicklung im Nationalsozialismus

Die Selbstverwaltungsideologie des Nationalsozialismus berief sich zwar – wie oben dargestellt wurde – nach außen auf historische Vorbilder wie den Freiherrn vom Stein[147]. Tatsächlich wurden die überkommenen Formen der Selbstverwaltung indes zunehmend ausgehöhlt: In der Binnenstruktur der vormaligen Selbstverwaltungsträger wurde die insbesondere in der Wahl des zentralen Repräsentationsorgans verwirklichte demokratische Struktur durch eine „top down-Struktur" mit streng hierarchischem Aufbau bei Einsetzung, nicht Wahl des mit weitreichenden Kompetenzen versehenen Führungspersonals von oben (Führerprinzip) ersetzt[148], zudem eine strenge Staatsaufsicht etabliert und schließlich die Tätigkeit der verschiedenen „Selbstverwaltungskörperschaften" inhaltlich auf das Wohl des Volksganzen eingeschworen, welches das eigentliche Ziel der Selbstverwaltung darstelle[149]. Auch im Bereich der Selbstverwaltung der Wirtschaft wurde dieser Ansatz des „Neuen Weins in alten Schläuchen" beginnend mit der Einrichtung des Reichsnährstands Ende 1933 nach und nach verwirklicht[150], was sich dann auch schnell in der Begriffsbildung niederschlug. Exemplarisch deutlich wird dies in der 1936 erschienenen Monographie „Wirtschaftliche Selbstverwaltung" von *Kurt Münch*[151]:

Münch geht zwar im Abschnitt über die geschichtliche Entwicklung der wirtschaftlichen Selbstverwaltung auf Kammern und Innungen, die gemeinwirtschaftsorientierten „neuen Selbstverwaltungskörper" der Weimarer Republik und verschiedene weitere Einrichtungen ein, die im wissenschaftlichen Diskurs der Weimarer Republik als Ausprägungen der Selbstverwaltung der Wirtschaft angesehen wurden[152]. Er konzediert dabei auch, dass bspw. in den Kammern[153] oder auch in der Organisation der Kohlen- und Kaliwirtschaft[154] der Grundsatz der wirtschaftlichen Selbstverwaltung verwirklicht worden sei. Letztlich seien diese Organisationsformen jedoch nur historische Entwicklungsstufen auf dem Weg zur eigent-

---

[147] Siehe oben S. 99 ff.; vgl. im Bereich der Selbstverwaltung der Wirtschaft z. B. auch *Häberlein*, Verhältnis von Staat und Wirtschaft, Bd. 2, 1938, S. 29; *Busse*, Die Selbstverwaltung im Reichsnährstand, in: Deutsche Rechtswissenschaft 1938, S. 193 (223 f., 233); *Hedemann*, Deutsches Wirtschaftsrecht, 1939, S. 182 ff.
[148] *Münch*, Wirtschaftliche Selbstverwaltung, 1936, S. 124: „Schließlich bedeutet der Aufbau wirtschaftlicher Selbstverwaltungskörperschaften die Durchsetzung der Führerverfassung auf dem Gebiet der Wirtschaft."
[149] Vgl. aus dem zeitgenössischen Schrifttum etwa *Münch*, Wirtschaftliche Selbstverwaltung, 1936, S. 11 ff.; *E. R. Huber*, Die Gestalt des deutschen Sozialismus, 1934, S. 31 ff.; *ders.*, Die Selbstverwaltung der Berufsstände, in: Frank, Deutsches Verwaltungsrecht, 1937, S. 239 ff.; *Häberlein*, Verhältnis von Staat und Wirtschaft, Bd. 2, 1938, S. 26 ff.; *Hedemann*, Deutsches Wirtschaftsrecht, 1939, S. 189 ff.
[150] Vgl. dazu unten S. 342 ff., 593 ff., 796 ff. sowie etwa *Hendler*, Selbstverwaltung als Ordnungsprinzip, 1984, S. 178 ff.
[151] *Münch*, Wirtschaftliche Selbstverwaltung, 1936; vgl. etwa auch *Jeß*, Körperschaften des öffentlichen Rechts, 1935, S. 41 ff.
[152] *Münch*, Wirtschaftliche Selbstverwaltung, 1936, S. 29 ff.
[153] *Münch*, Wirtschaftliche Selbstverwaltung, 1936, S. 31.
[154] *Münch*, Wirtschaftliche Selbstverwaltung, 1936, S. 45 ff., 49.

II. 3. Bruch der Begriffsentwicklung im Nationalsozialismus

lichen (nationalsozialistischen) wirtschaftlichen Selbstverwaltung, die für Münch „die gemeinschaftliche Regelung überbetrieblicher Angelegenheiten durch die unmittelbar Beteiligten unter gliedhafter Einfügung in den Staat als die lebendige Form der Volksgemeinschaft" bedeutet[155].

Wirklich ausgebildet habe sich diese neue, nationalsozialistische, gliedhaft in den Staat eingefügte und auf das Wohl der Volksgemeinschaft ausgerichtete wirtschaftliche Selbstverwaltung indes lediglich im Bereich der Landwirtschaft, insbesondere in Form des Reichsnährstands[156]. Der auf Betreiben des Reichsministers für Ernährung und Landwirtschaft, *Richard Walter Darré*, noch im Jahr 1933, nur wenige Monate nach der Machtübernahme durch die Nationalsozialisten errichtete Reichsnährstand[157] war als Reichseinheitsorganisation[158] der gesamten Land- und Ernährungswirtschaft u. a. Nachfolgeorganisation der aufgelösten Landwirtschafts- und Bauernkammern[159]. Gedacht war er als Vertretung der „deutschen Bauernschaft" und der „deutschen Landwirtschaft", einschließlich der landwirtschaftlichen Genossenschaften, des Landhandels und der Be- und Verarbeiter landwirtschaftlicher Erzeugnisse[160]. Die programmatisch formulierte primäre Aufgabe des Reichsnährstands sollte gem. § 2 Abs. 1 der grundlegenden Ersten Verordnung über den vorläufigen Aufbau des Reichsnährstands vom 8. Dezember 1933[161] (im

---

[155] *Münch*, Wirtschaftliche Selbstverwaltung, 1936, S. 29, 65 f.; vgl. auch *W. Busch*, Wirtschaftliche Selbstverwaltung, 1936, S. 9 ff.

[156] *Münch*, Wirtschaftliche Selbstverwaltung, 1936, S. 65 ff.; vgl. auch *Häberlein*, Verhältnis von Staat und Wirtschaft, Bd. 2, 1938, S. 20 ff., insbes. 29; *Jeß*, Körperschaften des öffentlichen Rechts, 1935, S. 48 ff.

[157] Rechtsgrundlagen des Reichsnährstands waren vor allem: das Gesetz über den vorläufigen Aufbau des Reichsnährstandes und Maßnahmen zur Markt- und Preisregelung für landwirtschaftliche Erzeugnisse vom 13.09.1933, RGBl. I, S. 626 sowie die Erste Verordnung über den vorläufigen Aufbau des Reichsnährstandes vom 08.12.1933, RGBl. I, S. 1060 (im Folgenden: Erste Aufbauverordnung), geändert durch VO vom 26.04.1935, RGBl. I, S. 582, VO vom 16.02.1939, RGBl. I, S. 256 sowie VO vom 01.10.1940, RGBl. I, S. 1326; zum Reichsnährstand: unten, S. 796 ff.; *Sauer*, Landwirtschaftliche Selbstverwaltung, 1957, S. 20 ff.; *Haushofer*, Reichsnährstand, in: HAR, Bd. 2, 1982, Sp. 668 ff.; *Frank*, Der „Reichsnährstand" und seine Ursprünge, 1988, insbes. S. 115 ff.; aus dem zeitgenössischen Schrifttum: *W. Busch*, Wirtschaftliche Selbstverwaltung, 1936, S. 1 ff.; *N. N.*, Das nationalsozialistische Wirtschaftsrecht, S. 451 (500 ff.); *Häberlein*, Verhältnis von Staat und Wirtschaft, Bd. 2, 1938, S. 20 ff.; *Reischle*, Der Reichsnährstand, S. 1 ff.; *Busse*, Die Selbstverwaltung im Reichsnährstand, in: Deutsche Rechtswissenschaft 1938, S. 193 (203 ff.); *Hedemann*, Deutsches Wirtschaftsrecht, 1939, S. 360 ff.; *Claß*, Die gelenkte Selbstverwaltung, 1941, S. 93 ff.

[158] Durch § 1 Abs. 1 des Gesetzes über die Zuständigkeit des Reichs für die Regelung des ständischen Aufbaues der Landwirtschaft vom 15.07.1933, RGBl. I, S. 495, war zunächst die ausschließliche Gesetzgebungskompetenz des Reiches für die Einrichtung des Reichsnährstands geschaffen worden.

[159] § 6 Erste Aufbauverordnung; näher dazu unten S. 797 ff.; *Bracher/Sauer/Schulz*, Die nationalsozialistische Machtergreifung, 2. Aufl., 1962, S. 572 ff.; *Sauer*, Landwirtschaftliche Selbstverwaltung, 1957, S. 23 ff.; *Haushofer*, Reichsnährstand, in: HAR, Bd. 2, 1982, Sp. 668 (668 f.).

[160] § 1 Abs. 1 Erste Aufbauverordnung; vgl. auch die Präzisierung in § 4 Erste Aufbauverordnung.

[161] RGBl. 1933 I, S. 1060.

Folgenden: Erste Aufbauverordnung) darin bestehen, seine Angehörigen „in Verantwortung für Volk und Reich zu einer lebenskräftigen Stütze für den Aufbau, die Erhaltung und die Kräftigung des deutschen Volkes zusammenzuschließen". Im Übrigen zählte es zu seinen Aufgaben, das deutsche Bauerntum und die Landwirtschaft[162], die landwirtschaftlichen Genossenschaften und den Landhandel sowie die Be- und Verarbeiter landwirtschaftlicher Erzeugnisse zu fördern, die wirtschaftlichen und gesellschaftlichen Angelegenheiten zwischen seinen Angehörigen zu regeln, zwischen den Bestrebungen der von ihm umschlossenen Kräfte einen dem Gemeinwohl dienenden Ausgleich herbeizuführen und die Behörden bei allen den Reichsnährstand betreffenden Fragen, insbesondere auch durch Erstattung von Gutachten und Bestellung von Sachverständigen, zu unterstützen[163].

Entgegen der ausdrücklichen Bezeichnung in der Ersten Aufbauverordnung als Selbstverwaltungskörperschaft des öffentlichen Rechts[164] war der Reichsnährstand in Wirklichkeit eine „landwirtschaftliche Einheitsorganisation totalitären Charakters"[165] und kein Selbstverwaltungsträger im überkommenen und heutigen Sinne[166]. Insbesondere war die zuvor in den Landwirtschafts- und Bauernkammern gepflegte Wahl der Organe durch die Mitglieder dem nationalsozialistischen Führerprinzip gewichen[167]. Das „Führungspersonal" wurde nicht gewählt, sondern von oben ernannt[168]. „Führer" und gesetzlicher Vertreter des Reichsnährstands war der mit weitreichenden Befugnissen versehene Reichsbauernführer, der durch den Reichskanzler ernannt wurde[169]. Die Gleichschaltung des Reichsnährstands mit Staat und Partei kam darin deutlich zum Ausdruck, dass die beiden Reichsbauern-

---

[162] Zum Begriff der Landwirtschaft in diesem Zusammenhang vgl. § 5 Erste Aufbauverordnung.

[163] § 2 Abs. 1 Erste Aufbauverordnung.

[164] § 1 Abs. 2 Erste Aufbauverordnung; *Häberlein*, Verhältnis von Staat und Wirtschaft, Bd. 2, 1938, S. 29; *Hedemann*, Die Reichsnährstandsgesetzgebung, in: Recht des Reichsnährstandes 1935, 292 (293) spricht von der „Beibehaltung einer allerdings streng eingegrenzten und disziplinierten Selbstverwaltung".

[165] *Sauer*, Landwirtschaftliche Selbstverwaltung, 1957, S. 30; vgl. auch *Frank*, Der „Reichsnährstand" und seine Ursprünge, 1988, S. 127 ff.

[166] Näher dazu unten S. 789 ff.; *Scheuner*, Wirtschaftliche und soziale Selbstverwaltung, in: DÖV 1952, 609 (610); *Sauer*, Landwirtschaftliche Selbstverwaltung, 1957, S. 29 f.; vgl. auch *H. Peters*, Lehrbuch der Verwaltung, 1949, S. 458; *Bracher/Sauer/Schulz*, Die nationalsozialistische Machtergreifung, 2. Aufl., 1962, S. 628; *W. Weber*, Staats- und Selbstverwaltung, 2. Aufl., 1967, S. 148 f.

[167] *Hedemann*, Die Reichsnährstandsgesetzgebung, in: Recht des Reichsnährstandes 1935, 292 (294); *Voigt*, Die Selbstverwaltung, 1938, S. 77: „Straff ausgebaute Zwangsmitgliedschaft, Führergrundsatz, Ehrengerichtsbarkeit sind seine Organisationsprinzipien"; *Busse*, Die Selbstverwaltung im Reichsnährstand, in: Deutsche Rechtswissenschaft 1938, S. 193 (204 ff.).

[168] *Häberlein*, Verhältnis von Staat und Wirtschaft, Bd. 2, 1938, S. 29 spricht von der „vom Führerprinzip beherrschten Selbstverwaltung"; vgl. auch *Hedemann*, Die Reichsnährstandsgesetzgebung, in: Recht des Reichsnährstandes 1935, 292 (293 f.); *Sauer*, Landwirtschaftliche Selbstverwaltung, 1957, S. 29; *Haushofer*, Reichsnährstand, in: HAR, Bd. 2, 1982, Sp. 668 (670).

[169] § 10 Abs. 1 Erste Aufbauverordnung; *Sauer*, Landwirtschaftliche Selbstverwaltung, 1957, S. 25, 29; zur Struktur des Reichsnährstands: *Frank*, Der „Reichsnährstand" und seine Ursprünge, 1988, S. 135 ff.

führer und damit „Führer" des Reichsnährstands in Personalunion zugleich Reichsminister für Ernährung und Landwirtschaft und Leiter des höchsten landwirtschaftlichen Parteiamts waren[170]. Die in der ursprünglichen Organisationsstruktur noch vorhandenen geringen Residuen von Selbstverwaltung wurden durch die Einflussnahme der NSDAP immer weiter geschwächt und kurz vor Beginn des Zweiten Weltkriegs mit der Verordnung über die Wirtschaftsverwaltung vom 27. August 1939 vollends beseitigt[171], welche den Reichsnährstand dem Reichsminister für Ernährung und Landwirtschaft unterstellte und letztlich in den Verwaltungsaufbau integrierte[172].

Im Hinblick auf die Veränderung des Begriffs der Selbstverwaltung der Wirtschaft bzw. der wirtschaftlichen Selbstverwaltung im Nationalsozialismus ist wichtig, dass die am 8. Dezember 1933 verabschiedete Erste Aufbauverordnung durch ausdrückliche Bezeichnung des Reichsnährstands als Selbstverwaltungskörper lange vor der Deutschen Gemeindeordnung von 1935 deutlich machte, was der nationalsozialistische Gesetzgeber wirklich unter Selbstverwaltung verstand. Insofern stellt der z. B. von Münch vertretene Begriff der wirtschaftlichen Selbstverwaltung erkennbar eine Abstraktion des rechtstatsächlichen Befunds dar. Die „gliedhafte Einfügung in den Staat", welche die eigentliche Selbstverwaltung beschränkte, manifestierte sich im Reichsnährstand in der Ausrichtung der Organisation und ihrer Mitglieder auf die Verantwortung gegenüber Volk und Reich sowie in der strikten Verwirklichung des Führerprinzips[173]. Da das Führerprinzip, die Einfügung in den Staat und die Zentrierung auf das Wohl des Volksganzen nach und nach auch in den anderen Bereichen der Selbstverwaltung der Wirtschaft – mit z. T. unterschiedlicher Intensität – verwirklicht wurden[174], überrascht es wenig, dass sich diese an der nationalsozialistischen Rechtswirklichkeit orientierten Elemente des nationalsozialistischen Begriffs wirtschaftlicher Selbstverwaltung, durch die der Begriff und das Konzept der Selbstverwaltung der Wirtschaft letztlich de-

---

[170] Vgl. auch *Forsthoff*, Nationalsozialismus und Selbstverwaltung, in: Frank, Deutsches Verwaltungsrecht, 1937, S. 176 (183): „[...] der Reichsminister für Ernährung und Landwirtschaft ist ebenfalls Reichsleiter und steht als Reichsbauernführer an der Spitze des Reichsnährstandes. Diese Verbindung der Funktionen stellt die Übereinstimmung zwischen politischer Führung und Selbstverwaltung sicher."; *Frank*, Der „Reichsnährstand" und seine Ursprünge, 1988, S. 125 f.

[171] RGBl. 1939 I, S. 1495.

[172] Näher dazu unten S. 802; § 6 Verordnung über die Wirtschaftsverwaltung, RGBl. 1939 I, S. 1495; *Haushofer*, Reichsnährstand, in: HAR, Bd. 2, 1982, Sp. 668 (672); *Frank*, Der „Reichsnährstand" und seine Ursprünge, 1988, S. 255 ff.

[173] Vgl. aus dem zeitgenössischen Schrifttum exemplarisch *Häberlein*, Verhältnis von Staat und Wirtschaft, Bd. 2, 1938, S. 20 ff., insbes. 26 ff., 31 f.; *W. Busch*, Wirtschaftliche Selbstverwaltung, 1936, S. 9 ff.; *Buwert*, Gemeinschaftsgeist, S. 21 (32 ff.); *Hedemann*, Die Reichsnährstandsgesetzgebung, in: Recht des Reichsnährstandes 1935, 292 (293 f.); *Busse*, Die Selbstverwaltung im Reichsnährstand, in: Deutsche Rechtswissenschaft 1938, S. 193 (208 ff.); *Wernet*, Soziale Handwerksordnung, 1939, S. 455 ff. (zu den Handwerksorganisationen).

[174] Vgl. unten S. 343 ff. und S. 596 ff. sowie bspw. *Weike*, Der Aufbau der gewerblichen Wirtschaft, 1935, S. 6; *E. R. Huber*, Die Selbstverwaltung der Berufsstände, in: Frank, Deutsches Verwaltungsrecht, 1937, S. 239 (252 ff.); *Großmann-Doerth*, Wirtschaftsrecht, S. 44 f.; *Hedemann*, Deutsches Wirtschaftsrecht, 1939, S. 375 ff.

formiert wurden, so oder ähnlich bei den meisten Autoren der nationalsozialistischen Zeit wie bspw. *Voigt*[175], *Hedemann*[176] und *Claß*[177] finden.

In terminologischer Hinsicht sei ergänzend allerdings auch darauf hingewiesen, dass Organisationsformen, die von einigen Autoren dem Obergriff der Selbstverwaltung der Wirtschaft zugeordnet wurden[178], wie z.B. der Reichsnährstand oder Kammern von Industrie, Handel und Handwerk, von manchen Autoren primär oder zumindest auch unter den weiten Querschnittsbegriff der Selbstverwaltung der Berufsstände bzw. berufsständischen Selbstverwaltung gefasst wurden[179]. Zurückzuführen war dies nicht zuletzt darauf, dass in den ersten Jahren des Nationalsozialismus die Etablierung einer umfassenden ständischen Ordnung angestrebt wurde, was ja bspw. auch in der Bezeichnung des Reichsnähr*stands* seinen Niederschlag fand[180]. Verankert war dies in Punkt 25 des Programms der NSDAP, welcher die Bildung von „Stände- und Berufskammern" forderte[181].

Insgesamt bleibt jedoch festzuhalten, dass der Begriff der Selbstverwaltung der Wirtschaft im Nationalsozialismus die gleiche Deformation erfahren hat wie der zugrunde liegende allgemeine Begriff der Selbstverwaltung. Nicht zuletzt durch die frühe Einrichtung des Reichsnährstands spielte die wirtschaftliche Selbstverwaltung letztlich sogar eine Vorreiterrolle für das nationalsozialistische Konzept der Selbstverwaltung im Allgemeinen: Die organisatorische Umsetzung des Führerprinzips, eine strenge Staatsaufsicht und die inhaltliche Ausrichtung auf die Verwirklichung des Wohls der Volksgemeinschaft, durch die der grundlegende Gedanke einer dezentralen, autonomen, auch auf die Verwirklichung von Partikula-

---

[175] Vgl. *Voigt*, Die Selbstverwaltung, 1938, insbes. S. 76ff., wobei Voigt zwar auch den Begriff der wirtschaftlichen Selbstverwaltung, primär allerdings denjenigen der ständischen Selbstverwaltung verwendet.

[176] *Hedemann*, Deutsches Wirtschaftsrecht, 1939, S. 189ff.

[177] *Claß*, Die gelenkte Selbstverwaltung, 1941, S. 70ff.

[178] Vgl. z.B. auch *Großmann-Doerth*, Wirtschaftsrecht, S. 43ff.: „Die Selbstverwaltung der gewerblichen Wirtschaft"; *Claß*, Die gelenkte Selbstverwaltung, 1941, S. 70ff.: „Das Reich und die Selbstverwaltung der Wirtschaft".

[179] Vgl. etwa *E.R. Huber*, Die Gestalt des deutschen Sozialismus, 1934, S. 65ff.; ders., Die Selbstverwaltung der Berufsstände, in: Frank, Deutsches Verwaltungsrecht, 1937, S. 239ff.; *Berkenkopf*, Gewerbe und Gewerbepolitik, S. 65ff.; *Voigt*, Die Selbstverwaltung, 1938, insbes. S. 50ff.; *Frauendorfer*, Ständischer Aufbau, S. 12ff.; *Häberlein*, Verhältnis von Staat und Wirtschaft, Bd. 1, 1938, S. 171ff.; Bd. 2, 1938, S. 68ff.; *Hedemann*, Deutsches Wirtschaftsrecht, 1939, S. 352ff.; vgl. auch *Heinrich*, Das Ständewesen, 2. Aufl., 1934, S. 150ff.; *Busse*, Die Selbstverwaltung im Reichsnährstand, in: Deutsche Rechtswissenschaft 1938, S. 193ff.

[180] Vgl. etwa *Hedemann*, Deutsches Wirtschaftsrecht, 1939, S. 351ff.; *Emig*, Die Rechtsstellung des Reichsnährstandes, in: Recht des Reichsnährstandes 1937, 341 (345ff.); *E.R. Huber*, Die Selbstverwaltung der Berufsstände, in: Frank, Deutsches Verwaltungsrecht, 1937, S. 239 (241ff.); *Frauendorfer*, Ständischer Aufbau, S. 1ff.; *Häberlein*, Verhältnis von Staat und Wirtschaft, Bd. 1, 1938, S. 110ff.; vgl. auch *Heinrich*, Das Ständewesen, 2. Aufl., 1934; *Busse*, Die Selbstverwaltung im Reichsnährstand, in: Deutsche Rechtswissenschaft 1938, S. 193ff.; *Scheuner*, Die freien Berufe im ständischen Aufbau, in: FS Hedemann, 1938, S. 424ff.

[181] Vgl. *E.R. Huber*, Die Selbstverwaltung der Berufsstände, in: Frank, Deutsches Verwaltungsrecht, 1937, S. 239; *Emig*, Die Rechtsstellung des Reichsnährstandes, in: Recht des Reichsnährstandes 1937, 341 (346).

rinteressen gerichteten Selbstverwaltung durch die Betroffenen gerade ausgehöhlt wurde, waren Merkmale der nationalsozialistischen „Selbstverwaltung". War Selbstverwaltung der Wirtschaft im Nationalsozialismus eben Selbstverwaltung im nationalsozialistischen Sinne durch Träger, die der Wirtschaft zuzurechnen waren, wird deutlich, dass der Begriff der Selbstverwaltung der Wirtschaft im nationalsozialistischen Staat zwar äußerlich an historische Vorbilder anknüpfte, substantiell indes mit dem Begriff der Selbstverwaltung der Wirtschaft, wie er ab der zweiten Hälfte der zwanziger Jahre in der Weimarer Republik gebraucht wurde, nur noch wenig gemein hatte[182]. Insgesamt trat damit im Anschluss an die frühe nationalsozialistische Gesetzgebung bereits in den ersten Jahren des Nationalsozialismus ein Bruch in der Entwicklung des Begriffs der Selbstverwaltung der Wirtschaft ein[183], an den sich eine Stagnation bis zum Ende des nationalsozialistischen Regimes im Jahr 1945 anschloss[184].

4. Begriffsentwicklung in der Bundesrepublik Deutschland

a) Die Rückführung des Begriffs der Selbstverwaltung der Wirtschaft auf den allgemeinen Selbstverwaltungsbegriff

Sowohl zu Beginn der Weimarer Republik als auch nach der nationalsozialistischen Machtergreifung waren neue wirtschaftsbezogene Organisationsformen geschaffen worden, die in den zugrunde liegenden Gesetzen ausdrücklich als Selbstverwaltungskörper bezeichnet wurden. Die Wissenschaft der frühen Weimarer Republik hatte versucht, den Begriff der wirtschaftlichen Selbstverwaltung primär durch In-

---

[182] Die nationalsozialistische Konzeption der wirtschaftlichen Selbstverwaltung kommt idealtypisch in der folgenden Formulierung von *Hedemann*, Deutsches Wirtschaftsrecht, 1939, S. 189 f. zum Ausdruck: „Freilich, der große geistige und seelische Umstellungsprozess musste auch auf die wirtschaftlichen Selbstverwaltungskörper übergreifen. Sie sind anders geworden, als sie früher waren. In erster Linie gilt das von den ganz neuen Gebilden, die bei der Überpflanzung des Selbstverwaltungsgedankens auf den Boden der „Stände" aus diesem neuen Boden hervorgeschossen sind, wie etwa die Marktverbände des Reichsnährstands oder die Wirtschaftsgruppen der Industrie. Aber auch die älteren Gebilde, die man herübernehmen konnte, wie namentlich die Kammern, mussten sich eine gründliche Umformung gefallen lassen. Nicht nur, dass überall der Führergrundsatz für die innere Verfassung der Selbstverwaltungskörper eingebürgert [...] worden ist [...]. Nicht nur, dass die staatliche Aufsicht (wie ja auch im neuen Gemeinderecht) eine schärfere Ausprägung erfahren hat [...]. Nicht nur, dass die „Pflichtgemeinschaft" weitgehend an die Stelle des freiwilligen Zusammenschlusses getreten ist und dementsprechend die „diktierte" Satzung [...] die „selbstgemachte" stark in den Hintergrund geschoben hat. Vor allem ist es die Eingliederung auch dieses Stückes des deutschen Wirtschaftslebens in das Ganze der Volksgemeinschaft, was die heutige Art der „wirtschaftlichen Selbstverwaltung" kennzeichnet."; vgl. auch *Münch*, Wirtschaftliche Selbstverwaltung, 1936, S. 126: „Wirtschaftliche Selbstverwaltung ist eine Grundform der staatlichen Führungswirtschaft. Es gehört zum wesensbestimmenden Merkmal der Selbstverwaltungskörperschaft, dass ihr eigenständiges Leben durch die Führung des zuständigen Reichsministers dem Grundgesetz des völkischen Ganzen eingeordnet wird."
[183] Vgl. etwa *Hedemann*, Deutsches Wirtschaftsrecht, 1939, S. 191 f.
[184] Vgl. etwa *Claß*, Die gelenkte Selbstverwaltung, 1941, S. 24 ff.

duktion von Merkmalen solcher neuartigen Einrichtungen wie bspw. des Eisenwirtschaftsbunds zu definieren. Zu Beginn des Nationalsozialismus hat insbesondere der neu geschaffene Reichsnährstand deutlich gemacht, was der nationalsozialistische Staat unter wirtschaftlicher Selbstverwaltung verstehen würde. Auch hier hatte die Wissenschaft die Merkmale der Rechtswirklichkeit abstrahiert, um einen nationalsozialistischen Begriff wirtschaftlicher Selbstverwaltung abzuleiten. Die Besatzungszeit nach Ende des Zweiten Weltkriegs und die frühen Jahre der Bundesrepublik Deutschland waren demgegenüber im Bereich der Selbstverwaltung der Wirtschaft – anders als etwa in der sozialen Selbstverwaltung[185] – nicht von der Schaffung völlig neuer Selbstverwaltungskörper, sondern von der Wiederbelebung insbesondere der Kammern und Innungen als den zentralen Elementen der Selbstverwaltung der Wirtschaft bereits der Weimarer Republik geprägt.

Vor diesem rechtstatsächlichen Hintergrund musste auch die Wissenschaft nicht völlig neue Formen wirtschaftlicher Selbstverwaltungskörper begrifflich erfassen. Sie konnte vielmehr Begriff und Konzept der Selbstverwaltung der Wirtschaft – ähnlich wie dies die Literatur insbesondere der späteren Weimarer Republik getan hatte – wieder stärker auf den im Kaiserreich und der Weimarer Republik vor allem im Hinblick auf die kommunale Selbstverwaltung gewonnenen allgemeinen wissenschaftlichen Begriff der Selbstverwaltung zurückführen.

aa) Hans Peters

Deutlich wird diese Rückführung der Selbstverwaltung der Wirtschaft auf die allgemeine, d. h. insbesondere kommunale Selbstverwaltung bereits in *Hans Peters'* 1949 erschienenem, noch auf den Rechtsstand der Umbruchzeit vor Konstituierung der Bundesrepublik Deutschland am 23. Mai 1949 bezogenen „Lehrbuch der Verwaltung": In historisch-genetischer Hinsicht führt Peters, der im Erscheinungsjahr des Buchs von Berlin an die Universität zu Köln wechselte, aus, dass die im Gemeinderecht mit Erfolg erprobte Verwaltungsform der Selbstverwaltung später auf andere Gebiete übertragen worden sei[186]. Insbesondere seien zur Erfüllung staatlicher Aufgaben der öffentlichen Wirtschaft juristische Personen mit entsprechend begrenztem Zuständigkeitsbereich errichtet worden. In solchen Fällen spreche man von wirtschaftlicher Selbstverwaltung[187]. Die wirtschaftliche Selbstverwaltung beruhe wie ihr kommunales Pendant darauf, dass dem Staat eingegliederte öffentlich-rechtliche Verbände (z. B. Innungen) unter eigener Verantwortung Gemeinschaftsaufgaben erfüllten, die hier jedoch ihr eigentümliches Merkmal nicht im örtlichen Zusammenleben von Menschen, sondern in gemeinsamen wirtschaftlichen, beruflichen usw. Interesse hätten[188]. Als Organisationsformen der Selbst-

---

[185] Vgl. bspw. *Scheuner*, Wirtschaftliche und soziale Selbstverwaltung, in: DÖV 1952, 609 (610).
[186] *H. Peters*, Lehrbuch der Verwaltung, 1949, S. 52.
[187] *H. Peters*, Lehrbuch der Verwaltung, 1949, S. 52.
[188] *H. Peters*, Lehrbuch der Verwaltung, 1949, S. 290.

verwaltung der Wirtschaft erkennt Peters neben den bereits erwähnten Innungen vor allem Handwerkskammern und IHK an[189].

bb) Ulrich Scheuner

Ulrich Scheuner betont in seinem 1952 publizierten Aufsatz „Wirtschaftliche und soziale Selbstverwaltung", dass der Begriff der wirtschaftlichen und sozialen Selbstverwaltung – schon seiner geschichtlichen Ableitung nach – an demjenigen der kommunalen Selbstverwaltung orientiert werden müsse, solle er sich nicht in eine vage Kategorie auflösen[190]. Wie bereits oben ausgeführt wurde, sind für Scheuner konstitutive Elemente der Selbstverwaltung im demokratischen Staat die Übertragung öffentlicher Aufgaben auf rechtsfähige Verbände des öffentlichen Rechts zur eigenverantwortlichen Entscheidung und die maßgebende Mitwirkung der Mitglieder des Verbands oder der unmittelbar Beteiligten an seiner Leitung und Willensbildung[191]. Wirtschaftliche und soziale Selbstverwaltung erscheine danach als Erfüllung öffentlicher Aufgaben der wirtschaftlichen Lenkung, der arbeitsrechtlichen Gestaltung und sozialen Sicherung durch rechtsfähige Verbände des öffentlichen Rechts unter eigener Verantwortung und unter maßgebendem Einfluss der Mitglieder und beteiligter Kreise an deren Leitung und Willensbestimmung[192]. Als Formen wirtschaftlicher Selbstverwaltung erkennt Scheuner entsprechend Innungen und Innungsverbände, Handwerkskammern und IHK, soweit sie noch öffentliche Körperschaften seien, an[193].

cc) Ernst Rudolf Hubers weiter Begriff der Selbstverwaltung der Wirtschaft

Ernst Rudolf Huber gehört zu den Autoren, die noch in der Weimarer Republik, dann im Nationalsozialismus und schließlich in der Bundesrepublik Deutschland – inhaltlich jeweils durchaus an die Zeitumstände angepasst[194] – zum Thema der Selbstverwaltung der Wirtschaft publiziert haben[195]. Wie oben im Hinblick auf den

---

[189] H. Peters, Lehrbuch der Verwaltung, 1949, S. 506 f.
[190] Scheuner, Wirtschaftliche und soziale Selbstverwaltung, in: DÖV 1952, 609 (610).
[191] Scheuner, Wirtschaftliche und soziale Selbstverwaltung, in: DÖV 1952, 609 (611)); sowie oben S. 119 f.
[192] Scheuner, Wirtschaftliche und soziale Selbstverwaltung, in: DÖV 1952, 609 (611).
[193] Scheuner, Wirtschaftliche und soziale Selbstverwaltung, in: DÖV 1952, 609 (612).
[194] Nach der Ansicht von Ballerstedt, Wirtschaftsverfassungsrecht, in: Bettermann etc., Die Grundrechte, III/1, 1958, S. 1 (24 f.) kann die Frage, in welchem Sinne man von Selbstverwaltung der Wirtschaft sprechen könne, nicht allgemein, sondern nur im Hinblick auf eine bestimmte Gestaltung der Wirtschaftsverfassung beantwortet werden. Die Antwort werde verschieden ausfallen für eine sozialistische und für eine ständisch-korporative Wirtschaftsverfassung, wieder anders für die eines totalitär verfassten Gemeinwesens oder im Hinblick auf eine freiheitlich-soziale Wirtschaftsverfassung. Sollte Ballerstedts These zutreffend sein, hat sie jedenfalls in den verschiedenen Publikationen Hubers zur Selbstverwaltung der Wirtschaft sehr anschaulichen Ausdruck gefunden.
[195] E. R. Huber, Rechtsformen der wirtschaftlichen Selbstverwaltung, in: VerwArch. 37 (1932), 301 ff.; ders., Die Selbstverwaltung der Berufsstände, in: Frank, Deutsches Verwaltungsrecht,

allgemeinen Selbstverwaltungsbegriff festgestellt wurde[196], entwickelte sich Hubers Begriff der Selbstverwaltung der Wirtschaft in seinen nach der Konstituierung der Bundesrepublik verfassten Schriften von einem auf öffentlich-rechtlich organisierte Träger beschränkten Konzept hin zu einem weiten, u. a. auch privatrechtliche Träger einbeziehenden Verständnis. In der zweiten Auflage seines Wirtschaftsverwaltungsrechts von 1953 stellt Huber noch fest, dass wirtschaftliche Selbstverwaltung da vorliege, wo öffentlich-rechtliche Wirtschaftsverbände körperschaftlichen Charakters eigene wirtschaftliche Aufgaben mit administrativen Mitteln wahrnähmen und die übergeordneten Staatsbehörden auf die Legalitätskontrolle beschränkt seien, also regelmäßig kein darüber hinaus gehendes Weisungsrecht besäßen[197]. Formen wirtschaftlicher Selbstverwaltung, die er im Anklang an seinen Aufsatz von 1937[198] auch „berufs- und wirtschaftsständische Selbstverwaltung" nennt[199], seien danach insbesondere IHK, Handwerkskammern und Landwirtschaftskammern[200].

In der Monographie „Selbstverwaltung der Wirtschaft" von 1958 plädiert Huber dann aber – wie bereits erwähnt wurde – für einen weiten Selbstverwaltungsbegriff, der nicht mehr auf öffentlich-rechtliche Wirtschaftsverbände körperschaftlichen Charakters beschränkt ist[201]. Huber definiert Selbstverwaltung der Wirtschaft nunmehr als „ein in Zuordnung zum Staatsganzen entwickeltes Gefüge von Einrichtungen und Verrichtungen, in dem die Wirtschaftstätigen in körperschaftlichen oder organschaftlichen Formen ihre eigenen gemeinsamen Angelegenheiten in eigenständiger Selbstgestaltung, doch unter öffentlicher Verantwortung zusammenwirkend wahrnehmen"[202]. Zwar stellten die Institutionen der körperschaftlichen Selbstverwaltung in öffentlich-rechtlicher Form wie z.B. Innungen, Kammern, öffentlich-rechtliche Marktverbände und Sozialversicherungsträger nach wie vor wesentliche Elemente im Selbstverwaltungssystem der Wirtschaft dar[203]. Die im 19. Jh. herrschend gewordene, am Bild der Kommunalverwaltung orientierte Beschränkung des Begriffs der Selbstverwaltung auf öffentlich-rechtliche Körperschaften werde indes der aktuellen Lage nicht mehr gerecht[204]. Im Ergebnis erweitert Huber seinen Begriff der Selbstverwaltung der Wirtschaft daher in zweierlei Richtungen über öffentlich-rechtliche Körperschaften hinaus:

1937, S. 239 ff.; ders., Wirtschaftsverwaltungsrecht, 1. Bd., 2. Aufl., 1953, S. 110 ff.; ders., Selbstverwaltung der Wirtschaft, 1958.
[196] Vgl. oben S. 16 f.
[197] E. R. Huber, Wirtschaftsverwaltungsrecht, 1. Bd., 2. Aufl., 1953, S. 112.
[198] E. R. Huber, Die Selbstverwaltung der Berufsstände, in: Frank, Deutsches Verwaltungsrecht, 1937, S. 239 ff.
[199] E. R. Huber, Wirtschaftsverwaltungsrecht, 1. Bd., 2. Aufl., 1953, S. 204; dieser Begriff umfasst dann allerdings auch die freiberuflichen Kammern wie bspw. Rechtsanwaltskammern, Ärztekammern und Apothekerkammern (vgl. a.a.O., S. 204 f.).
[200] E. R. Huber, Wirtschaftsverwaltungsrecht, 1. Bd., 2. Aufl., 1953, S. 204 ff.
[201] E. R. Huber, Selbstverwaltung der Wirtschaft, 1958, S. 9 ff.
[202] E. R. Huber, Selbstverwaltung der Wirtschaft, 1958, S. 9.
[203] E. R. Huber, Selbstverwaltung der Wirtschaft, 1958, S. 41 ff.
[204] E. R. Huber, Selbstverwaltung der Wirtschaft, 1958, S. 16, 41 ff.

II. 4. Begriffsentwicklung in der Bundesrepublik Deutschland

Zum einen seien gerade in der Selbstverwaltung der Wirtschaft nicht verbandsmäßig, sondern organschaftlich tätige Vertretungen der Wirtschaftsbeteiligten von wachsender Bedeutung[205]. Huber beruft sich insoweit auch auf den Gneistschen Gedanken ehrenamtlicher Selbstverwaltung, den die deutsche Theorie vernachlässigt habe, und bezeichnet das Phänomen als „organschaftliche Selbstverwaltung". Zu den wirtschaftlichen Selbstverwaltungs*organen* gehören für ihn diejenigen Organe der Wirtschaftsverwaltung, in denen die Wirtschaftstätigen durch ehrenamtliche Vertreter beratend oder entscheidend an der Erledigung öffentlicher Aufgaben mitwirkten[206]. Innerhalb der organschaftlichen Selbstverwaltung unterscheidet Huber wiederum die „selbständige organschaftliche Selbstverwaltung" außerhalb der staatlichen Behörden- oder Anstaltsorganisation – bspw. in Form von Betriebsräten, Schlichtungs-, Einigungs- und Vermittlungsstellen sowie Börsenorganen – von der „akzessorischen organschaftlichen Selbstverwaltung", bei der die Selbstverwaltungsorgane nicht-verbandsmäßiger Art innerhalb der staatlichen Behörden- und Anstaltsorganisation gebildet würden, wie bspw. Verwaltungsräten, Beiräten und Ausschüssen[207].

Zum anderen erweitert Huber den Begriff der Selbstverwaltung der Wirtschaft – wie ausgeführt – dahingehend, dass die der üblichen Theorie zugrunde liegende Beschränkung auf öffentlich-rechtliche Einrichtungen nicht mehr zeitgemäß sei[208]. Selbstverwaltung der Wirtschaft sei kein Formalbegriff, sondern ein Funktionsbegriff. Selbstverwaltungsfunktionen könnten aber auch von Einrichtungen wahrgenommen werden, die ihrem Rechtsstatus nach dem privaten Recht zugehörten[209]. Beispiele für solche Selbstverwaltungseinrichtungen der Wirtschaft in privater Rechtsform seien etwa Unternehmensverbände, Betriebsräte, die Organe der wirtschaftlichen Mitbestimmung sowie Erwerbs- und Wirtschaftsgenossenschaften, gemischtwirtschaftliche Unternehmen und Marktverbände[210].

Letztlich will Huber den überkommenen „Formalbegriff" der Selbstverwaltung durch einen weiten „Funktionsbegriff" ersetzen. Entscheidend für den Begriff der Selbstverwaltung der Wirtschaft soll nicht eine bestimmte Organisationsform, sondern die Funktion sein, dass nämlich Wirtschaftstätige in körperschaftlichen (auch privatrechtlichen) oder organschaftlichen Formen in Zuordnung zum Staatsganzen ihre gemeinsamen Angelegenheiten in eigenständiger Selbstgestaltung, doch unter öffentlicher Verantwortung zusammen wahrnehmen. Diese Modifikation des Selbstverwaltungsbegriffs ermöglicht es Huber im Ergebnis, eine sehr viel größere Zahl von Organisationsformen in den Begriff der Selbstverwaltung der Wirtschaft einzubeziehen: von Körperschaften des öffentlichen Rechts (insbeson-

---

[205] *E.R. Huber*, Selbstverwaltung der Wirtschaft, 1958, S. 16, 41 f.
[206] *E.R. Huber*, Selbstverwaltung der Wirtschaft, 1958, S. 17 f.
[207] *E.R. Huber*, Selbstverwaltung der Wirtschaft, 1958, S. 42.
[208] *E.R. Huber*, Selbstverwaltung der Wirtschaft, 1958, S. 16, 42 ff.
[209] *E.R. Huber*, Selbstverwaltung der Wirtschaft, 1958, S. 16, 43.
[210] *E.R. Huber*, Selbstverwaltung der Wirtschaft, 1958, S. 43 ff.

dere Innungen und Kammern[211]) über öffentlich-rechtliche „Organschaftsverwaltung" (bspw. Börsenorgane oder Verwaltungsräte von Bundespost und Bundesbahn[212]) bis hin zu Körperschaften und „Organschaftsverwaltung" in privater Rechtsform (z. B. privatrechtliche Genossenschaften, soweit sie der wirtschaftlichen Gemeinschaftsarbeit von Unternehmern oder Verbrauchern im öffentlichen Interesse und unter öffentlicher Verantwortung dienen, Arbeitgebervereinigungen, Gewerkschaften sowie die Spitzenorganisation der Filmwirtschaft e.V., deren Selbstkontrolle des Filmwesens von bedeutendem öffentlichen Rang sei[213]).

Mit diesem weiten Verständnis der Selbstverwaltung der Wirtschaft setzt sich Huber – im Gegensatz zu den oben angeführten Autoren – gerade von der Basis des allgemeinen juristischen Selbstverwaltungsbegriffs ab. Natürlich leugnet auch er nicht, dass die Wurzel der modernen Selbstverwaltung in der kommunalen Selbstverwaltung liegt. Huber betont indes nicht die Gemeinsamkeiten zwischen kommunaler Selbstverwaltung und Selbstverwaltung der Wirtschaft. Vielmehr sieht er die Selbstverwaltung der Wirtschaft als eigenständiges Konzept an, das besondere (organschaftliche, privatrechtliche) Organisationsformen hervorgebracht habe, die nun mittels eines eigenständigen weiten Selbstverwaltungsbegriffs dem Begriff der Selbstverwaltung der Wirtschaft subsumiert werden sollen. Dieser Ansatz bietet zwar den Vorteil, durchaus im Gneistschen Sinn eine erheblich größere Formenvielfalt gemeinsamer, insbesondere ehrenamtlicher Mitgestaltung eigener Angelegenheiten durch Wirtschaftssubjekte unter öffentlicher Verantwortung zu erfassen. Doch steht dem – wie schon oben ausgeführt wurde – der gravierende Nachteil gegenüber, dass die Konturen eines einheitlichen juristischen Selbstverwaltungsbegriffs gesprengt werden[214]. Als juristischer Terminus hat sich Hubers Begriff der Selbstverwaltung der Wirtschaft entsprechend nicht durchzusetzen vermocht.

dd) Wilhelm Reuß' erweiterter Begriff der Selbstverwaltung der Wirtschaft

Parallelen zu Hubers weitem Begriff der Selbstverwaltung der Wirtschaft finden sich allerdings in *Wilhelm Reuß'* bezeichnenderweise ebenfalls 1958 publiziertem Beitrag „Die Organisation der Wirtschaft"[215]. Ähnlich wie Huber und im deut-

---

[211] *E. R. Huber*, Selbstverwaltung der Wirtschaft, 1958, S. 45 nennt hier neben Innungen und Kammern auch die Boden- und Wasserverbände, deren Tätigkeit in weitem Umfang der Förderung der Wirtschaft diene, und öffentlich-rechtliche Marktverbände, wozu er bspw. die (ehemaligen) Kohlensyndikate und die Schifferbetriebsverbände zählt.

[212] Vgl. im Einzelnen *E. R. Huber*, Selbstverwaltung der Wirtschaft, 1958, S. 46 f.; *Ballerstedt*, Wirtschaftsverfassungsrecht, in: Bettermann etc., Die Grundrechte, III/1, 1958, S. 1 (27, Fn. 77) stellt demgegenüber fest, dass man in den verschiedenen, z.B. bei der Bundesbank, den Landeszentralbanken und der Bundespost gebildeten Beiräten ein „Selbstverwaltungselement" sehen könne, sofern man Selbstverwaltung wie Gneist lediglich in dem allgemeinen Sinne der ehrenamtlichen Mitwirkung von Staatsbürgern verstehe. Auch dies zeigt, wie sehr sich Huber in Richtung gneistscher Konzeptionen bewegt.

[213] Vgl. im Einzelnen *E. R. Huber*, Selbstverwaltung der Wirtschaft, 1958, S. 44 ff.

[214] *W. Weber*, Staats- und Selbstverwaltung, 2. Aufl., 1967, S. 151 ff.

[215] *Reuß*, Organisation der Wirtschaft, in: Bettermann etc., Die Grundrechte, III/1, 1958, S. 91 (101 ff.).

lichen Kontrast zu Autoren wie Peters und Scheuner will Reuß den Begriff der Selbstverwaltung der Wirtschaft vom überkommenen allgemeinen Selbstverwaltungsbegriff lösen[216]. Reuß ist der Ansicht, dass u. a. auf dem Gebiet der Wirtschaft ein „moderner erweiterter Begriff der Selbstverwaltung" herrschend geworden sei, der sich von den engen ursprünglichen Voraussetzungen der Selbstverwaltung gelöst habe[217]. Jener moderne erweiterte Begriff knüpfe an ein soziales Substrat an und diene der Ordnung des Lebens geschlossener Sozialbereiche durch deren eigene Kräfte – zwar innerhalb des Staates, aber von staatlicher Befehlsgewalt gelöst[218]. Auf dem Gebiet der Selbstverwaltung der Wirtschaft gebe es letztlich zwei Methoden und zwei Formen: privatrechtliche Verbände mit privatrechtlichen Gestaltungsmitteln einerseits und öffentlich-rechtliche Körperschaften andererseits[219].

ee) Werner Weber und seine Kritik an Huber

Während die selbstverwaltungsbezogenen Abschnitte in *Werner Webers* Schrift „Staats- und Selbstverwaltung in der Gegenwart" in der 1953 erschienenen, aus verschiedenen Veröffentlichungen des Autors kompilierten ersten Auflage noch fast ausschließlich die kommunale Selbstverwaltung behandeln[220], enthält die 1967 publizierte zweite Auflage einen neu verfassten Abschnitt über die Selbstverwaltung der Wirtschaft[221]. Deren zentraler Gegenstand ist eine pointierte Kritik an Hubers weitem Begriff der Selbstverwaltung der Wirtschaft, den Weber als zugleich „auswuchernd" und „entleert" verwirft[222]. Es liege auf der Hand, dass Selbstverwaltung der Wirtschaft im Sinne Hubers ihre Konturen und alle theoretische und praktische Handlichkeit verliere[223]. Weber plädiert stattdessen – ähnlich wie Peters und Scheuner – für eine Rückführung des Begriffs der Selbstverwaltung der Wirtschaft auf den allgemeinen, primär für die kommunale Selbstverwaltung gewonnenen Selbstverwaltungsbegriff[224].

„Echte oder eigentliche Selbstverwaltung" ist für Weber die Erfüllung von Aufgaben des politischen Gemeinwesens selbst, die aber der Staat nicht mit seinem staatsunmittelbaren Behördensystem besorge, sondern unter seiner regelmäßig auf Rechtsaufsicht beschränkten Kontrolle der Selbstverantwortung der Angehörigen

---

[216] *Reuß*, Organisation der Wirtschaft, in: Bettermann etc., Die Grundrechte, III/1, 1958, S. 91 (103 ff.).
[217] *Reuß*, Organisation der Wirtschaft, in: Bettermann etc., Die Grundrechte, III/1, 1958, S. 91 (103).
[218] *Reuß*, Organisation der Wirtschaft, in: Bettermann etc., Die Grundrechte, III/1, 1958, S. 91 (103 f.).
[219] *Reuß*, Organisation der Wirtschaft, in: Bettermann etc., Die Grundrechte, III/1, 1958, S. 91 (104).
[220] W. *Weber*, Staats- und Selbstverwaltung, 1953, insbes. S. 31 ff.
[221] W. *Weber*, Staats- und Selbstverwaltung, 2. Aufl., 1967, S. 142–159.
[222] W. *Weber*, Staats- und Selbstverwaltung, 2. Aufl., 1967, S. 150 ff., insbes. 153.
[223] W. *Weber*, Staats- und Selbstverwaltung, 2. Aufl., 1967, S. 151.
[224] W. *Weber*, Staats- und Selbstverwaltung, 2. Aufl., 1967, S. 151 ff.

der unmittelbar beteiligten engeren Lebenskreise belassen oder anvertraut habe[225]. In organisatorischer Hinsicht sei kennzeichnend, dass die Selbstverwaltungsträger als juristische Personen des öffentlichen Rechts, überwiegend als öffentlich-rechtliche Körperschaften, seltener als Anstalten oder Stiftungen des öffentlichen Rechts oder als „beliehene Verbände", jedenfalls aber als Träger öffentlicher Verwaltung ausgeformt seien[226]. Als Formen wirtschaftlicher Selbstverwaltung erkennt Weber danach „von der landwirtschaftlichen Marktordnung und einer gewissen staatlich inaugurierten Selbstkontrolle des Güterkraftverkehrs und der Binnenschifffahrt abgesehen" nur das „Kammerwesen", also IHK, Handwerkskammern, Innungen, Kreishandwerkerschaften, Innungsverbände und Landwirtschaftskammern an[227]. Die reinste Ausprägung habe die Selbstverwaltung der Wirtschaft dabei in den IHK gefunden[228].

ff) Peter J. Tettinger

Peter J. Tettingers 1983 erschienener Beitrag „Die Selbstverwaltung im Bereich der Wirtschaft" zur Festschrift für von Unruh steht in der Tradition der Auseinandersetzung zwischen Huber und Weber und belegt eindrücklich, wie flüssig die Grenzen des Begriffs der Selbstverwaltung der Wirtschaft nach wie vor waren[229]. Tettinger behandelt nicht den von ihm als zentralen Komplex der wirtschaftlichen Selbstverwaltung anerkannten Bereich der wirtschafts- und berufsständischen Kammern und der Handwerksinnungen[230], sondern gerade die darüber hinausgehenden Formen einer oberhalb der Unternehmensebene angesiedelten, von staatlichen Einwirkungen in unterschiedlicher Stärke beeinflussten gemeinsamen, branchenbezogenen, und zugleich gemeinwohlrelevanten Aufgabenwahrnehmung in der ökonomischen Sphäre[231]. Tettinger geht es letztlich darum, die entsprechenden Erscheinungsformen in den Bereichen der Verkehrswirtschaft, der Energiewirtschaft, der Banken und der Versicherungen der in der Literatur immer wieder anzutreffenden resignativen Zuordnung zu einer Grauzone zwischen Staat und Wirtschaft zu entreißen und stattdessen präzisere dogmatische Konturen zu etablieren[232]. Dazu legt er seiner Untersuchung vorläufig einen weiteren, funktional orientierten Begriff der Selbstverwaltung der Wirtschaft im Sinne einer überindividuellen, gemeinwohlrelevanten, autonomen Aufgabenwahrnehmung, die mit privatrechtlichen Ordnungselementen nicht vollständig erfassbar sei, zugrunde[233].

---

[225] W. *Weber*, Staats- und Selbstverwaltung, 2. Aufl., 1967, S. 144.
[226] W. *Weber*, Staats- und Selbstverwaltung, 2. Aufl., 1967, S. 144.
[227] W. *Weber*, Staats- und Selbstverwaltung, 2. Aufl., 1967, S. 155.
[228] W. *Weber*, Staats- und Selbstverwaltung, 2. Aufl., 1967, S. 155.
[229] *Tettinger*, Selbstverwaltung im Bereich der Wirtschaft, in: FS v. Unruh, 1983, S. 809 ff.
[230] *Tettinger*, Selbstverwaltung im Bereich der Wirtschaft, in: FS v. Unruh, 1983, S. 809 (811).
[231] *Tettinger*, Selbstverwaltung im Bereich der Wirtschaft, in: FS v. Unruh, 1983, S. 809 ff.
[232] *Tettinger*, Selbstverwaltung im Bereich der Wirtschaft, in: FS v. Unruh, 1983, S. 809 (810 ff., 831).
[233] *Tettinger*, Selbstverwaltung im Bereich der Wirtschaft, in: FS v. Unruh, 1983, S. 809 (810 f.).

Tettinger kommt allerdings zu einem ganz anderen Ergebnis als Huber. Anstatt wie Huber die vielfältigen Formen oberhalb der Unternehmensebene angesiedelter, branchenbezogener und zugleich gemeinwohlrelevanter Aufgabenwahrnehmung in der ökonomischen Sphäre in toto der Selbstverwaltung der Wirtschaft zuzuordnen und so einen überweiten, nicht mehr handhabbaren Begriff der Selbstverwaltung der Wirtschaft zu konstruieren, plädiert Tettinger dafür, die meisten der von ihm analysierten Erscheinungsformen gerade nicht dem Begriff der Selbstverwaltung der Wirtschaft zuzuordnen[234]. So sollten insbesondere gesetzlich vorgesehene Vorschlagsrechte für und Beteiligungsrechte in Beratungsgremien sowie verfahrensbezogene Anhörungsrechte von Wirtschaftsverbänden nicht zu Formen einer Selbstverwaltung der Wirtschaft hochstilisiert werden[235]. Letztlich solle von Selbstverwaltung auch im Wirtschaftsverwaltungsrecht nur dort gesprochen werden, wo typische öffentlich-rechtliche Körperschaftsstrukturen erkennbar seien „wie bei den Kammern und Handwerksinnungen, aber auch beim Erdölbevorratungsverband und bei den Schifferbetriebsverbänden"[236]. Für die sonstigen „Trabanten" der Wirtschaftsverwaltung sei das Augenmerk auf terminologisch griffigere, den konkreten Erscheinungsformen gewidmete Typisierungen zu richten. Anstelle einer Zuordnung zu einem überweiten Begriff der Selbstverwaltung plädiert Tettinger also für eine eigenständige, auf jene Organisationsformen zugeschnittene Typisierung. Dass Tettinger seine später, im Jahr 1997, publizierte grundlegende Monographie zum vorliegenden Thema – wie bereits erwähnt – im Obertitel „Kammerrecht" und erst im Untertitel „Das Recht der wirtschaftlichen und der freiberuflichen Selbstverwaltung" benannt hat, mag auch auf die von ihm in der Festschrift für von Unruh diagnostizierte Unschärfe der Konturen des Begriffs der Selbstverwaltung der Wirtschaft zurückzuführen sein.

gg) Reinhard Hendler

Reinhard Hendler plädiert in mehreren Veröffentlichungen für eine Konkordanz des Begriffs der Selbstverwaltung der Wirtschaft mit dem allgemeinen Rechtsbegriff der Selbstverwaltung und damit zugleich gegen die Einbeziehung privatrechtlicher Organisationsformen in den Begriff der Selbstverwaltung der Wirtschaft[237]. Eckpunkte einer Definition der Selbstverwaltung seien der öffentlich-rechtliche Status der betreffenden Organisationseinheiten (Rechtsformmerkmal), das Eigenverantwortlichkeitsprinzip (Staatsdistanzmerkmal) sowie der Gesichtspunkt der Betroffenenmitwirkung (Partizipationsmerkmal)[238]. Zur wirtschaftlichen Selbstverwaltung gehörten danach diejenigen öffentlich-rechtlichen Organisationsein-

---

[234] *Tettinger*, Selbstverwaltung im Bereich der Wirtschaft, in: FS v. Unruh, 1983, S. 809 (insbes. 831 ff.).
[235] *Tettinger*, Selbstverwaltung im Bereich der Wirtschaft, in: FS v. Unruh, 1983, S. 809 (831).
[236] *Tettinger*, Selbstverwaltung im Bereich der Wirtschaft, in: FS v. Unruh, 1983, S. 809 (834).
[237] Z.B. *Hendler*, Wirtschaftliche Selbstverwaltung, in: DÖV 1986, 675 (676f.); *ders.*, Selbstverwaltung der Wirtschaft, in: LdR, Lsbl., 7/730.
[238] *Hendler*, Selbstverwaltung als Ordnungsprinzip, 1984, S. 155 ff., 229 ff.; *ders.*, Wirtschaft-

heiten, welche die Merkmale der Selbstverwaltungsdefinition aufwiesen und zugleich die weitere Voraussetzung erfüllten, dass sie auf ökonomischem Gebiet tätig seien[239]. Diesen Anforderungen entsprächen sowohl die Kammern der gewerblichen Wirtschaft, zu denen die Industrie- und Handelskammern sowie die Handwerkskammern gehörten, als auch die Landwirtschaftskammern[240].

hh) Winfried Kluth

Winfried Kluth setzt sich in seiner wie Tettingers Kammerrecht im Jahr 1997 publizierten Habilitationsschrift „Funktionale Selbstverwaltung" nicht näher mit dem umstrittenen Begriff der wirtschaftlichen Selbstverwaltung auseinander. Im darstellenden Teil seiner Arbeit behandelt er im Kapitel über die „wirtschaftliche, gruppenplurale Selbstverwaltung" IHK[241], Handwerkskammern[242], Landwirtschaftskammern[243] sowie Innungen, Innungsverbände und Kreishandwerkerschaften[244]. Auf der Basis des von ihm in der Schlussbetrachtung der Schrift postulierten staatsrechtlichen Begriffs der funktionalen Selbstverwaltung als „demokratischer Betroffenenverwaltung" scheidet Kluth jedoch – wie bereits oben festgestellt wurde – insbesondere Innungen und Kreishandwerkerschaften aus dem Begriff der funktionalen Selbstverwaltung, zu deren Erscheinungsformen die wirtschaftliche, gruppenplurale Selbstverwaltung gehöre, aus[245]. Aufgrund der freiwilligen Mitgliedschaft fehle es bei ihnen an der spezifischen demokratischen Legitimation, welche die funktionale Selbstverwaltung aus staatsrechtlicher Perspektive als eigenständigen Verwaltungstypus kennzeichne und die Grundlage ihrer demokratischen und verfassungsstaatlichen Legitimation ausmache[246]. Sie seien daher lediglich als Träger funktionaler Selbstverwaltung in einem weiteren Sinne zu bezeichnen[247].

b) Fazit zur Begriffsentwicklung nach 1945

Die fehlende Notwendigkeit, sich mit völlig neuen Organisationsformen wirtschaftlicher Selbstverwaltung auseinandersetzen zu müssen, hat im wissenschaftlichen Diskurs nach dem Zweiten Weltkrieg eine Rückführung des Begriffs und Phänomens der Selbstverwaltung der Wirtschaft auf den allgemeinen, primär in

---

liche Selbstverwaltung, in: DÖV 1986, 675 (677); vgl. näher zu Hendlers Selbstverwaltungsdefinition oben S. 126 f.

[239] *Hendler*, Wirtschaftliche Selbstverwaltung, in: DÖV 1986, 675 (677).
[240] *Hendler*, Wirtschaftliche Selbstverwaltung, in: DÖV 1986, 675 (677).
[241] *Kluth*, Funktionale Selbstverwaltung, 1997, S. 123 ff.
[242] *Kluth*, Funktionale Selbstverwaltung, 1997, S. 142 ff.
[243] *Kluth*, Funktionale Selbstverwaltung, 1997, S. 154 ff.
[244] *Kluth*, Funktionale Selbstverwaltung, 1997, S. 152 ff.
[245] *Kluth*, Funktionale Selbstverwaltung, 1997, S. 543 f.
[246] *Kluth*, Funktionale Selbstverwaltung, 1997, S. 544.
[247] *Kluth*, Funktionale Selbstverwaltung, 1997, S. 544.

der Diskussion um die kommunale Selbstverwaltung gewonnenen Begriff der Selbstverwaltung begünstigt. In der intensiv geführten Auseinandersetzung um den Inhalt des Begriffs der Selbstverwaltung der Wirtschaft haben sich indes dennoch zumindest zwei konträre Hauptrichtungen herauskristallisiert: Die herrschende Ansicht geht von einer Konkordanz des wirtschaftsverwaltungsrechtlichen Selbstverwaltungsbegriffs mit dem allgemeinen Selbstverwaltungsbegriff aus und beschränkt den Begriff der Selbstverwaltung der Wirtschaft somit auf juristische Personen des öffentlichen Rechts. Huber und andere haben als Gegenposition hierzu einen viel weiteren Begriff der Selbstverwaltung der Wirtschaft formuliert. Dieser umfasst – vor dem Hintergrund der sich nach und nach konsolidierenden bundesrepublikanischen Verbände- und Konsensdemokratie – einen sehr weiten Kreis von Beteiligungsformen von Wirtschaftssubjekten an der Wirtschaftsverwaltung. Die Vertreter dieser Ansicht stellen das formale Kriterium der Rechtsform in den Hintergrund, um aus funktionaler Perspektive möglichst breite Formen einer Einflussnahme Privater im Bereich der Wirtschaftsverwaltung mittels des Begriffs der Selbstverwaltung der Wirtschaft erfassen und kategorisieren zu können. Bemerkenswert ist, dass auf diese Weise der überwunden geglaubte Gneistsche Selbstverwaltungsbegriff – durch die Hintertür des Wirtschaftsverwaltungsrechts – eine gewisse Wiederbelebung auch im Rahmen der Diskussion um den juristischen Begriff der Selbstverwaltung erfahren hat.

III. Der Begriff der Selbstverwaltung der Wirtschaft

Im Lichte der dargestellten epochenübergreifend intensiv geführten Diskussion über den Begriff der Selbstverwaltung der Wirtschaft seien nun die Elemente dieses Begriffs vor dem Hintergrund des heutigen Entwicklungsstands des einschlägigen Rechts näher in den Blick genommen, um so eine zeitgemäße Definition zu entwickeln.

1. Das Substantiv Selbstverwaltung

Der Begriff „Selbstverwaltung der Wirtschaft" besteht semantisch aus dem Substantiv „Selbstverwaltung", welches durch das Genetiv-Attribut „der Wirtschaft" bzw. das Adjektiv-Attribut „wirtschaftlich" näher bestimmt wird. Selbstverwaltung der Wirtschaft im Rechtssinne kann also zunächst nur dasjenige sein, was dem Rechtsbegriff der Selbstverwaltung zu subsumieren ist. Der Rechtsbegriff der Selbstverwaltung wurde oben definiert als die regelmäßig insbesondere über die Wahl eines Repräsentationsorgans vermittelte, eigenverantwortliche, nur einer Rechtsaufsicht unterworfene Verwaltung eines eigenen Wirkungskreises durch die in einer juristischen Person des öffentlichen Rechts als Selbstverwaltungsträger organisierten Betroffenen[248]. Die Beteiligung Privater an der Wirtschaftsverwaltung im weiteren Sinne in Beiräten, privatrechtlich organisierten Vereinigungen, Genossenschaften etc., wie sie bspw. von Huber dem Begriff der Selbstverwaltung der Wirtschaft zugerechnet wurde, ist mithin bereits aus dem Grund dem Rechtsbegriff der Selbstverwaltung der Wirtschaft entzogen, dass es sich hierbei nicht um Selbstverwaltung im Rechtssinne handelt.

2. Das Genetiv-Attribut „der Wirtschaft"

a) Bezugspunkte des Attributs, zugleich Definition der Selbstverwaltung der Wirtschaft

Reinhard Hendler stellt – wie bereits ausgeführt wurde – fest, dass zur wirtschaftlichen Selbstverwaltung diejenigen öffentlich-rechtlichen Organisationseinheiten gehörten, welche die Merkmale der Selbstverwaltungsdefinition aufwiesen und zugleich die weitere Voraussetzung erfüllten, dass sie auf ökonomischem Gebiet tätig seien[249]. Diese Definition greift indes etwas zu kurz, da sie das Attribut „wirtschaftlich" (bzw. „der Wirtschaft") nicht unmittelbar an die Betroffenen anknüpft, obwohl gerade die Aufwertung der Betroffenen (und insbesondere deren Partizipation im Rahmen der Selbstverwaltung) ein zentrales Anliegen jener Schrift ist. Selbstverwaltung ist zu allererst der materiale Vorgang des sich selbst Verwaltens durch die Betroffenen. Für einen Begriff der Selbstverwaltung der Wirtschaft bedeutet dies, dass die sich selbst verwaltenden Personen, die Betroffenen, der Wirtschaft zuzuordnen sein müssen. Daneben muss sich aber in der Tat auch der materiale Gegenstand der Selbstverwaltung im Rahmen der Selbstverwaltung im Wesentlichen auf Gegenstände der Wirtschaft beziehen. Selbstverwaltung „der Wirtschaft" bedeutet danach also, dass Wirtschaftssubjekte als Betroffene der Wirtschaft eigenverantwortlich, nur einer Rechtsaufsicht unterworfen und regelmäßig über die Wahl eines Repräsentationsorgans vermittelt im Rahmen einer juristischen Person des öffentlichen Rechts einen eigenen wirtschaftsbezogenen Wirkungskreis verwalten.

b) Zum Begriff der Wirtschaft

aa) Der weite sozialökonomische Begriff der Wirtschaft

Der Begriff der Wirtschaft ist danach einerseits im Hinblick auf die sich selbst verwaltenden Wirtschaftssubjekte, andererseits in Bezug auf den Gegenstand dieser

---

[248] S. 134.
[249] Siehe oben S. 175 f.; *Hendler*, Wirtschaftliche Selbstverwaltung, in: DÖV 1986, 675 (677); *Hoppe/Beckmann*, Rechtsgrundlagen, 1988, S. 61 verlangen, dass „staatliche bzw. öffentliche Verwaltungsaufgaben für bestimmte private Wirtschaftszweige erledigt werden".

III. Der Begriff der Selbstverwaltung der Wirtschaft

Selbstverwaltung von Bedeutung. Problematisch ist nun aber gerade, dass der Begriff der Wirtschaft seinerseits kaum zu fassen ist. Besteht Einigkeit darüber, dass sich der Begriff als Synonym des aus den griechischen Termini οἶκος (Haus) und νόμος (Gesetz) gebildeten Kompositums Ökonomie etymologisch vom Wirt im Sinne eines Gastgebers bzw. dem Bewirten i. S. v. Einschenken ableitet, hat der Begriff mit der Übertragung von der Mikroebene der individuellen Hauswirtschaft auf die Makroebene des Gemeinwesens seine Konturen weitgehend eingebüßt. So finden sich heute wenn überhaupt nur wenig konturenscharfe Definitionsversuche: In einem weiten, sozialwissenschaftlich-ökonomischen Sinne wird unter Wirtschaft bspw. verstanden[250] „der Bereich, der innerhalb des menschlichen Daseins der materiellen Erhaltung und Sicherung des Lebens des einzelnen oder einer Vielheit von Menschen dient"[251], „der Gesamtbereich von Handlungen der Menschen zu ihrer Versorgung mit knappen Gütern"[252] oder aber das „Teilgebiet des gesellschaftlichen Lebens, in dem die materielle Produktion, die Verteilung, der Austausch und die Konsumtion erfolgen"[253]. Es ist gerade die Allgegenwärtigkeit wirtschaftlicher Bezüge im existenznotwendig güterabhängigen menschlichen Dasein, die eine trennscharfe Definition verhindert.

Die zu konstatierende Begriffsauflösung wird darin besonders deutlich, dass sich gerade fachspezifische, wirtschaftswissenschaftliche Speziallexika angesichts des extrem weiten Konzepts und Begriffs meist gar nicht erst an einer Definition versuchen[254]. So verzichten etwa das neun umfangreiche Bände umfassende Handwörterbuch der Wirtschaftswissenschaft und Vahlens Großes Wirtschaftslexikon kommentarlos auf ein eigenständiges Stichwort „Wirtschaft" und behandeln lediglich konkretere Unterbegriffe wie „Wirtschaftsordnung", „Wirtschaft und Politik" oder „Wirtschaft der Bundesrepublik Deutschland"[255]. In den „Geschichtlichen

---

[250] Der Große Herder, 4. Aufl., 12. Bd., 1935, Sp. 1179 charakterisiert Wirtschaft als „sozialen Kulturprozeß".

[251] *N. N.*, Wirtschaft, in: Brockhaus Enzyklopädie, 17. Aufl., 20. Bd., 1974, S. 392; Brockhaus Enzyklopädie, 21. Aufl., 2006 definiert ähnlich: „der Bereich menschl. Handelns, der sich im weitesten Sinn auf die Produktion knapper Güter und deren Konsum bezieht".

[252] *J. H. Müller*, Wirtschaft, in: Staatslexikon, 7. Aufl., Bd. 5, Sp. 1002; Meyers Großes Konversations-Lexikon, 6. Aufl., 20. Bd., 1908, S. 688 definierte noch weiter: „Wirtschaft ist jede auf die Befriedigung von Bedürfnissen, demgemäß auf Erzeugung und Verwendung von Gütern dauernd gerichtete Tätigkeit des Menschen".

[253] Meyers Neues Lexikon (Leipzig), 2. Aufl., Bd. 15, 1977, S. 257.

[254] Findet sich ausnahmsweise doch ein Definitionsversuch, handelt es sich meist um besonders weite, sozialwissenschaftliche Umschreibungen, die letztlich v. a. die sozialwissenschaftliche Fundierung der Wirtschaftswissenschaften zu belegen scheinen, wie etwa in *Grüske/Schneider*, Wörterbuch der Wirtschaft, 13. Aufl., 2003, S. 593 f.: „ein Lebensbereich, der unter dem Druck der Daseinsnot und der Vorsorge in urspr. primitiven, im Laufe der Zeit entwickelten Formen, die man historisch als Wirtschaftsstufen [...] bezeichnet, Gestalt gewinnt. Vom Einzelnen, von der Familie, von der Gemeinde bis zum polit. Ganzen aufsteigend, ist sie ihrem Wesen nach das Streben des Menschen, seine Existenz zu sichern und sein Los zu verbessern, indem er sich die Mittel beschafft, mit denen er seine Bedürfnisse befriedigen, also seinen Bedarf decken kann [...]" sowie in *Woll*, Wirtschaftslexikon, 9. Aufl., 2000, S. 797: „ein Lebensbereich, dessen Wesen durch die Aufgabe bestimmt wird, menschliches Leben materiell zu erhalten und zu sichern [...]".

[255] Handwörterbuch der Wirtschaftswissenschaft, Bd. 8 und 9, 1980, 1982; Dichtl/Issing

Grundbegriffen" wird eher das Dilemma beschrieben, das von jeher im Hinblick auf die Beleg- und Bedeutungsfülle des Begriffs „Wirtschaft" bestehe, als einen eigenständigen Definitionsvorschlag zu wagen[256]. Wirtschaftswissenschaftliche Lehrbücher bestätigen diesen Befund: Anstelle von Definitionen finden sich – wenn überhaupt – meist nur Beschreibungen wie etwa diejenige, dass die Wirtschaft ein „enorm komplexes Gebilde verschiedenster menschlicher Aktivitäten wie Kaufen, Verkaufen, Handeln, Investieren und Überzeugen" sei[257]. Mögen derartige Umschreibungen auf Außenstehende fast ein wenig hilflos wirken, kommt in ihnen doch nur das Dilemma zum Ausdruck, das bei einer Definition des Begriffs der Wirtschaft besteht.

Für den Begriff der „Selbstverwaltung der Wirtschaft" ist zu fragen, ob die angesprochenen weiten, sozialwissenschaftlich geprägten Begriffe der Wirtschaft zumindest eine erste Definitionswirkung entfalten können, indem bspw. solche Bereiche der Selbstverwaltung, die nichts mit der materiellen Erhaltung und Sicherung des Lebens des Einzelnen oder einer Vielheit von Menschen zu tun haben, aus dem Begriff ausgeschieden werden könnten. So könnte etwa argumentiert werden, dass im Bereich der kommunalen Selbstverwaltung die materielle Erhaltung und Sicherung des Lebens der Menschen jedenfalls nicht im Vordergrund stehe. Doch ist die Erhaltung und Sicherung des Lebens der Menschen in einem weiteren Sinne natürlich auch ein Element der kommunalen Selbstverwaltung. Noch stärker gilt dies bspw. für den Bereich der sozialen Selbstverwaltung, zu deren wesentlichen Aufgaben ja gerade die Erhaltung und Sicherung des Lebens der Menschen gehören kann. Weite Begriffe der Wirtschaft mögen daher eine erste Richtung im Hinblick auf den Begriff der Selbstverwaltung der Wirtschaft weisen, sind jedoch andererseits viel zu unbestimmt, um auch nur eine halbwegs befriedigende Definitionswirkung zu entfalten.

(Hrsg.), Vahlens Großes Wirtschaftslexikon, Bd. 4, 1987; bzw. 2. Aufl., Bd. 2, 1993; ganz ähnlich etwa *Hohlstein etc.*, Lexikon der Volkswirtschaft, 3. Aufl., 2009; Gabler Wirtschaftslexikon, 16. Aufl., Bd. S-Z, 2004; Handelsblatt-Wirtschaftslexikon, Bd. 12, 2006; ähnlich auch bereits das von *Elster* herausgegebene Wörterbuch der Volkswirtschaft, 4. Aufl., Bd. 3, 1933, S. 1010, das aber zumindest auf den Artikel über die Volkswirtschaft verweist (a.a.O., S. 818 f.), welcher einen sozialwissenschaftlichen Begriff von Wirtschaft zugrunde legt; The New Palgrave Dictionary of Economis, 2nd Ed., Vol. 2, 2008 verzichtet auf eine Definition von „economy", verfügt aber auf S. 720 ff. zumindest über einen lesenswerten Artikel über die Definition von „economics" als Disziplin, der mittelbar auch die Begriffsentwicklung von „economy" behandelt.

[256] *Burkhardt etc.*, Wirtschaft, in: Geschichtliche Grundbegriffe, Bd. 7, 1992, S. 511 ff.

[257] *Samuelson/Nordhaus*, Volkswirtschaftslehre, 2005, S. 22; *Hardes/Schmitz/Uhly*, Grundzüge der Volkswirtschaftslehre, 8. Aufl., 2002, S. 2 definieren „Wirtschaften" en passant, pragmatisch als „die Produktion und Verwendung knapper Güter zum Zweck der Erfüllung menschlicher Bedürfnisse"; *Brösse*, Einführung in die Volkswirtschaftslehre, 1997, S. 2 f. umreißt das Dilemma mangelnder Definierbarkeit und liefert daher Beispiele für das, was man üblicherweise und traditionellerweise als Wirtschaft verstehe (Tausch, Produzieren in Unternehmen etc.).

bb) Der engere pragmatische Begriff der Wirtschaft

Hält ein Großteil der wirtschaftswissenschaftlichen Spezialliteratur den Begriff der Wirtschaft für letztlich undefinierbar, kann es kaum verwundern, dass auch die juristischen Veröffentlichungen zur Selbstverwaltung der Wirtschaft insofern unergiebig bleiben. In der Regel wird hier gar nicht erst versucht, den Begriff der Wirtschaft zu definieren, und die Problematik meist überhaupt nicht angesprochen[258]. Läuft dies – in der Literatur bislang unwidersprochen – auf eine Art intuitiver Zuordnung bestimmter Selbstverwaltungsträger zum Bereich der Wirtschaft hinaus, lässt sich doch fragen, ob nicht versucht werden sollte, eine Hilfsdefinition zugrunde zu legen, welche zumindest die Zuordnungskriterien transparent macht. Insofern ist darauf hinzuweisen, dass neben weiten, eher sozialwissenschaftlich ausgerichteten Begriffsbildungen auch etwas engere, institutionell ausgerichtete Begriffe der Wirtschaft formuliert werden. So definiert etwa Meyers Enzyklopädisches Lexikon Wirtschaft in Anknüpfung an sozialwissenschaftliche Umschreibungen als „Gesamtheit aller Einrichtungen und Maßnahmen menschlicher Daseinsgestaltung, die sich auf Produktion und Konsum sog. knapper Güter beziehen"[259]. Ähnlich definiert etwa das vom Wissenschaftlichen Rat der Dudenredaktion herausgegebene Große Wörterbuch der deutschen Sprache Wirtschaft noch etwas konziser als „Gesamtheit der Einrichtungen und Maßnahmen, die sich auf Produktion und Konsum von Wirtschaftsgütern beziehen"[260]. Ersetzt man in dieser Definition aufgrund der Problematik, dass sie den zu definierenden Begriff der „Wirtschaft" in der Zusammensetzung „Wirtschaftsgüter" auch in der Definition verwendet, den Begriff des Wirtschaftsgutes durch den des knappen Gutes, lässt sich Wirtschaft vereinfacht als Gesamtheit der Einrichtungen und Maßnahmen beschreiben, die sich auf Produktion und Konsum von knappen Gütern beziehen. Diese und ähnliche engere Definitionsansätze sind mehr an der heutigen Sprachwirklichkeit des Begriffs „Wirtschaft" orientiert als weite sozialwissenschaftliche Definitionen und liefern so eine auch für den Begriff und das Konzept der Selbstverwaltung der Wirtschaft handhabbare Hilfsdefinition. Diese pragmatische Hilfsdefinition sei daher den folgenden Ausführungen in Ermangelung einer besseren Alternative als Arbeitsdefinition zugrunde gelegt.

---

[258] Siehe etwa *Most*, Selbstverwaltung der Wirtschaft, 3. Aufl., 1927, S. 13 ff.; *Münch*, Wirtschaftliche Selbstverwaltung, 1936, S. 29 ff.); *Scheuner*, Wirtschaftliche und soziale Selbstverwaltung, in: DÖV 1952, 609 (610 ff.); *E. R. Huber*, Selbstverwaltung der Wirtschaft, 1958, S. 11 ff.; *Hendler*, Wirtschaftliche Selbstverwaltung, in: DÖV 1986, 675 (677); *Kluth*, Funktionale Selbstverwaltung, 1997, S. 30, 123 ff.; *Korinek*, Wirtschaftliche Selbstverwaltung, 1970, S. 23 ff. spricht die Notwendigkeit der Bestimmung des Adjektivs „wirtschaftlich" zwar an, problematisiert sie dann aber nicht wirklich.

[259] Meyers Enzyklopädisches Lexikon, Bd. 25, 1979, S. 422; ähnlich Meyers Neues Lexikon in zehn Bänden, 10. Bd., 1994: „Gesamtheit aller Einrichtungen und Tätigkeiten zur Befriedigung menschl. Bedürfnisse an Gütern und Dienstleistungen" sowie Der Neue Brockhaus, Bd. 5, 7. Aufl. 1985, S. 595: „alle Einrichtungen und Tätigkeiten zur Befriedigung der Bedürfnisse des Menschen an Gütern und Dienstleistungen".

[260] Duden – Das große Wörterbuch der deutschen Sprache, Bd. 10, 3. Aufl., 1999, S. 4533.

IV. Erscheinungsformen der Selbstverwaltung der Wirtschaft sowie Abgrenzung zu verwandten Organisationsformen

Um zu ermitteln, welche Organisationsformen der Selbstverwaltung der Wirtschaft zuzurechnen sind, ist danach festzustellen, in welchen juristischen Personen des öffentlichen Rechts Wirtschaftssubjekte als Betroffene der Wirtschaft eigenverantwortlich einen eigenen wirtschaftsbezogenen Wirkungskreis verwalten. Da das materiale Selbstverwaltungselement der regelmäßig durch Wahl des Repräsentationsorgans vermittelten Verwaltung eigener Angelegenheiten einer komplexen Analyse des geltenden Rechts bedarf, sei seine abschließende Beurteilung dem fünften, siebten und achten Kapitel im zweiten Teil dieses Buches vorbehalten, in denen es um eine Analyse des Selbstverwaltungsgehalts des geltenden Rechts der potentiellen Selbstverwaltungskörper der Wirtschaft geht. Hier sei, mit dem Ziel, den Kreis der Selbstverwaltungskörper der Wirtschaft grundlegend einzugrenzen, vorab primär untersucht, ob es sich einerseits in formaler Hinsicht um juristische Personen des öffentlichen Rechts handelt, und ob andererseits zum einen die Mitglieder (Zugehörigen) der jeweiligen Organisation der Wirtschaft zuzuordnen sind und zum anderen ihr Gegenstand (Aufgabenkreis) wirtschaftsbezogen ist.

1. Industrie- und Handelskammern

a) Zuordnung der Kammerzugehörigen zur Wirtschaft

Industrie- und Handelskammern sind gem. §§ 2 und 3 IHK-Gesetz (IHKG) Körperschaften des öffentlichen Rechts, die von den „Kammerzugehörigen" gebildet werden[261]. Gem. § 2 Abs. 1 IHKG sind Kammerzugehörige – unbeschadet der Präzisierungen und Einschränkungen in § 2 Abs. 2 bis 5 IHKG –, sofern sie zur Gewerbesteuer veranlagt sind, natürliche Personen, Handelsgesellschaften, andere Personenmehrheiten und juristische Personen des privaten und des öffentlichen Rechts, welche im Bezirk der IHK eine Betriebsstätte unterhalten[262]. Neben dem subjektiven Anknüpfungspunkt (natürliche Person etc.) ist zentrale materiale Voraussetzung der Kammerzugehörigkeit somit die Gewerbesteuerpflicht und räumliche Voraussetzung das Vorliegen einer Betriebsstätte im jeweiligen Kammerbezirk[263].

---

[261] Gesetz zur vorläufigen Regelung des Rechts der Industrie- und Handelskammern (IHKG) vom 18.12.1956, BGBl. I, S. 920, zuletzt geändert durch Art. 7 des Gesetzes vom 11.12.2008, BGBl. I S. 2418; *Jahn*, in: Frentzel etc., IHKG, 7. Aufl., 2009, § 2 Rn. 1.
[262] § 2 Abs. 1 IHKG wurde durch das zweite Mittelstands-Entlastungsgesetz zum 01.01.2008 gestrafft, näher dazu unten S. 380 f.; wegen der Anknüpfung an den wirtschaftlichen Betrieb wird die IHK z. T. als Realkörperschaft charakterisiert, vgl. etwa *Detterbeck*, Allgemeines Verwaltungsrecht, 8. Aufl., 2010, Rn. 185.
[263] *Franz*, Kammerfinanzierung, in: HdbKR, 2005, S. 323 (367 f.); *Jahn*, in: Frentzel etc., IHKG, 7. Aufl., 2009, Rn. 13 f.

IV. Erscheinungsformen der Selbstverwaltung der Wirtschaft

Das nach dem Vorbild der früheren landesrechtlichen Kammergesetze in das IHK-Gesetz integrierte Merkmal der Gewerbesteuerpflicht dient als zentrale Voraussetzung der Kammerzugehörigkeit dazu, den Kreis der Kammerzugehörigen (Mitglieder) anhand eines im Rahmen des Besteuerungsverfahrens von staatlichen Instanzen festgestellten und damit verwaltungstechnisch einfach handhabbaren Kriteriums trennscharf feststellen zu können[264]. Die Gewerbesteuerpflicht ergibt sich aus dem Gewerbesteuergesetz (GewStG) i.V.m. der Gewerbesteuer-Durchführungsverordnung (GewStDV) sowie den Gewerbesteuer-Richtlinien[265]. Gem. § 2 Abs. 1 IHKG ist entscheidend, dass die Person „zur Gewerbesteuer veranlagt" ist. Anknüpfungspunkt für die Kammerzugehörigkeit nach dieser Vorschrift ist dabei nicht die gemeindliche Gewerbesteuerveranlagung, sondern die objektive Gewerbesteuerpflicht für stehende Gewerbebetriebe gem. § 14 i.V.m. § 2 GewStG bzw. für das Reisegewerbe gem. § 14 i.V.m. § 35a GewStG[266]. Der Gewerbesteuer unterliegt gem. §§ 2 Abs. 1 und 35a Abs. 1 GewStG – unbeschadet diverser Präzisierungen, Ausnahmen und Erweiterungen in den weiteren Vorschriften dieses Gesetzes – jeder Gewerbebetrieb. Eine Besteuerung setzt also regelmäßig voraus, dass ein Gewerbebetrieb vorliegt.

Unter Gewerbebetrieb i.S.d. Gewerbesteuergesetzes ist gem. § 2 Abs. 1 S. 2 GewStG zunächst jedes gewerbliche Unternehmen i.S.d. Einkommensteuergesetzes (EStG) zu verstehen. Gewerbebetrieb i.S.d. Einkommensteuerrechts ist gem. § 15 Abs. 2 EStG eine selbständige nachhaltige Betätigung, die mit der Absicht, Gewinn zu erzielen, unternommen wird und sich als Beteiligung am allgemeinen wirtschaftlichen Verkehr darstellt, wenn die Betätigung weder als Ausübung von Land- und Forstwirtschaft noch als Ausübung eines freien Berufs noch als eine andere selbständige Arbeit anzusehen ist. Der Begriff des Gewerbebetriebs im Einkommensteuergesetz und damit in § 2 Abs. 1 GewStG knüpft also an den allgemeinen, handelsrechtlichen Begriff des Gewerbes an, wie er etwa §§ 1–3 HGB zugrunde liegt. Gewerbebetriebe i.S.v. § 2 Abs. 1 GewStG sind daher unproblematisch der Gesamtheit der Einrichtungen und Maßnahmen zuzurechnen, die sich auf Produktion und Konsum von knappen Gütern beziehen, und unterfallen somit dem hier zugrunde gelegten engeren Begriff der Wirtschaft.

Der allgemeine Gewerbebegriff wird allerdings im Gewerbesteuerrecht erweitert, was dann über § 2 Abs. 1 IHKG entsprechende Rückwirkungen auf die Kammerzugehörigkeit hat: Zunächst existiert eine Gewerbesteuerpflicht qua Rechts-

---

[264] *Drexler/König*, Zugehörigkeit und Beitragspflicht, in: GewArch 2004, 461 (464 f.); *Jahn*, in: Frentzel etc., IHKG, 7. Aufl., 2009, § 2 Rn. 35.
[265] Gewerbesteuergesetz in der Fassung der Bekanntmachung vom 15.10.2002, BGBl. I S. 4167, zuletzt geändert durch Art. 3 des Gesetzes vom 08.04.2010, BGBl. I S. 386; Gewerbesteuer-Durchführungsverordnung in der Fassung der Bekanntmachung vom 15.10.2002, BGBl. I S. 4180, zuletzt geändert durch Art. 4 des Gesetzes vom 08.04.2010 (BGBl. I S. 386); Gewerbesteuer-Richtlinien 2009 (GewStR 2009), Allgemeine Verwaltungsvorschrift zur Anwendung des Gewerbesteuerrechts vom 28.04.2010 (BStBl. I Sondernummer 1 S. 2).
[266] BVerwG, GewArch 2005, 24 (25); *Drexler/König*, Zugehörigkeit und Beitragspflicht, in: GewArch 2004, 461; *Jahn*, in: Frentzel etc., IHKG, 7. Aufl., 2009, § 2 Rn. 36.

form, da Kapitalgesellschaften, Erwerbs- und Wirtschaftsgenossenschaften sowie Versicherungsvereine auf Gegenseitigkeit gem. § 2 Abs. 2 S. 1 GewStG per se als Gewerbebetriebe im Sinne des Gewerbesteuerrechts gelten. Daneben existiert gem. § 2 Abs. 3 eine Gewerbesteuerpflicht für Tätigkeiten sonstiger juristischer Personen des privaten Rechts und der nicht rechtsfähigen Vereine, soweit sie einen wirtschaftlichen Geschäftsbetrieb (ausgenommen Land- und Forstwirtschaft) unterhalten. Während die letztgenannte Erweiterung des gewerbesteuerrechtlichen Begriffs des Gewerbebetriebs im Hinblick auf eine Subsumtion zum Begriff der Selbstverwaltung der Wirtschaft unproblematisch ist, da ein wirtschaftlicher Geschäftsbetrieb vorausgesetzt wird, welcher die entsprechende Tätigkeit auch in den Definitionsbereich der Wirtschaft im vorliegend zugrundegelegten Sinne bringt, wirft die Gewerbesteuerpflichtigkeit qua Rechtsform Probleme auf. Insoweit können nämlich – unbeschadet der umfangreichen Befreiungstatbestände des § 3 GewStG – allein aufgrund der gewählten Rechtsform (juristische) Personen, bspw. GmbHs oder AGs, gewerbesteuerpflichtig werden, auch wenn ihre Tätigkeit keinen wirtschaftlichen Bezug hat.

Vor diesem Hintergrund war lange umstritten, ob Voraussetzung der Kammerzugehörigkeit gem. § 2 Abs. 1 IHKG neben der Gewerbesteuerpflicht zusätzlich noch das Vorliegen eines gewerblichen Unternehmens sei[267]. Während das Bundesverwaltungsgericht 1963 in der GEMA-Entscheidung für eine Kammerzugehörigkeit nach § 2 IHKG zusätzlich zur Gewerbesteuerveranlagung zunächst auch noch das Vorliegen eines materiellen Gewerbes im Sinne einer selbständigen nachhaltigen Betätigung, die mit Gewinnabsicht übernommen wird und sich als Beteiligung am wirtschaftlichen Verkehr darstellt (mit Ausnahme der Land- und Forstwirtschaft sowie der freien Berufe)[268], verlangte[269], ist es später von diesem zusätzlichen Erfordernis abgerückt. In einer eine Steuerberatungsgesellschaft betreffenden Entscheidung aus dem Jahr 1977 stellte das BVerwG – in ausdrücklicher Abweichung von der GEMA-Entscheidung – fest, dass Kammerzugehöriger nach § 2 Abs. 1 IHKG auch sein könne, wer keine gewerbliche Tätigkeit ausübe[270]. Diese Linie in der Auslegung von § 2 Abs. 1 IHKG ist in der Folge sowohl vom BVerwG selbst als auch von verschiedenen Oberverwaltungsgerichten bestätigt worden[271].

Als Folge dieser Rechtsprechung gehören den IHK kraft Rechtsform potentiell (und aktuell) Personen an, die nicht eindeutig der Gesamtheit der Einrichtungen und Maßnahmen zuzurechnen sind, die sich auf Produktion und Konsum von

---

[267] *Jahn*, in: Frentzel etc., IHKG, 7. Aufl., 2009, § 2 Rn. 56 ff.
[268] BVerwGE 16, 295 (297).
[269] BVerwGE 16, 295 (296 f.); so auch *Frentzel/Jäkel*, IHKG, 2. Aufl., 1961, § 2 Anm. 4a.
[270] BVerwGE 55, 1 (Leitsatz 2).
[271] BVerwG, GewArch 1984, 350; 2005, 24 (25); 2005, 211 (211 f.); Bay. VGH, GewArch 1981, 162 (163); Nds. OVG, GewArch 1997, 153; OVG Münster, GewArch 1997, 200 (201); a. A. hingegen OVG Lüneburg u. a. – 8 L 2600/98 – vom 26.03.1999 wenn in der Satzung einer GmbH eine gewerbliche Tätigkeit ausgeschlossen ist; zum Ganzen auch *Drexler/König*, Zugehörigkeit und Beitragspflicht, in: GewArch 2004, 461 (464 f.); *Jahn*, Kammerzugehörigkeit, in: GewArch 2004, 410 (411); *ders.*, in: Frentzel etc., IHKG, 7. Aufl., 2009, § 2 Rn. 57 ff.

IV. Erscheinungsformen der Selbstverwaltung der Wirtschaft 185

knappen Gütern beziehen, also nicht der Wirtschaft im vorliegend zugrunde gelegten Sinne zugerechnet werden können. Die zahlreichen obergerichtlichen Entscheidungen auf diesem Gebiet sind meist gerade auf den Versuch der Betroffenen zurückzuführen, der Pflichtmitgliedschaft in der IHK zu entgehen. Fraglich ist indes, ob dies dazu führen könnte, dass die IHK insgesamt nicht der Selbstverwaltung der Wirtschaft zuzuordnen sind. Hierzu ist festzustellen, dass es sich bei der IHK-Mitgliedschaft kraft Rechtsform gem. § 2 Abs. 1 IHKG i. V. m. § 2 Abs. 2 GewStG rechtssystematisch, aber auch empirisch-quantitativ in der Rechtswirklichkeit um eine Ausnahme handelt. Die daneben bestehende Erweiterung des gewerbesteuerrechtlichen Gewerbebegriffs gem. § 2 Abs. 3 GewStG bezieht hingegen über § 2 Abs. 1 IHKG Personen in die IHK ein, die der Wirtschaft zuzuordnen sind, da § 2 Abs. 3 GewStG per se das Vorliegen eines wirtschaftlichen Geschäftsbetriebs (ausgenommen Land- und Forstwirtschaft) voraussetzt. Die Einbeziehung nicht der Wirtschaft zuzurechnender Personen über § 2 Abs. 1 IHKG i. V. m. § 2 Abs. 2 GewStG ist letztlich eine Folge davon, dass der Bestimmung der IHK-Zugehörigkeit das einfach nachprüfbare Merkmal der Gewerbesteuerveranlagung zugrunde gelegt wird. Die daraus entstehenden atypischen Folgen können jedoch nichts daran ändern, dass die IHK-Mitgliedschaft typischerweise Personen erfasst, die eindeutig der Wirtschaft zuzuordnen sind. Deshalb führt diese – im Interesse der administrativen Typisierung der Kammerzugehörigkeit getroffene – Ausnahmeregelung auch nicht dazu, dass die IHK ratione personae nicht mehr der Selbstverwaltung zuzuordnen wäre. Die typisierende Kraft des regelmäßigen Vorliegens eines Gewerbebetriebs im Sinne eines gewerblichen Unternehmens i. S. d. Einkommensteuergesetzes (§ 2 Abs. 1 GewStG) bzw. eines wirtschaftlichen Geschäftsbetriebs (§ 2 Abs. 3 GewStG) bedeutet, dass die IHK ratione personae der Selbstverwaltung der Wirtschaft zugeordnet werden kann.

Angemerkt sei, dass umgekehrt dogmatisch allerdings Manches dafür sprechen könnte, die Kammerzugehörigkeit de lege lata oder aber zumindest de lege ferenda tatsächlich vom Vorliegen eines gewerblichen Unternehmens abhängig zu machen. Erst hierdurch würde das grundlegende Prinzip der Selbstverwaltung der Wirtschaft uneingeschränkt verwirklicht und wären die IHK auch im Hinblick auf ihren Mitgliederkreis wirklich ausschließlich Kammern der „Industrie" und des „Handels". Andererseits würde ein § 2 Abs. 1 IHKG durch Auslegung zu implizierendes oder aber durch gesetzgeberisches Tätigwerden ausdrücklich in diesen zu integrierendes Erfordernis eines gewerblichen Unternehmens die bislang einfache Handhabbarkeit des Merkmals der Veranlagung zur Gewerbesteuer erschweren. Dies vermag zu erklären, warum eine solche Voraussetzung von der Rechtsprechung aufgegeben und auch vom Gesetzgeber bislang nicht in das IHKG integriert wurde.

Festzuhalten bleibt, dass die Kammerzugehörigen (Mitglieder) der IHK regelmäßig der Wirtschaft im vorliegend zugrunde gelegten engeren Sinne zuzuordnen sind. Auch die ausnahmsweise Einbeziehung einzelner nicht der Wirtschaft zuordenbarer Personen über § 2 Abs. 1 IHKG i. V. m. § 2 Abs. 2 GewStG kann nichts daran ändern, dass die IHK im Hinblick auf ihren Mitgliederkreis typischerweise der Selbstverwaltung der Wirtschaft zuzuordnen sind.

b) Zuordnung des Gegenstands der Selbstverwaltung zur Wirtschaft

Da Selbstverwaltung der Wirtschaft bedeutet, dass Wirtschaftssubjekte im Rahmen einer juristischen Person des öffentlichen Rechts eigenverantwortlich einen eigenen wirtschaftsbezogenen Wirkungskreis verwalten, muss sich neben der Zuordnung der Betroffenen zur Wirtschaft auch der materiale Gegenstand der Selbstverwaltung im Wesentlichen auf Gegenstände der Wirtschaft beziehen.

Die Aufgaben der IHK und damit die Gegenstände der Selbstverwaltung der Betroffenen im Rahmen der IHK werden allgemein in § 1 IHKG genannt: Gem. § 1 Abs. 1 IHKG haben die IHK die Aufgabe, das Gesamtinteresse der ihnen zugehörigen Gewerbetreibenden ihres Bezirks wahrzunehmen[272], für die Förderung der gewerblichen Wirtschaft zu wirken und dabei die wirtschaftlichen Interessen einzelner Gewerbezweige oder Betriebe abwägend und ausgleichend zu berücksichtigen; dabei obliegt es ihnen insbesondere, durch Vorschläge, Gutachten und Berichte die Behörden zu unterstützen und zu beraten sowie für Wahrung von Anstand und Sitte des ehrbaren Kaufmanns zu wirken. Gem. § 1 Abs. 2 IHKG können IHK Anlagen und Einrichtungen, die der Förderung der gewerblichen Wirtschaft oder einzelner Gewerbezweige dienen, begründen, unterhalten und unterstützen sowie Maßnahmen zur Förderung und Durchführung der kaufmännischen und gewerblichen Berufsbildung unter Beachtung der geltenden Rechtsvorschriften, insbesondere des Berufsbildungsgesetzes (BBiG), treffen. Gem. § 1 Abs. 3 IHKG obliegt den IHK schließlich die Ausstellung von Ursprungszeugnissen und anderen dem Wirtschaftsverkehr dienenden Bescheinigungen, soweit nicht Rechtsvorschriften diese Aufgaben anderen Stellen zuweisen. § 1 Abs. 4 IHKG stellt generell fest, dass den IHK weitere Aufgaben durch Gesetz oder Rechtsverordnung übertragen werden können. § 1 Abs. 5 IHKG statuiert schließlich in kompetentieller Hinsicht negativ, dass zu den Aufgaben der IHK nicht die Wahrnehmung sozialpolitischer und arbeitsrechtlicher Interessen gehört.

Bereits die Gesetzesformulierung der Aufgabennorm § 1 IHKG macht damit deutlich, dass der Schwerpunkt der Tätigkeit der IHK und damit der Selbstverwaltung im Rahmen der IHK auf wirtschaftlichem Gebiet liegt. Obwohl der Wortlaut der auf § 1 des preußischen Handelskammergesetzes vom 24. Februar 1870[273] zurückgehenden Generalklausel in § 1 Abs. 1 IHKG mit der Wahrung des Gesamtinteresses der ihnen zugehörigen Gewerbetreibenden auf den ersten Blick potentiell auch nicht unmittelbar wirtschaftsbezogene Gegenstände in den Aufgabenbereich der IHK einbeziehen könnte, ist doch anerkannt, dass hiermit wirtschaftsbezogene

---

[272] Diese allgemeine Aufgabennorm geht auf § 1 des preußischen Gesetzes über die Industrie- und Handelskammern vom 24. 02. 1870, bzw. 19. 08. 1879, abgedruckt bei: *Wendtlandt*, Handbuch der Deutschen IHK, 1927, S. 4 ff., zurück.

[273] Dazu unten S. 279 ff.

Interessen bzw. Angelegenheiten gemeint sind[274]. Da somit auch der Schwerpunkt des Aufgabenbereichs und damit der materialen Tätigkeit der IHK im Bereich wirtschaftsbezogener Angelegenheiten liegt, kann als Zwischenergebnis festgestellt werden, dass die IHK, soweit es um die Rechtsform und das Kriterium „Wirtschaft" geht, zur Selbstverwaltung der Wirtschaft zählen.

2. Körperschaften des Handwerks

a) Handwerkskammern

aa) Zuordnung der Handwerkskammerzugehörigen zur Wirtschaft

Handwerkskammern sind gem. § 90 Abs. 1 2. HS HwO Körperschaften des öffentlichen Rechts. Die Zugehörigkeit zur Handwerkskammer ist in § 90 Abs. 2–4 HwO geregelt. Nach § 90 Abs. 2 HwO gehören zur Handwerkskammer die Inhaber eines Betriebs eines Handwerks und eines handwerksähnlichen Gewerbes des Handwerkskammerbezirks sowie die Gesellen, andere Arbeitnehmer mit einer abgeschlossenen Berufsausbildung und die Lehrlinge dieser Gewerbetreibenden. § 90 Abs. 3 S. 1 HwO erweitert die Gruppe der Kammerzugehörigen für Gewerbetreibende, die erstmalig nach dem 30. Dezember 2003 eine gewerbliche Tätigkeit anmelden[275], auf Kleinunternehmer, die im Kammerbezirk selbständig eine gewerbliche Tätigkeit nach § 1 Abs. 2 S. 2 Nr. 1 HwO ausüben, wenn sie die Gesellenprüfung in einem zulassungspflichtigen Handwerk erfolgreich abgelegt haben, die betreffende Tätigkeit Bestandteil der Erstausbildung in diesem zulassungspflichtigen Handwerk war und die Tätigkeit den überwiegenden Teil der gewerblichen Tätigkeit ausmacht[276]. Gem. § 90 Abs. 3 S. 2 HwO gilt dies entsprechend für Personen, die ausbildungsvorbereitende Maßnahmen erfolgreich absolviert haben, wenn diese Maßnahmen überwiegend Ausbildungsinhalte in Ausbildungsordnungen vermitteln, die nach § 25 HwO erlassen worden sind und insgesamt einer abgeschlossenen Gesellenausbildung im Wesentlichen entsprechen. Die Erweiterung der Gruppe der Kammerzugehörigen gem. § 90 Abs. 3 HwO gilt dabei gem. § 90 Abs. 4 HwO nur unter der Voraussetzung, dass die Tätigkeit in einer dem Handwerk entsprechenden Betriebsform erbracht wird.

Auch nach der Erweiterung des Kreises der Kammerzugehörigen durch die HwO-Novelle 2003 stellt damit das Kriterium des Gewerbebetriebs eine notwendige, wenn auch nicht hinreichende, Bedingung für die Kammerzugehörigkeit dar. Der Gewerbebegriff der Handwerksordnung entspricht dem allgemeinen (auch handelsrechtlichen) Gewerbebegriff im Sinne einer auf Gewinnerzielung gerichteten, erlaubten Tätigkeit von gewisser Dauer mit Ausnahme der Urproduktion

---

[274] *Möllering*, in: Frentzel etc., IHKG, 7. Aufl., 2009, § 1, Rn. 6 ff.
[275] Vgl. § 90 Abs. 4 S. 2 HwO.
[276] *Detterbeck*, HwO, 4. Aufl., 2008, § 90 Rn. 9 ff.

(Land- und Forstwirtschaft, Bergbau etc.), des öffentlichen Dienstes und der freien Berufe[277]. Weitere Voraussetzung der Handwerkskammerzugehörigkeit ist, dass es sich bei dem betriebenen Gewerbe um ein Handwerk oder zumindest ein handwerksähnliches Gewerbe handelt. Der Entwicklungsoffenheit des Begriffs „Handwerks" trägt die Handwerksordnung dadurch Rechnung, dass der Gesetzgeber bewusst auf eine Definition verzichtet hat und in § 1 Abs. 2 HwO lediglich eine allgemeine Umschreibung des Begriffs vornimmt. Die Gewerbe, die als zulassungspflichtige Handwerke i. S. v. § 1 Abs. 2 HwO betrieben werden können, sind in Anlage A zur HwO aufgeführt[278], diejenigen, die als zulassungsfreie Handwerke oder handwerksähnliche Gewerbe i. S. v. § 1 Abs. 2 HwO betrieben werden können, in Anlage B zur HwO genannt[279].

Die entsprechenden Handwerke und handwerksähnlichen Gewerbe sind insgesamt der Gesamtheit der Einrichtungen und Maßnahmen zuzurechnen, die sich auf Produktion und Konsum von knappen Gütern, zu denen bspw. auch Dienstleistungen zählen, beziehen; sie sind also unproblematisch der Wirtschaft im vorliegend zugrunde gelegten Sinne zuzurechnen. Daraus folgt, dass die Handwerkskammerzugehörigen Teil der Wirtschaft sind. Ratione personae sind Handwerkskammern daher der Wirtschaft zuzurechnen.

bb) Zuordnung des Gegenstands der Selbstverwaltung zur Wirtschaft

Die Aufgaben der Handwerkskammern werden in der nicht abschließenden („insbesondere") Aufzählung des § 91 HwO genannt. Hinzu kommen weitere Betätigungsmöglichkeiten, die sich allerdings innerhalb des in § 91 Abs. 1 HwO genannten Rahmens bewegen müssen[280]. Sowohl die Generalklausel des § 91 Abs. 1 Nr. 1 HwO (Förderung der Interessen des Handwerks etc.) als auch die spezielleren Aufgabenzuweisungstatbestände in § 91 Abs. 1 Nr. 2 ff., Abs. 2–4 HwO sind ohne Weiteres der Gesamtheit der Einrichtungen und Maßnahmen zuzurechnen, die sich auf Produktion und Konsum von knappen Gütern beziehen[281]. Auch die Aufgaben der Handwerkskammern liegen damit im Bereich der Wirtschaft. Da folglich sowohl die Kammerzugehörigen als auch die Aufgaben der Handwerkskammern dem Bereich der Wirtschaft zuzuordnen sind, zählen somit auch die Handwerkskammern – was das Element der „Wirtschaft" angeht – zur Selbstverwaltung der Wirtschaft.

---

[277] *Detterbeck*, HwO, 4. Aufl., 2008, § 1 Rn. 24.
[278] BGBl. I 2003, S. 2945.
[279] BGBl. I 2003, S. 2946.
[280] *Musielak/Detterbeck*, Recht des Handwerks, 3. Aufl., 1995, § 91 HwO Rn. 1.
[281] Näher zu den Aufgaben unten S. 754 ff.

b) Handwerksinnungen

aa) Zuordnung der Handwerksinnungszugehörigen zur Wirtschaft

Die Handwerksinnung ist gem. § 53 S. 1 HwO eine Körperschaft des öffentlichen Rechts. Mitglied der Handwerksinnung kann gem. § 58 Abs. 1 S. 1 HwO jeder Inhaber eines Betriebs eines Handwerks oder eines handwerksähnlichen Gewerbes werden, der das Gewerbe ausübt, für welches die Innung gebildet ist. Gem. § 58 Abs. 1 S. 2 HwO kann die jeweilige Innung durch Satzung im Rahmen ihrer örtlichen Zuständigkeit bestimmen, dass auch solche Gewerbetreibende Mitglied werden können, die ein dem Gewerbe, für welches die Innung gebildet ist, fachlich oder wirtschaftlich nahestehendes handwerksähnliches Gewerbe ausüben, für das keine Ausbildungsordnung erlassen worden ist. Gem. § 59 S. 1 HwO kann die Handwerksinnung schließlich sog. Gastmitglieder aufnehmen, die an der Innungsversammlung allerdings nur mit beratender Stimme teilnehmen[282].

Auch für die Mitgliedschaft in der Handwerksinnung ist damit das Vorliegen eines Gewerbebetriebs notwendige, wenn auch nicht hinreichende, Bedingung. Ferner muss es sich bei dem betriebenen Gewerbe wie bei den Handwerkskammern in der Regel um ein Handwerk oder zumindest ein handwerksähnliches Gewerbe handeln. Der Kreis der Innungszugehörigen geht damit, was die vertretenen Berufe angeht, grundsätzlich nicht über den Kreis der Handwerkskammerzugehörigen hinaus. Nachdem oben festgestellt wurde, dass die Handwerkskammerzugehörigen der Wirtschaft zuzuordnen sind, kann gefolgert werden, dass dies auch für die Handwerksinnungszugehörigen zutrifft.

Hinzukommen können bei der Innung allerdings noch Gastmitglieder, zu denen gem. § 59 S. 1 HwO Personen gehören, die dem Handwerk, für das die Innung gebildet ist, beruflich oder wirtschaftlich nahestehen[283]. Aufgrund des geforderten beruflichen oder wirtschaftlichen Näheverhältnisses wird es sich hierbei indes in der Regel um Personen handeln, die ihrerseits der Wirtschaft zuzuordnen sind. Sollte ausnahmsweise eine nicht selbst der Wirtschaft zuzuordnende Person in den Anwendungsbereich des § 59 HwO fallen, ist darauf zu verweisen, dass es sich hierbei dann nicht um ein ordentliches Mitglied handelt, sondern um ein Gastmitglied, das gem. § 59 S. 3 HwO an der Innungsversammlung lediglich mit beratender Stimme teilnimmt. § 63 HwO stellt ausdrücklich klar, dass in der Innungsversammlung lediglich Mitglieder der Handwerksinnung i. S. d. § 58 Abs. 1 HwO stimmberechtigt sind. Selbst wenn also eine Person, die nicht der Wirtschaft zuordenbar sein sollte, über § 59 HwO Mitglied der Handwerksinnung werden sollte, hat diese lediglich den eingeschränkten Gaststatus, da ihr insbesondere das zentrale Selbstverwaltungsrecht des normalen Innungsmitglieds, nämlich das Stimmrecht in der Innungsversammlung, nicht zusteht. Eine solche praktisch eher seltene Mitgliedschaft

---

[282] §§ 59 S. 3 und 63 HwO.
[283] Die Gastmitgliedschaft in der Handwerksinnung ist in § 59 HwO ausdrücklich geregelt. Indes kann auch die Handwerkskammer Ehren- oder Gastmitglieder mit beratender Stimme aufnehmen, *Detterbeck*, HwO, 4. Aufl., 2008, § 90 Rn. 20.

einer nicht der Wirtschaft zuzuordnenden Person in der Innung kann daher nichts daran ändern, dass sich die Mitgliedschaft in den Handwerksinnungen regelmäßig auf Personen beschränkt, die der Wirtschaft zugehören. Die Handwerksinnungszugehörigen sind somit der Wirtschaft im oben definierten Sinne zuzuordnen.

bb) *Zuordnung des Gegenstands der Selbstverwaltung zur Wirtschaft*

Aufgabe der Handwerksinnung ist nach der Generalklausel des § 54 Abs. 1 S. 1 HwO, die gemeinsamen gewerblichen Interessen ihrer Mitglieder zu fördern. § 54 Abs. 1 S. 2 HwO enumeriert Aufgaben, welche die Handwerksinnung „insbesondere" zu erfüllen hat. Danach hat sie bspw. Gemeingeist und Berufsehre zu pflegen[284], entsprechend den Vorschriften der Handwerkskammer die Lehrlingsausbildung zu regeln und zu überwachen[285] und über Angelegenheiten der in ihr vertretenen Handwerke den Behörden Gutachten und Auskünfte zu erstatten[286]. Nach § 54 Abs. 2 Nr. 1 HwO soll die Handwerksinnung u. a. zwecks Erhöhung der Wirtschaftlichkeit der Betriebe ihrer Mitglieder Einrichtungen zur Verbesserung der Arbeitsweise und der Betriebsführung schaffen und fördern[287] und bei der Vergebung öffentlicher Lieferungen und Leistungen die Vergebungsstellen beraten[288]. Gem. § 54 Abs. 3 HwO kann die Handwerksinnung u. a. Tarifverträge abschließen, soweit und solange solche Verträge nicht durch den Innungsverband für den Bereich der Handwerksinnung geschlossen sind[289], und für ihre Mitglieder und deren Angehörige Unterstützungskassen für Fälle der Krankheit, des Todes, der Arbeitsunfähigkeit oder sonstiger Bedürftigkeit errichten[290]. § 54 Abs. 4 HwO stellt schließlich noch einmal ausdrücklich klar, dass die Handwerksinnung auch sonstige Maßnahmen zur Förderung der gemeinsamen gewerblichen Interessen der Innungsmitglieder durchführen kann.

Die Aufgaben der Innungen sind somit insgesamt der Gesamtheit der Einrichtungen und Maßnahmen zuzurechnen, die sich auf Produktion und Konsum von knappen Gütern beziehen. Da mithin sowohl die Innungszugehörigen als auch die Aufgaben und damit der inhaltliche Gegenstand der Selbstverwaltungstätigkeit der Innungen der Wirtschaft zuzuordnen sind, gehören auch die Handwerksinnungen – was das Merkmal der „Wirtschaft" angeht – zum Bereich der Selbstverwaltung der Wirtschaft.

---

[284] § 54 Abs. 1 S. 2 Nr. 1 HwO.
[285] § 54 Abs. 1 S. 2 Nr. 3 HwO.
[286] § 54 Abs. 1 S. 2 Nr. 8 HwO.
[287] § 54 Abs. 2 Nr. 1 HwO.
[288] § 54 Abs. 2 Nr. 2 HwO.
[289] § 54 Abs. 3 Nr. 1 HwO.
[290] § 54 Abs. 3 Nr. 2 HwO.

c) Kreishandwerkerschaften

Neben Handwerkskammern und Handwerksinnungen regelt die Handwerksordnung noch weitere Organisationsformen des Handwerks, nämlich die Landes- und Bundesinnungsverbände[291] sowie die Kreishandwerkerschaft[292]. Da von diesen nur die Kreishandwerkerschaft als Körperschaft des öffentlichen Rechts und damit als juristische Personen des öffentlichen Rechts organisiert ist[293], kommt nur diese als Organisationsform der Selbstverwaltung der Wirtschaft in Betracht.

aa) Zuordnung der Mitglieder der Kreishandwerkerschaft zur Wirtschaft

Die Kreishandwerkerschaft wird von den Handwerksinnungen, die in einem Stadt- oder Landkreis ihren Sitz haben, gebildet, § 86 S. 1 HwO. Mitglieder der Kreishandwerkerschaft sind also kraft Gesetzes sämtliche Handwerksinnungen, die innerhalb des Bezirks der Kreishandwerkerschaft ihren Sitz haben[294]. Wie oben ausgeführt wurde, sind die Innungen ihrerseits Selbstverwaltungskörperschaften der Wirtschaft. Sie sind also subjektiv der Wirtschaft zuzuordnen. Die Besonderheit der Kreishandwerkerschaft besteht darin, dass ihre Mitglieder keine natürlichen, sondern ausschließlich juristische Personen des öffentlichen Rechts sind. Dies schließt indes nicht aus, sie als Selbstverwaltungskörperschaften der Wirtschaft zu charakterisieren. Ein Zusammenschluss von Selbstverwaltungskörperschaften kann gerade dazu dienen, die Erfüllung geographisch bzw. inhaltlich übergreifender Selbstverwaltungsaufgaben zu ermöglichen, bzw. die Effektivität und Effizienz dabei zu erhöhen. Erachtet der Gesetzgeber solche Verbände von Selbstverwaltungskörperschaften für so wichtig, dass sie nicht in Formen des Privatrechts, sondern als Körperschaften des öffentlichen Rechts konstituiert werden, können sie ihrerseits der Selbstverwaltung der Wirtschaft zugehören. Entscheidend dafür ist aber, dass auch ihre Aufgaben und Tätigkeiten der Selbstverwaltung der Wirtschaft zuzuordnen sind.

bb) Zuordnung des Gegenstands der Selbstverwaltung zur Wirtschaft

Die Kreishandwerkerschaft hat gem. § 87 HwO die Aufgabe, die Gesamtinteressen des selbständigen Handwerks und des handwerksähnlichen Gewerbes sowie die gemeinsamen Interessen der Handwerksinnungen ihres Bezirks wahrzunehmen[295], die Innungen bei der Erfüllung ihrer Aufgaben zu unterstützen[296], Einrichtungen

---

[291] §§ 79 ff. HwO.
[292] §§ 86 ff. HwO.
[293] Die Kreishandwerkerschaften sind gem. § 89 Abs. 1 Nr. 1 i. V. m. § 53 S. 1 HwO Körperschaften des öffentlichen Rechts; Landesinnungsverbände sind gem. § 80 S. 1 HwO und Bundesinnungsverbände gem. § 85 Abs. 2 S. 1 i. V. m. § 80 S. 1 HwO juristische Personen des Privatrechts.
[294] *Detterbeck*, HwO, 4. Aufl., 2008, § 86 Rn. 2; *Honig*, HwO, 3. Aufl., 2004, § 86 Rn. 3.
[295] § 87 Nr. 1 HwO.
[296] § 87 Nr. 2 HwO.

zur Förderung und Vertretung der gewerblichen, wirtschaftlichen und sozialen Interessen der Mitglieder der Innungen zu schaffen und zu unterstützen[297], die Behörden bei den das selbständige Handwerk und das handwerksähnliche Gewerbe ihres Bezirks berührenden Maßnahmen zu unterstützen und ihnen Anregungen, Auskünfte und Gutachten zu erteilen[298], die Geschäfte der Innungen auf deren Ansuchen zu führen[299] und die von der Handwerkskammer innerhalb ihrer Zuständigkeit erlassenen Vorschriften und Anordnungen durchzuführen[300].

Ein Schwerpunkt der Aufgaben der Kreishandwerkerschaft liegt also darin, die Innungen bei ihrer Aufgabenerfüllung, die ihrerseits dem Bereich der Wirtschaft zuzuordnen ist, zu unterstützen und zu ergänzen. Letztlich wird die Kreishandwerkerschaft also im Interesse der in den Innungen organisierten, aber auch der nicht organisierten Handwerker tätig. Auch sonst sind die Aufgaben der Kreishandwerkerschaften der Gesamtheit der Einrichtungen und Maßnahmen zuzurechnen, die sich auf Produktion und Konsum von knappen Gütern beziehen.

Da mithin sowohl die Mitglieder der Kreishandwerkerschaft als auch ihre Aufgaben und damit der inhaltliche Gegenstand ihrer Selbstverwaltungstätigkeit dem Bereich der Wirtschaft zuzuordnen sind, sind auch die Kreishandwerkerschaften – jedenfalls im Hinblick auf das Merkmal der „Wirtschaft" – Organisationsformen der Selbstverwaltung der Wirtschaft.

3. Landwirtschaftskammern

Landwirtschaftskammern basieren – anders als IHK, Handwerkskammern und Handwerksinnungen – nicht auf bundesgesetzlicher, sondern auf landesgesetzlicher Grundlage. Heute gibt es nur in sieben Bundesländern, nämlich Bremen, Hamburg, Niedersachsen, Nordrhein-Westfalen, Rheinland-Pfalz, dem Saarland und Schleswig-Holstein jeweils eine Landwirtschaftskammer. Es muss daher für jedes Bundesland einzeln ermittelt werden, ob die entsprechende Landwirtschaftskammer der Selbstverwaltung der Wirtschaft zugerechnet werden kann. Vorab kann allerdings bereits zur Rechtsform festgestellt werden, dass alle Landwirtschaftskammern Körperschaften des öffentlichen Rechts sind[301].

Vorausgeschickt sei auch, dass die verschiedenen Landwirtschaftskammergesetze die Kammerzugehörigkeit, also die Mitgliedschaft in der Körperschaft – anders als etwa das IHK-Gesetz für die IHK und die HwO für Handwerkskammern,

---

[297] § 87 Nr. 3 HwO.
[298] § 87 Nr. 4 HwO.
[299] § 87 Nr. 5 HwO.
[300] § 87 Nr. 6 1. HS HwO.
[301] § 1 Abs. 2 S. 1 LwkG-Brem.; § 1 Abs. 2 S. 1 LwkG-Hbg.; § 1 Abs. 2 S. 1 LwkG-Nds.; § 1 Abs. 2 LwkG-Rh.-Pf.; § 1 Abs. 1 S. 2 LwkG-Saarl.; § 1 Abs. 1 S. 2 LwkG-Schl.-Holst.; in Nordrhein-Westfalen ist der Status als Körperschaft des öffentlichen Rechts nicht ausdrücklich geregelt, ergibt sich aber aus dem Gesamtzusammenhang des Gesetzes, vgl. näher dazu unten S. 820 f.

Kreishandwerkerschaften und Innungen – nicht ausdrücklich zu regeln scheinen. Bestimmt wird in der Regel nur, wer Mitglied der jeweiligen Kammer*versammlung* ist. Dieser auf den ersten Blick befremdliche Tatbestand ist historisch-genetisch darauf zurückzuführen, dass als Kammer ursprünglich eben gerade die (in einem bestimmten Raum, einer „Kammer", tagende) Versammlung angesehen wurde. Erst allmählich wurden Begriff und Konzept der Kammer auf den Gesamtorganismus, die Körperschaft, übertragen. Entsprechend wurden unter den Mitgliedern der Kammer früher stets die Mitglieder der Repräsentativversammlung verstanden[302], und ausdrückliche Regelungen über den Mitgliederkreis der Körperschaft fehlten meist. Die meisten Gesetze – wie bspw. die HwO – regeln die Mitgliedschaft in den Kammern heute ausdrücklich. Fehlt allerdings wie im Falle der Landwirtschaftskammergesetze eine solche ausdrückliche Regelung über die Mitgliedschaft in der Körperschaft, muss der Mitgliederkreis anhand materialer Kriterien ermittelt werden: Wie oben festgestellt wurde, ist die prägende Form der Partizipation der sich selbst verwaltenden Betroffenen im Rahmen der heutigen Selbstverwaltung die Wahl der Repräsentativversammlung der Körperschaft, die dann grundlegende Aufgaben insbesondere im Bereich der Satzungsgebung wahrnimmt und ihrerseits die wesentlichen Exekutivorgane bestellt. Von dieser Prämisse ausgehend kann geschlossen werden, dass in Selbstverwaltungskörperschaften, deren Mitgliederkreis nicht ausdrücklich bestimmt wird, diejenigen als Mitglieder anzusehen sind, die eben jenes Wahlrecht zur Repräsentativversammlung als zentrales Selbstverwaltungsrecht innehaben[303]. Ergibt sich danach kein eindeutiges Bild, kann ergänzend zu diesem selbstverwaltungsbezogenen materialen Kriterium auch auf die Heranziehung zur Entrichtung von Kammerbeiträgen als typischer Pflicht der Mitglieder abgestellt werden.

a) Bremen

aa) Zuordnung der Landwirtschaftskammerzugehörigen zur Wirtschaft

Da das Gesetz über die Landwirtschaftskammer Bremen (LwkG-Bremen)[304] die Zugehörigkeit zur Kammer nicht ausdrücklich regelt[305], ist zur Ermittlung des Mitgliederkreises – wie ausgeführt – auf das Wahlrecht zur Kammerversammlung abzustellen: Zur Kammerversammlung wahlberechtigt sind gem. § 6 Abs. 1 LwkG-Bremen erstens die Eigentümer, Nutznießer und Pächter landwirtschaftlicher Be-

---

[302] In der Verwaltungspraxis wird dem z.T. bis heute Rechnung getragen, indem mitunter zwischen Mitgliedern im engeren Sinn (den gewählten Mitgliedern der Repräsentativversammlung) und den Mitgliedern im weiteren Sinne (den wahlberechtigten Personen) unterschieden wird, *Kluth*, Funktionale Selbstverwaltung, 1997, S. 158 (Fn. 672).
[303] Ähnlich für die LwK-Nordrhein Westfalen: *Kluth*, Funktionale Selbstverwaltung, 1997, S. 158.
[304] Gesetz über die Landwirtschaftskammer Bremen vom 20.03.1956, Brem. GBl. S. 13.
[305] § 5 Abs. 1 LwkG-Bremen bezieht sich nur auf die Mitgliedschaft in der Kammerversammlung. Diese besteht aus 24 Mitgliedern, die der Landwirtschaft angehören und neun Mitgliedern, die Gartenbau betreiben.

triebe sowie die Ehegatten und die im landwirtschaftlichen Betrieb voll mitarbeitenden sonstigen Familienangehörigen dieser Personen[306] und zweitens die ständig in einem landwirtschaftlichen Betrieb hauptberuflich tätigen Arbeitnehmer und deren Ehegatten, wenn sie wahlberechtigt zur Bremischen Bürgerschaft und von diesem Wahlrecht nicht ausgeschlossen oder in seiner Ausübung behindert sind. Gem. § 6 Abs. 4 S. 1 LwkG-Bremen steht das Wahlrecht auch juristischen Personen, die Eigentümer, Nutznießer oder Pächter landwirtschaftlicher Betriebe sind und den Betrieb seit mindestens sechs Monaten ununterbrochen bewirtschaften, zu. Sie üben das Wahlrecht gem. § 6 Abs. 4 S. 2 LwkG-Bremen durch einen gesetzlichen Vertreter oder durch einen Bevollmächtigten aus. Vom Wahlrecht ausgeschlossen sind gem. § 6 Abs. 5 LwkG-Bremen schließlich Personen, über deren Vermögen das Insolvenzverfahren eröffnet oder über deren Grundstück ein Zwangsverwaltungs- oder Zwangsversteigerungsverfahren angeordnet ist[307].

Zentralbegriff zur Bestimmung der Wahlberechtigten und damit der Kammerzugehörigen ist also der landwirtschaftliche Betrieb. Personen, die diesem als Eigentümer, Nutznießer, Pächter, mitarbeitende Familienangehörige, hauptberufliche Arbeitnehmer usw. zugeordnet sind, sind wahlberechtigt und damit Kammerzugehörige. Landwirtschaftliche Betriebe sind gem. § 3 Abs. 2 LwkG-Bremen Betriebe, in denen eine „wirtschaftliche Tätigkeit" nach § 3 Abs. 1 LwkG-Bremen ausgeübt wird. Gem. § 3 Abs. 1 S. 1 LwkG-Bremen ist Landwirtschaft im Sinne des Gesetzes über die Landwirtschaftskammer Bremen die mit der Bodenbewirtschaftung verbundene Bodennutzung zum Zwecke der Gewinnung pflanzlicher Erzeugnisse und zum Zwecke der Tierhaltung, die Forstwirtschaft sowie der Gartenbau, soweit er nicht in Haus- oder Kleingärten ausgeübt wird. Nach § 3 Abs. 1 S. 2 LwkG-Bremen stehen der Landwirtschaft die Fischerei in den Binnengewässern und die Imkerei gleich. Landwirtschaftliche Betriebe i. S. d. bremischen LwkG sind somit nicht zuletzt aufgrund der Eingrenzung auf Betriebe, die eine „wirtschaftliche Tätigkeit" nach § 3 Abs. 1 LwkG-Bremen ausüben (§ 3 Abs. 2 LwkG-Bremen), ohne Weiteres der Gesamtheit der Einrichtungen und Maßnahmen zuzurechnen, die sich auf Produktion und Konsum von knappen Gütern beziehen. Die entsprechenden Eigentümer, Nutznießer, Pächter, mitarbeitenden Familienangehörigen, hauptberuflichen Arbeitnehmer usw. als Mitglieder der Landwirtschaftskammer sind somit der Wirtschaft zuzuordnen.

---

[306] Gem. § 6 Abs. 3 LwkG-Bremen gelten als Familienangehörige i. S. v. § 6 Abs. 1 LwkG Bremen die Personen, die mit dem Eigentümer, Nutznießer oder Pächter in gerader Linie verwandt, verschwägert oder durch Adoption verbunden oder in der Seitenlinie bis zum dritten Grad verwandt oder bis zum zweiten Grade verschwägert sind, auch wenn die Ehe, durch welche die Schwägerschaft begründet ist, nicht mehr besteht.
[307] Gem. § 6 Abs. 2 S. 1 LwkG-Bremen ruht das Wahlrecht des Eigentümers, Nutznießers, Pächters, des mitarbeitenden Familienangehörigen und des Arbeitnehmers, wenn er nicht seit mindestens sechs Monaten im Lande Bremen in der Landwirtschaft hauptberuflich tätig ist. Gem. § 6 Abs. 2 S. 2 LwkG-Bremen ruht dann auch das entsprechende Annexwahlrecht des Ehegatten. Dessen Wahlrecht ruht gem. § 6 Abs. 2 S. 3 LwkG auch dann, wenn er in einem anderen als dem landwirtschaftlichen Beruf hauptberuflich tätig ist.

IV. Erscheinungsformen der Selbstverwaltung der Wirtschaft

bb) Zuordnung des Gegenstands der Selbstverwaltung zur Wirtschaft

Nach der Generalklausel des § 2 Abs. 1 LwkG-Bremen hat die Landwirtschaftskammer die Aufgabe, im Einklang mit den Interessen der Allgemeinheit die Landwirtschaft und die in ihr Berufstätigen in fachlicher Hinsicht zu fördern und ihre fachlichen Belange wahrzunehmen. § 2 Abs. 2 LwkG-Bremen nennt die Pflichtaufgaben der Landwirtschaftskammer. So hat die Kammer bspw. die landwirtschaftliche Wirtschaftsberatung und Wirtschaftsbetreuung durchzuführen[308], die landwirtschaftliche Erzeugung durch geeignete Einrichtungen und Maßnahmen zu fördern[309], Maßnahmen zur Güteförderung und Standardisierung zu treffen sowie bei Fragen der Verwertung und des Absatzes landwirtschaftlicher Erzeugnisse mitzuwirken[310], die Behörden und Gerichte in Fachfragen der Landwirtschaft, vor allem durch Erstattung von Gutachten etc., zu unterstützen[311] und bei den Preisnotierungen der Produktenbörsen und Märkte nach Maßgabe der gesetzlichen Vorschriften mitzuwirken[312].

Diese und die anderen – hier nicht ausdrücklich aufgeführten – Aufgaben der Landwirtschaftskammer Bremen sind der Gesamtheit der Einrichtungen und Maßnahmen zuzurechnen, die sich auf Produktion und Konsum von knappen Gütern beziehen. Auch der Gegenstand der Selbstverwaltung im Rahmen der bremischen Landwirtschaftskammer ist mithin wirtschaftsbezogen. Es kann daher geschlossen werden, dass die bremische Landwirtschaftskammer – jedenfalls im Hinblick auf das Merkmal der „Wirtschaft" – zur Selbstverwaltung der Wirtschaft gehört.

b) Hamburg

aa) Zuordnung der Landwirtschaftskammerzugehörigen zur Wirtschaft

Mangels einer gesetzlichen Regelung des Mitgliederkreises im Gesetz über die Landwirtschaftskammer Hamburg (LwkG-Hamburg)[313] ist auch hier – nach den oben etablierten Grundsätzen – zur Ermittlung der Kammerzugehörigkeit darauf abzustellen, wer das Wahlrecht zur Repräsentativversammlung besitzt, die im Fall der Landwirtschaftskammer Hamburg die Bezeichnung Vertreterversammlung führt[314].

Nach der auf den ersten Blick systematisch kompliziert aufgebauten Regelung in §§ 6 und 7 LwkG-Hamburg sind gem. § 7 Abs. 1 Nr. 1 i. V. m. § 6 Abs. 1 Nr. 1 LwkG-

---

[308] § 2 Abs. 2 lit. a LwkG-Bremen.
[309] § 2 Abs. 2 lit. b LwkG-Bremen.
[310] § 2 Abs. 2 lit. e LwkG-Bremen.
[311] § 2 Abs. 2 lit. i LwkG-Bremen.
[312] § 2 Abs. 2 lit. k LwkG-Bremen.
[313] Gesetz über die Landwirtschaftskammer Hamburg (Landwirtschaftskammergesetz) vom 04.12.1990, Hbg. GVBl. 1990, S. 240, zuletzt geändert durch Art. 17 des Gesetzes vom 11.07.2007, Hbg. GVBl. 2007, S. 236.
[314] §§ 5, 6 LwkG-Hamburg.

Hamburg mit einer Stimme je umlagepflichtigem Betrieb wahlberechtigt für die Gruppe der Arbeitgeber, welche gem. §6 Abs. 1 Nr. 1 LwkG-Hamburg zwölf der 18 Mitglieder der Vertreterversammlung stellt: Inhaber, Mitinhaber, Nießbraucher oder Pächter von landwirtschaftlichen Betrieben oder deren in dem jeweiligen Betrieb voll mitarbeitende Familienangehörige[315], hauptberuflich tätige leitende Angestellte in landwirtschaftlichen Betrieben[316] und gesetzliche Vertreter oder Bevollmächtigte juristischer Personen, sofern diese Eigentümer, Pächter oder Nießbraucher eines landwirtschaftlichen Betriebs sind[317]. Für die Gruppe der Arbeitnehmer, auf die sechs der 18 Mitglieder der Vertreterversammlung entfallen[318], sind gem. §7 Abs. 1 Nr. 2 i. V. m. §6 Abs. 1 Nr. 2 LwkG-Hamburg wahlberechtigt: ständig beschäftigte Arbeitnehmer aus landwirtschaftlichen Betrieben, mit Ausnahme der mitarbeitenden Familienangehörigen und der leitenden Angestellten[319].

Auch nach dem hamburgischen LwkG ist Zentralbegriff zur Bestimmung der Wahlberechtigten und damit der Kammerzugehörigen mithin der landwirtschaftliche Betrieb. Personen, die diesem als Inhaber, Mitinhaber, Nießbraucher, Pächter, im jeweiligen Betrieb voll mitarbeitende Familienangehörige, hauptberuflich tätige leitende Angestellte, ständig beschäftigte Arbeitnehmer usw. zugeordnet sind, sind wahlberechtigt und damit kammerzugehörig. Landwirtschaftliche Betriebe sind gem. §3 Abs. 2 LwkG-Hamburg Betriebe, in denen eine wirtschaftliche Tätigkeit nach §3 Abs. 1 LwkG-Hamburg ausgeübt wird. Gem. §3 Abs. 1 LwkG-Hamburg ist Landwirtschaft im Sinne des LwkG die Bodenbewirtschaftung und die mit der Bodennutzung verbundene Tierhaltung, soweit sie zur Gewinnung pflanzlicher und tierischer Erzeugnisse dienen, insbesondere der Acker- und Pflanzenbau, die Wiesen- und Weidewirtschaft, die Tierzucht, die Forstwirtschaft sowie der Garten- und Obstbau, soweit sie nicht in Haus- oder Kleingärten ausgeübt werden. Landwirtschaftliche Betriebe i. S. d. hamburgischen Landwirtschaftskammergesetzes sind somit der Gesamtheit der Einrichtungen und Maßnahmen zuzurechnen, die sich auf Produktion und Konsum von knappen Gütern beziehen. Die entsprechenden Inhaber, Mitinhaber, Nießbraucher, Pächter, in dem jeweiligen Betrieb voll mitarbeitenden Familienangehörigen, hauptberuflich tätigen leitenden Angestellten, ständig beschäftigten Arbeitnehmer usw. als Mitglieder der Landwirtschaftskammer sind daher der Wirtschaft zuzuordnen.

---

[315] §7 Abs. 1 Nr. 1 i. V. m. §6 Abs. 1 S. 1 Nr. 1 lit. a LwkG-Hamburg.
[316] §7 Abs. 1 Nr. 1 i. V. m. §6 Abs. 1 S. 1 Nr. 1 lit. b LwkG-Hamburg.
[317] §7 Abs. 1 Nr. 1 i. V. m. §6 Abs. 1 S. 1 Nr. 1 lit. c LwkG-Hamburg.
[318] §6 Abs. 1 Nr. 2 LwkG-Hamburg.
[319] §7 Abs. 1 Nr. 2 i. V. m. §6 Abs. 1 S. 1 Nr. 2 lit. a LwkG-Hamburg; Die nach §6 Abs. 1 S. 1 Nr. 2 lit. b wählbaren Funktionäre einer für landwirtschaftliche Betriebe in Hamburg zuständigen Gewerkschaft sind vom aktiven Wahlrecht gem. §7 Abs. 1 Nr. 2 LwkG-Hamburg interessanterweise ausgenommen, da diese Vorschrift lediglich auf §6 Abs. 1 S. 1 Nr. 2 lit. a, nicht aber auf §6 Abs. 1 S. 1 Nr. 2 lit. b LwkG-Hamburg verweist. Diese Ausnahme der (von den eigentlichen landwirtschaftlichen Betrieben potentiell distanzierten) Gewerkschaftsfunktionäre vom aktiven Wahlrecht bestätigt in gesetzessystematischer Perspektive die hier zugrunde gelegte Prämisse, dass der Kreis der Kammerzugehörigen mit dem Kreis der zur Vertreterversammlung Wahlberechtigten identisch ist.

bb) Zuordnung des Gegenstands der Selbstverwaltung zur Wirtschaft

Gem. § 2 Abs. 1 LwkG-Hamburg hat die Landwirtschaftskammer die Aufgabe, die Landwirtschaft und die in ihr tätigen Personen fachlich zu fördern und zu betreuen sowie die landwirtschaftlichen Arbeits- und Produktionsbedingungen im Einklang mit den Interessen der Allgemeinheit unter besonderer Berücksichtigung von Landschaft und Umwelt zu verbessern. Gem. § 2 Abs. 1 S. 2 LwkG-Hamburg umfasst der Aufgabenbereich der Landwirtschaftskammer insbesondere etwa die Durchführung und Förderung der Berufsbildung in den Betrieben der Landwirtschaft und der Fischerei[320], die Förderung und Durchführung der Wirtschaftsberatung und die Beratung zum Schutze von Landschaft und Umwelt[321], den Betrieb von Versuchseinrichtungen[322] und die Benennung von Vertretern für behördliche und außerbehördliche Ausschüsse und Gremien[323]. Diese und die weiteren – hier nicht ausdrücklich genannten – Aufgaben der Landwirtschaftskammer sind der Gesamtheit der Einrichtungen und Maßnahmen zuzurechnen, die sich auf Produktion und Konsum von knappen Gütern beziehen. Auch der Gegenstand der Selbstverwaltung im Rahmen der Landwirtschaftskammer liegt somit im Bereich der Wirtschaft. Die Landwirtschaftskammer Hamburg ist daher insoweit eine Organisationsform der Selbstverwaltung der Wirtschaft.

c) Niedersachsen

aa) Zuordnung der Landwirtschaftskammerzugehörigen zur Wirtschaft

Da auch das niedersächsische Landwirtschaftskammergesetz (LwkG-Nds.)[324] keine ausdrückliche Regelung der Kammerzugehörigkeit enthält, ist diese nach dem bekannten Muster anhand des Wahlrechts zum zentralen Repräsentativorgan zu bestimmen, welches bei der niedersächsischen Landwirtschaftskammer als Kammerversammlung bezeichnet wird[325].

Ähnlich wie das hamburgische Landwirtschaftskammergesetz unterscheidet das niedersächsische Gesetz zwischen einer Wahlgruppe der Arbeitgeber, die hier Wahlgruppe 1 genannt wird und einer Wahlgruppe der Arbeitnehmer, die hier Wahlgruppe 2 heißt. Gem. § 7 Abs. 1 S. 1 Nr. 1 LwkG-Nds. sind in Wahlgruppe 1 wahlberechtigt[326]: a) Natürliche Personen, die als Eigentümer, als Nutznießer oder als Pächter einen (im Gesetz näher bestimmten) landwirtschaftlichen Betrieb be-

---

[320] § 2 Abs. 1 S. 2 Nr. 1 LwkG-Hamburg.
[321] § 2 Abs. 1 S. 2 Nr. 2 LwkG-Hamburg.
[322] § 2 Abs. 1 S. 2 Nr. 3 LwkG-Hamburg.
[323] § 2 Abs. 1 S. 2 Nr. 4 LwkG-Hamburg.
[324] Gesetz über Landwirtschaftskammern (LwkG) in der Fassung vom 10.02.2003, Nds. GVBl. S. 61, Berichtigung vom 21.03.2003, Nds. GVBl. S. 176, zuletzt geändert durch Art. 1 ÄndG vom 16.11.2007, Nds. GVBl. S. 637.
[325] §§ 5 ff. LwkG-Nds.
[326] Gem. § 7 Abs. 3 S. 1 LwkG-Nds. sind in Gruppe 1 zudem wahlberechtigt: Juristische Personen, die ihren Sitz in Niedersachsen haben und am Wahltag seit mindestens sechs Monaten als

wirtschaften; b) hauptberuflich tätige leitende Angestellte in landwirtschaftlichen Betrieben; c) Ehegattinnen und Ehegatten der nach den Buchstaben a und b wahlberechtigten Personen, wenn sie nicht außerhalb des von ihrer Ehegattin oder ihrem Ehegatten bewirtschafteten oder geleiteten landwirtschaftlichen Betriebs hauptberuflich tätig sind und d) voll mitarbeitende Familienangehörige[327] von Betriebsinhabern, wenn sie am Wahltag das 68. Lebensjahr noch nicht vollendet haben. In Wahlgruppe 2 sind gem. § 7 Abs. 1 S. 1 Nr. 2 LwkG-Nds. wahlberechtigt: a) Hauptberuflich in landwirtschaftlichen Betrieben tätige Arbeitnehmer, wenn sie nicht als leitende Angestellte, Ehegattinnen oder Ehegatten oder voll mitarbeitende Familienangehörige der Wahlgruppe 1 angehören; b) Ehegattinnen und Ehegatten der nach Buchstabe a wahlberechtigten Personen, wenn sie nicht als Betriebsinhaber, leitende Angestellte oder voll mitarbeitende Familienangehörige der Wahlgruppe 1 angehören oder in einem anderen als dem landwirtschaftlichen Beruf hauptberuflich tätig sind.

Auch nach der niedersächsischen Regelung ist also der „landwirtschaftliche Betrieb" der Zentralbegriff zur Bestimmung des Mitgliederkreises der Kammer, wobei landwirtschaftliche Betriebe gem. § 4 Abs. 2 LwkG-Nds. Betriebe sind, in denen eine wirtschaftliche Tätigkeit nach § 4 Abs. 1 LwkG-Nds. ausgeübt wird. Gem. § 4 Abs. 1 LwkG-Nds. ist Landwirtschaft im Sinne des niedersächsischen Landwirtschaftskammergesetzes die mit der Bodenbewirtschaftung verbundene Bodennutzung zum Zweck der Gewinnung pflanzlicher Erzeugnisse und zum Zweck der Tierhaltung, die Forstwirtschaft, der Gartenbau, soweit er nicht in Haus- oder Kleingärten ausgeübt wird, die Binnenfischerei, die Fischerei in den Küstengewässern, die kleine Hochseefischerei und die Imkerei. Zur Landwirtschaft gehören ferner Maßnahmen der landwirtschaftlichen Betriebe zur Pflege, Erhaltung und Entwicklung von Kulturflächen im Gemeininteresse, insbesondere zu Zwecken des Umwelt- und Naturschutzes.

Landwirtschaftliche Betriebe i. S. d. niedersächsischen Landwirtschaftskammergesetzes sind folglich der Gesamtheit der Einrichtungen und Maßnahmen zuzurechnen, die sich auf Produktion und Konsum von knappen Gütern beziehen. Die entsprechenden Eigentümer, Nutznießer, Pächter, die landwirtschaftliche Betriebe bewirtschaften, sowie die hauptberuflich in landwirtschaftlichen Betrieben tätigen Arbeitnehmer usw. als Mitglieder der Landwirtschaftskammer sind daher der Wirtschaft zuzuordnen.

Eigentümerin oder Eigentümer, als Nutznießerin oder Nutznießer oder als Pächterin oder Pächter einen gegenüber der Landwirtschaftskammer beitragspflichtigen Betrieb bewirtschaften.
[327] Gem. § 7 Abs. 1 S. 2 LwkG-Nds. gelten als Familienangehörige i. S. v. § 7 Abs. 1 S. 1 LwkG-Nds. die Personen, die mit der Betriebsinhaberin oder dem Betriebsinhaber in gerader Linie verwandt oder verschwägert oder in der Seitenlinie bis zum dritten Grade verwandt oder bis zum zweiten Grade verschwägert sind oder waren.

IV. Erscheinungsformen der Selbstverwaltung der Wirtschaft   199

bb) Zuordnung des Gegenstands der Selbstverwaltung zur Wirtschaft

Die Landwirtschaftskammer hat gem. § 2 Abs. 1 LwkG-Nds. die Aufgabe, im Einklang mit den Interessen der Allgemeinheit die Landwirtschaft und die Gesamtheit der in der Landwirtschaft tätigen Personen in fachlicher Hinsicht zu fördern sowie ihre fachlichen Belange wahrzunehmen und dabei an der Entwicklung der ländlichen Räume mitzuwirken. Als Pflichtaufgaben der Kammer nennt § 2 Abs. 2 LwkG-Nds. u. a.: die landwirtschaftliche Erzeugung unter besonderer Berücksichtigung von Natur und Umwelt und einer tiergerechten Nutztierhaltung zu fördern und die Produktivität und Wirtschaftlichkeit zu steigern, wobei sie den Zielen des Verbraucherschutzes verpflichtet ist[328], praxisorientierte Leitlinien (Vollzugshilfen) für die landwirtschaftlichen Betriebe über die Anforderungen an eine ordnungsgemäße Landwirtschaft und nachhaltige Produktion zu erstellen[329], in den Betrieben der Landwirtschaft die Aufgaben der zuständigen Stelle nach dem Berufsbildungsgesetz (BBiG) wahrzunehmen und darüber hinaus die Berufsausbildung zu betreuen sowie die Berufsangehörigen durch Fort- und Weiterbildung zu fördern[330] und Wirtschaftsberatung und Wirtschaftsbetreuung durchzuführen[331].

Diese und die weiteren in § 2 LwkG-Nds. genannten Aufgaben der Landwirtschaftskammer sind der Gesamtheit der Einrichtungen und Maßnahmen zuzurechnen, die sich auf Produktion und Konsum von knappen Gütern beziehen. Auch der Gegenstand der Selbstverwaltung im Rahmen der niedersächsischen Landwirtschaftskammer liegt somit im Bereich der Wirtschaft. Die niedersächsische Landwirtschaftskammer ist folglich insoweit ebenfalls der Selbstverwaltung der Wirtschaft zuzuordnen.

d) Nordrhein-Westfalen

aa) Zuordnung der Landwirtschaftskammerzugehörigen zur Wirtschaft

Auf den ersten Blick scheint in §§ 4 Abs. 1 und 13 Abs. 1 und 2 nordrhein-westfälisches Landwirtschaftskammergesetz (LwkG-NRW)[332] – anders als in den bisher behandelten Landwirtschaftskammergesetzen – die Mitgliedschaft in der Landwirtschaftskammer ausdrücklich geregelt zu sein: § 4 Abs. 1 LwkG-NRW bestimmt, dass die „Landwirtschaftskammer" aus Mitgliedern besteht, die aufgrund von Wahlvorschlägen unmittelbar und geheim gewählt werden, sowie aus von der Hauptversammlung berufenen Mitgliedern[333]. Tatsächlich liegt dem Gesetzeswort-

---
[328] § 2 Abs. 2 S. 1 Nr. 1 LwkG-Nds.
[329] § 2 Abs. 2 S. 1 Nr. 2 LwkG-Nds.
[330] § 2 Abs. 2 S. 1 Nr. 3 LwkG-Nds.
[331] § 2 Abs. 2 S. 1 Nr. 4 LwkG-Nds.
[332] Gesetz über die Errichtung der Landwirtschaftskammer Nordrhein-Westfalen (Landwirtschaftskammergesetz – LWKG) vom 11.02.1949, zuletzt geändert durch Art. 1 Landwirtschaftskammeränderungsgesetz vom 09.12.2008 (GVBl. NRW. S. 771, ber. GVBl. 2009, S. 14).
[333] Nach § 13 Abs. 1 LwkG-NRW besteht die Hauptversammlung aus den Mitgliedern der Landwirtschaftskammer. Außerdem hat die Hauptversammlung gem. § 13 Abs. 2 S. 1 LwkG-

laut damit aber erkennbar wiederum ein traditioneller enger Begriff der Landwirtschaftskammer und damit des Kammermitglieds zugrunde, der nicht die Körperschaft als solche und deren Mitglieder meint. Die Besonderheit des nordrhein-westfälischen Rechts besteht nun aber darin, dass dort implizit drei Kategorien, nämlich die Hauptversammlung, die Landwirtschaftskammer, als eine – wie schon in § 4 Abs. 1 LwkG-NRW zum Ausdruck kommt – erweiterte Hauptversammlung, und schließlich die Körperschaft – die im Gesetz allerdings nicht ausdrücklich als solche klassifiziert wird – unterschieden werden. Auch hier ist daher davon auszugehen, dass diejenigen Personen Mitglied der Körperschaft sind, welche die aktive Wahlberechtigung zur Hauptversammlung besitzen[334].

Das LwkG-NRW trennt beim aktiven und passiven Wahlrecht in der gewohnten Manier zwischen Inhabern bzw. (potentiellen) Arbeitgebern (Wahlgruppe 1) und Arbeitnehmern (Wahlgruppe 2). In Wahlgruppe 1 sind gem. § 5 Abs. 1 1. Alt. LwkG-NRW wahlberechtigt[335]: a) natürliche Personen, die im Eigentum, in Nutznießung oder in Pacht einen landwirtschaftlichen Betrieb oder in ähnlicher Weise ein landwirtschaftliches Grundstück bewirtschaften, wenn für den Betrieb oder das Grundstück eine Umlagepflicht besteht oder wenn die bewirtschafteten Flächen mindestens zwei Hektar, im Falle der forstlichen Nutzung mindestens zehn Hektar und im Falle der gartenbaulichen Nutzung mindestens einen halben Hektar groß sind; b) die mittätigen Ehegattinnen oder Ehegatten der nach Buchstabe a Wahlberechtigten und die bei diesen voll mitarbeitenden einschließlich der in der Berufsausbildung befindlichen Familienangehörigen. In Wahlgruppe 2 sind gem. § 5 Abs. 1 2. Alt. LwkG-NRW wahlberechtigt die hauptberuflich in landwirtschaftlichen Betrieben Tätigen einschließlich der in der Berufsausbildung befindlichen Arbeitnehmerinnen und Arbeitnehmer, soweit sie nicht der Wahlgruppe 1 angehören.

Zentralbegriff zur Bestimmung des Kreises der aktiv wahlberechtigten Personen und damit der Kammermitglieder ist somit auch nach dem Landwirtschaftskammergesetz-NRW zunächst der „landwirtschaftliche Betrieb". Landwirtschaft umfasst hier gem. § 3 Abs. 1 LwkG-NRW den Acker- und Pflanzenbau, die Tierzucht, den Garten-, Gemüse-, Obst- und Weinbau, die Forstwirtschaft, die Fischerei in den Binnengewässern und die Imkerei[336]. Landwirtschaftliche Betriebe i. S. d.

NRW als Mitglieder der Landwirtschaftskammer zu berufen: a) von landwirtschaftlichen Wissenschaftlerinnen oder Wissenschaftlern und um die Landwirtschaft verdienten Persönlichkeiten insgesamt vier Vertretungen, b) aus den Kreisen der Berufsverbände für Garten-, Gemüse-, Obst- und Weinbau und aus der Gruppe der Privatwaldbesitzerinnen oder Privatwaldbesitzer fünf Wahlberechtigte der Wahlgruppe 1 und drei Wahlberechtigte der Wahlgruppe 2, c) von den Verbänden der Landfrauen zwei Vertreterinnen, von den Arbeitnehmerinnen eine Vertreterin, d) aus den Verbänden der Landjugend zwei Vertretungen aus der Wahlgruppe 1 und eine Vertretung aus der Wahlgruppe 2.

[334] Ähnlich: *Kluth*, Funktionale Selbstverwaltung, 1997, S. 158.
[335] Gem. § 5 Abs. 3 LwkG-NRW ist in der Wahlgruppe 1 auch eine juristische Person, die seit mindestens drei Monaten im Wahlbezirk einen landwirtschaftlichen Betrieb bewirtschaftet, wahlberechtigt.
[336] Zur Landwirtschaft gehören gem. § 3 Abs. 2 LwkG-NRW auch Unternehmen, die nicht

LwkG-NRW sind daher der Gesamtheit der Einrichtungen und Maßnahmen zuzurechnen, die sich auf Produktion und Konsum von knappen Gütern beziehen. Die entsprechenden natürlichen Personen, die im Eigentum, in Nutznießung oder in Pacht ein landwirtschaftliches Grundstück bewirtschaften, die mittätigen Ehegattinnen oder Ehegatten und die bei diesen voll mitarbeitenden einschließlich der in der Berufsausbildung befindlichen Familienangehörigen sowie die hauptberuflich in solchen Betrieben tätigen einschließlich der in der Berufsausbildung befindlichen Arbeitnehmer sind daher als Mitglieder der Landwirtschaftskammer der Wirtschaft zuzuordnen.

Über den Anknüpfungspunkt des landwirtschaftlichen Betriebs hinaus erweitert § 5 Abs. 1 lit. a LwkG-NRW die Mitgliedschaft in der Landwirtschaftskammer Nordrhein-Westfalen auf natürliche Personen, die im Eigentum, in Nutznießung oder in Pacht in ähnlicher Weise wie im Rahmen eines landwirtschaftlichen Betrieb ein landwirtschaftliches Grundstück bewirtschaften, wenn für den Betrieb oder das Grundstück Umlagepflicht besteht oder wenn die bewirtschafteten Flächen mindestens zwei Hektar, im Falle der forstlichen Nutzung mindestens zehn Hektar und im Falle der gartenbaulichen Nutzung mindestens einen halben Hektar groß sind. Doch auch diese Personen, die in ähnlicher Weise wie im Rahmen eines landwirtschaftlichen Betriebs ein landwirtschaftliches Grundstück bewirtschaften und dabei die weiteren Voraussetzungen des § 5 Abs. 1 lit. a LwkG-NRW erfüllen, entsprechen regelmäßig der hier zugrunde gelegten Definition von Wirtschaft und sind damit dieser zuzurechnen. Es ist daher davon auszugehen, dass die Kammerzugehörigen der Landwirtschaftskammer Nordrhein-Westfalen insgesamt der Wirtschaft zu subsumieren sind.

bb) Zuordnung des Gegenstands der Selbstverwaltung zur Wirtschaft

Nach § 2 Abs. 1 S. 1 LwkG-NRW hat die Landwirtschaftskammer die Aufgabe, die Landwirtschaft und die in ihr Berufstätigen zu fördern und zu betreuen und im Rahmen ihrer Aufgaben den ländlichen Raum zu stärken. Der Aufgabenbereich der Landwirtschaftskammer erstreckt sich gem. § 2 Abs. 1 S. 2 LwkG-NRW „insbesondere" bspw. darauf, die Wirtschaftlichkeit, die Umweltverträglichkeit und den Verbraucherschutz bei der landwirtschaftlichen Erzeugung durch geeignete Einrichtungen und Maßnahmen, insbesondere Agrarumweltmaßnahmen, sowie den ökologischen Landbau zu fördern und auf eine flächenbezogene und artgerechte Tierhaltung hinzuwirken[337], die nicht pflichtschulmäßige Berufsausbildung und die berufliche Fortbildung des Berufsnachwuchses sowie die berufsbezogene Weiterbildung aller in der Landwirtschaft Tätigen durchzuführen und die Betriebe

---

unter § 3 Abs. 1 fallen, aber in wirtschaftlicher Abhängigkeit von einem Betrieb dieser Art durch dieselbe Unternehmerin oder denselben Unternehmer betrieben werden (landwirtschaftliche Nebenbetriebe).

[337] § 2 Abs. 1 S. 2 lit. a LwkG-NRW.

in ihrer nachhaltigen Entwicklung durch Beratung zu unterstützen[338], Arbeitnehmerinnen und Arbeitnehmer in allen beruflichen und sozialen Belangen zu fördern[339], in Fragen der Bewirtschaftung, der Verwertung und der Regelung des Absatzes landwirtschaftlicher Erzeugnisse beratend mitzuwirken, das landwirtschaftliche Genossenschaftswesen, Erzeugergemeinschaften, Erzeugerzusammenschlüsse und deren Vereinigungen sowie die regionale Vermarktung zu fördern[340] und zusätzliche Produktions-, Absatz- und Einkommenspotentiale insbesondere bei nachwachsenden Rohstoffen und erneuerbaren Energien zu erschließen sowie die Erwerbsgrundlagen durch Schaffung mit der Landwirtschaft verbundener Einkommenskombinationen zu verbreitern[341].

Diese und die weiteren in § 2 LwkG-NRW angeführten Aufgaben der Landwirtschaftskammer sind der Gesamtheit der Einrichtungen und Maßnahmen zuzurechnen, die sich auf die Produktion und den Konsum von knappen Gütern beziehen. Auch der Gegenstand der Selbstverwaltung im Rahmen der Landwirtschaftskammer Nordrhein-Westfalen liegt somit im Bereich der Wirtschaft. Die Landwirtschaftskammer Nordrhein-Westfalen ist folglich insofern ebenfalls eine Organisationsform der Selbstverwaltung der Wirtschaft.

e) Rheinland-Pfalz

aa) Zuordnung der Landwirtschaftskammerzugehörigen zur Wirtschaft

Da das Landwirtschaftskammergesetz Rheinland-Pfalz (LwkG-Rh.-Pf.)[342] die Mitgliedschaft in der Landwirtschaftskammer ebenfalls nicht ausdrücklich regelt, ist der Mitgliederkreis auch hier anhand der aktiven Wahlberechtigung zum Repräsentativorgan zu ermitteln, das bei der Landwirtschaftskammer Rheinland-Pfalz als Vollversammlung bezeichnet wird[343].

Die Vollversammlung der Kammer besteht gem. § 5 Abs. 1 S. 2 LwkG-Rh.-Pf. vor allem aus 48 Vertretern der Inhaber der land- und forstwirtschaftlichen Betriebe, aus neun Vertretern der voll mitarbeitenden Familienangehörigen der Betriebsinhaber[344] sowie aus sieben Vertretern der ständig hauptberuflich tätigen Ar-

---

[338] § 2 Abs. 1 S. 2 lit. b LwkG-NRW.
[339] § 2 Abs. 1 S. 2 lit. c LwkG-NRW.
[340] § 2 Abs. 1 S. 2 lit. d LwkG-NRW.
[341] § 2 Abs. 1 S. 2 lit. i LwkG-NRW.
[342] Landesgesetz über die Landwirtschaftskammer Rheinland-Pfalz (LwkG) vom 28.07.1970, GVBl. Rh.-Pf. S. 309, zuletzt geändert durch Art. 46 des Gesetzes vom 15.09.2009, GVBl. Rh.-Pf. S. 333.
[343] §§ 5 ff. LwkG-Rh.-Pf.
[344] Familienangehörige i.S.d. § 5 Abs. 1 S. 2 Nr. 2 LwkG-Rh.-Pf. sind gem. § 8 Abs. 1 S. 2 LwkG-Rh.-Pf. Ehegatten und die Personen, die mit den Inhabern in gerader Linie verwandt, verschwägert oder durch Adoption verbunden oder in der Seitenlinie bis zum dritten Grad verwandt oder bis zum zweiten Grad verschwägert sind, auch wenn die Ehe, durch welche die Schwägerschaft begründet ist, nicht mehr besteht.

IV. Erscheinungsformen der Selbstverwaltung der Wirtschaft

beitnehmer in den Betrieben[345]. Wahlberechtigt für die Wahl der Mitglieder der Vollversammlung ist gem. § 7 Abs. 1 S. 1 i.V.m. § 8 Abs. 1 S. 1 lit. a LwkG-Rh.-Pf. für die Gruppe der Inhaber, wer als Eigentümer, Nießbraucher oder Pächter einen Betrieb oder Betriebsgrundstücke i. S. v. § 2 LwkG-Rh.-Pf. seit mehr als drei Monaten ununterbrochen in Rheinland-Pfalz unmittelbar besitzt[346]. Für die Gruppe der voll mitarbeitenden Familienangehörigen der Betriebsinhaber sowie die Gruppe der ständig hauptberuflich tätigen Arbeitnehmer in den Betrieben ist gem. §§ 7 Abs. 1 S. 1 und 8 Abs. 1 S. 1 lit. b LwkG-Rh.-Pf. wahlberechtigt, wer seinen ständigen landwirtschaftlichen Arbeitsplatz seit mehr als drei Monaten ununterbrochen in Rheinland-Pfalz hat.

Zentrale Anknüpfungspunkte für die Feststellung der aktiven Wahlberechtigung und damit der Mitgliedschaft in der Landwirtschaftskammer Rheinland-Pfalz sind gem. § 8 Abs. 1 i.V.m. § 5 Abs. 1 LwkG-Rh.-Pf. somit die Begriffe des land- und forstwirtschaftlichen Betriebs sowie des Betriebsgrundstücks. Gem. § 2 S. 1 LwkG-Rh.-Pf., auf den § 5 Abs. 1 S. 2 Nr. 1 LwkG-Rh.-Pf. für die Begriffe „land- und forstwirtschaftliche Betriebe" und § 8 Abs. 1 lit. a LwkG-Rh.-Pf. für die Begriffe „Betrieb" und „Betriebsgrundstück" verweisen, umfasst die Landwirtschaft i. S. d. Landwirtschaftskammergesetzes die Betriebe der Land- und Forstwirtschaft nach § 33 Abs. 1, § 48a und § 51a BewG[347] sowie die Betriebsgrundstücke i. S. v. § 99 Abs. 1 Nr. 2 BewG, soweit sie nicht von der Grundsteuer befreit sind. Gem. § 2 S. 2 LwkG-Rh.-Pf. gehören dazu insbesondere die Betriebe des Ackerbaus, der Grünlandwirtschaft, der Forstwirtschaft, des Weinbaus, des Gartenbaus und der Fischerei. Betrieb der Land- und Forstwirtschaft ist gem. § 33 Abs. 1 S. 2 BewG die wirtschaftliche Einheit des land- und forstwirtschaftlichen Vermögens. Die Regelung des § 48a BewG betrifft den Einheitswert intensiv genutzter landwirtschaftlicher Betriebsflächen in den Bereichen Sonderkultur Spargel[348], Gärtnerische Nutzungsteile Gemüse, Blumen- und Zierpflanzenbau sowie Baumschulen[349] und schließlich Saatzucht[350], die durch einen anderen Nutzungsberechtigten als den Eigentümer bewirtschaftet werden. § 51a BewG stellt klar, dass zur landwirtschaftlichen Nut-

---

[345] Hinzu kommen gem. § 5 Abs. 1 S. 2 Nr. 4 LwkG-Rh.-Pf. 16 Vertreter landwirtschaftlicher Organisationen und besonderer Fachrichtungen, die gem. § 7 Abs. 1 S. 2 LwkG-Rh.-Pf. von den anderen Mitgliedern der Vollversammlung zugewählt werden.

[346] Gem. § 8 Abs. 3 LwkG-Rh.-Pf. steht das Wahlrecht auch einer juristischen Person, einer Personengemeinschaft einschließlich der Bruchteilsgemeinschaft oder einem Betriebsinhaber, der geschäftsunfähig oder in seiner Geschäftsfähigkeit beschränkt ist, zu. Es kann nur von dem gesetzlichen Vertreter oder dem Bevollmächtigten ausgeübt werden, der die Voraussetzungen des § 8 Abs. 1 1. HS LwkG-Rh.-Pf. erfüllt. Gem. § 8 Abs. 4 LwkG-Rh.-Pf. sind vom Wahlrecht ausgeschlossen Personen, a) für deren Betrieb keine Beiträge zur Landwirtschaftskammer zu leisten sind oder b) über deren Vermögen das Insolvenzverfahren eröffnet ist oder deren Betrieb der Zwangsversteigerung oder Zwangsverwaltung unterliegt.

[347] Bewertungsgesetz, in der Fassung der Bekanntmachung vom 01.02.1991, BGBl. I, S. 230, zuletzt geändert durch Art. 2 des Gesetzes vom 24.12.2008, BGBl. I, S. 3018.

[348] Vgl. § 52 BewG.

[349] Vgl. § 61 BewG.

[350] Vgl. § 62 Abs. 1 Nr. 6 BewG.

zung – unter bestimmten, im Einzelnen aufgeführten Voraussetzungen – auch die Tierzucht und Tierhaltung von Erwerbs- und Wirtschaftsgenossenschaften[351], von Gesellschaften, bei denen die Gesellschafter als Unternehmer (Mitunternehmer) anzusehen sind[352], oder von Vereinen[353] gehört.

Gem. § 99 Abs. 1 Nr. 2 BewG ist Betriebsgrundstück im Sinne des BewG der zu einem Gewerbebetrieb gehörige Grundbesitz, soweit er, losgelöst von seiner Zugehörigkeit zum Gewerbebetrieb, einen Betrieb der Land- und Forstwirtschaft bilden würde. Land- oder forstwirtschaftliche Betriebe sowie Betriebsgrundstücke i. S. d. rheinland-pfälzischen LwkG sind folglich der Gesamtheit der Einrichtungen und Maßnahmen zuzurechnen, die sich auf Produktion und Konsum von knappen Gütern beziehen. Die entsprechenden Eigentümer, Nießbraucher oder Pächter, voll mitarbeitenden Familienangehörigen der Betriebsinhaber sowie Arbeitnehmer mit ständigem landwirtschaftlichem Arbeitsplatz i. S. v. § 8 Abs. 1 S. 1 lit. b LwkG-Rheinland-Pfalz als Mitglieder der Landwirtschaftskammer sind daher der Wirtschaft zuzuordnen.

bb) Zuordnung des Gegenstands der Selbstverwaltung zur Wirtschaft

Die Landwirtschaftskammer Rheinland-Pfalz hat gem. § 3 Abs. 1 LwkG-Rh.-Pf. die Aufgabe, im Einklang mit den Interessen der Allgemeinheit die Landwirtschaft und die in ihr Berufstätigen zu fördern und ihre fachlichen Belange zu vertreten. Als Selbstverwaltungsaufgaben hat die Kammer gem. § 3 Abs. 2 LwkG-Rh.-Pf. „insbesondere" z. B. die Berufsbildung nach § 79 BBiG zu regeln und durchzuführen[354], die überbetriebliche Zusammenarbeit, den Zusammenschluss zu Erzeugergemeinschaften und Erzeugerorganisationen sowie das Fachverbands- und Organisationswesen zu fördern[355], bei der Orts- und Regionalplanung sowie beim Naturschutz und bei der Landschaftspflege mitzuwirken[356], das Buchführungswesen zu fördern[357], das Sachverständigenwesen zu betreuen[358], die Qualitätsförderung durch eigene Maßnahmen zu unterstützen[359] und bei der Gestaltung der Märkte und der Absatzförderung mitzuwirken[360]. Diese und die weiteren in § 3 LwkG-Rh.-Pf. aufgeführten Aufgaben der Landwirtschaftskammer sind der Gesamtheit der Einrichtungen und Maßnahmen zuzurechnen, die sich auf Produktion und Konsum von knappen Gütern beziehen oder stehen jedenfalls in engem Zusammenhang mit diesen. Auch der Gegenstand der Selbstverwaltung in der rheinland-pfälzischen Landwirtschaftskammer liegt somit im Bereich der Wirtschaft. Die

---

[351] Vgl. § 97 Abs. 1 S. 1 Nr. 2 BewG.
[352] Vgl. § 97 Abs. 1 S. 1 Nr. 5 BewG.
[353] Vgl. § 97 Abs. 2 BewG.
[354] § 3 Abs. 2 lit. a LwkG-Rh.-Pf.
[355] § 3 Abs. 2 lit. b LwkG-Rh.-Pf.
[356] § 3 Abs. 2 lit. c LwkG-Rh.-Pf.
[357] § 3 Abs. 2 lit. e LwkG-Rh.-Pf.
[358] § 3 Abs. 2 lit. f LwkG-Rh.-Pf.
[359] § 3 Abs. 2 lit. g LwkG-Rh.-Pf.
[360] § 3 Abs. 2 lit. h LwkG-Rh.-Pf.

IV. *Erscheinungsformen der Selbstverwaltung der Wirtschaft* 205

Landwirtschaftskammer Rheinland-Pfalz ist folglich – jedenfalls soweit es um das Merkmal der „Wirtschaft" geht – eine Organisationsform der Selbstverwaltung der Wirtschaft.

f) Saarland

aa) Zuordnung der Landwirtschaftskammerzugehörigen zur Wirtschaft

Auch im Fall des saarländischen Landwirtschaftskammergesetzes (LwkG-Saarl.)[361] ist, in Ermangelung einer ausdrücklichen Regelung der Mitgliedschaft in der Landwirtschaftskammer, diese anhand der aktiven Wahlberechtigung zum Repräsentativorgan zu bestimmen, das hier die Bezeichnung Vollversammlung[362] trägt.

Wahlberechtigt bei der Vollversammlungswahl ist gem. § 7 Abs. 1 LwkG-Saarl., wer Eigentümer, Nießbraucher oder Pächter eines im Saarland liegenden land- oder forstwirtschaftlichen Betriebs oder Betriebsgrundstücks i. S. v. § 3 LwkG-Saarl. ist. Den Betriebsinhabern sind dabei gem. § 7 Abs. 2 LwkG-Saarl. ihre im Betrieb voll mitarbeitenden Familienangehörigen[363] gleichgestellt[364]. Begriffliche Anknüpfungspunkte zur Bestimmung des aktiven Wahlrechts und damit der Kammerzugehörigkeit sind also der land- oder forstwirtschaftliche Betrieb einerseits und das Betriebsgrundstück i. S. v. § 3 LwkG-Saarl. andererseits. Landwirtschaft i. S. d. LwkG-Saarl. umfasst gem. § 3 LwkG-Saarl. – ähnlich wie nach § 2 LwkG-Rh.-Pf. – die Betriebe der Land- und Forstwirtschaft nach § 33 Abs. 1 BewG sowie die Betriebsgrundstücke i. S. v. § 99 Abs. 1 Nr. 2 BewG, soweit sie nicht von der Grundsteuer befreit sind[365]. Da der Landwirtschaftsbegriff des saarländischen LwkG somit jedenfalls nicht über den entsprechenden Begriff des rheinland-pfälzischen LwkG hinausgeht, kann insoweit auf die vorstehenden Ausführungen verwiesen werden. Land- oder forstwirtschaftliche Betriebe sowie Betriebsgrundstücke i. S. d. saarländischen LwkG sind folglich der Gesamtheit der Einrichtungen und Maßnahmen zuzurechnen, die sich auf Produktion und Konsum von knappen Gütern beziehen. Die entsprechenden Eigentümer, Nießbraucher, Pächter oder deren voll mitarbeitende Familienangehörige usw. als Mitglieder der Landwirtschaftskammer sind daher der Wirtschaft zuzuordnen.

---

[361] Gesetz Nr. 532 über die Landwirtschaftskammer für das Saarland vom 09.07.1956, Saarl. ABl. S. 1042, in der Fassung der Bekanntmachung vom 22.10.1975 (ABl. S. 1150), zuletzt geändert durch Art. 57 des Gesetzes vom 19.11.2008 (ABl. S. 1930).
[362] § 4 Abs. 1 lit. a LwkG-Saarl.
[363] Vgl. dazu § 7 Abs. 3 LwkG-Saarl.
[364] Gem. § 7 Abs. 4 S. 1 LwkG-Saarl. steht das Wahlrecht ferner auch einer juristischen Person oder einer Personengemeinschaft einschließlich der Bruchteilsgemeinschaft zu. Gem. § 7 Abs. 5 LwkG-Saarl. sind vom Wahlrecht ausgeschlossen: bspw. Personen, für deren Betrieb keine Beiträge zur Landwirtschaftskammer zu leisten sind.
[365] Ausgenommen sind gem. § 3 LwkG-Saarland ferner Forstbetriebe und forstliche Betriebsgrundstücke des Bundes, des Landes sowie der Gemeinden und Gemeindeverbände.

bb) Zuordnung des Gegenstands der Selbstverwaltung zur Wirtschaft

Die saarländische Landwirtschaftskammer hat gem. § 2 Abs. 1 S. 1 LwkG-Saarl. die Aufgabe, im Einklang mit den Interessen der Allgemeinheit die Landwirtschaft und die in ihr Tätigen zu fördern und deren fachliche Belange zu vertreten. In diesem Rahmen umfasst der Aufgabenbereich der Landwirtschaftskammer gem. § 2 Abs. 1 S. 2 LwkG-Saarl. „insbesondere" u. a. die Durchführung und Förderung der landwirtschaftlichen Berufsausbildung nach Maßgabe des Berufsbildungsgesetzes[366], die Förderung des landwirtschaftlichen Schul- und Beratungswesens[367], die Verbesserung der landwirtschaftlichen Arbeits- und Produktionsverfahren durch geeignete Maßnahmen und Einrichtungen im Rahmen der überbetrieblichen Zusammenarbeit sowie des Zusammenschlusses zu Erzeugergemeinschaften und -organisationen[368], die Förderung der Vermarktung und Verwertung landwirtschaftlicher Qualitätserzeugnisse[369], die Beratung und Förderung der landwirtschaftlichen Organisationen[370] und die Förderung des landwirtschaftlichen Buchführungswesens[371].

Diese und die weiteren in § 2 LwkG-Saarland aufgeführten Aufgaben der Landwirtschaftskammer sind der Gesamtheit der Einrichtungen und Maßnahmen zu subsumieren, die sich auf die Produktion und den Konsum von knappen Gütern beziehen. Da somit auch der Gegenstand der Selbstverwaltung im Rahmen der saarländischen Landwirtschaftskammer im Bereich der Wirtschaft liegt, ist sie – jedenfalls was den Aspekt der „Wirtschaft" angeht – eine Organisationsform der Selbstverwaltung der Wirtschaft.

g) Schleswig-Holstein

aa) Zuordnung der Landwirtschaftskammerzugehörigen zur Wirtschaft

Da schließlich auch das schleswig-holsteinische Landwirtschaftskammergesetz (LwkG-Schl.-Holst.)[372] die Kammerzugehörigkeit nicht ausdrücklich regelt, ist diese einmal mehr anhand des Wahlrechts zum zentralen Repräsentativorgan festzustellen, das hier die Bezeichnung Hauptversammlung trägt[373]. Das LwkG-Schl.-Holst. differenziert bei der Zusammensetzung der Hauptversammlung und den dazu aktiv wahlberechtigten Personen – ohne dies allerdings ausdrücklich so zu benennen – zwischen einer Gruppe der (potentiellen) Arbeitgeber bzw. Betriebsin-

---

[366] § 2 Abs. 1 S. 2 lit. a LwkG-Saarl.
[367] § 2 Abs. 1 S. 2 lit. b LwkG-Saarl.
[368] § 2 Abs. 1 S. 2 lit. c LwkG-Saarl.
[369] § 2 Abs. 1 S. 2 lit. d LwkG-Saarl.
[370] § 2 Abs. 1 S. 2 lit. e LwkG-Saarl.
[371] § 2 Abs. 1 S. 2 lit. f LwkG-Saarl.
[372] Gesetz über die Landwirtschaftskammer Schleswig-Holstein vom 26.02.2002, GVBl. Schleswig-Holstein 2002, S. 28, zuletzt geändert durch Art. 3 des Gesetzes vom 11.12.2007, GVBl. Schl.-Holst. S. 496.
[373] § 4 Abs. 1 Nr. 1, §§ 5 ff. LwkG-Schl.-Holst.

IV. Erscheinungsformen der Selbstverwaltung der Wirtschaft 207

haber einerseits und einer Gruppe der Arbeitnehmer andererseits. In der ersten Gruppe sind gem. § 5 Abs. 2 Nr. 2 i. V. m. § 6 Abs. 1 Nr. 2 LwkG-Schl.-Holst. die Inhaber von land- und fischereiwirtschaftlichen Betrieben und die diesen gleichgestellten Personen, wie bspw. alle Personen, die als Eigentümer, Nutznießer, Pächter oder in ähnlicher Weise landwirtschaftliche Grundstücke, die größer als ein Hektar sind, bewirtschaften[374], aktiv wahlberechtigt. In der zweiten Gruppe sind die in einem in Schleswig-Holstein liegenden land- und fischereiwirtschaftlichen Betrieb ständig tätigen Arbeitnehmer aktiv wahlberechtigt.

Anknüpfungspunkt zur Bestimmung des Kreises der aktiv Wahlberechtigten und damit der Landwirtschaftskammermitglieder ist hier also zunächst der Begriff der land- und fischereiwirtschaftlichen Betriebe. Land- und fischereiwirtschaftliche Betriebe sind gem. § 3 Abs. 3 LwkG-Schl.-Holst. solche, in denen eine wirtschaftliche Tätigkeit nach § 3 Abs. 1 oder 2 LwkG-Schl.-Holst. ausgeübt wird. Landwirtschaft ist gem. § 3 Abs. 1 LwkG-Schl.-Holst. die Bodenbewirtschaftung und die mit der Bodennutzung verbundene Tierhaltung, soweit sie zur Gewinnung pflanzlicher und tierischer Erzeugnisse dienen, insbesondere der Acker- und Pflanzenbau, die Wiesen- und Weidewirtschaft, die Tierzucht, der Erwerbsgartenbau und der Erwerbsobstbau, die Forstwirtschaft und die Imkerei einschließlich der einkommensrelevanten Tätigkeiten der ländlichen Hauswirtschaft. Fischerei ist gem. § 3 Abs. 1 LwkG-Schl.-Holst. in Anpassung an die Gegebenheiten eines Küstenlandes Binnen-, Küsten- und kleine Hochseefischerei. Schon aufgrund der Einschränkung in § 3 Abs. 3 LwkG-Schl.-Holst., dass es sich um eine wirtschaftliche Tätigkeit i. S. d. § 3 Abs. 1 oder 2 LwkG-Schl.-Holst. handeln muss, steht fest, dass land- und fischereiwirtschaftliche Betriebe der Gesamtheit der Einrichtungen und Maßnahmen zuzurechnen sind, die sich auf die Produktion und den Konsum von knappen Gütern beziehen. Die entsprechenden Inhaber etc. sowie die in einem land- und fischereiwirtschaftlichen Betrieb ständig tätigen Arbeitnehmer sind als Mitglieder der Landwirtschaftskammer daher ohne Weiteres der Wirtschaft zuzuordnen.

Neben diesen Personen verbleiben als aktiv Wahlberechtigte gem. § 6 Abs. 1 Nr. 1 lit. c LwkG-Schl.-Holst. Personen, die als Eigentümer, Nutznießer, Pächter oder in ähnlicher Weise landwirtschaftliche Grundstücke, die größer als ein Hektar sind, bewirtschaften. Die Bewirtschaftung eines landwirtschaftlichen Grundstücks, das größer als ein Hektar ist, wird regelmäßig der Gesamtheit von Einrichtungen und Maßnahmen, die sich auf die Produktion und den Konsum von knappen Gütern beziehen, zurechenbar sein. Selbst wenn über § 6 Abs. 1 Nr. 1 lit. c LwkG-Schl.-

---

[374] Den Inhaberinnen und Inhabern sind gem. § 6 Abs. 1 Nr. 1 LwkG-Schl.-Holst. ferner gleichgestellt: Ehegattinnen und Ehegatten der Betriebsinhaberinnen und Betriebsinhaber, die im Betrieb voll mitarbeitenden Familienangehörigen sowie juristische Personen, die als Inhaberinnen oder Inhaber eines land- und fischereiwirtschaftlichen Betriebs ihren Sitz seit drei Monaten ununterbrochen im Wahlbezirk haben und deren Einkünfte überwiegend aus den von ihnen bewirtschafteten, im Landwirtschaftskammerbezirk liegenden land- und fischereiwirtschaftlichen Betrieben herrühren.

Holst. einmal eine Person wahlberechtigt sein sollte, deren Bewirtschaftungstätigkeit nicht der Gesamtheit von Einrichtungen und Maßnahmen zuzurechnen ist, die sich auf die Produktion und den Konsum von knappen Gütern beziehen, wird es sich hierbei doch um einen Ausnahmefall handeln, der nichts daran ändern kann, dass die aktiv Wahlberechtigten jedenfalls typischerweise und ganz überwiegend der Wirtschaft zuzurechnen sind. Insgesamt ist daher zu schließen, dass die aktiv zur Hauptversammlung der Landwirtschaftskammer Schleswig-Holstein wahlberechtigten Personen als Mitglieder der Landwirtschaftskammer der Wirtschaft zuzurechnen sind.

bb) Zuordnung des Gegenstands der Selbstverwaltung zur Wirtschaft

Die Landwirtschaftskammer hat gem. § 2 Abs. 1 LwkG-Schl.-Holst. die Aufgabe, die Landwirtschaft, die Fischerei und die dort tätigen Menschen fachlich zu fördern, zu betreuen und zu beraten[375]. Sie hat die Wirtschaftlichkeit der land- und fischereiwirtschaftlichen Betriebe sowie die land- und fischereiwirtschaftlichen Arbeits- und Produktionsbedingungen im Einklang mit den Interessen der Allgemeinheit unter besonderer Berücksichtigung von Natur und Umwelt zu verbessern[376]. Die Beratung für Frauen aus dem Agrarbereich umfasst auch außerlandwirtschaftliche Erwerbs- und Einkommensmöglichkeiten, soweit sie einen Bezug zum land- und fischereiwirtschaftlichen Betrieb aufweisen[377]. Die Kammer hat ferner für Behörden und Gerichte Gutachten zu erstellen, ehrenamtliche Richter für die in Landwirtschaftssachen zuständigen Gerichte und Mitglieder für die Schiedsgerichte vorzuschlagen sowie geeignete Personen als landwirtschaftliche Sachverständige anzuerkennen und zu vereidigen[378].

Diese und die weiteren Aufgaben der Kammer nach § 2 LwkG-Schl.-Holst. sind der Gesamtheit der Einrichtungen und Maßnahmen zuzurechnen, die sich auf die Produktion und den Konsum knapper Gütern beziehen. Auch der Gegenstand der Selbstverwaltung im Rahmen der Landwirtschaftskammer Schleswig-Holstein liegt daher im Bereich der Wirtschaft. Die Landwirtschaftskammer Schleswig-Holstein ist damit – jedenfalls soweit es um das Merkmal „Wirtschaft" geht – eine weitere Organisationsform der Selbstverwaltung der Wirtschaft.

h) Zusammenfassung der Ergebnisse zu den Landwirtschaftskammern

Zusammenfassend kann festgestellt werden, dass die in den sieben Bundesländern Bremen, Hamburg, Niedersachsen, Nordrhein-Westfalen, Rheinland-Pfalz, Saarland und Schleswig-Holstein bestehenden Landwirtschaftskammern – jedenfalls

---

[375] § 2 Abs. 1 S. 1 LwkG-Schl.-Holst.
[376] § 2 Abs. 1 S. 2 LwkG-Schl.-Holst.
[377] § 2 Abs. 1 S. 3 LwkG-Schl.-Holst.
[378] § 2 Abs. 1 S. 4 LwkG-Schl.-Holst.

im Hinblick auf das Merkmal der „Wirtschaft" – allesamt Organisationsformen der Selbstverwaltung der Wirtschaft sind.

4. Exkurs: Die (vorläufige) Hauptwirtschaftskammer Rheinland-Pfalz und die bremische Wirtschaftskammer

a) Wirtschaftskammern oder Wirtschaftsräte?

Im Zusammenhang mit der hier behandelten Selbstverwaltung der Wirtschaft ist bemerkenswert, dass es mit der 1962 suspendierten (vorläufigen) Hauptwirtschaftskammer Rheinland-Pfalz und der 1996 aufgelösten bremischen Wirtschaftskammer früher zwei Organisationsformen gab, die ausdrücklich als Wirtschaftskammern bezeichnet waren. Gerade da diese Kammern aufgrund ihrer Bezeichnung als geborene Kandidaten für eine Zuordnung zur Selbstverwaltung der Wirtschaft erscheinen, seien sie trotz ihrer Auflösung im Folgenden wenigstens überblicksartig angesprochen. Dabei sei allerdings schon hier vorweggenommen, dass es sich – entgegen ihrer Bezeichnung – insbesondere bei der Hauptwirtschaftskammer Rheinland-Pfalz, aber letztlich auch bei der bremischen Wirtschaftskammer, eher um beratende Wirtschaftsräte als um echte Selbstverwaltungskammern handelte[379]: In Anknüpfung an Vorbilder wie insbesondere den (vorläufigen) Reichswirtschaftsrat der Weimarer Republik waren sie unter paritätischer Einbeziehung der Arbeitnehmer primär als Foren für den Interessenausgleich zwischen den Sozialpartnern und eine gemeinsame Beratung der jeweiligen Staatsleitung konzipiert worden[380]. Politischer Hintergrund ihrer Entstehung im Rahmen der Verfassungsgebung in den Ländern nach Ende des Zweiten Weltkriegs waren zwei eigentlich konträre politische Anliegen: Während Kommunisten und manche Sozialdemokraten – in Anknüpfung an Konzepte der Weimarer Republik – rätestaatliche Verfassungselemente propagierten, verfolgten vor allem konservative Kreise verschiedene ständestaatliche Konzepte, die ebenfalls die Einrichtung – natürlich ganz anders zusammengesetzter – Räte beinhalteten, welche die vom Volk gewählten Parlamente ergänzen, beraten und – aus konservativer Sicht – teilweise auch relativieren sollten[381].

Gerade angesichts des Scheiterns des Reichswirtschaftsrats in der Weimarer Republik wurden schließlich allerdings lediglich in Rheinland-Pfalz und Bremen sol-

---

[379] Vgl. auch *Dehmer*, Das Problem der Errichtung eines Bundeswirtschaftsrates, 1955, S. 102 ff. (zur bremischen Wirtschaftskammer) sowie 105 f. (zur Hauptwirtschaftskammer Rheinland-Pfalz).
[380] *Storch*, Die Hauptwirtschaftskammer von Rheinland-Pfalz, 1963, S. 1.
[381] Zur Diskussion um die Einführung eines Wirtschaftsrats und ggf. weiterer Räte als Ersatz für eine echte Zweite Kammer am Beispiel der Hessischen Verfassungsgebung im Jahr 1946: *Will*, Entstehung der Verfassung des Landes Hessen, 2009, S. 104 f., 109, 326 f.; zu frühen Vorschlägen zur Bildung von Wirtschaftsräten aus den Reihen der Selbstverwaltung der Wirtschaft: *Prowe*, Im Sturmzentrum, in: Politik und Wirksamkeit, 1987, S. 91 (113 ff.).

che Räte unter der fehlleitenden Bezeichnung Wirtschaftskammer eingerichtet. Da dieselben als zentrale Institutionen der Wirtschaft im Staat vor allem auch auf die Gesetzgebung Einfluss nehmen sollten, wurden sie stärker in den Staatsaufbau integriert als die eigentliche Selbstverwaltung im Rahmen von IHK, Handwerkskammern usw. Die sog. Wirtschaftskammern blieben letztlich vereinzelte Phänomene, zumal verschiedene Vorstöße bis Anfang der sechziger Jahre des 20. Jh., einen Bundeswirtschaftsrat einzurichten, erfolglos blieben[382]. Das bspw. von den Schöpfern der rheinland-pfälzischen Verfassung angestrebte gestufte System von Wirtschaftskammern und -räten im Bundesstaat blieb ein Torso. Dieses Scheitern groß angelegter Entwürfe trug wiederum maßgeblich dazu bei, dass jedenfalls die rheinland-pfälzische Hauptwirtschaftskammer selbst über einen vorläufigen Status nicht hinauskam und auch die vorläufige Hauptwirtschaftskammer bereits 1962 wieder aufgehoben wurde. Die bremische Wirtschaftskammer besaß, anders als die Hauptwirtschaftskammer Rheinland-Pfalz, neben der für einen Rat charakteristischen Beratungsfunktion gegenüber Behörden und Staatsorganen auch konkrete, klassische Selbstverwaltungsaufgaben – zunächst z. B. im Bereich der Berufsausbildung – und war wohl auch aus diesem Grund wesentlich länger aktiv. Im Jahr 1996 wurde dann allerdings auch sie aufgelöst.

b) Die (vorläufige) Hauptwirtschaftskammer Rheinland-Pfalz

aa) Die Hauptwirtschaftskammer in der Verfassung für Rheinland-Pfalz von 1947

Die Hauptwirtschaftskammer Rheinland-Pfalz fand ihre Grundlage in der Verfassung für Rheinland-Pfalz vom 18. Mai 1947 (Verf.-Rh.-Pf.)[383]. Der frühere Art. 71 Verf.-Rh.-Pf.[384] sah nach dem Vorbild der Regelung zum Reichswirtschaftsrat in Art. 165 WRV eine Hauptwirtschaftskammer als „Zentralorgan der Wirtschaft" vor[385]. Die Verfassung regelte sogar die Zusammensetzung der Kammer: Sie sollte aus je 13 Vertretern der Arbeitgeber und Arbeitnehmer, die von IHK, Handwerkskammern, Landwirtschaftskammern und Kammern der freien Berufe gewählt werden sollten, sowie aus drei hinzuzuwählenden Wirtschaftssachverständigen bestehen[386]. Auch die Aufgaben der Kammer wurden angesprochen: Die Hauptwirtschaftskammer sollte als klassischer Wirtschaftsrat zum einen Gesetzentwürfe wirtschafts- und sozialpolitischen Inhalts begutachten und dem Landtag entspre-

---

[382] Zum gescheiterten Bundeswirtschaftsrat: *Nützenadel*, Wirtschaftliche Interessenvertretung, in: Vierteljahreshefte für Zeitgeschichte 51 (2003), 229 (230 ff.).
[383] VBl. Rh.-Pf. 1947, S. 209.
[384] Aufgehoben durch Gesetz vom 15.03.1993, GVBl. Rh.-Pf., S. 293.
[385] *Süsterhenn/Schäfer*, Kommentar der Verfassung für Rheinland-Pfalz, 1950, S. 293.
[386] Art. 71 Abs. 1 S. 2, Abs. 2 Verf. Rh.-Pf.-1947; vgl. auch exemplarisch die Übersicht über die Mitglieder der Kammer in Statistisches Bundesamt, Statistisches Jahrbuch für die Bundesrepublik Deutschland 1954, S. 132.

chende Gesetzesvorschläge unterbreiten[387]. Daneben sollte sie u. a. von der Regierung bei allen wirtschaftlichen und sozialen Maßnahmen von grundsätzlicher Bedeutung gehört werden[388].

bb) Einrichtung und Rechtsgrundlagen der (vorläufigen) Hauptwirtschaftskammer

Noch vor Verabschiedung einer einfachgesetzlichen Rechtsgrundlage, also allein aufgrund der verfassungsrechtlichen Bestimmungen, trat die (vorläufige) Hauptwirtschaftskammer bereits am 27. Juli 1948 erstmals zusammen[389]. Am 21. April 1949 erging in Ausführung der Art. 71 bis 73 Verf.-Rh.-Pf. das Landesgesetz über die Hauptwirtschaftskammer (HauptwirtschaftskammerG-Rh.-Pf.)[390], das in nur 14 Paragraphen die grundlegenden Fragen der Kammer konzise regelte. So ging die Aufgabenzuweisungsnorm in § 3 nicht wesentlich über den Wortlaut der einschlägigen Verfassungsbestimmungen hinaus. An Organen war lediglich die aus 29 Mitgliedern bestehende Vollversammlung und ein von dieser zu wählendes, aus einem Präsidenten und einem Vizepräsidenten bestehendes Präsidium vorgesehen[391]. Wie in der Verfassung vorgezeichnet, sollten von den 29 Mitgliedern der Hauptwirtschaftskammer je 13 Vertreter der Arbeitgeber und Arbeitnehmer sowie drei von diesen hinzuzuwählende Wirtschaftssachverständige sein[392]. Jeweils vier Vertreter sowohl der Arbeitgeber als auch der Arbeitnehmer sollten von den IHK, von den Handwerkskammern und von den Landwirtschaftskammern und je einer von den Kammern der freien Berufe entsandt werden[393], wobei die zu entsendenden Mitglieder nach einer von der Landesregierung zu erlassenden Wahlordnung gewählt werden sollten[394]. Anfang 1952 trat eine knappe Durchführungsverordnung zum Hauptwirtschaftskammergesetz hinzu, welche die prozeduralen Fragen der gutachterlichen Einbeziehung der Hauptwirtschaftskammer im Rahmen der wirtschafts- und sozialpolitisch relevanten Gesetzgebung usw. näher regelte[395]. 1958 gab sich die vorläufige Hauptwirtschaftskammer schließlich eine Geschäftsordnung[396].

---

[387] Art. 72 Verf.-Rh.-Pf.-1947.
[388] Art. 73 Verf.-Rh.-Pf.-1947.
[389] *Storch*, Die Hauptwirtschaftskammer von Rheinland-Pfalz, 1963, S. 2; vgl. auch *Michel*, Entwicklung des öffentlichen Rechts in Rheinland-Pfalz, in: DVBl. 1963, 498.
[390] GVBl. Rh.-Pf., S. 141.
[391] §§ 7, 8, 9 HauptwirtschaftskammerG-Rh.Pf.
[392] § 2 Abs. 1 HauptwirtschaftskammerG-Rh.Pf.
[393] § 2 Abs. 2 HauptwirtschaftskammerG-Rh.Pf.
[394] § 4 HauptwirtschaftskammerG-Rh.Pf.
[395] Erste Landesverordnung zur Durchführung des Landesgesetzes über die Hauptwirtschaftskammer Rheinland-Pfalz vom 22. 12. 1951, GVBl. Rh.-Pf. 1952, S. 1; *Storch*, Die Hauptwirtschaftskammer von Rheinland-Pfalz, 1963, S. 2, 4.
[396] *Storch*, Die Hauptwirtschaftskammer von Rheinland-Pfalz, 1963, S. 2.

cc) Problematik und Scheitern der Hauptwirtschaftskammer

Die Hauptwirtschaftskammer war vor allem als paritätisches Gremium von Arbeitnehmern und Arbeitgebern konzipiert, in dem deren Interessengegensätze ausgeglichen werden sollten, so dass schließlich eine idealtypische einheitliche Meinung „der Wirtschaft" insbesondere zu wirtschaftlich und sozialpolitisch relevanten Gesetzgebungsvorhaben hätte geäußert werden sollen[397]. Der Paritätsgedanke fand seinen Ausdruck vor allem darin, dass die Hauptwirtschaftskammer primär aus je 13 Vertretern von Arbeitgebern und Arbeitnehmern bestand. Die drei hinzugewählten Sachverständigen sollten die mögliche Pattsituation zwischen Arbeitgebern und Arbeitnehmern verhindern, eine Vertretung der Wissenschaft ermöglichen und schließlich die erwünschte Neutralität der Stellungnahmen stärken[398]. Die Mitglieder der Hauptwirtschaftskammer sollten – wie ausgeführt – in den Kammern nach einer im Ausführungsgesetz vorgesehenen Wahlordnung gewählt werden, die jedoch nie verabschiedet wurde.

Grundsätzlicher Hemmschuh für den Übergang vom vorläufigen Status zu einer endgültigen Hauptwirtschaftskammer und ein maßgeblicher formaler Grund des späteren Scheiterns der Hauptwirtschaftskammer war, dass auch in den IHK sowohl Arbeitgeber- als auch Arbeitnehmervertreter gewählt werden sollten, die IHK in der Rechtswirklichkeit jedoch reine Arbeitgeberorganisationen waren. Obwohl nämlich die rheinland-pfälzische Verfassung in Art. 69 Abs. 3 vorsah, dass Arbeitgeber und Arbeitnehmer in den IHK „gleichberechtigt" vertreten sein sollten[399], hatten sich die IHK ihrer Tradition entsprechend auch in Rheinland-Pfalz als reine Arbeitgebervertretungen rekonstituiert[400]. Die eigentlich in den IHK zu wählenden vier Arbeitnehmervertreter wurden daher bei der Einrichtung der Hauptwirtschaftskammer provisorisch von den Gewerkschaften bestimmt[401]. Die so konstituierte Hauptwirtschaftskammer war damit aber von Anfang an mit einem vorläufigen Status versehen, der andauern sollte, bis die Diskrepanz zwischen der in Art. 71 Verf.-Rh.-Pf. und § 2 Abs. 2 lit. a HauptwirtschaftskammerG-Rh.-Pf. vorgesehenen Wahl von Arbeitnehmervertretern in den IHK einerseits und der fehlenden Arbeitnehmerrepräsentanz in den IHK andererseits zu klären gewesen wäre. Aus diesem Grund kam es dann auch nicht zum Erlass der erforderlichen

---

[397] *Grote-Mißmahl*, Sinn und Aufgaben, in: Staats-Zeitung Rheinland-Pfalz vom 27.05.1951, Nr. 21, S. 5.

[398] *Grote-Mißmahl*, Sinn und Aufgaben, in: Staats-Zeitung Rheinland-Pfalz vom 27.05.1951, Nr. 21, S. 5.

[399] Im ursprünglichen Verfassungsentwurf war hier sogar eine „paritätische" Beteiligung von Arbeitgebern und Arbeitnehmern vorgesehen gewesen, wovon jedoch im Hinblick auf einen drohenden Konflikt mit Art. 69 Abs. 3 der Verfassung, wonach sich das Ausmaß der Arbeitnehmerbeteiligung nach Art und Aufgabengebiet der einzelnen Kammern richten sollte, und die Tradition der IHK als reine Unternehmerorganisationen abgesehen wurde; vgl. *Storch*, Die Hauptwirtschaftskammer von Rheinland-Pfalz, 1963, S. 54.

[400] Näher dazu unten S. 354.

[401] *Dehmer*, Das Problem der Errichtung eines Bundeswirtschaftsrates, 1955, S. 105; *Storch*, Die Hauptwirtschaftskammer von Rheinland-Pfalz, 1963, S. 55.

Wahlordnung nach § 4 HauptwirtschaftskammerG-Rh.-Pf.[402]. Viele Mitglieder der (vorläufigen) Hauptwirtschaftskammer behielten ihre Sitze von der konstituierenden Sitzung im Jahr 1948 bis zur Auflösung im Jahr 1962 bei[403]. Nur die zugewählten Wirtschaftssachverständigen wechselten mehrfach[404].

In Rheinland-Pfalz gelang es indes trotz langjähriger Bemühungen nicht[405], ein IHK-Gesetz zu erlassen, das den Anforderungen der Verfassung gerecht geworden wäre[406] und so den Weg für eine endgültige Hauptwirtschaftskammer frei gemacht hätte. Vollends zerschlugen sich entsprechende Bemühungen und Hoffnungen dann aber, als auf Bundesebene das Gesetz zur vorläufigen Regelung des Rechts der Industrie- und Handelskammern vom 18. Dezember 1956 (IHKG) in Kraft trat[407]. Das Bundes-IHKG konstituierte die IHK nach längeren Diskussionen um eine Arbeitnehmerbeteiligung ihrer Tradition entsprechend bundesweit einheitlich als reine Arbeitgebervertretungen, womit die Basis für eine paritätische Hauptwirtschaftskammer, wie sie die Verfassung für Rheinland-Pfalz vorsah, entfallen war.

Mit Wirkung vom 24. Februar 1962 wurden daraufhin Art. 71, 72 und 73 der Verfassung über die Hauptwirtschaftskammer bis zum Ende des Jahres außer Kraft gesetzt, in dem das Gesetz zur *vorläufigen* Regelung des Rechts der Industrie- und Handelskammern vom 18. Dezember 1956 durch eine abschließende Regelung ersetzt werde[408]. Gleichzeitig wurde das Außerkrafttreten des Hauptwirtschaftskammergesetzes von 1949 angeordnet[409]. Als nach mehreren Jahrzehnten schließlich klar wurde, dass das vorläufige Bundes-IHKG nicht mehr geändert werden würde, es also nicht mehr zu paritätischen IHK kommen würde, wurden zum 1. April 1991 die bislang nur suspendierten Art. 71–73 Verf.-Rh.-Pf. aus dem Verfassungstext gestrichen, zumal inzwischen auch das Interesse an einem paritätischen Wirtschaftsrat geschwunden war[410]. Damit wurde der ruhende Verfassungsanspruch auf Einrichtung der Hauptwirtschaftskammer schließlich auch formal aufgegeben.

---

[402] *Michel*, Entwicklung des öffentlichen Rechts in Rheinland-Pfalz, in: DVBl. 1963, 498.
[403] Vgl. *Storch*, Die Hauptwirtschaftskammer von Rheinland-Pfalz, 1963, S. 6 sowie die Mitgliederliste auf S. 88 f.
[404] *Storch*, Die Hauptwirtschaftskammer von Rheinland-Pfalz, 1963, S. 6.
[405] Vgl. dazu bspw. *Süsterhenn/Schäfer*, Kommentar der Verfassung für Rheinland-Pfalz, 1950, S. 288 f.
[406] *Storch*, Die Hauptwirtschaftskammer von Rheinland-Pfalz, 1963, S. 55 ff.
[407] BGBl. I S. 920; näher dazu unten S. 368 ff.
[408] Durch Einfügung eines neuen Abs. 2 in Art. 143 Verf.-Rh.-Pf.; Art. I des Landesgesetzes zur Ergänzung der Verfassung für Rheinland-Pfalz vom 08.02.1962, GVBl. Rh.-Pf. S. 29; die Vorläufigkeit des Bundes-IHKG beruhte gerade darauf, dass keine Einigkeit über die paritätische Ausgestaltung der IHK erzielt worden war, näher dazu unten S. 370 f.
[409] Art. II des Landesgesetzes zur Ergänzung der Verfassung für Rheinland-Pfalz vom 08.02.1962.
[410] Art. 1 Nr. 29 des Dreißigsten Landesgesetzes zur Änderung der Verfassung für Rheinland-Pfalz (Gesetz zur Berichtigung der Landesverfassung) vom 15.03.1991, GVBl. Rh.-Pf., S. 73.

dd) Aufgaben und Tätigkeit der Hauptwirtschaftskammer

Die Aufgaben der Hauptwirtschaftskammer waren in Art. 72 und 73 Verf.-Rh.-Pf. sowie § 3 HauptwirtschaftskammerG-Rh.Pf. geregelt. Die Hauptwirtschaftskammer sollte danach vor allem Gesetzentwürfe wirtschafts- und sozialpolitischen Inhalts begutachten[411]. Ferner sollte sie von der Regierung bei allen wirtschaftlichen und sozialen Maßnahmen von grundsätzlicher Bedeutung gehört werden[412] und an der Ausarbeitung von Plänen der Regierung über die Lenkung der Arbeit, den Einsatz der Betriebsmittel und die Güterverteilung beteiligt werden[413]. Nähere Details zur Beteiligung der Hauptwirtschaftskammer an der Gesetzgebung usw. waren in der Durchführungsverordnung geregelt. So regelte § 1 DurchführungsVO, dass die Landesregierung Gesetzentwürfe wirtschafts- und sozialpolitischen Inhalts vor der Vorlage an den Landtag der Hauptwirtschaftskammer zur Begutachtung überreichen sollte. Die Hauptwirtschaftskammer hatte ihr Gutachten innerhalb von sechs Wochen der Landesregierung vorzulegen, die bei der Vorlage an den Landtag in der Begründung des Gesetzesentwurfs auch die Stellungnahme der Hauptwirtschaftskammer mitzuteilen hatte.

Neben diesen Beteiligungsrechten wiesen die Verfassung und das Landesgesetz über die Hauptwirtschaftskammer dieser allerdings sogar ein Initiativrecht im Bereich der Landesgesetzgebung zu. Art. 72 S. 2 Verf.-Rh.-Pf. stellte konzise fest: „Sie kann dem Landtag Gesetzesvorlagen unterbreiten". Inhaltlich war das nach dem Wortlaut der Vorschrift scheinbar einschränkungslose Initiativrecht allerdings nach Sinn und Zweck der Hauptwirtschaftskammer und der systematischen Stellung der Vorschrift des Art. 72 S. 2 Verf.-Rh.-Pf. genau wie das Begutachtungsrecht nach Art. 72 S. 1 Verf.-Rh.-Pf. nicht allumfassend, sondern auf wirtschafts- und sozialpolitische Gesetzesvorlagen beschränkt[414]. Der Wortlaut von Art. 72 S. 2 Verf.-Rh.-Pf. war zudem auch insofern problematisch, als die Hauptwirtschaftskammer danach unmittelbar dem Landtag Gesetzesvorlagen hätte unterbreiten können, während Art. 108 Verf.-Rh.-Pf. (im Abschnitt über die Gesetzgebung) andererseits regelte, dass Gesetzesvorlagen nur im Wege des Volksbegehrens, durch die Landesregierung oder aus der Mitte des Landtags eingebracht werden konnten. Art. 72 S. 2 Verf.-Rh.-Pf. wurde daher einschränkend dahingehend ausgelegt, dass die Hauptwirtschaftskammer dem Landtag Gesetzesvorlagen nur über die Landesregierung vorlegen konnte[415]. Dieser Auffassung entsprach auch die Regelung im

---

[411] Art. 72 S. 1 Verfassung Rh.-Pf. von 1947; § 3 Abs. 1 S. 1 HauptwirtschaftskammerG-Rh.Pf.; hierin scheint deutlich das Vorbild des Art. 165 Abs. 4 S. 1 Weimarer Reichsverfassung auf, nach dem sozialpolitische und wirtschaftspolitische Gesetzentwürfe von grundlegender Bedeutung von der Reichsregierung vor ihrer Einbringung dem Reichswirtschaftsrat zur Begutachtung vorgelegt werden sollten.
[412] Art. 73 S. 1 Verfassung Rh.-Pf. von 1947; § 3 Abs. 1 S. 2 HauptwirtschaftskammerG-Rh.Pf.
[413] Art. 73 S. 2 Verfassung Rh.-Pf. von 1947; § 3 Abs. 1 S. 3 HauptwirtschaftskammerG-Rh.Pf.
[414] *Süsterhenn/Schäfer*, Kommentar der Verfassung für Rheinland-Pfalz, 1950, S. 297.
[415] *Süsterhenn/Schäfer*, Kommentar der Verfassung für Rheinland-Pfalz, 1950, S. 297, 392 f.; nach Auffassung von *Süsterhenn/Schäfer*, a.a.O., handelte es sich wie bei dem Recht des Reichswirtschaftsrats nach Art. 165 Abs. 4 S. 3 WRV, Gesetzesvorlagen zu beantragen, lediglich um eine

IV. Erscheinungsformen der Selbstverwaltung der Wirtschaft 215

Landesgesetz: § 3 Abs. 2 S. 1 HauptwirtschaftskammerG-Rh.-Pf. präzisierte die verfassungsrechtlichen Vorgaben dahingehend, dass die Hauptwirtschaftskammer dem Landtag nur über die Landesregierung Gesetzesvorlagen unterbreiten konnte. Die Landesregierung hatte die Vorlage dann mit ihrer Stellungnahme dem Landtag zuzuleiten[416]. Stimmte die Landesregierung einer Vorlage nicht zu, so konnte die Hauptwirtschaftskammer sie durch eines ihrer Mitglieder vor dem Landtag vertreten lassen[417]. In der Praxis erlangte das Initiativrecht der Hauptwirtschaftskammer indes keine Bedeutung[418].

Die gutachterliche und beratende Tätigkeit der Hauptwirtschaftskammer vollzog sich vor allem in den Sitzungen des Plenums sowie der verschiedenen Ausschüsse. Von 1948 bis 1961 fanden 111 Plenarsitzungen und ca. 90 Sitzungen der Kammerausschüsse statt[419]. Insgesamt ließ die Aktivität der Hauptwirtschaftskammer allerdings zunehmend nach. Während so in den Jahren 1949, 1950 und 1951 23, 19 und 17 Plenarsitzungen stattfanden, kam es bereits 1952 nur noch zu neun Sitzungen. Diese Zahl nahm kontinuierlich ab, bis in den Jahren 1958 und 1959 nur noch jeweils zwei und in den Jahren 1960 und 1961 lediglich noch jeweils eine Sitzung im Plenum stattfanden[420]. Inhaltlich befasste sich die Hauptwirtschaftskammer mit weit gestreuten Fragestellungen wirtschafts- und sozialpolitischer Art. Schwerpunkte bildeten etwa Fragen der Sozialisierung, wozu noch in den ersten Sitzungen im Jahr 1948 Vorschläge erarbeitet wurden[421], der Preispolitik, zu der eine eigene Preiskommission als ständiger Ausschuss der Hauptwirtschaftskammer gebildet wurde und der die Landesregierung die Stelle eines Preisrats einräumte[422], der Landesplanung und regionalen Wirtschaftsentwicklung[423], des Rechts der IHK[424], der Land- und Forstwirtschaft[425], des Verkehrs[426] und der Sozialpolitik[427].

Obwohl viele Empfehlungen, Gutachten und Entschließungen der Hauptwirtschaftskammer inhaltlich fundiert und detailliert zu den aufgeworfenen Problemen Stellung nahmen, fanden sie in der Praxis des Gesetzgebungsverfahrens bei Landesregierung und Landtag kaum Berücksichtigung[428]. Dies lag auch daran, dass die

---

„Gesetzesanregung", auf welche die Landesregierung allerdings habe reagieren müssen, wobei sie ihre abweichenden Ansichten dem Landtag habe mitteilen können.
[416] § 3 Abs. 2 S. 2 HauptwirtschaftskammerG-Rh.Pf.; Nach § 5 Abs. 1 der Durchführungsverordnung, GVBl. Rh.-Pf. 1952, S. 1, hatte die Landesregierung Gesetzesvorlagen der Hauptwirtschaftskammer innerhalb von sechs Wochen dem Landtag mit ihrer Stellungnahme vorzulegen.
[417] § 3 Abs. 2 S. 3 HauptwirtschaftskammerG-Rh.Pf.
[418] *Storch*, Die Hauptwirtschaftskammer von Rheinland-Pfalz, 1963, S. 66.
[419] *Storch*, Die Hauptwirtschaftskammer von Rheinland-Pfalz, 1963, S. 18.
[420] Vgl. die Übersicht über Termine und Tagesordnungen der Plenarsitzungen bei: *Storch*, Die Hauptwirtschaftskammer von Rheinland-Pfalz, 1963, S. 83 ff.
[421] Vgl. *Storch*, Die Hauptwirtschaftskammer von Rheinland-Pfalz, 1963, S. 91 f.
[422] *Storch*, Die Hauptwirtschaftskammer von Rheinland-Pfalz, 1963, S. 24.
[423] *Storch*, Die Hauptwirtschaftskammer von Rheinland-Pfalz, 1963, S. 27 ff.
[424] *Storch*, Die Hauptwirtschaftskammer von Rheinland-Pfalz, 1963, S. 53 ff.
[425] *Storch*, Die Hauptwirtschaftskammer von Rheinland-Pfalz, 1963, S. 33 ff.
[426] *Storch*, Die Hauptwirtschaftskammer von Rheinland-Pfalz, 1963, S. 37 ff.
[427] *Storch*, Die Hauptwirtschaftskammer von Rheinland-Pfalz, 1963, S. 44 ff.
[428] *Storch*, Die Hauptwirtschaftskammer von Rheinland-Pfalz, 1963, S. 66.

verschiedenen Kammern und anderen Akteure, welche Repräsentanten in die Hauptwirtschaftskammer entsandten, ihre jeweiligen Interessen jenseits der auf einen Interessenausgleich gerichteten Tätigkeit der Hauptwirtschaftskammer auch unmittelbar bei den Beteiligten des Gesetzgebungsverfahrens geltend machten, was den Einfluss der Hauptwirtschaftskammer schwächte[429]. Letztlich wurde in der Praxis deutlich, dass im Rahmen der Gesetzgebungstätigkeit kein praktischer Bedarf für ein Organ bestand, das idealtypisch neutrale Stellungnahmen „der Wirtschaft" formulieren sollte. Die zunehmende praktische Bedeutungslosigkeit der Hauptwirtschaftskammer trug wesentlich zur kontinuierlichen Abnahme der Kammeraktivität bei und war der wesentliche Grund für ihre sang- und klanglose Suspendierung im Jahr 1962[430].

ee) Fazit und Beurteilung der Hauptwirtschaftskammer Rheinland-Pfalz

Insgesamt war die Hauptwirtschaftskammer Rheinland-Pfalz eher ein Wirtschaftsrat nach dem Vorbild des Reichswirtschaftsrats als eine Kammer. Letztlich wäre die Bezeichnung Wirtschaftsrat treffender gewesen, und tatsächlich verwendete zumindest der Vorentwurf zur rheinland-pfälzischen Verfassung auch noch die Bezeichnung „Landeswirtschaftsrat", die jedoch in der ersten Lesung in der Beratenden Landesversammlung in „Landeswirtschaftskammer" und in der zweiten Lesung dann in „Hauptwirtschaftskammer" geändert wurde[431]. Der Selbstverwaltung der Wirtschaft konnte die Hauptwirtschaftskammer Rheinland-Pfalz allerdings schon aus dem Grund nicht zugerechnet werden, dass es sich bei ihr nicht um eine juristische Person des öffentlichen Rechts handelte. Verfassung und Hauptwirtschaftskammergesetz schweigen sich über die Rechtsnatur der Hauptwirtschaftskammer aus. Letztlich war sie ein organisatorisch verfestigter Rat ohne eigene Rechtspersönlichkeit. Die Hauptwirtschaftskammer wurde z. T. sogar in die Nähe der eigentlichen Staatsorgane gerückt[432], während andererseits zu Recht betont wurde, dass es sich nicht um ein wirkliches Staatsorgan i. S. v. Art. 130 Abs. 1 Verf.-Rh.-Pf. handele[433].

Als Wirtschaftsrat war die Hauptwirtschaftskammer auch aus materialen Gründen keine Organisationsform der Selbstverwaltung der Wirtschaft. Zum einen verwalteten hier nicht Wirtschaftssubjekte ihre eigenen Angelegenheiten. Von einer echten Mitgliedschaft der Wirtschaftssubjekte in der Hauptwirtschaftskammer

---

[429] *Storch*, Die Hauptwirtschaftskammer von Rheinland-Pfalz, 1963, S. 66 f.

[430] *Storch*, Die Hauptwirtschaftskammer von Rheinland-Pfalz, 1963, S. 60, 65 verweist darauf, dass die Suspendierung ohne jede Aussprache im Landtag vollzogen worden sei. Auch sei in keinem offiziellen Publikationsorgan des Landes eine abschließende Würdigung der Hauptwirtschaftskammer publiziert worden.

[431] *Süsterhenn/Schäfer*, Kommentar der Verfassung für Rheinland-Pfalz, 1950, S. 293.

[432] So betonte der Abgeordnete Bieroth im Plenum des rheinland-pfälzischen Landtags, dass die Hauptwirtschaftskammer ein „Hilfsorgan des Staates und keine Dachorganisation wie die Gauwirtschaftskammer unseligen Angedenkens" sei (wiedergegeben bei *Storch*, Die Hauptwirtschaftskammer von Rheinland-Pfalz, 1963, S. 3).

[433] *Süsterhenn/Schäfer*, Kommentar der Verfassung für Rheinland-Pfalz, 1950, S. 455.

kann nicht gesprochen werden. Letztlich waren die Kammern und anderen Akteure, welche nach § 2 HauptwirtschaftskammerG Rh.-Pf. Vertreter entsandten, in der Hauptwirtschaftskammer in einem weiteren Sinne repräsentiert. Finanziert wurde die Hauptwirtschaftskammer nicht aus Beiträgen von Mitgliedern, sondern aus dem Landeshaushalt[434]. Betrachtet man schließlich die Tätigkeit, fand anstelle einer für die Selbstverwaltung typischen Verwaltung eigener Angelegenheiten tatsächlich eine spezialisierte gutachterliche und beratende Tätigkeit gegenüber den Staatsorganen Regierung und Landtag im Rahmen der Gesetzgebung und bei grundlegenden wirtschaftlichen und sozialen Maßnahmen statt.

Diese eigentliche Aufgabe der Hauptwirtschaftskammer lief in der Praxis weitgehend leer, da Regierung und Landtag – wie oben ausgeführt – Gutachten und Stellungnahmen der Hauptwirtschaftskammer wenig beachteten. Positive, indes kaum quantifizierbare Impulse dürften von der Hauptwirtschaftskammer vor allem im Hinblick auf eine konstruktive Zusammenarbeit der in diesem Gremium paritätisch vertretenen Arbeitgeber und Arbeitnehmer der verschiedenen Wirtschaftszweige ausgegangen sein[435]. Angesichts des weitgehenden Leerlaufens ihrer eigentlichen Beratungsfunktion war es indes nur folgerichtig, dass die Hauptwirtschaftskammer 1962 – von der Öffentlichkeit kaum beachtet – suspendiert wurde.

Das Scheitern der Hauptwirtschaftskammer mag am Rande auch mit dazu beigetragen haben, dass die vor allem in der ersten Hälfte der fünfziger Jahre, dann aber auch wieder in den frühen sechziger Jahren geführten Diskussionen um die Einrichtung eines Bundeswirtschaftsrats letztlich fruchtlos blieben[436].

c) Die Wirtschaftskammer Bremen

aa) Rechtsgrundlagen und Entwicklung der Wirtschaftskammer Bremen

Rechtsgrundlage der Wirtschaftskammer Bremen war Art. 46 Abs. 1 der Landesverfassung der Freien Hansestadt Bremen von 1947 (Verf.-Bremen)[437], nach dem

---

[434] § 11 Abs. 1 HauptwirtschaftskammerG-Rh.Pf.
[435] Vgl. etwa *Grote-Mißmahl*, Sinn und Aufgaben, in: Staats-Zeitung Rheinland-Pfalz vom 27. 05. 1951, Nr. 21, S. 5; *Süsterhenn*, Die Hauptwirtschaftskammer, in: Rhein-Zeitung vom 18. 01. 1957 (Nr. 16), S. 1.
[436] Dazu etwa *Krüger*, Der Bundeswirtschaftsrat in verfassungspolitischer Sicht, in: DÖV 1952, 545 ff.; *H. Peters*, Nichtwirtschaftliche Organisationen, in: DÖV 1952, 556 ff.; *Forsthoff*, Zur Problematik des Bundeswirtschaftsrates, in: DÖV 1952, 714 ff.; *Dehmer*, Das Problem der Errichtung eines Bundeswirtschaftsrates, 1955, S. 117 ff.; *Seidenfus*, Gedanken zur Errichtung eines Bundeswirtschaftsrates, 1962, S. 11 ff.; *Storch*, Die Hauptwirtschaftskammer von Rheinland-Pfalz, 1963, S. 70 f.; die Hauptwirtschaftskammer hat 1952 eine eigene Stellungnahme mit Empfehlungen zur Konstituierung eines Bundeswirtschaftsrats abgegeben. Diese ist abgedruckt bei: *Storch*, Die Hauptwirtschaftskammer von Rheinland-Pfalz, 1963, S. 95 f.
[437] Art. 46 der Landesverfassung der Freien Hansestadt Bremen vom 21. 10. 1947, Brem. GBl., S. 251, wurde durch Art. 1 des Gesetzes zur Änderung der Landesverfassung der Freien Hansestadt Bremen und zur Aufhebung des Bremischen Wirtschaftskammergesetzes vom 26. 03. 1996, ebenso wie die verschiedenen Bezugnahmen der Landesverfassung auf die bremische Wirtschaftskammer, aufgehoben.

zur Förderung der Wirtschaft und der Sozialpolitik eine Wirtschaftskammer errichtet werden sollte, die paritätisch durch Vertreter der Unternehmer und Arbeitnehmer zu bilden und zu verwalten war[438]. Bei den Ausschussberatungen zur Ausarbeitung eines auf Art. 46 Abs. 2 Verf.-Bremen beruhenden Wirtschaftskammergesetzes standen sich ein Gewerkschaftsentwurf und ein Entwurf der Handelskammer mit ganz unterschiedlichen Konzepten gegenüber[439]. Während die Wirtschaftskammer nach der gewerkschaftlichen Konzeption an die Stelle von Handelskammer, Handwerkskammer und Arbeitnehmerkammer treten und deren Aufgaben zentral fortführen sollte, sollte nach dem Handelskammerentwurf die überkommene Kammerorganisation weiter bestehen und die Wirtschaftskammer als eine die verschiedenen Kammern verklammernde Dachkammer hinzutreten[440].

Nachdem im Ausschuss der Bürgerschaft zur Ausarbeitung des Wirtschaftskammergesetzes in der entscheidenden Frage des Fortbestands der bestehenden Kammern lange keine Einigkeit zu erzielen war, führte schließlich die Verfügung der amerikanischen Militärregierung aus dem Dezember 1948, welche die Aufhebung der Pflichtmitgliedschaft in den Kammern anordnete, zum Durchbruch[441]: Da auf freiwilliger Mitgliedschaft beruhenden Kammern in der Rechtsform des Vereins das Grundrecht der Vereinigungsfreiheit gem. Art. 17 Verf.-Bremen zugestanden hätte, hätte eine Auflösung der bestehenden Kammern zugunsten der Wirtschaftskammer gegen die bremische Verfassung verstoßen. Die Gewerkschaftsseite konnte daher nicht mehr an ihrem Konzept einer Überführung der Kammern in die Wirtschaftskammer festhalten. Nachdem schließlich auch in den umstrittenen Fragen der Finanzierung der Wirtschaftskammer und der Bildung der Vollversammlung Kompromisse erzielt worden waren, konnte die Wirtschaftskammer durch das bremische Wirtschaftskammergesetz vom 23. Juni 1950 (WirtschaftskammerG-1950) errichtet werden[442]. Die konstituierende Sitzung der Wirtschaftskammer fand am 10. Oktober 1950 statt[443].

Das WirtschaftskammerG-1950 wurde Mitte der sechziger Jahre vor allem in verschiedenen organisatorischen Aspekten überarbeitet[444] und schließlich durch das bremische Wirtschaftskammergesetz vom 13. Dezember 1982 (WirtschaftskammerG-1982) ersetzt, das den folgenden Ausführungen primär zugrunde liegt[445]. Durch Art. 2 des Gesetzes zur Änderung der Landesverfassung der Freien Hansestadt Bremen und zur Aufhebung des bremischen Wirtschaftskammergesetzes

---

[438] Zur Vorgeschichte: *G. Fischer*, Entstehung und Entwicklung, 1974, S. 151 ff.
[439] Vgl. dazu *G. Fischer*, Entstehung und Entwicklung, 1974, S. 163 ff.
[440] *G. Fischer*, Entstehung und Entwicklung, 1974, S. 163 ff.
[441] *G. Fischer*, Entstehung und Entwicklung, 1974, S. 166 f.
[442] § 1 Bremisches Wirtschaftskammergesetz, Brem. GBl. 1950, S. 71.
[443] Wirtschaftskammer Bremen: 30 Jahre Verfassungsorgan, 1980, S. 7; vgl. auch die Ansprache von *Wolters* auf der Eröffnungssitzung, abgedruckt in: Wirtschaftskammer Bremen: 25 Jahre Wirtschaftskammer Bremen, 1975, S. 17 ff.
[444] Gesetz zur Änderung des Bremischen Wirtschaftskammergesetzes vom 04.10.1966, Brem. GBl. 1966, S. 135.
[445] Brem. GBl. 1982, S. 361.

vom 26. März 1996 wurde das WirtschaftskammerG-1982 schließlich aufgehoben und die Wirtschaftskammer aufgelöst[446].

bb) *Rechtsnatur und Organisationsstrukturen der Wirtschaftskammer*

Das WirtschaftskammerG-1950 regelte die Rechtsnatur der Wirtschaftskammer Bremen nicht ausdrücklich und stellte in § 4 Abs. 1 insofern lediglich fest, dass die Wirtschaftskammer rechtsfähig sei. Zurückzuführen war das Schweigen des Gesetzes zur Rechtsform auf die kritische Haltung der amerikanischen Militärregierung gegenüber dem überkommenen Kammerwesen in öffentlich-rechtlicher Form. Die Bürgerschaft hatte vor diesem Hintergrund davon abgesehen, die Wirtschaftskammer ausdrücklich als Körperschaft des öffentlichen Rechts zu bezeichnen. Indes wurde die Wirtschaftskammer von Anfang an als Körperschaft des öffentlichen Rechts behandelt[447]. § 4 WirtschaftskammerG-1982 regelte dann schließlich auch ausdrücklich, dass die Wirtschaftskammer eine Körperschaft des öffentlichen Rechts sei.

Als Organe der Wirtschaftskammer nannte § 5 WirtschaftskammerG-1982 die Vollversammlung, den Vorstand, den Vorsitzenden und die Fachausschüsse[448]. Die Vollversammlung bestand aus 36 Mitgliedern, von denen je 18 auf die Seiten der Unternehmer und der Arbeitnehmer entfielen[449]. Die Vollversammlung wählte aus ihrer Mitte den Vorstand[450], der sich aus dem Vorsitzenden und drei Stellvertretern zusammensetzte[451]. Je zwei Mitglieder des Vorstands wurden von den Unternehmern und den Arbeitnehmern in gesonderter Wahl innerhalb ihrer Gruppen bestimmt[452]. Der Vorsitz wechselte in jedem Jahr zwischen einem Vertreter der Unternehmer und einem der Arbeitnehmer.[453] Während der Vorstand die Wirtschaftskammer leitete[454], vertrat der Vorstandsvorsitzende die Wirtschaftskammer gerichtlich und außergerichtlich, wobei er an die Beschlüsse der Vollversammlung und des Vorstands gebunden war[455]. Die Vollversammlung konnte nach Bedarf Fachausschüsse einsetzen, denen in gleicher Anzahl Vertreter der Unternehmer und der Arbeitnehmer angehörten[456].

---

[446] Brem. GBl. 1996, S. 81.
[447] *G. Fischer*, Entstehung und Entwicklung, 1974, S. 174; so bezeichnet sich die Wirtschaftskammer auch auf dem Titelblatt der Veröffentlichung zu ihrem 30-jährigen Bestehen (Wirtschaftskammer Bremen: 30 Jahre Verfassungsorgan, 1980) als Körperschaft des öffentlichen Rechts.
[448] Eine identische Regelung enthielt § 5 WirtschaftskammerG-1950.
[449] § 6 WirtschaftskammerG-1982; vgl. exemplarisch die Übersicht über die Mitglieder der Kammer (Vollversammlung) in Statistisches Bundesamt, Statistisches Jahrbuch für die Bundesrepublik Deutschland 1954, S. 132.
[450] § 16 Abs. 1 WirtschaftskammerG-1982; § 15 Abs. 1 WirtschaftskammerG-1950.
[451] § 16 Abs. 2 WirtschaftskammerG-1982; § 15 Abs. 2 WirtschaftskammerG-1950.
[452] § 16 Abs. 2 S. 1 WirtschaftskammerG-1982; § 15 Abs. 2 S. 1 WirtschaftskammerG-1950.
[453] § 16 Abs. 2 S. 2 WirtschaftskammerG-1982; § 15 Abs. 2 S. 2 WirtschaftskammerG-1950.
[454] § 17 WirtschaftskammerG-1982; § 16 Wirtschaftskammergesetz-1950.
[455] § 18 Abs. 1 WirtschaftskammerG-1982; § 17 WirtschaftskammerG-1950.
[456] § 19 Abs. 1 WirtschaftskammerG-1982; § 18 Abs. 1 WirtschaftskammerG-1950.

cc) Die Mitgliedschaft in der Wirtschaftskammer

Das bremische WirtschaftskammerG-1982 enthielt wie schon das WirtschaftskammerG-1950 keine ausdrückliche Regelung der Mitgliedschaft in der Wirtschaftskammer. § 11 Abs. 1 S. 1 WirtschaftskammerG-1982 stellte fest[457], dass die „Mitgliedschaft in der Wirtschaftskammer" ehrenamtlich sei. Der Gegenstand dieser und ähnlicher Regelungen[458] und die systematische Stellung von § 11 WirtschaftskammerG-1982 inmitten der Vorschriften über die Vollversammlung (§§ 6 ff. WirtschaftskammerG-1982) machen deutlich, dass es hier nicht um die Mitgliedschaft in der Körperschaft, sondern um die ehrenamtlich tätigen Mitglieder der Vollversammlung ging.

Wie oben bereits in Bezug auf die Landwirtschaftskammergesetze der Länder festgestellt wurde, nannte man früher regelmäßig die zentrale Repräsentationsversammlung Kammer[459]. Entsprechend waren die Mitglieder dieses Organs die Kammermitglieder. Ist die Mitgliedschaft in der Kammer als solcher (der Körperschaft) nicht ausdrücklich geregelt, ist – wie oben herausgearbeitet wurde – primär auf das Wahlrecht zum zentralen Repräsentationsorgan abzustellen, da dieses Wahlrecht heute regelmäßig das zentrale Selbstverwaltungsrecht darstellt. Von den 18 Unternehmervertretern in der Vollversammlung der Wirtschaftskammer wurden gem. § 7 Abs. 1 WirtschaftskammerG-1982 elf durch die Handelskammer Bremen, drei durch die IHK Bremerhaven, drei durch die Handwerkskammer Bremen und einer durch die Landwirtschaftskammer Bremen entsandt[460]. Die Arbeitnehmervertreter wurden gem. § 8 Abs. 1 WirtschaftskammerG-1982 durch die Gewerkschaften oder ihre Dachorganisationen im Land Bremen entsandt und mussten Mitglieder der entsendenden Gewerkschaft sein[461]. Die Mitglieder der Vollversammlung der Wirtschaftskammer wurden also nicht etwa von den Arbeitgebern und Arbeitnehmern im Bereich der bremischen Wirtschaft gewählt, sondern von den Kammern der Wirtschaft einerseits und den Gewerkschaften oder ihren Dachorganisationen im Land Bremen andererseits entsandt.

Man kann also nicht sagen, dass die den Kammern angehörenden Arbeitgeber sowie die den Gewerkschaften zugehörigen Arbeitnehmer als solche Mitglieder der Wirtschaftskammer waren. Diese Feststellung wird auch dadurch gestützt, dass

---

[457] Entsprechend: § 10 WirtschaftskammerG-1950.
[458] Gem. § 11 Abs. 1 S. 2 WirtschaftskammerG-1982 wurden die baren Auslagen und entgangener Arbeitsverdienst nach näheren Bestimmungen der Satzung erstattet. Gem. § 11 Abs. 2 WirtschaftskammerG-1982 hatten die in einem Dienst- oder Arbeitsverhältnis stehenden Mitglieder Anspruch auf die zur Ausübung ihrer Tätigkeit in der Wirtschaftskammer erforderliche Zeit ohne Anrechnung auf ihren Urlaub.
[459] Siehe oben S. 193.
[460] Weitgehend identisch: § 7 Abs. 1 WirtschaftskammerG-1950.
[461] Vgl. auch § 8 WirtschaftskammerG-1950; so waren bspw. am 1. September 1980 von den 18 Arbeitnehmervertretern zwölf vom Deutschen Gewerkschaftsbund, Kreis Bremen, vier vom Deutschen Gewerkschaftsbund, Kreis Bremerhaven-Wesermünde sowie jeweils einer von den Ortsgruppen Bremen und Bremerhaven der Deutschen Angestellten-Gewerkschaft entsandt; vgl. Wirtschaftskammer Bremen: 30 Jahre Verfassungsorgan, 1980, S. 25 ff.

IV. Erscheinungsformen der Selbstverwaltung der Wirtschaft   221

dieser Personenkreis nicht zur Finanzierung der Wirtschaftskammer herangezogen wurde. Die Kosten der Wirtschaftskammer wurden vielmehr von der Freien Hansestadt Bremen getragen[462]. Im Hinblick auf ihr Recht, die Mitglieder der Vollversammlung der Wirtschaftskammer zu entsenden, ist letztlich davon auszugehen, dass auf Unternehmerseite Handelskammer, IHK, Handwerkskammer und Landwirtschaftskammer sowie auf Arbeitnehmerseite die Gewerkschaften bzw. ihre Dachorganisationen in der Wirtschaftskammer organisiert waren. Darin manifestierten sich letztlich die verschiedenen Kompromisse, die bei den Ausschussverhandlungen über die Einrichtung der Wirtschaftskammer zwischen der Handelskammer einerseits und den Gewerkschaften andererseits geschlossen worden waren[463]. Im Hinblick auf die Mitgliedschaft erschien die Wirtschaftskammer damit – ähnlich wie die Hauptwirtschaftskammer Rheinland-Pfalz – nicht als echte Selbstverwaltungskörperschaft der Unternehmer sowie Arbeitnehmer im Bereich der Wirtschaft. Sie war vielmehr eher als atypisches, verklammerndes Forum für die bremischen Kammern der Wirtschaft einerseits und die Gewerkschaften andererseits konzipiert[464].

dd) Die Aufgaben der Wirtschaftskammer

Die Wirtschaftskammer Bremen hatte gem. § 2 WirtschaftskammerG-1982 u. a. die Aufgaben, das Gesamtinteresse der bremischen Wirtschaft zu vertreten[465], die wirtschafts- und sozialpolitischen Auffassungen und die Interessen beider Sozialpartner auszugleichen[466], dem Senat, der Bürgerschaft und den Behörden auf deren Verlangen oder von sich aus über Gesetzentwürfe und sonstige Maßnahmen von allgemein wirtschaftlicher und sozialpolitischer Bedeutung Gutachten zu erstatten und Vorschläge vorzulegen[467] und sich gutachtlich zu wettbewerbsrechtlichen Belangen der bremischen Wirtschaft, zur beruflichen Bildung im Land Bremen[468] sowie schließlich auch dazu zu äußern, ob bei Sozialisierungen die verfassungsmäßigen

---

[462] § 23 Abs. 1 WirtschaftskammerG-1982; § 22 Abs. 1 WirtschaftskammerG-1950.
[463] Vgl. dazu G. *Fischer*, Entstehung und Entwicklung, 1974, S. 163 ff.
[464] Den Charakter der Wirtschaftskammer als Forum für eine Zusammenarbeit von Arbeitgebern und Arbeitnehmern in wirtschafts- und sozialpolitischen Fragen betonte bereits Senator *Wolters* in seiner Ansprache auf der Eröffnungssitzung der Wirtschaftskammer am 10. Oktober 1950, abgedruckt in: Wirtschaftskammer Bremen: 25 Jahre Wirtschaftskammer Bremen, 1975, S. 17 ff.
[465] § 2 Abs. 1 Nr. 1 WirtschaftskammerG-1982.
[466] § 2 Abs. 1 Nr. 2 WirtschaftskammerG-1982.
[467] § 2 Abs. 1 Nr. 3 WirtschaftskammerG-1982.
[468] § 2 Abs. 1 Nr. 6 WirtschaftskammerG-1982; aufgehoben durch Art. 1 Nr. 2 lit. b des Gesetzes zur Änderung des Bremischen Wirtschaftskammergesetzes vom 29. 11. 1994, Brem. GBl., S. 305, und durch die neue Nr. 4 „sich gutachtlich in den in der Landesverfassung vorgesehenen Fällen zu äußern" ersetzt. Der frühere § 2 Abs. 1 lit. f WirtschaftskammerG-1950 lautete: „die berufliche Ausbildung zu fördern, insbesondere die Durchführung der Lehrlingsprüfungen in Gemeinsamkeit mit den wirtschaftlichen Organisationen der Arbeitgeber und Arbeitnehmer".

Voraussetzungen gegeben waren und auf welche Rechtsträger das Eigentum zu überführen war (Art. 42 und 43 Verf.-Bremen)[469].

§ 3 WirtschaftskammerG-1982 wies der Wirtschaftskammer zudem eine besondere Stellung im Rahmen der bremischen Gesetzgebung zu: Gem. § 3 Abs. 1 WirtschaftskammerG-1982 war die Wirtschaftskammer vor Erlass von Rechtsvorschriften und über beabsichtigte Maßnahmen, welche die Aufgaben im Sinne von § 2 WirtschaftskammerG-1982 betrafen, rechtzeitig zu unterrichten. Nach § 2 Abs. 2 WirtschaftskammerG-1982 konnte die Wirtschaftskammer ihrerseits der Bürgerschaft unmittelbar Gesetzesentwürfe unterbreiten[470] und hatte gem. § 2 Abs. 3 das Recht, und auf Verlangen der Bürgerschaft die Pflicht, zur Beratung eines Gesetzes, das sie vorgeschlagen oder begutachtet hatte, einen Vertreter in die Bürgerschaft zu entsenden, dem Gelegenheit zur mündlichen Darlegung des Standpunkts der Wirtschaftskammer gegeben werden musste[471].

Die in § 2 Abs. 1 Nr. 1 WirtschaftskammerG-1982 genannte grundlegende Aufgabe der bremischen Wirtschaftskammer, das Gesamtinteresse der bremischen Wirtschaft zu vertreten, macht deutlich, dass Aufgaben der Kammer potentiell weitgefasste Implikationen aus dem Bereich der bremischen Wirtschaft umfassen konnten. Weitere Aufgabenzuweisungsnormen sprachen verschiedene spezielle wirtschaftliche Belange wie z.B. die gutachtliche Äußerung zu wettbewerbsrechtlichen Belangen der bremischen Wirtschaft an. Neben diese unmittelbar wirtschaftsbezogenen Aufgaben, die auch einer Selbstverwaltungskörperschaft der Wirtschaft gut angestanden hätten, traten als weiteres Tätigkeitsfeld indes breiter gefasste sozialpolitische Aspekte[472]: Vor allem in der Aufgabe gem. § 2 Abs. 1 Nr. 2 WirtschaftskammerG-1982, „die wirtschafts- und sozialpolitischen Auffassungen und die Interessen beider Sozialpartner auszugleichen", manifestierte sich die durch die Entstehungsgeschichte bedingte atypische Konstruktion und Zielrichtung der Wirtschaftskammer, einerseits im Sinne der herkömmlichen Selbstverwaltung der Wirtschaft die Interessen der Wirtschaft wahrzunehmen, andererseits aber im Sinne eines verklammernden Forums zwischen Unternehmer- und Arbeitnehmerseite deren potentiell gegenläufige wirtschafts- und eben auch sozialpolitische Positionen auszugleichen.

Auch bei den Gegenständen der Kammertätigkeit zeigt sich daher, dass die Wirtschaftskammer Bremen kein echter Selbstverwaltungsträger war. Zwar war ihr die kammertypische Generalaufgabe der Wahrnehmung des Gesamtinteresses der bremischen Wirtschaft zugewiesen. Doch dominierten unter den speziellen Aufgaben diejenigen, die ihren Forencharakter betonten. Die Aufgaben der Wirtschaftskam-

---

[469] § 2 Abs. 1 Nr. 5 WirtschaftskammerG-1982; aufgehoben durch Art. 1 Nr. 2 lit. b des Gesetzes zur Änderung des Bremischen Wirtschaftskammergesetzes vom 29.11.1994, Brem. GBl., S. 305, und durch die neue Nr. 4 „sich gutachtlich in den in der Landesverfassung vorgesehenen Fällen zu äußern" ersetzt; vgl. auch den früheren § 2 Abs. 1 lit. e WirtschaftskammerG-1950.
[470] Entsprechend: § 3 Abs. 1 WirtschaftskammerG-1950.
[471] Entsprechend: § 3 Abs. 2 WirtschaftskammerG-1950.
[472] § 2 Abs. 1 Nr. 2 und 3 WirtschaftskammerG-1982.

mer Bremen waren damit – wenn auch nicht so eindeutig wie diejenigen der Hauptwirtschaftskammer Rheinland-Pfalz – auf einen Ausgleich der Interessen der in der Wirtschaftskammer paritätisch repräsentierten Sozialpartner sowie auf eine gemeinsame Beratung von Senat, Bürgerschaft und Behörden ausgerichtet[473]. In diesen Zusammenhang passt es auch, dass im WirtschaftskammerG-1982 die im WirtschaftskammerG-1950 noch enthaltene Aufgabe, „die berufliche Ausbildung zu fördern, insbesondere die Durchführung der Lehrlingsprüfungen in Gemeinsamkeit mit den wirtschaftlichen Organisationen der Arbeitgeber und Arbeitnehmer"[474], nicht mehr aufgeführt war. Diese konkreteste, selbstverwaltungstypische Aufgabe soll vorübergehend sogar den Schwerpunkt der Tätigkeit der Wirtschaftskammer gebildet haben[475]. § 2 Abs. 1 Nr. 6 WirtschaftskammerG-1982 wies der Wirtschaftskammer in diesem Bereich nur noch die abstrakte Aufgabe zu, „sich gutachtlich zur beruflichen Bildung im Lande Bremen zu äußern". Mit dem Übergang zum Wirtschaftskammergesetz-1982 trat damit eine weitere Verschiebung der Aufgabenstruktur der Wirtschaftskammer weg von einem klassischen Selbstverwaltungsträger hin zu einem beratenden und begutachtenden paritätischen Wirtschaftsrat nach Art der Hauptwirtschaftskammer Rheinland-Pfalz ein[476].

ee) Fazit

Die Wirtschaftskammer Bremen war – nicht zuletzt auch als Folge der verschiedenen Kompromisse zwischen Unternehmer- und Arbeitnehmerseite bei den Verhandlungen zum WirtschaftskammerG-1950 – kein echter Selbstverwaltungsträger[477]. Organisiert waren hier die verschiedenen Kammern der Wirtschaft einerseits und die Gewerkschaften bzw. deren Dachorganisationen andererseits, welche Vertreter in die Wirtschaftskammer entsandten. Bei den Aufgaben stand zwar nach dem Gesetzestext die Vertretung des Gesamtinteresses der bremischen Wirtschaft an erster Stelle, die auch für eine echte Wirtschaftskammer, deren Mitglieder die Wirtschaftssubjekte selbst gewesen wären, charakteristisch hätte sein können. Andererseits manifestierte sich in dem auf Ausgleich der sozialpolitischen Auffassungen der in der Wirtschaftskammer vereinigten Sozialpartner abzielenden Tätigkeitsfeld sowie vor allem auch in der gemeinsamen Beratung und Begutachtung der Staatsorgane und Behörden der verklammernde Forencharakter, welcher der Wirt-

---

[473] Vgl. auch *Dehmer*, Das Problem der Errichtung eines Bundeswirtschaftsrates, 1955, S. 102f., 105f. sowie das Grußwort des Präsidenten der Bremischen Bürgerschaft, Dr. *D. Klink*, abgedruckt in: Wirtschaftskammer Bremen: 25 Jahre Wirtschaftskammer Bremen, 1975, S. 7ff.
[474] § 2 Abs. 1 lit. f WirtschaftskammerG-1950.
[475] *Storch*, Die Hauptwirtschaftskammer von Rheinland-Pfalz, 1963, S. 15 führt aus, dass sich die Tätigkeit der Wirtschaftskammer Bremen „in den letzten Jahren" fast ausschließlich „auf berufsfördernde Aufgaben, insbesondere die Lehrlingsprüfungen, beschränkt" habe.
[476] Der Charakter eines Wirtschaftsrats kommt bspw. auch in der Festrede des Senators für Finanzen *Karl-Heinz Jantzen* anlässlich des 25-jährigen Bestehens der Wirtschaftskammer, abgedruckt in: Wirtschaftskammer Bremen: 25 Jahre Wirtschaftskammer Bremen, 1975, S. 9ff., deutlich zum Ausdruck.
[477] *Dehmer*, Das Problem der Errichtung eines Bundeswirtschaftsrates, 1955, S. 104.

schaftskammer beigemessen wurde. Hierin hatte sich niedergeschlagen, dass die Wirtschaftskammer 1950 eben nicht an die Stelle der bereits vorhandenen Selbstverwaltungskammern im Bereich der Wirtschaft trat, sondern diese als eine Art gemeinsames Forum mit den Gewerkschaften ergänzen sollte. Dass auch das Selbstverständnis der Wirtschaftskammer bereits vor Inkrafttreten des WirtschaftskammerG-1982 dasjenige eines beratenden Wirtschaftsrats war, wird dadurch indiziert, dass sich die Kammer in der Veröffentlichung zu ihrem dreißigjährigen Bestehen primär mit dem früheren Reichswirtschaftsrat sowie den Wirtschafts- und Sozialräten verglich, die in verschiedenen EU-Staaten bestehen[478].

Der Verlust der konkreten Aufgabe der im WirtschaftskammerG-1950 noch genannten Durchführung der Lehrlingsprüfungen in Gemeinsamkeit mit den wirtschaftlichen Organisationen der Arbeitgeber und Arbeitnehmer im Wirtschaftskammergesetz-1982 nahm der Wirtschaftskammer ihre praxisnächste Aufgabe und betonte damit noch mehr ihren überwölbenden Forencharakter. Damit war die Wirtschaftskammer Bremen noch deutlicher zu einem Wirtschaftsrat ähnlich der Hauptwirtschaftskammer Rheinland-Pfalz geworden. Obwohl nicht zuletzt aufgrund der Überschneidung der Aufgabenfelder mit den weiter existierenden einzelnen Kammern der Wirtschaft die Sinnhaftigkeit einer von der Stadt Bremen finanzierten separaten Wirtschaftskammer ähnlich wie bei der Hauptwirtschaftskammer Rheinland-Pfalz von Anfang an in Zweifel gezogen worden war, wurde in Bremen allerdings erst 1996 die Entscheidung vollzogen, die Wirtschaftskammer aufzulösen. Insgesamt handelte es sich hier um eine eigenständige Hybridform zwischen Selbstverwaltungsträger und Wirtschaftsrat mit einer deutlichen Tendenz zu Letztem.

5. Abgrenzung der Selbstverwaltung der Wirtschaft zu verwandten Organisationsformen

Unter den mannigfaltigen Organisationsformen der verschiedenen Selbstverwaltungsbereiche existieren solche, die auf den ersten Blick nicht der Selbstverwaltung der Wirtschaft zuzuordnen sind, und solche, bei denen dies nicht selbstverständlich und daher z. T. auch umstritten ist. Zu den Organisationsformen, die eindeutig nicht der Selbstverwaltung der Wirtschaft zuzuordnen sind, gehören bspw. die kommunalen Selbstverwaltungsträger. Obwohl mit *Gneist* einer der zentralen Selbstverwaltungstheoretiker des 19. Jh. – wie oben ausgeführt – gerade einen bestimmten Aspekt der kommunalen Selbstverwaltung als wirtschaftliche Selbstverwaltung bezeichnete, ist dies doch eine Auffassung geblieben, die selbst zu Gneists Zeiten nur wenig Resonanz gefunden hat. Da weder die Mitglieder der kommunalen Selbstverwaltung noch die Gegenstände der kommunalen Selbstverwaltung schwerpunktmäßig der Wirtschaft als solcher zuzuordnen sind, steht fest, dass die

---

[478] Wirtschaftskammer Bremen: 30 Jahre Verfassungsorgan, 1980, S. 7 ff.

kommunale Selbstverwaltung und die Selbstverwaltung der Wirtschaft zwei getrennte Selbstverwaltungsbereiche darstellen. Ist dieser Befund so eindeutig, dass letztlich nur die Tatsache, dass der Begriff der wirtschaftlichen Selbstverwaltung eben bei Gneist in Bezug auf bestimmte Aspekte kommunaler Selbstverwaltung seine frühe Erwähnung fand, überhaupt eine Erwähnung der kommunalen Selbstverwaltung im Abschnitt über die Abgrenzung zu „verwandten" Selbstverwaltungsbereichen rechtfertigt, existieren doch eine Reihe von Organisationsformen der Selbstverwaltung, bei denen die Grenzziehung schwieriger ist. Zu nennen sind hier insbesondere die Arbeitskammer des Saarlandes sowie die Arbeitnehmerkammer Bremen einerseits und die Selbstverwaltungseinrichtungen der freien Berufe andererseits.

a) Die Arbeitskammer des Saarlandes

In zwei Bundesländern gibt es heute spezielle Kammern für Arbeitnehmer: im Saarland die Arbeitskammer, in Bremen die Arbeitnehmerkammer Bremen[479].

aa) Die Arbeitskammer des Saarlandes als Interessenvertretung der Arbeitnehmer und Arbeitnehmerinnen des Saarlandes

Nach dem im Abschnitt über die Wirtschafts- und Sozialordnung enthaltenen Art. 59 Abs. 1 der Verfassung des Saarlandes vom 15. Dezember 1947 findet die Wirtschaft des Saarlandes ihre öffentlich-rechtliche Vertretung in der IHK, in der Handwerkskammer, in der Landwirtschaftskammer und in der Arbeitskammer, denen die Wirtschaftsgemeinschaften angeschlossen werden[480]. Die 1951 gegründete Arbeitskammer des Saarlandes, eine Körperschaft des öffentlichen Rechts, ist die öffentlich-rechtliche Vertretung der im Saarland beschäftigten Arbeitnehmerinnen und Arbeitnehmer[481]. Rechtsgrundlage ist heute das Gesetz über die Arbeitskammer des Saarlandes vom 8. April 1992 (ArbeitskammerG-Saarl.)[482]. Neben der Vertreterversammlung als zentralem Repräsentationsorgan mit verschiedenen Ausschüssen[483] verfügt die Arbeitskammer als weiteres Organ über den aus der Mitte der Vertreterversammlung zu wählenden Vorstand[484]. Die Vertreterversammlung wählt zudem einen Hauptgeschäftsführer, der gemeinschaftlich mit dem Vorstandsvorsitzenden die Arbeitskammer nach außen vertritt und für die laufenden

---

[479] Zur Diskussion um die Einführung von Arbeitnehmerkammern auf Reichsebene Anfang des 20. Jh.: *van Eyll*, Berufsständische Selbstverwaltung, in: Dt. Verwaltungsgeschichte, Bd. 3, 1984, S. 71 (82).
[480] Verfassung des Saarlandes vom 15.12.1947, Saarl. ABl., S. 1077, BS Saar Nr. 100–1, zuletzt geändert durch Art. 1 des Gesetzes vom 14.05.2008, Saarl. ABl., S. 986.
[481] § 2 Abs. 1 S. 1 ArbeitskammerG-Saarl.; vgl. auch Art. 59 der Verfassung des Saarlandes.
[482] Saarl. Amtsblatt 1992, S. 590, ber. S. 627 und 858, zuletzt geändert durch Gesetz vom 15.02.2006, Saarl. Amtsblatt S. 474, 530.
[483] §§ 4 ff. ArbeitskammerG-Saarl.
[484] §§ 4, 12 ArbeitskammerG-Saarl.

Geschäfte der Verwaltung der Arbeitskammer verantwortlich sowie insoweit auch allein vertretungsberechtigt ist[485].

bb) Die Mitgliedschaft in der Arbeitskammer

Anders als etwa die sieben Landwirtschaftskammergesetze regelt das ArbeitskammerG-Saarl. die Kammerzugehörigkeit ausdrücklich: § 3 Abs. 1 ArbeitskammerG-Saarl. bestimmt, dass der Arbeitskammer die im Saarland beschäftigten Arbeitnehmer und Arbeitnehmerinnen angehören. Gem. § 3 Abs. 2 S. 1 ArbeitskammerG-Saarl. sind Arbeitnehmer i. S. d. Arbeitskammergesetzes Arbeiter und Angestellte sowie die zu ihrer Berufsausbildung Beschäftigten. Nicht als Arbeitnehmer gelten hingegen bspw. Mitglieder des Organs, das zur gesetzlichen Vertretung einer juristischen Person berufen ist[486], Gesellschafter einer oHG oder die Mitglieder einer anderen Personengesamtheit in deren Betrieben[487], bestimmte leitende Angestellte mit arbeitgebergleicher Stellung[488], Personen, deren Beschäftigung nicht in erster Linie dem Erwerb dient, sondern vorwiegend durch Beweggründe karitativer oder religiöser Art bestimmt ist[489], Personen, deren Beschäftigung nicht in erster Linie ihrem Erwerb dient und die vorwiegend zu ihrer Heilung, Wiedereingewöhnung, sittlichen Besserung oder Erziehung beschäftigt werden[490], und schließlich Verwandte und Verschwägerte ersten Grades, die in häuslicher Gemeinschaft mit dem Arbeitgeber leben[491].

Sieht man also von den Ausnahmen leitender Angestellter mit arbeitgebergleicher Funktion, nicht erwerbsorientierter Angestellter usw. in § 3 Abs. 2 ArbeitskammerG-Saarl. ab, sind gem. § 3 Abs. 1 ArbeitskammerG-Saarl. sämtliche Arbeitnehmer, die im Saarland beschäftigt sind, Mitglieder der Arbeitskammer des Saarlandes. Anders als etwa die Mitgliedschaft in den IHK, die an das Kriterium der Gewerbesteuerpflicht anknüpft[492], die Mitgliedschaft in der Handwerkskammer, die ein Handwerk bzw. handwerksähnliches Gewerbe voraussetzt[493], oder die Mitgliedschaft in den Landwirtschaftskammern, die überwiegend an das Vorliegen eines landwirtschaftlichen Betriebs geknüpft ist, ist die Mitgliedschaft in der Arbeitskammer des Saarlandes mithin nicht auf Personen beschränkt, die im Bereich der Wirtschaft tätig sind. Erfasst sind vielmehr – abgesehen von den genannten

---

[485] § 14 Abs. 1 S. 1, Abs. 2 S. 1 ArbeitskammerG-Saarl.
[486] § 3 Abs. 2 S. 2 lit. a ArbeitskammerG-Saarl.; die Ausnahmen des § 3 Abs. 2 S. 2 finden gem. § 3 Abs. 3 ArbeitskammerG-Saarl. wiederum ausnahmsweise keine Anwendung auf Vorstandsmitglieder, gesetzliche Vertreter/Vertreterinnen sowie leitende Angestellte von Berufsorganisationen der Arbeitnehmer und Arbeitnehmerinnen.
[487] § 3 Abs. 2 S. 2 lit. b ArbeitskammerG-Saarl.
[488] § 3 Abs. 2 S. 2 lit. c ArbeitskammerG-Saarl.
[489] § 3 Abs. 2 S. 2 lit. d ArbeitskammerG-Saarl.
[490] § 3 Abs. 2 S. 2 lit. e ArbeitskammerG-Saarl.
[491] § 3 Abs. 2 S. 2 lit. f ArbeitskammerG-Saarl.
[492] § 2 Abs. 1 IHKG.
[493] § 90 Abs. 2 HwO; bzw. für die Handwerksinnung entsprechend in § 58 Abs. 1 S. 1 HwO.

Ausnahmen – sämtliche Arbeitnehmer, also bspw. auch grundsätzlich alle Arbeitnehmer im öffentlichen Sektor.

Damit sind zwar auch Arbeitnehmer aus dem Bereich der Wirtschaft Mitglieder der Arbeitskammer. Der Bezug zur Wirtschaft ist aber gerade nicht der entscheidende Anknüpfungspunkt für die Mitgliedschaft. De iure ist die bloße Arbeitnehmereigenschaft hinreichend für eine Mitgliedschaft. Arbeitnehmer aus dem Bereich der Wirtschaft und Arbeitnehmer, die nicht der Wirtschaft zugeordnet werden können, sind gleichermaßen in der Arbeitskammer repräsentiert. De iure und de facto kann daher auch nicht davon gesprochen werden, dass die Arbeitskammer des Saarlandes ratione personae von Mitgliedern, die der Wirtschaft zugeordnet werden können, dominiert würde. Schon im Hinblick auf ihre Mitglieder ist die Arbeitskammer des Saarlandes daher nicht eindeutig der Wirtschaft zuzuordnen.

cc) Der Gegenstand der Selbstverwaltung in der Arbeitskammer

Die Aufgaben der Arbeitskammer des Saarlandes ergeben sich aus § 2 ArbeitskammerG-Saarl.: Zunächst hat die Arbeitskammer die Aufgabe, als öffentlich-rechtliche Vertretung der im Saarland beschäftigten Arbeitnehmer gem. Art. 59 der Verfassung des Saarlandes die allgemeinen wirtschaftlichen, ökologischen, sozialen und kulturellen Interessen der Arbeitnehmer wahrzunehmen und die auf die Hebung der wirtschaftlichen, ökologischen, sozialen und kulturellen Lage der Arbeitnehmer abzielenden Bestrebungen zu fördern[494]. Daneben hat die Arbeitskammer die Regierung des Saarlandes, Behörden, Körperschaften und Anstalten des öffentlichen Rechts, Gewerkschaften und sonstige selbständige Vereinigungen von Arbeitnehmern mit sozial- oder berufspolitischer Zwecksetzung, die für das Arbeitsleben im Saarland eine wesentliche Bedeutung haben, durch Vorschläge, Gutachten und Berichte zu unterstützen sowie zu beraten und dabei das Allgemeinwohl zu berücksichtigen[495]. Die Arbeitskammer kann Einrichtungen, die der Förderung der wirtschaftlichen, ökologischen, sozialen und kulturellen Interessen der Arbeitnehmer dienen, gründen, unterhalten und unterstützen[496]. Sie kann außerdem für Arbeitnehmer Maßnahmen zur Förderung der beruflichen, der politischen und der allgemeinen Bildung, der Beschäftigung, der Kultur, der Gesundheit, des Verbraucherschutzes, der Gleichberechtigung von Frauen und Männern, der Integration von Ausländern, der grenzüberschreitenden Zusammenarbeit mit den Nachbarregionen (Saar-Lor-Lux) und der Armutsvermeidung initiieren und durchführen[497]. Die Arbeitskammer hat der Regierung des Saarlandes jedes Jahr einen Jahresbericht über die wirtschaftliche, ökologische, soziale und kulturelle Lage der Arbeit-

---

[494] § 2 Abs. 1 S. 1 ArbeitskammerG-Saarl.; die Arbeitskammer des Saarlandes ist wie die Arbeitnehmerkammer Bremen nicht tariffähig, *Schaub*, Arbeitsrechts-Handbuch, 13. Aufl., 2009, § 199 Rn. 12.
[495] § 2 Abs. 2 ArbeitskammerG-Saarl.
[496] § 2 Abs. 3 ArbeitskammerG-Saarl.
[497] § 2 Abs. 4 S. 1 ArbeitskammerG-Saarl.

nehmer vorzulegen[498]. Schließlich ist der Arbeitskammer vor Einbringung von Gesetzen durch die Regierung des Saarlandes und vor dem Erlass von Rechtsverordnungen und Verwaltungsvorschriften, welche die Interessen der Arbeitnehmer unmittelbar berühren, Gelegenheit zur Stellungnahme zu geben[499].

Auch bei den Aufgaben der Arbeitskammer und damit den Gegenständen, mit denen sich die Arbeitskammer befasst, bestätigt sich damit das Bild, dass wirtschaftsbezogene Tätigkeiten zwar auch Bestandteil ihrer Aktivitäten sind, sich die Tätigkeit der Arbeitskammer aber weder hierauf beschränkt, noch hierdurch dominiert wird. Im Mittelpunkt steht hier statt eines wirtschaftlichen Anknüpfungspunkts die Arbeitnehmereigenschaft, bzw. genauer die hierfür relevanten, weit gefassten Belange. Diese erschöpfen sich nicht in wirtschaftlichen Fragen, sondern erfassen bspw. ökologische, soziale, kulturelle und andere darüber hinausreichende Aspekte. Zudem ist darauf hinzuweisen, dass der Begriff der wirtschaftlichen Interessen und der wirtschaftlichen Lage der Arbeitnehmer und Arbeitnehmerinnen, wie er sich in § 2 Abs. 1 und 3 ArbeitskammerG-Saarland findet, wohl eher die individuelle wirtschaftliche Situation der einzelnen Arbeitnehmer meint als die Gesamtheit der Einrichtungen und Maßnahmen, die sich auf Produktion und Konsum von knappen Gütern beziehen, und damit die Wirtschaft im hier zugrunde gelegten Sinne.

Sicher gehören Maßnahmen, die sich auf die Wirtschaft beziehen, auch zu den Gegenständen, mit denen sich die Arbeitskammer des Saarlandes befasst. Doch wird ihre Tätigkeit hierdurch nicht geprägt. Es handelt sich vielmehr um ein viel breiter angelegtes Tätigkeitsfeld, das letztlich weitgefasste Interessengebiete, die gerade mit der Arbeitnehmereigenschaft von Personen innerhalb und außerhalb der Wirtschaft in Zusammenhang stehen, abdeckt. Die Tätigkeit der Arbeitskammer wird also auch inhaltlich nicht durch wirtschaftliche Fragen geprägt. Im Mittelpunkt stehen vielmehr arbeitnehmerbezogene Angelegenheiten in einem viel weiteren Sinne.

dd) Ergebnis

Da somit der Gegenstand der Selbstverwaltungstätigkeit der Arbeitskammer des Saarlandes schwerpunktmäßig nicht der Wirtschaft zugeordnet werden kann, ist die Arbeitskammer des Saarlandes keine Organisationsform der Selbstverwaltung der Wirtschaft. Die Arbeitskammer des Saarlandes ist allerdings durchaus mit der Selbstverwaltung der Wirtschaft verwandt. Zahlreiche ihrer Mitglieder sind der Wirtschaft zuzuordnen, und verschiedene ihrer Aufgaben betreffen auch wirtschaftliche Gebiete. Zudem besteht natürlich eine Verwandtschaft im formalen Sinne, da ihre Struktur an klassischen Kammern wie den IHK, Handwerks- und Landwirtschaftskammern orientiert ist. Ihrem Wesen nach ist die Arbeitskammer aber gerade nicht allgemein auf Wirtschafts-, sondern vielmehr auf vielgestaltige

---

[498] § 2 Abs. 5 S. 1 ArbeitskammerG-Saarl.
[499] § 2 Abs. 6 ArbeitskammerG-Saarl.

Arbeitnehmerinteressen zentriert. Sie ist daher eher einer eigenen arbeitnehmerbezogenen Selbstverwaltungskategorie zuzuordnen, die in der Bundesrepublik allerdings fast keine Verbreitung gefunden hat. Festzuhalten bleibt somit, dass die Arbeitskammer zwar mit den Organisationsformen der Selbstverwaltung der Wirtschaft verwandt, dieser aber selbst nicht zuzuordnen ist.

b) Die Arbeitnehmerkammer Bremen

aa) Die Arbeitnehmerkammer im Lande Bremen als Interessenvertretung der bremischen Arbeitnehmer

Die durch das Gesetz über die Arbeitnehmerkammer im Lande Bremen vom 28. März 2000 (ArbeitnehmerkammerG-Bremen)[500] zum 1. Januar 2001 geschaffene Arbeitnehmerkammer ist Gesamtrechtsnachfolgerin der früheren bremischen Arbeitnehmerkammern (Angestellten- und Arbeiterkammer)[501]. Diese waren 1956 als getrennte Körperschaften des öffentlichen Rechts geschaffen worden[502], um im Einklang mit dem Allgemeinwohl die Interessen der im Land Bremen tätigen Arbeitnehmer in wirtschaftlicher, sozialer und kultureller Hinsicht wahrzunehmen und zu fördern[503]. Die neue bremische Arbeitnehmerkammer ist wiederum als Körperschaft des öffentlichen Rechts organisiert und versteht sich als Interessenvertretung sämtlicher kammerzugehöriger Arbeitnehmer[504]. In binnenorganisatorischer Hinsicht besitzt die Kammer neben der aus 35 Mitgliedern bestehenden Vollversammlung[505] als weitere Organe den aus der Mitte der Vertreterversammlung zu wählenden Vorstand[506], der sich aus dem Präsidenten, zwei Vizepräsidenten und zwei oder vier Beisitzern zusammensetzt[507], sowie die Rechnungsprüfungskommission[508]. Die Geschäftsführung wird von einem Hauptgeschäftsführer und ggf. weiteren Geschäftsführern, die auf Vorschlag des Vorstands von der Vollversammlung gewählt werden[509], nach Maßgabe der vom Vorstand aufgestellten Grundsätze wahrgenommen. Vertretungsberechtigt sind der Präsident und der

---

[500] Brem. GBl. 2000, S. 83, zuletzt geändert durch Gesetz vom 20.06.2006, Brem. GBl., S. 291.
[501] § 27 Abs. 1 ArbeitnehmerkammerG-Bremen.
[502] § 2 Gesetz über die Arbeitnehmerkammern im Lande Bremen vom 03.07.1956, Brem. GBl. 1956, S. 79.
[503] § 1 Abs. 1 Gesetz über die Arbeitnehmerkammern im Lande Bremen vom 03.07.1956, Brem. GBl. 1956, S. 79; vgl. zur historischen Entwicklung der früheren Arbeitnehmerkammern: *G. Fischer*, Entstehung und Entwicklung, 1974, S. 114 ff.
[504] §§ 1, 2 Abs. 1 ArbeitnehmerkammerG-Bremen.
[505] §§ 7 ff. ArbeitnehmerkammerG-Bremen.
[506] §§ 10 ff. ArbeitnehmerkammerG-Bremen.
[507] § 10 Abs. 1 ArbeitnehmerkammerG-Bremen.
[508] § 12 ArbeitnehmerkammerG-Bremen.
[509] § 15 Abs. 2 ArbeitnehmerkammerG-Bremen.

Hauptgeschäftsführer[510], wobei letzterer für die laufenden Geschäfte der Verwaltung allein vertretungsberechtigt ist[511].

bb) Die Mitgliedschaft in der Arbeitnehmerkammer

Die Mitgliedschaft in der Arbeitnehmerkammer ist in § 4 ArbeitnehmerkammerG-Bremen geregelt. „Zugehörige der Kammer" sind gem. § 4 Abs. 1 S. 1 des Gesetzes alle im Land Bremen tätigen Arbeitnehmer sowie die zu ihrer Berufsausbildung Beschäftigten[512]. Dabei gelten als Arbeitnehmer auch die in Heimarbeit Beschäftigten und die ihnen Gleichgestellten im Sinne des Heimarbeitsgesetzes sowie sonstige Personen, die wegen ihrer wirtschaftlichen Unselbständigkeit als arbeitnehmerähnliche Personen anzusehen sind[513]. Nicht als Arbeitnehmer gelten in Betrieben einer juristischen Person oder einer Personengesamtheit Personen, die kraft Gesetzes, Satzung oder Gesellschaftsvertrags allein oder als Mitglieder des Vertretungsorgans zur Vertretung der juristischen Person oder Personengesamtheit berufen sind[514]. Handelsvertreter schließlich gelten nur dann als Arbeitnehmer, wenn die Voraussetzungen des § 5 Abs. 3 S. 1 ArbGG erfüllt sind[515].

Abgesehen von den durch § 4 Abs. 1 S. 3 des Arbeitnehmerkammergesetzes ausgenommenen leitenden Angestellten mit arbeitgebergleicher Funktion sind also gem. § 4 Abs. 1 ArbeitnehmerkammerG-Bremen prinzipiell sämtliche Arbeitnehmer, die im Land Bremen tätig sind, Mitglieder der Kammer. Wie die Mitgliedschaft in der Arbeitskammer des Saarlandes ist auch die Zugehörigkeit zur Arbeitnehmerkammer also nicht auf Personen beschränkt, die im Bereich der Wirtschaft tätig sind. Die bremische Arbeitnehmerkammer ist daher wie die Arbeitskammer des Saarlandes schon im Hinblick auf ihre Mitglieder nicht eindeutig der Wirtschaft zuzuordnen.

---

[510] § 17 Abs. 1 S. 1 ArbeitnehmerkammerG-Bremen.
[511] § 17 Abs. 3 S. 1 ArbeitnehmerkammerG-Bremen.
[512] § 4 Abs. 3 ArbeitnehmerkammerG-Bremen regelt, wann ein Arbeitnehmer im Land Bremen tätig ist. Bei Seeleuten ist dies nach § 4 Abs. 3 S. 2 ArbeitnehmerkammerG-Bremen dann der Fall, wenn sich „der Sitz der Reederei, der Partenreederei, des Korrespondentenreeders oder des Vertragsreeders im Lande Bremen befindet" oder „der Heimathafen des Schiffes sich im Lande Bremen befindet und das Schiff die Bundesflagge führt".
[513] § 4 Abs. 1 S. 2 ArbeitnehmerkammerG-Bremen.
[514] § 4 Abs. 1 S. 3 ArbeitnehmerkammerG-Bremen.
[515] § 4 Abs. 1 S. 4 ArbeitnehmerkammerG-Bremen; gem. § 5 Abs. 3 S. 1 ArbGG gelten Handelsvertreter nur dann als Arbeitnehmer im Sinne des ArbGG, wenn sie zu dem Personenkreis gehören, für den nach § 92a HGB die untere Grenze der vertraglichen Leistungen des Unternehmers festgesetzt werden kann, und wenn sie während der letzten sechs Monate des Vertragsverhältnisses, bei kürzerer Vertragsdauer während dieser, im Durchschnitt monatlich nicht mehr als 1.000 Euro auf Grund des Vertragsverhältnisses an Vergütung einschließlich Provision und Ersatz für im regelmäßigen Geschäftsbetrieb entstandene Aufwendungen bezogen haben.

cc) Der Gegenstand der Selbstverwaltung in der Arbeitnehmerkammer

§ 2 ArbeitnehmerkammerG-Bremen nennt die Aufgaben der bremischen Arbeitnehmerkammer: Deren Aufgabe ist danach zunächst die Wahrnehmung und Förderung des Gesamtinteresses der kammerzugehörigen Arbeitnehmer, insbesondere ihrer wirtschaftlichen, beruflichen, sozialen oder die Gleichberechtigung der Geschlechter fördernden Belange im Einklang mit dem Allgemeinwohl[516]. Daneben hat sie Maßnahmen zur Förderung und Durchführung der beruflichen sowie der allgemeinen und politischen Weiterbildung der Kammerzugehörigen zu treffen[517]. Schließlich wird die Unterstützung des Senats, des Magistrats der Stadt Bremerhaven, der Behörden und Gerichte durch Anregungen, Vorschläge, Stellungnahmen und Gutachten genannt[518]. Die Kammer berücksichtigt im Rahmen ihrer Aufgaben auch Belange des Umweltschutzes, des Verbraucherschutzes, der Integration von Ausländern und kulturelle Interessen der Kammerzugehörigen[519]. Sie ist schließlich verpflichtet, jährlich einen Bericht über die wirtschaftliche, soziale, ökologische und kulturelle Lage der Kammerzugehörigen im Land Bremen zu erstatten[520].

Ähnlich wie die Arbeitskammer des Saarlandes lässt die Aufgabenzuweisung die bremische Arbeitnehmerkammer als umfassende Interessenvertretung der Arbeitnehmer erscheinen. Auch hier spielen, wie schon ihre ausdrückliche Erwähnung in § 2 Abs. 1 Nr. 1 und § 2 Abs. 3 ArbeitnehmerkammerG-Bremen nahe legt, wirtschaftliche Aspekte eine maßgebliche Rolle. Doch betreffen diese zum einen nur einen, wenn auch wichtigen, Teilaspekt der Kammertätigkeit. So nennt § 2 Abs. 1 Nr. 1 ArbeitnehmerkammerG-Bremen neben den wirtschaftlichen, gleichberechtigt auch berufliche, soziale oder die Gleichberechtigung der Geschlechter fördernde Belange als Exempel des von der Kammer wahrzunehmenden und zu fördernden Gesamtinteresses der kammerzugehörigen Arbeitnehmer. Zum anderen geht es hier eher um die wirtschaftlichen Belange bzw. die wirtschaftliche Lage gerade der kammerzugehörigen Arbeitnehmer und nicht um die Gesamtheit der Einrichtungen und Maßnahmen, die sich auf Produktion und Konsum von knappen Gütern beziehen, also die Wirtschaft im hier zugrunde gelegten Sinne. Obwohl also auch Aspekte der Wirtschaft als solche bei der Tätigkeit der Arbeitnehmerkammer eine wesentliche Rolle spielen, ist diese doch insgesamt auf die verschiedenen Implikationen der Arbeitnehmereigenschaft der Kammermitglieder zentriert. Der Gegenstand der Tätigkeit der bremischen Arbeitnehmerkammer ist daher nicht primär auf wirtschaftliche Aspekte, sondern auf sehr viel weiter gesteckte arbeitnehmerbezogene Belange ausgerichtet.

---

[516] § 2 Abs. 1 Nr. 1 ArbeitnehmerkammerG-Bremen.
[517] § 2 Abs. 1 Nr. 2 ArbeitnehmerkammerG-Bremen.
[518] § 2 Abs. 1 Nr. 3 ArbeitnehmerkammerG-Bremen.
[519] § 2 Abs. 2 ArbeitnehmerkammerG-Bremen.
[520] § 2 Abs. 3 ArbeitnehmerkammerG-Bremen.

dd) Ergebnis

Im Ergebnis gilt für die bremische Arbeitnehmerkammer dasselbe wie für die Arbeitskammer des Saarlandes: Die Arbeitnehmerkammer ist weder ratione personae, noch ratione materiae eindeutig der Wirtschaft zuzuordnen und daher keine Organisationsform der Selbstverwaltung der Wirtschaft. Wie bei der Arbeitskammer des Saarlandes besteht allerdings eine enge Verwandtschaft zu Organisationsformen der Selbstverwaltung der Wirtschaft, da viele ihrer Mitglieder im Bereich der Wirtschaft tätig sind und verschiedene ihrer Aufgaben wirtschaftliche Bezüge aufweisen. Zudem besteht wiederum eine Verwandtschaft im formalen Sinne, da ihre Struktur Anklänge an IHK, Handwerkskammern usw. aufweist. Festzuhalten bleibt indes, dass die bremische Arbeitnehmerkammer, in deren Mittelpunkt die Wahrnehmung vielgestaltiger Arbeitnehmerinteressen liegt, viel eher einer eigenständigen Kategorie einer arbeitnehmerbezogenen Selbstverwaltung als der Selbstverwaltung der Wirtschaft zuzuordnen ist.

c) Die Kammern der freien Berufe

Die Kammern der freien Berufe, die z. T. auch als berufsständische Kammern bezeichnet werden[521] und zu denen insbesondere Ärztekammern, Apothekerkammern, Rechtsanwaltskammern, Notarkammern, Steuerberaterkammern und Architektenkammern zählen[522], werden im Schrifttum meist nicht der Selbstverwaltung der Wirtschaft, sondern einer eigenständigen Kategorie, der Selbstverwaltung der freien Berufe, zugerechnet[523].

Zurückzuführen ist die Trennung der Selbstverwaltung der freien Berufe von der Selbstverwaltung der Wirtschaft primär auf die nach wie vor bestehende Sonder-

---

[521] Vgl. etwa *Stober*, Allgemeines Wirtschaftsverwaltungsrecht, 16. Aufl., 2008, S. 290; *Frotscher/Kramer*, Wirtschaftsverfassungs- und Wirtschaftsverwaltungsrecht, 5. Aufl., 2008, Rn. 596; *Sättele*, Einordnung, 2007, S. 3 f.; *Schliesky*, Öffentliches Wirtschaftsrecht, 3. Aufl., 2008, S. 148; *Oberndorfer*, Wirtschaftliche und berufliche Selbstverwaltung, 1987, S. 4; teilweise wird „berufsständisch" auch als Oberbegriff für die Selbstverwaltung der Wirtschaft und diejenige der freien Berufe verwendet, so etwa *Hoppe/Beckmann*, Rechtsgrundlagen, 1988, S. 61.

[522] Vgl. zu den verschiedenen Erscheinungsformen der Selbstverwaltung der freien Berufe bspw. *Kluth*, Funktionale Selbstverwaltung, 1997, S. 82 ff.; *Frotscher/Kramer*, Wirtschaftsverfassungs- und Wirtschaftsverwaltungsrecht, 5. Aufl., 2008, Rn. 596.

[523] Vgl. stellvertretend *Scheuner*, Wirtschaftliche und soziale Selbstverwaltung, in: DÖV 1952, 609 (612); *Kluth*, Funktionale Selbstverwaltung, 1997, S. 82 ff.; *Hendler*, Selbstverwaltung als Ordnungsprinzip, 1984, S. 249 ff.; *Herrmann*, Recht der Kammern, 1996, S. 47 f.; *Hoppe/Beckmann*, Rechtsgrundlagen, 1988, S. 61; *Tettinger*, Freie Berufe, in: DÖV 2000, 534 (540 ff.); *Sättele*, Einordnung, 2007, S. 3 ff.; *Ziekow*, Öffentliches Wirtschaftsrecht, 2007, S. 49; *Schliesky*, Öffentliches Wirtschaftsrecht, 3. Aufl., 2008, S. 148; *Wolff/Bachof/Stober/Kluth*, Verwaltungsrecht II, 7. Aufl., 2010, S. 811; a. A. bspw. *R. Schmidt*, Wirtschaftspolitik, in: Achterberg etc., Besonderes Verwaltungsrecht I, 2. Aufl., 2000, S. 1 (35 ff.), der zwar zwischen wirtschaftlicher und berufsständischer Selbstverwaltung trennt, aber beide der Selbstverwaltung der Wirtschaft subsumiert; *Mann*, Berufliche Selbstverwaltung, in: HStR VI, 3. Aufl., 2008, S. 1203 (1204 ff.) bildet einen Oberbegriff beruflicher Selbstverwaltung, dem u. a. die Selbstverwaltung der gewerblichen Berufe und die Selbstverwaltung der Freien Berufe unterfallen.

stellung, die den freien Berufen als Erbringern spezialisierter, oft hoch qualifizierter und durch persönlichen Einsatz geprägter Leistungen in der Rechtsordnung zugewiesen wird, wenn etwa zahlreiche Gesetze nach wie vor feststellen, dass Freiberufler kein Gewerbe ausüben[524]. Insofern ließe sich allerdings bereits die fehlende Trennschärfe des Begriffs des freien Berufs kritisieren[525]. In § 1 Abs. 2 S. 1 PartGG findet sich zwar seit 1998 eine unmittelbar nur auf dieses Gesetzes anwendbare, aber durchaus verallgemeinerungsfähige Definition[526]. Danach haben die freien Berufe „im allgemeinen auf der Grundlage besonderer beruflicher Qualifikation oder schöpferischer Begabung die persönliche, eigenverantwortliche und fachlich unabhängige Erbringung von Dienstleistungen höherer Art im Interesse der Auftraggeber und der Allgemeinheit zum Inhalt"[527]. Der EuGH hat freie Berufe i. S. d. sechsten Umsatzsteuerrichtlinie als Tätigkeiten definiert, die ausgesprochen intellektuellen Charakter haben, eine hohe Qualifikation verlangen und gewöhnlich einer genauen und strengen berufsständischen Regelung unterliegen[528]. Bei der Ausübung einer solchen Tätigkeit habe das persönliche Element besondere Bedeutung, und diese Ausübung setzte auf jeden Fall eine große Selbständigkeit bei der Vornahme der beruflichen Handlungen voraus. Doch gibt es auch im Lichte dieser und anderer Definitionen noch Grenzfälle wie bspw. Fotografen, deren Zuordnung zu den freien Berufen zweifelhaft erscheint[529]. Zudem erzeugt die moderne Dienstleistungsgesellschaft immer wieder neue Berufsbilder, welche die Konturen zwischen Gewerbe und freiem Beruf verschwimmen lassen[530]. Das Problem, wann genau ein freier Beruf gegeben ist, ist für die Kategorienbildung im Bereich der Selbstverwaltung als solcher indes weniger relevant, da für die heute existierenden Selbstverwaltungsträger leicht zu ermitteln ist, ob sie jeweils den anerkannten freien Berufen oder aber dem Bereich der Wirtschaft zuzuordnen sind. Grundlegender ließe sich

---

[524] Vgl. etwa § 18 EStG, § 2 Abs. 2 BRAO; *Stober*, Allgemeines Wirtschaftsverwaltungsrecht, 16. Aufl., 2008, S. 290.

[525] Umfassend zum Begriff: *Taupitz*, Standesordnungen, 1991, S. 11 ff.; *Hahn*, Recht der freien Berufe, in: GewArch 2006, 129 spricht von einem zunächst soziologischen Begriff.

[526] Gesetz über Partnerschaftsgesellschaften Angehöriger Freier Berufe (Partnerschaftsgesellschaftsgesetz) vom 25. 07. 1994, BGBl. I, 1744, zuletzt geändert durch Art. 22 des Gesetzes vom 23. 10. 2008, BGBl. I S. 2026; *Frotscher*, Wirtschaftsverfassungs- und Wirtschaftsverwaltungsrecht, 4. Aufl., 2004, Rn. 250; zu gesetzlichen Erwähnungen des Begriffs: *Taupitz*, Standesordnungen, 1991, S. 12.

[527] Zu weiteren Definitionskriterien etwa *Pitschas*, Recht der freien Berufe, in: Schmidt, Öffentliches Wirtschaftsrecht, BT-2, 1996, S. 1 (22 ff.).

[528] EuGH, Rs. C-267/99, Slg. 2001, S. I-7467, Leitsatz 4; Anhang F der Sechsten Richtlinie 77/388/EWG des Rates zur Harmonisierung der Rechtsvorschriften der Mitgliedstaaten über die Umsatzsteuern, ABl. Nr. L 145 S. 1 (Verzeichnis der Umsätze, die nach Art. 28 Abs. 3 Buchst. b der Richtlinie von der Umsatzsteuer befreit sind): „2. Dienstleistungen der Autoren, Künstler und Interpreten von Kunstwerken sowie Dienstleistungen von Rechtsanwälten und Angehörigen anderer freier Berufe, mit Ausnahme der ärztlichen oder arztähnlichen Heilberufe, soweit es sich nicht um Leistungen im Sinne des Anhangs B der zweiten Richtlinie des Rates vom 11. April 1967 handelt."

[529] *Frotscher*, Gewerberecht, in: Schmidt, Öffentliches Wirtschaftsrecht, BT-1, 1995, S. 1 (24); ders., Wirtschaftsverfassungs- und Wirtschaftsverwaltungsrecht, 4. Aufl., 2004, Rn. 250.

[530] *Jahn*, Zur steuerlichen Abgrenzung, in: DB 2007, 2613.

indes fragen, warum eine Sonderbehandlung der freien Berufe in den verschiedenen Rechtsgebieten heutzutage überhaupt noch gerechtfertigt ist[531], und könnte – konkret auf die Selbstverwaltung bezogen – kritisch darauf verwiesen werden, dass jedenfalls viele Fragestellungen die Selbstverwaltungsträger der freien Berufe in gleicher Weise betreffen wie die Selbstverwaltungsträger der Wirtschaft[532].

Zwar ist es richtig, dass zwischen den Selbstverwaltungsträgern der Wirtschaft und den Selbstverwaltungsträgern der freien Berufe Parallelen und Überschneidungen bestehen. Auch haben die in den letzten Jahren erfolgten Lockerungen des Standesrechts etwa im Hinblick auf Werbung, Zusammenschlüsse in der Rechtsform der GmbH und Zweigstellen sowie zunehmend gewerbliche Wirtschaftsweisen bspw. der Apotheker zu einer Annäherung bestimmter Bereiche der freien Berufe an die gewerbliche Wirtschaft geführt[533]. Deshalb ist es durchaus sinnvoll, die verschiedenen Selbstverwaltungsbereiche übergreifend synoptisch aufzuarbeiten, wie dies bspw. die grundlegenden Arbeiten von *Hendler* über die „Selbstverwaltung als Ordnungsprinzip", von *Kluth* über die „Funktionale Selbstverwaltung" und von *Tettinger* über das „Kammerrecht" eindrucksvoll belegt haben. Doch haben gerade diese verschiedene Bereiche der Selbstverwaltung überschauenden Monographien gezeigt, dass gute Gründe dafür bestehen, die Kammern der freien Berufe nach wie vor als eigene Kategorie zu behandeln und nicht der Selbstverwaltung der Wirtschaft zuzurechnen. Ärzte, Rechtsanwälte, Notare, Steuerberater, Architekten usw. können zwar einer weiten pragmatischen Wirtschaftsdefinition wie der hier zugrunde gelegten durchaus zugerechnet werden, besitzen aber dessen ungeachtet de lege lata immer noch einen von der gewerblichen Wirtschaft und der Urproduktion abgehobenen Sonderstatus und sind daher nach herrschender Ansicht nach wie vor nicht ohne Weiteres der Wirtschaft im Allgemeinen zuzuordnen. Schon ratione personae spricht daher nach wie vor viel dafür, die Kammern der freien Berufe nicht als Selbstverwaltungsträger der Wirtschaft zu qualifizieren. Hinzu kommt aber vor allem, dass sich die Kammern der freien Berufe auch darin von der Selbstverwaltung der Wirtschaft unterscheiden, dass sie jeweils die Interessen bestimmter umgrenzter Berufsbilder wahrnehmen, während die Selbstverwaltungskörperschaften der Wirtschaft in der Regel das Gesamtinteresse einer Vielzahl von Berufen wahrnehmen[534]. Ergänzend ist schließlich auch darauf zu verweisen, dass den Kammern der freien Berufe eine viel stärkere Disziplinierungsfunktion gegenüber ihren Mitgliedern durch Erlass und Vollzug von Regelungen für eine standesgemäße Berufsausübung zukommt als den Kammern der Wirtschaft[535].

---

[531] *Frotscher*, Gewerberecht, in: Schmidt, Öffentliches Wirtschaftsrecht, BT-1, 1995, S. 1 (25).
[532] *Frotscher*, Wirtschaftsverfassungs- und Wirtschaftsverwaltungsrecht, 4. Aufl., 2004, Rn. 546.
[533] *Stober*, Allgemeines Wirtschaftsverwaltungsrecht, 16. Aufl., 2008, S. 290.
[534] Vgl. OVG Münster, GewArch 1997, 200 (201f.); *Pitschas*, Recht der freien Berufe, in: Schmidt, Öffentliches Wirtschaftsrecht, BT-2, 1996, S. 1 (102); *Stober*, Allgemeines Wirtschaftsverwaltungsrecht, 16. Aufl., 2008, S. 290.
[535] *Taupitz*, Standesordnungen, 1991, S. 455ff.; *R. Schmidt*, Wirtschaftspolitik, in: Achterberg etc., Besonderes Verwaltungsrecht I, 2. Aufl., 2000, S. 1 (39).

De lege ferenda lässt sich trefflich darüber streiten, ob eine Sonderbehandlung der freien Berufe in den verschiedenen Gebieten des Rechts heute noch Sinn macht, zumal die Konturen zunehmend verschwimmen[536]. Solange allerdings de lege lata die historisch begründete Sonderstellung der freien Berufe fortbesteht, die sie einer eindeutigen Zuordnung zum Bereich der Wirtschaft nach herrschender Auffassung entzieht, sprechen die besseren Argumente dafür, ihre Kammern nicht der Selbstverwaltung der Wirtschaft zuzurechnen, sondern als eigene Kategorie zu behandeln. Insgesamt lässt sich zwar gegenwärtig eine Entwicklung beobachten, die auf eine rechtliche Annäherung der freien Berufe an die allgemeine Wirtschaft hindeutet, so dass die Trennung zwischen der Selbstverwaltung der Wirtschaft und der Selbstverwaltung der freien Berufe mittel- bis langfristig vielleicht als überholt anzusehen sein wird. Im Moment ist allerdings noch an einer eigenständigen Kategorie einer Selbstverwaltung der freien Berufe festzuhalten, sei diese auch eng mit der Selbstverwaltung der Wirtschaft verwandt[537].

6. Ergebnis

Als Ergebnis der Vorprüfung anhand des Rechtsformmerkmals und der Zuordnung zur Wirtschaft ratione personae et materiae lässt sich festhalten, dass auf der Basis des oben entwickelten juristischen Begriffs der Selbstverwaltung der Wirtschaft gegenwärtig folgende Organisationsformen als Selbstverwaltungskörperschaften der Wirtschaft in Betracht kommen: die auf Bundesrecht basierenden Industrie- und Handelskammern, Handwerkskammern, Handwerksinnungen und Kreishandwerkerschaften und die auf Landesrecht beruhenden Landwirtschaftskammern. Nicht zur Selbstverwaltung der Wirtschaft gehören – trotz einer z.T. engen Verwandtschaft – sowohl die Arbeitskammer des Saarlandes und die Arbeitnehmerkammer Bremen als auch die Kammern der freien Berufe. Auch die frühere Hauptwirtschaftskammer Rheinland-Pfalz sowie die Wirtschaftskammer Bremen waren – entgegen ihren Bezeichnungen – keine Organisationsformen der Selbstverwaltung der Wirtschaft im engeren Sinne.

Allerdings wurden bislang noch nicht alle Definitionsmerkmale überprüft. Wie oben herausgearbeitet wurde, steht im Mittelpunkt der Selbstverwaltung die Partizipation der Betroffenen. Erst eine genaue Analyse, inwieweit dieses materiale Element de lege lata im Recht der einzelnen Körperschaften verwirklicht ist, kann daher eine abschließende Antwort auf die Frage liefern, ob es sich bei den genannten Organisationsformen tatsächlich um vollwertige Selbstverwaltungskörperschaften im Sinne der oben entwickelten Definition handelt. Diese partizipations-

---

[536] Zum Bereich des Steuerrechts etwa: *Jahn*, Zur steuerlichen Abgrenzung, in: DB 2007, 2613 (2616).
[537] *Stober*, Allgemeines Wirtschaftsverwaltungsrecht, 16. Aufl., 2008, S. 290; bereits *Scheuner*, Wirtschaftliche und soziale Selbstverwaltung, in: DÖV 1952, 609 (612) spricht von einer der wirtschaftlichen Selbstverwaltung nahe stehenden Erscheinung.

zentrierte Analyse ist der zentrale, übergreifende Gegenstand der folgenden Kapitel des zweiten Teils dieses Buches.

2. Teil

Das Recht der Selbstverwaltung in den einzelnen Selbstverwaltungskörperschaften der Wirtschaft

Im ersten, allgemeinen Teil wurde geklärt, was unter der Selbstverwaltung der Wirtschaft im juristischen Sinne zu verstehen ist. Auf der Grundlage der gewonnenen Definition wurde sodann eine Vorprüfung der Frage vorgenommen, welche Organisationsformen der Selbstverwaltung der Wirtschaft zuzurechnen sind. Um eine Vorprüfung handelte es sich insofern, als zunächst nur die eher formalen Merkmale des Rechtsformerfordernisses (juristische Person des öffentlichen Rechts) sowie der Zuordnung ratione personae und ratione materiae zur Wirtschaft untersucht wurden. Im zweiten Hauptteil der Arbeit soll nun aber untersucht werden, inwieweit die Elemente der materialen Selbstverwaltung, also der regelmäßig durch die Wahl eines Repräsentationsorgans vermittelten eigenverantwortlichen, nur einer Rechtsaufsicht unterworfenen Verwaltung eigener Angelegenheiten durch die Betroffenen, in den als Organisationsformen der Selbstverwaltung der Wirtschaft in Betracht kommenden Körperschaften tatsächlich verwirklicht sind.

Letztlich geht es hier um eine auf das Selbstverwaltungsprinzip zentrierte Analyse des Rechts der Industrie- und Handelskammern (IHK), der Handwerksinnungen, Kreishandwerkerschaften und Handwerkskammern sowie der Landwirtschaftskammern. Dabei wird zur besseren Vergleichbarkeit nach einem einheitlichen Schema vorgegangen: Zunächst gilt der Blick der Errichtung der Körperschaft und anderen grundlegenden Rechtsakten wie insbesondere der Auflösung sowie der Änderung des Bezirks. Im zweiten Schritt wird die Verwirklichung der Selbstverwaltung in der Binnenverfassung der Körperschaft untersucht. Dabei wird zunächst der Mitgliederkreis bestimmt, bevor die verschiedenen Formen der Partizipation der Mitglieder in der Körperschaft, insbesondere repräsentative Formen der Wahl, aber auch Formen aktiver, ehrenamtlicher Selbstverwaltung, analysiert werden. In diesem Zusammenhang wird unter anderem auch die Beitragspflicht als zentrale Pflicht der Mitglieder behandelt. Im dritten Schritt gilt der Blick den Organen der Körperschaft, die eine tragende Rolle bei der Verwirklichung der Selbstverwaltung spielen. Im vierten Schritt werden sodann die Aufgaben der Körperschaft herausgearbeitet. Qualität und Quantität des Aufgabenbestands entscheiden wesentlich darüber, ob eine in der Binnenverfassung formal verwirklichte Selbstverwaltung auch zu einer materialen Selbstverwaltung bedeutender eigener Angelegenheiten erwächst. Abgerundet wird die Analyse durch Abschnitte über die Staatsaufsicht sowie die Finanzierung der Körperschaft.

Auf der Grundlage der so ermittelten Ergebnisse lässt sich dann auch ein endgültiges Urteil über die Frage fällen, ob es sich jeweils tatsächlich um Selbstverwaltungskörperschaften der Wirtschaft handelt, und wenn ja, in welchem Maße das Selbstverwaltungsprinzip in ihnen verwirklicht ist. Dieser potentiell durchaus unterschiedliche Grad der Verwirklichung des Selbstverwaltungsprinzips im heutigen Recht der einzelnen Körperschaften ist das Ergebnis langwieriger historischer Entwicklungsprozesse. Bevor daher auf das heutige Recht eingegangen wird, sei – wiederum primär aus dem Blickwinkel des Selbstverwaltungsprinzips – jeweils die historische Rechtsentwicklung der verschiedenen Körperschaften, nachfolgend zunächst der IHK, herausgearbeitet.

4. Kapitel

Historische Entwicklung des Rechts der Industrie- und Handelskammern

I. Die historische Entwicklung des Rechts der Selbstverwaltung von Handel und Industrie

1. Die mittelalterlichen Kaufmannsgilden als Vorläufer der IHK?

a) Gilde und Zunft

Als erste Vorläufer der heutigen Industrie- und Handelskammern (IHK) werden häufig die mittelalterlichen Kaufmannsgilden angesehen[1]. Hierbei handelte es sich um genossenschaftliche Zusammenschlüsse von Kaufleuten, die regelmäßig auf eine bestimmte Stadt beschränkt waren. In der Literatur dominiert die Bezeichnung „Gilde" für Korporationen von Kaufleuten, während für die mit diesen verwandten gewerblichen Verbände von Handwerkern meist der Begriff der „Zunft" gebräuchlich ist[2].

Prinzipiell soll diese seit dem späten 19. Jh. etablierte begriffliche Dichotomie auch den folgenden Ausführungen zugrunde gelegt werden. Um Missverständnissen vorzubeugen, darf dabei allerdings zum Ersten nicht übersehen werden, dass in der seit einiger Zeit intensiv geführten begriffsgeschichtlichen Debatte Gilde teilweise auch als weiter Oberbegriff – ähnlich dem der Bruderschaft – für einen bestimmten Typus mittelalterlicher Gruppenbildung, zu dem neben kaufmännischen Gemeinschaften z.B. auch Zünfte, geistliche Bruderschaften und Kommunen gehören, verwendet wird[3]. Zum Zweiten ist zu berücksichtigen, dass – regional und

---

[1] *Heréus*, Die deutschen Handelskammern, 1922, S. 1 ff.; *Zorn*, Staatsrechtliche Stellung der Handelskammern, in: Festgabe Zitelmann, 1923, S. 167 (184); *Friedrichs*, Industrie- und Handelskammern, in: Handwörterbuch der Rechtswissenschaft, Bd. 3, 1928, S. 263; *Most*, Handelskammer und Wirtschaft am Niederrhein, 1931, S. 27; *Herm. Peters*, Rechtsnatur, Organisation und Aufgaben, 1941, S. 7; *Heinz*, Die geschichtliche Entwicklung, 1958, S. 15 ff.; *Stödter*, Handelskammern, in: FS Schack, 1966, S. 143; *Möllering*, in: Frentzel etc., IHKG, 7. Aufl., 2009, Einführung, Rn. 1; *Kaltenhäuser*, Möglichkeiten und Perspektiven, 1998, S. 3 ff.

[2] Für diese begriffliche Trennung plädiert in der neueren Literatur insbesondere *Irsigler*, Gilde- und Zunftterminologie, in: Gilden und Zünfte, 1985, S. 53 (70); vgl. auch *Dilcher*, Die genossenschaftliche Struktur, in: Gilden und Zünfte, 1985, S. 71 (75 f.); z.T. kritisch demgegenüber: *Schmidt-Wiegand*, Bezeichnungen, in: Gilden und Zünfte, 1985, S. 31 (31 ff.).

[3] Siehe zu diesem gerade in der rechtshistorischen Literatur verbreiteten Ansatz etwa *Oexle*, Die mittelalterlichen Gilden, in: Soziale Ordnungen, 1979, S. 203 (204 ff.); *Anz*, Gilden, 1998, S. 35 f.; *Schulz*, Handwerk, 2010, S. 41 sieht die Unterschiede in der Verwendung von Gilde und

historisch unterschiedlich – für die genossenschaftlichen Zusammenschlüsse der Kaufleute und Handwerker jenseits der heute bekanntesten Bezeichnungen Gilde und Zunft eine Reihe weiterer Begriffe in den Quellen nachweisbar sind wie bspw. Bruderschaft, Gaffel, Zeche, Innung, Amt, Werk, Kunst, Kerze und Hanse[4]. Zum Dritten waren die Grenzen jedenfalls von der Zunft zur Gilde durchlässig, etwa schon aus dem Grund, dass Handwerker beim Vertrieb ihrer Waren auch einer kaufmännischen Tätigkeit nachgingen[5]. Gilde war insgesamt ein eher weiter Begriff, einer Gilde konnten bspw. – z. T. oder sogar ausschließlich – Handwerker angehören[6], während umgekehrt der Begriff der Zunft tatsächlich meist auf Handwerkerorganisationen beschränkt blieb[7]. Zum Vierten unterlag der Begriff der Gilde als solcher in der langen Zeitspanne vom frühen über das hohe bis ins späte Mittelalter seinerseits einem erheblichen, zudem regional unterschiedlichen Bedeutungswandel, der in der Folge in wesentlichen Zügen nachgezeichnet werden soll.

b) Frühmittelalterliche Gilden als Vorläufer der Kaufmannsgilden

Bezugnahmen auf Gilden in Reichsgesetzen und kirchlichen Verordnungen des 8. und 9. Jahrhunderts – oft in Form von Verboten – belegen, dass spätestens seit fränkischer Zeit als Gilden bezeichnete Zusammenschlüsse existierten[8]. Über die Ursprünge der „gilda" oder „gildonia", ihre Struktur und ihren Gegenstand ist mangels eindeutiger Quellen viel spekuliert worden[9]. Als gesichert kann gelten, dass jene frühen Gilden keine Handelsplattformen oder gar Vereinigungen gemein-

---

Zunft hingegen eher regional als inhaltlich begründet; zum Begriff der Bruderschaft bzw. fraternitas bspw.: *Remling*, Bruderschaften, 1986, S. 12 ff.

[4] Vgl. *Schmidt-Wiegand*, Bezeichnungen, in: Gilden und Zünfte, 1985, S. 31 (33 ff.); *Ehbrecht*, Beiträge und Überlegungen zu Gilden, in: Gilden und Zünfte, 1985, S. 413 (430 ff.).

[5] *Schmidt-Wiegand*, Bezeichnungen, in: Gilden und Zünfte, 1985, S. 31 (32).

[6] Vgl. auch *Spieß*, Kaufmannsgilde, in: HRG, Bd. II, 1978, Sp. 687 ff.

[7] *Schmidt-Wiegand*, Bezeichnungen, in: Gilden und Zünfte, 1985, S. 31 (32).

[8] *Oexle*, Gilden als soziale Gruppen, in: Handwerk in vor- und frühgeschichtlicher Zeit, Teil I, 1981, S. 284 (290 ff.); *Cordt*, Die Gilden, 1984, S. 57 ff.; *Heinz*, Die geschichtliche Entwicklung, 1958, S. 15; *Irsigler*, Gilde- und Zunftterminologie, in: Gilden und Zünfte, 1985, S. 53 (55 ff.); *Schmidt-Wiegand*, Bezeichnungen, in: Gilden und Zünfte, 1985, S. 31 (42 ff.); *Hardtwig*, Genossenschaft, 1997, S. 28.

[9] Vgl. die Übersicht über die Literatur des 19. Jh. bei *Heinz*, Die geschichtliche Entwicklung, 1958, S. 15 f., der an möglichen Kristallisationspunkten für die Entstehung von Gilden ausmacht: germanisch-heidnische Festlichkeiten und in gewissen Formen christlich-mönchische Verbrüderungen (*Wilda*, Das Gildewesen, 1831, S. 3 ff.), Einwirkungen des Christentums auf das germanische Gildewesen (*K. v. Hegel*, Städte und Gilden, Bd. 1, 1891, S. 10 f.), altgermanische Schwurbrüderschaften (*Pappenheim*, Die altdänischen Schutzgilden, 1885, S. 18 ff.) und schließlich die Selbsthilfe des Volkes, das die im Niedergang begriffenen natürlichen (auf Verwandtschaft beruhenden) Genossenschaften durch neue, künstliche Formen ersetzt und ergänzt habe (*Gierke*, Das deutsche Genossenschaftsrecht I, 1868, S. 226; *Doren*, Untersuchungen zur Geschichte der Kaufmannsgilden, 1893, S. 7 ff.); vgl. zur Diskussion um den Ursprung der ältesten Gilden auch *Weider*, Recht der deutschen Kaufmannsgilden, 1931, S. 3 ff.; *Oexle*, Conjuratio und Gilde, in: Gilden und Zünfte, 1985, S. 151 ff.; einen länderübergreifenden Überblick gibt *Black*, Guilds and Civil Society, 1984, S. 3 ff.; zur Herkunft des Begriffs: *Düwel*, Philologisches, in: Handwerk in vor- und frühgeschichtlicher Zeit, Teil I, 1981, S. 399 (404 f.).

schaftlich wirtschaftender Teilhaber, sondern vielgestaltige Schutz- und Hilfsbündnisse waren, die gebildet wurden, um drohenden Gefahren bspw. durch Schiffbruch, Seeraub, Brand und Überfällen gemeinsam begegnen zu können[10]. Bekräftigten die Mitglieder, die nicht notwendig Kaufleute waren, ihre wechselseitigen Verpflichtungen durch Eid, spricht man von sog. Schwurgilden (coniurationes)[11]. Verbotsvorschriften richteten sich oft gegen solche Schwurgilden[12]. Dies geschah einerseits, da der Schwur mit kirchlichen Geboten unvereinbar war[13], und andererseits, da die starke persönliche Verpflichtung innerhalb einer auf eidlicher Verpflichtung beruhenden Gemeinschaft die erwartete Loyalität gegenüber der Herrschaft zu untergraben drohte, die coniuratio also zur conspiratio werden konnte[14]. So untersagt das Kapitular von Herstal aus dem Jahr 779, als älteste Quelle zu Gilden aus dem fränkischen Bereich, Schwurgilden, während Zusammenschlüsse zur gegenseitigen Unterstützung im Hinblick auf Almosen – gemeint ist hiermit wohl die Unterstützung bei Verarmung[15] – Brand und Schiffbruch erlaubt bleiben[16]. Insgesamt handelte es sich bei den frühen Gilden also nicht um organisatorisch verfestigte Kaufmannsgemeinschaften, sondern um vielgestaltige, z. T. genossenschaftlich organisierte, nicht notwendig von Kaufleuten gebildete Bruderschaften, deren Gegenstand oftmals konkrete Schutz- und Hilfeverpflichtungen

---

[10] *Heréus*, Die deutschen Handelskammern, 1922, S. 2; *Schmidt-Wiegand*, Bezeichnungen, in: Gilden und Zünfte, 1985, S. 31 (42); *Irsigler*, Gilde- und Zunftterminologie, in: Gilden und Zünfte, 1985, S. 53 (56).

[11] Coniuratio im weiteren Sinne ist jede beschworene Einung; vgl. *Dilcher*, Conjuratio, in: HRG, Bd. I, 1971, Sp. 631 f.; weitergehend: *Oexle*, Gilde und Kommune, in: Blickle, Theorien kommunaler Ordnung, 1996, S. 75 (85 ff., 95), der die geschworene Einung, die coniuratio, als Grundform mittelalterlicher personenverbandlicher Einung und Gilde und Kommune als deren Erscheinungsformen ansieht.

[12] *Oexle*, Conjuratio und Gilde, in: Gilden und Zünfte, 1985, S. 151 ff.; *Cordt*, Die Gilden, 1984, S. 60, 94.

[13] Differenzierend: *Sydow*, Fragen zu Gilde, in: Gilden und Zünfte, 1985, S. 113 (117 ff.).

[14] *Dilcher*, Conjuratio, in: HRG, Bd. I, 1971, Sp. 631 (632); ders., Die genossenschaftliche Struktur, in: Gilden und Zünfte, 1985, S. 71 (80, 111); *Irsigler*, Gilde- und Zunftterminologie, in: Gilden und Zünfte, 1985, S. 53 (55 f.) weist darauf hin, dass die meisten Schutzgilden trotz kirchlicher oder herrscherlicher Verbote Schwurgilden gewesen seien.

[15] *Oexle*, Die Kaufmannsgilde von Tiel, in: Untersuchungen, Teil VI, 1989, S. 173 (174).

[16] Kapitular von Herstal (Capitulare Haristallense), abgedruckt in: Capitularia Regum Francorum, Bd. 1 (MGH Legum Sectio II, Tomus I, hrsgg. v. A. Boretius), 1883, Nr. 20 (S. 46 (51)): „16. De sacramentis per gildonia invicem coniurantibus, ut nemo facere praesumat. Alio vero modo de illorum elemosinis aut de incendio aut de naufragio, quamvis convenientias faciant, nema in hoc iurare praesumat". Übersetzung (nach Kroeschell, Deutsche Rechtsgeschichte 1, 10. Aufl., S. 79 f.): „16. Von denen, die sich gegenseitig in Gilden Eide leisten: dass niemand sich unterstehe, das zu tun. Anderes soll aber gelten für ihre Almosen oder bei Feuersbrunst oder bei Schiffbruch. Auch wenn sie Vereinbarungen schließen, soll niemand sich unterstehen, dabei einen Schwur abzulegen"; weitere frühe Quellen sind ein Versuch des Bischofs Hinkmar von Reims aus dem Jahr 852, Gilden durch von Klerikern beaufsichtigte Vereinigungen zu ersetzen, und ein Kapitular des westfränkischen Königs Karlmann aus dem Jahr 884, das dörfliche Gilden, die der Abwehr von Räubern dienten, zugunsten kirchlicher oder königlicher Institutionen verbot; näher dazu: *Oexle*, Anfänge der Gilden, in: Kaufmännische und gewerbliche Genossenschaften, 1980, S. 47 f.

waren und die z.T. auch nur vorübergehend, z.B. für eine gemeinsame Handelsfahrt, bestanden[17].

c) *Die Kaufmannsgilden des 11. Jahrhunderts*

Vermutlich aus kaufmännischen Schutzgilden entwickelten sich schließlich in verschiedenen Städten organisatorisch verfestigte, genossenschaftlich strukturierte Kaufmannsgilden, die ab dem 11. Jh. vor allem im nordfranzösisch-flandrischen, niederländischen und niederdeutschen Raum nachgewiesen werden können[18]. Die bekanntesten durch Quellen belegten frühen Kaufmannsgilden sind die Gilden von Tiel (ca. 1020)[19], Valenciennes (1051–70), Köln (1070), St. Omer (um 1100) und Brügge (1113)[20]. Diese frühen Kaufmannsgilden waren „Großgilden"[21], die im Idealfall alle Kaufleute der Stadt umfassten, also nicht auf bestimmte Zweige der Kaufmannschaft beschränkt waren.

Entgegen einer früheren Theorie waren die Gilden zu dieser Zeit noch nicht Aufbauelemente der Stadtgemeinde oder gar mit dieser identisch[22]. Auch in Städten, die aus einer Kaufmannssiedlung – oft Wik genannt[23] – hervorgegangen waren, gehörten neue Ansiedler nicht mehr unbedingt der Gilde an[24]. Diese beruhte vielmehr weiterhin auf freiwilligem Zusammenschluss, wenn auch die Exklusivität der Vorteile für die Mitglieder, bspw. in Form von Schutzrechten, einen starken Anreiz bzw. Druck zum Beitritt erzeugte[25]. Indem Gilden allerdings die einflussreiche Kaufmannschaft genossenschaftlich strukturiert organisierten, konnten sie de facto einen wesentlichen Einfluss auf die Verfassung der Städte ausüben. Der Gildeverband der Kaufleute besaß eine Modellfunktion für den sich herausbildenden Bür-

---

[17] *Schmidt-Wiegand*, Bezeichnungen, in: Gilden und Zünfte, 1985, S. 31 (42f.); *Irsigler*, Gilde- und Zunftterminologie, in: Gilden und Zünfte, 1985, S. 53 (55f.); *Oexle*, Gilde, in: LexMA IV, Sp. 1452.

[18] *Planitz*, Kaufmannsgilde und städtische Eidgenossenschaft, in: ZRG 60 (1940), 1 (25ff.) *ders.*, Frühgeschichte der deutschen Stadt, in: ZRG 63 (1943), 1 (59ff.); *Irsigler*, Gilde- und Zunftterminologie, in: Gilden und Zünfte, 1985, S. 53 (56f.).

[19] Die vom Mönch Alpert von Metz lebhaft beschriebene, von ihm aber nicht ausdrücklich als Gilde benannte Kaufmannsgilde von Tiel am Niederrhein stellt die erste eindeutig belegte Kaufmannsgilde auf dem Kontinent dar; vgl. dazu *Oexle*, Die Kaufmannsgilde von Tiel, in: Untersuchungen, Teil VI, 1989, S. 173 (175ff.).

[20] *Ennen*, Frühgeschichte der europäischen Stadt, 1953, S. 167; *Irsigler*, Gilde- und Zunftterminologie, in: Gilden und Zünfte, 1985, S. 53 (56).

[21] So die treffende Bezeichnung bei *Irsigler*, Gilde- und Zunftterminologie, in: Gilden und Zünfte, 1985, S. 53 (56).

[22] *Ennen*, Frühgeschichte der europäischen Stadt, 1953, S. 171 ff.; *Irsigler*, Gilde- und Zunftterminologie, in: Gilden und Zünfte, 1985, S. 53 (57).

[23] Vgl. zu der lange einflussreichen „Wiktheorie" bzw. der „Gildetheorie" zur Stadtentstehung insbes.: *Planitz*, Frühgeschichte der deutschen Stadt, in: ZRG 63 (1943), 1 (insbes. 66ff.); *ders.*, Die deutsche Stadt im Mittelalter, 3. Aufl., 1973, S. 75ff., 98ff., 161ff.; *Ennen*, Frühgeschichte der europäischen Stadt, 1953, S. 152ff.; kritisch dazu insbes.: *Kroeschell*, Weichbild, 1960, S. 12ff.; *Oexle*, Gilde und Kommune, in: Blickle, Theorien kommunaler Ordnung, 1996, S. 75–97 (76, 85).

[24] *Ennen*, Frühgeschichte der europäischen Stadt, 1953, S. 171.

[25] *Ennen*, Frühgeschichte der europäischen Stadt, 1953, S. 171.

gerverband der Städte, und Gilderecht sowie Kaufmannsrecht waren Wurzeln des Stadtrechts[26]. Dennoch ist zu betonen, dass sie selbständige Personalverbände innerhalb der Stadtgemeinde blieben, wenn auch eben mit faktisch großem Einfluss auf diese und innerhalb derselben[27].

d) Die Entwicklung zur spezialisierten Sondergilde ab dem 12. Jahrhundert

Im hohen Mittelalter sind Kaufmannsgilden in zahlreichen deutschen Städten nachgewiesen, wobei sich ein Schwerpunkt in Niederdeutschland ausmachen lässt. An Stelle der beschriebenen „Großgilden", in denen Kaufleute jeder Richtung zusammengeschlossen waren, finden sich ab dem 12. Jahrhundert zunehmend „Sondergilden" bestimmter Kaufleute wie bspw. der Krämer und der Gewandschneider[28]. Die bedeutsamen Gewandschneidergilden waren wie zahlreiche andere jüngere Gilden sog. Monopolgilden[29]. Während nämlich einerseits im Laufe der Zeit der gemeinsame Zweck des Schutzes vor äußerem Ungemach weiter in den Hintergrund getreten war, nicht zuletzt, da dieser Schutz nunmehr von der Stadtgemeinde gewährleistet wurde, in welche die Gilde eingefügt war[30], bemühten sich die Gilden andererseits erfolgreich um die Erlangung und anschließende Wahrung kaufmännischer Sonderrechte für ihre Mitglieder. Dies bedeutete für die jeweiligen Sondergilden eine Abgrenzung gegenüber und einen Wettbewerb mit den Gilden anderer Handelsgewerbe. Folge waren meist schon früh Handelsmonopole der Mitglieder einer Gilde für bestimmte Warengattungen oder Waren[31]. Neben den Monopolgilden besaß unter den jüngeren Gilden die Gruppe der Fahrtgenossenschaften große Bedeutung, die sich auf den Handel über bestimmte Fernhandelsrouten, bspw. den

---

[26] *Planitz*, Kaufmannsgilde und städtische Eidgenossenschaft, in: ZRG 60 (1940), 1 (101 ff.); *Dilcher*, Die genossenschaftliche Struktur, in: Gilden und Zünfte, 1985, S. 71 (104); *Irsigler*, Gilde- und Zunftterminologie, in: Gilden und Zünfte, 1985, S. 53 (57); *Oexle*, Die Kaufmannsgilde von Tiel, in: Untersuchungen, Teil VI, 1989, S. 173 (194); *ders.*, Gilde, in: LexMA IV, Sp. 1452 (1453).
[27] *Ennen*, Frühgeschichte der europäischen Stadt, 1953, S. 171 ff., 174.
[28] *Heréus*, Die deutschen Handelskammern, 1922, S. 2; wie *Irsigler*, Gilde- und Zunftterminologie, in: Gilden und Zünfte, 1985, S. 53 (59) feststellt, waren die Gewandschneider im Gegensatz zu einer auch in der neueren Literatur anzutreffenden Ansicht nicht Handwerker, sondern Kaufleute, die oft zum Patriziat zählten und meist bis ins 14. Jh. das Monopol des Detailverkaufs hochwertigen Wolltuchs innehatten; vgl. auch *Dilcher*, Die genossenschaftliche Struktur, in: Gilden und Zünfte, 1985, S. 71 (99).
[29] *Irsigler*, Gilde- und Zunftterminologie, in: Gilden und Zünfte, 1985, S. 53 (58 f.); vgl. das Beispiel der Stendaler, Halberstädter und Magdeburger Kaufmanns- und Gewandschneidergilden bei: *H. K. Schulze*, Kaufmannsgilde und Stadtentstehung, in: Gilden und Zünfte, 1985, S. 377 (379 ff., 398 f., 406).
[30] *Dilcher*, Die genossenschaftliche Struktur, in: Gilden und Zünfte, 1985, S. 71 (109); *Oexle*, Die Kaufmannsgilde von Tiel, in: Untersuchungen, Teil VI, 1989, S. 173 (194 f.).
[31] *Heréus*, Die deutschen Handelskammern, 1922, S. 2 f.; *Irsigler*, Gilde- und Zunftterminologie, in: Gilden und Zünfte, 1985, S. 53 (58 f.).

Englandhandel, spezialisiert hatten und für diesen verschiedentlich ebenfalls Monopolrechte beanspruchten[32].

Die Gilden nahmen gleichzeitig zunehmend die öffentliche Aufsicht über die Beachtung der gewerberechtlichen Regularien und schließlich oftmals auch eine richterliche Funktion in diesem Bereich wahr. Damit fiel den Kaufmannsgilden, die als private Zweckbündnisse begonnen hatten, ein immer größer werdender Anteil an der hoheitlichen Gewalt der Städte zu[33]. Aus einer Makroperspektive heraus betrachtet, entwickelten sie sich so zu integralen Bestandteilen des städtischen Verfassungs- und Verwaltungsgefüges in einem doppelten Sinne: Zum einen nahmen sie je nach historischer Entwicklung in unterschiedlichem Umfang bestimmte quasi-hoheitliche Rechte insbesondere gegenüber ihren Mitgliedern wahr. Zum anderen waren zumindest die stadtbezirksgebundenen Gilden ihre Mitglieder mediatisierende Zellen der Stadtgemeinde[34]. Als solche besaßen sie bedeutsame Privilegien und Funktionen, die von Rechten bei der Bildung des Rats, über die Wahrung von Sicherheit und Ordnung innerhalb der Stadt, bis hin zu konkreten Aufgaben bei der Bekämpfung von Bränden und der Verteidigung bestimmter Abschnitte der Stadtmauer reichen konnten[35].

Können die Gilden einerseits in ökonomischer Hinsicht als Privilegs- und Nutzungsgenossenschaften charakterisiert werden, ist andererseits ihr bruderschaftlicher Verbandscharakter in sozialer, aber auch religiöser Hinsicht zu betonen[36]. Aus der Mikroperspektive des einzelnen Mitglieds besaßen die Gilden einen weit über unmittelbar handelsbezogene Aspekte hinausreichenden Einfluss auf das Leben ihrer Angehörigen. So stellten sie nicht nur verbindliche Handelsstandards auf und setzten diese durch, sondern regelten auch vielfältige Fragen gesellschaftlicher, sittlicher und religiöser Natur[37]. Der einzelne Kaufmann war hier gleichsam in einen wirtschaftlich wie gesellschaftlich wirksamen genossenschaftlichen Kokon eingebunden, der einerseits nach außen seine Interessen gegenüber anderen Gewerben usw. vertrat, andererseits aber auch als „Stadt in der Stadt" nach innen soziale Regeln und Standards für die Mitglieder aufstellte, kontrollierte und durchsetzte. Begründet und bestärkt wurde die soziale Verbandsbildung – wie sich schon den Quellen zu den älteren Gilden entnehmen lässt – durch periodisch wiederholte, oftmals ritualartige, religiös verwurzelte Akte. Wichtige Beispiele sind die Gewohnheiten des die geschworene Einung bekräftigenden festlichen Mahls und

---

[32] *Irsigler*, Gilde- und Zunftterminologie, in: Gilden und Zünfte, 1985, S. 53 (58).
[33] *Kaltenhäuser*, Möglichkeiten und Perspektiven, 1998, S. 4.
[34] Ähnlich wie die ihnen gegenüber allerdings regelmäßig nachrangigen Zünfte der Handwerker.
[35] *Weider*, Recht der deutschen Kaufmannsgilden, 1931, S. 361 ff.
[36] So treffend *Dilcher*, Die genossenschaftliche Struktur, in: Gilden und Zünfte, 1985, S. 71 (110); vgl. auch *Sydow*, Fragen zu Gilde, in: Gilden und Zünfte, 1985, S. 113 (114 f.); *Schulz-Nieswandt*, Gilden, 2000, S. 27 f.
[37] *Weider*, Recht der deutschen Kaufmannsgilden, 1931, S. 296 ff.; *Dilcher*, Die genossenschaftliche Struktur, in: Gilden und Zünfte, 1985, S. 71 (103 ff., 109 ff.); *Jakobi*, Gilden in Münster, in: Zunftlandschaften, 2000, S. 121 (121 f.).

Trunks, der Gemeinsamkeit des Kultes und der Totenmemoria sowie häufig auch des Eides. Eine bedeutsame sozialstabilisierende Funktion besaß daneben die Pflicht zu gegenseitiger sozialer Hilfe – auch gegenüber Familienangehörigen – bspw. bei Krankheit und Tod[38].

In der regional und von Stadt zu Stadt unterschiedlichen inneren Verfassung der Gilden kam der genossenschaftliche Charakter häufig darin unmittelbar zum Ausdruck, dass oberstes Organ und eigentlicher Träger des Rechts und der Gewalt der Gilde die Versammlung der Mitglieder (insbesondere in Norddeutschland oft „Morgensprache" genannt) blieb[39]. Bspw. „Aldermannen", „Altermänner" oder „Gildemeister" genannte Gildevorsteher nahmen Befugnisse im Bereich von Verwaltung und Rechtsprechung wahr und wurden hierbei von einem repräsentativen Gildenausschuss beraten und unterstützt[40]. Außer an das städtische Recht waren die Mitglieder der Gilde an das von der Gilde gesetzte Recht gebunden, das primär, aber nicht ausschließlich handelsbezogene Fragen – „Maß und Gewicht" etc. – betraf und von der Gilde kontrolliert sowie im Streitfall richterlich geklärt wurde[41]. Die Gilden waren damit Quelle eines spezifischen Handelsrechts, das allerdings zunächst nur die rechtsunterworfenen Genossen band.

e) Der Niedergang der Kaufmannsgilden im späten Mittelalter

Viel stärker als die handwerklichen Gewerbe der Zünfte besaß der Handel von Anfang an auch ein die Grenzen der jeweiligen Stadt überschreitendes Streben nach großräumigeren Handelsbeziehungen. Dies und der sich in den landesherrlichen Territorien ab dem späten Mittelalter oftmals zu Lasten der Städte langsam vollziehende Prozess der territorialen Staatenbildung trugen maßgeblich zu einem allmählichen Niedergang nicht nur der Städte, sondern auch der stadtgebundenen Gilden bei. Verloren die Gilden ihre spezifischen Vorrechte – etwa die Monopolrechte –, entwickelten sie sich häufig in die Richtung vornehmer „Clubs", die überwiegend gesellschaftliche, soziale und religiöse Aufgaben wahrnahmen, aber dem in ihnen vereinigten gehobenen Bürgertum durchaus auch als Forum für eine – nicht zu unterschätzende – informelle Einflussnahme auf das Gemeinwesen dienen

---

[38] *Planitz*, Die deutsche Stadt im Mittelalter, 3. Aufl., 1973, S. 77f.; *Oexle*, Die mittelalterlichen Gilden, in: Soziale Ordnungen, 1979, S. 203 (206ff.); *Cordt*, Die Gilden, 1984, S. 118f.; *Dilcher*, Die genossenschaftliche Struktur, in: Gilden und Zünfte, 1985, S. 71 (103ff., 109ff.); *Sydow*, Fragen zu Gilde, in: Gilden und Zünfte, 1985, S. 113 (114f.); *Oexle*, Die Kaufmannsgilde von Tiel, in: Untersuchungen, Teil VI, 1989, S. 173 (190f.); *Hardtwig*, Genossenschaft, 1997, S. 29; zur großen Bedeutung des Totenbrauchtums am Beispiel Westfalens: *Löffler*, Studien, 1975, S. 31ff.

[39] *Weider*, Recht der deutschen Kaufmannsgilden, 1931, S. 139ff.; vgl. exemplarisch zu den Stendaler und Halberstädter Gilden: *H.K. Schulze*, Kaufmannsgilde und Stadtentstehung, in: Gilden und Zünfte, 1985, S. 377 (379ff., 398f.).

[40] *Heréus*, Die deutschen Handelskammern, 1922, S. 3; vgl. auch die Beispiele bei *Ehbrecht*, Beiträge und Überlegungen, in: Gilden und Zünfte, 1985, S. 413 (437f.).

[41] *Heréus*, Die deutschen Handelskammern, 1922, S. 3; *Weider*, Recht der deutschen Kaufmannsgilden, 1931, S. 238ff.

konnten[42]. An die Stelle der städtisch gebundenen, in die Stadtverfassung integrierten, quasi-hoheitlichen Kaufmannsgilden traten – wie zu Beginn der Gildenbildung im frühen Mittelalter – eher freiwillige, vereinsartige Zusammenschlüsse, die sich wieder mehr auf die Förderung der unmittelbaren gemeinsamen Interessen konzentrierten[43]. Die Kaufmannsgilden lösten sich als Endergebnis ihres allmählichen Niedergangs teilweise auf oder bestanden zwar formal weiter, besaßen aber als primär gesellschaftlich wirksame Einrichtungen meist nicht mehr die prägende Rolle, die sie für die verschiedenen Aspekte des kaufmännischen Lebens noch im hohen Mittelalter besessen hatten.

f) Fazit

Insgesamt weisen die Kaufmannsgilden des Mittelalters nicht nur in ihrem Mitgliederkreis der Kaufleute und ihrer Hauptfunktion, deren Interessen umfassend zu fördern, Parallelen zu den heutigen IHK auf. Auch die eigenartige Zwitterstellung der Selbstverwaltungsorganisation als einerseits – aus „bottom up"-Perspektive betrachtet – Interessenwahrnehmungsorgan der zusammengeschlossenen Kaufleute gegenüber dem Gemeinwesen, andererseits – aus „top down"-Perspektive – als Organismus des Gemeinwesens zur Regulierung und Integration bestimmter Sozialbereiche mit spezifischer berufsbezogener Interessenkongruenz scheint hier fast schon vorgezeichnet. Insoweit ist es verständlich, dass die traditionsreichen Kaufmannsgilden oftmals als Vorläufer der IHK betrachtet werden.

Allerdings bestehen nicht nur im Detail auch viele Unterschiede. Zu nennen ist hier vor allem die freiwillige Bildung der Gilden bzw. der prinzipiell freiwillige Beitritt zur Gilde im Mittelalter einerseits und die Ausgestaltung als staatlich eingesetzte Körperschaft des öffentlichen Rechts mit Pflichtmitgliedschaft im modernen IHK-Recht andererseits. Insofern ist bemerkenswert, dass die Literatur eine Traditionslinie der Handelskammern bzw. IHK zu den mittelalterlichen Gilden häufig dann ins Spiel gebracht hat, wenn es darum ging, das Element der Staatsdistanziertheit der Kammern zu betonen[44]. Weitere Unterschiede zu den IHK sind bspw. darin zu erblicken, dass Kaufmannsgilden in der Regel auf eine Stadt, später sogar auf einen Stadtbezirk beschränkt waren und sich Sondergilden auf bestimmte Arten von Handelsgewerben beschränkten und ihren Mitgliedern häufig eine Monopolstellung vermittelten. Ferner waren sozialer Zusammenhalt und soziale Kontrolle in der mittelalterlichen Gilde ungleich stärker ausgeprägt als in der modernen IHK, die doch viel stärker eine Funktions- als eine Sozialgemeinschaft ist.

---

[42] *Irsigler*, Gilde- und Zunftterminologie, in: Gilden und Zünfte, 1985, S. 53 (59).
[43] *Heréus*, Die deutschen Handelskammern, 1922, S. 4.
[44] Vgl. exemplarisch *Zorn*, Staatsrechtliche Stellung der Handelskammern, in: Festgabe Zitelmann, 1923, S. 167 (insbes. S. 184 ff.), dessen Aufsatz primär ein Plädoyer gegen das in den ersten Jahren der Weimarer Republik diskutierte und in der preußischen Gesetzgebung im Jahr 1924 tatsächlich verwirklichte Recht des Staates zur Auflösung (nicht hinreichend leistungsfähiger) IHK war.

Völlig entfallen ist die in den mittelalterlichen Gilden so bedeutsame religiöse Funktion.

Für die Frage, ob Kaufmannsgilden tatsächlich Vorläufer der IHK waren, ist aber vor allem darauf hinzuweisen, dass es regelmäßig keine wirkliche Traditionslinie von den Kaufmannsgilden zu den IHK gibt. Wie ausgeführt wurde, waren die Kaufmannsgilden überwiegend bereits abgestorben oder wesentlich transformiert, als im 19. Jahrhundert die ersten Handelskammern gebildet wurden. Allenfalls vereinzelt existierten noch verschieden gestaltige Organisationsformen, die sich als Nachfolger mittelalterlicher Gilden begriffen. Doch auch bei ihnen kann nur selten von einer wirklichen Kontinuität gesprochen werden. Die Kaufmannsgilden weisen zwar bemerkenswerte Parallelen zu den heutigen IHK auf. Wirkliche Wurzeln der IHK im Sinne einer gemeinsamen Traditionslinie waren sie hingegen nur in sehr eingeschränktem Maße. Die institutionellen Wurzeln der heutigen IHK liegen vielmehr – wie später darzulegen sein wird – in den französischen „chambres de commerce". Gilden und deren Nachfolger können am ehesten insoweit als Vorläufer der IHK betrachtet werden, als im 19. Jh. bspw. in den preußischen Kaufmännischen Korporationen verwirklichte, ideell auf die Gilden rückführbare Selbstverwaltungselemente wie etwa das Wahlprinzip in die Verfassung der zunächst nach französischem Vorbild geprägten preußischen Handelskammern Eingang fanden. Doch bevor auf diesen wichtigen Prozess eingegangen wird, seien zunächst die Handlungsvorstände und Kommerzialbehörden der frühen Neuzeit als weitere potentielle Vorläufer der IHK in Augenschein genommen.

2. Handlungsvorstände und Kommerzialbehörden als Organe kaufmännischer Interessenwahrung in der Zeit bis zum frühen 19. Jahrhundert

a) Handlungsvorstände

In der frühen Neuzeit bestanden die im Mittelalter gegründeten Kaufmannsgilden zwar in manchen Städten weiter fort. Wie bereits ausgeführt, hatten sie zu dieser Zeit aber ihre spezifische quasi-hoheitliche Funktion in der städtischen Verfassung meist eingebüßt und übten als primär gesellschaftliche Einrichtungen eher informell Einfluss auf das Gemeinwesen aus. Vor dem Hintergrund der geschwundenen Möglichkeit organisierter kaufmännischer Interessenwahrnehmung in den Gilden bildeten sich vereinzelt ab der zweiten Hälfte des 16. Jh., stärker dann im 17. Jh. unter verschiedenen Bezeichnungen sog. Handlungsvorstände, die darauf abzielten, die kaufmännischen Interessen wieder stärker zur Geltung zu bringen. Das wohl früheste Beispiel in einer Reichsstadt gründete sich in Nürnberg, wo die Ältesten des 1560 eingerichteten Kollegiums der Marktvorsteher im Jahr 1566 eine Vorstandschaft bildeten, der die Aufsicht über den Markt und die Leitung der Börse anvertraut war[45]. Der zur Belebung des im Rückgang befindlichen Handels gegründete Nürnberger Handelsvorstand gewann in den ersten Jahrzehnten seines Bestehens allmählich eine dreifache Funktion als Standesvertretung der Kaufleute, Schiedsgericht in Merkantilangelegenheiten und halbamtlicher Handelsrat der Stadtregierung[46].

Handlungsvorstände wurden regelmäßig aus dem Kreis der Kaufleute der jeweiligen Stadt heraus frei gebildet und unterlagen der Aufsicht der betreffenden Stadt[47]. Besaßen sie zunächst oftmals vor allem eher informellen Einfluss aufgrund des Renommees der in ihnen zusammengeschlossenen Persönlichkeiten, wurden sie später teilweise durch den Rat ihrer Stadt förmlich anerkannt, der ihnen auch handelsbezogene Befugnisse übertrug[48]. Im 18. Jh. griffen einzelne Landesfürsten das erfolgreiche Modell auf und richteten zur Belebung des Handels in von ihnen kommerzialistisch geförderten Städten – unter ganz unterschiedlichen Bezeichnungen – Handlungsvorstände ein[49]. Ein Beispiel ist die 1728 auf Betreiben der Kaufleute von Kurfürst *Carl Philipp* in Mannheim gebildete Handelsinnung[50], zu deren Organen – neben der Versammlung der Zunftgenossen – gewählte „Zunftmeister" als Vorstand[51] sowie „Senioren" als Ältestenrat mit beaufsichtigender Funktion gehörten[52]. Aus manchen Handlungsvorständen, bspw. der Mannheimer Handelsinnung[53] und dem Ende des 18. Jh. in Düsseldorf gebildeten Vorstand[54], gingen im 19. Jh. Handelskammern hervor[55]. In der Regel handelte es sich hierbei aber primär um eine personale Kontinuität in dem Sinne, dass die alten Mitglieder des Handlungsvorstands Mitglieder auch der neuen Handelskammer wurden[56].

---

[45] *Dirr*, Handelsvorstand Nürnberg, 1910, S. 10; *Facius*, Wirtschaft und Staat, 1959, S. 32, Fn. 53 mit weiteren Beispielen; ab dem frühen 18. Jh. bezeichneten sich die Marktvorsteher dann als „verordnete Vorsteher des Nürnberger Handelsstandes", *Dirr*, a.a.O, S. 59.

[46] *Dirr*, Handelsvorstand Nürnberg, 1910, S. 27 f.; *Heinz*, Die geschichtliche Entwicklung, 1958, S. 21.

[47] *Zeyss*, Entstehung der Handelskammern, 1907, S. 2; *Heinz*, Die geschichtliche Entwicklung, 1958, S. 21; *Wülker*, Wandel der Aufgaben, 1972, S. 11.

[48] *Kaltenhäuser*, Möglichkeiten und Perspektiven, 1998, S. 6 f.

[49] *Facius*, Wirtschaft und Staat, 1959, S. 32 f., mit Beispielen in Fn. 54.

[50] *Blaustein*, Handelskammer Mannheim, 1928, S. 11 ff.

[51] Die Zunftmeister vertraten die Handelsinnung gegenüber den Behörden, auswärtigen Handlungsvorständen etc., leiteten die Sitzungen der Versammlung der Zunftgenossen und führten deren Beschlüsse durch. Die Zahl der Zunftmeister schwankte zwischen zwei und vier; vgl. *Blaustein*, Handelskammer Mannheim, 1928, S. 18.

[52] *Blaustein*, Handelskammer Mannheim, 1928, S. 18 f.

[53] *Blaustein*, Handelskammer Mannheim, 1928, S. 64 ff.

[54] § 1 Statut der Handels-Kammer für die Stadt Düsseldorf vom 23.05.1931, veröffentlicht im Amtsblatt der Regierung zu Düsseldorf Nr. 54, 22.07.1931, S. 357–359: „Der bisherige Handlungsvorstand der Stadt Düsseldorf wird nach der Bekanntmachung der gegenwärtigen Verordnung aufgelöst, und an dessen Stelle daselbst eine Handlungs-Kammer errichtet".

[55] *Facius*, Wirtschaft und Staat, 1959, S. 33; *W. Fischer*, Unternehmerschaft, 1964, S. 12 f.; *Brandt*, Die IHK Kassel, 1963, S. 13 führt aus, dass sich Handlungsvorstände insofern am ehesten als Vorläufer der Handelskammern des 19. Jh. ansprechen ließen; vgl. auch *van Eyll*, Berufsständische Selbstverwaltung, in: Dt. Verwaltungsgeschichte, Bd. 3, 1984, S. 71 (74).

[56] Vgl. das Beispiel der 1831 gegründeten Düsseldorfer Handelskammer: IHK Düsseldorf, 125 Jahre, 1956, S. 57 f.

b) Kommerzialbehörden

Von den regelmäßig auf einem freien Zusammenschluss der Kaufleute basierenden Handlungsvorständen sind die Kommerzialbehörden zu unterscheiden, die verschiedene Landesfürsten ab dem 17. Jh. ins Leben riefen, um im Rahmen einer merkantilistischen Wirtschaftspolitik den Handel in ihren Territorien zu fördern. Diese unter verschiedenen Bezeichnungen wie insbesondere Kommerzienkollegium, Kommerzienrat oder Kommerziendeputation gebildeten Einrichtungen waren staatliche Behörden und besaßen meist den Charakter fürstlicher Beiräte[57]. Neben Beamten gehörten ihnen in der Regel auch ausgewählte Kaufleute an, denen so – in unterschiedlichem Ausmaß – die Möglichkeit eingeräumt wurde, die Handels- und Gewerbepolitik des Fürsten zu beeinflussen.

aa) Johann Joachim Becher und das Wiener Kommerzkolleg

Das Konzept der Kommerzialbehörden ging wesentlich auf den Universalgelehrten und Wegbereiter des Merkantilismus in Deutschland *Johann Joachim Becher* (1635–1682)[58] zurück, der auf zwei ausgedehnten Reisen 1660 und 1664 das niederländische Wirtschaftssystem studiert und dabei auch das Amsterdamer Kommerzkollegium von 1663 kennen gelernt hatte, das ihn wahrscheinlich maßgeblich zu seinen eigenen Konzeptionen inspirierte[59]. Für Österreich entwarf Becher das Modell eines Kommerzienrats als Zentralorgan der von ihm geplanten fünf Handels- und Manufakturkompagnien für Seiden, Leinen, Woll-, Leder- und Galanteriewaren sowie der gesamten staatlichen Gewerbe- und Handelspolitik[60]. Dem Entwurf lag ein äußerst fortschrittlicher Selbstverwaltungsansatz zugrunde: Hauptamtliche Mitglieder des Kommerzienrats hätten nämlich die Generaldirektoren der fünf geplanten Handels- und Manufakturkompagnien, also die Betroffenen selbst, werden sollen[61]. Dem aus ihrer Mitte auf Lebenszeit zu wählenden Präsidenten sollte das Recht zustehen, alle 14 Tage unmittelbar dem Kaiser Vortrag zu halten. Obersthofmeister, Oberstkämmerer und Hofkammerpräsident als Inhaber der drei obersten Hofstellen hätten nach Bechers Entwurf hingegen den kaufmännisch orientierten Kommerzienrat und die Kompagnien lediglich beaufsichtigen und beraten sollen.

Bechers progressiver Selbstverwaltungsansatz ließ sich allerdings gegen die Beharrungstendenzen der kaiserlichen Verwaltung nicht durchsetzen. Dem tatsächlich im Jahr 1666 in Wien eingerichteten „Commercien-Collegium"[62] gehörten –

---

[57] *van Eyll*, Berufsständische Selbstverwaltung, in: Dt. Verwaltungsgeschichte, Bd. 3, 1984, S. 71 (73 f.); *Facius*, Wirtschaft und Staat, 1959, S. 19 ff.; *Henning*, Geschichte, in: Wirtschaftsarchive und Kammern, 1982, S. 25 (31 ff.).
[58] Zu Johann Joachim Becher und seinem Wirken: *Hassinger*, Johann Joachim Becher, 1951; *Blaich*, Die Epoche des Merkantilismus, 1973, S. 60 ff.
[59] *Brandt*, Die IHK Kassel, 1963, S. 12.
[60] *Hassinger*, Johann Joachim Becher, 1951, S. 147 ff.
[61] *Hassinger*, Johann Joachim Becher, 1951, S. 147; *Facius*, Wirtschaft und Staat, 1959, S. 23.
[62] Siehe z. B. Bechers Denkschrift an den kaiserlichen Hofkammerpräsidenten und Präsidenten des Kommerzkollegs Graf Sinzendorf, abgedruckt in: *Becher*, Politische Discurs, 2. Aufl., 1673,

entgegen Bechers ursprünglichen Empfehlungen – hauptsächlich Inhaber von Hofstellen an, Präsident war der Hofkammerpräsident[63]. Die Kommerzienräte als kaufmännische Sachverständige blieben hingegen in der Minderheit. Das entgegen Bechers Plänen eng mit der Hofkammer verbundene Kommerzkolleg wurde weder mit einer eigenen Kanzlei noch mit Befugnissen zur Durchführung seiner Beschlüsse versehen, was maßgeblich dazu beitrug, dass es nicht die gewünschte Effektivität in der Wirtschaftsförderung entfalten konnte und bereits im Jahr 1674 sein Ende fand[64]. Wegweisend war an diesem Gremium indes neben der – stark verwässerten – grundsätzlichen Konzeption dessen Zuständigkeitsfeld, das im merkantilistischen Geist zahlreiche oft neuartige Materien des erst im Entstehen begriffenen Gebiets der „Ökonomie" umfasste: Nach der grundlegenden Instruktion vom 22. Februar 1666 war das Kommerzkollegium nicht nur für die Beobachtung des gesamten Handels sowie der Preis- und Verbrauchsentwicklung und die Beobachtung und Entwicklung des Gewerbes einschließlich der Informationsgewinnung über die ausländische Wirtschaft durch kaufmännische Korrespondenten zuständig, sondern besaß auch das Recht, Privilegien an Kompagnien zu erteilen[65].

bb) Die Kommerzialbehörden des 17. und 18. Jahrhunderts

Durch die Propagierung des Wiener Kommerzkollegs und der diesem zugrunde liegenden Konzepte in seinem literarischen Hauptwerk „Politische[!] Discurs" übte Johann Joachim Becher über seinen Tod im Jahr 1682 hinaus starken Einfluss auf nachfolgende Generationen wirtschaftspolitischer Vordenker aus[66]. Diese Multiplikatorenwirkung trug maßgeblich dazu bei, dass vereinzelt schon im späten 17., vor allem aber im 18. Jh. zahlreiche deutsche Territorialstaaten Kommerzialbehörden einrichteten[67]. Diese traten mit der Aufgabe der Förderung von Handel und

---

S. 782 ff; schon in der Bezeichnung wird deutlich, dass Bechers ambitionierte Pläne eines „Kommerzienrats" deutlich heruntergezont worden waren. Der Name Kommerzkolleg deutet darauf hin, dass es sich eher um eine Art Kollegium oder Ausschuss als um einen in die staatliche Behördenorganisation integrierten Rat handelte; vgl. *Hassinger*, Johann Joachim Becher, 1951, S. 148 f.

[63] *Hassinger*, Johann Joachim Becher, 1951, S. 148.

[64] So klagte Becher in einer Denkschrift an Graf Sinzendorf (abgedruckt z. B. bei *Becher*, Politische Discurs, 3. Aufl., 1688 (Nachdruck 1972), S. 782 (783)) Ende 1671, dass das Kommerzkolleg statt der vorgesehenen wöchentlichen Sitzungen in sechs Jahren kaum zwölfmal Rat gehalten habe und viel weniger noch ein ordentliches Protokoll oder eine Korrespondenz geführt worden sei. Die letzten bedeutsamen Handlungen des Kollegs fanden auf Konferenzen im August und September 1674 statt. Ein letztes Lebenszeichen war eine Mahnung zur Rechnungslegung an den früheren Direktor der Seidenkompagnie im Jahr 1678; vgl. *Hassinger*, Johann Joachim Becher, 1951, S. 154.

[65] Die Instruktion zur Aufrichtung eines „Commercien-Collegii" ist abgedruckt bei *Becher*, Politische Discurs, 3. Aufl., 1688 (Nachdruck 1972), S. 481 ff.; *Hassinger*, Johann Joachim Becher, 1951, S. 149; *Facius*, Wirtschaft und Staat, 1959, S. 22.

[66] Becher behandelte seine Konzeption intensiv seit der 1673 erschienenen zweiten Auflage seines 1668 in erster Auflage erschienenen Hauptwerks „Politische Discurs": *Becher*, Politische Discurs, 2. Aufl., 1673, II. Teil, Kap. XXVII, S. 257 ff.

[67] *Holub*, Kommerziendeputation, 1991, S. 23 f.

Gewerbe kommissionsartig zusammen und setzten sich überwiegend aus Beamten zusammen, die hauptamtlich oft Mitglieder der Regierung und der Kammer waren[68]. Hinzu traten indes als Selbstverwaltungselement ernannte – also nicht gewählte – Vertreter des Kaufmanns- und Handelsstandes und mitunter Magistratsmitglieder größerer Städte als Handelssachverständige, die allerdings meist weniger Rechte als die beamteten Mitglieder der Kommerzkollegien besaßen[69]. Das Tätigkeitsfeld der Kommerzialbehörden umfasste bis zur Mitte des 18. Jh. vor allem die Förderung des Handels und der ihm dienenden Einrichtungen (Märkte und Messen, Handelsrecht, Bank- und Kreditwesen etc.) sowie den Ausbau heimischer und die Ansiedelung neuer Gewerbe und Manufakturen[70]. Ab der Mitte des 18. Jh. traten dann unter dem Einfluss physiokratischer Konzeptionen zunehmend landwirtschaftliche Gegenstände hinzu, die mitunter mit den ursprünglichen merkantilistischen Aufgabenfeldern verschmolzen, etwa wenn der Ausbau der Schafzucht als Voraussetzung für die Belieferung der heimischen Tuchfabriken gefördert wurde[71].

Auch die Kommerzialbehörden des 18. Jh. besaßen letztlich den Charakter fürstlicher Beiräte. Kommissionsartig organisiert mangelte es ihnen an organisatorischer Verfestigung, insbesondere an einer eigenen Kanzlei. Auch fehlten ihnen eine eigene Vollzugsgewalt oder nachgeordnete Stellen, welche die erarbeiteten Konzepte effektiv hätten umsetzen können[72]. Als letztlich beratende und empfehlende Gremien waren sie auf das Wohlwollen des Fürsten und der etablierten Behörden angewiesen, die andererseits aber auf die Wahrung ihrer Kompetenzen und Vorrechte achteten. Insgesamt besaßen die Kommerzialbehörden daher nur eine schwache Stellung innerhalb der fürstlichen Verwaltung[73]. Möglicherweise trug gerade auch das Selbstverwaltungselement der Beteiligung von Kaufleuten dazu bei, dass die ungewöhnlich strukturierten Kommerzialbehörden ihre Stellung innerhalb der Verwaltung nicht festigen konnten. So konnten sie sich nicht zu den bedeutenden Wirtschaftszentralbehörden entwickeln, wie es im Lichte ihres für die fürstliche Wirtschaftspolitik zentralen Aufgabenfelds eigentlich angemessen gewesen wäre. Letztlich blieben sie mit ihrer ungewohnten hybriden Mitgliederstruktur aus Beamten und Kaufleuten bzw. Repräsentanten der Städte Fremdkörper im staatlichen Verwaltungssystem. Im Laufe des 18. Jh. wurde daher verschiedentlich das Selbstverwaltungselement der Beteiligung sachverständiger Kaufleute und städtischer Repräsentanten eingeschränkt oder sogar ganz darauf verzichtet[74].

---

[68] *Facius*, Wirtschaft und Staat, 1959, S. 25.
[69] *Holub*, Kommerziendeputation, 1991, S. 25.
[70] Vgl. im Einzelnen *Facius*, Wirtschaft und Staat, 1959, S. 25 f.
[71] *Facius*, Wirtschaft und Staat, 1959, S. 26 f.
[72] *Facius*, Wirtschaft und Staat, 1959, S. 27 f.
[73] *Facius*, Wirtschaft und Staat, 1959, S. 27.
[74] *Facius*, Wirtschaft und Staat, 1959, S. 25; so gehörten bspw. dem 1763 gegründeten Kasseler Commerz-Colleg als sog. Kommerzien-Assessoren lediglich zwei Kaufleute an, die zudem lediglich ein „votum deliberativum et relativum" besaßen; vgl. *Brandt*, Die IHK Kassel, 1963, S. 16.

Während die nach österreichischem Vorbild in den letzten Jahrzehnten des 17. Jh. vereinzelt gegründeten Kommerzialbehörden allesamt vor der Jahrhundertwende wieder eingingen[75] und auch die im ersten Drittel des 18. Jh. erfolgten Gründungen kurzlebig blieben[76], bestanden viele der ab 1730 erfolgten Neu- und Wiedergründungen bis ins frühe 19. Jh. fort[77]. Ihr Ende fanden sie schließlich teils, da die entsprechenden Territorien im Prozess der Auflösung des alten Reichs Anfang des 19. Jh. schlicht verschwanden, teils aufgrund der weit reichenden Veränderungen in der Wirtschaftspolitik und der Behördenorganisation, die jene Umbruchzeit nach der französischen Revolution mit sich brachte[78].

c) *Kommerzienkammern in Gebieten mit hugenottischen Einwanderern*

Am Rande sei erwähnt, dass Ende des 17., Anfang des 18. Jh. in Gebieten, in denen sich hugenottische Einwanderer niedergelassen hatten, vereinzelt sog. „Commercien-Cammern" entstanden. Der Name dieser Institutionen, eine direkte Übersetzung der französischen „Chambres de Commerce", welche im folgenden Hauptabschnitt behandelt werden, indiziert bereits, dass Kommerzienkammern wohl auf Betreiben der Hugenotten nach französischem Vorbild entstanden. Als wichtiges Beispiel lässt sich die von *Landgraf Carl von Hessen-Cassel* 1710 in Kassel errichtete „Commercien-Cammer" nennen[79]: Der seit 1677 in der kleinen Landgrafschaft Hessen-Kassel regierende *Carl* hatte als einer der ersten deutschen Fürsten, unmittelbar nach der Aufhebung des Edikts von Nantes am 18. Oktober 1685 Hugenotten aufgenommen, um das in seiner Landgrafschaft noch schwache Gewerbe zu fördern[80]. Durch eine sowohl auf deutsch als auch auf französisch verfasste Verordnung vom 20. Januar 1710 ließ *Carl* in seiner Residenzstadt Kassel dann zwecks „Vermehrung und Perfectionirung der Manufacturen, Künsten und Handwercker und der daraus fliessenden Commercien" eine Kommerzienkammer errichten[81].

---

[75] Bspw. Preußen 1684–1689, Kurpfalz 1681–ca. 1689 und Bayern 1689–1699; vgl. im Einzelnen *Facius*, Wirtschaft und Staat, 1959, S. 28, Fn. 43 sowie a.a.O. S. 190 ff. (Übersicht über die territorialstaatlichen Kommerzialbehörden in Deutschland im 17. und 18. Jahrhundert).

[76] Vgl. das Beispiel des Württembergischen Kommerzienrats bei *F. C. Huber*, Festschrift zur Feier des 50jährigen Bestehens, 1906, S. 10 sowie allgemein *Facius*, Wirtschaft und Staat, 1959, S. 28 f., 190 ff.

[77] Bspw. Kurpfalz (1733–1743, fortgesetzt 1765–1803); Württemberg (1734–1737, 1755–1805) dazu näher: *Holub*, Kommerziendeputation, 1991, S. 49 ff.; Kursachsen 1735–1831; Lübeck 1740–1811; Hessen-Kassel 1764–1809, dazu näher: *Brandt*, Die IHK Kassel, 1963, S. 11 ff.; vgl. im Einzelnen *Facius*, Wirtschaft und Staat, 1959, S. 29, Fn. 47 sowie a.a.O. S. 190 ff.

[78] *Facius*, Wirtschaft und Staat, 1959, S. 30.

[79] *Facius*, Wirtschaft und Staat, 1959, S. 33 f.; *Brandt*, Von der Fürstlich-Hessischen Commercien-Cammer, 1960, S. 14; *Brandt*, Die IHK Kassel, 1963, S. 15; *Wülker*, Wandel der Aufgaben, 1972, S. 9; *Philippi*, Landgraf Karl, 1976, S. 669 ff.

[80] *Philippi*, Landgraf Karl, 1976, S. 80; *Brandt*, Wirtschaft und Staat, in: Brandt/Olten/Marschelke, Wirtschaft und Politik, 1991, S. 7 (9 f.).

[81] Verordnung die Errichtung einer Commercien-Cammer betreffend vom 20.01.1710 (im Folgenden: Commercien-Cammer-VO), abgedruckt in: Sammlung Fürstlich-Hessischer Landes-Ordnungen und Ausschreiben, Dritter Theil (1671–1729), 1777, S. 631 ff.; abgedruckt auch bei

I. 2. Handlungsvorstände und Kommerzialbehörden

Die Kommerzienkammer bestand aus einem „Directeur über alle Commercien, Fabriquen, Manufacturen, Künste und Handwercker" als Vorsitzendem, vier „Consuls", die „ihren Rath und Meynung" beitragen sollten, einem für die Finanzen zuständigen „Einnehmer" sowie einem Sekretär[82]. Konsuln, Einnehmer und Sekretär entstammten dem Kreis der verheirateten Kaufleute und Fabrikanten[83]. Interessenten konnten sich beim Directeur bewerben, der die Liste der Bewerber dem Landgrafen zur Auswahl vorlegte[84]. Der Directeur sollte als „Oberhaupt" der Kammer „mit keinen anderen Geschäfften beladen" sein und die für die Leitung eines so wichtigen Vorhabens nötige Autorität, Geschicklichkeit und Erfahrung besitzen[85]. Gedacht war hier offensichtlich an einen Beamten, der sich völlig auf das Amt des Directeurs konzentrieren sollte. Dies sollte wahrscheinlich Interessenkonflikte ausschließen, die entstanden wären, wenn bspw. der Leiter einer fürstlichen Behörde zugleich der Kommerzienkammer vorgesessen hätte. Der Directeur leitete die Sitzungen der Kammer, die sich wöchentlich zur Beratung versammeln sollte[86]. Er durfte nichts beschließen, ohne es zuvor in der Kammer mit den Konsuln erörtert zu haben[87]. Ließ sich über eine Frage indes keine Einigung erzielen, konnte der Directeur selbst entscheiden[88]. Andererseits durften Konsuln, Einnehmer und Sekretär monatlich persönlich beim Landgrafen vorsprechen[89]. Die Konsuln sollten dabei insbesondere über besonders erfolgreiche Gewerbe in der Stadt berichten, damit der Fürst diese durch Belohnungen weiter anspornen konnte[90].

Die Aufgaben der Kommerzienkammer waren beratender, administrativer und gerichtlicher Natur. Die Kammer sollte alles erörtern, was die Förderung von Handel und Gewerbe betraf[91]. Sie besaß zudem das Recht, zu diesem Zweck Anordnungen und Entscheidungen zu treffen[92]. Jeder der vier Konsuln beaufsichtigte die Erhaltung und das Wachstum von Handel und Gewerbe in einem der vier Quartiere, in die Kassel zu diesem Zweck aufgeteilt wurde[93], und schlug dem Directeur entsprechende Maßnahmen zum Beschluss durch die Kommerzienkammer vor[94]. Zwecks Gewährleistung des Vollzugs der Anordnungen der Kommerzienkammer wurde dieser auch die Jurisdiktionsgewalt zugewiesen[95], wobei gegen entspre-

---

Brandt, Wirtschaftspolitik und gewerbliche Mitbeteiligung, 1960, Anhang A; vgl. die Präambel sowie Art. 1 der Commercien-Cammer-VO.
[82] Art. 1 Commercien-Cammer-VO.
[83] Art. 7 Commercien-Cammer-VO.
[84] Artt. 7, 8 Commercien-Cammer-VO.
[85] Vgl. die Präambel (am Ende) der Commercien-Cammer-VO.
[86] Art. 1, Präambel Commercien-Cammer-VO.
[87] Art. 9 S. 1 Commercien-Cammer-VO.
[88] Art. 9 S. 2 Commercien-Cammer-VO.
[89] Art. 13 Commercien-Cammer-VO.
[90] Art. 13 Commercien-Cammer-VO.
[91] Art. 2 S. 1 Commercien-Cammer-VO.
[92] Art. 2 S. 2, 3 Commercien-Cammer-VO.
[93] Art. 4 Commercien-Cammer-VO.
[94] Art. 5 Commercien-Cammer-VO.
[95] Art. 2 S. 3 Commercien-Cammer-VO.

chende gerichtliche Entscheidungen die Appellation zum Landgrafen offen stand[96]. Dem Directeur oblag es, zu eruieren, durch welche Maßnahmen Handel und Gewerbe am besten zu fördern seien[97]. Um dafür das Wissen und die Sachkunde aller Kaufleute, Fabrikanten, Handwerker usw. nutzbar zu machen, wurden diese – unter Strafandrohung für „falschen Bericht oder vorsetzliche Hinterhaltungen" – zur konstruktiven Zusammenarbeit mit dem Directeur verpflichtet[98].

Insgesamt war die Kasseler Kommerzienkammer äußerst fortschrittlich. So war nicht nur das Selbstverwaltungselement der Einbeziehung der betroffenen Handels- und Gewerbetreibenden stark ausgeprägt, sondern wurden der Kammer durch die Zuerkennung administrativer und jurisdiktionaler Kompetenzen gleichzeitig konkrete hoheitliche Befugnisse zur Umsetzung der gewünschten Politik der Handels- und Gewerbeförderung verliehen. Dass sich der Landgraf des experimentellen Charakters der neuen Einrichtung bewusst war, kommt in der Präambel der Verordnung zum Ausdruck. An deren Ende wird die Verordnung vorläufig in Kraft gesetzt, „bis man eine umständlichere nach eingelangtem Gutachten und Vorschlag derer führnehmsten Handels-Leuten und Fabricanten verfertigen könne". Ein frühes Beispiel experimenteller Gesetzgebung.

Dass die Kammer nur kurz überlebte, war vermutlich nicht zuletzt auf ihre revolutionäre, mit bisherigen Rechten und Gepflogenheiten schwerlich vereinbare Ausrichtung zurückzuführen. Der hoch besoldete „Commercien-Directeur", ein Italiener mit Namen *Lambert Gasparini*, der möglicherweise das gesamte Projekt mit angeregt hatte, überwarf sich innerhalb weniger Monate mit den Kaufleuten, einschließlich der vier Konsuln[99]. Hintergrund war wohl nicht zuletzt, dass Gasparini einen zur Finanzierung von Kammermaßnahmen wie der Belohnung vorbildlicher Gewerbetreibender im März 1710 eingeführten Zoll für den Import von Waren, die auch im Land selbst produziert wurden, konsequent von den Kaufleuten eintreiben ließ, während diese an ihren Handelsprivilegien festhalten wollten. Von Anfang an wurden Beschwerden gegen Gasparini erhoben, die etwa die Erhebung des Zolls als solche, die öffentliche Visitation, Taxierung und Einlagerung auf der Stadtwaage, Warenbeschlagnahmen und die willkürliche Erhöhung der Abgabe betrafen[100]. Handgreifliche Auseinandersetzungen, als französischstämmige Kaufleute gewaltsam versuchten, beschlagnahmte Waren wiederzuerlangen, führten bereits im Sommer des Jahres 1710 zu Gerichtsverfahren vor der Kommerzienkammer, Geldstrafen und Einsperrungen. Schließlich beantragten die vier Konsuln die Entbindung von ihrem Amt und begründeten dies außer mit Schikanen bei der Durchführung der Zollverordnung auch damit, dass Gasparini die Stellung der Konsuln nicht angemessen respektiert, eigenmächtig gehandelt und Einnahmen veruntreut

---

[96] Art. 3 Commercien-Cammer-VO.
[97] Art. 10 S. 1 Commercien-Cammer-VO.
[98] Art. 10 S. 2 Commercien-Cammer-VO.
[99] *Brandt*, Die IHK Kassel, 1963, S. 15.
[100] *Brandt*, Von der Fürstlich-Hessischen Commercien-Cammer, 1960, S. 16.

habe[101]. Gasparini musste sich schließlich wegen verschiedener Vorwürfe, die bspw. Unterschlagung, eigenmächtiges Vorgehen in der Zollpolitik sowie heimliche Förderung der katholischen Religion umfassten, vor dem Geheimen Rat in Kassel verantworten[102].

Die sich an der Person Gasparinis entzündenden Konflikte, hinter denen aber wohl überwiegend ein grundsätzlicher Widerstand der Kaufleute gegen die Beschneidung ihrer Privilegien stand, führten zu einem schnellen Ende der ambitionierten Kommerzienkammer. Nach dem Gründungsjahr 1710 ist keine weitere Aktivität der Kommerzienkammer belegt[103]. Die hugenottischen Kommerzienkammern waren allesamt kurzlebig. Es gibt daher keine Traditionslinie von diesen progressiven Einrichtungen zu den später in Deutschland gebildeten Handelskammern. Allerdings besteht insofern eine enge Verwandtschaft, als die im 19. Jh. gegründeten Handelskammern, wie später noch näher auszuführen sein wird, ihrerseits auf französischem Vorbild beruhten. Letztlich ist es ein historisches Kuriosum, dass bereits ein Jahrhundert vor der Einrichtung der ersten Handelskammern in Deutschland vereinzelt Institutionen mit der Bezeichnung Kommerzien- oder, wenn man dies vollständig übersetzt, Handelskammern existierten, in denen die Kaufleute als Betroffene maßgeblich repräsentiert waren.

d) Fazit: Handlungsvorstände und Kommerzialbehörden als eigenständige Institutionen kaufmännischer Interessenwahrnehmung des 17. und 18. Jh.

Mit den Handlungsvorständen und den Kommerzialbehörden bildeten sich im 17. und 18. Jh. unterschiedliche und im Vergleich zu der vorangehenden und der nachfolgenden Epoche in vielerlei Hinsicht eigenständige Organisationsformen kaufmännischer Interessenwahrnehmung heraus. Handlungsvorstände formierten sich ähnlich wie einst die mittelalterlichen Gilden als freiwillige Zusammenschlüsse von Kaufleuten und verfügten über einen gewissen Grad an Selbstverwaltung. Unter den Bedingungen der sich entwickelnden Territorialstaaten erreichten sie allerdings weder den Grad genossenschaftlich strukturierter Organisation noch den weit reichenden Einfluss einerseits auf die Berufsausübung und das private Leben ihrer Mitglieder und andererseits auf die Gestaltung und Verwaltung des Gemeinwesens, den die mittelalterlichen Gilden besessen hatten. Vorläufer der IHK waren die Handlungsvorstände nur in einem sehr eingeschränkten Sinn. Zwar entstand manche spätere IHK aus den Wurzeln eines Handlungsvorstands. Hierbei handelte es sich allerdings meist eher um eine personale Kontinuität der Mitglieder als um eine

---

[101] Vgl. im Einzelnen *Brandt*, Von der Fürstlich-Hessischen Commercien-Cammer, 1960, S. 16 f.
[102] *Brandt*, Die IHK Kassel, 1963, S. 15.
[103] *Brandt*, Von der Fürstlich-Hessischen Commercien-Cammer, 1960, S. 18; *ders.*, Die IHK Kassel, 1963, S. 15; darauf, dass Gasparini nichts zur Last gelegt werden konnte, deutet die Tatsache hin, dass er vom Landgraf noch das Gehalt für das Jahr 1711 bewilligt bekam und beide auch noch danach in Kontakt standen, *Philippi*, Landgraf Karl, 1976, S. 670 f.

wirkliche materiale Nachfolge. Die trotz teilweiser offizieller Anerkennung doch wesentlich als autonome Zusammenschlüsse der Kaufleute konstituierten Handlungsvorstände waren jedenfalls nicht die Vorbilder der sich im 19. Jh. herausbildenden Handelskammern.

Die vom jeweiligen Landesfürsten oktroyierten und – zumindest locker – in den Staatsaufbau integrierten Kommerzialbehörden unterschieden sich bereits in ihrer Bildung erheblich von den Handlungsvorständen. Hinzu kam, dass Kaufleute hier mit staatlichen Beamten zusammenarbeiteten und dabei stets in der Minderheit blieben. Der Selbstverwaltungsgedanke fand zwar einen gewissen Ausdruck in der Möglichkeit der gemeinsamen Interessenwahrnehmung der Kaufleute auf der staatlichen Ebene. Zu wirklicher Selbstverwaltung konnte es allerdings schon aus dem Grund nicht kommen, dass Kommerzialbehörden letztlich die Staatsleitung beratende Gremien blieben. Aus heutiger Sicht sind sie insgesamt eher als Vorläufer von Wirtschaftsräten wie etwa des (vorläufigen) Reichswirtschaftsrats der Weimarer Republik denn als Vorläufer der Selbstverwaltung der Wirtschaft in den IHK anzusehen. Dennoch sollte nicht übersehen werden, dass die frühen Handelskammern – wie noch gezeigt werden wird – ihrerseits zunächst primär die Funktion hatten, Staat und Behörden in Handelsdingen zu beraten. Insofern können Kommerzialbehörden zumindest partiell als Vorläufer der Handelskammern betrachtet werden. Tatsächlich gingen – wie bereits angedeutet wurde – auch einzelne Handelskammern aus früheren Kommerzialbehörden hervor.

3. Die Entwicklung der französischen „Chambres de Commerce" seit dem 17. Jh. als Wurzel der deutschen Handelskammern

a) Die Wurzeln der französischen Handelskammern

aa) Die „Chambre du Commerce" von Marseille

Die eigentliche Wurzel der sich im 19. Jh. in Deutschland herausbildenden Handelskammern waren die französischen „Chambres de Commerce", die insbesondere seit Beginn des 18. Jh. Verbreitung fanden[104]. Als älteste französische Handelskammer gilt indes die „Chambre *du* Commerce de Marseille"[105], deren Gründung

---

[104] *Steinmann-Bucher*, Die Nährstände, 1885, S. 4; *Stegemann*, Die staatsrechtliche Stellung der Handelskammern, in: Schmollers Jahrbuch 12 (1888), S. 219 (224, 227 f.); *Meesmann:* Handelskammer zu Mainz, 1898, S. 1; *Zeyss*, Entstehung der Handelskammern, 1907, S. 2; *Glum*, Selbstverwaltung der Wirtschaft, 1925, S. 164; *Frentzel/Jäkel*, IHKG, 2. Aufl., 1961, Einführung, S. 5; *Brandt*, Die IHK Kassel, 1963, S. 12 f.; *Crößmann*, Die deutschen Industrie- und Handelskammern, 4. Aufl., 1978, S. 5; *Hendler*, Geschichte und Idee, in: HdbKR, 2005, S. 23 (27); *Kluth*, Funktionale Selbstverwaltung, 1997, S. 123 f.; *ders.*, Entwicklungsgeschichte, in: HdbKR, 2005, S. 41 (78 f.).
[105] Entgegen dem heutigen Französisch bezeichnete sich die Kammer noch als Chambre „du" Commerce.

I. 3. Die Entwicklung der französischen „Chambres de Commerce"

in der Literatur teilweise bereits auf das Jahr 1599 datiert wird[106]. Im Jahr 1599 wurde in Marseille tatsächlich auf gemeinsame Initiative von Stadtverwaltung und Kaufmannschaft eine Kommission gegründet, die aus vier Kaufleuten nebst Schatzmeister und „contrôleur" bestand, welche der Stadtrat aus einem Kreis angesehener Kaufleute auswählte[107]. Durch jährliche Neuwahl von zwei Mitgliedern sollte die Kontinuität der Arbeit gewährleistet werden[108]. Zweck der Kommission war, den Handel zu alter Größe zurückzuführen, insbesondere die Sicherheit des für Marseille essentiellen Seehandels wiederherzustellen, die durch Piraten bedroht wurde[109]. Zur Finanzierung der Maßnahmen der Kommission wurde eine Steuer auf Warenbewegungen im Hafen von Marseille erhoben. Im Jahr 1600 und erneut im Jahr 1603 wurden die Kommission und die Steuererhebung von König *Henry IV.* bestätigt[110].

Nachdem die Kommission, die unter der Bezeichnung „Bureau du Commerce" wichtige Handelsangelegenheiten von Anfang an mit einem größeren Kreis von Kaufleuten und Schiffseignern beraten hatte, im Jahr 1650 auf zwölf Mitglieder vergrößert und organisatorisch verselbständigt worden war, nahm sie – wahrscheinlich nach dem Ort ihrer Versammlungen im Rathaus von Marseille – die Bezeichnung „Chambre du Commerce" an[111]. Zwar wurde die Chambre 1659 im Zusammenhang mit den Verwerfungen nach dem Aufstand der Fronde durch den Stadtrat aufgelöst, doch bereits im März 1660 wurde sie durch ein Edikt des jungen *Louis XIV.* ausdrücklich wiedererrichtet[112]. Mögen die Wurzeln der Marseiller Handelskammer also auf das Jahr 1599 zurückgehen, kann dennoch erst ab 1650 von der Chambre du Commerce von Marseille gesprochen werden[113]. Dass die Institutionen, die – wie im Folgenden zu sehen sein wird – ungefähr ein halbes Jahr-

---

[106] *F.C. Huber*, Festschrift zur Feier des 50jährigen Bestehens, 1906, S.7f.; *Heinz*, Die geschichtliche Entwicklung, 1958, S.41; *Bremer*, Kammerrecht der Wirtschaft, 1960, S.1; *W. Fischer*, Unternehmerschaft, 1964, S.11; *Crößmann*, Die deutschen Industrie- und Handelskammern, 4. Aufl., 1978, S.5; *Kluth*, Funktionale Selbstverwaltung, 1997, S.123; *Meignen/Quenet*, Aux origines de la chambre de commerce de Paris, 2003, S.10 sprechen zutreffend davon, dass es sich de facto um die erste Handelskammer gehandelt habe.

[107] *N.N.*, La Chambre de Commerce de Marseille, 1949, S.11 ff.; *Conquet*, Si les Chambres de Commerce, 1984, S.8f.; *Mariaux*, Gedenkwort, 1956, S.24; einen instruktiven Überblick über die Geschichte der Marseiller Handelskammer bietet auch die anlässlich des vierhundertjährigen Jubiläums herausgegebene Broschüre „L'étoile rayonnante – Les 400 ans de la Chambre de Commerce et d'industrie Marseille-Provence".

[108] *N.N.*, La Chambre de Commerce de Marseille, 1949, S.13.

[109] So protestierte die Kommission bspw. 1601 beim englischen Hof gegen Piraterie durch englische Schiffe, und 1616 wurden sieben Schiffe bewaffnet, um gegen tunesische Schiffe vorzugehen; *N.N.*, La Chambre de Commerce de Marseille, 1949, S.14.

[110] *N.N.*, La Chambre de Commerce de Marseille, 1949, S.13.

[111] *Conquet*, Si les Chambres de Commerce, 1984, S.9; *N.N.*, La Chambre de Commerce de Marseille, 1949, S.15.

[112] *N.N.*, La Chambre de Commerce de Marseille, 1949, S.16.

[113] Zutreffend bspw. *Steinmann-Bucher*, Die Nährstände, 1885, S.4; *Stegemann*, Die staatsrechtliche Stellung der Handelskammern, in: Schmollers Jahrbuch 12 (1888), S.219 (228); *Lusensky*, Gesetz über die Handelskammern, 1897, S.1; *Conquet*, Si les Chambres de Commerce, 1984, S.9; *Puaux*, Les Chambres de commerce et d'industrie, 1998, S.12.

hundert später eingerichtet wurden, als „Chambres de Commerce" bezeichnet wurden, mag auf die Marseiller Gründung zurückzuführen sein[114]. Zu beachten ist jedoch, dass die Chambre du Commerce von Marseille maßgeblich auf Betreiben der Stadt Marseille und ihrer Kaufleute zur Wahrnehmung der lokalen Interessen gegründet wurde. Zwar lag dies auch im Interesse der Handelspolitik *Henrys IV.*, der die Gründung wohl auch mit angeregt hatte. Es handelte sich aber zunächst noch nicht um die typische von staatlicher Seite gegründete und staatlich verankerte Form französischer Handelskammern, die sich später auch als einflussreich für die Entstehung der ersten deutschen Handelskammern erweisen sollte[115].

bb) Die Politik der Handelsräte seit Henry IV.

Die Verbreitung von Handelskammern in Frankreich stand im Zusammenhang mit der Einrichtung sog. Handelsräte, durch die Handel und Gewerbe und damit letztlich die Staatsfinanzen gefördert werden sollten. So gründete bereits *Henry IV.* im Jahr 1602 einen Conseil du Commerce (Handelsrat), der aus zwölf hohen Regierungsbeamten und bei Bedarf vier weiteren Mitgliedern, darunter zwei Pariser Kaufleuten, bestand[116]. Nachdem das Konzept eines Handelsrats auch unter *Louis XIII.* wieder aufgegriffen worden war – Kardinal *Richelieu* saß in seiner Eigenschaft als oberster Leiter des Handels- und Schifffahrtswesens einem nur schwach institutionalisierten Handelsrat vor –, erlangte ein Gremium unter diesem Namen allerdings erst in der Ära *Louis' XIV.* wirkliche Bedeutung[117]. Dessen Minister (surintendant) *Jean-Baptiste Colbert* (1619–1683) verfolgte eine konsequent merkantilistische Politik mit dem Ziel, durch einen Handelsüberschuss sowie solide Steuereinkünfte Frankreichs Unhabhängigkeit in wirtschaftlicher und finanzieller Hinsicht zu gewährleisten[118]. Zu diesem Zweck ließ Colbert nicht nur Manufakturen einrichten, ausländische Spezialhandwerker ansiedeln, das Straßen- und Kanalnetz ausbauen und Fernhandelsgesellschaften wie die Ostindien-Kompagnie gründen, sondern berief im Jahr 1664 auch einen umgestalteten und wesentlich aufgewerteten Conseil du Commerce ein[119].

---

[114] Unmittelbar vor der eigentlichen Gründungswelle von Handelskammern in Frankreich wurde im Jahr 1700 in Dünkirchen eine Handelskammer nach dem Vorbild der Marseiller Handelskammer eingerichtet.

[115] *Stegemann*, Die staatsrechtliche Stellung der Handelskammern, in: Schmollers Jahrbuch 12 (1888), S. 219 (228).

[116] Die auch als „Bureau de commerce" bezeichnete Kommission, deren Hauptzweck es war, Maßnahmen zur Reform der Wirtschaft vorzubereiten, hat zwischen 1602 und 1604 176 Mal getagt. Der Handelsrat soll sich u.a. mit dem Entwurf eines Handelsgesetzbuches beschäftigt haben, das aber nie verabschiedet wurde; vgl. *Marion*, Dictionnaire des institutions de la France, 1923, S. 116 f.; *Zeller*, Les institutions de la France au XVIe siècle, 2. Aufl., 1987, S. 239 ; *Conquet*, Si les Chambres de Commerce, 1984, S. 65 f.

[117] Nach *Schaeper*, The Creation of the French Council of Commerce in 1700, in: European Studies Review 9 (1979), 312 (315) bestanden im 17. Jh. in Frankreich mindestens sechs verschiedene Handelsräte oder -kommissionen, die allerdings alle nur wenige Jahre Bestand hatten.

[118] *Blaich*, Die Epoche des Merkantilismus, 1973, S. 128 ff.

[119] *Marion*, Dictionnaire des institutions de la France, 1923, S. 79.

I. 3. Die Entwicklung der französischen „Chambres de Commerce"

Die zentrale strukturelle Reform bestand darin, dass dem primär aus staatlichen Beamten bestehenden Handelsrat nunmehr auch drei Kaufleute angegliedert wurden, die dem König von Kaufmanns- und Gewerbetreibendenkollegien der 18 wirtschaftlich bedeutendsten Städte des Königreichs zur Ernennung vorgeschlagen wurden[120]. Im Jahr 1669 ordnete Colbert schließlich die Bildung lokaler Handelsversammlungen (Assemblées représentatives du Commerce) in den größeren Städten an[121]. Diese bestanden aus lokalen Beamten sowie Repräsentanten lokaler Händler und Manufakturinhaber und hatten die Aufgabe, sich in regelmäßigen Treffen mit Problemen von Handel und Gewerbe auseinanderzusetzen sowie ggf. notwendige neue Regelungen vorzuschlagen. Obwohl der Minister die größeren Städte zur Einrichtung dieser Versammlungen drängte, kamen allerdings bis zum 18. Jh. nur wenige dieser Aufforderung nach.

b) Die Errichtung von Handelskammern als Unterbau des Handelsrats Anfang des 18. Jh.

Nachdem der unter Colbert erfolgreich agierende Handelsrat nach dem Tod des Ministers im Jahr 1683 sein Ende gefunden hatte[122], wurde im Jahr 1700 zwecks Belebung der Wirtschaft erneut ein Handelsrat eingerichtet, der bis zur französischen Revolution Bestand haben sollte[123]. Dem durch Erlass vom 29. Juni 1700 geschaffenen „Conseil de Commerce" gehörten neben vier hohen Regierungsbeamten 13 Kaufleute an, die von den Kaufleuten der wichtigsten Handels- und Gewerbestädte Frankreichs „frei und unbeeinflusst" gewählt werden sollten[124].

Unter anderem zu diesem Zweck war ein Unterbau für den Conseil erforderlich, der in Form besonderer Handelskammern (Chambres particulières de Commerce) geschaffen wurde, die aufgrund königlichen Erlasses vom 30. August 1701[125] in der

---

[120] *Schaeper*, The Creation of the French Council of Commerce in 1700, in: European Studies Review 9 (1979), 312 (315); *Puaux*, Les Chambres de commerce et d'industrie, 1998, S. 13.
[121] *Schaeper*, The Creation of the French Council of Commerce in 1700, in: European Studies Review 9 (1979), 312 (315).
[122] Obwohl der Conseil offiziell weiter bestand, nahm seine Arbeit vermutlich bereits im Jahr 1676 ein Ende, da er mit dem Aufstieg Colberts in die zentrale Machtposition nach dem König seine Funktion wesentlich eingebüßt hatte; vgl. *Meignen/Quenet*, Aux origines de la chambre de commerce de Paris, 2003, S. 10 f., insbes. Fn. 9.
[123] *Schaeper*, The French Council of Commerce, 1983, S. 3 ff.; *ders.*, The Creation of the French Council of Commerce in 1700, in: European Studies Review 9 (1979), 312 (312 ff., 319 ff.); *Smith*, Structuring Politics, in: Journal of Modern History 74 (2002), 490 (496 ff.); *Conquet*, Si les Chambres de Commerce, 1984, S. 17 f., 29 f.
[124] Der Text des „Arrest du Conseil d'Estat du Roy portant establissement d'un Conseil de Commerce du 29 Juin 1700" ist auszugsweise wiedergegeben bei: *Conquet*, Si les Chambres de Commerce, 1984, S. 17 f.; zum Ganzen: *Schaeper*, The French Council of Commerce, 1983, S. 73 ff.; *ders.*, The Creation of the French Council of Commerce in 1700, in: European Studies Review 9 (1979), 312 (323); *Smith*, Structuring Politics, in: Journal of Modern History 74 (2002), 490 (498 f.); *Puaux*, Les Chambres de commerce et d'industrie, 1998, S. 13 f.
[125] Der für die Einrichtung der Chambres particulières de Commerce grundlegende „Arrest du Conseil d'Estat du Roy qui ordonne l'établissement d'une Chambre particulière de Commerce

Folge durch besondere königliche Erlasse in Lyon (1702), Rouen und Toulouse (1703), Montpellier (1704), Bordeaux (1705), Lille (1714), La Rochelle (1719) und Bayonne (1726) gegründet wurden[126]. Struktur und Aufgaben dieser besonderen Handelskammern, die auch für die umliegenden Städte und Provinzen zuständig waren, waren im Erlass vom 30. August 1701, der als erste gesetzliche Grundlage von Handelskammern angesehen werden kann, nicht im Detail geregelt und sollten vielmehr den lokalen Gegebenheiten angepasst werden können. Als wesentliche Aufgaben lassen sich neben der Wahl der Deputierten zum Pariser Handelsrat die Entgegennahme von Eingaben der Kaufleute, die auf die Förderung von Handel und Gewerbe bezogen waren, und deren Weiterleitung an den Handelsrat in Paris sowie die Festsetzung und Erklärung der lokalen Handelsgebräuche, die von den städtischen Handelsgerichten angewendet wurden, nennen[127]. Der jeweiligen Kammer(-versammlung) gehörten mindestens fünf Kaufleute an, die in der Regel auf zwei Jahre gewählt wurden, wobei eine Wiederwahl möglich war[128]. Die Geschäfte wurden von einem besoldeten Sekretär, meist einem aktiven oder ehemaligen Kaufmann, geführt. Finanziert wurden die Kammern entweder durch finanzielle Zuschüsse der jeweiligen Stadt oder Provinz oder aber durch Abgaben und Auflagen, welche die Kammern selbst erheben durften[129].

c) Handelskammern sowie Industrie- und Gewerbekammern nach der französischen Revolution

aa) Auflösung und Wiedererrichtung der Handelskammern

Nach der französischen Revolution im Jahr 1789 wurden die Handelskammern ebenso wie der Handelsrat durch Dekret der Nationalversammlung vom 27. September 1791 aufgelöst[130]. Der neue Staat stand beruflichen und wirtschaftlichen

---

dans chacune des Villes de Lyon, Lille, Rouen, Bordeaux, la Rochelle, Nantes, Saint-Malo, Bayonne; et dans une des Villes de la Province de Languedoc du 30 août 1701 ist wiedergegeben bei *Conquet*, Si les Chambres de Commerce, 1984, S. 48 ff.

[126] Nicht genannt sind im Erlass vom 30. 08. 1701 die Städte Marseille und Dunkerque, da dort bereits Handelskammern existierten. Die Kammer in Dunkerque war im Jahr 1700 durch königlichen Erlass eingerichtet worden. In Amiens, das nicht im Erlass aufgeführt war, wurde 1761 eine Handelskammer gegründet, die erstmals Kaufleute und Fabrikanten repräsentierte. In den im Erlass genannten Städten Nantes und Saint-Malo kam es hingegen nicht zur Gründung einer Handelskammer. Deren Funktion wurde von Handelsrichtern wahrgenommen. Paris besaß bis 1803 keine Handelskammer, hatte aber das Recht, zunächst zwei, später einen Vertreter in den Conseil zu entsenden und nahm als Sitzort des Conseil per se eine bedeutende Stellung ein; vgl. im Einzelnen *Conquet*, Si les Chambres de Commerce, 1984, S. 19 ff., 31; *Zeyss*, Entstehung der Handelskammern, 1907, S. 4 f.; *Puaux*, Les Chambres de commerce et d'industrie, 1998, S. 13 f.

[127] *Zeyss*, Entstehung der Handelskammern, 1907, S. 6.

[128] Die Einzelheiten der jeweiligen Kammerstruktur ergaben sich aus den Erlassen, durch welche die einzelnen Kammern errichtet wurden. Deren Inhalt wird zusammengefasst wiedergegeben bei *Conquet*, Si les Chambres de Commerce, 1984, S. 50 ff.

[129] *Zeyss*, Entstehung der Handelskammern, 1907, S. 6.

[130] *N. N.*, La Chambre de Commerce de Marseille, 1949, S. 23; *Stegemann*, Die staatsrechtliche Stellung der Handelskammern, in: Schmollers Jahrbuch 12 (1888), S. 219 (228); Korporation der

I. 3. Die Entwicklung der französischen „Chambres de Commerce"   261

Vereinigungen grundsätzlich feindlich gegenüber, da er in ihnen Residuen mit dem revolutionären Prinzip bürgerlicher Gleichheit nicht vereinbarer, auf persönlicher Verbundenheit beruhender privilegierter Sondergemeinschaften sah[131]. Eine durch Vereinigungen wie den zwischen Bürger und Staat angesiedelten Handelskammern drohende Mediatisierung der Bürger erschien mit dem Anspruch des neuen, auf die Bürger gegründeten Staates nicht vereinbar[132]. Ganz konkret standen inegalitäre Sonderrechte (bspw. wirtschaftliche Privilegien), wie sie wirtschaftliche und berufliche Vereinigungen vermitteln konnten, im Widerspruch zu neuen Grundsätzen wie der Gewerbefreiheit[133].

Nachdem *Napoleon Bonaparte* im Jahr 1799 das Konsulat errichtet hatte, dem er fortan als erster Konsul vorstand, und in den folgenden Jahren wichtige Friedensschlüsse gelungen waren, fasste er die wirtschaftliche Konsolidierung des Landes ins Auge. Auf Initiative seines Innenministers, des Großindustriellen und Chemikers *Jean-Antoine Chaptal*, wurden zu diesem Zweck am 14. Prairial des Jahres IX (3. Juni 1801) in den wesentlichen Handels- und Industriestädten sog. „Conseils de Commerce" eingerichtet, die aus Kaufleuten und Fabrikanten (Manufakturbesitzern) bestanden und unter dem Vorsitz des Präfekten zusammentraten[134]. Der Name Handelsrat war schon aus dem Grund angemessen, dass es sich um rein beratende Gremien ohne Verwaltungsbefugnisse handelte[135]. Inhaltlich sollten sich die Handelsräte nach den Regelungen von Chaptals Verfügung vom 3. Juni 1801 mit allem beschäftigen, was die Lage des Handels und der Manufakturen aufklären und verbessern konnte[136]. Dazu wurde ihnen auch das Recht eingeräumt, direkt mit dem Minister des Innern in Verbindung zu treten. Obwohl die Zuständigkeit der Handelsräte schließlich auch auf Fragen der Landwirtschaft erweitert wurde, blieben doch Aspekte von Handel und Industrie dominant. Wichtige Verhandlungsgegenstände waren etwa der Entwurf des 1808 in Kraft getretenen Code de Commerce sowie klassische ökonomische Materien wie Steuern, Zölle, die Förderung von Manufakturen und die auswärtigen Handelsbeziehungen[137]. Als Zentralinstanz der Handelsräte wurde schließlich ein „Conseil général d'Agriculture, des Arts et du Commerce" eingerichtet. Nachdem die Annexion des seit 1794 besetzten linken deutschen Rheinufers durch Frankreich im Frieden von Lunéville vom 9.

Kaufmannschaft Berlin, Die Handelskammern, 1906, S.1; *Zeyss*, Entstehung der Handelskammern, 1907, S.7f.

[131] *Meignen/Quenet*, Aux origines de la chambre de commerce de Paris, 2003, S.24f.
[132] *Zeyss*, Entstehung der Handelskammern, 1907, S.8f.; *Frentzel/Jäkel*, IHKG, 2. Aufl., 1961, Einführung, S.6; *Wülker*, Wandel der Aufgaben, 1972, S.15; *Kaltenhäuser*, Möglichkeiten und Perspektiven, 1998, S.8; *Puaux*, Les Chambres de commerce et d'industrie, 1998, S.14.
[133] *Hinkmann*, Die Korporationen des Handels und Handwerks, 1972, S.109ff.
[134] Vgl. Art.2 und 4 der Verfügung vom 03.06.1801, Übersetzung bei: *Zeyss*, Entstehung der Handelskammern, 1907, S.10.
[135] *Zeyss*, Entstehung der Handelskammern, 1907, S.11.
[136] Vgl. Art.3 der Verfügung vom 03.06.1801.
[137] Siehe den Bericht des Ministers des Innern Chaptal an die Konsularregierung betreffend die Wiedereinrichtung der Handelskammern, abgedruckt bei: *Zeyss*, Entstehung der Handelskammern, 1907, S.249 (250); *Zeyss*, a.a.O., S.11.

Februar 1801 bestätigt worden war, wurden noch im selben Jahr dann auch in heute wieder deutschen Städten wie Köln, Aachen und Mainz Handelsräte eingerichtet[138].

Als verschiedene der neuen Handelsräte für eine Ersetzung dieser als schwach empfundenen Institutionen durch echte Handelskammern plädierten, ergriff Chaptal bereits 1802 die Initiative zur Wiedererrichtung von Handelskammern. In einem Bericht an die regierenden Konsuln vom 3. Nivôse XI (24. Dezember 1802) bezeichnete er die alten Handelskammern als „weise Einrichtungen" und pries ihren Beitrag für die Entwicklung des Handels etwa aufgrund des Erfahrungsschatzes ihrer Mitglieder sowie der durch nichts zu ersetzenden Kenntnis der Bedürfnisse, aber auch Ressourcen jedes einzelnen Ortes[139]. Der noch am selben Tag von Napoleon unterzeichnete Regierungserlass errichtete in 22 Städten Handelskammern[140], bevor spätere Erlasse aus dem Jahr XI Handelskammern in neun weiteren Städten vorsahen[141].

Die neuen Handelskammern bestanden nach den Regelungen des Regierungserlasses vom 24. Dezember 1802 aus neun, bei Städten mit mehr als 50.000 Einwohnern aus 15 Kaufleuten, die seit mindestens zehn Jahren dem Handelsstand angehören mussten, sowie dem Präfekten oder Bürgermeister als Vorsitzendem[142]. Während die ersten Mitglieder von 40 bis 60 der hervorragendsten Kaufleute in geheimer Wahl bestimmt werden sollten, war später eine jährliche Wieder- oder Neuwahl von jeweils einem Drittel der Mitglieder durch die Kammer selbst vorgesehen[143]. Gewählte Mitglieder bedurften der Bestätigung durch den Minister des Innern. An Aufgaben wurden den Kammern, die direkt beim Minister des Innern vorsprechen durften, neben der Unterrichtung und Beratung der Regierung bei der Förderung des Handels und der Erschließung von Ressourcen auch die Überwachung handelsrelevanter öffentlicher Arbeiten wie z.B. der Reinigung von Häfen und des Vollzugs von Gesetzen gegen den Schmuggel zugewiesen[144]. Zu ihrer Finanzierung verfügte ein Dekret vom 23. September 1806, dass die Verwaltungskosten der Handelskammern durch prozentuale Zuschläge auf die beiden ersten Klassen der Ge-

---

[138] *Schwann*, Geschichte der Kölner Handelskammer, 1. Bd., 1906, S. 138f.; *Huyskens*, 125 Jahre IHK Aachen, 1929, S. 16ff.; *Meesmann*: Handelskammer zu Mainz, 1898, S. 5; *Zeyss*, Entstehung der Handelskammern, 1907, S. 11 f.

[139] Bericht des Ministers des Innern Chaptal an die Konsularregierung betreffend die Wiedereinrichtung der Handelskammern, abgedruckt bei: *Zeyss*, Entstehung der Handelskammern, 1907, S. 249 (250).

[140] „Arrête portant établissement de Chambres de commerce dans plusieurs villes"; *Démier*, La construction d'une identité libérale, 2003, S. 32; *Schwann*, Geschichte der Kölner Handelskammer, 1. Bd., 1906, S. 197f.; *Huyskens*, 125 Jahre IHK Aachen, 1929, S. 27; *Bernert*, Die französischen Gewerbegerichte, in: Scherner/Willoweit, Vom Gewerbe zum Unternehmen, 1982, S. 112 (125).

[141] *Zeyss*, Entstehung der Handelskammern, 1907, S. 15 f.

[142] *Meesmann*: Handelskammer zu Mainz, 1898, S. 5; *Schwann*, Geschichte der Kölner Handelskammer, 1. Bd., 1906, S. 197f.; *Zeyss*, Entstehung der Handelskammern, 1907, S. 14.

[143] *Bernert*, Die französischen Gewerbegerichte, in: Scherner/Willoweit, Vom Gewerbe zum Unternehmen, 1982, S. 112 (125).

[144] *Meesmann*: Handelskammer zu Mainz, 1898, S. 5.

werbesteuer gedeckt werden sollten[145]. Der Erlass vom 24. Dezember 1802 richtete zugleich einen Generalhandelsrat (Conseil général de commerce) in Paris ein[146]. Jede Handelskammer durfte zwei Kaufleute als Kandidaten vorschlagen, aus deren Kreis der erste Konsul die 15 Mitglieder des Generalhandelsrats auswählte[147]. Während drei fest besoldete Mitglieder in Paris für Kontinuität sorgten, tagte der Generalhandelsrat ein oder zwei Mal jährlich im Plenum.

Auf heute wieder deutschem Gebiet wurden Handelskammern in Köln und Mainz eingerichtet[148]: Nachdem der Kölner Handelsrat am 24. Dezember 1802 letztmalig getagt hatte, wurden in der damals 42.000 Einwohner zählenden Stadt am 24. Mai 1803 die ersten neun kaufmännischen Mitglieder der Handelskammer gewählt[149]. Unter dem Vorsitz des Bürgermeisters tagte die Kammer erstmalig am 27. Juli 1803. Die Mainzer Handelskammer trat an die Stelle des nie richtig aktiv gewordenen Handelsrats sowie eines bereits 1798 auf Betreiben der Behörden eingerichteten Handlungsausschusses (Comité de Commerce), der aus 13 Kaufleuten bestanden hatte[150]. Die erste Sitzung der Mainzer Handelskammer fand bereits am 14. März 1803 statt. Da Mainz mit seinen 22.000 Einwohnern Hauptstadt des Département du Mont-Tonnerre (Donnersberg) war, tagten die neun kaufmännischen Mitglieder unter dem Präsidium des Präfekten[151]. Damit waren, wenn man von den kurzlebigen hugenottischen Kommerzienkammern absieht, die ersten Handelskammern im heutigen Deutschland entstanden.

bb) Einrichtung von Industrie- und Gewerbekammern

Neben den Handelskammern wurde allerdings auf der Grundlage eines Gesetzes vom 22. Germinal XI (12. April 1803) zwecks Förderung des Groß- und Kleingewerbes auch etwas völlig neues, nämlich beratende Industrie- und Gewerbekammern (Chambres consultatives de manufactures, fabriques, arts et métiers), geschaffen[152]. Ein in Ausführung des Gesetzes am 10. Thermidor XI (29. Juli 1803) ergangener Erlass über die innere Organisation jener Industrie- und Gewerbekammern regelte, dass ihnen sechs Manufakturbesitzer, Fabrikanten oder Fabrikdirektoren angehören sollten, die ihren Beruf seit mindestens fünf Jahren ausgeübt ha-

---

[145] *Zeyss*, Entstehung der Handelskammern, 1907, S. 15 f.
[146] *Démier*, La construction d'une identité libérale, 2003, S. 32.
[147] So wurde bspw. der Vizepräsident der Mainzer Handelskammer und spätere Vertreter der Stadt Mainz auf dem Wiener Kongress, *Heinrich Mappes*, im Jahr 1810 zum Mitglied des Generalhandelsrats ernannt; *Meesmann:* Handelskammer zu Mainz, 1898, S. 6.
[148] *Zeyss*, Entstehung der Handelskammern, 1907, S. 16 f.; vgl. auch *Bernert*, Die französischen Gewerbegerichte, in: Scherner/Willoweit, Vom Gewerbe zum Unternehmen, 1982, S. 112 (143 f.).
[149] *Schwann*, Geschichte der Kölner Handelskammer, 1. Bd., 1906, S. 199.
[150] *Meesmann:* Handelskammer zu Mainz, 1898, S. 2 ff.; *Kayser*, Historischer Rückblick, in: Rheinhessens Wirtschaftsraum in seinem Werden, 1964, S. 7 (12 ff.).
[151] *Meesmann:* Handelskammer zu Mainz, 1898, S. 5 f.
[152] *Zeyss*, Entstehung der Handelskammern, 1907, S. 20; *Huyskens*, 125 Jahre IHK Aachen, 1929, S. 32 ff.

ben mussten[153]. Als Vorsitzender trat der Bürgermeister der jeweiligen Stadt hinzu. Entgegen der Bezeichnung, die neben den auf das Großgewerbe abzielenden Begriffen „manufactures" et „fabriques" auch das Kleingewerbe („arts et métiers") einschloss, war also nur das Großgewerbe in der Kammer wirklich repräsentiert. Ähnlich wie bei den Handelskammern wurden die ersten Mitglieder in geheimer Wahl von ausgewählten, bedeutenden Fabrik- und Manufakturbesitern (hier: 20–30) bestimmt. Jährlich schied ein Drittel der Kammermitglieder aus. Die Wiederwahl oder die Zuwahl neuer Mitglieder oblag dann aber nicht dem Kreis der Wähler der ursprünglichen Mitglieder, sondern in einem kooptationsähnlichen Verfahren den verbleibenden Mitgliedern der Kammer. Wie schon der Name „Chambres consultatives" indiziert, waren die Industrie- und Gewerbekammern rein beratende und begutachtende Institutionen[154]. Dies brachte das grundlegende Gesetz vom 12. April 1803 unmissverständlich in der Formulierung zum Ausdruck, dass die Tätigkeit der Kammern darin bestehen sollte, die Bedürfnisse und die Mittel zur Verbesserung der Manufakturen, Fabriken und des Kleingewerbes „zur Kenntnis zu bringen"[155]. Anders als die Handelskammern durften die Industrie- und Gewerbekammern dabei nicht unmittelbar dem Minister berichten. Eingaben und Gutachten waren vielmehr dem dem jeweiligen Arrondissement vorstehenden Unterpräfekten vorzulegen, der sie mit seinen Bemerkungen dem Präfekten des Departements weiterzugeben hatte, welcher sie schließlich zusammen mit seinem Gutachten dem Minister einreichen sollte.

Durch Regierungserlass vom 12. Germinal XII (2. April 1804) wurden in insgesamt 154 Städten, die nicht über eine Handelskammer verfügten[156], Industrie- und Gewerbekammern eingerichtet. Darunter waren auch verschiedene linksrheinische, heute wieder deutsche Städte wie bspw. Krefeld, Aachen(-Burtscheid)[157] und Trier. Da die Industrie- und Gewerbekammern trotz der Nachrangigkeit, die ihnen z.B. im Hinblick auf die geringere Größe und Bedeutung der Städte, in denen sie gegründet wurden, ihre Mitgliederzahl oder das fehlende Recht, unmittelbar dem Minister zu berichten, gegenüber den Handelskammern beigemessen wurde, gerade in ihren Aufgaben den Handelskammern doch stark ähnelten, bestanden hier von Anfang an starke Überschneidungen. Verschiedene Industrie- und Gewerbekammern entwickelten sich daher später, in preußischer Zeit, stillschweigend zu Handelskammern[158]. So führten etwa die späteren Handelskammern von Aa-

---

[153] Zeyss, Entstehung der Handelskammern, 1907, S. 27.
[154] Mariaux, Gedenkwort, 1956, S. 32f.
[155] Titel I, Art. 3, in Übersetzung wiedergegeben bei Zeyss, Entstehung der Handelskammern, 1907, S. 21.
[156] In Städten, die bereits über eine Handelskammer verfügten, sollte diese die Aufgaben der Industrie- und Gewerbekammern mit übernehmen; Zeyss, Entstehung der Handelskammern, 1907, S. 27.
[157] Huyskens, 125 Jahre IHK Aachen, 1929, S. 39ff.
[158] Zeyss, Entstehung der Handelskammern, 1907, S. 237ff.; W. Fischer, Unternehmerschaft, 1964, S. 14.

chen und Krefeld ihre Geschichte auf die 1804 ins Leben gerufenen Industrie- und Gewerbekammern zurück[159].

cc) Bedeutung und Entwicklung der französischen Handelskammern sowie Industrie- und Gewerbekammern

Indem der französische Staat auch auf dem annektierten linksrheinischen deutschen Gebiet Handelskammern sowie Industrie- und Gewerbekammern errichten ließ, entstanden die ersten Handelskammern auf heute deutschem Territorium[160]. Diese Kammern bestanden – mit wenigen Ausnahmen – auch nach der Restitution der Gebiete in den Jahren 1814/15 fort und manche sind bis heute als Industrie- und Handelskammern existent. Die auf deutschem Territorium gebildeten französischen Kammern dienten zugleich als Vorbilder für spätere gesetzgeberische Aktivitäten in verschiedenen Staaten des Deutschen Bundes. Wenn hierbei auch zum Teil erhebliche Umgestaltungen stattfanden, beeinflussten sie damit doch wesentlich die Entstehung und Verbreitung von Handelskammern in Deutschland.

Wenn die französischen Handelskammern damit zu Recht als zentrale Vorläufer der heutigen IHK angesehen werden, ist andererseits zu betonen, dass sie sich doch noch in entscheidenden Punkten von diesen unterschieden. Hier ist zunächst anzuführen, dass Chaptal die Kammern als beratende Gremien konzipiert hatte. Ihre eigentliche „raison d'être" war die Förderung der Nationalökonomie. Handelskammern sowie Industrie- und Gewerbekammern sollten durch die Weitergabe von Informationen und durch begutachtende Stellungnahmen helfen, die staatliche Regulierung und Lenkung der Wirtschaft zu optimieren. Entsprechend waren sie auch keine autonom von den Betroffenen gebildeten Selbstverwaltungskörper, sondern wurden behördlich von oben eingesetzt, was auch in der Leitung durch einen staatlichen Beamten bestätigt wurde. Was die einbezogenen Personen angeht, waren die Kammern viel eher „une réunion d'hommes éclairés" als Selbstverwaltungsvereinigungen der betroffenen Kaufleute. So wurden die ersten Kammermitglieder nicht etwa von sämtlichen Kaufleuten bzw. Gewerbetreibenden der Stadt bzw. Region, sondern von einer beschränkten Auswahl besonders angesehener Repräsentanten (40–60 Kaufleuten bzw. 20–30 Gewerbetreibenden) gewählt. Die turnusmäßige Wieder- bzw. Neuwahl erfolgte gar durch die gewählten Kammermitglieder selber, was ein personelles Erstarren der Gremien begünstigte. Sowohl in organisatorischer Hinsicht als auch in ihren Funktionen und Aufgaben waren die französischen Kammern damit noch stark in den Vorbildern des „ancien régime" verwurzelt und weit von den heutigen IHK entfernt.

Nicht übersehen werden darf allerdings auch, dass die Rechtswirklichkeit der unter Chaptal im heutigen Deutschland gebildeten Kammern durchaus vom gesetzgeberischen Leitbild abweichen konnte. So waren die Handelskammern in

---

[159] *Huyskens*, 125 Jahre IHK Aachen, 1929, S. 43; *Wülker*, Wandel der Aufgaben, 1972, S. 22 f.
[160] *Klug*, IHKG, in: von Brauchitsch, Die Preußischen Verwaltungsgesetze, 4. Bd., 17. Aufl., 1926, S. 701.

Mainz und Köln in personeller Hinsicht aus den in diesen Städten bestehenden Handelsvorständen gebildet worden, die schließlich in den Handelskammern aufgingen[161]. Die Herkunft der Kammermitglieder aus von den Betroffenen autonom zur Interessenwahrnehmung gebildeten Einrichtungen mag maßgeblich dazu beigetragen haben, dass solche Kammern dann durchaus das über eine Beratungsfunktion deutlich hinausgehende Selbstverständnis einer Standesvertretung gegenüber den Behörden entwickelten. So entstanden in Aachen und Köln – im Gegensatz zum gesetzlichen Leitbild der Handelskammern als beratenden Hilfsorganen des Staates – manifeste Konflikte mit den jeweiligen Bürgermeistern[162]. In Aachen etwa kam es im Jahr 1807 zum Streit, da die Kammermitglieder nicht mehr in dem ihnen zugewiesenen Versammlungsraum im Rathaus, sondern in einem Privathaus tagen wollten, und sich gleichzeitig die Redigierung ihrer Stellungnahmen durch das Bürgermeisteramt verbaten[163]. In Köln, Mainz und Straßburg gelang es den Kammern, mit den Vorstellungen Frankreichs eigentlich unvereinbare lokale Vorrechte wie das Stapelrecht[164] – wenn auch z.T. eingeschränkt – zu bewahren[165]. Auch veröffentlichte die Kölner Kammer Denkschriften zur Lage von Handel und Gewerbe, um die Position der Kaufleute gegenüber den Behörden geltend zu machen. Zwar wurde den Kammern daraufhin durch ministeriellen Erlass vom 31. März 1806 jede solche Veröffentlichung ohne Erlaubnis des Ministers verboten, diene doch ihre Arbeit ausschließlich der Unterrichtung der Verwaltung[166]. Doch machen derlei Beispiele deutlich, dass sich verschiedene Kammern nicht als bloße Unterrichtungsorgane des Staates, sondern auch als Vertretungsgremien ihres Berufsstandes verstanden. Insofern bildete sich in der Rechtswirklichkeit also durchaus ein korporativer Geist heraus, der dann eine allmähliche Umwandlung zu wirklichen Standesvertretungen und eine organisatorische Verfestigung der Handelskammern wesentlich begünstigte.

---

[161] *Meesmann:* Handelskammer zu Mainz, 1898, S. 5; *Schwann,* Geschichte der Kölner Handelskammer, 1. Bd., 1906, S. 147 ff., 197 ff.; *W. Fischer,* Unternehmerschaft, 1964, S. 15 f.
[162] *W. Fischer,* Unternehmerschaft, 1964, S. 16.
[163] *Huyskens,* 125 Jahre IHK zu Aachen, Bd. 1, 1929, S. 56.
[164] Das Stapelrecht konnte verschiedene Formen annehmen, vor allem als exklusives Recht der Bürger, durchgeführte Waren weiterzutransportieren (Umschlagsrecht), aber auch als Recht, dass die Waren vor dem Weitertransport in der Stadt angeboten werden mussten oder dass die Bürger die Waren den Eigentümern exklusiv abkaufen durften. Das bspw. in Mainz dominierende Umschlagsrecht führte dazu, dass alle Waren (einschließlich der auf Rheinschiffen transportierten) in der Stadt umgeladen werden mussten; vgl. *Meesmann:* Handelskammer zu Mainz, 1898, S. 15, 21; zur mittelalterlichen Wurzel des Stapelrechts: *von Below,* Vom Mittelalter, 1924, S. 74.
[165] *Schwann,* Geschichte der Kölner Handelskammer, 1. Bd., 1906, S. 201 ff.; *W. Fischer,* Unternehmerschaft, 1964, S. 18.
[166] *W. Fischer,* Unternehmerschaft, 1964, S. 17.

4. Entwicklung des Handelskammerrechts und Handelskammerwesens im 19. Jh. in Preußen

a) Zur unterschiedlichen Entwicklung der Handelskammern im Deutschen Bund

Nach 1815 entwickelte sich das Handelskammerwesen in den Staaten des Deutschen Bundes sehr uneinheitlich. Zurückzuführen war dies vor allem darauf, dass die einzelnen Staaten ganz verschiedene Wirtschaftspolitiken betrieben, obwohl der Bundestag in Frankfurt prinzipiell über eine gemeinsame Wirtschafts- und Zollpolitik beschließen können sollte[167]. So war der Deutsche Bund bis zur Gründung des Deutschen Zollvereins im Jahr 1834 noch von Zollgrenzen durchzogen. Das damals das Rheinland ebenso wie den westlichen Teil Sachsens und damit über 40 Prozent der Bevölkerung des Deutschen Bundes umschließende Preußen verfolgte im Gegensatz zu vielen anderen Mitgliedstaaten seit 1818 eine liberale Zollpolitik ohne Zollgrenzen zwischen den verschiedenen Provinzen bei niedrigen Zolltarifen nach außen[168]. Auch war in Preußen auf Betreiben *Hardenbergs* noch während der Besetzung der linksrheinischen Gebiete durch Frankreich im Jahr 1810 die Gewerbefreiheit eingeführt worden[169], während dies in anderen deutschen Staaten wesentlich später, zuletzt in Bayern im Jahr 1868, gelang. Die wirtschaftsliberalere Politik Preußens schuf anders als die protektionistische Politik anderer Staaten Bedingungen, unter denen der noch junge Selbstverwaltungsgedanke auch in den Handelskammern stärker Fuß fassen konnte. Da das preußische Vorbild schließlich auch maßgeblich das Handelskammerwesen im Deutschen Reich prägen sollte, konzentriert sich die folgende Darstellung primär auf die Entwicklungen in Preußen, bevor dann auch ausgewählte andere Staaten Beachtung finden.

b) Handelskammern und Kaufmännische Korporationen als Vertretungen der Kaufleute

Die meisten in französischer Zeit in linksrheinischen Gebieten gegründeten Handels- sowie Industrie- und Gewerbekammern bestanden auch nach den Befreiungskriegen weiter. So setzte die Kölner Handelskammer ihre Tätigkeit nach Abzug der Franzosen am 14. Januar 1814 fort und wurde von den preußischen Behörden, die fortan ihre Dienste in Anspruch nahmen, bestätigt[170]. Die Kontinuität zur

---

[167] *Wülker*, Wandel der Aufgaben, 1972, S. 19 f.; *Walter*, Wirtschaftsgeschichte, 3. Aufl., 2000, S. 77 ff.
[168] Das preußische Zollgesetz von 1818 schuf das erste große einheitliche Wirtschaftsgebiet Deutschlands, indem Binnenzölle zwischen einzelnen Provinzen aufgehoben wurden. Erst dies ermöglichte die Ausbildung einer einheitlicheren Volkswirtschaft, *Walter*, Wirtschaftsgeschichte, 3. Aufl., 2000, S. 77.
[169] Durch das Edikt über die Einführung einer allgemeinen Gewerbe-Steuer vom 02. 11. 1810 (28. 10. 1810), Preuß. GS 1810, 79–94, vgl. näher dazu, unten, S. 541 ff.
[170] *Schwann*, Geschichte der Kölner Handelskammer, 1. Bd., 1906, S. 349 ff., 357 ff., 415 ff.; *Zeyss*, Entstehung der Handelskammern, 1907, S. 236.

französischen Periode kam hier darin anschaulich zum Ausdruck, dass die Zahl der Mitglieder der Kammer unter Berufung auf den französischen Erlass über die Handelskammern vom 24. Dezember 1802, Anfang 1824 von neun auf 15 erhöht wurde, da Köln inzwischen mehr als 50.000 Einwohner hatte[171]. Außerhalb Preußens wurde die Mainzer Handelskammer durch das Großherzogtum Hessen, dem die Stadt seit 1816 angehörte, nunmehr unter Vorsitz des jeweiligen Regierungspräsidenten, fortgeführt[172]. Sie diente dem Großherzogtum als Vorbild für eine zweite Handelskammer in Offenbach (1821), der später weitere Kammern folgten. Die in den linksrheinischen Gebieten gebildeten Industrie- und Gewerbekammern gingen nach Abzug der Franzosen teilweise ein (Trier, Stolberg), wurden aber überwiegend von den neuen Machthabern bestätigt und entwickelten sich zumindest de facto nach und nach zu Handelskammern[173]. So wurde die Krefelder Kammer durch preußischen Ministererlass vom 15. April 1818 formell in ihrer auf französischem Recht basierenden Verfassung, also als Industrie- und Gewerbekammer bestätigt, aber dennoch bereits als Handelskammer bezeichnet und auch als solche behandelt[174].

In den preußischen Kernlanden wurden allerdings bis 1848 keine Handelskammern gebildet. Neue Handelskammern entstanden vielmehr nur in der preußischen Rheinprovinz, bspw. in Elberfeld/Barmen (heute: Wuppertal), Duisburg und Düsseldorf (1831), Koblenz (1833/34)[175], Essen (1840) und Hagen (1844)[176]. Außerhalb Preußens wurden vor 1848 vor allem im Großherzogtum Baden (Karlsruhe (1820) Konstanz (1828)[177], Mannheim (1831)), im Großherzogtum Hessen (Offenbach (1821), Worms (1842)) sowie im Königreich Bayern (Kaiserslautern[178], München, Regensburg etc. (1843)) Handelskammern gegründet, wobei sich allerdings insbesondere die bayerischen Kammern wesentlich von den preußischen unterschieden[179].

Obwohl Preußen eine Vorreiterrolle bei der Entwicklung der Handelskammern einnahm, beruhte die Verbreitung der Kammern dort indes zunächst nicht wie in Frankreich auf einem zentralen Plan zur Förderung von Handel und Gewerbe, sondern eher darauf, dass sich das erfolgreiche Konzept der aus französischer Zeit übernommenen linksrheinischen Kammern unter Duldung der Behörden allmählich in den umliegenden Gebieten ausbreitete. Die eher passive Haltung der preußischen Behörden zu den Handelskammern kam bspw. darin zum Ausdruck, dass

---

[171] *Schwann*, Geschichte der Kölner Handelskammer, 1. Bd., 1906, S. 433 ff.
[172] *Meesmann*: Handelskammer zu Mainz, 1898, S. 7; *Kayser*, Historischer Rückblick, in: Rheinhessens Wirtschaftsraum in seinem Werden, 1964, S. 7 (29 ff.).
[173] *Zeyss*, Entstehung der Handelskammern, 1907, S. 237 ff.; *Huyskens*, 125 Jahre IHK Aachen, 1929, S. 64 ff.
[174] *Zeyss*, Entstehung der Handelskammern, 1907, S. 237.
[175] *Winkel*, Mittelrheinische Wirtschaft, 1983, S. 515 ff.
[176] *Wülker*, Wandel der Aufgaben, 1972, S. 26.
[177] *N.N.*, Zur Geschichte der IHK Konstanz, S. 8 ff.
[178] *Fauck*, Zur Geschichte der IHK, in: Pfälzisches Industrie- und Handelsblatt 1968, 263.
[179] *Wülker*, Wandel der Aufgaben, 1972, S. 23 ff.; dazu näher unten S. 298 ff.

ein Antrag des ersten Provinziallandtags von Westfalen aus dem Jahr 1826, in jedem preußischen Bezirk eine Handelskammer zu errichten, welche wiederum Vertreter in eine jährlich in Berlin einzuberufende Generalversammlung entsenden sollten, um über die allgemeinen Handelsverhältnisse und die wechselseitigen Interessen der einzelnen Provinzen zu beraten, abschlägig beschieden wurde[180]. Der Landtagsabschied vom 13. Juli 1827 verwies insofern darauf, dass der durch die Einsetzung von Handelskammern verfolgte Zweck ebenso „durch Bildung kaufmännischer Korporationen" erreicht werden könne[181]. Die Anregung des ersten rheinischen Provinziallandtags, der sich für den Fortbestand der existierenden Handelskammern und für ihre Einführung in Gegenden, wo sie noch nicht bestanden, aussprach, wurde im selben Jahr ausweichend dahingehend beantwortet, dass jederzeit auf alles, was „die Gewerbsamkeit der Provinz" fördern könne, landesväterlicher Bedacht genommen werde und die Vorlage daher näher geprüft werde[182]. Insgesamt favorisierte der preußische Staat zu dieser Zeit an Stelle der Handelskammern noch die Organisationsform der Kaufmännischen Korporation.

Solche Kaufmännischen Korporationen, die z. T. in der Tradition der Handlungsvorstände standen, wurden bspw. in den Jahren zwischen 1820 und 1825 in bedeutsamen Handelsstädten wie Berlin, Stettin, Danzig, Memel, Tilsit, Königsberg, Elbing und Magdeburg gegründet[183]. Anders als bei den französischen Kammern war die innere Struktur jener Kaufmännischen Korporationen genossenschaftlich geprägt[184]. Sie standen prinzipiell allen Kaufleuten offen, die aus ihrem Kreis sog. „Älteste" als Vorstand wählten, welche die eigentlichen Geschäfte der Korporationen unabhängig führten[185]. Ein wesentlicher Unterschied zu den Kammern bestand auch darin, dass ein Schwerpunkt der Tätigkeit der Korporationen die Selbstverwaltung öffentlicher Handelseinrichtungen war, die ihnen entweder per se zukam oder aber vom Staat zugewiesen wurde und maßgeblich zum Vermögen der Korporationen beitrugen[186]. Zu nennen sind hier bspw. Börsen, Speicher und Stapelplätze, die zuvor meist von Innungen, Handlungsvorständen oder besonderen Börsengesellschaften verwaltet worden waren. Doch besaßen die Korporationen ähnlich den Handelskammern neben der Pflicht, die staatlichen Behörden durch Stellungnahmen etc. zu unterstützen, zugleich auch einen gewissen behördlichen, öffentlichen Charakter, der sich bspw. darin manifestieren konnte, dass sie Aufsichtsrechte über Makler, Warentaxatoren und dergleichen ausübten und die Gewerbesteuer ihrer Mitglieder kollektiv aufzubringen hatten, wobei sie frei ent-

---

[180] *Grabski*, Geschichtliche Entwicklung der Handelskammern, 1907, S. 18 f.
[181] *Grabski*, Geschichtliche Entwicklung der Handelskammern, 1907, S. 19.
[182] *Grabski*, Geschichtliche Entwicklung der Handelskammern, 1907, S. 19 f.
[183] Korporation der Kaufmannschaft Berlin, Die Handelskammern, 1906, S. 13; *Grabski*, Geschichtliche Entwicklung der Handelskammern, 1907, S. 18.
[184] *Henning*, Geschichte, in: Wirtschaftsarchive und Kammern, 1982, S. 25 (39); *Mariaux*, Gedenkwort, 1956, S. 46.
[185] Korporation der Kaufmannschaft Berlin, Die Handelskammern, 1906, S. 13 f.; *W. Fischer*, Unternehmerschaft, 1964, S. 22.
[186] *W. Fischer*, Unternehmerschaft, 1964, S. 23 f.

scheiden konnten, wie der aufzubringende Gesamtbetrag auf die Mitglieder verteilt wurde[187]. Die repräsentative Vertretung des Handelsstandes einerseits, substantielle Selbstverwaltungsrechte und einzelne quasi-behördliche Kompetenzen andererseits trugen maßgeblich dazu bei, dass sich Kaufmännische Korporationen viel stärker als die Handelskammern als Standesvertretung der Kaufleute gegenüber dem Staat verstanden und entsprechend gerierten. Dieses selbstbewusste Selbstverständnis könnte dazu beigetragen haben, dass der preußische Staat schließlich doch noch die Handelskammern als Organisationsform der Kaufleute favorisieren sollte[188], allerdings erst nachdem in den überkommenen Typus der französischen Handelskammer nach und nach Verfassungselemente der Kaufmännischen Korporation integriert worden waren. Dieser bedeutsame Prozeß wurde maßgeblich durch die Gründung der neuen Handelskammer von Elberfeld und Barmen im Jahr 1830 eingeleitet.

c) Die Handelskammer von Elberfeld und Barmen als Prototyp der neuen Kammer mit korporativen Elementen

Im Jahr 1827, als dem Jahr, in dem der Antrag des westfälischen Landtages, in ganz Preußen Handelskammern einzurichten, abgelehnt worden war, beantragte die Kaufmannschaft von Elberfeld im Tal der Wupper bei dem Preußischen Minister des Innern *Friedrich von Schuckmann* die Errichtung einer Handelskammer[189]. Verschiedene Aspekte der existierenden Handelskammern, insbesondere die Präsidentschaft eines Staatsbeamten, missfielen den Kaufleuten aus Elberfeld und der Nachbarstadt Barmen jedoch. Sie legten den preußischen Behörden daher im Februar 1828 den Entwurf eines Kammerstatuts vor, das wesentliche Elemente der Kaufmännischen Korporation enthielt[190]. So sollte die Handelskammer sämtliche Gewerbetreibenden mit kaufmännischen Rechten der Städte Elberfeld und Barmen repräsentieren und von diesen – mit Ausnahme der Krämer (Kleinkaufleute)[191] – gewählt werden[192]. Die Mitglieder der Handelskammer sollten selbst aus ihrer Mitte einen Präsidenten und Vizepräsidenten wählen[193]. Zweck und Befugnis der Handelskammer sollte primär sein, das gemeinsame Interesse der Kaufmannschaft wahrzunehmen und zu vertreten[194]. Der Regierung zu Düsseldorf, aber auch direkt

---

[187] W. *Fischer*, Unternehmerschaft, 1964, S. 24.
[188] Die letzte kaufmännische Korporation Preußens in Stettin (Provinz Pommern) wandelte sich allerdings erst 1926 in eine IHK um; vgl. *Wendtland*, Jahrbuch der Deutschen IHK 10 (1926/27), 1928, S. 47.
[189] *Schweitzer*, Entstehungsgeschichte, 1980, S. 28 ff.
[190] „Unmaßgeblicher Vorschlag und Entwurf zu Statuten für eine in Elberfeld und Barmen zu errichtende Handelskammer" vom 09.02.1828, abgedruckt bei: *Schweitzer*, Entstehungsgeschichte, 1980, S. 189 ff.
[191] § 2 des Statutenentwurfs vom 09.02.1828 (vgl. vorstehende Fn.).
[192] §§ 1, 4 des Statutenentwurfs vom 09.02.1828.
[193] § 13 des Statutenentwurfs vom 09.02.1828.
[194] §§ 4, 7 des Statutenentwurfs vom 09.02.1828.

dem Handelsministerium zu Berlin sollte zweimal jährlich umfassend über die Verhältnisse von Handel und Gewerbe, bei Bedarf aber auch ad hoc über Mittel zur Förderung des Handels und Gewerbes sowie über Hindernisse derselben und deren Beseitigung berichtet werden[195].

Die Königliche Regierung zu Düsseldorf rügte „Ungereimtheiten" des Entwurfs, der in keines der bekannten Modelle kaufmännischer Repräsentation passte, und wies den Landrat an, bei den Kaufleuten zu ermitteln, ob diese eigentlich „eine Kammer nach der französischen Verfassung", „einen Handlungsvorstand nach der früheren Bergischen Verfassung mit dem Charakter und den anderweitigen Attributionen einer französischen Handelskammer" oder „eine mit den bisherigen Gesetzen und Institutionen jedoch nicht füglich in Einklang zu bringende kaufmännische Corporation, wie sie in mehreren Städten der alten Provinzen bestehen", zu errichten wünschten[196]. Auch das Innenministerium lehnte das ihm vorgelegte Statut im April 1829 ab, da es keine Korporation gutheißen könne, in der in Abweichung vom Rechtszustand in den übrigen Teilen der Monarchie eine bloß nach finanziellen Rücksichten gebildete Steuerklasse, nämlich die Gewerbetreibenden mit kaufmännischen Rechten, zwangsweise zu einer Korporation vereinigt würden und sich den durch Repräsentanten gefassten Beschlüssen über die Verhältnisse der Einzelnen zum Ganzen unweigerlich unterwerfen müssten[197]. Die Düsseldorfer Regierung wurde angewiesen, einen eigenen Statutenentwurf nach Vorbild der französischen Handelskammern zu entwerfen und nach Erörterung mit den Kaufleuten erneut nach Berlin zu berichten.

Der erst im März 1830 vorgelegte Statutenentwurf der Regierung wurde von den Kaufleuten jedoch verworfen, die ihrerseits umgehend einen neuen Entwurf verabschiedeten, den die Regierung im April 1830 mit befürwortender Stellungnahme an das Ministerium weiterleitete. Da mit dem Wirklichen Geheimen Oberregierungsrat *Christian Peter Wilhelm Beuth* inzwischen ein dezidierter Befürworter des Kammerwesens Direktor der Abteilung für Handel, Gewerbe und Bauwesen im Ministerium geworden war, fand der neue Entwurf, obwohl er weiterhin wesentliche korporative Elemente enthielt, im Ministerium eine sehr viel freundlichere Aufnahme. In wenigen Punkten modifiziert bildete er die Grundlage einer Vorlage des Ministers *von Schuckmann* an den König, in der *Schuckmann* ausführte, dass er das Statut „unter Zuziehung eines kaufmännischen Ausschusses" habe entwerfen lassen und sich die auf der linken Rheinseite bestehenden Kammern „bisher als nützlich erwiesen" hätten[198]. Nachdem der Preußische König Friedrich Wilhelm III. durch Kabinettsordre vom 19. Juni 1830 festgestellt hatte, dass an der Vorlage „nichts zu erinnern" sei, unterzeichnete er unter dem 22. Juni 1830 das Statut der Handelskammer von Elberfeld und Barmen (heute: IHK Wuppertal-Solingen-

---

[195] §§ 8, 9 des Statutenentwurfs vom 09.02.1828.
[196] *Schweitzer*, Entstehungsgeschichte, 1980, S. 42.
[197] *Schweitzer*, Entstehungsgeschichte, 1980, S. 44 f.
[198] Zu den Modifikationen: *Schweitzer*, Entstehungsgeschichte, 1980, S. 50 f.

Remscheid[199]). Die konstituierende Sitzung der Handelskammer fand am 17. Januar 1831 statt[200].

Das vom König und Minister Schuckmann unterzeichnete Statut integrierte tatsächlich wesentliche Elemente der Kaufmännischen Korporation in die Kammerverfassung[201]. Neu war insbesondere, dass die Wahlberechtigung dem Ansinnen der Kaufleute entsprechend nicht mehr auf einen von der Regierung bestimmten kleinen Kreis besonders angesehener Kaufleute beschränkt war. Das Wahlrecht stand vielmehr grundsätzlich allen Kaufleuten zu, die eine bestimmte Mindestgewerbesteuer von zunächst 12 Talern entrichteten[202]. Gleichzeitig wurde der Einfluss des wesentlich erweiterten Wählerkreises dadurch ausgeweitet, dass dieser nicht nur für die Erstwahl, sondern auch für die Erneuerungswahlen der 16 Kammermitglieder zuständig war, von denen jährlich ein Viertel ausschied[203]. An die Stelle des kooptationsartigen Verfahrens der französischen Kammern trat also eine wirkliche Rückbindung aller Kammermitglieder an die repräsentierte Kaufmannschaft[204]. Den Forderungen der Elberfelder und Barmener Kaufleute wurde auch insoweit Rechnung getragen, dass die Kammer ihren Vorsitzenden jährlich selbst aus ihrer Mitte wählte[205]. Allerdings konnte die Regierung, wenn sie es für angemessen erachtete, Anteil an den Beratungen über einzelne Gegenstände zu nehmen, einen Regierungskommissar ernennen, der dann die Sitzungen anberaumen und darin den Vorsitz führen konnte[206]. Zu den Kammerfinanzen wurde schließlich festgelegt, dass die Kammer jährlich einen Etat zu entwerfen hatte, der durch die Regierung dem Minister des Innern zur Genehmigung vorzulegen war[207]. Die Kosten waren nach dem Fuß der Gewerbesteuer von den Kaufleuten und Fabrikinhabern aufzubringen, die einer Mindestgewerbesteuer von 12 Talern unterlagen.

---

[199] <http://www.wuppertal.ihk24.de>.
[200] Niederschrift über die konstituierende Sitzung der Kammer vom 17. Januar 1831, abgedruckt bei: *Schweitzer*, Entstehungsgeschichte, 1980, S. 223 ff.
[201] Das Statut der Handelskammer von Elberfeld und Barmen vom 22.06.1830 wurde am 09.10.1830 im Amtsblatt der Königlichen Regierung zu Düsseldorf (Amtsblatt für den Regierungsbezirk Düsseldorf) 1830, S. 490–492 veröffentlicht; es ist auch abgedruckt bei: Schweitzer, Entstehungsgeschichte, 1980, S. 198 ff.; vgl. dazu auch W. *Fischer*, Unternehmerschaft, 1964, S. 27 ff.
[202] §§ 10 ff. des Statuts der Handelskammer vom 22.06.1830; der Mindestsatz von 12 Talern für die Wahlberechtigung wurde auf Drängen der Kaufleute festgelegt, die ansonsten eine Dominanz der zahlreichen Krämer in der Kammer befürchteten. Da die Regierung einen völligen Ausschluss der Kleinhändler ablehnte, einigte man sich auf den Satz von 12 Talern, der ca. drei Viertel der Kleinhändler von der Wahlberechtigung ausschloss, was gleichzeitig den Großkaufleuten den entscheidenden Einfluss sicherte; vgl. W. *Fischer*, Unternehmerschaft, 1964, S. 28.
[203] § 18 i.V.m. §§ 10 ff. des Statuts der Handelskammer vom 22.06.1830; gem. § 20 war eine unbeschränkte Wiederwahl der austretenden Mitglieder und Stellvertreter möglich.
[204] Allerdings musste jede Wahl dem Minister des Innern zur Genehmigung vorgelegt werden, § 17 Statut der Handelskammer vom 22.06.1830.
[205] § 2 S. 2 Statut der Handelskammer vom 22.06.1830.
[206] § 2 S. 3 Statut der Handelskammer vom 22.06.1830.
[207] § 24 Statut der Handelskammer vom 22.06.1830.

I. 4. Handelskammerrecht und -wesen im 19. Jh. in Preußen

In ihrem Aufgabenfeld blieb die Kammer nach den Regelungen des Statuts indes stark der französischen Konzeption eines Beratungsgremiums für Regierung und Verwaltung verhaftet. Die Kammer hob sich daher nicht zuletzt dadurch wesentlich von den Kaufmännischen Korporationen ab, dass ihr nicht ausdrücklich die Aufgabe der Interessenwahrnehmung des Kaufmannsstands übertragen wurde[208]. Die Verkündungsformel des Preußischen Königs spricht lediglich allgemein davon, dass er „zur Beförderung des allgemeinen Handels-Interesses" die Einsetzung einer Handelskammer für Elberfeld und Barmen beschlossen habe. Den konkreten Regelungen des Statuts ist hingegen zu entnehmen, dass man die „Bestimmung" der Handelskammer ganz im Sinne der französischen Regelungen primär darin sah, „den Staatsbehörden ihre Wahrnehmungen über den Gang des Handels und Manufaktur-Gewerbes und ihre Ansichten über die Mittel zur Beförderung des Einen und des Andern darzulegen, denselben die Hindernisse, welche der Erreichung dieses Zweckes entgegenstehen, bekannt zu machen, und ihnen die Auswege anzuzeigen, welche sich zur Hebung derselben darbieten"[209]. Daneben konnte die Kammer beauftragt werden, „über zweckmäßige Ausführung und Verwaltung der öffentlichen Anstalten und Anordnungen, die auf den Handel Bezug haben, die Aufsicht zu führen"[210]. In eiligen Fällen war es der Handelskammer gestattet, ihre Vorstellungen und Eingaben unmittelbar an die Ministerien zu richten und gleichzeitig eine Abschrift der Regierung einzureichen[211]. Über Gegenstände, die ihr zur Begutachtung von der Regierung vorgelegt wurden, hatte sie dieser zu berichten[212]. Ein Hauptbericht über den Gang des Handels- und Fabrikgewerbes im Wirkungskreis der Kammer, in dem auch „fernere Wünsche und Anträge in dieser Beziehung" zusammengefasst werden konnten, war dem Ministerium des Innern jährlich im Januar zu erstatten[213]. Schließlich hatte die Handelskammer die Qualifikationen der Personen zu begutachten, die zu vereideten Maklern oder zu der Verwaltung öffentlicher Handels- oder Fabrikanstalten ernannt werden sollten[214]. Die Kammer von Elberfeld und Barmen blieb also primär ein die Regierung und das Ministerium des Innern beratendes Gremium. Die von den Kaufleuten angestrebte Aufgabe der allgemeinen Interessenwahrung des Kaufmannstandes blieb ihr noch fremd.

Das Reformstatut der neu gegründeten Handelskammer für Elberfeld und Barmen ist aus dem Grund von fundamentaler Bedeutung für die Entwicklung des Handelskammerrechts in Preußen und letztlich in Deutschland insgesamt, dass die korporativen Neuerungen nach und nach in das allgemeine Handelskammerrecht

---
[208] W. *Fischer*, Unternehmerschaft, 1964, S. 29.
[209] § 4 S. 1 Statut der Handelskammer vom 22.06.1830.
[210] § 4 S. 2 Statut der Handelskammer vom 22.06.1830.
[211] § 6 S. 1 Statut der Handelskammer vom 22.06.1830.
[212] § 6 S. 2 Statut der Handelskammer vom 22.06.1830.
[213] § 7 Statut der Handelskammer vom 22.06.1830; vgl. exemplarisch den aufschlussreichen ersten Jahresbericht der Handelskammer von Elberfeld und Barmen für das Jahr 1830, abgedruckt bei: Schweitzer, Entstehungsgeschichte, 1980, S. 226 ff.
[214] § 8 Statut der Handelskammer vom 22.06.1830.

eingingen[215]. So wurden die wesentlichen Regelungen den Statuten der in der Folge neu gegründeten Kammern zugrunde gelegt – als erstes dem wenig später, im Mai 1831 vom König verabschiedeten Statut der als Nachfolgerin des Handlungsvorstands in Düsseldorf errichteten Handelskammer[216]. Aufgrund einer Kabinettsorder vom 16. Juni 1831 wurden dann wiederum die grundlegenden Regeln des Düsseldorfer Statuts über die Zusammensetzung der Kammer, die Wahl ihrer Mitglieder sowie des Vorsitzenden auch für die bereits bestehenden Kammern in den Rheinprovinzen für verbindlich erklärt[217]. Während dies von früheren Industrie- und Gewerbekammern – wie der Aachener Kammer – genutzt wurde, um nunmehr auch eine formale Anerkennung der faktisch schon weitgehend vollzogenen Entwicklung zur Handelskammer zu erreichen[218], wurden die neuen Regelungen allerdings längst nicht von allen Kammern einmütig begrüßt[219]. So protestierten ältere Kammern wie die Kölner und neu gegründete wie die Hagener gegen Aspekte, welche die Autonomie der Kammern nach ihrer Ansicht gerade einschränkten[220]. Angriffspunkte waren hier insbesondere die Begrenzung des unmittelbaren Vortragsrechts beim Ministerium und die stärkere Integration in die staatliche Behördenhierarchie, die vor allem in der Unterstellung unter die Regierungspräsidenten und dem Recht der Regierung, den Vorsitz zu übernehmen, manifest wurde[221]. Die

---

[215] *van Eyll*, Berufsständische Selbstverwaltung, in: Dt. Verwaltungsgeschichte, Bd. 3, 1984, S. 71 (74).

[216] Statut der Handels-Kammer für die Stadt Düsseldorf vom 23.05.1831, veröffentlicht im Amtsblatt der Regierung zu Düsseldorf 1831, Nr. 54 vom 22.07.1831, S. 357–359. Die Königliche Regierung in Düsseldorf hatte Landrat *von Lasberg* am 20.10.1830 beauftragt, für eine angemessene neue Organisation des Handlungsvorstands dessen Vorschläge einzufordern, wobei das jüngst bekannt gemachte Statut der Handlungskammer für Elberfeld-Barmen – mit besonderer Berücksichtigung der Schifffahrtsverhältnisse (in Düsseldorf) – zugrunde gelegt werden sollte. Die Regelungen des Düsseldorfer Statuts entsprechen abgesehen von redaktionellen Änderungen und Anpassungen an die lokalen Bedürfnisse weitestgehend denjenigen des Elberfeld-Barmener Statuts. Unterschiede bestehen insbesondere darin, dass die Düsseldorfer Kammer gem. § 2 nur aus sechs (statt 16) Mitgliedern besteht und daran anknüpfend gem. § 17 jährlich ein Drittel (statt eines Viertels) der Mitglieder erneuert wird. Vor allem aber wurde dem Oberbürgermeister in § 2 Abs. 1 S. 2 in Anlehnung an die Statuten aus französischer Zeit das Recht eingeräumt, jeder Zeit den Sitzungen beizuwohnen und dann darin den Vorsitz zu führen; vgl. die auszugsweise wiedergegebenen Quellen zur Entstehung des Düsseldorfer Statuts bei: IHK Düsseldorf, 125 Jahre IHK zu Düsseldorf, 1956, S. 30 ff.

[217] §§ 2, 9, 10–20 des Düsseldorfer Statuts; vgl. exemplarisch die Bekanntgabe der genannten Regelungen des Düsseldorfer Statuts durch die Königlich Preußische Regierung im Amtsblatt der Preuß. Regierung zu Aachen 1931, Nr. 35 vom 28.07.1931 (S. 301 f.); *Huyskens*, 125 Jahre IHK Aachen, 1929, S. 67; *Keucher*, Geschichtliche Entwicklung, 1931, S. 13; IHK Düsseldorf, 125 Jahre IHK zu Düsseldorf, 1956, S. 56; *Schweitzer*, Entstehungsgeschichte, 1980, S. 55.

[218] Die Aachen(-Burtscheider) Kammer erhielt nach einer längeren Auseinandersetzung mit den Behörden im November 1833 ein neues Statut, das sie nunmehr offiziell als Handelskammer für die Städte Aachen und Burtscheid bezeichnete; vgl. *Huyskens*, 125 Jahre Industrie- und Handelskammer zu Aachen, 1929, S. 71.

[219] *Mariaux*, Gedenkwort, 1956, S. 63 f.

[220] Zur Kölner Kammer vgl. *Schwann*, Ludolf Camphausen als Wirtschaftspolitiker, 1915, S. 29 f.

[221] *W. Fischer*, Unternehmerschaft, 1964, S. 32.

durch das Elberfelder Statut eingeleitete pragmatisch motivierte Reform war aus Sicht der Kammern also durchaus ambivalent. Einerseits besaßen die Kaufleute nunmehr zwar grundsätzlich das Recht, die Mitglieder der Kammer selber zu wählen und wurde der Kreis der Wahlberechtigten erheblich ausgeweitet, andererseits wurde den Kammern aber ihre aus dem herkömmlichen Verwaltungsaufbau herausgehobene besondere Stellung genommen[222].

Der in der Literatur vorzufindenden Einschätzung, dass infolge der Reform der Kammern nach Vorbild des Elberfelder Statuts der entscheidende Schritt der Herauslösung aus dem Behördenapparat hin zu Selbstverwaltungskörperschaften vollzogen worden sei[223], kann daher nur eingeschränkt gefolgt werden. Der wesentliche Entwicklungsschritt lag darin, dass die Kammermitglieder von nun nicht mehr von einem von den Behörden bestimmten Kreis von Honoratioren, sondern prinzipiell von allen Kaufleuten, die den Steuerzensus erfüllten, gewählt wurden und dass der Kammervorsitzende prinzipiell kein Staatsbeamter mehr war, sondern seinerseits von den Kammermitgliedern selbst gewählt wurde[224]. Damit wurde das bis heute für die Selbstverwaltung der Wirtschaft in den IHK prägende Repräsentationsprinzip grundsätzlich in die Kammerverfassung eingeführt und somit zumindest die organisatorische und personale Basis für wirkliche Selbstverwaltung geschaffen. Jedenfalls im Hinblick auf die innere Verfassung der Handelskammern markiert das Statut der Handelskammer von Elberfeld und Barmen damit einen wesentlichen Schritt in Richtung des genuin preußischen Typus der Handelskammer, der sich als prägend für das deutsche Industrie- und Handelskammerwesen erweisen sollte[225].

d) Die Preußische Handelskammerverordnung vom 11. Februar 1848

Nachdem Rechtsgrundlagen der verschiedenen Handelskammern in Preußen lange Zeit die jeweils individuell erlassenen Statuten gewesen waren[226], die allerdings – wie ausgeführt – aufgrund der Kabinettsorder vom 16. Juni 1831 eine erste Überlagerung durch die für allgemeingültig erklärten genannten Vorschriften des Düsseldorfer Statuts erfahren hatten, erließ der Preußische König am 11. Februar 1848

---

[222] W. *Fischer*, Unternehmerschaft, 1964, S. 33.
[223] *Kaltenhäuser*, Möglichkeiten und Perspektiven, 1998, S. 10f.; *Schweitzer*, Entstehungsgeschichte, 1980, S. 54 bezeichnet die Wuppertaler Kammer als „echtes Selbstverwaltungsorgan"; *Heinz*, Die geschichtliche Entwicklung, 1958, S. 49f. spricht vorsichtiger davon, dass durch die beginnende Herauslösung der Kammern aus dem Behördenaufbau eine Voraussetzung geschaffen worden sei, aufgrund deren sie sich im weiteren Verlauf zu Selbstverwaltungskörperschaften entwickeln konnten. Aber auch diese Prämisse von der beginnenden Herauslösung aus dem Behördenaufbau ist zumindest zweifelhaft.
[224] *Jordan*, Die wirtschaftliche Selbstverwaltung, 1980, S. 9.
[225] van *Eyll*, Berufsständische Selbstverwaltung, in: Dt. Verwaltungsgeschichte, Bd. 3, 1984, S. 71 (74).
[226] Wobei, wie ausgeführt wurde, aufgrund der Kabinettsorder vom 16.06.1831 die §§ 2, 9, 10–20 des Düsseldorfer Statuts auch für die schon bestehenden Handelskammern galten.

eine Verordnung[227], die das preußische Handelskammerrecht insgesamt abstrakt-generell regelte[228]. Diese Verordnung über die Errichtung von Handelskammern (Handelskammer-VO) war inhaltlich stark an das Statut der Handelskammer Elberfeld/Barmen angelehnt. Allerdings wurde in verschiedener Hinsicht die Möglichkeit zur Anpassung an die jeweiligen lokalen Bedürfnisse geschaffen:

§ 1 Handelskammer-VO regelte die Entstehung neuer Handelskammern dahingehend, dass für jeden Ort oder Bezirk, wo wegen eines bedeutenden Handels- oder gewerblichen Verkehrs ein Bedürfnis zu einer Handelskammer bestehe, eine solche nach Einholung der besonderen Genehmigung des Königs errichtet werden sollte. In der Genehmigung wurde u.a. die Zahl der Mitglieder der Handelskammer und die Schwelle des Mindestbetrages an Gewerbesteuer, ab der die Handel- und Gewerbetreibenden die Wahlberechtigung zur Handelskammer erlangen sollten, festgelegt[229]. Wahlberechtigt waren entsprechend alle Handel- und Gewerbetreibenden des Handelskammerbezirks, die den Mindestbetrag an Gewerbesteuer entrichteten[230]. Die Amtsdauer der Mitglieder der Handelskammer wurde auf drei Jahre festgesetzt[231]. Der Wechsel fand turnusmäßig statt, wobei der Turnus vom Finanzminister nach den Bedürfnissen der jeweiligen Handelskammer festgesetzt werden konnte[232]. Der Vorsitzende der Handelskammer und sein Stellvertreter wurden jährlich von der Handelskammer aus ihrer Mitte gewählt[233]. Im Hinblick auf die Kosten hatte die Kammer alle drei Jahre einen Etat aufzustellen, welcher der Genehmigung der Regierung unterlag[234]. Der etatmäßige Kostenaufwand wurde nach dem Fuß der Gewerbesteuer auf die stimmberechtigten Handel- und Gewerbetreibenden umgelegt[235].

Auch bei den Aufgaben der Handelskammer orientierte sich die Preußische Verordnung an dem auch im Elberfelder/Barmener Statut manifestierten Leitbild eines Beratungsgremiums für die Behörden in Fragen von Handel und Gewerbe. Bestimmung der Handelskammern war, auf Verlangen der vorgesetzten Provinzial- und Zentralbehörden Berichte und Gutachten über Handels- und Gewerbeangelegenheiten zu erstatten und nach eigenem Ermessen ihre Wahrnehmungen über den Gang von Handel und Gewerbe zur Kenntnis jener Behörden zu bringen und jenen ihre Ansichten über Mittel zur Förderung von Handel und Gewerbe, über entge-

---

[227] Verordnung über die Errichtung von Handelskammern vom 11.02.1848 (Handelskammer-VO), in: Preuß. GS 1848, S. 63–68; Korporation der Kaufmannschaft Berlin, Die Handelskammern, 1906, S. 14.
[228] *Koselleck*, Preußen zwischen Reform und Revolution, 3. Aufl., 1981, S. 619; *van Eyll*, Berufsständische Selbstverwaltung, in: Dt. Verwaltungsgeschichte, Bd. 3, 1984, S. 71 (75).
[229] § 2 Handelskammer-VO.
[230] § 7 Handelskammer-VO.
[231] § 9 S. 1 Handelskammer-VO.
[232] § 9 S. 1, 2 Handelskammer-VO.
[233] § 19 Handelskammer-VO.
[234] § 16 Handelskammer-VO.
[235] § 17 Handelskammer-VO; der zu entrichtende Betrag wurde der Gemeindekasse am Sitz der Handelskammer überwiesen, die auf Anweisung der Kammer Zahlungen zu leisten und darüber Rechnung zu legen hatte.

genstehende Hindernisse und Möglichkeiten zu deren Beseitigung mitzuteilen[236]. Die Möglichkeit der Übertragung der Beaufsichtigung der öffentlichen Anstalten für Handel und Gewerbe findet sich ebenso wie die Pflicht zur Begutachtung anzustellender Makler sowie der zur Verwaltung öffentlicher Anstalten für Handel und Gewerbe zu ernennenden Personen[237]. Der jährliche Hauptbericht über die Lage und den Gang von Handel und Gewerbe war dem Finanzminister und gleichzeitig in Abschrift dem Präsidenten des Handelsamts und der Regierung einzureichen[238]. Berichte konnten im Allgemeinen unmittelbar an die Zentralbehörden erstattet werden[239].

Für den Selbstverwaltungsgedanken ist von Bedeutung, dass die Verordnung die Berichtspflichten der Kammer gegenüber Behörden durch Informationspflichten gegenüber den Wahlberechtigten der Kammer ergänzte. Die Kammer war verpflichtet, den Handel- und Gewerbetreibenden ihres Bezirks durch fortlaufende Mitteilung von Auszügen aus den Beratungsprotokollen sowie am Schluss jedes Jahres in einer besonderen Übersicht von ihrer Wirksamkeit und von der Lage und dem Gang des Handels und der Gewerbe durch die öffentlichen Blätter Kenntnis zu geben[240]. Ausgenommen von der öffentlichen Mitteilung blieben allein solche Beratungsgegenstände, welche die Behörden gegenüber den Kammern als nicht für die Öffentlichkeit geeignet bezeichneten[241]. Mit dieser Mitteilungspflicht wurde die bislang allein auf den Wahlakt beschränkte Rückbindung der Handel- und Gewerbetreibenden an die Kammer wesentlich ausgebaut. Die Einbeziehung der Betroffenen durch Information stellte einen weiteren Schritt in der Etablierung des repräsentativen Selbstverwaltungsgedankens dar, der dazu beitrug, dass heute nicht mehr die gewählten Mitglieder der Kammerversammlung, sondern die dazu Wahlberechtigten als die eigentlichen Mitglieder der Kammer anzusehen sind.

Bemerkenswert ist schließlich, dass die Wirkung des neuen Handelskammerrechts für bereits bestehende Kaufmännische Korporationen und Innungen einerseits und Handelskammern andererseits differenziert geregelt war: Für Kaufmännische Korporationen oder Innungen konnten besondere Bestimmungen getroffen werden, „durch welche die bestehenden korporativen Verhältnisse die geeignete Berücksichtigung finden"[242]. Die Bindungswirkung der Verordnung für bereits bestehende Handelskammern wurde zumindest in einigen Punkten flexibel gestaltet: Regelungen in Statuten und Verordnungen über Sitz und Bezirk bestehender Handelskammern, die Einteilung in engere Wahlbezirke, die Zahl der Mitglieder und Stellvertreter, deren Verteilung auf die engeren Wahlbezirke, die Erneuerung der Mitglieder und Stellvertreter sowie das Wahlrecht und den dasselbe bedingenden

---
[236] § 4 Abs. 1 Handelskammer-VO.
[237] § 4 Abs. 2, § 5 Handelskammer-VO.
[238] § 24 Abs. 1 S. 1 Handelskammer-VO.
[239] Sie waren dann aber gleichzeitig in Abschrift der Regierung einzureichen, § 23 Handelskammer-VO.
[240] § 24 Abs. 1 S. 2 Handelskammer-VO.
[241] § 24 Abs. 3 Handelskammer-VO.
[242] Nach deren Anhörung, § 4 Handelskammer-VO.

Betrag der Gewerbesteuer wurden beibehalten[243], während die bestehenden Statuten und Verordnungen in allen übrigen Punkten durch die neue Verordnung ersetzt wurden[244]. Da die bestehen bleibenden Regelungen im Wesentlichen Fragen betrafen, die auch bei Errichtung einer neuen Handelskammer flexibel geregelt werden konnten[245], wurde die vereinheitlichende Wirkung der Verordnung von 1848 für das Recht der Handelskammern hierdurch indes im Ergebnis kaum geschmälert.

Insgesamt war das nunmehr abstrakt-generell geregelte preußische Handelskammerrecht also am Statut der Handelskammer von Elberfeld und Barmen ausgerichtet. Dennoch wurden in entscheidenden Bereichen Akzente gesetzt, die noch stärker das Bild der selbstverwalteten, korporativ geprägten Handelskammer preußisch-deutschen Typus hervortreten ließen. Zum einen wurde das genossenschaftliche Element der Repräsentation der Kaufleute und Gewerbetreibenden als eigentlichen Trägern der Kammer gestärkt. Sie wählten die Mitglieder der Kammer und diese wiederum aus ihrer Mitte den Vorsitzenden. Eine wesentliche Entwicklung bestand nun aber darin, dass die Regierung – anders als noch im Elberfelder/Barmener Statut[246] – nicht mehr im Bedarfsfall einen Kommissar einsetzen konnte, der die Sitzungen anberaumte und den Vorsitz führte[247]. Die Pflicht der Kammer, die Handel- und Gewerbetreibenden des Bezirks durch fortlaufende Mitteilung von Auszügen aus den Beratungsprotokollen sowie eine jährliche Übersicht über ihre Wirksamkeit und die Lage sowie den Gang von Handel und Gewerbe zu informieren, wertete gleichzeitig die Stellung der Betroffenen als Träger der Kammer auf. Dass die Kammern einen besoldeten Sekretär ernannten, der die Schreib- und Registraturgeschäfte der Handelskammer versah[248], und die Handelskammern für ihre Geschäftslokale selbst zu sorgen hatten, sofern ihnen diese nicht von der jeweiligen Gemeinde überwiesen werden konnten[249], betonte den eigenständig-korporativen Charakter der Handelskammern.

Andererseits bestätigte und verstärkte die Verordnung von 1848 aber den bereits im Statut von Elberfeld/Barmen angelegten Behördencharakter der Handelskammern und deren Integration in den Behördenaufbau. Die Stärkung des Behördencharakters kommt gerade auch in Detailregelungen wie der Verleihung eines durch den Finanzminister zu bestimmenden Siegels[250] sowie darin zum Ausdruck, dass die Korrespondenz zwischen den Behörden des Staates und den Handelskammern, wenn sie unter öffentlichem Siegel oder unter dem Siegel der Handelskammer geführt wurde und die Schreiben mit der entsprechenden herrschaftlichen Rubrik

---

[243] § 29 Abs. 1 Handelskammer-VO.
[244] § 29 Abs. 2 Handelskammer-VO.
[245] Vgl. §§ 2, 9 Handelskammer-VO.
[246] § 2 S. 3 Statut der Handelskammer von Elberfeld und Barmen vom 22.06.1830.
[247] *Schweitzer*, Entstehungsgeschichte, 1980, S. 58.
[248] § 15 Handelskammer-VO.
[249] § 18 Handelskammer-VO.
[250] § 25 Handelskammer-VO.

bezeichnet wurden, portofrei waren[251]. Die Integration in die Behördenhierarchie wird in verschiedenen Aspekten deutlich. Hier sind insbesondere die verschiedenen Berichts- und Begutachtungspflichten gegenüber den Provinzial- und Zentralbehörden zu nennen. Dass diese nach der ausdrücklichen Formulierung in der Verordnung gegenüber *vorgesetzten* Provinzial- und Zentralbehörden bestanden[252], macht die Einfügung in die behördliche Hierarchie besonders deutlich. Weitere Beispiele sind die Ernennung eines Kommissars durch die Regierung zwecks Abhaltung der Wahl der Kammermitglieder[253], die Prüfung der Wahl der Kammermitglieder durch den Oberpräsidenten als Verwaltungsoberhaupt der Provinz[254] und die Pflicht zur Genehmigung des Etats der Handelskammer[255] sowie zur Bestätigung des Regulativs über den Geschäftsgang[256] durch die Regierung[257].

Summa summarum setzte die Verordnung von 1848 also die durch das Statut der Handelskammer von Elberfeld und Barmen 1830 eingeleitete Entwicklung fort, indem sie einerseits das genossenschaftliche und korporative Element der Handelskammern und andererseits deren Behördencharakter samt Integration in die Verwaltungshierarchie stärkte. Die Verordnung war in den folgenden zwei Jahrzehnten bis zum Inkrafttreten des preußischen Handelskammergesetzes von 1870 Rechtsgrundlage für die Gründung von ca. 30 weiteren Handelskammern in Preußen, die nun auch außerhalb der Rheinprovinz erfolgten[258].

e) Das Preußische Handelskammergesetz vom 24. Februar 1870

Nachdem als Folge des Deutsch-Dänischen Kriegs 1864 und des Preußisch-Österreichischen Kriegs 1866 Territorien wie das Königreich Hannover[259], das Kurfürstentum Hessen (Kassel) und Schleswig sowie Holstein an Preußen gefallen waren, in denen z.T. überhaupt keine Handelskammern bestanden oder aber Handelskammern existierten, die sich wesentlich von den preußischen unterschieden, wurde die Initiative ergriffen, das Recht der Handelskammern auf der Grundlage eines

---

[251] § 28 Handelskammer-VO; Gleiches galt für bestimmte Arten der Korrespondenz zwischen der Handelskammer und Mitgliedern, die nicht an ein und demselben Ort wohnten.
[252] § 4 S. 1 Handelskammer-VO.
[253] § 8 Handelskammer-VO.
[254] § 8 Abs. 3 Handelskammer-VO.
[255] § 16 Handelskammer-VO.
[256] §§ 27, 30 Handelskammer-VO.
[257] Vgl. auch §§ 11, 13 Handelskammer-VO.
[258] Korporation der Kaufmannschaft Berlin, Die Handelskammern, 1906, S. 14; *Keucher*, Geschichtliche Entwicklung, 1931, S. 16; *Wülker*, Wandel der Aufgaben, 1972, S. 37 ff.; vgl. exemplarisch die Gründung der HK Bochum im Jahr 1956: *Mariaux*, Gedenkwort, 1956, S. 161 ff.
[259] Im Königreich Hannover war durch Verordnung über die Errichtung von Handelskammern vom 07.04.1866 (Gesetz-Sammlung für das Königreich Hannover 1866, S. 99) die Grundlage für die Errichtung von Handelskammern geschaffen worden. Noch im selben Jahr wurden insgesamt 20 Handelskammern errichtet, darunter die noch heute als IHK bestehenden Kammern in Emden, Hannover, Lüneburg, Osnabrück und Stade; zur Entstehung der Handelskammern im Königreich Hannover: *Lefèvre*, 100 Jahre IHK zu Hannover, 1966, S. 11 ff.

formellen Gesetzes zu vereinheitlichen[260]. Die Regelungen des Preußischen Handelskammergesetzes, das am 24. Februar 1870 verabschiedet wurde (HKG-1870)[261], beruhten zwar im Wesentlichen auf der Verordnung von 1848, waren aber stärker als diese von der maßgeblich auf *Adam Smith* (1723–1790) zurückgehenden liberalen Grundanschauung beeinflusst, wonach der gesellschaftliche Wohlstand in einem System der natürlichen Freiheit am besten zu fördern sei.

Auf der Grundlage der liberalen Prämisse, dass dem Staat in Fragen der Wirtschaft weitestmögliche Zurückhaltung aufzuerlegen sei, war umstritten, ob staatlich sanktionierte Handelskammern überhaupt sinnvoll seien oder ob deren Aufgabe der Förderung von Handel und Gewerbe nicht vielmehr dem freien Spiel der Marktkräfte, bspw. in Form autonom gegründeter Vereine, zu überlassen sei. In diesem Sinne wies die Kommission für Handel und Gewerbe des Preußischen Parlaments in ihrer ersten Stellungnahme zu der 1868 vorgelegten Regierungsvorlage zum Handelskammergesetz darauf hin, dass es, wenn es um eine Ersteinführung der Institution Handelskammer ginge, sehr zweifelhaft wäre, ob hierfür tatsächlich das Bedürfnis für einen besonderen Akt der Gesetzgebung bestünde[262]. Die angestrebte Interessenvertretung des Handels- und Gewerbestands sowie die Unterstützung der Staatsverwaltung könnten nämlich schon auf dem Wege der freien Vereinigung zustande kommen. Vor dem Hintergrund, dass sich „die preußische Gesetzgebung und diejenige anderer deutscher Staaten […] bereits längst dem Vorgange angeschlossen [habe], welchen Frankreich schon im Anfang dieses Jahrhunderts lieferte"[263], fand sich die Kommission indes grundsätzlich mit der Institution der Handelskammer ab, beantragte aber Änderungen des Gesetzesentwurfs, um „dieser Vertretung der Handelsinteressen, soweit mit ihrer öffentlichen Bestimmung vereinbar, in höherem Grade den autonomischen Charakter zu wahren und sie von jeder entbehrlichen Einwirkung der Regierungsbehörden zu befreien"[264]. Der im Jahr 1869 vorgelegte, überarbeitete Regierungsentwurf, in dem die Vorschläge der Kommission umgesetzt worden waren, wurde schließlich mit verschiedenen weiteren Änderungen als Handelskammergesetz-1870 verabschiedet[265].

---

[260] Der Entwurf eines Gesetzes über die Handelskammern ist mitsamt Motiven abgedruckt in: Anlagen zu den Stenographischen Berichten über die Verhandlungen des Hauses der Abgeordneten, 2. Session der 10. Legislaturperiode, 3. Bd., Nr. 169 (S. 1062 ff.); *Stegemann*, Die staatsrechtliche Stellung der Handelskammern, in: Schmollers Jahrbuch 12 (1888), S. 219 (229 f.); Korporation der Kaufmannschaft Berlin, Die Handelskammern, 1906, S. 14; *Heréus*, Die deutschen Handelskammern, 1922, S. 21; *Huyskens*, 125 Jahre Industrie- und Handelskammer zu Aachen, 1929, S. 99; *van Eyll*, Berufsständische Selbstverwaltung, in: Dt. Verwaltungsgeschichte, Bd. 3, 1984, S. 71 (75).
[261] Gesetz über die Handelskammern vom 24.02.1870, Preuß. GS 1870, S. 134–140.
[262] Vgl. *Brandt*, Die IHK Kassel, 1963, S. 41 f.
[263] Vgl. *Keucher*, Geschichtliche Entwicklung, 1931, S. 16.
[264] *Stegemann*, Die staatsrechtliche Stellung der Handelskammern, in: Schmollers Jahrbuch 12 (1888), S. 219 (231); *Brandt*, Die IHK Kassel, 1963, S. 42.
[265] *Stegemann*, Die staatsrechtliche Stellung der Handelskammern, in: Schmollers Jahrbuch 12 (1888), S. 219 (223 f.).

I. 4. Handelskammerrecht und -wesen im 19. Jh. in Preußen

Die angestrebte größere Selbständigkeit der Handelskammern fand im Gesetz vor allem darin ihren Niederschlag, dass verschiedene Prüfungs-, Genehmigungs- und Bestätigungsrechte der Behörden beseitigt wurden[266]. So entfiel etwa die Pflicht, die Wahl den Behörden zur Prüfung und zur Veranlassung der öffentlichen Bekanntmachung vorzulegen[267]. Die Handelskammer hatte das Ergebnis der Wahl vielmehr selbst öffentlich bekannt zu machen, und lediglich, wenn Einsprüche gegen die Wahl erhoben wurden, entschied die Regierung endgültig über diese[268]. Auch war nun ausdrücklich geregelt, dass der Kommissar, der die Durchführung der Wahl leitete, nur noch bei Einrichtung der Kammer von der Regierung, bei späteren Wahlen hingegen durch die Handelskammer aus ihrem Mitgliederkreis ernannt wurde[269]. Ferner wurde die Genehmigungspflicht für den Etat der Handelskammer aufgehoben[270]. Der von der Kammer nunmehr jährlich aufzustellende Etat war lediglich öffentlich bekannt zu machen und der Regierung mitzuteilen[271]. Schließlich konnte die Geschäftsordnung, die nach der Handelskammer-VO noch der Bestätigung durch die Regierung bedurfte[272], autonom geregelt werden und musste der Regierung lediglich mitgeteilt werden[273].

In materialer Hinsicht wird die gestärkte Selbständigkeit der Handelskammern vor allem in der neu gefassten Aufgabenzuweisung deutlich: § 1 HKG-1870 brachte die bis heute im IHK-Gesetz präsente Formulierung, dass die Handelskammern die Bestimmung haben, die Gesamtinteressen der Handel- und Gewerbetreibenden ihres Bezirks wahrzunehmen. Während die Handelskammer-VO von 1848 die Erstattung von Berichten und Gutachten noch an erster Stelle nannte, folgte die Aufgabe der Unterstützung der Behörden (nicht mehr ausdrücklich der „vorgesetzten") in der Förderung von Handel und Gewerbe durch Mitteilungen, Anträge usw. nunmehr erst im Nachsatz, wenn auch klargestellt wurde, dass die Wahrnehmung der Gesamtinteressen der Handel- und Gewerbetreibenden „insbesondere" hierin bestand. Im administrativen Bereich wurde die Stellung der Handwerkskammern dadurch gestärkt, dass sie über anzustellende Handelsmakler nicht mehr nur ihr Gutachten abzugeben hatten[274], sondern sie diese, wenn auch unter Vorbe-

---

[266] Vgl. auch *Stegemann*, Die staatsrechtliche Stellung der Handelskammern, in: Schmollers Jahrbuch 12 (1888), S. 219 (224f.), der allerdings verschiedene bereits in der Handelskammer-VO von 1848 enthaltene Entwicklungen – z.B. das Recht aus § 23 Handelskammer-VO, Berichte unmittelbar den Zentralbehörden zu erstatten – erst dem HKG-1870 zuschreibt.
[267] Vgl. § 8 Abs. 3 Handelskammer-VO.
[268] § 15 HKG-1870.
[269] § 12 HKG-1870.
[270] § 16 Handelskammer-VO.
[271] § 22 HKG-1870.
[272] Gem. § 27 Handelskammer-VO entwarf jede Handelskammer ein Regulativ über den Geschäftsgang, das der Bestätigung der Regierung unterlag.
[273] § 30 HKG-1870; als äußeres Zeichen einer stärkeren Distanzierung der Handelskammer von den herkömmlichen Behörden kann gewertet werden, dass die frühere Portofreiheit für Korrespondenzen im HKG-1870 nicht mehr enthalten war.
[274] Vgl. § 5 Handelskammer-VO.

halt der Bestätigung durch die Regierung, selbst ernannten[275]. Die Regelung der Handelskammer-VO wonach den Handelskammern die Beaufsichtigung „der auf Handel und Gewerbe Bezug habenden öffentlichen Anstalten" übertragen werden konnte[276], wurde im Handelskammergesetz dahingehend präzisiert, dass „Börsen und andere für den Handelsverkehr bestehende öffentliche Anstalten" unter ihre Aufsicht gestellt werden konnten[277].

Die Stellung des einzelnen Kaufmanns in und gegenüber der Kammer wurde nicht wesentlich modifiziert. Wahlberechtigt zur Kammer waren nunmehr alle Kaufleute und Gesellschaften, die als Inhaber einer Firma im Handelsregister des jeweiligen Bezirks eingetragen waren[278]. Mit Genehmigung des Handelsministers, der im übrigen nunmehr auch für die Genehmigung der Errichtung einer Handelskammer zuständig war[279], konnte das Wahlrecht indes für einzelne Handelskammern von der Veranlagung in einer bestimmten Klasse oder zu einem bestimmten Satz der Gewerbesteuer vom Handel abhängig gemacht und damit noch weiter eingeschränkt werden[280]. Die Informationspflicht der Kammer gegenüber den Wahlberechtigten wurde fast wortgleich aus der Handelskammerverordnung von 1848 übernommen[281], allerdings um eine Pflicht erweitert, summarisch auch über die Einnahmen und Ausgaben zu informieren[282].

Insgesamt wies das Handelskammergesetz von 1870 also keinen revolutionären, sondern einen evolutionären Charakter auf. Die Grundregelungen der Handelskammerverordnung von 1848 über die Stellung der Kammer gegenüber den Behörden einerseits und die Stellung der Wahlberechtigten in und gegenüber der Kammer andererseits blieben erhalten. Wurde die Stellung der Kammer gegenüber den Behörden durch die Einschränkung von Genehmigungspflichten usw. gestärkt, lag die wesentliche materiale Änderung in der Neufassung der Bestimmung der Handelskammer, nämlich die Gesamtinteressen der Handel- und Gewerbetreibenden ihres Bezirks wahrzunehmen, insbesondere die Behörden in der Förderung des Handels und der Gewerbe durch tatsächliche Mitteilungen, Anträge und Erstattung von Gutachten zu unterstützen. Zwar stand aufgrund des Nachsatzes die Unterstützung der Behörden weiter im Vordergrund, dennoch war nunmehr die Gesamtinteressenwahrnehmung der Vertretenen als Grundaufgabe eingeführt und

---

[275] § 33 HKG-1870.
[276] § 4 Abs. 2 Handelskammer-VO.
[277] § 34 HKG-1870.
[278] § 3 Abs. 1 HKG-1870; die Handelsregister waren aufgrund des 1869 als Gesetz des Norddeutschen Bundes erlassenen und 1871 als Gesetz des Deutschen Reichs übernommenen Allgemeinen Deutschen Handelsgesetzbuchs (ADHGB) eingerichtet worden; § 4 Abs. 1 HKG-1870 dehnte die Wahlberechtigung auf Eigentümer der Pächter von Bergbaubetrieben aus, soweit die Jahresproduktion einen vom Handelsminister nach den örtlichen Verhältnissen für die einzelnen Handelskammern zu bestimmenden Wert oder Umfang erreichte.
[279] § 2 Abs. 1 HKG-1870.
[280] § 3 Abs. 2 HKG-1870.
[281] § 24 Handelskammer-VO.
[282] § 27 Abs. 1 HKG-1870.

damit das materiale Selbstverwaltungselement der Handelskammer auch in den Aufgaben entsprechend gestärkt[283].

Anzumerken ist, dass das Handelskammergesetz von 1870 zwar das Handelskammerrecht in Preußen einschließlich der neu gewonnenen Gebiete vereinheitlichte[284], aber andererseits die Selbstverwaltung der Kaufleute weiterhin nicht auf die Organisationsform der Handelskammer beschränkte. Indem § 36 HKG-1870 ausdrücklich anordnete, dass das Gesetz auf die zu Berlin, Stettin, Magdeburg, Tilsit, Königsberg, Danzig, Memel und Elbing bestehenden Kaufmännischen Korporationen und auf das Kommerz-Kollegium zu Altona keine Anwendung fand, wurde der Fortbestand dieser Einrichtungen neben den Handelskammern anerkannt[285]. Frühe Kammerneugründungen aufgrund des neuen Gesetzes erfolgten bspw. in den hessischen Städten Kassel und Hanau (jeweils 1871)[286].

f) Reformbestrebungen bis zur Handelskammergesetznovelle von 1897

Mit dem Handelskammergesetz von 1870 war zwar eine Rechtsvereinheitlichung in den preußischen Gebieten erreicht worden. Von einem flächendeckenden, einheitlichen und leistungsfähigen Handelskammerwesen war Preußen jedoch aus verschiedenen Gründen nach wie vor weit entfernt: Da die Errichtung neuer Handelskammern nach dem Handelskammergesetz eine Initiative der Handel- und Gewerbetreibenden voraussetzte und diese meist nur in Gebieten ergriffen wurde, in denen bereits Erfahrungen mit Handelskammern bestanden, blieben einerseits große Gebiete ganz ohne kaufmännische Selbstverwaltung[287], während diese in anderen weiterhin von den überkommenen Kaufmännischen Korporationen wahrgenommen wurde[288]. Dass die Verwaltung in der Praxis nicht systematisch die Leis-

---

[283] Bemerkenswert ist insofern die kontroverse Diskussion um den Selbstverwaltungscharakter der Handelskammern ab dem 7. März 1882 im Preußischen Abgeordnetenhaus, die sich an einer Äußerung des Ministers für Handel und Gewerbe *von Bötticher* entzündet hatte, in der dieser die Handelskammern als „Organe der Staatsverwaltung" bezeichnet hatte, vgl. Stenographische Berichte über die Verhandlungen der durch die Allerhöchste Verordnung vom 4. Januar 1882 einberufenen Häuser des Landtages, Haus der Abgeordneten, 1. Bd., 1882, S. 724ff., vgl. auch insbes. Die Äußerungen des Abgeordneten *Dirichlet*, a.a.O., S. 780f., 784f.
[284] Aufgrund § 38 HKG-1870 wurden neben der Preußischen Handelskammerverordnung von 1848 verschiedene weitere einschlägige Verordnungen (bspw. die Hannoveraner Handelskammerverordnung von 1866) aufgehoben.
[285] Vgl. zu den Unterschieden zwischen Handelskammern und Kaufmännischen Korporationen: Korporation der Kaufmannschaft Berlin, Die Handelskammern, 1906, S. 17 f.
[286] *Brandt*, Wirtschaftspolitik und gewerbliche Mitbeteiligung, 1960, S. 84; *Steller*, Denkschrift zum Jubiläum, 1896, S. 3; die Gründung der Handelskammer Gießen im Jahr 1872 erfolgte nicht wie in der Literatur angegeben (vgl. etwa *Wülker*, Wandel der Aufgaben, 1972, S. 51) aufgrund des Preußischen Handelskammergesetzes von 1872, sondern aufgrund des Großherzoglich Hessischen Handelskammergesetzes von 1871; nach *Keucher*, Geschichtliche Entwicklung, 1931, S. 8 war das Preußische HKG-1870 Grundlage für die Errichtung von 18 Kammern.
[287] Eine Übersicht über die Entwicklung der Kammerbezirke von 74 preußischen Handelskammern gibt *Voelcker*, Die Gutachten der preußischen Handelskammern, 1895, S. 149 ff.
[288] Korporation der Kaufmannschaft Berlin, Die Handelskammern, 1906, S. 17 f.; *Klug*, IHKG, in: von Brauchitsch, Die Preußischen Verwaltungsgesetze, 4. Bd., 17. Aufl., 1926, S. 701 (702).

tungsfähigkeit einer geplanten Kammer überprüfte und Genehmigungen eher Formsache waren[289], führte zudem zur Entstehung sehr unterschiedlich leistungsfähiger Kammern, die z.T. nicht überlebensfähig waren. Vor diesem Hintergrund wurden in den folgenden Jahrzehnten verschiedene Entwürfe zu einer grundlegenden Reform des Handelskammerrechts vorgelegt, die allerdings nur geringen Niederschlag in der Gesetzgebung fanden. Erfolglos blieben schließlich auch verschiedene seit der Reichsgründung im Jahr 1871 ergriffene Initiativen, das Handelskammerwesen durch Reichsgesetz reichsweit einheitlich zu regeln.

aa) Reforminitiativen des Deutschen Handelstags

Der 1861 als Spitzenvertretung der Handelskammern gegründete Deutsche Handelstag (DHT) arbeitete Ende der siebziger Jahre des 19. Jh. mehrere Gesetzesentwürfe aus, die auf eine reichseinheitliche Regelung des Handelskammerwesens abzielten[290]. Auslöser war die seit Mitte der siebziger Jahre intensiv diskutierte Einrichtung eines volkswirtschaftlichen Senates nach französischem Vorbild. Dessen Unterbau sollte von den Handelskammern gebildet werden, was wiederum ein geschlossenes Netz von Handelskammern im gesamten Reich erforderlich machte. Die Entwürfe des DHT für eine reichsgesetzliche Regelung zur reichseinheitlichen Einführung von Handelskammern und gleichzeitigen Beendigung des Nebeneinanders von Handelskammern und Kaufmännischen Korporationen stießen jedoch schon innerhalb des Handelstags auf heftigen Widerstand insbesondere süddeutscher Kammern, die nicht auf den zu jener Zeit noch bestehenden starken Zusammenhang der Handelskammern mit dem Handwerk verzichten wollten[291]. Schließlich wurden die Entwürfe des DHT von der weiter reichenden Diskussion über die Einführung einheitlicher Wirtschaftskammern überholt, die seit Anfang der achtziger Jahre geführt wurde.

bb) Der Preußische Volkswirtschaftsrat und die Gewerbekammern

Im November 1880 führten die Diskussionen um die Einrichtung eines volkswirtschaftlichen Senats zur Bildung des Preußischen Volkswirtschaftsrats[292]. Als Spit-

---

[289] *Klug*, IHKG, in: von Brauchitsch, Die Preußischen Verwaltungsgesetze, 4. Bd., 17. Aufl., 1926, S. 701 (702).
[290] Deutscher Handelstag, Der Deutsche Handelstag, 1911, S. 157 ff.; *Lichter*, Handelskammern, 1996, S. 15; *Keucher*, Geschichtliche Entwicklung, 1931, S. 19; zur Geschichte des VDHT bzw. DIHT: *Hardach*, Der deutsche Industrie- und Handelskammertag 1861–2011, 2011; DIHT, Zeugnisse der Zeit, 1986; Nachweise archivalischer Quellen zur Geschichte des Deutschen Handelstags von 1861–1918 finden sich in: DIHT etc., Quellen, 1986.
[291] *Keucher*, Geschichtliche Entwicklung, 1931, S. 19 f.
[292] Eingerichtet durch königliche Verordnung über die Errichtung eines Volkswirtschaftsrates vom 17. 11. 1880, Preuß. GS 1880, 367; vgl. *Keucher*, Geschichtliche Entwicklung, 1931, S. 21; *Dotzenrath*, Wirtschaftsräte, 1933, S. 4 ff.; *von Kaufmann*, Reform der Handels- und Gewerbekammern, 1883, S. 17 f., der selbst für die Einrichtung eines Volkswirtschaftsrats als Spitze im ganzen Reich zu bildender dezentraler Wirtschaftskammern plädiert hatte, kritisierte am preußischen Volkswirtschaftsrat vor allem, dass nicht ein Teil der Mitglieder durch direkte Wahl der Betrof-

I. 4. Handelskammerrecht und -wesen im 19. Jh. in Preußen

zenvertretung der Wirtschaft im preußischen Staat bestand dessen Aufgabe primär darin, Entwürfe von Gesetzen und Verordnungen, welche die Interessen von Industrie, Handel und Gewerbe betrafen, zu begutachten[293]. Für *Otto von Bismarck*, der als Reichskanzler und preußischer Ministerpräsident im September 1880 zusätzlich das preußische Handelsministerium übernommen hatte, war die Einrichtung des Preußischen Volkswirtschaftsrats vor allem ein Mittel, um die unterschiedlichen Interessen der Wirtschaft in einer gemeinsamen staatlich verankerten Spitzenorganisation zu bündeln und so die Selbstverwaltung insgesamt enger an den Staat zu binden[294]. Letztlich wollte er damit das Projekt eines einheitlichen deutschen Volkswirtschaftsrats vorantreiben, der als Spitzenorgan des Deutschen Handelstags, des Zentralverbands Deutscher Industrieller und des Deutschen Landwirtschaftsrats gedacht war[295]. Da die von Bismarck nach den Auseinandersetzungen um die Zollpolitik 1879 zwecks Reduzierung des Einflusses des Reichstags auf die Wirtschaftspolitik forcierte Einrichtung einer entsprechenden Reichsinstitution jedoch schließlich am Reichstag scheiterte[296], der die erforderlichen Geldmittel in einem Nachtrag zum Reichshaushaltsplan für das Etatjahr 1881/82 nicht bewilligte, überlebte auch der Preußische Volkswirtschaftsrat nur bis zum Jahr 1887.

Im Zusammenhang mit der Einrichtung des Preußischen Volkswirtschaftsrats und den Bemühungen zur Einrichtung eines Reichsvolkswirtschaftsrats, die ja als Vertretungen der gesamten Wirtschaft konzipiert waren, standen Vorschläge zur reichsweiten Einrichtung einheitlicher Wirtschaftskammern[297]. So regte die Handelskammer Osnabrück im Jahr 1882 bei Handelsminister *Bismarck* die Einrichtung gemeinsamer Wirtschaftskammern von Handel, Industrie, Landwirtschaft und Kleingewerbe an, die den lokalen Unterbau eines deutschen Volkswirtschaftsrats als Spitzenvertretung der Gesamtwirtschaft bilden sollten[298]. Tatsächlich ließ *Bismarck* mittels Ministerialerlasses vom 24. Juli 1884 dann in acht östlichen preußischen Provinzen insgesamt 17 Gewerbekammern einrichten, die das Gesamtinteresse der verschiedenen Berufsgruppen der Wirtschaft wahrnehmen sollten[299].

---

fenen bestimmt wurde und dass der Volkswirtschaftsrat nicht regelmäßig tagte, sondern nur auf Initiative der Regierung zusammentrat.

[293] Zur spärlichen Begutachtungstätigkeit des Volkswirtschaftsrats: *Dotzenrath*, Wirtschaftsräte, 1933, S. 5 f.

[294] *van Eyll*, Berufsständische Selbstverwaltung, in: Dt. Verwaltungsgeschichte, Bd. 3, 1984, S. 71 (78).

[295] *Dotzenrath*, Wirtschaftsräte, 1933, S. 10 ff.

[296] *Hardach*, Wirtschaftspolitik, in: Hessisches Jahrbuch für Landesgeschichte 43 (1993), S. 205 (217); *von Kaufmann*, Reform der Handels- und Gewerbekammern, 1883, S. 19; *Dotzenrath*, Wirtschaftsräte, 1933, S. 12 ff.

[297] Grundlegend: *von Kaufmann*, Vertretung der wirthschaftlichen Interessen, 1879, S. 455 ff.; ders., Reform der Handels- und Gewerbekammern, 1883, S. 13 f.

[298] *Heréus*, Die deutschen Handelskammern, 1922, S. 105 f.; *Keucher*, Geschichtliche Entwicklung, 1931, S. 20.

[299] Vgl. die Bestimmungen über die Gewerbekammern – Vorlage der Preußischen Staatsregierung an die Provinziallandtage, abgedruckt bei: *Steinmann-Bucher*, Die Nährstände, 1885, S. 255 ff.

Die neuen Gewerbekammern krankten jedoch zum einen aus Perspektive des Selbstverwaltungsprinzips daran, dass deren Mitglieder nicht von den betroffenen Kaufleuten, Gewerbetreibenden usw., sondern von den Provinziallandtagen gewählt wurden. Zum anderen ersetzten die Gewerbekammern nicht etwa die bestehenden Selbstverwaltungseinrichtungen der Wirtschaft wie Handelskammern, Kaufmännische Korporationen und Innungen, sondern mussten mit diesen konkurrieren[300]. Da schließlich – wie ausgeführt – auch der Gesamtplan einer im Deutschen Volkswirtschaftsrat gipfelnden gestuften einheitlichen Interessenwahrnehmung aller Wirtschaftssparten scheiterte, überlebten auch die Gewerbekammern nur wenige Jahre.

cc) Die Diskussion in der Wissenschaft und der Berlepsche Entwurf von 1896

Die kontroverse politische Diskussion um eine Reform der wirtschaftlichen Interessenvertretung wurde durch eine Fülle wissenschaftlicher Veröffentlichungen initiiert und begleitet[301]. Für die Einführung umfassender Wirtschaftskammern im gesamten Deutschen Reich plädierte Ende der siebziger, Anfang der achtziger Jahre des 19. Jh. insbesondere *Richard von Kaufmann*[302]. Die von ihm vorgeschlagenen Wirtschaftskammern sollten neben Groß- und Kleinhandel, Industrie- und Kleingewerbe auch die Landwirtschaft umfassen und so an Stelle einer zersplitterten und sich gegenseitig hemmenden Partikularinteressenwahrnehmung eine solidarische Vertretung sämtlicher Wirtschaftsgruppen in einer einzigen Korporation ermöglichen[303]. Über den Wirtschaftskammern sollte der Volkswirtschaftsrat stehen, dessen Mitglieder teilweise von den Wirtschaftskammern gewählt werden, teilweise vom Kaiser ernannt werden und teilweise aus einschlägigen Behörden hätten hervorgehen sollen[304]. *Arnold Steinmann-Bucher* sprach sich wenig später in einem umfassenden Reformentwurf dafür aus, nicht nur die Interessenvertretung der verschiedenen Wirtschaftszweige, sondern letztlich die gesamte Wirtschaftsordnung auf eine berufsgenossenschaftliche Grundlage zu stellen[305]. Die genossenschaftlich organisierten Vertretungen der einzelnen Wirtschaftszweige[306], die u.a. die bestehenden Handelskammern überflüssig gemacht hätten[307], sollten in Provinzialvolks-

---

[300] *Hardach*, Wirtschaftspolitik, in: Hessisches Jahrbuch für Landesgeschichte 43 (1993), S. 205 (218).
[301] Eine Übersicht gibt *Heréus*, Die deutschen Handelskammern, 1922, S. 108 f.
[302] *von Kaufmann*, Vertretung der wirthschaftlichen Interessen, 1879, S. 455 ff.; *ders.*, Reform der Handels- und Gewerbekammern, 1883, S. 13 f.
[303] *von Kaufmann*, Vertretung der wirthschaftlichen Interessen, 1879, S. 456 ff., 471 f.; *ders.*, Reform der Handels- und Gewerbekammern, 1883, S. 13.
[304] *von Kaufmann*, Vertretung der wirthschaftlichen Interessen, 1879, S. 506 ff.; *ders.*, Reform der Handels- und Gewerbekammern, 1883, S. 14.
[305] *Steinmann-Bucher*, Die Nährstände, 1885.
[306] *Steinmann-Bucher*, Die Nährstände, 1885, S. 241 ff.
[307] *Steinmann-Bucher*, Die Nährstände, 1885, S. 243.

wirtschaftsräten zusammengefasst werden, an deren Spitze wiederum ein volkswirtschaftlicher Senat auf Reichsebene gestanden hätte[308].

Rudolf Graetzer hingegen favorisierte 1890 an Stelle großer vereinheitlichender Reformentwürfe einen evolutiven Ansatz. Er verwarf das Modell der Vereinigung aller Berufszweige in einheitlichen Kammern und plädierte stattdessen dafür, in Anknüpfung an bestehende Organisationsformen eigenständige Handels-, Industrie-, Handwerks- und Landwirtschaftskammern einzurichten[309]. Selbstverständlich könnten die einzelnen Kammern die Wahrnehmung des Gesamtinteresses der Wirtschaft bspw. in gemeinsamen Ausschüssen koordinieren. *Graetzer* betonte, dass die Kammern „eine Art Selbstverwaltungskörper ihrer Berufsgenossen" werden sollten, wozu ihnen je nach ihrer Bewährung eine Reihe von Befugnissen zu übertragen sei, bspw. die Oberaufsicht über Anstalten, Schulen usw. ihres Erwerbszweigs, wie sie teilweise bereits bestehe, die Einrichtung von Schiedsgerichten oder die Verwaltung berufsbezogener Krankenkassen[310]. In direkter Wahl durch die lokalen Kammern könne schließlich ein zentraler Volkswirtschaftsrat gebildet werden, der als konsultatives Organ einschlägige Maßnahmen der Regierung begutachten könne und auch ein Initiativrecht erhalten solle[311].

Nachdem sich in der preußischen Staatspraxis in den achtziger Jahren – wie dargestellt – zunächst *Richard von Kaufmanns* Entwurf einheitlicher Wirtschaftskammern durchzusetzen schien, dieser Entwurf aber aus politischen Gründen scheiterte, obsiegte letztlich *Graetzers* evolutive Konzeption der Bildung besonderer Kammern für die wesentlichen Wirtschaftszweige – wenn auch ohne den von ihm vorgesehenen Volkswirtschaftsrat. Im Jahr 1894 wurden durch das preußische Landwirtschaftskammergesetz in Preußen Landwirtschaftskammern eingerichtet, und 1897 folgte die Handwerkernovelle zur Reichsgewerbeordnung, welche die Grundlage für die Errichtung selbständiger Handwerkskammern im Reich schuf. Für die Handelskammern bedeutete das Scheitern der großen vereinheitlichenden Entwürfe vor allem, dass an ihnen als Institution grundsätzlich festgehalten wurde. Auch für sie rückten damit evolutionäre Reformentwürfe in den Vordergrund, die allerdings z.T. durchaus weit reichende Veränderungen wie eine prinzipielle Ausdehnung des Handelskammerwesens auf das gesamte Staatsgebiet vorsahen.

So ließ der preußische Minister für Handel und Gewerbe *Hans Hermann Frhr. von Berlepsch* Anfang 1895 Handelskammern und Kaufmännische Korporationen per Erlass zu Eckpunkten einer Reform des Handelskammerwesens befragen, wie der Einrichtung obligatorischer Handelskammern im gesamten Staatsgebiet, der Frage, für welchen Personenkreis Wahlrecht und Beitragspflicht in der Kammer begründet werden sollten, der Regelung des Wahlrechts in der Kammer, der Einrichtung lokaler Organisationen oder von Organisationen nach Betriebszweigen

---

[308] *Steinmann-Bucher*, Die Nährstände, 1885, S. 242.
[309] *Graetzer*, Die Organisation der Berufsinteressen, 1890, S. 329.
[310] Vgl. im Einzelnen *Graetzer*, Die Organisation der Berufsinteressen, 1890, S. 330.
[311] *Graetzer*, Die Organisation der Berufsinteressen, 1890, S. 330f.

innerhalb der Kammer und der Erweiterung des Geschäftskreises der Kammern[312]. Nach Auswertung der Stellungnahmen, die von 72 Handelskammern und neun Kaufmännischen Korporationen eingegangen waren[313], legte *von Berlepsch* dem Abgeordnetenhaus im Jahr 1896 den Entwurf eines reformierten Handelskammergesetzes vor[314], dessen Kerngedanken die Einführung von Handelskammern im gesamten preußischen Staatsgebiet bei gleichzeitiger Umgestaltung der Kammern zu leistungsfähigen, aber gleichzeitig wieder stärker staatlich verankerten Institutionen waren[315]. Das preußische Staatsgebiet sollte danach insgesamt in Kammerbezirke aufgeteilt werden, welche die Grundlage leistungsfähiger Kammern mit juristischer Persönlichkeit und Zwangsmitgliedschaft bieten sollten. Zwecks Vereinheitlichung der Organisationsformen kaufmännischer und gewerblicher Interessenwahrnehmung sollten die bestehenden Kaufmännischen Korporationen in Handelskammern umgeformt werden[316]. Die Errichtung einer Kammer wäre fortan von Staats wegen angeordnet, also nicht mehr von den Betroffenen betrieben worden[317]. Dem Staat wäre gleichzeitig auch das Recht eingeräumt worden, nicht hinreichend leistungsfähige Kammern aufzulösen. Die Aufgaben der Handelskammern sollten hingegen erweitert werden. Nach Vorbild des neuen Landwirtschaftskammergesetzes sollte besondere Aufgabe der Kammern sein, sich über Maßregeln der Gesetzgebung und Verwaltung zu äußern, welche die allgemeinen Interessen von Handel und Gewerbe oder die besonderen Interessen der Handel- und Gewerbetreibenden des jeweiligen Kammerbezirks berührten[318]. Daneben sollten die Verwaltungsaufgaben der Kammern konkretisiert und ausgedehnt werden und ihnen auch Aufgaben im Bereich der Nachwuchsförderung zukommen[319].

Wären die Handelskammern nach dem Berlepschen Entwurf einerseits auf das gesamte preußische Staatsgebiet ausgedehnt und ihr Aufgabenfeld ausgeweitet worden, wäre andererseits ihr Selbstverwaltungsgehalt zugunsten einer wieder stärkeren staatlichen Verankerung erheblich eingeschränkt worden[320]. Abgesehen

---

[312] Deutscher Handelstag, Der Deutsche Handelstag, 1911, S. 145 f.; Der Erlass, der recht ausführliche Erläuterungen zu den einzelnen Fragen enthält, ist wiedergegeben bei: *Voelcker*, Die Gutachten der preußischen Handelskammern, 1895, S. 1 ff.; vgl. auch die Übersicht über die Fragestellungen bei *Heréus*, Die deutschen Handelskammern, 1922, S. 110 f.

[313] Die Stellungnahmen werden zusammengefasst wiedergegeben bei: *Voelcker*, Die Gutachten der preußischen Handelskammern, 1895, S. 12 ff.

[314] Gesetzentwurf betreffend die Handelskammern, Anlagen zu den Stenographischen Berichten über die Verhandlungen des Hauses der Abgeordneten, III. Session, 18. Legislaturperiode, 1896, 3. Bd., Nr. 124 (S. 1868 ff.) (im Folgenden: Entwurf-Berlepsch-1896).

[315] §§ 1, 20 Entwurf-Berlepsch-1896; *Klug*, IHKG, in: von Brauchitsch, Die Preußischen Verwaltungsgesetze, 4. Bd., 17. Aufl., 1926, S. 701 (702 f.); *Heréus*, Die deutschen Handelskammern, 1922, S. 112 ff.; *Keucher*, Geschichtliche Entwicklung, 1931, S. 24 f.

[316] § 33 Entwurf-Berlepsch-1896.

[317] § 1 Entwurf-Berlepsch-1896.

[318] § 2 Abs. 1 S. 2 Entwurf-Berlepsch-1896.

[319] § 2 Abs. 2 Entwurf-Berlepsch-1896.

[320] Vgl. auch die Begründung zum Gesetzentwurf: Anlagen zu den Stenographischen Berichten über die Verhandlungen des Hauses der Abgeordneten, III. Session, 18. Legislaturperiode, 1896, 3. Bd., Nr. 124 (S. 1873 ff.).

von der – bereits angesprochenen – Einrichtung der Kammern durch den Staat, nebst staatlichem Aufsichtsrecht sollten die Kammern auch wieder in eine engere Staatsaufsicht eingefügt werden, in deren Rahmen der Regierungspräsident als Aufsichtsorgan das Recht besessen hätte, an allen Kammersitzungen teilzunehmen. Letztlich ging es dem Staat, der die Handelskammern primär als seine Hilfs- und Beratungsorgane ansah, darum, diese im Interesse einer effektiven Aufgabenerfüllung zu leistungsfähigen Organisationen umzugestalten, die zur besseren Steuerung der Wirtschaftspolitik nach Möglichkeit auch einheitliche Informationen über größere geschlossene Wirtschaftsräume liefern können sollten[321].

In der ersten Lesung des Gesetzentwurfs im preußischen Abgeordnetenhaus am 24. April 1896 fand der Berlepsche Entwurf allerdings ebenso wenig Zustimmung wie in den anschließenden Kommissionssitzungen[322]. Die konservative Partei wandte sich – vor dem Hintergrund des in den siebziger und achtziger Jahren manifest gewordenen Interessengegensatzes in der Frage von Freihandel und Schutzzöllen zwischen Industrie und Landwirtschaft einerseits sowie dem Handel andererseits – gegen den obligatorischen Zusammenschluss von Handel und Industrie in den Handelskammern. Grundsätzliche Bedenken betrafen darüber hinaus vor allem das Konzept der obligatorischen Zwangsorganisation. Die staatliche Festlegung der Kammerbezirke und die drohende Auflösung kleiner Kammern ließen Kritiker zudem eine weitere Polarisierung zwischen industriell-städtischen Gebieten einerseits und landwirtschaftlich-ländlichen Regionen, deren Interessen nicht mehr adäquat vertreten würden, andererseits befürchten. Nachdem der grundlegende § 1 des Gesetzesentwurfs in der Kommission mit deutlicher Mehrheit abgelehnt worden war, zog die Regierung den Berlepschen Entwurf schließlich am 13. Mai 1896 zurück[323].

dd) Die Handelskammergesetznovelle 1897

Bereits am 14. Dezember 1896 legte der Nachfolger des inzwischen zurückgetretenen Frhrn. von Berlepsch, *Ludwig Brefeld*, dem preußischen Abgeordnetenhaus einen neuen Gesetzentwurf mit der Bemerkung vor, dass die Regierung den Gedanken „einer planmäßigen Organisation der Handelskammern im Wege der Gesetzgebung" zunächst nicht weiterverfolge[324]. Tatsächlich ließ der Entwurf die we-

---

[321] *König*, Handelskammern, in: Wirtschaftsarchive und Kammern, 1982, S. 63 (63f.).
[322] Bericht der XIX. Kommission zur Vorberatung des Entwurfs eines Gesetzes, betreffend die Handelskammern, Anlagen zu den Stenographischen Berichten über die Verhandlungen des Hauses der Abgeordneten, III. Session, 18. Legislaturperiode, 1896, 3. Bd., Nr. 249 (S. 2465ff.); *Klug*, IHKG, in: von Brauchitsch, Die Preußischen Verwaltungsgesetze, 4. Bd., 17. Aufl., 1926, S. 701 (703); *Heréus*, Die deutschen Handelskammern, 1922, S. 114f.; *van Eyll*, Berufsständische Selbstverwaltung, in: Dt. Verwaltungsgeschichte, Bd. 3, 1984, S. 71 (79).
[323] Anlagen zu den Stenographischen Berichten über die Verhandlungen des Hauses der Abgeordneten, III. Session, 18. Legislaturperiode, 1896, 3. Bd., Nr. 218 (S. 2364); Deutscher Handelstag, Der Deutsche Handelstag, 1911, S. 149.
[324] Deutscher Handelstag, Der Deutsche Handelstag, 1911, S. 149; *Klug*, IHKG, in: von Brauchitsch, Die Preußischen Verwaltungsgesetze, 4. Bd., 17. Aufl., 1926, S. 701 (704).

sentlichen Probleme des Handelskammerwesens, nämlich die in weiten Landesteilen fehlende Organisation von Kaufleuten und Gewerbetreibenden einerseits und die sehr unterschiedliche Leistungsfähigkeit der bestehenden Handelskammern andererseits, unberührt. Obwohl das am 19. August 1897 verabschiedete Änderungsgesetz zum Handelskammergesetz von 1870[325] somit als eher behutsame Weiterentwicklung des Status quo betrachtet werden kann, enthielt es doch so viele Änderungen und Ergänzungen, dass das geänderte Gesetz als Handelskammergesetz-1870/1897 neu gefasst und bekannt gemacht wurde[326].

Als wesentliche formale Innovation des Gesetzes wurden den Handelskammern – wie dies auch im Berlepschen Entwurf vorgesehen war – die Rechte einer juristischen Person zuerkannt[327]. Für die Wahl der Kammermitglieder wurden nach dem gesetzlichen Regelfall drei an der Gewerbesteuer ausgerichtete Abteilungen gebildet, die jeweils ein Drittel der Mitglieder wählten[328]. Allerdings erhielten die Handelskammern Möglichkeiten zur Flexibilisierung des Wahlrechts: Zum einen konnte jede Handelskammer das Wahlrecht (und die Beitragspflicht) mit Genehmigung des Ministers für Handel und Gewerbe von der Veranlagung in einer bestimmten Klasse oder zu einem bestimmten Satz der Gewerbesteuer abhängig machen[329]. Stand der Kreis der Wahlberechtigten damit grundsätzlich fest, konnten die Handelskammern auf einer zweiten Stufe durch ein vom Minister für Handel und Gewerbe zu genehmigendes Statut Modalitäten des Wahlrechts wie bspw. ein gleiches Wahlrecht aller Wahlberechtigten oder aber eine Abstufung des Wahlrechts nach der Höhe der Handelskammerbeiträge festlegen[330]. Die Umlage nicht durch besondere Einnahmen gedeckter Kosten der Handelskammerverwaltung auf die Wahlberechtigten blieb zwar weiterhin prinzipiell an der Gewerbesteuer orientiert, das Verfahren wurde aber an die Regelungen des im Jahr 1891 erlassenen Gewerbesteuergesetzes angepasst und insgesamt wesentlich detaillierter geregelt[331].

In materialer Hinsicht war vor allem die Ausweitung der Kammeraufgaben bedeutsam. Die in § 1 HKG-1870/1897 geregelte Bestimmung der Handelskammern, die Gesamtinteressen der Handel- und Gewerbetreibenden ihres Bezirks usw. wahrzunehmen, blieb zwar im Vergleich zur Gesetzesfassung von 1870 unverändert. Allerdings wurde der durch diese Bestimmung festgelegte Geschäftskreis der Handelskammer zugleich um konkrete Verwaltungsaufgaben ergänzt: Insbesondere waren die Handelskammern nunmehr befugt, Anstalten, Anlagen und Ein-

---

[325] Gesetz, betreffend die Abänderung des Gesetzes über die Handelskammern vom 24. Februar 1870 (Gesetz-Samml. S. 134) vom 19.08.1897, in: Preuß. GS 1897, S. 343–354.
[326] Gesetz über die Handelskammern vom 24. Februar 1870 / 19. August 1897, in: Preuß. GS 1897, S. 354–366; die Neubekanntmachung erfolgte aufgrund Art. X HandelskammerG-Änderungsgesetz-1897.
[327] § 35 HKG-1870/1897.
[328] § 10 Abs. 3 HKG-1870/1897.
[329] § 4 HKG-1870/1897; Korporation der Kaufmannschaft Berlin, Die Handelskammern, 1906, S. 15.
[330] § 10 Abs. 1 HKG-1870/1897.
[331] §§ 26 ff. HKG-1870/1897.

richtungen, die die Förderung von Handel und Gewerbe sowie die technische und geschäftliche Ausbildung, die Erziehung und den sittlichen Schutz der darin beschäftigten Gehilfen und Lehrlinge bezweckten, zu begründen, zu unterhalten und zu unterstützen[332]. Zur „Förderung von Handel und Gewerbe" wurde den Kammern ein überaus weitgespanntes Aktivitätsfeld zu Gunsten ihrer Mitglieder eröffnet. Die ausdrückliche Erweiterung des Geschäftskreises auf den Bereich des Ausbildungswesens entsprach einem dringenden praktischen Bedürfnis der Handelskammern, die in den zurückliegenden Jahren auch ohne ausdrückliche gesetzliche Grundlage bereits vielfältige Aktivitäten im Bereich des Unterrichtswesens entfaltet hatten[333].

Bemerkenswert ist schließlich zum einen, dass die Handelskammern nunmehr allgemein der Aufsicht des Ministers für Handel und Gewerbe unterstellt wurden[334]. Auf dessen Antrag konnte eine Handelskammer(-versammlung) durch Beschluss des Staatsministeriums aufgelöst werden, was entsprechende Neuwahlen nach sich zog[335]. Zum anderen ist erwähnenswert, dass das Nebeneinander von Handelskammern und Kaufmännischen Korporationen weiterhin gebilligt wurde, indem die Anwendbarkeit der Vorschriften des Gesetzes auf die schon im Gesetz von 1870 aufgeführten Kaufmännischen Korporationen weitgehend ausgeschlossen wurde[336]. Allerdings wurde diesen Körperschaften nunmehr ausdrücklich das Recht eingeräumt, sich in Handelskammern umzuwandeln oder, falls bereits eine Handelskammer für den Bezirk bestand, sich mit dieser zu vereinigen[337]. Tatsächlich wandelten sich in den Jahren 1898/1899 zunächst das seit 1738 bestehende Kommerzkollegium Altona und die 1825 gegründete Magdeburger Korporation der Kaufleute in Handelskammern um[338]. In Berlin lehnte die 1820 gegründete Korporation der Kaufmannschaft die Umwandlung in eine Handelskammer hingegen im Dezember 1901 ab[339]. Sie bestand daher noch 18 Jahre neben der 1902 ge-

---

[332] § 38 Abs. 2 HKG-1870/1897; Korporation der Kaufmannschaft Berlin, Die Handelskammern, 1906, S. 17 weist darauf hin, dass von diesem Recht in sehr unterschiedlichem Maße Gebrauch gemacht worden sei. Manche Kammern besäßen Börsen, Handelsmuseen, öffentliche Lagerhäuser, Verkehrs- und Schiffahrtsanlagen, Fach- und Fortbildungsschulen oder unterstützten sie. Wohl alle, auch die finanziell schwächsten Kammern hätten einen Teil ihres Etats zur Förderung der kaufmännischen Bildung bestimmt, sei es, dass sie selbst Schulen unterhielten, sei es, dass sie solche unterstützten.
[333] *Heinz*, Die geschichtliche Entwicklung, 1958, S. 63.
[334] § 43 Abs. 1 HKG-1870/1897.
[335] § 43 Abs. 2 HKG-1870/1897.
[336] § 44 Abs. 1 HKG-1870/1897.
[337] § 44 Abs. 2 HKG-1870/1897; Anfang des 20. Jh. bestanden neben 83 Handelskammern noch sieben kaufmännische Korporationen, vgl. Korporation der Kaufmannschaft Berlin, Die Handelskammern, 1906, S. 14, 17 f.
[338] Die neue Handelskammer zu Altona (Provinz Schleswig-Holstein) konstituierte sich am 20.10.1898, vgl. *Wendtland*, Jahrbuch der Deutschen Handelskammern, 1905, S. 132; die neue Handelskammer zu Magdeburg folgte am 03.01.1899, *ders.*, a.a.O., S. 124.
[339] Korporation der Kaufmannschaft Berlin, Die Handelskammern, 1906, S. 18.

gründeten Handelskammer zu Berlin fort[340], obwohl sich die Aufgaben der beiden Einrichtungen weitgehend überschnitten[341].

5. Grundzüge der Entwicklung des Handelskammerrechts und -wesens in anderen deutschen Staaten bis zum frühen 20. Jh.

Die Dominanz Preußens zunächst im Deutschen Bund, dann im Deutschen Reich und vor allem der prägende Einfluss der preußischen Gesetzgebung auf das heutige Recht der Industrie- und Handelskammern rechtfertigen es, die Darstellung der historischen Entwicklung des preußischen Handelskammerrechts im 19. Jh. in den Vordergrund zu stellen[342]. Da sich im 19. Jh. aber auch in zahlreichen anderen deutschen Staaten Handelskammern entwickelten und sich das jeweilige Handelskammerrecht bis zum Anfang des 20. Jh. zum Teil erheblich vom preußischen Recht abhob[343], seien im Folgenden zumindest Grundlinien der Entwicklung des Handelskammerrechts und des Handelskammerwesens ausgewählter deutscher Staaten herausgearbeitet[344].

a) Baden

aa) Die frühen badischen Handelskammern als Vorstände zunftartiger Handelsinnungen

In Baden gab es bereits seit den zwanziger Jahren des 19. Jh. Organisationsformen, die als Handelskammern bezeichnet wurden[345]. Anders als bei den aus französischer Zeit weitergeführten Handelskammern der preußischen Rheinprovinz handelte es sich hierbei jedoch nicht um behördenartige Einrichtungen, die durch den Staat eingesetzt wurden. Die frühen badischen Handelskammern basierten vielmehr auf von Kaufleuten gebildeten, oft zunftartigen[346] Handelsvertretungen, Handlungsvorständen und dergleichen, die z.T. bereits seit dem 17. oder 18. Jh.

---

[340] Die Handelskammer zu Berlin konstituierte sich am 14.04.1902, vgl. *Wendtland*, Jahrbuch der Deutschen Handelskammern, 1905, S. 52.

[341] *Wülker*, Wandel der Aufgaben, 1972, S. 52; allerdings wurden der Kaufmännischen Korporation nach Konstituierung der Handelskammer bestimmte Aufgaben wie die Ernennung von Dispacheuren usw., die Ausstellung von Ursprungszeugnissen und der Vorschlag von Handelsrichtlinien aufgrund ministerieller Verfügung vom 03.12.1902 entzogen, vgl. Korporation der Kaufmannschaft Berlin, Die Handelskammern, 1906, S. 18f.

[342] Vgl. etwa *Kluth*, Funktionale Selbstverwaltung, 1997, S. 128.

[343] Eine Zusammenstellung der Handelskammergesetze der deutschen Bundesstaaten mit dem Stand von 1916 findet sich bei Wendtland, Handbuch der Deutschen Handelskammern, 1916.

[344] Vgl. zu anderen Staaten auch: Korporation der Kaufmannschaft Berlin, Die Handelskammern, 1906, S. 13ff.

[345] *van Eyll*, Berufsständische Selbstverwaltung, in: Dt. Verwaltungsgeschichte, Bd. 3, 1984, S. 71 (76); *W. Fischer*, Unternehmerschaft, 1964, S. 60ff.; *Heréus*, Die deutschen Handelskammern, 1922, S. 9ff.; *Heinz*, Die geschichtliche Entwicklung, 1958, S. 70ff.

[346] Kaufleute, die sich an einem Ort niederlassen wollten, mussten Mitglied der Innung etc.

bestanden hatten, teils aber auch in den ersten Jahrzehnten des 19. Jh. gegründet worden waren[347]. Ab den zwanziger Jahren des 19. Jh. nahmen diese, bzw. meist ihre Vorstände, fast alle die Bezeichnung Handelskammer an, wohl vor allem, um ihre Stellung in Verhandlungen bspw. mit den preußisch-rheinischen Handelskammern aufzuwerten[348].

Ein wichtiges Beispiel war die schon oben erwähnte, 1728 gegründete Mannheimer Handelsinnung[349]: Nachdem in Baden bereits im Jahr 1820 die Karlsruher Kaufmanngesellschaft die Bezeichnung Handelskammer angenommen und im Jahr 1828 der Handelsstand von Konstanz eine Handelskammer gegründet hatte[350], beantragte auch der Handlungsinnungsvorstand Mannheim die Verleihung der Bezeichnung Handelskammer, da die Bezeichnung Handelsinnung bei Verhandlungen mit Handelskammern in Mainz und Straßburg falsche Vorstellungen hervorgerufen habe[351]. Nachdem die Handelsinnung auf einen ablehnenden Bescheid klargestellt hatte, dass es ihr um eine reine Namensänderung gehe, verlieh das Badische Ministerium des Innern „dem bestehenden Handlungsinnungsvorstand in Mannheim" schließlich am 20. September 1831 die Bezeichnung Handelskammer, wobei betont wurde, dass sich hierdurch nichts an dessen Funktion ändere[352]. Ein Statutenentwurf, den die Handelskammer im Jahr 1832 zur Genehmigung vorlegte und der in einem ersten Teil die den Handel beschränkenden zunftartigen Privilegien und Vorschriften der alten Handelsinnung tradierte, während der zweite Teil die Angelegenheiten der Handelskammer regelte[353], wurde nach geraumer Zeit, im Jahr 1840, vom Ministerium des Innern abgelehnt. Erst im Januar 1844 wurde ein erneuter Statutenentwurf vom Ministerium bestätigt, so dass der statutenlose Schwebezustand der Kammer ein Ende fand.

Nach den Statuten von 1844 bestand die Handelskammer Mannheim aus 13 Handelsleuten[354], die durch einen vom Gesamthandelsstand gewählten, fachlich ge-

---

werden, was die Erfüllung der entsprechenden Bedingungen der Handelsinnungsstatuten (Bestehen von Prüfungen, Entrichtung der Eintrittstaxe etc.) voraussetzte.
[347] W. Fischer, Der Staat und die Anfänge der Industrialisierung, Bd. 1, 1962, S. 180.
[348] Korporation der Kaufmannschaft Berlin, Die Handelskammern, 1906, S. 27; W. Fischer, Unternehmerschaft, 1964, S. 60 f.
[349] Vgl. auch W. Fischer, Der Staat und die Anfänge der Industrialisierung, Bd. 1, 1962, S. 180 ff.
[350] Die Statuten der Handelskammer Konstanz vom 01.09.1828 sind abgedruckt bei: N. N., Zur Geschichte der IHK Konstanz, Anlage 3; behördlich genehmigt wurden die mittlerweile an die Statuten der Handelskammern von Freiburg und Mannheim angepassten Statuten der Handelskammer Konstanz allerdings erst nach langwierigen Verhandlungen im Jahr 1857; nach diesen Statuten war der Handelsstand in der Innung zusammengefasst, deren Vorstand wiederum die Handelskammer bildete, vgl. N. N., Zur Geschichte der IHK Konstanz, S. 22 f.
[351] Blaustein, Handelskammer Mannheim, 1928, S. 65.
[352] Blaustein, Handelskammer Mannheim, 1928, S. 66.
[353] Blaustein, Handelskammer Mannheim, 1928, S. 68 ff.
[354] Mitglied der Handelskammer konnte jeder mit Ortsbürgerrecht ausgestattete und konzessionierte Handelsmann werden, der dem örtlichen Handelsstand seit fünf Jahren angehörte und nicht zu einer peinlichen Strafe verurteilt worden war; vgl. Blaustein, Handelskammer Mannheim, 1928, S. 78 f.

gliederten Ausschuss von 21 Handelsleuten in Gemeinschaft mit den Kammermitgliedern (also insgesamt 34 Personen) gewählt wurden[355]. Alle zwei Jahre fand nach einem eigenständigen, fachlich gegliederten und teilweise kooptativen Wahlverfahren eine Ergänzungswahl statt, in der vier Mitglieder der Handelskammer neu gewählt wurden. Die Mitglieder der Handelskammer wählten ihrerseits auf sechs Jahre den Präsidenten der Handelskammer, der allerdings der Bestätigung durch den Stadtdirektor bedurfte. Zu den Aufgaben der Handelskammer gehörten neben typischen Kammertätigkeiten auch Überbleibsel aus der Handelsinnungszeit, die das hybridartige Wesen der badischen Kammern zwischen zunftartiger Handelsinnung und neuartiger Kammer besonders deutlich machen. So fand sich hier bereits die kammertypische Generalaufgabe der „Wahrnehmung alles dessen, was die Beförderung des Mannheimer Handels bezweckt". Spezielle Kammertätigkeiten waren bspw. die Beaufsichtigung der Güterbestättereien für den Land- und Wassertransport, die Anknüpfung von Verbindungen mit in- oder ausländischen Handelsplätzen, die Erstattung von durch die Staatsbehörden angeforderten Gutachten, ein Schiedsrichteramt in Handelsstreitigkeiten sowie die Anregung und Beförderung dem Handelsstand obliegender oder seinem Ermessen überlassener Einrichtungen. Eine zunftartige Aufgabe der Handelsinnung, welche die Kammer weiterführte, war hingegen die Beurkundung der Aufnahme von Handelslehrlingen und die Begutachtung der Gesuche um Aufnahme in den örtlichen Handelsverband[356]. Ähnlich der Mannheimer Kammer behielten auch die anderen badischen Kammern, denen die Statuten der Mannheimer Kammer als Vorbild mitgeteilt wurden, bis zur Einführung der Gewerbefreiheit in Baden in den sechziger Jahren des 19. Jh. noch verschiedene zünftige Elemente bei[357].

Sehr früh, nämlich seit den dreißiger Jahren, trafen sich die Handelskammern und die sonstigen Handelsvertretungen in Baden auch zu gemeinsamen Sitzungen, auf denen bspw. über die Notwendigkeit eines neuen Gewerbegesetzes beraten wurde[358]. Auf dem ersten badischen Handelstag im Jahr 1846 standen auch verschiedene über Baden hinausgreifende Beratungsgegenstände wie die Einführung eines allgemeinen deutschen Handels- und Wechselrechts auf der Tagesordnung[359]. Als sich die badischen Handelskammern nach der gescheiterten Revolution 1848/49 im Jahr 1860 zum ersten Mal wieder trafen, ging von ihnen der entscheidende Impuls zur Einberufung des Deutschen Handelstags aus, damit „das allgemeine Bedürfnis und Verlangen nach einem gleichen Maß und Gewicht, nach einem gemein-

---

[355] Der fachlich in drei Gruppen gegliederte Wahlausschuss setzte sich aus 7 Wechslern, Großhändlern und Fabrikanten, 7 Spediteuren und 7 Kleinhändlern zusammen. Stimmberechtigt bei der Wahl des Ausschusses waren alle Handelstreibenden, die das Ortsbürgerrecht besaßen und einen guten Leumund hatten; vgl. *Blaustein*, Handelskammer Mannheim, 1928, S.78f.
[356] *Blaustein*, Handelskammer Mannheim, 1928, S. 81f.
[357] *W. Fischer*, Unternehmerschaft, 1964, S. 61.
[358] Deutscher Handelstag, Der Deutsche Handelstag, Bd. 1, 1911, S. 2; *Blaustein*, Handelskammer Mannheim, 1928, S. 135ff.
[359] *Blaustein*, Handelskammer Mannheim, 1928, S. 136.

schaftlichen Münzfuß, nach einem allgemeinen deutschen Handelsgesetzbuche und nach einer Vertretung im Auslande endlich zur Wahrheit werde"[360].

bb) Anpassung an die Einführung der Gewerbefreiheit im Jahr 1862

Das badische Kammersystem, in dem die Handelskammern meist als Vorstände der weiter bestehenden Zünfte und Innungen agierten, fand mit der Abschaffung dieser Zwangsverbände bei Einführung der Gewerbefreiheit durch das Gewerbegesetz vom 20. September 1862 ein Ende[361]. Der Plan der Regierung, das badische Handelskammerwesen nunmehr nach preußischem, sächsischem und österreichischem Vorbild umfassend zu reformieren, scheiterte jedoch am Widerstand der ersten Ständekammer gegen die Finanzierung der Handelskammern durch Besteuerung der Wahlberechtigten. Daher wurde letztlich das überkommene System an die Bedingungen der Gewerbefreiheit angepasst: An die Stelle der Zwangsinnungen traten freie Handelsvereine und Handelsgenossenschaften zur Förderung der gemeinsamen gewerblichen Interessen, deren jeweiliger Vorstand oder leitender Verwaltungsausschuss mit der Bestätigung seines Statuts als Handelskammer anerkannt wurde[362]. Diese Handelskammern wurden zur Erstattung von Gutachten an die Behörden verpflichtet. Gleichzeitig übertrug man ihnen die Leitung gemeinsamer Einrichtungen für den Land- und Schifffahrtsverkehr wie Lagerhäusern, Güterbestallereien und Börsen. Bis zur nächsten großen Reform im Jahr 1878 entstanden in Baden so 15 Handelskammern, die allerdings, wenn man sie im Zusammenhang mit den Handelsvereinen und -genossenschaften betrachtet, denen sie vorstanden, letztlich stärker den preußischen Kaufmännischen Korporationen als den preußischen Handelskammern glichen[363].

cc) Das badische Handelskammergesetz von 1878

Da die neuen auf freiwilliger Mitgliedschaft beruhenden badischen Handelsgenossenschaften immer weniger Mitglieder gewinnen konnten, sie aber finanziell von

---

[360] Aus dem vom Badischen Handelstag später einstimmig angenommenen Antrag des Vorsitzenden der Handelsinnung der Stadt Eberbach *Theodor Frey* auf Einberufung einer allgemeinen Beratung deutscher Handelsleute und Industriellen, auszugsweise wiedergegeben bei: Deutscher Handelstag, Der Deutsche Handelstag, Bd. 1, 1911, S. 2 f. sowie DIHT, Der DIHT in seinen ersten hundert Jahren, 1962, S. 54; näher dazu: *Hardach*, Der Deutsche Industrie- und Handelskammertag, 2011, 1. Kapitel.
[361] Korporation der Kaufmannschaft Berlin, Die Handelskammern, 1906, S. 27 f.; *Heinz*, Die geschichtliche Entwicklung, 1958, S. 71 f.; *W. Fischer*, Unternehmerschaft, 1964, S. 62; *N. N.*, Zur Geschichte der IHK Konstanz, S. 23.
[362] *Heréus*, Die deutschen Handelskammern, 1922, S. 11; zum Beispiel der Handelskammer Konstanz: *N. N.*, Zur Geschichte der IHK Konstanz, S. 23 f.; zum Beispiel der Mannheimer Handelskammer: *Blaustein*, Handelskammer Mannheim, 1928, S. 125 ff., 131 ff.
[363] *Heréus*, Die deutschen Handelskammern, 1922, S. 11 f. nennt: Baden, Bruchsal, Bühl, Emmendingen, Freiburg, Heidelberg, Karlsruhe, Konstanz, Lahr, Mannheim, Mosbach, Offenburg, Pforzheim, Rastatt und Wertheim.

den Mitgliedsbeiträgen abhängig waren[364], fiel es den badischen Handelskammern zwischen 1862 und 1878 zunehmend schwer, ihre Aufgabe der Wahrung der Handelsinteressen zu erfüllen, so dass der Ruf nach einer grundlegenderen Reform immer lauter wurde[365]. Nach preußischem Vorbild wurde schließlich am 11. Dezember 1878 ein dediziertes Handelskammergesetz erlassen, welches teilweise das im Mannheimer Handelskammerstatut von 1844 exemplifizierte badische Handelskammerrecht fortentwickelte, aber auch neue Einflüsse, insbesondere aus dem preußischen Recht, aufgriff[366]:

Die Errichtung von Handelskammern, denen die rechtliche Stellung einer juristischen Person zuerkannt wurde[367], die Feststellung der Bezirke und die Bestimmung der Mitgliederzahl erfolgten nach dem Badischen HandelskammerG-1878 „nach Erhebung der in den betheiligten Kreisen bestehenden Wünsche durch Verfügung des Handelsministeriums"[368], blieben also von einem entsprechenden Begehren des Handelsstands abhängig. Dies führte dazu, dass zunächst nicht in allen Landesteilen Handelskammern entstanden[369]. Dieser Zustand einer nur partiellen Verkammerung des Landes sollte andauern, bis die Handelskammern Heidelberg, Karlsruhe, Pforzheim und Mannheim in den Jahren 1909 bis 1913 ihre Bezirke auf die bisher nicht vertretenen Gebiete ausdehnten[370]. Die Mitglieder der Kammer wurden auf sechs Jahre gewählt, wobei alle drei Jahre die Hälfte durch Neuwahl (bei Möglichkeit der Wiederwahl) ersetzt wurde[371]. Wahlberechtigt zur Handelskammer war insbesondere, wer als Inhaber einer Firma in einem im Bezirk der Handelskammer geführten Handels- oder Genossenschaftsregister eingetragen war[372]. Der Vorsitzende der Handelskammer und sein Stellvertreter wurden von

---

[364] Der neuen Mannheimer Handelsgenossenschaft waren bei ihrer Konstituierung Ende 1863 insgesamt 374 der 680 im Handelsregister eingetragenen Kaufleute und 67 eingetragenen Prokuristen beigetreten. 1873 hatte sich die Zahl der Mitglieder auf 294 verringert. Im Jahr 1876 gehörten ihr 310 von 1212 eingetragenen Kaufleuten (ca. 25,5%) und im Jahr 1878 schließlich nur noch 290 von 1400 (20,7%) an; vgl. *Blaustein*, Handelskammer Mannheim, 1928, S. 130, 135.

[365] *Blaustein*, Handelskammer Mannheim, 1928, S. 195 ff.

[366] Gesetz. Die Handelskammern betreffend vom 11.12.1878 (Badisches HandelskammerG-1878), Gesetzes- und Verordnungs-Blatt für das Großherzogthum Baden 1878, S. 229–236, mit späteren Änderungen auch abgedruckt in: *Wendtland*, Handbuch der Deutschen IHK, 1927, S. 89 ff.

[367] Art. 1 Abs. 2 Badisches HandelskammerG-1878.

[368] Art. 2 Badisches HandelskammerG-1878.

[369] Die Handelskammer Konstanz rekonstituierte sich erst im Jahr 1895 i. S. d. neuen Gesetzes als Handelskammer für Konstanz und die benachbarten Kreise, *N. N.*, Zur Geschichte der IHK Konstanz, S. 31.

[370] *Heréus*, Die deutschen Handelskammern, 1922, S. 25.

[371] Art. 13 Badisches HandelskammerG-1878.

[372] Art. 4 Badisches HandelskammerG-1878; nebst den im Register eingetragenen Beamten und Vorstandsmitgliedern der von einer juristischen Person betriebenen Unternehmen, der Aktiengesellschaften und Genossenschaften sowie den im Handelsregister eingetragenen persönlich haftbaren Mitgliedern der Handelsgesellschaften. Nicht wahlberechtigt waren gem. Art. 5 Abs. 1 Badisches HandelskammerG-1878 die gem. Art. 9 des Erwerbsteuergesetzes vom 25.08.1876 vom Beizug zur Erwerbsteuer befreiten Personen. Diejenigen, deren Erwerbsteuerkapital 6.000 Mark nicht überschritt, bzw. Genossenschaften, deren jährlicher Umschlag 100.000 Mark nicht über-

I. 5. a) Handelskammerrecht in Baden bis ins frühe 20. Jh.   297

der Handelskammer aus ihrer Mitte für drei Jahre gewählt[373]. Die Kosten der Handelskammer, die ihre sonstigen Einnahmen überstiegen, wurden auf die Wahlberechtigten des Kammerbezirks nach dem Verhältnis ihrer Erwerbsteuerkapitalien umgelegt und von den staatlichen Steuererhebungsstellen eingezogen[374].

Aufgabe der Handelskammern war die Wahrnehmung der Gesamtinteressen des Handels und der Industrie ihres Bezirks[375]. Zu diesem Zweck hatten sie die Behörden in der Förderung von Handel und Industrie durch Mitteilungen und Gutachten zu unterstützen sowie jährlich dem Handelsministerium über die Lage von Handel und Industrie ihres Bezirks Bericht zu erstatten[376]. Sie konnten zur Mitwirkung bei der Leitung und Beaufsichtigung von öffentlichen Anstalten und Einrichtungen herangezogen werden, die der Förderung des Handels und der Industrie dienten[377]. Die Kammern hatten das Recht, Anträge und Wünsche an die Behörden zu richten, und sollten, „soweit tunlich", vor gesetzlicher oder behördlicher Regelung von wichtigeren, die Interessen von Handel und Industrie unmittelbar betreffenden Angelegenheiten gutachtlich gehört werden[378].

Letztlich wurde mit dem Handelskammergesetz von 1878 der Sonderweg des badischen Handelskammerwesens verlassen und eine dem Recht anderer deutscher Staaten, namentlich Preußens, vergleichbare Grundlage für die Weiterentwicklung des Handelskammerwesens geschaffen[379]. Insbesondere waren die Handelskammern nun nicht mehr die Vorstände von Handelsinnungen, wie dies bis 1862 meist der Fall gewesen war, oder von Handelsgenossenschaften (wie nach 1862), sondern eigenständige Organisationsformen mit juristischer Persönlichkeit. Im Verhältnis zu der bisherigen Organisation von Handelskammern und Handelsgenossenschaften wurde ein gleitender Übergang angestrebt: Vormals bestehende Handelskammern wurden binnen Jahresfrist in neue Handelskammern umgewandelt oder sie erloschen[380]. Handelsgenossenschaften, die am Sitz einer aufgrund des neuen Gesetzes zu bildenden Handelskammer bestanden, wurden aufgelöst und ihr Vermögen ging auf die neue Kammer über[381]. Über das Schicksal im Bezirk der Handelskammer bestehender weiterer Handelsgenossenschaften entschieden die Mitglieder. Durch Mehrheitsbeschluss, welcher der Genehmigung des Handelsministeriums bedurfte, konnte die Handelsgenossenschaft entweder aufgelöst werden, wobei ihr Vermögen an die neue Handelskammer überwiesen oder gemeinnützigen

---

schritt, konnten gem. Art. 5 Abs. 2 Badisches HandelskammerG-1878 auf das Wahlrecht verzichten.
[373] Art. 16 Badisches HandelskammerG-1878.
[374] Art. 23 Abs. 1 Badisches HandelskammerG-1878.
[375] Art. 1 Abs. 1 Badisches HandelskammerG-1878.
[376] Art. 15 Abs. 1 S. 1 Badisches HandelskammerG-1878.
[377] Art. 15 Abs. 1 S. 2 Badisches HandelskammerG-1878.
[378] Art. 15 Abs. 2 Badisches HandelskammerG-1878.
[379] *Blaustein*, Handelskammer Mannheim, 1928, S. 201 f.
[380] Art. 26 Abs. 1 Badisches HandelskammerG-1878.
[381] Art. 26 Abs. 2 S. 1 Badisches HandelskammerG-1878.

Zwecken gewidmet wurde, oder aber fortgeführt werden[382]. Tatsächlich bestanden neben den neuen Handelskammern vier Handelsgenossenschaften bis ins 20. Jh. hinein fort[383].

b) Bayern

Auch in Bayern entwickelten sich Handelskammerrecht und Handelskammerwesen im 19. Jh. eigenständig und zudem äußerst dynamisch[384]: Trotz verschiedener Initiativen zur Bildung von Handelskammern – bspw. in den Jahren 1816 und 1819 in Speyer sowie im Jahr 1825 in München – wurden im Königreich erst in den vierziger Jahren des 19. Jh. die ersten Handelskammern eingerichtet[385]. Dabei nahm Bayern aber insofern eine Vorreiterrolle im Deutschen Bund ein, als das Königreich die erste gesetzliche Regelung des Handelskammerwesens erließ: Eine königliche Verordnung vom 19. September 1842[386] ermöglichte die Bildung von Handelskammern „in jenen Städten und für jene Bezirke des Königreiches [...], welche der König nach Zeit und Umständen hierzu bestimmen wird"[387]. Anders als etwa die preußischen Handelskammern waren die bayerischen als Vertretungen der gesamten gewerblichen Wirtschaft konzipiert: Sie sollten „in der Regel" zur Hälfte aus selbständigen Mitgliedern des Handelsstands und zur Hälfte aus selbständigen Mitgliedern vom Stande der Fabrikanten und Gewerbsinhaber gebildet werden[388]. Die Mitglieder der Handelskammern wurden nicht gewählt, sondern durch den König ernannt[389]. Bei der Wiederbesetzung der Mitglieder, von denen alle zwei Jah-

---

[382] Art. 26 Abs. 2 S. 2 und 3, Abs. 3 Badisches HandelskammerG-1878.

[383] *Heréus*, Die deutschen Handelskammern, 1922, S. 25 nennt die Handelsgenossenschaften von Bruchsal, Rastatt, Mosbach und Wertheim.

[384] *Leonhardy*, Gliederung der bayerischen „Handels- und Gewerbekammern", 1926, S. 3 ff.; *Stürmer*, Geschichte des Instituts der Handelskammern in Bayern, 1911; Korporation der Kaufmannschaft Berlin, Die Handelskammern, 1906, S. 20 ff.; *Heréus*, Die deutschen Handelskammern, 1922, S. 22 f.; *Heinz*, Die geschichtliche Entwicklung, 1958, S. 73 ff.; *W. Fischer*, Unternehmerschaft, 1964, S. 53 ff.

[385] *Haan*, Gründungsgeschichte der IHK für die Pfalz, in: Beiträge zur pfälzischen Wirtschaftsgeschichte 1968, S. 175 (188 ff.); *Arnsperger*, 125 Jahre Handelskammer in der Pfalz, in: Pfälzisches Industrie- und Handelsblatt 1968, 261; *van Eyll*, Berufsständische Selbstverwaltung, in: Dt. Verwaltungsgeschichte, Bd. 3, 1984, S. 71 (76).

[386] Königlich Allerhöchste Verordnung, die Einführung von Handelskammern betr. vom 19.09.1842, Regierungsblatt für das Königreich Bayern 1842, Sp. 973–981 (im Folgenden: Bay. HandelskammerVO-1842).

[387] Art. 1 Bay. HandelskammerVO-1842; die Gründung von Handelskammern hing also allein vom Gutdünken des Königs (bzw. dem Ministerium des Innern, das seine Kompetenz 1843 auf die Regierungspräsidenten delegierte) ab. Gem. Art. 19 Bay. HandelskammerVO-1842 blieb es dem König auch vorbehalten, zu jeder Zeit, einzelne oder auch sämtliche Handelskammern wieder aufzuheben; *Stürmer*, Geschichte des Instituts der Handelskammern in Bayern, 1911, S. 24 f.; *Erdmann*, Die verfassungspolitische Funktion, 1968, S. 102.

[388] Art. 3 Bay. HandelskammerVO-1842.

[389] Art. 5, 8 Bay. HandelskammerVO-1842; *Leonhardy*, Gliederung der bayerischen „Handels- und Gewerbekammern", 1926, S. 3.

re ein Drittel ausschied[390], erfolgte diese Ernennung allerdings aufgrund einer von der Kammer vorzulegenden Kandidatenliste, die für jede zu besetzende Stelle drei Kandidaten vorsehen musste[391]. Den ersten und zweiten Vorstand wählte die Kammer alle zwei Jahre aus ihrer Mitte, wobei die Wahl der Bestätigung durch den König bedurfte[392]. Im Hinblick auf die Finanzierung wurde die Einsetzung einer Handelskammer von der „freiwilligen" Übernahme der Kosten des Geschäftsbedarfs der Kammer durch die „Theilnehmer" bzw. den „betreffenden Handels- und Fabrikstand" abhängig gemacht[393].

Die Aufgaben der Handelskammern lagen wie bei den preußischen Kammern primär in der Beratung der Regierung. Bestimmung der Handelskammern war, die Regierung in der Förderung des Handels- und Gewerbsfleißes und in der Beseitigung entgegenstehender Hindernisse durch Rat und Mitwirkung zu unterstützen[394]. Sie waren einerseits verpflichtet, der vorgesetzten Kreisregierung über Gegenstände des Handels und der Industrie Gutachten und Aufklärungen abzugeben, waren aber andererseits auch befugt, der Kreisregierung, dem betreffenden königlichen Ministerium oder dem König unmittelbar ihre Ansichten, Vorschläge usw. vorzulegen[395]. Jährlich musste dem Ministerium des Innern ein Hauptbericht über die Lage und Bedürfnisse des Handels und der Fabrik- und gewerblichen Industrie erstattet werden, wobei auch entsprechende Wünsche und Anträge zu entwickeln waren[396]. Schließlich konnte der König den Handelskammern die Aufsicht über öffentliche Anstalten, die Bezug zu Handel und Schifffahrt hatten, übertragen und die Kammern bei der Aufstellung vereideter Makler etc. gutachtlich befragen[397]. Auf der Grundlage des Gesetzes bestanden im Jahr 1843 in Bayern bereits sieben Handelskammern[398].

Im Revolutionsjahr 1848 wurde auf Drängen der Handwerker, die sich in den gemeinsamen Kammern nicht genügend repräsentiert sahen, eine kurzlebige Gewerbekammer für den gesamten Handwerkerstand Bayerns mit Sitz in München eingerichtet[399], während den Handelskammern von nun an nur noch Kaufleute und

---

[390] Art. 6 Bay. HandelskammerVO-1842.
[391] Art. 8 Bay. HandelskammerVO-1842.
[392] Art. 9 Bay. HandelskammerVO-1842.
[393] Art. 10 Bay. HandelskammerVO-1842.
[394] Art. 14 Abs. 1 Bay. HandelskammerVO-1842.
[395] Art. 14 Abs. 2, 3 Bay. HandelskammerVO-1842.
[396] Art. 15 Bay. HandelskammerVO-1842.
[397] Art. 16 Bay. HandelskammerVO-1842.
[398] *Stürmer*, Geschichte des Instituts der Handelskammern in Bayern, 1911, S. 26 nennt: München, Kaiserslautern (dazu: *Haan*, Gründungsgeschichte der IHK für die Pfalz, in: Beiträge zur pfälzischen Wirtschaftsgeschichte 1968, S. 175 (203 ff.)), Nürnberg, Regensburg, Bamberg, Würzburg und Augsburg. Lediglich der Kreis Niederbayern erhielt aufgrund seiner agrarischen Prägung erst 1848 eine Handelskammer mit Sitz in Passau (vgl. die Bekanntmachung die Bildung einer Handelskammer im Regierungsbezirke Niederbayern betr., Regierungs-Blatt für das Königreich Bayern 1848, Sp. 11 f.).
[399] Königlich Allerhöchste Verordnung, die Einführung einer Gewerbskammer betreffend vom 03.08.1848, Regierungsblatt für das Königreich Bayern 1848, Sp. 785–790. Die Gewerbekammer bestand gem. Art. 2 der VO aus acht Mitgliedern, die von den Gewerbevereinen der Stadt

4. Kapitel: Historische Entwicklung des Rechts der Industrie- und Handelskammern

Fabrikanten angehören sollten[400]. Gleichzeitig wurde dem Staatsministerium des Innern die Möglichkeit eingeräumt, einen zentralen Handelsrat einzuberufen, in den jede Handelskammer zwei Mitglieder entsenden sollte, um unter dem Vorsitz des Staatsministers des Innern zu tagen[401]. Nach Scheitern der Revolution wurde die zentrale Gewerbekammer jedoch bereits durch königliche Verordnung vom 27. Januar 1850[402] wieder aufgehoben und für die drei Berufsstände die Möglichkeit zur Errichtung neuer Gewerbe- und Handelskammern geschaffen[403]. Diese Kammern waren in der Regel in drei selbständige Abteilungen, nämlich den Gewerbe-, Fabrik- und Handelsrat gegliedert[404]. Wesentlicher Fortschritt der neuen Kammern aus Sicht des Selbstverwaltungsprinzips war, dass die Mitglieder der drei Räte nicht mehr vom König ernannt, sondern von den Angehörigen der Berufsstände selbst gewählt wurden[405]. Die Gewerbe- und Handelskammer als solche bestand dann aus sämtlichen Mitgliedern des jeweiligen Gewerbe- Fabrik- und Handelsrats, die aus ihrer Mitte einen Kammervorsitzenden und einen Stellvertreter wählten[406]. Während den Gewerbe- und Handelskammern die Wahrnehmung der Gesamtinteressen von Industrie- und Handel ihres Bezirks oblag[407], nahmen die drei Räte die Interessen des jeweiligen Berufsstands[408] – jeweils vor allem durch Stellungnahmen und Gutachten – wahr. Allerdings blieb die Einrichtung von Gewerbe- und Han-

---

München und den dort ansässigen, praktizierenden Gewerbemeistern in freier Wahl vorgeschlagen und durch die Zustimmung des Gewerbestandes sämtlicher den Kreisregierungen unmittelbar untergeordneter Städte des Königreichs bestätigt wurden. Bestimmung der Kammer war gem. Art. 5 der VO, die Regierung in der Förderung der wahren Interessen des Gewerbestandes durch ihren Rat und ihre Mitwirkung zu unterstützen.

[400] Art. 1 Königlich Allerhöchste Verordnung, die Einführung von Handelskammern betreffend vom 03.08.1848, Regierungsblatt für das Königreich Bayern 1848, Sp. 791–792 (im Folgenden: Bay. HandelskammerVO-1848).

[401] Art. 2 Bay. HandelskammerVO-1848.

[402] Königlich Allerhöchste Verordnung, die Errichtung von Gewerbe- und Handelskammern betreffend vom 27.01.1850, Regierungsblatt für das Königreich Bayern 1850, Sp. 121–138 (im Folgenden: Bay. Gewerbe- und HandelskammerVO-1850).

[403] Gem. Art. 1 Bay. Gewerbe- und HandelskammerVO-1850 sollten in jenen Städten und für jene Bezirke des Königreichs, wo wegen eines erheblichen gewerblichen und Handelsverkehres das Bedürfnis einer Vertretung der gewerblichen und Handelsinteressen obwaltete, auf Antrag von Beteiligten nach Vernehmung der einschlägigen Gemeinden, Gewerbevereine und Handelsgremien mit Genehmigung des Staatsministeriums des Handels und der öffentlichen Arbeiten Gewerbe- und Handelskammern errichtet werden.

[404] Art. 2 Bay. Gewerbe- und HandelskammerVO-1850; *Heréus*, Die deutschen Handelskammern, 1922, S. 23; *Fuchs*, Die bayerischen IHK im Wiederaufbau, 1988, S. 14.

[405] Gewerberäte: Art. 3 ff. Bay. Gewerbe- und HandelskammerVO-1850; Fabrikräte: Art. 18 Bay. Gewerbe- und HandelskammerVO-1850; Handelsräte: Art. 21 Bay. Gewerbe- und HandelskammerVO-1850; *Leonhardy*, Gliederung der bayerischen „Handels- und Gewerbekammern", 1926, S. 4.

[406] Art. 24 Bay. Gewerbe- und HandelskammerVO-1850. Zur Wahl war in der Regel eine übereinstimmende Mehrheit in jeder der drei Abteilungen nötig.

[407] Art. 25 Abs. 3 ff. Bay. Gewerbe- und HandelskammerVO-1850.

[408] Gewerberäte: Art. 10 Bay. Gewerbe- und HandelskammerVO-1850; Fabrikräte: Art. 19 Bay. Gewerbe- und HandelskammerVO-1850; Handelsräte: Art. 22 Bay. Gewerbe- und HandelskammerVO-1850.

I. 5. b) Handelskammerrecht in Bayern bis ins frühe 20. Jh.   301

delskammern nach den neuen Regelungen fakultativ[409], so dass in der Folge ein buntes Durcheinander neuer Kammern mit ihren recht selbständigen Gewerbe-, Fabrik- und Handelsräten und weiter bestehender Handelskammern nach der Verordnung von 1842 entstand[410].

Um die Grundlage für eine einheitliche Interessenwahrnehmung der Berufsstände im ganzen Königreich zu schaffen, wurden daher durch die Gewerbeinstruktion von 1853[411] – sowie im Jahr 1855 durch Verordnung für die Pfalz[412] – die bestehenden Kammern usw. und deren Rechtsgrundlagen, die Handelskammerverordnung von 1842 sowie die Gewerbe- und Handelskammerverordnung von 1850, aufgehoben[413]. Basis der neuen einheitlichen Berufsrepräsentation waren wiederum Gewerbe-, Fabrik- und Handelsräte[414], von denen in jedem Kreis mehrere gebildet werden

---

[409] Gem. Art. 1 Bay. Gewerbe- und HandelskammerVO-1850 war die Bildung einer Gewerbe- und Handelskammer von einem Antrag der Beteiligten abhängig. Gem. Art. 34 Abs. 2 Bay. Gewerbe- und HandelskammerVO-1850 blieben die Bestimmungen der Verordnungen vom 19.09.1842 und 03.08.1848, die Einführung von Handelskammern betreffend, in den einzelnen Regierungsbezirken noch so lange in Kraft, bis die Vertretung des Handels- und Fabrikstands dieser Regierungsbezirke durch nach der neuen Verordnung gebildete Handels- und Fabrikräte in ausreichender Weise gesichert war.

[410] Nach *Stürmer*, Geschichte des Instituts der Handelskammern in Bayern, 1911, S. 48 bildeten sich aufgrund der VO von 1850 Kammern zu Fürth, Hof, Bamberg, Bayreuth und München, denen später Kammern zu Amberg, Weiden, Würzburg, Kaufbeuren und Miltenberg gefolgt seien. Einige andere Kammern, z. B. diejenige zu Augsburg, hätten ihren alten Status beibehalten.

[411] „Instruction zum Vollzug der gesetzlichen Grundbestimmungen für das Gewerbswesen in den sieben älteren Kreisen des Königreiches", Regierungsblatt für das Königreich Bayern 1853, Sp. 1867 ff. (im Folgenden: Bay. Gewerbeinstruktion-1853).

[412] Die Regelungsgeschichte des bayerischen Gewerbe- und Handelskammerwesens in den sieben rechtsrheinischen Kreisen einerseits und der Pfalz andererseits war ab 1853 wie folgt: Die insgesamt rückschrittliche Gewerbeinstruktion von 1853 wurde in der Pfalz, die sich stets die Gewerbefreiheit aus französischer Zeit bewahren konnte, nicht in Kraft gesetzt. Das Gewerbe- und Handelskammerwesen wurde hier durch die inhaltlich auf den §§ 135–162 der Gewerbeinstruktion-1853 basierende Königlich Allerhöchste Verordnung, die Errichtung von Gewerb-, Fabrik- und Handelsräthen, dann die Einführung einer Gewerbs- und Handelskammer in der Pfalz betreffend vom 16.04.1855, Regierungs-Blatt für das Königreich Bayern 1855, Sp. 501–516 (im Folgenden: Bay. HandelskammerVO-Pfalz-1855) geregelt. Mit Aufhebung der Gewerbeinstruktion von 1853 durch die Königlich Allerhöchste Verordnung, den Vollzug der gesetzlichen Grundbestimmungen für das Gewerbswesen in den sieben älteren Kreisen des Königreichs betr. vom 21.04.1862, Regierungs-Blatt für das Königreich Bayern 1862, Sp. 713–716 und das Inkrafttreten der neuen Gewerbeinstruktion-1862 (ebenda, Sp. 717–856), die keinen Abschnitt über die Gewerbe- und Handelskammern etc. mehr enthielt, wurde die Bay. HandelskammerVO-Pfalz-1855 gem. § 149 der Gewerbeinstruktion-1862 an Stelle der §§ 135–162 der Gewerbeinstruktion-1853 in den sieben älteren (rechtsrheinischen) Kreisen des Königreichs in Kraft gesetzt.

[413] § 236 Nr. 9 und 14 Bay. Gewerbeinstruktion-1853.

[414] Vgl. §§ 135 ff. Bay. Gewerbeinstruktion-1853; Handelsräte wurden gem. § 152 der Instruktion von den Mitgliedern des Handelsstands gewählt, wobei wahlberechtigt jeder Inhaber eines Handelsrechts oder einer Handelskonzession war. Aufgabe der Handelsräte war gem. § 153 der Instruktion, die Regierung in der Förderung des Handels durch Rat und Mitwirkung zu unterstützen und über Gegenstände des Handels Gutachten und Aufklärung zu geben. Handelsräten konnte die Aufsicht über auf den Handel und die Schifffahrt Bezug habende Anstalten übertragen werden und sie wurden z. B. bei der Aufstellung vereideter Makler und der Festsetzung von Speditionsordnungen gehört. Eine Sonderstellung nahm im Königreich de facto die Pfalz ein, wo sich

konnten und die organisatorisch in acht „Kreisgewerbs- und Handelskammern" zusammengefasst wurden[415]. Während die Gewerbe-, Fabrik- und Handelsräte weiter verselbständigt und gestärkt worden waren, kam den Kammern dabei allerdings nur noch eine schwache Dachfunktion zu. Sie waren nicht etwa dauerhaft tätige, institutionalisierte Vereinigungen, sondern lediglich eine Art Forum der Vorsitzenden und Stellvertreter sämtlicher im jeweiligen Kreis bestehenden Gewerbe-, Fabrik und Handelsräte[416], das einmal jährlich zwecks Beratung übergreifender Themen für maximal zehn Tage tagte[417]. Ein Beschluss der Kammer kam dabei nur zustande, wenn die Mehrheit jeder einzelnen Säule zustimmte, so dass bspw. die in den Gewerberäten vereinigten Handwerker nicht von den Kaufleuten und Fabrikanten überstimmt werden konnten[418].

Nachdem das Gewerbegesetz vom 30. Januar 1868 in Bayern endlich jeglichen Zunftzwang beseitigt und die Gewerbefreiheit eingeführt hatte[419], wurde auf dessen Grundlage im selben Jahr auch das Handels- und Gewerbekammerwesen erneut grundlegend reformiert, indem neugeschaffene Handels- und Gewerbekammern in den Mittelpunkt kaufmännischer und gewerblicher Interessenwahrnehmung gerückt wurden. Die königliche Verordnung vom 20. Dezember 1868[420] hob die bestehenden Kreisgewerbs- und Handelskammern auf und ordnete die obligatorische Errichtung permanenter Handels- und Gewerbekammern in den acht bayerischen Regierungsbezirken an[421]. An Stelle der Dreiteilung in die verschiedenen Räte wurden die neuen Kammern in zwei Abteilungen, nämlich die Handelskammer für Handel und Fabriken sowie die Gewerbekammer für die sonstigen Gewer-

---

erst im Jahr 1860 zwei Gewerberäte (in Speyer und Kaiserslautern) bildeten. Zuvor bestanden die Kreis-Gewerbe- und Handelskammern hier lediglich aus Angehörigen des Handels- und Fabrikantenstands; vgl. dazu *Leonhardy*, Gliederung der bayerischen „Handels- und Gewerbekammern", 1926, S. 6.

[415] Zu den Gewerbs- und Handelskammern: §§ 156–162 Bay. Gewerbeinstruktion-1853; *Leonhardy*, Gliederung der bayerischen „Handels- und Gewerbekammern", 1926, S. 4 nennt: Oberbayern, Mittelfranken, Pfalz, Schwaben-Neuburg, Oberfranken, Unterfranken, Oberpfalz und Niederbayern.

[416] § 156 Bay. Gewerbeinstruktion-1853.

[417] § 160 Bay. Gewerbeinstruktion-1853; *Dirr*, Handelsvorstand Nürnberg, 1910, S. 90; *Leonhardy*, Gliederung der bayerischen „Handels- und Gewerbekammern", 1926, S. 4 f.

[418] § 159 Bay. Gewerbeinstruktion-1853; ansonsten lagen nach § 159 Abs. 2 lediglich gesonderte Beschlüsse des Gewerbs-, Fabrikanten und Handelsstands vor.

[419] Art. 1, 26 Gesetz vom 30. 01. 1868, das Gewerbswesen betreffend, Gesetzblatt für das Königreich Bayern 1868, S. 309; auch abgedruckt in: Das bayerische Gewerbsgesetz vom 30. Januar 1868, 1868, S. 5 ff.; mit Art. 27 Gewerbe-Gesetz („Die Bestimmungen über die Gewerbe-, Fabrik- und Handelsräthe, dann über die Gewerbe- und Handelskammern bleiben der Regierung vorbehalten") war zugleich eine gesetzliche Grundlage für die Regelung des Handelskammerwesens im Verordnungswege geschaffen worden. Von einer formalgesetzlichen Regelung des Handelskammerwesens als solcher (bspw. im Gewerbegesetz) wurde im Königreich auch weiterhin abgesehen.

[420] Königlich Allerhöchste Verordnung, die Handels- und Gewerbekammern, dann die Handels-, Fabrik- und Gewerberäthe betr., Regierungsblatt für das Königreich Bayern 1868, Sp. 2553–2566 (im Folgenden: Bay. Handels- und GewerbekammerVO-1868).

[421] § 1 Abs. 1 Bay. Handels- und GewerbekammerVO-1868; *Leonhardy*, Gliederung der bayerischen „Handels- und Gewerbekammern", 1926, S. 7.

I. 5. b) Handelskammerrecht in Bayern bis ins frühe 20. Jh.

be gegliedert[422]. Die bayerischen Handels- und Gewerbekammern blieben also ihrem Namen entsprechend auch weiterhin Vertretungen sowohl des Handels als auch des Gewerbes, einschließlich des Kleingewerbes. Die Mitglieder der Kammern wurden von nun an direkt von den wahlberechtigten Berufsträgern gewählt und nicht mehr von den Räten entsandt[423]. Für jede Kammer wurde von der Regierung ein königlicher „Kommissär" ernannt, der den Sitzungen der Kammer beiwohnen und das Wort verlangen, allerdings kein Stimmrecht ausüben durfte[424]. Dem Staatsministerium des Handels und der öffentlichen Arbeiten stand zudem das Recht zu, mit königlicher Genehmigung eine Handels- und Gewerbekammer aufzulösen und deren neue Bildung anzuordnen[425].

Als Ergänzung und in gewisser Hinsicht auch Unterbau der Kammern konnten an Orten bzw. in Bezirken mit erheblichem gewerblichen Verkehr auf Antrag der Beteiligten Bezirksgremien gebildet werden, die nach den jeweiligen Bedürfnissen aus Sektionen, nämlich Handels-, Fabrik- und Gewerberäten bestehen konnten, die in der Praxis dann oft aus den früheren Gewerbe-, Fabrik- und Handelsräten hervorgingen[426]. Aufgabe der Bezirksgremien war neben der Förderung und Vertretung der industriellen und kommerziellen Interessen ihrer Bezirke vor allem die Unterstützung der Handels- und Gewerbekammern, bspw. indem sie den Kammern die Materialien für die Erstattung des Jahresberichts lieferten[427]. Die Vorstände der Bezirksgremien durften darüber hinaus als uneigentliche Mitglieder der Handels- und Gewerbekammern mit Stimmrecht an deren Verhandlungen teilnehmen[428].

Im Jahr 1889 wurde die Verordnung von 1868 durch eine neue Handels- und Gewerbekammerverordnung ersetzt[429], die zwar viele Änderungen, aber keine fundamentale Reform brachte[430]. Das aktive Wahlrecht für die Handelskammer war nunmehr – abgesehen vom selbständigen Betrieb eines zur Gewerbesteuer veranlagten Gewerbes – an die Eintragung als Inhaber oder persönlich haftender Teilha-

---

[422] § 3 Handels- und GewerbekammerVO-1868; *Dirr*, Handelsvorstand Nürnberg, 1910, S. 91; die Zahl der Mitglieder jeder Abteilung wurde gem. § 3 von der königlichen Regierung festgesetzt. Während die beiden Abteilungen nach 1868 meist gleich stark besetzt waren (Oberbayern, Oberfranken, Unterfranken, Oberpfalz, Pfalz) fand sich z.T. auch eine unterschiedliche Besetzung (so bspw. in Mittelfranken: Handelskammer: 16 Mitglieder, Gewerbekammer: 9 Mitglieder), wodurch der unterschiedlichen Bedeutung in der Praxis Rechnung getragen werden sollte; vgl. *Leonhardy*, Gliederung der bayerischen „Handels- und Gewerbekammern", 1926, S. 9.
[423] § 5 Handels- und GewerbekammerVO-1868.
[424] § 14 Bay. Handels- und GewerbekammerVO-1868.
[425] § 15 Bay. Handels- und GewerbekammerVO-1868.
[426] §§ 1 Abs. 2, 17 Bay. Handels- und GewerbekammerVO-1868; *Leonhardy*, Gliederung der bayerischen „Handels- und Gewerbekammern", 1926, S. 7 f.
[427] § 16 Bay. Handels- und GewerbekammerVO-1868.
[428] § 9 Abs. 3 Bay. Handels- und GewerbekammerVO-1868.
[429] Königlich Allerhöchste Verordnung vom 25. 10. 1889, die Handels- und Gewerbekammern und die Bezirksgremien für Handel und Gewerbe betreffend, GVBl. für das Königreich Bayern 1889, S. 559–568 (im Folgenden: Bay. Handels- und GewerbekammerVO-1889); gem. § 20 Abs. 1 trat die Verordnung am 1. Januar 1890 in Kraft.
[430] *Stürmer*, Geschichte des Instituts der Handelskammern in Bayern, 1911, S. 71 ff.

ber der Handelsfirma im Handelsregister gebunden[431]. Das aktive Wahlrecht für die Gewerbekammer stand allen übrigen Personen zu, die ein zur Gewerbesteuer veranlagtes stehendes Gewerbes betrieben, einen Mindestbetrag an Gewerbesteuer entrichteten[432] und auf ihren ausdrücklichen Antrag in die Wählerliste aufgenommen wurden[433]. Die Kosten der Kammer wurden durch Zuschüsse aus den Kreis- und Zentralfonds für Industrie, durch Beiträge der Wahlberechtigten und in Ausnahmefällen durch Leistungen der Bezirksgremien gedeckt[434]. Die Kriterien für die Umlage auf die Wahlberechtigten wurden von der königlichen Regierung, Kammer des Innern, in der Praxis von den Kreisregierungen, aufgestellt. Die Erhebung erfolgte in der Regel durch Zuschläge auf die Gewerbesteuer[435]. Die bisherige Dreiteilung der Bezirksgremien wurde aufgegeben und entsprechend den Abteilungen der Kammern durch eine Zweiteilung in ein Handels- und ein Gewerbegremium ersetzt[436]. Es war allerdings auch zulässig, an einem Ort nur ein Handelsgremium oder nur ein Gewerbegremium einzurichten[437]. Die Stellung der Bezirksgremien für Handel und Gewerbe wertete die neue Verordnung weiter auf[438]. Die Vorstände der Handels- und Gewerbegremien erhielten als sog. „auswärtige Mitglieder" reguläre Mitgliedschaft in den korrespondierenden Kammern ihres Regierungsbezirks[439]. Insgesamt bestanden auf der Grundlage der Verordnung von 1889 in Bayern 46 Bezirksgremien, die gleichsam als Kammern im Kleinen fungierten und damit maßgeblich kompensierten, dass für das ausgedehnte Gebiet des Königreichs nur acht Kammern eingerichtet worden waren[440].

Nachdem die Handwerkernovelle zur Reichsgewerbeordnung von 1897 die Grundlage für die Bildung separater Handwerkskammern im gesamten Deutschen Reich geschaffen hatte[441], schieden die Handwerker aufgrund königlicher Verordnung vom 25. Februar 1908[442] aus den bayerischen Handelskammern aus[443]. Mit der

---

[431] § 4 Bay. Handels- und GewerbekammerVO-1889.
[432] § 4 Nr. 2 Bay. Handels- und GewerbekammerVO-1889: In Orten mit einer Bevölkerung von mehr als 20.000 Einwohnern mindestens fünf Mark, mit mehr als 4.000 und bis zu 20.000 Einwohnern mindestens vier Mark und mit 4.000 und weniger Einwohnern mindestens drei Mark.
[433] § 5 Abs. 4 Bay. Handels- und GewerbekammerVO-1889. Die Aufstellung der Wählerliste für die Handelskammer erfolgte hingegen gem. § 5 Abs. 3 Bay. Handels- und GewerbekammerVO-1889 automatisch aufgrund der Einträge im Handelsregister, bzw. Genossenschaftsregister.
[434] § 12 Abs. 2 Bay. Handels- und GewerbekammerVO-1889.
[435] *Stürmer*, Geschichte des Instituts der Handelskammern in Bayern, 1911, S. 76.
[436] §§ 1 Abs. 3, 17 Abs. 1 Bay. Handels- und GewerbekammerVO-1889.
[437] § 17 Abs. 2 Bay. Handels- und GewerbekammerVO-1889.
[438] Korporation der Kaufmannschaft Berlin, Die Handelskammern, 1906, S. 21; *Leonhardy*, Gliederung der bayerischen „Handels- und Gewerbekammern", 1926, S. 15 f.
[439] § 3 Abs. 4 Bay. Handels- und GewerbekammerVO-1889.
[440] *Stürmer*, Geschichte des Instituts der Handelskammern in Bayern, 1911, S. 76.
[441] Dazu unten S. 578 ff.; in Bayern wurden durch Anordnung des Staatsministeriums des Innern vom 11.12.1899 (Bay. GVBl. 1899, S. 1000) für die verschiedenen Regierungsbezirke insgesamt acht Handwerkskammern gebildet.
[442] Königlich Allerhöchste Verordnung, die Handelskammern und Handelsgremien betreffend vom 25.02.1908, GVBl. für das Königreich Bayern, 1908, S. 69–82 (im Folgenden: Bay. HandelskammerVO-1908).
[443] *Leonhardy*, Gliederung der bayerischen „Handels- und Gewerbekammern", 1926, S. 32 f.

I. 5. b) Handelskammerrecht in Bayern bis ins frühe 20. Jh.

Auflösung der Gewerbeabteilungen wurden an Stelle der Handels- und Gewerbekammern eigenständige Handelskammern geschaffen, die zugleich die Rechte einer juristischen Person erhielten[444]. Den Handelskammern gehörten neben den unmittelbaren Mitgliedern auch weiterhin Abgeordnete der Handelsgremien, als den alleine verbliebenen Bezirksgremien[445], an[446]. Neu gebildet wurden bei der Handelskammer ein Ausschuss der Kleingewerbetreibenden[447] sowie ein Ausschuss der Handlungsgehilfen und technischen Angestellten[448]. Der Ausschuss der Kleingewerbetreibenden bestand aus vier bis sechs nicht dem Handwerk angehörigen Kleingewerbetreibenden[449], die von den am Handelskammersitz wohnenden Kleingewerbetreibenden, die mindestens drei Mark Gewerbesteuer entrichteten, gewählt wurden[450]. Seine Mitglieder waren zu Beratungen der Handelskammer, die Angelegenheiten des Kleingewerbes zum Gegenstand hatten, beizuziehen und hatten dann die Rechte und Pflichten von Mitgliedern der Handelskammer[451]. Dem Ausschuss der Handlungsgehilfen und technischen Angestellten gehörten sechs bis 14 Vertreter dieser Gruppen an[452], die von den volljährigen, männlichen Handlungsgehilfen und technischen Angestellten, die am Handelskammersitz beschäftigt waren, gewählt wurden[453]. Auch hier waren die Mitglieder des Ausschusses zu den Beratungen der Handelskammer, welche Angelegenheiten der Handlungsgehilfen und technischen Angestellten zum Gegenstande hatten, beizuziehen und besaßen dann die Rechte und Pflichten von Kammermitgliedern[454].

Die Kosten der Kammer wurden, soweit nicht Zuschüsse aus Kreis- und Zentralfonds oder sonstige Einnahmen verfügbar waren, durch Beiträge der Wahlberechtigten des ganzen Kammerbezirks und zwar nunmehr auch mit Einschluss der Gremialbezirke gedeckt[455]. Im Aufgabenbestand erhielten die Kammern die Befugnis, Anstalten und Einrichtungen, welche die Förderung von Handel und Gewerbe, Industrie- und Bergbau, sowie die technische und geschäftliche Ausbildung, die Erziehung etc. der darin beschäftigten Gehilfen und Lehrlinge bezweckten, zu gründen, zu unterhalten und zu unterstützen[456]. Weiterhin wurde für jede Handelskammer von der Regierung ein Kommissär ernannt, der den Sitzungen der Kammer in der Regel beizuwohnen hatte und hierbei Rederecht, aber kein Stimmrecht besaß[457].

---

[444] § 3 Bay. HandelskammerVO-1908.
[445] §§ 16 ff. Bay. HandelskammerVO-1908.
[446] § 4 Bay. HandelskammerVO-1908.
[447] § 14 Bay. HandelskammerVO-1908.
[448] § 15 Bay. HandelskammerVO-1908.
[449] D.h. Kleingewerbetreibenden i.S.v. § 4 des Handelsgesetzbuches.
[450] § 36 Bay. HandelskammerVO-1908.
[451] § 14 Abs. 3 Bay. HandelskammerVO-1908.
[452] § 15 Abs. 1 Bay. HandelskammerVO-1908.
[453] § 37 Abs. 1 Bay. HandelskammerVO-1908.
[454] § 15 Abs. 3 Bay. HandelskammerVO-1908.
[455] § 11 Abs. 1 Bay. HandelskammerVO-1908.
[456] § 2 Nr. 3 Bay. HandelskammerVO-1908.
[457] § 13 Bay. HandelskammerVO-1908.

Mit der Verordnung von 1908 hatte Bayern sein Handelskammerrecht insgesamt auf den Standard gebracht, der auch in anderen Staaten Anfang des 20. Jh. vorherrschte. Bayerische Besonderheiten waren vor allem die Existenz der Handlungsgremien, welche die Arbeit der – trotz der Größe des Königreichs – weiterhin nur acht Handelskammern ergänzten, und die beiden Ausschüsse für Kleingewerbetreibende einerseits und Handlungsgehilfen sowie technische Angestellte andererseits, die eine Repräsentanz dieser Gruppen in der Kammer bei sie besonders betreffenden Beratungsgegenständen gewährleisten sollten. Bemerkenswert ist schließlich, dass zwar seit dem Bayerischen Gewerbegesetz von 1868 eine formal-gesetzliche Grundlage für die Handelskammern bestand, die eigentliche Handelskammergesetzgebung aber nach wie vor und im Gegensatz zu den meisten anderen Staaten – ohne entsprechenden Einfluss der Legislative – im Verordnungswege erfolgte.

c) Hessen

Bei der Entwicklung der Handelskammern und ihres Rechts im heutigen Hessen ist im 19 Jh. primär zwischen dem Großherzogtum Hessen (Darmstadt), dem Kurfürstentum Hessen (Kassel) und der Freien Stadt Frankfurt zu unterscheiden[458]. Hessen war seit langer Zeit in eine Darmstädter und eine Kasseler Hauptlinie getrennt, als das Großherzogtum mit der Hauptstadt Darmstadt auf dem Wiener Kongress Westfalen an Preußen abtrat und dafür das Fürstentum Rheinhessen mit Mainz und Worms erhielt[459]. Regional war das derart abgerundete Großherzogtum durch das Gebiet Frankfurts und den südlichen Ausläufer Kurhessens in zwei Teile getrennt. Der südliche Teil des Großherzogtums wurde vom rechtsrheinischen Starkenburg (Darmstadt) und dem linksrheinischen Rheinhessen (Mainz) gebildet, während der nördliche Teil Oberhessen war. Nachdem Oberhessen dann bereits 1866 dem Norddeutschen Bund beigetreten war, wurde das gesamte Großherzogtum 1871 selbständiger Bundesstaat des Deutschen Reiches. Das Kurfürstentum Hessen (Kassel), dessen südlicher Ausläufer sich über Fulda bis nach Hanau erstreckte, wurde indes ebenso wie das Herzogtum Nassau und die Freie Stadt Frankfurt/Main als Folge des deutsch-österreichischen Kriegs 1866, in dem Kurhessen wie auch das Großherzogtum und das Herzogtum Nassau auf österreichischer Seite gestanden hatten, während Frankfurt neutral geblieben war, von Preußen besetzt und annektiert[460]. Aus dem Kurfürstentum, dem Herzogtum Nassau und der Freien Stadt Frankfurt wurde 1868 die preußische Provinz Hessen-

---

[458] *Schreckenbach*, Entwicklung des Handelskammersystems, 1949, S. 82 ff. behandelt unter der Überschrift „Hessen" letztlich die Entwicklung im Großherzogtum Hessen (Darmstadt); zur späten Bildung von Handelskammern im hier nicht näher behandelten Herzogtum Nassau 1863/64: *Geisthardt*, Wirtschaft in Mittelnassau, 1964, S. 32 ff.

[459] Einen instruktiven Überblick der hessischen Territorial- und Landesgeschichte seit dem Mittelalter bis zur Konstituierung Hessens im Jahr 1946 gibt: *Franz*, Der Weg nach Groß-Hessen, in: BlldtLG 1996, 71 (74).

[460] *Hardach*, Wirtschaftspolitik, in: Hessisches Jahrbuch für Landesgeschichte 43 (1993), S. 205 (210 f.); *Klein*, Preußische Provinz Hessen-Nassau, in: Handbuch der hessischen Geschich-

Nassau gebildet⁴⁶¹. Das frühere Kurfürstentum bildete den Regierungsbezirk Kassel, die übrigen Gebiete den Regierungsbezirk Wiesbaden.

aa) Großherzogtum Hessen (Darmstadt)
aaa) Erste Handelskammern in Mainz und Offenbach a. M.

Das Großherzogtum Hessen gehörte zu den ersten deutschen Staaten mit einer Handelskammer, bestand doch die oben bereits angesprochene, während der französischen Zeit in Mainz gebildete Handelskammer nach dem Übergang Rhein-Hessens an das Großherzogtum im Jahr 1816 fort⁴⁶². Im Jahr 1821 entstand dann in der wirtschaftlich wohl bedeutsamsten Stadt des Großherzogtums, Offenbach am Main, nach dem Vorbild der Mainzer Kammer die zweite hessische Handelskammer, um auch dort die Verbindungen zwischen Staatsverwaltung und Privatwirtschaft zu verbessern⁴⁶³. Das konzise, an das Statut der Mainzer Handelskammer angelehnte „Reglement" über die Errichtung der Handelskammer in Offenbach enthielt primär Regelungen über die Aufgaben und die Zusammensetzung der Kammer⁴⁶⁴:

„Verrichtungen" der Kammer waren lediglich, ihre Ansichten über die Mittel, Handel und Manufakturen zu befördern, zu eröffnen, der Staatsregierung die Hindernisse anzuzeigen, welche sich „dem Flor des Handels" entgegenstellten und neue Quellen des Nationalreichtums zu entdecken⁴⁶⁵. Die Aufgaben der neuen Handelskammer waren also wie bei den französischen Kammern auf eine Beratung der Regierung zwecks Förderung von Handel- und Gewerbe beschränkt. Dabei besaß die Handelskammer das Recht, unmittelbar dem Ministerium des Innern zu berichten⁴⁶⁶. Die neun Mitglieder der Kammer wurden bei der Erstwahl durch dreißig bis vierzig Kaufleute und Fabrikanten gewählt, die wenigstens 100 Gulden Gewerbskapital versteuerten, und die der „Regierungs-Beamte", d. h. der Kreis-

---

te, Bd. 4, 2003, S. 213 (216 ff.); *Bauer/Boehncke/Sarkowicz*, Geschichte Hessens, 2002, S. 258 f.; *Kroll*, Geschichte Hessens, 2. Aufl., 2010, S. 65 f.

⁴⁶¹ Hinzu trat u. a. noch das Gebiet der kleinen früheren Landgrafschaft Hessen-Homburg, die erst im März 1866 an das Großherzogtum Hessen (Darmstadt) gefallen war; *Klein*, Preußische Provinz Hessen-Nassau, in: Handbuch der hessischen Geschichte, Bd. 4, 2003, S. 213 (219 ff.); *ders.*, Hessen, Nassau, Frankfurt, in: Schultz, Geschichte Hessens, 1983, S. 204 ff.

⁴⁶² Zur Entwicklung des Handelskammerwesens im Großherzogtum Hessen: *Eisenbach*, Zwischen gewerblicher Interessenvertretung, in: 125 Jahre, 1997, S. 5 ff.; *Schreckenbach*, Entwicklung des Handelskammersystems, 1949, S. 82 ff.

⁴⁶³ *Görlich*, Die ersten Jahrzehnte der Offenbacher Handelskammer, in: Glück/Görlich, 150 Jahre IHK Offenbach, 1971, S. 1 (3 ff.); IHK Offenbach, 175 Jahre IHK Offenbach am Main, 1996, S. 2 f.; *Hahn*, Wirtschaft und Verkehr, in: Handbuch der hessischen Geschichte, Bd. 1, 2010, S. 73 (93).

⁴⁶⁴ Reglement, die Errichtung einer Handelskammer in Offenbach betr. vom 21.07.1821, in: Großherzoglich Hessisches Regierungsblatt 1821, S. 518 f. (im Folgenden: Reglement Handelskammer Offenbach-1821).

⁴⁶⁵ Art. 2 Reglement Handelskammer Offenbach-1821.
⁴⁶⁶ Art. 3 Reglement Handelskammer Offenbach-1821.

rat[467], unter seinem Vorsitz versammelte[468]. Jährlich wurde ein Drittel der Mitglieder durch die Kammer neu gewählt, wobei eine Wiederwahl der Austretenden möglich war[469]. Jede Ernennung bedurfte zudem der Bestätigung durch das Ministerium des Innern[470]. Die Kammer wählte aus ihrer Mitte einen Präsidenten und Sekretär[471]. Allerdings konnte der Kreisrat jederzeit den Kammersitzungen beiwohnen, denen er dann auch vorsaß[472]. Schließlich wurde bestimmt, dass die Kammer das Budget der sich ergebenden Ausgaben zu entwerfen und „mit Gutachten über die Mittel, solche zu bestreiten", dem Ministerium vorzulegen hatte[473]. Während die Regelungen über die Zusammensetzung der Kammern und die Wahl ihrer Mitglieder also noch denjenigen der französischen Kammern entsprachen, war das Recht der Kammer, selbst den Präsidenten zu wählen, fortschrittlich, gehörte es doch in der preußischen Rheinprovinz erst Ende der zwanziger Jahre des 19. Jh. zu den wesentlichen Forderungen der Elberfelder und Barmener Kaufleute bei den Verhandlungen über das Statut ihrer Handelskammer[474].

bbb) Reform und Ausbau des Handelskammerwesens ab 1841

Im Jahr 1841 wurde die aus französischer Zeit stammende Verordnung, die Handelskammer Mainz betreffend, durch eine großherzogliche Verordnung ersetzt[475], und im darauf folgenden Jahr eine weitere Handelskammer in Worms errichtet[476]. Die zugrunde liegenden Verordnungen entsprachen sich weitgehend. Veränderungen der Regelungen der Offenbacher Handelskammer bestanden vor allem in Folgendem: Bei den Kammeraufgaben war die Entdeckung neuer Quellen des Nationalreichtums entfallen, dafür die Begutachtung öffentlicher Anstalten und Anordnungen, die auf den Handel, das Fabrikwesen und die Handelsschifffahrt Bezug hatten, hinzugekommen[477]. Die Mainzer Kammer bestand aus neun Mitgliedern[478], von denen jährlich ein Drittel neu gewählt wurde. Diese Wahl war allerdings keine reine Kooptation. Sie wurde vielmehr von einer Versammlung aus den Mitgliedern der Handelskammer (einschließlich der austretenden Mitglieder), den

---
[467] *Eisenbach*, Zwischen gewerblicher Interessenvertretung, in: 125 Jahre, 1997, S. 5 (7).
[468] Art. 4, 5 Reglement Handelskammer Offenbach-1821.
[469] Art. 6 Reglement Handelskammer Offenbach-1821.
[470] Art. 7 Reglement Handelskammer Offenbach-1821.
[471] Art. 8 Abs. 1 Reglement Handelskammer Offenbach-1821.
[472] Art. 8 Abs. 2 Reglement Handelskammer Offenbach-1821.
[473] Art. 9 Reglement Handelskammer Offenbach-1821.
[474] Siehe oben S. 270 ff.
[475] Verordnung, die Handelskammer zu Mainz betreffend, in: Großherzoglich Hessisches Regierungsblatt 1842, S. 225–227 (im Folgenden: HandelskammerVO Mainz-1841); vgl. § 10 HandelskammerVO Mainz-1841.
[476] Verordnung, die Errichtung einer Handelskammer zu Worms betreffend vom 05.07.1842, in: Großherzoglich Hessisches Regierungsblatt 1842, S. 301 f. (im Folgenden: HandelskammerVO Worms-1842); *Groß*, Mit der Schifffahrt fing es in Worms an, in: Rheinhessens Wirtschaftsraum in seinem Werden, 1964, S. 99 ff.
[477] § 1 HandelskammerVO Mainz-1841; § 1 HandelskammerVO Worms-1842.
[478] § 3 Abs. 1 HandelskammerVO Mainz-1841.

Mitgliedern des Handelsgerichts zu Mainz und „vierzig der ausgezeichnetsten Handelsleute und Fabrikanten zu Mainz", die vom Kreisrat berufen wurden[479], vorgenommen[480]. Die fünf Mitglieder der Wormser Kammer[481] wurden bei der Erstwahl von einer Versammlung der zehn „höchstpatentisirten" in Worms ansässigen Kaufleute oder Fabrikinhaber unter Leitung des Kreisrats gewählt[482]. Die Ersetzung der jährlich austretenden zwei Mitglieder erfolgte durch eine Wahlversammlung, die aus der Kammer (einschließlich der austretenden Mitglieder) nebst fünf vom Kreisrat aus dem Kreis der zehn höchstpatentisirten Kaufleute oder Fabrikinhaber berufenen Mitgliedern bestand[483]. Jede Wahl bedurfte der Bestätigung des Ministeriums des Innern und der Justiz[484]. Den Präsidenten wählten die Kammern aus ihrer Mitte. Allerdings durfte der jeweilige Kreisrat den Sitzungen der Handelskammer auch weiterhin jederzeit beiwohnen und saß ihr dann auch als erster und ständiger Handelskammerpräsident vor[485].

Im Jahr 1862 wurden in Anlehnung an diese Vorbilder weitere Handelskammern in Bingen und Darmstadt eingerichtet[486]. Während die Regelungen der Binger Handelskammer denen der Wormser entsprachen[487], ergaben sich für die Darmstädter Handelskammer vor allem aufgrund der Größe der Stadt verschiedene Abweichungen im Detail[488].

ccc) Das Großherzoglich Hessische Handelskammergesetz von 1871

Mit der Errichtung dieser beiden Kammern im Jahr 1862 bestanden, wenn man vom wirtschaftlich rückständigen Oberhessen absieht, in den wichtigsten Handels- und Industriestädten des Großherzogtums Handelskammern. Allerdings

---

[479] Der Kreisrat hatte die Liste der zur Teilname an der Wahl mitberufenen 40 ausgezeichneten Handelsleute und Fabrikanten aufzustellen und dem Ministerium des Innern und der Justiz zur Genehmigung vorzulegen, § 5 HandelskammerVO Mainz-1841.
[480] § 4 HandelskammerVO Mainz-1841.
[481] § 3 Abs. 1 HandelskammerVO Worms-1842; im Jahr 1868 wurde die Zahl der Mitglieder der Wormser Kammer auf sieben und 1872 auf neun erhöht; *Groß*, Mit der Schifffahrt fing es in Worms an, in: Rheinhessens Wirtschaftsraum in seinem Werden, 1964, S. 99 (100 f.).
[482] § 4 HandelskammerVO Worms-1842.
[483] Die Austretenden wurden durch Los bestimmt, § 5 HandelskammerVO Worms-1842.
[484] § 6 HandelskammerVO Mainz-1841; § 6 HandelskammerVO Worms-1842.
[485] § 7 HandelskammerVO Mainz-1841; § 7 HandelskammerVO Worms-1842.
[486] Die konstituierende Sitzung der Handelskammer Bingen fand am 25. April 1862 statt; *Wieduwilt*, Bingen, Umschlagplatz am Mittelrhein, in: Rheinhessens Wirtschaftsraum in seinem Werden, 1964, S. 89 ff.
[487] Verordnung, die Errichtung einer Handelskammer in Bingen betreffend vom 24.01.1862, in: Großherzoglich Hessisches Regierungsblatt 1862, S. 37–39.
[488] Verordnung, die Errichtung einer Handelskammer in Darmstadt betreffend vom 05.04.1862, in: Großherzoglich Hessisches Regierungsblatt 1862, S. 125–127. Die Darmstädter Handelskammer bestand aus sieben Mitgliedern (§ 3 Abs. 1), die bei der Erstwahl von den 20 höchstbesteuerten Kaufleuten und Industriellen mit Wohnsitz in Darmstadt und Bessungen gewählt wurden (§ 4). Die Versammlung für die Wiederwahl der zwei jährlich ausscheidenden Mitglieder setzte sich aus den Mitgliedern der Handelskammer nebst zehn der 20 höchstbesteuerten Kaufleute und Industriellen zusammen (§ 5).

konnten diese, insbesondere aufgrund des nach wie vor auf einen Kreis von Notablen beschränkten aktiven Wahlrechts, nicht den Vorstellungen des liberalen Bürgertums von einer angemessenen kaufmännischen Selbstverwaltung entsprechen. Im Jahr 1869 verabschiedete daher die zweite Kammer der Landstände einen Antrag an die Regierung, ein Kammergesetz für das Großherzogtum auszuarbeiten, welches das aktive Wahlrecht auf alle Kaufleute und Gewerbetreibenden der ersten vier Klassen des Gewerbesteuergesetzes ausdehnen sollte. Die Abgeordnetenkammer empfahl, bei dem Gesetzentwurf das damals gerade verhandelte preußische Handelskammergesetz zu berücksichtigen. Nach Verabschiedung des preußischen Handelskammergesetzes von 1870 brachte die hessische Regierung am 22. September 1871 den Entwurf eines Handelskammergesetzes ein, der tatsächlich stark an das preußische Gesetz angelehnt war[489]. Nachdem im Abgeordnetenhaus vor allem über das Wahlverfahren der Mitglieder debattiert worden war[490], wurde das Gesetz mit wenigen, unwesentlichen Änderungen verabschiedet und am 17. November 1871 von *Großherzog Ludwig III.* unterzeichnet[491].

Nach dem Großherzoglich Hessischen Handelskammergesetz war Bestimmung der Handelskammern die Wahrnehmung der Gesamtinteressen des Handels und der Manufakturen, insbesondere die Unterstützung der Behörden in der Förderung des Handels und der Fabriken durch Mitteilungen, Anträge und die Erstattung von Gutachten[492]. Die Handelskammern hatten dem Ministerium des Innern jährlich über die Lage und den Gang des Handels im vorangegangenen Jahr zu berichten[493]. Über andere Gegenstände, die zum Geschäftskreis der Handelskammer gehörten, konnte unmittelbar an die Ministerien oder aber über die jeweils zuständige Behörde berichtet werden[494]. Aktiv wahlberechtigt waren die Kaufleute und Gesellschaften, die als Inhaber einer Firma in dem für den Bezirk der Handelskammer geführten Handelsregister eingetragen waren und einer der vier ersten Klassen der Gewerbesteuer angehörten[495]. Die umfangreichen Vorschriften über das Wahlverfahren ordneten an, dass bei Errichtung einer Handelskammer vom Kreisamt, sonst von der Handelskammer selbst, zunächst eine Liste der Wahlberechtigten

---

[489] Entwurf eines Gesetzes über die Handelskammern, Verhandlungen der zweiten Kammer der Landstände des Großherzogtums Hessen in den Jahren 1869/71, Zwanzigster Landtag, Beilagen, Beilage 518 zum 98. Protokoll; vgl. dazu auch die Motive zu dem Entwurf eines Gesetzes über die Handelskammern, Verhandlungen der zweiten Kammer der Landstände des Großherzogthums Hessen in den Jahren 1869/71, Zwanzigster Landtag, Beilagen, Beilage 519 zum 98. Protokoll sowie den Bericht des zweiten Ausschusses über die Vorlage Gr. Ministeriums des Innern, den Entwurf eines Gesetzes, die Handelskammern betr. (Beil. Nr. 517, 518 u. 519); erstattet von dem Abgeordneten Zentgraf, Verhandlungen der zweiten Kammer der Landstände des Großherzogthums Hessen in den Jahren 1869/71, Zwanzigster Landtag, Beilagen, Beilage 527 zum 98. Protokoll vom 21.08.1871.

[490] *Eisenbach*, Zwischen gewerblicher Interessenvertretung, in: 125 Jahre, 1997, S. 5 (10f.).

[491] Gesetz, die Handelskammern betreffend vom 17.11.1871, in: Großherzoglich Hessisches Regierungsblatt 1871, S. 421–426 (im Folgenden: Grhz. Hess. HandelskammerG-1871).

[492] Art. 1 Grhz. Hess. HandelskammerG-1871.

[493] Art. 19 Abs. 1 Grhz. Hess. HandelskammerG-1871.

[494] Art. 19 Abs. 2 Grhz. Hess. HandelskammerG-1871.

[495] Art. 2 Grhz. Hess. HandelskammerG-1871.

I. 5. c) Handelskammerrecht in Hessen bis ins frühe 20. Jh. 311

aufzustellen und zur Einsicht offen zu legen war[496]. Die eigentliche Wahl wurde bei Errichtung der Kammer von einem vom Kreisamt ernannten, sonst durch einen von der Handelskammer aus der Zahl ihrer Mitglieder zu ernennenden „Commissär" geleitet[497]. Die Wahlakten und eventuelle Einwendungen gegen die Wahl waren dem Ministerium des Innern vorzulegen, das aber nur noch eine Überprüfung der Gesetzlichkeit der Wahl und der gesetzlichen Eigenschaften der Gewählten sowie der Einwendungen vornahm[498]. Die Mitglieder wurden „in der Regel" auf drei Jahre gewählt[499]. Jedes Jahr wurde ein Drittel der Mitglieder neu gewählt, wobei Wiederwahl möglich war[500]. Der Vorsitzende der Kammer und sein Stellvertreter wurden zu Anfang jedes Jahres von der Kammer aus ihrer Mitte gewählt[501]. Zur Information der Mitglieder wurden Handelskammern, die nicht die Öffentlichkeit ihrer Sitzungen beschließen wollten, verpflichtet, den Bezirksangehörigen durch die Veröffentlichung von Auszügen in den Lokalblättern fortlaufend Mitteilung zu machen[502].

Das Großherzoglich Hessische Handelskammergesetz, dessen Bestimmungen mit den vorzunehmenden ersten Ergänzungswahlen auch die bestehenden Regelungen über die Handelskammern Mainz, Offenbach, Worms, Bingen und Darmstadt ersetzten[503], war für drei Jahrzehnte Rechtsgrundlage der Handelskammern im Großherzogtum. Auf seiner Grundlage erfolgte mit der Errichtung der Handelskammer Gießen im Jahr 1872 nun auch die überfällige Kammergründung in Oberhessen[504]. Am 9. Oktober 1881 trafen sich die sechs Handelskammern des Großherzogtums dann in Mainz zum ersten hessischen Handelskammertag[505]. Tagesordnungspunkt war hier auf Antrag der Handelskammer Mainz u.a. die Änderung des Großherzoglich Hessischen Handelskammergesetzes[506]. Über die verschiedenen Vorschläge der Mainzer Kammer, insbesondere die Zuerkennung des Status einer juristischen Person für die Handelskammern, wurde jedoch im Plenum

---

[496] Art. 9 Grhz. Hess. HandelskammerG-1871.
[497] Art. 10 Grhz. Hess. HandelskammerG-1871.
[498] Art. 14 Grhz. Hess. HandelskammerG-1871.
[499] Art. 15 Abs. 1 Grhz. Hess. HandelskammerG-1871.
[500] Art. 15 Abs. 1, 2 Grhz. Hess. HandelskammerG-1871.
[501] Art. 17 Grhz. Hess. HandelskammerG-1871.
[502] Art 18 Abs. 3 Grhz. Hess. HandelskammerG-1871. Ausgenommen von der öffentlichen Beratung und Mitteilung waren Gegenstände, die den Handelskammern als für die Öffentlichkeit nicht geeignet von den Behörden bezeichnet oder von ihnen selbst zur Veröffentlichung nicht geeignet befunden wurden.
[503] Art. 21 Grhz. Hess. HandelskammerG-1871.
[504] Bekanntmachung die Errichtung einer Handelskammer zu Gießen betreffend vom 24.02. 1872, in: Großherzoglich Hessisches Regierungsblatt 1872, S. 82; *Eisenbach*, Zwischen gewerblicher Interessenvertretung, in: 125 Jahre, 1997, S. 5 (12 ff.).
[505] *N.N.*, Bericht über die Verhandlungen des Ersten Hessischen Handelskammertages 1881, 1883.
[506] *N.N.*, Bericht über die Verhandlungen des Ersten Hessischen Handelskammertages 1881, 1883, Anlage V (S. 19 ff.).

zunächst kein Beschluss gefasst[507]. Im Jahr 1898 folgte schließlich die Errichtung einer Handelskammer für die Stadt und den Kreis Friedberg.

Im Jahr 1899 ergriff das Ministerium des Innern im Anschluss an entsprechende Diskussionen in Preußen die Initiative, das Großherzogtum flächendeckend in Handelskammerbezirke einzuteilen, um so Handel und Industrie im ganzen Land eine Vertretung zuzusichern und zugleich die Leistungsfähigkeit der Kammern in finanzieller Hinsicht zu gewährleisten. Im Jahr 1900 wurde nach Anhörung der Handelskammern und bestehender Handelsvereine die Ausweitung der Bezirke der sieben Kammern im Großherzogtum beschlossen, die zuvor meist auf die jeweilige Stadt beschränkt waren, wobei man sich an den Grenzen der politischen Kreise orientierte[508].

ddd) Das Großherzoglich Hessische Handelskammergesetz von 1902

Am 6. August 1902 wurde schließlich ein neues Handelskammergesetz verabschiedet[509], welches das Recht der sieben Handelskammern, deren Bezirke nun im Gesetz definiert waren[510], wesentlich weiterentwickelte. Am wichtigsten war die erhebliche Ausweitung der Kammeraufgaben. Die Bestimmung der Handelskammern bestand nun darin, die Gesamtinteressen des Handels, der Industrie und des Verkehrswesens ihres Bezirks wahrzunehmen, insbesondere die Behörden in der Förderung der genannten Erwerbszweige durch Mitteilungen, Gutachten etc. zu unterstützen[511]. Völlig neu war, dass die Handelskammern in der Regel bei jeder Handel, Industrie und Verkehrswesen betreffenden Angelegenheit gehört werden sollten[512]. Neu war auch die Befugnis, Anstalten, Anlagen und Einrichtungen, welche die Förderung von Handel und Industrie sowie die technische und geschäftliche Ausbildung der Gehilfen und Lehrlinge bezweckten, zu begründen, zu unterhalten und zu unterstützen[513]. Auch waren die Handelskammern für die Erteilung der öffentlichen Ermächtigung, welcher Handelsmakler für Verkäufe und Käufe bedurften, zuständig[514]. Börsen und andere für den Handelsverkehr bestehende öffentliche Anstalten konnten unter die Aufsicht der Handelskammern gestellt werden, die ferner die amtlichen Kursmakler bestellten[515]. Schließlich konnten die Kammern u. a. Bücherrevisoren und Sachverständige im Bereich des Handels wie

---

[507] *N.N.*, Bericht über die Verhandlungen des Ersten Hessischen Handelskammertages 1881, 1883, S. 7f.
[508] *Eisenbach*, Zwischen gewerblicher Interessenvertretung, in: 125 Jahre, 1997, S. 5 (21 f., insbes. Fn. 38).
[509] Gesetz, die Handelskammern betreffend vom 06.08.1902, Großherzoglich Hessisches Regierungsblatt 1902, S. 373–384 (im Folgenden: Grhz. Hess. HandelskammerG-1902).
[510] Art. 2 Grhz. Hess. HandelskammerG-1902.
[511] Art. 1 S. 1 Grhz. Hess. HandelskammerG-1902.
[512] Art. 1 S. 2 Grhz. Hess. HandelskammerG-1902.
[513] Art. 30 Abs. 2 Grhz. Hess. HandelskammerG-1902.
[514] Art. 32 Abs. 1 Grhz. Hess. HandelskammerG-1902.
[515] Art. 33 Grhz. Hess. HandelskammerG-1902.

Güterbestätiger, Wäger und Messer[516] öffentlich anstellen sowie beeiden und Ursprungszeugnisse sowie andere dem Handelsverkehr dienende Bescheinigungen ausstellen[517].

Auch in formaler Hinsicht wurde die Stellung der Handelskammern deutlich aufgewertet, indem sie die Rechte einer juristischen Person erhielten[518]. Sie durften vermögensrechtliche Verpflichtungen eingehen und ein das Großherzoglich Hessische Wappen enthaltendes Siegel führen[519]. Die zunehmende Institutionalisierung der Handelskammern fand darin ihren Ausdruck, dass sie nicht nur jährlich aus ihrer Mitte zur Geschäftsleitung einen Vorsitzenden und einen oder zwei Stellvertreter wählten[520], sondern auch einen Sekretär (Syndikus) und die sonst erforderlichen Arbeitskräfte bestellten, die Vergütungen für dieselben festsetzten und die nötigen Räumlichkeiten beschafften[521]. Die Mitglieder der Kammer wurden nunmehr auf vier Jahre gewählt, wobei alle zwei Jahre die Hälfte bei Möglichkeit der Wiederwahl erneuert wurde[522].

Aktiv wahlberechtigt waren vor allem natürliche Personen, Gesellschaften und juristische Personen, die in einem Handelsregister des Kammerbezirks als Inhaber einer kaufmännischen Firma eingetragen waren, und die im Genossenschaftsregister eingetragenen, ein Handelsgewerbe betreibenden Genossenschaften[523]. Da die Wahlberechtigung dabei weiterhin von einer Veranlagung zu einer der vier ersten Klassen der Gewerbesteuer abhängig war – Forderungen des Hessischen Handelskammertags, auch Gewerbetreibende der Gewerbesteuerklassen fünf bis sieben einzubeziehen, war nicht entsprochen worden – blieb das Kleingewerbe weiterhin von der Kammer ausgeschlossen[524]. Durch Statut, das der Genehmigung des Ministeriums des Innern unterlag, konnte jede Handelskammer bestimmen, dass die Wahlen in getrennten Abteilungen für die Erwerbsgruppen Industrie, Großhandel und Kleinhandel stattzufinden hatten[525]. Die Zahl der von jeder Abteilung zu wählenden Handelskammermitglieder war dann von den den Wahlberechtigten der einzelnen Erwerbsgruppe zur Last stehenden fixierten Reinerträgen vom Gewerbebetrieb (Gewerbesteuerkapitalien)[526] abhängig, wobei jede Erwerbsgruppe aber mindestens durch ein Mitglied in der Handelskammer repräsentiert sein musste[527].

---

[516] Es ging hier um Gewerbetreibende der im § 36 Reichsgewerbeordnung bezeichneten Art, deren Tätigkeit in das Gebiet des Handels fällt, vgl. dazu im Einzelnen: Korporation der Kaufmannschaft Berlin, Die Handelskammern, 1906, S. 16.
[517] Art. 34 Grhz. Hess. HandelskammerG-1902.
[518] Art. 28 Abs. 1 Grhz. Hess. HandelskammerG-1902.
[519] Art. 28 Abs. 3 und 4 Grhz. Hess. HandelskammerG-1902.
[520] Art. 25 Grhz. Hess. HandelskammerG-1902.
[521] Art. 26 Grhz. Hess. HandelskammerG-1902.
[522] Art. 19 Grhz. Hess. HandelskammerG-1902.
[523] Vgl. im Einzelnen Art. 3 ff. Grhz. Hess. HandelskammerG-1902; die Gesellschaften schlossen nunmehr bestimmte Bergwerksgesellschaften ein, Art. 3 Abs. 2 Nr. 4 des Gesetzes.
[524] *Eisenbach*, Zwischen gewerblicher Interessenvertretung, in: 125 Jahre, 1997, S. 5 (23).
[525] Art. 18 Abs. 1 Grhz. Hess. HandelskammerG-1902.
[526] Vgl. Art. 23 Abs. 2 Grhz. Hess. HandelskammerG-1902.
[527] Art. 18 Abs. 2 Grhz. Hess. HandelskammerG-1902.

Die Kostentragung wurde nunmehr dahingehend geregelt, dass die nach dem Voranschlag der Kammer erforderlichen Summen, soweit sie nicht durch einen Staatszuschuss gedeckt waren, auf die Wahlberechtigten des Bezirks nach Maßgabe der ihnen zur Last stehenden fixierten Gewerbesteuerkapitalien verteilt und entweder durch die Handelskammer oder durch eine staatliche oder Gemeindekassenbehörde erhoben wurden[528]. Schließlich war festgelegt, dass die Handelskammern der Aufsicht des Ministeriums des Innern unterlagen[529]. Auf Antrag desselben konnte eine Handelskammer(-versammlung) durch Beschluss des Staatsministeriums aufgelöst werden[530]. In diesem Fall waren Neuwahlen anzuordnen, die innerhalb von drei Monaten ab der Auflösung erfolgen mussten. Voraussetzungen einer solchen Auflösung waren im Gesetz indes nicht geregelt.

Bemerkenswert ist, dass das Handelskammergesetz von 1902 abschließend auch rudimentäre Vorschriften über den Hessischen Handelskammertag enthielt, der von der Gesamtheit der Handelskammern des Großherzogtums gebildet wurde[531]. Als Aufgabe des Handelskammertags wurde festgelegt, auf Antrag von mindestens zwei Handelskammern eine gemeinsame Beratung und Beschlussfassung über Angelegenheiten herbeizuführen, die alle hessischen Handelskammern gleichmäßig berührten[532]. Die Geschäftsordnung des Handelskammertags war durch Statut zu regeln, das dem Ministerium des Innern zur Genehmigung vorzulegen war[533].

Das Handelskammergesetz von 1902, welches das Handelskammerrecht im Großherzogtum erneut weitgehend auf den Stand der zeitgenössischen preußischen Gesetzgebung brachte[534], war in den nächsten Jahrzehnten Rechtsgrundlage der sieben Handelskammern im Großherzogtum und nach dem Ende der Monarchie im Volksstaat Hessen. Nachdem das Gesetz in einzelnen Aspekten mehrfach geändert worden war, wurde es im Jahr 1925 umfangreich überarbeitet und neu bekannt gemacht[535]. Wesentliche Änderungen betrafen u. a. die Umbenennung der Kammern in Industrie- und Handelskammern[536], die Ausweitung des aktiven und passiven Wahlrechts auf Frauen (die sich zuvor von einem Prokuristen vertreten lassen mussten) sowie auf alle in das Handelsregister eingetragenen, der Gewerbesteuer-

---

[528] Art. 23 Grhz. Hess. HandelskammerG-1902.
[529] Art. 35 Abs. 1 Grhz. Hess. HandelskammerG-1902.
[530] Art. 35 Abs. 2 Grhz. Hess. HandelskammerG-1902.
[531] Art. 36 Abs. 1 Grhz. Hess. HandelskammerG-1902.
[532] Art. 36 Abs. 2 Grhz. Hess. HandelskammerG-1902.
[533] Art. 36 Abs. 4 Grhz. Hess. HandelskammerG-1902.
[534] *Schreckenbach*, Entwicklung des Handelskammersystems, 1949, S. 85.
[535] Gesetz über die Änderung des Gesetzes vom 6. August 1902, die Handelskammern betreffend, in der Fassung der Gesetze vom 1. Juli 1908, vom 31. März 1913, vom 26. Oktober 1921 und vom 22. August 1922, vom 25.06.1925, in: Hessisches Regierungsblatt 1925, S. 82–86; Bekanntmachung der neuen Fassung des Gesetzes vom 6. August 1902 die Industrie- und Handelskammern betreffend, in: Hessisches Regierungsblatt 1925, S. 86–92 (im Folgenden: Hess. IHKG 1902/1925); vgl. auch *Eisenbach*, Zwischen gewerblicher Interessenvertretung, in: 125 Jahre, 1997, S. 5 (29 f.).
[536] Entsprechend wurde das Gesetz als neue Fassung des „Gesetzes vom 6. August 1902 die Industrie- und Handelskammern betreffend" neu bekannt gemacht.

pflicht unterliegenden Firmeninhaber, unabhängig von einem bestimmten Gewerbesteueraufkommen[537], und die Aufwertung des Hessischen Industrie- und Handelskammertags zur Körperschaft des Öffentlichen Rechts[538].

bb) Kurfürstentum Hessen (Kassel)

Nachdem in Kassel – wie oben ausgeführt – mit der hugenottischen Commercien-Cammer Anfang des 18. Jh. bereits eine kurzlebige Frühform einer Handelskammer französischen Typs bestanden hatte, entwickelten sich in Kurhessen bis zum Ende seiner staatlichen Selbständigkeit im Jahr 1866 keine als solche bezeichneten Handelskammern. In der Residenzstadt Kassel wurden die Interessen von Kaufleuten und Gewerbeleuten ab dem Jahr 1822 vom sog. „Handels- und Gewerbeverein" wahrgenommen, der im Rahmen der Verwaltungsreform nach dem Tod *Kurfürsts Wilhelm I.* im Jahr 1821 eingerichtet worden war und manche Parallele zu den frühen Handelskammern französischer Prägung aufwies[539]. Er bestand aus einem Leitenden Ausschuss mit drei Mitgliedern, von denen eines Regierungsrat und eines Mitglied der Finanzkammer sein musste, sowie aus acht bis 16 „der tätigsten und einsichtsvollsten Großhändler, Bankiers, Fabrikanten und technologischen Gelehrten hierselbst", nebst einem Sekretär und zugleich Bibliothekar sowie einem Kassierer und Expedienten[540]. Alle Mitglieder wurden ernannt und nicht gewählt, so dass nicht von einer wirklichen Repräsentanz der Kaufleute gesprochen werden kann[541].

Zu den Aufgaben des Handels- und Gewerbevereins gehörte – ähnlich wie bei den frühen Handelskammern französischer Prägung – vor allem die Beratung von Ministerien und Behörden zwecks Förderung von Handel und Gewerbe und die Erstattung eines jährlichen Berichts über den Zustand von Handel und Gewerbe. Daneben oblagen dem Handels- und Gewerbeverein aber auch konkrete Aufsichts- und Verwaltungsaufgaben, die zuvor meist vom früheren Commerz-Colleg versehen worden waren, dessen Nachfolge der Verein antrat. So hatte der Handels- und Gewerbeverein die Aufgaben, die Aufsicht über Messen zu führen, einen Gewerbefonds zu verwalten, die jährliche allgemeine Gewerbeausstellung zu leiten und auf alle vom Staat unterstützten Fabriken und Manufakturen „ein wachsames Auge zu haben"[542]. Als Unterbau des Handels- und Gewerbevereins wurden in den Hauptstädten der übrigen Provinzen sowie in anderen durch Handels- und Gewerbetätigkeit besonders ausgezeichneten Städten Deputationen eingerichtet, die aus Han-

---

[537] Art. 5 Hess. IHKG 1902/1925.
[538] Art. 40 Hess. IHKG 1902/1925.
[539] *Brandt*, Von der Fürstlich-Hessischen Commercien-Cammer, 1960, S. 42ff.; ders., Wirtschaft und Staat, in: Brandt/Olten/Marschelke, Wirtschaft und Politik, 1991, S. 7 (16ff.).
[540] Vgl. §83 des Organisationsedicts, wiedergegeben bei: *Brandt*, Wirtschaft und Staat, in: Brandt/Olten/Marschelke, Wirtschaft und Politik, 1991, S. 7 (16).
[541] *Brandt*, Wirtschaft und Staat, in: Brandt/Olten/Marschelke, Wirtschaft und Politik, 1991, S. 7 (17).
[542] §84 des Organisationsedicts, wiedergegeben bei: *Brandt*, Wirtschaft und Staat, in: Brandt/Olten/Marschelke, Wirtschaft und Politik, 1991, S. 7 (16).

delsleuten und Fabrikanten unter dem Vorsitz eines Mitglieds der Regierung oder des Kreisrats bestanden, und sowohl den Handels- und Gewerbeverein als auch die Behörden durch Gutachten und Nachrichten über Handel und Gewerbe unterstützen sollten[543].

Die Arbeit des Handels- und Gewerbevereins wurde vom obrigkeitlich strukturierten Leitenden Ausschuss dominiert, der den eigentlichen Verein nur wenig einbezog. Als Folge der revolutionären Ereignisse des Jahres 1830, die zur kurhessischen Verfassung und der Konstituierung der Landstände führten, wurde der Handels- und Gewerbeverein im Jahr 1834 umstrukturiert[544]. Während die Zahl der Mitglieder erhöht und ein hauptamtlicher Gewerbekommissar bestellt wurde[545], wurde indes Forderungen nach Umgestaltung des Leitenden Ausschusses nicht entsprochen. In der Revolutionszeit 1848/49 wurde der Handels- und Gewerbeverein im Rahmen einer umfassenden Behördenreform im April 1849 schließlich aufgelöst und auch nach Scheitern der Revolution nicht wieder eingesetzt.

Während sich in Hanau daraufhin im Jahr 1849 spontan ein privater „Freier Verein für Handel und Gewerbe" bildete[546], kam nach dessen Vorbild in der Residenzstadt Kassel erst 1855 ein „Verein zur Förderung von Handel und Gewerbe in der Residenz" zustande, dem 76 Mitglieder, darunter Kaufleute, Fabrikanten, Handwerker und Staatsbeamte, angehörten. In der Folge entstanden nach dem Kasseler Vorbild kleinere Vereine in weiteren Städten des Kurfürstentums, die allerdings meist nur wenig Aktivität entwickelten[547]. Insbesondere der Hanauer und der Kasseler Verein nahmen, obwohl sie privat organisiert waren, zunehmend einzelne offizielle Aufgaben wahr, die in anderen Staaten typischerweise den Handelskammern oblagen, wie bspw. die Beratung der staatlichen Behörden in Fragen von Handel und Gewerbe und schließlich auch die Erstattung detaillierter Jahresberichte[548].

Nach der Annexion Kurhessens durch Preußen im Jahr 1866, die von den Gewerbetreibenden ganz überwiegend begrüßt worden war, bemühte sich der Ha-

---

[543] § 85 des Organisationsedicts, wiedergegeben bei: *Brandt*, Wirtschaft und Staat, in: Brandt/Olten/Marschelke, Wirtschaft und Politik, 1991, S. 7 (16).

[544] Verordnung vom 17.01.1834 die künftige Einrichtung des Handels- und Gewerbs-Vereins betreffend, Sammlung von Gesetzen etc. für Kurhessen, 17. Bd., 1834, S. 5, auch abgedruckt bei Brandt, Wirtschaftspolitik und gewerbliche Mitbeteiligung, 1960, Anhang D; *Brandt*, a.a.O., S. 45 ff.

[545] §§ 1, 4 Verordnung vom 17.01.1834 (Anm. 544).

[546] Zweck des Vereins war „Einigung und Verständigung unter den Teilnehmenden, gemeinsame Vertretung ihrer Interessen gegenüber den Behörden und da, wo es sonst erforderlich sein könnte, Schaffung und Förderung industrieller Tätigkeit in der Provinz". Mitglied konnte jeder werden, der ein freies (nicht zünftiges) Gewerbe betrieb. In organisatorischer Hinsicht wählte die Generalversammlung einen aus zwölf Vertrauensmännern bestehenden Vorstand, der wiederum einen Vorsitzenden bestimmte; *Brandt*, Wirtschaft und Wirtschaftspolitik im Raum Hanau, 1963, S. 92 f.; *Steller*, Denkschrift zum Jubiläum, 1896, S. 2.

[547] Karlshafen, Schmalkalden, Hersfeld, Rinteln (jeweils 1855), Eschwege (1862), Bockenheim, Fulda (jeweils 1863), Marburg, Hünfeld (jeweils 1864) und Homberg (1865), *Brandt*, Wirtschaft und Staat, in: Brandt/Olten/Marschelke, Wirtschaft und Politik, 1991, S. 7 (20).

[548] *Brandt*, Wirtschaftspolitik und gewerbliche Mitbeteiligung, 1960, S. 54 f.

nauer Verein bei dem Handelsministerium in Berlin vergeblich, de facto die Funktionen einer Handelskammer zu erhalten[549]. Nachdem das nicht zuletzt als Folge der territorialen Neuerwerbungen Preußens initiierte Preußische Handelskammergesetz vom 24. Februar 1870 verabschiedet worden war, wurde stattdessen die Kasseler Regierung beauftragt, unter Einbeziehung der Gewerbetreibenden die Gründung echter Handelskammern zu veranlassen[550]. Die Regierung beantragte noch im selben Jahr unter Berücksichtigung der Wünsche verschiedener kleinerer Städte, die eine eigene Handelskammer begehrten, die Genehmigung von Handelskammern in Kassel, Eschwege, Fulda, Hersfeld, Hanau und Schmalkalden. Das preußische Handelsministerium genehmigte indes mit Hinweis auf die Lebensfähigkeit der Kammern lediglich die Errichtung von Handelskammern in Kassel und Hanau. Die Hanauer wie auch die Kasseler Handelskammer konstituierten sich bereits im Jahr 1871[551].

cc) Freie Stadt Frankfurt

In der vormals Freien Stadt Frankfurt, die im Jahr 1806 vom Mainzer Fürstprimas *von Dalberg* besetzt worden war, wurde auf Betreiben des Handelsstands im Jahr 1808 durch Verfügung des Fürstprimas mit der „Fürstlich Primatischen Handelskammer" eine Handelskammer französischen Typs gegründet[552]. Die Kammer setzte sich neben dem durch den Fürsten ernannten Präsidenten aus zwei ebenfalls ernannten Mitgliedern und neun von einem Gremium aus 40 der angesehensten Kaufleute gewählten Mitgliedern zusammen. Die Aufgaben der Kammer bestanden im Wesentlichen in der Beratung des Fürsten und der Behörden in Handelsangelegenheiten[553]. Nachdem die Handelskammer nach Bildung des Großherzogtums Frankfurt aus Frankfurt, Wetzlar, Aschaffenburg, Fulda und Hanau im Jahr 1810 in „Großherzogliche Handelskammer" umbenannt worden war, sollte sie nach Auflösung des Großherzogtums nicht mehr als Handelskammer fortgeführt werden[554]. Nach der Rekonstituierung Frankfurts als Freie Stadt im Jahr 1815 wurde die Handelskammer vielmehr in einen Handlungsvorstand aus einem „Senior" (Vorsitzenden) und neun weiteren Mitgliedern umgewandelt, der dann allerdings seinerseits bereits im Jahr 1816 in Handelskammer umbenannt wurde[555].

Im Mai 1817 verabschiedete der Große Rat der Freien Stadt Frankfurt eine Verordnung über die Organisation der Handelskammer, die für mehr als ein halbes

---

[549] *Brandt*, Wirtschaft und Wirtschaftspolitik im Raum Hanau, 1963, S. 136 f.
[550] *Brandt*, Wirtschaftspolitik und gewerbliche Mitbeteiligung, 1960, S. 83 f.
[551] Die konstituierende Sitzung der Hanauer Handelskammer fand am 27. April 1871, diejenige der Kasseler Handelskammer am 25. Mai 1871 statt; *Steller*, Denkschrift zum Jubiläum, 1896, S. 3; *Brandt*, Wirtschaft und Wirtschaftspolitik im Raum Hanau, 1963, S. 141; ders., Wirtschaftspolitik und gewerbliche Mitbeteiligung, 1960, S. 84.
[552] Handelskammer zu Frankfurt, Geschichte der Handelskammer, 1908, S. 117 ff.
[553] Vgl. die Verfügung des Fürstprimas, abgedruckt in: Handelskammer zu Frankfurt, Geschichte der Handelskammer, 1908, S. 133.
[554] Handelskammer zu Frankfurt, Geschichte der Handelskammer, 1908, S. 253 ff.
[555] Handelskammer zu Frankfurt, Geschichte der Handelskammer, 1908, S. 255 ff.

Jahrhundert die Rechtsgrundlage für die Arbeit der Kammer bilden sollte[556]. § 1 der Verordnung regelte grundlegend, dass die Handelskammer das Interesse des Frankfurter Handelsstands vertrat und dessen Organ war. Allgemeine Aufgabe der Kammer war, unter obrigkeitlicher Autorität für die Erhaltung und das Emporkommen des Handels Sorge zu tragen[557]. Dazu hatte die Handelskammer die Befugnis und die Obliegenheit, Vorschläge zu machen und Gutachten zu erteilen[558]. Vor dem Erlass für den Handel relevanter Gesetze und Verordnungen sowie bei der Wahl der Makler und Güterschaffner sollte die Kammer gutachtlich gehört werden[559]. Schließlich hatte sie die Befugnis und auf Anforderung durch die Gerichte die Pflicht, kaufmännische Gutachten oder Pareres über Handlungsgegenstände zu erstellen, und sie übte die Aufsicht über das Börsen-Lokal aus[560]. In organisatorischer Hinsicht bestand die Handelskammer aus 20 Mitgliedern[561], die mindestens 30 Jahre alt sein und einer der christlichen Konfessionen angehören mussten[562], was insbesondere Juden von der Mitgliedschaft ausschloss. Die Ergänzungswahl der jährlich ausscheidenden zwei Mitglieder erfolgte durch ein Gremium, das aus den 20 Handelskammermitgliedern nebst zehn von diesen zu wählenden Mitgliedern aus den verschiedenen Handelszweigen bestand[563]. Die Kammer wählte aus ihrer Mitte den „Senior" als Vorsitzenden sowie einen „Subsenior" als dessen Vertreter[564]. Die Zusammenarbeit zwischen Behörden und Handelskammer in Handelsfragen wurde schließlich durch die Einrichtung einer mindestens einmal wöchentlich tagenden „Handlungs-Deputation" institutionalisiert, die aus zwei Mitgliedern des Rechneiamts und zwei Mitgliedern der Handelskammer bestand[565].

Nachdem die revolutionäre Frankfurter Nationalversammlung am 27. Dezember 1848 in der Paulskirche das Gesetz betreffend die Grundrechte des deutschen Volkes verabschiedet hatte[566], wurden im Februar 1849 in Frankfurt die bestehenden Beschränkungen der bürgerlichen und staatsbürgerlichen Rechte der Juden und in diesem Zusammenhang auch § 10 der Verordnung von 1817 aufgehoben, wonach nur Angehörige christlicher Konfessionen zur Handelskammer wählbar

---

[556] Verordnung über die Organisation der Handels-Kammer der freien Stadt Frankfurt vom 20.05.1817, in: Gesetz- und Statuten-Sammlung der freien Stadt Frankfurt, 1. Bd., 1816–1817, S. 113–118; auch abgedruckt in: Handelskammer zu Frankfurt, Geschichte der Handelskammer, 1908, S. 269 ff. (im Folgenden: HandelskammerVO Frankfurt-1817).
[557] § 1 S. 2 HandelskammerVO Frankfurt-1817.
[558] § 4 HandelskammerVO Frankfurt-1817.
[559] §§ 5, 6 HandelskammerVO Frankfurt-1817.
[560] §§ 7, 9 HandelskammerVO Frankfurt-1817.
[561] § 2 HandelskammerVO Frankfurt-1817.
[562] § 10 HandelskammerVO Frankfurt-1817.
[563] §§ 11, 12 HandelskammerVO Frankfurt-1817; die Wahl der Erstmitglieder war nicht geregelt. In praxi wurde die Erhöhung der Zahl der Kammermitglieder von zehn auf zwanzig durch kooptative Zuwahl durch die Handelskammermitglieder (ohne Hinzuziehung Außenstehender) vorgenommen, Handelskammer zu Frankfurt, Geschichte der Handelskammer, 1908, S. 271.
[564] § 14 HandelskammerVO Frankfurt-1817.
[565] § 3 HandelskammerVO Frankfurt-1817.
[566] RGBl. 1848, S. 49 ff.

waren. Im Sommer 1849 legte die Handelskammer den Entwurf eines Gesetzes über die Einrichtung und den Wirkungskreis der Handelskammer vor, welcher das Recht der Kammer an den im März desselben Jahres vorgelegten Entwurf der Verfassung des Freistaats Frankfurt anpassen sollte[567]. Die wesentliche Innovation bestand außer in der Aufhebung der Beschränkung der Mitgliedschaft auf Angehörige christlicher Konfessionen in der Einführung der unmittelbaren Wahl der Mitglieder der Handelskammer durch jeden Handelsmann oder Fabrikanten, der ein eigenes Geschäft hatte und Bürger der Stadtgemeinde oder einer Landgemeinde des Freistaates Frankfurt war[568]. Zwar wurde der Entwurf von der verfassungsgebenden Versammlung formell zum Gesetz erhoben, doch wurde die Verfassung des Freistaats Frankfurt aufgrund des Scheiterns der Revolution nie wirksam, und auch in Handelskammerfragen wurde im Jahr 1851 der alte Rechtszustand wieder hergestellt[569].

Nachdem im Jahr 1855 durch Gesetz neben der Handelskammer eine Gewerbekammer als Vertretung des Gewerbestands eingerichtet worden war[570], verlief eine Initiative in den Jahren 1858/59, das Recht der Handelskammer u. a. in den Bereichen der Mitgliederwahl und des Wirkungskreises der Kammer zu reformieren, im Sande[571]. Im Zusammenhang mit dem Inkrafttreten des Allgemeinen Deutschen Handelsgesetzbuches für Frankfurt im Jahr 1863 und dem Inkrafttreten der Gewerbeordnung im Jahr 1864 stehende erneute Bemühungen um eine Reform des antiquierten Wahlmodus der Frankfurter Kammern wurden von dieser kaum gefördert, was maßgeblich dazu beitrug, dass sich 1865 unter Hinweis auf verschiedene Mängel in der Organisation der Handelskammer als Konkurrenzveranstaltung ein Handelsverein gründete, dessen Hauptzweck ebenfalls in der Förderung des Handels lag[572]. Bemühungen u. a. jenes Handelsvereins, der auf die geringe Repräsentation des Handelsstands in der Handelskammer hinwies, nun endlich auch eine Reorganisation der Kammer zu erreichen, wurden durch den Preußisch-Österreichischen Krieg und den Einzug der preußischen Truppen in das eigentlich neutrale Frankfurt am 16. Juli 1866 nur kurz unterbrochen[573]. Nach der Annexion Frankfurts durch Preußen drängte nunmehr auch die Handelskammer auf eine Anpassung ihrer Organisation an das neue Recht, insbesondere die preußische Handelskammer-VO von 1848. Eine Reform des Frankfurter Handelskammerrechts wurde

---

[567] Der Entwurf des Gesetzes über die Einrichtung und den Wirkungskreis der Handelskammer ist abgedruckt in: Handelskammer zu Frankfurt, Geschichte der Handelskammer, 1908, S. 285 ff.; der Entwurf einer Verfassung für den Freistaat Frankfurt ist abgedruckt in: Deutsche Verfassungsdokumente 1806–1849, Teil III: Frankfurt – Hessen-Darmstadt, 2007, S. 77 ff.
[568] Art. 12 des Gesetzesentwurfs.
[569] Handelskammer zu Frankfurt, Geschichte der Handelskammer, 1908, S. 288 f.
[570] Gesetz über die Einrichtung der Gewerbekammer vom 20. 11. 1855, abgedruckt in: Handwerk zwischen Zunft und Gewerbefreiheit, 1998, S. 355 ff.
[571] Handelskammer zu Frankfurt, Geschichte der Handelskammer, 1908, S. 304 ff.
[572] Handelskammer zu Frankfurt, Geschichte der Handelskammer, 1908, S. 312 ff.
[573] Handelskammer zu Frankfurt, Geschichte der Handelskammer, 1908, S. 324, 763 ff.

320 4. Kapitel: Historische Entwicklung des Rechts der Industrie- und Handelskammern

nicht mehr weiterverfolgt, da in Preußen mittlerweile mit der Ausarbeitung des Handelskammergesetzes begonnen worden war.

Mit Inkrafttreten des Preußischen Handelskammergesetzes vom 24. Februar 1870 wurde dann die Frankfurter Handelskammerverordnung von 1817 aufgehoben und das neue Gesetz Rechtsgrundlage der Frankfurter Handelskammer[574]. Während die Zahl der Mitglieder der Frankfurter Handelskammer durch Erlass des Handelsministers auf – wie bisher – 20 festgesetzt wurde, wurde die Wahlberechtigung von Kaufleuten und Gesellschaften der Stadt Frankfurt davon abhängig gemacht, dass ihre Geschäfte „mindestens zur Höhe von 24 Talern jährlich zur Gewerbesteuer vom Handel" veranlagt waren[575]. Als besondere Aufgabe verblieb der Kammer die Aufsicht über die Börse.

d) Sachsen

aa) Handels- und Gewerbekammern auf Grundlage des Gewerbegesetzes und der Handels- und GewerbekammerVO von 1861

In Sachsen wurde mit der Einführung der Gewerbefreiheit im Jahr 1861 die Grundlage für die Errichtung der ersten Handels- und Gewerbekammern geschaffen[576]. Das Gewerbegesetz vom 15. Oktober 1861[577] enthielt im achten Abschnitt (§§ 112– 125) Regelungen über Handels- und Gewerbekammern, die durch die Handels- und GewerbekammerVO vom selben Tag ergänzt wurden[578]. Die sächsischen Handels- und Gewerbekammern bestanden von Anfang an aus zwei Abteilungen, der Handelskammer für Handel und Fabriken sowie der Gewerbekammer für die sonstigen Gewerbe[579]. Das Wahlverfahren für die beiden Abteilungen war indirekt[580]: In einer Urwahl wählten die Wahlberechtigten der beiden Abteilungen zunächst Wahlmänner[581], die dann in der Hauptwahl die Mitglieder der Handelskammer und der Gewerbekammer bestimmten[582]. Die aktive Wahlberechtigung für die Handelskammerabteilung stand den mindestens dreißigjährigen Kaufleuten und

---

[574] Vgl. § 38 HKG-1870.
[575] Die Regelungen des Erlasses sind wiedergegeben in: Handelskammer zu Frankfurt, Geschichte der Handelskammer, 1908, S. 775.
[576] Zur Entwicklung des Handelskammerwesens in Sachsen: *Wendtland*, Jahrbuch der Deutschen Handelskammern, 1905, S. 299 ff.; Korporation der Kaufmannschaft Berlin, Die Handelskammern, 1906, S. 25 f.; *Heréus*, Die deutschen Handelskammern, 1922, S. 24 f.; *Schreckenbach*, Entwicklung des Handelskammersystems, 1949, S. 73 ff. (z. T. unpräzise und fehlerhaft).
[577] Gewerbegesetz vom 15. October 1861, GVBl. für das Königreich Sachsen, 1861, S. 187–217 (im Folgenden: Sächs. Gewerbegesetz-1861).
[578] Verordnung, die Handels- und Gewerbekammern betreffend vom 15.10.1861, GVBl. für das Königreich Sachsen, 1861, S. 270–279 (im Folgenden: Sächs. Handels- und GewerbekammerVO-1861).
[579] § 113 Sächs. Gewerbegesetz-1861.
[580] §§ 114 Abs. 2, 115 Abs. 2 Sächs. Gewerbegesetz-1861 i.V.m. §§ 4 ff. Sächs. Handels- und GewerbekammerVO-1861).
[581] §§ 9 ff. Sächs. Handels- und GewerbekammerVO-1861.
[582] §§ 15 ff. Sächs. Handels- und GewerbekammerVO-1861.

Fabrikanten des Bezirks zu, die eine nach den bestehenden Bestimmungen angemeldete Firma besaßen[583]. Wählbar als Wahlmann und Mitglied der Handelskammer war hingegen nur, wer zusätzlich im Gewerbesteuerkataster mit einem ordentlichen Gewerbesteuerbeitrag von mindestens zehn Talern in Ansatz gebracht war[584]. Die aktive und passive Wahlberechtigung für die Gewerbekammerabteilung stand allen selbständigen Gewerbe- und Handeltreibenden des Bezirks zu, die keine angemeldete Firma besaßen und entweder Mitglied einer Innung oder aber im Gewerbesteuerkataster mit einem Gewerbesteuerbeitrag von mindestens einem Taler aufgenommen waren[585].

Die Aufgaben der Kammern bestanden wie bei den frühen Kammern französischer Prägung im Wesentlichen darin, der Regierung in Fragen von Handel und Gewerbe als begutachtende und sachverständige Organe zu dienen[586]. Umgekehrt waren die Kammern in der Regel bei jeder wichtigen Angelegenheit dieser Art zu hören[587]. Als Vertreter der gemeinschaftlichen Interessen von Handel und Gewerbe konnten sie gleichzeitig Anträge und Wünsche an das Ministerium des Innern und die jeweilige Regierungsbehörde richten[588]. Den Handelskammerabteilungen konnte schließlich die Verwaltung oder die Aufsicht über die Verwaltung allgemeiner Handelsinstitute wie Handelsschulen, Börsen usw. an ihrem Sitz übertragen werden[589]. Insgesamt errichtete die Handels- und GewerbekammerVO in Sachsen fünf Kammern mit Sitz in Dresden, Leipzig, Chemnitz, Plauen und Zittau[590], deren Kammerbezirke das gesamte Staatsgebiet umfassten[591].

bb) Folgen der Revision des Gewerbegesetzes im Jahr 1868

Mit der Revision des Gewerbegesetzes im Jahr 1868[592] blieb es zwar prinzipiell bei den genannten fünf Kammern, allerdings wurde die Möglichkeit betont, die beiden Abteilungen in jeweils eine Handelskammer und eine Gewerbekammer zu verselbständigen[593]. Tatsächlich wurden durch die neue Handels- und Gewerbekammer-

---

[583] § 114 Abs. 1 lit. a Sächs. Gewerbegesetz-1861.
[584] § 114 Abs. 1 lit. b Sächs. Gewerbegesetz-1861.
[585] § 115 Sächs. Gewerbegesetz-1861.
[586] § 125 Abs. 1 lit. a S. 1, Abs. 3 (jährlicher Bericht über die Lage des Handels und der Gewerbe im jeweiligen Bezirk) Sächs. Gewerbegesetz-1861.
[587] § 125 Abs. 1 lit. a S. 2 Sächs. Gewerbegesetz-1861.
[588] § 125 Abs. 1 lit. b Sächs. Gewerbegesetz-1861.
[589] § 125 Abs. 2 Sächs. Gewerbegesetz-1861.
[590] § 1 Sächs. Handels- und GewerbekammerVO-1861; IHK Leipzig, 130 Jahre IHK zu Leipzig, 1992, S. 9.
[591] § 2 Sächs. Handels- und GewerbekammerVO-1861; *Schreckenbach*, Entwicklung des Handelskammersystems, 1949, S. 74.
[592] § 17 des Gesetzes, die Abänderung mehrerer Bestimmungen des Gewerbegesetzes vom 15. October 1861 betreffend vom 23.06.1868, GVBl. für das Königreich Sachsen, 1868, S. 335–341 (im Folgenden: Sächs. Gewerbegesetz-ÄnderungsG-1868).
[593] So spricht § 17 Nr. 1 Sächs. Gewerbegesetz-ÄnderungsG-1868 anders als noch § 112 Sächs. Gewerbegesetz-1861 nicht mehr von Handels- und Gewerbekammern, sondern von den zu bildenden Handelskammern und Gewerbekammern; § 1 der Verordnung, die Handels- und Gewer-

VO allerdings nur in Leipzig jeweils eine selbständige Handelskammer und eine selbständige Gewerbekammer eingerichtet, während in den übrigen Bezirken beide Kammern vereint tätig blieben[594]. Die Aufgaben der Kammern blieben im Wesentlichen unverändert, wobei den Handelskammern nunmehr mit ihrer Zustimmung die Funktion örtlicher Handelsvorstände übertragen werden konnte[595]. Die Wahlen blieben indirekt[596]. Das aktive und passive Wahlrecht für die Handelskammerabteilung stand nun allen männlichen, mindestens 25 Jahre alten Kaufleuten und Fabrikanten mit einer Gewerbesteuer von mindestens zehn Talern[597] und für die Gewerbekammerabteilung allen übrigen Gewerbetreibenden etc. mit mindestens einem Taler Gewerbesteuer zu[598].

Die Kosten der Kammern wurden außer durch Staatszuschüsse durch eine Umlage auf alle mit mindestens einem Taler jährlicher ordentlicher Gewerbesteuer belegten Gewerbetreibenden gedeckt, die in der Regel durch Zuschläge auf die Gewerbesteuer erhoben wurde[599]. Mit Aufhebung der Gewerbesteuer in Sachsen im Jahr 1878 wurde diese Beitragserhebung dann ebenso wie die Wahlberechtigung an die Einkommensteuer angelehnt[600]. Für die aktive und passive Wahlberechtigung zur Handelskammer war nunmehr ein nach den Vorschriften des sächsischen Einkommensteuergesetzes abgeschätztes Einkommen von mindestens 1.900 Mark und für die Wahlberechtigung zur Gewerbekammer von mindestens 600 Mark erforderlich[601].

cc) Das Sächsische Handels- und Gewerbekammergesetz von 1900

Nachdem die Handwerkernovelle zur Gewerbeordnung von 1897 auf Reichsebene die Grundlage für ein eigenständiges Organisationswesen der Handwerker geschaffen hatte, wurde am 4. August 1900 in Sachsen ein verselbständigtes Handels- und Gewerbekammergesetz verabschiedet[602]. Mit Ausnahme von Zittau, das erst

---

bekammern betreffend vom 16.07.1868, GVBl. für das Königreich Sachsen 1868, S. 457–462 (im Folgenden: Sächs. Handels- und GewerbekammerVO-1868) spricht von je fünf Handelskammern und Gewerbekammern mit Sitz in Dresden, Leipzig, Chemnitz, Plauen und Zittau; *van Eyll*, Berufsständische Selbstverwaltung, in: Dt. Verwaltungsgeschichte, Bd. 3, 1984, S. 71 (76).
[594] § 4 Sächs. Handels- und GewerbekammerVO-1868; *Wendtland*, Jahrbuch der Deutschen Handelskammern, 1905, S. 301, 311 f.
[595] § 17 Nr. 12 Abs. 2 Sächs. Gewerbegesetz-ÄnderungsG-1868.
[596] § 17 Nr. 4 Sächs. Gewerbegesetz-ÄnderungsG-1868.
[597] § 17 Nr. 2 Sächs. Gewerbegesetz-ÄnderungsG-1868; im Hinblick auf den Steuerzensus wurde also nicht mehr zwischen aktiver und passiver Wahlberechtigung differenziert.
[598] § 17 Nr. 3 Sächs. Gewerbegesetz-ÄnderungsG-1868.
[599] § 17 Nr. 8 Sächs. Gewerbegesetz-ÄnderungsG-1868.
[600] Vgl. Abschnitt III des Gesetzes, einige durch die Reform der directen Steuern bedingte Abänderungen gesetzlicher Vorschriften betreffend vom 02.08.1878, GVBl. für das Königreich Sachsen 1878, S. 211–213.
[601] Abschnitt III des Gesetzes, einige durch die Reform der directen Steuern bedingte Abänderungen gesetzlicher Vorschriften betreffend vom 02.08.1878, GVBl. für das Königreich Sachsen 1878, S. 211–213, i.V.m. §§ 17 lit. d, 21 des Einkommensteuergesetzes vom 02.07.1878, GVBl. für das Königreich Sachsen 1878, S. 129–153.
[602] Gesetz, die Handels- und Gewerbekammern betreffend vom 04.08.1900, GVBl. für das

im Jahr 1910 folgte, wurden nun an den Sitzorten tatsächlich getrennte Handelskammern und Gewerbekammern eingerichtet, wobei den Gewerbekammern die Wahrnehmung der Rechte und Pflichten der Handwerkskammern i.S. d. §§ 103 ff. der Reichsgewerbeordnung übertragen wurde[603]. Anders als in den meisten anderen Staaten des Deutschen Reichs wurden in Sachsen also keine völlig selbständigen, neuen Handwerkskammern gegründet, sondern es wurde von der Möglichkeit Gebrauch gemacht, die Aufgaben der einzurichtenden Handwerkskammern auf bestehende Gewerbekammern zu übertragen. Die größere Kontinuität zum bestehenden Recht kam in Sachsen auch darin zum Ausdruck, dass auch dort, wo Handelskammern und Gewerbekammern getrennt waren, diese weiter in Gesamtsitzungen der Handels- und Gewerbekammer zusammen kamen, die vom Vorsitzenden der Handelskammer geleitet wurden[604].

Die grundlegenden Regelungen über die Bestimmung der Handels- und Gewerbekammern wurden aus dem Gesetz von 1868 übernommen[605], aber auch um weitere konkrete Aufgaben ergänzt. So waren die Handels- und Gewerbekammern bspw. ermächtigt, Veranstaltungen, welche die Förderung von Handel, Industrie- und Gewerbe sowie die Ausbildung der darin beschäftigten Gehilfen und Lehrlinge bezweckten, zu unterstützen oder auch selbst ins Leben zu rufen und zu leiten[606]. In formaler Hinsicht erhielten die Handels- und Gewerbekammern nunmehr den Status juristischer Personen[607]. Der Zensus für die Wahlberechtigung im Rahmen der Wahlen zur Handelskammer, die wie die Wahlen zur Gewerbekammer weiterhin indirekt erfolgten[608], wurde auf eine ein geschätztes Einkommen von mehr als 3.100 Mark angehoben[609].

e) *Württemberg*

aa) *Vertretungen von Handel und Gewerbe bis 1848*

In Württemberg waren die Vertretungen von Handel und Gewerbe im 19. Jh. zunächst private Institutionen, bis im Jahr 1855 Handelskammern gebildet wurden, die einen stark behördlichen Charakter trugen[610]. Im in der ersten Hälfte des 19. Jh.

Königreich Sachsen 1900, S. 865–873 (im Folgenden: Sächs. Handels- und GewerbekammerG-1900).
[603] § 2 Abs. 4 Sächs. Handels- und GewerbekammerG-1900 i.V.m. § 2 Verordnung zur Ausführung des Gesetzes vom 4. August 1900, die Handels- und Gewerbekammern betreffend vom 15.08.1900, GVBl. für das Königreich Sachsen 1900, S. 873–878 (im Folgenden: Sächs. Handels- und GewerbekammerVO-1900); Korporation der Kaufmannschaft Berlin, Die Handelskammern, 1906, S. 25 f.; *Heréus*, Die deutschen Handelskammern, 1922, S. 25.
[604] § 20 Sächs. Handels- und GewerbekammerG-1900.
[605] § 1 Sächs. Handels- und GewerbekammerG-1900.
[606] § 2 Abs. 1 Sächs. Handels- und GewerbekammerG-1900.
[607] § 26 Abs. 1 Sächs. Handels- und GewerbekammerG-1900.
[608] § 5 Sächs. Handels- und GewerbekammerG-1900.
[609] § 7 Sächs. Handels- und GewerbekammerG-1900.
[610] Zur Entwicklung des Handelskammerwesens in Württemberg im 19. Jh. vgl. v. a. die umfassende Darstellung von *Mosthaf*, Die Württembergischen IHK, Bd. 1, 1955, S. 9 ff. sowie *F. C. Hu-*

noch agrarisch geprägten Königreich bestand als zentrale gewerbliche Vertretung zunächst allein der 1817 eingerichtete, von einem Beamten geleitete „landwirtschaftliche Verein", dem eine sog. Zentralstelle angegliedert war[611], und zu dessen Aufgaben auch die Förderung und Beobachtung von Gewerbe und Handel gehörten[612]. Kaufleute und Handwerker waren überwiegend noch dezentral in Handels- und Handwerkerzünften bzw. -innungen organisiert. Die württembergische Gewerbeordnung von 1828 nannte 44 Gewerbezweige, in denen Einzelhändler und Handwerker zunftmäßig zusammengeschlossen waren, was nicht zuletzt gegen das Eindringen Berufsfremder schützte[613].

Im Jahr 1819 regte die Zentralstelle des landwirtschaftlichen Vereins die Einrichtung einer „Zentralstelle eines Gewerb- und Handelsvereins" an, die aus Beamten und Handelsleuten bestehend eine Abteilung der Zentralstelle des landwirtschaftlichen Vereins bilden sollte, und deren Hauptaufgabe darin bestehen sollte, die Regierung zwecks Förderung von Handel und Gewerbe zu beraten[614]. König *Wilhelm I.* zog zwar auch in Erwägung, ob nicht durch „eine zu errichtende Handelskammer, welche mehr in die Verhältnisse und Attributionen einer Staatsbehörde treten würde, die Zwecke, die jener bloße Privatverein sich vorsetzte, auf angemessenere und vollständigere Weise erreicht werden könnten"[615]. Nachdem sich jedoch sowohl das Ministerium des Innern als auch der Geheime Rat mit wirtschaftsliberalen Argumenten und dem Verweis auf die englischen Verhältnisse gegen eine behördliche Handelskammer ausgesprochen hatten, genehmigte der König am 22. Juni 1819 die Errichtung des Vereins für Handel und Gewerbe. Der aus Persönlichkeiten des Handels, der Industrie, des Verlagswesens und einigen Beamten bestehende „Verein", der finanziell vom landwirtschaftlichen Verein abhängig war, befasste sich bspw. mit der Handels- und Zollpolitik. Indes stellte er seine Tätigkeit schon bald wieder ein, so dass die entsprechenden Fragen wieder vom landwirtschaftlichen Verein behandelt wurden[616].

Ab den späten zwanziger Jahren des 19. Jh. entstanden in Württemberg – wie in ganz Deutschland – Gewerbevereine zum Zwecke der Gewerbeförderung und im Jahr 1830 die Gesellschaft für die Beförderung der Gewerbe in Württemberg, der neben Gewerbetreibenden auch der König, Professoren, Beamte, Geistliche und Angehörige freier Berufe beitraten[617]. Im Jahr 1843 wurde der „Württembergische

---

ber, Festschrift zur Feier des 50jährigen Bestehens, 1906; Korporation der Kaufmannschaft Berlin, Die Handelskammern, 1906, S. 23f.; *Heinz*, Die geschichtliche Entwicklung, 1958, S. 65ff.; *W. Fischer*, Unternehmerschaft, 1964, S. 55ff.

[611] Die Zentralstelle des landwirtschaftlichen Vereins war die zusammenfassende Leitung des Landesvereins und ihm angeschlossenen örtlichen Vereinigungen; *Mosthaf*, Die Württembergischen IHK, Bd. 1, 1955, S. 19.
[612] *Mosthaf*, Die Württembergischen IHK, Bd. 1, 1955, S. 19f.
[613] *Mosthaf*, Die Württembergischen IHK, Bd. 1, 1955, S. 18.
[614] *Mosthaf*, Die Württembergischen IHK, Bd. 1, 1955, S. 20.
[615] Zitat wiedergegeben bei: *Mosthaf*, Die Württembergischen IHK, Bd. 1, 1955, S. 20.
[616] *Mosthaf*, Die Württembergischen IHK, Bd. 1, 1955, S. 21.
[617] *Mosthaf*, Die Württembergischen IHK, Bd. 1, 1955, S. 22f.

Handelsverein" gegründet, dem Kaufleute und Fabrikanten angehörten[618]. Er sollte einerseits eine selbständige und unabhängige Vertretung gegenüber Regierung und Behörden bilden und andererseits als Schiedsgericht Streitigkeiten in Handels- und Gewerbesachen schlichten. Neben der Generalversammlung wurden Bezirksversammlungen und sog. „Privathandelskammern" eingerichtet, wobei letzteren „die zweifache Eigenschaft beratender und schiedsgerichtlicher Behörden" zukommen sollte[619]. Diese doppelte Aufgabenstellung kam bereits in der Bezeichnung Privathandelskammer zum Ausdruck, die sowohl an die in anderen Ländern bestehenden Handelskammern, aber zugleich auch an die Zivilkammern der Gerichte anknüpfte. Die Privathandelskammern, die ebenso wie die Bezirksvereine in Stuttgart, Heilbronn, Reutlingen und Ulm eingerichtet wurden, entfalteten in den folgenden Jahren allerdings nur eine schwache Tätigkeit, vor allem in Form einiger schiedsgerichtlicher Verfahren und Gutachten[620].

bb) Die HandelskammerVO-1854 und die Bildung von Handels- und Gewerbekammern

Nachdem ein Kongress von Vertretern der Gewerbevereine und der Gesellschaft für die Beförderung der Gewerbe am 24. Februar 1848 in Esslingen gefordert hatte, eine Staatsbehörde einzurichten, die sich ausschließlich mit Handel und Gewerbe befassen sollte, richtete der König auf Vorschlag des Innenministers im Revolutionsjahr 1848 tatsächlich eine „Zentralstelle für Gewerbe und Handel" und eine „Zentralstelle für die Landwirtschaft" ein[621]. Der für das gesamte Königreich zuständigen, dem Ministerium des Innern unterstellten Zentralstelle für Gewerbe und Handel, die von Beamten geleitet wurde, wurde ein Beirat aus sechs Kaufleuten, sechs Fabrikanten, sechs Handwerkern sowie vier Lehrkräften gewerblicher Unterrichtsanstalten beigeordnet. Während die Gesellschaft zur Beförderung der Gewerbe aufgelöst wurde und ihr Vermögen auf die Zentralstelle überging, bestand der Württembergische Handelsverein als private Vereinigung mit seinen Privathandelskammern neben der behördlichen Zentralstelle fort[622]. Schon bald nach Einrichtung der Zentralstelle für Gewerbe und Handel wurde erkannt, dass sowohl eine angemessene Information über die Verhältnisse des lokalen Handels und Gewerbes als auch umgekehrt die Durchsetzung der entsprechenden staatlichen Maßnahmen auf lokaler Ebene die Einrichtung geeigneter Organisationen in den verschiedenen Teilen Württembergs als wünschenswert erscheinen ließen. Nachdem in den frühen fünfziger Jahren zu diesem Zweck zunächst vor allem lokale Gewerberäte nach preußischem Vorbild diskutiert worden waren, entschied der In-

---

[618] *Mosthaf*, Die Württembergischen IHK, Bd. 1, 1955, S. 24; im Jahr 1844 hatte der Verein 366, im folgenden Jahr 382 Mitglieder.
[619] § 1 der Statuten.
[620] *Mosthaf*, Die Württembergischen IHK, Bd. 1, 1955, S. 24 ff.
[621] Korporation der Kaufmannschaft Berlin, Die Handelskammern, 1906, S. 23; *F. C. Huber*, Festschrift zur Feier des 50jährigen Bestehens, 1906, S. 17 ff.
[622] *Mosthaf*, Die Württembergischen IHK, Bd. 1, 1955, S. 27.

nenminister im Frühjahr 1854 jedoch stattdessen, Handels- und Gewerbekammern einzurichten[623].

Die vom Innenministerium im Zusammenwirken mit dem Geheimen Rat ausgearbeitete königliche Verordnung vom 19. September 1854[624] sah „in den gewerbreichen Städten des Landes", Handels- und Gewerbekammern vor[625], die in der Regel zwölf bis 18 Mitglieder haben sollten[626]. Mitglied einer Handels- und Gewerbekammer konnte werden, wer für eigene Rechnung allein oder als Gesellschafter ein Handelsgeschäft oder Gewerbe von bedeutendem Umfang betrieb oder betrieben hatte, oder ein solches als technischer oder kaufmännischer Vorstand leitete oder geleitet hatte[627]. Die Mitglieder, von denen jeweils ein Drittel nach zwei Jahren – bei Möglichkeit der Wiederernennung – ersetzt wurde, wurden aus einem von den Zurückbleibenden vorgeschlagenen Kandidatenkreis vom König ausgewählt und für jeweils sechs Jahre ernannt[628]. Die Kammer selber wählte aus ihrer Mitte für zwei Jahre einen Vorsitzenden nebst Stellvertreter[629]. Die Kosten der Kammer wurden zunächst aus ihren Einnahmen, insbesondere den für ihre schiedsgerichtliche Tätigkeit anzusetzenden „Sporteln", im Übrigen teils aus Mitteln der Gemeinde des Kammersitzes, teils aus für die Gewerbeförderung bestimmten Staatsmitteln bestritten[630].

In ihren Tätigkeitsfeldern erschienen die Kammern noch nicht als Selbstverwaltungseinrichtungen der Handel- und Gewerbetreibenden, sondern vielmehr als Hilfsorgane der Behörden[631]. Lediglich in der – allerdings an erster Stelle genannten – Aufgabe, Wünsche und Anträge im Hinblick auf die Förderung der Gewerbe und des Handels den Gemeinde- und Staatsbehörden, insbesondere auch der Zentralstelle für Gewerbe und Handel, vorzutragen[632], sowie in der Möglichkeit der Kammern, in Gewerbe- und Handelsstreitigkeiten als Schiedsgericht zu fungieren, schien der Gedanke der Interessenvertretung auf[633]. Ansonsten bestanden die Kammeraufgaben primär in einer meist durch die den Kammern übergeordnete Zentral-

---

[623] *F.C. Huber*, Festschrift zur Feier des 50jährigen Bestehens, 1906, S. 22 ff.; *Mosthaf*, Die Württembergischen IHK, Bd. 1, 1955, S. 33 ff., 37.

[624] Königliche Verordnung, betreffend die Errichtung von Handels- und Gewerbe-Kammern vom 19.09.1854, Regierungsblatt für das Königreich Württemberg 1854, S. 79–82 (im Folgenden: Württ. Handels- und GewerbekammerVO-1854).

[625] § 1 Abs. 1 Württ. Handels- und GewerbekammerVO-1854.

[626] § 3 Abs. 1 Württ. Handels- und GewerbekammerVO-1854.

[627] § 5 Württ. Handels- und GewerbekammerVO-1854.

[628] § 6 Württ. Handels- und GewerbekammerVO-1854.

[629] § 7 Abs. 1 Württ. Handels- und GewerbekammerVO-1854.

[630] § 11 Württ. Handels- und GewerbekammerVO-1854.

[631] Auch in der Praxis bestand die Kammerarbeit vor allem aus der Beratung der Zentralstelle für Gewerbe und Handel sowie derjenigen staatlichen Behörden, mit denen die Kammern ohne Einschaltung der Zentralstelle direkt verhandeln durften; dazu: *Mosthaf*, Die Württembergischen IHK, Bd. 1, 1955, S. 91 ff.

[632] § 2 Nr. 1 Württ. Handels- und GewerbekammerVO-1854.

[633] § 2 Nr. 7 Württ. Handels- und GewerbekammerVO-1854; Vorsitzender des Schiedsgerichts musste gem. § 7 Abs. 2 Württ. Handels- und GewerbekammerVO-1854 ein Rechtsgelehrter sein, der aus drei von der Kammer vorgeschlagenen Personen vom König ernannt wurde.

stelle für Gewerbe und Handel vermittelten Unterstützung der Staats- und Gemeindebehörden bei der Förderung von Handel und Gewerbe. So hatten die Kammern Informationen über Gewerbe und Handel zu sammeln und dem Ministerium des Innern jährlich hierüber und über wünschenswerte Verbesserungen zu berichten[634], entsprechende Fragen der Staatsbehörden zu begutachten[635], die Behörden bei Ausführung von Maßregeln zur Förderung von Gewerbe und Handeln zu unterstützen und eine ggf. übertragene Aufsicht über entsprechende Anstalten und Einrichtungen zu übernehmen[636].

Unter den Kaufleuten und Gewerbetreibenden stieß vor allem die Regelung, wonach die Kammermitglieder vom König ernannt werden sollten, auf Widerstand[637]. Eine zur Vorbereitung der Bildung der Stuttgarter Kammer im Februar 1855 einberufene Versammlung von 150 Kaufleuten usw. ersuchte die königliche Staatsregierung daher, die Verordnung dahingehend abzuändern, dass die Mitglieder der Kammer durch freie Wahl der Gewerbetreibenden berufen würden. Nachdem die Staatsregierung signalisiert hatte, dass sie die Ernennung der Kammermitglieder durch die Regierung auf die erste Bildung beschränken wolle, aber geneigt sei, bei der Erneuerung die freie Wahl durch den Handels- und Gewerbestand zu billigen, akzeptierten schließlich 18 ausgewählte Kaufleute etc. die Ernennung zu Mitgliedern der zu gründenden Kammer[638]. Am 24. April 1855 unterzeichnete der König eine Verfügung über die Einrichtung der Handels- und Gewerbekammer Stuttgart und berief deren Mitglieder, so dass die Kammer am 10. Mai zu ihrer konstituierenden Sitzung zusammentreten konnte. Im Oktober 1855 konstituierten sich drei weitere Handels- und Gewerbekammern in Heilbronn, Reutlingen und Ulm, denen jeweils zwölf Mitglieder angehörten[639]. Die an denselben Orten bestehenden Privathandelskammern bestanden zunächst parallel fort, lösten sich aber nach Konsolidierung der neuen Kammern auf[640]. Die neuen Handels- und Gewerbekammern waren der Zentralstelle für Gewerbe und Handel als Aufsichtsbehörde untergeordnet, nahmen aber gleichzeitig auch Einfluss auf deren Zusammensetzung. Nach den im Jahr 1855 revidierten Bestimmungen der Zentralstelle wurden die Beiräte der Zentralstelle nicht mehr wie zuvor von den Gewerbevereinen, sondern durch die Handels- und Gewerbekammern gewählt[641].

Zur Verwirklichung der in Aussicht gestellten Wahl der Mitglieder der Kammern durch die Handels- und Gewerbetreibenden wurde 1856 mit der Ausarbeitung einer Wahlordnung begonnen. Die nach langwierigen Diskussionen erst durch

---

[634] § 2 Nr. 2, 3 Württ. Handels- und GewerbekammerVO-1854.
[635] § 2 Nr. 4 Württ. Handels- und GewerbekammerVO-1854.
[636] § 2 Nr. 6 Württ. Handels- und GewerbekammerVO-1854.
[637] *Mosthaf*, Die Württembergischen IHK, Bd. 1, 1955, S. 43 ff.
[638] *Mosthaf*, Die Württembergischen IHK, Bd. 1, 1955, S. 48 f.
[639] Korporation der Kaufmannschaft Berlin, Die Handelskammern, 1906, S. 23; *Mosthaf*, Die Württembergischen IHK, Bd. 1, 1955, S. 50 ff.
[640] *W. Fischer*, Unternehmerschaft, 1964, S. 59.
[641] Die Gewählten unterlagen dabei der Bestätigung durch das Ministerium des Innern; vgl. *Mosthaf*, Die Württembergischen IHK, Bd. 1, 1955, S. 56.

königliche Verordnung vom 17. Februar 1858 erlassene Wahlordnung – erste Ergänzungswahlen wären eigentlich schon im Jahr 1857 vorzunehmen gewesen – sah ein kompliziertes Wahlverfahren vor und regelte insbesondere die Wahlberechtigung mit derart unbestimmten Rechtsbegriffen, dass die Umsetzung durch die Behörden Schwierigkeiten aufwarf[642]. Die aktive und passive Wahl erfolgte aufgrund von Wählerlisten, die für jeden Oberamtsbezirk (Landkreis) von einem Ausschuss aus Handel- und Gewerbetreibenden aufgestellt wurden, der wiederum von der Amtsversammlung[643] des jeweiligen Bezirks nominiert wurde. Nach öffentlicher Auslage wurden die Listen der Zentralstelle für Gewerbe und Handel weitergeleitet, die durch Streichung einzelner Vorgeschlagener für jeden Bezirk eine möglichst gleichmäßige Berücksichtigung des Handels-, Fabrikanten und Handwerkerstands sicherzustellen hatte. Dass die Wahlberechtigung von auslegungsfähigen Begriffen wie „unbescholtenem Ruf" und insbesondere „guten Vermögensverhältnissen" abhängig gemacht wurde, führte dazu, dass die verschiedenen Oberämter den Kreis der Wahlberechtigten sehr unterschiedlich zogen[644], bis schließlich die Zentralstelle Richtzahlen vorgab. All dies trug maßgeblich dazu bei, dass die Zentralstelle erst im Dezember 1858 die Wählerlisten feststellen konnte, die insgesamt 518 Kaufleute, 432 Fabrikanten und 604 Handwerker umfassten[645]. Am 7. September 1859 lagen schließlich die Ergebnisse der ersten Wahlen vor.

Nachdem die am 1. Mai 1862 in Kraft getretene neue Gewerbeordnung in Württemberg die Gewerbefreiheit eingeführt hatte, wurden im Jahr 1866 aufgrund eines Antrags der Zentralstelle durch Dekret *König Karls* vom 14. März 1866 vier weitere Handels- und Gewerbekammern in Calw, Heidenheim, Ravensburg und Rottweil eingerichtet und wenig später die Kammerbezirke der nunmehr acht württembergischen Kammern neu abgegrenzt[646].

cc) Das Württembergische Handels- und Gewerbekammergesetz von 1874

Nachdem andere Staaten wie Sachsen (1861), Österreich (1868), Preußen (1870) und das Großherzogtum Hessen (1871) ihr Handelskammerrecht auf gesetzlicher Grundlage geregelt oder reformiert hatten, wurde Anfang der siebziger Jahre auch in Württemberg der Ruf nach einem Gesetz über die Handels- und Gewerbekammern laut[647]. Während die Regierung vor allem die bislang ganz überwiegend staat-

---

[642] *Mosthaf*, Die Württembergischen IHK, Bd. 1, 1955, S. 60 ff.
[643] Entspricht dem heutigen Kreistag; in Stuttgart wurde die Funktion der Amtsversammlung vom Gemeinderat und dem Bürgerausschuss wahrgenommen.
[644] So wollte bspw. das Oberamt Tettnang 1.200 Wahlberechtigte berücksichtigen, während in Crailsheim bei etwa gleichem Gewerbesteuerkapital nur zwölf Wahlberechtigte in Erwägung gezogen wurden; vgl. *Mosthaf*, Die Württembergischen IHK, Bd. 1, 1955, S. 66 f.
[645] Die Bekanntmachung der Wählerlisten zu den Wahlen für die Handels- und Gewerbekammern vom 09.02.1859 ist abgedruckt bei: *Mosthaf*, Die Württembergischen IHK, Bd. 1, 1955, S. 325 ff.
[646] Während die Kammer in Heidenheim 12 Mitglieder hatte, hatten die Kammern in Calw, Ravensburg und Rottweil jeweils 9; *Mosthaf*, Die Württembergischen IHK, Bd. 1, 1955, S. 80 ff.
[647] *Mosthaf*, Die Württembergischen IHK, Bd. 1, 1955, S. 177 ff.

liche Finanzierung der Kammern durch eine Finanzierung durch die wahlberechtigten Kammerangehörigen, wie sie mittlerweile dem Standard der meisten anderen Ländern entsprach, ablösen wollte, versprachen sich die leistungsfähigeren württembergischen Kammern von einer gesetzlichen Reform eine weitgehende Unabhängigkeit von der Zentralstelle für Gewerbe und Handel, der sie bislang strikt untergeordnet waren.

Das nach langen Verhandlungen am 4. Juli 1874 vom König erlassene Handels- und Gewerbekammergesetz[648] brachte eine weit reichende Reform des württembergischen Handelskammerrechts. Der Aufgabenkreis der Handels- und Gewerbekammern wurde nunmehr grundlegend auf die Wahrnehmung der Gesamtinteressen der Handel- und Gewerbetreibenden des jeweiligen Bezirks ausgedehnt[649]. Während in den Bereichen Information und Begutachtung an verschiedene Regelungen der Verordnung von 1854 angeknüpft wurde, entfiel andererseits die Regelung der schiedsgerichtlichen Funktion. Neu war insbesondere die Befugnis, Reichsorganen „Petitionen" einzureichen, wovon die Kammern in der Folge häufiger Gebrauch machten[650]. Die Errichtung der Kammern, die Feststellung ihrer Bezirke, der Zahl der Mitglieder und des Sitzes erfolgte durch Verfügung der Staatsregierung[651]. Die Wahlberechtigung hing nicht mehr von der Erfüllung unbestimmt formulierter persönlicher Eigenschaften ab, sondern knüpfte an formale Kriterien an. Sie stand denjenigen Handel- und Gewerbetreibenden und Handelsgesellschaften zu, die als Inhaber einer mit Gewerbesteuer belegten Firma in den Handelsregistern des Bezirks eingetragen waren, oder, sofern dies nicht der Fall war, im Kammerbezirk zur Gewerbesteuer veranlagt waren und auf ihre Anmeldung hin in die Wählerlisten aufgenommen wurden[652]. Eine Unterteilung der Wahlberechtigten in Angehörige des Handels-, Fabrikanten und Handwerkerstands erfolgte nicht mehr. Reformiert wurden auch das Haushaltswesen und die Kostendeckung der Kammern. Diese beschlossen über den zur Erfüllung ihrer gesetzlichen Aufgaben erforderlichen Kostenaufwand und ordneten ihr Kassen- und Rechnungswesen selbständig[653]. Jährlich war ein Einnahme- und Ausgabenetat aufzustellen, der Zentralstelle für Gewerbe und Handel vorzulegen und öffentlich

---

[648] Gesetz, betreffend die Errichtung von Handels- und Gewerbekammern vom 04.07.1874, Regierungsblatt für das Königreich Württemberg 1874, S. 193–201 (im Folgenden: Württ. Handels- und GewerbekammerG-1874).
[649] Art. 1 Württ. Handels- und GewerbekammerG-1874.
[650] *Mosthaf*, Die Württembergischen IHK, Bd. 1, 1955, S. 230.
[651] Art. 2 Württ. Handels- und GewerbekammerG-1874.
[652] Art. 4 Württ. Handels- und GewerbekammerG-1874. Die Wählerlisten wurden für jeden Abstimmungsbezirk durch das Oberamt anhand der entsprechenden Handelsregistereintragungen sowie von Anträgen nicht eingetragener, aber gewerbesteuerpflichtiger Handels- und Gewerbetreibender aufgestellt, Art. 11 f. Württ. Handels- und GewerbekammerG-1874.
[653] Art. 27 S. 1 Württ. Handels- und GewerbekammerG-1874. Art. 27 S. 2 erweiterte die Autonomie der Kammern, indem ihnen das Recht eingeräumt wurde, die von ihnen für erforderlich erachteten Arbeitskräfte anzunehmen, die Vergütungen derselben festzusetzen und die nötigen Räumlichkeiten zu beschaffen.

bekanntzumachen[654]. Die Kosten der Kammern wurden nunmehr auf die Wahlberechtigten des Kammerbezirks nach dem Fuße der von ihnen zu entrichtenden Staatsgewerbesteuer umgelegt und als Zuschlag zu dieser erhoben[655].

In der Folge sollten sich die Regelungen über die Kostentragung in Verbindung mit den Vorschriften über die Wahlberechtigung aus Sicht der Kammern als Schwachpunkt des neuen Gesetzes erweisen. Nicht im Handelsregister eingetragene Handel- und Gewerbetreibende konnten sich nämlich der Kostentragung entziehen, indem sie sich nicht zur Aufnahme in die Wählerlisten anmeldeten. Auch sahen zahlreiche Kaufleute, die nach dem deutschen Handelsgesetzbuch zur Anmeldung ihrer Firma zum Handelsregister verpflichtet waren, hiervon ab, um Kammerbeiträge und Eintragungsgebühren zu sparen. Beides trug maßgeblich dazu bei, dass die Wahlbeteiligung bei den ersten Wahlen der neu konstituierten Kammern gering war, und fortan noch weniger Kleingewerbetreibende und Handwerker in den Kammern repräsentiert waren[656].

dd) Das Württembergische Handelskammergesetz von 1899

Nachdem die Handwerkernovelle von 1897 zur Gewerbeordnung auf Reichsebene die Grundlage für ein eigenständiges Organisationswesen der Handwerker geschaffen und in § 103q GewO die Landesregierungen ermächtigt hatte, unter bestimmten Voraussetzungen die Rechte und Pflichten der Handwerkskammern bestehenden Handels- und Gewerbekammern zu übertragen, kam es in Württemberg zu einer kontroversen Diskussion, ob von dieser Möglichkeit Gebrauch gemacht werden sollte. Allerdings hätten die Handelskammern stark umgestaltet werden müssen, um den gesetzlichen Pflichten der Handwerkskammern gerecht werden zu können[657]. Die Regierung entschied sich daher schließlich für die Einrichtung eigenständiger Handwerkskammern und begründete dies damit, dass die Handelskammern vor allem beratende Organe seien, deren Hauptfunktion in der Erstattung von Gutachten über allgemeine große Fragen des volkswirtschaftlichen Lebens bestehe[658]. Die Handwerkskammern nach der Gewerbeordnung seien demgegenüber nicht vorwiegend beratende Organe, sondern Vertretungen des Handwerks, denen verwaltende, aber auch rechtsetzende Geschäfte zufielen. Das neue Handelskammergesetz vom 30. Juli 1899 gliederte daher die Handwerker aus den Handelskammern aus[659], bevor am 31. Oktober 1899 die Errichtung von Handwerkskammern in Stuttgart, Heilbronn, Reutlingen und Ulm angeordnet wurde. Damit waren aus den vormaligen Handels- und Gewerbekammern reine Handelskammern geworden.

---

[654] Art. 28 Württ. Handels- und GewerbekammerG-1874.
[655] Art. 29 Abs. 1 Württ. Handels- und GewerbekammerG-1874.
[656] *Mosthaf*, Die Württembergischen IHK, Bd. 1, 1955, S. 194 ff., 209.
[657] *Mosthaf*, Die Württembergischen IHK, Bd. 1, 1955, S. 226 ff.
[658] *Mosthaf*, Die Württembergischen IHK, Bd. 1, 1955, S. 228.
[659] Gesetz, betreffend die Handelskammern vom 30.07.1899, Regierungsblatt für das Königreich Württemberg 1899, S. 579–590 (im Folgenden: Württ. HandelskammerG-1899).

Im Übrigen brachte das neue Handelskammergesetz das Recht der württembergischen Kammern in verschiedenen Bereichen auf den Stand der Rechtsentwicklung in anderen deutschen Staaten[660]. So wurde den in Handelskammern umbenannten Kammern die Stellung einer juristischen Person eingeräumt[661]. Das aktive Wahlrecht und damit auch die Pflicht, zu den Kosten der Handelskammer beizutragen[662], war von der Eintragung einer Firma in einem Handelsregister des jeweiligen Bezirks (bzw. der Eintragung der Gesellschaft oder Genossenschaft im Handels- oder Genossenschaftsregister) und von der Veranlagung zur Gewerbesteuer abhängig[663]. Frauen wurde nunmehr das aktive, nicht aber das passive Wahlrecht eingeräumt[664]. Die Aufgaben der Handelskammern waren nicht mehr im Einzelnen aufgelistet, sondern etwas allgemeiner umschrieben, wobei allerdings die wesentlichen Aufgaben weiter Erwähnung fanden. Allgemeine Bestimmung der Handelskammern war, die Gesamtinteressen der Handel- und Gewerbetreibenden ihres Bezirks wahrzunehmen, insbesondere die Behörden in der Förderung des Handels und der Gewerbe durch Mitteilungen, Anträge und Gutachten zu unterstützen[665]. Neu war die Anordnung im folgenden Satz, dass die Handelskammern in allen wichtigen, die Interessen des Handels oder der Gewerbe berührenden Angelegenheiten gehört werden sollten[666]. Im Einzelnen erwähnt wurden ansonsten die jährliche Berichterstattung gegenüber dem Ministerium des Innern über den Zustand von Handel und Gewerbe und wünschenswerte Verbesserungen etc. sowie die Befugnis, Veranstaltungen zur Förderung von Handel und Gewerbe zu unterstützen[667].

---

[660] Vgl. die ausführliche Darstellung von *Mosthaf*, Die Württembergischen IHK, Bd. 2, 1962, S. 3 ff., insbes. S. 18 ff.
[661] Art. 27 Württ. HandelskammerG-1899.
[662] Gem. Art. 30 Abs. 1 Württ. HandelskammerG-1899 waren die Kosten der Handelskammer von den Wahlberechtigten des Kammerbezirks nach dem Maßstab ihrer Gewerbesteuerkapitale zu tragen und wurden aufgrund der von der Handelskammer gefertigten Umlage durch die Steuereinbringer der Gemeinde als Zuschlag zur Gewerbesteuer bei deren Einzug erhoben.
[663] Art. 4 Württ. HandelskammerG-1899.
[664] Die in Art. 5 Württ. Handels- und GewerbekammerG-1874 noch vorgesehene Vertretung bei der Abgabe der Wahlstimme einer Person weiblichen Geschlechts durch den im Handelsregister eingetragenen Prokuristen ist in Art. 5 Württ. HandelskammerG-1899 nicht mehr enthalten. Gleichzeitig wurde das passive Wahlrecht in Art. 7 Württ. HandelskammerG-1899 ausdrücklich auf männliche Personen beschränkt.
[665] Art. 1 Abs. 1 S. 1 Württ. HandelskammerG-1899.
[666] Art. 1 Abs. 1 S. 2 Württ. HandelskammerG-1899.
[667] Art. 1 Abs. 2 und 3 Württ. HandelskammerG-1899.

6. Der Status quo des Handelskammerrechts in Deutschland zu Beginn des 20. Jh.

a) Zum Entwicklungsstand des Handelskammerrechts

Nach Ausgliederung der Handwerker und der Bildung eigenständiger Handwerkskammern als Folge der Handwerkernovelle zur Reichsgewerbeordnung 1897 hatte das Handelskammerrecht in Deutschland im ersten Jahrzehnt des 20. Jh. einen Status quo erreicht[668], der bis zum Ende des Kaiserreichs nur unwesentlich angetastet wurde und im Grunde – wenn man von der Zäsur während des Nationalsozialismus absieht – bis zur Einführung des Bundes-IHK-Gesetzes im Jahr 1956 prägend bleiben sollte. Wesentlich war, das, anders als im Bereich der Handwerksorganisationen, trotz bestehender Gesetzgebungskompetenz des Reiches keine reichseinheitliche Regelung gelungen war. Entsprechende Vorstöße waren gescheitert, da sie meist in groß angelegte Reformkonzepte des Wirtschaftskammerwesens im Ganzen eingebunden waren, die letztlich nicht die erforderlichen parlamentarischen Mehrheiten fanden.

Trotz der einzelstaatlichen Regelung des Handelskammerrechts war dieses allerdings in der zweiten Hälfte des 19. Jh. in den einzelnen Staaten schrittweise angeglichen worden. Die vor allem in der preußischen Rheinprovinz aus der französischen Zeit verbliebenen „top-down" gebildeten, hoheitlich geprägten Handelskammern wurden allmählich durch verschiedene „bottom-up"-Elemente der frei gebildeten Kaufmännischen Korporationen angereichert[669]. Insbesondere die auf Initiative der Betroffenen erfolgte Integration partizipativer Elemente wie der Wahl der Mitglieder durch die vertretenen Kaufleute und Gewerbetreibenden sowie der Wahl des Vorsitzenden durch die Kammer selbst trugen maßgeblich dazu bei, dass die weiter bestehende äußere Organisationsform der Handelskammer in materialer Hinsicht nach und nach zu einer Hybridform zwischen Handelskammer französischen Typs und überkommener Kaufmännischer Korporation umgebildet wurde. Sieht man in den Kaufmännischen Korporationen Nachfolger der mittelalterlichen Gilden, so können diese daher tatsächlich mittelbar auch als Vorläufer der Handelskammern in einem weiteren Sinne betrachtet werden.

Schließlich war die Wahl des Vorsitzenden durch die Kammer und die Wahl der Kammermitglieder durch die Betroffenen allgemein etabliert, wobei oftmals ein Zensus bestand, der Kleinkaufleute von der aktiven und passiven Wahlberechtigung ausschloss. Die Wahlberechtigten hatten zugleich maßgeblich die Kosten – meist in Form eines Zuschlags zur Gewerbesteuer – der Kammern zu tragen, wobei teilweise weitere Finanzierungsquellen wie Einnahmen aus kammereigenen Ein-

---

[668] Die verschiedenen Handelskammergesetze der deutschen Bundesstaaten mit dem Stand von 1916 sind bei Wendtland, Handbuch der Deutschen Handelskammern, 1916 zusammengestellt; die Handelskammer- bzw. IHK-Gesetze mit dem Stand von 1927 sind abgedruckt bei: Wendtland, Handbuch der Deutschen IHK, 1927.

[669] Vgl. auch *Glum*, Selbstverwaltung der Wirtschaft, 1925, S. 164 f.

richtungen und staatliche Zuschüsse in mehr oder weniger bedeutendem Ausmaß hinzutraten. Die partizipativen Elemente in Kombination mit einer später einsetzenden wesentlichen Ausweitung der Aufgaben waren es auch, welche die Handelskammern von Beratungsorganen der Regierung schließlich zu wirklichen Selbstverwaltungseinrichtungen der Betroffenen werden ließen.

In formaler Hinsicht hatten die Handelskammern zu Anfang des 20. Jh. den Status juristischer Personen erlangt. Vor dem Hintergrund, dass die Figur der juristischen Person des öffentlichen Rechts erst in der wissenschaftlichen Diskussion der letzten Jahrzehnte des 19. Jh. entwickelt worden war, fehlte es zu diesem Zeitpunkt noch an einer näheren Bestimmung des Status der Handelskammern. Die Wissenschaft stufte die Handelskammern allerdings bereits überwiegend als Körperschaften des öffentlichen Rechts ein[670].

Als Bestimmung der Kammern hatte sich – mit abweichenden Formulierungen – die Wahrnehmung der Gesamtinteressen der Handel- und Gewerbetreibenden durchgesetzt. Dabei hatte sich allerdings auch die zentrale Aufgabe der ursprünglichen französischen Kammern, die Behörden bei der Förderung von Handel und Gewerbe durch Mitteilungen und Gutachten zu unterstützen, erhalten. Die Handelskammern fungierten also weiterhin auch als dezentrale Sensoren der Behörden, die darauf gerichtet waren, den Sachverstand der Betroffenen für die wirtschaftsbezogenen Entscheidungen von Politik und Verwaltung nutzbar zu machen. Doch ging der Austausch in beide Richtungen. Längst waren die Handelskammern, die sich in regionalen Handelskammertagen und übergreifend im Deutschen Handelstag zusammengeschlossen hatten, zu effektiven Lobbyorganisationen von Handel und Gewerbe geworden, die oftmals mit großem Erfolg deren Interessen gegenüber Politik und Verwaltung artikulierten[671]. Zu dieser bis heute wichtigen kommunikativen Schnittstellenfunktion zwischen Kaufleuten und Staat waren jedoch im Laufe der Zeit auch konkrete Verwaltungsaufgaben hinzugetreten. Neben verschiedenen – z. T. schon früh übertragenen – Aufsichts- und Ernennungsrechten in Bezug auf öffentliche Einrichtungen bzw. Funktionsträger im Bereich von Handel und Gewerbe war hier vor allem die inzwischen in der Regel übertragene Befugnis prägend, Anstalten, Anlagen und Einrichtungen zur Förderung von Handel und Gewerbe, aber auch zum Zwecke der Ausbildung und Erziehung der Gehilfen und Lehrlinge zu begründen, zu unterhalten und zu unterstützen.

Wesentliche Parallelen und Ähnlichkeiten des Handelskammerrechts der verschiedenen deutschen Staaten dürfen allerdings nicht darüber hinwegtäuschen, dass nach wie vor auch erhebliche Unterschiede bestanden. So divergierten die Verkammerungsgrade der verschiedenen Staatsgebiete wesentlich. Insbesondere war der Hegemonialstaat Preußen nach wie vor nicht umfassend verkammert[672]. Eine

---

[670] Vgl. etwa *F. C. Huber*, Festschrift zur Feier des 50jährigen Bestehens, 1906, S. 60, 66ff.

[671] Zur Einflussnahme auf die Gesetzgebung: *Henning*, Mitwirkung der Kaufmannschaft, in: Politik und Wirksamkeit, 1987, S. 35 (40ff.).

[672] *van Eyll*, Berufsständische Selbstverwaltung, in: Dt. Verwaltungsgeschichte, Bd. 3, 1984, S. 71 (80); in Baden waren Teile des Staatsgebietes nicht verkammert, bis die Handelskammern

Kammergründung hing hier von einer entsprechenden Initiative der Betroffenen ab, mit der Folge, dass die typischen Funktionen von Handelskammern auch zu Beginn des 20. Jh. in manchen Gebieten noch von weiter bestehenden Kaufmännischen Korporationen wahrgenommen wurden, während in anderen Gebieten überhaupt keine Repräsentanz der Kaufleute bestand. Den Gegenpol hierzu bildete Bayern, wo die Einrichtung von Handelskammern von Anfang an von der Regierung angeordnet wurde. Die acht Kammern der einzelnen Regierungsbezirke deckten so das gesamte Staatsgebiet ab. Allerdings bestand in Bayern damit nur eine geringe Zahl von Handelskammern, was wiederum eine Ergänzung durch lokale oder bezirksbezogene Handelsgremien nötig machte, die aber nur bei entsprechendem Bedarf der Betroffenen eingerichtet wurden. Im Großherzogtum Hessen, in dem zunächst nach preußischem Modell im Bedarfsfalle auf Initiative der Betroffenen Handelskammern eingerichtet worden waren, war durch die im Jahr 1900 beschlossene Ausweitung der Kammerbezirke eine Verkammerung des gesamten Staatsgebiets erreicht worden.

Damit deutet sich auch bereits an, dass die Einflussnahme der jeweiligen Staaten auf die Handelskammern und deren Integration in den Staatsaufbau unterschiedlich ausgeprägt war. Die Gründung einer Handelskammer hing stets zumindest von einer hoheitlichen Genehmigung und einer entsprechenden Verfügung ab. Während die Errichtung von Handelskammern aber bspw. in Bayern, Sachsen und nunmehr auch im Großherzogtum Hessen umfassend, einschließlich der Initiative, Sache des Staates war, setzten andere Staaten wie insbesondere Preußen, aber auch Württemberg ausdrücklich oder implizit eine entsprechende Initiative der Betroffenen voraus.

b) Die wissenschaftliche Erfassung des Handelskammerrechts und -wesens

Die große praktische Bedeutung der Handelskammern einerseits und die Entwicklung zur Reife des Handelskammerrechts andererseits haben Ende des 19., Anfang des 20. Jh. auch darin ihren greifbaren Niederschlag gefunden, dass grundlegende Ausarbeitungen zum Handelskammerrecht sowie synoptische Zusammenstellungen des einschlägigen Datenmaterials publiziert wurden: So erschien im Jahr 1897 in der Guttentagschen Sammlung Preußischer Gesetze der von *Franz Lusensky* bearbeitete erste ausführliche Kommentar zum Preußischen Handelskammergesetz 1870/1897[673], dem im Jahr 1909 eine zweite Auflage folgte[674]. Hervorzuheben ist daneben das von *Franz Wendtland* erstmals im Jahr 1905 herausgegebene Jahrbuch der Deutschen Handelskammern, das bis zum Eintritt des Verfassers als Syndikus der IHK Leipzig in den Ruhestand im Jahr 1930 noch zehn weitere Ausgaben er-

---

Heidelberg, Karlsruhe, Pforzheim und Mannheim in den Jahren 1909 bis 1913 ihre Bezirke auf bisher nicht vertretenen Gebiete ausweiteten; die Kleinstaaten Waldeck, Schaumburg-Lippe und Lippe verfügten über keine Kammern.

[673] *Lusensky*, Gesetz über die Handelskammern, 1897.
[674] *Lusensky*, Gesetz über die Handelskammern, 2. Aufl., 1909.

fuhr⁶⁷⁵. Die Jahrbücher bieten eine bis heute unerreichte, unerschöpfliche Datenfülle über die einzelnen Handelskammern und ihre Zusammenschlüsse. *Wendtland* publizierte zudem in den Jahren 1916 und 1927 Handbücher der Deutschen Handelskammern (bzw. IHK), in denen die Handelskammergesetze der einzelnen Bundesstaaten zusammengestellt sind⁶⁷⁶.

7. Entwicklung des Handelskammerrechts bis zum Ende der Weimarer Republik

a) Der Gesetzentwurf des preußischen Handelsministeriums 1917/18

Noch während des Ersten Weltkriegs, im Oktober 1917, legte das preußische Handelsministerium einen Gesetzentwurf vor, der endlich wesentliche Mängel des preußischen Handelskammerrechts beheben sollte⁶⁷⁷. Hauptangriffspunkt des Entwurfs war das – obwohl sich mittlerweile zumindest viele Kaufmännische Korporationen in Handelskammern umgewandelt hatten – nach wie vor nicht flächendeckende und stark zersplitterte preußische Handelskammerwesen mit seinen sehr unterschiedlich leistungsfähigen Kammern. Ein neuer § 2 Preuß. HandelskammerG sollte daher die Grundlage dafür schaffen, im ganzen Staatsgebiet Handels- und Industriekammern zu errichten und dem Minister für Handel und Gewerbe die Kompetenz einzuräumen, frei über Bezirk, Sitz und Zahl der Mitglieder der Kammern zu entscheiden⁶⁷⁸. Dies sollte es letztlich ermöglichen, zwecks Effizienzsteigerung die Zahl der Kammern zu reduzieren und gleichzeitig deren Bezirke neu zuzuschneiden⁶⁷⁹.

Ein weiteres Ziel des Gesetzentwurfs war die Aufwertung derjenigen Mitgliedergruppen innerhalb der Handelskammern, die sich im Vergleich zum (Groß-)Handel nicht genügend repräsentiert sahen. So sollten u. a. nach dem Vorbild der österreichischen Kammergesetzgebung getrennte Abteilungen und Wahlgruppen

---

⁶⁷⁵ Vgl. das Vorwort zur 11. Ausgabe (1928/30): *Wendtland*, Jahrbuch der deutschen IHK 11 (1928/30), 1930, S. III.
⁶⁷⁶ *Wendtland*, Handbuch der Deutschen Handelskammern, 1916; *ders.*, Handbuch der Deutschen IHK, 1927.
⁶⁷⁷ Der Gesetzentwurf ist mit Begründung abgedruckt in: Ministerial-Blatt der Handels- und Gewerbe-Verwaltung, 17. Jg. (1917), S. 338–344; vgl. dazu auch *Klug*, IHKG, in: von Brauchitsch, Die Preußischen Verwaltungsgesetze, 4. Bd., 17. Aufl., 1926, S. 701 (704 f.); *Keucher*, Geschichtliche Entwicklung, 1931, S. 36 ff.; zum Stand des deutschen IHK-Wesens im Jahr 1917: *Wendtland*, Jahrbuch der Deutschen Handelskammern 3 (1917), 1917.
⁶⁷⁸ In der Begründung zu Art. II Änderungsgesetzentwurf-1917 heißt es, dass die freie Entscheidung des Ministers für Handel und Gewerbe über die Errichtung und Abgrenzung einer Kammer die einzige Möglichkeit biete, der weitgehenden Zersplitterung der Handelskammerorganisation entgegenzuwirken.
⁶⁷⁹ Vgl. Begründung zu Art. II und III Änderungsgesetzentwurf-1917; die Ausführungen des Handelsministers *Sydow* zum Gesetzentwurf am 27. Februar 1918 im preußischen Abgeordnetenhaus, auszugsweise wiedergegeben bei: *Klug*, IHKG, in: von Brauchitsch, Die Preußischen Verwaltungsgesetze, 4. Bd., 17. Aufl., 1926, S. 701 (705).

für Industrie und Handel und ggf. auch eine weitere für den Kleinhandel eingeführt werden[680], die teilweise bestehenden Kleinhandelsausschüsse ausgebaut werden[681] und schließlich die Kammern in „Handels- und Industriekammern" umbenannt werden[682]. Ein wesentlicher Fortschritt bestand schließlich darin, dass Frauen endlich zumindest das aktive Wahlrecht eingeräumt werden sollte[683]. Nachdem sich die preußischen Handelskammern gegen Jahresende 1917 mit den Änderungen im Wesentlichen einverstanden erklärt hatten, wurde der Gesetzentwurf im Rahmen der Beratungen im Abgeordnetenhaus an eine Kommission überwiesen, bevor er jedoch schließlich aufgrund der Staatsumwälzungen nach Kriegsende nicht mehr weiterverfolgt wurde[684].

b) Die Diskussionen über ein reichseinheitliches Kammerrecht

Es ist bemerkenswert, dass das Handelskammerrecht auch nach dem Ende der Monarchie im Wesentlichen den Strukturen verhaftet blieb, die sich bis zum Anfang des 20. Jh. in nahezu allen Staaten des Deutschen Reiches herausgebildet hatten[685]. Zwar stand dem Reich eine konkurrierende Gesetzgebungskompetenz für die „Einrichtung beruflicher Vertretungen für das Reichsgebiet"[686] zu, doch wurde hiervon trotz verschiedener Initiativen für die Handelskammern letztlich kein Gebrauch gemacht. Das allerdings – wie oben dargestellt – in den Grundstrukturen weitgehend vereinheitlichte Handelskammerrecht blieb daher weiterhin von den einzelnen Ländern geregelt.

In den ersten Jahren der Republik gab es allerdings durchaus starke Bestrebungen zu einer grundlegenden Reform und Vereinheitlichung des Handelskammerrechts auf der Basis eines von den Ländern auszufüllenden Reichsrahmengesetzes[687].

---

[680] Art. VII Änderungsgesetzentwurf-1917 sah die Einfügung entsprechender §§ 9a und 9b in das Preuß. HandelskammerG vor.

[681] Art. XIV Änderungsgesetzentwurf-1917 sah eine Ergänzung von § 37 Preuß. HandelskammerG vor, nach der ggf. der Minister die notwendigen Anordnungen über die Errichtung, den Aufgabenkreis und die Geschäftsführung eines Kleinhandelsausschusses treffen konnte.

[682] Art. 1 des Änderungsgesetzentwurfs-1917 sah die Umbenennung der Handelskammern in Handels- und Industriekammern vor. In der Begründung hierzu hieß es, dass die bisherige Bezeichnung in der Öffentlichkeit oft zu dem Irrtum Anlass gegeben habe, dass die Kammern eine ausschließliche Vertretung des Handels darstellten.

[683] Art. V und VI Änderungsgesetzentwurf-1917; in der Begründung erbittet der Minister eine Stellungnahme, ob die Einführung auch des passiven Wahlrechts unbedenklich und erwünscht sei.

[684] *Klug*, IHKG, in: von Brauchitsch, Die Preußischen Verwaltungsgesetze, 4. Bd., 17. Aufl., 1926, S. 701 (705).

[685] *Hendler*, Selbstverwaltung als Ordnungsprinzip, 1984, S. 149; zur Einbeziehung der Handelskammern in die Kriegswirtschaft des Ersten Weltkriegs: *Henning*, Geschichte, in: Wirtschaftsarchive und Kammern, 1982, S. 25 (45).

[686] Art. 7 Nr. 10 WRV; *Zorn*, Staatsrechtliche Stellung der Handelskammern, in: Festgabe Zitelmann, 1923, S. 167 (177) leitet die konkurrierende Gesetzgebungskompetenz des Reichs hingegen aus Art. 7 Nr. 14 („Handel") her.

[687] Vgl. *Henning*, Geschichte, in: Wirtschaftsarchive und Kammern, 1982, S. 25 (46); *Zorn*,

I. 7. Entwicklung des Handelskammerrechts bis zum Ende der Weimarer Republik 337

Auslöser der Reformbestrebungen war primär Art. 165 WRV, dessen Abs. 3 die bereits oben angesprochene Bildung von Bezirkswirtschaftsräten und eines Reichswirtschaftsrats vorsah[688]. Nach Einrichtung des vorläufigen Reichswirtschaftsrats im Jahr 1920 traten Handelskammern, Handwerkskammern und Landwirtschaftskammern als möglicher Unterbau der einzurichtenden Bezirkswirtschaftsräte in das Blickfeld, da man Wahlkörper für die Bezirkswirtschaftsräte für erforderlich hielt und gleichzeitig deren Bezirke zu groß waren, um Tatsachen und Stimmungen in der Wirtschaft zuverlässig ermitteln zu können[689]. Sehr umstritten war nun aber insbesondere, wie die bei der Wahl der Bezirkswirtschaftsräte gebotene paritätische Beteiligung der Arbeitnehmer an deren Unterbau gewährleistet werden sollte. Insofern wurde ein breites Spektrum an Vorschlägen diskutiert, die – im Falle ihrer Realisierung – die bestehenden Wirtschaftskammern z. T. grundlegend umgestaltet hätten. So stellte eine Denkschrift des Reichswirtschaftsministeriums im August 1920 zwei Modelle zur Diskussion[690]: Nach Plan A sollten Handels-, Handwerks- und Landwirtschaftskammern reine Unternehmerkammern bleiben, als Unterbau der Bezirkswirtschaftsräte aber durch eigenständige gemischtberufliche Bezirksarbeiterkammern ergänzt werden. Plan B sah eine Integration von Arbeitnehmern in die Landwirtschaftskammern vor, während Handels- und Handwerkskammern prinzipiell Unternehmerkammern bleiben, aber mit neuen fachlich getrennten Arbeiterkammern paritätisch gemeinsame Ausschüsse bilden sollten, denen als eigentliche amtliche Berufsvertretungen die Wahrnehmung verschiedener Kammeraufgaben zugekommen wäre. Daneben wurden vielfältige weitere Vorschläge vorgelegt, die von einer völligen Ablösung der bisherigen Kammern durch Abteilungen der Bezirkswirtschaftsräte für Handel, Industrie, Landwirtschaft und Handwerk bis zu einer prinzipiellen paritätischen Einbeziehung der Arbeitnehmer in die verschiedenen Kammern reichten.

Die Diskussionen im Verfassungsausschuss des vorläufigen Reichswirtschaftsrats, der Leitsätze für die Errichtung von Bezirkswirtschaftsräten ausarbeiten sollte, führten Ende 1922 zu dem Vorschlag, neben den Handelskammern Arbeitnehmervertretungen zu schaffen und beide durch ein Gemeinschaftsorgan zu verbinden[691]. Vor der Beschlussfassung über die Bezirkswirtschaftsräte sollte aber zunächst die Frage der reichsrechtlichen Regelung der Handelskammern und anderen

---

Staatsrechtliche Stellung der Handelskammern, in: Festgabe Zitelmann, 1923, S. 167 (178 ff.) sowie ausführlich *Keucher*, Geschichtliche Entwicklung, 1931, S. 40 ff.

[688] Siehe oben S. 155, 158 f.; näher zum Reichswirtschaftsrat und dessen Unterbau: *Schäffer*, Der vorläufige Reichswirtschaftsrat, 1920; *Glum*, Reichswirtschaftsrat, 1929; *Hauschild*, Der vorläufige Reichswirtschaftsrat 1920–1926, 1926; *ders.*, Der vorläufige Reichswirtschaftsrat 1927–1932, 1932; *Gusy*, Die Weimarer Reichsverfassung, 1997, S. 366 ff.

[689] Vgl. *Dotzenrath*, Wirtschaftsräte, 1933, S. 58 ff.

[690] *Keucher*, Geschichtliche Entwicklung, 1931, S. 46 f.

[691] Bei den Handwerks- und Gewerbekammern sollten hingegen die bestehenden Gesellenausschüsse ausgebaut und dann aus Mitgliedern der Kammer sowie der Gesellenausschüsse gemeinsame paritätische Gesellenausschüsse gebildet werden. In den Landwirtschaftskammern schließlich sollte bis zu ein Drittel der Sitze mit Arbeitnehmern besetzt werden; vgl. *Keucher*, Geschichtliche Entwicklung, 1931, S. 50 f.

Berufskammern, die als Unterbau für die Bezirkswirtschaftsräte in Frage kamen, geklärt werden. Auf der Basis der Vorschläge des Verfassungsausschusses des vorläufigen Reichswirtschaftsrats arbeitete die Reichsregierung einen ersten Referentenentwurf eines Gesetzes über die Berufsvertretungen des Handels und der Industrie aus, der die Errichtung von Arbeitnehmervertretungen und deren Verbindung mit den Handelskammern durch paritätisch besetzte Ausschüsse vorsah[692]. Nachdem der Entwurf aber sowohl von Seiten der Handelskammern als auch von den Arbeitnehmerorganisationen und schließlich auch von einigen Länderregierungen heftig kritisiert worden war, wurde er nicht mehr weiterverfolgt.

Als die Reichsregierung im Jahr 1926 die Initiative ergriff, endlich den vorläufigen Status des Reichswirtschaftsrats zu beenden, erhielt die Frage der Einbeziehung der Arbeitnehmer in die Industrie- und Handelskammern und die sonstigen Kammern erneute Aufmerksamkeit im Verfassungsausschuss des vorläufigen Reichswirtschaftsrats: Während die Arbeitnehmervertreter für eine gleichberechtigte Integration von Arbeitnehmern in die Kammern plädierten, hielten Arbeitgebervertreter dem entgegen, dass Art. 165 WRV hierfür keine Grundlage biete und die Zusammenarbeit von Vertretern der Arbeitgeber- und Arbeitnehmerseite erst auf der Ebene der – nach wie vor nicht existierenden – Bezirkswirtschaftsräte einsetzen müsse. Als Ergebnis der kontroversen Diskussionen forderte der Reichswirtschaftsrat die Reichsregierung schließlich auf, zu prüfen, wie die noch bestehenden Lücken bei der Durchführung des Art. 165 WRV zu schließen seien. Soweit die Zusammenarbeit von Arbeitgebern und Arbeitnehmern nicht innerhalb der vorhandenen öffentlich-rechtlichen Berufsvertretungen sichergestellt werden könne, seien neben und in Verbindung mit diesen öffentlich-rechtliche Organe einzurichten, die als Forum für das Zusammenwirken dienen könnten. Da in der Folge aber ebenso wenig der endgültige Reichswirtschaftsrat wie die Bezirkswirtschaftsräte etabliert wurden, war es nur konsequent, dass schließlich auch alle Bemühungen um eine Vereinheitlichung der Organisation der Handelskammern und sonstigen Wirtschaftskammern als möglichem Unterbau der Bezirkswirtschaftsräte im Sande verliefen. Damit war aber auch das Bemühen um eine reichseinheitliche Regelung des Handelskammerrechts gescheitert.

c) Änderungen des preußischen Handelskammergesetzes in den Jahren 1921 und 1924

Im Vergleich zu manchen Optionen, die in der Diskussion um eine Umgestaltung der Wirtschaftskammern als Unterbau der Bezirkswirtschaftsräte in Erwägung gezogen wurden, nahmen sich die tatsächlichen Änderungen des preußischen Handelskammergesetzes bescheiden aus[693]. Die zwei bedeutendsten Änderungen des

---

[692] *Keucher*, Geschichtliche Entwicklung, 1931, S. 58.
[693] Vgl. die Übersicht bei *Friedrichs*, Industrie- und Handelskammern, in: Handwörterbuch der Rechtswissenschaft, Bd. 3, 1928, S. 263.

I. 7. Entwicklung des Handelskammerrechts bis zum Ende der Weimarer Republik 339

Handelskammergesetzes in den Jahren 1921 und 1924 blieben punktuell, passten aber zumindest das Wahlrecht an die Zeitläufte an und verwirklichten verschiedene der oben geschilderten, drängenden Desiderate[694]. Durch Gesetz vom 14. Januar 1921 wurde das allgemeine, gleiche und geheime Wahlrecht eingeführt[695]. Daneben wurde eines der wesentlichen Reformanliegen des Gesetzentwurfs von 1917 aufgegriffen und die Wahl fortan im Rahmen fachlicher Wahlgruppen vorgenommen[696].

Als die Wahrscheinlichkeit, dass das Handelskammerwesen auf der Basis eines Reichsrahmengesetzes reformiert werden würde, deutlich gesunken war, wurde im Jahr 1924 durch Notverordnung des Staatsministeriums[697] nicht nur die Bezeichnung Handelskammer durch die bis heute übliche Bezeichnung Industrie- und Handelskammer ersetzt (und das Gesetz entsprechend umbenannt)[698], sondern nun auch endlich das dringliche Problem der Zersplitterung des preußischen Handelskammerwesens in Angriff genommen[699]. § 2 des preußischen IHKG, der die Errichtung der Kammern betraf, erhielt einen neuen Absatz 3, der den Minister für Handel und Gewerbe ermächtigte, nach Anhörung der beteiligten Kammern Anordnungen über die Abgrenzung der Bezirke der IHK sowie die Auflösung und die Zusammenlegung bestehender Kammern zu treffen[700]. Dabei sollten die wirtschaftliche Zusammengehörigkeit und die Eigenart des Bezirks, die steuerliche Leistungsfähigkeit der beitragspflichtigen Firmen und „das notwendige Streben nach Kostenersparnis" Berücksichtigung finden[701]. Gleichzeitig wurde allerdings benachbarten IHK auch die Möglichkeit eingeräumt, sich mit Genehmigung des Ministers für Handel und Gewerbe zwecks gemeinsamer und ausschließlicher Erfüllung bestimmter Aufgaben zu einem Zweckverband in der Rechtsform einer Körperschaft des öffentlichen Rechts zusammenzuschließen[702]. Die vom preußischen Handelsministerium gewünschte Bildung von Zweckverbänden bot zugleich Schutz gegenüber weiterreichenden Anordnungen des Ministers, da eine Kammer ohne ihre Zustimmung nicht aufgelöst, anderweitig abgegrenzt oder mit

---

[694] *Keucher*, Geschichtliche Entwicklung, 1931, S. 38 f.; *Hendler*, Selbstverwaltung als Ordnungsprinzip, 1984, S. 149.
[695] Art. 1 des Gesetzes, betreffend die Änderung der Gesetze über die Handelskammern vom 24. Februar 1870, 19. August 1897, 2. Juni 1902 vom 14. 01. 1921, Preuß. GS 1921, S. 223.
[696] Dito.
[697] Verordnung zur Änderung des Gesetzes über die Handelskammern vom 01. 04. 1924, Preuß. GS 1924, S. 194 (im Folgenden: Preuß. HandelskammerG-ÄnderungsVO-1924); der vom Staatsministerium in Übereinstimmung mit dem Ständigen Ausschuss des Landtags erlassenen Verordnung kam nach Art. 55 Preußische Verfassung Gesetzeskraft zu.
[698] Art. IV Preuß. HandelskammerG-ÄnderungsVO-1924.
[699] *Klug*, IHKG, in: von Brauchitsch, Die Preußischen Verwaltungsgesetze, 4. Bd., 17. Aufl., 1926, S. 701 (705).
[700] Art. I Preuß. HandelskammerG-ÄnderungsVO-1924.
[701] § 2 Abs. 3 S. 2 HKG-1870/1897 in der Fassung aufgrund der Preuß. HandelskammerG-ÄnderungsVO-1924 (im Folgenden: Preuß. IHKG).
[702] § 2 Abs. 4 S. 1 IHKG; gem. § 2 Abs. 4 S. 2 IHKG konnte der Minister für Handel und Gewerbe die Bildung eines solchen Zweckverbands anordnen, wenn mindestens die Hälfte der beteiligten Kammern zustimmte und wenn die zustimmenden Kammern mehr als die Hälfte der Gesamtzahl der eingetragenen Firmen sämtlicher beteiligten Kammern umfassten.

einer anderen Kammer zusammengelegt werden durfte, solange sie einem Zweckverband angehörte[703].

Nachdem sich im Jahr 1926 auch die letzte in Preußen verbliebene Kaufmännische Korporation in Stettin (Provinz Pommern) gem. § 44 Abs. 2 Preuß. IHKG in eine IHK umgewandelt hatte[704], bestanden in Preußen über 70 Industrie- und Handelskammern[705]. Diese hatten sich gem. dem 1924 eingefügten § 2 Abs. 3 Preuß. IHKG zu insgesamt sieben regionalen Zweckverbänden zusammengeschlossen[706].

d) Rechtsentwicklung in den anderen Ländern

Für die Entwicklung des Handelskammerrechts der anderen Länder des Deutschen Reichs in der Weimarer Republik gilt grundsätzlich das zu Preußen Gesagte[707]: Neben der Einführung des allgemeinen und gleichen Wahlrechts und damit insbesondere des Wahlrechts für Frauen, wo dies nicht schon zuvor bestanden hatte, blieb der Rechtszustand, der Anfang des 20. Jh. erreicht war, von mehr oder weniger ausgeprägten, aber doch punktuell bleibenden Änderungen abgesehen im Wesentlichen unverändert[708]. Zu einer größeren Zäsur kam es in Thüringen, wo nach dem Zusammenschluss der verschiedenen thüringischen Staaten zum Freistaat

---

[703] § 2 Abs. 4 S. 5 IHKG; zugleich war damit natürlich ein Druckmittel zur Bildung von Zweckverbänden etabliert worden. Zum Bemühen des preußischen Handelsministeriums, die Kammern zur Bildung von Zweckverbänden zu bewegen: *König*, Handelskammern, in: Wirtschaftsarchive und Kammern, 1982, S. 63 (63 f.).

[704] Die aus der 1821 gegründeten Korporation der Kaufmannschaft von Stettin sowie der gleichzeitig aufgelösten IHK Swinemünde hervorgegangene IHK Stettin konstituierte sich am 10. April 1926; vgl. *Wendtland*, Jahrbuch der Deutschen IHK 10 (1926/27), 1928, S. 47; *Klug*, IHKG, in: von Brauchitsch, Die Preußischen Verwaltungsgesetze, 4. Bd., 17. Aufl., 1926, S. 701 (706).

[705] Vgl. die Übersicht bei *Wendtland*, Jahrbuch der Deutschen IHK 10 (1926/27), 1928, S. 550 ff.; *Klug*, IHKG, in: von Brauchitsch, Die Preußischen Verwaltungsgesetze, 4. Bd., 17. Aufl., 1926, S. 701 (706 ff.).

[706] *Klug*, IHKG, in: von Brauchitsch, Die Preußischen Verwaltungsgesetze, 4. Bd., 17. Aufl., 1926, S. 701 (708) nennt: Verband der Schleswig-Holsteinischen Industrie- und Handelskammern (Flensburg, Kiel, Altona a.d.E.), Industrie- und Handelskammerverband Niedersachsen-Kassel (Bielefeld, Kassel, Göttingen, Goslar, Hannover, Harburg, Hildesheim, Lüneburg, Minden, Osnabrück, Verden, Wesermünde), Verband der Industrie- und Handelskammern Erfurt, Mühlhausen i. Thür., Nordhausen, Verband Hessen-Nassauischer Industrie- und Handelskammern (Dillenburg, Frankfurt a.M., Wetzlar, Limburg a.d.L.), Verband Niederschlesischer Industrie- und Handelskammern (Breslau, Hirschberg, Liegnitz, Schweidnitz, Sagan), Verband der Industrie- und Handelskammern Magdeburg und Halberstadt, Verband Nordostdeutscher Industrie- und Handelskammern (Elbing, Schneidemühl, Stolp); vgl. auch *Wendtland*, Jahrbuch der Deutschen IHK 10 (1926/27), 1928, S. 521 ff.

[707] Die IHK-Gesetze der einzelnen Länder sind mit dem Stand 1927 abgedruckt bei: Wendtland, Handbuch der Deutschen IHK, 1927; zu den Gesetzesänderungen bis 1924 siehe die Länderberichte, in: Wendtland, Jahrbuch der Deutschen IHK 9 (1923/25), 1925; eine Übersicht über die Ende 1918/Anfang 1919 bestehenden Handelskammern findet sich in: N.N., Handbuch wirtschaftlicher Verbände und Vereine des Deutschen Reiches, 2. Aufl., 1919, S. 53 ff.

[708] Zum Volksstaat Hessen (Darmstadt): *Gräser*, Interesse(n) und Distanz, in: 125 Jahre IHK Gießen, 1997, S. 141 (142); zu Württemberg: *Mosthaf*, Die Württembergischen IHK, Bd. 2, 1962, S. 366 ff.

I. 7. Entwicklung des Handelskammerrechts bis zum Ende der Weimarer Republik

Thüringen im Jahr 1920[709], im Jahr 1923 ein neues Industrie- und Handelskammergesetz erlassen wurde[710], das die bestehenden 11 Handelskammern durch drei Industrie- und Handelskammern mit Sitz in Gera, Weimar und Sonneberg ersetzte[711]. In den meisten Ländern wurden die Handelskammern wie in Preußen und Thüringen in Industrie- und Handelskammern umbenannt, während insbesondere in Württemberg und Baden die Bezeichnung als Handelskammer bestehen blieb.

Am Ende der Weimarer Republik bestanden im Deutschen Reich über 100 IHK bzw. Handelskammern[712]. Davon entfielen nunmehr 56 auf Preußen[713], jeweils neun auf Baden[714] und auf Bayern[715], acht auf Württemberg[716], sieben auf Hessen (Volks-

---

[709] Die Vereinigung der Länder Sachsen-Weimar-Eisenach, Sachsen-Meiningen, Reuß, Sachsen-Altenburg, Sachsen-Gotha, Schwarzburg-Rudolstadt und Schwarzburg-Sondershausen zum Land Thüringen wurde aufgrund Art. 18 Abs. 2 WRV durch das Reichsgesetz, betreffend das Land Thüringen vom 30. 04. 1920, RGBl. S. 841, vollzogen.

[710] Gesetz über die Industrie- und Handelskammern vom 10. 02. 1923, GS Thüringen 1923, S. 98–102 (IHKG-Thüringen-1923).

[711] § 1 Abs. 1 IHKG-Thüringen-1923 hob die Handelskammern in Altenburg, Arnstadt, Gera, Gotha, Greiz, Hildburghausen, Meiningen, Rudolstadt, Saalfeld, Sonneberg und Weimar auf, während § 1 Abs. 2 IHKG-Thüringen-1923 die genannten IHK errichtete; *Wendtland*, Jahrbuch der Deutschen IHK 9 (1923/25), 1925, S. 474 ff.

[712] Statistisches Reichsamt, Statistisches Jahrbuch für das Deutsche Reich 51 (1932), S. 548 f.; detaillierte Informationen zu den einzelnen IHK auf dem Stand von 1930 finden sich in der 11. (und letzten) von *Ernst Wendtland* herausgegebenen Ausgabe des Jahrbuchs der deutschen Industrie- und Handelskammern (Leipzig 1930); eine detaillierte Karte der deutschen IHK findet sich im Anhang von: Wendtland, Handbuch der Deutschen Industrie- und Handelskammern, 1927.

[713] Provinz Ostpreußen: IHK Ost- und Westpreußen mit Sitz in Königsberg (am 7. April 1932 durch Zusammenlegung der früheren IHK Allenstein, Elbing, Insterburg, Königsberg und Tilsit entstanden); Provinz Grenzmark Posen-Westpreußen: IHK Schneidemühl; Stadt Berlin und Provinz Brandenburg: IHK Berlin, Brandenburg a.H., Cottbus, Frankfurt (Oder); Provinz Pommern: IHK Stettin, Stolp, Stralsund; Provinz Niederschlesien: IHK Breslau, Görlitz, Hirschberg, Liegnitz, Sagan, Schweidnitz; Provinz Oberschlesien: IHK Oppeln; Provinz Sachsen: IHK Erfurt, Halberstadt, Halle a.S., Magdeburg, Nordhausen; Provinz Schleswig-Holstein: IHK Altona, Flensburg, Kiel; Provinz Hannover: IHK Emden, Göttingen, Hannover, Harburg-Wilhelmsburg; Lüneburg, Osnabrück, Verden a. Aller, Wesermünde; Provinz Westfalen: IHK Arnsberg, Bochum, Dortmund, Hagen, Münster, Ostwestfalen mit Sitz in Bielefeld (am 1. April 1932 durch Zusammenlegung der IHK Bielefeld und Minden entstanden), Siegen; Provinz Hessen-Nassau: IHK Frankfurt a.M., Kassel-Mühlhausen (am 1. April 1932 durch Zusammenlegung der IHK Kassel und Mühlhausen entstanden), Limburg, Wiesbaden; Rheinprovinz: IHK Aachen, Bonn, Düsseldorf, Duisburg-Ruhrort, Wuppertal-Elberfeld, Essen, Koblenz, Köln, Krefeld, M.-Gladbach, Solingen, Trier sowie die Handelskammer [sic] Saarbrücken.

[714] Handelskammern Freiburg, Heidelberg, Karlsruhe, Konstanz, Lahr, Mannheim, Pforzheim, Schopfheim, Villingen.

[715] IHK Augsburg, Bayreuth, Coburg, Ludwigshafen, München, Nürnberg, Passau, Regensburg, Würzburg; zur Bayerischen Industrie- und Handelskammerverordnung vom 05. 02. 1927, Bay. GVBl. 1927, S. 90: *Fuchs*, Die bayerischen IHK im Wiederaufbau, 1988, S. 16 ff.

[716] Handelskammern Calw, Heidenheim, Heilbronn, Ravensburg, Reutlingen, Rottweil, Stuttgart, Ulm.

staat)⁷¹⁷, fünf auf Sachsen⁷¹⁸, jeweils drei auf Bremen⁷¹⁹ und auf Hamburg⁷²⁰, jeweils zwei auf Lübeck⁷²¹ und auf Oldenburg⁷²², und jeweils eine auf Mecklenburg-Schwerin und Strelitz⁷²³, auf Braunschweig, auf Anhalt⁷²⁴, auf Lippe⁷²⁵ und auf Schaumburg-Lippe⁷²⁶.

8. Aufhebung der Selbstverwaltung und spätere Auflösung der IHK im Nationalsozialismus

Wie oben bereits allgemein ausgeführt wurde, begannen die Nationalsozialisten schon bald nach der Machtergreifung am 30. Januar 1933 damit, neben den anderen Bereichen der Selbstverwaltung auch die Selbstverwaltung der Wirtschaft auszuhöhlen und ihrer partizipativen Anbindung an die Bürger zu berauben⁷²⁷. Anders als die Landwirtschafts- und Bauernkammern, die noch im Jahr 1933 durch den reichseinheitlichen Reichsnährstand ersetzt wurden⁷²⁸, blieben die IHK zunächst bestehen, wurden aber schon bald nach dem Führerprinzip reorganisiert und strikt in den hierarchischen, von Staat und Partei dominierten Aufbau der gewerblichen Wirtschaft eingebunden⁷²⁹.

a) Einbeziehung der Minderkaufleute in die IHK

Bevor allerdings mit dem unmittelbar ideologisch motivierten Umbau der IHK aufgrund reichsrechtlicher Regelungen begonnen wurde, erging am 28. Dezember 1933 ein Änderungsgesetz zum Preußischen IHKG, das primär Regelungen zur Finanzierung und zum Haushalt der IHK enthielt⁷³⁰. So verpflichtete ein neuer § 31

---

⁷¹⁷ IHK Bingen, Darmstadt, Friedberg, Gießen, Mainz, Offenbach, Worms.
⁷¹⁸ IHK Chemnitz, Dresden, Leipzig, Plauen, Zittau.
⁷¹⁹ Neben der Handelskammer bestanden in Bremen eine Kleinhandelskammer und eine Gewerbekammer.
⁷²⁰ Neben der Handelskammer bestanden in Hamburg eine Detaillistenkammer und eine Gewerbekammer.
⁷²¹ Neben der Handelskammer bestand in Lübeck eine Gewerbekammer.
⁷²² IHK Oldenburg und IHK Idar.
⁷²³ Handelskammer Rostock.
⁷²⁴ IHK Dessau.
⁷²⁵ IHK Detmold.
⁷²⁶ IHK Schaumburg-Lippe, deren Geschäftsführung bei der IHK Hannover lag.
⁷²⁷ Siehe oben S. 99 ff., 162 ff.
⁷²⁸ Siehe unten S. 797 ff.
⁷²⁹ Vgl. zur Reichsgesetzgebung zu den IHK im Nationalsozialismus: *Bremer*, Kammerrecht der Wirtschaft, 1960, S. 18 ff.; *Frentzel/Jäkel*, IHKG, 2. Aufl., 1961, Einführung, S. 14 ff.; zur Gleichschaltung am Beispiel der westfälisch-lippischen Kammern: *Stremmel*, Kammern der gewerblichen Wirtschaft, 2005, S. 92 ff.
⁷³⁰ Gesetz zur Abänderung des Gesetzes über die Industrie- und Handelskammern vom 24. Februar 1870/19. August 1897 in der Fassung des Gesetzes über die Industrie- und Handelskammern vom 1. April 1924 vom 28. 12. 1933, Preuß. GS 1934, S. 6–7 (im Folgenden: Preuß. IHK-ÄnderungsG-1933).

Preuß. IHKG den Vorsitzenden, nach Abschluss des Rechnungsjahres für dieses Rechnung zu legen, wobei die Vorschriften der Reichshaushaltsordnung sinngemäß Anwendung fanden[731]. Andererseits wurden die IHK ermächtigt, mit Zustimmung des Ministers für Wirtschaft und Arbeit für die Benutzung von Anstalten, Anlagen und Einrichtungen sowie für einzelne Amtshandlungen öffentlich-rechtliche Gebühren zu erheben[732].

Noch bedeutsamer für die Finanzierung war allerdings die Neufassung von § 26 Preuß. IHKG, der zuvor lediglich die Umlage nicht gedeckter Kosten auf die Wahlberechtigten vorgesehen hatte[733]. Nunmehr durften die IHK mit Genehmigung des Ministers für Wirtschaft und Arbeit von allen wahlberechtigten, beitragspflichtigen Firmen einen einheitlichen Grundbeitrag i.H.v. maximal 12 Reichsmark jährlich erheben[734]. Vor allem aber durfte nun auch von solchen Gewerbetreibenden, die weder im Handelsregister noch in der Handwerksrolle eingetragen waren, ein einheitlicher Grundbeitrag von maximal sechs Reichsmark verlangt werden. Diese weitreichendste Neuregelung des Änderungsgesetzes zog im Ergebnis den großen Kreis der Minderkaufleute zur Finanzierung der Kammer heran, ohne diesen allerdings gleichzeitig das Wahlrecht in der Kammer einzuräumen[735]. Voraussetzung für die Erhebung des Grundbeitrags von Minderkaufleuten war nach dem neuen § 26 Abs. 4 Preuß. IHKG – abgesehen von der ministeriellen Genehmigung – lediglich die Bildung einer sämtliche Einzelhändler zusammenfassenden Einzelhandelsvertretung innerhalb der Kammer auf Grundlage einer Kammersatzung. Nach dem preußischen Vorbild erstreckten einige Jahre später auch die meisten anderen Landesgesetze die Kammerzugehörigkeit auf Minderkaufleute[736].

b) Einführung des Führergrundsatzes durch die IHK-VO von 1934

Die ideologisch motivierte Gleichschaltung der IHK mit dem Willen von Staat und Partei wurde durch eine konzise, auf § 1 des Gesetzes über wirtschaftliche Maßnahmen[737] beruhende Verordnung des Reichswirtschaftsministers vom 20. August 1934[738] vollzogen, welche die grds. weiter die Rechtsgrundlage der IHK bildenden Landesgesetze über die Industrie- und Handelskammern in entscheidenden Punk-

---

[731] § 5 Preuß. IHK-ÄnderungsG-1933.
[732] Durch § 4 Preuß. IHK-ÄnderungsG-1933 wurde ein entsprechender § 30a Preuß. IHKG eingefügt.
[733] § 3 Preuß. IHK-ÄnderungsG-1933.
[734] § 3 Preuß. IHK-ÄnderungsG-1933.
[735] Vgl. dazu E. R. *Huber*, Wirtschaftsverwaltungsrecht, 1. Bd., 2. Aufl., 1953, S. 213.
[736] E. R. *Huber*, Wirtschaftsverwaltungsrecht, 1. Bd., 2. Aufl., 1953, S. 212, Fn. 4; *ders.*, Wirtschaftsverwaltungsrecht, 2. Bd., 2. Aufl., 1954, S. 755 nennt: Baden (GVBl. 1937, S. 287), Bayern (GVBl. 1937, S. 85); Braunschweig (GVBl. 1937, S. 82), Bremen (GBl. 1938, S. 189), Hamburg (VBl. 1938, S. 67), Hessen (RegBl. 1936, S. 19, 1937, S. 165), Lippe (GS. 1937, S. 65) und Oldenburg (GBl. 1937, S. 131, 341).
[737] Gesetz über wirtschaftliche Maßnahmen vom 03. 07. 1934, RGBl. I S. 565.
[738] Verordnung über die Industrie- und Handelskammern vom 20. 08. 1934, RGBl. I S. 790 (im Folgenden: IHK-VO-1934).

ten durch reichsrechtliche Regelungen verdrängte[739]. Kernvorschrift der IHK-VO von 1934 war, dass die IHK ebenso wie ihre Zweigstellen und öffentlich-rechtlichen Zusammenschlüsse künftig nach dem „Führergrundsatz" zu leiten waren[740]. Der Vorsitzende der IHK und seine Stellvertreter wurden fortan nicht mehr von den Mitgliedern der Kammer(-versammlung) gewählt, sondern durch den Reichswirtschaftsminister ernannt und abberufen[741]. Der so von oben ernannte Vorsitzende bildete mit seinen Stellvertretern den Vorstand der Kammer[742]. Zur Beratung und Unterstützung des Vorsitzenden und des Vorstands wurde ein Beirat gebildet, dessen Mitglieder durch den Vorsitzenden berufen und durch den Rechtswirtschaftsminister bestätigt wurden[743].

Indem so die entscheidende Verbindung zwischen den gewählten Mitgliedern und dem geschäftsführenden Vorstand gekappt und insgesamt eine Leitung nach dem Führergrundsatz angeordnet wurde, wurde das genossenschaftliche Partizipationselement als materiales Kernelement der Selbstverwaltung der IHK ausgehöhlt[744]. Von einer Selbstverwaltung der Betroffenen konnte fortan schon aus diesem Grund keine Rede mehr sein[745]. Zudem wurden die IHK der Aufsicht des Reichswirtschaftsministeriums (an Stelle der jeweiligen Landesbehörden) unterstellt[746], so dass fortan nicht nur eine strikt hierarchische Leitung der einzelnen Kammer durch einen eingesetzten Führer (den Vorstand), sondern auch eine um-

---

[739] Gem. § 4 S. 2 IHK-VO-1934 traten die Landesgesetze über die IHK mit dem Tag der Verkündung der VO (22.08.1934) insoweit außer Kraft, als sie der IHK-VO entgegenstanden; *Hedemann*, Deutsches Wirtschaftsrecht, 1939, S. 374 f.; *Teschemacher*, Handbuch des Aufbaus der gewerblichen Wirtschaft, Bd. III, 1937, S. 130, 135 ff.; vgl. zu späteren die Länder-IHK-Gesetze verdrängenden reichsrechtlichen Regelungen z.B. *Hermann Peters*, Rechtsnatur, Organisation und Aufgaben, 1941, S. 12.

[740] § 2 S. 1 IHK-VO-1934; *Teschemacher*, Handbuch des Aufbaus der gewerblichen Wirtschaft, Bd. III, 1937, S. 4 f., 130.

[741] § 2 S. 2 IHK-VO-1934; *Paul Hilland*, Geschäftsführendes Präsidialmitglied des Deutschen Industrie- und Handelstages, hatte in seinem Aufsatz „Die Industrie- und Handelskammern innerhalb der Neuorganisation der deutschen Wirtschaft", in: Deutsche Wirtschaftszeitung 1933, Heft 50 vom 14. Dez. 1933, S. 1185 (1186) bereits Ende 1933 die Einführung des Führerprinzips in den Kammern in der Weise, dass der Minister Bestimmungen über die Einsetzung eines Vorstands, die Ernennung des Vorsitzenden und eines Beirats treffen könnte, für wünschenswert erklärt.

[742] § 3 Abs. 1 IHK-VO-1934.

[743] § 3 Abs. 2 IHK-VO-1934.

[744] *Hedemann*, Deutsches Wirtschaftsrecht, 1939, S. 381 spricht davon, dass die innere Organisation der IHK, die früher „demokratisch" gewesen sei, jetzt auf den Führergrundsatz umgestellt worden sei.

[745] *Heinz*, Die geschichtliche Entwicklung, 1958, S. 110; *Bremer*, Kammerrecht der Wirtschaft, 1960, S. 18; *Henning*, Geschichte, in: Wirtschaftsarchive und Kammern, 1982, S. 25 (48 f.); zur praktischen Verwirklichung des Führerprinzips am Beispiel westfälisch-lippischer Kammern: *Stremmel*, Kammern der gewerblichen Wirtschaft, 2005, S. 123 ff.

[746] § 1 IHK-VO-1934; *Großmann-Doerth*, Wirtschaftsrecht, S. 46; *Hermann Peters*, Rechtsnatur, Organisation und Aufgaben, 1941, S. 15 spricht davon, dass unter dem Einfluss der nationalsozialistischen Weltanschauung eine neue einheitliche Auffassung über den Begriff Selbstverwaltung Platz gegriffen habe.

I. 8. Aufhebung der Selbstverwaltung im Nationalsozialismus   345

fassende Kontrolle ihrer Tätigkeit im Lichte der Ziele von Staat und Partei sichergestellt war.

c) Integration in den nationalsozialistischen Wirtschaftsaufbau, Zusammenfassung in Wirtschaftskammern

Um eine möglichst weitgehende Kontrolle der Wirtschaft zu erlangen, strebte die nationalsozialistische Führung von Anfang an eine Einbindung aller öffentlich-rechtlich und privatrechtlich organisierten Interessenwahrnehmungsorgane und -verbände der verschiedenen Wirtschaftszweige in einen hierarchischen, von Staat und Partei kontrollierten Aufbau an[747]. Nachdem der Deutsche Industrie- und Handelstag vor diesem Hintergrund Ende 1933 einen Gesetzentwurf vorgelegt hatte, der eine einheitliche Reorganisation der (nicht-agrarischen) Wirtschaft unter seiner Führung vorsah – die regionalen Verbände sollten den IHK unterstellt werden, die autoritäre Vollmachten auf dem Gebiet der Wirtschaft erhalten sollten; die Spitzen von Kammern und Reichsständen unter Führung des DIHT vereint werden[748] –, entzog das Regime derartigen Plänen durch das Gesetz zur Vorbereitung des organischen Aufbaus der deutschen Wirtschaft vom 27. Februar 1934 den Boden[749]. Dieses knappe Gesetz übertrug dem Reichswirtschaftsminister „zur Vorbereitung des organischen Aufbaues der deutschen Wirtschaft" weit reichende Vollmachten über die Wirtschaftsverbände[750]: Der Minister wurde ermächtigt, Wirtschaftsverbände als alleinige Vertretung ihres Wirtschaftszweigs anzuerkennen, sie zu errichten, aufzulösen oder miteinander zu vereinigen, ihre Satzungen zu ändern, insbesondere den Führergrundsatz einzuführen, die Führer von Wirtschaftsverbänden zu bestellen und abzuberufen und Unternehmer sowie Unternehmungen an Wirtschaftsverbände anzuschließen[751]. Unter den Begriff der Wirtschaftsverbände fielen dabei alle Verbände und Vereinigungen von Verbänden, denen die Wahrnehmung wirtschaftlicher Belange von Unternehmern und Unternehmungen

---

[747] *Bracher/Sauer/Schulz*, Die nationalsozialistische Machtergreifung, 2. Aufl., 1962, S. 627 ff.; in *Teschemacher*, Handbuch des Aufbaus der gewerblichen Wirtschaft, Bd. III, 1937, S. 4 wird der Charakter der neuen Organisation der gewerblichen Wirtschaft wie folgt beschrieben: „Heute steht eine einheitliche, straff gegliederte, der staatlichen Wirtschaftsführung dienstbare Organisation zur Verfügung [...]"; ähnlich auch: *Rohlfing/Schraut*, Gewerbe- und Wirtschaftsrecht, 1938, Einleitung, S. XVIII.

[748] *Bracher/Sauer/Schulz*, Die nationalsozialistische Machtergreifung, 2. Aufl., 1962, S. 650 f.; vgl. auch die Pressenotiz „Die Aufgaben des Deutschen Industrie- und Handelstages – Ein Grundpfeiler für die Neuorganisation der gewerblichen Wirtschaft", in: Deutsche Wirtschaftszeitung 1933, Heft 50 vom 14. Dez. 1933, S. 1202.

[749] Gesetz zur Vorbereitung des organischen Aufbaues der deutschen Wirtschaft vom 27.02.1934, RGBl. I, S. 185 f.; kommentiert bei: *Hartmann*, Neues Handwerksrecht II, 1941, S. 183 ff.

[750] Dazu auch: *Broszat*, Der Staat Hitlers, 6. Aufl., 1976, S. 227 f.; *Stremmel*, Kammern der gewerblichen Wirtschaft, 2005, S. 145 ff.; *Puppo*, Wirtschaftsrechtliche Gesetzgebung, 1988, S. 10 ff.; nach der zeitgenössischen Stellungnahme von *Berkenkopf*, Gewerbe und Gewerbepolitik, S. 66 war Aufgabe des Gesetzes, „die bestehende unübersichtliche Vielheit an Organisationen der Wirtschaft, in denen viel unnütze Doppelarbeit geleistet wurde, zu beseitigen".

[751] § 1 Abs. 1 Gesetz zur Vorbereitung des organischen Aufbaues der dt. Wirtschaft.

oblag⁷⁵², also neben privatrechtlich organisierten Verbänden auch die öffentlichrechtlich organisierten IHK. Teilweise wurde als eigentliche Zielrichtung des Gesetzes daher geradezu die Ausschaltung der Aufgaben der Kammern angesehen⁷⁵³.

Im November 1934 erließ der Reichswirtschaftsminister aufgrund der Verordnungsermächtigung in § 2 des Gesetzes vom 27. Februar 1934 die „Erste Verordnung zur Durchführung des Gesetzes zur Vorbereitung des organischen Aufbaus der deutschen Wirtschaft"⁷⁵⁴. Ziel und Gegenstand der Verordnung war, die gewerbliche Wirtschaft fachlich und bezirklich zusammenzufassen und zu gliedern, sowie die Organisation und die öffentlich-rechtlichen Vertretungen der gewerblichen Wirtschaft „organisch" zu verbinden⁷⁵⁵. Letztlich wurden die Unternehmen doppelt, nämlich einerseits in einer neu geschaffenen, streng hierarchischen, fachlich gegliederten Organisation und zum anderen in den fachübergreifenden Kammern organisiert⁷⁵⁶. In fachlicher Hinsicht wurde die gewerbliche Wirtschaft in der in Hauptgruppen unterteilten Reichsgruppe Industrie⁷⁵⁷ sowie in den Reichsgruppen Handwerk, Handel, Banken, Versicherungen und Energiewirtschaft zusammengefasst⁷⁵⁸. Im Rahmen eines hierarchischen Aufbaus konnten die Reichsgruppen (bzw. im Falle der Industrie die Hauptgruppen) sog. Wirtschaftsgruppen bilden, die sich wiederum in sog. Fachgruppen und Fachuntergruppen untergliederten⁷⁵⁹. Daneben konnte die gewerbliche Wirtschaft in Wirtschaftsbezirken zusammengefasst werden⁷⁶⁰. Dies bedeutete in der Praxis vor allem, dass sich Wirtschaftsgruppen, Fachgruppen und Fachuntergruppen bezirklich untergliedern konnten, wenn hierfür ein zwingendes wirtschaftliches Bedürfnis bestand⁷⁶¹.

---

⁷⁵² § 1 Abs. 2 Gesetz zur Vorbereitung des organischen Aufbaues der dt. Wirtschaft; *Hartmann*, Neues Handwerksrecht II, 1941, S. 188 ff.

⁷⁵³ Vgl. die Äußerung von *Frhr. v. Schröder*, wiedergegeben bei *Bracher/Sauer/Schulz*, Die nationalsozialistische Machtergreifung, 2. Aufl., 1962, S. 651.

⁷⁵⁴ Erste Verordnung zur Durchführung des Gesetzes zur Vorbereitung des organischen Aufbaues der deutschen Wirtschaft vom 27.11.1934, RGBl. I, S. 1194–1199 (im Folgenden: Erste VO zur Durchführung des Gesetzes zum organischen Aufbau der dt. Wirtschaft).

⁷⁵⁵ § 1 Erste VO zur Durchführung des Gesetzes zum organischen Aufbau der dt. Wirtschaft.

⁷⁵⁶ Vgl. aus der zeitgenössischen Literatur: *Teschemacher*, Handbuch des Aufbaus der gewerblichen Wirtschaft, Bd. III, 1937, S. 4; *Großmann-Doerth*, Wirtschaftsrecht, S. 44; *Hedemann*, Deutsches Wirtschaftsrecht, 1939, S. 358, 375 ff.; *Haßmann*, Standort und Gestalt, 1941, S. 13 ff.; *Berkenkopf*, Gewerbe und Gewerbepolitik, S. 66 f.

⁷⁵⁷ Die Unterteilung der Reichsgruppe Industrie in sieben Hauptgruppen wurde 1938 wieder aufgegeben; *Hedemann*, Deutsches Wirtschaftsrecht, 1939, S. 358, 376 f.

⁷⁵⁸ § 2 Abs. 1 Erste VO zur Durchführung des Gesetzes zum organischen Aufbau der dt. Wirtschaft; später kam eine Reichsgruppe Fremdenverkehr hinzu; *Hedemann*, Deutsches Wirtschaftsrecht, 1939, S. 376.

⁷⁵⁹ § 2 Abs. 2 Erste VO zur Durchführung des Gesetzes zum organischen Aufbau der dt. Wirtschaft; nach *Hedemann*, Deutsches Wirtschaftsrecht, 1939, S. 377 bestanden 1938/39 folgende Wirtschaftsgruppen: im Bereich Industrie: 31; Handel: 5; Banken: 6, Versicherungen und Energiewirtschaft: je 2.

⁷⁶⁰ § 3 Erste VO zur Durchführung des Gesetzes zum organischen Aufbau der dt. Wirtschaft.

⁷⁶¹ § 3 Abs. 2 Erste VO zur Durchführung des Gesetzes zum organischen Aufbau der dt. Wirtschaft.

I. 8. Aufhebung der Selbstverwaltung im Nationalsozialismus 347

Gleichzeitig wurde die Grundlage zur Einrichtung sog. Wirtschaftskammern geschaffen, die als gemeinsame Vertretung der bezirklichen Organisation der gewerblichen Wirtschaft, der IHK und der Handwerkskammern eines Wirtschaftsbezirks fungieren sollten[762]. Die neuen Wirtschaftskammern traten also nicht etwa an die Stelle der IHK usw., die vielmehr weiter bestanden[763]. Die Wirtschaftskammern waren letztlich zusammenfassende Bezirksorganisationen der Wirtschaft, denen neben den Bezirksgruppen der Reichsgruppen und der Wirtschaftsgruppen, die IHK sowie die Handwerkskammern des jeweiligen Wirtschaftsbezirks angehörten[764]. Aufgrund Erlasses des Reichswirtschaftsministers vom 7. Juli 1936 wurde dann in den Wirtschaftskammern zunächst eine Industrie- und Handelskammerabteilung eingerichtet[765], welche die gemeinschaftlichen Aufgaben der IHK des Bezirks bearbeiten sollte, bevor aufgrund Erlasses vom 20. Februar 1937 auch eine Handwerkskammerabteilung hinzutrat[766]. Auf Reichsebene wurde gleichsam als Dachorganisation der beiden Stränge des neuen Aufbaus der gewerblichen Wirtschaft eine Reichswirtschaftskammer eingerichtet, der als gemeinsamer Vertretung der fachlichen und bezirklichen Organisation der gewerblichen Wirtschaft, der

---

[762] §§ 7 Abs. 1, 26 Erste VO zur Durchführung des Gesetzes zum organischen Aufbau der dt. Wirtschaft; durch Anordnung des Reichswirtschaftsministers vom 14.03.1935, Reichsanzeiger Nr. 64 vom 16.03.1935, auch abgedruckt bei Hartmann, Neues Handwerksrecht II, 1941, S. 296 f., wurden 17 Wirtschaftsbezirke gebildet. Während gem. Punkt 2 der Anordnung i.d.R. in jedem Wirtschaftsbezirk eine Wirtschaftskammer errichtet wurde, erhielten die besonders großen Bezirke Niedersachsen, Westfalen, Mitteldeutschland und Südwestdeutschland je zwei Wirtschaftskammern. *Hedemann*, Deutsches Wirtschaftsrecht, 1939, S. 58 nennt folgende 18 Wirtschaftskammern: Ostpreußen, Schlesien, Brandenburg, Pommern, Nordmark, Bremen, Niedersachsen, Düsseldorf, Westfalen und Lippe, Rheinland, Hessen, Mitteldeutschland Magdeburg, Mitteldeutschland Weimar, Sachsen, Bayern, Baden, Württemberg, Saarpfalz; vor allem personenbezogene Daten zu den einzelnen Wirtschaftskammern sind wiedergegeben bei: Teschemacher, Handbuch des Aufbaus der gewerblichen Wirtschaft, Bd. III, 1937, S. 53 ff.; Im Kriegsjahr 1941 bestanden 24 Wirtschaftskammern, vgl. die Übersicht bei *Hartmann*, Neues Handwerksrecht II, 1941, S. 334.

[763] Bei *Teschemacher*, Handbuch des Aufbaus der gewerblichen Wirtschaft, Bd. III, 1937, S. 142 ff. sind grundlegende Daten von insgesamt 90 IHK wiedergegeben.

[764] § 27 Erste VO zur Durchführung des Gesetzes zum organischen Aufbau der dt. Wirtschaft; Teschemacher, Handbuch des Aufbaus der gewerblichen Wirtschaft, Bd. III, 1937, S. 38 ff.; *Stremmel*, Kammern der gewerblichen Wirtschaft, 2005, S. 159 ff.

[765] Erlass des Reichs- und Preußischen Wirtschaftsministers betreffend die Reform der Organisation der gewerblichen Wirtschaft vom 07.07.1936 – Nr. IV 18631/36, abgedruckt bei: Hartmann, Neues Handwerksrecht II, 1941, S. 270 ff.; Nach Punkt II.B.2. des Erlasses wurde die die IHK des Wirtschaftsbezirks zusammenfassende Abteilung zunächst als „Kammerabteilung" bezeichnet. Mit Errichtung der Handwerkskammerabteilung wurde die vormalige Kammerabteilung dann in Industrie- und Handelskammerabteilung umbenannt (vgl. Punkt 6 des Erlasses des Reichs- und Preußischen Wirtschaftsministers betr. Durchführung der Reform der Organisation der gewerblichen Wirtschaft (Eingliederung der Handwerkskammern in die Wirtschaftskammern) vom 20.02.1937 – IV 2066/37, abgedruckt bei Hartmann, Neues Handwerksrecht II, 1941, S. 289 f.).

[766] Erlass des Reichs- und Preußischen Wirtschaftsministers betr. Durchführung der Reform der Organisation der gewerblichen Wirtschaft (Eingliederung der Handwerkskammern in die Wirtschaftskammern) vom 20.02.1937 – IV 2066/37, abgedruckt bei Hartmann, Neues Handwerksrecht II, 1941, S. 289 f.

IHK und der Handwerkskammern die Reichsgruppen und die Hauptgruppen der gewerblichen Wirtschaft, die Wirtschaftskammern, die IHK und die Handwerkskammern angehörten[767].

Der Leiter der Reichswirtschaftskammer und seine Stellvertreter wurden ebenso wie die Leiter der Wirtschaftskammern und deren Stellvertreter vom Reichswirtschaftsminister berufen[768]. Entgegen dem Wortlaut der VO, die von der Reichswirtschaftskammer als „Organ der Selbstverwaltung" spricht, war ihr Inkrafttreten ein weiterer entscheidender Schritt zur Ersetzung der Selbstverwaltung der Wirtschaft durch eine Diktatur von Staat und Partei in der Wirtschaft[769]. Von Selbstverwaltung in den IHK konnte nun endgültig keine Rede mehr sein[770]. Letztlich wurden die IHK und andere Interessenorganisationen der Wirtschaft in ein umfassendes, hierarchisch und fachlich gegliedertes, dem Reichswirtschaftsministerium untergeordnetes, nach dem Führergrundsatz regiertes System eingefügt[771], das allerdings den Unternehmen selber die nötige Freiheit belassen sollte, um die vom Regime angestrebte, zunächst binnenwirtschaftlich aber schon bald rüstungswirtschaftlich motivierte Produktionssteigerung bewerkstelligen zu können[772].

Rechtsgrundlage der IHK waren bis zu ihrer Auflösung in den vierziger Jahren im Übrigen weiter die IHK-Gesetze der Länder, die allerdings – wie ausgeführt – seit der Einführung des Führergrundsatzes durch die IHK-VO vom 20. August 1934 in entscheidenden Punkten durch reichsrechtliche Regelungen überlagert wurden[773]. Eine weitere Vereinheitlichung des IHK-Rechts im Bereich des Beitragswesens erfolgte durch Gesetz vom 25. März 1939[774].

---

[767] §§ 7 Abs. 2, 32, 33 Erste VO zur Durchführung des Gesetzes zum organischen Aufbau der dt. Wirtschaft; *Teschemacher*, Handbuch des Aufbaus der gewerblichen Wirtschaft, Bd. III, 1937, S. 7ff.; *Großmann-Doerth*, Wirtschaftsrecht, S. 44f.

[768] §§ 28, 34 Erste VO zur Durchführung des Gesetzes zum organischen Aufbau der dt. Wirtschaft.

[769] Zu den Vorstellungen des Regimes über das Verhältnis der IHK zur Partei aufschlussreich: *Haßmann*, Standort und Gestalt, 1941, S. 26ff.

[770] So aber aus zeitgenössischer Perspektive bspw. *Haßmann*, Standort und Gestalt, 1941, S. 11, der die IHK als „unparteiische Selbstverwaltungsorgane der gewerblichen Wirtschaft unter der unmittelbaren Aufsicht des Reichswirtschaftsministeriums" bezeichnet.

[771] *Teschemacher*, Handbuch des Aufbaus der gewerblichen Wirtschaft, Bd. III, 1937, S. 5.

[772] *Bracher/Sauer/Schulz*, Die nationalsozialistische Machtergreifung, 2. Aufl., 1962, S. 655; *Frentzel/Jäkel*, IHKG, 2. Aufl., 1961, Einführung, S. 15; vgl. auch die zeitgenössischen Stellungnahmen von *Haßmann*, Standort und Gestalt, 1941, S. 9ff sowie *Hermann Peters*, Rechtsnatur, Organisation und Aufgaben, 1941, S. 20ff.

[773] Vgl. *Teschemacher*, Handbuch des Aufbaus der gewerblichen Wirtschaft, Bd. III, 1937, S. 130, 135ff. sowie die Übersicht über die Anfang der vierziger Jahre einschlägigen Landesgesetze bei: *Hermann Peters*, Rechtsnatur, Organisation und Aufgaben, 1941, S. 12ff.

[774] Nach § 1 Gesetz über die Erhebung der Beiträge in den Industrie- und Handelskammern vom 31.03.1939, RGBl. I, S. 649, erhoben die IHK von den Beitragspflichtigen außer Grundbeiträgen eine Umlage, die in Hundertsätzen der einheitlichen Steuermessbeträge der Gewerbesteuer nach Ertrag und Kapital bemessen wurde. Die Details wurden in Durchführungsverordnungen vom 08.09.1939 (RGBl. I, S. 1738) und 18.04.1940 (RGBl. I, S. 681) geregelt; durch § 4 Abs. 1 S. 1 Verordnung über die Wirtschaftsverwaltung vom 27.08.1939, RGBl. I, S. 1495, wurde der Reichswirtschaftsminister ermächtigt, bei den IHK Reichskommissare einzusetzen.

d) Die Errichtung der Gauwirtschaftskammern im Jahr 1942

In einem Vortrag auf der Tagung der Präsidenten der deutschen IHK am 13. Dezember 1940 führte der für die Wirtschaftsorganisation zuständige Ministerialrat im Reichswirtschaftsministerium *Haßmann* resignativ aus, dass der Versuch, die beiden Stränge des Aufbaus der gewerblichen Wirtschaft in den Wirtschaftskammern zu vereinen, nur teilweise gelungen sei[775]. Da die historisch entstandenen Bezirke der IHK dem Prinzip des in sich geschlossenen Wirtschaftsraums widersprächen und ihnen die Erfüllung ihrer vielseitigen Aufgaben erschwerten, sei „eine bezirkliche Flurbereinigung unvernünftiger Kammerbezirke" unumgänglich[776]. Mit diesem Vortrag deutete sich an, dass mit einer größeren Reform des Aufbaus der gewerblichen Wirtschaft zu rechnen war. Von einer Auflösung der IHK war hier allerdings noch nicht die Rede. Tatsächlich wurde aber seit Spätsommer 1940 im Wirtschaftsministerium unter der Leitung Haßmanns eine grundlegende Reform des Kammersystems betrieben. Um die Effizienz des Kammerwesens bei der Wirtschaftssteuerung zu erhöhen, wurde im Einklang mit dem herrschenden Zeitgeist der Vereinheitlichung seit Anfang 1941 die Schaffung von Einheitskammern ins Auge gefasst, die zwecks Vermeidung von Reibungsverlusten mit den mächtigen Gauleitern in den Grenzen der Gaue entstehen sollten, die viel größer waren als die bisherigen Kammerbezirke[777].

Im Jahr 1942 kam es dann trotz heftigen Widerspruchs vor allem aus den Kammerorganisationen vor dem Hintergrund der „gesteigerten Anforderungen der Rüstungswirtschaft" nach Verebben der ersten Kriegserfolge zur geplanten einschneidenderen Reorganisation der gewerblichen Wirtschaft, mit dem Ziel, diese „unter Gewährleistung der reibungslosen Fortführung ihrer kriegswirtschaftlichen Arbeit auf ein Höchstmaß von Leistungsfähigkeit" zu bringen[778]. Regelungstechnisch wurde ähnlich wie bei der ersten großen Umstrukturierung der Wirtschaft im Jahr 1934 vorgegangen: Eine grundlegende „Verordnung über die Vereinfachung und Vereinheitlichung der Organisation der gewerblichen Wirtschaft" vom 20. April 1942[779] ermächtigte den Reichswirtschaftsminister, Maßnahmen zur Vereinfachung der Organisation der gewerblichen Wirtschaft zu treffen und die zur Vereinheitlichung des Rechts der Organisation der gewerblichen Wirtschaft erforderlichen Vorschriften zu erlassen[780]. Die materiellen Regelungen waren in

---

[775] *Haßmann*, Standort und Gestalt, 1941, S. 17.
[776] *Haßmann*, Standort und Gestalt, 1941, S. 19.
[777] *Boelcke*, Wirtschaft 1930–1945, 1983, S. 276.
[778] Vgl. die einleitende Begründung zur Gauwirtschaftskammerverordnung vom 20.04.1942, RGBl. I, S. 189; *Boelcke*, Wirtschaft 1930–1945, 1983, S. 276f.
[779] RGBl. I, S. 189; Es handelte sich um eine mit Zustimmung des Beauftragten für den Vierjahresplan, des Generalbevollmächtigten für die Reichsverwaltung und des Oberkommandos der Wehrmacht ergangene Verordnung des Generalbevollmächtigten für die Wirtschaft.
[780] § 1 VO über die Vereinfachung und Vereinheitlichung der Organisation der gewerblichen Wirtschaft; *Puppo*, Wirtschaftsrechtliche Gesetzgebung, 1988, S. 201f.

mehreren Durchführungsverordnungen des Reichswirtschaftsministers[781], u. a. der sog. Gauwirtschaftskammerverordnung vom selben Tag, enthalten[782]. Die Gauwirtschaftskammerverordnung schuf die Grundlage zur Bildung rechtsfähiger[783] Gauwirtschaftskammern, die sich jeweils auf das Gebiet eines Gaus erstrecken sollten[784] und der unmittelbaren Aufsicht des Reichswirtschaftsministers unterstanden[785]. Die bislang prinzipiell weiter bestehenden IHK waren ebenso wie die Handwerkskammern und Wirtschaftskammern in die Gauwirtschaftskammern zu überführen, welche Rechtsnachfolger dieser Kammern wurden und deren Aufgaben übernahmen[786]. Durch die zweite Durchführungsverordnung vom selben Tag wurden insgesamt 41 IHK mit sofortiger Wirkung aufgelöst[787]. Allerdings galten die aufgelösten Kammern zunächst als fortbestehend, bis über die Zuteilung ihrer Bezirke und ihre Rechtsnachfolge jeweils besondere Bestimmungen getroffen wurden[788].

Das Recht der neu geschaffenen Gauwirtschaftskammern wurde im Einzelnen vor allem in der dritten Durchführungsverordnung vom 30. Mai 1942, der sog. Gauwirtschaftskammeraufbauverordnung, geregelt[789]. Die Gauwirtschaftskammern wurden hier als regionale Führungsstellen der deutschen Wirtschaftsorganisation im Bereich der Gaue bezeichnet, die den Staat in seiner Wirtschaftsführung zu unterstützen und den Gauleitern bei der Durchführung ihrer Aufgaben zur Verfügung zu stehen hätten[790]. Der letzte Teilsatz machte ebenso wie die bezirkliche Ausrichtung der Gauwirtschaftskammern an den (Partei-)Gauen deutlich, dass die neuen Kammern noch stärker als die vorangegangene Organisation der gewerblichen Wirtschaft den Führungsstrukturen der Partei unterworfen waren. Diesem Zweck diente auch die Regelung, dass der Präsident, der die Gauwirt-

---

[781] Der Generalbevollmächtigte für die Wirtschaft, *Walther Funk*, war in Personalunion auch Reichswirtschaftsminister.
[782] Erste Verordnung zur Durchführung der Verordnung über die Vereinfachung und Vereinheitlichung der Organisation der gewerblichen Wirtschaft (Gauwirtschaftskammerverordnung) vom 20.04.1942, RGBl. I, S. 189.
[783] § 3 S. 1 GauwirtschaftskammerVO.
[784] § 1 Abs. 1 GauwirtschaftskammerVO; die Errichtung der einzelnen Gauwirtschaftskammern erfolgte gem. § 5 Abs. 1 GauwirtschaftskammerVO jeweils durch besondere Anordnung des Reichswirtschaftsministers.
[785] § 4 GauwirtschaftskammerVO.
[786] § 2 Abs. 1 GauwirtschaftskammerVO; zum Beispiel der Gründung der Gauwirtschaftskammern in Westfalen-Lippe: *Stremmel*, Kammern der gewerblichen Wirtschaft, 2005, S. 211 ff.
[787] § 1 Zweite Verordnung zur Durchführung der Verordnung über die Vereinfachung und Vereinheitlichung der Organisation der gewerblichen Wirtschaft vom 20.04.1942, RGBl. I, S. 190 (im Folgenden: Zweite Durchführungsverordnung vom 20.04.1942); in Bayern wurden erst im Jahr 1943 Gauwirtschaftskammern eingeführt, vgl. *Fuchs*, Die bayerischen IHK im Wiederaufbau, 1988, S. 33 ff.
[788] § 2 Zweite Durchführungsverordnung vom 20.04.1942.
[789] Dritte Verordnung zur Durchführung der Verordnung über die Vereinfachung und Vereinheitlichung der Organisation der gewerblichen Wirtschaft (Gauwirtschaftskammeraufbauverordnung, GWKAV) vom 30.05.1942, RGBl. I, S. 371–374 (im Folgenden: GauwirtschaftskammeraufbauVO).
[790] GauwirtschaftskammeraufbauVO, Einleitung.

schaftskammer nach dem „Führergrundsatz" leitete, ebenso wie seine Stellvertreter vom Reichswirtschaftsminister nur im Benehmen mit dem Gauleiter berufen und abberufen werden konnte[791]. Sogar die Anstellung und Entlassung des Hauptgeschäftsführers der Kammer bedurfte der Genehmigung des Reichswirtschaftsministers „nach vorheriger Einholung der Stellungnahme des Gauleiters"[792]. Weiter ausgeweitet wurden die Einflussmöglichkeiten der Gauleitung durch einen Erlass vom 11. Dezember 1942, nach dem die Gauwirtschaftsberater zu allen wichtigen Sitzungen und Beratungen der Kammern hinzuzuziehen waren[793]. Wurden die Gauwirtschaftskammern in der Verordnung an anderer Stelle als rechtsfähige Gliederungen der Deutschen Wirtschaftsorganisation „mit dem Recht der Selbstverwaltung" bezeichnet[794], war schon aufgrund der Regeln über die Berufung des Präsidiums etc. klar, dass in den strikt in die Strukturen von Staat und Partei integrierten Gauwirtschaftskammern keine Selbstverwaltung im traditionellen Sinn bestehen konnte[795].

Der Gauwirtschaftskammer gehörten mit Ausnahme der landwirtschaftlichen Betriebe alle natürlichen und juristischen Personen des privaten und öffentlichen Rechts an, die in ihrem Bezirk einen wirtschaftlichen Betrieb unterhielten[796]. Bei Vorliegen eines besonderen Bedürfnisses konnte der Reichswirtschaftsminister im Bereich einer Gauwirtschaftskammer eine oder mehrere (neue) Wirtschaftskammern errichten[797], auf welche die für die Gauwirtschaftskammern geltenden Vorschriften entsprechende Anwendung fanden[798]. Die Gauwirtschaftskammern waren ihrerseits Mitglieder der Reichswirtschaftskammer[799]. Grundaufgabe der Gauwirtschaftskammern war es, in eigener Verantwortung die Gesamtbelange der Wirtschaft ihrer Bezirke wahrzunehmen und zu fördern sowie den Ausgleich der verschiedenen wirtschaftlichen Interessen zu bewirken[800]. In Durchführung dieser Aufgaben konnten die Kammern unmittelbar mit den obersten Reichsbehörden in Verbindung treten. Im Übrigen wurden einige wenige Einzelaufgaben der Gauwirtschaftskammern aufgelistet, die sich an die Regelungen der IHK-Gesetze der früheren Länder anlehnten. Erwähnung fanden bspw. die Unterstützung der Behörden durch Mitteilungen, Anträge und Gutachten[801], die Aufsicht über Börsen und andere für den Handelsverkehr bestehende öffentliche Anstalten[802] und die

---

[791] § 3 Abs. 1 und 4 GauwirtschaftskammeraufbauVO.
[792] § 5 Abs. 3 GauwirtschaftskammeraufbauVO.
[793] *Winkel*, Geschichte der Württembergischen IHK, 1981, S. 133.
[794] § 1 Abs. 1 GauwirtschaftskammeraufbauVO.
[795] *Puppo*, Wirtschaftsrechtliche Gesetzgebung, 1988, S. 205 f.; *Winkel*, Geschichte der Württembergischen IHK, 1981, S. 133.
[796] § 2 GauwirtschaftskammeraufbauVO.
[797] § 15 Abs. 1 GauwirtschaftskammeraufbauVO; § 1 Abs. 2 GauwirtschaftskammerVO.
[798] § 15 Abs. 2 GauwirtschaftskammeraufbauVO.
[799] § 20 GauwirtschaftskammeraufbauVO.
[800] § 8 Abs. 1 S. 1 GauwirtschaftskammeraufbauVO.
[801] § 9 Nr. 1 GauwirtschaftskammeraufbauVO.
[802] Wenn sie vom Handelsminister hiermit betraut wurden, § 9 Nr. 2 GauwirtschaftskammeraufbauVO.

Ausstellung von Ursprungszeugnissen sowie anderen dem Handelsverkehr dienenden Bescheinigungen und Beglaubigungen[803]. Nicht angesprochen wurde hingegen der Bereich des Ausbildungswesens[804].

Mit der Errichtung der Gauwirtschaftskammern war prinzipiell das Ende der in diese zu überführenden vormals 111 IHK gekommen[805]. Indes gelang es den IHK in der Praxis häufig, die eigenen Strukturen innerhalb der Abteilungen für Handel und Industrie der jeweiligen Gauwirtschaftskammer zu bewahren[806]. Dazu trug maßgeblich bei, dass sich der Aufbau der neuen Kammern insgesamt eher schleppend vollzog und die Beamten und Angestellten der IHK regelmäßig von den neuen Gauwirtschaftskammern übernommen wurden[807]. Da die IHK zwar ihre organisatorische Selbständigkeit eingebüßt hatten, innerhalb der Strukturen der Gauwirtschaftskammern aber de facto recht selbständig weiter bestanden, wurde zumindest eine Wiederbelebung der IHK nach dem Untergang des nationalsozialistischen Systems erheblich erleichtert[808].

9. Vom Ende des Zweiten Weltkriegs bis zum IHK-Bundesgesetz von 1956

Nach dem Ende des Zweiten Weltkriegs bestand unter den Besatzungsmächten Einigkeit, dass die nationalsozialistische Wirtschaftsorganisation in Deutschland zu beseitigen war[809]. Die Gauwirtschaftskammern wurden als von der NSDAP abhängige Organisationen i. S. v. Art. I des Kontrollratsgesetzes Nr. 2 eingestuft, ihr Vermögen gesperrt und die verschiedenen Gauwirtschaftskammern meist aufgrund einzelner Anordnungen der örtlichen Befehlshaber verboten bzw. aufgelöst[810]. So erteilte etwa das US-Hauptquartier für Deutschland den kommandierenden Gene-

---

[803] § 9 Nr. 5 GauwirtschaftskammeraufbauVO.
[804] *Bremer*, Kammerrecht der Wirtschaft, 1960, S. 20.
[805] *Stremmel*, Kammern der gewerblichen Wirtschaft, 2005, S. 229 f.; *Boelcke*, Wirtschaft 1930–1945, 1983, S. 277 f.
[806] Nach der vom Reichswirtschaftsminister Mitte 1942 vorgelegten Mustersatzung der Gauwirtschaftskammern waren in den Gauwirtschaftskammern neben Sachdezernaten, z. B. für Berufsausbildung, allgemeine Rechts-, Steuer-, Verkehrs- und Preisfragen, Abteilungen für die wichtigsten Wirtschaftszweige, darunter zwingend die Industrie, den Handel und das Handwerk, einzurichten; vgl. *Winkel*, Geschichte der Württembergischen IHK, 1981, S. 135; vgl. auch das Beispiel der westfälisch-lippischen Kammern bei *Stremmel*, Kammern der gewerblichen Wirtschaft, 2005, S. 230 ff.
[807] *Boelcke*, Wirtschaft 1930–1945, 1983, S. 277 f.; vgl. das Beispiel der Gauwirtschaftskammer Württemberg-Hohenzollern bei *Winkel*, Geschichte der Württembergischen IHK, 1981, S. 140; zu den Rechtsverhältnissen der übernommenen Beamten und Angestellten: *Bremer*, Kammerrecht der Wirtschaft, 1960, S. 20.
[808] *Prowe*, Im Sturmzentrum, in: Politik und Wirksamkeit, 1987, S. 91 (95).
[809] Zum Recht der IHK nach 1945: *Frentzel/Jäkel*, IHKG, 2. Aufl., 1961, Einführung, S. 17 ff.; *Bremer*, Kammerrecht der Wirtschaft, 1960, S. 21 ff.; *Heinz*, Die geschichtliche Entwicklung, 1958, S. 114 ff.; *Wülker*, Wandel der Aufgaben, 1972, S. 86 ff.
[810] Official Gazette of the Control Council for Germany 1945, Nr. 1, S. 19, ber. S. 241; *Heinz*, Die geschichtliche Entwicklung, 1958, S. 115.

rälen am 14. August 1945 Weisung, neben den Gauwirtschaftskammern auch nahezu alle anderen Organisationsformen des seit 1934 geschaffenen nationalsozialistischen Wirtschaftsaufbaus aufzulösen[811]. An ihrer Stelle hatten schon bald nach dem Ende der Kampfhandlungen die IHK wieder ihre Arbeit aufgenommen, was zumindest von den drei westlichen Besatzungsmächten prinzipiell begrüßt wurde, waren die IHK doch ihrerseits von den Nationalsozialisten aufgelöst worden[812].

Für die wiederbelebten IHK, die eine bedeutende Rolle im Rahmen des schnell beginnenden wirtschaftlichen Wiederaufbaus spielten[813], wurden nur selten neue Rechtsgrundlagen geschaffen und deshalb meist auf das vor der Umgestaltung der IHK durch die Nationalsozialisten geltende Kammerrecht zurückgegriffen. Insbesondere die Zwangszugehörigkeit zur Kammer und die wie Steuern beitreibbaren Pflichtbeiträge, die den IHK den Anschein von Zwangsorganisationen oder Kartellen bzw. Syndikaten gaben, stießen jedoch bei Amerikanern und Briten, deren Handelskammersysteme von Freiwilligkeit geprägt waren und die in staatlich sanktionierten Kartellen eine Hauptgefahr für eine freiheitliche Wirtschafts- und damit Staatsordnung insgesamt sahen, auf Widerstand[814]. So kam es trotz der prinzipiellen Wiederbelebung der IHK in den westlichen Besatzungszonen zu einer Rechtszersplitterung, die zudem in vielen Gebieten von einer ausgeprägten Rechtsunsicherheit begleitet wurde[815]. Mangels eindeutiger Anordnungen stand nämlich oft nicht fest, welches Gesetz in welcher Fassung Rechtsgrundlage der jeweiligen IHK war. Nur wenige der sich nach und nach konstituierenden Länder erließen neue IHK-Gesetze als eindeutige Rechtsgrundlagen.

a) Das Recht der IHK in der französischen Besatzungszone

In der französischen Besatzungszone mit den entstehenden Ländern Rheinland-Pfalz, (Süd-)Baden und Württemberg-Hohenzollern sowie dem Saarland, das 1947 eine eigene Verfassung erhielt und erst im Jahr 1957 zu einem Bundesland der Bundesrepublik Deutschland wurde, trug die Ähnlichkeit der deutschen IHK mit den französischen Chambres de Commerce maßgeblich dazu bei, dass die Wiedererrichtung der IHK als Körperschaften des öffentlichen Rechts mit Pflichtmitgliedschaft auf wenig Widerstand traf. Die Franzosen akzeptierten sowohl die Pflichtmitgliedschaft als auch die Erhebung von Umlagen zur Deckung der Kammerkosten und deren zwangsweise Beitreibung[816]. Als Rechtsgrundlagen der IHK wurden

---

[811] *Winkel*, Geschichte der Württembergischen IHK, 1981, S. 227.
[812] *Reininghaus*, Kammerorganisation, in: Politik und Wirksamkeit, 1987, S. 21 (21 f.); vgl. auch *Stremmel*, Kammern der gewerblichen Wirtschaft, 2005, S. 587 ff.
[813] *Prowe*, Im Sturmzentrum, in: Politik und Wirksamkeit, 1987, S. 91 (92, 95 ff., 105 ff.); zum Beispiel der Kölner IHK: *Weise*, Kammergeschäftsführung, in: Politik und Wirksamkeit, 1987, S. 135 ff.
[814] *Henning*, Geschichte, in: Wirtschaftsarchive und Kammern, 1982, S. 25 (26 f.).
[815] DIHT, Tätigkeitsbericht 1955/56, S. 211 f.; *Möllering*, in: Frentzel etc., IHKG, 7. Aufl., 2009, Einführung, Rn. 4.
[816] *Bremer*, Kammerrecht der Wirtschaft, 1960, S. 21.

regelmäßig die vor dem Nationalsozialismus gültigen Landesgesetze herangezogen.

In Rheinland-Pfalz wurden die Kammern von Mainz, Ludwigshafen, Trier und Koblenz aufgrund einer Verfügung der Militärregierung vom 3. Juni 1946 wiedererrichtet, wobei die alten Landesgesetze als einschlägige Rechtsgrundlagen angesehen wurden[817]. Während so für die Kammern von Koblenz und Trier aufgrund einer von den Franzosen autorisierten Verfügung des zuständigen Regierungspräsidenten aus dem Sommer 1945 das preußische IHKG anwendbar war, war umstritten, ob für die Mainzer Kammer das IHKG des Volksstaats Hessen von 1925 und für die Ludwigshafener Kammer die Bayerische HandelskammerVO von 1927 einschlägig waren[818].

In Württemberg-Hohenzollern nahmen die Zweigstellen der früheren Gauwirtschaftskammer in Ravensburg, Reutlingen und Rottweil rückumgewandelt in Industrie- und Handelskammern unmittelbar nach Kriegsende wieder ihre Arbeit auf[819]. Rechtsgrundlage der IHK war primär eine detaillierte Anordnung der Landesdirektion der Wirtschaft vom 12. August 1946[820], welche Württemberg-Hohenzollern in drei Industrie- und Handelskammerbezirke mit Kammersitzen in Reutlingen, Rottweil und Ravensburg einteilte[821]. Die IHK wurden nur als „rechtsfähig" bezeichnet[822], in der Praxis allerdings Körperschaften des öffentlichen Rechts zumindest gleichgestellt[823]. Den IHK „angeschlossen" und verpflichtet, zu deren Kosten beizutragen, waren insbesondere als Inhaber einer Firma im Handelsregister eingetragene Personen sowie eingetragene Gesellschaften und Genossenschaften, soweit sie zur Gewerbesteuer veranlagt waren[824]. Bemerkenswert ist, dass der Vorsitzende der IHK und seine Stellvertreter – wenn auch auf Vorschlag des Kammerkollegiums – durch die Landesdirektion der Wirtschaft ernannt wurden, deren Einvernehmen zudem bei der Bestellung des Geschäftsführers erforderlich war[825].

In Baden waren die Kammern von Baden-Baden, Freiburg, Konstanz, Lahr und Schopfheim schon bald nach Kriegsende faktisch wiederbelebt worden. In Ermangelung einer ausdrücklichen Rechtsgrundlage gingen die Kammern ebenso wie die

---

[817] *E.R. Huber*, Wirtschaftsverwaltungsrecht, 1. Bd., 2. Aufl., 1953, S. 214.
[818] Für eine Geltung dieser Gesetze: *Süsterhenn/Schäfer*, Kommentar der Verfassung für Rheinland-Pfalz, 1950, S. 290; *Frentzel/Jäkel*, IHKG, 2. Aufl., 1961, Einführung, S. 23.
[819] *Winkel*, Geschichte der Württembergischen IHK, 1981, S. 319.
[820] Anordnung der Landesdirektion der Wirtschaft über die Industrie- und Handelskammern des französisch besetzten Gebiets Württembergs und Hohenzollerns vom 12.08.1946, Amtsblatt des Staatssekretariats für das französisch besetzte Gebiet Württembergs und Hohenzollerns 1946, S. 166, auch abgedruckt bei: *Winkel*, Geschichte der Württembergischen IHK, 1981, S. 702–707; zu den Rechtsgrundlagen im Einzelnen: *ders.*, a.a.O., S. 325 ff.
[821] § 3 Anordnung vom 12.08.1946; die im Bezirk der IHK Ravensburg gebildete IHK Friedrichshafen war von der Militärregierung Ende 1945 wieder aufgelöst worden; vgl. *Winkel*, Geschichte der Württembergischen IHK, 1981, S. 322.
[822] § 14 S. 1 Anordnung vom 12.08.1946.
[823] *E.R. Huber*, Wirtschaftsverwaltungsrecht, 1. Bd., 2. Aufl., 1953, S. 214; *Winkel*, Geschichte der Württembergischen IHK, 1981, S. 334 f.
[824] §§ 4, 17 Anordnung vom 12.08.1946.
[825] §§ 10, 11 Anordnung vom 12.08.1946.

Behörden von der Geltung des badischen Handelskammergesetzes von 1878 aus[826]. Am 17. Oktober 1951 erging dann das konzise Landesgesetz über die Rechtsverhältnisse der Industrie- und Handelskammern in Baden[827], das die IHK Baden-Baden, Freiburg, Konstanz, Lahr und Schopfheim „als Körperschaften des öffentlichen Rechts in der heutigen Form mit Wirkung vom 8. Mai 1945 an" bestätigte[828]. Dass von einer Bestätigung der IHK „in der heutigen Form" gesprochen wurde, wurde dabei überwiegend als gesetzliche Sanktionierung des Wiederinkrafttretens des alten badischen Kammergesetzes in der seit 1945 angewandten Fassung verstanden[829]. Angemerkt sei, dass nach der Bildung des Landes Baden-Württemberg aus den Ländern Baden, Württemberg-Baden und Württemberg-Hohenzollern im Jahr 1952 für die verschiedenen IHK das jeweilige Recht weitergalt, so dass im Südweststaat vorübergehend drei verschiedene Rechtsgrundlagen – einschließlich des noch zu behandelnden Rechts der amerikanischen Besatzungszone für Württemberg-Baden – einschlägig waren[830].

b) Das Recht der IHK in der amerikanischen Besatzungszone

In der amerikanischen Besatzungszone, welche die entstehenden Länder Bayern, Bremen, Hessen und Württemberg-Baden umfasste, nahmen insgesamt 29 frühere IHK schon bald nach Kriegsende wieder ihre Arbeit auf[831]. Sowohl diese als auch die später neu gegründeten Kammern in Aschaffenburg, Fulda, Esslingen, Ludwigsburg und Nürtingen[832] konnten allerdings nur als privatrechtliche Vereinigungen mit freiwilliger Mitgliedschaft geführt werden. In den Augen der Amerikaner waren die IHK in ihrer überkommenen Form als Körperschaft des öffentlichen Rechts mit Zwangszugehörigkeit kartellartige Korporationen, die eine staatlich kontrollierte Akkumulation wirtschaftlicher und politischer Macht befürchten ließen, und mit dem Grundsatz der Gewerbefreiheit nicht zu vereinbaren[833]. Nach

---

[826] Insofern wurde argumentiert, dass das alte Landesrecht mit dem Wegfall der GauwirtschaftskammerVO sowie der GauwirtschaftskammeraufbauVO aus dem Jahr 1942 im Jahr 1945 wieder aufgelebt sei. Dagegen wandte sich insbes. *E. R. Huber*, Wirtschaftsverwaltungsrecht, 1. Bd., 2. Aufl., 1953, S. 214 f., der allerdings eine gewohnheitsrechtliche Geltung des alten Rechts mit Gesetzesrang konzedierte, da sowohl die Staatsbehörden als auch die Kammern übereinstimmend davon ausgegangen seien, dass das Gesetz von 1878 gegolten habe, und auch in der Praxis danach verfahren worden sei.
[827] Badisches GVBl. 1951, S. 184.
[828] § 1 Abs. 1 Landesgesetz über die Rechtsverhältnisse der IHK in Baden vom 17. 10. 1951.
[829] *E. R. Huber*, Wirtschaftsverwaltungsrecht, 1. Bd., 2. Aufl., 1953, S. 215; *Bremer*, Kammerrecht der Wirtschaft, 1960, S. 21.
[830] *Frentzel/Jäkel*, IHKG, 2. Aufl., 1961, Einführung, S. 24.
[831] *Wülker*, Wandel der Aufgaben, 1972, S. 89, Fn. 448 nennt: Augsburg, Bayreuth, Coburg, München, Nürnberg, Passau, Regensburg, Würzburg (Bayern), Bremen, Bremerhaven (Bremen), Darmstadt, Dillenburg, Frankfurt am Main, Friedberg, Gießen, Hanau, Kassel, Limburg, Offenbach, Wetzlar, Wiesbaden (Hessen), Heidelberg, Heidenheim, Heilbronn, Karlsruhe, Mannheim, Pforzheim, Stuttgart und Ulm (Württemberg-Baden).
[832] *Wülker*, Wandel der Aufgaben, 1972, S. 90.
[833] *Prowe*, Im Sturmzentrum, in: Politik und Wirksamkeit, 1987, S. 91 (92 f.).

dem Muster ihrer eigenen Chambers of Commerce[834] tolerierte die amerikanische Militärregierung die IHK daher – mit Ausnahme von Bremen – nur als privatrechtliche Vereinigungen mit freiwilliger Mitgliedschaft, denen zudem keine hoheitlichen Befugnisse zustehen durften. Diese grundlegenden Prämissen der Militärregierung wurden als Anordnungen an die Regierungen der Länder gerichtet, die sie wiederum – in verschiedener Form – in das jeweilige Landesrecht umsetzten[835]. Die Einführung der Gewerbefreiheit in der amerikanischen Besatzungszone durch Umsetzung der grundlegenden Gewerbefreiheitdirektive der US-Militärregierung für Deutschland vom 29. November 1948 führte dann in allen Ländern der amerikanischen Zone zum Ausschluss von Körperschaftsstatus und Zwangsmitgliedschaft in IHK und anderen Selbstverwaltungskörperschaften der Wirtschaft[836].

aa) Bayern

In Bayern ließ eine Anordnung des Staatsministeriums für Wirtschaft vom 25. Oktober 1945[837] insgesamt sechs Kammern „mit sofortiger Wirkung" zu[838] und erlaubte – die entsprechende Tradition des bayerischen Handelskammerrechts aufgreifend – zugleich in den einzelnen Stadt- und Landkreisen die Bildung den IHK untergeordneter Industrie- und Handelsgremien[839]. Als Rechtsgrundlage der Kammern und Gremien wurde die „auf dem Grundsatz der Freiwilligkeit beruhende" Bayerische Industrie- und Handelskammerverordnung vom 5. Februar 1927, „die freiwillige Mitgliedschaft und ausschließlich beratende Funktionen vorsieht", benannt. Lebte damit die alte landesrechtliche Verordnung wieder auf, wurde durch die entsprechenden Zusätze sowohl die Freiwilligkeit der Mitgliedschaft als auch der Entzug hoheitlicher Funktionen deutlich festgestellt[840]. Zum letztgenannten Aspekt ordnete eine Berichtigungs- und Ergänzungsanordnung vom 29. April 1946 an[841], dass den Kammern – anders als in anderen Besatzungszonen – keine Vertei-

---

[834] Dazu: *Fuchs*, Die bayerischen IHK im Wiederaufbau, 1988, S. 78 ff.
[835] Vgl. die Übersicht über die Rechtsgrundlagen bei *Frentzel/Jäkel*, IHKG, 2. Aufl., 1961, Einführung, S. 25 ff.
[836] Näher dazu unten S. 610 f.
[837] Anordnung Nr. 6 über die Errichtung von Industrie- und Handelskammern vom 25.10. 1945, Bay. GVBl. 1946, S. 25–26 (<http://mdz.bib-bvb.de/digbib/bayern/bgvbl>); dazu: *Fuchs*, Die bayerischen IHK im Wiederaufbau, 1988, S. 128 ff.
[838] Abschnitt 1 der Anordnung Nr. 6 nennt die IHK in München, Augsburg, Regensburg (später: Regensburg und Passau), Nürnberg, Bayreuth (später: Bayreuth und Coburg) und Würzburg (später: Würzburg und Aschaffenburg).
[839] Abschnitt 2 der Anordnung Nr. 6 vom 25.10.1945; dazu: *Fuchs*, Die bayerischen IHK im Wiederaufbau, 1988, S. 228 ff.
[840] Art. I Nr. 1 Anordnung über die Berichtigung und Ergänzung der Anordnung Nr. 6 über die Errichtung von Industrie- und Handelskammern vom 25. Oktober 1945 vom 29.04.1946, Bay. GVBl. 1946, S. 203–204 (<http://mdz.bib-bvb.de/digbib/bayern/bgvbl>) ergänzte Ziffer 3 der Anordnung Nr. 6 dahingehend, dass zur Aufbringung von Umlagen und Beiträgen nur Mitglieder der Kammer herangezogen werden durften.
[841] Vgl. dazu auch *Fuchs*, Die bayerischen IHK im Wiederaufbau, 1988, S. 144 ff.

lungsaufgaben übertragen bzw. von ihnen übernommen werden durften[842]. Als Aufgaben von Kammern und Gremien wurden die Beratung der ihnen angehörigen Gewerbezweige sowie die Unterstützung der Behörden durch Mitteilungen, Gutachten und Anregungen angeführt[843]. In Durchführungsbestimmungen vom 5. September 1947[844] erließ das Staatsministerium für Wirtschaft schließlich detaillierte Vorschriften insbesondere über die Mitgliedschaft[845], den Aufgabenkreis[846], die Organe[847], die Organisation[848], die rechtliche Stellung[849] und die Beitragserhebung der Kammern[850] sowie über die Industrie- und Handelsgremien[851], so dass die Bezugnahme auf die Bayerische IHK-Verordnung von 1927 weitgehend obsolet wurde. Allerdings wurde zuweilen in Frage gestellt, ob zu einer Anordnung des Staatsministeriums für Wirtschaft überhaupt derartige Durchführungsbestimmungen ergehen durften, womit letztlich die Gültigkeit dieser neuen Rechtsgrundlage der IHK überhaupt in Zweifel gezogen wurde[852].

bb) Bremen

Die Handelskammer Bremen nahm unmittelbar nach Beendigung der Kampfhandlungen ihre Aktivitäten wieder auf und wurde in den folgenden Wochen in enger Tuchfühlung mit der amerikanischen Militärregierung und der neuen Zivilregierung wiedererrichtet[853]. Auch die IHK Wesermünde (Bremerhaven) wurde zügig

---

[842] Art. I Nr. 2 der Anordnung über die Berichtigung und Ergänzung der Anordnung Nr. 6 vom 29.04.1946.
[843] Abschnitt 4 der Anordnung Nr. 6 vom 25.10.1945.
[844] Durchführungsbestimmungen zur Anordnung über die Errichtung von Industrie- und Handelskammern vom 05.09.1947, Bay. GVBl. 1947, S. 207 f.; *Fuchs*, Die bayerischen IHK im Wiederaufbau, 1988, S. 170 ff.
[845] Nach § 1 Durchführungsbestimmungen vom 05.09.1947 können Mitglieder der Kammern alle gewerblichen Betriebe im Sinne des HGB einschließlich des Bergbaus werden, die im Kammerbezirk ihren Sitz haben, soweit sie nicht mit ihrem ganzen Betrieb zum Handwerk gehören.
[846] § 2 Durchführungsbestimmungen vom 05.09.1947 nennt unter anderem die Förderung und Vertretung der Gesamtinteressen ihrer Mitglieder.
[847] Gem. § 3 Abs. 1 Durchführungsbestimmungen vom 05.09.1947 ist oberstes Organ der Kammer die Vollversammlung (Plenarversammlung), die von den Mitgliedern auf drei Jahre gewählt wird. Gem. § 3 Abs. 2 wählt die Vollversammlung aus ihrer Mitte einen Vorsitzenden (Präsidenten) und die erforderliche Zahl von Stellvertretern.
[848] § 4 Durchführungsbestimmungen vom 05.09.1947 regelt u. a., dass für Industrie, Handel und ähnliche Gruppen in der Kammer Abteilungen gebildet werden können.
[849] Gem. § 5 Durchführungsbestimmungen vom 05.09.1947 sind die IHK „Selbstverwaltungsorganisationen der Wirtschaft" und haben die Rechte einer juristischen Person.
[850] Gem. § 6 Abs. 1 Durchführungsbestimmungen vom 05.09.1947 werden die Kosten der IHK durch Beiträge der Mitglieder gedeckt, die jährlich im Zusammenhang mit der Aufstellung des Haushaltsplans durch die Vollversammlung festgesetzt werden. Gem. § 6 Abs. 2 Durchführungsbestimmungen sind die IHK berechtigt, für ihr Tätigwerden in Einzelfällen Gebühren zu erheben.
[851] § 7 Durchführungsbestimmungen vom 05.09.1947.
[852] Vgl. *Frentzel/Jäkel*, IHKG, 2. Aufl., 1961, Einführung, S. 28.
[853] *R. Schulze*, Unternehmerische Selbstverwaltung, 1988, S. 31 ff.; die Handelskammer Bremen war während der Weimarer Republik nicht in IHK umbenannt worden und firmiert auf-

wiederbelebt[854]. Bereits am 9. Mai 1945 trat auch dort die amerikanische an die Stelle der britischen Militärverwaltung, war doch vereinbart worden, dass die Stadt Wesermünde zusammen mit der Stadt Bremen, den stadtbremischen Überseehäfen (Bremerhaven) und den Landkreisen Wesermünde, Osterholz und Wesermarsch die amerikanische Enklave Bremen in der britischen Besatzungszone bilden sollte[855]. Mangels ausdrücklicher Regelung waren die Rechtsgrundlagen der Kammern unsicher. Überwiegend wurde von einem Wiederaufleben der alten landesrechtlichen Regelungen, das heißt des bremischen Handelskammergesetzes vom 17. Juli 1921[856] für die Handelskammer Bremen und des preußischen IHKG von 1870/1897 für die IHK Bremerhaven ausgegangen. Für diese Ansicht ließ sich insbesondere § 9 des bremischen Gesetzes vom 26. Januar 1949 anführen[857], der verschiedene Vorschriften jener Gesetze aufhob, was deren prinzipielle Gültigkeit im Übrigen implizierte[858]. Inhalt des Gesetzes vom 26. Januar 1949 war die Übertragung der öffentlich-rechtlichen Aufgaben der Kammern auf staatliche Behörden. Damit wurde letztlich eine Anordnung der amerikanischen Militärregierung für Bremen vom 20. Dezember 1948 umgesetzt, die in Umsetzung der grundlegenden Gewerbefreiheitsdirektive der US-Militärregierung für Deutschland vom 29. November 1948[859] alle öffentlich-rechtlichen Funktionen der in Bremen bestehenden Kammern außer Kraft gesetzt und diese nur als unabhängige Organisationen ohne hoheitliche Funktionen und mit freiwilliger Mitgliedschaft zugelassen hatte[860]. Stand damit fest, dass die Mitgliedschaft in den IHK fortan freiwillig war, wurde doch überwiegend davon ausgegangen, dass sie zumindest weiterhin Körperschaften des öffentlichen Rechts geblieben seien[861].

cc) *Hessen*

In (Groß-)Hessen[862] erging unter dem 20. Dezember 1945 eine Bekanntmachung des Staatsministeriums, wonach die Reichswirtschaftskammer, die Gauwirt-

---

grund von § 13 IHKG wie die Handelskammer Hamburg bis heute als Handelskammer; *Frentzel/ Jäkel*, IHKG, 2. Aufl., 1961, Einführung, S. 26 f.
[854] *R. Schulze*, Unternehmerische Selbstverwaltung, 1988, S. 105 ff.
[855] *R. Schulze*, Unternehmerische Selbstverwaltung, 1988, S. 105.
[856] GBl. Bremen 1921, S. 266 (in der Fassung des Gesetzes vom 25. 05. 1939, GBl. 1939, S. 139).
[857] Gesetz über die Übertragung der öffentlich-rechtlichen Aufgaben der Kammern auf staatliche Behörden vom 26. 01. 1949, GBl. Bremen 1949, S. 21, geändert durch Gesetz zur Änderung des Gesetzes über die Übertragung der öffentlich-rechtlichen Aufgaben der Kammern auf staatliche Behörden vom 05. 07. 1949, GBl. Bremen 1949, S. 145.
[858] *E. R. Huber*, Wirtschaftsverwaltungsrecht, 1. Bd., 2. Aufl., 1953, S. 216; *ders.*, Wirtschaftsverwaltungsrecht, 2. Bd., 2. Aufl., 1954, S. 757; *Bremer*, Kammerrecht der Wirtschaft, 1960, S. 169.
[859] Näher dazu unten S. 610.
[860] Vgl. Ziff. 1 des Schreibens: Büro der Militärregierung für Bremen, betr. Gewerbe-Zulassungsgesetze, vom 20. 12. 1948, GBl. Bremen 1949, S. 1.
[861] *E. R. Huber*, Wirtschaftsverwaltungsrecht, 2. Bd., 2. Aufl., 1954, S. 757; *Frentzel/Jäkel*, IHKG, 2. Aufl., 1961, Einführung, S. 27; *Bremer*, Kammerrecht der Wirtschaft, 1960, S. 169.
[862] Für den aus Gebieten verschiedener Länder der Weimarer Republik gebildeten neuen hes-

schaftskammern und die meisten anderen Organisationsformen des nationalsozialistischen Wirtschaftsaufbaus aufgelöst seien[863]. Weiter wurde mitgeteilt, dass die Aufgaben der aufgelösten Gauwirtschaftskammern auf die IHK bzw. Handwerkskammern zurückgefallen seien und die Organisation der IHK gesetzlich neu geregelt werde[864]. Die angekündigte gesetzliche Regelung blieb zwar aus. Als Rechtsgrundlage der IHK erging indes nur vier Tage nach Inkrafttreten der Hessischen Verfassung vom 1. Dezember 1946 zumindest ein recht detaillierter Runderlass des Ministers für Wirtschaft und Verkehr an die hessischen IHK[865]. Darin wurden insgesamt zwölf IHK ausdrücklich anerkannt und als privatrechtliche Vereine mit freiwilliger Mitgliedschaft neu konstituiert[866]. Die Errichtung einer neuen IHK erfolgte durch Beschluss der Gewerbetreibenden eines Bezirks, der allerdings ministerieller Genehmigung bedurfte[867]. Als Aufgabe der IHK wurde in klassischer Manier die Wahrnehmung und Förderung der Gesamtinteressen der Gewerbetreibenden ihres Bezirks, insbesondere durch Beratung und Unterstützung der Behörden einerseits sowie der Handels- und Gewerbetreibenden andererseits, angeführt[868]. Im Einklang mit den amerikanischen Vorgaben wurde betont, dass die Kammern keine behördlichen Funktionen ausübten[869]. Umstritten war, ob den IHK der ursprünglich durch Gesetz verliehene öffentlich-rechtliche Status überhaupt durch einen schlichten Ministererlass aberkannt werden konnte[870]. Insofern wurde dann teilweise von einer Weitergeltung bzw. von einem Wiederaufleben der alten landesgesetzlichen Regelungen ausgegangen, was die Unsicherheit über den rechtlichen Status der hessischen IHK nicht eben reduzierte.

---

sischen Staat wurde in Anlehnung an die großhessische Bewegung in der Weimarer Republik im Jahr 1945 zunächst die Bezeichnung „Groß-Hessen" gewählt. Mit Annahme der Hessischen Verfassung vom 1. Dezember 1946 wurde der Staat dann nur noch als Land Hessen bezeichnet; dazu: *Will*, Die Entstehung der Verfassung, 2009, S. 21 ff.; *ders.*, Die Konstituierung Hessens, in: ZHG 108 (2003), 231 (235 ff., 255).

[863] Ziff. 1 der Bekanntmachung des Groß-Hessischen Staatsministeriums vom 20. Dezember 1945, GVBl. für Groß-Hessen 1946, S. 171.

[864] Ziff. 2 der Bekanntmachung des Groß-Hessischen Staatsministeriums vom 20. Dezember 1945.

[865] Runderlass über die Neuregelung der Organisation der Industrie- und Handelskammern in Hessen vom 05.12.1946, Staats-Anzeiger für das Land Hessen 1946, S. 123–124.

[866] Ziff. 4 des Runderlasses vom 05.12.1946; Die Beitragspflicht aufgrund der vormals bestehenden Pflichtmitgliedschaft endete gem. Ziff. 16 Abs. 2 des Runderlasses mit dem 31. Dezember 1946; Ziff. 3 nennt: IHK Darmstadt, Dillenburg, Frankfurt/M., Fulda, Friedberg, Gießen, Hanau/M., Kassel, Limburg, Offenbach/M., Wetzlar, Wiesbaden; gem. Ziff. 7 erlangten die IHK mit der Genehmigung des Ministers für Wirtschaft und Verkehr die Stellung eines rechtsfähigen Vereins. Eine Eintragung in das Vereinsregister fand nicht statt; zum Wiederaufbau der IHK Kassel: *Olten*, Vom Wiederaufbau, in: Wirtschaft und Politik, 1991, S. 43 (44 ff.).

[867] Ziff. 2 des Runderlasses vom 05.12.1946.

[868] Ziff. 1 Abs. 1 des Runderlasses vom 05.12.1946.

[869] Ziff. 1 Abs. 2 S. 1 des Runderlasses vom 05.12.1946.

[870] Vgl. *Frentzel/Jäkel*, IHKG, 2. Aufl., 1961, Einführung, S. 27.

dd) Württemberg-Baden

In Württemberg-Baden erging am 16. April 1946 eine Anordnung der amerikanischen Militärregierung in Stuttgart[871], welche den Ministerpräsidenten bzw. den Wirtschaftsminister ermächtigte, unter bestimmten Voraussetzungen IHK zuzulassen[872]. Entsprechend der allgemeinen amerikanischen Linie wurden hier u.a. eine Pflichtmitgliedschaft und die Erhebung von Pflichtumlagen von Nicht-Mitgliedern ausgeschlossen und den Kammern nur eine beratende Funktion und insbesondere keine Entscheidungsgewalt bei der Zuteilung von Aufträgen, Materialien und Brennstoffen sowie der Gewerbezulassung zugebilligt. Die Anordnung sprach nur von lokalen Kammern („local Chambers"), stellte jedoch zugleich klar, dass hierdurch nicht ausgeschlossen werde, dass sich eine IHK auf mehrere Kreise erstrecken könne.

In Umsetzung dieser Anordnung erging am 31. Mai 1946 ein Erlass des Wirtschaftsministeriums mit „Richtlinien für die Industrie- und Handelskammern in Nord-Württemberg und Nord-Baden"[873]. Dieser charakterisierte die IHK als freie Vereinigungen von Gewerbetreibenden, die nicht dem Handwerk oder den freien Berufen angehörten, auf demokratischer Grundlage und mit freiwilliger Mitgliedschaft[874]. Entsprechend den amerikanischen Vorgaben wurde betont, dass die Kammern keinen amtlichen oder halbamtlichen Charakter hätten und demgemäß auch keinerlei behördliche Funktionen ausübten[875]. Konkrete IHK fanden im Erlass keine Erwähnung. Allerdings wurde festgestellt, dass bis auf weiteres die am 20. April 1945 vorhandenen Kammerbezirke beibehalten werden könnten, aber auch kleinere Bezirke gebildet werden könnten, „wenn dies im Interesse der Geschäftswelt gelegen" sei[876].

Am 23. August 1946 erging ein neuer Erlass des Wirtschaftsministeriums betreffend „Grundsätze und Richtlinien über die Errichtung der fachwirtschaftlichen Vereinigungen und der Industrie- und Handelskammern"[877], der die Richtlinien vom 31. Mai 1946 ersetzte und bis zum Erlass des Bundes-IHKG die Rechtsgrundlage der IHK in Württemberg-Baden bilden sollte[878]. Inhaltlich bestätigte der neue Erlass zwar die angeführten Grundlinien des Erlasses vom 31. Mai 1946, enthielt

---

[871] Headquarters Office of Military Government Baden-Wurttemberg, MK/cas – Stuttgart – APO 154, Subject: Reorganization of Chambers of Industry & Commerce, abgedruckt bei Winkel, Geschichte der Württembergischen IHK, 1981, S. 697–699.
[872] Winkel, Geschichte der Württembergischen IHK, 1981, S. 242f.
[873] Wirtschaftsministerium für Württemberg und Baden, Nr. II J 2/74 vom 31.05.1946, Betreff: Richtlinien für die Industrie- und Handelskammern in Nord-Württemberg und Nord-Baden, abgedruckt bei: Winkel, Geschichte der Württembergischen IHK, 1981, S. 699–702.
[874] Abschnitt 1 der Richtlinien vom 31.05.1946.
[875] Abschnitt 2 der Richtlinien vom 31.05.1946.
[876] Abschnitt 4 der Richtlinien vom 31.05.1946.
[877] Wirtschaftsministerium Württemberg-Baden, Nr. II I 2/119 vom 23.08.1946, Grundsätze und Richtlinien über die Errichtung der fachwirtschaftlichen Vereinigungen und der Industrie- und Handelskammern, Amtsblatt für den Stadtkreis Stuttgart Nr. 38, S. 2f., auch abgedruckt bei: Winkel, Geschichte der Württembergischen IHK, 1981, S. 707–713.
[878] Abschnitt IV, Abs. 5 der Grundsätze und Richtlinien vom 23.08.1946; E.R. Huber, Wirt-

aber auch manche Neuerungen und Präzisierungen. Erstmals ausdrücklich genannt wurden die bestehenden, anerkannten IHK Württemberg-Badens[879]. Neu war insbesondere die Klarstellung, dass für die Errichtung der IHK die Bestimmungen des Vereinsrechts maßgebend waren und sie nach diesen Bestimmungen die Rechtsfähigkeit erhielten[880]. Da der Wirtschaftsminister im Einvernehmen mit den Kammern nicht bereit war, diesen die Rechtsfähigkeit als Verein nach § 22 BGB zu verleihen, und die Kammern ihrerseits davon absahen, die Eintragung in das Vereinsregister zu beantragen, waren sie zunächst nicht rechtsfähig[881]. Erst allmählich entschlossen sie sich dann – meist im Zusammenhang mit in das Grundbuch einzutragenden Grundstücksverfügungen – doch noch zur Eintragung in das Vereinsregister und erlangten so die Rechtsfähigkeit.

c) *Das Recht der IHK in der britischen Besatzungszone*

In der britischen Besatzungszone, welche die späteren Flächenländer Niedersachsen, Nordrhein-Westfalen und Schleswig-Holstein sowie den Stadtstaat Hamburg umfasste, nahmen bis Ende 1945 bereits 32 der früheren IHK wieder ihre Arbeit auf[882]. Vor dem Hintergrund ihres eigenen, privatrechtlich organisierten Kammerwesens nahm die britische Militärregierung gegenüber den IHK zunächst eine ähnliche Haltung ein wie die amerikanische. Ab August 1945 ergingen so verschiedene Verfügungen der Militärregierung, nach denen die Kammern nur auf freiwilliger Mitgliedschaft beruhen durften[883]. Doch schon wenige Monate später deutete sich eine konziliantere Haltung an[884]. In einem nach dem Unterzeichner meist „lex Friedmann" oder „Friedmann-Erlass" genannten Schreiben vom 27. November 1946 sowie einer diesen bestätigenden Mitteilung der Bipartite Economic Control

---

schaftsverwaltungsrecht, 1. Bd., 2. Aufl., 1953, S. 215; *Frentzel/Jäkel*, IHKG, 2. Aufl., 1961, Einführung, S. 26; *Winkel*, Geschichte der Württembergischen IHK, 1981, S. 248 ff.

[879] Abschnitt III, Abs. 4 der Grundsätze und Richtlinien vom 23. 08. 1946 nennt: Esslingen, Heidelberg, Heidenheim, Heilbronn, Karlsruhe, Ludwigsburg, Mannheim, Pforzheim, Stuttgart mit Nebenstelle Schwäb. Gmünd und Ulm a. D.

[880] Abschnitt I, Abs. 3 der Grundsätze und Richtlinien vom 23. 08. 1946.

[881] *Winkel*, Geschichte der Württembergischen IHK, 1981, S. 249 f.

[882] *R. Schulze*, Unternehmerische Selbstverwaltung, 1988, S. 44 ff.; *Wülker*, Wandel der Aufgaben, 1972, S. 87, Fn. 439 nennt die Handelskammer Hamburg sowie die IHK Braunschweig, Emden, Hannover, Hildesheim, Lüneburg, Oldenburg, Osnabrück, Stade (Niedersachsen), Aachen, Arnsberg, Bielefeld, Bochum, Bonn, Detmold, Dortmund, Duisburg, Düsseldorf, Essen, Hagen, Köln, Krefeld, Münster, Mönchengladbach, Neuß, Remscheid, Siegen, Solingen, Wuppertal (Nordrhein-Westfalen), Flensburg, Kiel und Lübeck (Schleswig-Holstein).

[883] Vgl. exemplarisch die frühe Anordnung der Militär-Regierung für die Provinz Hannover vom 04. 08. 1945 (wiedergegeben in: *Lefèvre*, 100 Jahre IHK zu Hannover, 1966, S. 223), nach der „Wirtschaftskammern" nur frei und ohne Zwangsmitgliedschaft gebildet werden durften; *R. Schulze*, Unternehmerische Selbstverwaltung, 1988, S. 56; *Wülker*, Wandel der Aufgaben, 1972, S. 87.

[884] *Reininghaus*, Kammerorganisation, in: Politik und Wirksamkeit, 1987, S. 21 (21 f.).

Group vom 17. Mai 1947 wurde nur noch die Zwangsbeitreibung von Beiträgen ausdrücklich untersagt[885].

Die deutsche Verwaltungspraxis entnahm den eindeutigen Vorgaben, aber auch manchen Bezugnahmen und Andeutungen in diesen sowie anderen Schreiben und Erlassen, dass von einem Wiederaufleben der alten IHK-Gesetze der Länder auszugehen sei. Die IHK wurden entsprechend als Körperschaften des öffentlichen Rechts mit Zwangsmitgliedschaft, Dienstherreneigenschaft und überkommenem Aufgabenbereich einschließlich hoheitlicher Aufgaben behandelt[886]. Die dogmatische Herleitung der Gültigkeit des alten Landesrechts war indes umstritten. Teilweise wurde von einer Weitergeltung des Landesrechts ausgegangen, welches durch die nationalsozialistische Gesetzgebung, insbesondere das Gauwirtschaftskammergesetz, nicht aufgehoben worden sei, oder aber eine Wiederinkraftsetzung desselben durch Besatzungsrecht postuliert[887]. Die wohl überwiegende Ansicht in Rechtsprechung und Literatur ging demgegenüber von einer gewohnheitsrechtlichen Geltung jedenfalls des preußischen IHKG für die drei Flächenländer aus[888].

Doch auch sonst bestand in Ermangelung einer eindeutigen Regelung erhebliche Rechtsunsicherheit. Insbesondere war unklar, nach welchem Stand das alte Recht anzuwenden war. So wandte die nordrhein-westfälische Verwaltung das preußische IHKG in der Fassung von 1924 an, womit die Kammerzugehörigkeit auf eingetragene Kaufleute beschränkt blieb[889]. In Niedersachsen und Schleswig-Holstein wurde das IHKG hingegen mit Stand vom 28. Dezember 1933 zugrunde gelegt, so dass auch Minderkaufleute als kammerzugehörig behandelt wurden. Höchst umstritten war auch der Rechtscharakter der „lex Friedmann" und damit des Verbots der Zwangsbeitreibung von Mitgliedsbeiträgen. Während verschiedene Gerichte diesem Erlass zumindest in Verbindung mit der Mitteilung vom 17. Mai 1947 Verbindlichkeit beimaßen, gingen andere von einer rechtlich unverbindlichen Meinungsäußerung aus, welcher bestenfalls die Wirkung einer Verwaltungsrichtlinie zukommen könne[890].

Trotz der vielfältigen Unsicherheiten über die Rechtslage wurde das Recht der IHK vor Inkrafttreten des Bundes-IHKG nur in Schleswig-Holstein und Hamburg auf eine gesetzliche Grundlage gestellt[891]. Das konzise schleswig-holsteinische Gesetz vom 23. Februar 1954 hatte im Wesentlichen die formale Auflösung der

---

[885] *Bremer*, Kammerrecht der Wirtschaft, 1960, S. 21; *Wuttke*, Die rechtliche Stellung, 1949, S. 30 f.

[886] *Frentzel/Jäkel*, IHKG, 2. Aufl., 1961, Einführung, S. 18.

[887] Vgl. die Nachweise bei *Frentzel/Jäkel*, IHKG, 2. Aufl., 1961, Einführung, S. 19 f.; vgl. auch BGH, DVBl. 1956, 454 = DÖV 1956, 368.

[888] *E. R. Huber*, Wirtschaftsverwaltungsrecht, 1. Bd., 2. Aufl., 1953, S. 213 f. im Hinblick auf eine gewohnheitsrechtliche Geltung des preußischen IHKG für die Länder Nordrhein-Westfalen, Niedersachsen und Schleswig-Holstein; vgl. auch die Nachweise bei *Frentzel/Jäkel*, IHKG, 2. Aufl., 1961, Einführung, S. 20 f.

[889] *Frentzel/Jäkel*, IHKG, 2. Aufl., 1961, Einführung, S. 21.

[890] Vgl. die Nachweise bei *Frentzel/Jäkel*, IHKG, 2. Aufl., 1961, Einführung, S. 21 f.

[891] Zu den gescheiterten Gesetzesinitiativen in Niedersachsen: *R. Schulze*, Unternehmerische Selbstverwaltung, 1988, S. 249 ff., 288 ff.

Gauwirtschaftskammer Schleswig-Holstein sowie der Wirtschaftskammer Kiel und die Grundsätze der Verteilung des Vermögens derselben auf die IHK sowie die Handwerkskammern zum Gegenstand[892]. Gleichzeitig wurde aber auch geregelt, dass die IHK Kiel, Lübeck und Flensburg Körperschaften des öffentlichen Rechts seien und dass sich ihre Rechtsverhältnisse nach dem Preußischen IHKG in der Fassung vom 28. Dezember 1933 bestimmten[893].

In der Freien und Hansestadt Hamburg wurde hingegen am 27. Februar 1956 ein Vollgesetz über die vorläufige Regelung der Rechtsverhältnisse der Handelskammer Hamburg erlassen[894]. Danach war die Handelskammer eine Körperschaft des öffentlichen Rechts, der insbesondere die Firmen angehörten, die in das Handelsregister Hamburg eingetragen waren[895]. Die Kammer vertrat und förderte als Selbstverwaltungskörperschaft die gemeinsamen Belange der Kammerzugehörigen und erfüllte die ihr durch Gesetz übertragenen Aufgaben[896]. An konkreten Aufgaben oblag ihr u. a. die Erstattung von Gutachten an Gerichte, die Beratung der Behörden, aber auch die unmittelbare Aufsicht über die Börse, die Bestellung von Sachverständigen und die Förderung der beruflichen Ausbildung und des Nachwuchses[897]. Die Handelskammer besaß Dienstherrenfähigkeit und war befugt, zur Erfüllung ihrer Aufgaben von den Kammerzugehörigen Beiträge zu erheben[898]. Die Staatsaufsicht, die sich als Rechtsaufsicht darauf erstreckte, dass die Kammer Gesetz und Satzung beachtete, wurde vom Senat oder der von ihm bestimmten Behörde ausgeübt[899].

d) Das Recht der IHK in (West-)Berlin

Wie in vielen Bereichen war Berlin auch im Bereich der Selbstverwaltung der Wirtschaft ein Sonderfall. Die IHK der ehemaligen Reichshauptstadt konnte nach dem Ende des Zweiten Weltkriegs ihre Tätigkeit zunächst nicht wieder aufnehmen, da auf Anordnung der Alliierten eine Organisation der Berliner Wirtschaft untersagt war[900]. Ein vom Magistrat vorgelegter Gesetzentwurf, der die Errichtung einer all-

---
[892] § 1 Abs. 1, 3, 4 Gesetz über die Auflösung der Gauwirtschaftskammer Schleswig-Holstein und der Wirtschaftskammer Kiel vom 23.02.1954, GVBl. Schl.-Holst. 1954, S. 41.
[893] § 1 Abs. 2 Gesetz über die Auflösung der Gauwirtschaftskammer Schleswig-Holstein und der Wirtschaftskammer Kiel vom 23.02.1954.
[894] Gesetz über die vorläufige Regelung der Rechtsverhältnisse der Handelskammer Hamburg vom 27.02.1956, Hbg. GVBl. 1956, S. 21–25 (im Folgenden: Hamburgisches HKG-1956); wie die Handelskammer Bremen firmiert auch die Handelskammer Hamburg auf der Grundlage von § 13 Bundes-IHKG bis heute nicht als IHK, sondern als Handelskammer.
[895] §§ 1 S. 1, 4 Hamburgisches HKG-1956; zum Status der Kammer als Körperschaft des öffentlichen Rechts nach der vorläufigen Satzung vom 09.04.1954: BGH, DVBl. 1956, 454 = DÖV 1956, 368.
[896] § 2 Hamburgisches HKG-1956.
[897] § 3 Abs. 1 Hamburgisches HKG-1956.
[898] §§ 11 S. 1, 12 Abs. 1 Hamburgisches HKG-1956.
[899] § 15 Abs. 1 Hamburgisches HKG-1956.
[900] *Frentzel/Jäkel*, IHKG, 2. Aufl., 1961, Einführung, S. 30 f.

gemeinen Wirtschaftskammer vorsah, die unter Einbeziehung der Gewerkschaften die verschiedenen Fachverbände in Abteilungen integrieren sollte, wurde weder vor der Spaltung der Stadt von den vier Besatzungsmächten, noch nach der Spaltung von den westlichen Besatzungsmächten gebilligt. Erst im Juli 1950 entstand auf Initiative der Wirtschaft die IHK Berlin in der Rechtsform eines eingetragenen Vereins. Nachdem diese provisorisch ihre Tätigkeit aufgenommen hatte, erfolgten 1952 erste Wahlen, und im Januar 1953 trat die erste Vollversammlung zusammen[901]. Durch Gesetz vom 10. Januar 1957[902] wurde schließlich das Bundes-IHKG von 1956 auch in West-Berlin in Kraft gesetzt und die IHK mit Wirkung vom 1. Januar 1958 nach den Vorgaben des Gesetzes in eine Körperschaft des öffentlichen Rechts umgebildet[903].

e) *Das Recht der IHK in der sowjetischen Besatzungszone sowie der DDR*

aa) *Wiedererrichtung der IHK und deren Auflösung im Jahr 1953*

In der sowjetischen Besatzungszone wurden nach Kriegsende an Stelle der dort zuvor bestehenden 28 IHK in den Ländern Brandenburg, Mecklenburg, Sachsen, Sachsen-Anhalt und Thüringen jeweils eine IHK errichtet, die allerdings den Charakter von Durchführungsorganen der staatlichen Wirtschaft mit nur eingeschränkter Betreuungsfunktion besaßen[904]. Nachdem noch vor der Konstituierung der DDR zum 1. April 1949 die volkseigenen Betriebe aus den Kammern ausgeschieden waren, beschränkte sich die Tätigkeit der ostdeutschen IHK auf den zunehmend ausgetrockneten Bereich privater Unternehmen. Zum 31. März 1953 wurden die Kammern schließlich mit der Begründung aufgelöst, dass man ihrer angesichts des erreichten engen Anschlusses der Privatunternehmen an den Staat nicht mehr bedürfe.

bb) *Errichtung der IHK der DDR sowie der IHK Groß-Berlin 1953/1954*

Im Rahmen des „neuen Kurses" nach dem Volksaufstand vom 17. Juni 1953 wurde diese strikte Linie zumindest teilweise revidiert. Durch Verordnung vom 6. August 1953[905] wurde in Berlin als Rechtsnachfolgerin der früheren IHK der Länder der

---

[901] *Wülker*, Wandel der Aufgaben, 1972, S. 92.
[902] Das Gesetz zur Übernahme des Gesetzes zur vorläufigen Regelung des Rechts der Industrie- und Handelskammern vom 10.01.1957, GVBl. Berlin 1957, S. 69, setzte das Bundes-IHKG mit Wirkung vom 22. Dezember 1956 in Westberlin in Kraft.
[903] *Frentzel/Jäkel*, IHKG, 2. Aufl., 1961, Einführung, S. 31.
[904] *Henning*, Geschichte, in: Wirtschaftsarchive und Kammern, 1982, S. 25 (27); *Frentzel/Jäkel*, IHKG, 2. Aufl., 1961, Einführung, S. 31.
[905] Verordnung über die Errichtung der Industrie- und Handelskammer der Deutschen Demokratischen Republik vom 06.08.1953, GBl. DDR 1953, S. 917–919 (im Folgenden: DDR-IHK-VO-1953); vgl. auch die drei dazu ergangenen Durchführungsbestimmungen vom 02.09.1953 (GBl. DDR 1953, S. 993), 01.11.1953 (GBl. DDR 1953, S. 1169) und 17.02.1955 (GBl. DDR I 1955, S. 147).

DDR[906] die „Industrie- und Handelskammer der Deutschen Demokratischen Republik" errichtet[907], welche „die Mitwirkung der privaten Wirtschaft bei der weiteren planmäßigen Entwicklung der Volkswirtschaft" in der DDR „durch eine zweckdienliche Zusammenfassung und Förderung der in der privaten Wirtschaft tätigen Kräfte" sichern sollte[908]. Dazu wurden ihr als Aufgaben u. a. zugewiesen: die Beratung und Unterstützung der Staatsorgane sowie der angeschlossenen Betriebe, die Beratung der in der privaten Wirtschaft Tätigen „zur bestmöglichen Durchführung ihrer im volkswirtschaftlichen Gesamtinteresse liegenden Arbeit und Förderung ihrer wirtschaftlichen Initiative mit dem Ziele der weiteren Verbesserung der Lebenslage der Gesamtbevölkerung", die Mitwirkung in Fragen der Berufsausbildung der in der Privatwirtschaft Tätigen und die Benennung von Sachverständigen in Wirtschaftsfragen[909]. Der Zentralkammer untergeordnet waren insgesamt 14 „Bezirksdirektionen" in den einzelnen Bezirken, die nach Ermächtigung durch die Zentralkammer ihrerseits Kreisgeschäftsstellen errichten konnten[910].

Der IHK der DDR gehörten mit Ausnahme der der Handwerkskammer zugehörigen Betriebe und der landwirtschaftlichen Hauptbetriebe die selbständig gewerblich tätigen natürlichen und juristischen Personen und Personenvereinigungen mit ihren gewerblichen Betrieben sowie die zugelassenen Wirtschaftsprüfer, Bücherrevisoren, Steuerberater und dergleichen an[911]. Organe waren der aus 45 Mitgliedern bestehende Vorstand, der die Verantwortung für die Tätigkeit der IHK trug und die Richtlinien für ihre Arbeit festlegte[912], und das Präsidium[913], das u. a. die Geschäftsordnung und den Haushaltsplan aufstellte und den Vorstand bei der Durchführung seiner Aufgaben beriet[914]. Der Vorstand setzte sich aus 15 gewählten Vertretern der privaten Wirtschaft, 15 von staatlichen Organen benannten Vertretern und 15 Vertretern der in der privaten Wirtschaft beschäftigten Arbeiter und Angestellten, von denen fünf durch den Bundesvorstand des FDGB benannt wurden, zusammen[915]. Das aus dem Präsidenten und vier Stellvertretern bestehende Präsidium wurde vom Vorstand gewählt und bedurfte der Bestätigung durch den Minis-

---

[906] Gem. § 3 Abs. 1 Erste Durchführungsbestimmung zur Verordnung über die Errichtung der Industrie- und Handelskammer der Deutschen Demokratischen Republik vom 02.09.1953, GBl. DDR 1953, S. 993, ging das Vermögen der ehemaligen IHK der Länder der DDR mit Wirkung vom 1. August 1953 auf die IHK der DDR über. Gem. § 3 Abs. 2 der Ersten Durchführungsbestimmung trat die IHK der DDR in die Rechte und Pflichten aus den mit den ehemaligen IHK der Länder der DDR bestehenden Verträgen und sonstigen Rechtsverhältnisse ein.
[907] § 1 DDR-IHK-VO-1953.
[908] § 3 Abs. 1 DDR-IHK-VO-1953.
[909] § 3 Abs. 2 DDR-IHK-VO-1953.
[910] § 2 DDR-IHK-VO-1953.
[911] § 4 DDR-IHK-VO-1953.
[912] § 6 Abs. 1 DDR-IHK-VO-1953.
[913] § 5 Abs. 1 DDR-IHK-VO-1953.
[914] § 7 DDR-IHK-VO-1953.
[915] § 5 Abs. 2 DDR-IHK-VO-1953.

terpräsidenten[916]. Die Möglichkeiten der Kammerzugehörigen zur Einflussnahme auf die Tätigkeit der Kammer waren folglich gering, da sie nur ein Drittel der Mitglieder des Vorstands stellten und insoweit auch nur geringen, mittelbaren Einfluss auf die Wahl des Präsidiums ausübten. Eine Selbstverwaltung der Betroffenen bestand in der IHK der DDR folglich nicht[917].

Die Geschäfte der Bezirksdirektionen wurden von Bezirksdirektoren wahrgenommen, die vom Präsidium der IHK der DDR ernannt wurden und des Vertrauens der Beiräte der Bezirksdirektionen bedurften[918]. Diese Beiräte bestanden aus drei gewählten Vertretern der privaten Wirtschaft, drei vom Rat des Bezirks benannten Vertretern sowie drei Vertretern der in der Privatwirtschaft beschäftigten Arbeiter und Angestellten, von denen einer vom Bezirksvorstand des FDGB benannt wurde[919]. Zur Bestreitung ihrer Kosten war die IHK der DDR berechtigt, von den ihr angehörenden Betrieben Jahresbeiträge zu erheben, die sich aus einem Grundbeitrag und einem Staffelbeitrag zusammensetzten[920].

In Ostberlin wurde zum 1. Januar 1954 zusätzlich eine IHK Groß-Berlin eingerichtet[921], die eine verkleinerte und auf die lokalen Bedürfnisse Groß-Berlins zugeschnittene Kopie der IHK der DDR war[922]. So stimmten die Aufgaben der Groß-Berliner Kammer mit denen der IHK der DDR überein, sieht man davon ab, dass es bei der Groß-Berliner Kammer – wie nicht anders zu erwarten – um die Beratung „der Organe der Staatsmacht Groß-Berlin" ging[923]. Was die Struktur anging, bestanden die wesentlichen Abweichungen darin, dass der Vorstand der IHK Groß-Berlin aus lediglich zwölf Mitgliedern bestand[924] und die IHK Groß-Berlin mit Genehmigung des für die Abteilung „Örtliche Industrie und Handwerk" zuständigen Stellvertreters des Oberbürgermeisters in den Stadtbezirken nach Bedarf Kreisgeschäftsstellen unterhalten konnte[925].

---

[916] § 5 Abs. 3 DDR-IHK-VO-1953.
[917] § 1 Abs. 3 DDR-IHK-VO-1953 nimmt demgegenüber in Anspruch, dass die IHK der DDR das Recht der Selbstverwaltung habe.
[918] § 8 Abs. 1 DDR-IHK-VO-1953.
[919] § 9 Abs. 1 DDR-IHK-VO-1953.
[920] § 10 Abs. 1 DDR-IHK-VO-1953.
[921] § 1 Abs. 1 Verordnung über die Errichtung der Industrie- und Handelskammer Groß-Berlin vom 08.01.1954, VBl. Groß-Berlin 1954, S. 11 f. (im Folgenden: Groß-Berlin-IHK-VO-1954); vgl. auch die Erste Durchführungsbestimmung zur Verordnung über die Errichtung der Industrie- und Handelskammer Groß-Berlin vom 30.03.1954, VBl. Groß-Berlin 1954, S. 189.
[922] Die Groß-Berlin-IHK-VO-1954 lehnt sich weitgehend an den Wortlaut der DDR-IHK-VO-1953 an.
[923] § 3 Abs. 2 Nr. 1 Groß-Berlin-IHK-VO-1954.
[924] § 5 Abs. 2 Groß-Berlin-IHK-VO-1954.
[925] § 2 Groß-Berlin-IHK-VO-1954.

cc) *Auflösung der IHK der DDR und Einrichtung der Bezirks-IHK im Jahr 1958*

Im Jahr 1958 wurden das Präsidium der IHK der DDR und sein Apparat[926] und damit letztlich die IHK der DDR[927] wieder aufgelöst und die Bezirksdirektionen den Räten der Bezirke unterstellt[928]. Hauptaufgabe der Bezirksdirektionen sollte nunmehr die „politisch-ideologische Einflussnahme auf die Betriebsinhaber der privatkapitalistischen Wirtschaft im Interesse der verstärkten Einbeziehung in den sozialistischen Aufbau" sein[929]. Wenige Monate später wurden die Bezirksdirektionen mit neuem Statut zu sog. „Industrie-und-Handels-Kammern der Bezirke" verselbständigt[930]. Diesen Bezirks-IHK, die neben der IHK Groß-Berlin bestanden[931], gehörten alle in der privaten Wirtschaft selbständig gewerblich tätigen Bürger und juristischen Personen sowie Personenvereinigungen an[932]. An Stelle der klassischen IHK-Aufgaben, die in der DDR-IHK-VO-1953 – etwa in Form der Mitwirkung in Fragen der Berufsausbildung – noch einen gewissen Niederschlag gefunden hatten, waren die Aufgaben der Bezirks-IHK nun vollends auf eine Nutzbarmachung der verbliebenen privatwirtschaftlichen Betriebe für das neue Wirtschaftssystem zugeschnitten. Aufgabe der Bezirks-IHK war, die Inhaber der angeschlossenen Betriebe für eine bewusste Mitarbeit beim Aufbau des Sozialismus zu gewinnen[933]. Zu diesem Zweck sollten die Bezirks-IHK u.a. die „Gesetze und Maßnahmen der Arbeiter-und-Bauern-Macht" erläutern, systematisch auf die Inhaber privater Betriebe Einfluss nehmen, um diese für die Aufnahme einer staatlichen Beteiligung zu gewinnen, und schließlich die Inhaber der privaten Betriebe zur Erfüllung der durch den Volkswirtschaftsplan und die Beschlüsse der Volksvertretung gestellten Aufgaben mobilisieren[934]. Eine spezielle Aufgabe der Bezirks-IHK bestand darin, mit den für die einzelnen Wirtschaftszweigen zuständigen Gewerkschaften Tarifverträge und Vereinbarungen abzuschließen, in denen die Lohn- und Arbeitsbedingungen der Werktätigen festgelegt wurden, welche in den der IHK zugehörigen Betrieben beschäftigt waren[935].

Geleitet wurden die Bezirks-IHK durch einen Direktor, der wie sein Stellvertreter vom Rat des Bezirks, dem die jeweilige IHK unterstand, berufen und abberufen

---

[926] Buchst. C, Abschn. IV, Ziff. 4 Verordnung über die Bildung von Wirtschaftsräten bei den Räten der Bezirke und über die Aufgaben und Struktur der Plankommissionen bei den Räten der Kreise vom 13.02.1958, GBl. DDR I 1958, S. 138–143.
[927] Durch § 11 Abs. 2 Verordnung über die Industrie-und-Handels-Kammern der Bezirke vom 22.09.1958, GBl. DDR I 1958, S. 688–690 (im Folgenden: Bezirks-IHK-VO-1958) wurden die DDR-IHK-VO-1953 sowie die drei dazu ergangenen Durchführungsbestimmungen vom 02.09.1953, 01.11.1953 und 17.02.1955 aufgehoben.
[928] Buchst. C, Abschn. IV, Ziff. 3 Abs. 2 der VO vom 13.02.1958.
[929] Buchst. C, Abschn. IV, Ziff. 3 Abs. 1 der VO vom 13.02.1958.
[930] § 1 Bezirks-IHK-VO-1958.
[931] Vgl. § 9 Bezirks-IHK-VO-1958.
[932] § 2 Bezirks-IHK-VO-1958.
[933] § 4 Abs. 1 Bezirks-IHK-VO-1958.
[934] § 4 Abs. 1 S. 2 Nr. 1, 2, 4 Bezirks-IHK-VO-1958.
[935] § 5 Abs. 1 Bezirks-IHK-VO-1958.

wurde[936]. Die IHK-Zugehörigen selbst stellten nur fünf Mitglieder des bei den Bezirks-IHK als lediglich beratendes Organ zu bildenden Beirats[937]. Die an sich schon geringe Möglichkeit der Einflussnahme im Rahmen eines beratenden Organs wurde dadurch weiter geschwächt, dass die Kammerzugehörigen nur ein Drittel der Beiratsmitglieder stellten[938] und auch diese fünf „Repräsentanten" nicht etwa gewählt, sondern durch den Direktor berufen wurden[939]. Von Selbstverwaltung konnte hier also weder im Hinblick auf die Beteiligung der IHK-Zugehörigen noch auf die Aufgaben der Kammer die Rede sein. Tatsächlich verwendete die zugrunde liegende Verordnung, anders als noch die VO über die IHK der DDR von 1953 sowie die VO über die IHK Groß-Berlin von 1954 den Begriff der Selbstverwaltung auch nicht mehr[940]. Die seit Auflösung der IHK im Jahr 1953 ohnehin nur noch äußerst schwachen Traditionslinien zu den IHK der Weimarer Republik waren damit endgültig gekappt. Eine Stellungnahme in der Literatur der Bundesrepublik hat die Bezirks-Kammern der DDR nicht völlig unzutreffend als dem Staat nachgeordnete Hilfsorgane zur Liquidierung der noch vorhandenen Reste einer vom Kommunismus bekämpften Wirtschaftsform charakterisiert[941].

10. Das Bundes-IHK-Gesetz vom 18. Dezember 1956

a) Die Entstehung des Bundes-IHKG

Als sich die Bundesrepublik Deutschland mit Inkrafttreten des Grundgesetzes am 23. Mai 1949 konstituierte, war das Recht der IHK in den einzelnen Bundesländern – wie dargestellt – in grundlegenden Fragen wie der Rechtsnatur der Kammern und der Mitgliedschaft in ihnen zersplittert[942]. Von einem einheitlichen Industrie- und Handelskammerwesen konnte daher keine Rede sein. So sei hier noch einmal schlaglichtartig angeführt, dass nicht nur in Baden-Württemberg nach dessen Konstituierung als Nachfolger der Länder Baden, Württemberg-Baden und Württemberg-Hohenzollern am 25. April 1952, sondern auch in Rheinland-Pfalz für die jeweiligen IHK insgesamt jeweils drei verschiedene Rechtsgrundlagen galten[943].

---

[936] § 7 Abs. 1 und 3 Bezirks-IHK-VO-1958.
[937] § 8 Abs. 1 lit. a Bezirks-IHK-VO-1958.
[938] Jeweils fünf weitere Mitglieder des Beirats waren gem. § 8 Bezirks-IHK-VO-1958 vom Rat des Bezirks benannte Vertreter staatlicher Organe sowie vom Bezirksvorstand des FDGB benannte Vertreter der Gewerkschaften.
[939] § 8 Abs. 1 lit. a Bezirks-IHK-VO-1958.
[940] Vgl. § 1 Abs. 3 DDR-IHK-VO-1953, § 1 Abs. 3 S. 1 Groß-Berlin-IHK-VO-1954.
[941] *Frentzel/Jäkel*, IHKG, 2. Aufl., 1961, Einführung, S. 34.
[942] Schriftlicher Bericht des Ausschusses für Wirtschaftspolitik (21. Ausschuss) über den Entwurf eines Gesetzes über die Industrie- und Handelskammern, BT-Drs., 2. Wahlperiode, zu Drs. 2380, S. 1 f.; DIHT, Tätigkeitsbericht 1955/56, S. 211 ff.
[943] *Frentzel/Jäkel*, IHKG, 2. Aufl., 1961, Einführung, S. 24; vgl. auch den Wortbeitrag des Abgeordneten Stücklen im Rahmen der dritten Lesung des IHKG, Verhandlungen des Deutschen Bundestages – Stenographische Berichte, 2. Wahlperiode, 173. Sitzung, S. 9569.

I. 10. Das Bundes-IHK-Gesetz von 1956

Zudem bestand – wie dargestellt – in vielen Bundesländern eine starke Rechtsunsicherheit, welches Recht auf welcher Rechtsgrundlage anwendbar war[944]. Vor diesem Hintergrund verwundert es nicht, dass viel stärker noch als in den frühen Jahren der Weimarer Republik nach Konstituierung der Bundesrepublik eine bundesgesetzliche Vereinheitlichung zumindest der Grundzüge des IHK-Rechts angestrebt wurde.

Ähnlich wie unter der Weimarer Reichsverfassung stand mit dem „Recht der Wirtschaft" gem. Art. 74 Nr. 11 GG ein Titel für eine konkurrierende Bundesgesetzgebungskompetenz zur Verfügung[945]. Angesichts der bestehenden Rechtszersplitterung, die durch eine mögliche landesrechtliche Gesetzgebung weiter verfestigt zu werden drohte, wurden auch im Hinblick auf das erforderliche Bedürfnis einer bundeseinheitlichen Regelung gem. Art. 72 Abs. 2 GG unter dem Aspekt der Wahrung der Rechts- und Wirtschaftseinheit keine Zweifel laut[946]. Hinzu kam, dass das Bundesverfassungsgericht von Anfang an seine Bereitschaft hatte erkennen lassen, dem Bundesgesetzgeber im Anschluss an die entsprechende Dogmatik der Weimarer Republik zur „Bedarfs-Gesetzgebung" gem. Art. 9 WRV weites Ermessen im Hinblick auf das Vorliegen der Voraussetzungen des Art. 72 Abs. 2 GG einzuräumen[947].

Der Deutsche Industrie- und Handelstag (DIHT) befasste sich als überregionales Forum der IHK daher von seinem ersten Nachkriegs-Jahresbericht 1949/50 an bis zur Verabschiedung des Bundesgesetzes im Jahr 1956 intensiv mit dem Bedürfnis nach einer bundeseinheitlichen Regelung des IHK-Rechts[948]. Der DIHT strebte dabei von Anfang an eine bundesweit einheitliche öffentlich-rechtliche Rekonstituierung der IHK als Körperschaften des öffentlichen Rechts mit Pflichtmitgliedschaft und Pflichtbeiträgen an[949]. Allerdings drohte zunächst noch eine Intervention vor allem der Amerikaner, deren Bedenken gegen eine Pflichtmitgliedschaft usw. in den IHK bekannt waren. Der Weg für eine entsprechende Regelung des Handelskammerwesens wurde aber mit der Ablösung des Besatzungsstatuts und der weitgehenden Rückübertragung der Souveränität an Deutschland durch den im Rahmen der Pariser Verträge abgeschlossenen Deutschlandvertrag frei, der am 22.

---

[944] Schriftlicher Bericht des Ausschusses für Wirtschaftspolitik (21. Ausschuss) über den Entwurf eines Gesetzes über die Industrie- und Handelskammern, BT-Drs., 2. Wahlperiode, zu Drs. 2380, S. 1.

[945] Schriftlicher Bericht des Ausschusses für Wirtschaftspolitik (21. Ausschuss) über den Entwurf eines Gesetzes über die Industrie- und Handelskammern, BT-Drs., 2. Wahlperiode, zu Drs. 2380, S. 2; *Frentzel/Jäkel*, IHKG, 2. Aufl., 1961, Einführung, S. 37; *Kluth*, Funktionale Selbstverwaltung, 1997, S. 130.

[946] Schriftlicher Bericht des Ausschusses für Wirtschaftspolitik (21. Ausschuss) über den Entwurf eines Gesetzes über die Industrie- und Handelskammern, BT-Drs., 2. Wahlperiode, zu Drs. 2380, S. 2; DIHT, Tätigkeitsbericht 1955/56, S. 213.

[947] BVerfGE 1, 264 (272f.).

[948] Vgl. etwa DIHT, Tätigkeitsbericht 1955/56, S. 211ff.; DIHT, Feste Währung – Gesunde Wirtschaft, Tätigkeitsbericht 1956/57, S. 297ff.; *Wülker*, Wandel der Aufgaben, 1972, S. 93; *Hardach*, Der deutsche Industrie- und Handelskammertag, 2011, 6. Kapitel, I. 2.

[949] DIHT, Tätigkeitsbericht 1955/56, S. 214ff.

Oktober 1954 in Paris unterzeichnet wurde und nach seiner Ratifizierung durch den Bundestag am 5. Mai 1955 in Kraft trat.

Ende 1955 brachten daher 46 Abgeordnete unter Leitung der Abgeordneten *Naegel*, *Stücklen*, *Atzenroth* und *Elbrächter* den Entwurf eines Gesetzes über die Industrie- und Handelskammern in den Bundestag ein, der wesentliche Forderungen des DIHT aufgriff[950]. Im Anschluss an die dritte Lesung des Gesetzes am 16. November 1956 wurde dieses als „Gesetz zur vorläufigen Regelung des Rechts der Industrie- und Handelskammern" angenommen[951] und nach Zustimmung des Bundesrats, am 30. November 1956[952], am 18. Dezember 1956 ausgefertigt und am 21. Dezember 1956 verkündet[953]. Dass das Gesetz als Gesetz zur *vorläufigen* Regelung des Rechts der IHK verabschiedet wurde, war maßgeblich darauf zurückzuführen, dass für die in den Gesetzesberatungen heftig diskutierte Frage der überbetrieblichen Mitbestimmung keine einvernehmliche Lösung gefunden werden konnte[954]. Wie bereits im Kaiserreich und vor allem in den ersten Jahren der Weimarer Republik drängten nach dem Zweiten Weltkrieg vor allem die SPD und die KPD zusammen mit den Gewerkschaften auf eine möglichst paritätische Einbeziehung der Arbeitnehmer in die überbetrieblichen Organisationen der Wirtschaft[955]. Wie oben ausgeführt wurde, hatten entsprechende Initiativen auf Länderebene 1948 zur Bildung der Hauptwirtschaftskammer Rheinland-Pfalz und 1950 zur Einrichtung der bremischen Wirtschaftskammer geführt[956]. Auf Bundesebene hatte die SPD im Jahr 1950 einen Gesetzentwurf zur Neuordnung der Wirtschaft vorgelegt, der unter der programmatischen Überschrift „Das Mitbestimmungsrecht der Arbeitnehmer in Organisationen der Wirtschaft" die Errichtung eines gestuften Systems mit paritätisch besetzen Wirtschaftskammern (sowie Handwerkskammern und Landwirtschaftskammern) auf Bezirksebene, Landeswirtschaftsräten auf der Mittelebene und einem Bundeswirtschaftsrat an der Spitze vorsah[957].

Die Frage einer paritätischen Mitbestimmung der Arbeitnehmer gehörte auch in den Beratungen über das IHK-Gesetz zu den Hauptstreitpunkten. Die SPD-Frak-

---

[950] BT-Drs. 1964; zum Gesetzgebungsverfahren vgl. DIHT, Feste Währung – Gesunde Wirtschaft, Tätigkeitsbericht 1956/57, S. 297 ff.

[951] Verhandlungen des Deutschen Bundestages – Stenographische Berichte, 2. Wahlperiode, 173. Sitzung, S. 9571.

[952] Vgl. die Beschlussvorlage, BR-Drs. Nr. 435/56; gegen das IHKG stimmte lediglich das Land Hessen, während sich die Länder Nordrhein-Westfalen und Rheinland-Pfalz enthielten.

[953] Gesetz zur vorläufigen Regelung des Rechts der Industrie- und Handelskammern vom 18.12.1956, BGBl. 1956 I, S. 920–923 (im Folgenden: IHKG-1956).

[954] DIHT, Feste Währung – Gesunde Wirtschaft, Tätigkeitsbericht 1956/57, S. 298 f.; *Wülker*, Wandel der Aufgaben, 1972, S. 94 f.

[955] *Prowe*, Im Sturmzentrum, in: Politik und Wirksamkeit, 1987, S. 91 (114 ff.); *Wuttke*, Die rechtliche Stellung, 1949, S. 110 ff.

[956] Vgl. oben S. 209 ff.

[957] Entwurf eines Gesetzes zur Neuordnung der Wirtschaft vom 25.07.1950 (BT-Drs.1/1229); vgl. §§ 17 ff. des Entwurfs zu den Wirtschaftskammern, §§ 33 ff. zu den Handwerkskammern, §§ 45 ff. zu den Landwirtschaftskammern und §§ 57 ff. zum Bundeswirtschaftsrat; zur Debatte um den Bundeswirtschaftsrat: *Nützenadel*, Wirtschaftliche Interessenvertretung, in: Vierteljahreshefte für Zeitgeschichte 51 (2003), 229 (230 ff.).

tion stellte in den Gesetzesberatungen den Antrag, einen neuen ersten Paragraphen in das Gesetz einzufügen, nach dem die IHK Selbstverwaltungseinrichtungen der gewerblichen Wirtschaft sein sollten, in denen Unternehmer und Arbeitnehmer gleichberechtigt und gleichverantwortlich beraten und beschließen sollten[958]. Dieser Antrag auf eine paritätische Gestaltung der IHK wurde jedoch in der zweiten Lesung mehrheitlich abgelehnt[959]. Um die gebotene Vereinheitlichung des IHK-Rechts nicht an der weiterhin kontroversen Frage scheitern zu lassen, betonten schließlich in der zweiten und insbesondere in der dritten Lesung Abgeordnete aller Fraktionen, dass das Gesetz das Recht der IHK nur vorläufig regeln solle, bis die Frage der überbetrieblichen Mitbestimmung abschließend geklärt sei[960]. Auch nachdem die Bemühungen um die Verwirklichung einer überbetrieblichen Mitbestimmung in den fünfziger und sechziger Jahren endgültig gescheitert waren, wurde indes an der Bezeichnung des Gesetzes festgehalten, das deshalb bis zum heutigen Tage Gesetz zur *vorläufigen* Regelung des Rechts der Industrie- und Handelskammern heißt.

b) Grundzüge der Regelungen des Bundes-IHKG

Inhaltlich orientierte sich das neue IHK-Gesetz primär am preußischen IHK-Gesetz der Weimarer Republik und damit letztlich am Entwicklungsstand, den das Kammerrecht nach über hundertjähriger Geschichte damals in fast allen (ehemaligen) Ländern der Weimarer Republik erreicht hatte. Allerdings wurde über den Status quo der Weimarer Republik insoweit hinausgegangen, als auch verschiedene – nicht ideologische – Änderungen des IHK-Rechts aus der Zeit des Nationalsozialismus – wenn auch modifiziert – übernommen wurden. Dies betraf insbesondere die Einbeziehung der sog. Minderkaufleute, denen nunmehr konsequenterweise allerdings auch das Wahlrecht gewährt wurde, aber auch die Auftrennung des Beitrags in Grundbeiträge und Umlagen. In den Beratungen des Bundestags zum IHK-Gesetz wurde mehrfach ausgeführt, dass es bei der bundesgesetzlichen Regelung letztlich darum gehe, die Rechtsverhältnisse bundeseinheitlich wiederherzustellen, die bei Auflösung der IHK im Jahr 1942 bestanden hätten[961]. Dies ist aber natürlich nur insoweit zutreffend, als man von den einschneidenden, auf eine

---

[958] Verhandlungen des Deutschen Bundestages – Stenographische Berichte, 2. Wahlperiode, 167. Sitzung, Anlage 9 (Umdruck 787), S. 9256f.
[959] Verhandlungen des Deutschen Bundestages – Stenographische Berichte, 2. Wahlperiode, 167. Sitzung, S. 9236.
[960] Vgl. exemplarisch die Erklärungen der Abgeordneten *Lange* (SPD), *Sabel* (CDU/CSU) und *Petersen* (GB/BHE) im Rahmen der dritten Lesung des IHKG, Verhandlungen des Deutschen Bundestages – Stenographische Berichte, 2. Wahlperiode, 173. Sitzung, S. 9569f.
[961] Im schriftlichen Bericht des Ausschusses für Wirtschaftspolitik (21. Ausschuss) über den Entwurf eines Gesetzes über die Industrie- und Handelskammern, BT-Drs., 2. Wahlperiode, zu Drs. 2380, S. 2 wird angeführt, dass mit Verabschiedung des Entwurfs bundesrechtlich ein Rechtszustand erreicht würde, wie er – wenn auch auf landesrechtlicher Grundlage – bis zur Auflösung der IHK und bis zu ihrer Überführung in die Gauwirtschaftskammern einheitlich bestanden habe. Vgl. auch den entsprechenden Beitrag des Abgeordneten *Petersen* (GB/BHE) im

Gleichschaltung der IHK abzielenden reichseinheitlichen Modifizierungen des IHK-Rechts, insbesondere der Etablierung des Führergrundsatzes im Jahr 1934, absieht. Diese wurden selbstverständlich nicht wiederbelebt. In den Grundzügen wurde das Recht der IHK im Bundes-IHKG-1956 wie folgt geregelt[962]:
Die IHK wurden als Körperschaften des öffentlichen Rechts[963] mit Pflichtmitgliedschaft[964] (re-)konstituiert. Kraft Gesetzes Kammerzugehörige waren, sofern sie zur Gewerbesteuer veranlagt waren, natürliche Personen, Handelsgesellschaften, juristische Personen etc., die im Bezirk der IHK eine gewerbliche Niederlassung etc. unterhielten[965]. Die Kosten der Kammern wurden, soweit sie nicht anderweitig gedeckt waren, nach Maßgabe des Haushaltsplans durch Beiträge der Kammerzugehörigen aufgebracht[966]. Die Beiträge wurden als Umlagen auf der Grundlage der festgesetzten Gewerbesteuermessbeträge sowie als einheitliche Grundbeiträge erhoben[967]. Kammerzugehörige, deren Gewerbebetrieb nach Art und Umfang einen in kaufmännischer Weise eingerichteten Geschäftsbetrieb nicht erforderte (Minderkaufleute), waren von der Umlage befreit[968]. Der Grundbeitrag durfte für sie die Hälfte des Grundbeitrags der anderen Kammerzugehörigen nicht übersteigen[969].

Die Mitglieder der Vollversammlung wurden von den Kammerzugehörigen gewählt[970]. Der ausschließlichen Beschlussfassung der Vollversammlung unterlagen u.a. die Satzung, die Wahl-, Beitrags-, Sonderbeitrags- und Gebührenordnung, die Feststellung des Haushaltsplans und die Festsetzung des Maßstabs für die Beiträge und Sonderbeiträge[971]. Die Vollversammlung wählte aus ihrer Mitte den Präsi-

---

Rahmen der dritten Lesung des IHKG, Verhandlungen des Deutschen Bundestages – Stenographische Berichte, 2. Wahlperiode, 173. Sitzung, S. 9570.
[962] Vgl. auch DIHT, Feste Währung – Gesunde Wirtschaft, Tätigkeitsbericht 1956/57, S. 301 ff.
[963] § 3 Abs. 1 IHKG-1956.
[964] § 2 IHKG-1956.
[965] § 2 Abs. 1 IHKG-1956. Ausgenommen waren insbes. landwirtschaftliche Genossenschaften (§ 2 Abs. 4), Gemeinden und Gemeindeverbände, die Eigenbetriebe unterhielten (§ 2 Abs. 5) sowie der große Kreis natürlicher Personen, die nach ihrer Gewerbesteuerveranlagung zur Zahlung von Gewerbesteuer nicht verpflichtet waren oder lediglich zu einer Mindeststeuer herangezogen wurden (§ 2 Abs. 6). Diese Ausnahme der Kleinkaufleute wurde im Rahmen der ersten Änderung des IHKG durch das Steueränderungsgesetz 1961 (BGBl. I S. 981 (999)) aufgehoben. Für natürliche Personen und Gesellschaften, die ausschließlich einen freien Beruf ausübten oder Land- oder Forstwirtschaft oder ein damit verbundenes Nebengewerbe betrieben, galt die Pflichtzugehörigkeit nur, soweit sie in das Handelsregister eingetragen waren (§ 2 Abs. 2). Natürliche und juristische Personen, die mit einem Hauptbetrieb in der Handwerksrolle eingetragen waren, waren berechtigt, aber nicht verpflichtet, der IHK anzugehören (§ 2 Abs. 3).
[966] § 3 Abs. 2 S. 1 IHKG-1956.
[967] § 3 Abs. 3 IHKG-1956.
[968] § 3 Abs. 4 S. 1, 1. HS IHKG-1956.
[969] § 3 Abs. 4 S. 1, 2. HS IHKG-1956.
[970] § 5 Abs. 1 IHKG-1956.
[971] § 4 IHKG-1956.

denten[972] und bestellte den Hauptgeschäftsführer[973], welche die IHK nach näherer Bestimmung der Satzung rechtsgeschäftlich und gerichtlich vertraten[974].

Aufgabe der Kammer war, das Gesamtinteresse der ihr zugehörigen Gewerbetreibenden wahrzunehmen, für die Förderung der gewerblichen Wirtschaft zu wirken und dabei die wirtschaftlichen Interessen einzelner Gewerbezweige oder Betriebe abwägend und ausgleichend zu berücksichtigen[975]. Dabei hatte sie insbesondere durch Vorschläge, Gutachten und Berichte die Behörden zu unterstützen und zu beraten sowie für die Wahrung von Anstand und Sitte des ehrbaren Kaufmanns zu wirken[976]. Die IHK konnte Anlagen und Einrichtungen zur Förderung der gewerblichen Wirtschaft oder einzelner Gewerbezweige begründen, unterhalten und unterstützen sowie Maßnahmen zur Förderung und Durchführung der kaufmännischen und gewerblichen Berufsausbildung treffen[977]. Der IHK oblag es, Ursprungszeugnisse und andere einschlägige Bescheinigungen auszustellen[978], und es konnten ihr durch Gesetz oder Rechtsverordnung weitere Aufgaben übertragen werden[979]. Ausdrücklich festgestellt wurde, dass die Wahrnehmung sozialpolitischer und arbeitsrechtlicher Interessen nicht zu den Aufgaben der IHK gehörte[980]. Für den Aufgabenbereich der Berufsausbildung war bei der IHK ein Ausschuss zu bilden[981]. In dessen Struktur kam ein Mitbestimmungselement insofern zum Tragen, als die Hälfte der Mitglieder dieses Pflichtausschusses von der Vollversammlung berufen, die andere Hälfte aber aus Vertretern der bei kammerzugehörigen Unternehmen beschäftigten Arbeitnehmer gebildet wurde[982]. Letztere wurden durch die nach Landesrecht zuständige Stelle auf Vorschlag der im Bezirk der Kammer bestehenden Gewerkschaften und selbständigen Vereinigungen von Arbeitnehmern mit sozial- oder berufspolitischer Zwecksetzung bestellt[983].

Die IHK unterlag der Aufsicht des Landes darüber, dass sie sich bei Ausübung ihrer Tätigkeit im Rahmen der für sie geltenden Rechtsvorschriften (einschließlich der Satzung etc.) hielt[984]. Bestimmte Beschlüsse der Vollversammlung, z.B. über die Satzung oder die Beitragsordnung sowie über einen Maßstab für Beiträge und Sonderbeiträge, der zehn vom Hundert der Gewerbesteuermessbeträge überstieg, bedurften der Genehmigung[985].

---

[972] § 6 Abs. 1 IHKG-1956.
[973] § 7 Abs. 1 IHKG-1956.
[974] § 7 Abs. 2 IHKG-1956.
[975] § 1 Abs. 1 IHKG-1956.
[976] § 1 Abs. 1 2. HS IHKG-1956.
[977] § 1 Abs. 2 IHKG-1956.
[978] Soweit nicht Rechtsvorschriften diese Aufgaben anderen Stellen zuwiesen, § 1 Abs. 3 IHKG-1956.
[979] § 1 Abs. 4 IHKG-1956.
[980] § 1 Abs. 5 IHKG-1956.
[981] § 8 Abs. 1 IHKG-1956.
[982] § 8 Abs. 2 S. 2 IHKG-1956.
[983] § 8 Abs. 2 S. 2 IHKG-1956.
[984] § 11 Abs. 1 IHKG-1956.
[985] § 11 Abs. 2 IHKG-1956.

Mit Inkrafttreten des Bundes-IHKG am 22. Dezember 1956, als dem Tag nach seiner Verkündung[986], waren ihm widersprechende Rechtsvorschriften aufgehoben[987]. Dies betraf insbesondere die Regelungen der vor dem Bundes-IHKG erlassenen einschlägigen Gesetze von Hamburg[988] und Schleswig-Holstein[989], die zwar prinzipiell bis heute gelten, aber doch insoweit obsolet sind, als sie den Regelungen des Bundes-IHKG widersprechen[990]. Da das Bundes-IHKG aber nur die wichtigsten Fragen regelte, wurden die Länder zugleich ermächtigt, ergänzende Vorschriften zu erlassen über[991]:

– Die Errichtung und Auflösung von IHK
– Die Änderung der Bezirke bestehender IHK
– Die für die Ausübung der Aufsichts- und Genehmigungsbefugnisse nach § 11 Abs. 1 und 2 IHKG-1956 zuständigen Behörden
– Die Aufsichtsmittel, die erforderlich sind, um die Ausübung dieser Befugnisse zu ermöglichen
– Die Verpflichtung der Steuerveranlagungsbehörden zur Mitteilung der für die Festsetzung der Beiträge erforderlichen Unterlagen an die IHK
– Die Verpflichtung der Behörden zur Amtshilfe bei Einziehung und Beitreibung von Abgaben
– Die Grundsätze über die Rechnungslegung und die Prüfung der Jahresrechnung
– Die Befugnis der IHK zur Führung eines Dienstsiegels
– Zuständigkeit und Verfahren für die Bestellung der Mitglieder des Berufsausbildungs-Ausschusses

c) Die Ausführungsgesetze der Länder

Die entsprechenden Regelungen haben die einzelnen Bundesländern in unterschiedlich detaillierten Landesgesetzen getroffen, die z.T. als Gesetze zur Ausführung und Ergänzung des Bundes-IHKG, z.T. aber auch als Gesetze über die IHK in den jeweiligen Ländern bezeichnet sind. Im Einzelnen handelt es sich um folgende Gesetze:

---

[986] § 15 IHKG-1956.
[987] § 11 Abs. 3 IHKG-1956.
[988] Gesetz über die vorläufige Regelung der Rechtsverhältnisse der Handelskammer Hamburg vom 27.02.1956, Hbg. GVBl. 1956, S. 21–25.
[989] Gesetz über die Auflösung der Gauwirtschaftskammer Schleswig-Holstein und der Wirtschaftskammer Kiel vom 23.02.1954, GVBl. Schl.-Holst. 1954, S. 41.
[990] Frentzel/Jäkel/Junge, IHKG, 6. Aufl., 1999, S. 372.
[991] § 12 Abs. 1 IHKG-1956.

Baden-Württemberg	Gesetz über die Industrie- und Handelskammern in Baden-Württemberg (IHKG) vom 27. Januar 1958 (GBl. S. 77)[992]
Bayern	Gesetz zur Ergänzung und Ausführung des Gesetzes zur vorläufigen Regelung des Rechts der Industrie- und Handelskammern (AGIHKG) vom 25. März 1958 (Bay RS 701–1-W)[993]
Berlin	Berliner Landesgesetz über die Industrie- und Handelskammer zu Berlin (IHKG) vom 17. Oktober 1957 (GVBl. S. 1636) in der Fassung der Bekanntmachung vom 21. März 1967 (GVBl. S. 512)[994]
Brandenburg	Gesetz zur Ergänzung des Rechts der Industrie- und Handelskammern im Land Brandenburg (AGIHKG) vom 13. September 1991 (GVBl. S. 440)[995]
Bremen	Gesetz über die Industrie- und Handelskammern im Lande Bremen vom 6. Mai 1958 (GBl. S. 47)[996]
Hamburg	Gesetz über die vorläufige Regelung der Rechtsverhältnisse der Handelskammer Hamburg vom 27. Februar 1956 (GVBl. I S. 21)[997]
Hessen	Hessisches Ausführungsgesetz zum Bundesgesetz zur vorläufigen Regelung des Rechts der Industrie- und Handelskammern vom 6. November 1957 (GVBl. S. 147)[998]
Mecklenburg-Vorpommern	Gesetz über die Industrie- und Handelskammern für das Land Mecklenburg-Vorpommern (IHKG) vom 18. Februar 1992 (GVBl. S. 98)
Niedersachsen	Niedersächsisches Ausführungsgesetz zum Bundesgesetz zur vorläufigen Regelung des Rechts der Industrie- und Handelskammern vom 20. Dezember 1957 (GVBl. S. 136)[999]
Nordrhein-Westfalen	Gesetz über die Industrie- und Handelskammern im Lande Nordrhein-Westfalen (IHKG) vom 23. Juli 1957 (GVBl. S. 187, 228)[1000]

---

[992] Zuletzt geändert durch Art. 24 der VO vom 17.06.1997, GBl. S. 278.
[993] Zuletzt geändert durch Gesetz vom 27.11.2007, GVBl. S. 785.
[994] Zuletzt geändert am 22.06.1983, GVBl. S. 933.
[995] Geändert durch Gesetz vom 26.11.1998, GVBl. I S. 218, 219.
[996] Zuletzt geändert durch Art. 19 des Gesetzes vom 22.12.2009, GBl. 2010 S. 17.
[997] Zuletzt geändert durch Gesetz vom 01.09.2005, GVBl. S. 377, 380.
[998] Zuletzt geändert durch Art. 9 des Gesetzes vom 15.12.2009, GVBl. I S. 716.
[999] Zuletzt geändert durch Art. III des Gesetzes vom 29.05.1995, GVBl. 1995 S. 126 (127).
[1000] Zuletzt geändert durch Art. 1 des Gesetzes vom 09.12.2008, GV. S. 778.

376 4. Kapitel: Historische Entwicklung des Rechts der Industrie- und Handelskammern

Rheinland-Pfalz	Gesetz zur Ergänzung und Ausführung des Gesetzes zur vorläufigen Regelung des Rechts der Industrie- und Handelskammern vom 24. Februar 1958 (GVBl. S. 43)[1001]
Saarland	Gesetz Nr. 707 über die Industrie- und Handelskammer des Saarlandes vom 29. März 1960[1002]
Sachsen	Gesetz zur Ausführung und Ergänzung des Rechts der Industrie- und Handelskammern im Freistaat Sachsen (SächsIHKG) vom 18. November 1991 (GVBl. Nr. 28/91)[1003]
Sachsen-Anhalt	Gesetz über die Industrie- und Handelskammern in Sachsen-Anhalt (AGIHKG) vom 10. Juni 1991 (GVBl. S. 103)[1004]
Schleswig-Holstein	Gesetz über die Industrie- und Handelskammern vom 24. Februar 1870, in der Fassung der Bekanntmachung vom 31. Dezember 1971[1005]
Thüringen	Thüringer Ausführungsgesetz zum Gesetz zur vorläufigen Regelung des Rechts der Industrie- und Handelskammern vom 7. Dezember 1993 (GVBl. S. 757)

11. Entwicklung des IHK-Gesetzes und des IHK-Wesens seit 1956

a) Änderungen des IHK-Gesetzes

Bis heute ist das IHKG durch ca. 15 Gesetze geändert worden[1006]. Die wichtigsten Änderungen seien im Folgenden zusammengefasst: 1961 wurde § 2 Abs. 6 IHKG gestrichen und an § 3 Abs. 4 S. 1 IHKG ein neuer Halbsatz angefügt[1007]. Durch die

---

[1001] Zuletzt geändert durch Art. 177 des Gesetzes vom 12.10.1999, GVBl. S. 325 (355 f.).
[1002] Zuletzt geändert durch Gesetz vom 15.02.2006, ABl. S. 474, 530.
[1003] Zuletzt geändert durch Art. 19 des Gesetzes vom 05.05.2004, GVBl. S. 148.
[1004] Zuletzt geändert durch Art. 60 des Gesetzes vom 18.11.2005, GVBl. S. 698, 709.
[1005] In Schleswig-Holstein wurde nach Inkrafttreten des Bundes-IHKG kein dediziertes Ausführungsgesetz erlassen; gem. § 1 Abs. 2 des Gesetzes über die Auflösung der Gauwirtschaftskammer Schleswig-Holstein und der Wirtschaftskammer Kiel vom 13.02.1953 (GVBl. 1954, S. 41) bestimmen sich die Rechtsverhältnisse der IHK Kiel, Lübeck und Flensburg nach dem Preußischen IHKG i.d.F. vom 28.12.1933, Preuß. GS 1934, S. 6; das nach Inkrafttreten des Bundes-IHKG weitgehend obsolete preußische IHKG wurde als Anlage zum Zweiten Gesetz über die Sammlung des schleswig-holsteinischen Landesrechts vom 05.04.1971 i.d.F.d.B. vom 31.12.1971, GVBl. S. 182, bekannt gemacht. Es wurde zuletzt geändert durch LVO v. 12.10.2005, GVBl. S. 487.
[1006] Eine Übersicht über die Gesetzesgeschichte findet sich bei *Möllering*, in: Frentzel etc., IHKG, 7. Aufl., 2009, Einführung, Rn. 15; eine konzise Übersicht über wesentliche Änderungen des IHKG bis 1996 gibt *Kluth*, Funktionale Selbstverwaltung, 1997, S. 130.
[1007] Art. 22 des Gesetzes zur Änderung des Einkommensteuergesetzes, des Körperschaftsteuergesetzes, des Gewerbesteuergesetzes, des Bewertungsgesetzes, des Vermögensteuergesetzes, des Steuersäumnisgesetzes, der Reichsabgabenordnung, des Steueranpassungsgesetzes, des Ge-

I. 11. Entwicklung des IHKG und des IHK-Wesens seit 1956

Streichung von § 2 Abs. 6 IHKG-1956 wurde die Kammerzugehörigkeit auch auf natürliche Personen ausgedehnt, die nach ihrer Gewerbesteuerveranlagung zur Zahlung von Gewerbesteuer nicht verpflichtet waren oder gem. § 17a GewStG i.d.F. vom 21. Dezember 1954[1008] lediglich zu einer Mindeststeuer herangezogen wurden. Im Ergebnis wurden damit alle Gewerbetreibenden kammerzugehörig[1009]. Durch den neuen Halbsatz in § 3 Abs. 4 S. 1 IHKG wurde allerdings genau der Personenkreis, der durch die Streichung von § 2 Abs. 6 IHKG-1956 prinzipiell kammerzugehörig wurde, soweit es sich um Minderkaufleute handelte, außer von der Umlage auch von der Entrichtung des Grundbeitrags befreit. Die erste Änderung des IHKG bezog also Kleingewerbetreibende einerseits in die Kammer ein, befreite sie aber gleichzeitig weitgehend von der Beitragspflicht. Die Änderung war schon aus dem Grund sinnvoll, dass sich der Kreis der Kammerzugehörigen zuvor – je nach dem Ergebnis der Gewerbesteuerveranlagung – von Jahr zu Jahr ändern konnte[1010].

Nachdem 1969 der Wortlaut verschiedener Regelungen des IHKG an die Bestimmungen des insoweit vorrangigen neuen Berufsbildungsgesetzes (BBiG) angepasst worden war[1011], wurde 1974 die passive Wahlberechtigung zur Vollversammlung der Kammer gem. § 5 Abs. 2 S. 1 IHKG, die bis dahin nur Personen zugestanden hatte, die am Wahltag das 25. Lebensjahr vollendet hatten, nunmehr an das Erfordernis der Volljährigkeit, die nach Art. 1 des ändernden Gesetz auf die Vollendung des 18. Jahres herabgesetzt wurde, geknüpft[1012]. 1976 wurde die Verjährungsregelung des § 3 Abs. 8 S. 1 IHKG dahingehend geändert, dass sich die Verjährung von Beiträgen, Sonderbeiträgen und Gebühren fortan nicht mehr nach den Vorschriften der Reichsabgabenordnung über die Verjährung der Steuern vom Einkommen und Vermögen, sondern nach den entsprechenden Vorschriften der neuen Abgabenordnung richtete[1013].

Im Rahmen der bislang umfangreichsten Revision wurden Ende 1992 §§ 2 Abs. 3, 3 Abs. 3 und 4, 9, 11 Abs. 2 und 14 IHKG neu gefasst, § 10 aufgehoben und ein neuer § 13a IHKG eingefügt[1014]. Durch die Änderungen von §§ 2 Abs. 3, 3 Abs. 4 und die Einfügung von § 13a Abs. 1 IHKG wurde die IHK-Zugehörigkeit von Personen,

---

setzes zur Förderung der Wirtschaft von Berlin (West) und anderer Gesetze (Steueränderungsgesetz 1961) vom 13.07.1961, BGBl. I S. 981 (999).

[1008] BGBl. I S. 473.
[1009] *Möllering*, in: Frentzel etc., IHKG, 7. Aufl., 2009, Einführung, Rn. 15.
[1010] Vgl. die entsprechende Kritik des DIHT an der ursprünglichen Regelung, die im Rahmen der 2. Lesung in das Gesetz aufgenommen worden war, in: DIHT, Feste Währung – Gesunde Wirtschaft, Tätigkeitsbericht 1956/57, S. 298.
[1011] § 103 BBiG vom 14.08.1969, BGBl. I S. 1112 (1136), änderte den Wortlaut von § 1 Abs. 2, § 4 und § 8 Abs. 4 IHKG.
[1012] Art. 9 Nr. 1 Gesetz zur Neuregelung des Volljährigkeitsalters vom 31.07.1974, BGBl. I S. 1713 (1715).
[1013] Art. 95 Nr. 5 Einführungsgesetz zur Abgabenordnung vom 14.12.1976 (EGAO 1977), BGBl. I S. 3341 (3379f.).
[1014] Art. 2 Nr. 5 Gesetz zur Änderung von Gesetzen auf dem Gebiet des Rechts der Wirtschaft vom 21.12.1992, BGBl. I S. 2133 (2133f.).

die ein handwerkliches und handwerksähnliches Gewerbe betreiben, neu geregelt. Die Änderungen von §§ 3 Abs. 3, 11 Abs. 2 und 13 Abs. 2 IHKG brachten weitreichende Modifikationen des Beitragsrechts. So wurden Kleingewerbetreibende Vollkaufleuten grds. gleichgestellt und wurde fortan prinzipiell von allen Gewerbetreibenden ein Beitrag erhoben[1015]. Die Neuregelung, die viele Kleingewerbebetriebe erstmals beitragspflichtig werden ließ, löste eine Klagewelle aus[1016]. Sie wurde daher in einem späteren Änderungsgesetz zum 1. Januar 1999 erneut reformiert. Eine weitere Änderung des Gesetzes von 1992 betraf die Umlage, deren Bemessungsgrundlage nunmehr gem. § 3 Abs. 3 S. 3 IHKG der Gewerbeertrag, bzw. hilfsweise der Gewinn aus Gewerbebetrieb war[1017]. § 9 IHKG, der im ursprünglichen IHKG die Umbildung von IHK betraf, die den Anforderungen des § 3 Abs. 1 IHKG nicht entsprochen hatten, war mit Vollzug der entsprechenden Umbildungen schon lange obsolet geworden und wurde daher durch eine ausführliche Datenschutzvorschrift ersetzt. Die neu gefasste Regelung des § 14 IHKG verlängerte schließlich die im Einigungsvertrag nebst Zustimmungsgesetz von 1990 getroffene, bis zum 31. Dezember 1992 gültige Sonderregelung zu § 3 Abs. 3 und 4 für die Beitragserhebung in den IHK der neuen Bundesländer bis zum 31. Dezember 1997.

1994 wurde der Wortlaut von §§ 3 Abs. 4 S. 2 sowie 9 Abs. 1, 3 und 4 IHKG geändert[1018]. Durch die Änderung von § 3 Abs. 4 S. 2 IHKG wurde die Veranlagung von Inhabern einer Apotheke zu einem Viertel der Umlage neben dem Grundbeitrag fortan nicht mehr von deren Eintragung in das Handelsregister abhängig gemacht. Die Datenschutzvorschrift des § 9 IHKG wurde an den geänderten § 14 GewO angepasst und insgesamt präziser gefasst. Zum 1. Januar 1999 wurden dann die Abs. 3 und 4 von § 3 IHKG geändert und ein neuer Abs. 4a in § 1 IHKG eingefügt[1019]. Im Vordergrund standen hier substantielle Änderungen des Beitragsrechts. Insbesondere wurde die Reform von 1992 dadurch zumindest teilweise korrigiert, dass ein wesentlicher Teil der kleingewerblichen Unternehmen von der Beitragspflicht befreit oder entlastet wurde[1020]. Auch wurde der Freibetrag, um den die Bemessungsgrundlage bei natürlichen Personen und bei Personengesellschaften zu

---

[1015] *Möllering*, in: Frentzel etc., IHKG, 7. Aufl., 2009, Einführung, Rn. 15

[1016] Vgl. *Jahn*, Das neue IHK-Beitragsrecht, in: GewArch 1995, 457; *ders.*, Zur Entwicklung des Beitragsrechts, in: GewArch 1997, 177.

[1017] Allerdings wurde die Bemessungsgrundlage bei natürlichen Personen und Personengesellschaften gem. § 3 Abs. 3 S. 4 IHKG um einen Freibetrag in Höhe von 15.000 DM gekürzt.

[1018] Art. 4 des Gesetzes zur Änderung der Gewerbeordnung und sonstiger gewerberechtlicher Vorschriften vom 23. 11. 1994, BGBl. I S. 3475 (3484).

[1019] Art. 1 des Gesetzes zur Änderung des Gesetzes zur vorläufigen Regelung des Rechts der Industrie- und Handelskammern (IHKGÄndG) vom 23. 07. 1998, BGBl. I S. 1887; berichtigt in BGBl. I S. 3158; zu den Änderungen: Begründung des Gesetzentwurfs vom 09. 12. 1997 (BT-Drs. 13/9378), Beschlussempfehlung und Bericht des Ausschusses für Wirtschaft vom 24. 02. 1998 (BT-Drs. 13/9975) sowie BT-Drs. 13/10289, BT-Drs. 13/10296, BT-Drs. 13/10297, BR-Drs. 304/98; *Jahn*, Die Neuregelungen des IHK-Gesetzes zum 1. 1. 1999, in: NVwZ 1998, 1043 ff.

[1020] In der Begründung des Gesetzentwurfs (BT-Drs. 13/9378, S. 1, 4) wird darauf verwiesen, dass die Änderung von 1992 bei Kleingewerbetreibenden mit geringen Gewerbeerträgen bzw. Umsätzen dazu geführt habe, dass die Beitragspflicht nicht in jedem Fall der Leistungskraft und dem Äquivalenzprinzip entsprochen habe. Gleichzeitig sei der Verwaltungsaufwand bei den IHK

kürzen ist, von 15.000 DM auf 30.000 DM erhöht, um eine Gleichbehandlung von Körperschaften und Personengesellschaften sowie natürlichen Personen zu erreichen, die z.B. nicht die Möglichkeit haben, ein Geschäftsführergehalt von der Bemessungsgrundlage in Abzug zu bringen[1021]. Daneben dehnte ein neuer § 1 Abs. 4a IHKG die Möglichkeiten der IHK zur Kooperation untereinander von den freiwilligen Tätigkeiten, in denen eine Zusammenarbeit bereits zuvor zulässig war, auf sämtliche Kammeraufgaben, also auch hoheitliche, aus[1022]. Die IHK konnten nach der – 2008 dann ihrerseits durch den umfangreicheren neuen § 10 IHKG ersetzten – Vorschrift einzelne, ihnen nach dem IHKG oder aufgrund des IHKG obliegende Aufgaben einvernehmlich einer anderen IHK übertragen oder zu ihrer Erfüllung öffentlich-rechtliche Zusammenschlüsse bilden[1023].

Nach verschiedenen kleineren Änderungen in den Jahren 2001[1024] und 2003[1025] wurde zum 1. Januar 2004 die Beitragsvorschrift des § 3 IHKG an die Novelle der Handwerksordnung angepasst[1026]. Synchron zu den Beitragsprivilegien für Kleinunternehmer im Handwerkskammerrecht wurden Kleinunternehmer und Existenzgründer auch hinsichtlich des IHK-Beitrags entlastet[1027]. Die früher durch Verweis auf die Abgabenordnung festgesetzte Beitragsbefreiungsgrenze für Kleinunternehmen wurde nunmehr unmittelbar in § 3 Abs. 3 S. 3 IHKG geregelt (Gewerbeertrag, hilfsweise Gewinn aus Gewerbebetrieb, der im jeweiligen Haushaltsjahr

---

im Verhältnis zum Beitragsaufkommen solcher Kleingewerbetreibenden in unangemessenen Proportionen gewachsen.

[1021] Vgl. die Begründung des Gesetzentwurfs: BT-Drs. 13/9378, S. 5.
[1022] Vgl. die Begründung des Gesetzentwurfs: BT-Drs. 13/9378, S. 4.
[1023] Die Begründung des Gesetzentwurfs (BT-Drs. 13/9378, S. 4) nennt als Beispiele für hoheitliche Kammeraufgaben, in denen eine Kooperation möglich sein sollte, etwa die Anerkennung der Schulungsträger im Rahmen der Gefahrgutbeauftragtenschulung, die Anerkennung der Gefahrgutfahrerlehrgänge und die Ausstellung der Bescheinigung über eine erfolgreiche Lehrgangsteilnahme, die Gleichstellung von Berufsausbildungszeugnissen sowie die Fachkundeprüfung im Güterkraftverkehr.
[1024] Durch Art. 118 der 7. Zuständigkeitsanpassungs-Verordnung vom 29.10.2001, BGBl. I S. 2785 (2808), wurde der Wortlaut von § 2 Abs. 4 lit. c IHKG an die neu zugeschnittenen Ministerien angepasst (Bundesministerium für Wirtschaft und Technologie statt Bundesminister für Wirtschaft und Bundesministerium für Verbraucherschutz, Ernährung und Landwirtschaft statt Bundesminister für Ernährung, Landwirtschaft und Forsten); zudem wurde durch das Gesetz zur Umstellung von Gesetzen und Verordnungen im Zuständigkeitsbereich des Bundesministeriums für Wirtschaft und Technologie sowie des Bundesministeriums für Bildung und Forschung auf Euro (Neuntes Euro-Einführungsgesetz) vom 10.11.2001, BGBl. I S. 2992 (2995), der 1998 in § 3 Abs. 3 S. 6 IHKG eingefügte Betrag von 30.000 DM durch 15.340 € ersetzt.
[1025] Art. 95 der Achten Zuständigkeitsanpassungs-Verordnung vom 25.11.2003, BGBl. I S. 2304 (2314), passte erneut den Wortlaut von § 2 Abs. 4 lit. c IHKG an das neu zugeschnittene Ministerium an (Wirtschaft und Arbeit statt Wirtschaft und Technologie).
[1026] Art. 5 Drittes Gesetz zur Änderung der Handwerksordnung und anderer handwerksrechtlicher Vorschriften vom 24.12.2003, BGBl. I S. 2934 (2950); dazu unten S. 630 f.
[1027] Dazu: *Jahn*, Kammerzugehörigkeit und Beitragspflicht, in: DB 2004, 802 (803 f.).

5.200 € nicht übersteigt)[1028]. Existenzgründer (natürliche Personen)[1029], die als Kammerzugehörige weder im Handelsregister noch im Genossenschaftsregister eingetragen sind und deren Gewerbeertrag 25.000 € nicht übersteigt, sind nach dem neuen § 3 Abs. 3 S. 4 IHKG zwei Jahre lang umfassend vom Beitrag (Grundbeitrag und Umlage) befreit und zwei weitere Jahre von der Umlage[1030]. Die zum 1. Januar 1999 eingeführte Möglichkeit, dass die Kammervollversammlung unter bestimmten Voraussetzungen eine Absenkung der Freistellungsgrenzen beschließen kann, wurde im überarbeiteten § 3 Abs. 3 S. 5 IHKG dergestalt modifiziert, dass ein voraussichtliches Absinken der Beitragszahler unter 55% (statt zwei Drittel) der der IHK zugehörenden Gewerbetreibenden zu besorgen ist[1031].

Zum 1. April 2005 wurde im Rahmen der Berufsbildungsreform die Bezugnahme auf die Regelung über die Aufgaben des Berufsbildungsausschusses in § 58 BBiG a. F. in § 4 S. 3 und § 8 IHKG durch eine Bezugnahme auf die neue, wesentlich umfangreiche Aufgabennorm des § 79 BBiG ersetzt[1032]. Nach einer kleineren Änderung im Jahr 2006[1033] brachte dann das auf einen Bürokratieabbau abzielende zweite Mittelstandsentlastungsgesetz vom 7. September 2007 zum 1. Januar 2008 zahlreiche Änderungen, von denen die Wichtigsten hier angeführt seien[1034]: Die grundlegende Vorschrift über die Kammerzugehörigkeit in § 2 Abs. 1 IHKG erfuhr eine Straffung und Klarstellung: Die Wörter „nicht rechtsfähige" vor „Personenmehrheiten" wurden angesichts der Rechtsprechung des BGH zur Rechts- und Parteifähigkeit der GbR gestrichen[1035]. Die Bezugnahmen auf gewerbliche Niederlassungen und Verkaufsstellen entfielen, da diese ohnehin dem weiter verwendeten, schon lange von den Verwaltungsgerichten zugrunde gelegten Oberbegriff der Betriebs-

---

[1028] Auch die Umsatzgrenze für die Beitragspflicht gemischt-wirtschaftlicher Betriebe wird nicht mehr durch Verweis auf die AO, sondern unmittelbar in § 3 Abs. 4 S. 1 IHKG geregelt (Umsatz im nichthandwerklichen oder nichthandwerksähnlichen Betriebsteil von mehr als 130.000 € jährlich).

[1029] Um diese Privilegierung auf echte Existenzgründer zu beschränken, gilt sie gem. § 3 Abs. 3 S. 4 IHKG nur für Personen, die in den letzten fünf Wirtschaftsjahren vor ihrer Betriebseröffnung weder Einkünfte aus Land- und Forstwirtschaft, Gewerbebetrieb oder selbständiger Arbeit erzielt haben, noch an einer Kapitalgesellschaft mittelbar oder unmittelbar zu mehr als einem Zehntel beteiligt waren. Gem. dem neuen § 13a Abs. 3 IHKG gilt die Beitragsbefreiung in § 3 Abs. 3 S. 4 IHKG nur für Kammerzugehörige, deren Gewerbeanzeige nach dem 31. Dezember 2003 erfolgt ist.

[1030] Näher dazu unten S. 465 f.

[1031] Näher dazu unten S. 466 f.

[1032] Art. 4 Nr. 5 Gesetz zur Reform der beruflichen Bildung (Berufsbildungsreformgesetz – BerBiRefG) vom 23.03.2005, BGBl. 2005 I S. 931 (965).

[1033] Art. 130 Neunte Zuständigkeitsanpassungsverordnung vom 31.10.2006 passte die Ministeriumsbezeichnungen in § 2 Abs. 4 lit. c IHKG von „Wirtschaft und Arbeit" auf „Wirtschaft und Technologie" sowie von „Verbraucherschutz, Ernährung und Landwirtschaft" auf „Ernährung, Landwirtschaft und Verbraucherschutz an".

[1034] Art. 7 Zweites Gesetz zum Abbau bürokratischer Hemmnisse insbesondere in der mittelständischen Wirtschaft, BGBl. I, S. 2246 (2249 ff.); zu den weiteren Änderungen im IHKG: *Jahn*, Änderungen im Kammerrecht, in: GewArch 2007, 353 (354 ff.).

[1035] BT-Drs. 16/4391, S. 30; entsprechend auch in § 5 Abs. 2 S. 1 IHKG.

stätte unterfielen[1036]. § 2 Abs. 3 IHKG über die Abgrenzung der IHK- und der Handwerkskammerzugehörigkeit wurde klarstellend an die Einführung der zulassungsfreien Handwerke und an die Zuordnung einfacher Tätigkeiten zur Handwerkskammer gem. § 90 Abs. 3 HwO im Rahmen der HwO-Novelle 2003 angepasst[1037]. Im Beitragsrecht wurde in § 3 Abs. 3 S. 3 IHKG über die Beitragsbefreiung von Nichtkaufleuten mit geringem Gewinn durch eine Anknüpfung an „natürliche Personen und Personengesellschaften" ohne Handelsregistereintrag anstelle von „Kammerzugehörigen" im Einklang mit der einschlägigen Rechtsprechung klargestellt, dass auch ausländische Kapitalgesellschaften nicht von der Befreiung profitieren[1038]. Die von Anfang an als sprachlich missglückt kritisierte Regelung in § 3 Abs. 3 S. 9 IHKG a. F., nach der Gewerbetreibenden, die einer IHK „mehrfach angehörten", ein ermäßigter Grundbeitrag eingeräumt werden konnte[1039], wurde durch klarere Regelungen in § 3 Abs. 3 S. 9 und 10 IHKG ersetzt, nach denen die IHK einerseits einer Komplementärgesellschaft einer Personenhandelsgesellschaft, die beide derselben Kammer zugehören, und andererseits einer hundertprozentigen Tochter eines im Handelsregister eingetragenen Unternehmens mit Sitz im selben Kammerbezirk einen ermäßigten Grundbeitrag einräumen kann.

Im Wahlrecht stellt § 5 Abs. 3 S. 1 IHKG nun klar, dass sich die nähere Regelung des Wahlrechts in der Wahlordnung nicht nur auf die aktive Wahlberechtigung, sondern trotz deren Behandlung in Art. 5 Abs. 2 IHKG auch auf die passive Wahlberechtigung erstreckt[1040]. Daneben wurde – im Einklang mit der Praxis der IHK – angeordnet, dass die Wahlordnung nicht nur Bestimmungen über die Aufteilung der Kammerzugehörigen in besondere Wahlgruppen, sondern auch über die Zahl der diesen zugeordneten Sitze in der Vollversammlung enthalten muss[1041]. Die Rechnungslegung der Kammern wurde von der Kameralistik auf die Grundsätze der kaufmännischen Buchführung (Doppik) umgestellt[1042]. Da die im HGB geregelten Grundsätze der Doppik nicht auf alle Geschäftsvorgänge einer IHK exakt passen, sieht ein neuer Abs. 7a von § 3 IHKG vor, dass für das Rechnungswesen, insbesondere die Rechnungslegung sowie die Aufstellung und den Vollzug des

---

[1036] BT-Drs. 16/4391, S. 31.

[1037] *Jahn*, in: Frentzel etc., IHKG, 7. Aufl., 2009, § 2, Rn. 116; zur HwO-Novelle 2003 siehe unten S. 630 f.

[1038] Auch die Terminologie in § 3 Abs. 3 S. 4 IHKG wurde entsprechend angepasst.

[1039] § 3 Abs. 3 S. 9 IHKG a. F. war aufgrund eines Änderungsantrags der Fraktionen der CDU/CSU, SPD und FDP vom 01.04.1998 (BT-Drs. 13/10296) in das IHKG aufgenommen worden; die Formulierung galt als redaktionell verunglückt, da sie bei wörtlicher Heranziehung keinen Anwendungsbereich gehabt hätte; gemeint war laut Gesetzesbegründung der Fall, dass ein Gewerbetreibender aufgrund zu rechtlich selbständigen Tochtergesellschaften verselbständigter Unternehmensteile nicht in juristischer, sondern in wirtschaftlicher Betrachtungsweise mehrfach Mitglied derselben IHK war; zur Kritik: *Jahn*, Zur Beitragsentlastung der Unternehmen, in: BB 1999, 7 (8).

[1040] BT-Drs. 16/4391, S. 32.

[1041] § 5 Abs. 3 S. 2 IHKG.

[1042] Instruktiv zu Unterschieden zwischen beiden Systemen: *Gröpl*, Verwaltungsdoppik und Kameralistik, in: JbKBR 2005, S. 80 (88 ff.).

Wirtschaftsplans und den Jahresabschluss der IHK, die Grundsätze kaufmännischer Rechnungslegung und Buchführung lediglich in sinngemäßer Weise nach dem Dritten Buch des HGB anzuwenden sind[1043]. Einzelheiten werden in einem neuen Finanzstatut der Kammer unter Beachtung der Grundsätze des staatlichen Haushaltsrechts geregelt[1044]. Als redaktionelle Folge des Abschieds von der Kameralistik wurde der Begriff des Haushaltsplans durch Wirtschaftsplan[1045], der Begriff der Haushaltssatzung durch Wirtschaftssatzung[1046] und derjenige des Haushaltsjahrs durch Geschäftsjahr ersetzt[1047]. Von den vielfältigen Änderungen der Datenschutzregelungen in § 9 IHKG sei hier nur erwähnt, dass die Kammern nun gem. § 9 Abs. 2 IHKG zur Feststellung der Kammerzugehörigkeit bei den Finanzbehörden auch Informationen über die Gewerbesteuerveranlagung und damit über die objektive Gewerbesteuerpflicht gem. § 2 GewStG erheben dürfen, was zuvor umstritten war[1048].

Die vorerst letzte Änderung des IHKG erfolgte zum 18. Dezember 2008 durch das vierte Gesetz zur Änderung verwaltungsrechtlicher Vorschriften, das primär der Umsetzung der verwaltungsverfahrensrechtlichen Anforderungen der EU-Dienstleistungsrichtlinie von 2006 diente[1049]. In Anknüpfung an das durch das Änderungsgesetz eingeführte Verfahren über eine einheitliche Stelle in §§ 71a-e VwVfG werden die Länder im neuen Abs. 3a von § 1 IHKG ermächtigt, den IHK durch Gesetz die Aufgaben einer einheitlichen Stelle i. S. d. VwVfG zu übertragen[1050]. Nach dem neuen § 1 Abs. 3b IHKG können die Länder den IHK zudem ermöglichen, sich an Einrichtungen zu beteiligen, die die Aufgaben einer solchen einheitlichen Stelle erfüllen. Die 1999 eingeführte, in der Praxis kaum genutzte Kooperationsklausel in § 1 Abs. 4a IHKG wurde durch eine umfangreichere Regelung über die Aufgabenübertragung und Begründung öffentlich-rechtlicher Zusammenschlüsse im neuen § 10 IHKG ersetzt[1051]. Während § 10 Abs. 1 IHKG die

---

[1043] BT-Drs. 16/4391, S. 31.
[1044] § 3 Abs. 7a S. 2 IHKG.
[1045] Etwa in § 3 Abs. 2 S. 1 und § 4 Nr. 3 IHKG.
[1046] § 3 Abs. 3 S. 5 IHKG.
[1047] § 3 Abs. 3 S. 4 und 5 IHKG.
[1048] Zu den Änderungen von § 9 IHKG: *Jahn*, Änderungen im Kammerrecht, in: GewArch 2007, 353 (356 f.).
[1049] Art. 7 Viertes Gesetz zur Änderung verwaltungsverfahrensrechtlicher Vorschriften (4. VwVfÄndG) vom 11. 12. 2008, BGBl. I, S. 2418 (2420 f.); zu den Änderungen im IHKG: *Jahn*, Änderungen im Recht der IHK, in: GewArch 2009, 177 ff.
[1050] Es liegt also in der Entscheidungsgewalt der Länder, ob sie den IHK diese Aufgabe übertragen; zum Verfahren über eine einheitliche Stelle: *Schmitz/Prell*, Verfahren über eine einheitliche Stelle, in: NVwZ 2009, 1 ff.; zu den unterschiedlichen einheitlichen Ansprechpartnern in den verschiedenen Ländern siehe BT-Drs. 17/728, S. 2; zum Konzept des einheitlichen Ansprechpartners i. S. d. EU-Dienstleistungsrichtlinie und dessen Umsetzung: *Windhoffer*, Implementierung einheitlicher Ansprechpartner, in: NVwZ 2007, 495 ff.; *Ramsauer*, Änderungsbedarf im Verwaltungsverfahrensrecht, in: NordÖR 2008, 417 ff.; *Ernst*, Einführung eines einheitlichen Ansprechpartners, in: DVBl. 2009, 953 ff.; zur Ausgestaltung der staatlichen Aufsicht in diesem Bereich: *Kluth*, Verfassungs- und europarechtliche Anforderungen, in: JbKBR 2007, S. 122 (135 ff.).
[1051] Näher dazu: *Jahn*, Änderungen im Recht der IHK, in: GewArch 2009, 177 (178 f.).

IHK zur Aufgabenübertragung auf eine andere IHK oder zur Bildung gemeinsamer öffentlich-rechtlicher Zusammenschlüsse, bzw. zur Beteiligung hieran ermächtigt, ordnet Abs. 2 an, dass die Rechtsverhältnisse des öffentlich-rechtlichen Zusammenschlusses durch Satzung geregelt weren, wobei die Erstsatzung der Zustimmung der Vollversammlungen der beteiligten IHK bedarf[1052]. § 10 Abs. 3 IHKG ermöglicht schließlich eine länderübergreifende Kooperation, soweit eine solche nicht durch besondere Rechtsvorschrift ausgeschlossen ist[1053]. Die Aufsicht über den öffentlich-rechtlichen Zusammenschluss wird nach dem neuen § 11 Abs. 1 S. 2 IHKG durch die Aufsichtsbehörde des Landes ausgeübt, in dem der Zusammenschluss seinen Sitz hat.

b) Grundsätzliche neuere Entwicklungen: Privatisierung der IHK?

Im April 2005 wurde die Öffentlichkeit von der Nachricht überrascht, die rot-grüne Regierung plane eine grundlegende Reform des IHK-Rechts[1054]. So sollten die Zwangsmitgliedschaft abgeschafft und die IHK darüber hinausgehend nicht mehr als Körperschaften des öffentlichen Rechts, sondern wie einst die Kaufmännischen Korporationen in Preußen oder heute die Chambers of Commerce im angloamerikanischen Bereich als privatrechtliche Vereine organisiert werden[1055]. Es wurde gemeldet, dass die Initiative auf den Seeheimer Kreis der SPD zurückgehe, der vor allem kleine und mittelständische Unternehmen von den IHK-Beiträgen entlasten wolle. Ein entsprechender Gesetzentwurf werde in der SPD-Arbeitsgruppe für Wirtschaft und Arbeit diskutiert und solle noch vor der Sommerpause ins Parlament gehen. Die Erfolgsaussichten eines solchen Gesetzesentwurfs wären indes schon aus dem Grund fraglich gewesen, dass es sich um ein Zustimmungsgesetz gehandelt hätte und eine Zustimmung des damals von der CDU/CSU dominierten Bundesrats unwahrscheinlich gewesen wäre[1056]. Letztlich konnte es allerdings schon nicht mehr zur Gesetzesinitiative kommen, da Bundeskanzler *Gerhard Schröder* nach der Wahlniederlage der SPD bei der Landtagswahl am 22. Mai 2005

[1052] Die Erstsatzung und ihre Änderungen bedürfen nach dem neuen § 11 Abs. 2a IHKG der Genehmigung durch die Aufsichtsbehörde des Landes, in dem der Zusammenschluss seinen Sitz hat, sowie durch die Aufsichtsbehörden der beteiligten Kammern.

[1053] Nach dem neuen § 11 Abs. 2b IHKG bedarf eine ländergrenzenüberschreitende Aufgabenübertragung auf andere IHK und ein öffentlich-rechtlicher Zusammenschluss mit Sitz in anderen Ländern sowie die grenzüberschreitende Beteiligung an solchen Zusammenschlüssen der Genehmigung der in den beteiligten Ländern zuständigen Aufsichtsbehörden; § 10 Abs. 4 IHKG erklärt schließlich einige Vorschriften des IHKG für entsprechend auf öffentlich-rechtliche Zusammenschlüsse anwendbar.

[1054] *N.N.*, Zwangsmitgliedschaft in den Handelskammern soll abgeschafft werden, in: Der Spiegel, Heft 17/2005 vom 23.04.2005, auch unter: <www.spiegel.de/spiegel/vorab/0,1518,352893,00.html>.

[1055] Zu verfassungsrechtlichen Aspekten der Privatisierung von IHK: *Kluth*, Verfassungsfragen, 1997, S. 37 ff.

[1056] Zur Haltung der Parteien in den Jahren 2005/2006 zu einer Kammerreform: *Stober*, Dauerbaustelle Kammerrechtsreform, in: GS Tettinger, 2007, S. 189 (191).

in Nordrhein-Westfalen am 1. Juli 2005 mit intendiert negativem Ergebnis die Vertrauensfrage gem. Art. 68 Abs. 1 S. 1 GG stellte[1057]. Nach Auflösung des Bundestags durch Bundespräsident *Horst Köhler* am 21. Juli 2005 fanden am 18. September 2005 Neuwahlen zum Bundestag statt. Die im Herbst 2005 gebildete große Koalition von CDU/CSU und SPD unter Kanzlerin *Angela Merkel* griff dieses Vorhaben nicht auf. Auch die nach den Bundestagswahlen im Herbst 2009 gebildete Koalitionsregierung aus CDU/CSU und FDP setzte – jedenfalls bis zum Sommer 2010 – eine IHK-Reform nicht wieder auf die Agenda.

c) Entwicklung des Industrie- und Handelskammerwesens

Für die Entwicklung des IHK-Wesens nach Inkrafttreten des IHK-Gesetzes war zunächst bedeutsam, dass es in den siebziger Jahren nicht zuletzt aus finanziellen Gründen zu einer Konsolidierung des Kammerwesens kam, in deren Rahmen zahlreiche Kammerbezirke neu abgegrenzt und gegliedert wurden. So wurden etwa zum 1. April 1977 die Kammern in Wuppertal, Solingen und Remscheid zur IHK Wuppertal-Solingen-Remscheid vereinigt. Bestanden bei Inkrafttreten des IHKG noch insgesamt 81 Kammern, waren davon Mitte der achtziger Jahre nur noch 69 übrig[1058].

Nachdem die Zahl der Kammern bis 1990 konstant geblieben war[1059], stieg sie nach der Wiedervereinigung deutlich an: Nach dem Fall der Mauer im November 1989 gingen die verbliebenen und neuen Privatunternehmer in der DDR schon bald daran, die noch bestehenden Handels- und Gewerbekammern vom Staat zu lösen und unterstützt durch westdeutsche Patenkammern in IHK nach bundesdeutschem Vorbild umzuwandeln[1060]. Am 12. März 1990 trat dann eine Verordnung über die IHK der DDR vom 1. März 1990 in Kraft[1061], die den faktisch z. T. schon eingetretenen Wandel rechtlich nachvollzog und in Orientierung am IHK-Recht der Bundesrepublik einen klaren Schnitt zum IHK-Recht der DDR brachte[1062]:

Das auf einem Beschluss des Ministerrats basierende Statut der Handels- und Gewerbekammern der Bezirke von 1983 wurde außer Kraft gesetzt und die Auflö-

---

[1057] Siehe die dazu ergangene Entscheidung BVerfGE 114, 121.
[1058] Statistisches Bundesamt, Statistisches Jahrbuch 1986 für die Bundesrepublik Deutschland, S. 576 (Stand 1. 1. 1985); *Jäkel/Junge*, Die deutschen Industrie- und Handelskammern, 3. Aufl., 1986, S. 15; eine umfangreiche Bibliographie zur Geschichte und Organisation der IHK und des DIHT enthält: DIHT etc., Bibliographie, 1986; a.a.O., S. 275 ff. findet sich eine Übersicht der damals bestehenden IHK nebst Gründungsjahren.
[1059] Vgl. die Übersicht über die IHK (Stand 01. 01. 1990): in Statistisches Bundesamt, Statistisches Jahrbuch 1990 für die Bundesrepublik Deutschland, S. 627.
[1060] *Diederich/Haag/Cadel*, IHK in den neuen Bundesländern, 2000, S. 57 ff.
[1061] Verordnung über die Industrie- und Handelskammern der DDR vom 01. 03. 1990, GBl. DDR 1953, S. 112–114 (im Folgenden: DDR-IHK-VO-1990); gem. § 10 Abs. 2 DDR-IHK-VO-1990 ist die Verordnung mit ihrer Veröffentlichung im GBl. am 12. März 1990, in Kraft getreten.
[1062] *Stern*, Staatsrecht V, 2000, S. 1775.

I. 11. Entwicklung des IHKG und des IHK-Wesens seit 1956

sung der bestehenden Handels- und Gewerbekammern angeordnet[1063]. An ihrer Stelle wurden IHK mit juristischer Persönlichkeit gebildet[1064], welche Organisationen der gewerblichen Selbstverwaltung und der regionalwirtschaftlichen Interessenvertretung sein sollten und deren Bezirke mit denjenigen der vormaligen Kammern übereinstimmten[1065]. Pflichtangehörige der neuen Kammern waren „die Gewerbetreibenden, also Unternehmen aller Eigentumsformen in den Bereichen Gewerbe, Industrie, Handel, Verkehr, Tourismus, Geld-, Kredit- und Versicherungswesen sowie anderer Zweige der Volkswirtschaft"[1066]. Grundaufgabe war in Anknüpfung an die klassischen Formeln des Handelskammerrechts, das Gesamtinteresse der zugehörigen Gewerbetreibenden wahrzunehmen, für die Förderung der gewerblichen Tätigkeit zu wirken und staatlichen Organen Vorschläge, Gutachten und Einschätzungen zu unterbreiten[1067]. Ausdrücklich geregelt war vor dem Hintergrund der Aushöhlung des Selbstverwaltungselements in den Kammern der DDR, dass alle Organe der IHK demokratisch gewählt wurden[1068]. Höchstes Organ war die von den Kammerzugehörigen zu wählende Vollversammlung[1069], die wiederum aus ihrer Mitte den Präsidenten und die weiteren Mitglieder des Präsidiums wählte und den Hauptgeschäftsführer bestellte[1070]. Präsident und Hauptgeschäftsführer vertraten die IHK rechtsgeschäftlich und gerichtlich[1071]. Die Finanzierung der IHK beruhte auf Beiträgen und Umlagen ihrer Mitglieder sowie auf Gebühren und Entgelten.

Der Einigungsvertrag erstreckte dann mit der Wiedervereinigung am 3. Oktober 1990 das IHK-Gesetz der Bundesrepublik Deutschland auf das Gebiet der neuen Bundesländer[1072]. Da die Errichtung der neuen IHK durch die Verordnung vom 1. März 1990 den Anforderungen für die Errichtung einer Körperschaft des öffentlichen Rechts prinzipiell entsprochen hatte, wurden die im Beitrittsgebiet gebildeten IHK mit Wirksamwerden des Einigungsvertrages zu IHK i. S. d. IHK-Gesetzes[1073]. Durch die Wiedervereinigung stieg die Zahl der bundesdeutschen IHK

[1063] § 10 Abs. 1 S. 1, Abs. 3 DDR-IHK-VO-1990.
[1064] § 1 Abs. 1, Abs. 3 S. 1 DDR-IHK-VO-1990.
[1065] § 1 Abs. 2 DDR-IHK-VO-1990; Letzteres war nicht ausdrücklich in der DDR-IHK-VO-1990 geregelt, wurde aber faktisch so gehandhabt und durch eine entsprechende Anordnung des Ministers für Wirtschaft vom 25. 09. 1990 zu § 1 Abs. 1 DDR-IHK-VO-1990 bestätigt, wonach die Bezirksgrenzen der früheren DDR auch die Grenzen der IHK-Kammerbezirke bildeten; vgl. *Frentzel/Jäkel/Junge*, IHKG, 6. Aufl., 1999, S. 6.
[1066] § 3 i. V. m. § 1 Abs. 2 S. 2 DDR-IHK-VO-1990; ausgenommen waren die in den Rollen der Handwerkskammern eingetragenen Betriebe sowie Betriebe der Land- und Forstwirtschaft des jeweiligen Kammerbezirks.
[1067] § 2 Abs. 1 DDR-IHK-VO-1990.
[1068] § 1 Abs. 5 DDR-IHK-VO-1990.
[1069] § 4 Abs. 1 DDR-IHK-VO-1990.
[1070] §§ 5 Abs. 1, 6 Abs. 1 DDR-IHK-VO-1990.
[1071] § 6 Abs. 2 DDR-IHK-VO-1990.
[1072] Einigungsvertrag (Vertrag zwischen der Bundesrepublik Deutschland und der Deutschen Demokratischen Republik über die Herstellung der Einheit Deutschlands vom 31. 08. 1990), Anlage I, Kapitel V, Sachgebiet B, Abschnitt III, Ziff. 4, BGBl. 1990 II, S. 885 (1000).
[1073] *Möllering*, in: Frentzel etc., IHKG, 7. Aufl., 2009, Einführung, Rn. 8.

um vierzehn an[1074]. Mitte der neunziger Jahre des 20. Jahrhunderts bestanden so 83 IHK[1075]. Der allgemeine Rationalisierungsdruck aufgrund der stagnierenden Wirtschaft der späten neunziger Jahre des 20. und der ersten Jahre des 21. Jh. bewegte dann aber mehrere Kammern dazu, ihre Kostenstruktur durch Fusionen zu größeren Einheiten zu verbessern. So schlossen sich am 1. April 1999 in Hessen die Kammern in Gießen und Friedberg zur IHK Gießen-Friedberg, im Jahr 2003 in Bayern die IHK Lindau-Bodensee und die IHK für Augsburg und Schwaben zur IHK Schwaben mit Sitz in Augsburg und zuletzt, am 1. Januar 2008, wiederum in Hessen, die Kammern in Dillenburg und Wetzlar zur IHK Lahn-Dill zusammen[1076]. Gegenwärtig sind bspw. eine Fusion der IHK Cottbus und der IHK Ostbrandenburg in Brandenburg und ein Zusammenschluss der drei in Mecklenburg-Vorpommern bestehenden Kammern im Gespräch. Heute bestehen in der Bundesrepublik Deutschland damit insgesamt noch 80 IHK, die sich im Deutschen Industrie- und Handelskammertag e.V. (DIHK) mit Sitz in Berlin als Spitzenorganisation auf Bundesebene zusammengeschlossen haben, und denen ca. 3,6 Mio. Unternehmen angehören[1077].

[1074] In den fünf neuen Bundesländern wurden folgende 14 IHK gegründet: Brandenburg: IHK Cottbus, Frankfurt (Oder), Potsdam; Mecklenburg-Vorpommern: IHK Neubrandenburg, Rostock, Schwerin; Sachsen: IHK Südwestsachsen (Chemnitz-Plauen-Zwickau), Dresden, Leipzig; Sachsen-Anhalt: IHK Halle-Dessau, Magdeburg; Thüringen: IHK Erfurt, Ostthüringen (Gera), Südthüringen (Suhl).
[1075] *Kluth*, Funktionale Selbstverwaltung, 1997, S. 130.
[1076] Verordnung zur Änderung der Verordnung über die Abgrenzung der Bezirke der Industrie- und Handelskammern vom 25.03.2003, Bay. GVBl. 2003, S. 275.
[1077] *Baden Württemberg:* 12 (IHK Freiburg, Heidenheim, Heilbronn, Karlsruhe, Konstanz, Mannheim, Pforzheim, Reutlingen, Stuttgart, Ulm, Villingen/Schwenningen, Weingarten); *Bayern:* 9 (IHK Aschaffenburg, Augsburg, Bayreuth, Coburg, München und Oberbayern, Nürnberg, Passau, Regensburg, Würzburg); *Berlin:* 1 (IHK Berlin); *Brandenburg:* 3 (IHK Cottbus, Ostbrandenburg (Frankfurt (Oder)), Potsdam); *Bremen:* 2 (Handelskammer Bremen, IHK Bremerhaven); *Hamburg:* 1 (Handelskammer Hamburg); *Hessen:* 10 (IHK Darmstadt, Frankfurt am Main, Hanau-Gelnhausen-Schlüchtern, Fulda, Gießen-Friedberg, Kassel, Lahn-Dill (Dillenburg-Wetzlar), Limburg, Offenbach am Main, Wiesbaden); *Mecklenburg-Vorpommern:* 3 (IHK Neubrandenburg, Rostock, Schwerin); *Niedersachsen:* 7 (IHK Braunschweig, Emden, Hannover, Lüneburg, Oldenburg, Osnabrück, Stade); *Nordrhein-Westfalen:* 16 (IHK Aachen, IHK für das südöstliche Westfalen (Arnsberg), IHK Ostwestfalen (Bielefeld), IHK im mittleren Ruhrgebiet (Bochum), Bonn/Rhein-Sieg, Lippe (Detmold), Dortmund, Düsseldorf, Niederrheinische IHK (Duisburg-Wesel-Kleve), Essen-Mühlheim an der Ruhr-Oberhausen (Essen), Südwestfälische IHK (Hagen), Köln, Mittlerer Niederrhein (Krefeld-Mönchengladbach-Neuss), IHK Nord Westfalen (Münster), Siegen, Wuppertal-Solingen-Remscheid); *Rheinland-Pfalz:* 4 (IHK Koblenz, Rheinhessen (Mainz), Pfalz (Ludwigshafen), Trier); *Saarland:* 1 (IHK Saarland (Saarbrücken)); *Sachsen:* 3 (IHK Chemnitz (vor 01.03.2010: IHK Südwestsachsen), Dresden, Leipzig); *Sachsen-Anhalt:* 2 (IHK Halle-Dessau, Magdeburg); Schleswig-Holstein: 3 (IHK Flensburg, Kiel, Lübeck); *Thüringen:* 3 (IHK Erfurt, Ostthüringen (Gera), Südthüringen (Suhl)); vgl. <www.dihk.de>; der frühere DIHT (Deutscher Industrie und Handelstag) wurde zum 13. Februar 2001 in Deutscher Industrie- und Handelskammertag (DIHK) umbenannt, um seine Funktion als Spitzenorganisation der IHK deutlich zu machen; dazu näher: *Hardach*, Der deutsche Industrie- und Handelskammertag 1861–2011, 2011, 8. Kapitel, I. 1.

12. Exkurs: Internationale und europäische Dimension des Kammerwesens

Obwohl es sich hier mangels einer Organisation in der Rechtsform der juristischen Person des öffentlichen Rechts oft nicht um Selbstverwaltung im juristischen Sinn handelt, sei dennoch ein kurzer Blick auf die immer wichtiger werdende internationale, insbesondere europäische Dimension des Industrie- und Handelskammerwesens geworfen.

a) Auslandshandelskammern

Nachdem erste Auslandshandelskammern (AHK) bereits Ende des 19. Jh. als Selbsthilfeorganisationen deutscher Kaufleuten in ausländischen Staaten gegründet worden waren, entstanden nach dem Zweiten Weltkrieg in einer Vielzahl von Staaten meist bilaterale Kammern, denen neben den deutschen auch Kaufleute des Gastlandes angehören, die sich für eine Förderung des gegenseitigen Wirtschaftsverkehrs einsetzen[1078]. Die heute 58 Auslandshandelskammern in 56 Staaten sind keine IHK i. S. d. IHK-Gesetzes und damit keine Organisationsformen der Selbstverwaltung der Wirtschaft im juristischen Sinn, da sie in Rechtsformen des jeweiligen Gastlandes privatrechtlich organisiert sind[1079]. Die eng mit dem DIHK kooperierenden Kammern finanzieren ihre Arbeit aus Mitgliedsbeiträgen, Entgelten für Dienstleistungen wie Rechtsauskünften und Marktanalysen sowie Zuwendungen aus dem Bundeshaushalt. Oft als Vorstufe zu einer vollwertigen Auslandshandelskammer bestehen in einer Reihe weiterer Staaten sog. Delegationen der Deutschen Wirtschaft, die von einem vom DIHK entsendeten Delegierten geleitet werden und den Wirtschaftstätigen ähnliche Leistungen zur Verfügung stellen wie die Kammern. Da sie sich aber nicht auf Mitglieder und Kammervorstände stützen können, werden meist Beiräte von Betroffenen gebildet, die ihre Erfahrungen an Ratsuchende weitergeben. Schließlich gibt es auf einer dritten Stufe in einigen Staaten sog. Repräsentanzen der Deutschen Wirtschaft, die ähnliche Aufgaben erfüllen wie die Delegationen, aber von einer einheimischen Person geleitet werden. Insgesamt ist die deutsche Wirtschaft auf diese Weise heute in 80 Staaten an 120 Standorten repräsentiert[1080].

b) Europäisches Kammerwesen, Eurochambres

In allen Mitgliedstaaten der Europäischen Union gibt es Industrie- und Handelskammern: Während diese außer in Deutschland noch in sieben weiteren Mitglied-

---

[1078] <http://ahk.de/>; die erste deutsche Auslandshandelskammer entstand 1894 in Belgien; zur Geschichte der Auslandshandelskammern: *Wiesemann*, Auslandshandelskammern, 2000, S. 17 ff.; *Dieckmann*, Deutsche Auslandshandelskammern, S. 9 ff.; *Stödter*, Handelskammern, in: FS Schack, 1966, S. 148 f.
[1079] *Möllering*, in: Frentzel etc., IHKG, 7. Aufl., 2009, Einführung, Rn. 20.
[1080] <http://ahk.de/ueber-ahk/ahk-organisation/>.

staaten öffentlich-rechtlich mit Pflichtmitgliedschaft organisiert sind[1081], verfügen die anderen 19 Mitgliedstaaten über ein auf freiwilliger Mitgliedschaft beruhendes privatrechtlich organisiertes Kammerwesen, das in zehn dieser Staaten seine Grundlage in einem eigenständigen Kammergesetz findet[1082].
Schon kurz nach Entstehung der damaligen EWG am 1. Januar 1958 gründeten die Kammerorganisationen der sechs Mitgliedstaaten am 28. Februar 1958 in Straßburg die Ständige Konferenz der Industrie- und Handelskammern der EWG, der sukzessive die Kammerorganisationen der später in die Gemeinschaft aufgenommenen Staaten beitraten[1083]. Über den engeren Kreis der heutigen Unionsstaaten hinaus sind der inzwischen in „Eurochambres" umbenannten Organisation, die ein eingetragener Verein nach belgischem Recht ist, heute auch die Kammerorganisationen der EFTA-Staaten und derjenigen Staaten, die einen Assoziierungsvertrag mit der EU abgeschlossen haben, assoziiert[1084]. Das „Board of Directors", dem je ein Repräsentant der Kammerorganisationen der 27 EU-Mitgliedstaaten und fünf Repräsentanten der Kammerorganisationen anderer Staaten angehören, wählt einen Präsidenten und weitere Präsidiumsmitglieder und setzt verschiedene Fachausschüsse ein[1085]. Eurochambres nimmt eine intensive Lobbytätigkeit bei der EU vor allem bei der Fortbildung des wirtschaftsrelevanten EU-Sekundärrechts wahr und kooperiert dabei eng mit den Verbindungsbüros der verschiedenen europäischen Kammerorganisationen in Brüssel. Treffen in Eurochambres zwar sehr unterschiedliche Kammerorganisationen aufeinander, wurde dennoch auf der Eurochambres-Konferenz am 15. Oktober 1999 in Nikosia als gemeinsames Selbstverständnis eine „Charter of the European Chambers of Commerce and Industry" formuliert, die bspw. die Aufgaben der Kammern übergreifend umreißt.

c) EU-rechtliche Dimension des Kammerrechts

Nachdem die EU-rechtliche Dimension des Rechts der IHK und anderer Wirtschaftskammern lange vor allem in möglichen Verstößen kammerrechtlicher Regelungen wie der Pflichtmitgliedschaft und ihrer Implikationen sowie der rechtsetzenden Tätigkeit der Selbstverwaltungskörperschaften insbesondere gegen die

---

[1081] Frankreich (dazu: *Willer*, Kammerwesen in Frankreich, in: JbKR 2002, S. 271/297 ff.), Griechenland, Italien (dazu: *Corrado*, Rolle der Handelskammern in Italien, in: JbKBR 2004, S. 149/156 ff.), Luxemburg, Niederlande, Österreich (dazu: *Rieger*, Kammerwesen in Österreich, in: JbKR 2003, S. 279/312 ff.) und Spanien (dazu: *Rodriguez Artacho/Barnes Vazquez*, Kammerwesen in Spanien, in: JbKR 2002, S. 315/316 ff.); *Stober*, Dauerbaustelle Kammerrechtsreform, in: GS Tettinger, 2007, S. 189 (192).

[1082] *Kluth/Rieger*, Kammerwesen in anderen europäischen Staaten, in: HdbKR, 2005, S. 179 (180 f.); zu England und Wales: *Nuckelt*, Bericht, in: JbKBR 2007, S. 249 (251 f.); zu Dänemark: *Heyne*, Wirtschafts- und Berufsorganisationen, in: JbKBR 2007, S. 285 (286 ff.); zu den Entwicklungen in den Staaten des ehemaligen „Ostblocks": *Möllering*, IHK in den neuen Marktwirtschaften, in: JbKBR 2002, S. 335 (337 ff.).

[1083] *Möllering*, in: Frentzel etc., IHKG, 7. Aufl., 2009, Einführung, Rn. 26.

[1084] <www.eurochambres.eu/Content/Default.asp?PageID=29>.

[1085] <www.eurochambres.eu/Content/Default.asp?PageID=131>.

Marktfreiheiten wie die Dienstleistungsfreiheit und die Niederlassungsfreiheit sowie die Regeln des EU-Wettbewerbsrechts bestand[1086], sind die Kammern in den letzten Jahren verstärkt als mögliche Akteure eines zunehmend europäisierten Verwaltungsverbunds ins Blickfeld geraten[1087]. Genannt sei hier insbesondere das verwaltungsverfahrensrechtliche Konzept des einheitlichen Ansprechpartners gem. Art. 6 EU-Dienstleistungsrichtlinie-2006, für das schon nach dem 48. Erwägungsgrund der Richtlinie neben staatlichen Behörden unter anderem auch IHK und Handwerkskammern in Betracht kommen sollen[1088]. Wie oben bereits ausgeführt wurde, wurden die Länder in Umsetzung der Richtlinie inzwischen im neuen Abs. 3a von § 1 IHKG ermächtigt, den IHK durch Gesetz die Aufgaben einer einheitlichen Stelle i.S.d. neuen §§ 71a-e VwVfG zu übertragen[1089]. Die einheitliche Stelle ist eine Behörde, über welche die Bürger das gesamte Verwaltungsverfahren abwickeln können[1090]. Sie fungiert letztlich als Verfahrensmittlerin[1091], trifft aber in der Regel nicht die verfahrensabschließende Sachentscheidung.

II. Zusammenfassung: Die historische Entwicklung des Rechts der IHK

Entgegen einer häufig in Kammerveröffentlichungen, aber auch in der wissenschaftlichen Literatur anzutreffenden Ansicht gehen die heutigen IHK nicht auf die Kaufmannsgilden des frühen und hohen Mittelalters zurück. Zwar weisen die Gilden als genossenschaftliche Zusammenschlüsse von Kaufleuten mit einem Aufgabengebiet, das sowohl die Interessenvertretung als auch öffentliche Aufgaben umfasste, markante Parallelen zu den späteren Handelskammern und IHK auf und können insoweit als deren ideelle Vorläufer betrachtet werden. Doch waren die mittelalterlichen Gilden in der frühen Neuzeit überwiegend untergegangen oder zumindest zu primär gesellschaftlich wirksamen „Clubs" degeneriert, so dass regelmäßig keine wirkliche Traditionslinie zu den im 19. Jh. entstandenen Handelskammern besteht. Die Wurzel der Handelskammern als unmittelbaren Vorläufern der heutigen IHK liegt vielmehr in den französischen „chambres de commerce", deren älteste – basierend auf einer Vorgängerorganisation von 1599 – im Jahr 1650 in Mar-

---

[1086] Vgl. etwa EuGH, Slg. 1983, 2727 (2744) – *Auer*; Slg. 2000, I-7919 – *Corsten*, Rn. 47f.; Slg. 2003, I-14847 – *Schnitzer*, Rn. 34f.; zum Wettbewerbsrecht: Slg. 2002, I-1577 – *Wouters*, Rz. 56ff.; *Meyer/Diefenbach*, Handwerkskammern, 2005, S. 104ff.; *Schöbener/Scheidtmann*, Kammersatzungen im Gemeinschaftsrecht, in: WiVerw. 2006, 286 (287ff.); *Scheidtmann*, Wirtschafts- und berufsständische Kammern, 2007, S. 89ff.

[1087] *Stober*, Dauerbaustelle Kammerrechtsreform, in: GS Tettinger, 2007, S. 189 (193f.); *Kluth*, Funktionale Selbstverwaltung, in: DV 2002, 349 (371ff.); *Schliesky*, Bedeutung der geplanten EU-Dienstleistungsrichtlinie, in: JbKBR 2004, S. 33 (36ff.); *P.M. Huber*, Verwaltungsverbund, in: JbKBR 2007, S. 13 (17ff.).

[1088] Richtlinie 2006/123/EG des Europäischen Parlaments und des Rates vom 12. 12. 2006 über Dienstleistungen im Binnenmarkt, EU Abl. L 376/36ff. v. 27. 12. 2006.

[1089] Siehe oben S. 382.

[1090] *Detterbeck*, Allgemeines Verwaltungsrecht, 8. Aufl., 2010, Rn. 953ff.

[1091] §§ 71 b, 71c VwVfG.

seille gegründet wurde. Nach vorübergehender Auflösung der französischen Handelskammern im Rahmen der Revolution wurden sie Anfang des 19. Jh. nicht nur in den französischen Kernlanden wiedererrichtet, sondern auch in den durch Frankreich annektierten linksrheinischen deutschen Gebieten eingeführt. Zu betonen ist, dass die französischen Handelskammern anders als die heutigen IHK eher beratende Gremien im Sinne dezentraler Wirtschaftsräte zwecks Förderung der Nationalökonomie waren. Von wirklicher Selbstverwaltung konnte weder bei den Aufgaben noch im Hinblick auf die Benennung der Mitglieder gesprochen werden, wurden die Kammermitglieder doch lediglich von einer kleinen Auswahl besonders angesehener Kaufleute gewählt.

Die meisten der in französischer Zeit gegründeten Handelskammern sowie Industrie- und Gewerbekammern bestanden auch nach den Befreiungskriegen fort und konnten so zu dem Samen werden, aus dem in verschiedenen deutschen Staaten ein eigenständiges Handelskammerwesen entstehen sollte. In Preußen, das insofern eine Vorreiterrolle einnahm und das spätere deutsche Handelskammerrecht prägen sollte, liefen dabei in den folgenden Jahrzehnten – im Wesentlichen auf Initiative der betroffenen Kaufleute – zwei Entwicklungen parallel ab: Zum einen verbreitete sich die Institution Handelskammer nach zögerlichen Anfängen zunächst in der Rheinprovinz und ab 1848 auch in den preußischen Kernlanden, wo die Kaufleute bis dahin noch ausschließlich in Kaufmännischen Korporationen organisiert gewesen waren. Zum anderen wurden auf Betreiben der Kaufleute nach und nach zentrale genossenschaftliche Selbstverwaltungselemente wie die Wahl der Kammermitglieder durch alle Kaufleute, die einen bestimmten Steuerzensus erfüllten, in die Verfassung der Handelskammern integriert. Letztlich wurde so die äußere Form der Handelskammer materiell mehr und mehr durch von den Kaufmännischen Korporationen bekannte Selbstverwaltungselemente aufgeladen, so dass sich die Handelskammern ihrem Wesen nach letztlich zu einer Mischform aus französischer Handelskammer und preußisch-deutscher Kaufmännischer Korporation entwickelten. Insoweit ist dann auch die in der Literatur anzutreffende Feststellung zutreffend, wonach die Handelskammern nicht nur auf die französischen Handelskammern, sondern auch auf die deutschen Kaufmännischen Korporationen zurückgehen, die ihrerseits ihre ideellen Vorbilder in den Gilden fanden[1092].

Das Konzept der selbstverwalteten, korporativ geprägten Handelskammer preußisch-deutschen Typs wurde durch die auf dem Elberfeld-Barmener Reformstatut beruhende Preußische Handelskammerverordnung von 1848, als erste abstrakt-generelle Rechtsgrundlage der preußischen Handelskammern, weiter akzentuiert, die gleichzeitig aber auch den Behördencharakter der Kammern und deren Integration in den Behördenaufbau verstärkte. Das erste Preußische Handelskammergesetz von 1870 beruhte auf der Verordnung von 1848, war aber stärker vom damals herrschenden liberalen Gedankengut geprägt: Die Selbstverwaltung der Handelskammern wurde ausgebaut, indem verschiedene Prüfungs-, Genehmigungs- und

---

[1092] Vgl. etwa *Glum*, Selbstverwaltung der Wirtschaft, 1925, S. 164 f.

Bestätigungsrechte der übergeordneten Behörden entfielen. Vor allem aber erhielten die Handelskammern ihre bis heute prägende Grundaufgabe, die Gesamtinteressen der Handel- und Gewerbetreibenden des Bezirks wahrzunehmen.

Ein flächendeckendes, leistungsfähiges Handelskammerwesen blieb in Preußen indes weiterhin ein Desiderat, da einerseits in vielen Gebieten überhaupt noch keine Handelskammern bestanden, da hierfür – nach wie vor – eine entsprechende Initiative der Kaufleute erforderlich war, andererseits die bestehenden Kammern aufgrund der liberalen staatlichen Genehmigungspolitik sehr unterschiedlich leistungsfähig und z. T. sogar schlicht nicht überlebensfähig waren. Nachdem in den achtziger Jahren des 19. Jh. Bemühungen zur Einführung einheitlicher Wirtschafts- bzw. Gewerbekammern in Preußen bzw. dem gesamten Reich gescheitert waren, verliefen in den neunziger Jahren auch verschiedene Gesetzesinitiativen zur nachhaltigen Beseitigung der geschilderten Defizite des Handelskammersystems bspw. durch autoritative Einsetzung von Handelskammern im gesamten Staatsgebiet im Sande. Die Handelskammergesetznovelle von 1897 brachte vergleichsweise kleine Änderungen, etwa indem den Handelskammern nun qua Gesetz die Rechte einer juristischen Person zuerkannt und ihre Aufgaben ausgedehnt wurden. Die zentralen Probleme des Handelskammersystems blieben hingegen ungelöst: So bestanden bspw. in einigen preußischen Gebieten an Stelle von Handelskammern weiterhin die überkommenen Kaufmännischen Korporationen. Erwähnt sei, dass sich das Handelskammerrecht und das Handelskammerwesen im 19. Jh. in den anderen deutschen Staaten zwar durchaus sehr unterschiedlich entwickelt hatte. Zu Beginn des 20. Jh. erreichte das Handelskammerrecht jedoch in den meisten deutschen Staaten den Stand des preußischen Rechts, zumal sich viele Staaten an diesem orientierten. Dieser Anfang des 20. Jh. erreichte Status prägt letztlich bis heute das Recht der IHK.

In den ersten Jahren der Weimarer Republik traten die Handelskammern neben Handwerkskammern und Landwirtschaftskammern als möglicher Unterbau für die nach Art. 165 WRV zu bildenden Bezirkswirtschaftsräte sowie letztlich den Reichswirtschaftsrat ins Blickfeld. Bemühungen zu einer entsprechenden grundlegenden Reform und Vereinheitlichung des Handelskammerrechts der verschiedenen deutschen Staaten auf der Grundlage eines Reichsrahmengesetzes scheiterten jedoch. Im preußischen Handelskammerrecht wurde derweil im Jahr 1924 nicht nur der zunehmenden Bedeutung der Industrie in den Handelskammern Rechnung getragen, indem die bis heute verwendete Bezeichnung der Industrie- und Handelskammer eingeführt wurde, sondern auch das Problem der Zersplitterung des Handelskammerwesens in Angriff genommen, indem der Minister für Handel und Gewerbe fortan Anordnungen über die Abgrenzung der Bezirke sowie die Auflösung und Zusammenlegung bestehender Kammern treffen durfte. Nachdem sich im Jahr 1926 die letzte verbliebene Kaufmännische Korporation in eine IHK umgewandelt hatte, bestanden in Preußen über 70 IHK.

Im Nationalsozialismus wurde zunächst im Dezember 1933 der große Kreis der Minderkaufleute zur Finanzierung der IHK herangezogen, ohne diesem allerdings das Wahlrecht in der Kammer einzuräumen. Der ideologischen Gleichschaltung der IHK mit dem Willen von Staat und Partei diente dann die nationalsozialistische IHK-VO vom 20. August 1934, welche die verschiedenen Landesgesetze in entscheidenden Punkten durch Reichsrecht verdrängte: Insbesondere wurde die auf dem Wahlprinzip beruhende Selbstverwaltung in den IHK durch den Führergrundsatz ersetzt, indem der Vorsitzende der IHK fortan nicht mehr gewählt, sondern durch den Reichswirtschaftsminister ernannt wurde. Gleichzeitig wurden die IHK als Elemente der neuen Wirtschaftskammern in den nationalsozialistischen, hierarchischen Aufbau der Wirtschaft integriert, was die verbliebene Autonomie der Kammern weiter reduzierte. Im Kriegsjahr 1942 wurden dann schließlich mit dem Ziel einer völligen Gleichschaltung der Wirtschaft, um die Produktion der Kriegswirtschaft weiter steigern zu können, die IHK aufgelöst und statt ihrer und der Handwerkskammern sog. Gauwirtschaftskammern errichtet, die mit dem Willen von Staat und Partei gleichgestaltete Organisationen ohne Selbstverwaltung waren.

Nach Ende des Zweiten Weltkriegs wurden die Gauwirtschaftskammern von den Besatzungsmächten allenthalben aufgelöst, und die IHK nahmen an ihrer Stelle schon bald wieder ihre Arbeit auf. Da in den entstehenden Ländern nur wenige neue Kammergesetze geschaffen wurden, kam meist das jeweils vor oder zu Beginn des Nationalsozialismus geltende Recht zur Anwendung. Die rechtliche Situation der IHK war in der Folge einerseits dadurch geprägt, dass mangels eindeutiger Rechtsgrundlagen oftmals eine weitgehende Rechtsunsicherheit bestand. Zudem galten aufgrund des Rückgriffs auf das alte Recht in manchen der neu abgegrenzten Länder bis zu drei unterschiedliche Rechtsgrundlagen. Andererseits trafen verschiedene Elemente des traditionellen Kammerrechts – wie insbesondere die Zwangsmitgliedschaft und die wie Steuern beitreibbaren Pflichtbeiträge – auf Widerstand insbesondere der Amerikaner, deren Kammersystem auf freiwilligem Zusammenschluss beruhte und die in den IHK und den anderen Kammern nicht zu duldende kartellartige Zwangsorganisationen sahen. IHK durften in der amerikanischen Besatzungszone entsprechend regelmäßig nur noch als privatrechtliche Vereinigungen ohne Zwangsmitgliedschaft etc. geführt werden.

Dies alles führte dazu, dass nach Konstituierung der Bundesrepublik – viel stärker noch als in der Weimarer Republik – die Vereinheitlichung des zersplitterten IHK-Rechts auf Grundlage der konkurrierenden Bundesgesetzgebungskompetenz aus Art. 74 Nr. 11 i. V. m. Art. 72 Abs. 2 GG (Recht der Wirtschaft) betrieben wurde. Der Deutsche Industrie- und Handelstag strebte dabei eine einheitliche Rekonstituierung der IHK als Körperschaften des öffentlichen Rechts mit Zwangsmitgliedschaft an. Nachdem mit der Ablösung des Besatzungsstatuts und der weitgehenden Rückübertragung der Souveränität auf Deutschland durch den am 5. Mai 1955 in Kraft getretenen Deutschlandvertrag der Weg für eine autonome Regelung des Handelskammerrechts frei geworden war, gelang Ende 1956 mit dem bis heute gültigen Gesetz zur vorläufigen Regelung des Rechts der IHK (IHKG) erstmals eine bundeseinheitliche Regelung der wichtigsten Fragen des IHK-Rechts. Die im

II. Zusammenfassung: Die historische Entwicklung des Rechts der IHK

Gesetzestitel widergespiegelte Vorläufigkeit beruhte darauf, dass in den Gesetzesberatungen in der Frage der überbetrieblichen Mitbestimmung, also der Beteiligung der Arbeitnehmer in den IHK, keine Einigkeit erzielt worden war. Auch nach dem Scheitern der Bemühungen um die überbetriebliche Mitbestimmung in den sechziger Jahren wurde indes an der Gesetzesbezeichnung festgehalten, so dass das IHKG auch nach über 50 Jahren noch Gesetz zur vorläufigen Regelung des Rechts der IHK heißt.

Inhaltlich basierte das Bundes-IHKG im Wesentlichen auf dem preußischen IHK-Gesetz der Weimarer Republik und damit auf dem Stand, den das IHK-Recht nach über hundertjähriger Entwicklung damals letztlich in fast allen Ländern der Weimarer Republik erreicht hatte. Allerdings wurden auch verschiedene – nicht ideologisch geprägte – Änderungen des Nationalsozialismus übernommen, insbesondere die Einbeziehung der sog. Minderkaufleute, denen indes nunmehr konsequenterweise auch das Wahlrecht in der Kammer gewährt wurde. Die Kammern wurden so bundesweit als Körperschaften des öffentlichen Rechts mit Pflichtmitgliedschaft rekonstituiert. Mit Inkrafttreten des Bundes-IHKG am 22. Dezember 1956 traten diesem widersprechende Rechtsvorschriften, das heißt insbesondere entsprechende Normen der inzwischen erlassenen Landes-IHK-Gesetze, außer Kraft. Allerdings wurden die Länder zugleich ermächtigt, das Bundes-IHKG ergänzende Regelungen zu verschiedenen Bereichen wie etwa der Errichtung und Auflösung von IHK zu erlassen, was die einzelnen Länder zumeist in entsprechenden Landes-IHK-Gesetzen getan haben.

Das IHKG wurde bis heute durch ca. fünfzehn Gesetze geändert, wobei verschiedene Änderungen der Beitragsvorschriften hervorzuheben sind: So wurden bspw. durch das Änderungsgesetz von 1992 Kleingewerbetreibende Vollkaufleuten gleichgestellt und wurde fortan prinzipiell von allen Gewerbetreibenden ein Beitrag erhoben, nur um durch ein späteres Änderungsgesetz zum 1. Januar 1999 wieder einen Großteil der kleingewerblichen Unternehmen von der Beitragspflicht zu befreien bzw. zumindest zu entlasten. Zur Entwicklung des Handelskammerwesens ist erwähnenswert, dass es in den siebziger Jahren des 20. Jh. zu einer ausgeprägten Konsolidierung der Kammerlandschaft kam: Die Zahl der IHK ging von 81 beim Inkrafttreten des IHK auf nur noch 69 Mitte der achtziger Jahre zurück. Mit der Wiedervereinigung kamen 14 in den neuen Bundesländern gebildete Kammern hinzu, so dass zunächst wieder 83 IHK bestanden. In Zeiten hohen Rationalisierungsdrucks kam es dann 1999, 2003 und 2008 zu drei weiteren Fusionen in Hessen und Bayern, so dass heute in der Bundesrepublik noch 80 IHK bestehen.

5. Kapitel

Das Recht der Industrie- und Handelskammern

I. Gegenstand und Ziel des Kapitels

Als Selbstverwaltungskörperschaften von Industrie- und Handel kommen nach der Vorklärung im dritten Kapitel die heute 80 Industrie- und Handelskammern (IHK) in Betracht. Wie oben in der Einleitung des zweiten Teils bereits allgemein vorweggenommen wurde, soll in diesem Kapitel in Anknüpfung an die Vorprüfung im dritten Kapitel der Selbstverwaltungsgehalt des heutigen Rechts dieser Körperschaften herausgearbeitet werden[1]. Neben dem Bundes-IHK-Gesetz und den verschiedenen Ausführungsgesetzen der Länder muss dafür auch exemplarisch das einschlägige Satzungsrecht herangezogen werden, da gerade viele partizipationsbezogene Aspekte in diesem näher geregelt sind. Im Anschluss an die grundlegenden Fragen der Rechtsform, der Errichtung und des Bezirks geht es primär um die Verwirklichung der Selbstverwaltung in der mitgliedschaftlichen Struktur, den Organen, der Geschäftsführung und den Aufgaben, bevor die Analyse durch Betrachtungen über die Aufsicht über und die Finanzierung der Kammern abgeschlossen wird.

II. Das heutige Recht der IHK im Lichte des Selbstverwaltungsprinzips

1. Rechtsform und Rechtsfähigkeit sowie Errichtung, Auflösung und bezirkliche Neuabgrenzung

a) Rechtsform und Rechtsfähigkeit der IHK

IHK sind gem. § 3 Abs. 1 IHKG Körperschaften des öffentlichen Rechts. Mit der Errichtung als Körperschaft des öffentlichen Rechts wird die jeweilige Kammer rechtsfähig, ist also Trägerin von Rechten und Pflichten. Das Kammervermögen wird ihr (und nicht den Mitgliedern) zugerechnet. Sie kann im privaten wie öffentlichen Rechtsverkehr durch ihre Organe handeln, klagen und verklagt werden[2].

---

[1] Näher zum Untersuchungsziel oben S. 237 f.
[2] *Tettinger*, Kammerrecht, 1997, S. 105.

b) Die landesrechtlichen Ausführungsvorschriften über die Errichtung, Auflösung und bezirkliche Änderung

Da IHK Körperschaften des jeweiligen Landesrechts sind, ist die für die Errichtung einer Körperschaft des öffentlichen Rechts erforderliche formalgesetzliche Grundlage das IHKG i. V. m. dem jeweiligen Ausführungsgesetz zum IHKG[3]. § 12 Abs. 1 Nr. 1 IHKG enthält eine Ermächtigung, durch Landesrecht ergänzende Vorschriften über die Errichtung und Auflösung von IHK zu erlassen. Gem. § 12 Abs. 1 Nr. 2 IHKG können durch Landesrecht Vorschriften über die Änderung der Bezirke bestehender Industrie- und Handelskammern erlassen werden. Dementsprechend sind die Errichtung der IHK, ihre Auflösung und die bezirkliche Neugliederung in verschiedenen Ausführungsgesetzen der sechzehn Bundesländer zum IHKG ausdrücklich geregelt. Da Deutschland umfassend verkammert ist und in Zeiten hohen Rationalisierungsdrucks weniger der Ruf nach der Errichtung neuer IHK (die einen Teil des Bezirks einer bestehenden IHK übernehmen könnten) als nach Vereinigung bestehender IHK laut wird, steht dabei in der Praxis die Vereinigung von IHK bzw. vor allem die Veränderung der Bezirke der IHK im Vordergrund.

In den einzelnen Bundesländern bestehen dabei unterschiedliche Regelungsmodelle für die Errichtung, Auflösung und bezirkliche Änderung von IHK: In sechs Ländern ist die Landesregierung bzw. das zuständige Ministerium umfassend ermächtigt, IHK durch Rechtsverordnung zu errichten, aufzulösen oder ihre Bezirke zu verändern. Dieses Modell ist verwirklicht in: Baden-Württemberg[4], Bayern[5],

---

[3] Wolff/Bachof/Stober/Kluth, Verwaltungsrecht II, 7. Aufl., 2010, S. 849.
[4] In Baden-Württemberg ermächtigt § 1 Abs. 1 IHKG-BW die Landesregierung, durch Rechtsverordnung IHK zu errichten oder aufzulösen oder ihre Bezirke zu ändern, wenn dies im Interesse einer wirtschaftlichen Finanzgebarung oder zur besseren Durchführung der in § 1 IHKG genannten Aufgaben zweckmäßig erscheint. Von der Ermächtigung zur Änderung der Bezirke ist durch die VO der Landesregierung zur Neuordnung der Bezirke der Industrie- und Handelskammern vom 14. 12. 1971 (GBl.-BW 1971, S. 513) Gebrauch gemacht worden.
[5] In Bayern ermächtigt Art. 8 S. 1 Bay. AGIHKG die Staatsregierung, durch Rechtsverordnung IHK zu errichten, aufzulösen oder ihre Bezirke zu ändern, wenn dies zur besseren Durchführung der in § 1 IHKG genannten Aufgaben geboten erscheint. Die Bayerische Staatsregierung hat von der Ermächtigung zur Änderung der Bezirke durch die Verordnung über die Abgrenzung der Bezirke der Industrie- und Handelskammern vom 15. 12. 1972 (Bay. GVBl. 1972, S. 472) Gebrauch gemacht, welche die Bezirke der damals zehn Bayerischen IHK festlegt. Diese Verordnung wurde zuletzt durch die Verordnung zur Änderung der Verordnung über die Abgrenzung der Bezirke der Industrie- und Handelskammern vom 25. 03. 2003 (Bay. GVBl. 2003, S. 275) geändert, durch welche die IHK Lindau-Bodensee zum 01. 01. 2004 mit der IHK für Augsburg und Schwaben zur IHK Schwaben vereinigt wurde.

Hessen⁶, Mecklenburg-Vorpommern⁷, Nordrhein-Westfalen⁸ und Sachsen⁹. Im Gegensatz dazu besteht in fünf, überwiegend kleineren Staaten, nämlich den Stadtstaaten Berlin¹⁰, Bremen und Hamburg, sowie den Flächenstaaten Rheinland-Pfalz und Saarland keine Regelung über die Errichtung, Auflösung und bezirkliche Neugliederung der IHK. In Ermangelung einer Ermächtigungsnorm ist regelmäßig davon auszugehen, dass hier jedenfalls die Errichtung und Auflösung der IHK durch Landesgesetz zu erfolgen hat. Brandenburg nimmt insofern eine Sonderstellung ein, als hier der zuständige Minister durch Rechtsverordnung bestehende IHK zusammenschließen und die Bezirke festlegen bzw. ändern kann, während für die Errichtung neuer IHK hingegen ausdrücklich eine gesetzliche Regelung verlangt wird¹¹. In Niedersachsen wird das Landesministerium zwar zur Errichtung, Auflösung und bezirklichen Neugliederung von IHK ermächtigt, ohne dass allerdings hierfür eine Rechtsform (z.B. Verordnung) vorgeschrieben wird¹². Es ist

---

⁶ In Hessen ermächtigt § 1 S. 1 Hess. AGIHKG die Landesregierung, durch Rechtsverordnung IHK zu errichten, aufzulösen oder ihre Bezirke zu ändern, wenn dies zur besseren Durchführung der in § 1 IHKG genannten Aufgaben geboten ist.

⁷ In Mecklenburg-Vorpommern ermächtigt § 1 Abs. 3 S. 1 IHKG-MV den Wirtschaftsminister, nach Anhörung der IHK durch Rechtsverordnung IHK zu errichten oder aufzulösen oder ihre Bezirke zu ändern, wenn dies zur besseren Durchführung der Kammeraufgaben oder zur Wahrung der Deckungsgleichheit mit den Grenzen der kommunalen Gebietskörperschaften geboten ist.

⁸ In Nordrhein-Westfalen ermächtigt § 1 S. 1 IHKG-NRW das für Wirtschaft zuständige Ministerium (seit Juli 2010 aktuell das Ministerium für Wirtschaft, Energie, Bauen, Wohnen und Verkehr), nach Anhörung des Wirtschaftsausschusses des Landtags durch Rechtsverordnung IHK zu errichten, aufzulösen oder ihre Bezirke zu ändern, wenn dies zur besseren Durchführung der Kammeraufgaben geboten ist.

⁹ Im Freistaat Sachsen ermächtigt § 1 Abs. 1 Sächs. IHKG das Staatsministerium für Wirtschaft und Arbeit, durch Rechtsverordnung IHK zu errichten und aufzulösen, wenn dies zur besseren Durchführung der in § 1 IHKG genannten Aufgaben geboten erscheint. Bestehende IHK können gem. § 1 Abs. 2 Sächs. IHKG durch Rechtsverordnung des Staatsministeriums für Wirtschaft und Arbeit zusammengeschlossen werden, wenn dies zur besseren Durchführung der Kammeraufgaben geboten ist. Die Bezirke bestehender IHK können gem. § 1 Abs. 3 Sächs. IHKG durch Rechtsverordnung des Staatsministeriums für Wirtschaft und Arbeit geändert werden, wenn dies zur besseren Durchführung der Kammeraufgaben oder zur Wahrung der Deckungsgleichheit mit den Grenzen der kommunalen Gebietskörperschaften geboten ist.

¹⁰ Das IHKG-Berlin enthält ebenso wie das IHKG-Bremen und das HKG-Hamburg keine gesonderte Ermächtigung für die Errichtung und Auflösung von IHK bzw. die Änderung ihres Bezirks. Zurückzuführen ist dies wohl nicht zuletzt darauf, dass in den Stadtstaaten mit der Existenz der jeweiligen IHK bzw. Handelskammer kein Bedarf mehr für eine entsprechende gesonderte Ermächtigung besteht. Eine (theoretische) Neuerrichtung bzw. eine Auflösung oder Bezirksänderung müsste also der Rechtsform des grundlegenden Gesetzes folgend durch (ein dieses änderndes) Gesetz erfolgen.

¹¹ In Brandenburg werden neue IHK gem. § 1 Abs. 2 AGIHKG-Brand. durch Gesetz errichtet. Bestehende IHK können hingegen gem. § 1 Abs. 3 S. 1 AGIHKG-Brand. durch Rechtsverordnung des für Wirtschaft zuständigen Ministeriums zusammengeschlossen werden, wenn dies zur besseren Durchführung der Kammeraufgaben geboten ist. Auch die Bezirke der bestehenden IHK werden gem. § 1 Abs. 4 S. 1 und 2 AGIHKG-Brand. durch Rechtsverordnung des für Wirtschaft zuständigen Ministeriums festgelegt und geändert.

¹² In Niedersachsen regelt § 1 Abs. 1 Nds. AGIHKG, dass IHK vom Landesministerium errichtet oder aufgelöst werden. Gleiches gilt für die Änderung der Bezirke der IHK. Bei der Ab-

II. 1. a) Errichtung, Auflösung und bezirkliche Änderung 397

daher davon auszugehen, dass dies prinzipiell auch durch Verwaltungsakt des Ministeriums erfolgen könnte. Ähnliches gilt für Schleswig-Holstein, wo allerdings die Bezirksabgrenzung, die Auflösung und die Zuammenlegung bestehender Kammern ausdrücklich durch „Anordnung" des zuständigen Ministeriums erfolgt, während die Errichtung einer IHK lediglich der Genehmigung des Ministeriums unterliegt[13]. In Sachsen-Anhalt[14] und Thüringen[15] schließlich wird das zuständige Ministerium bzw. der zuständige Minister ausschließlich dazu ermächtigt, die Kammerbezirke durch Verordnung neu zu regeln. Daraus ist zu schließen, dass für die Errichtung bzw. Auflösung von IHK auch hier jeweils eine gesetzliche Grundlage erforderlich ist.

c) Die Regelung der Errichtung, Auflösung und bezirklichen Änderung von IHK

aa) Errichtung und Auflösung von IHK

Wie im voranstehenden Kapitel ausführlich dargelegt wurde, war die Bundesrepublik bei Inkrafttreten des IHKG bereits umfassend verkammert. War damit keine grundsätzliche Neuerrichtung von IHK erforderlich, mussten diese jedoch z.T. in die Rechtsform der Körperschaft des öffentlichen Rechts i.S.v. § 3 Abs. 1 IHKG umgewandelt werden. Der inzwischen obsolet gewordene und daher durch eine

---

grenzung sollen die wirtschaftliche Zusammengehörigkeit und die Eigenart der Bezirke, die steuerliche Leistungsfähigkeit der Kammerzugehörigen und das Streben nach Kostenersparnis maßgebend sein. Eine Festlegung auf eine bestimmte Rechtsform (Verordnung) für die Errichtung, Auflösung und Änderung der Bezirke der IHK erfolgt nicht.

[13] Das drei Jahre vor Erlass des IHKG ergangene Gesetz über die Auflösung der Gauwirtschaftskammer Schleswig-Holstein und der Wirtschaftskammer Kiel vom 13.02.1953 (GVBl. 1954, S. 41) erkennt die IHK Kiel, Lübeck und Flensburg als Körperschaften des öffentlichen Rechts an, trifft aber keine Regelung über die Errichtung, Auflösung von IHK bzw. über die Änderung der IHK-Bezirke. Gem. § 1 Abs. 2 jenes Gesetzes bestimmen sich die Rechtsverhältnisse der IHK Kiel, Lübeck und Flensburg nach dem Preußischen IHKG i.d.F. vom 28.12.1933, Preuß. GS 1934, S. 6; die Errichtung ist in § 2 Abs. 1, die Abgrenzung der Bezirke, die Auflösung und die Zusammenlegung in § 2 Abs. 3 Preuß. IHKG geregelt.

[14] § 1 Abs. 1 AGIHKG-Sachsen-Anhalt erkennt die in Halle und Magdeburg errichteten IHK als IHK i.S.d. IHKG an und ermächtigt im Übrigen das Ministerium für Wirtschaft, Technologie und Verkehr dazu, die Kammerbezirke durch Verordnung neu zu regeln, wenn dies zur Wahrung der Deckungsgleichheit mit den Grenzen der kommunalen Gebietskörperschaften oder sonst auf Grund eines kammerbezogenen Belangs geboten ist. Im Übrigen findet sich keine Ermächtigung für die Errichtung neuer oder die Auflösung bestehender IHK.

[15] § 1 Abs. 1 Thür. AGIHKG stellt fest, dass in Thüringen die drei IHK Ostthüringen zu Gera, Südthüringen und Erfurt bestehen. § 1 Abs. 2 Thür. AGIHKG ermächtigt den Minister für Wirtschaft und Verkehr, durch Rechtsverordnung im Einvernehmen mit dem Innenminister nach Anhörung der betroffenen IHK die Einteilung der in § 1 der Thüringer Verordnung zur Einteilung der Kammerbezirke der Industrie- und Handelskammern vom 30.06.1994 (GVBl. S. 937) geregelten Kammerbezirke oder die Zuordnung von kommunalen Gebietskörperschaften zu den Kammerbezirken zu ändern, wenn infolge einer Funktional- oder Strukturreform der Verwaltung oder einer kommunalen Gebietsreform Änderungen notwendig werden oder dies zur besseren Durchführung der Kammeraufgaben geboten ist. Eine Regelung über die Errichtung und Auflösung von IHK wird nicht getroffen.

Datenschutzvorschrift ersetzte § 9 IHKG a. F. sah entsprechend vor, dass die IHK, die bei Inkrafttreten des IHKG § 3 Abs. 1 IHKG nicht entsprachen, also keine Körperschaften des öffentlichen Rechts waren, umgebildet werden mussten[16]. Diese Umbildung erfolgte dadurch, dass eine den Vorschriften des IHKG entsprechende Satzung von der Vollversammlung der IHK beschlossen und diese Satzung durch die Aufsichtsbehörde unter gleichzeitiger Verleihung der Körperschaftsrechte genehmigt wurde[17]. Nach der Wiedervereinigung im Oktober 1990 wurden die zuvor in den neuen Bundesländern wiedererrichteten IHK in den Ausführungsgesetzen der Länder Brandenburg, Mecklenburg-Vorpommern, Sachsen-Anhalt und Thüringen ausdrücklich als IHK i. S. d. IHKG anerkannt. Das Sächsische IHKG enthält demgegenüber keine ausdrückliche Bezugnahme auf die drei sächsischen IHK.

Wie bereits angesprochen wurde, steht eine völlige Neuerrichtung einer IHK seit Bildung der IHK in den neuen Bundesländern aufgrund der umfassenden Verkammerung der Bundesrepublik nicht mehr auf der Agenda. Theoretisch wäre eine Neugründung denkbar, bei der eine neu zu bildende IHK im Rahmen einer de facto-Abspaltung quasi einen Teil des Bezirks einer bestehenden IHK übernehmen würde. Doch besteht hierfür in Zeiten hohen Rationalisierungsdrucks kein Bedürfnis. Im Gegenteil ist es – wie oben ausgeführt wurde – auch in den letzten Jahren zur Vereinigung von IHK gekommen und besteht gerade aufgrund des großen wirtschaftlichen Drucks eine hohe Wahrscheinlichkeit, dass auch zukünftig weitere Zusammenschlüsse erfolgen werden. Ein solcher Zusammenschluss kann in Ermangelung spezieller Regelungen über die Fusion zweier oder mehrerer IHK, wie sie etwa § 1 Abs. 2 Thür. AGIHKG enthält, durch Auflösung der bestehenden IHK und Errichtung der neuen IHK in den nach dem jeweiligen Landesausführungsgesetz dafür vorgesehenen Formen und unter den dort aufgestellten Voraussetzungen erfolgen[18].

Vor der Errichtung, Auflösung oder bezirklichen Änderung einer IHK sind nach § 12 Abs. 2 i. V. m. 12 Abs. 1 Nr. 1 IHKG die zukünftigen bzw. aktuellen Kammerzugehörigen i. S. v. § 2 Abs. 1 IHKG zu hören[19]. Den Kammerzugehörigen ist Gelegenheit zu geben, sich zur Errichtung, Auflösung oder Neuabgrenzung zu äußern[20]. Voraussetzung für ein solches „Hören" ist, dass die geplante Errichtung, Auflösung oder Neuabgrenzung in geeigneter Form so detailliert angekündigt wird, dass die Betroffenen eine hinreichende Grundlage für eine fundierte Stellungnahme besitzen. Das OVG Sachsen-Anhalt hat einen Monat als angemessene

---

[16] § 9 Abs. 1 S. 1 IHKG a. F.
[17] § 9 Abs. 1 S. 2, 3 IHKG a. F.
[18] *Möllering*, in: Frentzel etc., IHKG, 7. Aufl., 2009, § 12 Rn. 6.
[19] § 1 IHKG-NRW verlangt zudem vor Errichtung, Auflösung oder Änderung der Bezirke einer IHK die Anhörung des zuständigen Ausschusses des Landtags (gegenwärtig: Ausschuss für Wirtschaft, Mittelstand und Energie).
[20] OVG Sachs.-Anh., GewArch 1997, 342 (343); *Möllering*, in: Frentzel etc., IHKG, 7. Aufl., 2009, § 12 Rn. 14.

Frist zur Stellungnahme angesehen[21]. Hierdurch sei den Kammerangehörigen genügend Zeit gelassen worden, sich über die rechtlichen Voraussetzungen und tatsächlichen Auswirkungen der Neugliederung zu informieren, sich untereinander zu beraten und nach einer Abwägung der Vor- und Nachteile das Ergebnis der Überlegungen der Behörde mitzuteilen. Zusätzlich wurde darauf verwiesen, dass die Monatsfrist gängigen gerichtlichen Fristen entspreche[22]. Gegen diese Argumentation bestehen schon aus dem Grund Bedenken, dass die genannten Fristvorschriften mit der Berufung und Revision in Zivilsachen, den verwaltungsgerichtlichen und finanzgerichtlichen Anfechtungsklagen sowie der Frist zur Erhebung sozialgerichtlicher Klagen regelmäßig Fälle betreffen, in denen eine Streitigkeit zwischen bestimmten Parteien bereits anhängig oder zumindest individualisierbar konkretisiert ist. Die Beteiligten sind dort daher zumindest prinzipiell darauf vorbereitet, tätig werden zu müssen. Zudem kann die Begründung der Klage regelmäßig nachgereicht werden. Wird hingegen gleichsam ins Blaue hinein eine Entscheidung über die Errichtung, Auflösung oder Neuabgrenzung einer IHK angekündigt, kann nicht innerhalb nur eines Monats eine begründete Stellungnahme der Betroffenen zu einer potentiell sehr komplexen Sachlage erwartet werden. Hierbei ist auch zu berücksichtigen, dass es ja nicht nur um den Individualrechtsschutz der Betroffenen, sondern auch darum geht, sich den Sachverstand der unmittelbar Betroffenen für eine optimale Verwaltungsentscheidung zu Nutze zu machen. Eine Frist von nur einem Monat ist daher regelmäßig als unangemessen anzusehen. Eine Monatsfrist kann hingegen dann ausnahmsweise als ausreichend angesehen werden, wenn die Kammerzugehörigen bereits zuvor in das Verfahren einbezogen worden sind, so dass sie die Anhörung nicht unvorbereitet trifft[23].

Eine Anhörung der betroffenen IHK ist bei einer Auflösung oder einer bezirklichen Neuabgrenzung derselben im Gesetz nicht ausdrücklich vorgesehen. Aus dem Rechtsstaatsprinzip lässt sich allerdings ableiten, dass die juristische Person IHK als unmittelbar Betroffene vor einer Auflösung oder Neuabgrenzung prinzipiell ebenfalls anzuhören ist[24].

Die einzelnen Landesausführungsgesetze zum IHK statuieren unterschiedliche materiale Voraussetzung für die Errichtung oder Auflösung einer IHK. In Baden-Württemberg ist Voraussetzung, dass dies im Interesse einer wirtschaftlichen Finanzgebahrung oder zur besseren Durchführung der in § 1 IHKG genannten Aufgaben zweckmäßig erscheint[25]. In Bayern, Hessen, Mecklenburg-Vorpommern, Nordrhein-Westfalen und Sachsen wird verlangt, dass die Errichtung oder Auflösung zur besseren Durchführung der in § 1 IHKG genannten Aufgaben (bzw. der

---

[21] OVG Sachs.-Anh., GewArch 1997, 342 (343).
[22] Das OVG verwies auf §§ 516 (jetzt 517), 552 (jetzt 548) ZPO, § 74 VwGO, § 47 FGO und § 87 SGG.
[23] Vgl. OVG Sachs.-Anh., GewArch 1996, 70 (72).
[24] A.A. OVG Sachs.-Anh., GewArch 1996, 70 (72).
[25] § 1 Abs. 1 IHKG-BW.

Kammeraufgaben) geboten erscheint bzw. ist[26]. In Brandenburg ist der *Zusammenschluss* bestehender IHK möglich, wenn dies zur besseren Durchführung der Kammeraufgaben geboten ist[27]. Das Vorliegen der materialen Voraussetzungen einer Errichtung, eines Zusammenschlusses bzw. einer Auflösung sind von den Gerichten prinzipiell voll überprüfbar[28]. Allerdings ist zu berücksichtigen, dass die bei den Voraussetzungen verwendeten unbestimmten Rechtsbegriffe, wie insbesondere die bessere Erfüllung der Kammeraufgaben, weit formuliert sind und zudem eine Prognoseentscheidung implizieren[29]. Hier kann das Gericht jedenfalls überprüfen, ob die Einschätzung der Behörde auf einer zutreffenden Datengrundlage erfolgt ist und die daraus gezogenen Schlüsse nachvollziehbar sind. Die Gebotenheit der Maßnahme für eine bessere Aufgabenerfüllung etc. impliziert die Anwendung des Verhältnismäßigkeitsprinzips[30]. Die Errichtung, Auflösung etc. muss also prinzipiell geeignet sein, eine Verbesserung der Aufgabenerfüllung zu erzielen, es darf kein weniger belastendes Mittel geben, das die bessere Aufgabenerfüllung ebenso sicher ermöglicht, und die belastenden Folgen der Maßnahme müssen in einem angemessenen Verhältnis zum angestrebten Zweck stehen.

bb) Bezirkliche Gliederung und Neugliederung von IHK

Die Bezirke der in den Ländern bestehenden IHK sind teilweise in Verordnungen festgelegt, welche die Landesregierung oder das zuständige Ministerium aufgrund Ermächtigung im jeweiligen Ausführungsgesetz des Landes erlässt. So sind bspw. die Bezirke der IHK in Baden-Württemberg durch die VO der Landesregierung zur Neuordnung der Bezirke der IHK vom 14. Dezember 1971[31] und die Bezirke der IHK in Bayern durch die VO über die Abgrenzung der Bezirke der IHK vom 15. Dezember 1972 festgelegt worden[32]. Eine Veränderung der Bezirke der IHK erfolgt in diesem Fall durch Änderung der entsprechenden Verordnung. In Rheinland-Pfalz sind die Kammerbezirke unmittelbar in § 1 Abs. 1 des Ausführungsgesetzes zum IHKG geregelt. Deren Anpassung erfolgt hier daher durch Änderung des Ausführungsgesetzes[33].

Häufig wird der Kammerbezirk in der Satzung der jeweiligen IHK definiert. Dies hat indes als solches zunächst nur eine deklaratorische Funktion. Die Kammern sind als Körperschaften des öffentlichen Rechts nicht kompetent, autonom über ihren Bezirk zu entscheiden. Dies gilt auch in dem Fall, dass sich zwei IHK über die Arrondierung ihrer Kammerbezirke einig sind. Schon aus dem Grund,

---

[26] Art. 8 S. 1 Bay. AGIHKG; § 1 S. 1 Hess. AGIHKG; § 1 Abs. 3 IHKG-MV; § 1 S. 1 IHKG-NRW; § 1 Abs. 1 Sächs. IHKG.
[27] § 1 Abs. 3 S. 1 AGIHKG-Brand.
[28] OVG NRW, GewArch 1981, 375 (375 f.) zur bezirklichen Neugliederung.
[29] Vgl. OVG NRW, GewArch 1981, 375 (376) zur bezirklichen Neugliederung.
[30] OVG NRW, GewArch 1981, 375 (376) zur bezirklichen Neugliederung.
[31] GBl.-BW 1971, S. 513, zuletzt geändert durch VO vom 08.03.1999 (GBl.-BW, S. 133).
[32] Bay. GVBl. 1972, S. 472, zuletzt geändert durch VO vom 25.03.2003 (Bay. GVBl., S. 275).
[33] Zuletzt durch Art. 177 Landesgesetz zur Reform und Neuorganisation der Landesverwaltung vom 12.10.1999, GVBl.-Rh.-Pf., S. 325 (355 f.).

II. 1. a) Errichtung, Auflösung und bezirkliche Änderung

dass die Änderung der Kammerbezirke weitreichende Auswirkungen auf den Status der kammerzugehörigen Kaufleute im Hinblick insbesondere auf das Wahlrecht und die Beitragspflicht hat, bedarf es für die Veränderung der Kammerbezirke stets eines auf gesetzlicher Grundlage beruhenden staatlichen Rechtsetzungsaktes, der – wie ausgeführt – im Regelfall durch Verordnung, wenn eine solche nicht vorgeschrieben ist, aber unter Umständen auch durch Einzelakt der Verwaltung erfolgen kann[34]. Die staatliche Sanktionierung der Kammerbezirke kann in Ermangelung eines speziellen Rechtsakts allerdings auch konkludent mit Genehmigung der Satzung erfolgen. Das Thüringische Ausführungsgesetz regelt in § 1 Abs. 1 S. 2 ausdrücklich, dass sich die Kammerbezirke, wenn sie nicht durch Rechtsverordnung festgesetzt sind, aus den genehmigten Satzungen der IHK ergeben. Auch hier gilt de jure allerdings nichts anderes. Die Festlegung der Kammerbezirke erfolgt – in Ermangelung einer Verordnung – durch den staatlichen Rechtsakt, der mit der Genehmigung zusammenfällt.

Die Kammerbezirke sind im Laufe der Zeit an staatliche und kommunale Grenzen, insbesondere die Regierungsbezirke und Kreise, angepasst worden[35]. Werden nun die Grenzen der in Bezug genommenen Kreise, Regierungsbezirke und dergleichen geändert, hat dies – wiederum aufgrund der weitreichenden Implikationen insbesondere für die Kammerzugehörigen – nicht automatisch im Sinne einer dynamischen Verweisung eine Anpassung der Kammerbezirksgrenzen zur Folge[36]. Für eine entsprechende Anpassung der Kammerbezirke ist vielmehr ein entsprechender dedizierter staatlicher Rechtsetzungsakt erforderlich[37]. Für eine bezirkliche Neuabgrenzung nennen die einschlägigen Rechtsgrundlagen folgende materiale Voraussetzungen: In Baden-Württemberg ist die Änderung der Bezirke zulässig, wenn dies im Interesse einer wirtschaftlichen Finanzgebahrung oder zur besseren Durchführung der in § 1 IHKG genannten Aufgaben zweckmäßig erscheint[38]. In Bayern, Hessen und Nordrhein-Westfalen wird verlangt, dass die Änderung der Bezirke zur besseren Durchführung der in § 1 IHKG genannten Aufgaben geboten erscheint bzw. ist[39]. In Brandenburg, Mecklenburg-Vorpommern und Sachsen ist die Änderung der Bezirke möglich, wenn dies zur besseren Durchführung der Kammeraufgaben oder zur Wahrung der Deckungsgleichheit mit den Grenzen der kommunalen Gebietskörperschaften geboten ist[40]. In Sachsen-Anhalt können die Kammerbezirke durch Verordnung neu geregelt werden, wenn dies zur Wahrung der Deckungsgleichheit mit den Grenzen der kommunalen Gebietskörperschaften oder sonst auf Grund eines kammerbezogenen Belangs geboten ist[41]. In Thüringen

---

[34] *Möllering*, in: Frentzel etc., IHKG, 7. Aufl., 2009, § 12 Rn. 8.
[35] *Möllering*, in: Frentzel etc., IHKG, 7. Aufl., 2009, § 12 Rn. 9.
[36] *Mann*, Auswirkungen, in: JbKBR 2006, S. 13 (25 ff.).
[37] *Frentzel/Jäkel/Junge*, IHKG, 6. Aufl., 1999, § 12 Rn. 8.
[38] § 1 Abs. 1 IHKG-BW.
[39] Art. 8 S. 1 Bay. AGIHKG; § 1 S. 1 Hess. AGIHKG; § 1 IHKG-NRW; § 1 Abs. 1 Sächs. IHKG.
[40] § 1 Abs. 4 S. 2 AGIHKG-Brand.; § 1 Abs. 3 S. 1 IHKG-MV; § 1 Abs. 3 S. 1 Sächs. IHKG.
[41] § 1 Abs. 2 S. 1 AGIHKG-Sachs.-An.

kann die Einteilung der Kammerbezirke oder die Zuordnung von kommunalen Gebietskörperschaften zu den Kammerbezirken geändert werden[42], wenn infolge einer Funktional- oder Strukturreform der Verwaltung oder einer kommunalen Gebietsreform Änderungen notwendig werden oder dies zur besseren Durchführung der Kammeraufgaben geboten ist[43].

Zur richterlichen Kontrolldichte im Hinblick auf die materialen Voraussetzungen der Neuabgrenzung der IHK gilt das oben zu den Voraussetzungen der Errichtung und Auflösung Gesagte: Prinzipiell ist das Vorliegen der Voraussetzungen richterlich voll überprüfbar. Insbesondere ist auch im Wege einer Verhältnismäßigkeitsprüfung zu ermitteln, ob die bezirkliche Neuabgrenzung zur Erfüllung der gesetzlichen Voraussetzungen (insbesondere einer besseren Aufgabenerfüllung) geeignet, erforderlich und angemessen ist[44].

2. Die Verwirklichung der Selbstverwaltung in der mitgliedschaftlichen Struktur der IHK

a) Die partizipative, genossenschaftliche Organisation als prägendes Merkmal der Selbstverwaltung der Betroffenen in den IHK

Wie oben ausführlich im Hinblick auf den Begriff der Selbstverwaltung der Wirtschaft herausgearbeitet wurde, gehört die mitgliedschaftlich-genossenschaftliche Struktur zu den prägenden Merkmalen der Selbstverwaltung in den IHK. Im Zentrum der körperschaftlichen Organisation stehen die Mitglieder, die sich mittels gewählter Organe in dem sie besonders betreffenden Lebensbereich selbst verwalten. Rechtsform für diese mitgliederbezogene Selbstverwaltung ist im öffentlichen Recht primär die Körperschaft des öffentlichen Rechts[45]. Im Folgenden sei daher näher herausgearbeitet, wie sich der Mitgliederkreis der IHK bestimmt und welche organisationsrechtlichen Folgen sich aus der mitgliedschaftlichen Strukturierung ergeben. Vorweg sei dabei noch einmal daran erinnert, dass früher meist die Mitglieder der Kammervollversammlung als Mitglieder der Handelskammer bzw. IHK bezeichnet wurden. Das IHKG trennt hingegen deutlich zwischen der IHK, mit der die Körperschaft des öffentlichen Rechts gemeint ist, und der Vollversammlung der IHK[46]. Entsprechend sind heute diejenigen Personen Mitglieder – bzw., wie das Gesetz sie nennt, „Kammerzugehörige"[47] – der IHK, die das Wahlrecht zur

---

[42] Die Kammerbezirke der Thüringer IHK sind in § 1 der Thüringer Verordnung zur Einteilung der Kammerbezirke der Industrie- und Handelskammern vom 30.06.1994 (GVBl. S. 937) geregelt.
[43] § 1 Abs. 2 Thür. AGIHKG.
[44] OVG NRW, GewArch 1981, 375 (376).
[45] *Tettinger*, Kammerrecht, 1997, S. 106.
[46] *Jahn*, in: Frentzel etc., IHKG, 7. Aufl., 2009, § 2 Rn. 1.
[47] § 2 Abs. 1 IHKG.

IHK-Vollversammlung innehaben und die regelmäßig auch die Beitragspflicht zur IHK trifft.

b) Der Mitgliederkreis der IHK

Im dritten Kapitel wurden bereits Grundlagen des Rechts der Kammerzugehörigkeit geklärt, um ermitteln zu können, ob die IHK ratione personae der Wirtschaft zuzuordnen sind[48]. Im Folgenden sollen darauf aufbauend die Regelungen über die Mitgliedschaft in den IHK detailschärfer herausgearbeitet werden.

aa) Gesetzessystematik

Die Mitgliedschaft in den IHK ist in § 2 IHKG geregelt. Sind dessen Voraussetzungen erfüllt, besteht grds. eine Pflicht- bzw. Zwangsmitgliedschaft in der IHK[49]. § 2 Abs. 1 IHKG nennt die Grundvoraussetzungen, die für die Zugehörigkeit zu einer bestimmten IHK stets gegeben sein müssen, nämlich ein sehr weit gefasstes Rechtsformerfordernis, die Veranlagung zur Gewerbesteuer und schließlich die Unterhaltung einer Betriebsstätte im Bezirk der IHK. § 2 Abs. 2 IHKG erklärt die Grundregel über die Kammerzugehörigkeit in § 2 Abs. 1 IHKG für Personen, die ausschließlich einen freien Beruf ausüben oder Land- und Forstwirtschaft oder ein damit verbundenes Nebengewerbe betreiben, nur dann für anwendbar, soweit diese in das Handelsregister eingetragen sind. Zulassungspflichtige und zulassungsfreie Handwerksbetriebe sowie handwerksähnliche Betriebe gehören gem. § 2 Abs. 3 IHKG mit ihrem nichthandwerklichen oder nichthandwerksähnlichen Betriebsteil der IHK an. Für die im Gesetz näher definierten landwirtschaftlichen Genossenschaften ist § 2 Abs. 1 IHKG gem. § 2 Abs. 4 IHKG nicht anwendbar, sie gehören also nicht der IHK an, auch wenn sie die Voraussetzungen des § 1 Abs. 1 IHKG erfüllen. Die Pflichtzugehörigkeit gem. § 2 Abs. 1 IHKG gilt gem. § 2 Abs. 5 S. 1 IHKG ebenfalls nicht für Gemeinden und Gemeindeverbände, die Eigenbetriebe unterhalten. Sie können allerdings freiwillig der IHK beitreten[50].

---

[48] Vgl. oben S. 182ff.
[49] Zur verfassungsrechtlichen Zulässigkeit der Pflichtmitgliedschaft: BVerfGE 15, 235 (239ff.); 38, 281 (insbes. 308) (Arbeitnehmerkammern); BVerfG, GewArch 2002, 111ff.; umfassend zur Vereinbarkeit der Pflicht- bzw. Zwangsmitgliedschaft in der IHK mit Verfassungs- sowie Europarecht: *Gornig*, Pflichtmitgliedschaft in der IHK, in: WiVerw. 1998, 157ff.; *ders.*, Pflichtmitgliedschaft in der IHK, in: ders., Rechtliche Aspekte der Vermögensberatung, 2003, S. 1ff.; *Kluth*, Verfassungsfragen, 1997, S. 7ff.; *Ruthig/Storr*, Öffentliches Wirtschaftsrecht, 2. Aufl., 2008, Rn. 129f.
[50] § 2 Abs. 5 S. 2 IHKG; freiwillig Mitglied der IHK bleiben können nach der Übergangsregelung in § 13a Abs. 1 IHKG Kammerzugehörige, die am 31. 12. 1993 nach § 2 Abs. 3 und § 3 Abs. 3 S. 2 in der am 31. 12. 1993 geltenden Fassung der IHK angehörten. Diese Regelung betrifft sog. Handwerkerkaufleute, die der IHK nach altem Recht freiwillig beitreten konnten und für die die Handwerkskammer einen Beitrag an die IHK entrichtete. Da sie nach § 13a Abs. 1 IHK „nach Maßgabe dieser Vorschriften" der IHK angehören, sind sie beitragsfreie Mitglieder der IHK. Soweit allerdings ein Mischbetrieb mit einem nichthandwerklichen Betriebsteil vorliegt, greift § 2

bb) Die Tatbestandsvoraussetzungen der Mitgliedschaft gem. § 2 Abs. 1 IHKG

aaa) Rechtsformerfordernis

Das Rechtsformerfordernis in § 2 Abs. 1 IHKG ist so weit gefasst, dass ihm keine wesentliche Eingrenzungsfunktion zukommt. Den IHK können danach neben natürlichen Personen auch Handelsgesellschaften (OHG, KG, GmbH & Co. KG), andere Personenmehrheiten (z.B. GbR, nicht rechtsfähiger Verein) und juristische Personen des privaten Rechts (z.B. GmbH, AG, eG, KgaA, Versicherungsvereine auf Gegenseitigkeit, Vereine, bürgerlichrechtliche Stiftungen) und solche des öffentlichen Rechts (Körperschaften, Anstalten, Stiftungen) angehören.

Bei einem Wechsel der Rechtsform zu einer ebenfalls von § 2 Abs. 1 IHKG erfassten Rechtsform ist für die Kontinuität der Kammerzugehörigkeit entscheidend, ob die Identität des Unternehmensträgers gewahrt bleibt oder ob das Unternehmen von einer anderen Person fortgeführt wird[51]. Bei formwechselnden Umwandlungen nach dem Umwandlungsgesetz (UmwG) bleibt der Unternehmensträger identisch und damit die Kammerzugehörigkeit grundsätzlich erhalten[52]. Bei einer Verschmelzung, Spaltung oder Vermögensübertragung fehlt es hingegen regelmäßig an der Identität. Der bisherige Rechtsträger ist nicht mehr kammerzugehörig, es sei denn, es liegt ein Fall der Abspaltung, Ausgliederung oder Teilübertragung vor. Neue Rechtsträger werden, falls sie die Voraussetzungen erfüllen, nunmehr Kammermitglieder, es sei denn, sie waren dies bereits zuvor. Eine Rechtsnachfolge, insbesondere aufgrund gesetzlicher Anordnung, wie z.B. im Fall des Unternehmenskaufs, der durch Einzelübertragung erfolgt, indiziert hingegen regelmäßig einen Wechsel des Unternehmensträgers, mit der Folge, dass die alte Kammermitgliedschaft endet und der neue Unternehmensträger Kammermitglied wird.

bbb) Veranlagung zur Gewerbesteuer

(1) Die Voraussetzung der objektiven Gewerbesteuerpflichtigkeit. Gem. § 2 Abs. 1 IHKG ist Voraussetzung der Kammerzugehörigkeit, dass die Person „zur Gewerbesteuer veranlagt" ist. Wie oben bereits ausgeführt wurde[53], soll die Anknüpfung an die Veranlagung zur Gewerbesteuer als zentrale Voraussetzung der Kammerzugehörigkeit es ermöglichen, den Kreis der Kammerzugehörigen anhand eines im Rahmen des Besteuerungsverfahrens von staatlichen Instanzen festgestellten und damit verwaltungstechnisch einfach handhabbaren Kriteriums vom Kreis der Nicht-Kammerzugehörigen abzugrenzen[54]. Prozedural wird dies dadurch erreicht, dass die Finanzämter über die Veranlagung zur Gewerbesteuer entscheiden, woran

---

Abs. 3 IHKG n. F. ein, d. h. sie gehören mit ihrem nichthandwerklichen oder nichthandwerksähnlichen Betriebsteil der IHK an.

[51] *Jahn*, in: Frentzel etc., IHKG, 7. Aufl., 2009, § 2 Rn. 17.
[52] *Jahn*, in: Frentzel etc., IHKG, 7. Aufl., 2009, § 2 Rn. 18.
[53] S. 183 ff.
[54] BVerwGE 22, 58 (59); *Jahn*, in: Frentzel etc., IHKG, 7. Aufl., 2009, § 2 Rn. 35.

dann die IHK und im Streitfall die Verwaltungsgerichte gem. § 2 Abs. 1 IHKG gebunden sind.

Eine andere Frage ist, was unter der Veranlagung zur Gewerbesteuer zu verstehen ist und wann die Voraussetzungen für die Veranlagung zur Gewerbesteuer gegeben sind. Das IHKG definiert den Begriff ebenso wenig wie das Gewerbesteuergesetz und die Abgabenordnung. Voraussetzung für die Veranlagung i. S. v. § 2 Abs. 1 IHKG ist nicht die gemeindliche Gewerbesteuerfestsetzung[55], sondern die objektive Gewerbesteuerpflichtigkeit[56], die sich aus dem Gewerbesteuergesetz (GewStG)[57] i. V. m. der Gewerbesteuer-Durchführungsverordnung (GewStDV)[58] sowie den Gewerbesteuerrichtlinien ergibt. Sie lässt sich regelmäßig an der Festsetzung des Gewerbesteuermessbetrags festmachen, die für stehende Gewerbebetriebe gem. § 14 i. V. m. § 2 GewStG bzw. für das Reisegewerbe gem. § 14 i. V. m. § 35a GewStG erfolgt[59].

Früher wurde auch in Fällen, in denen der Gewerbeertrag eines Gewerbetreibenden die einschlägige Freigrenze nicht überschritt, regelmäßig ein Gewerbesteuermessbetrag von Null festgesetzt, da die Gemeinden gem. § 17a GewStG a. F. eine Mindestgewerbesteuer erheben konnten. Seit Aufhebung der Mindestgewerbesteuer durch das Steueränderungsgesetz 1979[60] wird heute in solchen Fällen meist überhaupt kein Gewerbesteuermessbetrag mehr festgesetzt[61]. Die betroffenen Personen sind damit zwar subjektiv von der Gewerbesteuer befreit, unterliegen dieser allerdings dennoch weiter objektiv und erfüllen damit das Merkmal der Veranlagung zur Gewerbesteuer i. S. v. § 2 Abs. 1 IHKG. Dass die objektive Gewerbesteuererpflichtigkeit für die Kammerzugehörigkeit entscheidend ist, ergab sich früher aus dem durch das Steueränderungsgesetz 1961[62] eingefügten § 3 Abs. 4 S. 1 IHKG a. F., nach dem Kleingewerbetreibende auch vom Grundbeitrag befreit waren, wenn sie nach ihrer letzten Gewerbesteuerveranlagung zur Zahlung von Gewerbesteuer nicht verpflichtet waren oder ausschließlich zu einer Mindestgewerbesteuer herangezogen wurden. Heute lässt sich aus § 3 Abs. 3 S. 6 IHKG schließen, dass es auf die objektive Gewerbesteuerpflicht und nicht auf die Festsetzung des Messbetrags ankommt. Hiernach ist Bemessungsgrundlage für die Umlage der nach dem Einkommensteuergesetz (EStG) oder dem Körperschaftsteuergesetz (KStG) ermittelte

---

[55] BVerwGE 22, 58 (59f.); früher ergab sich dies bereits daraus, dass § 2 Abs. 6 IHKG a. F. voraussetzte, dass auch solche Personen als zur Gewerbesteuer veranlagt anzusehen waren, denen ein Gewerbesteuerfreistellungsbescheid zugegangen war.
[56] *Jahn*, in: Frentzel etc., IHKG, 7. Aufl., 2009, § 2 Rn. 36 ff.; *Jahn*, Kammerzugehörigkeit und Beitragspflicht, in: DB 2004, 802 (802).
[57] Gewerbesteuergesetz in der Fassung der Bekanntmachung vom 15. 10. 2002, BGBl. I S. 4168, zuletzt geändert durch Art. 3 des Gesetzes vom 08. 04. 2010, BGBl. I S. 386.
[58] Gewerbesteuer-Durchführungsverordnung in der Fassung der Bekanntmachung vom 15. 10. 2002, BGBl. I S. 4181, zuletzt geändert durch Art. 4 des Gesetzes vom 08. 04. 2010, BGBl. I S. 386.
[59] *Jahn*, in: Frentzel etc., IHKG, 7. Aufl., 2009, § 2 Rn. 36.
[60] BGBl. 1978 I, 1849.
[61] Im Einzelnen dazu: *Jahn*, in: Frentzel etc., IHKG, 7. Aufl., 2009, § 2 Rn. 38.
[62] Art. 22 Steueränderungsgesetz 1961 vom 13. 07. 1961, BGBl. I S. 981 (999).

Gewinn aus Gewerbebetrieb, wenn für das Bemessungsjahr kein Gewerbesteuermessbetrag festgesetzt wird. Damit kann nicht die Festsetzung des Gewerbesteuermessbetrags, sondern nur die objektive Gewerbesteuerpflichtigkeit Voraussetzung der Kammerzugehörigkeit sein[63].

Der Gewerbesteuer unterliegt gem. §§ 2 Abs. 1 S. 1, 35a Abs. 1 GewStG – unbeschadet diverser Präzisierungen, Ausnahmen und Erweiterungen in den weiteren Vorschriften dieses Gesetzes – jeder Gewerbebetrieb. Die objektive Gewerbesteuerpflicht setzt also regelmäßig einen Gewerbebetrieb voraus. Unter einem Gewerbebetrieb i. S. d. GewStG ist gem. § 2 Abs. 1 S. 2 GewStG zunächst jedes gewerbliche Unternehmen i. S. d. EStG zu verstehen. Gewerbebetrieb i. S. d. EStG ist gem. § 15 Abs. 2 EStG eine selbständige nachhaltige Betätigung, die mit der Absicht, Gewinn zu erzielen, unternommen wird und sich als Beteiligung am allgemeinen wirtschaftlichen Verkehr darstellt, wenn die Betätigung weder als Ausübung von Land- und Forstwirtschaft noch als Ausübung eines freien Berufs noch als eine andere selbständige Arbeit anzusehen ist. Der Begriff des Gewerbebetriebs im EStG und damit in § 2 Abs. 1 GewStG knüpft also an den allgemeinen, handelsrechtlichen Begriff des Gewerbes an, wie er etwa §§ 1–3 HGB zugrunde liegt.

Der allgemeine Gewerbebegriff wird für die gewerbesteuerlichen Zwecke erweitert, was dann über § 2 Abs. 1 IHKG entsprechende Rückwirkungen auf die Kammerzugehörigkeit hat: Zunächst existiert eine Gewerbesteuerpflicht aufgrund Rechtsform, da Kapitalgesellschaften, Erwerbs- und Wirtschaftsgenossenschaften sowie Versicherungsvereine auf Gegenseitigkeit gem. § 2 Abs. 2 GewStG per se als Gewerbebetriebe im Sinne des Gewerbesteuerrechts gelten. Daneben besteht gem. § 2 Abs. 3 eine Gewerbesteuerpflicht für Tätigkeiten sonstiger juristischer Personen des privaten Rechts und der nichtrechtsfähigen Vereine, soweit sie einen wirtschaftlichen Geschäftsbetrieb (ausgenommen Land- und Forstwirtschaft) unterhalten. Durch die Gewerbesteuerpflichtigkeit aufgrund Rechtsform können – unbeschadet der umfangreichen Befreiungstatbestände gem. § 3 GewStG – allein aufgrund der gewählten Rechtsform (juristische) Personen, bspw. GmbH oder AG, gewerbesteuerpflichtig werden, auch wenn ihre Tätigkeit nicht gewerblich ist. Wie oben ausgeführt wurde, war vor diesem Hintergrund lange umstritten, ob Voraussetzung der Kammerzugehörigkeit gem. § 2 Abs. 1 IHKG neben der Gewerbesteuerpflicht auch noch das Vorliegen eines gewerblichen Unternehmens ist[64]. Die obergerichtliche Rechtsprechung hat sich ganz überwiegend der im Jahr 1977 ergangenen, eine Steuerberatungsgesellschaft betreffenden Entscheidung des Bundesverwaltungsgerichts angeschlossen, nach der Kammerzugehöriger gem. § 2 Abs. 1 IHKG auch sein kann, wer eine gewerbliche Tätigkeit nicht ausübt[65]. Als Folge

---

[63] So im Ergebnis auch: VG Düsseldorf, GewArch 1995, 294; VG Hamburg, GewArch 1996, 414 (415); VG Würzburg, GewArch 1996, 482; *Jahn*, Zur Entwicklung des Beitragsrechts, in: GewArch 1997, 177 (179).
[64] Siehe oben S. 184 f.; *Jahn*, in: Frentzel etc., IHKG, 7. Aufl., 2009, § 2 Rn. 56 ff.
[65] BVerwGE 55, 1 (Leitsatz 2); bestätigt durch: BVerwG, GewArch 1984, 350; 2005, 24 (25); 2005, 211 (211 f.); Bay. VGH, GewArch 1981, 162 (163); Nds. OVG, GewArch 1997, 153; OVG

dieser Rechtsprechung gehören der IHK daher kraft Rechtsform Personen an, die kein Gewerbe betreiben. Die zahlreichen obergerichtlichen Entscheidungen auf diesem Gebiet sind ja meist gerade auf den Versuch der Betroffenen zurückzuführen, der Pflichtmitgliedschaft in der IHK zu entgehen.

(2) Zur Tatbestandswirkung der Veranlagung durch das Finanzamt. Die angestrebte Vereinfachung der Ermittlung der Kammerzugehörigkeit wird gerade durch die Anknüpfung an die Veranlagung zur Gewerbesteuer in § 2 Abs. 1 IHKG erreicht. Es kommt also nicht entscheidend auf das objektive Vorliegen der Voraussetzungen der Veranlagung (die objektive Steuerpflichtigkeit), sondern qua gesetzlicher Regelung auf die Veranlagung, also die steuerbehördliche Feststellung der objektiven Steuerpflichtigkeit, an. In der Praxis stellt das Finanzamt die objektive Gewerbesteuerpflichtigkeit im Besteuerungsverfahren fest und teilt sie sodann den IHK mitsamt den für die Beitragserhebung nötigen Daten gem. § 9 Abs. 2 IHKG mit. Personen, bei denen abzusehen war, dass sie die Freigrenze der Gewerbesteuer nicht überschreiten würden, und bei denen das Finanzamt daher von der Festsetzung des Gewerbesteuermessbetrags abgesehen hat, sind auf den entsprechenden Listen ebenfalls aufgeführt, aber mit einem sog. „R-Merker" gekennzeichnet[66]. Den mitgeteilten Entscheidungen der Steuerbehörden kommt gem. § 2 Abs. 1 IHKG insoweit Tatbestandswirkung zu[67]. Die IHK und im Streitfall die Verwaltungsgerichte sind folglich an die Vorgaben der Steuerbehörden gebunden[68]. Eine eigene Prüfung, ob eine bestimmte Person die Voraussetzungen der objektiven Steuerpflichtigkeit tatsächlich erfüllt, scheidet also aus[69].

(3) Temporale Anknüpfung. Die Anknüpfung der Kammerzugehörigkeit an die objektive Gewerbesteuerpflicht bedeutet in temporaler Hinsicht, dass mit Beginn der objektiven Gewerbesteuerpflicht auch die Kammerzugehörigkeit ihren Anfang nimmt und korrespondierend mit dem Ende der Gewerbesteuerpflicht ihr Ende findet. Die Gewerbesteuerpflicht beginnt für Einzelgewerbetreibende und Personengesellschaften mit Aufnahme der gewerblichen Tätigkeit, also mit der Beteiligung am allgemeinen wirtschaftlichen Verkehr[70]. Bloße Vorbereitungshandlungen wie die Anmietung eines Geschäftslokals, das hergerichtet werden muss, begründen die Steuerpflicht gem. Abschn. R 2.5 Abs. 1 S. 2 GewStR 2009 noch nicht. Die Gewerbesteuerpflicht erlischt bei Einzelgewerbetreibenden und bei Personengesellschaften mit der tatsächlichen, nicht von vornherein als nur vorübergehend ge-

---

Münster, GewArch 1997, 200 (201); a. A. hingegen OVG Lüneburg u. a. – 8 L 2600/98 – vom 26. 03. 1999, wenn in der Satzung einer GmbH eine gewerbliche Tätigkeit ausgeschlossen ist; zum Ganzen auch *Jahn*, in: Frentzel etc., IHKG, 7. Aufl., 2009, § 2 Rn. 57 ff.
[66] *Jahn*, in: Frentzel etc., IHKG, 7. Aufl., 2009, § 2, Rn. 38.
[67] BVerwG, NVwZ-RR 1999, 243.
[68] BVerwG, NVwZ-RR 1999, 243.
[69] OVG NRW, GewArch 1997, 296 (297).
[70] *Jahn*, in: Frentzel etc., IHKG, 7. Aufl., 2009, § 2, Rn. 45.

dachten Einstellung des Betriebs[71]. Bei Kapitalgesellschaften, Erwerbs- und Wirtschaftsgenossenschaften usw. beginnt die Gewerbesteuerpflicht und damit die Kammerzugehörigkeit mit der Eintragung in das Handels- oder Genossenschaftsregister[72]. Sie erlischt hingegen erst mit dem Zeitpunkt, in dem das Vermögen an die Gesellschafter verteilt worden ist[73].

Die Anknüpfung der Kammerzugehörigkeit an die objektive Gewerbesteuerpflicht bedeutet auch, dass die Kammerzugehörigkeit für das jeweilige Kalenderjahr abschließend erst nachträglich, eben mit Feststellung der objektiven Gewerbesteuerpflicht für das Kalenderjahr, ermittelt werden kann. In der Praxis trifft das Finanzamt indes von Beginn einer gewerblichen Tätigkeit an vorläufige Maßnahmen wie die vorläufige Festsetzung eines Gewerbesteuermessbetrags, an welche die Kammer – vorbehaltlich der endgültigen finanzamtlichen Entscheidung – für die Mitgliedschaft anknüpfen kann[74].

ccc) *Unterhaltung einer Betriebsstätte im Kammerbezirk*

(1) Allgemeines. Sind das Rechtsformerfordernis und die Voraussetzung der Veranlagung zur Gewerbesteuer gem. § 2 Abs. 1 GewStG erfüllt, ist noch zu klären, in welcher oder welchen Kammer(n) die Mitgliedschaft besteht. Diese räumliche Anknüpfung der Kammermitgliedschaft erfolgt anhand des Kriteriums, dass der Gewerbetreibende im Bezirk der IHK eine Betriebsstätte unterhalten muss[75]. Das IHKG selbst definiert den Begriff der Betriebsstätte nicht. Aus gesetzessystematischen Gründen, da nämlich die Veranlagung zur Gewerbesteuer als zentrales Kriterium der Kammerzugehörigkeit anhand der Regelungen des GewStG erfolgt und Voraussetzung hierfür das Bestehen einer Betriebsstätte i. S. v. § 12 AO ist und ferner im Hinblick auf eine Zerlegung des Steuermessbetrags zwischen verschiedenen Gemeinden auch das Bestehen mehrerer Betriebsstätten überprüft wird[76], knüpft auch das Kriterium des Bestehens einer Betriebsstätte an steuerrechtliche Begriffe an[77].

(2) Der Begriff der Betriebsstätte. Der Betriebsstättenbegriff ist weit. Gem. § 12 S. 1 AO ist Betriebsstätte jede feste Geschäftseinrichtung oder Anlage, die der Tätigkeit eines Unternehmens dient. Dies erfasst bauliche oder sonstige Zusammenfassungen körperlicher Gegenstände und unternehmerisch nutzbarer sachlicher Mittel, aber auch Gegenstände, die zwar für sich genommen keinen lebenden wirt-

---

[71] Abschn. R 2.6 Abs. 1 GewStR 2009.
[72] Abschn. R 2.5 Abs. 2 S. 1 GewStR 2009; gem. S. 3 wird die Steuerpflicht aber vor der Eintragung bereits durch die Aufnahme einer nach außen in Erscheinung tretenden Geschäftstätigkeit ausgelöst.
[73] Abschn. R 2.6 Abs. 2 GewStR 2009.
[74] *Jahn*, in: Frentzel etc., IHKG, 7. Aufl., 2009, § 2 Rn. 44.
[75] *Frentzel/Jäkel*, Die IHK in der neueren Rechtsprechung, in: DVBl. 1964, 973 (975).
[76] §§ 28 Abs. 1 i. V. m. 2 Abs. 1 GewStG, 184 Abs. 1, 185 AO.
[77] BVerwG, NVwZ-RR 1999, 243.

schaftlichen Organismus darstellen, aber einem Unternehmen unmittelbar dienen[78]. Vorausgesetzt wird eine auf eine gewisse Dauer und Stetigkeit angelegte Beziehung zu einem bestimmten Punkt der Erdoberfläche und eine eigene, nicht nur vorübergehende Verfügungsmacht des Unternehmens über die Einrichtung der Anlage[79]. Nach § 12 S. 2 AO sind als Betriebsstätten insbesondere anzusehen: die Stätte der Geschäftsleitung, Zweigniederlassungen, Geschäftsstellen, Fabrikations- oder Werkstätten, Warenlager, Ein- oder Verkaufsstellen, Bergwerke, Steinbrüche sowie bestimmte Bauausführungen oder Montagen. Wie insbesondere die in § 12 S. 2 Nr. 6 und 8 AO genannten Beispiele verdeutlichen, setzt die Beziehung zur Erdoberfläche keine dauernde feste Verbindung voraus. Es genügt auch eine vorübergehende Verbindung durch die eigene Schwere[80]. Betriebsstätten können danach bspw. auch Taxistände, Marktstände und schließlich auch Automaten sein[81].

(3) Räumliche Anknüpfung beim Reisegewerbe. Um feststellen zu können, welcher IHK ein Reisegewerbetreibender angehört, bedarf es ebenfalls eines räumlichen Anknüpfungspunktes. Reisegewerbe werden – wie auch § 55 Abs. 1, 1. Alt. GewO zeigt – nicht eben selten von einer Betriebsstätte aus betrieben. In diesem Fall ist der Reisegewerbetreibende Mitglied derjenigen IHK, in deren Bezirk er seine Betriebsstätte unterhält[82]. Wird das Reisegewerbe indes, was in der Praxis eher selten vorkommt, ohne jede Betriebsstätte betrieben, ist der – in diesen Fällen regelmäßig kleingewerbliche – Reisegewerbetreibende mangels regionalen Anknüpfungspunkts keiner IHK zugehörig[83]. Als Möglichkeit, diesen Personenkreis doch noch einer IHK zuzuordnen, wird vorgeschlagen, im Falle des Reisegewerbes erneut an die Systematik des Gewerbesteuerrechts anzuknüpfen und statt auf das Vorhandensein einer Betriebsstätte auf den Mittelpunkt der gewerblichen Tätigkeit abzustellen[84].

(4) Keine Tatbestandswirkung der Feststellung des Unterhaltens einer Betriebsstätte durch die Steuerbehörden. Das auf eine räumliche Anknüpfung der Kammermitgliedschaft abzielende Tatbestandsmerkmal des Unterhaltens einer Betriebsstätte steht selbständig neben dem Merkmal der Veranlagung zur Gewerbesteuer. Obwohl die Steuerbehörden bei der Veranlagung zur Gewerbesteuer auch regel-

---

[78] BVerwG, NVwZ-RR 1999, 243.
[79] BVerwG, DVBl. 1994, 407 (408); BVerwG NVwZ-RR 1999, 243.
[80] BVerwG, NVwZ-RR 1999, 243.
[81] Zur Aufstellung eines Kinderreitautomaten durch ein Unternehmen in oder vor einem Warenhaus: BVerwG, NVwZ-RR 1999, 243 f.
[82] *Jahn*, in: Frentzel etc., IHKG, 7. Aufl., 2009, § 2 Rn. 78.
[83] *Bremer*, Kammerrecht der Wirtschaft, 1960, § 2 IHKG, Anm. II (S. 76); kritisch dazu: *Frentzel/Jäkel*, Die IHK in der neueren Rechtsprechung, in: DVBl. 1964, 973 (975).
[84] Gem. § 35a Abs. 3 GewStG ist bei der Gewerbesteuer von Reisegewerbebetrieben die Gemeinde hebeberechtigt, in der sich der Mittelpunkt der gewerblichen Tätigkeit befindet; *Frentzel/Jäkel*, Die IHK in der neueren Rechtsprechung, in: DVBl. 1964, 973 (975); *Jahn*, in: Frentzel etc., IHKG, 7. Aufl., 2009, § 2 Rn. 78.

mäßig das Vorliegen einer Betriebsstätte überprüfen, besitzt diese Feststellung anders als die Veranlagung zur Gewerbesteuer keine Tatbestandswirkung[85]. Die Tatbestandswirkung der Veranlagung zur Gewerbesteuer folgt gerade daraus, dass hier durch die Verwendung des Begriffs der „Veranlagung" im IHKG ausdrücklich auf den Vorgang der Ermittlung der objektiven Gewerbesteuerpflicht durch die Steuerbehörden Bezug genommen wird. Dies ist im Hinblick auf das Unterhalten einer Betriebsstätte hingegen nicht der Fall. Da das IHKG insofern auch im Übrigen keine Tatbestandswirkung anordnet, besteht eine solche nicht[86]. Über das Vorliegen dieses Tatbestandsmerkmals entscheiden folglich die Kammern und im Streitfall die Verwaltungsgerichte, ohne an die Feststellungen der Steuerbehörden gebunden zu sein[87]. In der Praxis werden sich hier allerdings kaum Abweichungen ergeben, da die Kammern wie die Steuerbehörden die einschlägige Rechtsprechung der Finanzgerichte zum Begriff der Betriebsstätte anwenden[88].

cc) *Sonderregelung der Kammerzugehörigkeit für freie Berufe, § 2 Abs. 2 1. Var. IHKG*

aaa) *Das weitgehende Leerlaufen der Sonderregelung*

§ 2 Abs. 2 1. Var. IHKG regelt, dass § 2 Abs. 1 IHKG für natürliche Personen und Gesellschaften, die ausschließlich einen freien Beruf ausüben, nur gilt, soweit sie in das Handelsregister eingetragen sind. Im Ergebnis nimmt § 2 Abs. 2 1. Var. IHKG damit Personen und Gesellschaften von der Kammerzugehörigkeit nach § 2 Abs. 1 IHKG aus, wenn sie ausschließlich einen freien Beruf ausüben und nicht in das Handelsregister eingetragen sind. Diese Ausnahme für freie Berufe läuft rechtstechnisch indes heute weitgehend leer, da Freiberufler in der Regel bereits nicht objektiv gewerbesteuerpflichtig sind.

Bis zur Änderung des auch für den gewerbesteuerrechtlichen Begriff maßgeblichen einkommensteuerrechtlichen Begriffs der freiberuflichen Tätigkeit mit der Neufassung von § 18 Abs. 1 Nr. 1 EStG durch das Steueränderungsgesetz 1960 war der Begriff der freiberuflichen Tätigkeit wesentlich enger gefasst. Dies hatte zur Folge, dass wesentlich mehr Freiberufler gewerbesteuerpflichtig waren, so dass die Voraussetzungen des § 2 Abs. 1 IHKG hier regelmäßig vorlagen. Die Ausnahme des § 2 Abs. 2 1. Var. IHKG hatte damit einen wesentlich weiteren Anwendungsbereich. Seit der Neufassung von § 18 Abs. 1 Nr. 1 EStG liegt eine freiberufliche Tätigkeit nunmehr auch dann vor, wenn sich der Freiberufler der Mithilfe fachlich vorgebildeter Arbeitskräfte bedient, soweit er auf Grund eigener Fachkenntnisse leitend und eigenverantwortlich tätig wird[89]. Damit sind fast alle Freiberufler der Gewerbesteuerpflicht entzogen und mangels Veranlagung zur Gewerbesteuer be-

---

[85] BVerwG, NVwZ-RR 1999, 243.
[86] BVerwG, NVwZ-RR 1999, 243.
[87] BVerwG, NVwZ-RR 1999, 243.
[88] BVerwG, NVwZ-RR 1999, 243; *Jahn*, in: Frentzel etc., IHKG, 7. Aufl., 2009, § 2 Rn. 75.
[89] § 18 Abs. 1 Nr. 1 S. 3 EStG.

reits gem. § 2 Abs. 1 IHKG nicht kammerzugehörig[90]. § 2 Abs. 2 1. Var. IHKG kann damit nur in den Ausnahmefällen zur Anwendung kommen, in denen ein Freiberufler ausnahmsweise objektiv gewerbesteuerpflichtig ist und die Eintragung in das Handelsregister – als zweite Voraussetzung des § 2 Abs. 2 IHKG – vollzogen wurde[91]. Liegt die Eintragung vor, besteht die Kammermitgliedschaft nach § 2 Abs. 2 1. Var. i. V. m. § 2 Abs. 1 IHKG.

bbb) Einzelfälle

Bei natürlichen Personen ist entscheidend, ob deren Tätigkeit steuerrechtlich als freiberuflich anerkannt wird und ggf. ob das Kriterium der persönlichen Leitung und Eigenverantwortlichkeit erfüllt wird. Ist dies der Fall, liegt kein Gewerbebetrieb vor, mit der Folge, dass schon keine Gewerbesteuerpflicht nach § 2 Abs. 1 GewStG besteht. Die Kammerzugehörigkeit scheidet folglich schon aus dem Grund aus, dass es an der Veranlagung zur Gewerbesteuer gem. § 2 Abs. 1 IHKG fehlt. Wird die Tätigkeit hingegen umgekehrt von den Steuerbehörden als Gewerbe eingestuft, können zwar die Voraussetzungen von § 2 Abs. 1 IHKG vorliegen, die Ausnahme des § 2 Abs. 2 1. Var. IHKG kann indes nicht eingreifen, da es dann an der ausschließlichen Ausübung eines freien Berufes i. S. v. § 2 Abs. 2 1. Var. IHKG fehlt[92]. Bei natürlichen Personen läuft die Regelung des § 2 Abs. 2 IHKG daher heute leer[93].

Wird im Rahmen einer nichthandelsrechtlichen Gesellschaft (z. B. GbR) ein freier Beruf ausgeübt, fehlt es wiederum bereits an der Voraussetzung der objektiven Gewerbesteuerpflicht und damit an der Veranlagung zur Gewerbesteuer, so dass schon gem. § 2 Abs. 1 IHKG eine Mitgliedschaft in der IHK ausscheidet. Wird der freie Beruf in der Rechtsform einer Handelsgesellschaft (Personenhandelsgesellschaft oder Kapitalgesellschaft) ausgeübt, besteht hingegen die objektive Gewerbesteuerpflicht gem. § 2 Abs. 1, Abs. 2 GewStG. Da Handelsgesellschaften im Handelsregister einzutragen sind[94], ist § 2 Abs. 1 IHKG gem. § 2 Abs. 2 IHKG auf sie regelmäßig anwendbar. Selbst wenn sie rein freiberuflich tätig werden, sind sie dann also nach § 2 Abs. 1 IHKG Mitglied der IHK[95].

---

[90] *Jahn,* in: Frentzel etc., IHKG, 7. Aufl., 2009, § 2 Rn. 92.
[91] Gem. § 2 Abs. 2, 1. Var. IHKG gilt § 2 Abs. 1 IHKG für natürliche Personen und Gesellschaften, die ausschließlich einen freien Beruf ausüben, nur, soweit sie in das Handelsregister eingetragen sind; zur umfangreichen steuerrechtlichen Kasuistik zur Abgrenzung freier Berufe von gewerblichen Tätigkeiten etwa: *Jahn,* Entwicklung des Beitragsrechts, in: GewArch 2005, 169 (178 ff.); *ders.,* Zur steuerlichen Abgrenzung, in: DB 2007, 2613 ff.; *ders.,* in: Frentzel etc., IHKG, 7. Aufl., 2009, § 2 Rn. 92a ff.
[92] VG Arnsberg, GewArch 1996, 415 (416); VG Ansbach, GewArch 1988, 135 (136).
[93] Vgl. VG Ansbach, GewArch 1988, 135 (136).
[94] Z. B. gem. § 106 HGB; §§ 7, 10 GmbHG; § 36 AktG.
[95] OVG Münster, GewArch 1997, 200 (201).

dd) *Sonderregelung der Kammerzugehörigkeit im Bereich Land-/Forstwirtschaft, § 2 Abs. 2 2.-4. Var. IHKG*

aaa) *Das weitgehende Leerlaufen der Sonderregelung*

§ 2 Abs. 2 2. und 3. Var. IHKG nimmt im Ergebnis Personen und Gesellschaften von der Kammerzugehörigkeit nach § 2 Abs. 1 IHKG aus, die Land- oder Forstwirtschaft oder ein damit verbundenes Nebengewerbe betreiben, soweit sie nicht in das Handelsregister eingetragen sind. Da Betreiber von Land- und Forstwirtschaft mangels Gewerbeeigenschaft gem. § 2 Abs. 1 GewStG, bzw. bei sonstigen juristischen Personen des Privatrechts i. S. v. § 2 Abs. 3 GewStG aufgrund der dort geregelten Ausnahme für die Land- und Forstwirtschaft, nicht gewerbesteuerpflichtig sind[96], scheitert die Kammerzugehörigkeit regelmäßig schon an den Voraussetzungen des § 2 Abs. 1 IHKG. Insoweit hat auch diese Ausnahme keine größere Bedeutung. Eine Rolle spielt sie in den Grenzfällen des steuerschädlichen Zukaufs, der landwirtschaftlichen Nebengewerbe und der Handelsregistereintragung von Land- und Forstwirten[97].

bbb) *Wichtige Fälle, in denen der Regelung Bedeutung zukommt*

Betriebe der Land- oder Forstwirtschaft können durch sog. steuerschädlichen Zukauf gewerbesteuerpflichtig werden, wenn dauernd und nachhaltig fremde Erzeugnisse über den betriebsnotwendigen Umfang hinaus hinzugekauft und ohne Bearbeitung weiterveräußert werden[98]. Ein solcher steuerschädlicher Zukauf, der die Gewerbesteuerpflicht herbeiführt, wird angenommen, wenn der Zukauf mehr als 30% des Umsatzes ausmacht[99]. Sind damit die Voraussetzungen von § 2 Abs. 1 IHKG erfüllt, greift andererseits die Ausnahme des § 2 Abs. 2 2. Var. IHKG nicht ein, da nicht mehr nur Land- und Forstwirtschaft betrieben wird. Ohne dass es auf die Handelsregistereintragung ankäme, sind solche Betriebe gem. § 2 Abs. 1 IHKG Kammermitglieder.

Land- und forstwirtschaftliche Nebenbetriebe, die eine dienende und unterstützende Funktion für den Hauptbetrieb einnehmen müssen, werden unter bestimmten Voraussetzungen gewerbesteuerpflichtig[100]. Sind in diesen Fällen die Voraussetzungen des § 2 Abs. 1 IHKG gegeben, greift § 2 Abs. 2 3. Var. IHKG ein, wenn bei Einzelkaufleuten oder Personengesellschaften die freiwillige Eintragung in das

---

[96] Landwirtschaftliche Produktionsgenossenschaften sind oft gem. § 3 Nr. 14 GewStG von der Gewerbesteuer befreit.
[97] *Jahn*, in: Frentzel etc., IHKG, 7. Aufl., 2009, § 2 Rn. 100 ff.
[98] *Jahn*, in: Frentzel etc., IHKG, 7. Aufl., 2009, § 2 Rn. 101.
[99] Abschn. 11 Abs. 1 GewStR i. V. m. Abschn. R 15.5 Abs. 5 EStR 2005.
[100] Abschn. 11 Abs. 1 GewStR i. V. m. Abschn. R 15.5 Abs. 3 und Abs. 5 EStR 2005: Bei Substanzbetrieben (z. B. Sandgruben und Steinbrüchen), wenn sie ihre Produkte überwiegend nicht im eigenen land- und forstwirtschaftlichen Betrieb verwenden, sondern z. B. an Dritte verkaufen, bei Verarbeitungsbetrieben (z. B. Sägewerken und Molkereien), wenn sie mehr als 30% ihres Umsatzes steuerschädlich zukaufen.

Handelsregister gem. § 3 Abs. 3 HGB vollzogen wurde[101]. In diesem Fall besteht also Kammerzugehörigkeit gem. § 2 Abs. 2 3. Var. i. V. m. Abs. 1 IHKG[102]. Land- und forstwirtschaftliche Unternehmen als solche können sich gem. § 3 Abs. 2 HGB freiwillig in das Handelsregister eintragen lassen. Kammerzugehörig sind solche Unternehmen aber nur dann, wenn sie auch zur Gewerbesteuer veranlagt werden[103].

ee) Sonderregelung der Kammerzugehörigkeit handwerklicher und handwerksähnlicher Betriebe, § 2 Abs. 3 IHKG

Der durch das Änderungsgesetz von 1992 in das IHKG eingefügte und zum 1. Januar 2008 an die Handwerksnovelle 2003 angepasste § 2 Abs. 3 IHKG regelt die IHK-Zugehörigkeit handwerklicher oder handwerksähnlicher Gewerbe: Natürliche und juristische Personen sowie Personengesellschaften, die in der Handwerksrolle oder in dem Verzeichnis der zulassungsfreien Handwerke oder der handwerksähnlichen Gewerbe eingetragen sind oder die nach § 90 Abs. 3 HwO zur Handwerkskammer gehören, gehören mit ihrem nichthandwerklichen oder nichthandwerksähnlichen Betriebsteil der IHK an.

aaa) Grundregel: Mitgliedschaft in der Handwerkskammer und nicht in der IHK

(1) Handwerkliche und handwerksähnliche Betriebe. Die Grundregel für die Abgrenzung der Aufgabenzuständigkeit und damit auch der Mitgliedschaft in der IHK einerseits und der Handwerkskammer anderseits ist bereits der Wertung des § 1 Abs. 1 IHKG zu entnehmen, wonach die IHK nur für die genannten Aufgaben zuständig ist, soweit nicht die Zuständigkeit der Organisationen des Handwerks nach Maßgabe der Handwerksordnung gegeben ist[104]. Ist ein Betrieb mithin nach der Handwerksordnung vollumfänglich Mitglied der Handwerkskammer, scheidet eine Mitgliedschaft in der IHK aus[105]. Sieht man von den für die IHK irrelevanten Unselbständigen ab, sind Pflichtmitglieder der Handwerkskammer gem. § 90 Abs. 2 HwO die Inhaber eines Betriebs eines Handwerks und eines handwerksähnlichen Gewerbes des Handwerkskammerbezirks. Erfasst sind also die in die Handwerksrolle eingetragenen Inhaber eines zulassungspflichtigen Handwerks gem. § 1 Abs. 2 i. V. m. Anlage A HwO, die Inhaber eines gem. § 18 Abs. 1 HwO anzeigepflichtigen zulassungsfreien Handwerks i. S. v. § 18 Abs. 2 S. 1 HwO i. V. m. Anlage B Abschnitt 1 zur HwO[106] und die Inhaber eines handwerksähnlichen Gewerbes i. S. v. § 18

---
[101] *Jahn*, in: Frentzel etc., IHKG, 7. Aufl., 2009, § 2 Rn. 105.
[102] Werden derartige Betriebe hingegen als Kapitalgesellschaft betrieben, sind sie schon keine landwirtschaftlichen Nebenbetriebe mehr, mit der Konsequenz, dass § 2 Abs. 2 IHKG per se nicht eingreift. Die Kammerzugehörigkeit folgt hier unmittelbar aus § 2 Abs. 1 IHKG.
[103] *Jahn*, in: Frentzel etc., IHKG, 7. Aufl., 2009, § 2 Rn. 108.
[104] *Jahn*, in: Frentzel etc., IHKG, 7. Aufl., 2009, § 2 Rn. 118.
[105] *Heusch*, Rechtsfragen der Doppelmitgliedschaft, in: JbKBR 2005, S. 13 (26).
[106] Diese Kategorie wurde durch die Handwerks-Novelle 2003 eingeführt; vgl. etwa *M. Müller*, Die Novellierung der Handwerksordnung 2004, in: NVwZ 2004, 403 (404).

Abs. 2 S. 2 HwO i. V. m. Anlage B Abschnitt 2[107]. Soweit eine Person somit in die Handwerksrolle gem. § 6 HwO oder das Verzeichnis der Inhaber von Betrieben eines zulassungsfreien Handwerks oder handwerksähnlicher Betriebe gem. § 19 HwO eingetragen ist und ausschließlich handwerkliche oder handwerksähnliche Tätigkeiten ausübt, besteht eine Mitgliedschaft in der Handwerkskammer und scheidet folglich eine Mitgliedschaft in der IHK aus.

(2) Die Sonderregelung für Kleinunternehmer (§ 90 Abs. 3, 4 HwO). Im Rahmen der Handwerksnovelle 2003 wurde allerdings gem. § 90 Abs. 3, 4 HwO auch eine Handwerkskammermitgliedschaft für Personen eingeführt, die eine einfache gewerbliche Tätigkeit i. S. v. § 1 Abs. 2 S. 2 Nr. 1 HwO ausüben, also eine Tätigkeit, die in einem Zeitraum von bis zu drei Monaten erlernt werden kann, und die ihr Gewerbe erstmalig nach dem 31. Dezember 2003 angemeldet haben[108]. Sie sind gem. § 90 Abs. 3, 4 HwO Mitglied der Handwerkskammer, wenn sie ihre Gesellenprüfung in einem zulassungspflichtigen Handwerk erfolgreich abgelegt haben[109], ihre Tätigkeit Bestandteil der Erstausbildung in diesem Handwerk war, ihre Tätigkeit den überwiegenden Teil ihrer gewerblichen Tätigkeit ausmacht und die Tätigkeit in einer dem Handwerk entsprechenden Betriebsform erbracht wird. Die Entscheidung über die Mitgliedschaft in der Handwerkskammer – und damit die Nicht-Mitgliedschaft in der IHK – solcher Kleinunternehmer ist mangels Eintragung derselben in die Handwerksrolle gem. § 6 HwO oder in das Verzeichnis der Inhaber eines zulassungsfreien Handwerks oder eines handwerksähnlichen Gewerbes gem. § 19 HwO durch Prüfung der in § 90 Abs. 3, 4 HwO genannten Voraussetzungen zu treffen. Da die Unbestimmtheit mancher der verwendeten Rechtsbegriffe Streitigkeiten über die Zuordnung zur Handwerkskammer oder zur IHK erwarten ließ, regelt § 16 Abs. 10 HwO, dass eine vom Deutschen Industrie- und Handelskammertag und dem Deutschen Handwerkskammertag gebildete Schlichtungskommission angerufen werden kann, wenn sich die Handwerkskammer und die IHK in den Fällen des § 90 Abs. 3 HwO nicht über die Zugehörigkeit des Gewerbetreibenden einigen können[110]. Hält der Gewerbetreibende selber die Entscheidung der Schlichtungskommission für rechtswidrig, entscheidet die oberste Landesbehörde[111].

---

[107] *Detterbeck*, HwO, 4. Aufl., 2008, § 90 Rn. 7 ff.; unten S. 725 ff.
[108] Dazu: *Jahn*, Kammerzugehörigkeit und Beitragspflicht, in: DB 2004, 802 (802 f.).
[109] Gem. § 90 Abs. 3 S. 2 HwO gilt die Regelung entsprechend auch für Personen, die ausbildungsvorbereitende Maßnahmen erfolgreich absolviert haben, wenn diese Maßnahmen überwiegend Ausbildungsinhalte in Ausbildungsordnungen vermitteln, die nach § 25 HwO erlassen worden sind und insgesamt einer abgeschlossenen Gesellenausbildung im Wesentlichen entsprechen.
[110] *Detterbeck*, HwO, 4. Aufl., 2008, § 16 Rn. 39 ff.
[111] § 16 Abs. 10 S. 3 HwO; *Detterbeck*, HwO, 4. Aufl., 2008, § 16 Rn. 40.

bbb) Die doppelte IHK- und Handwerkskammerzugehörigkeit von Mischbetrieben

Die Regelung des § 2 Abs. 3 IHKG hat primär für sog. Mischbetriebe Bedeutung, die neben einem handwerklichen oder handwerksähnlichen Gewerbe sonstige gewerbliche Tätigkeiten ausüben[112]. Sie sind im Hinblick auf das handwerkliche oder handwerksähnliche Gewerbe gem. § 90 Abs. 2 HwO Mitglieder der Handwerkskammer und gleichzeitig gem. § 2 Abs. 3 IHKG im Hinblick auf den nichthandwerklichen oder nichthandwerksähnlichen Betriebsteil Mitglieder der IHK. Es besteht also eine Doppelmitgliedschaft[113].

ff) Ausnahme für landwirtschaftliche Genossenschaften, § 2 Abs. 4 IHKG

§ 2 Abs. 4 IHKG nimmt landwirtschaftliche Genossenschaften vom Anwendungsbereich des § 2 Abs. 1 IHKG und damit im Ergebnis von der IHK-Mitgliedschaft aus. Auch diese Regelung hat indes, ähnlich wie § 2 Abs. 2 IHKG, heute keinen übermäßig breiten Anwendungsbereich, da die meisten landwirtschaftlichen Genossenschaften nicht objektiv gewerbesteuerpflichtig sind, mit der Folge[114], dass sie mangels Veranlagung zur Gewerbesteuer schon nach § 2 Abs. 1 IHKG nicht der IHK angehören[115]. Was im Einzelnen als landwirtschaftliche Genossenschaft i. S. d. § 2 Abs. 4 IHKG gilt, ist in lit. a-c des Absatzes definiert:

Für die in § 2 Abs. 4 lit. a genannten ländlichen Kreditgenossenschaften, deren Mitglieder überwiegend aus Landwirten bestehen[116], besitzt die Ausnahmeregelung tatsächlich praktische Bedeutung, da die in der Praxis betroffenen Raiffeisenkassen heute vollumfänglich gewerbesteuerpflichtig sind. Bei den in § 2 Abs. 4 lit. b angeführten landwirtschaftlichen Nutzungs- und Verwertungsgenossenschaften besitzt die Ausnahmeregelung praktische Bedeutung, soweit entsprechende Genossenschaften als Folge ihres Nichtmitgliedergeschäfts oder wegen Nebengeschäften gewerbesteuerpflichtig werden[117]. Da es für das Eingreifen der Ausnahme genügt, dass die Genossenschaften „überwiegend" den genannten Zwecken dienen, greift die Ausnahme von der Kammermitgliedschaft bei solchen Genossenschaften ein, solange der landwirtschaftliche Genossenschaftszweck überwiegt. In der Pra-

---

[112] *Jahn*, in: Frentzel etc., IHKG, 7. Aufl., 2009, § 2 Rn. 122.
[113] *Heusch*, Rechtsfragen der Doppelmitgliedschaft, in: JbKBR 2005, S. 13 (27 f.); eine Doppelmitgliedschaft kann (umgekehrt) auch gem. § 2 Nr. 3 i. V. m. § 3 HwO für IHK-zugehörige Betriebe bestehen, die zugleich einen in die Handwerksrolle einzutragenden handwerklichen Nebenbetrieb unterhalten.
[114] Die meisten landwirtschaftlichen Genossenschaften sind gem. § 3 Nr. 8 GewStG i. V. m. § 5 Abs. 1 Nr. 14 KStG von der Gewerbesteuer befreit. Z. T. greift auch die enger gefasste Befreiung gem. § 3 Nr. 14 GewStG ein.
[115] *Jahn*, in: Frentzel etc., IHKG, 7. Aufl., 2009, § 2 Rn. 129 ff.
[116] Entscheidend ist, dass mehr als 50 % der Mitglieder – unabhängig vom jeweiligen Geschäftsanteil – Haupt- oder Nebenerwerbslandwirte sind; vgl. dazu VGH Mannheim, GewArch 1993, 494.
[117] *Jahn*, in: Frentzel etc., IHKG, 7. Aufl., 2009, § 2 Rn. 134 f.

xis wird dies anhand der Verteilung der Umsätze festgestellt[118]. Die Ausnahme für Zusammenschlüsse der unter lit. b genannten landwirtschaftlichen Nutzungs- und Verwertungsgenossenschaften gem. § 2 Abs. 4 lit. c IHKG greift ein, wenn die so gebildete sog. Zentralgenossenschaft ihrerseits in der Rechtsform der Genossenschaft errichtet ist, die in ihr zusammengeschlossenen Genossenschaften ausnahmslos nicht kammerzugehörige Genossenschaften gem. § 2 Abs. 4 lit. b IHKG sind und das Eigenkapital der Zentralgenossenschaft 3,5 Mio. DM nicht erreicht[119]. Sinn dieser Sonderregelung ist damit letztlich, Zentralgenossenschaften, die häufig einen der landwirtschaftlichen Prägung ihrer Mitgliedsgenossenschaften abgelösten gewerblichen Zweck verfolgen, ab einer gewissen Größe als Handelsunternehmen doch wieder IHK-zugehörig werden zu lassen[120].

gg) Ausnahme für Gemeinden und Gemeindeverbände, die Eigenbetriebe unterhalten, § 2 Abs. 5 IHKG

Gem. § 2 Abs. 5 S. 1 IHKG gilt der Grundtatbestand des § 2 Abs. 1 IHKG nicht für Gemeinden und Gemeindeverbände, die Eigenbetriebe unterhalten. Nach § 2 Abs. 5 S. 2 IHKG können Gemeinden und Gemeindeverbände aber insoweit (freiwillig) der IHK beitreten. Die nicht eindeutig formulierte Regelung läuft darauf hinaus, dass Gemeinden und Gemeindeverbände für von ihnen unterhaltene Eigenbetriebe, die eigentlich die Voraussetzungen des § 2 Abs. 1 IHKG erfüllen, ebenso wie die Eigenbetriebe selber, nicht Pflichtmitglieder sind.

Erste Voraussetzung des Eingreifens von § 2 Abs. 5 IHKG ist das Vorliegen eines Eigenbetriebs: Der Eigenbetrieb ist in den verschiedenen Gemeinde- und Kreisordnungen als besondere öffentlich-rechtliche Form vorgesehen, in der Gemeinden und Gemeindeverbände wirtschaftliche und z. T. auch nichtwirtschaftliche Unternehmen führen können. Insbesondere kommunale Versorgungs- und Verkehrsbetriebe wurden traditionell überwiegend als Eigenbetrieb unterhalten. Allerdings hat der seit den sechziger Jahren des 20. Jh. bestehende Trend zur formalen Privatisierung solcher Unternehmen als Kapitalgesellschaft (GmbH, AG) dazu geführt, dass heute nur noch wenige Versorgungs- und Verkehrsbetriebe als Eigenbetriebe unterhalten werden[121]. Eigenbetriebe haben keine eigene Rechtspersönlichkeit, ihre Handlungen werden der Trägergemeinde bzw. dem Trägergemeindeverband zuge-

---

[118] *Jahn*, in: Frentzel etc., IHKG, 7. Aufl., 2009, § 2 Rn. 135.
[119] Diese Grenze ist in § 1 der aufgrund der Verordnungsermächtigung in § 2 Abs. 4 lit. c IHKG erlassenen Verordnung über die Zugehörigkeit von Zusammenschlüssen landwirtschaftlicher Genossenschaften zu den Industrie- und Handelskammern vom 06. 01. 1958 (BGBl. I S. 48) geregelt. Im Hinblick auf das Eigenkapital ist an die Passivposten (Geschäftsguthaben und Ergebnisrücklagen) i. S. v. § 337 HGB anzuknüpfen; näher dazu: *Jahn*, in: Frentzel etc., IHKG, 7. Aufl., 2009, § 2 Rn. 137.
[120] *Jahn*, in: Frentzel etc., IHKG, 7. Aufl., 2009, § 2 Rn. 136.
[121] *Püttner*, Die öffentlichen Unternehmen, 2. Aufl., 1985, S. 60; gemeindliche Unternehmen in der Rechtsform der AG und GmbH usw. sind grds. nach § 2 Abs. 1 IHKG kammerzugehörig. Die Ausnahme des § 2 Abs. 5 IHKG greift nur für Eigenbetriebe ein.

rechnet[122]. Eine Trennung vom Träger besteht jedoch vor allem in organisatorischer und finanzwirtschaftlicher Hinsicht[123]. Eigenbetriebe sind gem. § 2 Abs. 1 GewSt-DV regelmäßig gewerbesteuerpflichtig, so dass eigentlich die Voraussetzungen einer IHK-Mitgliedschaft gem. § 2 Abs. 1 IHKG vorliegen[124]. Zweite Voraussetzung von § 2 Abs. 5 IHKG ist, dass der Eigenbetrieb von einer Gemeinde oder einem Gemeindeverband unterhalten wird: Während evident ist, worum es sich bei Gemeinden handelt, sind mit Gemeindeverbänden insbesondere Landkreise, aber z. B. auch Landschaftsverbände gemeint. Keine Gemeindeverbände i. S. d. Kommunalrechts und damit auch i. S. v. § 2 Abs. 5 IHKG sind hingegen Zweckverbände, die Gemeinden oder Gemeindeverbände für einzelne Aufgaben gegründet haben[125].

Nimmt § 2 Abs. 5 S. 1 IHKG von Gemeinden und Gemeindeverbänden unterhaltene Eigenbetriebe von der Kammermitgliedschaft gem. § 2 Abs. 1 IHKG aus, können Gemeinden und Gemeindeverbände jedoch gem. § 2 Abs. 5 S. 2 IHKG freiwillig der Kammer beitreten. Kammermitglied wird also nicht etwa der rechtlich unselbständige Eigenbetrieb, sondern die Gemeinde oder der Gemeindeverband, die/der eine entsprechende Beitrittserklärung abgibt. Die Gemeinde bzw. der Gemeindeverband wird entsprechend insgesamt und nicht nur für einen einzelnen Eigenbetrieb Kammermitglied[126]. Mit dem freiwilligen Beitritt erwirbt die Gemeinde bzw. der Gemeindeverband grds. die gleiche Rechte- und Pflichtenstellung wie jedes andere Kammermitglied. Umgekehrt zum Recht des freiwilligen Beitritts steht den freiwillig beigetretenen Gemeinden etc. auch das Recht zum Austritt aus der IHK zu, das meist in den einzelnen Kammersatzungen näher geregelt ist[127].

c) Die Repräsentation der Kammermitglieder in der Vollversammlung als Verwirklichung des Selbstverwaltungsprinzips

Wie oben herausgearbeitet wurde, bezieht sich der Begriff der Selbstverwaltung auch heute noch primär auf die Stellung der sich selbst Verwaltenden in der Selbstverwaltungskörperschaft. War im Ursprung die tätige, ehrenamtliche Selbstverwaltung der eigenen Angelegenheiten durch die sich selbst Verwaltenden Rechtssubjekte für die Selbstverwaltung prägend, ist sie im modernen arbeitsteiligen Industriestaat in den verschiedenen Selbstverwaltungsbereichen zunehmend durch die repräsentative Selbstverwaltung ergänzt und ersetzt worden.

Obwohl die tätige Selbstverwaltung auch in der IHK weiter ihren Raum hat, wird sie hier heute primär repräsentativ ausgeübt, indem die Kammerzugehörigen aus ihrer Mitte die Mitglieder der Vollversammlung wählen, § 5 Abs. 1 IHKG. Die durch den Wahlakt der Kammerzugehörigen unmittelbar demokratisch legitimier-

---

[122] *Gern*, Deutsches Kommunalrecht, 3. Aufl., 2003, Rn. 741.
[123] *Püttner*, Die öffentlichen Unternehmen, 2. Aufl., 1985, S. 60.
[124] *Jahn*, in: Frentzel etc., IHKG, 7. Aufl., 2009, § 2 Rn. 139.
[125] OVG Koblenz, NVwZ 1988, 1145.
[126] *Jahn*, in: Frentzel etc., IHKG, 7. Aufl., 2009, § 2 Rn. 145.
[127] *Jahn*, in: Frentzel etc., IHKG, 7. Aufl., 2009, § 2 Rn. 146.

te Vollversammlung ist ausschließlich zuständig für den Beschluss über besonders wichtige Rechtsakte der IHK wie die Satzung, die Wahl- und die Beitragsordnung, die Feststellung des Wirtschaftsplans und die Festsetzung des Maßstabs für die Beiträge, § 4 S. 2 IHKG[128]. Neben diesen materiellen Vorbehaltsaufgaben besitzt die Vollversammlung bedeutende Kreationsfunktionen, §§ 6, 7 IHKG. Sie wählt nicht nur aus ihrer Mitte den Präsidenten[129], der den Vorsitz in der Vollversammlung führt[130], und die weiteren Mitglieder des Präsidiums, sondern auch den Hauptgeschäftsführer[131], der die tägliche Arbeit der IHK leitet und gemeinsam mit dem Präsidenten die IHK rechtsgeschäftlich und gerichtlich vertritt[132]. Insofern ist die Spitze der Kammerexekutive zumindest mittelbar demokratisch legitimiert. Auch die Bestellung des Hauptgeschäftsführers ist auf den Wahlakt der Kammerzugehörigen zur Vollversammlung als zentralen Selbstverwaltungsakt rückführbar[133].

aa) Die Wahl der Mitglieder der Vollversammlung

aaa) IHKG und Wahlordnung als Rechtsgrundlagen der Wahl zur Vollversammlung

Anders als die früheren Landesgesetze, welche die Wahl der Vollversammlung oftmals sehr detailliert regelten, enthält das IHKG insoweit nur grundlegende Vorgaben: § 5 Abs. 1 IHKG legt fest, dass die Mitglieder der Vollversammlung von den Kammerzugehörigen gewählt werden, während § 5 Abs. 2 IHKG die Voraussetzungen des passiven Wahlrechts enthält. Im Lichte dieser rudimentären Vorgaben, die insbesondere die Grundsätze der Wahl und das Wahlverfahren aussparen, ordnet § 5 Abs. 3 S. 1 IHKG an, dass das Nähere über die Ausübung des aktiven und passiven Wahlrechts, über die Durchführung der Wahl sowie über Dauer und vorzeitige Beendigung der Mitgliedschaft zur Vollversammlung in der Wahlordnung zu regeln ist. Die Wahlordnung muss Bestimmungen über die Aufteilung der Kammerzugehörigen in besondere Wahlgruppen sowie die Zahl der diesen zugeordneten Sitze in der Vollversammlung enthalten und dabei die wirtschaftlichen Besonderheiten des Kammerbezirks sowie die gesamtwirtschaftliche Bedeutung der Gewerbegruppen berücksichtigen[134].

Da die Wahlordnung der IHK somit die Voraussetzungen und Rahmenbedingungen der Ausübung des zentralen Selbstverwaltungsrechts der Kammerzugehörigen regelt, ist sie neben der Kammersatzung das bedeutendste Statut, das sich die Kammer gibt[135]. Die Wahlordnung unterliegt gem. § 4 S. 2 Nr. 2 1. Var. IHKG der

---

[128] BVerwGE 120, 255 (257 f.) = GewArch 2004, 331.
[129] § 6 Abs. 1 IHKG.
[130] § 6 Abs. 2 S. 2 IHKG.
[131] § 7 Abs. 1 IHKG.
[132] § 7 Abs. 2 IHKG.
[133] *Jahn*, Interne Willensbildungsprozesse, in: WiVerw. 2004, 133 (141).
[134] § 5 Abs. 3 S. 2 IHKG.
[135] *Kluth*, Grundfragen des Kammerwahlrechts, in: JbKBR 2006, S. 139 (152 f.); *Rickert*, in: Frentzel etc., IHKG, 7. Aufl., 2009, § 5 Rn. 26.

ausschließlichen Beschlussfassung durch die Vollversammlung und bedarf der Genehmigung durch die Aufsichtsbehörde[136]. Inhaltlich sind vor allem die gesetzlichen Vorgaben des § 5 IHKG zu respektieren. Im Übrigen ist umstritten, wie weit der Ermächtigungsrahmen des § 5 Abs. 3 IHKG gezogen ist, welche wahlbezogenen Regelungen also im Einzelnen hiervon noch gedeckt sind[137].

bbb) Die aktive Wahlberechtigung

Aus § 5 Abs. 1 IHKG ergibt sich, dass die Kammerzugehörigen bei der Wahl der Mitglieder der Vollversammlung aktiv wahlberechtigt sind. Der Kreis der Kammerzugehörigen ergibt sich aus dem oben ausführlich behandelten § 2 IHKG. Da § 5 Abs. 1 IHKG die Wahlberechtigung allen Kammerzugehörigen – ohne Ausnahme – zubilligt, sind auch Personen, die der IHK gem. § 2 Abs. 5[138] oder § 13a Abs. 1[139] IHKG freiwillig angehören, grundsätzlich wahlberechtigt[140]. § 5 Abs. 1 IHKG legt die aktive Wahlberechtigung aller Kammerzugehörigen fest und stellt damit eine gesetzliche Ausformung des Wahlrechtsgrundsatzes der allgemeinen Wahl für die Wahl zur IHK-Vollversammlung dar. Ein Ausschluss einzelner Kammerzugehöriger von der Wahl – bspw. in der Wahlordnung – verstieße mithin gegen diese gesetzliche Vorgabe als konkrete Ausformung des Selbstverwaltungsprinzips. Anders als im Handwerksrecht haben gem. § 5 Abs. 1 IHKG nur die kammerzugehörigen Unternehmen, nicht aber Angestellte und Auszubildende ein Wahlrecht. Dies verstößt nicht gegen die in § 5 Abs. 1 IHKG angeordnete allgemeine Wahl, da diese sich nur auf die Kammerzugehörigen erstreckt, zu denen eben nur die Unternehmen, nicht aber die Angestellten und Auszubildenden zählen. Da grundsätzlich alle Kammerzugehörigen aktiv wahlberechtigt sind und das IHKG weder das aktive noch das passive Wahlrecht auf Inländer beschränkt, stehen heute sowohl das aktive als auch das passive Wahlrecht zur Kammervollversammlung auch EU-Ausländern und Nicht-EU-Ausländern zu.

Während bei Einzelunternehmen der Unternehmer als Kammerzugehöriger das Wahlrecht selbst ausübt, muss bei Personengesellschaften, juristischen Personen

---

[136] § 11 Abs. 2 Nr. 3 1. Var. IHKG.
[137] Vgl. hierzu *Rickert*, in: Frentzel etc., IHKG, 7. Aufl., 2009, § 5 Rn. 28.
[138] Gemeinden und Gemeindeverbände, die Eigenbetriebe unterhalten, sind gem. § 2 Abs. 5 S. 1 IHKG nicht nach § 2 Abs. 1 IHKG Pflichtzugehörige der IHK. Sie können jedoch gem. § 2 Abs. 5 S. 2 IHKG insoweit freiwillig der IHK beitreten.
[139] Gem. § 13a Abs. 1 IHKG können Kammerzugehörige, die am 31. 12. 1993 nach § 2 Abs. 3 und § 3 Abs. 3 S. 2 in der am 31. 12. 1993 geltenden Fassung einer IHK angehörten, nach Maßgabe dieser Vorschriften weiterhin freiwillig der Kammer angehören. Diese Vorschrift bezieht sich – wie ausgeführt – auf die sog. Handwerkskaufleute, die der IHK nach altem Recht freiwillig beitreten konnten und für die die Handwerkskammer einen Beitrag an die IHK entrichtete. Da diese nach § 13a Abs. 1 IHK „nach Maßgabe dieser Vorschriften" der IHK angehören können, sind sie, falls sie sich für die Fortsetzung der freiwilligen Mitgliedschaft entscheiden, weiterhin beitragsfreie Mitglieder der IHK. Soweit allerdings ein Mischbetrieb mit einem nichthandwerklichen Betriebsteil vorliegt, greift allein § 2 Abs. 3 IHKG n. F. ein, d. h. sie gehören mit ihrem nichthandwerklichen oder nichthandwerksähnlichen Betriebsteil der IHK an.
[140] *Rickert*, in: Frentzel etc., IHKG, 7. Aufl., 2009, § 5 Rn. 4.

usw. eine aufgrund gesetzlicher oder rechtsgeschäftlicher Ermächtigung vertretungsberechtigte Person das dem Unternehmen zustehende Wahlrecht wahrnehmen[141]. Vor dem Hintergrund, dass in das Handelsregister eingetragenen Prokuristen von Kammerzugehörigen gem. § 5 Abs. 2 S. 2 IHKG das passive Wahlrecht zusteht, sehen die Wahlordnungen regelmäßig vor, dass das aktive Wahlrecht der Kammerzugehörigen auch von Prokuristen ausgeübt werden kann. Für Unternehmen, die aufgrund einer Zweigniederlassung oder Betriebsstätte im IHK-Bezirk Mitglieder der IHK sind, deren Hauptniederlassung indes nicht im IHK-Bezirk liegt und deren Zweigniederlassung oder Betriebsstätte im IHK-Bezirk nicht durch einen gesetzlichen Vertreter oder einen im Handelsregister eingetragenen Prokuristen geleitet werden, sehen manche Wahlordnungen ausdrücklich vor, dass das Wahlrecht auch durch eine besonders zur Ausübung des Wahlrechts ermächtigte Person ausgeübt werden kann[142]. Hierdurch soll insbesondere die Präsenzwahl erleichtert werden. Um die ordnungsgemäße Ausübung des Wahlrechts sicherzustellen und damit letztlich auch die Gleichheit der Wahl zu gewährleisten, können die IHK in ihrer Wahlordnung regeln, dass die Vertretungsberechtigung auf Verlangen bspw. durch Vorlage eines Handelsregisterauszugs oder einer Vollmachtsurkunde nachzuweisen ist[143].

ccc) *Die passive Wahlberechtigung*

Zur Vollversammlung der IHK wählbar sind gem. § 5 Abs. 2 S. 1 IHKG natürliche Personen, die das Kammerwahlrecht auszuüben berechtigt sind, am Wahltag volljährig sind und entweder selbst Kammerzugehörige sind oder allein oder zusammen mit anderen zur gesetzlichen Vertretung einer kammerzugehörigen juristischen Person, Handelsgesellschaft oder Personenmehrheit befugt sind. Nach § 5 Abs. 2 S. 2 IHKG sind auch besonders bestellte Bevollmächtigte und in das Handelsregister eingetragene Prokuristen von Kammerzugehörigen wählbar.

In der Beschränkung der Wählbarkeit auf natürliche Personen und der Anknüpfung an die Berechtigung zur Ausübung (und nicht die Innehabung) des aktiven Kammerwahlrechts manifestiert sich ein fundamentaler struktuTaler Unterschied der Repräsentation in diesem Teilbereich der funktionalen Selbstverwaltung im Vergleich zur Selbstverwaltung in Gebietskörperschaften und zur demokratischen Repräsentation im Staat: Während bei Gemeindewahlen und staatlichen Wahlen der Kreis der passiv Wahlberechtigten – abgesehen von Altersqualifikationen und dergleichen – grds. dem Kreis der Gemeindeangehörigen bzw. Staatsangehörigen und damit der aktiv Wahlberechtigten entspricht, ist dies bei den IHK nicht der Fall. Da hier grds. nicht natürliche Personen, sondern Unternehmen kammerzuge-

---

[141] Vgl. etwa § 4 WahlO IHK Frankfurt a. M.; § 4 WahlO IHK Köln; § 6 WahlO IHK Leipzig; § 4 WahlO IHK Wuppertal-Solingen-Remscheid.

[142] So etwa § 4 Abs. 3 WahlO IHK Frankfurt a. M.; § 4 Abs. 3 WahlO IHK Wuppertal-Solingen-Remscheid.

[143] Z. B. § 4 Abs. 6 WahlO IHK Frankfurt a. M.; § 4 Abs. 6 WahlO IHK Köln; § 6 Abs. 6 WahlO IHK Leipzig.

hörig sind, scheidet eine Mitgliedschaft der Kammerzugehörigen in der Vollversammlung insoweit aus, als es sich nicht um Einzelunternehmen handelt. Da Mitglieder der Vollversammlung nur natürliche Personen sein können, können grds. nicht die Kammerzugehörigen als solche Mitglieder des zentralen Repräsentationsorgans sein. Obwohl dies aus einem repräsentationstheoretischen Blickwinkel prinzipiell ein Minus an Repräsentation der sich selbst verwaltenden Unternehmen und damit ein Minus an Selbstverwaltung bedeuten könnte, ergibt sich doch aus der Natur der Sache, dass eine andere Lösung unmöglich ist. Insofern ist es sachgerecht, bei der passiven Wahlberechtigung an das Recht zur Ausübung des aktiven Wahlrechts anzuknüpfen, da hierin die Berechtigung zur Repräsentation des Kammerzugehörigen zum Ausdruck kommt. Ganz konkret folgt aus der Tatsache, dass nicht die Unternehmen, sondern deren typische Repräsentanten persönlich in die Vollversammlung gewählt werden z. B., dass wenn ein Mitglied vorzeitig aus der Vollversammlung ausscheidet, nicht etwa das entsprechende Unternehmen einen Nachrücker benennen darf[144].

Indem § 5 Abs. 2 S. 1 IHKG die Wählbarkeit an die Berechtigung zur Ausübung des aktiven Wahlrechts knüpft, werden grds. solche Personen von der Wählbarkeit ausgeschlossen, deren aktives Wahlrecht auf der Grundlage entsprechender Regelungen in der Wahlordnung der jeweiligen IHK z. B. wegen Insolvenz oder gewichtiger Strafverfahren vorübergehend ruht[145]. Neben der Berechtigung zur Ausübung des aktiven Kammerwahlrechts verlangt § 5 Abs. 2 S. 1 IHKG, dass die Person am Wahltag volljährig ist[146], also das 18. Lebensjahr vollendet hat[147]. Ferner muss die Person entweder selbst kammerzugehörig sein oder allein oder zusammen mit anderen zur gesetzlichen Vertretung einer kammerzugehörigen juristischen Person, Handelsgesellschaft oder Personenmehrheit befugt sein. § 5 Abs. 2 S. 1 IHKG setzt also bei Personenmehrheiten das Vorliegen gesetzlicher Vertretungsmacht voraus. Allerdings weitet § 5 Abs. 2 S. 2 IHKG die Wählbarkeit auch auf besonders bestellte Bevollmächtigte und auf in das Handelsregister eingetragene Prokuristen von Kammerzugehörigen aus. Während die §§ 48 ff. HGB festlegen, was unter einem Prokuristen zu verstehen ist, ist der Begriff des besonders bestellten Bevollmächtigten nicht gesetzlich definiert. Die Formulierung deutet darauf hin, dass es sich um eine Person handelt, die von einem Kammerzugehörigen besonders dazu ermächtigt wurde, sich für die Vollversammlung der IHK zur Wahl zu stellen. Den Kammerzugehörigen stünde es danach frei, wen sie entsprechend ermächtigen: Es könnten also z. B. auch ehemalige, aus dem Unternehmen ausgeschiedene Vorstandsmitglieder ermächtigt werden, sich zur Wahl zu stellen. Die ganz herrschende Meinung legt den Begriff des „besonders bestellten Bevollmächtigten" indes mit

---

[144] *Groß*, Die Wahl zur Vollversammlung der IHK, 2002, S. 57.
[145] *Rickert*, in: Frentzel etc., IHKG, 7. Aufl., 2009, § 5 Rn. 13.
[146] § 5 Abs. 2 IHKG sah ursprünglich in Anknüpfung an das preußische IHKG ein Mindestalter von 25 Jahren vor. § 5 Abs. 2 IHKG wurde insoweit durch Art. 9 Nr. 1 des Gesetzes zur Neuregelung des Volljährigkeitsalters vom 31. 07. 1974, BGBl. I S. 1713 (1715), geändert.
[147] § 2 BGB.

Hinweis auf die Gesetzesmaterialien zu Recht anders aus, indem die Bevollmächtigung – zumindest auch – auf die Stellung im Unternehmen bezogen wird[148]: Die Einbeziehung besonders bestellter Bevollmächtigter soll die Wählbarkeit danach auf Personen ausdehnen, die zwar nicht gesetzlich vertretungsberechtigt oder Prokurist eines Kammerzugehörigen sind, die aber dennoch z. B. aufgrund einer Generalvollmacht in leitender Funktion für den Kammerzugehörigen tätig sind[149]. Beispiele aus der Praxis dafür sind etwa Filialleiter von Banken, Versicherungen und Kaufhäusern[150].

ddd) Die Wahl zur Vollversammlung

(1) Grundlegende Regelungen. Das IHKG enthält keine Vorgaben zu den grundlegenden Parametern, wie viele Mitglieder die Vollversammlung einer IHK hat und für welche Amtszeit diese zu wählen sind. Beides gehört daher zu den wichtigsten Regelungen, die in der Wahlordnung zu treffen sind[151].

(a) Die Zahl der Mitglieder der Vollversammlung. In Ermangelung gesetzlicher Vorgaben wird die Größe der Vollversammlung in den Wahlordnungen der verschiedenen IHK sehr unterschiedlich geregelt. Ziel muss es einerseits sein, eine möglichst breite Repräsentation der verschiedenen Wirtschaftszweige des Kammerbezirks sicherzustellen, andererseits aber die Funktionsfähigkeit des Gremiums nicht durch eine zu große Mitgliederzahl zu gefährden. In der Praxis richtet sich die Anzahl der Mitglieder der Kammervollversammlung maßgeblich nach der Größe des Kammerbezirks bzw. der Mitgliederzahl der Kammer[152]. Ausdrücklich zu regeln ist dabei auch, wie viele der Mitglieder unmittelbar durch die Kammerzugehörigen gewählt werden. Oftmals ist nämlich auch vorgesehen, dass eine kleinere Anzahl weiterer Mitglieder durch Wahl der Vollversammlung kooptiert werden kann.

(b) Die Amtsdauer der Mitglieder der Vollversammlung. Für die Amtsdauer der Mitglieder der Vollversammlung gelten die für demokratische Volkswahlen entwickelten Grundsätze entsprechend. Da die Wahl der Mitglieder der Vollversammlung den zentralen Selbstverwaltungsakt der Kammerzugehörigen darstellt, darf die Amtsdauer der Vollversammlungsmitglieder nicht zu lange bemessen sein. An-

---

[148] Vgl. etwa *Bremer*, Kammerrecht der Wirtschaft, 1960, § 5 IHKG, Anm. II (S. 114); *Groß*, Die Wahl zur Vollversammlung der IHK, 2002, S. 61 f.
[149] *Rickert*, in: Frentzel etc., IHKG, 7. Aufl., 2009, § 5 Rn. 19.
[150] *Groß*, Die Wahl zur Vollversammlung der IHK, 2002, S. 61 f.
[151] § 5 Abs. 3 S. 1 IHKG ordnet ausdrücklich an, dass die Wahlordnung unter anderem das Nähere über die Dauer der Mitgliedschaft zur Vollversammlung regelt.
[152] So haben etwa die Vollversammlungen der IHK Fulda 33 Mitglieder, der IHK Hanau-Gelnhausen-Schlüchtern bis zu 43 Mitglieder, der IHK Bochum bis zu 77 Mitglieder, der IHK Wuppertal-Solingen-Remscheid bis zu 84 Mitglieder, der IHK Kassel bis zu 93 Mitglieder, der IHK Frankfurt a. M. 89 Mitglieder, der IHK Köln bis zu 104 Mitglieder, der IHK Berlin bis zu 110 Mitglieder und der IHK Schwaben bis zu 115 Mitglieder.

II. 2. c) aa) Die Wahl der Mitglieder der Vollversammlung

dernfalls wäre deren Rückbindung an die von ihnen repräsentierten Kammerzugehörigen gefährdet. Andererseits gebietet die Gewährleistung der Funktionsfähigkeit der Vollversammlung, dass die Amtsdauer ihrer Mitglieder nicht zu knapp bemessen wird. In der Praxis hat sich eine Amtsdauer von vier[153] oder häufiger – und mit zunehmender Tendenz – fünf[154] Jahren durchgesetzt, die den genannten Anforderungen gerecht wird.

Zu regeln ist auch, ob alle Mitglieder auf einmal gewählt werden oder turnusmäßig ein Teil ausscheidet und durch Neuwahl ersetzt wird. Prinzipiell ist es nach wie vor möglich, nach Vorbild des alten preußischen Handelskammerrechts alternierend bspw. die Hälfte oder ein Drittel der Vollversammlungsmitglieder neu wählen zu lassen. Dadurch könnte die Kontinuität der Arbeit der Vollversammlung gefördert werden. Nicht zuletzt wegen des Aufwands, den häufige Kammerwahlen für die Kammern und die Kammerzugehörigen bedeuten, hat es sich in der Praxis allerdings durchgesetzt, alle Mitglieder der Vollversammlung auf einmal wählen zu lassen, zumal auch nach diesem Wahlmodus in der Praxis viele Personen der Vollversammlung über mehrere Wahlperioden angehören und damit die Kontinuität der Kammerarbeit nicht gefährdet erscheint.

Während manche Wahlordnungen einen flexiblen Zeitrahmen für die konstituierende Sitzung der neuen Vollversammlung und damit den Beginn der Amtsdauer der Mitglieder der Vollversammlung vorsehen[155], sind die meisten IHK dazu übergegangen, ein bestimmtes kalendarisches Datum für den Beginn der Amtszeit festzulegen[156]. Die Wahlen sind hinreichend früh vor diesem Datum vorzunehmen. Meist werden hierfür entsprechende Festlegungen getroffen. Die Amtszeit endet je nach Amtsdauer in der Regel am Tag vor dem kalendarischen Datum, an dem die Amtsdauer begonnen hat, des vierten oder fünften darauf folgenden Jahres, also z. B. am 31. März 2015, wenn die fünfjährige Amtsdauer der betreffenden Vollversammlung am 1. April 2010 begonnen hat. Kann die neue Vollversammlung ihr Amt nicht rechtzeitig antreten, nehmen die bisherigen Mitglieder der Vollversammlung ihr Amt bis zur konstituierenden Sitzung der neuen Vollversammlung kommissarisch wahr.

---

[153] So etwa § 5 Abs. 1 WahlO IHK Dresden, § 1 Abs. 1 WahlO IHK Leipzig, § 1 Abs. 1 WahlO IHK Wuppertal-Solingen-Remscheid.

[154] So etwa § 1 Abs. 1 S. 1 WahlO IHK Berlin, § 1 Abs. 1 WahlO IHK Bochum, § 1 Abs. 1 WahlO IHK Frankfurt a. M., § 1 Abs. 1 WahlO IHK Fulda, § 1 Abs. 1 S. 1 WahlO IHK Hanau-Gelnhausen-Schlüchtern, § 1 Abs. 1 WahlO IHK Kassel, Abs. 1 S. 1 WahlO IHK Köln.

[155] So etwa § 6 Abs. 1 WahlO IHK Köln: „Die Amtszeit der Mitglieder der Vollversammlung beginnt mit der konstituierenden Sitzung und endet mit der konstituierenden Sitzung einer neu gewählten Vollversammlung. Die Wahl ist innerhalb der letzten drei Monate vor Ablauf von fünf Jahren seit der letzten Wahl durchzuführen. Die konstituierende Sitzung findet innerhalb von sechs Wochen nach Veröffentlichung der Wahlergebnisse statt."

[156] So z. B. nach § 6 Abs. 1 S. 1 WahlO IHK Frankfurt a. M.: der 1. April des Wahljahres, § 6 Abs. 1 S. 1 WahlO IHK Hanau-Gelnhausen-Schlüchtern: jeweils am 1. April nach der Wahl, § 6 Abs. 1 S. 1 WahlO IHK Wuppertal-Solingen-Remscheid: der auf die Wahl folgende 1. Mai.

(2) Personenwahl als Regelfall. Als Grundentscheidung über das Wahlsystem für die durch unmittelbare Wahl zu bestimmenden Vollversammlungsmitglieder muss die Wahlordnung entweder eine Personenwahl oder aber eine Listenwahl anordnen[157]. Personenwahl bedeutet, dass den Kammerzugehörigen alle einschlägigen Bewerber in alphabetischer Reihenfolge auf einer Bewerberliste präsentiert werden. Die Bewerber, welche die meisten Stimmen erhalten, sind in der Reihenfolge ihrer Stimmquoten in die Vollversammlung gewählt. Bei einer Listenwahl wird die Stimme hingegen für eine Liste abgegeben. Entsprechend dem Wahlerfolg der Liste rücken die Bewerber nach ihrem Listenplatz in die Vollversammlung ein. In der Praxis hat sich die Personenwahl durchgesetzt. Sie räumt den Kammerzugehörigen weitgehenden Einfluss auf die Wahl ihrer Repräsentanten in der Kammer ein und trägt damit zur Stärkung ihres Selbstverwaltungsrechts bei[158].

(3) Wahl nach Wahlgruppen (§ 5 Abs. 3 S. 2 IHKG) und ggf. Wahlbezirken. (a) Das System der Wahl nach Wahlgruppen und ggf. Wahlbezirken. Nach § 5 Abs. 3 S. 2 IHKG muss die Wahlordnung Bestimmungen über die Aufteilung der Kammerzugehörigen in besondere Wahlgruppen sowie die Zahl der diesen zugeordneten Sitze in der Vollversammlung enthalten und dabei die wirtschaftlichen Besonderheiten des Kammerbezirks sowie die gesamtwirtschaftliche Bedeutung der Gewerbegruppen berücksichtigen[159]. Es findet also keine einheitliche Wahl statt, bei der alle Kammerzugehörigen Bewerber von einer Bewerberliste wählen könnten. Vielmehr sind unter den Kammerzugehörigen nach Wirtschaftszweigen Wahlgruppen zu bilden[160]. Die Zahl der in unmittelbarer Wahl zu wählenden Vollversammlungsmitglieder ist – entsprechend den wirtschaftlichen Besonderheiten des Kammerbezirks sowie der gesamtwirtschaftlichen Bedeutung der Gewerbegruppen – auf die einzelnen Wahlgruppen aufzuteilen. Die Einteilung der Wahlgruppen ist damit eine hoch politische Entscheidung, bei der die Kammern allerdings nach herrschender Auffassung einen gewissen Gestaltungsspielraum bzw. eine Einschätzungsprärogative besitzen[161]. Für jede Wahlgruppe wird eine Bewerberliste aufgestellt, die den Kammerzugehörigen der jeweiligen Wahlgruppe zur Wahl vorgelegt wird. Von der Bewerberliste jeder Wahlgruppe ziehen die Kandidaten mit den relativ meisten Stimmen in die Vollversammlung ein, bis die von der Wahlgruppe zu besetzenden Mandate in der Vollversammlung erschöpft sind.

Hinzukommen kann eine Einteilung in Wahlbezirke oder -kreise. Dabei wird der Kammerbezirk in mehrere – z. B. an Grenzen von Gebietskörperschaften ausgerichtete – Wahlbezirke eingeteilt[162]. Häufig werden einzelne im Kammerbezirk

---

[157] *Kluth,* Grundfragen des Kammerwahlrechts, in: JbKBR 2006, S. 139 (153).
[158] *Rickert,* in: Frentzel etc., IHKG, 7. Aufl., 2009, § 5 Rn. 35.
[159] *Kluth,* Grundfragen des Kammerwahlrechts, in: JbKBR 2006, S. 139 (147f.).
[160] *Rickert,* in: Frentzel etc., IHKG, 7. Aufl., 2009, § 5 Rn. 44 ff.
[161] *Kluth,* Entwicklungsgeschichte, in: HdbKR, 2005, S. 41 (85); *Rickert,* in: Frentzel etc., IHKG, 7. Aufl., 2009, § 5 Rn. 54 ff.
[162] *Kluth,* Grundfragen des Kammerwahlrechts, in: JbKBR 2006, S. 139 (147).

II. 2. c) aa) Die Wahl der Mitglieder der Vollversammlung

besonders wichtige Wahlgruppen in Wahlbezirke aufgeteilt, während für weniger wichtige Wahlgruppen keine separaten Wahlbezirke gebildet werden, sodass der Wahlbezirk für diese also mit dem Kammerbezirk identisch ist. Soweit eine Wahlgruppe in verschiedene Wahlbezirke aufgeteilt wird, muss in der Wahlordnung festgelegt werden, wie viele Sitze in der Vollversammlung auf den entsprechenden Wahlbezirk der jeweiligen Wahlgruppe entfallen.

Im Ergebnis führt die gesetzlich in § 5 Abs. 3 S. 2 IHKG vorgesehene Aufteilung in Wahlgruppen dazu, dass die Stimmen der Kammerzugehörigen zwar weiter denselben Zählwert, aber nicht mehr denselben Erfolgswert haben. Dies ist im Lichte des Selbstverwaltungsprinzips problematisch, aber nach der Intention des Gesetzgebers doch potentiell gerechtfertigt, da die Kammervollversammlung ein möglichst getreues Abbild der Wirtschaft des Kammerbezirks darstellen soll[163]. Besitzen Wirtschaftszweige, die u. U. im Hinblick auf die bloße Anzahl der Unternehmen unbedeutend sind, im Kammerbezirk oder aber gesamtwirtschaftlich eine besondere Bedeutung, so müssen sie danach auch in der Vollversammlung besonderes Gewicht besitzen. Dies wird gerade durch eine entsprechende Zuweisung von Sitzen in der Vollversammlung an die Wahlgruppe des relevanten Wirtschaftszweigs erreicht.

(b) Die Bildung der Wahlgruppen und Wahlbezirke. Die Einteilung der nach § 5 Abs. 3 S. 2 IHKG zu bildenden Wahlgruppen erfolgt nach Wirtschaftszweigen, also nach Gruppen von Unternehmen, die ähnliche Produkte herstellen oder ähnliche Dienstleistungen erbringen. Die IHK greifen dabei in der Praxis auf die Klassifizierung von Wirtschaftszweigen zurück, die das Statistische Bundesamt seit 1950 vornimmt. Die aktuelle Klassifikation der Wirtschaftszweige aus dem Jahr 2008 basiert auf den Vorgaben der statistischen Systematik der Wirtschaftszweige in der EU (NACE Rev.2)[164]. Indem die Kurzbezeichnungen für die Wahlgruppen in den Wahlordnungen der IHK an die dort definierten Begriffe anknüpfen, sind sie hinreichend bestimmt[165]. Oftmals enthalten allerdings auch die Wahlordnungen eine eigenständige Abgrenzung. Als Beispiel für eine Wahlgruppeneinteilung und deren Definition sei hier die Wahlordnung der IHK Wuppertal-Solingen-Remscheid genannt, die lediglich sechs verschiedene Wahlgruppen kennt: 1. Industrie[166],

---

[163] *Jahn*, Interne Willensbildungsprozesse, in: WiVerw. 2004, 133 (145 f.); *Rickert*, in: Frentzel etc., IHKG, 7. Aufl., 2009, § 5 Rn. 45.
[164] Letztere wurde mit der EG-VO 1893/2006 vom 20. 12. 2006, ABl. EG L 393 S. 1, veröffentlicht.
[165] *Rickert*, in: Frentzel etc., IHKG, 7. Aufl., 2009, § 5 Rn. 50.
[166] Zu dieser Wahlgruppe gehören gem. § 8 Abs. 1 WahlO IHK Wuppertal-Solingen-Remscheid „alle Betriebe, die Industrieerzeugnisse fertigen und nicht mit ihrem ganzen Betrieb in der Handwerksrolle eingetragen sind, außerdem die Betriebe der Wasser-, Gas- und Elektrizitätsgewinnung und -verteilung sowie industrielle Bauunternehmungen."

2. Groß- und Außenhandel/Vermittlergewerbe[167], 3. Einzelhandel[168], 4. Kreditinstitute/Versicherungen, 5. Verkehrsgewerbe[169] und 6. Sonstige Dienstleistungen[170]. Bei der Einteilung der Wahlgruppen sind gem. § 5 Abs. 3 S. 2 IHKG die wirtschaftlichen Besonderheiten des Kammerbezirks sowie die gesamtwirtschaftliche Bedeutung der Gewerbegruppen zu berücksichtigen. Bei der Entscheidung, welche Wahlgruppen einzurichten sind, kann zunächst von der Anzahl der Kammerzugehörigen ausgegangen werden, die den verschiedenen Gewerbezweigen zuzuordnen sind. Die schlichte Anzahl der jeweiligen Kammerzugehörigen kann aber nicht alleiniges Kriterium bleiben, da sie die wirtschaftlichen Besonderheiten des Kammerbezirks sowie die gesamtwirtschaftliche Bedeutung der Gewerbegruppen meist nicht widerspiegelt. So kann es sein, dass in einem Kammerbezirk tausende von Einzelhändlern kammerzugehörig sind, während die Wirtschaft des Kammerbezirks von einer Handvoll großer Industrieunternehmen dominiert wird. Um die wirtschaftlichen Besonderheiten des Kammerbezirks sowie die gesamtwirtschaftliche Bedeutung der Gewerbegruppen adäquat berücksichtigen zu können, muss daher neben der schlichten Zahl der Kammerzugehörigen auf weitere Indikatoren für die wirtschaftliche Bedeutung der Gewerbegruppen abgestellt werden. Mögliche Indikatoren, die idealerweise in Kombination angewendet werden, sind hier bspw. die Zahl der Arbeitnehmer oder die Umsätze in einem bestimmten Gewerbezweig und die Summe der Gewerbeerträge oder der geleisteten Kammerbeiträge als für die Kammer leicht ermittelbarer Indikator der wirtschaftlichen Ertragsstärke[171].

Die Anzahl und die Art der Wahlgruppen differiert daher im Ergebnis – in Abhängigkeit von der Wirtschaftsstruktur des Kammerbezirks – deutlich zwischen den einzelnen IHK: So kennt die Wahlordnung der Handelskammer Hamburg folgende elf Wahlgruppen: 1. Banken[172], 2. Beratende Dienstleistungen[173], 3. Einzel-

---

[167] § 8 Abs. 1 WahlO IHK Wuppertal-Solingen-Remscheid: „die Betriebe des Groß- und Außenhandels sowie des Handelsvertreter-, Makler- und Vermittlergewerbes."
[168] § 8 Abs. 1 WahlO IHK Wuppertal-Solingen-Remscheid: „die Betriebe des Einzelhandels einschließlich Apotheken".
[169] § 8 Abs. 1 WahlO IHK Wuppertal-Solingen-Remscheid: „die Betriebe des gesamten Verkehrsgewerbes einschließlich Lagerei."
[170] § 8 Abs. 1 WahlO IHK Wuppertal-Solingen-Remscheid: „die Betriebe des Gastgewerbes und weiterer dem Fremdenverkehr zuzuordnender Gewerbezweige; Wirtschaftsprüfungs-, Steuerberatungs- und Treuhandgesellschaften; Baubetreuungsgesellschaften; DV-Unternehmen; PR- und Werbeagenturen; Verlage; Beteiligungs- und Komplementärgesellschaften [...]."
[171] *Rickert*, in: Frentzel etc., IHKG, 7. Aufl., 2009, § 5 Rn. 47.
[172] § 8 Abs. 2 WahlO HK-Hamburg (zuletzt geändert am 11.06.2010): Kammerzugehörige, die sich mit dem Kreditgeschäft, dem Zahlungsverkehr, dem Handel mit Wertpapieren und ähnlichen Geschäften befassen. Hierzu zählen auch Treuhandgesellschaften, Vermögensverwaltungen und ähnliche Betriebe.
[173] § 8 Abs. 2 WahlO HK-Hamburg: Kammerzugehörige, die Dienstleistungen auf den Gebieten der Informationstechnik und der Unternehmensberatung, der Prüfung und der Betreuung wirtschaftlicher Angelegenheiten, der Personaldienstleistung sowie der Qualifizierung erbringen.

II. 2. c) aa) Die Wahl der Mitglieder der Vollversammlung

handel[174], 4. Groß- und Außenhandel, Handelsvermittler[175], 5. Güterverkehr[176], 6. Hotel- und Gaststättengewerbe[177], 7. Immobilienwirtschaft[178], 8. Industrie[179], 9. Medienwirtschaft[180], 10. Personenverkehr[181], 11. Versicherungsgewerbe[182]. Aufgrund der unterschiedlichen Wirtschaftsstruktur finden sich dann bspw. bei der IHK Frankfurt z.T. ganz andere Wahlgruppen: 1. Industrie[183], 2. Groß- und Außenhandel[184], 3. Einzelhandel[185], 4. Kreditinstitute und Wertpapierbörse[186], 5. Ver-

---

[174] § 8 Abs. 2 WahlO HK-Hamburg: Kammerzugehörige, die Waren in der Regel an Verbraucher absetzen oder sonst wie gewerbliche Leistungen für den letzten Verbraucher erbringen, soweit sie nicht anderen Wahlgruppen zugehören.

[175] § 8 Abs. 2 WahlO HK-Hamburg: Kammerzugehörige, die überwiegend nicht selbst hergestellte Ware in größerem Umfang im Inland vertreiben und in der Regel nicht an den Verbraucher absetzen oder hauptsächlich nicht von ihnen selbst hergestellte Waren exportieren oder importieren oder Transitgeschäfte tätigen. Hierzu zählen auch Unternehmen, die sich mit der Vertretung fremder Firmen oder der Vermittlung von Handelsgeschäften befassen, soweit sie nicht in einer anderen Gruppe bereits erwähnt sind.

[176] § 8 Abs. 2 WahlO HK-Hamburg: Kammerzugehörige, die sich mit Beförderung, Lagerung und Umschlag von Gütern befassen oder solche Leistungen vermitteln. Hierzu zählen auch Hafenbetriebe, Spediteure und ähnliche Betriebe.

[177] § 8 Abs. 2 WahlO HK-Hamburg: Kammerzugehörige, die sich mit der Verpflegung und Beherbergung befassen.

[178] § 8 Abs. 2 WahlO HK-Hamburg: Kammerzugehörige, die sich mit der Vermittlung und Verwaltung von Immobilien befassen, Immobiliengesellschaften, Bauträger und ähnliche Betriebe.

[179] § 8 Abs. 2 WahlO HK-Hamburg: Kammerzugehörige, die fabrikationsmäßige Stoffe und Waren gewinnen, erzeugen, veredeln oder bearbeiten. Hierzu zählen auch die industriellen Betriebe des Bauwesens und des graphischen Gewerbes sowie Betriebe der Energieerzeugung, Wasserversorgung und ähnliche Betriebe.

[180] § 8 Abs. 2 WahlO HK-Hamburg: Kammerzugehörige, die vorwiegend Dienstleistungen im Medien- und Kommunikationsbereich erbringen. Hierzu zählen insbes. Betriebe der Film- und Fernsehwirtschaft, Verlage und Betriebe der Werbewirtschaft sowie Betriebe der phonographischen Wirtschaft und der Markt- und Meinungsforschung.

[181] § 8 Abs. 2 WahlO HK-Hamburg: Kammerzugehörige, die auf dem Gebiet der Personenbeförderung tätig sind. Hierzu zählen auch Fahrschulen, Fahrzeugvermietungen und Reisebüros.

[182] § 8 Abs. 2 WahlO HK-Hamburg: Kammerzugehörige, die Versicherungsverträge abschließen oder vermitteln.

[183] § 7 Abs. 2 WahlO IHK Frankfurt a. M. (in der Fassung vom 10.06.2008): IHK-Zugehörige, die ausschließlich oder überwiegend Stoffe oder Waren gewinnen, erzeugen, veredeln, bearbeiten, instandhalten oder verwandte Dienstleistungen erbringen. Hierzu zählen auch Betriebe des Druckgewerbes, der Energie- und Wasserversorgung, der Forschung und Entwicklung, Ingenieurbüros sowie Betriebe, die sich mit der Erzeugung und Verarbeitung von land- und forstwirtschaftlichen Produkten beschäftigen. Zu dieser Wahlgruppe gehören auch Unternehmen, deren überwiegende Tätigkeit in der Verwaltung von Anteilen am Kapital von Unternehmen liegt, die in der Wahlgruppe Industrie eingeteilt sind.

[184] § 7 Abs. 2 WahlO IHK Frankfurt a. M.: IHK-Zugehörige, die überwiegend nicht selbst hergestellten Waren im Inland, in der Regel nicht an Konsumenten, absetzen oder hauptsächlich nicht von ihnen selbst hergestellte Waren exportieren oder importieren oder Transitgeschäfte tätigen sowie jeweils verwandte Dienstleistungen erbringen.

[185] § 7 Abs. 2 WahlO IHK Frankfurt a. M.: IHK-Zugehörige, die überwiegend nicht selbst hergestellten Waren in der Regel an Konsumenten absetzen oder verwandte Dienstleistungen erbringen.

[186] § 7 Abs. 2 WahlO IHK Frankfurt a. M.: Kreditinstitute im Sinne des KWG sowie Börsengesellschaften und zur Teilnahme am Börsenhandel zugelassene Unternehmen.

sicherungen[187], 6. Finanzdienstleistungen[188], 7. Verkehr[189], 8. Handelsvertreter und -makler[190], 9. Tourismus-, Freizeit- und Gesundheitswirtschaft[191], 10. Medien, Information und Kommunikation[192], 11. Bau- und Immobilienwirtschaft[193], 12. Wirtschafts- und Unternehmensberatung[194], 13. Bildungswirtschaft[195].

Die optionale, weitere Unterteilung der Wahlgruppen in gebietsbezogene Wahlbezirke bietet sich zunächst vor allem bei solchen IHK an, die durch Fusion vormals selbständiger IHK entstanden sind. Indem einzelne (oder alle) Wahlgruppen in entsprechende Wahlbezirke eingeteilt werden, wird Vertretern der Wirtschaftszweige der verschiedenen ehemaligen Kammerbezirke eine Repräsentanz in der Vollversammlung der Kammer garantiert. Auch sonst kommt eine Unterteilung in Wahlbezirke in Betracht, wenn sichergestellt werden soll, dass Repräsentanten verschiedener Gebiete des Kammerbezirks in die Vollversammlung einziehen sollen. Auch bei der Einteilung in Wahlbezirke, durch die solche regionalen Mindestrepräsentanzen verwirklicht werden können, muss allerdings stets die übergeordnete Orientierung der Einteilung der Wahlgruppen anhand der wirtschaftlichen Besonderheiten des Kammerbezirks sowie der gesamtwirtschaftlichen Bedeutung der Gewerbegruppen berücksichtigt werden.

(c) Stimmenzuteilung für die einzelnen Wahlgruppen. Im Rahmen der generellen Einteilung der Wahlgruppen muss gem. § 5 Abs. 3 S. 2 IHKG die Gesamtzahl der in unmittelbarer Wahl zu vergebenden Sitze in der Vollversammlung auf diese verteilt

---

[187] § 7 Abs. 2 WahlO IHK Frankfurt a. M.: Versicherungsunternehmen und bevollmächtigte Geschäftsstellen.

[188] § 7 Abs. 2 WahlO IHK Frankfurt a. M.: Vermögensverwaltungen, Beteiligungsgesellschaften (mit Ausnahme von Beteiligungsgesellschaften mit Schwerpunkt im produzierenden Gewerbe), Leasingunternehmen, Vermittlung von Versicherungsverträgen, Wertpapieren, Hypotheken, Bausparverträgen und sonstigen Finanzierungen, Vermietung von beweglichen Sachen.

[189] § 7 Abs. 2 WahlO IHK Frankfurt a. M.: IHK-Zugehörige, die sich mit der Beförderung, Lagerung, Umschlag und verwandten Dienstleistungen befassen oder solche Leistungen vermitteln.

[190] § 7 Abs. 2 WahlO IHK Frankfurt a. M.: IHK-Zugehörige, die sich mit der Vertretung fremder Firmen oder der Vermittlung von Handelsgeschäften befassen, soweit sie nicht in einer anderen Wahlgruppe erwähnt sind.

[191] § 7 Abs. 2 WahlO IHK Frankfurt a. M.: IHK-Zugehörige, die sich mit der Verpflegung und Beherbergung befassen, Reisen veranstalten oder vermitteln, die in den Bereichen Kultur, Sport, Unterhaltung, Gesundheit und Körperpflege tätig sind sowie Soziale Einrichtungen.

[192] § 7 Abs. 2 WahlO IHK Frankfurt a. M.: IHK-Zugehörige der Werbe- und Verlagswirtschaft, PR-Agenturen, Datenverarbeitung, Informationsdienstleister, auch soweit sie Netze zur Nachrichtenübermittlung betreiben, Rundfunk, Filmproduktion und jeweils verwandte Betriebe.

[193] § 7 Abs. 2 WahlO IHK Frankfurt a. M.: Bauwirtschaft, Wohnungsunternehmen, Grundstücks- und Wohnungsvermittlung und -verwaltung, Immobilienfonds, Architekturbüros sowie verwandte Dienstleistungsbetriebe.

[194] § 7 Abs. 2 WahlO IHK Frankfurt a. M.: Wirtschaftliche Unternehmensberatung, Wirtschaftsprüfung, Steuerberatung, Personal- und Sicherheitsberatung, Markt- und Meinungsforschung sowie Unternehmen, die nicht den Wahlgruppen 1 bis 11 und 13 angehören.

[195] § 7 Abs. 2 WahlO IHK Frankfurt a. M.: Private und öffentliche Bildungsträger, selbstständige Lehrer, Schreib- und Übersetzungsbüros sowie verwandte Dienstleistungen.

werden[196]. Das IHKG gibt keine absoluten Kriterien für die Verteilung der Sitze auf die einzelnen Wahlgruppen und ggf. -bezirke vor. Die Vollversammlung muss sich insofern bei der Verabschiedung der Wahlordnung allerdings wiederum an den gesetzlichen Vorgaben aus § 5 Abs. 3 S. 2 IHKG orientieren, also die wirtschaftlichen Besonderheiten des Kammerbezirks sowie die gesamtwirtschaftliche Bedeutung der Gewerbegruppen berücksichtigen. Um dem gesetzlichen Leitbild gerecht zu werden, in der Vollversammlung die Wirtschaft des Kammerbezirks abzubilden, muss also insbesondere die gesamtwirtschaftliche Bedeutung der Gewerbegruppen, wie sie im Kammerbezirk repräsentiert sind, Berücksichtigung finden.

Indikatoren, die hierbei herangezogen werden können, sind neben der Anzahl der Kammerzugehörigen der verschiedenen Gewerbezweige wiederum bspw. die Arbeitnehmerzahl, die Umsätze, die Gewerbeerträge und die geleisteten Kammerbeiträge. Eine Kombination verschiedener Indikatoren liefert die zuverlässigste Grundlage für die Ermittlung der gesamtwirtschaftlichen Bedeutung der Gewerbegruppen im Kammerbezirk. Teilweise geben die Wahlordnungen die Kriterien, nach denen die Zuteilung der Sitze auf die einzelnen Wahlgruppen vorzunehmen sind, und deren Gewichtung ausdrücklich vor. So ordnet etwa die Wahlordnung der IHK Köln an, dass in die Bewertung der gesamtwirtschaftlichen Bedeutung der Gewerbegruppen die Zahl der ihr zuzurechnenden Kammerzugehörigen mit einem Anteil von 20 %, die Zahl der sozialversicherungspflichtig Beschäftigten mit einem Anteil von 40 % und die Zahl der Kammerbeiträge (Grundbeitrag und Umlage) mit einem Anteil von 40 % einfließen[197].

Gleich ob die Kriterien zur Ermittlung der wirtschaftlichen Bedeutung der Wahlgruppen in der Wahlordnung festgelegt sind oder nicht, sind die Kammern verpflichtet, periodisch die erforderlichen statistischen Daten zu erheben, um dann eine Neueinschätzung der wirtschaftlichen Bedeutung vornehmen zu können. Auf dieser Basis sind dann – ggf. unter Berücksichtigung weiterer Kriterien – die den einzelnen Wahlgruppen zugeteilten Sitze neu zu verteilen. Ob diese Neubeurteilung vor jeder Wahl vorzunehmen ist, lässt sich nicht abstrakt bestimmen. Dies ist aber jedenfalls dann geboten, wenn die wirtschaftliche Dynamik seit der letzten Kammerwahl eine wesentliche Verschiebung der Gewichtungen erwarten lässt. Nur so kann nämlich die Vollversammlung – dem gesetzlichen Leitbild entsprechend – ein Abbild der Wirtschaft des Kammerbezirks bleiben.

(4) Technische Durchführung der unmittelbaren Wahl. Im Anschluss an die grundlegenden Vorschriften über die Größe der Vollversammlung, die Amtsdauer sowie die Bildung von Wahlgruppen und Wahlbezirken, enthalten die Wahlordnungen – in Ermangelung einschlägiger Regelungen im IHKG – meist ausführliche Vorschriften zur technischen Durchführung der Wahl:

---

[196] Ausdrücklich wurde dies erst mit der Änderung des IHKG zum 01.01.2008 angeordnet.
[197] § 7 Abs. 2 WahlO IHK Köln.

(a) Wahl und erste Aufgaben des Wahlausschusses. Zunächst ist hier von der Vollversammlung ein Wahlausschuss – manchmal auch ein Wahlkommissar – zu wählen, der die Wahl vorbereitet[198]. Voraussetzung für die aktive Wahlberechtigung eines Kammerzugehörigen ist, dass er in einer der Wählerlisten aufgeführt ist, die getrennt für jede Wahlgruppe aufzustellen sind. Dem Wahlausschuss obliegt es daher zunächst, die einzelnen wahlberechtigten Kammerzugehörigen anhand der Unterlagen der IHK der Wählerliste der jeweils einschlägigen Wahlgruppe zuzuweisen. Die Wählerlisten sind sodann zur Einsichtnahme durch die Wahlberechtigten auszulegen. Einsprüche der Wahlberechtigten gegen die Wählerlisten werden vom Wahlausschuss beschieden, der nach Erledigung aller Einsprüche die Ordnungsmäßigkeit der Wählerlisten feststellt.

Soweit nicht bereits die Wahlordnung regelt, ob die Wahl als Präsenzwahl oder als Briefwahl durchzuführen ist[199], hat der Wahlausschuss diese Entscheidung zu treffen. In der Praxis hat sich heute die Briefwahl durchgesetzt. Die damit verbundene Einschränkung der Publizität des Wahlaktes als zentralem Selbstverwaltungsrecht der sich in der Kammer selbst verwaltenden Wirtschaftssubjekte sowie die immanente Gefährdung der Wahlgrundsätze der geheimen und freien Wahl durch die Briefwahl ist grundsätzlich hinzunehmen, da die Briefwahl andererseits die Wahlbeteiligung positiv beeinflusst. Die damit verbundene Förderung der Allgemeinheit der Wahl und damit letztlich des demokratischen Selbstverwaltungsprinzips überwiegt also die durch die Briefwahl drohenden Nachteile. Handelt es sich um eine Briefwahl, hat der Wahlausschuss die Fristen für die Abgabe der Stimmzettel festzulegen und bekanntzumachen, bei einer Präsenzwahl hingegen den Wahltag[200].

(b) Die Erstellung der Bewerberlisten. Wie ausgeführt wurde, erfolgt die Wahl aufgrund von Bewerberlisten, die durch den Wahlausschuss getrennt für die einzelnen Wahlgruppen (bzw. -bezirke) aufgestellt werden. Mit Bekanntmachung der Wahlfristen sind die aktiv Wahlberechtigten zugleich zur Abgabe von Wahlvorschlägen binnen einer festzulegenden Frist aufzufordern. In der Regel sieht die Wahlordnung ein Mindestquorum von Wahlberechtigten vor, das einen Wahlvorschlag unterzeichnen muss[201]. Vorgeschlagen werden dürfen in der Regel nur Kam-

---

[198] Vgl. etwa § 8 Abs. 1 S. 1 WahlO IHK Frankfurt a.M.: Wahlausschuss aus fünf Personen, § 8 Abs. 1 WahlO IHK Köln: Wahlausschuss aus drei Personen, der wiederum aus dem Kreis der Mitarbeiter der IHK einen Wahlvorstand aus fünf Personen beruft, § 11 Abs. 1 S. 1 WahlO IHK Wuppertal-Solingen-Remscheid: Wahlausschuss aus drei Personen, § 8 Abs. 1 S. 1 WahlO IHK Bochum: Wahlausschuss aus fünf Personen.

[199] So etwa § 12 Abs. 1 WahlO IHK Frankfurt a.M.: „Die Wahl erfolgt schriftlich (Briefwahl)".

[200] *Rickert*, in: Frentzel etc., IHKG, 7. Aufl., 2009, § 5 Rn. 59.

[201] Vgl. etwa § 11 Abs. 3 WahlO IHK Frankfurt a.M.: mindestens fünf Wahlberechtigte der Wahlgruppe, § 11 Abs. 3 WahlO IHK Köln: mindestens fünf Wahlberechtigte der Wahlgruppe und des Wahlbezirks; bei Wahlgruppen bzw. Wahlbezirken mit weniger als 100 Wahlberechtigten reicht es hingegen aus, wenn der Wahlvorschlag von mindestens 5% der Wahlberechtigten unterzeichnet ist; vgl. auch § 11 Abs. 3 WahlO IHK Bochum: mindestens zehn Wahlberechtigte der

merzugehörige, die in derselben Wahlgruppe aktiv wahlberechtigt sind. Soweit sich die in den Wahlvorschlägen benannten Kammerzugehörigen mit der Nominierung einverstanden erklären und sie die Voraussetzungen der passiven Wahlberechtigung erfüllen[202], sind sie – in der Regel in alphabetischer Reihenfolge – in die Bewerberliste der jeweiligen Wahlgruppe (bzw. ggf. des Wahlbezirks einer in Bezirke unterteilten Wahlgruppe) aufzunehmen.

Die Wahlordnungen legen in der Regel die Mindestzahl von Bewerbern fest, die eine Bewerberliste enthalten muss. Die Mindestzahl ist dabei sehr unterschiedlich geregelt[203]: Während es z. T. genügt, dass so viele Bewerber vorgeschlagen werden, wie in der Wahlgruppe Sitze zu vergeben sind, ist oftmals vorgesehen, dass die Bewerberzahl die Zahl der zu vergebenden Sitze um einen absoluten oder relativen Wert übersteigen muss[204]. Dadurch soll auf jeden Fall eine streitige Wahl gesichert werden. Gehen nicht genügend Vorschläge ein, ist zunächst eine Nachfrist zur Einreichung weiterer Vorschläge einzuräumen. Verstreicht auch diese, ohne dass die Mindestzahl an Bewerbern erreicht wird, findet nach den Regelungen in den Wahlordnungen meist eine auf die gültigen Vorschläge beschränkte Wahl statt[205]. Eine solche Beschränkung der Wahl auf die gültigen Vorschläge ist – anders als die früher z. T. angeordnete Aussetzung der Wahl in der entsprechenden Wahlgruppe[206] – sachgerecht, da insofern schlicht nicht mehr ordnungsgemäß vorgeschlagene Bewerber zur Verfügung stehen.

(c) Der Wahlvorgang. Die eigentliche Wahl erfolgt auf einem Stimmzettel, auf dem sämtliche zugelassenen Bewerber der betreffenden Wahlgruppe (und ggf. des betreffenden Wahlbezirks) in neutraler, in der Regel alphabetischer Reihenfolge aufgeführt sind. Die Wahlberechtigten vergeben ihre Stimmen durch Ankreuzen

---
Wahlgruppe; bei Wahlgruppen bzw. Wahlbezirken mit weniger als 100 Wahlberechtigten reicht es hingegen aus, wenn der Wahlvorschlag von mindestens 10% der Wahlberechtigten unterzeichnet ist.
[202] Oft wird eine Erklärung verlangt, dass der passiven Wahlberechtigung keine Einwände entgegenstehen.
[203] *Rickert*, in: Frentzel etc., IHKG, 7. Aufl., 2009, § 5 Rn. 65.
[204] So soll nach § 11 Abs. 6 S. 1 WahlO IHK Köln jede Kandidatenliste mindestens einen Bewerber mehr enthalten, als in der Wahlgruppe und dem Wahlbezirk zu wählen sind; nach § 11 Abs. 6 S. 1 WahlO IHK Frankfurt a. M. muss jede Bewerberliste mindestens ein Drittel Bewerber mehr enthalten, als in der Wahlgruppe zu wählen sind.
[205] So etwa § 11 Abs. 6 S. 3 WahlO IHK Frankfurt a. M., § 11 Abs. 6 S. 3 WahlO IHK Köln, § 16 Abs. 3 S. 2 WahlO IHK Leipzig, § 14 Abs. 6 S. 4 WahlO IHK Wuppertal-Solingen-Remscheid.
[206] So etwa bis vor wenigen Jahren § 10 Abs. 5 WahlO IHK Frankfurt a. F.; ein völliges Aussetzen der Wahl ist überaus problematisch. Hierdurch werden de facto die aktiv Wahlberechtigten der jeweiligen Wahlgruppe von der Wahl zur Vollversammlung als ihrem zentralen Selbstverwaltungsrecht ausgeschlossen. Dies stellt einen Eingriff in die Allgemeinheit und Gleichheit der Kammerwahl und damit in das demokratische Selbstverwaltungsprinzip dar, der nicht durch zwingende Sachgründe gerechtfertigt ist. Eine Alternativmöglichkeit ist z. B., dass der Wahlausschuss Kandidaten vorschlägt, wie dies etwa § 12 Abs. 7 S. 2 WahlO IHK Dresden vorsieht, wenn in einer Wahlgruppe kein gültiger Kandidatenvorschlag eingeht. Natürlich müssen die betroffenen Kandidaten ihr Einverständnis zur Kandidatur erklären und auch sonst alle Voraussetzungen im Hinblick auf die passive Wahlberechtigung erfüllen.

der von ihnen favorisierten Bewerber. Dabei können insgesamt so viele Bewerber angekreuzt werden, wie in der jeweiligen Wahlgruppe Sitze in der Vollversammlung zu vergeben sind. Um die Gleichheit der Wahl zu sichern, muss der Stimmzettel daher einen deutlichen Hinweis darauf enthalten, wie viele Stimmen maximal vergeben werden können. Ein Kumulieren mehrerer Stimmen auf einen Bewerber ist nicht möglich. Die Stimme ist geheim abzugeben und der Stimmzettel sodann in die Wahlurne einzuwerfen.

Bei der Briefwahl muss – ähnlich wie bei einer politischen Wahl – die Wahlberechtigung des Wählers überprüft werden. Zu diesem Zweck erhalten die Wahlberechtigten neben dem Stimmzettel nebst Umschlag einen Wahlschein, der Angaben zur Wahlberechtigung enthält, und einen Rücksendeumschlag. Der Wahlberechtigte muss den ausgefüllten Stimmzettel in den entsprechenden Wahlumschlag stecken, auf dem Wahlschein die persönliche Stimmabgabe versichern und diesen zusammen mit dem den Stimmzettel enthaltenden Umschlag im Rücksendeumschlag an die IHK senden. Dort wird anhand des Wahlscheins die Wahlberechtigung überprüft. Liegt diese vor, wird der Umschlag mit dem anonymen Stimmzettel in die Wahlurne der betreffenden Wahlgruppe gelegt. Liegt sie nicht vor, ist die Stimmabgabe insgesamt ungültig.

Wie oben bereits ausgeführt wurde, findet bei den IHK regelmäßig auch dann eine Wahl statt, wenn weniger oder aber genauso viele Bewerber zur Wahl stehen, wie in der jeweiligen Wahlgruppe Vollversammlungssitze zu vergeben sind. Früher war bei einzelnen Kammern allerdings auch vorgesehen, dass, wenn nicht mehr Bewerber zur Verfügung standen als Sitze zu vergeben waren, in dieser Wahlgruppe keine Wahl stattfand und die Bewerber schlicht als gewählt galten[207]. Eine solche „Friedenswahl" war im Lichte des demokratischen Selbstverwaltungsprinzips höchst problematisch, da sie dazu führte, dass die entsprechenden Kammerzugehörigen ohne Wahlakt in die Vollversammlung einzogen[208]. Da § 5 Abs. 1 IHKG aber vorschreibt, dass die Mitglieder der Vollversammlung von den Kammerzugehörigen „gewählt" werden, ist eine Friedenswahl, die tatsächlich gerade keine Wahl ist, regelmäßig unzulässig[209]. Inzwischen ist sie daher zu Recht aus den Wahlordnungen der IHK verschwunden[210].

---

[207] So bis vor wenigen Jahren § 12 Abs. 6 WahlO IHK Dresden a. F.: „Gehen in einer Wahlgruppe des Wahlbezirks nur soviel Kandidatenvorschläge ein, wie Kandidaten in die Wahlgruppe zu wählen sind, so findet eine Abstimmung nicht statt. Die vorgeschlagenen Kandidaten gelten als gewählt."

[208] Zu bedenken ist, dass – auch wenn jeder einzelne Bewerber ja von einem in der Wahlordnung festgelegten Quorum von Kammerzugehörigen vorgeschlagen sein musste – die Möglichkeit nicht ausgeschlossen war, dass ein vorgeschlagener Bewerber überhaupt keine Stimme erhalten hätte, bei einer richtigen Wahl also nicht gewählt worden wäre. Vgl. zu der ähnlich gelagerten Problematik aus dem Kommunalrecht: BVerfGE 13, 1 (17f.).

[209] Im Ergebnis so auch BVerwG, GewArch 1980, 296f.; VGH Mannheim, GewArch 1998, 65 (68) hält die Friedenswahl im Bereich der funktionalen Selbstverwaltung für unzulässig, wenn nicht ausnahmsweise ein Rechtfertigungsgrund vorliege, der ein Zurücktreten der Anforderungen des Demokratieprinzips gebiete; *Rickert*, in: Frentzel etc., IHKG, 7. Aufl., 2009, § 5 Rn. 74;

(d) *Feststellung des Wahlergebnisses.* Nach Ablauf der Wahlfrist obliegt es dem Wahlausschuss, das Ergebnis der Wahl festzustellen. Dabei ist zunächst über die Gültigkeit der Wahlscheine (bei der Briefwahl) sowie der Stimmzettel zu entscheiden. In Anlehnung an entsprechende Regelungen bei politischen Wahlen sehen die Wahlordnungen in der Regel vor, dass Stimmzettel bspw. dann ungültig sind, wenn sie Zusätze, Streichungen oder Vorbehalte aufweisen oder die Absicht des Wählers nicht klar erkennen lassen. Stimmzettel sind auch dann ungültig, wenn auf ihnen mehr Bewerber angekreuzt sind, als in der Wahlgruppe zu wählen sind. Sodann sind die gültigen Stimmen auszuzählen, um die Gesamtstimmenzahl zu ermitteln, die jeder Bewerber der entsprechenden Wahlgruppe (bzw. ggf. des Wahlbezirks) erhalten hat.

Gewählt sind diejenigen Bewerber, die in der Wahlgruppe (bzw. ggf. im Wahlbezirk) die meisten Stimmen erhalten haben, bis die Zahl der in der Wahlgruppe (bzw. im Wahlbezirk) zu wählenden Sitze in der Vollversammlung besetzt sind. Bei Stimmengleichheit wird durch Los entschieden. Die Ergebnisse der Wahl sind sodann – in der Regel im Mitteilungsblatt der Kammer – zu veröffentlichen. Dabei genügt es, wenn die gewählten Bewerber bekannt gemacht werden[211].

(5) Mittelbare Wahl von Mitgliedern der Vollversammlung. (a) Die zwei Grundformen mittelbarer Wahlen. Wie oben bereits erwähnt wurde, sehen einige Wahlordnungen neben der voran stehend behandelten unmittelbaren Wahl auch die Möglichkeit einer mittelbaren Wahl von Mitgliedern der Vollversammlung vor. Mittelbare Wahl bedeutet, dass die entsprechenden Mitglieder der Vollversammlung nicht unmittelbar von den Kammerzugehörigen, sondern von den Mitgliedern der Vollversammlung gewählt werden. Grundsätzlich sind zwei Formen mittelbarer Wahl zu unterscheiden[212]: Der Regelfall betrifft die Situation, dass wegen des Ausscheidens eines Mitglieds aus der Vollversammlung ein Ersatzmitglied gefunden werden muss, es aber auf der Wahlliste der entsprechenden Wahlgruppe keinen Nachrücker mehr gibt. Das Selbstverwaltungsprinzip wird in diesem Fall opti-

---

Groß, Das Kollegialprinzip, 1999, S. 263; *ders.*, Kammerverfassungsrecht, in: HdbKR, 2005, S. 187 (201).

[210] *Wolff/Bachof/Stober/Kluth*, Verwaltungsrecht II, 7. Aufl., 2010, S. 851.

[211] *Rickert*, in: Frentzel etc., IHKG, 7. Aufl., 2009, § 5 Rn. 77.

[212] Daneben gibt es bei bayerischen IHK eine Sonderform der mittelbaren Wahl: In Fortführung der bayerischen Handelskammertradition sind den bayerischen IHK in der Regel mehrere regionale Handelsgremien untergeordnet. Die Handelsgremien verfügen über von den Mitgliedern gewählte Gremialversammlungen, die wiederum aus ihrer Mitte einen Vorsitzenden wählen. Die Vorsitzenden und z. T. auch weitere Mitglieder der Gremialversammlungen gehören der Vollversammlung der IHK regelmäßig kraft Amtes an. So besteht bspw. die Vollversammlung der IHK für München und Oberbayern gem. § 1 Abs. 3 WahlO IHK für München und Oberbayern aus 68 unmittelbar von den IHK-Zugehörigen gewählten Mitgliedern, aus den jeweiligen Vorsitzenden der 14 IHK-Gremien und aus bis zu acht von der Vollversammlung zugewählten Mitgliedern. Da die Vorsitzenden der IHK-Gremien von den ihrerseits unmittelbar gewählten Gremialversammlungsmitgliedern gewählt werden, handelt es sich um eine Form der mittelbaren Wahl; dazu auch *Rickert*, in: Frentzel etc., IHKG, 7. Aufl., 2009, § 5 Rn. 41.

miert, wenn innerhalb der Wahlgruppe – und ggf. dem Wahlbezirk – eine separate Ersatzwahl nach den allgemeinen Grundsätzen der unmittelbaren Wahl stattfindet[213]. Da dies allerdings mit erheblichem Aufwand – von der Aufstellung der Bewerberliste bis zur Durchführung der Wahl – verbunden ist, sehen die Wahlordnungen hier meist eine mittelbare Wahl durch die Vollversammlung vor[214]. Zu der grundsätzlichen Problematik der mittelbaren Wahl, die das Selbstverwaltungsprinzip eingeschränkt, indem nicht mehr unmittelbar die Kammerzugehörigen wählen, kommt hier als zweites Problem hinzu, dass Ersatzleute einer bestimmten Wahlgruppe von der gesamten Vollversammlung gewählt werden. An der Wahl sind also auch solche Vollversammlungsmitglieder beteiligt, die ihre Legitimation von Wählern anderer Wahlgruppen ableiten. Eine mittelbare Wahl von Nachrückern für ausgeschiedene Vollversammlungsmitglieder sollte daher im Satzungsrecht jedenfalls auf einen geringen Teil der Sitze – maximal 10% – beschränkt werden, um das Selbstverwaltungsprinzip nicht insgesamt zu gefährden.

Die zweite Form der mittelbaren Wahl bezieht sich nicht auf Ersatzwahlen: Einige Wahlordnungen räumen der Vollversammlung prinzipiell das Recht ein, eine begrenzte Zahl von Mitgliedern der Vollversammlung zuzuwählen[215]. Dahinter steht meist der Gedanke, dass auf diese Weise besonders sachverständige Repräsentanten bestimmter Wirtschaftszweige oder -unternehmen in die Vollversammlung gelangen können, die nach dem allgemeinen Wahlmodus keine Aussicht darauf hätten[216]. Vor diesem Hintergrund wurde diese Form der Zuwahl vom BVerwG prinzipiell gebilligt[217]. Die Zuwahl muss entsprechend prinzipiell geeignet sein, das gesetzliche Leitbild, nach dem die Wirtschaftsstruktur des Kammerbezirks in der Vollversammlung widergespiegelt sein soll, wesentlich zu fördern. Zugewählt werden dürfen – selbst wenn dies in der Wahlordnung nicht ausdrücklich geregelt ist – prinzipiell nur Personen, die ihrerseits die passive Wahlberechtigung gem. § 5 Abs. 2 IHKG besitzen. Zudem ist die Zahl der durch mittelbare Wahl zuzuwählenden Mitglieder der Vollversammlung strikt zu begrenzen[218]. Die meist genannte Obergrenze für mittelbar Gewählte von insgesamt maximal 20% der Vollversamm-

---

[213] So etwa § 2 Abs. 3 S. 1 und 2 WahlO IHK Hanau-Gelnhausen-Schlüchtern unter bestimmten Voraussetzungen: Erreicht der Anteil mittelbar gewählter Vollversammlungsmitglieder 20% der zulässigen Höchstzahl aller Sitze, ist die mittelbare Wahl weiterer Vollversammlungsmitglieder ausgeschlossen. „In diesem Falle kann die Vollversammlung die Durchführung einer unmittelbaren Nachfolgewahl beschließen".
[214] So etwa § 2 Abs. 2 S. 1 WahlO IHK Berlin, § 2 Abs. 2 S. 1 WahlO IHK Frankfurt a.M., § 2 Abs. 2 S. 1 WahlO IHK Ostbrandenburg (Frankfurt/Oder), § 2 Abs. 1 S. 1 WahlO IHK Köln, § 2 Abs. 2 S. 1 WahlO IHK Wuppertal-Solingen-Remscheid.
[215] Vgl. etwa § 1 Abs. 2 WahlO IHK Hanau-Gelnhausen-Schlüchtern, § 1 Abs. 2 WahlO IHK Wuppertal-Solingen-Remscheid.
[216] So etwa ausdrücklich nach § 1 Abs. 2 S. 2 WahlO IHK Wuppertal-Solingen-Remscheid: „Die Zuwahl soll die Vollversammlung um Vertreter aus Wirtschaftszweigen ergänzen, die für das Bild des IHK-Bezirks bedeutsam sind und nach dem Ergebnis des Wahlgruppenverfahrens nicht entsprechend ihrer Bedeutung repräsentiert werden".
[217] BVerwG, DVBl. 1963, 920 (922).
[218] Vgl. etwa § 1 S. 2 WahlO IHK Berlin: bis zu zwölf (bei 98 unmittelbar gewählten Mitgliedern), § 1 Abs. 2 S. 1 WahlO IHK Wuppertal-Solingen-Remscheid: bis zu vier Mitglieder (bei 80

II. 2. c) aa) Die Wahl der Mitglieder der Vollversammlung

lungssitze[219] erscheint angesichts der immanenten Einschränkung des Selbstverwaltungsprinzips durch mittelbare Wahlen als zu hoch gegriffen. Schon ein Überschreiten der Grenze von 10% mittelbar Gewählter ist problematisch.

(b) Allgemeine Bedingungen für die Zulässigkeit mittelbarer Wahlen. Gehören der Vollversammlung bei einer mittelbaren Wahl bereits Personen an, die ihrerseits mittelbar gewählt wurden, besteht die Gefahr, dass zwischen die Kammerzugehörigen als den eigentlichen Wählern und das zu wählende Mitglied ein weiteres vermittelndes Element tritt. In diesem Fall läge also eine zumindest partiell mehrfach mittelbare Wahl vor. Da dies die unmittelbare Wahl als zentralen Selbstverwaltungsakt der Kammermitglieder noch weiter auszuhöhlen drohte, ist die aktive Wahlberechtigung bei der mittelbaren Wahl daher auf Mitglieder der Vollversammlung zu beschränken, die ihrerseits unmittelbar gewählt sind.

Zu beachten ist ferner, dass eine mittelbare Wahl nur in Betracht kommt, wenn die Wahlordnung bereits zum Zeitpunkt der Wahl der unmittelbaren Mitglieder der Vollversammlung die Möglichkeit der mittelbaren Wahl vorgesehen hat. Nur dann wird die Einschränkung des Selbstverwaltungsprinzips durch die mittelbare Wahl dadurch relativiert, dass den unmittelbar gewählten Mitgliedern der Vollversammlung erkennbar von Anfang an das Mandat zugewiesen wurde, unter den näher bestimmten Voraussetzungen eine begrenzte Anzahl von Personen mittelbar in die Vollversammlung zuzuwählen. Es wäre daher unzulässig, noch in derselben Amtsperiode, in der die Möglichkeit der mittelbaren Wahl in die Wahlordnung aufgenommen wurde, bereits erste mittelbare Wahlen durchzuführen[220].

Eine zulässige mittelbare Wahl setzt schließlich auch voraus, dass das gesamte Wahlverfahren so ausgestaltet ist, dass das Selbstverwaltungsprinzip, das in § 5 IHKG seine zentrale Ausformung erfahren hat, nicht weiter eingeschränkt wird. Dies bedeutet z.B., dass das Vorschlagsrecht für mittelbar zu wählende Personen der Vollversammlung insgesamt zustehen muss. Eine Beschränkung auf einen bestimmten Personenkreis, z.B. das Präsidium der Vollversammlung[221], wird dem nicht gerecht[222].

(6) Wahl und Stellung sog. Ehrenmitglieder. Manche IHK-Satzungen sehen vor, dass neben den eigentlichen Mitgliedern der Vollversammlung auch sog. Ehrenmitglieder in die Vollversammlung gewählt werden können[223]. Dahinter steht der Ge-

---

unmittelbar gewählten Mitgliedern), § 1 Abs. 2 S. 1 WahlO IHK Hanau-Gelnhausen-Schlüchtern: bis zu fünf Mitglieder (bei 38 unmittelbar gewählten Mitgliedern).
[219] *Rickert*, in: Frentzel etc., IHKG, 7. Aufl., 2009, § 5 Rn. 38.
[220] *Rickert*, in: Frentzel etc., IHKG, 7. Aufl., 2009, § 5 Rn. 42.
[221] So etwa § 1 Abs. 2 S. 2 WahlO IHK Hanau-Gelnhausen-Schlüchtern: „Die Bewerber für die mittelbare Wahl werden vom Präsidium vorgeschlagen."
[222] *Rickert*, in: Frentzel etc., IHKG, 7. Aufl., 2009, § 5 Rn. 43.
[223] Vgl. etwa § 7 Abs. 1 S. 1 Satzung IHK für München und Oberbayern, § 3 Abs. 3 S. 1 IHK Köln, § 2 Abs. 1 S. 3 Satzung IHK Kassel (mit der besonderen Möglichkeit in § 2 Abs. 1 S. 4, die Präsidenten/Vizepräsidenten der Gesamthochschule/Universität Kassel sowie der Philipps-Uni-

danke, besonders verdiente Persönlichkeiten in die Vollversammlung aufnehmen zu können, die nicht oder nicht mehr die Voraussetzungen der Wählbarkeit gem. § 5 Abs. 2 IHKG erfüllen, etwa weil sie aus Altersgründen aus dem aktiven Wirtschaftsleben ausgeschieden sind. Die Wahl von Ehrenmitgliedern wird als mittelbare Wahl von den Mitgliedern der Vollversammlung vorgenommen. Ehrenmitglieder können mit beratender Stimme an den Sitzungen der Vollversammlung teilnehmen. Sie besitzen dort allerdings kein Stimmrecht[224].

bb) Beendigung der Mitgliedschaft in der Vollversammlung

aaa) Ausscheiden aus der Vollversammlung

Das IHKG enthält selbst keine Regelung, unter welchen Voraussetzungen ein Mitglied aus der Vollversammlung ausscheidet. Entsprechende Regelungen können in der Wahlordnung getroffen werden[225]. Es folgt – auch ohne ausdrückliche Regelung in der Wahlordnung – aus der Natur der Sache, dass ein Mitglied mit Ablauf der Amtszeit und vorzeitig im Todesfalle sowie bei Niederlegung des Amtes aus der Vollversammlung ausscheidet. In der Wahlordnung kann auch geregelt werden, dass die Mitgliedschaft endet, wenn die Voraussetzungen der Wählbarkeit insbesondere aus § 5 Abs. 2 IHKG zum Zeitpunkt der Wahl nicht vorlagen oder aber später entfallen sind. Obwohl es prinzipiell möglich ist, unter diesen Voraussetzungen ein automatisches Ausscheiden aus der Vollversammlung anzuordnen[226], ist es im Interesse der Rechtsklarheit sinnvoll, das Ausscheiden von einem förmlichen Beschluss der Vollversammlung abhängig zu machen[227].

bbb) Die Wiederbesetzung vorzeitig ausgeschiedener Sitze

Scheidet ein Mitglied der Vollversammlung – z.B. wegen Niederlegung des Amtes – vorzeitig aus, fragt sich, wie der verwaiste Sitz wiederzubesetzen ist. Da die Kammern in der Praxis ein Personenwahlsystem anwenden, rückt derjenige Bewerber derselben Bewerberliste in die Vollversammlung nach, der von den bislang nicht berücksichtigten Bewerbern bei der Wahl die meisten Stimmen erhalten hat. Es muss sich also um einen Bewerber der Wahlgruppe – und ggf. des Wahlbezirks – des ausgeschiedenen Vollversammlungsmitglieds handeln. Haben zwei Bewerber dieselbe Stimmenanzahl erhalten, sehen die Wahlordnungen regelmäßig einen Losentscheid vor, was nicht zu beanstanden ist.

---

versität Marburg als außerordentliche nicht stimmberechtigte Mitglieder der Vollversammlung zu berufen).

[224] Vgl. etwa § 7 Abs. 1 S. 2 Satzung IHK für München und Oberbayern.
[225] § 5 Abs. 3 S. 1 IHKG ordnet ausdrücklich an, dass die Wahlordnung das Nähere über die vorzeitige Beendigung der Mitgliedschaft zur Vollversammlung regelt.
[226] So etwa § 6 Abs. 2 S. 2 WahlO IHK Bochum; § 6 Abs. 2 WahlO IHK Frankfurt a. M.
[227] So etwa § 6 Abs. 2 S. 2 WahlO IHK Köln; § 6 Abs. 2 S. 2 WahlO IHK Ostbrandenburg; § 6 Abs. 2 S. 2 WahlO IHK Wuppertal-Solingen-Remscheid; § 7 Abs. 2 S. 2 WahlO HK Hamburg.

Ist indes kein Bewerber derselben Wahlgruppe und desselben Wahlbezirks mehr vorhanden, kommt entweder eine Wahl der Ersatzperson durch die Kammerzugehörigen oder aber eine mittelbare Wahl durch die übrigen Mitglieder der Vollversammlung in Betracht. Nach dem früheren preußischen Turnuswahlsystem konnte diese „Nachwahl" praktischerweise im Rahmen der nächsten Wahl erfolgen, bei der ein Teil der Mitglieder der Vollversammlung neu gewählt wurde. Da die Kammern heute allerdings vom Turnuswahlsystem Abstand genommen haben und alle Mitglieder für die gesamte Wahlperiode auf einmal wählen, würde eine spezielle Nachwahl einen unverhältnismäßigen Aufwand bedeuten. Die Kammern sind daher – wie ausgeführt – dazu übergegangen, Ersatzleute mittelbar durch die Mitglieder der Vollversammlung wählen zu lassen[228]. Dies schränkt zwar – wie ausgeführt – das Selbstverwaltungsrecht der Kammerzugehörigen ein, da diese das entsprechende Mitglied nicht unmittelbar bestimmen. Da die wählenden Vollversammlungsmitglieder ihrerseits – im Regelfall ganz überwiegend – unmittelbar durch die Kammerzugehörigen gewählt wurden, sind die neuen Mitglieder der Vollversammlung indes zumindest mittelbar im Sinne der Selbstverwaltung legitimiert. Eine entsprechende mittelbare Wahl von Mitgliedern der Vollversammlung ist daher gerechtfertigt, soweit die Zahl der mittelbar besetzten Mitglieder der Vollversammlung strikt begrenzt ist und nur unmittelbar Gewählte an der Wahl teilnehmen. Natürlich muss auch die mittelbar gewählte Ersatzperson der Wahlgruppe (und ggf. dem Wahlbezirk) des ausgeschiedenen Mitglieds der Vollversammlung angehören, da nur so die Kammerversammlung weiterhin die Aufteilung der Wirtschaft des Kammerbezirks abbildet[229].

cc) Die Mitgliedschaft in der Vollversammlung als aktive, ehrenamtliche Selbstverwaltung

Oben wurde herausgearbeitet, dass das Wesen der Selbstverwaltung in der Verwaltung der eigenen Angelegenheiten durch den betroffenen Personenkreis besteht. Der Schwerpunkt des partizipativen Elements der Selbstverwaltung liegt allerdings spätestens seit dem späten 19. Jh. nicht mehr auf der aktiv-tätigen Partizipation, sondern auf der repräsentativ-demokratischen Partizipation, die durch den Wahlakt zur Vollversammlung der IHK vermittelt wird. Doch auch heute beschränkt sich die Selbstverwaltung nicht auf den Wahlakt. Vielmehr besteht nach wie vor auch die Möglichkeit zu aktiver Partizipation, insbesondere in Form der Mitgliedschaft in der Vollversammlung der IHK. Eine Pflicht, eine angetragene Mitgliedschaft in der Vollversammlung auszuüben, besteht indes nicht[230]. Dies folgt bereits daraus, dass das IHKG – anders als etwa § 102 HwO im Recht der Handwerkskammern – keine solche Pflicht normiert, hierfür aber vor dem Hintergrund der mit der Mitgliedschaft verbundenen Belastungen im Lichte des Vorbehalts des Gesetzes

---

[228] *Rickert*, in: Frentzel etc., IHKG, 7. Aufl., 2009, § 5 Rn. 36.
[229] *Rickert*, in: Frentzel etc., IHKG, 7. Aufl., 2009, § 5 Rn. 36.
[230] *Rickert*, in: Frentzel etc., IHKG, 7. Aufl., 2009, § 5 Rn. 92.

eine formalgesetzliche Grundlage erforderlich wäre. Auch sonst schweigt sich das konzise IHKG – anders als etwa die preußischen Handelskammergesetze – über die Rechtsstellung der Mitglieder der Vollversammlung weitgehend aus. Die im Folgenden angesprochenen Eckpunkte der Rechtsstellung der Vollversammlungsmitglieder ergeben sich daher z.T. aus der analogen Anwendung anderer Gesetze, z.T. sind sie in den Satzungen der IHK geregelt.

aaa) Umfassende Mitwirkungsrechte

Die Mitglieder der Vollversammlung leiten ihre Rechtsstellung nicht allein von derjenigen der Vollversammlung als einzigem unmittelbar demokratisch legitimiertem Organ der Kammer ab. Ihnen stehen vielmehr aufgrund ihres durch Wahlakt demokratisch erteilten Mandats eigene organschaftliche Rechte zu[231]. Im Rahmen der durch § 5 Abs. 3 S. 2 IHKG gruppenplural geprägten Repräsentation in der Vollversammlung nimmt jedes ihrer Mitglieder eine eigene Repräsentationsaufgabe wahr[232]. Insgesamt stehen den Vollversammlungsmitgliedern bei Beratung und Entscheidung der in die Zuständigkeit der Vollversammlung fallenden Angelegenheiten daher umfassende Mitwirkungsrechte zu[233]. Diese umfassen bspw. Rechte auf Teilnahme an und Rede in der Versammlung, auf Antrag und Abstimmung sowie auf ausreichende Information[234].

bbb) Kein Anspruch auf Vergütung oder Aufwandsentschädigung

Bei der Mitgliedschaft in der Vollversammlung der IHK und ihren Ausschüssen handelt es sich um eine ehrenamtliche Tätigkeit, für die kein Vergütungsanspruch gegen die Kammer besteht[235]. Es besteht auch kein Anspruch auf Aufwandsentschädigung in Form eines Sitzungsgelds oder auf Ausgleich des Verdienstausfalls[236]. Im Anschluss an die frühere gesetzliche Regelung im Preußischen Handelskammergesetz[237] enthalten die Satzungen lediglich Regelungen darüber, inwiefern Auslagen erstattet werden, die Mitgliedern der Vollversammlung bei der Erledigung einzelner Aufträge für die Kammer entstehen[238].

---

[231] BVerwGE 120, 255 (258 f.) = GewArch 2004, 331 (331 f.).
[232] BVerwGE 120, 255 (259) = GewArch 2004, 331 (332).
[233] *Tettinger*, Kammerrecht, 1997, S. 114.
[234] BVerwGE 120, 255 (259) = GewArch 2004, 331 (332); instruktiv zu den an diese Rechte anknüpfenden Organstreitigkeiten: *Schöbener*, Innenrechtsstreitigkeiten, in: JbKBR 2007, S. 63 (76 ff.).
[235] So bereits die Regelung in § 21 S. 1 Preuß. HandelskammerG-1870.
[236] Eine Ausnahme bildet hier lediglich die Mitgliedschaft im Berufsbildungsausschuss, der nach den Vorschriften des Berufsbildungsgesetzes (BBiG) gebildet wird. Gem. § 77 Abs. 3 S. 2 BBiG-2005 ist für bare Auslagen und für Zeitversäumnis, soweit eine Entschädigung nicht von anderer Seite gewährt wird, eine angemessene Entschädigung zu zahlen, deren Höhe von der zuständigen Stelle mit Genehmigung der obersten Landesbehörde festgesetzt wird.
[237] Vgl. etwa § 21 S. 2 Preuß. HandelskammerG-1870.
[238] So etwa gem. § 2 Abs. 4 S. 2 Satzung IHK Kassel.

ccc) Kein Stimmrecht bei Interessenkollision

Im Fall einer Interessenkollision dürfen Mitglieder der Vollversammlung (oder des Präsidiums) an Abstimmungen nicht teilnehmen. Eine Interessenkollision liegt vor, wenn der Beschluss das Mitglied, sein Unternehmen oder einen seiner Angehörigen unmittelbar betrifft. Der Ausschluss vom Stimmrecht bei Interessenkollision ist zwar wiederum nicht im IHKG geregelt, ergibt sich aber als allgemeiner Rechtsgrundsatz des öffentlichen Rechts aus einer analogen Anwendung von Vorschriften wie z. B. § 20 VwVfG, die den Fall der Interessenkollision regeln[239]. Keine Interessenkollision liegt bei Wahlen und Beschlüssen vor, die, wie z.B. der Beschluss über die Beitragsordnung, alle Kammerzugehörigen (und dabei auch die Mitglieder der Vollversammlung) betreffen.

ddd) Verschwiegenheitspflicht

Die Satzungen der IHK verpflichten die Mitglieder der Vollversammlung häufig ausdrücklich dazu, Stillschweigen über alle Mitteilungen, Tatsachen und Verhandlungen zu bewahren, die ihrer Natur nach vertraulich sind oder ausdrücklich als vertraulich bezeichnet werden[240]. Strafrechtliche Konsequenzen sind an die Nichtbeachtung der Verschwiegenheitspflicht indes nicht geknüpft. Spezielle Tatbestände enthält weder das IHKG noch ein anderes Gesetz. Die allgemeinen Straftatbestände (§§ 133 Abs. 3, 201 Abs. 3, 203 Abs. 2, 4, 5, 204, 331 Abs. 1, 332 Abs. 1 und 353b StGB) sind tatbestandlich nicht einschlägig, da die Mitglieder der Vollversammlung weder Amtsträger i. S. v. § 11 Abs. 1 Nr. 2 StGB noch für den öffentlichen Dienst besonders Verpflichtete gem. § 11 Nr. 4 StGB sind[241]. Für die Einordnung als Amtsträger käme nur der Tatbestand des § 11 Abs. 1 Nr. 2 lit. c StGB in Betracht, wonach Amtsträger ist, wer nach deutschem Recht sonst dazu bestellt ist, bei einer Behörde oder bei einer sonstigen Stelle oder in deren Auftrag Aufgaben der öffentlichen Verwaltung unbeschadet der zur Aufgabenerfüllung gewählten Organisationsform wahrzunehmen. Auch diese Variante ist indes nicht einschlägig, da Vollversammlungsmitglieder als Mitglieder des zentralen Beschlussorgans der IHK körperschaftsinterne Aufgaben erfüllen und daher nicht gegenüber Dritten als Träger öffentlicher Verwaltung auftreten. Führt die Verletzung der Schweigepflicht zu einem materiellen Schaden, ist allerdings die Möglichkeit eines Schadensersatzanspruchs nicht ausgeschlossen.

---

[239] *Rickert*, in: Frentzel etc., IHKG, 7. Aufl., 2009, § 5 Rn. 95; gegen eine Heranziehung (landesrechtlicher) kommunalrechtlicher Vorschriften zur Auslegung des (bundesrechtlichen) IHKG hingegen BVerwGE 120, 255 (261 f.).
[240] Vgl. etwa § 2 Abs. 4 S. 3 Satzung IHK Kassel, § 2 Abs. 2 S. 2 Satzung IHK Köln, § 4 Abs. 6 Satzung IHK Siegen; § 2 Abs. 2 S. 3 Satzung IHK Siegen a. F. sah bis vor kurzem vor, dass eine Nichtbeachtung dieser Verpflichtung als Verstoß gegen die kaufmännische Ehre angesehen werden konnte.
[241] *Rickert*, in: Frentzel etc., IHKG, 7. Aufl., 2009, § 5 Rn. 94.

dd) Aufgaben der Vollversammlung

aaa) Allzuständigkeit der Vollversammlung im Rahmen der gesetzlichen Regelungen

Die Vollversammlung ist das oberste Organ der IHK und das einzige Organ, das sich aus unmittelbar von den wahlberechtigten Kammerzugehörigen gewählten Repräsentanten derselben zusammensetzt. Wie oben herausgearbeitet wurde, liegt der Schwerpunkt materialer Selbstverwaltung in den IHK im Wahlakt der Kammerzugehörigen zur Vollversammlung. Dies bedeutet aber, dass der tatsächliche Selbstverwaltungsgehalt des aktuellen Kammerrechts maßgeblich davon abhängt, wie viele (Quantität) und vor allem welche (Qualität) Aufgaben der unmittelbar von den Kammerzugehörigen als eigentlichen Trägern der Selbstverwaltung gewählten Vollversammlung zukommen.

In Anerkennung dieser besonderen Rolle der Vollversammlung als genuinem Repräsentations- und damit Selbstverwaltungsorgan ordnet § 4 S. 1 IHKG grundlegend an, dass es der Vollversammlung obliegt, über die Angelegenheiten der IHK zu beschließen, soweit die Satzung nicht etwas anderes bestimmt. Daraus folgt eine prinzipielle Allzuständigkeit der Vollversammlung als oberstem Kammerorgan: Die Vollversammlung ist prinzipiell für alle Angelegenheiten der Kammer zuständig, die nicht durch Gesetz oder Satzung anderen Kammerorganen zugewiesen sind. Im Rahmen der gesetzlichen Regelungen besitzt die Vollversammlung letztlich eine eingeschränkte Kompetenz-Kompetenz, da sie durch Regelung in der Satzung festlegen kann, ob sie selber oder andere Kammerorgane wie z.B. das Präsidium oder der Präsident über bestimmte Gegenstände beschließen[242]. Da die Vollversammlung selbst unentäußerbar über die Satzung zu beschließen hat, ist eine Aushöhlung ihrer Kompetenzen durch Delegation gegen ihren Willen ausgeschlossen[243]. Zudem unterliegen gem. § 4 S. 2 IHKG bestimmte Aufgaben der ausschließlichen Beschlussfassung durch die Vollversammlung. Ausschließliche Beschlussfassung bedeutet, dass die Beschlussfassung in den betreffenden Bereichen auch mit Einverständnis der Vollversammlung nicht auf andere Organe der Kammer delegiert werden kann. Die Vollversammlung muss über diese Fragen beschließen.

Inhaltlich zählt zu diesen Vorbehaltsaufgaben vor allem der Beschluss über die grundlegenden Satzungen der IHK. Neben der schon erwähnten, auch im IHKG als Satzung bezeichneten Satzung im engeren Sinn sind dies die Wahlordnung, die Beitragsordnung, die Sonderbeitragsordnung, die Gebührenordnung und das Finanzstatut[244]. Insbesondere in der Satzung, der Wahl- und der Beitragsordnung sowie dem Finanzstatut werden im Rahmen der oft nur spärlichen gesetzlichen Vorgaben fundamentale Regelungen über das Recht der jeweiligen IHK als Körperschaft des öffentlichen Rechts getroffen. Es ist daher eine wesentliche Ausprä-

---

[242] *Rickert*, in: Frentzel etc., IHKG, 7. Aufl., 2009, § 4 Rn. 1.
[243] § 4 S. 2 Nr. 1 IHKG.
[244] § 4 S. 2 Nr. 1, 2, 8 IHKG.

II. 2. c) dd) Aufgaben der Vollversammlung

gung der demokratischen Selbstverwaltung in den IHK, dass über diese Regeln das einzige unmittelbar demokratisch durch die Kammerzugehörigen legitimierte Organ beschließt. Zu den Vorbehaltsaufgaben der Vollversammlung gehören weiter die Beschlussfassung über die Feststellung des Wirtschaftsplans[245], die Festsetzung des Maßstabs für die Beiträge und Sonderbeiträge[246], die Erteilung der Entlastung[247], die Übertragung von Aufgaben an andere IHK, die Übernahme dieser Aufgaben, die Bildung öffentlich-rechtlicher Zusammenschlüsse i. S. v. § 10 IHKG und die Beteiligung hieran, die Beteiligung an Einrichtung nach § 1 Abs. 3b IHKG[248] und schließlich die Art und Weise der öffentlichen Bekanntmachung[249]. Gem. § 11 Abs. 2 IHKG bedürfen Beschlüsse der Vollversammlung über das Finanzstatut, die Satzung, die Wahl-, Beitrags-, Sonderbeitrags- und Gebührenordnungen, die Übertragung von Aufgaben an eine andere Industrie- und Handelskammer und die Übernahme dieser Aufgaben, die Bildung öffentlich-rechtlicher Zusammenschlüsse oder die Beteiligung an solchen gem. § 10 IHKG sowie über einen 0,8 vom Hundert der Bemessungsgrundlagen nach § 3 Abs. 3 Satz 6 IHKG übersteigenden Umlagesatz dabei der Genehmigung durch die Aufsichtsbehörde.

Schließlich finden sich in anderen Paragraphen des IHKG weitere wichtige Aufgaben der Vollversammlung wie insbesondere die Wahl des Präsidenten und der weiteren Mitglieder des Präsidiums[250] sowie die Bestellung des Hauptgeschäftsführers[251]. Die wichtigsten Aufgaben der Vollversammlung sollen im Hinblick auf die Verwirklichung des Selbstverwaltungsprinzips im Folgenden näher erläutert werden.

bbb) Wichtige Aufgaben der Vollversammlung

(1) Beschlussfassung über die Satzung, Inhalt der Satzung. Die Vollversammlung beschließt gem. § 4 S. 2 Nr. 1 IHKG über die Satzung. Diese regelt als wichtigstes Kammerstatut ähnlich wie die Hauptsatzung der Gemeinden im Rahmen der gesetzlichen Vorgaben die grundlegenden Fragen der Kammerverfassung. Um alle wesentlichen Fragen in der Satzung als Quasi-Konstitution der jeweiligen IHK anzusprechen, werden oft auch deklaratorisch gesetzliche Vorgaben wiedergeben.

Einleitend legt die Satzung grundlegende Aspekte wie den Namen der IHK, den Kammerbezirk und den Ort des Kammersitzes fest[252]. Im Anschluss werden oft unter Verwendung der Formulierungen aus § 1 IHKG deklaratorisch die Aufgaben

---

[245] § 4 S. 2 Nr. 3 IHKG.
[246] § 4 S. 2 Nr. 4 IHKG.
[247] § 4 S. 2 Nr. 5 IHKG.
[248] § 4 S. 2 Nr. 6 IHKG.
[249] § 4 S. 2 Nr. 7 IHKG.
[250] § 6 Abs. 1 IHKG.
[251] § 7 Abs. 1 IHKG.
[252] Häufig sind diese Punkte bereits durch formelles Landesgesetz oder Verordnung geregelt, wobei sich in den Satzungen dann oft entsprechende deklaratorische Wiedergaben der gesetzlichen Festlegungen finden.

der IHK wiedergegeben[253]. Der Großteil der Regelungen der Satzung betrifft sodann die Organe der Kammer: Für die Vollversammlung wird grundlegend die Zahl der in unmittelbarer und mittelbarer Wahl wählbaren Mitglieder festgelegt[254]. Z.T. wird die Stellung der Mitglieder der Vollversammlung näher bestimmt, z.B. dahingehend, dass diese ihr Amt ehrenamtlich ausüben und dass sie Vertreter aller Kammerzugehörigen und an Aufträge und Weisungen nicht gebunden sind[255]. Regelungen über die Aufgaben (Zuständigkeiten) der Vollversammlung geben meist deklaratorisch die gesetzlichen Vorbehaltsaufgaben wieder, treffen aber auch konstitutive Feststellungen dazu, welche weiteren Aufgaben der Vollversammlung vorbehalten bleiben sollen. Damit wird – von IHK zu IHK unterschiedlich – maßgeblich die Kompetenzabgrenzung der Vollversammlung zu den sonstigen Kammerorganen vorgenommen. Umfangreich sind meist die Regelungen über die Sitzungen der Vollversammlung. Hier wird nicht nur festgelegt, wie oft die Vollversammlung jährlich mindestens einzuberufen ist, sondern z.B. auch, wie die Einladung zu ergehen hat, wie die Tagesordnung zu erstellen ist, wie die Sitzung abläuft, wann die Vollversammlung beschlussfähig ist und mit welcher Mehrheit Beschlüsse der Vollversammlung gefasst werden. Regelmäßig ist auch geregelt, dass die Vollversammlung Ausschüsse bilden kann und wer in diese berufen werden kann[256].

Im Hinblick auf das Präsidium wird grundlegend geregelt, wie viele Personen diesem angehören und wie sie gewählt werden. Auch die Aufgaben des Präsidiums und die Sitzungen desselben sind häufig Gegenstand von Vorschriften[257]. Weitere Satzungsregelungen betreffen regelmäßig die Geschäftsführung und die Vertretung der Kammer. Schließlich wird das Geschäftsjahr (in der Regel das Kalenderjahr) der Kammer festgelegt und wird geregelt, wie der von der Vollversammlung zu beschließende Wirtschaftsplan der Kammer vorzubereiten ist[258].

(2) Beschlussfassung über die Wahlordnung. Gem. § 4 S. 2 Nr. 2 1. Var. IHKG unterliegt die Wahlordnung der ausschließlichen Beschlussfassung durch die Vollversammlung. Wie oben im Zusammenhang mit der Wahl zur Vollversammlung im Einzelnen ausgeführt wurde, regelt die Wahlordnung im Rahmen der sich insbesondere aus § 5 IHKG ergebenden gesetzlichen Vorgaben Grundsatzfragen und Details des Wahlverfahrens zur Kammervollversammlung. Die Zahl der durch un-

---

[253] Vgl. etwa § 2 Satzung IHK Chemnitz, § 2 Satzung IHK Dresden, § 2 Abs. 1 Satzung IHK Hannover.
[254] Die Wahlordnung, welche die Wahl als solche regelt, wiederholt regelmäßig diese Festlegung.
[255] Bspw. § 4 Abs. 2 Satzung IHK Dresden, § 5 Satzung IHK Hannover, § 2 Abs. 2 Satzung IHK Nord Westfalen.
[256] Bspw. § 6 Satzung IHK Chemnitz, §§ 10 ff. Satzung IHK Dresden, § 14 Satzung IHK Hannover, § 5 Abs. 1 Satzung IHK Nord Westfalen.
[257] Z.B. §§ 7 ff. Satzung IHK Dresden, §§ 9 f. Satzung IHK Hannover, § 6 Satzung IHK Nord Westfalen.
[258] Etwa § 16 Satzung IHK Dresden, § 16 Satzung IHK Hannover, § 10 Satzung IHK Nord Westfalen.

II. 2. c) dd) Aufgaben der Vollversammlung 443

mittelbare und mittelbare Wahl zu besetzenden Sitze in der Vollversammlung ist – wie ausgeführt – regelmäßig bereits in der Kammersatzung geregelt und wird in der Wahlordnung deklaratorisch wiederholt. Ansonsten finden sich in den Wahlordnungen Regelungen bspw. über die aktive und passive Wahlberechtigung, die Bildung von Wahlgruppen und -bezirken, die Wählerlisten, die Kandidatenlisten und das eigentliche Wahlverfahren. Indem hier das in § 5 IHKG gewährleistete aktive und passive Wahlrecht der IHK-Zugehörigen zur Vollversammlung der IHK als zentrales Selbstverwaltungsrecht konkretisiert und ausgestaltet wird, besitzt die Vorbehaltsaufgabe der Vollversammlung, über die Wahlordnung zu beschließen, eine besondere Nähe zur aktiven Selbstverwaltung in der Kammer.

(3) Beschlussfassung über die Beitragsordnung und die Sonderbeitragsordnung. Gem. § 4 S. 2 Nr. 2 2. Var. IHKG unterliegt die Beitragsordnung der ausschließlichen Beschlussfassung durch die Vollversammlung. Die Beitragspflicht ist als zentrale, grundrechtsrelevante Pflicht der Kammerzugehörigen ausführlich in § 3 Abs. 2 ff. IHKG geregelt. Der Großteil der Vorschriften der Beitragsordnungen wiederholt daher regelmäßig deklaratorisch die gesetzlichen Vorgaben zur subjektiven Beitragspflicht, zu den Sonderregelungen (Ausnahmen etc.) hierzu, zu den verschiedenen Beitragsformen (Grundbeitrag und Umlage), zur Bemessungsgrundlage sowie zur Berechnung der Beiträge und konkretisiert ggf. diese gesetzlichen Vorgaben. Gestalterische Spielräume bleiben der Vollversammlung insbesondere bei der durch § 3 Abs. 3 S. 2 IHKG eröffneten Möglichkeit der Grundbeitragsstaffelung und der in § 3 Abs. 3 S. 9 und 10 IHKG genannten Möglichkeit der Einräumung eines ermäßigten Grundbeitrags für bestimmte Komplementär- und hundertprozentige Tochtergesellschaften. Auf die Einzelheiten zur Beitragspflicht und ihrer Ausgestaltung in der Beitragsordnung wird unten im Abschnitt über die Beitragspflicht der Kammerzugehörigen eingegangen[259]. Da das IHKG keine Vorgaben für das Verfahren der Beitragserhebung enthält, ist dessen Regelung in der Beitragsordnung bedeutsam. Die Kammern sind bei der Ausgestaltung des Beitragserhebungsverfahrens allerdings an die Vorgaben insbesondere des Verwaltungsverfahrensgesetzes ihres Landes gebunden, so dass hier letztlich nur geringe Gestaltungsspielräume bestehen[260].

Gem. § 4 S. 2 Nr. 2 3. Var. IHKG unterliegt auch die Sonderbeitragsordnung der ausschließlichen Beschlussfassung durch die Vollversammlung. Nach § 3 Abs. 5 S. 1 IHKG kann die IHK für die Kosten, welche mit der Begründung, Unterhaltung oder Unterstützung von Anlagen und Einrichtungen (§ 1 Abs. 2 IHKG) verbunden sind, Sonderbeiträge von den Kammerzugehörigen derjenigen Gewerbezweige erheben, welchen derartige Anlagen und Einrichtungen ausschließlich oder in besonderem Maße zugute kommen. Für die Erhebung eines Sonderbeitrags gem. § 3 Abs. 5 IHKG ist gem. § 3 Abs. 7 S. 1 1. Alt. IHKG eine Sonderbeitragsordnung er-

---

[259] Siehe unten S. 457 ff.
[260] *Jahn*, in: Frentzel etc., IHKG, 7. Aufl., 2009, § 3 Rn. 110.

forderlich, die von der Vollversammlung zu beschließen ist. Verfahrensrechtlich ist dabei zu beachten, dass den Beteiligten vor der Begründung zumindest teilweise durch Sonderbeiträge zu finanzierender Anlagen und Einrichtungen gem. § 3 Abs. 5 S. 2 IHKG Gelegenheit zur Äußerung zu geben ist. In der Sonderbeitragsordnung ist die entsprechende Anlage oder Einrichtung zu bezeichnen und der Kreis der zum Sonderbeitrag herangezogenen Kammerzugehörigen zu definieren. Mangels Vorgaben im IHKG sind die Kriterien für die Aufteilung des Sonderbeitrages in der Sonderbeitragsordnung zu regeln. Details zur Sonderbeitragsordnung werden ebenfalls unten im Abschnitt über das Beitragsrecht behandelt[261].

(4) Beschlussfassung über die Gebührenordnung. Gem. § 4 S. 2 Nr. 2 4. Var. IHKG unterliegt die Gebührenordnung der ausschließlichen Beschlussfassung durch die Vollversammlung. Die IHK kann gem. § 3 Abs. 6 IHKG für die Inanspruchnahme besonderer Anlagen und Einrichtungen (§ 1 Abs. 2 IHKG) oder Tätigkeiten Gebühren erheben und den Ersatz von Auslagen verlangen. Gebühren knüpfen also anders als Beiträge nicht an die Mitgliedschaft in der IHK an. Sie sind die Gegenleistung für konkretisierbare Leistungen der IHK, welche u. U. auch von Nichtmitgliedern in Anspruch genommen werden können. Gebühren sind dabei integraler Bestandteil der Finanzierung der IHK. Dies folgt bereits aus § 3 Abs. 2 S. 1 IHKG, nach dem die Kosten der Errichtung und Tätigkeit der IHK durch Beiträge der Kammerzugehörigen aufgebracht werden, soweit sie nicht anderweitig gedeckt sind. Für Leistungen i. S. d. § 3 Abs. 6 IHKG müssen daher regelmäßig Gebühren erhoben werden[262]. Gebühren und Auslagen werden gem. § 3 Abs. 7 S. 1 2. Alt. IHKG aufgrund einer Gebührenordnung erhoben, die von der Vollversammlung zu beschließen ist und der Genehmigung durch die Aufsichtsbehörde bedarf[263].

(5) Beschlussfassung über die Feststellung des Wirtschaftsplans und die Beitragsmaßstäbe. Gem. § 4 S. 2 Nr. 3 IHKG unterliegt die Feststellung des Wirtschaftsplans der ausschließlichen Beschlussfassung durch die Vollversammlung. Im Wirtschaftsplan, der mit der Einführung der Doppik zum 1. Januar 2008 den früheren Haushaltsplan ersetzte, werden alljährlich Erträge und Aufwendungen der IHK veranschlagt[264]. Vorgaben für die Aufstellung und formelle Gestaltung des Wirtschaftsplans ergeben sich nicht aus dem IHKG, sondern primär aus dem Finanzstatut, das die frühere Haushalts-, Kassen- und Rechnungslegungsordnung (HKRO) ersetzt hat und zu dem auch ein Muster-Wirtschaftsplan nebst Anlagen gehört[265].

---

[261] Siehe unten S. 473 f.
[262] Vgl. auch *Jahn*, in: Frentzel etc., IHKG, 7. Aufl., 2009, § 3 Rn. 129.
[263] §§ 4 S. 2 Nr. 2, 11 Abs. 2 IHKG.
[264] In der Praxis sind die Kammern zu einer kalenderjährlichen Veranschlagung übergegangen; zum Übergang vom alten Haushaltsrecht zur Doppik vgl. auch *Gröpl*, Verwaltungsdoppik und Kameralistik, in: JbKBR 2005, S. 80 (88 ff.); *Rieger*, Besonderheiten des Haushaltsrechts, in: JbKBR 2005, S. 112 (123 ff.).
[265] Die HKRO der einzelnen IHK basierten im Wesentlichen auf der Muster-HKRO, die der DIHT ausgearbeitet hatte und die durch einen Muster-Haushaltsplan und Muster-Verwaltungs-

Der Wirtschaftsplan, der gem. § 3 Abs. 2 S. 2 IHKG jährlich nach den Grundsätzen einer sparsamen und wirtschaftlichen Finanzgebarung unter pfleglicher Behandlung der Leistungsfähigkeit der Kammerzugehörigen aufzustellen und auszuführen ist, enthält u.a. die Planung der Gewinn- und Verlustrechnung und den Finanzplan der Kammer[266]. Zum Wirtschaftsplan gehört auch die jährlich von der Vollversammlung gemeinsam mit ihm zu verabschiedende Wirtschaftssatzung, die in Nachfolge der früheren Haushaltssatzung zum sonstigen Satzungsrecht der Kammer zählt und die Beitragspflicht der Kammerzugehörigen konkretisiert[267]. In ihr werden vor allem die Maßstäbe für die Beiträge und ggf. die Sonderbeiträge als weitere Vorbehaltsaufgabe der Vollversammlung festgelegt[268]. Wirtschaftssatzung und Wirtschaftsplan sind insofern miteinander verwoben, als die Festlegung der Beitragsmaßstäbe in der Wirtschaftssatzung maßgeblichen Einfluss auf die Ertragsseite des Wirtschaftsplans hat. Vice versa hängt die konkrete Ausgestaltung der Wirtschaftssatzung davon ab, welche Ausgaben im kommenden Jahr zu decken sind. In der Wirtschaftssatzung sind daher einleitend die Endsummen des Wirtschaftsplans für Erträge und Aufwendungen anzuführen[269]. Gewisse Vorgaben für die Wirtschaftssatzung können sich aus der Beitragsordnung ergeben. Diese gibt zwar primär allgemein anerkannte Grundsätze des Verwaltungs- und Abgabenrechts über die Beitragserhebung wieder, füllt aber andererseits auch die geringen Spielräume aus, welche die detaillierten gesetzlichen Vorgaben zum Beitrag in § 3 IHKG lassen[270]. Dies betrifft z.B. die Festlegung der Höhe und ggf. der Kriterien einer Staffelung der Grundbeiträge[271] und Regelungen über einen ermäßigten Grundbeitrag für Komplementär- und Tochtergesellschaften[272]. Anders als bei dem Wirtschaftsplan, der reines Binnenrecht darstellt, handelt es sich bei der Wirtschaftssatzung, die grundlegende Festlegungen zum Bestehen und zur Höhe der Beiträge der Kammerzugehörigen trifft, um eine Rechtsnorm mit Außenwirkung.

Die Verabschiedung des Wirtschaftsplans und der Wirtschaftssatzung gehört zu den zentralen Selbstverwaltungsaufgaben der Vollversammlung, da einerseits die gesamte Kammerarbeit und damit die Erfüllung der Selbstverwaltungsaufgaben von einem entsprechenden Finanzierungsrahmen abhängt und andererseits mit der näheren Ausgestaltung des Beitrags die zentrale Pflicht der Kammerzugehörigen zur Entrichtung des Kammerbeitrags aus § 3 IHKG konkretisiert wird.

(6) Beschlussfassung über sonstiges Satzungsrecht. (a) Sonstiges Satzungsrecht. Außer durch die besonders wichtigen Satzungen, die gem. § 4 S. 2 IHKG in den Be-

---

vorschriften ergänzt wurde; zum früheren Haushaltsrecht der IHK: *Kauczor*, Haushaltsrecht der Industrie- und Handelskammern, 1985.
[266] Dazu im Einzelnen: *Jahn*, in: Frentzel etc., IHKG, 7. Aufl., 2009, § 3 Rn. 23 ff.
[267] *Jahn*, in: Frentzel etc., IHKG, 7. Aufl., 2009, § 3 Rn. 34 ff.
[268] § 4 S. 2 Nr. 4 IHKG.
[269] *Jahn*, in: Frentzel etc., IHKG, 7. Aufl., 2009, § 3 Rn. 34.
[270] *Jahn*, in: Frentzel etc., IHKG, 7. Aufl., 2009, § 3 Rn. 110 ff.
[271] § 3 Abs. 2 IHKG.
[272] § 3 Abs. 3 S. 9 und 10 IHKG.

reich der Vorbehaltsaufgaben der Vollversammlung fallen, kann die IHK die Angelegenheiten ihres eigenen und ihres übertragenen Wirkungskreises noch durch eine Reihe weiterer Satzungen regeln. Beispiele sind Prüfungsordnungen in der Berufsausbildung und der Fortbildung, Sachverständigenordnungen, das Statut für die Ausstellung von Ursprungszeugnissen und Bescheinigungen oder auch Schlichtungsordnungen für Verbraucherschlichtungsstellen[273]. Der Beschluss über dieses sonstige Satzungsrecht der Kammer obliegt nach § 4 S. 1 IHKG ebenfalls der Vollversammlung als unmittelbar demokratisch legitimiertem Kammerorgan. Anders als bei den Vorbehaltsaufgaben nach § 4 S. 2 IHKG kann die Vollversammlung hier allerdings prinzipiell andere Organe, zu denken ist insbesondere an das Präsidium, zum Erlass der entsprechenden Satzungen ermächtigen[274].

(b) Ausnahmeregelung des § 4 S. 3 IHKG (Zuständigkeit des Berufsbildungsausschusses). Eine gesetzliche Ausnahme von der Allzuständigkeit der Vollversammlung für die Verabschiedung von Rechtsvorschriften enthält § 4 S. 3 IHKG, wonach § 79 BBiG unberührt bleibt[275]. § 79 BBiG betrifft den bei den IHK zu bildenden Berufsbildungsausschuss, der u. a. die von der IHK zu erlassenden Rechtsvorschriften für die Durchführung der Berufsbildung beschließt[276]. Indem § 4 S. 3 IHKG anordnet, dass § 79 BBiG unberührt bleibt, wird klargestellt, dass für den Erlass der in § 79 BBiG in Bezug genommenen Rechtsnormen abweichend von der Grundregel des § 4 S. 1 IHKG der Berufsbildungsausschuss und nicht die Vollversammlung zuständig ist. Gem. § 79 Abs. 5 S. 1 BBiG bedürfen allerdings Beschlüsse, zu deren Durchführung die für die Berufsbildung im laufenden Haushalt vorgesehenen Mittel nicht ausreichen, sowie gem. § 79 Abs. 5 S. 2 BBiG Beschlüsse, zu deren Durchführung in folgenden Haushaltsjahren Mittel bereitgestellt werden müssen, welche die Ausgaben für Berufsbildung des laufenden Haushalts nicht unwesentlich übersteigen, für ihre Wirksamkeit der Zustimmung der für den Haushaltsplan zuständigen Organe[277]. Für derartige Beschlüsse ist daher wiederum die Zustimmung der Vollversammlung als für den Wirschaftsplan, als Nachfolger des Haushaltsplans, zuständiges Organ erforderlich.

(7) Beschlussfassung über die Erteilung der Entlastung. Gem. § 4 S. 2 Nr. 5 IHKG unterliegt die Erteilung der Entlastung der ausschließlichen Beschlussfassung durch die Vollversammlung. Mit der Entlastung von Präsidium und Hauptgeschäftsführer wird festgestellt, ob die Aufstellung und der Vollzug des Wirtschaftsplans den Beschlüssen der Vollversammlung und ob die Wirtschaftsführung den

---

[273] *Rickert*, in: Frentzel etc., IHKG, 7. Aufl., 2009, § 4 Rn. 32.
[274] Unklar: *Frentzel/Jäkel/Junge*, IHKG, 6. Aufl., 1999, § 4 Rn. 2.
[275] Berufsbildungsgesetz vom 23.03.2005 (BGBl. I S. 931), zuletzt geändert durch Art. 15 Abs. 90 des Gesetzes vom 05.02.2009 (BGBl. I S. 160).
[276] § 79 Abs. 4 S. 1 BBiG.
[277] *Leinemann/Taubert*, BBiG, 2. Aufl., 2008, § 79 Rn. 48 ff.; *Lakies/Nehls*, BBiG, 2. Aufl., 2009, § 79 Rn. 27.

II. 2. c) dd) Aufgaben der Vollversammlung 447

Regelungen des Finanzstatuts, den Grundsätzen des öffentlichen Haushaltsrechts und den übrigen einschlägigen Vorschriften entsprochen hat[278]. In der Praxis wird der Jahresabschluss zunächst durch die in den meisten IHKG-Ausführungsgesetzen der Länder gem. § 12 Abs. 1 Nr. 7 IHKG für zuständig erklärte vom DIHK errichtete Rechnungsprüfungsstelle der Industrie- und Handelskammern in Bielefeld geprüft[279]. Hinzu tritt eine in den Kammersatzungen geregelte teils fakultative, teils obligatorische Rechnungsprüfung durch ehrenamtliche Rechnungsprüfer, welche die Vollversammlung aus ihrer Mitte wählt[280]. Auf der Basis der Prüfungsberichte der Rechnungsprüfungsstelle und der ehrenamtlichen Rechnungsprüfer entscheidet die Vollversammlung über die Entlastung des Präsidiums und des Hauptgeschäftsführers. Im Lichte der zentralen Bedeutung der Kammerfinanzierung für die Erfüllung der Selbstverwaltungsaufgaben sichert die Kontrolle, dass die finanzbezogenen Vorgaben der Vollversammlung durch das Präsidium und den Hauptgeschäftsführer eingehalten wurden, diese Selbstverwaltungsaufgabe der Vollversammlung gegen eine Aushöhlung ab.

(8) Aufgabenübertragung an andere IHK, Bildung öffentlich-rechtlicher Zusammenschlüsse, Beteiligung an einer Einrichtung i. S. v. § 1 Abs. 3b IHKG. Die IHK können gem. § 10 Abs. 1 IHKG ihnen aufgrund von Gesetz oder Rechtsverordnung obliegende Aufgaben einvernehmlich einer anderen IHK übertragen oder zur Erfüllung dieser Aufgaben untereinander öffentlich-rechtliche Zusammenschlüsse bilden oder sich hieran beteiligen. Hintergrund ist primär die Möglichkeit, durch eine Konzentration der Wahrnehmung seltener anfallender oder auch besonders standardisierter Aufgaben auf einzelne Kammern Rationalisierungseffekte zu erzielen. Da die Übertragung von Kammeraufgaben auf eine andere Kammer oder aber auf einen dazu gegründeten öffentlich-rechtlichen Zweckverband erhebliche Folgen für die Aufgabenwahrnehmung durch die Kammer und deren Haushalt haben kann, unterliegen die Übertragung von Aufgaben an andere IHK, die Übernahme dieser Aufgaben, die Bildung öffentlich-rechtlicher Zusammenschlüsse und die Beteiligung hieran gem. § 4 S. 2 Nr. 6 IHKG zu Recht der ausschließlichen Beschlussfassung durch die Vollversammlung[281]. Gleiches gilt für die Beteiligung an einer Einrichtung i. S. v. § 1 Abs. 3b IHKG, welche die Aufgaben einer einheitlichen Stelle i. S. d. VwVfG erfüllt.

(9) Beschlussfassung über die Art und Weise der öffentlichen Bekanntmachung. Gem. § 4 S. 2 Nr. 7 IHKG beschließt die Vollversammlung über die Art und Weise

---

[278] *Rickert*, in: Frentzel etc., IHKG, 7. Aufl., 2009, § 4 Rn. 45.
[279] Die meisten Länder haben gem. § 12 Abs. 1 Nr. 7 IHKG in ihren Ausführungsvorschriften zum IHKG die Zuständigkeit der Rechnungsprüfungsstelle an Stelle des Landesrechnungshofs begründet; z. T. ist die Prüfung durch die Rechnungsprüfungsstelle auch ausdrücklich in der Kammersatzung angeordnet, vgl. etwa § 11 Abs. 4 S. 1 Satzung IHK Kiel.
[280] Vgl. z. B. § 10 Abs. 3 Satzung IHK Kassel, § 11 Abs. 4 S. 2 Satzung IHK Kiel, § 10 Abs. 3 S. 2 Satzung IHK Nord Westfalen.
[281] *Rickert*, in: Frentzel etc., IHKG, 7. Aufl., 2009, § 4 Rn. 5.

der öffentlichen Bekanntmachung. Diese zum 1. Januar 2008 in das IHKG eingefügte Vorschrift hat den IHK die Möglichkeit eröffnet, öffentliche Bekanntmachungen anstatt in Printmedien nun auch ausschließlich im Internet zu veröffentlichen[282]. Gem. § 4 S. 4 IHKG ist die Entscheidungsgewalt der Vollversammlung allerdings dahingehend eingeschränkt, dass die elektronische Verkündung von Satzungsrecht der Kammer nur im elektronischen Bundesanzeiger erfolgen darf.

(10) Kreationsfunktion: Wahl des Präsidiums, Bestellung des Hauptgeschäftsführers. Gem. § 6 Abs. 1 IHKG wählt die Vollversammlung aus ihrer Mitte den Präsidenten (Präses) und die von der Satzung zu bestimmende Zahl weiterer Präsidiumsmitglieder. Gem. § 7 Abs. 1 IHKG bestellt die Vollversammlung den Hauptgeschäftsführer. Die auf die wesentlichen Exekutivorgane bezogene Kreationsfunktion der Vollversammlung ergänzt entscheidend ihre grundlegende normsetzende Funktion.

Durch eine entsprechende Ausgestaltung der Satzung und der sonstigen Kammerstatuten kann die Vollversammlung als einziges unmittelbar demokratisch legitimiertes Organ der Kammer grundlegende Vorgaben über die Art und Weise der Aufgabenwahrnehmung der Kammer statuieren. Trotz der Allzuständigkeit der Vollversammlung aus § 4 S. 1 IHKG, die es dieser prinzipiell ermöglicht, beliebige Aufgaben und Tätigkeiten an sich zu ziehen, wird die tägliche Arbeit der Kammer – schon aus praktischen Gründen – vom Präsidium und vor allem vom Hauptgeschäftsführer ausgeführt. Diese sind dabei aber in zweierlei Hinsicht an den Willen der Vollversammlung rückgekoppelt: Zum einen sind Präsidium und Hauptgeschäftsführer bei ihrer Tätigkeit an die normativen Vorgaben der Vollversammlung gebunden. Zum anderen wählt bzw. bestellt die Vollversammlung diese Organe, entscheidet also darüber, wer die tägliche Arbeit der Kammer ausführt. Damit sind diese Exekutivorgane ihrerseits zumindest mittelbar demokratisch legitimiert. Bedenkt man, wie groß der Spielraum und das Gewicht der exekutiven Tätigkeit des Präsidiums und vor allem des Hauptgeschäftsführers bei der Aufgabenerfüllung der Kammer in der Praxis sind, wird deutlich, dass der Kreationsfunktion der Vollversammlung entscheidendes Gewicht bei der Verwirklichung des Selbstverwaltungsprinzips zukommt. Entsprechend handelt es sich um Vorbehaltsaufgaben, die nicht delegiert werden dürfen.

d) Weitere Formen aktiver, ehrenamtlicher Selbstverwaltung in der IHK

Oben wurde herausgearbeitet, dass sich bereits im 19. Jh. die durch Wahlen vermittelte repräsentative Selbstverwaltung der Selbstverwaltungssubjekte als prägende Form der Selbstverwaltung herausgebildet hat. Auch heute gibt es in den Trägerorganisationen der verschiedenen Formen der Selbstverwaltung allerdings noch vielfältige Räume für aktive, ehrenamtliche Selbstverwaltung durch die Betroffenen.

---

[282] *Jahn*, Änderungen im Kammerrecht, in: GewArch 2007, 353 (356).

II. 2. d) Weitere Formen aktiver, ehrenamtlicher Selbstverwaltung

Bei der IHK sind dies vor allem die Mitgliedschaft in der Vollversammlung, die Tätigkeit als Präsident oder weiteres Mitglied des Präsidiums und schließlich die Mitgliedschaft in einem der Ausschüsse der Kammer.

aa) Mitgliedschaft in der Vollversammlung

Die wichtigste Form aktiver, ehrenamtlicher Selbstverwaltung in der IHK ist die Mitgliedschaft in der Vollversammlung. Die Bedeutung der Vollversammlung als einziges unmittelbar demokratisch legitimiertes Kammerorgan sowie die Stellung der Mitglieder der Vollversammlung wurden bereits oben ausführlich behandelt[283].

bb) Tätigkeit als Präsident oder weiteres Mitglied des Präsidiums

Eine intensivierte Form aktiver, ehrenamtlicher Selbstverwaltung ist die Tätigkeit als Präsident oder weiteres Mitglied des Präsidiums der IHK. Beides können gem. § 6 Abs. 1 IHKG grds. nur Mitglieder der Vollversammlung werden.

aaa) Der Präsident (Präses)

(1) Wahl des Präsidenten. Nach § 6 Abs. 1 IHKG wählt die Vollversammlung aus ihrer Mitte den Präsidenten (Präses) und die von der Satzung zu bestimmende Zahl weiterer Mitglieder des Präsidiums. Da der Präsident aus der Mitte der Vollversammlung zu wählen ist, muss er selbst Mitglied der Vollversammlung sein. Dies bedeutet auch, dass er grds. die Voraussetzung der Wählbarkeit zur Vollversammlung gem. § 5 Abs. 2 IHKG erfüllen muss. Auch mittelbar gewählte Vollversammlungsmitglieder können zum Präsidenten gewählt werden[284], sog. Ehrenmitglieder, die nur mit beratender Stimme an den Sitzungen der Vollversammlung teilnehmen dürfen, hingegen nicht. Da nur Mitglieder der Vollversammlung Präsident sein können (der Präsident bleibt auch nach seiner Wahl Mitglied der Vollversammlung), endet mit dem Ausscheiden aus der Vollversammlung – etwa weil die Voraussetzungen der Wählbarkeit nachträglich entfallen sind – auch das Amt als Präsident. Ansonsten korrespondiert die Amtszeit des Präsidenten und der übrigen Präsidiumsmitglieder häufig mit der Amtszeit der Vollversammlung[285]. Dies ist allerdings gesetzlich nicht vorgeschrieben, und wohl nicht zuletzt, um potentielle Bewerber nicht durch eine überlange Amtsdauer abzuschrecken, wird z. T. auch eine kürzere Amtszeit – in der Regel die Hälfte der Amtszeit der Vollversammlung – angesetzt[286]. Mit dem Ende der Amtszeit der jeweiligen Vollversammlung, spätestens aber mit Zusammentritt der neu gewählten Vollversammlung, endet das Mandat des Präsi-

---

[283] S. 417 ff.
[284] *Rickert,* in: Frentzel etc., IHKG, 7. Aufl., 2009, § 6 Rn. 4.
[285] Vgl. etwa § 7 Abs. 2 S. 2 Satzung IHK Dresden.
[286] So etwa § 6 Abs. 1 S. 2 Satzung IHK Nord Westfalen: drei Jahre, während die Mitglieder der Vollversammlung gem. § 1 Abs. 1 WahlO IHK Nord Westfalen auf sechs Jahre gewählt werden.

diums. Die Vollversammlung hat daher in ihrer konstituierenden Sitzung den Präsidenten und die Mitglieder des Präsidiums zu wählen. Nach Ablauf ihrer Amtszeit können die Mitglieder des Präsidiums ihr Amt bis zur Neuwahl geschäftsführend ausüben.

(2) Stellung des Präsidenten. Der Präsident ist wie die Vollversammlung Organ der IHK[287]. Dies folgt schon daraus, dass der Präsident gem. § 7 Abs. 2 IHKG überhaupt erst die Handlungsfähigkeit der IHK im allgemeinen Rechtsverkehr vermittelt, indem er (und der Hauptgeschäftsführer) die Kammer nach näherer Bestimmung der Satzung rechtsgeschäftlich und gerichtlich vertritt. Da der Präsident bei der rechtsgeschäftlichen Vertretung der Kammer und soweit er hoheitliche Aufgaben ausübt, Aufgaben der öffentlichen Verwaltung wahrnimmt, ist er anders als die einfachen Mitglieder der Vollversammlung Amtsträger i. S. v. § 11 Abs. 1 Nr. 2 lit. c StGB[288].

(3) Aufgaben des Präsidenten. Gem. § 6 Abs. 2 S. 1 IHKG ist der Präsident der Vorsitzende des Präsidiums. Er beruft die Sitzungen des Präsidiums ein und leitet diese. Gem. § 6 Abs. 2 S. 2 IHKG beruft er auch die Vollversammlung der IHK ein und führt in ihr den Vorsitz. Für die Einberufung der Vollversammlung enthalten die Kammersatzungen regelmäßig weitere Vorgaben. So finden sich häufig Bestimmungen über eine Mindestanzahl – meist zwei oder drei – von Sitzungen, die jährlich einzuberufen ist[289]. Typischerweise ist auch vorgesehen, dass eine Sitzung der Vollversammlung einzuberufen ist, wenn dies ein bestimmtes Quorum ihrer Mitglieder beantragt[290]. Da die Kammerzugehörigen ihre aktive Selbstverwaltung primär im Rahmen der Vollversammlung ausüben, ist eine solche Möglichkeit, die Einberufung der Vollversammlung zu erzwingen, von essentieller Bedeutung für die Verwirklichung des Selbstverwaltungsprinzips in der Kammer. Um dieses Recht zu stärken, sollte das Quorum nicht zu hoch gewählt werden. Ein Quorum von 50 % der Vollversammlungsmitglieder erschiene hier jedenfalls als zu hoch. Im Rahmen der Vorgaben der jeweiligen Satzung entscheidet der Präsident in pflichtgemäßen Ermessen – insbesondere im Hinblick auf die zu treffenden Beschlüsse der Vollversammlung – über die Einberufung des Hauptorgans der Kammer.

Der Präsident leitet aufgrund seines Vorsitzes in der Vollversammlung deren Sitzungen. Dabei hat er sicherzustellen, dass die Vollversammlung ihre gesetzlichen und statutarischen Pflichten erfüllt und ihre Beschlüsse in einem ordnungsgemäßen demokratischen Verfahren trifft. Ist ein Beschluss gefasst, hat der Präsident für die

---

[287] *Rickert*, in: Frentzel etc., IHKG, 7. Aufl., 2009, § 6 Rn. 2.
[288] *Rickert*, in: Frentzel etc., IHKG, 7. Aufl., 2009, § 6 Rn. 9.
[289] Bspe.: § 4 Abs. 1 S. 1 Satzung IHK Köln, § 4 Abs. 1 S. 1 Satzung IHK Nord Westfalen: mindestens zweimal jährlich; § 3 Abs. 1 Satzung IHK Kassel, § 6 Abs. 1 S. 1 Satzung IHK Dresden: mindestens dreimal jährlich.
[290] Bspe.: § 4 Abs. 1 S. 2 Satzung IHK Köln, § 4 Abs. 1 S. 2 Satzung IHK Nord Westfalen: ein Fünftel der Mitglieder; § 6 Abs. 1 S. 2 Satzung IHK Dresden: ein Viertel der Mitglieder; § 3 Abs. 1 S. 2 Satzung IHK Kassel: ein Drittel der Mitglieder.

Umsetzung zu sorgen. Er hat auch zu gewährleisten, dass die Vollversammlung ihr Mandat nicht überschreitet, also bspw. keine Beschlüsse trifft, die außerhalb des gesetzlichen Aufgabenkreises der Kammer liegen.

Als spezielle Aufgabe obliegt dem Präsidenten – wie bereits erwähnt – gem. § 7 Abs. 2 IHKG die rechtsgeschäftliche und gerichtliche Vertretung der Kammer. Die Vertretungsmacht des Präsidenten und des Hauptgeschäftsführers unterliegt nach § 7 Abs. 2 IHKG näherer Bestimmung in der Satzung, so dass hier anstatt des Regelfalls gemeinschaftlicher Vertretungsmacht bspw. für einzelne Fälle auch eine alleinige Vertretungsmacht vorgesehen werden kann. Da der Präsident als ehrenamtliches Selbstverwaltungsorgan der Kammer nicht ständig verfügbar ist, sehen die Kammersatzungen regelmäßig vor, dass für Geschäfte der laufenden Verwaltung der Hauptgeschäftsführer allein vertretungsberechtigt ist[291]. Soweit die Satzungen keine weiteren Bestimmungen über eine Alleinvertretungsmacht entweder des Präsidenten oder des Hauptgeschäftsführers enthalten, sind beide gemeinschaftlich vertretungsberechtigt. Der Präsident ist mithin prinzipiell jedenfalls an allen Außengeschäften der IHK beteiligt, die über Geschäfte der laufenden Verwaltung hinausgehen. Darüber hinaus sehen die Kammersatzungen mitunter vor, dass der Präsident für bestimmte Geschäfte alleine oder gemeinsam mit einem Vizepräsidenten vertretungsberechtigt ist: Dies kann z. B. – aus der Natur der Sache heraus – die Begründung des Anstellungsverhältnisses des Hauptgeschäftsführers betreffen[292]. Bei der Ausübung der Vertretungsmacht ist der Präsident (wie der Hauptgeschäftsführer) an die Vorgaben der Satzung und – soweit dies in der Satzung vorgesehen ist – an Beschlüsse der Vollversammlung und ggf. auch des Präsidiums gebunden. Die Satzung kann dem Präsidenten schließlich weitere Aufgaben – wie z. B. den Vorsitz in bestimmten Ausschüssen – zuweisen[293].

bbb) Das Präsidium

Neben dem Präsidenten hat die Vollversammlung gem. § 6 Abs. 1 IHKG aus ihrer Mitte eine von der Satzung zu bestimmende Zahl weiterer Präsidiumsmitglieder zu wählen[294]. Diese werden z. T. alle als Vizepräsidenten bezeichnet[295]. Manchmal wird hingegen zwischen einfachen weiteren Präsidiumsmitgliedern und Vizepräsidenten unterschieden. In diesem Fall wählt meist das Präsidium aus dem Kreis der wei-

---

[291] Z. B.: § 15 Abs. 3 Satzung IHK Dresden, § 9 Abs. 3 Satzung IHK Kassel, § 9 Abs. 3 Satzung IHK Nord Westfalen.

[292] So etwa §§ 14 Abs. 2, 15 Abs. 4 Satzung IHK Dresden, § 8 Abs. 4 S. 2 1. Alt. Satzung IHK Kassel, § 8 Abs. 6 S. 2 1. HS Satzung IHK Nord Westfalen, die eine gemeinsame Vertretung mit einem Vizepräsidenten vorsehen.

[293] *Rickert,* in: Frentzel etc., IHKG, 7. Aufl., 2009, § 6 Rn. 14.

[294] Die Zahl der weiteren Präsidiumsmitglieder differiert – meist in Abhängigkeit von der Größe der Kammer und ihrer Vollversammlung – von Kammer zu Kammer erheblich: § 6 Abs. 1 S. 1 Satzung IHK Nord Westfalen mindestens acht, höchstens zehn; § 7 Abs. 1 Satzung IHK Dresden: vier Vizepräsidenten und acht ordentliche Mitglieder; § 7 Abs. 1 S. 1 Satzung IHK Kassel: bis zu 16 weitere Mitglieder.

[295] So etwa § 6 Abs. 1 S. 1 Satzung IHK Nord Westfalen.

teren Mitglieder eine bestimmte Anzahl von Vizepräsidenten, die den Präsidenten im Verhinderungsfalle vertreten oder aber auch sonst bestimmte Aufgaben und Kompetenzen wahrnehmen[296]. Die weiteren Mitglieder des Präsidiums müssen dieselben Voraussetzungen wie der Präsident erfüllen, also grds. als ordentliche (stimmberechtigte) Mitglieder der Vollversammlung angehören und damit zu dieser gem. § 5 Abs. 2 IHKG wählbar sein. Für die Beendigung ihres Amtes gilt ebenfalls das zum Präsidenten Gesagte.

Das Präsidium zählt zu den Organen der Kammer, wird ihm doch in den Satzungen regelmäßig die Entscheidung über die Aufgaben zugewiesen, für die nach Gesetz oder Satzung keine Zuständigkeit der Vollversammlung besteht[297]. Die Mitglieder des Präsidiums nehmen wie der Präsident eine ehrenamtliche Aufgabe im Rahmen aktiver Selbstverwaltung wahr. Anders als der Präsident sind sie allerdings regelmäßig keine Amtsträger i. S. v. § 11 Abs. 1 Nr. 2 StGB, da sie als Mitglied des Präsidiums in der Regel nur körperschaftsinterne Aufgaben ausführen[298]. Anderes kann allerdings z. B. für Vizepräsidenten gelten, soweit diese bspw. in Vertretung des Präsidenten mit Vertretungsmacht nach außen auftreten.

Da das IHKG keine spezifischen Aufgaben des Präsidiums als Kollegialorgan nennt, ergeben sich diese aus den Satzungen der Kammern. Insgesamt besteht die Aufgabe des Präsidiums primär in der Unterstützung des Präsidenten bei dessen Leitungsaufgaben. Mitunter ist ausdrücklich vorgesehen, dass das Präsidium die Beschlüsse der Vollversammlung vorbereitet und für deren Durchführung sorgt[299]. Regelmäßig wird dem Präsidium die Residualaufgabe zugewiesen, über alle Angelegenheiten der Kammer zu beschließen, die Gesetz und Kammer nicht der Vollversammlung oder dem Berufsbildungsausschuss vorbehalten[300]. Daneben werden dem Präsidium in vielen Satzungen unterschiedliche Einzelaufgaben ausdrücklich zugewiesen wie etwa der Beschluss über die Bestellung des stellvertretenden Hauptgeschäftsführers oder über die betriebliche Altersversorgung[301].

cc) Mitgliedschaft in einem Ausschuss der IHK

Eine weitere Form aktiver, ehrenamtlicher Selbstverwaltung ist die Mitgliedschaft in einem der Ausschüsse, die regelmäßig bei den IHK gebildet werden. Gesetzlich vorgesehen ist der schon angesprochene Berufsbildungsausschuss, der auf §§ 77 ff. BBiG und einschlägigen Vorschriften der Satzung der jeweiligen IHK beruht. Daneben sind die IHK prinzipiell frei darin, durch Regelung in der Satzung oder Be-

---

[296] Vgl. etwa § 7 Abs. 1 S. 3 Satzung IHK Kassel.
[297] *Rickert*, in: Frentzel etc., IHKG, 7. Aufl., 2009, § 6 Rn. 2.
[298] *Rickert*, in: Frentzel etc., IHKG, 7. Aufl., 2009, § 6 Rn. 12.
[299] Bspw. in § 6 Abs. 2 S. 1 Satzung IHK Nord Westfalen; ähnlich: § 7 Abs. 3 S. 2 Satzung IHK Chemnitz.
[300] Bspw. in § 7 Abs. 5 Satzung IHK Kassel, § 8 Abs. 1 Satzung IHK Dresden, § 6 Abs. 2 S. 2 Satzung IHK Nord Westfalen; ähnlich: § 10 Abs. 1 S. 1 Satzung IHK Hannover, § 7 Abs. 3 S. 3 Satzung IHK Chemnitz.
[301] § 10 Abs. 3 Satzung IHK Hannover.

II. 2. d) Weitere Formen aktiver, ehrenamtlicher Selbstverwaltung 453

schluss der Vollversammlung weitere Ausschüsse mit beratender Funktion einzurichten. Mitglieder der Ausschüsse können nicht nur Kammerzugehörige, sondern ausnahmsweise auch Außenstehende sein. Gerade, da die Ausschüsse regelmäßig eine rein beratende Funktion haben, besteht prinzipiell die Möglichkeit, auch Nicht-Kammerzugehörige zu berufen, um deren spezifischen Sachverstand bspw. in einem Fachausschuss für die Kammer nutzbar zu machen.

aaa) Frei gebildete Ausschüsse

Zum Teil sehen die Satzungen die Bildung bestimmter Ausschüsse ausdrücklich vor. In der Regel befindet sich allerdings in der Satzung eine allgemeine Grundlagennorm, welche die Vollversammlung ermächtigt, Ausschüsse einzusetzen. Auch ohne eine solche Ermächtigung ist die Vollversammlung indes aufgrund ihrer Allzuständigkeit gem. § 4 S. 1 IHKG kompetent, Ausschüsse einzurichten. Von den Fachausschüssen, die bestimmte fachliche Aspekte betreffen, sind Regionalausschüsse zu unterscheiden, die insbesondere bei IHK mit großem Kammerbezirk eine bessere Interessenvertretung der Wirtschaft der verschiedenen Regionen innerhalb und außerhalb der Kammer gewährleisten sollen[302]. Einen besonderen Status besitzen hier die traditionsreichen Industrie- und Handelsgremien, die als Unterbau der bayerischen IHK auf Kreisebene gebildet werden[303]. Häufig sind in den Satzungen Ausschüsse mit vermittelnder bzw. befriedender Funktion wie bspw. Schlichtungsausschüsse[304], Ehrenausschüsse[305] und Güteausschüsse[306] vorgesehen.

bbb) Der Berufsbildungsausschuss

(1) Der Berufsbildungsausschuss als Organ der IHK. Das Berufsbildungsgesetz (BBiG) ordnet die Einrichtung von Berufsbildungsausschüssen auf Bundes- und Länderebene sowie bei verschiedenen Selbstverwaltungskörperschaften an, die mit Berufsbildungsaufgaben befasst sind[307]. So wird bei der IHK als zuständiger Stelle für die Berufsbildung in nichthandwerklichen Gewerberufen gem. § 77 Abs. 1 S. 1 i. V. m. § 71 Abs. 2 BBiG ein Berufsbildungsausschuss errichtet. Obwohl die Rechtsgrundlagen des Berufsbildungsausschusses im BBiG als externem Gesetz liegen und das IHKG diese Sonderregelungen im Wesentlichen lediglich anerkennt

---

[302] Ein Beispiel ist die IHK Kassel, die gem. § 4 Abs. 1 der Satzung insgesamt sechs regelmäßig an den politischen Kreisgrenzen ausgerichtete IHK-Regionalausschüsse eingerichtet hat. Die Mitglieder der Regionalausschüsse werden gem. § 4 Abs. 4 S. 1 von der Vollversammlung gewählt. Aufgabe der Regionalausschüsse ist es gem. § 4 Abs. 3 S. 1, das Interesse der Wirtschaft der jeweiligen Region und des jeweiligen Kreises wahrzunehmen und gegenüber den Gremien der Kammer und der Öffentlichkeit zu vertreten.
[303] Dazu oben S. 301 ff., 334, 356 f.
[304] Vgl. etwa § 5 Abs. 2 S. 2 lit. b 2. Alt. Satzung IHK Kiel.
[305] Vgl. etwa § 2 Abs. 3 lit. k 1. Alt. Satzung IHK Kassel.
[306] Vgl. etwa § 5 Abs. 2 S. 2 lit. b 2. Alt. Satzung IHK Flensburg.
[307] § 77 i. V. m. §§ 71 ff. BBiG.

und nur punktuell ausgestaltet[308], ist der Berufsbildungsausschuss doch integrales Organ der IHK und nicht etwa dieser gegenüber verselbständigt[309]. Die Kammersatzungen nehmen regelmäßig auf den Berufsbildungsausschuss Bezug, wobei die Regelungen des BBiG über den Berufsbildungsausschuss – deklaratorisch – für anwendbar erklärt werden.

(2) Die Bildung des Berufsbildungsausschusses. Dem Berufsbildungsausschuss gehören sechs Beauftragte der Arbeitgeber, sechs Beauftragte der Arbeitnehmer und sechs Lehrkräfte an berufsbildenden Schulen an, die Lehrkräfte dabei mit beratender Stimme[310]. Die Beauftragten der Arbeitgeber werden auf Vorschlag der IHK, die Beauftragten der Arbeitnehmer auf Vorschlag der im Bezirk der IHK bestehenden Gewerkschaften und selbständigen Vereinigungen von Arbeitnehmern mit sozial- oder berufspolitischer Zwecksetzung[311], die Lehrkräfte an berufsbildenden Schulen von der nach Landesrecht zuständigen Behörde längstens für vier Jahre berufen[312]. Welchem Organ der IHK das Vorschlagsrecht für die sechs Beauftragten der Arbeitgeber zusteht, hängt in Ermangelung einer gesetzlichen Regelung vom Satzungsrecht der jeweiligen IHK ab. Zum Teil finden sich hier ausdrückliche Regelungen bspw. dergestalt, dass die Vollversammlung über die von der Kammer vorzuschlagenden Beauftragten der Arbeitgeber zu beschließen hat[313]. Gibt es in der Satzung keine ausdrückliche Regelung, greift oftmals die dort regelmäßig enthaltene Residualkompetenzregelung ein, wonach das Präsidium für Beschlüsse zuständig ist, die nicht ausdrücklich der Vollversammlung oder dem Berufsbildungsausschuss vorbehalten sind. Insofern beschließt dann häufig das Präsidium über die vorzuschlagenden Beauftragten der Arbeitgeber[314].

(3) Die ehrenamtliche Stellung der Mitglieder des Berufsbildungsausschusses. Die Tätigkeit im Berufsbildungsausschuss ist zwar grundsätzlich ehrenamtlich[315]. Al-

---

[308] § 4 S. 3, § 8 IHKG.
[309] *Leinemann/Taubert*, BBiG, 2. Aufl., 2008, § 77 Rn. 2; *Benecke/Hergenröder*, BBiG, 2009, § 77 Rn. 2; *Lakies/Nehls*, BBiG, 2. Aufl., 2009, § 77 Rn. 2; *Wurster*, in: Frentzel etc., IHKG, 7. Aufl., 2009, § 8 Rn. 28.
[310] § 77 Abs. 1 S. 2 BBiG.
[311] Die meisten Länderausführungsgesetze zum IHKG ordnen an, dass die Arbeitnehmervertreter von der Aufsichtsbehörde bestellt werden, die sich hierbei nach der Reihenfolge in den Vorschlagslisten der im Bezirk der IHK bestehenden Gewerkschaften und selbständigen Vereinigungen von Arbeitnehmern mit sozial- oder berufspolitischer Zwecksetzung richten: § 6 IHKG-BaWü, Art. 6 Bay. AGIHKG, § 3 IHKG Berlin, § 3 IHKG Bremen, § 5 AGIHKG Hessen, § 5 Nds. AGIHKG, §§ 3f. AGIHKG Rh.-Pf., § 5 Saarl. IHKG.
[312] § 77 Abs. 2 BBiG; die Lehrer an berufsbildenden Schulen werden in der Praxis von der zuständigen Schulverwaltungsbehörde vorgeschlagen, *Wurster*, in: Frentzel etc., IHKG, 7. Aufl., 2009, § 8 Rn. 11.
[313] So etwa § 5 Abs. 2 Satzung IHK Nord Westfalen, § 6 Abs. 4 S. 2 Satzung IHK Chemnitz, § 14 Abs. 2 S. 3 Satzung IHK Hannover (mit der Möglichkeit, diese Aufgabe dem Präsidium zu übertragen).
[314] *Wurster*, in: Frentzel etc., IHKG, 7. Aufl., 2009, § 8 Rn. 10.
[315] § 77 Abs. 3 S. 1 BBiG.

II. 2. d) Weitere Formen aktiver, ehrenamtlicher Selbstverwaltung 455

lerdings erhalten die Mitglieder des Berufsbildungsausschusses – anders als etwa die Mitglieder der Vollversammlung – nicht nur für bare Auslagen, sondern auch für Zeitversäumnis, soweit eine Entschädigung nicht von anderer Seite gewährt wird, eine angemessene Entschädigung, deren Höhe von der IHK mit Genehmigung der obersten Landesbehörde festgesetzt wird[316]. Dass die Höhe der Entschädigung von der Kammer mit Genehmigung der obersten Landesbehörde festgesetzt wird, indiziert bereits, dass es hier nicht um die Festsetzung im Einzelfall geht, sondern um den Erlass einer generellen Regelung[317]. Die IHK erlassen entsprechend Rechtsvorschriften über die Entschädigung, die dann als Grundlage für die Ermittlung und Festsetzung der Entschädigung im Einzelfall dienen.

(4) Organisation des Berufsbildungsausschusses. Gem. § 77 Abs. 6 S. 1 BBiG wählt der Berufsbildungsausschuss ein Mitglied, das den Vorsitz führt, und ein weiteres Mitglied, das den Vorsitz stellvertretend übernimmt, wobei nicht beide derselben Mitgliedergruppe angehören sollen[318]. Der Ausschuss ist beschlussfähig, wenn mehr als die Hälfte seiner stimmberechtigten Mitglieder anwesend ist[319]. Da nur die sechs Beauftragten der Arbeitgeber und die sechs Beauftragten der Arbeitnehmer stimmberechtigt sind, setzt die Beschlussfähigkeit also die Anwesenheit von mindestens sieben Mitgliedern aus diesen beiden Gruppen voraus[320]. Der Berufsbildungsausschuss beschließt mit der Mehrheit der abgegebenen Stimmen[321]. Voraussetzung der Wirksamkeit eines Beschlusses ist, dass der Gegenstand bei der Einberufung des Ausschusses bezeichnet ist, es sei denn, dass er mit Zustimmung von zwei Dritteln der stimmberechtigten Mitglieder nachträglich auf die Tagesordnung gesetzt wird[322].

(5) Aufgaben des Berufsbildungsausschusses. Der Berufsbildungsausschuss hat auf eine stetige Entwicklung der Qualität der beruflichen Bildung hinzuwirken[323]. Zu diesem Zweck besitzt er einerseits eine beratende und andererseits im Gegensatz zu den Fachausschüssen der IHK auch eine rechtsetzende Funktion[324]. Im Zentrum der beratenden Funktion steht, dass der Berufsbildungsausschuss in allen wichtigen Angelegenheiten der beruflichen Bildung zu unterrichten und zu hören ist[325]. In Konkretisierung des unbestimmten Rechtsbegriffs der „wichtigen Angelegenheit der beruflichen Bildung" nennt § 79 Abs. 2 und 3 BBiG beispielhaft wichtige

---

[316] § 77 Abs. 3 S. 2 BBiG; *Leinemann/Taubert,* BBiG, 2. Aufl., 2008, § 77 Rn. 19.
[317] *Wurster,* in: Frentzel etc., IHKG, 7. Aufl., 2009, § 8 Rn. 15.
[318] § 77 Abs. 6 S. 2 BBiG.
[319] § 78 Abs. 1 S. 1 BBiG.
[320] *Leinemann/Taubert,* BBiG, 2. Aufl., 2008, § 78 Rn. 3.
[321] § 78 Abs. 1 S. 2 BBiG.
[322] § 78 Abs. 2 BBiG.
[323] § 79 Abs. 1 S. 2 BBiG.
[324] *Kluth,* Entwicklungsgeschichte, in: HdbKR, 2005, S. 41 (87).
[325] § 79 Abs. 1 S. 1 BBiG; *Leinemann/Taubert,* BBiG, 2. Aufl., 2008, § 79 Rn. 6 ff.; *Benecke/Hergenröder,* BBiG, 2009, § 79 Rn. 2 ff.

Angelegenheiten, in denen der Ausschuss anzuhören oder zu unterrichten ist. Solche wichtigen Angelegenheiten, in denen der Berufsbildungsausschuss anzuhören ist, sind z.B. der Erlass von Verwaltungsgrundsätzen über die Eignung von Ausbildungs- und Umschulungsstätten, für das Führen von schriftlichen Ausbildungsnachweisen, für die Verkürzung der Ausbildungsdauer, für die vorzeitige Zulassung zur Abschlussprüfung, für die Durchführung der Prüfungen, zur Durchführung von über- und außerbetrieblicher Ausbildung sowie Verwaltungsrichtlinien zur beruflichen Bildung[326]. Wichtige Angelegenheiten, in denen der Berufsbildungsausschuss zu unterrichten ist, sind z.B. Zahl und Art der der zuständigen Stelle angezeigten Maßnahmen der Berufsausbildungsvorbereitung und beruflichen Umschulung sowie der eingetragenen Berufsausbildungsverhältnisse[327], Zahl und Ergebnisse von durchgeführten Prüfungen sowie hierbei gewonnene Erfahrungen[328] und Verfahren zur Beilegung von Streitigkeiten aus Ausbildungsverhältnissen[329].

Ist die beratende Funktion auch für die allgemeinen Ausschüsse der IHK prägend, hebt die – schon erwähnte – Rechtsetzungsfunktion den Berufsbildungsausschuss deutlich über die allgemeinen Ausschüsse hinaus. Die Rechtsetzungsfunktion besteht gem. § 79 Abs. 4 S. 1 BBiG darin, dass der Berufsbildungsausschuss die auf Grund des BBiG von der IHK als zuständiger Stelle zu erlassenden Rechtsvorschriften für die Durchführung der Berufsbildung in nichthandwerklichen Gewerbeberufen zu beschließen hat. Insoweit wird – wie oben ausgeführt – die ansonsten bestehende Zuständigkeit der Vollversammlung für die Verabschiedung von Rechtsvorschriften qua Gesetz verdrängt. Die Kompetenz des Berufsbildungsausschusses ist dabei allerdings grds. auf Rechtsvorschriften, also Regelungen mit Außenwirkung, beschränkt[330]. Rechtsvorschriften für die Durchführung der Berufsausbildung in nichthandwerklichen Gewerbeberufen, die danach durch den Berufsbildungsausschuss zu beschließen sind, sind insbesondere die Prüfungsordnung für die Abschlussprüfung[331], Fortbildungsprüfungsregelungen[332] und Umschulungsprüfungsregelungen[333], soweit nicht eine Fortbildungsordnung oder Umschulungsordnung durch Rechtsverordnung erlassen ist, sowie Regelungen über die Durchführung von Anpassungslehrgängen und Eignungsprüfungen im Rahmen der Anerkennung der Befähigungsnachweise eines Mitgliedstaates der EU oder eines anderen Vertragsstaates des Abkommens über den Europäischen Wirtschaftsraum[334].

---

[326] § 79 Abs. 2 Nr. 1 BBiG.
[327] § 79 Abs. 3 Nr. 1 BBiG.
[328] § 79 Abs. 3 Nr. 2 BBiG.
[329] § 79 Abs. 3 Nr. 8 BBiG.
[330] *Wurster*, in: Frentzel etc., IHKG, 7. Aufl., 2009, § 8 Rn. 24.
[331] § 47 BBiG.
[332] § 54 i.V.m. § 53 BBiG.
[333] § 59 i.V.m. § 58 BBiG.
[334] § 31 Abs. 3 S. 2 BBiG.

ccc) Prüfungsausschüsse

Eine nicht nur quantitativ besonders bedeutsame Form aktiver Selbstverwaltung ist die Mitgliedschaft in einem der Prüfungsausschüsse, welche die IHK für die Abnahme von Ausbildungsabschlussprüfungen, aber auch von Fortbildungs- und Umschulungsprüfungen einrichtet[335]. So waren Ende 2009 bundesweit über 160.000 Personen in den ausbildungsbezogenen Prüfungsausschüssen und über 36.000 Personen in den weiterbildungsbezogenen Prüfungsausschüssen der IHK ehrenamtlich engagiert[336].

e) Die Beitragspflicht der Mitglieder

Die Leistung der Beiträge an die IHK ist die zentrale Pflicht der IHK-Mitglieder. Nach § 3 Abs. 2 S. 1 IHKG haben die Kammerzugehörigen die Kosten der IHK, soweit sie nicht anderweitig gedeckt sind, nach Maßgabe des Wirtschaftsplans durch Beiträge gemäß einer Beitragsordnung aufzubringen. Der der Beitragsentrichtung zugrunde liegende Wirtschaftsplan ist dabei jährlich nach den Grundsätzen einer sparsamen und wirtschaftlichen Finanzgebarung unter pfleglicher Behandlung der Leistungsfähigkeit der Kammerzugehörigen aufzustellen und auszuführen[337].

aa) Das gesetzliche System der IHK-Beiträge

Gem. § 3 Abs. 3 S. 1 IHKG erhebt die IHK als Beiträge Grundbeiträge und Umlagen. Hinzu können Sonderbeiträge gem. § 3 Abs. 5 IHKG kommen. Der Grundbeitrag diente ursprünglich dazu, alle Kammerzugehörigen möglichst gleichmäßig an der Grundfinanzierung der IHK zu beteiligen[338]. Aufgrund der 1992 in das IHKG eingeführten Möglichkeit einer Staffelung des Grundbeitrags insbesondere nach Art, Umfang und Leistungskraft des Gewerbebetriebes sowie zahlreicher Ausnahmen auch von der Entrichtung des Grundbeitrags als solcher ist dieses Prinzip indes heute nur noch sehr eingeschränkt verwirklicht. Die Umlage macht in der Praxis regelmäßig den Hauptanteil der Kammerbeiträge aus. Sie wird nicht wie der Grundbeitrag schematisch, sondern proportional in Anlehnung an eine die wirtschaftliche Leistungskraft des jeweiligen Unternehmens indizierende Bemessungsgrundlage jährlich festgesetzt. Bemessungsgrundlage für die Umlage ist der Gewerbeertrag nach dem Gewerbesteuergesetz, wenn für das Bemessungsjahr ein

---

[335] §§ 39 Abs. 1 S. 1, 56 Abs. 1, 62 Abs. 3 BBiG; näher dazu unten, S. 490 ff.
[336] Siehe die Übersicht „Aus- und Weiterbildung in Zahlen – Der Beitrag der Industrie- und Handelskammern", abrufbar unter <www.dihk.de/inhalt/themen/ausundweiterbildung/zahlen/2009/bildungsbeitrag.pdf>.
[337] § 3 Abs. 2 S. 2 IHKG.
[338] OVG Münster, NVwZ-RR 2000, 424 (425); *Drexler/König*, Zugehörigkeit und Beitragspflicht, in: GewArch 2004, 461 (465); *Franz*, Kammerfinanzierung, in: HdbKR, 2005, S. 323 (330).

Gewerbesteuermessbetrag festgesetzt wird[339]. Andernfalls ist Bemessungsgrundlage der nach dem Einkommensteuer- oder Körperschaftsteuergesetz ermittelte Gewinn aus Gewerbebetrieb[340].

Die im Laufe der Jahre immer umfangreicher gewordenen Abs. 3 und 4 von § 3 IHKG enthalten zahlreiche Ausnahmen von der Beitragspflicht oder Einschränkungen derselben. So sind bestimmte Kleinunternehmer vom Beitrag freigestellt[341]. Existenzgründer werden unter bestimmten Voraussetzungen für zwei Jahre von Grundbeitrag und Umlage sowie für weitere zwei Jahre von der Umlage befreit[342]. Gemischtgewerbliche Betriebe, die mit ihrem handwerklichen oder handwerksähnlichen Betriebsteil der Handwerkskammer und gem. § 2 Abs. 3 IHKG mit dem nichthandwerklichen bzw. nichthandwerksähnlichen Betriebsteil der IHK angehören, sind erst beitragspflichtig, wenn der Umsatz des Betriebsteils, der ihre Mitgliedschaft in der IHK begründet, 130.000 € übersteigt[343]. Apothekeninhaber, Freiberufler und Angehörige der Land- und Forstwirtschaft bzw. der Binnenfischerei werden vor dem Hintergrund, dass sie regelmäßig bereits in einer anderen Kammer beitragspflichtig sind, mit einer reduzierten Bemessungsgrundlage zum IHK-Beitrag herangezogen[344].

bb) Beitragsordnung und Wirtschaftssatzung der IHK

IHK-Beiträge werden nach Maßgabe der gesetzlichen Vorgaben insbesondere in § 3 Abs. 3 und 4 IHKG aufgrund einer Beitragsordnung der jeweiligen IHK erhoben, die von der Vollversammlung beschlossen wird[345]. Der Beschluss der Beitragsordnung bedarf der Genehmigung durch die Aufsichtsbehörde[346]. Wegen der geringen gesetzlichen Spielräume geben die Beitragsordnungen überwiegend die gesetzlichen Vorgaben wieder. Als Spielräume, die in der Beitragsordnung auszufüllen sind, verbleiben etwa die Möglichkeit zur Staffelung des Grundbeitrags gem. § 3 Abs. 3 S. 2 IHKG und die Möglichkeit aus § 3 Abs. 3 S. 9 und 10 IHKG, Komplementär- und Tochtergesellschaften, einen ermäßigten Grundbeitrag einzuräumen[347]. Zwingend in der Beitragsordnung zu regeln sind der Erlass und die Niederschlagung von Beiträgen, wobei die entsprechenden Regelungen in der Praxis meist an §§ 227, 261 AO angelehnt werden[348]. Die konkreten Beitragsmaßstäbe, bspw. für

---

[339] § 3 Abs. 3 S. 6 1. Alt. IHKG.
[340] § 3 Abs. 3 S. 6 2. Alt. IHKG.
[341] § 3 Abs. 3 S. 3 IHKG.
[342] § 3 Abs. 3 S. 4 IHKG.
[343] § 3 Abs. 4 S. 1 IHKG.
[344] § 3 Abs. 4 S. 2 und 3 IHKG.
[345] § 4 S. 2 Nr. 2 Var. 2 IHKG.
[346] § 11 Abs. 2 IHKG.
[347] *Jahn*, in: Frentzel etc., IHKG, 7. Aufl., 2009, § 3 Rn. 110 f.; siehe auch bereits oben S. 445.
[348] Erlass ist der teilweise oder vollständige Verzicht auf einen Beitragsanspruch. Nach dem in den Beitragsordnungen in der Regel herangezogenen § 227 AO ist ein Erlass möglich, wenn die Einziehung der Ansprüche nach Lage des einzelnen Falls unbillig wäre. Niederschlagung ist der teilweise oder vollständige Verzicht auf die Beitreibung eines Beitragsanspruchs. Sie kommt in

II. 2. e) Die Beitragspflicht der Mitglieder

die Staffelung des Grundbeitrags und die Berechnung der Umlage, werden hingegen in der Wirtschaftssatzung festgesetzt, die jährlich von der Vollversammlung mit dem Wirtschaftsplan aufgrund § 4 S. 2 Nr. 3 IHKG i. V. m. der Beitragsordnung verabschiedet werden. Rechtsgrundlage des einzelnen Beitragsbescheids ist daher das IHKG i. V. m. der Beitragsordnung und der für den Beitragszeitraum einschlägigen Wirtschaftssatzung.

cc) Der Grundbeitrag

Gem. § 3 Abs. 3 S. 2 IHKG können die IHK den Grundbeitrag ihrer Mitglieder in der Beitragsordnung staffeln[349]. Dabei sollen insbesondere Art, Umfang und Leistungskraft des Gewerbebetriebs berücksichtigt werden. Seit diese Formulierung durch das Änderungsgesetz vom 23. Juli 1998 in das IHKG aufgenommen wurde[350], ist es möglich, bei der Staffelung des Grundbeitrags auch Kriterien wie die Eintragung ins Handelsregister, den Umsatz und die Beschäftigtenzahl zu berücksichtigen[351]. Die möglichen Anknüpfungspunkte für die Staffelung des Grundbeitrags werden in der Regel in der Beitragsordnung der jeweiligen IHK geregelt, während die Voraussetzungen sowie die Grundbeitragshöhe der einzelnen Staffeln in der jährlich von der Vollversammlung zu verabschiedenden Wirtschaftssatzung geregelt sind. Die IHK haben dabei in ihren Beitragsordnungen und Wirtschaftssatzungen die zum 1. Januar 2004 neu gefasste und zum 1. Januar 2008 modifizierte Regelung des § 3 Abs. 3 S. 3 IHKG umgesetzt, wonach natürliche Personen und Personengesellschaften, die nicht im Handelsregister eingetragen sind und deren Gewerbeertrag nach dem Gewerbesteuergesetz oder, soweit für das Bemessungsjahr ein Gewerbesteuermessbetrag nicht festgesetzt wird, deren nach dem Einkommensteuergesetz ermittelter Gewinn aus Gewerbebetrieb 5.200 € nicht übersteigt, vom Beitrag freigestellt sind. Daneben haben die verschiedenen IHK von der gesetzlich eingeräumten Möglichkeit zur Staffelung der Grundbeiträge in sehr unterschiedlichem Maße Gebrauch gemacht:

So sah etwa die Wirtschaftssatzung der IHK Kassel für das Geschäftsjahr 2010 nur vier Grundbeitragsstaffeln vor. Von Gewerbetreibenden ohne Handelsregistereintragung, deren Gewerbebetrieb nach Art oder Umfang einen in kaufmännischer Weise eingerichteten Geschäftsbetrieb nicht erfordert (im Folgenden: Kleingewerbetreibende), wurde bei einem Gewerbeertrag (etc.) bis 26.000 € ein Grundbeitrag i. H. v. 50 €, bzw. bei einem Gewerbeertrag über 26.000 € ein Grund-

---

Betracht, wenn feststeht, dass die Beitreibung keinen Erfolg haben wird oder wenn die Kosten der Beitreibung in einem Missverhältnis zur Beitragsschuld stehen. Die Stundung wird meist in Anlehnung an § 222 AO geregelt; *Jahn*, in: Frentzel etc., IHKG, 7. Aufl., 2009, § 3 Rn. 111.

[349] *Franz*, Kammerfinanzierung, in: HdbKR, 2005, S. 323 (381 ff.).
[350] BGBl. I S. 1887.
[351] Dies geht aus der Begründung zu den Änderungsanträgen der Fraktionen der CDU/CSU, FDP und SPD, BT-Drs. 13/9975 (Anlage) hervor, durch die der endgültige Gesetzeswortlaut eingeführt wurde.

beitrag i.H.v. 60 € erhoben[352]. Gewerbetreibende mit Handelsregistereintragung oder deren Gewerbebetrieb nach Art und Umfang einen in kaufmännischer Weise eingerichteten Geschäftsbetrieb erfordert mit einem Gewerbeertrag etc. bis 36.000 € oder mit einem Verlust hatten hingegen einen Grundbeitrag i.H.v. 200 €, bzw. bei Überschreiten der Grenze von 36.000 € i.H.v. 350 € zu entrichten[353].

Wesentlich differenzierter war die Staffelung des Grundbeitrags bspw. bei der IHK Berlin[354]. Der Grundbeitrag für Nichtkaufleute betrug hier im Geschäftsjahr 2010 bei einem Gewerbeertrag etc. von 5.200 bis 15.000 €: 50 €, von über 15.000 bis 30.000 €: 75 € sowie von über 30.000 bis 50.000 €: 125 €. Der Grundbeitrag für Kaufleute betrug bei einem Verlust oder einem Gewerbeertrag bis 50.000 € ebenfalls 125 €. Darüber hinaus war der Grundbeitrag für alle Gewerbetreibenden mit einem Gewerbeertrag über 50.000 in insgesamt neun weiteren Stufen von 200 bis 15.000 € gestaffelt[355]. Schließlich wurde von allen Gewerbetreibenden, die zwei der nachfolgenden drei Kriterien erfüllten (mehr als 10,86 Mio. € Bilanzsumme, mehr als 21,72 Mio. € Umsatz, mehr als 250 Arbeitnehmer) ein Grundbeitrag i.H.v. 20.000 € erhoben[356].

Die Beispiele zeigen Pars pro Toto, dass die IHK, soweit nicht die auf nicht im Handelsregister Eingetragene bezogene Ausnahme gem. § 3 Abs. 3 S. 3 IHKG eingreift, auch im Falle eines Verlusts einen Grundbeitrag nach der niedrigsten einschlägigen Staffel erheben. Diese Praxis wurde in mehreren Gerichtsentscheidungen für grundsätzlich zulässig erachtet[357]. Dabei wurde u. a. darauf verwiesen, dass Verluste in bestimmten Betriebsjahren häufig in darauf folgenden Jahren ausgeglichen und steuermindernd geltend gemacht werden könnten[358] und dass auch mit Verlust wirtschaftenden Kammermitgliedern die Vorteile zugute kämen, die sich daraus ergäben, dass die jeweilige IHK die Gesamtinteressen der ihr zugehö-

---

[352] Vgl. § 6 Abs. 1 Beitragsordnung (BeitragsO) IHK Kassel von 2004 (zuletzt geändert 2006), <www.ihk-kassel.de/solva_docs/beitragsordnung_20081.pdf> i.V.m. Abschn. B. II. 2. Wirtschaftssatzung der IHK Kassel für das Geschäftsjahr 2010, <www.ihk-kassel.de/solva_docs/wirtschaftssatzung_2010.pdf >.

[353] Ähnlich z.B. auch die Wirtschaftssatzung der IHK Frankfurt a. M. 2010 die in Abschn. III. zunächst auch vier Staffeln (allerdings gesplittet bei 25.000 € für Kleingewerbetreibende und 38.000 € für sonstige Gewerbetreibende und mit Grundbeiträgen von 40, 60, 200 und 330 €) vorsah, zusätzlich aber auch einen Grundbeitrag i.H.v. 10.000 € für Gewerbetreibende, die zwei der drei folgenden Kriterien erfüllten: mehr als 500 Mio. € Bilanzsumme, mehr als 100 Mio. € Umsatz, mehr als 1.000 Beschäftigte.

[354] Abschn. B. II. der Wirtschaftssatzung der IHK zu Berlin für das Geschäftsjahr 2010 vom 08.01.2010, <www.berlin.ihk24.de/servicemarken/ueber_uns/Bekanntmachungen/haushalt/Wirtschaftssatzung_2010.pdf >.

[355] Abschn. B. II. Wirtschafssatzung der IHK zu Berlin 2010: Bei einem Gewerbeertrag (etc.) von 50.000 bis 100.000 €: 200 €; bis 200.000 €: 400 €; bis 400.000 €: 750 €; bis 800.000 €: 1.300 €; bis 1,5 Mio. €: 2.500 €; bis 3 Mio. €: 5.000 €; bis 5 Mio. €: 7.500 €; bis 10 Mio. €: 10.000 €; über 10 Mio. €: 15.000 €.

[356] Auf diesen Grundbeitrag wurde allerdings eine evtl. zu erhebende Umlage bis zur Höhe von 13.500 € angerechnet. Überstieg die Umlage 13.500 €, wurden diese Gewerbetreibenden entsprechend ihren Gewerbeerträgen in die jeweilige Grundbeitragsstaffel eingeordnet.

[357] So etwa VG Darmstadt, GewArch 2005, 429; 1997, 475.

[358] VG Darmstadt, GewArch 1997, 475.

rigen Gewerbetreibenden ihres Bezirks vertrete und an der Förderung der gewerblichen Wirtschaft mitwirke[359]. Als Kriterium der Grundbeitragsstaffelung wird – wie gezeigt – häufig die nach dem IHKG insbesondere auch für die Berechnung der Umlage entscheidende Referenzgröße des Gewerbeertrags bzw. Gewinns aus Gewerbebetrieb herangezogen[360].

dd) Die Umlage

aaa) Bemessungsgrundlagen für die Umlage

Bemessungsgrundlage für die dynamische Umlage als Hauptbestandteil des Kammerbeitrags ist gem. § 3 Abs. 3 S. 6 IHKG der Gewerbeertrag nach dem Gewerbesteuergesetz, falls – wie dies regelmäßig der Fall ist – für den Gewerbetreibenden für das Bemessungsjahr ein Gewerbesteuermessbetrag festgesetzt wird[361]. Wird hingegen für das Bemessungsjahr kein Gewerbesteuermessbetrag festgesetzt, was bei geringen Erträgen der Fall sein kann, ist Bemessungsgrundlage für die Umlage der nach dem EStG oder KStG ermittelte Gewinn aus Gewerbebetrieb. Die Finanzbehörden sind gem. § 31 Abs. 1 S. 1 AO verpflichtet, den IHK die Bemessungsgrundlagen für die Festsetzung der Umlage der einzelnen Mitglieder mitzuteilen.

Der Gewerbeertrag wird durch das Finanzamt im Rahmen der Festsetzung des Gewerbesteuermessbetrags ermittelt[362]. Gem. § 7 S. 1 GewStG ist der Gewerbeertrag der nach den Vorschriften des EStG oder des KStG zu ermittelnde Gewinn aus dem Gewerbebetrieb, der bei der Ermittlung des Einkommens für den dem Erhebungszeitraum (§ 14 GewStG) entsprechenden Veranlagungszeitraum zu berücksichtigen ist, vermehrt um die in § 8 GewStG bezeichneten Hinzurechnungen und vermindert um die in § 9 GewStG bezeichneten Kürzungen. In den Beitragsordnungen der IHK ist schließlich in der Regel festgelegt, dass der so ermittelte Betrag entsprechend der gewerbesteuerrechtlichen Systematik gem. § 10a GewStG in den dort geregelten Grenzen um noch nicht berücksichtigte Fehlbeträge der vorangegangenen Erhebungszeiträume gekürzt werden kann[363]. Die gewerbesteuerspezifischen Freibeträge des § 11 GewStG bleiben hingegen bei der Berechnung des Gewerbeertrags als Grundlage der Beitragserhebung durch die Kammer außer Betracht.

Die in Ermangelung der Festsetzung eines Gewerbesteuermessbetrags heranzuziehende Bemessungsgrundlage des nach dem EStG oder dem KStG ermittelten Gewinns aus Gewerbebetrieb ist im Lichte des Gleichbehandlungsgebots um Gewinne aus ausländischen Betriebsstätten, Beteiligungserträge von anderen Unter-

---

[359] VG Darmstadt, GewArch 1997, 475 mit Hinweis auf VGH Kassel, Beschluss vom 24. 07. 1995 (Az. 8 TE 1389/95).
[360] § 3 Abs. 3 S. 6 IHKG; *Franz*, Kammerfinanzierung, in: HdbKR, 2005, S. 323 (381 f.).
[361] *Franz*, Kammerfinanzierung, in: HdbKR, 2005, S. 323 (385 f.).
[362] Der Steuermessbetrag wird gem. § 11 Abs. 1 S. 2 GewStG durch Anwendung eines Hundertsatzes (Steuermesszahl) auf den Gewerbeertrag ermittelt.
[363] Vgl. bspw. § 4 Abs. 1 BeitragsO der IHK Berlin i.d.F. vom 14. 01. 2005.

nehmen und noch nicht ausgeglichene Gewerbeverluste aus Vorjahren (§ 10a GewStG) zu kürzen[364].

Ist ein Gewerbetreibender, da er eine oder mehrere auswärtige Betriebsstätten unterhält, Mitglied in verschiedenen IHK, kann die jeweilige IHK die Bemessungsgrundlage nur insoweit zur Berechnung des Beitrags heranziehen, als sie auf Gemeinden in ihrem Kammerbezirk entfällt[365]. Insoweit ist auf die Zerlegungsanteile gem. §§ 28 ff. GewStG abzustellen. Da im Falle des Bestehens von Betriebsstätten eines Steuerpflichtigen in mehreren Gemeinden die geschuldete Gewerbesteuer auf die entsprechenden Gemeinden verteilt werden muss, wird nach §§ 28 ff. GewStG eine Zerlegung des Steuermessbetrags in auf die einzelnen Gemeinden entfallende Anteile vorgenommen. Die durch Anknüpfung an Lohnsummen ermittelten Zerlegungsanteile, die auf Gemeinden im Kammerbezirk entfallen, sind dann für die Berechnung der Kammerbeiträge heranzuziehen. Soweit die Hilfsbemessungsgrundlage Gewinn aus Gewerbebetrieb einschlägig ist, ordnen die Beitragsordnungen der IHK eine entsprechende Zerlegung nach Maßgabe des GewStG, also im Ergebnis durch Anknüpfung an Lohnsummen, an[366].

Nicht gesetzlich geregelt ist die temporale Frage, die Bemessungsgrundlage welches Jahres für die Festsetzung der Umlage (und des Grundbeitrags) heranzuziehen ist. Das naheliegende Abstellen auf die Verhältnisse des aktuellen Jahres wird dadurch erschwert, dass die Finanzbehörden den Gewerbeertrag bzw. Gewinn erst nachträglich feststellen. Um eine aufwendige nachträgliche Korrektur von Vorauszahlungsbescheiden zu vermeiden, wurde früher daher oftmals schematisch auf einen bspw. drei Jahre zurückliegenden Zeitraum abgestellt[367]. Da die moderne Datenverarbeitung ein System von Vorauszahlungen und Abrechnungen allerdings wesentlich erleichtert hat, hat sich in den Wirtschaftssatzungen der IHK indes inzwischen die Regelung durchgesetzt, dass Bemessungsjahr für Grundbeitrag und Umlage das jeweils aktuelle Jahr ist[368]. Die Mitglieder werden dabei zu einer Vorauszahlung aufgrund des letzten der IHK vorliegenden Gewerbeertrags bzw. Gewinns aus Gewerbebetrieb herangezogen[369] oder in Ermangelung eines solchen

---

[364] *Jahn*, in: Frentzel etc., IHKG, 7. Aufl., 2009, § 3 Rn. 66.
[365] *Jahn*, in: Frentzel etc., IHKG, 7. Aufl., 2009, § 3 Rn. 67.
[366] Vgl. etwa § 8 BeitragsO IHK Köln; § 8 BeitragsO IHK Frankfurt a. M.; § 8 BeitragsO IHK Kassel.
[367] Die Zulässigkeit einer retrospektiven Anknüpfung wurde u. a. bejaht durch: VGH Kassel, BB 1969, 1328; OVG Münster, GewArch 1977, 268 f.; VGH Bad.-Württ., GewArch 1985, 368 (370).
[368] So etwa Abschn. B. III. Wirtschaftssatzung IHK Berlin 2010; Abschn. II. 4. Wirtschaftssatzung IHK Düsseldorf 2010; Abschn. V Wirtschaftssatzung IHK Frankfurt a. M. 2010; Abschn. B. V. Wirtschaftssatzung IHK Kassel 2010; Abschn. II. 4. Wirtschaftssatzung IHK Köln 2009; Abschn. II. 6. Wirtschaftssatzung IHK Leipzig 2010; *Franz*, Kammerfinanzierung, in: HdbKR, 2005, S. 323 (388) hält allein eine „Gegenwartsveranlagung" für zulässig.
[369] Siehe etwa Abschn. B. III. 1. Wirtschaftssatzung IHK Berlin 2010; Abschn. II. 5. Wirtschaftssatzung IHK Düsseldorf 2010; Abschn. B. VI. Wirtschaftssatzung IHK Kassel 2010; Abschn. II. 5. Wirtschaftssatzung IHK Köln 2010; Abschn. II. 7. Wirtschaftssatzung IHK Leipzig 2010.

aufgrund Schätzung entsprechend § 162 AO vorläufig veranlagt[370]. Nach Vorliegen der endgültigen Zahlen können diese Festsetzungen durch einen endgültigen Bescheid entsprechend nach oben oder unten korrigiert werden.

Zu beachten ist schließlich, dass die Bemessungsgrundlage, sei dies der Gewerbeertrag oder der Gewinn aus Gewerbebetrieb, bei natürlichen Personen und bei Personengesellschaften um einen Freibetrag i.H.v. 15.340 € zu kürzen ist, § 3 Abs. 3 S. 7 IHKG.

bbb) Berechnung der Umlage

Die von dem einzelnen Mitglied als Bestandteil seines Beitrags zu entrichtende Umlage wird durch Anwendung eines in der Wirtschaftssatzung der jeweiligen IHK festgelegten Hundertsatzes auf die – ggf. gem. § 3 Abs. 3 S. 7 IHKG gekürzte – Bemessungsgrundlage ermittelt. Dieser Umlagesatz muss prinzipiell einheitlich sein, da eine Differenzierung nach weiteren Kriterien die Anknüpfung an die gesetzlich vorgeschriebene Bemessungsgrundlage umgehen könnte[371]. Viele IHK wenden entsprechend einen einheitlichen Umlagesatz an, der für das Geschäftsjahr 2010 bei den verschiedenen Kammern z. B. 0,09 %[372], 0,15 %[373], 0,18[374], 0,21 %[375] oder 0,39 %[376] der Bemessungsgrundlage betrug. Davon abweichend legen einzelne Kammern in Anknüpfung an das Urteil des BVerwG aus dem Jahr 1990, das eine Staffelung des Umlagesatzes dann für grds. möglich hielt, wenn der Vorteil (Grenznutzen) aus der Kammerzugehörigkeit nicht mehr entsprechend mit der Bemessungsgrundlage gewachsen sein sollte[377], ab einer sehr hohen Bemessungsgrundlage einen geringeren Umlagesatz zugrunde[378].

ee) Die Ermittlung der Bemessungsgrundlagen

Die IHK benötigen für die Festsetzung der Kammerbeiträge, insbesondere der Umlagen, Informationen über die Bemessungsgrundlage, also insbesondere über den Gewerbeertrag und ggf. die Zerlegungsanteile sowie hilfsweise den Gewinn

---

[370] Siehe etwa Abschn. VI Wirtschaftssatzung IHK Frankfurt a. M. 2010; Abschn. II. 6. Wirtschaftssatzung IHK Region Stuttgart 2010.
[371] *Jahn*, in: Frentzel etc., IHKG, 7. Aufl., 2009, § 3 Rn. 60.
[372] So setzte die IHK Düsseldorf gem. Abschn. II. 3. der Wirtschaftssatzung 2009 eine Umlage i.H.v. nur 0,10 % und gem. Abschn. II. 3. der Wirtschaftssatzung 2010 i.H.v. nur 0,09 % der Bemessungsgrundlage fest.
[373] So bspw. die IHK für München und Oberbayern (Abschn. II. 4. der Wirtschaftssatzung 2010).
[374] So bspw. die IHK Frankfurt a. M. (Abschn. IV der Wirtschaftssatzung 2010) und die IHK Köln (Abschn. II. 3. der Wirtschaftssatzung 2010).
[375] So bspw. die IHK Region Stuttgart (Abschn. II. 4. der Wirtschaftssatzung 2010).
[376] So die IHK Berlin (Abschn. B. II. 13. Wirtschaftssatzung 2010).
[377] BVerwG, GewArch 1990, 398 (399 f.).
[378] So erhob die IHK Kassel als Umlage gem. Abschn. B. III. der Wirtschaftssatzungen 2009 und 2010 bis zu einer Bemessungsgrundlage i.H.v. 76 Mio. € 0,29 % und für darüber hinausgehende Gewerbeerträge bzw. Gewinne 0,1 % der Bemessungsgrundlage.

aus Gewerbebetrieb des jeweiligen Kammermitglieds. Die Finanzbehörden sind gem. § 31 Abs. 1 S. 1 AO berechtigt und verpflichtet, den IHK die erforderlichen Steuermessbeträge, Steuerbeträge und Besteuerungsgrundlagen mitzuteilen. Spiegelbildlich dazu aus Perspektive der IHK regelt der zuletzt zum 1. Januar 2008 modifizierte § 9 Abs. 2 IHKG, dass die IHK und ihre Gemeinschaftseinrichtungen, die öffentliche Stellen i. S. d. § 2 Abs. 2 BDSG sind, zur Festsetzung der Beiträge Angaben zur Gewerbesteuerveranlagung sowie die in § 3 Abs. 3 IHKG genannten Bemessungsgrundlagen bei den Finanzbehörden erheben dürfen[379]. In der Praxis erfolgt die Übermittlung der Beitragsbemessungsdaten aufgrund von Erlassen der Landesfinanzminister und entsprechenden Rahmenvereinbarungen zwischen Kammern und Finanzverwaltung an die Rechenzentren der Kammern, die sie an die zuständigen Kammern weiterverteilen[380].

Soweit die erforderlichen Daten nicht gem. § 9 Abs. 2 IHKG durch Übermittlung der Finanzbehörden erhoben worden sind, sind die Kammerzugehörigen gem. § 3 Abs. 3 S. 8 IHKG verpflichtet, der Kammer Auskunft über die zur Festsetzung der Beiträge erforderlichen Grundlagen zu geben. Die Kammer ist gem. § 3 Abs. 3 S. 8 2. HS IHKG in diesem Zusammenhang zudem berechtigt, die sich hierauf beziehenden Geschäftsunterlagen einzusehen.

ff) Ausnahmen von der Beitragspflicht

aaa) Beitragsfreistellung für Kleingewerbetreibende und Existenzgründer

(1) Die Beitragsfreistellung für Kleingewerbetreibende, § 3 Abs. 3 S. 3 IHKG. Gem. § 3 Abs. 3 S. 3 IHKG sind vom Beitrag, also sowohl vom Grundbeitrag als auch von der Umlage, natürliche Personen und Personengesellschaften freigestellt, die nicht im Handelsregister eingetragen sind und deren Gewerbeertrag bzw. Gewinn aus Gewerbebetrieb 5.200 € nicht übersteigt. Nicht beitragsbefreit können danach also bspw. eingetragene Genossenschaften sowie Kapitalgesellschaften als juristische Personen sein. Sog. „Ist-Kaufleute" i. S. v. § 1 HGB, also Personen, deren (Handels-)Unternehmen gem. § 1 Abs. 2 HGB nach Art und Umfang einen in kaufmännischer Weise eingerichteten Geschäftsbetrieb erfordert, sind gem. § 29 HGB zur Eintragung ihrer Firma in das Handelsregister verpflichtet. Entscheidend für das Nichteingreifen der Befreiungsvorschrift des § 3 Abs. 3 S. 3 IHKG ist allerdings der formale Zustand der Eintragung. Auch Ist-Kaufleute sind also nicht bereits aufgrund ihrer Eintragungsverpflichtung, sondern erst mit der erfolgten Eintragung im Handelsregister vom Anwendungsbereich der Befreiungsvorschrift ausgenommen[381]. Sog. „Kann-Kaufleute", also Personen i. S. v. § 2 HGB, deren Unternehmen

---

[379] *Franz*, Kammerfinanzierung, in: HdbKR, 2005, S. 323 (399).
[380] *Karstedt-Meierrieks*, in: Frentzel etc., IHKG, 7. Aufl., 2009, § 9 Rn. 15; von der Möglichkeit des § 12 Abs. 1 Nr. 5 IHKG, in die Länderausführungsgesetze zum IHKG eine Pflicht der Finanzbehörden aufzunehmen, den IHK die für die Festsetzung der Beiträge erforderlichen Unterlagen mitzuteilen, ist daher abgesehen worden.
[381] Missverständlich insoweit *Frentzel/Jäkel/Junge*, IHKG, 6. Aufl., 1999, § 3 Rn. 74.

II. 2. e) Die Beitragspflicht der Mitglieder 465

gem. § 1 Abs. 2 HGB nach Art oder Umfang einen in kaufmännischer Weise eingerichteten Geschäftsbetrieb nicht erfordert, werden durch Eintragung zu Kaufleuten. Da für § 3 Abs. 3 S. 3 IHKG das formale Kriterium der (Nicht-)Eintragung entscheidend ist, gilt für sie indes nichts anderes als für Ist-Kaufleute: Sobald und solange sie in das Handelsregister eingetragen sind, sind sie vom Anwendungsbereich der Befreiungsvorschrift ausgenommen.

Weitere Voraussetzung des Eingreifens des Befreiungstatbestandes gem. § 3 Abs. 3 S. 3 IHKG neben der Eigenschaft als natürliche Person oder Personengesellschaft und der Nichteintragung in das Handelsregister ist, dass der Gewerbeertrag nach dem GewStG oder hilfsweise der nach dem EStG ermittelte Gewinn aus Gewerbebetrieb 5.200 € nicht übersteigt. In der zum 1. Januar 1999 in das IHKG eingefügten Freistellungsregelung für Kleingewerbetreibende war der Grenzbetrag zunächst nicht im IHKG selbst, sondern durch Bezugnahme auf § 141 Abs. 1 Nr. 1 AO geregelt. Der Grenzbetrag gem. § 2 Abs. 3 S. 3 a.F. IHKG lag bei 2% des in § 141 Abs. 1 Nr. 1 AO genannten Betrags und damit bei 10.000 DM[382]. Mit der Gesetzesänderung zum 1. Januar 2004 wurde die Beitragsgrenze dann auf einem vergleichbaren Niveau i.H.v. 5.200 € in § 3 Abs. 3 S. 3 IHKG geregelt. Da es sich um eine Beitragsfreigrenze und nicht um einen Freibetrag handelt, sind die Kammerzugehörigen – vorbehaltlich der weiteren Regelungen – umfassend (ab dem ersten Euro) beitragspflichtig, sobald ihr Gewerbeertrag bzw. Gewinn den Betrag von 5.200 € im jeweiligen Bemessungsjahr übersteigt.

(2) Die Beitragsfreistellung für Existenzgründer, § 3 Abs. 3 S. 4 IHKG. Der zum 1. Januar 2004 in das IHKG eingefügte § 3 Abs. 3 S. 4 IHKG enthält in Anknüpfung an die Regelung des § 3 Abs. 3 S. 3 IHKG weitere Beitragsprivilegien für Existenzgründer: Die in § 3 Abs. 3 S. 3 IHKG genannten natürlichen Personen sind unter bestimmten Voraussetzungen, die primär gewährleisten sollen, dass es sich um echte Existenzgründer handelt, für das Geschäftsjahr einer IHK, in dem die Betriebseröffnung erfolgt, und für das darauf folgende Jahr von der Umlage und vom Grundbeitrag sowie für das dritte und vierte Jahr von der Umlage befreit, wenn ihr Gewerbeertrag oder Gewinn aus Gewerbebetrieb 25.000 € nicht übersteigt.

§ 3 Abs. 3 S. 4 IHKG erfasst nur natürliche Person. Personenmehrheiten sind also vom Anwendungsbereich ausgenommen. Die in § 3 Abs. 3 S. 3 IHKG genannten natürlichen Personen sind solche, die nicht im Handelsregister eingetragen sind. Dass hier nicht auch auf die Gewerbeertrags-/Gewinngrenze des § 3 Abs. 3 IHKG i.H.v. 5.200 € rekurriert wird, ergibt sich schon daraus, dass § 3 Abs. 3 S. 4 IHKG eine eigene Grenze i.H.v. 25.000 € nennt. Die weiteren Voraussetzungen, die eine Beschränkung auf echte Existenzgründer gewährleisten sollen, sind, dass die Person in den letzten fünf Wirtschaftsjahren vor ihrer Betriebseröffnung weder Einkünfte aus Land- und Forstwirtschaft, Gewerbebetrieb oder selbständiger Arbeit erzielt hat, noch an einer Kapitalgesellschaft mittelbar oder unmittelbar zu mehr

---

[382] *Jahn*, Zur Beitragsentlastung der Unternehmen, in: BB 1999, 7 (8 f.).

als einem Zehntel beteiligt gewesen ist. Regelmäßig unschädlich ist aufgrund der hohen Hürde einer mehr als zehnprozentigen Beteiligung mithin ein sich im normalen Rahmen bewegender Aktienbesitz aus Geldanlagegründen. Schließlich darf der Gewerbeertrag oder Gewinn aus Gewerbebetrieb – wie erwähnt – 25.000 € im jeweiligen Bemessungsjahr nicht übersteigen.

Sind die genannten Voraussetzungen erfüllt, ist der Kammerzugehörige als Existenzgründer gem. § 3 Abs. 3 S. 4 IHKG in den ersten beiden Jahren der betrieblichen Existenz sowohl vom Grundbeitrag als auch von der Umlage, also vom gesamten Kammerbeitrag, und im dritten und vierten Jahr von der Umlage befreit. Im dritten und vierten Jahr besteht also zumindest die Verpflichtung zur Leistung des Grundbeitrags.

(3) Möglichkeit zur Herabsetzung der Freistellungsgrenzen gem. § 3 Abs. 3 S. 5 IHKG. § 3 Abs. 3 S. 5 IHKG räumt den IHK die Möglichkeit ein, die in den Freistellungsregelungen der Sätze 3 und 4 des § 3 Abs. 3 IHKG genannten Grenzen für den Gewerbeertrag oder den Gewinn aus Gewerbebetrieb für das betreffende Geschäftsjahr herabzusetzen, wenn nach dem Stand der zum Zeitpunkt der Verabschiedung der Wirtschaftssatzung vorliegenden Bemessungsgrundlagen zu besorgen ist, dass bei der jeweiligen IHK die Zahl der Beitragspflichtigen, die einen Beitrag entrichten, durch die Freistellungsregelungen der Sätze 3 und 4 auf weniger als 55 vom Hundert aller ihr zugehörigen Gewerbetreibenden sinkt. Hintergrund dieser Möglichkeit zur Absenkung der Beitragsfreistellungsgrenzen ist das schon erwähnte Urteil des BVerwG aus dem Jahr 1990, in dem im Lichte des beitragsrechtlichen Äquivalenzprinzips festgestellt wurde, dass sicherzustellen sei, dass die Beitragslasten möglichst gleichmäßig auf die Mitglieder verteilt seien, und insbesondere nicht zu viele Mitglieder von der Pflicht zur Beitragsleistung befreit sein dürften[383].

Unmittelbare Reaktion des Gesetzgebers auf dieses Urteil war die bereits erwähnte Regelung des Änderungsgesetzes aus dem Jahr 1992, nach der auch von zuvor beitragsbefreiten Kleingewerbetreibenden grundsätzlich ein Beitrag erhoben wurde[384]. Nicht zuletzt die dadurch ausgelöste Klagewelle von Kleingewerbetreibenden, die erstmals der Beitragspflicht unterfielen, bewog den Gesetzgeber dann allerdings zur Reform der Reform, durch die zum 1. Januar 1999 die Befreiungsvorschrift für Kleingewerbetreibende in § 3 Abs. 3 S. 3 IHKG a. F. eingefügt wurde. Um den Anforderungen des Äquivalenzprinzips auch unter diesen geänderten Rahmenbedingungen gerecht werden zu können, wurde gleichzeitig die Möglichkeit zur Absenkung der Beitragsfreistellungsgrenzen durch die jeweilige IHK in § 3 Abs. 3 S. 4 IHKG a. F. eingeführt, die damals allerdings früher, bei einer Grenze

---

[383] BVerwG, GewArch 1990, 398 (400); das BVerwG sah sich hier nicht veranlasst, eine konkrete Grenze des noch zulässigen Anteils vom Beitrag freigestellter Mitglieder zu benennen, da diese Grenze im zu entscheidenden Fall jedenfalls nicht überschritten war.

[384] Art. 2 Nr. 5 des Gesetzes zur Änderung von Gesetzen auf dem Gebiet des Rechts der Wirtschaft vom 21. 12. 1992, BGBl. 1992 I S. 2133 (2133 f.).

II. 2. e) Die Beitragspflicht der Mitglieder

von zwei Dritteln, eingriff und ein zweistufiges Reaktionssystem vorsah[385]: War zu besorgen, dass bei einer IHK aufgrund der Besonderheiten der Wirtschaftsstruktur ihres Bezirks die Zahl der Beitragspflichtigen aufgrund der Freistellungsgrenze für Kleingewerbetreibende auf weniger als zwei Drittel aller ihr zugehörigen Gewerbetreibenden sank, konnte die Vollversammlung die Freistellung auf einer ersten Stufe davon abhängig machen, dass der Umsatz des Kammerzugehörigen 20 vom Hundert des in § 141 Abs. 1 Nr. 1 AO genannten Betrags (im Jahr 1999: 100.000 DM) nicht überstieg, und, falls dies nicht ausreichte, auf einer zweiten Stufe eine entsprechend niedrigere Freistellungsgrenze beschließen. Im Rahmen der Änderungen des IHKG zum 1. Januar 2004 wurde dann aber im neuen § 3 Abs. 3 S. 5 IHKG zum einen die Möglichkeit gestrichen, für die Freistellung eine Umsatzobergrenze festzulegen, und zum anderen der Anteil der Beitragspflichtigen, ab dessen voraussichtlicher Unterschreitung die Möglichkeit zur Absenkung der Freistellungsgrenze besteht, von zwei Dritteln auf 55% gesenkt[386].

Zu betonen ist, dass die Vollversammlung der jeweiligen IHK vor Verabschiedung des Haushalts eine Prognoseentscheidung zu treffen hat, ob anhand der ihr vorliegenden Informationen zu besorgen ist, dass die Zahl der Beitragspflichtigen, die einen Beitrag entrichten, durch die in den Sätzen 3 und 4 genannten Freistellungsregelungen auf weniger als 55% aller der Kammer zugehörigen Gewerbetreibenden sinkt[387]. Nach dem Wortlaut von § 3 Abs. 3 S. 5 IHKG muss die zu besorgende Beitragsfreistellung von mehr als 45% der der Kammer zugehörigen Gewerbetreibenden nicht allein auf § 3 Abs. 3 S. 3 und 4 IHKG zurückzuführen sein. Zu diesen mehr als 45% vom Beitrag Freigestellten können also z. B. auch Gewerbetreibende, die als handwerkliche Mischbetriebe gem. § 3 Abs. 4 S. 1 IHKG vom Beitrag freigestellt sind, gezählt werden[388]. Entscheidend ist, dass zu besorgen ist, dass durch die in § 3 Abs. 3 S. 3 und 4 genannten Freistellungsregeln die Grenze von 55% Beitragszahlern unterschritten wird. Da es sich um eine Prognoseentscheidung handelt, kann eine entsprechende Absenkung der Freistellungsgrenzen auch dann rechtmäßig sein, wenn sich im Nachhinein herausstellt, dass die Grenze von 55% vom Beitrag Freigestellter im Geschäftsjahr im Lichte der gesetzlichen Freistellungsgrenzen gem. § 3 Abs. 3 S. 3 und 4 IHKG tatsächlich nicht überschritten wurde[389]. Entscheidend ist, dass die Prognose im Lichte des verfügbaren Zahlenmaterials vertretbar war.

---

[385] Vgl. zu § 3 Abs. 3 S. 4 IHKG a. F.: BT-Drs. 13/9975, S. 7 f.; *Jahn*, Zur Reform des Rechts der IHK ab 01.01.1999, in: GewArch 1998, 356 (359); *Frentzel/Jäkel/Junge*, IHKG, 6. Aufl., 1999, § 3 Rn. 76 ff.

[386] BGBl. 2003 I S. 2934 (2950); kritisch zur Frage, ob angesichts der abgesenkten Mindestzahl beitragspflichtiger IHK-Mitglieder das Äquivalenzprinzip noch gewahrt ist: *Jahn*, Kammerzugehörigkeit und Beitragspflicht, in: DB 2004, 802 (804).

[387] Zu Details im Hinblick auf die Vorgehensweise gem. § 3 Abs. 3 S. 5 IHKG: *Jahn*, in: Frentzel etc., IHKG, 7. Aufl., 2009, § 3 Rn. 78 f.

[388] So auch *Jahn*, in: Frentzel etc., IHKG, 7. Aufl., 2009, § 3 Rn. 78.

[389] Vgl. BT-Drs. 13/9975, S. 8.

Was die Höhe der Absenkung der Freistellungsgrenzen in § 3 Abs. 3 S. 3 und 4 IHKG betrifft, spricht § 3 Abs. 3 S. 5 IHKG von einer entsprechenden Herabsetzung. Daraus ist zu schließen, dass die Freistellungsgrenzen für den Gewerbeertrag bzw. Gewinn aus Gewerbebetrieb aus § 3 Abs. 3 S. 3 und 4 IHKG nicht soweit abgesenkt werden dürfen, dass die Grenze von 55 % Beitragspflichtigen im Beitragsjahr überschritten wird[390]. Eine Absenkung, die den Anteil der Beitragspflichtigen voraussichtlich über die Grenze von 55 % steigert, ist entsprechend rechtswidrig. Auch hier ist indes auf den Prognosecharakter der Entscheidung hinzuweisen[391]. Entscheidend ist also die ex ante-Beurteilung anhand des zur Verfügung stehenden Zahlenmaterials. Natürlich muss eine Fehlprognose bei den Entscheidungen der Vollversammlung in den Folgejahren entsprechend berücksichtigt werden.

bbb) Möglichkeit der Grundbeitragsermäßigung für Komplementär- und Tochtergesellschaften gem. § 3 Abs. 3 S. 9 und 10 IHKG

Gem. § 3 Abs. 3 S. 9 und 10 IHKG, die den als sprachlich verunglückt geltenden früheren § 3 Abs. 3 S. 9 IHKG a. F. zum 1. Januar 2008 abgelöst haben, kann die IHK Komplementär- und hundertprozentigen Tochtergesellschaften einen ermäßigten Grundbeitrag einräumen, da diese eine wirtschaftliche Einheit mit einer anderen beitragspflichtigen Gesellschaft bilden[392]. In S. 9 geht es um sog. Komplementärgesellschaften, also Kapitalgesellschaften, deren gewerbliche Tätigkeit sich in der Funktion eines persönlich haftenden Gesellschafters in nicht mehr als einer Personenhandelsgesellschaft erschöpft, sofern beide Gesellschaften derselben Kammer zugehören. Gem. § 3 Abs. 3 S. 10 IHKG kann der ermäßigte Grundbeitrag auch bestimmten Tochtergesellschaften, nämlich Gesellschaften mit Sitz im Bezirk der Kammer eingeräumt werden, deren sämtliche Anteile von einem im Handelsregister eingetragenen Unternehmen mit Sitz in derselben Kammer gehalten werden. Beide Regelungen stehen im Ermessen der Kammer und sind auch nicht abschließend[393]. Die IHK kann also in ihrem Satzungsrecht den Grundbeitrag auch in Anknüpfung an andere Kriterien reduzieren.

ccc) Der Umlagefreibetrag für natürliche Personen und Personengesellschaften gem. § 3 Abs. 3 S. 7 IHKG

Wie bereits oben im Abschnitt über die Umlage erwähnt wurde, ist bei natürlichen Personen und bei Personengesellschaften die Bemessungsgrundlage für die Umlage gem. § 3 Abs. 3 S. 7 IHKG um einen Freibetrag in Höhe von 15.340 € zu kürzen. Natürliche Personen oder Personengesellschaften zahlen folglich überhaupt erst eine Umlage, wenn sie im Bemessungszeitraum einen Gewerbeertrag bzw. Gewinn

---

[390] Vgl. zu § 3 Abs. 3 S. 4 IHKG a. F. *Frentzel/Jäkel/Junge*, IHKG, 6. Aufl., 1999, § 3 Rn. 76.
[391] *Franz*, Kammerfinanzierung, in: HdbKR, 2005, S. 323 (371).
[392] BT-Drs. 16/4391, S. 31.
[393] *Jahn*, in: Frentzel etc., IHKG, 7. Aufl., 2009, § 3 Rn. 80.

von mehr als 15.340 € erzielt haben. Auf den Grundbeitrag hat dieser Freibetrag hingegen keine Auswirkung[394].

Ziel des Umlagefreibetrags ist ein schematischer Ausgleich bzw. eine schematische Milderung der Nachteile, die natürlichen Personen bzw. Personengesellschaften bei der Ermittlung des Gewerbeertrags bzw. Gewinns aus Gewerbebetrieb im Vergleich zu juristischen Personen bspw. aus dem Grund entstehen, dass sie kein Geschäftsführergehalt in Abzug bringen können[395]. Vor diesem Hintergrund steht der Freibetrag jeder natürlichen Person oder Personengesellschaft nur einmal zu. Besteht also z.B. aufgrund der Existenz mehrerer Betriebsstätten in verschiedenen IHK-Bezirken eine Mitgliedschaft in mehreren IHK, kann der Freibetrag nur einmal vor der Zerlegung des Gewerbeertrags bzw. Gewinns in Abzug gebracht werden[396].

ddd) Die eingeschränkte Beitragspflicht handwerklicher Mischbetriebe gem. § 3 Abs. 4 S. 1 IHKG

Natürliche und juristische Personen und Personengesellschaften, die in der Handwerksrolle oder in dem Verzeichnis nach § 19 HwO eingetragen sind und deren Gewerbebetrieb nach Art und Umfang einen in kaufmännischer Weise eingerichteten Geschäftsbetrieb erfordert, sind gem. § 3 Abs. 4 S. 1 IHKG nur beitragspflichtig, wenn der Umsatz des nichthandwerklichen oder nichthandwerksähnlichen Betriebsteils 130.000 € übersteigt. Diese Regelung ergänzt die Vorschrift des § 2 Abs. 3 IHKG, nach der Mischbetriebe, die neben einem handwerklichen oder handwerksähnlichen Gewerbe sonstige gewerbliche Tätigkeiten ausüben, neben ihrer Mitgliedschaft in der Handwerkskammer gem. § 90 Abs. 2 HwO im Hinblick auf den nichthandwerklichen oder nichthandwerksähnlichen Betriebsteil auch Mitglieder der IHK sind[397]. Da handwerkliche Mischbetriebe nur mit ihrem nichthandwerklichen bzw. nichthandwerksähnlichen Betriebsteil der IHK angehören, bilden auch nur die Gewerbeerträge bzw. Gewinne dieser nichthandwerklichen bzw. nichthandwerksähnlichen Betriebsteile die Bemessungsgrundlage für den IHK-Beitrag. Vor dem Hintergrund, dass die entsprechenden Personen bzw. Gesellschaften regelmäßig zugleich Mitglied der Handwerkskammer sind und dort Beiträge leisten, schränkt § 3 Abs. 4 S. 1 IHKG die Beitragspflicht für den IHK-zugehörigen Betriebsteil weiter ein. Folgende zusätzliche Voraussetzungen müssen vorliegen, damit ein in der Handwerksrolle oder in dem Verzeichnis der Inhaber von Betrieben eines zulassungsfreien Handwerks oder handwerksähnlicher Be-

---

[394] *Jahn*, Zur Reform des Rechts der IHK ab 01.01.1999, in: GewArch 1998, 356 (359f.).
[395] Vgl. die Gesetzesbegründungen bei Einführung des Freibetrags (i.H.v. 15.000 DM) im Rahmen der Beitragsreform von 1992 (BT-Drs. 12/3320, S. 8) sowie bei Erhöhung des Freibetrags auf 30.000 DM zum 01.01.1999 (BT-Drs. 13/9378, S. 5); *Franz*, Kammerfinanzierung, in: HdbKR, 2005, S. 323 (370).
[396] *Jahn*, Die Beitragsbelastung der Unternehmen, in: BB 1993, 2388 (2392); *ders.*, in: Frentzel etc., IHKG, 7. Aufl., 2009, § 3 Rn. 84.
[397] *Jahn*, in: Frentzel etc., IHKG, 7. Aufl., 2009, § 2 Rn. 122.

triebe gem. § 19 HwO eingetragener Mischbetrieb nach § 3 Abs. 4 S. 1 IHKG überhaupt zur IHK beitragspflichtig ist[398]:
Zum Ersten muss der betreffende Gewerbebetrieb nach Art und Umfang einen in kaufmännischer Weise eingerichteten Geschäftsbetrieb erfordern. Diese Voraussetzung ist identisch mit der in § 1 Abs. 2 HGB (negativ) geregelten Voraussetzung eines Handelsgewerbes und damit der Ist-Kaufmann-Eigenschaft nach § 1 Abs. 1 HGB. Aus Vereinfachungsgründen stellen die IHK daher in der Praxis meist nicht im Einzelnen fest, ob der Gewerbebetrieb tatsächlich nach Art und Umfang einen in kaufmännischer Weise eingerichteten Geschäftsbetrieb erfordert, sondern richten sich nach der Handelsregistereintragung[399]. Die Handelsregistereintragung ist aber natürlich nur ein – wenn auch starkes – Indiz für das Vorliegen der ersten Voraussetzung des § 3 Abs. 4 S. 1 IHKG. So kann es bspw. auch vorkommen, dass, obwohl der Gewerbebetrieb nach Art und Umfang einen in kaufmännischer Weise eingerichteten Geschäftsbetrieb erfordert, die nach § 29 HGB erforderliche Eintragung in das Handelsregister unterblieben ist. Im Zweifelsfall ist daher anhand materialer Kriterien zu überprüfen, ob der betreffende Gewerbebetrieb nach Art und Umfang einen in kaufmännischer Weise eingerichteten Geschäftsbetrieb erfordert. Kriterien für diese nicht immer einfache Feststellung sind bspw. im Hinblick auf die Art des Gewerbebetriebs die Notwendigkeit der Kreditaufnahme oder einer doppelten Buchführung und im Hinblick auf den Umfang der Umsatz, die Anzahl der Beschäftigten, das Betriebsvermögen und die Zahl der Standorte[400].
Zum Zweiten muss der Umsatz des nichthandwerklichen oder nichthandwerksähnlichen Betriebsteils 130.000 € übersteigen. Dabei sind die Umsätze sämtlicher nichthandwerklichen oder nichthandwerksähnlichen Betriebsteile des Unternehmens zu berücksichtigen, also auch jener Betriebsteile, die außerhalb des betreffenden IHK-Bezirks liegen. Liegt daher der Umsatz der nichthandwerklichen oder nichthandwerksähnlichen Betriebsteile des Mischunternehmens nicht über 130.000 €, muss das entsprechende Unternehmen im Hinblick auf die Doppelmitgliedschaft in der Handwerkskammer überhaupt keinen IHK-Beitrag entrichten, obwohl es prinzipiell alle Mitgliedsrechte der IHK innehat.
Sind die beiden Voraussetzungen erfüllt, erfordert also der Gewerbebetrieb nach Art und Umfang einen in kaufmännischer Weise eingerichteten Geschäftsbetrieb und übersteigt der Umsatz des nichthandwerklichen und nichthandwerksähnlichen Betriebsteils 130.000 €, ist der Mischbetrieb im Hinblick auf seinen Gewerbeertrag bzw. Gewinn aus Gewerbebetrieb aus den nichthandwerklichen und nichthandwerksähnlichen Betriebsteilen, die der betreffenden IHK zuzurechnen sind, bei dieser beitragspflichtig. Daher muss nun, nachdem im Rahmen von § 3 Abs. 4 S. 1 IHKG ja allein der Umatz entscheidend war, der Gewerbeertrag bzw. Gewinn aus

---

[398] *Jahn*, Die Beitragsbelastung der Unternehmen, in: BB 1993, 2388 (2393) zu § 3 Abs. 4 S. 1 IHKG a. F.
[399] *Jahn*, in: Frentzel etc., IHKG, 7. Aufl., 2009, § 3 Rn. 90.
[400] *Kögel*, Geschäftsbetrieb, in: DB 1998, 1802 ff.; *Jahn*, in: Frentzel etc., IHKG, 7. Aufl., 2009, § 3 Rn. 90.

II. 2. e) Die Beitragspflicht der Mitglieder 471

Gewerbebetrieb des gesamten Mischbetriebs auf die IHK einerseits und die Handwerkskammer andererseits aufgeteilt werden. Um die Bemessungsgrundlage für die Umlage – und ggf. auch den Grundbeitrag[401] – der IHK zu ermitteln, wird in der Praxis meist wie folgt verfahren: Der vom Finanzamt mitgeteilte Gewerbeertrag bzw. Gewinn aus Gewerbebetrieb – bzw. falls Betriebsstätten in verschiedenen IHK-Bezirken bestehen, der entsprechend zerlegte Gewerbeertrag bzw. Gewinn – wird entsprechend den auf die einzelnen Betriebsteile entfallenden Umsätzen auf diese aufgeteilt[402]. Die Gewerbeerträge bzw. Gewinne der nichthandwerklichen bzw. nichthandwerksähnlichen Betriebsteile bilden die Bemessungsgrundlage für den IHK-Beitrag. Handelt es sich um einen Mischbetrieb, bei dem sich die Umsatzrenditen der der Handwerkskammer zuzurechnenden handwerklichen und handwerksähnlichen Betriebsteile einerseits und der der IHK zuzurechnenden nichthandwerklichen und nichthandwerksähnlichen Betriebsteile andererseits regelmäßig voneinander unterscheiden, ist ein anderer Aufteilungsmaßstab zugrunde zu legen, wobei sich IHK und Handwerkskammern hier regelmäßig auf einen Maßstab einigen[403].

eee) Die eingeschränkte Beitragspflicht für Apotheker gem. § 3 Abs. 4 S. 2 IHKG

Inhaber von Apotheken werden gem. § 3 Abs. 4 S. 2 IHKG nur mit einem Viertel ihres Gewerbeertrags oder hilfsweise ihres nach dem EStG oder KStG ermittelten Gewinns aus Gewerbebetrieb zum Grundbeitrag[404] und zur Umlage veranlagt. Hintergrund dieser Beitragsprivilegierung für Apotheker ist ähnlich wie bei den handwerklichen Mischbetrieben, dass Apotheker regelmäßig über eine doppelte Kammermitgliedschaft verfügen: Da Apotheken (auch) Gewerbebetriebe sind[405], gehören ihre Inhaber der IHK an[406]. In den meisten Bundesländern sind sie allerdings zugleich Mitglied einer auf landesgesetzlicher Grundlage gebildeten Apothekenkammer[407]. Anders als bei handwerklichen Mischbetrieben gem. § 3 Abs. 4 S. 1 IHKG hat der Gesetzgeber jedoch bei Apothekeninhabern keine Umsatzgrenze festgelegt, ab der die Beitragspflicht entsteht. Da Apotheker gem. § 3 Abs. 4 S. 2 IHKG lediglich mit einem Viertel der eigentlichen Bemessungsgrundlage zum Kammerbeitrag herangezogen werden, ist auch für die Beitragsbefreiungsgrenzen im Rahmen von § 3 Abs. 3 S. 3 und S. 4 IHKG auf den geviertelten Gewerbeertrag bzw. Gewinn aus Gewerbebetrieb abzustellen[408].

---

[401] Soweit dieser im Hinblick auf die Staffelung an den Gewerbeertrag bzw. Gewinn aus Gewerbebetrieb anknüpft.
[402] *Jahn*, in: Frentzel etc., IHKG, 7. Aufl., 2009, § 3 Rn. 95.
[403] *Jahn*, in: Frentzel etc., IHKG, 7. Aufl., 2009, § 3 Rn. 95 f.
[404] Soweit dieser im Hinblick auf eine Staffelung an den Gewerbeertrag bzw. Gewinn aus Gewerbebetrieb anknüpft.
[405] BVerfGE 5, 25 (29 ff.); 7, 377 ff.; NJW 1996, 3067 (3068); BVerwGE 4, 167 (169).
[406] VG Koblenz, GewArch 1992, 418; VG Würzburg, GewArch 1995, 293.
[407] *Franz*, Kammerfinanzierung, in: HdbKR, 2005, S. 323 (374).
[408] *Jahn*, in: Frentzel etc., IHKG, 7. Aufl., 2009, § 3 Rn. 98.

fff) *Die eingeschränkte Beitragspflicht für Freiberufler, Land- und Forstwirte sowie Binnenfischer gem. § 3 Abs. 4 S. 3 IHKG*

Die in § 3 Abs. 4 S. 2 IHKG geregelte Beitragsprivilegierung für Apothekeninhaber findet gem. § 3 Abs. 4 S. 3 IHKG auch auf Freiberufler und bestimmte andere Personengruppen, die regelmäßig mehreren Kammern angehören, wenn sie Beiträge an eine oder mehrere andere Kammern entrichten, mit der Maßgabe Anwendung, dass statt eines Viertels bei diesen Personen lediglich ein Zehntel der Bemessungsgrundlage bei der Veranlagung zugrunde gelegt wird. Diese deutliche Beitragsprivilegierung setzt seit der Neufassung von § 3 Abs. 4 S. 3 IHKG im Rahmen der Handwerksnovelle zum 1. Januar 2004 zweierlei voraus[409]: Erstens muss das IHK-Mitglied einer bestimmten Personengruppe angehören, die regelmäßig Mitglied auch in anderen Kammern ist: § 3 Abs. 4 S. 3 IHKG gilt für IHK-Mitglieder, die oder deren sämtliche Gesellschafter vorwiegend einen freien Beruf ausüben[410] oder Land- oder Forstwirtschaft auf einem im Bezirk der IHK belegenen Grundstück oder als Betrieb der Binnenfischerei Fischfang in einem im Bezirk der IHK belegenen Gewässer betreiben. Zweitens muss das entsprechende IHK-Mitglied tatsächlich Beiträge an eine oder mehrere andere Kammern entrichten. Durch dieses Erfordernis wird – anders als dies bei der Beitragsprivilegierung für Apothekeninhaber gem. § 3 Abs. 4 S. 2 IHKG der Fall ist – sichergestellt, dass die IHK-Beitragsprivilegierung nur dann entsteht, wenn tatsächlich eine doppelte Kammermitgliedschaft gegeben ist, die zu einer Beitragsentrichtung in der anderen Kammer führt. Dies ist vor allem für Land- und Forstwirte sowie Binnenfischer relevant, da nur in den Bundesländern Bremen, Hamburg, Niedersachsen, Nordrhein-Westfalen, Rheinland-Pfalz, Saarland und Schleswig-Holstein auf landesgesetzlicher Grundlage errichtete Landwirtschaftskammern bestehen, denen die genannten Berufskreise angehören können[411]. Nur soweit hier daher eine entsprechende Zugehörigkeit zu einer Landwirtschaftskammer besteht und die Betroffenen zu den Landwirtschaftskammerbeiträgen herangezogen werden, kommt eine Beitragsprivilegierung gem. § 3 Abs. 4 S. 3 IHKG in Betracht.

Liegen die Voraussetzungen des § 3 Abs. 4 S. 3 IHKG vor, wird bei der Beitragsveranlagung lediglich ein Zehntel des Gewerbeertrags bzw. Gewinns aus Gewerbebetrieb zugrunde gelegt. Diese im Vergleich zu Apothekeninhabern sehr niedrige Quote wurde im Gesetzgebungsverfahren im Hinblick auf Freiberufler damit begründet, dass Apotheker aufgrund des Verkaufs fertiger Produkte im Vergleich

---

[409] Nach dem weiter gefassten § 3 Abs. 4 S. 3 IHKG a. F. war Voraussetzung der Beitragsprivilegierung, dass es sich um Kammerzugehörige handelte, die oder deren sämtliche Gesellschafter einer oder mehreren anderen Kammern anderer Freier Berufe oder der Landwirtschaft angehörten.

[410] Hintergrund der Regelung ist, dass aufgrund der Tendenz, freiberufliche Tätigkeiten in der Rechtsform einer Kapitalgesellschaft (insbes. GmbH) auszuüben, was gem. § 2 Abs. 1 IHKG die Mitgliedschaft in der IHK begründet, Freiberufler zunehmend Doppelmitglieder in der einschlägigen Kammer freier Berufe und der IHK sind, vgl. *Jahn*, in: Frentzel etc., IHKG, 7. Aufl., 2009, § 3 Rn. 100.

[411] Näher dazu unten S. 823 ff.

zu anderen Freiberuflern einen erheblich höheren Anteil von Einkünften gewerblicher Art hätten[412]. Bei anderen Freiberuflern, die IHK-Mitglied sind, wie z.B. einer Steuerberater- oder Wirtschaftsprüfer-GmbH, überwiege demgegenüber die freiberufliche Tätigkeit in der Regel deutlich. Ähnlich wie bei Apothekern ist auch für die Beitragsbefreiungsgrenzen im Rahmen von § 3 Abs. 3 S. 3 und 4 IHKG auf den gezehntelten Gewerbeertrag bzw. Gewinn aus Gewerbebetrieb abzustellen[413]. Allerdings scheitert eine Anwendung dieser Vorschriften in den einschlägigen Fällen meist schon daran, dass hier in der Regel eine Handelsregistereintragung besteht.

gg) Der Sonderbeitrag

Neben dem Beitrag in Form eines Grundbeitrags und der Umlage gem. § 3 Abs. 3 IHKG kann die IHK gem. § 3 Abs. 5 S. 1 IHKG für die Kosten, welche mit der Begründung, Unterhaltung oder Unterstützung von Anlagen und Einrichtungen (§ 1 Abs. 2 IHKG) verbunden sind, Sonderbeiträge von den Kammerzugehörigen derjenigen Gewerbezweige erheben, welchen derartige Anlagen und Einrichtungen ausschließlich oder in besonderem Maße zugute kommen. Sonderbeiträge dürfen nur für die Finanzierung von Anlagen und Einrichtungen i.S.v. § 1 Abs. 2 IHKG erhoben werden. Eine Finanzierung allgemeiner Kammeraufgaben durch Sonderbeiträge scheidet daher aus[414].

Nach § 1 Abs. 2 IHKG können die IHK Anlagen und Einrichtungen, die der Förderung der gewerblichen Wirtschaft oder einzelner Gewerbezweige dienen, begründen, unterhalten und unterstützen. Die Errichtung, Unterhaltung und Unterstützung einer solchen Anlage oder Einrichtung steht im Rahmen ihrer Selbstverwaltung im Ermessen der Kammer. Sie können entweder als unselbstständige Teile der Kammer oder aber als eigenständige Rechtspersonen, bspw. in der Form der GmbH, errichtet werden[415]. Nach der Regelung des § 3 Abs. 5 S. 1 IHKG dürfen zur Finanzierung derselben allerdings nur von den Kammerzugehörigen derjenigen Gewerbezweige Sonderbeiträge erhoben werden, welchen derartige Anlagen und Einrichtungen ausschließlich oder in besonderem Maße zugute kommen. Die Erhebung von Sonderbeiträgen ist daher nur dann möglich, wenn die betreffende Anlage oder Einrichtung tatsächlich für einen oder mehrere bestimmte Gewerbezweige besondere Vorteile vermittelt. Dies ist etwa dann eindeutig der Fall, wenn für einen im Kammerbezirk bedeutsamen Gewerbezweig spezielle Fachschulen oder sonstige Fördereinrichtungen errichtet werden[416]. Auch gewerbeübergreifende Anlagen oder Einrichtungen können erfasst sein. Entscheidend ist, dass sich der Kreis der begünstigten Gewerbetreibenden hinreichend klar von der Gesamtheit

---

[412] BT-Drs. 13/9975, S. 9; *Franz*, Kammerfinanzierung, in: HdbKR, 2005, S. 323 (375).
[413] *Jahn*, in: Frentzel etc., IHKG, 7. Aufl., 2009, § 3 Rn. 105.
[414] *Franz*, Kammerfinanzierung, in: HdbKR, 2005, S. 323 (389).
[415] *Möllering*, in: Frentzel etc., IHKG, 7. Aufl., 2009, § 1 Rn. 61 ff.
[416] *Jahn*, in: Frentzel etc., IHKG, 7. Aufl., 2009, § 3 Rn. 116.

der Kammerzugehörigen abgrenzen lässt, so dass an Stelle einer Gemeinnützigkeit für die Kammerzugehörigen ein spezifischer Nutzen für einzelne Gewerbe zu bejahen ist. Das ist bspw. dann nicht der Fall, wenn ein allgemeines Schiedsgericht grds. allen Kammerzugehörigen zur Verfügung steht.

Als Rechtsgrundlage eines Sonderbeitrags gem. § 3 Abs. 5 S. 1 IHKG ist gem. § 3 Abs. 7 S. 1 1. Alt. IHKG eine Sonderbeitragsordnung erforderlich, die von der Vollversammlung zu beschließen ist[417]. Im Satzungsgebungsverfahren ist zu beachten, dass die IHK, will sie eine Anlage oder Einrichtung i. S. v. § 1 Abs. 2 IHKG gem. § 3 Abs. 5 S. 1 IHKG ganz oder teilweise durch Sonderbeiträge finanzieren, den Beteiligten vor der Begründung solcher Anlagen und Einrichtungen gem. § 3 Abs. 5 S. 2 IHKG Gelegenheit zur Äußerung zu geben hat. Das Ergebnis dieser Anhörung ist allerdings für die Vollversammlung bei ihrer Entscheidung über die Errichtung der Anlage oder Einrichtung und die Aufstellung der Sonderbeitragsordnung zwecks Finanzierung der Anlage oder Einrichtung nicht bindend[418]. Die Sonderbeitragsordnung muss die entsprechende Anlage oder Einrichtung und den Kreis der zum Sonderbeitrag herangezogenen Kammerzugehörigen klar bezeichnen. Das IHKG gibt keine Kriterien für die Aufteilung des Sonderbeitrags vor. Als Verteilungsmaßstab können daher außer dem Gewerbeertrag bzw. Gewinn aus Gewerbebetrieb bspw. auch der Umsatz, die Lohnsumme oder andere geeignete Kriterien herangezogen werden[419]. Die Sonderbeitragsordnung bedarf gem. § 11 Abs. 2 IHKG der Genehmigung durch die Aufsichtsbehörde und ist ordnungsgemäß zu verkünden.

hh) Rechtsschutz der Kammermitglieder gegen Beiträge und Gebühren

Beiträge werden ebenso wie die später noch im Einzelnen behandelten Gebühren[420] durch Verwaltungsakt (VA) festgesetzt. Gegen diese sowie weitere VA im Bereich des Beitrags- und Gebührenerhebungsverfahrens wie z.B. Vorauszahlungsbescheide kann Widerspruch gem. §§ 68 ff. VwGO und – soweit dieser erfolglos bleibt – Anfechtungsklage gem. § 42 Abs. 1 S. 1. Alt. VwGO erhoben werden[421]. Widerspruchsbehörde ist gem. § 73 Abs. 1 S. 2 Nr. 3 VwGO die IHK selbst, da es sich um eine Selbstverwaltungsangelegenheit handelt und gesetzlich nichts anderes bestimmt ist. Widerspruch und Anfechtungsklage gegen Beitrags- und Gebührenbescheide haben gem. § 80 Abs. 2 S. 2 Nr. 1 1. Alt. VwGO keine aufschiebende Wirkung, da Beiträge und Gebühren öffentliche Abgaben sind[422]. Auf Antrag kann das Gericht im Rahmen des einstweiligen Rechtsschutzes gem. § 80 Abs. 5 S. 1 1. Alt. VwGO die aufschiebende Wirkung ganz oder teilweise anordnen. Allerdings ist

---

[417] § 4 S. 2 Nr. 2 3. Var. IHKG.
[418] *Jahn*, in: Frentzel etc., IHKG, 7. Aufl., 2009, § 3 Rn. 118.
[419] *Jahn*, in: Frentzel etc., IHKG, 7. Aufl., 2009, § 3 Rn. 120.
[420] Vgl. unten S. 516 ff.
[421] *Schöbener*, Rechtsschutz, in: HdbKR, 2005, S. 423 (439 ff.); *Franz*, Kammerfinanzierung, in: HdbKR, 2005, S. 323 (407 f.).
[422] *Schöbener*, Rechtsschutz, in: HdbKR, 2005, S. 423 (447).

der Antrag auf Anordnung der aufschiebenden Wirkung durch das Gericht gem. § 80 Abs. 6 VwGO nur zulässig, wenn zuvor bei der IHK ein Antrag auf Aussetzung der Vollziehung gestellt wurde und dieser entweder ganz oder zum Teil abgelehnt wurde[423] oder die IHK ohne Mitteilung eines zureichenden Grundes in angemessener Frist sachlich nicht entschieden hat oder eine Vollstreckung droht[424].

3. Die Organe der IHK

Die Selbstverwaltung vollzieht sich in den Organen der IHK, die grundsätzlich von den Kammerzugehörigen entweder unmittelbar oder mittelbar gewählt werden. Organe sind die für die Willensbildung, Vertretung sowie für die Wahrnehmung einzelner Angelegenheiten zuständigen Einrichtungen einer juristischen Person[425]. Organe der IHK sind die Vollversammlung[426], der Präsident[427], das Präsidium[428], die freiwilligen Ausschüsse und die Pflichtausschüsse[429] sowie der Hauptgeschäftsführer[430].

a) Vollversammlung, Präsident, Präsidium und Ausschüsse als Organe aktiver, ehrenamtlicher Selbstverwaltung

Die Vollversammlung, der Präsident, das Präsidium und die Ausschüsse sind Organe der IHK, die – von Ausnahmen abgesehen – von den Kammerzugehörigen selber gebildet werden[431]. Sie werden nicht nur – in der heute prägenden Form der Selbstverwaltung – entweder unmittelbar von den Kammerzugehörigen (Vollversammlung) oder aber durch die Vollversammlung (Präsident, Präsidium, Ausschüsse) gewählt, sondern sie sind zugleich Organe aktiver, ehrenamtlicher Selbstverwaltung durch Kammerzugehörige. Entsprechend wurden diese Organe der IHK bereits oben im Rahmen des Hauptabschnitts über die Verwirklichung der Selbstverwaltung in der mitgliedschaftlichen Struktur der IHK behandelt[432].

---

[423] § 80 Abs. 6 S. 1 VwGO.
[424] § 80 Abs. 6 S. 2 Nr. 1 und 2 VwGO.
[425] Vgl. *Schwannecke*, in: ders., HwO, Lsbl., § 60 Rn. 1 (2002).
[426] §§ 5, 6 IHKG.
[427] §§ 6, 7 Abs. 2 IHKG.
[428] § 6 IHKG.
[429] Z. B. § 8 IHKG, §§ 77 ff. BBiG.
[430] § 7 IHKG.
[431] Als Ausnahme ist hier vor allem der Berufsbildungsausschuss zu nennen, dem – obwohl er integrales Organ der IHK ist – gem. § 77 Abs. 1 BBiG überwiegend Nicht-Kammerzugehörige angehören.
[432] Siehe oben S. 417 ff., 437 ff., 448 ff.

b) Hauptgeschäftsführer

aa) Die Doppelstellung des Hauptgeschäftsführers als Organ und höchster Angestellter der IHK

Obwohl das IHKG den Hauptgeschäftsführer nicht als Kammerorgan bezeichnet, ist dieser doch nach überwiegender Auffassung als Organ der IHK anzusehen[433]. Diese Stellung ergibt sich daraus, dass dem Geschäftsführer in § 7 Abs. 2 IHKG gesetzlich insbesondere die Aufgabe zugewiesen wird, die Kammer (zusammen mit dem Präsidenten) rechtsgeschäftlich und gerichtlich zu vertreten, und dass der Hauptgeschäftsführer – anders als die sonstigen Mitglieder der Geschäftsführung – unmittelbar von der Vollversammlung bestellt wird[434]. Im Lichte des Selbstverwaltungsprinzips besteht die Besonderheit des Hauptgeschäftsführers im Vergleich zu den sonstigen Organen der IHK darin, dass er zwar in Ausprägung des repräsentativen Selbstverwaltungsprinzips von der unmittelbar durch die Kammerzugehörigen demokratisch legitimierten Vollversammlung bestellt wird, er selber aber – anders als etwa die Mitglieder des Präsidiums – regelmäßig nicht zu den Kammerzugehörigen zählt. Obwohl dies nicht zwingend vorgeschrieben ist – auch ein Kammerzugehöriger kann prinzipiell Hauptgeschäftsführer werden –, ist der Hauptgeschäftsführer in der Praxis damit regelmäßig kein Beispiel aktiver, ehrenamtlicher Selbstverwaltung. Vielmehr ist der Hauptgeschäftsführer einerseits öffentlich-rechtlich bestelltes Organ der Kammer, andererseits aber ihr oberster Angestellter und damit zugleich Vorgesetzter sämtlicher Kammermitarbeiter. Darin, dass die tägliche Arbeit der Kammer bei der Erfüllung ihrer gesetzlichen Aufgaben nicht von Kammerzugehörigen, sondern von Angestellten der Kammer unter Leitung des Hauptgeschäftsführers vollzogen wird, manifestiert sich gerade die moderne Form der repräsentativen Selbstverwaltung, welche die alltäglichen Geschäfte der Selbstverwaltung angestellten Spezialisten überlässt.

bb) Bestellung und Anstellung des Hauptgeschäftsführers

Im Lichte des Selbstverwaltungsprinzips ist es aufgrund des großen praktischen Einflusses, den der Hauptgeschäftsführer als Leiter der Geschäftsführung der Kammer bei der Erfüllung der Kammeraufgaben in der Praxis hat, von besonderer Bedeutung, dass er gem. § 7 Abs. 1 IHKG von der Vollversammlung bestellt wird und daher seinerseits zumindest mittelbar demokratisch legitimiert ist. Die Bestellung erfolgt aufgrund eines nach den üblichen Regeln zu treffenden Beschlusses der Vollversammlung. Sie ist ein Verwaltungsakt der Kammer gegenüber dem zu bestellenden Hauptgeschäftsführer[435]. Durch sie wird die öffentlich-rechtliche Or-

---

[433] Vgl. etwa OVG Lüneburg, GewArch 2009, 30 (Leitsatz 3); *Kluth*, Funktionale Selbstverwaltung, 1997, S. 131; *Rickert*, in: Frentzel etc., IHKG, 7. Aufl., 2009, § 7 Rn. 1; *Schwannecke*, in: ders., HwO, Lsbl., § 92 Rn. 2 (2002).
[434] § 7 Abs. 1 IHKG.
[435] *Rickert*, in: Frentzel etc., IHKG, 7. Aufl., 2009, § 7 Rn. 7; zur VA-Qualität der Abberufung:

ganstellung des Hauptgeschäftsführers begründet. Gleichzeitig wird der Hauptgeschäftsführer durch privatrechtlichen Dienstvertrag (§§ 611 ff. BGB) von der Kammer angestellt. Ermächtigt, den Anstellungsvertrag des Hauptgeschäftsführers für die Kammer abzuschließen, ist nach den Kammersatzungen regelmäßig der Präsident gemeinsam mit einem Vizepräsidenten oder anderen Mitglied des Präsidiums[436]. In der Praxis wird dabei das Zustandekommen des Dienstvertrags rechtsgeschäftlich – ausdrücklich oder stillschweigend – von der aufschiebenden Bedingung der Bestellung durch die Vollversammlung abhängig gemacht[437].

Als Verwaltungsakt kann die Bestellung prinzipiell auf der Grundlage der §§ 48, 49 des jeweils einschlägigen Landes-VwVfG zurückgenommen oder widerrufen werden. Daneben kann die Vollversammlung den Hauptgeschäftsführer als actus contrarius zur Bestellung – aus wichtigem Grund, z.B. bei einer grundlegenden Erschütterung des Vertrauensverhältnisses – auch zwischen dem Hauptgeschäftsführer und dem Präsidium – abberufen[438]. Mit der Abberufung endet die Stellung des Hauptgeschäftsführers als Organ der Kammer. Das Anstellungsverhältnis ist nach den allgemeinen zivilrechtlichen (arbeitsrechtlichen) Regeln zu beenden.

cc) Aufgaben des Hauptgeschäftsführers

aaa) Vertretung der IHK

Gem. § 7 Abs. 2 IHKG vertreten Präsident und Hauptgeschäftsführer nach näherer Bestimmung der Satzung die IHK rechtsgeschäftlich und gerichtlich. Nach dem gesetzlichen Regelfall haben Präsident und Hauptgeschäftsführer also nur gemeinsam Vertretungsmacht, können die IHK also nur gemeinschaftlich vertreten. Da diese Vertretungsregel jedoch „nach näherer Bestimmung der Satzung" gilt, können – wie bereits ausgeführt wurde – in der Satzung der IHK abweichende Regelungen getroffen werden. Regelmäßig ist daher schon aus praktischen Erwägungen heraus in den Satzungen vorgesehen, dass der Hauptgeschäftsführer alleine für die Geschäfte der laufenden Verwaltung vertretungsberechtigt ist[439]. Abgestufte Sonderregeln werden in der Satzung häufig auch im Hinblick auf die Vertretungsmacht bei der Begründung und Beendigung von Anstellungsverhältnissen getroffen. Wie ausgeführt, ist für den Anstellungsvertrag des Hauptgeschäftsführers meist der Präsident im Zusammenwirken mit einem weiteren Präsidiumsmitglied

---

OVG Lüneburg, GewArch 2009, 30 (32); siehe dazu auch grundlegend: *Schöbener*, Organstreitigkeiten, in: GewArch 2008, 329 ff.; *ders.*, Innenrechtsstreitigkeiten, in: JbKBR 2007, S. 63 ff.
[436] So etwa § 13 Abs. 1 S. 2 1. Alt. Satzung IHK Hannover, § 8 Abs. 3 S. 2 1. Alt. Satzung IHK Kassel, § 8 Abs. 6 S. 2 1. HS Satzung IHK Nord Westfalen.
[437] § 158 Abs. 1 BGB.
[438] OVG Lüneburg, GewArch 2009, 30 (31); *Rickert*, in: Frentzel etc., IHKG, 7. Aufl., 2009, § 7 Rn. 8.
[439] Vgl. etwa § 15 Abs. 2 S. 1 Satzung IHK Hannover, § 9 Abs. 3 1. HS Satzung IHK Kassel, § 10 Abs. 2 Satzung IHK Kiel, § 9 Abs. 3 Satzung IHK Nord Westfalen, § 13 Abs. 3 Satzung IHK Chemnitz.

vertretungsberechtigt[440]. Für die Anstellungsverträge weiterer Mitglieder der Geschäftsführung ist meist der Präsident im Zusammenwirken mit dem Hauptgeschäftsführer vertretungsberechtigt[441]. Für die Anstellungsverträge sonstiger Mitarbeiter ist schließlich meist der Hauptgeschäftsführer alleine vertretungsberechtigt[442].

§ 7 Abs. 2 IHKG regelt die rechtsgeschäftliche und gerichtliche Vertretungsmacht, aber nicht die Vertretungsbefugnis, soweit die Kammer unmittelbar ihre öffentlich-rechtlichen Aufgaben erfüllt. Soweit die Kammer Verwaltungsakte erlässt – etwa bei einer Prüfungsentscheidung oder der Bestellung eines Sachverständigen – oder im öffentlich-rechtlichen Bereich Erklärungen abgibt – etwa in Form von Gutachten gegenüber Gerichten oder Behörden – ergibt sich die Vertretungsbefugnis aus den kammerinternen Regelungen über die Verwaltungsorganisation[443]. Diese können abstrakt insbesondere in der Satzung, der Geschäftsordnung und im Geschäftsverteilungsplan geregelt sein oder aber auch auf Anordnungen des Hauptgeschäftsführers beruhen[444].

bbb) Geschäftsführung der IHK

(1) Allgemeines. Obwohl nicht ausdrücklich geregelt, setzt das IHKG schon aufgrund der Bezeichnung „Hauptgeschäftsführer" voraus, dass dessen Hauptaufgabe in der Geschäftsführung der IHK besteht. In den Satzungen der IHK wird entsprechend regelmäßig ausdrücklich angeordnet, dass die Geschäftsführung der Kammer dem Hauptgeschäftsführer – oft im Zusammenspiel mit weiteren Mitgliedern der Geschäftsführung – obliegt.

Der Hauptgeschäftsführer ist als kontinuierlich tätiges Organ der IHK verpflichtet, den Meinungsbildungs- und Entscheidungsprozess der übrigen Kammerorgane vorzubereiten und zu begleiten[445]. Er hat das Recht, an allen Sitzungen der Vollversammlung, des Präsidiums und der einzelnen Ausschüsse teilzunehmen. Haben die Vollversammlung und das Präsidium im Rahmen ihrer Zuständigkeiten Beschlüsse gefasst, ist der Hauptgeschäftsführer verpflichtet, alles Nötige zu unternehmen, um diese ordnungsgemäß umzusetzen.

---

[440] Bspw. § 13 Abs. 1 S. 2 1. Alt. Satzung IHK Hannover, § 8 Abs. 3 S. 2 1. HS 1. Alt. Satzung IHK Kassel, § 10 Abs. 3 Satzung IHK Kiel, § 8 Abs. 6 S. 2 1. HS Satzung IHK Nord Westfalen, § 12 Abs. 2 1. Alt. Satzung IHK Chemnitz.
[441] Siehe etwa § 13 Abs. 1 S. 2 2. Alt. Satzung IHK Hannover, § 8 Abs. 3 S. 2 1. HS 2. Alt. Satzung IHK Kassel, § 10 Abs. 1 Satzung IHK Kiel, § 8 Abs. 6 S. 2 2. HS Satzung IHK Nord Westfalen, § 12 Abs. 2 2. Alt. Satzung IHK Chemnitz.
[442] So bspw. § 13 Abs. 1 S. 3 Satzung IHK Hannover, § 8 Abs. 3 S. 2 2. HS Satzung IHK Kassel, § 8 Abs. 6 S. 2 3. HS Satzung IHK Nord Westfalen.
[443] *Rickert*, in: Frentzel etc., IHKG, 7. Aufl., 2009, § 7 Rn. 16.
[444] Zuständigkeiten im Finanzbereich des Haushalts sind im Finanzstatut und der Kassendienstanweisung geregelt, *Rickert*, in: Frentzel etc., IHKG, 7. Aufl., 2009, § 7 Rn. 16.
[445] *Rickert*, in: Frentzel etc., IHKG, 7. Aufl., 2009, § 7 Rn. 3.

II. 3. Die Organe der IHK

(2) Funktion als Vorgesetzter der Kammermitarbeiter. Je nach Größe und Finanzstärke verfügen die IHK neben dem Hauptgeschäftsführer über eine mehr oder weniger große Zahl weiterer Mitarbeiter. Die IHK besitzen prinzipiell Dienstherrenfähigkeit, können also Beamte haben[446]. Die Dienstherrenfähigkeit verpflichtet die Kammern allerdings nicht, Beamte zu ernennen[447]. Im Lichte von Art. 33 Abs. 4 GG, nach dem die Ausübung hoheitsrechtlicher Befugnisse als ständige Aufgabe „in der Regel" Angehörigen des öffentlichen Dienstes zu übertragen ist, die in einem öffentlich-rechtlichen Dienst- und Treueverhältnis stehen, können die IHK, da bei ihnen die schlichtverwaltenden Tätigkeiten überwiegen, regelmäßig von der Ausnahme Gebrauch machen[448]. Die meisten Kammermitarbeiter sind daher Angestellte, die allerdings dem Recht des öffentlichen Dienstes unterfallen.

Unter den Kammermitarbeitern wird meist zwischen weiteren Mitgliedern der Geschäftsführung und sonstigen Mitarbeitern unterschieden. Die oft schlicht Geschäftsführer genannten weiteren Mitglieder der Geschäftsführung sind potentielle Stellvertreter des Hauptgeschäftsführers. Ihr Anstellungsvertrag wird – wie ausgeführt – in der Regel durch Mitglieder des Präsidiums unterzeichnet. Die Verträge der sonstigen Mitarbeiter werden regelmäßig durch den Hauptgeschäftsführer – manchmal im Zusammenwirken mit einem Präsidiumsmitglied – unterzeichnet. Als Leiter der Kammergeschäftsstelle liegt eine der wesentlichen Funktionen des Hauptgeschäftsführers darin, weisungsberechtigter Vorgesetzter aller Mitarbeiter der Kammer zu sein. Dieser zentrale Aspekt der Geschäftsführertätigkeit wird oftmals noch einmal ausdrücklich in den Satzungen angeführt[449].

---

[446] Die Dienstherrenfähigkeit der IHK folgt aus § 121 Nr. 2 Beamtenrechtsrahmengesetz (BRRG) in der Fassung der Bekanntmachung vom 31. 03. 1999 (BGBl. I S. 654), zuletzt geändert durch Art. 15 Abs. 14 des Gesetzes vom 05. 02. 2009 (BGBl. I S. 160), wonach das Recht, Beamte zu haben, u. a. sonstige Körperschaften des öffentlichen Rechts besitzen, die dieses Recht im Zeitpunkt des Inkrafttretens des BRRG (01. 09. 1957) besaßen oder denen es nach diesem Zeitpunkt durch Gesetz, Rechtsverordnung oder (der Genehmigung durch eine gesetzlich hierzu ermächtigte Stelle bedürfende) Satzung verliehen wurde. IHK, die am 01. 09. 1957 öffentlich-rechtliche Körperschaften waren und die Dienstherrenfähigkeit besaßen, haben diese auch weiterhin inne. IHK, die nach dem Zweiten Weltkrieg zunächst in privatrechtlicher Rechtsform (wieder-)begründet worden waren und aufgrund § 9 IHKG a. F. in öffentlich-rechtliche Körperschaften umgebildet wurden, wurde die Dienstherrenfähigkeit im IHKG-Ausführungsgesetz des jeweiligen Landes verliehen. Vgl. § 5 IHKG Baden-Württemberg: „Die Industrie- und Handelskammern sind berechtigt, Beamte zu ernennen", Art. 4 Bay. AGIHKG: „Die Industrie- und Handelskammer ist berechtigt, Beamte zu ernennen", § 6 Abs. 1 IHKG Berlin: „Die Industrie- und Handelskammer ist berechtigt, Beamtenverhältnisse zu begründen", § 11 Gesetz über die vorläufige Regelung der Rechtsverhältnisse der Handelskammer Hamburg: „Die Handelskammer besitzt Dienstherrenfähigkeit. Soweit Beamte ernannt werden, entsteht dadurch kein mittelbares Landesbeamtenverhältnis", § 7 AGIHKG Hessen: „Die Industrie- und Handelskammern besitzen das Recht, Beamte zu haben"; vgl. auch *Jahn*, in: Frentzel etc., IHKG, 7. Aufl., 2009, § 3 Rn. 10.
[447] *Tettinger*, Kammerrecht, 1997, S. 122.
[448] *Tettinger*, Kammerrecht, 1997, S. 122; *Frentzel/Jäkel/Junge*, IHKG, 6. Aufl., 1999, § 3 Rn. 11.
[449] Vgl. etwa § 12 Abs. 2 S. 1 Satzung IHK Hannover, § 8 Abs. 5 Satzung IHK Kassel, § 8 Abs. 5 Satzung IHK Nord Westfalen, § 12 Abs. 1 S. 2 und 3 Satzung IHK Chemnitz.

4. Die Aufgaben der IHK

Die in der mitgliedschaftlichen Verfassung der IHK – wie oben herausgearbeitet wurde – idealtypisch verwirklichte Selbstverwaltung könnte als bloßer Formalismus angesehen werden, wenn der Aufgabenbereich der Kammer nicht substantielle Selbstverwaltungsaufgaben umfasste. Selbstverwaltung bedeutet in materialer Hinsicht, dass die Betroffenen im Rahmen der Körperschaft für sie bedeutsame eigene Angelegenheiten selbst verwalten. Im Folgenden sei daher näher herausgearbeitet, worauf sich der Aufgabenkreis der IHK heute erstreckt[450].

a) Die Systematik der Aufgabenzuweisung im IHKG

In Anknüpfung an die Formulierung des preußischen Handelskammergesetzes hat sich der Gesetzgeber dafür entschieden, den IHK in § 1 Abs. 1 IHKG zunächst ein generalklauselartig weit formuliertes allgemeines Aufgabenfeld (Wahrnehmung des Gesamtinteresses der Kammerzugehörigen etc.) zuzuweisen, das durch die Nennung von Beispielen konkretisiert wird (Unterstützung und Beratung der Behörden durch Vorschläge, Gutachten und Berichte, Wirken für Wahrung von Anstand und Sitte des ehrbaren Kaufmanns). In den Absätzen 2 und 3 von § 1 IHKG werden konkrete Befugnisse und Aufgaben der IHK angeführt wie die Begründung von Anlagen und Einrichtungen zur Förderung der gewerblichen Wirtschaft, die Vornahme von Maßnahmen zur Förderung und Durchführung der kaufmännischen und gewerblichen Berufsbildung und die Ausstellung von Ursprungszeugnissen und anderen dem Wirtschaftsverkehr dienenden Bescheinigungen. In Ergänzung zu diesen mehr oder weniger weit formulierten ausdrücklichen Aufgabenzuweisungen im IHKG eröffnet § 1 Abs. 4 IHKG die Möglichkeit, der IHK durch Gesetz oder Rechtsverordnung weitere Aufgaben zu übertragen. In negativer Hinsicht ordnet schließlich § 1 Abs. 5 IHKG an, dass die Wahrnehmung sozialpolitischer und arbeitsrechtlicher Interessen nicht zu den Aufgaben der IHK gehört.

b) Aufgabenübertragung und Bildung von Zusammenschlüssen zwecks Aufgabenerfüllung, § 10 IHKG

Nach § 10 Abs. 1 IHKG, der den wenig genutzten früheren § 1 Abs. 4a IHKG Ende 2008 ersetzt hat, können IHK Aufgaben, die ihnen aufgrund von Gesetz oder Rechtsverordnung obliegen, einvernehmlich einer anderen IHK übertragen oder zu ihrer Erfüllung untereinander öffentlich-rechtliche Zusammenschlüsse bilden oder sich daran beteiligen. Eine wechselseitige Übertragung von Kammeraufga-

---

[450] Zum Aufgabenkreis der IHK vgl. auch *Stober*, Die IHK als Mittler, 1992, S. 32 ff.; zu den in der Praxis durchaus unterschiedlichen Aktivitätsspektren der Kammern am Beispiel von IHK in den neuen Bundesländern: *Diederich/Haag/Cadel*, IHK in den neuen Bundesländern, 2000, S. 125 ff.

ben, bzw. die sternförmige Übertragung insbesondere auf eine größere Kammer ist zum Zweck der Spezialisierung vor allem bei solchen Tätigkeiten sinnvoll, die eher weniger nachgefragt werden, gleichzeitig aber eine besondere Sachkunde voraussetzen. Bei umfangreicheren Aufgaben, insbesondere solchen, die eine eigene Organisation und EDV voraussetzen, kann der angestrebte Rationalisierungseffekt vor allem durch die Bildung eines öffentlich-rechtlichen Zusammenschlusses erzielt werden. Da die entsprechenden Selbstverwaltungsaufgaben im Falle der Übertragung an eine andere IHK oder der Bildung eines öffentlich-rechtlichen Zusammenschlusses bzw. der Beteiligung daran der unmittelbaren Wahrnehmung durch die Kammer entzogen werden, verlangt das Gesetz hierfür zu Recht einen Beschluss der Vollversammlung[451]. Zudem ist jeweils eine aufsichtsbehördliche Genehmigung erforderlich[452].

c) Die wesentlichen Einzelaufgaben zur Verwirklichung der Selbstverwaltung

aa) Wahrnehmung des Gesamtinteresses der zugehörigen Gewerbetreibenden (§ 1 Abs. 1 IHKG)

Grundlegende Aufgabe der IHK ist gem. § 1 Abs. 1 IHKG zunächst, das Gesamtinteresse der ihr zugehörigen Gewerbetreibenden ihres Bezirks wahrzunehmen. Unter dem Gesamtinteresse ist das durch Ermittlung der Interessen der verschiedenen Kammerzugehörigen und Ausgleich derselben festgestellte, idealisierte Gruppeninteresse der Kammerzugehörigen zu verstehen. Die IHK hat also nicht die Einzelinteressen jedes einzelnen Kammerzugehörigen wahrzunehmen. Das Gesamtinteresse ist auch nicht im Sinne des kleinsten gemeinsamen Nenners der Einzelinteressen zu verstehen[453]. Vielmehr kann das Gesamtinteresse der Kammerzugehörigen im Einzelfall durchaus dem Interesse einzelner Kammerzugehöriger oder einzelner Gruppen von Kammerzugehörigen entgegenstehen. Schon aus dem Wortlaut von § 1 Abs. 1 IHKG folgt, dass die wirtschaftlichen Interessen einzelner Gewerbezweige oder Betriebe abwägend und ausgleichend zu berücksichtigen sind[454]. Gesamtinteresse ist letztlich das, was der Gesamtheit der Kammerzugehörigen am meisten Nutzen verspricht. Um Begriffe aus der Staatsphilosophie und Demokratietheorie *Jean-Jacques Rousseaus* zu verwenden, geht es also um die auf einer verlässlichen Datengrundlage zu ermittelnde, aber normativ zu bestimmende „volonté générale" der Kammerzugehörigen und nicht um die „volonté particulière" der einzelnen Kammerzugehörigen oder die „volonté de tous" als Summe der Einzelwillen. Darin, dass die Interessen einzelner Branchen schwächer gewichtet werden können, als dies bei einer freien, branchenbezogenen Interessenvertretung

---
[451] § 4 S. 2 Nr. 6 IHKG.
[452] § 11 Abs. 2 Nr. 4 und 5 IHKG; vgl. auch § 11 Abs. 2a und 2b IHKG.
[453] *Möllering*, in: Frentzel etc., IHKG, 7. Aufl., 2009, § 1 Rn. 6.
[454] Vgl. auch *Leibholz*, Stellung der IHK, 1966, S. 10; *Möllering*, Vertretung des Gesamtinteresses, in: WiVerw. 2001, 25 (32).

der Fall wäre[455], manifestiert sich maßgeblich die gruppenplurale Binnenstruktur der IHK und deren öffentlich-rechtliche, gemeinwohlverpflichtete Verfassung[456].

Die Ermittlung des Gesamtinteresses der Kammerzugehörigen durch die IHK setzt allerdings – wie bereits angedeutet – zunächst voraus, dass die Einzelinteressen der Kammerzugehörigen möglichst zuverlässig festgestellt werden. Ein umfassendes Meinungsbild kann bspw. durch eine systematische Mitgliederbefragung erzielt werden. Auf einer im Vergleich zur Grundebene aller Kammerzugehörigen höheren Abstraktionsebene sind repräsentativ gebildete Ausschüsse und Arbeitskreise gut geeignet, ein Meinungsbild festzustellen[457]. Schließlich eignet sich auch die Vollversammlung als Forum zur Ermittlung des Meinungsbildes, ist sie doch das Repräsentationsorgan der Kammerzugehörigen. Auf der Basis des differenzierten Meinungsbildes ist dann normativ das Gesamtinteresse der Kammerzugehörigen festzustellen, welches nach außen vertreten wird. Wie bereits ausgeführt wurde, wird dieses nicht eben selten im Widerspruch zu den Interessen einzelner Kammerzugehöriger oder Gruppen von Kammerzugehörigen stehen[458]. Entscheidend ist, was den Kammerzugehörigen in ihrer Gesamtheit am meisten Nutzen verspricht. Dabei kann und soll – z.B. in Stellungnahmen gegenüber der staatlichen Legislative oder Exekutive – durchaus auch darauf hingewiesen werden, dass das formulierte Gesamtinteresse dem Interesse z.B. einzelner Branchen entgegensteht, und aus welchen Gründen dennoch die gewählte Linie das Gesamtinteresse der Kammerzugehörigen repräsentiert[459]. Hierdurch wird nicht nur den verschiedenen staatlichen Entscheidungsträgern ein differenzierteres Meinungsbild als Grundlage für die von diesen zu treffenden Maßnahmen zur Verfügung gestellt. Eine transparente Darstellung der eigenen Datengrundlage und des wertenden Entscheidungsvorgangs erhöht zugleich die Akzeptanz der Entscheidung der Kammer unter den nicht unmittelbar repräsentierten Kammerzugehörigen und kann damit eine wesentliche integrative Wirkung entfalten.

Ist das Gesamtinteresse der Kammerzugehörigen ermittelt, kann es prinzipiell in beliebigen Formen wahrgenommen werden[460]. Die typische Form der Wahrnehmung des Gesamtinteresses der Kammerzugehörigen ist – wie schon der Gesetzeswortlaut am Ende von § 1 Abs. 1 IHKG indiziert – die Vermittlung dieses Gesamtinteresses der Kammerzugehörigen gegenüber staatlichen Stellen bspw. durch Vorschläge, Gutachten und Berichte. Die IHK fungieren hier als Kommunikationsschnittstellen zwischen den in ihnen organisierten Gewerbetreibenden und dem Staat. Selbst als öffentlich-rechtliche Körperschaften hoheitlich organisiert, sind sie

---

[455] Vgl. OVG Koblenz, GewArch 1993, 289ff., wonach die IHK auch berechtigt sind, einen Teil der Gewerbetreibenden zu benachteiligen, wenn gegensätzliche Interessen zu regeln sind und die Benachteiligung zugunsten der Mehrheit der Gesamtheit der Gewerbetreibenden erfolgt.
[456] *Kluth*, Entwicklungsgeschichte, in: HdbKR, 2005, S. 41 (89).
[457] *Möllering*, in: Frentzel etc., IHKG, 7. Aufl., 2009, § 1 Rn. 11.
[458] VG Arnsberg, GewArch 2001, 163; vgl. auch *Soltmann*, Zur Interessenwahrnehmung, in: WiVerw. 1998, 224 (228).
[459] *Möllering*, in: Frentzel etc., IHKG, 7. Aufl., 2009, § 1 Rn. 12.
[460] *Möllering*, in: Frentzel etc., IHKG, 7. Aufl., 2009, § 1 Rn. 13.

für die Kammerzugehörigen Transmissionsriemen, welche eine konzentrierte Vermittlung der zu einem Gesamtinteresse der Kammerzugehörigen gebündelten, gefilterten und abgewogenen Einzelinteressen an die entscheidenden staatlichen Stellen ermöglichen. Je gebündelter und klarer die Interessen der kammerzugehörigen Gewerbetreibenden dabei vertreten werden, umso größer ist de facto die Chance, von den staatlichen Stellen, aber auch der Öffentlichkeit beachtet zu werden und letztlich die staatliche Meinungsbildung zu beeinflussen. Schon seit dem 19. Jh. bilden die IHK daher Zusammenschlüsse in privatrechtlicher Rechtsform auf Landes- und Bundesebene, um eine effektivere Interessenwahrnehmung zu erzielen[461]. Die potentiell effektivste Interessenwahrnehmung gegenüber dem Bundesgesetzgeber und der Bundeslegislative wird nicht primär von den einzelnen IHK, sondern vom Deutschen Industrie- und Handelskammertag (DIHK), als Zusammenschluss der heute 80 deutschen IHK in der Rechtsform eines eingetragenen Vereins, wahrgenommen. Aber auch die einzelnen Kammern vertreten aktiv das Interesse ihrer Mitglieder gegenüber Staat und Öffentlichkeit. Pressemeldungen und -konferenzen, Stellungnahmen und Reden der Präsidenten, Internetangebote sowie öffentliche Veranstaltungen sind stärker noch als die Kammerzeitschriften, die vor allem von Mitgliedern gelesen werden, Mittel, um Einfluss auf die Meinungsbildung der Öffentlichkeit im Sinne des Gesamtinteresses der Kammerzugehörigen zu nehmen[462].

bb) Förderung der gewerblichen Wirtschaft (§ 1 Abs. 1 IHKG)

Zweite zentrale, in der Praxis zunehmend bedeutsame Aufgabe der IHK gem. § 1 Abs. 1 IHKG ist die Förderung der gewerblichen Wirtschaft. Anders als die Wahrnehmung des Gesamtinteresses, die primär die kommunikative Schnittstellenfunktion der IHK zwischen Kammerzugehörigen einerseits sowie Staat und Öffentlichkeit andererseits betrifft, zielt die Aufgabe der Förderung der Wirtschaft auf das Verhältnis zwischen der Kammer und ihren Mitgliedern und dabei auf den Bereich der Serviceleistungen der Kammer gegenüber den einzelnen Kammerzugehörigen als Wirtschaftssubjekten des Kammerbezirks ab[463]. Hier geht es also um eine klassische Selbsthilfefunktion im Interesse der Kammerzugehörigen, die noch stärker als die Lobbyfunktion Teil des klassischen, tätigen Selbstverwaltungsgedankens ist.

Im Mittelpunkt der Förderaufgabe steht in der Praxis die Information der Kammerzugehörigen. Die Kammer dient hier wiederum als Schnittstelle zwischen Staat und Öffentlichkeit einerseits und Kammerzugehörigen andererseits. Hier wird aber umgekehrt die unbegrenzte Vielzahl von Informationen aus dem Bereich von

---

[461] Siehe oben z. B. S. 294 f.; *Frentzel/Jäkel/Junge*, IHKG, 6. Aufl., 1999, § 1 Rn. 16.
[462] Zu Ansprüchen der Kammermitglieder auf kompetenzgerechtes Verhalten der Kammer aus der negativen Vereinigungsfreiheit (Art. 9 Abs. 1 GG) bzw. der allgemeinen Handlungsfreiheit (Art. 2 Abs. 1 GG): *Detterbeck*, Zum präventiven Rechtsschutz, 1990, S. 25 ff.; zum Rechtsschutz gegen verbandswidrige Äußerungen: a.a.O., S. 181 ff.
[463] *Kluth*, Entwicklungsgeschichte, in: HdbKR, 2005, S. 41 (89).

Staat und Öffentlichkeit nach Relevanz gefiltert, aufbereitet und sodann den Kammerzugehörigen möglichst nutzbringend zur Verfügung gestellt. Klassische Medien für die Vermittlung von Informationen, etwa über neue wirtschaftsrelevante Gesetzgebung oder die Entwicklung der Wirtschaft, sind die Kammerzeitschriften sowie mehr oder weniger umfangreiche Merkblätter, Broschüren oder gar Bücher, die speziellen Einzelthemen gewidmet sind. Veröffentlichungen zu überregional relevanten Themenstellungen werden dabei wiederum häufig durch Zusammenschlüsse der IHK, insbesondere den DIHK, betreut. Neben den klassischen Printmedien tritt das Internet immer weiter in den Vordergrund, das eine zeitnahe und Kosten sparende Information der Mitglieder ermöglicht. Inzwischen hat neben dem DIHK auch jede IHK eine Internetpräsenz[464].

Neben der allgemeinen Information der Kammerzugehörigen nach dem Gießkannenprinzip gehört zur Förderaufgabe der IHK auch die Beantwortung individueller Anfragen einzelner Kammerzugehöriger[465]. Beispiele sind hier etwa Fragen zu Exportmodalitäten oder Förderprogrammen der EU, die durch die Kammer auf der Grundlage vorgehaltenen oder im Einzelfall herangezogenen Informationsmaterials wie Gesetzestexten und -kommentierungen, Informationsschriften, Informationsseiten der EU im Internet usw. beantwortet werden. Die nur idealiter neutral gedachte Vermittlung „schlichter Informationen" geht dabei gleitend in eine Beratung der Kammerzugehörigen über, etwa wenn es darum geht, den besten Weg zu ermitteln, um ein bestimmtes wirtschaftliches Ziel zu erreichen. In diesem Zusammenhang sind die IHK berechtigt, die Kammerzugehörigen in rechtlichen Fragen zu beraten, soweit diese die unternehmerische Tätigkeit betreffen[466]. Auch in Steuerfragen dürfen die IHK die Kammerzugehörigen beraten[467]. Während die genaue Reichweite der Rechtsberatungskompetenz der IHK umstritten ist, besteht diese jedenfalls dort nicht mehr, wo es um die Vertretung eines Einzelinteresses gegenüber einem anderen vor einer Behörde oder einem Gericht geht[468].

---

[464] <www.dihk.de>.
[465] *Möllering*, in: Frentzel etc., IHKG, 7. Aufl., 2009, § 1 Rn. 23.
[466] § 8 Abs. 1 Nr. 2 Gesetz über außergerichtliche Rechtsdienstleistungen (Rechtsdienstleistungsgesetz – RDG) vom 12. 12. 2007 (BGBl. I S. 2840), zuletzt geändert durch Art. 9 Abs. 2 des Gesetzes vom 30. 07. 2009 (BGBl. I S. 2449); *Müller*, in: Grunewald/Römermann, RDG, 2008, § 8 Rn. 8 ff.; *Schmidt*, in: Krenzler, RDG, 2010, § 8 Rn. 33; *Unseld/Degen*, RDG, 2009, § 7 Rn. 6 halten hingegen § 7 Abs. 1 Nr. 1 RDG für einschlägig.
[467] § 4 Nr. 3 StBerG: „Zur geschäftsmäßigen Hilfeleistung in Steuersachen sind ferner befugt: […] 3. Behörden und Körperschaften des öffentlichen Rechts sowie die überörtlichen Prüfungseinrichtungen für Körperschaften und Anstalten des öffentlichen Rechts im Rahmen ihrer Zuständigkeit"; vgl. zur Kreishandwerkerschaft: BGH, GewArch 1991, 233 ff.; zur Handwerkskammer: *Kormann*, Steuerberatung als Service-Leistung, in: GewArch 1988, 249 ff.
[468] *Müller*, in: Grunewald/Römermann, RDG, 2008, § 8 Rn. 19; *Möllering*, in: Frentzel etc., IHKG, 7. Aufl., 2009, § 1 Rn. 24.

cc) *Erstattung von Gutachten (§ 1 Abs. 1 a. E. IHKG)*

§ 1 Abs. 1 a. E. IHKG stellt zu den Grundaufgaben der IHK abschließend exemplifizierend fest, dass es den IHK insbesondere obliegt, durch Vorschläge, Gutachten und Berichte die Behörden zu unterstützen und zu beraten. Während Vorschläge und Berichte allgemein übliche Formen sind, in denen die IHK insbesondere ihrer Gesamtinteressenwahrnehmungsaufgabe gegenüber den Behörden nachgeht, hat sich die Erstattung von Gutachten schon seit dem 19. Jh. zu einer spezifischen Kammerfunktion mit großer rechtlicher Bedeutung entwickelt. Im Rahmen der prägenden Schnittstellenfunktion der IHK zwischen Wirtschaftssubjekten und staatlichen Behörden geht es hier darum, den besonderen wirtschaftlichen Sachverstand, der aufgrund der Strukturierung der IHK als Selbstverwaltungskörperschaften mit Pflichtmitgliedschaft in diesen vorhanden ist, für Entscheidungen von Gerichten und Verwaltungsbehörden nutzbar zu machen. Kammergutachten betreffen daher im Gegensatz zu den wirtschaftspolitischen Vorschlägen und Stellungnahmen im Rahmen der Interessenwahrnehmungsaufgabe sachverständige Stellungnahmen zu Einzelfällen, über die ein Gericht oder eine Verwaltungsbehörde zu entscheiden hat[469].

Bei den zahlreichen Einzelfällen, in denen Gerichte und Verwaltungsbehörden die IHK um die Erstattung eines Gutachtens ersuchen, geht es meist entweder um die Feststellung der Verkehrsauffassung der Kaufmannschaft oder aber um die gesamtwirtschaftliche Beurteilung eines Einzelfalls[470]. Wichtige Beispiele für zivilrechtliche Kammergutachten über die Verkehrsauffassung der Kaufmannschaft betreffen etwa die Feststellung der Verkehrssitte i. S. v. § 157 BGB, von im Handelsverkehr geltenden Gewohnheiten und Gebräuchen (Handelsbräuchen) i. S. v. § 346 HGB, ob sich eine Marke gem. § 8 Abs. 3 MarkenG in den beteiligten Verkehrskreisen durchgesetzt hat oder gem. § 9 Abs. 1 Nr. 2 und 3 MarkenG Ähnlichkeit mit einer anderen Marke besteht[471], und schließlich firmenrechtliche Gutachten gem. § 380 Abs. 1 Nr. 1 FamFG zwecks Herstellung von Firmenklarheit und Firmenwahrheit[472]. Was die Feststellung der Verkehrsauffassung angeht, nehmen neben Zivilgerichten auch Finanz- und Verwaltungsgerichte sowie Strafgerichte die Gutachtertätigkeit der IHK in Anspruch. Das Ersuchen um die gutachterliche gesamtwirtschaftliche Beurteilung eines Einzelfalls geht meist von Verwaltungsbehörden aus. Beispielhaft genannt seien hier der Bereich der Zulassung und Untersagung

---

[469] *Möllering*, in: Frentzel etc., IHKG, 7. Aufl., 2009, § 1 Rn. 28.
[470] *Möllering*, in: Frentzel etc., IHKG, 7. Aufl., 2009, § 1 Rn. 29.
[471] Gesetz über den Schutz von Marken und sonstigen Kennzeichen vom 25. 10. 1994 (BGBl. I S. 3082, ber. BGBl. I 1995 S. 156), zuletzt geändert durch Art. 3 des Gesetzes vom 31. 07. 2009 (BGBl. I S. 2521).
[472] Gesetz über das Verfahren in Familiensachen und in den Angelegenheiten der freiwilligen Gerichtsbarkeit vom 17. 12. 2008 (BGBl. I S. 2586, 2587), zuletzt geändert durch Art. 2 des Gesetzes vom 31. 07. 2009 (BGBl. I S. 2512); die letztgenannte Materie, die durch die weitgehende Liberalisierung der Firmenbildung durch das Handelsrechtsreformgesetz vom 22. 06. 1998 stark an Bedeutung verloren hat, war bis zum 01. 09. 2009 im früheren § 126 FGG geregelt; *Möllering*, in: Frentzel etc., IHKG, 7. Aufl., 2009, § 1 Rn. 35.

von Gewerben sowie die Erstattung von Kreditgutachten bei der Vergabe von öffentlichen Mitteln im gewerblichen Bereich[473].

Die mitgliedschaftlich strukturierten IHK sind in besonderer Weise zur Erstattung solcher Gutachten geeignet, da sie die notwendigen Informationen regelmäßig von ihren Kammerzugehörigen zu erlangen vermögen. Nach Eingang des Gutachtenersuchens hat die Kammer daher zunächst die relevanten Fragestellungen herauszuarbeiten und sodann unter den Kammerzugehörigen diejenigen auszuwählen, welche die notwendige Sachkunde besitzen, um die relevante Fragestellung z. B. zum Bestehen einer bestimmten Verkehrsauffassung beantworten zu können. Dabei ist von entscheidender Bedeutung, verschiedene betroffene Seiten – etwa Lieferanten und Abnehmer – gleichermaßen zu befragen. Der Kammer obliegt es sodann, die eingegangenen Antworten zu sichten, zusammenzufassen und auszuwerten. Ermittlungsgrundlagen, Ermittlungsergebnisse und die hieraus gezogenen Schlussfolgerungen sind im Gutachten transparent darzustellen[474].

Prozessuale Gutachten werden von den Gerichten regelmäßig durch Beweisbeschluss bei den IHK angefordert. Die von der IHK erstatteten Gutachten sind verfahrensrechtlich als amtliche Auskünfte eigenständige Beweismittel i. S. v. §§ 273 Abs. 2 Nr. 2, 358a S. 2 Nr. 2 ZPO, § 26 Abs. 1 S. 2 Nr. 1 VwVfG[475]. Gutachten sind informationelle Stellungnahmen der IHK gegenüber Gerichten und Verwaltungsbehörden. Sie besitzen weder Regelungscharakter noch sind sie auf unmittelbare Außenwirkung gerichtet. Sie sind daher keine Verwaltungsakte und folglich auch nicht als solche anfechtbar[476].

dd) Wahrung von Anstand und Sitte des ehrbaren Kaufmanns (§ 1 Abs. 1 a. E. IHKG)

Neben der Unterstützung und Beratung der Behörden durch Vorschläge, Gutachten und Berichte haben die IHK gem. § 1 Abs. 1 a. E. IHKG insbesondere für die Wahrung von Anstand und Sitte des ehrbaren Kaufmanns zu wirken. Dieser klassischen, auf die Herstellung oder Aufrechterhaltung eines sozialadäquaten Marktverhaltens der in der Kammer Organisierten abzielenden Selbstverwaltungsaufgabe, deren ideelle Wurzeln in die Zeit der mittelalterlichen Gilden zurückreichen, kommt die IHK heute durch eine Vielzahl von Handlungsmöglichkeiten nach, die von einem Vorgehen gegen einzelne Gewerbetreibende insbesondere im Falle unlauteren Wettbewerbs über die gutachterliche Beratung von Gerichten und Verwaltungsbehörden bis zu einer Einflussnahme auf die Gesetzgebung des Bundes und der EU bspw. im Bereich des lauteren Wettbewerbs reichen. Mangels gesetzlicher Grundlage im IHKG ist die Einrichtung einer kaufmännischen Ehrengerichtsbarkeit als klassisches Forum für die Sanktionierung ehrwidrigen kaufmännischen

---

[473] *Möllering*, in: Frentzel etc., IHKG, 7. Aufl., 2009, § 1 Rn. 37 f.
[474] *Frentzel/Jäkel/Junge*, IHKG, 6. Aufl., 1999, § 1 Rn. 40.
[475] *Möllering*, in: Frentzel etc., IHKG, 7. Aufl., 2009, § 1 Rn. 42.
[476] *Möllering*, in: Frentzel etc., IHKG, 7. Aufl., 2009, § 1 Rn. 43.

Verhaltens im Lichte des Vorbehalts des Gesetzes heute indes unzulässig[477]. In Betracht kommt allenfalls die Einrichtung eines Ehrenausschusses[478], der – ohne Sanktionsmöglichkeit – feststellen kann, ob ein bestimmtes Verhalten Anstand und Sitte des ehrbaren Kaufmanns entspricht oder nicht[479].

Besonders bedeutsam für die Wahrung von Anstand und Sitte eines ehrbaren Kaufmanns ist heute hingegen die Bekämpfung unlauteren Wettbewerbs[480]. Das Instrumentarium der IHK reicht hier von der Information im Einzelfall über die Abmahnung bis hin zur Klage. So steht der IHK seit der UWG-Novelle 1996 gem. § 8 Abs. 3 Nr. 4 UWG ausdrücklich das Recht zu, Unternehmen aus dem Bereich von Industrie und Handel, die nach § 3 oder § 7 UWG unzulässige geschäftliche Handlungen vornehmen, auf Beseitigung und bei Wiederholungsgefahr auf Unterlassung in Anspruch zu nehmen[481]. In diesem Zusammenhang werden bei den IHK durch die Landesregierungen gem. § 15 Abs. 1 UWG Einigungsstellen zur Beilegung von bürgerlichen Rechtsstreitigkeiten errichtet, in denen ein Anspruch aufgrund des UWG geltend gemacht werden kann[482]. Des Weiteren stehen den IHK gem. § 3 Abs. 1 S. 1 Nr. 3 UKlaG Ansprüche auf Unterlassung und auf Widerruf gegen Personen zu (und können ggf. klageweise geltend gemacht werden), welche gem. § 1 UKlaG i. V. m. §§ 307 bis 309 BGB unwirksame Bestimmungen in Allgemeinen Geschäftsbedingungen (AGB) verwenden oder für den rechtsgeschäftlichen Verkehr empfehlen, oder gem. § 2 UKlaG in anderer Weise als durch Verwendung oder Empfehlung von AGB Vorschriften zuwiderhandeln, die dem Schutz der Verbraucher dienen, wie bspw. den Vorschriften des BGB über Verbrauchsgüterkäufe, Haustürgeschäfte und Fernabsatzverträge[483].

---

[477] *Möllering*, in: Frentzel etc., IHKG, 7. Aufl., 2009, § 1 Rn. 55.
[478] Möglichkeiten für eine Ehrengerichtsbarkeit bestehen lediglich im Rahmen eines parallel (außerhalb) der IHK gegründeten Zusammenschlusses in privatrechtlicher Rechtsform (insbes. e.V.) wie etwa der traditionsreichen Versammlung eines Ehrbaren Kaufmanns zu Hamburg e.V. Gem. Art. 2 der Satzung der Versammlung verpflichten sich die Mitglieder, „im Geschäftsverkehr Treu und Glauben zu beachten und Handlungen zu unterlassen, die mit der Ehre und dem Anspruch auf kaufmännisches Vertrauen nicht zu vereinbaren sind". Gem. Art. 10 der Satzung kann ein Mitglied u. a. dann durch einstimmigen Beschluss des Vorstands aus dem Verein ausgeschlossen werden, wenn es nicht mehr die Gewähr für einwandfreies Verhalten im kaufmännischen Geschäftsverkehr bietet oder wenn es durch sein Verhalten das Ansehen des ehrbaren Kaufmanns nachhaltig geschädigt hat. Der Vorstand kann den Beschluss, der die Ausschließung ausspricht, mit einer kurzen Begründung öffentlich bekannt machen. Natürlich kann sich ein Kammermitglied derlei und ähnlichen Sanktionen im Rahmen privatrechtlicher Organisationen durch Nichtbeitritt oder Austritt entziehen. Auch dürfen sich entsprechende Sanktionen nicht auf die Stellung des Betroffenen innerhalb der IHK auswirken.
[479] *Möllering*, in: Frentzel etc., IHKG, 7. Aufl., 2009, § 1 Rn. 56.
[480] *Möllering*, in: Frentzel etc., IHKG, 7. Aufl., 2009, § 1 Rn. 52 ff.
[481] Gesetz gegen den unlauteren Wettbewerb in der Fassung der Bekanntmachung vom 03.03. 2010 (BGBl. I S. 254); *Büscher*, in: Fezer, UWG, 2010, § 8 Rn. 280; *Köhler*, in: Köhler/Bornkamm, UWG, 28. Aufl., 2010, § 8 UWG Rn. 3.64; *Ohly*, in: Piper/Ohly/Sosnitza, UWG, 5. Aufl., 2010, § 8 Rn. 113; *Schmitz-Fohrmann/Schwab*, in: Götting/Nordemann, UWG, 2010, § 8 Rn. 141; *Boesche*, Wettbewerbsrecht, 2. Aufl., 2007, Rn. 67.
[482] Dazu näher unten S. 503 ff.
[483] § 2 Abs. 2 Nr. 1 UKlaG; Gesetz über Unterlassungsklagen bei Verbraucherrechts- und an-

ee) Anlagen und Einrichtungen zur Förderung der gewerblichen Wirtschaft oder einzelner Gewerbezweige (§ 1 Abs. 2 1. Alt. IHKG)

§ 1 Abs. 2 1. Alt. IHKG enthält keine selbständige Aufgabenzuweisung, sondern gibt den IHK vielmehr in direkter Anknüpfung an § 1 Abs. 1 IHKG ein konkretes Instrumentarium zur Erfüllung der dort genannten Grundaufgabe der Förderung der gewerblichen Wirtschaft in die Hand, indem es sie ermächtigt, Anlagen und Einrichtungen, die der Förderung der gewerblichen Wirtschaft oder einzelner Gewerbezweige dienen, zu begründen, zu unterhalten und zu unterstützen[484]. Durch die Verwendung der untechnischen Begriffe Anlagen und Einrichtungen werden die IHK ermächtigt, den angestrebten Zweck der Förderung der gewerblichen Wirtschaft oder einzelner Gewerbezweige in weit gefasster Form bspw. durch rechtlich unselbständige Anlagen und Einrichtungen im Rahmen der eigenen körperschaftlichen Organisation bis hin zu selbständigen Organisationsformen des Privatrechts wie bspw. der GmbH oder der eG zu verfolgen[485]. Auch die Formen der Partizipation der einzelnen IHK an der Anlage oder Einrichtung sind weit gefasst: Sie kann die Anlage oder Einrichtung überhaupt erst initiieren (begründen), kann eine bestehende Anlage oder Einrichtung unterhalten oder schlicht unterstützen, wobei die Übergänge gleitend sind. Das BVerwG hat primär in Anknüpfung an den engeren Wortlaut des § 1 Abs. 2 IHKG („der Förderung ... dienen") im Vergleich zu § 1 Abs. 1 IHKG („für die Förderung ... zu wirken") und die Systematik der gesetzlichen Regelung herausgearbeitet, dass die jeweilige Anlage oder Einrichtung eine gewisse Nachhaltigkeit impliziere und gerade und in erster Linie das Interesse der gewerblichen Wirtschaft oder einzelner Gewerbezweige fördern müsse[486]. Die Beteiligung an einer Einrichtung oder Anlage, die lediglich dem allgemeinen öffentlichen Interesse – bspw. auch einer Region – diene, sei danach jedenfalls von § 1 Abs. 2 IHKG nicht gedeckt[487].

Da der Schwerpunkt der Grundaufgabe der Förderung der gewerblichen Wirtschaft gem. § 1 Abs. 1 IHKG im Bereich der Information und Beratung der Kammerzugehörigen sowie der Ausbildung liegt, überrascht es nicht, dass auch viele Anlagen und Einrichtungen zur Förderung der gewerblichen Wirtschaft oder einzelner Gewerbezweige gem. § 1 Abs. 2 IHKG im weiteren Sinne diesem Bereich zuzuordnen sind. Doch auch darüber hinaus sind weit gefasste Formen der Förde-

---

deren Verstößen (Unterlassungsklagengesetz – UKlaG) in der Fassung der Bekanntmachung vom 27.08.2002 (BGBl. I S. 3422, ber. S. 4346), zuletzt geändert durch Art. 3 des Gesetzes vom 29.07. 2009 (BGBl. I S. 2355); *Köhler*, in: Köhler/Bornkamm, UWG, 28. Aufl., 2010, § 1 UKlaG Rn. 3 ff., § 2 Rn. 2 ff., § 3 Rn. 6.

[484] *Jahn*, IHK-Wirtschaftsförderung, in: GewArch 2001, 146 (148); *Kluth*, Einrichtungen, in: HdbKR, 2005, S. 281 (286 f.).

[485] *Möllering*, in: Frentzel etc., IHKG, 7. Aufl., 2009, § 1 Rn. 58, 61 ff.

[486] BVerwGE 112, 69 (74); dazu: *Knemeyer*, Wettbewerbsrelevante Dienstleistungen, in: WiVerw. 2001, 1 (14 f.); *Jahn*, IHK-Wirtschaftsförderung, in: GewArch 2001, 146 (147 ff.); *Leisner*, Die gesetzlichen Aufgaben, in: BayVBl. 2001, 609 (614 ff.); *Kormann/Lutz/Rührmair*, Service-Einrichtungen, in: GewArch 2003, 89 ff., 144 ff.

[487] BVerwGE 112, 69 (74 f.).

II. 4. Die Aufgaben der IHK

rung der gewerblichen Wirtschaft durch Anlagen und Einrichtungen denkbar und auch in der Praxis anzutreffen. Zu nennen sind hier insbesondere Beratungsstellen und -dienste im Hinblick auf Exportfragen, Fördermöglichkeiten (z.B. aus dem Bereich der EU), Innovation und Technologietransfer, Bildungsstätten verschiedenster Art, die Veranstaltung von Lehrgängen und schließlich die Beteiligung an Messegesellschaften, Gesellschaften zur Beseitigung von Sondermüll oder Kreditgarantiegemeinschaften[488]. Typische Einrichtungen zur Förderung der gewerblichen Wirtschaft sind aber auch kaufmännische Schiedsgerichte, die primär Streitfragen in den Bereichen des Waren- und Dienstleistungsverkehrs klären, sowie Mediations- und Schlichtungsstellen für Verbraucherbeschwerden[489].

ff) Maßnahmen zur Förderung und Durchführung der kaufmännischen und gewerblichen Berufsbildung (§ 1 Abs. 2 2. Alt. IHKG)

aaa) Die weitgehende spezialgesetzliche Regelung der Berufsbildung

Gem. § 1 Abs. 2 2. Alt. IHKG können die IHK unter Beachtung der geltenden Rechtsvorschriften, insbesondere des Berufsbildungsgesetzes, Maßnahmen zur Förderung und Durchführung der kaufmännischen und gewerblichen Berufsbildung treffen. Während die IHK Maßnahmen im Bereich der Berufsbildung früher primär aufgrund von § 1 Abs. 2 2. Alt. IHKG, bzw. vor Inkrafttreten des IHKG aufgrund der entsprechenden Ermächtigungen in den Handelskammer- bzw. IHK-Gesetzen der Länder durchgeführt und dabei das heutige System der Berufsbildung maßgeblich entwickelt und geprägt haben[490], ist das Berufsbildungsrecht heute überwiegend spezialgesetzlich geregelt. Die Rahmenbedingungen der Berufsausbildung, der beruflichen Fortbildung sowie der beruflichen Umschulung finden sich im Berufsbildungsgesetz (BBiG), wobei die IHK „zuständige Stelle" i.S.d. BBiG für die Berufsbildung in nichthandwerklichen Gewerbeberufen ist[491]. Über die aufgrund des BBiG von der IHK zu erlassenden Rechtsvorschriften für die Durchführung der Berufsbildung hat dabei der Berufsbildungsausschuss der IHK zu beschließen[492]. Die Grundregelungen im BBiG werden durch ministerielle Verordnungen ergänzt, welche die einzelnen Ausbildungsordnungen enthalten[493].

---

[488] *Möllering*, in: Frentzel etc., IHKG, 7. Aufl., 2009, § 1 Rn. 66; vgl. auch *Kluth*, Einrichtungen, in: HdbKR, 2005, S. 281 (286ff.).

[489] *Möllering*, in: Frentzel etc., IHKG, 7. Aufl., 2009, § 1 Rn. 67f.

[490] Zur Geschichte des Berufsausbildungswesens: E. *Hoffmann*, Zur Geschichte der Berufsausbildung, 1962, S. 13ff.; *Schöfer*, Berufsausbildung und Gewerbepolitik, 1981, S. 16ff.; *Greinert*, Das „deutsche System" der Berufsausbildung, 3. Aufl., 1998, S. 37ff., insbes. S. 58ff.

[491] § 71 Abs. 2 BBiG; gem. § 71 Abs. 1 BBiG ist für die Berufsbildung in Berufen der Handwerksordnung die Handwerkskammer zuständige Stelle im Sinne des BBiG.

[492] § 79 Abs. 4 BBiG; dazu oben S. 455f.

[493] Die Ausbildungsordnungen können gem. § 4 Abs. 1 BBiG durch das Bundesministerium für Wirtschaft und Technologie oder das sonst zuständige Fachministerium im Einvernehmen mit dem Bundesministerium für Bildung und Forschung durch Rechtsverordnung, die nicht der Zustimmung des Bundesrats bedarf, erlassen werden. Gem. § 5 Abs. 1 BBiG ist in der Ausbildungsordnung festzulegen: 1. die Bezeichnung des Ausbildungsberufs, der anerkannt wird, 2. die

Während der Großteil der Tätigkeiten der IHK im Bereich der Berufsbildung diesen heute daher durch Spezialgesetz oder Rechtsverordnung gem. § 1 Abs. 4 IHKG übertragen ist, bleibt dennoch ein gewisser Raum für zusätzliche Maßnahmen zur Förderung und Durchführung der kaufmännischen und gewerblichen Berufsbildung gem. § 1 Abs. 2 2. Alt. IHKG. Beispiele sind etwa die – unten näher behandelte – Durchführung von Fortbildungsmaßnahmen, die als solche – anders als die Prüfungen in diesem Bereich – im BBiG nicht geregelt sind, und zusätzliche Bildungsmaßnahmen der Kammer von der laufenden Unterrichtung der Mitarbeiter kammerzugehöriger Unternehmen über aktuelle Entwicklungen im technischen und kaufmännischen Bereich (Anpassungsfortbildung) bis hin zur Errichtung von Gemeinschaftslehrwerkstätten und Bildungszentren[494]. Aufgrund des Sachzusammenhangs Berufsbildung werden die wichtigsten Aufgaben der IHK im Bereich der Berufsbildung – seien sie auf § 1 Abs. 2 2. Alt. oder Abs. 4 IHKG (i. V. m. insbesondere mit dem BBiG) gestützt – im Folgenden geschlossen behandelt.

bbb) Aufgaben der IHK aufgrund des BBiG im Bereich Berufsausbildung

Das BBiG erklärt die IHK zunächst allgemein für die Regelung der Durchführung der Berufsausbildung in nichthandwerklichen Gewerbeberufen im Rahmen des BBiG für zuständig, soweit Vorschriften nicht bestehen[495]. Die IHK überwacht ferner die Durchführung der Berufsausbildungsvorbereitung, der Berufsausbildung und der beruflichen Umschulung[496]. Schließlich fördert die IHK allgemein die Durchführung der Berufsausbildungsvorbereitung, der Berufsausbildung und der beruflichen Umschulung durch Beratung der an der Berufsbildung beteiligten Personen, also der Ausbildenden wie der Auszubildenden[497]. Zu diesem Zweck hat die IHK Berater oder Beraterinnen zu bestellen[498].

An speziellen Aufgaben wird der IHK durch das BBiG zunächst die Zuständigkeit übertragen, darüber zu wachen, dass die Eignung der Ausbildungsstätte sowie die persönliche[499] und fachliche[500] Eignung des Ausbildenden und der Ausbilder

---

Ausbildungsdauer; sie soll nicht mehr als drei und nicht weniger als zwei Jahre betragen, 3. die beruflichen Fertigkeiten, Kenntnisse und Fähigkeiten, die mindestens Gegenstand der Berufsausbildung sind (Ausbildungsberufsbild), 4. eine Anleitung zur sachlichen und zeitlichen Gliederung der Vermittlung der beruflichen Fertigkeiten, Kenntnisse und Fähigkeiten (Ausbildungsrahmenplan), 5. die Prüfungsanforderungen.
[494] *Wurster*, in: Frentzel etc., IHKG, 7. Aufl., 2009, § 1 Rn. 80.
[495] §§ 9 i. V. m. 71 Abs. 2 BBiG.
[496] § 76 Abs. 1 S. 1 BBiG; in diesem Zusammenhang sind Ausbildende, Umschulende und Anbieter von Maßnahmen der Berufsausbildungsvorbereitung gem. § 76 Abs. 2 BBiG auf Verlangen der IHK verpflichtet, die für die Überwachung notwendigen Auskünfte zu erteilen und Unterlagen vorzulegen sowie die Besichtigung der Ausbildungsstätten zu gestatten.
[497] § 76 Abs. 1 S. 1 BBiG.
[498] § 76 Abs. 1 S. 2 BBiG.
[499] Gem. § 28 Abs. 1 BBiG darf Auszubildende nur einstellen, wer persönlich geeignet ist. Auszubildende darf nur ausbilden, wer persönlich und fachlich geeignet ist. Gem. § 29 BBiG ist persönlich nicht geeignet, insbes., wer 1. Kinder und Jugendliche nicht beschäftigen darf oder 2.

II. 4. Die Aufgaben der IHK

vorliegen[501]. Die IHK hat für anerkannte Ausbildungsberufe in Nachfolge der früheren Lehrlingsrolle ein Verzeichnis der Berufsausbildungsverhältnisse einzurichten und zu führen, in das der wesentliche Inhalt der einzelnen Berufsausbildungsverträge einzutragen ist[502]. Die Eintragung darf nur erfolgen, wenn verschiedene von der IHK zu überprüfende Voraussetzungen erfüllt sind[503]. So muss erstens der Berufsausbildungsvertrag dem BBiG und der Ausbildungsordnung entsprechen[504]. Zweitens muss die persönliche und fachliche Eignung (des Ausbildenden und des Ausbilders) sowie die Eignung der Ausbildungsstätte für das Einstellen und Ausbilden vorliegen[505]. Drittens muss für Auszubildende unter 18 Jahren die ärztliche Bescheinigung über die Erstuntersuchung nach § 32 Abs. 1 des Jugendarbeitsschutzgesetzes zur Einsicht vorliegen[506]. Die IHK hat auf gemeinsamen Antrag der Auszubildenden und Ausbildenden die Ausbildungszeit zu kürzen, wenn zu erwarten ist, dass das Ausbildungsziel in der gekürzten Zeit erreicht wird[507]. In Ausnahmefällen kann die IHK auf Antrag Auszubildender die Ausbildungszeit verlängern, wenn die Verlängerung erforderlich ist, um das Ausbildungsziel zu erreichen[508].

Eine bedeutende Rolle spielen die IHK sodann im Prüfungswesen: Wie oben im Abschnitt über den Berufsbildungsausschuss der IHK bereits ausgeführt wurde, hat dieser für die Abschlussprüfungen eine von der zuständigen obersten Landes-

---

wiederholt oder schwer gegen das BBiG oder die auf Grund des BBiG erlassenen Vorschriften und Bestimmungen verstoßen hat.
[500] Fachlich geeignet ist gem. § 30 Abs. 1 BBiG, wer die beruflichen sowie die berufs- und arbeitspädagogischen Fertigkeiten, Kenntnisse und Fähigkeiten besitzt, die für die Vermittlung der Ausbildungsinhalte erforderlich sind. Die erforderlichen beruflichen Fertigkeiten, Kenntnisse und Fähigkeiten besitzt gem. § 30 Abs. 2 BBiG, wer 1. die Abschlussprüfung in einer dem Ausbildungsberuf entsprechenden Fachrichtung bestanden hat, 2. eine anerkannte Prüfung an einer Ausbildungsstätte oder vor einer Prüfungsbehörde oder eine Abschlussprüfung an einer staatlichen oder staatlich anerkannten Schule in einer dem Ausbildungsberuf entsprechenden Fachrichtung bestanden hat oder 3. eine Abschlussprüfung an einer deutschen Hochschule in einer dem Ausbildungsberuf entsprechenden Fachrichtung bestanden hat und (in den Fällen der Nr. 1 bis 3) eine angemessene Zeit in seinem Beruf praktisch tätig gewesen ist.
[501] § 32 Abs. 1 BBiG.
[502] § 34 Abs. 1 S. 1 BBiG; Der einzutragende wesentliche Inhalt des Berufsausbildungsverhältnisses umfasst gem. § 34 Abs. 2 BBiG: 1. Name, Vorname, Geburtsdatum, Anschrift der Auszubildenden; 2. Geschlecht, Staatsangehörigkeit, allgemein bildender Schulabschluss, zuletzt besuchte allgemein bildende oder berufsbildende Schule und Abgangsklasse der Auszubildenden; 3. erforderlichenfalls Name, Vorname und Anschrift der gesetzlichen Vertreter oder Vertreterinnen; 4. Ausbildungsberuf; 5. Datum des Abschlusses des Ausbildungsvertrages, Ausbildungszeit, Probezeit; 6. Datum des Beginns der Berufsausbildung; 7. Name und Anschrift der Ausbildenden, Anschrift der Ausbildungsstätte; 8. Name, Vorname, Geschlecht und Art der fachlichen Eignung der Ausbilder und Ausbilderinnen.
[503] *Leinemann/Taubert*, BBiG, 2. Aufl., 2008, § 35 Rn. 9 ff.; *Benecke/Hergenröder*, BBiG, 2009, § 35 Rn. 4 ff.
[504] § 35 Abs. 1 Nr. 1 BBiG.
[505] § 35 Abs. 1 Nr. 2 BBiG.
[506] § 35 Abs. 1 Nr. 3 BBiG.
[507] § 8 Abs. 1 S. 1 BBiG.
[508] § 8 Abs. 2 S. 1 BBiG.

behörde zu genehmigende Prüfungsordnung zu erlassen[509]. Für die Abnahme der Abschlussprüfungen hat die IHK Prüfungsausschüsse einzurichten, die unselbständige Einrichtungen der Kammer sind[510]. Dabei können mehrere IHK bei einer Kammer gemeinsame Prüfungsausschüsse errichten[511]. Jeder Prüfungsausschuss besteht aus mindestens drei Mitgliedern, die für die Prüfungsgebiete sachkundig und für die Mitwirkung im Prüfungswesen geeignet sein müssen[512]. Dem Prüfungsausschuss müssen Beauftragte der Arbeitgeber und der Arbeitnehmer in gleicher Zahl sowie mindestens eine Lehrkraft einer berufsbildenden Schule angehören[513]. Alle Mitglieder werden von der IHK für längstens fünf Jahre berufen[514]. Die Beauftragten der Arbeitnehmer werden dabei auf Vorschlag der im Bezirk der zuständigen Stelle bestehenden Gewerkschaften und selbständigen Vereinigungen von Arbeitnehmern mit sozial- oder berufspolitischer Zwecksetzung, die Lehrkraft einer berufsbildenden Schule im Einvernehmen mit der Schulaufsichtsbehörde oder der von ihr bestimmten Stelle von der IHK berufen[515]. Der Prüfungsausschuss wählt einen Vorsitzenden und dessen Stellvertreter, die nicht derselben Mitgliedergruppe angehören sollen[516]. Er ist beschlussfähig, wenn zwei Drittel der Mitglieder, mindestens aber drei, mitwirken[517]. Beschlossen wird mit der Mehrheit der abgegebenen Stimmen, wobei bei Stimmengleichheit die Stimme des Vorsitzenden den Ausschlag gibt[518]. Über die Zulassung zur Abschlussprüfung entscheidet die IHK[519]. Hält diese allerdings die Zulassungsvoraussetzungen für nicht gegeben, so entscheidet der Prüfungsausschuss[520]. Hauptaufgabe des Prüfungsausschusses ist, auf der Grundlage der Prüfungsordnung der IHK über die Noten zur Bewertung einzelner Prüfungsleistungen, der Prüfung insgesamt sowie über das Bestehen und Nichtbestehen der Abschlussprüfung zu beschließen[521]. Auf die obligatorische Zwischenprüfung ist nur ein Teil der für die Abschlussprüfung geltenden Vorschriften entsprechend anwendbar[522]. So ist hier bspw. keine Prüfungsordnung aufzustellen, und das Prüfungsverfahren kann vereinfacht, z.B. unter Verzicht auf eine mündliche Prüfung, durchgeführt werden[523]. Prüfungsausschüsse sind hier

---

[509] §§ 47 Abs. 1 i.V.m. 79 Abs. 4 S. 1 BBiG; oben S. 456.
[510] § 39 Abs. 1 S. 1 BBiG; *Leinemann/Taubert*, BBiG, 2. Aufl., 2008, § 39 Rn. 6; *Wurster*, in: Frentzel etc., IHKG, 7. Aufl., 2009, § 1 Rn. 100.
[511] § 39 Abs. 1 S. 2 BBiG.
[512] § 40 Abs. 1 BBiG.
[513] § 40 Abs. 2 S. 1 BBiG; mindestens zwei Drittel der Gesamtzahl der Mitglieder müssen Beauftragte der Arbeitgeber und der Arbeitnehmer sein, § 40 Abs. 2 S. 2 BBiG.
[514] § 40 Abs. 3 S. 1 BBiG.
[515] § 40 Abs. 3 S. 2 und 3 BBiG; *Leinemann/Taubert*, BBiG, 2. Aufl., 2008, § 40 Rn. 50 ff.
[516] § 41 Abs. 1 BBiG.
[517] § 41 Abs. 2 S. 1 BBiG; *Benecke/Hergenröder*, BBiG, 2009, § 41 Rn. 7 f.
[518] § 41 Abs. 2 S. 2 und 3 BBiG.
[519] § 46 Abs. 1 S. 1 i.V.m. §§ 43 ff., 71 Abs. 2 BBiG.
[520] § 46 Abs. 1 S. 2 BBiG; *Leinemann/Taubert*, BBiG, 2. Aufl., 2008, § 46 Rn. 12 ff.
[521] § 42 Abs. 1 BBiG.
[522] Gem. § 48 Abs. 1 S. 2 BBiG gelten für die Zwischenprüfung die §§ 37 bis 39 BBiG entsprechend.
[523] *Wurster*, in: Frentzel etc., IHKG, 7. Aufl., 2009, § 1 Rn. 127.

zwar ebenfalls zu bilden[524]. Da jedoch insofern nicht auf die Norm verwiesen wird, welche die Zusammensetzung derselben regelt[525], können entsprechende Prüfungsausschüsse prinzipiell auch flexibler gebildet werden[526].

ccc) Aufgaben der IHK aufgrund des BBiG und § 1 Abs. 2 2. Alt. IHKG in den Bereichen Fortbildung und Umschulung

Neben der klassischen Berufsausbildung haben sich die Bereiche der Fortbildung und Umschulung zu einem zunehmend bedeutsamen Betätigungsfeld der IHK entwickelt. So haben im Jahr 2009 über 342.000 Personen an mehr als 24.000 Weiterbildungsveranstaltungen der verschiedenen IHK teilgenommen und sich über 70.000 von ihnen dabei einer Prüfung unterzogen[527]. Ziel der beruflichen Fortbildung ist, die berufliche Handlungsfähigkeit zu erhalten und anzupassen oder zu erweitern und beruflich aufzusteigen[528]. Die berufliche Umschulung soll hingegen zu einer anderen beruflichen Tätigkeit befähigen[529].

(1) Fortbildung. Die Veranstaltung von Lehrgängen, Seminaren, Kursen und anderen Fortbildungsveranstaltungen ist im BBiG, das sich nur mit entsprechenden Prüfungen befasst, nicht geregelt. Die Durchführung von Fortbildungsveranstaltungen als Maßnahmen zur kaufmännischen und gewerblichen Berufsbildung ist daher eine freiwillige Selbstverwaltungsaufgabe der Kammern gem. § 1 Abs. 2 2. Alt. IHKG[530]. Die Kammern sind daher prinzipiell frei in der Entscheidung, welche Veranstaltungen mit welchem Inhalt sie anbieten[531]. Soweit das zuständige Bundesministerium allerdings für einen bestimmten Fortbildungsabschluss eine Fortbildungsordnung erlassen hat, ist die IHK bei der Gestaltung einer bestimmten angebotenen Fortbildungsmaßnahme an die Anforderungen der einschlägigen Fortbildungsordnung(en) gebunden[532].

---

[524] Da § 48 Abs. 1 S. 2 BBiG auch § 39 BBiG für entsprechend anwendbar erklärt.
[525] § 40 BBiG.
[526] *Wurster*, in: Frentzel etc., IHKG, 7. Aufl., 2009, § 1 Rn. 127.
[527] „Aus- und Weiterbildung in Zahlen – Der Beitrag der Industrie- und Handelskammern", abrufbar unter <www.dihk.de/inhalt/themen/ausundweiterbildung/zahlen/2009/bildungsbeitrag.pdf>.
[528] § 1 Abs. 4 BBiG.
[529] § 1 Abs. 5 BBiG.
[530] *Wurster*, in: Frentzel etc., IHKG, 7. Aufl., 2009, § 1 Rn. 142.
[531] Im Hinblick auf die Durchführung von Fortbildungsmaßnahmen i. S. v. §§ 1 Abs. 4, 53 ff. BBiG muss der Berufsbildungsausschuss der IHK unterrichtet und gehört werden, *Wurster*, in: Frentzel etc., IHKG, 7. Aufl., 2009, § 1 Rn. 138.
[532] *Wurster*, in: Frentzel etc., IHKG, 7. Aufl., 2009, § 1 Rn. 141; gem. § 53 Abs. 1 BBiG kann das Bundesministerium für Bildung und Forschung im Einvernehmen mit dem Bundesministerium für Wirtschaft und Technologie oder dem sonst zuständigen Fachministerium nach Anhörung des Hauptausschusses des Bundesinstituts für Berufsbildung durch Rechtsverordnung, die nicht der Zustimmung des Bundesrates bedarf, als Grundlage für eine einheitliche berufliche Fortbildung Fortbildungsabschlüsse anerkennen und hierfür Prüfungsregelungen erlassen (Fortbildungsordnung).

Die IHK kann im Bereich ihrer Fortbildungsveranstaltungen Prüfungen anbieten[533]. Tut sie dies, hat sie – soweit nicht das zuständige Ministerium eine einschlägige Fortbildungsordnung erlassen hat – durch den Berufsbildungsausschuss Fortbildungsprüfungsregelungen zu erlassen[534]. Dabei sind die Bezeichnung des Fortbildungsabschlusses, Ziel, Inhalt und Anforderungen der Prüfungen, die Zulassungsvoraussetzungen sowie das Prüfungsverfahren zu regeln[535]. Führt die IHK Fortbildungsprüfungen durch, hat sie ferner Prüfungsausschüsse einzurichten, für die ein Großteil der für die allgemeinen Prüfungsausschüsse geltenden Vorschriften entsprechend anwendbar ist[536]. So sind insbesondere die Vorschriften über die Zusammensetzung der Prüfungsausschüsse anwendbar[537], obwohl die speziellen Lerninhalte der Erwachsenenfortbildung die Hinzuziehung von Lehrkräften an berufsbildenden Schulen nicht als zwingend erscheinen lassen[538]. Über die Zulassung zur Fortbildungsprüfung entscheidet die IHK[539], und, falls sie die Zulassungsvoraussetzungen für nicht gegeben hält, der Prüfungsausschuss[540]. Der Prüfungsausschuss entscheidet sodann auf der Grundlage der Prüfungsordnung der IHK über die Noten zur Bewertung einzelner Prüfungsleistungen, der Prüfung insgesamt sowie über das Bestehen und Nichtbestehen der Fortbildungsprüfung[541].

(2) Umschulung. Für Umschulungsmaßnahmen gilt weitgehend das zur Fortbildung Gesagte[542]: Das zuständige Ministerium kann als Grundlage für eine geordnete und einheitliche berufliche Umschulung Umschulungsordnungen als Rechtsverordnung erlassen, die unter Berücksichtigung der besonderen Erfordernisse der beruflichen Erwachsenenbildung die Bezeichnung des Umschulungsabschlusses, das Ziel, den Inhalt, die Art und Dauer der Umschulung, die Anforderungen der Umschulungsprüfung und die Zulassungsvoraussetzungen sowie das Prüfungsverfahren der Umschulung bestimmen[543]. Soweit keine ministeriellen Umschulungsordnungen nach § 58 BBiG bestehen, kann der Berufsbildungsausschuss der IHK Umschulungsprüfungsregelungen erlassen[544]. Sofern sich die ministerielle Umschulungsordnung oder eine Regelung der IHK auf die Umschulung für einen anerkannten Ausbildungsberuf richtet, sind bestimmte Regelungen der einschlägigen Ausbildungsordnung, nämlich das Ausbildungsberufsbild, der Ausbildungs-

---

[533] Sie ist dazu aber nicht verpflichtet.
[534] §§ 54 S. 1, 79 Abs. 4 S. 1 BBiG; *Wurster*, in: Frentzel etc., IHKG, 7. Aufl., 2009, § 1 Rn. 135.
[535] § 54 S. 2 BBiG.
[536] § 56 Abs. 1 BBiG.
[537] § 40 Abs. 2 BBiG: Beauftragte der Arbeitgeber und der Arbeitnehmer in gleicher Zahl sowie mindestens eine Lehrkraft einer berufsbildenden Schule; mindestens zwei Drittel der Gesamtzahl der Mitglieder müssen Beauftragte der Arbeitgeber und der Arbeitnehmer sein.
[538] *Wurster*, in: Frentzel etc., IHKG, 7. Aufl., 2009, § 1 Rn. 136.
[539] § 56 Abs. 1 S. 2 i. V. m. § 46 Abs. 1 S. 1 BBiG.
[540] § 56 Abs. 1 S. 2 i. V. m. § 46 Abs. 1 S. 2 BBiG.
[541] § 56 Abs. 1 S. 2 i. V. m. § 42 Abs. 1 BBiG.
[542] §§ 58 ff. BBiG.
[543] § 58 BBiG; *Leinemann/Taubert*, BBiG, 2. Aufl., 2008, § 58 Rn. 4 ff.
[544] §§ 59 S. 1, 79 Abs. 4 S. 1 BBiG.

rahmenplan und die Prüfungsanforderungen, zugrunde zu legen[545]. Wie bei der Berufsausbildung hat die IHK darüber zu wachen, dass die Eignung der Umschulungsstätte sowie die persönliche und fachliche Eignung der Umschulenden vorliegen[546]. Für die Durchführung von Prüfungen im Bereich der beruflichen Umschulung errichtet die IHK Prüfungsausschüsse, für deren Zusammensetzung usw. das zu den Prüfungsausschüssen im Rahmen der Fortbildung Gesagte entsprechend gilt[547].

gg) *Ausstellung von Ursprungszeugnissen und anderen Bescheinigungen (§ 1 Abs. 3 IHKG)*

Den IHK obliegt gem. § 1 Abs. 3 IHKG die Ausstellung von Ursprungszeugnissen und anderen dem Wirtschaftsverkehr dienenden Bescheinigungen, soweit nicht Rechtsvorschriften diese Aufgaben anderen Stellen zuweisen.

aaa) *Ausstellung von Ursprungszeugnissen*

Im internationalen Handelsverkehr werden häufig Ursprungszeugnisse für Waren benötigt. Der Nachweis des Ursprungs einer bestimmten Ware dient bspw. dazu, festzustellen, ob die Ware dem freien Warenverkehr innerhalb der EU gem. Art. 28 ff. AEUV unterfällt[548], ob Kontingente für Waren aus bestimmten Staaten bereits erfüllt sind, oder dazu, den einschlägigen Zolltarif zu ermitteln. Rechtsgrundlage hierfür sind vielfältige bilaterale und multilaterale völkerrechtliche Verträge und vor allem die einschlägigen Regelungen des EU-Rechts. Im Rahmen der EU ist das für die Bundesrepublik Deutschland relevante Zollrecht heute weitgehend im Zollkodex, einer 1992 erlassenen EG-Verordnung geregelt[549]. Art. 23–26 Zollkodex enthalten Regelungen über die Begriffsbestimmung des sog. nichtpräferentiellen Ursprungs u.a. im Hinblick auf die Ausstellung von Ursprungszeugnis-

---

[545] § 60 S. 1 BBiG; das in der Ausbildungsordnung festzulegende Ausbildungsberufsbild umfasst nach § 5 Abs. 1 Nr. 3 BBiG die beruflichen Fertigkeiten, Kenntnisse und Fähigkeiten, die mindestens Gegenstand der Berufsausbildung sind. Der festzulegende Ausbildungsrahmenplan ist gem. § 5 Abs. 1 Nr. 4 BBiG eine Anleitung zur sachlichen und zeitlichen Gliederung der Vermittlung der beruflichen Fertigkeiten, Kenntnisse und Fähigkeiten.
[546] § 60 S. 2 i.V.m. § 32 Abs. 1 BBiG; Umschulende haben die Durchführung der beruflichen Umschulung vor Beginn der IHK schriftlich anzuzeigen, § 62 Abs. 2 S. 1 BBiG; gem. § 62 Abs. 2 S. 2 und 3 BBiG erstreckt sich die Anzeigepflicht auf den wesentlichen Inhalt des Umschulungsverhältnisses.
[547] § 62 Abs. 3 BBiG; *Leinemann/Taubert*, BBiG, 2. Aufl., 2008, § 62 Rn. 9 f.
[548] Vertrag über die Arbeitsweise der Europäischen Union (AEUV) in der am 01.12.2009 in Kraft getretenen Fassung des Vertrags von Lissabon vom 13.12.2007, Abl. Nr. C 115 S. 47.
[549] Verordnung (EWG) Nr. 2913/92 des Rates vom 12.10.1992 zur Festlegung des Zollkodex der Gemeinschaften, ABl. Nr. L 302 vom 19.10.1992, S. 1–50; zum Modernisierte Zollkodex (Verordnung (EG) Nr. 450/2008 des Europäischen Parlaments und des Rates vom 23.04.2008 zur Festlegung des Zollkodex der Gemeinschaft (Modernisierter Zollkodex), ABl. Nr. L 145 vom 06.04.2008, S. 1–64) ist bislang noch nicht anwendbar.

sen[550]. Details zur Ausstellung von Ursprungszeugnissen sind dabei in einer 1993 von der Europäischen Kommission erlassenen umfangreichen Durchführungsverordnung zum Zollkodex enthalten[551]. Ansonsten ist nach wie vor das Internationale Abkommen zur Vereinfachung der Zollförmlichkeiten vom 3. November 1923 als Rechtsgrundlage einschlägig[552], auf dessen Grundlage die Reichsregierung dem Sekretariat des Völkerbundes die IHK als zur Ausstellung von Ursprungszeugnissen berechtigte Stelle benannt hat. Auf der Grundlage von § 1 Abs. 3 IHKG stellen die IHK im Rahmen der einschlägigen Rechtsvorschriften, insbesondere des EU-Zollkodex, der hierzu ergangenen Durchführungsverordnung und des Internationalen Abkommens zur Vereinfachung der Zollformalitäten, Ursprungserzeugnisse aus[553]. Insbesondere für IHK, die in grenznahen bzw. exportorientierten Gebieten gelegen sind, wie etwa die Handelskammer Hamburg, kann die Ausstellung von Ursprungszeugnissen eine wesentliche Kammeraktivität darstellen.

Voraussetzungen und Verfahren für die Ausstellung von Ursprungszeugnissen regelt die jeweilige IHK in einem Statut für die Ausstellung von Ursprungszeugnissen und anderen dem Außenwirtschaftsverkehr dienenden Bescheinigungen, das regelmäßig auf dem vom DIHK 1993 vorgelegten Musterstatut basiert, welches seinerseits die Regelungen der genannten Rechtsgrundlagen aufgreift. Das Statut wird durch gemeinsam erarbeitete Musterrichtlinien ergänzt, die regelmäßig den rapiden Entwicklungen in diesem Bereich angepasst werden[554]. Soweit Verfahrensfragen im Statut nicht geregelt sind, tritt – nach den allgemeinen Regeln – ergänzend das Verwaltungsverfahrensgesetz des jeweiligen Landes hinzu.

bbb) Ausstellung von anderen dem Wirtschaftsverkehr dienenden Bescheinigungen

Andere dem Wirtschaftsverkehr dienende Bescheinigungen i. S. v. § 1 Abs. 3 IHKG sind vor allem solche, die ohne Ursprungszeugnisse zu sein, für den grenzüberschreitenden Verkehr erforderlich sind. So verlangen ausländische Behörden neben einem Ursprungszeugnis häufig weitere Bescheinigungen. Eine Übersicht über die für Exporte notwendigen Begleitpapiere geben die von der Handelskammer Hamburg herausgegebenen „K und M" Konsulats- und Mustervorschriften[555]. Die bereits erwähnten auf dem DIHK-Musterstatut von 1993 basierenden Statuten der verschiedenen IHK für die Ausstellung von Ursprungszeugnissen und anderen

---

[550] Vgl. Art. 22 lit. c EU-Zollkodex; im bislang noch nicht anwendbaren Modernisierten Zollkodex sind die entsprechenden Regelungen in Art. 35–38 zu finden.
[551] Verordnung (EWG) Nr. 2454/1993 der Kommission vom 02. 07. 1993 mit Durchführungsvorschriften zu der Verordnung (EWG) Nr. 2913/92 des Rates zur Festlegung des Zollkodex der Gemeinschaften, ABl. Nr. L 253 vom 11. 10. 1993, S. 1–766.
[552] RGBl. 1925 II, S. 672; für Deutschland in Kraft seit 30. 10. 1925, RGBl. 1925 II, S. 812.
[553] *Möllering*, in: Frentzel etc., IHKG, 7. Aufl., 2009, § 1 Rn. 150 ff.
[554] *Möllering*, in: Frentzel etc., IHKG, 7. Aufl., 2009, § 1 Rn. 152.
[555] Die in der 38. Auflage, 2009/10, über 600 Seiten umfassenden, auch auf CD-ROM erhältlichen „K und M" Konsulats- und Mustervorschriften nennen dabei auch Details bspw. zu Konsulatsgebühren, Einfuhrlizenzen und Warenkennzeichnungsvorschriften.

dem Außenwirtschaftsverkehr dienenden Bescheinigungen beziehen sich – ihrer Bezeichnung entsprechend – auch auf die anderen dem Wirtschaftsverkehr dienenden Bescheinigungen. Die verfahrensrechtlichen Vorschriften für Ursprungszeugnisse werden dabei auch für jene Bescheinigungen für anwendbar erklärt[556].

hh) Weitere durch Gesetz oder Rechtsverordnung übertragene Aufgaben (§ 1 Abs. 4 IHKG)

Den IHK können gem. § 1 Abs. 4 IHKG weitere Aufgaben durch Gesetz oder Rechtsverordnung übertragen werden. Während der Bundesgesetzgeber aufgrund der lex posterior-Regel den IHK auch ohne diese Regelung weitere Aufgaben übertragen könnte, eröffnet § 1 Abs. 4 IHKG auch dem Bundesverordnungsgeber sowie dem Landesgesetz- und -verordnungsgeber die Möglichkeit, den IHK weitere Aufgaben zu übertragen[557]. Eine Übertragung kann dabei nur durch Gesetz oder Rechtsverordnung und somit nicht durch Verwaltungserlass erfolgen. Während dies für hoheitliche Aufgaben bereits aus den allgemeinen rechtsstaatlichen Anforderungen an die Zuweisung hoheitlicher Aufgaben folgen würde, die Beschränkung auf Gesetz und Rechtsverordnung also insoweit deklaratorisch ist, ist sie bei nicht hoheitlichen Aufgaben konstitutiv[558]. Bund und Länder haben in großem Umfang von der Möglichkeit der Aufgabenübertragung auf die IHK Gebrauch gemacht. Oben wurden bereits wichtige Beispiele – insbesondere im Bereich der Berufsbildung durch das BBiG – genannt. Im Folgenden seien weitere bedeutende Beispiele angeführt[559].

aaa) Öffentliche Bestellung von Sachverständigen

Im übertragenen Wirkungskreis der IHK ist die öffentliche Bestellung von Sachverständigen von besonderer Bedeutung. Der Begriff des Sachverständigen als solcher ist gesetzlich nicht näher bestimmt. Sachverständige können bspw. definiert werden als natürliche Personen, die auf dem Gebiet der Naturwissenschaft, Technik, Wirtschaft oder eines anderen Sachbereichs über überdurchschnittliche Kenntnisse, Fähigkeiten und Erfahrungen verfügen, welche z.B. aufgrund einer Berufsausbildung oder einer Prüfung nachprüfbar erworben wurden, und die diese besondere Sachkunde jedermann unabhängig, unparteiisch, persönlich, weisungsfrei und gewissenhaft zur Verfügung stellen[560]. Die Berufsbezeichnung Sachverständi-

---

[556] *Möllering*, in: Frentzel etc., IHKG, 7. Aufl., 2009, § 1 Rn. 158.
[557] *Möllering*, in: Frentzel etc., IHKG, 7. Aufl., 2009, § 1 Rn. 166.
[558] *Frentzel/Jäkel/Junge*, IHKG, 6. Aufl., 1999, § 1 Rn. 165 f.
[559] Siehe auch *Möllering*, in: Frentzel etc., IHKG, 7. Aufl., 2009, § 1 Rn. 172 ff.; eine alphabetische Übersicht über den sog. übertragenen Wirkungskreis der IHK bietet die vom DIHK herausgegebene Broschüre „Leistungen im öffentlichen Auftrag", Stand: Mai 2002; vgl. auch *Swoboda*, Was wir tun – Leistungsprofil der Industrie- und Handelskammern, 2007.
[560] Zum sehr umstrittenen Begriff etwa: *Bleutge*, in: Landmann/Rohmer, GewO, Lsbl., Bd. 1, § 36 Rn. 10 f. (2009); *Stober*, Der öffentlich bestellte Sachverständige, 1991, S. 15 ff.; *Schulze-Werner*, in: Friauf, GewO, Lsbl., Bd. 2, § 36 Rn. 8 (2010).

ger als solche ist allerdings nicht gesetzlich geschützt. Jeder, der meint, auf einem bestimmten Sachgebiet über besondere Expertise zu verfügen, kann sich prinzipiell als Sachverständiger bezeichnen und entsprechend betätigen[561].

Neben den selbst ernannten Sachverständigen gibt es allerdings weitere Gruppen von Sachverständigen, die z. T. besondere Voraussetzungen erfüllen müssen und an deren Handlungen die Rechtsordnung bestimmte Rechtsfolgen knüpft[562]. Eine besonders herausgehobene Stellung nehmen dabei die öffentlich bestellten Sachverständigen ein[563]: Sie sind einerseits in Gerichtsverfahren bevorzugt heranzuziehen[564] und müssen andererseits jeden gerichtlichen Gutachtenauftrag ausführen[565]. In einigen Sachbereichen besitzen sie besondere Prüf- und Gutachtenzuständigkeiten[566]. Wegen der besonderen Stellung öffentlich bestellter Sachverständiger ist das Führen dieser Bezeichnung strafrechtlich und wettbewerbsrechtlich geschützt[567].

Die öffentliche Bestellung von Sachverständigen regelt § 36 GewO[568]. Danach sind Personen, die als Sachverständige auf den Gebieten der Wirtschaft einschließlich des Bergwesens, der Hochsee- und Küstenfischerei sowie der Land- und Forstwirtschaft einschließlich des Garten- und Weinbaues tätig sind oder tätig werden wollen, auf Antrag durch die von den Landesregierungen bestimmten oder nach Landesrecht zuständigen Stellen für bestimmte Sachgebiete öffentlich zu bestellen, sofern für diese Sachgebiete ein Bedarf an Sachverständigenleistungen besteht, sie hierfür besondere Sachkunde nachweisen und keine Bedenken gegen ihre Eignung bestehen[569]. Öffentlich bestellte Sachverständige sind darauf zu vereidigen, dass sie ihre Sachverständigenaufgaben unabhängig, weisungsfrei, persönlich, gewissenhaft und unparteiisch erfüllen und ihre Gutachten entsprechend erstatten werden[570]. Die Landesregierungen bzw. -gesetzgeber haben zwar insgesamt eine Viel-

---

[561] *Bleutge*, in: Landmann/Rohmer, GewO, Lsbl., Bd. 1, § 36 Rn. 21 (2008).

[562] Zu den verschiedenen Kategorien von Sachverständigen: *Bleutge*, in: Landmann/Rohmer, GewO, Lsbl., Bd. 1, § 36 Rn. 17 (2008); *Scholl*, Der Sachverständige im nicht förmlichen Verwaltungsverfahren, 2004, S. 27 ff.

[563] BVerfGE 86, 28 (37); *Bleutge*, in: Landmann/Rohmer, GewO, Lsbl., Bd. 1, § 36 Rn. 18 (2008); *Schulze-Werner*, in: Friauf, GewO, Lsbl., Bd. 2, § 36 Rn. 58 ff. (2008); *Stober*, Der öffentlich bestellte Sachverständige, 1991, S. 21 ff.; *Möllering*, in: Frentzel etc., IHKG, 7. Aufl., 2009, § 1 Rn. 206 ff.

[564] §§ 404 Abs. 2 ZPO, 73 Abs. 2 StPO: „Sind für gewisse Arten von Gutachten Sachverständige öffentlich bestellt, so sollen andere Personen nur dann gewählt werden, wenn besondere Umstände es erfordern".

[565] §§ 407 Abs. 1 1. Var. ZPO, 75 Abs. 1 1. Var. StPO.

[566] Vgl. etwa § 5 Abs. 3 S. 1 i.V.m. Abs. 6 Nr. 1 Verordnung über die Überlassung, Rücknahme und umweltverträgliche Entsorgung von Altfahrzeugen (Altfahrzeug-Verordnung) in der Fassung der Bekanntmachung vom 21. 06. 2002 (BGBl. I S. 2214), zuletzt geändert durch Art. 17 des Gesetzes vom 31. 07. 2009 (BGBl. I S. 2585) und § 29a Abs. 1 BImSchG.

[567] § 132a Abs. 1 Nr. 3, Abs. 2 StGB, § 3 UWG.

[568] Gewerbeordnung in der Fassung der Bekanntmachung vom 22. 02. 1999 (BGBl. I S. 202), zuletzt geändert durch Art. 4 Abs. 14 des Gesetzes vom 29. 07. 2009 (BGBl. I S. 2258); zu den Zwecken der öffentlichen Bestellung: *Stober*, Der öffentlich bestellte Sachverständige, 1991, S. 65 ff.

[569] § 36 Abs. 1 S. 1 GewO.

[570] § 36 Abs. 1 S. 2 GewO.

II. 4. Die Aufgaben der IHK

zahl von Stellen, darunter staatliche Behörden, Handwerkskammern, Landwirtschaftskammern und Architektenkammern, für die öffentliche Bestellung von Sachverständigen in den verschiedenen Sachgebieten für zuständig erklärt[571]. In allen sechzehn Bundesländern sind indes jedenfalls die IHK für die öffentliche Bestellung von Sachverständigen gem. § 36 GewO zuständig, was meist in den Länder-Ausführungsgesetzen zum IHKG, zum Teil aber auch in speziellen Gesetzen, geregelt ist[572].

---

[571] *Bleutge*, in: Landmann/Rohmer, GewO, Lsbl., Bd. 1, § 36 Rn. 50 ff. (2009); *Schulze-Werner*, in: Friauf, GewO, Lsbl., Bd. 2, § 36 Rn. 49 (2010); *Möllering*, in: Frentzel etc., IHKG, 7. Aufl., 2009, § 1 Rn. 202.

[572] *Baden-Württemberg:* § 7 IHKG-BaWü (IHK sind berechtigt, im Rahmen des § 36 GewO sowie der hierzu ergangenen Vorschriften Sachverständige zu bestellen und zu vereidigen); *Bayern:* Art. 7 Bay. AGIHKG (IHK sind befugt, 1. auf den Gebieten der Industrie und des Handels Sachverständige öffentlich zu bestellen und zu vereidigen, 2. Personen, die in § 36 GewO und den hierzu ergangenen Vorschriften bezeichnet sind, zu beeidigen und öffentlich anzustellen); *Berlin:* § 1 der VO über die öffentliche Bestellung von Sachverständigen durch die Industrie- und Handelskammer vom 10.11.1967, GVBl. S. 1571 (IHK ist befugt, Sachverständige nach § 36 Abs. 1 GewO sowie Personen nach § 36 Abs. 2 GewO öffentlich zu bestellen und zu vereidigen); *Brandenburg:* § 7 Brand. AGIHKG (IHK sind berechtigt, im Rahmen des § 36 GewO und der hierzu ergangenen Vorschriften Sachverständige zu bestellen und zu vereidigen); *Bremen:* § 3 Abs. 1 Ziff. 2 der VO über Zuständigkeiten nach der Gewerbeordnung vom 23.10.1990, Brem. GBl. S. 441, zuletzt geändert durch Art. 1 ÄndVO vom 23.03.2010, GBl. S. 272; *Hamburg:* § 3 Abs. 1 Nr. 4 des Gesetzes über die vorläufige Regelung der Rechtsverhältnisse der Handelskammer Hamburg vom 27.02.1956, GVBl. I S. 21, i.V.m. Nr. III Ziff. 5 der Anordnung zur Durchführung der Gewerbeordnung vom 22.12.1987, Amtlicher Anzeiger Teil II des GVBl. 1988, 9 (HK obliegt es, Sachverständige nach Maßgabe der Gesetze öffentlich zu bestellen und zu vereidigen); *Hessen:* § 6 Hess. AGIHKG (IHK sind unbeschadet der Zuständigkeit anderer Stellen befugt, Personen der in § 36 GewO und den hierzu ergangenen Vorschriften bezeichneten Art sowie solche freiberuflich tätigen Personen, deren Tätigkeit in das Gebiet der Industrie, des Handels, des Immobilienwesens, des Bank- und Börsenwesens, des Versicherungswesens, der Energiewirtschaft oder des Verkehrswesens fällt, einschließlich freiberuflich tätiger Dolmetscher und Übersetzer, deren Tätigkeit eines der angeführten Sachgebiete betrifft, als Sachverständige öffentlich zu bestellen und zu beeidigen); *Mecklenburg-Vorpommern:* § 6 IHKG MV i.V.m. § 1 LandesVO über die Regelung von Zuständigkeiten nach dem Gesetz über die Industrie- und Handelskammern für das Land Mecklenburg-Vorpommern (IHK-Gesetz-Zuständigkeitslandesverordnung MV) vom 30.11. 2009, GVBl. MV S. 678, (IHK sind befugt, Personen der in § 36 GewO und den hierzu ergangenen Vorschriften bezeichneten Art sowie solche freiberuflich tätigen Personen, deren Tätigkeit in das Gebiet der Industrie, des Handels, der Dienstleistungen, des Immobilien- und Bauwesens, des Versicherungswesens, der Energiewirtschaft, des Verkehrswesens, der Hochsee- und Küstenfischerei, der Land- und Forstwirtschaft einschließlich des Garten- und Weinbaus oder des Umweltschutzes in der Landwirtschaft fällt, als Sachverständige öffentlich zu bestellen und zu vereidigen); *Niedersachsen:* § 6 Nds. AGIHKG (IHK sind im Rahmen ihrer Aufgaben befugt, gem. § 36 GewO und den hierzu ergangenen Vorschriften Sachverständige zu bestellen und zu vereidigen); *Nordrhein-Westfalen:* § 5 IHKG NRW i.V.m. § 2 Abs. 1 GewerberechtsVO NRW vom 17.11.2009, GV. NRW. S. 626, i.V.m. Ziff. III. Nr. 1.17 lit. d der Anlage zur GewerberechtsVO NRW (IHK sind befugt, im Rahmen des § 36 GewO sowie der hierzu ergangenen Vorschriften Sachverständige zu bestellen und zu vereidigen, soweit die Zuständigkeit nicht in Nr. 1.17 lit. a-c des Verzeichnisses einer anderen Stelle zugewiesen ist); *Rheinland-Pfalz:* § 1 Abs. 1 und 2 LandesVO über die Zuständigkeit nach § 36 Abs. 1 und 2 der Gewerbeordnung auf dem Gebiet der Wirtschaft und des Verkehrs vom 25.03.1991, GVBl. Rh.-Pf. S. 174, (IHK sind befugt, Sachverständige auf dem Gebiet der Industrie, des Handels, des Immobilienwesens, des Banken- und Börsenwesens, des Versicherungswesens, der Energiewirtschaft, des Verkehrswesens (sowie für diese Ge-

§ 36 GewO selbst regelt nur wenige, grundlegende Voraussetzungen für die öffentliche Bestellung von Sachverständigen. So ergibt sich aus § 36 Abs. 1 S. 1 GewO, dass die Bestellung für ein bestimmtes Sachgebiet erfolgt, für das ein Bedarf an Sachverständigenleistungen besteht[573], und dass die Person, welche die Bestellung beantragt, hierfür besondere Sachkunde nachweisen muss und keine Bedenken gegen ihre Eignung bestehen dürfen[574]. Weitergehende Regelungen über die Voraussetzungen der Bestellung sowie über die Befugnisse und Verpflichtungen sowie die Stellung der öffentlich bestellten und vereidigten Sachverständigen bei der Ausübung ihrer Tätigkeit können gem. § 36 Abs. 3 GewO die Landesregierungen durch Rechtsverordnung erlassen. Soweit die Landesregierung von dieser Ermächtigung nicht Gebrauch gemacht hat, können die Körperschaften des öffentlichen Rechts, welche für die öffentliche Bestellung und Vereidigung von Sachverständigen zuständig sind, die entsprechenden Vorschriften durch Satzung erlassen[575].

In der Praxis haben zwar einige Länder Verordnungen nach § 36 Abs. 3 GewO erlassen[576]. Doch beziehen diese sich nur auf Fälle, in denen die Bestellungszuständigkeit bei der unmittelbaren Staatsverwaltung liegt[577]. Soweit die IHK durch Landesrecht ermächtigt sind, Sachverständige öffentlich zu bestellen, können sie daher

---

biete tätige Prüfer) zu bestellen und zu vereidigen); *Saarland:* § 6 Saarl. IHKG (IHK ist befugt, im Rahmen des § 36 GewO sowie der hierzu ergangenen Vorschriften Sachverständige zu bestellen und zu vereidigen); *Sachsen:* § 7 Abs. 1 SächsIHKG i. V. m. § 5 der VO der Sächsischen Staatsregierung zur Durchführung der Gewerbeordnung vom 28. 1. 1992, GVBl. S. 40, i.d.F. vom 27. 6. 2008, GVBl. S. 414 (IHK sind berechtigt, im Rahmen des § 36 GewO und der hierzu ergangenen Vorschriften Sachverständige öffentlich zu bestellen und zu vereidigen); *Sachsen-Anhalt:* § 6 AGIHKG Sachs.-Anh. (IHK sind berechtigt, im Rahmen des § 36 GewO und der hierzu ergangenen Vorschriften Sachverständige zu bestellen und zu vereidigen); *Schleswig-Holstein:* § 1 Abs. 2 S. 2 Gesetz über die Auflösung der Gauwirtschaftskammer Schleswig-Holstein und der Wirtschaftskammer Kiel vom 13. 02. 1954, GVBl. Schl.-Holst. S. 41, i. V. m. § 42 (Preuß.) IHKG vom 24. 02. 1870 in der Fassung der Bekanntmachung vom 31. 12. 1971, Anlage zum Zweiten Gesetz über die Sammlung des schleswig-holsteinischen Landesrechts vom 05. 04. 1971, GVBl. S. 182, zuletzt geändert durch VO vom 12. 10. 2005, GVBl. S. 487 (IHK sind u. a. befugt, Gewerbetreibende der in § 36 GewO bezeichneten Art, deren Tätigkeit in das Gebiet des Handels fällt, öffentlich anzustellen und zu beeidigen); *Thüringen:* § 1 LandesVO über die Zuständigkeit nach § 36 Abs. 1 und 2 der Gewerbeordnung auf dem Gebiet der Wirtschaft und des Verkehrs vom 03. 04. 1991, Thür. GVBl. S. 69 (IHK sind zuständig für die öffentliche Bestellung und Vereidigung von Sachverständigen für alle Sachgebiete im Rahmen des § 36 Abs. 1 GewO sowie für die öffentliche Bestellung und die Vereidigung besonders geeigneter Personen auf den Gebieten der Wirtschaft im Rahmen des § 36 Abs. 2 GewO, solange und soweit dafür nicht aufgrund anderer Rechtsvorschriften andere Kammern, Behörden oder sonstige Stellen zuständig sind).

[573] Dabei geht es um den abstrakten Bedarf an Sachverständigenleistungen im jeweiligen Sachgebiet; die früher allenthalben praktizierte Prüfung, ob ein konkreter Bedarf für die Bestellung eines Sachverständigen besteht (oder ob es bereits genügend öffentlich bestellte Sachverständige gibt), verletzt hingegen Art. 12 Abs. 1 GG, BVerfGE 86, 28.

[574] § 36 Abs. 1 S. 2 GewO gibt ferner den Inhalt der Eidesleistung vor.

[575] § 36 Abs. 4 GewO.

[576] Im Moment sind dies Baden-Württemberg, Brandenburg, Hessen, Mecklenburg-Vorpommern, Rheinland-Pfalz, Sachsen, Sachsen-Anhalt, Schleswig-Holstein und Thüringen; siehe die Übersicht bei *Rickert,* in: Pielow, GewO, 2009, § 36 Rn. 68.1.

[577] *Rickert,* in: Pielow, GewO, 2009, § 36 Rn. 68, 69; *Schulze-Werner,* in: Friauf, GewO, Lsbl., Bd. 2, § 36 Rn. 82 (2009).

II. 4. Die Aufgaben der IHK

die entsprechenden Regelungen durch Satzung treffen[578]. Dazu haben die einzelnen IHK durch ihre Vollversammlungen Sachverständigenordnungen als Satzungen erlassen, die weitgehend wörtlich auf der Mustersachverständigenordnung des DIHK beruhen, welche regelmäßig im Lichte von Praxis und Rechtsprechung weiterentwickelt wird[579]. Der DIHK hat zudem in Muster-Richtlinien die Pflichten der Sachverständigen konkretisiert und gemeinsam mit dem Institut für Sachverständigenwesen in Köln Zusammenstellungen besonderer fachlicher Bestellungsvoraussetzungen für wichtige Sachverständigenzweige entwickelt[580], welche z. B. die für eine Bestellung erforderliche Vorbildung, Kenntnisse und Fähigkeiten aufführen und somit vor allem für den unbestimmten Rechtsbegriff der besonderen Sachkunde einen einheitlichen Beurteilungsmaßstab im Bundesgebiet gewährleisten sollen[581].

Die Entscheidung über die öffentliche Bestellung, auf die im Lichte von Art. 12 Abs. 1 GG ein Anspruch besteht, wenn alle Voraussetzungen erfüllt sind[582], trifft die IHK. Sie hat alle geeigneten Ermittlungen anzustellen, um das Vorliegen der Voraussetzungen, insbesondere der erforderlichen besonderen Sachkunde, zu überprüfen. So kann sich die IHK bspw. frühere Gutachten vorlegen lassen und geeignete Fachgremien, insbesondere auch den bei vielen IHK bestehenden Sachverständigenausschuss, hören[583]. Zudem haben die Kammern überregionale Fachgremien eingerichtet, welche im Auftrag der bestellenden Kammer aufgrund von Fachgesprächen, praktischen Übungen und bisherigen Gutachten die besondere Sachkunde eines Bewerbers – ohne Bindungswirkung für die IHK – begutachten können, wenn sich die IHK anhand der Ausbildung und der eingereichten Unterlagen kein ausreichendes Bild über das Vorliegen der besonderen Sachkunde machen konnte[584].

---

[578] Aufgrund der Ermächtigung in § 36 Abs. 4 i. V. m. Abs. 3 GewO unterliegen insoweit ausnahmsweise auch nicht-kammerzugehörige Personen der Satzungsgewalt der IHK, *Möllering*, in: Frentzel etc., IHKG, 7. Aufl., 2009, § 1 Rn. 211.

[579] BVerfGE 86, 82 (30); *Rickert*, in: Pielow, GewO, 2009, § 36 Rn. 69; *Möllering*, in: Frentzel etc., IHKG, 7. Aufl., 2009, § 1 Rn. 212; aktuell ist die 26 Paragraphen umfassende Mustersachverständigenordnung des DIHK mit Stand vom 15. 02. 2010; die ebenfalls vom DIHK ausgearbeiteten umfangreichen Richtlinien zur Mustersachverständigenordnung als Verwaltungsvorschriften, die z. T. von den IHK als eigene Richtlinien verabschiedet werden, sind mit Stand vom 24. 01. 2008 abgedruckt bei *Rickert*, a.a.O., Rn. 71.1.

[580] Die Anforderungsbeschreibungen für die einzelnen Sachverständigenzweige sind bei dem Institut für Sachverständigenwesen e.V. (<www.ifsforum.de>) abrufbar.

[581] *Möllering*, in: Frentzel etc., IHKG, 7. Aufl., 2009, § 1 Rn. 212.

[582] Die frühere Ausgestaltung von § 36 Abs. 1 GewO als Ermessenstatbestand wurde durch das Gesetz zur Änderung der Gewerbeordnung und sonstiger gewerberechtlicher Vorschriften vom 23. 11. 1994 (BGBl. I S. 3475) aufgegeben, nachdem BVerfGE 86, 28 vom 25. 03. 1992 die von allen Bestellungsbehörden praktizierte konkrete Bedürfnisprüfung im Lichte von Art. 12 Abs. 1 GG für verfassungswidrig erklärt hatte; *Bleutge*, in: Landmann/Rohmer, GewO, Lsbl., Bd. 1, § 36 Rn. 9 (1999), Rn. 48 (2009).

[583] *Schulze-Werner*, in: Friauf, GewO, Lsbl., Bd. 2, § 36 Rn. 21 (2008); *Möllering*, in: Frentzel etc., IHKG, 7. Aufl., 2009, § 1 Rn. 215.

[584] Vgl. VG Regensburg, GewArch 1996, 280; *Bleutge*, in: Landmann/Rohmer, GewO, Lsbl., Bd. 1, § 36 Rn. 68 ff. (2009).

bbb) *Öffentliche Bestellung besonders sachkundiger Versteigerer*

BGB und HGB, aber bspw. auch die Polizeigesetze sehen in verschiedenen Fällen öffentliche Versteigerungen vor[585]. Gem. § 383 Abs. 3 S. 1 3. Var. BGB können solche öffentliche Versteigerungen außer durch Gerichtsvollzieher und Notare auch durch öffentlich bestellte Versteigerer i. S. v. § 34b Abs. 5 GewO durchgeführt werden[586], nicht aber durch sonstige Versteigerer[587]. Nach § 34b Abs. 5 S. 1 GewO sind besonders sachkundige Versteigerer auf Antrag von der zuständigen Behörde allgemein öffentlich zu bestellen[588]. Die Bestellung kann für bestimmte Arten von Versteigerungen erfolgen, sofern für diese ein Bedarf an Versteigerungsleistungen besteht[589]. Die öffentlich bestellten Versteigerer sind darauf zu vereidigen, dass sie ihre Aufgaben gewissenhaft und unparteiisch erfüllen werden[590].

Ähnlich wie im Fall der Sachverständigen kann die öffentliche Bestellung und Vereidigung von Versteigerern von der Erfüllung bestimmter sachlicher und persönlicher Voraussetzungen abhängig gemacht werden[591]. Während in den meisten Bundesländern staatliche Behörden für die öffentliche Bestellung gem. § 34b Abs. 5 GewO zuständig sind, liegt die Zuständigkeit in Mecklenburg-Vorpommern[592], Niedersachsen[593], Nordrhein-Westfalen[594] und Schleswig-Holstein[595] bei den

---

[585] Z. B. §§ 383 Abs. 3, 385, 474 Abs. 1 S. 2, 966 Abs. 2 S. 1, 979 Abs. 1, 1219 Abs. 1, 1235 Abs. 1 BGB, §§ 373 Abs. 2, 376 Abs. 3 HGB, § 49 Abs. 3 BPolG, Art. 27 Abs. 3 BayPAG, § 40 Abs. 3 BerlASOG, § 14 Abs. 5 S. 1 HambSOG, § 42 Abs. 3 S. 1 HSOG, § 28 Abs. 3 S. 1 NdsSOG, § 45 Abs. 3 S. 1 PolG NRW.

[586] *Grüneberg*, in: Palandt, BGB, 68. Aufl., 2009, § 383 Rn. 4; *Olzen*, in: Staudinger, BGB, § 383 Rn. 11 (2006).

[587] VG Arnsberg, GewArch 1989, 164 (165); *Tettinger*, in: Tettinger/Wank, GewO, 7. Aufl., 2004, § 34b Rn. 24.

[588] *Höfling*, in: Friauf, GewO, Lsbl., Bd. 2, § 34b Rn. 40 ff. (2009); *Martini*, in: Pielow, GewO, 2009, § 34b Rn. 44 ff.

[589] § 34b Abs. 5 S. 2 GewO.

[590] § 34b Abs. 5 S. 3 GewO.

[591] *Bleutge*, in: Landmann/Rohmer, GewO, Lsbl., Bd. 1, § 34b Rn. 27c (1999); *Tettinger*, in: Tettinger/Wank, GewO, 7. Aufl., 2004, § 34b Rn. 27 ff.; *Möllering*, in: Frentzel etc., IHKG, 7. Aufl., 2009, § 1 Rn. 189.

[592] § 2 S. 1 Landesverordnung über die Regelung von Zuständigkeiten im allgemeinen Gewerberecht vom 21.09.1992 – GeWRZustVO – (GVBl. MV, S. 572), zuletzt geändert durch Art. 3 der VO vom 10.12.2007 (GVBl. MV S. 403), i. V. m. der Anlage zur Gewerberecht-Zuständigkeitsverordnung.

[593] § 1 Abs. 1 S. 1 VO über Zuständigkeiten auf dem Gebiet des Wirtschaftsrechts sowie in anderen Rechtsgebieten (ZustVO-Wirtschaft) vom 18.11.2004 (Nds. GVBl. S. 482), zuletzt geändert durch § 21 Abs. 2 der VO vom 03.08.2009 (Nds. GVBl. S. 316) i. V. m. Nr. 1.3 der Anlage zu § 1 Abs. 1 ZustVO-Wirtschaft.

[594] § 2 Abs. 1 VO zur Übertragung von Ermächtigungen, zur Regelung von Zuständigkeiten und Festlegungen auf dem Gebiet des Gewerberechts (GewerberechtsVO) vom 17.11.2009, GV. NRW. S. 626, zuletzt geändert durch Art. 3 VO vom 12.01.2010, GV. NRW. S. 24, i. V. m. Ziff. III, Nr. 1.12 der Anlage zur GewerberechtsVO.

[595] Nach § 1 LandesVO zur Bestimmung der zuständigen Behörden nach der Gewerbeordnung (GewO-ZustVO) vom 19.01.1988 (GVBl. S-H 1988, S. 27), zuletzt geändert durch Art. 15 VO vom 12.12.2007 (GVBl. S-H, S. 621) i. V. m. Nr. 4.1.1 der Anlage zur GewO-ZustVO (Zuständig-

IHK[596]. In den Ländern, in denen keine Zuständigkeit der IHK besteht, werden diese vor der öffentlichen Bestellung des Versteigerers durch die zuständigen staatlichen Behörden gutachterlich gehört[597].

ccc) *Geschäftsführung der Einigungsstellen für Wettbewerbsstreitigkeiten, § 15 UWG*

Wie oben bereits kurz angesprochen wurde, haben die Landesregierungen gem. § 15 UWG zur Beilegung von bürgerlichen Rechtsstreitigkeiten, in denen ein Anspruch aufgrund des UWG geltend gemacht wird, bei den IHK sog. Einigungsstellen eingerichtet[598]. Ziel der Einigungsstellen ist es, in Wettbewerbsstreitigkeiten eine gütliche Einigung ohne Inanspruchnahme der Gerichte zu ermöglichen[599]. Die Einigungsstellen sind damit auch für Gewerbetreibende des Handwerks, die nicht der IHK angehören, zuständig[600]. Soweit die Wettbewerbshandlungen Verbraucher betreffen, können die Einigungsstellen von jeder Partei einseitig zwecks Aussprache mit dem Gegner über den Streitfall angerufen werden[601]. Ist kein Verbraucher beteiligt, kann die Einigungsstelle tätig werden, wenn der Gegner zustimmt[602]. Während diese und andere wichtige Grundfragen für die Errichtung und die Zusammensetzung der Einigungsstellen sowie das Verfahren unmittelbar im recht umfangreichen § 15 UWG geregelt sind, finden sich Detailregelungen in weitgehend inhaltsgleichen Durchführungsverordnungen der Länder, die auf der Ermächtigung in § 15 Abs. 11 S. 1 UWG basieren[603].

---

keitsverzeichnis) ist die Aufgabe gem. § 34b Abs. 5 GewO den Vorständen der IHK als weisungsfreie Pflichtaufgabe übertragen.

[596] Nicht mehr durchgängig aktuell sind die Angaben in *Bleutge*, in: Landmann/Rohmer, GewO, Lsbl., Bd. 1, § 34b Rn. 30 (1996); die früher in Sachsen-Anhalt bestehende Zuständigkeit der IHK Magdeburg gem. Nr. 1.15 Anlage 1 (Zuständigkeitsverzeichnis) zur VO über die Regelung von Zuständigkeiten im Immissions-, Gewerbe- und Arbeitsschutzrecht sowie in anderen Rechtsgebieten (ZustVO GewAlR) vom 14.06.1994 (GVBl. Sachs.-Anh. S. 636, 889) wurde durch die Dritte ÄnderungsVO zu dieser VO vom 28.06.2004 (GVBl. Sachs.-Anh. S. 362) mit Wirkung vom 08.07.2004 aufgehoben. Nach Auskunft des zuständigen Ministeriums soll die Zuständigkeit indes wiederbegründet werden.

[597] *Möllering*, in: Frentzel etc., IHKG, 7. Aufl., 2009, § 1 Rn. 189.

[598] *Probandt*, Die Einigungsstelle nach § 27a UWG, 1993, S. 21 ff.; *Köhler*, in: Köhler/Bornkamm, UWG, 28. Aufl., 2010, § 15 UWG Rn. 4 ff.; *Retzer*, in: Harte-Bavendamm, UWG, 2. Aufl., 2009, § 15 Rn. 11 ff.; *Schwipps*, in: Götting/Nordemann, UWG, 2010, § 15 Rn. 6 ff.; § 15 UWG entspricht weitgehend dem früheren § 27a UWG a.F.; vgl. *Mees*, in: Fezer, UWG, 2010, § 15 Rn. 4 f.; *Ekey*, in: Heidelberger Kommentar zum Wettbewerbsrecht, 2. Aufl., 2005, § 15 Rn. 1 f.; *Matutis*, UWG, 2005, S. 225.

[599] Die Einigungsstellen haben keine sachliche Entscheidungsbefugnis. Ihr Ziel ist gem. § 15 Abs. 6 S. 1 UWG, einen gütlichen Ausgleich anzustreben. Dazu können sie den Parteien gem. § 15 Abs. 6 S. 2 UWG einen schriftlichen, mit Gründen versehenen Einigungsvorschlag machen; *Köhler*, in: Köhler/Bornkamm, UWG, 28. Aufl., 2010, § 15 UWG Rn. 25 ff.; *Mees*, in: Fezer, UWG, 2010, § 15 Rn. 71 ff.

[600] *Möllering*, in: Frentzel etc., IHKG, 7. Aufl., 2009, § 1 Rn. 173.

[601] § 15 Abs. 3 S. 2 UWG.

[602] § 15 Abs. 3 S. 1 UWG.

[603] Bspw. in *Bayern:* Verordnung über Einigungsstellen zur Beilegung bürgerlicher Rechts-

Die Einigungsstellen werden bei den IHK – für den jeweiligen Bezirk – errichtet, die sodann auch deren Geschäfte führen[604]. Die Einigungsstellen sind dabei mit einer vorsitzenden Person, welche die Befähigung zum Richteramt nach dem Deutschen Richtergesetz hat, und beisitzenden Personen zu besetzen[605]. Die vorsitzende Person und deren Stellvertreter werden von der geschäftsführenden IHK für einen bestimmten Zeitraum ernannt[606]. Vor der Ernennung sind die Handwerkskammern, deren Bezirke ganz oder teilweise zu dem Bezirk der Einigungsstellen gehören, und die jeweilige Verbraucherzentrale des Landes in der Rechtsform des e.V. zu hören[607]. Die Beisitzer werden von der vorsitzenden Person für den jeweiligen Streitfall aus einer alljährlich aufzustellenden Liste berufen[608], wobei die Berufung im Einvernehmen mit den Parteien erfolgen soll[609]. Die Liste der Beisitzer wird von der geschäftsführenden IHK aufgestellt[610]. Bei der Benennung von Verbrauchern als Beisitzer sind dabei die Vorschläge der im jeweiligen Bundesland errichteten Verbraucherzentralen zu berücksichtigen[611].

---

streitigkeiten auf Grund des Gesetzes gegen den unlauteren Wettbewerb (Einigungsstellenverordnung) vom 17. 05. 1988 (GVBl. S. 115), zuletzt geändert durch VO vom 15. 03. 2005 (GVBl. S. 80); *Hessen:* Verordnung über Einigungsstellen zur Beilegung von Wettbewerbsstreitigkeiten (Verordnung über Einigungsstellen) vom 13. 12. 1959 (GVBl. I S. 3), zuletzt geändert durch VO vom 16. 11. 2005 (GVBl. I S. 738); *Niedersachsen:* Verordnung über Einigungsstellen nach dem Gesetz gegen unlauteren Wettbewerb vom 21. 02. 1991 (GVBl. S. 139); *Nordrhein-Westfalen:* Verordnung über Einigungsstellen zur Beilegung von bürgerlichen Rechtsstreitigkeiten aufgrund des Gesetzes gegen den unlauteren Wettbewerb (Verordnung über Einigungsstellen) vom 15. 08. 1989 (GVBl. S. 460), zuletzt geändert durch Gesetz vom 05. 04. 2005 (GVBl. S. 410); *Sachsen-Anhalt:* Verordnung über Einigungsstellen zur Beilegung von Wettbewerbsstreitigkeiten vom 21. 01. 1992 (GVBl. S. 39), zuletzt geändert durch Art. 9 des Gesetzes vom 14. 02. 2008 (GVBl. S. 58); weitere Nachweise bei *Möllering,* in: Frentzel etc., IHKG, 7. Aufl., 2009, § 1 Rn. 175; *Köhler,* in: Köhler/Bornkamm, UWG, 28. Aufl., 2010, § 15 UWG Rn. 4; *Sosnitza,* in: Piper/Ohly/Sosnitza, UWG, 5. Aufl., 2010, § 15 Rn. 3; *Retzer,* in: Harte-Bavendamm, UWG, 2. Aufl., 2009, § 15 Rn. 11.

[604] Vgl. etwa § 1 Hessische VO über Einigungsstellen; § 1 VO über Einigungsstellen NRW; zum tatsächlichen Bedeutungsverlust des Einigungsstellenverfahrens nach 1945: *Probandt,* Die Einigungsstelle nach § 27a UWG, 1993, S. 110ff.; *Mees,* in: Fezer, UWG, 2010, § 15 Rn. 11 ff.

[605] § 15 Abs. 1 UWG; *Sosnitza,* in: Piper/Ohly/Sosnitza, UWG, 5. Aufl., 2010, § 15 Rn. 4; *Köhler,* in: Köhler/Bornkamm, UWG, 28. Aufl., 2010, § 15 UWG Rn. 5.

[606] Vgl. etwa § 3 Abs. 1 S. 1 Hessische VO über Einigungsstellen: auf zwei Jahre; § 3 Abs. 1 S. 1 VO über Einigungsstellen NRW: auf vier Kalenderjahre.

[607] Vgl. etwa § 3 Abs. 1 S. 2 Hessische VO über Einigungsstellen; § 3 Abs. 1 S. 2 VO über Einigungsstellen NRW.

[608] § 15 Abs. 2 S. 4 UWG.

[609] § 15 Abs. 2 S. 5 UWG; für die Ausschließung und Ablehnung von Mitgliedern der Einigungsstelle gelten gem. § 15 Abs. 2 S. 6 UWG die §§ 41 bis 43 und 44 Abs. 2 bis 4 ZPO entsprechend. Über das Ablehnungsgesuch entscheidet gem. § 15 Abs. 2 S. 6 UWG das für den Sitz der Einigungsstelle zuständige Landgericht (Kammer für Handelssachen oder, falls es an einer solchen fehlt, Zivilkammer).

[610] Nach § 4 Abs. 2 S. 1 Hessische VO über Einigungsstellen erfolgt dies im Benehmen mit den beteiligten Kammern, also den örtlich zuständigen Handwerkskammern. Die IHK hat dabei Vorschläge der ihr nicht angehörenden Gewerbetreibenden des Bezirks der Einigungsstelle angemessen zu berücksichtigen; nach § 4 Abs. 2 VO über Einigungsstellen NRW hat die IHK die Vorschläge der ihr nicht angehörenden Gewerbetreibenden des Bezirks der Einigungsstelle für die Besetzung mit Gewerbetreibenden zu berücksichtigen.

[611] § 15 Abs. 11 S. 2 UWG; vgl. auch z. B. § 4 Abs. 2 S. 2 Hessische VO über Einigungsstellen, § 4 Abs. 2 S. 2 2. Alt. VO über Einigungsstellen NRW.

ddd) Abnahme von Fach- und Sachkundeprüfungen

Den IHK ist in verschiedenen Bereichen, meist im Zusammenhang mit der Genehmigung zum Betrieb genehmigungspflichtiger Gewerbe, die Aufgabe übertragen worden, die fachliche Eignung von Personen zu überprüfen bzw. Sachkundeprüfungen abzunehmen: So darf eine Genehmigung zur Personenbeförderung gem. §§ 13 Abs. 1 Nr. 3 i. V. m. 2 PBefG[612] nur erteilt werden, wenn der Antragsteller als Unternehmer oder die für die Führung der Geschäfte bestellte Person fachlich geeignet ist, ein Unternehmen des Straßenpersonenverkehrs zu führen. Die fachliche Eignung wird durch eine angemessene Tätigkeit in einem Unternehmen des Straßenpersonenverkehrs oder durch Ablegung einer Prüfung nachgewiesen[613]. Ist mangels angemessener Tätigkeit in einem Unternehmen des Straßenpersonenverkehrs eine Prüfung erforderlich, wird diese vor der zuständigen IHK abgelegt, die dazu einen Prüfungsausschuss errichtet[614]. Die Mitglieder des Prüfungsausschusses, der aus einem Vorsitzenden und zwei Beisitzern besteht[615], werden von der IHK bestellt[616]. Der Vorsitzende des Prüfungsausschusses und sein Vertreter sollen zur Vollversammlung der IHK wählbar oder bei einer IHK beschäftigt sein[617]. Die Beisitzer und ihre Vertreter sollen auf Vorschlag der Fachverbände des Verkehrsgewerbes bestellt werden[618].

Ähnlich wie im Bereich der Personenbeförderung setzt auch die Erlaubnis zum gewerblichen Güterkraftverkehr gem. § 3 Abs. 2 Nr. 3 GüKG[619] voraus, dass der Unternehmer oder die zur Führung der Güterkraftverkehrsgeschäfte bestellte Person fachlich geeignet ist. Die fachliche Eignung wird durch eine Prüfung vor der zuständigen IHK nachgewiesen, die hierfür einen Prüfungsausschuss errichtet[620]. Für die Zusammensetzung des Prüfungsausschusses und die Bestellung der Mitglieder gilt das oben zum Bereich der Personenbeförderung Gesagte entsprechend[621].

---

[612] Personenbeförderungsgesetz in der Fassung der Bekanntmachung vom 08. 08. 1990 (BGBl. I S. 1690), zuletzt geändert durch Art. 4 Abs. 21 des Gesetzes vom 29. 07. 2009 (BGBl. I S. 2258).
[613] § 13 Abs. 1 S. 2 PBefG.
[614] § 5 Abs. 1 der aufgrund § 57 Abs. 1 Nr. 4 PBefG erlassenen Berufszugangsverordnung für den Straßenpersonenverkehr (PBZugV) vom 15. 06. 2000 (BGBl. I S. 851), zuletzt geändert durch Art. 3 der VO vom 08. 11. 2007 (BGBl. I S. 2569).
[615] § 5 Abs. 2 S. 1 PBZugV.
[616] § 5 Abs. 3 S. 1 PBZugV.
[617] § 5 Abs. 3 S. 2 PBZugV.
[618] § 5 Abs. 3 S. 3 PBZugV.
[619] Güterkraftverkehrsgesetz vom 22. 06. 1998 (BGBl. I S. 1485), zuletzt geändert durch Art. 4 Abs. 18 des Gesetzes vom 29. 07. 2009 (BGBl. I S. 2258).
[620] §§ 5 Abs. 1 i. V. m. 4, 3 Berufszugangsverordnung für den Güterkraftverkehr (GBZugV) = Art. 1 der Zehnten Verordnung zur Änderung von Rechtsvorschriften zum Güterkraftverkehrsgesetz (10. ÄndVGüGK) v. 21. 06. 2000, BGBl. I, S. 918, geändert durch Art. 485 der VO vom 31. 10. 2006 (BGBl. I S. 2407).
[621] § 5 Abs. 2 und 3 GBZugV.

Gem. § 21 Abs. 3 Nr. 3 WaffG[622] ist die Erlaubnis zum gewerbsmäßig oder selbständig im Rahmen einer wirtschaftlichen Unternehmung betriebenen Handel mit Schusswaffen oder Munition (§ 21 Abs. 1 WaffG) zu versagen, wenn der Antragsteller oder eine der mit der Leitung des Betriebs, einer Zweigniederlassung oder einer unselbständigen Zweigstelle beauftragten Personen nicht die erforderliche Fachkunde nachweist. Die Fachkunde ist durch eine Prüfung vor der zuständigen Behörde nachzuweisen[623]. Die Geschäftsführung der Abnahme der Fachkundeprüfung kann dabei auf die IHK übertragen werden[624], was die Länder durchgängig getan haben[625]. Wegen der speziellen Sachkenntnis, welche die Mitglieder der staatlicherseits einzurichtenden Prüfungsausschüsse benötigen, und der relativ geringen Zahl der Prüfungsverfahren, ist hier regelmäßig zusammenfassend für jeweils mehrere IHK ein Prüfungsausschuss gebildet worden[626].

Nach § 50 Abs. 1 AMG[627] darf der Einzelhandel mit freiverkäuflichen Arzneimitteln[628] außerhalb von Apotheken nur betrieben werden, wenn der Unternehmer, eine zur Vertretung des Unternehmens gesetzlich berufene oder eine von dem Unternehmer mit der Leitung des Unternehmens oder mit dem Verkauf beauftragte Person die erforderliche Sachkenntnis besitzen. Bei Unternehmen mit mehreren Betriebsstellen muss für jede Betriebsstelle eine Person vorhanden sein, welche die

---

[622] Waffengesetz vom 11. 10. 2002 (BGBl. I S. 3970, ber. S. 4592 und 2003 I S. 1957), zuletzt geändert durch Art. 3 Abs. 5 des Gesetzes vom 17. 07. 2009 (BGBl. I S. 2062).

[623] § 22 Abs. 1 S. 1 WaffG. Gem. § 22 Abs. 1 S. 2 WaffG braucht die Fachkunde nicht nachzuweisen, wer die Voraussetzungen für die Eintragung eines Büchsenmacherbetriebs in die Handwerksrolle erfüllt.

[624] § 16 Abs. 1 S. 2 Allgemeine Waffengesetz-Verordnung vom 27. 10. 2003 (BGBl. I S. 2123), zuletzt geändert durch Art. 3 Abs. 6 des Gesetzes vom 17. 07. 2009 (BGBl. I S. 2062); diese ältere gewerberechtliche Konstruktion, staatliche Prüfungsausschüsse einzurichten und lediglich die Geschäftsführung auf die IHK zu übertragen, ist inzwischen durch die bspw. in den oben angeführten Bereichen des Güterkraftverkehrs und Straßenpersonenverkehrs heute übliche Konstruktion überholt, nach der die Aufgabe insgesamt den Kammern übertragen wird, die dann auch selbst die Prüfungsausschüsse einrichten; vgl. *Möllering*, in: Frentzel etc., IHKG, 7. Aufl., 2009, § 1 Rn. 180.

[625] So etwa in Bayern durch § 1 Abs. 3 Verordnung zur Ausführung des Waffengesetzes (Bay. AVWaffG) vom 23. 06. 1976 (BayRS 2186–1-I), zuletzt geändert durch § 4 VO zur Anpassung von Verordnungen an das Gesetz zur Abschaffung des Bayerischen Senats vom 21. 12. 1999 (Bay. GVBl S. 566).

[626] So werden gem. § 1 Abs. 2 Bay. AVWaffG die Prüfungsausschüsse für die Fachkundeprüfung gebildet durch 1. die Regierung von Oberbayern für die Regierungsbezirke Oberbayern, Niederbayern, Oberpfalz und Schwaben, 2. die Regierung von Mittelfranken für die anderen Regierungsbezirke. Die Geschäftsführung für die Abnahme der Fachkundeprüfung obliegt gem. § 1 Abs. 2 Bay. AVWaffG für die in Absatz 2 Nr. 1 bezeichneten Regierungsbezirke der IHK für München und Oberbayern, für die anderen Regierungsbezirke der IHK Nürnberg. In Niedersachsen obliegt die Geschäftsführung des staatlichen Prüfungsausschusses nach § 22 Abs. 1 WaffG gem. § 1 Abs. 1 S. 1 ZustVO-Wirtschaft vom 18. 11. 2004, zuletzt geändert durch VO vom 03. 08. 2009, i. V. m. Nr. 3.6.2.2 der Anlage zu § 1 Abs. 1 ZustVO-Wirtschaft der IHK Hannover.

[627] Gesetz über den Verkehr mit Arzneimitteln (Arzneimittelgesetz) in der Fassung der Bekanntmachung vom 12. 12. 2005 (BGBl. I S. 3394), zuletzt geändert durch Art. 1 der VO vom 28. 09. 2009 (BGBl. I S. 3127/3578).

[628] Arzneimittel i. S. d. § 2 Abs. 1 oder Abs. 2 Nr. 1 AMG, die zum Verkehr außerhalb der Apotheken freigegeben sind.

II. 4. Die Aufgaben der IHK

erforderliche Sachkenntnis besitzt[629]. Die erforderliche Sachkenntnis kann unter anderem durch eine Prüfung nachgewiesen werden[630], die von der IHK als zuständiger Stelle abgenommen wird[631]. Den dazu einzurichtenden Prüfungsausschüssen gehören mindestens drei und höchstens fünf ehrenamtlich tätige Mitglieder an, die für drei Jahre berufen werden[632].

Im Bereich des Bewachungsgewerbes[633] müssen Unternehmer, Betriebsleiter und Mitarbeiter, die bestimmte, in der GewO genannte Tätigkeiten durchführen wollen[634], seit dem Jahr 2003 im Regelfall zunächst eine Sachkundeprüfung absolvieren, die von der IHK abgenommen wird[635]. Details der Sachkundeprüfung sind in der Bewachungsverordnung geregelt[636]: Durch die Prüfung soll gegenüber den zuständigen Behörden der Nachweis erbracht werden, dass die in diesen Bereichen tätigen Personen Kenntnisse über für die Ausübung dieser Tätigkeiten notwendige rechtliche Vorschriften und fachspezifische Pflichten und Befugnisse sowie deren praktische Anwendung in einem Umfang erworben haben, der ihnen die eigenver-

---

[629] § 50 Abs. 1 S. 2 AMG.
[630] Rechtsgrundlage ist § 50 Abs. 2 S. 2 AMG i. V. m. der Verordnung über den Nachweis der Sachkenntnis im Einzelhandel mit freiverkäuflichen Arzneimitteln vom 20.06.1978 (BGBl. I S. 753), zuletzt geändert durch Art. 1 der VO vom 06.08.1998 (BGBl. I S. 753).
[631] Die Zuständigkeit der IHK ergibt sich aus landesrechtlichen Regelungen. So ist in Hessen gem. § 1 Abs. 5 der Verordnung zur Bestimmung von Zuständigkeiten nach dem Arzneimittelrecht, nach dem Heilpraktikerrecht sowie in der staatlichen Gesundheitsverwaltung vom 20.02. 2001 (Hess. GVBl. I S. 127), zuletzt geändert durch VO vom 18.12.2006 (GVBl. I S. 771), zuständige Behörde nach der Verordnung über den Nachweis der Sachkenntnis im Einzelhandel mit freiverkäuflichen Arzneimitteln vom 20.06.1978 das für das Arzneimittelwesen zuständige Ministerium. Gem. § 9 der Verordnung über den Nachweis der Sachkenntnis im Einzelhandel mit freiverkäuflichen Arzneimitteln kann die zuständige Behörde eine Stelle bestimmen, vor der die Prüfung abzulegen ist, und für die dann §§ 2–8 der VO entsprechend gelten. Durch seinen Erlass „Durchführung der Verordnung über den Nachweis der Sachkenntnis im Einzelhandel mit freiverkäuflichen Arzneimitteln – Bestimmung der für die Prüfung zuständigen Stelle" vom 24.07. 1978 (Staatsanzeiger für das Land Hessen 1978, Nr. 34, S. 1635) hat der Hessische Sozialminister die verschiedenen hessischen IHK widerruflich als zuständige Stellen für die Abnahme der Prüfungen bestimmt.
[632] §§ 9 i. V. m. 2 Abs. 1, 2 und 4 Verordnung über den Nachweis der Sachkenntnis im Einzelhandel mit freiverkäuflichen Arzneimitteln vom 20.06.1978. Die Mitglieder des Prüfungsausschusses müssen gem. § 2 Abs. 2 S. 2 bis 5 der VO für die Prüfung sachkundig und für die Mitwirkung im Prüfungswesen geeignet sein. Dem Ausschuss müssen u. a. mindestens ein selbständiger Kaufmann und ein kaufmännischer Angestellter des Einzelhandels angehören. Ein Mitglied muss Apotheker sein.
[633] Ein Bewachungsgewerbe umfasst gem. § 34a Abs. 1 S. 1 GewO das gewerbsmäßige Bewachen von Leben oder Eigentum fremder Personen.
[634] § 34a Abs. 1 S. 5 GewO: 1. Kontrollgänge im öffentlichen Verkehrsraum oder in Hausrechtsbereichen mit tatsächlich öffentlichem Verkehr, 2. Schutz vor Ladendieben, 3. Bewachungen im Einlassbereich von gastgewerblichen Diskotheken.
[635] § 34a Abs. 1 S. 5, Abs. 2 Nr. 2 GewO i. V. m. § 5b Abs. 1 BewachV (vgl. nachstehende Fn.); Inhaber der in § 5 Abs. 1 Nr. 1 bis 3 BewachV angeführten Prüfungszeugnisse bedürfen gem. § 5d BewachV nicht der Prüfung nach § 5a BewachV.
[636] Verordnung über das Bewachungsgewerbe (Bewachungsverordnung – BewachV), in der Fassung der Bekanntmachung vom 10.07.2003 (BGBl. I S. 1378), zuletzt geändert durch VO vom 14.01.2009 (BGBl. I S. 43).

antwortliche Wahrnehmung dieser Bewachungsaufgaben ermöglicht[637]. Die Sachkundeprüfung wird durch IHK abgenommen, die hierfür Prüfungsausschüsse errichten[638], wobei mehrere IHK einen gemeinsamen Prüfungsausschuss errichten können[639]. Die Mitglieder des Prüfungsausschusses sowie der Vorsitzende und sein Stellvertreter werden von der IHK berufen[640]. Die Prüfung ist in einen schriftlichen und einen mündlichen Teil zu gliedern, wovon der mündliche Teil pro Prüfling ca. 15 Minuten dauern soll[641]. Einzelheiten des Prüfungsverfahrens werden von der IHK in Satzungsform geregelt[642].

eee) Unterrichtung in den Bereichen Gaststätten- und Bewachungsgewerbe

Gem. § 4 Abs. 1 S. 1 Nr. 4 GastG ist die Erlaubnis zum Betrieb eines Gaststättengewerbes zu versagen, wenn der Antragsteller nicht durch eine Bescheinigung einer IHK nachweist, dass er oder sein Stellvertreter (§ 9 GastG) über die Grundzüge der für den in Aussicht genommenen Betrieb notwendigen lebensmittelrechtlichen Kenntnisse unterrichtet worden ist und mit ihnen als vertraut gelten kann[643]. Die Einzelheiten der Unterrichtung werden von den zuständigen staatlichen Behörden und den IHK abgestimmt und in Form von Verwaltungsvorschriften niedergelegt[644]. Die IHK führen die gebührenpflichtige Unterrichtung regelmäßig in einer mehrstündigen Sitzung durch. Über die Teilnahme an der Unterrichtung wird – ohne Prüfungsverfahren – eine Bescheinigung ausgestellt, die den staatlichen Behörden vorzulegen ist.

Ähnlicherweise ist die Erlaubnis zum Betrieb eines Bewachungsgewerbes gem. § 34a Abs. 1 S. 3 Nr. 3 GewO zu untersagen, wenn der Antragsteller nicht durch eine Bescheinigung einer IHK nachweist, dass er über die für die Ausübung des Gewerbes notwendigen rechtlichen Vorschriften unterrichtet worden ist und mit ihnen vertraut ist. Zudem darf der Gewerbetreibende seinerseits mit der Durchführung von Bewachungsaufgaben nur solche Personen beschäftigen, die sich erfolgreich einer – allerdings kürzeren – Unterrichtung unterzogen haben[645]. Zweck der Unterrichtung durch die IHK ist es, die im Bewachungsgewerbe tätigen Personen mit den für die Ausübung des Gewerbes notwendigen rechtlichen Vorschriften und fachspezifischen Pflichten und Befugnissen sowie deren praktischer Anwendung in einem Umfang vertraut zu machen, der ihnen die eigenverantwortliche Wahrneh-

---

[637] § 5a Abs. 1 BewachV.
[638] § 5b Abs. 1, Abs. 2 S. 1 BewachV.
[639] § 5b Abs. 3 BewachV.
[640] § 5b Abs. 2 S. 2 BewachV; gem. § 5b Abs. 2 S. 3 BewachV müssen die Mitglieder des Prüfungsausschusses für die Prüfungsgebiete sachkundig und für die Mitwirkung im Prüfungswesen geeignet sein.
[641] § 5c Abs. 1 und 2 BewachV.
[642] § 5c Abs. 7 BewachV.
[643] Gaststättengesetz in der Fassung der Bekanntmachung vom 20.11.1998 (BGBl. I S. 3418), zuletzt geändert durch Art. 4 Abs. 14 des Gesetzes vom 29.07.2009 (BGBl. I S. 2258).
[644] *Möllering*, in: Frentzel etc., IHKG, 7. Aufl., 2009, § 1 Rn. 183.
[645] § 34a Abs. 1 S. 4 GewO.

mung von Bewachungsaufgaben ermöglicht[646]. Die Unterrichtung hat für Unternehmer, Betriebsleiter und gesetzliche Vertreter juristischer Personen[647] mindestens 80 Unterrichtsstunden (à 45 Minuten) zu dauern, für Mitarbeiter[648] mindestens 40 Unterrichtsstunden[649]. Die IHK stellt die erforderliche Bescheinigung aus[650], wenn die unterrichtete Person am Unterricht ohne Fehlzeiten teilgenommen hat und sich die Kammer durch geeignete Maßnahmen, insbesondere durch einen aktiven Dialog mit den Unterrichtsteilnehmern sowie durch mündliche und schriftliche Verständnisfragen, davon überzeugt hat, dass die Person mit den für die Ausübung des Gewerbes notwendigen rechtlichen Vorschriften und fachspezifischen Pflichten und Befugnissen sowie deren praktischer Anwendung vertraut ist[651]. Ein formelles Prüfungsverfahren wird also auch hier nicht vorausgesetzt[652].

fff) Gefahrguttransporte / Gefahrgutbeauftragte

(1) Prüfungen sowie Anerkennung von Lehrgängen im Bereich Gefahrguttransporte. Fahrzeugführer, die gefährliche Güter transportieren, müssen gem. § 28 Nr. 10 lit. b Gefahrgutverordnung Straße, Eisenbahn und Binnenschifffahrt[653] eine Bescheinigung über eine spezielle Fahrzeugführerschulung nach Unterabschnitt 8.2.2.8 des Europäischen Übereinkommens über die Beförderung gefährlicher Güter auf der Straße (ADR) besitzen und während der Beförderung mitführen[654]. Für die Erteilung der Bescheinigung über die Fahrzeugführerschulung nach Abschnitt 8.2.2 ADR sind im Hinblick auf den Straßenverkehr die IHK zuständig[655].

---

[646] § 1 Abs. 1 BewachV.
[647] Personen im Sinne des § 1 Abs. 2 Nr. 1 bis 3 BewachV.
[648] Personen im Sinne des § 1 Abs. 2 Nr. 4 BewachV.
[649] § 3 Abs. 1 S. 2 und 3 BewachV.
[650] Vgl. § 3 Abs. 2 BewachV i. V. m. Anlage 1 (zu § 3 Abs. 2 BewachV) – Bescheinigung über die Unterrichtung nach § 34a Abs. 1 S. 3 Nr. 3, S. 4 GewO (BGBl. I 2003, S. 1384).
[651] Die Sachgebiete der Unterrichtung ergeben sich aus § 4 i. V. m. Anlage 2 und 3 BewachV: 1. Recht der öffentlichen Sicherheit und Ordnung einschließlich Gewerberecht und Datenschutzrecht, 2. Bürgerliches Gesetzbuch, 3. Straf- und Strafverfahrensrecht einschließlich Umgang mit Verteidigungswaffen, 4. Unfallverhütungsvorschrift Wach- und Sicherungsdienste, 5. Umgang mit Menschen, insbes. Verhalten in Gefahrensituationen und Deeskalationstechniken in Konfliktsituationen und 6. Grundzüge der Sicherheitstechnik.
[652] *Möllering*, in: Frentzel etc., IHKG, 7. Aufl., 2009, § 1 Rn. 184.
[653] Verordnung über die innerstaatliche und grenzüberschreitende Beförderung gefährlicher Güter auf der Straße, mit Eisenbahnen und auf Binnengewässern (Gefahrgutverordnung Straße, Eisenbahn und Binnenschifffahrt – GGVSEB) vom 17. 06. 2009 (BGBl. I S. 1389).
[654] Europäisches Übereinkommen vom 30. 09. 1957 über die internationale Beförderung gefährlicher Güter auf der Straße (ADR) in der Fassung der Bekanntmachung vom 27. 11. 2003 (BGBl. II S. 1743), zuletzt nach Maßgabe der 20. ADR-Änderungsverordnung vom 02. 10. 2009 (BGBl. I S. 1114) geändert; die aktuelle Fassung des Übereinkommens ist bei der UN-Wirtschaftskommission für Europa abrufbar: <www.unece.org/trans/danger/publi/adr/adr_e.html>; die gebräuchliche Abkürzung ADR leitet sich von der französischen Bezeichnung des Übereinkommens ab: Accord européen relatif au transport international des marchandises Dangereuses par Route.
[655] § 14 Abs. 3 Nr. 1 GGVSEB i. V. m. Unterabschnitt 8.2.2.8 ADR.

Voraussetzung für die Erteilung der sog. ADR-Bescheinigung ist die Teilnahme an einer Erstschulung, die allgemeine Kenntnisse sowie Kenntnisse für die Beförderung von Stück- und Schüttgütern vermittelt, und das erfolgreiche Ablegen der entsprechenden Prüfung. Während die Prüfung von der IHK abgenommen wird[656], erfolgt die Schulung nicht durch die IHK selbst, sondern durch freie Bildungsträger. Allerdings bedürfen die Schulungslehrgänge der Anerkennung durch die IHK, welche die Schulungen auch überwacht[657]. Umfang und Inhalt der einzelnen Kurse sind in Kursplänen festgelegt, die vom DIHK in Zusammenarbeit mit den Behörden auf der Basis der Vorgaben des ADR[658] ausgearbeitet wurden und eine einheitliche Ausbildung der Gefahrgutfahrer in Deutschland gewährleisten sollen.

Die ADR-Bescheinigung ist fünf Jahre gültig. Eine Verlängerung um weitere fünf Jahre setzt voraus, dass der Fahrzeugführer vor Ablauf dieser Frist an einer Auffrischungsschulung teilnimmt und eine entsprechende Prüfung absolviert[659]. Hierfür gilt das zur Erstschulung Gesagte entsprechend: Die Auffrischungskurse bedürfen der Anerkennung durch die IHK, die auch die Prüfung abnimmt und die ADR-Bescheinigung verlängert[660]. Fahrzeugführer bestimmter, regelmäßig besonders gefährlicher Gefahrguttransporte (insbesondere sog. Tanktransporte) müssen ferner an speziellen Aufbaukursen teilnehmen und die entsprechenden Prüfungen erfolgreich absolvieren[661]. Für die Zuständigkeit der IHK gilt hier wiederum das oben Gesagte entsprechend[662]. Die IHK haben schließlich auch die Aufgabe, ein Verzeichnis über alle gültigen Schulungsbescheinigungen für Fahrzeugführer zu führen[663].

Da der Kreis der gefährlichen Güter und der schulungspflichtigen Personen ständig erweitert wird, so dass mittlerweile fast alle LKW-Fahrzeugführer erfasst sind, und – wie ausgeführt – innerhalb von fünf Jahren eine Fortbildung erforderlich ist, haben sich die Aufgaben in diesem Bereich zu einem bedeutenden Tätigkeitsfeld der Kammern entwickelt[664].

(2) Prüfung von Gefahrgutbeauftragten sowie Anerkennung von Lehrgängen. Unternehmer und Inhaber eines Betriebs, die an der Beförderung gefährlicher Güter mit Eisenbahn-, Straßen-, Wasser- oder Luftfahrzeugen beteiligt sind, müssen gem. § 1 Abs. 1 S. 1 Gefahrgutbeauftragtenverordnung mindestens einen Gefahrgutbeauftragten schriftlich bestellen[665]. Als Gefahrgutbeauftragter darf nur tätig wer-

---

[656] § 14 Abs. 3 Nr. 1 GGVSEB i. V. m. Unterabschnitt 8.2.2.7 ADR.
[657] § 14 Abs. 3 Nr. 1 GGVSEB i. V. m. Unterabschnitt 8.2.2.6 ADR.
[658] Vgl. Unterabschnitt 8.2.2.3 ff. ADR.
[659] Unterabschnitt 8.2.1.5 ADR.
[660] § 14 Abs. 3 Nr. 1 GGVSEB i. V. m. Unterabschnitt 8.2.2.6, 8.2.2.7, 8.2.2.8 ADR.
[661] Vgl. Unterabschnitt 8.2.1.3 ff. ADR.
[662] § 14 Abs. 3 Nr. 1 GGVSEB i. V. m. Unterabschnitt 8.2.2.6, 8.2.2.7, 8.2.2.8 ADR.
[663] § 14 Abs. 3 Nr. 2 GGVSEB i. V. m. Abschnitt 1.10.1.6 ADR.
[664] *Frentzel/Jäkel/Junge,* IHKG, 6. Aufl., 1999, § 1 Rn. 185.
[665] Verordnung über die Bestellung von Gefahrgutbeauftragten und die Schulung der beauftragten Personen in Unternehmen und Betrieben (Gefahrgutbeauftragtenverordnung – GbV) in

II. 4. Die Aufgaben der IHK 511

den, wer Inhaber eines für den oder die betreffenden Verkehrsträger gültigen Schulungsnachweises ist[666]. Der Schulungsnachweis wird von einer IHK erteilt, wenn der Betroffene an einem Grundlehrgang teilgenommen und eine entsprechende Grundprüfung mit Erfolg abgelegt hat[667].
Die Schulung muss wiederum im Rahmen eines von der zuständigen IHK anerkannten Lehrgangs erfolgen[668]. Die Prüfungen werden am Ende der Schulung von den IHK auf der Grundlage einer als Bundesrechtsverordnung erlassenen Prüfungsordnung[669] schriftlich durchgeführt[670]. Details der Schulung und Prüfung können die IHK auf der Grundlage einer Mustersatzung des DIHK in Form einer Satzung regeln[671]. Unter Federführung des DIHK wird zudem auf Grundlage der Prüfungsordnung[672] turnusmäßig ein umfangreicher Fragenfundus erarbeitet, der vom zuständigen Bundesministerium im Bundesanzeiger veröffentlicht und der Gefahrbeauftragten-Prüfung zugrunde gelegt wird. Der Schulungsnachweis hat eine Geltungsdauer von fünf Jahren[673]. Diese wird um jeweils fünf Jahre verlängert, wenn der Inhaber des Nachweises innerhalb von zwölf Monaten vor dem Ablauf der Geltungsdauer eine Fortbildungsprüfung besteht, die keine erneute Schulung voraussetzt[674].

ggg) Weitere übertragene Aufgaben

Im Hinblick auf die Fülle weiterer den IHK übertragener Aufgaben, die oftmals eine Beratung staatlicher Behörden bei der Ausführung wirtschaftsrelevanter Gesetze beinhalten, sei hier auf die vom DIHK herausgegebene Broschüre „Leistungen im öffentlichen Auftrag" verwiesen[675].

---

der Fassung der Bekanntmachung vom 26.03.1998 (BGBl. I S. 648), zuletzt geändert durch Art. 481 der VO vom 31.10.2006 (BGBl. I S. 2407).
[666] § 2 Abs. 1 S. 1 i. V. m. Anlage 3 GbV (zu § 2 Abs. 1) – Schulungsnachweis des Gefahrgutbeauftragten.
[667] § 2 Abs. 1 S. 2 i. V. m. §§ 3 und 5 GbV; die prüfungsrelevanten Sachgebiete nennt Anlage 5 GbV (zu § 3 Abs. 3) – Verzeichnis der Sachgebiete, deren Kenntnis in einer Prüfung nachzuweisen sind.
[668] § 2 Abs. 2 S. 1 GbV.
[669] Verordnung über die Prüfung von Gefahrgutbeauftragten (Gefahrgutbeauftragtenprüfungsverordnung – PO Gb) vom 01.12.1998 (BGBl. I S. 3514), zuletzt geändert durch Art. 483 der VO vom 31.10.2006 (BGBl. I S. 2407).
[670] § 5 Abs. 3 GbV.
[671] § 8 GbV.
[672] Vgl. § 3 Abs. 5 S. 1 PO Gb.
[673] § 2 Abs. 4 S. 1 GbV.
[674] § 5 Abs. 4 S. 2 GbV.
[675] DIHK, Leistungen im öffentlichen Auftrag, Stand: Mai 2002.

d) Keine Aufgabe der IHK: Wahrnehmung sozialpolitischer und arbeitsrechtlicher Interessen

Nicht zu den Aufgaben der IHK gehört gem. § 1 Abs. 5 IHKG die Wahrnehmung sozialpolitischer und arbeitsrechtlicher Interessen. Den IHK sind damit die Tätigkeiten untersagt, welche den Arbeitnehmer- und Arbeitgeberorganisationen im Rahmen des Tarifvertragsrechts und der sozialpolitischen Selbstverwaltung zustehen[676]. Nicht untersagt ist hingegen die Beschäftigung mit sozialpolitischen und arbeitsrechtlichen Aspekten von gesamtwirtschaftlicher Bedeutung. Die IHK können also bspw. einzeln oder gemeinsam zu Fragen der Sozialpolitik und des Arbeitsrechts Stellung beziehen, soweit es dabei um die wirtschaftlichen Konsequenzen für die gewerbliche Wirtschaft geht[677]. Auch können sie bspw. Kammerzugehörige über sozialpolitische und arbeitsrechtliche Fragen informieren sowie Stellungnahmen (z. B. auch gegenüber staatlichen Stellen) abgeben und veröffentlichen, soweit dies nicht der Interessenwahrnehmung in einem konkreten Fall dient[678].

5. Die staatliche Aufsicht über die IHK

Die IHK unterliegen gem. § 11 Abs. 1 IHKG bei der gesamten Ausübung ihrer Tätigkeit der Rechtsaufsicht des jeweiligen Landes[679]. Diese umfassende Rechtsaufsicht ist im Rechtsstaat notwendiges Korrelat der Selbstverwaltung im Allgemeinen und der Pflichtzugehörigkeit zur Kammer sowie der Beitragshoheit der Kammer im Besonderen[680]. Die nach Landesrecht zuständigen staatlichen Behörden überprüfen, ob sich die Kammern bei der Ausübung ihrer Tätigkeit im Rahmen der für sie geltenden Rechtsvorschriften, einschließlich der selbstgesetzten Rechtsvorschriften wie der Satzung, der Wahl-, Beitrags-, Sonderbeitrags- und Gebührenordnung, halten[681]. Die Rechtsaufsicht betrifft die gesamte Tätigkeit der IHK, d. h. nicht nur sämtliche Maßnahmen aller Kammerorgane, sondern auch ein Unterlassen der Kammer, soweit die Kammorgane eine Rechtspflicht zum Tätigwerden trifft[682].

Die für die Ausübung der repressiven und präventiven Aufsichtsbefugnisse gem. § 11 Abs. 1 und 2 IHKG zuständigen Behörden werden durch Landesrecht be-

---

[676] *Möllering*, in: Frentzel etc., IHKG, 7. Aufl., 2009, § 1 Rn. 263.
[677] *Möllering*, in: Frentzel etc., IHKG, 7. Aufl., 2009, § 1 Rn. 264.
[678] *Möllering*, in: Frentzel etc., IHKG, 7. Aufl., 2009, § 1 Rn. 265.
[679] *Tettinger*, Kammerrecht, 1997, S. 236 f.; *Kluth*, Funktionale Selbstverwaltung, 1997, S. 141 f.
[680] BVerfGE 107, 59 (94); 111, 191 (218); *Dreier*, in: ders., GG, Bd. 2, 2. Aufl., 2006, Art. 20 (Demokratie), Rn. 132; *P. M. Huber*, Überwachung, in: GVwR III, S. 185 (195 f.); *Heusch*, Staatliche Aufsicht, in: HdbKR, 2005, S. 495 (500 f.); *Möllering*, in: Frentzel etc., IHKG, 7. Aufl., 2009, § 11 Rn. 1; *Tettinger*, Kammerrecht, 1997, S. 128 f.; *Möstl*, Grundsätze, in: JbKBR 2006, S. 33 (33 f.); *Kluth*, Verfassungs- und europarechtliche Anforderungen, in: JbKBR 2007, S. 122 (125 ff.).
[681] § 11 Abs. 1 S. 1 IHKG; *Leibholz*, Stellung der IHK, 1966, S. 17 f.; *Möstl*, Grundsätze, in: JbKBR 2006, S. 33 (36 ff.).
[682] *Möllering*, in: Frentzel etc., IHKG, 7. Aufl., 2009, § 11 Rn. 7 f.

II. 5. Die staatliche Aufsicht über die IHK

stimmt[683]. Die IHKG-Ausführungsgesetze der Länder weisen dabei die Aufsicht über die IHK in der Regel dem jeweiligen Wirtschaftsministerium (bzw. Wirtschaftssenator) zu[684]. Die Aufsicht über einen öffentlich-rechtlichen Zusammenschluss i. S. d. § 10 IHKG wird durch die Aufsichtsbehörde des Landes ausgeübt, in dem der Zusammenschluss seinen Sitz hat[685]. Auch die Aufsichtsmittel der staatlichen Behörden gegenüber den IHK sind nicht im IHKG geregelt, sondern werden, soweit sie zur Ausübung der repressiven und präventiven Aufsichtsbefugnisse gem. § 11 Abs. 1 und 2 IHKG erforderlich sind, der Regelung durch Landesrecht überlassen[686]. Die wesentlichen Aufsichtsmittel sind allerdings lediglich im thüringer Ausführungsgesetz exemplarisch aufgelistet[687]: Aufsichtsmittel sind danach insbesondere: 1.) das Verlangen einer Unterrichtung, 2.) die Beanstandung von Beschlüssen der Vollversammlung, 3.) die Anordnungen zur Aufhebung beanstandeter Beschlüsse, zur Rückgängigmachung getroffener Maßnahmen sowie zur Veranlassung und Ausführung des zur Wiederherstellung eines rechtmäßigen Zustands Erforderlichen, 4.) die Aufhebung von Beschlüssen und die Ersatzvornahme sowie 5.) die Auflösung der Vollversammlung und die Bestellung eines Beauftragten[688]. Die meisten anderen Länder-Ausführungsgesetze zum IHKG führen lediglich das besondere kammerbezogene Aufsichtsmittel der Auflösung der Vollversammlung und dessen Voraussetzungen als ultima ratio der Aufsichtsbehörde an[689]. Auch in

---

[683] § 12 Abs. 1 Nr. 3 IHKG.
[684] § 2 Abs. 1 IHKG Ba-Wü: Wirtschaftsministerium; Art. 1 Abs. 1 Bay. AGIHKG: Staatsministerium für Wirtschaft und Verkehr; § 1 Abs. 1 IHKG Berlin: das für den Geschäftsbereich Wirtschaft zuständige Mitglied des Senates; § 2 Abs. 1 Brand. AGIHKG: das für die Wirtschaft zuständige Ministerium; § 1 Abs. 2 IHKG Bremen: der Senator für Wirtschaft und Häfen; soweit die IHK Angelegenheiten der Berufsbildung wahrnehmen, der Senator für Bildung- und Wissenschaft; § 15 Abs. 1 S. 3 HKG Hamburg: Der Senat oder die von ihm bestimmte Behörde; § 2 Abs. 1 Hess. AGIHKG: der für die Wirtschaft zuständige Minister oder die von ihm bestimmte Behörde; § 2 Abs. 1 S. 1 IHKG Meck-Vorp.: Wirtschaftsminister; in Niedersachsen ergibt sich die Zuständigkeit des Wirtschaftsministeriums nach Auskunft desselben interessanterweise nicht aus Gesetz oder Verordnung, sondern aus einem Beschluss des Landesministeriums (Kabinetts) aus den fünfziger Jahren; § 2 Abs. 1 IHKG NRW: das für Wirtschaft zuständige Ministerium; § 1 Abs. 1 AGIHKG Rh.-Pf.: das für die Wirtschaft zuständige Ministerium; § 2 Abs. 1 IHKG Saarland: das Ministerium für Wirtschaft und Arbeit; § 2 Abs. 1 S. 1 SächsIHKG: das Staatsministerium für Wirtschaft und Arbeit; § 2 Abs. 1 IHKG Sachs.-Anh.: das für Wirtschaft zuständige Ministerium; § 1 Abs. 3 S. 2 Gesetz über die Auflösung der Gauwirtschaftskammer Schleswig-Holstein i. V. m. § 43 Abs. 1 Preuß. Gesetz über die Industrie- und Handelskammern vom 24. 02. 1870 i.d.F. der Bekanntmachung vom 31. 12. 1971: das Ministerium für Wissenschaft, Wirtschaft und Verkehr; § 2 Abs. 1 Thür. AGIHKG: das Ministerium für Wirtschaft und Verkehr.
[685] § 11 Abs. 1 S. 2 IHKG.
[686] § 12 Abs. 1 Nr. 4 IHKG.
[687] § 2 Abs. 2 Thür. AGIHKG.
[688] Unter den in § 2 Abs. 3 und 4 Thür. AGIHKG genannten Voraussetzungen.
[689] § 2 Abs. 2 S. 1 IHKG-Ba-Wü: falls andere Aufsichtsmittel nicht ausreichen, wenn sich die IHK trotz zweimaliger Aufforderung bei Ausübung ihrer Tätigkeit nicht im Rahmen der für sie geltenden Rechtsvorschriften hält; Art. 1 Abs. 2 S. 1 Bay. AGIHKG: nach fruchtloser Anwendung anderer Aufsichtsmittel, wenn sich die IHK bei Ausübung ihrer Tätigkeit nicht im Rahmen der für sie geltenden Rechtsvorschriften hält; § 1 Abs. 2 S. 1 IHKG-Berlin: falls andere Aufsichtsmittel nicht ausreichen, wenn sich die IHK trotz wiederholter Aufforderung nicht im Rahmen der für

diesen Ländern sind indes nach dem Verhältnismäßigkeitsgrundsatz zuvor die allein im thüringer Ausführungsgesetz ausdrücklich genannten abgestuften Aufsichtsmittel anzuwenden: Aufgrund ihres Unterrichtungsrechts kann die Aufsichtsbehörde zunächst Aufklärung verlangen, Berichte anfordern und Einsicht in Unterlagen nehmen[690]. Auf diese vor allem der Ermittlung der Tatsachengrundlagen dienende erste Stufe folgen als konkrete Sanktionsmaßnahmen die Beanstandung, die aufsichtsbehördliche Anordnung, die Aufhebung von Beschlüssen, die Ersatzvornahme und die Bestellung eines Beauftragten, bevor zum Mittel der Auflösung der Vollversammlung gegriffen werden kann[691].

Wie oben bereits mehrfach angeklungen ist, ergänzt das IHKG die repressive Rechtsaufsicht in bestimmten für die Kammer und die Kammerzugehörigen besonders bedeutsamen Fällen durch eine präventive Rechtsaufsicht: Die in § 11 Abs. 2 IHKG genannten Beschlüsse der Vollversammlung bedürfen der Genehmigung durch die Aufsichtsbehörde. Im Einzelnen sind dies Vollversammlungsbeschlüsse über die Satzung, die Wahlordnung, das Finanzstatut nach § 3 Abs. 7a S. 2 IHKG[692],

---

sie geltenden Rechtsvorschriften hält; § 2 Abs. 2 S. 1 Brand. AGIHKG: falls andere Aufsichtsmittel nicht ausreichen, wenn sich die IHK trotz zweimaliger Aufforderung nicht im Rahmen der für sie geltenden Rechtsvorschriften hält; § 2 Abs. 2 S. 1 Hess. AGIHKG: falls andere Aufsichtsmittel nicht ausreichen, wenn sich die IHK trotz wiederholter Aufforderung nicht im Rahmen der für sie geltenden Rechtsvorschriften hält; § 2 Abs. 2 S. 1 IHKG Meck.-Vorp.: falls andere Aufsichtsmittel nicht ausreichen, wenn sich die IHK trotz zweimaliger Aufforderung nicht im Rahmen der für sie geltenden Rechtsvorschriften hält; § 2 S. 1 AGIHKG-Nieders.: wenn sich die IHK trotz wiederholter Aufforderung nicht im Rahmen der für sie geltenden Rechtsvorschriften hält; § 2 Abs. 2 S. 1 IHKG-NRW: wenn sich eine IHK trotz zweimaliger Aufforderung bei Ausübung ihrer Tätigkeit nicht im Rahmen der für sie geltenden Rechtsvorschriften hält; § 1 Abs. 2 S. 1 AGIHKG-Rheinl.-Pf.: wenn sich die IHK trotz wiederholter Aufforderung bei Ausübung ihrer Tätigkeit nicht im Rahmen der für sie geltenden Rechtsvorschriften hält; § 2 Abs. 2 S. 1 IHKG-Saarland: falls andere Aufsichtsmittel nicht ausreichen, wenn sich die IHK trotz wiederholter Aufforderung nicht im Rahmen der für sie geltenden Rechtsvorschriften hält; § 2 Abs. 2 S. 1 Sächs. IHKG: falls andere Aufsichtsmittel nicht ausreichen, wenn sich die IHK trotz zweimaliger Aufforderung nicht im Rahmen der für sie geltenden Rechtsvorschriften hält; § 2 Abs. 2 S. 1 IHKG-Sachs.-Anh.: falls andere Aufsichtsmittel nicht ausreichen, wenn sich die IHK trotz zweimaliger Aufforderung nicht im Rahmen der für sie geltenden Rechtsvorschriften hält; § 1 Abs. 2 S. 2 Gesetz über die Auflösung der Gauwirtschaftskammer Schleswig-Holstein i. V. m. § 43 Abs. 2 Preuß. Gesetz über die Industrie- und Handelskammern von 1870 i.d.F. der Bekanntmachung vom 31. 12. 1971: Auf Antrag des Ministeriums für Wissenschaft, Wirtschaft und Verkehr; § 2 Abs. 3 Thür. AGIHKG: wenn die in § 2 Abs. 2 Nr. 1–4 genannten Aufsichtsmittel erfolglos angewandt worden sind.

[690] *Heusch*, Staatliche Aufsicht, in: HdbKR 2005, S. 495 (534).
[691] *Möllering*, in: Frentzel etc., IHKG, 7. Aufl., 2009, § 11 Rn. 14 ff.
[692] Aufgrund der Änderungen des IHKG durch das zweite Mittelstands-Entlastungsgesetz zum 01.01.2008; die frühere Haushalts-, Kassen- und Rechnungslegungsordnung (HKRO) war nur nach einigen Länder-Ausführungsgesetzen genehmigungspflichtig (Art. 3 Abs. 1 S. 2 Bay. AGIHKG; § 2 Abs. 1 S. 2 IHKG-Berlin; § 5 Abs. 1 S. 2 Brand. AGIHKG; § 2 S. 2 AGIHKG-Rheinl.-Pf.; § 4 Abs. 1 S. 2 IHKG-Saarland; § 2 Abs. 2 Sächs. IHKG; § 4 Abs. 1 S. 2 IHKG-Sachs.-Anh.; § 5 S. 2 Thür. AGIHKG; die Statuierung dieser Genehmigungspflichten war nach § 12 Abs. 1 Nr. 7 IHKG a. F. zulässig, wonach durch Landesrecht ergänzende Vorschriften über die Grundsätze über die Rechnungslegung und die Prüfung der Jahresrechnung erlassen werden konnten); zur früheren Rechtslage: *Heusch*, Staatliche Aufsicht, in: HdbKR, 2005, S. 495 (533).

die Beitragsordnung, die Sonderbeitragsordnung und die Gebührenordnung, über die Übertragung von Aufgaben an eine andere IHK und die Übernahme dieser Aufgaben[693], über die Bildung öffentlich-rechtlicher Zusammenschlüsse und die Beteiligung an solchen gem. § 10 IHKG sowie über einen 0,8 % der Bemessungsgrundlagen gem. § 3 Abs. 3 S. 6 IHKG übersteigenden Umlagesatz. Die genannten Beschlüsse sind der Aufsichtsbehörde zu notifizieren und bleiben bis zur Erteilung der aufsichtsbehördlichen Genehmigung schwebend unwirksam[694]. Aufsichtsbehördlicher Genehmigung bedürfen ferner die Erstsatzung eines öffentlich-rechtlichen Zusammenschlusses i. S. v. § 10 Abs. 2 IHKG und deren Änderung[695]. Weitere Genehmigungserfordernisse bestehen insbesondere im oben näher behandelten Anwendungsbereich des Berufsbildungsgesetzes[696]. Soweit keine Rechtsvorschriften verletzt sind, hat die IHK einen Anspruch auf Erteilung der aufsichtsbehördlichen Genehmigung[697]. Die Genehmigung kann nicht mit einer Bedingung oder Auflage verbunden werden, da dies – wie die Rechtsprechung insbesondere zur Genehmigung kommunaler Satzungen festgestellt hat – im Widerspruch zum Wesen einer Rechtsnorm stünde[698].

6. Die Finanzierung der IHK

a) Allgemeines

Die Kosten der IHK werden gem. § 3 Abs. 2 S. 1 IHKG, soweit sie nicht anderweitig gedeckt sind, nach Maßgabe des Wirtschaftsplans durch Beiträge der Kammerzugehörigen gemäß einer Beitragsordnung aufgebracht. Die weiteren Finanzierungsquellen der IHK, die vorrangig vor den oben bereits ausführlich behandelten Beiträgen zur Deckung der Kosten der Kammer dienen, sind insbesondere Gebühreneinnahmen, aber bspw. auch Einnahmen aus Pacht, Miete und Zins sowie andere Zuflüsse aus dem Vermögen der Kammer[699]. Im Folgenden sei näher auf die Ge-

---

[693] Zu den spezifischen Genehmigungserfordernissen bei ländergrenzenübergreifenden Aufgabenübertragungen und Zusammenschlüssen: § 11 Abs. 2b IHKG.
[694] *Möllering*, in: Frentzel etc., IHKG, 7. Aufl., 2009, § 11 Rn. 26.
[695] § 11 Abs. 2a IHKG.
[696] Festsetzung der Höhe einer angemessenen Entschädigung für Mitglieder eines Prüfungsausschusses gem. § 40 Abs. 4 S. 2 BBiG bzw. des Berufsbildungsausschusses gem. § 77 Abs. 3 S. 2 BBiG; Erlass der Prüfungsordnung für die Abschlussprüfung gem. § 47 Abs. 1 S. 2 BBiG (für die berufliche Fortbildung: §§ 56 Abs. 1 S. 2 i. V. m. 47 Abs. 1 S. 2 BBiG; für die berufliche Umschulung: § 62 Abs. 3 S. 2 i. V. m. 47 Abs. 1 S. 2 BBiG); Vereinbarung zwischen mehreren Kammern, dass die ihnen durch Gesetz zugewiesenen Aufgaben im Bereich der Berufsbildung durch eine von ihnen wahrgenommen wird, § 71 Abs. 9 S. 2 BBiG.
[697] *Möllering*, in: Frentzel etc., IHKG, 7. Aufl., 2009, § 11 Rn. 30; vgl. auch *Möstl*, Grundsätze, in: JbKBR 2006, S. 33 (47 f.).
[698] *Möllering*, in: Frentzel etc., IHKG, 7. Aufl., 2009, § 11 Rn. 31.
[699] *Kluth*, Funktionale Selbstverwaltung, 1997, S. 140.

bühren als zweite wesentliche Finanzierungsquelle der IHK neben den Beiträgen eingegangen[700].

b) Gebühren

Die IHK kann gem. § 3 Abs. 6 IHKG für die Inanspruchnahme besonderer Anlagen und Einrichtungen (§ 1 Abs. 2 IHKG) oder Tätigkeiten Gebühren erheben und den Ersatz von Auslagen verlangen. Gebühren sind nach der klassischen, auf das preußische KAG zurückgehenden Begriffsbestimmung, wie sie sich auch heute noch in den Kommunalabgabengesetzen der Länder findet, „Geldleistungen, die als Gegenleistung für eine besondere Leistung – Amtshandlung oder sonstige Tätigkeit – der Verwaltung (Verwaltungsgebühren) oder für die Inanspruchnahme öffentlicher Einrichtungen und Anlagen (Benutzungsgebühren) erhoben werden"[701]. Das BVerfG hat sich von dem in der Literatur oft als zu eng kritisierten klassischen Gebührenbegriff gelöst und einen deskriptiv-formellen Gebührenbegriff formuliert, nach dem Gebühren öffentlich-rechtliche Geldleistungen sind, „die aus Anlass individuell zurechenbarer, öffentlicher Leistungen dem Gebührenschuldner durch eine öffentlich-rechtliche Norm oder sonstige hoheitliche Maßnahme auferlegt werden und dazu bestimmt sind, in Anknüpfung an diese Leistung deren Kosten ganz oder teilweise zu decken"[702]. Gebühren sind eine eigenständige Kategorie der Vorzugslasten neben dem Beitrag und können anders als diese neben Kammermitgliedern auch Nichtkammermitglieder treffen. Die Pflicht zur Leistung von Gebühren an die IHK ist also keine Folge der Zugehörigkeit zur IHK, sondern – nach dem klassischen Gebührenbegriff – die Gegenleistung für eine konkretisierbare Leistung der IHK, die u. U. auch von Nichtmitgliedern in Anspruch genommen werden kann[703]. Gebühren der IHK werden gem. § 3 Abs. 7 S. 1 2. Alt. IHKG aufgrund einer Gebührenordnung erhoben, die gem. § 4 S. 2 Nr. 2 4. Var. IHKG von der Vollversammlung zu beschließen ist und gem. § 11 Abs. 2 Nr. 3 3. Var. IHKG der Genehmigung durch die Aufsichtsbehörde bedarf. § 3 Abs. 2 S. 1 IHKG, nach dem die Kosten der Errichtung und Tätigkeit der IHK durch Beiträge der Kammerzugehörigen aufgebracht werden, soweit sie nicht anderweitig gedeckt sind, lässt sich entnehmen, dass Gebühren integraler Bestandteil der Kammerfinanzierung sind und für Leistungen i. S. d. § 3 Abs. 6 IHKG regelmäßig erhoben werden müssen[704].

---

[700] Zu sonstigen Einnahmen: *Franz*, Kammerfinanzierung, in: HdbKR, 2005, S. 323 (416 ff.).

[701] § 4 Abs. 2 Kommunalabgabengesetz für das Land Nordrhein-Westfalen vom 21.10.1969 (GV NRW S. 712), zuletzt geändert durch Gesetz vom 30.06.2009 (GV S. 394).

[702] BVerfGE 50, 217 (226).

[703] Nach dem offeneren Gebührenbegriff des BVerfG ist die Leistung hingegen nur „Anlass" der Abgabenerhebung. Gebühren seien nicht stets, sondern lediglich häufig Gegenleistung bestimmter staatlicher Tätigkeiten. BVerwG, NVwZ-RR 1997, 648 (649) verlangt für eine Gebühr hingegen weiter eine Verknüpfung von Leistung und Gegenleistung. Im Recht der Selbstverwaltung der Wirtschaft sind die Meinungsunterschiede indes irrelevant, da es keine gegenleistungsunabhängigen Gebühren kennt; *Franz*, Kammerfinanzierung, in: HdbKR, 2005, S. 323 (411 f.).

[704] *Jahn*, in: Frentzel etc., IHKG, 7. Aufl., 2009, § 3 Rn. 129.

II. 6. Die Finanzierung der IHK

Die IHK kann gem. § 3 Abs. 6 IHKG Gebühren zum einen für die Inanspruchnahme besonderer Anlagen und Einrichtungen i. S. v. § 1 Abs. 2 IHKG und zum anderen für besondere Tätigkeiten erheben[705]. Die Erhebung von Gebühren für Anlagen und Einrichtungen zur Förderung der gewerblichen Wirtschaft oder einzelner Gewerbezweige, welche die IHK gem. § 1 Abs. 2 IHKG begründen, unterhalten und unterstützen kann, kommt zunächst in Betracht, wenn entsprechende Anlagen und Einrichtungen nicht auf die Nutzung durch einzelne oder mehrere Gewerbezweige zugeschnitten sind, mit der Folge, dass eine Finanzierung durch Sonderbeiträge gem. § 3 Abs. 5 S. 1 IHKG ausscheidet. Doch auch, wenn Anlagen und Einrichtungen i. S. v. § 1 Abs. 2 IHKG lediglich einzelnen Gewerbezweigen offen stehen, so dass eine Finanzierung über Sonderbeiträge möglich ist, kann die IHK bspw. die Grundfinanzierung durch Sonderbeiträge sicherstellen und daneben für die konkrete Inanspruchnahme Benutzungsgebühren erheben[706]. In der Praxis sind Benutzungsgebühren gem. § 3 Abs. 6 IHKG aufgrund eines öffentlich-rechtlichen Benutzungsverhältnisses indes weitgehend durch Entgelte im Rahmen privatrechtlich ausgestalteter Benutzungsverträge verdrängt worden, die allerdings mitunter untechnisch noch als „Gebühren" bezeichnet werden[707]. Nach wie vor größere Bedeutung haben in der Praxis der IHK Gebühren für besondere Tätigkeiten. Besondere Tätigkeiten i. S. v. § 3 Abs. 6 IHKG sind öffentlich-rechtliche, zu den Kammeraufgaben zählende Handlungen, meist in der Form des Verwaltungsakts, die auf Antrag und im Interesse einer Person vorgenommen werden. Beispiele für derartige gebührenfähige Tätigkeiten sind etwa die Ausstellung von Ursprungszeugnissen, die öffentliche Bestellung und Vereidigung von Sachverständigen, Handelsmaklern und Versteigerern, die Durchführung von Sach- und Fachkundeprüfungen in den Bereichen Einzelhandel, Güterkraftverkehr, Personenstraßenverkehr und Waffengesetz, die Eintragung, Betreuung und Überwachung von Ausbildungsverhältnissen und die Abnahme von Prüfungen, soweit nicht das BBiG für den Auszubildenden Gebührenfreiheit vorsieht[708].

In der Gebührenordnung ist neben einem allgemeinen Teil, der primär verfahrensbezogene Vorschriften enthält, vor allem der Gebührentarif, d. h. die Höhe bzw. der Rahmen der Gebühr für die präzise zu bestimmenden Leistungen der Kammer festzulegen. Bei der Festlegung der Gebühr sind das Kostendeckungsprinzip und das Äquivalenzprinzip als aus dem Rechtsstaatsprinzip sowie den Grundrechten (insbesondere Art. 3 GG) abgeleitete Grundprinzipien des Gebührenrechts zu beachten[709]. Während die Verwaltungskosten, die allerdings an einem Durchschnittswert orientiert werden können, die Obergrenze der Gebühr markie-

---

[705] *Franz*, Kammerfinanzierung, in: HdbKR, 2005, S. 323 (412 f.).
[706] *Jahn*, in: Frentzel etc., IHKG, 7. Aufl., 2009, § 3 Rn. 123.
[707] *Jahn*, in: Frentzel etc., IHKG, 7. Aufl., 2009, § 3 Rn. 123.
[708] *Jahn*, in: Frentzel etc., IHKG, 7. Aufl., 2009, § 3 Rn. 124.
[709] BVerwGE 12, 162 (164 ff.); *Wolff/Bachof/Stober*, Verwaltungsrecht I, 11. Aufl., 1999, S. 622 f.; *Jahn*, in: Frentzel etc., IHKG, 7. Aufl., 2009, § 3 Rn. 127; *Franz*, Kammerfinanzierung, in: HdbKR, 2005, S. 323 (415).

ren, folgt aus dem Äquivalenzprinzip, dass die Gebühr in einem angemessenen Verhältnis zum konkreten wirtschaftlichen Wert der Leistung stehen muss. Weit verbreitet sind daher Gebührenrahmen, die eine Festsetzung der konkreten Gebühr im Lichte einerseits des Verwaltungsaufwands und andererseits der Bedeutung der Leistung für den Empfänger erlauben.

III. Zusammenfassende Beurteilung: Die IHK als Selbstverwaltungskörperschaft der Wirtschaft

Die auf die zu Beginn des 19. Jh., während der französischen Besatzung gegründeten ersten Handelskammern zurückgehenden IHK sind die ältesten Kammern im Konzert der Selbstverwaltungskörperschaften der Wirtschaft und haben aufgrund ihres Erfolgs als Modell für die Ende des 19. Jh. entstandenen Handwerks- und Landwirtschaftskammern gedient. Anders als die Handwerkskammern, die von Anfang an auf Reichsrecht beruhten, ist die Rechtsvereinheitlichung durch Bundesrecht bei den IHK erst nach dem Zweiten Weltkrieg durch das IHKG von 1956 gelungen. In historisch-genetischer Sicht ist im Lichte des Selbstverwaltungsprinzips bemerkenswert, dass Handelskammern – anders als die von Anfang an oktroyierten Handwerkskammern – sehr lange auf Initiative der Betroffenen gegründet wurden, was andererseits mit sich brachte, dass bspw. der Hegemonialstaat Preußen lange nicht umfassend verkammert war. Insofern kann auch im Hinblick auf die Entstehung der Handelskammern – anders als bei den Handwerkskammern und den Landwirtschaftskammern – von einem sich von unten nach oben vollziehenden Prozess gesprochen werden. Heute erfolgt die – weiter primär landesrechtlich geregelte – Errichtung einer IHK zwar generell durch staatlichen Hoheitsakt, und die potentiellen Kammerzugehörigen haben lediglich ein Anhörungsrecht, doch steht die Errichtung neuer Kammern – aufgrund der bereits umfassenden Verkammerung der Bundesrepublik und des bestehenden Rationalisierungsdrucks – im Moment ohnehin nicht mehr auf der Agenda. Im Zusammenhang der Entstehung der Institution Handelskammer ist im Lichte des Selbstverwaltungsprinzips auch bemerkenswert, dass viele der bis heute zentralen Selbstverwaltungselemente im 19. Jh. gerade auf Initiative der in den Kammern zusammengeschlossenen Kaufleute, zum Teil nach dem Vorbild der Kaufmännischen Korporationen nach und nach in das Recht der Handelskammern integriert wurden. Auch hierin wird der „bottom up"-Charakter der Entstehung der Handelskammern deutlich.

IHK sind seit Inkrafttreten des Bundes-IHKG wieder bundeseinheitlich Körperschaften des öffentlichen Rechts mit Pflichtmitgliedschaft. Beides ist jedoch nicht unumstritten. Dem im April 2005 publik gewordenen Plan der damaligen rot-grünen Regierung, Körperschaftsstatus und Pflichtmitgliedschaft abzuschaffen, wurde durch die Bundestagsauflösung im Juli 2005 zunächst der Boden entzogen. Die im Herbst 2005 gebildete große Koalition hat den auf den Seeheimer Kreis der SPD zurückgehenden Plan ebenso wenig wieder aufgegriffen wie bislang die

III. Die IHK als Selbstverwaltungskörperschaft der Wirtschaft

seit Herbst 2009 regierende Koalition aus CDU/CSU und FDP. Doch erscheint es nicht ausgeschlossen, dass in Zeiten hohen Rationalisierungsdrucks eine grundlegende Umgestaltung der IHK wieder auf die politische Agenda gerät. Klar ist, dass nach dem Vorbild der angloamerikanischen Chambers of Commerce privatrechtlich als e.V. organisierte IHK ohne Zwangsrechte nicht mehr der Selbstverwaltung der Wirtschaft im juristischen Sinne zuzurechnen wären, obwohl in ihnen natürlich weiterhin Selbstverwaltung im politischen Sinne betrieben würde.

Das Selbstverwaltungsprinzip ist bei den IHK heute vor allem in der mitgliedschaftlich-genossenschaftlichen Binnenverfassung verwirklicht, die idealtypisch kammerartig ausgestaltet ist: Die Mitglieder der IHK (Kammerzugehörigen) wählen aus ihrer Mitte die Mitglieder der Kammerversammlung als höchstem Organ der IHK. Diese repräsentative Ausgestaltung des Selbstverwaltungsprinzips, die in der Geschichte der IHK seit langem prägend ist, ist typisch für die Organisationsform der Kammer, da aufgrund der regelmäßig geringen Zahl von Kammern eine unmittelbare Mitgliedschaft der entsprechend sehr großen Zahl von Kammermitgliedern in der Versammlung – anders als etwa bei den kleinräumigen Handwerksinnungen – schlicht nicht praktikabel ist. Die Selbstverwaltung wird wesentlich dadurch verwirklicht, dass die Vollversammlung, als einziges unmittelbar von den Mitgliedern demokratisch legitimiertes Organ der IHK, zum einen eine Allzuständigkeit für die Angelegenheiten der Kammer besitzt, soweit nicht Gesetz oder Satzung Abweichendes bestimmen. Zum anderen sind der Vollversammlung bestimmte besonders bedeutsame Beschlüsse – wie etwa die Änderung der Satzung als Grunddokument der Kammer, das von allen Kammerorganen zu beachten ist, sowie weiterer wichtiger Satzungen – vorbehalten. Zu den Vorbehaltsaufgaben zählt auch die für die Verwirklichung der Selbstverwaltung ebenfalls zentrale Kreationsfunktion der Vollversammlung: Diese wählt die Mitglieder des Präsidiums und bestellt den Hauptgeschäftsführer, mit der Folge, dass die Gewählten ihrerseits zumindest mittelbar demokratisch legitimiert sind. Die auf die wesentlichen Exekutivorgane der Kammer bezogene Kreationsfunktion der Vollversammlung ergänzt so – aus dem Blickwinkel des Selbstverwaltungsprinzips – entscheidend ihre grundlegende normsetzende Funktion.

Die prägende repräsentative Selbstverwaltung in den IHK lässt allerdings nach wie vor Raum für eine aktive, ehrenamtliche Selbstverwaltung durch die Mitglieder. Als Mitglied eines Kammerorgans können die Kammerzugehörigen auf Grundentscheidungen (Vollversammlung) sowie auf wichtige operative Entscheidungen (Präsidium, Ausschüsse) der Kammer Einfluss nehmen und so sie selbst betreffende Angelegenheiten unmittelbar mitgestaltend selbst verwalten. Die wichtigste Form aktiver, ehrenamtlicher Selbstverwaltung ist die Mitgliedschaft in der Vollversammlung, welche – wie geschildert – als einziges unmittelbar demokratisch legitimiertes und damit zugleich oberstes Kammerorgan wichtige gestaltende und rahmensetzende Funktionen im Hinblick auf die Grundlinien der Kammerarbeit wahrnimmt. Eine intensivierte Form der aktiven Selbstverwaltung in der Kammer ist die Wahrnehmung des Amts als Präsident oder weiteres Mitglied des Präsidiums sowie die Mitgliedschaft in einem der Ausschüsse der Kammer.

Wichtigste Pflicht der Mitglieder und zugleich Korrelat der Möglichkeit, die eigenen Angelegenheiten durch repräsentativ gewählte Organe oder aber selbst aktiv mitgestaltend zu verwalten, ist die Leistung der Kammerbeiträge, die aus Grundbeiträgen und Umlagen bestehen. Kleingewerbetreibende und Existenzgründer sind vom Beitrag freigestellt oder unterliegen einem reduzierten Beitrag.

Die in der Kammerverfassung verwirklichte formale repräsentative Selbstverwaltung findet ihr materiales Korrelat im substantiellen Aufgabenkreis der IHK, der sowohl von der Interessenvertretung der Mitglieder geprägte „bottom up"-Tätigkeiten als auch solche mit überwiegend hoheitlichem „top down"-Charakter umfasst. Im Mittelpunkt stehen dabei die Wahrung des Gesamtinteresses der der IHK zugehörigen Gewerbetreibenden als klassische „bottom up"-Aufgabe und die Förderung der gewerblichen Wirtschaft. Unter den staatlichen „top down"-Aufgaben sind die verschiedenen, überwiegend spezialgesetzlich im BBiG geregelten Tätigkeiten der IHK im Bereich der Berufsbildung hervorzuheben. Daneben wird der in der IHK konzentrierte gewerbliche Sachverstand und die Schnittstellenfunktion der IHK zwischen Staat und Wirtschaft in einer Reihe von Aufgaben nutzbar gemacht, bspw. indem die IHK Gutachten erstellt und Ursprungszeugnisse sowie andere dem Wirtschaftsverkehr dienende Bescheinigungen ausstellt, indem sie in ihrem Sachgebiet Sachverständige öffentlich bestellt oder indem sie Fach- und Sachkundeprüfungen bspw. im Bereich der Personenbeförderung und des gewerblichen Güterkraftverkehrs ausstellt. Die Tätigkeit der IHK ist regional geprägt, da sie an den z.T. sehr großen Kammerbezirk anknüpft. Die über dienstleistungsartige Einzelaufgaben im Interesse von Staat und Gewerbetreibenden – wie z.B. die Ausstellung von Ursprungszeugnissen oder die öffentliche Bestellung von Sachverständigen – hinausgehende Interessenwahrnehmungsfunktion hat in der Regel inhaltlich eine die einzelnen Gewerbe übergreifende, Handel und Industrie insgesamt umspannende Reichweite. Als Sprachrohr von Handel und Industrie bzw. Schnittstelle zwischen Wirtschaftssubjekten einerseits und Staat sowie Gesellschaft andererseits wird den IHK in der Öffentlichkeit große Aufmerksamkeit zuteil. Dabei nehmen die verschiedenen Kammern ihre hier in Rede stehende Lobbyfunktion für Handel und Industrie nicht so sehr einzeln, sondern überwiegend durch eine effiziente Bündelung ihrer Interessen in den regionalen Kammertagen sowie im Deutschen Industrie- und Handelskammertag (DIHK) wahr. Der DIHK ist neben der Bundesvereinigung der Deutschen Arbeitgeberverbände (BDA)[710] und dem Bundesverband der Deutschen Industrie e.V. (BDI)[711] – trotz jeweils unterschiedlichen Selbstverständnisses – heute das zentrale Sprachrohr der Wirtschaft zu wirtschaftspolitischen Fragestellungen.

---

[710] <www.bda-online.de>.
[711] <www.bdi.eu/>.

III. Die IHK als Selbstverwaltungskörperschaft der Wirtschaft

Als Korrelat der in der IHK stattfindenden Selbstverwaltung sowie von Pflichtzugehörigkeit zur und Beitragshoheit der Kammer unterliegt die IHK bei ihrer gesamten Tätigkeit der Aufsicht des zuständigen Bundeslandes. Hierbei handelt es sich grundsätzlich um eine reine Rechtsaufsicht, eine Fachaufsicht kommt nur in Betracht, soweit der Kammer in einem Spezialgesetz eine Aufgabe zur Erfüllung nach Weisung überwiesen ist. Im Bereich des Aufsichtsrechts besteht eine der größten Regelungslücken des gegenwärtigen Kammerrechts, indem lediglich ein Landes-Ausführungsgesetz zum IHKG, nämlich das thüringische, die wesentlichen Aufsichtsmittel der Aufsichtsbehörde – wie dies allgemein geboten wäre – im Einzelnen benennt.

Nach alledem ist die IHK eine exemplarische Selbstverwaltungskörperschaft der Wirtschaft. Auch das heutige IHK-Recht kann als Musterbeispiel einer kammerartigen Umsetzung des Selbstverwaltungsprinzips gelten. Die IHK (Handelskammern) haben nicht nur in historischer Dimension die Vorreiterrolle unter den Wirtschaftskammern übernommen, indem aus den formalen Kammern französischer Prägung durch Anreicherung mit genuinen Selbstverwaltungselementen über Jahrzehnte der preußisch-deutsche Typ der Selbstverwaltungskammer entstand, sondern sie haben diesen Charakter bis heute gewahrt und weiter ausgebaut: Schon aufgrund des großen Kammerbezirks und des entsprechend großen Mitgliederkreises ist die innere Verfassung notwendig kammertypisch repräsentativ ausgestaltet, indem die Mitglieder die Vollversammlung und diese wiederum die Organe wählen. Natürlich werden die Geschäfte der laufenden Verwaltung überwiegend von Angestellten der Kammer erledigt. Doch garantieren die Vorbehaltsaufgaben der Vollversammlung (insbesondere im Bereich der Satzungsgebung) und der Aufgabenkreis des Vorstands, dass die wesentlichen Grundentscheidungen und Rahmenvorgaben von unmittelbar oder zumindest mittelbar demokratisch legitimierten Repräsentanten der Mitglieder determiniert werden, die zudem in ihrer Person aktive, ehrenamtliche Selbstverwaltung ausüben. Daneben wird auch der Hauptgeschäftsführer durch die Vollversammlung bestellt, so dass auch der Vorgesetzte der einzelnen Kammerangestellten grundsätzlich mittelbar demokratisch legitimiert ist. Die Erfüllung der für die einzelnen Mitglieder der IHK als Wirtschaftssubjekte, aber auch für Handel und Industrie insgesamt wichtigen Aufgaben der IHK ist so auf den Willen der Mitglieder rückführbar und damit lebendiger Ausdruck des kammertypischen repräsentativen Selbstverwaltungsprinzips.

6. Kapitel

Historische Entwicklung des Rechts der Selbstverwaltung des Handwerks

I. Die Trias der Selbstverwaltungskörperschaften des Handwerks in historischer Perspektive

Das heutige System der Selbstverwaltungskörperschaften des Handwerks ist vom Dualismus aus Handwerksinnungen und Handwerkskammern geprägt, der durch die Kreishandwerkerschaften ergänzt wird. Während die Selbstverwaltung des Handwerks insgesamt eine lange, bis weit in das Mittelalter zurückreichende Geschichte hat, ist diese Trias der Selbstverwaltungskörperschaften des Handwerks modernen Ursprungs. Erst an der Wende des für die Entwicklung des Selbstverwaltungsgedankens so wichtigen 19. Jh. zum 20. Jh. traten – im Rahmen der Handwerkernovelle zur Reichsgewerbeordnung – in organisatorischer Hinsicht an Vorbildern wie den Handelskammern orientierte Handwerkskammern zu den Handwerksinnungen hinzu. Kreishandwerkerschaften entstanden gar erst im Jahr 1934, wenn auch auf Grundlage der bereits im Jahr 1881 eingeführten Innungsausschüsse. Die lange Geschichte der Selbstverwaltung des Handwerks und ihres Rechts, um die es im Folgenden gehen wird, ist daher bis zum Ende des 19. Jh. primär eine Geschichte der Handwerksinnungen und ihrer Vorläufer, der mittelalterlichen und frühneuzeitlichen Zünfte. Der enge Zusammenhang der Handwerkskammern und Kreishandwerkerschaften mit den Handwerksinnungen im System der Selbstverwaltung des Handwerks legt es nahe, die Geschichte dieser Organisationen nicht getrennt, sondern als einheitliche Geschichte der Selbstverwaltungskörperschaften des Handwerks in Deutschland darzustellen.

II. Die historische Entwicklung der Selbstverwaltungskörperschaften des Handwerks

1. Aufstieg und Niedergang der Zünfte im Mittelalter und der frühen Neuzeit

a) Zum Begriff der Zunft

Anders als die Kaufmannsgilden des Mittelalters, die nicht die eigentlichen Wurzeln der Industrie- und Handelskammern sind[1], lassen sich die heutigen Handwerksinnungen auf mittelalterliche Vorläufer, nämlich die Zünfte, zurückführen[2]. Hierbei handelte es sich um genossenschaftlich organisierte Zusammenschlüsse der Angehörigen bestimmter Handwerke einer Stadt, die eine wirtschaftliche, marktordnende, aber auch eine starke soziale und auch religiöse Funktion besaßen und denen seit dem späten Mittelalter häufig eine spezifische Stellung in der mittelalterlichen Städteverfassung zukam[3]. Anders als die kaufmännischen Gilden bestanden die Zünfte meist auch in der frühen Neuzeit weiter, wandelten sich aber zunehmend zu wettbewerbshemmenden Monopolvereinigungen, bis sie schließlich in Folge der durch die französische Revolution ausgelösten Veränderungen in der Wirtschaftsverfassung im 19. Jh. ihre Grundlage verloren.

In terminologischer Hinsicht ist – ähnlich wie bei den Kaufmannsgilden – vorwegzuschicken, dass regional und historisch unterschiedlich für die genossenschaftlichen Zusammenschlüsse der Handwerker neben „Zunft" eine Reihe weiterer Begriffe in den Quellen nachweisbar ist wie bspw. Gaffel, Zeche, Innung (Einung), Amt, Werk, Kunst, Bruderschaft, Kerze und Hanse[4]. Um die seit der Wiederbelebung des Forschungsinteresses an den Zünften in den achtziger Jahren des 20. Jh. in zahllosen Detailstudien nachgewiesene historische Komplexität durch angemessene Reduktion mittels einer typisierenden Betrachtung handhabbar zu machen, soll trotz der von der neueren Begriffsforschung nachgewiesenen Begriffsvielfalt und Überschneidungen mit eng verwandten Organisationsformen wie den Gilden im Folgenden im Einklang mit der gängigen Forschungsliteratur als Ord-

---

[1] Siehe oben S. 239 ff.
[2] *Bürkle-Storz*, Verfassungsrechtliche Grundlagen, 1970, S. 31; *N. N.*, in: Schwannecke, HwO, Lsbl., Abschn. 625 (2007), S. 1; *Roellecke*, Bezirke der Handwerksinnungen, in: GewArch 1987, 105 (112); *Detterbeck/Will*, Handwerksinnungen, 2003, S. 23 f.; *Mann*, Berufliche Selbstverwaltung, in: HStR VI, 3. Aufl., 2008, S. 1203 (1207).
[3] *Kötzschke*, Wirtschaftsgeschichte des Mittelalters, 1924, S. 585 ff.; *Heitz*, Das Innungswesen, 1887, S. 29; einen Überblick über verschiedene Zunftdefinitionen gibt etwa *Kluge*, Die Zünfte, 2009, S. 29 ff.
[4] *von Below/Baasch*, Zünfte, in: Elster, Wörterbuch der Volkswirtschaft, 4. Aufl., Bd. 3, 1933, S. 1173; *Schmidt-Wiegand*, Bezeichnungen, in: Gilden und Zünfte, 1985, S. 31 (33 ff.); *W. Fischer*, Die rechtliche und wirtschaftliche Lage, in: ders., Wirtschaft und Gesellschaft, 1972, S. 296 (299); *Wissell*, Des alten Handwerks, Bd. 1, 1929, S. 46 ff.; *Hardtwig*, Genossenschaft, 1997, S. 28; *Kluge*, Die Zünfte, 2009, S. 22 ff.; *K. Schulz*, Handwerk, 2010, S. 41.

nungsbegriff für städtisch-korporative Verbände von Handwerkern der Begriff der Zunft verwendet werden⁵.

b) Der Ursprung der Zünfte

Der Begriff Zunft taucht bereits in karolingischer Zeit, nämlich in einer Übersetzung der Benediktinerregel aus dem achten Jahrhundert auf, in der „conventus" mit „zumft" wiedergegeben wird⁶. Im Ursprung ist der Begriff noch nicht auf Verbände von Handwerkern bezogen, sondern bezeichnet allgemein einen Zusammenschluss von Personen, die sich eine gemeinsame Regel gegeben haben. Das Phänomen der Zunft im Sinne genossenschaftlicher Handwerkerzusammenschlüsse lässt sich dann ab Mitte des 12. Jh. in verschiedenen Städten nachweisen⁷: Als älteste gesicherte Quellengrundlage gilt die Gründungsurkunde der Zunft der Bettziechenweber in Köln von 1149⁸. Stärkere Verbreitung fanden die Zünfte alledings erst im 13. Jh.

In Ermangelung eindeutiger Quellen liegt der Ursprung der ersten echten Zünfte immer noch im Dunkeln. In der maßgeblich durch *Wilhelm Eduard Wildas* Preisschrift „Das Gildenwesen im Mittelalter" von 1831 initiierten wissenschaftlichen Auseinandersetzung hierüber standen sich im 19. Jh. neben einer Fülle weiterer, etwa aus heutiger Sicht unwahrscheinliche römische oder „germanische" Wurzeln postulierender Theorien – jeweils in verschiedenen Spielarten – vor allem der hofrechtliche Erklärungsansatz und der Erklärungsansatz der freien Einung gegenüber⁹. Die bis in die neunziger Jahre des 19. Jh. herrschende, insbesondere von

---

⁵ Für diese begriffliche Trennung plädiert insbesondere *Irsigler*, Zur Problematik der Gilde- und Zunftterminologie, in: Gilden und Zünfte, 1985, S. 53 (70); vgl. auch *Dilcher*, Die genossenschaftliche Struktur, in: Gilden und Zünfte, 1985, S. 71 (75 f.); *Reininghaus*, Zünfte, Städte und Staat, 1989, S. 42; z. T. kritisch demgegenüber etwa *Schmidt-Wiegand*, Bezeichnungen, in: Gilden und Zünfte, 1985, S. 31 (31 ff.); im 19. Jh. setzte sich schließlich der Begriff der Innung durch, der dann auch den Ausführungen zugrunde gelegt werden soll.

⁶ *Brand*, Zunft, in: HRG, Bd. V, 1998, Sp. 1792; zu den Quellen der Zunftgeschichte vgl. etwa *Kluge*, Die Zünfte, 2009, S. 19 ff.

⁷ *Kluge*, Die Zünfte, 2009, S. 52 ff.; *K. Schulz*, Handwerk, 2010, S. 44 f.

⁸ Wiedergegeben in *Loesch*, Die Kölner Zunfturkunden 1, 1907, S. 25 f.; dass für die wirtschaftlich unbedeutenden Bettdeckenweber der älteste Zunftbrief erhalten ist, deutet darauf hin, dass für bedeutendere Kölner Zünfte wohl schon erheblich früher Zunftbriefe existierten; die Quellengrundlage in der älteren Literatur angeführter Bezugnahmen auf noch frühere Zünfte wie etwa der Weber in Mainz (1099), Fischer in Worms (1106/07), Schuhmacher in Würzburg (1128) (vgl. etwa *Wissell*, Des alten Handwerks, Bd. 1, 1929, S. 6, 12; *Töpfer*, in: Engel/Töpfer etc., Die entfaltete Feudalgesellschaft, 1983, S. 109 f.) erscheint aus heutiger Sicht hingegen als nicht hinreichend fundiert.

⁹ *W. Müller*, Zur Frage des Ursprungs, 1910, S. 2 ff.: *Kötzschke*, Wirtschaftsgeschichte des Mittelalters, 1924, S. 584 f.; *Wissell*, Des alten Handwerks, Bd. 1, 1929, S. 6 ff.; *Oexle*, Zunft als Forschungsproblem, in: BlldtLG 118 (1982), S. 1 (2 ff.); *K. Schulz*, Zunft, in: LexMA IX, Sp. 686 (687); *Reininghaus*, Stadt und Handwerk, in: Stadt und Handwerk, 2000, S. 1 (14 ff.); *von Heusinger*, Zunft, 2009, S. 18 f.; *Kluge*, Die Zünfte, 2009, S. 35 ff.; daneben ist als dritte wesentliche Theorie die sog. Ämtertheorie von *Keutgen*, Ämter und Zünfte, 1903, S. 1 ff. zu nennen, nach welcher der Stadtherr Zusammenschlüsse von Handwerkern in sog. Ämtern verfügt habe, um bspw. die städ-

Karl Wilhelm Nitzsch begründete Hofrechtstheorie sieht die Wurzel der Zünfte in der Organisation höriger Handwerker unter Aufsicht eines Meisters in den großen frühmittelalterlichen Fronhöfen, sog. herrschaftlichen Ämtern[10], die sich schließlich auch in den städtischen Fronhöfen der Grundherrschaft fanden[11]: Korrespondierend zu einem Prozess, in dem die ursprünglich vom Grundherrn abhängigen Handwerker im Laufe der Zeit mehr Freiheiten gewannen, hätten sich auch allmählich die ursprünglich strikt orbrigkeitlich, nicht-genossenschaftlich organisierten Handwerksämter gewandelt, indem sie den in ihnen zusammengeschlossenen Handwerkern zunehmend größere Selbstverwaltungsrechte einräumten. Die allmählich zu Zünften gewandelten Handwerksämter hätten nun im Wesentlichen die obrigkeitlichen Funktionen der herrschaftlichen Handwerksämter fortgeführt, die sich allerdings angesichts der gewandelten Rahmenbedingungen ihrerseits verändert hätten, etwa indem Frondienste in Geldleistungspflichten übergegangen seien, die von den Zünften zu erbringen gewesen seien[12].

Die in Auseinandersetzung mit der Hofrechtsttheorie vor allem von *Georg von Below* vertretene Theorie der freien Einung bestreitet nicht die Existenz von Fronhöfen und Handwerksämtern in den Städten, sieht aber das herrschaftliche Recht jener Ämter nicht als die eigentliche Wurzel der Zünfte an[13]. Die Entstehung der Zünfte könne nicht mit einer allmählichen Wandlung der Handwerksämter zu genossenschaftlich strukturierten Personenverbänden erklärt werden. So seien die freien städtischen Handwerker nicht aus den Fronhöfen hervorgegangen, sondern hätten vielmehr von Anfang an gerade in einem Konkurrenzverhältnis zu deren Handwerksämtern gestanden[14]. Die Zünfte seien vielmehr aus eigener Initiative, in freier Einung dieser grundsätzlich freien städtischen Handwerker entstanden[15]. Anstatt eines evolutiven Übergangs vom Hofrecht zum Zunftrecht wird also die unabhängige Bildung von Zünften angenommen. Ziel des genossenschaftlichen Zusammenschlusses sei die Durchsetzung des Zunftzwangs gewesen, der nicht nur die Grundlage für die Etablierung gleicher Rahmenbedingungen für die Erbrin-

---

tische Marktordnung, insbes. richtige Maße und Gewichte, besser überwachen zu können. Der Übergang zur Zunft sei in dem Moment gelungen, in dem die Handwerker das Recht erlangt hätten, den Amtsmeister selbständig zu bestimmen.

[10] Vgl. auch *Gierke*, Das deutsche Genossenschaftsrecht I, 1868, S. 176 ff.
[11] Vgl. *Nitzsch*, Ministerialität und Bürgerthum, 1859, insbes. S. 117 ff.; *Stieda*, Entstehung des deutschen Zunftwesens, 1876, S. 15 ff.; *Heyne*, Das altdeutsche Handwerk, 1908, S. 130 f.
[12] Zu Teilaspekten dieses Prozesses etwa *Stieda*, Entstehung des deutschen Zunftwesens, 1876, S. 74 ff.; *Böhmert*, Beiträge zur Geschichte des Zunftwesens, 1862, S. 4 ff.; als Beleg führt *Böhmert*, a.a.O., S. 5 eine Urkunde von 1246 aus der Stadt Bremen an, in der sich der Erzbischof die in Geldleistungspflichten umgewandelten Frondienste der Handwerker zusichern lässt.
[13] *von Below*, Kritik der hofrechtlichen Theorie, abgedruckt in: Territorium und Stadt, 2. Aufl., 1923, S. 213 ff.
[14] *von Below*, Zur Geschichte des Handwerks und der Gilden, in: HZ 106 (1911), 268 (273 ff., 282).
[15] *von Below*, Probleme der Wirtschaftsgeschichte, 1920, S. 271 ff.; *Keutgen*, Ämter und Zünfte, 1903, S. 169 ff.; *von Below/Baasch*, Zünfte, in: Elster, Wörterbuch der Volkswirtschaft, 4. Aufl., Bd. 3, 1933, S. 1173 (1174); *Luther*, Innung, in: HRG, Bd. II, 1978, Sp. 368 (368 f.).

gung und den Absatz der Leistungen bilden, sondern vor allem unliebsame Konkurrenz habe ausschließen sollen[16]. Katalysatoren der freien Einung seien bspw. das städtische Markt- und Steuerwesen, und organisatorisches Modell dasjenige der frommen Bruderschaft gewesen[17].

Wenn man Sinn und Zweck der Zunftbildung betrachtet, unterscheiden sich die Hofrechtstheorie einerseits und die Theorie der freien Einung andererseits vor allem in der Zielrichtung und den Akteuren. Die Hofrechtstheorie sieht die Bildung der Zünfte als einen von der jeweiligen Herrschaft kontrollierten Prozess, in dem die überkommene Pflichtenstellung der Handwerkerschaft im Rahmen der sich wandelnden städtischen Rahmenbedingungen ihrerseits in zeitgemäße Formen umgewandelt und auf diese Weise inhaltlich so weit wie möglich aufrechterhalten worden sei[18]. Die Theorie der freien Einung sieht hingegen die freien Handwerker und nicht die Herrschaften als die eigentlichen Akteure der Zunftbildung an. Zunftbildung sei von unten frei erfolgt, vor allem um den Zunftzwang institutionell zu verwirklichen und absichern zu können[19]. Dem „top down"-Prozess der Hofrechtstheorie wird also letztlich ein „bottom up"-Prozess gegenübergestellt.

Gerade die für die Zünfte prägende besondere öffentliche Rechte- und Pflichtenstellung der Genossenschaft gegenüber der jeweiligen Stadt sowie der einzelnen Mitglieder gegenüber Genossenschaft und Stadt lassen eine gleichsam vorbildlose autonome Zunftbildung als unwahrscheinlich erscheinen. Die Grundidee der Hofrechtstheorie, dass sich fronhöfliche Handwerksämter zu freieren Zusammenschlüssen entwickelten, welche unter gewandelten Rahmenbedingungen grundlegende Pflichtenstellungen in angepasster Form tradierten, mag zwar Manches für sich haben[20], entbehrt aber doch einer verlässlichen Quellengrundlage. Jedenfalls kann – wie vor allem das Beispiel neu gegründeter Städte belegt – kaum davon ausgegangen werden, dass die Zünfte stets auf gewandelten Handwerksämtern basierten. Wahrscheinlich handelte es sich um einen regional unterschiedlich verlaufenen, polykausalen Prozess, in dem neben gewandelten Handwerksämtern auch zunehmend freiere Zusammenschlüsse von Handwerkern eine Rolle gespielt haben, die in älteren Vereinigungen wie den Gilden oder christlichen Bruderschaften eine organisatorische Blaupause zur Verwirklichung ihrer Ziele vorfanden. Gewisse Impulse

---

[16] *von Below*, Kritik der hofrechtlichen Theorie, abgedruckt in: Territorium und Stadt, 2. Aufl., 1923, S. 213 (227); *ders.*, Probleme der Wirtschaftsgeschichte, 1920, S. 274 ff.; *von Below* übernahm zwar von *Gierke* den Begriff der freien Einung, ging aber im Gegensatz zu diesem davon aus, dass Zünfte der Anerkennung durch die Obrigkeit bedurft hätten. Den dadurch entstehenden Widerspruch zu einem Postulat freier Einung suchte er gerade durch Betonung des Zunftzwangs aufzulösen, der wiederum durch die Obrigkeit durchzusetzen gewesen sei; vgl. dazu *Oexle*, Zunft als Forschungsproblem, in: BlldtLG 118 (1982), 1 (8 ff.); *Anz*, Gilden, 1998, S. 28.
[17] *Heitz*, Das Innungswesen, 1887, S. 18 f.; *Keutgen*, Ämter und Zünfte, 1903, S. 183 ff., 188.
[18] Allerdings konzedieren verschiedene abgeschwächte oder modifizierte Formen der Hofrechtstheorie, dass sich parallel zum evolutiven Prozess der Umwandlung der Handwerksämter erste freiwillige Zusammenschlüsse gegründet hätten, die sich als Zunft oder Einung bezeichneten; vgl. etwa *W. Müller*, Zur Frage des Ursprungs, 1910, 66 f.
[19] *Keutgen*, Ämter und Zünfte, 1903, S. 189 ff.
[20] *John*, Handwerk, 1987, S. 55 ff.; *K. Schulz*, Handwerk, 2010, S. 40 f.

mögen auch von ausländischen Vorbildern etwa aus Italien oder möglicherweise auch aus Byzanz, wo schon im 10. Jh. Zunftzwang herrschte und das während des ersten Kreuzzugs in den Jahren 1096 bis 1099 eine Zwischenstation auf dem Weg ins Heilige Land bildete, ausgegangen sein[21].

Den Städten musste ähnlich wie zuvor den Herrschaften der Fronhöfe vor allem daran gelegen sein, die Produktion der verschiedenen Güter sicherzustellen. Zugleich war die Erbringung von Leistungen der Bürger gegenüber dem Gemeinwesen Stadt zu gewährleisten – in Form konkreter Dienstleistungen oder aber Abgaben. Vor diesem Hintergrund waren die Zünfte ideale Intermediäre zwischen Stadt und Zunftmitgliedern: Als genossenschaftliche Zusammenschlüsse mit engem sozialen Zusammenhalt, kombiniert mit dem starken Anreiz, den der Zunftzwang für ein sozialkonformes Verhalten der einzelnen Mitglieder bildete, versprachen sie eine hohe Wahrscheinlichkeit der Erfüllung öffentlicher Pflichten und waren somit administrativ einfach und ökonomisch kostengünstig handhabbare Partner. Im Laufe der Zeit wurden der obrigkeitliche Marktzwang einerseits und die freie Einung der Genossen andererseits zu entscheidenden Faktoren der Zunftbildung[22].

c) *Die Doppelstellung der hoch- und spätmittelalterlichen Zunft als wettbewerbsregulierender Sozialverband und Element der städtischen Verfassung*

Korrespondierend zu obrigkeitlichem Marktzwang als „top down"-Element und freier Einung als „bottom up"-Element des rechtlichen und gesellschaftlichen Kräftesystems, in dem sich die Zunftbildung vollzog, waren die hochmittelalterlichen Zünfte durch eine Doppelstellung einerseits als Element der jeweiligen Stadtverfassung in Form eines sog. Amts und andererseits als gewerblich orientierter Rechts- und Sozialverband der Mitglieder charakterisiert[23].

Der enge Zusammenschluss der Handwerker eines Berufs oder Berufszweigs in der Zunft fand seine Grundlage in der durch Eid begründeten Schwurgemeinschaft (coniuratio). Die Zunftmitglieder unterwarfen sich dem gemeinsamen, vor allem auf Gewohnheit, aber auch auf selbstgesetzten Statuten beruhenden Recht mit der Folge, dass im Rahmen der sog. Willkür von dieser umfasste Rechtsverletzungen ausschließlich durch die eigene Gerichtsbarkeit, der sich das Zunftmitglied in Form eines bedingten Selbsturteils unterworfen hatte, behandelt wurden[24]. Zentrales stabilisierendes Element der Binnenordnung war die zünftige Ehre, die dem einzelnen Zunftmitglied einen starken Druck zu regelkonformem Verhalten vermittelte[25]. Die kohäsive Funktion der zünftigen Ehre kommt auch darin zum Ausdruck, dass Mitglied einer Zunft oft überhaupt nur derjenige werden konnte, der nicht nur von

---

[21] *Kluge*, Die Zünfte, 2009, S. 51 f.
[22] *Brand*, Zunft, in: HRG, Bd. V, 1998, Sp. 1793 f.
[23] *Kötzschke*, Wirtschaftsgeschichte des Mittelalters, 1924, S. 585 ff.
[24] *Brand*, Zunft, in: HRG, Bd. V, 1998, Sp. 1793; *Wissell*, Des alten Handwerks, Bd. 1, 1929, S. 263 ff.
[25] *Wissell*, Des alten Handwerks, Bd. 1, 1929, S. 67 ff.

freier und ehelicher, sondern auch von ehrlicher und „ehrenhafter" Geburt war[26]. Damit waren Kinder von Abdeckern, Henkern und Vertretern anderer sog. unehrlicher Gewerbe häufig qua Geburt von der Zunft ausgeschlossen[27].

Die enge bruderschaftliche Verbundenheit der Zunftmitglieder fand ihren Ausdruck in ritualhaften, sozialstabilisierenden Akten wie religiösen Zeremonien, dem gemeinsamen Zunftgelage und der Totenmemoria sowie gegenseitiger sozialer Unterstützung[28]. Die aus heutiger Sicht genossenschaftlich geprägte innere Verfassung der Zünfte wurde durch die regional unterschiedlich benannte Vollversammlung mit Anwesenheitspflicht geprägt, die meist mindestens einmal jährlich, zunächst oft unter freiem Himmel, später in öffentlichen Gebäuden wie dem Rathaus und schließlich auch in eigenen Zunfthäusern tagte, und primär den meist aus zwei oder mehr Mitgliedern bestehenden Vorstand wählte, dessen Vorsitzender oft als Zunftmeister bezeichnet wurde[29]. Zum Vorstand, der in kleineren Zünften eine exekutive Allzuständigkeit von der Leitung der Versammlung über die Führung von Büchern und Kasse bis hin zu Prüfungen und der Werkstatt- sowie Warenschau hatte, traten in größeren Zünften Ausschüsse aus Mitgliedern und zusätzliche Ämter hinzu. Beispielhaft genannt sei hier, dass der zuletzt eingetretene Meister als sog. Jungmeister untergeordnete Hilfsdienste ausführen musste[30].

Zentralbegriff des auf den genossenschaftlichen Prinzipien der Gleichordnung und des gegenseitigen Beistands beruhenden Sozialverbands der Zunft war die sog. „Nahrung", die zugleich den wesentlichen Anreiz zu Zunftbildung und -beitritt bildete. Grundlage der Nahrung war ein Verhaltenskodex, der allen Zunftmitgliedern eine hinreichende Erwerbsgrundlage sichern sollte. Dies wurde vor allem durch Wettbewerbsverbote verschiedenster Art verwirklicht[31]. Regelungen wie die Begrenzung der Zahl von Gesellen und Lehrlingen, das Verbot für Meister, sich diese gegenseitig abzuwerben und die Festlegung von Preisen, Löhnen und Arbeitsbedingungen bis hin zur gesteuerten Verteilung der Aufträge zielten darauf ab, den freien Wettbewerb durch eine gleichheitsorientierte Verteilung des zu erzielenden Wohlstands innerhalb der Zunft zu ersetzen. Die wettbewerbsbeschränkenden Regelungen sollten zugleich die Grundlage für ein System sozialer Sicherung schaffen, das neben einer Versorgung im Alter sowie im Falle der Invalidität bspw. auch das sog. Witwenprivileg umfasste, nach dem die Ehefrau eines verstorbenen Meisters dessen Gewerbe fortführen durfte[32].

---

[26] *Brand*, Zunft, in: HRG, Bd. V, 1998, Sp. 1795.
[27] *Kramer*, Ehrliche/unehrliche Gewerbe, in: HRG, Bd. I, 1971, Sp. 855 (857).
[28] *K. Schulz*, Zunft, in: LexMA IX, Sp. 686 (687); *Kluge*, Die Zünfte, 2009, S. 363 ff.; zur Bedeutung der Totenmemoria: *Schilp*, Zunft und Memoria, in: Zunftlandschaften, 2000, S. 107 (110 ff.); *P. Schmidt*, Wandelbare Traditionen, 2009, S. 72 ff.
[29] *Kluge*, Die Zünfte, 2009, S. 335 ff.
[30] *Kluge*, Die Zünfte, 2009, S. 348 ff.
[31] *R. Ennen*, Zünfte und Wettbewerb, 1971, S. 29 ff., 53 ff., 71 ff.
[32] *Wissell*, Des alten Handwerks, Bd. 1, 1929, S. 390 ff.; *Brand*, Zunft, in: HRG, Bd. V, 1998, Sp. 1794; siehe auch das Beispiel Straßburgs bei *von Heusinger*, Zunft, 2009, S. 133.

Das System der Nahrung, das den Zunftordnungen bis ins 18. Jh. als Leitbild zugrunde lag und sogar noch im Rahmen der Handwerkerbewegung von 1848/49 von Bedeutung war, konnte nur funktionieren, solange Außenseiter von der Erbringung entsprechender Handwerksleistungen ausgeschlossen waren. Grundlage hierfür war der Zunftzwang, der die Ausübung des entsprechenden Berufs(-zweigs) auf die Zunft als sog. Amt beschränkte und die Zunft ermächtigte, gegen Personen vorzugehen, die ihren Mitgliedern „ins Handwerk pfuschten"[33]. Dieser im obrigkeitlichen Recht zunächst der jeweiligen Herrschaft, später der Städte wurzelnde Zunftzwang war das entscheidende Bindeglied zwischen der internen, sozialverbandlichen Funktion der Zünfte einerseits und ihrer öffentlichen Funktion im Rahmen der jeweiligen Stadtverfassung andererseits. Die Städte übertrugen den Zünften Zwangsrechte in Form des Zunftzwangs, während sich die Zünfte im Gegenzug zur Erfüllung öffentlicher Aufgaben gegenüber dem Gemeinwesen verpflichteten[34]. In dieser öffentlichen Perspektive war die Zunft das „Amt", das auf der Grundlage der sog. Gewerbegerechtigkeit korporativ öffentliche Aufgaben wahrnahm. So mussten die Zünfte bspw. durch Qualitäts- und Warenkontrollen sicherstellen, dass qualitätsgerechte Ware produziert und zu einem angemessenen Preis angeboten wurde[35]. Gleichzeitig konnten sie in Städten mit Zunftverfassung Elemente der städtischen Verfassungsordnung sein. In dieser Funktion nahmen sie verschiedene Pflichten wahr, die von der Einziehung öffentlicher Abgaben von den Zunftmitgliedern bis hin zu differenzierten Aufgaben im Rahmen der Wehrordnung der Stadt reichen konnten. So stellten die Zünfte nicht nur militärische Kontingente und waren – ähnlich wie die Gilden der Kaufleute – für eine ordnungsgemäße Bewaffnung der Zunftgenossen verantwortlich[36], sondern bewachten und verteidigten auch einen Abschnitt der Stadtmauer[37]. Soweit die Verteidigung der Stadt später statt von den Bürgern durch Söldner wahrgenommen wurde, wurden pragmatisch die Kosten auf die Zünfte umgelegt.

d) Zunftkämpfe und politischer Aufstieg der Zünfte im späten Mittelalter

Nachdem die Zünfte und ihre Mitglieder lange von der eigentlichen Verwaltung der Stadt ausgeschlossen waren, welche den im Rat repräsentierten Patriziern ob-

---

[33] *Brand*, Zunft, in: HRG, Bd. V, 1998, Sp. 1796; gleichzeitig wachte jede Zunft darüber, dass nicht die Mitglieder anderer Zünfte in ihre Gewerbe übergriffen, was in der Praxis schwierige Abgrenzungsprobleme mit sich brachte; siehe dazu die Beispiele aus Straßburg bei *von Heusinger*, Zunft, 2009, S. 116 ff.
[34] *Otto*, Das deutsche Handwerk, 3. Aufl., 1908, S. 34 f.
[35] *Brand*, Zunft, in: HRG, Bd. V, 1998, Sp. 1796 f.; *von Heusinger*, Zunft, 2009, S. 116.
[36] So nahmen die Zünfte jährlich eine Besichtigung der Bewaffnung ihrer Genossen von Haus zu Haus vor, *Witte*, Wehrordnung der Städte, in: HRG, Bd. V, 1998, Sp. 1190 (1194); siehe auch die Verordnungen über das Halten von Harnischen aus Frankfurt, in: Frankfurter Zunfturkunden, 1. Bd.,1914, S. 2 ff.
[37] *Witte*, Wehrordnung der Städte, in: HRG, Bd. V, 1998, Sp. 1190 (1196); *Wissell*, Des alten Handwerks, Bd. 1, 1929, S. 419 ff.; siehe das anschauliche Beispiel Straßburgs bei *von Heusinger*, Zunft, 2009, S. 102 ff., 160 ff.

lag, kam es vereinzelt bereits im 13. und 14. Jh. und verstärkt im 15. und frühen 16. Jh. zu den sog. Zunftkämpfen, Aufständen der in den Zünften organisierten Handwerker gegen die politische Vormachtstellung der Patrizier[38]. Während die aufgrund ihrer Rolle in der Wehrverfassung kampferprobten Zünften in vielen Städten zumindest eine Teilhabe an der Ratsgewalt erstritten, indem nunmehr auch Handwerksmeister zumindest in einen erweiterten Rat der Stadt einzogen, gelang es ihnen vor allem in süd- und mitteldeutschen Städten teilweise sogar, das Stadtregiment zu übernehmen[39]. Damit einher ging eine Wandlung der Zunft vom gewerblichen Personenverband zu einem politischen Element des Stadtverbands[40]. Mitunter war Zunft nun gerade die Bezeichnung eben jener übergreifenden politischen Zunft, während die früheren Zünfte der Einzelhandwerke oder Handwerkszweige bspw. Einung, Innung oder Handwerk genannte Abteilungen dieser politischen Zunft wurden. Teilweise, wie etwa in Köln, blieben die alten Zünfte – dort allerdings zunächst Bruderschaften und nach dem Weberaufstand von 1370/71 Ämter genannt – prinzipiell eigenständig, wurden aber nach dem Verbundbrief von 1396, als wesentlicher Grundlage der neuen Kölner Stadtverfassung, zur Ausübung ihrer politischen Rechte im Stadtverband zu sog. Gaffeln zusammengefasst, wie sie zuvor bereits Kaufleute gebildet hatten[41].

Die Entwicklung von mit bestimmten obrigkeitlichen Rechten und Pflichten versehenen gewerblichen Genossenschaften zu Elementen der Stadtverfassung mit Beteiligung am städtischen Rat war für die Zünfte mit einer quantitativen und qualitativen Ausweitung ihrer Rechtsetzungsautonomie verbunden. Die in der Zunft zusammengeschlossenen Handwerksmeister konnten das Recht der Zunft nun in Form von Statuten weitgehend unbehelligt vom Rat setzen. Zugleich waren sie durch ihre Beteiligung im Rat maßgeblich an der städtischen Rechtsetzung im Bereich des Handwerks beteiligt. Bemerkenswert ist, dass zwar die einzelne Zunft regelmäßig auf das Gebiet jeweils einer Stadt beschränkt war, sich aber andererseits die Zünfte verschiedener Städte bzw. deren Mitglieder schon im Mittelalter stadt-

---

[38] *Kluge*, Die Zünfte, 2009, S. 88 ff.; *G. Schulz*, Zünfte, in: FS Kaufhold, 1997, S. 388 (389 ff.); *Blickle*, Unruhen, 1988, S. 7 ff.; *Wernet*, Geschichte des Handwerks, 3. Aufl., 1959, S. 92 f.; *Wissell*, Des alten Handwerks, Bd. 1, 1929, S. 19 ff.

[39] *Lentze*, Gewerbeverfassung, in: Beiträge zur Wirtschaftsgeschichte, Bd. 2, 1967, S. 593 (604 ff.); *Luther*, Innung, in: HRG, Bd. II, 1978, Sp. 368 (369); *Füglister*, Handwerksregiment, 1981, S. 1 ff., 257 ff.; *John*, Handwerk, 1987, S. 132 ff.; *Reininghaus*, Zünfte, Städte und Staat, 1989, S. 45 ff.; *Mitteis/Lieberich*, Deutsche Rechtsgeschichte, 19. Aufl., 1992, S. 286 f.; *Militzer*, Gaffeln, in: JbkGeschV 67, 1996, S. 41 ff.; *P. Schmidt*, Wandelbare Traditionen, 2009, S. 107 ff.; *Kluge*, Die Zünfte, 2009, S. 94 ff.; *K. Schulz*, Handwerk, 2010, S. 60 ff.

[40] *von Below*, Probleme der Wirtschaftsgeschichte, 1920, S. 297.

[41] Eine Gaffel umfasste in Köln meist mehrere Zünfte. Allerdings konnte ausnahmsweise auch eine einzelne Zunft im Rang einer Gaffel stehen. Jede der 22 Kölner Gaffeln, von denen 17 reine Handwerkergaffeln waren, entsandte zwei Vertreter in das Gremium der „Vierundvierziger", das nach dem Kölner Verbundbrief von 1396 gemeinsam mit dem Rat, auf dessen Bildung die Gaffeln ebenfalls maßgeblichen Einfluss hatten, über die wesentlichen politischen Fragen der Stadt entschied; *Nicolini*, Die politische Führungsschicht, 1979, S. 145 ff.; *Militzer*, Gaffeln, in: JbkGeschV 67, 1996, S. 41 (47 ff.); *G. Schulz*, Zünfte, in: FS Kaufhold, 1997, S. 388 (392 ff.); *P. Schmidt*, Wandelbare Traditionen, 2009, S. 127 ff.

übergreifend zu regionalen Handwerkerbünden zusammenschlossen, um ihre Interessen gemeinsam zu verwirklichen[42].

e) *Zuspitzung der Zunftordnung in der frühen Neuzeit*

Waren die wettbewerbsbeschränkenden Privilegien, welche der Zunftzwang vermittelte, von jeher nicht frei von Missbrauch gewesen, schufen die erweiterte Rechtsetzungsautonomie der Zünfte sowie ihr Einfluss auf die städtische Rechtssetzung im späten Mittelalter die Grundlage für einen sich vor allem im 16. und 17. Jh. beschleunigenden Missbrauch der Zunftordnung zur weitgehenden Abschottung der Zünfte und der darin zusammengeschlossenen Handwerksmeister gegen unliebsame Konkurrenz[43]. Vom 15. bis zum 17. Jh. kam es nicht nur in politischer, wirtschaftlicher, technischer und künstlerischer Hinsicht zu einer Reihe einschneidender Ereignisse und nachhaltiger Wandlungsprozesse, welche die Geschichtswissenschaft – trotz mancher Kritik – daran festhalten lässt, für Europa von einem Epochenübergang vom Mittelalter zur frühen Neuzeit zu sprechen. Die Eroberung Konstantinopels durch Mehmed den Eroberer im Jahr 1453, die Entdeckung Amerikas durch Kolumbus im Jahr 1492 und des Seewegs nach Indien durch Vasco da Gama im Jahr 1498, aber vor allem auch langfristige strukturale Entwicklungsprozesse wie der Niedergang der Städte und der Aufstieg der landesherrlichen Territorialherrschaft im 16. Jh. veränderten zugleich nachhaltig die politischen und wirtschaftlichen Rahmenbedingungen für die Tätigkeit der Zünfte. Von den vielfältigen Veränderungsprozessen war für die Zünfte daneben die wissenschaftliche Revolution des 17. Jh. folgenreich, die das Potential in sich barg, die überkommenen Produktionsweisen des zünftigen Handwerks zu revolutionieren und damit den zünftigen Handwerkern die Grundlage ihrer „Nahrung" zu entziehen[44].

Die Zünfte, deren Zahl im 16. und 17. Jh. durch zahlreiche Neugründungen eher zu- als abnahm[45], reagierten auf diese und andere Herausforderungen, welche die „Nahrung" ihrer Mitglieder zu gefährden drohten, mit einer Verschärfung der wettbewerbsbeschränkenden Regeln zu Gunsten der Handwerksmeister und ihrer Familien[46]. Das zentrale Mittel hierzu war eine Erschwerung des Zugangs zur

---

[42] Vgl. die Beispiele aus dem mittelrheinischen Gebiet bei *Volk*, Wirtschaft und Gesellschaft, 1998, S. 415 ff.; zu bspw. in Südwestdeutschland verbreiteten überterritorialen Zünften: *Kluge*, Die Zünfte, 2009, S. 80 ff.

[43] Dies beklagte zeitgenössisch sehr pointiert auch *Johann Joachim Becher* in seinem einflussreichen Hauptwerk „Politische Discurs" (*Becher*, Politische Discurs, 3. Aufl., 1688 (Nachdruck 1972), S. 782 (113)): „Aber dieses Mittel der Zünfften welches ein remedium wider das Monopolium und Polypolim seyn soll ist heutiges Tags zu eine bösen Missbrauch worden denn die hauffen Handwercks Gerechtigkeiten [...] welche die handwerck zum Schein der Aufrichtigkeit in ihren Zünften haben machen dass kein ehrlicher armer Gesell zum Meister [...] werden kann [...]". Zum Ganzen auch *Wehler*, Deutsche Gesellschaftsgeschichte, Bd. 1, 3. Aufl. 1996, S. 92 ff.

[44] *Wernet*, Geschichte des Handwerks, 3. Aufl., 1959, S. 119 ff.

[45] Vgl. etwa *Ehmer*, Traditionelles Denken, in: Lenger, Handwerk, 1998, S. 19 (36 ff.).

[46] *Otto*, Das deutsche Handwerk, 3. Aufl., 1908, S. 76 ff.; *Kötzschke*, Wirtschaftsgeschichte des Mittelalters, 1924, S. 588; *W. Fischer*, Die rechtliche und wirtschaftliche Lage, in: Wirtschaft und

Zunft sowie der Erlangung des Meisterrechts. Dazu wurden bspw. das von Lehrlingen zu entrichtende Lehrgeld teilweise unmäßig erhöht und die Lehrzeit erheblich verlängert[47]. Für Gesellen wurden neben dem Gesellenzwang der „Wanderzwang" und der „Muthzwang" eingeführt bzw. verlängert. Der Wanderzwang hatte zur Folge, dass nur der zur Meisterprüfung zugelassen wurde, der eine festgelegte Zahl von Wanderjahren absolviert hatte[48]. Muthzwang bedeutete, dass ein Geselle, der „muthete", also sich um die Meisterprüfung bzw. Aufnahme in die Zunft bewarb, zuvor an dem Ort, an dem er Meister werden wollte, mehrere Jahre „stillsitzen", d.h. in einer ihm von der Zunft zugewiesenen Werkstatt als Geselle arbeiten musste[49]. Rechnet man Lehr-, Wander- und Muthzeit zusammen, dauerte es bspw. mindestens 15 Jahre, bis ein Augsburger Buchbinder im Jahr 1720 zum Meister aufsteigen konnte[50].

Als weitere Voraussetzung des Meisterrechts wurde in den meisten Gewerben die Anfertigung eines Meisterstücks verlangt[51]. Strenge Regularien, welche hierbei die Verwendung teurer Materialien und einen großen Zeitaufwand voraussetzten oder aber eine bestimmte Beschaffenheit des Meisterstücks verlangten, die längst außer Gebrauch war und daher den Verkauf des aufwendigen Stücks erschwerte, waren mehr oder weniger verdeckte Mittel, um den Zugang zu den Privilegien der Meister zu erschweren[52]. Eine weitere zunftinterne, finanzielle Schwelle bildeten bspw. die aufwendigen Gelage (Meisteressen), die der Neuling den Zunftmitgliedern zum Einstand auszugeben hatte[53]. Die verschiedenen Maßnahmen zur faktischen Abwehr von Neueinsteigern in den Kreis der Handwerksmeister konnten in der Schließung der Zunft durch die Meister gipfeln[54]. Zwecks Sicherung der eigenen Nahrung wurde die Zahl der Meister, die in einer Stadt zugelassen werden durfte, begrenzt und dabei teilweise eine geringere Zahl als die der aktuellen Meister festgesetzt, so dass über Jahre keine Aussicht auf Neuaufnahme bestand[55].

Gesellschaft, 1972, S. 296 (303 f.); *K. Schulz*, Zunft, in: LexMA IX, Sp. 686 (689); siehe auch die anschaulichen Beispiele von „Nahrungskonflikten" aus Frankfurt a. M. bei *Brandt*, Autonomie, in: Vorindustrielles Gewerbe, 2004, S. 229 (237 ff., 243 ff.) sowie aus Lübeck bei *Hoffmann*, Winkelarbeiter, in: Vorindustrielles Gewerbe, 2004, S. 183 (198 ff.).

[47] So schrieb bspw. die Ordnung der Kölner Goldschmiede aus dem Jahr 1696 bereits eine Lehrzeit von acht Jahren vor; vgl. *Nicolini*, Die politische Führungsschicht, 1979, S. 129.

[48] Siehe etwa die Wanderberichte in: Quellen zur Geschichte des deutschen Handwerks, 1957, S. 25 ff.

[49] *Wissell*, Des alten Handwerks, Bd. 1, 1929, S. 170 ff.; *Otto*, Das deutsche Handwerk, 3. Aufl., 1908, S. 79.

[50] *John*, Handwerk, 1987, S. 139.

[51] *Wissell*, Des alten Handwerks, Bd. 1, 1929, S. 175 ff.; siehe die Beispiele aus Ostfriesland bei *Canzler*, Zünfte, 1999, S. 66 ff.

[52] *Otto*, Das deutsche Handwerk, 3. Aufl., 1908, S. 77 f.; *Wissell*, Des alten Handwerks, Bd. 1, 1929, S. 177 f.

[53] *Wissell*, Des alten Handwerks, Bd. 1, 1929, S. 180 ff.; *Nicolini*, Die politische Führungsschicht, 1979, S. 116; vgl. die Beispiele aus Ostfriesland bei *Canzler*, Zünfte, 1999, S. 66 ff.

[54] *Wissell*, Des alten Handwerks, Bd. 1, 1929, S. 192 ff.

[55] *John*, Handwerk, 1987, S. 141.

Bezeichnend war, dass viele Hindernisse, die Außenseiter von der Aufnahme in die Zunft abhielten, von Familienangehörigen – insbesondere Söhnen – von Zunftmitgliedern leichter zu überwinden waren[56]. Für wirtschaftliche Schwellen, wie bspw. den Einstand, der den Zunftgenossen zu geben war, oder die Aufwendungen für das Meisterstück, ergab sich dies schon daraus, dass die Söhne der Zunftmitglieder gerade wegen des Zunftzwangs, von dem ihre Väter profitierten, bessere wirtschaftliche Voraussetzungen mitbrachten als Außenseiter. Hinzu kam, dass Söhne von Zunftmitgliedern oft nur geringere Anforderungen erfüllen mussten. Damit entwickelten sich die Zünfte von Verbänden, welche die Nahrung der Angehörigen bestimmter Gewerbe oder Gewerbezweige sicherstellten, zu Verbänden, die quasi-erblich die Versorgung bestimmter Familien garantierten. Die Bevorzugung von Familienmitgliedern verschärfte den seit dem Mittelalter latent vorhandenen Konflikt zwischen den in der Zunft zusammengeschlossenen Meistern einerseits und den Gesellen andererseits, denen bei zunehmender Ausbeutung nun kaum noch eine Aussicht verblieb, selbst einmal als Meister in die Zunft aufgenommen zu werden[57]. Sichtbare Folge waren erbitterte Auseinandersetzungen zwischen Meistern und Gesellen, die sich seit dem Mittelalter in eigenständigen „Gesellenschaften" zusammengeschlossen hatten[58].

f) Gesetzgeberische Ansätze zur Disziplinierung der Zünfte

Die wettbewerbsbeschränkenden Regeln der Zünfte erregten schließlich den Argwohn der Landesherren, die mit dem Niedergang der Städte häufig die Oberhoheit über die Städte erlangt hatten. So bedeutete etwa die Entwicklung der Meisterstellen zu quasi-erblichen Positionen, dass das Leistungskriterium bei der Auswahl neuer Meister immer weniger Bedeutung hatte, was die Qualität der Handwerksleistungen nicht eben begünstigte. Auch gingen die Zünfte mitunter tatkräftig gegen neue Technologien vor, die ihre Monopolstellung zu bedrohen schienen. Damit gefährdeten sie aber den Fortschritt in der Wirtschaft, was den Landesherren im Interesse ihrer Einnahmen nicht gleichgültig sein konnte.

Im Rahmen einer zunehmend proaktiven Gewerbepolitik, welche auch Hoheitsrechte wie Steuer-, Markt-, Wasser-, Berg- und Wildbannrechte dazu nutzte, um Einfluss auf wirtschaftliche Abläufe zu nehmen, gingen daher immer mehr Fürsten dazu über, das Recht der Handwerke und Handwerker ihres Territoriums mittels einer umfangreichen Gewerbegesetzgebung auf eine abstrakt-generelle Grundlage zu stellen[59]. Damit waren aber Konflikte mit dem Recht der Zünfte vorprogram-

---

[56] *Otto*, Das deutsche Handwerk, 3. Aufl., 1908, S. 79f.; *Lentze*, Handwerk, in: HRG, Bd. I, 1971, Sp. 1976 (1980).
[57] So wurde nicht nur der Lohn der Gesellen niedrig gehalten und ihnen eine Eigentätigkeit verboten, sondern der Lohn im Rahmen des sog. Trucksystems statt in Geld in Form produzierter Waren geleistet, welche die Gesellen dann auf ihr Risiko zu Geld machen mussten; vgl. *John*, Handwerk, 1987, S. 143.
[58] *Wissell*, Des alten Handwerks, Bd. 1, 1929, S. 458 ff.; *John*, Handwerk, 1987, S. 145 ff.
[59] *Reininghaus*, Gewerbe, 1990, S. 16.

miert, die als enge soziale Verbände die Durchsetzung des landesherrlichen Rechts und den Zugriff auf die einzelnen betroffenen Untertanen oftmals verhinderten[60]. Insofern war den Landesherren vor allem die zünftige Gerichtsbarkeit ein Dorn im Auge, die nach der Zunftverfassung Vorrang vor jeder anderen (staatlichen) Gerichtsbarkeit genoss und damit den praktisch wichtigen Rechtskreis der zünftigen Angelegenheiten effektiv der landesherrlichen Gewalt entzog[61]. Letztlich wirkten die Zünfte so aus Sicht der Landesherren als ihre Mitglieder mediatisierende Verbände, welche als kleine „Staaten im Staat" eine Sonderrechtsordnung mit eigener Gerichtsbarkeit unterhielten und damit der Etablierung einer effektiven allgemeinen Staatsgewalt entgegenstanden.

Seit dem 15. Jh., verstärkt dann ab dem 16. Jh. versuchten die Landesherren, im Wege der Gesetzgebung das Recht der Gewerbe neu zu fassen und dabei auch gegen unliebsame Regelungen des Zunftrechts vorzugehen[62]. Die neuen Regelungen fanden sich vor allem in den Polizeiordnungen, welche die innere Ordnung des Landes im Allgemeinen, damit aber auch Bestimmungen gegen den Luxus oder zur Förderung von Gewerbe und Handel betrafen[63]. So wurde die zünftige Gerichtsbarkeit teils völlig untersagt, teils auf nicht der landesherrlichen Jurisdiktion vorbehaltene Gebiete beschränkt[64]. Mittel zur Durchsetzung der zünftigen Ordnung wie das eigenmächtige Auftreiben wurden untersagt[65], das Gelage, das von Neulingen zu finanzieren war, verboten[66] und die mit der Anfertigung des Meisterstücks verbundenen Kosten begrenzt[67]. Die Effektivität solcher und ähnlicher gegen die Interessen der privilegierten Zunftmitglieder gerichteten Ge- und Verbote hing angesichts der Beharrungstendenzen der Zunftordnung maßgeblich von der tatsächlichen Fähigkeit der Landesherren zur Rechtsdurchsetzung ab. Nicht selten gelang es den Zünften, ihre Rechtsordnung de facto gegen Eingriffe der Landesherren zu verteidigen, etwa indem die zünftische Mikroherrschaftsordnung weiter existierte, sich aber nun formal von den Herrschaftsrechten des Landesherrn ableitete[68]. Vor allem die Gesellen, gegen deren in den Gesellenvereinigungen gesetzte korporative Re-

---

[60] *Brand*, Zunft, in: HRG, Bd. V, 1998, Sp. 1797.
[61] *Brand*, Zunft, in: HRG, Bd. V, 1998, Sp. 1797f.
[62] *Lentze*, Handwerk, in: HRG, Bd. I, 1971, Sp. 1976 (1980); *Wissell*, Des alten Handwerks, Bd. 1, 1929, S. 511 ff., Bd. 3, 2. Aufl., 1981, S. 44 ff.; *Ziekow*, Freiheit und Bindung, 1992, S. 226 ff.; *Kluge*, Die Zünfte, 2009, S. 402 ff.
[63] *Kellenbenz*, Deutsche Wirtschaftsgeschichte, Bd. 1, 1977, S. 224.
[64] Vgl. die Zitate aus der niederösterreichischen Polizeiordnung vom 01.04.1527 sowie aus der brandenburgischen Ordnung von verschiedenen Punkten in Handwerkssachen von 1541, wiedergegeben bei Ziekow, Freiheit und Bindung, 1992, S. 230, Fn. 71.
[65] Vgl. das Zitat aus der Salzburger Landesordnung von 1526 bei Ziekow, Freiheit und Bindung, 1992, S. 231, Fn. 72.
[66] Vgl. die Zitate aus der mecklenburgischen Polizeiordnung von 1516 sowie aus der kurmärkischen Polizeiordnung der Städte von 1515 bei Ziekow, Freiheit und Bindung, 1992, S. 234, Fn. 88.
[67] Vgl. das Zitat aus der mecklenburgischen Polizeiordnung von 1516 bei Ziekow, Freiheit und Bindung, 1992, S. 234, Fn. 92.
[68] Markant zu diesem vielgestaltigen Prozess: *Hardtwig*, Genossenschaft, 1997, S. 32.

geln sich die Gesetze zunehmend richteten[69], entzogen sich häufig erfolgreich der einzelstaatlichen Gesetzgebung[70].

Auf der Ebene des Reichs fanden sich bereits im 16. Jh. insbesondere in verschiedenen Reichspolizeiordnungen einzelne Regelungen, die das zünftige Gewerbe betrafen[71]. Vorwiegend handelte es sich dabei um Vorschriften, die auf einen Schutz der Konsumenten vor Übervorteilung und Preisauftrieb abzielten, wie etwa ein Verbot von betrügerische Praktiken erleichternden Verkaufsstätten in der Reichspolizeiordnung von 1548 oder ein Schadensersatzanspruch übervorteilter Käufer im Reichsabschied zu Speyer von 1570[72]. Allerdings gab es auch Regelungen, die sich unmittelbar gegen zünftige Regelungen und solche der Gesellenvereinigungen richteten, etwa wenn die Reichspolizeiordnung von 1530 die Sitte des „Schenkens" bei der An- und Abwanderung eines Gesellen untersagte[73]. Indem die Machtposition der geschenkten Handwerke mit ihrem reichsweit erhobenen Anspruch auf das Monopol der Arbeitsvermittlung, welches gleichzeitig die Durchsetzung der Aussprüche der eigenen Gerichtsbarkeit gewährleistete, gebrochen werden sollte, wurde letztlich die Verwirklichung des obrigkeitlichen Justizmonopols angestrebt[74].

Die Politik des Merkantilismus, die in Deutschland erst nach dem Ende des dreißigjährigen Kriegs im Jahr 1648 zum Durchbruch gelangte und im Interesse einer

---

[69] *Reininghaus*, Die Gesellenvereinigungen, in: Handwerker in der Industrialisierung, 1984, S. 219 ff.; *G. Jahn*, Zur Gewerbepolitik, 1909, S. 40 ff.

[70] *Wissell*, Des alten Handwerks, Bd. 3, 2. Aufl., 1981, S. 45; *Brand*, Zunft, in: HRG, Bd. V, 1998, Sp. 1798.

[71] Die deutschen Kaiser des alten Reichs betrieben keine aktive Wirtschaftspolitik. Für die Wirtschaft relevante Regelungen des Reichs fanden sich jedoch in großer Zahl in Form polizeilicher Ver- und Gebotsnormen, die in der in der frühen Neuzeit fortlebenden Aufgabe des Kaisers wurzelten, Ordnung und Sitte im Reich zu wahren und für das Wohl seiner Untertanen zu sorgen; *Haacke*, Wirtschaftspolizeiliche Bestimmungen, in: JbNSt 116 (1921), 465 ff.; *G. Jahn*, Zur Gewerbepolitik, 1909, S. 3 ff.; *Proesler*, Das gesamtdeutsche Handwerk, 1954, S. 44 ff.; *Reininghaus*, Gewerbe, 1990, S. 16; *Ziekow*, Freiheit und Bindung, 1992, S. 235 ff.; Zunft- und handwerksbezogene Regelungen der Reichsabschiede sind auszugsweise wiedergegeben bei Wissell, Des alten Handwerks, Bd. 1, 1929, S. 501 ff., Bd. 3, 2. Aufl., 1981, S. 34 ff. sowie bei Proesler, a.a.O., Abschnitt C.

[72] Vgl. *Haacke*, Wirtschaftspolizeiliche Bestimmungen, in: JbNSt 116 (1921), 465 (488 ff., 502 f.) sowie die bei Ziekow, Freiheit und Bindung, 1992, S. 236, Fn. 101, 103 wiedergegebenen Zitate.

[73] *Haacke*, Wirtschaftspolizeiliche Bestimmungen, in: JbNSt 116 (1921), 465 (499); Die „Schenke" oder das „Geschenk" war ursprünglich ein Trunk, der einem wandernden Gesellen in der Gesellenherberge gereicht wurde. Im Übergang vom 15. zum 16. Jh. waren geschenkte Handwerke solche, bei denen einem zuwandernden Gesellen, der keine Arbeit fand, eine kleine Gabe als Unterstützung für die weitere Wanderung gegeben wurde. Die Beherbergung der wandernden Gesellen, der Nachweis von Arbeit und eben die Ausführung des Geschenks oblagen zu jener Zeit den Gesellenverbänden, die das Monopol des Arbeitsnachweises in den geschenkten Handwerken dazu nutzen konnten, einzelne Meister oder gar eine ganze Stadt vom Gesellenzuzug auszuschließen; dazu: *G. Jahn*, Zur Gewerbepolitik, 1909, S. 45 ff.; *K. Schulz*, Handwerk, 2010, S. 239 f.

[74] *Haacke*, Wirtschaftspolizeiliche Bestimmungen, in: JbNSt 116 (1921), 465 (499 ff.); *G. Jahn*, Zur Gewerbepolitik, 1909, S. 44 ff.; *G. Schmidt*, Der Städtetag in der Reichsverfassung, 1984, S. 469 ff.; *Ziekow*, Freiheit und Bindung, 1992, S. 238.

Stärkung der Machtposition der Landesherren eine Verbesserung der Ökonomie des Landes und damit der Staatseinnahmen anstrebte[75], musste die wettbewerbsbeschränkenden Regeln der Zünfte und Gesellenvereinigungen in besonderem Maße als Hemmschuh empfinden[76]. Auf Initiative der Reichsstädte wurde daher im Jahr 1672 ein vom Kaiser allerdings nicht ratifiziertes Reichsgutachten erstellt, das insbesondere verschiedene Regelungen und Praktiken der Gesellenvereinigungen wie etwa deren angemaßte Gerichtsbarkeit und Strafgewalt sowie Praktiken wie das Schmähen und Auftreiben untersagte[77]. Als Folge einer Reihe von Gesellenaufständen, die 1726 im Aufstand der Schuhmachergesellen in Augsburg gipfelte[78], der auf viele größere Städte übergriff, wurde ein erneutes „Gutachten des Reichs-Tages wegen der Handwercker-Missbräuche" vorgelegt und schließlich nach Verabschiedung durch den Reichstag im August 1731 durch den Kaiser unterzeichnet[79]. Das als Reichszunftordnung bekannt gewordene Regelwerk knüpfte inhaltlich an die Verbotsregelungen des Reichsgutachtens von 1672 an, setzte aber vor dem Hintergrund vor allem des Augsburger Aufstands für aufständisches Verhalten von Gesellen sogar die Todesstrafe fest[80]. Die Reichszunftordnung, die trotz langsamer Umsetzung in der Folge die wesentliche Rechtsgrundlage des Reichs für Zünfte und Handwerker wurde und sogar nach 1806 in vielen Territorien weiter in Kraft blieb[81], griff das Problem, welches die intermediären Rechtsordnungen von Zünften und Gesellenvereinigungen für die obrigkeitliche Gewalt bildeten, allerdings auch ganz grundsätzlich an: So wurde der autonomen Rechtssetzung durch Zünfte und Gesellenvereinigungen dadurch der Boden entzogen, dass Handwerksartikel, Gebräuche und Gewohnheiten fortan grundsätzlich der Genehmigung des jeweiligen Inhabers der Territorialgewalt bedurften[82]. Preußen bspw. ließ zwar die Zünfte bzw. Innungen grundsätzlich bestehen, ersetzte aber deren selbst gesetzte In-

---

[75] *Lütge*, Deutsche Sozial- und Wirtschaftsgeschichte, 3. Aufl., 1966, S. 322 ff.; *Blaich*, Die Epoche des Merkantilismus, 1973, S. 22; *Gömmel*, Entwicklung der Wirtschaft, 1998, S. 41 ff.

[76] *Gömmel*, Entwicklung der Wirtschaft, 1998, S. 25, 49.

[77] Reichsgutachten wegen der Handwerksmissbräuche vom 03.03.1672; vgl. die bei Ziekow, Freiheit und Bindung, 1992, S. 269, Fn. 261 wiedergegebenen Auszüge; vgl. dazu auch *Wissell*, Des alten Handwerks, Bd. 1, 1929, S. 520 ff.

[78] *von Rohrscheidt*, Vom Zunftzwange zur Gewerbefreiheit, 1898, S. 90 ff.; *Wissell*, Des alten Handwerks, Bd. 1, 1929, S. 525 ff.

[79] *W. Fischer*, Die rechtliche und wirtschaftliche Lage, in: ders., Wirtschaft und Gesellschaft, 1972, S. 296 (301); *Brand*, Zunft, in: HRG, Bd. V, 1998, Sp. 1798; *K. Schulz*, Handwerk, 2010, S. 267 f.; der Text des Reichsabschieds von 1731 ist wiedergegeben u. a. bei Wissell, Des alten Handwerks, Bd. 1, 1929, S. 554 ff. sowie in Herbst des Alten Handwerks, 1979, S. 54 ff.

[80] Reichsschluss wegen der Handwerkermissbräuche vom 04.09.1731, Art. 5, wiedergegeben u. a. bei Ziekow, Freiheit und Bindung, 1992, S. 269, Fn. 262.

[81] Zur Durchführung des Reichsabschieds in den verschiedenen Territorien des Reichs: *Wissell*, Des alten Handwerks, Bd. 1, 1929, S. 569 ff.; *Kellenbenz*, Deutsche Wirtschaftsgeschichte, Bd. 1, 1977, S. 328 f.

[82] *Lentze*, Handwerk, in: HRG, Bd. I, 1971, Sp. 1976 (1981); *Brand*, Zunft, in: HRG, Bd. V, 1998, Sp. 1799; *Steindl*, Entfesselung der Arbeitskraft, in: Wege zur Arbeitsrechtsgeschichte, 1984, S. 29 (57 f.); *Conrad*, Deutsche Rechtsgeschichte, Bd. II, 1966, S. 150; zu der sich daraus ergebenden Rechtslage der Zünfte in Preußen vgl. *von Rohrscheidt*, Unter dem Zunftzwange in Preußen, in: JbNSt 60 (1893), 313 ff; 61 (1893), 230 ff.

nungsordnungen zwischen 1734 und 1736 durch Generalprivilegien für die einzelnen Handwerke, die einander stark ähnelten[83]. Damit wurde das facettenreiche autonome Zunftrecht in Preußen durch ein einheitliches, vom Staat abgeleitetes Gewerberecht ersetzt, womit zugleich die Grundlage für eine einheitliche Fortentwicklung des einschlägigen Rechts geschaffen war.

g) Vom langen Überleben der Zünfte

Anders als die Gilden der Kaufleute, die im Übergang vom Mittelalter zur frühen Neuzeit entweder völlig eingingen oder aber ihre früheren Funktionen stark einbüßten und sich zu eher informell wirksamen sozialen Gemeinschaften wandelten, überlebten die Zünfte in Deutschland bis in das 19. Jh. Hauptgrund ihrer stärkeren Beharrungstendenz war, dass das Handwerk, anders als der überregional ausgerichtete Handel regelmäßig an einen bestimmten Ort, meist eine Stadt, geknüpft war. Damit blieben auch in der Epoche des Abstiegs der Städte und des Aufstiegs der Landesherrschaften die sozialen Kohäsionskräfte dominant, welche ein Überleben der Zünfte als genossenschaftlich organisierte Verbände sichern sollten.

Eine wesentliche Wandlung der frühen Neuzeit bestand darin, dass sich die Zünfte, die im Mittelalter gerade eine Partizipation der Handwerker an der obrigkeitlichen Gewalt der Städte erkämpft hatten, mit dem Aufstieg der Landesherrschaften erneut einer erstarkenden überwölbenden Herrschaftsordnung gegenüber sahen[84]. Zudem machten die Zünfte eine Wandlung durch, die mit den Interessen der Landesherren nicht konkordant sein konnte, indem sie sich vor dem Hintergrund veränderter wirtschaftlicher und gesellschaftlicher Rahmenbedingungen aufgrund ihrer durch die Partizipation an der städtischen politischen Macht möglich gewordenen Autonomie zunehmend zu wettbewerbsbeschränkenden und fortschrittsfeindlichen Interessenorganisationen der Berufsinhaber entwickelten. Der Konflikt zwischen sich abschottenden Mikro-Herrschaftsordnungen mit Ausschließlichkeitsanspruch, wie sie die Zünfte darstellten, und sich zunehmend verdichtender landesherrlicher Gewalt war unausweichlich. Die einzelnen Landesherren und das Reich gingen vor allem gegen solche Aspekte der Rechtsordnung der Zünfte (und Gesellenvereinigungen) vor, die der Etablierung einer einheitlichen, vom Fürsten ausgehenden und zunehmend als staatlich zu charakterisierenden Gewalt entgegenstanden, indem sie die Zunftmitglieder einer exklusiven eigenen Gewalt unterstellten[85]. Zunächst waren daher vor allem zünftische Jurisdiktionsmonopole Angriffspunkte obrigkeitlicher Gesetzgebung, bis schließlich in

---

[83] *Willoweit*, Gewerbeprivileg und „natürliche" Gewerbefreiheit, in: Vom Gewerbe zum Unternehmen, 1982, S. 60 (63); *Rudolph*, Zunftverfassung und Gewerbefreiheit, 1935, S. 10 ff.; *W. Fischer*, Handwerksrecht und Handwerkswirtschaft, 1955, S. 25, 31 ff.; *Kaufhold*, Das Gewerbe in Preußen, 1978, S. 329; siehe auch die Beispiele der Zunftpolitik im 18. Jh. aus Westfalen und dem Rheinland bei *Reininghaus*, Zünfte und Zunftpolitik, in: Zunftlandschaften, 2000, S. 135 ff.

[84] *W. Fischer*, Die rechtliche und wirtschaftliche Lage, in: Wirtschaft und Gesellschaft, 1972, S. 296 (300).

[85] *W. Fischer*, Handwerksrecht und Handwerkswirtschaft, 1955, S. 26 f.

der Reichszunftordnung die autonome Rechtsetzung insgesamt dem Vorbehalt obrigkeitlicher Genehmigung unterworfen wurde. Die hoheitliche Gesetzgebung zielte also abstrakt gesprochen darauf ab, der Mediatisierung bestimmter Gruppen von Untertanen entgegenzuwirken. Besonders dringlich war die obrigkeitliche Regulierung von Zünften und Gesellenvereinigungen immer dann, wenn diese aus Sicht der Fürsten nicht mehr ihre soziale Funktion zur Einbindung und Disziplinierung bestimmter Bevölkerungsgruppen erfüllten, sondern im Gegenteil den Nährboden für sozial störendes bis gewalttätiges Verhalten bildeten. So war die Reichszunftordnung eine Reaktion auf die Gesellenaufstände der ersten Jahrzehnte des 18. Jahrhunderts. Schließlich bestand ein konkreter gesetzgeberischer Handlungsbedarf für die Fürsten vor allem dort, wo Zunftregeln Wettbewerb und Fortschritt behinderten und damit die Staatseinnahmen bedrohten.

Dessen ungeachtet bleibt festzuhalten, dass die Zünfte als integrierende Elemente der ständischen Staatsordnung von so großer Bedeutung waren, dass Landesherren und Reich bis ins 19. Jh. grundsätzlich an ihnen und – mit Einschränkungen – am Zunftzwang als ihrer Grundlage festhielten. Erst als in Folge der Französischen Revolution im 19. Jh. in Preußen und schließlich sukzessive auch in den anderen deutschen Staaten die Gewerbefreiheit eingeführt und damit dem Zunftzwang der Boden entzogen wurde, fanden die Zünfte zumindest in ihrer überkommenen Form ein Ende.

2. Zünfte und Innungen in der ersten Hälfte des 19. Jahrhunderts in Preußen

Das Ende der Zünfte im überkommenen Sinne kam mit dem Ende des Ancien Régime in den Städten: Herstellungs- und Vertriebsmonopole der Zünfte wurden durch die Gewerbefreiheit beseitigt und die Privilegien der Meister in der Stadtverfassung durch das Modell der Einwohnergemeinde abgelöst[86]. Allerdings kam die Gewerbefreiheit, die nach französischem Vorbild den Zunftzwang ausschloss, in den verschiedenen deutschen Staaten im 19. Jh. erst allmählich zum Durchbruch[87]. Sieht man von den französisch eroberten Gebieten ab, nahm hier wiederum Preußen eine Vorreiterrolle ein[88]. Zu den Reformmaßnahmen, die *von Hardenberg* angesichts der hohen Kontributionen an Frankreich zur Belebung der Wirtschaft und damit letztlich der daniederliegenden Staatsfinanzen traf, gehörte im Jahr 1810 maßgeblich die Einführung der Gewerbefreiheit[89]. In Anbetracht dieser Vorreiterrolle in einer Entwicklung, der sich die anderen deutschen Staaten nach und nach

---

[86] *Haupt*, Neue Wege zur Geschichte der Zünfte, in: Das Ende der Zünfte, 2002, S. 9 (9); zum Modell der Einwohnergemeinde oben S. 32f.

[87] *Ziekow*, Freiheit und Bindung, 1992, S. 396ff.; *Walter*, Wirtschaftsgeschichte, 3. Aufl., 2000, S. 76.; *Simon*, Handwerk in Krise und Umbruch, 1983, S. 26ff.; *Kellenbenz*, Deutsche Wirtschaftsgeschichte, Bd. 2, 1981, S. 54f.; zu Baden und Württemberg: *Sedatis*, Liberalismus und Handwerk, 1979, S. 62ff.

[88] *von Rohrscheidt*, Vom Zunftzwange zur Gewerbefreiheit, 1898, S. 183ff.

[89] *Koselleck*, Preußen zwischen Reform und Revolution, 3. Aufl., 1981, S. 588ff.

anschlossen, der Dominanz Preußens im Deutschen Bund und schließlich des maßgeblichen preußischen Einflusses auf das Recht des Norddeutschen Bundes und des Deutschen Reichs konzentriert sich die folgende Darstellung auf den preußischen Staat[90].

a) Die Gewerbefreiheit in Frankreich als Vorbild der preußischen Gewerbefreiheit

Einmal mehr lehnten sich die Reformen Preußens auch bei der Gewerbefreiheit an das Vorbild des revolutionären Frankreichs an. Preußen und andere deutsche Staaten übernahmen so trotz der endgültigen Niederlage Napoleons am 18. Juni 1815 viele Ideen und Konzepte des revolutionären Staates, den man bekämpft hatte[91]. Bereits im vorrevolutionären Frankreich hatte der im August 1774 zwecks Abwendung des drohenden Staatsbankrotts zum Generalkontrolleur der Finanzen ernannte Ökonom *Anne Robert Jacques Turgot* (1727–1781), beeinflusst von physiokratischem und Freihandels-Gedankengut, einen Vorstoß gegen die bis dato mit ihren deutschen Schwesterorganisationen vergleichbaren französischen Zünfte unternommen[92]. Zu Turgots berühmten sechs Edikten von 1776[93] zählte auch das „Edit portant suppression des jurandes et communautés de commerce, arts et métiers"[94], dessen Art. 1 die Gewerbefreiheit einführte[95]. Die bestehenden Zünfte usw.

---

[90] Zu den Zünften am Ende des alten Reichs in Süddeutschland: *Reith*, Zünfte im Süden des Alten Reiches, in: Das Ende der Zünfte, 2002, S. 39 ff.; zu Westfalen und dem Rheinland: *Reininghaus*, Zünfte und Zunftpolitik, in: Das Ende der Zünfte, 2002, S. 71 ff.; ein knapper Überblick über die Einführung der Gewerbefreiheit in anderen Staaten findet sich bei: *Erdmann*, Die verfassungspolitische Funktion, 1968, S. 77 ff.

[91] Dies erinnert an das Phänomen der kulturellen Besiegung militärischer Sieger durch die Besiegten wie sie etwa in der Antike im Verhältnis der militärisch siegreichen Römer zu den Griechen oder in der Renaissance nach der erfolgreichen Invasion Frankreichs in Italien im Jahr 1494 zu beobachten war, welche maßgeblich die Ausbreitung der bis dahin italienischen Renaissance auf Frankreich und die anderen „ultramontanen" Staaten Europas begünstigte.

[92] Bereits im Jahr 1755 war eine Bestimmung über die landesweite Gültigkeit von Lehr- und Gesellenzeiten getroffen worden, die nach einem erst 1774 registrierten Edikt aus dem Jahr 1772 die einzigen Qualifikationsvoraussetzungen darstellen sollten. Die Anfertigung eines Meisterstücks war nicht mehr erforderlich; dazu: *Hinkmann*, Korporationen des Handels und Handwerks, 1972, S. 68 ff.; *Steindl*, Entfesselung der Arbeitskraft, in: Wege zur Arbeitsrechtsgeschichte, 1984, S. 29 (46 f.); zur Diskussion über die Abschaffung der Zünfte in der zweiten Hälfte des 18. Jh. in Frankreich: *Oexle*, Zunft als Forschungsproblem, in: BlldtLG 118 (1982), 1 (17 f.).

[93] Dazu ausführlich: *Faure*, La Disgrâce de Turgot, 1961, S. 409 ff., 437 ff.; die Edikte wurden gegen den Willen des Parlaments am 12.03.1776 durch ein „lit de justice" des Königs in Kraft gesetzt. *Lit de justice* war ursprünglich der Thron, auf dem der französische König saß, wenn er dem Parlament beiwohnte. Später war lit de justice die Bezeichnung einer besonderen Sitzung des Parlaments, an welcher der König in Begleitung der Prinzen von Geblüt, der „Pairs" und der vornehmsten Staatsbedienten teilnahm, um autoritativ anzuordnen, dass bestimmte Anordnungen ohne Widerrede eingezeichnet werden sollten. Dazu war er berechtigt, da nach den Reichsgrundgesetzen Frankreichs die Funktionen der Staatsbediensteten in Gegenwart des Königs endeten, so dass auch das Parlament dem König nicht widersprechen durfte.

[94] Recueil général des anciennes lois françaises XXIII (10 Mai 1774–20 Mai 1776), Nr. 391 (S. 370 ff.).

[95] Art. 1 S. 1 des Edikts (a.a.O., S. 380) räumte allen Personen einschließlich der Ausländer die

("tous les corps et communautés de marchands et artisans, ainsi que les maîtrises et jurandes") wurden aufgelöst und die ihnen gewährten Privilegien und Statuten aufgehoben, damit künftig niemand mehr in der Ausübung seines Handels oder seines Berufs beeinträchtigt werde[96]. Diese und andere Reformen wie die grundsätzliche Freigabe des Getreidehandels zwei Jahre zuvor trafen jedoch auf erbitterten Widerstand einflussreicher Gruppen, die vom alten System profitiert hatten. Nachdem Turgot schließlich auch das Vertrauen des Königs eingebüßt hatte, wurde er noch im Mai 1776 zum Rücktritt gezwungen[97]. Unter seinem Nachfolger wurden die Reformen umgehend rückgängig gemacht und die Zünfte bereits im August 1776 in Paris und später im übrigen Frankreich – mit nur leicht veränderter Stellung – wieder eingesetzt[98].

Mit den Prinzipien der 1789 ausgebrochenen Revolution waren die berufliche Privilegien vermittelnden Zünfte allerdings noch weniger vereinbar als die Handelskammern[99]. Nachdem die Behandlung der Zunftproblematik im dritten Stand zunächst umstritten gewesen war, hob die „Loi d'Allarde" im März 1791 die Zünfte daher auf und führte das System der „patente" ein, wonach jeder ein Gewerbe betreiben durfte, der gegen Entrichtung einer Taxe ein Patent erwarb und die polizeilichen Vorschriften beachtete[100]. Als Folge des Wegfalls der Zünfte gewannen

---

Gewerbefreiheit ein: „Il sera libre à toutes personnes, de quelque qualité et condition qu'elles soient, même à tous étrangers, encore qu'ils n'eussent point obtenu de nous de lettres de naturalité, d'embrasser et d'excercer dans tout notre royaume, et notamment dans notre bonne ville de Paris, telle espèce de commerce et telle profession d'arts et métiers que bon leur semblera, même d'en réunir plusieurs"; erforderlich war nach Art. 2 des Edikts allein, die Art des Gewerbes unter Angabe von Name und Adresse bei dem „lieutenant général de police" zwecks Eintragung in ein entsprechendes Register anzumelden.

[96] Art. 1 S. 2 des Edikts: „[...]; à l'effet de quoi nous avons éteint et supprimé, éteignons et supprimons tous les corps et communautés de marchands et artisans, ainsi que les maîtrises et jurandes; abrogeons tous privilèges, statuts et règlements donnés auxdits corps et communautés, pour raison desquels nul de nos sujets ne pourra être troublé dans l'exercice de son commerce et de sa profession, pour quelque cause et sous quelque prétexte que ce puisse être".

[97] Wahrscheinlich auch als Folge verschiedener Intrigen; *Faure*, La Disgrâce de Turgot, 1961, S. 514ff.; *Kaufhold*, Gewerbefreiheit, in: BlldtLG 118 (1982), 73 (75).

[98] Art. 1 des Edit portant modification de l'édit de février 1776, sur la suppression des jurandes, in: Recueil général des anciennes lois francaises XXIV (20 Mai 1776–10 Mai 1777), Nr. 517 (S. 74ff.): „Les marchands et artisans de notre bonne ville de Paris seront classés et réunis, suivant le genre de leur commerce, profession ou metier; à l'effet de quoi nous avons rétabli et rétablissons, et, en tant que besoin est, créons et érigeons de nouveau six corps de marchands, y compris celui des orfèvres, et quarante-quatre communautés d'arts et metiers. Voulons que lesdits corps et communautés jouissent, exclusivement à tous autres, du droit et faculté d'excercer les commerces, métiers et professions qui leur sont attribués et dénommés en l'état arêté en notre conseil, lequel demeurera annexé à notre present édit"; zu den Auseinandersetzungen um Turgots Reformen vgl. auch *Hinkmann*, Korporationen des Handels und Handwerks, 1972, S. 96ff., 103ff.

[99] *Hinkmann*, Korporationen des Handels und Handwerks, 1972, S. 109ff.

[100] Décret portant suppression de tous les droits d'aides, de toutes les maîtrises et jurandes, et établissement des patentes, auszugsweise wiedergegeben bei Ziekow, Freiheit und Bindung, 1992, S. 326, Fn. 21; vgl. dazu *Coornaert*, Les corporations, 1968, S. 173ff.; *Hinkmann*, Korporationen des Handels und Handwerks, 1972, S. 111f.; *Benoist*, Le compagnonnage, 2. Aufl., 1970, S. 36; allerdings wurden durch verschiedene Verordnungen im März und April 1791 für Goldschmiede,

allerdings die organisierten Gesellenschaften derart die Oberhand, dass die selbständigen Gewerbetreibenden offiziell Beschwerde erhoben. Daraufhin erklärte die die Loi d'Allarde bestätigende „Loi Le Chapelier" vom 14. Juni 1791 die Aufhebung aller Arten von Korporationen von Bürgern des gleichen Stands und Berufs zu einer der Grundlagen der französischen Verfassung und untersagte auch die Neugründung derartiger Korporationen[101]. Damit war in Frankreich die allgemeine Gewerbefreiheit eingeführt[102]. Jeder konnte ein beliebiges Gewerbe betreiben, sofern er einen „patente" genannten Handels- und Gewerbeschein erwarb[103].

b) Die Einführung der Gewerbefreiheit in Preußen

In Preußen lösten sowohl Turgots Edikt im Jahr 1776 als auch die endgültige Einführung der Gewerbefreiheit in Frankreich im Jahr 1791 Diskussionen über eine Aufhebung des Zunftzwangs aus[104]. Obwohl gegen Ende des 18. Jh. Wissenschaft und Verwaltung bereits überwiegend die Aufhebung des Zunftzwangs befürworteten[105], überwogen auf staatlicher Seite Befürchtungen, dass eine Auflösung der Zünfte die Regierung schwächen und revolutionären Bestrebungen Vorschub leisten könne[106]. So tradierte auch das Allgemeine Landrecht für die Preußischen Staaten von 1794 (ALR[107]) grundsätzlich den Zunftzwang[108] und die Zünfte[109]. Für den *Freiherrn vom Stein* standen andere Programmatiken, insbesondere der in seiner

---

Drogisten, Makler und Apotheker wieder Zwangsorganisation errichtet, dazu: *Sée*, Französische Wirtschaftsgeschichte, Bd. 2, 1936, S. 66.

[101] *Bernert*, Die französischen Gewerbegerichte, in: Vom Gewerbe zum Unternehmen, 1982, S. 112 (120 ff.); *Oexle*, Zunft als Forschungsproblem, in: BlldtLG 118 (1982), 1 (19); *Ziekow*, Freiheit und Bindung, 1992, S. 326; *Hinkmann*, Korporationen des Handels und Handwerks, 1972, S. 112 f.; zu Initiativen und Versuchen der Wiedereinführung der alten Zunftverfassung in Frankreich: *Minard*, Die Zünfte in Frankreich am Ende des 18. Jh., in: Das Ende der Zünfte, 2002, S. 181 (181 f.).

[102] *Lentze*, Handwerk, in: HRG, Bd. I, 1971, Sp. 1976 (1981).

[103] *Bernert*, Die französischen Gewerbegerichte, in: Vom Gewerbe zum Unternehmen, 1982, S. 112 (121 f.).

[104] Zu der bereits 1769 vorgelegten Schrift „Ob die alten bisherigen Privilegia der Zünfte, der Innungen und der Gewerke ohne Schaden des Staates ferner beizubehalten", deren Autor, der Vizedirektor des Berliner Polizeidirektoriums *Philippi* sich zwar grds. für die Beibehaltung des Zunftwesens, aber gegen verschiedene Teilaspekte desselben wie bspw. geschlossene Zünfte (jenseits des Nahrungsgewerbes) aussprach: *Mittenzwei*, Preußen nach dem Siebenjährigen Krieg, 1979, S. 135 ff., insbes. 141 f.

[105] *Kaufhold*, Gewerbefreiheit, in: BlldtLG 118 (1982), 73 (76 ff., 80 f.); *von Rohrscheidt*, Unter dem Zunftzwange in Preußen, in: JbNSt 61 (1893), 230 (242 ff.); *Steindl*, Entfesselung der Arbeitskraft, in: Wege zur Arbeitsrechtsgeschichte, 1984, S. 29 (55 f.).

[106] *Kaufhold*, Das Gewerbe in Preußen, 1978, S. 440 f.; *Mittenzwei*, Preußen nach dem Siebenjährigen Krieg, 1979, S. 146 f.; *Ziekow*, Freiheit und Bindung, 1992, S. 327 f.

[107] Allgemeines Landrecht für die Preußischen Staaten von 1794, Textausgabe mit einer Einführung von Hans Hattenhauer, 1970, S. 51 ff.

[108] 2. Teil, 8. Titel, §§ 224 ff. ALR (Textausgabe S. 459 f.).

[109] 2. Teil, 8. Titel, §§ 179–184 ALR; *Roehl*, Beiträge zur Preußischen Handwerkerpolitik, 1900, S. 28 ff.; *Kaufhold*, Das Gewerbe in Preußen, 1978, S. 329 f.; *Steindl*, Entfesselung der Arbeitskraft, in: Wege zur Arbeitsrechtsgeschichte, 1984, S. 29 (67 f.).

Städteordnung von 1808 zum Ausdruck kommende Selbstverwaltungsgedanke, im Vordergrund[110]. So wurden in § 34 der Städteordnung von 1808 die Rechte der Zünfte gerade bestätigt[111]. Erst nach Steins Abberufung bekam der Gedanke der Gewerbefreiheit gegenüber den Beharrungstendenzen der Zünfte stärkeren Aufwind. So erging unter Innenminister *Friedrich von Dohna* am 26. Dezember 1808 die „Geschäfts-Instruktion für die Regierungen in sämmtlichen Provinzen", die – von wirtschaftsliberalem Geist getragen – die Einführung „möglichster Gewerbefreiheit" forderte, was eine Abschaffung des Zunftzwangs implizierte[112]. Allerdings verhinderte eine sich spontan formierende Opposition aus Kreisen des Adels, der städtischen Magistrate, Handwerker und bevorrechteten Kaufleute zunächst eine Umsetzung des liberalen Programms.

Erst mit der Ernennung *Karl August von Hardenbergs* zum preußischen Staatskanzler am 4. Juni 1810 war nicht nur ein Gegner wirtschaftlicher Zwangsrechte in die entscheidende Machtposition gelangt, sondern waren auch die Rahmenbedingungen für eine Einführung der Gewerbefreiheit in Preußen gegeben[113]. Hardenberg, der bereits in seiner berühmten Rigaer Denkschrift „Über die Reorganisation des Preußischen Staats" vom 12. September 1807 gefordert hatte[114], die Gewerbefreiheit einzuführen und Zünfte und Zwangsrechte abzuschaffen[115], musste vor

---

[110] Dazu oben S. 30 ff.; *von Rohrscheidt*, Vom Zunftzwange zur Gewerbefreiheit, 1898, S. 196 ff.; zu Steins Haltung zur Gewerbefreiheit: *Quante*, Die geistesgeschichtlichen Grundlagen, 1984, S. 40 ff.

[111] Ordnung für sämmtliche Städte der Preußischen Monarchie mit dazu gehöriger Instruktion, Behuf der Geschäftsführung der Stadtverordneten bei ihren ordnungsgemäßen Versammlungen vom 19.11.1808, Preuß. GS 1806–1810, § 34: „Sämmtliche Bürger einer Stadt, welche sich daselbst häuslich niedergelassen haben, sind berechtigt, mit Genehmigung des Magistrats, ein jedes erlaubte Gewerbe zu betreiben, welches nicht in eine gewisse Zunft oder Innung eingeschränkt ist. In Absicht der zünftigen Gewerbe bleibt es bei den allgemeinen und besonderen Vorschriften und Verfassungen, in so weit und so lange, als der Staat die darnach bestehende Einrichtung nicht ändert".

[112] Preuß. GS 1806–1810, S. 481–519; vgl. insbes. §§ 34 und 50 der Instruktion,; *Roehl*, Beiträge zur Preußischen Handwerkerpolitik, 1900, S. 89 ff.; *Waentig*, Die gewerbepolitischen Anschauungen, in: Die Entwicklung der deutschen Volkswirtschaftslehre, 2. Teil, 1908, Nr. 25, S. 9 f.

[113] *Roehl*, Beiträge zur Preußischen Handwerkerpolitik, 1900, S. 103 ff.

[114] Des Ministers Freiherr von Hardenberg Denkschrift „Über die Reorganisation des Preußischen Staats, verfasst auf höchsten Befehl Sr. Majestät des Königs" vom 12.09.1807, abgedruckt in: Winter, Reorganisation des Preußischen Staates, Teil 1, Bd. 1, 1931, Nr. 261 (S. 302 ff.); die von *Hardenberg* im Zusammenwirken mit *Karl Freiherr von Stein zum Altenstein* (der in Berlin Mitarbeiter Hardenbergs im Finanzdepartement gewesen war) und dem Geheimen Rat (und späteren Mitbegründer der modernen Geschichtswissenschaft) *Barthold Georg Niebuhr* im Rigaer Exil im Auftrag der preußischen Königs Friedrich Wilhelm III. verfasste Denkschrift entwickelte Grundlagen für eine umfassende Reform des nach dem Tilsiter Frieden zusammengebrochenen preußischen Staats; vgl. dazu *Radloff*, Hardenbergs Stellung, 1957, S. 6 ff.

[115] Rigaer Denkschrift, in: Winter, Reorganisation des Preußischen Staates, Teil 1, Bd. 1, 1931, Nr. 261 (S. 302/319): „Aus dem Hauptgrundsatze, dass die natürliche Freiheit nicht weiter beschränkt werden müsse, als es die Notwendigkeit erfordert, folgt schon die möglichste Herstellung des freien Gebrauchs der Kräfte der Staatsbürger aller Klassen. [...] Die Ausübung persönlicher Kräfte zu jedem Gewerbe oder Handwerk werde frei und die Abgabe darauf gleich in den Städten und auf dem Lande. Die Abschaffung der Zünfte und der Taxen, wo nicht auf einmal, doch nach und nach, so wie der Herr von Altenstein es angibt, würde festzusetzen sein sowie die

II. 2. Zünfte und Innungen in Preußen bis 1848

allem die fiskalischen Bedingungen für die Wiederaufnahme der unterbrochenen Kontributionszahlungen an Frankreich schaffen, um die erstrebte Beendigung der Besatzung herbeiführen zu können[116]. Angesichts leerer Staatskassen hatte in dieser Notsituation des Staats die Stunde geschlagen, um endgültig neue Wege zu beschreiten[117]. Das „Edikt über die Finanzen des Staats und die neuen Einrichtungen wegen der Abgaben u.s.w." vom 27. Oktober 1810 forderte angesichts der Notlage des Staats Opfer von allen Klassen[118]. Nicht zuletzt wurde die Einführung der völligen Gewerbefreiheit gegen Entrichtung einer mäßigen Patentsteuer sowie die Aufhebung von Bann- und Zwangsgerechtigkeiten angekündigt[119]. Die Gewerbefreiheit erschien daher vor allem als Mittel, um die Wirtschaft zu beleben und damit die Staatseinnahmen zu fördern[120]. Dies kommt auch darin zum Ausdruck, dass die Gewerbefreiheit, die im Staatskanzleramt später als neuer Staatsverwaltungsgrundsatz bezeichnet wurde[121], letztlich in dem Steuergesetz eingeführt wurde, das die Grundlage für die angekündigte mäßige Patentsteuer schuf, nämlich dem „Edikt über die Einführung einer allgemeinen Gewerbe-Steuer" vom 2. November 1810 (Gewerbesteueredikt)[122]. Die Freiheit bei Wahl und Ausübung eines Gewerbes sowie bei der gewerblichen Niederlassung wurde etabliert, indem das Unternehmen oder Fortsetzen eines Gewerbes fortan entscheidend vom Lösen eines jeweils für ein Jahr gültigen Gewerbescheins und der Entrichtung der fälligen Gewerbesteuer abhing[123]. Dem Zunftzwang wurde der Boden entzogen, indem Widerspruchs-

---

möglichste Beseitigung aller älteren Monopole [...]."; vgl. dazu auch *Thielen*, Karl August von Hardenberg, 1967, S. 206 ff.; *Hermann*, Hardenberg, 2003, S. 246 ff.

[116] *Radloff*, Hardenbergs Stellung, 1957, S. 56 ff.; *Rudolph*, Zunftverfassung und Gewerbefreiheit, 1935, S. 23.

[117] *Koselleck*, Preußen zwischen Reform und Revolution, 3. Aufl., 1981, S. 588; *Steindl*, Entfesselung der Arbeitskraft, in: Wege zur Arbeitsrechtsgeschichte, 1984, S. 29 (82).

[118] Preuß. GS 1810, S. 25–31; *Radloff*, Hardenbergs Stellung, 1957, S. 68 f.; *Haussherr*, Hardenberg, 3. Teil, 2. Aufl., 1965, S. 224 ff.

[119] Preuß. GS 1810, S. 25 (27): „Wir wollen nämlich eine völlige Gewerbefreiheit gegen Entrichtung einer mäßigen Patentsteuer mit Aufhören der bisherigen Gewerbesteuern verstatten, das Zollwesen simplifiziren lassen, die Bann- und Zwangsgerechtigkeiten aufheben und zwar da, wo ein Verlust wirklich nach den vorzuschreibenden Grundsätzen erwiesen wird, gegen eine Entschädigung abseiten des Staats."; *von Rohrscheidt*, Vom Zunftzwange zur Gewerbefreiheit, 1898, S. 371.

[120] *Roehl*, Beiträge zur Preußischen Handwerkerpolitik, 1900, S. 106; *E. Klein*, Von der Reformation zur Restauration, 1965, S. 126; *Ziekow*, Staatseinnahmen, in: GewArch 1985, 313 (314 f.).

[121] *Vogel*, Allgemeine Gewerbefreiheit, 1983, S. 179.

[122] Preuß. GS 1810, S. 79–94; das dort verzeichnete Datum (28.10.1810) ist unzutreffend; vgl. zum Gewerbesteueredikt *Mamroth*, Geschichte der preußischen Staatsbesteuerung, 1. Teil (1806–1816), 1890, S. 494 ff.; *von Rohrscheidt*, Vom Zunftzwange zur Gewerbefreiheit, 1898, S. 375 ff.

[123] § 1 Gewerbesteueredikt; der Gewerbeschein gab gem. § 16 Gewerbesteueredikt demjenigen, auf welchen er lautete, das Recht, „in dem ganzen Umfange Unserer Staaten, sowohl in den Städten als auf dem platten Lande, dann in demselben benannte Gewerbe und zu der bestimmte Zeit zu treiben, und von den Behörden dabey geschützt zu werden"; für Juden wurde allerdings gem. § 22 Gewerbesteueredikt zunächst der alte Rechtszustand beibehalten. Sie erhielten die Gewerbefreiheit erst durch §§ 11 und 12 des Edikts, betr. die bürgerlichen Verhältnisse der Juden in dem Preußischen Staate vom 11.03.1812, Preuß. GS 1812, S. 17–22.

rechte von Korporationen etc. aufgehoben wurden[124]. In insgesamt 34 Gewerben, „bei deren ungeschicktem Betriebe gemeine Gefahr obwaltet, oder welche eine öffentliche Beglaubigung oder Unbescholtenheit erfordern", wurde die Erteilung der Gewerbescheine gleichzeitig vom Nachweis der „erforderlichen Eigenschaften" abhängig gemacht[125]. Versuche der Zünfte, die Gewerbefreiheit über diesen Qualifikationsnachweis einzuschränken, wurden indes durch das Staatskanzleramt regelmäßig zurückgewiesen[126].

War den Zünften mit der Aufhebung des Zunftzwangs ihre eigentliche Grundlage entzogen, beabsichtigte das Staatskanzleramt zunächst sogar, sie aktiv aufzulösen, war doch von ihnen die stärkste Opposition gegen die Gewerbefreiheit zu erwarten[127]. Verschiedene Gründe sprachen jedoch gegen die Auflösung[128]: So boten viele Zünfte ihren Mitgliedern nach wie vor vielfältige soziale Einrichtungen wie etwa Begräbniskassen und Feuerversicherungen. Gleichzeitig waren viele Zünfte verschuldet, was für den Staat prekär zu werden drohte, da diesem nach dem ALR im Falle einer staatlich angeordneten Auflösung einer Zunft nicht nur deren Vermögen, sondern auch die Pflicht zur Erfüllung ihrer Verbindlichkeiten zufiel[129]. Da man erwartete, dass die Zünfte nach der Einführung der Gewerbefreiheit ohnehin nach und nach eingehen würden, entschied man sich daher, diesen Prozess dem freien Spiel der Kräfte zu überlassen, und regelte im Gewerbepolizeigesetz vom 7. September 1810 lediglich detailliert die freiwillige Auflösung[130]. Gleichzeitig wurde die Gewerbefreiheit im Gewerbepolizeigesetz bestätigt und näher ausgestaltet[131]. So wurde festgestellt, dass bisher nicht zünftige Personen unter Beachtung der §§ 1–5 Gewerbepolizeigesetz aufgrund eines Gewerbescheins jedes Gewerbe betreiben durften, ohne genötigt zu sein, einer Zunft beizutreten[132]. Bisher zünftigen Personen wurde ausdrücklich das Recht eingeräumt, jederzeit aus der Zunft auszutreten[133].

c) *Der Fortbestand der Zünfte bzw. Innungen unter der Gewerbefreiheit bis 1848*

Das Zusammenwirken verschiedener, teils rechtlicher, aber vor allem ökonomischer und sozialer Faktoren führte jedoch dazu, dass sich die Erwartung, dass sich die

---

[124] § 17 Abs. 1 Gewerbesteueredikt.
[125] § 21 Gewerbesteueredikt.
[126] *Vogel*, Allgemeine Gewerbefreiheit, 1983, S. 180.
[127] *Mamroth*, Geschichte der preußischen Staatsbesteuerung, 1. Teil (1806–1816), 1890, S. 499.
[128] *Vogel*, Allgemeine Gewerbefreiheit, 1983, S. 182.
[129] 2. Teil, 6. Titel, §§ 192 ff. ALR (Textausgabe S. 432 f.).
[130] Nr. 19–30 Gesetz über die polizeilichen Verhältnisse der Gewerbe, in Bezug auf das Edikt vom 2. November 1810, wegen Einführung einer allgemeinen Gewerbesteuer vom 07.09.1811, Preuß. GS 1811, S. 263–280; *Rudolph*, Zunftverfassung und Gewerbefreiheit, 1935, S. 27 f.
[131] Die neuen Regelungen traten an die Stelle der bisher einschlägigen Vorschriften des ALR; zu den Regelungen des Gewerbepolizeigesetzes: *Ziekow*, Freiheit und Bindung, 1992, S. 343 ff.; *Vogel*, Allgemeine Gewerbefreiheit, 1983, S. 187.
[132] Nr. 6 Gewerbepolizeigesetz.
[133] Nr. 14 Gewerbepolizeigesetz.

Zünfte unter den Bedingungen der Gewerbefreiheit auflösen würden, nicht erfüllte[134]. So entband etwa der Austritt aus der Zunft nicht von der Pflicht, für die beim Austritt bestehenden Verbindlichkeiten derselben zu haften[135], was die Motivation zum Austritt schwächte. Unzünftigen Gewerbetreibenden gelang es de facto kaum, mit ihren zünftigen Kollegen zu konkurrieren, da diese sich hochwertigere Rohstoffe leisten konnten und über bessere Technologien verfügten. Dies führte wiederum dazu, dass die Konsumenten nur ungern auf die Dienste zunftfreier Handwerker zurückgriffen, da sie minderwertige Leistungen befürchteten. Letztlich konnten sich daher nur wenige zunftfreie Gewerbetreibende durchsetzen, und dies zudem zumeist nur in niederen Handwerken[136]. Ein zentrales Problem unzünftiger Gewerbetreibender war ferner, dass sie kaum Lehrlinge und Gesellen fanden[137]. Die Bindung des Ausbildungswesens an die Zunftmeister blieb mangels attraktiver Alternativen auch unter den Bedingungen der Gewerbefreiheit faktisch erhalten[138]. Schließlich bestand gerade in wirtschaftlich schwierigen Zeiten ein besonderes Bedürfnis für die sozialen Leistungen der Zünfte, was deren Attraktivität weiter steigerte. In terminologischer Hinsicht sei angemerkt, dass für die Zünfte nun mehr und mehr der im Mittelalter vor allem im mitteldeutschen Sprachraum verbreitete, nun aber insgesamt modernere Begriff der Innung verwendet wurde[139]. Daher wird auch in den folgenden Ausführungen zunehmend von der Innung gesprochen.

Jedenfalls in den Städten konnte die Gewerbefreiheit die in sie gesetzten Erwartungen letztlich nicht erfüllen. Was die Organisation der Handwerker betrifft, hatte die Gewerbefreiheit zwar eine grundlegende Wandlung der Zünfte bzw. Innungen herbeigeführt, die nun privatrechtliche Zusammenschlüsse ohne rechtlichen Zwangscharakter waren. Indes boten diese weiterhin so viele Vorteile, dass sie entgegen den Erwartungen der Behörden auch als freiwillige Organisationen weiter bestanden. Letztlich wurde der Zustand der Gewerbefreiheit von den Innungen und den in ihnen zusammengeschlossenen Meistern – aber durchaus auch von manchen Politikern und Beamten – oftmals nur als vorübergehende Notmaßnahme wahrgenommen, die es auszusitzen galt, um bei gewandelten Rahmenbedingungen so bald wie möglich wieder eine an die Zeitläufte angepasste Zunftver-

---

[134] *von Rohrscheidt*, Vor- und Rückblicke auf Zunftzwang und Gewerbefreiheit, in: JbNSt 63 (1894), 1 (3 ff.); *Roehl*, Beiträge zur Preußischen Handwerkerpolitik, 1900, S. 137 ff., 162 ff.; *Rudolph*, Zunftverfassung und Gewerbefreiheit, 1935, S. 28 ff.; *Vogel*, Allgemeine Gewerbefreiheit, 1983, S. 182; *dies.*, Staatliche Gewerbereform, in: Handwerker in der Industrialisierung, 1984, S. 184 (193); *Steindl*, Entfesselung der Arbeitskraft, in: Wege zur Arbeitsrechtsgeschichte, 1984, S. 29 (83).
[135] Nr. 16 Gewerbepolizeigesetz.
[136] Vgl. die Berichte des Polizeidirektors von Potsdam aus den Jahren 1812 ff., auszugsweise wiedergegeben bei: E. *Klein*, Von der Reformation zur Restauration, 1965, S. 114 f.; *Ziekow*, Freiheit und Bindung, 1992, S. 361.
[137] *Roehl*, Beiträge zur Preußischen Handwerkerpolitik, 1900, S. 163.
[138] *Vogel*, Allgemeine Gewerbefreiheit, 1983, S. 182.
[139] Zur Begriffsentwicklung etwa *Kluge*, Die Zünfte, 2009, S. 25 f.; *Luther*, Innung, in: HRG, Bd. II, 1978, Sp. 368 (369); im Folgenden wird daher überwiegend von der Innung gesprochen.

fassung einführen zu können[140]. Trotz der enttäuschenden Ergebnisse hielt man auch nach der Restauration im Jahr 1815 prinzipiell an der Gewerbefreiheit fest. So entkoppelte das Gewerbesteuergesetz vom 30. Mai 1820[141] zwar die Gewerbeberechtigung von der Gewerbesteuer[142]. Die vielfach angemahnte neue Gewerbeverfassung blieb jedoch ein Desiderat, indem sie einer zukünftigen vereinheitlichenden Revision der einschlägigen Gesetze vorbehalten wurde[143].

Die Situation der Handwerker in den folgenden Jahrzehnten wurde allerdings noch stärker als durch die Einführung der Gewerbefreiheit durch den ab den dreißiger Jahren, verschärft dann ab den vierziger Jahren voranschreitenden Prozess der Industrialisierung beeinflusst[144]. Während die dreißiger Jahre des 19. Jh. für die Handwerker noch eine Periode relativen Wohlstands waren, in der gerade auch viele Handwerksbetriebe neue Technologien zur Ausweitung ihres Geschäfts nutzten und sich z.T. allmählich selbst zu Industriebetrieben wandelten, verschlechterte sich die Lage der Handwerker ab der Handelskrise von 1839 zunehmend[145]. Der Aufstieg der Industriebetriebe wirkte sich dabei sehr unterschiedlich auf die verschiedenen Handwerke aus[146]: So änderte sich die Situation subsistenzorientierter Handwerker wie etwa der Bäcker und Metzger in dieser Zeit insgesamt

---

[140] Aufsehen erregte bspw. eine am 27.04.1818 beim König eingereichte Denkschrift des Berliner Stadtrats Dracke, welche die Nachteile der allgemeinen Gewerbefreiheit darlegte und dabei v.a. die sozialstabilisierende Funktion der Zünfte und ihres Ausbildungswesens betonte. Drackes „Promemoria" ist wiedergegeben bei: *von Rohrscheidt*, Vor- und Rückblicke auf Zunftzwang und Gewerbefreiheit, in: JbNSt 63 (1894), 1 (40ff.).

[141] Gesetz wegen Entrichtung der Gewerbesteuer vom 30.05.1820, Preuß. GS 1820, S. 147–154 (Preuß. GewerbesteuerG-1820).

[142] Während vormals prinzipiell alle Gewerbe gewerbesteuerpflichtig waren, waren gem. § 2 Preuß. GewerbesteuerG-1820 nur noch bestimmte Gewerbe steuerpflichtig (der Handel, die Gastwirtschaft, das Verfertigen von Waren auf den Kauf, der Betrieb von Handwerken mit mehreren Gehilfen, der Betrieb von Mühlenwerken, das Gewerbe der Schiffer, der Fracht- und Lohnfuhrleute, der Pferdeverleiher und diejenigen Gewerbe, die von umherziehenden Personen betrieben wurden); gem. § 19 lit. a war das Betreiben eines Gewerbes fortan für steuerfreie und steuerpflichtige Gewerbe nur noch von einer Anzeige gegenüber der Kommunalbehörde abhängig; Gewerbescheine wurden gem. § 20 nur noch für Gewerbe erteilt, die „mit Umherziehen" betrieben wurden; vgl. *Roehl*, Beiträge zur Preußischen Handwerkerpolitik, 1900, S. 187f.; zu den Hintergründen: *Koselleck*, Preußen zwischen Reform und Revolution, 3. Aufl., 1981, S. 588f.

[143] § 37 lit. a Preuß. Gewerbesteuergesetz-1820: „Die Gesetze, welche die Berechtigung zum Gewerbe bisher in einzelnen Landestheilen verschiedentlich bestimmt haben, sollen einer Revision unterworfen, und, wo es nöthig, verbessert, ergänzt, oder durch neue Anordnungen ersetzt werden".

[144] *W. Fischer*, Handwerk in den Frühphasen der Industrialisierung, in: Wirtschaft und Gesellschaft, 1972, S. 315ff.; *Wernet*, Geschichte des Handwerks, 3. Aufl., 1959, S. 144ff.

[145] *Schmoller*, Geschichte der deutschen Kleingewerbe, 1870, S. 79ff., 665ff.; *Gros*, Der Lebensraum des deutschen Handwerks, 1931, S. 16f.; *Pierenkemper*, Gewerbe und Industrie, 2. Aufl., 2007, S. 13.

[146] Entgegen der von Teilen der Forschung des 19. Jh. und der ersten Hälfte des 20. Jh. vertretenen These, wonach das Handwerk während der Entfaltung des Industrialisierungsprozesses zwischen 1840 und 1900 insgesamt zurückgedrängt worden sei, dominiert in der Forschung inzwischen eine differenzierte Sichtweise, nach der die Industrialisierung die einzelnen Gewerbe sehr unterschiedlich beeinflusst habe; vgl. zur Entwicklung des Forschungsstands: *Pierenkemper*, Gewerbe und Industrie, 2. Aufl., 2007, S. 61ff.

nur wenig[147]. Das Bauhandwerk (z. B. Maurer und Zimmerer) florierte aufgrund des industriellen Baubooms und der starken Bevölkerungszunahme sogar, war aber andererseits einer wesentlichen strukturalen Veränderung vom unmittelbar durch den Bauherren beauftragten einzelnen Baugewerbemeister hin zum Bauunternehmer, der die Gesamtstellung eines Bauwerks anbot, unterworfen[148]. All diejenigen Handwerke hingegen, die direkt mit den günstigen Produkten konkurrieren mussten, welche die industrielle Fertigung massenhaft hervorbrachte, wie etwa Tischler, Tuchmacher, Schneider und Schuhmacher, hatten zunehmende Probleme, ihren Lebensunterhalt zu erwirtschaften[149]. Hinzu kam eine größere Konkurrenz innerhalb des Handwerks, da die Zahl der Meister und vor allem diejenige der Gesellen im Rahmen der Gewerbefreiheit doch zunahm[150]. Dies alles führte in Kombination mit der Agrarkrise, die seit 1845 die Kaufkraft erheblich schwächte[151], zur Verarmung breiter Handwerkerkreise[152]. Die tiefe Krise, in der sich vor allem das Kleingewerbe Ende der vierziger Jahre des 19. Jh. befand, ließ nicht zuletzt den Ruf nach einer Abschaffung der Gewerbefreiheit und der Wiedereinführung des Zunftzwangs laut werden[153].

d) Die preußische Allgemeine Gewerbeordnung von 1845

Anzumerken ist, dass die Gewerbefreiheit bis in die vierziger Jahre des 19. Jh. überhaupt noch nicht in ganz Preußen eingeführt worden war, da die preußische Gewerbegesetzgebung der Jahre 1810/11, auf der die Gewerbefreiheit beruhte, von eng

---

[147] *W. Fischer*, Handwerk in den Frühphasen der Industrialisierung, in: ders., Wirtschaft und Gesellschaft, 1972, S. 315 (330); *John*, Handwerk, 1987, S. 177.

[148] *W. Fischer*, Handwerk in den Frühphasen der Industrialisierung, in: ders., Wirtschaft und Gesellschaft, 1972, S. 315 (330 f.); *Simon*, Handwerk in Krise und Umbruch, 1983, S. 17; *Renzsch*, Bauhandwerker in der Industrialisierung, in: Handwerker in der Industrialisierung, 1984, S. 589 (591 ff.).

[149] *Ziekow*, Freiheit und Bindung, 1992, S. 367; *John*, Handwerk, 1987, S. 175.

[150] *Schmoller*, Geschichte der deutschen Kleingewerbe, 1870, S. 65; *Wehler*, Deutsche Gesellschaftsgeschichte, Bd. 2, 3. Aufl., 1996, S. 57 ff.

[151] *Simon*, Handwerk in Krise und Umbruch, 1983, S. 22 ff.; kritisch gegenüber dem Begriff „Agrarkrise" und stattdessen für „Hunger- und Teuerungskrise" plädierend: *Bergmann*, Das Handwerk in der Revolution von 1848, in: Handwerker in der Industrialisierung, 1984, S. 320 (322).

[152] Vgl. das Beispiel des Wolfenbütteler Handwerks bei: *Aßmann/Stavenhagen*, Handwerkereinkommen am Vorabend der industriellen Revolution, 1969, S. 67 ff. sowie das bei *Schmoller*, Geschichte der deutschen Kleingewerbe, 1870, S. 465 f. angeführte Beispiel der Handspinnerei von Leinengarn, wo sich die Beschäftigtenzahl in nur zwölf Jahren (1849–1861) von ca. 84.000 auf nur noch 14.557 reduzierte; vgl. auch *Bergmann*, Das Handwerk in der Revolution von 1848, in: Engelhardt, Handwerker in der Industrialisierung, 1984, S. 320 (325 ff.).

[153] *Kaufhold*, Zur wirtschaftlichen Situation, in: FS Pickl, 1987, S. 273 (275 ff.); *Gros*, Der Lebensraum der deutschen Handwerks, 1931, S. 17; zur Diskussion zwischen Gegnern und Befürwortern der Gewerbefreiheit: *H.P. Franck*, Zunftwesen und Gewerbefreiheit, 1971, insbes. S. 74 ff.; *Ziekow*, Freiheit und Bindung, 1992, S. 368 ff.; kritisch zur These, das Handwerk sei (insgesamt) gegen die Gewerbefreiheit Sturm gelaufen: *Vogel*, Staatliche Gewerbereform, in: Handwerker in der Industrialisierung, 1984, S. 184 (208).

begrenzten Ausnahmen abgesehen, nicht auf die 1815 zurück- und hinzugewonnenen Territorien ausgedehnt worden war[154]. In Gebieten mit Gewerbefreiheit waren deren Rechtsgrundlagen und damit auch konkrete Ausgestaltung durchaus unterschiedlich: Im ehemals französisch besetzten Lippe Departement beruhte die Gewerbefreiheit etwa auf dem französischen Recht von 1791, während sie in den zum früheren Königreich Westfalen gehörenden Landesteilen ihre Grundlage in Normen des Königreichs Westfalen aus den Jahren 1808/09 fand[155]. In bedeutenden Gebieten, nämlich insbesondere dem ehemaligen Herzogtum Sachsen, Neuvorpommern, Posen (bis 1833[156]) sowie in Teilen der Regierungsbezirke Erfurt, Arnsberg, Münster und Koblenz bestand hingegen sogar weiter die Zunftverfassung[157].

Nachdem bereits zuvor Einzelaspekte des weiter bestehenden Zunftwesens, bspw. durch Untersagung der Muthzeit der Gesellen, reformiert worden waren[158], wurde 1834 dann ein erster Entwurf eines für alle preußischen Territorien geltenden Gewerbegesetzes vorgelegt[159]: Danach sollten alle ausschließlichen Gewerbeberechtigungen beseitigt werden und Innungen zwar fortbestehen, aber als freie Vereinigungen aller Ausschließlichkeitsrechte entkleidet werden[160]. Nach langwierigen Diskussionen erging schließlich erst am 17. Januar 1845 die Allgemeine Gewerbeordnung nebst einem Entschädigungsgesetz[161], welche die vormals einschlägigen Rechtsvorschriften in den verschiedenen preußischen Territorien ersetzte[162] und die Gewerbefreiheit in ganz Preußen einführte[163].

Allerdings hatten im Gesetz auch die in den vierziger Jahren des 19. Jh. stärker werdenden Rufe nach einer Rückkehr zur Zunftverfassung vor allem in verschiedenen innungsfreundlichen Regelungen durchaus ihren Niederschlag gefunden[164]:

---

[154] *Roehl*, Beiträge zur Preußischen Handwerkerpolitik, 1900, S. 173; *W. Fischer*, Die rechtliche und wirtschaftliche Lage, in: Wirtschaft und Gesellschaft, 1972, S. 296 (306); *Lentze*, Handwerk, in: HRG, Bd. I, 1971, Sp. 1976 (1981); *Geißen*, Die preußische Handwerkerpolitik, 1936, S. 22; *Rudolph*, Zunftverfassung und Gewerbefreiheit, 1935, S. 33.
[155] Vgl. im Einzelnen *Ziekow*, Freiheit und Bindung, 1992, S. 396 f.; *Roehl*, Beiträge zur Preußischen Handwerkerpolitik, 1900, S. 174 ff.
[156] *Roehl*, Beiträge zur Preußischen Handwerkerpolitik, 1900, S. 184 f.
[157] *Roehl*, Beiträge zur Preußischen Handwerkerpolitik, 1900, S. 174 ff.
[158] Vgl. *Ziekow*, Freiheit und Bindung, 1992, S. 397 ff.
[159] Ausführlich zur Vorgeschichte der Allgemeinen Gewerbeordnung von 1845: *Roehl*, Beiträge zur Preußischen Handwerkerpolitik, 1900, S. 189 ff.
[160] *Roehl*, Beiträge zur Preußischen Handwerkerpolitik, 1900, S. 199 f.; *Ziekow*, Freiheit und Bindung, 1992, S. 400 f.
[161] Allgemeine Gewerbeordnung vom 17.01.1845, Preuß. GS 1845, S. 41–78; Entschädigungsgesetz zur allgemeinen Gewerbeordnung vom 17.01.1845, Preuß. GS 1845, S. 79–92; dazu: *Roehl*, Beiträge zur Preußischen Handwerkerpolitik, 1900, S. 251 ff.
[162] § 190 Allgemeine Gewerbeordnung von 1845.
[163] *E. F. Goldschmidt*, Die deutsche Handwerkerbewegung, 1916, S. 10; *Geißen*, Die preußische Handwerkerpolitik, 1936, S. 23 ff.
[164] *Roehl*, Beiträge zur Preußischen Handwerkerpolitik, 1900, S. 271; *E. F. Goldschmidt*, Die deutsche Handwerkerbewegung, 1916, S. 10; *Koselleck*, Preußen zwischen Reform und Revolution, 3. Aufl., 1981, S. 597 ff.; *Rudolph*, Zunftverfassung und Gewerbefreiheit, 1935, S. 35: „Die Gewerbeordnung von 1845 trägt alle Merkmale eines sorgfältig ausgearbeiteten Kompromisses zwischen den Systemen des freien individuellen Erwerbes (Gewerbefreiheit) einerseits und des kor-

So wurden einerseits im Sinne der Gewerbefreiheit alle ausschließlichen Gewerbeberechtigungen und Berechtigungen zur Erteilung von Konzessionen in ganz Preußen aufgehoben[165]. Auch wurden Beschränkungen von Gewerben auf Städte beseitigt und wurde es jedem gestattet, gleichzeitig mehrere Gewerbe zu betreiben[166]. Für eine Reihe von Gewerben wurde allerdings an der Voraussetzung des Nachweises der erforderlichen Kenntnisse und Fertigkeiten durch ein Befähigungszeugnis der Regierung festgehalten[167]. Das Innungswesen war in Titel VI (§§ 94–124) detailliert geregelt[168]: Danach bestanden bereits existierende Innungen (sog. „ältere Innungen") grundsätzlich fort[169], mussten ihre Statuten allerdings an die für neu gegründete Innungen geltenden Vorschriften anpassen[170]. Die Befugnis zum Betrieb eines Gewerbes wurde ausdrücklich von der Mitgliedschaft in der Innung gelöst[171], und jedes Innungsmitglied hatte das Recht, aus der Innung auszutreten, soweit bestehende Verpflichtungen vollständig erfüllt waren[172]. Nicht nur der Betrieb eines Gewerbes, sondern auch die Berechtigung zur Führung des Meistertitels war nicht mehr von der Mitgliedschaft in einer Innung abhängig[173]. Ferner schloss der Beitritt zu einer Innung nicht die Befugnis aus, andere Gewerbe zu betreiben bzw. anderen Innungen beizutreten[174]. Zur inneren Verfassung der Innungen ordnete die Allgemeine Gewerbeordnung unter anderem an, dass die Innungsmitglieder einen oder mehrere Vorstände wählten, die allerdings durch die Kommunalbehörde bestätigt werden mussten[175]. Die Innungsstatuten, in denen u. a. die Aufnahmebedingungen, die Rechte und Pflichten der Mitglieder, eventu-

---

porativ gebundenen Gewerbes (Zunftverfassung) andererseits."; *Geißen*, Die preußische Handwerkerpolitik, 1936, S. 25; *Waentig*, Die gewerbepolitischen Anschauungen, in: Die Entwicklung der deutschen Volkswirtschaftslehre, 2. Teil, 1908, Nr. 25, S. 17 f.; *Ziekow*, Freiheit und Bindung, 1992, S. 402 ff.

[165] §§ 1, 2 Allgemeine Gewerbeordnung von 1845.
[166] §§ 12, 13 Allgemeine Gewerbeordnung von 1845.
[167] § 45 Allgemeine Gewerbeordnung von 1845; im Einzelnen: *Ziekow*, Freiheit und Bindung, 1992, S. 403 ff.
[168] *Roehl*, Beiträge zur Preußischen Handwerkerpolitik, 1900, S. 255 ff.
[169] § 94 Abs. 1 Allgemeine Gewerbeordnung von 1845.
[170] § 95 Allgemeine Gewerbeordnung von 1845.
[171] § 94 Abs. 1 S. 2 Allgemeine Gewerbeordnung von 1845: „Doch soll die Befugnis zum Betrieb eines Gewerbes, für welches in dem Orte oder Distrikte eine solche Korporation (Innung) besteht, von dem Beitritt zu derselben nirgends abhängig sein".
[172] § 96 Allgemeine Gewerbeordnung von 1845.
[173] Verfügung betreffend die Führung des Meistertitels von selbständigen Gewerbetreibenden vom 16.10.1845, Ministerial-Blatt für die gesammte innere Verwaltung in den Königlich Preußischen Staaten 1845, Nr. 353 (S. 316): „Der [...] Ansicht, dass einem Handwerker, welcher – ohne einer Innung anzugehören – auf Grund der Gewerbeordnung vom 17. Januar d. J. sein Gewerbe selbständig betreibt, die Führung des Meistertitels polizeilich zu untersagen sei, kann nicht beigestimmt werden. Abgesehen davon, dass für die Aufrechterhaltung eines derartigen Verbots kein polizeiliches Interesse obwalten würde, fehlt es auch an jeder gesetzlichen Begründung der Ansicht, dass nur die Mitglieder der Innungen sich Meister nennen dürfen. [...]".
[174] § 111 Allgemeine Gewerbeordnung von 1845.
[175] § 112 Allgemeine Gewerbeordnung von 1845; gem. § 113 musste jeder Beratung der Innung ein Mitglied der Kommunalbehörde beiwohnen, um über die Gesetzmäßigkeit der Beschlüsse zu wachen.

elle Ausschließungsgründe und der Maßstab für die laufenden Beiträge der Innungsgenossen zu regeln waren[176], bedurften der Bestätigung durch die Ministerien[177].

Obwohl diese gesetzlichen Regelungen die Innungen in ganz Preußen zu frei gebildeten Korporationen unter Aufsicht der Behörden umbildeten[178], vermittelte die Innungsmitgliedschaft andererseits auch nach den Regelungen der Gewerbeordnung gerade im Hinblick auf die Befähigungsprüfungen so viele Vorteile, dass der Allgemeinen Gewerbeordnung erkennbar das Leitbild eines in einer Innung organisierten Gewerbetreibenden zugrunde lag[179]. So durften bspw. bestimmte Gewerbetreibende – soweit ihnen dieses Recht nicht bei Publikation des Gesetzes bereits zustand – nur dann Lehrlinge halten, wenn sie entweder einer älteren oder neueren Innung nach vorangegangenem Nachweis der Befähigung zum Betrieb ihres Gewerbes beitraten oder diese Befähigung besonders nachwiesen[180]. Trotz Einführung der Gewerbefreiheit in ganz Preußen bestätigte die Allgemeine Gewerbeordnung von 1845 damit letztlich das reformierte Innungswesen.

3. Die Selbstverwaltung in der Handwerkerbewegung von 1848/49

Schon vor den revolutionären Ereignissen des März 1848 hatten sich die Handwerker in den für sie krisenhaften vierziger Jahren des 19. Jh. mit zahlreichen Eingaben und Denkschriften an die Autoritäten für die Wiedereinführung einer – ggf. reformierten – Zunftordnung eingesetzt[181]. Errungenschaften der deutschen Märzrevolution des Jahres 1848 wie insbesondere die Versammlungs-, Vereins- und Pressefreiheit schufen dann die Grundlage dafür, dass sich neben den bekannten politischen Vereinen auch mannigfaltige Interessenverbände gründeten[182]. Besonders stark war diese Tendenz unter den Handwerkern, die zahllose Handwerkervereine ins Leben riefen, in denen ebenso wie in Gewerbevereinen und Innungsversammlungen die drängenden Probleme des Handwerks diskutiert wurden[183].

---

[176] §§ 106, 115 Allgemeine Gewerbeordnung von 1845.
[177] § 105 Allgemeine Gewerbeordnung von 1845; vor diesem Hintergrund wurde ein kommentiertes Normalinnungsstatut als Grundlage für die Ausarbeitung von Spezialstatuten veröffentlicht (Ministerial-Blatt für die gesammte innere Verwaltung in den Königlich Preußischen Staaten 1848, Nr. 116 (S. 102 ff.)).
[178] *Roehl*, Beiträge zur Preußischen Handwerkerpolitik, 1900, S. 255.
[179] *Roehl*, Beiträge zur Preußischen Handwerkerpolitik, 1900, S. 258; *Rudolph*, Zunftverfassung und Gewerbefreiheit,1935, S. 37 f.; *Ziekow*, Freiheit und Bindung, 1992, S. 411.
[180] § 131 Allgemeine Gewerbeordnung von 1845; der Nachweis der Befähigung war gem. § 132 regelmäßig durch eine nach den Bestimmungen der § 162 ff. abgelegte Prüfung zu führen.
[181] *Gros*, Der Lebensraum des deutschen Handwerks, 1931, S. 18; *Meusch/Wernet*, Handwerkerbewegung, in: HdSoW, Bd. 5, 1956, S. 35 (36).
[182] *Lenger*, Sozialgeschichte der deutschen Handwerker, 1988, S. 74; *Offermann*, Zwischen Korporation und Assoziation, in: Deutsche Handwerker- und Arbeiterkongresse, 1983, S. XI (XIII); *Simon*, Handwerk in Krise und Umbruch, 1983, S. 57 ff.; *Pierenkemper*, Gewerbe und Industrie, 1994, S. 75 f.
[183] *Meusch*, Die Handwerkerbewegung, 1949, S. 34 ff.; *Kaufhold*, Die Auswirkungen, in: Vom

a) Der Hamburger Vorkongress

Da sich die wirtschaftlichen Probleme des Handwerkerstands nicht auf lokaler Ebene lösen ließen, kam es 1848/49 zu einer Fülle überregionaler Handwerkerkongresse[184]. Bereits am 22. April 1848 erging ein offenes Sendschreiben der 22 Leipziger Innungen an ihre Handwerksgenossen, welches das „Wesen, wie es sich jetzt in Frankreich breit macht, den letzten Rest von Tüchtigkeit und Wohlstand untergräbt und gleichsam mit fliegenden Fahnen und klingendem Spiele über Preußen seinen Einzug in Deutschland hält" und somit letztlich die Gewerbefreiheit angriff[185]. Versuche eines überregional konzertierten Vorgehens gipfelten zunächst in der „Ersten Abgeordneten-Versammlung des norddeutschen Handwerker- und Gewerbestands", die vom 2. bis 6. Juni 1848 in Hamburg stattfand[186]. Die als Hamburger Vorkongress bekannte, stark durch die Teilnahme des Kasseler Professors *Karl Georg Winkelblech* geprägte Versammlung wandte sich einstimmig gegen die Gewerbefreiheit, ließ aber auch erkennen, dass nicht eine Restitution der alten Zunftordnung, sondern eine den Zeitläuften angepasste Zunftordnung, eine neue Gewerbeordnung als „Mitte zwischen Gewerbefreiheit und Zunftzwang", angestrebt wurde[187]. Angesichts des beschränkten regionalen Einzugsgebiets des Hamburger Vorkongresses wurde schließlich die Einberufung eines deutschen Handwerker- und Gewerbekongresses beschlossen, der programmatisch am Ort der Nationalversammlung in Frankfurt tagen sollte.

b) Der Entwurf einer allgemeinen Handwerker- und Gewerbeordnung des Frankfurter Handwerker- und Gewerbekongresses

Im Mittelpunkt der Beratungen des Handwerker- und Gewerbekongresses, der vom 14. Juli bis 18. August 1848 in Frankfurt a.M. tagte[188], stand die Ausarbeitung einer allgemeinen Handwerker- und Gewerbeordnung, die der Nationalversammlung zum Beschluss vorgelegt werden sollte[189]. In den Diskussionen der Hand-

---

Kleingewerbe zur Großindustrie, 1975, 165; *Offermann*, Zwischen Korporation und Assoziation, in: Deutsche Handwerker- und Arbeiterkongresse, 1983, S. XI (XIX ff.).

[184] Vgl. das chronologische Verzeichnis der überregionalen Handwerker-, nationalen und regionalen Arbeiter(vereins)kongresse 1848–1853 in: Deutsche Handwerker- und Arbeiterkongresse, 1983, S. XXXIX f.

[185] *Schmoller*, Geschichte der deutschen Kleingewerbe, 1870, S. 83 f.; *Roehl*, Beiträge zur Preußischen Handwerkerpolitik, 1900, S. 273; *Detterbeck/Will*, Handwerksinnungen, 2003, S. 24.

[186] *E.F. Goldschmidt*, Die deutsche Handwerkerbewegung, 1916, S. 27 ff.; *Simon*, Handwerk in Krise und Umbruch, 1983, S. 71 ff.; *Meusch*, Die Handwerkerbewegung, 1949, S. 37 f.

[187] *Lenger*, Sozialgeschichte der deutschen Handwerker, 1988, S. 75; *Simon*, Handwerk in Krise und Umbruch, 1983, S. 206 ff.

[188] Die Protokolle des Kongresses sind abgedruckt bei: Schirges, Verhandlungen des ersten deutschen Handwerker- und Gewerbe-Congresses, 1848, wiedergegeben auch in: Deutsche Handwerker- und Arbeiterkongresse, 1983, S. 46 ff.; *Meusch*, Die Handwerkerbewegung, 1949, S. 43 ff.; *Simon*, Handwerk in Krise und Umbruch, 1983, S. 86 ff.

[189] Entwurf einer allgemeinen Handwerker- und Gewerbe-Ordnung für Deutschland, beraten und beschlossen von dem deutschen Handwerker- und Gewerbe-Congreß zu Frankfurt am Main

werksmeister wurde zwar immer wieder betont, dass es nicht um eine Rückkehr zum alten System, sondern um eine reformierte Zunftverfassung gehe, doch war der endgültige Entwurf dessen ungeachtet von alten Konzepten geprägt[190]: Eine Absage an die konsequente Gewerbefreiheit war bereits die Regelung, dass die Führung eines eigenen Betriebs fortan den sog. großen Befähigungsnachweis, also die Meisterprüfung, voraussetzen sollte, die in der Regel aus einem Meisterstück nebst dem Nachweis praktischer und theoretischer Kenntnisse bestand[191].

Der Angriff auf die Gewerbefreiheit manifestierte sich indes besonders deutlich in den Regelungen über die Innungen, die bezeichnenderweise den aus insgesamt 65 Paragraphen bestehenden Hauptteil des Handwerker- und Gewerbeordnungsentwurfs einleiteten[192]. Der selbständige Betrieb eines Handwerks oder technischen Gewerbes sollte vom Beitritt zur Innung abhängig sein, der wiederum nur demjenigen offen stand, der das Meisterrecht sowie das Bürgerrecht besaß[193]. Entsprechend sollten in den Städten und ausnahmsweise auf dem Land generell wieder Innungen eingerichtet werden[194], denen alle Selbständigen des jeweiligen Handwerks bzw. technischen Gewerbes angehören mussten[195]. Zweck der neuen Innungen, in denen noch bestehende Innungen bzw. Zünfte aufgehen sollten, war die Wahrung der gewerblichen Interessen „im weitesten Sinne des Wortes" und das Bestreben, „das geistige und materielle Wohl Aller zu fördern"[196]. Zahlreiche Detailregelungen im Abschnitt über „Rechte und Pflichten der Innungen und Innungsmeister" machten deutlich, dass die Innungen letztlich – ganz im Sinne der alten Zünfte – vor allem dazu dienen sollten, die Konkurrenz einzuschränken und eine gleichmäßige Einkommensverteilung unter den etablierten Handwerksmeistern zu gewährleisten[197]: So sollte kein Handwerksmeister mehrere Handwerke

---

in den Monaten Juli und August 1848, abgedruckt in: Deutsche Handwerker- und Arbeiterkongresse, 1983, S. 178 ff. (im Folgenden: Entwurf einer allgemeinen Handwerker- und Gewerbeordnung-1848); vgl. dazu insbes.: *Meusch*, Die Handwerkerbewegung, 1949, S. 68 ff.; *Meusch/Wernet*, Handwerkerbewegung, in: HdSoW, Bd. 5, 1956, S. 35 (36).

[190] Zum konservativen Charakter der Ziele der Handwerkerbewegung: *Bergmann*, Das Handwerk in der Revolution von 1848, in: Handwerker in der Industrialisierung, 1984, S. 320 (336 ff.); differenzierend: *Stuke*, Materielle Volksinteressen, in: Archiv für Frankfurts Geschichte und Kunst 1974, 29 (40 ff.).

[191] §§ 32 f. i. V. m. 39 f. Entwurf einer allgemeinen Handwerker- und Gewerbeordnung-1848.

[192] Zum Innungskonzept der Handwerkerbewegung 1848/49: *Simon*, Handwerk in Krise und Umbruch, 1983, S. 210 ff.; *E. F. Goldschmidt*, Die deutsche Handwerkerbewegung, 1916, S. 33 ff.; weitere Abschnitte des Entwurfs betrafen: „Vertretung, Verwaltung und Rechtspflege", „Lehrlinge", „Gesellen", „Meister", „Rechte und Pflichten der Innungen und Innungsmeister" sowie „Allgemeine Bestimmungen".

[193] §§ 39, 40 Entwurf einer allgemeinen Handwerker- und Gewerbeordnung-1848.

[194] § 5 Entwurf einer allgemeinen Handwerker- und Gewerbeordnung-1848; die Beschränkung der Innungen und damit der Handwerke auf die Städte war besonders heftig umstritten (vgl. insbes. die Redebeiträge der 11. Sitzung des Kongresses, abgedruckt in: Deutsche Handwerker- und Arbeiterkongresse, 1983, S. 84 ff. (S. 72 ff. des Originaldrucks)).

[195] § 2 Entwurf einer allgemeinen Handwerker- und Gewerbeordnung-1848; *Meusch*, Die Handwerkerbewegung, 1949, S. 70.

[196] § 1 Entwurf einer allgemeinen Handwerker- und Gewerbeordnung-1848.

[197] *John*, Handwerk, 1987, S. 226 ff.

oder technische Gewerbe gleichzeitig betreiben dürfen[198]. Auch sollten die ebenfalls einzurichtenden Gewerbekammern Inhalte und Grenzen verwandter Gewerbe für ganz Deutschland einheitlich und verbindlich festlegen können[199]. Das äußerst gewerbefreiheitsfeindliche Konzept der Schließung einer Zunft schien in der Möglichkeit auf, dass die Behörden auf Antrag des Gewerberats eine den Ortsgewerben und individuellen Verhältnissen entsprechende Beschränkung zeitweise anordnen können sollten, wenn die Zahl der Meister an einem Orte „übergroß" war[200]. Dem aus Sicht der Handwerksmeister besonders dringlichen Schutz der Innungshandwerke gegen Konkurrenz von außen dienten Vorschriften wie die Regelung, dass es Fabriken verboten sein sollte, in ihren Betrieben anfallende Handwerksarbeiten, die nicht die unmittelbare Herstellung der Fabrikate bezweckten, selbst zu erledigen[201]. Gegen staatliche und kommunale Konkurrenz richtete sich das Verbot von Staats- und Kommunalwerkstätten, „welche in das Gebiet der Handwerke und technischen Gewerbe greifen"[202].

Über die Innungen hinausgehend sah der zweite Abschnitt des Entwurfs unter der Überschrift „Vertretung, Verwaltung und Rechtspflege" ein gestuftes System gewerblicher Selbstverwaltung vor, um auf allen Ebenen des Staats eine wirksame Interessenwahrnehmung des Handwerkerstands gewährleisten zu können[203]. So sollten die Innungen einer Stadt bzw. eines Bezirks einen in ein Gewerbegericht und einen Verwaltungsausschuss gegliederten Gewerberat wählen[204]: Während das aus vier Innungsmitgliedern und einem staatlichen Richter bestehende Gewerbegericht bspw. über Streitigkeiten zwischen Meistern, Gesellen und Lehrlingen sowie Streitigkeiten zwischen verschiedenen Gewerbetreibenden etwa über die Grenzen der einzelnen Gewerbe entscheiden sollte[205], war der aus fünf Mitgliedern bestehende Verwaltungsausschuss unter anderem dafür konzipiert, die gemeinschaftlichen Interessen der Gewerbetreibenden seines Bezirks wahrzunehmen, der Gewerbekammer über Lage und Bedürfnisse des Gewerbestands zu berichten und durch ein Mitglied die Meisterprüfungen zu leiten[206]. Die Gewerberäte hätten wie-

---

[198] §43 Entwurf einer allgemeinen Handwerker- und Gewerbeordnung-1848; gem. §44 des Entwurfs sollte der Gewerberat befugt sein, einem Meister den Betrieb eines Nebenhandwerks oder Gewerbes so lange zu gestatten, als dasselbe an dem Orte von einem Fachmeister nicht betrieben werde.

[199] §45 Entwurf einer allgemeinen Handwerker- und Gewerbeordnung-1848; zu den Gewerbekammern (Spezialgewerbekammern und allgemeine deutsche Gewerbekammer): §§16f. des Entwurfs.

[200] §42 Entwurf einer allgemeinen Handwerker- und Gewerbeordnung-1848.

[201] §46 Entwurf einer allgemeinen Handwerker- und Gewerbeordnung-1848.

[202] §52 Entwurf einer allgemeinen Handwerker- und Gewerbeordnung-1848; §53 des Entwurfs enthielt flankierende Regelungen, die einen Einfluss der Handwerker auf die Bedingungen bei der Vergabe öffentlicher Aufträge sicherstellen sollten.

[203] §§6–17 Entwurf einer allgemeinen Handwerker- und Gewerbeordnung-1848; *Meusch*, Die Handwerkerbewegung, 1949, S.70f.; *Teuteberg*, Geschichte der industriellen Mitbestimmung, 1961, S.68f.; *John*, Handwerk, 1987, S.208ff.

[204] §§9 und 11 Entwurf einer allgemeinen Handwerker- und Gewerbeordnung-1848.

[205] §§12 und 13 Entwurf einer allgemeinen Handwerker- und Gewerbeordnung-1848.

[206] §14 Entwurf einer allgemeinen Handwerker- und Gewerbeordnung-1848.

554   6. Kapitel: Historische Entwicklung des Rechts der Selbstverwaltung des Handwerks

derum sog. Spezialgewerbekammern gewählt, welche die gesetzgebenden Ständekammern beraten und sich sowohl mit den Gewerberäten als auch mit den Arbeitsministerien über alle gewerblichen Angelegenheiten ins Benehmen setzen sollten[207]. Über allem sollte schließlich eine durch direkte Urwahlen aller deutschen Innungsmeister zu wählende allgemeine deutsche Gewerbekammer thronen[208], die zusammen mit dem deutschen Parlament an dessen Sitz getagt hätte. Die allgemeine deutsche Gewerbekammer sollte u.a. Beschlüsse zur Herstellung übereinstimmender Spezialstatuten für Innungen vergleichbarer Gewerbe fassen und das Recht haben, den gewerblichen Interessen entsprechende allgemeine Maßregeln und Gesetze zu beantragen[209].

c) *Der Frankfurter Gesellenkongress*

Da eine gleichberechtigte Teilnahme der Gesellen mit Stimmrecht am Handwerker- und Gewerbekongress in Frankfurt von den dort tagenden Meistern abgelehnt worden war[210], wurde schließlich auch ein eigenständiger Gesellenkongress einberufen[211]. Dieser tagte vom 20. Juli bis 20. September 1848 in Frankfurt zunächst unter der Bezeichnung „Gesellen- und Arbeiterkongress", bevor er sich in „Allgemeiner Deutscher Arbeiterkongress" umbenannte[212]. Aus den Diskussionen des Gesellenkongresses ging zunächst am 3. August 1848 der Entwurf einer Gewerbeordnung zur Vorlage an den volkswirtschaftlichen Ausschuss der Nationalversammlung hervor[213], der Eckpunkte eines Programms der Gesellen für ein neues Wirtschaftsordnungssystem festhielt[214]. Als Reaktion auf den Meisterentwurf ent-

---

[207] § 16 Entwurf einer allgemeinen Handwerker- und Gewerbeordnung-1848.
[208] § 17 Entwurf einer allgemeinen Handwerker- und Gewerbeordnung-1848.
[209] § 17 Abs. 1 Entwurf einer allgemeinen Handwerker- und Gewerbeordnung-1848.
[210] Nach langen Diskussionen beschlossen die Meister – da sich die Bildung eines Gesellenkongresses abzeichnete –, in der 8. Sitzung des Kongresses den Gesellen die Teilnahme von zehn Gesellendeputierten ohne Stimmrecht am Handwerkerkongress sowie Sitz und Stimme in einer besonders dazu ernannten Kommission anzubieten (vgl. das Protokoll der 8. Sitzung des Kongresses, abgedruckt in: Deutsche Handwerker- und Arbeiterkongresse, 1983, S. 69 ff. (S. 44 ff. des Originaldrucks)). In der 20. Sitzung, am 04.08.1848, wurde jedoch mitgeteilt, dass die Gesellenvertreter nicht mehr an den Verhandlungen des Kongresses teilnehmen würden, weil ihnen eine beschließende Stimme verwehrt worden sei (Protokoll der 20. Sitzung des Kongresses, abgedruckt in: Deutsche Handwerker- und Arbeiterkongresse, 1983, S. 118 ff. (S. 139 des Originaldrucks)).
[211] *E.F. Goldschmidt*, Die deutsche Handwerkerbewegung, 1916, S. 44 ff.
[212] *Lenger*, Sozialgeschichte der deutschen Handwerker, 1988, S. 79; *Teuteberg*, Geschichte der industriellen Mitbestimmung, 1961, S. 72; *Ziekow*, Freiheit und Bindung, 1992, S. 387; *Meusch*, Die Handwerkerbewegung, 1949, S. 55 ff.; *Offermann*, Zwischen Korporation und Assoziation, in: Deutsche Handwerker- und Arbeiterkongresse, 1983, S. XI (XXI ff.).
[213] *Offermann*, Zwischen Korporation und Assoziation, in: Deutsche Handwerker- und Arbeiterkongresse, 1983, S. XI (XXXI f.).
[214] Entwurf zu den Vorlagen für den Volkswirtschaftlichen Ausschuss der Hohen Nationalversammlung zu Frankfurt, bearbeitet von den Mitgliedern des Gesellenkongresses zu Frankfurt am Main, 03.08.1848, abgedruckt in: Deutsche Handwerker- und Arbeiterkongresse, 1983, S. 203 ff. (im Folgenden: GewO-Entwurf Gesellenkongress-1848).

stand daneben eine ausführliche synoptische Stellungnahme zu den einzelnen Paragraphen des Meisterentwurfs, die wie der Meisterentwurf dem volkswirtschaftlichen Ausschuss der Nationalversammlung übergeben wurde[215].

Der Gewerbeordnungsentwurf des Gesellenkongresses schlug neben Verbesserungen der Arbeitssituation, bspw. in Form eines Mindestlohns und einer Begrenzung der täglichen Arbeitszeit auf zwölf Stunden inkl. aller Pausen[216], auch ein eigenständiges, gestuftes System gewerblicher Selbstverwaltung vor, an dessen Basis ebenfalls Innungen stehen sollten[217]: Diesen Innungen sollten allerdings neben den Meistern auch die Gesellen eines Gewerbes und die in dem Gewerbe arbeitenden geprüften Werkführer und Arbeiter größerer „Etablissements" verpflichtend angehören[218]. Der einzelnen Innung sollte ein von ihr gewählter Innungsvorstand aus Arbeitgeber- und Arbeitnehmervertretern vorstehen[219]. Alle Innungsvorstände eines Bezirks sollten eine nicht permanente Gewerbekommission wählen[220], die zusammen mit den die inneren Angelegenheiten verwaltenden Beamten als Gewerbekammer tagen sollte[221]. Aus den Gewerbekammern aller deutschen Staaten sollte dann wiederum eine als „verantwortliches Arbeiterministerium für ganz Deutschland" bezeichnete Zentralbehörde hervorgehen, welche die Freiheit aller Gewerbetreibenden schützen, die Gewerbeordnung handhaben, den Schutz und die Sicherheit der Arbeit beaufsichtigen und die Bildung des gesamten Gewerbestands befördern sollte[222]. In einem parallelen Zweig gewerblicher Selbstverwaltung sollten die

---

[215] Denkschrift über den Entwurf einer allgemeinen deutschen Gewerbe-Ordnung des Handwerker- und Gewerbe-Congresses, verfasst von dem allgemeinen deutschen Arbeiter-Congreß in Frankfurt am Main in den Monaten August und September 1848, 1848, abgedruckt in: Deutsche Handwerker- und Arbeiterkongresse, 1983, S. 218 ff.; dazu: *Meusch*, Die Handwerkerbewegung, 1949, S. 80 ff.
[216] Gem. Art. III § 2 S. 6 GewO-Entwurf Gesellenkongress-1848 bezweckt die Begrenzung der Arbeitszeit, allen Arbeitern die Benutzung der Bildungsanstalten zu ihrer Vervollkommnung zu sichern.
[217] Art. I, III GewO-Entwurf Gesellenkongress-1848; *John*, Handwerk, 1987, S. 202 f.
[218] Art. III § 5 S. 1 GewO-Entwurf Gesellenkongress-1848; gem. Art. III § 5 S. 2 sollte jede Innung in eine Korporation der Arbeitgeber und der Arbeitnehmer unterteilt sein, die beide ihre eigenen Kassen unter eigener Verwaltung (Hilfskassen für Kranke etc.) haben sollten.
[219] Art. I § 2 Abs. 1 GewO-Entwurf Gesellenkongress-1848; Aufgabe der Innungsvorstände sollte gem. Art. I § 3 sein, das Gesamtinteresse der einzelnen Innungen zu wahren und das Kassenwesen der einzelnen oder zusammengetretenen Gewerbe für die Korporationen der selbständigen Gewerbetreibenden und für diejenigen der Gesellen und Arbeiter zu bilden und zu verwalten; jede Innung sollte ferner gem. Art. I § 2 Abs. 1 ein Schiedsgericht wählen, das gem. Art. I § 4 alle Streitigkeiten zwischen den Innungsmitgliedern und zwischen diesen und den Lehrlingen öffentlich schlichten sollte. Nicht geschlichtete Sachen sollten an die Gewerbekammer gehen.
[220] Aufgabe der vierteljährlich öffentlich zusammentretenden Gewerbekommission sollte gem. Art. I § 6 GewO-Entwurf Gesellenkongress-1848 sein, die gewerblichen Interessen aller Innungen den Regierungen gegenüber zu vertreten, in der Gewerbekammer die in den Schiedsgerichten nicht geschlichteten Angelegenheiten zum Spruch zu bringen sowie die Pensionskassengelder den Kommunen in Empfang zu nehmen und zur Zentralpensionskasse zu befördern.
[221] Art. I § 2 Abs. 2 S. 1 GewO-Entwurf Gesellenkongress-1848.
[222] Art. I § 2 Abs. 3 GewO-Entwurf Gesellenkongress-1848; Die Einrichtung der Zentralbehörde, die „das Missverhältnis zwischen Arbeit und Kapital, Arbeitnehmer und Arbeitgeber" insbes. durch ein „Gesetz über Gewerbefreiheit, Schutz und Sicherstellung der Arbeit" ausglei-

Innungen eines Bezirks einen aus Arbeitgebern und Arbeitnehmern bestehenden Bezirksgewerbevorstand bilden, der zum Zwecke der Interessenwahrnehmung der Innungen u.a. mit Kommunal- und Kreisbehörden zusammenarbeiten sollte[223]. Die einzelnen Bezirksgewerbevorstände sollten dann wiederum einen Landesgewerbevorstand wählen, der in einer permanenten Kommission mit den obersten Landesbehörden in Verbindung treten sollte[224].

d) Nationalversammlung und Gewerbeverfassung

In der Nationalversammlung befasste sich der volkswirtschaftliche Ausschuss, an den schließlich sowohl der Meisterkongress als auch der Gesellen- bzw. Arbeiterkongress ihre Papiere eingereicht hatten, mit der Ausarbeitung eines Gewerbeordnungsentwurfs[225]. Nach intensiven Diskussionen legte der Ausschuss der Nationalversammlung am 26. Februar 1849, als diese bereits dem Untergang geweiht war, einen von der Ausschussmehrheit befürworteten Entwurf einer Gewerbeordnung nebst zwei „Minoritätserachten" und einem Gegenentwurf vor[226]: Der von der Mehrheit des Ausschusses empfohlene Entwurf einer Gewerbeordnung für das deutsche Reich griff die Anregungen des Meisterkongresses einerseits und des Gesellenkongresses andererseits nur sehr eingeschränkt auf[227]:

---

chen sollte, war gem. Art. I § 1 GewO-Entwurf Gesellenkongress-1848 ein zentrales Anliegen der Gesellen.

[223] Art. I § 2 Abs. 1 GewO-Entwurf Gesellenkongress-1848; Der Bezirksgewerbevorstand sollte gem. Art. I § 5 die Gesamtinteressen der Innungen seines Bezirks überwachen, die öffentlichen Kommunal- und Staatsarbeiten den betreffenden Innungen zur Verteilung überweisen und dafür Sorge tragen, dass zusammen mit den Kommunalsteuern die Beiträge zu den Pensionskassen erhoben werden.

[224] Art. I § 2 Abs. 2 S. 2 GewO-Entwurf Gesellenkongress-1848; Aufgabe des Landesgewerbevorstands sollte gem. Art. I § 7 sein, die Gesamtinteressen des Gewerbestands zu wahren und die Zentralpensionskasse zu ordnen. Ferner sollte er bei Staatsarbeiten zur Beratung hinzugezogen werden.

[225] Die offizielle Bezeichnung des volkswirtschaftlichen Ausschusses lautete: „Ausschuss für Arbeiter-, Gewerbe- und Handelsverhältnisse"; zum volkswirtschaftlichen Ausschuss und dessen Arbeiten an der Gewerbeordnung: *Valentin*, Geschichte der deutschen Revolution, 2. Bd., 1931, S. 317 ff.; *Klaßen*, Mitverwaltung und Mitverantwortung in der frühen Industrie, 1984, S. 79 ff.

[226] Abgedruckt mitsamt Motiven als Anlagen zum Bericht des volkswirtschaftlichen Ausschusses über den Entwurf einer Gewerbe-Ordnung und verschiedene diesen Gegenstand betreffende Petitionen und Anträge, in: Verhandlungen der Deutschen verfassunggebenden Reichsversammlung, 2. Bd., 1848/49, S. 853 ff.; Hauptentwurf, Gegenentwurf und Minoritätserachten sind auch abgedruckt bei: Klaßen, Mitverwaltung und Mitverantwortung in der frühen Industrie, 1984, S. 229 ff.; zum Ganzen: *Klaßen*, Mitverwaltung und Mitverantwortung in der frühen Industrie, 1984, insbes. S. 101 ff.; *Ziekow*, Freiheit und Bindung, 1992, S. 390 ff.; *Meusch*, Die Handwerkerbewegung, 1949, S. 63 ff., 91 ff.; *Simon*, Handwerk in Krise und Umbruch, 1983, S. 124 ff.; *Kaufhold*, Gewerbefreiheit, in: BlldtLG 118 (1982), 73 (99 f.).

[227] Gewerbeordnung für das deutsche Reich, in: Verhandlungen der Deutschen verfassunggebenden Reichsversammlung zu Frankfurt, 2. Bd., 1848/49, S. 891 ff. (im Folgenden: Reichs-GewO-Entwurf-1849); Motive zum Entwurf, abgedruckt a.a.O., S. 895 ff.

II. 3. Die Selbstverwaltung in der Handwerkerbewegung von 1848/49

So fanden die Forderungen der Meister etwa darin ihren Niederschlag, dass die selbständige Ausübung eines Gewerbes neben einem Mindestalter von 25 Jahren auch einen Befähigungsnachweis voraussetzte[228], der durch das Ablegen einer reichsweit geltenden Prüfung oder das Zeugnis einer technischen Bildungsanstalt zu erbringen war[229]. Im Bereich der gewerblichen Selbstverwaltung sah der Entwurf zwar Innungen vor, die aber – im Gegensatz zum Vorschlag der Meister – freiwillig gebildet werden und keine Zwangsrechte besitzen sollten und an denen auch Gesellen und Gehilfen zu beteiligen waren[230]. Des Weiteren sollten in den einzelnen durch Landesrecht zu bestimmenden Gewerbebezirken von den Gewerbetreibenden Gewerberäte gebildet werden, an denen ebenfalls Gesellen und Gehilfen zu beteiligen waren[231]. Über den Gewerberäten waren im Rahmen eines gestuften Systems überbezirkliche Gewerbekammern[232], denen die Begutachtung gewerbebezogener Gesetzentwürfe zugekommen wäre, und schließlich eine allgemeine deutsche Gewerbekammer vorgesehen[233].

Stärker fanden die Beschlüsse des Meisterkongresses im Gegenentwurf Berücksichtigung, der von vier Ausschussmitgliedern vorgelegt wurde[234]: Danach sollte die Ausübung eines Handwerks von der Mitgliedschaft in einer Innung abhängig sein, der neben Meistern auch Gesellen und Lehrlinge angehörten[235]. Die Innungen waren als Selbstverwaltungskörper konzipiert, die ihre Innungsvorstände selbst wählen und sich eine eigene Innungsordnung geben sollten[236]. Die Innungen eines

---

[228] § 3 Reichs-GewO-Entwurf-1849; das gewerbefreiheitsfreundliche Minoritätserachten-2 (Verhandlungen der Deutschen verfassunggebenden Reichsversammlung, 2. Bd., 1848/49, S. 891 (892)) sprach sich hingegen gegen das Erfordernis des Befähigungsnachweises aus und senkte zudem das Mindestalter im Einklang mit verschiedenen Volljährigkeitsregelungen auf 21 Jahre, vgl. auch die Begründung dazu, a.a.O., S. 920 f.: „Wir können in dem Verlangen von Prüfungen, als Vorbedingung des Gewerbebetriebes, nur ein verstecktes Zunftwesen, ein Mittel zu Beschränkung der Concurrenz, ein Attentat auf das natürliche Recht eines Jeden, sich durch Arbeit zu ernähren, wie er es versteht, erblicken".
[229] §§ 4, 5 Reichs-GewO-Entwurf-1849; von vornherein vom Anwendungsbereich der Gewerbeordnung ausgenommen waren gem. § 17 Reichs-GewO-Entwurf-1849: wissenschaftliche bzw. einer wissenschaftlichen Ausbildung bedürfende und künstlerische Tätigkeiten, das Medizinal- und Apothekenwesen und der Bereich der Land- und Forstwirtschaft sowie des Bergbaus; näher dazu: *Kühne*, Die Reichsverfassung der Paulskirche, 2. Aufl., 1998, S. 229; landesgesetzliche Beschränkungen sollten gem. § 18 Reichs-GewO-Entwurf-1849 u.a. in Bezug auf solche Gewerbe zulässig sein, „bei welchen durch ungeschickten Betrieb oder durch Unzuverlässigkeit des Gewerbetreibenden das Gemeinwohl gefährdet werden kann".
[230] §§ 10, 11 Reichs-GewO-Entwurf-1849.
[231] §§ 12, 13, 15 Reichs-GewO-Entwurf-1849.
[232] §§ 14, 15 Reichs-GewO-Entwurf-1849.
[233] § 16 Reichs-GewO-Entwurf-1849.
[234] Der Gegenentwurf zur GewO-1849 (Entwurf einer Gewerbeordnung für das Deutsche Reich von *Degenkolb, Veit, Becker, Lette*) ist abgedruckt in: Verhandlungen der Deutschen verfassunggebenden Reichsversammlung, 2. Bd., 1848/49, S. 921 ff.; die Motive zum Gegenentwurf sind abgedruckt a.a.O., S. 928 ff.
[235] § 10 Gegenentwurf zur GewO-1849; Voraussetzung der Gewerbeausübung war gem. §§ 18, 21 Gegenentwurf ferner u.a. die Ablegung der Meisterprüfung, die eine mindestens dreijährige Arbeit als Geselle voraussetzte.
[236] §§ 12, 13 Gegenentwurf zur GewO-1849.

6. Kapitel: Historische Entwicklung des Rechts der Selbstverwaltung des Handwerks

Bezirks sollten einen gemeinsamen Handwerksrat wählen, dem auch die Gesellenschaften, als Vertretungen der Gesellen in den Innungen, angehören sollten[237]. Als gemeinsame Vertretungsorgane des Handwerks und des im Gegenentwurf ebenfalls geregelten Fabrikwesens[238] sollten Kreis- und Zentralgewerbekammern und schließlich eine allgemeine deutsche Gewerbekammer hinzutreten[239].

Die Schwächung und schließlich schrittweise Selbstauflösung der Frankfurter Nationalversammlung im April und Mai 1849 bis hin zum Umzug des „Rumpfparlaments" im Juni 1849 nach Stuttgart, wo es am 18. Juni 1849 von württembergischen Truppen aufgelöst wurde, führte jedoch dazu, dass die am 26. Februar 1849 in ihrer 177. Sitzung vorgelegten Entwürfe für eine allgemeine Gewerbeordnung nicht mehr in einem Gesetzgebungsverfahren beraten wurden[240]. Angemerkt sei in diesem Zusammenhang, dass die Nationalversammlung auf Vorschlag des Ausschusses für Volkswirtschaft in das am 27. Dezember 1848 verabschiedete Gesetz betreffend die Grundrechte des deutschen Volkes und die Paulskirchenverfassung vom 28. März 1849 eine Regelung aufgenommen hatte, wonach jeder Deutsche das Recht haben sollte, an jedem Ort des Reichsgebiets „jeden Nahrungszweig zu betreiben"[241]. Dieses Recht sollte allerdings nur unter weiteren Bedingungen gewährleistet sein, die durch „eine Gewerbeordnung für ganz Deutschland von der Reichsgewalt festgesetzt" werden sollten[242]. Ob und in welchem Maße diese in Handwerkerkreisen heftig kritisierten Regelungen also die Gewerbefreiheit festgeschrieben hätten[243], hätte maßgeblich von dem – wandelbaren – Inhalt der Gewerbeordnung abgehangen[244], welche aber nicht mehr verabschiedet wurde[245].

[237] § 29 Gegenentwurf zur GewO-1849; in den Innungen sollten gem. § 16 Gegenentwurf als Vertretungen der Gesellen sog. Gesellschaften gebildet werden.
[238] §§ 32 ff. Gegenentwurf zur GewO-1849.
[239] §§ 47–51 Gegenentwurf zur GewO-1849.
[240] *Meusch*, Die Handwerkerbewegung, 1949, S. 66; *Ziekow*, Freiheit und Bindung, 1992, S. 393.
[241] § 133 der Verfassung des deutschen Reichs vom 28. März 1849, RGBl. 1849, S. 101 ff.; § 3 Abs. 1 Gesetz, betreffend die Grundrechte des deutschen Volks vom 27. Dezember 1848, RGBl. 1848, S. 49 ff.: „Jeder Deutsche hat das Recht, an jedem Orte des Reichsgebietes seinen Aufenthalt und Wohnsitz zu nehmen, Liegenschaften jeder Art zu erwerben und darüber zu verfügen, jeden Nahrungszweig zu betreiben, das Gemeindebürgerrecht zu gewinnen."
[242] § 3 Abs. 2 Gesetz, betreffend die Grundrechte des deutschen Volks vom 27. Dezember 1848; zu den verschiedenen Interpretationsmöglichkeiten dieser Vorschrift, bspw. (eng) als bloße Freizügigkeitsregelung für die Erwerbstätigkeit oder (weit) im Sinne einer allerdings durch den Vorbehalt der zu erlassenden Gewerbeordnung eingeschränkten Gewerbefreiheit: *Kühne*, Die Reichsverfassung der Paulskirche, 2. Aufl., 1998, S. 226 ff.
[243] Eine Verankerung der Gewerbefreiheit in der Paulskirchenverfassung vertreten etwa: *E. R. Huber*, Deutsche Verfassungsgeschichte, Bd. 2, 1960, S. 778; *Schneider*, Wirtschafts- und Sozialpolitik, 1923, S. 41; *Stuke*, Materielle Volksinteressen, in: Archiv für Frankfurts Geschichte und Kunst 1974, 29 (40); zu den Protesten: *Sedatis*, Liberalismus und Handwerk, 1979, S. 87 ff.
[244] Ähnlich auch: *Kühne*, Die Reichsverfassung der Paulskirche, 2. Aufl., 1998, S. 227 f.; *Ziekow*, Freiheit und Bindung, 1992, S. 390.
[245] Gem. Art. 1 Nr. 2 Einführungs-Gesetz zum Gesetz, betreffend die Grundrechte des deutschen Volks vom 27. Dezember 1848 (RGBl. 1848, S. 57) trat die Regelung über den Gewerbebetrieb in § 3 des Gesetzes, betreffend die Grundrechte, nur unter Vorbehalt der in Aussicht gestellten Gewerbeordnung in Kraft.

4. Die Einschränkung der Gewerbefreiheit durch die preußischen Notverordnungen von 1849

Die revolutionären Entwicklungen seit dem März 1848 waren der Anlass dafür, dass verschiedene Staaten des Deutschen Bundes, insbesondere Preußen, die Gewerbefreiheit ab dem Jahr 1848 wieder stärker einschränkten[246]. Indem den eher unpolitischen, wirtschaftsbezogenen und ihrerseits überwiegend reaktionären Forderungen der Handwerkerbewegung entgegengekommen wurde, sollte wenigstens dieser Bereich der achtundvierziger Bewegung beruhigt werden, um so die Grundlage für ein konzentriertes Vorgehen gegen die bedrohlicher erscheinende politische Freiheits- und Einheitsbewegung zu schaffen[247]. Dieser Integrationsversuch fand in Preußen darin seinen Niederschlag, dass das Ministerium für Handel, Gewerbe und öffentliche Arbeiten zusammen mit dem Justizministerium eine Versammlung von Handwerksmeistern und Gesellen nach Berlin einlud, die vom 17. bis 30. Januar 1849 über die vorgesehenen Reformen beriet[248].

a) Die Stärkung des Innungswesens

Eine der beiden daraufhin am 9. Februar 1849 erlassenen preußischen Notverordnungen hatte die Errichtung von Gewerbegerichten nach dem Vorbild der „conseils de prud'hommes" der Rheinprovinz zum Gegenstand[249]. Die andere Verordnung schränkte die Gewerbefreiheit in Preußen vor allem dadurch ein[250], dass der Beginn eines selbständigen Gewerbebetriebs für eine große Gruppe der wichtigsten Handwerker, darunter Müller, Bäcker, Konditoren, Fleischer, Weber, Bürstenbinder und Korbflechter, davon abhängig gemacht wurde, dass diese entweder in eine Innung, nach vorangegangenem Nachweis der Befähigung zum Betrieb des Gewerbes, aufgenommen waren oder diese Befähigung vor einer Prüfungskommission ihres

---

[246] *Rudolph*, Zunftverfassung und Gewerbefreiheit, 1935, S. 39; *Meusch*, Die Handwerkerbewegung, 1949, S. 66; *Erdmann*, Die verfassungspolitische Funktion, 1968, S. 83 ff.
[247] *H. Volkmann*, Die Arbeiterfrage im preußischen Abgeordnetenhaus, 1968, S. 39 ff.; *Kaufhold*, Die Auswirkungen, in: Vom Kleingewerbe zur Großindustrie, 1975, 188; *Black*, Guilds and Civil Society, 1984, S. 169 f.; *Geißen*, Die preußische Handwerkerpolitik, 1936, S. 53; in Preußen spielte auch das Engagement Friedrich Wilhelm IV. für eine teilweise Rückkehr zur alten Ordnung des Handwerks, welche die Grundlage für ein leistungsfähiges Handwerk als Stütze des Staates bilden sollte, eine gewisse Rolle; vgl. dazu: *Tilmann*, Der Einfluss des Revolutionsjahres 1848, 1935, S. 22.
[248] *Tilmann*, Der Einfluss des Revolutionsjahres 1848, 1935, S. 37 ff.; *Böttger*, Programm, 1893, S. 127; *Geißen*, Die preußische Handwerkerpolitik, 1936, S. 28 f.; *Stadelmann*, Soziale und politische Geschichte der Revolution von 1848, 1948, S. 171.
[249] Verordnung über die Errichtung von Gewerbegerichten vom 09.02.1849, in: Preuß. GS 1849, S. 110–124; *Geißen*, Die preußische Handwerkerpolitik, 1936, S. 46 ff.
[250] Verordnung, betreffend die Errichtung von Gewerberäthen und verschiedene Abänderungen der allgemeinen Gewerbeordnung vom 09.02.1849, in: Preuß. GS 1849, S. 93–110 (im Folgenden: GewerberatsVO-1849).

Handwerks besonders nachwiesen[251]. Die Einführung des Befähigungsnachweises, mit der einer Hauptforderung der Handwerkerbewegung entsprochen worden war[252], bedeutete zwar eine deutliche Stärkung der Innungen[253], aber entgegen einer verschiedentlich in der Literatur vertretenen Ansicht dennoch nicht den Rückfall in die Zwangsinnung[254], da alternativ zum Innungsbeitritt nach Befähigungsnachweis das Ablegen des Befähigungsnachweises vor einer Prüfungskommission möglich war[255]. Die Zulassung zum Befähigungsnachweis, das heißt zur Meisterprüfung, setzte dabei regelmäßig voraus, dass der Bewerber ein Mindestalter von 24 Jahren erreicht hatte, sein Gewerbe als Lehrling bei einem selbständigen Gewerbetreibenden erlernt und die Gesellenprüfung bestanden hatte und seit der Entlassung aus dem Lehrlingsverhältnis ein Zeitraum von mindestens drei Jahren vergangen war[256]. Erbracht werden konnte die Meisterprüfung bei einer Kommission der Innung, die aus einem Mitglied der Kommunalbehörde als Vorsitzendem, zwei von der Innung gewählten Meistern und zwei von den Gesellen des Handwerks gewählten Gesellen bestand[257]. Gewerbetreibende, die keiner Innung beitreten wollten, konnten die Prüfung aber – wie bereits erwähnt – auch bei der Kreis-Prüfungskomission ablegen, die in den einzelnen Kreisen aus einem von der Regierung ernannten Kommissar als Vorsitzendem sowie zwei Meistern und zwei Gesellen gebildet wurde[258].

---

[251] § 23 GewerberatsVO-1849; vgl. auch *Schmoller*, Geschichte der deutschen Kleingewerbe, 1870, S. 86; *Willoweit*, Deutsche Verfassungsgeschichte, 6. Aufl., 2009, S. 254.

[252] *Kaufhold*, Die Auswirkungen, in: Vom Kleingewerbe zur Großindustrie, 1975, 165 (166).

[253] Erwartungsgemäß entschied sich die Mehrzahl der Handwerker für die Innungsprüfung; *Kaufhold*, Die Auswirkungen, in: Vom Kleingewerbe zur Großindustrie, 1975, 165 (166).

[254] So aber etwa *Rudolph*, Zunftverfassung und Gewerbefreiheit, 1935, S. 39; *John*, Handwerk, 1987, S. 277: „[...] durch die für die siebzig maßgeblichsten handwerklichen Gewerbezweige der Innungszwang und der Befähigungsnachweis wieder eingeführt wurde".

[255] So auch *Roehl*, Beiträge zur Preußischen Handwerkerpolitik, 1900, S. 274; *Geißen*, Die preußische Handwerkerpolitik, 1936, S. 41; *Kaufhold*, Die Auswirkungen, in: Vom Kleingewerbe zur Großindustrie, 1975, 165 (166); *Ziekow*, Staatseinnahmen, in: GewArch 1985, 313 (317); *ders.*, Freiheit und Bindung, 1992, S. 416; dass keine Rückkehr zur Zwangsinnung geplant war, kommt auch im Bericht des Staatsministeriums an den König vom 07. 02. 1849 (Ministerial-Blatt für die gesammte innere Verwaltung in den Königlich Preußischen Staaten 1849, Nr. 26, S. 21/22) zum Ausdruck: „[...] insbesondere wird auf die verschiedentlich in der Sprache gebrachte Wiederherstellung des Innungszwangs bei den erheblichen dagegen sprechenden Bedenken keinesfalls einzugehen sein [...]"; zu den Diskussionen im preußischen Landtag zum Innungszwang: *Geißen*, Die preußische Handwerkerpolitik, 1936, S. 41.

[256] § 35 GewerberatsVO-1849; ausnahmsweise konnte der Gewerberat die Prüfung gem. § 35 Nr. 3 2. HS der VO schon nach Ablauf eines Jahres gestatten, wenn der Geselle durch den Besuch einer gewerblichen Lehranstalt oder sonst irgendwie Gelegenheit gefunden hatte, die für den beabsichtigten Gewerbebetrieb erforderlichen Kenntnisse und Fertigkeiten zu erwerben.

[257] § 37 GewerberatsVO-1849.

[258] §§ 40, 39 GewerberatsVO-1849; zwecks Besetzung der Kreis-Prüfungskommission hatten gem. § 39 S. 3 der VO die Innung oder, wo eine solche nicht bestand, die Meister des jeweiligen Handwerks zwei bis vier Meister, desgleichen die Gesellen des Handwerks zwei bis vier Gesellen zu wählen, aus denen der Vorsitzende in jedem Einzelfall die bei der Prüfung zuzuziehenden Mitglieder auswählte.

Die auf eine Stärkung der Innung und den Schutz der selbständigen Handwerker abzielenden Vorschriften der Notverordnung wurden vor allem von den wirtschaftlich schwächeren Handwerkern begrüßt und führten in vielen Gebieten zunächst tatsächlich zu einer Belebung des Innungswesens[259]. Da sich die damit verbundenen wirtschaftlichen Hoffnungen der Handwerker, die sich einer immer stärkeren Konkurrenz vor allem durch die Fabriken ausgesetzt sahen, jedoch nicht erfüllten[260], schwand das Interesse am Innungswesen schon innerhalb des folgenden Jahrzehnts wieder deutlich[261].

b) Die Errichtung von Gewerberäten

Der eigentliche innovative Regelungskomplex der Notverordnung, der ausweislich ihrer offiziellen Bezeichnung „Verordnung, betreffend die Errichtung von Gewerberäten und verschiedene Abänderungen der allgemeinen Gewerbeordnung" zugleich ihren Schwerpunkt bilden sollte, war nicht nachhaltig erfolgreich[262]: In Anlehnung an die Forderungen vor allem des Meisterkongresses sollte neben den Einzelvertretungen der Gewerbetreibenden wie Innungen, Kaufmännischen Korporationen und Handelskammern in jedem Ort oder Bezirk, wo wegen eines erheblichen gewerblichen Verkehrs ein entsprechendes Bedürfnis bestand, auf Antrag der Gewerbetreibenden sowie nach Anhörung der gewerblichen und kaufmännischen Korporationen sowie der Gemeindevertreter mit Genehmigung des Handelsministeriums ein Gewerberat errichtet werden[263].

Hauptaufgabe der Gewerberäte war, die allgemeinen Interessen des Handwerks- und Fabrikbetriebs im Bezirk wahrzunehmen und die zur Förderung desselben geeigneten Einrichtungen zu beraten und anzuregen[264]. Sie sollten in allen Angelegenheiten angehört werden, in denen Anordnungen in die Verhältnisse des Handwerks- und Fabrikbetriebs eingriffen, wie insbesondere bei der Errichtung neuer und der Auflösung oder Vereinigung bestehender Innungen und Gesellenverbindungen[265]. Schließlich sollten die Gewerberäte die Befolgung der Vorschriften über

---

[259] *Schmoller*, Geschichte der deutschen Kleingewerbe, 1870, S. 88 ff.; vgl. die Beispiele Brandenburgs einerseits und der Rheinprovinz andererseits bei: *Kaufhold*, Die Auswirkungen, in: Vom Kleingewerbe zur Großindustrie, 1975, S. 173 ff.

[260] Der Wunsch der Handwerker, dass die Verordnung die Fabrikgewerbe der Voraussetzung des Befähigungsnachweises und weiteren Einschränkungen unterwerfen sollte, war nicht erfüllt worden.

[261] *Ziekow*, Freiheit und Bindung, 1992, S. 419 f.; *Roehl*, Beiträge zur Preußischen Handwerkerpolitik, 1900, S. 275; zu der Auseinandersetzung in der zeitgenössischen Literatur über die Verordnung: *Kaufhold*, Die Auswirkungen, in: Vom Kleingewerbe zur Großindustrie, 1975, 168 ff., im Übrigen zu den Effekten der Verordnung: a.a.O., insbes. S. 184 ff.

[262] *Tilmann*, Der Einfluss des Revolutionsjahres 1848, 1935, S. 46 ff.; *E. F. Goldschmidt*, Die deutsche Handwerkerbewegung, 1916, S. 76 ff.

[263] § 1 GewerberatsVO-1849; in denjenigen Orten, für die kein Gewerberat bestand, waren die demselben zugewiesenen Angelegenheiten gem. § 22 der VO von der Kommunalbehörde zu erledigen; *Geißen*, Die preußische Handwerkerpolitik, 1936, S. 31 ff.

[264] § 2 Abs. 1 GewerberatsVO-1849.

[265] § 2 Abs. 2 GewerberatsVO-1849.

das Innungswesen, über die Meister- und Gesellenprüfungen, über die Annahme und Behandlung der Gesellen, Lehrlinge usw., über die festgestellte Abgrenzung der Arbeitsbefugnisse und über sonstige gewerbliche Verhältnisse überwachen[266]. Da die Gewerberäte als Vertretungsorgane nicht nur der Handwerker, sondern der gesamten gewerblichen Wirtschaft gedacht waren, wurden ihre Mitglieder im Regelfall zu gleichen Teilen aus dem Handwerkerstand, aus dem Fabrikantenstand und aus dem Handelsstand des Bezirks gewählt und waren in drei entsprechende Abteilungen aus je mindestens fünf Mitgliedern untergliedert[267]. Sowohl Arbeitgeber als auch Arbeitnehmer waren in den Abteilungen repräsentiert[268]. Wahlberechtigt waren alle zum Handwerks- und Fabrikantenstand gehörenden Arbeitgeber und Arbeitnehmer sowie alle selbständigen Handeltreibenden, die das 24. Lebensjahr vollendet hatten und seit mindestens sechs Monaten im Bezirk des Gewerberats wohnten oder in Arbeit standen[269]. Die Mitglieder jeder Abteilung des Gewerberats wurden dabei auf jeweils vier Jahre von derjenigen Klasse gewählt, der sie angehörten, wobei die Wahl zur Handwerks- und zur Fabrikabteilung in besonderen Wahlversammlungen der Arbeitgeber und der Arbeitnehmer zu erfolgen hatte[270]. Nach Konstituierung eines Gewerberats sollten alle zwei Jahre Ergänzungswahlen stattfinden, bei denen die Hälfte der Mitglieder (Arbeitgeber- und Arbeitnehmerrepräsentanten) jeder Abteilung neu zu wählen war[271].

Die Mitglieder jeder Abteilung wählten aus ihrer Mitte mit absoluter Stimmenmehrheit einen Vorsitzenden nebst Stellvertreter[272]. Der Vorsitzende des Gewerberats nebst Stellvertreter wurde entsprechend von sämtlichen Mitgliedern des Gewerberats aus deren Mitte gewählt[273]. Waren die gemeinsamen Interessen der ver-

---

[266] § 2 Abs. 3 GewerberatsVO-1849.

[267] §§ 3 Abs. 1, 4, 3 Abs. 2 GewerberatsVO-1849; soweit die gewerblichen Verhältnisse des Orts oder Bezirks eine andere Zusammensetzung und Einteilung des Gewerberats notwendig machten, konnte das Ministerium für Handel, Gewerbe und öffentliche Arbeiten gem. § 3 Abs. 3 der VO entsprechende Anordnungen treffen.

[268] In der Handwerks- und der Fabrikabteilung die Arbeitgeber allerdings mit einem Repräsentanten mehr als die Arbeitnehmer; § 5 GewerberatsVO-1849 spricht verklausuliert von gleicher Vertretung, jedoch mit der Maßgabe, dass das zur Erlangung der ungeraden Mitgliederzahl in jeder Abteilung (§ 4 der VO) erforderliche Mitglied aus den Arbeitgebern zu wählen ist.

[269] § 7 GewerberatsVO-1849; ausgenommen waren bspw. Personen, welche sich in Konkurs befanden oder welche durch einen Beschluss der kaufmännischen Korporation oder der Handelskammer von deren Mitgliedschaft ausgeschlossen waren; wählbar waren gem. § 8 Abs. 1 der VO alle Wahlberechtigten, die das 30. Lebensjahr vollendet hatten und ihr Gewerbe seit fünf Jahren betrieben.

[270] § 9 Abs. 1 und 2 GewerberatsVO-1849; interessant ist in diesem Zusammenhang auch die Regelung in § 9 Abs. 3 der VO, wonach die Arbeitnehmer, wenn sie meinten, in ihrer Klasse nicht die ausreichende Zahl befähigter Mitglieder zu finden, welche die gesetzlichen Bedingungen der Wählbarkeit erfüllten, befugt waren, ihre Vertreter aus den Arbeitgebern zu wählen. Da die Arbeitgeber gem. § 5 der VO stets in der Überzahl vertreten sein mussten, gab es natürlich keine umgekehrte Regelung, wonach die Arbeitgeber Arbeitnehmer als ihre Vertretung hätten wählen können.

[271] §§ 14 i. V. m. 13 GewerberatsVO-1849; dabei war eine Wiederwahl möglich.

[272] § 19 S. 1 GewerberatsVO-1849.

[273] § 19 S. 2 GewerberatsVO-1849.

schiedenen Abteilungen berührt, tagte der Gewerberat im Plenum, ansonsten in getrennten Sitzungen der einzelnen Abteilungen[274]. Die Kosten für die laufende Geschäftsführung wurden durch Beiträge der Gewerbetreibenden des Bezirks gedeckt[275].

Wie bereits angedeutet, fand die von den Handwerkern mit großen Hoffnungen begleitete Idee der Gewerberäte in der Wirklichkeit keinen nachhaltigen Niederschlag[276]. Trotz einer gewissen Anfangseuphorie – zu Beginn des Jahres 1851 hatte das Ministerium bereits Anträgen auf die Einrichtung von 90 Gewerberäten entsprochen[277] – wurden in vielen Gegenden überhaupt keine Gewerberäte gegründet. Von den 67 tatsächlich aktiv gewordenen Gewerberäten gingen bis 1854 bereits 50 wieder ein[278]. Die letzten drei Gewerberäte, darunter der Berliner, fanden 1864 ihr Ende[279]. Eine zunehmende Einflussnahme vorgesetzter Behörden, die Schwerfälligkeit der organisatorischen Struktur und nicht zuletzt die erheblichen Kosten, welche die Beteiligten scheuten, waren Faktoren, die dazu beitrugen, dass das Konzept der gewerbeübergreifenden Gewerberäte letztlich erfolglos blieb[280]. Insgesamt waren die Gewerberäte aus Sicht des verantwortlichen preußischen Handelsministers weniger als wirkliche Selbstverwaltungsorganisationen, sondern vielmehr als institutionalisierte Ventile zur Kanalisierung der ansonsten nur schwer kontrollierbaren Aktivitäten der Handwerker in Vereinen und Kongressen gedacht gewesen[281].

5. Die Gewerbeordnung des Norddeutschen Bundes von 1869

In den sechziger Jahren des 19. Jh. wurde unter dem erstarkenden Einfluss wirtschaftsliberalen Gedankenguts in fast allen deutschen Staaten die Gewerbefreiheit eingeführt[282]. In Preußen galten allerdings – nicht zuletzt auf Druck des seit 1862

---

[274] § 16 GewerberatsVO-1849.
[275] § 21 S. 3 GewerberatsVO-1849; eingeschlossen die Besoldung des Schriftführers und des Boten, die gem. § 20 der VO ebenfalls durch den Gewerberat zu wählen waren; die erforderlichen Beiträge waren vom Gewerberat, mit Genehmigung der Regierung, nach den von dieser festgestellten Verteilungsgrundsätzen auszuschreiben und nötigenfalls durch Verwaltungszwang einzuziehen, § 21 S. 4 und 5 GewerberatsVO-1849.
[276] *E. F. Goldschmidt*, Die deutsche Handwerkerbewegung, 1916, S. 77 ff.
[277] *Tilmann*, Der Einfluss des Revolutionsjahres 1848, 1935, S. 46.
[278] *Tilmann*, Der Einfluss des Revolutionsjahres 1848, 1935, S. 46; *Teuteberg*, Geschichte der industriellen Mitbestimmung, 1961, S. 332 f.
[279] *Teuteberg*, Geschichte der industriellen Mitbestimmung, 1961, S. 333; *Kaufhold*, Die Auswirkungen, in: Vom Kleingewerbe zur Großindustrie, 1975, 183.
[280] *Teuteberg*, Geschichte der industriellen Mitbestimmung, 1961, S. 331 ff.; *Kaufhold*, Die Auswirkungen, in: Vom Kleingewerbe zur Großindustrie, 1975, 183; *John*, Handwerk, 1987, S. 280 ff.
[281] *Tilmann*, Der Einfluss des Revolutionsjahres 1848, 1935, S. 46 ff.; *Teuteberg*, Geschichte der industriellen Mitbestimmung, 1961, S. 332; *Stuke*, Materielle Volksinteressen, in: Archiv für Frankfurts Geschichte und Kunst 1974, 29 (42).
[282] Umfassend zur einzelstaatlichen Gewerbegesetzgebung außerhalb Preußens: *Ziekow*, Frei-

im Deutschen Handwerkerbund organisierten Handwerks[283] – die Einschränkungen der Gewerbefreiheit unter der Verordnung von 1849 zunächst fort[284]. Nachdem Preußen dann aber 1867 im Verordnungswege verschiedene Begrenzungen der Gewerbefreiheit wie den Prüfungszwang in den neu gewonnenen Provinzen Hessen-Nassau und Hannover aufgehoben hatte[285], wurde noch 1867 als dem Gründungsjahr des Norddeutschen Bundes die Initiative ergriffen, die Gewerbefreiheit auf der Grundlage einer einheitlichen Gewerbeordnung im gesamten Bund einzuführen[286]. Da sich die Regierungen der Mitgliedstaaten allerdings nicht über den an der Preußischen Gewerbeordnung von 1845 orientierten Entwurf einigen konnten, wurde auf Antrag der Abgeordneten *Lasker* und *Miquel* am 8. Juli 1868 ein provisorisches Not- oder Kerngewerbegesetz erlassen, das wenigstens die gewerbliche Freizügigkeit im gesamten Bundesgebiet durchsetzen sollte[287]. Das aus nur sechs Paragraphen bestehende Gesetz verwirklichte im Norddeutschen Bund im Kern die Gewerbefreiheit, indem es das Recht von Zünften und kaufmännischen Korporationen, andere vom Gewerbe auszuschließen[288], ebenso aufhob wie das Erfordernis eines Befähigungsnachweises[289] und die Unterscheidung zwischen Stadt und Land in Bezug auf den Gewerbebetrieb[290]. Ferner durfte jeder Gewerbetreibende fortan Lehrlinge, Gesellen etc. in beliebiger Art und Zahl halten, und umgekehrt waren Gesellen und Gehilfen in der Wahl ihrer Meister oder Arbeitgeber unbeschränkt[291].

Das Notgewerbegesetz wurde schon ein Jahr später durch die Gewerbeordnung des Norddeutschen Bundes vom 21. Juni 1869 abgelöst[292]. Die nach der Reichsgrün-

---

heit und Bindung, 1992, S. 421 ff.; vgl. auch *Kaufhold*, Gewerbefreiheit, in: BlldtLG 118 (1982), 73 (101); zur öffentlichen Diskussion um die Gewerbefreiheit Ende der fünfziger und Anfang der sechziger Jahre des 19. Jh.: *E. F. Goldschmidt*, Die deutsche Handwerkerbewegung, 1916, S. 89 ff.

[283] Zum Deutschen Handwerkerbund: *Georges*, Handwerk und Interessenpolitik, 1993, S. 84 ff.

[284] *Georges*, Handwerk und Interessenpolitik, 1993, S. 91.

[285] Zur Entwicklung im Königreich Hannover bis 1866: *Jeschke*, Gewerberecht und Handwerkswirtschaft, 1977.

[286] *Bödiker*, Gewerberecht des Deutschen Reichs, 1883, S. 2; *Marcinowski*, GewO, 4. Aufl., 1888, S. 2 f.; gem. Art. 4 Nr. 1 der Verfassung des Norddeutschen Bundes (BGBl. des Norddeutschen Bundes 1867, S. 1 ff.) bestand für Bestimmungen über den Gewerbebetrieb eine Bundeskompetenz.

[287] Gesetz, betreffend den Betrieb der stehenden Gewerbe vom 08.07.1868, BGBl. des Norddeutschen Bundes 1868, S. 406 f.; *Marcinowski*, GewO, 4. Aufl., 1888, S. 3 f.; *Bödiker*, Gewerberecht des Deutschen Reichs, 1883, S. 13 f.; *v. Landmann/Rohmer*, GewO, 1. Bd., 4. Aufl., 1903, S. 2 f.

[288] § 1 Gesetz, betreffend den Betrieb der stehenden Gewerbe-1868.

[289] § 2 Abs. 1 S. 1 Gesetz, betreffend den Betrieb der stehenden Gewerbe-1868; ausgenommen war jedoch gem. § 2 Abs. 1 S. 2 der „Gewerbebetrieb" der Ärzte, Apotheker, Hebammen, Advokaten, Notare, Seeschiffer, Seesteuerleute und Lotsen.

[290] § 3 Gesetz, betreffend den Betrieb der stehenden Gewerbe-1868.

[291] § 4 Gesetz, betreffend den Betrieb der stehenden Gewerbe-1868.

[292] Gewerbeordnung für den Norddeutschen Bund vom 21.06.1869, BGBl. des Norddeutschen Bundes 1869, S. 245–282 (im Folgenden: GewO-1869); das Notgewerbegesetz trat gem. § 156 Abs. 2 GewO-1869 drei Monate nach Verkündung der Gewerbeordnung (also gleichzeitig

dung 1871 im gesamten Reich als Reichsgesetz in Kraft gesetzte, wirtschaftsliberal geprägte Gewerbeordnung bedeutete den endgültigen Durchbruch der Gewerbefreiheit in Deutschland[293]: Der grundlegende § 1 GewO-1869 gestattete jedermann den Betrieb eines Gewerbes, soweit nicht durch das Gesetz Ausnahmen oder Beschränkungen vorgeschrieben oder zugelassen wurden. Die Unterscheidung zwischen Stadt und Land im Hinblick auf die Zulassung und Ausdehnung eines Gewerbebetriebs wurde aufgehoben[294], der gleichzeitige Betrieb verschiedener Gewerbe bzw. desselben Gewerbes in mehreren Betriebs- oder Verkaufsstätten gestattet[295] und ausdrücklich angeordnet, dass den Zünften (und Kaufmännischen Korporationen) kein Recht zustand, Andere vom Betrieb eines Gewerbes auszuschließen[296]. Die Innungen wurden zwar nicht aufgehoben, aber in zivilrechtliche Korporationen ohne Zwangsrechte umgewandelt[297]. Darüber hinaus wurde ihre Stellung dadurch maßgeblich geschwächt, dass die Vorteile, die eine Innungsmitgliedschaft nach der Verordnung von 1849 vermittelte, aufgehoben wurden. So war bspw. auch hier die Aufnahme eines Gewerbebetriebs regelmäßig nicht mehr vom Erfordernis des Befähigungsnachweises abhängig[298] und die Gewerbeberechtigung ohne Weiteres mit dem Recht verbunden, Gesellen, Gehilfen, Arbeiter und Lehrlinge in beliebiger Zahl zu beschäftigen[299].

---

mit dem Inkrafttreten der entsprechenden Abschnitte der GewO, § 156 Abs. 1 S. 1 GewO-1869) außer Anwendung.

[293] In den dem Norddeutschen Bund nicht angehörenden südlich des Mains gelegenen Teilen des Großherzogtums Hessen wurde die Gewerbeordnung aufgrund Art. 80 der Verfassung des Deutschen Bundes, BGBl. des Norddeutschen Bundes 1870, S. 627, i. V. m. der Vereinbarung zwischen dem Norddeutschen Bund, Baden und Hessen über die Gründung des Deutschen Bundes und Annahme der Bundesverfassung vom 15. 11. 1870, BGBl. des Norddeutschen Bundes, S. 650, in Kraft gesetzt; in Württemberg und Baden trat die Gewerbeordnung des Norddeutschen Bundes aufgrund § 1 des Gesetzes, betreffend die Einführung der Gewerbe-Ordnung des Norddeutschen Bundes vom 21. 06. 1869 in Württemberg und Baden vom 10. 11. 1871, RGBl. 1871 S. 392, zum 01. 01. 1872 als Reichsgesetz in Kraft; in Bayern bedurfte die Inkraftsetzung der Gewerbeordnung aufgrund Nr. III § 8 des Vertrages, betreffend den Beitritt Bayerns zur Verfassung des Deutschen Bundes vom 23. 11. 1870, BGBl. des Deutschen Bundes 1871, S. 9, eines besonderen Akts der Bundesgesetzgebung. Durch Gesetz vom 12. 06. 1872, RGBl. 1872, S. 170, wurden die Vorschriften der Gewerbeordnung teils zum 01. 07. 1872, überwiegend aber zum 01. 01. 1873 – mit geringen Modifikationen – im Königreich Bayern in Kraft gesetzt; zum Ganzen: *Bödiker*, Gewerberecht des Deutschen Reichs, 1883, S. 28 ff.; *Marcinowski*, GewO, 4. Aufl., 1888, S. 4 f.; *v. Landmann/Rohmer*, GewO, 1. Bd., 4. Aufl., 1903, S. 5 ff.
[294] § 2 GewO-1869.
[295] § 3 S. 1 GewO-1869.
[296] § 4 GewO-1869.
[297] §§ 81 ff. GewO-1869; *Rohmer*, Die Handwerkernovelle, 1898, S. 1.
[298] Das Erfordernis einer Approbation, die auf Grund eines Nachweises der Befähigung erteilt wurde, galt gem. § 29 Abs. 1 GewO-1869 für Apotheker und Ärzte. Hebammen bedurften gem. § 30 Abs. 2 GewO-1869 eines Prüfungszeugnisses der nach den Landesgesetzen zuständigen Behörden. Seeschiffer, Seesteuerleute und Lotsen mussten sich gem. § 31 Abs. 1 GewO-1869 durch ein Befähigungszeugnis der zuständigen Verwaltungsbehörde über den Besitz der erforderlichen Kenntnisse ausweisen.
[299] § 41 GewO-1869.

Der in zwei Abschnitte über „Bestehende Innungen" (§§ 81–96) und „Neue Innungen" (§§ 97–104) unterteilte Titel VI der GewO-1869 beinhaltete, dass die Innungen nicht nur aller Zwangsrechte, sondern auch aller öffentlichen Funktionen entkleidet wurden, ihre Einwirkungsmöglichkeit auf gewerbliche Verhältnisse auf die eigenen Mitglieder beschränkt wurde und zuvor bestehende Verbindungen zu den öffentlichen Behörden entfielen[300]. Im Einzelnen wurde geregelt, dass bestehende Korporationen von Gewerbetreibenden (Innungen und Zünfte) fortbestanden und ihre Statuten in Kraft blieben, soweit sie nicht durch die Vorschriften der GewO-1869 abgeändert wurden[301]. Allerdings wurde jedem Mitglied, vorbehaltlich der Erfüllung seiner Verpflichtungen, das Recht eingeräumt, jederzeit aus der Innung auszuscheiden und das Gewerbe nach dem Austritt fortzusetzen[302]. Umgekehrt durfte der Beitritt zur Innung keinem versagt werden, der die im Statut vorgeschriebenen Bedingungen erfüllte[303]. Auch durfte nicht die Möglichkeit ausgeschlossen werden, mehreren Innungen beizutreten[304]. Die gerichtliche und außergerichtliche Vertretung der Innung oblag dem Vorstand[305], die Abänderung des Statuts einem Beschluss der Innungsversammlung, zu welcher sämtliche stimmberechtigten Genossen schriftlich zu laden waren[306]. Die Innung unterstand der Aufsicht der Gemeindebehörde, die auch Streitigkeiten über die Aufnahme und Ausschließung von Genossen, über die Wahl der Vorstände und über deren Rechte und Pflichten entschied[307].

Im Abschnitt über neue Innungen wurde denjenigen, die gleiche oder verwandte Gewerbe selbständig betreiben, das Recht eingeräumt, eine Innung zu bilden[308]. Eine solche neue Innung erlangte durch Bestätigung ihrer Statuten durch die höhere Verwaltungsbehörde die Rechte einer Korporation[309]. Während die Vorschriften über die bestehenden Innungen auch auf die neuen Innungen Anwendung

---

[300] Bödiker, Gewerberecht des Deutschen Reichs, 1883, S. 46; Heitz, Das Innungswesen, 1887, S. 5.
[301] § 81 GewO-1869.
[302] § 82 GewO-1869.
[303] § 84 Abs. 1 GewO-1869; soweit hierfür eine Prüfung erforderlich war, war diese gem. § 84 Abs. 2 auf den Nachweis der Befähigungen zur selbständigen Ausführung der gewöhnlichen Arbeiten des Gewerbes zu richten. Die Ablegung einer Prüfung durfte gem. § 84 Abs. 4 nicht von Personen gefordert werden, die das betreffende Gewerbe mindestens seit einem Jahr selbständig ausübten. Die bei der Aufnahme in die Innung zu entrichtenden Antrittsgelder mussten gem. § 85 Abs. 1 für alle Genossen gleich sein.
[304] § 85 Abs. 2 GewO-1869.
[305] § 88 Abs. 1 GewO-1869.
[306] § 92 GewO-1869; gem. § 92 S. 2 GewO-1869 bedurfte der Änderungsbeschluss der Genehmigung der höheren Verwaltungsbehörde, wenn er Zahlungen aus den Einnahmen oder dem Vermögen der Innung an Genossen derselben oder andere Verfügungen über das Innungsvermögen zum Gegenstand hatte.
[307] § 95 Abs. 1 GewO-1869; Innungsversammlungen, in denen über eine Abänderung des Statuts oder die Auflösung der Innung beschlossen werden sollte, wohnte die Gemeindebehörde gem. § 95 Abs. 2 GewO-1869 durch eines ihrer Mitglieder oder einen Beauftragten bei.
[308] § 97 Abs. 1 GewO-1869.
[309] § 97 Abs. 2 i. V. m. § 99 GewO-1869.

fanden³¹⁰, enthielt das Gesetz für letztere konzise Spezialregelungen: Als Zweck der neuen Innung wurde lediglich die Förderung der gemeinsamen gewerblichen Interessen angegeben³¹¹. Im Statut waren u.a. die Bedingungen der Aufnahme in die Innung, die Rechte und Pflichten der Mitglieder, der Beitragsmaßstab und die Zusammensetzung des Vorstands zu regeln³¹². Jede neue Innung musste einen von den Innungsgenossen zu wählenden Vorstand haben³¹³. Höhe und Verwendung der Beiträge sowie die Verwaltung des Etatwesens wurden durch Beschlüsse der Innung geregelt³¹⁴.

6. Die Stärkung der Innungen in den Novellen zur Gewerbeordnung ab 1881

Die Ausgestaltung der Innungen als privatrechtliche Vereinigungen ohne Zwangsrechte und Zwangsmitgliedschaft sowie die Beseitigung aller Privilegien ihrer Mitglieder durch die Gewerbeordnung von 1869 führten zu einem starken Mitgliederschwund bei den Innungen, deren Leistungsfähigkeit daraufhin zunehmend schwand³¹⁵. Dies und verschiedene soziale Missstände aufgrund der Handhabung der liberalen Gewerbeordnung trugen zur Entstehung einer neuen Handwerkerbewegung bei, deren Hauptziel eine Einschränkung der Gewerbefreiheit war³¹⁶. Vor dem Hintergrund immer stärker zu Tage tretender sozialer Probleme fanden die Forderungen der Handwerker allmählich auch in die Programme verschiedener Parteien Eingang, was die Grundlage für eine stufenweise Stärkung der Innungen in mehreren Novellen zur Gewerbeordnung schuf³¹⁷.

---

[310] § 103 GewO-1869 erklärte die Bestimmungen in den §§ 82–96 für auch auf neue Innungen anwendbar.
[311] § 98 GewO-1869; im Rahmen des Gesetzgebungsverfahrens hatte der Reichstag im Gesetzentwurf enthaltene weitergehende Aufgabenzuweisungen, etwa die Beaufsichtigung der Aufnahme und Ausbildung der Lehrlinge, Gehilfen und Gesellen, die Verwaltung der Kranken-, Sterbe, Hilfs- und Sparkassen der Innungsgenossen und die Fürsorge für die Witwen und Waisen der Innungsgenossen, gestrichen, um die Innungen nicht gegenüber dem freien Genossenschaftswesen zu bevorzugen; vgl. *Bödiker*, Das Gewerberecht des Deutschen Reichs, 1883, S. 45.
[312] § 100 GewO-1869.
[313] § 101 GewO-1869.
[314] § 102 GewO-1869.
[315] *Waentig*, Die gewerbepolitischen Anschauungen, in: Die Entwicklung der deutschen Volkswirtschaftslehre, 2. Teil, 1908, Nr. 25, S. 47; zum inhaltlichen Bedeutungswandel der Innungen im Vergleich zu den früheren Zünften: *W. Fischer*, Handwerksrecht und Handwerkswirtschaft, 1955, S. 73 ff.
[316] *Böttger*, Programm, 1893, S. 129 ff.; *Wernet*, Geschichte des Handwerks, 3. Aufl., 1959, S. 166 ff.; *Pierenkemper*, Gewerbe und Industrie, 1994, S. 76 f.
[317] *Schrepfer*, Das Handwerk in der neuen Wirtschaft, 1920, S. 24 f.; *v. Landmann/Rohmer*, GewO, 1. Bd., 4. Aufl., 1903, S. 8 ff., 562 ff.

a) Die Innungsnovelle von 1881

Am 5. Mai 1880 forderte der Reichstag den Reichskanzler auf Initiative der konservativen Fraktionen auf, eine Revision von Titel VI der Gewerbeordnung herbeizuführen, um die Innungen, soweit dies ohne direkten oder indirekten Zwang möglich sei, wieder zu echten Selbstverwaltungsorganen des Handwerks zu machen, die in der Lage seien, durch die Förderung der gewerblichen Interessen ihrer Mitglieder und durch Pflege des Gemeingeists und Standesbewusstseins eine wirtschaftliche und sittliche Hebung des Handwerkerstands herbeizuführen[318]. In diesem Sinne wurde der vormals im liberalen Geiste bewusst knapp und blass formulierte Abschnitt über die neuen Innungen durch die Gewerbeordnungsnovelle vom 22. Juli 1881 überarbeitet und wesentlich erweitert[319].

Vor allem wies die GewO-1881 den neuen Innungen einen stark erweiterten öffentlichen Aufgabenkreis zu und verlieh ihnen dadurch insgesamt einen stärker öffentlich-rechtlichen Charakter[320]. Zu den zuvor teilweise den Gemeindebehörden obliegenden neuen Aufgaben der neuen Innungen gehörte fortan u. a. die Pflege des Gemeingeists sowie die Aufrechterhaltung und Stärkung der Standesehre unter den Innungsmitgliedern, die Förderung eines gedeihlichen Verhältnisses zwischen Meistern und Gesellen, die nähere Regelung des Lehrlingswesens und der Fürsorge für die technische, gewerbliche und sittliche Ausbildung der Lehrlinge und die Entscheidung von Streitigkeiten zwischen Innungsmitgliedern und ihren Lehrlingen über das Lehrverhältnis an Stelle der Gemeindebehörde[321]. Darüber hinaus wurde den Innungen das Recht eingeräumt, ihren Wirkungskreis fakultativ auf andere gemeinsame gewerbliche Interessen ihrer Mitglieder auszudehnen[322]. Danach konnten die Innungen Fachschulen für Lehrlinge errichten und leiten, Einrichtungen zur Förderung der Ausbildung der Meister und Gesellen treffen, Gesellen- und Meisterprüfungen veranstalten und entsprechende Zeugnisse ausstellen, einen gemeinschaftlichen Geschäftsbetrieb zur Förderung des Gewerbebetriebs der Innungsmitglieder sowie Unterstützungskassen für die Innungsmitglieder, ihre Angehörigen sowie die Gesellen und Lehrlinge für Fälle wie Krankheit, Tod und Arbeitsunfähigkeit einrichten und schließlich Schiedsgerichte zur Entscheidung von Streitigkeiten zwischen Innungsmitgliedern und deren Gesellen errichten[323].

Aus der Fülle der Änderungen und Ergänzungen ist daneben hervorzuheben, dass sich Innungen in Innungsausschüssen und Innungsverbänden zusammen-

---

[318] Verhandlungen des Reichstages, Stenographische Berichte, 1880, 2. Bd., S. 1184 ff., 1205 ff. (1208); vgl. *Bödiker*, Gewerberecht des Deutschen Reichs, 1883, S. 46 f.; *Marcinowski*, GewO, 4. Aufl., 1888, S. 14; *Waentig*, Die gewerbepolitischen Anschauungen, in: Die Entwicklung der deutschen Volkswirtschaftslehre, 2. Teil, 1908, Nr. 25, S. 48.

[319] Gesetz, betreffend die Abänderung der Gewerbeordnung vom 18.07.1881, RGBl. 1881 S. 233–244.

[320] *Heitz*, Das Innungswesen, 1887, S. 40; *Böttger*, Programm, 1893, S. 137; *Keucher*, Geschichtliche Entwicklung, 1931, S. 100; *John*, Handwerk, 1987, S. 290 f.

[321] § 97 Abs. 2 GewO-1881.

[322] § 97a GewO-1881; *Neuhaus*, Innungen und Innungsausschüsse, 1902, S. 4.

[323] § 97a GewO-1881.

II. 6. Die Stärkung der Innungen in den GewO-Novellen ab 1881

schließen konnten[324]. Damit wurde prinzipiell anerkannt, dass die Innungen über den Kreis ihrer jeweiligen Mitglieder hinausgehend proaktiv auf die allgemeinen Verhältnisse von Handwerk und Gewerbe Einfluss nehmen können sollten. Innungen, die derselben Aufsichtsbehörde unterstanden, konnten einen gemeinsamen Innungsausschuss bilden, dessen Aufgabe in der Vertretung der gemeinsamen Interessen der beteiligten Innungen bestand[325]. Aus den freiwilligen Innungsausschüssen sollten später die heute obligatorischen Kreishandwerkerschaften hervorgehen[326]. Innungen, die nicht derselben Aufsichtsbehörde unterstanden, wurde das Recht eingeräumt, zur gemeinsamen Verfolgung ihrer Aufgaben sowie zur Pflege der gemeinsamen gewerblichen Interessen Innungsverbände zu bilden[327]. Detaillierte Vorschriften über die Innungsverbände regelten unter anderem das Erfordernis eines Statuts sowie dessen Mindestinhalt[328], ein Genehmigungserfordernis des Statuts[329], Rechte und Pflichten des Verbandsvorstands[330] und schließlich die Auflösung der Verbände[331].

Insgesamt markierte die Innungsnovelle-1881 zur Gewerbeordnung damit eine Rückkehr zu einer proaktiven staatlichen Innungspolitik und kann damit als eigentliche Geburtsstunde der neuen Innung betrachtet werden. Durch die detaillierte Regelung des Rechts der neuen Innung machte der Staat deutlich, dass ihm in bewusstem Kontrast zur liberalen GewO-1869 nicht lediglich an einer passiven Duldung der zunehmend bedeutungslos gewordenen alten Innungen, sondern an der Entstehung eines leistungsfähigen neuen Innungswesens gelegen war[332]. War mit der Novelle eine deutliche Stärkung des Innungswesens verbunden, das nun wieder eine gegenüber dem allgemeinen Genossenschaftswesen hervorgehobene Stellung einnahm, ist andererseits zu betonen, dass weitergehenden Forderungen

---

[324] *Neuhaus*, Innungen und Innungsausschüsse, 1902, S. 100 ff.
[325] § 102 Abs. 1 GewO-1881; außerdem konnten dem Innungsausschuss gem. § 102 Abs. 1 S. 3 GewO-1881 Rechte und Pflichten der beteiligten Innungen übertragen werden, soweit diese nicht vermögensrechtlicher Natur waren; gem. § 102 Abs. 2 GewO-1881 wurde der Innungsausschuss durch Statut errichtet, das von den Innungsversammlungen der beteiligten Innungen zu beschließen war und der Genehmigung durch die höhere Verwaltungsbehörde bedurfte; zur Entwicklung des Rechts der Innungsausschüsse bis 1929: *Achten*, Die öffentlich-rechtliche Grundlage, 1929, S. 31 ff.
[326] In §§ 56–58 Erste Verordnung über den vorläufigen Aufbau des deutschen Handwerks vom 15.06.1934, RGBl. 1934 I, S. 493–508, die im Nationalsozialismus eine Neuregelung des Innungsrechts außerhalb der GewO herbeiführte, wurden die Innungsausschüsse durch obligatorische Kreishandwerkerschaften ersetzt. In der Kreishandwerkerschaft waren gem. § 56 der VO qua Gesetz die Innungen zusammengeschlossen, die innerhalb eines von der Handwerkskammer bestimmten Bezirks (regelmäßig dem Bezirk von Stadt- oder Landkreisen) ihren Sitz hatten. Näheres dazu unten S. 599. Heute ist das Recht der Kreishandwerkerschaften in §§ 86–89 HwO geregelt.
[327] § 104a GewO-1881.
[328] § 104b GewO-1881.
[329] § 104c GewO-1881.
[330] §§ 104d-104f GewO-1881.
[331] § 104g GewO-1881.
[332] *Bödiker*, Gewerberecht des Deutschen Reichs, 1883, S. 47 f.

der Handwerkerbewegung, den Innungen wieder Zwangsrechte einzuräumen, in der Novelle gerade nicht entsprochen worden war. Angemerkt sei, dass der Reichstag im Rahmen der letzten Gesetzesberatung der Innungsnovelle am 9. Juni 1881 eine Resolution verabschiedete, die den Reichskanzler ersuchte, dem Reichstag ein Gesetz vorzulegen, durch das „unter angemessener Beteiligung sowohl der Innungen, wie der außerhalb der Innungen stehenden Gewerbetreibenden aus dem gesamten Gewerbestand heraus zu bildende Gewerbekammern, insoweit sie noch nicht bestehen, in Deutschland eingeführt werden" sollten[333]. Im Jahr 1884 ließ die Reichsregierung im Reichstag dann mitteilen, dass sie einen Gesetzentwurf zur Einführung von Gewerbekammern habe ausarbeiten lassen[334]. Wie im Kapitel über die Geschichte des Handelskammerrechts ausführlich dargelegt wurde[335], ließ *Bismarck* im selben Jahr 1884 zumindest in Preußen tatsächlich 17 Gewerbekammern einrichten. Da diese jedoch Elemente einer in einem Volkswirtschaftsrat gipfelnden, gestuften Interessenwahrnehmung der Gesamtwirtschaft sein sollten, waren sie nicht Organe lediglich der Handwerker, sondern der gesamten Wirtschaft. Bemerkenswert ist, dass ihre Mitglieder nicht von den betroffenen Wirtschaftssubjekten, sondern von den Provinziallandtagen gewählt wurden. Ferner mussten die neuen Gewerbekammern mit den weiter bestehenden anderen Selbstverwaltungskörpern der Wirtschaft konkurrieren. Als der Gesamtplan einer in einem Deutschen Volkswirtschaftsrat gipfelnden, gestuften einheitlichen Interessenwahrnehmung aller Wirtschaftssparten schließlich im Reichstag scheiterte, gingen die in der Wirtschaft wenig geschätzten preußischen Gewerbekammern innerhalb weniger Jahre wieder ein.

b) Die Änderungen der Gewerbeordnung in den Jahren 1884, 1886 und 1887

Nach der großen Innungsnovelle-1881 kam es in den Jahren 1884, 1886 und 1887 zu eher punktuellen Veränderungen des Innungsrechts[336]. Das knappe Ergänzungsgesetz von 1884 beschränkte sich auf die Möglichkeit, Innungen und ihre Mitglieder im Bereich des Ausbildungswesens zu privilegieren[337]: Die höhere Verwaltungsbehörde konnte für den Bezirk einer im Lehrlingswesen erfolgreichen Innung anordnen, dass Arbeitgeber, die der Innung nicht angehörten, obwohl sie ein in der Innung vertretenes Gewerbe betrieben und aufnahmefähig waren, keine Lehrlinge mehr annehmen durften[338].

---

[333] *Bödiker*, Gewerberecht des Deutschen Reichs, 1883, S. 48.
[334] *Keucher*, Geschichtliche Entwicklung, 1931, S. 100.
[335] Siehe oben S. 284 ff.
[336] *v. Landmann/Rohmer*, GewO, 1. Bd., 4. Aufl., 1903, S. 12 f.
[337] Gesetz wegen Ergänzung des § 100e des Gesetzes, betreffend die Abänderung der Gewerbeordnung vom 18. Juli 1881 vom 08.12.1884, RGBl. 1884, S. 255.
[338] So die neue Nr. 3 in § 100e GewO.

II. 6. Die Stärkung der Innungen in den GewO-Novellen ab 1881

Das Änderungsgesetz von 1886 ergänzte die Regelungen über Innungsverbände durch weitere ausführliche Vorschriften[339]. Insbesondere wurden die Innungsverbände dadurch weiter aufgewertet, dass ihnen durch Beschluss des Bundesrats die Fähigkeit eingeräumt werden konnte, unter ihrem Namen Rechte zu erwerben und Verbindlichkeiten einzugehen sowie vor Gericht zu klagen und verklagt zu werden[340]. Für den Fall der Einräumung der Rechtsfähigkeit wurde die Haftung für Verbindlichkeiten des Innungsverbands auf das Vermögen desselben beschränkt[341]. Zugleich wurden Innungsverbände allgemein der Rechtsaufsicht der höheren Verwaltungsbehörde unterstellt[342]. Der zuvor knapp umrissene Aufgabenkreis der Innungsverbände wurde durch konkrete Befugnisse ergänzt, die darauf hinausliefen, Aufgaben der angeschlossenen Innungen zweckmäßig zusammenzufassen. So konnten Innungsverbände fortan bspw. Fachschulen für Lehrlinge oder Einrichtungen zur Förderung der Meister und Gesellen errichten[343]. Weitere Vorschriften betrafen unter anderem die Konkursfähigkeit und die Auflösung eines Innungsverbands[344].

Das Änderungsgesetz von 1887 zielte auf eine weitere Stärkung der Innungen ab, indem nun auch Nichtmitglieder an bestimmten Kosten der Innung beteiligt werden konnten[345]: So konnte die höhere Verwaltungsbehörde auf Antrag der Innung anordnen, dass innungsfähige Arbeitgeber des Innungsbezirks, die der Innung nicht angehörten, und deren Gesellen in derselben Weise wie Innungsmitglieder und deren Gesellen zu den Kosten für bestimmte Einrichtungen beizutragen hatten[346]. Umgekehrt wurde den zu den Kosten Herangezogenen dann aber das gleiche Recht zur Benutzung der Einrichtungen eingeräumt wie den Innungsmitgliedern[347].

---

[339] Gesetz, betreffend die Abänderung der Gewerbeordnung vom 23.04.1886, RGBl. 1886, S. 125–127.
[340] § 104h Abs. 1 GewO-1886.
[341] § 104h Abs. 1 S. 2 GewO-1886.
[342] § 104l GewO-1886.
[343] § 104k Abs. 1 i.V.m. § 97a Nr. 1 und 2 GewO-1886.
[344] §§ 104m ff. GewO-1886.
[345] Gesetz, betreffend Abänderung der Gewerbeordnung vom 06.07.1887, RGBl. 1887, S. 281–283.
[346] § 100f GewO-1887; für von der Innung für das Herbergswesen und für den Nachweis für Gesellenarbeit getroffene Einrichtungen, Einrichtungen, die von der Innung zur Förderung der Ausbildung der Meister, Gesellen und Lehrlinge getroffen wurden, sowie ein von der Innung errichtetes Schiedsgericht; dadurch sollten nicht nur „Trittbrettfahrer" aus Billigkeitsgründen zu den Kosten herangezogen werden, sondern auch allgemein die Attraktivität eines Innungsbeitritts erhöht werden; dazu auch *Marcinowski*, GewO, 6. Aufl., 1896, S. 17.
[347] § 100i GewO-1887.

7. Die Handwerkernovelle zur Gewerbeordnung von 1897

a) Der Weg zur großen Handwerkernovelle

aa) Vorschläge der Handwerksorganisationen zu Innungen und Handwerkerkammern

Obwohl die Aufwertung, welche die Innungen insbesondere durch die Innungsnovelle von 1881 erfahren hatten, zu einer Wiederbelebung des Innungswesens und der Gründung zahlreicher neuer Innungen führte, formierte sich in den achtziger Jahren des 19. Jh. unter den organisierten Handwerkern eine neue zünftlerische Bewegung, die weitergehende Reformen unter Wiedereinführung alter Zwangsrechte forderte[348]. Auslöser war der allgemeine Handwerkertag am 1. und 2. Juni 1882 in Magdeburg, der sich mit deutlicher Mehrheit für die Wiedereinführung der Zwangsinnung aussprach[349].

Vor allem aber wurde auf dem Magdeburger und dem Hannoveraner Handwerkertag im folgenden Jahr der Allgemeine Deutsche Handwerkerbund (ADHB) gegründet[350]. Nachdem sich in dessen Vorstand konservative Delegierte vor allem der Rheinprovinz gegenüber den zunächst federführenden liberalen Berliner Delegierten durchgesetzt hatten, agierte der ADHB in den folgenden Jahren als zentrales Sprachrohr des organisierten konservativen Handwerksstands und drängte auf die Wiedereinführung der Zwangsinnung und des Befähigungsnachweises[351]. Auf Initiative der ausgebooteten Berliner Delegierten bildeten die Vorstände von 14 Berliner Fachverbänden, die sich nach den Vorschriften der GewO zu Innungsverbänden umgebildet hatten, daneben den „Centralausschuss der vereinigten Innungsverbände Deutschlands" (CID), der als weitere Spitzenorganisation des Handwerks in bewusstem Kontrast zum ADHB eine liberalere Linie verfolgte[352]: So sollte nach Ansicht des CID der Befähigungsnachweis fakultativ bleiben und sollten Innungen zwar flächendeckend eingeführt werden, aber weiterhin auf freiwilliger Mitgliedschaft beruhen[353]. Sowohl ADHB als auch CID sprachen sich jedoch dafür aus,

---

[348] *Wernet*, Geschichte des Handwerks, 3. Aufl., 1959, S. 170 f.; *Lenger*, Sozialgeschichte der deutschen Handwerker, 1988, S. 155; *Waentig*, Die gewerbepolitischen Anschauungen, in: Die Entwicklung der deutschen Volkswirtschaftslehre, 2. Teil, 1908, Nr. 25, S. 51 f.; *Nipperdey*, Deutsche Geschichte 1866–1918, 1994, S. 258 f.

[349] Nach intensiven Diskussionen wurde ein Antrag, der sich explizit gegen freie Innungen aussprach, mit 252 gegen 54 Stimmen bei drei Enthaltungen angenommen. 14 Delegierte hatten den Saal vor der Abstimmung bewusst verlassen; vgl. *Georges*, Handwerk und Interessenpolitik, 1993, S. 135; *Böttger*, Programm, 1893, S. 138 nennt leicht abweichende Zahlen.

[350] *Georges*, Handwerk und Interessenpolitik, 1993, S. 135 ff.; *Böttger*, Programm, 1893, S. 138 f.

[351] Ausführlich zur Programmatik und Entwicklung des ADHB als zentraler „pressure group" des Handwerks: *Georges*, Handwerk und Interessenpolitik, 1993, S. 140 ff.

[352] *Böttger*, Programm, 1893, S. 141 ff.; *Georges*, Handwerk und Interessenpolitik, 1993, S. 174 ff.

[353] Der Befähigungsnachweis sollte zum Führen des gesetzlich geschützten Meistertitels berechtigen; als Anreiz zum Innungsbeitritt sollte bspw. Innungsmeistern das Recht vorbehalten

II. 7. Die Handwerkernovelle zur Gewerbeordnung von 1897

neben den Innungen Handwerkskammern als weitere Selbstverwaltungsorgane des Handwerksstands einzuführen, wobei der CID zusätzlich die Einsetzung eines Reichsinnungsamts als oberste Instanz vorschlug[354]. Obwohl der CID auch weiterhin eine insgesamt freiheitlichere Linie verfolgte, kooperierten die beiden großen Handwerkerverbände schließlich ab 1890, was ihren Anliegen zusätzliche Schlagkraft verlieh[355].

Im Juni 1890 empfing der junge Kaiser *Wilhelm II.* eine Gesandtschaft des in Berlin tagenden Handwerkertags, auf dem ADHB und CDI erstmals geeint auftraten, und gab hierbei seinem Interesse an der Bewegung der Handwerker Ausdruck, denen er wünschte, wieder zu der Blüte zu gelangen, in der das Handwerk bereits im 14. Jh. gestanden habe[356]. In der Folge kam es im Juni 1891 in Berlin zu einer Handwerkerkonferenz, an der neben 21 Repräsentanten des organisierten Handwerks auch Vertreter des Reichsamts des Innern und des preußischen Ministeriums für Handel und Gewerbe teilnahmen[357]. Als letzter Tagesordnungspunkt wurde hier der Erlass eines Gesetzes zur Regelung des „Handwerker-(Innungs)-Kammerwesens und die Einsetzung besonderer Kammern als Aufsichtsbehörden" behandelt[358]. Beschlüsse des zweiten deutschen Innungstags von 1888 aufgreifend, regten die Vertreter des Handwerks an, neben den Innungen Handwerkerkammern zu errichten, die an Stelle der Gemeindebehörde als Aufsichtsbehörde über die Innungen treten sollten[359].

Auf eine Anfrage im November 1891, ob die vom Handwerk auf der Konferenz geäußerten Wünsche bei der Regierung Berücksichtigung gefunden hätten, nahm der Stellvertreter des Reichskanzlers, Staatssekretär *von Bötticher,* ausführlich Stellung[360]. Zur Selbstverwaltung führte er dabei aus, dass eine wirksame Vertretung der Interessen des Handwerks am besten durch eine Organisation des gesamten Handwerks gewährleistet werden könne[361]. Dazu könnten in den einzelnen Bezirken entweder Handwerkerkammern, denen der gesamte Handwerkerstand des Bezirks angehören sollte, oder aber Gewerbekammern errichtet werden, an denen der Handwerkerstand des Bezirks neben anderen beteiligt sei. Nahezu unmöglich sei hingegen die von den Handwerkern gewünschte Einführung der obligatorischen Innung sowie die Einführung des Befähigungsnachweises[362].

---

bleiben, Lehrlinge auszubilden; *Böttger,* Programm, 1893, S. 142 f.; *Georges,* Handwerk und Interessenpolitik, 1993, S. 175.

[354] *Böttger,* Programm, 1893, S. 141 f.; *Georges,* Handwerk und Interessenpolitik, 1993, S. 175.
[355] *Georges,* Handwerk und Interessenpolitik, 1993, S. 209 ff.
[356] *Böttger,* Programm, 1893, S. 147.
[357] *Böttger,* Programm, 1893, S. 147 ff.
[358] *Böttger,* Programm, 1893, S. 157 ff.
[359] Zu den Kompetenzen der vorgeschlagenen Handwerkerkammern: *Böttger,* Programm, 1893, S. 157 f.
[360] Die Stellungnahme ist abgedruckt bei: *Böttger,* Programm, 1893, S. 160 ff.
[361] *Böttger,* Programm, 1893, S. 163.
[362] *Böttger,* Programm, 1893, S. 162.

bb) Das Berlepsche Konzept von 1893

Konkreten Niederschlag fanden die Diskussionen in Überlegungen des preußischen Handelsministers *von Berlepsch* zur Reform der Selbstverwaltungsorganisationen des Handwerks, welche dieser im August 1893 als Diskussionsgrundlage im Reichsanzeiger veröffentlichen ließ[363]. Von Berlepschs Konzept knüpfte an die Vorschläge des Handwerksstands an, ging aber auch über diese hinaus, indem er eine Trias von Selbstverwaltungsorganisationen vorsah: Neben den weiter bestehenden freien Innungen sollten sog. Fachgenossenschaften und schließlich Handwerkskammern gegründet werden[364].

Die für die verschiedenen Gewerbszweige zu bildenden neuen Fachgenossenschaften sollten auf der Grundlage einer obligatorischen Mitgliedschaft aller Handwerker, die nicht mehr als 20 Arbeiter beschäftigten, letztlich die Defizite des freiwilligen Innungswesens kompensieren[365]. Sie sollten verschiedene bislang den Innungen obliegende Aufgaben von der Pflege des Gemeingeists bis zum Nachweis von Gesellenarbeit erfüllen und namentlich die Vorschriften über die Ausbildung und Verwendung der Lehrlinge erlassen. Ihre Generalversammlung sollte neben den Mitgliedern der Handwerkskammer auch den Vorstand und die Mitglieder der Ausschüsse wählen. In jeder Fachgenossenschaft sollte ferner ein Gehilfenausschuss aus bei den Mitgliedern beschäftigten Arbeitnehmern gebildet werden, der bei der Regelung des Lehrlingswesens, der Abnahme der Gesellenprüfungen und der Entscheidung von Streitigkeiten zwischen Arbeitgebern und Lehrlingen mitwirken sollte.

Die von den Generalversammlungen der Fachgenossenschaften zu wählenden Handwerkskammern sollten primär die Interessen des Kleingewerbes gegenüber der Allgemeinheit vertreten und die Durchführung der den Fachgenossenschaften und Innungen obliegenden Aufgaben sichern[366]. Zu ihren obligatorischen Aufgaben sollten daher die Aufsicht über die Fachgenossenschaften und Innungen ihres Bezirks und die Beaufsichtigung der Durchführung der für das Lehrlingswesen geltenden Vorschriften in den Betrieben sowie der Bestimmungen über den Arbeiterschutz gehören. Fakultative Aufgaben sollten etwa die Beratung der zur Förderung des Kleingewerbes geeigneten Einrichtungen sowie die Errichtung von Fachschulen sein. Auch bei den Handwerkskammern war eine von den Gehilfenausschüssen der Fachgenossenschaften zu wählende Vertretung der Gehilfen vorgesehen.

Das Berlepsche Konzept, das vor allem bei der Beteiligung von Gehilfen innovativ war, trug bestimmungsgemäß dazu bei, die öffentliche Diskussion weiter zu beleben und auf die wesentlichen Fragen zu fokussieren. Während die Einführung

---

[363] „Die Organisation des Handwerks", in: Reichsanzeiger vom 18. August 1893, Neueste Mitteilungen, S. 1 f.
[364] Reichsanzeiger vom 18. August 1893, Neueste Mitteilungen, S. 1 f.; dazu auch: *Böttger*, Geschichte und Kritik, 1898, S. 55 ff.
[365] Reichsanzeiger vom 18. August 1893, Neueste Mitteilungen, S. 2.
[366] Reichsanzeiger vom 18. August 1893, Neueste Mitteilungen, S. 2.

von Handwerkskammern überwiegend begrüßt wurde, stießen Vorschläge wie insbesondere die Zwangsfachgenossenschaft, aber auch die Beteiligung der Gehilfen in Fachgenossenschaften und Kammern bei den unterschiedlichen Interessengruppen auf ein geteiltes Echo: Der Handwerkertag des Jahres 1894 bspw. fand zwar viel Gutes am Berlepschen Konzept, das mit den obligatorischen Fachgenossenschaften ja durchaus eine zünftische Tendenz aufwies, kritisierte aber anderseits den Dualismus aus Fachgenossenschaften und Innungen[367]. Entsprechend ersetzte die Stellungnahme des Handwerkstags überall den Begriff der Fachgenossenschaft durch den der Innung, was auf die Wiedereinführung der Zwangsinnung ohne separate Fachgenossenschaften hinausgelaufen wäre[368]. Der Verband deutscher Gewerbevereine hingegen verwarf das Konzept der Zwangsfachgenossenschaft ebenso wie die Einrichtung einer Gehilfenvertretung bei den Handwerkskammern[369].

cc) *Der Böttichersche Entwurf des Reichsamts des Inneren von 1895*

Nachdem die konservativen Fraktionen Anfang 1895 auf eine Reform des Handwerksrechts gedrängt hatten, entstanden auf der Grundlage des Berlepschen Entwurfs zwei Gesetzentwürfe, die im Juli 1895 einer ersten Beratung mit Repräsentanten von Handwerk und Gewerbe unterzogen wurden. Der erste dieser Entwürfe, der im Reichsamt des Innern ausgearbeitete sog. Böttichersche Entwurf, der im Dezember 1895 dem Reichstag vorgelegt wurde, konzentrierte sich auf die reichsweite Einführung von Handwerkskammern als Selbstverwaltungsorganen des Handwerks[370]. Diese sollten vor allem eine kommunikative Schnittstellenfunktion zwischen Staat und Handwerkerstand einnehmen: So sollten sie Wünsche und Anträge der Handwerker an die Behörden weitergeben und in allen das Gesamtinteresse des Handwerks berührenden Angelegenheiten gehört werden[371]. Da das aktive Wahlrecht nicht nur innungsgebundenen Handwerkern, sondern prinzipiell allen mindestens fünfundzwanzigjährigen, seit mindestens einem Jahr im Bezirk der Kammer selbständig ein Handwerk betreibenden Personen zustehen sollte, hielt man die Kammern für repräsentativere Sprachrohre des Handwerkerstands als bspw. die Innungsverbände[372]. Der Böttichersche Entwurf wurde indes bei seiner Beratung im Reichstag im Dezember 1895 schon bald als unbrauchbares Fragment

---

[367] Böttger, Geschichte und Kritik, 1898, S. 63 f.
[368] Das weitere große Anliegen der organisierten Handwerker, der von Berlepsch nicht vorgesehene Befähigungsnachweis, sollte im Rahmen des Zwangsinnungssystems in der Weise eingeführt werden, dass nur solche Gewerbetreibende in die Innung aufgenommen werden sollten, welche eine ordnungsgemäße Lehrzeit zurückgelegt, eine Gesellen- und Meisterprüfung bestanden und das 24. Lebensjahr vollendet hatten.
[369] Böttger, Geschichte und Kritik, 1898, S. 65.
[370] Neuhaus, Die Handwerkskammer, 1902, S. 2.
[371] Böttger, Geschichte und Kritik, 1898, S. 66 ff.
[372] Keucher, Geschichtliche Entwicklung, 1931, S. 103 f.

verworfen[373], und nur wenige Detailregelungen sollten sich in der späteren Handwerkernovelle wiederfinden[374].

dd) Der Entwurf des preußischen Ministeriums für Handel und Gewerbe von 1896

Der im Jahr 1896 vorgelegte Entwurf des preußischen Ministeriums für Handel und Gewerbe ließ das negativ aufgenommene Modell der Fachgenossenschaften fallen und schlug statt ihrer die Einrichtung von Zwangsinnungen[375], sog. Handwerksausschüssen und Handwerkskammern vor, in denen ausschließlich Handwerker vereint sein sollten[376]. Die Rückkehr zur Zwangsinnung sei erforderlich, da eine obligatorische Mitgliedschaft Voraussetzung wirklich effektiver Interessenwahrnehmung sei[377]. Die neuen Zwangsinnungen sollten durch Verfügung der höheren Verwaltungsbehörde für eine große Anzahl im Einzelnen genannter Handwerke eingerichtet werden[378]. Die obligatorischen Handwerksausschüsse sollten an Stelle der freiwilligen Innungsausschüsse die Innungen eines Bezirks vereinigen, aber gleichzeitig auch nicht von den Zwangsinnungen erfasste Handwerker organisieren, und so letztlich eine Mittelstellung zwischen Innungen und Handwerkskammern einnehmen[379]. Entsprechend sollten sie die lokalen Interessen des gesamten Handwerks wahrnehmen, den Innungen ein Forum für eine gebündelte Aufgabenwahrnehmung bieten und schließlich die Mitglieder der Handwerkskammern wählen sowie diesen zugleich als ausführendes Organ dienen[380]. Die obligatorischen Handwerkskammern schließlich sollten insbesondere das Lehrlingswesen regeln, die Behörden in der Förderung des Handwerks durch Mitteilungen und Gutachten unterstützen und in allen wichtigen, die Gesamtinteressen des Handwerks berührenden Angelegenheiten gehört werden[381]. Sowohl bei den Innungen als auch bei den Handwerksausschüssen und den Handwerkskammern sollten Gesellenaus-

---

[373] Der Entwurf wurde an eine Kommission verwiesen, die jedoch nur einmal hierzu tagte und beschloss, zunächst den Gesetzentwurf der preußischen Regierung abzuwarten.
[374] Zu nennen ist die Obliegenheit, die Handwerkskammer in allen wichtigen, die Gesamtinteressen des Handwerks oder die Interessen einzelner Zweige desselben berührenden Angelegenheiten zu hören (§ 103e Abs. 2 GewO-1897) sowie die Regelung der Deckung der Kammerkosten (§ 103l GewO-1897); *Böttger*, Geschichte und Kritik, 1898, S. 68.
[375] § 82b Abs. 1 Gesetzentwurf des Preußischen Ministeriums für Handel und Gewerbe von 1896 (im Folgenden: Entwurf Preuß. Handelsminist.-1896): „Als Mitglieder gehören der Innung alle diejenigen an, welche das Gewerbe, wofür die Innung errichtet ist, als stehendes Gewerbe selbständig betreiben, mit Ausnahme derjenigen, welche das Gewerbe fabrikmäßig betreiben".
[376] Der Gesetzentwurf nebst Begründung ist abgedruckt in: Entwurf eines Gesetzes, betreffend die Abänderung der Gewerbeordnung, 1896, S. 29 ff.; vgl. zum Ganzen auch die Einleitung von *Hoffmann*, a.a.O., S. 3 ff.; *Böttger*, Geschichte und Kritik, 1898, S. 68 ff.
[377] Vgl. die Begründung zum Entwurf Preuß. Handelsminist.-1896, abgedruckt in: Entwurf eines Gesetzes, betreffend die Abänderung der Gewerbeordnung, 1896, S. 73 ff.; *Böttger*, Geschichte und Kritik, 1898, S. 69.
[378] § 82 Entwurf Preuß. Handelsminist.-1896.
[379] §§ 89 ff. Entwurf Preuß. Handelsminist.-1896.
[380] *Böttger*, Geschichte und Kritik, 1898, S. 75 f.
[381] § 91c Entwurf Preuß. Handelsminist.-1896.

schüsse eingerichtet werden, denen aber insgesamt weniger Einfluss als den Gehilfenausschüssen des Berlepschen Entwurfs zukommen sollte[382].

Die im September 1896 von CID und ADHB einberufene Handwerkerkonferenz, an der auch Regierungsvertreter teilnahmen, verwarf in einer ausführlichen Stellungnahme zum preußischen Entwurf insbesondere die Handwerksausschüsse, an deren Stelle die bestehenden Innungsausschüsse beibehalten werden sollten, und den Gesellenausschuss bei der Handwerkskammer[383]. Der Verband deutscher Gewerbevereine hingegen sprach sich kategorisch gegen die vorgeschlagenen Zwangsinnungen aus[384].

ee) Der Gesetzentwurf der verbündeten Regierungen von 1897

Nachdem der preußische Entwurf im Bundesrat vor allem bei süddeutschen und mitteldeutschen Regierungen auf heftigen Widerstand gestoßen war, ließ der Bundesrat die Vorlage zu einem eigenen Gesetzentwurf umarbeiten, den Reichskanzler *Fürst zu Hohenlohe* am 15. März 1897 dem Reichstag vorlegte[385]. Die Gesetzesvorlage der verbündeten Regierungen besaß einen Kompromisscharakter zwischen dem preußischen Entwurf, dessen Kernstück die Zwangsinnung nebst den obligatorischen Handwerksauschüssen war, und dem von den liberaleren Vorstellungen der süddeutschen Regierungen beeinflussten Bötticherschen Entwurf, in dessen Mittelpunkt die Handwerkskammern standen[386].

Der zentrale Kompromiss bestand in der sog. fakultativen Zwangsinnung[387]: Bei grundsätzlichem Weiterbestehen freier Innungen sollte bei Erfüllung bestimmter Voraussetzungen dann eine Zwangsinnung von der Verwaltungsbehörde errichtet werden, wenn die Mehrheit der Handwerker des Innungsbezirks der Einführung des Beitrittszwangs zustimmte[388]. Die Handwerksausschüsse des preußischen Entwurfs waren zugunsten der Innungsausschüsse nicht mehr aufgeführt, was zugleich einen Verzicht auf eine Organisation der nicht innungsgebundenen Hand-

---

[382] §§ 90, 92a f. Entwurf Preuß. Handelsminist.-1896.
[383] *Böttger*, Geschichte und Kritik, 1898, S. 85.
[384] *Böttger*, Geschichte und Kritik, 1898, S. 87.
[385] Der Gesetzentwurf ist synoptisch mit dem späteren Gesetz vom 26. 07. 1897 abgedruckt bei: *Böttger*, Geschichte und Kritik, 1898, S. 357 ff.; ein umfangreicher Auszug aus dem allgemeinen Teil der Begründung des Gesetzentwurfs ist abgedruckt bei: *von Rohrscheidt*, Das Innungs- und Handwerkergesetz, 2. Aufl., 1898, S. 1 ff.
[386] *Böttger*, Geschichte und Kritik, 1898, S. 88 ff.; *Keucher*, Geschichtliche Entwicklung, 1931, S. 105.
[387] Vgl. die ausführliche Begründung des Gesetzentwurfs zu dieser Frage, abgedruckt bei: *von Rohrscheidt*, Das Innungs- und Handwerkergesetz, 2. Aufl., 1898, S. 1 (4 ff.).
[388] Gem. § 100 des Entwurfs der verbündeten Regierungen sollte eine Zwangsinnung errichtet werden, wenn die Mehrzahl der beteiligten Gewerbetreibenden der Einführung des Beitrittszwangs zustimmt, der Bezirk der Innung so abgegrenzt ist, dass kein Mitglied durch die Entfernung seines Wohnorts vom Sitz der Innung behindert wird, am Genossenschaftsleben teilzunehmen und die Innungseinrichtungen zu benutzen, und die Zahl der im Bezirk vorhandenen beteiligten Handwerker zur Bildung einer leistungsfähigen Innung ausreicht; *Böttger*, Geschichte und Kritik, 1898, S. 91, 98 f.

werker bedeutete[389]. Die Handwerkskammern waren nämlich nicht als Vertretungen des gesamten Handwerkerstands, sondern lediglich der organisierten Handwerker konzipiert und sollten daher von den Innungen, aber auch den Gewerbevereinen, soweit unter deren Mitgliedern mehr als die Hälfte Handwerker waren, gewählt werden[390]. Gesellenausschüsse schließlich sollten anders als im preußischen Entwurf nicht bei den Handwerkskammern, sondern nur bei den Innungen errichtet werden. In diesem Punkt wich der Reichstag, der den Gesetzentwurf ansonsten im Wesentlichen billigte, allerdings von der Vorlage ab und sah schließlich auch bei den Handwerkskammern Gesellenausschüsse vor[391].

b) Freie Innungen und Zwangsinnungen nach der Handwerkernovelle von 1897

Die am 26. Juli 1897 verabschiedete Handwerkernovelle führte eine umfassende Revision von Titel VI der GewO herbei, der nun in vier Abschnitte über die Innungen, die Innungsausschüsse, die Handwerkskammern und die Innungsverbände gegliedert war[392]. Der Abschnitt über die Innungen wiederum war in die Abschnitte „Allgemeine Vorschriften" und „Zwangsinnungen" untergliedert[393]. Neben einer Fülle von Einzeländerungen – wie etwa der Einführung von Gesellenausschüssen bei den Innungen[394] – brachte die Handwerkernovelle im Innungsrecht vor allem die aus dem Gesetzentwurf von 1897 übernommene Idee der fakultativen

---

[389] *Böttger*, Geschichte und Kritik, 1898, S. 93.
[390] Gem. § 103a des Entwurfs der verbündeten Regierungen sollten die Mitglieder der Handwerkskammern von den Handwerkerinnungen, die im Bezirk der Handwerkskammern ihren Sitz hatten, aus der Zahl der Innungsmitglieder, sowie von denjenigen Gewerbevereinen und sonstigen Vereinigungen, welche die Förderung der gewerblichen Interessen des Handwerks verfolgten, die mindestens zur Hälfte ihrer Mitglieder aus Handwerkern bestanden und im Bezirk der Kammer ihren Sitz hatten, aus der Zahl ihrer Mitglieder gewählt werden, wobei Mitglieder, die einer Innung angehörten oder nicht Handwerker waren, nicht an der Wahl beteiligt werden durften.
[391] Zu den Lesungen des Gesetzentwurfs im Reichstag: *Böttger*, Geschichte und Kritik, 1898, S. 110 ff.
[392] Gesetz, betreffend die Abänderung der Gewerbeordnung vom 26.07.1897, RGBl. 1897 S. 663–706; Innungen: §§ 81–100u GewO-1897, Innungsausschüsse: §§ 101–102 GewO-1897, Handwerkskammern: §§ 103–103q GewO-1897, Innungsverbände: §§ 104–104n GewO-1897; eine synoptische Gegenüberstellung der Handwerkernovelle und des Gesetzentwurfs der verbündeten Regierungen findet sich bei *Böttger*, Geschichte und Kritik, 1898, S. 357 ff.
[393] §§ 81–99 sowie §§ 100–100u GewO; zum Recht der Innungen nach der Handwerkernovelle: *Fahnert*, Das neue Handwerkergesetz, 1897, S. 1 ff.; *Rohmer*, Die Handwerkernovelle, 1898, S. 5 ff. (a.a.O., S. 276 ff. ist die Bundesratsbekanntmachung über die Musterstatuten für freie und Zwangsinnungen abgedruckt); v. *Landmann/Rohmer*, GewO, 1. Bd., 4. Aufl., 1903, S. 565 ff.; *Neuhaus*, Innungen und Innungsausschüsse, 1902; *von Rohrscheidt*, Das Innungs- und Handwerkergesetz, 2. Aufl., 1898, S. 22 ff.
[394] §§ 95–95c GewO-1897: Der Gesellenausschuss wurde von den bei einem Innungsmitglied beschäftigten volljährigen Gesellen (Gehilfen) gewählt, § 95a GewO-1897. Der Gesellenausschuss war bei der Regelung des Lehrlingswesens, bei der Gesellenprüfung sowie bei der Begründung und Verwaltung aller Einrichtungen zu beteiligen, für welche die Gesellen Beiträge entrichteten oder eine besondere Mühewaltung übernahmen oder welche zu ihrer Unterstützung bestimmt waren; vgl. im Übrigen die Übersicht über die wesentlichen Änderungen im Recht der freiwilligen Innungen bei *F. Hoffmann*, Die Organisation des Handwerks, 3. Aufl., 1902, S. 5 f.

Zwangsinnung[395]: Während die freien Innungen prinzipiell weiter bestanden, konnte die höhere Verwaltungsbehörde auf Antrag der Beteiligten anordnen, dass innerhalb eines Bezirks alle Gewerbetreibenden, die das gleiche oder verwandte Handwerke ausübten, einer neu zu errichtenden Zwangsinnung als Mitglieder anzugehören hatten, wenn erstens die Mehrheit der beteiligten Gewerbetreibenden der Einführung des Beitrittszwangs zustimmte[396], zweitens der Bezirk der Innung so abgegrenzt war, dass kein Mitglied durch die Entfernung seines Wohnorts vom Sitz der Innung behindert wurde, am Genossenschaftsleben Teil zu nehmen und die Innungseinrichtungen zu nutzen, und drittens die Zahl der im Bezirk vorhandenen beteiligten Handwerker zur Bildung einer leistungsfähigen Innung ausreichte[397]. Der Antrag zur Bildung einer Zwangsinnung konnte entweder von einer bestehenden freien Innung oder aber von Handwerkern gestellt werden, die zu einer Innung zusammentreten wollten[398]. Die Pflichtmitgliedschaft in der Zwangsinnung konnte dabei antragsgemäß auf solche Gewerbetreibenden beschränkt werden, die regelmäßig Gesellen oder Lehrlinge beschäftigten[399].

Auf die Zwangsinnungen fanden im Übrigen prinzipiell die Vorschriften über die freien Innungen Anwendung, soweit nicht Sonderregelungen bestanden[400]. Ein wesentlicher systematischer Unterschied zwischen beiden Innungsformen bestand darin, dass Zwangsinnungen auf das Handwerk beschränkt waren, während freiwillige Innungen prinzipiell auch von nicht-handwerklichen Gewerben errichtet werden konnten[401]. In der Praxis wurden allerdings auch freiwillige Innungen fast ausschließlich von Handwerkern gebildet[402]. Der Zwangsinnung gehörten obliga-

---

[395] *Neuhaus*, Innungen und Innungsausschüsse, 1902, S. 53 ff.; *Fahnert*, Das neue Handwerkergesetz, 1897, S. 1 ff.; v. Landmann/Rohmer, GewO, 1. Bd., 4. Aufl., 1903, S. 650 ff.; *F. Hoffmann*, Die Organisation des Handwerks, 3. Aufl., 1902, S. 5 ff.; *Fröhler*, Das Recht der Handwerksinnung, 1959, S. 7; *Wernet*, Geschichte des Handwerks, 3. Aufl., 1959, S. 174; *van Eyll*, Berufsständische Selbstverwaltung, in: Dt. Verwaltungsgeschichte, Bd. 3, 1984, S. 71 (81).

[396] Gem. § 100a GewO-1897 hatte die höhere Verwaltungsbehörde die beteiligten Gewerbetreibenden durch ortsübliche Bekanntmachung oder besondere Mitteilung zu einer Äußerung für oder gegen die Einführung des Beitrittszwangs aufzufordern, um festzustellen, ob die Mehrheit zustimmte (§ 100 Abs. 1 Nr. 1 GewO-1897). Bei der Abstimmung entschied die Mehrheit der abgegebenen Stimmen.

[397] § 100 Abs. 1 GewO-1897; der geographische Bezirk sowie der Mitgliederkreis (erfasste Gewerbszweige etc.) einer einmal etablierten Zwangsinnung konnten später gem. § 100u GewO-1897 unter bestimmten Voraussetzungen durch die höhere Verwaltungsbehörde ausgedehnt oder aber verkleinert werden; zur Errichtung der Zwangsinnung: *Neuhaus*, Innungen und Innungsausschüsse, 1902, S. 54 ff.

[398] § 100 Abs. 3 GewO-1897.

[399] § 100 Abs. 3 GewO-1897; gem. § 100f Abs. 1 Nr. 2 GewO-1897 waren in diesem Fall von der Mitgliedschaft in der Innung alle Gewerbetreibenden ausgeschlossen, die regelmäßig weder Gesellen noch Lehrlinge hielten. Sie konnten indes – wie sogleich noch ausgeführt wird – gem. § 100g Abs. 1 Nr. 3 GewO-1897 der Zwangsinnung freiwillig beitreten.

[400] § 100c GewO-1897; *Neuhaus*, Innungen und Innungsausschüsse, 1902, S. 66 ff.; eine Übersicht über die wichtigsten Unterschiede im Recht der freien Innungen und der Zwangsinnungen gibt *F. Hoffmann*, Die Organisation des Handwerks, 3. Aufl., 1902, S. 7 ff.

[401] Vgl. §§ 81 ff. GewO-1897 einerseits und §§ 100 ff. GewO-1897 andererseits.

[402] *Meyer-Ibold*, Organisation des deutschen Handwerks, 1931, S. 32, Fn. 1 nennt als Beispiel nicht-handwerklicher Innungen die Gründung von Fabrikanteninnungen im Jahr 1929 in Rem-

torisch diejenigen an, welche das handwerkliche Gewerbe, für das die Innung errichtet worden war, als stehendes Gewerbe selbständig betrieben[403]. Ausgenommen von der Pflichtmitgliedschaft waren allerdings Personen, die das Gewerbe fabrikmäßig betrieben[404]. Personen, die mehrere Gewerbe betrieben, gehörten nur derjenigen Innung an, die für das hauptsächlich betriebene Gewerbe errichtet war[405]. Freiwillig konnten der Zwangsinnung u. a. Personen beitreten, die in einem dem Gewerbe angehörenden Großbetrieb als Werkmeister oder in ähnlicher Stellung beschäftigt waren[406], Personen, die das Gewerbe fabrikmäßig betrieben[407], und – wenn die Pflichtmitgliedschaft auf Personen beschränkt war, die regelmäßig Gesellen oder Lehrlinge hatten – Gewerbetreibende, die regelmäßig weder Gesellen noch Lehrlinge hatten[408]. Die freiwilligen Mitglieder konnten zum Schluss jedes Rechnungsjahres auch wieder aus der Innung austreten[409].

Die aus der Errichtung und der Tätigkeit der Innung und ihres Gesellenausschusses erwachsenden Kosten waren, soweit sie nicht durch Vermögenserträge oder sonstige Einnahmen gedeckt waren, von den Innungsmitgliedern aufzubringen[410]. Bei Zwangsinnungen war der Beitragsfuß unter Berücksichtigung der Leistungsfähigkeit der einzelnen Betriebe im Statut festzusetzen[411]. Ebenfalls statutarisch konnte bestimmt werden, dass Personen, die der Zwangsinnung freiwillig beitraten, mit festen Sätzen zu den Beiträgen herangezogen wurden, und Innungsmitglieder, die regelmäßig weder Gesellen noch Lehrlinge beschäftigten, von der Beitragsverpflichtung entweder ganz befreit oder nur mit geringen Beiträgen herangezogen wurden[412]. Die Erhebung eines Eintrittsgelds zur Innung wurde ausdrücklich ausgeschlossen[413].

---

scheid, um durch die Errichtung von Innungskrankenkassen „den missliebigen Ortskrankenkassen" zu entgehen.

[403] §§ 100f Abs. 1 S. 1 i. V. m. 100 GewO-1897; *Neuhaus*, Innungen und Innungsausschüsse, 1902, S. 59 f.

[404] § 100f Abs. 1 S. 2 Nr. 1 GewO-1897; inwieweit Handwerker, die in landwirtschaftlichen oder gewerblichen Betrieben gegen Entgelt beschäftigt waren und regelmäßig Gesellen oder Lehrlinge hielten, sowie Hausgewerbetreibende der Innung anzugehören hatten, war gem. § 100f Abs. 2 GewO-1897 mit Genehmigung der höheren Verwaltungsbehörde durch das Statut zu bestimmen.

[405] § 100f Abs. 3 GewO-1897.

[406] § 100g Abs. 1 Nr. 1 i. V. m. § 87 Abs. 1 Nr. 2 GewO-1897.

[407] § 100g Abs. 1 Nr. 2 GewO-1897, unter der Voraussetzung, dass die Innungsversammlung zustimmte.

[408] § 100g Abs. 1 Nr. 3 GewO-1897.

[409] § 100g Abs. 3 GewO-1897.

[410] § 89 Abs. 1 GewO-1897; *Neuhaus*, Innungen und Innungsausschüsse, 1902, S. 48 f.

[411] § 100s Abs. 1 S. 1 GewO-1897; *Fahnert*, Das neue Handwerkergesetz, 1897, S. 6 f.; dort wo eine Gewerbesteuer erhoben wurde, konnte die Landeszentralbehörde gem. § 100s Abs. 1 S. 2 GewO-1897 genehmigen, dass die Beiträge durch Zuschläge zu dieser Steuer erhoben wurden.

[412] § 100s Abs. 2 GewO-1897; Gewerbetreibende, die neben dem Handwerk, hinsichtlich dessen sie der Innung angehörten, noch ein anderes Handwerk oder ein Handelsgeschäft betrieben, waren gem. § 100s Abs. 5 GewO-1897 zu den Beiträgen nach dem Verhältnis der Einnahmen aus dem zur Innung gehörenden Handwerksbetrieb – bzw. soweit die Beiträge durch Zuschläge auf

Die Errichtungsanordnung der Zwangsinnung konnte durch die höhere Verwaltungsbehörde auch wieder zurückgenommen werden, wenn die Innungsversammlung dies beantragte[414]. Der Beschluss der Innungsversammlung auf Aufhebung der Zwangsinnung war allerdings nur wirksam, wenn er von mindestens einem Viertel der Pflichtmitglieder beantragt wurde und ihm drei Viertel derselben zustimmten[415]. Das bei der Auflösung vorhandene Vermögen durfte nach Erfüllung der Verbindlichkeiten – anders als bei freien Innungen – nicht an die bisherigen Mitglieder verteilt werden, sondern wurde den bei der Innung vorhandenen Unterstützungskassen, einer freien Innung, welche für die betroffenen Gewerbszweige an die Stelle der Zwangsinnung trat, oder aber der Handwerkskammer überwiesen[416].

Wenn die Handwerkernovelle-1897 damit neben dem freien Innungswesen wenigstens fakultativ auch die Zwangsinnung wieder einführte, ist indes zu betonen, dass deren entscheidender Unterschied zu den früheren Zünften darin bestand, dass die Innungsmitgliedschaft gerade nicht zur Voraussetzung der Gewerbeausübung gemacht wurde. War eine Zwangsinnung etabliert, hatte dies die Pflichtmitgliedschaft der erfassten Gewerbetreibenden zur Folge, nicht aber war umgekehrt die Mitgliedschaft in der Innung Voraussetzung der Gewerbeausübung. Die Einführung der fakultativen Zwangsinnung zielte nicht auf eine Einschränkung der Gewerbefreiheit, sondern auf die Gewährleistung leistungsfähiger Innungen ab.

c) Die neuen Handwerkskammern

Während die Handwerkernovelle-1897 an den Organisationsformen des Innungsausschusses sowie des Innungsverbands für Zusammenschlüsse von Innungen festhielt[417], führte sie mit den Handwerkskammern reichsweit neue Selbstverwaltungsorgane zur Vertretung der Interessen des Handwerks des jeweiligen Bezirks ein[418]. Zweck der neuen Handwerkskammern war vor allem, dem Handwerk neben den

---

die Gewerbesteuer erhoben wurden, nach dem Verhältnis der diesen Handwerksbetrieb treffenden Steuer – heranzuziehen.

[413] § 100s Abs. 5 GewO-1897.

[414] § 100t Abs. 1 S. 1 GewO-1897; *v. Landmann/Rohmer*, GewO, 1. Bd., 4. Aufl., 1903, S. 685 f.

[415] § 100t Abs. 1 S. 2 GewO-1897; ferner musste die Einladung zu der Innungsversammlung, in der die Abstimmung über den Antrag erfolgen sollte, mindestens vier Wochen vorher ordnungsgemäß ergangen sein.

[416] § 100t Abs. 4 i. V. m. § 98a Abs. 1 GewO-1897; bei freien Innungen durfte das verbleibende Vermögen gem. § 98a Abs. 2 GewO-1897 insoweit unter den Mitgliedern verteilt werden, als es aus Beiträgen derselben entstanden war.

[417] §§ 101 f. GewO-1897 (Innungsausschuss); §§ 104 ff. GewO-1897 (Innungsverband).

[418] § 103 Abs. 1 GewO-1897; zum Recht der neuen Handwerkskammern: *von Rohrscheidt*, Das Innungs- und Handwerkergesetz, 2. Aufl., 1898, S. 96 ff.; *Rohmer*, Die Handwerkernovelle, 1898, S. 151 ff.; *v. Landmann/Rohmer*, GewO, 1. Bd., 4. Aufl., 1903, S. 694 ff.; *F. Hoffmann*, Die Organisation des Handwerks, 3. Aufl., 1902, S. 10 ff., 117 ff.; *Neuhaus*, Die Handwerkskammer, 1902, S. 5 ff.; *Scharf*, Tätigkeit und Entwicklung, 1910, S. 1 ff.; *Fahnert*, Das neue Handwerkergesetz, 1897, S. 11 ff.

auf kleinere Bezirke beschränkten Innungen und Innungsausschüssen effektive, gewerbeübergreifende Selbstverwaltungskörper für größere Bezirke zur Verfügung zu stellen, wie es sie für Handel und Industrie in den meisten deutschen Staaten in Form der Handelskammern schon lange gab[419].

Eine wesentliche Besonderheit der Handwerkskammern bestand darin, dass sie anders als die Innungen und auch die preußischen Handelskammern nicht auf Initiative der Betroffenen, sondern durch die Behörden autoritativ gebildet wurden[420]. Sie waren damit zugleich die einzigen obligatorischen Selbstverwaltungskörper des Handwerks. Während nämlich die Bildung sowohl der freien Innungen als auch der Zwangsinnungen auf Initiative der Beteiligten erfolgte[421], wurden Handwerkskammern durch Verfügung der Landeszentralbehörde eingerichtet, die zugleich den Kammerbezirk bestimmte[422]. Bundesstaaten, in denen bereits andere gesetzliche Einrichtungen (Handels- und Gewerbekammern bzw. Gewerbekammern) zur Interessenvertretung des Handwerks bestanden, konnten – anstatt eigenständige Handwerkskammern zu gründen – jenen die Wahrnehmung der Rechte und Pflichten der Handwerkskammer übertragen[423]. Von dieser Möglichkeit wurde in Sachsen und den Hansestädten Gebrauch gemacht, wo die Gewerbekammern fortan die Aufgaben der Handwerkskammern wahrnahmen[424].

Der Aufgabenkreis der Handwerkskammern konstituierte diese funktional einerseits als Interessenwahrnehmungsorgane des Handwerkerstands gegenüber den Behörden, andererseits als Selbstverwaltungsorgane mit konkreten Aufgaben vor allem im Ausbildungswesen und schließlich auch als Aufsichtsorgane in diesem Bereich[425]. Die Interessenwahrnehmungsfunktion war in den Aufgaben konkretisiert, die Staats- und Gemeindebehörden durch Mitteilungen und Gutachten in der Förderung des Handwerks zu unterstützen und den Behörden Wünsche, Anträge sowie Jahresberichte über die Verhältnisse des Handwerks vorzulegen bzw. zu erstatten[426]. Auch sollte die Handwerkskammer in allen wichtigen, die Gesamtinter-

---

[419] *Keucher*, Geschichtliche Entwicklung, 1931, S. 107; *Scharf*, Tätigkeit und Entwicklung, 1910, S. 12 ff.

[420] *v. Landmann/Rohmer*, GewO, 1. Bd., 4. Aufl., 1903, S. 695 f.; *Neuhaus*, Die Handwerkskammer, 1902, S. 7.

[421] §§ 81, 100 GewO-1897.

[422] § 103 Abs. 2 GewO-1897; der Bezirk der Handwerkskammer konnte später gem. § 103 Abs. 3 GewO-1897 durch Verfügung der Landeszentralbehörde geändert werden. Gem. § 103 Abs. 4 GewO-1897 konnte auch eine bundesstaatenübergreifende Handwerkskammer eingerichtet werden.

[423] § 103q GewO-1897; Voraussetzung hierfür war, dass ihre Mitglieder, soweit sie mit der Vertretung der Interessen des Handwerks betraut waren, aus Wahlen von Handwerkern des Kammerbezirks hervorgegangen waren und eine gesonderte Abstimmung der dem Handwerk angehörenden Mitglieder gesichert war; zum Handwerksorganisationswesen in den verschiedenen Staaten des Reichs: *Tschiersch*, Die Handwerks- und Gewerbekammer-Gesetzgebung, 1930, S. 8 ff.

[424] Korporation der Kaufmannschaft Berlin, Die Handelskammern, 1906, S. 43 f.; *Keucher*, Geschichtliche Entwicklung, 1931, S. 107.

[425] *F. Hoffmann*, Die Organisation des Handwerks, 3. Aufl., 1902, S. 117; *Scharf*, Tätigkeit und Entwicklung, 1910, S. 9 ff.; *Neuhaus*, Die Handwerkskammer, 1902, S. 52 ff.

[426] § 103e Abs. 1 Nr. 3 und 4 GewO-1897.

essen des Handwerks oder die Interessen einzelner Zweige desselben berührenden Angelegenheiten gehört werden[427]. Konkrete Verwaltungsaufgaben der Handwerkskammer waren insbesondere die nähere Regelung des Lehrlingswesens und die Bildung von Prüfungsausschüssen zur Abnahme der Gesellenprüfung sowie von Ausschüssen zur Entscheidung über Beanstandungen von Beschlüssen der Prüfungsausschüsse[428]. Die Handwerkskammer war ferner befugt, Veranstaltungen zur Förderung der Ausbildung der Meister, Gesellen und Lehrlinge zu „treffen", sowie Fachschulen zu errichten und zu unterstützen[429]. Schließlich hatte die Kammer die Durchführung der für das Lehrlingswesen geltenden Vorschriften zu überwachen[430]. Insofern waren Innungen und Innungsausschüsse verpflichtet, den von der Kammer erlassenen Anordnungen Folge zu leisten[431].

An Organen sind neben der zeittypisch schlicht als Handwerkskammer bezeichneten Vollversammlung der Vorstand und die Ausschüsse, insbesondere der Gesellenausschuss, zu nennen[432]. Die Mitglieder der Handwerkskammer, also der Vollversammlung, deren Zahl durch das Statut bestimmt wurde[433], wurden nicht unmittelbar von den Handwerkern, sondern von den Handwerksinnungen des Kammerbezirks sowie von denjenigen Gewerbevereinen und sonstigen Vereinigungen, welche die Förderung der gewerblichen Interessen des Handwerks verfolgten, mindestens zur Hälfte aus Handwerkern bestanden und im Kammerbezirk ihren Sitz hatten[434], jeweils aus der Zahl ihrer Mitglieder gewählt[435]. Die Verteilung der zu wählenden Kammermitglieder auf die verschiedenen Wahlkörper und das Wahlverfahren wurden in einer Wahlordnung geregelt, welche die Landeszentralbehörde erließ[436]. Wählbar war nur, wer zum Amt eines Schöffen fähig war[437], das 30. Lebensjahr vollendet hatte, im Handwerkskammerbezirk seit mindestens drei Jahren selb-

---

[427] § 103e Abs. 2 GewO-1897.
[428] § 103e Abs. 1 Nr. 1, 5 und 6 GewO-1897.
[429] § 103e Abs. 3 GewO-1897.
[430] § 103e Abs. 1 Nr. 2 GewO-1897.
[431] § 103f Abs. 1 GewO-1897.
[432] *Scharf*, Tätigkeit und Entwicklung, 1910, S. 33 ff.
[433] § 103a Abs. 1 GewO-1897.
[434] Mitglieder von Gewerbevereinen etc., die zugleich einer Innung angehörten oder nicht Handwerker waren, durften dabei nicht an der Wahl teilnehmen.
[435] § 103a Abs. 3 GewO-1897; durch die Beschränkung des Wahlrechts auf die organisierten Handwerker sollte v. a. ein Anreiz zur Organisation geschaffen werden, vgl. den Auszug aus der Gesetzesbegründung, wiedergegeben bei *von Rohrscheidt*, Das Innungs- und Handwerkergesetz, 2. Aufl., 1898, S. 1 (15); *v. Landmann/Rohmer*, GewO, 1. Bd., 4. Aufl., 1903, S. 698 ff.; *Neuhaus*, Die Handwerkskammer, 1902, S. 11 ff.
[436] § 103a Abs. 4 GewO-1897.
[437] Gem. § 31 Gerichtsverfassungsgesetz (GVG) konnte das Amt eines Schöffen nur von Deutschen ausgeübt werden; gem. § 32 GVG waren zum Schöffenamt unfähig, 1. Personen, welche die Befähigung infolge strafgerichtlicher Verurteilung verloren hatten, 2. Personen, gegen die das Hauptverfahren wegen eines Verbrechens oder Vergehens eröffnet war, das die Aberkennung der bürgerlichen Ehrenrechte oder der Fähigkeit zur Bekleidung öffentlicher Ämter zur Folge haben konnte, und 3. Personen, welche infolge gerichtlicher Anordnung in der Verfügung über ihr Vermögen beschränkt waren; vgl. *Kolisch*, GewO für das Deutsche Reich, 1. Bd., 1898, § 91 (S. 551 f.).

ständig ein Handwerk betrieb und die Befugnis zur Anleitung von Lehrlingen besaß[438]. Die Wahl erfolgte auf sechs Jahre[439]. Alle drei Jahre schied die Hälfte der Mitglieder aus und wurde neu gewählt, wobei eine Wiederwahl zulässig war[440]. Neben den gewählten Mitgliedern konnte sich die Vollversammlung bis zu einem Fünftel ihrer Mitgliederzahl durch kooptierte sachverständige Personen ergänzen und zu ihren Verhandlungen Sachverständige mit beratender Stimme hinzuziehen[441].

Bestimmte grundlegende Beschlüsse waren der Vollversammlung als oberstem Organ der Handwerkskammer vorbehalten[442]. So wählte die Handwerkskammer (Vollversammlung) aus ihrer Mitte den Vorstand, dem die laufende Verwaltung sowie Geschäftsführung oblag und der die Kammer gerichtlich und außergerichtlich vertrat[443]. Die Kammer konnte aus ihrer Mitte Ausschüsse bilden und diese mit besonderen regelmäßigen oder vorübergehenden Aufgaben betrauen[444]. Bei der Kammer war ein Gesellenausschuss zu bilden[445], dessen Mitglieder von den Gesellenausschüssen der Innungen gewählt wurden[446]. Eine obligatorische Mitwirkung des Gesellenausschusses war angeordnet beim Erlass von Vorschriften, welche die Regelung des Lehrlingswesens zum Gegenstand hatten, bei der Abgabe von Gutachten und Erstattung von Berichten über Angelegenheiten, welche die Verhältnisse der Gesellen und Lehrlinge berührten, und bei der Entscheidung über Beanstandungen von Beschlüssen des Prüfungsausschusses[447].

Das Statut der Handwerkskammer wurde von der Landeszentralbehörde erlassen[448], konnte allerdings später von der Kammer mit Genehmigung der Landeszentralbehörde abgeändert werden[449]. Im Statut waren grundlegende Fragen wie Name, Sitz und Bezirk sowie die Mitgliederzahl der Kammer, die Ergänzung der Kammer durch Zuwahl, die Wahl und die Befugnisse des Vorstands, die Aufstellung und Genehmigung des Haushaltsplans und die Bildung von Prüfungsausschüssen gere-

---

[438] § 103b GewO-1897.
[439] § 103c Abs. 1 S. 1 GewO-1897.
[440] § 103c Abs. 1 S. 2 GewO-1897.
[441] § 103d Abs. 1 GewO-1897.
[442] Das Gesetz spricht in § 103g Abs. 3 GewO-1897 von der „Gesamtheit der Handwerkskammer"; vorbehalten sind u. a. die Wahl des Vorstands und der Ausschüsse, die Feststellung des Haushaltsplans und die Prüfung und Abnahme der Jahresrechnung, die Abgabe von Gutachten und Anbringung von Anträgen bei den Behörden über Gegenstände, welche die Gesamtinteressen, insbesondere die Gesetzgebung in Angelegenheiten des Handwerks betreffen, der Erlass von Vorschriften zur Regelung des Lehrlingswesens und die Wahl des Sekretärs.
[443] § 103g Abs. 1 und 2 i. V. m. § 92b Abs. 1 GewO-1897; *Neuhaus*, Die Handwerkskammer, 1902, S. 21 bezeichnet den Vorstand als wichtigstes Organ der Handwerkskammer.
[444] § 103d Abs. 2 GewO-1897; *Scharf*, Tätigkeit und Entwicklung, 1910, S. 47 ff.
[445] § 103i Abs. 1 GewO-1897.
[446] § 103i Abs. 4 GewO-1897; *Neuhaus*, Die Handwerkskammer, 1902, S. 31 ff.; *Scharf*, Tätigkeit und Entwicklung, 1910, S. 52 ff.
[447] § 103k GewO-1897.
[448] Auch hierin kommt der „top down-Charakter" zumindest der Konstituierung der Handwerkskammer zum Ausdruck.
[449] § 103m Abs. 1 GewO-1897.

gelt[450]. Die Kosten der Kammer wurden, soweit sie nicht anderweitig – insbesondere durch Gebühren – gedeckt waren, von den Gemeinden des Kammerbezirks getragen[451]. Die Gemeinden konnten allerdings ihrerseits die auf sie entfallenden Anteile nach einem von der höheren Verwaltungsbehörde zu bestimmenden Verteilungsmaßstab auf die Handwerksbetriebe umlegen[452].

Die Handwerkskammer unterlag der Rechtsaufsicht der höheren Verwaltungsbehörde ihres Bezirks[453], in Preußen also bspw. regelmäßig des Regierungspräsidenten (in Berlin des Oberpräsidenten)[454]. Als besonderes Aufsichtsmittel hatte die Aufsichtsbehörde bei der Handwerkskammer einen Kommissar zu bestellen, der zu jeder Sitzung der Handwerkskammer, ihres Vorstands und ihrer Ausschüsse einzuladen war und auf Verlangen jederzeit gehört werden musste[455]. Der Kommissar sollte die nach Vorstellung des Gesetzgebers mit der geschäftlichen Behandlung öffentlicher Angelegenheiten sowie mit Gesetzes- und Verwaltungsfragen weniger vertrauten Handwerker beraten und für eine ständige, engere Fühlung zwischen den Staatsorganen und der Vertretung des Handwerks sorgen[456]. Zu diesem Zweck hatte er weitreichende Einsichtsrechte und konnte Beschlüsse der Handwerkskammer und ihrer Organe, die deren Befugnisse überschritten oder Gesetze verletzten, mit aufschiebender Wirkung beanstanden[457].

8. Die Rechtsentwicklung bis zum Ende der Weimarer Republik

a) Innungen, Handwerkskammern sowie Handwerks- und Gewerbekammertag bis zum Ende des Kaiserreichs

Obwohl die Reform der Selbstverwaltung des Handwerks insbesondere aus liberaler Sicht viel Kritik erfuhr und ihr teilweise gar ein baldiges Ende prognostiziert wurde[458], sollte das durch die Handwerkernovelle von 1897 begründete Nebenein-

---

[450] § 103m Abs. 2 GewO-1897.
[451] § 103l Abs. 1 S. 1 GewO-1897; alternativ konnten die Kosten gem. § 103l Abs. 2 S. 1 GewO-1897 von weiteren Kommunalverbänden aufgebracht werden; *Scharf*, Tätigkeit und Entwicklung, 1910, S. 58 ff.
[452] § 103l Abs. 1 S. 2 GewO-1897; gem. § 103l Abs. 3 GewO-1897 konnten Personen, die regelmäßig weder Gesellen noch Lehrlinge hielten, von der Verpflichtung zur Beitragszahlung befreit werden.
[453] § 103o Abs. 1, Abs. 2 i. V. m. § 96 Abs. 2–7 GewO-1897.
[454] *Neuhaus*, Die Handwerkskammer, 1902, S. 37 f.
[455] § 103h Abs. 1 GewO-1897; gem. § 103h Abs. 2 S. 1 GewO-1897 konnte der Kommissar sogar jederzeit von sich aus Gegenstände zur Beratung stellen und die Einberufung der Handwerkskammer und ihrer Organe verlangen.
[456] *Neuhaus*, Die Handwerkskammer, 1902, S. 41.
[457] § 103h Abs. 2 GewO-1897.
[458] So kritisierte *Böttger*, Geschichte und Kritik, 1898, S. 354 ff. stark die zünftlerischen Tendenzen der neuen Gewerbegesetzgebung, die letztlich Mittel und Werkzeug kleinlicher und beschränkter Interessenpolitik geworden sei. Man hoffe noch immer, den abgestorbenen Bäumen Blüten und Früchte abzugewinnen und versäume darüber, unabhängige und arbeitsfreudige

ander von freien und Zwangsinnungen einerseits sowie Handwerkskammern andererseits bis zur Abschaffung der Selbstverwaltung im Nationalsozialismus Bestand haben. Nicht zuletzt da ADHB und CID, die inzwischen wieder getrennte Wege gingen, bei ihren Mitgliedern für die Nutzung der neuen gesetzlichen Möglichkeiten warben, entstanden neben den bestehenden 7.882 freien Innungen vom Inkrafttreten der neuen Vorschriften über die Innungen am 1. April 1898 bis zum Jahr 1902 reichsweit bereits 2.969 Zwangsinnungen[459]. Dadurch stieg die Zahl der in Innungen organisierten Meister von ca. 331.000 im Jahr 1896 auf über 457.000 im Jahr 1902 an, was einer Zunahme von 25% auf 35,2% aller selbständigen Handwerker entsprach[460]. Mit Inkrafttreten des Abschnitts der Gewerbeordnung über die Handwerkskammern am 1. April 1900 bestanden reichsweit 63 Handwerkskammern, deren Bezirke sich in Preußen regelmäßig mit den Regierungsbezirken deckten, während sie in kleineren Bundesstaaten teilweise das gesamte Staatsgebiet umfassten[461]. Sachsen sowie die Hansestädte Bremen, Hamburg und Lübeck hatten –

Schutz- und Interessenorganisationen für denjenigen Teil des Handwerks zu bestellen, der noch eines Aufstiegs zu höherer Technik und wirtschaftlicher Prosperität fähig sei. An anderer Stelle kritisierte *Böttger* (a.a.O., S. 89) das Reformvorhaben als Kompromisswerk, das alle Zeichen baldiger Reformbedürftigkeit an sich trage und nicht von langem ungestörtem Bestand sein könne.

[459] Übersichten über den Bestand an freien Innungen und Zwangsinnungen, geordnet nach Handwerkskammerbezirken, finden sich bei: *Hampke*, Die deutschen Handwerksorganisationen, in: JNS 1903, 577 (602 ff.).

[460] Die Gesamtzahl der Innungen stagnierte, so dass die starke Zunahme primär auf die neuen Zwangsinnungen, denen regelmäßig mehr Mitglieder angehörten als den freien Innungen, zurückzuführen war; hinsichtlich des Anteils organisierter Handwerker ist zu berücksichtigen, dass ca. 40% der Handwerker auf dem Land tätig waren, das weiterhin fast überhaupt nicht von Innungen erfasst wurde; vgl. zum Ganzen das statistische Material zu den Innungen bei *Hampke*, a.a.O., 577 (insbes. 610f.). Zur Entwicklung des Handwerks in jener Epoche: *Wehler*, Deutsche Gesellschaftsgeschichte, Bd. 3, 1995, S. 680 ff.

[461] In *Preußen* gab es 33 Handwerkskammern, die sich regelmäßig auf einen Regierungsbezirk erstreckten, während die Handwerkskammer Danzig die gesamte Provinz Westpreußen umfasste: HwK Aachen, Altona, Arnsberg, Berlin, Bielefeld, Breslau, Bromberg, Danzig, Dortmund, Düsseldorf, Erfurt, Flensburg, Frankfurt/Oder, Halle, Hannover, Harburg, Hildesheim, Insterburg, Kassel, Koblenz, Köln, Königsberg, Liegnitz, Magdeburg, Münster, Oppeln, Osnabrück, Posen, Saarbrücken, Sigmaringen, Stettin, Stralsund, Wiesbaden; in *Bayern* bestanden acht Handwerkskammern: HwK für Schwaben und Neuburg (Augsburg), HwK für Oberfranken (Bayreuth), HwK für die Pfalz (Kaiserslautern), HwK für Oberbayern (München), HwK für Mittelfranken (Nürnberg), HwK für Niederbayern (Passau), HwK für die Oberpfalz und Regensburg (Regensburg), HwK für Unterfranken und Aschaffenburg (Würzburg); in *Baden* bestanden vier Handwerkskammern: HwK Freiburg, Karlsruhe, Konstanz, Mannheim; in *Württemberg* bestanden ebenfalls vier Handwerkskammern: HwK Heilbronn, Reutlingen, Stuttgart, Ulm; jeweils eine Handwerkskammer bestand in: *Großherzogtum Hessen:* HwK Darmstadt; *Großherzogtümer Mecklenburg-Schwerin und Mecklenburg-Strelitz:* Mecklenburgische HwK (Schwerin); *Großherzogtum Sachsen:* HwK Weimar; *Großherzogtum Oldenburg:* HwK Oldenburg; *Herzogtum Braunschweig:* HwK für das Herzogtum Braunschweig (Braunschweig); *Herzogtum Sachsen-Meiningen:* HwK zu Meiningen; *Herzogtum Sachsen-Altenburg und Fürstentum Reuß j. L.:* Die gemeinsame HwK zu Gera; *Herzogtümer Coburg und Gotha:* HwK zu Gotha, *Herzogtum Anhalt:* Anhaltische HwK (Dessau); *Fürstentümer Schwarzburg-Rudolstadt und Schwarzburg-Sondershausen:* HwK Arnstadt; *Fürstentum Reuß ä. L.:* HwK zu Greiz; *Fürstentum Schaumburg-Lippe:* HwK des Fürstentums Schaumburg-Lippe (Stadthagen); *Fürstentum Lippe:* HwK für das Fürstentum Lippe (Detmold); *Elsaß-Lothringen:* HwK für Elsaß-Lothringen (Straßburg).

II. 8. Die Rechtsentwicklung bis zum Ende der Weimarer Republik 587

wie ausgeführt – von der Möglichkeit des § 103q GewO Gebrauch gemacht, die Funktionen der Handwerkskammer bestehenden Gewerbekammern zu übertragen, so dass neben den Handwerkskammern noch acht Gewerbekammern Handwerkskammeraufgaben wahrnahmen[462].

Bereits im November 1900 wurde der Deutsche Handwerks- und Gewerbekammertag e.V. als nationale Spitzenorganisation der Handwerkskammern sowie derjenigen Gewerbekammern gegründet, denen die Wahrnehmung der Rechte und Pflichten der Handwerkskammern übertragen worden war[463]. Zweck des Handwerks- und Gewerbekammertags sollte insbesondere sein, die gemeinsamen Interessen des deutschen Handwerks zu wahren, eine einheitliche Durchführung der handwerksbezogenen Gesetzesbestimmungen anzubahnen und die Bedürfnisse und Wünsche des deutschen Handwerks zum Ausdruck sowie zur Kenntnis der Organe des Reichs und der Bundesstaaten zu bringen[464]. In der Vollversammlung als oberstem Organ des Kammertags, das über dessen wesentliche Aktivitäten beschloss, war jede Kammer mit einer Stimme vertreten[465]. Der – später Vorstand genannte – sog. Ausschuss führte die Beschlüsse der Vollversammlung aus und hatte, während die Vollversammlung nicht tagte, unter Vorbehalt ihrer nachträglichen Genehmigung die Interessen des Handwerks zu wahren[466]. Tagten weder Vollversammlung noch Ausschuss, nahm eine dazu durch die Vollversammlung gewählte Handwerkskammer als „Vorort" die Interessen des Kammertags wahr[467]. Da die als Vorort beauftragte Handwerkskammer Hannover nicht dauerhaft die laufenden Geschäfte des Kammertags neben ihren eigenen Angelegenheiten verwalten konnte, wurde im Jahr 1904 jedoch schließlich eine ständige Geschäftsstelle des Kam-

---

[462] In *Sachsen* bestanden fünf Gewerbekammern: Gewerbekammer Chemnitz, Gewerbekammer Dresden, Gewerbekammer Leipzig, Gewerbekammer Plauen, Gewerbekammer Zittau; daneben gab es folgende Gewerbekammern: *Stadt Bremen:* Gewerbekammer Bremen; *Stadt Hamburg:* Hamburgische Gewerbekammer; *Freie und Hansestadt Lübeck:* Gewerbekammer Lübeck; statistische Daten zu den Handwerks- und den Gewerbekammern finden sich bei: *Hampke*, Die deutschen Handwerksorganisationen, in: JNS 1903, 577 (579 ff.).
[463] § 103q GewO-1897; *N.N.*, 25 Jahre Deutscher Handwerks- und Gewerbekammertag, 1925, S. 25; *Wernet*, Geschichte des Handwerks, 3. Aufl., 1959, S. 184; *Bernert*, 100 Jahre, 2000, S. 105 f.
[464] § 1 der Satzung des Deutschen Handwerks- und Gewerbekammertags; *Scharf*, Tätigkeit und Entwicklung, 1910, S. 64; *N.N.*, 25 Jahre Deutscher Handwerks- und Gewerbekammertag, 1925, S. 29.
[465] Mit der Umbildung des Kammertags in eine Körperschaft des öffentlichen Rechts im Jahr 1922 wurde die Vollversammlung in Vertreterversammlung umbenannt; vgl. *N.N.*, 25 Jahre Deutscher Handwerks- und Gewerbekammertag, 1925, S. 29.
[466] *Scharf*, Tätigkeit und Entwicklung, 1910, S. 65 f.; *N.N.*, 25 Jahre Deutscher Handwerksund Gewerbekammertag, 1925, S. 30 ff.
[467] *Scharf*, Tätigkeit und Entwicklung, 1910, S. 67 f.; Aufgabe des Vororts war es, die Beschlüsse des Ausschusses zu vollziehen, die Versammlungen vorzubereiten und während der Zeit, in der Vollversammlung und Ausschuss nicht tagten, die Interessen des Kammertags zu wahren und diesen nach außen zu vertreten, § 11 der Satzung des Deutschen Handwerks- und Gewerbekammertags.

mertags eingerichtet, die den Vorort bei seiner Tätigkeit unterstützen sollte, letztlich aber nach und nach dessen Geschäfte vollständig übernahm[468].

Als neues Sprachrohr des organisierten Handwerks versuchte der Kammertag schon bald, weitere Änderungen der Gewerbeordnung herbeizuführen[469]: Nachdem er auf seiner sechsten Sitzung im Jahr 1905 in Köln die Forderung nach Einführung des großen Befähigungsnachweises fallen gelassen hatte[470], gelang es mit der Gewerbeordnungsnovelle vom 30. Mai 1908, zumindest den sog. kleinen Befähigungsnachweis durchzusetzen[471], nach dem nur noch Inhaber des Meistertitels, die das 24. Lebensjahr vollendet hatten, Lehrlinge ausbilden durften[472]. Plänen zu einer größer angelegten Novelle der Gewerbeordnung, die der Kammertag u. a. durch eine Denkschrift zur Gewerbeordnung vom 5. Oktober 1912 betrieb, wurde durch den Kriegsausbruch im Sommer 1914 zunächst der Boden entzogen[473].

b) Rechtsentwicklung in der Weimarer Republik

Wie im Kapitel über die Geschichte der IHK ausführlich geschildert wurde[474], war nach Kriegsende die erste Hälfte der zwanziger Jahre des 20. Jh. im Bereich der Selbstverwaltung der Wirtschaft nicht zuletzt von Bemühungen geprägt, Art. 165 Abs. 3 WRV umzusetzen, der die Bildung von Bezirkswirtschaftsräten und eines Reichswirtschaftsrats vorsah. Nach der Einrichtung des vorläufigen Reichswirtschaftsrats im Jahr 1920 wurde die Einrichtung der Bezirkswirtschaftsräte ins Auge gefasst, als deren mögliche Unterbauten und Wahlkörper neben Handelskammern und Landwirtschaftskammern auch die Handwerkskammern in Betracht kamen[475]. Schon in der zweiten Hälfte der zwanziger Jahre hatte der geplante Gesamtaufbau der Selbstverwaltung der gewerblichen Wirtschaft indes seinen Nim-

---

[468] *N.N.*, 25 Jahre Deutscher Handwerks- und Gewerbekammertag, 1925, S. 31 ff.; *Scharf*, Tätigkeit und Entwicklung, 1910, S. 67; *John*, Handwerk, 1987, S. 339.

[469] *N.N.*, 25 Jahre Deutscher Handwerks- und Gewerbekammertag, 1925, S. 47 ff.

[470] *N.N.*, 25 Jahre Deutscher Handwerks- und Gewerbekammertag, 1925, S. 64.

[471] Gesetz, betreffend die Abänderung der Gewerbeordnung vom 30.05.1908, RGBl. 1908, S. 356–360.

[472] § 129 Abs. 1 GewO-1908: „In Handwerksbetrieben steht die Befugnis zur Anleitung von Lehrlingen nur denjenigen Personen zu, welche das vierundzwanzigste Lebensjahr vollendet und eine Meisterprüfung (§ 133) bestanden haben"; *Meyer-Ibold*, Organisation des deutschen Handwerks, 1931, S. 39; ab dem 01.10.1913 wurde das System des kleinen Befähigungsnachweises konsolidiert, indem die Zulassung zur Meisterprüfung vom Nachweis einer bestandenen Gesellenprüfung abhängig gemacht wurde; vgl. *N.N.*, 25 Jahre Deutscher Handwerks- und Gewerbekammertag, 1925, S. 65.

[473] Zur Rolle der Handwerksorganisationen in der Kriegswirtschaft: *W. Hofmann*, Der Anteil des Handwerks, 1922, S. 18 ff.

[474] Vgl. S. 336 ff.

[475] Zur Beteiligung der Selbstverwaltungskörper des Handwerks am Reichswirtschaftsrat und den Bezirkswirtschaftsräten: *W. Hofmann*, Der Anteil des Handwerks, 1922, S. 42 ff., 46 ff.

bus eingebüßt, und weder der endgültige Reichswirtschaftsrat noch die Bezirkswirtschaftsräte wurden realisiert[476].

Während die neuen Konzepte letztlich scheiterten, erfuhr das überkommene Organisationsrecht der Selbstverwaltungskörper des Handwerks zunächst nur eine behutsame Fortentwicklung. Mitte der zwanziger Jahre gab es – vor allem als Folge der Gebietsverluste nach dem Ersten Weltkrieg – nur noch 59 Handwerkskammern[477] und acht Gewerbekammern[478]. Die Zahl der Zwangsinnungen nahm unterdessen von 2.986 im Jahr 1904 auf 5.433 im Jahr 1919 und 10.387 im Jahr 1925 zu. Die Zahl der freien Innungen wuchs im gleichen Zeitraum von 6.843 (1904) zunächst auf 7.560 (1919) an, um dann auf 7.066 (1925) abzunehmen[479]. Damit hatte sich der Anteil der Zwangsinnungen an der Gesamtzahl der Innungen bis zum Jahr 1925 bereits auf 73,2% erhöht[480].

Erst mit der sog. Handwerksnovelle von 1929 kam es dann im Handwerksrecht zu größeren Veränderungen, namentlich der Einführung der Handwerksrolle und der Ausweitung der Mitgliedschaft in den Handwerkskammern auf alle, also auch

---

[476] Vgl. etwa die zeitgenössische Stellungnahme von *Most*, Die Selbstverwaltung der Wirtschaft, 1929, S. 13.

[477] Infolge der Gebietsverluste nach dem Vertrag von Versailles waren die Handwerkskammern Bromberg, Danzig, Graudenz, Posen und Straßburg aus dem Deutschen Handwerks- und Gewerbekammertag ausgeschieden. In *Preußen* bestanden im Jahr 1925 32 Handwerkskammern: Für die bei Preußen verbliebenen Teile der Provinzen Westpreußen und Posen war die HwK Scheidemühl gebildet worden. Daneben war die neue HwK Coburg entstanden. In Ostpreußen wurde im Dezember 1921 an Stelle der HwK Gumbinnen und Königsberg die gemeinsame HwK für das östliche Preußen mit Sitz in Königsberg gegründet. Somit bestanden Handwerkskammern in: Aachen, Altona, Arnsberg, Aurich, Berlin, Bielefeld, Breslau, Dortmund, Düsseldorf, Erfurt, Flensburg, Frankfurt/Oder, Halle, Hannover, Harburg, Hildesheim, Kassel, Koblenz, Köln, Königsberg, Liegnitz, Magdeburg, Münster, Oppeln, Osnabrück, Saarbrücken, Scheidemühl, Sigmaringen, Stettin, Stralsund, Trier (die 1900 gegründete HwK Saarbrücken war im Juni 1920 nach Trier verlegt worden) und Wiesbaden; *Bayern:* neun HwK: Augsburg, Bayreuth, Coburg, Kaiserslautern, München, Nürnberg, Passau, Regensburg, Würzburg; *Baden:* vier HwK: Freiburg, Karlsruhe, Konstanz, Mannheim; *Württemberg:* vier HwK: Heilbronn, Reutlingen, Stuttgart, Ulm; *Groß-Thüringen:* drei HwK: Die in den früheren thüringischen Staaten vorhandenen Kammern in Arnstadt, Gotha, Gera, Greiz und Weimar waren im Land Groß-Thüringen zu den HwK in Gera, Meiningen und Weimar zusammengefasst worden. Jeweils eine Handwerkskammer bestand für den Volksstaat *Hessen* (Darmstadt) und die Freistaaten *Mecklenburg* (Schwerin), *Oldenburg, Anhalt* (Dessau), *Braunschweig, Lippe* (Detmold) und *Schaumburg-Lippe* (Stadthagen); vgl. *N. N.*, 25 Jahre Deutscher Handwerks- und Gewerbekammertag, 1925, S. 36f. sowie Anlage I und Anlage III; eine Übersicht über die Ende 1918/Anfang 1919 bestehenden Handwerks- und Gewerbekammern findet sich in *N. N.*, Handbuch wirtschaftlicher Verbände und Vereine des Deutschen Reiches, 2. Aufl., 1919, S. 113 ff.

[478] Es bestanden fünf Gewerbekammern in *Sachsen* (Chemnitz, Dresden, Leipzig, Plauen, Zittau) sowie die drei Gewerbekammern der Hansestädte *Bremen, Hamburg* und *Lübeck* fort; *N. N.*, 25 Jahre Deutscher Handwerks- und Gewerbekammertag, 1925, S. 36f. sowie Anlage I und Anlage III.

[479] Vgl. das umfangreiche statistische Material in der Anlage I zu: *N. N.*, 25 Jahre Deutscher Handwerks- und Gewerbekammertag, 1925.

[480] Diese umfassten allerdings nur 59,1% der innungszugehörigen Handwerker; vgl. *N. N.*, 25 Jahre Deutscher Handwerks- und Gewerbekammertag, 1925, Anlage II; eine zeitgenössische Stellungnahme zum Für und Wider der Zwangsinnung findet sich bei *Achten*, Die öffentlich-rechtliche Grundlage, 1929, S. 24.

die nicht innungsgebundenen Handwerker. Größere Entwicklungen gab es darüber hinaus im überregionalen Verbandswesen des Handwerks.

aa) Gründung des Reichsverbands des deutschen Handwerks (1919), Aufwertung des Handwerks- und Gewerbekammertags (1922)

Bereits im Oktober 1919 gründete das organisierte Handwerk zur Vertretung seiner Interessen im neuen demokratischen Staat den Reichsverband des deutschen Handwerks, dem nach und nach alle bestehenden Handwerksorganisationen beitraten[481]. Als Dachorganisation von Deutschem Handwerks- und Gewerbekammertag, Gewerbevereinen, Genossenschaften, Handwerkervereinigungen und Handwerkerbünden vertrat der Reichsverband gerade in seiner Anfangszeit erfolgreich die Interessen des Handwerks[482]. Auf seiner Jenaer Tagung im September 1920 forderte der Reichsverband den Erlass eines neuen Reichshandwerkergesetzes, das unter Aufhebung von Titel IV der GewO die Berufsvertretung von Handwerk und Gewerbe auf der Grundlage der Pflichtzugehörigkeit Innungs- oder Fachverbänden sowie Handwerks- und Gewerbekammern übertragen sollte[483].

Im April 1921 legte der Reichsverband dann einen umfangreichen Entwurf eines Reichsrahmengesetzes über die Berufsvertretung des Handwerks und Gewerbes vor[484]. Danach sollte die Selbstverwaltung der Wirtschaft doppelt, nämlich in einem fachlichen und einem berufsständischen Zweig organisiert werden[485]. Der fachliche Zweig sollte aus einem gestuften System aus Innungen mit Pflichtzugehörigkeit an der Basis, einem Landesverband der betreffenden Innungen als Mittelbau und schließlich dem Reichsverband als Spitzenorgan der betreffenden Innungen bestehen[486]. Letztlich sollte so für jedes Handwerk bzw. Gewerbe ein eigener Fachverband gebildet werden[487]. Der berufsübergreifende berufsständische Zweig sollte hingegen von den Handwerks- und Gewerbekammern gebildet werden[488]. Kammern und Landesverbände sollten wiederum im Gebiet der damals geplanten Bezirkswirtschaftsräte gemeinsame Landesausschüsse bilden können, welche das Ge-

---

[481] *Schrepfer*, Das Handwerk in der neuen Wirtschaft, 1920, S. 42 f. (mit Auszügen aus der Satzung des Reichsverbands); *W. Hofmann*, Der Anteil des Handwerks, 1922, S. 34 ff.; *N. N.*, 25 Jahre Deutscher Handwerks- und Gewerbekammertag, 1925, S. 232 f.; *Georges*, Handwerk und Interessenpolitik, 1993, S. 297 ff.; *Chesi*, Struktur und Funktion, 1966, S. 19 f.

[482] *Georges*, Handwerk und Interessenpolitik, 1993, S. 298 ff.

[483] Reichsverband des deutschen Handwerks, Entwurf eines Reichsrahmengesetzes, 1921, S. 2.

[484] Reichsverband des deutschen Handwerks, Entwurf eines Reichsrahmengesetzes, 1921; der dort abgedruckte Gesetzentwurf wird im Folgenden zitiert als: Gesetzentwurf des Reichsverbands-1921; *N. N.*, 25 Jahre Deutscher Handwerks- und Gewerbekammertag, 1925, S. 243; *Keucher*, Geschichtliche Entwicklung, 1931, S. 116 ff.; *John*, Handwerk, 1987, S. 386 ff.

[485] Vgl. die Begründung zum Gesetzentwurf: Reichsverband des deutschen Handwerks, Entwurf eines Reichsrahmengesetzes, 1921, S. 47.

[486] §§ 6 ff. Gesetzentwurf des Reichsverbands-1921.

[487] § 6 Gesetzentwurf des Reichsverbands-1921.

[488] §§ 62 ff. Gesetzentwurf des Reichsverbands-1921; vgl. auch die Begründung: Reichsverband des deutschen Handwerks, Entwurf eines Reichsrahmengesetzes, 1921, S. 57 ff.

samtinteresse des selbständigen Handwerks und Gewerbes im jeweiligen Gebiet, insbesondere gegenüber dem Bezirkswirtschaftsrat wahrnehmen sollten[489]. Gemeinsames Spitzenorgan der fachlichen und berufsständischen Zweige der Selbstverwaltung von Handwerk und Gewerbe sollte schließlich der „Reichs-Handwerks- und Gewerbetag" sein[490]. Verschiedene Aspekte des Reichshandwerksordnungsentwurfs des Reichsverbands beeinflussten in der Folge einen im August 1923 vorgelegten Referentenentwurf des Reichswirtschaftsministeriums für eine Reichshandwerksordnung, der allerdings ebenso wie ein überarbeiteter Entwurf aus dem Jahr 1924 nicht mehrheitsfähig war[491].

Greifbares Ergebnis der Lobbyarbeit des Reichsverbands war indes, dass der Deutsche Handwerks- und Gewerbekammertag eine Aufwertung durch den Gesetzgeber erfuhr, indem er im Jahr 1922 als Körperschaft des öffentlichen Rechts rekonstituiert und entsprechend in der Gewerbeordnung geregelt wurde[492]. Aufgabe des Kammertags war die Vertretung der gemeinsamen Angelegenheiten der ihm angehörenden Handwerkskammern und sonstigen Körperschaften[493]. Die Mitglieder der Vertreterversammlung wurden durch die im Kammertag zusammengefassten Handwerks- und Gewerbekammern auf drei Jahre gewählt[494]. Die Vertreterversammlung wählte wiederum den Vorstand[495], der den Kammertag gerichtlich und außergerichtlich vertrat[496]. Als Grundlage seiner Tätigkeit gab sich der Kammertag eine Satzung, deren Änderung der Genehmigung des Reichswirtschaftsministers bedurfte[497], welcher auch allgemein die Aufsicht über den Kammertag ausübte[498]. Die Kosten des Kammertags wurden, soweit sie nicht durch sonstige Einnahmen gedeckt waren, auf die beteiligten Kammern umgelegt[499].

bb) Die Handwerksnovelle vom 11. Februar 1929

Pläne zu einer groß angelegten Reform der Selbstverwaltung des Handwerks wurden nach dem Scheitern der Referentenentwürfe zu einer Reichshandwerksordnung in den Jahren 1923/24 im Januar 1926 im Reichswirtschaftsministerium zurückgestellt, um statt dessen eine punktuelle Regelung besonders dringlicher Fragen erreichen zu können[500]. Im Zentrum der im Februar 1929 verabschiedeten

---

[489] §§ 82 f. Gesetzentwurf des Reichsverbands-1921.
[490] §§ 84 ff. Gesetzentwurf des Reichsverbands-1921.
[491] *John*, Handwerk, 1987, S. 391 ff.; *Georges*, Handwerk und Interessenpolitik, 1993, S. 298 f.
[492] Gesetz zur Abänderung der Gewerbeordnung vom 16.12.1922, RGBl. I, S. 927 f.; § 103r Abs. 1 GewO-1922.
[493] § 103r Abs. 2 GewO-1922; gemeint waren die Gewerbekammern, denen gem. § 103q GewO die Wahrnehmung der Rechte und Pflichten der Handwerkskammern übertragen worden war.
[494] § 103r Abs. 4 GewO-1922.
[495] § 103r Abs. 6 i. V. m. § 103g Abs. 1 GewO-1922.
[496] § 103r Abs. 6 i. V. m. §§ 103g Abs. 1, 92b Abs. 1 GewO-1922.
[497] § 103r Abs. 7 GewO-1922.
[498] § 103r Abs. 8 GewO-1922.
[499] § 103r Abs. 9 GewO-1922.
[500] Begründung zum Gesetzentwurf des Reichswirtschaftsministers, in: Verhandlungen des Reichstages, Bd. 432 (1928), Nr. 405, S. 8 ff.; *John*, Handwerk, 1987, S. 396 f.; zum Desiderat einer

Handwerksnovelle[501] stand die Einführung der Handwerksrolle, in die sich jeder niedergelassene selbständige Handwerker eintragen lassen musste, um sein Handwerk ausüben zu dürfen[502]. Forderungen der Innungsverbände, die Eintragung vom Besitz des Meistertitels abhängig zu machen, war indes nicht entsprochen worden[503].

Daneben war die Umgestaltung der Handwerkskammern zu Selbstverwaltungskörpern aller, d.h. auch der nicht innungsgebundenen Handwerker, von Bedeutung[504]. Die Handwerkernovelle-1897 hatte das Wahlrecht zu den neuen Handwerkskammern noch auf Innungen sowie Gewerbevereine und sonstige Vereinigungen, welche die Förderung der gewerblichen Interessen des Handwerks verfolgten, beschränkt[505]. Damit repräsentierten die Handwerkskammern zunächst nur die entsprechend organisierten Handwerker. An Stelle der mittelbaren Wahl durch Innungen und Gewerbevereine führte die Handwerksnovelle-1929 nun aber die unmittelbare Wahl durch alle in der Handwerksrolle eingetragenen natürlichen und juristischen Personen ein[506]. Da in die von der Handwerkskammer zu führende Handwerksrolle alle Personen einzutragen waren, die in dem Bezirk der Handwerkskammer selbständig ein Handwerk als stehendes Gewerbe ausübten[507], repräsentierten die Handwerkskammern fortan alle niedergelassenen Gewerbetreibenden[508]. Zugleich stärkte die unmittelbare Wahl das Selbstverwaltungsprinzip: Wählbar waren alle wahlberechtigten Personen, die im Bezirk der Kammer seit mindestens drei Jahren ohne Unterbrechung selbständig ein Handwerk betrieben, Inhaber von Handwerksbetrieben waren, in denen Lehrlinge ausgebildet werden durften, am Wahltag das 30. Lebensjahr vollendet hatten und reichsangehörig waren[509]. Die Mitglieder der Handwerkskammern wurden durch Listen in allgemeiner, gleicher, unmittelbarer und geheimer Wahl gewählt[510].

Reichshandwerksordnung auch nach der Handwerksnovelle 1929: *Achten*, Die öffentlich-rechtliche Grundlage, 1929, S. 60.

[501] Gesetz zur Änderung der Gewerbeordnung (Handwerks-Novelle) vom 11.02.1929, RGBl. I S. 21–27; zum Recht der Selbstverwaltungskörperschaften des Handwerks nach der Handwerksnovelle von 1929: *Achten*, Die öffentlich-rechtliche Grundlage, 1929, S. 9ff.

[502] §§ 104o ff. GewO-1929; hierdurch sollten nicht zuletzt Streitigkeiten über die Zuordnung einzelner Betriebe zu den Handwerkskammern einerseits oder den IHK andererseits beseitigt werden; Begründung zum Gesetzentwurf des Reichswirtschaftsministers, in: Verhandlungen des Reichstages, Bd. 432 (1928), Nr. 405, S. 15f.; *Achten*, Die öffentlich-rechtliche Grundlage, 1929, S. 51ff.

[503] *Georges*, Handwerk und Interessenpolitik, 1993, S. 300.

[504] *Achten*, Die öffentlich-rechtliche Grundlage, 1929, S. 46ff.

[505] § 103a Abs. 3 GewO-1897.

[506] § 103b GewO-1929; *Tschiersch*, Die Handwerks- und Gewerbekammer-Gesetzgebung, 1930, S. 17.

[507] § 104o GewO-1929.

[508] Begründung zum Gesetzentwurf des Reichswirtschaftsministers, in: Verhandlungen des Reichstages, Bd. 432 (1928), Nr. 405, S. 10; *Keucher*, Geschichtliche Entwicklung, 1931, S. 112; *Bernert*, 100 Jahre, 2000, S. 182.

[509] § 103b GewO-1929.

[510] § 103c Abs. 1 S. 1 GewO-1929.

II. 9. Die Aufhebung der Selbstverwaltung im Nationalsozialismus 593

Unter den zahlreichen weiteren Gesetzesänderungen ist aus Perspektive des Selbstverwaltungsprinzips die Aufhebung der Vorschrift über den staatlichen Kommissar bei den Handwerkskammern hervorzuheben[511]. Durch die Beseitigung des Staatskommissars sollte die eigenverantwortliche Selbstverwaltung der Handwerkskammern gestärkt werden und nicht zuletzt auch endlich die Ungleichbehandlung der Handwerkskammern gegenüber den Industrie- und Handelskammern sowie den Landwirtschaftskammern, denen die meisten deutschen Länder keine Staatskommissare beigeordnet hatten, beseitigt werden[512].

cc) Der Organisationsgrad des Handwerks gegen Ende der Weimarer Republik

In der Weimarer Republik hielt der Trend zur Zwangsinnung an, deren Zahl diejenige der freien Innungen schließlich deutlich überflügelte. So bestanden am 1. Oktober 1932 im Deutschen Reich 11.589 Zwangsinnungen und 6.131 freie Innungen[513]. Den Zwangsinnungen gehörten 784.907 und den freien Innungen 193.570 Handwerker an. Maßgeblich aufgrund der Zunahme der Zwangsinnungen lag der Organisationsgrad der auf insgesamt ca. 1,427 Mio. geschätzten selbständigen Handwerker im Jahr 1931 bei immerhin ca. 68%[514]. Im überfachlichen Zweig der Selbstverwaltung des Handwerks bestanden 1931/32 immer noch 59 Handwerkskammern und acht Gewerbekammern[515], die in zehn regionalen Kammertagen und schließlich dem Deutschen Handwerks- und Gewerbekammertag organisiert waren[516].

9. Die Aufhebung der Selbstverwaltung im Nationalsozialismus

a) Die faktische Gleichschaltung der Handwerksorganisationen nach der Machtergreifung

Wie in den anderen Bereichen der Selbstverwaltung schaltete das nationalsozialistische Regime die Selbstverwaltungskörper des Handwerks zunächst faktisch durch Übernahme der Leitungspositionen gleich, bevor insbesondere der Führergrundsatz auch rechtlich verankert wurde[517]. Bereits vor der Machtergreifung Hit-

---

[511] Art. IV § 1 der Handwerksnovelle-1929 hob § 103o GewO-1897 auf; näher zur Aufsicht und Einordnng in den Staat: *Tschiersch*, Die Handwerks- und Gewerbekammer-Gesetzgebung, 1930, S. 37 ff.
[512] Begründung zum Gesetzentwurf des Reichswirtschaftsministers, in: Verhandlungen des Reichstages, Bd. 432 (1928), Nr. 405, S. 13.
[513] Statistisches Reichsamt, Statistisches Jahrbuch für das Deutsche Reich 52 (1933), 1933, S. 548.
[514] *Wernet*, Statistik des Handwerks 1931, 1934, S. 82.
[515] Statistisches Reichsamt, Statistisches Jahrbuch für das Deutsche Reich 51 (1932), 1932, S. 552 f.; Statistisches Reichsamt, Statistisches Jahrbuch für das Deutsche Reich 52 (1933), 1933, S. 546 f.
[516] *Kolbenschlag/Patzig*, Die deutsche Handwerksorganisation, 1968, S. 19.
[517] Zur Verwirklichung des Führergrundsatzes programmatisch: *Spitz*, Organisation des Deutschen Handwerks, 1936, S. 31: „Zur Durchführung eines einheitlichen Willens der staatli-

lers am 30. Januar 1933 hatte die NSDAP damit begonnen, auf das Organisationswesen des Handwerks Einfluss zu nehmen[518]. So wurde seit April 1932 in Hitlers Auftrag ein „Deutsches Handwerk – Kampfblatt des deutschen Handwerks, Gewerbes und Einzelhandels" betiteltes Handwerksblatt als Konkurrenz zum etablierten überparteilichen Mitteilungsorgan des Deutschen Handwerks- und Gewerbekammertags „Das deutsche Handwerksblatt" herausgegeben[519]. Hauptagitator im Bereich des gewerblichen Mittelstands war *Theodor Adrian von Renteln*, der Vorsitzende des Ende 1932 gegründeten „Kampfbundes des gewerblichen Mittelstandes"[520]. Nachdem im Anschluss an die Machtergreifung auf der zweiten Reichstagung des Kampfbundes im März 1933 beschlossen worden war, in den Handwerksorganisationen bei der „Führerbestellung" ein autoritäres Ernennungsrecht der übergeordneten Instanzen an die Stelle des bisherigen demokratischen Wahlprinzips treten zu lassen, ging der Kampfbund in den folgenden Wochen daran, die Vorstände zunächst der Handwerkskammern, dann aber auch der Innungen, durch Parteimitglieder zu ersetzen[521].

Um die teilweise außer Kontrolle geratende de facto-Gleichschaltungsaktion des Kampfbunds zu vereinheitlichen, erließen die „Kommissare für die Gleichschaltung in den Fachverbänden des deutschen Handwerks" *Karl Zeleny* und *Heinrich Schild*[522] schließlich „Richtlinien für die Gleichschaltung in den Innungen des deutschen Handwerks" als bindende Anweisungen für das weitere Vorgehen[523]. Danach sollten auch die Innungen, Innungsausschüsse und anderen lokalen Handwerksorganisationen gleichgeschaltet werden, worunter verstanden wurde, dass die Mehrheit der Vorstandsmitglieder der NSDAP angehören musste[524]. Das Amt des Obermeisters sollte „wenn irgendmöglich" mit einem Nationalsozialisten besetzt werden[525]. Bei der Gleichschaltung sollte „am zweckmäßigsten" so verfahren werden, dass der alte

---

chen Wirtschaftspolitik bedarf es jedoch noch eines weiteren. Die Gestaltung der Organisation muss die Gewähr in sich tragen, dass der Wille der Führung unverändert den letzten Gliedern der Wirtschaft übermittelt, die Anordnungen des Staates in nationalsozialistischem Sinne vom letzten Betriebsführer aufgenommen und auch durchgeführt werden. Ein Ziel – ein Wille – einheitliche Durchführung dieses Willens! Diese Gewährleistung ist nur zu erreichen durch Beseitigung jedweden Parlamentarismus, jeder maßgeblichen, d. h. mit unmittelbarer Autorität ausgestatteten Willensäußerung einer Mehrheit von Personen und der Möglichkeit der Verlagerung der Verantwortung auf eine Mehrheit, die in Wirklichkeit anonym ist. Deshalb ist die Übertragung des Führerprinzips auf die Wirtschaft notwendig. [...]".

[518] *Wernet*, Geschichte des Handwerks, 3. Aufl., 1959, S. 208 ff.
[519] Der Untertitel der Zeitschrift „Deutsches Handwerk" wurde 1932 mehrfach geändert und lautete ab 1933 „Organ des Kampfbundes des gewerblichen Mittelstands – Reichsleitung Handwerk und Gewerbe"; vgl. im Einzelnen *Chesi*, Struktur und Funktion, 1966, S. 28, Fn. 31.
[520] *Chesi*, Struktur und Funktion, 1966, S. 27 ff.
[521] *Chesi*, Struktur und Funktion, 1966, S. 32 f.; *Blume*, Ein Handwerk – eine Stimme, 2000, S. 30 f.
[522] *Schild* war am 29.03.1933 als Nachfolger des verstorbenen *Karl Herrmann* zum Generalsekretär des Deutschen Handwerks- und Gewerbekammertags bestellt worden.
[523] Auszugsweise wiedergegeben in: Bernert, 100 Jahre, 2000, S. 215 f.; im Folgenden: Richtlinien zur Gleichschaltung.
[524] Nr. 1 der Richtlinien zur Gleichschaltung.
[525] Nr. 3 der Richtlinien zur Gleichschaltung.

II. 9. Die Aufhebung der Selbstverwaltung im Nationalsozialismus 595

Innungsvorstand seine Ämter „freiwillig" niederlegte[526]. Der neue Innungsvorstand sollte dann im Benehmen mit dem Ortsgruppenleiter des Kampfbunds gebildet werden[527]. Nach der Gleichschaltung sollten die neuen Innungsvorstände mit allen Kräften darüber wachen, dass die Innungsorganisationen intakt blieben[528]. Eine Auflösung der Innungen komme nicht in Frage. Bereits Ende April 1933 war die faktische Gleichschaltung des Handwerks auf der Ebene der Handwerkskammern sowie der Innungen und der anderen lokalen Handwerksorganisationen weitgehend vollzogen[529]. Dass dafür nicht überall Zwang eingesetzt werden musste, lag wohl nicht zuletzt daran, dass die von der NSDAP in Aussicht gestellte handwerksfreundliche Gesetzgebung neben bereits eingeleiteten Arbeitsbeschaffungsmaßnahmen nicht wenige Handwerker dem neuen Regime gewogen machte[530].

Die sich schwieriger gestaltende Gleichschaltung des Reichsverbands des deutschen Handwerks wurde eingeleitet, indem im Mai 1933 zunächst der Vorstand des Reichsverbands nach einer Satzungsänderung um Mitglieder der NSDAP wie Zeleny und von Renteln erweitert wurde[531]. Daraufhin genehmigte die Vollversammlung des Reichsverbands die Proklamation des „Reichsstandes des deutschen Handwerks", dem als weitere parallele Dachorganisation unter anderem die im Reichsverband zusammengeschlossenen beruflichen, wirtschaftlichen und sozialen Organisationen des deutschen Handwerks angehören sollten[532]. Aufgabe des Reichsstands sollte es insbesondere sein, eine berufsständische Verfassung des deutschen Handwerks auszuarbeiten und die Organisation neu zu regeln. Führer des Reichsstands wurde von Renteln, und dem Vorstand gehörten überwiegend diejenigen NSDAP-Mitglieder an, die zuvor auch in den Vorstand des Reichsverbands aufgenommen worden waren. Da sich die geplante Gesetzgebung zu einem ständischen Umbau der Wirtschaft verzögerte, entschied man sich, die bestehenden Handwerksorganisationen, also auch die parallelen Dachorganisationen, zunächst aufrechtzuerhalten. Schon im Oktober 1933 wurde der Reichsverband des deutschen Handwerks dann aber durch Beschluss des Reichsstands aufgelöst[533]. An seine Stelle trat der Reichsstand des deutschen Handwerks e.V., der rückwirkend ab dem 1. Oktober 1933 die gesamte Handwerkspolitik des deutschen Handwerks nach innen und außen wahrnehmen sollte[534]. Damit war auch die Gleichschaltung der Spitzenorganisation des Handwerks vollzogen.

---

[526] Nr. 9 der Richtlinien zur Gleichschaltung.
[527] Nr. 9 der Richtlinien zur Gleichschaltung.
[528] Nr. 12 der Richtlinien zur Gleichschaltung.
[529] *Lenger*, Sozialgeschichte der deutschen Handwerker, 1988, S. 195; siehe auch das Beispiel des Kammerbezirks Kassel bei *Bernert*, 100 Jahre, 2000, S. 215f.
[530] *Chesi*, Struktur und Funktion, 1966, S. 34.
[531] *Schüler*, Das Handwerk im Dritten Reich, 1951, S. 13f.; *Chesi*, Struktur und Funktion, 1966, S. 35f.
[532] *Chesi*, Struktur und Funktion, 1966, S. 36.
[533] Der Beschluss ist auszugsweise abgedruckt bei *Chesi*, Struktur und Funktion, 1966, S. 38.
[534] Vgl. Nr. 2 und 3 des Beschlusses, abgedruckt bei *Chesi*, Struktur und Funktion, 1966, S. 38.

596　6. Kapitel: Historische Entwicklung des Rechts der Selbstverwaltung des Handwerks

b) Der nationalsozialistische Umbau der Selbstverwaltung des Handwerks

Wie oben im Kapitel über die Geschichte des IHK-Rechts herausgearbeitet wurde[535], integrierte die nationalsozialistische Führung die öffentlich-rechtlichen und privatrechtlichen Selbstverwaltungsorganisationen der verschiedenen Wirtschaftszweige ab 1934 in einen hierarchischen, von Staat und Partei kontrollierten Aufbau[536]. Für das Handwerk bestand eine Besonderheit darin, dass die Machthaber zugleich die wesentlichen Eckpunkte des vom Reichsverband 1921 vorgelegten Reichshandwerksordnungsentwurfs umsetzten und dabei insbesondere die allgemeine Pflichtinnung einführten[537]. Darüber hinausgehend wurden mit der Etablierung des großen Befähigungsnachweises und der ständischen Ehrengerichtsbarkeit Idealziele des konservativen Handwerkstands erfüllt, welche die Handwerksorganisationen selbst schon lange offiziell nicht mehr zu fordern gewagt hatten[538]. Gleichzeitig wurden Innungen und Handwerkskammern aber durch Einführung des Führerprinzips und Eingliederung in den neuen hierarchischen Gesamtaufbau der Wirtschaft wie die Organisationen der übrigen Wirtschaft jeglicher materialer Selbstverwaltung beraubt[539].

aa) Das Gesetz über den vorläufigen Umbau des deutschen Handwerks vom 29. November 1933

Gesetzgebungstechnisch wurde im Bereich des Handwerks ähnlich wie bei der Wirtschaft im Allgemeinen vorgegangen[540]: Auf der Grundlage eines Ermächtigungsgesetzes, das dem Wirtschafts- und dem Arbeitsminister weitreichende Vollmachten einräumte, ergingen Rechtsverordnungen zur konkreten Umgestaltung der Selbstverwaltung des Handwerks. Grundlage des nationalsozialistischen Um-

---

[535] Vgl. S. 345 ff.
[536] *Bracher/Sauer/Schulz*, Die nationalsozialistische Machtergreifung, 2. Aufl., 1962, S. 627 ff.
[537] *Boyer*, Zwangswirtschaft und Gewerbefreiheit, 1992, S. 33 f.; *Chesi*, Struktur und Funktion, 1966, S. 39.
[538] *Wernet*, Geschichte des Handwerks, 3. Aufl., 1959, S. 209; *Esenwein-Rothe*, Die Wirtschaftsverbände von 1933 bis 1945, 1965, S. 26 f.; *Lenger*, Sozialgeschichte der deutschen Handwerker, 1988, S. 196 f.
[539] So stellte *Wernet*, Soziale Handwerksordnung, 1939, S. 456 zur nationalsozialistischen „Selbstverwaltung" des Handwerks fest: „Die Schlacken einer unseligen Vergangenheit sind damit von der öffentlich-rechtlichen Berufsordnung des Handwerks gefallen. Nicht nur die parlamentarisch-demokratischen Zutaten des Zwischenreiches sind verschwunden, vor allem hat die Sinnbedeutung der handwerklichen Selbstverwaltung sich grundlegend gewandelt. [...] Nunmehr ist die rechte Ordnung der Dinge wiederhergestellt. Der Staat, nach jeder Seite unabhängig und wechselnden Einflüssen entzogen, ist oberste Befehlsstelle, die berufliche Selbstverwaltung ausführendes Organ. Die unglückliche Verpflichtung, handwerkliche ‚Belange' gegenüber allen möglichen öffentlichen und privaten Stellen vertreten zu müssen, ist von der letzteren genommen. Sie ist wieder auf die allein zutreffende Bestimmung zurückgeführt, die Handwerkerschaft für den Einsatz im Rahmen des Volksganzen zu sammeln und zu ordnen, ihrer Leistung Richtung und Ziel zu weisen und ihre Kräfte zu pflegen und zu entfalten. Das ist die wahre Sinnbedeutung aller öffentlich-rechtlichen Selbstverwaltung wie sie in den besten Zeiten der Handwerksgeschichte verwirklicht gewesen ist".
[540] Vgl. oben S. 345 ff.

baus der Handwerksorganisationen war das von der Reichsregierung beschlossene Gesetz über den vorläufigen Aufbau des deutschen Handwerks vom 29. November 1933[541]. In § 1 des knappen Gesetzes, der den Reichswirtschaftsminister und den Reichsarbeitsminister ermächtigte, eine vorläufige Regelung über den Aufbau des deutschen Handwerks auf der Grundlage allgemeiner Pflichtinnungen und des Führergrundsatzes zu treffen, kam bereits die inhaltliche Synthese aus alten Forderungen des Handwerks und nationalsozialistischer Gleichschaltung zum Ausdruck. Des Weiteren wurden die Minister ermächtigt, eine Vereinfachung des Aufbaus und der Verwaltung der Körperschaften des Handwerks herbeizuführen sowie deren Tätigkeit und Aufgaben der Neuordnung der Staatsverhältnisse in Reich, Ländern und Gemeinden anzupassen, insbesondere auch jene Körperschaften aufzulösen und zu ändern[542]. Schließlich durften die Minister zur Durchführung des Gesetzes Rechtsverordnungen und Verwaltungsvorschriften erlassen und den Führer der Spitzenvertretung des deutschen Handwerks ernennen[543].

bb) Erste HandwerksVO vom 15. Juni 1934: Pflichtinnung, Kreishandwerkerschaft und Führergrundsatz

Die auf der Grundlage des Ermächtigungsgesetzes vom 29. November 1933 erlassene Erste Verordnung über den vorläufigen Aufbau des deutschen Handwerks vom 15. Juni 1934 (Erste HandwerksVO) führte eine Neuregelung des Innungsrechts außerhalb der GewO herbei[544]. Schwerpunkt der Ersten HandwerksVO war die Einführung der Pflichtmitgliedschaft in der Innung für alle in der Handwerksrolle eingetragenen Gewerbetreibenden[545]. Auf die durch die Handwerkskammer einzurichtenden[546] neuen Pflichtinnungen der zugelassenen und damit innungsfähigen Handwerke[547] ging das Vermögen der entsprechenden freien Innungen sowie

---

[541] RGBl. 1933 I, S. 1015; konzise Anmerkungen dazu finden sich bei: *Hartmann*, Neues Handwerksrecht I, 3. Aufl., 1938, S. 54 ff.; dazu aus zeitgenössischer Sicht auch: *Wernet*, Soziale Handwerksordnung, 1939, S. 459 f.

[542] § 4 Gesetz über den vorläufigen Aufbau des deutschen Handwerks vom 29. 11. 1933, RGBl. 1933 I, 1015.

[543] § 5 Gesetz über den vorläufigen Aufbau des deutschen Handwerks vom 29. 11. 1933.

[544] RGBl. 1934 I, S. 493–508 (im Folgenden: Erste HandwerksVO-1934); gem. § 96 Abs. 1, Abs. 2 Erste HandwerksVO-1934 fanden die §§ 81–99 GewO auf Handwerkerinnungen keine Anwendung mehr, während §§ 100–100u, 101 und 102 GewO aufgehoben wurden; ein weiterer Schwerpunkt der VO war die Einrichtung der Ehrengerichtsbarkeit (§§ 59 ff. Erste HandwerksVO-1934); zum neuen Innungsrecht: *Merz*, Die berufsständische Gliederung, 1937, S. 28 ff.; *Zee-Heräus/Homann*, Das Handwerk und seine Verfassung, 1937, S. 23 ff.; *Wernet*, Soziale Handwerksordnung, 1939, S. 461 ff.

[545] § 8 Abs. 1 Erste HandwerksVO-1934; *Merz*, Die berufsständische Gliederung, 1937, S. 29 ff.; *Rohlfing/Schraut*, Gewerbe- und Wirtschaftsrecht, 1938, Einleitung, S. XIX.

[546] § 4 Erste HandwerksVO-1934.

[547] Gem. § 1 S. 1 Erste HandwerksVO-1934 hatte der Reichswirtschaftsminister im Einvernehmen mit dem Reichsminister für Ernährung und Landwirtschaft ein Verzeichnis aller Gewerbe aufzustellen, die handwerksmäßig betrieben werden konnten. Das vom Reichswirtschaftsminister am 30. 07. 1934 veröffentlichte Verzeichnis (abgedruckt u. a. bei *Zee-Heräus/Homann*, Das Handwerk und seine Verfassung, 1937, S. 67 ff.) erkannte insgesamt 72 Vollhandwerke an.

Zwangsinnungen im Wege der Gesamtrechtsnachfolge über[548]. Gleichermaßen ging das Vermögen der früheren Innungsausschüsse auf ihre Nachfolger, die Kreishandwerkerschaften[549], als Zusammenschlüsse der Innungen eines Bezirks[550], über[551]. Die repräsentative Selbstverwaltung in den Innungen, an deren Spitze ähnlich wie bei den Handwerkskammern schon Ende April 1934 meist Mitglieder der NSDAP oder dieser nahe stehende Handwerker gelangt waren[552], wurde beseitigt und durch den Führergrundsatz ersetzt[553], indem die Führung der Innung dem Obermeister zugewiesen wurde[554], der nicht von der Innungsversammlung gewählt, sondern von der Handwerkskammer nach Anhörung des der Innung übergeordneten Fachverbands bestellt wurde[555]. Eine schwache Rückbindung des Obermeisters an die Innungsversammlung bestand lediglich darin, dass er jährlich in der Versammlung die Vertrauensfrage zu stellen hatte, wobei als Folge – auch eines negativen Votums – allerdings lediglich das Ergebnis der Abstimmung der Handwerkskammer mitzuteilen war[556].

---

[548] § 97 Abs. 1 Erste HandwerksVO-1934.
[549] Zum Recht der Kreishandwerkerschaften: *Hartmann*, Neues Handwerksrecht I, 3. Aufl., 1938, S. 182 ff.; *Merz*, Die berufsständische Gliederung, 1937, S. 70 ff.; *Zee-Heräus/Homann*, Das Handwerk und seine Verfassung, 1937, S. 28 ff.
[550] §§ 56 ff. Erste HandwerksVO-1934.
[551] § 97 Abs. 1 Erste HandwerksVO-1934.
[552] *Lenger*, Sozialgeschichte der deutschen Handwerker, 1988, S. 195.
[553] *Hartmann*, Neues Handwerksrecht I, 3. Aufl., 1938, S. 87 f.; in der zeitgenössischen Literatur wurde z. T. ein Fortbestand der Selbstverwaltung in den Innungen behauptet, was allerdings i.d.R. vor dem Hintergrund eines nationalsozialistischen Selbstverwaltungsbegriffs erfolgte. Vgl. etwa *Merz*, Die berufsständische Gliederung, 1937, S. 36 ff., der von ständischer Selbstverwaltung spricht, deren Sinn und Wert darin liege, „dass sie zu größeren und bedeutenderen Leistungen des Handwerkerstandes für das Volk" führe (a.a.O., S. 38).
[554] Gem. § 15 Abs. 1 Erste HandwerksVO-1934 vertrat der Obermeister die Innung gerichtlich und außergerichtlich, führte ihre Geschäfte und erledigte ihre Aufgaben. Eine Beschlussfassung der Innung hierüber fand nur statt, soweit sie durch die Verordnung vorgeschrieben wurde. Gem. § 21 der VO war der Innungsversammlung die Beschlussfassung vorbehalten über die Abänderung der Satzung, den Erwerb etc. von Grundstücken, die Veräußerung von Gegenständen mit geschichtlichem etc. Wert, die Aufnahme von Anleihen, die Genehmigung der Jahresrechnung, die Feststellung des Haushaltsplans und die Genehmigung im Haushaltsplan nicht vorgesehener Ausgaben.
[555] § 13 Abs. 1 und 2 S. 1 Erste HandwerksVO-1934; gem. lit. d Nr. 1 der Ausführungsbestimmungen des Deutschen Handwerks- und Gewerbekammertags über die Errichtung der Handwerker-Innungen (abgedruckt bei *Hartmann*, Neues Handwerksrecht I, 3. Aufl., 1938, S. 290 ff.) sollte der Obermeister einer Innung „in der Regel ein älteres, bewährtes Mitglied der NSDAP sein"; dem Obermeister wurde gem. § 14 Erste HandwerksVO-1934 ein Beirat zur Seite gestellt, dessen Mitglieder allerdings vom Obermeister aus den Innungsmitgliedern bestellt wurden; vgl. *Merz*, Die berufsständische Gliederung, 1937, S. 47 ff.; *Esenwein-Rothe*, Die Wirtschaftsverbände von 1933 bis 1945, 1965, S. 28; auch in den Kreishandwerkerschaften wurde die repräsentative Selbstverwaltung beseitigt, § 57 Nr. 2 i. V. m. § 13 Abs. 1 Erste HandwerksVO-1934: Der Vorsitzende der Kreishandwerkerschaft (der Kreishandwerksführer) wurde ebenfalls von der Handwerkskammer ernannt.
[556] § 22 Erste HandwerksVO-1934; eine Aufstellung der Ergebnisse der Vertrauensfrage der Innungsobermeister aus dem Jahr 1936/37 findet sich im Jahrbuch des deutschen Handwerks 1936, S. 39 f.

Die in der Novelle von 1881 eingeführten freiwilligen Innungsausschüsse wurden durch obligatorische Kreishandwerkerschaften ersetzt[557]. In der Kreishandwerkerschaft waren gem. § 56 Erste HandwerksVO qua Gesetz die Innungen zusammengeschlossen, die innerhalb eines von der Handwerkskammer bestimmten Bezirks (der regelmäßig dem Bezirk von Stadt- oder Landkreisen entsprach) ihren Sitz hatten. Wesentliche Teile des Innungsrechts wurden auf die Kreishandwerkerschaft entsprechend angewandt[558]. Obwohl die Erste HandwerksVO das Recht der Handwerkskammern noch weitgehend aussparte, erfuhren diese doch bereits eine wesentliche Aufwertung, indem ihnen die Innungen systematisch untergeordnet wurden[559]. Das hierarchische Verhältnis wurde zum einen in einer Fülle wichtiger Einzelkompetenzen der Handwerkskammer deutlich. Beispiele sind die Errichtung einer Innung[560], der erstmalige Erlass ihrer Satzung[561] sowie die Bestellung des Obermeisters[562]. Zum anderen wurden die Innungen auch generell der Aufsicht der jeweiligen Handwerkskammer unterstellt, die zugleich berechtigt war, an allen Sitzungen der Innungen und ihrer Organe teilzunehmen[563]. Zudem gingen alle Befugnisse der Aufsichtsbehörden der bisherigen freien Innungen und Zwangsinnungen sowie Innungsausschüsse auf die Handwerkskammer über[564].

cc) *Zweite und Dritte HandwerksVO vom 18. Januar 1935: Führergrundsatz bei der Handwerkskammer; großer Befähigungsnachweis*

Die wesentlich konzisere Zweite HandwerksVO vom 18. Januar 1935[565] etablierte den Führergrundsatz nun auch bei den Handwerkskammern[566]: Der Vorsitzende, der die Kammer führte und gerichtlich sowie außergerichtlich vertrat[567], wurde vom Reichswirtschaftsminister nach Anhörung des Deutschen Handwerks- und

---

[557] §§ 56–58 Erste HandwerksVO-1934.
[558] § 57 Erste HandwerksVO-1934.
[559] *Chesi*, Struktur und Funktion, 1966, S. 45.
[560] § 4 Abs. 1 Erste HandwerksVO-1934.
[561] § 23 S. 2 Erste HandwerksVO-1934.
[562] § 13 Abs. 1 Erste HandwerksVO-1934.
[563] § 49 Abs. 1 S. 1, Abs. 4 Erste HandwerksVO-1934; *Merz*, Die berufsständische Gliederung, 1937, S. 63 ff.
[564] § 99 Erste HandwerksVO-1934.
[565] Zweite Verordnung über den vorläufigen Aufbau des deutschen Handwerks vom 18.01. 1935, RGBl. I, S. 14 f. (im Folgenden: Zweite HandwerksVO-1935); anders als die Erste VO im Hinblick auf das Innungsrecht beabsichtigte die Zweite VO keine Vollregelung des Handwerkskammerrechts. Vielmehr blieben gem. § 8 Abs. 2 Zweite HandwerksVO-1935 die Vorschriften der GewO sowie anderer Gesetze, Verordnungen und Satzungen unberührt, soweit sie der Zweiten HandwerksVO nicht entgegenstanden.
[566] § 1 Abs. 1 S. 1 Zweite HandwerksVO-1935; die Zweite Handwerks-VO ist kommentiert in: *Hartmann*, Neues Handwerksrecht II, 1941; zum Recht der Handwerkskammern: *Merz*, Die berufsständische Gliederung, 1937, S. 80 ff.; *Zee-Heräus/Homann*, Das Handwerk und seine Verfassung, 1937, S. 30 ff.; *Hartmann*, a.a.O., S. 14 ff.
[567] § 6 Abs. 1 S. 1 Zweite HandwerksVO-1935.

Gewerbekammertags ernannt und abberufen[568]. Der Vorstand der Kammer bestand neben dem Vorsitzenden und seinem Stellvertreter aus höchstens sieben vom Vorsitzenden zu berufenden Mitgliedern sowie einem vom Vorsitzenden zu ernennenden Obmann der Gesellen[569]. Das Selbstverwaltungsprinzip wurde dadurch weiter eingeschränkt, dass in Angelegenheiten, in denen vormals eine Beschlussfassung oder Mitwirkung des Vorstands oder der Vollversammlung vorgeschrieben war, fortan lediglich eine Beratung im Vorstand der Kammer erforderlich war[570]. Die Befugnisse des Gesellenausschusses wurden durch den vom Vorsitzenden ernannten Obmann der Gesellen wahrgenommen[571]. Die Handwerkskammer wurde der Aufsicht des Reichswirtschaftsministers unterstellt[572], der auch ihre Satzung erließ und abänderte[573].

Die am selben Tag ergangene Dritte HandwerksVO führte den großen Befähigungsnachweis ein[574]. Musste zuvor jeder, der ein stehendes Gewerbe selbständig betrieb, in die Handwerksrolle eingetragen werden[575], wurde dieses Verhältnis nunmehr umgekehrt. Der selbständige Betrieb eines Handwerks als stehendes Gewerbe war fortan nur den in der Handwerksrolle eingetragenen natürlichen und juristischen Personen gestattet[576]. In die Handwerksrolle wurde wiederum nur eingetragen, wer die Meisterprüfung für das von ihm betriebene oder für ein diesem verwandtes Handwerk bestanden hatte oder die Befugnis zur Anleitung von Lehrlingen in einem dieser Handwerke besaß[577]. Damit war die Meisterprüfung zur Regelvoraussetzung für die Ausübung eines selbständigen stehenden Gewerbes geworden. Die Kernregelungen der mitunter gar als „magna charta des Handwerks" bezeichneten Dritten HandwerksVO sollten nach dem Krieg maßgeblich die Handwerksordnungen der britischen und französischen Besatzungszone und schließlich auch die Bundes-Handwerksordnung von 1953 beeinflussen[578].

---

[568] *Rohlfing/Schraut*, Gewerbe- und Wirtschaftsrecht, 1938, Einleitung, S. XX f.; *Hartmann*, Neues Handwerksrecht II, 1941, S. 31.
[569] § 2 Zweite HandwerksVO-1935; vgl. auch die Anordnung des Reichswirtschaftsministers über die Ernennung und Abberufung der Mitglieder des Vorstands und des Beirats der Handwerkskammern vom 04.02.1935, abgedruckt bei: *Hartmann*, Neues Handwerksrecht II, 1941, S. 166.
[570] § 6 Abs. 2 S. 1 Zweite HandwerksVO-1935.
[571] § 6 Abs. 2 S. 2 Zweite HandwerksVO-1935.
[572] § 1 Abs. 1 S. 2 Zweite HandwerksVO-1935.
[573] § 7 Zweite HandwerksVO-1935; durch die spätere Verordnung über die Aufbringung der Kosten der Handwerkskammern vom 28.02.1936, RGBl. I, S. 131, wurde die Beitragsvorschrift des § 103 l Abs. 1 GewO dahingehend neugefasst, dass die Kosten der Handwerkskammer nicht mehr den Gemeinden, sondern unmittelbar den in der Handwerksrolle eingetragenen Gewerbetreibenden auferlegt wurden.
[574] Dritte Verordnung über den vorläufigen Aufbau des deutschen Handwerks vom 18.01. 1935, RGBl. I, S. 15–19 (im Folgenden: Dritte HandwerksVO-1935); Anmerkungen dazu finden sich bei *Hartmann*, Neues Handwerksrecht III, 1941, S. 29 ff.
[575] § 104o Abs. 1 GewO-1929.
[576] § 1 Dritte HandwerksVO-1935.
[577] § 3 Abs. 1 S. 1 Dritte HandwerksVO-1935; der Meisterprüfung standen gem. § 3 Abs. 1 S. 2 Dritte HandwerksVO-1935 die gem. § 133 Abs. 10 GewO anerkannten Prüfungen gleich.
[578] *Hartmann/Philipp*, HwO, 1954, S. 99; *Chesi*, Struktur und Funktion, 1966, S. 47.

dd) Die Handwerksorganisationen im neuen nationalsozialistischen Wirtschaftsaufbau

Wie im vierten Kapitel ausführlich dargestellt wurde, schuf das nationalsozialistische Regime mit dem Gesetz zur Vorbereitung des organischen Aufbaus der deutschen Wirtschaft vom 27. Februar 1934[579] zwecks besserer Kontrolle der Produktion die Grundlage für einen streng hierarchischen Aufbau der gesamten Wirtschaft von den einzelnen Betrieben bis hin zu den Spitzenorganisationen im Reich[580]. Wie Handel und Industrie wurden auch die Organisationen des Handwerks in den neuen Aufbau der gewerblichen Wirtschaft eingebunden[581]. Anders als in anderen Bereichen bestand im Handwerk indes mit der Innung bereits eine Organisationsform, auf die der fachliche Zweig des neuen Systems aufgebaut werden konnte. Rechtsgrundlage für die bezirkliche und fachliche Gliederung der Reichsgruppe Handwerk innerhalb des neuen Aufbaus der gewerblichen Wirtschaft war primär die Erste VO zur Vorbereitung des organischen Aufbaues der deutschen Wirtschaft vom 27. November 1934[582] i.V.m. einer dazu ergangenen Anordnung des Reichswirtschaftsministers vom 23. März 1935[583].

Der fachliche Zweig des Wirtschaftsaufbaus im Handwerk führte fortan von den Handwerksbetrieben über die Innungen[584], in denen aufgrund der Pflichtmitgliedschaft nunmehr alle niedergelassenen selbständigen Handwerker organisiert waren, zu über 50 Reichsinnungsverbänden der einzelnen Handwerkszweige[585]. Die

---

[579] RGBl. 1934 I, S. 185 f.
[580] Siehe oben S. 345 ff.
[581] Zum Ganzen ausführlich: *Chesi*, Struktur und Funktion, 1966, S. 47 ff.; *Stremmel*, Kammern der gewerblichen Wirtschaft, 2005, S. 152 ff.; *Puppo*, Wirtschaftsrechtliche Gesetzgebung, 1988, S. 34 ff.; aus zeitgenössischer Sicht: *Jeß*, Körperschaften des öffentlichen Rechts, 1935, S. 57 ff.; *Zee-Heräus/Homann*, Das Handwerk und seine Verfassung, 1937, S. 21 ff.; *Wernet*, Soziale Handwerksordnung, 1939, S. 466 ff.
[582] RGBl. 1934 I, S. 1194.
[583] Anordnung über die bezirkliche und fachliche Gliederung der Reichsgruppe Handwerk innerhalb des organischen Aufbaues der gewerblichen Wirtschaft vom 23.03.1935, Reichs- und Staatsanzeiger Nr. 71 vom 25.03.1935, S. 2 f. (im Folgenden: Anordnung über die Gliederung der Reichsgruppe Handwerk-1935); Anmerkungen zu der Anordnung finden sich bei: *Hartmann*, Neues Handwerksrecht II, 1941, S. 241 ff.; die Anordnung basierte auf §§ 42 i.V.m. 47 der Ersten Verordnung zur Durchführung des Gesetzes zur Vorbereitung des organischen Aufbaues der deutschen Wirtschaft vom 27.11.1934 (RGBl. I, S. 1194); die Satzung der Reichsgruppe Handwerk vom 13.07.1935 ist abgedruckt bei: *Spitz*, Organisation des Deutschen Handwerks, 1936, S. 128 f.
[584] Am 01.01.1936 bestanden 14.954 Innungen. Diese Zahl nahm bis zum 01.01.1939 auf 14.042 ab, was z.T. auf die Zusammenlegung von Kreisen in Württemberg im Jahr 1938 zurückzuführen war; Jahrbuch des deutschen Handwerks 1938/39, S. 153; *Chesi*, Struktur und Funktion, 1966, S. 71; zum Recht der Innungen im NS-Staat: *Hartmann*, Neues Handwerksrecht I, 3. Aufl., 1938, S. 67 ff.; *Zee-Heräus/Homann*, Das Handwerk und seine Verfassung, 1937, S. 23 ff.
[585] §§ 2 und 6 Anordnung über die Gliederung der Reichsgruppe Handwerk-1935; bis 1933 war die unmittelbare bzw. über den jeweiligen Bezirks- oder Landesfachverband vermittelte Mitgliedschaft einer Innung im einschlägigen Reichsfachverband freiwillig. Aufgrund § 6 Anordnung über die Gliederung der Reichsgruppe Handwerk-1935 wurden durch die 1. Anordnung über Reichsinnungsverbände vom 21.05.1935 (Reichs- und Staatsanzeiger Nr. 125 vom 31.05.1935, auch abgedruckt bei Spitz, Organisation des Deutschen Handwerks, 1936, S. 131 f.) für 51 Hand-

Reichsinnungsverbände richteten zudem schon bald Bezirksstellen als regionale Untergliederungen und damit de facto-Mittelinstanz zwischen Innungen und Reichsinnungsverbänden ein[586]. Die Reichsinnungsverbände waren ihrerseits Untergliederungen der Reichsgruppe Handwerk[587] als einer der sechs Reichsgruppen der gewerblichen Wirtschaft neben Industrie, Handel, Banken, Versicherungen und Energiewirtschaft[588]. Um die Exklusivität des neuen fachlichen Aufbaus zu sichern, war es Handwerksinnungen fortan verboten, zu Innungsverbänden zusammenzutreten[589]. Anderen Wirtschaftsverbänden als einem Reichsinnungsverband durften sie nur mit Zustimmung der Innungsaufsichtsbehörde angehören[590].

Die Reichsgruppe Handwerk, der Deutsche Handwerks- und Gewerbekammertag und die verschiedenen Landeshandwerksmeister[591] waren daneben im Reichsstand des Deutschen Handwerks als übergreifendem Dachverband zusammengefasst[592], dem der sog. Reichshandwerksmeister vorstand[593]. Der Reichshandwerksmeister sollte als Schnittstelle zwischen Staat und Handwerksorganisation den

---

werkszweige (Stand: 01.04.1937, Jahrbuch des deutschen Handwerks 1936, S.38) Reichsinnungsverbände errichtet, in denen die Innungen obligatorisch zusammengefasst waren; zum Recht der Reichsinnungsverbände: *Hartmann*, Neues Handwerksrecht II, 1941, S.244ff.; Die Mustersatzung für Reichsinnungsverbände ist a.a.O., S.308ff. abgedruckt; Daten zu den Reichsinnungsverbänden und den in ihnen organisierten Innungen finden sich bei *Spitz*, a.a.O., S.137ff.; vgl. auch die Organisationsschemata im Jahrbuch des deutschen Handwerks 1936, S.36; dito 1938/39, S.151.

[586] §3 Abs.1 Anordnung über die Gliederung der Reichsgruppe Handwerk-1935 sah eigentlich vor, dass in der Reichsgruppe Handwerk keine Bezirksgruppen gebildet werden; gem. §3 Abs.2 der Anordnung konnten die Reichsinnungsverbände als Fachgruppen der Reichsgruppe Handwerk und deren Fachuntergruppen indes ausnahmsweise Bezirksstellen einrichten, „wenn ein zwingendes wirtschaftliches Bedürfnis" bestand, einen bestimmten Handwerkszweig für einen Wirtschaftsbezirk zusammenzufassen. Diese Möglichkeit nutzten die Reichsinnungsverbände intensiv. Am 01.06.1936 war diese Ausnahmeregelung bereits Grundlage für die Bestellung von 677 Bezirksinnungsmeistern geworden, denen 306 Bezirksfachgruppenleiter als Leiter der Bezirksstellen der Fachuntergruppen zur Seite standen. Lediglich drei kleinere Reichsinnungsverbände hatten von der Möglichkeit, Bezirksstellen einzurichten noch keinen Gebrauch gemacht; *Chesi*, Struktur und Funktion, 1966, S.55.

[587] §2 Abs.1 Anordnung über die Gliederung der Reichsgruppe Handwerk-1935 i.V.m. §2 Abs.1 Erste VO zur Durchführung des Gesetzes zum organischen Aufbau der dt. Wirtschaft; hierarchisch entsprachen die Reichsinnungsverbände damit den Fachgruppen der anderen Reichsgruppen, welche dieselben als ihre Untergliederungen bilden konnten. Die Satzung der als rechtsfähiger Verein organisierten Reichsgruppe Handwerk ist abgedruckt bei Hartmann, Neues Handwerksrecht II, 1941, S.303ff.

[588] §2 Abs.1 Anordnung über die Gliederung der Reichsgruppe Handwerk-1935 i.V.m. §2 Abs.1 Erste VO zur Durchführung des Gesetzes zum organischen Aufbau der dt. Wirtschaft; später kam die Reichsgruppe Fremdenverkehr hinzu; *Hedemann*, Deutsches Wirtschaftsrecht, 1939, S.376; *Zee-Heräus/Homann*, Das Handwerk und seine Verfassung, 1937, S.35ff.

[589] §5 Abs.3 S.1 1. HS Anordnung über die Gliederung der Reichsgruppe Handwerk-1935.

[590] §5 Abs.3 S.1 2. HS Anordnung über die Gliederung der Reichsgruppe Handwerk-1935.

[591] Übersichten zu den Bezirken der insgesamt 15 Landeshandwerksmeister sowie zu deren Aufgaben finden sich bei: *Spitz*, Organisation des Deutschen Handwerks, 1936, S.48ff.; zur Stellung der Landeshandwerksmeister: *Merz*, Die berufsständische Gliederung, 1937, S.117f.

[592] *Chesi*, Struktur und Funktion, 1966, S.64ff.

[593] Vgl. das Organisationsschema des Reichsstands des Deutschen Handwerks bei *Spitz*, Organisation des Deutschen Handwerks, 1936, S.45.

II. 9. Die Aufhebung der Selbstverwaltung im Nationalsozialismus 603

Willen von Partei und Staat in der Handwerksorganisation durchsetzen und besaß als „Führer" des Reichsstands, Präsident des Deutschen Handwerks- und Gewerbekammertags sowie Leiter der Reichsgruppe Handwerk in Personalunion Weisungsbefugnis gegenüber allen Handwerksverbänden[594].

Neben der auf die Innungen zentrierten fachlichen Gliederung der Reichsgruppe Handwerk bestand eine fachübergreifende, partiell mit dem fachlichen Aufbau verwobene Organisation, die von den nunmehr 60 Handwerks- und Gewerbekammern getragen wurde, welche alle Handwerker ihres Bezirks repräsentierten[595]. Bis 1937 wurden die sächsischen und hanseatischen Gewerbekammern durch Handwerkskammern ersetzt, so dass der seit der Handwerkernovelle-1897 bestehende Dualismus aus Handwerks- und Gewerbekammern ein Ende fand[596]. Die Kammern waren schon dadurch mit dem fachlichen Zweig verwoben, dass sie zugleich den Innungen – und den 725 Kreishandwerkerschaften als untersten fachübergreifenden Organisationen[597] – übergeordnet waren. Die Handwerkskammern wiederum waren auch weiterhin im Deutschen Handwerks- und Gewerbekammertag organisiert[598]. Schließlich bestanden – wie im Kapitel über die Geschichte des IHK-Rechts im Einzelnen ausgeführt wurde – ab 1935 Wirtschaftskammern als gemeinsames Forum der bezirklichen Organisation der gewerblichen Wirtschaft, der IHK und der Handwerkskammern eines Wirtschaftsbezirks[599]. Nachdem in organisato-

---

[594] Aufgrund der Ermächtigung in § 5 des Gesetzes über den vorläufigen Aufbau des deutschen Handwerks vom 29.11.1933, „den Führer der Spitzenvertretung des deutschen Handwerks zu ernennen", ernannten der Reichsarbeitsminister und der Reichswirtschaftsminister am 24.01.1934 den Klempnermeister, Vorsitzenden der Handwerkskammern Wiesbaden und „Altgardisten der Bewegung" *Wilhelm Georg Schmidt* zum Reichshandwerksführer (vgl. *Spitz*, Organisation des Deutschen Handwerks, 1936, S. 32f.). Später wurde die Bezeichnung des Amts in Reichshandwerksmeister geändert; *Chesi*, Struktur und Funktion, 1966, S. 67f.; Schmidt übte das Amt des Reichshandwerksmeister bis zum 13.10.1936 aus, vgl. Jahrbuch des deutschen Handwerks 1936, S. 33.
[595] Eine Übersicht über grundlegende Daten der im Jahr 1936 noch bestehenden 60 Handwerks- und Gewerbekammern nebst den Kreishandwerkerschaften enthält: *Spitz*, Organisation des Deutschen Handwerks, 1936, S. 59ff.; am 01.01.1939 bestanden im „Altreich" noch 59 Handwerkskammern. Neu hinzugekommen waren sieben Handwerkskammern in den inzwischen „angeschlossenen" Gebieten der sog. „Ostmark", Jahrbuch des deutschen Handwerks 1938/39, S. 153ff.
[596] Die sächsischen Gewerbekammern Dresden, Chemnitz, Leipzig sowie die hanseatischen Gewerbekammern Bremen und Hamburg wurden bis 1937 durch Handwerkskammern ersetzt, vgl. Jahrbuch des deutschen Handwerks 1936, S. 37.
[597] Einerseits waren in den Kreishandwerkerschaften die Innungen organisiert, andererseits konnten die Kreishandwerkerschaften als unterste Stufe des fachübergreifenden Aufbaus begriffen werden; am 01.04.1937 bestanden 725 Kreishandwerkerschaften, Jahrbuch des deutschen Handwerks 1936, S. 37; am 01.01.1939 war die Zahl auf 696 zurückgegangen, Jahrbuch des deutschen Handwerks 1938/39, S. 153.
[598] Die aufgrund der Verordnung zur Änderung und Ergänzung von Vorschriften über den Deutschen Handwerks- und Gewerbekammertag vom 09.11.1934 (RGBl. I, S. 1106) geänderte Satzung des Deutschen Handwerks- und Gewerbekammertags vom 08.08.1935 ist abgedruckt bei: *Spitz*, Organisation des Deutschen Handwerks, 1936, S. 56ff.; zum Handwerks- und Gewerbekammertag auch: *Merz*, Die berufsständische Gliederung, 1937, S. 109ff.
[599] §§ 7 Abs. 1 und 26 Erste VO zur Durchführung des Gesetzes zum organischen Aufbau der

rischer Hinsicht im Jahr 1936 bereits eine Industrie- und Handelskammerabteilung in den einzelnen Wirtschaftskammern gebildet worden war, trat 1937 eine Handwerkskammerabteilung hinzu[600]. Auf Reichsebene war schließlich die Reichswirtschaftskammer eingerichtet worden, der als gemeinsamer Vertretung der fachlichen und bezirklichen Organisation der gewerblichen Wirtschaft, der IHK und der Handwerkskammern[601] die Reichsgruppen und die Hauptgruppen der gewerblichen Wirtschaft, die Wirtschaftskammern, die IHK und die Handwerkskammern angehörten[602].

c) Auflösung der Handwerkskammern und Einrichtung von Gauwirtschaftskammern im Jahr 1942

Nachdem die ersten Kriegsjahre, in denen sich die Behörden zunehmend auf unmittelbar kriegswichtige Aufgaben konzentrierten, der Handwerksorganisation zunächst etwas größere Freiräume und den Handwerkskammern einen weiteren deutlichen Aufgabenzuwachs gebracht hatten[603], wurden diese im Jahr 1943 unter den Bedingungen des zuvor proklamierten „totalen Kriegs" aufgelöst. Die Gauwirtschaftskammerverordnung vom 20. April 1942 schuf die Grundlage für eine Zusammenfassung der gewerblichen Wirtschaft in einheitlichen Gauwirtschaftskammern, deren Grenzen sich mit denen der Gaue decken sollten[604]. Die 71 Handwerkskammern wurden ebenso wie die 111 IHK und die bisherigen 27 Wirtschafts-

---

dt. Wirtschaft; errichtet wurden die Wirtschaftskammern durch Anordnung des Reichswirtschaftsministers vom 14.03.1935, Reichsanzeiger Nr. 64 vom 16.03.1935, auch abgedruckt bei *Hartmann*, Neues Handwerksrecht II, 1941, S. 296 f.; näher oben S. 347 f.; eine Übersicht der Wirtschaftskammern findet sich in *ders.*, a.a.O., S. 334.

[600] Durch den Erlass des Reichs- und Preußischen Wirtschaftsministers betr. die Durchführung der Reform der Organisation der gewerblichen Wirtschaft (Eingliederung der Handwerkskammern in die Wirtschaftskammern) vom 20.02.1937 – IV 2066/37, abgedruckt bei *Hartmann*, Neues Handwerksrecht II, 1941, S. 289, wurde bei den Wirtschaftskammern eine Handwerkskammerabteilung errichtet (Nr. 1), der die Handwerkskammern des jeweiligen Wirtschaftsbezirks angehörten (Nr. 3); *Hedemann*, Deutsches Wirtschaftsrecht, 1939, S. 382.

[601] § 32 Erste VO zur Durchführung des Gesetzes zum organischen Aufbau der dt. Wirtschaft.

[602] §§ 7 Abs. 2 und 33 Erste VO zur Durchführung des Gesetzes zum organischen Aufbau der dt. Wirtschaft; *Teschemacher*, Handbuch des Aufbaus der gewerblichen Wirtschaft, Bd. III, 1937, S. 7 ff.; *Großmann-Doerth*, Wirtschaftsrecht, S. 44 f.

[603] Vgl. v. a. Art. I § 1 der Verordnung über Maßnahmen auf dem Gebiet des Handwerksrechts vom 17.10.1939, RGBl. I, S. 2046, der den Handwerkskammern die Befugnisse der Innungsversammlungen sowie der Mitgliederversammlungen der Kreishandwerkerschaften übertrug; *Chesi*, Struktur und Funktion, 1966, S. 115 ff.; die Zahl der Handwerkskammern war im Kriegsjahr 1941 nach *Hartmann*, Neues Handwerksrecht II, 1941, S. 336 f. auf 71 angestiegen.

[604] Zu den Gauwirtschafskammern ausführlich oben S. 349 ff.; § 1 Abs. 1 Erste Verordnung zur Durchführung der Verordnung über die Vereinfachung und Vereinheitlichung der Organisation der gewerblichen Wirtschaft (Gauwirtschaftskammerverordnung) vom 20.04.1942, RGBl. I S. 189.

kammern in der Folge in die Gauwirtschaftskammern als deren Rechtsnachfolger überführt[605].

Proteste der Handwerksführung gegen die Auflösung der Handwerkskammern wurden am 22. März 1943 abschlägig dahingehend beschieden, dass man die Vorschläge zwar eingehend geprüft habe, aber im Wesentlichen ablehne[606]. Zum 1. April 1943 wurde der Abschluss der Änderung der bisherigen Kammerorganisation angeordnet, was die Auflösung der Handwerkskammern bedeutete[607], während der Deutsche Handwerks- und Gewerbekammertag bereits acht Tage zuvor aufgehoben und in die Reichswirtschaftskammer überführt worden war[608]. Innungen und Kreishandwerkerschaften wurde der Status als Körperschaften des öffentlichen Rechts genommen[609]. Während der fachliche Zweig der Handwerksorganisation indes prinzipiell weiter bestand, war der nicht zuletzt aufgrund des zuvor eingetretenen Aufgabenzuwachses wesentlich bedeutendere überfachliche Zweig damit auch in seiner zuvor bestehenden Form aufgelöst[610]. Die neuen Gauwirtschaftskammern waren strikt dem Reichswirtschaftsminister untergeordnete Organisationen ohne Selbstverwaltung[611]. Die Organisationsstrukturen der Handwerkskammern blieben nach ihrer Auflösung allenfalls latent erhalten, indem etwa ihr Personal auch im Rahmen der Gauwirtschaftskammern tätig blieb oder ihre früheren Räumlichkeiten weiterhin den örtlichen Bezugspunkt der von den Innungen wahrgenommenen Funktionen bildeten[612].

10. Die Selbstverwaltung des Handwerks im besetzten Deutschland

Während nach Kriegsende die nationalsozialistischen Gauwirtschaftskammern und die anderen spezifischen Organisationsformen des nationalsozialistischen Wirtschaftsaufbaus – wie oben näher ausgeführt[613] – von den Besatzungsmächten aufgelöst wurden, setzten die Innungen ihre Arbeit weitgehend unbehelligt fort[614].

---

[605] § 2 Abs. 1 Gauwirtschaftskammerverordnung; *Schüler*, Das Handwerk im Dritten Reich, 1951, S. 74 ff.; *Boelcke*, Wirtschaft 1930–1945, 1983, S. 278.
[606] *Schüler*, Das Handwerk im Dritten Reich, 1951, S. 95; *Boelcke*, Wirtschaft 1930–1945, 1983, S. 278 f.
[607] *Esenwein-Rothe*, Die Wirtschaftsverbände von 1933 bis 1945, 1965, S. 131.
[608] § 1 Sechste Verordnung zur Durchführung der Verordnung über die Vereinfachung und Vereinheitlichung der Organisation der gewerblichen Wirtschaft vom 23.03.1943, RGBl. 1943 I, S. 158; *Chesi*, Struktur und Funktion, 1966, S. 118 f.
[609] § 4 Sechste Verordnung zur Durchführung der Verordnung über die Vereinfachung und Vereinheitlichung der Organisation der gewerblichen Wirtschaft vom 23.03.1943; *Schüler*, Das Handwerk im Dritten Reich, 1951, S. 95; Innungen waren gem. § 23 S. 1, Kreishandwerkerschaften gem. § 57 Abs. 1 i. V. m. § 23 S. 1 Erste HandwerksVO-1934 Körperschaften des öffentlichen Rechts gewesen.
[610] *Boelcke*, Wirtschaft 1930–1945, 1983, S. 278; *Chesi*, Struktur und Funktion, 1966, S. 119.
[611] §§ 4 f. Gauwirtschaftskammerverordnung.
[612] *Esenwein-Rothe*, Die Wirtschaftsverbände von 1933 bis 1945, 1965, S. 131.
[613] S. 352 ff.
[614] *Chesi*, Struktur und Funktion, 1966, S. 133 ff.

Die früheren Handwerkskammern wurden ganz ähnlich wie die IHK zügig wiederbelebt. In der Binnenstruktur der Handwerksorganisationen wurde der Führergrundsatz beseitigt und wieder durch das für materiale Selbstverwaltung prägende Wahlprinzip ersetzt. Während die Pflichtmitgliedschaft in den Innungen der französischen Besatzungszone bestehen blieb, wurde sie in der britischen Besatzungszone aufgehoben. In der amerikanischen Besatzungszone kam es ab November 1948 zu einer einschneidenden Zäsur, indem die Selbstverwaltungskörperschaften des Handwerks mit der Einführung der Gewerbefreiheit zu privatrechtlichen Vereinigungen ohne öffentliche Befugnisse und Zwangsrechte umgestaltet wurden.

a) Die Selbstverwaltung des Handwerks in der britischen Besatzungszone

In der die späteren Flächenländer Niedersachsen, Nordrhein-Westfalen und Schleswig-Holstein sowie die Stadt Hamburg umfassenden britischen Besatzungszone setzten die Innungen ihre Tätigkeit nach Kriegsende in Anpassung an die veränderten Bedingungen quasi nahtlos fort. Obermeister, die vor dem 1. April 1933 in die Partei eingetreten waren und solche, die sich parteipolitisch hervorgetan hatten, mussten regelmäßig ihr Amt niederlegen[615]. Als Zusammenschlüsse der Innungen entstanden schon bald Landes- bzw. Hauptinnungsverbände, die sich wiederum zwecks effektiver Interessenwahrnehmung auf Zonenebene in der Arbeitsgemeinschaft der Hauptinnungsverbände der britischen Zone als Dachverband organisierten[616]. Die Handwerkskammern nahmen ähnlich wie die IHK und oft auch zunächst gemeinsam mit diesen im Rahmen einer Wirtschaftskammer schon bald nach Kriegsende faktisch wieder ihre Arbeit auf und wurden nach Auflösung der Gauwirtschaftskammern im August 1945 ebenso wie die Kreishandwerkerschaften auch offiziell durch Neuwahlen rekonstituiert[617]. Auf die Wiederbelebung des niedersächsischen Handwerkskammertags im Dezember 1945 folgten der Westdeutsche Handwerkskammertag und die übrigen Landeskammertage, bis bereits am 29. März 1946 auf der ersten Tagung aller Handwerkskammern der britischen Besatzungszone die Vereinigung der Handwerkskammern der britischen Zone mit Sitz in Hannover als Spitzenverband gegründet wurde[618].

Im Auftrag der Vereinigung der Handwerkskammern der britischen Zone arbeiteten *Hans Meusch*, der bis 1934 Geschäftsführer des Deutschen Handwerks- und Gewerbekammertags gewesen war, und *Karl Hartmann*, der während der Zeit des

---
[615] *Chesi*, Struktur und Funktion, 1966, S. 135.
[616] *Chesi*, Struktur und Funktion, 1966, S. 136.
[617] Zur Rekonstituierung der einzelnen Handwerkskammern und den verschiedenen Formen der Wiederbegründung teils als eigenständige Handwerkskammern, teils im Rahmen einer Wirtschaftskammer: *Perner*, Reorganisation der Handwerkskammern, in: Wirtschaftspolitik, 1984, S. 255 (257 ff.).
[618] *Wernet*, Geschichte des Handwerks, 3. Aufl., 1959, S. 216; *Chesi*, Struktur und Funktion, 1966, S. 136 f.

Nationalsozialismus die Handwerksgesetzgebung kommentiert hatte[619], in der Folge den Entwurf einer Handwerksverordnung aus, um das Handwerksrecht der britischen Besatzungszone insgesamt auf eine einheitliche Grundlage stellen zu können. Nicht zuletzt die geschickte Öffentlichkeitsarbeit der Handwerksorganisationen, die während der Entstehungsphase der Handwerksordnung immer wieder betonten, dass sie lediglich das Handwerksrecht, wie es vor 1933 gegolten habe, auf demokratischer Grundlage wieder herstellen wollten, trug maßgeblich dazu bei, dass die britische Militärregierung den Entwurf vom 18. Oktober 1946 mit nur wenigen Änderungen genehmigte[620]. Von Bedeutung war hier lediglich die Streichung der im Entwurf vorgesehenen fakultativen Zwangsinnung. Die am 6. Dezember 1946 verabschiedete Handwerksverordnung war nicht nur Grundlage des Handwerksrechts in der britischen Besatzungszone, sondern sollte auch maßgeblich die spätere Handwerksordnung der Bundesrepublik Deutschland von 1953 beeinflussen[621].

Insgesamt war die Handwerksverordnung der britischen Zone zwar geschickt als Rückkehr zum Weimarer Recht verpackt, stand jedoch tatsächlich – wenn man von der Abschaffung der Pflichtinnung, des Führergrundsatzes in Innungen und Kammern sowie der Ehrengerichtsbarkeit absieht – durchaus in der Kontinuität des nationalsozialistischen Handwerksrechts[622]. Die scheinbare Rückkehr zum Weimarer Recht basierte auf einer Generalklausel, nach der die im Einzelnen benannten Vorschriften der Reichsgewerbeordnung in der vor dem 30. Januar 1933 geltenden Fassung entsprechend anzuwenden waren, soweit in der Handwerksverordnung oder den Ausführungs- und Ergänzungsbestimmungen hierzu nichts anderes bestimmt war[623]. Ferner wurde die nationalsozialistische Handwerksgesetzgebung aufgehoben, soweit in der Verordnung nichts anderes bestimmt war[624]. Indem nun aber der Text der Handwerksverordnung wesentlich auf der Handwerksgesetzgebung der nationalsozialistischen Zeit, insbesondere der Ersten HandwerksVO vom 15. Juni 1934, basierte, galt diese bspw. im Hinblick auf das Innungs- und Kammerrecht – mit den oben genannten, wichtigen Ausnahmen – weitgehend fort. Ganz in diesem Sinne ordnete schließlich eine unauffällig am Ende der Handwerksverordnung platzierte Vorschrift die Fortgeltung der Dritten HandwerksVO vom 18. Januar

---

[619] *Hartmann*, Neues Handwerksrecht I, 3. Aufl., 1938; *ders.*, Neues Handwerksrecht II, 1941; *ders.*, Neues Handwerksrecht III, 1941; *Hartmann* legte später als Ministerialdirigent im Bundesministerium für Wirtschaft zusammen mit *Franz Philipp* auch einen der ersten Kommentare zur Handwerksordnung von 1953 vor (*Hartmann/Philipp*, HwO, 1954).

[620] *Chesi*, Struktur und Funktion, 1966, S. 139.

[621] Verordnung über den Aufbau des Handwerks vom 06.12.1946 (Zentralamt für Wirtschaft in der Britischen Zone), GVBl. NRW 1947, S. 21; ABl. für Niedersachsen 1947, Nr. 1, S. 7; ABl. für Schleswig-Holstein 1947, Nr. 2, S. 13 (im Folgenden: HandwerksVO-Brit. Zone-1946).

[622] Eine Übersicht über die Regelungen der drei Handwerksverordnungen aus der Zeit des Nationalsozialismus, die keinen Eingang in die Handwerksverordnung der britischen Zone fanden, gibt: *Chesi*, Struktur und Funktion, 1966, S. 142; *John*, Handwerkskammern, 2. Aufl., 1983, S. 164.

[623] § 28 HandwerksVO-Brit. Zone-1946.

[624] § 29 HandwerksVO-Brit. Zone-1946.

1935 mit allen Änderungen nebst den zu ihrer Durchführung ergangenen Vorschriften an[625].

Bemerkenswert ist, dass der Organisationsgrad des Handwerks in den Innungen trotz Abschaffung der Pflichtmitgliedschaft hoch blieb: So gehörten am 30. September 1949 in der britischen Besatzungszone noch über 99% aller Inhaber von Handwerksbetrieben einer oder mehreren Innungen an[626].

b) Die Selbstverwaltung des Handwerks in der französischen Besatzungszone

Ähnlich wie in der britischen setzten auch in der französischen Besatzungszone, welche die entstehenden Länder Rheinland-Pfalz, (Süd-)Baden und Württemberg-Hohenzollern sowie das Saarland umfasste, die Innungen ihre Tätigkeit trotz Personalwechsels an der Spitze fast nahtlos fort, während die Handwerkskammern nach Aufhebung der Gauwirtschaftskammern zügig wiedererrichtet wurden[627]. Die endgültige Festlegung der Zonengrenzen machte indes einige Neugründungen und Kammergebietsarrondierungen erforderlich[628]. So wurden im französisch besetzten Teil des früheren Kammerbezirks der nun zur amerikanischen Besatzungszone gehörenden Handwerkskammer Karlsruhe die Handwerkskammern Freiburg und Konstanz gebildet. Abgetrennte Gebiete der Kammern in Darmstadt und Ulm waren Grundlage für die Gründung der Handwerkskammern Mainz und Lindau.

Als Rechtsgrundlage von Innungen und Handwerkskammern galt zunächst in der gesamten Besatzungszone das bestehende Reichsrecht fort, wobei allerdings der Führergrundsatz auf Anordnung der französischen Militärregierung allgemein durch demokratische Wahlen abgelöst wurde[629]. Für Württemberg-Hohenzollern wurde am 5. November 1946 die erste neue Handwerksordnung nach dem Krieg erlassen, die jedoch ihrerseits im Wesentlichen auf nationalsozialistischem Handwerksrecht beruhte[630]. So basierte der erste Teil über die Handwerksbetriebe und die Handwerksrolle auf der Dritten HandwerksVO vom 18. Januar 1935, der zweite Teil über Handwerkerinnungen und Innungsverbände auf der Ersten HandwerksVO vom 15. Juni 1934 sowie Einzelvorschriften der Reichsgewerbeordnung und der dritte Teil über die Handwerkskammern auf den weitgehend auch im Na-

---

[625] § 30 Abs. 1 Nr. 2 HandwerksVO-Brit. Zone-1946.
[626] *Chesi*, Struktur und Funktion, 1966, S. 136, Fn. 5.
[627] Die Einrichtung von Handwerkskammern wurde zunächst von einigen IHK in Zweifel gezogen, die quasi die einheitlichen Gauwirtschaftskammern unter der Bezeichnung IHK weiterführen wollten. Mit der Zustimmung der französischen Militärregierung zur Errichtung der Handwerkskammer Freiburg am 16.10.1945 war der Programmatik einheitlicher Wirtschaftskammern indes die Grundlage entzogen; *Chesi*, Struktur und Funktion, 1966, S. 156f.
[628] Das Gebiet des Kammerbezirks der Handwerkskammer Reutlingen verdoppelte sich, während die Kammern Koblenz und Trier ca. ein Drittel ihres Bezirks einbüßten; vgl. *Chesi*, Struktur und Funktion, 1966, S. 156.
[629] *Chesi*, Struktur und Funktion, 1966, S. 157.
[630] Rechtsanordnung zur Ordnung des Handwerks (Handwerksordnung) vom 05.11.1946, Abl. des Staatssekretariats für das französisch besetzte Gebiet Württembergs und Hohenzollerns 1947, Nr. 1, S. 1.

tionalsozialismus in Kraft gebliebenen §§ 103 ff. GewO nebst den Regelungen über die im Jahr 1940 erweiterten Kammeraufgaben[631]. Auf Grundlage dieser Handwerksordnung entstanden die weitgehend identischen Handwerksordnungen für Rheinland-Pfalz vom 2. September 1949[632] und für Baden vom 21. September 1949, wobei Letztere allerdings nicht mehr in Kraft trat[633]. Im übrigen Gebiet der französischen Besatzungszone galt hingegen das überkommene nationalsozialistische Handwerksrecht stillschweigend fort[634].

Damit wurde auch in der französischen Besatzungszone das nationalsozialistische Handwerksrecht inhaltlich im Wesentlichen tradiert. Einzige wesentliche Änderung war die Ersetzung des Führergrundsatzes durch das Wahlprinzip in allen Selbstverwaltungskörpern. Die Vorschriften zur Ehrengerichtsbarkeit als einer der Regelungsschwerpunkte der Ersten HandwerksVO von 1934 wurden in die neuen Handwerksordnungen zwar nicht übernommen, allerdings die Möglichkeit zur Einsetzung von Ehrengerichten aufrechterhalten[635]. Hervorzuheben ist, dass mit dem noch weitergehenden Fortbestand des alten Handwerksrechts in der französischen Besatzungszone die Pflichtmitgliedschaft in den Innungen anders als in der britischen Besatzungszone erhalten blieb[636].

c) Die Selbstverwaltung des Handwerks in der amerikanischen Besatzungszone

Unmittelbar nach Kriegsende wich die Entwicklung der Selbstverwaltungskörper des Handwerks in der amerikanischen Besatzungszone, welche die im Entstehen begriffenen Länder Bayern, Bremen, Hessen und Württemberg-Baden umfasste, kaum von den anderen westlichen Besatzungszonen ab: Die Innungen setzten ihre Arbeit fort, wobei im Herbst 1945 alle ehemaligen Parteimitglieder ihre Ämter niederlegen mussten[637]. Auch die Handwerkskammern nahmen bereits im Mai und Juni 1945 wieder ihre Arbeit auf, während die formale Auflösung der Gauwirtschaftskammern und die Einsetzung von Handwerkskammern erst Monate später bekannt gemacht wurden[638]. Aufgrund von Anordnungen der Militärregierungen

---

[631] *Chesi*, Struktur und Funktion, 1966, S. 159 f.
[632] Landesgesetz über die Neufassung des Handwerksrechts (Handwerksordnung) vom 02.09. 1949, GVBl. Rh.-Pf. 1949, S. 379.
[633] *Chesi*, Struktur und Funktion, 1966, S. 160.
[634] *Chesi*, Struktur und Funktion, 1966, S. 156.
[635] §§ 59–94 Erste HandwerksVO-1934; *Chesi*, Struktur und Funktion, 1966, S. 160.
[636] Vgl. etwa § 29 Abs. 1 Landesgesetz über die Neufassung des Handwerksrechts (Handwerksordnung) vom 02.09. 1949 (Rheinland-Pfalz), GVBl. Rh.-Pf. 1949, S. 379.
[637] *Chesi*, Struktur und Funktion, 1966, S. 162.
[638] So wurde bspw. in Bayern die Auflösung der Gauwirtschaftskammern durch die Anordnung über die Auflösung von Wirtschaftsverbänden vom 25.10.1945, Bay. GVBl. 1945, Nr. 5, S. 4, und die Zulassung von sechs Handwerkskammern sowie die Aufrechterhaltung der Handwerksinnungen durch die Anordnung über die Errichtung von Handwerkskammern, Bay. GVBl. 1945, Nr. 5, S. 3, unter dem 07.11.1945 bekannt gemacht; in (Groß-)Hessen wurde unter dem 20.12. 1945, Hess. GVBl. 1946, S. 171, bekannt gemacht, dass die Gauwirtschaftskammern aufgelöst worden und deren Aufgaben auf die IHK bzw. Handwerkskammern zurückgefallen waren.

aus dem Oktober und November 1945 mussten alle Angehörigen der NSDAP und ihrer Gliederungen aus den Kammern ausscheiden, was dazu führte, dass nahezu alle Kammerbediensteten bis zur Klärung ihrer nationalsozialistischen Verstrickung fristlos entlassen wurden[639]. Innungen und Kammern fanden sich schon bald in überregionalen Zusammenschlüssen zusammen[640]: Während die Innungen Bezirksinnungsverbände, Fachverbände auf Landesebene und schließlich Arbeitsgemeinschaften der Landesfachverbände bildeten, trafen sich die Handwerkskammern in Arbeitsgemeinschaften, die später in Handwerkskammertage umbenannt wurden. Als Spitzenvertretung des Handwerks auf Landesebene entstanden in den süddeutschen Ländern der amerikanischen Besatzungszone schließlich in den Jahren 1948/49 Handwerkstage, denen die Handwerkskammern und die Landesinnungsverbände angehörten[641].

Hatten sich die Selbstverwaltungskörper des Handwerks zunächst auf der Grundlage des oft stillschweigend als fortgeltend angenommenen nationalsozialistischen Handwerksrechts rekonstruiert, kam es mit der Einführung der Gewerbefreiheit in den Ländern der amerikanischen Besatzungszone aufgrund einer grundlegenden Direktive der US-Militärregierung für Deutschland vom 29. November 1948[642], welche mit Übermittlung an die einzelnen Landesregierungen zwischen dem 10. und 20. Dezember 1948 teils unmittelbar gültig wurde, teils in den folgenden Wochen und Monaten bis zur Klärung umstritten gebliebener Punkte in einer zweiten Gewerbefreiheitsdirektive vom 28. März 1949 umgesetzt wurde[643], zu einer Zäsur[644]. Die Gewerbefreiheit setzte nicht nur alle berufszulassungsbeschränkenden Regelungen wie bspw. Befähigungsnachweise im Handwerk außer Kraft[645], sondern gestaltete auch die Selbstverwaltungskörper der Wirtschaft zu privatrechtlichen Vereinigungen ohne Zwangsrechte und hoheitliche Befugnisse um[646]. Die von der Militärregierung erlassenen Grundsätze für Geschäfts- und Be-

---

[639] *John*, Handwerkskammern, 2. Aufl., 1983, S. 168; *Chesi*, Struktur und Funktion, 1966, S. 163.

[640] *Chesi*, Struktur und Funktion, 1966, S. 164.

[641] In Bremen bildete die Handwerkskammer zugleich die Spitzenvertretung des bremischen Handwerks.

[642] *Boyer*, Zwangswirtschaft und Gewerbefreiheit, 1992, S. 198 ff.

[643] *Boyer*, Zwangswirtschaft und Gewerbefreiheit, 1992, S. 209 ff.; für Hessen siehe die verschiedenen Dokumente bei Reuss, Gewerbefreiheit, 1949, S. 46 ff.

[644] *E. R. Huber*, Wirtschaftsverwaltungsrecht, 1. Bd., 2. Aufl., 1953, S. 652 f.; *Bree*, Zur rechtlichen Beurteilung, in: DÖV 1953, 237 ff.; zu den Hintergründen und Zielen: *Rupieper*, Wurzeln, 1993, S. 366 ff.

[645] Nicht zuletzt als Protestaktion hiergegen wurden in Hessen das Hessische Gewerbezulassungsgesetz vom 08.12.1948 und in Württemberg-Baden das Württemberg-Badische Gewerbezulassungsgesetz vom 17.12.1948 erlassen, welche die Meisterprüfung als Zulassungsvoraussetzung im Handwerk vorsahen, und daher von vornherein ohne Aussicht auf Genehmigung durch die Militärregierung waren; *Chesi*, Struktur und Funktion, 1966, S. 169, Fn. 61.

[646] Vgl. exemplarisch das Schreiben der US-Militärregierung betr. Gewerbe-Zulassungsgesetze vom 20.12.1948, GBl. Bremen 1949, S. 1, auch abgedruckt bei: Boldt, Gewerbordnung und gewerberechtliche Nebengesetze, 1949, S. 559: „[…] Sie werden ferner davon unterrichtet, dass alle öffentlich-rechtlichen Funktionen aller im Lande Bremen bestehenden Kammern heute hiermit

rufsvereinigungen stellten fest, dass Einzelpersonen und Unternehmen zwar durchaus Vereinigungen zur Förderung der rechtmäßigen Interessen ihrer Mitglieder errichten durften, wobei ausdrücklich auf IHK, Handwerkskammern und Innungen Bezug genommen wurde[647]. Allerdings durfte diesen Vereinigungen nicht die Eigenschaft einer Körperschaft des öffentlichen Rechts verliehen werden[648], sie durften abgesehen von beratender Tätigkeit weder an der Wahrnehmung hoheitlicher Aufgaben mitwirken noch diese selbst ausüben, sie durften nicht als ein Mittel für die Beschränkung oder Kontrolle des Gewerbes tätig sein[649], und schließlich musste die Mitgliedschaft in ihnen freiwillig sein und durfte keinen diskriminierenden Beschränkungen unterliegen[650].

Mit der Umsetzung der Vorgaben der Militärregierung in den einzelnen Ländern waren Innungen und Handwerkskammern in der amerikanischen Besatzungszone fortan nur noch privatrechtliche Vereine ohne Pflichtmitgliedschaft und hoheitliche Aufgaben[651]. Als Folge der Einführung der Gewerbefreiheit ging der Organisationsgrad selbständiger Handwerker in den Innungen im Jahr 1949 in Bayern, Bremen und Hessen auf 79,5% zurück[652].

d) Die Selbstverwaltung des Handwerks in der sowjetischen Besatzungszone

In der sowjetischen Besatzungszone wurden die Handwerksinnungen und alle sonstigen auf freiwilliger Basis bestehenden Handwerksorganisationen durch Be-

---

außer Kraft gesetzt werden. Diese Einrichtungen sind nur zugelassen als unabhängige Organisationen, die von hoheitlichen Funktionen völlig ausgeschlossen sind, und ihre Mitgliedschaft soll vollkommen freiwillig sein. [...]"; exemplarisch zur Umsetzung in Bayern: *Kraus*, Entwicklung, 1963, S. 63 ff.

[647] Grundsätze für Geschäfts- und Berufsvereinigungen, MilGovReg 13–120, abgedruckt bei: Boldt, Gewerbeordnung und gewerberechtliche Nebengesetze, 2. Aufl., 1951, S. 553 (553 f.).

[648] Grundsätze für Geschäfts- und Berufsvereinigungen, MilGovReg 13–120, a.a.O., S. 553 (554), lit. b).

[649] Grundsätze für Geschäfts- und Berufsvereinigungen, MilGovReg 13–120, a.a.O., S. 553 (554), lit. c).

[650] Grundsätze für Geschäfts- und Berufsvereinigungen, MilGovReg 13–120, a.a.O., S. 553 (554), lit. d); interessant sind auch die Vorgaben demokratischer Prinzipien für die Tätigkeit der Vereinigungen und für die Wahl zu Ämtern in denselben unter lit. e).

[651] In *Bremen* wurde ein spezielles Übergangsgesetz zur Regelung der Gewerbefreiheit nebst Durchführungsverordnung erlassen, während die anderen Länder der amerikanischen Besatzungszone die Gewerbefreiheit im Verwaltungswege umsetzten bzw. bekannt gaben: *Bayern:* Entschließung des Bayerischen Staatsministeriums für Wirtschaft vom 13. 04. 1949 Nr. 5001 – V 26a – 25077 über die Gewerbefreiheit, Bay. Staatsanzeiger vom 29. 04. 1949, Nr. 17, S. 3; *Bremen:* Übergangsgesetz zur Regelung der Gewerbefreiheit vom 24. 01. 1949, Brem. GBl. 1949, S. 13; Erste Durchführungsverordnung zum Übergangsgesetz zur Regelung der Gewerbefreiheit vom 24. 01. 1949, Brem. GBl. 1949, S. 13; *Hessen:* Bekanntmachung der Grundsätze der Militärregierung zur Gewerbefreiheit vom 03. 02. 1949, Hess. GVBl. 1949, S. 6; *Württemberg-Baden:* Runderlass des Wirtschaftsministeriums Württemberg-Baden Nr. 96078/277 über Gewerbefreiheit vom 19. 07. 1949, ABl. des Wirtschaftsministeriums Württemberg-Baden 1949, Nr. 8, S. 65; zu den praktischen Folgen für die Körperschaften siehe das Bsp. der Handerkskammer Kassel: *Bernert*, 100 Jahre, 2000, S. 288 ff.

[652] *Chesi*, Struktur und Funktion, 1966, S. 169, Fn. 171.

fehl Nr. 161 der Besatzungsmacht vom 27. Mai 1946 aufgelöst[653]. Gleichzeitig wurde eine Zwangsmitgliedschaft der Handwerksbetriebe und Handwerksgenossenschaften in Handwerkskammern angeordnet, die mit dem Wegfall der freiwillig gebildeten Fachverbände als alleinige Berufsvertretung des Handwerks verblieben[654]. Die Zahl der Handwerkskammern wurde so verringert, dass in jedem der fünf Länder der Besatzungszone nur noch eine Kammer bestand, denen zudem ein übergeordneter Zusammenschluss verwehrt wurde.

Nach Gründung der DDR bestätigte das „Gesetz zur Förderung des Handwerks" vom 9. August 1950 im Wesentlichen die so erreichte Struktur[655]: Errichtet wurden als Rechtsnachfolger aller früheren Handwerksvertretungen ihres Bereichs insgesamt fünf Landeshandwerkskammern, die jeweils nicht nur der Aufsicht, sondern auch den Weisungen des für die Industrie des entsprechenden Landes zuständigen Ministeriums unterstanden[656]. Mitglieder der Kammern waren neben den Handwerksgenossenschaften die im Handwerk und in der Kleinindustrie selbständigen natürlichen Personen, deren Gewerbebetriebe nicht mehr als zehn Personen beschäftigten[657]. Aufgabe der Kammern sollte unter anderem die Beratung der Mitglieder in wirtschaftlichen Fragen zwecks Leistungssteigerung und die „Erziehung ihrer Mitglieder im fortschrittlichen demokratischen Sinne"[658], aber nicht etwa die Interessenvertretung und Förderung der Interessen der Mitglieder im Allgemeinen sein. Der Mangel an Selbstverwaltung kam in der Kammerverfassung unter anderem darin zum Ausdruck, dass es keine Kammerversammlung gab und der Präsident der Kammer nicht etwa gewählt, sondern auf Vorschlag des Vorstands von der Landesregierung berufen wurde[659].

11. Die Handwerksordnung vom 17. September 1953

a) Der Weg zur Handwerksordnung

aa) Der ZDH als zentrale Lobbyorganisation des Handwerks

Während sich in der französischen und der britischen Besatzungszone das handwerkliche Organisationsrecht nach Kriegsende nicht übermäßig gewandelt hatte, ließen insbesondere die mit der Verkündung der Gewerbefreiheit in der amerika-

---

[653] Dem Befehl war ein Musterstatut der Handwerkskammern beigefügt; *Plönies/Schönwalder*, Sowjetisierung, 1953, S. 13; *John*, Handwerkskammern, 2. Aufl., 1983, S. 171.
[654] *Plönies/Schönwalder*, Sowjetisierung, 1953, S. 14 f.
[655] GBl. der DDR 1950, S. 827; *John*, Handwerkskammern, 2. Aufl., 1983, S. 171.
[656] § 13 Abs. 1 und 2 i.V.m. § 21 Abs. 1 (Rechtsnachfolge) Gesetz zur Förderung des Handwerks; im Einzelnen handelte es sich um die Landeshandwerkskammern Brandenburg in Potsdam, Mecklenburg in Schwerin, Sachsen in Dresden, Sachsen-Anhalt in Halle und Mecklenburg in Schwerin.
[657] § 14 Abs. 1 Gesetz zur Förderung des Handwerks.
[658] § 15 Abs. 1 lit. b und g Gesetz zur Förderung des Handwerks.
[659] §§ 17 und 19 Abs. 2 Gesetz zur Förderung des Handwerks.

nischen Zone eingetretenen Veränderungen die „Wiederherstellung eines einheitlichen deutschen Handwerksrechts, unter Erhaltung des großen Befähigungsnachweises, für das gesamte Bundesgebiet" zur dringlichen Hauptforderung des organisierten Handwerks werden[660]. Als zentrale Lobbyorganisation zur politischen Durchsetzung dieses Ziels entstand in der amerikanisch-britischen „Bizone" am 10. Dezember 1947 die „Zentralarbeitsgemeinschaft des Handwerks im vereinigten Wirtschaftsgebiet" (ZAG) mit Sitz in Frankfurt a. M., der die jeweils 18 Handwerkskammern der amerikanischen und britischen Zone sowie 38 bizonale Innungsverbände angehörten[661]. Nach Aufnahme ihrer praktischen Arbeit im Herbst 1948 nahm die ZAG zunehmend die Rolle als zentrales Sprachrohr des Handwerks gegenüber den gesetzgebenden Körperschaften und Verwaltungen der Bizone wahr[662]. Obwohl ihre Eingaben regelmäßig am Widerstand der amerikanischen Militärregierung scheiterten, die strikt an der Gewerbefreiheit festhielt, erwarb sich die ZAG gerade wegen ihres beharrlichen Eintretens für die Interessen des Handwerks und der als bevormundend empfundenen strikten Haltung der amerikanischen Besatzungsmacht, die ihre Politik auf die gesamte Bizone ausdehnen wollte, zunehmend das Wohlwollen der deutschen Verantwortungsträger in Behörden und Parlamenten[663].

Nachdem die ZAG ihren Sitz nach Konstituierung der Bundesrepublik nach Bonn verlegt hatte, wurde auf der letzten Sitzung des Handwerksrats der ZAG am 30. November 1949 in Boppard die Umwandlung der stets nur als Provisorium gedachten ZAG in ihren dauerhaften Nachfolger, den „Zentralverband des deutschen Handwerks" (ZDH), beschlossen[664]. Der zivilrechtlich als e.V. organisierte ZDH übernahm die Struktur der ZAG: Mitglieder waren nicht etwa die verschiedenen Kammertage und Spitzenverbände der Fachverbandsvereinigungen, sondern unmittelbar die einzelnen Kammern und Bundesfachverbände[665]. In der Vollversammlung hatten jede Kammer und jeder Zentralfachverband eine Stimme, wobei allerdings der kleineren der beiden Gruppen Zusatzstimmen gewährt wurden, um die Parität zwischen überfachlichem und fachlichem Organisationszweig zu wahren[666]. Die einmal jährlich zusammentretende Vollversammlung wählte den Handwerksrat sowie das Präsidium, das als Exekutive des Vereins die Ziele des ZDH zu verfolgen hatte[667]. Während man bei der Besetzung der Organe auf eine Parität von

---

[660] Punkt 1 der Grundsätzlichen Forderungen des Handwerks vom 27.10.1949, wiedergegeben bei *Chesi*, Struktur und Funktion, 1966, S. 172, Fn. 1.
[661] *Chesi*, Struktur und Funktion, 1966, S. 174f.
[662] Die ZAG wirkte dabei zunehmend auf Kammern und Innungsverbände ein, individuelle Einflussnahmen auf Politik und Verwaltung zu Gunsten der einheitlichen Interessenwahrnehmung durch die ZAG zu unterlassen; vgl. *Chesi*, Struktur und Funktion, 1966, S. 177f.
[663] *Chesi*, Struktur und Funktion, 1966, S. 176.
[664] *John*, Handwerkskammern, 2. Aufl., 1983, S. 174ff.; *Chesi*, Struktur und Funktion, 1966, S. 178.
[665] § 1 Satzung-ZDH vom 20.05.1950, wiedergegeben bei *Chesi*, Struktur und Funktion, 1966, S. 179, Fn. 19.
[666] § 5 Satzung-ZDH vom 20.05.1950.
[667] *Chesi*, Struktur und Funktion, 1966, S. 179f.

überfachlichem und fachlichem Zweig achtete, wurde das Verwaltungspersonal – nicht zuletzt, da der ZDH maßgeblich von den Kammern finanziert wurde – ganz überwiegend von der Kammerorganisation der britischen Besatzungszone gestellt[668].

Der ZDH verstand sich zwar als einheitliche Spitze der gesamten Handwerksorganisation der Bundesrepublik. Gerade weil in ihm sowohl die Kammern als auch die Zentralfachverbände der Innungen zusammengefasst waren, war seine Lobbyarbeit allerdings von Anfang an nur da besonders effektiv, wo die Interessen des überfachlichen und des fachlichen Organisationszweigs tatsächlich kongruent waren[669]. Dies betraf vor allem die Verbesserung der Situation der einzelnen Handwerksbetriebe. So konnte etwa die schon lange begehrte Reform der §§ 1, 2 und 4 HGB im Hinblick auf die Kaufmannseigenschaft von Handwerkern[670] sowie eine Verschärfung der Regelungen der Gewerbeordnung über die Gewerbeausübung im Umherziehen erreicht werden[671], während im Bereich der Verwaltung bspw. auf die zügige Begleichung von Handwerkerrechnungen durch öffentliche Kassen und ein schärferes Vorgehen gegen Schwarzarbeit gedrängt wurde.

Der Erlass einer bundeseinheitlichen Handwerksordnung wurde hingegen zwar prinzipiell von allen Mitgliedern des ZDH befürwortet. Im Detail bestanden allerdings viele Meinungsunterschiede, die eine einheitliche und damit effektive Lobbyarbeit des ZDH behinderten[672]. So stritten Innungsverbände einerseits und Kammern andererseits über den Stellenwert, welcher der jeweiligen Organisationsform im neuen Gesetz beigemessen werden sollte. Gleichzeitig war auch unter den Kammern nur schwer eine einheitliche Linie zu erzielen, da die durch die strikte Gewerbefreiheit existenzbedrohten Handwerkskammern der amerikanischen Besatzungszone viel stärker auf eine Neuregelung drängten als die Kammern der französischen und der britischen Zone.

bb) Das Gesetzgebungsverfahren zur Handwerksordnung

Schon vor Konstituierung der Bundesrepublik hatte der Leiter des Handwerksreferats in der Frankfurter Verwaltung für Wirtschaft einen Entwurf einer Handwerksordnung ausgearbeitet[673]. Da sich dieser Entwurf jedoch auf organisatorische Aspekte konzentriert und angesichts eines drohenden Vetos der amerikanischen Militärregierung Körperschaftsstatus und Pflichtmitgliedschaft nur für die Kammern und den Kammertag vorgesehen hatte, war er in der ZAG sowohl von den

---

[668] *Chesi*, Struktur und Funktion, 1966, S. 181 f.
[669] *Chesi*, Struktur und Funktion, 1966, S. 182 ff.
[670] Gesetz über die Kaufmannseigenschaft von Handwerkern vom 31.03.1953, BGBl. I, S. 106; ausführlich dazu: *Leßmann*, Das Gesetz über die Kaufmannseigenschaft von Handwerkern, 1953, S. 7 ff.
[671] Gesetz zur Änderung der Titel I bis IV, VII und X der Gewerbeordnung vom 29.09.1953, BGBl. I, S. 1459.
[672] *Chesi*, Struktur und Funktion, 1966, S. 183 f.
[673] *Chesi*, Struktur und Funktion, 1966, S. 185.

Kammern als auch von den Innungsverbänden abgelehnt und daraufhin nicht mehr weiterverfolgt worden. Schon bald nach Konstituierung der Bundesrepublik gingen allerdings zwei Initiativen zum Erlass einer einheitlichen Handwerksgesetzgebung im Bundestag ein, deren zweite dann zur Handwerksordnung von 1953 führen sollte. Zunächst brachte am 6. Juni 1950 die Fraktion der Bayernpartei zwar keinen eigenen Gesetzentwurf, aber doch Anträge in den Bundestag ein, wonach die Bundesregierung möglichst rasch den Entwurf eines Gesetzes vorlegen sollte, das die „berufsständische Ordnung des Handwerks" auf den „bewährten Grundlagen des Gesetzes zur Änderung der Gewerbeordnung (Handwerksnovelle) vom 11. Februar 1929" wieder aufrichten solle[674]. Gleichzeitig wurde die Regierung um die Vorlage eines Gesetzentwurfs ersucht, der die Zulassung zum Gewerbebetrieb grundsätzlich von der Prüfung der fachlichen Befähigung sowie der persönlichen Zuverlässigkeit abhängig machen und insbesondere wieder den großen Befähigungsnachweis im Handwerk einführen sollte[675]. Obwohl auch der ZDH die Initiative unterstützte, wurde sie am 23. Juli 1950 im Bundestag auf Antrag der FDP ohne Aussprache an den Wirtschaftsausschuss überwiesen, von wo aus sie nicht mehr in das Plenum gelangte[676].

Am 6. Oktober 1950 brachten dann jedoch die Regierungsfraktionen der CDU/CSU, FDP und DP unter Führung von *Richard Stücklen* im Bundestag einen vollständig ausformulierten Entwurf eines Gesetzes über die Handwerksordnung ein[677]. Dieser Entwurf war ohne Zutun des ZDH von bayerischen Handwerksverbänden nicht zuletzt auch vor dem Hintergrund anstehender Landtagswahlen ausgearbeitet worden. Entgegen der eher abwartenden Politik des ZDH wollten die bayerischen Handwerksorganisationen dem fortgeltenden Rechtszustand der amerikanischen Besatzungszone möglichst schnell ein Ende bereiten, da nicht nur die einzelnen Handwerksbetriebe unter der freien Konkurrenz litten, sondern auch Kammern und Innungen als privatrechtliche Vereine ihre Überlebenschancen bedroht sahen[678]. Der konzise, aus nur 43 Paragraphen bestehende Entwurf enthielt neben seinem Regelungsschwerpunkt im Handwerksorganisationswesen Abschnitte über die Berechtigung zum selbständigen Betrieb eines Handwerks[679],

---

[674] BT-Drs. I/1017.
[675] BT-Drs. I/1016.
[676] *Chesi*, Struktur und Funktion, 1966, S. 186.
[677] BT-Drs. I/1428 (im Folgenden: HwO-Entwurf-1950); *Detterbeck/Will*, Handwerksinnungen, 2003, S. 26.
[678] *Chesi*, Struktur und Funktion, 1966, S. 186.
[679] §§ 28–34 HwO-Entwurf-1950; gem. § 28 sollte der selbständige Betrieb eines Handwerks als stehendes Gewerbe nur den in die Handwerksrolle eingetragenen natürlichen und juristischen Personen gestattet sein; gem. § 29 sollte in die Handwerksrolle nur eingetragen werden, wer a) in einem von ihm betriebenen oder für ein diesem verwandten Handwerk die Meisterprüfung bestanden hat, oder b) die Befugnisse zur Anleitung von Lehrlingen in einem von ihm betriebenen oder diesem verwandten Handwerk besitzt, oder eine Ausnahmegenehmigung durch die höhere Verwaltungsbehörde erhalten hat. Der Meisterprüfung sollten schließlich gem. § 133 Abs. c GewO anerkannte Prüfungen gleichstehen.

über das Verfahren bei Eintragung und Löschung in der Handwerksrolle[680] sowie über handwerkliche Hilfs- und Nebenbetriebe der öffentlichen Hand[681].

Die Abschnitte II-VII über das Organisationsrecht des Handwerks beruhten im Wesentlichen auf der Gewerbeordnung nach der Handwerksnovelle von 1929 sowie der ersten nationalsozialistischen Handwerksverordnung vom 15. Juni 1934 und enthielten insgesamt nur wenige echte Neuerungen[682]. Innungen sollten rechtsfähig sein und grundsätzlich auf freiwilliger Mitgliedschaft basieren[683]. Aus der Reichsgewerbeordnung wurde aber auch die Möglichkeit der fakultativen Zwangsinnung übernommen, deren Errichtung nunmehr allerdings der Zustimmung von zwei Dritteln der beteiligten Gewerbetreibenden bedürfen sollte[684]. Alle Innungen eines Stadt- oder Landkreises sollten verpflichtend der überfachlichen Kreishandwerkerschaft angehören, welche die gemeinschaftlichen Interessen des Handwerks ihres Bezirks zu wahren hatte[685]. Auf der fachlichen Ebene sollten die Handwerksinnungen gleicher oder verwandter Handwerke eines Bundeslandes einen Landesinnungsverband bilden[686]. Landesinnungsverbände und Landesinnungen sollten sich wiederum freiwillig zu fachlichen Bundesinnungsverbänden zusammenschließen können[687].

Die Handwerkskammern sollten anders als die Innungen Körperschaften des öffentlichen Rechts sein[688]. Bemerkenswert war, dass ein Drittel der Mitglieder der Kammer(-versammlung) aus Gesellen bestehen sollte[689]. Ein Kammertag war im Gesetzentwurf nicht vorgesehen. Stattdessen war die Möglichkeit zur Bildung gemeinsamer Spitzenvertretungen der fachlichen und überfachlichen Handwerksorganisationen auf Landes- und Bundesebene geregelt: So sollten zur Vertretung der Gesamtinteressen des Handwerks eines Landes Kammern, Landesinnungsverbände und Kreishandwerkerschaften eine rechtsfähige Landesberufsvertretung[690]

---

[680] §§ 35–38 HwO-Entwurf-1950.
[681] § 39 HwO-Entwurf-1950.
[682] Die Begründung des Gesetzentwurfs, BT-Drs. I/1428, S. 18, nennt neben der Gewerbeordnung als Hauptquellen die Verordnung über den Aufbau des Handwerks in der britischen Zone vom 06.12.1946, die aber – wie oben ausgeführt wurde – ihrerseits wesentlich auf dem überkommenen Handwerksrecht basierte.
[683] §§ 4 und 5 HwO-Entwurf-1950; die genaue Rechtsform wurde im Gesetzentwurf nicht festgelegt. In der Begründung (BT-Drs. I/1428, S. 20) heißt es vage, dass sie ihrer Rechtsnatur nach „nicht als reine Körperschaften des öffentlichen Rechts" aufzufassen seien. Sie seien vielmehr „rechtsfähige Organe, die dem öffentlich-rechtlichen Kreis angehörten".
[684] § 7 HwO-Entwurf-1950.
[685] §§ 11 f. HwO-Entwurf-1950.
[686] § 14 HwO-Entwurf-1950.
[687] § 27 HwO-Entwurf-1950.
[688] § 17 Abs. 1 HwO-Entwurf-1950.
[689] § 21 Abs. 2 HwO-Entwurf-1950; in der Begründung, BT-Drs. I/1428, S. 21, wird dazu ausgeführt, dass die Beteiligung der Gesellenvertreter im Hinblick auf die Rechtsstellung der Handwerkskammer und die von ihr durchzuführenden Aufgaben unentbehrlich sei.
[690] § 25 HwO-Entwurf-1950.

II. 11. Die Handwerksordnung vom 17. September 1953

sowie entsprechend auf Bundesebene Kammern, Landesberufsvertretungen und Bundesinnungsverbände eine Bundeshandwerksvertretung bilden können[691].

War das Gesetzgebungsverfahren damit eingeleitet, bemühte sich der ZDH, der den einseitigen Vorstoß der bayerischen Handwerksorganisationen eigentlich missbilligte, Einfluss auf die entstehende Handwerksordnung zu nehmen[692]. ZDH-interne Auseinandersetzungen über die dabei zu verfolgende Linie bestanden, nachdem die Probleme zwischen den Kammern der amerikanischen sowie der britischen und der französischen Zone ausgeräumt waren, vor allem wieder zwischen Kammern einerseits und Innungsverbänden andererseits. Hauptstreitpunkt war der Zusammenschluss der Kammern in einem Bundes-Handwerkskammertag, der aus Sicht der Fachverbände einerseits die Dominanz der Kammern zu befestigen drohte und sich andererseits in der von den Kammern angestrebten Rechtsform der Körperschaft des öffentlichen Rechts nach Lage der Dinge nur unter angemessener Beteiligung der Gesellen realisieren ließ[693]. Letztlich fanden sich die Kammern damit ab, den Handwerkskammertag als privatrechtlichen Verein mit freiwilliger Mitgliedschaft zu rekonstituieren. Die in der Vereinigung der Handwerkskammern in der Bundesrepublik Deutschland e.V. organisierten Kammern richteten in der Folge ihr Ziel im Gesetzgebungsverfahren vor allem darauf, den konzisen Gesetzentwurf vom Oktober 1950 zu einer umfassenden Handwerksordnung auf der Grundlage des gesamten Handwerksrechts der Vorkriegszeit auszuweiten[694].

Nachdem der Bundestag den Entwurf der Handwerksordnung in seiner Plenarsitzung am 26. Oktober 1950 zur weiteren Behandlung an den Ausschuss für Wirtschaftspolitik überwiesen hatte, setzte dieser zur Beratung des Gesetzentwurfs eine Unterkommission „Handwerksordnung" ein, welche die Gesetzvorlage in 53 Sitzungen völlig überarbeitete[695]. So entstand eine Handwerksordnung, die den Vorstellungen des ZDH entsprechend das Handwerksrecht auf der Grundlage des Rechts der britischen Besatzungszone und damit letztlich des Vorkriegsrechts, aber auch wesentlicher Teile des im Nationalsozialismus erlassenen Handwerksrechts, in einem Gesetz vereinheitlichte[696]: Die von der ursprünglichen Gesetzvorlage von 43 auf 125 Paragraphen wesentlich erweiterte Handwerksordnung begann nun mit Teilen über die Ausübung eines Handwerks (Berechtigung zum selbständigen Be-

---

[691] § 27 Abs. 2 HwO-Entwurf-1950.
[692] *Chesi*, Struktur und Funktion, 1966, S. 188 ff.
[693] *Chesi*, Struktur und Funktion, 1966, S. 190 f.
[694] *Chesi*, Struktur und Funktion, 1966, S. 192.
[695] Anschließend setzte sich der Ausschuss für Wirtschaftspolitik in fünf Sitzungen mit den Ausarbeitungen der Unterkommission „Handwerksordnung" auseinander und schloss sich deren Auffassung im Wesentlichen an; vgl. Schriftlicher Bericht des Ausschusses für Wirtschaftspolitik (13. Ausschuss), BT-Drs. I/zu 4172, S. 1.
[696] Vgl. den überarbeiteten Gesetzentwurf des Ausschusses für Wirtschaftspolitik, BT-Drs. I/4172, die Erläuterungen im schriftlichen Bericht des Ausschusses für Wirtschaftspolitik (zu Drs. I/4172) sowie die Übersicht über die wenigen später im Bundestag vorgenommenen Streichungen und Änderungen bei *Chesi*, Struktur und Funktion, 1966, S. 194, Fn. 59.

trieb eines Handwerks, Handwerksrolle)[697], zur Berufsausbildung[698] sowie zur Meisterprüfung und zum Meistertitel[699]. Die Abschnitte über die Organisation des Handwerks (Handwerksinnungen, Innungsverbände, Kreishandwerkerschaften und Handwerkskammern) waren im 4. Teil zusammengefasst[700]. Wesentliche Entwicklung war hier, dass von der ursprünglich vorgesehenen fakultativen Zwangsinnung abgesehen wurde, die Innungsmitgliedschaft also stets freiwillig sein sollte. Hintergrund waren vor allem verfassungsrechtliche Bedenken gegen eine Zwangsmitgliedschaft in den Innungen im Lichte von Art. 9 Abs. 3 GG[701], aber auch Forderungen der Gewerkschaften, wonach Vertreter der Gesellen zu mindestens einem Drittel am Vorstand aller Organisationen mit Pflichtmitgliedschaft zu beteiligen seien, was die Gegnerunabhängigkeit und damit die Tariffähigkeit der Innungen möglicherweise ausgeschlossen hätte[702].

In der zweiten und dritten Lesung im Plenum des Bundestags am 26. März 1953 blieben als Hauptdiskussionspunkte noch die Zusammensetzung der Meisterprüfungsausschüsse und die Rechtsform der Innungen[703]. Nachdem sich die SPD-Fraktion bereits mit der öffentlich-rechtlichen Rechtsform der Innungen als Körperschaften des öffentlichen Rechts abgefunden hatte, wurde hier auch ihr Antrag auf erweiterte Einbeziehung des Gesellenausschusses in die Aufgabenerfüllung der Innungen wegen des dadurch drohenden Verlusts der Tariffähigkeit abgelehnt[704]. Schließlich nahm der Bundestag den Gesetzentwurf nach dritter Lesung am 26. März 1953 mit Zustimmung fast aller Parteien mit nur wenigen Änderungen an[705]. Der vom Bundesrat, dessen Zustimmung wegen verschiedener verwaltungsverfahrensrechtlicher Regelungen im Gesetz gem. Art. 84 Abs. 1 GG erforderlich war, am 31. März 1953 gebildete Arbeitskreis zur Handwerksordnung legte zwar verschiedene Monita vor[706]. Nach Ansicht des Wirtschaftsausschusses des Bundesrats rechtfertigten diese angesichts des gebotenen zügigen Inkrafttretens des Gesetzes indes keine Anrufung des Vermittlungsausschusses, zumal sie auch in einer spä-

---

[697] §§ 1–16 HwO-1953.
[698] §§ 17–40 HwO-1953.
[699] §§ 41–46 HwO-1953.
[700] §§ 47–109 HwO-1953.
[701] Dabei ging es auch um die Frage, ob eine Zwangsmitgliedschaft im Lichte von Art. 9 Abs. 3 GG die Tariffähigkeit der Innungen ausschließen würde. Insofern wurde an die Diskussion in der Weimarer Republik angeknüpft, ob nur freie Innungen, nicht aber Zwangsinnungen tariffähig seien; vgl. dazu *Meyer-Ibold*, Organisation des deutschen Handwerks, 1931, S. 46 ff.
[702] *N.N.*, in: Schwannecke, HwO, Lsbl., Abschn. 105 (1967), S. 33; *Chesi*, Struktur und Funktion, 1966, S. 193 f.
[703] Die SPD-Fraktion plädierte bei den Meisterprüfungsausschüssen erfolglos für die Aufnahme eines zweiten Gesellenbeisitzers mit Meisterprüfung in den Meisterprüfungsausschuss; *N.N.*, in: Schwannecke, HwO, Lsbl., Abschn. 105 (1967), S. 40.
[704] *N.N.*, in: Schwannecke, HwO, Lsbl., Abschn. 105 (1967), S. 41.
[705] Ausnahme waren die kommunistischen Abgeordneten; *Chesi*, Struktur und Funktion, 1966, S. 194, insbes. Fn. 59.
[706] *N.N.*, in: Schwannecke, HwO, Lsbl., Abschn. 105 (1967), S. 43 f.

teren Gesetzesnovelle zu berichtigen seien. Der Bundesrat stimmte der Handwerksordnung daher am 24. April 1953 einstimmig zu[707]. Vor der Ausfertigung und Verkündung der Handwerksordnung durch den Bundespräsidenten gem. Art. 82 GG musste das Gesetz indes aufgrund des weitergeltenden Besatzungsrechts den Hohen Kommissaren zur Genehmigung vorgelegt werden[708]. Die amerikanische Verwaltung hatte jedoch schon länger Bedenken vor allem im Hinblick auf die Vereinbarkeit des großen Befähigungsnachweises einerseits mit den Direktiven der US-Militärregierung über die Gewerbefreiheit in der amerikanischen Besatzungszone vom 29. November 1948 sowie 28. März 1949 und andererseits mit Art. 12 und 2 Abs. 1 GG geäußert. Nachdem sich *Konrad Adenauer*, der das Amt des Bundeskanzlers und des Bundesaußenministers in Personalunion ausübte, bei den Amerikanern persönlich für das Inkrafttreten der Handwerksordnung eingesetzt hatte, willigten diese schließlich darin ein, ihre Militärregierungs-Direktiven über die Gewerbefreiheit insoweit aufzuheben, als sie Bestimmungen der Handwerksordnung entgegenstanden[709]. Um den Prozess der Demokratisierung in Deutschland nicht durch alliierte Einflussnahme zu untergraben, sollten gewerbeeinschränkende Regelungen wie diejenigen der Handwerksordnung nicht mehr an Besatzungsrecht, sondern nur noch an den Normen des Grundgesetzes gemessen werden[710]. Zur Klärung der Vereinbarkeit der Handwerksordnung mit dem Grundgesetz drängte die amerikanische Verwaltung gleichzeitig auf eine Vorabbegutachtung durch das Bundesverfassungsgericht, die jedoch nach den Regelungen des Bundesverfassungsgerichtsgesetzes (BVerfGG) nicht möglich war[711]. Nachdem Adenauer dem Hohen Kommissar der Vereinigten Staaten *James B. Conant* mit Schreiben vom 1. September 1953 eine baldige Überprüfung der Handwerksordnung durch das Bundesverfassungsgericht nach deren Inkrafttreten in Aussicht gestellt hatte[712], gaben die Amerikaner ihren Widerstand gegen die Handwerksordnung auf[713].

---

[707] N.N., in: Schwannecke, HwO, Lsbl., Abschn. 105 (1967), S. 45.
[708] N.N., in: Schwannecke, HwO, Lsbl., Abschn. 105 (1967), S. 45.
[709] Vgl. das Schreiben *Adenauers* an den Hohen Kommissar der Vereinigten Staaten von Amerika James B. Conant vom 01.09.1953, abgedruckt bei E.R. Huber, Wirtschaftsverwaltungsrecht, 2. Bd., 2. Aufl., 1954, S. 802 f. sowie bei Schwannecke, HwO, Lsbl., Abschn. 105 (1967), S. 46 ff. und das Schreiben des Hohen Kommissars der Vereinigten Staaten für Deutschland *James B. Conant* an den Bundeskanzler vom 09.09.1953, abgedruckt bei E.R. Huber, a.a.O., S. 803 f. sowie bei Schwannecke, a.a.O., S. 48 f.
[710] Vgl. das vorstehend zitierte Schreiben Adenauers vom 01.09.1953 sowie bereits das Schreiben *Adenauers* an den Vorsitzenden des Rats der Alliierten J. McCloy vom 25.05.1952, abgedruckt bei Schwannecke, HwO, Lsbl., Abschn. 105 (1967), S. 46.
[711] N.N., in: Schwannecke, HwO, Lsbl., Abschn. 105 (1967), S. 45.
[712] Vgl. das vorstehend zitierte Schreiben Adenauers vom 01.09.1953, in dem der Bundeskanzler u.a. darauf hinwies, dass der Präsident des Bundesverfassungsgerichts mitgeteilt habe, dass nach seiner Überzeugung die Frage der Vereinbarkeit der Handwerksordnung mit dem Grundgesetz, falls sie vor das Bundesverfassungsgericht gebracht werde, vordringlich behandelt werde. Adenauer wies allerdings auch darauf hin, dass seine Regierung zwar alle Maßnahmen treffen werde, die sie aufgrund der geltenden Gesetze veranlassen könne, um die Vorlage der Frage beim

Die Handwerksordnung konnte so am 17. September 1953 ausgefertigt und am 23. September 1953 im Bundesgesetzblatt als „Gesetz zur Ordnung des Handwerks (Handwerksordnung)" verkündet werden[714]. Sie trat am 24. September 1953 im gesamten Bundesgebiet und West-Berlin in Kraft[715].

b) Die Regelung der Selbstverwaltungskörperschaften

Teil IV der Handwerksordnung von 1953 mit den Regelungen über die Organisation des Handwerks beruhte – mit Ausnahme insbesondere der Vorschriften über die Wahlen und Satzungen, die Pflichtmitgliedschaft in den Innungen sowie die Zuständigkeiten der Organe – wesentlich auf der Ersten HandwerksVO vom 15. Juni 1934 und daneben auf den Regelungen der Gewerbeordnung, wie sie vor der Machtergreifung gegolten hatten. Vorgesehen waren Handwerksinnungen[716], Innungsverbände[717], Kreishandwerkerschaften[718] und Handwerkskammern[719]. Anders als noch die GewO – seit Einfügung des umfangreichen § 103r GewO durch die Novelle vom 16. Dezember 1922 – regelte die Handwerksordnung nicht den Deutschen Handwerkskammertag, der damit auch, wie bereits im Abschnitt über die Entstehung der Handwerksordnung vorweggenommen, privatrechtlich ausgestaltet blieb.

Handwerksinnungen, Kreishandwerkerschaften und Handwerkskammern wurden als Körperschaften des öffentlichen Rechts konstituiert[720], Landesinnungsverbände als Zusammenschlüsse von Innungen des gleichen Handwerks oder sich fachlich oder wirtschaftlich nahe stehender Handwerke im Bezirk eines Landes[721] sowie Bundesinnungsverbände als Zusammenschlüsse von Landesinnungsverbänden des gleichen Handwerks oder sich fachlich oder wirtschaftlich nahe stehender Handwerke im Bundesgebiet[722] hingegen als juristische Personen des privaten Rechts[723]. Innungsverbände unterfallen daher wie auch der Deutsche Handwerkskammertag schon aus dem Grund, dass sie keine juristischen Personen des öffent-

---

Bundesverfassungsgericht zu beschleunigen, sie allerdings die Verfassungswidrigkeit des vom Bundestag und Bundesrat angenommenen Gesetzes nicht selber geltend machen werde.
[713] Vgl. das vorstehend zitierte Schreiben des Hohen Kommissars der Vereinigten Staaten für Deutschland *Conant* an den Bundeskanzler vom 09.09.1953.
[714] BGBl. 1953 I, S. 1411.
[715] § 125 HwO; gem. § 124 HwO galt die HwO mit Ausnahme von § 49 Abs. 5 über die Errichtung und die Rechtsverhältnisse der Innungskrankenkassen nach Maßgabe von § 13 Abs. 1 des Gesetzes über die Stellung des Landes Berlin im Finanzsystem des Bundes vom 04.01.1952 auch im Land Berlin.
[716] §§ 47–72 HwO-1953.
[717] §§ 73–78 HwO-1953.
[718] §§ 79–82 HwO-1953.
[719] §§ 83–109 HwO-1953.
[720] §§ 48 S. 1, 82 i.V.m. §§ 48 S. 1, 83 HwO-1953.
[721] § 73 Abs. 1 HwO-1953.
[722] § 78 Abs. 1 HwO-1953.
[723] § 74 HwO-1953; § 78 Abs. 2 i.V.m. § 74 HwO-1953.

lichen Rechts sind, als solche bis heute nicht dem oben entwickelten Begriff der Selbstverwaltung im juristischen Sinn[724].

aa) Handwerksinnungen

Die Handwerksinnung, in der selbständige Handwerker des gleichen oder nahe stehender Handwerke zur Förderung ihrer gemeinsamen gewerblichen Interessen innerhalb eines bestimmten Bezirks in der Rechtsform einer Körperschaft des öffentlichen Rechts zusammentreten[725], erhält ihre Rechtsfähigkeit mit Genehmigung der Satzung durch die Handwerkskammer ihres Bezirks[726]. Aufgabe der Innung ist es, die gemeinsamen gewerblichen Interessen ihrer Mitglieder zu fördern[727]. Die Mitgliedschaft in der Innung ist, anders als nach der Ersten HandwerksVO vom 15. Juni 1934, nach der eine Pflichtmitgliedschaft bestand, sowie den Regelungen der GewO nach der Handwerkernovelle von 1897 mit ihrem Nebeneinander von Zwangsinnungen und freiwilligen Innungen, freiwillig[728]. Mitglied der Innung kann jeder selbständige Handwerker werden, der das Handwerk ausübt, für welches die Innung gebildet ist[729].

Organe sind die Innungsversammlung, der Vorstand und die Ausschüsse[730]. Die von allen Mitgliedern der Innung gebildete Innungsversammlung beschließt über alle Angelegenheiten der Handwerksinnung, soweit sie nicht vom Vorstand oder von den Ausschüssen wahrzunehmen sind[731]. Ihr obliegt insbesondere die Feststellung des Haushaltsplans und die Beschlussfassung über die Höhe der Innungsbeiträge, über die Änderung der Satzung und über die Auflösung der Innung[732]. In Verwirklichung des Repräsentationsprinzips wählt die Innungsversammlung den

---

[724] S. 25 f., 134.
[725] §§ 47 Abs. 1 und 48 HwO-1953; zum Recht der Innungen nach der HwO-1953: *Fröhler*, Das Recht der Handwerksinnung, 1959, S. 10 ff.; *Hartmann/Philipp*, HwO, 1954, S. 188 ff.; *Schwindt*, Kommentar zur Handwerksordnung, 1954, S. 142 ff.; *Steffens*, HwO, 1956, S. 96 ff.
[726] § 48 S. 2 i. V. m. § 51 Abs. 1 HwO-1953.
[727] § 49 Abs. 1 HwO-1953; gem. § 39 Abs. 1 S. 2 hat die Innung insbes. u. a. den Gemeingeist und die Berufsehre zu pflegen (Nr. 1), entsprechend den Vorschriften der Handwerkskammer die Lehrlingsausbildung zu regeln und zu überwachen sowie für die Ausbildung der Lehrlinge zu sorgen (Nr. 3), Gesellenprüfungen mit Ermächtigung der Handwerkskammer abzunehmen und hierfür einen Gesellenprüfungsausschuss zu errichten (Nr. 4), das handwerkliche Können der Meister und Gesellen zu fördern (Nr. 5), über Angelegenheiten der in ihr vertretenen Handwerke den Behörden Gutachten und Auskünfte zu erstatten (Nr. 8) und die sonstigen handwerklichen Organisationen und Einrichtungen in der Erfüllung ihrer Aufgaben zu unterstützen (Nr. 9); gem. § 49 Abs. 2 HwO-1953 „soll" die Innung u. a. zwecks Erhöhung der Wirtschaftlichkeit der Betriebe ihrer Mitglieder Einrichtungen zur Verbesserung der Arbeitsweise und der Betriebsführung schaffen und fördern (Nr. 1); gem. § 49 Abs. 3 „kann" die Handwerksinnung u. a. Tarifverträge abschließen (Nr. 1) und für ihre Mitglieder und deren Angehörige Unterstützungskassen errichten (Nr. 2); gem. § 39 Abs. 4 kann die Innung auch sonstige Maßnahmen zur Förderung der gemeinsamen gewerblichen Interessen der Innungsmitglieder durchführen.
[728] § 53 HwO-1953.
[729] § 53 Abs. 1 HwO-1953.
[730] § 54 HwO-1953.
[731] § 55 Abs. 1 HwO-1953.
[732] § 55 Abs. 2 Nr. 1, 2 und 8 HwO-1953.

Vorstand[733], der die Innung gerichtlich und außergerichtlich vertritt[734]. Zur Wahrnehmung einzelner Angelegenheiten kann die Innung durch Beschluss der Innungsversammlung Ausschüsse bilden[735]. Zur Förderung der Berufsausbildung der Lehrlinge ist ein Ausschuss aus einem Vorsitzenden und mindestens vier Beisitzern zu bilden, von denen die Hälfte Gesellen sein müssen[736]. An Stelle des durch die Handwerkskammer bestellten Gesellenbeirats nach der Ersten HandwerksVO vom 19. Juni 1934[737] besteht im Anschluss an die früheren Regelungen der GewO[738] wieder ein von den Gesellen gewählter Gesellenausschuss[739], der unter anderem an der Regelung der Lehrlingsausbildung und an der Abnahme der Gesellenprüfungen zu beteiligen ist[740].

Die Kosten der Handwerksinnung und ihres Gesellenausschusses sind, soweit sie aus Vermögenserträgen oder anderen Einnahmen nicht gedeckt sind, durch Beiträge der Mitglieder aufzubringen[741]. Die Aufsicht über die Innung wird durch die Handwerkskammer ausgeübt, in deren Bezirk die Innung ihren Sitz hat[742]. Die Aufsicht erstreckt sich auf die Beachtung von Gesetz und Satzung und insbesondere darauf, dass die Innung die ihr übertragenen Aufgaben erfüllt[743]. Als stärkstes Aufsichtsmittel kann die Kammer die Innung nach Anhörung des Landesinnungsverbands auflösen, unter anderem wenn die Innung andere als die gesetzlich oder satzungsmäßig zulässigen Zwecke verfolgt oder wenn die Mitgliederzahl so weit zurückgeht, dass die Erfüllung der gesetzlichen und satzungsmäßigen Aufgaben gefährdet erscheint[744].

bb) Kreishandwerkerschaften

Für die überfachlichen Zusammenschlüsse der Innungen auf Kreisebene wurde die in der Ersten HandwerksVO vom 15. Juni 1934 etablierte Bezeichnung Kreishandwerkerschaft an Stelle des früheren Begriffs des Innungsausschusses beibehalten[745]. Eine Kreishandwerkerschaft wird von sämtlichen Handwerksinnungen gebildet, die in einem Stadt- oder Landkreis ihren Sitz haben[746]. Aufgabe der Kreishandwerkerschaft ist es insbesondere, die Gesamtinteressen des selbständigen Handwerks und die gemeinsamen Interessen der Innungen ihres Bezirks wahrzuneh-

---

[733] §§ 60 Abs. 1 und 55 Abs. 2 Nr. 4 HwO-1953.
[734] § 60 Abs. 3 HwO-1953.
[735] §§ 61 und 55 Abs. 2 Nr. 5 HwO-1953.
[736] § 61 Abs. 2 HwO-1953.
[737] §§ 12 Abs. 3, 13 Abs. 2 S. 2 und 14 Erste HandwerksVO-1934.
[738] §§ 95–95c GewO-1897.
[739] § 64 HwO-1953.
[740] § 62 HwO-1953.
[741] § 67 Abs. 1 und 2 HwO-1953.
[742] § 69 S. 1 HwO-1953.
[743] § 69 S. 2 HwO-1953.
[744] § 70 Nr. 2 und 3 HwO-1953.
[745] §§ 79–82 HwO-1953; §§ 56ff. Erste HandwerksVO-1934.
[746] § 79 HwO-1953.

men, die Innungen bei der Erfüllung ihrer Aufgaben sowie die Behörden bei den das selbständige Handwerk ihres Bezirks berührenden Maßnahmen zu unterstützen und ihnen Anregungen, Auskünfte und Gutachten zu erteilen[747].

§ 82 HwO-1953 erklärt einen Großteil der organisationsbezogenen Regelungen über die Innung für entsprechend auf die Kreishandwerkerschaft anwendbar mit der Folge, dass deren Strukturen weitgehend vergleichbar sind: So ist die Kreishandwerkerschaft ebenfalls Körperschaft des öffentlichen Rechts[748]. Sie regelt ihre Aufgaben, ihre Verwaltung und die Rechtsverhältnisse ihrer Mitglieder, soweit gesetzlich nichts darüber bestimmt ist, durch ihre Satzung, die der Genehmigung der jeweiligen Handwerkskammer bedarf[749]. Organe sind die Mitgliederversammlung, der Vorstand und die Ausschüsse[750]. Die Mitgliederversammlung besteht aus Vertretern der Innungen, die deren Stimmrecht ausüben[751]. Sie beschließt über alle Angelegenheiten der Kreishandwerkerschaft, soweit diese nicht vom Vorstand oder den Ausschüssen wahrzunehmen sind[752]. Vorbehalten ist ihr insbesondere die Feststellung des Haushaltsplans, der Beschluss über die Höhe der Beiträge und über die Festsetzung von Gebühren sowie die Einsetzung besonderer Ausschüsse[753]. Die Versammlung wählt den Vorstand, der die Kreishandwerkerschaft gerichtlich und außergerichtlich vertritt[754]. Da die Kreishandwerkerschaft ein Zusammenschluss von Innungen und nicht von Handwerkern ist, gibt es keinen Gesellenausschuss wie bei der Innung. Die Kosten der Kreishandwerkerschaft werden, soweit sie nicht aus Vermögenserträgen oder anderen Einnahmen gedeckt sind, von den Mitgliedern durch Beiträge aufgebracht[755]. Die Aufsicht über sie führt die örtlich zuständige Handwerkskammer[756].

cc) Handwerkskammern

Den Handwerkskammern verleiht die HwO-1953 wieder einheitlich ihre traditionelle Rechtsform einer Körperschaft des öffentlichen Rechts[757]. Aufgabe der Handwerkskammer ist es insbesondere, die Interessen des Handwerks zu fördern und für einen gerechten Ausgleich der Interessen der einzelnen Handwerke und ihrer Organisation zu sorgen[758], die Behörden in der Förderung des Handwerks zu unterstützen und regelmäßig Berichte über die Verhältnisse des Handwerks zu erstat-

---

[747] Vgl. im Einzelnen § 80 HwO-1953.
[748] § 82 Abs. 1 Nr. 1 i. V. m. § 48 HwO-1953.
[749] § 82 Abs. 1 Nr. 1 und 2 i. V. m. §§ 50, 51 HwO-1953.
[750] § 82 Abs. 1 Nr. 3 i. V. m. § 54 HwO-1953.
[751] § 81 HwO-1953.
[752] § 82 Abs. 1 Nr. 3 i. V. m. § 55 Abs. 1 HwO-1953.
[753] § 82 Abs. 1 Nr. 3 i. V. m. § 55 Abs. 2 Nr. 1, 2 und 5 HwO-1953.
[754] § 82 Abs. 1 Nr. 5 i. V. m. § 60 Abs. 1 und 3 HwO-1953.
[755] § 82 Abs. 1 Nr. 5 i. V. m. § 67 Abs. 1 HwO-1953.
[756] § 82 Abs. 1 Nr. 5 i. V. m. § 69 HwO-1953.
[757] § 83 Abs. 1 HwO-1953.
[758] § 84 Abs. 1 Nr. 1 HwO-1953.

624　6. Kapitel: Historische Entwicklung des Rechts der Selbstverwaltung des Handwerks

ten[759], die Handwerksrolle zu führen[760], die Berufsausbildung der Lehrlinge zu regeln[761], Gesellen- und Meisterprüfungsordnungen für die einzelnen Handwerke zu erlassen[762] und die Fortbildung der Meister und Gesellen in Zusammenarbeit mit den Innungsverbänden zu fördern sowie die erforderlichen Einrichtungen hierfür zu schaffen oder zu unterstützen[763].

Im Hinblick auf die Kammermitgliedschaft ist zu beachten, dass die HwO-1953 zumindest teilweise noch der überkommenen Terminologie verhaftet war, welche die Vollversammlung mit der Kammer gleichsetzte[764]. Wenn hier von den Mitgliedern der Handwerkskammer die Rede ist, sind regelmäßig die Mitglieder der Vollversammlung gemeint[765]. Mitglieder der Handwerkskammer, also der Körperschaft, waren nach den oben entwickelten Grundsätzen diejenigen, welche das Wahlrecht zur Versammlung besaßen, also die in der Handwerksrolle eingetragenen natürlichen und juristischen Personen[766] sowie die im Betrieb eines selbständigen Handwerkers beschäftigten Gesellen, die in mittelbarer Wahl ihre Repräsentanten in die Versammlung wählten[767].

Organe der Handwerkskammer sind die Mitgliederversammlung (Vollversammlung), der Vorstand und die Ausschüsse[768]. Eine wesentliche Neuerung der HwO-1953 im Vergleich zur Regelung in der GewO sowie in der Ersten HandwerksVO von 1934 besteht darin, dass die Mitgliederversammlung und der Vorstand im Anschluss an entsprechende Regelungen im Recht der britischen und französischen Besatzungszone jeweils zu einem Drittel aus Gesellen bestehen mussten[769]. Die Mitglieder der Vollversammlung werden über Listen in allgemeiner, gleicher und

---

[759] § 84 Abs. 1 Nr. 2 HwO-1953.
[760] § 84 Abs. 1 Nr. 3 HwO-1953.
[761] § 84 Abs. 1 Nr. 4 HwO-1953.
[762] § 84 Abs. 1 Nr. 5 und 6 HwO-1953.
[763] § 84 Abs. 1 Nr. 7 HwO-1953.
[764] *Tschiersch*, Die Handwerks- und Gewerbekammer-Gesetzgebung, 1930, S. 72 plädierte bereits in der Weimarer Republik dafür, den Begriff Handwerkskammer für die juristische Person und für die gewählten Mitglieder einen anderen Begriff zu verwenden. Er verwies darauf, dass die Bezeichnung Handwerkskammer zur Charakterisierung des Trägers öffentlicher Verwaltung „schon heute zu einem festen Begriff geworden [sei], der als allgemein anerkannt gelten darf".
[765] So lautet etwa § 86 Abs. 1 S. 1 HwO-1953: „Die Handwerkskammer besteht aus gewählten Mitgliedern", und § 88 Abs. 1: „Die Mitglieder der Handwerkskammer und ihre Stellvertreter werden durch Listen in allgemeiner, gleicher und geheimer Wahl gewählt". Es ist evident, dass hiermit jeweils die Mitgliederversammlung gemeint ist. § 99 Nr. 1 HwO-1953 nennt dann als „Organ der Handwerkskammer" u. a. die Mitgliederversammlung (Vollversammlung); beide Aspekte werden zusammengeführt, indem § 100 Abs. 1 HwO-1953 regelt, dass die in die Handwerkskammer gewählten Mitglieder die Mitgliederversammlung bilden.
[766] § 89 HwO-1953; in die Handwerksrolle gem. § 6 HwO-1953 wird gem. § 7 Abs. 1 eingetragen, wer in dem von ihm zu betreibenden Handwerk die Meisterprüfung bestanden hat. Eine juristische Person wird gem. § 7 Abs. 3 eingetragen, wenn der Betriebsleiter den Voraussetzungen des § 7 Abs. 1 (oder 2) genügt.
[767] § 91 HwO-1953.
[768] § 99 HwO-1953.
[769] §§ 86 Abs. 1 und 102 Abs. 1 HwO-1953.

geheimer Wahl gewählt[770]; die Gesellenvertreter mittelbar durch Wahlmänner, wobei in jedem Betrieb auf ein bis fünf Wahlberechtigte je ein Wahlmann entfällt[771]. Der Beschlussfassung der Versammlung ist unter anderem vorbehalten: die Wahl des Vorstands und der Ausschüsse[772], die Wahl des Geschäftsführers[773], die Feststellung des Haushaltsplans sowie die Festsetzung der Beiträge[774] und die Änderung der Satzung[775]. Dem von der Vollversammlung aus ihrer Mitte gewählten Vorstand obliegt die Verwaltung der Handwerkskammer, die er gerichtlich und außergerichtlich vertritt[776]. Die Versammlung kann aus ihrer Mitte Ausschüsse bilden, denen ebenfalls zu jeweils einem Drittel Gesellen angehören[777]. Ein obligatorischer Gesellenausschuss ist nicht mehr vorgesehen[778].

Die nicht anderweitig gedeckten Kosten der Handwerkskammer werden allein von den selbständigen Handwerkern nach einem von der Kammer mit Genehmigung der obersten Landesbehörde festgesetzten Beitragsmaßstab getragen[779]. Die Aufsicht über die Kammer führt die oberste Landesbehörde[780]. Als stärkstes Aufsichtsmittel kann sie die „Handwerkskammer", also die Vollversammlung, auflösen und Neuwahlen anordnen, wenn diese trotz wiederholter Aufforderung die Erfüllung ihrer Aufgaben vernachlässigt oder das Gemeinwohl gefährdet bzw. wenn sie andere als die gesetzlich zulässigen Zwecke verfolgt[781].

12. Entwicklung des Rechts der Selbstverwaltung des Handwerks seit 1953

Ist das mit der Handwerksordnung von 1953 bundesweit vereinheitlichte Recht der Selbstverwaltung des Handwerks in seinen Grundentscheidungen bis heute prägend geblieben, seien abschließend die wesentlichen Entwicklungen im Selbstver-

---

[770] § 88 Abs. 1 HwO-1953; die das Wahlverfahren regelnde Wahlordnung ist als Anlage B zur HwO in BGBl. 1953 I, S. 1432 veröffentlicht.
[771] § 91 Abs. 1 HwO-1953.
[772] § 100 Abs. 1 Nr. 1 HwO-1953.
[773] § 100 Abs. 1 Nr. 3 HwO-1953.
[774] § 100 Abs. 1 Nr. 4 HwO-1953.
[775] § 100 Abs. 1 Nr. 12 HwO-1953.
[776] §§ 102 f. HwO-1953.
[777] § 104 i. V. m. § 86 Abs. 1 HwO-1953.
[778] Im Gegenzug zur Beteiligung der Gesellen an der Vollversammlung, dem Vorstand und den Ausschüssen ist der seit Einführung der Handwerkskammern durch die Handwerkernovelle-1897 (§§ 103i f. GewO-1897) obligatorische Gesellenausschuss entfallen; *Chesi*, Struktur und Funktion, 1966, S. 199 schließt, dass der handwerklichen Arbeitnehmerschaft de facto keine andere Mitwirkung an den Entscheidungen der Kammer zustehe als beim früheren Gesellenausschuss, „da bei kontroversen Interessen der Arbeitgeber und Arbeitnehmer die Gesellen mit Sicherheit überstimmt werden."
[779] § 107 Abs. 1 und 3 HwO-1953; nicht zuletzt angesichts der Minderheitenposition der Gesellen in den Organen, die – wie vorstehend ausgeführt – in kritischen Fragen ein regelmäßiges Überstimmen durch die Mehrheit der selbständigen Handwerker erwarten ließ, wäre ein Gesellenbeitrag problematisch gewesen.
[780] § 109 Abs. 1 HwO-1953.
[781] § 109 Abs. 2 HwO-1953.

waltungsrecht des Handwerks seit Inkrafttreten der Handwerksordnung skizziert. Dabei finden die Novellen zur Handwerksordnung aus den Jahren 1965, 1993, 1998 und 2003 besondere Beachtung. Vorweggenommen sei, dass sich die Änderungen im Organisationsrecht im Vergleich zu den z.T. einschneidenden Veränderungen bspw. im Berufszulassungsrecht insgesamt als eher punktuelle Rechtsanpassungen ausnehmen. Insgesamt ging es hier bislang um eine behutsame Modernisierung und weniger um eine fundamentale Reform des Rechts der Selbstverwaltungskörperschaften.

a) Die Novelle zur Handwerksordnung von 1965

Die erste große Novelle zur Handwerksordnung wurde durch einen gemeinsam von den Fraktionen der CDU/CSU, der SPD und der FDP getragenen Initiativantrag eingeleitet, welcher Reformvorschläge des Handwerksrats des ZDH aufgriff[782]. Das am 23. Juni 1965 ohne Gegenstimmen vom Bundestag verabschiedete Änderungsgesetz vom 9. September 1965 trat am 16. September 1965 in Kraft[783]. Die konsolidierte Neufassung der Handwerksordnung vom 28. Dezember 1965 mit der prinzipiell noch heute gültigen Paragraphenzählung wurde am 7. Januar 1966 im Bundesgesetzblatt bekannt gemacht (im Folgenden: HwO-1965)[784]. Die umfangreiche Novelle brachte zwar zahlreiche Änderungen in allen Abschnitten der Handwerksordnung, veränderte aber deren Grundlinien dessen ungeachtet nicht. Inhaltliche Schwerpunkte der Novelle lagen im Bereich der Eintragung in die Handwerksrolle, der Wiedereinführung des Begriffs der verwandten Handwerke[785], der Meisterprüfung und der Ermächtigung des Wirtschaftsministers, die Positivliste (Anlage A) durch Rechtsverordnung zu ändern[786], um eine Flexibilisierung im Vergleich zum schwerfälligen Gesetzgebungsverfahren zu erreichen[787].

---

[782] BT-Drs. IV/2335 vom 09.06.1964; der Gesetzentwurf wurde nach der ersten Lesung im Plenum des Bundestags am 24. Juni 1964 federführend im Ausschuss für Mittelstandsfragen und daneben auch im Wirtschaftsausschuss beraten, vgl. Schriftlicher Bericht des Ausschusses für Mittelstandsfragen (18. Ausschuss) zu BT-Drs. IV 3461, S. 1 ff.; zur Entstehung der Novelle auch: *Kolbenschlag/Patzig*, Die deutsche Handwerksorganisation, 1968, S. 33 f.

[783] Art. X Gesetz zur Änderung der Handwerksordnung vom 09.09.1965, BGBl. I, S. 1254.

[784] Gesetz zur Ordnung des Handwerks (Handwerksordnung) in der Fassung vom 28.12.1965, BGBl. 1966 I, S. 1; das Recht der Organisation des Handwerks war nunmehr in folgenden §§ geregelt: Handwerksinnungen: §§ 52–78, Innungsverbände: §§ 79–85, Kreishandwerkerschaften: §§ 86–89, Handwerkskammern: §§ 83–109.

[785] Vgl. insbes. § 7 Abs. 1 S. 1 HwO-1965: „In die Handwerksrolle wird eingetragen, wer in dem von ihm zu betreibenden Handwerk oder in einem diesem verwandten Handwerk die Meisterprüfung bestanden hat"; der Begriff des verwandten Handwerks war bereits in § 3 Abs. 1 Dritte HandwerksVO-1935 (RGBl. 1935 I, S. 15) enthalten gewesen.

[786] § 1 Abs. 3 HwO-1965.

[787] Zu den inhaltlichen Schwerpunkten der HwO-Novelle-1965: Schriftlicher Bericht des Ausschusses für Mittelstandsfragen (18. Ausschuss) zu BT-Drs. IV 3461, S. 1 ff.; *Siegert*, Gesetz zur Änderung der Handwerksordnung, in: BB 1965, 1090 ff.; *Nauermann*, Übersicht über die wesentlichen Änderungen, in: DB 1965, 1084 ff.; *Honig*, Die neue Handwerksordnung, in: GewArch 1966, 25 ff.; *Kolbenschlag/Patzig*, Die deutsche Handwerksorganisation, 1968, S. 34 ff.

II. 12. Entwicklung des Rechts der Selbstverwaltung des Handwerks seit 1953   627

Das Organisationsrecht des Handwerks erfuhr punktuelle Änderungen: So wurde im Innungsrecht die Regelung des § 59 HwO eingeführt, wonach die Innung Gastmitglieder aufnehmen kann, die dem betreffenden Handwerk beruflich oder wirtschaftlich nahe stehen[788]. Eingang in die HwO fand auch die auf größere Innungen gemünzte, für die Verwirklichung der Selbstverwaltung bedeutsame Regelung des § 61 Abs. 1 S. 3 HwO, wonach in der Satzung bestimmt werden kann, dass die Innungsversammlung statt aus allen Mitgliedern der Innung aus von diesen aus ihrer Mitte gewählten Vertretern (Vertreterversammlung) bestehen kann[789]. In Bezug auf den Gesellenausschuss wurde die Wahl der Mitglieder wesentlich detaillierter geregelt und die Schutzbestimmung eingeführt, nach der die Ausschussmitglieder in der Ausübung ihrer Tätigkeit nicht behindert und sie deswegen nicht benachteiligt oder begünstigt werden dürfen[790]. Für die Kreishandwerkerschaften stellte der neue § 87 Nr. 6 HwO klar, dass sich die Handwerkskammer, soweit die Kreishandwerkerschaft ihre Vorschriften und Anordnungen durchführt, an den hierdurch entstehenden Kosten angemessen zu beteiligen hat[791].

Für die Handwerkskammern wurde in Anpassung an die Praxis und das inzwischen in Kraft getretene IHK-Gesetz endlich die antiquierte Sprachverwirrung mit der Gleichsetzung von Kammer und Vollversammlung beseitigt, indem in den Vorschriften fortan klarer zwischen der Kammer als der Körperschaft und der Vollversammlung getrennt wurde[792]. Nun wurde auch ausdrücklich klargestellt, dass der Kammer die selbständigen Handwerker und die Inhaber handwerksähnlicher Betriebe des Handwerkskammerbezirks sowie deren Gesellen und Lehrlinge angehören[793]. Zuvor ließ sich die Mitgliedschaft in der Körperschaft – wie ausgeführt – nicht zuletzt aufgrund deren Gleichsetzung mit der Vollversammlung nur mittelbar erschließen. Neu im Organisationsrecht der Kammer war insbesondere auch die Verpflichtung, einen ständigen Ausschuss für die Lehrlingsausbildung zu bilden[794]. Zur Aufsicht durch die oberste Landesbehörde wurde nun ausdrücklich

---

[788] § 59 HwO-1965.
[789] § 61 Abs. 1 S. 3 HwO-1965.
[790] § 69 Abs. 3–5 HwO-1965; auch die Aufzählung der Bereiche, in denen der Gesellenausschuss zu beteiligen ist in § 68 Abs. 2 HwO-1965 (§ 62 Abs. 2 HwO-1953) wurde präzisiert und leicht erweitert.
[791] § 87 Nr. 6 HwO-1965; die im neuen § 87 Nr. 6 HwO-1965 aufgeführte Pflicht zur Durchführung der von der Handwerkskammer innerhalb ihrer Zuständigkeit erlassenen Vorschriften und Anordnungen war zuvor – ohne die Regelung über die Kostenbeteiligung – bereits in § 85 HwO-1953 geregelt.
[792] So ist insbes. in §§ 93, 94 und 95 HwO seitdem zutreffend von der Vollversammlung und nicht mehr von der Handwerkskammer (so §§ 86, 87 und 88 HwO-1953) die Rede; vgl. auch Schriftlicher Bericht des Ausschusses für Mittelstandsfragen (18. Ausschuss) zu BT-Drs. IV 3461, S. 18.
[793] § 90 Abs. 2 HwO-1965; im Initiativantrag war interessanterweise vorgesehen, dass nur die selbständigen Handwerker des Handwerkskammerbezirks der Kammer angehören sollten (vgl. BT-Drs. IV/2335, S. 5); im schriftlichen Bericht des Ausschusses für Mittelstandsfragen (18. Ausschuss) vom 20.05.1965 ist dann die erweiterte, später verabschiedete Fassung enthalten (vgl. BT-Drs. IV/3461, S. 13 sowie zu BT-Drs. IV 3461, S. 18 (Nr. 64)).
[794] § 110 Abs. 2 HwO-1965.

628　6. Kapitel: Historische Entwicklung des Rechts der Selbstverwaltung des Handwerks

klargestellt, dass sich diese regelmäßig darauf beschränkt, dass Gesetz und Satzung beachtet, insbesondere die übertragenen Aufgaben erfüllt werden[795].

b) Die Novelle zur Handwerksordnung von 1993

Im Mittelpunkt der durch eine gemeinsame Gesetzesinitiative der Fraktionen der CDU/CSU, der SPD und der FDP angestoßenen Handwerksnovelle 1993[796] standen die Erleichterung der Ausführung von Arbeiten in anderen Handwerken, um „Leistungen aus einer Hand" zu ermöglichen, die Erleichterung des Zugangs zur selbständigen Handwerksausübung und die Umsetzung der EG-Richtlinie über die Anerkennung von Hochschuldiplomen sowie der Zweiten EG-Richtlinie über die Anerkennung beruflicher Befähigungsnachweise[797]. Das Recht der Selbstverwaltungskörper des Handwerks wurde wiederum eher punktuell geändert: So muss sich der Innungsbezirk seit der Novelle mindestens mit dem Gebiet einer kreisfreien Stadt oder eines Landkreises decken, es sei denn, dass die Handwerkskammer eine andere Abgrenzung zulässt[798]. Den Mitgliedern des Gesellenausschusses der Innungen wurde ein Recht auf Freistellung von der beruflichen Tätigkeit eingeräumt, soweit dies zur ordnungsgemäßen Durchführung ihrer Aufgaben erforderlich ist[799]. Ferner wurde die Beschränkung der Wählbarkeit zum Gesellenausschuss auf deutsche Staatsangehörige aufgehoben[800].

Im Handwerkskammerrecht wurde die Kammermitgliedschaft von den Gesellen auch auf andere Arbeitnehmer mit abgeschlossener Berufsausbildung ausgedehnt[801]. Als neue Aufgabe der Kammern kam die Förderung der Formgestaltung im Handwerk hinzu[802]. Die Voraussetzung der deutschen Staatsangehörigkeit für das passive Wahlrecht zur Vollversammlung wurde gestrichen[803] und das Mindestalter von

---

[795] § 115 Abs. 1 S. 2 HwO-1965.
[796] Gesetz zur Änderung der Handwerksordnung, anderer handwerksrechtlicher Vorschriften und des Berufsbildungsgesetzes vom 20.12.1993, BGBl. I, S. 2256; die Novelle ist gem. Art. 8 des Änderungsgesetzes am 01.01.1994 in Kraft getreten, weswegen oft von der HwO-Novelle 1994 gesprochen wird.
[797] Gesetzentwurf, BT-Drs. 12/5918, S. 1 ff.; die Begründung dazu (a.a.O., S. 15 ff.) ist auch abgedruckt bei: Schwannecke, HwO, Lsbl., Abschn. 152 (1995), S. 1; *Schwappach*, Die Novelle zur Handwerksordnung, in: GewArch 1993, 441 ff.
[798] § 52 Abs. 1 S. 2 und 3 HwO.
[799] § 69 Abs. 4 S. 3 HwO; im Hinblick auf die Kostenfolgen wurden die neuen S. 2 und 3 von § 73 Abs. 1 HwO eingefügt.
[800] Streichung des früheren § 71 Abs. 1 Nr. 1 HwO-1953; neu eingeführt wurde § 71a HwO, wonach eine kurzzeitige Arbeitslosigkeit das aktive und passive Wahlrecht zum Gesellenausschuss unberührt lässt, wenn sie zum Zeitpunkt der Wahl nicht länger als drei Monate besteht; vgl. in diesem Zusammenhang auch §§ 98 Abs. 2 und 103 Abs. 3 HwO.
[801] § 90 Abs. 2 HwO; entsprechend angepasst wurden die Kammeraufgabe im früheren § 91 Abs. 1 Nr. 12 (seitdem § 91 Abs. 1 Nr. 13), die Zusammensetzung der Vollversammlung in § 93 Abs. 1 S. 2 und Abs. 4, die Wahlvorschriften zur Vollversammlung in §§ 98, 99, 101 und 103 sowie die Vorschriften über den Vorstand in § 108 HwO; zum Ganzen: *John*, Novellierung der Handwerksordnung, in: WiVerw. 1994, 34 (38 ff.).
[802] § 91 Abs. 1 Nr. 10 HwO.
[803] Im Hinblick auf die Vertreter des selbständigen Handwerks wurde § 97 Abs. 1 Nr. 1 lit. d

II. 12. Entwicklung des Rechts der Selbstverwaltung des Handwerks seit 1953 629

Arbeitnehmervertretern von 25 Jahren auf die Volljährigkeit abgesenkt[804]. Die obligatorische mittelbare Wahl der Arbeitnehmervertreter in der Vollversammlung durch Wahlmänner wurde aufgehoben, so dass hier seitdem auch eine unmittelbare Wahl möglich ist[805]. Für die Vorstandswahl wurde die Regelung eingeführt, dass die Wahl der Vizepräsidenten nicht gegen die Mehrheit der Stimmen der Gruppe, der sie angehören, erfolgen darf[806]. Neu war auch die umfangreiche beitragsbezogene Regelung des § 113 Abs. 2 HwO, nach der die Kammer als Beiträge Grundbeiträge, Zusatzbeiträge und Sonderbeiträge erheben kann und die Beiträge nach der Leistungskraft der beitragspflichtigen Kammerzugehörigen gestaffelt werden können[807].

c) Die Novelle zur Handwerksordnung von 1998

Im Anschluss an die HwO-Novelle 1993 lag ein Schwerpunkt der am 1. April 1998 in Kraft getretenen HwO-Novelle von 1998 auf einer Überarbeitung der Anlage A zur Handwerksordnung als dem Verzeichnis der Gewerbe, die als Handwerk betrieben werden können[808]. Die Straffung der dort zuvor aufgeführten 127 auf nur noch 94 Handwerksberufe sollte eine Konzentration auf breiter angelegte Handwerke begünstigen, um das schon mit der vorangegangenen Novelle angestrebte Ziel der Leistung aus einer Hand weiter zu stärken[809]. Das Recht der Selbstverwaltungskörper wurde nur geringfügig geändert: Angemerkt sei zunächst, dass der Neuzuschnitt vieler Handwerke natürlich Folgen für die Innungen hatte, da gem. § 52 Abs. 1 S. 3 HwO für jedes Gewerbe desselben Bezirks nur eine Innung gebildet werden kann. Soweit also bspw. zwei frühere Handwerke zu einem zusammenge-

---

HwO-1953 gestrichen und in Nr. 2 lit. b die entsprechende Voraussetzung aufgehoben; im Hinblick auf die Arbeitnehmervertreter entfiel § 99 Nr. 3 HwO-1953.

[804] § 99 Nr. 1 HwO.
[805] § 98 HwO; die Begründung des Gesetzentwurfs, BT-Drs. 12/5918, S. 25, weist darauf hin, dass durch die Gesetzesänderung klargestellt werden solle, dass das Wahlmännersystem nicht mehr den heutigen Verhältnissen entspreche, in: Schwannecke, HwO, Lsbl., § 98 Rn. 1 (1998); *Honig/Knörr*, HwO, 4. Aufl., 2008, § 98 Rn. 1 scheinen demgegenüber nach wie vor von einer obligatorischen mittelbaren Wahl durch Wahlmänner auszugehen.
[806] § 108 Abs. 4 HwO; neu war auch die Regelung des § 108 Abs. 3 HwO, wonach der Präsident von der Vollversammlung mit absoluter Stimmenmehrheit der anwesenden Mitglieder gewählt wird.
[807] § 113 Abs. 2 S. 1 und 2 HwO.
[808] Zweites Gesetz zur Änderung der Handwerksordnung und anderer handwerksrechtlicher Vorschriften vom 25. 03. 1998, BGBl. I, S. 596, in Kraft getreten gem. Art. 8 Abs. 2 am 01. 04. 1998; das Änderungsgesetz geht auf den Gesetzentwurf der Fraktionen der CDU/CSU, SPD und FDP vom 10. 12. 1997, BT-Drs. 13/9388, zurück; die Handwerksordnung ist gem. Art. 7 des Änderungsgesetzes unter dem 24. 09. 1998 neu bekannt gemacht worden, BGBl. I, S. 3074; zu den wesentlichen Änderungen im Einzelnen: *Kolb*, Zweites Gesetz zur Änderung der Handwerksordnung, in: GewArch 1998, 217; *Schwannecke/Heck*, Die neue Handwerksordnung, in: GewArch 1998, 305 ff.
[809] *Kolb*, Zweites Gesetz zur Änderung der Handwerksordnung, in: GewArch 1998, 217 (219 ff.); *Schwannecke/Heck*, Die neue Handwerksordnung, in: GewArch 1998, 305 ff.

fasst wurden, war eine Fusion der Einzelinnungen geboten[810]. Änderungen des eigentlichen Innungsrechts betrafen insbesondere die Möglichkeit, die Innungsmitgliedschaft durch Satzungsänderung auch für Personen zu öffnen, die ein nahe stehendes handwerksähnliches Gewerbe ausüben[811]. Im Handwerkskammerrecht wurden vor allem die Beitragsvorschriften geringfügig modifiziert[812].

d) Die Novelle zur Handwerksordnung von 2003

Die aus zwei Gesetzen bestehende HwO-Novelle 2003 sollte vor dem Hintergrund der anhaltenden Massenarbeitslosigkeit in Deutschland die Rahmenbedingungen für Existenzgründungen im Handwerk verbessern[813]. Die angestrebte Liberalisierung des Berufszugangs wurde in dieser bislang umfassendsten Reform der Handwerksordnung primär durch eine Neustrukturierung der Anlagen A und B zur HwO verwirklicht. Während die Zahl der zulassungspflichtigen Handwerke in Anlage A drastisch von 94 auf 41 abgesenkt worden ist, ist Anlage B unterteilt worden: Abschnitt 1 (B1) umfasst seither 53 früher in Anlage A enthaltene Handwerke, die nunmehr keinen Meisterbrief als Voraussetzung der Selbständigkeit mehr erfordern, in denen der Meisterbrief aber freiwillig als Qualitätsmerkmal erworben werden kann. Die früher in der Anlage B aufgelisteten 57 handwerksähnlichen Gewerbe sind nunmehr in Abschnitt 2 von Anlage B (B2) aufgeführt. Aus der Fülle der sonstigen Änderungen sei hier noch erwähnt, dass das Inhaberprinzip aufgegeben worden ist[814], nach dem Qualifikation und Unternehmereigenschaft in einer Person vereinigt sein mussten[815], und qualifizierte Gesellen nunmehr unter be-

---

[810] *Schwannecke/Heck*, Die neue Handwerksordnung, in: GewArch 1998, 305 (312).

[811] § 58 Abs. 1 S. 2 HwO; dazu: *Schwannecke/Heck*, Die neue Handwerksordnung, in: GewArch 1998, 305 (312 f.).

[812] So entfiel in § 113 Abs. 2 HwO die frühere Bemessungsgrundlage Gewerbekapital, da diese durch das Gesetz zur Fortsetzung der Unternehmensteuerreform vom 20. 10. 1997 (BGBl. I, S. 2590) abgeschafft worden war.

[813] Die Novelle bestand neben dem umfangreichen Dritten Gesetz zur Änderung der Handwerksordnung und anderer handwerksrechtlicher Vorschriften vom 24. 12. 2003, BGBl. I, S. 2934 (in Kraft getreten gem. Art. 11 am 01. 01. 2004) aus dem konzisen Gesetz zur Änderung der Handwerksordnung und zur Förderung von Kleinunternehmen vom 24. 12. 2003, BGBl. I, S. 2933 (in Kraft getreten gem. Art. 11 am 30. 12. 2003); zur Gesetzgebungsgeschichte: *Kormann/Hüpers*, Das neue Handwerksrecht, 2004, S. 13 ff.; *Schwannecke/Heck*, Die Handwerksordnungsnovelle 2004, in: GewArch 2004, 129; im Hinblick auf den Zeitpunkt ihres Inkrafttretens wird die HwO-Novelle-2003 auch oft als HwO-Novelle-2004 bezeichnet; zu den wesentlichen Änderungen durch die HwO-Novelle: *Schwannecke/Heck*, a.a.O., 129 ff.; *Kormann/Hüpers*, a.a.O., S. 20 ff.; *M. Müller*, Die Novellierung der Handwerksordnung 2004, in: NVwZ 2004, 403 ff.

[814] Gem. § 7 Abs. 1 S. 1 HwO kann nunmehr als Inhaber eines Betriebs eines zulassungspflichtigen Handwerks eine natürliche oder juristische Person oder eine Personengesellschaft in die Handwerksrolle eingetragen werden, wenn der Betriebsleiter die Voraussetzungen für die Eintragung in die Handwerksrolle erfüllt.

[815] Zum früheren Inhaberprinzip: *Badura*, Das handwerkliche Gebot der Meisterpräsenz, in: GewArch 1992, 201 (202 f.); *Musielak/Detterbeck*, Das Recht des Handwerks, 3. Aufl., 1995, § 7 Rn. 8.

II. 12. Entwicklung des Rechts der Selbstverwaltung des Handwerks seit 1953   631

stimmten Voraussetzungen die meisten zulassungspflichtigen Handwerke nach Anlage A ausüben dürfen[816].

Im Vergleich zu den Änderungen im Berufszulassungsrecht nehmen sich die Veränderungen des Rechts der Selbstverwaltungskörper des Handwerks erneut bescheiden aus: Die Grundregelung zur Bildung von Innungen in § 52 Abs. 1 HwO ist unter anderem als Folge der Aufgabe des Inhaberprinzips dahingehend geändert worden, dass Inhaber von Betrieben des gleichen zulassungspflichtigen Handwerks, zulassungsfreien Handwerks oder handwerksähnlichen Gewerbes zu einer Handwerksinnung zusammentreten können. Voraussetzung ist indes, dass für das jeweilige Gewerbe eine Ausbildungsordnung erlassen worden ist[817]. Im Handwerkskammerrecht sind Kleingewerbetreibende, soweit ihr Gewinn 5.200 € nicht übersteigt, vom Kammerbeitrag befreit worden[818]. Existenzgründer zahlen im Jahr der Gewerbeanmeldung keinen und in den beiden darauf folgenden Jahren die Hälfte des Grundbeitrags und jeweils keinen Zusatzbeitrag sowie im vierten Jahr keinen Zusatzbeitrag, soweit ihr Gewinn 25.000 € nicht übersteigt[819]. Wesentlich modernisiert worden ist die Wahlordnung für die Vollversammlung der Handwerkskammern in Anlage C zur HwO. So ist hier bspw. die Zahl der erforderlichen Unterstützerunterschriften für Wahlvorschläge erheblich reduziert[820] und die Briefwahl an Stelle der Präsenzwahl eingeführt worden[821].

e) Weitere Änderungsgesetze

Unter den nachfolgenden Änderungen ist die umfassende Reform des handwerklichen Berufsbildungsrechts im zweiten Teil der Handwerksordnung durch das Berufsbildungsreformgesetz vom 23. Mai 2005 hervorzuheben, die wesentliche Veränderungen in diesem wichtigen Aufgabenbereich der Kammern und Innungen mit sich brachte[822]. Daneben sind die Anpassung verschiedener den Berufszugang im Handwerk berührender Vorschriften an europarechtliche Vorgaben durch das zweite Mittelstands-Entlastungsgesetz im Jahr 2007[823], unter anderem mit der Verordnungsermächtigung zur Umsetzung der Berufsqualifikationenanerkennungsrichtlinie 2005/36/EG in § 9 Abs. 1 HwO[824], von welcher der Verordnungsgeber

---

[816] § 7b HwO.
[817] § 52 Abs. 1 S. 2 HwO.
[818] § 113 Abs. 2 S. 4 i.V.m. §§ 90 Abs. 3, 1 Abs. 2 S. 2 Nr. 1 HwO.
[819] § 113 Abs. 2 S. 5 f. HwO.
[820] § 4 Abs. 5 Anlage C: Mindestens die zweifache Anzahl der jeweils für die Arbeitgeber- und Arbeitnehmerseite in der Vollversammlung zu besetzenden Sitze an Wahlberechtigten, höchstens aber 70 Wahlberechtigte, anstatt mindestens 100 Wahlberechtigte in § 4 Abs. 5 Anlage C a.F.
[821] § 16 Anlage C.
[822] §§ 21 ff. HwO; Art. 2 und 2a Gesetz zur Reform der beruflichen Bildung (Berufsbildungsreformgesetz – BerBiRefG) vom 23.03.2005, BGBl. I, S. 931.
[823] Art. 9a Zweites Gesetz zum Abbau bürokratischer Hemmnisse insbesondere in der mittelständischen Wirtschaft, BGBl. I, S. 2246 (2256 f.); zu den Änderungen der HwO im Einzelnen: *Jahn*, Änderungen im Kammerrecht, in: GewArch 2007, 353 (357 ff.).
[824] Richtlinie 2005/36/EG des Europäischen Parlaments und des Rats vom 07.09.2005 über die

durch Erlass der EU/EWR-Handwerk-VO Gebrauch gemacht hat[825], und die Ermächtigung der Länder, der Handwerkskammer die Aufgaben einer einheitlichen Stelle i. S. d. VwVfG zu übertragen, im Jahr 2008 zu nennen[826].

f) Entwicklung des Bestands der Selbstverwaltungskörper seit Inkrafttreten der HwO

Am 1. Januar 1953, also wenige Monate vor Inkrafttreten der Handwerksordnung, existierten im Bundesgebiet einschließlich West-Berlins 47 Handwerkskammern[827]. Anfang 1955 entfielen durch Fusionen in Baden-Württemberg zwei und in Bayern eine Kammer, so dass deren Gesamtzahl auf 44 zurückging[828]. Die Zahl der Innungen betrug Anfang 1954 im Bundesgebiet einschließlich West-Berlins 9.715[829]. Mit der Integration des Saarlandes in die Bundesrepublik im Jahr 1957 stieg die Zahl der Handwerkskammern durch die HwK Saarbrücken auf 45[830]. Im Vergleich etwa zur Abnahme der IHK blieb diese Zahl nicht zuletzt aufgrund der bereits von Anfang an größeren Handwerkskammerbezirke bis zur Wiedervereinigung Deutschlands relativ stabil. Anfang 1989 gab es nach wenigen Fusionen noch 42 Kammern[831]: In Nordrhein-Westfalen war aus den Handwerkskammern Bielefeld

---

Anerkennung von Berufsqualifikationen, Abl. EU Nr. L 255 S. 22, 2007 Nr. L 271 S. 18; sowie zur Durchführung des Abkommens vom 02. 05. 1992 über den Europäischen Wirtschaftsraum (EWR), BGBl. 1993 II, S. 267, und des Abkommens zwischen der EG und ihren Mitgliedstaaten einerseits und der Schweiz andererseits über die Freizügigkeit vom 21. 06. 1999, ABl. EG 2002 Nr. L 114 S. 6.

[825] Verordnung über die für Staatsangehörige eines Mitgliedstaates der Europäischen Union oder eines anderen Vertragsstaates des Abkommens über den Europäischen Wirtschaftsraum oder der Schweiz geltenden Voraussetzungen für die Ausübung eines zulassungspflichtigen Handwerks (EU/EWR-Handwerk-Verordnung – EU/EWR HwV) vom 20. 12. 2007, BGBl. I, S. 3075, auch abgedruckt in: Detterbeck, HwO, 4. Aufl., 2008, Anhang 4 (S. 730 ff.).

[826] § 91 Abs. 1a i. V. m. § 5b HwO; Art. 8 Viertes Gesetz zur Änderung verwaltungsverfahrensrechtlicher Vorschriften vom 11. 12. 2008, BGBl. I, S. 2418.

[827] *Baden-Württemberg:* zehn HwK: Bruchsal, Freiburg, Heilbronn, Karlsruhe, Konstanz, Mannheim, Pforzheim, Reutlingen, Stuttgart, Ulm; *Bayern:* neun HwK: Augsburg, Bayreuth, Coburg, München, Nürnberg, Passau, Regensburg, Würzburg, Lindau; *Bremen:* eine HwK; *Hamburg:* eine HwK; *Hessen:* vier HwK: Darmstadt, Frankfurt, Kassel, Wiesbaden; *Niedersachsen:* sieben HwK: Aurich, Braunschweig, Hannover, Hildesheim, Lüneburg-Stade, Oldenburg, Osnabrück; *Nordrhein-Westfalen:* acht HwK: Aachen, Arnsberg, Bielefeld, Detmold, Dortmund, Düsseldorf, Köln, Münster; *Rheinland-Pfalz:* vier HwK: Kaiserslautern, Koblenz, Mainz, Trier; *Schleswig-Holstein:* zwei HwK: Flensburg, Lübeck; *West-Berlin:* eine HwK; vgl. Statistisches Bundesamt, Statistisches Jahrbuch für die Bundesrepublik Deutschland 1954, S. 133 f.; zur Entwicklung des Handwerks in der Bundesrepublik: *Wehler*, Deutsche Gesellschaftsgeschichte, Bd. 5, 2008, S. 64 ff., 150 ff.

[828] In Baden-Württemberg waren dies die HwK Bruchsal und Pforzheim, in Bayern die HwK Lindau, vgl. Statistisches Bundesamt, Statistisches Jahrbuch für die Bundesrepublik Deutschland 1955, S. 123 f.

[829] Statistisches Bundesamt, Statistisches Jahrbuch für die Bundesrepublik Deutschland 1954, S. 133.

[830] Statistisches Bundesamt, Statistisches Jahrbuch für die Bundesrepublik Deutschland 1960, S. 156.

[831] Statistisches Bundesamt, Statistisches Jahrbuch 1990 für die Bundesrepublik Deutschland, S. 628.

II. 12. Entwicklung des Rechts der Selbstverwaltung des Handwerks seit 1953   633

und Detmold die Handwerkskammer Ostwestfalen-Lippe zu Bielefeld hervorgegangen, in Hessen aus den Kammern Darmstadt und Frankfurt die Handwerkskammer Rhein-Main und in Bayern aus den Kammern Passau und Regensburg die Handwerkskammer Niederbayern/Oberpfalz[832]. Die Zahl der Innungen ging im gleichen Zeitraum um mehr als ein Drittel auf 6.117 zurück[833]. Nach der Wiedervereinigung kamen 14 in den neuen Bundesländern gebildete Handwerkskammern hinzu, so dass die Gesamtzahl der Handwerkskammern bis Mitte der neunziger Jahre des 20. Jh. auf 56 anstieg[834]. Nach drei weiteren Fusionen[835] bestehen heute noch 53 Handwerkskammern[836]. Daneben gibt es ca. 320 Kreishandwerkerschaften und ca. 5.500 Handwerksinnungen[837].

---

[832] Die HwK für Niederbayern (Passau) und die HwK der Oberpfalz (Regensburg) wurden zum 01.01.1974 zur HwK Niederbayern-Oberpfalz, die HwK Darmstadt und Frankfurt im Jahr 1979 zur HwK Rhein-Main zusammengeschlossen.

[833] Statistisches Bundesamt, Statistisches Jahrbuch 1990 für die Bundesrepublik Deutschland, S. 628.

[834] Vgl. die Übersicht bei *Tettinger*, Kammerrecht, 1997, S. 254 ff. (Stand: 31. Dezember 1995), in der bereits die Fusion der HwK Rostock und Neubrandenburg berücksichtigt ist; neu hinzu gekommen waren in den neuen Bundesländern zunächst folgende Handwerkskammern: *Brandenburg:* Cottbus, Frankfurt/Oder, Potsdam; *Mecklenburg-Vorpommern:* Neubrandenburg, Rostock, Schwerin; *Sachsen:* Chemnitz, Dresden, Leipzig; *Sachsen-Anhalt:* Halle, Magdeburg; *Thüringen:* Erfurt, Ostthüringen (Gera), Südthüringen (Suhl).

[835] Im Jahr 1996 fusionierten die Kammern Rostock und Neubrandenburg zur Handwerkskammer Ostmecklenburg-Vorpommern, zum 01.07.2004 die Handwerkskammer für Oberfranken mit der Handwerkskammer Coburg zur Handwerkskammer für Oberfranken und zuletzt zum 01.01.2009 die Kammern Braunschweig und Lüneburg-Stade zur Handwerkskammer Braunschweig-Lüneburg-Stade; derzeit ist u.a. eine Fusion der Handwerkskammer Rheinhessen (Mainz) mit der Handwerkskammer der Pfalz (Kaiserslautern) im Gespräch.

[836] Im Sommer 2010 bestanden folgende Handwerkskammern: *Baden-Württemberg:* acht HwK: Freiburg, Heilbronn-Franken, Karlsruhe, Konstanz, Mannheim Rhein-Neckar-Odenwald, Reutlingen, Region Stuttgart, Ulm; *Bayern:* sechs HwK: HwK für Mittelfranken (Nürnberg), HwK für München und Oberbayern, HwK Niederbayern-Oberpfalz (Passau/Regensburg), HwK für Oberfranken (Bayreuth), HwK für Unterfranken (Würzburg), HwK für Schwaben (Augsburg); *Berlin:* HwK Berlin; *Brandenburg:* drei HwK: Cottbus, Frankfurt/Oder-Region Ostbrandenburg, Potsdam; *Bremen:* HwK Bremen; *Hamburg:* HwK Hamburg; *Hessen:* drei HwK: Kassel, Rhein-Main (Frankfurt, Darmstadt), Wiesbaden; *Mecklenburg-Vorpommern:* zwei HwK: Ostmecklenburg-Vorpommern (Rostock, Neubrandenburg), Schwerin; *Niedersachsen:* sechs HwK: Braunschweig-Lüneburg-Stade, Hannover, Hildesheim-Südniedersachsen, Oldenburg, Osnabrück-Emsland, Ostfriesland (Aurich); *Nordrhein-Westfalen:* sieben HwK: Aachen, Dortmund, Düsseldorf, Köln, Münster, Ostwestfalen-Lippe zu Bielefeld, Südwestfalen (Arnsberg); *Rheinland-Pfalz:* vier HwK: Koblenz, HwK der Pfalz (Kaiserslautern), Rheinhessen (Mainz), Trier; *Saarland:* HwK des Saarlandes (Saarbrücken); *Sachsen:* drei HwK: Chemnitz, Dresden, Leipzig; *Sachsen-Anhalt:* zwei HwK: Halle, Magdeburg; *Schleswig-Holstein:* zwei HwK: Flensburg, Lübeck; *Thüringen:* drei HwK: Erfurt, Ostthüringen (Gera), Südthüringen (Suhl).

[837] Informationen und Daten über die einzelnen Selbstverwaltungskörperschaften des Handwerks finden sich unter <www.who-is-who-im-Handwerk.de>; zum Stand von 2004 (54 Kammern, 343 Kreishandwerkerschaften, 5.814 Innungen) vgl. die Übersicht in: Verlagsanstalt Handwerk/Signal Iduna, Organisationen des Handwerks 2004/2005, 19. Aufl., 2004, S. 12; die früher zweijährlich herausgegebene Veröffentlichung „Organisationen des Handwerks" mit Daten u.a. zu den Handwerkskammern, den Kreishandwerkerschaften und den Handwerksinnungen wurde zugunsten des oben genannten Internetauftritts nach der 19. Aufl. von 2004 eingestellt; genauere

13. Exkurs: Die europäische Dimension der Selbstverwaltung des Handwerks

a) Handwerkskammern in den Staaten der Europäischen Union

Mit Ausnahme von Dänemark gibt es in allen EU-Mitgliedstaaten ein gesetzlich geregeltes Kammersystem[838]. Allerdings existieren außer in Deutschland nur in wenigen anderen Staaten, namentlich Frankreich, Lettland, Luxemburg, Malta und Polen eigenständige Handwerkskammern, während die übrigen Staaten letztlich ein Konzept von Wirtschaftskammern verwirklicht haben, in dem die Industrie- und Handelskammern auch die Handwerker repräsentieren[839]. In einigen Staaten wie bspw. Finnland, Frankreich, Griechenland, Italien, den Niederlanden, der Slowakei, Slowenien und Spanien sind die Kammern wie in Deutschland öffentlich-rechtlich und dann im Regelfall auch mit Pflichtmitgliedschaft organisiert[840], während die Selbstverwaltungsträger in anderen Staaten privatrechtlich ausgeformt sind[841]. Eigenständige Handwerkskammern in der Rechtsform der Körperschaft des öffentlichen Rechts mit Pflichtmitgliedschaft gibt es außer in Deutschland lediglich in Frankreich und Luxemburg[842]. Nur in einzelnen Staaten wie etwa Lettland existieren schließlich neben den Kammern auch spezifische Organisationsformen für Handwerker auf lokaler und regionaler Ebene, die zudem nur eingeschränkt mit den deutschen Innungen oder Kreishandwerkerschaften vergleichbar sind[843].

b) EU-rechtliche Dimension der Selbstverwaltung des Handwerks

Nachdem die EU-rechtliche Dimension des Rechts der Handwerkskammern und der anderen Selbstverwaltungskörperschaften des Handwerks ähnlich wie bei den IHK lange vor allem in möglichen Verstößen von Regelungen wie der Pflichtmitgliedschaft und ihrer Implikationen sowie rechtsetzenden Akten der Selbstverwaltungskörperschaften insbesondere gegen Marktfreiheiten wie die Dienstleistungsfreiheit und die Niederlassungsfreiheit sowie die Regeln des EU-Wettbewerbsrechts

---

Angaben über die aktuelle Zahl der Kreishandwerkerschaften und der Innungen waren selbst beim ZDH nicht zu erhalten.

[838] *Kristian*, Handwerkskammern in Europa, 2004, S. 23 (bezogen auf die EU mit 25 Mitgliedstaaten).

[839] Dazu im Einzelnen: *Kristian*, Handwerkskammern in Europa, 2004, S. 23 ff.; *Kluth/Rieger*, Kammerwesen in anderen europäischen Staaten, in: HdbKR, 2005, S. 179 (181); in Griechenland bestehen nur noch in drei Präfekturen eigenständige Handwerkskammern, während Handwerker ganz überwiegend in den Industrie- und Handelskammern repräsentiert sind.

[840] Lediglich in Finnland ist die Kammer zwar öffentlich-rechtlich, aber ohne Pflichtmitgliedschaft ausgestaltet.

[841] *Kluth/Rieger*, Kammerwesen in anderen europäischen Staaten, in: HdbKR, 2005, S. 179 (181); zu Dänemark: *Heyne*, Wirtschafts- und Berufsorganisationen, in: JbKBR 2007, 285 (289).

[842] *Kristian*, Handwerkskammern in Europa, 2004, S. 29.

[843] Vgl. die Übersicht und die Länderberichte in *Kristian*, Handwerkskammern in Europa, 2004, S. 8 ff., 37 ff.; zu England und Wales: *Nuckelt*, Bericht, in: JbKBR 2007, 249 (252); zu Polen: *Szafranski*, Bericht, in: JbKBR 2006, 215 (248 f.).

bestand[844], sind sie Kammern in den letzten Jahren als mögliche Akteure eines zunehmend europäisierten Verwaltungsverbunds ins Blickfeld geraten[845]. Exemplarisch genannt sei hier das verwaltungsverfahrensrechtliche Konzept des einheitlichen Ansprechpartners gem. Art. 6 EU-Dienstleistungsrichtlinie-2006 für das schon nach dem 48. Erwägungsgrund der Richtlinie neben staatlichen Behörden unter anderem auch Handwerkskammern in Betracht kommen sollen[846]. Wie schon erwähnt, wurden die Länder Ende 2008 entsprechend ermächtigt, der Handwerkskammer die Aufgaben einer einheitlichen Stelle i.S.d. des VwVfG zu übertragen[847].

III. Zusammenfassung: Die Entstehung des heutigen rechtlichen Systems der Selbstverwaltungskörperschaften des Handwerks

Als Ergebnis des langen Entwicklungsprozesses der Selbstverwaltung des Handwerks hat sich heute ein duales System aus Handwerksinnungen und Handwerkskammern herausgebildet, das durch die Kreishandwerkerschaften ergänzt wird. Im Folgenden sei die Entwicklungsgeschichte des Rechts dieser drei Körperschaftsformen noch einmal getrennt knapp zusammengefasst.

1. Historische Entwicklung des Rechts der Handwerksinnung

Die heutigen Handwerksinnungen gehen auf die seit Mitte des 12. Jh. nachweisbaren mittelalterlichen Zünfte zurück. Diese nahmen als genossenschaftliche Zusammenschlüsse der Angehörigen eines bestimmten Handwerkszweigs nicht nur eine weitreichende soziale, gesellschaftliche, religiöse und wirtschaftliche (wettbewerbsregulierende) Funktion für ihre Mitglieder wahr, sondern besaßen als „Amt" eine quasi öffentlich-rechtliche Stellung in der jeweiligen Stadt, die schließlich der Anknüpfungspunkt dafür wurde, dass sich die Zünfte im hohen Mittelalter zu einem Element des städtischen Verfassungsgefüges entwickeln konnten. Im 16. und 17. Jh. wurde die Zunftordnung in einer in der Forschungsliteratur früher oft als Entartung empfundenen Weise zugespitzt, indem sich die Zünfte auf der Grundlage des Zunftzwangs rigider gegenüber Außenseitern abschotteten. Zwecks Sicherung der „Nahrung" der Mitglieder wandelten sie sich zu wettbewerbsbeschränkenden und fortschrittsfeindlichen Interessenorganisationen der Berufsinhaber.

---

[844] Siehe oben S. 388f.; *Ehlers*, Gewerbe-, Handwerks- und Gaststättenrecht, in: Achterberg etc., Besonderes Verwaltungsrecht I, 2. Aufl., 2000, S. 96 (195); *Meyer/Diefenbach*, Handwerkskammern, 2005, S. 104 ff.
[845] Siehe bereits oben S. 389, 631 f.
[846] Richtlinie 2006/123/EG des Europäischen Parlaments und des Rates vom 12.12.2006 über Dienstleistungen im Binnenmarkt, EU Abl. L 376/36 ff. v. 27.12.2006.
[847] § 91 Abs. 1a i.V.m. § 5b HwO.

Damit waren Konflikte mit den erstarkenden Landesherren vorprogrammiert, denen zur Sicherung der Staatseinnahmen an wirtschaftlichem Fortschritt gelegen war. Obwohl verschiedene Landesherren und auch das Reich – mit unterschiedlichem Erfolg – rechtsetzend gegen die ihre Mitglieder mediatisierenden Mikro-Herrschaftsordnungen der Zünfte vorgingen, hielten sie doch grundsätzlich an der Institution Zunft fest, die so weit bis in das 19. Jh. überleben konnte.

Im 19. Jh. wurde den Zünften ihre eigentliche Grundlage, der Zunftzwang, entzogen, indem nach französischem Vorbild in den verschiedenen deutschen Staaten nach und nach die Gewerbefreiheit eingeführt wurde, bis sie schließlich ab 1868 im gesamten Norddeutschen Bund galt. Die inzwischen meist Innungen genannten Zünfte wurden in der liberalen GewO des Norddeutschen Bundes von 1869, die nach der Reichsgründung 1871 im gesamten Reich als Reichsgesetz in Kraft gesetzt wurde, aller Zwangsrechte und öffentlichen Funktionen entkleidet. Der Beitritt zur Innung war ebenso frei wie der Austritt. Da die Innungen als privatrechtliche Vereinigungen ohne Zwangsrechte und Privilegien für die Mitglieder jedoch einen Mitgliederschwund erlitten, der ihre nach wie vor geschätzte soziale Funktion bedrohte, wurde ihre Stellung durch die Innungsnovelle zur GewO von 1881 im Vergleich zur liberalen Regelung von 1869 wieder deutlich gestärkt. Die Innungen erhielten nunmehr wieder öffentliche Aufgaben, bspw. in Bezug auf die Regelung des Lehrlingswesens und die Veranstaltung von Gesellen- und Meisterprüfungen, die ihnen insgesamt wieder einen stärker öffentlich-rechtlichen Charakter verliehen.

Zu einer grundlegenden Reform kam es dann im Rahmen der Handwerkernovelle zur GewO von 1897, die vor allem auch die Handwerkskammer als neue Selbstverwaltungskörperschaft des Handwerks einführte. Im Innungswesen wurde hier neben der weiterbestehenden freien Innung die fakultative Zwangsinnung etabliert: Die höhere Verwaltungsbehörde konnte, wenn die Mehrheit der beteiligten Gewerbetreibenden der Einführung eines Beitrittszwangs zustimmte, auf Antrag der beteiligten Handwerker anordnen, dass alle Gewerbetreibenden eines Bezirks, die das gleiche Handwerk ausübten, einer neu errichteten Zwangsinnung anzugehören hatten. Zwangsinnungen konnten dabei entweder neu gegründet werden oder aber durch Umwandlung bestehender freier Innungen entstehen. Die fakultative Zwangsinnung bedeute allerdings nicht die Rückkehr zur alten Zunft, da die Innungsmitgliedschaft zwar Folge der Gewerbeausübung, aber nicht deren Voraussetzung war. Ziel war nicht die Einschränkung der Gewerbefreiheit, sondern die Ermöglichung eines leistungsfähigen Innungswesens. Die Zwangsinnung trat einen rasanten Siegeszug an: Im Jahr 1902 bestanden so neben den 7.882 freien Innungen bereits 2.969 Zwangsinnungen. Im Jahr 1919 gab es dann 5.433 und im Jahr 1925 10.387 Zwangsinnungen, während die Zahl der freien Innungen bis 1919 auf 7.560 zunahm, um dann allerdings bis 1925 auf 7.066 abzunehmen. Gegen Ende der Weimarer Republik, am 1. Oktober 1932, bestanden im Deutschen Reich 11.589 Zwangsinnungen und 6.131 freie Innungen.

Nach der Machtergreifung der Nationalsozialisten wurde die Gleichschaltung der Innungen bereits bis Ende April 1933 de facto weitgehend vollzogen, indem die

III. Die Entstehung des Systems der Selbstverwaltungskörperschaften des Handwerks

Mehrheit der Vorstandsmitglieder durch Parteimitglieder ersetzt wurde. Durch die Erste HandwerksVO vom 15. Juni 1934 kam es dann zu einer grundlegenden Reform des Innungsrechts: Insbesondere wurde die Pflichtmitgliedschaft für alle in der Handwerksrolle eingetragenen Gewerbetreibenden eingeführt. Die neuen Pflichtinnungen waren Rechtsnachfolger der früheren freien Innungen sowie Zwangsinnungen. Gleichzeitig wurde die repräsentative Selbstverwaltung durch den Führergrundsatz ersetzt, nach dem die Innung von einem durch die Handwerkskammer ernannten Obermeister geleitet wurde. Die Dritte HandwerksVO vom 18. Januar 1935 brachte dann den großen Befähigungsnachweis im Handwerk: Der selbständige Betrieb eines Handwerks war fortan nur noch den in der Handwerksrolle eingetragenen Personen gestattet, wobei die Eintragung in die Handwerksrolle wiederum eine bestandene Meisterprüfung bzw. die Befugnis zur Anleitung von Lehrlingen voraussetzte. Daneben wurden die Innungen in den neuen nationalsozialistischen Aufbau der gewerblichen Wirtschaft eingebunden, dessen fachlicher Zweig im Handwerk von den Handwerksbetrieben über die Innungen und die Bezirksstellen der Reichsinnungsverbände bis zu den über 50 Reichsinnungsverbänden der einzelnen Handwerkszweige reichte, die ihrerseits Untergliederungen der Reichsgruppe Handwerk als einer der sechs Reichsgruppen der gewerblichen Wirtschaft waren. Die Reichsgruppe Handwerk, der Deutsche Handwerks- und Gewerbekammertag und die verschiedenen Landeshandwerksmeister waren daneben im Reichsstand des Deutschen Handwerks als übergreifendem Dachverband zusammengefasst. Diesem stand der sog. Reichshandwerksmeister vor, der als „Führer" des Reichsstands, Präsident des Deutschen Handwerks- und Gewerbekammertags sowie Leiter der Reichsgruppe Handwerk in Personalunion an der Nahtstelle zwischen Staat und Partei einerseits und Handwerksorganisation andererseits gegenüber allen Handwerksverbänden weisungsbefugt war. Die Innungen waren so Teil eines hierarchisch gestuften Systems geworden, in dem – im offenen Gegensatz zum traditionellen Selbstverwaltungsprinzip – aufgrund des nunmehr tragenden Führergrundsatzes von oben nach unten entschieden wurde. Anders als die Handwerkskammern wurden die Innungen im Nationalsozialismus indes nicht aufgelöst, obgleich ihnen wie den Kreishandwerkerschaften schließlich der Status als Körperschaft des öffentlichen Rechts genommen wurde.

Nach dem Ende des Zweiten Weltkriegs führten die Innungen ihre Arbeit quasi nahtlos fort. In den verschiedenen Besatzungszonen kam es aufgrund der unterschiedlichen Haltung der Besatzungsmächte vor allem zur Pflichtmitgliedschaft und zum Körperschaftsstatus zu einer unterschiedlichen Rechtsentwicklung. Eine wesentliche Zäsur bildete hier die Einführung der Gewerbefreiheit in der amerikanischen Besatzungszone ab Dezember 1948, die nicht nur alle berufszulassungsbeschränkenden Regelungen wie bspw. das Erfordernis von Befähigungsnachweisen außer Kraft setzte, sondern auch alle Selbstverwaltungskörperschaften der Wirtschaft zu privatrechtlichen Vereinigungen ohne Zwangsrechte und hoheitliche Befugnisse umgestaltete. Vor diesem Hintergrund drängten nach Konstituierung der Bundesrepublik vor allem bayerische Handwerksorganisationen auf eine einheitliche Neuregelung des handwerklichen Organisationsrechts in einer bundesweit gültigen Handwerksordnung. Die am 24. September 1953 in Kraft getretene HwO konstituierte die Innungen nach langen Diskussionen zwar wieder einheitlich als Körperschaften des öffentlichen Rechts, sah aber – entgegen dem ursprünglichen Entwurf – die fakultative Zwangsinnung nicht mehr vor. Hintergrund dafür waren einerseits Bedenken im Hinblick auf die Vereinbarkeit der Pflichtmitgliedschaft in den Innungen mit Art. 9 Abs. 3 GG, andererseits Forderungen der Gewerkschaften, nach denen Gesellenvertreter zu mindestens einem Drittel im Vorstand aller Organisationen mit Pflichtmitgliedschaft beteiligt werden sollten, was die Gegnerunabhängigkeit und damit die Tariffähigkeit der Innungen bedroht hätte. Handwerksinnungen sind daher heute zwar Körperschaften des öffentlichen Rechts, sie basieren aber – anders als die Handwerkskammern – auf freiwilliger Mitgliedschaft.

Zu den verschiedenen HwO-Novellen ist hier zu erwähnen, dass das Änderungsgesetz von 1965 vor allem größeren Innungen die Möglichkeit einräumte, die Innungsversammlung statt aus allen Mitgliedern der Innung als Vertreterversammlung aus gewählten Vertretern bestehen zu lassen. Die Straffung der Liste der Handwerke in Anlage A zur HwO von 127 auf 94 durch die Novelle von 1998 erforderte die Fusion mancher Innungen, da für jedes Gewerbe im gleichen Bezirk nur eine Innung bestehen darf. Im Rahmen der einschneidenden HwO-Novelle 2003, welche die Anlagen A und B zur HwO neu strukturierte, wurde die Grundregel über die Bildung von Innungen dahingehend reformiert, dass Innungen nunmehr durch Inhaber von Betrieben des gleichen zulassungspflichtigen Handwerks oder des gleichen zulassungsfreien Handwerks oder des gleichen handwerksähnlichen Gewerbes oder solcher Handwerke oder handwerksähnlicher Gewerbe, die sich fachlich oder wirtschaftlich nahe stehen, gebildet werden können, soweit für das jeweilige Gewerbe eine Ausbildungsordnung erlassen worden ist. Heute bestehen im Bundesgebiet noch ca. 5.500 Handwerksinnungen.

2. Historische Entwicklung des Rechts der Kreishandwerkerschaft

Die Kreishandwerkerschaft als obligatorischer Zusammenschluss aller Innungen eines Kreises wurde erst im Nationalsozialismus durch die Erste HandwerksVO vom 15. Juni 1934 eingeführt. Die Kreishandwerkerschaften traten dabei allerdings an die Stelle der früheren Innungsausschüsse, die bereits durch die für die Entwicklung des Innungsrechts bedeutsame Innungsnovelle zur GewO von 1881 etabliert worden waren. Aufgabe der freiwilligen Innungsausschüsse, die von Innungen gebildet werden konnten, die derselben Aufsichtsbehörde unterstanden, war die Vertretung der gemeinsamen Interessen der beteiligten Innungen gewesen.

In den neuen Kreishandwerkerschaften waren ab 1934 an Stelle des früheren freiwilligen Zusammenschlusses nunmehr qua Gesetz alle Innungen obligatorisch vereinigt, die innerhalb eines von der Handwerkskammer bestimmten Bezirks (regelmäßig eines Stadt- oder Landkreises) ihren Sitz hatten. Die innere Verfassung der

Kreishandwerkerschaft war am Vorbild der Innung orientiert, deren Recht insofern für entsprechend anwendbar erklärt wurde. Diese Grundsätze wurden im Wesentlichen auch in die HwO von 1953 übernommen und sind bis heute gültig: Die Kreishandwerkerschaft wird als Körperschaft des öffentlichen Rechts obligatorisch von allen Handwerksinnungen gebildet, die in einem Stadt- oder Landkreis ihren Sitz haben. Aufgabe der Kreishandwerkerschaft als unterer fachübergreifender Selbstverwaltungskörperschaft des Handwerks ist es insbesondere, die Gesamtinteressen des selbständigen Handwerks und die gemeinsamen Interessen der Handwerksinnungen ihres Bezirks wahrzunehmen, die Handwerksinnungen bei der Erfüllung ihrer Aufgaben zu unterstützen und schließlich auch die Behörden bei den das selbständige Handwerk ihres Bezirks berührenden Maßnahmen zu unterstützen sowie ihnen Anregungen, Auskünfte und Gutachten zu erteilen. Heute bestehen im Bundesgebiet ca. 320 Kreishandwerkerschaften.

3. Historische Entwicklung des Rechts der Handwerkskammer

Die Handwerkskammer wurde durch die Handwerkernovelle zur GewO von 1897 als neue fachübergreifende Selbstverwaltungskörperschaft des Handwerks reichsweit eingeführt. Nachdem Bemühungen zur Einführung gewerbeübergreifender Wirtschaftskammern im Deutschen Reich in den achtziger Jahren des 19. Jh. gescheitert waren, sollte dem Handwerk, dessen Organisationen schon länger auf die Einführung von Handwerkskammern gedrängt hatten, nach dem Vorbild insbes. der preußisch-deutschen Handelskammer eine eigene regional und überregional wirksame Selbstverwaltungskörperschaft zur effektiven Interessenwahrnehmung und Selbstverwaltung zur Verfügung gestellt werden. Die neuen Handwerkskammern wurden dabei anders als Innungen und Innungsausschüsse – und auch die preußischen Handelskammern – nicht von unten, auf Initiative der Betroffenen, sondern „top down" durch Verfügung der Landeszentralbehörde gebildet. Die Landeszentralbehörde erließ auch das Statut der Kammer, das allerdings später durch diese – mit Genehmigung der Behörde – abgeändert werden konnte. In Sachsen und den Hansestädten wurden die Aufgaben der neuen Handwerkskammern den dort bereits bestehenden Gewerbekammern übertragen. Nach ihrem Aufgabenbestand waren die Handwerkskammern einerseits Interessenwahrnehmungsorgane des Handwerks gegenüber Staat und Behörden, andererseits Selbstverwaltungsorgane mit konkreten Aufgaben vor allem im Bereich des Ausbildungswesens. Zur Kammerverfassung ist aus Sicht des Selbstverwaltungsprinzips bemerkenswert, dass die Mitglieder der damals zeittypisch noch schlicht Handwerkskammer genannten Vollversammlung nicht direkt von den Handwerkern, sondern von Handwerksinnungen sowie Gewerbevereinen aus der Zahl ihrer Mitglieder gewählt wurden, so dass die Kammern nur die so organisierten Handwerker repräsentierten. Entsprechend wurden die Mitglieder des von Anfang an obligatorischen Gesellenausschusses der Kammer von den Gesellenausschüssen der Innungen gewählt. Bemerkenswert ist ferner, dass die Kosten der Kammer zunächst wesentlich durch die Gemeinden ihres Bezirks getragen wurden, welche sie allerdings auf die einzelnen Handwerksbetriebe umlegen konnten. Bei Inkrafttreten des Abschnitts der GewO über die Handwerkskammern am 1. April 1900 bestanden reichsweit 63 Handwerkskammern, die durch acht Gewerbekammern ergänzt wurden. Bereits im November 1900 wurde der Deutsche Handwerks- und Gewerbekammertag in der Rechtsform eines privatrechtlichen e.V. gegründet, der schon bald als zentrales Sprachrohr des Handwerks im Reich fungierte.

In der Weimarer Republik erfuhr das Handwerkskammerrecht, nachdem Pläne zu einem im Reichswirtschaftsrat gipfelnden Neuaufbau der Selbstverwaltung der Wirtschaft gescheitert waren, zunächst eine behutsame Fortbildung. Nachdem der Handwerks- und Gewerbekammertag im Jahr 1922 zu einer Körperschaft des öffentlichen Rechts aufgewertet worden war, kam es im Rahmen der Handwerksnovelle zur Gewerbeordnung von 1929 auch zu bedeutsamen Veränderungen im Recht der Handwerkskammern: Indem das Wahlrecht zur Vollversammlung der Kammer fortan nicht mehr Innungen und Gewerbevereinen, sondern den in der gleichzeitig eingeführten Handwerksrolle eingetragenen Personen zustand, wurden die Handwerkskammern konzeptionell zu Selbstverwaltungskörperschaften aller eingetragenen, d.h. niedergelassenen, und somit auch der nicht innungsgebundenen Handwerker umgestaltet. Am Ende der Weimarer Republik bestanden – vor allem als Folge der Gebietsverluste nach dem Ersten Weltkrieg – nur noch 59 Handwerkskammern und weiterhin acht Gewerbekammern, die in zehn regionalen Kammertagen und schließlich dem Deutschen Handwerks- und Gewerbekammertag organisiert waren.

Im Nationalsozialismus wurde die faktische Gleichschaltung der Selbstverwaltungskörperschaften des Handwerks vollzogen, indem bis Ende April 1933 auch die Vorstände der Handwerkskammern flächendeckend durch Parteigenossen ersetzt wurden. Die Erste HandwerksVO vom 15. Juni 1934, die im Schwerpunkt das Innungsrecht betraf, wertete die Handwerkskammern wesentlich auf, indem sie ihnen die Innungen systematisch unterordnete: Sämtliche Befugnisse der Aufsichtsbehörde der Innungen gingen auf die Handwerkskammer des jeweiligen Bezirks über. Die Zweite HandwerksVO vom 18. Januar 1935 führte den Führergrundsatz bei den Handwerkskammern ein: Der Vorsitzende des Kammervorstands, dem nun wesentlich mehr Befugnisse zustanden, wurde fortan nicht mehr gewählt, sondern durch den Reichswirtschaftsminister nach Anhörung des Deutschen Handwerks- und Gewerbekammertags ernannt. Entsprechend wurden die Befugnisse des Gesellenausschusses durch den vom Vorsitzenden ernannten Obmann der Gesellen wahrgenommen.

Wie bereits im Abschnitt über die Innungen angeklungen ist, wurden auch die Handwerkskammern in den hierarchischen nationalsozialistischen Aufbau der gewerblichen Wirtschaft eingebunden. Im Handwerk bestand neben der auf die Innungen zentrierten fachlichen Gliederung der Reichsgruppe Handwerk eine fachübergreifende, schon aufgrund der Überordnung der Kammern über die Innungen aber auch partiell mit dem fachlichen Aufbau verwobene, Organisation, die von den 60 Handwerks- und Gewerbekammern getragen wurde. Ab 1935 wurden Wirtschaftskammern eingerichtet, die als gemeinsames Forum der bezirklichen Organisation der gewerblichen Wirtschaft, der IHK und der Handwerkskammern eines Wirtschaftsbezirks dienten. Im Jahr 1937 wurden in den Wirtschaftskammern dann auch Handwerkskammerabteilungen gebildet. Als gemeinsame übergeordnete Vertretung der fachlichen und bezirklichen Organisation der gewerblichen Wirtschaft, der IHK und der Handwerkskammern wurde schließlich die Reichswirtschaftskammer eingerichtet. Anzumerken ist, dass der historische Dualismus aus Handwerkskammern und Gewerbekammern ein Ende fand, indem die sächsischen und hanseatischen Gewerbekammern bis 1937 durch Handwerkskammern ersetzt wurden. Unter den Bedingungen des zuvor proklamierten „totalen Kriegs" wurden im Jahr 1943 neben den IHK auch die Handwerkskammern aufgelöst und der Deutsche Handwerks- und Gewerbekammertag in die Reichswirtschaftskammer überführt. An Stelle der Handwerkskammern und IHK wurden Gauwirtschaftskammern errichtet, die strikt dem Reichswirtschaftsminister untergeordnete Organisationen ohne Selbstverwaltung waren. Zumindest blieben im Rahmen der Gauwirtschaftskammern aber teilweise die Strukturen der früheren Kammern – bspw. was das Personal anging – erhalten, was den Neubeginn nach dem Krieg erleichterte.

Nach Beendigung des Zweiten Weltkriegs wurden die Gauwirtschaftskammern aufgelöst, und die früheren Handwerkskammern nahmen zügig wieder ihre Arbeit auf, wobei der Führergrundsatz überall wieder durch das für die Selbstverwaltung prägende Wahlprinzip ersetzt wurde. Die durch eine Unsicherheit über die einschlägigen Rechtsgrundlagen einerseits und eine unterschiedliche Rechtsentwicklung in den verschiedenen Besatzungszonen andererseits geprägte schwierige rechtliche Situation der Handwerkskammern gipfelte in der Einführung der Gewerbefreiheit durch die amerikanische Militärregierung ab November 1948. Auch die Handwerkskammern mussten in der amerikanischen Besatzungszone fortan als privatrechtliche Vereinigungen ohne Pflichtmitgliedschaft und hoheitliche Befugnisse geführt werden. Dies trug wesentlich dazu bei, dass nach der Konstituierung der Bundesrepublik Deutschland vor allem die bayerischen Kammern auf eine bundesweite Vereinheitlichung des Kammerrechts auf der Grundlage von Körperschaftsstatus und Pflichtmitgliedschaft drängten. Die Handwerksordnung von 1953 rekonstituierte die Handwerkskammern tatsächlich wieder einheitlich als Körperschaften des öffentlichen Rechts mit Pflichtmitgliedschaft. Eine wesentliche Neuerung im Vergleich zum früheren Recht in der GewO sowie der Ersten HandwerksVO von 1934 ist, dass die Mitgliederversammlung, der Vorstand und die Ausschüsse im Anschluss an Regelungen des Handwerkskammerrechts der britischen und französischen Besatzungszone seither jeweils zu einem Drittel aus Gesellen bestehen.

Zu den verschiedenen Novellen zur HwO ist zunächst erwähnenswert, dass 1965 endlich die gebotene sprachliche Trennung zwischen der Kammer (als Körperschaft des öffentlichen Rechts) und der Mitgliederversammlung, die traditionell ebenfalls als Kammer bezeichnet wurde, eingeführt wurde. Darauf aufbauend wurde nun auch die Mitgliedschaft in der Kammer (Kammerzugehörigkeit) ausdrücklich geregelt. Die Novelle zur Handwerksordnung von 1993 weitete die Kammermitgliedschaft von den Gesellen auch auf andere Arbeitnehmer mit abgeschlossener Berufsausbildung aus und brachte eine differenziertere Regelung des Beitragsrechts. Vor Inkrafttreten der Handwerksordnung gab es im Bundesgebiet einschließlich West-Berlins 47 Handwerkskammern. Nachdem die Zahl bis 1989 als Folge mehrerer Fusionen auf nur noch 42 gefallen war, kamen nach der Wiedervereinigung 14 in den neuen Bundesländern gebildete Kammern hinzu. Nach weiteren Zusammenschlüssen aus Rationalisierungsgründen existieren heute in Deutschland noch 53 Handwerkskammern.

7. Kapitel
Das Recht der Selbstverwaltungskörperschaften des Handwerks

I. Die Körperschaften des Handwerks

Als Selbstverwaltungskörperschaften des Handwerks kommen nach der Vorprüfung im dritten Kapitel die heute ca. 5.500 Handwerksinnungen, ca. 320 Kreishandwerkerschaften und 53 Handwerkskammern in Betracht. Im Folgenden soll der Selbstverwaltungsgehalt des heutigen Rechts dieser Körperschaften herausgearbeitet werden. Neben der Handwerksordnung muss dafür auch das einschlägige Satzungsrecht herangezogen werden, da gerade viele partizipationsbezogene Aspekte in diesem grundlegend geregelt oder doch zumindest näher ausgestaltet sind[1]. Das Recht der drei Körperschaften des Handwerks wird nacheinander untersucht. Um die Vergleichbarkeit zu erhöhen, wird allerdings ein einheitliches Schema zugrunde gelegt: Im Anschluss an die grundlegenden Fragen der Rechtsform, der Errichtung und des Bezirks geht es um die Verwirklichung der Selbstverwaltung in der mitgliedschaftlichen Struktur, den Organen, der Geschäftsführung und den Aufgaben, bevor die Analyse durch Betrachtungen über die Aufsicht über und die Finanzierung der Körperschaft abgeschlossen wird.

II. Das Recht der Handwerksinnung

1. Rechtsform, Errichtung und Bezirk

a) Rechtsform, Rechtsfähigkeit, Errichtung

Die Handwerksinnung ist eine Körperschaft des öffentlichen Rechts[2]. Als solche wird sie mit Genehmigung der Satzung rechtsfähig[3], kann also Rechte erwerben und Verbindlichkeiten eingehen sowie vor Gericht klagen und verklagt werden[4]. Genehmigungsbehörde ist die Handwerkskammer in deren Bezirk die Innung ihren Sitz nimmt[5]. Es besteht ein Anspruch auf Genehmigung der Satzung durch die

---

[1] Näher zum Untersuchungsziel oben S. 237 f.
[2] § 53 S. 1 HwO.
[3] § 53 S. 2 HwO; auf die Veröffentlichung der Satzung kommt es hingegen nach dem eindeutigen Wortlaut des § 53 S. 2 HwO nicht an, so auch *Detterbeck*, HwO, 4. Aufl., 2008, § 53 Rn. 3; a. A.: *Fröhler*, Recht der Handwerksinnung, 1959, S. 74; *Honig*, HwO, 3. Aufl., 2004, § 56 Rn. 5.
[4] So ausdrücklich der frühere § 86 GewO-1897.
[5] § 56 Abs. 1 HwO.

Kammer, wenn alle Voraussetzungen der HwO für die Errichtung einer Handwerksinnung erfüllt sind[6]. Die Genehmigung ist indes zu versagen, wenn die Satzung in irgendeiner Hinsicht nicht den gesetzlichen Vorschriften entspricht[7], also notwendige Regelungen in der Satzung fehlen oder existente Regelungen gegen höherrangiges Recht verstoßen. Bei einem Rechtsverstoß ist die Genehmigung auch dann zu versagen, wenn sich der Rechtsverstoß nicht unmittelbar aus der Satzung ergibt, also bspw. wenn entgegen § 52 Abs. 1 S. 3 HwO in dem Bezirk für dasselbe Gewerbe schon eine Innung besteht[8]. Bei Innungen, deren Bezirk sich über einen Handwerkskammerbezirk hinaus erstrecken soll, ist die Genehmigung zu versagen, wenn die dafür erforderliche Genehmigung durch die oberste Landesbehörde nicht erfolgt ist[9].

b) Gründung einer Handwerksinnung

Als Folge der Aufgabe des Inhaberprinzips, nach dem Qualifikation und Unternehmereigenschaft in einer Person vereinigt sein mussten, in der HwO-Novelle 2003[10] können Innungen nicht mehr nur von selbständigen Handwerkern[11], sondern von Inhabern von Handwerks- und handwerksähnlichen Betrieben gegründet werden. Zur Gründung einer Handwerksinnung sind gem. § 52 Abs. 1 S. 1 HwO berechtigt: Inhaber von Betrieben des gleichen zulassungspflichtigen Handwerks (A-Betriebe[12]), des gleichen zulassungsfreien Handwerks (B1-Betriebe[13]) oder des gleichen handwerksähnlichen Gewerbes (B2-Betriebe[14]) bzw. solcher Handwerke oder handwerksähnlicher Gewerbe, die sich fachlich oder wirtschaftlich nahestehen. Bei Inhabern von zulassungspflichtigen A-Betrieben ist weiterhin die Handwerksrolleneintragung Voraussetzung der Gewerbeausübung und damit

---

[6] *Ehlers*, Gewerbe-, Handwerks- und Gaststättenrecht, in: Achterberg etc., Besonderes Verwaltungsrecht I, 2. Aufl., 2000, S. 96 (187); *Taubert*, in: Schwannecke, HwO, Lsbl., § 56 Rn. 10 (2006); *Detterbeck*, HwO, 4. Aufl., 2008, § 56 Rn. 3; *Steffens*, HwO, 1956, S. 100; a.A.: *Fröhler*, Recht der Handwerksinnung, 1959, S. 70f.; *Honig/Knörr*, HwO, 4. Aufl., 2008, § 56 Rn. 8.
[7] § 56 Abs. 2 Nr. 1 HwO.
[8] *Honig/Knörr*, HwO, 4. Aufl., 2008, § 56 Rn. 5.
[9] §§ 56 Abs. 2 Nr. 2 i. V. m. 52 Abs. 3 S. 2 HwO.
[10] Näher dazu S. 630f.; gem. § 7 Abs. 1 S. 1 HwO kann nunmehr als Inhaber eines Betriebs eines zulassungspflichtigen Handwerks eine natürliche oder juristische Person oder eine Personengesellschaft in die Handwerksrolle eingetragen werden, wenn der Betriebsleiter die Voraussetzungen für die Eintragung in die Handwerksrolle mit dem zu betreibenden Handwerk oder einem mit diesem verwandten Handwerk erfüllt.
[11] So § 52 Abs. 1 S. 1 HwO a. F.
[12] Anlage A zur HwO: Verzeichnis der Gewerbe, die als zulassungspflichtige Handwerke betrieben werden können (§ 1 Abs. 2 HwO).
[13] Anlage B zur HwO: Verzeichnis der Gewerbe, die als zulassungsfreie Handwerke oder handwerksähnliche Gewerbe betrieben werden können (§ 18 Abs. 2 HwO), Abschnitt 1: Zulassungsfreie Handwerke.
[14] Anlage B zur HwO: Verzeichnis der Gewerbe, die als zulassungsfreie Handwerke oder handwerksähnliche Gewerbe betrieben werden können (§ 18 Abs. 2 HwO), Abschnitt 2: Handwerksähnliche Gewerbe.

II. 1. Rechtsform, Errichtung und Bezirk der Handwerksinnung 645

der Innungsmitgliedschaft, während bei zulassungsfreien B1-Betrieben und handwerksähnlichen B2-Betrieben der Eintrag in das Verzeichnis gem. § 19 S. 1 HwO mangels konstitutiver Bedeutung keine Voraussetzung der Innungsmitgliedschaft ist[15]. Weitere Voraussetzung ist, dass für das jeweilige Gewerbe eine Ausbildungsordnung erlassen worden ist[16]. Für A- und B1-Gewerbe bestehen entsprechende Ausbildungsordnungen[17]. Für die handwerksähnlichen B2-Gewerbe gibt es bislang hingegen nur wenige Ausbildungsordnungen[18]. Inhaber eines handwerksähnlichen B2-Gewerbes, für das noch keine Ausbildungsordnung erlassen ist, können sich entsprechend nicht an der Gründung einer Innung beteiligen. Bestehende Innungen können allerdings durch Satzungsänderung ihre Zuständigkeit auch auf ihnen fachlich oder wirtschaftlich nahestehende B2-Gewerbe, für die keine Ausbildungsordnung erlassen ist, ausdehnen[19]. Insoweit können Inhaber von B2-Gewerben ohne Ausbildungsordnung zumindest Mitglieder bestehender Innungen werden.

Das in der HwO nicht im Einzelnen geregelte Gründungsverfahren vollzieht sich im Sinne des klassischen Selbstverwaltungsprinzips „bottom up", also auf Initiative der betroffenen Wirtschaftssubjekte. Zunächst beschließen die Gründungsmitglieder auf einer Gründungsversammlung die Bildung der Innung und reichen die beschlossene Satzung der zuständigen Handwerkskammer zur Genehmigung ein[20]. Die HwO schreibt dabei keine bestimmte Mindestzahl von Gründungsmitgliedern vor. Vorausgesetzt sind indes zumindest so viele Gründungsmitglieder, dass die Lebens- und Leistungsfähigkeit der Innung gewährleistet ist[21]. Um die verschiedenen Ehrenämter besetzen und ein aktives Innungsleben entfalten zu können, ist eine wesentlich größere Zahl als etwa die in § 56 BGB vorausgesetzten sieben Gründungsmitglieder eines Vereins erforderlich[22]. Als Richtwert werden z. T. 50[23] oder 50–100 Mindestmitglieder einer Innung angegeben[24]. Wie oben ausgeführt, entsteht die Innung als Körperschaft des öffentlichen Rechts mit Genehmigung der Satzung durch die zuständige Handwerkskammer[25].

---

[15] *Detterbeck*, HwO, 4. Aufl., 2008, § 52 Rn. 6.
[16] § 52 Abs. 1 S. 2 HwO.
[17] Dabei handelt es sich entweder um dedizierte Ausbildungsordnungen gem. § 25 HwO oder um gem. § 122 HwO fortgeltende vergleichbare Vorschriften, *Detterbeck*, HwO, 4. Aufl., 2008, § 52 Rn. 10.
[18] *Kormann/Wolf*, Ausbildungsordnung und Ausbildungsberufsbild, 2004, S. 48.
[19] §§ 61 Abs. 2 Nr. 8 i. V. m. 58 Abs. 1 S. 2 HwO.
[20] Die Feststellung der Satzung setzt keine Einstimmigkeit voraus. Personen, die der Satzung nicht zustimmen, sind nicht Gründungsmitglieder der Handwerksinnung, *Müller/Webers*, in: Schwannecke, HwO, Lsbl., § 52 Rn. 23 (1996).
[21] *Detterbeck*, HwO, 4. Aufl., 2008, § 52 Rn. 15, § 56 Rn. 2; *Honig*, HwO, 3. Aufl., 2004, § 52 Rn. 12; vgl. auch §§ 52 Abs. 2 S. 1, 76 Nr. 3 HwO.
[22] Vgl. *Müller/Webers*, in: Schwannecke, HwO, Lsbl., § 52 Rn. 19 (1996).
[23] So der Hauptausschuss „Organisation und Recht" des ZDH, vgl. *Müller/Webers*, in: Schwannecke, HwO, Lsbl., § 52 Rn. 19 (1996).
[24] *Honig/Knörr*, HwO, 4. Aufl., 2008, § 52 Rn. 28.
[25] § 53 S. 2 HwO.

c) Ausschließlichkeit der Handwerksinnung im Bezirk

Gem. § 52 Abs. 1 S. 3 HwO kann für jedes Gewerbe in dem gleichen Bezirk nur eine Handwerksinnung gebildet werden. „Gleicher Bezirk" bezieht sich auf den Innungsbezirk, nicht auf den Handwerkskammerbezirk. Im Ergebnis darf also die Handwerkskammer für einen Bezirk, in dem bereits eine Innung eines bestimmten Gewerbes besteht, nicht eine weitere Innung desselben Gewerbes genehmigen[26]. Sinn dieser Monopolstellung bestehender Innungen ist, die Leistungsfähigkeit der Innungen gegen eine drohende Zersplitterung abzusichern[27]. Damit ist auch eine teilweise Überschneidung der Bezirke von Innungen derselben Gewerbe ebenso untersagt wie die Gründung einer Spezialinnung eines Gewerbes im Bezirk einer Sammelinnung, die neben anderen Gewerben auch das Gewerbe der zu gründenden Innung umfasst[28]. Dass in jedem Bezirk für jedes Gewerbe nur eine Innung gebildet werden kann, bedeutet schließlich auch, dass die Errichtung verschiedener Innungen für Teile desselben Gewerbes i.S.d. Anlagen A und B zur HwO (z.B. Herrenfriseur und Damenfriseur) im selben Bezirk unzulässig ist[29]. Bestehenden Innungen steht ein subjektiv-öffentliches Abwehrrecht gegen Eingriffe in ihr Ausschließlichkeitsrecht aus § 52 Abs. 1 S. 3 HwO zu[30].

d) Anforderungen an den Innungsbezirk

Der Bezirk einer Innung kann nicht frei gewählt werden. Der Bezirk zu gründender, aber auch bestehender Innungen soll unter Berücksichtigung einheitlicher Wirtschaftsgebiete so abgegrenzt sein[31], dass die Zahl der Innungsmitglieder ausreicht, um die Innung leistungsfähig zu gestalten, und gleichzeitig die Mitglieder am Leben und den Einrichtungen der Innung teilnehmen können[32]. Der Innungsbezirk hat sich dabei mindestens mit dem Gebiet einer kreisfreien Stadt oder eines Landkreises zu decken[33]. Damit soll das Prinzip der Einräumigkeit der Verwaltung

---

[26] Dasselbe gilt entsprechend für die Erweiterung des Bezirks einer Innung in den bestehenden Bezirk einer anderen Innung durch Satzungsänderung.
[27] *Hartmann/Philipp*, HwO, 1954, S. 190 (§ 47 Anm. 4); *Müller/Webers*, in: Schwannecke, HwO, Lsbl., § 52 Rn. 32 (1996).
[28] *Detterbeck*, HwO, 4. Aufl., 2008, § 52 Rn. 17; Die Errichtung einer selbständigen Innung im Gebiet einer Sammelinnung / gemischten Innung setzt daher die vorherige Ausgliederung des betroffenen Handwerks aus der Sammelinnung durch Satzungsänderung voraus, *Müller/Webers*, in: Schwannecke, HwO, Lsbl., § 52 Rn. 19 (1997).
[29] *Detterbeck*, HwO, 4. Aufl., 2008, § 52 Rn. 18.
[30] Zur prozessualen Durchsetzung: *Detterbeck*, HwO, 4. Aufl., 2008, § 52 Rn. 19 ff.; *Müller/Webers*, in: Schwannecke, HwO, Lsbl., § 52 Rn. 32 (1996).
[31] Die Regelungen über die Abgrenzung des Innungsbezirks in § 52 Abs. 2 und 3 HwO gelten gleichermaßen für neu zu gründende wie für bestehende Innungen, vgl. BVerwGE 90, 88 ff.
[32] § 52 Abs. 2 S. 1 HwO.
[33] § 52 Abs. 2 S. 2 HwO; *Ehlers*, Gewerbe-, Handwerks- und Gaststättenrecht, in: Achterberg etc., Besonderes Verwaltungsrecht I, 2. Aufl., 2000, S. 96 (187); *Czybulka*, Gewerbenebenrecht, in: Schmidt, Öffentliches Wirtschaftsrecht, BT-1, 1995, S. 111 (179); zu den Konsequenzen, wenn

II. 1. Rechtsform, Errichtung und Bezirk der Handwerksinnung

gefördert werden[34], so dass jede Kreisverwaltung pro Gewerbe grundsätzlich nur eine Innung als Ansprechpartner hat[35]. Aus dem Wort „mindestens" in § 52 Abs. 2 S. 2 HwO folgt, dass sich der Bezirk auch auf das vollständige Gebiet mehrerer kreisfreier Städte oder Landkreise erstrecken darf[36]. Ist die Leistungs- und Lebensfähigkeit der Innung gem. § 52 Abs. 2 S. 1 HwO gewahrt[37], kann die Handwerkskammer ferner auch eine andere Abgrenzung zulassen[38], also einen Innungsbezirk, der nicht das gesamte Gebiet einer kreisfreien Stadt oder eines Landkreises abdeckt oder sich über das Gebiet einer kreisfreien Stadt oder eines Landkreises hinausgehend auf nur einen Teil des Gebiets einer weiteren solchen Gebietskörperschaft erstreckt[39].

Als Obergrenze soll sich der Innungsbezirk nicht über den Bezirk einer Handwerkskammer hinaus erstrecken[40]. Soll ausnahmsweise doch über den Bezirk einer Handwerkskammer hinausgegangen werden, so setzt dies eine Genehmigung der Bezirksabgrenzung durch die oberste Landesbehörde voraus[41]. Soll sich der Innungsbezirk dabei auch auf ein oder mehrere andere Bundesländer erstrecken, hat die oberste Landesbehörde des Landes, in dem die Innung ihren Sitz haben soll, vor Erteilung der Genehmigung zunächst das Einvernehmen der obersten Landesbehörden der weiteren Länder, auf deren Gebiet sich der Innungsbezirk erstrecken soll, einzuholen[42].

---

sich Stadt- und Landkreisgrenzen ändern: *Roellecke*, Bezirke der Handwerksinnungen, in: GewArch 1987, 105 ff.

[34] BVerwG, GewArch 2000, 493; 1996, 163; OVG Bremen, GewArch 2000, 490 (491).

[35] BVerwG, GewArch 1996, 163; vgl. auch BVerwGE 90, 88 (93) = GewArch 1992, 302 (303) (zu § 52 Abs. 2 S. 2 HwO a. F.); *Wagener*, Maßstäbe für die Abgrenzung, in: VerwArch. 1979, 73 (zur Abgrenzung von Handwerkskammerbezirken).

[36] BVerwG, GewArch 2000, 493.

[37] Die Abgrenzung muss – wie ausgeführt – so vorgenommen werden, dass unter Berücksichtigung einheitlicher Wirtschaftsgebiete die Zahl der Mitglieder zur Sicherung der Leistungsfähigkeit der Innung ausreicht und die Mitglieder an dem Leben und den Einrichtungen der Innung teilnehmen können, BVerwG, GewArch 2000, 493.

[38] § 52 Abs. 2 S. 3 HwO.

[39] OVG Bremen, GewArch 2000, 490 (492); bestätigt von BVerwG, GewArch 2000, 493, wobei aber natürlich jeweils die Ausschließlichkeitsregel des § 52 Abs. 1 S. 3 HwO zu beachten ist.

[40] § 52 Abs. 3 S. 1 HwO.

[41] § 52 Abs. 3 S. 2 HwO; die Rechtsnatur dieser Genehmigung (VA oder Teil des Genehmigungsverfahrens nach § 56 HwO) und als Folge davon der aktivlegitimierte Antragsteller (die Gründungsmitglieder der Innung bzw. der Vorstand einer bestehenden Innung oder aber die zuständige Handwerkskammer) sind stark umstritten; vgl. zum Streitstand für die erstgenannte Ansicht: *Detterbeck*, HwO, 4. Aufl., 2008, § 52 Rn. 28, für die zweitgenannte Ansicht: *Müller/Webers*, in: Schwannecke, HwO, Lsbl., § 52 Rn. 41 f. (1996).

[42] § 52 Abs. 3 S. 3 HwO.

2. Die Verwirklichung der Selbstverwaltung in der mitgliedschaftlichen Struktur

a) Die genossenschaftliche Organisation als prägendes Merkmal der Selbstverwaltung

Wie oben herausgearbeitet wurde, ist die mitgliedschaftlich-genossenschaftliche Struktur essentielles Merkmal der materialen Selbstverwaltung in der Handwerksinnung. Im Zentrum der körperschaftlichen Organisation stehen die Mitglieder, die sich teils durch eigene aktive Mitwirkung, teils vermittelt durch von ihnen gewählte Organe in dem sie besonders betreffenden Lebensbereich selbst verwalten. Im Folgenden sei daher näher herausgearbeitet, wie sich der Mitgliederkreis der Handwerksinnung zusammensetzt und welche organisationsrechtlichen Folgen sich aus der mitgliedschaftlichen Strukturierung ergeben.

b) Die Mitgliedschaft in der Handwerksinnung

aa) Freiwilligkeit der Mitgliedschaft, Aufnahmeanspruch

Die Handwerksinnung hebt sich von der Handwerkskammer und den anderen Wirtschaftskammern v. a. dadurch ab, dass die Mitgliedschaft in ihr grundsätzlich freiwillig ist. Bei der Ausarbeitung der Handwerksordnung wurde aus den oben genannten Gründen auf die seit der Handwerksnovelle-1897 in der GewO vorgesehene fakultative Zwangsinnung verzichtet[43]. Auch ein mittelbarer Zwang wirtschaftlicher oder moralischer Art, der Innung beizutreten, ist grundsätzlich unzulässig[44]. Jede Person, welche die gesetzlichen und satzungsmäßigen Voraussetzungen der Innungsmitgliedschaft erfüllt, hat andererseits einen Aufnahmeanspruch gegenüber der entsprechenden Handwerksinnung[45]. Die Mitgliedschaft in der Innung beginnt mit der Bekanntgabe des öffentlich-rechtlichen Aufnahmeakts (VA) gegenüber dem Antragsteller[46]. Sie endet insbesondere mit dem Wirksamwerden eines Austritts, der aufgrund der grundsätzlich freiwilligen Mitgliedschaft in der Innung möglich sein muss, bzw. bei Ausschluss aus der Innung[47].

---

[43] Zur fakultativen Zwangsinnung: S. 578 ff.; zu den Gründen des Verzichts auf die fakultative Zwangsinnung im Rahmen der Handwerksordnung: S. 618.
[44] *Taubert*, in: Schwannecke, HwO, Lsbl., § 58 Rn. 1 (2006); *Detterbeck*, HwO, 4. Aufl., 2008, § 58 Rn. 1; *Honig*, HwO, 3. Aufl., 2004, § 52 Rn. 1.
[45] § 58 Abs. 3 HwO; der Innung steht also kein Ermessens- oder Beurteilungsspielraum zu, BVerwG, GewArch 1988, 96 (97); BayVGH, GewArch 1989, 28 (28 f.).
[46] *Fröhler*, Recht der Handwerksinnung, 1959, S. 84.
[47] Vgl. im Einzelnen *Fröhler*, Recht der Handwerksinnung, 1959, S. 85 ff.; *Detterbeck*, HwO, 4. Aufl., 2008, § 58 Rn. 10 ff.

bb) Gesetzliche Voraussetzungen der Mitgliedschaft

Seit der Aufgabe des Inhaberprinzips, nach dem Qualifikation und Unternehmereigenschaft in einer Person vereinigt sein mussten, und der Neustrukturierung der Anlagen A und B zur HwO in der HwO-Novelle 2003 ist zentrale gesetzliche Tatbestandsvoraussetzung der Mitgliedschaft in der Innung nicht mehr die Eigenschaft als selbständiger Handwerker[48], sondern diejenige als Inhaber eines Handwerks- oder handwerksähnlichen Betriebs. Mitglied der Handwerksinnung kann jeder Inhaber eines A-, B1- oder B2-Betriebs werden, der das Gewerbe ausübt, für welches die Innung gebildet ist[49].

Inhaber eines Betriebs und damit Innungsmitglieder können dabei nicht nur natürliche Personen, sondern auch juristische Personen sowie Personengesellschaften sein[50]. Bei den zulassungspflichtigen A-Handwerken ist gem. § 1 Abs. 1 S. 1 HwO weiterhin die Handwerksrolleneintragung Voraussetzung des selbständigen Betriebs und damit der Innungsmitgliedschaft[51]. Die Beschränkung der Mitgliedschaft auf Betriebsinhaber bedeutet, dass angestellte Gesellen, Auszubildende und Betriebsleiter sowie Testamentsvollstrecker, Nachlassverwalter, Nachlassinsolvenzverwalter und Nachlasspfleger, die den Betrieb nach § 4 Abs. 1 HwO fortführen, nicht Mitglied der Innung werden können. Der Relativsatz „der das Gewerbe ausübt" in § 58 Abs. 1 S. 1 HwO bedeutet weder bei A- noch bei B-Gewerben, dass der Inhaber persönlich (manuell) das jeweilige Gewerbe ausüben müsste, um in die Innung aufgenommen zu werden[52]. Dieses Tatbestandsmerkmal zielt vielmehr auf eine Zuordnung des Betriebsinhabers zu der für das entsprechende Gewerbe gebildeten Innung ab.

Bei B-Betrieben ist die Eintragung in das B-Verzeichnis gem. § 19 S. 1 HwO keine Voraussetzung der Innungsmitgliedschaft[53]. Bei B2-Gewerben ist eine Innungsmitgliedschaft de facto bislang die Ausnahme, da kaum Innungen für B2-Gewerbe bestehen. Inhaber von B2-Gewerben, für die noch keine eigenständige Innung besteht, können Innungsmitglieder werden, wenn sie entweder – bei Erfüllung der Voraussetzungen des § 52 Abs. 1 HwO[54] – eine entsprechende Innung gründen oder aber eine bestehende Innung ihre Zuständigkeit durch Satzungsänderung auf das B2-Gewerbe ausdehnt. Dabei kann die Innung zum einen grundsätzlich ihre sach-

---

[48] § 58 Abs. 1 S. 1 HwO a. F. lautete: „Mitglied bei der Handwerksinnung kann jeder selbständige Handwerker werden, der das Handwerk ausübt, für welches die Handwerksinnung gebildet ist."
[49] § 58 Abs. 1 S. 1 HwO.
[50] *Detterbeck*, HwO, 4. Aufl., 2008, § 58 Rn. 2.
[51] *Detterbeck*, HwO, 4. Aufl., 2008, § 58 Rn. 2, § 52 Rn. 5.
[52] *Müller/Webers*, in: Schwannecke, HwO, Lsbl., § 52 Rn. 10 (1996); *Detterbeck*, HwO, 4. Aufl., 2008, § 58 Rn. 2 ff., § 52 Rn. 7; a. A. *Honig*, HwO, 3. Aufl., 2004, § 58 Rn. 6; vgl. auch *Stolz*, Das Recht des selbständigen Handwerkers, in: GewArch 1982, 153 (153 f.).
[53] *Detterbeck*, HwO, 4. Aufl., 2008, § 58 Rn. 4.
[54] Gem. § 52 Abs. 1 S. 2 muss dafür für das Gewerbe eine Ausbildungsordnung erlassen worden sein.

liche Zuständigkeit auch auf das handwerksähnliche B2-Gewerbe ausdehnen[55]. Zum anderen eröffnet § 58 Abs. 1 S. 2 HwO aber auch die spezielle Möglichkeit, dass die Innung durch Satzung bestimmt, dass Gewerbetreibende eines handwerksähnlichen Gewerbes, für das keine Ausbildungsordnung erlassen worden ist, Mitglied werden können. Beide Möglichkeiten setzen voraus, dass das betreffende handwerksähnliche B2-Gewerbe dem Gewerbe, für das die Innung gebildet ist, fachlich oder wirtschaftlich nahesteht[56].

Auch ohne ausdrückliche gesetzliche Normierung ergibt sich aus dem Charakter der Innung als Selbstverwaltungskörperschaft eines bestimmten Handwerks oder handwerksähnlichen Gewerbes innerhalb eines in der Satzung bestimmten Bezirks, dass der von dem Inhaber geleitete Betrieb oder hilfsweise zumindest sein Wohnsitz im Bezirk der entsprechenden Innung liegen muss[57].

cc) Satzungsmäßige Voraussetzungen der Mitgliedschaft

Wie sich schon aus § 58 Abs. 3 HwO ergibt, können neben den gesetzlichen Voraussetzungen in der Satzung der jeweiligen Innung weitere Anforderungen an eine Mitgliedschaft statuiert werden[58]. Dabei dürfen indes nur solche Voraussetzungen aufgestellt werden, die durch sachliche, im Interesse der Innung liegende Erwägungen gerechtfertigt sind[59]. Im Lichte des heute in Abkehr von mittelalterlich-frühneuzeitlichen Zunftkonzepten bestehenden gesetzlichen Leitbilds des grundsätzlichen Anspruchs auf Aufnahme in die Innung bei Erfüllung der Voraussetzungen kann die Aufnahme in die Innung in der Satzung nur durch zwingende und sachgerechte Gründe eingeschränkt werden. So ist bspw. auch im Lichte von § 54 Abs. 1 S. 2 Nr. 1 HwO nur ein drastischer Verstoß gegen Gemeingeist und Berufsehre ausreichender Grund, die Aufnahme in die Innung abzulehnen[60].

dd) Mitgliedschaft in mehreren Innungen

Gem. § 58 Abs. 2 HwO kann der Inhaber eines Betriebs auch mehreren Innungen angehören. Entgegen dem unpräzisen Gesetzeswortlaut kommt es dabei nicht entscheidend auf die Ausübung mehrerer Gewerbe an. Nach der allgemeinen Gesetzessystematik ist bei Innungen für A-Gewerbe vielmehr entscheidend, dass der Betriebsinhaber mit mehreren A-Gewerben in die Handwerksrolle eingetragen

---

[55] Vgl. § 52 Abs. 1 S. 1 HwO.
[56] Vgl. §§ 58 Abs. 1 S. 2, 52 Abs. 1 S. 1 HwO.
[57] *Fröhler*, Recht der Handwerksinnung, 1959, S. 29; *Detterbeck*, HwO, 4. Aufl., 2008, § 58 Rn. 2.
[58] *Fröhler*, Recht der Handwerksinnung, 1959, S. 83 f., 48 f.; *Taubert*, in: Schwannecke, HwO, Lsbl., § 58 Nr. 3 (2006).
[59] BVerwG, GewArch 1988, 96 (97 f.); BayVGH, GewArch 1985, 68 (70) („zwingende und sachgerechte Gründe"); *Fröhler*, Recht der Handwerksinnung, 1959, S. 48.
[60] So wenn das Gewerbe als solches bekämpft oder das für jeden Berufsstand geltende Mindestmaß an Solidarität und Berufsehre offensichtlich, grob und nachhaltig missachtet wird, *Detterbeck*, HwO, 4. Aufl., 2008, § 58 Rn. 6; vgl. auch BayVGH, GewArch 1989, 28 (29 f.).

ist[61]. Bei Innungen für B-Gewerbe kommt es hingegen nach den allgemeinen Grundsätzen darauf an, dass die betreffende Person Inhaber eines oder mehrerer Betriebe ist, die mehrere B-Gewerbe ausüben. Der Inhaber des Betriebes kann dann Mitglied aller entsprechenden Innungen werden.

ee) Gastmitgliedschaft

Gem. § 59 S. 1 HwO kann die Handwerksinnung Gastmitglieder aufnehmen, die dem Handwerk, für das die Innung gebildet ist, beruflich oder wirtschaftlich nahestehen. Die noch nicht an die neu gefassten Regelungen über den Mitgliederkreis in §§ 58, 52 HwO angepasste Vorschrift findet auf handwerksähnliche Gewerbe und die für sie gebildeten Innungen analoge Anwendung[62]. Gedacht ist bei den Gastmitgliedern bspw. an dem jeweiligen Gewerbe nahestehende Berufsschullehrer und Fabrikanten, deren Sachverstand für die Tätigkeit der Innung nutzbar gemacht werden kann[63]. Das Gesetz regelt ausdrücklich, dass Gastmitglieder an der Innungsversammlung mit beratender Stimme teilnehmen[64]. Hier dürfen sie also kein Stimmrecht ausüben. Ansonsten können Gastmitgliedern in der Satzung gleiche Rechte und Pflichten wie Innungsmitgliedern eingeräumt werden, soweit nicht für eine bestimmte Funktion gerade die Mitgliedschaft in der Innung Voraussetzung ist[65].

c) Die Selbstverwaltung der Innungsmitglieder in der Innungsversammlung

Begriff und Konzept der Selbstverwaltung beziehen sich – wie oben entwickelt wurde – auch heute noch primär auf die Stellung der sich selbst Verwaltenden in der Selbstverwaltungskörperschaft. Seit dem 19. Jh. ist dabei die tätige Selbstverwaltung der eigenen Angelegenheiten durch die Betroffenen in den verschiedenen Selbstverwaltungsbereichen zunehmend durch eine repräsentative Selbstverwaltung ergänzt und ersetzt worden. Die Innungen nehmen im Rahmen der repräsentativen Selbstverwaltung verglichen mit den verschiedenen Kammern der Wirtschaft insofern eine bemerkenswerte Sonderstellung ein, als die Innungsversammlung als höchstes Organ der Innung nach dem gesetzlichen Leitbild immer noch regelmäßig aus allen Mitgliedern der Innung und nur ausnahmsweise aus gewählten Vertretern besteht[66].

Indem bei den Innungen, in deren Versammlung alle Mitglieder repräsentiert sind, ein vermittelnder Wahlakt zwischen Wirtschaftssubjekt und konkretem Akt der Aufgabenwahrnehmung durch die Innungsorgane entfällt, entsprechen die In-

---

[61] *Detterbeck*, HwO, 4. Aufl., 2008, § 58 Rn. 8.
[62] *Detterbeck*, HwO, 4. Aufl., 2008, § 59 Rn. 1.
[63] *Taubert*, in: Schwannecke, HwO, Lsbl., § 59 Rn. 1 (2006).
[64] § 59 S. 3 HwO.
[65] *Detterbeck*, HwO, 4. Aufl., 2008, § 59 Rn. 6.
[66] § 61 Abs. 1 S. 2 und 3 HwO.

nungen besonders stark dem Grundgedanken materialer Selbstverwaltung[67]. Soweit ausnahmsweise eine Vertreterversammlung gewählt wird, sind die Vertreter durch den Wahlakt unmittelbar im Sinne des Selbstverwaltungsprinzips demokratisch legitimiert. Die Innungsversammlung ist dabei funktional ausschließlich zuständig für den Beschluss über besonders wichtige Rechtsakte der Innung wie die Änderung der Satzung, die Feststellung des Haushaltsplans und die Beschlussfassung über die Höhe der Innungsbeiträge[68]. Neben den materiellen Vorbehaltsaufgaben besitzt die Innungsversammlung eine bedeutende Kreationsfunktion. So wählt sie den Vorstand der Handwerksinnung und diejenigen Mitglieder der Ausschüsse, die der Zahl der Innungsmitglieder zu entnehmen sind[69]. Zwar nicht gesetzlich, aber doch durch Regelung in der Satzung ist ferner auch regelmäßig die Wahl des Geschäftsführers der Handwerksinnung der Innungsversammlung vorbehalten[70]. Die Spitze der Kammerexekutive ist damit bei Innungen ohne Vertreterversammlung unmittelbar, bei solchen mit Vertreterversammlung zumindest mittelbar demokratisch legitimiert.

aa) Die Mitgliedschaft in der Innungsversammlung

Wie ausgeführt, besteht die Innungsversammlung regelmäßig aus allen Mitgliedern der Handwerksinnung[71]. In der Satzung können indes abweichend vom Regelfall insbesondere großstädtische Innungen oder solche mit besonders großem Innungsbezirk bzw. besonders vielen Mitgliedern zwecks Sicherstellung des ordnungsgemäßen Funktionierens der Innung regeln[72], dass die Innungsversammlung als Vertreterversammlung aus Vertretern besteht, die von den Mitgliedern der Handwerksinnung aus ihrer Mitte gewählt werden[73]. In der Praxis hat die Vertreterversammlung – dem gesetzlichen Leitbild folgend – fast keine Bedeutung erlangt[74]. Als Mittelweg kann in der Satzung auch bestimmt werden, dass einzelne, regelmäßig weniger bedeutsame Obliegenheiten der Innungsversammlung durch eine Vertreterversammlung[75], die übrigen aber durch die (Gesamt-)Innungsversammlung wahrge-

---

[67] *Irriger*, Genossenschaftliche Elemente, 1991, S. 200 f.
[68] § 61 Abs. 2 Nr. 8, 1 und 2 HwO.
[69] §§ 61 Abs. 2 Nr. 4, 66 f. HwO.
[70] So nach § 23 Abs. 2 Nr. 14 Mustersatzung für Innungen-Sachsen (Stand: 2010) (im Folgenden: Innungsmustersatzung-Sachsen).
[71] § 61 Abs. 1 S. 2 HwO.
[72] Nach dem gesetzlichen Leitbild darf die Wahl einer repräsentativen Innungsversammlung nicht der Regelfall sein. Entscheidender Grund kann nur die Sicherstellung der Erfüllung der gesetzlichen und satzungsmäßigen Innungsaufgaben sein; vgl. *N. N.*, in: Schwannecke, HwO, Lsbl., § 61 Nr. 4 (1968).
[73] § 61 Abs. 1 S. 3 HwO; für eine entsprechende Satzungsänderung einer bestehenden Innung ist gem. § 62 Abs. 2 S. 2 HwO in der Innungsversammlung ein Beschluss mit einer Mehrheit von drei Vierteln der erschienenen Mitglieder erforderlich.
[74] *Kräßig*, in: Schwannecke, HwO, Lsbl., § 61 Rn. 4 (2006).
[75] Trotz des dann bestehenden Nebeneinanders von Vertreterversammlung und (Gesamt-)Innungsversammlung handelt natürlich auch die Vertreterversammlung im Rahmen ihrer satzungsgemäßen Zuständigkeit als Innungsversammlung.

nommen werden[76]. Die Mitgliedschaft in der Innungsversammlung bzw. Vertreterversammlung stellt die funktional wichtigste Form der aktiven, ehrenamtlichen Selbstverwaltung durch die Mitglieder der Innung dar.

bb) Vorstand, Einberufung und Beschlussfassung der Innungsversammlung

Der Turnus der Einberufung der ordentlichen Innungsversammlung als höchstem Organ der Innung durch den Vorsitzenden des Vorstands der Innung[77] ist in der Innungssatzung festzulegen[78]. Üblich ist eine regelmäßig halbjährliche, mindestens aber jährliche Einberufung der Versammlung[79]. Sie ist im übrigen dann einzuberufen, wenn das Interesse der Handwerksinnung es erfordert oder wenn der in der Satzung bestimmte Teil oder in Ermangelung einer Satzungsbestimmung der zehnte Teil der Mitglieder die Einberufung schriftlich unter Angabe des Zwecks und der Gründe verlangt[80]. Wird dem Verlangen der festgelegten Zahl von Mitgliedern nicht entsprochen oder erfordert es das Interesse der Innung, kann die Handwerkskammer als Aufsichtsbehörde die Innungsversammlung einberufen und leiten[81].

In der Innungsversammlung sind die Innungsmitglieder i.S.d. § 58 Abs. 1 HwO, also nicht die Ehren- und Gastmitglieder, stimmberechtigt[82]. Diese Grundregel kann durch Gesetz oder Satzung modifiziert werden, bspw. indem weitere Personen für stimmberechtigt erklärt werden[83]. Hat die Innung eine Vertreterversammlung, sind selbstverständlich nur die gewählten Vertreter in den Angelegenheiten stimmberechtigt, die der Vertreterversammlung übertragen sind[84]. Das Stimmrecht in der Innungsversammlung ist gleich, jedes Innungsmitglied verfügt also nur über eine Stimme[85]. Das Stimmrecht juristischer Personen oder Personengesellschaften kann durch die Personen ausgeübt werden, die nach dem Zivilrecht

---

[76] § 61 Abs. 1 S. 3, 2. HS HwO.
[77] Der Vorsitzende des Vorstands der Innung (Obermeister) beruft die Sitzung der Innungsversammlung ein und leitet sie, vgl. § 25 f. Innungsmustersatzung-Sachsen.
[78] Vgl. § 62 Abs. 3 S. 1 1. Alt. HwO.
[79] Vgl. § 24 S. 1 Innungsmustersatzung-Sachsen.
[80] § 62 Abs. 3 S. 1 2. Alt. HwO, § 62 Abs. 3 S. 2 1. HS HwO.
[81] § 62 Abs. 3 S. 2 2. HS HwO; liegen die genannten Voraussetzungen vor, ist das Ermessen der Handwerkskammer regelmäßig so weit reduziert, dass sie die Innungsversammlung einberufen muss. Lediglich wenn ausnahmsweise vorrangige Interessen dafür sprechen, die Innungsversammlung nicht einzuberufen, kann sie hiervon absehen; *Detterbeck*, HwO, 4. Aufl., 2008, § 62 Rn. 10.
[82] § 63 S. 1 HwO; in bestimmten Fällen kann das Stimmrecht übertragen werden, vgl. § 65 HwO.
[83] So sind gem. § 68 Abs. 3 Nr. 2 HwO in den Angelegenheiten, die in § 68 Abs. 2 HwO aufgelistet sind, auch sämtliche Mitglieder des Gesellenausschusses in der Innungsversammlung stimmberechtigt.
[84] Vgl. § 61 Abs. 1 S. 3 HwO; *Detterbeck*, HwO, 4. Aufl., 2008, §§ 63, 64 Rn. 1.
[85] Ausdrücklich angeordnet ist insofern in § 63 S. 2 HwO, dass für eine juristische Person oder eine Personengesellschaft nur eine Stimme abgegeben werden kann, auch wenn mehrere vertretungsberechtigte Personen vorhanden sind.

für diese vertretungsberechtigt sind[86], also z. B. auch durch Prokuristen[87]. Nicht in der Innungsversammlung stimmberechtigt ist ein Mitglied der Innung, wenn ein potentieller Interessenkonflikt der Art vorliegt, dass die Beschlussfassung die Vornahme eines Rechtsgeschäfts oder die Einleitung oder Erledigung eines Rechtsstreits zwischen ihm und der Handwerksinnung betrifft[88].

Ein wirksamer Beschluss der Innungsversammlung setzt voraus, dass der Gegenstand der Beschlussfassung bei ihrer Einberufung so genau bezeichnet ist, dass die Innungsmitglieder erkennen können, worum es geht[89]. Abgesehen von Beschlüssen über eine Satzungsänderung oder die Auflösung der Innung können Gegenstände ansonsten noch mit einer Zustimmung von drei Vierteln der erschienenen Mitglieder nachträglich in der Innungsversammlung auf die Tagesordnung gesetzt werden[90]. Das Gesetz trifft – abgesehen von besonders weitreichenden Beschlüssen[91] – keine Regelung über die Beschlussfähigkeit der Innungsversammlung. Stellt die Satzung keine weiteren Anforderungen an die Beschlussfähigkeit auf[92], ist daher für einen normalen Beschluss der Innungsversammlung nicht die Anwesenheit einer bestimmten Zahl stimmberechtigter Mitglieder erforderlich. Beschlüsse werden in der Regel mit einfacher Mehrheit der erschienenen Mitglieder gefasst[93]. Qualifizierte Mehrheiten gelten qua Gesetz in den folgenden Fällen: Für einen Beschluss zur Änderung der Satzung ist eine Mehrheit von drei Vierteln der erschienenen Mitglieder erforderlich[94]. Ein Beschluss zur Auflösung der Innung setzt in der ersten Sitzung sogar eine Mehrheit von drei Vierteln der stimmberechtigten Mitglieder voraus[95]. Sind in der ersten Innungsversammlung, in der die Auflösung auf der Tagesordnung stand, indes nicht drei Viertel der Stimmberechtigten erschienen, ist binnen vier Wochen eine zweite Innungsversammlung einzuberufen, in welcher der Auflösungsbeschluss mit einer Mehrheit von drei Vierteln der er-

---

[86] *Fröhler*, Recht der Handwerksinnung, 1959, S. 89.
[87] *Honig/Knörr*, HwO, 4. Aufl., 2008, § 63 Rn. 2.
[88] § 64 HwO; in der Satzung kann das Stimmrecht aus weiteren, sachlich gerechtfertigten Gründen ausgeschlossen werden, vgl. *Detterbeck*, HwO, 4. Aufl., 2008, §§ 63, 64 Rn. 6; *Honig*, HwO, 3. Aufl., 2004, § 63 Rn. 6; *Fröhler*, Recht der Handwerksinnung, 1959, S. 57, 90.
[89] § 62 Abs. 1 HwO; *Honig/Knörr*, HwO, 4. Aufl., 2008, § 62 Rn. 2; *Detterbeck*, HwO, 4. Aufl., 2008, § 62 Rn. 2.
[90] § 62 Abs. 1 HwO.
[91] § 62 Abs. 2 S. 3 HwO verlangt für einen Beschluss zur Auflösung der Innung in der ersten Innungsversammlung eine Mehrheit von drei Vierteln der *stimmberechtigten* Mitglieder. In der zweiten Innungsversammlung genügt indes gem. § 62 Abs. 2 S. 4 HwO eine Mehrheit von drei Vierteln der *erschienenen* Mitglieder. Eine Mehrheit von drei Vierteln der *stimmberechtigten* Mitglieder ist auch für den Beschluss zur Bildung einer Vertreterversammlung erforderlich, § 62 Abs. 2 S. 5 i. V. m. S. 3 HwO.
[92] Dies ist prinzipiell zulässig, allerdings muss zwecks Erhaltung der Handlungsfähigkeit der Innung die Möglichkeit offen bleiben, in einer zweiten Innungsversammlung auch ohne Anwesenheit der entsprechenden Zahl von Mitgliedern einen wirksamen Beschluss fassen zu können; *Honig/Knörr*, HwO, 4. Aufl., 2008, § 62 Rn. 4.
[93] § 62 Abs. 2 S. 1 HwO.
[94] § 62 Abs. 2 S. 2 HwO.
[95] § 62 Abs. 2 S. 3 HwO.

II. 2. c) Die Selbstverwaltung in der Innungsversammlung

schienenen Mitglieder gefasst werden kann[96]. Auch für einen Beschluss zur Bildung einer Vertreterversammlung gilt zu Recht das hohe Quorum von drei Vierteln der stimmberechtigten Mitglieder[97].

cc) Die Aufgaben der Innungsversammlung

aaa) Zuständigkeitsvermutung für die Innungsversammlung

Die Innungsversammlung ist das oberste Organ der Innung und das einzige Organ, das sich regelmäßig aus sämtlichen Innungsmitgliedern zusammensetzt. Je mehr (Quantität) und je wichtigere (Qualität) Funktionen daher unmittelbar von der Innungsversammlung wahrgenommen werden, um so stärker wird das Konzept der materialen Selbstverwaltung verwirklicht. Diese spezifische Rolle der Innungsversammlung erkennt die HwO zunächst in § 61 Abs. 1 S. 1 an, nach dem die Innungsversammlung über alle Angelegenheiten der Handwerksinnung beschließt, soweit sie nicht vom Vorstand oder den Ausschüssen wahrzunehmen sind. Damit spricht eine Vermutung für die Zuständigkeit der Innungsversammlung[98]. Zudem besitzt die Innungsversammlung – im Rahmen der gesetzlichen Regelungen – die Kompetenz-Kompetenz, indem sie in der Satzung regeln kann, welches Organ der Innung für bestimmte Gegenstände zuständig ist. Da sie selbst unentäußerbar über die Satzung beschließt[99], ist eine Aushöhlung ihrer Kompetenzen durch Delegation gegen ihren Willen ausgeschlossen.

bbb) Vorbehaltsaufgaben der Innungsversammlung

Bestimmte einzeln aufgeführte sog. Vorbehaltsaufgaben obliegen der ausschließlichen Beschlussfassung durch die Innungsversammlung[100]. Sie können auch mit Einverständnis der Innungsversammlung nicht auf andere Organe der Kammer übertragen werden, müssen also von der Innungsversammlung erledigt werden[101].

(1) Änderung der Satzung. Als bedeutendste Aufgabe ist der Innungsversammlung als zentralem rechtsetzenden Organ der Innung die Beschlussfassung über die

---

[96] § 62 Abs. 2 S. 4 HwO.
[97] § 62 Abs. 2 S. 5 HwO verweist nur auf S. 3 von § 62 Abs. 2 HwO, so dass hier kein erleichtertes Quorum in einer zweiten Sitzung (S. 4) gilt. Allerdings kann der Beschluss zur Bildung einer Vertreterversammlung gem. § 62 Abs. 2 S. 5 HwO auch im Wege schriftlicher Abstimmung gefasst werden. Für eine solche schriftliche Abstimmung ist nicht erforderlich, dass zunächst eine Abstimmung in der Innungsversammlung versucht wurde.
[98] *Detterbeck*, HwO, 4. Aufl., 2008, § 61 Rn. 1; *Honig/Knörr*, HwO, 4. Aufl., 2008, § 61 Rn. 1; dies und die folgenden Passagen beziehen sich entsprechend auf die Vertreterversammlung gem. § 61 Abs. 1 S. 3 HwO, soweit eine solche besteht.
[99] § 61 Abs. 2 Nr. 8 1. Alt. HwO.
[100] § 61 Abs. 2 Nr. 8 HwO; dazu im Einzelnen *Detterbeck*, HwO, 4. Aufl., 2008, § 61 Rn. 4 ff.; *Honig/Knörr*, HwO, 4. Aufl., 2008, § 61 Rn. 7 ff.; *Kräßig*, in: Schwannecke, HwO, Lsbl., § 61 Rn. 5 (2006).
[101] *Kräßig*, in: Schwannecke, HwO, Lsbl., § 61 Rn. 5 (2006); *Detterbeck*, HwO, 4. Aufl., 2008, § 61 Rn. 1; *Honig*, HwO, 3. Aufl., 2004, § 61 Rn. 7.

Änderung der Satzung vorbehalten[102]. Für einen Beschluss über eine Änderung der Satzung ist ein besonderes Quorum von drei Vierteln der erschienenen Mitglieder erforderlich[103]. Schließlich bedarf ein satzungsändernder Beschluss der Genehmigung durch die Handwerkskammer[104].

Die Satzung regelt als wichtigstes Statut der Innung im Rahmen der gesetzlichen Vorgaben die grundlegenden Fragen der Innungsverfassung. Mit dem Ziel, im Zentraldokument der Innung alle wesentlichen Fragen anzusprechen, werden dabei auch die wichtigsten gesetzlichen Vorgaben deklaratorisch wiedergeben. Vor allem aber werden die Spielräume determiniert, die das Gesetz lässt[105]. Der notwendige Inhalt der Satzung ist in § 55 Abs. 2 HwO geregelt. Während es früher eine bundeseinheitliche Mustersatzung für Handwerksinnungen gab, ist dies heute nicht mehr der Fall. Für viele Bundesländer existieren indes aus der früheren einheitlichen Mustersatzung hervorgegangene Mustersatzungen, die meist von den entsprechenden Handwerkskammern als Aufsichtsbehörde der Innungen herausgegeben werden[106].

Inhaltlich muss die Satzung zunächst Bestimmungen enthalten über den Namen, den Sitz und den Bezirk der Innung[107] sowie über die Gewerbe, auf die sich die Innung sachlich erstreckt[108]. Es schließen sich Festlegungen über die Aufgaben der Innung an[109]. Ein erster Regelungsschwerpunkt betrifft die Mitgliedschaft in der Innung[110], das aktive und passive Wahl- sowie das Stimmrecht[111]. Der Hauptteil der Satzung betrifft dann die verschiedenen Organe sowie die Geschäftsführung und die Fachgruppen[112]. Es folgen kürzere Abschnitte über Beiträge, Gebühren und die Aufstellung des Haushaltsplans[113], die Vermögensverwaltung der Innung[114] und die Schadenshaftung[115]. Recht ausführlich sind sodann die Fundamentalfragen der Satzungsänderung sowie der Auflösung der Innung geregelt[116], bevor Vorschriften über die Aufsicht und über Bekanntmachungen der Innung die Satzung abschließen[117].

---

[102] § 61 Abs. 2 Nr. 8, 1. Alt. HwO.
[103] § 62 Abs. 2 S. 2 HwO.
[104] § 61 Abs. 3 HwO.
[105] Vgl. § 55 Abs. 1 HwO.
[106] Im Folgenden wird exemplarisch die schon oben vereinzelt zugrunde gelegte Mustersatzung für Handwerksinnungen der sächsischen Handwerkskammern (Stand: 2010) (Innungsmustersatzung-Sachsen) herangezogen.
[107] § 55 Abs. 2 Nr. 1 HwO; vgl. § 1 Innungsmustersatzung-Sachsen.
[108] § 55 Abs. 2 Nr. 1 HwO; § 2 Innungsmustersatzung-Sachsen.
[109] § 55 Abs. 2 Nr. 2 HwO; § 3 Innungsmustersatzung-Sachsen.
[110] § 55 Abs. 2 Nr. 3–5 HwO; §§ 6–15 Innungsmustersatzung-Sachsen.
[111] § 55 Abs. 2 Nr. 4–5 HwO; §§ 16–21 Innungsmustersatzung-Sachsen.
[112] § 55 Abs. 2 Nr. 5–8 HwO; §§ 22–72 Innungsmustersatzung-Sachsen.
[113] § 55 Abs. 2 Nr. 9 HwO; §§ 73 f. Innungsmustersatzung-Sachsen.
[114] § 75 Innungsmustersatzung-Sachsen.
[115] § 76 Innungsmustersatzung-Sachsen.
[116] § 55 Abs. 2 Nr. 10 und 11 HwO; §§ 77–83 Innungsmustersatzung-Sachsen.
[117] §§ 84 f. Innungsmustersatzung-Sachsen.

(2) Auflösung der Handwerksinnung. Als Fundamentalentscheidung systematisch ebenfalls zutreffend der Innungsversammlung vorbehalten ist der Beschluss über die Auflösung der Handwerksinnung[118]. Für die Auflösung ist – wie ausgeführt – ein im Vergleich zur Satzungsänderung noch strengeres Quorum von drei Vierteln der stimmberechtigten Mitglieder erforderlich[119]. Ein Beschluss über die Auflösung der Innung bedarf der Genehmigung durch die Handwerkskammer[120].

(3) Feststellung des Haushaltsplans, Prüfung und Abnahme der Jahresrechnung. Der alljährlich vom Vorstand in seiner Geschäftsführungsfunktion für das folgende Rechnungsjahr aufzustellende Haushaltsplan der Innung[121] bedarf der Feststellung (Genehmigung) durch die Innungsversammlung, um verbindlich zu werden[122]. Die Innungsversammlung ist dabei allerdings nicht auf eine reine Bestätigung der Vorlagen des Vorstands beschränkt, sondern kann diese vielmehr selbst verändern und ergänzen[123]. Außerordentliche Ausgaben, die im Haushaltsplan nicht vorgesehen sind, sind zwar möglich, aber ebenfalls durch die Innungsversammlung zu bewilligen[124], da ansonsten die grundlegende Haushaltskompetenz der Innungsversammlung ausgehöhlt werden könnte[125]. Die Haushaltsprärogative der Innungsversammlung wird dadurch abgerundet, dass sie nach Beendigung des Rechnungsjahres die vom Vorstand aufgestellte Jahresrechnung, die für das abgelaufene Rechnungsjahr sämtliche Einnahmen und Ausgaben nachweist[126], prüft und abnimmt[127].

(4) Innungsbeiträge / Gebühren. Der Innungsversammlung obliegt die Beschlussfassung über die Höhe der Innungsbeiträge[128]. Damit ist nicht die Berechnung der von dem einzelnen Innungsmitglied geschuldeten Beiträge gemeint, die vielmehr Vorstand und Geschäftsführer obliegt, sondern die grundsätzliche Festlegung der Höhe des Grund- sowie des Zusatzbeitrages[129]. Die Bemessungsgrundlage für die Erhebung der Mitgliedsbeiträge muss in der Satzung geregelt sein[130], wird also auch durch die Innungsversammlung determiniert. Auch die allgemeinen Maßstäbe für Gebühren, die nicht nur von Mitgliedern, sondern auch von Nichtmitgliedern, die

---

[118] § 61 Abs. 2 Nr. 8, 2. Alt. HwO.
[119] § 62 Abs. 2 S. 3 HwO.
[120] § 61 Abs. 3 HwO.
[121] Vgl. § 74 Innungsmustersatzung-Sachsen.
[122] § 61 Abs. 2 Nr. 1 1. Alt. HwO.
[123] *Kräßig*, in: Schwannecke, HwO, Lsbl., § 61 Rn. 5 lit. a (2006); *Detterbeck*, HwO, 4. Aufl., 2008, § 61 Rn. 4.
[124] § 61 Abs. 2 Nr. 1 2. Alt. HwO.
[125] *Kräßig*, in: Schwannecke, HwO, Lsbl., § 61 Rn. 5 lit. a (2006) lässt eine nachträgliche Genehmigung genügen, während *Detterbeck*, HwO, 4. Aufl., 2008, § 61 Rn. 4 eine Bewilligung vor Überschreitung der Haushaltsansätze verlangt.
[126] § 74 Abs. 4 Innungsmustersatzung-Sachsen.
[127] § 61 Abs. 2 Nr. 3 HwO.
[128] § 61 Abs. 2 Nr. 2, 1. HS, 1. Alt. HwO.
[129] *Honig/Knörr*, HwO, 4. Aufl., 2008, § 61 Rn. 9.
[130] § 55 Abs. 2 Nr. 4 HwO.

Tätigkeiten oder Einrichtungen der Innung in Anspruch nehmen, erhoben werden können[131], werden von der Innungsversammlung festgelegt[132].

(5) Kreationsfunktion: Vorstand, Ausschüsse. Der Innungsversammlung ist die Wahl des Vorstands und derjenigen Mitglieder der Ausschüsse vorbehalten, die der Zahl der Innungsmitglieder zu entnehmen sind[133]. Nicht gesetzlich, aber in der Satzung ist der Innungsversammlung regelmäßig auch die Wahl des Geschäftsführers vorbehalten[134]. Da die operative Tätigkeit der Innung vom Vorstand bzw. dem Geschäftsführer vollzogen wird, stärkt deren unmittelbare Wahl durch die Innungsversammlung wesentlich das Selbstverwaltungselement in der Innung. Vorstand und Geschäftsführer als Spitze der Exekutive der Innung sind nicht nur in ihrer Arbeit an das von der Innungsversammlung erlassene Satzungsrecht gebunden, sondern aufgrund ihrer Wahl ihrerseits durch die Innungsmitglieder demokratisch legitimiert.

Dasselbe gilt für die von der Innungsversammlung gewählten Ausschussmitglieder, die in wesentlichen Teilbereichen der Innungsarbeit bedeutsame Funktionen erfüllen. In diesem Zusammenhang ist zu ergänzen, dass die Innungsversammlung auch über die Einsetzung gesetzlich nicht vorgeschriebener besonderer Ausschüsse zur Vorbereitung einzelner Angelegenheiten entscheidet[135].

(6) Vorschriften über die Lehrlingsausbildung. Die Handwerksinnung hat im Rahmen der von der Handwerkskammer erlassenen Vorschriften die Lehrlingsausbildung zu regeln[136]. Die Verabschiedung der entsprechenden Vorschriften ist der Innungsversammlung vorzubehalten[137]. Die Prärogative der Handwerkskammer im Bereich der Regelung der Lehrlingsausbildung wird zusätzlich dadurch abgesichert, dass die Beschlussfassung der Innungsversammlung in diesem Bereich der Genehmigung durch die Kammer bedarf[138].

(7) Beschränkung der Vertretungsmacht des Vorstands für bestimmte Geschäfte. § 61 Abs. 2 Nr. 7 HwO nennt bestimmte besonders folgenreiche Geschäfte der Innung, für die jeweils eine Beschlussfassung der Innungsversammlung erforderlich ist. Insoweit ist daher die Vertretungsmacht des Vorstands eingeschränkt. Ohne Beschluss der Innungsversammlung abgeschlossene Geschäfte sind schwebend unwirksam und bei endgültiger Verweigerung der Genehmigung nichtig[139]. Im Ein-

---

[131] § 61 Abs. 2 Nr. 2, 2. HS HwO.
[132] § 61 Abs. 2 Nr. 2, 1. HS, 2. Alt. HwO.
[133] § 61 Abs. 2 Nr. 4 HwO.
[134] § 23 Abs. 2 Nr. 14 S. 1 Innungsmustersatzung-Sachsen.
[135] § 61 Abs. 2 Nr. 5 HwO; § 23 Abs. 2 Nr. 6 Innungsmustersatzung-Sachsen.
[136] § 54 Abs. 1 Nr. 3, 1. Alt. HwO.
[137] § 61 Abs. 2 Nr. 6 HwO.
[138] § 61 Abs. 3 HwO.
[139] *Fröhler*, Recht der Handwerksinnung, 1959, S. 121; *ders.*, Die Staatsaufsicht über die Handwerkskammern, 1957, S. 83 f. (zur analogen Problematik bei der Kammer); *Kräßig*, in: Schwanne-

II. 2. d) Weitere Formen aktiver, ehrenamtlicher Selbstverwaltung   659

zelnen geht es hier um den Erwerb, die Veräußerung oder die dingliche Belastung von Grundeigentum[140], die Veräußerung von Gegenständen, die einen geschichtlichen, wissenschaftlichen oder Kunstwert haben[141], die Ermächtigung zur Aufnahme von Krediten[142], den Abschluss von Verträgen, durch welche der Innung fortlaufende Verpflichtungen auferlegt werden, mit Ausnahme der laufenden Geschäfte der Verwaltung[143] und schließlich die Anlegung (Anlage) des Innungsvermögens[144]. Bei allen diesen Geschäften bedarf der Beschluss der Innungsversammlung zusätzlich der Genehmigung durch die Handwerkskammer[145].

(8) Mitgliedschaft beim Landesinnungsverband. Schließlich ist auch die Beschlussfassung über den Erwerb und die Beendigung der Mitgliedschaft beim Landesinnungsverband der Innungsversammlung vorbehalten[146].

d) Weitere Formen aktiver, ehrenamtlicher Selbstverwaltung in der Innung

Oben wurde bereits festgestellt, dass die Innung insofern einen besonders hohen materialen Selbstverwaltungsgehalt besitzt, als die Innungsmitglieder anders als bei den Kammern regelmäßig in der Innungsversammlung repräsentiert sind. Diese „geborene" Mitgliedschaft des Innungsmitglieds in der Innungsversammlung stellt eine natürliche Form aktiver Selbstverwaltung dar, die dem Ideal des Wirtschaftssubjekts, das seine eigenen Angelegenheiten verwaltet, sehr nahekommt. Neben der geborenen Mitgliedschaft in der Innungsversammlung bzw. der „gekorenen" in der Vertreterversammlung, soweit die Innung über eine solche verfügt, finden sich in der Innung weitere Formen aktiver, ehrenamtlicher Selbstverwaltung durch die Mitglieder.

aa) Mitgliedschaft im Vorstand

Eine im Vergleich zur grundlegenden aktiven Selbstverwaltung in der Innungsversammlung hervorgehobene, intensivierte Form aktiver, ehrenamtlicher Selbstverwaltung ist die Mitgliedschaft im Vorstand der Handwerksinnung. Der Vorstand besteht je nach Regelung in der Satzung meist aus einem in der Regel Obermeister

---

cke, HwO, Lsbl., § 61 Rn. 5 lit. g (2006); *Detterbeck,* HwO, 4. Aufl., 2008, § 61 Rn. 8; *Eyermann/ Fröhler,* HwO, 2. Aufl., 1967, § 61 Rn. 20; a. A. (Wirksamkeit der Verträge nach außen) *Honig,* HwO, 3. Aufl., 2004, § 66 Rn. 11, vgl. aber auch a.a.O., § 61 Rn. 22 („schwebend unwirksam").
[140] § 61 Abs. 2 Nr. 7 lit. a HwO.
[141] § 61 Abs. 2 Nr. 7 lit. b HwO.
[142] § 61 Abs. 2 Nr. 7 lit. c HwO.
[143] § 61 Abs. 2 Nr. 7 lit. d HwO.
[144] § 61 Abs. 2 Nr. 7 lit. e HwO.
[145] § 61 Abs. 3 HwO.
[146] § 61 Abs. 2 Nr. 9 HwO.

genannten Vorsitzenden[147], einem oder mehreren Stellvertretern des Obermeisters und eventuell weiteren Mitgliedern[148].

aaa) Wahl des Vorstands

Der Vorstand der Innungsversammlung wird durch die Innungsversammlung gewählt[149]. Um das Selbstverwaltungsprinzip zu verwirklichen, müssen alle Mitglieder des Vorstands gewählt werden. Eine Satzungsbestimmung, nach der bestimmte Personen ohne Wahl dem Vorstand angehören („geborene" Vorstandsmitglieder), ist daher unzulässig[150]. Das aktive Wahlrecht in der Innungsversammlung entspricht dem Stimmrecht in derselben. Wahlberechtigt sind also die Mitglieder der Handwerksinnung[151], bzw. soweit eine Vertreterversammlung existiert, die gewählten Mitglieder der Vertreterversammlung[152]. Das passive Wahlrecht ist nicht geregelt. Auch ohne ausdrückliche gesetzliche Regelung ist indes davon auszugehen, dass in den Vorstand der Innung nur Innungsmitglieder sowie die gesetzlichen Vertreter juristischer Personen bzw. die vertretungsberechtigten Gesellschafter von Personengesellschaften, welche der Innung angehören, gewählt werden können[153]. Die Beschränkung auf Innungsmitglieder ergibt sich aus dem Wesen der Handwerksinnung als Selbstverwaltungskörperschaft und der hervorgehobenen Stellung des Vorstands, der als vertretungsberechtigtes Organ wesentlichen Anteil an der Erfüllung der Innungsaufgaben hat[154]. Weitere Wählbarkeitsvoraussetzungen in der Satzung einer Innung sind zulässig, soweit sie auf sachgerechten Erwägungen beruhen[155].

Die Wahl der Vorstandsmitglieder erfolgt im Regelfall mit verdeckten Stimmzetteln[156]. Das heißt, dass die Stimmzettel ohne Möglichkeit der Kenntnisnahme der Wahlentscheidung durch andere auszufüllen sind, ohne dass indes eine Wahlkabine oder dergleichen erforderlich wäre[157]. Die Wahl kann allerdings auch durch Zuruf,

---

[147] Honig/Knörr, HwO, 4. Aufl., 2008, § 66 Rn. 13.
[148] § 30 Abs. 1 Innungsmustersatzung-Sachsen.
[149] §§ 66 Abs. 1 S. 1, 61 Abs. 2 Nr. 4, 1. Alt. HwO.
[150] Kräßig, in: Schwannecke, HwO, Lsbl., § 66 Rn. 4 (2006); Detterbeck, HwO, 4. Aufl., 2008, § 66 Rn. 1.
[151] § 63 S. 1 HwO; für eine juristische Person oder Personengesellschaft kann selbstverständlich nur eine Stimme abgegeben werden, auch wenn mehrere vertretungsberechtigte Personen vorhanden sind, § 63 S. 2 HwO.
[152] Es sei denn, dass gem. § 61 Abs. 1 S. 3 HwO neben der Innungsversammlung eine Vertreterversammlung existiert, der einzelne Obliegenheiten der Vollversammlung, aber eben nicht die Vorstandswahl übertragen worden ist. Um die demokratische Legitimation des Vorstands zu erhöhen, sollte davon abgesehen werden, der Vertreterversammlung diese Kompetenz zu übertragen.
[153] Detterbeck, HwO, 4. Aufl., 2008, § 66 Rn. 2.
[154] Honig/Knörr, HwO, 4. Aufl., 2008, § 66 Rn. 2; Detterbeck, HwO, 4. Aufl., 2008, § 66 Rn. 2.
[155] § 19 Innungsmustersatzung-Sachsen nennt die Befugnis zur Ausbildung von Auszubildenden und eine Altersgrenze von 65 Jahren, die beide als zulässig zu betrachten sind.
[156] § 66 Abs. 1 S. 1 HwO.
[157] Detterbeck, HwO, 4. Aufl., 2008, § 66 Rn. 3.

d.h. durch mündliche Abstimmung, erfolgen, wenn niemand widerspricht und auch die Satzung keine entsprechende Einschränkung enthält[158]. Über die Wahlhandlung ist eine Niederschrift anzufertigen[159], die insbesondere die einzelnen Wahlergebnisse und die Teilnehmer an der Wahl aufführen muss[160]. Die erfolgte Wahl des Vorstands ist der Handwerkskammer innerhalb einer Woche anzuzeigen[161].

Der Vorstand wird auf bestimmte Zeit gewählt, die in der Satzung zu spezifizieren ist[162]. Eine (auch mehrfache) Wiederwahl von Vorstandsmitgliedern ist zulässig, es sei denn, sie wird in der Satzung ausgeschlossen[163]. In der Satzung kann bestimmt werden, dass die Bestellung des Vorstands widerruflich ist[164]. Auch wenn dies das Gesetz nicht ausdrücklich vorsieht, ist es zulässig und zweckmäßig, in der Satzung auch den Widerruf der Bestellung einzelner Vorstandsmitglieder zu ermöglichen[165]. Für den Widerruf kann in der Satzung das Vorliegen eines wichtigen Grundes verlangt werden, worunter das Gesetz exemplarisch eine grobe Pflichtverletzung oder Unfähigkeit versteht[166]. Der Widerruf erfolgt als actus contrarius zum Wahlakt durch Beschluss der Innungsversammlung. Das Gesetz schreibt dafür kein bestimmtes Quorum vor. Im Interesse einer kontinuierlichen Amtsführung sollte indes in der Satzung eine qualifizierte Mehrheit statuiert werden[167].

bbb) Stellung der Vorstandsmitglieder

Alle Vorstandsmitglieder verwalten ihr Amt als Ehrenamt unentgeltlich[168]. Ihnen darf keine Vergütung für ihre Vorstandstätigkeit gewährt werden, da sie ihrerseits als aktive Handwerksausübende eng mit dem wirtschaftlichen Tagesgeschehen verbunden bleiben sollen[169]. Auch hierin hat der Gedanke der aktiven Selbstverwaltung der eigenen Angelegenheiten durch die Betroffenen seinen unmittelbaren Niederschlag gefunden. Zulässig und üblich ist es indes, den Vorstandsmitgliedern nach näherer Bestimmung der Satzung Ersatz barer Auslagen und eine Entschädigung für Zeitversäumnis zu gewähren[170].

---

[158] § 66 Abs. 1 S. 2 HwO.
[159] § 66 Abs. 1 S. 3 HwO.
[160] *Kräßig*, in: Schwannecke, HwO, Lsbl., § 66 Rn. 8 (2006).
[161] § 66 Abs. 1 S. 4 HwO.
[162] § 66 Abs. 1 S. 1 HwO.
[163] *Kräßig*, in: Schwannecke, HwO, Lsbl., § 66 Rn. 6 (2006).
[164] § 66 Abs. 2 S. 1 HwO.
[165] *Detterbeck*, HwO, 4. Aufl., 2008, § 66 Rn. 11.
[166] § 66 Abs. 2 S. 2 HwO.
[167] § 30 Abs. 3 S. 2 Innungsmustersatzung-Sachsen sieht eine Mehrheit von drei Vierteln der erschienenen Stimmberechtigten vor.
[168] § 66 Abs. 4 1. HS HwO.
[169] *Honig/Knörr*, HwO, 4. Aufl., 2008, § 66 Rn. 19.
[170] § 66 Abs. 4 2. HS HwO; vgl. § 30 Abs. 4 Innungsmustersatzung-Sachsen; dies betrifft nur Auslagen und Zeitversäumnis, die in Ausübung des Vorstandsamtes entstehen, nicht hingegen privat veranlasste Aufwendungen, auch wenn diese im Zusammenhang mit dem Amt entstanden sind, vgl. OVG Hamburg, GewArch 1992, 430f.

ccc) Aufgaben / Kompetenzen des Vorstands

Dem Vorstand obliegt die Verwaltung der Innung, soweit diese nicht gesetzlich oder durch Satzungsrecht der Innungsversammlung vorbehalten oder anderen Organen übertragen ist[171]. Als Bindeglied zwischen Innungsversammlung und Geschäftsführung bereitet der Vorstand die Verhandlungen der Innungsversammlung vor und führt deren Beschlüsse aus[172]. Die Geschäfte der laufenden Verwaltung sind dabei in der Praxis oft einem angestellten Geschäftsführer übertragen[173], der sich allerdings an die Richtlinien des Vorstands halten muss[174].

Der Vorstand vertritt die Innung gerichtlich und außergerichtlich[175]. Ohne gesonderte Regelung in der Satzung handelt es sich um eine Gesamtvertretung, die Mitglieder des Vorstands sind also nur gemeinsam zur Vertretung befugt[176]. Durch die Satzung kann die Vertretung einem oder mehreren Vorstandsmitgliedern oder dem Geschäftsführer übertragen werden[177]. In der Praxis ist eine gemeinsame Vertretung der Innung durch Obermeister und Geschäftsführer verbreitet[178]. Es ist auch möglich, in der Satzung für bestimmte Arten von Geschäften je nach Bedeutung und potentiellen Folgen für die Innung gestaffelte Vertretungsformen vorzusehen[179]. Die zur Vertretung der Innung im allgemeinen befugten Personen können für einzelne Geschäfte eine Untervollmacht erteilen[180].

bb) Mitgliedschaft in einem Ausschuss

Eine weitere Form aktiver, ehrenamtlicher Selbstverwaltung ist die Mitgliedschaft in einem der Ausschüsse, welche die Handwerksinnung bilden kann[181]. Ausschüsse sind Organe der Innung[182], die zur Erfüllung bestimmter Aufgaben gebildet werden. Unterschieden werden obligatorische und fakultative Ausschüsse[183]. Obligatorisch vom Gesetz vorgesehen ist lediglich die Bildung des Berufsbildungsausschusses[184] sowie – soweit die Innung hierzu durch die Kammer ermächtigt ist[185] –

---

[171] § 34 Abs. 1 Innungsmustersatzung-Sachsen.
[172] § 34 Abs. 2 Innungsmustersatzung-Sachsen.
[173] § 35 Abs. 1 S. 1 Innungsmustersatzung-Sachsen.
[174] § 34 Abs. 1 S. 2 Innungsmustersatzung-Sachsen.
[175] § 66 Abs. 3 S. 1 HwO.
[176] *Kräßig*, in: Schwannecke, HwO, Lsbl., § 66 Rn. 11 (2006); *Detterbeck*, HwO, 4. Aufl., 2008, § 66 Rn. 15; bei Willenserklärungen, die gegenüber der Innung abzugeben sind, genügt nach dem § 28 BGB zu Grunde liegenden allgemeinen Rechtsgedanken der Zugang bei einem Vorstandsmitglied.
[177] § 66 Abs. 3 S. 2 HwO.
[178] Vgl. § 33 Abs. 1 S. 1 Innungsmustersatzung-Sachsen.
[179] *Detterbeck*, HwO, 4. Aufl., 2008, § 66 Rn. 16.
[180] *Detterbeck*, HwO, 4. Aufl., 2008, § 66 Rn. 19.
[181] Vgl. § 67 Abs. 1 HwO.
[182] § 60 Nr. 3 HwO.
[183] Zu weiteren Kategorien von Innungsausschüssen: *Detterbeck*, HwO, 4. Aufl., 2008, § 67 Rn. 1.
[184] § 67 Abs. 2 HwO.
[185] § 33 Abs. 1 S. 3 HwO.

II. 2. d) Weitere Formen aktiver, ehrenamtlicher Selbstverwaltung

des Gesellenprüfungsausschusses[186] und des Zwischenprüfungsausschusses[187]. Gesetzlich vorgesehen, aber fakultativ ist bspw. die Bildung eines Ausschusses zur Schlichtung von Streitigkeiten zwischen Ausbildenden und Auszubildenden[188]. Daneben kann die Innung durch Regelung in der Satzung oder Beschluss der Innungsversammlung prinzipiell frei für beliebige Zwecke (im Rahmen ihrer Aufgaben) weitere Ausschüsse einrichten.

Grundsätzlich können nur Innungsmitglieder Mitglied eines Innungsausschusses werden. Bei rein beratenden Ausschüssen, welche die Innungsversammlung zur Vorbereitung aber nicht Entscheidung einzelner Angelegenheiten einsetzt[189], spricht indes nichts dagegen, auch Fachleute, die nicht Mitglied der Innung sind, in den Ausschuss zu berufen, um sich deren Sachverstand nutzbar zu machen[190]. Bei den gesetzlich oder in der Satzung geregelten Ausschüssen, die nicht rein beratend sind, können Personen, die nicht der Innung angehören, hingegen nur Mitglied werden, wenn dies im Gesetz vorgesehen ist[191]. So müssen dem Berufsbildungsausschuss auch Gesellen[192] und dem Schlichtungsausschuss für Ausbildungsangelegenheiten auch Arbeitnehmer[193] angehören, die nicht zum Kreis der Innungsmitglieder zählen.

aaa) Frei gebildete Ausschüsse

Die Innung kann freiwillig für alle Zwecke Ausschüsse bilden, die im Zusammenhang mit den Aufgaben der Innung stehen. Üblich ist bspw. die Bildung eines Rechnungs- und Kassenprüfungsausschusses, der die Rechnungs- und Kassenführung sowie die Jahresrechnung prüft und darüber der Innungsversammlung berichtet[194]. Die Einsetzung freiwilliger Ausschüsse setzt einen Beschluss der Innungsversammlung voraus[195].

---

[186] Der in § 68 HwO obligatorisch vorgesehene Gesellenausschuss ist kein Innungsausschuss im eigentlichen Sinn.
[187] § 39 Abs. 1 S. 2 i. V. m. § 33 Abs. 1 S. 3 HwO.
[188] § 67 Abs. 3 HwO; die Ansicht von *Webers*, in: Schwannecke, HwO, Lsbl., § 67 Rn. 1 (1997), es bestehe eine gesetzliche Verpflichtung zur Bildung des Schlichtungsausschusses ist mit dem Gesetzeswortlaut („kann") nicht zu vereinbaren.
[189] § 61 Abs. 2 Nr. 5 HwO.
[190] So auch *Fröhler*, Recht der Handwerksinnung, 1959, S. 127 f.; a. A.: *Detterbeck*, HwO, 4. Aufl., 2008, § 67 Rn. 2 f.; *Honig/Knörr*, HwO, 4. Aufl., 2008, § 67 Rn. 2.
[191] *Fröhler*, Recht der Handwerksinnung, 1959, S. 128; *Detterbeck*, HwO, 4. Aufl., 2008, § 67 Rn. 2 f.; *Honig/Knörr*, HwO, 4. Aufl., 2008, § 67 Rn. 2.
[192] § 67 Abs. 2 S. 2 HwO.
[193] §§ 67 Abs. 3 S. 1 HwO i. V. m. 111 Abs. 2 S. 1 ArbGG (Arbeitsgerichtsgesetz, BGBl. 1979 I, S. 853, zuletzt geändert durch Art. 9 Abs. 5 des Gesetzes vom 30. 07. 2009 (BGBl. I S. 2449)).
[194] Vgl. § 49 Innungsmustersatzung-Sachsen.
[195] § 61 Abs. 2 Nr. 5 HwO.

bbb) Der Ausschuss für die Berufsbildung

Der Ausschuss für die Berufsbildung ist – wie ausgeführt – der einzige Ausschuss, den jede Innung bilden muss[196]. Die früher verbreitete Bezeichnung Lehrlingsausschuss[197] ist heute nicht mehr angemessen, da der Ausschuss nicht mehr allein der Erfüllung der Innungsaufgabe aus § 54 Abs. 1 Nr. 3 HwO dient, entsprechend den Vorschriften der Handwerkskammer die Lehrlingsausbildung zu regeln und zu überwachen sowie für die berufliche Ausbildung der Lehrlinge zu sorgen und deren charakterliche Entwicklung zu fördern. Das Aufgabengebiet des Ausschusses umfasst heute über die „Berufsausbildung der Lehrlinge" hinaus[198], ganz allgemein die Förderung der „Berufsbildung"[199]. Auch die Innungsaufgabe, das handwerkliche Können der Meister und Gesellen zu fördern[200], fällt damit in den Zuständigkeitsbereich des Ausschusses. Damit ist er umfassend mit allen Angelegenheiten zu befassen, welche die Förderung der beruflichen Aus- und auch Weiterbildung von Lehrlingen, Gesellen und Meistern betreffen[201]. Ein wichtiger Beratungsgegenstand des Ausschusses ist bspw. die Ausarbeitung von Vorschriften über die Lehrlingsausbildung, die von der Innungsversammlung zu erlassen sind[202].

Der Ausschuss muss aus einem Vorsitzenden und mindestens vier Beisitzern bestehen[203]. Von den Beisitzern müssen die Hälfte Innungsmitglieder, die in der Regel Gesellen oder Lehrlinge beschäftigen[204], und die andere Hälfte Gesellen sein[205]. Nicht geregelt ist, welcher Gruppe der Vorsitzende angehören muss. Er kann daher entweder Innungsmitglied oder Geselle sein[206]. Innungsmitglieder sind von der Innungsversammlung in den Ausschuss zu wählen[207]. Die Gesellenmitglieder des Ausschusses werden hingegen durch den Gesellenausschuss gewählt[208].

---

[196] § 67 Abs. 2 S. 1 HwO; jedenfalls wenn man den Gesellenausschuss gem. § 68 HwO nicht zu den Innungsausschüssen im eigentlichen Sinn zählt.

[197] Vgl. etwa *Honig/Knörr*, HwO, 4. Aufl., 2008, § 67 Rn. 4.

[198] § 61 Abs. 2 S. 1 HwO-1953 lautete: „Zur Förderung der Berufsausbildung der Lehrlinge ist ein Ausschuß zu bilden".

[199] Durch die HwO-Novelle-1993 (BGBl. I, 2256) wurde § 67 Abs. 2 S. 1 wie folgt gefasst: „Zur Förderung der Berufsbildung ist ein Ausschuss zu bilden"; in der Bekanntmachung der Neufassung der HwO vom 24. 09. 1998 (BGBl. I, 3074) wurde in § 67 Abs. 2 S. 1 HwO das Wort Berufsbildung irrtümlich wieder durch Berufsausbildung ersetzt. Dieses Redaktionsversehen wurde inzwischen offiziell berichtigt (BGBl. 2006 I, S. 2095).

[200] § 54 Abs. 1 Nr. 5 HwO.

[201] *Detterbeck*, HwO, 4. Aufl., 2008, § 67 Rn. 5; *Kräßig*, in: Schwannecke, HwO, Lsbl., § 67 Rn. 4 (2006).

[202] §§ 61 Abs. 2 Nr. 6 i. V. m. 54 Abs. 1 Nr. 3 HwO; vgl. auch § 40 Nr. 1 Innungsmustersatzung-Sachsen.

[203] § 67 Abs. 2 S. 2 HwO.

[204] Es schadet also nicht, wenn dem Ausschuss ein Innungsmitglied angehört, das nur vorübergehend keinen Gesellen oder Lehrling beschäftigt.

[205] § 67 Abs. 2 S. 2 HwO.

[206] *Detterbeck*, HwO, 4. Aufl., 2008, § 67 Rn. 8.

[207] § 61 Abs. 2 Nr. 4 HwO.

[208] § 68 Abs. 1 S. 2 HwO.

II. 2. d) Weitere Formen aktiver, ehrenamtlicher Selbstverwaltung 665

ccc) *Der Ausschuss zur Schlichtung von Ausbildungsstreitigkeiten*

Die Handwerksinnung kann einen Ausschuss zur Schlichtung von Streitigkeiten zwischen Ausbildenden und Auszubildenden errichten[209]. Es handelt sich hierbei um einen Ausschuss i. S. v § 111 Abs. 2 ArbGG[210], durch den Auszubildenden und Ausbildern die Möglichkeit zur außergerichtlichen Klärung ihrer Streitigkeiten vor Anrufung des Arbeitsgerichtes gegeben werden soll. Der Ausschuss kann im Falle einer Streitigkeit aus dem Berufsausbildungsverhältnis aber auch angerufen werden, ohne dass eine Anrufung des Arbeitsgerichts geplant ist. Die Bildung eines Schlichtungsausschusses steht im Ermessen der Innungsversammlung[211]. Sobald jedoch ein solcher Ausschuss besteht, ist eine Klage in einer Streitigkeit zwischen Ausbildenden und Auszubildenden aus einem bestehenden Berufsausbildungsverhältnis vor dem Arbeitsgericht nur zulässig, wenn die Sache zuvor vor dem Ausschuss verhandelt wurde[212]. Der Ausschuss ist dabei für alle Berufsausbildungsverhältnisse der in der Handwerksinnung vertretenen Handwerke ihres Bezirks zuständig[213], also nicht nur für Ausbildungsverhältnisse an denen Innungsmitglieder beteiligt sind[214]. Ist das Ausbildungsverhältnis hingegen bereits aufgelöst, ist der Ausschuss nicht anzurufen, so dass direkt geklagt werden kann[215].

Dem Ausschuss müssen Arbeitgeber und Arbeitnehmer in gleicher Zahl angehören[216]. Die Arbeitgebervertreter müssen nicht unbedingt Innungsmitglieder sein, es können auch Arbeitgeber aus dem Bereich des Handwerks berufen werden, die nicht der Innung angehören[217]. Die Arbeitgebervertreter werden durch die Innungsversammlung gewählt[218]. Der Begriff des Arbeitnehmers umfasst hier Arbei-

---

[209] § 67 Abs. 3 S. 1 HwO.
[210] § 111 Abs. 2 ArbGG lautet: „Zur Beilegung von Streitigkeiten zwischen Ausbildenden und Auszubildenden aus einem bestehenden Berufsausbildungsverhältnis können im Bereich des Handwerks die Handwerksinnungen, im übrigen die zuständigen Stellen im Sinne des Berufsbildungsgesetzes Ausschüsse bilden, denen Arbeitgeber und Arbeitnehmer in gleicher Zahl angehören müssen. Der Ausschuss hat die Parteien mündlich zu hören. Wird der von ihm gefällte Spruch nicht innerhalb einer Woche von beiden Parteien anerkannt, so kann binnen zwei Wochen nach ergangenem Spruch Klage beim zuständigen Arbeitsgericht erhoben werden. § 9 Abs. 5 gilt entsprechend. Der Klage muss in allen Fällen die Verhandlung vor dem Ausschuss vorangegangen sein. Aus Vergleichen, die vor dem Ausschuss geschlossen sind, und aus Sprüchen des Ausschusses, die von beiden Seiten anerkannt sind, findet die Zwangsvollstreckung statt. Die §§ 107 und 109 gelten entsprechend."
[211] *Detterbeck*, HwO, 4. Aufl., 2008, § 67 Rn. 11; *Honig*, HwO, 3. Aufl., 2004, § 67 Rn. 10.
[212] § 111 Abs. 2 S. 5 ArbGG.
[213] § 67 Abs. 3 S. 1 HwO; erfasst sind dabei nicht nur Ausbildungsverhältnisse, die ein Handwerk oder ein handwerksähnliches Gewerbe zum Gegenstand haben, sondern auch solche in einem kaufmännischen Beruf, *Detterbeck*, HwO, 4. Aufl., 2008, § 67 Rn. 13.
[214] § 67 Abs. 3 S. 1 HwO-1965 lautete noch: „Die Handwerksinnung kann einen Ausschuß zur Schlichtung von Streitigkeiten zwischen Innungsmitgliedern und Lehrlingen errichten."; *Honig*, HwO, 3. Aufl., 2004, § 67 Rn. 10.
[215] *Detterbeck*, HwO, 4. Aufl., 2008, § 67 Rn. 11.
[216] § 111 Abs. 2 S. 1 ArbGG.
[217] *Webers*, in: Schwannecke, HwO, Lsbl., § 67 Rn. 4 (1997).
[218] § 61 Abs. 2 Nr. 4 HwO.

ter und Angestellte sowie die zu ihrer Berufsausbildung Beschäftigten[219]. Soweit durch Satzung die Mitwirkung von Gesellen vorgeschrieben ist, sind diese Gesellenmitglieder durch den Gesellenausschuss zu wählen[220]. Die Verfahrensordnung des Ausschusses wird von der Handwerkskammer erlassen[221]. Die Parteien sind mündlich zu hören[222]. Wird der vom Ausschuss gefällte Spruch nicht innerhalb einer Woche von beiden Parteien anerkannt, so kann binnen zwei Wochen nach ergangenem Spruch beim Arbeitsgericht Klage erhoben werden[223]. Aus Vergleichen, die vor dem Ausschuss geschlossen werden, und aus Sprüchen des Ausschusses, die von beiden Seiten anerkannt sind, findet die Zwangsvollstreckung statt[224].

ddd) Der Gesellenprüfungsausschuss

Ermächtigt die Handwerkskammer die Handwerksinnung zur Errichtung eines Gesellenprüfungsausschusses[225], ist die Innung verpflichtet, einen solchen Gesellenprüfungsausschuss zu errichten[226]. Der Gesellenprüfungsausschuss nimmt die Gesellenprüfung in den Ausbildungsberufen ab, für die er errichtet ist[227]. Regelmäßig ist der Gesellenprüfungsausschuss für die Gesellenprüfungen in den in der Innung vertretenen A- und B-Gewerben zuständig, es sei denn, dass die Handwerkskammer etwas anderes bestimmt[228].

Der Gesellenprüfungsausschuss besteht aus mindestens drei Mitgliedern, die für die Prüfungsgebiete sachkundig und für die Mitwirkung im Prüfungswesen geeignet sein müssen[229]. Mindestens zwei Drittel der Gesamtzahl der Mitglieder müssen Arbeitgeber und Arbeitnehmer bzw. bei zulassungsfreien Handwerken oder handwerksähnlichen Gewerben deren Beauftragte sein[230]. Bei zulassungspflichtigen Gewerben (A-Gewerben) müssen dem Ausschuss als Mitglieder Arbeitgeber oder Betriebsleiter und Arbeitnehmer in gleicher Zahl, bei zulassungsfreien Handwer-

---

[219] § 5 Abs. 1 S. 1 ArbGG.
[220] § 68 Abs. 1 S. 2 HwO.
[221] § 67 Abs. 3 S. 2 HwO.
[222] § 111 Abs. 2 S. 2 ArbGG.
[223] § 111 Abs. 2 S. 3 ArbGG.
[224] § 111 Abs. 2 S. 6 ArbGG; gem. §§ 111 Abs. 2 S. 7 i. V. m. 109 Abs. 1 S. 1 ArbGG findet die Zwangsvollstreckung aus einem Spruch des Ausschusses oder aus einem vor ihm geschlossenen Vergleich nur statt, wenn der Spruch oder der Vergleich von dem Vorsitzenden des Arbeitsgerichts, das für die Geltendmachung des Anspruchs zuständig wäre, für vollstreckbar erklärt worden ist.
[225] Voraussetzung für die Erteilung der Ermächtigung ist gem. § 33 Abs. 1 S. 3 HwO, dass die Leistungsfähigkeit der Handwerksinnung die ordnungsgemäße Durchführung der Prüfung sicherstellt.
[226] Gem. § 54 Abs. 1 Nr. 4 HwO gehört die Errichtung des Gesellenprüfungsausschusses im Falle der Ermächtigung zu den Pflichtaufgaben der Innung.
[227] § 33 Abs. 2 HwO.
[228] § 33 Abs. 2, 2. HS HwO; vgl. auch § 43 Innungsmustersatzung-Sachsen.
[229] § 34 Abs. 1 HwO.
[230] § 34 Abs. 2 S. 2 HwO.

ken oder handwerksähnlichen Gewerben (B1 und B2-Gewerben[231]) Beauftragte der Arbeitgeber und Arbeitnehmer in gleicher Zahl sowie jeweils mindestens ein Lehrer einer berufsbildenden Schule angehören[232]. Die Arbeitgeber müssen in einem Prüfungsausschuss für ein zulassungspflichtiges Handwerk die entsprechende Meisterprüfung abgelegt haben oder zum Ausbilden berechtigt sein[233]. Ist der Prüfungsausschuss für ein zulassungsfreies Handwerk oder ein handwerksähnliches Gewerbe errichtet, müssen die Arbeitgeber oder die Beauftragten der Arbeitgeber die Gesellenprüfung oder eine entsprechende Abschlussprüfung in einem anerkannten Ausbildungsberuf nach § 4 BBiG bestanden haben und in diesem Handwerk oder in diesem Gewerbe tätig sein[234]. Die Arbeitnehmer und die Beauftragten der Arbeitnehmer müssen die Gesellenprüfung in dem zulassungspflichtigen oder zulassungsfreien Handwerk oder in dem handwerksähnlichen Gewerbe, für das der Prüfungsausschuss errichtet ist, oder eine entsprechende Abschlussprüfung in einem anerkannten Ausbildungsberuf nach § 4 BBiG bestanden haben und in diesem Handwerk oder in diesem Gewerbe tätig sein[235]. Gewählt werden die Arbeitgebervertreter von der Innungsversammlung und die Arbeitnehmervertreter vom Gesellenausschuss[236].

Die Tätigkeit im Prüfungsausschuss ist ehrenamtlich[237]. Für bare Auslagen und für Zeitversäumnis ist eine angemessene Entschädigung zu zahlen, soweit eine Entschädigung nicht von anderer Seite gewährt wird[238]. Der Prüfungsausschuss wählt aus seiner Mitte einen Vorsitzenden und dessen Stellvertreter, die nicht derselben Mitgliedergruppe angehören sollen[239]. Die Prüfung durch den Ausschuss erfolgt aufgrund einer Prüfungsordnung für die Gesellenprüfung, welche die Handwerkskammer erlässt[240]. Beschlussfähig ist der Ausschuss, wenn zwei Drittel der Mitglieder, mindestens jedoch drei, mitwirken[241]. Beschlossen wird mit der Mehrheit der abgegebenen Stimmen, wobei bei Stimmengleichheit die Stimme des Vorsitzenden den Ausschlag gibt[242].

---

[231] Vgl. § 18 Abs. 2 HwO.
[232] § 34 Abs. 2 S. 1 HwO.
[233] § 34 Abs. 3 S. 1 HwO.
[234] § 34 Abs. 3 S. 2 HwO.
[235] § 34 Abs. 3 S. 3 HwO.
[236] § 34 Abs. 5 S. 1 HwO; Der Lehrer einer berufsbildenden Schule wird als Mitglied des Prüfungsausschusses gem. § 34 Abs. 5 S. 2 HwO im Einvernehmen mit der Schulaufsichtsbehörde oder der von ihr bestimmten Stelle nach Anhörung der Handwerksinnung von der Handwerkskammer berufen.
[237] § 34 Abs. 7 S. 1 HwO.
[238] § 34 Abs. 7 S. 2 HwO.
[239] § 35 S. 1 und 2 HwO.
[240] § 38 Abs. 1 HwO; gem. § 38 Abs. 2 HwO bedarf die Prüfungsordnung der Genehmigung der zuständigen obersten Landesbehörde.
[241] § 35 S. 3 HwO.
[242] § 35 S. 4 und 5 HwO.

eee) Der Zwischenprüfungsausschuss

Während der Berufsausbildung ist zur Ermittlung des Ausbildungsstands mindestens eine Zwischenprüfung durchzuführen[243]. Die Teilnahme an ihr (nicht notwendig das Bestehen) ist Voraussetzung für die Zulassung zur Gesellenprüfung[244]. § 33 HwO gilt für die Zwischenprüfung entsprechend[245]. Es ist also ein Zwischenprüfungsausschuss zu errichten[246]. Ermächtigt die eigentlich zuständige Handwerkskammer die Innung dazu, was sinnvollerweise zusammen mit der Ermächtigung zur Errichtung des Gesellenprüfungsausschusses geschieht, kann die Handwerksinnung den Zwischenprüfungsausschuss einrichten[247]. Die Zusammensetzung des Zwischenprüfungsausschusses ist nicht gesetzlich geregelt[248]. Sinnvoll ist eine Anlehnung an die Regeln zur Bildung des Gesellenprüfungsausschusses[249], wobei aber durchaus auch Vereinfachungen zulässig sind[250]. Anstatt einen dedizierten Zwischenprüfungsausschuss einzusetzen, kann auch die Zuständigkeit des Gesellenprüfungsausschusses auf Zwischenprüfungen erstreckt werden[251].

fff) Der Gesellenausschuss als Einrichtung sui generis

(1) Wesen und Rechtsnatur des Gesellenausschusses. Eine besondere Stellung nimmt der Gesellenausschuss ein, der im Interesse eines guten Verhältnisses zwischen den Innungsmitgliedern und den bei ihnen beschäftigten Gesellen bei der Handwerksinnung zu errichten ist[252]. Obwohl der Gesellenausschuss obligatorisch ist und obwohl ihm erhebliche Beteiligungsrechte an der Aufgabenerfüllung der Innung eingeräumt werden, soweit Interessen der Gesellen und Auszubildenden besonders betroffen sind[253], ist er rechtstechnisch kein Ausschuss und Organ der Innung[254]. Dies folgt materiell daraus, dass ihm nur Gesellen und damit keine Innungsmitglieder angehören[255] und die Mitglieder des Ausschusses auch nicht von

---

[243] § 39 Abs. 1 S. 1 HwO.
[244] § 36 Abs. 1 Nr. 2 HwO.
[245] § 39 Abs. 1 S. 2 HwO.
[246] §§ 39 Abs. 1 S. 2 i. V. m. 33 Abs. 1 S. 1 HwO.
[247] §§ 39 Abs. 1 S. 2 HwO, soweit die Voraussetzungen gem. 33 Abs. 1 S. 3 HwO vorliegen.
[248] § 39 Abs. 1 S. 2 HwO erklärt nicht § 34 HwO für entsprechend anwendbar.
[249] *Honig/Knörr*, HwO, 4. Aufl., 2008, § 39 Rn. 2.
[250] Vgl. § 48 Innungsmustersatzung-Sachsen.
[251] *Vogt*, in: Schwannecke, HwO, Lsbl., § 39 Rn. 17 (2010).
[252] § 68 Abs. 1 S. 1 HwO.
[253] § 68 Abs. 2 HwO.
[254] *Hartmann/Philipp*, HwO, 1954, S. 208 (§ 61 Anm. 1); *Kräßig*, in: Schwannecke, HwO, Lsbl., § 68 Rn. 4 (2006); *Detterbeck*, HwO, 4. Aufl., 2008, § 68 Rn. 1; a. A. (Organ der Innung): *Fröhler*, Recht der Handwerksinnung, 1959, S. 129; *ders.*, Ist der Gesellenausschuss ein Organ der Handwerksinnung?, in: GewArch 1963, 49 (49 f.); *Schwindt*, HwO, 1954, § 62 Anm. 1; *Honig*, HwO, 3. Aufl., 2004, § 68 Rn. 2, der ihn vermittelnd als Innungsorgan, aber auch als mit eigenen Rechten ausgestattete Einrichtung besonderer Art bezeichnet; *Czybulka*, Gewerbenebenrecht, in: Schmidt, Öffentliches Wirtschaftsrecht, BT-1, 1995, S. 111 (180) spricht von einem Innungsorgan besonderer Art.
[255] § 71 Abs. 1 HwO.

II. 2. d) Weitere Formen aktiver, ehrenamtlicher Selbstverwaltung 669

Innungsmitgliedern, sondern von den bei den Innungsmitgliedern beschäftigten Gesellen gewählt werden[256]. In systematischer Perspektive sprechen v. a. die Formulierung, dass der Gesellenausschuss „bei der Handwerksinnung" errichtet wird[257], sowie die Regelung des § 68 Abs. 4 S. 2 HwO gegen eine Innungsorganeigenschaft des Gesellenausschusses. Wäre der Gesellenausschuss ein Organ der Innung, müsste das Recht, die Entscheidung der Handwerkskammer zu beantragen, der Innungsversammlung und nicht der Innung zustehen, denn es widerspricht dem System des Verwaltungsrechts, dass eine juristische Person des öffentlichen Rechts wegen des Verhaltens eines ihrer Organe die Rechtsaufsichtsbehörde anrufen kann[258]. Letztlich ist der Gesellenausschuss daher eine Einrichtung sui generis, die bei der Innung angesiedelt den Gesellen spezifische Mitwirkungsrechte an der Innungsarbeit in für sie besonders wichtigen Angelegenheiten vermittelt[259]. In historischer Perspektive sollten den Gesellen durch die Einrichtung des Gesellenausschusses aus sozialpolitischen Gründen bestimmte Mitwirkungsrechte an den sie besonders betreffenden Aufgaben der Innung eingeräumt werden, ohne ihnen andererseits die Mitgliedschaft in der Innung zu gewähren. Dies führte im Ergebnis zu der eigentümlichen Konstruktion, dass einer aus Nichtinnungsmitgliedern zusammengesetzten Einrichtung erhebliche Mitwirkungsrechte in der Aufgabenerfüllung der Innung eingeräumt werden. Gerade da dem Gesellenausschuss auch eine Wahlfunktion im Hinblick auf Gesellenmitglieder von Ausschüssen der Innung zukommt, ähnelt er materiell eher einer Art zweiter Innungsversammlung mit minderen Rechten für die Gesellen als einem Ausschuss der Innung.

Da im Gesellenausschuss keine Innungsmitglieder repräsentiert sind, ist er auch kein Forum für die aktive Selbstverwaltung der Innungsmitglieder. Dennoch hat der Selbstverwaltungsgedanke als solcher in ihm unverkennbar deutlichen Niederschlag gefunden, indem den Gesellen eine Mitentscheidungsmöglichkeit bei der Verwaltung der sie besonders betreffenden Angelegenheiten eingeräumt wird.

(2) Zusammensetzung und Bildung. Der Gesellenausschuss besteht aus dem Vorsitzenden (Altgesellen) und einer in der Innungssatzung festzulegenden weiteren Zahl von Mitgliedern[260]. Wählbar in den Gesellenausschuss ist jeder Geselle, der volljährig ist, eine Gesellenprüfung oder eine entsprechende Abschlussprüfung abgelegt hat und seit mindestens drei Monaten in dem Betrieb eines Innungsmitglieds beschäftigt ist[261]. Aktiv wahlberechtigt sind die bei einem Innungsmitglied be-

---

[256] § 70 HwO.
[257] § 68 Abs. 1 S. 1 HwO.
[258] Vgl. zu diesem und weiteren Argumenten gegen eine Innungsorganeigenschaft des Gesellenausschusses *Detterbeck*, HwO, 4. Aufl., 2008, § 68 Rn. 1.
[259] Ähnlich auch *Detterbeck*, HwO, 4. Aufl., 2008, § 68 Rn. 1; vgl. auch *Honig/Knörr*, HwO, 4. Aufl., 2008, § 68 Rn. 2 a. E.
[260] § 69 Abs. 1 HwO.
[261] § 71 Abs. 1 HwO; dass hier die Beschäftigung in dem Betrieb eines der Handwerksinnung angehörenden „selbständigen Handwerkers" verlangt wird, dürfte ein Redaktionsversehen sein, da der früher in § 1 Abs. 1 HwO-1953 definierte Begriff des selbständigen Handwerkers mit der

schäftigten Gesellen[262]. Geselle ist nicht nur, wer die Gesellenprüfung oder eine entsprechende Lehrabschlussprüfung bestanden hat[263], sondern auch derjenige, der in einem Handwerksbetrieb nicht nur vorübergehend mit Arbeiten betraut ist, die gewöhnlich von einem Gesellen oder Facharbeiter ausgeführt werden[264]. Die Mitglieder des Gesellenausschusses und ihre Stellvertreter[265] werden in einer Wahlversammlung[266] mit verdeckten Stimmzetteln in allgemeiner, unmittelbarer und gleicher Wahl gewählt[267]. Das Wahlergebnis ist in den für die Bekanntmachung der zuständigen Handwerkskammer bestimmten Organen zu veröffentlichen[268].

(3) Aufgaben und Mitwirkungsrechte. Grundaufgabe des Gesellenausschusses ist, im Interesse eines guten Verhältnisses zwischen den Innungsmitgliedern und den bei diesen beschäftigten Gesellen tätig zu werden[269]. In diesem Zusammenhang hat er in Repräsentation aller Gesellen die Gesellenmitglieder derjenigen Innungsausschüsse zu wählen, bei denen die Mitwirkung der Gesellen durch Gesetz oder Satzung vorgesehen ist[270]. Der Gesellenausschuss ist an einer Reihe von Maßnahmen der Innung zu beteiligen, die in besonderer Weise die Angelegenheiten von Gesellen und Auszubildenden berühren[271]. Dies betrifft naturgemäß primär eine Mitwirkung an meist übertragenen Innungsaufgaben im Bereich der Berufsbildung[272], aber auch die Begründung und Verwaltung aller Einrichtungen, für welche die Ge-

---

großen Novelle zur Handwerksordnung aufgegeben wurde; vgl. *Detterbeck*, HwO, 4. Aufl., 2008, § 71 Rn. 5.

[262] § 70 HwO.
[263] So aber *Fröhler*, Recht der Handwerksinnung, 1959, S. 132.
[264] Dies folgt systematisch bereits daraus, dass § 71 HwO für die passive Wahlberechtigung die Absolvierung einer Gesellenprüfung oder entsprechenden Abschlussprüfung ausdrücklich neben der Eigenschaft als Geselle fordert; *Detterbeck*, HwO, 4. Aufl., 2008, § 70 Rn. 4; *Kräßig*, in: Schwannecke, HwO, Lsbl., § 70 Rn. 2 (2006); vgl. auch die entsprechende Regelung in § 58 Abs. 1 S. 2 Innungsmustersatzung-Sachsen.
[265] Vgl. § 69 Abs. 2 HwO.
[266] § 69 Abs. 3 S. 2 1. HS HwO; eine Bestimmung der Mitglieder des Gesellenausschusses außerhalb einer Wahlversammlung ist nur in dem Ausnahmefall des § 69 Abs. 3 S. 3 3. HS HwO möglich, dass nach einer ergebnislosen ersten Wahlversammlung nur ein gültiger Wahlvorschlag eingereicht wird, woraufhin die darin bezeichneten Bewerber als gewählt gelten.
[267] § 69 Abs. 3 S. 1 HwO; zum Wahlverfahren, das in der Satzung näher zu regeln ist, im Einzelnen: *Detterbeck*, HwO, 4. Aufl., 2008, § 69 Rn. 4ff.; *Kräßig*, in: Schwannecke, HwO, Lsbl., § 69 Rn. 5ff. (2006); *Honig/Knörr*, HwO, 4. Aufl., 2008, § 69 Rn. 3ff.; §§ 61ff. Innungsmustersatzung-Sachsen.
[268] § 69 Abs. 5 HwO.
[269] §§ 68 Abs. 1 S. 1 i. V. m. 54 Abs. 1 Nr. 2 HwO.
[270] § 68 Abs. 1 S. 2 HwO.
[271] Vgl. im Einzelnen § 68 Abs. 2 HwO.
[272] Z. B. den Erlass von Vorschriften über die Regelung der Lehrlingsausbildung (§§ 68 Abs. 2 Nr. 1 i. V. m. 54 Abs. 1 Nr. 3 HwO), die Errichtung der Gesellenprüfungsausschüsse (§§ 68 Abs. 2 Nr. 3 i. V. m. 54 Abs. 1 Nr. 4 HwO) und Maßnahmen zur Förderung des handwerklichen Könnens der Gesellen, insbes. die Errichtung oder Unterstützung entsprechender Fachschulen und Lehrgänge (§§ 68 Abs. 2 Nr. 4 i. V. m. 54 Abs. 1 Nr. 5 HwO).

sellen Beiträge entrichten oder eine besondere Mühewaltung übernehmen oder die zu ihrer Unterstützung bestimmt sind[273].

Was genau unter einer Beteiligung des Gesellenausschusses an den in § 68 Abs. 2 HwO aufgelisteten Gegenständen zu verstehen ist, hat der Gesetzgeber in § 68 Abs. 3 HwO differenzierend nach den jeweils beteiligten Innungsorganen festgelegt: So nimmt an der Beratung und Beschlussfassung des Vorstands der Innung in entsprechenden Angelegenheiten mindestens ein Mitglied des Gesellenausschusses mit vollem Stimmrecht teil[274]. Bei der Beratung und Beschlussfassung der Innungsversammlung über entsprechende Angelegenheiten nehmen sämtliche Mitglieder des Gesellenausschusses mit vollem Stimmrecht teil[275]. In beiden genannten Fällen muss die Innung bspw. durch rechtzeitige Einladung die Voraussetzung für eine entsprechende Beteiligung des Gesellenausschusses schaffen. Hat sie diese Obliegenheit erfüllt, sind entsprechende Beschlüsse aber nicht etwa unwirksam, wenn der Gesellenausschuss von seinen Beteiligungsrechten keinen Gebrauch gemacht hat[276]. Zur Durchführung von Beschlüssen der Innungsversammlung in den in § 68 Abs. 2 HwO bezeichneten Angelegenheiten ist allerdings eine aktive Zustimmung des Gesellenausschusses erforderlich[277]. Versagt dieser die Zustimmung oder erteilt er sie nicht in angemessener Frist, kann die Innung binnen eines Monats die Entscheidung der Handwerkskammer beantragen[278]. Eine positive Entscheidung der Kammer ersetzt die Zustimmung des Gesellenausschusses[279].

Bei der Verwaltung von Einrichtungen, für welche die Gesellen Aufwendungen zu machen haben, gilt schließlich die Besonderheit, dass nicht notwendig Mitglieder des Gesellenausschusses selbst, sondern vom Gesellenausschuss gewählte Gesellen zu beteiligen sind, und zwar in gleicher Zahl wie Innungsmitglieder[280].

e) Die Beitragspflicht der Innungsmitglieder

Zentrale Pflicht der Innungsmitglieder gegenüber der Handwerksinnung ist die Leistung der Beiträge zur Handwerksinnung. Die Kosten der Handwerksinnung und ihres Gesellenausschusses sind zunächst aus den Vermögenserträgen der Innung und aus anderen Einnahmen, bspw. aus Gebühren für die Benutzung von Innungseinrichtungen, zu decken[281]. Soweit diese Einnahmen nicht ausreichen, um

---

[273] § 68 Abs. 2 Nr. 7 HwO.
[274] § 68 Abs. 3 Nr. 1 HwO.
[275] § 68 Abs. 3 Nr. 2 HwO.
[276] *Detterbeck*, HwO, 4. Aufl., 2008, § 68 Rn. 8; anderes gilt nur unter den Voraussetzungen des § 68 Abs. 4 HwO.
[277] § 68 Abs. 4 S. 1 HwO; dazu im Einzelnen: *Detterbeck*, HwO, 4. Aufl., 2008, § 68 Rn. 11 ff.
[278] § 68 Abs. 4 S. 2 HwO.
[279] *Kräßig*, in: Schwannecke, HwO, Lsbl., § 68 Rn. 9 (2006); *Detterbeck*, HwO, 4. Aufl., 2008, § 68 Rn. 16; zum Rechtsschutz gegenüber der Entscheidung der Handwerkskammer: *Detterbeck*, a.a.O, § 68 Rn. 17 ff.
[280] § 68 Abs. 3 Nr. 3 HwO.
[281] § 73 Abs. 1 S. 1 HwO.

die der Handwerksinnung und ihrem Gesellenausschuss erwachsenden Kosten zu decken – was regelmäßig der Fall ist –, sind diese gem. § 73 Abs. 1 S. 1 HwO von den Innungsmitgliedern durch Beiträge aufzubringen. Zu den Kosten des Gesellenausschusses zählen dabei auch die anteiligen Lohn- und Lohnnebenkosten, die dem Arbeitgeber durch die Freistellung der Mitglieder des Gesellenausschusses von ihrer beruflichen Tätigkeit entstehen[282].

aa) Zusammensetzung des Beitrags, Bemessungsgrundlage

Das Gesetz trifft keine nähere Regelung, woraus der Beitrag besteht, bzw. welche Arten von Beiträgen es gibt. Normalerweise besteht der Beitrag zur Handwerksinnung aus einem für alle Innungsmitglieder gleichen Grundbeitrag nebst einem nach Leistungsfähigkeit differenzierten Zusatzbeitrag[283]. Zudem kann die Innung insbesondere zur Finanzierung der von ihr geschaffenen Einrichtungen Sonderbeiträge erheben[284].

Die Bemessungsgrundlage für die Erhebung der Mitgliedsbeiträge ist in der Satzung zu regeln[285]. Wird ein fester Grundbeitrag und ein nach Leistungsfähigkeit differenzierter Zusatzbeitrag erhoben, kommen als Bemessungsgrundlage des Zusatzbeitrags insbesondere die Lohn- oder Gehaltssumme oder die steuerlichen Größen Gewerbesteuersteuermessbetrag, Gewerbeertrag und Gewinn aus Gewerbebetrieb in Betracht[286].

Mischbetriebe, die neben dem innungszugehörigen Gewerbe noch ein innungsfremdes Gewerbe ausüben, dürfen im Lichte des Äquivalenzprinzips und des Gleichheitssatzes nicht mit der Leistungsfähigkeit, die ihnen aus innungsfremden Tätigkeiten erwächst, zum Innungsbeitrag herangezogen werden[287]. Wird also etwa an die Lohnsumme als Bemessungsgrundlage angeknüpft, darf nicht uneingeschränkt auch die Lohnsumme aus innungsfremder gewerblicher Tätigkeit zugrunde gelegt werden[288]. Allerdings ist nicht unbedingt eine trennscharfe Anknüpfung an die Löhne erforderlich, die durch ausschließlich innungsimmanente Tätigkeiten

---

[282] §§ 73 Abs. 1 S. 2 i.V.m. 69 Abs. 4 S. 3 HwO; gem. § 73 Abs. 1 S. 3 HwO sind diese Kosten dem Arbeitgeber auf Antrag von der Innung zu erstatten.

[283] Vgl. § 73 Abs. 3 Innungsmustersatzung-Sachsen.

[284] Vgl. § 73 Abs. 3 S. 2 Innungsmustersatzung-Sachsen; *Detterbeck*, HwO, 4. Aufl., 2008, § 73 Rn. 3.

[285] § 55 Abs. 2 Nr. 4 HwO.

[286] Vgl. § 73 Abs. 3 HwO; da die Gewerbesteuer seit 1998 nur noch an den Gewerbeertrag und nicht mehr an das Gewerbekapital anknüpft (§ 6 GewStG), ist das ebenfalls in § 73 Abs. 3 HwO genannte Gewerbekapital als Bemessungsgrundlage für den Innungsbeitrag nicht mehr tunlich; im Falle einer Anwendung der in § 73 Abs. 3 HwO genannten Bemessungsgrundlagen gelten gem. § 73 Abs. 3 HwO die S. 2, 3 und 8 bis 11 von § 113 Abs. 2 HwO, die v.a. die Erhebung der nötigen Daten über die Bemessungsgrundlagen betreffen; zu den möglichen Bemessungsgrundlagen (insbes. auch Anzahl der im Betrieb Beschäftigten, § 73 Abs. 3 Fn. 1 Innungsmustersatzung-Sachsen): *Detterbeck*, HwO, 4. Aufl., 2008, § 73 Rn. 7 f.

[287] BVerwG, GewArch 1992, 28 (29 f.); *Detterbeck*, HwO, 4. Aufl., 2008, § 73 Rn. 5; *Honig/Knörr*, HwO, 4. Aufl., 2008, § 73 Rn. 7.

[288] BVerwG, GewArch 1992, 28 (29).

generiert werden. Die Innungsversammlung kann vielmehr in gewissen Grenzen typisieren und pauschalieren: So kann etwa die Lohnsumme für die Bürokräfte eines Mischbetriebs, die sowohl für innungsimmanente als auch für innungsfremde gewerbliche Tätigkeiten zuständig sind, zumindest anteilmäßig herangezogen werden[289]. Dieselben Grundsätze gelten auch für Inhaber von Betrieben, die Mitglied mehrerer Innungen sind[290].

bb) Beschluss über die Beitragshöhe, Erhebung des Beitrags

Über die Höhe der Innungsbeiträge hat die Innungsversammlung zu beschließen[291]. Dies erfolgt alljährlich bei der Feststellung des Haushaltsplans[292]. Die Beiträge sind dabei nach dem Kostendeckungsprinzip so festzusetzen, dass die voraussichtlich nicht durch Vermögenseinnahmen und andere Einnahmen der Innung gedeckten Kosten durch sie aufgebracht werden[293]. Im Einzelnen wird der absolute Betrag des Grundbeitrags und je nach Bemessungsgrundlage meist ein Hundert- oder Tausendsatz der jeweiligen Bemessungsgrundlage für den Zusatzbeitrag festgelegt[294]. Die Innungsversammlung hat bei der Festlegung einen Prognosespielraum, zumal die Bemessungsgrundlagen natürlich Schwankungen unterliegen.

Der von dem einzelnen Mitglied geschuldete Innungsbeitrag wird vom Kassenführer auf der Grundlage der Beschlüsse der Innungsversammlung und der individuellen Daten des Innungsmitglieds im Lichte der Bemessungsgrundlage berechnet und durch den Vorstand, den Geschäftsführer oder den sonst in der Satzung oder durch Beschluss der Innungsversammlung Beauftragten festgesetzt[295]. Diese Festsetzung und Aufforderung zur Entrichtung des Beitrags kann als Verwaltungsakt auf Antrag des Mitglieds im Verwaltungsstreitverfahren nach Grund und Höhe überprüft werden.

3. Die Organe der Handwerksinnung

Organe der Innung sind die Innungsversammlung (bzw. Vertreterversammlung), der Vorstand und die Ausschüsse[296]. Diese Aufzählung in § 60 HwO ist abschließend[297]. Die Innung kann nicht durch Satzungsrecht weitere Organe kreieren[298].

---

[289] BVerwG, GewArch 1992, 28 (30).
[290] *Detterbeck*, HwO, 4. Aufl., 2008, § 73 Rn. 5.
[291] § 61 Abs. 2 Nr. 2 HS 1 HwO.
[292] Vgl. § 73 Abs. 5 Innungsmustersatzung-Sachsen.
[293] Vgl. § 73 Abs. 1 S. 1 HwO.
[294] Vgl. § 73 Abs. 3, 5 Innungsmustersatzung-Sachsen.
[295] *Detterbeck*, HwO, 4. Aufl., 2008, § 73 Rn. 10; *Karsten*, in: Schwannecke, HwO, Lsbl., § 73 Rn. 6 f. (2007).
[296] §§ 60 Nr. 1 i. V. m. 61 HwO; §§ 60 Nr. 2 i. V. m. 66 HwO; §§ 60 Nr. 3 i. V. m. 67 HwO.
[297] *Fröhler*, Recht der Handwerksinnung, 1959, S. 117; *Schwannecke*, in: Schwannecke, HwO, Lsbl., § 60 Rn. 1 (2002); *Detterbeck*, HwO, 4. Aufl., 2008, § 60 Rn. 1.
[298] *Honig/Knörr*, HwO, 4. Aufl., 2008, § 60 Rn. 5.

Insbesondere sind auch der regelmäßig vorhandene Geschäftsführer sowie die weiteren Bediensteten keine Organe der Innung, sondern Hilfskräfte ihrer Organe[299]. Die Innungsversammlung, der Vorstand und die Ausschüsse sind Organe der Innung, in denen, wie bereits näher ausgeführt wurde, aktive, ehrenamtliche Selbstverwaltung durch die Betroffenen stattfindet. Daher wurden diese Innungsorgane bereits oben im Abschnitt über die Verwirklichung der Selbstverwaltung in der mitgliedschaftlichen Struktur der Innung im Einzelnen behandelt. Hier seien im Lichte des Selbstverwaltungsprinzips nur noch einmal die wesentlichen Grundsätze zusammengefasst:

Die Innungsversammlung als höchstes Innungsorgan besteht regelmäßig aus allen Mitgliedern der Handwerksinnung[300]. Sie exemplifiziert damit den Idealfall des Selbstverwaltungsprinzips, wonach die im Selbstverwaltungskörper zusammengeschlossenen Betroffenen auch umfassend aktiv, ehrenamtlich an der Selbstverwaltung mitwirken. Soweit eine Vertreterversammlung gewählt wird, tritt an die Stelle der unmittelbaren Selbstverwaltung in der Innungsversammlung durch alle Innungsmitglieder die repräsentative Wahl ihrer Vertreter. Die gewählten Vertreter nehmen in Vertretung der Gesamtheit der Innungsmitglieder die aktive, ehrenamtliche Selbstverwaltung wahr.

Der Vorstand wird von der Innungsversammlung gewählt und besteht aus Innungsmitgliedern[301]. Die Mitglieder des Vorstands sind damit durch die Wahl demokratisch legitimiert und üben ihrerseits aktive, ehrenamtliche Selbstverwaltung aus[302]. Auch den Ausschüssen der Innung gehören regelmäßig Innungsmitglieder an. Im Regelfall ist zumindest die Mehrzahl der Mitglieder eines Ausschusses zugleich Innungsmitglied. Die Mitglieder der Ausschüsse, die der Zahl der Innungsmitglieder zu entnehmen sind, werden durch die Innungsversammlung gewählt[303]. Wie die Mitglieder des Vorstands üben Ausschussmitglieder, die zugleich Innungsmitglieder sind, durch den Wahlakt demokratisch legitimiert ehrenamtliche, aktive Selbstverwaltung aus.

Der Gesellenausschuss gem. §§ 68 ff. HwO ist – wie ausgeführt – kein Organ und kein Ausschuss der Innung. Als Einrichtung sui generis, die den Gesellen spezifische Mitwirkungsrechte an den sie besonders betreffenden Angelegenheiten vermittelt[304], fügt sich der Gesellenausschuss auch nicht in die übliche Selbstverwaltungsstruktur ein. Seine Mitglieder werden weder durch die Innungsmitglieder gewählt, noch sind sie selber solche. Dennoch kommt in ihm der Gedanke materialer Selbstverwaltung unmittelbar zum Ausdruck, soll doch den Gesellen Einfluss

---

[299] Fröhler, Recht der Handwerksinnung, 1959, S. 117.
[300] § 61 Abs. 1 S. 2 HwO.
[301] §§ 61 Abs. 2 Nr. 4 1. Alt., 66 Abs. 1 S. 1 HwO.
[302] Je nachdem, ob die Wahl durch eine echte Innungsversammlung oder eine Vertreterversammlung erfolgt ist, sind die Mitglieder des Vorstands unmittelbar oder einfach vermittelt demokratisch legitimiert.
[303] § 61 Abs. 2 Nr. 4 2. Alt. HwO.
[304] Ähnlich auch Detterbeck, HwO, 4. Aufl., 2008, § 68 Rn. 1; vgl. auch Honig/Knörr, HwO, 4. Aufl., 2008, § 68 Rn. 2 a. E.

auf die Verwaltung der sie besonders betreffenden Angelegenheiten eingeräumt werden. Gerade die Tatsache, dass ihm eine Wahlfunktion im Hinblick auf Gesellenmitglieder von Innungsausschüssen (als Organen der Innung) zukommt, belegt die eigenständige Stellung des Gesellenausschusses. Auch aus der Perspektive des Selbstverwaltungsgedankens ähnelt der Gesellenausschuss letztlich einer Art zweiter spezieller Innungsversammlung, die allerdings eben gerade nicht aus Innungsmitgliedern besteht. Kann er auch nicht formal der Selbstverwaltung der Innung zugerechnet werden, verwirklicht er dennoch wesentlich den Gedanken partizipativer Selbstverwaltung.

4. Die Geschäftsführung der Handwerksinnung

Wie oben bereits dargelegt, wird die Führung der laufenden Geschäfte der Innung, also der Verwaltungsaufgaben, die nach Art und Ausmaß regelmäßig wiederkehren[305], in der Satzung regelmäßig einem Geschäftsführer übertragen[306]. Insoweit wird dem Geschäftsführer dann zweckmäßigerweise auch Vertretungsmacht eingeräumt[307]. Wie im vorstehenden Abschnitt ausgeführt wurde, ist der Geschäftsführer schon aufgrund des abschließenden Charakters der Aufzählung der Innungsorgane in § 60 HwO kein Organ der Innung, sondern eine angestellte Hilfskraft ihrer Organe. Wegen der weitreichenden Bedeutung des Geschäftsführers bei der Erledigung der Innungsaufgaben wird die Wahl der Person des Geschäftsführers indes der Innungsversammlung vorbehalten[308]. Sein Anstellungsvertrag wird hingegen durch den Vorstand begründet, geändert und beendet[309].

Innungen können die Führung ihrer Geschäfte aber auch der Kreishandwerkerschaft übertragen, der sie angehören[310]. Einem entsprechenden Ersuchen einer Mitgliedsinnung muss die Kreishandwerkerschaft entsprechen. Die Geschäftsführungstätigkeit bei der Innung wird für die Kreishandwerkerschaft durch deren Geschäftsführer als Erfüllungsgehilfe übernommen[311].

---

[305] Vgl. § 35 Abs. 1 S. 3 Innungsmustersatzung-Sachsen.
[306] Vgl. § 35 Abs. 1 S. 1 Innungsmustersatzung-Sachsen.
[307] Vgl. § 35 Abs. 1 S. 2 Innungsmustersatzung-Sachsen; gem. § 66 Abs. 3 S. 2 HwO kann dem Geschäftsführer aber auch weiter reichende Vertretungsmacht eingeräumt werden.
[308] Vgl. § 23 Abs. 2 Nr. 14 S. 1 Innungsmustersatzung-Sachsen.
[309] Vgl. § 23 Abs. 2 Nr. 14 S. 2 Innungsmustersatzung-Sachsen.
[310] § 87 Nr. 5 HwO; wegen der weit reichenden Bedeutung für die Aufgabenerfüllung sollte der Beschluss über die Übertragung der Geschäftsführung in der Satzung der Innungsversammlung vorbehalten werden, vgl. § 23 Abs. 2 Nr. 13 Innungsmustersatzung-Sachsen.
[311] *Brandt*, in: Schwannecke, HwO, Lsbl., § 87 Rn. 7 (2006); unpräzise ist insoweit die Formulierung, der Geschäftsführer der Kreishandwerkerschaft sei in diesem Fall zugleich Geschäftsführer der Innung, in § 5 Abs. 2 S. 2 Innungsmustersatzung-Sachsen.

5. Die Aufgaben der Handwerksinnung

a) Systematik der Aufgabenzuweisung in der HwO

Wie bei Selbstverwaltungskörperschaften verbreitet, weist § 54 Abs. 1 S. 1 HwO der Handwerksinnung zunächst eine Grundaufgabe zu, die darin besteht, die gemeinsamen gewerblichen Interessen ihrer Mitglieder zu fördern. § 54 Abs. 1 S. 2 HwO listet dann die Pflichtaufgaben auf, welche die Innung auf jeden Fall erfüllen muss, um ihrem Grundauftrag, die gemeinsamen gewerblichen Interessen ihrer Mitglieder zu fördern, zu entsprechen. § 54 Abs. 2 HwO nennt sog. Soll-Aufgaben, die ebenfalls Pflichtaufgaben darstellen, von deren Erfüllung die Innung aber aus wichtigem Grund absehen kann[312]. Die Wahrnehmung der in § 54 Abs. 3 HwO aufgelisteten sog. Kann-Aufgaben steht zwar prinzipiell im Ermessen der Innung[313], so dass häufig von freiwilligen Aufgaben der Innung gesprochen wird[314]. Soweit diese aber zur Erfüllung der Pflichtaufgabe der Förderung der gemeinsamen gewerblichen Interessen ihrer Mitglieder erforderlich sind, reduziert sich das Ermessen im Lichte von § 54 Abs. 1 HwO auf Null, und die Aufgabe muss wahrgenommen werden[315]. Der eigentlich überflüssige § 54 Abs. 4 HwO stellt noch einmal ausdrücklich klar, dass die Handwerksinnung auch sonstige Maßnahmen zur Förderung der gemeinsamen gewerblichen Interessen der Innungsmitglieder durchführen kann[316].

b) Die Kategorien der öffentlichen und der staatlichen Aufgaben

aa) Öffentliche Aufgaben

Im Lichte des Doppelcharakters der Selbstverwaltungskörperschaft Handwerksinnung als „bottom up"-gebildetem Selbstverwaltungskörper der Betroffenen einerseits und „top down"-ausgerichteten Teil der (mittelbaren) staatlichen Verwaltung aufgrund der Konstituierung als Körperschaft des öffentlichen Rechts andererseits ist umstritten[317], inwieweit die Aufgaben der Handwerksinnung öffentliche Aufgaben oder sogar Staatsaufgaben sind[318]. Wenn bspw. die Grundaufgabe der Innung, die gemeinsamen gewerblichen Interessen ihrer Mitglieder zu fördern, auch als ty-

---

[312] *Müller/Webers*, in: Schwannecke, HwO, Lsbl., § 54 Rn. 7, 21 (1994); *Detterbeck*, HwO, 4. Aufl., 2008, § 54 Rn. 5; im Ergebnis ebenso: *Fröhler*, Recht der Handwerksinnung, 1959, S. 104; a. A.: BVerfGE 68, 193 (208); 70, 1 (20); *Honig*, HwO, 3. Aufl., 2004, § 54 Rn. 35.

[313] *Müller/Webers*, in: Schwannecke, HwO, Lsbl., § 54 Rn. 8 (1994).

[314] Vgl. etwa BVerfGE 68, 193 (208); 70, 1 (20); *Honig/Knörr*, HwO, 4. Aufl., 2008, § 54 Rn. 41.

[315] *Detterbeck*, HwO, 4. Aufl., 2008, § 54 Rn. 6.

[316] *Fröhler*, Recht der Handwerksinnung, 1959, S. 105; *Detterbeck*, HwO, 4. Aufl., 2008, § 54 Rn. 6.

[317] Vgl. zu dieser Doppelnatur der Handwerksinnung etwa BVerfGE 68, 193 (208 f.) m.w.Nw.

[318] Ausführlich zum Ganzen: *Detterbeck/Will*, Die Handwerksinnungen in der staatlichen dualen Ordnung des Handwerks, 2003, S. 38 ff.

pische Selbstverwaltungsaufgabe erscheint und gar an die geborene Aufgabe freier Interessenverbände erinnert, ist sie doch durch die Konstituierung der Innung als Körperschaft des öffentlichen Rechts und eben die ausdrückliche Zuweisung jener Grundaufgabe in § 54 Abs. 1 S. 1 HwO zu einer öffentlichen Aufgabe der Innung geworden. Sie wird nicht mehr – wie durch einen freien Interessenverband – ausschließlich im privaten Interesse, sondern im Hinblick auf ihre Reflexwirkungen für die Öffentlichkeit durch den Gesetzgeber anerkannt im öffentlichen Interesse erfüllt. Diese Grundaussage gilt für sämtliche gesetzlich zugewiesenen Aufgaben der Innungen: Alle sind aufgrund der gesetzlichen Sanktionierung eben nicht mehr private, sondern öffentliche Aufgaben der Handwerksinnung.

bb) Staatliche und nichtstaatliche Aufgaben

Lässt sich dieser Schluss nicht zuletzt auch aufgrund der Weite des Begriffs der öffentlichen Aufgabe recht einfach ziehen, ist die Frage, welche der Innungsaufgaben zugleich staatliche Aufgaben sind, schwieriger zu beantworten. In Rechtsprechung und Literatur ist weithin anerkannt, dass nicht alle öffentlichen Aufgaben zugleich auch staatliche Aufgaben sind[319]. Bspw. erfüllen öffentlich-rechtliche Rundfunkanstalten zwar öffentliche Aufgaben und nehmen dabei öffentlich-rechtliche Handlungsformen in Anspruch[320]. Indes erfüllen sie aufgrund des aus Art. 5 Abs. 1 S. 2 GG abgeleiteten Gebots der Staatsfreiheit bzw. Staatsferne des Rundfunks[321] keine staatlichen Aufgaben und zählen auch nicht zur mittelbaren Staatsverwaltung[322].

Der Doppelcharakter der Handwerksinnung als Selbstverwaltungskörper, der gerade auch eine Interessenvertretung gegenüber dem Staat wahrnehmen soll, einerseits und Teil der mittelbaren Staatsverwaltung andererseits impliziert, dass nicht alle ihre Aufgaben auch als staatlich zu charakterisieren sind. Wo genau die Trennlinie zu ziehen ist, ist indes umstritten[323]. Das BVerfG knüpft an die Aufgabenzuweisung in § 54 HwO an und zählt im Ergebnis die Pflichtaufgaben aus § 54 Abs. 1 HwO sowie weitere gesetzlich zugewiesene Pflichtaufgaben zu den staatlichen Aufgaben, die von den Innungen als Teil der mittelbaren Staatsverwaltung

---

[319] Vgl. BVerfGE 70, 1 (20); 68, 193 (208); *H. Peters*, Öffentliche und staatliche Aufgaben, in: FS Nipperdey, Bd. 2, 1965, S. 877 (879 f.); *Martens*, Öffentlich als Rechtsbegriff, 1969, S. 118 f.; *Maunz*, Der öffentliche Charakter, in: FS Forsthoff, 1972, S. 229 (232 ff.); *Fröhler*, Interessenvertretung, in: FS Broermann, 1982, S. 687 (689); *Uerpmann*, Das öffentliche Interesse, 1999, S. 33.
[320] BVerfGE 31, 314 (329); *Herrmann*, Rundfunkrecht, 1994, § 7 Rn. 138, § 10 Rn. 144 f.
[321] BVerfGE 31, 314 (329); 83, 238 (322); 88, 25 (35 f.).
[322] *Ossenbühl*, Rundfunk zwischen Staat und Gesellschaft, 1975, S. 20, 37; *Herrmann*, Fernsehen und Hörfunk in der Verfassung, 1975, S. 124 ff.; *Scheuner*, Das Grundrecht der Rundfunkfreiheit, 1982, S. 39 ff.; *Starck*, in: v. Mangoldt/Klein/Starck, GG, Bd. 1, 5. Aufl., 2005, Art. 5 Rn. 113; *Wolff/Bachof/Stober*, Verwaltungsrecht I, 11. Aufl., 1999, § 2 Rn. 18; vgl. aber auch BVerfG, NVwZ 2004, 472, wo öffentlich-rechtliche Rundfunkanstalten als Subjekte mittelbarer Staatsverwaltung bezeichnet werden.
[323] Ausführlich zum Streitstand: *Detterbeck/Will*, Handwerksinnungen, 2003, S. 42 ff., 50 ff.

erfüllt werden[324]. Die von ihm als freiwillig charakterisierten Aufgaben des § 54 Abs. 2 und 3 HwO rechnet das BVerfG hingegen dem Bereich der nichtstaatlichen Interessenvertretung zu[325]. Diese schematische Differenzierung zwischen den Aufgaben in § 54 Abs. 1 HwO einerseits und in § 54 Abs. 2 und 3 HwO andererseits ist schon aus dem Grund problematisch, dass der en bloc-Charakterisierung insbesondere der Soll-Aufgaben in § 54 Abs. 2 HwO als freiwillige Aufgaben der Innung nicht gefolgt werden kann[326]. Wie ausgeführt, handelt es sich bei den Soll-Aufgaben ebenfalls um Pflichtaufgaben, von deren Erfüllung indes aus wichtigem Grund abgesehen werden kann.

Überzeugender als eine schematische Anknüpfung an Pflichtaufgaben und freiwillige Aufgaben ist es, das Vorliegen einer staatlichen Aufgabe materiell danach zu bestimmen, ob eine Innungsaufgabe inhaltlich der staatlichen Hoheitsverwaltung zuzurechnen ist, ob sie also, wäre sie nicht der Innung als Teil der mittelbaren Staatsverwaltung zugewiesen, typischerweise durch die unmittelbare staatliche Hoheitsverwaltung erfüllt würde[327]. In materieller Hinsicht sind danach folgende Angelegenheiten als staatliche Aufgaben der Innung zu charakterisieren[328]: Die Regelung und Überwachung der Lehrlingsausbildung[329], die Abnahme von Gesellenprüfungen und die Errichtung von Gesellenprüfungsausschüssen hierfür[330], die Mitwirkung bei der Verwaltung der Berufsschulen[331], die Erstattung von Gutachten und Erteilung von Auskünften über Angelegenheiten der in der Innung vertretenen Handwerke an Behörden[332], die Durchführung der von der Handwerkskammer innerhalb ihrer Zuständigkeit erlassenen Vorschriften und Anordnungen[333], die Beratung von Vergebungsstellen bei der Vergebung öffentlicher Lieferungen und Leistungen[334], die Errichtung von Unterstützungskassen für Fälle der Krankheit, des Todes, der Arbeitsunfähigkeit oder sonstiger Bedürftigkeit für Innungsmitglieder und deren Angehörige[335], die Vermittlung bei Streitigkeiten zwischen Innungsmitgliedern und ihren Auftraggebern[336], die gütliche Streitbeilegung zwi-

---

[324] Ganz deutlich in BVerfGE 70, 1 (20); vgl. auch BVerfGE 68, 193 (208 ff.).
[325] BVerfGE 70, 1 (20); vgl. auch BVerfGE 68, 193 (208 ff.).
[326] *Detterbeck/Will*, Handwerksinnungen, 2003, S. 50 ff.
[327] Ähnlich: *Detterbeck/Will*, Handwerksinnungen, 2003, S. 52 f.; in diesem Sinne zählt *Fröhler*, Recht der Handwerksinnung, 1959, S. 110 etwa auch die Kann-Aufgabe der Vermittlung zwischen den Innungsmitgliedern und ihren Auftraggebern als rechtsprechungsähnliche Tätigkeit zur öffentlichen Verwaltungstätigkeit der Innung.
[328] Vgl. im Einzelnen *Detterbeck/Will*, Handwerksinnungen, 2003, S. 53 ff.; *Detterbeck*, Handwerkskammerbeitrags-Bonussystem, in: GewArch 2005, 277; ders., HwO, 4. Aufl., 2008, § 54 Rn. 4.
[329] § 54 Abs. 1 S. 2 Nr. 3 HwO.
[330] § 54 Abs. 1 S. 2 Nr. 4 HwO.
[331] § 54 Abs. 1 S. 2 Nr. 6 HwO.
[332] § 54 Abs. 1 S. 2 Nr. 8 HwO.
[333] § 54 Abs. 1 S. 2 Nr. 10 HwO; jedenfalls soweit es um Vorschriften und Anordnungen geht, welche die Handwerkskammer ihrerseits in Erfüllung einer staatlichen Aufgabe erlassen hat.
[334] § 54 Abs. 2 Nr. 2 HwO.
[335] § 54 Abs. 3 Nr. 2 HwO.
[336] § 54 Abs. 3 Nr. 3 HwO.

schen Ausbildenden und Lehrlingen durch Schlichtungsausschüsse der Innung[337] und die Errichtung von Innungskrankenkassen durch eine oder mehrere Innungen[338].

c) Die wesentlichen Innungsaufgaben

aa) Uneingeschränkte Pflichtaufgaben gem. § 54 Abs. 1 HwO

aaa) Förderung der gemeinsamen gewerblichen Interessen der Mitglieder (§ 54 Abs. 1 S. 1, Abs. 4 HwO)

Grundaufgabe der Handwerksinnung ist, die gemeinsamen gewerblichen Interessen ihrer Mitglieder zu fördern, § 54 Abs. 1 S. 1 HwO. Wie sich schon aus den Formulierungen „insbesondere" in § 54 Abs. 1 S. 2 HwO sowie „auch sonstige Maßnahmen zur Förderung der gemeinsamen gewerblichen Interessen der Innungsmitglieder" in § 54 Abs. 4 HwO ergibt, sind die in § 54 HwO im Einzelnen genannten Innungsaufgaben lediglich Ausformungen dieser Grundaufgabe. Die Zuordnung zu den verschiedenen Absätzen von § 54 HwO regelt, ob die Wahrnehmung der konkreten Aufgabe zur Erfüllung der Grundaufgabe der Förderung der gemeinsamen gewerblichen Interessen der Innungsmitglieder unabdingbar (Abs. 1 S. 2), grundsätzlich erforderlich (Abs. 2) oder nur geeignet (Abs. 3) ist[339].

§ 54 Abs. 4 HwO stellt noch einmal ausdrücklich klar, dass sich die Maßnahmen zur Erfüllung der Grundaufgabe aus § 54 Abs. 1 S. 1 HwO nicht in den in § 54 Abs. 1–3 HwO im Einzelnen genannten Tätigkeiten erschöpfen, sondern dass die Innung auch sonstige Maßnahmen zur Förderung der gemeinsamen gewerblichen Interessen der Innungsmitglieder durchführen kann. Die Innung kann danach alle Maßnahmen vornehmen, die geeignet sind, gerade die gewerblichen Interessen zu fördern, die den in ihr zusammengeschlossenen Innungsmitgliedern gemeinsam sind[340]. Förderung der gemeinsamen gewerblichen Interessen bedeutet nicht, dass die Innung die Partikularinteressen des einzelnen Innungsmitgliedes wahrzunehmen hat[341]. Die gemeinsamen Interessen sind aber andererseits auch nicht der kleinste gemeinsame Nenner der Einzelinteressen. Die gemeinsamen gewerblichen Interessen sind vielmehr durch Feststellung der Interessen der verschiedenen Kammerzugehörigen und Ausgleich derselben normativ ermittelte, idealisierte gewerbliche Gruppeninteressen der Innungsmitglieder. Grundlage der Ermittlung des gemeinsamen Interesses durch die Organe der Innung ist dabei die Feststellung der Einzelinteressen der Mitglieder. Die Organisation der Handwerksinnung eignet

---

[337] §§ 67 Abs. 3 HwO i. V. m. 111 Abs. 2 ArbGG.
[338] §§ 54 Abs. 5 HwO i. V. m. 157 SGB V.
[339] *Detterbeck*, HwO, 4. Aufl., 2008, § 54 Rn. 7.
[340] Nach *Webers*, in: Schwannecke, HwO, Lsbl., § 54 Rn. 4 (1994) umfasst die Regelung alle Maßnahmen, die geeignet sind, „dem Körperschaftszweck zu dienen".
[341] So können die zu fördernden gemeinsamen gewerblichen Interessen der Innungsmitglieder im Einzelfall durchaus den Partikularinteressen einzelner Innungsmitglieder entgegenstehen.

sich hierfür besonders gut, da in der Innungsversammlung regelmäßig alle Innungsmitglieder vertreten sind[342]. Jenseits der Innungsversammlungen können die Interessen der Mitglieder bspw. auch durch eine Befragung festgestellt werden. Auf der Grundlage des festgestellten Meinungsbildes sind dann normativ die gemeinsamen gewerblichen Interessen der Innungsmitglieder zu ermitteln, die schließlich nach außen wahrgenommen werden.

Die Förderung der gemeinsamen gewerblichen Interessen der Innungsmitglieder umfasst dabei zunächst die Vermittlung dieser gemeinsamen Interessen gegenüber staatlichen Stellen bspw. durch Vorschläge, Gutachten und Berichte[343]. Die Innungen vertreten also die gemeinsamen gewerblichen Interessen der in ihnen zusammengeschlossenen Gewerbetreibenden gegenüber den verschiedenen Ausprägungen des Staates. Dies kann entweder unmittelbar oder aber vermittelt durch eine Beteiligung an übergeordneten Interessenverbänden bspw. Innungsverbänden erfolgen. Neben dieser kommunikativen Schnittstellenfunktion zwischen Innungsmitgliedern und Staat kann eine Reihe von Einzelmaßnahmen der Förderung der gemeinsamen gewerblichen Interessen der Mitglieder dienen. Aus dem breiten Spektrum möglicher Aktivitäten seien hier schlaglichtartig als Beispiele die Veranstaltung bzw. Beteiligung an der Veranstaltung von messeartigen Werbeveranstaltungen für die repräsentierten Handwerke, die Aufklärung von Mitgliedern und Kunden über bzw. die Warnung vor Schwarzarbeit und die Schulung der Mitglieder über die Grundlagen ordnungsgemäßer Preisgestaltung genannt[344].

bbb) Pflege von Gemeingeist und Berufsehre (§ 54 Abs. 1 S. 2 Nr. 1 HwO)

Die Zuweisung der Aufgabe, Gemeingeist und Berufsehre zu pflegen, weist zwar mit Kernzielen wie der Förderung gegenseitiger Achtung und beruflicher Verbundenheit historisch-genetisch auf die Zünfte als Vorläufer der Innungen zurück. Heutzutage liegt dieser Aufgabe indes gerade nicht mehr ein überholtes zünftlerisches Leitbild sozialer Abgrenzung und wirtschaftlichen Monopolstrebens zugrunde, sondern das Ziel eines Interessenausgleichs primär zwischen den Innungsmitgliedern, aber auch zwischen den Innungsmitgliedern und der Öffentlichkeit, insbesondere den Kunden[345]. Das Tatbestandsmerkmal des Gemeingeists bezieht sich dabei auf das Verhältnis der Innungsmitglieder, während der Begriff der Berufsehre stärker auf das Verhältnis zwischen Innungsmitgliedern und Öffentlichkeit abzielt.

Welche Maßnahmen die Innung im Einzelnen zwecks Pflege von Gemeingeist und Berufsehre ergreift, steht in ihrem Ermessen. Erfasst sind jedenfalls nicht nur vermittelnde und sanktionierende Maßnahmen, sondern – unter dem Blickwinkel

---

[342] § 61 Abs. 1 S. 2 HwO.
[343] Dies geht über die Erstattung von Gutachten und Auskünften an Behörden gem. § 54 Abs. 1 S. 2 Nr. 8 HwO hinaus.
[344] Vgl. auch die Zusammenstellung bei *Webers*, in: Schwannecke, HwO, Lsbl., § 54 Rn. 4 (1994).
[345] Vgl. auch *Detterbeck*, HwO, 4. Aufl., 2008, § 54 Rn. 9.

des Gemeingeists – gerade auch Aktivitäten, die proaktiv den sozialen Zusammenhalt bspw. durch gesellige Veranstaltungen stärken oder das Leitbild der vertretenen Handwerke in der Öffentlichkeit präsentieren und akzentuieren. Als konkrete Maßnahme zur Pflege des Gemeingeists kommt bspw. die Einrichtung eines Schlichtungsausschusses in Betracht, der bei Streitigkeiten zwischen Innungsmitgliedern vermitteln kann, oder als Maßnahme zur Pflege der Berufsehre die Einrichtung einer Schlichtungs- oder Schiedsstelle für Verbraucherbeschwerden[346]. Nicht von der Aufgabe gedeckt ist indes die Einrichtung eines Ehrengerichtes zur Aufrechterhaltung und Förderung der standesgemäßen Berufsausübung[347]. Gleichfalls steht der Innung keine Disziplinargewalt gegenüber ihren Mitgliedern im Hinblick auf deren persönliches, berufliches oder wettbewerbliches Verhalten zu[348].

ccc) *Gutes Verhältnis zwischen Meistern, Gesellen und Lehrlingen*
(*§ 54 Abs. 1 S. 2 Nr. 2 HwO*)

In der Aufgabenzuweisung aus § 54 Abs. 1 S. 2 Nr. 2 HwO kommt ebenfalls das Ziel zum Ausdruck, dass sich die Innung für ein positives Sozialklima im Bereich ihrer Mitglieder zu engagieren hat. In diesem Fall hat sich die Innung allgemein für ein gutes Verhältnis zwischen Arbeitgebern (insbesondere Meistern) einerseits und Arbeitnehmern (Gesellen und Lehrlingen) andererseits einzusetzen. Dazu kann sie insbesondere Foren und Mechanismen zur gütlichen Beilegung von Streitigkeiten zwischen Arbeitgebern und Arbeitnehmern bereitstellen. Der Erfüllung dieser Aufgabe der Innung dient danach bspw. die Zusammenarbeit mit dem Gesellenausschuss[349], der gem. § 68 HwO im Interesse eines guten Verhältnisses zwischen den Innungsmitgliedern und den bei ihnen beschäftigten Gesellen errichtet wird, aber auch die Tätigkeit des freiwilligen Ausschusses zur Schlichtung von Streitigkeiten zwischen Ausbildenden und Auszubildenden gem. § 67 Abs. 3 HwO sowie des Pflichtausschusses zur Förderung der Berufsbildung gem. § 67 Abs. 2 HwO[350].

ddd) *Regelung und Überwachung der Lehrlingsausbildung*
(*§ 54 Abs. 1 S. 2 Nr. 3 HwO*)

Die Handwerksinnung hat entsprechend den Vorschriften der Handwerkskammer die Lehrlingsausbildung zu regeln und zu überwachen sowie für die berufliche Ausbildung der Lehrlinge zu sorgen und deren charakteristische Entwicklung zu för-

---

[346] *Webers*, in: Schwannecke, HwO, Lsbl., § 54 Rn. 10f. (1994).
[347] *Mohr/Faber*, Zur Ehrengerichtsbarkeit von Handwerksinnungen, in: GewArch 1989, 157ff.; *Webers*, in: Schwannecke, HwO, Lsbl., § 54 Rn. 10 (1994); *Detterbeck*, HwO, 4. Aufl., 2008, § 54 Rn. 9.
[348] BayVGH, GewArch 1989, 28 (29).
[349] *Kolbenschlag/Leßmann/Stücklen*, Die neue HwO, 1954, § 49 Anm. 3; *Honig/Knörr*, HwO, 4. Aufl., 2008, § 54 Rn. 11.
[350] *Fröhler*, Recht der Handwerksinnung, 1959, S. 111f.; *Detterbeck*, HwO, 4. Aufl., 2008, § 54 Rn. 10.

dern[351]. Zum einen hat die Innung also – neben der Handwerkskammer[352] – die Einhaltung der gesetzlichen sowie der von der Handwerkskammer erlassenen Berufsausbildungsvorschriften zu überwachen[353]. Zum anderen kann die Innung, soweit die zuständige Handwerkskammer keine Vorschriften erlassen hat, selbst Berufsausbildungsvorschriften erlassen[354]. Sonstige Maßnahmen der Innung mit dem Ziel, für die berufliche Ausbildung der Lehrlinge zu sorgen und deren charakterliche Entwicklung zu fördern, stehen im Ermessen der Innung und können breitgefächert sein. Beispiele sind etwa die Veranstaltung von Kursen zu Berufstechniken, aber auch zu sog. „soft-skills", das Ausloben von Förderpreisen bspw. für besonders gute Prüflinge oder auch – ggf. im Zusammenwirken mehrerer Innungen – die Einrichtung von Lehrlingsheimen und dergleichen[355]. An allen Maßnahmen ist der Gesellenausschuss zu beteiligen[356].

eee) Abnahme von Gesellenprüfungen, Errichtung von Gesellenprüfungsausschüssen (§ 54 Abs. 1 S. 2 Nr. 3 HwO)

Die Abnahme von Gesellenprüfungen und die Errichtung von Gesellenprüfungsausschüssen hierfür obliegt eigentlich den Handwerkskammern[357]. Diese können jedoch Handwerksinnungen zur Errichtung von Gesellenprüfungsausschüssen ermächtigen, wenn die Leistungsfähigkeit der jeweiligen Innung die ordnungsgemäße Durchführung der Prüfung sicherstellt[358]. Kommt es zu einer solchen Ermächtigung durch die Kammer, ist die betreffende Innung berechtigt (und verpflichtet), die Gesellenprüfungen abzunehmen und hierfür Gesellenprüfungsausschüsse zu errichten[359]. Wie auch bei der Regelung und Überwachung der Lehrlingsausbildung gem. § 54 Abs. 1 S. 2 Nr. 3 HwO handelt es sich hierbei um eine eindeutig staatliche Aufgabe, bei der die Innung gegenüber den Betroffenen Hoheitsgewalt ausübt[360].

---

[351] § 54 Abs. 1 S. 2 Nr. 3 HwO.
[352] Vgl. § 41a HwO.
[353] Vgl. § 54 Abs. 1 S. 2 Nr. 3 HwO i. V. m. §§ 91 Abs. 1 Nr. 4, 41 HwO.
[354] *Webers*, in: Schwannecke, HwO, Lsbl., § 54 Rn. 13 (1994); *Detterbeck*, HwO, 4. Aufl., 2008, § 54 Rn. 11; zuständig für den Erlass entsprechender Vorschriften ist gem. § 61 Abs. 2 Nr. 6 HwO die Innungsversammlung.
[355] *Fröhler*, Recht der Handwerksinnung, 1959, S. 115; *Detterbeck*, HwO, 4. Aufl., 2008, § 54 Rn. 11.
[356] § 68 Abs. 2 Nr. 1 und 2 HwO.
[357] §§ 91 Abs. 1 Nr. 5 i. V. m. 33 HwO.
[358] § 33 Abs. 1 S. 3 HwO.
[359] § 54 Abs. 1 S. 2 Nr. 4 HwO.
[360] *Detterbeck*, HwO, 4. Aufl., 2008, § 54 Rn. 12.

fff) Förderung des handwerklichen Könnens der Meister und Gesellen
(§ 54 Abs. 1 S. 2 Nr. 5 HwO)

Welche Maßnahmen die Innung im Einzelnen ergreift, um das handwerkliche Können der Meister und Gesellen zu fördern[361], steht in ihrem Ermessen. Exemplarisch genannt werden die Möglichkeit der Errichtung bzw. Unterstützung von Fachschulen sowie der Veranstaltung von Lehrgängen. Der aus früheren Gesetzen übernommene Begriff der Fachschule ist weit zu verstehen und umfasst alle Einrichtungen, die der Ausbildung und Fortbildung dienen[362]. Da die Errichtung derartiger Einrichtungen meist die finanziellen Mittel der Innungen übersteigt, steht in der Praxis die materielle oder ideelle Unterstützung von Einrichtungen anderer Träger, bspw. auch der staatlichen Berufsschulen[363], im Vordergrund[364]. Ansonsten sind die möglichen Maßnahmen breit gestreut und können vom Vorhalten von Fachzeitschriften, über die Veranstaltung fachlicher Ausstellungen und Vorträge, die Durchführung von Leistungswettbewerben und die Unterstützung von Auslandsaufenthalten bis hin zu spezifischen Lehrgängen reichen[365]. Soweit es um Maßnahmen zur Förderung des handwerklichen Könnens der Gesellen geht, ist der Gesellenausschuss zu beteiligen[366].

ggg) Mitwirkung bei der Verwaltung der Berufsschulen
(§ 54 Abs. 1 S. 2 Nr. 6 HwO)

Die Innungen haben ferner bei der Verwaltung der Berufsschulen mitzuwirken, wenn die bundes- oder landesrechtlichen Vorschriften über die Unterrichtsverwaltung dies vorsehen[367]. Der Begriff der Verwaltung ist untechnisch und weit zu verstehen und kann bspw. die Mitwirkung in Fachausschüssen und Beiräten sowie Schulpflegschaften umfassen[368]. In Ermangelung entsprechender Vorschriften läuft diese Aufgabe der Innung allerdings derzeit weitgehend leer[369].

hhh) Förderung des Genossenschaftswesens (§ 54 Abs. 1 S. 2 Nr. 7 HwO)

Im Bereich des Handwerks spielen Genossenschaften, insbesondere Einkaufs-, Produktions- und Verkaufsgenossenschaften, eine große praktische Rolle. Wie die Innung zur weiteren Förderung des Genossenschaftswesens beiträgt, steht in ihrem Ermessen. Insbesondere kann sie ihre Mitglieder über die oft wenig bekannten Möglichkeiten informieren, welche die Rechtsform der Genossenschaft in verschie-

---

[361] § 54 Abs. 1 S. 2 Nr. 5 HwO.
[362] *Detterbeck,* HwO, 4. Aufl., 2008, § 54 Rn. 14.
[363] Vgl. auch § 54 Abs. 1 S. 2 Nr. 6 HwO.
[364] *Webers,* in: Schwannecke, HwO, Lsbl., § 54 Rn. 15 (1994).
[365] *Honig/Knörr,* HwO, 4. Aufl., 2008, § 54 Rn. 20; *Webers,* in: Schwannecke, HwO, Lsbl., § 54 Rn. 15 (1994); *Detterbeck,* HwO, 4. Aufl., 2008, § 54 Rn. 15.
[366] § 68 Abs. 2 Nr. 4 HwO.
[367] § 54 Abs. 1 S. 2 Nr. 6 HwO.
[368] *Detterbeck,* HwO, 4. Aufl., 2008, § 54 Rn. 16.
[369] *Honig/Knörr,* HwO, 4. Aufl., 2008, § 54 Rn. 25.

denen Bereichen zur Bündelung der Kräfte der Mitglieder bietet[370]. Über konkrete Informations- und Beratungsmaßnahmen zu den Potentialen (aber auch Nachteilen) der Genossenschaft für die konkrete Tätigkeit der Innungsmitglieder hinausgehend, kann sie auch das Genossenschaftswesen als solches fördern, bspw. indem sie einschlägige Genossenschaftsverbände oder die an verschiedenen Universitäten bestehenden wissenschaftlichen Genossenschaftsinstitute unterstützt.

iii) Erstattung von Gutachten und Auskünften (§ 54 Abs. 1 S. 2 Nr. 8 HwO)

Die Pflicht der Innung, den Behörden über Angelegenheiten der in ihr vertretenen Handwerke Gutachten und Auskünfte zu erstatten, ist eine Konkretisierung der allgemeinen Rechts- und Amtshilfepflicht der Behörden gem. Art. 35 Abs. 1 GG und §§ 4 ff. VwVfG[371], zugleich aber auch eine der typischen Aufgaben einer Selbstverwaltungskörperschaft, die vom Staat von jeher nicht zuletzt dazu genutzt werden, zwecks Optimierung der Verwaltung, aber auch der sonstigen staatlichen Tätigkeit, aus erster Hand Informationen über die Verhältnisse der Betroffenen zu erlangen. Die Pflicht zur Erstattung von Gutachten und Auskünften besteht gegenüber allen Landes- und Bundesbehörden, Gerichten und Körperschaften des öffentlichen Rechts, also auch gegenüber anderen Innungen, Kreishandwerkerschaften, Handwerkskammern, Landwirtschaftskammern und IHK[372]. Für ihre Tätigkeit kann die Innung von der anfordernden Behörde keine Gebühr, aber Ersatz der ihr entstandenen Kosten verlangen[373].

jjj) Unterstützung sonstiger handwerklicher Organisationen und Einrichtungen (§ 54 Abs. 1 S. 2 Nr. 9 HwO)

Die Innung hat die sonstigen handwerklichen Organisationen und Einrichtungen in der Erfüllung ihrer Aufgaben zu unterstützen[374]. Der Begriff der sonstigen handwerklichen Organisationen und Einrichtungen ist weit zu verstehen und umfasst sowohl öffentlich-rechtlich organisierte Institutionen wie die Handwerkskammern und Kreishandwerkerschaften als auch solche des Privatrechts wie bspw. die Landes- und Bundesinnungsverbände, den Zentralverband des Deutschen Handwerks (ZDH) und den Deutschen Handwerkskammertag (DHKT)[375].

---

[370] *Webers*, in: Schwannecke, HwO, Lsbl., § 54 Rn. 17 (1994); *Honig/Knörr*, HwO, 4. Aufl., 2008, § 54 Rn. 26.
[371] *Detterbeck*, HwO, 4. Aufl., 2008, § 54 Rn. 18; *Webers*, in: Schwannecke, HwO, Lsbl., § 54 Rn. 18 (1994).
[372] *Honig/Knörr*, HwO, 4. Aufl., 2008, § 54 Rn. 27; *Webers*, in: Schwannecke, HwO, Lsbl., § 54 Rn. 18 (1994); *Detterbeck*, HwO, 4. Aufl., 2008, § 54 Rn. 19.
[373] Vgl. § 8 Abs. 1 VwVfG; *Webers*, in: Schwannecke, HwO, Lsbl., § 54 Rn. 18 (1994); *Detterbeck*, HwO, 4. Aufl., 2008, § 54 Rn. 19.
[374] § 54 Abs. 1 S. 2 Nr. 9 HwO.
[375] *Fröhler*, Recht der Handwerksinnung, 1959, S. 114; *Detterbeck*, HwO, 4. Aufl., 2008, § 54 Rn. 20; *Webers*, in: Schwannecke, HwO, Lsbl., § 54 Rn. 19 (1994); *Honig*, HwO, 3. Aufl., 2004, § 54 Rn. 30.

kkk) Durchführung der Vorschriften und Anordnungen der Handwerkskammer (§ 54 Abs. 1 S. 2 Nr. 10 HwO)

Die Innung hat die von der Handwerkskammer innerhalb deren Zuständigkeit erlassenen Vorschriften und Anordnungen durchzuführen[376]. Im Rahmen des Subordinationsverhältnisses zwischen Kammer und Innung hat die Innung also Rechtsnormen wie auch Einzelrechtsakte der Kammer umzusetzen, soweit deren Erlass in der Zuständigkeit der Kammer liegt. In der Praxis umfassen die von der Innung durchzuführenden Vorschriften der Kammer vor allem Regelungen über die Berufsausbildung der Lehrlinge sowie Gesellen- und Meisterprüfungsordnungen und die von der Kammer durchzuführenden Anordnungen insbesondere Beanstandungen, Weisungen usw. im Rahmen des Aufsichtsrechts der Kammer über die Innung gem. § 75 HwO[377].

bb) Soll-Aufgaben gem. § 54 Abs. 2 HwO

Hier sei noch einmal darauf hingewiesen, dass auch die Soll-Aufgaben des § 54 Abs. 2 HwO zu den Pflichtaufgaben der Innung zählen. Allerdings kann die Innung von deren Durchführung ausnahmsweise – bei Vorliegen eines wichtigen Grundes – absehen.

aaa) Einrichtungen zur Verbesserung der Arbeitsweise und der Betriebsführung (§ 54 Abs. 2 Nr. 1 HwO)

Die Soll-Aufgabe der Handwerksinnung, zwecks Erhöhung der Wirtschaftlichkeit der Betriebe ihrer Mitglieder Einrichtungen zur Verbesserung der Arbeitsweise und der Betriebsführung zu schaffen und zu fördern[378], steht in engem Zusammenhang mit ihrer Grundaufgabe aus § 54 Abs. 1 S. 1 HwO, die gemeinsamen gewerblichen Interessen ihrer Mitglieder zu fördern. Gemeint sind hier solche Einrichtungen, welche die Mitgliedsbetriebe darin unterstützen, ihre Betriebsorganisation, einschließlich des gesamten Rechnungswesens, sowie konkrete Arbeitsvorgänge zu optimieren, um so das Verhältnis zwischen Ertrag und Aufwand zu verbessern. Dies umfasst bspw. Betriebsberatungsstellen, welche Mitgliedsbetriebe im Hinblick auf eine Rationalisierung ihrer kaufmännischen und technischen Organisation begutachten und beraten, ebenso wie Einrichtungen, welche Innungsmitglieder in betriebsbezogenen steuerlichen[379] oder rechtlichen Angelegenheiten[380] beraten, oder solche, die sich mit Personalführung befassen, bis hin zu Inkassostellen zur Einziehung von Forderungen der Mitglieder[381].

---

[376] § 54 Abs. 1 S. 2 Nr. 10 HwO.
[377] *Webers*, in: Schwannecke, HwO, Lsbl., § 54 Rn. 20 (1994).
[378] § 54 Abs. 2 Nr. 1 HwO.
[379] *Gehre/von Borstel*, Steuerberatungsgesetz, 5. Aufl., 2005, § 4 Rn. 5 f.
[380] Zur rechtsberatenden Tätigkeit: *Kormann/Schinner-Stör*, Zulässigkeit von Rechtsdienstleistungen, 2003, S. 27 ff., 83 ff.
[381] Weitere Beispiele bei: *Detterbeck*, HwO, 4. Aufl., 2008, § 54 Rn. 23; *Webers*, in: Schwannecke, HwO, Lsbl., § 54 Rn. 22 f. (1994); *Honig/Knörr*, HwO, 4. Aufl., 2008, § 54 Rn. 36 f.

bbb) Beratung von Vergabestellen (§ 54 Abs. 2 Nr. 2 HwO)

Die Handwerksinnung soll bei der Vergabe öffentlicher Lieferungen und Leistungen die Vergabestellen beraten[382]. Tauchen in für das Handwerk relevanten Vergabeverfahren für öffentliche Lieferungen und Leistungen im Ausschreibungsverfahren oder bei der Vertragsabwicklung Zweifelsfragen v. a. technischer Natur auf, holen die Gebietskörperschaften und anderen öffentlichen Auftraggeber mitunter Auskünfte von den handwerklichen Organisationen ein[383]. Die Beratung von Vergabestellen gem. § 54 Abs. 2 Nr. 2 HwO deckt aber nicht nur die Beantwortung entsprechender Anfragen, sondern auch ein initiatives Tätigwerden der Innung gegenüber den Vergabestellen etwa im Hinblick auf die allgemeine Gestaltung des Verfahrens oder aber konkrete Vergabeverfahren ab. Die Innung muss dabei stets objektiv bleiben, darf also nicht etwa einzelne Mitglieder begünstigen[384].

ccc) Unterstützung des handwerklichen Pressewesens (§ 54 Abs. 2 Nr. 3 HwO)

Die Handwerksinnung soll das handwerkliche Pressewesen unterstützen[385]. Die Möglichkeiten hierbei sind breitgefächert und reichen von der Einrichtung und Unterhaltung eines eigenen Presseorgans der Innung bis zur materiellen und ideellen Unterstützung handwerksbezogener Presseorgane anderer Träger[386]. Auch eine Unterstützung von handwerksbezogenen Abschnitten in nicht allein oder nicht primär auf das Handwerk bezogenen Presseorganen ist von der Aufgabe umfasst.

cc) Kann-Aufgaben gem. § 54 Abs. 3 HwO

aaa) Abschluss von Tarifverträgen (§ 54 Abs. 3 Nr. 1 HwO)

Die Handwerksinnung kann Tarifverträge abschließen, soweit und solange solche Verträge nicht durch den Innungsverband für den Bereich der Handwerksinnung geschlossen sind[387]. Damit wird in Abweichung von dem Grundsatz, dass öffentlich-rechtliche Verbände eigentlich nicht tariffähig sind, die Tariffähigkeit der Handwerksinnung als Körperschaft des öffentlichen Rechts ausdrücklich anerkannt[388]. Durch die Ausdehnung der Tariffähigkeit auf Arbeitgeberseite will es das Gesetz letztlich den Koalitionen der Arbeitnehmer erleichtern, einen Tarifpartner

---

[382] § 54 Abs. 2 Nr. 2 HwO; die gesetzliche Terminologie „Vergebung" und „Vergebungsstellen" ist antiquiert.
[383] *Webers*, in: Schwannecke, HwO, Lsbl., § 54 Rn. 24 (1994).
[384] *Detterbeck*, HwO, 4. Aufl., 2008, § 54 Rn. 24.
[385] § 54 Abs. 2 Nr. 3 HwO.
[386] *Webers*, in: Schwannecke, HwO, Lsbl., § 54 Rn. 25 (1994).
[387] § 54 Abs. 3 Nr. 1 HwO.
[388] *Schaub*, Arbeitsrechts-Handbuch, 13. Aufl., 2009, § 199 Rn. 12; zur historischen Entwicklung der Tariffähigkeit der Innungen: *Meyer-Ibold*, Die Organisation des deutschen Handwerks, 1931, S. 46 f.

zwecks Abschluss eines Tarifvertrages zu finden[389]. Wie oben ausgeführt, wurde im Rahmen des Gesetzgebungsverfahrens zur HwO nicht zuletzt aus dem Grund auf eine Pflichtmitgliedschaft bei den Handwerksinnungen verzichtet, dass deren Tariffähigkeit nicht gefährdet werden sollte[390]. Bedenken, dass die Tariffähigkeit auch der heutigen freiwilligen Innungen unter anderem im Hinblick auf einen eventuellen faktischen Zwang, der Innung beizutreten (oder fernzubleiben), im Lichte von Art. 9 Abs. 3 GG verfassungswidrig sein könnte[391], hat das Bundesverfassungsgericht nicht für durchgreifend erachtet und die Verfassungsmäßigkeit von § 54 Abs. 3 Nr. 1 HwO – ebenso wie von § 82 S. 2 Nr. 3 HwO über die Tariffähigkeit der Landesinnungsverbände – bestätigt[392]. In der Praxis schließen die Innungen selten Tarifverträge ab, da meist die Landesinnungsverbände als Tarifpartner fungieren[393]. In tarifvertraglichen Angelegenheiten der Innung entfällt wegen des Gebotes der Gegnerfreiheit die Beteiligung des Gesellenausschusses[394].

bbb) Errichtung von Unterstützungskassen (§ 54 Abs. 3 Nr. 2 HwO)

Die Innung kann für ihre Mitglieder und deren Angehörige Unterstützungskassen für Fälle der Krankheit, des Todes, der Arbeitsunfähigkeit oder sonstiger Bedürftigkeit errichten[395]. Dies schließt nicht aus, getrennt davon auch entsprechende Einrichtungen zur Unterstützung von Gesellen und Auszubildenden zu errichten[396]. Unterstützungskassen werden – anders als Innungskrankenkassen gem. § 54 Abs. 5 HwO – als unselbständige Innungseinrichtungen ohne eigene Rechtspersönlichkeit errichtet[397]. Die Mitgliedschaft in der Unterstützungskasse sowie die Rechte und Pflichten der Mitglieder werden in einer Nebensatzung, also einer weiteren speziellen Satzung neben der eigentlichen Satzung der Innung[398], geregelt, die durch die Innungsversammlung erlassen wird und der Genehmigung der Handwerkskammer bedarf[399].

---

[389] BVerfGE 20, 312 (318).
[390] Vgl. oben S. 618; bereits in der Weimarer Republik war die Tariffähigkeit von Zwangsinnungen insbes. im Lichte der Vereinigungsfreiheit aus Art. 159 WRV heftig umstritten; vgl. dazu *Meyer-Ibold*, Die Organisation des deutschen Handwerks, 1931, S. 46 ff.
[391] Ausführlich zu verschiedenen Argumenten: LAG Frankfurt/Main, GewArch 1966, 12 ff.; *Reuss*, Verfassungsrechtliche Grundsätze, in: DVBl. 1953, 684 (687).
[392] BVerfGE 20, 312 (317 ff., 321 f.); vgl. auch BAG, Arbeitsrechtliche Praxis, Lsbl., § 616 BGB, Nr. 8; *Hueck*, Die arbeitsrechtliche Bedeutung, in: RdA 1954, 14 (21); *Kreppner*, Tariffähigkeit der Innungen, in: BB 1966, 864 ff.; *Förster*, Die Innungen und Innungsverbände, in: GewArch 1963, 153 ff.
[393] Vgl. § 82 S. 2 Nr. 3 HwO; *Detterbeck*, HwO, 4. Aufl., 2008, § 54 Rn. 27.
[394] § 68 Abs. 5 HwO.
[395] § 54 Abs. 3 Nr. 2 HwO.
[396] *Honig*, HwO, 3. Aufl., 2004, § 54 Rn. 44; *Webers*, in: Schwannecke, HwO, Lsbl., § 54 Rn. 30 (1994).
[397] *Detterbeck*, HwO, 4. Aufl., 2008, § 54 Rn. 29; *Honig/Knörr*, HwO, 4. Aufl., 2008, § 54 Rn. 46; *Webers*, in: Schwannecke, HwO, Lsbl., § 54 Rn. 30 (1994).
[398] *Taubert*, in: Schwannecke, HwO, Lsbl., § 57 Rn. 2 f. (2006).
[399] § 57 Abs. 1 HwO; *Detterbeck*, HwO, 4. Aufl., 2008, § 57 Rn. 2; *Webers*, in: Schwannecke, HwO, Lsbl., § 54 Rn. 30 (1994).

Über die Einnahmen und Ausgaben von Unterstützungskassen ist getrennt von denjenigen der Innung Rechnung zu führen und das hierfür bestimmte Vermögen gesondert vom Innungsvermögen zu verwalten[400]. Für andere als Kassenzwecke darf das Vermögen der Unterstützungskasse nicht verwendet werden[401]. Aufgrund der Unselbständigkeit der Unterstützungskasse haftet ihren Gläubigern, zu denen auch die Kassenmitglieder zählen können, grundsätzlich die Innung als solche mit ihrem gesamten Vermögen[402]. Allerdings steht den Gläubigern innerhalb und außerhalb des Insolvenzverfahrens auch ein Recht auf abgesonderte Befriedigung aus dem gesondert zu verwaltenden Vermögen der Unterstützungskasse zu[403].

Anzumerken ist schließlich, dass Unterstützungskassen der Innungen, auch wenn sie einen Rechtsanspruch auf ihre Leistungen vorsehen[404], nicht der Aufsicht nach den Vorschriften des Versicherungsaufsichtsgesetzes (VAG[405]) unterliegen[406].

ccc) Vermittlung bei Streitigkeiten mit Auftraggebern (§ 54 Abs. 3 Nr. 3 HwO)

Die Innung kann auf Antrag bei Streitigkeiten zwischen ihren Mitgliedern und deren Auftraggebern vermitteln[407]. Die Innung, die nur auf Antrag einer Partei, also nicht von sich aus tätig werden darf, kann hierfür einen Schlichtungsausschuss mit mehr oder weniger formalisiertem Verfahren errichten oder aber die Schlichtung dem Obermeister oder einem anderen Innungsmitglied übertragen[408]. In der Praxis besitzen die Schiedsstellen des Kraftfahrzeuggewerbes große praktische Bedeutung[409], die – obwohl sie keine reinen Innungsinstitutionen sind – auf § 54 Abs. 3 Nr. 3 HwO beruhen[410].

---

[400] § 57 Abs. 2 S. 1 HwO.
[401] § 57 Abs. 2 S. 2 HwO.
[402] *Honig/Knörr*, HwO, 4. Aufl., 2008, § 57 Rn. 15; *Detterbeck*, HwO, 4. Aufl., 2008, § 57 Rn. 7.
[403] § 57 Abs. 2 S. 3 HwO.
[404] Vgl. die Begründung zum Entwurf des 14. Gesetz zur Änderung des Versicherungsaufsichtsgesetzes, BT-Drs. 9/1493, S. 18.
[405] Gesetz über die Beaufsichtigung der Versicherungsunternehmen (Versicherungsaufsichtsgesetz) in der Fassung der Bekanntmachung vom 17. 12. 1992 (BGBl. 1993 I S. 2), zuletzt geändert durch Art. 4 Abs. 10 des Gesetzes vom 30. 07. 2009 (BGBl. I S. 2437).
[406] § 1 Abs. 3 Nr. 1a VAG; *Fahr/Kaulbach/Bähr*, VAG, 4. Aufl., 2007, § 1 Rn. 76; *R. Schmidt*, in: Prölss, Versicherungsaufsichtsgesetz, 11. Aufl., 1997, § 1 Rn. 57; *Präve*, in: Prölss, Versicherungsaufsichtsgesetz, 12. Aufl., 2005, § 1 Rn. 66; der frühere § 190 a. F. des Versicherungsvertragsgesetzes, der Versicherungsverhältnisse mit von Innungen errichteten Unterstützungskassen von der Anwendung des Versicherungsvertragsgesetzes ausnahm, existiert hingegen seit der Neufassung des Gesetzes als Gesetz über den Versicherungsvertrag (Versicherungsvertragsgesetz) vom 23. 11. 2007 (BGBl. I, S. 2631), zuletzt geändert durch Art. 6 des Gesetzes vom 14. 04. 2010 (BGBl. I S. 410) seit Anfang 2008 nicht mehr.
[407] § 54 Abs. 3 Nr. 3 HwO.
[408] *Detterbeck*, HwO, 4. Aufl., 2008, § 54 Rn. 30; *Webers*, in: Schwannecke, HwO, Lsbl., § 54 Rn. 31 (1994); *Heck*, Schieds-, Schlichtungs- und Inkassowesen im Handwerk, in: WiVerw. 1999, 100 (102 f.).
[409] Vgl. <http://www.kfzschiedsstelle.de>; *Heck*, Schieds-, Schlichtungs- und Inkassowesen im Handwerk, in: WiVerw. 1999, 100 (103).
[410] Dazu: *Honig*, Einige Rechtsfragen, in: GewArch 1977, 258 ff.; *ders.*, Die Wirkung der Kfz-Schiedsstellen, in: DAR 1994, 148 ff.; *ders.*, HwO, 3. Aufl., 2004, § 54 Rn. 49.

ddd) Errichtung von Innungskrankenkassen
(§ 54 Abs. 5 HwO i. V. m. §§ 157 ff. SGB V)

Eine oder mehrere Handwerksinnungen gemeinsam können als sog. Trägerinnung(en) gem. § 54 Abs. 5 HwO i. V. m. § 157 Abs. 1 SGB V[411] eine Innungskrankenkasse errichten[412]. Die Errichtung und die Rechtsverhältnisse der Krankenkasse richten sich nach den einschlägigen bundesrechtlichen Bestimmungen[413], vor allem den §§ 157 ff. SGB V[414] und §§ 29 ff. SGB IV[415]. Die Errichtung einer Innungskrankenkasse setzt voraus, dass 1.) in den Handwerksbetrieben der Mitglieder der Handwerksinnung regelmäßig mindestens 1000 Versicherungspflichtige beschäftigt werden und 2.) die Leistungsfähigkeit der zu errichtenden Krankenkasse auf Dauer gesichert ist[416].

Die Errichtung ist durch die Innungsversammlung zu beschließen[417]. Der Gesellenausschuss ist hieran zu beteiligen, da die Gesellen zur Innungskrankenkasse Beiträge entrichten, bzw. diese (auch) zu ihrer Unterstützung bestimmt ist[418]. Vom handwerksrechtlichen Beschluss der Innung ist die sozialversicherungsrechtlich erforderliche Zustimmung der Innungsversammlung gem. § 158 Abs. 2 1. Alt. SGB V zu unterscheiden[419], für die besondere Verfahrensvoraussetzungen gelten[420]. Zusätzlich bedarf die Errichtung der Innungskrankenkasse schließlich der Zustimmung der Mehrheit der in den Innungsbetrieben Beschäftigten[421]. Errichten mehre-

---

[411] Sozialgesetzbuch Fünftes Buch – Gesetzliche Krankenversicherung – (Art. 1 des Gesetzes vom 20.12.1988, BGBl. I S. 2477), zuletzt geändert durch Art. 1 des Gesetzes vom 24.07.2010 (BGBl. I S. 983).
[412] Gem. § 4 Abs. 2 SGB V ist die Krankenversicherung in folgende Kassenarten gegliedert: Allgemeine Ortskrankenkassen, Betriebskrankenkassen, Innungskrankenkassen, Landwirtschaftliche Krankenkassen, die Deutsche Rentenversicherung Knappschaft-Bahn-See als Träger der Krankenversicherung (Deutsche Rentenversicherung Knappschaft-Bahn-See) und Ersatzkassen; *Meyer-Ibold*, Die Organisation des deutschen Handwerks, 1931, S. 32, Fn. 1 berichtet, dass im Jahr 1929 Fabrikanten (was damals noch möglich war) in Remscheid Innungen allein zu dem Zweck gegründet hätten, Innungskrankenkassen zu errichten.
[413] § 54 Abs. 5 HwO.
[414] Dazu insbes. die Kommentierungen in: Hauck/Noftz, SGB V, Bd. 4, Lsbl., K §§ 157 ff. sowie in Krauskopf, Soziale Krankenversicherung, Lsbl., §§ 157 ff. SGB V.
[415] Sozialgesetzbuch Viertes Buch – Gemeinsame Vorschriften für die Sozialversicherung – (Art. 1 des Gesetzes vom 23.12.1976, BGBl. I S. 3845) in der Fassung der Bekanntmachung vom 12.11.2009 (BGBl. I S. 3710, 3973); vgl. dazu insbes. die Kommentierungen in: Hauck/Noftz, SGB IV, Bd. 1 und Lsbl., K §§ 29 ff. sowie in Krauskopf, Soziale Krankenversicherung, Lsbl., §§ 29 ff. SGB IV.
[416] § 157 Abs. 2 SGB V.
[417] § 158 Abs. 2 SGB V spricht untechnisch davon, dass die Zustimmung der Innungsversammlung erforderlich sei; *Webers*, in: Schwannecke, HwO, Lsbl., § 54 Rn. 35 (1994).
[418] § 68 Abs. 2 Nr. 7 HwO.
[419] *Baier*, in: Krauskopf, Soziale Krankenversicherung, Lsbl., § 158 SGB V, Rn. 6 f. (2003).
[420] So wird die Abstimmung gem. §§ 158 Abs. 3 i. V. m. 148 Abs. 2 S. 2 SGB V von der Aufsichtsbehörde (der zu errichtenden Krankenkasse) oder der von ihr beauftragten Behörde geleitet. Gem. §§ 158 Abs. 3 i. V. m. 148 Abs. 2 S. 3 SGB V muss die Abstimmung geheim erfolgen.
[421] § 158 Abs. 2 2. Alt. SGB V; *Detterbeck*, HwO, 4. Aufl., 2008, § 54 Rn. 30; bis zu seiner Änderung im Jahr 1996 wurde in § 158 Abs. 2 SGB V lediglich die Zustimmung des Gesellenausschusses verlangt; die Kommentierungen von *Webers*, in: Schwannecke, HwO, Lsbl., § 54 Rn. 35

re Innungen gemeinsam eine Krankenkasse, müssen die Innungsversammlungen aller Trägerinnungen zustimmen und auch die Mehrheit der Beschäftigen in den Betrieben der einzelnen Innungen gesondert zustimmen; eine Gesamtmehrheit der Beschäftigten in den Betrieben aller beteiligten Innungen zusammen genügt also nicht[422].

Die Errichtung der Innungskrankenkasse bedarf der Genehmigung der nach der Errichtung für die Krankenkasse zuständigen Aufsichtsbehörde[423]. Erstreckt sich der Zuständigkeitsbereich der neuen Krankenkasse nicht über das Gebiet eines Landes oder von drei Ländern, die sich auf die zuständige Aufsichtsbehörde geeinigt haben[424], hinaus, ist die für die Sozialversicherung zuständige oberste Verwaltungsbehörde des Landes oder die von ihr bestimmte Behörde die für die Genehmigung der Errichtung zuständige Aufsichtsbehörde[425]. Geht der Zuständigkeitsbereich der Kasse hingegen darüber hinaus, ist das Bundesversicherungsamt zuständig[426]. Die Genehmigung darf indes nur versagt werden, wenn eine der in § 157 SGB V genannten Voraussetzungen nicht vorliegt (in den Handwerksbetrieben der Mitglieder der Innung nicht regelmäßig mindestens 1000 Versicherungspflichtige beschäftigt werden oder die Leistungsfähigkeit der Kasse nicht auf Dauer gesichert ist) oder die Krankenkasse zum Errichtungszeitpunkt nicht 1000 Mitglieder haben wird[427].

Innungskrankenkassen sind eigenständige Körperschaften des öffentlichen Rechts mit Selbstverwaltung[428]. Für ihre Verfassung[429], die Zusammensetzung, die Wahl und das Verfahren der Selbstverwaltungsorgane etc.[430], das Haushalts- und Rechnungswesen[431], das Vermögen[432] und die Aufsicht[433] gelten die Regeln des vierten Abschnitts des SGB IV, der gemeinsame Vorschriften für die Sozialversi-

---

(1994) und *Musielak/Detterbeck*, Recht des Handwerks, 3. Aufl., 1995, § 54 Rn. 31 (vgl. auch a.a.O., § 68 Rn. 7) beziehen sich auf die alte Gesetzesfassung; vgl. zur noch früheren Rechtslage gem. §§ 250, 251 RVO a.F.: BVerfGE 11, 310 ff.

[422] Vgl. näher: W. *Engelhard*, in: Hauck/Noftz, SGB V, Bd. 4, Lsbl., K § 158 Rn. 4 (2004).
[423] § 158 Abs. 1 S. 1 SGB V.
[424] § 90 Abs. 3 SGB IV i. V. m. Art. 87 Abs. 2 S. 2 GG.
[425] § 158 Abs. 1 S. 1 SGB V i. V. m. § 90 Abs. 2 SGB IV.
[426] § 158 Abs. 1 S. 1 SGB V i. V. m. § 90 Abs. 1 SGB IV.
[427] § 158 Abs. 1 S. 2 SGB V; *Baier*, in: Krauskopf, Soziale Krankenversicherung, Lsbl., § 148 SGB V, Rn. 5 ff. (2003); dass es sich hier nicht etwa um eine überflüssige Dopplung der Voraussetzungen handelt, folgt schon daraus, dass die in den Handwerksbetrieben versicherungspflichtig Beschäftigten nicht mit der Mitgliederzahl der zu errichtenden Krankenkasse identisch sein müssen. So können versicherungspflichtig Beschäftigte etwa freiwillig Mitglied ihrer bisherigen Kasse bleiben, und Mitglied der neuen Kasse über die beschäftigten Versicherungspflichtigen hinaus auch nicht beschäftigte Versicherungspflichtige und freiwillige Mitglieder werden; vgl. W. *Engelhard*, in: Hauck/Noftz, SGB V, Bd. 4, Lsbl., K § 158 Rn. 7 (2004).
[428] § 29 Abs. 1 SGB IV; *Steinbach*, in: Hauck/Noftz, SGB IV, Bd. 1, Lsbl., K § 29 Rn. 9 ff. (2004); *Baier*, in: Krauskopf, Soziale Krankenversicherung, Lsbl., § 29 SGB IV, Rn. 7 f. (2002).
[429] §§ 29–42 SGB IV.
[430] §§ 43–66 SGB IV.
[431] §§ 67–79 SGB IV.
[432] §§ 80–86 SGB IV.
[433] §§ 87–90a SGB IV.

cherungsträger enthält[434]. Ergänzend kommt die Satzung der jeweiligen Innungskrankenkasse zur Anwendung, die von der bzw. den Trägerinnung(en) aufzustellen und dem Antrag auf Genehmigung der Errichtung beizufügen ist[435]. Die Innungskrankenkasse wird für die Handwerksbetriebe der Mitglieder der Trägerinnung(en) errichtet[436]. Die Krankenkasse hat also nicht etwa einen selbständigen räumlichen Kassenbezirk, sondern erstreckt sich auf die Betriebe, für die eine Mitgliedschaft in der Trägerinnung der Kasse besteht, und damit auf den Bezirk der Trägerinnung[437].

6. Die Aufsicht über die Handwerksinnung

Aus der Bindung der Exekutive an Gesetz und Recht in Art. 20 Abs. 3 GG folgt, dass der Staat, wenn er sich verselbständigter juristischer Personen des öffentlichen Rechts zur Erledigung seiner Verwaltungsaufgaben bedient, dafür Sorge zu tragen hat, dass sich diese hierbei im Rahmen der Gesetze bewegen. Wie alle anderen Körperschaften des öffentlichen Rechts unterliegen daher auch die Handwerksinnungen bei der Ausübung ihrer Tätigkeit der Rechtsaufsicht[438]. Eine Besonderheit besteht indes darin, dass die Aufsicht über Innungen gem. § 75 S. 1 HwO nicht durch Behörden der unmittelbaren Staatsverwaltung, sondern durch die Handwerkskammern, die selbst Selbstverwaltungskörperschaften sind, ausgeübt wird[439]. Analog zur Begriffsbildung der mittelbaren Staatsverwaltung wird dies mitunter als mittelbare Staatsaufsicht bezeichnet[440]. Indem der Staat sein Aufsichtsrecht auf die Kammern delegiert, akzentuiert er das für die Selbstverwaltung des Handwerks prägende Hierarchieverhältnis zwischen Kammern und Innungen, stärkt damit aber zugleich auch das Selbstverwaltungsprinzip im Bereich des Handwerks. Die spezifischen Funktionen des Staates werden gegenüber den Innungen weitgehend von den Kammern wahrgenommen. Nur im Fall des § 52 Abs. 3 HwO, wenn sich also der Innungsbezirk über den Bezirk einer Handwerkskammer hinaus erstre-

---

[434] *W. Engelhard*, in: Hauck/Noftz, SGB V, Bd. 4, Lsbl., K § 158 Rn. 1b (2004).
[435] §§ 158 Abs. 3 i. V. m. 148 Abs. 3 SGB V; *Baier*, in: Krauskopf, Soziale Krankenversicherung, Lsbl., § 158 SGB V, Rn. 13 (2003).
[436] § 157 Abs. 1 SGB V.
[437] *Baier*, in: Krauskopf, Soziale Krankenversicherung, Lsbl., § 157 SGB V, Rn. 8 (2003).
[438] Zur Aufsicht über die Handwerksinnungen insbes.: *Kormann*, Zur Struktur der Aufsicht über Innung und Kreishandwerkerschaft, 1986; *ders.*, Instrumente der Kammeraufsicht, 1988; *ders.*, Sieben Thesen zur Kammeraufsicht, in: GewArch 1987, 249 ff.; *ders.*, Statthafte Aufsichtsinstrumente, in: GewArch 1989, 105 ff.
[439] *Heusch*, Staatliche Aufsicht, in: HdbKR, 2005, S. 495 (500); *Ehlers*, Gewerbe-, Handwerks- und Gaststättenrecht, in: Achterberg etc., Besonderes Verwaltungsrecht I, 2. Aufl., 2000, S. 96 (188).
[440] *Fröhler*, Recht der Handwerksinnung, 1959, S. 141; *Detterbeck*, HwO, 4. Aufl., 2008, § 75 Rn. 2.

cken soll, greift der Staat noch unmittelbar durch das Erfordernis der formal-behördlichen Genehmigung in das Recht der Innung ein[441].
Die Aufsicht über die Handwerksinnungen erstreckt sich gem. § 75 S. 2 HwO darauf, dass Gesetz und Satzung beachtet, insbesondere dass die übertragenen Aufgaben erfüllt werden. Es handelt sich also um eine reine Rechtsaufsicht[442]. Eine Fachaufsicht, die auch die Zweckmäßigkeit von Innungsmaßnahmen umfasst, kommt nur in Betracht, wenn der Handwerkskammer dieses Recht in speziellen Gesetzen ausdrücklich zugewiesen ist[443]. Die Rechtsaufsicht erstreckt sich prinzipiell auf die gesamte Tätigkeit der Innung, egal ob sich diese in öffentlich-rechtlicher oder zivilrechtlicher Form vollzieht[444]. Von der allgemeinen Aufsicht durch die Handwerkskammer ausgenommen ist indes die Aufsicht über die Innungskrankenkassen. Wegen der speziellen sozialversicherungsrechtlichen Aufgaben und Tätigkeiten der Innungskrankenkassen wird die Aufsicht über diese Körperschaften des öffentlichen Rechts – wie oben bereits impliziert – gem. § 90 SGB IV von der Aufsichtsbehörde wahrgenommen, die allgemein für Sozialversicherungsträger zuständig ist[445]. Die Tätigkeit des Gesellenausschusses ist von der allgemeinen Rechtsaufsicht umfasst, obwohl er – wie dargestellt – kein Organ der Innung ist[446]. Aufgrund seiner Verselbständigung ist er allerdings selbst Adressat aufsichtsbehördlicher Maßnahmen der Handwerkskammer und kann daher auch selbständig im Verwaltungsstreitverfahren gegen entsprechende Aufsichtsakte vorgehen[447].

Die Handwerksordnung trifft nur rudimentäre Regelungen über die einzelnen Aufsichtsmittel der Handwerkskammer gegenüber der Innung. Geregelt ist in § 76 HwO die Auflösung der Innung als schärfstes Aufsichtsmittel[448] sowie in § 62 Abs. 3 S. 2, 2. HS HwO das Recht der Handwerkskammer zur Einberufung und

---

[441] *Detterbeck*, HwO, 4. Aufl., 2008, § 75 Rn. 1.
[442] *Honig/Knörr*, HwO, 4. Aufl., 2008, § 75 Rn. 3.
[443] *Kormann*, Sieben Thesen zur Kammeraufsicht, in: GewArch 1987, 249 (252); wenn die Innung gem. § 54 Abs. 2 Nr. 10 HwO Vorschriften und Anordnungen der Handwerkskammer ausführt, kommt eine – allerdings von der allgemeinen Aufsicht deutlich zu unterscheidende – Zweckmäßigkeitskontrolle in Betracht, soweit sich die Kammer in der von ihr erlassenen Vorschrift eine solche bzw. den Erlass von Einzelmaßnahmen zulässigerweise vorbehalten hat; näher dazu *Detterbeck*, HwO, 4. Aufl., 2008, § 75 Rn. 2 m.w.Nw.
[444] *Detterbeck*, HwO, 4. Aufl., 2008, § 75 Rn. 3 ff.; enger hingegen *Fröhler*, Recht der Handwerksinnung, 1959, S. 148, der den zivilrechtlichen Tätigkeitsbereich und den „allgemeinen öffentlich-rechtlichen Pflichtenkreis" der Innungen (z. B. das Fachschulwesen) von der Aufsicht ausnimmt.
[445] Erstreckt sich der Zuständigkeitsbereich der Innungskrankenkasse nicht über das Gebiet eines Landes oder von drei Ländern, die sich auf die zuständige Aufsichtsbehörde geeinigt haben, hinaus, ist die für die Sozialversicherung zuständige oberste Verwaltungsbehörde des Landes oder die von ihr bestimmte Behörde die zuständige Aufsichtsbehörde, § 90 Abs. 2 und 3 SGB IV. Geht der Zuständigkeitsbereich der Kasse hingegen darüber hinaus, ist das Bundesversicherungsamt Aufsichtsbehörde, § 90 Abs. 2 SGB IV.
[446] *Honig/Knörr*, HwO, 4. Aufl., 2008, § 75 Rn. 3; *Brandt*, in: Schwannecke, HwO, Lsbl., § 75 Rn. 2 (2008).
[447] *Detterbeck*, HwO, 4. Aufl., 2008, § 75 Rn. 6.
[448] Zur Auflösung als Aufsichtsmittel: *Detterbeck*, HwO, 4. Aufl., 2008, § 76 Rn. 1 ff.; *Honig/Knörr*, HwO, 4. Aufl., 2008, § 76 Rn. 1 ff.

II. 6. Die Aufsicht über die Handwerksinnung

Leitung der Innungsversammlung. Da es zweckwidrig und zudem unverhältnismäßig wäre, wenn sich die Aufsichtsmittel der Kammer hierin erschöpften, besteht in Rechtsprechung und Literatur Einigkeit, dass die Kammer über die ausführlich geregelten Maßnahmen hinaus alle Mittel ergreifen kann, mit denen die Staatsaufsicht nach allgemeinem Verwaltungsrecht eine beaufsichtigte Körperschaft zur Beachtung von Gesetz und Satzung anhalten darf[449]. In Betracht kommen danach insbesondere mahnende Beanstandungen, Anweisungen, z.B. bestimmte Akte vorzunehmen oder nicht vorzunehmen, die Festsetzung von Ordnungsgeld[450], die Ersatzvornahme, die Amtsenthebung einzelner Organe oder Personen und schließlich die Auflösung der Innung[451]. Die Anwendung der nicht in der HwO geregelten Aufsichtsmittel auf die Innung ist jedoch im Lichte des Vorbehalts des Gesetzes problematisch, der für regelmäßig belastende Aufsichtsmaßnahmen gegenüber der Innung eine formalgesetzliche Grundlage voraussetzt[452]. Dies folgt, soweit man der Innung trotz ihrer Eigenschaft als Körperschaft des öffentlichen Rechts zumindest in bestimmten Bereichen eine Grundrechtsträgereigenschaft zubilligt[453], aus den einzelnen Grundrechten, ansonsten aber vor allem aus Art. 20 Abs. 3 GG. Insofern ist hier daher eine ausdrückliche formalgesetzliche de lege lata-Regelung durch den Gesetzgeber in der HwO dringend geboten.

Neben den genannten Mitteln einer regelmäßig reaktiven, repressiven Aufsicht können schließlich auch die verschiedenen Genehmigungsrechte der Handwerkskammer gegenüber der Innung bzw. gegenüber einzelnen Organen der Innung – wie insbesondere das Erfordernis der Genehmigung der Satzung[454] sowie der Be-

---

[449] BVerwG, GewArch 1972, 333 (334); OVG Münster, GewArch 1964, 63 (65); GewArch 1989, 197; VGH Bad.-Württ., GewArch 1979, 382; VG Freiburg, GewArch 1992, 30; *E. R. Huber*, Wirtschaftsverwaltungsrecht, Bd. 1, 2. Aufl. 1953, S. 188, 190; *Fröhler*, Recht der Handwerksinnung, 1959, S. 155 ff.; *Kormann*, Instrumente der Kammeraufsicht, 1988, S. 11 ff.; *ders.*, Statthafte Aufsichtsinstrumente, in: GewArch 1989, 105; *Honig/Knörr*, HwO, 4. Aufl., 2008, § 75 Rn. 5; *Brandt*, in: Schwannecke, HwO, Lsbl., § 75 Rn. 3 (2008).

[450] Die in § 112 HwO geregelte Festsetzung von Ordnungsgeld kann zu den Aufsichtsmitteln im weiteren Sinn gezählt werden; vgl. *Kormann*, Statthafte Aufsichtsinstrumente, in: GewArch 1989, 112 f.; *Detterbeck*, HwO, 4. Aufl., 2008, § 75 Rn. 12.

[451] Zu den einzelnen Aufsichtsmitteln: *Detterbeck*, HwO, 4. Aufl., 2008, § 75 Rn. 12; *Honig/Knörr*, HwO, 4. Aufl., 2008, § 75 Rn. 5 ff.; *Kormann*, Instrumente der Kammeraufsicht, 1988, S. 22 ff.; *ders.*, Statthafte Aufsichtsinstrumente, in: GewArch 1989, 105 ff.; *Fröhler*, Recht der Handwerksinnung, 1959, S. 154 ff.

[452] Dem wird auch evtl. bestehendes Gewohnheitsrecht nicht gerecht; vgl. *Detterbeck*, HwO, 4. Aufl., 2008, § 75 Rn. 11; a.A. *Kormann*, Statthafte Aufsichtsinstrumente, in: GewArch 1989, 105 (105 f.).

[453] BVerfGE 70, 1 (20 f.) vermeidet zwar ausdrücklich – wie bereits BVerfGE 68, 193 (209) – eine generelle Festlegung zu der Frage, ob Innungen partiell Träger von Grundrechten sein können. Dennoch wird Innungen hier jedenfalls davon eine Grundrechtsträgerschaft zugebilligt, wenn sie im Bereich der sonstigen, freiwilligen Aufgaben i.S.d. § 54 Abs. 2 und 3 HwO im Interesse der „hinter" ihnen stehenden Menschen Verträge abschließen. Ihre Rechtslage unterscheide sich dabei nämlich in nichts von derjenigen privater Zusammenschlüsse. Dazu kritisch: *Detterbeck*, HwO, 4. Aufl., 2008, § 54 Rn. 35 ff. m.w.Nw.

[454] § 56 HwO.

schlüsse der Innungsversammlung gem. § 61 Abs. 2 Nr. 6, 7 und 8 HwO[455] – als Mittel einer präventiven Staatsaufsicht angesehen werden[456].

Insgesamt kann festgehalten werden, dass die Besonderheit, dass die Aufsicht über die Innung von der Handwerkskammer wahrgenommen wird, die selbst eine Selbstverwaltungskörperschaft ist, den Selbstverwaltungsgehalt im Bereich der Handwerksorganisationen weiter steigert.

7. Die Finanzierung der Handwerksinnung

a) Die Finanzierungsquellen der Handwerksinnung

Die der Handwerksinnung und ihrem Gesellenausschuss erwachsenden Kosten sind, soweit sie aus den Erträgen des Vermögens oder aus anderen Einnahmen keine Deckung finden, von den Innungsmitgliedern durch Beiträge aufzubringen[457]. Zu den Kosten des Gesellenausschusses zählen dabei auch die anteiligen Lohn- und Lohnnebenkosten, welche die Innung Arbeitgebern wegen der Freistellung von Mitgliedern des Gesellenausschusses von deren beruflicher Tätigkeit zu ersetzen hat[458]. Vermögenserträge der Innung sind bspw. Einnahmen aus Zinsen von gewährten Darlehen und Bankguthaben sowie Einnahmen aus Vermietung und Verpachtung ihres Grundbesitzes[459]. Andere Einnahmen sind insbesondere Gebühren, welche die Innung für die Benutzung der von ihr getroffenen Einrichtungen erheben kann. Während die Beiträge der Innungsmitglieder, die letztlich meist die Hauptfinanzierungsquelle der Innung sind, bereits oben ausführlich behandelt wurden, wird im Folgenden noch auf die Gebühr eingegangen[460].

b) Die Gebühr

Gebühren können als Gegenleistung für die Inanspruchnahme der von der Handwerksinnung erbrachten Tätigkeiten und bereitgestellten Einrichtungen nicht nur von Innungsmitgliedern, sondern auch von Nichtmitgliedern erhoben werden[461]. Die Pflicht zur Entrichtung von Gebühren an die Innung ist also keine Folge der Mitgliedschaft, sondern die Gegenleistung für eine konkretisierbare Leistung der Innung, bspw. die Abnahme der Gesellenprüfung[462].

---

[455] § 61 Abs. 3 HwO.
[456] *Detterbeck*, HwO, 4. Aufl., 2008, § 75 Rn. 12.
[457] § 73 Abs. 1 S. 1 HwO.
[458] § 73 Abs. 1 S. 2 und 3 i. V. m. § 69 Abs. 4 HwO.
[459] *Fröhler*, Recht der Handwerksinnung, 1959, S. 97; *Detterbeck*, HwO, 4. Aufl., 2008, § 73 Rn. 1.
[460] Zum Innungsbeitrag oben, S. 671 ff.
[461] Vgl. die ausdrückliche Regelung in § 61 Abs. 2 Nr. 2, 2. HS HwO.
[462] § 31 Abs. 4 HwO regelt nur, dass die Gesellenprüfung für den Auszubildenden gebührenfrei ist. Dem Ausbildenden darf hingegen eine Gebühr auferlegt werden; *Honig/Knörr*, HwO, 4. Aufl., 2008, § 31 Rn. 8.

Als Rechtsgrundlage der Gebührenerhebung erlässt die Innungsversammlung eine Gebührenordnung[463]. Die Gebührenordnung, die zum Satzungsrecht der Innung zählt, besteht dabei in der Regel aus einem allgemeinen Teil, der abstrakt-generell bspw. Fragen des Schuldners, der Entstehung, der Fälligkeit, der Ermäßigung und der Verjährung regelt, und der Liste der Gebührentarife, in der die einzelnen Gebühren aufgeführt sind. Bei der Festlegung der Gebührensätze sind die Grundsätze des öffentlichen Gebührenrechts zu beachten: Determinanten sind nach dem Kostendeckungsprinzip der für die in Anspruch genommene Leistung erforderliche Aufwand und nach dem Äquivalenzprinzip der sich für den Gebührenschuldner ergebende Nutzen[464]. Da Innungsmitglieder durch ihre Beiträge bereits allgemein zur Finanzierung der Innung beitragen, kann von Nichtmitgliedern auch im Lichte des auf dem allgemeinen Gleichheitssatz aus Art. 3 Abs. 1 GG beruhenden Äquivalenzprinzips – insbesondere, soweit es um Einrichtungen geht, die wesentlich durch Mitgliedsbeiträge finanziert sind – eine angemessen höhere Gebühr verlangt werden als von Innungsmitgliedern[465].

8. Zusammenfassende Beurteilung: Die Handwerksinnung als Selbstverwaltungskörperschaft

Die Handwerksinnung nimmt unter den Selbstverwaltungskörperschaften der Wirtschaft in mehrerer Hinsicht eine besondere Stellung ein. Zunächst springt die bis ins Mittelalter zurückreichende Tradition ins Auge, welche die Innungen – trotz weitreichender Unterschiede des modernen Innungsrechts – doch als historisch gewachsene und nicht oktroyierte Form der staatlich sanktionierten Selbstorganisation von Wirtschaftssubjekten erscheinen lässt. In der Tradition verwurzelt ist auch der regelmäßig sachlich wie räumlich eher eng definierte Mitgliederkreis mit der Folge, dass die einzelne Innung eher wenige Mitglieder hat, was umgekehrt bedeutet, dass die Zahl der Innungen diejenige der anderen Selbstverwaltungskörper der Wirtschaft bei weitem übertrifft. Da der Fokus der Tätigkeiten der Innung daher eher lokal bzw. regional als überregional oder gar national geprägt ist, finden Innungen in der Öffentlichkeit, aber auch in der Wissenschaft meist weniger Aufmerksamkeit als bspw. die Handwerkskammern. Erst in ihren Verbänden auf Landes- und Bundesebene gelingt es den Innungen, eine wirksame Lobbyfunktion gegenüber Staat und Gesellschaft zu entfalten. Gerade aus Sicht des Selbstverwaltungsprinzips ist die Vernachlässigung der Organisationsform der Innung oder gar

---

[463] Vgl. § 61 Abs. 2 Nr. 2 HwO; *Detterbeck*, HwO, 4. Aufl., 2008, § 73 Rn. 14.
[464] VG Schl.-Holst., GewArch 2000, 428f.; *Detterbeck*, HwO, 4. Aufl., 2008, § 73 Rn. 15; *Honig/Knörr*, HwO, 4. Aufl., 2008, § 73 Rn. 10.
[465] *Detterbeck*, HwO, 4. Aufl., 2008, § 73 Rn. 16; *Honig/Knörr*, HwO, 4. Aufl., 2008, § 73 Rn. 11; nach *Fröhler*, Recht der Handwerksinnung, 1959, S. 99 soll dies hingegen nur zulässig sein, soweit die Inanspruchnahme einer Innungseinrichtung dem freien Belieben des Nichtmitglieds anheimgestellt ist.

die Feststellung, bei ihr handele es sich gar nicht um Selbstverwaltung der Wirtschaft, allerdings kaum verständlich.

Umgekehrt kann nämlich gerade postuliert werden, dass die Innungen diejenigen Selbstverwaltungskörperschaften der Wirtschaft sind, in denen das Selbstverwaltungsprinzip seinen stärksten und unmittelbarsten Ausdruck gefunden hat. Dies beginnt bereits damit, dass schon die Gründung einer Innung in der Hand der Beteiligten liegt. Vor allem aber ist die Innung die einzige Selbstverwaltungskörperschaft der Wirtschaft, bei der das oberste Organ, die Innungsversammlung, nach dem gesetzlichen Leitbild und auch in der Praxis ganz überwiegend nicht wie bei den Kammern aus gewählten Vertretern, sondern aus den Innungsmitgliedern selbst besteht[466]. Damit wirken die Betroffenen unmittelbar an der Tätigkeit ihrer Selbstverwaltungskörperschaft mit, so dass das Ideal aktiver ehrenamtlicher Mitgliedschaft – aufgrund der kleinräumigen Struktur der Innung – viel stärker verwirklicht wird als bei den Kammern. Dieser sehr hohe Grad an aktiver, ehrenamtlicher Selbstverwaltung in der inneren Verfassung findet seine Ergänzung in einem Aufgabenbestand, der von der unmittelbaren Interessenvertretung geprägte „bottom up"-Tätigkeiten und solche mit überwiegend staatlichem „top down"-Charakter umfasst. Damit wird es den in der Innung freiwillig Organisierten ermöglicht, selbst aktiv an der Erfüllung von Aufgaben zu partizipieren, die sie in ihrer wirtschaftlichen Tätigkeit besonders betreffen.

Eine ganz spezifische Ausprägung hat das Selbstverwaltungsprinzip zudem im Gesellenausschuss der Innung gefunden. Obwohl kein Ausschuss bzw. Organ der Innung dient diese eigenständige Einrichtung dazu, den unmittelbar betroffenen Arbeitnehmern ein Forum zur Mitverwaltung ihrer eigenen Angelegenheiten zu bieten. Im Hinblick auf seine Mitentscheidungsfunktionen und seine Wahlfunktionen gleicht der Gesellenausschuss fast einer zweiten (allerdings als Vertreterversammlung gewählten) Innungsversammlung, in der die Arbeitnehmer, denen der Gesetzgeber die Innungsmitgliedschaft nicht eingeräumt hat, für spezifische Angelegenheiten ähnlich wie die Innungsmitglieder einen aktiven Selbstverwaltungsstatus einnehmen.

Eine Besonderheit der Innung besteht schließlich darin, dass die Aufsicht über sie nicht durch Behörden der unmittelbaren Staatsverwaltung, sondern durch die Handwerkskammern ausgeübt wird. Diese Konstruktion kann im Lichte der gem. Art. 20 Abs. 3 GG zu gewährleistenden Gesetzmäßigkeit der gesamten Verwaltung als Vertrauensbeweis des Gesetzgebers gegenüber der Selbstverwaltung des Handwerks und in gewisser Hinsicht auch als weitere Akzentuierung der größeren Staatsdistanziertheit der Innungen – im Vergleich zu den Kammern – gewertet werden. Die Aufsicht der Handwerkskammern über die Innungen trägt zudem wesentlich dazu bei, dass von einer gestuften Selbstverwaltung bzw. einem Hierarchieverhältnis der Selbstverwaltungskörperschaften des Handwerks gesprochen werden kann, wobei aber zu betonen ist, dass es sich grundsätzlich um eine reine

---

[466] § 61 Abs. 1 S. 2 HwO.

Rechtsaufsicht handelt und dass sich Innungen und Kammern im Bereich der Aufgabenerfüllung nicht nur ergänzen, sondern z.T. auch wesentlich überschneiden[467].

Insgesamt ist das Selbstverwaltungsprinzip in den Innungen besonders stark ausgeprägt. Es ist gerade die für ihre vergleichsweise geringe Beachtung in der Öffentlichkeit verantwortliche Kleinräumigkeit der Innungen, welche die stärkere Partizipation aller Mitglieder ermöglicht. Die Aufgaben und Tätigkeiten der Innung können dabei für die sich selbst Verwaltenden durchaus von ebenso großer Bedeutung sein wie diejenigen einer viel großräumigeren Kammer. Insofern können Innungen als Paradebeispiel einer lebendigen, aktiven, lokalen Selbstverwaltung angesehen werden. Eine regionale bzw. überregionale Funktion, insbesondere als Lobby ihrer Mitglieder, können Innungen dann mittelbar durch ihre Zusammenschlüsse in Kreishandwerkerschaften und vor allem in freien Verbänden auf Landes- und Bundesebene entfalten.

III. Das Recht der Kreishandwerkerschaft

In den Kreishandwerkerschaften sind alle Handwerksinnungen eines Stadt- oder Landkreises zusammengefasst[468]. Sie erfüllen in Unterstützung ihrer Mitgliedsinnungen Aufgaben, die deren Leistungsfähigkeit regelmäßig übersteigen würden[469], und nehmen die Gesamtinteressen des selbständigen Handwerks und des handwerksähnlichen Gewerbes wahr[470]. Als Besonderheit können Innungen zudem ihre Geschäfte durch die Kreishandwerkerschaft führen lassen[471]. Das Recht der Kreishandwerkerschaft ist in wesentlichen Teilen an das Recht der Innung angelehnt, auf das die Handwerksordnung daher zum Teil schlicht verweist[472].

1. Rechtsform, Errichtung und Bezirk der Kreishandwerkerschaft

a) Rechtsform und Rechtsfähigkeit

Die Kreishandwerkerschaft ist eine Körperschaft des öffentlichen Rechts[473]. Als solche wird sie mit Genehmigung der Satzung durch die Handwerkskammer ihres

---

[467] *Detterbeck/Will*, Handwerksinnungen, 2003, S. 34 ff.
[468] § 86 S. 1 HwO.
[469] Vgl. zur Aufzählung der Aufgaben: § 87 HwO.
[470] § 87 Nr. 1 HwO.
[471] § 87 Nr. 5 HwO.
[472] § 89 HwO.
[473] § 89 Abs. 1 Nr. 1 HwO i.V.m. § 53 S. 1 HwO.

Bezirks rechtsfähig[474]. Die Genehmigung der Satzung ist zu versagen, wenn die Satzung den gesetzlichen Vorschriften nicht entspricht[475].

b) Bezirk

Die Bezeichnung Kreishandwerkerschaft indiziert bereits, dass sich der Bezirk dieser Selbstverwaltungskörperschaft des Handwerks an der Gebietskörperschaft Kreis orientiert. Wie sich aus § 86 S. 1 HwO ergibt, erstreckt sich der Bezirk einer Kreishandwerkerschaft normalerweise auf das Gebiet eines Stadt- oder Landkreises. Die Handwerkskammer kann allerdings ausnahmsweise eine andere Abgrenzung zulassen[476]. So kann ein kleinerer Bezirk gebildet werden, um eine übergroße Kreishandwerkerschaft aufzuteilen, oder ein größerer Bezirk, um ansonsten nicht hinreichend leistungsfähige Kreishandwerkerschaften zusammenzulegen[477]. Geht die Zahl der Mitglieder so weit zurück, dass die Erfüllung der gesetzlichen und satzungsmäßigen Aufgaben der Kreishandwerkerschaft gefährdet erscheint, hat die Handwerkskammer auf eine entsprechende Vergrößerung des Bezirks, bzw. einen Zusammenschluss mit einer anderen Kreishandwerkerschaft zu dringen[478].

2. Die Verwirklichung der Selbstverwaltung in der mitgliedschaftlichen Struktur

a) Die Mitgliedschaft in der Kreishandwerkerschaft

Mitglieder der Kreishandwerkerschaft sind kraft Gesetzes nicht etwa die Handwerker selber, sondern alle Handwerksinnungen, die im Bezirk der Kreishandwerkerschaft ihren Sitz haben[479]. Die Kreishandwerkerschaft fasst also fachübergreifend sämtliche Innungen ihres Bezirks zusammen. Natürliche Personen können der Kreishandwerkerschaft nicht angehören. Entscheidender Anknüpfungspunkt für die Mitgliedschaft ist der Sitz der Innung[480]. Eine Innung, deren Bezirk sich auf die Bezirke mehrerer Kreishandwerkerschaften erstreckt, gehört mithin der Kreishandwerkerschaft an, in deren Bezirk der Ort ihres Sitzes liegt[481].

---

[474] § 89 Abs. 1 Nr. 1 HwO i. V. m. § 53 S. 2 HwO; § 89 Abs. 1 Nr. 2 HwO i. V. m. § 56 Abs. 1 HwO.
[475] § 89 Abs. 1 Nr. 2 HwO i. V. m. § 56 Abs. 2 Nr. 1 HwO.
[476] § 86 S. 2 HwO.
[477] *Honig/Knörr*, HwO, 4. Aufl., 2008, § 86 Rn. 2; *Detterbeck*, HwO, 4. Aufl., 2008, § 86 Rn. 4.
[478] *Detterbeck*, HwO, 4. Aufl., 2008, § 86 Rn. 4; *Honig/Knörr*, HwO, 4. Aufl., 2008, § 86 Rn. 7.
[479] § 86 HwO; *Brandt*, in: Schwannecke, HwO, Lsbl., § 86 Rn. 3 (2006).
[480] § 86 S. 1 HwO; *Brandt*, in: Schwannecke, HwO, Lsbl., § 86 Rn. 3 (2006).
[481] *Honig*, HwO, 3. Aufl., 2004, § 86 Rn. 3.

b) Die Vertretung der Mitglieder in der Mitgliederversammlung

aa) Zusammensetzung der Mitgliederversammlung

Wichtigstes Organ der Kreishandwerkerschaft ist die Mitgliederversammlung. Da die Innungen als Mitglieder der Kreishandwerkerschaft juristische Personen sind, können sie nicht selbst der Mitgliederversammlung angehören. Die Mitgliederversammlung besteht entsprechend aus Vertretern der Handwerksinnungen[482]. Regelmäßig vertritt daher der Vorstand als gesetzlicher Vertreter die jeweilige Innung. Die Innungsversammlung kann allerdings – mangels gesetzlicher Beschränkung auf gesetzliche Vertreter – alternativ auch einen besonderen Vertreter wählen, der die Innung dann in der Mitgliederversammlung vertritt[483]. Im Lichte des Selbstverwaltungsprinzips ist bemerkenswert, dass die Mitgliederversammlung also nicht aus gewählten Repräsentanten besteht, sondern vielmehr jede Mitgliedsinnung einen Vertreter in die Mitgliederversammlung entsendet. Da somit alle Mitglieder im höchsten Organ vertreten sind, ist das Selbstverwaltungsprinzip bei den Kreishandwerkerschaften insofern – abgesehen vom Vertretungserfordernis, das sich aber notwendig aus der Mitgliedschaft von juristischen Personen ergibt, – ähnlich wie bei den Innungen in besonders ausgeprägter Form verwirklicht.

bb) Stimmrecht in der Mitgliederversammlung

Die Vertreter üben das Stimmrecht für ihre jeweilige Handwerksinnung aus[484]. Dabei verfügt jede Innung im Regelfall über eine Stimme[485]. In der Satzung der Kreishandwerkerschaft kann allerdings auch geregelt werden, dass bestimmten Innungen entsprechend der Zahl ihrer Mitglieder bis zu zwei Zusatzstimmen zuerkannt werden[486]. Die Zuerkennung solcher Zusatzstimmen, die in der Satzung an bestimmte Mindestmitgliederzahlen der jeweiligen Innung geknüpft werden sollten, ist gerechtfertigt, da die Kreishandwerkerschaft letztlich im Interesse des selbständigen Handwerks und des handwerksähnlichen Gewerbes tätig wird und die verschiedenen Innungen als Mitglieder der Kreishandwerkerschaft eine sehr unterschiedlich hohe Mitgliederzahl haben können. Daraus, dass die (maximal drei) Stimmen einer Handwerksinnung auch uneinheitlich abgegeben werden können, folgt, dass in der Satzung vorgesehen werden kann, dass eine Innung, die über mehrere Stimmen verfügt, in der Mitgliederversammlung auch durch mehrere Vertreter repräsentiert werden kann[487].

---

[482] § 88 S. 1 HwO.
[483] *Brandt*, in: Schwannecke, HwO, Lsbl., § 88 Rn. 1 (2006); *Honig/Knörr*, HwO, 4. Aufl., 2008, § 88 Rn. 3.
[484] § 88 S. 2 HwO.
[485] § 88 S. 3 HwO.
[486] § 88 S. 4, HS 1 HwO.
[487] *Detterbeck*, HwO, 4. Aufl., 2008, § 88 Rn. 1.

cc) *Einberufung und Beschlussfassung der Mitgliederversammlung*

Der Turnus der Einberufung der ordentlichen Mitgliederversammlung ist in der Satzung der Kreishandwerkerschaft festzulegen[488]. Die Mitgliederversammlung ist im Übrigen dann einzuberufen, wenn das Interesse der Kreishandwerkerschaft es erfordert[489] oder wenn der in der Satzung bestimmte Teil oder in Ermangelung einer Satzungsbestimmung der zehnte Teil der Mitglieder die Einberufung schriftlich unter Angabe des Zwecks und der Gründe verlangt[490]. Wird dem Verlangen der festgelegten Zahl von Mitgliedern nicht entsprochen oder erfordert es das Interesse der Kreishandwerkerschaft, kann die Handwerkskammer als Aufsichtsbehörde die Mitgliederversammlung einberufen und leiten[491].

Zur Gültigkeit eines Beschlusses der Mitgliederversammlung ist erforderlich, dass der Gegenstand der Beschlussfassung bei ihrer Einberufung so genau bezeichnet ist, dass die Mitglieder erkennen können, worum es geht[492]. Abgesehen von Beschlüssen über eine Satzungsänderung können Gegenstände ansonsten noch mit einer Zustimmung von drei Vierteln der vertretenen Stimmen nachträglich auf die Tagesordnung der Mitgliederversammlung gesetzt werden[493]. Da das Gesetz keine Regelung über die Beschlussfähigkeit der Mitgliederversammlung enthält, ist – soweit auch die Satzung keine entsprechenden Vorschriften aufweist – für einen Beschluss nicht die Vertretung einer bestimmten Zahl von Mitgliedern in der Mitgliederversammlung erforderlich. Bei der Beschlussfassung hat jede Innung wie ausgeführt eine – bzw. im Falle der Zuerkennung von Zusatzstimmen bis zu drei – Stimmen. Stimmberechtigt sind grundsätzlich alle Mitglieder der Mitgliederversammlung. Ein Mitglied ist indes dann nicht stimmberechtigt, wenn die Beschlussfassung die Vornahme eines Rechtsgeschäfts oder die Einleitung oder Erledigung eines Rechtsstreits zwischen ihm und der Kreishandwerkerschaft betrifft[494]. Beschlüsse werden regelmäßig mit einfacher Mehrheit der in der Mitgliederversammlung vertretenen Stimmen gefasst[495]. Für einen Beschluss über Änderungen der Satzung der

---

[488] Vgl. § 89 Abs. 1 Nr. 4 i. V. m. § 62 Abs. 3 S. 1 1. Alt. HwO; ordentliche Mitgliederversammlungen finden gem. § 12 Abs. 1 S. 1 der Mustersatzung für Kreishandwerkerschaften in der Regel halbjährlich, mindestens aber jährlich einmal statt.
[489] § 89 Abs. 1 Nr. 4 i. V. m. § 62 Abs. 3 S. 1 2. Alt. HwO.
[490] § 89 Abs. 1 Nr. 4 i. V. m. § 62 Abs. 3 S. 2 1. HS HwO.
[491] § 89 Abs. 1 Nr. 4 i. V. m. § 62 Abs. 3 S. 2 2. HS HwO.
[492] § 89 Abs. 1 Nr. 4 i. V. m. § 62 Abs. 1 HwO.
[493] § 89 Abs. 1 Nr. 4 i. V. m. § 62 Abs. 1 HwO; die Auflösung der Kreishandwerkerschaft scheidet als Tagesordnungspunkt aus, da sich die Kreishandwerkerschaft nicht selbst auflösen kann; *Detterbeck*, HwO, 4. Aufl., 2008, § 89 Rn. 3.
[494] § 89 Abs. 1 Nr. 5 i. V. m. § 64 HwO.
[495] § 89 Abs. 1 Nr. 4 i. V. m. § 62 Abs. 2 S. 1 HwO; nach dem Gesetzeswortlaut in § 62 Abs. 2 S. 1 HwO, auf den § 89 Abs. 1 Nr. 4 HwO verweist, ist die einfache Mehrheit der erschienenen Mitglieder entscheidend. Im Lichte von § 88 S. 4 HwO kommt es aber in der Mitgliederversammlung der Kreishandwerkerschaft auf die Stimmenmehrheit an, da die Einräumung von Zusatzstimmen ansonsten wenig Sinn machte.

III. 2. b) Die Mitgliederversammlung der Kreishandwerkerschaft

Kreishandwerkerschaft ist hingegen eine Mehrheit von drei Vierteln der vertretenen Stimmen erforderlich[496].

dd) Die Aufgaben der Mitgliederversammlung

aaa) Zuständigkeitsvermutung für die Mitgliederversammlung

Je mehr und je wichtigere Zuständigkeiten die Mitgliederversammlung als oberstes und zugleich einziges Organ der Kreishandwerkerschaft, das sich aus Vertretern aller Mitglieder zusammensetzt, hat, um so stärker wird das Konzept materialer Selbstverwaltung verwirklicht. Entsprechend beschließt die Mitgliederversammlung über alle Angelegenheiten der Kreishandwerkerschaft, soweit sie nicht vom Vorstand oder den Ausschüssen wahrzunehmen sind[497]. Es spricht also eine Vermutung für die Zuständigkeit der Mitgliederversammlung. Die Mitgliederversammlung besitzt zudem die Kompetenz-Kompetenz, indem sie – im Rahmen der gesetzlichen Regelungen – in der Satzung regeln kann, welches Organ der Kreishandwerkerschaft für bestimmte Gegenstände zuständig ist.

bbb) Kein Beschluss über die Auflösung der Kreishandwerkerschaft

Anders als die Handwerksinnung kann die Kreishandwerkerschaft nicht durch Beschluss der Mitgliederversammlung aufgelöst werden[498]. Nur durch Eröffnung des Insolvenzverfahrens[499] oder durch Auflösungsanordnung der Aufsichtsbehörde kann eine Auflösung der Kreishandwerkerschaft herbeigeführt werden[500]. Entsprechend kann die Mitgliederversammlung nicht autonom über die Auflösung der Kreishandwerkerschaft beschließen[501].

ccc) Vorbehaltsaufgaben der Mitgliederversammlung

Die HwO behält bestimmte Vorbehaltsaufgaben der ausschließlichen Beschlussfassung durch die Mitgliederversammlung vor[502]. Sie können auch mit Einverständnis der Mitgliederversammlung nicht auf andere Organe der Kammer übertragen werden. Im Einzelnen handelt es sich um folgende Aufgaben:

---

[496] § 89 Abs. 1 Nr. 4 i. V. m. § 62 Abs. 2 S. 2 HwO.
[497] § 89 Abs. 1 Nr. 3 i. V. m. § 61 Abs. 1 S. 1 HwO.
[498] Dies ergibt sich aus dem Wesen der Kreishandwerkerschaft als gerade nicht freiwillig gebildeter Körperschaft des öffentlichen Rechts mit Zwangsmitgliedschaft sowie aus § 89 HwO, der die Vorschriften des Innungsrechts über die Selbstauflösung der Innung nicht für auf die Kreishandwerkerschaft entsprechend anwendbar erklärt; vgl. *Detterbeck*, HwO, 4. Aufl., 2008, § 89 Rn. 3.
[499] § 89 Abs. 1 Nr. 5 HwO i. V. m. § 77 Abs. 1 HwO.
[500] *Detterbeck*, HwO, 4. Aufl., 2008, § 89 Rn. 3.
[501] § 89 Abs. 1 Nr. 3 HwO erklärt § 61 Abs. 2 Nr. 8 HwO nur hinsichtlich der Beschlussfassung über die Änderung der Satzung für entsprechend auf die Kreishandwerkerschaft anwendbar.
[502] § 89 Abs. 1 Nr. 3 i. V. m. § 61 Abs. 2 Nr. 1 bis 5, 7 HwO und hinsichtlich der Beschlussfassung über die Änderung der Satzung Nr. 8 HwO.

(1) Änderung der Satzung. Der Mitgliederversammlung als zentralem, rechtsetzenden Organ der Kreishandwerkerschaft ist die Beschlussfassung über die Änderung der Satzung vorbehalten[503]. Für einen Beschluss über eine Änderung der Satzung ist – wie ausgeführt – eine Zustimmung von drei Vierteln der vertretenen Stimmen erforderlich[504]. Ein satzungsändernder Beschluss bedarf ferner der Genehmigung durch die Handwerkskammer[505].

Die Satzung regelt im Rahmen der gesetzlichen Vorgaben die grundlegenden Fragen der Verfassung der Kreishandwerkerschaft[506]. Wie üblich werden dabei regelmäßig auch wichtige gesetzliche Vorgaben deklaratorisch wiedergeben. Unmittelbare Relevanz besitzt die Satzung aber vor allem da, wo sie die Spielräume regelt, die das Gesetz lässt[507]. Inhaltlich muss die Satzung zunächst Bestimmungen über den Namen, den Sitz und den Bezirk der Kreishandwerkerschaft enthalten[508]. Es folgen Festlegungen über die Aufgaben[509], bevor die Mitgliedschaft in der Kreishandwerkerschaft[510] sowie das Wahl- und Stimmrecht geregelt werden[511]. Die folgenden Abschnitte betreffen die verschiedenen Organe (Mitgliederversammlung, Vorstand, Ausschüsse) sowie die Geschäftsstelle[512]. Es folgen Regelungen über Beiträge und Gebühren[513], Haushaltsplan und Jahresrechnung[514], die Vermögensverwaltung der Kreishandwerkerschaft[515] und deren Schadenshaftung[516]. Im Anschluss an die Änderung der Satzung[517] wird sodann recht ausführlich die Auflösung der

---

[503] § 89 Abs. 1 Nr. 3 i. V. m. § 61 Abs. 2 Nr. 8, 1. Alt. HwO.
[504] § 89 Abs. 1 Nr. 4 i. V. m. § 62 Abs. 2 S. 2 HwO.
[505] § 89 Abs. 1 Nr. 3, 2. HS i. V. m. § 61 Abs. 2 Nr. 8 HwO.
[506] Die Mustersatzung für Kreishandwerkerschaften (Stand: Dezember 1971) ist abgedruckt bei Schwannecke, HwO, Lsbl., Nr. 745 (1996) (im Folgenden: Mustersatzung für Kreishandwerkerschaften); eine aktuellere Mustersatzung findet sich z. B. auf den Internetseiten der Handwerkskammer für München und Oberbayern, <www.hwk-muenchen.de/74,411,999.html>.
[507] § 89 Abs. 1 Nr. 1 i. V. m. § 55 Abs. 1 HwO.
[508] § 89 Abs. 1 Nr. 1 i. V. m. § 55 Abs. 2 Nr. 1 HwO; § 1 Mustersatzung für Kreishandwerkerschaften.
[509] § 89 Abs. 1 Nr. 1 i. V. m. § 55 Abs. 2 Nr. 2 HwO; § 2 Mustersatzung für Kreishandwerkerschaften.
[510] § 89 Abs. 1 Nr. 1 i. V. m. § 55 Abs. 2 Nr. 4–5 HwO; §§ 3–6 Mustersatzung für Kreishandwerkerschaften.
[511] § 89 Abs. 1 Nr. 1 i. V. m. § 55 Abs. 2 Nr. 4–5 HwO; §§ 7–8 Mustersatzung für Kreishandwerkerschaften.
[512] § 89 Abs. 1 Nr. 1 i. V. m. § 55 Abs. 2 Nr. 5–6, 8 HwO; §§ 11–28 Mustersatzung für Kreishandwerkerschaften.
[513] § 89 Abs. 1 Nr. 1 i. V. m. § 55 Abs. 2 Nr. 4 HwO; § 29 Mustersatzung für Kreishandwerkerschaften.
[514] § 89 Abs. 1 Nr. 1 i. V. m. § 55 Abs. 2 Nr. 9 HwO; §§ 30–33 Mustersatzung für Kreishandwerkerschaften.
[515] § 34 Mustersatzung für Kreishandwerkerschaften.
[516] § 35 Mustersatzung für Kreishandwerkerschaften.
[517] § 89 Abs. 1 Nr. 1 i. V. m. § 55 Abs. 2 Nr. 10 HwO; § 36 Mustersatzung für Kreishandwerkerschaften.

Kreishandwerkerschaft behandelt[518], bevor Vorschriften über die Aufsicht[519] und die Bekanntmachungen der Kreishandwerkerschaft die Satzung abschließen[520].

(2) Feststellung des Haushaltsplans, Prüfung und Abnahme der Jahresrechnung. Der jährlich vom Vorstand in seiner Geschäftsführungsfunktion für das folgende Rechnungsjahr aufzustellende Haushaltsplan der Kreishandwerkerschaft muss durch die Mitgliederversammlung festgestellt (genehmigt) werden, um Verbindlichkeit zu entfalten[521]. Um einer Aushöhlung der Haushaltsprärogative der Mitgliederversammlung vorzubeugen, müssen auch außerordentliche Ausgaben, die im Haushaltsplan nicht vorgesehen sind, durch die Mitgliederversammlung bewilligt werden[522]. Die Haushaltszuständigkeit der Mitgliederversammlung wird schließlich dadurch abgerundet, dass sie nach Beendigung des Rechnungsjahres die vom Vorstand aufgestellte Jahresrechnung, welche die Einnahmen und Ausgaben des vergangenen Rechnungsjahres nachweist, prüft und abnimmt[523]. Alle in diesem Abschnitt genannten Beschlüsse der Mitgliederversammlung bedürfen zusätzlich der Genehmigung durch die Handwerkskammer[524].

(3) Beschlüsse zu Beiträgen und Gebühren. Die Mitgliederversammlung beschließt über die Höhe der Beiträge zur Kreishandwerkerschaft[525]. Die Bemessungsgrundlage für die Mitgliedsbeiträge muss in der Satzung geregelt sein[526], wird also ebenfalls durch die Mitgliederversammlung bestimmt. Auch die Maßstäbe für Gebühren, die nicht nur von Mitgliedern bzw. Mitgliedern von Mitgliedsinnungen, sondern auch von Nichtmitgliedern, welche Tätigkeiten oder Einrichtungen der Kreishandwerkerschaft in Anspruch nehmen, erhoben werden können[527], werden von der Mitgliederversammlung festgelegt[528]. Die Beschlüsse der Mitgliederversammlung über die Höhe der Beiträge und die Festsetzung von Gebühren müssen jeweils durch die Handwerkskammer genehmigt werden[529].

(4) Kreationsfunktion: Wahl des Vorstands bzw. von Ausschussmitgliedern, Einsetzung besonderer Ausschüsse. Die Mitgliederversammlung wählt den Vorstand und

---

[518] § 89 Abs. 1 Nr. 1 i. V. m. § 55 Abs. 2 Nr. 11 HwO (auf Nr. 10 wird in § 89 Abs. 1 Nr. 1 nur bezüglich der Voraussetzungen für die Änderung der Satzung verwiesen); §§ 37–41 Mustersatzung für Kreishandwerkerschaften.
[519] § 42 Mustersatzung für Kreishandwerkerschaften.
[520] § 43 Mustersatzung für Kreishandwerkerschaften.
[521] § 89 Abs. 1 Nr. 3 i. V. m. § 61 Abs. 2 Nr. 1 1. Alt. HwO.
[522] § 89 Abs. 1 Nr. 3 i. V. m. § 61 Abs. 2 Nr. 1 2. Alt. HwO.
[523] § 89 Abs. 1 Nr. 3 i. V. m. § 61 Abs. 2 Nr. 3 HwO.
[524] § 89 Abs. 1 Nr. 3, HS 2 i. V. m. § 61 Abs. 2 Nr. 1 und 3 HwO.
[525] § 89 Abs. 1 Nr. 3 i. V. m. § 61 Abs. 2 Nr. 2, HS 1, 1. Alt. HwO.
[526] § 89 Abs. 1 Nr. 1 i. V. m. § 55 Abs. 2 Nr. 4 HwO.
[527] § 89 Abs. 1 Nr. 5 i. V. m. § 73 Abs. 2 HwO; § 89 Abs. 1 Nr. 3 i. V. m. § 61 Abs. 2 Nr. 2, HS 2 HwO.
[528] § 89 Abs. 1 Nr. 3 i. V. m. § 61 Abs. 2 Nr. 2, HS 1, 2. Alt. HwO.
[529] § 89 Abs. 1 Nr. 3, HS 2 i. V. m. § 61 Abs. 2 Nr. 2 HwO.

7. Kapitel: Das Recht der Selbstverwaltungskörperschaften des Handwerks

diejenigen Mitglieder der Ausschüsse, die der Zahl der Mitglieder der Kreishandwerkerschaft, also der Mitgliedsinnungen, zu entnehmen sind[530]. In der Satzung der Kreishandwerkerschaft wird der Mitgliederversammlung daneben regelmäßig auch die Wahl des Geschäftsführers und eines etwaigen Stellvertreters vorbehalten[531]. Da der Vorstand bzw. der Geschäftsführer die Geschäfte der Kreishandwerkerschaft führen, stärkt deren unmittelbare Wahl durch die Mitgliederversammlung das Selbstverwaltungselement der Kreishandwerkerschaft. Vorstand und Geschäftsführer sind nicht nur in ihrer Arbeit inhaltlich an das von der Mitgliederversammlung erlassene Satzungsrecht gebunden, sondern aufgrund ihrer Wahl durch die Mitgliederversammlung auch in ihrer Stellung demokratisch legitimiert. Gleiches gilt für die von der Mitgliederversammlung gewählten Ausschussmitglieder. Insofern ist auch darauf hinzuweisen, dass der Mitgliederversammlung die Einsetzung besonderer Ausschüsse zur Vorbereitung und Durchführung einzelner Angelegenheiten und zur Verwaltung einzelner Einrichtungen der Kreishandwerkerschaft vorbehalten ist[532].

(5) Bewilligung bestimmter Geschäfte. Die Vornahme der in § 61 Abs. 2 Nr. 7 HwO aufgelisteten besonders folgenreichen Geschäfte der Kreishandwerkerschaft setzt eine Beschlussfassung der Mitgliederversammlung voraus[533]. Erfasst sind der Erwerb, die Veräußerung oder die dingliche Belastung von Grundeigentum[534], die Veräußerung von Gegenständen, die einen geschichtlichen, wissenschaftlichen oder Kunstwert haben[535], die Ermächtigung zur Aufnahme von Krediten[536], der Abschluss von Verträgen, durch welche der Kreishandwerkerschaft fortlaufende Verpflichtungen auferlegt werden – mit Ausnahme der laufenden Geschäfte der Verwaltung[537] –, und schließlich die Anlage des Vermögens der Kreishandwerkerschaft[538]. Bei allen diesen Geschäften ist die Vertretungsmacht des Vorstands eingeschränkt. Ohne Beschluss der Mitgliederversammlung abgeschlossene Geschäfte sind schwebend unwirksam und bei endgültiger Verweigerung der Genehmigung nichtig[539]. Zusätzlich bedarf der Beschluss der Mitgliederversammlung jeweils der Genehmigung durch die Handwerkskammer[540].

---

[530] § 89 Abs. 1 Nr. 3 i. V. m. § 61 Abs. 2 Nr. 4 HwO.
[531] § 11 Abs. 2 Nr. 8 Mustersatzung für Kreishandwerkerschaften; dies umfasst auch die Genehmigung der Anstellungsverträge derselben.
[532] § 89 Abs. 1 Nr. 3 i. V. m. § 61 Abs. 2 Nr. 5 HwO; § 11 Abs. 2 Nr. 5 Mustersatzung für Kreishandwerkerschaften.
[533] § 89 Abs. 1 Nr. 3 i. V. m. § 61 Abs. 2 Nr. 7 HwO.
[534] § 89 Abs. 1 Nr. 3 i. V. m. § 61 Abs. 2 Nr. 7 lit. a HwO.
[535] § 89 Abs. 1 Nr. 3 i. V. m. § 61 Abs. 2 Nr. 7 lit. b HwO.
[536] § 89 Abs. 1 Nr. 3 i. V. m. § 61 Abs. 2 Nr. 7 lit. c HwO.
[537] § 89 Abs. 1 Nr. 3 i. V. m. § 61 Abs. 2 Nr. 7 lit. d HwO.
[538] § 89 Abs. 1 Nr. 3 i. V. m. § 61 Abs. 2 Nr. 7 lit. e HwO.
[539] Vgl. § 177 Abs. 1 BGB.
[540] § 89 Abs. 1 Nr. 3, HS 2 i. V. m. § 61 Abs. 2 Nr. 7 HwO.

c) Weitere Formen aktiver, ehrenamtlicher Selbstverwaltung in der Kreishandwerkerschaft

Ähnlich wie bei der Innung erschöpft sich die aktive, ehrenamtliche Selbstverwaltung in der Kreishandwerkerschaft nicht in der Vertretung der Mitgliedsinnung in der Mitgliederversammlung. Vielmehr ermöglicht die Verfassung der Kreishandwerkerschaft weitere Formen aktiver, ehrenamtlicher Selbstverwaltung. Hier sei noch einmal darauf hingewiesen, dass der strukturale Unterschied zur Innung dabei darin liegt, dass in der Kreishandwerkerschaft aufgrund der Mitgliedschaft juristischer Personen naturgemäß nicht unmittelbar die Mitglieder, sondern Vertreter derselben die aktive, ehrenamtliche Selbstverwaltung ausüben[541].

aa) Mitgliedschaft im Vorstand

Eine intensivere Form aktiver, ehrenamtlicher Selbstverwaltung ist die Mitgliedschaft im Vorstand der Kreishandwerkerschaft[542]. Dieser besteht in der Regel aus einem Kreishandwerksmeister genannten Vorsitzenden, dessen Stellvertreter und ggf. weiteren Mitgliedern[543].

aaa) Wahl des Vorstands

Der Vorstand der Kreishandwerkerschaft wird durch die Mitgliederversammlung gewählt[544]. Wer wählbar ist, ist in der HwO nicht geregelt. Auch ohne ausdrückliche gesetzliche Regelung ist indes davon auszugehen, dass in den Vorstand nur Vertreter von Mitgliedsinnungen gewählt werden können, die ihre Innung auch in der Mitgliederversammlung vertreten[545]. Entsprechend dem Wesen der Kreishandwerkerschaft als Selbstverwaltungskörperschaft und der hervorgehobenen Stellung des Vorstands, der als vertretungsberechtigtes Organ wesentlichen Anteil an der Erfüllung ihrer Aufgaben hat, ist in der Satzung regelmäßig festgelegt, dass der Vorstand von der Mitgliederversammlung aus deren Mitte gewählt wird[546].

Der Vorstand wird in der Regel mit verdeckten Stimmzetteln gewählt[547]. Es ist aber auch eine Wahl durch Zuruf, d.h. durch mündliche Abstimmung, zulässig, wenn niemand widerspricht und auch die Satzung keine entsprechende Einschrän-

---

[541] Dabei ist natürlich auch immer zu bedenken, dass auch in der Innung eine aktive, ehrenamtliche Selbstverwaltung durch Vertreter vorkommt, da neben natürlichen Personen auch Personenmehrheiten Mitglieder der Innung sein können.
[542] Die Regelungen über den Vorstand der Handwerksinnung in § 66 HwO sind gem. § 89 Abs. 1 Nr. 5 HwO entsprechend auch auf die Kreishandwerkerschaft anwendbar.
[543] § 18 Abs. 1 S. 1 Mustersatzung für Kreishandwerkerschaften.
[544] § 89 Abs. 1 Nr. 5 i.V.m. § 66 Abs. 1 S. 1 HwO; § 89 Abs. 1 Nr. 3 i.V.m. § 61 Abs. 2 Nr. 4 HwO.
[545] *Detterbeck*, HwO, 4. Aufl., 2008, § 66 Rn. 2.
[546] § 18 Abs. 1 S. 2 Mustersatzung für Kreishandwerkerschaften.
[547] § 89 Abs. 1 Nr. 5 i.V.m. § 66 Abs. 1 S. 1 HwO; vgl. zum Verfahren im Einzelnen § 19 Mustersatzung für Kreishandwerkerschaften.

kung enthält[548]. Die Wahl des Vorstands erfolgt auf bestimmte, in der Satzung festgelegte Zeit[549], meist drei oder fünf Jahre[550]. Die Satzung kann bestimmen, dass die Bestellung des Vorstands widerruflich ist[551]. Üblich ist die Regelung, dass die Bestellung des Vorstands oder einzelner seiner Mitglieder widerrufen werden kann, wenn ein wichtiger Grund vorliegt, wobei als solcher insbesondere eine grobe Pflichtverletzung oder Unfähigkeit gilt[552]. Im Interesse einer kontinuierlichen Amtsführung des Vorstands wird für den Beschluss der Mitgliederversammlung über den Widerruf als actus contrarius zum Wahlakt in der Satzung meist eine qualifizierte Mehrheit von drei Vierteln der vertretenen Stimmen verlangt[553].

bbb) Stellung der Vorstandsmitglieder

Die Vorstandsmitglieder der Kreishandwerkerschaft nehmen ihr Amt als Ehrenamt unentgeltlich wahr[554]. Das gesetzliche Gebot der Unentgeltlichkeit soll im Einklang mit dem Selbstverwaltungsgedanken verhindern, dass die Vorstandstätigkeit zum Hauptberuf wird, so dass die Vorstandsmitglieder nicht mehr als aktive Handwerksausübende mit dem wirtschaftlichen Tagesgeschehen verbunden wären. Den Vorstandsmitgliedern darf allerdings nach näherer Bestimmung der Satzung Ersatz barer Auslagen und eine Entschädigung für Zeitversäumnis gewährt werden[555].

ccc) Aufgaben und Kompetenzen des Vorstands

Der Vorstand führt die Geschäfte der Kreishandwerkerschaft, soweit sie nicht gesetzlich oder durch Bestimmungen der Satzung der Mitgliederversammlung vorbehalten oder anderen Organen übertragen sind[556]. Die Geschäfte der laufenden Verwaltung werden allerdings regelmäßig durch die Satzung einem angestellten Geschäftsführer übertragen[557]. Der Vorstand agiert nicht zuletzt als Bindeglied zwischen Mitgliederversammlung und Geschäftsführung. So bereitet er die Verhandlungen der Mitgliederversammlung vor und setzt deren Beschlüsse um. Der Kreis-

---

[548] § 89 Abs. 1 Nr. 5 i. V. m. § 66 Abs. 1 S. 2 HwO; über die Wahlhandlung ist eine Niederschrift anzufertigen und die erfolgte Wahl des Vorstands der Handwerkskammer binnen einer Woche anzuzeigen (§ 89 Abs. 1 Nr. 5 i. V. m. § 66 Abs. 1 S. 3 und 4 HwO).
[549] § 89 Abs. 1 Nr. 5 i. V. m. § 66 Abs. 1 S. 1 HwO; eine (auch mehrfache) Wiederwahl von Vorstandsmitgliedern ist zulässig.
[550] Vgl. § 18 Abs. 2 S. 1 Mustersatzung für Kreishandwerkerschaften (samt Alternativfassung in der Fußnote).
[551] § 89 Abs. 1 Nr. 5 i. V. m. § 66 Abs. 2 S. 1 HwO.
[552] § 89 Abs. 1 Nr. 5 i. V. m. § 66 Abs. 2 S. 2 HwO; § 18 Abs. 3 S. 1 Mustersatzung für Kreishandwerkerschaften.
[553] § 18 Abs. 3 S. 2 Mustersatzung für Kreishandwerkerschaften.
[554] § 89 Abs. 1 Nr. 5 i. V. m. § 66 Abs. 4 1. HS HwO.
[555] § 89 Abs. 1 Nr. 5 i. V. m. § 66 Abs. 4 2. HS HwO; § 18 Abs. 4 S. 2 Mustersatzung für Kreishandwerkerschaften.
[556] § 22 Abs. 1 Mustersatzung für Kreishandwerkerschaften.
[557] § 22 Abs. 2 Mustersatzung für Kreishandwerkerschaften.

III. 2. c) Weitere Formen aktiver Selbstverwaltung in der Kreishandwerkerschaft

handwerksmeister als solcher lädt zur Mitgliederversammlung ein und leitet diese[558].

Der Vorstand vertritt die Kreishandwerkerschaft gerichtlich und außergerichtlich[559]. Regelmäßig handelt es sich um eine Gesamtvertretung, die Mitglieder des Vorstands sind also nur gemeinsam zur Vertretung befugt. Die Satzung kann die Vertretung aber auch einem oder mehreren Vorstandsmitgliedern oder dem Geschäftsführer übertragen[560]. Üblich ist eine gemeinsame Vertretung der Kreishandwerkerschaft durch Kreishandwerksmeister und Geschäftsführer[561]. Zweckmäßigerweise wird dem Geschäftsführer Alleinvertretungsmacht für die Erledigung der laufenden Geschäfte der Verwaltung eingeräumt[562]. Natürlich können die Vertreter der Kreishandwerkerschaft für einzelne Geschäfte eine Untervollmacht erteilen.

bb) Mitgliedschaft in einem Ausschuss

Auch die Mitgliedschaft in einem der Ausschüsse als weiteren Organen der Kreishandwerkerschaft ist eine Form intensivierter aktiver Selbstverwaltung[563]. Anders als für die Innung kennt die HwO für die Kreishandwerkerschaft keine obligatorischen Ausschüsse[564]. Die Kreishandwerkerschaft ist daher prinzipiell frei darin, für welche Zwecke sie durch Regelung in der Satzung oder Beschluss der Mitgliederversammlung Ausschüsse einrichtet. In der Satzung ist in der Regel die Bildung eines Rechnungs- und Kassenprüfungsausschusses vorgesehen, der die Jahresrechnung prüft und darüber in der Mitgliederversammlung berichtet sowie Kassenprüfungen vornimmt[565]. Die Einsetzung weiterer, nicht bereits in der Satzung vorgesehener Ausschüsse setzt einen Beschluss der Mitgliederversammlung voraus[566].

Grundsätzlich können diejenigen Personen Mitglied eines Ausschusses der Kreishandwerkerschaft werden, die eine Mitgliedsinnung in der Mitgliederversammlung vertreten[567]. Wie bei den Handwerksinnungen spricht indes bei den rein beratenden Ausschüssen der Kreishandwerkerschaft, die zur Vorbereitung, aber nicht zur Entscheidung einzelner Angelegenheiten eingesetzt sind[568], nichts dagegen, auch Fachleute, die nicht der Mitgliederversammlung angehören, in den Ausschuss zu beru-

---

[558] §§ 13, 14 Abs. 1 Mustersatzung für Kreishandwerkerschaften.
[559] § 89 Abs. 1 Nr. 5 i. V. m. § 66 Abs. 3 S. 1 HwO.
[560] § 89 Abs. 1 Nr. 5 i. V. m. § 66 Abs. 3 S. 2 HwO.
[561] § 21 Abs. 1 S. 1 Mustersatzung für Kreishandwerkerschaften.
[562] § 22 Abs. 2 S. 2 Mustersatzung für Kreishandwerkerschaften.
[563] § 89 Abs. 1 Nr. 5 i. V. m. § 67 Abs. 1 HwO; § 89 Abs. 1 Nr. 3 i. V. m. § 60 Nr. 3 HwO.
[564] Insbesondere erklärt § 89 Abs. 1 Nr. 5 HwO nur Abs. 1 von § 67 HwO für entsprechend auf die Kreishandwerkerschaft anwendbar.
[565] § 27 Mustersatzung für Kreishandwerkerschaften.
[566] § 89 Abs. 1 Nr. 3 i. V. m. § 61 Abs. 2 Nr. 5 HwO.
[567] So im Ergebnis auch § 25 Abs. 1 Mustersatzung für Kreishandwerkerschaften, nach dem die Vorsitzenden und Mitglieder der Ausschüsse von der Mitgliederversammlung „aus ihrer Mitte" gewählt werden.
[568] Vgl. § 89 Abs. 1 Nr. 3 i. V. m. § 61 Abs. 2 Nr. 5 HwO.

fen, um deren Sachverstand für die Arbeit der Kreishandwerkerschaft nutzbar zu machen, soweit dies nicht in der Satzung ausgeschlossen ist.

d) Die Beitragspflicht der Mitglieder, das Geschäftsführungsentgelt

Hauptpflicht der Mitgliedsinnungen gegenüber der Kreishandwerkerschaft ist die Leistung von Beiträgen. Die Kosten der Kreishandwerkerschaft sind zunächst aus den Erträgen ihres Vermögens und aus anderen Einnahmen, bspw. aus Gebühren für die Benutzung ihrer Einrichtungen[569], zu decken[570]. Soweit diese Einnahmen nicht ausreichen, um die Kosten der Kreishandwerkerschaft zu decken, sind diese von den Mitgliedsinnungen durch Beiträge aufzubringen[571].

aa) Zusammensetzung des Beitrags

Die HwO regelt nicht, wie sich der Beitrag zusammensetzt. Üblicherweise erhebt die Kreishandwerkerschaft von den Mitgliedsinnungen einen (Grund-)Beitrag, dessen Höhe sich nach der Zahl der Mitglieder der jeweiligen Mitgliedsinnung bemisst[572]. Daneben kann ein Zusatzbeitrag erhoben werden[573]. Schließlich können ausnahmsweise – für außerordentliche Aufwendungen der Kreishandwerkerschaft bspw. zur Finanzierung neugeschaffener Einrichtungen – durch die Mitgliederversammlung mit Genehmigung der Handwerkskammer außerordentliche Beiträge (Sonderbeiträge) festgesetzt werden[574]. Die Bemessungsgrundlage für die Erhebung der Mitgliedsbeiträge wird in der Satzung geregelt[575]. Wie ausgeführt, bemisst sich der (Grund-)Beitrag jeder Mitgliedsinnung üblicherweise nach der Zahl der ihr angehörenden Innungsmitglieder[576]. Dieser Beitragsmaßstab ist sachgerecht, da die Leistungen der Kreishandwerkerschaft letztlich den Mitgliedern der Mitgliedsinnungen zu Gute kommen.

bb) Geschäftsführungsentgelt

Von den Mitgliedsinnungen, die von der Möglichkeit Gebrauch gemacht haben, ihre Geschäfte von der Kreishandwerkerschaft führen zu lassen[577], kann die Kreishandwerkerschaft für die durch die Geschäftsführung entstehenden Kosten ein Geschäftsführungsentgelt verlangen[578].

---

[569] § 89 Abs. 1 Nr. 5 i. V. m. § 73 Abs. 2 HwO.
[570] § 89 Abs. 1 Nr. 5 i. V. m. § 73 Abs. 1 S. 1 HwO.
[571] § 89 Abs. 1 Nr. 5 i. V. m. § 73 Abs. 1 S. 1 HwO.
[572] § 29 Abs. 2 S. 1 Mustersatzung für Kreishandwerkerschaften.
[573] § 29 Abs. 2 S. 2 Mustersatzung für Kreishandwerkerschaften.
[574] § 29 Abs. 3 Mustersatzung für Kreishandwerkerschaften.
[575] § 89 Abs. 1 Nr. 1 i. V. m. § 55 Abs. 2 Nr. 4 HwO.
[576] § 29 Abs. 2 S. 1 Mustersatzung für Kreishandwerkerschaften.
[577] § 87 Nr. 5 HwO.
[578] *Detterbeck*, HwO, 4. Aufl., 2008, § 87 Rn. 3.

cc) Beschluss über die Beitragshöhe und das Geschäftsführungsentgelt

Die Höhe der Beiträge zur Kreishandwerkerschaft und die Geschäftsführungsentgelte der Mitgliedsinnungen werden von der Mitgliederversammlung der Kreishandwerkerschaft beschlossen[579]. Dies erfolgt jährlich bei der Feststellung des Haushaltsplans[580]. Die Beiträge werden nach dem Kostendeckungsprinzip so festgesetzt, dass die voraussichtlich nicht durch Vermögenseinnahmen und andere Einnahmen der Kreishandwerkerschaft gedeckten Kosten aufgebracht werden[581]. Die Beschlüsse bedürfen der Genehmigung durch die Handwerkskammer[582]. Der Beitrag der einzelnen Mitgliedsinnung wird auf der Grundlage der Beschlüsse der Mitgliederversammlung und der individuellen Daten der Mitgliedsinnung durch den Vorstand, den Geschäftsführer oder den sonst dazu Beauftragten festgesetzt[583].

3. Die Organe der Kreishandwerkerschaft

Organe der Kreishandwerkerschaft sind die Mitgliederversammlung[584], der Vorstand[585] und die Ausschüsse[586]. Die Aufzählung in § 89 Abs. 1 Nr. 3 i.V.m. § 60 HwO ist abschließend. So sind bspw. der regelmäßig vorhandene Geschäftsführer sowie die weiteren Bediensteten keine Organe der Kreishandwerkerschaft, sondern Hilfskräfte ihrer Organe. Da sich in den Organen der Kreishandwerkerschaft die aktive, ehrenamtliche Selbstverwaltung vollzieht, wurden sie bereits oben im Abschnitt über die Verwirklichung der Selbstverwaltung in der mitgliedschaftlichen Struktur der Kreishandwerkerschaft eingehend behandelt. Im Folgenden seien im Lichte des Selbstverwaltungsprinzips einige wesentliche Strukturmerkmale zusammengefasst:

Die Mitgliederversammlung als höchstes Organ der Kreishandwerkerschaft besteht aus Vertretern aller Mitgliedsinnungen[587]. Ähnlich wie die Innungsversammlung der Handwerksinnung exemplifiziert sie damit den Idealfall des Selbstverwaltungsprinzips, wonach die im Selbstverwaltungskörper zusammengeschlossenen Betroffenen auch aktiv an der Selbstverwaltung ihrer Angelegenheiten mitwirken. Der Unterschied zum Innungsrecht besteht – wie ausgeführt – darin, dass der Mitgliederversammlung der Kreishandwerkerschaft Vertreter der Mitglieder angehö-

---

[579] § 89 Abs. 1 Nr. 5 i.V.m. § 61 Abs. 2 Nr. 2 HS 1 HwO.
[580] § 29 Abs. 5 Mustersatzung für Kreishandwerkerschaften.
[581] Vgl. § 89 Abs. 1 Nr. 5 i.V.m. § 73 Abs. 1 S. 1 HwO.
[582] § 89 Abs. 1 Nr. 3 HS 2 i.V.m. § 61 Abs. 2 Nr. 2 HwO.
[583] Diese Festsetzung und Aufforderung zur Entrichtung des Beitrags kann als Verwaltungsakt auf Antrag der Mitgliedsinnung im Verwaltungsstreitverfahren nach Grund und Höhe überprüft werden.
[584] § 89 Abs. 1 Nr. 3 i.V.m. § 60 Nr. 1 HwO.
[585] § 89 Abs. 1 Nr. 3 i.V.m. § 60 Nr. 2 HwO.
[586] § 89 Abs. 1 Nr. 3 i.V.m. § 60 Nr. 3 HwO.
[587] § 88 S. 1 HwO.

ren. Dies bedeutet indes kein minus an Selbstverwaltung, sondern folgt notwendigerweise daraus, dass die Mitglieder der Kreishandwerkerschaft juristische Personen sind, die nur durch ihre Vertreter handeln können.

Der Vorstand wird von der Mitgliederversammlung gewählt und besteht aus Mitgliedern derselben[588]. Die Mitglieder des Vorstands sind damit durch die Wahl demokratisch legitimiert und üben ihrerseits aktive, ehrenamtliche Selbstverwaltung aus. Auch den Ausschüssen der Kreishandwerkerschaft gehören regelmäßig Vertreter der Mitgliedsinnungen an[589]. Da sie durch die Mitgliederversammlung gewählt werden[590], üben die Ausschussmitglieder, welche die Mitgliedsinnungen der Kreishandwerkerschaft vertreten, durch den Wahlakt demokratisch legitimiert aktive, ehrenamtliche Selbstverwaltung aus.

4. Die Geschäftsführung der Kreishandwerkerschaft

Die Geschäfte der Kreishandwerkerschaft werden vom Vorstand geführt[591]. Wie ausgeführt, wird die Führung der laufenden Geschäfte der Kreishandwerkerschaft, also der täglich anfallenden Verwaltungsaufgaben, die nach Art und Ausmaß regelmäßig wiederkehren[592], einschließlich des Abschlusses der Anstellungs- und Arbeitsverträge mit den Beschäftigten durch die Satzung regelmäßig einem Geschäftsführer übertragen[593]. Insoweit wird dem Geschäftsführer dann auch Vertretungsmacht eingeräumt[594]. Obwohl der Geschäftsführer kein Organ der Kreishandwerkerschaft, sondern ein angestellter Gehilfe ihrer Organe ist, wird die Wahl des Geschäftsführers wegen dessen Bedeutung bei der Erledigung der laufenden Aufgaben regelmäßig der Mitgliederversammlung vorbehalten[595]. Diese Wahl der Person des Geschäftsführers durch die Mitglieder trägt zur Stärkung der Selbstverwaltung in der Kreishandwerkerschaft bei. Die Anstellung des Geschäftsführers als solche erfolgt dann durch den Vorstand[596].

Der Geschäftsführer leitet die Geschäftsstelle der Kreishandwerkerschaft, die an deren Sitz errichtet wird[597]. Er führt die laufenden Geschäfte nach näherer Anweisung des Vorstands[598], ist also an dessen Vorgaben gebunden. Dies trägt ebenso zur Rückbindung der laufenden Tätigkeit der Kreishandwerkerschaft an die eigent-

---

[588] § 89 Abs. 1 Nr. 3 und 5 i. V. m. §§ 61 Abs. 2 Nr. 4 1. Alt., 66 HwO.
[589] Vgl. § 25 Abs. 1 Mustersatzung für Kreishandwerkerschaften.
[590] § 89 Abs. 1 Nr. 3 i. V. m. § 61 Abs. 2 Nr. 4 2. Alt. HwO; § 25 Abs. 1 Mustersatzung für Kreishandwerkerschaften.
[591] § 22 Abs. 1 Mustersatzung für Kreishandwerkerschaften.
[592] Vgl. § 22 Abs. 2 S. 3 Mustersatzung für Kreishandwerkerschaften.
[593] Vgl. § 22 Abs. 2 S. 1 Mustersatzung für Kreishandwerkerschaften.
[594] Vgl. § 89 Abs. 1 Nr. 5 i. V. m. § 66 Abs. 3 S. 2 HwO; § 22 Abs. 2 S. 2 Mustersatzung für Kreishandwerkerschaften.
[595] § 28 Abs. 1 S. 5 Mustersatzung für Kreishandwerkerschaften.
[596] § 28 Abs. 1 S. 5 Mustersatzung für Kreishandwerkerschaften.
[597] § 28 Abs. 1 S. 1 Mustersatzung für Kreishandwerkerschaften.
[598] § 28 Abs. 1 S. 2 Mustersatzung für Kreishandwerkerschaften.

lichen Selbstverwaltungsorgane bei wie die Verantwortlichkeit des Geschäftsführers gegenüber dem Vorstand für die Durchführung seiner Aufgaben und für die ordnungsgemäße Erledigung der den Angestellten unter seiner Leitung übertragenen Tätigkeiten[599]. Der Geschäftsführer ist zu Vorstandssitzungen und Mitgliederversammlungen hinzuzuziehen, soweit es nicht um seine eigenen Angelegenheiten geht[600]. Als besondere Aufgabe übernimmt der Geschäftsführer als Erfüllungsgehilfe die Führung der Geschäfte von Mitgliedsinnungen, welche diese auf die Kreishandwerkerschaft übertragen haben[601].

5. Die Aufgaben der Kreishandwerkerschaft

a) Systematik der Aufgabenzuweisung an die Kreishandwerkerschaft

Dass die Kreishandwerkerschaften keine grundständigen Selbstverwaltungskörperschaften von Wirtschaftssubjekten, sondern letztlich Zusammenschlüsse von Handwerksinnungen als Selbstverwaltungskörperschaften sind, wird auch bei den ihnen zugewiesenen Aufgaben deutlich. Es handelt sich dabei vor allem um eine Unterstützung und Ergänzung der Tätigkeiten der Handwerksinnungen, soweit diese notwendiger- oder zumindest sinnvollerweise innungsübergreifend zu erfüllen sind. Damit werden die Kreishandwerkerschaften aber letztlich doch im Interesse der aktuellen (und ggf. auch der potentiellen) Innungsmitglieder tätig[602]. Da die Kreishandwerkerschaften in bestimmten Bereichen funktional gleichsam an die Stelle der Innungen treten, ist es systematisch folgerichtig, dass auch ihr Verhältnis zu den Handwerkskammern und den Behörden der unmittelbaren Staatsverwaltung ähnlich ausgestaltet ist: So haben sie wie die Innungen bestimmte Vorschriften und Anordnungen der Handwerkskammer durchzuführen[603] sowie die Behörden bei bestimmten Maßnahmen zu unterstützen und ihnen Anregungen, Auskünfte und Gutachten zu erteilen[604].

Auch der Kreishandwerkerschaft wird eine Grundaufgabe zugewiesen, die gem. § 87 Nr. 1 HwO darin besteht, die Gesamtinteressen des selbständigen Handwerks und des handwerksähnlichen Gewerbes sowie die gemeinsamen Interessen der Handwerksinnungen ihres Bezirks wahrzunehmen. Diese und die übrigen in § 87 HwO aufgelisteten Aufgaben der Kreishandwerkerschaft sind Pflichtaufgaben[605]. Sie müssen also wahrgenommen werden, ihre Erfüllung steht nicht im Ermessen der Kreishandwerkerschaft. Die Wahrnehmung weiterer, freiwilliger Aufgaben

---

[599] § 28 Abs. 1 S. 3 Mustersatzung für Kreishandwerkerschaften.
[600] § 28 Abs. 1 S. 4 Mustersatzung für Kreishandwerkerschaften.
[601] *Brandt*, in: Schwannecke, HwO, Lsbl., § 87 Rn. 7 (2006).
[602] Vgl. vor allem § 87 Nr. 1 HwO.
[603] § 87 Nr. 6 HwO.
[604] § 87 Nr. 4 HwO.
[605] *Honig/Knörr*, HwO, 4. Aufl., 2008, § 87 Rn. 1; *Brandt*, in: Schwannecke, HwO, Lsbl., § 87 Rn. 1 (2006); *Detterbeck*, HwO, 4. Aufl., 2008, § 87 Rn. 1.

aufgrund entsprechender Regelung in der Satzung ist prinzipiell möglich, muss aber mit den Pflichtaufgaben und der Stellung als Körperschaft des öffentlichen Rechts im Allgemeinen vereinbar sein[606].

b) Öffentliche und staatliche Aufgaben

Die obigen Ausführungen zum öffentlichen Charakter der Aufgaben der Handwerksinnung sind auch auf die Kreishandwerkerschaft übertragbar[607]: Durch die Konstituierung der Kreishandwerkerschaft als Körperschaft des öffentlichen Rechts und die gesetzliche Zuweisung der verschiedenen Aufgaben sind diese Aufgaben, die teilweise ursprünglich im privat-gesellschaftlichen Bereich entstanden sein mögen, zu öffentlichen Aufgaben der Kreishandwerkerschaft geworden. Sie werden nicht mehr – wie durch einen freien Interessenverband – ausschließlich im privaten Interesse, sondern durch den Gesetzgeber anerkannt im öffentlichen Interesse erfüllt. Aufgrund der gesetzlichen Sanktionierung sind sämtliche Aufgaben der Kreishandwerkerschaft öffentliche Aufgaben.

Zur Beantwortung der Frage, welche Aufgaben der Kreishandwerkerschaft als staatlich zu charakterisieren sind, sollte – aus den oben genannten Gründen – nicht die schematische Einteilung des BVerfG im Bereich des Innungsrechts, wonach alle Pflichtaufgaben und damit sämtliche gesetzliche Aufgaben der Kreishandwerkerschaft staatlich wären, zugrunde gelegt werden[608]. Statt dessen sollte auch hier materiell danach differenziert werden, ob eine Aufgabe inhaltlich der staatlichen Hoheitsverwaltung zuzurechnen ist, ob sie also, wäre sie nicht der Kreishandwerkerschaft als Teil der mittelbaren Staatsverwaltung zugewiesen, typischerweise durch die unmittelbare staatliche Hoheitsverwaltung erfüllt würde. Wendet man diesen Maßstab an, sind als staatlich einzuordnen: Die Unterstützung der Behörden bei den das selbständige Handwerk und das handwerksähnliche Gewerbe ihres Bezirks berührenden Maßnahmen und die Erteilung von Anregungen, Auskünften und Gutachten gegenüber den Behörden[609], die Durchführung der von der Handwerkskammer innerhalb ihrer Zuständigkeit erlassenen Vorschriften und Anordnungen[610] sowie die Unterstützung der Handwerksinnungen bei der Erfüllung ihrer Aufgaben[611], soweit diese ihrerseits als staatlich zu charakterisieren sind.

---

[606] *Schwindt*, HwO, 1954, § 80 (S. 198); *Detterbeck*, HwO, 4. Aufl., 2008, § 87 Rn. 1; *Honig/Knörr*, HwO, 4. Aufl., 2008, § 87 Rn. 8; *Brandt*, in: Schwannecke, HwO, Lsbl., § 87 Rn. 1 (2006); gegen die Zulässigkeit der Übernahme weiterer Aufgaben hingegen: *Hartmann/Philipp*, HwO, 1954, S. 224 (§ 80 Anm. 1).
[607] Vgl. oben S. 676 f.
[608] Siehe oben S. 677 f.
[609] § 87 Nr. 4 HwO.
[610] § 87 Nr. 6 HwO; jedenfalls soweit es um Vorschriften und Anordnungen geht, welche die Handwerkskammer ihrerseits in Erfüllung einer staatlichen Aufgabe erlassen hat.
[611] § 87 Nr. 2 HwO.

c) Die einzelnen Aufgaben der Kreishandwerkerschaft

aa) Wahrnehmung der Gesamtinteressen des selbständigen Handwerks usw. (§ 87 Nr. 1 HwO)

Die Kreishandwerkerschaft hat zunächst die Aufgabe, die Gesamtinteressen des selbständigen Handwerks und des handwerksähnlichen Gewerbes sowie die gemeinsamen Interessen der Handwerksinnungen ihres Bezirks wahrzunehmen[612]. Unter Gesamtinteressen sind die durch Ermittlung der Interessen des selbständigen Handwerks und des handwerksähnlichen Gewerbes festgestellten idealisierten Gruppeninteressen zu verstehen. Gesamtinteresse ist dabei letztlich das, was der Gesamtheit der Mitglieder der jeweiligen Gruppe am meisten Nutzen verspricht. Im Regelfall wird es dabei um Gesamtinteressen gehen, die dem selbständigen Handwerk und dem handwerksähnlichen Gewerbe gemeinsam sind. Sollte es ausnahmsweise zu einem Interessenkonflikt zwischen dem selbständigen Handwerk und dem handwerksähnlichen Gewerbe kommen, darf die Kreishandwerkerschaft nicht etwa eines über das andere stellen, sondern muss einen für beide Seiten annehmbaren Standpunkt einnehmen und vertreten[613]. Hinzuweisen ist darauf, dass es bei der Erfüllung der Aufgabe aus § 87 Nr. 1 HwO im Gegensatz zur Aufgabe der Handwerkskammer aus § 91 Abs. 1 Nr. 1 HwO („Interessen des Handwerks") allein um die Gesamtinteressen der Selbständigen, also nicht auch um diejenigen der Gesellen, Lehrlinge und übrigen Arbeitnehmer geht[614].

Das Gesamtinteresse des selbständigen Handwerks etc. ist zwar ein vom Individualinteresse des einzelnen selbständigen Handwerkers etc. abstrahiertes idealisiertes Gruppeninteresse. Das Gesamtinteresse kann indes nur auf der Grundlage der Einzelinteressen der Gruppenzugehörigen zuverlässig ermittelt werden. Ein umfassendes Meinungsbild kann bspw. durch eine systematische Befragung des betroffenen Personenkreises – evtl. auch vermittelt durch die Mitgliedsinnungen – erzielt werden. Auch repräsentativ gebildete Ausschüsse und Arbeitskreise können geeignet sein, ein Meinungsbild zu ermitteln. Schließlich ist auch die Mitgliederversammlung ein prinzipiell geeignetes Forum zur Ermittlung eines Meinungsbildes, da in ihr die Mitgliedsinnungen als Vertretungen des selbständigen Handwerks und handwerksähnlichen Gewerbes repräsentiert sind. Es ist aber darauf hinzuweisen, dass die Kreishandwerkerschaft die Gesamtinteressen des selbständigen Handwerks und des handwerksähnlichen Gewerbes und nicht nur diejenigen der Innungsmitglieder wahrzunehmen hat. Entsprechend müssen – je nach Organisationsgrad des Handwerks bzw. handwerksähnlichen Gewerbes in den Innungen mehr oder weniger ausgeprägt – auch Bemühungen zur Ermittlung der Interessen der Nichtinnungsmitglieder unternommen werden. Auf der Basis des Meinungsbildes ist normativ das Gesamtinteresse der Gruppenzugehörigen festzu-

---

[612] § 87 Nr. 1 HwO.
[613] Ähnlich auch *Webers*, in: Schwannecke, HwO, Lsbl., § 87 Rn. 2 (1994).
[614] *Brandt*, in: Schwannecke, HwO, Lsbl., § 87 Rn. 3 (2006).

stellen, welches nach außen wahrzunehmen ist. Dies kann als idealisiertes Gruppeninteresse durchaus im Widerspruch zu den Interessen einzelner Gruppenmitglieder oder Teilgruppen stehen. Entscheidend ist, was dem selbständigen Handwerk und dem handwerksähnlichen Gewerbe in seiner Gesamtheit am meisten Nutzen verspricht.

Die so ermittelten Gesamtinteressen des selbständigen Handwerks und des handwerksähnlichen Gewerbes sowie die gemeinsamen Interessen der Handwerksinnungen des Bezirks der Kreishandwerkerschaft können in vielfältigen Formen wahrgenommen werden. Vor allem kommt hier die Geltendmachung dieser Gesamtinteressen bzw. gemeinsamen Interessen gegenüber staatlichen Stellen in Betracht. Die Kreishandwerkerschaften fungieren insofern als Kommunikationsschnittstellen zwischen selbständigem Handwerk und handwerksähnlichem Gewerbe sowie Mitgliedsinnungen einerseits und dem Staat andererseits. Eine konkrete Ausprägung hat diese Form der Aufgabenwahrnehmung in § 87 Nr. 4 HwO gefunden, wonach den Behörden Anregungen, Auskünfte und Gutachten zu erteilen sind. Außer gegenüber den verschiedenen staatlichen Stellen können die Interessen nach § 87 Nr. 1 HwO auch gegenüber der Öffentlichkeit wahrgenommen werden, um so Einfluss auf die Meinungsbildung der Öffentlichkeit im Sinne des Gesamtinteresses der vertretenen Gruppen nehmen zu können. Mögliche Mittel sind bspw. Pressemeldungen und -konferenzen sowie öffentliche Veranstaltungen.

bb) Unterstützung der Handwerksinnungen bei der Erfüllung ihrer Aufgaben (§ 87 Nr. 2 HwO)

Die Aufgabe der Kreishandwerkerschaft, die Handwerksinnungen bei der Erfüllung ihrer Aufgaben zu unterstützen[615], bezieht sich auf sämtliche Aufgaben der Handwerksinnungen. Die Kreishandwerkerschaft kann hier bspw. übereinstimmende Bestrebungen und Tätigkeiten der Mitgliedsinnungen bündeln, unterstützen oder ihnen ein Forum geben, bspw. indem sie Lehrgänge veranstaltet oder Fachschulen errichtet bzw. unterstützt, um das handwerkliche Können der Meister und Gesellen zu fördern[616]. Generell kann die Kreishandwerkerschaft ihre Mitgliedsinnungen durch die Gewinnung und Bereitstellung von Informationen und Erfahrungen bei der Erfüllung ihrer Aufgaben unterstützen[617]. Dabei kann sie auch mit anderen Kreishandwerkerschaften und Organisationen des Handwerks zusammenwirken.

cc) Schaffung und Unterstützung von Einrichtungen (§ 87 Nr. 3 HwO)

Der Begriff der „Einrichtungen" zur Förderung und Vertretung der gewerblichen, wirtschaftlichen und sozialen Interessen der Mitglieder der Handwerksinnungen,

---

[615] § 87 Nr. 2 HwO.
[616] Vgl. § 54 Abs. 1 S. 2 Nr. 5 HwO.
[617] *Brandt*, in: Schwannecke, HwO, Lsbl., § 87 Rn. 4 (2006).

III. 5. Die Aufgaben der Kreishandwerkerschaft

welche die Kreishandwerkerschaft zu fördern hat[618], ist weit zu verstehen. Er umfasst sowohl organisatorisch verfestigte Stellen als auch schlichte Verwaltungsprozeduren. Die Kreishandwerkerschaft kann diese Einrichtungen entweder selbst schaffen und unterhalten oder aber von anderen geschaffene Einrichtungen materiell und ideell unterstützen. Soweit die Kreishandwerkerschaft entsprechende Einrichtungen unterstützt, die von Handwerksinnungen unterhalten werden, geht § 87 Nr. 3 HwO der Regelung des § 87 Nr. 2 HwO als lex specialis vor. Die Aufgabe nach § 87 Nr. 3 HwO macht einmal mehr deutlich, dass den Kreishandwerkerschaften zwar die Innungen als Mitglieder angehören, dass sie aber letztlich im Interesse der Innungsmitglieder als den eigentlichen Trägern der Selbstverwaltung bestehen.

Zu den Einrichtungen i. S. v. § 87 Nr. 3 HwO gehören in der Praxis vor allem Inkassostellen zur Einziehung rückständiger Werklohnforderungen der Mitgliedsbetriebe der Mitgliedsinnungen, die Beratung derselben in Steuersachen und auch in sonstigen betriebsbezogenen Rechtsfragen[619]: Die in der Inkassotätigkeit als solcher liegende Rechtsbetreuung der Innungsmitglieder durch die Kreishandwerkerschaft ist nach § 8 Abs. 1 Nr. 2 RDG zulässig[620]. Für die Forderungseinziehung kann eine Gebühr erhoben werden, die nach den allgemeinen Grundsätzen des Gebührenrechts so zu bemessen ist, dass die Aufwendungen und Auslagen einschließlich eines Anteils an den Fixkosten der Einrichtung gedeckt werden, wobei allerdings eine Pauschalierung zulässig ist[621]. Die Erteilung von Rat und Hilfe in Steuersachen gegenüber den Innungsmitgliedern ist gem. § 4 Nr. 3 StBerG[622] zulässig, soweit es um steuerrechtliche Fragen und Probleme geht, die in einem sinnvollen wirtschaftlichen Zusammenhang mit der Tätigkeit eines Handwerkers stehen[623]. Eine weitergehende, etwa auch auf private Steuerangelegenheiten der Innungsmit-

---

[618] § 87 Nr. 3 HwO.
[619] Dazu im Einzelnen: *Detterbeck*, HwO, 4. Aufl., 2008, § 87 Rn. 4 ff.; *Brandt*, in: Schwannecke, HwO, Lsbl., § 87 Rn. 1 (2006).
[620] Gesetz über außergerichtliche Rechtsdienstleistungen (Rechtsdienstleistungsgesetz – RDG) vom 12.12.2007 (BGBl. I S. 2840), zuletzt geändert durch Art. 9 Abs. 2 des Gesetzes vom 30.07.2009 (BGBl. I S. 2449); *Müller*, in: Grunewald/Römermann, RDG, 2008, § 8 Rn. 16; *Schmidt*, in: Krenzler, RDG, 2010, § 8 Rn. 43; *Finzel*, RDG, 2008, § 8 Rn. 3; auf der Grundlage des seit 01.07.2008 außer Kraft getretenen früheren Art. 1 § 3 Nr. 1 Rechtsberatungsgesetz (RBerG): BGH, GewArch 1991, 36; OLG München, GewArch 1990, 103; BVerwG, GewArch 1957, 130; *Aberle*, Inkassotätigkeit, in: GewArch 1970, 1; *Creutzig*, Noch einmal: Inkassotätigkeit, in: GewArch 1970, 124; *Heck*, Kreishandwerkerschaften, in: GewArch 1982, 48; *Detterbeck*, HwO, 4. Aufl., 2008, § 87 Rn. 4; *Honig/Knörr*, HwO, 4. Aufl., 2008, § 87 Rn. 12 f.; *Rennen-Caliebe*, RBerG, 3. Aufl., 2001, Art. 1 § 3 Nr. 7; a. A.: *Senge*, in: Erbs-Kohlhaas, Strafrechtliche Nebengesetze, Lsbl., Bd., 3, RBerG (R 55), § 3 Anm. 4; *Altenhoff/Busch/Chemnitz*, RBerG, 10. Aufl. 1993, Art. 1 § 3 Rn. 367 (369).
[621] *Detterbeck*, HwO, 4. Aufl., 2008, § 87 Rn. 4 m.w.Nw.
[622] Steuerberatungsgesetz in der Fassung der Bekanntmachung vom 04.11.1975 (BGBl. I S. 2735), zuletzt geändert durch Art. 9 Abs. 8 des Gesetzes vom 30.07.2009 (BGBl. I S. 2449).
[623] BGH, GewArch 1991, 233; OLG Karlsruhe, GewArch 1993, 29; *Scholtissek*, Der Umfang der Hilfeleistungen, in: GewArch 1991, 210 f.; *Detterbeck*, HwO, 4. Aufl., 2008, § 87 Rn. 5.

glieder erstreckte Beratung verstieße hingegen gegen § 5 Abs. 1 S. 2 i. V. m. § 4 Nr. 3 StBerG[624]. Eine allgemeine Rechtsberatung der Innungsmitglieder ist gem. Art. 1 § 3 Nr. 2 RBerG zulässig, soweit sie im Rahmen der Zuständigkeit der Kreishandwerkerschaft ausgeübt wird[625]. Ausgeschlossen sind danach rein private Angelegenheiten der Innungsmitglieder, die keinen Bezug zur gewerblichen Tätigkeit aufweisen[626]. Für ihre zulässige Rechtsberatungstätigkeit darf die Kreishandwerkerschaft Gebühren erheben[627].

dd) Unterstützung der Behörden, Erteilung von Anregungen, Auskünften und Gutachten (§ 87 Nr. 4 HwO)

Die Kreishandwerkerschaft hat die Behörden bei den das selbständige Handwerk und das handwerksähnliche Gewerbe ihres Bezirks berührenden Maßnahmen zu unterstützen und ihnen Anregungen, Auskünfte und Gutachten zu erteilen[628]. Die Unterstützung der Behörden kann durch breitgefächerte Hilfeleistungen „mit Rat und Tat" erfolgen. Die Pflicht der Kreishandwerkerschaft, den Behörden Auskünfte und Gutachten zu erstatten, konkretisiert ihre allgemeine Rechts- und Amtshilfepflicht gem. Art. 35 Abs. 1 GG und §§ 4 ff. VwVfG und ist eine der typischen Aufgaben einer Selbstverwaltungskörperschaft, die dem Staat nicht zuletzt dazu dient, von sachkundigen Repräsentanten der Betroffenen selbst Informationen aus erster Hand zu erlangen. Die Pflicht zur Erteilung von Auskünften und Gutachten besteht prinzipiell gegenüber allen Landes- und Bundesbehörden, Gerichten und Körperschaften des öffentlichen Rechts, wird in der Praxis aber vor allem von Kreisbehörden und deren nachgeordneten Behörden in Anspruch genommen[629]. In der Pflicht zur Erteilung von Anregungen gegenüber den Behörden kommt die aktive kommunikative Schnittstellenfunktion der Selbstverwaltungskörperschaft Kreishandwerkerschaft besonders stark zum Ausdruck, die auf diese Weise initiativ werden kann, um im Interesse des selbständigen Handwerks und handwerksähnlichen Gewerbes einschlägige Maßnahmen der Behörden anzuregen.

---

[624] *Gehre/Koslowski*, Steuerberatungsgesetz, 6. Aufl., 2009, § 4 Rn. 5 f.
[625] Vgl. allgemein *Kormann/Schinner-Stör*, Zulässigkeit von Rechtsdienstleistungen der Handwerksorganisationen, 2003, S. 27 ff.; zur Frage, inwieweit die Kreishandwerkerschaft, bzw. ihr Geschäftsführer oder ein sonstiger Angestellter im Zusammenhang mit ihrer Rechtsberatungstätigkeit vor Gericht auftreten dürfen, vgl. *Honig/Knörr*, HwO, 4. Aufl., 2008, § 87 Rn. 13 ff.; *Detterbeck*, HwO, 4. Aufl., 2008, § 87 Rn. 6; *Brandt*, in: Schwannecke, HwO, Lsbl., § 87 Rn. 5 (2006).
[626] Relativ weit insofern *Honig/Knörr*, HwO, 4. Aufl., 2008, § 87 Rn. 13.
[627] *Detterbeck*, HwO, 4. Aufl., 2008, § 87 Rn. 4; *Brandt*, in: Schwannecke, HwO, Lsbl., § 87 Rn. 5 (2006).
[628] § 87 Nr. 4 HwO.
[629] *Webers*, in: Schwannecke, HwO, Lsbl., § 87 Rn. 5 (1999).

ee) Führung der Geschäfte der Handwerksinnungen (§ 87 Nr. 5 HwO)

Die Kreishandwerkerschaft ist verpflichtet, die Geschäfte einer ihrer Mitgliedsinnungen zu führen, wenn sie von dieser darum ersucht wird[630]. Gerade für die Vielzahl kleinerer, weniger leistungsstarker Innungen, die sich die Anstellung eines eigenen Geschäftsführers nicht leisten können, ist die Übertragung der Geschäftsführung auf die Kreishandwerkerschaft eine probate Möglichkeit, in den Genuss einer professionellen, einschlägig erfahrenen Geschäftsführung zu kommen. In der Praxis übernimmt regelmäßig der Geschäftsführer der Kreishandwerkerschaft die Führung der Geschäfte der Mitgliedsinnung. Er wird insoweit als Erfüllungsgehilfe der Kreishandwerkerschaft tätig, die Geschäftsführer der Innung im Rechtssinne bleibt[631]. Für die ihr durch die Wahrnehmung der Geschäftsführungstätigkeit entstehenden Kosten kann die Kreishandwerkerschaft von der Mitgliedsinnung ein Geschäftsführungsentgelt verlangen[632]. Die Höhe des Geschäftsführungsentgelts wird von der Mitgliederversammlung bei der Festsetzung des Haushaltsplans beschlossen[633].

ff) Durchführung von Vorschriften und Anordnungen der Handwerkskammer (§ 87 Nr. 6 HwO)

Die Kreishandwerkerschaft hat schließlich die von der Handwerkskammer innerhalb ihrer Zuständigkeit erlassenen Vorschriften und Anordnungen durchzuführen[634]. Wie die Handwerksinnung hat also auch die Kreishandwerkerschaft Rechtsnormen wie auch Einzelrechtsakte der Kammer umzusetzen, soweit deren Erlass in der Zuständigkeit der Kammer liegt[635]. Kommt die Kreishandwerkerschaft dieser Verpflichtung nicht nach, kann die Handwerkskammer aufsichtsbehördliche Maßnahmen ergreifen, welche ihrerseits wiederum von der Kreishandwerkerschaft durchzuführende Anordnungen i.S.v. § 87 Nr. 6 HwO sind.

Die Handwerkskammer hat sich an den Kosten, die der Kreishandwerkerschaft durch die Durchführung ihrer Vorschriften und Anordnungen entstehen, angemessen zu beteiligen[636]. Schon aus dem Wortlaut des Gesetzes („hierdurch entstehenden Kosten") ergibt sich, dass dies nicht etwa eine Pflicht der Kammer bedeutet, sich an den allgemeinen Kosten der Kreishandwerkerschaft bspw. durch Schüsselzuweisungen zu beteiligen[637]. Eine Pflicht zur Kostenbeteiligung besteht nicht im

---

[630] § 87 Nr. 5 HwO.
[631] *Brandt*, in: Schwannecke, HwO, Lsbl., § 87 Rn. 7 (2006).
[632] *Detterbeck*, HwO, 4. Aufl., 2008, § 87 Rn. 3; § 29 Abs. 4 Mustersatzung für Kreishandwerkerschaften.
[633] § 29 Abs. 5 Mustersatzung für Kreishandwerkerschaften.
[634] § 87 Nr. 6, 1. HS HwO.
[635] Vgl. § 54 Abs. 1 S. 2 Nr. 10 HwO sowie die Ausführungen hierzu, oben S. 685.
[636] § 87 Nr. 6, 2. HS HwO.
[637] *Honig/Knörr*, HwO, 4. Aufl., 2008, § 87 Rn. 4; *Brandt*, in: Schwannecke, HwO, Lsbl., § 87 Rn. 10 (2006).

allgemeinen gesetzlichen und satzungsmäßigen Aufgabenbereich der Kreishandwerkerschaft, sondern nur insoweit, als diese konkrete Vorschriften und Anordnungen durchführt, welche die Handwerkskammer innerhalb ihrer Zuständigkeit erlassen hat[638]. Eine „angemessene" Kosten*beteiligung* bedeutet dabei, dass nicht vollständiger Ersatz aller bei der Durchführung entstandenen Kosten geleistet werden muss[639]. Andererseits ist im Rahmen der angemessenen Kostenbeteiligung grundsätzlich auch ein gewisser Anteil an den laufenden Kosten der Kreishandwerkerschaft zu berücksichtigen[640].

6. Die Aufsicht über die Kreishandwerkerschaft

Da die Kreishandwerkerschaft als Zusammenschluss der Handwerksinnungen ihres Bezirks in der Rechtsform der Körperschaft des öffentlichen Rechts letztlich im Interesse der Innungsmitglieder innungsübergreifende Aufgaben wahrnimmt, ist es nur konsequent, dass sie – wie die Handwerksinnung – der Aufsicht durch die Handwerkskammer unterliegt[641]. Die Handwerkskammer nimmt die spezifischen Funktionen des Staates und damit auch die Aufsicht gegenüber den Kreishandwerkerschaften wahr[642]. Zuständig ist die Handwerkskammer, in deren Bezirk die Kreishandwerkerschaft ihren Sitz hat[643]. Die Aufsicht der Kammer über die Kreishandwerkerschaft erstreckt sich darauf, dass Gesetz und Satzung beachtet, insbesondere dass die ihr übertragenen Aufgaben erfüllt werden[644]. Es handelt sich also um eine reine Rechtsaufsicht, die sich aber auf die gesamte Tätigkeit der Kreishandwerkerschaft gleich in welcher Rechtsform erstreckt. Eine auch die Zweckmäßigkeit umfassende Fachaufsicht kommt nur in Betracht, wenn der Handwerkskammer dieses Recht in speziellen (Fach-) Gesetzen ausdrücklich zugewiesen ist[645].

---

[638] Ähnlich: *Honig/Knörr*, HwO, 4. Aufl., 2008, § 87 Rn. 5.
[639] *Brandt*, in: Schwannecke, HwO, Lsbl., § 87 Rn. 10 (2006).
[640] *Detterbeck*, HwO, 4. Aufl., 2008, § 87 Rn. 8.
[641] § 89 Abs. 1 Nr. 5 i. V. m. § 75 S. 1 HwO; § 42 Mustersatzung für Kreishandwerkerschaften.
[642] So muss auch die Handwerkskammer, und nicht eine Behörde der unmittelbaren Staatsverwaltung, gem. § 86 S. 2 HwO eine vom Normalfall des § 86 S. 1 HwO abweichende Abgrenzung des Bezirks zulassen. Bei den Innungen ist hingegen gem. § 52 Abs. 3 S. 2 HwO die Genehmigung durch die oberste Landesbehörde erforderlich, wenn sich der Innungsbezirk über den Bezirk einer Handwerkskammer hinaus erstrecken soll. Diese Regelung ist indes sachgerecht, da in diesem Fall der Zuständigkeitsbereich einer Handwerkskammer überschritten wird.
[643] § 89 Abs. 1 Nr. 5 i. V. m. § 75 S. 1 HwO; § 42 S. 1 Mustersatzung für Kreishandwerkerschaften.
[644] § 89 Abs. 1 Nr. 5 i. V. m. § 75 S. 2 HwO; § 42 S. 2 Mustersatzung für Kreishandwerkerschaften.
[645] Führt die Kreishandwerkerschaft gem. § 87 Nr. 6 HwO Vorschriften und Anordnungen der Handwerkskammer aus, ist eine Zweckmäßigkeitskontrolle zulässig, soweit sich die Kammer in der von ihr erlassenen Vorschrift eine solche bzw. den Erlass von Einzelmaßnahmen zulässigerweise vorbehalten hat. Dies ist allerdings von der allgemeinen Aufsicht deutlich zu trennen.

III. 7. Die Finanzierung der Kreishandwerkerschaft 719

Obwohl die Handwerksordnung nur die Auflösung der Kreishandwerkerschaft als schärfstes Aufsichtsmittel⁶⁴⁶ sowie das Recht der Handwerkskammer zur Einberufung und Leitung der Mitgliederversammlung⁶⁴⁷ ausdrücklich regelt, wird wie bei der Aufsicht über die Innungen ganz überwiegend davon ausgegangen, dass die Handwerkskammer alle Mittel ergreifen kann, mit denen die Staatsaufsicht nach allgemeinem Verwaltungsrecht eine beaufsichtigte Körperschaft zur Beachtung von Gesetz und Satzung anhalten darf⁶⁴⁸. In Betracht kommen danach als Aufsichtsmittel insbesondere mahnende Beanstandungen, Anweisungen, z. B. bestimmte Akte vorzunehmen oder nicht vorzunehmen, die Festsetzung von Ordnungsgeld, die Ersatzvornahme, die Amtsenthebung einzelner Organe oder Personen und schließlich die in der HwO geregelte Auflösung der Kreishandwerkerschaft. Wie bereits zur Aufsicht über die Innungen angemerkt, ist die Anwendung nicht in der HwO geregelter Aufsichtsmittel jedoch im Lichte des Vorbehalts des Gesetzes problematisch. Eine ausdrückliche formalgesetzliche Regelung in der HwO ist auch hier dringend geboten.

Schließlich können wie bei der Handwerksinnung auch die verschiedenen Genehmigungsrechte der Handwerkskammer gegenüber der Kreishandwerkerschaft bzw. einzelnen Organen der Kreishandwerkerschaft – wie insbesondere das Erfordernis der Genehmigung der Satzung der Kreishandwerkerschaft⁶⁴⁹ sowie der Beschlüsse der Mitgliederversammlung gem. § 89 Abs. 1 Nr. 3 i. V. m. § 61 Abs. 2 Nr. 1 bis 3, 7 und 8 HwO⁶⁵⁰ – als Mittel einer präventiven Staatsaufsicht angesehen werden.

7. Die Finanzierung der Kreishandwerkerschaft

a) Die Finanzierungsquellen der Kreishandwerkerschaft

Die der Kreishandwerkerschaft erwachsenden Kosten sind, soweit sie aus Vermögenserträgen oder aus anderen Einnahmen keine Deckung finden, von den Mitgliedsinnungen durch Beiträge aufzubringen⁶⁵¹. Vermögenserträge der Kreishandwerkerschaft sind bspw. Einnahmen aus Zinsen von gewährten Darlehen und Bankguthaben sowie Einnahmen aus Vermietung und Verpachtung ihres Grundbesitzes. Andere Einnahmen sind insbesondere Gebühren, welche die Kreishandwerkerschaft für die Benutzung ihrer Einrichtungen erheben kann⁶⁵², und Geschäftsführungsentgelte, die Mitgliedsinnungen zu entrichten haben, deren Ge-

---

[646] § 89 Abs. 1 Nr. 5 i. V. m. § 76 HwO.
[647] § 89 Abs. 1 Nr. 4 i. V. m. § 62 Abs. 3 S. 2, 2. HS HwO.
[648] Vgl. etwa *Kormann*, Instrumente der Kammeraufsicht, 1988, S. 11 ff.
[649] § 89 Abs. 1 Nr. 2 i. V. m. § 56 HwO.
[650] § 89 Abs. 1 Nr. 3, 2. HS HwO.
[651] § 89 Abs. 1 Nr. 5 i. V. m. § 73 Abs. 1 S. 1 HwO.
[652] § 89 Abs. 1 Nr. 5 i. V. m. § 73 Abs. 2 HwO

schäfte die Kreishandwerkerschaft führt[653]. Während auf die Beiträge und das Geschäftsführungsentgelt der Mitgliedsinnungen bereits oben eingegangen wurde, wird im Folgenden noch die Gebühr angesprochen.

b) Die Gebühr

Die Pflicht zur Leistung von Gebühren, die nicht nur von Mitgliedsinnungen, sondern auch von deren Mitgliedern und völligen Außenseitern erhoben werden[654], an die Kreishandwerkerschaft ist keine Folge der Mitgliedschaft, sondern die Gegenleistung für eine konkretisierbare Leistung der Kreishandwerkerschaft, bspw. in Form einer Inkassotätigkeit. Unmittelbare Rechtsgrundlage der Gebührenerhebung ist eine Gebührenordnung, die von der Mitgliederversammlung zu beschließen ist[655] und als Satzung neben allgemeinen Fragen bspw. über die Person des Schuldners sowie die Entstehung, die Fälligkeit, die Möglichkeit der Ermäßigung und die Verjährung der Gebührenschuld, in einer Liste die Gebührentarife für die einzelnen Leistungen der Kreishandwerkerschaft regelt. Bei der Festlegung der Gebührensätze sind die Grundsätze des öffentlichen Gebührenrechts zu beachten: Kriterien für die Gebührenhöhe sind nach dem Kostendeckungsprinzip der für die in Anspruch genommene Leistung erforderliche Aufwand und nach dem Äquivalenzprinzip der sich für den Gebührenschuldner ergebende Nutzen.

8. Zusammenfassende Beurteilung: Die Kreishandwerkerschaft als Selbstverwaltungskörperschaft

Die Kreishandwerkerschaft nimmt unter den Selbstverwaltungskörperschaften der Wirtschaft schon deshalb eine Sonderstellung ein, weil es sich bei ihr um einen Zusammenschluss von anderen Selbstverwaltungskörperschaften der Wirtschaft, den Handwerksinnungen, handelt. Die Kreishandwerkerschaften gehen letztlich auf die durch die Gewerbeordnungsnovelle von 1881 eingeführten Innungsausschüsse zurück, die von Innungen, die derselben Aufsichtsbehörde unterstanden, freiwillig gebildet werden konnten[656]. Den Innungsausschüssen oblag die Vertretung der gemeinsamen Interessen der beteiligten Innungen, und ihnen konnten nicht vermögensrechtliche Rechte und Pflichten der beteiligten Innungen übertragen werden[657]. Auch die heutigen Kreishandwerkerschaften nehmen die gemeinsamen Interessen der Handwerksinnungen ihres Bezirks wahr und unterstützen

---

[653] § 87 Nr. 5 HwO; § 29 Abs. 4 und 5 Mustersatzung für Kreishandwerkerschaften.
[654] Vgl. § 89 Abs. 1 Nr. 5 i. V. m. § 73 Abs. 2 HwO; § 89 Abs. 1 Nr. 3 i. V. m. § 61 Abs. 2 Nr. 2, 2. HS HwO.
[655] Vgl. § 89 Abs. 1 Nr. 3 i. V. m. § 61 Abs. 2 Nr. 2 HwO.
[656] § 102 Abs. 1 S. 1 GewO-1881; dazu oben S. 568 f.
[657] § 102 Abs. 1 S. 2 und 3 GewO-1881.

III. 8. Die Kreishandwerkerschaft als Selbstverwaltungskörperschaft

diese bei der Erfüllung ihrer Aufgaben[658]. In diesem Sinne sind die Kreishandwerkerschaften auch aus funktionaler Perspektive primär Zusammenschlüsse der Innungen und unterstützen diese oftmals eher kleinen Körperschaften bei der Erledigung insbesondere übergeordneter Aufgaben.

Die freiwilligen Innungsausschüsse wurden von der Ersten HandwerksVO von 1934 zu den Kreishandwerkerschaften weiter entwickelt[659], denen als Körperschaften des öffentlichen Rechts die Handwerksinnungen eines bestimmten Bezirks, regelmäßig eines Stadt- oder Landkreises, obligatorisch angehörten[660]. Ihnen oblag u. a. die Aufgabe, auf Antrag die Geschäftsführung einer Mitgliedsinnung zu übernehmen, den Behörden Gutachten und Auskünfte zu erteilen und die ihnen von der Handwerkskammer übertragenen Aufgaben zu erledigen[661]. In diesem Sinn unterstützt die Kreishandwerkerschaft auch heute noch einerseits die Mitgliedsinnungen bei der Erledigung ihrer Aufgaben, andererseits aber auch die Behörden und speziell die ihnen übergeordnete Handwerkskammer in einschlägigen Angelegenheiten. Da beides auch zum Aufgabenkreis der Innungen gehört, fügt sich dies gleichzeitig auch in das Konzept ein, dass die Kreishandwerkerschaften letztlich primär Aufgaben der Mitgliedsinnungen v. a. im überörtlichen Bereich wahrnehmen. Als Besonderheit ist schließlich hervorzuheben, dass die Kreishandwerkerschaft heute zwar überwiegend, aber nicht ausschließlich im Interesse der Handwerksinnungen und damit letztlich der Innungsmitglieder tätig wird. Indem die Kreishandwerkerschaft nämlich die Gesamtinteressen des gesamten selbständigen Handwerks und handwerksähnlichen Gewerbes wahrzunehmen hat[662], vertritt sie auch die Interessen der nicht in Innungen organisierten Betriebsinhaber.

Ähnlich wie in den Handwerksinnungen hat das Selbstverwaltungsprinzip in den Kreishandwerkerschaften einen starken, unmittelbaren Niederschlag gefunden. So besteht die Mitgliederversammlung als oberstes Organ zwar nicht wie bei den Innungen aus den Mitgliedern als solchen – da ja in der Kreishandwerkerschaft anders als in der Innung keine natürlichen Personen, sondern juristische Personen zusammengeschlossen sind –, aber eben doch aus deren Vertretern[663]. Damit wirken die Mitgliedsinnungen über ihre Vertreter unmittelbar an der Tätigkeit ihrer Selbstverwaltungskörperschaft mit, was eine starke Annäherung an das Ideal aktiver, ehrenamtlicher Mitgliedschaft im Selbstverwaltungskörper bedeutet. Dieser hohe Grad an Selbstverwaltung in der inneren Verfassung findet ähnlich wie bei der Innung seine Ergänzung in einem Aufgabenbestand, der von der unmittelbaren Interessenvertretung geprägte „bottom up"-Tätigkeiten und solche mit überwiegend staatlichem „top down"-Charakter umfasst. Die in der Kreishandwerker-

---

[658] Vgl. insbes. § 87 Nr. 1 und 2 HwO.
[659] §§ 56–58 Erste Verordnung über den vorläufigen Aufbau des deutschen Handwerks vom 15.06.1934 (Erste HandwerksVO-1934), RGBl. 1934 I, S. 493–508; dazu oben S. 599.
[660] § 56 Erste HandwerksVO-1934.
[661] § 58 S. 2, S. 3 Nr. 3 und 4 Erste HandwerksVO-1934.
[662] § 87 Nr. 1 HwO.
[663] § 88 S. 1 HwO.

schaft organisierten Mitgliedsinnungen und damit letztlich wiederum die Innungsmitglieder können so selbst an der Erfüllung von Aufgaben mitwirken, die sie in ihrer Tätigkeit unmittelbar betreffen.

Parallel zum Recht der Handwerksinnung besteht schließlich eine Besonderheit der Kreishandwerkerschaft als Selbstverwaltungskörperschaft darin, dass nicht Behörden der unmittelbaren Staatsverwaltung, sondern die zuständige Handwerkskammer die Aufsicht über sie ausübt. Wie oben bereits zu den Innungen ausgeführt wurde, kann dies als Vertrauensbeweis des Gesetzgebers gegenüber der Selbstverwaltung des Handwerks und in gewisser Hinsicht auch als Akzentuierung einer größeren Staatsdistanziertheit der Kreishandwerkerschaften gewertet werden. Zudem sind die Kreishandwerkerschaften als „partielle Überinnungen" damit in das Hierarchieverhältnis zwischen Kammern und Innungen eingebunden.

Insgesamt findet das in den Innungen besonders ausgeprägte Selbstverwaltungsprinzip in den Kreishandwerkerschaften seine konsequente Fortsetzung. Ähnlich wie bei den Innungen ermöglicht die für die eher geringe Beachtung in der Öffentlichkeit verantwortliche Kleinräumigkeit der Kreishandwerkerschaften andererseits gerade die stärkere Partizipation aller Mitglieder. Die Aufgaben und Tätigkeiten der Kreishandwerkerschaften können dabei für die sich selbst verwaltenden Berufsträger durchaus von ebenso großer Bedeutung sein wie diejenigen der Handwerkskammer. Indem Kreishandwerkerschaften die Innungen bei ihrer Tätigkeit unterstützen, tragen sie erheblich zu einer lebendigen aktiven Selbstverwaltung auf Kreisebene bei.

IV. Das Recht der Handwerkskammer

Die Trias der Selbstverwaltungskörperschaften des Handwerks in der Bundesrepublik Deutschland wird durch die heute 53 Handwerkskammern komplettiert, welche die Interessen des Handwerks und des handwerksähnlichen Gewerbes vertreten und zugleich die Aufsicht über die oben behandelten Innungen und Kreishandwerkerschaften ausüben[664]. Pflichtmitglieder der Kammern sind nicht nur die Inhaber von Handwerks- und handwerksähnlichen Betrieben, sondern auch die Gesellen, anderen Arbeitnehmer mit abgeschlossener Berufsausbildung und Lehrlinge der Gewerbetreibenden[665]. Auch bei der Handwerkskammer muss neben den Regelungen der Handwerksordnung das selbst gesetzte Satzungsrecht herangezogen werden, um ihren tatsächlichen Selbstverwaltungsgehalt beurteilen zu können.

---

[664] § 90 Abs. 1 HwO, § 75 HwO, § 89 Abs. 1 Nr. 5 i. V. m. § 75 HwO.
[665] § 90 Abs. 2–4 HwO.

1. Rechtsform, Errichtung und Bezirk der Handwerkskammer

a) Rechtsform, Rechtsfähigkeit und Errichtung

Die Handwerkskammer ist eine landesunmittelbare Körperschaft des öffentlichen Rechts und als solche mit ihrer Errichtung rechtsfähig[666]. Die Errichtung einer Handwerkskammer erfolgt durch die oberste Landesbehörde[667], d. h. den zuständigen Fachminister, in der Regel also den Wirtschaftsminister/-senator des jeweiligen Landes[668]. Der Errichtungsakt ist kein Verwaltungsakt, sondern ein Organisationsakt sui generis in der Form einer Rechtsverordnung[669]. Entsprechend ist er nach den für die Verkündung von Rechtsverordnungen im jeweiligen Landesrecht geltenden Vorschriften zu veröffentlichen. Die Satzung der Handwerkskammer ist zusätzlich in dem amtlichen Organ der für den Sitz der Kammer zuständigen höheren Verwaltungsbehörde bekanntzumachen[670]. Die Kammer entsteht mit der Veröffentlichung der Verordnung, es sei denn, dass in dieser ein anderer Termin für ihr Inkrafttreten bzw. für die Entstehung der Kammer festgelegt ist[671].

Die Bundesrepublik ist heute – einschließlich der durch die Wiedervereinigung am 3. Oktober 1990 hinzugetretenen Bundesländer – umfassend verkammert. Die Errichtung neuer Handwerkskammern käme daher nur in Betracht, wenn im Rahmen einer Quasi-Abspaltung der Bezirk einer bestehenden Handwerkskammer verkleinert[672] und auf dem frei werdenden Gebiet eine neue Handwerkskammer errichtet würde[673]. Ähnlich wie bei den IHK ist jedoch in Zeiten knapper Kassen der Rationalisierungsdruck auch für die Handwerkskammern hoch. Daher ist in den kommenden Jahren – trotz der sowieso schon vergleichsweise geringen Zahl von nur noch 53 Handwerkskammern – eher mit weiteren Fusionen als mit Neugründungen zu rechnen. Eine Fusion zweier Kammern erfolgt durch Rechtsverordnung der zuständigen obersten Landesbehörde[674]. Dabei wird entweder nur eine Kammer aufgelöst und das Recht der anderen Kammer entsprechend angepasst (Bezirkserweiterung, Satzungsänderung etc.), oder aber es werden beide Kammern aufgelöst, um letztlich eine neue Handwerkskammer zu errichten. In diesem Fall kommt es dann rechtstechnisch doch zur Gründung einer neuen Handwerkskammer.

---

[666] § 90 Abs. 1, 2. HS. HwO; *Detterbeck*, HwO, 4. Aufl., 2008, § 90 Rn. 6; *Honig/Knörr*, HwO, 4. Aufl., 2008, § 90 Rn. 3; *Schwannecke*, in: ders., HwO, Lsbl., § 90 Rn. 5 (1997).
[667] § 90 Abs. 5 S. 1, 1. HS HwO.
[668] *Detterbeck*, HwO, 4. Aufl., 2008, § 90 Rn. 33; *Schwannecke*, in: ders., HwO, Lsbl., § 90 Rn. 5 (1997).
[669] *Detterbeck*, HwO, 4. Aufl., 2008, § 90 Rn. 33.
[670] § 105 Abs. 4 HwO.
[671] *Schwannecke*, in: ders., HwO, Lsbl., § 90 Rn. 18 (1997); *Honig*, HwO, 3. Aufl., 2004, § 90 Rn. 12.
[672] § 90 Abs. 5 S. 2, 1. HS HwO.
[673] § 90 Abs. 5 S. 1, 1. HS HwO.
[674] *Detterbeck*, HwO, 4. Aufl., 2008, § 90 Rn. 36.

Angemerkt sei, dass in der Pflicht der zuständigen Behörden zur Errichtung der Handwerkskammern[675] (der die Behörden – wie ausgeführt – seit langem nachgekommen sind) sowie in der Errichtung durch Organisationsakt, für den es grundsätzlich keiner Initiative der Betroffenen bedarf, das gesteigerte öffentliche Interesse an der Existenz der Handwerkskammern deutlich zum Ausdruck kommt. Anders als bei der Handwerksinnung, in der sich die Gründungsmitglieder aus eigener Initiative („bottom up") zusammenschließen[676], handelt es sich bei den Handwerkskammern um Gründungen auf Initiative des Staates („top down"). Dies schließt indes nicht den Charakter der Handwerkskammer als Selbstverwaltungskörperschaft aus, soweit dieser in ihrer mitgliedschaftlichen Struktur und ihren Aufgaben verwirklicht wird. Hierauf wird später im Einzelnen eingegangen.

b) Der Kammerbezirk

Der Bezirk der Handwerkskammer wird von der obersten Landesbehörde bestimmt[677] und in der Satzung der Kammer festgelegt[678]. Er soll sich in der Regel mit demjenigen der höheren Verwaltungsbehörde, also dem Regierungsbezirk, decken[679]. Die oberste Landesbehörde kann den Bezirk der Kammer nachträglich ändern[680], insbesondere um die Leistungsfähigkeit der Kammer zu gewährleisten[681]. Eine solche Bezirksänderung kann durch Rechtsverordnung oder aber durch Verwaltungsakt der zuständigen Behörde erfolgen[682]. Im Falle einer Bezirksänderung ist zwischen den beteiligten Kammern eine Vermögensauseinandersetzung vorzunehmen[683]. In der Regel erfolgt diese durch einen konsensual zwischen den Kammern ausgehandelten öffentlich-rechtlichen Vertrag i. S. v. § 54 VwVfG[684], der aber der Genehmigung durch die oberste Landesbehörde bedarf[685]. Als wesentlicher Maßstab für die Vermögensauseinandersetzung, bei der die Kammer, die einen Teil

---

[675] Zur Pflicht der Behörden zur Errichtung der Handwerkskammern: *Honig*, HwO, 3. Aufl., 2004, § 90 Rn. 13; *Schwannecke*, in: Schwannecke, HwO, Lsbl., § 90 Rn. 18 (1997); *Kluth*, Entwicklungsgeschichte, in: HdbKR, 2005, S. 41 (94).

[676] § 52 Abs. 1 S. 1 HwO.

[677] § 90 Abs. 5 S. 1, 2. HS HwO.

[678] § 105 Abs. 2 Nr. 1 HwO.

[679] § 90 Abs. 5 S. 1, 2. HS HwO; vgl. auch *Wagener*, Maßstäbe für die Abgrenzung, in: GewArch 1979, 73 ff.; vgl. auch *Mann*, Auswirkungen, in: JbKBR 2006, S. 13 (25).

[680] § 90 Abs. 5 S. 2, 1. HS HwO.

[681] Vgl. Schriftlicher Bericht des Ausschusses für Wirtschaftspolitik des Deutschen Bundestages, zu BT Drs. I/4172, S. 9; *Detterbeck*, HwO, 4. Aufl., 2008, § 90 Rn. 35; zur Anpassung der Kammergrenzen an eine Verwaltungsreform: *Mann*, Auswirkungen, in: JbKBR 2006, S. 13 (25).

[682] *Detterbeck*, HwO, 4. Aufl., 2008, § 90 Rn. 36 ff.; OVG Münster, GewArch 1975, 194 (196) geht von einem rechtlichen Doppelcharakter des entsprechenden Rechtsakts aus (Verwaltungsakt gegenüber den beteiligten Kammern und Rechtsnorm gegenüber den Kammermitgliedern und einem darüber hinausgehenden, auf Teilbereichen der Regelungsbefugnis der Handwerkskammer unterworfenen Personenkreis); kritisch dazu *Detterbeck*, a.a.O.

[683] § 90 Abs. 5 S. 2, 2. HS HwO.

[684] *Detterbeck*, HwO, 4. Aufl., 2008, § 90 Rn. 41.

[685] § 90 Abs. 5 S. 2, 2. HS HwO.

des Bezirks abgibt, einen Teil ihres Vermögens auf die empfangende Kammer überträgt, kommt das Beitragsvolumen der überwechselnden Mitglieder im Verhältnis zu den verbleibenden in Betracht[686]. Können sich die beteiligten Kammern indes nicht über die Vermögensauseinandersetzung einigen, entscheidet die oberste Landesbehörde hierüber[687]. Die Größe des Kammerbezirks ist auch für die Verwirklichung der Selbstverwaltung in der Kammer von Bedeutung. Ein zu großer Bezirk bedroht nicht nur eine betriebs- und praxisnahe Betreuung der Mitglieder[688], sondern auch eine lebendige Partizipationskultur.

2. Die Verwirklichung der Selbstverwaltung in der mitgliedschaftlichen Struktur

a) Die genossenschaftliche Organisation als prägendes Merkmal der Selbstverwaltung

Die mitgliedschaftlich-genossenschaftliche Struktur ist essentielles Merkmal der materialen Selbstverwaltung in der Handwerkskammer. Im Zentrum der körperschaftlichen Organisation stehen die Mitglieder, welche die sie besonders betreffenden Angelegenheiten durch aktive Mitwirkung, vor allem aber vermittelt durch gewählte Organe selbst verwalten. Im Folgenden wird daher geklärt, wie sich der Mitgliederkreis der Handwerkskammer zusammensetzt und inwiefern die mitgliedschaftliche Strukturierung in der Verfassung der Handwerkskammer ihren Niederschlag gefunden hat.

b) Die Mitgliedschaft in der Handwerkskammer

aa) Überblick über die gesetzliche Regelung der Mitgliedschaft

Die Mitgliedschaft in der Handwerkskammer ist in § 90 Abs. 2–4 HwO geregelt. Es handelt sich jeweils um eine Pflicht- bzw. Zwangsmitgliedschaft. Mitglied der Handwerkskammer gem. § 90 Abs. 2 HwO sind nicht nur die Inhaber von Handwerks- und handwerksähnlichen Betrieben des Handwerkskammerbezirks, sondern auch die Gesellen, anderen Arbeitnehmer mit einer abgeschlossenen Berufsausbildung und Lehrlinge dieser Gewerbetreibenden[689]. Seit der Novelle von 2003 sind gem. § 90 Abs. 3 und 4 HwO auch Kleinunternehmer Mitglied der Handwerkskammer, die erstmalig nach dem 30. Dezember 2003 eine gewerbliche Tätigkeit angemeldet haben, in deren Rahmen sie selbständig eine nichtwesentliche Tä-

---

[686] *Schwannecke*, in: ders., HwO, Lsbl., § 90 Rn. 22 (1997); *Detterbeck*, HwO, 4. Aufl., 2008, § 90 Rn. 41; *Honig/Knörr*, HwO, 4. Aufl., 2008, § 90 Rn. 19 stellen einfacher auf das Verhältnis der ausscheidenden zu den verbleibenden Mitgliedern ab.
[687] § 90 Abs. 5 S. 3 HwO.
[688] *Mann*, Auswirkungen, in: JbKBR 2006, S. 13 (26).
[689] *Kluth*, Entwicklungsgeschichte, in: HdbKR, 2005, S. 41 (94).

tigkeit eines A-Handwerks i. S. v. § 1 Abs. 2 S. 2 Nr. 1 HwO ausüben, wenn weitere in § 90 Abs. 3 und 4 HwO im Einzelnen genannte Voraussetzungen erfüllt sind.

bb) Mitgliedschaft gem. § 90 Abs. 2 HwO

Nach § 90 Abs. 2 HwO sind zunächst die Inhaber eines Betriebs eines Handwerks und eines handwerksähnlichen Gewerbes des Handwerkskammerbezirks Mitglieder der Handwerkskammer. Die Gewerbe, die als zulassungspflichtige und zulassungsfreie Handwerke betrieben werden können, sind in Anlage A sowie Anlage B, Abschnitt-1 (B-1) zur HwO, die handwerksähnlichen Gewerbe in Anlage B-2 aufgeführt. Inhaber eines Handwerksbetriebs oder eines handwerksähnlichen Gewerbes und damit Mitglieder der Handwerkskammer können sowohl natürliche Personen als auch Personengesellschaften sowie Kapitalgesellschaften sein[690]. Inhaber eines A-Betriebs werden mit der Eintragung in die Handwerksrolle Mitglied der Kammer[691], Inhaber eines B1- oder B2-Betriebs bereits mit Betriebsaufnahme[692].

Neben den Inhabern von A- und B-Gewerben sind die Gesellen, andere Arbeitnehmer mit einer abgeschlossenen Berufsausbildung und die Lehrlinge dieser Gewerbetreibenden Mitglieder der Handwerkskammer[693]. Lehrlinge sind Personen, die bei dem Gewerbetreibenden in einem Ausbildungsverhältnis stehen; Gesellen Personen, welche die Gesellenprüfung absolviert haben[694]. Um dem stark gestiegenen Anteil kaufmännischer und technischer Arbeitnehmer in Handwerksbetrieben Rechnung zu tragen, die von den Maßnahmen der Handwerkskammer gleichermaßen betroffen sein können wie Gesellen und Lehrlinge, sind seit der HwO-Novelle 1993 neben den Gesellen auch andere Arbeitnehmer mit einer abgeschlossenen Berufsausbildung Mitglieder der Kammer[695]. Lehrlinge, Gesellen und sonstige Arbeitnehmer werden mit Abschluss des Ausbildungs- bzw. Anstellungsvertrages mit dem Inhaber eines A- oder B-Gewerbes Mitglieder der Kammer[696].

cc) Mitgliedschaft gem. § 90 Abs. 3 und 4 HwO

Durch die Einfügung der Abs. 3 und 4 in § 90 HwO im Rahmen der HwO-Novelle 2003 wurden bestimmte Kleinunternehmer, die früher der IHK zugehört hätten, Mitglieder der Handwerkskammer. Es handelt sich dabei um Personen, die im

---

[690] Vgl. §§ 1 Abs. 1, 18 Abs. 1 HwO.
[691] Entsprechend erlischt die Mitgliedschaft mit der Löschung der Eintragung in die Handwerksrolle.
[692] Die Eintragung in das B-Verzeichnis gem. § 19 HwO ist für die Mitgliedschaft in der Kammer nicht erforderlich, da dem B-Verzeichnis keine konstitutive Wirkung zukommt; *Detterbeck*, HwO, 4. Aufl., 2008, § 90 Rn. 8.
[693] § 90 Abs. 2 HwO.
[694] Vgl. *Schwannecke*, in: ders., HwO, Lsbl., § 90 Rn. 16 (1997).
[695] Vgl. die Begründung in BT-Drs. 12/5918, S. 24; *Musielak/Detterbeck*, Recht des Handwerks, 3. Aufl., 1995, § 90 Rn. 1; *John*, Novellierung der Handwerksordnung, in: WiVerw. 1994, 34 (38 ff.).
[696] Entsprechend endet die Mitgliedschaft mit dem Ende des Ausbildungs- bzw. Anstellungsverhältnisses.

Kammerbezirk selbständig eine nicht wesentliche – genau gesagt eine in einem Zeitraum von bis zu drei Monaten erlernbare – Tätigkeit eines A-Handwerks ausüben[697]. Hinzukommen müssen folgende weitere Voraussetzungen: Der Gewerbetreibende muss die Gesellenprüfung in einem beliebigen A-Handwerk erfolgreich abgelegt haben[698], die betreffende Tätigkeit muss Bestandteil der Erstausbildung in diesem A-Handwerk gewesen sein[699] und den überwiegenden Teil der gewerblichen Tätigkeit ausmachen[700]. Schließlich muss die Tätigkeit in einer dem Handwerk entsprechenden Betriebsform erbracht werden[701] und die Person erstmalig nach dem 30. Dezember 2003 eine gewerbliche Tätigkeit angemeldet haben[702]. Aus dem Erfordernis der selbständigen Ausübung der Tätigkeit gem. § 90 Abs. 3 HwO folgt, dass nur die Kleinunternehmer, aber nicht deren abhängig Beschäftigte Mitglieder der Kammer sind[703]. Hier liegt ein struktureller Unterschied zur Mitgliedschaft nach § 90 Abs. 2 HwO.

Die Handwerkskammer hat ein Verzeichnis zu führen, in das die § 90 Abs. 3 und 4 HwO unterfallenden Personen ihres Bezirks mit dem von ihnen betriebenen Gewerbe einzutragen sind (Verzeichnis der Personen nach § 90 Abs. 3 und 4 HwO)[704].

dd) Ehren- und Gastmitgliedschaft

Die gesetzliche Regelung in § 90 Abs. 2–4 HwO ist abschließend. Andere als die dort genannten Personen können nicht Mitglied der Handwerkskammer werden. Allerdings kann bspw. verdienten ehemaligen Mitgliedern oder dem Handwerk nahstehenden Personen die Möglichkeit einer Ehren- oder Gastmitgliedschaft eröffnet werden[705]. Da ansonsten die gesetzlichen Regelungen über die Mitgliedschaft umgangen werden könnten, dürfen Ehren- oder Gastmitgliedern allerdings nicht die vollen Mitgliedschaftsrechte, insbesondere nicht das aktive und passive Wahlrecht, eingeräumt werden. Sie besitzen allenfalls eine beratende Stimme.

---

[697] §§ 90 Abs. 3 S. 1 i. V. m. 1 Abs. 2 S. 2 Nr. 1 HwO.
[698] §§ 90 Abs. 3 S. 1 Nr. 1 i. V. m. 1 Abs. 2 S. 1 und Anlage A HwO; der erfolgreich abgelegten Gesellenprüfung steht es gem. § 90 Abs. 3 S. 2 HwO gleich, dass der Gewerbetreibende ausbildungsvorbereitende Maßnahmen erfolgreich absolviert hat, wenn diese Maßnahmen überwiegend Ausbildungsinhalte in Ausbildungsordnungen vermitteln, die nach § 25 HwO erlassen worden sind und insgesamt einer abgeschlossenen Gesellenausbildung im Wesentlichen entsprechen.
[699] § 90 Abs. 3 S. 1 Nr. 2 HwO.
[700] § 90 Abs. 3 S. 1 Nr. 3 HwO.
[701] § 90 Abs. 4 S. 1 HwO.
[702] § 90 Abs. 4 S. 2 HwO.
[703] *Detterbeck*, HwO, 4. Aufl., 2008, § 90 Rn. 10.
[704] § 90 Abs. 4 S. 3 HwO: Nach Maßgabe der Anlage D Abschnitt IV zur HwO.
[705] *Detterbeck*, HwO, 4. Aufl., 2008, § 90 Rn. 20; *Schwannecke*, in: ders., HwO, Lsbl., § 90 Rn. 17 (1997).

c) *Die Repräsentation der Kammermitglieder in der Vollversammlung als Verwirklichung des Selbstverwaltungsprinzips*

Wie festgestellt, bezieht sich der Begriff der Selbstverwaltung auch heute noch primär auf die Stellung der sich selbst Verwaltenden in der Selbstverwaltungskörperschaft. War ursprünglich die tätige Selbstverwaltung der eigenen Angelegenheiten für die Selbstverwaltung prägend, ist sie im modernen arbeitsteiligen Industriestaat in den verschiedenen Selbstverwaltungsbereichen zunehmend durch die repräsentative Selbstverwaltung ersetzt worden. Im Rahmen der Selbstverwaltung des Handwerks gilt dies vor allem für die Handwerkskammern, die aufgrund der Größe ihrer Bezirke so viele Mitglieder haben, dass eine repräsentative Selbstverwaltung schon aus organisatorischen Gründen unumgänglich erscheint.

Zwar hat bei den Handwerkskammern – ähnlich wie bei den IHK – die tätige Selbstverwaltung weiter ihren Raum. Doch wird Selbstverwaltung hier in funktionaler Perspektive primär repräsentativ ausgeübt, indem die Kammerzugehörigen aus ihrer Mitte die Mitglieder der Vollversammlung wählen[706]. Die durch die Wahl unmittelbar demokratisch legitimierte Vollversammlung besitzt – wie in der Selbstverwaltung üblich – eine ausschließliche Zuständigkeit für besonders wichtige Rechtsakte wie die Änderung der Satzung und die Wahl der übrigen Kammerorgane, namentlich des Vorstands und der Ausschüsse[707]. Da auch die Geschäftsführer von der Vollversammlung gewählt werden, ist die Spitze der Kammerexekutive ihrerseits zumindest mittelbar demokratisch legitimiert[708].

aa) Die Zusammensetzung der Vollversammlung

Die Vollversammlung besteht aus gewählten Mitgliedern[709]. Die Zahl ihrer Mitglieder ist in der HwO nicht geregelt. Sie wird durch die Satzung der Kammer festgelegt[710]. Ebenfalls in der Satzung ist die Aufteilung der Mitglieder der Vollversammlung auf die einzelnen in den Anlagen A und B zur HwO aufgeführten Gewerbe zu bestimmen, wobei die wirtschaftlichen Besonderheiten und die wirtschaftliche Bedeutung der einzelnen Gewerbe zu berücksichtigen sind[711]. Dies bedeutet nicht, dass sämtliche 151 A- und B-Gewerbe Berücksichtigung finden müssten. Andererseits erscheint die vom wirtschaftspolitischen Ausschuss des Bundestages bei Entstehung der HwO im Jahre 1953 zugrunde gelegte Mindestzahl von 33 Mitgliedern auch heute noch als absolutes Minimum[712], um eine grundsätzliche Re-

---

[706] § 93 HwO.
[707] § 106 Abs. 1 Nr. 1, 14 HwO.
[708] § 106 Abs. 1 Nr. 3 HwO.
[709] § 93 Abs. 1 S. 1 HwO.
[710] § 93 Abs. 2 S. 1 1. Alt. HwO; *Honig/Knörr*, HwO, 4. Aufl., 2008, § 93 Rn. 4; *Detterbeck*, HwO, 4. Aufl., 2008, § 93 Rn. 3.
[711] § 93 Abs. 2 S. 1 2. Alt., S. 2 HwO.
[712] Bericht des Bundestagsausschusses für Wirtschaftspolitik, zu BT-Drs. 1/4172, S. 10.

präsentation der Interessen der verschiedenen Gewerbe in der Kammer sicherstellen zu können[713].

Eine weitere Besonderheit besteht darin, dass ein Drittel der Mitglieder der Vollversammlung Gesellen oder andere Arbeitnehmer mit einer abgeschlossenen Berufsausbildung sein müssen, die in dem Betrieb eines A- oder B-Gewerbes beschäftigt sind[714]. Anders als in der Innung[715] und nach dem Recht der Handwerkskammern, wie es früher in der GewO geregelt war[716], werden die Interessen der Gesellen und anderen Arbeitnehmer nicht durch einen separaten Gesellenausschuss, sondern durch unmittelbare Vertretung in der Vollversammlung wahrgenommen.

bb) Die Wahl der Mitglieder der Vollversammlung

aaa) Rechtsgrundlagen der Wahl

Die Wahl der Mitglieder der Vollversammlung der Handwerkskammer ist grundlegend in den §§ 93 ff. HwO geregelt. Detaillierte Vorschriften über das Wahlverfahren finden sich gem. § 95 Abs. 2 HwO daneben in der Wahlordnung für die Wahlen der Mitglieder der Vollversammlung der Handwerkskammern (Wahlordnung), die als Anlage C zur HwO veröffentlicht ist. Die Wahlordnung bildet materiell einen Teil der Handwerksordnung und enthält als solcher zwingendes, nicht durch Satzungsbestimmungen abänderbares Recht[717]. Neben der unmittelbaren Wahl von Vollversammlungsmitgliedern durch Mitglieder der Handwerkskammern kann sich die Vollversammlung bis zu einem Fünftel ihrer Mitgliederzahl auch durch Zuwahl von sachverständigen Personen ergänzen[718].

bbb) Unmittelbare Wahl: Wahl und Wahlverfahren

Da die Ausführungen zur aktiven und passiven Wahlberechtigung ansonsten schwer verständlich sind, seien hier vorab die Wahlgrundsätze und das Wahlverfahren der unmittelbaren Wahl zusammengefasst: Die Mitglieder der Vollversammlung werden in allgemeiner, freier, gleicher und geheimer Wahl gewählt[719]. Allgemeine Wahl bedeutet, dass die in den §§ 96 ff. HwO genannten Personen grds. wahlberechtigt sind. Zusätzliche Einschränkungen bspw. in der Satzung der Kammer sind unzulässig. Freie Wahl heißt, dass die Wahlentscheidung nicht durch Zwang oder Täuschung beeinflusst sein darf. Gleiche Wahl bedeutet, dass jedem aktiv Wahlberechtigten grds. dieselbe Stimmenzahl (in der Regel eine) zusteht. Geheime Wahl schließlich gewährleistet, dass nicht nur die Kenntnisnahme von der

---

[713] *Honig/Knörr*, HwO, 4. Aufl., 2008, § 93 Rn. 4.
[714] § 93 Abs. 1 S. 2 HwO; *Kluth*, Entwicklungsgeschichte, in: HdbKR, 2005, S. 41 (95).
[715] § 68 HwO.
[716] §§ 103i-103k GewO-1897.
[717] *Detterbeck*, HwO, 4. Aufl., 2008, § 95 Rn. 7; *Honig/Knörr*, HwO, 4. Aufl., 2008, § 95 Rn. 3.
[718] § 93 Abs. 4 S. 1, 1. HS. HwO.
[719] § 95 Abs. 1 S. 1 HwO.

konkreten Wahlentscheidung, sondern auch davon, ob überhaupt gewählt wurde, ausgeschlossen sein muss[720]. Die Wahl erfolgt auf fünf Jahre[721]. Eine (auch mehrmalige) Wiederwahl ist zulässig[722].

Die Wahl ist keine Personen-, sondern eine Listenwahl[723]. Der Wahlleiter hat die Mitglieder der Handwerkskammer spätestens drei Monate vor dem Wahltag zur Einreichung von Wahlvorschlägen aufzufordern[724]. Da die Arbeitgeber- und die Arbeitnehmervertreter getrennt gewählt werden, sind die Wahlvorschläge, die für den gesamten Wahlbezirk, d. h. den Handwerkskammerbezirk[725], gelten[726], separat für die zu wählenden Vertreter des Handwerks und des handwerksähnlichen Gewerbes einerseits und die Vertreter der Gesellen und anderen Arbeitnehmer mit abgeschlossener Berufsausbildung andererseits in Form von Listen einzureichen[727]. Die Wahlvorschläge müssen jeweils die Namen von so vielen Bewerbern enthalten, wie Mitglieder und Stellvertreter in dem Wahlbezirk zu wählen sind[728]. Da für jedes Mitglied der Vollversammlung mindestens ein, aber höchstens zwei Stellvertreter zu wählen sind, die im Verhinderungsfall oder im Fall des Ausscheidens der Mitglieder in die Vollversammlung einzutreten haben[729], ist im Wahlvorschlag deutlich zu machen, wer als Mitglied und wer als Stellvertreter vorgeschlagen wird[730]. Die Verteilung der Bewerber in den Arbeitgeber- und Arbeitnehmerwahlvorschlägen auf die einzelnen A- und B-Gewerbe muss den entsprechenden Regelungen in der Satzung entsprechen[731]. Wahlvorschläge müssen mindestens von der zweifachen Anzahl der jeweils für die Arbeitgeber- und Arbeitnehmerseite in der Vollversammlung zu besetzenden Sitze an Wahlberechtigten, höchstens aber von 70 Wahlberechtigten unterzeichnet sein[732].

Die aktive Wahlberechtigung der Vertreter des Handwerks und des handwerksähnlichen Gewerbes hängt von der Eintragung in das Wahlverzeichnis ab[733]. Dieses besteht aus einem von der Handwerkskammer herzustellenden Auszug aus der Handwerksrolle und dem Verzeichnis nach § 19 HwO, der alle am Wahltag Wahlberechtigten der Handwerkskammer enthält[734]. Gesellen und Arbeitnehmer mit abgeschlossener Berufsausbildung weisen dem Wahlleiter ihre Wahlberechtigung

---

[720] *Detterbeck*, HwO, 4. Aufl., 2008, § 95 Rn. 3.
[721] § 103 Abs. 1 S. 1 HwO.
[722] § 103 Abs. 1 S. 2 HwO; *N. N.*, in: Schwannecke, HwO, Lsbl., § 103 Rn. 1 (1998).
[723] § 95 Abs. 1 S. 1 HwO.
[724] § 7 Wahlordnung (Anlage C zur HwO).
[725] § 3 Wahlordnung.
[726] § 8 Abs. 1 S. 1, 1. HS Wahlordnung.
[727] § 8 Abs. 1 S. 1, 2. HS Wahlordnung.
[728] § 8 Abs. 1 S. 1, 2. HS a. E. Wahlordnung.
[729] § 93 Abs. 3 HwO.
[730] § 8 Abs. 2 S. 2 Wahlordnung.
[731] § 93 Abs. 2 HwO; § 8 Abs. 3 Wahlordnung ist noch nicht an den reformierten § 93 Abs. 2 HwO angepasst.
[732] § 8 Abs. 5 Wahlordnung.
[733] § 12 Abs. 1 S. 2 Wahlordnung.
[734] § 12 Abs. 1 S. 1 Wahlordnung.

hingegen durch einen Wahlberechtigungsschein nach, der – soweit vorhanden – die Unterschrift des Betriebsrats, ansonsten diejenige des Betriebsinhabers oder seines gesetzlichen Vertreters trägt[735].

Eine Wahl findet nur statt, wenn für den Wahlbezirk mehr als ein Wahlvorschlag zugelassen wurde. Wurde nur ein Wahlvorschlag zugelassen, gelten hingegen die darauf bezeichneten Bewerber als gewählt, ohne dass es einer Wahlhandlung bedarf („Friedenswahl")[736]. Die Wahl wird als Briefwahl durchgeführt[737]. Gewählt sind die Bewerber desjenigen Wahlvorschlags, der die Mehrheit der abgegebenen gültigen Stimmen erhalten hat[738]. Innerhalb eines Monats nach Bekanntgabe des Wahlergebnisses kann jeder Wahlberechtigte gegen die Rechtsgültigkeit der Wahl Einspruch erheben[739]. Der Einspruch kann sich gegen die Wahl insgesamt oder gegen die Wahl einer bestimmten Person richten[740]. Der Einspruch gegen die Wahl einer Person kann dabei nur auf eine Verletzung der Vorschriften der §§ 96–99 HwO, also der Regelungen der HwO über die aktive und passive Wahlberechtigung, gestützt werden, auf die im Folgenden eingegangen wird[741].

ccc) *Aktive Wahlberechtigung bei der unmittelbaren Wahl*

(1) Wahl der Vertreter des Handwerks und handwerksähnlichen Gewerbes. Aktiv zur Wahl der Vertreter des Handwerks und des handwerksähnlichen Gewerbes be-

---

[735] § 13 Abs. 1 Wahlordnung.
[736] § 20 Wahlordnung; *Honig/Knörr*, HwO, 4. Aufl., 2008, § 95 Rn. 5; zur Verfassungskonformität der Friedenswahl vgl. VGH Bad.-Württ., GewArch 2001, 422 (428 f.); im Lichte des Demokratieprinzips begegnet die Friedenswahl erheblichen Bedenken und sollte – wenn überhaupt – nur als Ultima Ratio in Betracht kommen, dazu: VGH Mannheim, GewArch 1998, 65 (68); der entsprechende Vorlagebeschluss wegen Verstoßes gegen das Demokratieprinzip wurde ohne Entscheidung in der Sache von BVerfG (Kammer), GewArch 2001, 74 als unzulässig abgewiesen; *Groß*, Kammerverfassungsrecht, in: HdbKR, 2005, S. 187 (201); *Irriger*, Genossenschaftliche Elemente, 1991, S. 215 f.
[737] § 95 Abs. 1 S. 2 HwO; dafür erhalten die Wahlberechtigten gem. § 16 Abs. 1 Wahlordnung von der Kammer einen Nachweis der Berechtigung zur Ausübung des Wahlrechts (Wahlschein), einen Stimmzettel, einen Wahlumschlag und einen Rücksendeumschlag. Der Wahlberechtigte kennzeichnet den von ihm gewählten Wahlvorschlag, indem er dessen Namen ankreuzt (§ 16 Abs. 2 S. 1 Wahlordnung), legt den gekennzeichneten Stimmzettel in dem verschlossenen Wahlumschlag unter Beifügung des von ihm unterzeichneten Wahlscheins in den Rücksendeumschlag und sendet diesen so rechtzeitig an den Wahlleiter zurück, dass die Unterlagen am Wahltag bis spätestens 18 Uhr bei der Kammer eingehen (§ 16 Abs. 3 Wahlordnung). Dort werden die eingegangenen Wahlumschläge nach Prüfung der Wahlberechtigung ungeöffnet in die Wahlurne gelegt (§ 16 Abs. 3 S. 3 Wahlordnung). Nach Schluss der Abstimmung hat der vom Wahlleiter einberufene Wahlausschuss unverzüglich das Wahlergebnis zu ermitteln (§ 17 Abs. 1 Wahlordnung).
[738] § 18 Abs. 2 Wahlordnung; zur Ungültigkeit von Stimmen vgl. § 17 Abs. 2 ff. Wahlordnung.
[739] § 101 Abs. 1 1. HS HwO; gem. § 101 Abs. 1 2. HS HwO kann sich der Einspruch eines Inhabers eines Betriebs eines Handwerks oder handwerksähnlichen Gewerbes nur gegen die Wahl der Vertreter der Handwerke und handwerksähnlichen Gewerbe, der Einspruch eines Gesellen oder anderen Arbeitnehmers mit einer abgeschlossenen Berufsausbildung nur gegen die Wahl der Vertreter der Arbeitnehmer richten.
[740] Vgl. § 101 Abs. 2 und 3 HwO.
[741] § 101 Abs. 2 HwO.

rechtigt sind die in der Handwerksrolle gem. § 6 Abs. 1 HwO oder im Verzeichnis zulassungsfreier Handwerke oder handwerksähnlicher Gewerbe nach § 19 S. 1 HwO eingetragenen natürlichen und juristischen Personen und Personengesellschaften sowie die in das Verzeichnis gem. § 90 Abs. 4 S. 3 HwO[742] eingetragenen natürlichen Personen (Kleinunternehmer)[743]. Eingetragene Kleinunternehmer i. S. d. § 90 Abs. 3 und 4 HwO sind allerdings nur zur Wahl der Vertreter ihrer Personengruppe berechtigt, sofern in der Satzung der Handwerkskammer gem. § 93 Abs. 2 S. 2 HwO bestimmt ist, dass die Aufteilung der Zahl der Mitglieder der Vollversammlung auch die Personen nach § 90 Abs. 3 und 4 HwO zu berücksichtigen hat.

Das Wahlrecht kann nur von volljährigen Personen ausgeübt werden[744]. Juristische Personen und Personengesellschaften haben jeweils nur eine Stimme[745]. Das Stimmrecht wird von ihren gesetzlichen oder rechtsgeschäftlich hierzu ermächtigten Vertretern ausgeübt. Nicht wahlberechtigt sind Personen, die infolge strafgerichtlicher Verurteilung das Recht, in öffentlichen Angelegenheiten zu wählen oder zu stimmen, nicht besitzen[746]. An der Ausübung des Wahlrechts gehindert ist bspw., wer sich in Straf- oder Untersuchungshaft befindet[747].

(2) Arbeitnehmervertreter. Aktiv zur Wahl der Arbeitnehmervertreter in der Vollversammlung berechtigt sind die Gesellen und weiteren Arbeitnehmer mit abgeschlossener Berufsausbildung, sofern sie am Wahltag volljährig sind und in einem Handwerksbetrieb (A- und B1-Handwerke) oder einem handwerksähnlichen Betrieb (B2-Gewerbe) beschäftigt sind[748]. Beschäftigt sind solche Arbeitnehmer, die im Zeitpunkt der Wahl in einem ordnungsgemäßen Arbeitsverhältnis stehen[749]. Eine kurzzeitige Arbeitslosigkeit, die zum Zeitpunkt der Wahl nicht länger als drei Monate besteht, lässt das Wahlrecht indes unberührt[750]. Für den Ausschluss vom Wahlrecht bzw. die Hinderung an der Ausübung des Wahlrechts gelten die oben zur Wahl der Vertreter des Handwerks und des handwerksähnlichen Gewerbes dargelegten Grundsätze[751].

---

[742] Bei der Bezugnahme auf „§ 90 Abs. 4 S. 2 HwO" in § 96 Abs. 1 S. 1 HwO handelt es sich vermutlich um ein Redaktionsversehen. Gemeint ist das Verzeichnis gem. § 90 Abs. 4 S. 3 HwO.
[743] § 96 Abs. 1 S. 1 HwO.
[744] § 96 Abs. 1 S. 3 HwO.
[745] § 96 Abs. 1 S. 4 HwO.
[746] § 96 Abs. 2 HwO.
[747] Vgl. im Einzelnen § 96 Abs. 3 HwO; im Ergebnis hat die Behinderung an der Ausübung des Wahlrechts gem. § 96 Abs. 3 HwO wie die fehlende Wahlberechtigung gem. § 96 Abs. 2 HwO den Ausschluss von der konkreten Wahl zur Folge, *Detterbeck*, HwO, 4. Aufl., 2008, § 96 Rn. 5.
[748] § 98 Abs. 1 S. 1 HwO.
[749] Eine lediglich gelegentliche Beschäftigung ohne ordnungsgemäßes Arbeitsverhältnis begründet also kein aktives Wahlrecht; *Detterbeck*, HwO, 4. Aufl., 2008, § 98 Rn. 2; *Webers*, in: Schwannecke, HwO, Lsbl., § 98 Rn. 3 (1998).
[750] § 98 Abs. 2 HwO.
[751] § 98 Abs. 1 S. 2 HwO erklärt § 96 Abs. 2 und 3 HwO für anwendbar.

Bei der Wahl der Arbeitnehmervertreter wurde das frühere Wahlmännersystem, das sehr kleine Handwerksbetriebe bevorzugte[752], im Rahmen der HwO-Novelle-1993 durch die direkte Wahl ersetzt. Indes besteht weiter die im Lichte des Selbstverwaltungsprinzips problematische Möglichkeit der Friedenswahl gem. § 20 Wahlordnung[753], wenn für den Wahlbezirk nur ein Wahlvorschlag zugelassen wird[754].

ddd) Wählbarkeit bei der unmittelbaren Wahl

(1) Vertreter des Handwerks und handwerksähnlichen Gewerbes. Als Vertreter der zulassungspflichtigen A-Handwerke ist als natürliche Person in die Vollversammlung wählbar, wer die aktive Wahlberechtigung besitzt, im Kammerbezirk seit mindestens einem Jahr ohne Unterbrechung ein Handwerk selbständig betreibt, die Befugnis zum Ausbilden von Lehrlingen (in irgendeinem Handwerk oder B2-Gewerbe[755]) besitzt und am Wahltag volljährig ist[756]. Für aktiv wahlberechtigte juristische Personen sind die gesetzlichen Vertreter und für aktiv wahlberechtigte Personengesellschaften die vertretungsberechtigten Gesellschafter wählbar, sofern die wahlberechtigte juristische Person oder Personengesellschaft im Kammerbezirk seit mindestens einem Jahr selbständig ein Handwerk betreibt und die zu wählenden Personen im Kammerbezirk seit mindestens einem Jahr ohne Unterbrechung gesetzliche Vertreter oder vertretungsberechtigte Gesellschafter einer in der Handwerksrolle eingetragenen juristischen Person oder Personengesellschaft sowie am Wahltag volljährig sind[757]. Gesetzliche Vertreter und vertretungsberechtigte Gesellschafter können also auch ohne eigene handwerkliche Qualifikation und Ausbildungsbefugnis Mitglieder der Vollversammlung werden[758]. Nicht wählbar ist, wer infolge Richterspruchs die Fähigkeit zur Bekleidung öffentlicher Ämter oder infolge strafgerichtlicher Verurteilung die Fähigkeit, Rechte aus öffentlichen Wahlen zu erlangen, nicht besitzt[759].

Die für zulassungspflichtige A-Handwerke dargestellten Grundsätze gelten für die Wahl der Vertreter der zulassungsfreien B1-Handwerke sowie der handwerksähnlichen B2-Gewerbe entsprechend[760]. Bei natürlichen Personen werden also auch hier neben der aktiven Wahlberechtigung regelmäßig der mindestens einjährige, ununterbrochene selbständige Betrieb des Gewerbes im Kammerbezirk, Ausbildungsbefugnis und Volljährigkeit am Wahltag vorausgesetzt[761]. Auch gesetzliche

---

[752] Vgl. *John*, Novellierung der Handwerksordnung, in: WiVerw. 1994, 34 (43 f.).
[753] Anlage C zur HwO.
[754] *Detterbeck*, HwO, 4. Aufl., 2008, § 98 Rn. 1.
[755] Voraussetzung ist also die Meisterprüfung oder der Erwerb der Ausbildungsbefugnis auf andere Weise; *Detterbeck*, HwO, 4. Aufl., 2008, § 97 Rn. 2.
[756] § 97 Abs. 1 S. 1 Nr. 1 HwO.
[757] § 97 Abs. 1 S. 1 Nr. 2 HwO.
[758] *Detterbeck*, HwO, 4. Aufl., 2008, § 97 Rn. 5; *Webers*, in: Schwannecke, HwO, Lsbl., § 97 Rn. 4 (1998).
[759] § 97 Abs. 1 S. 2 HwO.
[760] § 97 Abs. 3 HwO.
[761] Das Erfordernis der Ausbildungsbefugnis entfällt bei Gewerben, die keine anerkannten

Vertreter wahlberechtigter juristischer Personen und vertretungsberechtigte Gesellschafter wahlberechtigter Personengesellschaften, die ein B-Gewerbe betreiben, sind unter den oben in Bezug auf A-Handwerke angeführten Voraussetzungen wählbar.

(2) Arbeitnehmervertreter. Als Arbeitnehmervertreter in die Vollversammlung wählbar sind die aktiv wahlberechtigten Arbeitnehmer, die am Wahltag volljährig sind und eine Gesellenprüfung oder andere Abschlussprüfung, mit der nicht handwerkliche Auszubildende ihre Ausbildung beenden[762], bestanden haben[763]. Arbeitnehmern mit Abschlussprüfung sind Arbeitnehmer gleichgestellt, die in einem Betrieb eines handwerksähnlichen Gewerbes beschäftigt sind und dabei nicht nur vorübergehend mit Arbeiten betraut sind, die gewöhnlich nur von einem Gesellen oder einem Arbeitnehmer ausgeführt werden, der einen Berufsabschluss hat[764].

eee) Zuwahl von Mitgliedern der Vollversammlung

Neben der unmittelbaren Wahl sieht die Handwerksordnung in § 93 Abs. 4 HwO auch ausdrücklich die Möglichkeit einer Zuwahl durch die Vollversammlung vor: Die Vollversammlung kann sich bis zu einem Fünftel ihrer Mitgliederzahl durch Zuwahl von sachverständigen Personen ergänzen[765]. Eine Pflicht, von dieser gesetzlichen Möglichkeit zur Zuwahl Gebrauch zu machen, besteht nicht[766]. Eröffnet die Kammer diese Möglichkeit, ist das Nähere in der Satzung zu regeln[767]. Auf jeden Fall muss bei einer Zuwahl die in § 93 Abs. 1 HwO festgelegte Verhältniszahl gewahrt werden[768]. Ein Drittel der Mitglieder der Vollversammlung müssen Gesellen oder andere Arbeitnehmer mit abgeschlossener Berufsausbildung einschließlich der für diese Gruppe Zugewählten sein. Entsprechend erfolgt die Zuwahl von sachverständigen Personen, die auf das Drittel der Gesellen etc. anzurechnen sind, auf Vorschlag der Mehrheit dieser Gruppe[769]. Die Zuwahl als solche wird stets durch die Gesamtheit der Vollversammlung vorgenommen[770].

Die Zugewählten müssen nicht dem Handwerk oder handwerksähnlichen Gewerbe als Selbständige oder Arbeitnehmer zuzurechnen und auch nicht im Kammerbezirk ansässig sein[771]. Vorausgesetzt wird nur, dass sie im Aufgabenbereich der

---

Ausbildungsberufe sind; *Detterbeck*, HwO, 4. Aufl., 2008, § 97 Rn. 7; *Webers*, in: Schwannecke, HwO, Lsbl., § 97 Rn. 7 (1998).
[762] *Webers*, in: Schwannecke, HwO, Lsbl., § 99 Rn. 2 (1998).
[763] § 99 HwO.
[764] § 99 Nr. 2 HwO.
[765] § 93 Abs. 4 S. 1 1. HS HwO.
[766] *Detterbeck*, HwO, 4. Aufl., 2008, § 93 Rn. 6.
[767] § 93 Abs. 4 S. 1 HwO.
[768] § 93 Abs. 4 S. 1 HwO.
[769] § 93 Abs. 4 S. 2 HwO.
[770] *Detterbeck*, HwO, 4. Aufl., 2008, § 93 Rn. 6.
[771] *Honig/Knörr*, HwO, 4. Aufl., 2008, § 93 Rn. 7; *Webers*, in: Schwannecke, HwO, Lsbl., § 99 Rn. 2 (30. Lfg., 1998).

Handwerkskammer sachverständig sind. Zugewählt werden können daher insbesondere solche Personen, die sich beruflich in besonderem Maße mit den Verhältnissen der in der Kammer vertretenen Gewerbe, ihren wirtschaftlichen Strukturen, ihrer politischen Förderung usw. beschäftigt haben[772].

Vorweggenommen sei hier, dass die zugewählten Mitglieder der Vollversammlung – anders als z. B. mittelbar gewählte Mitglieder der Vollversammlung der IHK – aufgrund eindeutiger gesetzlicher Anordnung die gleichen Rechte und Pflichten wie die gewählten Mitglieder der Vollversammlung haben[773]. Sie können daher bspw. auch in den Vorstand und in Ausschüsse – auch beschließende – der Kammer gewählt werden. Das Prinzip der Repräsentation der Kammermitglieder in der Vollversammlung wird damit bei der Zuwahl partiell durchbrochen. Dies kann prinzipiell gerechtfertigt sein, um den Sachverstand bestimmter Personen für die Selbstverwaltung nutzbar machen zu können. Indes erscheint die gesetzliche Obergrenze von einem Fünftel zugewählter Personen im Lichte des Selbstverwaltungsprinzips als zu hoch gegriffen und sollte durch den Gesetzgeber nach unten korrigiert werden. Angemerkt sei im Übrigen, dass von der Zuwahl von Mitgliedern zur Vollversammlung die Hinzuziehung von Sachverständigen gem. § 107 HwO streng zu unterscheiden ist. Zugezogene Sachverständige werden nicht Mitglied der Vollversammlung und besitzen anders als zugewählte Mitglieder nur eine beratende Stimme[774], also kein Stimmrecht. Neben der Vollversammlung können auch die anderen Organe der Kammer (Vorstand und Ausschüsse) Sachverständige zu ihren Beratungen hinzubitten[775].

cc) Die Mitgliedschaft in der Vollversammlung als aktive, ehrenamtliche Selbstverwaltung

Die Mitgliedschaft in der Vollversammlung stellt die funktional wichtigste Form aktiver Partizipation in der Selbstverwaltung der Handwerkskammer dar. Anders als bei der IHK besteht bei der Handwerkskammer sogar eine Pflicht, die Wahl anzunehmen und das Amt als Mitglied der Vollversammlung auszuüben. Gem. § 102 Abs. 1 HwO kann der Gewählte die Wahl nur ablehnen, wenn er das sechzigste Lebensjahr vollendet hat oder durch Krankheit oder Gebrechen verhindert ist, das Amt ordnungsgemäß zu führen[776]. Allerdings kann niemand gezwungen

---

[772] Detterbeck, HwO, 4. Aufl., 2008, § 93 Rn. 6; Webers, in: Schwannecke, HwO, Lsbl., § 99 Rn. 2 (1998).
[773] § 93 Abs. 4 S. 1 2. HS HwO.
[774] § 107 HwO.
[775] Detterbeck, HwO, 4. Aufl., 2008, § 107 Rn. 2; Honig, HwO, 3. Aufl., 2004, § 107 Rn. 1.
[776] Gem. § 102 Abs. 2 HwO sind Ablehnungsgründe nur zu berücksichtigen, wenn sie binnen zwei Wochen nach der Bekanntgabe des Wahlergebnisses bei der Handwerkskammer geltend gemacht worden sind. Während Kammermitglieder, die sich der Mitgliedschaft in der Vollversammlung unberechtigt entziehen, früher gem. § 118a HwO mit einer Geldbuße belegt werden konnten (vgl. N. N., in: Schwannecke, HwO, Lsbl., § 102 Anm. 4 (1975)), wird dies heute in § 118 HwO nicht mehr als Ordnungswidrigkeit erfasst. Die Sanktionslosigkeit des Pflichtverstoßes ist angemessen, da die erzwungene Ausübung des Ehrenamts im Regelfall kontraproduktiv sein wird.

werden, überhaupt für die Vollversammlung zu kandidieren. Mit dem Wahlvorschlag ist eine Erklärung der Bewerber einzureichen, dass sie der Aufnahme ihrer Namen in den Wahlvorschlag zustimmen[777].

aaa) Ehrenamt: Kein Anspruch auf Vergütung

Die Mitgliedschaft in der Vollversammlung der Handwerkskammer ist ein Ehrenamt, für dessen Wahrnehmung kein Vergütungsanspruch gegen die Kammer besteht[778]. Allerdings kann den Vollversammlungsmitgliedern nach näherer Bestimmung der Satzung nicht nur Ersatz barer Auslagen, sondern auch eine Entschädigung für Zeitversäumnis gewährt werden[779].

bbb) Repräsentation und umfassende Mitwirkungsrechte

Obwohl die Mitglieder der Vollversammlung häufig als Repräsentanten bestimmter Handwerkszweige etc. gewählt werden, sind sie doch Vertreter des gesamten Handwerks und des handwerksähnlichen Gewerbes[780]. Sie haben daher das Gesamtinteresse des Handwerks etc. zu vertreten und für einen Ausgleich der Interessen verschiedener Handwerkszweige etc. einzutreten. Sie sind dabei nicht an Aufträge und Weisungen – bspw. ihrer Wählerschaft oder von Verbänden und Gewerkschaften – gebunden[781], nehmen also ein grds. freies Mandat wahr und haben ihre Entscheidung nach eigenem besten Wissen und Gewissen zu treffen[782].

Die Mitglieder der Vollversammlung leiten ihre Stellung nicht allein von derjenigen der Vollversammlung als einzigem unmittelbar demokratisch legitimiertem Kammerorgan ab. Ihnen stehen vielmehr aufgrund ihres durch Wahlakt demokratisch erteilten Mandats eigene organschaftliche Rechte zu[783]. Insgesamt haben die Vollversammlungsmitglieder im Rahmen ihrer Repräsentationsaufgabe daher umfassende Mitwirkungsrechte bei Beratung und Entscheidung der in die Zuständigkeit der Vollversammlung fallenden Angelegenheiten[784]. Diese umfassen bspw. Rechte auf Teilnahme an und Rede in der Versammlung, auf Antrag und Abstimmung sowie auf ausreichende Information[785].

---

[777] § 10 Abs. 1 Nr. 1 Wahlordnung.
[778] §§ 94 S. 2 i. V. m. 66 Abs. 4 1. HS HwO.
[779] §§ 94 S. 2 i. V. m. 66 Abs. 4 2. HS HwO; dies steht im Gegensatz zum Recht der IHK, wo eine Entschädigung für Zeitversäumnis ausscheidet.
[780] § 94 S. 1 1. HS HwO.
[781] § 94 S. 1 2. HS HwO.
[782] *Karsten*, in: Schwannecke, HwO, Lsbl., § 94 Rn. 2 ff. (2008); *Detterbeck*, HwO, 4. Aufl., 2008, § 94 Rn. 1.
[783] So BVerwG, GewArch 2004, 331 (331 f.) zur IHK-Vollversammlung.
[784] *Tettinger*, Kammerrecht, 1997, S. 114.
[785] BVerwG, GewArch 2004, 331 (332) zur IHK-Vollversammlung.

IV. 2. c) cc) Aktive Selbstverwaltung in der Vollversammlung der Handwerkskammer 737

ccc) Kein Stimmrecht bei Interessenkollision

Im Fall einer Interessenkollision dürfen Mitglieder der Vollversammlung an Abstimmungen nicht teilnehmen[786]. Eine Interessenkollision liegt vor, wenn der Beschluss das Mitglied, sein Unternehmen oder einen seiner Angehörigen unmittelbar betrifft. Dies ergibt sich wie bei den IHK als allgemeiner Rechtsgrundsatz des öffentlichen Rechts aus einer analogen Anwendung von Vorschriften bspw. der Gemeindeordnungen, die den Fall der Interessenkollision regeln[787].

dd) Beendigung des Amtes als Mitglied der Vollversammlung

Das Amt als Mitglied der Vollversammlung endet mit Ablauf der Amtsdauer von fünf Jahren, wobei die Gewählten allerdings solange im Amt bleiben, bis ihre Nachfolger in dieses eintreten[788]. Mitglieder der Vollversammlung haben aus ihrem Amt auszuscheiden, wenn sie durch Krankheit oder Gebrechen verhindert sind, das Amt ordnungsgemäß zu führen, oder wenn Tatsachen eintreten, die ihre Wählbarkeit ausschließen[789]. Gesetzliche Vertreter juristischer Personen und vertretungsberechtigte Gesellschafter der Personengesellschaften haben ferner aus dem Amt auszuscheiden, wenn sie die Vertretungsbefugnis verloren haben oder die juristische Person oder die Personengesellschaft in der Handwerksrolle oder in dem Verzeichnis nach § 19 HwO gelöscht worden ist[790]. Der Verlust tritt in den Fällen des § 104 Abs. 1 und 2 HwO nicht qua Gesetz ein, sondern mit Zugang einer entsprechenden Erklärung des Mitglieds an den Vorstand[791]. Weigert sich das Mitglied allerdings auszuscheiden, so ist es von der obersten Landesbehörde nach Anhörung der Kammer seines Amtes zu entheben[792].

ee) Vorsitz, Einberufung und Beschlussfassung der Vollversammlung

Den Vorsitz in der Vollversammlung führt der Präsident[793], also der Vorsitzende des Vorstands der Handwerkskammer[794], der seinerseits von der Vollversammlung gewählt worden ist[795]. Die Einberufung der Vollversammlung durch den Präsidenten[796] ist in der Satzung geregelt[797]: Üblicherweise hält die Vollversammlung

---

[786] Vgl. § 12 Abs. 4 Mustersatzung-HwK (Mustersatzung für Handwerkskammern, vorgelegt vom WHKT-Arbeitskreis „Organisation und Recht" (Stand: Mai 2005), abgedruckt bei: Detterbeck, HwO, 4. Aufl., 2008, Anhang 5 (S. 736 ff.); Schwannecke, HwO, Lsbl., Abschn. 765 (2009)).
[787] Vgl. etwa § 25 Hessische Gemeindeordnung (Widerstreit der Interessen).
[788] § 103 Abs. 2 HwO.
[789] § 104 Abs. 1 HwO.
[790] § 104 Abs. 2 HwO.
[791] *Detterbeck*, HwO, 4. Aufl., 2008, § 104 Rn. 2.
[792] § 104 Abs. 3 HwO.
[793] § 12 Abs. 1 Mustersatzung-HwK.
[794] Vgl. § 108 Abs. 2 HwO; § 17 Abs. 1 Mustersatzung-HwK.
[795] § 108 Abs. 3 HwO; § 18 Abs. 1 Mustersatzung-HwK.
[796] Vgl. § 11 Abs. 1 S. 1 Mustersatzung-HwK.
[797] Vgl. § 105 Abs. 2 Nr. 6 HwO; § 11 Mustersatzung-HwK.

jährlich mindestens zwei ordentliche Sitzungen ab[798]. Außerordentliche Sitzungen sind einzuberufen, wenn das Interesse der Handwerkskammer es erfordert[799] oder wenn die Aufsichtsbehörde oder mindestens ein Viertel der Mitglieder die Einberufung unter Angabe des Zwecks und der Gründe bei dem Präsidenten beantragen[800].

Stimmberechtigt in der Vollversammlung sind ihre Mitglieder i.S.v. § 93 Abs. 1 und Abs. 4 HwO, also die unmittelbar von den Kammermitgliedern gewählten, aber auch die durch die Vollversammlung zugewählten Personen[801]. Das Stimmrecht in der Vollversammlung ist gleich, jedes Mitglied verfügt also nur über eine Stimme. Wie bereits ausgeführt, dürfen an der Beratung und Beschlussfassung über solche Angelegenheiten, die das persönliche Interesse einzelner Mitglieder berühren, diese nicht teilnehmen[802].

Ein wirksamer Beschluss der Vollversammlung setzt voraus, dass der Gegenstand der Beschlussfassung in der Einladung so genau bezeichnet ist, dass die Mitglieder erkennen können, worum es geht. Mit Ausnahme von Beschlüssen über eine Satzungsänderung oder den Widerruf der Bestellung eines Vorstandsmitgliedes können Gegenstände ansonsten vom Präsidenten mit einer Zustimmung von drei Vierteln der anwesenden Mitglieder der Vollversammlung noch nachträglich in der Sitzung zur Beschlussfassung gestellt werden[803]. Abstimmungen erfolgen offen, sofern niemand widerspricht[804]. Die Vollversammlung ist beschlussfähig, wenn mindestens drei Fünftel ihrer Mitglieder anwesend sind[805]. Beschlüsse werden, soweit nichts anderes bestimmt ist, mit einfacher Stimmenmehrheit der Anwesenden gefasst[806]. Zu Beschlüssen über Änderungen der Satzung ist indes eine Mehrheit von drei Vierteln der anwesenden Mitglieder erforderlich[807].

ff) Aufgaben der Vollversammlung

aaa) Vorbehaltsaufgaben und Vermutung der Zuständigkeit der Vollversammlung

Als unmittelbar von den Mitgliedern der Kammer gewähltes oberstes Organ ist die Vollversammlung das zentrale Selbstverwaltungsorgan der Handwerkskammer.

---

[798] § 10 Abs. 1 S. 1 Mustersatzung-HwK.
[799] § 10 Abs. 1 S. 2 Mustersatzung-HwK.
[800] § 10 Abs. 1 S. 3 Mustersatzung-HwK.
[801] Letztere haben gem. § 93 Abs. 4 S. 1 2. HS HwO die gleichen Rechte wie die gewählten Mitglieder der Vollversammlung.
[802] § 12 Abs. 4 Mustersatzung-HwK.
[803] § 13 Abs. 1 Mustersatzung-HwK.
[804] § 12 Abs. 3 S. 5 Mustersatzung-HwK.
[805] § 12 Abs. 2 S. 1 Mustersatzung-HwK; gem. § 12 Abs. 2 S. 2 Mustersatzung-HwK kann der Präsident bei festgestellter Beschlussunfähigkeit erneut eine Sitzung mit derselben Tagesordnung einberufen. In dieser Sitzung ist die Vollversammlung ohne Rücksicht auf die Zahl der anwesenden Mitglieder beschlussfähig, worauf in der Einladung hinzuweisen ist.
[806] § 12 Abs. 3 S. 1 Mustersatzung-HwK; gem. § 12 Abs. 3 S. 2 Mustersatzung-HwK gilt ein Antrag bei Stimmengleichheit als abgelehnt.
[807] § 12 Abs. 3 S. 3 Mustersatzung-HwK.

Entsprechend nennt § 106 Abs. 1 HwO eine Reihe von Vorbehaltsaufgaben, über die nur die Vollversammlung beschließen darf. Anders als bei anderen Selbstverwaltungskörpern ist hingegen nicht ausdrücklich gesetzlich angeordnet, dass die Vollversammlung auch für andere Materien zuständig ist, soweit diese nicht anderen Organen zugewiesen sind. Auch ohne ausdrückliche Zuweisung ergibt sich eine solche Allzuständigkeit der Vollversammlung indes aus ihrer Stellung als oberstes und einziges unmittelbar demokratisch durch die Mitglieder legitimiertes Kammerorgan[808]. Soweit eine Materie also nicht ausdrücklich einem anderen Kammerorgan zugewiesen ist, ist im Zweifel die Vollversammlung zuständig[809]. Diese kann – soweit es sich nicht um eine Vorbehaltsaufgabe handelt – Materien durch Regelung in der Satzung oder ad hoc-Beschluss anderen Kammerorganen zuweisen.

bbb) Wichtige Vorbehaltsaufgaben der Vollversammlung

(1) Satzungsrecht. (a) Änderung der Satzung. Die Vollversammlung beschließt gem. §§ 106 Abs. 1 Nr. 14 i. V. m. 105 Abs. 1 HwO über die Änderung der Satzung, die von der obersten Landesbehörde für die Kammer erlassen worden ist[810]. Der Änderungsbeschluss bedarf der Genehmigung durch die oberste Landesbehörde[811]. Die Satzung regelt als wichtigstes Kammerstatut im Rahmen der gesetzlichen Vorgaben[812] die grundlegenden Fragen insbesondere der Kammerverfassung. Der notwendige Inhalt der Satzung ist dabei in § 105 Abs. 2 HwO aufgelistet. Neben den besonders relevanten konstitutiven Regelungen werden in der Satzung oft auch deklaratorisch gesetzliche Vorgaben wiedergeben, um möglichst alle wichtigen Materien in diesem rechtlichen Grunddokument der Kammer anzusprechen. Es existiert eine Mustersatzung für Handwerkskammern, die vom WHKT-Arbeitskreis „Organisation und Recht" empfohlen ist[813]. Diese liegt den weiteren Ausführungen im Wesentlichen zugrunde.

In der Satzung der Handwerkskammer werden zunächst grundlegende Aspekte wie der Name der Kammer, ihr Sitz und der Kammerbezirk festgelegt[814]. Sodann werden unter Verwendung von Formulierungen aus der HwO deklaratorisch die Rechtsform (Körperschaft des öffentlichen Rechts), der Mitgliederkreis, die Dienstherrenfähigkeit der Kammer und deren Aufgaben genannt[815]. Der Großteil der Regelungen betrifft sodann die Kammerorgane. Für die Vollversammlung wird v. a. die Zahl der Mitglieder und ggf. deren Aufteilung auf die verschiedenen Gewerbegruppen/-zweige festgelegt[816]. Hier wird auch geregelt, wie viele Mitglieder die

---

[808] *Detterbeck*, HwO, 4. Aufl., 2008, § 106 Rn. 1.
[809] OVG Rh.-Pf., GewArch 1981, 336 f.; *Honig/Knörr*, HwO, 4. Aufl., 2008, § 106 Rn. 1; *Schmitz*, in: Schwannecke, HwO, Lsbl., § 106 Rn. 2 (2006).
[810] § 105 Abs. 1 S. 1, S. 2 1. HS HwO.
[811] § 105 Abs. 1 S. 2 2. HS HwO.
[812] § 105 Abs. 3 HwO.
[813] Siehe oben S. 737, Fn. 786.
[814] § 1 Abs. 1 Mustersatzung-HwK.
[815] § 1 Abs. 2 und 3, § 2 Mustersatzung-HwK.
[816] § 5 Mustersatzung-HwK.

Vollversammlung selbst zuwählen kann[817]. Regelungen über die Materien, welche der Beschlussfassung der Vollversammlung vorbehalten bleiben, geben deklaratorisch die zwingenden gesetzlichen Vorbehaltsaufgaben wieder, können aber auch konstitutiv weitere Materien der Beschlussfassung durch die Vollversammlung vorbehalten[818]. Angesichts der insofern sparsamen gesetzlichen Vorgaben sind die umfangreichen Regelungen über die Sitzungen der Vollversammlung bedeutsam[819]. Hier wird bspw. festgelegt, wie oft die Vollversammlung jährlich mindestens einzuberufen ist[820], wie die Einladung zu ergehen hat[821], wann die Vollversammlung beschlussfähig ist und mit welcher Mehrheit Beschlüsse der Vollversammlung gefasst werden[822]. Für den Vorstand wird dessen Zusammensetzung, Wahl, Amtsdauer und Abberufung geregelt[823], bevor auf die Zuständigkeiten und die Sitzungen dieses Kammerorgans eingegangen wird[824]. Sodann finden sich teilweise detaillierte Regelungen über die Ausschüsse der Kammer[825]. Weitere Satzungsregelungen betreffen schließlich insbesondere die Geschäftsführung, die Beauftragten der Kammer, den Haushalt und die Rechnungslegung sowie die Aufsicht über die Kammer[826].

(b) Beschluss über sonstiges Satzungsrecht. Der Vollversammlung ist im Übrigen in § 106 Abs. 1 HwO der Erlass bestimmten anderen Satzungsrechts ausdrücklich vorbehalten: So erlässt sie Vorschriften über die Berufsausbildung, berufliche Fortbildung und berufliche Umschulung[827], Gesellen- und Meisterprüfungsordnungen[828] sowie Vorschriften über die öffentliche Bestellung und Vereidigung von Sachverständigen[829]. Alle diese Beschlüsse bedürfen der Genehmigung durch die oberste Landesbehörde und sind in den für die Bekanntmachungen der Handwerkskammern bestimmten Organen zu veröffentlichen[830].

Die Festsetzung einer Entschädigung der Mitglieder der Vollversammlung für Zeitversäumnis sowie der Ersatz barer Auslagen gem. §§ 94 S. 2 i. V.m. 66 Abs. 4 2. HS HwO erfolgt in aller Regel in der Satzung und obliegt daher bereits gem. § 106 Abs. 1 Nr. 14 HwO, aber auch aufgrund der ausdrücklichen Zuweisung in § 106 Abs. 1 Nr. 13 HwO der Vollversammlung.

---

[817] § 8 Mustersatzung-HwK.
[818] § 9 Mustersatzung-HwK.
[819] §§ 10 ff. Mustersatzung-HwK.
[820] § 10 S. 1 Mustersatzung-HwK.
[821] § 11 Mustersatzung-HwK.
[822] § 12 Abs. 2–4 Mustersatzung-HwK.
[823] §§ 17 f. Mustersatzung-HwK.
[824] §§ 19 f. Mustersatzung-HwK.
[825] §§ 21 ff. Mustersatzung-HwK.
[826] §§ 39 ff. Mustersatzung-HwK.
[827] § 106 Abs. 1 Nr. 10 i. V.m. § 91 Abs. 1 Nr. 4 und 4a HwO.
[828] § 106 Abs. 1 Nr. 11 i. V.m. § 91 Abs. 1 Nr. 5 und 6 HwO.
[829] § 106 Abs. 1 Nr. 12 i. V.m. § 91 Abs. 1 Nr. 8 HwO.
[830] § 106 Abs. 2 S. 2 HwO; § 105 Abs. 2 Nr. 12 HwO.

IV. 2. c) cc) Aktive Selbstverwaltung in der Vollversammlung der Handwerkskammer 741

(2) Kreationsfunktion: Wahl des Vorstands und der Ausschüsse sowie des Geschäftsführers. Die Vollversammlung wählt den Vorstand und die Ausschüsse[831]. Sie wählt auch den Geschäftsführer bzw. bei mehreren Geschäftsführern den Hauptgeschäftsführer und die weiteren Geschäftsführer[832]. Wie bereits oben ausgeführt wurde, ergänzt die Wahl der wesentlichen Exekutivträger entscheidend die grundlegende normsetzende Funktion der Vollversammlung. Die Wahl des bzw. der Geschäftsführer bedarf dabei zusätzlich der Genehmigung durch die oberste Landesbehörde[833]. Schließlich kann die Vollversammlung – wie ausgeführt – sachverständige Personen zuwählen[834].

(3) Haushalts- und sonstige Finanzangelegenheiten. Die Vollversammlung besitzt weitreichende ausschließliche Zuständigkeiten im Bereich des Haushalts und der sonstigen Finanzangelegenheiten der Kammer. So beschließt sie über die Feststellung des Haushaltsplans einschließlich des Stellenplans[835]. Im Haushaltsplan als Grunddokument der Haushaltswirtschaft der Kammer werden die Einnahmen und Ausgaben der Kammer für das folgende Kalenderjahr veranschlagt. Die Kammer ist dann bei ihren Ausgaben an die Vorgaben des Haushaltsplans gebunden[836]. Die Bewilligung von Ausgaben, die nicht im Haushaltsplan vorgesehen sind, bedarf entsprechend ebenso wie die Ermächtigung zur Aufnahme von Krediten und die dingliche Belastung von Grundeigentum eines weiteren Beschlusses der Vollversammlung[837].

In Ergänzung dieser Kompetenzen obliegt der Vollversammlung die Prüfung und Abnahme der Jahresrechnung und die Entscheidung darüber, durch welche unabhängige Stelle die Jahresrechnung geprüft werden soll[838]. Die Jahresrechnung ist eine das abgelaufene Rechnungsjahr betreffende Übersicht über Einnahmen und Ausgaben der Kammer, deren ordnungsgemäße Verbuchung und rechnerisch korrekte Abwicklung[839]. Im Zusammenhang mit der Haushaltskompetenz der Vollversammlung aus § 106 Abs. 1 Nr. 4 HwO, aber auch ihren Zuständigkeiten aus Nr. 5 und 7 wird der Vollversammlung seit der HwO-Novelle 1998 auch ausdrücklich der Erlass einer Haushalts-, Kassen- und Rechnungslegungsordnung zugewiesen[840].

---

[831] § 106 Abs. 1 Nr. 1 i. V. m. §§ 108 Abs. 1, 110 S. 1 HwO.
[832] § 106 Abs. 1 Nr. 3 HwO.
[833] § 106 Abs. 2 S. 1 HwO.
[834] §§ 106 Abs. 1 Nr. 2 i. V. m. 93 Abs. 4 HwO.
[835] § 106 Abs. 1 Nr. 4 HwO.
[836] *Schmitz*, in: Schwannecke, HwO, Lsbl., § 106 Rn. 8 (2006).
[837] § 106 Abs. 1 Nr. 4 HwO.
[838] § 106 Abs. 1 Nr. 7 HwO.
[839] BVerwG, GewArch 1995, 377 (379); *Schmitz*, in: Schwannecke, HwO, Lsbl., § 106 Rn. 10 (2006).
[840] § 106 Abs. 1 Nr. 6 HwO; diese ausdrückliche Zuweisung bestätigt die schon zuvor geübte Praxis der Handwerkskammern.

Die vom Gesetzgeber intendierte hohe Kontrolldichte im Bereich des Haushalts und der sonstigen grundlegenden Finanzangelegenheiten kommt nicht nur in der Zuweisung der genannten Materien an die Vollversammlung, sondern auch darin zum Ausdruck, dass deren Beschlüsse in allen genannten Fällen zusätzlich der Genehmigung durch die oberste Landesbehörde bedürfen[841].

(4) Beteiligungen an Gesellschaften / Erwerb und Veräußerung von Grundeigentum. In engem Zusammenhang mit den gerade behandelten Kompetenzen der Vollversammlung in Finanzangelegenheiten stehen ihre Aufgaben aus § 106 Abs. 1 Nr. 8 und 9 HwO, über die Beteiligung an Gesellschaften des privaten und öffentlichen Rechts und die Aufrechterhaltung der Beteiligung (Nr. 8) sowie den Erwerb und die Veräußerung von Grundeigentum (Nr. 9) zu beschließen. Die 1993 eingefügte Beschlusskompetenz der Vollversammlung in der Frage der Beteiligung an Gesellschaften trägt der wirtschaftlichen Bedeutung und den Risiken, die mit einer solchen Beteiligung für die Kammer verbunden sind, Rechnung[842]. Die Erweiterung der Vorschrift im Rahmen der Novelle-2003 dahingehend, dass die Vollversammlung auch über die Aufrechterhaltung der Beteiligung beschließt, sollte einen Rückzug der Kammer aus einer wirtschaftlichen Betätigung zu Gunsten privater Konkurrenten begünstigen, soweit dieser nach allgemeinen Grundsätzen geboten ist[843]. Dies impliziert, dass sich die Vollversammlung turnusmäßig und zusätzlich immer dann, wenn sich ein konkreter Anlass hierfür bietet, mit der Aufrechterhaltung entsprechender Beteiligungen zu befassen hat[844].

(5) Festsetzung der Beiträge und Erhebung von Gebühren. Eng mit der Haushaltskompetenz verbunden ist auch die Kompetenz der Vollversammlung, über die Festsetzung der Beiträge zur Handwerkskammer und die Erhebung von Gebühren zu beschließen[845], da es sich hierbei um Hauptfinanzierungsquellen der Kammer handelt. Die entsprechenden abstrakt-generellen Regelungen über Beiträge und Gebühren (Tatbestände, Maßstäbe, Höhe etc.) werden von der Vollversammlung regelmäßig im Satzungswege in einer Beitrags- und einer Gebührenordnung getroffen. Für die Beiträge tritt ein weiterer Beschluss der Vollversammlung hinzu, in dem die Berechnungsgrundlagen der Beitragserhebung für das jeweilige Beitragsjahr festgesetzt werden[846]. Die konkret-individuelle Erhebung eines Beitrags bzw. einer Gebühr durch Verwaltungsakt obliegt hingegen nicht der Vollversammlung, sondern dem Vorstand.

---

[841] § 106 Abs. 2 S. 1 HwO.
[842] So die Gesetzesbegründung, BT-Drs. 12/5918, S. 25 f.; durch die Einfügung von § 106 Abs. 1 Nr. 8 HwO (Nr. 6a a. F.) im Rahmen der Novelle-1993 hat der Gesetzgeber zudem klargestellt, dass sich Handwerkskammern an Gesellschaften des privaten und öffentlichen Rechts beteiligen dürfen, was zuvor z. T. strittig war; *Schmitz*, in: Schwannecke, HwO, Lsbl., § 106 Rn. 12 (2006).
[843] Vgl. die Gesetzesbegründung, BT-Drs. 15/1206, S. 39.
[844] Ähnlich, aber enger: *Schmitz*, in: Schwannecke, HwO, Lsbl., § 106 Rn. 13 (2006).
[845] § 106 Abs. 1 Nr. 5 HwO.
[846] § 106 Abs. 1 Nr. 5 HwO.

d) Weitere Formen aktiver, ehrenamtlicher Selbstverwaltung in der Handwerkskammer

Neben der heute prägenden repräsentativen Selbstverwaltung der Selbstverwaltungssubjekte durch Wahl der Vollversammlungsmitglieder bestehen in der Handwerkskammer nach wie vor verschiedene Möglichkeiten zu aktiver, ehrenamtlicher Selbstverwaltung. Auf die wichtigste Form, die Mitgliedschaft in der Vollversammlung, wurde bereits oben im Zusammenhang mit der Vollversammlung ausführlich eingegangen[847]. Im Folgenden seien noch die Tätigkeiten als Mitglied des Vorstands und als Mitglied in einem der Ausschüsse der Kammer angesprochen.

aa) Tätigkeit als Mitglied des Vorstands

Eine intensivierte Form aktiver, ehrenamtlicher Selbstverwaltung in der Handwerkskammer ist die Tätigkeit als Präsident oder sonstiges Mitglied des Vorstands. Mitglied des Vorstands können in Fortführung des Selbstverwaltungsprinzips nur Mitglieder der Vollversammlung werden[848].

aaa) Zusammensetzung des Vorstands

Der Vorstand der Handwerkskammer besteht nach näherer Bestimmung der Satzung aus dem Vorsitzenden (Präsidenten), zwei Stellvertretern (Vizepräsidenten), von denen einer Geselle oder anderer Arbeitnehmer mit abgeschlossener Berufsausbildung sein muss, und – je nach Bestimmung in der Satzung – einer weiteren Zahl von Mitgliedern[849]. Insgesamt müssen ein Drittel der Mitglieder des Vorstands Gesellen oder andere Arbeitnehmer mit abgeschlossener Berufsausbildung sein[850].

bbb) Wahl des Vorstands

Alle Vorstandsmitglieder sind aus der Mitte der Vollversammlung zu wählen[851], müssen also selbst der Vollversammlung angehören. Auch zugewählte Vollversammlungsmitglieder können zum Vorstandsmitglied gewählt werden[852], eventuelle Ehrenmitglieder, die nur mit beratender Stimme an den Sitzungen der Vollversammlung teilnehmen, hingegen nicht. Zunächst wird der Präsident, und zwar mit absoluter Stimmenmehrheit der anwesenden Mitglieder der Vollversammlung, gewählt[853]. Entfällt keine entsprechende Mehrheit auf eine Person, findet eine Stichwahl zwischen den beiden Kandidaten statt, welche die meisten Stimmen erhalten

---

[847] Oben S. 735 ff.
[848] § 108 Abs. 1 S. 1 HwO: „aus ihrer Mitte".
[849] § 108 Abs. 2 HwO.
[850] § 108 Abs. 1 S. 2 HwO; *Kluth*, Entwicklungsgeschichte, in: HdbKR, 2005, S. 41 (96).
[851] § 108 Abs. 1 S. 1 HwO.
[852] Sie besitzen gem. § 93 Abs. 4 S. 1 2. HS HwO die gleichen Rechte und Pflichten wie gewählte Mitglieder der Vollversammlung.
[853] § 108 Abs. 3 S. 1 HwO.

haben[854]. Steht nur ein Kandidat zur Wahl und erreicht dieser nicht die absolute Stimmenmehrheit der anwesenden Mitglieder, erfolgt in der Regel ein zweiter Wahlgang, in dem neue Wahlvorschläge zulässig sind[855]. Nach der Wahl des Präsidenten werden die Vizepräsidenten sowie die weiteren Mitglieder des Vorstands – ebenfalls mit absoluter Stimmenmehrheit der anwesenden Mitglieder – gewählt[856]. Dabei darf die Wahl nicht gegen die Mehrheit der Stimmen der Gruppe, der sie angehören, erfolgen[857]. Kommt es in zwei Wahlgängen nicht zur Entscheidung, genügt ab dem dritten Wahlgang die Stimmenmehrheit der jeweils betroffenen Gruppe[858].

ccc) Ende des Amtes als Vorstandsmitglied

Da nur Mitglieder der Vollversammlung Vorstandsmitglied werden können[859], endet mit ihrem Ausscheiden aus der Vollversammlung – etwa weil die Voraussetzungen ihrer Wählbarkeit entfallen sind – auch ihr Amt als Vorstandsmitglied[860]. Die reguläre Amtsdauer des Vorstands richtet sich ansonsten regelmäßig nach der Wahlperiode der Vollversammlung[861]. Die Vollversammlung wählt in ihrer konstituierenden Sitzung den neuen Vorstand, wobei eine (auch mehrmalige) Wiederwahl zulässig ist[862]. Um vorstandslose Zeiten zu vermeiden, bleiben die Vorstandsmitglieder nach Ablauf der Wahlzeit so lange im Amt, bis ihre Nachfolger das Amt angetreten haben[863].

Im Übrigen kann die Vollversammlung den Vorstand oder einzelne seiner Mitglieder als actus contrarius zum Wahlakt auch wieder abberufen, wenn ein wichtiger Grund vorliegt, der insbesondere in einer Pflichtverletzung zu erblicken ist[864]. Für die Abberufung wird zu Recht ein hohes Quorum von drei Vierteln der anwesenden Mitglieder verlangt[865], um die Kontinuität der Arbeit des Vorstands nicht zu gefährden.

ddd) Stellung des Vorstands

Der Vorstand ist ein Organ der Handwerkskammer[866]. Die Mitgliedschaft im Vorstand ist wie die Mitgliedschaft in der Vollversammlung ein Ehrenamt, für das lediglich eine Entschädigung für Zeitversäumnis und ein Ersatz der baren Geschäfts-

---

[854] § 108 Abs. 3 S. 2 HwO.
[855] § 18 Abs. 1 S. 4 Mustersatzung-HwK.
[856] § 18 Abs. 2 S. 1 Mustersatzung-HwK.
[857] § 108 Abs. 4 S. 1, 3 HwO, § 18 Abs. 2 S. 2 Mustersatzung-HwK.
[858] § 108 Abs. 4 S. 2 HwO.
[859] Vorstandsmitglieder bleiben auch nach ihrer Wahl Mitglieder der Vollversammlung.
[860] *Detterbeck*, HwO, 4. Aufl., 2008, § 108 Rn. 3.
[861] § 17 Abs. 3 S. 1 Mustersatzung-HwK.
[862] § 17 Abs. 3 S. 3 Mustersatzung-HwK.
[863] § 17 Abs. 3 S. 2 Mustersatzung-HwK.
[864] § 17 Abs. 4 S. 1 Mustersatzung-HwK.
[865] § 17 Abs. 4 S. 2 Mustersatzung-HwK.
[866] § 92 Nr. 2 HwO.

auslagen geleistet wird[867]. Nehmen Mitglieder des Vorstands (insbesondere der Präsident) bei der rechtsgeschäftlichen Vertretung der Kammer und soweit sie hoheitliche Aufgaben ausüben, Aufgaben der öffentlichen Verwaltung wahr, sind sie anders als die einfachen Mitglieder der Vollversammlung Amtsträger i. S. v. § 11 Abs. 1 Nr. 2 lit. c StGB.

eee) Aufgaben und Befugnisse des Vorstands und des Präsidenten

Dem Vorstand obliegt die Verwaltung der Handwerkskammer[868]. Dies umfasst neben der Vorbereitung der Sitzungen der Vollversammlung und der Durchführung ihrer Beschlüsse[869] die Erledigung aller Verwaltungsgeschäfte, die sich aus der Wahrnehmung der Aufgaben der Kammer ergeben[870]. In der Praxis ist die Wahrnehmung der Geschäfte der laufenden Verwaltung der Kammer indes regelmäßig angestellten Geschäftsführern übertragen[871]. Präsident und Hauptgeschäftsführer vertreten die Kammer gerichtlich und außergerichtlich[872]. In der Satzung kann indes auch bestimmt werden, dass die Kammer durch zwei Vorstandsmitglieder vertreten wird[873]. Natürlich besteht die Möglichkeit der Erteilung einer Untervollmacht für einzelne Geschäfte bzw. einzelne Arten von Geschäften. So ist es etwa zweckmäßig, dem Geschäftsführer auch die Vollmacht zur Vertretung der Kammer für Geschäfte der laufenden Verwaltung zu erteilen[874].

Wie bereits dargelegt, führt der Präsident zudem den Vorsitz in der Vollversammlung der Kammer[875]. Er beruft die Sitzungen der Vollversammlung ein und leitet sie[876]. Dabei hat der Präsident sicherzustellen, dass die Vollversammlung ihre gesetzlichen und statutarischen Pflichten erfüllt und ihre Beschlüsse in einem ordnungsgemäßen demokratischen Verfahren trifft. Ferner muss er dafür Sorge tragen, dass die Vollversammlung das ihr verliehene Mandat nicht überschreitet, also bspw. keine Beschlüsse trifft, die nicht mehr dem gesetzlichen Aufgabenkreis der Kammer unterfallen. Gleichzeitig ist der Präsident Vorsitzender des Vorstands[877]. Er lädt also auch zu dessen Sitzungen ein und leitet diese[878].

---

[867] § 17 Abs. 5 Mustersatzung-HwK; *Detterbeck*, HwO, 4. Aufl., 2008, § 109 Rn. 3; *Honig/Knörr*, HwO, 4. Aufl., 2008, § 109 Rn. 8.
[868] § 109 S. 1 1. HS HwO.
[869] Vgl. § 19 Abs. 1 S. 2 Mustersatzung-HwK.
[870] *Detterbeck*, HwO, 4. Aufl., 2008, § 109 Rn. 1; *Honig/Knörr*, HwO, 4. Aufl., 2008, § 109 Rn. 1; *N. N.*, in: Schwannecke, HwO, Lsbl., § 109 Nr. 1 (1970).
[871] § 19 Abs. 3 Mustersatzung-HwK.
[872] § 109 S. 1 2. HS HwO.
[873] § 109 S. 2 HwO.
[874] § 19 Abs. 3 Mustersatzung-HwK.
[875] § 12 Abs. 1 Mustersatzung-HwK.
[876] §§ 11, 13 Mustersatzung-HwK.
[877] Vgl. § 108 Abs. 2 HwO.
[878] § 20 Abs. 2 Mustersatzung-HwK.

bb) Mitgliedschaft in einem Ausschuss

Eine weitere Form aktiver, ehrenamtlicher Selbstverwaltung ist die Mitgliedschaft in einem der Ausschüsse, welche die Handwerkskammer bildet. Ausschüsse sind Organe der Handwerkskammer[879], die zur Erfüllung bestimmter Aufgaben gebildet werden. Die Vollversammlung kann Ausschüsse entweder durch Regelung in der Satzung oder durch ad hoc-Beschluss einsetzen. Als ständige Ausschüsse werden durch die Satzung regelmäßig der Berufsbildungsausschuss, Gesellenprüfungsausschüsse und Zwischenprüfungsausschüsse, soweit nicht insofern die Innungen zur Errichtung ermächtigt wurden, Meisterprüfungsausschüsse im zulassungsfreien Handwerk und handwerksähnlichen Gewerbe[880], ein Gewerbeförderungsausschuss und der Rechnungsprüfungsausschuss gebildet[881].

Auf die Errichtung des Berufsbildungsausschusses und der Gesellenprüfungsausschüsse sowie der Zwischenprüfungsausschüsse finden an Stelle der allgemeinen Regel des § 110 S. 1 HwO die detaillierten Sondervorschriften des Zweiten Teils der HwO Anwendung[882]. Allgemeine Ausschüsse i. S. d. § 110 S. 1 HwO werden von der Vollversammlung aus ihrer Mitte gebildet[883]. Dabei ist die in § 93 Abs. 1 HwO bestimmte Verhältniszahl zu wahren[884]. Ein Drittel der Mitglieder jedes Ausschusses müssen also Gesellen oder andere Arbeitnehmer mit einer abgeschlossenen Berufsausbildung sein, die in einem A- oder B-Betrieb beschäftigt sind.

e) Die Beitragspflicht zur Handwerkskammer

Zentrale Pflicht jedenfalls eines Teils der Kammermitglieder gegenüber der Handwerkskammer ist die Entrichtung der Kammerbeiträge. Die durch die Errichtung und Tätigkeit der Handwerkskammer entstehenden Kosten sind zunächst aus Vermögenserträgen der Kammer und aus anderen Einnahmen, insbesondere Gebühren für die Benutzung von Einrichtungen oder andere Leistungen der Kammer, zu decken[885]. Soweit diese Einnahmen – wie im Regelfall – nicht ausreichen, um die Kosten der Kammer zu decken, sind diese gem. § 113 Abs. 1 HwO von den Inhabern eines Betriebs eines Handwerks und eines handwerksähnlichen Gewerbes und den Personen, die der Kammer gem. § 90 Abs. 3 HwO angehören, durch Beiträge aufzubringen. Bei der Handwerkskammer sind also nicht alle Kammerzuge-

---

[879] § 92 Nr. 3 HwO.
[880] Meisterprüfungsausschüsse sind im Übrigen keine Kammerorgane. Träger ist hier vielmehr die höhere Verwaltungsbehörde, § 47 HwO.
[881] § 24 Mustersatzung-HwK.
[882] Vgl. zu den Gesellenprüfungsausschüssen und Zwischenprüfungsausschüssen §§ 31 ff. HwO, §§ 29 ff. Mustersatzung-HwK sowie zum Berufsbildungsausschuss §§ 43 ff. HwO, §§ 25 ff. Mustersatzung-HwK; vgl. im Übrigen zu diesen Ausschüssen auch die entsprechenden Ausführungen zu den Innungen, oben S. 664 ff.
[883] Allerdings können gem. §§ 110 S. 2 i. V. m. 107 HwO Sachverständige mit beratender Stimme hinzugezogen werden.
[884] § 110 S. 1 HwO.
[885] § 113 Abs. 1 HwO.

IV. 2. e) Die Beitragspflicht zur Handwerkskammer 747

hörigen beitragspflichtig: Gesellen, andere Arbeitnehmer mit abgeschlossener Berufsausbildung und Lehrlinge, die der Kammer gem. § 90 Abs. 2 HwO angehören, sind von der Beitragspflicht ausgenommen[886].

aa) Das gesetzliche System der Beiträge zur Handwerkskammer

Das komplizierte gesetzliche System des Handwerkskammerbeitrags lässt sich systematisch wie folgt zusammenfassen: Die Handwerkskammern machen in der Regel von der gesetzlichen Möglichkeit Gebrauch, an Stelle einheitlicher Beiträge Grundbeiträge und Zusatzbeiträge sowie ggf. auch Sonderbeiträge zu erheben[887]. Der Grundbeitrag sollte ursprünglich alle Kammerzugehörigen gleichmäßig an der Grundfinanzierung der Kammer beteiligen und galt daher prinzipiell einheitlich für alle beitragspflichtigen Kammerzugehörigen ohne Differenzierung nach Größe, Umsatz und vergleichbaren Bezugsgrößen[888]. Allerdings wird inzwischen auch häufig ein nach der Leistungskraft der Beitragspflichtigen gestaffelter Grundbeitrag erhoben[889].

Der Zusatzbeitrag bildet in der Praxis regelmäßig den Hauptanteil der Kammerbeiträge. Er wird proportional in Anknüpfung an eine die wirtschaftliche Leistungskraft des jeweiligen Unternehmens indizierende Bemessungsgrundlage jährlich festgesetzt. Bemessungsgrundlage für den Zusatzbeitrag ist regelmäßig der Gewerbeertrag nach dem Gewerbesteuergesetz, wenn für das Bemessungsjahr ein Gewerbesteuermessbetrag festgesetzt wird, andernfalls der nach dem EStG oder KStG ermittelte Gewinn aus Gewerbebetrieb[890]. Auch die Anknüpfung an einen einheitlichen Gewerbesteuermessbetrag ist möglich[891].

Der über die Jahre sehr umfangreich gewordene Abs. 2 von § 113 HwO enthält ähnlich wie § 3 Abs. 3 und 4 IHKG einige Ausnahmen von der Beitragspflicht oder Einschränkungen derselben. So sind bestimmte Kleingewerbetreibende vom Beitrag freigestellt[892]. Existenzgründer werden unter bestimmten Voraussetzungen für das Jahr der Gewerbeanmeldung von der Entrichtung des Grundbeitrags und des Zusatzbeitrags, für das zweite und dritte Jahr von der Entrichtung der Hälfte des

---

[886] *Franz*, Kammerfinanzierung, in: HdbKR, 2005, S. 323 (376 f.).
[887] § 113 Abs. 2 S. 1 HwO.
[888] *Seidl/Webers*, in: Schwannecke, HwO, Lsbl., § 113 Rn. 6 (1996).
[889] *Detterbeck*, HwO, 4. Aufl., 2008, § 113 Rn. 12.
[890] Vgl. § 113 Abs. 2 S. 3 HwO sowie exemplarisch § 6 Abs. 1 Beitragsordnung HwK Region Stuttgart vom 22.11.2004, zuletzt geändert durch Beschluss der Vollversammlung vom 27.11. 2006, <www.hwk-stuttgart.de/pdf/beitr07.pdf>; § 3 Abs. 1 Beitragsordnung HwK Bremen, zuletzt geändert durch Beschluss der Vollversammlung vom 16.12.2008, <www.hwk-bremen.de/fileadmin/user_upload/PDF/Beitrag/Beitragsordnung_m._n._Logo.pdf>; § 6 Abs. 1 Beitragsordnung HwK Dresden vom 01.09.2004, <www.hwk-dresden.de/Portals/0/pdfs/service/07_beitragsordnung.pdf>; bis zum 31.12.1997 konnten die Beiträge in den neuen Bundesländern gem. § 113 Abs. 2 S. 9 HwO auch nach dem Umsatz, der Beschäftigtenzahl oder nach der Lohnsumme bemessen werden.
[891] Vgl. § 113 Abs. 2 S. 3 HwO sowie § 6 Abs. 1 S. 2 Beitragsordnung HwK Region Stuttgart.
[892] § 113 Abs. 2 S. 4 HwO.

Grundbeitrags sowie vom Zusatzbeitrag und für das vierte Jahr von der Entrichtung des Zusatzbeitrags befreit[893].

bb) Rechtsgrundlagen der Beitragserhebung

Handwerkskammerbeiträge werden nach Maßgabe der gesetzlichen Vorgaben insbesondere in § 113 Abs. 2 HwO regelmäßig aufgrund einer – von der HwO nicht ausdrücklich vorgesehenen – Beitragsordnung der jeweiligen Handwerkskammer erhoben, die von der Vollversammlung beschlossen wird[894]. Der entsprechende Beschluss bedarf der Genehmigung durch die oberste Landesbehörde[895]. Die Beitragsordnungen geben meist überwiegend die detaillierten gesetzlichen Vorgaben wieder. Spielräume, die in der Beitragsordnung auszufüllen sind, verbleiben etwa im Hinblick auf die Zusammensetzung des Beitrags (Grundbeitrag, Zusatzbeitrag und evtl. Sonderbeitrag), die Bemessungsgrundlage des Zusatzbeitrags, die Möglichkeit zur Staffelung des Grund- und Zusatzbeitrags gem. § 113 Abs. 2 S. 2 HwO oder die Einrichtung eines Beitragsbonussystems für Mitglieder, die zugleich auch freiwillig Mitglied einer Handwerksinnung sind[896]. Typische Bestandteile der Beitragsordnung sind im Übrigen Regelungen über Stundung, Niederschlagung und Erlass von Beiträgen.

Während die Beitragsordnungen die Grundlagen der Beitragsfestsetzung regeln, werden die konkreten Beiträge, bspw. die Höhe und ggf. auch Staffelung des Grundbeitrags und die Maßstäbe für die Berechnung des Zusatzbeitrags in der Regel auf der Grundlage des Haushaltsplans[897] der Kammer durch die Vollversammlung beschlossen[898]. Sowohl die Feststellung des Haushaltsplans als auch die Festsetzung der Beiträge zur Handwerkskammer bedürfen der Genehmigung durch die oberste Landesbehörde[899]. Rechtsgrundlage des einzelnen Beitragsbescheids als Verwaltungsakt ist somit § 113 HwO i.V.m. der Beitragsordnung sowie dem Beschluss der Vollversammlung über die Festsetzung der Beiträge.

cc) Der Grundbeitrag

Die Handwerkskammerbeiträge können gem. § 113 Abs. 2 S. 2 HwO nach der Leistungskraft der beitragspflichtigen Kammerzugehörigen gestaffelt werden. Diese

---

[893] § 113 Abs. 2 S. 5, 6 HwO.
[894] § 106 Abs. 1 Nr. 5 1. Alt. HwO; der Erlass einer Beitragsordnung als solcher ist von der HwO nicht vorgegeben; *Franz*, Kammerfinanzierung, in: HdbKR, 2005, S. 323 (345 f.).
[895] §§ 106 Abs. 2 S. 1, 113 Abs. 1 HwO.
[896] Zum Beitragsbonussystem für Innungsmitglieder: *Detterbeck/Will*, Handwerksinnungen, 2003, insbes. S. 38 ff.; *Detterbeck*, Handwerkskammerbeitrags-Bonussystem, in: GewArch 2005, 271 ff., 321 ff.; *Zimmermann*, Einführung eines Handwerkskammerbeitragsbonus, in: GewArch 2007, 141 ff.; *Kluth*, Beitragsbonus, in: GewArch 2008, 377 ff.
[897] Die Feststellung des Haushaltsplans obliegt gem. § 106 Abs. 1 Nr. 4 HwO der Vollversammlung.
[898] § 106 Abs. 1 Nr. 5 1. Alt. HwO.
[899] §§ 106 Abs. 2 S. 1, 113 Abs. 1 HwO.

IV. 2. e) Die Beitragspflicht zur Handwerkskammer

Staffelung kann bereits darin bestehen, dass ein einheitlicher Grundbeitrag und ein variabler an eine die Leistungskraft indizierende Bezugsgröße anknüpfender Zusatzbeitrag erhoben werden[900]. Es ist aber möglich, auch den Grundbeitrag in Anknüpfung an solche Kriterien zu staffeln. Die Möglichkeit zur Staffelung des Grundbeitrages und ggf. auch die zulässigen Anknüpfungskriterien sind dabei in der Beitragsordnung der Kammer zu regeln, während die konkreten Maßstäbe für die Zuordnung zu einer bestimmten Staffel sowie die Grundbeitragshöhe der einzelnen Staffeln im Rahmen des Beschlusses der Vollversammlung über die Festsetzung der Beiträge zur Kammer festgelegt werden. In der Praxis gibt es hier vielfältige Gestaltungen. So erheben bspw. manche Kammern einen progressiv gestaffelten Grundbeitrag von natürlichen Personen und einen einheitlichen Grundbeitrag von juristischen Personen, während andere von natürlichen Personen einen einheitlichen Grundbeitrag erheben, für juristische Personen aber einen zusätzlichen Grundbeitrag mit nach Ertrag gestaffelten Mindest- und Höchstbeträgen vorsehen[901].

Zu beachten ist in den Beitragsordnungen usw., dass bestimmte Kleingewerbetreibende völlig vom Beitrag, also auch vom Grundbeitrag freigestellt sind[902], und Existenzgründer unter bestimmten Voraussetzungen für das Jahr der Gewerbeanmeldung von der Entrichtung des gesamten Grundbeitrags sowie für das zweite und dritte Jahr von der Entrichtung der Hälfte des Grundbeitrags befreit sind[903].

dd) Der Zusatzbeitrag

aaa) Bemessungsgrundlagen für den Zusatzbeitrag

Bemessungsgrundlage für den dynamischen Zusatzbeitrag als regelmäßigem Hauptbestandteil des Kammerbeitrags können gem. § 113 Abs. 2 S. 3 HwO insbesondere der Gewerbesteuermessbetrag, der Gewerbeertrag oder der nach dem EStG oder KStG ermittelte Gewinn aus Gewerbebetrieb sein. Den Gewerbeertrag, den die Kammern in der Praxis meist zugrunde legen[904], ermittelt das Finanzamt als Bemessungsgrundlage für die Festsetzung des Gewerbesteuermessbetrags[905]. Gem. § 7 S. 1 GewStG ist der Gewerbeertrag der nach den Vorschriften des EStG oder des KStG zu ermittelnde Gewinn aus dem Gewerbebetrieb, der bei der Ermittlung des Einkommens für den dem Erhebungszeitraum (§ 14 GewStG) entsprechenden Veranlagungszeitraum zu berücksichtigen ist, vermehrt um die in § 8 GewStG bezeichneten Hinzurechnungen und vermindert um die in § 9 GewStG bezeichneten Kürzungen[906].

---

[900] *Franz*, Kammerfinanzierung, in: HdbKR, 2005, S. 323 (390).
[901] *Karsten*, in: Schwannecke, HwO, Lsbl., § 113 Rn. 27 ff. (2007).
[902] § 113 Abs. 2 S. 4 HwO.
[903] § 113 Abs. 2 S. 5, 6 HwO; *Franz*, Kammerfinanzierung, in: HdbKR, 2005, S. 323 (377).
[904] *Karsten*, in: Schwannecke, HwO, Lsbl., § 113 Rn. 28 (2007).
[905] Der Steuermessbetrag wird sodann gem. § 11 GewStG durch Anwendung eines Hundertsatzes (Steuermesszahl) auf den Gewerbeertrag ermittelt.
[906] Die gewerbesteuerspezifischen Freibeträge des § 11 GewStG bleiben bei der Berechnung des Gewerbeertrags als Grundlage der Beitragserhebung durch die Kammer außer Betracht.

Ist ein Gewerbetreibender, da er auch auswärtige Betriebsstätten unterhält, Mitglied mehrerer Handwerkskammern, kann die jeweilige Kammer die Bemessungsgrundlage nur insoweit der Berechnung des Beitrags zugrunde legen, als sie auf Gemeinden in ihrem Kammerbezirk entfällt. Insoweit ist auf die Zerlegungsanteile gem. §§ 28 ff. GewStG abzustellen. Die durch Anknüpfung an Lohnsummen ermittelten Zerlegungsanteile, die auf Gemeinden im Kammerbezirk entfallen, sind dann der Berechnung der Kammerbeiträge zugrunde zu legen. Soweit die Bemessungsgrundlage Gewinn aus Gewerbebetrieb einschlägig ist, kann in der Beitragsordnung eine entsprechende Zerlegung nach Maßgabe des GewStG, also im Ergebnis eine Zerlegung in Anknüpfung an Lohnsummen, angeordnet werden[907].

bbb) Berechnung des Zusatzbeitrags

Der von dem einzelnen Mitglied zu entrichtende Zusatzbeitrag wird durch Anwendung eines durch Beschluss der Vollversammlung festgelegten Prozentsatzes auf die Bemessungsgrundlage ermittelt.

ee) Die Ermittlung der Bemessungsgrundlagen

Die Handwerkskammern benötigen für die Festsetzung der Kammerbeiträge, vor allem der Zusatzbeiträge, Informationen über die Bemessungsgrundlage, also insbesondere über den Gewerbeertrag und ggf. die Zerlegungsanteile oder aber den Gewinn aus Gewerbebetrieb des jeweiligen Kammermitglieds. Die Finanzbehörden sind gem. § 31 Abs. 1 S. 1 AO berechtigt und verpflichtet, den Handwerkskammern die erforderlichen Steuermessbeträge, Steuerbeträge und Besteuerungsgrundlagen mitzuteilen[908]. Spiegelbildlich dazu regelt § 113 Abs. 2 S. 8 HwO aus der Perspektive der Kammern, dass die Handwerkskammern und ihre Gemeinschaftseinrichtungen, die öffentliche Stellen i. S. d. § 2 Abs. 2 BDSG sind, berechtigt sind, zur Festsetzung der Beiträge die in § 113 Abs. 2 HwO genannten Bemessungsgrundlagen bei den Finanzbehörden zu erheben[909]. Soweit die erforderlichen Daten nicht bei den Finanzbehörden erhoben worden sind, sind die beitragspflichtigen Kammerzugehörigen verpflichtet, der Kammer Auskunft über die zur Festsetzung der Beiträge erforderlichen Grundlagen zu erteilen[910].

---

[907] Vgl. etwa § 7 Abs. 2 S. 3 Beitragsordnung HwK Region Stuttgart vom 22.11.2004.
[908] Abgabenordnung (AO) in der Fassung der Bekanntmachung vom 01.10.2002 (BGBl. I S. 3866; 2003 I S. 61), zuletzt geändert durch Art. 2 des Gesetzes vom 30.07.2009 (BGBl. I S. 2474); vgl. auch § 113 Abs. 2 S. 3 HwO.
[909] Bundesdatenschutzgesetz (BDSG) in der Fassung der Bekanntmachung vom 14.01.2003 (BGBl. I S. 66), zuletzt durch Art. 1 des Gesetzes vom 14.08.2009 (BGBl. I S. 2814) geändert.
[910] § 113 Abs. 2 S. 13 1. HS HwO. Die Kammer ist in diesem Zusammenhang gem. § 113 Abs. 2 S. 13 2. HS HwO berechtigt, die sich hierauf beziehenden Geschäftsunterlagen einzusehen und für die Erteilung der Auskunft eine Frist zu setzen.

ff) Subjektive Beitragspflicht: Grundregel und Ausnahmen

Beitragspflichtig sind grundsätzlich die Inhaber eines Betriebs eines Handwerks und eines handwerksähnlichen Gewerbes, also die Inhaber von A- und B-Gewerben[911]. Maßgebliches Kriterium ist hier die Eintragung in die Handwerksrolle bzw. das Verzeichnis gem. § 19 HwO[912]. Daneben sind auch die Personen beitragspflichtig, die der Kammer gem. § 90 Abs. 3 HwO angehören, sog. Kleinunternehmer oder Inhaber von Minderhandwerksbetrieben[913].

Verschiedene Kammermitglieder sind allerdings beitragsrechtlich privilegiert: Keine Beiträge müssen zunächst Kleinunternehmer entrichten, die nach § 90 Abs. 3 HwO Mitglied der Handwerkskammer sind und deren Gewerbeertrag oder Gewinn aus Gewerbebetrieb im maßgeblichen Jahr 5.200 € nicht übersteigt[914]. Eine reduzierte Beitragspflicht trifft natürliche Personen, die erstmals nach dem 31. Dezember 2003 ein der HwO unterfallendes Gewerbe angemeldet haben (Existenzgründer), soweit ihr Gewerbeertrag bzw. Gewinn aus Gewerbebetrieb im Beitragsbemessungsjahr 25.000 € nicht übersteigt[915]: Sie sind für das Jahr der Anmeldung von der Entrichtung des Grundbeitrags und des Zusatzbeitrags, für das zweite und dritte Jahr von der Entrichtung der Hälfte des Grundbeitrags und vom gesamten Zusatzbeitrag und für das vierte Jahr von der Entrichtung des Zusatzbeitrags befreit[916].

Zwecks Verhinderung einer unangemessenen Verzerrung der Beitragslast der voll beitragspflichtigen Kammermitglieder einerseits und der privilegierten Mitglieder andererseits und damit letztlich zur Wahrung der Grundsätze der Äquivalenz und der Beitragsgerechtigkeit aus Art. 3 Abs. 1 GG, kann die Vollversammlung allerdings die in den angeführten Freistellungsregelungen der Sätze 4 und 5 des § 113 Abs. 2 HwO genannten Grenzen für den Gewerbeertrag oder den Gewinn aus Gewerbebetrieb für das betreffende Haushaltsjahr herabsetzen, um die Beitragszahlungen zu erhöhen[917]. Voraussetzung dafür ist, dass zum Zeitpunkt der Verabschiedung der Haushaltssatzung zu besorgen ist, dass bei der Handwerkskammer aufgrund der Besonderheiten der Wirtschaftsstruktur ihres Bezirks die Zahl der Beitragspflichtigen, die einen Beitrag zahlen, durch die Beitragsbefreiungen der Sätze 4 und 5 auf weniger als 55 vom Hundert aller ihr zugehörigen Gewerbetreibenden sinkt. Da es sich um eine Prognoseentscheidung der Vollversammlung handelt, kann eine entsprechende Absenkung der Beitragsbefreiungsgrenzen auch dann rechtmäßig sein, wenn sich im Nachhinein herausstellt, dass die

---

[911] § 113 Abs. 1 HwO.
[912] *Honig/Knörr*, HwO, 4. Aufl., 2008, § 113 Rn. 2; *Detterbeck*, HwO, 4. Aufl., 2008, § 113 Rn. 4; a. A. bei handwerksähnlichen Gewerben: VG Oldenburg, GewArch 1971, 168 f. (effektive Inhaberschaft entscheidend).
[913] § 113 Abs. 1 HwO.
[914] § 113 Abs. 2 S. 4 HwO; dies betrifft in der Praxis bislang nur einen kleinen Personenkreis, *Karsten*, in: Schwannecke, HwO, Lsbl., § 113 Rn. 53 (2007).
[915] § 113 Abs. 2 S. 5 und 6 HwO.
[916] § 113 Abs. 2 S. 5 HwO.
[917] § 113 Abs. 2 S. 7 HwO; *Detterbeck*, HwO, 4. Aufl., 2008, § 113 Rn. 23.

Grenze von 55% gem. § 113 Abs. 2 S. 4 und 5 HwO vom Beitrag Befreiter im Haushaltsjahr tatsächlich nicht überschritten worden wäre. Entscheidend ist, dass die Prognose im Lichte des verfügbaren Zahlenmaterials vertretbar war. Im Hinblick auf das Maß der Absenkung der Beitragsbefreiungsgrenzen in § 113 Abs. 2 S. 4 und 5 HwO spricht § 113 Abs. 3 S. 7 HwO von einer „entsprechenden" Herabsetzung. Die Beträge dürfen daher nicht soweit abgesenkt werden, dass die Grenze von 55% Beitragspflichtiger im Beitragsjahr voraussichtlich überschritten wird[918]. Auch hier ist natürlich der Prognosecharakter des Beschlusses zu berücksichtigen. Entscheidend ist also die ex ante-Beurteilung anhand des zur Verfügung stehenden Zahlenmaterials. Die Vollversammlung ist aber auf jeden Fall verpflichtet, eine etwaige Fehlprognose bei den Entscheidungen der Folgejahre entsprechend zu berücksichtigen.

gg) Der Sonderbeitrag

Neben dem Grund- und Zusatzbeitrag kann die Handwerkskammer gem. § 113 Abs. 2 S. 1 HwO von den Kammerzugehörigen auch Sonderbeiträge erheben[919]. Sonderbeiträge kommen insbesondere in Betracht, um die Begründung, Unterhaltung oder Unterstützung von Anlagen und Einrichtungen der Handwerkskammer wie z.B. überbetrieblichen Lehrwerkstätten zu finanzieren[920]. Als Rechtsgrundlage eines Sonderbeitrags ist anders als im kommunalen Beitragsrecht nicht unbedingt eine spezielle Sonderbeitragsordnung erforderlich. In Ergänzung zu grundlegenden Regeln in einer Beitragsordnung können Maßstab und konkrete Höhe eines Sonderbeitrags auch in einem besonderen Beschluss der Vollversammlung festgelegt werden[921].

3. Die Organe der Handwerkskammer

Anders als etwa das IHKG für die IHK nennt die HwO die Organe der Handwerkskammer in § 92 HwO ausdrücklich: Organe der Handwerkskammer sind die Vollversammlung[922], der Vorstand[923] und die Ausschüsse[924]. Diese gesetzliche Aufzählung ist nach herrschender Ansicht abschließend[925]. Die Handwerkskammer

---

[918] *Detterbeck*, HwO, 4. Aufl., 2008, § 113 Rn. 23.
[919] *Franz*, Kammerfinanzierung, in: HdbKR, 2005, S. 323 (392 f.).
[920] Näher: *Detterbeck*, HwO, 4. Aufl., 2008, § 113 Rn. 16.
[921] *Detterbeck*, HwO, 4. Aufl., 2008, § 113 Rn. 17.
[922] §§ 92 Nr. 1 i.V.m. 93 ff. HwO.
[923] §§ 92 Nr. 2 i.V.m. 108 f. HwO.
[924] §§ 92 Nr. 3 i.V.m. 110 HwO; die Meisterprüfungsausschüsse sind keine Organe der Handwerkskammer. Träger ist gem. § 47 Abs. 2 S. 1 HwO vielmehr die obere Landesbehörde. Die Handwerkskammer führt gem. § 47 Abs. 2 S. 2 HwO lediglich die Geschäfte der Meisterprüfungsausschüsse.
[925] *Detterbeck*, HwO, 4. Aufl., 2008, § 92 Rn. 1; *Schwannecke*, in: ders., HwO, Lsbl., § 92 Rn. 2 (2002); *Honig/Knörr*, HwO, 4. Aufl., 2008, § 92 Rn. 1 f.; *Kluth*, Funktionale Selbstverwaltung,

kann also auch nicht durch Satzungsrecht weitere Kammerorgane schaffen. Insbesondere sind auch der regelmäßig vorhandene Geschäftsführer sowie die weiteren Bediensteten und schließlich auch Beauftragte i.S.v. § 111 Abs.2 HwO keine Organe der Handwerkskammer, sondern lediglich Hilfskräfte ihres Vorstands[926].

Die Vollversammlung, der Vorstand und die Ausschüsse sind Organe der Kammer, die – von insignifikanten Ausnahmen abgesehen[927] – von den Kammermitgliedern selbst gebildet werden. Ihre Mitglieder werden entweder unmittelbar von den Kammermitgliedern (Vollversammlung) oder aber durch die Vollversammlung (Vorstand, Ausschüsse) gewählt, und sie sind zugleich Organe aktiver, ehrenamtlicher Selbstverwaltung durch die Mitglieder der Kammer. Entsprechend wurden diese Kammerorgane bereits oben im Abschnitt über die Verwirklichung der Selbstverwaltung in der mitgliedschaftlichen Struktur der Handwerkskammer behandelt.

4. Die Geschäftsführung der Handwerkskammer

Die Führung der Geschäfte der Handwerkskammer, insbesondere der Geschäfte der laufenden Verwaltung[928], überträgt die Satzung regelmäßig einem Geschäftsführer – bzw. ggf. einem Hauptgeschäftsführer und weiteren Geschäftsführern[929]. Zweckmäßigerweise wird dem Hauptgeschäftsführer auch Alleinvertretungsmacht für Geschäfte der laufenden Verwaltung eingeräumt[930], da ansonsten die Handlungsfähigkeit der Kammer bei der täglichen Aufgabenerfüllung gefährdet wäre. Im Übrigen vertreten Präsident und Hauptgeschäftsführer – bzw. im Verhinderungsfall ihre Vertreter – die Kammer gerichtlich und außergerichtlich gemeinschaftlich[931].

Wie im vorstehenden Abschnitt über die Kammerorgane ausgeführt wurde, sind die Geschäftsführer aufgrund des abschließenden Charakters der Aufzählung der Organe in § 92 HwO keine Organe der Handwerkskammer, sondern Gehilfen des

---

1997, S. 145 f.; *Schotten/Häfner*, Hauptgeschäftsführer einer Handwerkskammer, in: GewArch 2004, 55 (55 f.); a. A. nunmehr *Kluth/Goltz*, Führungsteam statt Hauptgeschäftsführer, in: GewArch 2003, 265 (267 f.).

[926] *Detterbeck*, HwO, 4. Aufl., 2008, § 92 Rn. 5; *Honig/Knörr*, HwO, 4. Aufl., 2008, § 92 Rn. 2; *Schwannecke*, in: ders., HwO, Lsbl., § 92 Rn. 2 ff. (2002); *Schotten/Häfner*, Hauptgeschäftsführer einer Handwerkskammer, in: GewArch 2004, 55 (55 f.); VG Dresden, GewArch 2001, 127; a. A. *Kluth/Goltz*, Führungsteam statt Hauptgeschäftsführer, in: GewArch 2003, 265 (267 f.); *Diefenbach*, Zur Organstruktur, in: GewArch 2006, 313 (315 f.), jedenfalls was den Hauptgeschäftsführer angeht.

[927] So ist der Berufsbildungsausschuss Organ der Handwerkskammer, obwohl ihm gem. § 43 Abs. 1 S. 2 HwO auch Nicht-Kammermitglieder angehören.

[928] § 19 Abs. 3 Mustersatzung-HwK.

[929] § 39 Abs. 1 Mustersatzung-HwK.

[930] § 19 Abs. 3 Mustersatzung-HwK.

[931] § 109 S. 1 2. HS HwO; § 19 Abs. 1 S. 1 2. HS Mustersatzung-HwK.

Vorstands[932]. Trotz der großen Bedeutung der Geschäftsführer ist ihre Rechtsstellung in der HwO lediglich punktuell geregelt. So wird die Wahl der Geschäftsführer wegen deren zentraler Rolle bei der alltäglichen Erfüllung der Kammeraufgaben gesetzlich der Vollversammlung vorbehalten. Der entsprechende Beschluss der Vollversammlung bedarf zudem der Genehmigung durch die oberste Landesbehörde[933]. Der Dienstvertrag der Geschäftsführer wird hingegen durch den Vorstand geschlossen, geändert und beendet[934]. Im Hinblick auf die hoheitlichen Kammeraufgaben wird dem Hauptgeschäftsführer häufig eine Beamtenstellung eingeräumt[935]. Der Abschluss der Anstellungsverträge mit den übrigen Kammerbediensteten obliegt, da es sich hierbei nicht um Geschäfte der laufenden Verwaltung handelt, grundsätzlich dem Vorstand[936]. Dieser kann die entsprechende Befugnis ganz oder teilweise auf den Hauptgeschäftsführer übertragen[937]. Der Vorstand der Handwerkskammer ist Dienstvorgesetzter des Hauptgeschäftsführers, der wiederum Vorgesetzter der übrigen Kammerbediensteten ist[938].

5. Die Aufgaben der Handwerkskammer

a) Systematik der Aufgabenzuweisung in der HwO

Auf den ersten Blick scheint es, als wiche die HwO bei den Handwerkskammern von der bei Selbstverwaltungskörperschaften verbreiteten Gesetzgebungstechnik[939], der Körperschaft zunächst eine Grundaufgabe und sodann beispielhafte konkrete Einzelaufgaben zuzuweisen, ab. Die Aufgabenzuweisungsnorm des § 91 Abs. 1 HwO differenziert nämlich sprachlich nicht zwischen einer Grundaufgabe und Einzelaufgaben, sondern listet gleichrangig einzelne Aufgaben der Handwerkskammer auf. Indes bezeichnet der Passus „Zur Vertretung der Interessen des Handwerks" in § 90 Abs. 1 HwO nicht lediglich den Zweck der Errichtung der Handwerkskammern, sondern zugleich deren Grundaufgabe, die Interessen des Handwerks (und des handwerksähnlichen Gewerbes) wahrzunehmen[940]. Diese Interpretation wird auch durch die Formulierung in § 91 Abs. 1 HwO gestützt, wo-

---

[932] A.A. *Kluth/Goltz*, Führungsteam statt Hauptgeschäftsführer, in: GewArch 2003, 265 (267f.) sowie *Diefenbach*, Zur Organstruktur, in: GewArch 2006, 313 (315f.), die unter funktionalen Kriterien jedenfalls dem Hauptgeschäftsführer eine Organeigenschaft zusprechen.
[933] § 106 Abs. 2 S. 1 HwO
[934] *Honig/Knörr*, HwO, 4. Aufl., 2008, § 109 Rn. 6; *Detterbeck*, HwO, 4. Aufl., 2008, § 109 Rn. 2.
[935] Vgl. § 39 Abs. 5 S. 1 Mustersatzung-HwK; *Honig/Knörr*, HwO, 4. Aufl., 2008, § 109 Rn. 6.
[936] § 39 Abs. 7 S. 1 1. HS Mustersatzung-HwK.
[937] § 39 Abs. 7 S. 1 2. HS Mustersatzung-HwK.
[938] § 39 Abs. 8 Mustersatzung-HwK.
[939] Vgl. exemplarisch § 54 HwO für die Innungen sowie § 1 IHKG für die Industrie- und Handelskammern.
[940] Vgl. auch *Schwannecke*, in: ders., HwO, Lsbl., § 90 Rn. 1ff. (1997); *Detterbeck*, HwO, 4. Aufl., 2008, § 90 Rn. 4f.; *Honig*, HwO, 3. Aufl., 2004, § 90 Rn. 1f.

nach es „insbesondere" Aufgabe der Handwerkskammer ist, die nachfolgend genannten Tätigkeiten auszuführen, die Liste also nicht abschließend ist. Im Übrigen knüpft die Einzelaufgabe des § 91 Abs. 1 Nr. 1 1. Alt. HwO, die Interessen des Handwerks zu fördern, unmittelbar an die Grundaufgabe an, ohne deren weiten Anwendungsbereich völlig abzudecken.

Verschiedene der nicht abschließenden Aufgabenzuweisungen in § 91 Abs. 1 HwO werden inhaltlich ausgedehnt, indem § 91 Abs. 4 HwO regelt, dass die Aufgaben des § 91 Abs. 1 Nr. 1, 2 und 7–13 HwO auf handwerksähnliche Gewerbe entsprechende Anwendung finden. In Anknüpfung an die bspw. bei den Handelskammern bereits in der ersten Hälfte des 19. Jh. etablierte klassische Funktion der Selbstverwaltungskörperschaften der Wirtschaft als Beratungsorgan der Behörden ordnet § 91 Abs. 3 HwO an, dass die Handwerkskammer in allen wichtigen das Handwerk und das handwerksähnliche Gewerbe berührenden Angelegenheiten gehört werden soll. Schließlich wird die Handwerkskammer ermächtigt, zusammen mit der IHK Prüfungsausschüsse einzurichten[941].

Über den Aufgabenkatalog des § 91 HwO hinaus sind verschiedene weitere Aufgabenzuweisungen an die Handwerkskammer über die HwO verstreut – im Zusammenhang bestimmter Sachmaterien – geregelt. Schließlich finden sich auch in anderen Gesetzen wie etwa dem BBiG Aufgabenzuweisungen an die Handwerkskammern[942].

b) *Aufgaben gem. §§ 91 i. V. m. 90 HwO*

aa) *Vertretung und Förderung der Interessen des Handwerks*

aaa) *Vertretung der Interessen des Handwerks (§ 90 Abs. 1 HwO)*

Grundaufgabe der Handwerkskammer ist, die Interessen des Handwerks und des handwerksähnlichen Gewerbes zu vertreten[943]. Dass sich die Aufgabe der Interessenvertretung über den – insoweit nicht mehr adäquaten – Wortlaut des § 90 Abs. 1 HwO hinaus auch auf das handwerksähnliche Gewerbe erstreckt, ergibt sich daraus, dass der Handwerkskammer gem. § 90 Abs. 2 HwO neben den selbständigen Handwerkern auch die Inhaber handwerksähnlicher Betriebe angehören[944]. Vertretung der Interessen ist weit zu verstehen und umfasst alle Maßnahmen, die geeignet

---

[941] § 91 Abs. 2 HwO; der frühere § 91 Abs. 2 S. 1 HwO, nach dem § 91 Abs. 1 Nr. 4, 4a und 5 HwO für die Berufsbildung in nichthandwerklichen Berufen entsprechend galt, soweit sie in Betrieben des Handwerks oder des handwerksähnlichen Gewerbes durchgeführt wurde, wurde durch Gesetz vom 23. 03. 2005 (BGBl. I S. 931) mit Wirkung vom 01. 04. 2005 aufgehoben.

[942] Bei Aufgabenüberschreitung durch die Kammer steht den Mitgliedern aufgrund der Pflichtmitgliedschaft ein klageweise durchsetzbarer öffentlich-rechtlicher Unterlassungsanspruch gegenüber der Kammer zu; näher dazu: *Schöbener*, Rechtsschutz, in: HdbKR, 2005, S. 423 (455 ff.).

[943] § 90 Abs. 1 HwO; übergreifend zur Interessenvertretung durch Kammern: *Stober/Eisenmenger*, Interessenvertretung, in: HdbKR, 2005, S. 211 (212 ff.).

[944] *Detterbeck*, HwO, 4. Aufl., 2008, § 90 Rn. 4 f.; *Schwannecke*, in: ders., HwO, Lsbl., § 90 Rn. 1 (1997).

erscheinen, dem Handwerk bzw. handwerksähnlichen Gewerbe insgesamt oder aber auch den einzelnen Kammermitgliedern zu dienen[945]. Letztlich sind die Handwerkskammern innerhalb des Kammerbezirks zu einer allumfassenden Interessenvertretung ihrer Mitglieder verpflichtet. Anders als die Innungen vertreten sie daher auch die Interessen der nach § 90 Abs. 2 HwO kammerzugehörigen Gesellen, anderen Arbeitnehmer mit einer abgeschlossenen Berufsausbildung sowie auch der Lehrlinge[946]. Trotz dieses ratione personae-Unterschiedes zur Grundaufgabe der Innungen sind die Grundaufgaben von Handwerkskammer und Handwerksinnung (Förderung der gemeinsamen gewerblichen Interessen der Mitglieder[947]) doch weitgehend gleichgerichtet, so dass sich die Grundaufgaben von Kammer und Innung im Ergebnis überschneiden[948].

bbb) Förderung der Interessen des Handwerks, gerechter Interessenausgleich (§ 91 Abs. 1 Nr. 1 HwO)

In enger Verbindung mit der Grundaufgabe der Interessenvertretung aus § 90 Abs. 1 HwO steht die Aufgabe der Handwerkskammer, die Interessen des Handwerks und des handwerksähnlichen Gewerbes zu fördern[949]. Auch diese Aufgabenzuweisung ist weit zu verstehen und umfasst jedenfalls jede Maßnahme, die geeignet ist, die Interessen des Handwerks und des handwerksähnlichen Gewerbes im Kammerbezirk insgesamt zu fördern. Konkrete Beispiele sind etwa die Errichtung und der Betrieb überbetrieblicher Ausbildungsstätten[950] oder die Förderung des handwerklichen Messe- und Ausstellungswesens[951]. Die Aufgabe der Kammer, die Interessen des Handwerks zu fördern, überschneidet sich – trotz der unterschiedlichen Mitgliederkreise – erheblich mit der Grundaufgabe der Handwerksinnung, die gemeinsamen gewerblichen Interessen ihrer Mitglieder zu fördern[952].

Leitbild der Interessenförderungsaufgabe der Kammer ist zwar eine Förderung aller Handwerkszweige und handwerksähnlichen Gewerbe, doch schließt dies im Einzelfall solche Maßnahmen nicht aus, von denen einzelne Handwerke bzw. handwerksähnliche Gewerbe stärker profitieren als andere[953]. Eine solche einzelne Handwerke etc. besonders fördernde Maßnahme kann auch gerade geboten sein,

---

[945] *Schwannecke*, in: ders., HwO, Lsbl., § 90 Rn. 3 (1997); vgl. auch BGH, GewArch 1986, 380 (380 f.).
[946] *Detterbeck*, HwO, 4. Aufl., 2008, § 90 Rn. 5.
[947] § 54 Abs. 1 S. 1, Abs. 4 HwO.
[948] *Detterbeck/Will*, Handwerksinnungen, 2003, S. 36 f.
[949] § 91 Abs. 1 Nr. 1 i. V. m. Abs. 4 HwO.
[950] OVG NRW, GewArch 1991, 303; GewArch 1994, 480; VGH Bad.-Württ., GewArch 1986, 28 (29).
[951] VGH München, GewArch 1987, 202 (203).
[952] § 54 Abs. 1 S. 1 HwO; näher zur Aufgabenüberschneidung: *Detterbeck/Will*, Handwerksinnungen, 2003, S. 36 f.; *Detterbeck*, Handwerkskammerbeitrags-Bonussystem, in: GewArch 2005, 271 (273); vgl. auch *Heimerl*, in: Johlen/Oerder, Münchener Anwaltshandbuch – Verwaltungsrecht, 2. Aufl., 2003, § 14 Rn. 159.
[953] *Detterbeck*, HwO, 4. Aufl., 2008, § 91 Rn. 16; *Webers*, in: Schwannecke, HwO, Lsbl., § 91 Rn. 5 (1998).

um den nach dem 2. HS von § 91 Abs. 1 Nr. 1 HwO anzustrebenden Ausgleich der Interessen der einzelnen Handwerke herbeizuführen. In dieser Aufgabe des gerechten Ausgleichs der Interessen der einzelnen Handwerke und ihrer Organisationen hat sich die fachübergreifende Struktur der Handwerkskammer niedergeschlagen: Indem in ihr – anders als in den Innungen – Handwerker (und Angestellte) aller Handwerke und handwerksähnlichen Gewerbes des Kammerbezirks zusammengeschlossen sind, ist sie prädestiniert, organisationsintern auf einen Ausgleich in der Praxis immer wieder auftretender Interessenkonflikte zwischen einzelnen Handwerken etc. hinzuwirken. Dies umfasst neben den angesprochenen konkreten Förderungsmaßnahmen vor allem eine Funktion als Kommunikations- bzw. Mediationsplattform im weiteren Sinne, welche die Einzelhandwerke und ihre Organisationen nutzen können, um eventuelle Interessenkonflikte gütlich auszugleichen.

Die Aufgabe der Interessenförderung bezieht sich gleichermaßen auf alle Mitglieder der Handwerkskammer, also auf die Arbeitgeber- wie auch auf die Arbeitnehmerseite. Dies bedeutet allerdings wiederum nicht, dass jede einzelne Maßnahme Arbeitgebern und Arbeitnehmern im selben Maße zu Gute kommen müsste. So dient etwa die Errichtung einer überbetrieblichen Ausbildungsstätte primär den dort Auszubildenden, mittelbar aber auch den Arbeitgebern. Auch die Mitgliedschaft in Spitzenverbänden wie bspw. den regionalen Handwerkskammertagen oder dem DHKT ist von der Aufgabenzuweisung gedeckt[954], selbst wenn diese den Arbeitnehmern nicht vergleichbare Mitwirkungsmöglichkeiten einräumen wie die Kammer[955]. Problematisch wäre eine solche Mitgliedschaft allerdings, wenn die entsprechenden Verbände eine systematisch gegen die Interessen der in den Mitgliedskammern organisierten Arbeitnehmer gerichtete Politik betreiben. Dies gilt grundsätzlich auch für jede andere Interessenförderungstätigkeit i.S.v. § 91 Abs. 1 Nr. 1 HwO. Zwar kann eine Einzelmaßnahme durchaus überwiegend der Arbeitgeber- oder Arbeitnehmerseite dienen. Überschritten ist der Anwendungsbereich der Norm indes bei solchen Maßnahmen, die eindeutig den Interessen der einen oder anderen Seite zuwiderlaufen.

*ccc) Förderung der wirtschaftlichen Interessen des Handwerks
(§ 91 Abs. 1 Nr. 9 HwO)*

Als konkrete Ausprägung der Interessenförderungsaufgabe kann die an späterer Stelle des Aufgabenkatalogs aufgeführte Pflicht der Handwerkskammer verstanden werden, die wirtschaftlichen Interessen des Handwerks und die ihnen dienen-

---

[954] Dabei dürfen allerdings die Aufgabenkreise der Verbände diejenigen der Handwerkskammern nicht überschreiten, da die Kammern nicht gleichsam „durch die Hintertür" einer Verbandsmitgliedschaft ihren Aufgabenkreis erweitern dürfen; vgl. dazu BVerwGE 74, 254 (255f.); *Siegert/Sternberg*, Anmerkung zu BVerwG, GewArch 1986, 298, in: GewArch 1986, 300 (301f.); *Pietzcker*, Kammerrecht in Bewegung?, in: NJW 1987, 305 (307).
[955] Ausführlich zu diesem Problemkreis mit zahlreichen Nachweisen: *Detterbeck*, HwO, 4. Aufl., 2008, § 91 Rn. 20ff.; *Honig/Knörr*, HwO, 4. Aufl., 2008, § 91 Rn. 7ff.

den Einrichtungen, insbesondere das Genossenschaftswesen, zu fördern[956]. Förderung der wirtschaftlichen Interessen ist weit zu verstehen und umfasst daher auch die meisten Beispiele, die im voranstehenden Abschnitt für die Interessenförderungsaufgabe im Allgemeinen gem. § 91 Abs. 1 Nr. 1 HwO genannt wurden[957]. Unter die Förderung der wirtschaftlichen Interessen lässt sich z. B. auch die Rechtsberatung der Mitglieder fassen, die der Kammer gem. § 8 Abs. 1 Nr. 2 RDG erlaubt ist[958], sowie die Hilfeleistung in Steuersachen, zu der die Kammer gem. § 4 Nr. 3 StBerG befugt ist[959]. Auch der Begriff der Einrichtung ist weit. Gemeint sind nicht nur abstrakte Institutionen wie das exemplarisch angeführte Genossenschaftswesen, sondern vor allem auch organisatorisch typischerweise verfestigte und auf eine gewisse Dauer angelegte Stellen[960], die konkrete wirtschaftliche Serviceleistungen für das Handwerk erbringen[961]. So kann die Handwerkskammer bspw. Inkassostellen zur Einziehung von Handwerksforderungen unterhalten[962]. Die Kammer kann entsprechende Stellen entweder im Rahmen ihrer Binnenorganisation einrichten oder aber hierfür z. B. auch eine entsprechende privatrechtliche Gesellschaft gründen, bzw. sich an einer bestehenden beteiligen[963]. Nicht mehr von § 91 Abs. 1 Nr. 9 HwO gedeckt ist indes eine wirtschaftliche Betätigung der Kammer selbst, durch die sie in Konkurrenz zu ihren Mitgliedern treten könnte[964].

Die vom Gesetz exemplarisch genannte Förderung des Genossenschaftswesens wird von den Kammern heute in der Regel leider eher vernachlässigt. Mögliche Maßnahmen sind hier außer einer Information der Gewerbetreibenden über Potentiale der Genossenschaft im Bereich des Handwerks bspw. auch die materielle und immaterielle Förderung der Genossenschaftsverbände sowie der wissenschaft-

---

[956] *Kluth*, Entwicklungsgeschichte, in: HdbKR, 2005, S. 41 (98).
[957] § 91 Abs. 1 Nr. 9 HwO; *Detterbeck*, HwO, 4. Aufl., 2008, § 91 Rn. 50.
[958] Zur Rechtsberatung durch die Kammer: *Müller*, in: Grunewald/Römermann, RDG, 2008, § 8 Rn. 8, 16; *Schmidt*, in: Krenzler, RDG, 2010, § 8 Rn. 33, 38 ff.; *Finzel*, RDG, 2008, § 8 Rn. 3; auf der Grundlage der früheren Regelung in Art. 1 §§ 3 Nr. 1, 7 RBerG: *Webers*, in: Schwannecke, HwO, Lsbl., § 91 Rn. 64 ff. (1998); *Honig/Knörr*, HwO, 4. Aufl., 2008, § 91 Rn. 49 f.; *Detterbeck*, HwO, 4. Aufl., 2008, § 91 Rn. 62; *Kormann/Schinner-Stör*, Zulässigkeit von Rechtsdienstleistungen, 2003, S. 27 ff.; *Lenssen*, Zulässigkeit und rechtliche Bedeutung, in: GewArch 1973, 201 ff.
[959] Zur Hilfeleistung in Steuersachen durch die Kammer: *Kormann/Schinner-Stör*, Zulässigkeit von Rechtsdienstleistungen, 2003, S. 105 ff.; *Kormann*, Steuerberatung als Service-Leistung, in: GewArch 1988, 249 ff.; *Ress*, Befugnis der Handwerkskammern, in: GS Schultz, 1987, S. 305 ff.; *Webers*, in: Schwannecke, HwO, Lsbl., § 91 Rn. 62 f. (1998); *Honig/Knörr*, HwO, 4. Aufl., 2008, § 91 Rn. 51 f.; *Detterbeck*, HwO, 4. Aufl., 2008, § 91 Rn. 63.
[960] *Fröhler/Kormann*, Wirtschaftliche Betätigung, 1984, S. 8.
[961] Vgl. zum Begriff der Einrichtung in § 91 Abs. 1 Nr. 9 HwO: *Kormann/Lutz/Rührmair*, Beteiligung von Handwerksorganisationen, 2002, S. 44 ff.
[962] *Heck*, Schieds-, Schlichtungs- und Inkassowesen im Handwerk, in: WiVerw. 1999, 100 (104 ff.).
[963] Eingehend zu letzterem *Kormann/Lutz/Rührmair*, Beteiligung von Handwerksorganisationen, 2002; *Detterbeck*, HwO, 4. Aufl., 2008, § 91 Rn. 51; *Kluth*, Einrichtungen, in: HdbKR, 2005, S. 281 (290 f.).
[964] *Fröhler/Kormann*, Wirtschaftliche Betätigung, 1984, S. 79 f.; *Webers*, in: Schwannecke, HwO, Lsbl., § 91 Rn. 5, 68 (1998); *Detterbeck*, HwO, 4. Aufl., 2008, § 91 Rn. 52.

lichen Genossenschaftsinstitute wie sie etwa an den Universitäten in Marburg und Köln bestehen.

In einem weiteren Sinne im Zusammenhang mit der Förderung der wirtschaftlichen Interessen des Handwerks steht auch das seit der UWG-Novelle 1996 den Handwerkskammern ausdrücklich in § 8 Abs. 3 Nr. 4 UWG zugewiesene, in der Praxis allerdings bislang nicht sehr bedeutsame Recht, Handwerksbetriebe und handwerksähnliche Betriebe, die nach §§ 3 und 7 UWG unzulässige geschäftliche Handlungen vornehmen, auf Beseitigung und bei Wiederholungsgefahr auf Unterlassung in Anspruch zu nehmen[965].

ddd) Unterstützung der Behörden in der Förderung des Handwerks (§ 91 Abs. 1 Nr. 2 HwO)

Ebenfalls eng mit der Grundaufgabe der Interessenvertretung aus § 90 Abs. 1 HwO sowie deren unmittelbarer Ausprägung der Interessenförderung des Handwerks in § 91 Abs. 1 Nr. 1 HwO verbunden ist die Aufgabe der Handwerkskammer aus § 91 Abs. 1 Nr. 2 HwO, die Behörden in der Förderung des Handwerks und des handwerksähnlichen Gewerbes durch Anregungen, Vorschläge und durch Erstattung von Gutachten zu unterstützen und regelmäßig Berichte über die Verhältnisse des Handwerks und handwerksähnlichen Gewerbes zu erstatten.

Anregungen und Vorschläge gehen initiativ von der Handwerkskammer aus und sind ein zentrales Mittel der Kammer, um ihrer Interessenförderungsaufgabe gegenüber den Behörden nachzukommen. Die Erstattung von Gutachten ist seit Bestehen der Handwerkskammern eine spezifische Kammerfunktion mit großer rechtlicher Bedeutung. Gerichte und staatliche Behörden können über die Schnittstellenfunktion, welche die Kammern zwischen Staat und Wirtschaftssubjekten einnehmen, den besonderen gewerblichen Sachverstand, über den die Selbstverwaltungskörperschaft und ihre Mitglieder verfügen, für ihre Tätigkeit nutzbar machen. Kammergutachten betreffen daher primär sachverständige Stellungnahmen zu Einzelfällen, über die ein Gericht oder eine Verwaltungsbehörde zu entscheiden hat. Die Kammer ist schon aufgrund ihrer allgemeinen Rechts- und Amtshilfepflicht gegenüber den Behörden verpflichtet, einem Ersuchen um Erstattung eines Gutachtens oder einer Auskunft zu entsprechen[966].

Der Pflicht zur regelmäßigen Berichterstattung über die Verhältnisse des Handwerks und handwerksähnlichen Gewerbes kommen die Handwerkskammern insbesondere durch ihre Jahresberichte nach. Die Kammer kann ferner auch eine durch die Kammerbeiträge finanzierte Kammerzeitschrift als Berichts- und Infor-

---

[965] Gesetz gegen den unlauteren Wettbewerb in der Fassung der Bekanntmachung vom 03.03. 2010 (BGBl. I S. 254); *Büscher*, in: Fezer, UWG, 2010, § 8 Rn. 280; *Köhler*, in: Köhler/Bornkamm, UWG, 28. Aufl., 2010, § 8 UWG Rn. 3.64; *Ohly*, in: Piper/Ohly/Sosnitza, UWG, 5. Aufl., 2010, § 8 Rn. 113; *Schmitz-Fohrmann/Schwab*, in: Götting/Nordemann, UWG, 2010, § 8 Rn. 141; *Boesche*, Wettbewerbsrecht, 2. Aufl., 2007, Rn. 67.
[966] *Detterbeck*, HwO, 4. Aufl., 2008, § 91 Rn. 24; *Webers*, in: Schwannecke, HwO, Lsbl., § 91 Rn. 10 (1998).

mationsorgan herausgeben⁹⁶⁷. Dem gegenüber kritischen Stimmen⁹⁶⁸ ist zuzugeben, dass die Kammer als Körperschaft mit Zwangsmitgliedschaft – auch in ihrer Kammerzeitschrift – kein allgemeinpolitisches Mandat wahrnehmen darf⁹⁶⁹. Andererseits kann ihr die Nutzung des Mediums Kammerzeitschrift bei Erfüllung ihrer Informationsaufgabe nicht untersagt sein, solange sie sich dabei inhaltlich in ihrem Aufgabenkreis bewegt, bspw. indem sie zu handwerks- und gewerbepolitischen Fragen Stellung bezieht, und nicht ihre Neutralitätspflicht verletzt. Dabei kann sie den Kernteil der Zeitschrift durchaus mit einem unterhaltenden Teil unpolitischen und weltanschaulich neutralen Inhalts oder einen Anzeigenteil abrunden⁹⁷⁰.

Die Möglichkeit der Kammern, als kommunikative Schnittstelle zwischen Handwerk und Behörden im Interesse des Handwerks tätig zu werden, wird schließlich dadurch abgerundet, dass die Handwerkskammer gem. § 91 Abs. 3 HwO in allen wichtigen, das Handwerk und das handwerksähnliche Gewerbe berührenden Angelegenheiten gehört werden soll. Zwar führt eine unterbliebene Anhörung nicht etwa zur Rechtswidrigkeit oder gar Nichtigkeit erlassener Normen oder Verwaltungsakte; indes handelt es sich – entgegen einer Auffassung in der Literatur⁹⁷¹ – um eine echte Verpflichtung der Behörden zur Anhörung, von der nur abgesehen werden kann, wenn zwingende Gründe entgegenstehen⁹⁷². Die Verpflichtung besteht nicht nur im Interesse der Handwerkskammer bzw. der von ihr repräsentierten Handwerkerschaft, sondern gerade auch im Interesse des Staates, in dessen Maßnahmen der Sachverstand der unmittelbar Betroffenen einfließen soll.

bb) Führung der Handwerksrolle und anderer Verzeichnisse
(§ 91 Abs. 1 Nr. 3 i. V. m. § 6 HwO etc.)

Mit der Führung der Handwerksrolle nimmt die Handwerkskammer eine hoheitliche Pflichtaufgabe wahr⁹⁷³. Die Handwerksrolle ist gem. § 6 Abs. 1 HwO das Verzeichnis, in welches die Inhaber von Betrieben zulassungspflichtiger Handwerke ihres Bezirks nach Maßgabe von Anlage D Abschnitt I zur HwO mit dem von ihnen zu betreibenden Handwerk oder bei Ausübung mehrerer Handwerke mit diesen Handwerken einzutragen sind. In der Praxis handelt es sich bei der Handwerksrolle heute nicht mehr um die früher üblichen Karteien, sondern um elektronische

---

⁹⁶⁷ Vgl. BVerwGE 64, 115 (120); *Detterbeck*, HwO, 4. Aufl., 2008, § 91 Rn. 25; *Webers*, in: Schwannecke, HwO, Lsbl., § 91 Rn. 11 (1998); *Fröhler*, Die rechtliche Zulässigkeit, in: GewArch 1974, 177 (178 ff.); *Fröhler/Oberndorfer*, Zur Zulässigkeit einer Zeitungsherausgabe, in: GewArch 1975, 7 (9 ff.); *Brohm*, Selbstverwaltung, in: FS v. Unruh, 1983, 777 (799).
⁹⁶⁸ Vgl. VG Düsseldorf, GewArch 1974, 344 f.; OVG Münster, GewArch 1975, 30 f. (zum Sammelbezug einer Wochenzeitung).
⁹⁶⁹ Vgl. BVerwGE 64, 298 (302 ff.) – zum fehlenden allgemeinpolitischen Mandat einer Ärztekammer – sowie 59, 231 (237 ff.); 34, 69 (74 ff.) – zum fehlenden allgemeinpolitischen Mandat von Studentenschaften; *Reuß*, Nochmals: Die rechtliche Zulässigkeit, in: GewArch 1974, 317 (318 f.).
⁹⁷⁰ *Webers*, in: Schwannecke, HwO, Lsbl., § 91 Rn. 11 (1998).
⁹⁷¹ *Webers*, in: Schwannecke, HwO, Lsbl., § 91 Rn. 83 (1998).
⁹⁷² *Detterbeck*, HwO, 4. Aufl., 2008, § 91 Rn. 68.
⁹⁷³ § 91 Abs. 1 Nr. 3 i. V. m. § 6 Abs. 1 HwO.

Dateien. In die Handwerksrolle sind alle natürlichen und juristischen Personen sowie Personengesellschaften einzutragen, die beabsichtigen, ein zulassungspflichtiges Handwerk als stehendes Gewerbe selbständig zu betreiben und die im Wesentlichen in § 7 HwO geregelten Eintragungsvoraussetzungen erfüllen. Die personenbezogenen Daten, die in der Handwerksrolle gespeichert werden dürfen, hat der Gesetzgeber – im Lichte der Anforderungen des Grundrechts auf informationelle Selbstbestimmung aus Art. 2 Abs. 1 i. V. m. Art. 1 Abs. 1 GG – in Abschn. 1 von Anlage D zur HwO im Einzelnen aufgelistet[974]. Die Eintragung in die Handwerksrolle hat konstitutive Wirkung[975]: Erst mit der Eintragung ist die Ausübung des zulassungspflichtigen Handwerks gestattet[976]. Sie berührt daher die Berufswahlfreiheit gem. Art. 12 Abs. 1 GG[977].

Neben der Handwerksrolle hat die Handwerkskammer noch verschiedene andere Verzeichnisse zu führen. So ist die Kammer gem. § 19 S. 1 HwO verpflichtet, ein Verzeichnis zu führen, in das die Inhaber eines Betriebs eines zulassungsfreien Handwerks oder eines handwerksähnlichen Gewerbes mit dem von ihnen betriebenen Gewerbe oder bei Ausübung mehrerer Gewerbe mit diesen Gewerben einzutragen sind. Die einzutragenden Daten sind in Abschnitt 2 von Anlage D zur HwO geregelt[978]. Daneben hat die Handwerkskammer ein Verzeichnis der Kleinunternehmer i. S. v. § 90 Abs. 3 und 4 HwO zu führen[979]. Schließlich ist die Handwerkskammer gem. § 91 Abs. 1 Nr. 4 HwO verpflichtet, eine Lehrlingsrolle zu führen. Dabei handelt es sich um ein Verzeichnis der in ihrem Bezirk bestehenden Berufsausbildungsverhältnisse[980].

cc) *Berufsausbildung, Fortbildung, Umschulung etc. (§ 91 Abs. 1 Nr. 4–7 HwO)*

Besonderen Ausdruck hat die Selbstverwaltungsfunktion der Handwerkskammer in deren weitreichenden Zuständigkeiten im Bereich von Berufsausbildung, Fortbildung, Umschulung usw. gefunden[981]. So gehört es unter anderem zu den Aufgaben der Kammer, Vorschriften für die Berufsausbildung zu erlassen und deren Durchführung zu überwachen[982], Vorschriften für Prüfungen im Rahmen einer

---

[974] Vgl. *Seidl*, Datenschutz im Handwerksrecht, in: WiVerw. 1994, 55 (59 f.); *Detterbeck*, HwO, 4. Aufl., 2008, § 6 Rn. 4; *Karsten*, in: Schwannecke, HwO, Lsbl., § 6 Rn. 14 (2006).
[975] BGH, GewArch 1988, 163 (164); OVG Rh.-Pf., GewArch 1988, 22 (24); *Detterbeck*, HwO, 4. Aufl., 2008, § 6 Rn. 5; *Honig/Knörr*, HwO, 4. Aufl., 2008, § 6 Rn. 7; *Karsten*, in: Schwannecke, HwO, Lsbl., § 6 Rn. 16 (2006).
[976] § 1 Abs. 1 S. 1 HwO.
[977] *Kluth*, Entwicklungsgeschichte, in: HdbKR, 2005, S. 41 (97).
[978] Danach gilt Abschnitt 1 über die Handwerksrolle entsprechend. Allerdings muss das Verzeichnis nach § 19 HwO nicht die gleichen Angaben wie die Handwerksrolle enthalten. Mindestinhalt sind die wesentlichen betrieblichen Verhältnisse einschließlich der wichtigsten persönlichen Daten des Betriebsinhabers.
[979] *Karsten*, in: Schwannecke, HwO, Lsbl., § 6 Rn. 1 (2006).
[980] § 28 Abs. 1 S. 1 HwO.
[981] Dazu im Einzelnen: *Detterbeck*, HwO, 4. Aufl., 2008, § 91 Rn. 27 ff.; *Honig/Knörr*, HwO, 4. Aufl., 2008, § 91 Rn. 12 ff.; *Webers*, in: Schwannecke, HwO, Lsbl., § 91 Rn. 13 ff. (1998).
[982] § 91 Abs. 1 Nr. 4 i. V. m. §§ 41, 41a HwO.

beruflichen Fortbildung oder Umschulung zu erlassen und Prüfungsausschüsse hierfür zu errichten[983], Gesellenprüfungsordnungen für die einzelnen Handwerke zu erlassen und Prüfungsausschüsse für die Abnahme der Gesellenprüfungen zu errichten[984], Meisterprüfungsordnungen für die einzelnen Handwerke zu erlassen und die Geschäfte des Meisterprüfungsausschusses zu führen[985], die technische und betriebswirtschaftliche Fortbildung der Meister und Gesellen zur Erhaltung und Steigerung der Leistungsfähigkeit des Handwerks in Zusammenarbeit mit den Innungsverbänden zu fördern, die erforderlichen Einrichtungen hierfür zu schaffen oder zu unterstützen und zu diesem Zweck eine Gewerbeförderungsstelle zu unterhalten[986].

dd) Bestellung und Vereidigung von Sachverständigen (§ 91 Abs. 1 Nr. 8 HwO)

Wie bereits im Kapitel über das Recht der IHK ausführlich dargestellt wurde, nehmen die öffentlich bestellten Sachverständigen unter den Sachverständigen eine herausgehobene Stellung ein[987]: So sind sie etwa in Gerichtsverfahren bevorzugt heranzuziehen[988] und müssen andererseits jeden gerichtlichen Gutachtenauftrag ausführen[989]. Aufgrund der besonderen Stellung öffentlich bestellter Sachverständiger ist das Führen dieser Bezeichnung strafrechtlich und wettbewerbsrechtlich geschützt[990]. Die Bestellung und Vereidigung von Sachverständigen zur Erstattung von Gutachten über Waren, Leistungen und Preise von Handwerkern ist gem. § 91 Abs. 1 Nr. 8 HwO Aufgabe der Handwerkskammer[991]. Als Grundlage hierfür erlässt die Vollversammlung Vorschriften über die öffentliche Bestellung und Vereidigung von Sachverständigen[992], die der Genehmigung durch die oberste Landesbehörde bedürfen und veröffentlicht werden müssen[993]. Der DHKT gibt eine Mustersachverständigenordnung (MSVO) nebst erläuternden Richtlinien heraus[994], die

---

[983] § 91 Abs. 1 Nr. 4a i. V. m. §§ 42a ff. HwO.
[984] § 91 Abs. 1 Nr. 5 i. V. m. §§ 33 ff., 38 HwO.
[985] § 91 Abs. 1 Nr. 6 HwO.
[986] § 91 Abs. 1 Nr. 7 HwO.
[987] Siehe oben S. 497 ff.; BVerfGE 86, 28 (37); *Bleutge*, in: Landmann/Rohmer, GewO, Lsbl., Bd. 1, § 36 Rn. 18 (2008); *Stober*, Der öffentlich bestellte Sachverständige, 1991, S. 21 ff.
[988] §§ 404 Abs. 2 ZPO, 73 Abs. 2 StPO: „Sind für gewisse Arten von Gutachten Sachverständige öffentlich bestellt, so sollen andere Personen nur dann gewählt werden, wenn besondere Umstände es erfordern".
[989] §§ 407 Abs. 1 ZPO, 75 Abs. 1 StPO.
[990] §§ 132a Abs. 1 Nr. 3, Abs. 2 StGB, § 3 UWG.
[991] § 91 Abs. 1 Nr. 8 HwO ist eine „sonstige Vorschrift des Bundes über die öffentliche Bestellung oder Vereidigung von Personen" i. S. v. § 36 Abs. 5 GewO, aufgrund derer § 36 Abs. 1–4 GewO keine Anwendung findet; *Haas*, Der Sachverständige des Handwerks, 6. Aufl. 2009; *Bleutge*, in: Landmann/Rohmer, GewO, Lsbl., Bd. 1, § 36 Rn. 161 (2009); *Heck*, in: Schwannecke, HwO, Lsbl., § 91 Rn. 20 (1998); *Detterbeck*, HwO, 4. Aufl., 2008, § 91 Rn. 40.
[992] § 106 Abs. 1 Nr. 12 HwO.
[993] § 106 Abs. 2 S. 1 und 2 HwO.
[994] Die Mustersachverständigenordnung (MSVO) des DHKT vom 17.05.2005 nebst Richtlinien ist abgedruckt bei Schwannecke, HwO, Lsbl., Nr. 236 (2005).

neben den Voraussetzungen und dem Verfahren der Bestellung und der Vereidigung auch die Pflichten der öffentlich bestellten und vereidigten Sachverständigen regelt[995].

ee) Förderung der Formgestaltung im Handwerk (§ 91 Abs. 1 Nr. 10 HwO)

Die im Rahmen der HwO-Novelle-2003 eingefügte Aufgabe, die Formgestaltung im Handwerk zu fördern[996], bezieht sich darauf, die ästhetische Qualität handwerklicher Produkte zu heben[997]. Dazu kann die Kammer bspw. designbezogene Schulungsmaßnahmen unter Einbeziehung von Fachleuten durchführen oder entsprechende Wettbewerbe veranstalten[998].

ff) Einrichtung von Vermittlungsstellen (§ 91 Abs. 1 Nr. 11 HwO)

Zu den Aufgaben der Handwerkskammer zählt auch, Vermittlungsstellen zur Beilegung von Streitigkeiten zwischen den Inhabern eines Handwerksbetriebs oder handwerksähnlichen Gewerbes und ihren Auftraggebern einzurichten[999]. Anders als die Schiedsstellen der Innungen, deren Aktivität sich auf das jeweilige Innungsgewerbe beschränkt[1000], sind die Vermittlungsstellen der Kammer für die Arbeiten aller Handwerke und handwerksähnlichen Gewerbe (A- und B-Gewerbe) zuständig[1001]. Ihre vermittelnde Tätigkeit bezieht sich dabei auf sämtliche Rechtsgeschäfte zwischen Handwerkern und ihren Auftraggebern, nicht hingegen auf Rechtsverhältnisse zwischen Handwerkern und Dritten (z.B. Lieferanten der Handwerker)[1002]. „Einrichten" von Vermittlungsstellen bedeutet nicht, dass diese organisatorisch verselbständigt sein müssen. An die organisatorische Struktur werden vielmehr keine bestimmten Anforderungen gestellt[1003]. Ziel der Tätigkeit der Vermittlungsstellen ist es, auf die gütliche außergerichtliche Beilegung der vorgelegten Streitigkeit zwischen einem Gewerbetreibenden und dessen Auftraggeber hinzuwirken. Die Kammer kann zwar mit Genehmigung der obersten Landesbehörde

---

[995] Vgl. zum Ganzen v.a. die ausführliche Kommentierung von *Heck*, in: Schwannecke, HwO, Lsbl., § 91 Rn. 20–53 (1998); vgl. auch *Detterbeck*, HwO, 4. Aufl., 2008, § 91 Rn. 39ff.; *Honig/Knörr*, HwO, 4. Aufl., 2008, § 91 Rn. 26ff.; *Haas*, Der Sachverständige des Handwerks, 6. Aufl., 2009; die frühere MSVO vom 8.12.1998 ist abgedruckt bei: Heck, Neue Mustersachverständigenordnung, in: WiVerw. 1999, 126 (127ff.).
[996] Vgl. BT-Drs. 12/5918, S. 24.
[997] *Webers*, in: Schwannecke, HwO, Lsbl., § 91 Rn. 74 (1998).
[998] Siehe auch *Honig*, HwO, 3. Aufl., 2004, § 91 Rn. 40.
[999] § 91 Abs. 1 Nr. 11 i.V.m. Abs. 4 HwO; vgl. dazu *Heck*, Schieds-, Schlichtungs- und Inkassowesen, in: WiVerw. 1999, 100ff.
[1000] Vgl. § 54 Abs. 3 Nr. 3 HwO.
[1001] Zu eng ist die Auffassung von *Webers*, in: Schwannecke, HwO, Lsbl., § 91 Rn. 75 (1998), die Vermittlungsstellen seien für alle Arbeiten der Handwerksberufe der Anlage A zuständig. § 91 Abs. 4 HwO erstreckt den Anwendungsbereich von § 91 Abs. 1 Nr. 11 HwO auch auf handwerksähnliche Gewerbe.
[1002] *Webers*, in: Schwannecke, HwO, Lsbl., § 91 Rn. 76 (1998).
[1003] OLG Karlsruhe, GewArch 1983, 227 (229); *Honig/Knörr*, HwO, 4. Aufl., 2008, § 91 Rn. 41.

eine Gebühr für die Inanspruchnahme der Vermittlungsstelle erheben[1004]. Dies ist allerdings nicht anzuraten, da es deren eigentlichem Zweck, den Streit zügig und kostensparend außergerichtlich beizulegen, potentiell entgegenläuft[1005].

gg) *Ausstellung von Ursprungszeugnissen etc. (§ 91 Abs. 1 Nr. 12 HwO)*

Die Handwerkskammer stellt Ursprungszeugnisse über in Handwerksbetrieben bzw. im handwerksähnlichen Gewerbe[1006] gefertigte Erzeugnisse und andere dem Wirtschaftsverkehr dienende Bescheinigungen aus, soweit nicht Rechtsvorschriften diese Aufgaben anderen Stellen zuweisen[1007]. Ursprungszeugnisse sind – wie im Kapitel über das Recht der IHK ausführlich dargelegt[1008] – im internationalen Wirtschaftsverkehr unerlässlich, um den Ursprung einer Ware nachzuweisen. Rechtsgrundlage hierfür sind neben bi- und multilateralen völkerrechtlichen Verträgen vor allem die einschlägigen Regelungen des EU-Rechts. Art. 23–26 EG-Zollkodex enthalten Regelungen über die Begriffsbestimmung des sog. nichtpräferentiellen Ursprungs unter anderem im Hinblick auf die Ausstellung von Ursprungszeugnissen[1009]. Details zur Ausstellung von Ursprungszeugnissen sind in der 1993 von der Kommission erlassenen Durchführungsverordnung zum Zollkodex enthalten[1010]. Die Handwerkskammern stellen im Rahmen der einschlägigen Rechtsvorschriften, insbesondere des EG-Zollkodexes, der zu diesem ergangenen Durchführungsverordnung und des Internationalen Abkommens zur Vereinfachung der Zollförmlichkeiten von 1923[1011], Ursprungserzeugnisse aus[1012]. Ursprungszeugnisse sind öffentliche Urkunden i. S. v. §§ 415 ZPO, 271 StGB[1013]. Sie begründen vollen Beweis des beurkundeten Ursprungs für und gegen jedermann und genießen damit öffentlichen Glauben[1014].

Andere dem Wirtschaftsverkehr dienende Bescheinigungen können z. B. solche Bescheinigungen sein, die ohne Ursprungszeugnisse zu sein, aufgrund staatlicher oder überstaatlicher Regelungen für den grenzüberschreitenden Verkehr erforderlich sind, oder aber Bescheinigungen, die im internationalen Wirtschaftsverkehr als

---

[1004] § 113 Abs. 4 S. 1 HwO.
[1005] *Detterbeck*, HwO, 4. Aufl., 2008, § 91 Rn. 58.
[1006] § 91 Abs. 4 HwO.
[1007] § 91 Abs. 1 Nr. 12 HwO.
[1008] Siehe oben S. 495 f.
[1009] Vgl. Art. 22 lit. c EG-Zollkodex; Verordnung (EWG) Nr. 2913/92 vom 12. 10. 1992, ABl. Nr. L 302 vom 19. 10. 1992, S. 1–50; im noch nicht anwendbaren Modernisierten Zollkodex (Verordnung (EG) Nr. 450/2008 vom 23. 04. 2008, ABl. Nr. L 145 vom 06. 04. 2008, S. 1–64) sind Art. 35–38 einschlägig.
[1010] Verordnung (EG) Nr. 2454/1993 vom 02. 07. 1993, ABl. Nr. L 253 vom 11. 10. 1993, S. 1–766.
[1011] RGBl. 1925 II, S. 672; für Deutschland in Kraft seit 30. 10. 1925, RGBl. 1925 II, S. 812.
[1012] *Möllering*, in: Frentzel etc., IHKG, 7. Aufl., 2009, § 1 Rn. 150.
[1013] *Detterbeck*, HwO, 4. Aufl., 2008, § 91 Rn. 59.
[1014] *Möllering*, in: Frentzel etc., IHKG, 7. Aufl., 2009, § 1 Rn. 154; *Webers*, in: Schwannecke, HwO, Lsbl., § 91 Rn. 78 (1998).

Nachweis zur Geltendmachung vertraglich vereinbarter Klauseln wie bspw. Force-Majeure-Klauseln benötigt werden[1015].

*hh) Maßnahmen zur Unterstützung notleidender Handwerker etc.
(§ 91 Abs. 1 Nr. 13 HwO)*

Zu den in § 91 Abs. 1 HwO aufgelisteten Aufgaben der Handwerkskammer zählt schließlich, Maßnahmen zur Unterstützung notleidender Handwerker sowie Gesellen und anderer Arbeitnehmer mit einer abgeschlossenen Berufsausbildung zu treffen oder zu unterstützen[1016]. Diese Aufgabe kann durch weitgespannte Maßnahmen materieller und ideeller Unterstützung erfüllt werden. Auch die Errichtung von Unterstützungskassen für Fälle der Krankheit, des Todes und der Arbeitsunfähigkeit, bzw. die Unterstützung entsprechender Einrichtungen der Innungen, ist zulässig[1017].

c) Ausgewählte sonstige Aufgabenzuweisungen in der HwO

Die HwO weist der Handwerkskammer noch an verschiedenen anderen Stellen Aufgaben zu[1018]. Einige davon – wie z. B. die Führung des Verzeichnisses gem. § 19 HwO und der Lehrlingsrolle gem. § 28 Abs. 1 HwO – wurden bereits im Zusammenhang mit Aufgaben aus § 91 HwO angesprochen. Ausgewählte weitere Aufgaben seien im Folgenden genannt.

aa) Bereich der Ausbildung

Angeführt seien zunächst folgende zusätzliche Aufgaben aus dem oben bereits erwähnten, praktisch besonders bedeutsamen Bereich der Ausbildung, in dem die Kammer regelmäßig hoheitlich tätig wird:
– Die Handwerkskammer hat darüber zu wachen, dass die Eignung der Ausbildungsstätte sowie die persönliche und fachliche Eignung vorliegen[1019]. Werden Mängel der Eignung festgestellt, hat die Kammer, falls der Mangel zu beheben und eine Gefährdung des Auszubildenden nicht zu erwarten ist, den Ausbildenden aufzufordern, den Mangel innerhalb einer von ihr gesetzten Frist zu beseitigen[1020]. Ist der Mangel nicht zu beheben oder ist eine Gefährdung des Auszubildenden zu erwarten oder wird der Mangel nicht innerhalb der Frist beseitigt, hat die Kammer dies der nach Landesrecht zuständigen Behörde mitzuteilen[1021].

[1015] Vgl. näher oben S. 496 f. sowie *Möllering*, in: Frentzel etc., IHKG, 7. Aufl., 2009, § 1 Rn. 156 ff.
[1016] § 91 Abs. 1 Nr. 13 HwO.
[1017] *Webers*, in: Schwannecke, HwO, Lsbl., § 91 Rn. 79 (1998); *Detterbeck*, HwO, 4. Aufl., 2008, § 91 Rn. 60 f.; a. A. *Honig/Knörr*, HwO, 4. Aufl., 2008, § 91 Rn. 43.
[1018] Vgl. z. B. *Kluth*, Entwicklungsgeschichte, in: HdbKR, 2005, S. 41 (99).
[1019] § 23 Abs. 1 i. V. m. §§ 21 f. HwO.
[1020] § 23 Abs. 2 S. 1 HwO.
[1021] § 23 Abs. 2 S. 2 HwO.

- Die Handwerkskammer ist zu hören, bevor die nach Landesrecht zuständige Behörde einer Ausbildungsstätte das Einstellen und Ausbilden untersagt, weil die Voraussetzungen des § 21 HwO nicht vorliegen oder weil die persönliche oder fachliche Eignung nicht oder nicht mehr vorliegt[1022].
- Auf gemeinsamen Antrag des Auszubildenden und des Ausbildenden hat die Handwerkskammer die Ausbildungszeit zu kürzen, wenn zu erwarten ist, dass das Ausbildungsziel in der gekürzten Zeit erreicht wird[1023]. In Ausnahmefällen kann die Kammer auf Antrag des Auszubildenden die Ausbildungszeit verlängern, wenn die Verlängerung erforderlich ist, um das Ausbildungsziel zu erreichen[1024].

bb) Aufsicht über Innungen und Kreishandwerkerschaften

Aus dem Bereich der Aufsicht der Handwerkskammer über die Handwerksinnung seien genannt:
- Genehmigung der Satzung der Innung[1025].
- Genehmigung bestimmter Beschlüsse der Innungsversammlung[1026].
- Einberufung und Leitung der Innungsversammlung, wenn der durch die Satzung bestimmte Teil oder in Ermangelung einer Bestimmung der zehnte Teil der Mitglieder die Einberufung schriftlich unter Angabe des Zwecks und der Gründe verlangt und dem Verlangen nicht entsprochen wird oder aber das Interesse der Handwerksinnung dies erfordert[1027].
- Bescheinigung der Handwerkskammer für den Vorstand der Innung, dass die darin bezeichneten Personen zurzeit den Vorstand bilden, als Ausweis für Rechtsgeschäfte[1028].
- Erlass der Verfahrensordnung für einen Ausschuss der Innung zur Schlichtung von Streitigkeiten zwischen Ausbildenden und Auszubildenden[1029].
- Entscheidung auf Antrag der Innung, wenn der Gesellenausschuss in den Angelegenheiten des § 68 Abs. 2 HwO die Zustimmung versagt oder nicht in angemessener Frist erteilt[1030].
- Allgemeine Führung der Aufsicht über die Handwerksinnung[1031].
- Auflösung der Innung nach Anhörung des Landesinnungsverbands[1032].

[1022] § 24 Abs. 3 S. 1 i. V. m. § 24 Abs. 1 und 2 HwO.
[1023] § 27b Abs. 1 S. 1 HwO.
[1024] § 27b Abs. 2 S. 1 HwO.
[1025] § 56 Abs. 1 HwO.
[1026] § 61 Abs. 3 HwO.
[1027] § 62 Abs. 3 S. 2 2. HS HwO.
[1028] § 66 Abs. 3 S. 3 HwO.
[1029] § 67 Abs. 3 S. 2 HwO.
[1030] § 68 Abs. 4 S. 2 HwO.
[1031] § 75 HwO.
[1032] § 76 HwO.

– Genehmigung der Vermögensauseinandersetzung bei Teilung einer Innung oder Neuabgrenzung des Innungsbezirks[1033]. Entscheidung, wenn eine Einigung über die Vermögensauseinandersetzung nicht zustande kommt[1034].

Aus dem Bereich der Aufsicht der Handwerkskammer über die Kreishandwerkerschaft seien angeführt:
– Genehmigung der Satzung der Kreishandwerkerschaft[1035].
– Genehmigung bestimmter Beschlüsse der Mitgliederversammlung[1036].
– Einberufung und Leitung der Mitgliederversammlung, wenn der durch die Satzung bestimmte Teil oder in Ermangelung einer Bestimmung der zehnte Teil der Mitglieder die Einberufung schriftlich unter Angabe des Zwecks und der Gründe verlangt und dem Verlangen nicht entsprochen wird oder aber das Interesse der Kreishandwerkerschaft dies erfordert[1037].
– Bescheinigung der Handwerkskammer für den Vorstand der Kreishandwerkerschaft, dass die darin bezeichneten Personen zurzeit den Vorstand bilden, als Ausweis für Rechtsgeschäfte[1038].
– Allgemeine Führung der Aufsicht über die Kreishandwerkerschaft[1039].
– Auflösung der Kreishandwerkerschaft[1040] und Liquidierung des Vermögens in diesem Falle[1041].

d) Aufgabenzuweisungen in sonstigen Gesetzen am Beispiel des BBiG

Neben der HwO weisen der Handwerkskammer noch verschiedene andere Gesetze Aufgaben und Kompetenzen zu. Angeführt seien hier exemplarisch die Aufgabenzuweisungen im Bereich der Berufsbildung durch das BBiG, die in engem Zusammenhang mit den berufsbildungsbezogenen Regelungen der HwO stehen.

Wie im Kapitel über das Recht der IHK dargestellt wurde[1042], sind die Rahmenbedingung der Berufsausbildung, der beruflichen Fortbildung sowie der beruflichen Umschulung heute berufsübergreifend im Berufsbildungsgesetz (BBiG) geregelt[1043]. §71 BBiG bestimmt die jeweils „zuständige Stelle" für die Ausführung der materiellrechtlichen Regelungen des Gesetzes dabei heute nach Berufsberei-

---

[1033] §78 Abs. 2 S. 1 1. HS HwO.
[1034] §78 Abs. 2 S. 1 2. HS HwO.
[1035] §89 Nr. 2 i. V. m. §56 Abs. 1 HwO.
[1036] §89 Nr. 3 2. HS i. V. m. §61 Abs. 2 Nr. 1–3, 7 und 8 HwO.
[1037] §89 Nr. 4 i. V. m. §62 Abs. 3 S. 2 HwO.
[1038] §89 Nr. 5 i. V. m. §66 Abs. 3 S. 3 HwO.
[1039] §89 Nr. 5 i. V. m. §75 HwO.
[1040] §89 Nr. 5 i. V. m. §76 HwO.
[1041] §89 Abs. 2 i. V. m. §78 Abs. 2 HwO.
[1042] Vgl. oben S. 489ff.
[1043] Berufsbildungsgesetz vom 23.03.2005 (BGBl. I S. 931), zuletzt geändert durch Art. 15 Abs. 90 des Gesetzes vom 05.02.2009 (BGBl. I S. 160).

chen, unabhängig von der Kammerzugehörigkeit der Ausbildenden[1044]. Das heißt bspw., dass für nicht-handwerkliche Gewerbeberufe stets die IHK zuständige Stelle ist, auch wenn die Ausbildung etwa bei einem Angehörigen eines freien Berufs stattfindet. Nach dem Berufsprinzip ist die Handwerkskammer gem. § 71 Abs. 1 BBiG zuständige Stelle i. S. d. BBiG für die Berufsbildung in Berufen der Handwerksordnung. Insofern gilt es allerdings zu beachten, dass der Großteil der materiellrechtlichen Regelungen des BBiG, nämlich die §§ 4–9, 27–49, 53–70, 76–80 sowie 102 für die Berufsbildung in HwO-Berufen nicht gelten[1045]. Statt ihrer gelten insofern die oben bereits angesprochenen einschlägigen Regelungen der Handwerksordnung[1046]. Für eine Zuständigkeit der Handwerkskammer nach dem BBiG bliebe daher fast kein Raum, würde nicht andererseits gem. § 71 Abs. 7 BBiG das Berufsprinzip zu Gunsten des Ausbildungsstättenprinzips partiell durchbrochen: Soweit nämlich die Berufsausbildungsvorbereitung, die Berufsausbildung und die berufliche Umschulung in Betrieben zulassungspflichtiger Handwerke, zulassungsfreier Handwerke und handwerksähnlicher Gewerbe durchgeführt wird, ist abweichend von den Abs. 2–6 von § 71 BBiG die Handwerkskammer zuständige Stelle i. S. d. BBiG. Im Ergebnis wird die Funktion der Handwerkskammer als zuständige Stelle nach dem BBiG damit auf nicht handwerkliche Berufe ausgedehnt, soweit die Berufsträger in handwerklichen oder handwerksähnlichen Betrieben zum Zweck der Berufsbildung (mit Ausnahme der beruflichen Fortbildung) beschäftigt sind. Die Handwerkskammer ist also in Abweichung vom Berufsprinzip bspw. auch zuständige Stelle für die Ausbildung eines Einzelhandelskaufmanns, die in einer Schreinerei stattfindet, und für die – ohne die Regelung des § 71 Abs. 7 BBiG – gem. § 71 Abs. 2 BBiG die IHK zuständige Stelle wäre[1047].

aa) Aufgaben aufgrund des BBiG im Bereich Berufsausbildung

Wie bereits erwähnt, gelten die zentralen materiellen Regelungen des BBiG für die Berufsbildung in Berufen der Handwerksordnung nicht[1048]. Die im Folgenden genannten Zuständigkeiten der Handwerkskammer bestehen also nur, soweit die Handwerkskammer gem. § 71 Abs. 7 BBiG zuständige Stelle i. S. d. BBiG ist, soweit die Berufsausbildung etc. also in Betrieben zulassungspflichtiger Handwerke, zulassungsfreier Handwerke und handwerksähnlicher Gewerbe durchgeführt wird, ohne dass es sich um einen Beruf der Handwerksordnung handelt. Erfasst ist also

---

[1044] *Wohlgemuth*, in: Wohlgemuth etc., BBiG, 3. Aufl., 2006, § 71 Rn. 2; *Knopp/Kraegeloh*, BBiG, 5. Aufl., 2005, § 71 Rn. 1.

[1045] § 3 Abs. 3 1. HS BBiG; *Leinemann/Taubert*, BBiG, 2. Aufl., 2008, § 3 Rn. 15 f.; *Lakies/Nehls*, BBiG, 2. Aufl., 2009, § 3 Rn. 9 ff.

[1046] § 3 Abs. 3 2. HS BBiG.

[1047] Vgl. die Begründung des Regierungsentwurfs zum Berufsbildungsreformgesetz, BT-Drs. 15/3980, S. 57; *Leinemann/Taubert*, BBiG, 2. Aufl., 2008, § 71 Rn. 8; *Benecke/Hergenröder*, BBiG, 2009, § 71 Rn. 4.

[1048] § 3 Abs. 3 BBiG.

bspw. die Berufsausbildung in einem kaufmännischen Beruf, die in einem Betrieb eines zulassungspflichtigen Handwerks stattfindet.

Außer für die schon angesprochene Regelung der Durchführung der Berufsausbildung, soweit Vorschriften nicht bestehen[1049], erklärt das BBiG die Handwerkskammer insoweit auch für die Überwachung der Durchführung der Berufsausbildungsvorbereitung, der Berufsausbildung und der beruflichen Umschulung für zuständig[1050]. Die Handwerkskammer hat ferner allgemein die Durchführung der Berufsausbildungsvorbereitung, der Berufsausbildung und der beruflichen Umschulung durch Beratung der an der Berufsbildung beteiligten Personen, also der Ausbildenden wie der Auszubildenden, zu fördern[1051]. Zu diesem Zweck hat sie Berater oder Beraterinnen zu bestellen[1052]. An speziellen Aufgaben im Bereich der Berufsausbildung wird der Handwerkskammer die Zuständigkeit übertragen, darüber zu wachen, dass die Eignung der Ausbildungsstätte sowie die persönliche und fachliche Eignung des Ausbildenden und der Ausbilder vorliegen[1053]. Die Kammer hat für anerkannte Ausbildungsberufe ein Verzeichnis der Berufsausbildungsverhältnisse zu führen, in das der wesentliche Inhalt der einzelnen Berufsausbildungsverträge einzutragen ist[1054]. Sie hat auf gemeinsamen Antrag der Auszubildenden und Ausbildenden die Ausbildungszeit zu kürzen, wenn zu erwarten ist, dass das Ausbildungsziel in der gekürzten Zeit erreicht wird[1055]. In Ausnahmefällen kann die Kammer auf Antrag Auszubildender die Ausbildungszeit auch verlängern, wenn dies erforderlich ist, um das Ausbildungsziel zu erreichen[1056].

Im Prüfungswesen besitzt die Handwerkskammer folgende Zuständigkeiten: Der Berufsbildungsausschuss der Kammer erlässt für die Abschlussprüfungen eine von der zuständigen obersten Landesbehörde zu genehmigende Prüfungsordnung[1057]. Für die Abnahme der Abschlussprüfungen hat die Kammer – ggf. gemeinsam mit anderen Kammern – Prüfungsausschüsse einzurichten[1058]. Über die Zulas-

---

[1049] §§ 9 i. V. m. 71 Abs. 7 BBiG.
[1050] §§ 76 Abs. 1 S. 1 i. V. m. 71 Abs. 7 BBiG.
[1051] § 76 Abs. 1 S. 1 BBiG.
[1052] § 76 Abs. 1 S. 2 BBiG.
[1053] §§ 32 Abs. 1, 28 f. i. V. m. 71 Abs. 7 BBiG.
[1054] §§ 34 Abs. 1 S. 1 i. V. m. 71 Abs. 7 BBiG. Die Eintragung darf nur erfolgen, wenn verschiedene von der Kammer zu überprüfende Voraussetzungen erfüllt sind: So muss erstens gem. § 35 Abs. 1 Nr. 1 BBiG der Berufsausbildungsvertrag dem BBiG und der Ausbildungsordnung entsprechen. Zweitens muss gem. § 35 Abs. 1 Nr. 2 BBiG die persönliche und fachliche Eignung (des Ausbildenden und des Ausbilders) sowie die Eignung der Ausbildungsstätte für das Einstellen und Ausbilden bestehen. Drittens muss gem. § 35 Abs. 1 Nr. 3 BBiG für Auszubildende unter 18 Jahren die ärztliche Bescheinigung über die Erstuntersuchung nach § 32 Abs. 1 des Jugendarbeitsschutzgesetzes zur Einsicht vorliegen.
[1055] §§ 8 Abs. 1 S. 1 i. V. m. 71 Abs. 7 BBiG.
[1056] §§ 8 Abs. 2 S. 1 i. V. m. 71 Abs. 7 BBiG.
[1057] §§ 47 Abs. 1, 79 Abs. 4 i. V. m. 71 Abs. 7 BBiG.
[1058] §§ 39 Abs. 1 S. 1 und 2 i. V. m. 71 Abs. 7 BBiG. Jeder Prüfungsausschuss besteht gem. § 40 Abs. 1 BBiG aus mindestens drei Mitgliedern, die für die Prüfungsgebiete sachkundig und für die Mitwirkung im Prüfungswesen geeignet sein müssen. Dem Ausschuss müssen gem. § 40 Abs. 2 S. 1 BBiG Beauftragte der Arbeitgeber und der Arbeitnehmer in gleicher Zahl sowie mindestens

sung zur Abschlussprüfung entscheidet die Kammer[1059]. Hält sie die Zulassungsvoraussetzungen für nicht gegeben, so entscheidet der Prüfungsausschuss[1060]. Hauptaufgabe des Prüfungsausschusses ist, auf der Grundlage der Prüfungsordnung der Kammer über die Noten für einzelne Prüfungsleistungen und die Prüfung insgesamt sowie über das Bestehen und Nichtbestehen der Abschlussprüfung zu beschließen[1061]. Für die obligatorische Zwischenprüfung erklärt das BBiG die für die Abschlussprüfung geltenden Vorschriften nur teilweise für entsprechend anwendbar[1062]. So ist bspw. keine Prüfungsordnung aufzustellen, und das Prüfungsverfahren kann hier vereinfacht, z.B. unter Verzicht auf eine mündliche Prüfung, durchgeführt werden. Ferner sind hier zwar ebenfalls Prüfungsausschüsse zu bilden[1063], doch wird nicht auf die Norm verwiesen, welche die Zusammensetzung der Mitglieder regelt[1064], so dass entsprechende Prüfungsausschüsse prinzipiell auch flexibler gebildet werden können.

Noch einmal sei hier ausdrücklich darauf hingewiesen, dass die vorstehend beschriebenen Zuständigkeiten aus dem BBiG nicht für die Berufsbildung in Berufen der Handwerksordnung gelten[1065]. Insofern sind vielmehr die Vorschriften der HwO einschlägig[1066].

bb) Aufgaben aufgrund des BBiG im Bereich Umschulung

Auch für die Bereiche Fortbildung und Umschulung gelten die zentralen materiellen Regelungen des BBiG in Berufen der Handwerksordnung nicht; hier sind vielmehr die Parallelregelungen HwO einschlägig[1067]. Die im Folgenden genannten Zuständigkeiten der Handwerkskammer ergeben sich daher wiederum nur insoweit aus dem BBiG, als die Handwerkskammer gem. § 71 Abs. 7 BBiG zuständige Stelle ist, es also nicht um Berufe der Handwerksordnung geht. Zudem ist zu beachten, dass sich die Zuständigkeit gem. § 71 Abs. 7 BBiG nicht auf die berufliche

---

eine Lehrkraft einer berufsbildenden Schule angehören. Mindestens zwei Drittel der Gesamtzahl der Mitglieder müssen Beauftragte der Arbeitgeber und der Arbeitnehmer sein, § 40 Abs. 2 S. 2 BBiG. Alle Mitglieder werden gem. § 40 Abs. 3 S. 1 BBiG von der Kammer für längstens fünf Jahre berufen. Die Beauftragten der Arbeitnehmer werden dabei auf Vorschlag der im Bezirk bestehenden Gewerkschaften und selbständigen Vereinigungen von Arbeitnehmern mit sozial- oder berufspolitischer Zwecksetzung, die Lehrkraft einer berufsbildenden Schule im Einvernehmen mit der Schulaufsichtsbehörde oder der von ihr bestimmten Stelle von der Kammer berufen, § 40 Abs. 3 S. 2 und 3 BBiG. Der Prüfungsausschuss wählt gem. § 41 Abs. 1 BBiG einen Vorsitzenden und dessen Stellvertreter, die nicht derselben Mitgliedergruppe angehören sollen.
[1059] §§ 46 Abs. 1 S. 1, 43 ff. i.V.m. 71 Abs. 7 BBiG.
[1060] § 46 Abs. 1 S. 2 BBiG.
[1061] § 42 Abs. 1 BBiG.
[1062] Gem. § 48 Abs. 1 S. 2 BBiG gelten für die Zwischenprüfung die §§ 37 bis 39 BBiG entsprechend.
[1063] Da § 48 Abs. 1 S. 2 BBiG auch § 39 BBiG für entsprechend anwendbar erklärt.
[1064] § 40 BBiG.
[1065] § 3 Abs. 3 BBiG.
[1066] § 3 Abs. 3 2. HS BBiG.
[1067] § 3 Abs. 3 BBiG.

Fortbildung erstreckt[1068]. Zuständigkeiten aus § 71 Abs. 7 BBiG betreffen also insoweit nur die Umschulung.

Soweit keine ministerielle Umschulungsordnung nach § 58 BBiG ergangen ist[1069], kann der Berufsbildungsausschuss der Kammer Umschulungsprüfungsregelungen erlassen[1070]. Wie bei der Berufsausbildung hat die Handwerkskammer darüber zu wachen, dass die Eignung der Umschulungsstätte sowie die persönliche und fachliche Eignung der Umschulenden gegeben sind[1071]. Für die Prüfungen im Bereich der beruflichen Umschulung errichtet die Kammer Prüfungsausschüsse, auf die ein Großteil der für die allgemeinen Prüfungsausschüsse geltenden Vorschriften entsprechend anwendbar ist[1072]. Über die Zulassung zur Umschulungsprüfung entscheidet die Kammer[1073]. Hält sie die Zulassungsvoraussetzungen für nicht gegeben, entscheidet der Prüfungsausschuss[1074]. Der Prüfungsausschuss entscheidet sodann auf der Grundlage der Prüfungsordnung über die Noten zur Bewertung einzelner Prüfungsleistungen, der Prüfung insgesamt sowie über das Bestehen und Nichtbestehen der Fortbildungsprüfung[1075].

6. Die Aufsicht über die Handwerkskammer

Als Korrelat der Einräumung von Selbstverwaltung in Körperschaftsform im Allgemeinen und der Pflichtzugehörigkeit zur Kammer sowie der Beitragshoheit der Kammer im Besonderen unterliegt die Handwerkskammer bei ihrer gesamten Tä-

---

[1068] Vgl. *Wohlgemuth*, in: Wohlgemuth etc., BBiG, 3. Aufl., 2006, § 71 Rn. 5.
[1069] Welche als Grundlage für eine geordnete und einheitliche berufliche Umschulung unter Berücksichtigung der besonderen Erfordernisse der beruflichen Erwachsenenbildung die Bezeichnung des Umschulungsabschlusses, das Ziel, den Inhalt, die Art und Dauer der Umschulung, die Anforderungen der Umschulungsprüfung und die Zulassungsvoraussetzungen sowie das Prüfungsverfahren der Umschulung bestimmt.
[1070] §§ 59 S. 1, 79 Abs. 4 S. 1 BBiG. Sofern sich die ministerielle Umschulungsordnung oder eine Regelung der Kammer auf die Umschulung für einen anerkannten Ausbildungsberuf richtet, sind bestimmte Regelungen der einschlägigen Ausbildungsordnung, nämlich das Ausbildungsberufsbild (§ 5 Abs. 1 Nr. 3 BBiG), der Ausbildungsrahmenplan (§ 5 Abs. 1 Nr. 4 BBiG) und die Prüfungsanforderungen (§ 5 Abs. 1 Nr. 5 BBiG) zugrunde zu legen, § 60 S. 1 BBiG.
[1071] §§ 60 S. 2 i. V. m. 32 Abs. 1 BBiG. Umschulende haben die Durchführung der beruflichen Umschulung vor Beginn der Kammer schriftlich anzuzeigen, §§ 62 Abs. 2 S. 1 i. V. m. 71 Abs. 7 BBiG; gem. § 62 Abs. 2 S. 2 und 3 BBiG erstreckt sich die Anzeigepflicht auf den wesentlichen Inhalt des Umschulungsverhältnisses. Bei Abschluss eines Umschulungsvertrags ist eine Ausfertigung der Vertragsniederschrift beizufügen.
[1072] § 62 Abs. 3 BBiG. So gelten insbesondere die Vorschriften über die Zusammensetzung der Prüfungsausschüsse, §§ 62 Abs. 3 i. V. m. 40 Abs. 2 BBiG: Beauftragte der Arbeitgeber und der Arbeitnehmer in gleicher Zahl sowie mindestens eine Lehrkraft einer berufsbildenden Schule; Mindestens zwei Drittel der Gesamtzahl der Mitglieder müssen Beauftragte der Arbeitgeber und der Arbeitnehmer sein.
[1073] §§ 62 Abs. 3, 46 Abs. 1 S. 1 i. V. m. 71 Abs. 7 BBiG.
[1074] §§ 62 Abs. 3 i. V. m. 46 Abs. 1 S. 2 BBiG.
[1075] §§ 62 Abs. 3 i. V. m. 42 Abs. 1 BBiG.

tigkeit der Staatsaufsicht durch die oberste Landesbehörde[1076], das heißt regelmäßig des jeweiligen Wirtschaftsministeriums[1077]. Die oberste Landesbehörde überprüft, ob die Kammer bei Ausübung ihrer Tätigkeit Gesetz und Satzung, also auch ihre selbstgesetzten Rechtsvorschriften, beachtet, insbesondere ob die Kammer die ihr übertragenen Aufgaben erfüllt[1078]. Wie schon die gesetzliche Bezugnahme auf die Erfüllung der übertragenen Aufgaben deutlich macht, erfasst die Staatsaufsicht nicht nur sämtliche Maßnahmen aller Kammerorgane, sondern auch ein Unterlassen der Kammer, wenn für die Kammerorgane eine Rechtspflicht zum Handeln besteht. Die Aufsicht über die Handwerkskammer ist eine Rechtsaufsicht[1079]. Nach der eindeutigen gesetzlichen Regelung in § 115 Abs. 1 S. 2 HwO beschränkt sich die Aufsicht, soweit (gesetzlich) nicht ausdrücklich etwas anderes bestimmt ist, hierauf[1080].

Ähnlich wie bei der Handwerksinnung sind auch die einzelnen Aufsichtsmittel gegenüber der Handwerkskammer in der Handwerksordnung nur rudimentär geregelt. § 115 Abs. 2 HwO regelt die Auflösung der Vollversammlung. Als schärfstes Aufsichtsmittel gegenüber der Kammer ist sie nur zulässig, falls andere Aufsichtsmittel nicht ausreichen und wenn sich die Kammer trotz wiederholter, also mindestens zweimaliger, Aufforderung nicht gesetzeskonform verhält[1081]. Nicht zuletzt da § 115 Abs. 2 HwO selbst die Zulässigkeit anderer Aufsichtsmittel impliziert, ist es allgemein akzeptiert, dass die oberste Landesbehörde im Lichte des grundsätzlich bei der Staatsaufsicht zu beachtenden Verhältnismäßigkeitsgrundsatzes vor einer Auflösung der Vollversammlung alle milderen Mittel ergreifen kann (und muss), mit denen die Staatsaufsicht nach allgemeinem Verwaltungsrecht eine beaufsichtig-

---

[1076] § 115 Abs. 1 S. 1 HwO.
[1077] *Heusch*, Staatliche Aufsicht, in: HdbKR, 2005, S. 495 (500, 531); *Stork*, in: Schwannecke, HwO, Lsbl., § 115 Rn. 1 (2006); *Honig/Knörr*, HwO, 4. Aufl., 2008, § 115 Rn. 1 f.
[1078] § 115 Abs. 1 S. 2 HwO.
[1079] Auch *Kopp*, Die Staatsaufsicht über die Handwerkskammern, 1992, S. 28 ff., 47 ff., 59 ff., der unterschiedliche Intensitäten der Aufsicht in den Aufgabenbereichen der Selbstverwaltung, der Interessenvertretung, der mittelbar staatlichen Aufgaben (übertragener Wirkungskreis, Auftragsangelegenheiten) und der Aufgabenerfüllung durch Organleihe unterscheidet, weist entgegen missverständlichen Ausführungen, die auf eine allgemeine Fachaufsicht im Bereich des übertragenen Wirkungskreises schließen lassen könnten (a.a.O., S. 49 f.), letztlich (a.a.O., S. 67) darauf hin, dass auch im Bereich des übertragenen Wirkungskreises grds. nur eine Rechtsaufsicht bestehe, es sei denn, dass durch Gesetz etwas anderes bestimmt sei. Letztlich geht Kopp dann allerdings doch von einer weit reichenden Fachaufsicht in diesem Bereich aus, da „für die meisten Fälle [...] ausdrücklich oder doch sich aus dem Zusammenhang der Rechtsvorschriften im Weg der Auslegung ergebende andere Regelungen [bestünden], die den Aufsichtsbehörden auch die Fachaufsicht mit der Befugnis zur Kontrolle der Aufgabenwahrnehmung durch die Handwerkskammern auch in Ermessensfragen [einräumten]"; vgl. auch *Eyermann*, Staatsaufsicht über Handwerkskammern, in: GewArch 1992, 209 ff.
[1080] *Detterbeck*, HwO, 4. Aufl., 2008, § 115 Rn. 1 ff.
[1081] § 115 Abs. 2 S. 1 HwO; näher zur Auflösung der Vollversammlung: *Detterbeck*, HwO, 4. Aufl., 2008, § 115 Rn. 13; *Honig/Knörr*, HwO, 4. Aufl., 2008, § 115 Rn. 8 ff.; *Fröhler*, Die Mittel der Staatsaufsicht, in: GewArch 1955/56, 1 (5); *Stork*, in: Schwannecke, HwO, Lsbl., § 115 Rn. 14 (2006).

te Körperschaft zur Beachtung von Gesetz und Satzung anhalten darf[1082]. In Betracht kommen danach neben der Ausübung eines aufsichtsbezogenen Informationsrechts insbesondere mahnende Beanstandungen und Rügen, Anweisungen, z. B. bestimmte Akte vorzunehmen oder nicht vorzunehmen, und die Ersatzvornahme, bspw. durch Aufhebung oder Erlass eines VA, welche die Rechtsprechung allerdings an strenge Voraussetzungen knüpft[1083]. Wie ausführlich zum Innungsrecht dargelegt wurde, ist die Anwendung nicht in der HwO oder anderweitig gesetzlich geregelter Aufsichtsmittel im Lichte des Vorbehalts des Gesetzes dennoch äußerst problematisch. Auch für die Handwerkskammer ist daher eine ausdrückliche formalgesetzliche de lege lata-Regelung durch den Gesetzgeber dringend geboten.

Als Elemente der Staatsaufsicht über die Handwerkskammer im weiteren Sinne können neben diesen repressiven Mitteln schließlich auch die verschiedenen Genehmigungserfordernisse für Akte der Organe der Handwerkskammer wie das Erfordernis der Genehmigung eines Beschlusses der Vollversammlung über die Änderung der Satzung[1084] sowie der Beschlüsse der Vollversammlung gem. § 106 Abs. 1 Nr. 3–7, 10–12 und 14 HwO[1085] (jeweils durch die oberste Landesbehörde), als Mittel präventiver Staatsaufsicht, angesehen werden[1086].

7. Die Finanzierung der Handwerkskammer

a) Die Finanzierungsquellen der Handwerkskammer

Die durch die Errichtung und Tätigkeit der Handwerkskammer entstehenden Kosten werden gem. § 113 Abs. 1 HwO, soweit sie nicht anderweitig gedeckt sind, durch die Inhaber von Handwerksbetrieben oder handwerksähnlicher Gewerbe nach einem von der Kammer mit Genehmigung der obersten Landesbehörde festgesetzten Beitragsmaßstab getragen. Eine anderweitige Deckung der Kosten kann vor allem durch Vermögenserträge der Kammer sowie durch von ihr erhobene Gebühren eintreten. Vermögenserträge der Kammer sind bspw. Einnahmen aus Zinsen aus Geldanlagen und gewährten Darlehen sowie Einnahmen aus Vermietung und Verpachtung von Grundbesitz. Bedeutsam für die Finanzierung der Kammer sind häufig Einnahmen aus Gebühren, welche sie für Amtshandlungen und für die Inanspruchnahme besonderer Einrichtungen oder Tätigkeiten mit Genehmigung der obersten Landesbehörde erheben kann[1087]. Auf den Beitrag, der in der Praxis meist

---

[1082] Vgl. *Kopp*, Die Staatsaufsicht über die Handwerkskammern, 1992, S. 75f.; *Detterbeck*, HwO, 4. Aufl., 2008, § 115 Rn. 10ff.; *Honig/Knörr*, HwO, 4. Aufl., 2008, § 115 Rn. 6ff.; *Stork*, in: Schwannecke, HwO, Lsbl., § 115 Rn. 11 (2006); *Heusch*, Staatliche Aufsicht, in: HdbKR, 2005, S. 495 (532).
[1083] BVerwG, GewArch 1972, 333ff. (zur Rechtsaufsicht über die Innung).
[1084] § 105 Abs. 1 S. 2, 2. HS HwO.
[1085] § 106 Abs. 2 S. 1 HwO.
[1086] *Eyermann*, Staatsaufsicht über Handwerkskammern, in: GewArch 1992, 209 (213ff.); *Kopp*, Die Staatsaufsicht über die Handwerkskammern, 1992, S. 46f., 77.
[1087] § 113 Abs. 4 HwO.

die Hauptfinanzierungsquelle der Kammer bildet, wurde bereits oben ausführlich eingegangen[1088]. Im Folgenden seien daher nur noch Grundzüge des Gebührenrechts dargelegt.

b) Die Gebühr

Gebühren können als Gegenleistung für die Benutzung der von der Handwerkskammer getroffenen Tätigkeiten oder Einrichtungen nicht nur von Kammermitgliedern, sondern auch von Nichtmitgliedern erhoben werden[1089]. Die Pflicht zur Zahlung von Gebühren an die Kammer ist die Gegenleistung für eine konkretisierbare Leistung der Kammer, bspw. die Eintragung in die Handwerksrolle oder die Abnahme einer Meisterprüfung[1090].

Grundlegende Regelungen über die Gebührentatbestände und allgemeine Regelungen bspw. über den Schuldner, die Fälligkeit, die Beitreibung und den Erlass von Gebühren werden in einer Gebührenordnung festgelegt, die von der Vollversammlung beschlossen wird[1091] und von der obersten Landesbehörde genehmigt werden muss[1092]. Die einzelnen Gebührensätze werden von der Vollversammlung mit Genehmigung der obersten Landesbehörde entweder als besonderer Teil der Gebührenordnung oder aber als separates Gebührenverzeichnis geregelt. Bei der Festlegung der Gebührensätze sind die Grundsätze des öffentlichen Gebührenrechts zu beachten: Determinanten sind nach dem Kostendeckungsprinzip der für die in Anspruch genommene Leistung erforderliche Aufwand und nach dem Äquivalenzprinzip der sich für den Gebührenschuldner ergebende Nutzen[1093]. Da Kammermitglieder durch ihre Beiträge allgemein zur Finanzierung der Kammer beitragen, kann auch im Lichte des auf dem allgemeinen Gleichheitssatz aus Art. 3 Abs. 1 GG beruhenden Äquivalenzprinzips – insbesondere, soweit es um Einrichtungen geht, die wesentlich durch Mitgliedsbeiträge finanziert sind – von Nichtmitgliedern eine angemessen höhere Gebühr verlangt werden als von Kammermitgliedern[1094].

8. Zusammenfassende Beurteilung: Die Handwerkskammer als Selbstverwaltungskörperschaft

Die erst durch die Handwerkernovelle-1897 eingeführte Handwerkskammer ist die jüngste grundständige Selbstverwaltungskörperschaft des Handwerks. Sie wurde

---

[1088] S. 746 ff.
[1089] Näher zum Wesen der Gebühr oben S. 516 f.
[1090] *Franz*, Kammerfinanzierung, in: HdbKR, 2005, S. 323 (413).
[1091] Vgl. § 106 Abs. 1 Nr. 5 HwO.
[1092] § 106 Abs. 2 S. 1 HwO; zusätzlich ist die Veröffentlichung des Beschlusses gem. § 106 Abs. 2 S. 2 HwO erforderlich.
[1093] *Seidl/Webers*, in: Schwannecke, HwO, Lsbl., § 113 Rn. 25 (1996); das Kostendeckungsgebot betonend nunmehr: *Karsten*, in: Schwannecke, HwO, Lsbl., § 113 Rn. 65 ff. (2007).
[1094] *Detterbeck*, HwO, 4. Aufl., 2008, § 113 Rn. 29.

IV. 8. Die Handwerkskammer als Selbstverwaltungskörperschaft

wesentlich nach dem Vorbild der Handelskammern geschaffen, um dem Handwerk eine effektive gewerbeübergreifende Selbstverwaltung auf regionaler Ebene zu ermöglichen. Anders als bei den Handwerksinnungen geht die Initiative zur Gründung dabei allerdings nicht von den sich selbst organisierenden Handwerkern aus. Die Errichtung von Handwerkskammern ist vielmehr durch den Staat oktroyiert – wobei Deutschland schon lange umfassend verkammert ist. Auch ist die Mitgliedschaft anders als bei der Innung nicht freiwillig; es besteht Pflichtmitgliedschaft. Der Fokus der Kammertätigkeit ist regional geprägt und bezieht sich regelmäßig auf gewerbeübergreifende Fragestellungen mit der Folge, dass den Kammern in der Öffentlichkeit, aber auch in der Wissenschaft meist wesentlich mehr Aufmerksamkeit zuteil wird als bspw. den Innungen. Eine effektive Lobbyfunktion gegenüber Staat und Gesellschaft entfalten die Kammern allerdings nicht so sehr einzeln, sondern überwiegend durch Bündelung ihrer Interessen in den regionalen Kammertagen sowie im DHKT und ZDH.

Binnenorganisatorisch sind die Handwerkskammern typisch kammerartig ausgestaltet. Vor dem Hintergrund des im Vergleich zu den Innungen regelmäßig viel größeren Mitgliederkreises und Kammerbezirks besteht das oberste Selbstverwaltungsorgan, die Vollversammlung, aus von den Kammermitgliedern gewählten Vertretern. Die Wahl der Mitglieder der anderen Kammerorgane, insbesondere des Vorstands, erfolgt durch die Vollversammlung, mit der Folge, dass die Gewählten ihrerseits zumindest mittelbar demokratisch legitimiert sind. Bemerkenswert ist, dass der Mitgliederkreis der Kammer nicht nur durch die Pflichtmitgliedschaft sowie die Größe des Kammerbezirks größer ist als derjenige der Innung, sondern dass er auch personell weiter gefasst ist: Der Kammer gehören neben den handwerklichen Gewerbetreibenden auch die Gesellen, anderen Arbeitnehmer mit abgeschlossener Berufsausbildung sowie die Lehrlinge der Gewerbetreibenden an. Dass die Selbstverwaltung damit – etwa im Vergleich zur Innung – ratione personae ausgeweitet wird, wird binnenorganisatorisch insbesondere dadurch abgesichert, dass der Vollversammlung mindestens ein Drittel Gesellen oder andere Arbeitnehmer angehören müssen. Die Erstreckung der Selbstverwaltung auch auf die Arbeitnehmer bildet zugleich auch einen wesentlichen Unterschied zur Selbstverwaltung von Industrie und Handel in den IHK. Angemerkt sei, dass die Arbeitnehmer keine Beiträge an die Kammer entrichten, was einen für das Recht der Selbstverwaltungskörperschaften eher seltenen Fall eines Auseinanderfallens von Mitgliedschaft und Beitragspflicht bedeutet.

Die in der inneren Kammerverfassung verwirklichte formale Selbstverwaltung findet ihren materiellen Ausdruck in einem umfangreichen Aufgabenbestand, der von der unmittelbaren Interessenförderung und -vertretung der Mitglieder geprägte „bottom up"-Tätigkeiten und solche mit überwiegend staatlichem „top down"-Charakter, vor allem im Bereich des Berufsbildungswesens, umfasst. Die in der Handwerkskammer zusammengeschlossenen Gewerbetreibenden und Arbeitnehmer des handwerklichen Bereichs können über den Wahlakt hinaus durch ein Engagement in der Vollversammlung oder den sonstigen Organen selbst aktiv an der Erfüllung von Aufgaben partizipieren, die sie in ihrer wirtschaftlichen Tätigkeit spezifisch betreffen.

Ein Spezifikum der Handwerkskammer – gerade im Vergleich zur IHK – ist, dass sie den Innungen als dezentralen gewerbespezifischen Selbstverwaltungskörperschaften und den Kreishandwerkerschaften als untersten gewerbeübergreifenden Selbstverwaltungskörperschaften auf Kreisebene als Aufsichtsbehörde übergeordnet ist. Insofern kann von einer gestuften Selbstverwaltung bzw. einem Hierarchieverhältnis der Selbstverwaltungskörperschaften des Handwerks gesprochen werden, wobei aber zu betonen ist, dass es sich um eine reine Rechtsaufsicht handelt und dass sich gerade Innungen und Kammern im Bereich der Aufgabenerfüllung nicht nur ergänzen, sondern z.T. auch wesentlich überschneiden. Bemerkenswert ist aber vor allem, dass damit auch die (Staats-)aufsicht über Innungen und Kreishandwerkerschaften zur Selbstverwaltungsaufgabe wird: Zu den Angelegenheiten, welche die Wirtschaftssubjekte des Handwerks in der Kammer selbst verwalten, gehört eben auch die Aufsicht über die eigenen untergeordneten Selbstverwaltungskörperschaften. Wie schon im Fazit zum Innungsrecht angedeutet, kann diese Konstruktion im Lichte der gem. Art. 20 Abs. 3 GG zu gewährleistenden Gesetzmäßigkeit der gesamten Verwaltung als besonderer Vertrauensbeweis des Gesetzgebers gegenüber der Selbstverwaltung des Handwerks gewertet werden.

Insgesamt hat das Selbstverwaltungsprinzip im Recht der Handwerkskammer eine typische kammerartige Ausgestaltung erfahren. Der große Mitgliederkreis bedingt eine repräsentative Form der inneren Kammerverfassung, nach der die Mitglieder die Vollversammlung und diese wiederum die weiteren Organe wählen. Obwohl die Geschäfte der laufenden Verwaltung letztlich überwiegend von den Angestellten der Kammer erledigt werden, garantieren die Vorbehaltsaufgaben der Vollversammlung einerseits und des Vorstands andererseits, dass die wesentlichen Grundentscheidungen von unmittelbar oder zumindest mittelbar demokratisch legitimierten Personen getroffen werden, die zudem in ihrer Person aktive, ehrenamtliche Selbstverwaltung ausüben. Schließlich ist auch der Geschäftsführer, wenn er auch kein Mitglied der Kammer sein muss, aufgrund seiner Wahl ebenfalls mittelbar demokratisch legitimiert. Die Ausübung der für die einzelnen Mitglieder aber auch das Handwerk insgesamt überaus bedeutsamen Aufgaben der Handwerkskammer ist insgesamt grundsätzlich auf den Willen der Mitglieder rückführbar und damit lebendiger Ausdruck des heute prägenden repräsentativen Selbstverwaltungsprinzips.

V. Ergebnis: Die Selbstverwaltungskörperschaften des Handwerks

Als zentrales Ergebnis der in diesem Kapitel vorgenommenen Analyse der Rechtsform, der Errichtung und des Bezirks, der Verwirklichung der Selbstverwaltung in der mitgliedschaftlichen Struktur, den Organen, der Geschäftsführung und den Aufgaben sowie den ergänzenden Betrachtungen über die Aufsicht über und die

Finanzierung der einzelnen Körperschaften des Handwerks kann festgehalten werden, dass die Handwerksinnungen, die Kreishandwerkerschaften und die Handwerkskammern vollwertige Selbstverwaltungskörperschaften der Wirtschaft sind.

8. Kapitel

Das Recht der Landwirtschaftskammern

I. Die Landwirtschaftskammern

Die Landwirtschaftskammern heben sich schon dadurch markant von den Industrie- und Handelskammern sowie den Handwerkskammern ab, dass sie nicht auf bundesgesetzlicher, sondern auf landesgesetzlicher Grundlage beruhen. Heute gibt es daher nur noch in den sieben Bundesländern Bremen, Hamburg, Niedersachsen, Nordrhein-Westfalen, Rheinland-Pfalz, dem Saarland und Schleswig-Holstein jeweils eine Kammer, die sich in ihrer Größe, ihrer Leistungsfähigkeit und ihrem Aufgabenbestand erheblich voneinander unterscheiden.

II. Die historische Entwicklung des Rechts der Landwirtschaftskammern

1. Ökonomische Gesellschaften des 18. Jh. als Vorläufer der Landwirtschaftskammern?

Anders als in der Stadt mit den Gilden der Kaufleute und den Zünften der Handwerker kam es im Mittelalter und der frühen Neuzeit auf dem Land nicht zu einer vergleichbaren Selbstorganisation der Bauern[1]. Während im frühen Mittelalter ein Zusammenwirken der Menschen bei der Gestaltung örtlicher, gemeinschaftlicher Angelegenheiten, insbesondere im Bereich gemeinsamer Nutzungsrechte, verbreitet war[2], beschränkten sich Residuen einer ländlichen Selbstverwaltung seit dem hohen Mittelalter aufgrund der sich verdichtenden Grundherrschaft und der sich schließlich herausbildenden territorialen Landesherrschaft auf Randgebiete, in denen sich die Feudalherrschaft schwerer durchsetzen ließ, und trugen keinen spezifisch gewerblichen Charakter[3]. Bäuerliche Bruderschaften des späten Mittelalters und der frühen Neuzeit wie etwa die Sankt Urbanus-Bruderschaften in Unterfranken waren in der Regel stark religiös motiviert und kirchlich eingebunden[4]. Als

---

[1] *von Altrock*, Landwirtschaftskammern, in: HdStW, Bd. 6, 4. Aufl., 1925, S. 220.

[2] *Henning*, Agrargeschichte des Mittelalters, 1994, S. 30 ff.

[3] Zu Residuen ländlich-örtlicher Selbstverwaltung, die teilweise als Wurzeln der Gemeindebildung angesehen werden: *Henning*, Agrargeschichte des Mittelalters, 1994, S. 147 ff.; *Bader*, Dorfgenossenschaft, 2. Aufl., 1974, S. 30 ff.; *Ennen/Janssen*, Agrargeschichte, 1979, S. 178 ff.; *Mitteis/Lieberich*, Deutsche Rechtsgeschichte, 19. Aufl., 1992, S. 204.

[4] Vgl. *Hundhammer*, Die landwirtschaftliche Berufsvertretung, 1926, S. 1.

früheste Vorläufer der Landwirtschaftskammern könnten daher letztlich erst die aus physiokratischem Gedankengut hervorgegangenen sog. Ökonomischen Gesellschaften wie bspw. die im Mai 1764 gegründete Kurfürstlich-Sächsische Ökonomische Sozietät in Leipzig, die nur wenige Tage später entstandene Königlich Großbritannisch und Kurfürstlich Braunschweig-Lüneburgische Landwirtschaftsgesellschaft in Celle, die 1768 gegründete Gesellschaft der Sittenlehre und Landwirtschaft in Bayern oder die 1769 einberufene Kurpfälzische physikalisch-ökonomische Gesellschaft betrachtet werden, die über Frankreich und die Schweiz in der zweiten Hälfte des 18. Jh. auch in Deutschland Verbreitung fanden[5].

Basierend auf der physiokratischen Prämisse, dass nur die landwirtschaftliche Arbeit im engeren Sinne produktiv und daher eigentliche Quelle des Wohlstands eines Staates sei, sollten die Ökonomischen Gesellschaften durch Förderung der Agrarwissenschaft und Aufklärung über den landwirtschaftlichen Fortschritt durch Druckschriften und Vorträge usw. zu einer Hebung der Landwirtschaft insgesamt beitragen. Bemerkenswert ist dabei, dass den Gesellschaften, die sich für eine Kommerzialisierung der Landwirtschaft nach englischem Vorbild einsetzten, indes kaum Landwirte, sondern ganz überwiegend Professoren, Verwaltungsbeamte, Ärzte, ehemalige Offiziere und Landgeistliche angehörten[6]. Die Ökonomischen Gesellschaften hatten also im Hinblick auf ihre Aufgaben und ihre Mitglieder eher den Charakter von patriotisch-aufklärerischen Zusammenschlüssen intellektueller Bürger zur Förderung der Landwirtschaft als Rückgrat der Nationalökonomie[7]. Zusammenschlüsse der betroffenen Bauern zur Verwaltung ihrer eigenen Angelegenheiten waren sie hingegen gerade nicht[8]. Sie sind daher keine Vorläufer der Landwirtschaftskammern.

---

[5] Dazu: *von Altrock*, Landwirtschaftliches Vereinswesen, in: HdStW, Bd. 6, 4. Aufl., 1925, S. 212 ff.; *Abel*, Agrarpolitik, 2. Aufl., 1958, S. 76 f.; *Graeschke*, Die Landwirtschaftskammern, 1905, S. 7 ff.; *Twiesselmann*, Ein Beitrag zur Geschichte, 1906, S. 12 ff.; *Zahnbrecher*, Landwirtschaftliche Vereine, 1907, S. 5 ff.; *Hundhammer*, Die landwirtschaftliche Berufsvertretung, 1926, S. 3 ff.; *von Hornstein*, Die landwirtschaftlichen Berufsorganisationen, 1929, S. 4 f.; *Behnke*, Die rechtliche Stellung, 1929, S. 9 f.; *Baumbach*, Organisation und Rechtscharakter, 1933, S. 7 f.; *Sauer*, Landwirtschaftliche Selbstverwaltung, 1957, S. 1 f.; *ders.*, Landwirtschaftskammern, in: HdSoW, 6. Bd., 1959, S. 518; *Langkopf*, Die Landwirtschaftskammern, 1960, S. 1 ff.; *Erdmann*, Die verfassungspolitische Funktion, 1968, S. 40 ff.; *Hendler*, Selbstverwaltung als Ordnungsprinzip, 1984, S. 93.

[6] So soll bspw. der Chur-Baierischen Landes-Ökonomie-Gesellschaft unter 121 Mitgliedern nur ein einziger Bauer angehört haben, vgl. *Schlögl*, Bayerische Agrargeschichte, 1954, S. 555; *Abel*, Agrarpolitik, 2. Aufl., 1958, S. 77.

[7] *Pelzer*, Landwirtschaftliche Vereine, 2002, S. 20.

[8] Ähnlich auch *W. Peters*, Die landwirtschaftliche Berufsvertretung, 1932, S. 14 f.; *Sauer*, Landwirtschaftliche Selbstverwaltung, 1957, S. 3: „[...] kaum aber eine eigentliche Interessenvertretung der Landwirtschaft".

2. Landwirtschaftliche Zentralvereine des 19. Jh. als Vorläufer der Landwirtschaftskammern

Zu einem Organisationswesen der Landwirte selber kam es in Preußen und anderen deutschen Staaten erst im 19. Jh.[9]. Hintergrund war ein an das Gedankengut der Ökonomischen Gesellschaften anknüpfender Modernisierungsschub in der Landwirtschaft in den ersten Jahrzehnten des 19. Jh., der auf eine wissenschaftlich-technische Rationalisierung, Intensivierung und Ökonomisierung der landwirtschaftlichen Produktion abzielte[10]. Im Zusammenhang mit den preußischen Agrarreformen[11], vor allem der Bauernbefreiung im Jahr 1807, sah § 39 Abs. 2 des für die Entfaltung des preußisch-deutschen Agrarkapitalismus wegweisenden preußischen Edikts zur Beförderung der Landkultur vom 14. September 1811 vor[12], dass die Landwirte in größeren und kleineren Distrikten praktische landwirtschaftliche Gesellschaften bilden sollten, „damit durch solche sowohl sichere Erfahrungen und Kenntnisse, als auch mancherlei Hülfsmittel verbreitet und ausgetauscht werden mögen"[13]. § 39 Abs. 3 des Edikts stellte die Errichtung eines „Central-Bureaus" in Berlin in Aussicht, das die verschiedenen landwirtschaftlichen Zusammenschlüsse koordinieren, von ihnen Berichte und Anfragen erhalten, sie in Fragen der praktischen Landwirtschaft beraten und schließlich auch die Wünsche der Landwirtschaft an die obersten Staatsbehörden weitergeben sollte. Die landwirtschaftlichen Reformvorhaben, zu denen auch die von englischen Vorbildern inspirierten praktischen landwirtschaftlichen Gesellschaften, die unter staatlicher Aufsicht ein Forum für eine Zusammenarbeit aller Landbesitzer, gleich welchen Standes, schaffen sollten, zählten, wurden allerdings ebenso wie das Zentralbüro zunächst zum Opfer des machtpolitischen Ränkespiels um den Fortbestand Restpreußens[14].

Die Zahl der freien landwirtschaftlichen Vereine, von denen im Jahr 1810 in Preußen nur sieben, meist noch unter der Bezeichnung Ökonomische Gesellschaft, bestanden hatten[15], stieg allerdings nach einer Gründungswelle in den dreißiger und vierziger Jahren des 19. Jh. bis 1850 auf 541, bis 1870 auf 865 und bis 1900 schließlich auf 3.575 an[16]. Das Zentralbüro des Edikts von 1811 wurde dann tatsächlich mit dem 1842 eingerichteten Königlich Preußischen Landesökonomiekol-

---

[9] *Asmis*, Aus dem Werdegang der Landwirtschaftskammern, in: RdL 1949, 42 (42f.); *Pelzer*, Landwirtschaftliche Vereine, 2002, S. 25 ff.

[10] *Nipperdey*, Deutsche Geschichte 1800–1866, 1994, S. 147 ff.

[11] Diese zielten wie die sonstigen preußischen Reformen auf eine Stärkung des nach den Niederlagen gegen Napoleon darniederliegenden Staates ab; näher dazu bereits oben S. 30 ff.; zu den Agrarreformen des frühen 19. Jh. in Preußen und anderen Staaten: *Achilles*, Agrargeschichte, 1993, S. 134 ff.

[12] Edikt zur Beförderung der Land-Cultur vom 14.09.1811, Preuß. GS 1811, S. 300–311.

[13] Dazu auch *Baumbach*, Organisation und Rechtscharakter, 1933, S. 9.

[14] *Steinbeck*, Bürokratisierung, 1997, S. 20.

[15] Einige der landwirtschaftlichen Vereine entstanden aus den früheren ökonomischen Gesellschaften, *Abel*, Agrarpolitik, 2. Aufl., 1958, S. 77.

[16] *Sauer*, Landwirtschaftliche Selbstverwaltung, 1957, S. 3 f.; vgl. auch die Übersichten bei *Twisselmann*, Ein Beitrag zur Geschichte, 1906, S. 18 f.

legium umgesetzt, das eine für die Selbstverwaltung jener Zeit typische Doppelnatur als Spitze der landwirtschaftlichen Vereine einerseits und Beirat des Staates andererseits besaß[17]: Das Kollegium sollte nach seinem Regulativ als Schnittstelle zwischen landwirtschaftlichen Vereinen und Staat dem vorgeordneten Ministerium als technischer Beirat dienen, Gutachten in landwirtschaftlichen Angelegenheiten erstatten, die landwirtschaftlichen Vereine in den Provinzen in ihrer Tätigkeit unterstützen und ihre Verbindung untereinander und mit den Staatsbehörden vermitteln[18]. Die landwirtschaftlichen Vereine selber schlossen sich seit den vierziger Jahren zu Provinzial- und Zentralvereinen zusammen[19], welche die Kräfte der Mitgliedsvereine im Interesse der Mitglieder bündeln konnten, bspw. um kostspielige Einrichtungen zur Verfügung zu stellen[20]. Diese Zentralvereine können als Vorläufer der späteren Landwirtschaftskammern betrachtet werden[21].

In den landwirtschaftlichen Vereinen[22], denen zunächst in der Tradition der Ökonomischen Gesellschaften noch überwiegend staatliche Verwaltungsbeamte, Landhändler, Beamte der Gutsherrschaften etc. angehört hatten, gewannen mit der Bauernbefreiung und der wachsenden gesellschaftlichen Bedeutung des Bauernstands die eigentlichen Landwirte zunehmend mehr Raum und Einfluss. Den Vorsitz hatten allerdings bis in das 20. Jh. hinein überwiegend staatliche Verwaltungsbeamte wie insbesondere Regierungspräsidenten und Landräte inne[23]. Die Aufgaben der Vereine, die zunächst vor allem auf eine allgemeine Förderung der Landwirtschaft ausgerichtet waren, erfuhren im Laufe der Zeit eine kontinuierliche Ausweitung um konkrete Tätigkeiten im Interesse der Landwirtschaft insgesamt, aber auch im Interesse der einzelnen Mitglieder. Dies reichte von der Förderung des landwirtschaftlichen Versuchswesens, wie bspw. des Einsatzes verschiedener Dünger, über die Prüfung landwirtschaftlicher Maschinen bis hin zur Förderung der

---

[17] *Willoweit*, Deutsche Verfassungsgeschichte, 6. Aufl., 2009, S. 255; *von Altrock*, Landes-Oekonomie-Kollegium, in: HdStW, Bd. 6, 4. Aufl., 1925, S. 146 ff.
[18] *von Altrock*, Landes-Oekonomie-Kollegium, in: HdStW, Bd. 6, 4. Aufl., 1925, S. 146; *Braun*, Die historische Entwicklung, 1952, S. 12.
[19] Wie z.B. dem 1842 gegründeten Landwirtschaftlichen Zentralverein für die Provinz Sachsen und dem im selben Jahr gegründeten Landwirtschaftlichen Zentralverein für Schlesien; näher dazu: *Graeschke*, Die Landwirtschaftskammern, 1905, S. 20 ff.; *Braun*, Die historische Entwicklung, 1952, S. 13, Fn. 2; *Steinbeck*, Bürokratisierung, 1997, S. 23 ff.
[20] *Twiesselmann*, Ein Beitrag zur Geschichte, 1906, S. 25 ff.; *von Hornstein*, Die landwirtschaftlichen Berufsorganisationen, 1929, S. 6 f.; *Keucher*, Geschichtliche Entwicklung, 1931, S. 65; *Erdmann*, Die verfassungspolitische Funktion, 1968, S. 43 ff.
[21] *Behnke*, Die rechtliche Stellung, 1929, S. 12; *W. Peters*, Die landwirtschaftliche Berufsvertretung, 1932, S. 18; *Sauer*, Landwirtschaftskammern, in: HdSoW, 6. Bd., 1959, S. 518; *Abel*, Agrarpolitik, 2. Aufl., 1958, S. 77; *van Eyll*, Berufsständische Selbstverwaltung, in: Dt. Verwaltungsgeschichte, Bd. 3, 1984, S. 71 (80).
[22] Zu den Landwirtschaftlichen Vereinen: *von Altrock*, Landwirtschaftliches Vereinswesen, in: HdStW, Bd. 6, 4. Aufl., 1925, S. 212 ff.; *Graeschke*, Die Landwirtschaftskammern, 1905, S. 12 ff.; *Haushofer*, Landwirtschaftsverwaltung und landwirtschaftliches Organisationswesen, in: HdSoW, 6. Bd., 1959, S. 521 (522).
[23] *Sauer*, Landwirtschaftliche Selbstverwaltung, 1957, S. 5.

Buchführung der Landwirte[24]. Auf die agrarpolitischen Willensbildungsprozesse des preußischen Staates konnten die Vereine hingegen zunächst kaum Einfluss gewinnen[25].

Während sich das landwirtschaftliche Vereinswesen in Preußen also von unten nach oben entwickelte, von der Entstehung zahlreicher lokaler landwirtschaftlicher Vereine hin zur Bildung einerseits des Landeskollegiums und andererseits der Zentralvereine, verlief die Entwicklung in anderen deutschen Staaten teilweise andersartig[26]: Zu nennen ist hier insbesondere das Königreich Bayern, in dem die Entwicklung zentralisiert war und von oben ausging[27]: Der bayerische König genehmigte im Jahr 1810 auf Initiative von 60 Gutsbesitzern und „Freunden der Landwirtschaft" die Satzung eines landwirtschaftlichen Vereins in Bayern, der in der Tradition der Ökonomischen Gesellschaften stand[28]. Von oben nach unten gebildete lokale Untergliederungen waren Bezirkskomitees, die in Kreiskomitees zusammengeschlossen waren[29]. Im Jahr 1850 bestätigte die Staatsregierung dem Landwirtschaftlichen Verein, dass die Vereinsbehörden zur Vertretung der landwirtschaftlichen Interessen bei den Staatsbehörden berufen sowie zur Erstattung von Gutachten, Vorbringung von Wünschen, Anträgen und Beschwerden gehalten und berechtigt seien[30]. Vor allem in den achtziger und neunziger Jahren des 19. Jh. bildeten sich in Bayern dann aber – wie in vielen anderen deutschen Staaten – verschiedene freie Bauernvereine, deren Hauptzweck eine bäuerliche Interessenvertretung gegenüber Staat und Öffentlichkeit war und die sich 1898 zum Bayerischen Bauernverein zusammenschlossen[31].

---

[24] *Twiesselmann*, Ein Beitrag zur Geschichte, 1906, S. 20 ff.; *Sauer*, Landwirtschaftliche Selbstverwaltung, 1957, S. 5.
[25] *Steinbeck*, Bürokratisierung, 1997, S. 22 f.
[26] Vgl. *von Altrock*, Landwirtschaftliches Vereinswesen, in: HdStW, Bd. 6, 4. Aufl., 1925, S. 213 ff.; *Thyssen*, Standesvertretung, 1958, S. 22 ff.; *Sauer*, Landwirtschaftliche Selbstverwaltung, 1957, S. 6 f.; *Erdmann*, Die verfassungspolitische Funktion, 1968, S. 50 ff.; *von Hornstein*, Die landwirtschaftlichen Berufsorganisationen, 1929, S. 18 f.; *Pelzer*, Landwirtschaftliche Vereine, 2002, S. 25 ff.
[27] Zum landwirtschaftlichen Verein in Bayern: *Zahnbrecher*, Landwirtschaftliche Vereine, 1907, S. 7 ff.; *Hundhammer*, Die landwirtschaftliche Berufsvertretung, 1926, S. 5 ff.
[28] *Hundhammer*, Die landwirtschaftliche Berufsvertretung, 1926, S. 7 ff.; *Seidl*, Agrargeschichte, 2006, S. 205; im Jahr 1811 waren nur 29 der 634 Mitglieder „ausgesprochene Landwirte"; erst durch Reformen im Jahr 1850, in denen u. a. die Zahl der nun Bezirksausschüsse genannten Bezirkskomitees erweitert und deren Bedeutung aufgewertet wurde, stieg die Beteiligung praktischer Landwirte wesentlich an: 1860 waren von den inzwischen 21.300 Mitgliedern immerhin 9.556 Landwirte, *Hundhammer*, a.a.O., S. 11 f.
[29] *Zahnbrecher*, Landwirtschaftliche Vereine, 1907, S. 9.
[30] *Schlögl*, Bayerische Agrargeschichte, 1954, S. 558.
[31] *Hundhammer*, Die landwirtschaftliche Berufsvertretung, 1926, S. 34 ff.

3. Die Entstehung der Landwirtschaftskammern

a) Die bremische Landwirtschaftskammer von 1849

Die erste Landwirtschaftskammer in Deutschland wurde unterdessen im Jahr 1849 in Bremen durch Gesetz eingerichtet[32]. Sie setzte sich neben „einigen Mitgliedern des Senats", die von diesem ernannt wurden, auch aus „zwanzig practischen Landwirthen" zusammen[33]. Der damit in der Kammerverfassung verankerte Einfluss des Staates wurde dadurch weiter bekräftigt, dass Vorsitz und Geschäftsleitung der Kammer dem ältesten Senatsmitglied oblagen[34]. Die praktizierenden Landwirte wurden hingegen von den zur Bürgerschaft wahlberechtigten bremischen Landwirten aus ihrer Mitte gewählt[35], womit dem repräsentativen Selbstverwaltungsgedanken insofern grundlegend Rechnung getragen war.

Die Aufgaben der Kammer reflektierten den damaligen Entwicklungsstand des Handelskammerwesens, indem die Kammer als Schnittstelle zwischen Staat und Landwirtschaft vor allem den Staat bei der Förderung der Landwirtschaft beriet, aber auch entsprechend auf die Landwirte einwirkte: So sollte die Kammer ihre Aufmerksamkeit auf alles richten, was für die Landwirtschaft dienlich sein konnte, über Mittel zu deren Förderung sowie über die Beseitigung etwaiger Hindernisse beraten und darüber dem Senat auf dessen Aufforderung oder auch unaufgefordert gutachtlich berichten[36]. Zu diesem Zweck hatte sie sich über den Zustand der Landwirtschaft und die Mittel zur Hebung derselben möglichst genau zu unterrichten und auf letztere tunlichst hinzuwirken[37].

Dem Charakter der Kammer als Beirat des Senats in Landwirtschaftsdingen entsprechend wurde sie nicht etwa aus Beiträgen der wahlberechtigten Landwirte, sondern durch eine staatliche Zuweisung finanziert: Zur Bestreitung der Kosten ihrer Versammlungen sowie zur Förderung der Interessen der Landwirtschaft, zur Veranstaltung von Tierschauen, Erteilung von Prämien und ähnlichen dem Zwecke der Kammer entsprechenden Veranstaltungen wurde der Kammer jährlich ein Fonds von 500 Talern zur Verfügung gestellt[38].

---

[32] Bekanntmachung des Gesetzes, die Kammer für Landwirthschaft betreffend vom 20.04. 1849 (bekannt gemacht am 25.04.1849), Brem. GBl. 1849, S.179 (im Folgenden: Brem. LwkG-1849); das Gesetz ist auszugsweise wiedergegeben bei: Sauer, Landwirtschaftliche Selbstverwaltung, 1957, Anhang 1 (S.275f.); vgl. dazu auch *Zahnbrecher*, Landwirtschaftliche Vereine, 1907, S.45ff.

[33] §2 Brem. LwkG-1849.

[34] §29 Brem. LwkG-1849.

[35] §3 Brem. LwkG-1849; weitere Voraussetzung des aktiven und passiven Wahlrechts zur Kammer war, dass der Landwirt mindestens zwölf Katastermorgen Land bewirtschaftete und auf dem Land wohnte oder zumindest ein Wohnhaus zu seinem Gebrauch hatte. Auch Pächter waren wahlberechtigt, wenn sie diese Voraussetzungen erfüllten.

[36] §22 Brem. LwkG-1849.

[37] §23 Brem. LwkG-1849.

[38] §26 Brem. LwkG-1849.

b) Der Weg zu einem Landwirtschaftskammergesetz für Preußen

Nachdem die landwirtschaftlichen Zentralvereine der Mark-Brandenburg sowie Sachsens schon Ende der vierziger Jahre des 19. Jh. erfolglos angeregt hatten, in ganz Preußen Landwirtschaftskammern einzurichten[39], hatten Initiativen zur Einführung von Landwirtschaftskammern in Preußen erst in den neunziger Jahren des 19. Jh. Erfolg[40]. Hintergrund der verstärkten Forderung nach Landwirtschaftskammern in den achtziger und neunziger Jahren des 19. Jh. waren einerseits die in den Kapiteln über die Geschichte der Handelskammern sowie der Handwerkskammern ausführlich geschilderten, letztlich gescheiterten Diskussionen und Bemühungen zur Einführung einheitlicher Wirtschaftskammern[41], vor allem aber das Bestreben der Landwirtschaft, eine den erfolgreichen Handelskammern vergleichbare staatlich verankerte Berufsvertretung zu erhalten und das staatliche Bemühen, die Landwirtschaft insgesamt nachhaltig zu stabilisieren, um letztlich die Autarkie in der Lebensmittelversorgung zu erreichen. Das privatrechtlich organisierte landwirtschaftliche Vereinswesen, das sich zu sehr auf die Förderung der Agrartechnik konzentriert hatte, wurde, obwohl die Zentralvereine seit den fünfziger Jahren des 19. Jh. mit der Wahrnehmung quasi staatlicher Aufgaben betraut worden waren[42], zunehmend als inadäquate Berufsvertretung in agrarpolitischen Fragen empfunden[43]. Kritisiert wurde vor allem, dass es wegen der freiwilligen Mitgliedschaft über unzureichende finanzielle Mittel verfüge, um die Landwirtschaft effektiv fördern zu können, und ihm staatlicherseits nicht die gleiche Beachtung geschenkt werde, wie bspw. den Handelskammern als Vertretung von Handel und Industrie[44]. Der Organisationsgrad blieb niedrig, so gehörten den 33 preußischen Zentralvereinen im Jahr 1888 lediglich 148.342 Mitglieder an[45]. Eine staatlich verankerte Kammerorganisation mit Pflichtmitgliedschaft erschien vor dem Hintergrund der sich Anfang der neunziger Jahre des 19. Jh. zuspitzenden Agrarkrise und des dadurch dringlich werdenden Strukturwandels in der Landwirtschaft daher als probates Mittel, um den Landwirten eine angemessene Vertretung ihres Berufsstands zu geben[46].

---

[39] *Braun*, Die historische Entwicklung, 1952, S. 15; *Twiesselmann*, Ein Beitrag zur Geschichte, 1906, S. 38 f.

[40] *Graeschke*, Die Landwirtschaftskammern, 1905, S. 22 ff.; *Keucher*, Geschichtliche Entwicklung, 1931, S. 65 ff.; *Baumbach*, Organisation und Rechtscharakter, 1933, S. 12 ff.; *Oberg*, Über die Organisation, 1913, S. 11 ff.

[41] Siehe oben S. 283 ff.

[42] *Steinbeck*, Bürokratisierung, 1997, S. 24 f.

[43] *Hendler*, Geschichte und Idee, in: HdbKR, 2005, S. 23 (28); *Achilles*, Agrargeschichte, 1993, S. 339.

[44] *Braun*, Die historische Entwicklung, 1952, S. 15 f.; *Thyssen*, Standesvertretung, 1958, S. 167 ff.; *Sauer*, Landwirtschaftliche Selbstverwaltung, 1957, S. 9; *Hundhammer*, Die landwirtschaftliche Berufsvertretung, 1926, S. 110 ff.; *Lichter*, Landwirtschaft und Landwirtschaftskammer, 1994, S. 137 ff.

[45] *Achilles*, Agrargeschichte, 1993, S. 345.

[46] Zu den Hintergründen auch *von Koeller*, Landwirtschaftskammer, 1999, S. 1 ff., 18 ff.

II. 3. Die Entstehung der Landwirtschaftskammern

Im Jahr 1890 ersuchte das preußische Landesökonomiekollegium den Minister für Landwirtschaft zunächst noch recht vorsichtig, die Frage zu erwägen, ob nicht die Wirksamkeit der landwirtschaftlichen Vereine dadurch gesteigert werden könne, dass auf gesetzlichem Wege die Möglichkeit geschaffen werde, in den Provinzen, in welchen hierzu ein Bedürfnis hervortrete, den landwirtschaftlichen Vereinen eine Organisation ähnlich den Handelskammern zu verleihen[47]. Nachdem die Zollsenkung für Getreide, das im Weltmarkt günstig angeboten wurde, im Handelsvertrag mit Österreich Anlass für die Gründung des Bundes der Landwirte als Lobbyorganisation der Landwirtschaft gegeben hatte[48], forderte das Plenum des Landesökonomiekollegiums im November 1892 dann schon sehr deutlich die fakultative Einführung von Landwirtschaftskammern für alle Provinzen. Im Folgejahr ersuchte auch das preußische Abgeordnetenhaus die Staatsregierung, alsbald einen entsprechenden Gesetzentwurf vorzulegen[49]. Vor dem Hintergrund des schließlich auf der großen Berliner Agrarkonferenz im Frühjahr 1894 entwickelten Maßnahmekatalogs zur Überwindung der landwirtschaftlichen Strukturkrise und der vom preußischen Landwirtschaftsministerium verfolgten nachhaltigen Modernisierungspolitik wurden Landwirtschaftskammern als bürokratische Fachinstanzen nach dem Vorbild der Handelskammern ins Auge gefasst, die sich kontinuierlich mit der Analyse und Bewältigung agrarischer Strukturprobleme befassen sollten[50]. Begleitet von sehr kontroversen Auseinandersetzungen entstand unterdessen zügig das preußische Landwirtschaftskammergesetz (Preuß. LwkG-1894)[51], das der König bereits am 30. Juni 1894 erlassen konnte[52].

---

[47] *Sauer*, Landwirtschaftliche Selbstverwaltung, 1957, S. 8; zu weiteren Initiativen: *Lichter*, Landwirtschaft und Landwirtschaftskammer, 1994, S. 138 f.

[48] *Achilles*, Agrargeschichte, 1993, S. 339.

[49] *von Koeller*, Landwirtschaftskammer, 1999, S. 15; *Sauer*, Landwirtschaftliche Selbstverwaltung, 1957, S. 8 f.

[50] *Steinbeck*, Bürokratisierung, 1997, S. 34 f.; zu den umstrittenen Hintergründen der Gesetzgebung auch: *Lichter*, Landwirtschaft und Landwirtschaftskammer, 1994, S. 140 ff.

[51] Die preußische Staatsregierung legte dem Landtag am 18.01.1894 den Entwurf eines Gesetzes über die Landwirtschaftskammern vor (Anlagen zu den Stenographischen Berichten über die Verhandlungen des Hauses der Abgeordneten, I. Session der 18. Legislatur-Periode 1894, 2. Bd., Nr. 9 (S. 742–745); Begründung dazu: a.a.O., S. 746–753). Nachdem der heftig umstrittene Gesetzentwurf wesentlich verändert worden war, wurde das Gesetz am 22.05.1894 im Wesentlichen mit den Stimmen der Konservativen, Freikonservativen und eines Großteils der Nationalliberalen (insgesamt 213 gegen 126 Stimmen) vom Haus der Abgeordneten angenommen. Am 30. Mai wurde es auch im Herrenhaus angenommen; zum Ganzen: *Graeschke*, Die Landwirtschaftskammern, 1905, S. 25 ff.; *Twiesselmann*, Ein Beitrag zur Geschichte, 1906, S. 41 f.; *Zahnbrecher*, Landwirtschaftliche Vereine, 1907, S. 48 ff.; *Oberg*, Über die Organisation, 1913, S. 18 ff.; *Keucher*, Geschichtliche Entwicklung, 1931, S. 70 f.; *W. Peters*, Die landwirtschaftliche Berufsvertretung, 1932, S. 38 ff.; *Baumbach*, Organisation und Rechtscharakter, 1933, S. 13; *Steinbeck*, Bürokratisierung, 1997, S. 38 ff.

[52] Gesetz über die Landwirthschaftskammern vom 30.06.1894, Preuß. GS 1894, S. 126–133.

4. Das preußische Landwirtschaftskammergesetz von 1894

Das preußische Landwirtschaftskammergesetz ermöglichte zum Zweck der korporativen Organisation des landwirtschaftlichen Berufsstands die Errichtung von Landwirtschaftskammern durch königliche Verordnung, deren Bezirk sich in der Regel auf das Gebiet einer Provinz erstreckte[53]. Als rechtlicher Status wurde der Landwirtschaftskammer ohne nähere Bestimmung die Stellung einer „Korporation" eingeräumt[54], worunter indes einhellig eine juristische Person des öffentlichen Rechts verstanden wurde[55]. Die Mitglieder der Landwirtschaftskammer, womit, der Terminologie der Epoche entsprechend, die Mitglieder der Vollversammlung gemeint waren, wurden gewählt[56]. Wählbar waren – bei einem Mindestalter von 30 Jahren[57] – Eigentümer, Nutznießer und Pächter land- oder forstwirtschaftlich genutzter Grundstücke[58], wobei eine gewisse Mindestgröße vorausgesetzt wurde[59], und daneben erstens Personen, die danach ehemals wählbar waren, zweitens Vorstandsmitglieder etc. von landwirtschaftlichen Vereinen, Genossenschaften, Kreditinstituten usw. sowie drittens Personen, denen wegen ihrer Verdienste um die Landwirtschaft von der Kammer die Wählbarkeit verliehen worden war[60]. Wahlbezirke waren regelmäßig die Landkreise, wobei in jedem Wahlbezirk in der Regel zwei Kammermitglieder gewählt wurden[61].

Das aktive Wahlrecht stand nach der gesetzlichen Grundregel nicht etwa den Landwirten und anderen Berufsträgern der Landwirtschaft, sondern in Anknüpfung an die Durchführung der Wahl in den Landkreisen den Kreistagen zu[62]. Diese

---

[53] § 1 S. 1 i. V. m. § 3 Preuß. LwkG-1894; gem. § 1 S. 2 des Gesetzes konnten im Bedürfnisfalle für eine Provinz mehrere Landwirtschaftskammern errichtet werden.

[54] § 20 Abs. 1 S. 1 Preuß. LwkG-1894.

[55] *Twiesselmann*, Ein Beitrag zur Geschichte, 1906, S. 43; *Oberg*, Über die Organisation, 1913, S. 33; ausführlich: *Behnke*, Die rechtliche Stellung, 1929, S. 24 ff., 37.

[56] §§ 5 ff. Preuß. LwkG-1894; die Ausgestaltung des Wahlrechts gehörte zu den umstrittensten Fragen bei den Gesetzesberatungen, vgl. dazu *Twiesselmann*, Ein Beitrag zur Geschichte, 1906, S. 82 ff.

[57] § 5 Abs. 1 Preuß. LwkG-1894; weitere Grundvoraussetzung des passiven Wahlrechts war nach dieser Vorschrift die Angehörigkeit zu einem deutschen Bundesstaat.

[58] § 6 Nr. 1 Preuß. LwkG-1894; § 6 Nr. 1 a. E. Preuß. LwkG-1894 erstreckte die Wählbarkeit auf gesetzliche Vertreter und Bevollmächtigte dieser Personen.

[59] Gem. § 6 Nr. 1 Preuß. LwkG-1894 musste der Grundbesitz oder die Pachtung im Bezirk der Landwirtschaftskammer wenigstens den Umfang einer selbständigen Ackernahrung haben oder, für den Fall rein forstwirtschaftlicher Nutzung, zu einem jährlichen Grundsteuerreinertrag von mindestens 150 Mark veranlagt sein; zum Begriff der Ackernahrung und seiner Problematik: *Twiesselmann*, Ein Beitrag zur Geschichte, 1906, S. 69 f.

[60] § 6 Nr. 2 Preuß. LwkG-1894; zu der bei Entstehung des Gesetzes extrem umstrittenen Frage des Wahlrechts vgl. *Twiesselmann*, Ein Beitrag zur Geschichte, 1906, S. 66 ff.

[61] § 7 Preuß. LwkG-1894.

[62] § 8 Preuß. LwkG-1894; *van Eyll*, Berufsständische Selbstverwaltung, in: Dt. Verwaltungsgeschichte, Bd. 3, 1984, S. 71 (81); dabei nahmen die Kreistagsmitglieder aus dem Wahlverband der Städte gem. § 8 Abs. 1 S. 2 des Gesetzes nur insoweit an der Wahl teil, als sie nach § 6 des Gesetzes wählbar waren; gem. § 8 Abs. 3 des Gesetzes erfolgte die Wahl unter Leitung des Landrats durch absolute Stimmenmehrheit. Ergab ein Wahlgang keine absolute Mehrheit, fand eine Stichwahl zwischen den beiden Kandidaten statt, welche die meisten Stimmen erhalten hatten.

II. 4. Das preußische Landwirtschafskammergesetz von 1894

im Gesetzgebungsverfahren sehr umstrittene Regelung wurde außer mit der im Vordergrund stehenden Vereinfachung des Wahlverfahrens auch mit dem Gedanken gerechtfertigt, dass die Landwirte ja ihrerseits bei der Wahl der Kreistage wahlberechtigt seien[63]. Dennoch war die Wahl der Kammermitglieder durch die Kreistage im Lichte des Selbstverwaltungsprinzips äußerst problematisch, da die Kreistage natürlich nicht nur von Landwirten gewählt wurden. Im Ergebnis konnten so daher Kreistagsmitglieder über die Zusammensetzung der Landwirtschaftskammer mitentscheiden, die selbst keine Repräsentanten der Landwirtschaft waren[64]. Zudem wurden jedenfalls die ostelbischen Kreistage aufgrund des bestehenden Kreistagswahlrechts von Großlandwirten dominiert, die sich entsprechend auch für die Wahl durch die Kreistage engagiert hatten[65]. Eine Wahl durch die Kreistage widersprach daher insgesamt dem Grundgedanken des Selbstverwaltungsprinzips. Von einer wirklichen Repräsentation der Landwirte konnte keine Rede sein[66]. Allerdings konnten die Landwirtschaftskammern unter der Voraussetzung königlicher Genehmigung[67] selbst eine Änderung des Wahlverfahrens unter anderem dahingehend beschließen, dass das aktive Wahlrecht fortan nicht mehr den Kreistagen, sondern den Eigentümern, Nutznießern und Pächtern eines zum passiven Wahlrecht berechtigenden ländlichen Grundbesitzes zustand[68]. In der Praxis machten die Kammern dabei durchweg von der Möglichkeit Gebrauch, das aktive Wahlrecht von einem bestimmten Grundsteuerreinertrag des entsprechenden Grundbesitzes abhängig zu machen[69]. Ergänzend sei erwähnt, dass die Kammern berechtigt

---

[63] Als Alternative war auch eine Wahl durch die landwirtschaftlichen Vereine diskutiert worden, vgl. *Twisselmann*, Ein Beitrag zur Geschichte, 1906, S. 73 ff.; der ursprüngliche Gesetzentwurf der preußischen Staatsregierung hatte eine allgemeine Wahl durch die Landwirte vorgesehen, wobei das Gewicht der Stimme vom Grundsteuerreinertrag der Besitzungen abhängig sein sollte, vgl. *Twisselmann*, a.a.O., S. 82; als Vorteil der Wahl durch den Kreistag wurde vor allem die Vereinfachung der Wahl durch einen bestehenden Wahlkörper angeführt (vgl. etwa *Oberg*, Über die Organisation, 1913, S. 73), was indes die inhärenten Einschränkungen des Selbstverwaltungsprinzips kaum aufwiegen konnte; zur Wahlrechtsdiskussion im Gesetzgebungsverfahren auch: *Lichter*, Landwirtschaft und Landwirtschaftskammer, 1994, S. 154 ff.

[64] Allerdings wurde dieses Problem – wie bereits erwähnt – dadurch abgemildert, dass gem. § 8 Abs. 1 S. 2 Preuß. LwkG-1894 Kreistagsmitglieder aus dem Wahlverband der Städte i.d.R. nur insoweit wahlberechtigt waren, als sie ihrerseits gem. § 6 Preuß. LwkG-1894 passiv zur Landwirtschaftskammer wahlberechtigt waren.

[65] *Steinbeck*, Bürokratisierung, 1997, S. 40 f.; *Achilles*, Agrargeschichte, 1993, S. 346.

[66] Kritisch auch: *Twisselmann*, Ein Beitrag zur Geschichte, 1906, S. 73 ff.; *Lichter*, Landwirtschaft und Landwirtschaftskammer, 1994, S. 160.

[67] § 9 Abs. 2 Preuß. LwkG-1894.

[68] § 9 Abs. 1 Nr. 1 Preuß. LwkG-1894; das Mindestalter für das aktive Wahlrecht betrug dabei 25 Jahre; gem. § 9 Abs. 1 Nr. 4 Preuß. LwkG-1894 konnte das Wahlrecht auch an Eigentümer und Pächter von kleinerem, als dem gem. § 6 des Gesetzes zum passiven Wahlrecht berechtigenden Grundbesitz verliehen werden; resignativ zur praktischen Umsetzung dieser Möglichkeit: *Keucher*, Geschichtliche Entwicklung, 1931, S. 73.

[69] Der Mindestbetrag des Grundsteuerreinertrags, der vor allem dazu dienen sollte, die aktive Wahlberechtigung auf Haupterwerbslandwirte zu beschränken, lag zwischen 20 Talern bei den Landwirtschaftskammern Stettin und Wiesbaden sowie 50 Talern bei den Landwirtschaftskammern Kiel und Bonn; eine Übersicht gibt *Twisselmann*, Ein Beitrag zur Geschichte, 1906, S. 70 f.

waren, sich bis zu einem Zehntel ihrer Mitgliederzahl durch Zuwahl von Sachverständigen und um die Landwirtschaft verdienten Personen zu ergänzen[70], denen allerdings lediglich eine beratende Stimme zustand[71].

Die Landwirtschaftskammer (Vollversammlung) wählte alle drei Jahre einen Vorsitzenden und dessen Stellvertreter, die gemeinsam mit mindestens drei weiteren gewählten Mitgliedern den Vorstand bildeten[72]. Dem Vorsitzenden oder dessen Stellvertreter oblag unter anderem die Vertretung der Kammer nach außen[73]. Die Kammer konnte ferner aus ihrer Mitte Ausschüsse bilden und diese mit besonderen Aufgaben betrauen[74].

Grundlegende Bestimmung der Landwirtschaftskammer war es, die Gesamtinteressen der Land- und Forstwirtschaft ihres Bezirks wahrzunehmen und dazu alle auf die Hebung der Lage des ländlichen Grundbesitzes abzielenden Einrichtungen, insbesondere die weitere korporative Organisation des Berufsstands der Landwirte, zu fördern[75]. Die Landwirtschaftskammer hatte die Verwaltungsbehörden bei allen die Land- und Forstwirtschaft betreffenden Fragen durch Mitteilungen und Gutachten zu unterstützen[76], besaß aber auch das Recht, selbständig Anträge zu stellen[77]. Ihr oblag es ferner, den technischen Fortschritt der Landwirtschaft durch zweckentsprechende Einrichtungen zu fördern[78]. Gerade dies war auch eine zentrale Aufgabe der bestehenden landwirtschaftlichen Vereine, bzw. insbesondere der Zentralvereine. Dass die Kammern nach den Vorstellungen des Gesetzgebers letztlich an die Stelle der Zentralvereine treten sollten, wird darin besonders deutlich, dass ihnen die Befugnis eingeräumt wurde, die Anstalten, das gesamte Vermögen sowie die Rechte und Pflichten der bestehenden landwirtschaftlichen Zentralvereine auf deren Antrag zur bestimmungsgemäßen Verwendung und Verwal-

---

[70] § 14 S. 1 Preuß. LwkG-1894.
[71] § 14 S. 2 Preuß. LwkG-1894.
[72] § 13 S. 1 und 2 Preuß. LwkG-1894.
[73] § 20 Abs. 1 S. 2 Preuß. LwkG-1894.
[74] § 15 S. 1 Preuß. LwkG-1894; die Ausschüsse konnten sich gem. § 15 S. 2 des Gesetzes bis zu einer von der Kammer festzusetzenden Zahl durch Nichtmitglieder der Kammer ergänzen; zum Ausschusswesen, in dem sich ein Großteil der aktiven Partizipation der Mitglieder vollzog, am Beispiel der Pommerschen Kammer: *von Koeller*, Landwirtschaftskammer, 1999, S. 50 ff.
[75] § 2 Abs. 1 S. 1 Preuß. LwkG-1894; kritisch zu dieser Aufgabenzuweisung: *Achilles*, Agrargeschichte, 1993, S. 346.
[76] § 2 Abs. 2 S. 1 Preuß. LwkG-1894; die Kammern hatten sich dabei gem. § 2 Abs. 2 S. 2 des Gesetzes nicht nur über solche Maßregeln der Gesetzgebung und Verwaltung zu äußern, welche die allgemeinen Interessen der Landwirtschaft oder die besonderen landwirtschaftlichen Interessen der beteiligten Bezirke berührten, sondern auch bei allen Maßnahmen mitzuwirken, welche die Organisation des ländlichen Kredits und sonstige gemeinsame Aufgaben betrafen; gem. §§ 21 Abs. 1, 2 Abs. 3 S. 2 Preuß. LwkG-1894 hatte die Kammer jährlich zum 1. Mai dem Minister über die Landwirtschaft ihres Bezirks zu berichten; gem. § 21 Abs. 2 des Gesetzes hatte sie alle fünf Jahre einen umfassenden Bericht über die gesamten landwirtschaftlichen Zustände ihres Bezirks an den Minister zu erstatten; zum Wirkungskreis der Landwirtschaftskammern: *Graeschke*, Die Landwirtschaftskammern, 1905, S. 49 ff.; *Twiesselmann*, Ein Beitrag zur Geschichte, 1906, S. 97 ff.; *Oberg*, Über die Organisation, 1913, S. 94 ff.
[77] § 2 Abs. 1 S. 2 Preuß. LwkG-1894.
[78] § 2 Abs. 3 S. 1 Preuß. LwkG-1894.

II. 4. Das preußische Landwirtschafskammergesetz von 1894

tung zu übernehmen und mit deren bisherigen lokalen Gliederung in organischen Verband zu treten sowie sonstige Vereine und Genossenschaften zur Förderung der landwirtschaftlichen Verhältnisse in der Ausführung ihrer Aufgaben zu unterstützen[79]. Als spezielle Aufgabe wurde der Kammer schließlich die Aufgabe übertragen, nach Maßgabe der für die Börsen und Märkte zu erlassenden Bestimmungen bei der Verwaltung und den Preisnotierungen der Produktenbörsen sowie der Märkte, insbesondere der Viehmärkte, mitzuwirken[80].

Die Kosten der Landwirtschaftskammer wurden, soweit sie nicht durch anderweitige Einnahmen, insbesondere durch Staatszuschüsse[81] gedeckt waren, nach dem Grundsteuerreinertrag auf die Grundbesitzungen verteilt, die nach § 6 Nr. 1 Preuß. LwkG ihren Eigentümern, Nutznießern und Pächtern das passive Wahlrecht zur Kammer vermittelten[82]. Die Kammer hatte jährlich einen Etat aufzustellen und dem Minister vorzulegen[83]. Da es den Kammern in der Praxis nicht gelang, ihre Ausgaben durch eigene Einnahmen zu decken, erhielten sie zudem erhebliche staatliche Zuschüsse[84].

Insgesamt war das Recht der preußischen Landwirtschaftskammer einerseits an das erfolgreiche Modell der Handelskammer angelehnt, suchte aber andererseits den spezifischen Bedürfnissen der Landwirtschaft gerecht zu werden, indem auch an das Vorbild der existierenden landwirtschaftlichen Zentralvereine angeknüpft wurde. Wie bereits angedeutet, sollten die sehr großräumig für das Gebiet jeweils einer Provinz konzipierten Landwirtschaftskammern letztlich die Aufgaben der Zentralvereine, die nach Möglichkeit in ihnen aufgehen sollten, unter verbesserten Bedingungen fortführen[85]. Diese verbesserten Bedingungen bestanden vor allem in der für die Selbstverwaltung der Wirtschaft damals prägenden Annäherung an, bzw. partiellen Integration der Kammer in die staatliche Verwaltung, welche namentlich die Grundlage für eine allgemeine Beitragspflicht der sich in der Kammer selbst verwaltenden Landwirte nebst der staatlichen Erhebung und ggf. zwangsweisen Einziehung der Beiträge bildete[86]. Einen organisatorischen Unterbau hatten die Landwirtschaftskammern nicht. Insofern sollten sie mit den lokalen Gliederungen

---

[79] § 2 Abs. 3 S. 2 Preuß. LwkG-1894.
[80] § 2 Abs. 4 Preuß. LwkG-1894.
[81] Vgl. dazu *Oberg*, Über die Organisation, 1913, S. 88 ff.
[82] § 18 Abs. 1 Preuß. LwkG-1894; wurde das Wahlrecht gem. § 9 Nr. 4 des Gesetzes auch Eigentümern und Pächtern von kleinerem Grundbesitz verliehen, musste gem. § 18 Abs. 5 des Gesetzes das Wahlrecht auch auf die betreffenden Besitzungen ausgedehnt werden; zu den Umlagesätzen der verschiedenen preußischen Kammern vgl. die Übersicht bei *Oberg*, Über die Organisation, 1913, S. 82 f.; beispielhaft zur Einnahmenstruktur der Kammer der Rheinprovinz: *Lichter*, Landwirtschaft und Landwirtschaftskammer, 1994, S. 172 ff.
[83] § 19 Abs. 1 Preuß. LwkG-1894.
[84] *Achilles*, Agrargeschichte, 1993, S. 346.
[85] *Thyssen*, Standesvertretung, 1958, S. 171 ff.
[86] Gem. § 18 Abs. 1 Preuß. LwkG-1894 wurden die Beiträge von den Gemeinden und Gutsbezirken auf Anweisung des Regierungspräsidenten erhoben und durch Vermittlung der Kreis-(Steuer-)Kassen an die Landwirtschaftskammern abgeführt. Gem. § 18 Abs. 3 des Gesetzes war die Beitragspflicht für die Kammer den gemeinen öffentlichen Lasten gleichzuachten. Rückständige Beiträge wurden in derselben Weise wie Gemeindeabgaben eingezogen.

der bestehenden Zentralvereine in entsprechenden Kontakt treten. Nach oben schlossen sich die neuen Kammern zur Preußischen Hauptlandwirtschaftskammer zusammen. Die Spitzenvertretung der Landwirtschaftskammern ganz Deutschlands war schließlich der bereits 1872 gegründete Deutsche Landwirtschaftsrat, der de facto die Funktionen einer Reichslandwirtschaftskammer wahrnahm[87].

Aufgrund des Landwirtschaftskammergesetzes wurden durch Königliche Verordnung vom 3. August 1895 je eine Landwirtschaftskammer für die Provinzen Ostpreußen (Königsberg), Westpreußen (Danzig), Pommern (Stettin[88]), Posen, Schlesien (Breslau), Brandenburg (Berlin[89]), Sachsen (Halle), Schleswig-Holstein (Kiel[90]) sowie je eine Landwirtschaftskammer für die beiden Regierungsbezirke der Provinz Hessen-Nassau (Kassel und Wiesbaden) errichtet, die sich überwiegend im Jahr 1896 konstituierten[91]. 1898 folgte die Provinz Westfalen (Münster) und 1899 die Provinz Hannover sowie die Rheinprovinz (Bonn)[92], in denen die vor Errichtung anzuhörenden Provinziallandtage zunächst ablehnend reagiert hatten[93]. Mit der Ausnahme von Hohenzollern bestanden damit zu Beginn des 20. Jh. in ganz Preußen Landwirtschaftskammern[94].

Nachdem die preußische Diskussion um die Einführung von Landwirtschaftskammern im gesamten Reich aufmerksam verfolgt worden war, schlossen sich schließlich zahlreiche deutsche Staaten dem preußischen Vorbild an[95]. Landwirtschaftskammern wurden vor dem Ersten Weltkrieg unter anderem in Oldenburg (1900), Waldeck, Lübeck (jeweils 1905), Braunschweig, dem Großherzogtum Hessen (Darmstadt)[96], Baden (Karlsruhe) (jeweils 1906) und Sachsen-Weimar (1909) errichtet[97].

---

[87] *Abel*, Agrarpolitik, 2. Aufl., 1958, S. 78; *Achilles*, Agrargeschichte, 1993, S. 347.

[88] Zur Pommerschen Landwirtschaftskammer: *von Koeller*, Landwirtschaftskammer, 1999, S. 22 ff.

[89] Zur Landwirtschaftskammer für die Provinz Brandenburg: *Graeschke*, Die Landwirtschaftskammern, 1905, S. 58 ff.

[90] Zur Landwirtschaftskammer für die Provinz Schleswig-Holstein: *Thyssen*, Standesvertretung, 1958, S. 178 ff.

[91] *Twiesselmann*, Ein Beitrag zur Geschichte, 1906, S. 90.

[92] Zur Landwirtschaftskammer für die Rheinprovinz: *Braun*, Die historische Entwicklung, 1952, S. 68 ff.; *Lichter*, Landwirtschaft und Landwirtschaftskammer, 1994; zur Landwirtschaftskammer in der Provinz Hannover: LwK Hannover, Fortschritt der Landwirtschaft, 1999, S. 45 ff.

[93] Vgl. § 1 Preuß. LwkG-1894; *Lichter*, Landwirtschaft und Landwirtschaftskammer, 1994, S. 145 f.; *Steinbeck*, Bürokratisierung, 1997, S. 44 ff.

[94] Im Regierungsbezirk Hohenzollern nahm der Verein für Landwirtschaft und Gewerbe die Funktion einer landwirtschaftlichen Berufsvertretung wahr, bis im Jahr 1922 in Sigmaringen eine Kammer errichtet wurde.

[95] *von Altrock*, Landwirtschaftskammern, in: HdStW, Bd. 6, 4. Aufl., 1925, S. 220 (222); *Asmis*, Aus dem Werdegang der Landwirtschaftskammern, in: RdL 1949, 42 (44 f.); einen konzisen Überblick der unterschiedlichen Landwirtschaftskammergesetze gibt *Zahnbrecher*, Landwirtschaftliche Vereine, 1907, S. 55 ff.

[96] *Hahn*, Wirtschaft und Verkehr, in: Handbuch der hessischen Geschichte, Bd. 1, 2010, S. 73 (157).

[97] Eine Übersicht der Landwirtschaftskammerorganisation findet sich bei *Sauer*, Landwirtschaftliche Selbstverwaltung, 1957, S. 1 f.; vgl. auch *Oberg*, Über die Organisation, 1913, S. 28.

5. Die Landwirtschaftskammern in der Weimarer Republik

a) Die gescheiterten Bemühungen zur Einrichtung einer Reichslandwirtschaftskammer

Zu Beginn der Weimarer Republik kam es auf der Grundlage der Gesetzgebungskompetenz für die Einrichtung beruflicher Vertretungen für das Reichsgebiet aus Art. 7 Nr. 10 WRV wie in den anderen Bereichen der Wirtschaft auch in der Landwirtschaft zu Versuchen, eine Spitzenvertretung der landwirtschaftlichen Selbstverwaltung auf reichsrechtlicher Grundlage in Form einer Reichslandwirtschaftskammer ins Leben zu rufen[98]. So wurden im Jahr 1920 zwei Referententwürfe eines Reichslandwirtschaftskammergesetzes publiziert[99], die im Zusammenhang mit dem gem. Art. 165 Abs. 3 WRV zu errichtenden Reichswirtschaftsrat auf die Einrichtung einer berufsständischen Vertretung der Landwirtschaft bei der Reichsregierung abzielten[100]. Im Rahmen eines gestuften Systems sollten die durch allgemeine, gleiche und direkte Wahlen der landwirtschaftlichen Berufsangehörigen zu bildenden Vertretungen der Landwirtschaft als Körperschaften des öffentlichen Rechts[101] in landwirtschaftlichen Berufsvertretungen der einzelnen Länder zusammengefasst werden[102], aus deren Mitte wiederum fünf Sechstel der Mitglieder einer neu einzurichtenden Reichslandwirtschaftskammer gewählt werden sollten[103]. Mindestens ein Drittel der 180 Mitglieder der Reichslandwirtschaftskammer sollten danach Arbeitnehmervertreter sein[104]. Als Grundaufgabe der Reichslandwirtschaftskammer war die Förderung der deutschen Landwirtschaft vorgesehen[105]. Dazu sollte sie u.a. auf Ersuchen der Reichsregierung Berichte und Gutachten über landwirtschaftliche Fragen erstatten und sich in allen wichtigen die Landwirtschaft berührenden Fragen vor deren öffentlicher Regelung gutachtlich äußern[106]. Schließlich sollte sie das Recht haben, selbständig Anträge bei der Reichsregierung zu stellen[107]. Wie viele der letztlich vor allem auch auf eine Demokratisierung der Wirtschaft abzielenden Bemühungen der Reichsgesetzgebung der ersten

---

[98] W. *Peters*, Die landwirtschaftliche Berufsvertretung, 1932, S. 51 ff.; *von Hornstein*, Die landwirtschaftlichen Berufsorganisationen, 1929, S. 88 ff.; *Keucher*, Geschichtliche Entwicklung, 1931, S. 79 ff.
[99] Der zweite Referentenentwurf aus dem Juni 1920 (im Folgenden: ReichslandwirtschaftskammerG-Entwurf-1920) ist abgedruckt bei *Sauer*, Landwirtschaftliche Selbstverwaltung, 1957, S. 286 ff.
[100] *Sauer*, Landwirtschaftliche Selbstverwaltung, 1957, S. 18 f.; zu Art. 165 WRV näher oben S. 155, 158 f., 336 ff.
[101] Vgl. § 3 ReichslandwirtschaftskammerG-Entwurf-1920.
[102] Vgl. §§ 12 ff. ReichslandwirtschaftskammerG-Entwurf-1920.
[103] Gem. § 5 ReichslandwirtschaftskammerG-Entwurf-1920 sollte ein Fünftel der Mitglieder von der Reichsregierung berufen werden.
[104] § 5 Abs. 2 ReichslandwirtschaftskammerG-Entwurf-1920.
[105] § 8 S. 1 ReichslandwirtschaftskammerG-Entwurf-1920.
[106] § 8 S. 2 und 3 ReichslandwirtschaftskammerG-Entwurf-1920.
[107] § 8 S. 3 2. HS ReichslandwirtschaftskammerG-Entwurf-1920.

Jahre der Weimarer Republik scheiterte schließlich auch das Vorhaben einer Reichslandwirtschaftskammer.

Unterdessen wurde im Jahr 1924 der 1872 als reichsweite Vertretung der Landwirtschaftsinteressen gegründete privatrechtliche Deutsche Landwirtschaftsrat zum „Deutschen Landwirtschaftsrat, Verband der Landwirtschaftskammern e.V." umgebildet[108]. Damit kam nun auch in der Namensgebung des Landwirtschaftsrats zum Ausdruck, dass sich der Verband längst zur Spitzenvertretung der Landwirtschaftskammern auf Reichsebene entwickelt hatte[109].

b) Entwicklung des preußischen Landwirtschaftskammerrechts

In Preußen wurde das von Anfang an umstrittene Wahlrecht der Landwirtschaftskammern durch Gesetz vom 16. Dezember 1920 grundlegend überarbeitet[110]. In Anpassung an die allgemeinen Errungenschaften des demokratischen Wahlrechts wurden die Mitglieder der Landwirtschaftskammer fortan in unmittelbarer und geheimer Wahl nach den Grundsätzen der Verhältniswahl gewählt[111]. Wahlberechtigt war nun unabhängig vom Geschlecht jeder mindestens zwanzigjährige Deutsche[112], der als Eigentümer, Nutznießer oder Pächter land- und forstwirtschaftlich genutzter Grundstücke in Preußen die Landwirtschaft entweder im Hauptberuf oder aber im Nebenberuf ausübte, wenn dies nicht überwiegend zur Befriedigung des eigenen hauswirtschaftlichen Bedürfnisses geschah[113]. Alle Wahlberechtigten hatten dabei gleiches Stimmrecht[114]. Die passive Wahlberechtigung stand den aktiv Wahlberechtigten zu, die das 25. Lebensjahr vollendet hatten und seit mindestens einem Jahr ununterbrochen im Kammerbezirk wohnten. Wahlbezirke waren in der

---

[108] *Sauer*, Landwirtschaftliche Selbstverwaltung, 1957, S. 17; zur Entwicklung der Landwirtschaft in der Weimarer Republik: *Wehler*, Deutsche Gesellschaftsgeschichte, Bd. 4, 2003, S. 274 ff.
[109] *Hendler*, Selbstverwaltung als Ordnungsprinzip, 1984, S. 152.
[110] Gesetz zur Änderung des Gesetzes über die Landwirtschaftskammern vom 30.06.1894, S. 41 vom 16.12.1920, Preuß. GS. 1921, S. 41–44; vgl. auch die Wahlordnung für die Landwirtschaftskammern vom 06.01.1921, Preuß. GS. 1921, S. 44–63 (mit Anlagen); zur Entstehung des Änderungsgesetzes: W. *Peters*, Die landwirtschaftliche Berufsvertretung, 1932, S. 44 ff.; *Braun*, Die historische Entwicklung, 1952, S. 30 ff.; zum preußischen (und thüringischen) Landwirtschaftskammerrecht der Weimarer Republik: *Baumbach*, Organisation und Rechtscharakter, 1933, S. 7 f.; *Keucher*, Geschichtliche Entwicklung, 1931, S. 73 ff.; vgl. auch *von Altrock*, Landwirtschaftskammern, in: HdStW, Bd. 6, 4. Aufl., 1925, S. 220 ff.
[111] § 5 Preuß. LwkG-1920; *von Altrock*, Landwirtschaftskammern, in: HdStW, Bd. 6, 4. Aufl., 1925, S. 220 (221); *Baumbach*, Organisation und Rechtscharakter, 1933, S. 38 ff.
[112] Gem. § 6 Abs. 2 Preuß. LwkG-1920 stand das Wahlrecht auch Personen unter zwanzig Jahren und juristischen Personen zu. Sie mussten es indes durch einen gesetzlichen Vertreter ausüben.
[113] § 6 Abs. 1 Preuß. LwkG-1920; Als Hauptberuf galt gem. § 6 Abs. 1 Nr. 1 die Betätigung, auf der hauptsächlich die Lebensstellung beruhte und die gleichzeitig die Haupteinnahmequelle für den Lebensunterhalt bildete; § 6 Abs. 1 a. E. dehnte das aktive Wahlrecht auch auf die im landwirtschaftlichen Beruf mittätigen Ehegatten der aktiv wahlberechtigten Personen aus.
[114] § 6 Abs. 4 Preuß. LwkG-1920.

II. 5. Die Landwirtschaftskammern in der Weimarer Republik 793

Regel die Landkreise[115], wobei in jedem Wahlbezirk – nach näherer Regelung der Satzung – mindestens zwei Mitglieder zu wählen waren[116].

Neu war auch die Regelung einer obligatorischen Zuwahl an Stelle der früheren fakultativen: Zu den in den Wahlbezirken gewählten Mitgliedern trat in jeder Kammer für jeweils zehn Mitglieder ein weiteres durch Zuwahl hinzu[117]. Davon wurde ein Drittel aus der Zahl der im Kammerbezirk tätigen Landfrauen, ein Drittel aus den Reihen der landwirtschaftlichen Betriebsbeamten und der landwirtschaftlichen Fachlehrer und ein Drittel aus der Zahl der Vorsteher der landwirtschaftlichen Genossenschaftsverbände oder sonstiger um die Landwirtschaft besonders verdienter Persönlichkeiten des Kammerbezirks von der Kammer gewählt.

Ein weiteres konzises Änderungsgesetz aus dem Jahr 1923 betraf vor allem die Möglichkeit, für die Verteilung der Kosten der Landwirtschaftskammer einen anderen Maßstab als den Grundsteuerreinertrag festzulegen[118]. Eine im Januar 1930 in den Landtag eingebrachte größere Revision des Landwirtschaftskammergesetzes, die vor allem eine Beteiligung der Arbeitnehmer an den Landwirtschaftskammern herbeiführen sollte[119], wurde indes nicht mehr verabschiedet.

Zu den in Preußen bereits bestehenden Landwirtschaftskammern trat im Jahr 1922 noch eine Kammer im Regierungsbezirk Hohenzollern (Sigmaringen) hinzu. Ansonsten ergaben sich einige Veränderungen durch die Gebietsverluste Preußens in den Provinzen Posen und Westpreußen nach dem Ersten Weltkrieg[120]: So entstand ebenfalls 1922 in Schneidemühl eine Landwirtschaftskammer für die Grenzmark Posen-Westpreußen. 1926 wurde schließlich eine Landwirtschaftskammer für die Provinz Oberschlesien (Oppeln) errichtet. Als Zusammenschluss der preußischen Landwirtschaftskammern wurde der 1911 als Körperschaft des öffentlichen Rechts konstituierte Verband der preußischen Landwirtschaftskammern im Jahr 1921 in die preußische Hauptlandwirtschaftskammer umgewandelt[121].

---

[115] § 8 Abs. 1 S. 1 Preuß. LwkG-1920.
[116] § 8 Abs. 2 Preuß. LwkG-1920.
[117] § 14 Preuß. LwkG-1920.
[118] Gesetz zur Änderung des Gesetzes über die Landwirtschaftskammern vom 30. Juni 1894 (GS S. 126) vom 22. 05. 1923, Preuß. GS. 1923, S. 46; Übersichten zur Zusammensetzung der Einnahmen der preußischen Landwirtschaftskammern in den Jahren 1931/32 finden sich bei: W. Peters, Die landwirtschaftliche Berufsvertretung, 1932, S. 74 ff.
[119] Vgl. *Braun*, Die historische Entwicklung, 1952, S. 40 ff.; *Baumbach*, Organisation und Rechtscharakter, 1933, S. 15 f.
[120] Vgl. im Einzelnen *Sauer*, Landwirtschaftliche Selbstverwaltung, 1957, S. 12.
[121] *von Altrock*, Landes-Oekonomie-Kollegium, in: HdStW, Bd. 6, 4. Aufl., 1925, S. 146 (147); *Baumbach*, Organisation und Rechtscharakter, 1933, S. 14.

c) Das Landwirtschaftskammerrecht in den anderen Einzelstaaten des Deutschen Reichs

Noch keine Landwirtschaftskammern bestanden zu Beginn der Weimarer Republik in den Bundesstaaten Bayern[122], Württemberg, Hamburg, Schaumburg-Lippe, Mecklenburg-Strelitz, Coburg, Schwarzburg-Rudolstadt, Reuß ältere Linie und Reuß jüngere Linie[123]. Württemberg erhielt durch Gesetz vom 23. Juni 1919 eine Landwirtschaftskammer[124]. Bayern richtete durch das Gesetz über Bauernkammern vom 20. März 1920 in Anlehnung an den Aufbau der staatlichen Verwaltung für jeden Bezirk und jede kreisunmittelbare Stadt eine Bezirksbauernkammer, für jeden Kreis eine Kreisbauernkammer und auf staatlicher Ebene zur Zusammenarbeit mit den Ministerien und dem Landtag eine Landesbauernkammer ein[125]. In Schaumburg-Lippe wurden 1921, in Mecklenburg-Strelitz 1925 und in Hamburg 1927 Landwirtschaftskammern eingerichtet. Thüringen, das 1920 durch die Vereinigung der Länder Sachsen-Weimar-Eisenach, Sachsen-Meiningen, Reuß ältere Linie, Reuß jüngere Linie, Sachsen-Altenburg, Sachsen-Gotha, Schwarzburg-Rudolstadt und Schwarzburg-Sondershausen entstanden war, erhielt aufgrund Gesetzes vom 11. Juni 1925 eine einheitliche Landwirtschaftskammer mit Sitz in Weimar[126]. Am Ende der Weimarer Republik bestanden damit in allen Gliedstaaten des Deutschen Reichs Landwirtschaftskammern[127].

---

[122] Zur Diskussion über die Einführung von Landwirtschaftskammern in Bayern vor dem Ersten Weltkrieg vgl. *Zahnbrecher*, Landwirtschaftliche Vereine, 1907, S. 32 ff., 81 ff.

[123] *Sauer*, Landwirtschaftliche Selbstverwaltung, 1957, S. 12; im bei Sauer ebenfalls genannten Sachsen-Meiningen wurde nach *Baumbach*, Organisation und Rechtscharakter, 1933, S. 18 am 29.07.1919 eine Bauernkammer eingerichtet; eine Übersicht mit Stand von Januar 1919 über die Landwirtschaftskammern, landwirtschaftlichen Zentralvereine usw. mit knappen Angaben zur Organisation etc. findet sich in: *N.N.*, Handbuch wirtschaftlicher Verbände und Vereine des Deutschen Reiches, 2. Aufl., 1919, S. 570 ff.

[124] *von Altrock*, Landwirtschaftskammern, in: HdStW, Bd. 6, 4. Aufl., 1925, S. 220 (222).

[125] Art. 2 des Bayerischen Gesetzes über die Bauernkammern, Bay. GVBl. 1920, S. 67; vgl. dazu die Kommentierung von *Woerner*, Das bayerische Gesetz über die Bauernkammern, 3. Aufl., 1930; *Ratjen*, Die bayerischen Bauernkammern, 1981, S. 22 ff.; *Friemberger*, Bayerische Landesbauernkammer, <www.historisches-lexikon-bayerns.de/artikel/artikel_44422> (Stand: August 2010); zur Entstehungsgeschichte der bayerischen Bauernkammern: *Hundhammer*, Die landwirtschaftliche Berufsvertretung, 1926, S. 102 ff.; *Woerner*, a.a.O., S. 1 ff.; *Ratjen*, a.a.O., S. 12 ff.

[126] *Baumbach*, Organisation und Rechtscharakter, 1933, S. 18.

[127] Nach Statistisches Reichsamt, Statistisches Jahrbuch für das Deutsche Reich 52 (1933), 1933, S. 544 bestanden am 01.01.1933 folgende Landwirtschaftskammern: *Preußen*: neben der Preußischen Hauptlandwirtschaftskammer folgende Landwirtschaftskammern (LwK): LwK für die Provinz Ostpreußen (mit Sitz in Königsberg), für die Provinz Brandenburg und Berlin (Berlin), für die Provinz Pommern (Stettin), für die Provinz Niederschlesien (Breslau), für die Provinz Oberschlesien (Oppeln), für die Grenzmark Posen-Westpreußen (Schneidemühl), für die Provinz Sachsen (Halle), für die Provinz Schleswig-Holstein (Kiel), für die Provinz Hannover (Hannover), für die Provinz Westfalen (Münster), für den Regierungsbezirk Kassel (Kassel), für den Regierungsbezirk Wiesbaden (Wiesbaden), für den Regierungsbezirk Sigmaringen (Sigmaringen), für die Rheinprovinz (Bonn); in *Bayern* bestanden folgende Kreisbauernkammern: Oberbayern (München), Niederbayern (Landshut), Pfalz (Kaiserslautern), Oberpfalz (Regensburg), Oberfranken (Bayreuth), Mittelfranken (Ansbach), Unterfranken (Würzburg), Schwaben (Augsburg); *Sachsen*: LwK für den Freistaat Sachsen (Dresden); *Württemberg*: Württembergische LwK (Stutt-

Die Landwirtschaftskammern besaßen in den verschiedenen Gliedstaaten durchweg den Status einer Körperschaft des öffentlichen Rechts, wenn sie auch gesetzlich nur selten ausdrücklich als solche bezeichnet wurden[128]. Der überkommenen Vorstellung entsprechend wurde unter der Kammer in der Regel synonym die rechtsfähige Körperschaft wie auch ihre Vollversammlung verstanden. Deren Mitglieder wurden von den Landwirten des Kammerbezirks in allgemeiner und gleicher Wahl gewählt, wobei meist eine begrenzte Zuwahl von Personen möglich war, die in einer bestimmten Nähebeziehung zur Landwirtschaft standen[129]. Zum Teil war eine Arbeitnehmerbeteiligung vorgesehen: So gehörten der Kammer in Württemberg neben 48 gewählten Landwirten zwölf gewählte Repräsentanten der Arbeitnehmer an[130]. Die Vollversammlung wählte einen Vorstand als rechtsgeschäftliche Vertretung der Kammer sowie Ausschüsse, welche maßgeblich die inhaltliche Arbeit der Kammer trugen[131]. Aufgaben der Kammern waren primär die Gesamtinteressenvertretung des landwirtschaftlichen Berufsstands und die Förderung der Landwirtschaft[132]. Die staatlichen Behörden waren regelmäßig über die Lage der Landwirtschaft zu informieren. Finanziert wurde die Arbeit der Kammern außer durch staatliche Zuschüsse und sonstige Einnahmen vor allem durch Beiträge, deren Höhe meist am Grundsteuerreinertrag orientiert war, und die durch kommunale bzw. staatliche Behörden erhoben wurden[133]. Die Staatsaufsicht über die Kammern wurde in der Regel vom zuständigen Ministerium ausgeübt und umfasste neben einer umfassenden Rechtsaufsicht zahlreiche präventive Genehmigungserfordernisse bspw. im Hinblick auf die Satzung und den Haushaltsplan[134]. Regelmä-

---

gart); *Baden:* Badische LwK (Karlsruhe); *Thüringen:* Thüringische Hauptlandwirtschaftskammer (Weimar); *Volksstaat Hessen:* LwK für Hessen (Darmstadt); *Mecklenburg-Schwerin:* LwK für Mecklenburg-Schwerin (Rostock); *Oldenburg:* Oldenburgische LwK (Oldenburg); *Freistaat Braunschweig:* LwK für den Freistaat Braunschweig (Braunschweig); *Anhalt:* LwK für Anhalt (Dessau); *Bremen:* LwK für die Freie Hansestadt Bremen (Bremen); *Lübeck:* LwK für das Gebiet der Freien Hansestadt Lübeck (Lübeck).
[128] Vgl. dazu näher *von Hornstein*, Die landwirtschaftlichen Berufsorganisationen, 1929, S. 65 ff.; *Asmis*, Aus dem Werdegang der Landwirtschaftskammern, in: RdL 1949, 42 (44); *E.R. Huber*, Wirtschaftsverwaltungsrecht, 1. Bd., 2. Aufl., 1953, S. 231; *Sauer*, Landwirtschaftliche Selbstverwaltung, 1957, S. 12 f.
[129] Vgl. die Übersicht über die Grundstrukturen des Landwirtschaftskammerrechts bei *von Altrock*, Landwirtschaftskammern, in: HdStW, Bd. 6, 4. Aufl., 1925, S. 220 (221 ff.) sowie den Überblick zum Wahlrecht bei *von Hornstein*, Die landwirtschaftlichen Berufsorganisationen, 1929, S. 42 ff.
[130] *Sauer*, Landwirtschaftliche Selbstverwaltung, 1957, S. 13.
[131] *von Hornstein*, Die landwirtschaftlichen Berufsorganisationen, 1929, S. 53 ff.; *von Altrock*, Landwirtschaftskammern, in: HdStW, Bd. 6, 4. Aufl., 1925, S. 220 (224 f.).
[132] *Sauer*, Landwirtschaftliche Selbstverwaltung, 1957, S. 14; *von Hornstein*, Die landwirtschaftlichen Berufsorganisationen, 1929, S. 57 ff.
[133] *von Altrock*, Landwirtschaftskammern, in: HdStW, Bd. 6, 4. Aufl., 1925, S. 220 (227); *Sauer*, Landwirtschaftliche Selbstverwaltung, 1957, S. 15; *von Hornstein*, Die landwirtschaftlichen Berufsorganisationen, 1929, S. 60 ff.
[134] *von Hornstein*, Die landwirtschaftlichen Berufsorganisationen, 1929, S. 76 ff.; *Sauer*, Landwirtschaftliche Selbstverwaltung, 1957, S. 13 f.

ßig besaß die Aufsichtsbehörde das Recht, an den Sitzungen der Kammer (der Vollversammlung) bzw. des Vorstands teilzunehmen.

Der Unterbau der Kammern war sehr unterschiedlich ausgestaltet[135]: Während in Bayern – wie geschildert – ein gestuftes System aus Kreisbauernkammern, Bezirksbauernkammern und der Landesbauernkammer bestand[136] und die preußischen Kammern wie vor dem Ersten Weltkrieg mit den landwirtschaftlichen Vereinen zusammenarbeiteten[137], wurde etwa in den drei Provinzen des Volksstaates Hessen (Darmstadt) je ein Provinzausschuss gebildet, denen wiederum Bezirksausschüsse untergeordnet waren.

6. Die Ersetzung der Selbstverwaltung der Landwirtschaft durch den Reichsnährstand im Nationalsozialismus

Wie oben in den Kapiteln über die Geschichte des Rechts der IHK sowie der Selbstverwaltungskörperschaften des Handwerks eingehend dargestellt wurde, begann die nationalsozialistische Führung im Rahmen des später nicht weiter verfolgten Plans zur Verwirklichung eines berufsständischen Aufbaus von Wirtschaft und Gesellschaft schon bald nach der Machtergreifung am 30. Januar 1933 damit, alle öffentlich-rechtlichen und privatrechtlichen Interessenwahrnehmungsorgane und -verbände der verschiedenen Wirtschaftszweige in einen hierarchischen, von Staat und Partei kontrollierten Aufbau einzugliedern[138]. Ziel war es, die Wirtschaft insgesamt einer straffen Führung von Staat und Partei zu unterwerfen. Im Bereich der Landwirtschaft wurde die Ersetzung der Selbstverwaltung durch eine totalitäre Einheitsorganisation besonders forciert betrieben[139]. So wurden schon im April 1933 konkrete „Vorschläge zur Neuordnung des Bauernstandes" ausgearbeitet, welche die Bildung einer „straffen, planmäßig und einheitlich geführten, die gesamte Landwirtschaft umfassenden Selbsthilfe-Organisation", die „mit dem überschraubten parlamentarischen System [aufräumt] und an dessen Stelle als obersten Grundsatz den Autoritäts- und Führergedanken [...] von oben bis unten" durchsetzt, vorsahen[140]. Bereits im September 1933 wurden diese Pläne dann durch Bildung des sog. Reichsnährstands als erster nationalsozialistischer, wirtschaftsstän-

---

[135] Vgl. *Sauer*, Landwirtschaftliche Selbstverwaltung, 1957, S. 14 f.
[136] *Woerner*, Das bayerische Gesetz über die Bauernkammern, 3. Aufl., 1930, S. 4 f., 15 f.
[137] § 2 Abs. 3 Preuß. LwkG-1894 (blieb in der Weimarer Republik unverändert).
[138] Vgl. oben S. 342 ff., 596 ff.
[139] Zur Unterwanderung der landwirtschaftlichen Verbände und Organisationen durch die Nationalsozialisten vor der Machtergreifung: *Merkenich*, Grüne Front, 1998, S. 319 ff.
[140] Vorschläge zur Neuordnung des Bauernstandes vom 27.04.1933, Nachlass von R. Walther Darré (Stadtarchiv Goslar), zitiert nach Merkenich, Grüne Front, 1998, S. 347; vgl. auch *Häberlein*, Verhältnis von Staat und Wirtschaft, Bd. 2, 1938, S. 20 f.

discher Organisation, die einen gesamten Wirtschaftsbereich umfassend einer zentralen Regie unterwarf[141], umgesetzt[142].

a) Errichtung des Reichsnährstands unter Aufhebung der Landwirtschaftskammern

Ausgangspunkt der Gesetzgebung zur Einführung des Reichsnährstands und damit zur Beseitigung der Selbstverwaltung der Landwirtschaft war das Gesetz über die Zuständigkeit des Reichs für die Regelung des ständischen Aufbaus der Landwirtschaft vom 15. Juli 1933 (Reichsnährstandsgesetz)[143], das dem Reich die ausschließliche Gesetzgebung über „die Neuregelung des Aufbaus des Standes der deutschen Landwirtschaft" zuwies[144]. Auf der Grundlage dieser Kompetenz erging bereits am 13. September 1933 das Gesetz über den vorläufigen Aufbau des Reichsnährstandes und Maßnahmen zur Markt- und Preisregelung für landwirtschaftliche Erzeugnisse[145], das den Reichsminister für Ernährung und Landwirtschaft ermächtigte, eine vorläufige Regelung über den Aufbau des Standes der deutschen Landwirtschaft (Reichsnährstand) zu treffen[146]. Dass der Reichsnährstand von Anfang an als umfassende Organisation des Landwirtschaftssektors bzw. letztlich sogar des gesamten Ernährungssektors konzipiert war, wurde darin deutlich, dass ihm nach dem Gesetz auch die landwirtschaftlichen Genossenschaften, der Landhandel und die Be- und Verarbeiter landwirtschaftlicher Erzeugnisse angehörten[147]. Die Vorläufigkeit der Regelung wurde damit begründet, dass der Aufbau des Standes der deutschen Landwirtschaft besonders dringlich sei und daher bereits vor der Regelung des angestrebten endgültigen ständischen Aufbaus der gesamten deut-

---

[141] *Bracher/Sauer/Schulz*, Die nationalsozialistische Machtergreifung, 2. Aufl., 1962, S. 647.
[142] Zum Reichsnährstand: *Broszat*, Der Staat Hitlers, 6. Aufl., 1976, S. 230 ff.; *Frank*, Der „Reichsnährstand", 1988, S. 115 ff.; *Sauer*, Landwirtschaftliche Selbstverwaltung, 1957, S. 20 ff.; *Haushofer*, Reichsnährstand, in: HAR, Bd. II, 1982, Sp. 668 ff.; *Abel*, Agrarpolitik, 2. Aufl., 1958, S. 84 f.; *Hendler*, Selbstverwaltung als Ordnungsprinzip, 1984, S. 179; aus der zeitgenössischen Literatur: *Reischle/Saure*, Aufgaben und Aufbau des Reichsnährstandes, 1934; *Busch*, Wirtschaftliche Selbstverwaltung im Reichsnährstand, 1936; *Häberlein*, Verhältnis von Staat und Wirtschaft, Bd. 2, 1938, S. 20 ff.; *Molitor*, Deutsches Bauern- und Agrarrecht, 2. Aufl., 1939, S. 145 ff.
[143] RGBl. 1933 I, S. 495; zu den Rechtsgrundlagen des Reichsnährstands vgl. auch die Übersicht bei *Sauer*, Reichsnährstands-Abwicklungsgesetz, in: Recht der Landwirtschaft 1961, 57; eine Aufstellung der einschlägigen Rechtsquellen mit dem Stand von 1935 findet sich bei *Frese/Adermann*, Führer durch das Reichsnährstandsrecht, 1935, S. 7 ff.
[144] § 1 Abs. 1 Reichsnährstandsgesetz; gem. § 1 Abs. 2 des Gesetzes blieben die bestehenden landesgesetzlichen Bestimmungen bis zu einer reichsgesetzlichen Regelung in Kraft; *Puppo*, Wirtschaftsrechtliche Gesetzgebung, 1988, S. 39.
[145] RGBl. 1933 I, S. 626 f.
[146] § 10 Reichsnährstandsgesetz ermächtigte den Reichsminister für Ernährung und Landwirtschaft, die zur Durchführung des Gesetzes erforderlichen Rechtsverordnungen und allgemeinen Verwaltungsvorschriften zu erlassen.
[147] § 1 Abs. 2 2. HS Reichsnährstandsgesetz; inhaltlich umfasste die Landwirtschaft i. S. d. Gesetzes gem. § 1 Abs. 2 1. HS des Gesetzes auch Forstwirtschaft, Gartenbau, Fischerei und Jagd.

schen Wirtschaft in Angriff genommen werden müsse[148]. Im Anschluss an seine Verfügung vom 19. September 1933, die bereits die geplante Organisation des Reichsnährstands umrissen hatte[149], erließ der Reichsminister für Ernährung und Landwirtschaft aufgrund der Ermächtigung durch das Gesetz vom 13. September 1933 am 8. Dezember 1933 die Erste Verordnung über den vorläufigen Aufbau des Reichsnährstands (Erste Aufbauverordnung)[150], durch die der Reichsnährstand endgültig errichtet wurde[151].

Die Erste Aufbauverordnung vom 8. Dezember 1933, der noch drei weitere Aufbauverordnungen folgten[152], bedeutete zugleich das Ende der bestehenden Landwirtschafts- und Bauernkammern[153]. Gem. § 6 Erste Aufbauverordnung trat der Reichsnährstand als Rechtsnachfolger an die Stelle des Deutschen Landwirtschaftsrats, der preußischen Hauptlandwirtschaftskammer und der öffentlich-rechtlichen landwirtschaftlichen Berufsvertretungen (Landwirtschaftskammern und Bauernkammern)[154]. Anders als in den anderen Bereichen der Selbstverwaltung der Wirtschaft wurden die Landwirtschaftskammern also nicht etwa zunächst nach dem nationalsozialistischen Führerprinzip umgestaltet, um erst Jahre später aufgelöst zu werden. Im Ergebnis wurden die Selbstverwaltungskörperschaften der Landwirtschaft von der nationalsozialistischen Führung damit deutlich früher beseitigt als etwa die IHK und die Handwerkskammern.

b) Verfassung des Reichsnährstands

Der Reichsnährstand sollte als „Selbstverwaltungskörperschaft" des öffentlichen Rechts mit Sitz in Berlin[155] die Vertretung der deutschen Bauern- und Landwirtschaft einschließlich der landwirtschaftlichen Genossenschaften, des Landhandels und der Be- und Verarbeiter landwirtschaftlicher Erzeugnisse bilden[156]. Dem

---

[148] Vgl. die amtliche Begründung des Gesetzes über den vorläufigen Aufbau des Reichsnährstandes und Maßnahmen zur Markt- und Preisregelung landwirtschaftlicher Erzeugnisse vom 13.09.1933, Deutscher Reichsanzeiger und Preußischer Staatsanzeiger vom 20.09.1933 (Nr. 220), S. 1.
[149] *Sauer*, Landwirtschaftliche Selbstverwaltung, 1957, S. 22.
[150] RGBl. 1933 I, S. 1060 f.
[151] Der Aufbau des Reichsnährstands war bis Februar 1934 weitgehend abgeschlossen, *Frank*, Der „Reichsnährstand", 1988, S. 118.
[152] Zweite Verordnung über den vorläufigen Aufbau des Reichsnährstandes vom 15.01.1934, RGBl. I S. 32 f.; Dritte Verordnung über den vorläufigen Aufbau des Reichsnährstandes vom 16.02.1934, RGBl. I S. 100–102; Vierte Verordnung über den vorläufigen Aufbau des Reichsnährstandes vom 04.02.1935, RGBl. I S. 170 f.
[153] Zu kurz greift das Fazit von *Braun*, Die historische Entwicklung, S. 45, die Landwirtschaftskammern seien ihres bisherigen Charakters entkleidet worden und ihr Name sei bis nach Beendigung des Zweiten Weltkriegs ausgelöscht geblieben.
[154] Näher: *Sprick*, Ausbau der Organisation und Verwaltung des Reichsnährstandes, in: Recht des Reichsnährstandes 1936, 4 ff.
[155] § 1 Abs. 2 S. 1 Erste Aufbauverordnung; zum Aufbau des Reichsnährstands auch: *Exel*, Reichsnährstand, 1991, S. 12 ff.
[156] § 1 Abs. 1 Erste Aufbauverordnung.

Reichsnährstand gehörten zunächst alle Personen an, die im Deutschen Reich als Eigentümer, Verpächter, Pächter usw. bäuerlicher oder landwirtschaftlicher Betriebe oder als Familienangehörige, Arbeiter, Angestellte oder Beamte in der Landwirtschaft tätig waren[157]. Ferner umfasste der Reichsnährstand alle natürlichen Personen, die im Reich Landhandel oder die Be- oder Verarbeitung landwirtschaftlicher Erzeugnisse betrieben[158], die landwirtschaftlichen Genossenschaften einschließlich ihrer Zusammenschlüsse und sonstigen Einrichtungen[159] sowie die durch den Reichsbauernführer gem. § 9 Erste Aufbauverordnung dem Reichsnährstand angegliederten Vereine, Vereinigungen und Verbände, welche die Förderung und Wahrung der Belange der Landwirtschaft etc. zum Zweck hatten[160].

Wenn die Erste Aufbauverordnung den Reichsnährstand als Selbstverwaltungskörperschaft bezeichnete[161], ist evident, dass hier der nationalsozialistische Selbstverwaltungsbegriff Verwendung fand[162]. Von einer Selbstverwaltung im überkommenen und heute üblichen Sinn konnte im Reichsnährstand keine Rede sein[163]. Insbesondere fehlte es am zentralen Element der Wahl der Organe „von unten" durch die Mitglieder. „Führer" und gesetzlicher Vertreter des Reichsnährstands war nämlich der Reichsbauernführer[164], der nach dem nationalsozialistischen Füh-

---

[157] § 4 Nr. 1 Erste Aufbauverordnung; nach dieser Vorschrift umfasste der Reichsnährstand ferner frühere Eigentümer und Nutznießer landwirtschaftlicher Grundstücke, die Ansprüche aus einem Grundstücksüberlassungsvertrag oder einem mit einer Grundstücksüberlassung in Verbindung stehenden Altenteilsvertrag hatten; *Häberlein*, Verhältnis von Staat und Wirtschaft, Bd. 2, 1938, S. 40 ff.

[158] § 4 Nr. 4 Erste Aufbauverordnung.

[159] § 4 Nr. 3 Erste Aufbauverordnung.

[160] § 4 Nr. 2 Erste Aufbauverordnung; gem. § 7 Erste Aufbauverordnung konnten derartige Vereine etc. durch Anordnung des Reichsbauernführers mit der Folge ihrer Auflösung in den Reichsnährstand eingegliedert oder gem. § 8 Erste Aufbauverordnung schlicht aufgelöst werden. Als mildere Maßnahme konnte der Reichsbauernführer diese Vereine gem. § 9 Erste Aufbauverordnung dem Reichsnährstand angliedern, wenn eine Eingliederung oder Auflösung aus besonderen Gründen nicht tunlich erschien. Durch § 1 Vierte Verordnung über den vorläufigen Aufbau des Reichsnährstandes vom 04.02.1935 (Vierte Aufbauverordnung) wurde der Reichsnährstand später auch auf Zusammenschlüsse ausgedehnt, die durch den Reichsminister für Ernährung und Landwirtschaft gem. § 3 Reichsnährstandsgesetz angeordnet wurden.

[161] § 1 Abs. 2 S. 1 Erste Aufbauverordnung.

[162] Dazu oben S. 105 ff.; vgl. auch *Häberlein*, Verhältnis von Staat und Wirtschaft, Bd. 2, 1938, S. 29; *Haushofer*, Reichsnährstand, in: HAR, Bd. II, 1982, Sp. 668 (670).

[163] Vgl. auch *H. Peters*, Lehrbuch der Verwaltung, 1949, S. 458; *Schwarze*, Rechtsstellung der Landwirtschaftskammern in Hessen, 1951, S. 12; *Sauer*, Landwirtschaftliche Selbstverwaltung, 1957, S. 29; *Asmis*, Aus dem Werdegang der Landwirtschaftskammern, in: RdL 1949, 42 (45); selbst in der zeitgenössischen Beurteilung von *Hedemann*, Die Reichsnährstandsgesetzgebung, in: Recht des Reichsnährstandes 1935, 292 (294) scheint dies deutlich durch; bezeichnend ist auch die Feststellung von *Busch*, Wirtschaftliche Selbstverwaltung im Reichsnährstand, 1936, S. 10, dass sich eine Untersuchung der Rechtsnatur des Reichsnährstands angesichts der ausdrücklichen gesetzlichen Charakterisierung als Selbstverwaltungskörperschaft des öffentlichen Rechts erübrige.

[164] Die Verschränkung zwischen Reichsnährstand, Partei und Staat wird in der Person des Reichsbauernführers besonders deutlich: Reichsbauernführer war zunächst R. W. Darré und ab dem Jahr 1942 H. Backe, die beide in Personalunion zugleich dem höchsten landwirtschaftlichen Parteiamt vorstanden (Reichsamt für Agrarpolitik später Reichsamt für das Landvolk) und

rerprinzip von oben durch den Reichskanzler ernannt wurde[165]. Vertikal war der Reichsnährstand in rechtlich unselbständige Landesbauernschaften[166], Kreisbauernschaften und nach Bedarf auch in Ortsbauernschaften gegliedert, denen jeweils ein Landesbauernführer, Kreisbauernführer oder Ortsbauernführer vorstand[167]. Aufgrund des Einsetzungs- und Weisungsrechts von oben nach unten war damit die für den ständischen Wirtschaftsaufbau des Nationalsozialismus prägende, mit dem Selbstverwaltungsprinzip unvereinbare „top down"-Pyramidenstruktur errichtet. Die inneren Verhältnisse des Reichsnährstands sollten durch eine Satzung geregelt werden, die der Reichsbauernführer erließ und die der Genehmigung des Reichsministers für Ernährung und Landwirtschaft bedurfte[168].

Aufgabe des Reichsnährstands war es, „seine Angehörigen in Verantwortung für Volk und Reich zu einer lebenskräftigen Stütze für den Aufbau, die Erhaltung und die Kräftigung des deutschen Volkes zusammenzuschließen"[169]. Dazu sollte er Bauerntum und Landwirtschaft, landwirtschaftliche Genossenschaften und Landhandel sowie die Be- und Verarbeiter landwirtschaftlicher Erzeugnisse fördern, die wirtschaftlichen und gesellschaftlichen Angelegenheiten zwischen seinen Angehörigen regeln, zwischen den Bestrebungen der von ihm umschlossenen Kräfte einen dem Gemeinwohl dienenden Ausgleich herbeiführen und die Behörden bei allen den Reichsnährstand betreffenden Fragen insbesondere durch Erstellung von Gutachten und Bestellung von Sachverständigen unterstützen[170]. Schließlich sollte er über die Standesehre seiner Angehörigen wachen[171].

Reichsminister für Ernährung und Landwirtschaft waren (Minister wurde Backe offiziell erst 1944, vgl. *Frank*, Der „Reichsnährstand", 1988, S. 126), *Sauer*, Landwirtschaftliche Selbstverwaltung, 1957, S. 25 f.

[165] § 10 Abs. 1 Erste Aufbauverordnung.

[166] Vgl. die Übersichten über die Landesbauernschaften (Stand: 1944) bei *Sauer*, Landwirtschaftliche Selbstverwaltung, 1957, S. 27.

[167] Zur Verwaltungsgliederung des Reichsnährstands, an deren Spitze seit 1934 das Verwaltungsamt des Reichsbauernführers stand, dem die 19 Landesbauernschaften des Reichs und die innere Verwaltung des Reichsnährstands in Berlin untergeordnet waren: *Sauer*, Landwirtschaftliche Selbstverwaltung, 1957, S. 26 f.; *Frank*, Der „Reichsnährstand", 1988, S. 127 ff., 135 ff.; *Haushofer*, Reichsnährstand, in: HAR, Bd. II, 1982, Sp. 668 (670 f.); aus der zeitgenössischen Literatur: *Reischle/Saure*, Aufgaben und Aufbau des Reichsnährstandes, 1934, S. 54 ff.; *Busch*, Wirtschaftliche Selbstverwaltung im Reichsnährstand, 1936, S. 7 ff.; *Molitor*, Deutsches Bauern- und Agrarrecht, 2. Aufl., 1939, S. 153 ff.

[168] § 16 Erste Aufbauverordnung; eine einheitliche Satzung wurde jedoch nie erlassen; es entstanden lediglich Teilsatzungen wie z. B. eine Beitrags- und eine Besoldungsordnung, *Sauer*, Landwirtschaftliche Selbstverwaltung, 1957, S. 26.

[169] § 2 Abs. 1 S. 1 Erste Aufbauverordnung; zu den Aufgaben auch: *Exel*, Reichsnährstand, 1991, S. 12 ff.; *Herferth*, Reichsnährstand, 1961, S. 86 ff.; *Puppo*, Wirtschaftsrechtliche Gesetzgebung, 1988, S. 44 ff.; *Häberlein*, Verhältnis von Staat und Wirtschaft, Bd. 2, 1938, S. 34 ff.

[170] § 2 Abs. 1 S. 2 Erste Aufbauverordnung.

[171] § 3 Erste Aufbauverordnung; ferner konnte der Reichsminister für Ernährung und Landwirtschaft dem Reichsnährstand gem. § 2 Abs. 2 Erste Aufbauverordnung „besondere Aufgaben" übertragen.

II. 6. Der nationalsozialistische Reichsnährstand 801

Finanziert wurde der Reichsnährstand durch staatliche Zuschüsse und Beiträge der Mitglieder[172]. Der Reichsnährstand hatte jährlich einen Haushaltsplan aufzustellen, der vom Reichsbauernführer verabschiedet wurde[173]. Vor allem aufgrund der großen Mitarbeiterzahl des Reichsnährstands, der Mitte 1938 bereits 73.000 Beschäftigte hatte, stieg sein Etat ständig an, was zu zunehmenden Konflikten mit dem Finanzministerium, welches maßgeblich für die Finanzierung zuständig war, führte[174]. Die Staatsaufsicht über den Reichsnährstand oblag dem Reichsminister für Ernährung und Landwirtschaft[175], wobei dieses Amt seit 1933 in Personalunion durch den Reichsbauernführer als Führer des Reichsnährstands ausgeübt wurde[176].

c) Wesen und Entwicklung des Reichsnährstands

Dass die nationalsozialistische Führung schon wenige Monate nach der Machtübernahme sämtliche mit der Nahrungs- und Futtermittelproduktion befassten Personen, Unternehmen und Verbände in einer nach dem Führerprinzip geleiteten ideologisch orientierten Einheitsorganisation wie dem Reichsnährstand zusammenfasste, macht die besondere Bedeutung deutlich, welche die Nationalsozialisten dem Landwirtschafts- und damit Ernährungssektor zunächst beimaßen[177]. Die neu geschaffene Einheitsorganisation sollte letztlich die Grundlage einerseits für die Verwirklichung der nationalsozialistischen Rassen- sowie „Blut und Boden"-Ideologie[178] und andererseits für eine umfassende Preis- und Marktregulierung im landwirtschaftlichen Sektor zwecks Herbeiführung einer Autarkie Deutschlands im Nahrungs- und Futtermittelsektor bieten[179]. Reichsbauernführer und Reichsminister für Ernährung und Landwirtschaft in Personalunion *Richard W. Darré*

---

[172] Gem. § 12 Abs. 1 Erste Aufbauverordnung erhob der Reichsnährstand von seinen Mitgliedern Beiträge nach Maßgabe einer Beitragsordnung, die durch den Reichsbauernführer erlassen wurde. Gem. § 13 Erste Aufbauverordnung konnte der Reichsnährstand für die Benutzung seiner Einrichtungen und Veranstaltungen Gebühren erheben. Es wurde jedoch keine Gebührenordnung erlassen, *Sauer*, Landwirtschaftliche Selbstverwaltung, 1957, S. 26 Fn. 55.
[173] § 14 Erste Aufbauverordnung.
[174] *Frank*, Der „Reichsnährstand", 1988, S. 119.
[175] § 15 Erste Aufbauverordnung.
[176] Ab 1933 R. W. Darré und ab 1942 (Minister ab 1944) H. Backe.
[177] Exemplarisch: *Merkel*, Reichsnährstand und neues Recht, in: Recht des Reichsnährstandes 1937, 253 (253, 255 f.).
[178] Dies war das Hauptanliegen von Reichsbauernführer Darré, der in seinen Büchern „Das Bauerntum als Lebensquell der Nordischen Rasse" und „Neuadel aus Blut und Boden" die These eines rassisch überlegenen germanisch-deutschen Bauerntums propagierte, vgl. *Frank*, Der „Reichsnährstand", 1988, S. 171 ff.
[179] Näher dazu: *Frank*, Der „Reichsnährstand", 1988, S. 180 ff.; aus der zeitgenössischen Literatur: *Reischle/Saure*, Aufgaben und Aufbau des Reichsnährstandes, 1934, S. 9 ff.; *Busch*, Wirtschaftliche Selbstverwaltung im Reichsnährstand, 1936, S. 13 ff.; *Molitor*, Deutsches Bauern- und Agrarrecht, 2. Aufl., 1939, S. 155 ff.; zum Ziel der Marktregulierung vgl. bereits die Begründung des Gesetzes über den vorläufigen Aufbau des Reichsnährstandes und Maßnahmen zur Markt- und Preisregelung landwirtschaftlicher Erzeugnisse vom 13. 09. 1933, Deutscher Reichsanzeiger und Preußischer Staatsanzeiger vom 20. 09. 1933 (Nr. 220), S. 1.

entwickelte den Reichsnährstand zwecks Verfolgung der genannten Ziele auf Kosten des Ministeriums zum eigentlichen staatlichen Entscheidungsträger im Agrarsektor[180]. Ab 1934 propagierte Darré jährlich mit großem Propagandaaufwand die sog. „Erzeugungsschlacht"[181], in deren Rahmen die Landwirtschaft ihre Erträge höchstmöglich steigern sollte, um die angestrebte Selbstversorgung Deutschlands zu erreichen[182].

Auf dem Weg zur Kriegswirtschaft verschob sich das Interesse der nationalsozialistischen Staatsführung ab dem Herbst 1936 indes zunehmend von der Landwirtschaft zur Schwerindustrie. Indem die Ernährungswirtschaft im Rahmen des wirtschaftlichen Vierjahresplans dem eng mit „Wirtschaftsdiktator" *Göring* zusammenarbeitenden Staatssekretär im Reichsernährungsministerium *Herbert Backe* unterstellt wurde[183], büßten Darré und der Reichsnährstand zu Gunsten des Ministeriums große Teile ihres agrarpolitischen Einflusses wieder ein[184]. Der Machtverlust des Reichsnährstands beschleunigte sich mit Kriegsbeginn am 1. September 1939, nachdem er wenige Tage zuvor in seiner Gesamtheit dem Reichsminister für Ernährung und Landwirtschaft unterstellt worden war[185]. Die wesentlichen agrarpolitischen Weichenstellungen oblagen fortan wieder dem Ministerium und dem pragmatischer agierenden Backe, der im Mai 1942 den entmachteten Ideologen Darré schließlich auch als Reichsbauernführer ablöste[186]. In den letzten Kriegsjahren verlor der mehrfach umstrukturierte Reichsnährstand schließlich fast völlig an Bedeutung und wurde zu einem bloßen weiteren Rädchen in der Kriegsmaschinerie[187].

7. Die Entwicklung des Landwirtschaftskammerrechts und -wesens seit Ende des Zweiten Weltkriegs

a) Die Abwicklung des Reichsnährstands

Nach Kriegsende bezog der Alliierte Kontrollrat den Reichsnährstand nicht in die Liste der nach Art. I Abs. 2 seines Gesetzes Nr. 2 über die Auflösung und Liquidie-

---

[180] *Broszat*, Der Staat Hitlers, 6. Aufl., 1976, S. 238 f.; *Frank*, Der „Reichsnährstand", 1988, S. 203 f.

[181] Ab Kriegsbeginn 1939 „Kriegserzeugungsschlacht".

[182] *Seidl*, Agrargeschichte, 2006, S. 256 f.; *Frank*, Der „Reichsnährstand", 1988, S. 194 ff.

[183] In dem Maße, in dem der nominelle Minister Darré zu Gunsten des von ihm präferierten Reichsnährstands seine Aufgaben im Ministerium vernachlässigt hatte, hatte der dortige Staatssekretär Herbert Backe, der die eigentliche Führungsarbeit im Ministerium leistete, an Einfluss gewonnen.

[184] *Frank*, Der „Reichsnährstand", 1988, S. 201 ff., 218 ff.

[185] § 6 Abs. 1 S. 1 Verordnung über die Wirtschaftsverwaltung vom 27. 08. 1939, RGBl. I, S. 1495; *Frank*, Der „Reichsnährstand", 1988, S. 255 ff.

[186] *Haushofer*, Reichsnährstand, in: HAR, Bd. II, 1982, Sp. 668 (672); *Frank*, Der „Reichsnährstand", 1988, S. 268 ff.

[187] *Frank*, Der „Reichsnährstand", 1988, S. 270 ff.

rung der Naziorganisationen vom 10. Oktober 1945 ausdrücklich aufgelösten Organisationen ein[188]. Die nationalsozialistische Gesetzgebung zum Reichsnährstand wurde nicht aufgehoben und galt daher weiter[189]. Während die Zentrale des Reichsnährstands in Berlin unmittelbar nach Kriegsende aufgelöst wurde, blieb seine Organisation auf Länderebene zunächst bestehen. Da die vier Besatzungsmächte jedoch keine Einigkeit über einen vollständigen oder teilweisen Fortbestand der Organisationsstrukturen des Reichsnährstands erzielen konnten, hoben sie die Organisation schließlich de facto auf verschiedene Weise auf und integrierten die für die Ernährungssicherung notwendigen Teile wie die Ernährungsämter in die Verwaltungen der entstehenden Länder[190]. Formell aufgelöst wurde der Reichsnährstand im Vereinigten Wirtschaftsgebiet der britischen und amerikanischen Besatzungszone durch Gesetz vom 21. Januar 1948[191] und in der französischen Besatzungszone, in Rheinland-Pfalz durch Landesgesetz vom 15. Juli 1949[192]. In Baden wurde durch Verordnung vom 16. Mai 1950 der Gesamtvermögensübergang auf das Land geregelt[193]. Offene Fragen zu den Verhältnissen des Dienstpersonals und der Versorgungsempfänger wurden durch Bundesgesetz vom 11. Mai 1951 und verbliebene offene Vermögensangelegenheiten wie z.B. die Entschädigung zwangsweise aufgelöster Organisationen wie der Landwirtschaftskammern erst durch das Reichsnährstands-Abwicklungsgesetz vom 23. Februar 1961 geregelt[194].

b) Das Scheitern eines Bundesgesetzes über die landwirtschaftliche Selbstverwaltung

Bevor auf die Wiederentstehung der Landwirtschaftskammern und die Entwicklung des Landwirtschaftskammerrechts in den Ländern eingegangen wird, sei hier vorweggenommen, dass Bemühungen zum Erlass eines Bundesgesetzes über die landwirtschaftliche Selbstverwaltung in den fünfziger Jahren des 20. Jh. scheiterten[195]: Nachdem der Bundestag die Bundesregierung durch einstimmigen Be-

---

[188] Official Gazette of the Control Council for Germany 1945, Nr. 1, S. 19, ber. S. 241.
[189] *Hohenstein*, Bauernverbände und Landwirtschaftskammern, 1990, S. 36; vgl. auch *Haushofer*, Reichsnährstand, in: HAR, Bd. II, 1982, Sp. 668 (672).
[190] *Sauer*, Landwirtschaftliche Selbstverwaltung, 1957, S. 30f.; *Haushofer*, Reichsnährstand, in: HAR, Bd. II, 1982, Sp. 668 (672).
[191] Gesetz- und Verordnungsblatt des Wirtschaftsrates des vereinigten Wirtschaftsgebietes (Amerikanisches und Britisches Besatzungsgebiet in Deuschland) 1948, S. 21.
[192] § 1 Landesgesetz über die Auflösung des Reichsnährstandes und zur Überleitung von Aufgaben und Befugnissen auf den Gebieten der Ernährungswirtschaft und der Landwirtschaft vom 15. 07. 1949, GVBl. Rh.-Pf., Teil 1, 1949, S. 280.
[193] § 2 Abs. 2 Landesverordnung über die Verwertung der Vermögen des ehemaligen Deutschen Reiches und der ehemaligen deutschen Länder vom 16. 05. 1950, Badisches GVBl. 1950, S. 263.
[194] Gesetz über die Abwicklung des Reichsnährstands und seiner Zusammenschlüsse (Reichsnährstands-Abwicklungsgesetz) vom 23.02. 1961, BGBl. I, S. 119–127; *Sauer*, Reichsnährstands-Abwicklungsgesetz, in: Recht der Landwirtschaft 1961, 57ff., 85ff.; *Kroeschell*, Reichsnährstands-Abwicklung, in: HAR, Bd. II, 1982, Sp. 673 f.
[195] Ausführlich dazu: *Sauer*, Landwirtschaftliche Selbstverwaltung, 1957, S. 33 ff.

schluss vom 11. Januar 1951 zur Vorlage eines Bundesrahmengesetzes über die Wiedererrichtung der Landwirtschaftskammern aufgefordert hatte, verabschiedete das Bundeskabinett nach längeren Diskussionen u. a. zur Frage der Bundeskompetenz und zur Mitbestimmung in den Kammern am 20. Februar 1953 den Entwurf eines Gesetzes über die landwirtschaftliche Selbstverwaltung, der am 6. März 1953 gem. Art. 76 Abs. 2 GG a. F. zunächst dem Bundesrat zugeleitet[196] und nach dessen Stellungnahme unter dem 23. Mai 1953 beim Bundestag eingebracht wurde[197].

Entgegen der Anregung im Bundestagsbeschluss vom 11. Januar 1951 handelte es sich bei dem Entwurf nicht um ein Rahmengesetz, da das Recht der Selbstverwaltung der Landwirtschaft allenfalls in Randbereichen dem Kompetenzkatalog des Art. 75 GG a. F. unterfiel[198]. Ziel des Gesetzes war, lediglich „Grundsätze für die Errichtung der Landwirtschaftskammern" aufzustellen, „die Ausgestaltung im Einzelnen aber den Ländern" zu überlassen[199]. Gestützt wurde das Gesetz, das sachlich eine Fortsetzung und Ergänzung des Reichsnährstandsauflösungsgesetzes darstellen sollte, außer auf Art. 125 GG vor allem auf Art. 74 Nr. 17 GG, da die Einrichtung von Landwirtschaftskammern der Förderung der land- und forstwirtschaftlichen Erzeugung sowie der Sicherung der Ernährung diene[200]. Das für die konkurrierende Bundeskompetenz erforderliche Bedürfnis für eine bundesgesetzliche Regelung gem. Art. 72 Abs. 2 GG a. F. wurde primär damit begründet, dass das aufgrund der Besatzungszeit zersplitterte Recht auf dem Gebiet der berufsständischen Selbstverwaltung zur Wahrung der Rechts- und Wirtschaftseinheit wieder einander angeglichen werden müsse[201].

Inhaltlich sah der lediglich neun Paragraphen umfassende Gesetzentwurf vor, dass zur Förderung der landwirtschaftlichen Erzeugung durch die verantwortliche Mitarbeit der Berufszugehörigen der Landwirtschaft in den Ländern landwirtschaftliche Selbstverwaltungseinrichtungen (Landwirtschaftskammern, Bauernkammern) in der Rechtsform der Körperschaft des öffentlichen Rechts errichtet werden sollten[202]. Grundaufgabe der landwirtschaftlichen Selbstverwaltung sollte es sein, die Landwirtschaft in allen ihren Zweigen und die in ihr Berufstätigen in betriebswirtschaftlicher und betriebstechnischer Hinsicht zu fördern und zu betreuen[203]. Da den Kammern nicht die Aufgabe der Gesamtinteressenvertretung zugewiesen werden sollte, waren sie letztlich primär als Beratungs- und Förderungs-

---

[196] BR-Drs. 96/53.
[197] Entwurf eines Gesetzes über die landwirtschaftliche Selbstverwaltung, BT-Drs. (I)/4382 (im Folgenden: Entwurf Bundesgesetz landwirtschaftliche Selbstverwaltung-1953).
[198] Begründung zum Gesetzentwurf, BT-Drs. (I)/4382, S. 4 (5).
[199] Begründung zum Gesetzentwurf, BT-Drs. (I)/4382, S. 4 (5).
[200] Begründung zum Gesetzentwurf, BT-Drs. (I)/4382, S. 4 (5); für eine Bundeskompetenz zur Regelung des Rechts der Landwirtschaftskammern aus Art. 74 Nr. 17 GG auch *E. R. Huber*, Wirtschaftsverwaltungsrecht, 2. Bd., 2. Aufl., 1954, S. 762.
[201] Begründung zum Gesetzentwurf, BT-Drs. (I)/4382, S. 4 (5).
[202] § 1 Abs. 1 S. 2 Entwurf Bundesgesetz landwirtschaftliche Selbstverwaltung-1953.
[203] § 2 Abs. 1 S. 1 Entwurf Bundesgesetz landwirtschaftliche Selbstverwaltung-1953.

organe der Landwirtschaft und nicht als deren Interessenvertretung in wirtschaftlichen, sozialen und anderen Fragen konzipiert. Ausdrücklich nicht zu den Kammeraufgaben sollte die wirtschafts- und sozialpolitische Vertretung und Betreuung der Landwirtschaft und der dem landwirtschaftlichen Berufsstand angehörenden Personen gehören[204]. Die Mitglieder der Hauptversammlung sollten von den Berufszugehörigen der Landwirtschaft aus ihrer Mitte gewählt werden[205], wobei Arbeitnehmervertreter bis zu einem Drittel der Mitglieder an der Hauptversammlung beteiligt werden sollten[206]. Finanziert werden sollten die Kammern durch Gebühren für die Benutzung ihrer Einrichtungen, durch die Erhebung von Umlagen von den Berufszugehörigen der Landwirtschaft sowie durch sonstige Einnahmen, insbesondere Zuwendungen der öffentlichen Hand[207]. Die Aufsicht sollte durch die oberste Landesbehörde für Ernährung, Landwirtschaft und Forsten ausgeübt werden, wobei es sich in Angelegenheiten des eigenen Wirkungskreises um eine Rechtsaufsicht, in Angelegenheiten des übertragenen Wirkungskreises um eine Fachaufsicht handeln sollte[208].

Im Einklang mit dem Ziel, lediglich ausfüllungsfähige Grundsätze für die landwirtschaftliche Selbstverwaltung zu regeln, wurden die Landesregierungen ausdrücklich ermächtigt, durch Rechtsverordnung die zur Durchführung des Gesetzes erforderlichen Vorschriften u. a. über die Kammerbezirke und den Sitz der Kammern, die Voraussetzungen für die Wahlberechtigung zur Hauptversammlung, die Mitgliederzahl der Hauptversammlung und die Voraussetzungen der Wählbarkeit und das Wahlverfahren zu regeln[209]. Überhaupt keine Geltung sollte das konzise Gesetz in den Ländern Bayern und Baden-Württemberg haben[210].

In den Beratungen des Bundestagsausschusses für Ernährung, Landwirtschaft und Forsten, an welchen der Gesetzentwurf nach der ersten Lesung überwiesen worden war, wurde am 16. und 24. Juni 1953 intensiv über verschiedene Streitfragen, wie die z.T. bezweifelte Bundeskompetenz, die Frage, ob tatsächlich ein allgemeines Bedürfnis zur Errichtung von Landwirtschaftskammern bestehe und konkret auch über die Regelung, welche Bayern und Baden-Württemberg vom Anwendungsbereich des Gesetzes ausnahm, debattiert[211]. Bei der letztgenannten Frage sprach sich die Ausschussmehrheit dafür aus, den Anwendungsbereich des Gesetzes prinzipiell auch auf Bayern und Baden-Württemberg zu erstrecken, falls diese zu einem späteren Zeitpunkt doch noch Kammern errichten würden. Nachdem der Ausschuss noch am 24. Juni 1953 dem Plenum des Bundestags Bericht erstattet hatte, kam es dort jedoch nicht mehr zur zweiten und dritten Lesung, da im Ge-

---

[204] § 2 Abs. 3 Entwurf Bundesgesetz landwirtschaftliche Selbstverwaltung-1953.
[205] § 3 Abs. 1 S. 1 Entwurf Bundesgesetz landwirtschaftliche Selbstverwaltung-1953.
[206] § 3 Abs. 2 S. 3 Entwurf Bundesgesetz landwirtschaftliche Selbstverwaltung-1953.
[207] § 5 Abs. 1 Entwurf Bundesgesetz landwirtschaftliche Selbstverwaltung-1953.
[208] § 6 Entwurf Bundesgesetz landwirtschaftliche Selbstverwaltung-1953.
[209] § 7 Entwurf Bundesgesetz landwirtschaftliche Selbstverwaltung-1953.
[210] § 8 Entwurf Bundesgesetz landwirtschaftliche Selbstverwaltung-1953.
[211] *Sauer*, Landwirtschaftliche Selbstverwaltung, 1957, S. 46.

schäftsordnungsausschuss des Bundestags die Aufnahme in die Tagesordnung der letzten vor den Neuwahlen in Betracht kommenden Bundestagssitzung verhindert wurde[212]. War der Gesetzentwurf damit aufgrund des Grundsatzes der Diskontinuität mit Beendigung der ersten Wahlperiode gescheitert, wurde er im zweiten Bundestag nicht mehr eingebracht. Hintergrund war nicht zuletzt, dass die erforderliche Zustimmung des Bundesrats nunmehr nicht mehr gegeben schien, da mittlerweile verschiedene Länder eigene Landwirtschaftskammergesetze erlassen hatten. Aufgrund des Scheiterns des Bundesgesetzentwurfs beruht die Entwicklung des Landwirtschaftskammerwesens seit 1945 allein auf Landesrecht.

c) Die Entwicklung des Landwirtschaftskammerrechts in den Ländern seit 1945

Die Entwicklung des Landwirtschaftskammerwesens verlief in den nach dem Ende des Zweiten Weltkriegs entstehenden Ländern sehr unterschiedlich[213]: Während z.T. keine Landwirtschaftskammern mehr entstanden, wurden in anderen Ländern Landwirtschaftskammern (wieder)errichtet, die bis heute Bestand haben, während wiederum andere Länder zwar zunächst Landwirtschaftskammern wiedererrichtet, diese aber später wieder aufgelöst haben. Im Folgenden sei die Entwicklung in den verschiedenen Bundesländern zumindest in groben Zügen nachgezeichnet[214].

aa) Baden-Württemberg

In den einzelnen Ländern, die sich 1952 zum Bundesland Baden-Württemberg zusammenschließen sollten, verlief die Entwicklung nach dem Krieg unterschiedlich: In (Süd-)Baden konnte aufgrund der insgesamt positiven Einstellung der französischen Besatzungsmacht zum Kammerwesen am 29. Mai 1946 eine vorläufige Badische Landwirtschaftskammer errichtet werden, die jedoch auf Antrag der Kammervollversammlung bereits im November 1949 wieder aufgelöst wurde[215]. In Württemberg-Baden ließ die gegenüber dem Kammerwesen insgesamt kritische amerikanische Besatzungsmacht die Bildung einer Landwirtschaftskammer zunächst nicht zu. Nachdem die Errichtung von Landwirtschaftskammern aufgrund der Direktive des Zwei-Mächte-Kontrollamts vom 15. September 1948 prinzipiell

---

[212] *Sauer*, Landwirtschaftliche Selbstverwaltung, 1957, S. 46.
[213] Zur Entwicklung nach 1945 vgl. auch *Braun*, Die historische Entwicklung, 1952, S. 46 ff.
[214] Vgl. im Einzelnen: *Sauer*, Landwirtschaftliche Selbstverwaltung, 1957, S. 46 ff. sowie (auf dem Stand von 1949) *Asmis*, Aus dem Werdegang der Landwirtschaftskammern, in: RdL 1949, 42 (46 ff.).
[215] *Sauer*, Landwirtschaftliche Selbstverwaltung, 1957, S. 51; der nicht verabschiedete Entwurf eines Landesgesetzes über die Badische Landwirtschaftskammer ist abgedruckt bei Sauer, a.a.O., Anhang 23 (S. 340 ff.).

möglich geworden war[216], verzichtete man darauf, hiervon Gebrauch zu machen[217]. Die Gründe waren ähnliche wie diejenigen, die in Baden maßgeblich zur Auflösung der Kammer beigetragen hatten: Zum einen wurde eine Aushöhlung der Kompetenzen des jeweiligen Landwirtschaftsministeriums befürchtet. Zum anderen ließen die bereits geführten Verhandlungen zur Bildung eines Südweststaates eine endgültige Regelung in diesem sinnvoll erscheinen. In Württemberg-Hohenzollern schließlich scheiterte die Errichtung einer vorläufigen Landwirtschaftskammer im Frühjahr 1946 an der fehlenden Genehmigung durch die französische Besatzungsmacht[218].

Auch nach der Bildung des Landes Baden-Württemberg im Jahr 1952 kam es hier nicht zur Errichtung von Landwirtschaftskammern – wohl vor allem, da die verschiedenen Bauernverbände der Kammeridee eher kritisch gegenüber standen[219]. In Baden-Württemberg gibt es daher heute keine Landwirtschaftskammern.

bb) Bayern

In Bayern wurde nicht an die Tradition der vor 1933 bestehenden Bauernkammern angeknüpft. Stattdessen wurde am 7. September 1945 der Bayerische Bauernverband als einheitliche berufsständische Interessensorganisation gegründet[220]. Nachdem die bayerische Staatsregierung den Bauernverband am 29. November 1945 als Körperschaft des öffentlichen Rechts anerkannt hatte, führten Einwände der amerikanischen Militärregierung dazu, dass der Bauernverband im April 1948 seinen Status als Körperschaft des öffentlichen Rechts aufgeben musste und sich zwecks Wahrung seiner Rechtsfähigkeit in das Vereinsregister eintragen ließ[221]. Zumindest dem Namen nach war inzwischen allerdings an die Vorkriegstradition angeknüpft worden, indem im Februar 1947 15 bereits bestehende Fachausschüsse des Bauernverbands in Bauernkammern umbenannt worden waren und eine Wahlordnung erhalten hatten[222]. Die neuen Kammern waren in der sog. Bayerischen Landesbauernkammer zusammengefasst, die sich im Juni 1947 konstituierte[223]. Die einzelnen Bauernkammern und die Landesbauernkammer blieben aber trotz ihrer Bezeich-

---

[216] Vgl. Punkt 1. d) der Direktive, abgedruckt bei *Sauer*, Landwirtschaftliche Selbstverwaltung, 1957, Anhang 17 (S. 314f.); dazu auch: *Asmis*, Aus dem Werdegang der Landwirtschaftskammern, in: RdL 1949, 42 (46ff.).
[217] *Sauer*, Landwirtschaftliche Selbstverwaltung, 1957, S. 53.
[218] *Sauer*, Landwirtschaftliche Selbstverwaltung, 1957, S. 54.
[219] Vgl. ausführlich: *Sauer*, Landwirtschaftliche Selbstverwaltung, 1957, S. 54ff.
[220] *Sauer*, Landwirtschaftliche Selbstverwaltung, 1957, S. 63.
[221] *Sauer*, Landwirtschaftliche Selbstverwaltung, 1957, S. 65.
[222] *Braun*, Bauernkammern, <www.historisches-lexikon-bayerns.de/artikel/artikel_44660> (Stand: August 2010); *Sauer*, Landwirtschaftliche Selbstverwaltung, 1957, S. 64f.
[223] *Sauer*, Landwirtschaftliche Selbstverwaltung, 1957, S. 65 weist darauf hin, dass der Verband fortan die Bezeichnung „Bayerischer Bauernverband, Landesbauernkammer", die Kreisverbände in den Regierungsbezirken die Bezeichnung „Bayerischer Bauernverband, Kreisbauernkammer" und die Bezirksverbände in den Landkreisen die Bezeichnung „Bayerischer Bauernverband, Bezirksbauernkammer" geführt hätten; am 10.11.1956 beschloss der Bayerische Bauernverband eine Geschäftsordnung für die Landesbauernkammer im Bayerischen Bauernverband, die sich

nung unselbständige Gremien in einem freien Interessenverband und können daher nicht mit den eigentlichen Landwirtschaftskammern verglichen werden. In Ermangelung rechtlicher Selbständigkeit als Körperschaft des öffentlichen Rechts waren sie keine Selbstverwaltungskörper der Wirtschaft. De facto wurde die Bayerische Landwirtschaftskammer ebenso wie der Bauernverband als solcher allerdings durchaus an den Aktivitäten des Verbands der Landwirtschaftskammern beteiligt. Im Ergebnis bestehen bis heute in Bayern keine Landwirtschafts- (bzw. Bauern-)kammern im eigentlichen Sinn.

cc) *Berlin*

In Berlin, wo bis 1933 der Sitz der Landwirtschaftskammer für die Provinz Brandenburg und für Berlin gelegen hatte, wurde nach dem Zweiten Weltkrieg keine Landwirtschaftskammer mehr errichtet[224].

dd) *Bremen*

In der Freien Hansestadt Bremen wurde am 14. September 1948 eine Landwirtschaftskammer in der privatrechtlichen Rechtsform eines e.V. errichtet[225]. Die aufgrund der bereits oben erwähnten Direktive des Zwei-Mächte-Kontrollamts vom 15. September 1948 aufkeimenden Hoffnungen, die Landwirtschaftskammer schon bald wieder mit Körperschaftsstatus versehen zu können, scheiterten zunächst am Widerstand der amerikanischen Besatzungsmacht. Erst durch das Gesetz über die Landwirtschaftskammer Bremen vom 20. März 1956[226], das an das niedersächsische Landwirtschaftskammergesetz angelehnt war, wurde die Landwirtschaftskammer Bremen wieder als Körperschaft des öffentlichen Rechts errichtet[227], woraufhin sich der e.V. auflöste und sein Vermögen auf die Körperschaft übertrug[228]. Das mehrfach geänderte Gesetz ist bis heute Rechtsgrundlage der Landwirtschaftskammer Bremen mit Sitz in Bremen[229].

Erwähnt sei hier, dass in Bremen außer der Landwirtschaftskammer auch eine sog. Gartenbaufachkammer existiert[230]. Hierbei handelt es sich jedoch nicht um eine selbständige Kammer mit Rechtspersönlichkeit, sondern um eine unselbständige Untergliederung der Landwirtschaftskammer mit der Aufgabe, die Belange

---

daraufhin am 13.02.1957 neu konstituierte, *Sauer*, Landwirtschaftliche Selbstverwaltung, 1957, S. 68.

[224] Zur Entwicklung des Landwirtschaftskammerwesens in Berlin: *Sauer*, Landwirtschaftliche Selbstverwaltung, 1957, S. 69 ff.

[225] *Sauer*, Landwirtschaftliche Selbstverwaltung, 1957, S. 74.

[226] GBl. Bremen 1956, S. 13.

[227] § 1 Abs. 1 S. 1 LwkG-Bremen-1956.

[228] *Sauer*, Landwirtschaftliche Selbstverwaltung, 1957, S. 75 f.

[229] Gesetz über die Landwirtschaftskammer Bremen vom 20.03.1956, Brem. GBl., S. 13, zuletzt geändert durch Art. 20 Beamtenrechtsneuregelungsgesetz vom 22.12.2009, Brem. GBl. 2010, S. 17; Internetadresse der Kammer: <www.lwk-bremen.de/>.

[230] Vgl. § 30 LwkG-Brem.

wahrzunehmen, die ausschließlich den Gartenbau berühren[231]. Gebildet wird die Gartenbaufachkammer von den unmittelbar gewählten und hinzuberufenen Mitgliedern der Kammerversammlung, die den Gartenbau betreiben[232].

ee) Hamburg

Obwohl der Hamburger Bauernverband e.V. seit August 1947 auf die Errichtung einer Bauernkammer in Hamburg hingearbeitet hatte, erließ der Gesetzgeber im Juli 1948 nur eine Übergangslösung: Durch das Gesetz über eine vorläufige Regelung der landwirtschaftlichen Verwaltung im Gebiet der Hansestadt Hamburg vom 12. Juli 1948[233] wurde an Stelle einer Kammer lediglich ein sog. Hauptausschuss für Landwirtschaft und Gartenbau gebildet, dem neben je fünf Vertretern des Bauernverbands und des Zentralverbands für Obst-, Gemüse und Gartenbau auch zehn Vertreter der Gewerkschaft für Gartenbau, Land- und Forstwirtschaft angehörten[234]. Der Hauptausschuss konstituierte sich in seiner Satzung vom 9. September 1949 „bis zur staatlichen Verleihung einer anderen Rechtsform" als Gesellschaft bürgerlichen Rechts[235]. Mangels Verleihung der Körperschaftsrechte war der Hauptausschuss keine Körperschaft des öffentlichen Rechts[236]. Der als Provisorium konzipierte Hauptausschuss sollte sich als langlebig erweisen. Erst durch das Gesetz über die Landwirtschaftskammer Hamburg vom 4. Dezember 1990 wurde zum 1. Januar 1991 die Landwirtschaftskammer Hamburg als Körperschaft des öffentlichen Rechts errichtet[237], welche die Rechtsnachfolge des Hauptausschusses für Landwirtschaft und Gartenbau antrat[238].

---

[231] § 30 Abs. 2 S. 1 LwkG-Brem.; entsprechend wird die Gartenbaufachkammer gem. § 30 Abs. 3 S. 2 LwkG-Brem. nach außen ausschließlich durch die Landwirtschaftskammer vertreten, und gem. § 30 Abs. 3 S. 1 LwkG-Brem. bedürfen Erklärungen der Unterzeichnung durch den Vorsitzenden oder seinen Stellvertreter und durch den Präsidenten der Landwirtschaftskammer oder seine Stellvertreter.
[232] § 30 Abs. 1 i.V.m. §§ 5, 12 Abs. 1 und 2 LwkG-Brem.
[233] Hamburgisches GVBl. 1948, S. 57.
[234] *Sauer*, Landwirtschaftliche Selbstverwaltung, 1957, S. 77 f.
[235] *Bendel*, Landwirtschaftskammern, in: HAR, Bd. II, 1982, Sp. 360 (362); *Sauer*, Landwirtschaftliche Selbstverwaltung, 1957, S. 78; *E. R. Huber*, Wirtschaftsverwaltungsrecht, 1. Bd., 2. Aufl., 1953, S. 234 charakterisiert den Hauptausschuss als einen bei der Staatsverwaltung gebildeten Beirat.
[236] A. A. *Sauer*, Landwirtschaftliche Selbstverwaltung, 1957, S. 154 f., der ihn als Körperschaft des öffentlichen Rechts behandelt.
[237] § 1 Abs. 2 S. 1 LwkG-Hamburg-1990.
[238] § 23 Abs. 1 LwkG-Hamburg-1990; gem. § 22 Abs. 1 Nr. 1 LwkG-Hamburg-1990 wurde mit Inkrafttreten dieses Gesetzes das Gesetz über eine vorläufige Regelung der landwirtschaftlichen Verwaltung im Gebiet der Freien und Hansestadt Hamburg vom 12.07.1948, Sammlung des bereinigten Hamburgischen Landesrechts I 780 – a, aufgehoben. Letzteres ist damit ein weiteres Beispiel für ein äußerst langlebiges provisorisches Gesetz im Bereich der Selbstverwaltung der Wirtschaft.

ff) Hessen

In Hessen wurden bereits wenige Monate nach Kriegsende die bestehenden Landesbauernschaften mit Duldung der amerikanischen Besatzungsmacht in zwei de facto-Landwirtschaftskammern umgewandelt[239]. Da sich die hessischen Landwirtschaftskammern als Körperschaften des öffentlichen Rechts mit Zwangsmitgliedschaft betrachteten, lehnte die amerikanische Militärregierung jedoch zunächst die Zustimmung zu der vom hessischen Kabinett am 7. August 1946 verabschiedeten Verordnung über den Aufbau neuer Landwirtschaftskammern ab und verlangte im Juli 1947 nachdrücklich die Auflösung der beiden Kammern[240]. Der hessische Landwirtschaftsminister weigerte sich allerdings, die Kammern offiziell aufzulösen, so dass diese zumindest de facto weiteragieren konnten. Ihr rechtlicher Status war mangels eindeutiger Rechtsgrundlage fortan indes höchst umstritten. Während zum Teil vertreten wurde, dass sie auf die Intervention der Amerikaner hin durch das Land Hessen vorläufig als Behörden in die staatliche Verwaltung überführt worden seien[241], vertraten andere, dass sie (zumindest vorläufige) Körperschaften geblieben seien[242].

Die Rechtsunsicherheit wurde schließlich durch das Hessische Land- und Forstwirtschaftskammergesetz vom 24. Juni 1953 beendet[243], das die „Land- und Forstwirtschaftskammer Hessen-Nassau" mit Sitz in Frankfurt a. M. und die „Land- und Forstwirtschaftskammer Kurhessen" mit Sitz in Kassel als Körperschaften des öffentlichen Rechts errichtete[244]. Allerdings sollten die Land- und Forstwirtschaftskammern in Hessen keinen dauerhaften Bestand haben. Sie wurden durch Gesetz vom 22. Juli 1969 wieder aufgelöst[245]. Die Aufgaben der aufgelösten Kammern fielen an das Land zurück[246]. Ihr Vermögen ging auf das Land über[247], das auch die im Dienst der Kammern stehenden Beamten, Angestellten und Arbeiter übernahm[248]. In Hessen bestehen daher seit 1969 keine Landwirtschaftskammern mehr[249].

---

[239] *Schwarze*, Rechtsstellung der Landwirtschaftskammern in Hessen, 1951, S. 16 ff.; *Sauer*, Landwirtschaftliche Selbstverwaltung, 1957, S. 82 f.

[240] *Sauer*, Landwirtschaftliche Selbstverwaltung, 1957, S. 84 f.

[241] *Schwarze*, Rechtsstellung der Landwirtschaftskammern in Hessen, 1951, S. 52 f.

[242] *Asmis*, Die Rechtsstellung der Landwirtschaftskammern, in: Recht der Landwirtschaft 1952, 5 (6); *Sauer*, Landwirtschaftliche Selbstverwaltung, 1957, S. 85 f.

[243] Land- und Forstwirtschaftskammergesetz vom 24.06.1953, Hess. GVBl. 1953, S. 113–118.

[244] § 1 Abs. 2 Hess. Land- und ForstwirtschaftskammerG-1953; *E. R. Huber*, Wirtschaftsverwaltungsrecht, 2. Bd., 2. Aufl., 1954, S. 762 f.; *Bürkle-Storz*, Verfassungsrechtliche Grundlagen, 1970, S. 40 f.; die Land- und Forstwirtschaftskammer Kurhessen konstituierte sich am 21.04.1954, die Land- und Forstwirtschaftskammer Hessen-Nassau am 24.04.1954.

[245] § 1 Abs. 1 Gesetz über die Auflösung der Land- und Forstwirtschaftskammern Hessen-Nassau und Kurhessen und die Mitwirkung des Berufsstandes bei der Förderung der Landwirtschaft vom 22.07.1969, Hess. GVBl. 1969, S. 142 (Hess.-LwK-AuflösungsG-1969).

[246] § 1 Abs. 2 Hess.-LwK-AuflösungsG-1969.

[247] § 2 Abs. 1 Hess.-LwK-AuflösungsG-1969.

[248] § 3 Abs. 1 Hess.-LwK-AuflösungsG-1969.

[249] *Bendel*, Landwirtschaftskammern, in: HAR, Bd. II, 1982, Sp. 360 (362).

gg) Niedersachsen

Im Gebiet des späteren Bundeslandes Niedersachsen ließ die britische Besatzungsmacht im Interesse der Ernährungssicherung die beiden Landesbauernschaften Niedersachsen und Weser-Ems bestehen, wobei die nationalsozialistischen Landesbauernführer umgehend durch unbelastete Präsidenten ersetzt wurden[250]. Obwohl die Organisationsstrukturen nur wenig verändert wurden und keine wirkliche Selbstverwaltung stattfand, bezeichnete der Präsident der Landesbauernschaft Niedersachsen *Georg von Reden* diese in Anknüpfung an die Tradition der Vorkriegskammer schon bald als Landwirtschaftskammer Hannover und sich selbst als Präsident der Landwirtschaftskammer[251]. Die Landesbauernschaft Weser-Ems folgte diesem Vorbild und bezeichnete sich ab Mitte 1947 als Landwirtschaftskammer Oldenburg[252]. Initiativen zur Errichtung einer echten Landwirtschaftskammer in Braunschweig waren hingegen Mitte 1946 am Widerstand der britischen Besatzungsmacht gescheitert[253].

Mit der Auflösung des Reichsnährstands in der amerikanisch-britischen „Bizone" durch das Wirtschaftsratsgesetz vom 21. Januar 1948[254] wurde eine eindeutige gesetzliche Regelung des Landwirtschaftskammerwesens dringlich[255]. Da die Genehmigung eines Landwirtschaftskammergesetzes durch die Briten zu dieser Zeit jedoch noch ungewiss war[256], wurde als Zwischenlösung vereinbart, dass die „Landesbauernschaften und bisherigen Landwirtschaftskammern" ihre Aufgaben zunächst wie gehabt, allerdings als Abwicklungsstellen des Reichsnährstands, weiterführen sollten[257]. Nachdem die britische Militärregierung im September 1948 ihr Einverständnis zur Errichtung von Landwirtschaftskammern in der Rechtsform der Körperschaft des öffentlichen Rechts mit Pflichtmitgliedschaft erteilt hatte, scheiterte ein entsprechender Gesetzentwurf jedoch am Widerstand des Niedersächsischen Landvolkverbands sowie der Gewerkschaft Gartenbau Land- und Forstwirtschaft, die sich gegen die Errichtung von Körperschaften öffentlichen Rechts zur Wahrnehmung berufsständischer Aufgaben ausgesprochen hatten[258]. Nach nordrhein-westfälischem Vorbild ordnete der niedersächsische Landwirtschaftsminister daraufhin durch Verordnung vom 1. November 1948 die Errich-

---

[250] *Hohenstein*, Bauernverbände und Landwirtschaftskammern, 1990, S. 36 ff.; *Sauer*, Landwirtschaftliche Selbstverwaltung, 1957, S. 89.
[251] In einem Schreiben der „Landwirtschaftskammer" vom 02.12.1946 wurde darauf hingewiesen, dass man sich „de facto Landwirtschaftskammer" nenne, rechtlich jedoch „nach wie vor Reichsnährstand" sei, vgl. *Hohenstein*, Bauernverbände und Landwirtschaftskammern, 1990, S. 38; siehe auch LwK Hannover, Fortschritt der Landwirtschaft, 1999, S. 186 f.
[252] *Hohenstein*, Bauernverbände und Landwirtschaftskammern, 1990, S. 43.
[253] *Hohenstein*, Bauernverbände und Landwirtschaftskammern, 1990, S. 44 f.
[254] Gesetz- und Verordnungsblatt des Wirtschaftsrates des vereinigten Wirtschaftsgebietes (Amerikanisches und Britisches Besatzungsgebiet in Deutschland) 1948, S. 21.
[255] Vgl. ausführlich: *Hohenstein*, Bauernverbände und Landwirtschaftskammern, 1990, S. 60 ff.
[256] *Hohenstein*, Bauernverbände und Landwirtschaftskammern, 1990, S. 61, 108 ff.
[257] *Hohenstein*, Bauernverbände und Landwirtschaftskammern, 1990, S. 64.
[258] *Hohenstein*, Bauernverbände und Landwirtschaftskammern, 1990, S. 116.

tung vorläufiger Landwirtschaftskammern in der Rechtsform des e.V. an[259]. Die Mitglieder der Kammerversammlungen sollten durch den Minister berufen, also nicht gewählt werden, und zu einem Drittel Arbeitnehmervertreter sein[260]. Am 17. Januar 1949 fand die konstituierende Versammlung der vorläufigen Landwirtschaftskammer Hannover e.V. und am 31. Januar 1949 diejenige der vorläufigen Landwirtschaftskammer Weser-Ems e.V. mit Sitz in Oldenburg statt[261]. Da den Kammern anders als vor 1933 nicht die Aufgabe der Gesamtinteressenwahrnehmung zugewiesen worden war, besaßen sie nicht mehr genuin den Charakter von Interessenwahrnehmungsorganen der Landwirtschaft in wirtschafts-, sozialpolitischen und sonstigen Fragestellungen, sondern eher denjenigen von Bildungs- und Beratungsorganisationen des Berufsstands[262].

Die provisorische Lösung fand schließlich ein Ende, als im Juli 1954 ein Landwirtschaftskammergesetz verabschiedet wurde[263], das die Kammern in Hannover und Oldenburg als Körperschaften des öffentlichen Rechts errichtete[264]. Nach Durchführung der Wahlen zu den Kammerversammlungen konstituierten sich die Kammer zu Hannover am 15. März 1955 und die Kammer zu Oldenburg am 18. März 1955. Obwohl die Kammern damit zu Selbstverwaltungskörperschaften geworden waren, blieb ihnen die Aufgabe der Gesamtinteressenwahrnehmung verwehrt. Grundaufgabe war vielmehr, im Einklang mit den Interessen der Allgemeinheit die Landwirtschaft und die Gesamtheit der in der Landwirtschaft tätigen Personen in fachlicher Hinsicht zu fördern und ihre fachlichen Belange wahrzunehmen[265]. Die niedersächsischen Landwirtschaftskammern blieben daher auch weiterhin primär Beratungs- und Förderungsorgane der Landwirtschaft[266].

Erst vor wenigen Jahren, zum 1. Januar 2006, wurden die Landwirtschaftskammern Hannover und Weser-Ems im Zusammenhang mit der niedersächsischen Verwaltungsreform mit dem Ziel der Rationalisierung zur Landwirtschaftskam-

---

[259] Nds. GVBl. 1948, S. 173; die Geltungsdauer der Verordnung war zunächst bis zum 31.03. 1949 befristet, wurde jedoch mehrfach verlängert, *Sauer*, Landwirtschaftliche Selbstverwaltung, 1957, S. 90; zu NRW siehe unten S. 813 f.

[260] *E. R. Huber*, Wirtschaftsverwaltungsrecht, 1. Bd., 2. Aufl., 1953, S. 233; diese Regelung traf auf Widerstand bei der Gewerkschaft Gartenbau Land- und Forstwirtschaft, die eine Arbeitnehmerparität in der Kammerversammlung sowie das Alleinvertretungsrecht der Arbeitnehmer gefordert hatte, vgl. *Hohenstein*, Bauernverbände und Landwirtschaftskammern, 1990, S. 116 ff.

[261] *Hohenstein*, Bauernverbände und Landwirtschaftskammern, 1990, S. 120, 122; aufgrund eines Erlasses des Ministers für Ernährung, Landwirtschaft und Forsten übernahmen die Kammern ab März 1949 die ihnen in der Verordnung vom 01.11.1948 zugewiesenen Aufgaben, *ders.*, a.a.O., S. 123.

[262] *E. Fischer*, Bildungs- und Beratungsorganisation, in: Hannoversche Land- und Forstwirtschaftliche Zeitung, 1967, Nr. 44, S. 2 f.; *Hohenstein*, Bauernverbände und Landwirtschaftskammern, 1990, S. 133 f.

[263] Gesetz über Landwirtschaftskammern vom 05.07.1954, Nds. GVBl. 1954, S. 55–60 (im Folgenden: Nds. LwkG-1954).

[264] § 1 Abs. 2 S. 1 Nds. LwkG-1954; LwK Weser-Ems, Landwirtschaftskammer Weser-Ems 1900–2000, 2000 S. 14; *Hessler*, Betrachtungen, in: Agrarrecht 1975, 346 (347).

[265] § 2 Abs. 1 Nds. LwkG-1954.

[266] *Hohenstein*, Bauernverbände und Landwirtschaftskammern, 1990, S. 133 f.

mer Niedersachsen verschmolzen²⁶⁷. Die neue Landwirtschaftskammer mit Sitz in Oldenburg²⁶⁸, zu deren über 2000 Mitarbeitern mehr als 400 frühere Mitarbeiter der Landesagrarverwaltung hinzutraten, soll nunmehr sämtliche staatlichen Aufgaben der Agrarförderung erledigen. Damit wurde der Charakter der verbliebenen Landwirtschaftskammer als Beratungs- und Förderungsorgan der Landwirtschaft weiter ausgebaut. Rechtsgrundlage ist nunmehr das Gesetz über die Landwirtschaftskammer Niedersachsen in der Fassung vom 10. Februar 2003²⁶⁹.

hh) Nordrhein-Westfalen

In dem in der britischen Besatzungszone am 23. August 1946 gebildeten Land Nordrhein-Westfalen²⁷⁰, wurden mit Zustimmung der Militärregierung aufgrund Verordnung vom 7. Juni 1948 vorläufige Landwirtschaftskammern für den Landesteil Nordrhein mit Sitz in Bonn und für den Landesteil Westfalen einschließlich Lippe mit Sitz in Münster errichtet²⁷¹. Wenige Monate später wurde das nordrhein-westfälische Landwirtschaftskammergesetz vom 11. Februar 1949 verabschiedet²⁷², aufgrund dessen sich als Rechtsnachfolger der vorläufigen Kammern²⁷³ am 17. November 1949 die Landwirtschaftskammer Rheinland zu Bonn²⁷⁴ und am 18. November 1949 die Landwirtschaftskammer Westfalen-Lippe konstituierten²⁷⁵.

---

²⁶⁷ § 1 Abs. 1 Nds. LwkG-2005, Nds. GVBl. 2005, S. 334; zum Vorhaben bereits: *Kluth*, Das Selbstverwaltungsrecht der Kammern, in: JbKBR 2004, S. 13 (17 f.).
²⁶⁸ § 1 Abs. 1 Hauptsatzung-Lwk-Nds. (in der Fassung vom 26. 11. 2009).
²⁶⁹ Neubekanntmachung des Gesetzes über Landwirtschaftskammern vom 10. 02. 2003, Nds. GVBl. 2003, S. 61–70, ber. S. 176, zuletzt geändert durch Gesetz vom 16. 11. 2007, Nds. GVBl. 2007, S. 637; vgl. auch die Bekanntmachung der Neufassung des Gesetzes über Landwirtschaftskammern vom 10. 10. 1986, Nds. GVBl. 1986, S. 325–334; das aktuelle Landwirtschaftskammergesetz wurde u. a. geändert durch Art. 1 Gesetz zur Änderung des Gesetzes über Landwirtschaftskammern und anderer Gesetze vom 10. 11. 2005, Nds. GVBl. 2005, S. 334, durch das auch die Bezeichnung des Landwirtschaftskammergesetzes mit Wirkung vom 01. 01. 2006 angesichts der Fusion der Kammern neu gefasst wurde; aktuelle Fassung unter: <www.recht-niedersachsen.de/7812001/lwkg.htm> (Stand: August 2010).
²⁷⁰ Durch Verordnung der Militärregierung Nr. 77 vom 17. 01. 1947 trat später noch das ehemalige Land Lippe-Detmold hinzu, Military Government Gazette Germany, British Zone of Control, 1947, S. 411.
²⁷¹ § 1 Verordnung über die Errichtung von vorläufigen Landwirtschaftskammern im Lande Nordrhein-Westfalen, GVBl. NRW 1948, S. 157–160; *Sauer*, Landwirtschaftliche Selbstverwaltung, 1957, S. 95; *Braun*, Die historische Entwicklung, 1952, S. 74 ff.
²⁷² Gesetz über die Errichtung von Landwirtschaftskammern im Lande Nordrhein-Westfalen vom 11. 02. 1949, GVBl. NRW 1949, S. 53–60; hinzu traten die Erste Durchführungsverordnung zum Gesetz über die Errichtung von Landwirtschaftskammern im Lande Nordrhein-Westfalen vom 11. 02. 1949 vom 05. 07. 1949, GVBl. NRW 1949, S. 203–205 und die Zweite Durchführungsverordnung zum Gesetz über die Errichtung von Landwirtschaftskammern im Lande Nordrhein-Westfalen vom 11. 02. 1949 (Wahlordnung) vom 05. 07. 1949, GVBl. NRW 1949, S. 205–215; ausführlich zum LwkG-NRW-1949: *Braun*, Die historische Entwicklung, 1952, S. 56 ff.; ein Vergleich mit dem preußischen LwkG von 1894 findet sich a.a.O. auf S. 66 ff.
²⁷³ § 27 Abs. 1 LwkG-NRW-1949.
²⁷⁴ Zur Geschichte der Landwirtschaftskammer Rheinland: *Braun*, Die historische Entwicklung, 1952, S. 67 ff.; *Hüttebräuker*, Beitrag zur Wiederbegründung, S. 15 ff.
²⁷⁵ *Sauer*, Landwirtschaftliche Selbstverwaltung, 1957, S. 95 f.

Die Landwirtschaftskammern wurden wegen der Ressentiments der Militärregierung im Gesetz nicht ausdrücklich als Körperschaften des öffentlichen Rechts bezeichnet. Geregelt war lediglich, dass sie rechtsfähig waren[276]. Da die Kammern aber im Hinblick auf ihre Struktur, die Pflichtzugehörigkeit der Mitglieder, die Aufgabenzuweisung, die Dienstherrenfähigkeit und die Staatsaufsicht typische Merkmale von Körperschaften des öffentlichen Rechts aufwiesen, wurden sie auch als solche behandelt[277]. Was die Aufgabenzuweisung angeht, erhielten die Kammern an Stelle der Gesamtinteressenwahrnehmung die Grundaufgabe, die Landwirtschaft und die in ihr Berufstätigen zu fördern und zu betreuen[278]. Obwohl ihnen auch das Recht eingeräumt wurde, in allen die Landwirtschaft berührenden Angelegenheiten bei den Behörden Anträge zu stellen, besaßen die nordrhein-westfälischen Landwirtschaftskammern damit seitdem ebenfalls primär den Charakter von Beratungs- und Förderungsorganen der Landwirtschaft.

Durch Änderungsgesetz vom 17. Dezember 2003[279] zum LwkG-NRW wurden die Landwirtschaftskammern Rheinland und Westfalen-Lippe zum 1. Januar 2004 zur Landwirtschaftskammer Nordrhein-Westfalen als deren Rechtsnachfolgerin zusammengeschlossen[280]. Rechtsgrundlage der Landwirtschaftskammer NRW, deren Sitz sich in Münster und Bonn befindet[281], ist weiterhin das inzwischen vielfach geänderte und im Rahmen des Kammerzusammenschlusses umbenannte Landwirtschaftskammergesetz vom 11. Februar 1949[282].

ii) Rheinland-Pfalz

Im späteren Land Rheinland-Pfalz bildeten sich bis Ende 1946 drei vorläufige Landwirtschaftskammern mit Sitz in Alzey, Kaiserslautern und Koblenz[283]. Nachdem die Organisation der landwirtschaftlichen Unternehmen in Landwirtschaftskammern im später aufgehobenen Art. 69 der Landesverfassung vom 18. Mai 1947 verfassungsrechtlich anerkannt worden war[284], erging das Landesgesetz über Land-

---

[276] § 20 Abs. 1 S. 1 LwkG-NRW-1949.
[277] *E.R. Huber*, Wirtschaftsverwaltungsrecht, 1. Bd., 2. Aufl., 1953, S. 232: „[...] doch kann kein Zweifel daran bestehen, dass sie nach Aufgaben und Befugnissen echte Körperschaften des öffentlichen Rechts sind"; *Sauer*, Landwirtschaftliche Selbstverwaltung, 1957, S. 154; *Braun*, Die historische Entwicklung, 1952, S. 56.
[278] § 2 Abs. 1 S. 1 LwkG-NRW-1949.
[279] Art. 1 Gesetz über die Errichtung der Landwirtschaftskammer Nordrhein-Westfalen vom 17.12.2003, GVBl. NRW 2003, S. 808–814.
[280] § 1 Abs. 1 LwkG-NRW.
[281] § 1 Hauptsatzung der Landwirtschaftskammer Nordrhein-Westfalen vom 15.12.2008 (im Folgenden: Hauptsatzung-LwK-NRW); im Internet unter <www.landwirtschaftskammer.de/wir/pdf/lwk-hauptsatzung.pdf> (Stand: August 2010).
[282] Gesetz über die Errichtung der Landwirtschaftskammer Nordrhein-Westfalen (Landwirtschaftskammergesetz) vom 11.02.1949, GVBl. NRW 1949, S. 53–60, zuletzt geändert durch Art. I des Gesetzes vom 09.12.2008, GVBl. NRW 2008, S. 771, 2009, S. 14; das Gesetz ist gem. § 27 zunächst bis zum 31.12.2013 befristet.
[283] *Sauer*, Landwirtschaftliche Selbstverwaltung, 1957, S. 100.
[284] Art. 69 Abs. 1 S. 1 der Verfassung für Rheinland-Pfalz vom 18.05.1947 lautete: „Alle Unter-

wirtschaftskammern vom 6. September 1948[285], das die Landwirtschaftskammer für die Regierungsbezirke Koblenz, Montabaur und Trier in Koblenz, die Landwirtschaftskammer für die Pfalz in Kaiserslautern und die Landwirtschaftskammer für den Regierungsbezirk Rheinhessen in Alzey als Körperschaften des öffentlichen Rechts errichtete[286]. Die Kammern konstituierten sich am 4. September (Koblenz), 15. Oktober (Alzey) und 20. Oktober 1949 (Kaiserslautern)[287]. Grundaufgabe der Kammern war die Vertretung des landwirtschaftlichen Berufsstands vor den Behörden und die Sicherung der Wahrnehmung der berufsständischen Interessen in wirtschaftlicher, technischer und sozialer Hinsicht[288]. Stärker als etwa in Niedersachsen und Nordrhein-Westfalen war den rheinland-pfälzischen Kammern damit neben der Förderung der Landwirtschaft auch die Aufgabe der Interessenvertretung zugewiesen.

Durch das Landesgesetz über die Landwirtschaftskammer Rheinland-Pfalz vom 28. Juli 1970[289], das an die Stelle des Landwirtschaftskammergesetzes von 1948 trat[290], wurden die drei bestehenden Kammern zum 1. Oktober 1970 aufgelöst und als deren Rechtsnachfolgerin die Landwirtschaftskammer Rheinland-Pfalz errichtet[291]. Grundaufgabe der Landwirtschaftskammer ist seither nicht mehr die Interessenwahrnehmung. Sie soll vielmehr im Einklang mit den Interessen der Allgemeinheit die Landwirtschaft und die in ihr Berufstätigen fördern und ihre fachlichen Belange vertreten[292]. Damit hat auch in Rheinland-Pfalz eine Verschiebung des Aufgabenbereichs von der Interessenwahrnehmung hin zur Förderung (aber auch Vertretung) des landwirtschaftlichen Berufsstands stattgefunden.

jj) Saarland

Im späteren Saarland wurde zunächst durch die Verordnung über die Bildung einer vorläufigen Landwirtschaftskammer für das Saargebiet vom 6. August 1946 eine vorläufige Berufsvertretung der Landwirte, Weinbauern und Gärtner mit Sitz in Saarbrücken gebildet, deren Mitglieder nicht gewählt, sondern von der Regierung

---

nehmungen eines Bezirks finden ihre öffentlich-rechtliche Organisation jeweils in den Industrie- und Handelskammern, Handwerkskammern, Landwirtschaftskammern und der Kammer der freien Berufe."; Art. 69 der Verfassung für Rheinland-Pfalz wurde gem. Art. 1 Nr. 29 des Gesetzes vom 15.05.1991, GVBl.Rh.-Pf., S.73, aufgehoben.

[285] Landesgesetz über Landwirtschaftskammern vom 06.09.1948, GVBl.Rh.-Pf. I 1948, S.325f.; *Braun*, Die historische Entwicklung, 1952, S.53ff.
[286] §§ 1 und 5 Abs. 1 S. 1 LwkG-Rh.-Pf.-1948.
[287] *Sauer*, Landwirtschaftliche Selbstverwaltung, 1957, S.100.
[288] § 6 Abs. 1 S. 1 LwkG-Rh.-Pf.-1948.
[289] GVBl. Rh.-Pf. 1970, S. 309–315, zuletzt geändert durch Gesetz vom 15.09.2009, GVBl. Rh.-Pf., S.333.
[290] § 29 Abs. 1 LwkG-Rh.-Pf.-1970.
[291] §§ 1 Abs. 1, 26 Abs. 1 LwkG-Rh.-Pf.-1970; *Scholz*, Organisation, in: Agrarrecht 1977, 2 (9).
[292] § 3 Abs. 1 LwkG-Rh.-Pf.; zu den staatlichen Aufgaben der Kammer: *Scholz*, Organisation, in: Agrarrecht 1977, 2 (7).

ernannt wurden²⁹³. Durch Verordnung vom 7. Februar 1948 wurde dann die Landwirtschaftskammer für das Saarland als Körperschaft des öffentlichen Rechts errichtet. Zu den Grundaufgaben der Kammer, deren Mitglieder gewählt wurden, gehörte es, die Gesamtinteressen der Landwirtschaft etc. zu vertreten, den technischen Fortschritt und die wirtschaftliche Lage des Berufsstands zu fördern, der Regierung Vorschläge für die Verwaltung und Gesetzgebung zu machen sowie Gesetzentwürfe zu begutachten.

Nachdem sich das Saarland in der Volksabstimmung vom 23. Oktober 1955 für den Beitritt zur Bundesrepublik entschieden hatte, erließ der neugewählte Landtag das Gesetz Nr. 532 über die Landwirtschaftskammer für das Saarland vom 9. Juli 1956²⁹⁴, das die Landwirtschaftskammer als gesetzliche Berufsvertretung der Landwirtschaft in der Rechtsform der Körperschaft des öffentlichen Rechts anerkannte²⁹⁵. Grundaufgabe der Kammer war danach nicht mehr die Gesamtinteressenvertretung, sondern die Förderung und Betreuung der Landwirtschaft mit ihren Berufstätigen²⁹⁶. Auch die saarländische Landwirtschaftskammer war daher fortan primär als Beratungs- und Förderungsorgan der Landwirtschaft konzipiert. Aktuelle Rechtsgrundlage der Kammer mit Sitz in Saarbrücken ist das Gesetz über die Landwirtschaftskammer für das Saarland in der Fassung der Bekanntmachung vom 22. Oktober 1975²⁹⁷.

kk) Schleswig-Holstein

In Schleswig-Holstein ließ die britische Militärregierung im Interesse der Ernährungssicherung zunächst den Reichsnährstand in seiner aus der Zeit des Nationalsozialismus als Landesbauernschaft überkommenen Form bestehen, bis der Landesminister für Ernährung, Landwirtschaft und Forsten durch die Erste Verordnung zur Neuregelung der landwirtschaftlichen Verwaltung in Schleswig-Holstein vom 28. Mai 1947 beauftragt wurde, die Landesbauernschaft mit ihren Untergliederungen aufzulösen²⁹⁸. Im Rahmen der Neuordnung der landwirtschaftlichen Verwaltung ordnete die Dritte Verordnung zur vorläufigen Regelung der landwirtschaftlichen Verwaltung in Schleswig-Holstein vom 29. Juli 1947 sodann die Bildung der Landesbauernkammer Schleswig-Holstein an, die sich am 28. November 1947 konstituierte²⁹⁹. Ihr untergeordnet waren nach Vorbild des früheren bayerischen Systems Kreisbauernkammern, Bezirksbauernausschüsse und Ortsbauern-

---

²⁹³ *Sauer*, Landwirtschaftliche Selbstverwaltung, 1957, S. 102.
²⁹⁴ Saarl. ABl. 1956, S. 1042 (im Folgenden: LwkG-Saarland-1956).
²⁹⁵ § 1 Abs. 1 S. 2 LwkG-Saarland-1956.
²⁹⁶ § 3 Abs. 1 S. 1 LwkG-Saarland-1956.
²⁹⁷ Saarl. ABl. 1975, S. 1150–1153 (Neubekanntmachung des Gesetzes vom 09.07.1956 in der ab 02.04.1975 geltenden Fassung), zuletzt geändert durch Gesetz vom 19.11.2008 (Saarl. ABl., S. 1930).
²⁹⁸ *Thyssen*, Standesvertretung, 1958, S. 439 ff.; *Sauer*, Landwirtschaftliche Selbstverwaltung, 1957, S. 105.
²⁹⁹ *Thyssen*, Standesvertretung, 1958, S. 443 ff.

II. 7. Entwicklung des Landwirtschaftskammerrechts seit 1945

ausschüsse[300]. Neue Rechtsgrundlage der Kammer wurde im Jahr 1950 das Landesbauernkammergesetz[301], das seinerseits drei Jahre später durch das Gesetz über die Landwirtschaftskammer Schleswig-Holstein vom 19. Mai 1953 ersetzt wurde[302].

Das LwkG-1953 benannte nicht nur die frühere Landesbauernkammer in Landwirtschaftskammer Schleswig-Holstein um, sondern brachte auch weitreichende Änderungen im Verwaltungsaufbau der Körperschaft des öffentlichen Rechts[303]: So wurden die zuvor bestehenden Kreisbauernkammern und Bezirks- sowie Ortsbauernausschüsse aufgelöst und statt ihrer landwirtschaftliche Ausschüsse in den Kreisen und kreisfreien Städten errichtet[304]. Auch wurde die zuvor paritätische Zusammensetzung der Hauptversammlung dahingehend geändert, dass von den gewählten Mitgliedern nunmehr ca. zwei Drittel von Betriebsinhabern und ca. ein Drittel von Arbeitnehmern zu wählen waren[305]. Grundaufgabe der Landwirtschaftskammer war die Förderung und Betreuung der Landwirtschaft und der Fischerei sowie der in ihnen Berufstätigen[306]. Die Kammer war als Förderungs- und Betreuungs-, nicht aber als Gesamtinteressenvertretungsorgan konzipiert. Zudem wurde ihr die wirtschafts- und sozialpolitische Interessenvertretung ausdrücklich untersagt[307].

Aktuelle Rechtsgrundlage der Landwirtschaftskammer, deren Sitz 2008 von Kiel nach Rendsburg verlegt wurde[308], ist das Gesetz über die Landwirtschaftskammer Schleswig-Holstein in der Fassung vom 26. Februar 2002[309]. Grundaufgabe der Kammer ist danach, ähnlich wie nach dem LwkG-1953, die Landwirtschaft, die Fischerei und die dort tätigen Menschen fachlich zu fördern, zu betreuen und zu beraten[310], während die wirtschafts- und sozialpolitische Interessenvertretung

---

[300] *E.R. Huber*, Wirtschaftsverwaltungsrecht, 1. Bd., 2. Aufl., 1953, S. 233; *Braun*, Die historische Entwicklung, 1952, S. 52.
[301] Gesetz über die Landesbauernkammer Schleswig-Holstein vom 30.05.1950, GVBl. Schl.-Holst., S. 209–212.
[302] GVBl. Schl.-Holst. 1953, S. 53–58.
[303] *Thyssen*, Standesvertretung, 1958, S. 446 ff.; *Sauer*, Landwirtschaftliche Selbstverwaltung, 1957, S. 106.
[304] § 16 LwkG Schl.-Holst.-1953.
[305] §§ 5 Abs. 2 S. 2 LwkG Schl.-Holst.-1953; *E.R. Huber*, Wirtschaftsverwaltungsrecht, 2. Bd., 2. Aufl., 1954, S. 762; das am 01.07.1973 in Kraft getretene Gesetz über die Reform der landwirtschaftlichen Staats- und Selbstverwaltung brachte später aus Rationalisierungsgründen eine Konzentration von Aufgaben und Dienststellen. Unter anderem wurde die Zahl der Hauptversammlungsmitglieder um 36 auf 77 reduziert; näher dazu: *W. Brandt*, Neuordnung, in: Agrarrecht 1974, 114 (116).
[306] § 2 Abs. 1 S. 1 LwkG Schl.-Holst.-1953.
[307] § 2 Abs. 2 LwkG Schl.-Holst.-1953.
[308] § 1 Abs. 3 Hauptsatzung-Lwk-Schl.-Holst. vom 03.12.2009.
[309] GVBl. Schl.-Holst. 2002, S. 28–36 (Neubekanntmachung des Gesetzes über die Landwirtschaftskammer Schleswig-Holstein in der Fassung vom 04.02.1997, GVBl. Schl.-Holst. 1997, S. 70–77, in der ab 15.03.2002 geltenden Fassung), zuletzt geändert durch Art. 3 des Gesetzes vom 12.12.2007 (GVBl. Schl.-Holst., 496).
[310] § 2 Abs. 1 S. 1 LwkG Schl.-Holst.

weiterhin nicht Sache der Landwirtschaftskammer ist[311]. Im Jahr 2008 erfuhr die Kammer eine weitere Aufwertung, indem ihr unter Überleitung der dafür vormals in staatlichen Behörden zuständigen Beamten und Arbeitnehmer in die Kammer Aufgaben zur Erfüllung nach Weisung vor allem im Bereich des Pflanzenschutzes übertragen wurden[312].

ll) „Neue Bundesländer": Brandenburg, Mecklenburg-Vorpommern, Sachsen, Sachsen-Anhalt, Thüringen

In den zum 3. Oktober 1990 der Bundesrepublik beigetretenen Bundesländern Brandenburg, Mecklenburg-Vorpommern, Sachsen, Sachsen-Anhalt und Thüringen wurden nach dem Beitritt keine Landwirtschaftskammern gebildet.

8. Status quo des Landwirtschaftskammerwesens

Nachdem die hessischen Landwirtschaftskammern im Jahr 1969 wieder aufgelöst wurden, andererseits in Hamburg zum 1. Januar 1991 eine Landwirtschaftskammer errichtet wurde, gibt es heute in sieben von 16 Bundesländern Landwirtschaftskammern, nämlich in Bremen, Hamburg, Niedersachsen, Nordrhein-Westfalen, Rheinland-Pfalz, dem Saarland und Schleswig-Holstein. In Niedersachsen und Nordrhein-Westfalen bestanden lange jeweils zwei Kammern, die jedoch aus Rationalisierungsgründen Anfang 2004 (Nordrhein-Westfalen), bzw. Anfang 2006 (Niedersachsen) zu jeweils einer Kammer pro Land zusammengeschlossen wurden. Damit gibt es in den genannten Ländern jeweils nur noch eine Landwirtschaftskammer, so dass heute in Deutschland insgesamt sieben Landwirtschaftskammern existieren[313]. Immerhin gehören diesen aber über 230.000 Mitglieder an[314].

---

[311] § 2 Abs. 2 LwkG Schl.-Holst.

[312] §§ 1, 4 und 5 Gesetz zur Übertragung von Aufgaben auf die Landwirtschaftskammer Schleswig-Holstein vom 11.12.2007, GVBl. Schl.-Holst., S. 497 (im Folgenden: Lwk-AufgabenübertragungsG-Schl.-Holst.); daneben gem. § 2 des Gesetzes auch Aufgaben des Forstamts Rantzau im Bereich des Forstvermehrungsgutgesetzes vom 22.05.2002, BGBl. I, S. 1658, geändert durch Art. 214 der VO vom 31.10.2006, BGBl. I, S. 2407; vgl. auch zuletzt § 1 Landesverordnung zur Übertragung von Aufgaben auf die Landwirtschaftskammer vom 14.09.2009, GVBl. Schl.-Holst., S. 641.

[313] Im Einzelnen sind dies: Landwirtschaftskammer Bremen (<www.lwk-bremen.de/>), Landwirtschaftskammer Hamburg (<www.forst-hamburg.de/landwirtschaftskammer.htm>), Landwirtschaftskammer Niedersachsen (<www.lwk-niedersachsen.de/>), Landwirtschaftskammer Nordrhein-Westfalen (<www.landwirtschafts-kammer.de/>), Landwirtschaftskammer Rheinland-Pfalz (<www.Lwk-rlp.de/>), Landwirtschaftskammer für das Saarland (<www.Lwk-saarland.de/>), Landwirtschaftskammer Schleswig-Holstein (<www.Lwk-sh.de/>) (Stand: August 2010).

[314] *Mann*, Berufliche Selbstverwaltung, in: HStR VI, 3. Aufl., 2008, S. 1203 (1204).

Die verschiedenen Landwirtschaftskammern sind seit 1949 bundesweit im Verband der Landwirtschaftskammern zusammengeschlossen[315], dem außer ihnen noch die Deutsche Landwirtschaftsgesellschaft e.V., der Bayerische Bauernverband und der Landesverband Gartenbau und Landwirtschaft Berlin-Brandenburg e.V. angehören[316]. Der Verband der Landwirtschaftskammern ist privatrechtlich als e.V. organisiert und damit selbst rechtstechnisch keine Organisationsform der Selbstverwaltung der Wirtschaft.

9. Exkurs: Landwirtschaftskammern in den Staaten der Europäischen Union

Sind die Landwirtschaftskammern bereits im kammerfreundlichen System der Bundesrepublik Deutschland eher eine Ausnahmeerscheinung gilt dies erst Recht im europäischen Vergleich. Nur relativ wenige Mitgliedstaaten kennen eigenständige Landwirtschaftskammern, namentlich etwa Frankreich, Polen und Österreich[317]. So existieren in Polen 16 Landwirtschaftskammern, denen alle natürlichen und juristischen Personen angehören, welche Landwirtschaftsteuer oder Einkommensteuer für besondere landwirtschaftliche Produktionszweige abführen[318].

III. Das aktuelle Recht der Landwirtschaftskammern

Wie im Abschnitt über die historische Entwicklung des Landwirtschaftskammerrechts deutlich wurde, beruhen die Landwirtschaftskammern auf Landesrecht. Es existieren heute daher insgesamt sieben verschiedene Landwirtschaftskammergesetze. Da es im Folgenden darum geht, die Grundstrukturen des geltenden Landwirtschaftskammerrechts herauszuarbeiten und im Lichte des Selbstverwaltungsprinzips zu analysieren, wird das Recht der verschiedenen Bundesländer nicht getrennt, sondern synoptisch dargestellt. Allerdings wird dabei auf wesentliche Abweichungen einzelner Landesgesetze vom üblichen Rechtszustand jeweils hingewiesen.

Im Einzelnen sind folgende Gesetze Grundlage des aktuellen Landwirtschaftskammerrechts:

---

[315] Der Sitz des Verbands, der zunächst in Frankfurt a.M. (*Abel*, Agrarpolitik, 2. Aufl., 1958, S. 90) und später in Bonn war, liegt heute in Berlin.
[316] <www.landwirtschaftskammern.de/verband.htm> (Stand: August 2010).
[317] *Franz*, Landwirtschaftskammern, in: JbKR 2002, S. 123 (123f.); zu den französischen Landwirtschaftskammern: *Willer*, Kammerwesen in Frankreich, in: JbKR 2002, S. 271 (308ff.); zu den österreichischen Kammern: *Rieger*, Kammerwesen in Österreich, in: JbKR 2003, S. 279 (319ff.); zur Situation in Spanien, wo die Pflichtmitgliedschaft 1977 und die Organisation als öffentlich-rechtliche Körperschaft 1986 abgeschafft worden sind: *Rodriguez Artacho/Barnes Vazquez*, Kammerwesen in Spanien, in: JbKR 2002, S. 315 (320f.).
[318] *Szafranski*, Bericht, in: JbKBR 2006, S. 215 (250f.).

Bremen	Gesetz über die Landwirtschaftskammer Bremen vom 20. März 1956[319]
Hamburg	Gesetz über die Landwirtschaftskammer Hamburg vom 4. Dezember 1990[320]
Niedersachsen	Gesetz über die Landwirtschaftskammer Niedersachsen in der Fassung vom 10. Februar 2003[321]
Nordrhein-Westfalen	Gesetz über die Errichtung der Landwirtschaftskammer Nordrhein-Westfalen vom 11. Februar 1949[322]
Rheinland-Pfalz	Landesgesetz über die Landwirtschaftskammer Rheinland-Pfalz vom 28. Juli 1970[323]
Saarland	Gesetz über die Landwirtschaftskammer für das Saarland in der Fassung der Bekanntmachung vom 22. Oktober 1975[324]
Schleswig-Holstein	Gesetz über die Landwirtschaftskammer Schleswig-Holstein in der Fassung vom 26. Februar 2002[325]

1. Rechtsform, Errichtung und Bezirk der Landwirtschaftskammern

a) Rechtsform, Rechtsfähigkeit, Errichtung

Die Landwirtschaftskammern sind Körperschaften des öffentlichen Rechts. Während dies in sechs der sieben Landwirtschaftskammergesetze ausdrücklich geregelt ist[326], stellt das LwkG-NRW nach wie vor lediglich fest, dass die Kammer rechtsfä-

---

[319] Brem. GBl. 1956, S. 13, zuletzt geändert durch Art. 20 Beamtenrechtsneuregelungsgesetz vom 22.12.2009, Brem. GBl. 2010, S. 17, <http://beck-online.beck.de/?bcid=Y-100-G-BrLandWKG> (Stand: August 2010).

[320] Hbg. GVBl. I 1990, S. 240, zuletzt geändert durch Gesetz vom 11.07.2007, Hbg. GVBl. I, 236.

[321] Nds. GVBl. 2003, S. 61, zuletzt geändert durch Gesetz vom 16.11.2007, Nds. GVBl., 637, <www.recht-niedersachsen.de/7812001/lwkg.htm> (Stand: August 2010).

[322] GVBl. NRW 1949, S. 706, zuletzt geändert durch den Ersten Teil von Art. I des Gesetzes vom 09.12.2008, GVBl. NRW, S. 771, 2009, S. 14; <www.lexsoft.de/lexisnexis/justizportal_nrw.cgi?skin=nrwe&xid=167166,1> (Stand: August 2010).

[323] GVBl. Rh.-Pf. 1970, S. 309, zuletzt geändert durch Gesetz vom 15.09.2009, GVBl. Rh.-Pf., S. 333, <http://rlp.juris.de/rlp/gesamt/LwKG_RP.htm#LwKG_RP_rahmen>, (Stand: August 2010).

[324] Saarl. ABl. 1975, S. 1150, zuletzt geändert durch Gesetz vom 19.11.2008, Saarl. ABl., S. 1930, <http://sl.juris.de/cgi-bin/landesrecht.py?d=http://sl.juris.de/sl/LwKG_SL_1975_rahmen.htm> (Stand: August 2010).

[325] GVBl. Schl.-Holst. 2002, S. 28, zuletzt geändert durch Art. 3 des Gesetzes vom 12.12.2007, GVBl. Schl.-Holst., S. 496.

[326] § 1 Abs. 2 S. 1 LwkG-Brem.; § 1 Abs. 2 S. 1 LwkG-Hbg.; § 1 Abs. 2 S. 1 LwkG-Nds.; § 1 Abs. 2 LwkG-Rh.-Pf.; § 1 Abs. 1 S. 2 LwkG-Saarl.; § 1 Abs. 1 S. 2 LwkG-Schl.-Holst.

III. 1. Rechtsform, Errichtung und Bezirk der Landwirtschaftskammern

hig ist[327]. Wie ihre Errichtung durch Gesetz, die Regelungen insbesondere über die Struktur, die Pflichtzugehörigkeit der Mitglieder und die Aufgabenzuweisung sowie der Verweis auf die Körperschaftsaufsicht in § 23 Abs. 4 LwkG-NRW deutlich machen[328], ist die Landwirtschaftskammer NRW jedoch auch ohne ausdrückliche Regelung eine typische Körperschaft des öffentlichen Rechts[329]. Mit der Errichtung haben die Kammern ihre Rechtsfähigkeit erlangt, sind also Trägerinnen von Rechten und Pflichten geworden. Sie können im öffentlichen wie privaten Rechtsverkehr durch ihre Organe handeln, klagen und verklagt werden. Das Kammervermögen ist ihnen (und nicht den Mitgliedern) zugeordnet. Zum Teil besitzen die Kammern zudem kraft ausdrücklicher gesetzlicher Verleihung die Dienstherrenfähigkeit und können daher Beamte haben[330].

Die Errichtung der Landwirtschaftskammern beruht unmittelbar auf dem jeweiligen Landes-Landwirtschaftskammergesetz, wobei die Errichtung in Niedersachsen und Nordrhein-Westfalen durch Zusammenschluss der zuvor bestehenden Kammern erfolgte[331]. Im Gegensatz zu anderen Bereichen der Selbstverwaltung der Wirtschaft ist das grundlegende Gesetz also nicht lediglich allgemeine Grundlage der Errichtung der Selbstverwaltungskörperschaft, die dann bspw. durch eine darauf beruhende Verordnung oder einen anderen Hoheitsakt erfolgt wäre. In der Errichtung durch Gesetz bei Nennung der konkreten Kammer manifestiert sich deutlich, dass die Errichtung der Landwirtschaftskammern kein von unten nach oben, auf Initiative der Betroffenen verlaufender Prozess war und ist. Vielmehr sind die Landwirtschaftskammern in letztlich staatlicher Entscheidung durch Gesetz errichtet worden, mag dem auch im Einzelfall de facto eine Initiative der Betroffenen vorausgegangen sein.

Damit besteht auch schon de jure kein freier Raum für die Gründung weiterer Landwirtschaftskammern durch die Betroffenen. Die Errichtung weiterer Landwirtschaftskammern würde vielmehr eine Änderung des jeweils einschlägigen Landwirtschaftskammergesetzes, bzw. in den Ländern, wo solche nicht bestehen, den Erlass eines Landwirtschaftskammergesetzes voraussetzen. Derzeit steht keine Neugründung an. Im Gegenteil sind – wie oben dargestellt wurde – in den beiden Ländern Nordrhein-Westfalen und Niedersachsen, wo bis über die Jahrtausendwende jeweils zwei Kammern bestanden, diese primär aus Rationalisierungsgrün-

---

[327] § 20 Abs. 1 S. 1 LwkG-NRW.
[328] § 23 Abs. 4 LwkG-NRW verweist auf die Aufsicht über die Körperschaften gem. § 20 Landesorganisationsgesetz NRW (LOG-NRW), <www.im.nrw.de/inn/seiten/vm/gesetze/log.htm> (Stand: August 2010).
[329] *Kluth*, Entwicklungsgeschichte, in: HdbKR, 2005, S. 41 (102); so früher bereits: *E. R. Huber*, Wirtschaftsverwaltungsrecht, 1. Bd., 2. Aufl., 1953, S. 232; *Sauer*, Landwirtschaftliche Selbstverwaltung, 1957, S. 154.
[330] § 121 Nr. 2 Beamtenrechtsrahmengesetz (BRRG) i.V.m. § 1 Abs. 2 S. 1 LwkG-Brem., § 1 Abs. 2 S. 1 LwkG-Nds., § 13 Abs. 1 S. 1 LwkG-Rh.-Pf.
[331] § 1 Abs. 1 LwkG-Brem.; § 1 Abs. 1 S. 1 LwkG-Hbg.; § 1 Abs. 1 LwkG-Nds.; § 1 Abs. 1 LwkG-NRW; § 1 Abs. 1 LwkG-Rh.-Pf.; § 1 Abs. 1 S. 1 LwkG-Saarl., bzw. § 1 Abs. 1 LwkG-Saarl.-1956 (Anerkennung der Landwirtschaftskammer als gesetzliche Berufsvertretung der Landwirtschaft); § 1 Abs. 1 S. 1 LwkG-Schl.-Holst.

den 2004 und 2006 zu jeweils einer Kammer zusammengeschlossen worden. In den Ländern, die nicht über Landwirtschaftskammern verfügen, ist derzeit keine Tendenz erkennbar, diesen Zustand zu ändern.

b) Der Kammerbezirk

Nicht zuletzt vor dem Hintergrund, dass die räumlichen Bereiche der einzelnen Landwirtschaftskammern von jeher sehr groß sind und sich heute generell auf das Gebiet eines Landes erstrecken, wird insofern meist nicht vom „Kammerbezirk" gesprochen. Rechtstechnisch kann der eingeführte Begriff des Kammerbezirks im Sinne des räumlichen Erstreckungsbereichs des Rechts der jeweiligen Kammer indes durchaus Verwendung finden.

Die „Bezirke" der sieben existierenden Landwirtschaftskammern erstrecken sich heute – wie ausgeführt – jeweils auf das Gebiet des Bundeslandes, in dem die Kammer errichtet ist. Solange in Niedersachsen und Nordrhein-Westfalen noch jeweils zwei Kammern bestanden, war das entsprechende Landesterritorium in zwei Kammerbezirke aufgeteilt. So erstreckte sich im Jahr 1949 in Nordrhein-Westfalen der Bezirk der Landwirtschaftskammer Rheinland auf den Landesteil Nordrhein und der Bezirk der Landwirtschaftskammer Westfalen-Lippe auf die Landesteile Westfalen einschließlich Lippe[332]. In Niedersachsen gehörten 1954 zum „räumlichen Bereich" der Landwirtschaftskammer Hannover die Regierungsbezirke Hannover, Hildesheim, Lüneburg und Stade und der Verwaltungsbezirk Braunschweig sowie zum räumlichen Bereich der Landwirtschaftskammer Oldenburg die Regierungsbezirke Osnabrück und Aurich und der Verwaltungsbezirk Oldenburg[333].

2. Die Verwirklichung der Selbstverwaltung in der mitgliedschaftlichen Struktur der Landwirtschaftskammern

a) Die partizipative Organisation als prägendes Merkmal der Selbstverwaltung der Betroffenen in den Landwirtschaftskammern

Wie oben entwickelt wurde, ist die mitgliedschaftlich-partizipative Struktur ein essentielles Merkmal der materialen Selbstverwaltung in den Selbstverwaltungskörperschaften der Wirtschaft[334]. Gerade da – wie soeben gezeigt wurde – die Errichtung der Landwirtschaftskammern sich nicht als von den Betroffenen initiierter Prozess „von unten nach oben" darstellt, ist die partizipativ-demokratische Binnenverfassung unabdingbar, damit von echter Selbstverwaltung gesprochen

---

[332] § 1 Abs. 1 LwkG-NRW-1949.
[333] § 1 Verordnung über den Bereich der Landwirtschaftskammern Hannover und Oldenburg vom 21.09.1954, Nds. GVBl. 1954, S. 125.
[334] Siehe oben S. 30ff., 128ff.

werden kann: Im Zentrum der körperschaftlichen Organisation müssen die Mitglieder stehen, welche die sie besonders betreffenden Angelegenheiten durch aktive Mitwirkung, vor allem aber vermittelt durch gewählte Organe selbst verwalten. Im Folgenden sei daher herausgearbeitet, wie sich der Mitgliederkreis der Landwirtschaftskammern zusammensetzt und inwiefern die Binnenverfassung der Landwirtschaftskammern tatsächlich mitgliedschaftlich-genossenschaftlich strukturiert ist.

b) Die Mitgliedschaft in den Landwirtschaftskammern

aa) Vorbemerkung: Zum Begriff des Kammermitglieds

Vorweg sei noch einmal daran erinnert, dass der Begriff des Kammermitglieds in der historischen Entwicklung des Kammerrechts eine Verschiebung erfahren hat: Im 19. Jh. wurde unter dem Mitglied der Kammer noch allenthalben das Mitglied der Kammerversammlung verstanden, die weitgehend mit der Kammer gleichgesetzt wurde. Im Laufe des 20. Jh. hat sich dann in Wissenschaft und Praxis zum einen die Trennung zwischen der Kammer als Körperschaft des öffentlichen Rechts auf der einen und der Kammerversammlung auf der anderen Seite durchgesetzt. Daran anknüpfend wird heute zum anderen zwischen dem Mitglied der Kammer (dem Kammerzugehörigen) und dem Mitglied der Kammerversammlung unterschieden. Die frühere Terminologie findet sich heute noch im nordrhein-westfälischen Landwirtschaftskammergesetz, das den Begriff der Landwirtschaftskammer teilweise synonym sowohl für die Körperschaft als auch für die z.T. als solche bezeichnete (erweiterte) Hauptversammlung verwendet[335]. Die Begriffsverwirrung gipfelt hier in der Formulierung, dass die Hauptversammlung aus den Mitgliedern der Landwirtschaftskammer besteht[336]. Die übrigen Landwirtschaftskammergesetze verwenden den Begriff des Mitglieds bzw. der Mitgliedschaft im Hinblick auf die Kammerversammlung und sprechen dabei zutreffend nicht mehr von der Mitgliedschaft in der Kammer, sondern eben in der Voll- bzw. Kammer- oder Vertreterversammlung. Die Mitgliedschaft in der Kammer als solche ist in den Kammergesetzen nicht abstrakt geregelt. Sie ergibt sich daher – nach den oben entwickelten Maßstäben – primär aus dem aktiven Wahlrecht zur Kammerversammlung[337]. Im Folgenden ist mit dem Mitglied der Kammer rechtstechnisch das Mitglied der

---

[335] Vgl. §1 Abs.1 LwkG-NRW: „Die Landwirtschaftskammer Nordrhein-Westfalen wird durch Zusammenschluss der Landwirtschaftskammern Rheinland und Westfalen-Lippe als deren Rechtsnachfolgerin errichtet." und §4 Abs.1 S.1 LwkG-NRW: „Die Landwirtschaftskammer besteht aus Mitgliedern, die aufgrund von Wahlvorschlägen unmittelbar und geheim gewählt werden, und aus von der Hauptversammlung berufenen Mitgliedern"; genau genommen differenzieren §§4 Abs.1 S.1, 13 LwkG-NRW zwischen der Kammer (gem. §4 Abs.1 S.1 LwkG-NRW Hauptversammlung plus berufene Mitglieder) und der Hauptversammlung als solcher. Doch wird deutlich, dass der Begriff der Kammer hier nicht für die Körperschaft, sondern für die Gesamtheit der gewählten und berufenen Personen verwendet wird.
[336] §13 Abs.1 LwkG-NRW; vgl. auch §4 Abs.1 S.1 LwkG-NRW (in der vorstehenden Fn.).
[337] Siehe oben S.192f.; ähnlich: *Kluth*, Entwicklungsgeschichte, in: HdbKR, 2005, S.41 (103);

Landwirtschaftskammer als Körperschaft des öffentlichen Rechts gemeint, das häufig auch als Kammerzugehöriger bezeichnet wird.

bb) Voraussetzungen der Mitgliedschaft in den Kammern

Das gesetzliche System zur Bestimmung der Wahlberechtigung (und damit der Kammermitgliedschaft) lässt sich wie folgt strukturieren: Die verschiedenen Landwirtschaftskammergesetze knüpfen die aktive Wahlberechtigung zur Repräsentativversammlung der Kammer und damit die Kammerzugehörigkeit primär daran, dass die entsprechende Person Berufsträger in einem landwirtschaftlichen Betrieb ist. Ausgeweitet wird die Wahlberechtigung auf die Familienangehörigen, jedenfalls von Kammerzugehörigen der Arbeitgeberseite. Zusätzlich muss eine nach dem Gesagten wahlberechtigte Person im Regelfall die Voraussetzungen für das politische Wahlrecht in dem jeweiligen Land erfüllen[338].

aaa) Anknüpfung an den landwirtschaftlichen Betrieb bzw. die Landwirtschaft

Die Mitgliedschaft ist also zunächst auf Berufsträger in landwirtschaftlichen Betrieben beschränkt. Landwirtschaftliche Betriebe werden definiert als Betriebe, in denen eine wirtschaftliche Tätigkeit im Bereich der Landwirtschaft ausgeübt wird[339]. Landwirtschaft wiederum ist nach den verschiedenen Landwirtschaftskammergesetzen in der Regel zunächst die mit der Bodenbewirtschaftung verbundene Bodennutzung zum Zwecke der Gewinnung pflanzlicher Erzeugnisse und zum Zwecke der Tierhaltung, aber auch die Forstwirtschaft und der Garten- bzw. z.T. auch ausdrücklich Obst- und Weinbau, soweit er nicht in Haus- oder Kleingärten ausgeübt wird[340]. Von der Landwirtschaft umfasst bzw. dieser gleichgestellt sind daneben z.T. bestimmte Sparten der Fischerei und die Imkerei[341]. In Schleswig-Holstein wird neben der Landwirtschaft ein eigenständiger Begriff der Fischerei verwendet, auf den sich der sachliche und personelle Anwendungsbereich des

---

für eine Anknüpfung an die Beitragspflicht hingegen: *Franz*, Landwirtschaftskammern, in: JbKR 2002, S. 123 (130).

[338] Vgl. zu Letzterem im Einzelnen: § 6 Abs. 1 S. 1 Nr. 2 und S. 2 LwkG-Brem.; § 7 Abs. 3 und 4 LwkG-Hbg.; § 7 Abs. 2 LwkG-Nds.; § 5 Abs. 2 und 4 LwkG-NRW; § 8 Abs. 1 S. 1 1. HS und Abs. 6 LwkG-Rh.-Pf.; § 7 Abs. 1 LwkG-Saarl.; § 6 Abs. 2 bis 4 LwkG-Schl.-Holst.; die Wahlberechtigung von Staatsangehörigen von EU-Mitgliedstaaten ergibt sich z.T. aufgrund ausdrücklicher gesetzlicher Regelung in den Landwirtschaftskammergesetzen, im Übrigen unmittelbar aus dem gegenüber diesen mit Anwendungsvorrang versehenen EU-Recht.

[339] § 3 Abs. 2 LwkG-Brem.; § 3 Abs. 2 LwkG-Hbg.; § 4 Abs. 2 LwkG-Nds.; § 3 Abs. 2 LwkG-NRW (verwendet den Begriff des Unternehmens); § 2 LwkG-Rh.-Pf.; § 3 LwkG-Saarl.; § 3 Abs. 3 LwkG-Schl.-Holst. (differenziert zwischen land- und fischereiwirtschaftlichen Betrieben).

[340] § 3 Abs. 1 S. 1 LwkG-Brem.; § 3 Abs. 1 LwkG-Hbg.; § 4 Abs. 1 S. 1 LwkG-Nds.; § 3 Abs. 1 LwkG-NRW; § 2 LwkG-Rh.-Pf.; § 3 LwkG-Saarl.; § 3 Abs. 1 LwkG-Schl.-Holst.

[341] § 3 Abs. 2 LwkG-Brem. (bei Fischerei: die Fischerei in Binnengewässern); § 4 Abs. 1 S. 1 LwkG-Nds. (bei Fischerei: die Binnenfischerei, die Fischerei in den Küstengewässern, die kleine Hochseefischerei); § 3 LwkG-NRW (bei Fischerei der Geographie entsprechend solche in den Binnengewässern); § 2 S. 2 LwkG-Rh.-Pf. (Fischerei, was geographisch nur Binnenfischerei bedeuten kann – die Imkerei ist in der nicht abschließenden Auflistung nicht genannt).

III. 2. b) Die Mitgliedschaft in den Landwirtschaftskammern 825

Kammerrechts ebenfalls erstreckt[342]. Fischerei umfasst hier die Binnen-, Küsten- und kleine Hochseefischerei[343].

bbb) Kammerzugehörigkeit von landwirtschaftlichen Arbeitgebern und in der Regel auch Arbeitnehmern

Unter den wahlberechtigten Berufsträgern in landwirtschaftlichen Betrieben wird regelmäßig zwischen Arbeitgebern und Arbeitnehmern unterschieden. Nach allen Landwirtschaftskammergesetzen sind jedenfalls die Arbeitgeber wahlberechtigt und damit kammerzugehörig: Zu den wahlberechtigten Arbeitgebern zählen natürliche (und juristische[344]) Personen, die Inhaber, Mitinhaber, Nießbraucher (Nutznießer) und Pächter von landwirtschaftlichen Betrieben sind, sowie deren in dem jeweiligen Betrieb voll mitarbeitende Familienangehörige[345].

Mit der Ausnahme des Saarlandes, wo nur Betriebsinhaber und ihre voll mitarbeitenden Familienangehörigen wahlberechtigt sind[346], sind daneben auch landwirtschaftliche Arbeitnehmer wahlberechtigt und damit kammerzugehörig: Erfasst sind danach regelmäßig die ständig in einem landwirtschaftlichen Betrieb hauptberuflich tätigen Arbeitnehmer[347] und in Bremen und Niedersachsen sogar auch deren Ehegatten sowie eingetragene Lebenspartner[348].

---

[342] Vgl. etwa § 6 Abs. 1 Nr. 1 1. HS LwkG-Schl.-Holst.: „[...] Inhaberinnen und Inhaber von land- und fischereiwirtschaftlichen Betrieben [...]".
[343] § 3 Abs. 2 LwkG-Schl.-Holst.
[344] § 6 Abs. 4 S. 1 LwkG-Brem.; § 7 Abs. 1 Nr. 1 i. V. m. § 6 Abs. 1 Nr. 1 lit. c LwkG-Hbg. (nicht die juristische Person als solche, sondern gesetzliche Vertreter oder Bevollmächtigte juristischer Personen, sofern diese Eigentümer, Pächter oder Nießbraucher eines landwirtschaftlichen Betriebs sind); § 7 Abs. 3 LwkG-Nds.; § 5 Abs. 3 LwkG-NRW; § 8 Abs. 3 S. 1 LwkG-Rh.-Pf. (auch Personengemeinschaften einschließlich Bruchteilsgemeinschaften); § 7 Abs. 4 S. 1 LwkG-Saarl. (auch Personengemeinschaften einschließlich Bruchteilsgemeinschaften); § 6 Abs. 1 Nr. 1 lit. d LwkG-Schl.-Holst.
[345] § 6 Abs. 1 S. 1 Nr. 1 LwkG-Brem.; § 7 Abs. 1 Nr. 1 i. V. m. § 6 Abs. 1 Nr. 1 lit. a LwkG-Hbg.; § 7 Abs. 1 Nr. 1 lit. a und d LwkG-Nds. (wenn der Betrieb gegenüber der Landwirtschaftskammer beitragspflichtig ist oder wenn die bewirtschafteten Flächen mindestens zwei Hektar, im Falle der forstwirtschaftlichen Nutzung mindestens 20 Hektar und im Falle der gartenbaulichen Nutzung mindestens 0,5 Hektar groß sind); § 5 Abs. 1 lit. a und b LwkG-NRW (einschließlich Personen, die in ähnlicher Weise ein landwirtschaftliches Grundstück bewirtschaften, wenn für den Betrieb oder das Grundstück Umlagepflicht besteht oder wenn die bewirtschafteten Flächen mindestens zwei Hektar, im Falle der forstlichen Nutzung mindestens zehn Hektar und im Falle der gartenbaulichen Nutzung mindestens 0,5 Hektar groß sind); § 8 Abs. 1 S. 1 lit. a i. V. m. § 5 Abs. 1 Nr. 1 und § 8 Abs. 1 S. 1 lit. b i. V. m. S. 2 und § 5 Abs. 1 Nr. 2 LwkG-Rh.-Pf.; § 7 Abs. 1 bis 3 und 5 LwkG-Saarl.; § 6 Abs. 1 Nr. 1 LwkG-Schl.-Holst.
[346] § 7 Abs. 1 und 2 LwkG-Saarl.
[347] § 6 Abs. 1 S. 1 Nr. 2 und S. 2 LwkG-Brem.; § 7 Abs. 1 Nr. 1 i. V. m. § 6 Abs. 1 Nr. 1 lit. b LwkG-Hbg. (hauptberuflich tätige leitende Angestellte in landwirtschaftlichen Betrieben in der Gruppe der Arbeitgeber), § 7 Abs. 1 Nr. 2 i. V. m. § 6 Abs. 1 Nr. 2 lit. a LwkG-Hbg. (ständig beschäftigte Arbeitnehmer aus landwirtschaftlichen Betrieben mit Ausnahme der mitarbeitenden Familienangehörigen und der leitenden Angestellten in der Gruppe der Arbeitnehmer); § 7 Abs. 1 S. 1 Nr. 1 lit. b LwkG-Nds. (hauptberuflich tätige leitende Angestellte in landwirtschaftlichen Betrieben in Wahlgruppe 1), § 7 Abs. 1 S. 1 Nr. 2 lit. a LwkG-Nds. (hauptberuflich in landwirtschaftlichen Betrieben tätige Arbeitnehmer, wenn sie nicht als leitende Angestellte Ehegatten oder voll mitarbei-

Bestimmte Personen, insbesondere solche, über deren Vermögen das Insolvenzverfahren eröffnet ist oder deren Grundstück oder Betrieb einem Zwangsverwaltungs- oder Zwangsversteigerungsverfahren unterliegt, sind nach verschiedenen Gesetzen vom Wahlrecht ausgenommen[349]. Dieses kann dann aber nach Beendigung des Insolvenzverfahrens etc. wieder aufleben, so dass die Mitgliedschaft nicht etwa beendet ist, sondern lediglich ruht. Bemerkenswert ist ferner, dass zum Teil Personen vom Wahlrecht ausgenommen sind, für deren Betrieb keine Beiträge zur Landwirtschaftskammer zu leisten sind[350]. Dies bestätigt die oben getroffene allgemeine Feststellung, dass Wahlrecht und Kammermitgliedschaft in der Regel mit der Pflicht zur Entrichtung von Beiträgen koinzidieren.

ccc) Zusammenfassung: Das gesetzliche System zur Bestimmung der Wahlberechtigung (und damit der Mitgliedschaft in der Kammer)

Zusammengefasst sind zum einen natürliche und juristische Personen, die Inhaber, Mitinhaber, Nießbraucher (Nutznießer) und Pächter von landwirtschaftlichen Betrieben sind, sowie deren in dem jeweiligen Betrieb voll mitarbeitende Familienangehörige und zum anderen (mit Ausnahme des Saarlandes) die ständig in einem landwirtschaftlichen Betrieb hauptberuflich tätigen Arbeitnehmer sowie in Bremen und Niedersachsen zusätzlich auch deren Ehegatten (bzw. eingetragene Lebenspartner) wahlberechtigt und damit kammerzugehörig. In der Regel besteht das Wahlrecht dabei nur dann, wenn der entsprechende Betrieb auch zur Landwirt-

---

tende Familienangehörige der Wahlgruppe 1 angehören, in Wahlgruppe 2); § 5 Abs. 1 2. HS LwkG-NRW (einschließlich der in der Berufsausbildung befindlichen Arbeitnehmerinnen und Arbeitnehmer, soweit sie nicht der Wahlgruppe 1 angehören, in Wahlgruppe 2); § 8 Abs. 1 S. 1 lit. b LwkG-Rh.-Pf.; § 6 Abs. 1 Nr. 2 LwkG-Schl.-Holst.

[348] § 6 Abs. 1 S. 1 Nr. 2 und S. 2 LwkG-Brem.; § 7 Abs. 1 S. 1 Nr. 1 lit. c LwkG-Nds. (Ehegatten von hauptberuflich tätigen leitenden Angestellten, wenn sie nicht außerhalb des von ihrem Ehegatten bewirtschafteten oder geleiteten landwirtschaftlichen Betriebs hauptberuflich tätig sind, in Wahlgruppe 1), § 7 Abs. 1 S. 1 Nr. 2 lit. b LwkG-Nds. (Ehegatten von hauptberuflich in landwirtschaftlichen Betrieben tätigen Arbeitnehmerinnen und Arbeitnehmern, wenn sie nicht als leitende Angestellte, Ehegatten oder voll mitarbeitende Familiengruppe der Wahlgruppe 1 angehören oder in einem anderen als dem landwirtschaftlichen Beruf hauptberuflich tätig sind, in Wahlgruppe 2).

[349] § 6 Abs. 5 LwkG-Brem.; § 5 Abs. 4 LwkG-NRW; § 8 Abs. 4 lit. b LwkG-Rh.-Pf.; § 7 Abs. 5 lit. b LwkG-Saarl.; vgl. auch § 6 Abs. 3 LwkG-Schl.-Holst.

[350] § 7 Abs. 1 S. 1 Nr. 1 lit. a LwkG-Nds. (Beitragspflicht natürlicher Personen, die als Eigentümer etc. einen landwirtschaftlichen Betrieb bewirtschaften, wenn der Betrieb gegenüber der Kammer beitragspflichtig ist oder wenn die bewirtschafteten Flächen mindestens eine bestimmte Größe haben), § 7 Abs. 3 S. 1 LwkG-Nds. (Beitragspflicht juristischer Personen, die einen gegenüber der Kammer beitragspflichtigen Betrieb bewirtschaften); § 5 Abs. 1 1. HS lit. a, Abs. 3 LwkG-NRW (Beitragspflicht natürlicher und juristischer Personen, die im Eigentum etc. ein landwirtschaftliches Grundstück bewirtschaften, wenn für den Betrieb oder das Grundstück eine Umlagepflicht besteht oder wenn die bewirtschafteten Flächen eine bestimmte Mindestgröße erreichen), § 8 Abs. 4 lit. a LwkG-Rh.-Pf. (Personen, für deren Betrieb keine Beiträge zur Kammer zu leisten sind); § 7 Abs. 5 lit. a LwkG-Saarl. (Personen, für deren Betrieb keine Beiträge zur Kammer zu leisten sind).

schaftskammer beitragspflichtig ist[351]. Zusätzlich müssen die genannten Personen in der Regel die Voraussetzungen des politischen Wahlrechts im jeweiligen Land erfüllen und dürfen bestimmten Ausschlussgründen, wie z. B. meist der Eröffnung eines Insolvenzverfahrens, nicht unterliegen.

c) Die Repräsentation der Kammermitglieder in der Kammerversammlung als Verwirklichung des Selbstverwaltungsprinzips

Wie oben herausgearbeitet wurde, bezieht sich der Begriff der Selbstverwaltung primär auf die Stellung der sich selbst Verwaltenden in der Selbstverwaltungskörperschaft[352]. Im Laufe der Zeit ist die früher prägende tätige Selbstverwaltung der eigenen Angelegenheiten in den verschiedenen Selbstverwaltungsbereichen in unterschiedlichem Maß durch die repräsentative Selbstverwaltung überlagert worden. Bei den Landwirtschaftskammern ist das repräsentative Element von jeher besonders ausgeprägt, da ihre Bezirke so großräumig sind, dass eine unmittelbare Beteiligung sämtlicher Mitglieder schon aus organisatorischen Gründen ausgeschlossen erscheint.

Zwar hat bei den Landwirtschaftskammern – wie bei den anderen Kammern der Selbstverwaltung der Wirtschaft – die tätige Selbstverwaltung weiter ihren Raum. Doch wird sie hier vorwiegend repräsentativ ausgeübt, indem die Kammerzugehörigen aus ihrer Mitte die Mitglieder der Repräsentativversammlung wählen. Die durch die Wahl unmittelbar demokratisch legitimierte Versammlung besitzt – wie in der Selbstverwaltung üblich – eine ausschließliche Zuständigkeit für besonders wichtige Rechtsakte wie die Änderung der Satzung und die Wahl der übrigen Kammerorgane, namentlich des Vorstands. Da auch die Direktoren/Geschäftsführer von der Kammerversammlung bzw. dem von ihr gewählten Vorstand gewählt werden, ist die Spitze der Kammerexekutive ihrerseits zumindest mittelbar demokratisch legitimiert.

aa) Bezeichnung und Zusammensetzung der Repräsentativversammlung

Vorangeschickt sei, dass die von den Mitgliedern gewählte repräsentative Versammlung als höchstes Organ der Landwirtschaftskammern in den einzelnen Bundesländern unterschiedlich bezeichnet wird: Während sie in Bremen und Niedersachsen Kammerversammlung heißt[353], trägt sie in Hamburg die Bezeichnung Vertreterversammlung[354], in Nordrhein-Westfalen und Schleswig-Holstein die Bezeichnung Hauptversammlung[355] und in Rheinland-Pfalz sowie dem Saarland die Be-

---

[351] Bzw. teilweise auch dann, wenn die bewirtschaftete Fläche eine bestimmte Größe erreicht (vgl. § 7 Abs. 1 S. 1 Nr. 1 lit. a LwkG-Nds., § 5 Abs. 1 1. HS lit. a, Abs. 3 LwkG-NRW).
[352] Siehe oben S. 30 ff., 128 ff.
[353] §§ 4 S. 1, 5, 8, 12 ff. LwkG-Brem.; §§ 3 Abs. 2, 5 S. 1, 6, 9, 12a ff. LwkG-Nds.
[354] §§ 5 Nr. 1, 6, 10 ff. LwkG-Hbg.
[355] §§ 4 Abs. 1 S. 1, 11, 13 ff. LwkG-NRW; §§ 1 Abs. 1 S. 2, 4, 5, 9, 11 ff. LwkG-Schl.-Holst.

zeichnung Vollversammlung[356]. Nicht zuletzt, da er im Recht der anderen Kammern der Selbstverwaltung, wo der Begriff der Vollversammlung dominiert, ansonsten nicht verwendet wird, wird im Folgenden für die Repräsentativversammlung der Landwirtschaftskammern einheitlich der Begriff der Kammerversammlung oder kurz Versammlung verwendet. Soweit es indes erkennbar um das jeweils spezifische Landesrecht geht, wird in der Regel der im Landesrecht verwendete Begriff zugrunde gelegt.

Insgesamt bieten die Kammerversammlungen der Landwirtschaftskammern in Größe und Zusammensetzung ein buntes Bild: Parlamentsartig großen Versammlungen in den großen Flächenstaaten Niedersachsen, Nordrhein-Westfalen, Rheinland-Pfalz sowie Schleswig-Holstein stehen fast beiratsartige, kleinere Versammlungen in den Stadtstaaten Bremen und Hamburg sowie dem Saarland gegenüber. Bei der Zusammensetzung ist vor allem signifikant, dass die unmittelbar von den Kammerzugehörigen zu wählenden Vertreter in der Regel auf Betriebsinhaber und Arbeitnehmer aufgeteilt sind, und zwar meist im Verhältnis von zwei Dritteln zu einem Drittel (Bremen, Hamburg, Niedersachsen, Nordrhein-Westfalen, Schleswig-Holstein, anders: Rheinland-Pfalz). In einigen Bundesländern wählen die unmittelbar gewählten Versammlungsmitglieder weitere Mitglieder aus bestimmten Interessensgruppen der Landwirtschaft zu (Niedersachsen, Rheinland-Pfalz, Saarland, Schleswig-Holstein), wobei die „berufenen" Mitglieder in Nordrhein-Westfalen allerdings neben der eigentlichen Hauptversammlung stehen[357].

Im Einzelnen ist die Zahl der Mitglieder der Kammerversammlung, die unmittelbare Wahl und die Zuwahl sowie die Aufteilung der Sitze der Kammerversammlung auf bestimmte Personengruppen in den verschiedenen Landwirtschaftskammergesetzen wie folgt geregelt:

In Bremen besteht die Versammlung aus 24 Mitgliedern, die der Landwirtschaft angehören müssen und nicht überwiegend Gartenbau betreiben dürfen, sowie neun Mitgliedern, die Gartenbau betreiben[358]. Während zwei Drittel der Mitglieder der Versammlung der Wahlgruppe der Betriebsinhaber nebst Ehegatten etc. angehören, entfällt ein Drittel auf die Wahlgruppe der Arbeitnehmer und ihrer Ehegatten etc.[359] Die Versammlung beruft bis zu acht weitere Mitglieder[360].

In Hamburg besteht die Versammlung aus 18 Mitgliedern, wobei zwölf auf die Gruppe der Arbeitgeber (darunter mindestens vier Frauen) und sechs auf die Gruppe der Arbeitnehmer (darunter mindestens zwei Frauen) entfallen[361].

Nachdem die Kammerversammlung der Landwirtschaftskammer Niedersachsen nach dem Zusammenschluss am 1. Januar 2006 übergangsweise aus den 161

---

[356] §§ 4 Abs. 2 lit. c, d, i, 5 ff. LwkG-Rh.-Pf.; §§ 4 ff. LwkG-Saarl.
[357] §§ 4 Abs. 1 S. 1, 13 LwkG-NRW differenzieren zwischen der „Landwirtschaftskammer" (gem. § 4 Abs. 1 S. 1 LwkG-NRW Hauptversammlung plus berufene Mitglieder) und der Hauptversammlung (gewählte Mitglieder) als solcher.
[358] § 5 Abs. 1 LwkG-Brem.
[359] § 8 i. V. m. § 6 Abs. 1 LwkG-Brem.
[360] § 12 Abs. 1 und 2 LwkG-Brem.; näher dazu unten S. 836.
[361] § 6 Abs. 1 LwkG-Hbg.

III. 2. c) aa) Bezeichnung und Zusammensetzung der Repräsentativversammlung 829

Mitgliedern der Versammlungen der früheren Kammern in Hannover und Oldenburg bestand[362], setzt sie sich seit der ersten einheitlichen Wahl und der konstituierenden Sitzung im Februar 2009 aus 138 unmittelbar gewählten Mitgliedern zusammen[363]. Diese entfallen zu zwei Dritteln auf Vertreter der Unternehmer und zu einem Drittel auf Arbeitnehmervertreter[364]. Die unmittelbar gewählten Mitglieder der Versammlung berufen als weitere Mitglieder maximal 30 Vertreter bestimmter Berufs- und Interessengruppen aus dem Bereich der Landwirtschaft[365]. Die Mehrheit der unmittelbar gewählten Arbeitnehmervertreter kann dabei verlangen, dass die Gesamtzahl der zu berufenden Mitglieder bis zu einem Drittel aus Personen bestehen muss, die von ihr vorgeschlagen werden[366].

Das nordrhein-westfälische Landwirtschaftskammergesetz regelt die Mitgliederzahl der Versammlung nicht. Die Zahl der unmittelbar gewählten Mitglieder beläuft sich nach der Hauptsatzung gegenwärtig auf 174[367]. Zwei Drittel davon entfallen dabei auf die Wahlgruppe der Betriebsinhaber, deren Ehegatten und mitarbeitenden Familienangehörigen sowie ein Drittel auf die Wahlgruppe der Arbeitnehmer[368]. Die Hauptversammlung hat insgesamt 18 weitere Mitglieder der Landwirtschaftskammer zu berufen[369].

In Rheinland-Pfalz besteht die Versammlung aus 80 Mitgliedern[370]. Davon werden unmittelbar von den Kammerzugehörigen gewählt: 48 Vertreter der Betriebsinhaber, neun Vertreter der voll mitarbeitenden Familienangehörigen der Betriebsinhaber und sieben Vertreter der Arbeitnehmer[371]. Diese unmittelbar Gewählten wählen sodann 16 Vertreter landwirtschaftlicher Organisationen und besonderer Fachrichtungen zu[372].

Im Saarland besteht die Versammlung aus 33 Mitgliedern, von denen 22 von den Kammerzugehörigen gewählt werden[373]. Die so gewählten 22 Mitglieder wählen in ihrer ersten Sitzung mit absoluter Stimmenmehrheit weitere elf Mitglieder zu[374].

In Schleswig-Holstein besteht die Versammlung aus mindestens 65 und höchstens 70 Mitgliedern[375]. 48 Mitglieder werden unmittelbar von den Kammerzugehö-

---

[362] § 42 Abs. 1 LwkG-Nds.
[363] § 6 Abs. 1 S. 2 LwkG-Nds.
[364] § 9 Abs. 2 S. 1 und 2 i.V.m. § 7 Abs. 1 S. 1 LwkG-Nds.
[365] § 14 Abs. 1 S. 1 LwkG-Nds.; näher zur Zusammensetzung unten S. 836f.
[366] § 14 Abs. 2 LwkG-Nds.
[367] § 3 Hauptsatzung-Lwk-NRW.
[368] § 4 Abs. 2 i.V.m. § 5 Abs. 1 und 3 LwkG-NRW; zur Zusammensetzung im Einzelnen unten S. 837.
[369] § 13 Abs. 2 LwkG-NRW i.V.m. § 3 Hauptsatzung-Lwk-NRW.
[370] § 5 Abs. 1 S. 1 LwkG-Rh.-Pf.
[371] § 7 Abs. 1 S. 1 i.V.m. § 5 Abs. 1 S. 2 Nr. 1–3 LwkG-Rh.-Pf.
[372] § 7 Abs. 1 S. 2 i.V.m. § 5 Abs. 1 S. 2 Nr. 4 LwkG-Rh.-Pf.; zu deren Zusammensetzung näher unten S. 837.
[373] § 5 Abs. 1 S. 1 und 2 LwkG-Saarl.
[374] § 5 Abs. 1 S. 3 LwkG-Saarl.; die hinzuzuwählenden Mitglieder sind gem. § 5 Abs. 1 S. 4 LwkG-Saarl. aus den Vorschlägen der zuständigen Berufsverbände und der Gewerkschaften auszuwählen; näher zur Zusammensetzung unten S. 837.
[375] § 5 Abs. 1 S. 1 LwkG-Schl.-Holst.

rigen, und zwar 32 von den Betriebsinhabern, deren Ehegatten usw. sowie 16 von den Arbeitnehmern gewählt[376]. Diese unmittelbar gewählten 48 Mitglieder wählen in der ersten Sitzung der Versammlung 17 weitere Mitglieder zu[377]. Schließlich kann als Besonderheit das Ministerium für Landwirtschaft, Umwelt und ländliche Räume nach Anhörung des Vorstands der Kammer bis zu fünf weitere Mitglieder berufen, die allerdings nur über eine beratende Stimme verfügen[378].

bb) *Die Wahl der Mitglieder der Kammerversammlung*

aaa) *Rechtsgrundlagen der Wahl, unmittelbare Wahl und Zuwahl*

Die grundlegenden Regeln über die Wahl der Mitglieder der Kammerversammlungen der Landwirtschaftskammern finden sich in den einzelnen Landwirtschaftskammergesetzen. Hier ist neben den Wahlrechtsgrundsätzen insbesondere geregelt, wer das aktive und das passive Wahlrecht besitzt, ob die Wahl in verschiedenen Wahlgruppen (Betriebsinhaber und Arbeitnehmer) durchgeführt wird[379], wie viele Sitze auf jede Wahlgruppe entfallen und ob eine Zuwahl weiterer Mitglieder stattfindet. Die zum Teil bereits recht detaillierten Regelungen der Landwirtschaftskammergesetze werden durch Wahlordnungen ergänzt, die nicht selbst erlassenes Satzungsrecht der Kammern, sondern Rechtsverordnungen sind und das Wahlverfahren im Einzelnen regeln[380].

Wie oben bereits deutlich wurde, gibt es zwei Wahlformen, in denen Mitglieder der Kammerversammlung gewählt werden. Überall wird jedenfalls der Großteil der Mitglieder der Versammlung unmittelbar von den Kammerzugehörigen ge-

---

[376] § 5 Abs. 2 S. 2 i. V. m. § 6 Abs. 1 Nr. 1 und 2 LwkG-Schl.-Holst.
[377] § 5 Abs. 3 S. 1 LwkG-Schl.-Holst.; gem. § 5 Abs. 3 S. 2 LwkG-Schl.-Holst. sind die hinzuzuwählenden Mitglieder aus den Vorschlägen der zuständigen Verbände auszuwählen; näher zur Zusammensetzung unten S. 837 f.
[378] § 5 Abs. 1 S. 1 Nr. 3 LwkG-Schl.-Holst.
[379] Übergreifend zur Wahlgruppenbildung im Kammerrecht: *Groß*, Kammerverfassungsrecht, in: HdbKR, 2005, S. 187 (198 f.).
[380] *Bremen:* Wahlordnung der Landwirtschaftskammer Bremen vom 14.08.1956, Brem. GBl., S. 111, zuletzt geändert durch Gesetz vom 16.05.2006, Brem. GBl., S. 271 (im Folgenden: Lwk-WahlO-Brem.); *Hamburg:* Wahlordnung für die Vertreterversammlung der Landwirtschaftskammer Hamburg vom 12.02.1991, Hbg. GVBl. I 1991, S. 55 (im Folgenden: Lwk-WahlO-Hbg.); *Niedersachsen:* Verordnung über die Wahl zur Kammerversammlung der Landwirtschaftskammer Niedersachsen vom 15.01.2008, Nds. GVBl., S. 3 (im Folgenden: Lwk-WahlO-Nds.); *Nordrhein-Westfalen:* Verordnung zur Durchführung des Gesetzes über die Errichtung der Landwirtschaftskammer Nordrhein-Westfalen (LK-Wahlordnung) vom 20.04.2005, GVBl. NRW, S. 569, zuletzt geändert durch Gesetz vom 09.12.2008, GVBl. NRW, S. 771 (im Folgenden: Lwk-WahlO-NRW); *Rheinland-Pfalz:* Landesverordnung für die Wahl zur Landwirtschaftskammer Rheinland-Pfalz (Landwirtschaftskammerwahlordnung) vom 18.09.1970, GVBl. Rh.-Pf. S. 380, BS 780–1-1, zuletzt geändert durch die Zweite ÄnderungsVO vom 08.07.2005, GVBl. Rh.-Pf. S. 297 (im Folgenden: Lwk-WahlO-Rh.-Pf.); *Saarland:* Wahlordnung zur Landwirtschaftskammer vom 06.01.2003, Saarl. ABl., S. 178, zuletzt geändert durch Gesetz vom 21.11.2007, Saarl. ABl., S. 2393 (im Folgenden: Lwk-WahlO-Saarl.); *Schleswig-Holstein:* Landesverordnung über die Wahl der Hauptversammlung der Landwirtschaftskammer Schleswig-Holstein vom 29.09.2009, GVBl. Schl.-Holst., S. 659 (im Folgenden: Lwk-WahlO-Schl.-Holst.).

wählt. Neben der unmittelbaren Wahl durch die Kammerzugehörigen findet in den meisten Bundesländern eine obligatorische oder fakultative Zuwahl weiterer Mitglieder statt. Da diese Zuwahl durch die unmittelbar gewählten Versammlungsmitglieder erfolgt, kann insofern auch von einer mittelbaren Wahl gesprochen werden.

bbb) Die unmittelbare Wahl

(1) Aktive Wahlberechtigung bei der unmittelbaren Wahl. Da sich die Kammerzugehörigkeit entscheidend aus der aktiven Wahlberechtigung bei der Wahl zur Kammerversammlung ableiten lässt, wurde der Kreis der aktiv Wahlberechtigten in jenem Zusammenhang bereits oben ermittelt[381]. Zusammengefasst sind folgende Personen aktiv wahlberechtigt: Zum einen natürliche und juristische Personen, die Inhaber, Mitinhaber, Nießbraucher (Nutznießer) und Pächter von landwirtschaftlichen Betrieben sind, sowie deren in dem jeweiligen Betrieb voll mitarbeitende Familienangehörige und zum anderen (mit Ausnahme des Saarlandes) die ständig in einem landwirtschaftlichen Betrieb hauptberuflich tätigen Arbeitnehmer sowie in Bremen und Niedersachsen zusätzlich auch deren Ehegatten (bzw. eingetragene Lebenspartner). In der Regel besteht das Wahlrecht dabei nur dann, wenn der entsprechende Betrieb auch zur Landwirtschaftskammer beitragspflichtig ist[382]. Zusätzlich müssen die genannten Personen in der Regel die Voraussetzungen des politischen Wahlrechts im jeweiligen Land erfüllen und dürfen bestimmten Ausschlussgründen, wie z. B. meist der Eröffnung eines Insolvenzverfahrens, nicht unterliegen.

(2) Passive Wahlberechtigung bei der unmittelbaren Wahl. In die Kammerversammlung wählbar sind regelmäßig alle natürlichen Personen, welche die aktive Wahlberechtigung bei der Wahl zur Kammerversammlung besitzen, am Wahltag die Voraussetzungen für die Wählbarkeit in das jeweilige Landesparlament bzw. die jeweilige Bürgerschaft erfüllen und nicht in einem aktiven Beschäftigungsverhältnis zur Kammer stehen[383]. Neben den aktiv wahlberechtigten natürlichen Per-

---

[381] Siehe oben S. 824 ff.
[382] Bzw. teilweise auch dann, wenn die bewirtschaftete Fläche eine bestimmte Größe erreicht (vgl. § 7 Abs. 1 Nr. 1 lit. a LwkG-Nds., § 5 Abs. 1 S. 1 lit. a, Abs. 3 LwkG-NRW).
[383] § 9 LwkG-Brem.; § 8 LwkG-Hbg. (da in Hamburg die gesetzlichen Vertreter bzw. Bevollmächtigten einschlägiger juristischer Personen als solche die aktive Wahlberechtigung besitzen (§ 7 Abs. 1 Nr. 1 i. V. m. § 6 Abs. 1 Nr. 1 lit. c LwkG-Hbg.), sind diese gem. § 8 LwkG-Hbg. ebenfalls passiv wahlberechtigt); § 11 LwkG-Nds. (auch Beamte und Arbeitnehmer der Aufsichtsbehörde sind ausgenommen); § 6 Abs. 1 LwkG-NRW (weiter: jede wahlberechtigte natürliche Person, die seit einem Jahr ununterbrochen im Landwirtschaftskammerbezirk wohnt, es sei denn, dass sie infolge Richterspruchs die Fähigkeit zur Bekleidung öffentlicher Ämter oder infolge strafrechtlicher Verurteilung die Fähigkeit, Rechte aus öffentlichen Wahlen zu erlangen, nicht besitzt); § 8 Abs. 5 S. 1 und 3 LwkG-Rh.-Pf.; § 8 Abs. 1 i. V. m. § 7 Abs. 1 LwkG-Saarl. (da nicht auf § 7 Abs. 2 LwkG-Saarl. verwiesen wird, sind die aktiv wahlberechtigten voll mitarbeitenden Familienangehörigen nicht wählbar); § 7 Abs. 1 LwkG-Schl.-Holst.

sonen sind in Bremen auch gesetzliche Vertreter bzw. Bevollmächtigte aktiv wahlberechtigter juristischer Personen[384], in Rheinland-Pfalz gesetzliche Vertreter oder Bevollmächtigte aktiv wahlberechtigter juristischer Personen und Personengemeinschaften einschließlich Bruchteilsgemeinschaften[385] und in Schleswig-Holstein auch Vorstandsmitglieder oder Geschäftsführer von juristischen Personen, die Inhaber von im Land liegenden land- und fischereiwirtschaftlichen Betrieben sind, wählbar[386]. Dass Vertreter aktiv wahlberechtigter juristischer Personen usw. nicht in allen Bundesländern in die Kammerversammlung gewählt werden können, ist im Lichte des Selbstverwaltungsprinzips nicht unproblematisch, da dies zur Folge hat, dass in den betroffenen Ländern juristische Personen, obwohl sie kammerzugehörig sind, nicht in der Kammerversammlung repräsentiert sind.

(3) Wahlgrundsätze und Wahlperiode. Die Mitglieder der Kammerversammlung werden im Rahmen der direkten Wahl in unmittelbarer, freier, gleicher und geheimer Wahl gewählt[387]. Unmittelbare Wahl bedeutet, dass zwischen die Wahlentscheidung der aktiv Wahlberechtigten und die Zuordnung zu einem Sitz in der Versammlung keine weitere Willensentscheidung treten darf. Freie Wahl heißt, dass die Wahlentscheidung nicht durch Zwang oder Täuschung beeinflusst sein darf. Gleiche Wahl bedeutet, dass jedem aktiv Wahlberechtigten grds. dieselbe Stimmenzahl (in der Regel eine) zusteht. Geheime Wahl schließlich gewährleistet, dass nicht nur die Kenntnisnahme von der konkreten Wahlentscheidung, sondern auch davon, ob überhaupt gewählt wurde, ausgeschlossen sein muss. Die Wahl erfolgt auf fünf oder sechs Jahre[388]. Die im Vergleich zu den meisten politischen Wahlen etwas verlängerte Wahlperiode ist als Kompromiss aus dem Gebot periodischer Rückanbindung der Zusammensetzung der Kammerversammlung an den Willen der sich selbst verwaltenden Kammermitglieder einerseits und dem Bedürfnis, den mit den Kammerwahlen für die Kammer aber auch für die Kammermitglieder verbundenen Aufwand gering zu halten andererseits, noch gerechtfertigt. Sie darf allerdings im Lichte des demokratischen Selbstverwaltungsprinzips nicht noch weiter ausge-

---

[384] § 9 i. V. m. § 6 Abs. 4 S. 2 LwkG-Brem.
[385] § 8 Abs. 5 S. 1 i. V. m. Abs. 3 LwkG-Rh.-Pf.; streng genommen wäre nach § 8 Abs. 5 LwkG-Rh.-Pf. die juristische Person bzw. Personengemeinschaft wählbar, da dieser gem. § 8 Abs. 3 LwkG-Rh.-Pf. das aktive Wahlrecht zusteht (das dann durch den gesetzlichen Vertreter etc. ausgeübt wird). Da eine juristische Person etc. nicht als solche Mitglied der Vollversammlung sein kann, ist davon auszugehen, dass es sich hier um ein Redaktionsversehen handelt und sich die Wählbarkeit auf den gesetzlichen Vertreter etc. bezieht.
[386] § 7 Abs. 2 LwkG-Schl.-Holst.; diese müssen ebenfalls zum Landtag wählbar sein und dürfen nicht bei der Kammer in einem aktiven Dienst-, Arbeits- oder Ausbildungsverhältnis stehen.
[387] § 5 Abs. 2 LwkG-Brem.; § 6 Abs. 3 LwkG-Hbg.; § 6 Abs. 1 S. 1 LwkG-Nds.; § 4 Abs. 1 S. 1 LwkG-NRW gewährleistet explizit nur die unmittelbare und geheime Wahl; § 7 Abs. 1 S. 1 LwkG-Rh.-Pf.; § 8 Abs. 1 i. V. m. § 10 Abs. 1 S. 1 LwkG-Saarl.; § 5 Abs. 2 S. 1 LwkG-Schl.-Holst.
[388] Fünf Jahre: § 6 Abs. 3 LwkG-Hbg.; § 6 Abs. 1 LwkG-Saarl.; § 5 Abs. 4 S. 1 LwkG-Schl.-Holst; sechs Jahre: § 5 Abs. 3 LwkG-Brem.; § 6 Abs. 2 S. 1 LwkG-Nds.; § 10 Abs. 1 S. 1 LwkG-NRW (wobei alle drei Jahre die Hälfte der Mitglieder ausscheidet); § 5 Abs. 2 S. 1 LwkG-Rh.-Pf.

III. 2. c) bb) Die Wahl der Mitglieder der Kammerversammlung 833

dehnt werden. Eine (auch mehrmalige) Wiederwahl von Mitgliedern der Kammerversammlung ist grundsätzlich zulässig[389].

(4) Grundsätze des Wahlverfahrens. (a) Wahlgruppen der Betriebsinhaber und Arbeitnehmer, Wahlvorschläge. Wie oben bereits ausgeführt wurde, sind in allen Kammerversammlungen sowohl Vertreter der Betriebsinhaber etc. als auch – mit Ausnahme der saarländischen Kammer – Arbeitnehmervertreter repräsentiert. Entsprechend vollzieht sich die Wahl getrennt nach Wahlgruppen der Betriebsinhaber einerseits und der Arbeitnehmer andererseits[390], wobei die aktiv Wahlberechtigten der jeweiligen Gruppe die Kandidaten ihrer Wahlgruppe anhand von Wahlvorschlägen wählen[391]. In den einzelnen Kammergesetzen bzw. Wahlordnungen ist dabei bestimmt, wer berechtigt ist, die Wahlvorschläge für die Wahlgruppen der Arbeitgeber einerseits und der Arbeitnehmer andererseits einzureichen: Meist sind dies einschlägige Verbände und Vereinigungen oder eine bestimmte Zahl aktiv Wahlberechtigter der jeweiligen Wahlgruppe[392]. Wahlvorschläge müssen nach den

---

[389] § 10 Abs. 1 S. 2 LwkG-NRW.
[390] § 8 LwkG-Brem.; § 9 Abs. 1 S. 1 LwkG-Hbg.; § 9 Abs. 1 S. 2 LwkG-Nds.; § 8c S. 2 LwkG-NRW; § 7 Abs. 3 S. 1 LwkG-Rh.-Pf.; § 5 Abs. 2 S. 3 LwkG-Schl.-Holst.
[391] § 9 Abs. 2 und 3 LwkG-Hbg.; § 12a Abs. 5 LwkG-Nds.; § 4 Abs. 1 S. 1 LwkG-NRW; § 7 Abs. 1 S. 1 LwkG-Rh.-Pf.; § 10 Abs. 1 S. 1 LwkG-Saarl.; § 5 Abs. 2 S. 1 i. V. m. § 10 LwkG-Schl.-Holst.; in Bremen wird dies von Abschn. VI Lwk-WahlO-Brem. vorausgesetzt.
[392] Bspe.: § 9 Abs. 3 LwkG-Hbg.: Gruppe der Arbeitgeber: a) Bauernverband Hamburg e.V., b) Gartenbauverband Nord e.V., c) mindestens 150 wahlberechtigte Personen (Arbeitgeber); für die Gruppe der Arbeitnehmer: a) die für landwirtschaftliche Betriebe in Hamburg zuständigen Gewerkschaften, b) mindestens 150 wahlberechtigte Personen (Arbeitnehmer); § 14 Abs. 1 Lwk-WahlO-Nds.: jeder Wahlberechtigte und jede Organisation, die die Berufsinteressen der Landwirtschaft vertritt. Dabei muss gem. § 14 Abs. 4 Lwk-WahlO-Nds. ein Wahlvorschlag in der Wahlgruppe 1 (Betriebsinhaber etc.) von mindestens – je nach Wahlbezirk – 30 oder 50, in der Wahlgruppe 2 (Arbeitnehmer etc.) von mindestens – je nach Wahlbezirk – 20 oder 25 Wahlberechtigten unterzeichnet sein. Für Wahlvorschläge von Organisationen und Einzelbewerbern gelten gem. § 14 Abs. 3 Lwk-WahlO-Nds. Sonderregeln; § 11 Abs. 2 und 3 Lwk-WahlO-NRW: Wahlvorschläge für die Wahlgruppe 1 (Arbeitgeber) können von einzelnen oder mehreren eingetragenen Vereinen, die satzungsmäßig im Bereich der Landwirtschaft tätig sind, oder von 25 im Wahlbezirk in der Wahlgruppe 1 Wahlberechtigten eingereicht werden, Wahlvorschläge für die Wahlgruppe 2 (Arbeitnehmer) von Arbeitnehmervereinigungen, die satzungsmäßig auch für den Bereich der Landwirtschaft zuständig sind, oder von mindestens 25 der im Wahlbezirk in der Wahlgruppe 2 Wahlberechtigten; § 9 Abs. 1 S. 1 Lwk-WahlO-Rh.-Pf.: Wahlvorschläge können Wahlberechtigte und Zusammenschlüsse des Berufsstands in Rheinland-Pfalz einreichen. Gem. § 9 Abs. 3 Lwk-WahlO-Rh.-Pf. muss jeder Wahlvorschlag von mindestens 20 Wahlberechtigten des Wahlkreises unterschrieben sein. Bei Vorschlägen der Organisationen des Berufsstands genügt die Unterschrift des Vorsitzenden, wenn die vorgeschlagenen Bewerber in einer Versammlung der wahlberechtigten Mitglieder der Organisationen oder ihrer satzungsgemäß bestellten Delegierten im Wahlkreis in geheimer Abstimmung ermittelt wurden und in der Reihenfolge der erhaltenen Stimmen, von der höchsten Stimmenzahl an gerechnet, im Wahlvorschlag aufgeführt sind. § 10 Abs. 1 LwkG-Schl.-Holst.: für die Gruppe der Betriebsinhaber: a) Bauernverband Schl.-Holst. e.V., Schl.-Holst. Bauern-Bund e.V. und Arbeitsgemeinschaft Bäuerliche Landwirtschaft, b) mindestens 50 der im Wahlbezirk wahlberechtigten Betriebsinhaber oder der mitarbeitenden Familienangehörigen; für die Gruppe der Arbeitnehmer: a) Industriegewerkschaft Bauen-Agrar-Umwelt (Landesverband Nordmark) durch zwei ihrer bevollmächtigten Vertreter, b) min-

unterschiedlichen Regelungen in den einzelnen Bundesländern entweder genau bzw. höchstens so viele Kandidaten enthalten, wie in dem jeweiligen Wahlbezirk von der Wahlgruppe zu wählen sind[393], oder mindestens so viele Kandidaten, wie dort in der Wahlgruppe zu wählen sind[394], oder aber eine darüber hinausgehende Mindest-[395] oder Höchstzahl[396].

Werden insgesamt nicht mehr Kandidaten vorgeschlagen, als in der jeweiligen Wahlgruppe, bzw. im jeweiligen Wahlbezirk an Sitzen in der Versammlung zu vergeben sind, findet in der Regel keine Wahl statt[397]. Die zur Wahl zugelassenen Bewerber gelten vielmehr als gewählt[398], was im Lichte des demokratischen Selbstverwaltungsprinzips äußerst problematisch ist und geändert werden sollte. Angemerkt sei, dass für die zu wählenden Mitglieder der Versammlung regelmäßig gleichzeitig auch Stellvertreter bzw. Ersatzmitglieder gewählt werden, die in die Versammlung nachrücken, wenn das gewählte Mitglied ausscheidet, teilweise aber auch das gewählte Mitglied im Verhinderungsfall vertreten[399].

(b) Wahlbezirke bzw. -kreise. Während die Wahl in kleineren Ländern einheitlich im gesamten Kammerbezirk erfolgt[400], ist dieser in den größeren Flächenländern regelmäßig in einzelne Wahlbezirke bzw. -kreise unterteilt, in denen jeweils eine bestimmte Zahl der insgesamt zu vergebenden Sitze zu besetzen ist[401].

---

destens 50 im Wahlbezirk wahlberechtigte Arbeitnehmer; vgl. auch § 9 Lwk-WahlO-Saarl., § 11 WahlO-Lwk-Brem.

[393] Vgl. etwa § 12a Abs. 5 S. 1 LwkG-Nds.; § 10 Abs. 1 S. 2 LwkG-Schl.-Holst.

[394] Vgl. etwa § 9 Abs. 2 S. 2 LwkG-Hbg.; gem. § 9 Abs. 2 S. 2 Lwk-WahlO-Rh.-Pf. dürfen die Wahlvorschläge höchstens doppelt so viele Bewerber enthalten wie Vollversammlungsmitglieder und Stellvertreter im Wahlkreis zu wählen sind.

[395] § 10 Abs. 2 S. 2 Lwk-WahlO-NRW: mehr als doppelt so viele wählbare Bewerberinnen und Bewerber wie Mitglieder der betreffenden Gruppe im Wahlbezirk zu wählen sind.

[396] § 10 Abs. 2 Lwk-WahlO-Brem.: die Zahl der Bewerber auf dem Wahlvorschlag darf die im Wahlkreis zu wählende Zahl von Kammermitgliedern der jeweiligen Wahlgruppe und die gleiche Zahl Ersatzmitglieder nicht überschreiten.

[397] Vgl. etwa § 12 Lwk-WahlO-Rh.-Pf.: Wenn in einem Wahlkreis für einen Wahlgang nur ein Wahlvorschlag eingereicht wird.

[398] § 15 Abs. 2 Lwk-WahlO-Brem.; § 9 Abs. 4 S. 1 und 2 LwkG-Hbg.; § 12a Abs. 5 S. 2 LwkG-Nds.; § 7 Abs. 5 LwkG-Rh.-Pf. (wenn nur ein gültiger Wahlvorschlag vorgelegt wird); § 10 Abs. 3 LwkG-Saarl. (wenn in einem Landkreis oder Stadtverband nur ein gültiger Wahlvorschlag vorgelegt wird, gelten die darin vorgeschlagenen Bewerber in der aufgeführten Reihenfolge als gewählt); § 10 Abs. 3 S. 1 LwkG-Schl.-Holst.

[399] § 14 LwkG-Brem.; § 9 Abs. 2 S. 2 und 3 LwkG-Hbg.; § 10 Abs. 2 S. 1 LwkG-NRW; § 7 Abs. 2 LwkG-Rh.-Pf.; § 5 Abs. 3 LwkG-Saarl.; § 5 Abs. 5 LwkG-Schl.-Holst.; in Niedersachsen findet hingegen bei Sitzverlust gem. § 16 Abs. 1 LwkG-Nds. eine Ersatzwahl statt.

[400] Vgl. z. B. §§ 2 Abs. 1, 3 Abs. 1 Lwk-WahlO-Brem.; § 9 LwkG-Hbg.

[401] Die elf Wahlkreise gem. § 9 Abs. 1 LwkG-Nds. und die dort jeweils zu wählenden Mitglieder der Kammerversammlung sind im Einzelnen in § 2 Lwk-WahlO-Nds. definiert; § 7 Abs. 1 LwkG-NRW: Wahlbezirke sind in der Regel die Kreise und kreisfreien Städte, wobei gem. § 7 Abs. 2 LwkG-NRW mehrere benachbarte Kreise und kreisfreie Städte zu Wahlbezirken zusammengeschlossen werden können. Gem. § 7 Abs. 3 LwkG-NRW müssen die Wahlbezirke entsprechend ihrer Bedeutung, mindestens aber mit drei Mitgliedern, vertreten sein; § 7 Abs. 3 S. 2 LwkG-Rh.-Pf.: Wahlkreise sind die Landkreise einschließlich der mit ihnen überwiegend räum-

III. 2. c) bb) Die Wahl der Mitglieder der Kammerversammlung   835

(c) Wählerlisten und -verzeichnisse. Voraussetzung der Ausübung des Wahlrechts durch die aktiv Wahlberechtigten ist regelmäßig die Eintragung in eine Wählerliste bzw. ein Wählerverzeichnis[402]. In die Wählerliste werden auf Antrag die aktiv Wahlberechtigten eingetragen, die im jeweiligen Wahlbezirk bzw. der jeweiligen Gemeinde ihre (Haupt-)wohnung haben[403].

(d) Stimmenzahl. Meist verfügt jede aktiv wahlberechtigte Person über eine Stimme. Zum Teil hat jeder aktiv Wahlberechtigte hingegen so viele Stimmen, wie im entsprechenden Wahlbezirk in seiner Wahlgruppe Mitglieder in die Kammerversammlung zu wählen sind[404].

(e) Wahlsystem und Feststellung des Wahlergebnisses. Die Wahl ist – wie bereits erwähnt wurde – meist eine Listenwahl, d. h. die aktiv Wahlberechtigten geben die von ihnen zu vergebende(n) Stimme(n) für den präferierten Wahlvorschlag (Wahlliste) ab. Nachdem ausgezählt wurde, wie viele Stimmen die einzelnen Wahlvorschläge im jeweiligen Wahlbezirk erhalten haben, wird in einem zweiten Schritt ermittelt, wie viele Mandate auf die jeweilige Liste entfallen, bevor in einem dritten Schritt festgestellt werden kann, welche Bewerber des jeweiligen Wahlvorschlags in die Kammerversammlung einziehen. In der Regel handelt es sich um ein Verhältniswahlsystem, d.h. die einzelnen Wahlvorschläge werden nach dem Verhältnis ihres Anteils an der Gesamtzahl der im Wahlbezirk abgegebenen gültigen Stimmen berücksichtigt[405]. So werden etwa in Nordrhein-Westfalen den einzelnen Wahlvor-

---

lich verbundenen kreisfreien Städte für die Gruppe der Betriebsinhaber und die Regierungsbezirke für die Gruppe der wahlberechtigten Familienangehörigen der Betriebsinhaber sowie für die Gruppe der wahlberechtigten Arbeitnehmer. Die Zahl der in den Wahlkreisen zu wählenden Mitglieder der Vollversammlung bestimmt sich gem. § 7 Abs. 4 LwkG-Rh.-Pf. bei den Betriebsinhabern nach dem Umfang der landwirtschaftlich genutzten Fläche und ihrer Bedeutung für den Betriebsertrag, bei den Familienangehörigen und Arbeitnehmern nach ihrer Verteilung auf die Wahlkreise; § 5 Abs. 1 S. 2 LwkG-Rh.-Pf. bestimmt zusätzlich, dass die Mitglieder der Vollversammlung im Verhältnis 3:2:5 aus den Regierungsbezirken Koblenz, Trier und Rheinhessen-Pfalz gewählt werden. Wird dieses Verhältnis nicht durch die unmittelbare Wahl hergestellt, ist der Ausgleich bei der Zuwahl der 16 Vertreter landwirtschaftlicher Organisationen und besonderer Fachrichtungen herzustellen; § 5 Abs. 2 LwkG-Saarl.; § 8 Abs. 1 LwkG-Schl.-Holst.: Wahlbezirke sind die Kreise und kreisfreien Städte, wobei bestimmte Kreise und kreisfreie Städte zu einheitlichen Wahlbezirken zusammengefasst sind. In den in § 8 Abs. 2 LwkG-Schl.-Holst. benannten Wahlbezirken werden je vier Vertreter der Betriebsinhaber etc. und je zwei Vertreter der Arbeitnehmer gewählt. In den in § 8 Abs. 3 LwkG-Schl.-Holst. benannten Wahlbezirken werden je zwei Vertreter der Betriebsinhaber etc. und je ein Vertreter der Arbeitnehmer gewählt.

[402] Vgl. z. B. § 12a Abs. 3 S. 1 LwkG-Nds.; § 8c S. 1 LwkG-NRW; § 13 Abs. 1 Lwk-WahlO-Rh.-Pf.; § 3 S. 2 Lwk-WahlO-Saarl.; § 10 Abs. 4 LwkG-Schl.-Holst.

[403] § 12a Abs. 1 LwkG-Nds.; § 4 Abs. 1 und 3 Lwk-WahlO-NRW; § 13 Abs. 6 S. 4 Lwk-WahlO-Rh.-Pf.; § 5 Abs. 1 S. 3, Abs. 2 Lwk-WahlO-Saarl.; § 10 Abs. 4 LwkG-Schl.-Holst.; vgl. auch § 6 Abs. 3 Lwk-WahlO-Hbg.

[404] § 5 S. 1 Lwk-WahlO-Brem.; § 12a Abs. 4 LwkG-Nds.; § 6 Abs. 5 S. 1 LwkG-Schl.-Holst.; vgl. auch § 20 Abs. 1 S. 2 Lwk-WahlO-NRW.

[405] § 9 Abs. 4 S. 4 LwkG-Hbg.; § 8d Abs. 2 LwkG-NRW; § 7 Abs. 1 S. 1 LwkG-Rh.-Pf.; § 10 Abs. 1 LwkG-Saarl.; § 10 Abs. 2 LwkG-Schl.-Holst.

schlägen von den im Wahlbezirk zu verteilenden Sitzen so viele zugeteilt, wie ihnen im Verhältnis der auf sie entfallenen Stimmzahlen nach dem Hare/Niemeyer-Verfahren zustehen[406], während hierbei in Hamburg, in Rheinland-Pfalz, im Saarland und in Schleswig-Holstein das Höchstzahlverfahren nach d'Hondt eingesetzt wird[407]. In Bremen und Niedersachsen kommt demgegenüber ein Mehrheitswahlsystem zur Anwendung[408]. Hier werden die Stimmen für bestimmte Bewerber abgegeben, wobei diejenigen Bewerber gewählt sind, welche die meisten Stimmen erhalten haben[409].

ccc) Zuwahl von Mitgliedern der Kammerversammlung

Wie im Abschnitt über die Zusammensetzung der Kammerversammlung bereits deutlich wurde, wählen in den meisten Bundesländern die von den Kammerzugehörigen unmittelbar gewählten Mitglieder der Kammerversammlung weitere Mitglieder in die Kammerversammlung zu. Diese Zuwahl bzw. „Berufung" weiterer Mitglieder ist überwiegend obligatorisch, teils aber auch fakultativ ausgestaltet.

(1) Regelung der Zuwahl in den einzelnen Bundesländern. So beruft nach dem LwkG-Bremen die aus 33 unmittelbar gewählten Mitgliedern bestehende Kammerversammlung zwei Vertriebene und Flüchtlinge, die die Landwirtschaft im Hauptberuf ausüben oder ausgeübt haben auf Vorschlag der Organisationen der Vertriebenen und Flüchtlinge als Mitglieder in die Versammlung[410]. Daneben kann die Kammerversammlung nach näherer Bestimmung der Satzung bis zu sechs weitere Mitglieder hinzuberufen[411].

In Niedersachsen berufen die gewählten Mitglieder der Kammerversammlung als weitere Mitglieder: 1. Mindestens sieben Personen aus der Berufsgruppe des Gartenbaus, 2. mindestens drei Personen aus der Berufsgruppe der Forstwirtschaft, 3. mindestens sechs Personen aus der Berufsgruppe der Landfrauen, 4. mindestens insgesamt drei Personen aus den Berufsgruppen der Binnenfischerei, der Fischerei in den Küstengewässern und der kleinen Hochseefischerei sowie der Imkerei, 5. mindestens zwei Personen aus dem Kreis der zur Landwirtschaftskammer Beitragspflichtigen, die die Landwirtschaft im Nebenberuf betreiben, 6. mindestens zwei Personen aus der Wirtschaftsform des ökologischen Landbaus[412]. Die Mehrheit der

---

[406] § 8d Abs. 2 LwkG-NRW.
[407] § 9 Abs. 4 S. 4 LwkG-Hbg.; § 22 Abs. 2 Lwk-WahlO-Rh.-Pf.; § 10 Abs. 1 S. 2 LwkG-Saarl.; § 10 Abs. 2 LwkG-Schl.-Holst.
[408] § 5 Abs. 2 LwkG-Brem.; § 6 Abs. 1 S. 1 LwkG-Nds.
[409] § 18 Abs. 1 und 2 Lwk-WahlO-Brem.; § 9 Abs. 2 S. 3 LwkG-Nds. i.V.m. §§ 22 Abs. 1, 25 Abs. 1 und 4 Lwk-WahlO-Nds.
[410] § 12 Abs. 1 LwkG-Brem.
[411] § 12 Abs. 2 LwkG-Brem.
[412] § 14 Abs. 1 S. 1 LwkG-Nds.; die zu berufenden Mitglieder müssen gem. § 14 Abs. 1 S. 2 i.V.m. § 11 LwkG-Nds. am Wahltag gem. § 6 Nds. Landeswahlgesetz zum Niedersächsischen Landtag wählbar sein und dürfen nicht Beamte oder Arbeitnehmer der Landwirtschaftskammer sowie der Aufsichtsbehörde sein.

III. 2. c) bb) Die Wahl der Mitglieder der Kammerversammlung 837

unmittelbar gewählten Mitglieder der Kammerversammlung, die der Wahlgruppe der Arbeitnehmer angehören, kann dabei verlangen, dass die Gesamtzahl der zu berufenden Mitglieder bis zu einem Drittel aus Personen besteht, die von ihr vorgeschlagen werden[413].

In Nordrhein-Westfalen hat die unmittelbar gewählte Hauptversammlung als weitere Mitglieder der Landwirtschaftskammer zu berufen: 1. von landwirtschaftlichen Wissenschaftlern und um die Landwirtschaft verdienten Persönlichkeiten insgesamt vier Vertretungen, 2. aus den Kreisen der Berufsverbände für Garten-, Gemüse-, Obst- und Weinbau und aus der Gruppe der Privatwaldbesitzer fünf Wahlberechtigte der Wahlgruppe der Betriebsinhaber und drei Wahlberechtigte der Wahlgruppe der Arbeitnehmer, 3. von den Verbänden der Landfrauen zwei Vertreterinnen, von den Arbeitnehmerinnen eine Vertreterin, 4. aus den Verbänden der Landjugend zwei Vertretungen aus der Wahlgruppe der Betriebsinhaber und eine Vertretung aus der Wahlgruppe der Arbeitnehmer[414].

In Rheinland-Pfalz wählen die 64 unmittelbar gewählten Mitglieder der Vollversammlung unter Anwendung der Grundsätze der relativen Mehrheitswahl 16 Vertreter landwirtschaftlicher Organisationen und besonderer Fachrichtungen zu[415]. Dabei bestimmt die Vollversammlung, für welche landwirtschaftlichen Organisationen und besonderen Fachrichtungen sowie in welcher Zahl und regionaler Verteilung Vertreter zugewählt werden sollen[416].

Im Saarland wählen die 22 unmittelbar gewählten Mitglieder der Vollversammlung mit absoluter Stimmenmehrheit weitere elf Mitglieder zu, und zwar drei Mitglieder als Vertreter des Erwerbsgartenbaus, ein Mitglied als Vertreter der Obst- und Gartenbauvereine, ein Mitglied als Vertreter der privaten Forstwirtschaft, ein Mitglied als Vertreter der Arbeitnehmer in der Landwirtschaft, ein Mitglied als Vertreter der Landwirte im Nebenberuf, ein Mitglied als Vertreter der Landfrauen, zwei Mitglieder als Vertreter der Landjugend und ein Mitglied, welches sich um die Landwirtschaft im Saarland besondere Verdienste erworben hat[417]. Die hinzuzuwählenden Mitglieder sind aus den Vorschlägen der zuständigen Berufsverbände und der Gewerkschaften auszuwählen[418].

In Schleswig-Holstein wählen die 48 unmittelbar von den Kammerzugehörigen gewählten Mitglieder der Hauptversammlung in ihrer ersten Sitzung als weitere Mitglieder der Hauptversammlung: 1. drei Vertreter der Baumschulbetriebe, 2. drei Vertreter der Forstbetriebe, 3. drei Vertreter der Gartenbaubetriebe, 4. drei Vertreterinnen der Landfrauen, 5. zwei Vertreter der Fischerei, 6. einen Vertreter der

---

[413] § 14 Abs. 2 LwkG-Nds.
[414] § 13 Abs. 2 LwkG-NRW.
[415] § 7 Abs. 1 S. 2 i. V. m. § 5 Abs. 1 Nr. 4 LwkG-Rh.-Pf.
[416] § 28 Abs. 2 S. 1 Lwk-WahlO-Rh.-Pf.; gem. § 28 Abs. 2 S. 2 Lwk-WahlO-Rh.-Pf. werden die Bewerber aus der Mitte der Versammlung vorgeschlagen.
[417] § 5 Abs. 1 S. 3 LwkG-Saarl.
[418] § 5 Abs. 1 S. 4 LwkG-Saarl.

Kleingärtner und 7. zwei Vertreter der Landjugend[419]. Die hinzuzuwählenden Mitglieder sind aus den Vorschlägen der zuständigen Verbände auszuwählen[420].

(2) Status der zugewählten Mitglieder, Hintergrund und Problematik der Zuwahl. Die zugewählten Mitglieder der Kammerversammlung haben – anders als z. B. mittelbar gewählte Mitglieder der Vollversammlung der IHK – abgesehen von der aktiven Beteiligung an der Zuwahl, von der sie natürlich ausgeschlossen sind – grds. die gleichen Rechte und Pflichten wie die unmittelbar gewählten Mitglieder der Kammerversammlung. Sie nehmen daher bspw. an der Abstimmung über das Satzungsrecht der Kammer teil und können auch in den Vorstand und in Ausschüsse (auch beschließende) der Kammer gewählt werden.

Die Zuwahl weiterer Mitglieder in die Kammerversammlung soll einerseits dazu dienen, den Sachverstand bestimmter der Landwirtschaft nahe stehender Personen für die Selbstverwaltung in der Kammer nutzbar zu machen. Dieser Aspekt greift z. B. ein, wenn in Nordrhein-Westfalen vier Vertreter landwirtschaftlicher Wissenschaftler und um die Landwirtschaft verdienter Persönlichkeiten sowie verschiedene Verbandsvertreter[421] und in Rheinland-Pfalz 16 Vertreter landwirtschaftlicher Organisationen und besonderer Fachrichtungen[422] in die Kammerversammlung gewählt werden können. Zum anderen soll zum Teil auch eine Vertretung bestimmter Berufsgruppen aus dem Bereich der Landwirtschaft sichergestellt werden, die bei der unmittelbaren Wahl keine oder geringere Erfolgschancen haben, um so die Zusammensetzung des landwirtschaftlichen Berufsstands besser in der Kammerversammlung widerzuspiegeln[423]. Beispiele hierfür finden sich etwa im niedersächsischen Recht, nach dem mindestens fünf Personen aus der Berufsgruppe des Gartenbaus, mindestens zwei Personen aus der Berufsgruppe der Forstwirtschaft, mindestens zwei Personen aus der Berufsgruppe der Landfrauen, mindestens insgesamt zwei Personen aus den Berufsgruppen der Binnenfischerei, der Fischerei in den Küstengewässern und der kleinen Hochseefischerei sowie der Imkerei und mindestens zwei Personen aus dem Kreis der zur Landwirtschaftskammer Beitragspflichtigen, die die Landwirtschaft im Nebenberuf betreiben, als weitere Mitglieder berufen werden.

Problematisch kann an der Zuwahl indes vor allem die potentielle Durchbrechung des Prinzips der Repräsentation der Kammerzugehörigen in der Kammerversammlung sein. Immer dann, wenn bei der Zuwahl Nichtmitglieder der Kam-

---

[419] § 5 Abs. 3 S. 1 LwkG-Schl.-Holst.
[420] § 5 Abs. 3 S. 2 LwkG-Schl.-Holst.; gem. § 5 Abs. 3 S. 3 LwkG-Schl.-Holst. müssen den Mitgliedern nach den Nrn. 1 bis 5 und 7 sechs Arbeitnehmer, die nicht mitarbeitende Familienangehörige sind, angehören. Gem. § 5 Abs. 3 S. 4 LwkG-Schl.-Holst. müssen die Vorschläge für die Wahl der weiteren Mitglieder (und deren Ersatzmitglieder) der Hauptversammlung jeweils mindestens sechs Frauen enthalten.
[421] § 13 Abs. 2 LwkG-NRW.
[422] § 7 Abs. 1 S. 2 i. V. m. § 5 Abs. 1 Nr. 4 LwkG-Rh.-Pf.
[423] *Sauer*, Landwirtschaftskammern, in: HdSoW, 6. Bd., 1959, S. 518 (519); *Langkopf*, Die Landwirtschaftskammern, 1960, S. 142.

III. 2. c) cc) Die aktive Selbstverwaltung in der Kammerversammlung 839

mer – wie z. B. Wissenschaftler oder Verbandsvertreter – in die Kammerversammlung geraten können, droht eine solche Durchbrechung. Eine partielle Durchbrechung des Repräsentationsgrundsatzes kann gerechtfertigt sein, insbesondere, damit der spezifische Sachverstand von Personen nutzbar gemacht werden kann, die der Landwirtschaft nahe stehen, ohne Kammerzugehörige zu sein. Allerdings muss die Zahl von Nicht-Kammerzugehörigen, die in die Versammlung zugewählt werden können, deutlich kleiner sein als die Zahl der unmittelbar in die Kammerversammlung gewählten Kammermitglieder, um den Grundsatz der Repräsentation nicht unverhältnismäßig einzuschränken. Dass z. B. in Rheinland-Pfalz die 64 unmittelbar Gewählten 16 Vertreter landwirtschaftlicher Organisationen und besonderer Fachrichtungen, also ein Fünftel der Gesamtmitgliederzahl der Versammlung, zuwählen, erscheint in diesem Zusammenhang bereits als problematisch – jedenfalls, wenn die Zugewählten nicht zugleich auch Kammerzugehörige sind.

Im Lichte des Selbstverwaltungsprinzips ist ferner problematisch, dass bestimmte zuzuwählende Personen von Verbänden vorgeschlagen werden müssen. Hier wird den Verbänden, die selbst nicht kammerzugehörig sind, ein entscheidender Einfluss auf die Zusammensetzung der Kammerversammlungen eingeräumt.

cc) Die Mitgliedschaft in der Kammerversammlung als aktive, ehrenamtliche Selbstverwaltung

Während der Schwerpunkt der Selbstverwaltung der Kammerzugehörigen in den Landwirtschaftskammern in der Wahl der Mitglieder der Kammerversammlung liegt, ist die Mitgliedschaft in der Kammerversammlung die funktional wichtigste Form aktiver, ehrenamtlicher Selbstverwaltung in der Landwirtschaftskammer.

Die Mitgliedschaft in der Kammerversammlung ist ein Ehrenamt[424], für dessen Wahrnehmung kein Vergütungsanspruch gegen die Landwirtschaftskammer besteht. Allerdings haben die Kammerversammlungsmitglieder regelmäßig im Satzungsrecht der Kammer geregelte Ansprüche z. B. auf Ersatz barer Auslagen und Entschädigung für Zeitverlust[425].

dd) Beendigung der Mitgliedschaft in der Kammerversammlung

Die Mitgliedschaft in der Kammerversammlung endet mit Ablauf ihrer Wahlzeit, die entweder fünf oder sechs Jahre beträgt, wobei die Gewählten allerdings regelmäßig solange im Amt bleiben, bis ihre Nachfolger gewählt sind[426]. Die Kammer-

---

[424] § 10 S. 1 Hauptsatzung-Lwk-Brem.; § 17 Abs. 1 Hauptsatzung-Lwk-Nds.; § 5 Abs. 3 S. 1 LwkG-Rh.-Pf.; § 4 Abs. 1 LwkG-Saarl.; § 18 Abs. 1 Hauptsatzung-Lwk-Schl.-Holst.
[425] § 10 S. 2 Hauptsatzung-Lwk-Brem.; § 13 Abs. 2 Hauptsatzung-Lwk-Hbg.; § 17 Abs. 2 Hauptsatzung-Lwk-Nds. i. V. m. Haushaltsatzung und Entschädigungsordnung; § 22 Hauptsatzung-Lwk-NRW i. V. m. der einschlägigen Satzung; § 5 Abs. 3 S. 2 LwkG-Rh.-Pf.; § 15 Abs. 1 Hauptsatzung-Lwk-Saarl. i. V. m. der Entschädigungsordnung; § 18 Abs. 2 Hauptsatzung-Lwk-Schl.-Holst. i. V. m. der Entschädigungsordnung.
[426] Z. B. § 10 Abs. 1 S. 2 LwkG-NRW; in Rheinland-Pfalz soll gem. § 5 Abs. 2 S. 2 LwkG-Rh.-Pf. eine Neuwahl im letzten Vierteljahr der Wahlperiode, im Saarland gem. § 6 Abs. 2 S. 2 LwkG-

gesetze regeln verschiedene weitere Fälle, in denen Mitglieder der Kammerversammlung ihren Sitz verlieren[427]. Zu nennen ist hier insbesondere ein Verzicht auf die Mitgliedschaft sowie der nachträgliche Verlust der Wählbarkeit zur Kammerversammlung[428]. Scheidet ein Mitglied aus der Kammerversammlung aus, tritt – wie schon erwähnt – regelmäßig das gewählte Ersatzmitglied bzw. der gewählte Stellvertreter an dessen Stelle[429], zum Teil rückt aber auch der ihm auf der Liste nachfolgende Kandidat nach[430] oder es findet eine Ersatzwahl statt[431].

ee) *Vorsitz, Einberufung und Beschlussfassung der Kammerversammlung*

Den Vorsitz in der Kammerversammlung führt regelmäßig der Präsident der Kammer[432], also der Vorsitzende des Vorstands bzw. Hauptausschusses der Landwirtschaftskammer[433], der seinerseits von der Kammerversammlung gewählt worden ist[434]. Der Präsident beruft die Kammerversammlung üblicherweise mindestens einmal pro Jahr ein[435]. Die Versammlung muss auch dann einberufen werden, wenn dies ein bestimmtes Quorum – regelmäßig ein Viertel[436] oder ein Drittel[437] – der Mitglieder der Versammlung verlangt.

Saarl. eine Neuwahl spätestens in dem Monat, in dem die Wahlzeit der abzulösenden Vollversammlung abläuft, einen rechtzeitigen Zusammentritt der neuen Versammlung gewährleisten.

[427] § 13 Abs. 1 LwkG-Brem.; § 10 LwkG-Hbg.; § 15 Abs. 1 LwkG-Nds.; § 11 LwkG-NRW; § 9 Abs. 1 LwkG-Rh.-Pf.; § 9 Abs. 1 LwkG-Saarl.; § 9 Abs. 1 LwkG-Schl.-Holst.

[428] § 13 Abs. 1 lit. a und b LwkG-Brem.; § 10 Nr. 1 und 2 LwkG-Hbg.; § 15 Abs. 1 Nr. 1 und 2 LwkG-Nds.; § 11 Abs. 1 LwkG-NRW; § 9 Abs. 1 lit. a und b LwkG-Rh.-Pf.; § 9 Abs. 1 lit. a und b LwkG-Saarl.; § 9 Abs. 1 Nr. 1 und 2 LwkG-Schl.-Holst.

[429] § 14 LwkG-Brem.; § 10 Abs. 2 S. 1 LwkG-NRW (S. 2: Nachwahl, wenn kein Ersatzmitglied vorhanden ist); § 7 Abs. 2 LwkG-Rh.-Pf.; § 5 Abs. 3 LwkG-Saarl.; § 5 Abs. 5 S. 2 LwkG-Schl.-Holst.

[430] § 9 Abs. 2 S. 3 LwkG-Hbg.

[431] § 16 LwkG-Nds.

[432] § 19 Abs. 1 S. 1 LwkG-Brem.; § 13 Abs. 2 LwkG-Hbg.; § 22 Abs. 1 S. 1 LwkG-Nds.; § 16 Abs. 1 S. 1 LwkG-NRW; § 13 Abs. 2 S. 1 LwkG-Saarl.; § 5 Abs. 6 LwkG-Schl.-Holst.

[433] § 19 Abs. 1 S. 1 LwkG-Brem.; § 13 Abs. 2 LwkG-Hbg.; § 20 Abs. 1 LwkG-Nds.; § 17 Abs. 1 LwkG-NRW; §§ 6 Abs. 2 lit. b, 10 Abs. 1 LwkG-Rh.-Pf.; § 13 Abs. 2 S. 1 LwkG-Saarl.

[434] § 18 Abs. 1 S. 1 i. V. m. § 17 Abs. 1 S. 1 LwkG-Brem.; § 13 Abs. 1 S. 1 i. V. m. § 12 Abs. 1 S. 1 LwkG-Hbg.; § 20 Abs. 3 S. 3 LwkG-Nds.; § 16 Abs. 1 S. 3 LwkG-NRW (Wahl durch die Mitglieder); §§ 6 Abs. 2 lit. b, 10 Abs. 2 LwkG-Rh.-Pf.; § 13 Abs. 1 LwkG-Saarl.; § 13 Abs. 1 S. 1 LwkG-Schl.-Holst.

[435] Vgl. § 2 Abs. 1 S. 1 Hauptsatzung-Lwk-Brem.; § 7 Abs. 2 S. 1 Hauptsatzung-Lwk-Hbg.; § 4 Abs. 1 S. 1 Hauptsatzung-Lwk-Nds.; § 5 Abs. 1 S. 1 Hauptsatzung-Lwk-NRW; § 6 Abs. 4 LwkG-Rh.-Pf.; § 3 Abs. 1 UAbs. 4 Hauptsatzung-Lwk-Saarl.; § 7 Abs. 1 S. 1 Hauptsatzung-Lwk-Schl.-Holst.

[436] § 5 Abs. 1 S. 2 Hauptsatzung-Lwk-NRW (oder wenn der Hauptausschuss die Einberufung verlangt).

[437] § 2 Abs. 1 S. 2 Hauptsatzung-Lwk-Brem.; § 7 Abs. 2 S. 2 Hauptsatzung-Lwk-Hbg.; § 4 Abs. 1 S. 2 Hauptsatzung-Lwk-Nds.; § 6 Abs. 4 LwkG-Rh.-Pf. (sowie auf Verlangen des Vorstands); § 3 Abs. 1 UAbs. 3 Hauptsatzung-Lwk-Saarl.; § 7 Abs. 2 Hauptsatzung-Lwk-Schl.-Holst.

III. 2. c) ee) Vorsitz, Einberufung und Beschlussfassung in der Versammlung 841

Bei Abstimmungen der Kammerversammlung sind sowohl die unmittelbar gewählten, als auch die zugewählten Mitglieder stimmberechtigt[438]. Das Stimmrecht in der Kammerversammlung ist gleich; jedes Mitglied verfügt über eine Stimme. Im Fall einer Interessenkollision darf ein Mitglied der Kammerversammlung an einer Abstimmung nicht teilnehmen. Eine Interessenkollision liegt vor, wenn der Beschluss das Mitglied, sein Unternehmen oder einen seiner Angehörigen unmittelbar betrifft. Dies folgt auch ohne ausdrückliche Regelung wie bei den IHK und den Handwerkskammern als allgemeiner Rechtsgrundsatz des öffentlichen Rechts bspw. aus einer analogen Anwendung von Vorschriften der Gemeindeordnungen, die den Fall der Interessenkollision regeln[439].

Die Kammerversammlung ist in der Regel beschlussfähig, wenn mindestens die Hälfte ihrer Mitglieder anwesend ist[440]. Kann über einen Gegenstand der Tagesordnung kein Beschluss gefasst werden, weil die Kammerversammlung nicht beschlussfähig ist, kann in der folgenden Kammerversammlung meist ohne Rücksicht auf die Zahl der anwesenden Mitglieder ein Beschluss gefasst werden, soweit hierauf bei der Bekanntgabe der Tagesordnung für die folgende Kammerversammlung hingewiesen worden ist[441]. Beschlüsse werden, soweit nichts anderes bestimmt ist, mit einfacher Stimmenmehrheit gefasst[442]. Bei Stimmengleichheit gilt ein Antrag meist als abgelehnt[443], während zum Teil die Stimme des Vorsitzenden entscheidet[444]. Zu Beschlüssen über Änderungen der Hauptsatzung und zum Teil auch anderer Satzungen ist eine qualifizierte Mehrheit von regelmäßig zwei Dritteln der Stimmen erforderlich[445].

---

[438] Grundsätzlich stehen den zugewählten Mitgliedern – wie ausgeführt – (abgesehen von der Zuwahl) die gleichen Rechte zu wie den unmittelbar gewählten Mitgliedern der Kammerversammlung.

[439] Vgl. etwa § 25 Hessische Gemeindeordnung (Widerstreit der Interessen).

[440] § 3 Abs. 1 Hauptsatzung-Lwk-Brem.; § 5 Abs. 1 Hauptsatzung-Lwk-Nds.; § 6 Abs. 1 Hauptsatzung-Lwk-NRW; § 4 Abs. 1 S. 1 Hauptsatzung-Lwk-Rh.-Pf. (mehr als die Hälfte); § 4 Abs. 1 S. 1 Hauptsatzung- Lwk-Saarl.; § 8 Abs. 1 Hauptsatzung-Lwk-Schl.-Holst.; § 6 Abs. 1 S. 1 Hauptsatzung-Lwk-Hbg. stellt abweichend auf die Hälfte der Mitglieder der jeweiligen Gruppe der Arbeitnehmer und der Arbeitgeber ab.

[441] § 3 Abs. 3 Hauptsatzung-Lwk-Brem. (außer bei einer Satzungsänderung); § 6 Abs. 1 S. 1 Hauptsatzung-Lwk-Hbg. verlangt nun die Anwesenheit der Hälfte aller Mitglieder; § 5 Abs. 3 S. 1 Hauptsatzung-Lwk-Nds.; § 6 Abs. 3 Hauptsatzung-Lwk-NRW (mit Ausnahme von Satzungen und deren Änderungen); § 4 Abs. 1 S. 2 Hauptsatzung-Lwk-Rh.-Pf. (mit Ausnahme von Satzungen); § 4 Abs. 1 S. 1 Hauptsatzung- Lwk-Saarl. (mit Ausnahme von Beschlüssen über Satzungen); § 8 Abs. 3 S. 1 Hauptsatzung-Lwk-Schl.-Holst.

[442] § 3 Abs. 2 S. 1 Hauptsatzung-Lwk-Brem.; § 6 Abs. 2 S. 1 Hauptsatzung-Lwk-Hbg.; § 5 Abs. 2 S. 1 Hauptsatzung-Lwk-Nds.; § 6 Abs. 2 S. 1 1. HS Hauptsatzung-Lwk-NRW; § 5 S. 1 Hauptsatzung-Lwk-Rh.-Pf. (Mehrheit der abgegebenen gültigen Stimmen); § 5 S. 1 Hauptsatzung-Lwk-Saarl. (Mehrheit der abgegebenen gültigen Stimmen); § 8 Abs. 2 S. 1 Hauptsatzung-Lwk-Schl.-Holst.

[443] § 3 Abs. 2 S. 2 Hauptsatzung-Lwk-Brem.; § 6 Abs. 2 S. 2 Hauptsatzung-Lwk-Hbg.; § 5 Abs. 2 S. 2 Hauptsatzung-Lwk-Nds.; § 5 S. 2 Hauptsatzung-Lwk-Rh.-Pf.; § 5 S. 2 Hauptsatzung-Lwk-Saarl.

[444] § 6 Abs. 2 S. 1 2. HS Hauptsatzung-Lwk-NRW.

[445] § 14 Abs. 2 Hauptsatzung-Lwk-Brem. (wobei zwei Drittel der Mitglieder anwesend sein müssen); § 6 Abs. 3 Hauptsatzung-Lwk-Hbg.; § 23 Abs. 1 S. 3 Hauptsatzung-Lwk-Nds. (für Än-

ff) Aufgaben der Kammerversammlung

aaa) Vorbehaltsaufgaben und Vermutung der Zuständigkeit der Vollversammlung

Die Kammerversammlung ist als einziges – überwiegend – unmittelbar von den Kammerzugehörigen gewähltes Kammerorgan das oberste Selbstverwaltungsorgan der Landwirtschaftskammer. Entsprechend weisen ihr die verschiedenen Landwirtschaftskammergesetze in der Regel jeweils mehrere Vorbehaltsaufgaben zu, über die nur sie beschließen darf[446]. Neben den einzeln enumerierten Vorbehaltsaufgaben besitzt die Kammerversammlung meist die Residualzuständigkeit, über alle Angelegenheiten von grundsätzlicher Bedeutung zu beschließen[447]. Soweit es sich nicht um Vorbehaltsaufgaben handelt, kann die Kammerversammlung Materien durch Regelung in der Hauptsatzung oder aber durch ad hoc-Beschluss auch anderen Kammerorganen zur Entscheidung zuweisen.

bbb) Wichtige Aufgaben der Kammerversammlung

(1) Hauptsatzung und sonstiges Satzungsrecht. Die Kammerversammlung beschließt über die z.T. auch einfach Satzung genannte Hauptsatzung der Landwirtschaftskammer sowie über deren Änderung[448]. Beschlüsse über die Hauptsatzung bedürfen regelmäßig der Genehmigung durch die Aufsichtsbehörde[449]. Die Hauptsatzung regelt als wichtigstes Kammerstatut im Rahmen der Vorgaben des einschlägigen Kammergesetzes die grundlegenden Fragen insbesondere der Kammerverfassung. Die verschiedenen Kammergesetze listen in der Regel den notwendigen Inhalt der Hauptsatzung auf[450]. Neben den besonders relevanten konstitutiven Regelungen geben die einzelnen Hauptsatzungen oft auch deklaratorisch gesetzliche

---

derungen der Hauptsatzung), wobei gem. § 23 Abs. 1 S. 2 Hauptsatzung-Lwk-Nds. mindestens zwei Drittel der Mitglieder anwesend sein müssen; § 6 Abs. 2 S. 2 Hauptsatzung-Lwk-NRW (zwei Drittel der anwesenden Mitglieder); § 24 S. 2 Hauptsatzung-Lwk-Rh.-Pf. (Hauptsatzung: zwei Drittel der anwesenden Mitglieder; alle anderen Satzungen: einfache Mehrheit); § 16 Abs. 1 S. 2 Hauptsatzung- Lwk-Saarl.; § 26 Abs. 2 Hauptsatzung-Lwk-Schl.-Holst. (bei wesentlichen Änderungen der Organisation).

[446] § 4 S. 2 LwkG-Brem.; § 11 Abs. 2 LwkG-Hbg.; § 5 S. 2 Hauptsatzung-Lwk-Nds.; § 14 S. 3 LwkG-NRW; § 6 Abs. 2 LwkG-Rh.-Pf.; § 11 S. 3 LwkG-Saarl.; im LwkG-Schl.-Holst. sind sie an verschiedenen Stellen des Gesetzes geregelt, vgl. z. B. § 1 Abs. 2 S. 2, 11 Abs. 2, 13 Abs. 1 S. 1, 15 S. 1, 17, 22 Abs. 1 S. 3, Abs. 2 S. 3 i.V. m. § 12 S. 2 LwkG-Schl.-Holst.; vgl. auch § 6 S. 4 Hauptsatzung-Lwk-Schl.-Holst.

[447] § 4 S. 1, 1. HS LwkG-Brem.; § 11 Abs. 1 S. 1, 1. HS LwkG-Hbg.; § 5 S. 1, 1. HS LwkG-Nds.; § 6 Abs. 1 S. 1 LwkG-Rh.-Pf.; § 6 S. 3 Hauptsatzung-Lwk-Schl.-Holst.; vgl. auch § 14 LwkG-NRW, § 11 LwkG-Saarl.

[448] § 4 S. 2 lit. a LwkG-Brem.; § 11 Abs. 2 Nr. 1 LwkG-Hbg.; § 5 S. 2 Nr. 1 LwkG-Nds.; § 14 S. 3 lit. a LwkG-NRW; § 6 Abs. 2 lit. c LwkG-Rh.-Pf.; §§ 11 S. 3 lit. a, 24 Abs. 1 S. 1 LwkG-Saarl.; § 1 Abs. 2 S. 2 LwkG-Schl.-Holst.

[449] § 27 Abs. 2 lit. a LwkG-Brem.; § 21 Abs. 2 Nr. 1 LwkG-Hbg.; § 19 Abs. 1 S. 2, Abs. 3 LwkG-NRW; § 23 Abs. 2 S. 1, 1. HS. LwkG-Rh.-Pf.; § 24 Abs. 1 S. 2 LwkG-Saarl.; § 1 Abs. 2 S. 2 LwkG-Schl.-Holst.; vgl. auch § 23 Abs. 2 Hauptsatzung-Lwk-Nds.

[450] § 22 Abs. 1 LwkG-Brem.; § 4 Abs. 2 LwkG-Hbg.; § 25 Abs. 2 LwkG-Nds.; § 19 Abs. 2 LwkG-NRW (bezogen auf die „Satzungen"); § 4 Abs. 2 LwkG-Rh.-Pf.; § 24 Abs. 2 LwkG-Saarl.

III. 2. c) ff) Aufgaben der Kammerversammlung

Vorgaben wieder, um alle zentralen Sachfragen zur inneren Ordnung der Kammer in deren rechtlichem Grunddokument anzusprechen.

Im Einzelnen regeln die verschiedenen Hauptsatzungen zunächst grundlegende Aspekte wie z.B. den Namen, den Sitz und zum Teil auch noch einmal die Rechtsform (Körperschaft des öffentlichen Rechts) der Kammer[451]. Der wesentliche Teil der Hauptsatzung betrifft die verschiedenen Organe der Kammer. Im Hinblick auf die Kammerversammlung werden vor allem die Zahl der Mitglieder, die Modalitäten der unmittelbaren Wahl sowie der Zuwahl, die Sitzungen der Versammlung einschließlich der Beschlussfassung sowie die Aufgaben bzw. Zuständigkeiten derselben festgelegt[452]. Ähnlich werden auch in Bezug auf den Vorstand bzw. den Hauptausschuss neben dessen Zusammensetzung, Wahl und Amtsdauer auch dessen Zuständigkeiten sowie die Modalitäten seiner Sitzungen (Einberufung, Beschlussfähigkeit etc.) normiert[453]. Häufig bestehen gesonderte Bestimmungen über den Status, die Wahl und die Zuständigkeiten des Präsidenten[454]. Sodann finden sich Vorschriften über die Ausschüsse und in diesem Zusammenhang zum Teil auch über Beiräte der Kammer[455]. Anders als etwa bei den Handwerkskammern[456], geben die Hauptsatzungen der Landwirtschaftskammern dabei regelmäßig nicht bestimmte Ausschüsse vor. Da sich heute alle Kammern jeweils auf ein ganzes Bundesland erstrecken, befassen sich die Hauptsatzungen zum Teil recht ausführlich mit regionalen Untergliederungen bzw. der Verwaltungsgliederung der Kammer[457]. Weitere Satzungsregelungen betreffen schließlich insbesondere den Direktor bzw. Geschäftsführer sowie das weitere Personal der Kammer, Entschädigungsregelungen für ehrenamtliche Tätigkeiten, den Kammerbeitrag, den Haushalt und die Rechnungslegung der Kammer.

---

[451] § 1 Hauptsatzung-Lwk-Hbg.; § 1 Hauptsatzung-Lwk-Nds.; § 1 Hauptsatzung-Lwk-NRW; § 1 Hauptsatzung-Lwk-Rh.-Pf.; § 1 Hauptsatzung-Lwk-Saarl.; § 1 Hauptsatzung-Lwk-Schl.-Holst.

[452] Vgl. §§ 1 ff. Hauptsatzung-Lwk-Brem.; §§ 4 ff. Hauptsatzung-Lwk-Hbg.; §§ 3 ff. Hauptsatzung-Lwk-Nds.; §§ 2 ff. Hauptsatzung-Lwk-NRW; §§ 3 ff. Hauptsatzung-Lwk-Rh.-Pf.; §§ 3 ff. Hauptsatzung-Lwk-Saarl.; §§ 5 ff. Hauptsatzung-Lwk-Schl.-Holst.

[453] §§ 4 f. Hauptsatzung-Lwk-Brem.; § 10 Hauptsatzung-Lwk-Hbg.; §§ 6 ff. Hauptsatzung-Lwk-Nds.; §§ 7 ff. Hauptsatzung-Lwk-NRW; §§ 3 ff. Hauptsatzung-Lwk-Rh.-Pf.; §§ 3 ff. Hauptsatzung-Lwk-Saarl.; §§ 9 ff. Hauptsatzung-Lwk-Schl.-Holst.

[454] § 6 Hauptsatzung-Lwk-Brem.; § 11 Hauptsatzung-Lwk-Hbg.; §§ 11 f. Hauptsatzung-Lwk-Nds.; §§ 7 f. Hauptsatzung-Lwk-NRW; § 13 Hauptsatzung-Lwk-Rh.-Pf. (Vertretungsregelung); § 12 Hauptsatzung-Lwk-Saarl. (Vertretungsregelung); § 14 Hauptsatzung-Lwk-Schl.-Holst.

[455] § 7 Hauptsatzung-Lwk-Brem.; §§ 8 f. Hauptsatzung-Lwk-Hbg.; §§ 13 ff. Hauptsatzung-Lwk-Nds.; §§ 12 f. Hauptsatzung-Lwk-NRW; §§ 3 ff., 10 Hauptsatzung-Lwk-Rh.-Pf.; § 10 Hauptsatzung-Lwk-Saarl.; § 15 Hauptsatzung-Lwk-Schl.-Holst.

[456] § 24 Mustersatzung-HwK (siehe oben, S. 746).

[457] Vgl. § 19 Hauptsatzung-Lwk-Nds.; §§ 16 ff. Hauptsatzung-Lwk-NRW; § 2 Hauptsatzung-Lwk-Rh.-Pf.; § 15 Hauptsatzung-Lwk-Schl.-Holst.

Die Kammerversammlung beschließt auch über das übrige Satzungsrecht der Kammer[458], wie z. B. die Gebühren- sowie ggf. die Beitragssatzung(en)[459].

(2) Kreationsfunktion: Wahl des Vorstands, der Ausschüsse und des Direktors. Die Kammerversammlung besitzt eine weitreichende Kreationsfunktion: Sie wählt aus ihrer Mitte die Mitglieder des Vorstands[460] und – zum Teil nicht notwendig aus ihrer Mitte[461] – die Mitglieder der Ausschüsse[462]. Bei einem Teil der Kammern wählt sie auch den Direktor bzw. Geschäftsführer der Kammer, während sie bei den übrigen Kammern regelmäßig die Bestellung des Direktors bzw. des Geschäftsführers durch den Vorstand bestätigen muss[463]. Insgesamt ergänzt die Wahl der wesentlichen Exekutivträger entscheidend die grundlegende normsetzende Funktion der Versammlung. Dass die von den Kammerzugehörigen unmittelbar gewählten Mitglieder der Kammerversammlung weitere Mitglieder zuwählen, wurde bereits oben behandelt[464].

(3) Haushalts- und sonstige Finanzangelegenheiten. Die Kammerversammlung besitzt als Quasi-Parlament der Landwirtschaftskammer weitreichende Kompetenzen im Bereich des Haushalts und der sonstigen Finanzangelegenheiten der Kammer. So beschließt sie regelmäßig über die Feststellung des Haushaltsplans, z. T. einschließlich des Stellenplans[465]. Der Haushaltsplan ist das finanzwirtschaftliche Grunddokument der Haushaltswirtschaft der Landwirtschaftskammer. In ihm werden auf der Grundlage der Haushaltsordnung, die als Satzungsrecht der

---

[458] § 4 LwkG-Brem.; § 11 LwkG-Hbg.; § 5 S. 2 Nr. 1 LwkG-Nds.; § 14 S. 3 lit. a LwkG-NRW; § 6 Abs. 2 lit. c LwkG-Rh.-Pf.; § 11 S. 3 lit. a LwkG-Saarl.

[459] § 4 S. 2 lit. a LwkG-Brem.; § 4 Abs. 2 Nr. 1 LwkG-Hbg.; § 5 S. 2 Nr. 1 i. V. m. § 27 Abs. 5 S. 1 LwkG-Nds.; § 14 S. 3 lit. a LwkG-NRW; § 6 Abs. 2 lit. c i. V. m. § 3 Abs. 1 lit. b LwkG-Rh.-Pf.; § 11 S. 3 lit. a LwkG-Saarl.; § 17 Nr. 1 LwkG-Schl.-Holst.

[460] § 4 S. 2 lit. b LwkG-Brem.; § 11 Abs. 2 Nr. 2 LwkG-Hbg.; § 5 S. 2 Nr. 2 LwkG-Nds.; § 14 S. 3 lit. b LwkG-NRW; § 6 Abs. 2 lit. b LwkG-Rh.-Pf.; § 11 S. 3 lit. b LwkG-Saarl.; § 13 Abs. 1 S. 1 LwkG-Schl.-Holst.

[461] Vgl. etwa § 15 S. 2 LwkG-Schl.-Holst.

[462] § 4 S. 2 lit. b LwkG-Brem.; § 11 Abs. 2 Nr. 4 LwkG-Hbg.; § 5 S. 2 Nr. 2 LwkG-Nds.; § 14 S. 3 lit. b LwkG-NRW; § 6 Abs. 3 S. 1 LwkG-Rh.-Pf.; § 11 S. 3 lit. b LwkG-Saarl.; § 15 S. 1 LwkG-Schl.-Holst.

[463] § 20 Abs. 2 LwkG-Brem.; § 11 Abs. 2 Nr. 3 LwkG-Hbg.; in Niedersachsen wird der Direktor der Kammer gem. § 23 Abs. 2 S. 1 LwkG-Nds. hingegen vom Vorstand gewählt, der gem. § 20 Abs. 3 LwkG-Nds. seinerseits von der Kammerversammlung gewählt wird; §§ 18 Abs. 1 S. 1, 14 S. 3 lit. b LwkG-NRW; § 6 Abs. 2 lit. b LwkG-Rh.-Pf. (Bestätigung des Direktors, der gem. § 10 Abs. 3 lit. b LwkG-Rh.-Pf. durch den Vorstand gewählt wird); gem. § 15 Abs. 1 S. 2 LwkG-Saarl. bedarf die Bestellung des Direktors durch den Vorstand der Genehmigung durch die Versammlung; gem. § 14 Abs. 3 S. 1 LwkG-Schl.-Holst. wird der Geschäftsführer vom Vorstand mit Zustimmung der Hauptversammlung bestellt.

[464] Siehe oben S. 836 ff.

[465] § 4 S. 2 lit. c LwkG-Brem.; § 11 Abs. 2 Nr. 6 LwkG-Hbg.; § 5 S. 2 Nr. 3 LwkG-Nds. (Haushaltsplan); § 14 S. 3 lit. c LwkG-NRW (Haushaltsplan); § 6 Abs. 2 lit. c i. V. m. § 4 Abs. 1 lit. b LwkG-Rh.-Pf. (Haushaltsplan); § 11 S. 3 lit. c LwkG-Saarl. (Haushaltsplan); § 22 Abs. 1 S. 3 i. V. m. § 17 LwkG-Schl.-Holst. (Wirtschaftsplan und Stellenplan).

Kammer ebenfalls von der Kammerversammlung beschlossen wird, die Einnahmen und Ausgaben der Kammer für das folgende Kalenderjahr veranschlagt. Die Kammer ist bei ihren Ausgaben prinzipiell an die Vorgaben des Haushaltsplans gebunden. Unvorhergesehene Ausgaben bedürfen regelmäßig eines weiteren Beschlusses der Kammerversammlung. Als die Vermögensverhältnisse der Kammer besonders berührende Transaktionen bedürfen bspw. auch die Aufnahme von Darlehen und der Erwerb sowie die Veräußerung von Grundeigentum häufig eines Beschlusses der Kammerversammlung[466].

Abgerundet wird die Haushaltskompetenz der Kammerversammlung durch die eine Prüfungskompetenz implizierende Entgegennahme der Jahresrechnung (nebst dem Jahresbericht) sowie den Beschluss über die Entlastung des Vorstands bzw. des Direktors oder Geschäftsführers[467]. Die in der Regel vom Rechnungsprüfungsamt oder einen Abschlussprüfer zu prüfende Jahresrechnung enthält eine das abgelaufene Rechnungsjahr betreffende Übersicht über Einnahmen und Ausgaben der Kammer, ihre ordnungsgemäße Verbuchung und rechnerisch korrekte Abwicklung[468].

(4) Festsetzung der Beiträge, Erhebung von Gebühren. Da es hier um wesentliche Finanzierungsquellen der Landwirtschaftskammern geht, ist auch die Zuständigkeit der Kammerversammlung, über die konkrete Höhe der Beiträge (bzw. Umlage) der beitragspflichtigen Kammerzugehörigen[469] sowie über die Erhebung von Gebühren zu beschließen[470], eng mit ihrer Haushaltskompetenz verbunden. Die abstrakt-generellen Grundlagen der Beitrags- und Gebührenerhebung (Tatbestände, Maßstäbe etc.) kann die Kammerversammlung im Rahmen der gesetzlichen Vorgaben zum Teil in einer Beitrags-[471] und regelmäßig in einer Gebührenordnung[472] regeln, die zum Satzungsrecht der Kammer zählen. Die konkret-individu-

---

[466] § 4 S. 2 lit. e LwkG-Brem.; § 5 S. 2 Nr. 5 LwkG-Nds.; § 6 Abs. 2 lit. f LwkG-Rh.-Pf.; § 6 S. 3 lit. d Hauptsatzung-Lwk-Schl.-Holst. (soweit 100.000 € überschritten werden).
[467] § 4 S. 2 lit. d LwkG-Brem.; § 11 Abs. 2 Nr. 9 LwkG-Hbg.; § 5 S. 2 Nr. 4 LwkG-Nds.; § 14 S. 3 lit. d LwkG-NRW; § 6 Abs. 2 lit. e LwkG-Rh.-Pf.; § 11 S. 3 lit. d LwkG-Saarl.; § 22 Abs. 2 S. 3 LwkG-Schl.-Holst.
[468] Vgl. BVerwG, GewArch 1995, 377 (379) (zur Handwerkskammer).
[469] § 23 Abs. 8 LwkG-Brem.; § 11 Abs. 2 Nr. 7 i. V. m. § 17 Abs. 2 LwkG-Hbg.; § 27 Abs. 5 i. V. m. § 5 S. 2 Nr. 1 LwkG-Nds.; § 1 Abs. 2 Gesetz über eine Umlage der Landwirtschaftskammer Nordrhein-Westfalen vom 17.07.1951, GVBl. NRW 1951, S. 87, zuletzt geändert durch Gesetz vom 09.12.2008, GVBl. NRW 2008, S. 771 (im Folgenden: Lwk-UmlageG-NRW): die Höhe der Umlage wird durch die Hauptversammlung der Kammer beschlossen und sodann gem. § 2 Abs. 1 Lwk-UmlageG-NRW durch Rechtsverordnung festgesetzt (vgl. zuletzt die Verordnung über die Festsetzung der Umlage der Landwirtschaftskammer Nordrhein-Westfalen für das Haushaltsjahr 2010 vom 05.02.2010, GVBl. NRW 2010, S. 141 (Lwk-UmlageVO-NRW)); § 16 Abs. 1 S. 2 LwkG-Rh.-Pf.; § 19 Abs. 1 S. 2 LwkG-Saarl.; § 20 Abs. 1 S. 1 LwkG-Schl.-Holst.
[470] §§ 4 S. 2 lit. a, 24 Abs. 1 LwkG-Brem.; § 11 Abs. 2 Nr. 1 LwkG-Hbg.; §§ 5 S. 2 Nr. 1, 30 Abs. 1 LwkG-Nds.; § 14 S. 3 lit. a i. V. m. § 21 S. 1 LwkG-NRW; § 19 Abs. 1 i. V. m. § 6 Abs. 2 lit. c LwkG-Rh.-Pf.; §§ 11 S. 3 lit. a, 22 Abs. 1 LwkG-Saarl.; § 17 Nr. 1 LwkG-Schl.-Holst.
[471] Vgl. etwa § 11 S. 3 lit. a LwkG-Saarl. (Beitragssatzung).
[472] Vgl. etwa §§ 4 S. 2 lit. a, 24 Abs. 1 LwkG-Brem.; §§ 4 Abs. 1 und 3, 11 Abs. 2 Nr. 1 LwkG-

elle Erhebung eines Beitrags bzw. einer Gebühr durch Verwaltungsakt obliegt hingegen dem Vorstand.

d) Weitere Formen aktiver, ehrenamtlicher Selbstverwaltung in der Landwirtschaftskammer

Neben der vorstehend ausführlich behandelten Mitgliedschaft in der Kammerversammlung bestehen weitere, teilweise intensivierte Formen aktiver, ehrenamtlicher Selbstverwaltung in der Landwirtschaftskammer, nämlich insbesondere die Tätigkeit als Mitglied des Vorstands und als Mitglied in einem der Ausschüsse der Kammer, auf die im Folgenden eingegangen sei.

aa) Tätigkeit als Mitglied des Vorstands

Eine intensivierte Form aktiver, ehrenamtlicher Selbstverwaltung in der Landwirtschaftskammer ist die Tätigkeit als Präsident oder sonstiges Mitglied des Vorstands[473]. Mitglied des Vorstands können nur Mitglieder der Kammerversammlung werden[474].

aaa) Der Vorstand als Kollegialorgan

(1) Zusammensetzung des Vorstands. Der Vorstand (bzw. Hauptausschuss[475]) ist ein Organ der Landwirtschaftskammer[476]. Er besteht nach den Regelungen der verschiedenen Landwirtschaftskammergesetze aus dem Präsidenten, in der Regel einem oder zwei Stellvertretern und meist noch weiteren Mitgliedern[477]. Abgesehen vom Saarland, wo die Arbeitnehmer nicht in der Kammer vertreten sind, muss ein

---

Hbg.; §§ 5 S. 2 Nr. 1, 30 Abs. 1 LwkG-Nds. (Kostensatzung); § 14 S. 3 lit. a i. V. m. § 21 S. 1 LwkG-NRW; § 19 Abs. 1 LwkG-Rh.-Pf. („durch Satzung"); §§ 11 S. 3 lit. a, 22 Abs. 1 LwkG-Saarl. (Gebührensatzung); § 17 Nr. 1 LwkG-Schl.-Holst. („aufgrund einer Satzung").

[473] Vgl. etwa § 10 S. 1 Hauptsatzung-Lwk-Brem.; § 17 Abs. 1 Hauptsatzung-Lwk-Nds.; § 4 Abs. 2 i. V. m. § 14 LwkG-Saarl.; § 18 Abs. 1 Hauptsatzung-Lwk-Schl.-Holst.

[474] § 17 Abs. 2 S. 1 LwkG-Brem.; § 12 Abs. 1 S. 1 LwkG-Hbg.; § 20 Abs. 2 S. 1 LwkG-Nds.; § 17 Abs. 1 S. 1 LwkG-NRW; § 10 Abs. 2 S. 1 LwkG-Rh.-Pf.; § 13 Abs. 1, 14 Abs. 1 LwkG-Saarl.; § 13 Abs. 1 S. 1 LwkG-Schl.-Holst.

[475] In Nordrhein-Westfalen besteht gem. § 17 LwkG-NRW statt des Vorstands ein Hauptausschuss.

[476] § 5 Nr. 2 LwkG-Hbg.; § 4 Abs. 1 lit. b LwkG-Saarl.; § 4 Abs. 1 Nr. 2 LwkG-Schl.-Holst.

[477] § 17 Abs. 1 S. 1 LwkG-Brem. (Präsident plus zwei Stellvertreter); §§ 12 Abs. 1 S. 2, 13 Abs. 1 S. 1 LwkG-Hbg. (Präsident, Vizepräsident und vier weitere Mitglieder); § 20 Abs. 1 LwkG-Nds. (Präsident, zwei Stellvertreter und weitere Personen, deren Zahl zwölf nicht übersteigen darf und durch drei teilbar sein muss); § 17 Abs. 1 S. 1 LwkG-NRW (Präsident, zwei Stellvertreter und bis zu 15 von der Hauptversammlung aus ihrer Mitte Gewählte); § 10 Abs. 1 S. 1 LwkG-Rh.-Pf. (Präsident, zwei Stellvertreter und mindestens vier, höchstens acht weitere Mitglieder); § 14 Abs. 1 LwkG-Saarl. (Präsident, Stellvertreter und vier weitere Mitglieder); § 13 Abs. 1 S. 1 LwkG-Schl.-Holst. (Präsident, zwei gleichberechtigte Vizepräsidenten, sechs weitere Vorstandsmitglieder).

III. 2. d) Weitere Formen aktiver Selbstverwaltung in der Kammer 847

bestimmter Anteil der Vorstandsmitglieder, meist ein Drittel, der Wahlgruppe der landwirtschaftlichen Arbeitnehmer angehören[478].

(2) Wahl des Vorstands. Die Präsidenten, Vizepräsidenten und weiteren Vorstandsmitglieder sind von der Kammerversammlung aus deren Mitte zu wählen[479]. Auch zugewählte Mitglieder können an der Wahl aktiv teilnehmen und zum Vorstandsmitglied gewählt werden.

Teilweise besteht die Möglichkeit, dass sich die Mitglieder der Kammerversammlung ohne Wahlakt auf einen gemeinsamen Vorschlag für die Zusammensetzung des Vorstands einigen[480]. In diesem Fall gelten die vorgeschlagenen Personen als gewählt. Ansonsten werden der Präsident, die Vizepräsidenten und weitere Mitglieder meist nacheinander in getrennten Wahlgängen von der Kammerversammlung gewählt[481]. Muss der Präsident, ein Vizepräsident oder ein weiteres Mitglied einer bestimmten Wahlgruppe entstammen, sind bei der Wahl dabei z.T. nur diejenigen Mitglieder der Kammerversammlung, die der entsprechenden Wahlgruppe angehören, aktiv wahlberechtigt[482]. Teilweise wählt die Kammerversammlung aber auch in einem ersten Schritt sämtliche Vorstandsmitglieder, bevor dann in einem weiteren Schritt aus deren Kreis der Präsident und die Vizepräsidenten gewählt werden[483].

(3) Ende des Amts als Vorstandsmitglied. Die Amtsdauer des Vorstands ist unterschiedlich geregelt. Teilweise entspricht sie der Wahlperiode der Kammerversammlung[484], teilweise ist sie kürzer[485]. Mit Ablauf der Amtsdauer des Vorstands wird der neue Vorstand gewählt, wobei eine (auch mehrmalige) Wiederwahl zulässig ist[486].

---

[478] §17 Abs.2 S.2 LwkG-Brem. (ein Vizepräsident, es kann sich auch um ein gem. §12 Abs.3 S.2 LwkG-Brem. von der Wahlgruppe der Arbeitnehmer vorgeschlagenes berufenes Mitglied der Kammerversammlung handeln); §12 Abs.1 S.2 LwkG-Hbg.; §20 Abs.2 S.2 2. HS LwkG-Nds. (ein Stellvertreter sowie ein Drittel der übrigen Vorstandsmitglieder müssen der Wahlgruppe der Arbeitnehmer angehören oder auf deren Vorschlag gem. §14 Abs.2 LwkG-Nds. in die Kammerversammlung berufen worden sein); §§16 Abs.2, 17 Abs.1 S.2 LwkG-NRW; §10 Abs.1 S.2 LwkG-Rh.-Pf. (mindestens je ein Vorstandsmitglied muss der Gruppe der Arbeitnehmer und der Gruppe der Vertreter der voll mitarbeitenden Familienangehörigen angehören); §11 Abs.1 S.3 LwkG-Schl.-Holst.

[479] §17 Abs.2 S.1, Abs.3 LwkG-Brem.; §12 Abs.1 S.1 LwkG-Hbg.; §20 Abs.2 S.1, Abs.3 LwkG-Nds.; §§16 Abs.1 S.3, Abs.3, 17 Abs.1 S.1 LwkG-NRW; §10 Abs.2 S.1 LwkG-Rh.-Pf.; §§13 Abs.1, 14 Abs.1 LwkG-Saarl.; §13 Abs.1 S.1 LwkG-Schl.-Holst.

[480] §17 Abs.3 S.1 LwkG-Brem.; §20 Abs.3 S.1 LwkG-Nds.

[481] Vgl. etwa §17 Abs.3 S.2 LwkG-Brem.; §20 Abs.3 S.2 LwkG-Nds.; §6 Abs.2 Hauptsatzung-Lwk-Rh.-Pf.; §6 Abs.2 S.1 Hauptsatzung-Lwk-Saarl.

[482] Vgl. etwa §17 Abs.3 S.4 LwkG-Brem.; §20 Abs.3 S.3 und 4 LwkG-Nds.

[483] Vgl. §§12 Abs.1 S.1, 13 Abs.1 S.1 LwkG-Hbg.

[484] §12 Abs.1 S.1 LwkG-Hbg.; §10 Abs.2 S.1 LwkG-Rh.-Pf.; §13 Abs.1 S.1 Hauptsatzung-Lwk-Schl.-Holst.

[485] §18 Abs.1 S.1 LwkG-Brem. (Hälfte der Wahlperiode der Kammerversammlung); §21 Abs.1 S.1 LwkG-Nds. (Hälfte der Wahlperiode); §§16 Abs.1 S.3, 1. HS, 17 Abs.1 S.3, 1. HS LwkG-NRW (drei Jahre, was der Hälfte der Wahlperiode der Hauptversammlung entspricht).

[486] §18 Abs.1 S.2 LwkG-Brem.; §§16 Abs.1 S.3, 2. HS; 17 Abs.1 S.3, 2. HS LwkG-NRW.

Um vorstandslose Zeiten zu vermeiden, führen die Vorstandsmitglieder nach Ablauf ihrer Wahlzeit regelmäßig die Geschäfte weiter, bis ihre Nachfolger bestellt sind[487].

Da nur Mitglieder der Kammerversammlung Vorstandsmitglied werden können, endet mit ihrem Ausscheiden aus der Kammerversammlung häufig auch ihr Amt als Vorstandsmitglied[488]. Teilweise regeln die Kammergesetze ausdrücklich, dass die Kammerversammlung den Vorstand oder einzelne seiner Mitglieder als actus contrarius zum Wahlakt auch wieder abberufen kann[489].

(4) Aufgaben und Befugnisse des Vorstands. Der Vorstand ist das zentrale Exekutivorgan der Landwirtschaftskammer[490]. Als solches hat er insbesondere die Beschlüsse der Kammerversammlung auszuführen[491]. Der Vorstand besitzt allerdings auch eine Beschlussfunktion: Er hat über alle Angelegenheiten zu beschließen, die nicht durch Gesetz, Satzung oder Beschluss der Kammerversammlung dieser oder dem Präsidenten vorbehalten sind[492]. Oft besitzt der Vorstand auch eine bedeutende Kreationsfunktion. So wählt er in Niedersachsen, Rheinland-Pfalz, dem Saarland und Schleswig-Holstein den Direktor bzw. Geschäftsführer der Kammer[493].

bbb) Der Präsident

Der Präsident ist – wie oben ausgeführt wurde – Mitglied des Kollegialorgans Vorstand. Er ist Vorsitzender desselben und zugleich Vorsitzender der Kammerversammlung. Aufgrund seiner hervorgehobenen Stellung und seinen besonderen Aufgaben wird er regelmäßig neben dem Vorstand, dessen Teil er ist, als eigenständiges Organ der Kammer behandelt[494]. Der Präsident und seine Stellvertreter werden – wie ausgeführt – durch die Kammerversammlung gewählt[495]. Neben dem

---

[487] § 18 Abs. 3 LwkG-Brem.; § 21 Abs. 3 und 4 LwkG-Nds.; § 10 Abs. 2 S. 3 LwkG-Rh.-Pf.; § 13 Abs. 1 S. 2 Hauptsatzung-Lwk-Schl.-Holst.
[488] Ausdrücklich geregelt ist dies in § 18 Abs. 1 S. 3 LwkG-Brem.; § 21 Abs. 1 S. 2 LwkG-Nds.; § 13 Abs. 2 Hauptsatzung-Lwk-Schl.-Holst. i. V. m. § 9 Abs. 1 LwkG-Schl.-Holst.
[489] § 12 Abs. 2 S. 1 LwkG-Hbg. (wenn mit mindestens 13 Stimmen anwesender Mitglieder der Vertreterversammlung ein neuer Vorstand oder ein neues Vorstandsmitglied gewählt wird); § 10 Abs. 2 S. 2 LwkG-Rh.-Pf.; § 11 Abs. 2 LwkG-Schl.-Holst.
[490] *Langkopf*, Die Landwirtschaftskammern, 1960, S. 147 f.
[491] § 16 Abs. 1 S. 1 LwkG-Brem.; § 12 Abs. 3 S. 1 LwkG-Hbg.; § 19 Abs. 1 S. 1 LwkG-Nds.; § 11 lit. a Hauptsatzung-Lwk-NRW; § 10 Abs. 3 lit. a LwkG-Rh.-Pf.; § 12 S. 1 LwkG-Schl.-Holst.
[492] § 16 Abs. 1 S. 2 LwkG-Brem.; § 12 Abs. 3 S. 2 LwkG-Hbg.; § 19 Abs. 1 S. 2 LwkG-Nds.; § 17 Abs. 3 LwkG-NRW; § 10 Abs. 3 lit. a LwkG-Rh.-Pf.; § 14 Abs. 2 S. 1 LwkG-Saarl.; § 12 S. 2 LwkG-Schl.-Holst.
[493] § 23 Abs. 2 S. 1 LwkG-Nds.; § 10 Abs. 3 lit. b LwkG-Rh.-Pf.; § 15 Abs. 1 S. 1 LwkG-Saarl.; § 14 Abs. 2 LwkG-Schl.-Holst.
[494] § 5 Nr. 3 LwkG-Hbg.; § 4 Abs. 1 lit. c LwkG-Saarl.; § 4 Abs. 1 Nr. 3 LwkG-Schl.-Holst.
[495] §§ 18 Abs. 1 S. 1, 17 Abs. 3 LwkG-Brem.; § 13 Abs. 1 S. 1 LwkG-Hbg. (Wahl durch die Vertreterversammlung aus den Vorstandsmitgliedern); § 20 Abs. 3 LwkG-Nds.; § 16 Abs. 1 S. 3 LwkG-NRW; § 10 Abs. 2 S. 1 LwkG-Rh.-Pf.; § 13 Abs. 1 LwkG-Saarl.; § 13 Abs. 1 S. 1 LwkG-Schl.-Holst.

III. 2. d) Weitere Formen aktiver Selbstverwaltung in der Kammer 849

Vorsitz im Vorstand sowie der Kammerversammlung und den damit üblicherweise verbundenen Tätigkeiten kommt dem Präsidenten oft die Aufgabe zu, die Kammer nach außen zu vertreten[496]. Häufig nimmt der Präsident auch die Funktion als Vorgesetzter bzw. Arbeitgeber der Kammerbediensteten und -arbeitnehmer wahr[497], die ansonsten meist dem Direktor obliegt[498].

bb) Mitgliedschaft in einem Ausschuss

Eine weitere Form aktiver, ehrenamtlicher Selbstverwaltung ist die Mitgliedschaft in einem der Ausschüsse, welche die Landwirtschaftskammer bildet[499]. Ausschüsse zählen nach den Regelungen der Landwirtschaftskammergesetze, welche die Organe der Kammer ausdrücklich benennen, – anders als sonst im Kammerrecht der Wirtschaft üblich – nicht zu den Kammerorganen[500]. Teilweise werden die Ausschüsse jedoch in den Hauptsatzungen – jedenfalls implizit – als Organe behandelt bzw. diesen gleichgestellt[501]. Die Landwirtschaftskammergesetze schreiben in der Regel auch nicht die Bildung bestimmter Ausschüsse vor. Die Kammerversammlung kann Ausschüsse entweder durch Regelung in der Satzung oder durch ad hoc-Beschluss einsetzen. Auch die verschiedenen Hauptsatzungen enthalten eher wenige Regelungen zu bestimmten Ausschüssen. In der Hauptsatzung der Landwirtschaftskammer Rheinland-Pfalz bspw. wird auf einen Haushalts- und Finanzausschuss, Prüfungsausschüsse nach dem Berufsbildungsgesetz und Fachausschüsse Bezug genommen[502]. Eine Pflicht zur Einsetzung bestimmter Ausschüsse kann sich aus anderen Gesetzen ergeben: So hat die Landwirtschaftskammer als gem. § 71 Abs. 3 BBiG zuständige Stelle für die Berufsbildung in Berufen der Landwirtschaft, einschließlich der ländlichen Hauswirtschaft, einen Berufsbildungsausschuss zu errichten[503].

Soweit für die Bildung der Ausschüsse keine Sondervorschriften – z.B. aus dem BBiG – einschlägig sind, werden die Mitglieder der Ausschüsse regelmäßig von der

---

[496] § 21 Abs. 1 LwkG-Brem. (soll die Kammer durch Rechtsgeschäft verpflichtet werden, wird sie durch zwei Vorstandsmitglieder vertreten); § 13 Abs. 3 LwkG-Hbg.; § 24 Abs. 1 und 2 LwkG-Nds. (in Geschäften der laufenden Verwaltung Vertretung durch Direktor, bei sonstigen Rechtsgeschäften, durch die die Kammer verpflichtet werden soll zwei Vorstandsmitglieder, von denen eines der Präsident oder ein Stellvertreter sein muss; im Übrigen wird die Kammer durch den Präsidenten oder einen Stellvertreter vertreten); § 20 Abs. 1 S. 2 LwkG-NRW; § 11 S. 1 LwkG-Rh.-Pf.; § 16 Abs. 1 LwkG-Saarl.; § 13 Abs. 3 S. 1 LwkG-Schl.-Holst.
[497] § 19 Abs. 2 LwkG-Brem.; § 22 Abs. 2 LwkG-Nds.; § 11 S. 2 LwkG-Rh.-Pf.; § 13 Abs. 4 S. 1 LwkG-Schl.-Holst.
[498] Vgl. etwa § 18 Abs. 2 S. 2 LwkG-NRW; § 15 Abs. 2 S. 2 LwkG-Saarl.; in Hamburg gem. § 14 Abs. 2 LwkG-Hbg. dem Geschäftsführer.
[499] Bspw. § 10 S. 1 Hauptsatzung-Lwk-Brem.; § 17 Abs. 1 Hauptsatzung-Lwk-Nds.; § 6 Abs. 3 S. 3 i. V. m. § 5 Abs. 3 S. 1 LwkG-Rh.-Pf.; § 12 LwkG-Saarl.; § 18 Abs. 1 Hauptsatzung-Lwk-Schl.-Holst.
[500] § 5 LwkG-Hbg.; § 4 Abs. 1 LwkG-Saarl.; § 4 Abs. 1 LwkG-Schl.-Holst.
[501] Vgl. etwa § 3 Hauptsatzung-Lwk-Rh.-Pf. (Einberufung der Organe).
[502] Vgl. §§ 12 Abs. 1 lit. b, 18 Abs. 3, 22 Abs. 1 Hauptsatzung-Lwk-Rh.-Pf.
[503] § 77 BBiG; näher zum Berufsbildungsausschuss: oben S. 453 ff.

Kammerversammlung – teilweise nicht notwendig aus ihrer Mitte[504] – gewählt[505]. In der Regel wird eine proportionale (meist Drittel-) Beteiligung der Arbeitnehmer in der Besetzung des Ausschusses ermöglicht bzw. sichergestellt[506]. Die Kammergesetze eröffnen den Ausschüssen – nach näherer Regelung in der Hauptsatzung – häufig die Möglichkeit, sich durch Zuwahl mit weiteren Mitgliedern zu ergänzen, wobei meist eine Bestätigung durch den Vorstand erforderlich ist[507]. Dies soll es ermöglichen, besonders sachkundige Personen, die nicht Mitglieder der Kammerversammlung sind, für die Ausschussarbeit zu gewinnen.

Manche Hauptsatzungen sehen ausdrücklich vor, dass neben Ausschüssen auch Beiräte, Fachbeiräte und Kommissionen gebildet werden können[508]. Diese Gremien haben lediglich eine beratende Funktion und legen ihre fach- und verwaltungsaufgabenbezogenen Beschlüsse bspw. dem Hauptausschuss oder der Kammerversammlung zur Entscheidung vor[509]. Auch in solchen Beiräten usw. kann aktive, ehrenamtliche Selbstverwaltung stattfinden, soweit deren Mitglieder kammerzugehörig sind.

e) Die Beitragspflicht der Betriebsinhaber

Hauptpflicht jedenfalls eines Großteils der Kammermitglieder gegenüber der Landwirtschaftskammer ist die Entrichtung des Kammerbeitrags. In Hamburg, Nordrhein-Westfalen und Schleswig-Holstein wird dabei statt von einem Beitrag von einer Umlage gesprochen[510]. Trotz der terminologischen Unterschiede handelt es sich bei der Umlage jedoch materiell um einen Beitrag, so dass im Folgenden in der Regel der Begriff des Beitrags Verwendung findet.

---

[504] So muss gem. § 13 Abs. 2 S. 1 Hauptsatzung-Lwk-Nds. lediglich mindestens die Hälfte der Mitglieder der Ausschüsse (und Fachbeiräte) Mitglied der Kammerversammlung sein; vgl. auch § 15 S. 2 LwkG-Schl.-Holst. i. V. m. § 15 Abs. 2 S. 1 Hauptsatzung-Lwk-Schl.-Holst. (zwei Drittel müssen Mitglieder oder Ersatzmitglieder der Hauptversammlung sein).
[505] § 15 Abs. 1 LwkG-Brem.; § 8 Abs. 1 S. 1 Hauptsatzung-Lwk-Hbg.; §§ 18 Abs. 1 S. 1, 5 S. 2 Nr. 2 LwkG-Nds.; §§ 15 Abs. 1 S. 3 1. HS, 14 S. 3 lit. b LwkG-NRW i. V. m. § 12 Abs. 1 S. 1 Hauptsatzung-Lwk-NRW (Wahl aus der Mitte der Hauptversammlung); § 10 Abs. 2 S. 3 Hauptsatzung-Lwk-Rh.-Pf.; § 11 S. 3 lit. b LwkG-Saarl.; § 6 S. 3 lit. b Hauptsatzung-Lwk-Schl.-Holst.
[506] § 15 Abs. 3 LwkG-Brem. (Mehrheit der Arbeitnehmerrepräsentanten in der Kammerversammlung kann verlangen, dass Ausschüsse bis zu einem Drittel aus Arbeitnehmern bestehen müssen); § 8 Abs. 2 S. 2 Hauptsatzung-Lwk-Hbg.; § 18 Abs. 3 LwkG-Nds. (Mehrheit der Arbeitnehmerrepräsentanten in der Kammerversammlung kann verlangen, dass Ausschüsse bis zu einem Drittel aus Arbeitnehmern bestehen müssen), gem. § 13 Abs. 2 S. 2 Hauptsatzung-Lwk-Nds. müssen ein Drittel der Mitglieder der Ausschüsse und Fachbeiräte Arbeitnehmer sein; § 15 Abs. 5 LwkG-NRW; § 15 Abs. 2 S. 2 Hauptsatzung-Lwk-Schl.-Holst. (ein Drittel der Ausschussmitglieder sollen Arbeitnehmerinnen oder Arbeitnehmer sein, die nicht mitarbeitende Familienangehörige sind).
[507] Vgl. etwa § 15 Abs. 2 LwkG-Brem.; § 18 Abs. 2 LwkG-Nds.; § 15 Abs. 2 LwkG-NRW; § 6 Abs. 3 S. 2 LwkG-Rh.-Pf.; § 12 Abs. 1 S. 3 LwkG-Saarl.
[508] Siehe etwa § 11 lit. e i. V. m. §§ 12 f. Hauptsatzung-Lwk-NRW.
[509] *Kluth*, Entwicklungsgeschichte und Rechtsgrundlagen, in: HdbKR, 2005, S. 41 (104).
[510] Vgl. § 1 Lwk-UmlageG-NRW; § 17 Nr. 2 LwkG-Schl.-Holst.; §§ 15 ff. LwkG-Hbg.

III. 2. e) Die Beitragspflicht der Betriebsinhaber zur Landwirtschaftskammer 851

Wie im Kammerrecht üblich wird der Finanzbedarf der Landwirtschaftskammern aus mehreren Quellen gedeckt. Zu nennen sind Beiträge, Gebühren, andere Einnahmen der Kammern (z.B. aus Vermietung und Verpachtung), Zuschüsse Dritter sowie Zuweisungen des jeweiligen Landes[511]. Beiträge werden dabei – ähnlich wie bei den Handwerkskammern – nicht von allen Kammermitgliedern, sondern nur von den Betriebsinhabern erhoben. Beitragspflichtig sind in der Regel alle land- und forstwirtschaftlichen (und ggf. fischereiwirtschaftlichen) Betriebe, die der Grundsteuer unterliegen[512]. Indem die Beitragspflicht an die Betriebe anknüpft, wird der Beitrag gleichsam für die Arbeitnehmer und mitarbeitenden Familienangehörigen mitabgegolten.

aa) Rechtsgrundlagen der Beitragserhebung

Für die Beitragserhebung ist schon aufgrund des Vorbehalts des Gesetzes eine formalgesetzliche Grundlage erforderlich. Zentrale Rechtsgrundlagen der Beitragserhebung sind regelmäßig Vorschriften im jeweiligen Landwirtschaftskammergesetz, welche die Voraussetzungen der Beitragserhebung in unterschiedlicher Detailschärfe regeln[513]. In Nordrhein-Westfalen existiert hingegen ein spezielles Umlagegesetz[514]. Insbesondere in Ländern, in denen die formellgesetzlichen Grundlagen nur wenige Detailregelungen enthalten, sind zur Regelung der Einzelheiten der Beitragserhebung teilweise staatliche Verordnungen und teilweise Beitragsordnungen als Satzungen der jeweiligen Kammer ergangen[515].

bb) Die subjektive Beitragspflicht

Beitragspflichtig sind – wie ausgeführt – land- und forstwirtschaftliche sowie ggf. auch fischereiwirtschaftliche Betriebe, nicht aber kammerzugehörige Arbeitnehmer und Familienangehörige. Soweit es – wie im Regelfall – um land- und forstwirtschaftliche Betriebe geht, ist Voraussetzung der Beitragspflicht, dass der Be-

---

[511] Vgl. die unterschiedlichen Regelungen in §§ 23 f. LwkG-Brem.; § 15 LwkG-Hbg.; §§ 26 ff. LwkG-Nds.; § 21 LwkG-NRW, § 1 Lwk-UmlageG-NRW; § 14 LwkG-Rh.-Pf.; § 17 Abs. 1 LwkG-Saarl.; § 17 LwkG-Schl.-Holst.
[512] § 23 Abs. 1 i.V.m. § 3 LwkG-Brem.; § 16 LwkG-Hbg.; § 26 LwkG-Nds.; §§ 3 f. Lwk-UmlageG-NRW; § 15 i.V.m. § 2 LwkG-Rh.-Pf.; § 18 Abs. 1 i.V.m. § 3 LwkG-Saarl.; § 18 f. LwkG-Schl.-Holst.
[513] § 23 LwkG-Brem.; §§ 16 f. LwkG-Hbg.; §§ 26 ff. LwkG-Nds.; §§ 14 ff. LwkG-Rh.-Pf.; §§ 17 ff. LwkG-Saarl.; §§ 17 ff. LwkG-Schl.-Holst.
[514] Lwk-UmlageG-NRW (siehe oben S. 845, Fn. 469).
[515] So ist etwa in Schleswig-Holstein aufgrund § 20 Abs. 2 LwkG-Schl.-Holst. die Umlageverordnung für die Landwirtschaftskammer Schleswig-Holstein vom 26. 11. 2008, GVBl. Schl.-Holst., S. 729 (im Folgenden: Lwk-UmlageVO-Schl.-Holst.) ergangen; die in Nordrhein-Westfalen jährlich aufgrund von § 2 Abs. 1 Lwk-UmlageG-NRW ergehenden Verordnungen sind hiervon deutlich zu unterscheiden, da sie auf der Grundlage des nordrhein-westfälischen Umlagegesetzes den konkreten Beitragssatz festsetzten, aber keine abstrakt-generellen Regelungen enthalten (vgl. etwa die Verordnung über die Festsetzung der Umlage der Landwirtschaftskammer Nordrhein-Westfalen vom 05. 02. 2010, GVBl. NRW, S. 141).

trieb Gegenstand der Grundsteuer und von dieser nicht befreit ist[516]. Steuergegenstand der Grundsteuer sind nach § 2 Nr. 1 GrStG[517] Betriebe der Land- und Forstwirtschaft gem. §§ 33, 48a und 51a BewG[518]. Die Tatbestände der Befreiung von der Grundsteuer ergeben sich aus §§ 3 ff. GrStG.

Da fischereiwirtschaftliche Betriebe anders als landwirtschaftliche Betriebe nicht entsprechende Betriebsgrundstücke voraussetzen, muss hier ein anderer Anknüpfungspunkt als die Grundsteuer gefunden werden: So wird von Betrieben der Küsten- und kleinen Hochseefischerei in Niedersachsen ein Beitrag erhoben, wenn deren Fischereifahrzeuge nach dem niedersächsischen Fischereirecht zu registrieren und zu kennzeichnen sind[519]. In Nordrhein-Westfalen wird von Binnenfischereibetrieben, die Fischfang in einem zur Grundsteuer nicht herangezogenen Gewässer ausüben, ein Beitrag erhoben[520]. In Schleswig-Holstein schließlich unterliegen Inhaber der Betriebe der Küsten- und kleinen Hochseefischerei sowie Inhaber derjenigen Betriebe der Binnenfischerei, für die kein Einheitswert festgesetzt ist, dem Beitrag[521].

Teilweise werden Bagatellfälle aus der Beitragspflicht ausgenommen. So besteht in Bremen und Niedersachsen keine Beitragspflicht, wenn der Einheitswert (oder Ersatzwirtschaftswert) weniger als 1.000 Euro beträgt[522], und in Nordrhein-Westfalen, wenn der Einheitswert unter 750 Euro liegt[523].

Persönlicher Schuldner des Kammerbeitrags ist, wer Schuldner der Grundsteuer ist[524]. Bei Fischereibetrieben ist in Niedersachsen der Eigentümer des Fischereifahrzeugs Schuldner des Beitrags[525]. In Schleswig-Holstein wird der Beitrag von den Inhabern fischereiwirtschaftlicher Betriebe erhoben[526]. Diese Regelung dürfte entsprechend auch in Ländern gelten, die keine besondere Regelung über den Schuldner des Kammerbeitrags bei Fischereibetrieben treffen[527]. Zwecks Erweiterung der Zugriffsmöglichkeiten der Kammer haften für den Kammerbeitrag neben dem

---

[516] § 23 Abs. 1 i. V. m. § 3 LwkG-Brem.; § 16 Abs. 1 und 2 LwkG-Hbg.; § 26 Abs. 1 Nr. 1 LwkG-Nds.; §§ 3 f. Lwk-UmlageG-NRW; § 15 i. V. m. § 2 LwkG-Rh.-Pf.; § 18 Abs. 1 i. V. m. § 3 LwkG-Saarl.; § 18 Abs. 1 und 2 LwkG-Schl.-Holst.
[517] Grundsteuergesetz vom 07.08.1973, BGBl. 1973 I, S. 965, zuletzt geändert durch Art. 38 des Gesetzes vom 19.12.2008, BGBl. I, S. 2794.
[518] Bewertungsgesetz, in der Fassung der Bekanntmachung vom 01.02.1991, BGBl. I, S. 230, zuletzt geändert durch Art. 2 des Gesetzes vom 24.12.2008, BGBl. I, S. 3018.
[519] § 26 Abs. 1 Nr. 2 LwkG-Nds.
[520] §§ 9 f. Lwk-UmlageG-NRW.
[521] § 19 Abs. 1 LwkG-Schl.-Holst.
[522] § 23 Abs. 2 LwkG-Brem.; § 27 Abs. 4 LwkG-Nds. (gilt auch für Fischereibetriebe, bei denen die Summe der Schiffslängen nicht mehr als zehn Meter beträgt).
[523] § 8 Abs. 3 Lwk-UmlageG-NRW.
[524] § 23 Abs. 4 LwkG-Brem.; § 16 Abs. 3 S. 1 LwkG-Hbg.; § 28 Abs. 2 S. 1 Nr. 1 LwkG-Nds.; § 5 Abs. 1 Lwk-UmlageG-NRW; § 17 Abs. 2 S. 1 LwkG-Rh.-Pf.; § 20 Abs. 2 S. 1 LwkG-Saarl.; § 18 Abs. 3 S. 1 LwkG-Schl.-Holst.; vgl. zum Steuerschuldner der Grundsteuer § 10 i. V. m. §§ 2 ff. GrStG.
[525] § 28 Abs. 2 S. 1 Nr. 2 LwkG-Nds.
[526] § 19 Abs. 1 LwkG-Schl.-Holst.
[527] *Langkopf*, Die Landwirtschaftskammern, 1960, S. 211.

III. 2. e) Die Beitragspflicht der Betriebsinhaber zur Landwirtschaftskammer 853

Schuldner regelmäßig auch diejenigen Personen als Gesamtschuldner, die für die Grundsteuer haften[528].

Regelmäßig ist angeordnet, dass der Beitrag als öffentliche Last auf den Betrieben (bzw. den Betriebsgrundstücken) ruht[529]. Für die so gesicherte Beitragsforderung ergibt sich damit insbesondere ein bevorrechtigtes Befriedigungsrecht des Gläubigers aus Betriebsgrundstücken wegen der aus den letzten vier Jahren rückständigen Beiträge gem. § 10 Abs. 1 Nr. 3 ZVG[530]. Öffentliche Lasten ruhen zudem – auch ohne dass sie eintragungsfähig sind[531] – im Veräußerungsfall weiter auf dem Grundstück, so dass ein gutgläubiger Erwerber, auch ohne persönlicher Schuldner des Kammerbeitrags zu sein, zur Duldung der Zwangsvollstreckung in das Grundstück verpflichtet ist[532].

cc) Grundlagen der Beitragsberechnung

aaa) Bemessungsgrundlage

Bemessungsgrundlage (bzw. Beitragsmaßstab[533]) des Landwirtschaftskammerbeitrags, der jährlich erhoben wird, ist bei land- und forstwirtschaftlichen Betrieben meist der nach den Vorschriften des Bewertungsgesetzes ermittelte Einheitswert des Beitragsgegenstands[534], also des landwirtschaftlichen Betriebs, der z. T. auf einen runden Betrag abgerundet wird[535]. In Rheinland-Pfalz und dem Saarland ist der Grundsteuermessbetrag Bemessungsgrundlage[536]. Da der Grundsteuermessbetrag allerdings gem. § 13 Abs. 1 GrStG seinerseits durch Anwendung eines Tausendsatzes (Steuermesszahl) auf den Einheitswert (oder seinen steuerpflichtigen Teil) ermittelt wird, wird auch hier entscheidend an den Einheitswert nach dem Bewertungsgesetz angeknüpft.

Bemessungsgrundlage für Betriebe der Küsten- und kleinen Hochseefischerei ist in Niedersachsen die Summe der amtlich registrierten Längen aller Fischfahrzeuge

---

[528] § 23 Abs. 5, 1. HS LwkG-Brem.; § 16 Abs. 3 S. 2 LwkG-Hbg.; § 28 Abs. 3 S. 1 LwkG-Nds.; § 5 Abs. 2 S. 1 Lwk-UmlageG-NRW; § 17 Abs. 2 S. 2 LwkG-Rh.-Pf.; § 20 Abs. 2 S. 2 LwkG-Saarl.; § 18 Abs. 3 S. 2 LwkG-Schl.-Holst.; die persönliche Haftung für die Grundsteuer ist in § 11 GrStG geregelt.
[529] § 23 Abs. 3 LwkG-Brem.; § 16 Abs. 4 LwkG-Hbg.; § 26 Abs. 2 LwkG-Nds.; § 5 Abs. 3 Lwk-UmlageG-NRW; § 18 Abs. 1 S. 3 LwkG-Rh.-Pf.; § 18 Abs. 2 LwkG-Saarl.
[530] Gesetz über die Zwangsversteigerung und die Zwangsverwaltung, zuletzt geändert durch Art. 4 Abs. 4a des Gesetzes vom 29.07.2009, BGBl. I, S. 2258.
[531] Vgl. § 54 GBO.
[532] Vgl. auch *Langkopf*, Die Landwirtschaftskammern, 1960, S. 211 f.
[533] Die Bemessungsgrundlage wird in den Landwirtschaftskammergesetzen meist als Beitrags- bzw. Umlagemaßstab bezeichnet; vgl. § 23 Abs. 6 LwkG-Brem.; § 17 Abs. 1 LwkG-Hbg.; § 6 Abs. 1 S. 1 Lwk-UmlageG-NRW; § 15 Abs. 2 LwkG-Rh.-Pf.; § 19 Abs. 1 S. 1 LwkG-Saarl.; § 19 Abs. 2 LwkG-Schl.-Holst.
[534] § 23 Abs. 6 LwkG-Brem.; § 17 Abs. 1 LwkG-Hbg.; § 27 Abs. 2 LwkG-Nds.; § 6 Abs. 1 S. 1 Lwk-UmlageG-NRW (mit der Möglichkeit, den Waldwert abzuziehen in S. 2); § 18 Abs. 1 LwkG-Schl.-Holst.
[535] § 23 Abs. 6 LwkG-Brem.; § 27 Abs. 2 S. 4 LwkG-Nds.
[536] § 15 Abs. 2 LwkG-Rh.-Pf.; § 19 Abs. 1 S. 1 LwkG-Saarl.

des Betriebs[537]. In Schleswig-Holstein ist Beitragsmaßstab für die Betriebe der Küsten- und kleinen Hochseefischerei sowie der Betriebe der Binnenfischerei, für die kein Einheitswert festgesetzt ist, hingegen die Zahl der im Betrieb beschäftigten Arbeitskräfte[538]. Ähnliches gilt in Nordrhein-Westfalen für Binnenfischereibetriebe, die Fischfang in einem zur Grundsteuer nicht herangezogenen Gewässer ausüben, wobei hier die Durchschnittszahl der im vorangegangenen Kalenderjahr beschäftigten Arbeitskräfte (einschließlich des Betriebsinhabers und mitarbeitender Familienangehöriger) zugrunde gelegt wird[539].

bbb) Beitragssatz

Der Beitrag wird z. T. für das Haushalts- bzw. Rechnungsjahr, z. T. für das Kalenderjahr erhoben und ist an einem bestimmten, regelmäßig im Kammergesetz festgesetzten, Tag des Jahres fällig[540]. Der konkrete Beitrag des Kammermitglieds ergibt sich durch die Anwendung des Beitragssatzes auf die Bemessungsgrundlage. Der Beitragssatz besteht bei Land- und Forstwirtschaftsbetrieben regelmäßig aus einem bestimmten Vomhundert- bzw. Vomtausendsatz der Bemessungsgrundlage, der in der Regel jährlich durch die Kammerversammlung zu beschließen ist[541]. In Nordrhein-Westfalen wird der Beitragsmaßstab entsprechend dem Beschluss der Versammlung durch Rechtsverordnung des zuständigen Ministeriums festgesetzt[542].

In Ländern, in denen fischereiwirtschaftliche Betriebe beitragspflichtig sind, müssen wegen der unterschiedlichen Bemessungsgrundlagen für diese eigene Beitragssätze festgelegt werden. In Nordrhein-Westfalen knüpft die Beitragsermittlung der erfassten Betriebe der Binnenfischerei dabei an den Beitragssatz für land- und forstwirtschaftliche Betriebe an: Beträgt dieser Beitragssatz Eins je Tausend, wird von Fischereibetrieben ein absoluter, an der Zahl der Arbeitskräfte ausgerichteter Beitrag erhoben[543]. Erhöht oder ermäßigt sich der Beitragsmaßstab für land-

---

[537] § 27 Abs. 3 S. 1 LwkG-Nds.
[538] § 19 Abs. 2 LwkG-Schl.-Holst.
[539] § 9 Lwk-UmlageG-NRW.
[540] Vgl. § 23 Abs. 7 LwkG-Brem.; § 17 Abs. 5 LwkG-Hbg.; § 28 Abs. 1 LwkG-Nds.; § 11 Lwk-UmlageG-NRW; § 16 Abs. 1 i.V. m. §§ 17 Abs. 1 S. 1 und 18 Abs. 1 LwkG-Rh.-Pf.; § 19 Abs. 1 S. 2 i.V. m. §§ 17 Abs. 2 1. HS., 18 Abs. 1 LwkG-Saarl.; § 1 Lwk-UmlageVO-Schl.-Holst.
[541] § 23 Abs. 8 LwkG-Brem.; § 17 Abs. 2 i.V. m.; § 11 Abs. 2 Nr. 7 LwkG-Hbg.; § 27 Abs. 5 S. 1 LwkG-Nds. (in der Beitragssatzung, die bis zum 1. April für das laufende Haushaltsjahr zu erlassen ist, Abs. 5 S. 2); §§ 1 Abs. 2, 7 Abs. 1 Lwk-UmlageG-NRW; § 16 Abs. 1 LwkG-Rh.-Pf.; § 19 Abs. 1 S. 2 LwkG-Saarl.; § 20 Abs. 1 LwkG-Schl.-Holst. (durch Satzung, die der Genehmigung des Ministeriums für Landwirtschaft, Umwelt und ländliche Räume bedarf. Nach der erstmaligen Festlegung bedarf es einer erneuten Festlegung nur, wenn sich die Höhe der Umlage ändert).
[542] § 2 Abs. 1 Lwk-UmlageG-NRW; siehe dazu etwa § 1 Lwk-UmlageVO-NRW (oben S. 845, Fn. 469): 6,5 vom Tausend des Einheitswerts; zu den Möglichkeiten des Ministeriums, vom Beschluss der Kammer abzuweichen bzw. ohne einen solchen Beschluss tätig zu werden vgl. § 2 Abs. 2 bis 4 Lwk-UmlageG-NRW.
[543] § 10 Abs. 1 Lwk-UmlageG-NRW (z. B. bis zu zwei Arbeitskräfte: 2,50 €, drei Arbeitskräfte: 3 € etc.).

III. 2. e) Die Beitragspflicht der Betriebsinhaber zur Landwirtschaftskammer 855

und forstwirtschaftliche Betriebe, erhöht oder ermäßigt sich der Beitrag der Fischereibetriebe entsprechend[544].

Zum Teil wird der sich aus der Anwendung des Beitragssatzes auf die Bemessungsgrundlage ergebende Beitrag des einzelnen Mitglieds gerundet[545]. Teilweise wird ein Mindestbeitrag erhoben, der bspw. in Hamburg 10 Euro und in Nordrhein-Westfalen 2,50 Euro beträgt[546].

dd) Beitragsfestsetzung und -erhebung

In Anwendung des durch die Kammerversammlung beschlossenen Beitragssatzes auf die Bemessungsgrundlage wird der konkrete Beitrag des einzelnen beitragspflichtigen Kammermitglieds regelmäßig durch Behörden der Finanzverwaltung bzw. Gemeinden veranlagt (festgesetzt) und durch Beitragsbescheid erhoben[547]. Da die Kammerbeiträge fast immer an die Bemessungsgrundlagen der Grundsteuer anknüpfen und natürlich auch eine personale Teilidentität der Schuldner der Grundsteuer einerseits und des Beitrags zur Landwirtschaftskammer andererseits besteht, ist es besonders zweckmäßig, dass die für die Grundsteuer zuständigen Behörden auch den Beitrag zur Landwirtschaftskammer erheben[548]. Auf die Erhebung (und Beitreibung) finden teilweise die Vorschriften der (kommunalen) Abgabengesetze[549], teilweise die Vorschriften der Abgabenordnung (AO) Anwendung[550]. Die eingezogenen Beiträge sind an die Landwirtschaftskammer abzuführen, wobei ein einstelliger Prozentsatz der eingezogenen Beiträge zwecks Abgeltung der Tätigkeit der Behörden einbehalten wird[551].

---

[544] § 10 Abs. 2 Lwk-UmlageG-NRW.
[545] § 17 Abs. 3 LwkG-Hbg.; § 8 Abs. 2 Lwk-UmlageG-NRW; gem. § 18 Abs. 3 LwkG-Rh.-Pf. werden nur Bruchteile eines Cents gerundet.
[546] § 17 Abs. 4 LwkG-Hbg.; § 8 Abs. 1 Lwk-UmlageG-NRW; im Saarland kann die Vollversammlung gem. § 19 Abs. 2 S. 2 und 3 LwkG-Saarl. jährlich mit dem Beitragsmaßstab einen Mindestbeitrag festsetzen, der das Dreifache des aus dem Beitragsmaßstab ermittelten Betrags nicht überschreiten darf.
[547] § 23 Abs. 10 S. 1 LwkG-Brem.; § 17 Abs. 6 LwkG-Hbg.; § 29 Abs. 1 LwkG-Nds.; § 13 Abs. 1 Lwk-UmlageG-NRW; § 18 Abs. 2 LwkG-Rh.-Pf. (von den Gemeinden im Zusammenhang mit der Grundsteuer); § 21 Abs. 1 LwkG-Saarl. (von den Gemeinden im Zusammenhang mit der Grundsteuer); § 20 Abs. 3 S. 1 LwkG-Schl.-Holst.; *Franz*, Landwirtschaftskammern, in: JbKR 2002, S. 123 (134).
[548] § 23 Abs. 10 S. 1 LwkG-Brem.; § 17 Abs. 6 LwkG-Hbg. (zuständige Behörde); § 29 Abs. 1 LwkG-Nds.; § 13 Abs. 1 Lwk-UmlageG-NRW; § 18 Abs. 2 LwkG-Rh.-Pf.; § 21 Abs. 1 LwkG-Saarl.; § 20 Abs. 3 S. 1 LwkG-Schl.-Holst.
[549] § 23 Abs. 10 S. 2 LwkG-Brem.; § 18 Abs. 4 LwkG-Rh.-Pf.; im Saarland sind gem. § 21 Abs. 2 LwkG-Saarl. die für die Verwaltung der Grundsteuer durch die Gemeinden maßgeblichen Rechtsvorschriften einschlägig.
[550] § 29 Abs. 2 S. 1 1. HS LwkG-Nds.
[551] § 23 Abs. 10 S. 1 LwkG-Brem.: 4%; § 17 Abs. 6 LwkG-Hbg.: 4%; § 29 Abs. 1 LwkG-Nds.: 4,5%; § 14 Lwk-UmlageG-NRW: 5%; § 18 Abs. 5 LwkG-Rh.-Pf.: 3%; § 21 Abs. 1 LwkG-Saarl.: „[…] nach Abzug eines Betrages als Ersatz für die mit diesen Aufgaben verbundenen Ausgaben […]"; § 20 Abs. 3 S. 2 LwkG-Schl.-Holst.: 6%; kritisch angesichts der Schwankungsbreite der Prozentsätze: *Franz*, Landwirtschaftskammern, in: JbKR 2002, S. 123 (134).

3. Die Organe der Landwirtschaftskammer

Zumindest die Landwirtschaftskammergesetze von Hamburg, dem Saarland und Schleswig-Holstein benennen die Organe der Landwirtschaftskammer, in denen sich die Selbstverwaltung aktiv vollzieht, ausdrücklich[552]: Organe der Landwirtschaftskammer sind danach die Kammerversammlung, der Vorstand und der Präsident. Es ist davon auszugehen, dass sich diese gesetzliche Regelung auch auf das Landwirtschaftskammerrecht der anderen Bundesländer übertragen lässt. Auffällig im Vergleich etwa zum Handwerkskammerrecht ist, dass einerseits Ausschüsse nicht Organe der Landwirtschaftskammer sind, dafür aber andererseits der Präsident zu den Organen zählt. Hierin kommt zunächst zum Ausdruck, dass die Ausschüsse, denen – wenn nicht abweichende spezialgesetzliche Regelungen eingreifen – regelmäßig lediglich eine vorbereitende und beratende Funktion für die Kammerversammlung zukommt, eher als Hilfsorgane der Kammerversammlung betrachtet werden. Im Kontrast dazu spiegelt sich die starke Stellung des Präsidenten, dem wesentliche eigene Kompetenzen zukommen, in dessen Anerkennung als Kammerorgan wider. Es ist davon auszugehen, dass die gesetzliche Aufzählung – soweit vorhanden – abschließend ist. Die Landwirtschaftskammern können also nicht etwa durch Satzungsrecht weitere Kammerorgane schaffen. Insbesondere sind auch der Kammerdirektor bzw. Geschäftsführer sowie die weiteren Bediensteten in der Regel keine Organe der Kammer, sondern lediglich Hilfskräfte ihres Vorstands[553].

Die Kammerversammlung, der Vorstand und der Präsident werden als Organe der Landwirtschaftskammer unmittelbar oder mittelbar (über die Kammerversammlung) durch die Kammermitglieder eingesetzt. Ihre Mitglieder werden von den Kammermitgliedern (Kammerversammlung) oder aber durch die Kammerversammlung (Vorstand, Präsident) gewählt, und sie sind zugleich Organe aktiver, ehrenamtlicher Selbstverwaltung durch die Mitglieder der Kammer. Entsprechend wurden diese Kammerorgane bereits oben im Abschnitt über die Verwirklichung der Selbstverwaltung in der mitgliedschaftlichen Struktur der Landwirtschaftskammer eingehend behandelt.

4. Die Geschäftsführung der Landwirtschaftskammer

Da der Vorstand und der Präsident als Exekutivorgane der Landwirtschaftskammer ihre Aufgaben ehrenamtlich erfüllen, obliegt die Führung der laufenden Geschäfte der Kammer einem hauptamtlich tätigen Kammerdirektor (Niedersachsen, Nordrhein-Westfalen, Rheinland-Pfalz und Saarland[554]) bzw. Geschäftsführer

---

[552] § 5 LwkG-Hbg.; § 4 Abs. 1 LwkG-Saarl.; § 4 Abs. 1 LwkG-Schl.-Holst.
[553] *Franz*, Landwirtschaftskammern, in: JbKR 2002, S. 123 (131).
[554] § 23 Abs. 1 S. 1 LwkG-Nds.; § 18 Abs. 2 S. 1 LwkG-NRW; § 12 Abs. 2 LwkG-Rh.-Pf.; § 15 Abs. 2 S. 1 LwkG-Saarl.

III. 4. Die Geschäftsführung der Landwirtschaftskammer 857

(Bremen, Hamburg, Schleswig-Holstein)[555]. Der Direktor bzw. Geschäftsführer ist bei der Führung der laufenden Kammergeschäfte an die Beschlüsse der Kammerversammlung sowie die Weisungen des Vorstands bzw. des Präsidenten gebunden[556]. Um die Erledigung der täglichen Geschäfte nicht zu behindern, ist es zweckmäßig, dass der Direktor bzw. Geschäftsführer auch Vertretungsmacht für die laufenden Geschäfte der Kammer besitzt. Soweit ihm diese nicht bereits kraft Gesetzes – wie in Niedersachsen[557] – zukommt, sollte ihm die entsprechende Vertretungsmacht durch Beschluss bzw. Rechtsgeschäft des zuständigen Kammerorgans übertragen werden.

Wie bereits ausgeführt wurde, ist der Direktor bzw. Geschäftsführer kein Organ der Landwirtschaftskammer, sondern Gehilfe des Vorstands. Trotz der großen praktischen Bedeutung des Direktors bzw. Geschäftsführers, der im Rahmen der gesetzlichen Vorgaben und der Richtlinien bzw. Weisungen der Kammerorgane die alltägliche Arbeit der Kammer leitet, ist seine Rechtsstellung in den Landwirtschaftskammergesetzen lediglich punktuell geregelt. Ausdrücklich gesetzlich normiert ist seine Wahl: In Niedersachsen, Rheinland-Pfalz, dem Saarland und Schleswig-Holstein wird er durch den Vorstand der Landwirtschaftskammer bestellt[558]. Meist ist dabei eine Bestätigung durch die Kammerversammlung erforderlich[559]. In Bremen, Hamburg und Nordrhein-Westfalen wird er hingegen unmittelbar durch die Kammerversammlung gewählt[560]. Hierbei kommt dem Vorstand teilweise ein Vorschlagsrecht zu[561]. Teilweise bedarf die Berufung des Direktors bzw. Geschäftsführers der Zustimmung des zuständigen Ministeriums[562]. Unter anderem im niedersächsischen Landwirtschaftskammergesetz findet sich eine Inkompatibilitätsregelung, wonach der Direktor nicht Mitglied der Kammerversammlung sein darf[563]. Der Direktor bzw. Geschäftsführer wird angesichts der hoheitlichen Auf-

---

[555] § 20 Abs. 1 S. 1 LwkG-Brem.; § 14 Abs. 1 S. 1 LwkG-Hbg.; § 14 Abs. 1 S. 1 LwkG-Schl.-Holst. („leitet die Verwaltung").
[556] § 20 Abs. 1 S. 1 LwkG-Brem. (Weisungen des Präsidenten); § 14 Abs. 1 S. 1 LwkG-Hbg. (Weisungen des Vorstands); § 23 Abs. 1 S. 2 LwkG-Nds. (Weisungen des Präsidenten); § 18 Abs. 2 S. 1 LwkG-NRW (Weisungen des Präsidenten gemäß den Beschlüssen der Hauptversammlung und des Hauptausschusses); § 12 Abs. 2 LwkG-Rh.-Pf. (Weisung des Vorstands oder der nach § 10 Abs. 4 LwkG-Rh.-Pf. mit der Erledigung einzelner Aufgaben betrauten Personen); § 15 Abs. 2 S. 1 LwkG-Saarl. (Weisungen des Präsidenten gemäß den Beschlüssen der Vollversammlung und des Vorstands); § 14 Abs. 1 LwkG-Schl.-Holst. (Weisungen des Präsidenten; führt Beschlüsse der Organe aus).
[557] § 24 Abs. 1 LwkG-Nds.
[558] § 23 Abs. 2 S. 1 LwkG-Nds. (im ersten Wahlgang ist gem. § 23 Abs. 2 S. 4 LwkG-Nds. gewählt, wer die Stimmen von drei Vierteln der Mitglieder des Vorstands erhalten hat); § 10 Abs. 3 lit. b LwkG-Rh.-Pf.; § 15 Abs. 1 S. 1 LwkG-Saarl.; § 14 Abs. 3 S. 1 LwkG-Schl.-Holst.
[559] § 10 Abs. 3 lit. b LwkG-Rh.-Pf.; § 15 Abs. 1 S. 2 LwkG-Saarl.; § 14 Abs. 3 S. 1 LwkG-Schl.-Holst.
[560] § 20 Abs. 2 S. 1 LwkG-Brem. (mit Dreiviertelmehrheit); § 11 Abs. 2 Nr. 3 LwkG-Hbg.; § 18 Abs. 1 S. 1 LwkG-NRW (Mehrheit von zwei Dritteln erforderlich).
[561] § 20 Abs. 2 S. 1 LwkG-Brem.
[562] § 18 Abs. 1 S. 2 LwkG-NRW; § 15 Abs. 1 S. 2 LwkG-Saarl.
[563] § 20 Abs. 1 S. 2 LwkG-Brem.; § 14 Abs. 1 S. 2 LwkG-Hbg.; § 23 Abs. 2 S. 7 LwkG-Nds.

gaben der Landwirtschaftskammer regelmäßig zum Beamten der Kammer ernannt, wobei sich teilweise Regelungen finden, wonach die Ernennung zum Beamten auf Zeit zu erfolgen hat[564].

Neben der Führung der Geschäfte der laufenden Verwaltung ist dem Direktor in Niedersachsen auch die Erledigung der Auftragsangelegenheiten übertragen[565]. Bei der Erledigung von Auftragsangelegenheiten unterliegt er dann auch nicht den Weisungen des Präsidenten[566]. In Nordrhein-Westfalen ist die Stellung des Direktors noch weiter hervorgehoben, indem er zugleich als Landesbeauftragter einen ihm übertragenen großen, spezifischen Aufgabenkreis wahrnimmt[567]. Die für die Erfüllung dieser Aufgaben erforderlichen Dienstkräfte und Einrichtungen sind von der Landwirtschaftskammer zur Verfügung zu stellen[568]. Als Landesoberbehörde[569] ist der Direktor dabei in den Behördenaufbau eingebunden und ausschließlich dem Ministerium als oberster Landesbehörde verantwortlich[570].

Der Direktor bzw. Geschäftsführer ist – abgesehen von Rheinland-Pfalz und Schleswig-Holstein, wo diese Aufgabe dem Präsidenten zukommt[571] –, Vorgesetzter der Bediensteten bzw. Angestellten der Kammer[572]. Vorgesetzter des Direktors bzw. Geschäftsführers ist der Vorstand bzw. der Präsident. Zwecks Erfüllung seiner verschiedenen Aufgaben, hat der Direktor bzw. Geschäftsführer das Recht, an den Sitzungen der Kammerversammlung, ihrer Ausschüsse und des Vorstands teilzunehmen und hat hier regelmäßig ein Rede-, aber selbstverständlich kein Stimmrecht[573].

5. Die regionalen Untergliederungen der Landwirtschaftskammern

Heute erstrecken sich – wie ausgeführt – alle Landwirtschaftskammern auf das Gebiet eines Landes bzw. Stadtstaates. Gerade in den großen Flächenländern kann die Selbstverwaltung allerdings nur dann wirklich effektiv werden, wenn die Kammer unterhalb der Landesebene über regionale bzw. lokale Strukturen verfügt. Eine Besonderheit der Landwirtschaftskammer im Vergleich zu den anderen Kammern der Selbstverwaltung der Wirtschaft ist daher, dass sie jedenfalls in den groß-

---

[564] § 23 Abs. 2 S. 9 LwkG-Nds.; § 12 Abs. 1 S. 1 LwkG-Rh.-Pf.
[565] § 23 Abs. 1 S. 1 LwkG-Nds.
[566] § 23 Abs. 1 S. 2 LwkG-Nds.; vgl. auch § 14 Abs. 2 LwkG-Schl.-Holst.
[567] § 18 Abs. 4 S. 1 LwkG-NRW; *Kluth*, Entwicklungsgeschichte, in: HdbKR, 2005, S. 41 (105).
[568] § 18 Abs. 4 S. 2 LwkG-NRW.
[569] § 6 Abs. 2 LOG-NRW.
[570] § 18 Abs. 4 S. 1 LwkG-NRW, § 6 Abs. 1 und 2 LOG-NRW; *Heusch*, Staatliche Aufsicht, in: HdbKR, 2005, S. 495 (535).
[571] § 11 S. 2 LwkG-Rh.-Pf.; § 13 Abs. 4 S. 1 LwkG-Schl.-Holst.
[572] § 20 Abs. 3 LwkG-Brem.; § 14 Abs. 2 LwkG-Hbg.; § 23 Abs. 5 LwkG-Nds.; § 18 Abs. 2 S. 2 LwkG-NRW; § 15 Abs. 2 S. 2 LwkG-Saarl.
[573] § 20 Abs. 4 LwkG-Brem.; § 14 Abs. 3 LwkG-Hbg.; § 23 Abs. 6 LwkG-Nds.; § 18 Abs. 3 LwkG-NRW; § 15 Abs. 3 LwkG-Saarl.

III. 5. Die regionalen Untergliederungen der Landwirtschaftskammern 859

en Flächenländern Niedersachsen und Nordrhein-Westfalen über regionale und lokale Untergliederungen verfügt. Diese Untergliederungen sind nicht etwa rechtlich selbständig. Sie sind vielmehr unselbständige Bestandteile der jeweiligen Kammer. In Schleswig-Holstein schließlich nehmen Repräsentanten der Landwirtschaftskammer für den Wahlbezirk eine Schnittstellenfunktion zwischen der Kammer und ihren Mitgliedern wahr.

a) Niedersachsen

In Niedersachsen bilden die in einem Wahlkreis gewählten Mitglieder der Kammerversammlung einen „Ausschuss"[574], der auch „regionaler Beirat" genannt wird und die Kammer auf Wahlkreisebene repräsentiert[575]. Der örtliche Aufgabenkreis des Ausschusses wird diesem durch Beschluss der Kammerversammlung oder in der Hauptsatzung zugewiesen[576]. Jeder Ausschuss wählt aus seiner Mitte einen Ausschussvorsitzenden[577]. Eine weitere Untergliederung unterhalb der Wahlkreisebene ist insofern vorgesehen, als der Ausschuss aus seiner Mitte für Teilgebiete des Wahlkreises, die einzelne oder mehrere Landkreise oder kreisfreie Städte umfassen müssen, jeweils eine Kreislandwirtin oder einen Kreislandwirt wählt, welcher in dem Teilgebiet, für das sie oder er gewählt wird, der Wahlgruppe 1 (Betriebsinhaber etc.[578]) angehören und hauptberuflich in der Landwirtschaft tätig sein muss[579].

b) Nordrhein-Westfalen

aa) Kreisstellen

In Nordrhein-Westfalen wird die Untergliederung der Landwirtschaftskammer anschaulich als „Kreisstelle" bezeichnet[580]. Die Kreisstellen, deren Bezirke sich mit den Wahlbezirken decken[581], setzen sich aus den gewählten Mitgliedern der Land-

---

[574] § 38 Abs. 1 S. 1 LwkG-Nds.
[575] § 19 Abs. 1 Hauptsatzung-Lwk-Nds.; *Hessler*, Betrachtungen, in: Agrarrecht 1975, 346 (347).
[576] § 38 Abs. 2 LwkG-Nds.; so hält der Ausschuss gem. § 19 Abs. 5 S. 3 Hauptsatzung-Lwk-Nds. laufend Verbindung mit den landwirtschaftlichen Organisationen und den Kreisen; § 19 Abs. 4 Hauptsatzung-Lwk-Nds. regelt ansonsten noch, dass dem Grundstücksverkehrsausschuss nach § 41 LwkG u. a. drei vom Kreistag oder vom Rat auf Vorschlag der Landwirtschaftskammer gewählte Personen angehören, die dem Ausschuss nach § 38 Abs. 1 LwkG oder dem Kreis derjenigen angehören müssen, die im Zuständigkeitsbereich des Grundstücksverkehrsausschusses zur Kammerversammlung wahlberechtigt sind, wobei in beiden Fällen zwei Personen der Wahlgruppe 1 und eine Person der Wahlgruppe 2 angehören müssen (§ 41 Abs. 2 LwkG).
[577] Der Vorsitzende ist gem. § 19 Abs. 5 S. 2 Hauptsatzung-Lwk-Nds. ständiger ehrenamtlicher Ansprechpartner des Leiters der Bezirksstelle.
[578] Vgl. § 7 Abs. 1 Nr. 1 LwkG-Nds.
[579] § 38 Abs. 1 S. 3 und 4 LwkG-Nds. i. V. m. § 19 Abs. 2 S. 3 Hauptsatzung-Lwk-Nds.
[580] § 24 Abs. 1 LwkG-NRW.
[581] § 15 Abs. 1 S. 1 Hauptsatzung-Lwk-NRW.

wirtschaftskammer ihres Bezirks zusammen[582]. Die Mitglieder der Kreisstelle wählen aus ihrer Mitte den Vorsitzenden (Kreislandwirt)[583], welcher der Wahlgruppe 1 (Betriebsinhaber etc.[584]) angehören soll[585]. Aufgaben werden der Kreisstelle durch die Satzung oder durch Beschluss der Hauptversammlung zugewiesen[586]. So haben die Kreisstellen nach der Hauptsatzung der LwK-NRW eine enge Verbindung des landwirtschaftlichen Berufsstands ihres Bezirks zu den Organen der Landwirtschaftskammer und zu allen in ihrem Bezirk befindlichen landwirtschaftlichen Organisationen herzustellen und zu pflegen[587]. Sie haben die Aufgabe, die Landwirtschaft ihres Bezirks und die in ihr Berufstätigen zu fördern und zu betreuen, die Landwirtschaftskammer bei der Durchführung ihrer Aufgaben zu unterstützen und die Maßnahmen der Kammer in ihrem Bezirk durchzuführen[588]. Ihr Aufgabengebiet erstreckt sich insbesondere darauf, die in ihrem Bezirk bestehenden Einrichtungen der Kammer ohne überbezirkliche Bedeutung auf die gemeinsamen Arbeitsziele auszurichten, dem Hauptausschuss Vorschläge über die zu errichtenden Ortsstellen zu machen und diese nach Beschluss durch den Hauptausschuss einzurichten sowie später mit Aufgaben zu versehen und schließlich, dem Hauptausschuss die Anregungen und Wünsche vorzulegen, für deren Erledigung sie nicht zuständig sind oder die von überbezirklicher Bedeutung sind[589].

Die Kreisstelle verfügt über einen Geschäftsführer, der im Benehmen mit der Kreisstelle und mit Zustimmung des Direktors sowie des zuständigen Ministeriums vom Hauptausschuss der Kammer bestellt wird[590]. Der Geschäftsführer der Kreisstelle besitzt – ähnlich wie der Direktor auf Landesebene[591] – eine Sonderstellung, da er gleichzeitig auch die Aufgaben wahrnimmt, die ihm als Landesbeauftragter gem. § 9 Abs. 2 Landesorganisationsgesetz obliegen[592]. Der Geschäftsführer ist in dieser Eigenschaft nur den übergeordneten Landesbehörden verantwortlich. Seine Amtsführung bedarf des Vertrauens des Direktors der Kammer als Landesbeauftragtem.

bb) Ortsstellen

Die Kreisstellen können zur Erfüllung ihrer Aufgaben in den Gemeinden als weitere Untergliederungen der Landwirtschaftskammer sog. Ortsstellen unterhalten[593]. Die Entscheidung über die Einrichtung derselben trifft der Hauptausschuss

---

[582] § 24 Abs. 2 LwkG-NRW.
[583] Vgl. zum Kreislandwirt § 16 Hauptsatzung-Lwk-NRW.
[584] Vgl. § 5 Abs. 1 LwkG-NRW.
[585] § 24 Abs. 2 S. 2 LwkG-NRW.
[586] § 24 Abs. 3 LwkG-NRW.
[587] § 15 Abs. 2 S. 1 Hauptsatzung-Lwk-NRW.
[588] § 15 Abs. 2 S. 2 Hauptsatzung-Lwk-NRW.
[589] § 15 Abs. 3 Hauptsatzung-Lwk-NRW.
[590] § 24 Abs. 4, Abs. 5 S. 2 LwkG-NRW.
[591] Vgl. § 18 Abs. 4 S. 1 LwkG-NRW.
[592] § 24 Abs. 5 S. 1 LwkG-NRW.
[593] § 25 Abs. 1 LwkG-NRW.

auf Vorschlag der zuständigen Kreisstelle[594]. Dabei können mehrere benachbarte Gemeinden zu einer Ortsstelle zusammengeschlossen werden[595]. Die Ortsstellen bestehen aus drei Mitgliedern, die von den zur Landwirtschaftskammer Wahlberechtigten des Bezirks der Ortsstelle gewählt werden[596]. Zwei Mitglieder müssen der Wahlgruppe 1 und eines der Wahlgruppe 2 (Arbeitnehmer[597]) angehören[598]. Die Mitglieder der Ortsstellen wählen aus ihrer Mitte einen Vorsitzenden (Ortslandwirt), welcher der Wahlgruppe 1 angehören soll[599].

Aufgabe der Ortsstellen ist es, die Kreisstellen bei der Durchführung der diesen obliegenden Aufgaben aus § 15 Abs. 2 Hauptsatzung-LwK-NRW zu unterstützen[600]. Insbesondere haben sie dafür zu sorgen, dass die von den Kreisstellen in fachlicher Hinsicht ergangenen Richtlinien beachtet werden und fachliche Wünsche sowie Anregungen an die Kreisstelle weitergeleitet werden[601]. Die Ortslandwirte laden die Wahlberechtigten ihres Ortsstellenbezirks turnusmäßig ein, um sie über die Arbeit der Ortsstelle sowie über aktuelle Fragen und Entwicklungen zu unterrichten[602]. Ortsstellen und Ortslandwirte nehmen also eine bidirektionale Schnittstellenfunktion zwischen Landwirtschaftskammer (Kreisstellen) und Berufsträgern der Landwirtschaft wahr und können so wesentlich dazu beitragen, die Selbstverwaltung in der Kammer mit Leben zu erfüllen.

c) Schleswig-Holstein

Die frühere Regelung in § 16 LwkG-Schleswig-Holstein a. F., nach der die gewählten oder berufenen Mitglieder der Hauptversammlung der Landwirtschaftskammer und ihre Ersatzmitglieder den Landwirtschaftlichen Ausschuss der Kreise und der kreisfreien Städte bildeten, in denen diese Mitglieder ansässig waren, ist aufgehoben worden. Stattdessen ist heute in der Hauptsatzung der LwK-Schleswig-Holstein eine regionale Vertretung in Form gewählter Repräsentanten der Landwirtschaftskammer für die einzelnen Wahlbezirke vorgesehen: Die Hauptversammlung wählt auf Vorschlag der Gruppe der Betriebsinhaber aus den in einem Wahlbezirk ansässigen, gewählten oder von der Hauptversammlung hinzugewählten Hauptversammlungsmitgliedern einen „Repräsentanten der Landwirtschaftskammer für den Wahlbezirk"[603] sowie auf Vorschlag der Gruppe der Arbeitnehmer, die nicht

---

[594] §§ 11 lit. g, 15 Abs. 3 lit. b Hauptsatzung-Lwk-NRW.
[595] § 25 Abs. 3 S. 3 LwkG-NRW.
[596] § 25 Abs. 2 S. 1 LwkG-NRW.
[597] Vgl. § 5 Abs. 1 LwkG-NRW.
[598] § 25 Abs. 2 S. 2 LwkG-NRW.
[599] § 25 Abs. 3 S. 1 und 2 LwkG-NRW.
[600] § 19 Abs. 1 S. 1 Hauptsatzung-Lwk-NRW.
[601] § 19 Abs. 1 S. 2 Hauptsatzung-Lwk-NRW.
[602] § 25 Abs. 4 S. 1 LwkG-NRW.
[603] Vgl. § 16 Abs. 2 Hauptsatzung-Lwk-Schl.-Holst.

mitarbeitende Familienangehörige sind, aus deren in die Hauptversammlung gewählten Vertretern eines Wahlbezirks einen Stellvertreter[604].

Aufgabe der Repräsentanten der Landwirtschaftskammer für den Wahlbezirk ist es, eine enge Verbindung der in der Landwirtschaft und Fischerei ihres Bezirks tätigen Menschen zu den Organen der Landwirtschaftskammer herzustellen und zu pflegen sowie die Zusammenarbeit der in ihrem Bezirk bestehenden Einrichtungen der Landwirtschaftskammer mit den im Bezirk vorhandenen landwirtschaftlichen Organisationen zu fördern[605]. Des Weiteren unterstützen sie die Kammer in ihrem Bezirk nach näherer Weisung des Vorstands oder des Präsidenten in der Durchführung ihrer Aufgaben und leiten Anregungen und Wünsche der Landwirtschaft und Fischerei ihres Bezirks, die für die Entwicklung des Berufsstands von Bedeutung sein können, an die Kammer weiter[606]. Schließlich können der Vorstand und der Präsident der Kammer die Repräsentanten mit der Durchführung spezieller Aufgaben in ihrem Bezirk beauftragen[607].

Auch die in Schleswig-Holstein üblichen Repräsentanten der Landwirtschaftskammer für den Wahlbezirk nehmen mithin eine Schnittstellenfunktion zwischen der Kammer und den Berufsträgern der Landwirtschaft wahr und können insofern dazu beitragen, den Grad tatsächlich geübter Selbstverwaltung in der Kammer zu erhöhen.

6. Die Aufgaben der Landwirtschaftskammern

a) Systematik der Aufgabenzuweisung in den Landwirtschaftskammergesetzen

aa) Grundaufgabe und Einzelaufgaben

Entsprechend der bei der Aufgabenzuweisung an Selbstverwaltungskörperschaften verbreiteten Gesetzgebungstechnik weisen die verschiedenen Landwirtschaftskammergesetze der Landwirtschaftskammer regelmäßig zunächst eine Grundaufgabe zu, die dann durch wichtige Einzelaufgaben konkretisiert und z. T. auch ergänzt wird[608]. Die Aufzählung der Einzelaufgaben wird gesetzestechnisch auf verschiedene Weise eingeleitet: Meist heißt es im Anschluss an die Grundaufgabe, dass die Kammer „insbesondere" die dann im Einzelnen genannten Aufgaben wahrzunehmen habe[609]. Hier wird also bereits durch die Verwendung des Wortes „insbesondere" deutlich, dass es sich um eine exemplarische Aufzählung besonders wichtiger Kammeraufgaben handelt, der auf der Grundaufgabe basierende Aufgabenbe-

---

[604] § 16 Abs. 1 Hauptsatzung-Lwk-Schl.-Holst.
[605] § 16 Abs. 3 S. 1 Hauptsatzung-Lwk-Schl.-Holst.
[606] § 16 Abs. 3 S. 2 und 3 Hauptsatzung-Lwk-Schl.-Holst.
[607] § 16 Abs. 4 Hauptsatzung-Lwk-Schl.-Holst.
[608] Vgl. etwa § 54 HwO (Innungen), § 1 IHKG (Industrie- und Handelskammern).
[609] § 2 Abs. 1 S. 2 LwkG-Hbg.; § 2 Abs. 1 S. 2 LwkG-NRW; § 3 Abs. 2 LwkG-Rh.-Pf.; § 2 Abs. 1 S. 2 LwkG-Saarl.

stand aber über die genannten Beispiele hinausgeht. In zwei Landwirtschaftskammergesetzen folgt hingegen auf die Grundaufgabe – ohne besondere Anknüpfung hieran – die Aufzählung besonderer „Pflichtaufgaben" der Kammer[610]. Auch hier ist indes davon auszugehen, dass die Kammer über die genannten Pflichtaufgaben hinausgehend als Ausprägung der Grundaufgabe weitere freiwillige Aufgaben wahrnehmen darf. In Schleswig-Holstein schließlich werden im Anschluss an eine allgemeine Grundaufgabe ohne besondere Qualifizierung einzelne weitere Aufgaben genannt[611]. Auch hier ist davon auszugehen, dass die Grundaufgabe eine Reihe von Einzelaufgaben umfassen kann, die wesentlich über den Bestand der im Einzelnen genannten Aufgaben hinausgehen.

bb) Übertragung weiterer Aufgaben

In fast allen Landwirtschaftskammergesetzen findet sich daneben die Möglichkeit, dass der Kammer insbesondere durch Rechtsverordnung des zuständigen Ministeriums bzw. der Landesregierung weitere Aufgaben – in der Regel als Auftragsangelegenheiten – übertragen werden[612]. Hiervon wurde in den verschiedenen Ländern in unterschiedlichem Maße Gebrauch gemacht.

cc) Negativklausel: Ausgeschlossene Aufgaben

Einzelne Landwirtschaftskammergesetze enthalten ausdrückliche Regelungen, nach denen bestimmte Tätigkeiten nicht zu den Aufgaben der Landwirtschaftskammer zählen. In Niedersachsen ist dies die wirtschafts-, sozial- und kulturpolitische Vertretung der Landwirtschaft und der in ihr tätigen Personen[613]. In Schleswig-Holstein ist die wirtschafts- und sozialpolitische Interessenvertretung genannt, die stattdessen zu den Aufgaben der berufsständischen Organisationen gehört[614].

---

[610] § 2 Abs. 2 LwkG-Brem.; § 2 Abs. 2 LwkG-Nds.
[611] § 2 Abs. 1 S. 2 ff. LwkG-Schl.-Holst.
[612] § 2 Abs. 3 LwkG-Brem. (staatliche Aufgaben auf dem Gebiete der Tierzucht und der pflanzlichen Erzeugung); § 2 Abs. 2 LwkG-Hbg. (Aufgaben, die im fachlichen Zusammenhang mit dem in § 2 Abs. 1 LwkG-Hbg. umgrenzten Aufgabenbereich stehen – mit Zustimmung der Landwirtschaftskammer); § 2 Abs. 4 LwkG-Nds. (staatliche Aufgaben, die dazu dienen, die Landwirtschaft zu fördern oder die Beschaffenheit, Herstellung oder Verwertung landwirtschaftlicher Erzeugnisse oder die Beschaffenheit oder Nutzung landwirtschaftlicher Flächen zu überwachen oder zu kontrollieren); § 3 Abs. 3 S. 1 LwkG-Rh.-Pf.; § 2 Abs. 2 LwkG-Saarl. (weitere Selbstverwaltungsaufgaben sowie Aufgaben nach Weisung); § 2 Abs. 3 LwkG-Schl.-Holst. (Aufgaben aus dem Geschäftsbereich des Ministeriums, die in fachlichem Zusammenhang mit dem in § 2 Abs. 1 S. 1 umgrenzten Aufgabenbereich stehen).
[613] § 2 Abs. 3 LwkG-Nds.
[614] § 2 Abs. 2 LwkG-Schl.-Holst.

b) Die Grundaufgaben der Landwirtschaftskammern

Die unterschiedlich formulierte Grundaufgabe nach den einzelnen Landwirtschaftskammergesetzen erstreckt sich bei allen Kammern jedenfalls darauf, die Landwirtschaft und die in ihr tätigen Personen fachlich zu fördern (und z.T. auch zu betreuen[615])[616]. In einigen Bundesländern hat die Kammer dabei auch die fachlichen Belange dieser Personen wahrzunehmen bzw. zu vertreten[617]. Zumindest in diesen Bundesländern wird die eher „top-down" gerichtete Förderungs- und Betreuungsaufgabe gegenüber der Landwirtschaft und ihren Berufsträgern also durch die „bottom-up" gerichtete und für die Selbstverwaltung der Wirtschaft sonst stärker prägende Aufgabe der Interessenwahrnehmung bzw. -vertretung ergänzt.

c) Ausgewählte Einzelaufgaben der Landwirtschaftskammern

In den verschiedenen Landwirtschaftskammergesetzen finden sich unterschiedlich umfangreiche Kataloge von Einzelaufgaben der Landwirtschaftskammern. In der Regel handelt es sich um wichtige Beispiele der jeweiligen Grundaufgabe der Landwirtschaftskammer. Die vielfältigen Einzelaufgaben lassen sich nach den folgenden inhaltlichen Kategorien systematisieren:

aa) Förderung der Landwirtschaft und der in ihr Berufstätigen

Im Einklang mit der in allen Kammergesetzen enthaltenen Grundaufgabe, die Landwirtschaft und die in ihr Berufstätigen fachlich zu fördern, bezieht sich ein Großteil der in den Kammergesetzen genannten Einzelaufgaben auf diese Förderungsaufgabe.

So sind die Kammern – in verschiedenen Ausprägungen – meist verpflichtet, die landwirtschaftliche Erzeugung durch geeignete Einrichtungen und Maßnahmen zu fördern bzw. zu steigern[618]. Ging es in der Nachkriegszeit eindeutig um die möglichst starke Steigerung der Erzeugung, wird dieses Ziel heute in unterschiedlichem Maße durch andere, übergeordnete Ziele wie den Natur- und Tierschutz sowie den Verbraucherschutz relativiert[619]. In den Zusammenhang der Förderung der landwirtschaftlichen Produktion fällt auch die Aufgabe der landwirtschaftlichen Wirt-

---

[615] § 2 Abs. 1 LwkG-Hbg.; § 2 Abs. 1 S. 1 LwkG-NRW; § 2 Abs. 1 S. 1 LwkG-Schl.-Holst. (und zu beraten).
[616] § 2 Abs. 1 LwkG-Brem.; § 2 Abs. 1 LwkG-Hbg.; § 2 Abs. 1 LwkG-Nds.; § 2 Abs. 1 S. 1 LwkG-NRW; § 3 Abs. 1 LwkG-Rh.-Pf.; § 2 Abs. 1 S. 1 LwkG-Saarl.; § 2 Abs. 1 S. 1 LwkG-Schl.-Holst.
[617] § 2 Abs. 1 LwkG-Brem.; § 2 Abs. 1 LwkG-Nds.; § 3 Abs. 1 LwkG-Rh.-Pf.; § 2 Abs. 1 S. 1 LwkG-Saarl.
[618] § 2 Abs. 2 lit. b LwkG-Brem.; § 2 Abs. 2 Nr. 1, 1. HS LwkG-Nds.; § 2 Abs. 1 S. 2 lit. a LwkG-NRW; § 2 Abs. 1 S. 2 lit. c LwkG-Saarl. (Verbesserung der landwirtschaftlichen Arbeits- und Produktionsverfahren); § 2 Abs. 1 S. 2 LwkG-Schl.-Holst.
[619] § 2 Abs. 1 S. 1 und 2 Nr. 2 LwkG-Hbg.; § 2 Abs. 2 Nr. 1 LwkG-Nds.; § 2 Abs. 1 S. 2 lit. a LwkG-NRW; § 3 Abs. 2 lit. c LwkG-Rh.-Pf.; § 2 Abs. 1 S. 2 LwkG-Schl.-Holst.

III. 6. Die Aufgaben der Landwirtschaftskammern

schaftsberatung und -betreuung[620], die – anders als die allgemeinere Aufgabe der Produktionsförderung – eher auf eine Beratung des einzelnen Mitglieds in wirtschaftlichen Fragen abzielt.

Daneben nennen die verschiedenen Gesetze eine Fülle von Einzelmaßnahmen, die letztlich auf eine Förderung der Landwirtschaft und der in ihr Berufstätigen abzielen. Häufig findet sich hier insbesondere die Aufgabe der Förderung einer überbetrieblichen Zusammenarbeit der landwirtschaftlichen Betriebe – bspw. in genossenschaftlicher Rechtsform – auf der Ebene der Erzeugung und des Absatzes[621]. Zu den Aufgaben der Landwirtschaftskammern gehört teilweise auch ausdrücklich die Förderung der sonstigen landwirtschaftlichen Organisationen[622], deren Arbeit wiederum der Landwirtschaft und den landwirtschaftlichen Berufsträgern zu Gute kommt. Daneben finden sich eine Reihe unterschiedlicher Maßnahmen, die in der einen oder anderen Weise auf eine Förderung von Produktion und Absatz abzielen. Exemplarisch genannt seien hier etwa die Mitwirkung bei Fragen der Verwertung und des Absatzes landwirtschaftlicher Erzeugnisse[623], die Unterstützung der Qualitätsförderung[624], die Entwicklung und Vergabe von Prüfzeichen für die kontrollierte Erzeugung und Qualität[625], Maßnahmen zur Güteförderung und Standardisierung[626], die Förderung von Landtechnik und Bauwesen[627], der Betrieb von Versuchseinrichtungen[628] sowie die Mitwirkung bei den Preisnotierungen der Produktenbörsen und Märkte nach Maßgabe der gesetzlichen Vorschriften[629]. Recht häufig wird schließlich auch die Aufgabe genannt, zur Verbesserung bzw. Standardisierung des landwirtschaftlichen Buchführungs- und auch Sachverständigenwesens beizutragen[630].

---

[620] §2 Abs. 2 lit. a LwkG-Brem.; §2 Abs. 1 S. 2 Nr. 2 LwkG-Hbg.; §2 Abs. 2 Nr. 4 LwkG-Nds.

[621] §2 Abs. 2 lit. f LwkG-Brem.; §2 Abs. 2 Nr. 9 LwkG-Nds.; §2 Abs. 1 S. 2 lit. d LwkG-NRW; §3 Abs. 2 lit. b LwkG-Rh.-Pf.; §2 Abs. 1 S. 2 lit. c LwkG-Saarl.

[622] §2 Abs. 2 lit. f LwkG-Brem.; §3 Abs. 2 lit. b LwkG-Rh.-Pf.; §2 Abs. 1 S. 2 lit. e LwkG-Saarl.

[623] §2 Abs. 2 lit. e LwkG-Brem.; §2 Abs. 2 Nr. 7 LwkG-Nds. (und dabei über die Anforderungen an die Qualität und Verarbeitung landwirtschaftlicher Erzeugnisse zu informieren); §2 Abs. 1 S. 2 lit. d LwkG-NRW (in Fragen der Bewirtschaftung, der Verwertung und der Regelung des Absatzes landwirtschaftlicher Erzeugnisse beratend mitzuwirken); §3 Abs. 2 lit. h LwkG-Rh.-Pf. (Mitwirkung bei der Gestaltung der Märkte und der Absatzförderung); §2 Abs. 1 S. 2 lit. d LwkG-Saarl. (Förderung der Vermarktung und Verwertung landwirtschaftlicher Qualitätserzeugnisse).

[624] §3 Abs. 2 lit. g LwkG-Rh.-Pf.

[625] §2 Abs. 2 Nr. 8 LwkG-Nds.

[626] §2 Abs. 2 lit. e LwkG-Brem.; §2 Abs. 2 Nr. 6 LwkG-Nds. (und zu diesem Zweck an Sortenversuchen des Landes mitzuwirken und Warentests durchzuführen).

[627] §3 Abs. 2 lit. i LwkG-Rh.-Pf.

[628] §2 Abs. 1 S. 2 Nr. 3 LwkG-Hbg.

[629] §2 Abs. 2 lit. k LwkG-Brem.; §2 Abs. 2 Nr. 13 LwkG-Nds.; §2 Abs. 1 S. 2 lit. h LwkG-NRW.

[630] §2 Abs. 2 lit. h LwkG-Brem. (Vorschlag von Richtlinien für das Sachverständigen- und Buchführungswesen); §2 Abs. 1 S. 2 Nr. 11 LwkG-Nds. (Erstellung von Richtlinien über das Sachverständigen- und Buchführungswesen); §2 Abs. 1 S. 2 lit. f LwkG-NRW (Herausgabe von Richtlinien über das Sachverständigen- und Buchführungswesen); §3 Abs. 2 lit. e und f LwkG-

bb) Beratung und Förderung der landwirtschaftlichen Arbeitnehmer

Verschiedene Landwirtschaftskammergesetze statuieren mehr oder weniger detailliert formulierte Förderungs- und Beratungspflichten der Kammer gegenüber den landwirtschaftlichen Arbeitnehmern. So erstreckt sich der Aufgabenbereich der Landwirtschaftskammer NRW darauf, Arbeitnehmer in allen beruflichen und sozialen Belangen zu fördern[631]. Zu den Pflichtaufgaben der Landwirtschaftskammer Niedersachsen zählt die Beratung der landwirtschaftlichen Arbeitnehmer in sozialen und wirtschaftlichen Belangen[632]. Im LwkG-Bremen scheinen die landwirtschaftlichen Wohnungsverhältnisse früherer Zeiten auf, wenn der Kammer die Aufgabe übertragen wird, für eine angemessene räumliche Unterbringung der landwirtschaftlichen Arbeitnehmer, insbesondere für die Schaffung von Wohnungen und Heimstätten für diese einzutreten[633].

cc) Maßnahmen zur Durchführung und Förderung der Berufsbildung

aaa) Rechtsgrundlagen für Zuständigkeiten im Bereich der Berufsbildung

Ähnlich wie die IHK und die Handwerkskammern in ihren jeweiligen Zuständigkeitsbereichen spielen die Landwirtschaftskammern eine zentrale Rolle in der landwirtschaftlichen Berufsbildung. Mit Ausnahme von Schleswig-Holstein weisen alle Landwirtschaftskammergesetze der jeweiligen Kammer ausdrücklich eine entsprechende Aufgabe zu. Die meisten Kammergesetze knüpfen dabei an das hier materiell einschlägige Berufsbildungsgesetz an, wobei sie teilweise noch über die Regelungen des BBiG hinausgehen[634]. Z. T. weisen die Landwirtschaftskammergesetze der jeweiligen Kammer aber auch ohne ausdrückliche Bezugnahme auf das BBiG eine näher umrissene Rolle im Rahmen der Berufsbildung zu[635].

Rh.-Pf. (das Buchführungswesen zu fördern; das Sachverständigenwesen zu betreuen etc.); § 2 Abs. 1 S. 2 lit. f LwkG-Saarl. (Förderung des Buchführungswesens).

[631] § 2 Abs. 1 S. 2 lit. c LwkG-NRW.
[632] § 2 Abs. 2 Nr. 5 LwkG-Nds.
[633] § 2 Abs. 2 lit. d LwkG-Brem.
[634] § 2 Abs. 1 S. 2 Nr. 1 LwkG-Hbg. (Durchführung und Förderung der Berufsbildung in den Betrieben der Landwirtschaft und der Fischerei nach Maßgabe des BBiG); § 2 Abs. 2 Nr. 3 LwkG-Nds. (in den Betrieben der Landwirtschaft die Aufgaben der zuständigen Stelle nach dem Berufsbildungsgesetz wahrzunehmen und darüber hinaus die Berufsausbildung zu betreuen sowie die Berufsangehörigen durch Fort- und Weiterbildung zu fördern); § 3 Abs. 2 lit. a LwkG-Rh.-Pf. (die Berufsbildung nach § 79 BBiG zu regeln und durchzuführen); § 2 Abs. 1 S. 2 lit. a LwkG-Saarl. (Durchführung und Förderung der landwirtschaftlichen Berufsausbildung nach Maßgabe des BBiG, soweit sie nicht an öffentlichen Schulen erfolgt, sowie Abnahme der entsprechenden Prüfungen).
[635] § 2 Abs. 2 lit. c LwkG-Brem. (die praktische Berufsausbildung des landwirtschaftlichen Nachwuchses zu betreuen und zu überwachen und die Berufsangehörigen durch Fortbildung zu fördern); § 2 Abs. 1 S. 2 lit. b LwkG-NRW (die nicht pflichtschulmäßige Berufsausbildung und die berufliche Fortbildung des Berufsnachwuchses sowie die berufsbezogene Weiterbildung aller in der Landwirtschaft Tätigen durchzuführen und die Betriebe in ihrer nachhaltigen Entwicklung durch Beratung zu unterstützen).

Die grundlegenden Regeln des Rechts der Berufsbildung, also der Berufsausbildungsvorbereitung, Berufsausbildung, der beruflichen Fortbildung sowie der beruflichen Umschulung[636], sind heute – wie oben im Kapitel über das Recht der IHK ausführlich dargestellt wurde[637] – indes ohnehin berufsübergreifend im bundesrechtlichen BBiG geregelt. Die „zuständige Stelle" für die Ausführung der materiellrechtlichen Regelungen des Gesetzes ist dabei in § 71 BBiG unabhängig von der Kammerzugehörigkeit der Ausbildenden nach Berufsbereichen festgelegt[638]. Die Landwirtschaftskammer ist nach diesem Berufsprinzip gem. § 71 Abs. 3 BBiG zuständige Stelle i. S. d. BBiG für die Berufsbildung in Berufen der Landwirtschaft, einschließlich der ländlichen Hauswirtschaft[639]. Unabhängig von den Regelungen in den (Landes-)Landwirtschaftskammergesetzen ergibt sich also aus § 71 Abs. 3 des (Bundes-)BBiG, dass die jeweilige Landwirtschaftskammer zuständige Stelle i. S. d. BBiG ist. Angemerkt sei, dass in den Ländern, in denen keine Landwirtschaftskammer besteht, das jeweilige Land die zuständige Stelle für die Berufsbildung in Berufen der Landwirtschaft zu bestimmen hat[640].

bbb) Kammeraufgaben in der Berufsbildung nach dem BBiG

Im Folgenden seien die wesentlichen Aufgaben der Landwirtschaftskammer im Bereich der Berufsbildung aufgrund des BBiG knapp zusammengefasst[641]: Übergreifend ist die Landwirtschaftskammer für die Überwachung der Durchführung der Berufsausbildungsvorbereitung, der Berufsausbildung und der beruflichen Umschulung zuständig[642]. Die Kammer hat ferner die Durchführung der Berufsausbildungsvorbereitung, der Berufsausbildung und der beruflichen Umschulung durch Beratung der an der Berufsbildung beteiligten Personen, also der Ausbildenden wie der Auszubildenden, zu fördern[643].

(1) Berufsausbildung. Im Bereich der Berufsausbildung ist die Landwirtschaftskammer zunächst für die Regelung der Durchführung der Berufsausbildung zuständig, soweit Vorschriften nicht bestehen[644]. Entsprechende Vorschriften darf die Kammer also nur erlassen, soweit nicht das BBiG oder andere Gesetze (z. B. auch

---

[636] Vgl. § 1 BBiG.
[637] Vgl. oben S. 489 ff.
[638] *Wohlgemuth,* in: Wohlgemuth etc., BBiG, 3. Aufl., 2006, § 71 Rn. 2; *Knopp/Kraegeloh,* BBiG, 5. Aufl., 2005, § 71 Rn. 1.
[639] *Lakies/Nehls,* BBiG, 2. Aufl., 2009, § 71 Rn. 2; *Leinemann/Taubert,* BBiG, 2. Aufl., 2008, § 71 Rn. 16 ff.
[640] § 71 Abs. 8 BBiG; *Benecke/Hergenröder,* BBiG, 2009, § 71 Rn. 10.
[641] Näher dazu oben S. 490 ff.
[642] § 76 Abs. 1 S. 1 BBiG; Ausbildende, Umschulende und Anbieter von Maßnahmen der Berufsausbildungsvorbereitung sind gem. § 76 Abs. 2 BBiG auf Verlangen der Kammer verpflichtet, die für die Überwachung notwendigen Auskünfte zu erteilen und Unterlagen vorzulegen sowie die Besichtigung der Ausbildungsstätten zu gestatten.
[643] § 76 Abs. 1 S. 1 BBiG; zu diesem Zweck hat sie Berater zu bestellen, § 76 Abs. 1 S. 2 BBiG.
[644] § 9 BBiG.

Verordnungen) bereits Regelungen treffen[645]. Zuständiges Organ für den Beschluss der Regelungen ist innerhalb der Kammer nicht die Kammerversammlung, sondern der gem. § 77 BBiG zu bildende Berufsbildungsausschuss[646].

Die Landwirtschaftskammer hat darüber zu wachen, dass die Eignung der Ausbildungsstätte sowie die persönliche und fachliche Eignung des Ausbildenden und der Ausbilder vorliegen[647]. Sie hat des Weiteren für anerkannte Ausbildungsberufe ein Verzeichnis der Berufsausbildungsverhältnisse einzurichten und zu führen, in das der wesentliche Inhalt der einzelnen Berufsausbildungsverträge einzutragen ist[648]. Die Kammer hat auf gemeinsamen Antrag der Auszubildenden und ihrer Ausbildenden die Ausbildungszeit zu kürzen, wenn zu erwarten ist, dass das Ausbildungsziel in der gekürzten Zeit erreicht wird[649], und kann sie in Ausnahmefällen auch verlängern, wenn dies erforderlich ist, um das Ausbildungsziel zu erreichen[650].

Im Prüfungswesen kommen der Landwirtschaftskammer folgende Zuständigkeiten zu: Der Berufsbildungsausschuss der Kammer erlässt für die Abschlussprüfungen eine von der zuständigen obersten Landesbehörde zu genehmigende Prüfungsordnung[651]. Für die Abnahme der Abschlussprüfungen errichtet die Kammer Prüfungsausschüsse[652]. Dabei können mehrere Kammern in der Form kooperieren, dass sie bei einer von ihnen gemeinsame Prüfungsausschüsse errichten[653]. Die Kammer entscheidet über die Zulassung zur Abschlussprüfung[654]. Hält sie die Zulassungsvoraussetzungen für nicht gegeben, so entscheidet der Prüfungsausschuss[655]. Hauptaufgabe des Prüfungsausschusses ist es, auf der Grundlage der Prüfungsordnung der Kammer über die Noten zur Bewertung einzelner Prüfungsleistungen, der Prüfung insgesamt sowie über das Bestehen und Nichtbestehen der Abschlussprüfung zu beschließen[656]. Auf die Zwischenprüfung sind die für die Abschlussprüfung geltenden Vorschriften teilweise entsprechend anwendbar[657]. Eine Prüfungsordnung ist hier indes nicht aufzustellen, und das Prüfungsverfahren kann vereinfacht, z. B. unter Verzicht auf eine mündliche Prüfung, durchgeführt werden.

---

[645] Dazu: *Wohlgemuth*, in: Wohlgemuth etc., BBiG, 3. Aufl., 2006, § 9 Rn. 7 f.
[646] § 79 Abs. 4 S. 1 BBiG; dies erkennt z. B. § 6 Abs. 2 lit. c LwkG-Rh.-Pf. ausdrücklich an; *Hessler*, Betrachtungen, in: Agrarrecht 1975, 346 (347).
[647] § 32 Abs. 1 i. V. m. §§ 28 Abs. 1, 30 Abs. 1 und 2 BBiG.
[648] §§ 34 Abs. 1 S. 1 BBiG. Der einzutragende wesentliche Inhalt ergibt sich aus § 34 Abs. 2 BBiG.
[649] § 8 Abs. 1 S. 1 BBiG.
[650] § 8 Abs. 2 S. 1 BBiG.
[651] §§ 47 Abs. 1, 79 Abs. 4 S. 1 BBiG.
[652] § 39 Abs. 1 S. 1 BBiG; zur Zusammensetzung und zur Berufung der Mitglieder: oben S. 491 ff.
[653] § 39 Abs. 1 S. 2 BBiG.
[654] §§ 46 Abs. 1 S. 1, 43 ff. BBiG.
[655] § 46 Abs. 1 S. 2 BBiG.
[656] § 42 Abs. 1 BBiG.
[657] Gem. § 48 Abs. 1 S. 2 BBiG gelten für die Zwischenprüfung die §§ 37 bis 39 BBiG entsprechend.

III. 6. Die Aufgaben der Landwirtschaftskammern

Ferner sind hier zwar ebenfalls Prüfungsausschüsse zu errichten[658], doch können diese flexibler gebildet werden[659].

(2) Fortbildung. Große praktische Bedeutung haben – nicht zuletzt aufgrund der Fortschritte im Bereich der Agrartechnik – die vielfältigen Fort- und Weiterbildungsangebote der Landwirtschaftskammern, bei denen die Kammer den Teilnehmern auch die Möglichkeit zur Prüfung einräumen kann. Werden Prüfungen angeboten, kann – soweit nicht das zuständige Bundesministerium gem. § 53 BBiG eine einschlägige Fortbildungsordnung erlassen hat – der Berufsbildungsausschuss der Kammer Fortbildungsprüfungsregelungen beschließen[660]. Darin werden die Bezeichnung des Fortbildungsabschlusses, Ziel, Inhalt und Anforderungen der Prüfungen, die Zulassungsvoraussetzungen sowie das Prüfungsverfahren geregelt[661]. Führt die Kammer Fortbildungsprüfungen durch, hat sie Prüfungsausschüsse einzurichten, auf die ein Großteil der für die allgemeinen Prüfungsausschüsse geltenden Vorschriften entsprechend anwendbar ist[662]. Die Kammer entscheidet über die Zulassung zur Fortbildungsprüfung[663]. Hält sie die Zulassungsvoraussetzungen für nicht gegeben, entscheidet indes der Prüfungsausschuss[664]. Dieser entscheidet auf der Grundlage der Prüfungsordnung aber vor allem über die Noten zur Bewertung einzelner Prüfungsleistungen, der Prüfung insgesamt sowie über das Bestehen und Nichtbestehen der Fortbildungsprüfung[665].

(3) Umschulung. Für Maßnahmen der Umschulung gilt weitgehend das zur Fortbildung Gesagte[666]. Soweit nicht das zuständige Bundesministerium Umschulungsordnungen mit Regelungen z. B. über Ziel, Inhalt, Art und Dauer der Umschulung sowie die Prüfungsanforderungen erlassen hat[667], kann der Berufsbildungsausschuss der Landwirtschaftskammer Umschulungsprüfungsregelungen beschließen[668]. Sofern sich die ministerielle Umschulungsordnung oder eine Regelung der

---

[658] Da § 48 Abs. 1 S. 2 BBiG auch § 39 BBiG für entsprechend anwendbar erklärt.
[659] § 48 Abs. 1 S. 2 BBiG verweist nicht auf § 40 BBiG, der die Zusammensetzung und die Berufung der Mitglieder regelt.
[660] §§ 54 S. 1, 79 Abs. 4 S. 1 BBiG; siehe exemplarisch die Prüfungsordnung für die Durchführung von Fortbildungsprüfungen (einschließlich Meisterprüfungen) im Bereich der Landwirtschaft und Hauswirtschaft vom 11. 03. 2008 der Landwirtschaftskammer NRW, <www.landwirtschaftskammer.de/bildung/pdf/po-fortbildung.pdf> (Stand: August 2010).
[661] § 54 S. 2 BBiG.
[662] § 56 Abs. 1 BBiG. Anwendbar sind insbesondere die Vorschriften über die Zusammensetzung der Prüfungsausschüsse (Beauftragte der Arbeitgeber und der Arbeitnehmer in gleicher Zahl sowie mindestens eine Lehrkraft einer berufsbildenden Schule; mindestens zwei Drittel der Gesamtzahl der Mitglieder müssen Beauftragte der Arbeitgeber und der Arbeitnehmer sein, § 40 Abs. 2 BBiG).
[663] § 56 Abs. 1 S. 2 i. V. m. § 46 Abs. 1 S. 1 BBiG.
[664] § 56 Abs. 1 S. 2 i. V. m. § 46 Abs. 1 S. 2 BBiG.
[665] § 56 Abs. 1 S. 2 i. V. m. § 42 Abs. 1 BBiG.
[666] §§ 58 ff. BBiG.
[667] § 58 BBiG.
[668] §§ 59 S. 1, 79 Abs. 4 S. 1 BBiG; siehe exemplarisch die Prüfungsordnung für die Durchfüh-

Kammer auf die Umschulung für einen anerkannten Ausbildungsberuf richtet, sind dabei bestimmte Regelungen der einschlägigen Ausbildungsordnung, nämlich das Ausbildungsberufsbild, der Ausbildungsrahmenplan und die Prüfungsanforderungen zugrunde zu legen[669]. Wie bei der Berufsausbildung wacht die Kammer über die Eignung der Umschulungsstätte sowie über die persönliche und fachliche Eignung der Umschulenden[670]. Für die Durchführung von Prüfungen im Bereich der beruflichen Umschulung errichtet die Kammer Prüfungsausschüsse[671], für die das zu den Prüfungsausschüssen im Rahmen der Fortbildung Gesagte entsprechend gilt[672].

dd) Erstattung von Gutachten, Benennung von Sachverständigen etc.

Eine typische Aufgabe der Landwirtschaftskammer ist es, die Behörden und Gerichte auf bestimmte Art und Weise in Fragen der Landwirtschaft zu unterstützen[673]. Dazu gehört insbesondere die Erstattung von Gutachten in Fachfragen der Landwirtschaft[674]. Daneben ist die Benennung, öffentliche Bestellung und Vereidigung von landwirtschaftlichen Sachverständigen i.S.v. § 36 Abs. 1 GewO zu erwähnen[675]. Schließlich haben die Kammern zum Teil auch Vertreter für behördliche und nicht-behördliche Ausschüsse und Gremien sowie Beisitzer für in Landwirtschaftssachen zuständige Gerichte vorzuschlagen[676].

---

rung von Abschlussprüfungen und Umschulungsprüfungen in den anerkannten Ausbildungsberufen der Landwirtschaft und Hauswirtschaft vom 11.03.2008 der Landwirtschaftskammer NRW, <www.landwirtschaftskammer.de/bildung/pdf/pruefungsordnung.pdf > (Stand: August 2010).

[669] § 60 S. 1 BBiG i. V. m. § 5 Abs. 1 Nr. 3, 4 und 5 BBiG.
[670] § 60 S. 2 i. V. m. § 32 Abs. 1 BBiG; die Umschulenden haben die Durchführung der beruflichen Umschulung gem. § 62 Abs. 2 S. 1 BBiG vor Beginn der Landwirtschaftskammer schriftlich anzuzeigen.
[671] § 62 Abs. 3 S. 1 BBiG.
[672] § 62 Abs. 3 S. 2 BBiG.
[673] § 2 Abs. 2 lit. i LwkG-Brem.; § 2 Abs. 2 S. 1 Nr. 12 LwkG-Nds.; § 2 Abs. 1 S. 2 lit. e und g LwkG-NRW; § 3 Abs. 2 lit. k LwkG-Rh.-Pf.; § 2 Abs. 1 S. 2 lit. k LwkG-Saarl.; § 2 Abs. 1 S. 4 LwkG-Schl.-Holst.
[674] § 2 Abs. 2 lit. i LwkG-Brem.; § 2 Abs. 1 S. 2 Nr. 5 LwkG-Hbg.; § 2 Abs. 2 Nr. 12 LwkG-Nds.; § 2 Abs. 1 S. 2 lit. e LwkG-NRW; § 3 Abs. 2 lit. k LwkG-Rh.-Pf.; § 2 Abs. 1 S. 2 lit. k LwkG-Saarl.; § 2 Abs. 1 S. 4 LwkG-Schl.-Holst.
[675] § 2 Abs. 2 lit. i LwkG-Brem.; § 2 Abs. 1 S. 2 Nr. 6 LwkG-Hbg. i. V. m. § 2 Abs. 1 Nr. 6 Satzung und Geschäftsordnung der LwK Hamburg; § 2 Abs. 2 S. 1 Nr. 10 LwkG-Nds.; § 2 Abs. 1 S. 2 lit. e LwkG-NRW i. V. m. § 2 Abs. 1 GewerberechtsVO NRW vom 17.11.2009, GVBl. NRW. S. 626, i. V. m. Ziff. III. Nr. 1.17 lit. c der Anlage zur GewerberechtsVO NRW i. V. m. der Sachverständigenordnung der LwK NRW über die öffentliche Bestellung und Vereidigung von Sachverständigen; § 3 Abs. 2 lit. f LwkG-Rh.-Pf. i. V. m. der Satzung über die öffentliche Bestellung landwirtschaftlicher Sachverständiger; § 2 Abs. 1 S. 2 lit. i und k LwkG-Saarl.; § 2 Abs. 1 S. 4 LwkG-Schl.-Holst.; siehe auch: *Bleutge*, in: Landmann/Rohmer, GewO, Lsbl., Bd. 1, § 36 Rn. 53 (2009); *Rickert*, in: Pielow, GewO, 2009, § 36 Rn. 13 ff.; *Schulze-Werner*, in: Friauf, GewO, Lsbl., Bd. 2, § 36 Rn. 8 (2010); näher zur Bedeutung öffentlich bestellter Sachverständiger i. S. d. § 36 Abs. 1 GewO oben S. 497 ff.
[676] § 2 Abs. 2 lit. i LwkG-Brem.; § 2 Abs. 1 S. 2 Nr. 4 LwkG-Hbg.; § 2 Abs. 2 S. 1 Nr. 12 LwkG-

ee) Schutz von Natur und Umwelt sowie Verbraucherschutz

In den letzten Jahren sind in einige Landwirtschaftskammergesetze Kammeraufgaben aufgenommen worden, welche die ehemals primär wirtschaftliche Perspektive deutlich transzendieren. So hat vor dem Hintergrund des gestiegenen Bewusstseins für Natur und Umwelt sowie des unmittelbaren Zusammenhangs, den Landwirtschaft, Ökologie und Verbraucherschutz aufweisen, der Schutz von Natur und Umwelt einerseits sowie der Verbraucher andererseits Eingang in Landwirtschaftsgesetze gefunden. Insbesondere wird die früher produktions- und berufsträgerzentrierte Förderungsaufgabe der Kammern heute – wie oben bereits angedeutet wurde – in einigen Gesetzen durch Ziele wie den Natur- und Tierschutz sowie den Verbraucherschutz relativiert[677]. Teilweise treten aber auch konkrete, auf Ökologie und Verbraucherschutz bezogene Aufgaben hinzu:

In Hamburg etwa hat die Kammer die landwirtschaftlichen Arbeits- und Produktionsbedingungen im Einklang mit den Interessen der Allgemeinheit unter besonderer Berücksichtigung von Landschaft und Umwelt zu verbessern[678]. Zudem umfasst der Aufgabenkatalog der Kammer die Beratung zum Schutz von Land und Umwelt[679]. Die niedersächsische Kammer hat die landwirtschaftliche Erzeugung heute unter besonderer Berücksichtigung von Natur und Umwelt und einer tiergerechten Nutztierhaltung zu fördern[680]. Sie ist dabei den Zielen des Verbraucherschutzes verpflichtet[681]. Die Kammer hat praxisorientierte Leitlinien (Vollzugshilfen) für die landwirtschaftlichen Betriebe nicht nur über die Anforderungen an eine ordnungsgemäße Landwirtschaft, sondern auch über eine „nachhaltige Produktion" zu erstellen[682]. Schließlich hat sie – wie erwähnt – Prüfzeichen für die „kontrollierte Erzeugung und Qualität" zu entwickeln und zu vergeben[683].

In Nordrhein-Westfalen sind die Umweltverträglichkeit, der Verbraucherschutz und die Förderung des ökologischen Landbaus zu gleichrangigen Förderungszielen neben der Wirtschaftlichkeit avanciert[684]. Auch hat die Kammer auf eine flächenbezogene und artgerechte Tierhaltung hinzuwirken[685]. Förderung der Ökonomie der Berufsträger einerseits und der Ökologie andererseits fallen in der Aufgabe der Kammer zusammen, zusätzliche Produktions-, Absatz- und Einkommenspotentiale insbesondere bei nachwachsenden Rohstoffen und erneuerbaren Energien zu

---

Nds.; § 2 Abs. 1 S. 2 lit. g LwkG-NRW; § 2 Abs. 1 S. 2 lit. k LwkG-Saarl.; § 2 Abs. 1 S. 4 LwkG-Schl.-Holst.
[677] § 2 Abs. 1 S. 1 LwkG-Hbg.; § 2 Abs. 2 S. 1 Nr. 1 LwkG-Nds.; § 2 Abs. 1 S. 2 lit. a LwkG-NRW; § 2 Abs. 1 S. 2 LwkG-Schl.-Holst.
[678] § 2 Abs. 1 S. 1 LwkG-Hbg.
[679] § 2 Abs. 1 S. 2 Nr. 2 LwkG-Hbg.
[680] § 2 Abs. 2 S. 1 Nr. 1 1. HS LwkG-Nds.
[681] § 2 Abs. 2 S. 1 Nr. 1 2. HS LwkG-Nds.
[682] § 2 Abs. 2 S. 1 Nr. 2 LwkG-Nds.
[683] § 2 Abs. 2 S. 1 Nr. 8 LwkG-Nds.
[684] § 2 Abs. 1 S. 2 lit. a LwkG-NRW.
[685] § 2 Abs. 1 S. 2 lit. a LwkG-NRW.

erschließen[686]. Während die soeben genannten Aufgaben primär das Beratungs- und Betreuungsverhältnis gegenüber den Berufsträgern der Landwirtschaft betreffen, gehört zum Aufgabenbereich der Kammer auch die nach außen gerichtete Aufgabe, der Gesellschaft die Belange der nachhaltigen Landwirtschaft und die besondere Bedeutung der Landwirtschaft für Umwelt-, Natur-, Tier- und Verbraucherschutz zu vermitteln und den Dialog mit allen gesellschaftlich relevanten Gruppen zu fördern[687]. Im Zusammenhang der auf weitergreifende gesellschaftliche Ziele abzielenden Aufgaben der nordrhein-westfälischen Landwirtschaftskammer seien hier auch die Kammeraufgaben erwähnt, in allen Bereichen der Landwirtschaft auf eine Gleichstellung von Frauen und Männern hinzuwirken[688] und die internationale Zusammenarbeit zu unterstützen[689].

In Rheinland-Pfalz und dem Saarland ist die Grundaufgabe der Förderung der Landwirtschaft und der in ihr Berufstätigen „im Einklang mit den Interessen der Allgemeinheit" zu erfüllen[690]. In Rheinland-Pfalz hat die Landwirtschaftskammer insbesondere auch die Aufgabe, bei der Orts- und Regionalplanung sowie beim Naturschutz und bei der Landschaftspflege mitzuwirken[691]. Im Saarland gehört jedenfalls die Mitwirkung bei der Orts- und Regionalplanung sowie bei der Landschaftsplanung und -entwicklung nach den dafür geltenden Vorschriften zu den Kammeraufgaben[692]. In Schleswig-Holstein schließlich zählt es zu den Kammeraufgaben, die Wirtschaftlichkeit der land- und fischereiwirtschaftlichen Betriebe sowie die entsprechenden Arbeits- und Produktionsbedingungen „im Einklang mit den Interessen der Allgemeinheit unter besonderer Berücksichtigung von Natur und Umwelt" zu verbessern[693].

ff) Weitere Aufgaben, insbesondere Anhörungsrechte

In den einzelnen Landwirtschaftskammergesetzen finden sich über die oben gebildeten Aufgabenkategorien hinausgehend verschiedene konkrete weitere Aufgabenzuweisungen. Nicht selten handelt es sich dabei um bestimmte Formen, in denen die Kammer die Interessen der Landwirtschaft bei bestimmten Maßnahmen von Behörden und Staat – etwa in Form eines Anhörungsrechts bei der einschlägigen Gesetzgebung oder bei landwirtschaftsbezogenen Genehmigungsverfahren – wahrnimmt. Im Folgenden seien einige Beispiele genannt[694]:

---

[686] § 2 Abs. 1 S. 2 lit. i LwkG-NRW (und die Erwerbsgrundlagen durch Schaffung mit der Landwirtschaft verbundener Einkommenskombinationen zu verbreitern).
[687] § 2 Abs. 1 S. 2 lit. j LwkG-NRW.
[688] § 2 Abs. 1 S. 2 lit. k LwkG-NRW.
[689] § 2 Abs. 1 S. 2 lit. l LwkG-NRW.
[690] § 3 Abs. 1 LwkG-Rh.-Pf.; § 2 Abs. 1 S. 1 LwkG-Saarl.
[691] § 3 Abs. 2 lit. c LwkG-Rh.-Pf.
[692] § 2 Abs. 1 S. 2 lit. g LwkG-Saarl.
[693] § 2 Abs. 1 S. 2 LwkG-Schl.-Holst.
[694] Der Aufgabe der Landwirtschaftskammer Bremen aus § 2 Abs. 2 lit. l LwkG-Brem., die Eingliederung von Heimatvertriebenen und Flüchtlingen, die die Landwirtschaft ausgeübt ha-

III. 6. Die Aufgaben der Landwirtschaftskammern

Die Landwirtschaftskammer Niedersachsen nimmt die Aufgaben der landwirtschaftlichen Fachbehörde wahr, soweit durch Rechtsvorschrift nicht ausdrücklich etwas Anderes bestimmt wird[695]. Gem. § 2 Abs. 4 LwkG-Nds. wurde der Kammer durch Verordnung eine Fülle land- und forstwirtschaftsbezogener Einzelaufgaben von Maßnahmen nach dem Tierschutzgesetz über vielfältige Förderungstätigkeiten in der Land- und Forstwirtschaft bis hin zu Berufsbildungsmaßnahmen zur Erfüllung nach Weisung übertragen[696]. Schließlich hat sie z.B. auch neben bestimmten Aufgaben bzw. Kompetenzen im Hinblick auf den Privatforstdienst[697] die Privatwaldbesitzenden gem. § 17 NWaldLG[698] zu betreuen sowie ggf. die Betreuung von Genossenschaftswald und Kommunalwald gem. § 16 Abs. 2 S. 1 NWaldLG zu übernehmen[699].

Die Landwirtschaftskammer NRW hat das Recht, in allen die Landwirtschaft berührenden Angelegenheiten bei den Behörden Anträge zu stellen. Daneben soll sie insbesondere bei der Vorberatung von gesetzlichen Vorschriften über Fragen der Landwirtschaft gehört werden[700].

Ähnlich soll auch die Landwirtschaftskammer Rheinland-Pfalz vor dem Erlass von Rechtsvorschriften über Angelegenheiten ihres Aufgabengebiets gehört werden[701]. Die Kammer hat ferner die Landwirtschaft bei Genehmigungsverfahren

---

ben, in die landwirtschaftliche Berufstätigkeit zu fördern, dürfte heute keine größere Bedeutung mehr zukommen.

[695] § 2 Abs. 2 S. 1 Nr. 14 LwkG-Nds.

[696] Verordnung zur Übertragung von staatlichen Aufgaben auf die Landwirtschaftskammer Niedersachsen vom 20.12.2004, Nds. GVBl. S. 621, zuletzt geändert durch VO vom 23.11.2009, Nds. GVBl. S. 438.

[697] § 2 Abs. 2 Nr. 15 LwkG-Nds. (für den Privatforstdienst Bestimmungen über Berufsbezeichnungen zu treffen sowie Berufsbezeichnungen und die Befugnis zu verleihen, als Berufskleidung die Dienstkleidung der Forstbeamten des Landes, jedoch ohne deren Dienstabzeichen, zu tragen).

[698] Niedersächsisches Gesetz über den Wald und die Landschaftsordnung vom 21.03.2002, Nds. GVBl. S. 112, zuletzt geändert durch Gesetz vom 26.03.2009, Nds. GVBl. S. 112; die Landwirtschaftskammer erbringt gem. § 17 Abs. 1 NWaldLG für die Besitzenden von Privatwald, ausgenommen Genossenschaftswald, auf Anforderung Betreuungsleistungen, die auch eine Beratung einschließen, um die Waldbesitzenden darin zu unterstützen, die forstlichen Maßnahmen an den Anforderungen der ordnungsgemäßen Forstwirtschaft gem. § 11 NWaldLG auszurichten. Soweit es fachlich erforderlich ist, wirkt die Landwirtschaftskammer dabei mit der Anstalt Niedersächsische Landesforsten zusammen. Gem. § 17 Abs. 2 NWaldLG kann die Landwirtschaftskammer weitere forstfachliche Leistungen mit Besitzenden des Privatwaldes, ausgenommen Genossenschaftswald, vereinbaren.

[699] § 2 Abs. 2 S. 1 Nr. 16 LwkG-Nds.; gem. § 16 Abs. 2 S. 1 NWaldLG erstreckt sich die Betreuung im Zusammenhang der fachkundigen Bewirtschaftung von Kommunal- und Genossenschaftswald aufgrund einer vertraglichen Vereinbarung mit einer kommunalen Körperschaft oder einem Realverband gem. § 15 Abs. 1 bis 3 NWaldLG darauf, den periodischen Betriebsplan und den jährlichen Wirtschaftsplan aufzustellen (Betriebs- und Wirtschaftsplanung) sowie die Wirtschaftsmaßnahmen und die Überprüfungen, ob Gefahren durch Schadorganismen im Sinne des § 13 Abs. 2 NWaldLG abzuwehren sind, zu organisieren und zu leiten (Betriebsleitung).

[700] § 2 Abs. 2 LwkG-NRW.

[701] § 3 Abs. 4 LwkG-Rh.-Pf.

nach dem Grundstücksverkehrsgesetz, bei der Flurbereinigung und in anderen gesetzlich vorgesehenen Fällen zu vertreten[702].

Die Landwirtschaftskammer des Saarlandes soll bei der Beratung von gesetzlichen Vorschriften über Fragen der Landwirtschaft und bei allen öffentlichen Planungen, von denen land- und forstwirtschaftliche Betriebe oder Betriebsgrundstücke unmittelbar betroffen werden, gehört werden[703]. Zum Aufgabenbereich der Kammer gehört es auch, Anträge bei den Behörden in allen die Landwirtschaft und den landwirtschaftlichen Berufsstand betreffenden Angelegenheiten zu stellen[704]. Ferner hat sie die Landwirtschaft bei Genehmigungsverfahren nach dem Grundstücksverkehrsgesetz, bei der Flurbereinigung sowie in anderen gesetzlich vorgesehenen Fällen zu vertreten[705]. Gem. § 2 Abs. 2 LwkG-Saarl. wurden der Kammer umfangreiche Aufgaben im Bereich der Agrarwirtschaft zur Erfüllung nach Weisung übertragen[706].

Wie oben schon angesprochen, wurden der Landwirtschaftskammer Schleswig-Holstein zum 1. Januar 2008 weitere konkrete Aufgaben zur Erfüllung nach Weisung vor allem im Bereich des Pflanzenschutzrechts übertragen, die zuvor von staatlichen Behörden wahrgenommen worden waren[707].

7. Die staatliche Aufsicht über die Landwirtschaftskammer

a) Grundsätzlich Rechtsaufsicht

Die Landwirtschaftskammern unterliegen mit ihrer gesamten Tätigkeit der Aufsicht des jeweiligen Landes[708]. Es handelt sich um eine umfassende Rechtsaufsicht[709], die notwendiges Korrelat der Selbstverwaltung im Allgemeinen und der Pflichtzugehörigkeit zur Kammer und Beitragshoheit der Kammer im Besonderen ist[710]. Die nach Landesrecht für die Aufsicht zuständigen Ministerien bzw. Senatoren haben zu überprüfen[711], ob sich die Landwirtschaftskammern bei Ausübung ihrer Tätig-

---

[702] § 3 Abs. 2 lit. d LwkG-Rh.-Pf.
[703] § 2 Abs. 3 LwkG-Saarl.
[704] § 2 Abs. 1 S. 2 lit. j LwkG-Saarl.
[705] § 2 Abs. 1 S. 2 lit. h LwkG-Saarl.
[706] Verordnung zur Neuregelung der Zuständigkeiten im Bereich der Agrarwirtschaft vom 15.07.2003, Saarl. Abl., S. 2056, zuletzt geändert durch Gesetz vom 21.11.2007, Saarl. Abl. S. 2393, <http://sl.juris.de/sl/AgrarZustNeuV_SL_2003_rahmen.htm> (Stand: August 2010).
[707] §§ 1, 2 Lwk-AufgabenübertragungsG-Schl.-Holst.; siehe auch oben S. 817f.
[708] *Tettinger*, Kammerrecht, 1997, S. 236f.; *Kluth*, Funktionale Selbstverwaltung, 1997, S. 163.
[709] Vgl. etwa § 21 Abs. 1 S. 1 LwkG-Hbg.; § 34 Abs. 1 S. 1 LwkG-Nds.; § 23 Abs. 4 LwkG-NRW i. V. m. § 20 Abs. 1 LOG-NRW; § 23 Abs. 1 LwkG-Rh.-Pf.
[710] *Tettinger*, Kammerrecht, 1997, S. 128, 236f.
[711] § 27 Abs. 1 LwkG-Brem.: Senator für Wirtschaft und Häfen; soweit die Kammer Angelegenheiten der Berufsbildung wahrnimmt: Senator für Bildung und Wissenschaft; § 21 Abs. 1 S. 1 LwkG-Hbg. i. V. m. Abschnitt IV Anordnung über Zuständigkeiten auf dem Gebiet der landwirtschaftlichen Verwaltung vom 12.02.2002, Hbg. GVBl. II (Amtlicher Anzeiger), S. 817 (später geändert): 1. auf dem Gebiet der Berufsbildung die Behörde für Schule und Berufsbildung, 2. im

III. 7. Die staatliche Aufsicht über die Landwirtschaftskammer

keit im Rahmen der für sie geltenden Rechtsvorschriften, einschließlich des selbstgesetzten Satzungsrechts, halten. Die Rechtsaufsicht erstreckt sich dabei nicht nur auf sämtliche aktiven Maßnahmen der verschiedenen Kammerorgane, sondern auch auf ein Unterlassen der Kammer, wenn für die Kammorgane eine Rechtspflicht zum Tätigwerden besteht. Die umfassende Rechtsaufsicht wird bei den Landwirtschaftskammern regelmäßig durch eine Fachaufsicht in Auftragsangelegenheiten ergänzt[712]. Diese wird z.T. mit allgemeiner Wirkung unmittelbar in den Kammergesetzen[713], überwiegend aber in den Fachgesetzen angeordnet, welche den Kammern die entsprechenden Aufgaben zur Erfüllung nach Weisung übertragen[714]. Bei der Fachaufsicht erstreckt sich die Aufsicht neben der Rechtmäßigkeit der Kammermaßnahmen auch auf deren Zweckmäßigkeit.

b) Aufsichtsmittel

Die einzelnen Aufsichtsmittel, die der Aufsichtsbehörde gegenüber der Kammer zur Verfügung stehen, sind in den Kammergesetzen unterschiedlich geregelt[715]: So stellt das LwkG-Saarland lediglich fest, dass die Landwirtschaftskammer der Aufsicht des Ministeriums für Umwelt untersteht[716], enthält aber keine Regelungen über die einzelnen Aufsichtsmittel. Diese ergeben sich indes über eine Verweisung im Landesorganisationsgesetz aus entsprechend anwendbaren Regelungen des Kommunalselbstverwaltungsgesetzes-Saarland[717]. In Nordrhein-Westfalen finden sich in § 23 LwkG-NRW zwar immerhin konzise Vorschriften über die Staatsaufsicht, die mit der Auflösung der Hauptversammlung auch ein Aufsichtsmittel benennen[718]. Der Hauptteil der Regelungen zu den einzelnen Aufsichtsmitteln ergibt sich hier jedoch ebenfalls über eine Verweisung im Landesorganisationsgesetz aus

---

Übrigen die Behörde für Wirtschaft und Arbeit; § 34 Abs. 1 S. 1 und 2 LwkG-Nds.: das für die Landwirtschaft zuständige Ministerium; gehört eine Auftragsangelegenheit zum Geschäftsbereich eines anderen Ministeriums, übt dieses insoweit die Fachaufsicht aus; § 23 Abs. 1 LwkG-NRW: das Ministerium; § 23 Abs. 1 S. 1 LwkG-Rh.-Pf.: das fachlich zuständige Ministerium; § 1 Abs. 2 1. HS LwkG-Saarl.: Ministerium für Umwelt; § 24 Abs. 1 S. 2 LwkG-Schl.-Holst.: das Ministerium für Landwirtschaft, Umwelt und ländliche Räume, in den in § 22 LwkG-Schl.-Holst. genannten Angelegenheiten im Einvernehmen mit dem Finanzministerium.

[712] Kein Fall staatlicher Aufsicht ist es hingegen, wenn der Direktor der Lwk-NRW gem. § 18 Abs. 4 S. 1 LwkG-NRW in seiner Funktion als Landesbeauftragter ausschließlich dem Ministerium untersteht. Als Landesoberbehörde gem. § 6 Abs. 2 LOG-NRW ist der Direktor als Landesbeauftragter im Wege der Organleihe schon gem. § 6 Abs. 1 LOG-NRW in den staatlichen Behördenaufbau eingebunden; siehe dazu auch *Heusch*, Staatliche Aufsicht, in: HdbKR, 2005, S. 495 (535).

[713] § 21 Abs. 1 S. 2 LwkG-Hbg.; § 34 Abs. 1 S. 1 LwkG-Nds.; § 23 Abs. 1 S. 3 LwkG-Rh.-Pf.

[714] *Langkopf*, Die Landwirtschaftskammern, 1960, S. 106.

[715] Siehe auch *Heusch*, Staatliche Aufsicht, in: HdbKR, 2005, S. 495 (535f.).

[716] § 1 Abs. 2 LwkG-Saarl.

[717] § 20 Abs. 1 S. 2 Landesorganisationsgesetz-Saarland (LOG-Saarl.) i.V.m. §§ 129–135 und 137 Kommunalselbstverwaltungsgesetz-Saarland (KSVG-Saarl.).

[718] § 23 Abs. 3 S. 1 LwkG-NRW.

entsprechend anwendbaren Vorschriften der Gemeindeordnung-NRW[719]. In den übrigen Bundesländern sind mehr oder weniger detaillierte Vorschriften zu den Aufsichtsmitteln in den jeweiligen Landwirtschaftskammergesetzen enthalten.

Ordnet man die Aufsichtsmittel, die sich in den verschiedenen Gesetzen finden, aufsteigend nach der Schwere des Eingriffs lässt sich folgende Reihung aufstellen: Erstens bestehen im Vorfeld der eigentlichen Aufsichtsmittel angesiedelte Maßnahmen der Informationsgewinnung wie z. B. das Recht, jederzeit Auskünfte über einzelne Angelegenheiten der Landwirtschaftskammer zu verlangen[720]. Hier lässt sich auch die fast überall bestehende Pflicht der Kammern einordnen, Vertreter der Aufsichtsbehörde zur Kammerversammlung zu laden und auf Verlangen anzuhören[721]. Der Aufsichtsbehörde wird so Gelegenheit gegeben, sich auch über interne Diskussionen der Kammer zu informieren und einen direkten Dialog mit den Repräsentanten der Kammermitglieder zu führen[722]. Zweitens existiert als Aufsichtsmittel die Beanstandung von Beschlüssen von Organen der Landwirtschaftskammer, die das Recht verletzen[723]. Dabei ist die Wirkung der Beanstandung meist ausdrücklich dahingehend geregelt, dass die entsprechenden Beschlüsse nicht ausgeführt werden dürfen und aufgrund der Beschlüsse bereits getroffene Maßnahmen binnen angemessener Frist rückgängig zu machen sind[724]. Drittens findet sich z. T. die Möglichkeit, Beschlüsse etc. aufzuheben[725], oder die Möglichkeit, gegenüber der Kammer Anordnungen zu treffen, das Erforderliche zu veranlassen, bspw.

---

[719] Gem. § 20 Abs. 1 S. 1 2. HS LOG-NRW gelten §§ 118–122 und 124 Gemeindeordnung NRW entsprechend.

[720] § 34 Abs. 2 S. 1 LwkG-Nds.; nach dem bedenklich weiten § 37 LwkG-Nds. ist Schriftverkehr von grundsätzlicher Bedeutung mit der Europäischen Gemeinschaft und den obersten Landesbehörden über die Aufsichtsbehörde zu leiten; der unbestimmte Rechtsbegriff des Schriftverkehrs „von grundsätzlicher Bedeutung" ist daher eng zu interpretieren; näher dazu: *Heusch*, Staatliche Aufsicht, in: HdbKR, 2005, S. 495 (536); § 23 Abs. 4 LwkG-NRW i. V. m. § 20 Abs. 1 S. 1 2. HS LOG-NRW i. V. m. § 118 GO-NRW; § 23 Abs. 4 LwkG-Rh.-Pf. (Aufsichtsbehörde kann Auskünfte anfordern und sich an Ort und Stelle unterrichten), nach dem ebenfalls eng zu interpretierenden § 25 LwkG-Rh.-Pf. muss Schriftverkehr von grundsätzlicher Bedeutung mit den Organen der Europäischen Gemeinschaften und den obersten Bundes- und Landesbehörden der Aufsichtsbehörde mit gleicher Post zur Kenntnis gegeben werden; § 20 Abs. 1 S. 2 LOG-Saarl. i. V. m. § 129 KSVG-Saarl.

[721] § 27 Abs. 3 S. 1 und 2 LwkG-Brem.; § 21 Abs. 3 S. 1 und 2 LwkG-Hbg.; § 34 Abs. 2 S. 2 und 3 LwkG-Nds.; § 23 Abs. 2 LwkG-NRW; § 23 Abs. 3 LwkG-Rh.-Pf.; § 24 Abs. 2 LwkG-Schl.-Holst.

[722] Ähnlich: *Heusch*, Staatliche Aufsicht, in: HdbKR, 2005, S. 495 (536).

[723] § 28 LwkG-Brem.; § 21 Abs. 4 S. 1 LwkG-Hbg.; § 35 Abs. 1 LwkG-Nds.; § 23 Abs. 4 LwkG-NRW i. V. m. § 20 Abs. 1 S. 1 2. HS LOG-NRW i. V. m. § 122 GO-NRW; § 24 Abs. 1 LwkG-Rh.-Pf.; § 20 Abs. 1 S. 2 LOG-Saarl. i. V. m. § 130 KSVG-Saarl.; § 24 Abs. 3 S. 2 LwkG-Schl.-Holst. (wird als Voraussetzung der Auflösung eines Kammerorgans impliziert).

[724] § 28 LwkG-Brem.; § 21 Abs. 4 S. 1 LwkG-Hbg.; § 35 Abs. 1 LwkG-Nds.; gem. § 24 Abs. 1 S. 1 LwkG-Rh.-Pf. ist dies nicht automatische Folge der Beanstandung, sondern kann von der Aufsichtsbehörde unter Bestimmung einer Frist verlangt werden; ähnlich ist auch die Regelung in § 20 Abs. 1 S. 2 LOG-Saarl. i. V. m. § 130 S. 1 KSVG-Saarl.; vgl. auch die implizite Regelung in § 24 Abs. 3 S. 2 LwkG-Schl.-Holst.

[725] Vgl. etwa § 20 Abs. 1 S. 2 LOG-Saarl. i. V. m. § 131 KSVG-Saarl.

III. 7. Die staatliche Aufsicht über die Landwirtschaftskammer

wenn diese eine gesetzliche Aufgabe oder Pflicht nicht erfüllt[726]; Viertens ist die Ersatzvornahme durch die Aufsichtsbehörde oder einen von ihr beauftragten Dritten[727] und teilweise auch die Übertragung von Befugnissen der Kammerorgane auf einen von der Aufsichtsbehörde bestellten Beauftragen[728] und fünftens schließlich die Auflösung von Kammerorganen, insbesondere der Kammerversammlung[729], z.T. aber auch des Vorstands[730], die teilweise an besondere Voraussetzungen geknüpft sind, zu nennen[731]. Vereinzelt findet sich auch die Möglichkeit, den Präsidenten und die Vizepräsidenten der Kammer bei schwerer Amtspflichtverletzung von ihrem Posten abzuberufen[732].

Im Vergleich mit dem Recht anderer Selbstverwaltungskörperschaften der Wirtschaft, insbesondere den meisten Landesausführungsgesetzen zum IHK-Gesetz, sind die Aufsichtsmittel im Landwirtschaftskammerrecht sehr detailliert geregelt. Damit wird hier das Problem, dass die Aufsichtsbehörde ein gesetzlich nicht geregeltes Aufsichtsmittel ergreift, insgesamt deutlich seltener vorkommen. Gänzlich ausschließen lässt sich dies indes auch hier nicht. So dürfte etwa der Aufsichtsbehörde auch dort ein Informationsrecht gegenüber der Kammer zustehen, wo dies in den jeweiligen gesetzlichen Regelungen nicht ausdrücklich vorgesehen ist, da hinreichende Information unerlässliche Voraussetzung für die Ausübung der Staatsaufsicht ist[733]. Das Ergreifen nicht gesetzlich geregelter Aufsichtsmittel im engeren

---

[726] § 35 Abs. 2 LwkG-Nds.; § 23 Abs. 4 LwkG-NRW i.V.m. § 20 Abs. 1 S. 1 2. HS LOG-NRW i.V.m. § 123 Abs. 1 GO-NRW; § 24 Abs. 1 S. 2 LwkG-Rh.-Pf. (wenn die Landwirtschaftskammer entgegen der ihr obliegenden Verpflichtungen untätig bleibt); § 20 Abs. 1 S. 2 LOG-Saarl. i.V.m. § 132 KSVG-Saarl. (wenn es die Kammer unterlässt, Beschlüsse zu fassen oder Anordnungen zu treffen, die zur Erfüllung einer ihr gesetzlich obliegenden Verpflichtung erforderlich sind).

[727] § 21 Abs. 4 S. 2 LwkG-Hbg.; § 36 Abs. 1 1. Alt. LwkG-Nds. (durch die Aufsichtsbehörde selbst); § 23 Abs. 4 LwkG-NRW i.V.m. § 20 Abs. 1 S. 1 2. HS LOG-NRW i.V.m. § 123 Abs. 2 GO-NRW; § 24 Abs. 2 LwkG-Rh.-Pf.; § 20 Abs. 1 S. 2 LOG-Saarl. i.V.m. § 133 KSVG-Saarl. (wenn die Gemeinde einer Anordnung oder einem Verlangen der Aufsichtsbehörde gem. §§ 129–132 KSVG-Saarl. nicht fristgemäß nachkommt).

[728] § 36 Abs. 1 2. Alt. LwkG-Nds.; § 23 Abs. 4 LwkG-NRW i.V.m. § 20 Abs. 1 S. 1 2. HS LOG-NRW i.V.m. § 124 S. 1 GO-NRW; § 24 Abs. 2 LwkG-Rh.-Pf.; § 20 Abs. 1 S. 2 LOG-Saarl. i.V.m. § 134 Abs. 1 S. 1 KSVG-Saarl. (wenn und solange die Befugnisse der Aufsichtsbehörde gem. §§ 129–133 KSVG-Saarl. nicht ausreichen, um den geordneten Gang der Kammerverwaltung zu sichern).

[729] § 29 Abs. 1 LwkG-Brem.; § 21 Abs. 4 S. 2 LwkG-Hbg.; § 36 Abs. 2 S. 1 LwkG-Nds.; § 23 Abs. 3 S. 1 LwkG-NRW (mit Genehmigung der Landesregierung); § 24 Abs. 3 S. 1 LwkG-Rh.-Pf. (durch Beschluss der Landesregierung); § 24 Abs. 3 S. 1 LwkG-Schl.-Holst. (durch Beschluss der Landesregierung).

[730] § 21 Abs. 4 S. 2 LwkG-Hbg.; § 24 Abs. 3 S. 1 LwkG-Schl.-Holst.

[731] Vgl. bspw. § 29 Abs. 1 LwkG-Brem. (dass die Kammer einer Aufforderung der Aufsichtsbehörde zur Erfüllung von Pflichtaufgaben (§ 2 Abs. 2 LwkG-Brem.) oder von Auftragsangelegenheiten (§ 2 Abs. 3 LwkG-Brem.) nicht binnen angemessener Frist nachgekommen ist oder die ihr nach § 28 Ziffer 2 LwkG-Bremen obliegenden Verpflichtungen (Maßnahmen aufgrund eines beanstandeten Beschlusses binnen angemessener Frist rückgängig zu machen) nicht erfüllt hat); vgl. andererseits § 36 Abs. 2 S. 1 LwkG-Nds. (wenn die Kammerversammlung dauernd beschlussunfähig ist oder mehr als die Hälfte der Sitze der gewählten Mitglieder nicht besetzt ist).

[732] § 24 Abs. 4 S. 1 LwkG-Schl.-Holst.

[733] *Langkopf*, Die Landwirtschaftskammern, 1960, S. 113 f.

Sinne ist, wie oben insbesondere im Zusammenhang des Innungsrechts dargelegt wurde[734], hingegen im Lichte des Vorbehalts des Gesetzes problematisch. Wenn überhaupt, ist unter Zugrundelegung des Verhältnismäßigkeitsgrundsatzes an das Ergreifen milderer, nicht gesetzlich geregelter Mittel an Stelle von einschneidenderen, gesetzlich geregelten zu denken, während der Rückgriff auf nicht geregelte einschneidendere Aufsichtsmittel grds. als ausgeschlossen erscheint[735]. Insgesamt gilt auch hier, dass eine ausdrückliche formalgesetzliche de lege lata-Regelung entsprechender Aufsichtsmittel geboten ist, soweit entsprechende Lücken im formellen Gesetz bestehen.

Zu der Frage, welches Aufsichtsmittel jeweils zur Anwendung kommen darf, ist zunächst darauf zu verweisen, dass verschiedene Aufsichtsmittel nach den Regelungen der einschlägigen Gesetze an bestimmte tatbestandliche Voraussetzungen geknüpft sind, welche erfüllt sein müssen, damit das Aufsichtsmittel ergriffen werden kann. Zudem ergibt sich aus den gesetzlichen Regelungen häufig explizit oder implizit eine Reihenfolge, in der bestimmte Mittel zum Einsatz gelangen können. Generell ist ferner der Grundsatz der Verhältnismäßigkeit zu beachten, nach dem ein Aufsichtsmittel, das stärker in die Rechte der Kammer eingreift, nur dann ergriffen werden darf, wenn mildere Mittel erfolglos geblieben oder von Anfang an ohne Aussicht auf Erfolg sind.

c) Präventive Aufsicht

Wie oben bereits mehrfach angeklungen ist, unterliegen die Landwirtschaftskammern neben der repressiven Rechts- und Fachaufsicht in für die Kammer und die Kammerzugehörigen besonders bedeutsamen Fällen auch einer präventiven Rechtsaufsicht: Bestimmte besonders bedeutsame Beschlüsse und andere Rechtsakte der Kammerversammlung und z. T. auch anderer Kammerorgane bedürfen der Genehmigung durch die Aufsichtsbehörde. In Nordrhein-Westfalen und Rheinland-Pfalz unterliegen so die Aufstellung und Änderung sämtlicher Satzungen der Genehmigung der Aufsichtsbehörde[736]. In den anderen Bundesländern bedürfen regelmäßig Beschlüsse der Kammerversammlung über die (Haupt-)Satzung[737] und daneben verschiedentlich auch über weitere Satzungen, wie insbesondere die Gebührenordnung[738], der Genehmigung. Aus dem Bereich der Kammerfinanzen sind regelmäßig der Haushaltsplan[739] und der Rechtsakt, durch den die konkrete Höhe der Kam-

---

[734] Siehe oben S. 693.
[735] Unzulässig ist es danach, im Einzelfall ein nicht geregeltes einschneidenderes Aufsichtsmittel – wie bspw. die in § 20 Abs. 1 S. 2 LOG-Saarl. i. V. m. §§ 129 ff. KSVG-Saarl. nicht vorgesehene Auflösung der Kammerversammlung – zu ergreifen.
[736] § 19 Abs. 1 S. 2, Abs. 3 LwkG-NRW; § 23 Abs. 2 S. 1 LwkG-Rh.-Pf.
[737] § 27 Abs. 2 lit. a LwkG-Brem.; § 21 Abs. 2 Nr. 1 LwkG-Hbg.; § 3 Abs. 2 S. 1 1. Alt. LwkG-Nds.; § 24 Abs. 1 S. 2 LwkG-Saarl.; § 1 Abs. 2 S. 2 LwkG-Schl.-Holst.
[738] § 27 Abs. 2 lit. b LwkG-Brem.; § 21 Abs. 2 Nr. 2 LwkG-Hbg.; § 21 S. 1 LwkG-NRW.
[739] § 27 Abs. 2 lit. c 1. Var. LwkG-Brem.; § 21 Abs. 2 Nr. 4 LwkG-Hbg.; § 22 Abs. 1 S. 1 LwkG-NRW; § 17 Abs. 2 2. HS. LwkG-Saarl.; § 22 Abs. 1 S. 4 LwkG-Schl.-Holst. (Wirtschaftsplan).

III. 8. Die Finanzierung der Landwirtschaftskammer 879

merbeiträge festgesetzt wird[740], genehmigungsbedürftig. Verbreitet sind auch Genehmigungserfordernisse im Hinblick auf den Stellenplan der Kammer[741]. In diesem Zusammenhang bedarf teilweise auch die Ernennung von Beamten der Genehmigung[742]. Z.T. unterliegt ferner die Gründung von bzw. Beteiligung an (privatrechtlichen) Gesellschaften der Genehmigung[743]. Ein weiteres konkretes Beispiel für einen genehmigungsbedürftigen Rechtsakt ist in Hamburg die Errichtung eines Informations- und überbetrieblichen Berufsausbildungszentrums[744]. Aus anderen einschlägigen Gesetzen können sich weitere Genehmigungserfordernisse ergeben. Genannt sei hier etwa das Berufsbildungsgesetz, das verschiedene – z.T. schon oben erwähnte – Rechtsakte einer Genehmigung unterwirft[745].

Inhaltlich handelt es sich bei der präventiven Aufsicht in Selbstverwaltungsangelegenheiten um eine Rechtsaufsicht[746]. Soweit der einer Genehmigung unterliegende Rechtsakt keine Rechtsvorschriften verletzt, hat die Landwirtschaftskammer einen Anspruch auf Erteilung der aufsichtsbehördlichen Genehmigung. Die Genehmigung kann, jedenfalls soweit es um Satzungsrecht geht, nicht mit einer Bedingung oder Auflage verbunden werden, da dies – wie die Rechtsprechung insbesondere zur Genehmigung kommunaler Satzungen festgestellt hat – im Widerspruch zum Wesen einer Rechtsnorm stünde[747].

8. Die Finanzierung der Landwirtschaftskammer

a) Die Finanzierungsquellen der Landwirtschaftskammer

Die durch die Tätigkeit der Landwirtschaftskammer entstehenden Kosten werden – wie bei Selbstverwaltungskörperschaften üblich – aus mehreren Quellen gedeckt. Oben wurde schon ausführlich auf die Beiträge der beitragspflichtigen Mitglieder eingegangen, zu denen die im Anschluss noch zu behandelnden Gebühren und re-

---

[740] § 27 Abs. 2 lit. c 3. Var. LwkG-Brem. (Beitragssatz); § 21 Abs. 2 Nr. 3 LwkG-Hbg. (Hebesatz der Umlage); § 3 Abs. 2 S. 1 2. Alt. i.V.m. § 27 Abs. 5 LwkG-Nds. (Beitragssatzung); § 20 Abs. 1 S. 2 LwkG-Schl.-Holst. (Satzung).
[741] § 27 Abs. 2 lit. c 2. Var. LwkG-Brem.; § 21 Abs. 2 Nr. 5 LwkG-Hbg.
[742] § 27 Abs. 2 lit. d LwkG-Brem.
[743] § 2 Abs. 4 LwkG-Schl.-Holst.; in Niedersachsen ist die Aufsichtsbehörde gem. § 2 Abs. 5 S. 2 LwkG-Nds. lediglich von der Beteiligung zu unterrichten.
[744] § 21 Abs. 2 Nr. 6 LwkG-Hbg.
[745] Festsetzung der Höhe einer angemessenen Entschädigung für Mitglieder eines Prüfungsausschusses gem. § 40 Abs. 4 S. 2 BBiG bzw. des Berufsbildungsausschusses gem. § 77 Abs. 3 S. 2 BBiG; Erlass der Prüfungsordnung für die Abschlussprüfung gem. § 47 Abs. 1 S. 2 BBiG (für die berufliche Fortbildung: § 56 Abs. 1 S. 2 i.V.m. § 47 Abs. 1 S. 2 BBiG; für die berufliche Umschulung: § 62 Abs. 3 S. 2 i.V.m. § 47 Abs. 1 S. 2 BBiG); Vereinbarung zwischen mehreren Kammern, dass die ihnen durch Gesetz zugewiesenen Aufgaben im Bereich der Berufsbildung durch eine von ihnen wahrgenommen wird, § 71 Abs. 9 S. 2 BBiG.
[746] So ausdrücklich zum Satzungsrecht bspw. § 23 Abs. 2 S. 1 2. HS i.V.m. Abs. 1 S. 2 LwkG-Rh.-Pf.; vgl. auch *Langkopf*, Die Landwirtschaftskammern, 1960, S. 124.
[747] Vgl. *Möllering*, in: Frentzel etc., IHKG, 7. Aufl., 2009, § 11 Rn. 31.

gelmäßig in geringerem Umfang sonstige Einnahmen z.B. aus Vermietung und Verpachtung von Liegenschaften sowie Vermögenserträge wie Zinseinnahmen hinzutreten[748]. Als Besonderheit im Vergleich zu den sonstigen Körperschaften der Selbstverwaltung der Wirtschaft wird daneben korrespondierend zum oftmals großen übertragenen Aufgabenkreis ein bedeutender Teil des Finanzbedarfs – jedenfalls einiger Landwirtschaftskammern – durch Staatszuschüsse des jeweiligen Landes gedeckt[749].

b) Gebühren

Gebühren werden als Gegenleistung für Tätigkeiten oder die Benutzung von Einrichtungen der Landwirtschaftskammer nicht nur von Mitgliedern, sondern auch von Außenstehenden erhoben, welche die Leistungen der Kammer in Anspruch nehmen[750]. Die Pflicht zur Leistung von Gebühren ist die Gegenleistung für konkretisierbare Leistungen der Kammer. Die Grundlagen der Gebührenerhebung und die einzelnen Gebührentatbestände werden in einer Gebührenordnung bzw. -satzung oder Kostensatzung[751] geregelt, die von der Kammerversammlung beschlossen wird[752]. In der eigentlichen Gebührenordnung können im Rahmen der gesetzlichen Vorgaben grundlegende Regelungen bspw. über den Schuldner, die Entstehung, die Fälligkeit, die Möglichkeit der Ermäßigung und die Verjährung der Gebühr getroffen werden[753]. Die Gebührenordnung wird durch einen besonderen Teil bzw. ein Gebührenverzeichnis ergänzt, in dem die Liste der Gebührentarife für die einzelnen Leistungen der Landwirtschaftskammer enthalten ist[754]. Bei der Festlegung der Gebührensätze sind – wie üblich – die Grundsätze des öffent-

---

[748] Vgl. § 14 LwkG-Rh.-Pf.; § 17 Abs. 1 LwkG-Saarl.; § 17 Nr. 4 LwkG-Schl.-Holst.; zu den sonstigen Kammereinnahmen auch: *Franz*, Kammerfinanzierung, in: HdbKR, 2005, S. 323 (419f.); z.T., wie in § 15 LwkG-Hbg., werden auch ausdrücklich Zuschüsse Dritter erwähnt.

[749] *Langkopf*, Die Landwirtschaftskammern, 1960, S. 202ff.; W. *Brandt*, Neuordnung, in: Agrarrecht 1974, 114 (115f.); nach *Kluth*, Entwicklungsgeschichte, in: HdbKR, 2005, S. 41 (106) teilen sich die Einnahmen der Landwirtschaftskammer NRW in der Regel wie folgt auf: ca. 40% Verwaltungskostenerstattung, ca. 23% Finanzzuweisungen zu den Selbstverwaltungsaufgaben, ca. 13% Verwaltungseinnahmen, ca. 10% Umlage und ca. 14% sonstige Einnahmen.

[750] Näher zum Wesen der Gebühr oben S. 516f.

[751] Vgl. § 30 Abs. 1 LwkG-Nds.

[752] § 24 Abs. 1 i.V.m. § 4 S. 2 lit. a LwkG-Brem.; § 18 Abs. 1 i.V.m. §§ 4, 11 Abs. 2 Nr. 1 LwkG-Hbg.; § 30 Abs. 1 i.V.m. § 5 S. 2 Nr. 1 LwkG-Nds.; § 21 S. 1 LwkG-NRW; § 19 Abs. 1 LwkG-Rh.-Pf.; § 22 Abs. 1 i.V.m. § 11 S. 3 lit. a LwkG-Saarl.; § 17 Nr. 1 LwkG-Schl.-Holst.; die Gebührenerhebung für Leistungen im Bereich des übertragenen Wirkungskreises beruht z.T. auf einer vom zuständigen Ministerium als Verordnung erlassenen Gebührenordnung, vgl. dazu etwa die Gebührenordnung für die Landwirtschaftskammer Niedersachsen vom 21.08.2007, Nds. GVBl. S. 422, zuletzt geändert durch Änderungsverordnung vom 07.03.2009, Nds. GVBl. S. 136.

[753] Vgl. etwa die Gebührensatzung der LwK Rheinland-Pfalz vom 09.12.2005 in der Fassung vom 25.11.2009, <www.lwk-rlp.de/bilder/mediafile_11088_GebÃ¼hrensatzung_2009.pdf > (Stand: August 2010).

[754] Vgl. etwa die Anlage zur Gebührensatzung (das Gebührenverzeichnis) der Lwk Rheinland-Pfalz in der Fassung vom 25.11.2009, <www.lwk-rlp.de/bilder/mediafile_11089_GebÃ¼hrenverzeichnis_2009.pdf> (Stand: August 2010).

III. 8. Die Finanzierung der Landwirtschaftskammer

lichen Gebührenrechts zu beachten: Kriterien für die Gebührenhöhe sind nach dem Kostendeckungsprinzip der für die in Anspruch genommene Leistung erforderliche Aufwand und nach dem Äquivalenzprinzip der sich für den Gebührenschuldner ergebende Nutzen.

c) *Staatszuweisungen an die Landwirtschaftskammern*

Die Landwirtschaftskammern nehmen nicht nur Selbstverwaltungsaufgaben, sondern auch ihnen vom Staat in teilweise erheblichem Umfang übertragene staatliche Aufgaben wahr. Für die Wahrnehmung staatlicher Aufgaben, welche die Kammer nicht primär im Interesse ihrer Mitglieder, sondern im allgemeinen, öffentlichen Interesse erfüllt, erhalten sie staatliche Finanzzuweisungen[755]. Staatszuschüsse und -zuweisungen sind ausdrücklich vorgesehen in den Landwirtschaftskammergesetzen von Hamburg, Niedersachsen und Schleswig-Holstein[756]. In Rheinland-Pfalz ist im Landwirtschaftskammergesetz heute zumindest noch eine Kostenerstattung für Auftragsangelegenheiten geregelt[757]. Aber auch in anderen Ländern erhalten die Landwirtschaftskammern Staatszuwendungen insbesondere für die Erledigung von Auftragsangelegenheiten.

In Hamburg werden die zur Durchführung der Aufgaben der Landwirtschaftskammer erforderlichen Mittel durch die Erhebung einer Umlage (Beitrag), durch Gebühren, Zuschüsse Dritter und durch Zuweisungen aus dem Haushalt der Freien und Hansestadt Hamburg aufgebracht[758]. Dabei erstattet die Stadt Hamburg der Kammer zunächst, soweit der Kammer staatliche Aufgaben als Auftragsangelegenheiten übertragen werden[759], die der Kammer dadurch entstehenden Aufwendungen, soweit sie der Stadt Hamburg bei eigener Aufgabenerfüllung ebenfalls entstanden wären[760]. Soweit danach keine Erstattung erfolgt, erstattet die Stadt der Kammer sodann 45% der Vergütungen, Löhne, Versorgungsbezüge, Beihilfen, Trennungsgelder, Umzugskostenvergütungen, Abfindungen und Übergangsgelder nach Maßgabe der für den öffentlichen Dienst der Stadt Hamburg geltenden Tarifverträge im Rahmen des genehmigten Stellenplans[761]. Im Doppel-Haushaltsplan 2009/10 der Stadt Hamburg sind an Erstattungen an die Landwirtschaftskammer so für das Jahr 2010 520.000 € veranschlagt worden[762].

---

[755] *Franz*, Kammerfinanzierung, in: HdbKR, 2005, S. 323 (416 f.).
[756] §§ 15, 19 LwkG-Hbg.; § 31 LwkG-Nds.; §§ 17 Nr. 3, 21 LwkG-Schl.-Holst.
[757] § 20 LwkG-Rh.-Pf.; in § 17 lit. b LwkG-Rh.-Pf.-1948 waren noch „Beihilfen des Staates" vorgesehen; vgl. auch *Scholz*, Organisation, in: Agrarrecht 1977, 2 (7).
[758] § 15 LwkG-Hbg.
[759] § 2 Abs. 2 LwkG-Hbg.
[760] § 19 Abs. 2 LwkG-Hbg.
[761] § 19 Abs. 1 LwkG-Hbg.
[762] Freie und Hansestadt Hamburg, Haushaltsplan 2009/2010, Einzelplan 7, Behörde für Wirtschaft und Arbeit, <www.hamburg.de/doppelhaushalt-2009–2010>, S. 17, 50.

In Niedersachsen erhält die Landwirtschaftskammer, die auch die Aufgabe der landwirtschaftlichen Fachbehörde wahrnimmt[763], vom Land zur Ergänzung ihrer Mittel jährlich Finanzzuweisungen für die Erfüllung ihrer Aufgaben[764]. Im Rahmen einer Budgetierung ergibt sich der Gesamtbetrag der Finanzzuweisungen (das Budget) aus dem Haushaltsplan des Landes[765]. Das Budget muss dabei den für die Erfüllung der Auftragsangelegenheiten erforderlichen Aufwand (nach Abzug der von der Kammer dafür erzielten Erlöse[766]) zu 90% decken[767]. Der verbleibende Teil des Budgets ist für die Erledigung der Pflichtaufgaben bestimmt[768]. Das Land trifft in diesem Zusammenhang mit der Landwirtschaftskammer in der Regel für einen Zeitraum von fünf Haushaltsjahren gültige Zielvereinbarungen über Leistungs- und Entwicklungsziele, über die Erfüllung ihrer Pflichtaufgaben und der ihr übertragenen Auftragsangelegenheiten sowie über die für die Erfüllung dieser Aufgaben erforderlichen Kosten und die mit den Kosten zusammenhängenden Erlöse[769]. In Bereichen, für die solche Zielvereinbarungen oder Zielvorgaben bestehen, werden Kosten für Leistungen nur berücksichtigt, wenn die Leistungen in den Zielvereinbarungen oder Zielvorgaben vorgesehen sind und den darin festgelegten Mindestanforderungen entsprechen[770]. Aufgrund der umfangreichen Auftragsangelegenheiten, die der Kammer im Rahmen der Verwaltungsreform übertragen wurden, war als Zuschuss an die Landwirtschaftskammer bspw. im Haushaltsplan des Landes Niedersachsen für 2009 die beachtliche Summe von 65.190.000 € angesetzt[771].

In Rheinland-Pfalz wird der Landwirtschaftskammer nach dem Landwirtschaftskammergesetz der bei der Durchführung einer Auftragsangelegenheit[772] entstehende notwendige personelle und sachliche Verwaltungsaufwand vom Land erstattet[773]. Auf den Erstattungsbetrag sind die aus der Durchführung der Aufgabe

---

[763] § 2 Abs. 2 S. 1 Nr. 14 LwkG-Nds.
[764] § 31 Abs. 1 S. 1 LwkG-Nds.; kritisch dazu: *Franz*, Landwirtschaftskammern, in: JbKR 2002, S. 123 (138 f.); vgl. auch *Mann*, Auswirkungen, in: JbKBR 2006, S. 13 (23).
[765] § 31 Abs. 1 S. 2 LwkG-Nds.; zur Problematik des niedersächsischen Systems: *Franz*, Kammerfinanzierung, in: HdbKR, 2005, S. 323 (418 f.).
[766] Vgl. zur Ermittlung des Aufwands im Einzelnen § 31 Abs. 4 LwkG-Nds.
[767] § 31 Abs. 2 S. 1 LwkG-Nds.; im Zuge der niedersächsischen Verwaltungsreform wurden der Landwirtschaftskammer umfangreiche Aufgaben der staatlichen Agrarverwaltung übertragen, die zunächst zu 100% erstattet werden sollen, vgl. Land Niedersachsen, Haushaltsplan für das Haushaltsjahr 2009, Einzelplan 9, Ministerium für Ernährung, Landwirtschaft, Verbraucherschutz und Landesentwicklung, <www.mf.niedersachsen.de/live/text.php?navigation_id=1052 &_psmand=5>, S. 48 f. (siehe insbes. die Erläuterung zu 685 11 auf S. 49).
[768] § 31 Abs. 2 S. 2 LwkG-Nds.; bei der Bildung des Teilbudgets (§ 31 Abs. 2 S. 1 und 2 LwkG-Nds.) sind gem. § 31 Abs. 3 LwkG-Nds. der erforderliche Aufwand, Zielvereinbarungen und Zielvorgaben, die Ergebnisse von Evaluations- und Controllingverfahren sowie die finanzielle Lage der Landwirtschaftskammer zu berücksichtigen.
[769] § 31 Abs. 5 LwkG-Nds.
[770] § 31 Abs. 4 S. 4 LwkG-Nds.
[771] Vgl. Land Niedersachsen, Haushaltsplan für das Haushaltsjahr 2009, Einzelplan 9, S. 48 f. (Erläuterung zu 685 11).
[772] § 3 Abs. 3 LwkG-Rh.-Pf.
[773] § 20 S. 1 LwkG-Rh.-Pf.

erwachsenen Gebühreneinnahmen und sonstigen Einnahmen anzurechnen[774]. Ferner ist der Vorteil, der für die landwirtschaftliche Selbstverwaltung aus der übertragenen Aufgabe erwächst, in einem Vomhundertsatz der ungedeckten Kosten zu berücksichtigen[775]. Im Haushaltsplan des Landes Rheinland-Pfalz für die Jahre 2009 und 2010 waren so als Kostenerstattung an die Landwirtschaftskammer für die Durchführung von Auftragsangelegenheiten jeweils ca. 6,1 Mio. € angesetzt[776]. Hinzu trat aufgrund einer Verwaltungsvereinbarung zwischen Land und Kammer auch eine Verpflichtungsermächtigung für Zuschüsse an die Kammer zur Erfüllung von Selbstverwaltungsaufgaben in Höhe von jeweils 874.000 €[777].

In Schleswig-Holstein werden die für die Aufgaben der Landwirtschaftskammer erforderlichen Mittel durch Gebühren, Umlagen (Beiträge), Zuweisung von Landesmitteln und sonstige Einnahmen aufgebracht[778]. Landesmittel für die in § 2 Abs. 1 LwkG-Schl.-Holst. genannten Selbstverwaltungsaufgaben werden der Kammer nach Maßgabe des Haushaltsgesetzes zugewiesen[779]. Das zuständige Landwirtschaftsministerium und die Kammer schließen dabei im Einvernehmen insbesondere mit dem Finanzministerium Vereinbarungen über die Verwendung der Landesmittel ab, die Inhalte, Umfang und Tätigkeiten im Rahmen der Durchführung der Aufgaben gem. § 2 Abs. 1 LwkG-Schl.-Holst. sowie die Höhe der Landesmittel für einen mehrjährigen Zeitraum im Rahmen des Haushaltsrechts regeln[780]. Daneben sind der Landwirtschaftskammer die Kosten zu erstatten, die ihr bei der Durchführung der ihr gem. § 2 Abs. 3 LwkG-Schl.-Holst. übertragenen Weisungsaufgaben entstehen[781]. Schließlich erstattet das Land der Kammer 50% der Versorgungsbezüge, Witwen- und Waisengelder sowie Beihilfen für Beamte, die im Rahmen genehmigter Stellenpläne für die in § 2 Abs. 1 LwkG-Schl.-Holst. genannten Aufgaben eingestellt wurden[782]. Im Haushaltsplan des Landes Schleswig-Holstein

---

[774] § 20 S. 2 LwkG-Rh.-Pf.
[775] § 20 S. 3 LwkG-Rh.-Pf.
[776] 2009: 6.060.200 €, 2010: 6.128.800 €; Land Rheinland-Pfalz, Haushaltsplan für die Haushaltsjahre 2009/2010, Einzelplan 8, Ministerium für Wirtschaft, Verkehr, Landwirtschaft und Weinbau, <www.fm.rlp.de/Finanzen/Landeshaushalt/>, S. 169 (671 01–549); dies betraf für das Jahr 2010 die Bereiche: Reben- und Pflanzenpassausstellung, Saatgutanerkennung (194.400 €), Führung der Weinbaukartei, Abgrenzung des Rebgeländes, Durchführung des Weinlagengesetzes, Weinbergsrolle (2.860.700 €), Anbauregelung und Drieschenverordnung (162.300 €), Durchführung der Hektarertragsregelung (698.100 €), Flächenkontrolle (1.323.000 €), amtliche Qualitätsprüfungen für Wein (33.300 €), Tierzucht (791.800 €) und Testbuchführung (87.800 €) und Kontrolle der Kontrolle im „Qualitätszeichen Rheinland-Pfalz" (31.400 €).
[777] Land Rheinland-Pfalz, Haushaltsplan für die Haushaltsjahre 2009/2010, Einzelplan 8, S. 178 f. (686 03–549); die aufgrund § 20 LwkG-Rh.-Pf. i. V. m. der zwischen Land und Landwirtschaftskammer abgeschlossenen Verwaltungsvereinbarung vom 10.09.2004 veranschlagten Beträge betrafen für das Jahr 2010 die Bereiche: Berufsbildung (450.000 €), Fachverbands- und Organisationswesen (100.000 €), Bauwesen (74.000 €) und Orts- und Regionalplanung (250.000 €).
[778] § 17 LwkG-Schl.-Holst.
[779] § 21 Abs. 1 S. 1 LwkG-Schl.-Holst.
[780] § 21 Abs. 1 S. 2 und 3 LwkG-Schl.-Holst.
[781] § 21 Abs. 3 LwkG-Schl.-Holst.
[782] § 21 Abs. 5 LwkG-Schl.-Holst.

für 2010 sind an Zuweisungen für den Selbstverwaltungsbereich der Kammer 3.200.000 € veranschlagt[783]. Als Erstattung der Kosten für Weisungsaufgaben sind 4.307.100 € vorgesehen[784]. Der drastische Anstieg im Vergleich etwa zum Jahr 2006, für das insofern lediglich 897.500 € veranschlagt waren[785], beruht vor allem auf der Übertragung der Durchführung des Pflanzenschutzgesetzes zum 1. Januar 2008, auf die alleine ca. 3,5 Mio. € entfallen. Für die Beteiligung an den Pensionslasten schließlich sind 1.550.000 € veranschlagt[786].

Auch ohne dass dies im jeweiligen Landwirtschaftskammergesetz geregelt ist, erhalten die Kammern z. T. erhebliche staatliche Zuweisungen. So sind im nordrhein-westfälischen Haushaltsplan für 2009 folgende Zuweisungen und Zuschüsse an die Landwirtschaftskammer sowie den Direktor der Kammer als Landesbeauftragten angesetzt: Erstattung von Verwaltungskosten, die der Landwirtschaftskammer für die Wahrnehmung von Landesaufgaben entstehen: 58.500.000 €; Erstattung von Verwaltungskosten, die der Kammer als Versorgungsmehrbelastung entstehen: 18.550.000 €; Erstattung von Verwaltungskosten, die der Kammer für die Wahrnehmung von Landesinitiativen entstehen: 7.000.000 €; Finanzzuweisungen an die Landwirtschaftskammer: 8.050.000 €[787]. Dem standen Ansätze für Gebühreneinnahmen der Landwirtschaftskammer i.H.v. 2.772.200 € sowie für eine Erstattung der Kammer i.H.v. 9.727.800 € gegenüber, so dass als Nettozuschuss des Landes an die Kammer 78,1 Mio. € veranschlagt waren[788].

Im Saarland erhält die Landwirtschaftskammer vom Land Erstattungen für Kosten, die ihr bei der Erledigung von Aufgaben entstehen, welche ihr als Auftragsangelegenheit zur Erfüllung nach Weisung übertragen worden sind[789]. Grundlage zur Ermittlung der Höhe der Erstattungszahlungen ist ein vom Rechnungshof des Saarlandes ermittelter Kostenschlüssel. Im saarländischen Haushaltsplan sind so

---

[783] Landeshaushaltsplan Schleswig-Holstein, Haushaltsjahr 2009/10, Einzelplan 13, Ministerium für Landwirtschaft, Umwelt und ländliche Räume, abrufbar auf den Internetseiten der Landesregierung Schleswig-Holstein, <www.schleswig-holstein.de/FM/DE/Landeshaushalt/AktuelleHaushaltsplaene/AktuelleHaushaltsplaene__node.html>, S. 156 ff.

[784] Landeshaushaltsplan Schleswig-Holstein, Haushaltsjahr 2009/10, Einzelplan 13, S. 156 f.

[785] Landeshaushaltsplan Schleswig-Holstein, Haushaltsjahr 2006, Einzelplan 13, Ministerium für Landwirtschaft, Umwelt und ländliche Räume, S. 213 (685 22–511), <www.schleswig-holstein.de/FM/DE/Landeshaushalt/ArchivHaushaltsplaene/Haushaltsplaene2006/Haushaltsplaene2006__node.html> (Stand: August 2010).

[786] Landeshaushaltsplan Schleswig-Holstein, Haushaltsjahr 2009/10, Einzelplan 13, S. 157.

[787] Haushaltsplan NRW 2009, Bd. VIII, Einzelplan 10, Haushaltsplan für den Geschäftsbereich des Ministeriums für Umwelt und Naturschutz, Landwirtschaft und Verbraucherschutz für das Haushaltsjahr 2009, <http://fm.fin-nrw.de/info/fachinformationen/haushalt/havinfo/hh2009.ges/Start.htm>, S. 190 ff.; die letztgenannten Finanzzuweisungen sollen jährlich um 2,5 Mio. € abgebaut werden.

[788] Haushaltsplan NRW 2009, Bd. VIII, Einzelplan 10, S. 193 (allgemeine Erläuterung); die rechnerische Diskrepanz ist auf eine Umsetzung bzw. Verlagerung i.H.v. 1,5 Mio. € zurückzuführen.

[789] § 2 Abs. 2 LwkG-Saarl.

für 2009 als Erstattung an die Landwirtschaftskammer zur Durchführung von Auftragsangelegenheiten (Landesaufgaben) immerhin 1.643.200 € veranschlagt[790].

9. Zusammenfassende Beurteilung: Die Landwirtschaftskammern als Selbstverwaltungskörperschaften

Im Kanon der Selbstverwaltungskörperschaften der Wirtschaft zählen die Landwirtschaftskammern zu den jüngeren Erscheinungsformen, wurden sie – nach der frühen bremischen Landwirtschaftskammer von 1849 – doch erst in Folge des preußischen Landwirtschaftskammergesetzes von 1894 – wenige Jahre vor den Handwerkskammern – in zahlreichen deutschen Staaten eingeführt. Nach dem Vorbild der erfolgreichen Handelskammern sollten die Kammern dazu beitragen, auch die Landwirtschaft durch eine effektive Selbstverwaltung auf regionaler Ebene zu fördern. Die Landwirtschaftskammern sind dabei ähnlich wie die Handwerkskammern weniger „bottom up" auf Initiative der Betroffenen als vielmehr „top down" durch staatlichen Hoheitsakt eingesetzte Selbstverwaltungskörperschaften des öffentlichen Rechts.

Trotz ähnlicher Wurzeln und Ziele bestehen wesentliche Unterschiede zwischen den Landwirtschaftskammern einerseits und den IHK sowie den Handwerkskammern, als den anderen Kammern der Selbstverwaltung der Wirtschaft, andererseits: Im Hinblick auf die Rechtsgrundlagen ist zunächst bemerkenswert, dass die Landwirtschaftskammern die einzigen Selbstverwaltungskörperschaften der Wirtschaft sind, die nicht auf Bundesrecht, sondern auch heute noch ausschließlich auf Landesrecht beruhen. Nachdem schon zu Beginn der Weimarer Republik Versuche, die Landwirtschaftskammern auf reichsrechtlicher Grundlage zu vereinheitlichen, gescheitert waren, blieben nach Konstituierung der Bundesrepublik auch Bemühungen um eine bundesgesetzliche Regelung ohne Erfolg. Zentrale Rechtsgrundlagen der Landwirtschaftskammern sind daher heute sieben unterschiedliche Landes-Landwirtschaftskammergesetze. Der zweite und offensichtlichste Unterschied der Landwirtschaftskammern zu den IHK und den Handwerkskammern besteht darin, dass Landwirtschaftskammern aufgrund der landesgesetzlichen Regelung heute überhaupt nur noch in sieben Bundesländern bestehen, und zwar jeweils nur noch eine einzige Landwirtschaftskammer. Nach dem Zweiten Weltkrieg wurden nur in Bremen, Hessen, Niedersachsen, Nordrhein-Westfalen, Rheinland-Pfalz, dem Saarland und Schleswig-Holstein nachhaltige Landwirtschaftskammern gebildet. Die beiden hessischen Kammern wurden indes 1969 wieder aufgelöst. Dagegen wurde im Jahr 1991 in Hamburg eine Landwirtschaftskammer als Rechtsnachfol-

---

[790] Haushaltsplan des Saarlandes für das Rechnungsjahr 2009, Einzelplan 9 für den Geschäftsbereich des Ministeriums für Umwelt, <www.saarland.de/haushaltsplaene.htm>, S. 58 (671 01–549); vor der beabsichtigten Rückverlagerung von Aufgaben von der Landwirtschaftskammer auf das Land war der Zuschuss für das Jahr 2006 noch wesentlich höher (auf 2.660.000 €) angesetzt.

gerin des früheren Hauptausschusses für Landwirtschaft und Gartenbau eingerichtet, so dass sich die Gesamtzahl der Bundesländer mit Landwirtschaftskammern mittlerweile wieder auf sieben beläuft. In den Bundesländern, in denen mehrere Kammern bestanden, wurde deren Zahl nach und nach auf nur noch eine Kammer pro Land reduziert. Zuletzt wurden zum 1. Januar 2004 in Nordrhein-Westfalen die Landwirtschaftskammern Rheinland und Westfalen-Lippe zur Landwirtschaftskammer NRW zusammengeschlossen und zum 1. Januar 2006 in Niedersachsen die Landwirtschaftskammern Hannover und Weser-Ems zur Landwirtschaftskammer Niedersachsen verschmolzen. Die im Lichte des Selbstverwaltungsprinzips, das von der Partizipation lebt, nicht unproblematische Erstreckung der Landwirtschaftskammern auf das gesamte Gebiet auch der großen Flächenstaaten wird z. T. durch regionale und lokale Untergliederungen kompensiert, die als bidirektionale Schnittstellen zwischen der Kammer und den Mitgliedern vor Ort fungieren.

Die Mitgliedschaft in der Kammer ist wie bei den anderen Kammern der Selbstverwaltung der Wirtschaft nicht freiwillig, sondern eine Zwangs- bzw. Pflichtmitgliedschaft. Mitglieder sind – ähnlich wie in den Handwerkskammern und anders als in den IHK – nicht nur die selbständigen Berufsträger (Arbeitgeber), sondern – mit Ausnahme des Saarlandes – auch Arbeitnehmer aus dem Bereich der Landwirtschaft. Einzigartig ist, dass sich die Mitgliedschaft bei den Landwirtschaftskammern – jedenfalls auf der Seite der Selbständigen – auch auf mitarbeitende Familienangehörige erstreckt. Insofern wird der im Bereich der Landwirtschaft besonders stark verbreiteten Mitarbeit der Familienangehörigen in den Betrieben Rechnung getragen. Jeweils muss es sich um Berufsträger aus dem Bereich der Landwirtschaft handeln. Was genau unter diesen Begriff fällt, ist von der Wirtschaftsstruktur des jeweiligen Landes abhängig. So sind insbesondere in Küstenländern auch bestimmte Formen der Fischerei erfasst.

In der Binnenorganisation der Landwirtschaftskammern ist das Selbstverwaltungsprinzip in seiner kammerartigen, repräsentativen Ausprägung verwirklicht. Das oberste Selbstverwaltungsorgan, die Kammerversammlung, besteht aus von den Kammermitgliedern gewählten Vertretern sowie zugewählten Mitgliedern. Die Mitglieder der anderen Kammerorgane, insbesondere des Vorstands, werden regelmäßig durch die Kammerversammlung gewählt, so dass die Gewählten ihrerseits zumindest mittelbar demokratisch legitimiert sind. Ergänzt wird die dominierende repräsentative Selbstverwaltung durch die Möglichkeit zur aktiven Mitarbeit in den Kammerorganen: Die Mitglieder der Landwirtschaftskammer können über den Wahlakt hinaus durch ein Engagement in der Kammerversammlung oder den sonstigen Organen selbst aktiv an der Erfüllung von Aufgaben partizipieren, die sie in ihrer landwirtschaftlichen Tätigkeit besonders betreffen.

Im Lichte des auf Repräsentation ausgerichteten Selbstverwaltungsprinzips ist von Bedeutung, dass der Mitgliederkreis der Kammer – wie bereits erwähnt – weit gefasst ist: Der Kammer gehören neben den landwirtschaftlichen Arbeitgebern auch Familienangehörige und – mit Ausnahme des Saarlandes – auch landwirtschaftliche Arbeitnehmer an. Den Arbeitnehmern steht dabei regelmäßig ein Drittel der Sitze in der Kammerversammlung zu. Wie bei den Handwerkskammern entrichten die Arbeitnehmer allerdings keine Beiträge an die Kammer, so dass insofern – für Selbstverwaltungskörperschaften eigentlich untypisch – Mitgliedschaft und Beitragspflicht auseinanderfallen. Verbreitet ist im Landwirtschaftskammerrecht, dass die unmittelbar gewählten Mitglieder der Kammerversammlung weitere – in den Landwirtschaftskammergesetzen unterschiedlich bestimmte Personen, meist Repräsentanten aus verschiedenen Interessengruppen der Landwirtschaft – in die Versammlung zuwählen.

Die in der Kammerverfassung organisatorisch verwirklichte Selbstverwaltung wird durch die zahlreichen Aufgaben der Landwirtschaftskammern inhaltlich ergänzt. Nimmt man einen Vergleich mit den anderen Kammern der Selbstverwaltung der Wirtschaft – vor allem den IHK – vor, fällt auf, dass die Landwirtschaftskammern weniger als Interessenvertretungen der Landwirtschaft gegenüber Staat und Gesellschaft, sondern vielmehr primär als Beratungs- und Förderungseinrichtung für die Berufsträger der Landwirtschaft charakterisiert werden können. Insbesondere fehlt den Kammern – anders als vor dem Zweiten Weltkrieg – heute die Aufgabe der Gesamtinteressenvertretung, so dass die Landwirtschaftskammern wesentlich weniger als etwa die IHK und deren Spitzenorganisationen als Lobbyorganisationen der Landwirtschaft tätig werden. Einen gewissen Ausdruck hat dies auch darin gefunden, dass der Verband der Landwirtschaftskammern e.V. als bundesweiter Zusammenschluss der Landwirtschaftskammern und vergleichbarer Institutionen bei Weitem nicht den Organisationsgrad und den Einfluss etwa des DIHK erreicht. Die Förderungs- und Beratungsfunktion der Landwirtschaftskammern wird dadurch ergänzt, dass die Länder regelmäßig in großem Umfang von der Möglichkeit Gebrauch gemacht haben, der jeweiligen Kammer Auftragsangelegenheiten nach Weisung zu übertragen, die ansonsten von staatlichen Behörden wahrgenommen werden müssten. Besonders deutlichen Ausdruck hat diese Tendenz in Niedersachsen gefunden, wo die zum 1. Januar 2006 im Rahmen der Verwaltungsreform gebildete einheitliche Landwirtschaftskammer die Aufgaben der landwirtschaftlichen Fachbehörde wahrnimmt und ihr Mitarbeiterstab entsprechend um mehr als 400 frühere Mitarbeiter der Landesagrarverwaltung erweitert wurde. Könnte die Landwirtschaftskammer hier daher aus einem Blickwinkel in besonderem Maße als „verlängerter Arm der staatlichen Verwaltung" im Agrarbereich wahrgenommen werden, kann aus einem anderen Blickwinkel hervorgehoben werden, dass die Kammer in ihrer Binnenverfassung als Selbstverwaltungskörperschaft strukturiert ist. Insofern könnte aus dieser Perspektive auch formuliert werden, dass die Selbstverwaltung insgesamt gestärkt wird, wenn früher staatliche Aufgaben nun von einer Selbstverwaltungskörperschaft wahrgenommen werden. In kleinerem Maßstab bestätigt auch die Verlagerung bedeutender Aufgaben im Bereich des Pflanzenschutzes auf die Landwirtschaftskammer Schleswig-Holstein im Jahr 2008, dass die Kammern als leistungsfähige und effektive Verwaltungsträger betrachtet werden.

Dass die Landwirtschaftskammern bei ihrer Aufgabenerfüllung überwiegend „top down" fördernd und beratend für die Berufsträger der Landwirtschaft tätig werden und daneben zahlreiche Auftragsangelegenheiten für den Staat wahrnehmen, hat auch darin seinen Niederschlag gefunden, dass sich die Kammern zu einem Großteil durch staatliche Zuweisungen finanzieren. Die ansonsten bei der Finanzierung der Selbstverwaltungskörperschaften regelmäßig im Vordergrund stehenden Beiträge der beitragspflichtigen Mitglieder besitzen bei den Landwirtschaftskammern eine geringere Bedeutung.

Summa summarum ist das Selbstverwaltungsprinzip im Recht der Landwirtschaftskammer in seiner typisch kammerartigen Ausgestaltung umgesetzt worden. Da die Landwirtschaftskammern aufgrund der Mitgliedschaft nicht nur der landwirtschaftlichen Arbeitgeber, sondern auch von Familienangehörigen und Arbeitnehmern einerseits und der Erstreckung der Kammer-„bezirke" aller Kammern auf das Gebiet des ganzen Landes andererseits jeweils einen sehr großen Mitgliederkreis haben, ist eine kammertypisch repräsentative Ausgestaltung der inneren Kammerverfassung unumgänglich, bei der die Mitglieder die Kammerversammlung und diese wiederum die Organe wählen. Obwohl die Geschäfte der laufenden Verwaltung – wie bei den Selbstverwaltungskörperschaften üblich – letztlich ganz überwiegend von den Bediensteten bzw. Angestellten der Kammer erledigt werden, garantieren die grundlegenden Kompetenzen der Kammerversammlung – vor allem im Bereich des Satzungserlasses – einerseits und des Vorstands sowie des Präsidenten andererseits, dass die wesentlichen Grundentscheidungen von unmittelbar oder zumindest mittelbar demokratisch legitimierten Personen getroffen werden, die zudem in ihrer Person aktive, ehrenamtliche Selbstverwaltung ausüben. Regelmäßig sind auch die Kammerdirektoren bzw. Geschäftsführer, wenn sie auch nicht Mitglieder der Kammer sein müssen, doch ihrerseits mittelbar demokratisch legitimiert. Die Ausübung der für die einzelnen Mitglieder aber auch für die Landwirtschaft insgesamt bedeutsamen Aufgaben der Landwirtschaftskammer ist damit auf den Willen der Mitglieder rückführbar und somit ein weiteres Beispiel des heute prägenden repräsentativen Selbstverwaltungsprinzips.

Es darf allerdings auch nicht übersehen werden, dass die Verwirklichung einer wirklich partizipativen Selbstverwaltung bei den Landwirtschaftskammern im Vergleich zu den anderen Selbstverwaltungskörperschaften der Wirtschaft den größten Gefährdungen unterliegt. Vor allem die Reduzierung der Zahl der Landwirtschaftskammern auf landesweit jeweils nur noch eine bedroht jedenfalls in den Flächenländern die Verwirklichung einer lebendigen Partizipationskultur. Wenn es hier nicht gelingt, durch regionale und lokale Untergliederungen, den Mitgliedern ein Forum zur Kommunikation mit und Einwirkung auf die Kammer zu geben, droht die Kammer in der Wahrnehmung der Mitglieder von einer wirklichen Selbstverwaltungskörperschaft zu einer weiteren abstrakten Ausprägung des Staates zu werden, bei der sich die Partizipation der Mitglieder in der – dann möglicherweise auch zunehmend weniger ausgeübten – Stimmabgabe bei den Wahlen zur Kammerversammlung erschöpft. Dass die Landwirtschaftskammern im Konzert

III. 9. Die Landwirtschaftskammern als Selbstverwaltungskörperschaften 889

der Selbstverwaltungskörperschaften der Wirtschaft die stärkste „top down"-Ausprägung besitzen, beruht daneben nicht zuletzt darauf, dass ihnen die Aufgabe der Gesamtinteressenvertretung fehlt und sie vor allem Aufgaben der Förderung und Beratung sowie zahlreiche durch den Staat übertragene Weisungsaufgaben aus dem Bereich der staatlichen Landwirtschaftsverwaltung wahrnehmen. In dieses Bild passt schließlich auch der regelmäßig hohe Anteil staatlicher Zuweisungen an der Finanzierung der Kammern. Insgesamt sind die Landwirtschaftskammern vollwertige Selbstverwaltungskörperschaften der Wirtschaft, in denen allerdings die Wahrnehmung staatlicher Verwaltungsaufgaben teilweise ein für die Selbstverwaltung der Wirtschaft untypisches, hohes Maß erreicht[791].

---

[791] *Franz*, Landwirtschaftskammern, in: JbKR 2002, S. 123 (143), der den letztgenannten Aspekt hervorhebt, spricht von einer „fremdverwaltungsdominierten Selbstverwaltungskörperschaft".

Zusammenfassung der Ergebnisse und Ausblick

9. Kapitel
Das Recht der Selbstverwaltung der Wirtschaft

Dieses abschließende Kapitel dient vor allem der Zusammenfassung der Ergebnisse der vorliegenden Studie zur Selbstverwaltung der Wirtschaft. Dabei sollen allerdings nicht die vielfältigen Einzelergebnisse aneinandergereiht werden. Es wird vielmehr versucht, die Essenz der vorangegangenen Kapitel zu einem einheitlichen Bild zusammenzuführen. Es geht also um eine synoptische Perspektive, welche die Interdependenzen der im ersten Teil der Arbeit eingenommenen allgemeinen, auf Begriff und Konzept der Selbstverwaltung der Wirtschaft zentrierten Perspektive mit der im zweiten Teil eingenommenen, auf die Selbstverwaltung in den einzelnen Körperschaften bezogenen Perspektive akzentuiert. Letztlich soll so ein konsolidiertes Gesamtbild des Rechts der Selbstverwaltung der Wirtschaft zunächst in seiner historischen Entwicklung und dann in seinem heutigen Stand entstehen, das zugleich den Blick auf die demokratische Dimension der Selbstverwaltung der Wirtschaft öffnet.

I. Die Entwicklung der Selbstverwaltung der Wirtschaft

Während der Begriff der Selbstverwaltung der Wirtschaft, bzw. der meist synonym verwendete Begriff der wirtschaftlichen Selbstverwaltung erst vor ungefähr 90 Jahren geprägt wurde, besitzt das Phänomen eine mehr als tausendjährige Geschichte: So weisen die mittelalterlichen Gilden und Zünfte – trotz erheblicher Unterschiede – auch erstaunliche Parallelen zu den heutigen Selbstverwaltungskörperschaften auf: Zu nennen sind hier nicht nur die genossenschaftlich strukturierte Binnenverfassung und der Aufgabenbestand, sondern auch die partiell hoheitliche Stellung im Rahmen des städtischen Verfassungsgefüges. Während sich viele kaufmännische Gilden in der frühen Neuzeit entweder auflösten oder aber zu eher informell wirksamen sozialen „Clubs" entwickelten, bestanden die Zünfte weiter und wurden – nach einer wechselvollen Geschichte – zur Wurzel der heutigen Handwerksinnungen, die durch die Gewerbeordnung im Jahr 1869 in Preußen und im Jahr 1871 im gesamten Deutschen Reich Anerkennung fanden. Im kaufmännischen Bereich bestanden zu dieser Zeit bereits in fast allen Gliedstaaten des Deutschen Reichs Handelskammern, die nach dem Vorbild der Anfang des 19. Jh. in den französisch besetzten Gebieten gegründeten „Chambres de Commerce" gebildet worden waren. Eine Vorreiterrolle hatte hier Preußen eingenommen, wo sich die Handelskammern auf Drängen der in ihnen organisierten Kaufleute durch Integration von Elementen der Kaufmännischen Korporationen im Laufe mehrerer Jahrzehnte von vor allem im staatlichen Interesse bestehenden ratsähnlichen Gremien ohne Selbstverwaltung zu wirklichen Selbstverwaltungsorganen der Wirtschaft entwickelt hatten, denen seit dem preußischen Handelskammergesetz von 1870 dann auch die bis heute prägende Aufgabe der Gesamtinteressenvertretung zukam. Letztlich war so eine Mischform aus der Chambre de Commerce französischen Typs und der preußischen Kaufmännischen Korporation entstanden, die für die weitere Entwicklung prägend bleiben sollte.

Der allgemeine Begriff der Selbstverwaltung hatte sich derweil im Anschluss an die Reformen des *Freiherrn vom Stein* im Rahmen der preußischen Städteordnung von 1808 entwickelt und war daher zunächst ausschließlich auf die kommunale Selbstverwaltung bezogen. Im Rahmen der intensivierten wissenschaftlichen Auseinandersetzung um die Selbstverwaltung ab den siebziger Jahren des 19. Jh. und der Bemühungen um eine wieder stärkere Heranführung von Kammern und Innungen an den Staat in den achtziger Jahren des 19. Jh. traten dann jedoch die Parallelen, die zwischen den Innungen sowie Handwerks- und Gewerbekammern einerseits und der kommunalen Selbstverwaltung andererseits bestanden, ins Blickfeld. Als Folge begannen erste Autoren wie *Heinrich Rosin*, auch Innungen und Handelskammern der Selbstverwaltung zuzuordnen, ohne allerdings eine eigene Kategorie wirtschaftlicher Selbstverwaltung zu prägen. Dieser Begriff fand zwar zu dieser Zeit bei dem für das Selbstverwaltungsdenken bis heute überaus wichtigen *Rudolf von Gneist* Verwendung, bezeichnete jedoch hier zunächst noch etwas ganz anderes, nämlich einen bestimmten Aspekt kommunaler Selbstverwaltung. Was die wissenschaftliche Selbstverwaltungsdiskussion seit den siebziger Jahren des 19. Jh. angeht, ist allerdings vor allem bedeutsam, dass die positivistische Rechtsschule im Anschluss an *Paul Laband* und *Rosin* – in Abkehr von der herrschenden Lehre *Gneists*, der unter Selbstverwaltung die ehrenamtliche Beteiligung einzelner Bürger an der Verwaltung verstand –, einen neuen, auf die Selbstverwaltungskörperschaft zentrierten juristischen Selbstverwaltungsbegriff prägte. Dieser korporative Selbstverwaltungsbegriff schloss das vormals zentrale Element der Betroffenenpartizipation aus dem juristischen Begriff aus und ordnete es einem politischen Selbstverwaltungsbegriff zu.

In der Praxis der Selbstverwaltung wurden in den achtziger Jahren des 19. Jh. Bemühungen unternommen, auf reichsgesetzlicher Grundlage im gesamten Deutschen Reich eine in einem Reichsvolkswirtschaftsrat gipfelnde, gestufte Selbstverwaltung der Wirtschaft einzuführen. Nachdem dieses groß angelegte Projekt einer einheitlichen wirtschaftlichen Selbstverwaltung in Wirtschaftskammern gescheitert war – auch die 17 preußischen Gewerbekammern überlebten nicht lange –, brachten die neunziger Jahre am Vorbild der Handelskammern orientierte Einzelkammern auch für die anderen Bereiche der Wirtschaft: So wurden – nachdem in

I. Die Entwicklung der Selbstverwaltung der Wirtschaft

Bremen bereits im Jahr 1849 eine erste Landwirtschaftskammer gegründet worden war – im Jahr 1894 in Preußen und in den darauf folgenden Jahren in vielen anderen Gliedstaaten des Reichs auf einzelstaatlichem Recht basierende Landwirtschaftskammern eingerichtet. Im Jahr 1897 wurde schließlich im Rahmen der großen Handwerksnovelle zur Reichs-Gewerbeordnung die Grundlage für die reichsweite Bildung von Handwerkskammern geschaffen.

Zu Beginn des 20. Jh. bestanden damit in der überwiegenden Zahl der deutschen Gliedstaaten mit den Handelskammern, Handwerkskammern, Handwerksinnungen und Landwirtschaftskammern fast alle Körperschaften, die heute die Selbstverwaltung der Wirtschaft in organisatorischer Hinsicht ausmachen, sowie mit den Innungsausschüssen zumindest die Vorläufer der erst im Nationalsozialismus eingeführten Kreishandwerkerschaften. Die Bildung einer eigenen Kategorie der Selbstverwaltung der Wirtschaft durch die Wissenschaft ließ indes noch bis nach dem Ersten Weltkrieg auf sich warten. Der Begriff der wirtschaftlichen Selbstverwaltung wurde zu Beginn der Weimarer Republik dann auch nicht etwa im Hinblick auf die heute als Selbstverwaltungskörperschaften der Wirtschaft anerkannten Organisationsformen gebildet. Er wurde vielmehr für spezielle Organisationsformen geprägt, die zwecks Verwirklichung von Gemeinwirtschaft und Wirtschaftsdemokratie häufig in Anknüpfung an Organisationsformen der Kriegsbewirtschaftung gegründet worden waren. Indem Einrichtungen wie der Eisenwirtschaftsbund gesetzlich als wirtschaftliche Selbstverwaltungskörper bezeichnet wurden, war ein Fokus für eine wissenschaftliche Begriffsbildung gegeben, die induktiv durch Abstrahierung der Merkmale der entsprechenden Organisationsformen erfolgte. Erst als die sog. neuen wirtschaftlichen Selbstverwaltungskörper, in denen tatsächlich keine wirkliche Selbstverwaltung stattfand, in der zweiten Hälfte der zwanziger Jahre des 20. Jh. ihren Nimbus eingebüßt hatten, gelang es der Wissenschaft, sich von diesen zu lösen und eine Konkordanz des Begriffs der Selbstverwaltung der Wirtschaft mit dem allgemeinen Selbstverwaltungsbegriff anzustreben. So wurde als Selbstverwaltung der Wirtschaft fortan zunehmend das verstanden, was dem Begriff und dem Konzept der Selbstverwaltung im klassischen Sinne gerecht wurde, mit der Folge, dass nunmehr die inzwischen in Industrie- und Handelskammern umbenannten Handelskammern, die Handwerkskammern, die Landwirtschaftskammern und die Handwerksinnungen als die eigentlichen Träger der Selbstverwaltung der Wirtschaft in den Fokus der Wissenschaft gerieten. Insgesamt ist der Begriff der wirtschaftlichen Selbstverwaltung damit zwar ursprünglich für die neuen wirtschaftlichen Selbstverwaltungskörper der frühen Weimarer Republik geprägt worden. Seinen heute charakteristischen Inhalt erhielt er indes schon recht bald durch seine – allerdings bis zum Ende der Weimarer Republik umstrittene – inhaltliche Umprägung.

Der Nationalsozialismus bedeutete eine einschneidende Zäsur sowohl für die Selbstverwaltungskörperschaften der Wirtschaft als auch für die wissenschaftliche Begriffsbildung: Während die Landwirtschaftskammern wegen der überragenden Bedeutung des Ernährungssektors für die Nationalsozialisten noch Ende 1933 aufgelöst und in den Reichsnährstand als erstem Element des damals angestrebten ständischen Aufbaus der Wirtschaft eingefügt wurden, wurde in den IHK, den Handwerkskammern, den 1934 als Nachfolger der früheren freiwilligen Innungsausschüsse gebildeten obligatorischen Kreishandwerkerschaften und den Handwerksinnungen die Selbstverwaltung beseitigt. Nachdem die Leitungspositionen noch im Jahr 1933 allenthalben durch Parteimitglieder besetzt worden waren, wurde die innere Verfassung der verschiedenen Körperschaften grundlegend umgestaltet, indem die repräsentativ ausgestaltete Selbstverwaltung, in deren Mittelpunkt die unmittelbare oder mittelbare Wahl der Organe durch die Mitglieder gestanden hatte, durch den Führergrundsatz ersetzt wurde, in dessen Rahmen die Verantwortungsträger von oben ernannt wurden. Schließlich wurden die verschiedenen Körperschaften in den neuen, doppelt – fachlich und überfachlich – gegliederten, hierarchisch strukturierten nationalsozialistischen Aufbau der Wirtschaft integriert, bevor die IHK und die Handwerkskammern in den Kriegsjahren 1942/43 schließlich gänzlich aufgelöst und in die neuen Gauwirtschaftskammern überführt wurden. Die Wissenschaft tradierte nach 1933 zunächst noch die Begriffsbildungen der Weimarer Republik. Als jedoch deutlich wurde, dass der in der Rechtswirklichkeit in verschiedenen Gesetzen missbräuchlich weiter verwendete Begriff der Selbstverwaltung mit dem überkommenen Selbstverwaltungsbegriff nur noch wenig zu tun hatte, wurde von der Wissenschaft in Abkehr von den Wurzeln der Selbstverwaltung ein neuer, völkisch-nationalsozialistischer Selbstverwaltungsbegriff gebildet.

Nach Ende des Zweiten Weltkriegs wurden die spezifisch nationalsozialistischen Organisationsformen abgewickelt, während die verschiedenen früheren Selbstverwaltungskörperschaften der Wirtschaft zügig wieder ihre Arbeit aufnahmen. Dies wurde von den Besatzungsmächten zum Teil aktiv unterstützt, überwiegend aber zumindest geduldet, da viele Selbstverwaltungskörperschaften ja ihrerseits im Nationalsozialismus aufgehoben worden waren und nunmehr – ähnlich wie die kommunale Selbstverwaltung – als Keimzellen eines neuen, demokratischen Deutschlands erschienen. Da insbesondere die amerikanische Militärregierung Zwangsmitgliedschaft und Körperschaftsstatus ablehnte und schließlich untersagte, kam es jedoch in den einzelnen Besatzungszonen zu einer unterschiedlichen Rechtsentwicklung, die zudem – mangels positiver Rechtsetzung – oftmals von einer ausgeprägten Unsicherheit über die einschlägigen Rechtsgrundlagen begleitet wurde. Vor allem auf Drängen der unfreiwillig privatisierten Kammern der amerikanischen Besatzungszone wurde daher nach Konstituierung der Bundesrepublik Deutschland intensiv eine bundesgesetzliche Regelung der verschiedenen Bereiche der Selbstverwaltung der Wirtschaft betrieben: So wurde das Recht der Handwerkskammern, der Kreishandwerkerschaften und der Handwerksinnungen im Jahr 1953 nicht mehr in der Gewerbeordnung, sondern in einer eigenständigen bundesgesetzlichen Handwerksordnung geregelt. Das Recht der IHK fand nach langen Diskussionen eine einheitliche Regelung auf bundesgesetzlicher Grundlage im IHK-Gesetz von 1956, das in wichtigen Punkten durch landesrechtliche Ausführungsgesetze ergänzt wird. Gescheitert war zuvor, im Jahr 1953, allerdings die angestrebte bundesrechtliche Regelung zumindest der Grundzüge des Landwirtschaftskammerrechts. Als Folge blieb das Landwirtschaftskammerrecht wie vor dem Zweiten Weltkrieg Länderrecht, was wiederum maßgeblich dazu beitrug, dass heute – anders als in der Weimarer Republik – nur noch in sieben Bundesländern Landwirtschaftskammern bestehen.

Die Wissenschaft der Bundesrepublik musste im Bereich der Selbstverwaltung der Wirtschaft nicht – wie dies etwa in der Weimarer Republik der Fall gewesen war – völlig neue Organisationsformen erfassen und konnte daher nahtlos an die Vorarbeiten des Kaiserreichs sowie der Weimarer Republik anknüpfen. Vorweggenommen sei, dass – anders als noch in der ersten Hälfte der Weimarer Republik – meist nicht mehr bestritten wurde, dass IHK, Handwerkskammern, Kreishandwerkerschaften, Handwerksinnungen und Landwirtschaftskammern Selbstverwaltungskörperschaften der Wirtschaft sind. Überaus umstritten waren aber die grundlegenden Konturen des Selbstverwaltungsbegriffs und damit auch des Begriffs der Selbstverwaltung der Wirtschaft. Die herrschende Lehre – insbesondere in der Lehrbuchliteratur – tradierte dabei den positivistisch-körperschaftlichen Selbstverwaltungsbegriff. So trieb *Forsthoffs* Selbstverwaltungsbegriff der „Wahrnehmung an sich staatlicher Aufgaben durch Körperschaften, Anstalten und Stiftungen des öffentlichen Rechts" die von Laband und Rosin initiierte Formalisierung auf die Spitze und postulierte – wie *Reinhard Hendler* später treffend formulierte – im Ergebnis eine Selbstverwaltungslehre ohne Selbstverwaltung. Am wirkmächtigsten war allerdings *Hans J. Wolffs* formale Begriffsbildung, wonach Selbstverwaltung die selbständige, fachweisungsfreie Wahrnehmung enumerativ oder global überlassener oder zugewiesener eigener öffentlicher Angelegenheiten durch unterstaatliche Träger öffentlicher Verwaltung ist. Bemerkenswert ist, dass Wolffs Annäherung an das partizipative Element der Selbstverwaltung in der zweiten Auflage seines „Verwaltungsrecht II" in der späteren Literatur weit weniger Beachtung gefunden hat als sein griffiger, formaler juristischer Selbstverwaltungsbegriff. Nicht zuletzt als Gegenposition zu extrem formalen Selbstverwaltungsbegriffen wie demjenigen Forsthoffs entstanden in der Folge zahlreiche materiale Selbstverwaltungskonzeptionen, die sich häufig von der körperschaftszentrierten Perspektive lösten und die partizipative Aufgabenerfüllung wieder in den Mittelpunkt rückten. Manche Begriffsbildungen schossen jedoch über das Ziel hinaus, indem die Anknüpfung an eine juristische Person aufgegeben wurde: *Ernst Rudolf Hubers* extrem weiter Begriff der Selbstverwaltung der Wirtschaft war ebenso wie die sozialstaatlichen Selbstverwaltungskonzeptionen von *Wilhelm Henke* und *Ulrich K. Preuß* mit der Gefahr verbunden, den Selbstverwaltungsbegriff konturenlos und damit nicht mehr handhabbar werden zu lassen. Sie haben sich daher nicht durchgesetzt.

Dennoch konnte sich die juristische Selbstverwaltungsdiskussion insgesamt nicht der prägenden Bedeutung der Betroffenenpartizipation verschließen. Selbstverwaltung bedeutet nicht nur in historischer Perspektive, sondern bis zum heutigen Tag, dass Betroffene im Rahmen einer hierfür gegründeten juristischen Person des öffentlichen Rechts Angelegenheiten, die für sie eine besondere Relevanz besitzen, selbst verwalten. Eine juristische Selbstverwaltungsdefinition, die das regelmäßig repräsentativ ausgestaltete Partizipationselement ausklammert, ist entsprechend schlicht unzutreffend. Es ist daher geboten, auch den juristischen Selbstverwaltungsbegriff wieder – weg von der Körperschaft – hin auf die sich selbst Verwaltenden zu zentrieren. Insgesamt kann Selbstverwaltung daher definiert werden als die regelmäßig insbesondere über die Wahl eines Repräsentationsorgans vermittelte, eigenverantwortliche, nur einer Rechtsaufsicht unterworfene Verwaltung eines eigenen Wirkungskreises durch die in einer juristischen Person des öffentlichen Rechts als Selbstverwaltungsträger organisierten Betroffenen. Daran anknüpfend ist für den Unterbegriff der Selbstverwaltung der Wirtschaft zum einen entscheidend, dass ratione personae die sich selbst verwaltenden Personen, die Betroffenen, der Wirtschaft zuzuordnen sein müssen. Zum anderen muss sich auch der materiale Gegenstand der Selbstverwaltung im Wesentlichen auf Gegenstände der Wirtschaft beziehen. Selbstverwaltung der Wirtschaft bedeutet daher, dass Wirtschaftssubjekte als Betroffene der Wirtschaft eigenverantwortlich, nur einer Rechtsaufsicht unterworfen und regelmäßig über die Wahl eines Repräsentationsorgans vermittelt im Rahmen einer juristischen Person des öffentlichen Rechts einen eigenen wirtschaftsbezogenen Wirkungskreis verwalten.

Zur Selbstverwaltung der Wirtschaft zählen heute danach die auf Bundesrecht basierenden 80 Industrie- und Handelskammern, 53 Handwerkskammern, ca. 5.500 Handwerksinnungen und ca. 320 Kreishandwerkerschaften sowie die auf Landesrecht beruhenden sieben Landwirtschaftskammern. Nicht zur Selbstverwaltung der Wirtschaft gehören – trotz einer z. T. engen Verwandtschaft – die Arbeitskammer des Saarlandes, die Arbeitnehmerkammer Bremen und die Kammern der freien Berufe. Auch die frühere Hauptwirtschaftskammer Rheinland-Pfalz sowie die frühere Wirtschaftskammer Bremen waren keine echten Selbstverwaltungskörperschaften der Wirtschaft.

II. Die Verwirklichung der Selbstverwaltung der Wirtschaft im heutigen Recht

Steht im Mittelpunkt der Selbstverwaltung die Verwaltung eigener Angelegenheiten durch die Betroffenen im Rahmen einer Körperschaft des öffentlichen Rechts, so hängt der Grad der Verwirklichung des Selbstverwaltungsprinzips im heutigen Recht vor allem davon ab, wie die Partizipation der Betroffenen im Binnenverfassungsrecht der verschiedenen Körperschaften verwirklicht ist und welchen konkreten Aufgabenbestand die jeweiligen Selbstverwaltungskörperschaften haben, bzw. genauer, welche Aufgaben die Betroffenen im Rahmen der Körperschaft selbst verwalten. Daneben spielen allerdings auch verschiedene weitere Faktoren für die Selbstverwaltungswertigkeit der einzelnen Körperschaften eine Rolle, wie etwa die Modalitäten der Gründung der entsprechenden Körperschaft, die

II. Die Verwirklichung der Selbstverwaltung der Wirtschaft im heutigen Recht 897

Ausgestaltung der Staatsaufsicht über dieselbe oder die Art und Weise, wie sie finanziert wird. Die wichtigsten Aspekte seien in der Folge synoptisch für die verschiedenen Körperschaften zusammengeführt.

1. Rechtsform und Gründung des Selbstverwaltungskörpers

IHK, Handwerksinnungen, Kreishandwerkerschaften, Handwerkskammern und Landwirtschaftskammern sind alle Körperschaften des öffentlichen Rechts. Wesentliche Unterschiede bestehen allerdings bei der Gründung dieser Körperschaften. Dies betrifft vor allem den Einfluss, den die Betroffenen auf diesen Prozess haben: Die Errichtung, Auflösung oder Bezirksänderung einer IHK erfordert regelmäßig ein Gesetz oder eine Verordnung, wobei die zukünftigen bzw. aktuellen Kammerzugehörigen zu hören sind[1]. Die Errichtung und die Auflösung einer Handwerkskammer erfolgen durch einen Organisationsakt sui generis in der Form einer Rechtsverordnung der obersten Landesbehörde[2]. Eine Bezirksänderung kann durch Rechtsverordnung oder Verwaltungsakt der zuständigen Behörde geschehen[3]. Die Errichtung und Auflösung der Landwirtschaftskammern beruht unmittelbar auf dem jeweiligen Landes-Landwirtschaftskammergesetz[4]. Im Ergebnis erfolgt die Errichtung, Auflösung und bezirkliche Neuabgrenzung der Kammern der Wirtschaft also „top down" durch staatlichen Hoheitsakt, die Mitwirkung der Betroffenen beschränkt sich auf Anhörungsrechte, de facto-Initiativen und dergleichen. Im Gegensatz dazu werden Handwerksinnungen auch de jure auf Initiative der Betroffenen errichtet[5]. Das Gründungsverfahren vollzieht sich hier im Sinne des klassischen Selbstverwaltungsprinzips von unten nach oben auf Initiative der betroffenen Wirtschaftssubjekte, wobei nur bestimmte gesetzliche Rahmenbedingungen erfüllt sein müssen. Kreishandwerkerschaften schließlich werden zwar durch Zusammenschluss der Innungen eines Stadt- oder Landkreises gebildet. Dieser Zusammenschluss ist indes anders als bei den Handwerksinnungen obligatorisch[6].

Die Gründung der Selbstverwaltungskörperschaft ist also lediglich bei den Handwerksinnungen ein auf Freiwilligkeit beruhender von unten nach oben verlaufender Prozess. Nicht zuletzt vor dem Hintergrund der angestrebten vollständigen Verkammerung des Bundesgebiets bzw. des Gebiets des jeweils betroffenen Landes vollzieht sich der Gründungsprozess bei den Kammern hingegen seit lan-

---
[1] §§ 12 Abs. 2 i. V. m. 12 Abs. 1 Nr. 1 IHKG.
[2] § 90 Abs. 5 S. 1, 1. HS HwO.
[3] § 90 Abs. 5 S. 2, 1. HS HwO.
[4] § 1 Abs. 1 LwkG-Brem.; § 1 Abs. 1 S. 1 LwkG-Hbg.; § 1 Abs. 1 LwkG-Nds.; § 1 Abs. 1 LwkG-NRW; § 1 Abs. 1 LwkG-Rh.-Pf.; § 1 Abs. 1 S. 1 LwkG-Saarl., bzw. § 1 Abs. 1 LwK-Saarl.-1956 (Anerkennung der Landwirtschaftskammer als gesetzliche Berufsvertretung der Landwirtschaft); § 1 Abs. 1 S. 1 LwkG-Schl.-Holst.
[5] § 52 Abs. 1 S. 1 HwO.
[6] § 86 S. 1 HwO.

gem von oben nach unten[7]. Angemerkt sei allerdings, dass es heute vor dem Hintergrund, dass die Bundesrepublik – jedenfalls was die bundesgesetzlich geregelten Kammern angeht – im Bereich der Selbstverwaltung der Wirtschaft umfassend verkammert ist, in der Praxis nur noch um Zusammenschlüsse bestehender Kammern und nicht mehr um völlige Neugründungen geht.

2. Die Verwirklichung der Selbstverwaltung in der mitgliedschaftlichen Struktur

a) Grundstrukturen der Mitgliedschaft

IHK, Handwerksinnungen, Kreishandwerkerschaften, Handwerkskammern und Landwirtschaftskammern unterscheiden sich wesentlich in ihrem Mitgliederkreis. Jenseits der geborenen Abgrenzung der Mitgliedschaft nach bestimmten Berufs- bzw. Wirtschaftszweigen finden sich strukturelle Unterschiede, auf die sich die folgenden Ausführungen konzentrieren: So ist die Mitgliedschaft in IHK, Handwerkskammern, Landwirtschaftskammern und Kreishandwerkerschaften verpflichtend, während die Mitgliedschaft in den Handwerksinnungen heute generell freiwillig ist. Eine Besonderheit der Kreishandwerkerschaften besteht darin, dass in ihnen mit den Handwerksinnungen ihrerseits Selbstverwaltungskörperschaften zusammengeschlossen sind. Deshalb kann die Kreishandwerkerschaft in gewisser Hinsicht als mittelbare Selbstverwaltungskörperschaft bezeichnet werden, die aber eben nicht nur im Interesse der zusammengeschlossenen Innungen, sondern auch im Interesse der Berufsträger (und zwar auch der nicht innungsorganisierten) tätig wird. Schließlich lassen sich die einzelnen Körperschaften, in denen Berufsträger organisiert sind, danach kategorisieren, ob ihnen lediglich Unternehmer oder auch Arbeitnehmer und ggf. auch weitere Personen angehören: In den IHK, den Handwerksinnungen und der saarländischen Landwirtschaftskammer sind lediglich Unternehmer organisiert. Den Handwerkskammern sowie den Landwirtschaftskammern – mit Ausnahme der saarländischen – gehören demgegenüber auch Arbeitnehmer an. Die Landwirtschaftskammern haben darüber hinausgehend die Besonderheit, dass zu ihrem Mitgliederkreis angesichts des engen Familienbezugs, den landwirtschaftliche Betriebe häufig aufweisen, regelmäßig auch mitarbeitende Familienangehörige der Unternehmer und teilweise sogar solche der Arbeitnehmer gehören.

---

[7] Maßgeblich hierum ging es bei dem jahrzehntelangen Streit um die grundlegenden staatlichen Einwirkungsbefugnisse nach dem preußischen Handelskammergesetz, bis der Minister für Handel und Gewerbe 1924 ermächtigt wurde, nach Anhörung der beteiligten Kammern Anordnungen über die Abgrenzung der Bezirke der IHK sowie die Auflösung und die Zusammenlegung bestehender Kammern zu treffen; dazu oben z. B. S. 335, 339.

b) Die Repräsentation der Mitglieder in der Binnenverfassung der Körperschaft

Selbstverwaltung ist seit der zweiten Hälfte des 19. Jh. strukturell vor allem mit repräsentativer Partizipation gleichzusetzen. Auf eine systematische Verwirklichung des Ehrenamts abzielende Postulate eines *Rudolf von Gneist* konnten sich bereits in der Rechtswirklichkeit der preußischen Kommunalverwaltung der siebziger Jahre des 19. Jh. nicht mehr durchsetzen. Stattdessen wird Selbstverwaltung – insofern zunächst durchaus vergleichbar mit der Demokratie im Gesamtstaat – vor allem durch eine bestimmte Form der Repräsentation der Mitglieder in der Binnenverfassung der Körperschaft vermittelt. Bei den überkommunal tätigen Kammern ist dabei von jeher die Wahl einer Repräsentativversammlung prägend, die dann zum einen weitere Kammerorgane wählt, zum anderen das Satzungsrecht erlässt und weitere grundlegende Beschlüsse trifft. Die Dominanz der repräsentativen, durch einen Wahlakt vermittelten Partizipation ist letztlich durch die Größe der Kammerbezirke und die große Mitgliederzahl der Kammern bedingt, die eine unmittelbare Mitgliedschaft aller Kammerzugehörigen in der Versammlung ausschließen. Im Kontrast zum Repräsentativmodell des Kammerrechts besteht die Innungsversammlung – nach dem gesetzlichen Leitbild – aus allen Mitgliedern der Handwerksinnung[8]. Allerdings wurde in den sechziger Jahren des 20. Jh. vor allem für großstädtische Innungen oder solche mit besonders großem Innungsbezirk die Möglichkeit der Einführung einer Vertreterversammlung geschaffen[9]. Die Mitgliederversammlung der Kreishandwerkerschaft schließlich besteht aus Vertretern aller Mitgliedsinnungen[10]. Prinzipiell gehören also auch hier sämtliche Mitglieder der Versammlung an, wenn auch zwangsläufig vermittelt durch Vertreter, da die Mitgliedsinnungen als juristische Personen nur durch diese handeln können. Da somit jedes Mitglied unmittelbar in der Repräsentativversammlung vertreten ist, ist das Selbstverwaltungsprinzip bei den Kreishandwerkerschaften insofern wie bei den Innungen, die sich nicht für eine Vertreterversammlung entschieden haben, in besonders ausgeprägter Form verwirklicht. Dies bedeutet vor allem auch, dass Organe, die durch die Versammlungen von Innungen und Kreishandwerkerschaften gewählt werden, ihrerseits nicht nur – wie bei den Kammern – mittelbar, sondern unmittelbar demokratisch legitimiert sind.

Die unmittelbare oder mittelbare Repräsentation der Mitglieder der Körperschaft in deren Versammlung kann nur dann erfolgreich die Selbstverwaltung der zum Aufgabenbereich der Körperschaft gehörenden Angelegenheiten vermitteln, wenn die Versammlung substantielle Entscheidungsbefugnisse besitzt. Diese bestehen bei allen untersuchten Körperschaften zum einen darin, dass die weiteren Kammerorgane in der Regel durch die Versammlung gewählt werden, so dass auch die Kammerexekutive, der letztlich die Aufgabenerfüllung der Selbstverwaltungskörperschaft obliegt, ihrerseits (unmittelbar oder mittelbar) demokratisch legiti-

---
[8] § 61 Abs. 1 S. 2 HwO.
[9] § 61 Abs. 1 S. 3 HwO.
[10] § 88 S. 1 HwO.

miert ist. Zum anderen beschließt die Versammlung nicht nur über die Hauptsatzung und das sonstige Satzungsrecht der Kammer, sondern trifft – ohne Möglichkeit der Übertragung auf andere Organe – auch sonst bestimmte für die Körperschaft und die in ihr organisierten Mitglieder besonders wichtige Beschlüsse, namentlich die wesentlichen beitragsrelevanten. Die ausschließliche Kompetenz für das grundlegende Satzungsrecht ist nicht zuletzt aus dem Grund von überragender Bedeutung, dass hier – im Rahmen der gesetzlichen Regelungen – die wesentlichen rechtlichen Vorgaben für die gesamte Tätigkeit der Körperschaft und ihrer Organe aufgestellt werden.

c) Potentiale für aktive, ehrenamtliche Selbstverwaltung

Obwohl heute strukturell die repräsentative, durch einen Wahlakt vermittelte Selbstverwaltung dominiert, darf nicht übersehen werden, dass in allen Selbstverwaltungskörperschaften der Wirtschaft bedeutende Möglichkeiten für eine aktive, ehrenamtliche Selbstverwaltungstätigkeit der einzelnen Mitglieder bestehen. Diese umfassen neben der Mitgliedschaft in der Repräsentativversammlung insbesondere auch ein Engagement im Vorstand oder in den Ausschüssen der Körperschaft. Während die Mitgliedschaft in der Repräsentativversammlung als höchstem Organ die für die Selbstverwaltung struktural bedeutendste Form aktiver, ehrenamtlicher Selbstverwaltung darstellt, kann die Mitgliedschaft im Vorstand aufgrund dessen Stellung als Spitze der Exekutive als intensivste und die Mitgliedschaft in einem Ausschuss als die quantitativ bedeutsamste Form charakterisiert werden. Insbesondere wegen des Bedürfnisses, z. B. vielfältige Prüfungsausschüsse im Ausbildungsbereich ehrenamtlich zu besetzen, können in größeren Selbstverwaltungskörperschaften durchaus tausende von Mitgliedern gleichzeitig aktiv ehrenamtlich engagiert sein und insofern nicht nur repräsentativ durch ihren Wahlakt, sondern auch tätig an der Selbstverwaltung eigener Angelegenheiten mitwirken.

d) Die Größe der Körperschaft als Faktor für deren Selbstverwaltungsgehalt

Zwar wird die in den verschiedenen Binnenverfassungen grundsätzlich verwirklichte repräsentative Selbstverwaltung den Anforderungen der oben entwickelten juristischen Definition der Selbstverwaltung gerecht. Jedoch darf nicht verkannt werden, dass weitere – auch tatsächliche – Faktoren über den materialen Selbstverwaltungsgehalt einer Körperschaft mitentscheiden. Ein wesentliches Kriterium ist insofern die Größe der Körperschaft, d. h. die Größe des Kammerbezirks und – damit verbunden – vor allem die Zahl der Mitglieder. Unmittelbar gesetzlich niedergeschlagen hat sich der Aspekt der Selbstverwaltungsfreundlichkeit eher kleiner Strukturen bspw. in dem bereits oben behandelten gesteigerten Selbstverwaltungsgehalt der Handwerksinnungen, in deren Versammlungen alle Mitglieder vertreten sind. Umgekehrt versteht es sich von selbst, dass die großräumigeren Kammern über eine repräsentative Kammerverfassung verfügen müssen, um arbeitsfähig bleiben zu können. Dennoch ist in diesem Zusammenhang die letztlich bei allen Wirtschaftskammern zu beobachtende, vor allem auf den Rationalisierungsdruck zurückzuführende Tendenz problematisch, die Zahl der Kammern durch Fusionen immer weiter zu reduzieren, was umgekehrt zu immer größeren Einzelkammern führt. Am weitesten vorangeschritten ist diese Entwicklung bei den Landwirtschaftskammern, die sich heute – auch in den großen Flächenländern Nordrhein-Westfalen, Niedersachsen und Rheinland-Pfalz – auf das Gebiet jeweils eines ganzen Landes erstrecken. Auch wenn die Landwirtschaftskammern von jeher eher recht großräumig waren, ist fraglich, inwieweit angesichts der inzwischen erreichten Größe wirklich noch von materialer Selbstverwaltung – im Sinne einer Verwaltung der eigenen Angelegenheiten von unten nach oben – gesprochen werden kann. Soll die formal verwirklichte Selbstverwaltung nicht zum bloßen Formalismus verkümmern, ist es dringend angeraten, derart großräumige Kammern zumindest mit einem effektiven regionalen und lokalen Unterbau zu versehen, der den Betroffenen vor allem die Möglichkeit bietet, ihre Interessen effektiv gegenüber der Kammer zu artikulieren. Ansonsten drohen die Selbstverwaltungsstrukturen auf das Gebiet gesamter Länder erstreckter Kammern eher zu einer bürokratischen Sonderverwaltung mit einer Art zweitem spezialisiertem Parlament (neben dem jeweiligen Landtag) der betroffenen Berufsträger zu mutieren, in der sich die aktive Selbstverwaltung nur noch auf den etwa alle fünf Jahre anstehenden Wahlakt beschränkt.

3. Die Verwirklichung der Selbstverwaltung in der Aufgabenstruktur der Selbstverwaltungskörperschaft

Die Verwirklichung der Selbstverwaltung in der Binnenverfassung der Körperschaft könnte auch dann als bloßer Formalismus gebrandmarkt werden, wenn der Körperschaft, bzw. den in der Körperschaft organisierten Betroffenen, nicht substantielle Selbstverwaltungsaufgaben zukämen. Die Körperschaft ist letztlich ein Vehikel, das dazu dient, den Mitgliedern die Selbstverwaltung der der Körperschaft zugewiesenen Aufgaben zu ermöglichen. Die Aufgabenzuweisung an die verschiedenen Körperschaften erfolgt – bei zahlreichen Abweichungen im Detail – doch stets nach demselben Schema: Der Körperschaft wird in dem jeweiligen Gesetz eine Grundaufgabe zugewiesen, die dann durch eine mehr oder minder große Zahl von Einzelaufgaben näher ausgeformt wird, ohne dass diese konkreten Beispielsaufgaben abschließend wären. Daneben werden den verschiedenen Selbstverwaltungskörperschaften außerhalb der unmittelbar einschlägigen Rechtsgrundlagen in verschiedenen Fachgesetzen zahlreiche weitere Aufgaben – teilweise zur Erfüllung nach Weisung – zugewiesen, die dann durchaus einen Großteil der Tätigkeit der jeweiligen Selbstverwaltungskörperschaft ausmachen können. Schließlich nennen die Gesetze in negativer Hinsicht oft weiterreichende Aufgaben, die ausdrücklich nicht zu den Aufgaben der Körperschaften zählen.

Was den Gegenstand und den Inhalt des von Körperschaft zu Körperschaft unterschiedlichen Aufgabenbestands angeht, können hoheitliche Aufgaben von nicht-hoheitlichen Aufgaben unterschieden werden. Im Bereich der hoheitlichen Aufgaben übt die Körperschaft von oben nach unten Hoheitsgewalt aus und tritt so an die Stelle der unmittelbaren Staatsverwaltung, welche die entsprechenden Aufgaben ausüben müsste, wären sie nicht der Körperschaft zur Wahrnehmung im Rahmen der Selbstverwaltung übertragen. Im nicht-hoheitlichen Aufgabenbestand finden sich vielfältige Einzelaufgaben, die z.T. auf eine von unten nach oben gerichtete Interessenvertretung hinauslaufen, welche prinzipiell auch von einem privatrechtlich organisierten Interessenverband wahrgenommen werden könnte. Dieses Zusammenspiel von „top down"- und „bottom up"-Aufgaben steht in engem Zusammenhang mit der nach wie vor prägenden Schnittstellenfunktion der Selbstverwaltungskörperschaften zwischen den Berufsträgern der Wirtschaft einerseits und dem Staat andererseits.

Von unten nach oben bedeutet diese Schnittstellenfunktion, dass die in der Körperschaft organisierten Wirtschaftssubjekte ihre Interessen gegenüber den verschiedenen Ausprägungen des Staates artikulieren und allgemein wahrnehmen. Von oben nach unten vermittelt die selbstverwaltete Körperschaft hoheitliche Aufgaben und Interessen von Staat und Gesellschaft gegenüber den Berufsträgern. Die konkrete Verteilung und Ausgestaltung von „bottom up" und „top down" ausgerichteten Aufgaben entscheidet dabei wesentlich über den Gesamtcharakter der Selbstverwaltungskörperschaft. Stark ausgeprägt ist das „bottom up"-Element bei der IHK, deren Grundaufgabe darin besteht, das Gesamtinteresse der ihr zugehörigen Gewerbetreibenden ihres Bezirks wahrzunehmen. Dies bedeutet nicht nur eine lokale und regionale Interessenvertretung, sondern kulminiert in der Vereinigung der Kräfte sämtlicher IHK in der potenten Lobbyarbeit des DIHK auf Bundesebene. Am anderen Ende der Skala stehen die Landwirtschaftskammern, denen nach dem Zweiten Weltkrieg die Aufgabe der Gesamtinteressenvertretung nicht mehr zugewiesen wurde. Sie sind heute daher überwiegend eher „top down"-geprägte Förderungs- und Beratungseinrichtungen für die Berufsträger der Landwirtschaft als deren Interessenvertretungsorgane. Die Selbstverwaltungskörperschaften des Handwerks schließlich stehen im Hinblick auf den Aufgabenbestand insgesamt zwischen diesen Polen. Dabei ist vor allem die Handwerkskammer, aber auch die Handwerksinnung trotz ausgedehnten hoheitlichen Aufgabenbestands tendenziell doch deutlich näher bei den IHK als bei den Landwirtschaftskammern angesiedelt. Die Kreishandwerkerschaft nimmt einerseits eine Sonderrolle ein, da sie letztlich die in ihr zusammengeschlossenen Handwerksinnungen unterstützen soll und insofern an deren Charakter partizipiert. Dabei darf allerdings nicht übersehen werden, dass sie eben nicht nur die gemeinsamen Interessen der Handwerksinnungen ihres Bezirks wahrzunehmen, sondern auch die Gesamtinteressen des selbständigen Handwerks und des handwerksähnlichen Gewerbes zu vertreten hat, was ihr eine stärkere Tendenz zur Gesamtinteressenvertretung der Handwerker gibt als den Innungen.

4. Die Staatsaufsicht über die Selbstverwaltungskörperschaft

Die Selbstverwaltungskörperschaften der Wirtschaft unterliegen bei der gesamten Ausübung ihrer Tätigkeit einer Rechtsaufsicht, die im Rechtsstaat des Grundgesetzes im Lichte von Art. 20 Abs. 3 GG als notwendiges Korrelat der Verleihung von Selbstverwaltung im Allgemeinen und – soweit eine solche besteht – auch der Pflichtzugehörigkeit sowie schließlich der Beitragshoheit anzusehen ist. Die zuständige Aufsichtsbehörde überprüft, ob sich die Selbstverwaltungskörperschaft bei der Ausübung ihrer Tätigkeit – gleich in welcher Rechtsform – im Rahmen der gesetzlichen Vorgaben, aber auch der selbstgesetzten Rechtsvorschriften wie insbesondere der Satzung hält. Eine Fachaufsicht, die auch eine Überprüfung der Zweckmäßigkeit einschließt, kann demgegenüber nur im zusätzlichen, durch Fachgesetz überwiesenen Aufgabenbereich bestehen. Zur allgemeinen repressiven Aufsicht tritt bei allen Selbstverwaltungskörperschaften der Wirtschaft eine präventive Aufsicht in Form von Genehmigungsvorbehalten für besonders wichtige Rechtsakte der Körperschaft hinzu.

Während die Aufsicht über die Kammern durch staatliche Behörden ausgeübt wird, besteht eine Besonderheit der Handwerksinnung und der Kreishandwerkerschaft darin, dass hier eine andere Selbstverwaltungskörperschaft, nämlich die Handwerkskammer, die Aufsicht wahrnimmt. Diese Delegation der staatlichen Aufsicht an die Handwerkskammer, die gelegentlich als mittelbare Staatsaufsicht bezeichnet wird, konstituiert wesentlich das für die Selbstverwaltung des Handwerks prägende Hierarchieverhältnis zwischen Kammern einerseits und Innungen sowie Kreishandwerkerschaften andererseits. Im Lichte der gem. Art. 20 Abs. 3 GG zu gewährleistenden Gesetzmäßigkeit der gesamten Verwaltung kann die Delegation der Staatsaufsicht an eine Selbstverwaltungskörperschaft in gewisser Hinsicht als besonderer Vertrauensbeweis des Gesetzgebers gegenüber der Selbstverwaltung des Handwerks gewertet werden.

5. Die Finanzierung der Selbstverwaltungskörperschaft

Die Finanzierung der Selbstverwaltungskörperschaften beruht – in unterschiedlicher Gewichtung – vor allem auf Beiträgen der Mitglieder, Gebühreneinnahmen und sonstigen Einnahmen der Körperschaft, z. B. aus Vermietung und Verpachtung ihres Grundeigentums, sowie auf staatlichen Zuweisungen. Die Leistung des Beitrags ist die wesentliche Pflicht der Mitglieder einer Selbstverwaltungskörperschaft, wobei allerdings bestimmte Mitglieder – wie z. B. die Gesellen, anderen Arbeitnehmer und Lehrlinge bei den Handwerksinnungen oder bestimmte Existenzgründer und Kleingewerbetreibende bei den Handwerkskammern und den IHK – aus sozial- oder wirtschaftspolitischen Gründen von der Beitragspflicht ausgenommen sind. Eine Sonderstellung nehmen die Landwirtschaftskammern ein, die häufig maßgeblich durch Staatszuschüsse finanziert werden, so dass bei ihnen die für eine Selbstverwaltungskörperschaft prägende Bedeutung des mitgliedschaftlichen Beitrags oft in den Hintergrund tritt.

6. Abschließende Gesamtbeurteilung

Insgesamt kann geschlossen werden, dass IHK, Handwerkskammern, Handwerksinnungen, Kreishandwerkerschaften und Landwirtschaftskammern nach der heutigen lex lata vollwertige Selbstverwaltungskörperschaften der Wirtschaft sind. Das prägende Element der Selbstverwaltung ist die Wahl der Mitglieder der Repräsentativversammlung, welche ihrerseits die weiteren Selbstverwaltungsorgane (in der Regel unmittelbar) bestimmt, so dass die gesamte Organtätigkeit der Körperschaft – und damit auch die operative Tätigkeit bei der Aufgabenerfüllung – grundsätzlich auf den Wahlakt der Mitglieder zurückgeführt werden kann. Zugleich stellt die Repräsentativversammlung vor allem in Form des Satzungsrechts – im Rahmen der einschlägigen gesetzlichen Regelungen – allgemeine Vorgaben für die operative Tätigkeit der Organe auf. Neben der repräsentativen, durch den Wahlakt vermittelten Selbstverwaltung ist auch heute noch in allen Selbstverwaltungskörperschaften der Wirtschaft breiter Raum für tätige, ehrenamtliche Selbstverwaltung durch die Mitglieder: Zehntausende von Berufsträgern engagieren sich in den Versammlungen, Vorständen und Ausschüssen der Selbstverwaltungskörper und nehmen so aktiv gestaltend an der Verwaltung der sie besonders betreffenden Angelegenheiten teil. Alle Selbstverwaltungskörperschaften verfügen daneben über einen substantiellen Aufgabenbestand, der – in unterschiedlicher Gewichtung – eher „bottom up" gerichtete, auf eine Interessenvertretung abzielende Aufgaben ebenso umfasst wie „top down" Aufgaben, die z.T. hoheitlichen Charakter besitzen. Die Selbstverwaltungskörperschaften unterliegen einer im Lichte von Art. 20 Abs. 3 GG notwendigen, umfassenden Rechtsaufsicht. Eine Fachaufsicht ist hingegen nur im Bereich des zusätzlichen, durch Fachgesetze übertragenen Wirkungskreises möglich. Schließlich ist festzustellen, dass die Mitglieder regelmäßig nicht zuletzt durch ihren Beitrag maßgeblich zur Finanzierung der Körperschaft und damit zur Verwaltung der eigenen Angelegenheiten beitragen, wobei die Bedeutung der Beiträge allerdings insbesondere bei den Landwirtschaftskammern aufgrund z.T. erheblicher Staatszuschüsse in den Hintergrund getreten ist.

Obwohl also alle genannten Organisationsformen eindeutig als Selbstverwaltungskörperschaften der Wirtschaft zu charakterisieren sind, ist deutlich geworden, dass das Selbstverwaltungsprinzip in den relevanten Aspekten des Rechts der verschiedenen Körperschaften doch in unterschiedlichem Maße verwirklicht ist. Was den für die Selbstverwaltung zentralen Aspekt der Vertretung der Mitglieder in der Versammlung angeht, sind Handwerksinnung und Kreishandwerkerschaft hervorzuheben. Deren geringe Größe ermöglicht es anders als bei den Kammern, das genossenschaftliche Ideal einer unmittelbaren Teilnahme der Mitglieder an der Versammlung umzusetzen. Am anderen Ende der Skala stehen hier die Landwirtschaftskammern, bei denen das Maß gelebter Selbstverwaltung aufgrund der Erstreckung der Körperschaft auf das Gebiet jeweils eines ganzen Landes reduziert ist, wenn auch z.T. erfolgreich versucht wird, durch einen regionalen und lokalen Unterbau für eine gewisse Kompensation zu sorgen.

Für den materialen Selbstverwaltungsgehalt einer Körperschaft ist vor allem aber auch deren Aufgabenbestand prägend, der die Schnittstellenfunktion der Selbstverwaltungskörperschaft zwischen Wirtschaft und Staat in der einen (bottom up) oder anderen (top down) Richtung wesentlich konstituiert. Hier besitzt die IHK, deren Grundaufgabe in der Gesamtinteressenvertretung der ihr zugehörenden Gewerbetreibenden besteht, die materiell staatsdistanzierteste und selbstverwaltungsfreundlichste Ausprägung. Am anderen Ende der Skala stehen insofern erneut die Landwirtschaftskammern, die als Beratungs- und Förderungseinrichtungen viel stärker als verlängerter Arm des Staates gegenüber der Landwirtschaft erscheinen.

Summa summarum kann festgestellt werden, dass sich nicht nur Handwerksinnungen und Kreishandwerkerschaften einerseits in ihrem Selbstverwaltungsgehalt wesentlich von den Kammern der Wirtschaft andererseits unterscheiden, sondern dass das Selbstverwaltungsprinzip auch bei den verschiedenen Kammern in unterschiedlichem Maße verwirklicht ist. Die staatsdistanziertere IHK wird dem Selbstverwaltungsideal eher gerecht als die wesentlich staatsnähere Landwirtschaftskammer. Eine der wesentlichen Herausforderungen der kommenden Jahre wird es daher sein, im Rahmen des anhaltenden Trends zur Verringerung der Anzahl der verschiedenen Kammern dafür zu sorgen, dass der vitale Selbstverwaltungscharakter von IHK und Handwerkskammern nicht den allgemeinen Rationalisierungszwängen zum Opfer fällt.

Davon abgesehen könnte es zu einer fundamentalen Zäsur in der Selbstverwaltung der Wirtschaft kommen, falls die im Frühjahr 2005 publizierten Pläne der damaligen Regierung wieder aufgriffen werden sollten, die IHK zu privatisieren. Käme es hierzu, wäre es angesichts des hohen Rationalisierungsdrucks nicht völlig auszuschließen, dass schließlich auch eine Privatisierung der Selbstverwaltung des Handwerks ins Auge gefasst würde. IHK in privatrechtlicher Organisationsform wären jedenfalls nicht mehr der Selbstverwaltung der Wirtschaft im juristischen Sinne zuzurechnen. Umgekehrt scheinen manche Landwirtschaftskammern gegenwärtig eher einer gegenläufigen Entwicklung unterworfen sein, die sie unter bedenklicher Reduzierung materialer Selbstverwaltung immer näher an die unmittelbare Staatsverwaltung heranführt. Insgesamt könnten diese Entwicklungen in bewegten Zeiten mit immer neuen Wirtschafts- und Finanzkrisen, die den Ruf nach Rationalisierung nicht verstummen lassen, über kurz oder lang auf das Ende der Selbstverwaltung der Wirtschaft hinauslaufen, wie wir sie heute kennen.

III. Von der partizipativen zur demokratischen Selbstverwaltung der Wirtschaft: Eine Optimierungsaufgabe

Im Zusammenhang mit der Verwirklichung der Partizipation der Betroffenen in der Selbstverwaltung der Wirtschaft ist oben bereits vielfach eine demokratische Dimension der Selbstverwaltung angeklungen. Tatsächlich stellt sich angesichts der gemeinsamen Ausrichtung von Selbstverwaltung und Demokratie auf politische Beteiligung die Frage[11], ob nicht über den weiten Begriff der Partizipation hinausgehend grundsätzlich von einer demokratischen Selbstverwaltung der Wirtschaft gesprochen werden kann. War oben regelmäßig die Verwirklichung demokratischer Strukturen in der Binnenverfassung der jeweiligen Körperschaft gemeint, lenkt dies den Blick auf den demokratischen Stellenwert der Selbstverwaltung der Wirtschaft im staatlichen Verfassungsgefüge.

Während die demokratische Fundierung der grundgesetzlich in Art. 28 Abs. 2 GG anerkannten kommunalen Selbstverwaltung durch Art. 28 Abs. 1 S. 2 GG gewährleistet wird[12], ist die demokratische Legitimation der nicht-kommunalen, funktionalen Selbstverwaltungsbereiche im Gesamtstaatsgefüge in Ermangelung einer mit Art. 28 Abs. 1 S. 2 GG vergleichbaren grundgesetzlichen Regelung seit einiger Zeit Gegenstand einer intensiven wissenschaftlichen Debatte. Hintergrund ist das das grundgesetzliche Demokratieprinzip konstituierende Postulat der Volkssouveränität aus Art. 20 Abs. 2 S. 1 GG, nach dem alle Staatsgewalt – und solche übt die funktionale Selbstverwaltung aus – vom Volk ausgehen muss. Wie das Bundesverfassungsgericht formuliert hat, wird der dafür erforderliche Zurechnungszusammenhang zwischen Volk und staatlicher Herrschaft „vor allem durch die Wahl des Parlaments, durch die von ihm beschlossenen Gesetze als Maßstab der vollziehenden Gewalt, durch den parlamentarischen Einfluß auf die Politik der Regierung sowie durch die grundsätzliche Weisungsgebundenheit der Verwaltung gegenüber der Regierung hergestellt"[13]. Zwar partizipiert die Hoheitsgewalt ausübende funktionale Selbstverwaltung als Teil der Verwaltung beim Vollzug von Gesetzen prinzipiell – ähnlich wie die kommunale Selbstverwaltung – sachlich-inhaltlich an der demokratischen Legitimation des jeweiligen Gesetzgebers[14]. Schon aus dem Grund, dass sich bei der Gesetzesanwendung stets Anwendungsspielräume ergeben und der weisungsfreie Gesetzesvollzug zum Wesen der Selbstverwaltung gehört, kann jedoch das Postulat der grundsätzlichen Weisungsgebundenheit bei der funktionalen Selbstverwaltung anders als bei der idealtypischen Ministerialverwaltung nicht er-

---

[11] *Hendler*, Prinzip Selbstverwaltung, in: HStR VI, 3. Aufl., 2008, S. 1103 (1124).
[12] Dazu bereits oben S. 110 ff.
[13] BVerfGE 83, 60 (72); 93, 37 (67 f.); zur umfangreichen Kritik an dem zugrunde liegenden Demokratiemodell etwa *Muckel*, Selbstverwaltung in der Sozialversicherung, in: NZS 2002, 118 (120).
[14] *Muckel*, Selbstverwaltung in der Sozialversicherung, in: NZS 2002, 118 (124); zur kommunalen Selbstverwaltung oben S. 110 f.

III. Von der partizipativen zur demokratischen Selbstverwaltung der Wirtschaft

füllt sein[15]. Reichte also die sachlich-inhaltliche demokratische Legitimation im Sinne des an der Ministerialverwaltung orientierten Legitimationskettenmodells beim Gesetzesvollzug nicht aus, um auch im Bereich der funktionalen Selbstverwaltung davon sprechen zu können, dass die dort ausgeübte Staatsgewalt vollumfänglich vom Volke ausgehe, stellte sich aber die Frage nach anderen Legitimationsgrundlagen, namentlich der personell-organisatorischen Legitimation[16].

Eine personelle demokratische Legitimation der Amtswalter im Sinne einer auf Volkswahlen ununterbrochen rückführbaren Einsetzungskette scheidet bei der funktionalen Selbstverwaltung regelmäßig aus[17]. *Ernst Thomas Emde* leitet die personell-demokratische Legitimation der funktionalen Selbstverwaltung daher nicht vom Staatsvolk, sondern von den Mitgliedern des jeweiligen Verbands ab[18]. Die bei der funktionalen Selbstverwaltung fehlende Legitimation durch das Staatsvolk wird also durch eine autonome Legitimation gleichsam des „Verbandsvolks" substituiert[19]. *Winfried Kluth* führt die personelle Legitimation hingegen nicht auf die Mitglieder der Körperschaft zurück. Er geht vielmehr von einer kollektiven personellen Legitimation durch den Gründungsakt der Träger funktionaler Selbstverwaltung aus, der seinerseits auf einem Parlamentsgesetz beruht[20]. Hier wird also ein Perspektivenwechsel von der ununterbrochenen personellen Einsetzungskette zu einem gesetzgeberischen Akt kollektiver demokratischer Legitimation vollzogen[21]. Andere Autoren wie etwa *Ernst-Wolfgang Böckenförde* stellen zwar die Nähe der funktionalen Selbstverwaltung zum Demokratieprinzip nicht in Abrede, konstatieren aber dennoch ein nicht kompensiertes Defizit an demokratischer Legitimation[22].

---

[15] *Oebbecke*, Demokratische Legitimation, in: VerwArch. 1990, 349 (357); ders., Selbstverwaltung, in: VVDStRL 62 (2002), S. 366 (393); *Jestaedt*, Funktionale Selbstverwaltung und Demokratieprinzip, in: JbKR 2003, S. 9 (21); zu weiteren grundsätzlichen Einwendungen: *Blanke*, Funktionale Selbstverwaltung, in: Demokratie und Grundgesetz, 2000, S. 32 (47).
[16] Zur Mehrdimensionalität demokratischer Legitimation: *Volkmann*, in: Friauf/Höfling, GG, Art. 20 Rn. 46 f. (2001); einen Überblick über verschiedene Legitimationsmodelle gibt z. B. *Köller*, Funktionale Selbstverwaltung, 2009, S. 210 ff.
[17] *Kluth*, Funktionale Selbstverwaltung, 1997, S. 373 f.; *Dreier*, in: ders., GG, Bd. 2, 2. Aufl., 2006, Art. 20 (Demokratie), Rn. 132; *J. Schmidt*, Die demokratische Legitimationsfunktion, 2007, S. 3 zum Erfordernis der „individuellen Berufung der Amtswalter durch das Volk oder durch volksgewählte Organe": *Herzog*, Allgemeine Staatslehre, 1971, S. 210; *Böckenförde*, Demokratie als Verfassungsprinzip, in: HStR II, 3. Aufl., 2004, S. 429 (438).
[18] *Emde*, Die demokratische Legitimation, 1991, insbes. S. 49 ff., 383 ff.
[19] *Sommermann*, in: v. Mangoldt/Klein/Starck, GG, Bd. 2, 5. Aufl., 2005, Art. 20 Abs. 2 Rn. 174; vgl. auch *Schmidt-Aßmann*, Das allgemeine Verwaltungsrecht als Ordnungsidee, 2. Aufl., 2006, S. 94 ff.
[20] *Kluth*, Funktionale Selbstverwaltung, 1997, S. 376 ff.; zustimmend: *Unruh*, Demokratie und „Mitbestimmung", in: VerwArch. 2001, 531 (551 ff.); ders., Anmerkung zu BVerfG, JZ 2003, 1057, in: JZ 2003, 1061 (1063).
[21] *Kluth*, Verfassungs- und europarechtliche Grundlagen, in: HdbKR, 2005, S. 109 (127).
[22] *Böckenförde*, Demokratie als Verfassungsprinzip, in: HStR II, 3. Aufl., 2004, S. 429 (452); vgl. auch *H. H. Klein*, Demokratie und Selbstverwaltung, in: FS Forsthoff, 2. Aufl., 1974, S. 165 (184 f.); *Jestaedt*, Demokratieprinzip, 1993, S. 492 ff.; ders., Selbstverwaltung, in: DV 2002, 293 (307 ff.).

Nachdem das Bundesverfassungsgericht dessen ungeachtet von jeher bestimmte Teilaspekte der funktionalen Selbstverwaltung als hinreichend demokratisch legitimert angesehen hatte[23], ein allgemeines Diktum zur demokratischen Legitimation aber gefehlt hatte, nutzte der Zweite Senat im Jahr 2002 die Vorlage im Streit um die Verfassungsmäßigkeit einer möglichen mangelnden demokratischen Legitimation von Leitungsorganen der Wasserwirtschaftsverbände Lippeverband und Emschergenossenschaft, um grundsätzlich zur demokratischen Legitimation der funktionalen Selbstverwaltung Stellung zu beziehen[24]: Außerhalb der unmittelbaren Staatsverwaltung und der in ihrem sachlich-gegenständlichen Aufgabenbereich unbeschränkten gemeindlichen Selbstverwaltung sei das aufgrund seines Prinzipiencharakters entwicklungsoffene Demokratiegebot aus Art. 20 Abs. 2 GG offen für andere, insbesondere vom Erfordernis lückenloser personeller demokratischer Legitimation aller Entscheidungsbefugten abweichende Formen der Organisation und Ausübung von Staatsgewalt[25]. Im Rahmen der repräsentativ verfassten Volksherrschaft erlaube das Grundgesetz auch besondere Formen der Beteiligung von Betroffenen bei der Wahrnehmung öffentlicher Aufgaben[26]. Die funktionale Selbstverwaltung ergänze und verstärke insofern das demokratische Prinzip[27]. Sowohl das Demokratieprinzip in seiner traditionellen Ausprägung einer ununterbrochen auf das Volk zurückzuführenden Legitimationskette für alle Amtsträger als auch die funktionale Selbstverwaltung als organisierte Beteiligung der sachnahen Betroffenen an den sie berührenden Entscheidungen verwirklichen die sie verbindende Idee des sich selbst bestimmenden Menschen in einer freiheitlichen Ordnung (Art. 1 Abs. 1 GG). Das demokratische Prinzip erlaube deshalb, durch Gesetz als Akt des klassisch demokratisch legitimierten parlamentarischen Gesetzgebers für abgegrenzte Bereiche der Erledigung öffentlicher Aufgaben besondere Organisationsformen der Selbstverwaltung zu schaffen, um den Betroffenen ein wirksames Mitspracherecht einzuräumen und deren verwaltungsexternen Sachverstand zu aktivieren. Mit der Übertragung der Wahrnehmung öffentlicher Aufgaben in Formen der Selbstverwaltung könne der Gesetzgeber zugleich einen sachgerechten Interessenausgleich erleichtern und so dazu beitragen, dass die von ihm beschlossenen Zwecke und Ziele effektiver erreicht würden. Gelinge es, die eigenverantwortliche Wahrnehmung einer öffentlichen Aufgabe mit privater Interessenwahrung zu verbinden, so steigere dies die Wirksamkeit des parlamentarischen Gesetzes. Denn die an der Selbstverwaltung beteiligten Bürger nähmen die öffentliche Aufgabe dann auch im wohlverstandenen Eigeninteresse wahr; sie seien der

---

[23] Vgl. aus der jüngeren Rechtsprechung etwa BVerfGE 101, 312 (322 ff.).
[24] BVerfGE 107, 59 (88 ff.); vgl. auch BVerfGE 111, 191 (215 ff.); zu den Hintergründen des zugrunde liegenden Vorlagebeschlusses des BVerwG: *Unruh*, Demokratie und „Mitbestimmung", in: VerwArch. 2001, 531 ff.
[25] BVerfGE 107, 59 (91); kritisch zu den weit verbreiteten Legitimationspostulaten bereits *Volkmann*, in: Friauf/Höfling, GG, Art. 20 Rn. 47 (2001).
[26] BVerfGE 107, 59 (91 f.).
[27] BVerfGE 107, 59 (92).

III. Von der partizipativen zur demokratischen Selbstverwaltung der Wirtschaft

öffentlichen Gewalt nicht nur passiv unterworfen, sondern an ihrer Ausübung aktiv beteiligt[28].

Das Bundesverfassungsgericht erteilt hier also allen Kritikern, welche die funktionale Selbstverwaltung für mit dem Demokratieprinzip des Art. 20 Abs. 2 GG inkompatibel halten, nicht nur im Lichte der impliziten Anerkennung der Selbstverwaltung in verschiedenen Normen des Grundgesetzes eine Absage[29]. Der in partieller Abkehr vom Demokratiebegriff insbesondere des Ersten Senats statuierte entwicklungsoffene Demokratiebegriff wird für Bereiche jenseits der ministerialen und kommunalen Selbstverwaltung von der quasi mechanischen Anknüpfung an die ununterbrochene Legitimationskette[30] gelöst und damit eine verfassungsrechtliche Kompatibilität von funktionaler Selbstverwaltung und Demokratie postuliert, deren Wesen und grundlegende Zielsetzungen konkordant seien[31]. Auf der Grundlage einer prinzipiellen Vereinbarkeit funktionaler Selbstverwaltung mit dem Demokratieprinzip lenkt das Bundesverfassungsgericht dann pragmatisch den Blick auf konkrete Vorgaben aus dem Demokratieprinzip, die der Gesetzgeber bei der Ausgestaltung der funktionalen Selbstverwaltung zu berücksichtigen habe. Genannt sei hier zum einen die Forderung, dass der Gesetzgeber keine Ausgestaltung vorschreiben dürfe, die mit den Grundgedanken autonomer interessengerechter Selbstverwaltung einerseits und effektiver öffentlicher Aufgabenwahrnehmung andererseits unvereinbar wäre[32]. Zum anderen müsse das Volk angesichts der Ermächtigung der Selbstverwaltung zu verbindlichem Handeln mit Entscheidungscharakter sein Selbstbestimmungsrecht wahren können, indem es maßgeblichen Einfluss auf dieses Handeln behalte[33]. Dies erfordere, dass die Aufgaben und Handlungsbefugnisse der Organe in einem von der Volksvertretung beschlossenen Gesetz ausreichend vorherbestimmt seien und ihre Wahrnehmung der Aufsicht personell demokratisch legitimierter Amtswalter unterliege.

Damit ist der Blick aber zugleich von der vom Bundesverfassungsgericht uneingeschränkt bejahten Kompatibilität funktionaler Selbstverwaltung mit dem Demokratieprinzip auf die Anforderungen gerichtet, welche die funktionale Selbstverwaltung konkret erfüllen muss, um dieser Verortung im Demokratieprinzip vollumfänglich gerecht zu werden. Zwar kann nach wie vor wissenschaftlich darüber gestritten werden, ob die Argumentation des Bundesverfassungsgerichts gerade im Hinblick auf die Möglichkeit, dass auch Außenstehende von der ausgeübten Ho-

---

[28] BVerfGE 107, 59 (92 f.).
[29] Zu diesem zweiten wesentlichen, aber nicht demokratietheoretisch verankerten Argumentationstopos: BVerfGE 107, 59 (90); *Grzeszick*, in: Maunz/Dürig, GG, Bd. III, Art. 20 II, Rn. 181 ff. (2010).
[30] Vgl. zu Anspruch und Wirklichkeit der Legitimationskette etwa *Blanke*, Funktionale Selbstverwaltung, in: Demokratie und Grundgesetz, 2000, S. 32 (48 ff.).
[31] Vgl. auch *Trute*, Die demokratische Legitimation, in: GVwR I, 2006, S. 307 (321 f., 361 ff.); *Schuppert*, Verwaltungsorganisation, in: GVwR I, 2006, S. 995 (1023 f.).
[32] BVerfGE 107, 59 (93).
[33] BVerfGE 107, 59 (94).

heitsgewalt berührt werden, de lege lata überzeugt[34]. In der Rechtswirklichkeit ist indes von entscheidender Bedeutung, dass die konkreten demokratierelevanten Implikationen des Rechts der verschiedenen Träger der funktionalen Selbstverwaltung, deren grundsätzliche Vereinbarkeit mit dem Grundgesetz der Verfassungsgeber anerkannt hat[35], kritisch überprüft werden. Bei Unvereinbarkeit mit den verfassungsrechtlichen Vorgaben sind sie zu verwerfen, anderenfalls in Anknüpfung an den vom Bundesverfassungsgericht postulierten Prinzipiencharakter von Art. 20 Abs. 2 GG zu optimieren[36]. Aufgabe des Gesetzgebers, aber auch der Selbstverwaltungsträger im Gesetzesvollzug sollte es daher vorrangig sein, die Vorgaben des Bundesverfassungsgerichts ernst zu nehmen und die demokratierelevanten Normen insbesondere im Binnenverfassungsrecht der Selbstverwaltungsträger im Lichte des Demokratiegrundsatzes systematisch zu optimieren.

Im Bereich der Selbstverwaltung der Wirtschaft betrifft dies vor allem eine möglichst konsequente Verwirklichung der einschlägigen demokratischen Wahlrechtsgrundsätze, insbesondere der allgemeinen und gleichen Wahl, welche grundlegend die demokratische Legitimation der Selbstverwaltung bei der Wahl des Repräsentationsorgan vermitteln[37]. Um konkrete Beispiele zu nennen: Die bei vielen Selbstverwaltungskörperschaften lange praktizierte sog. Friedenswahl ist mangels Wahlakts grundsätzlich undemokratisch und damit abzulehnen[38]. Es dient daher der wünschenswerten Optimierung der demokratischen Selbstverwaltung, dass bspw.

---

[34] Sehr kritisch und lesenswert insbes. *Jestaedt*, Funktionale Selbstverwaltung und Demokratieprinzip, in: JbKR 2003, S. 9 (10 ff.); vgl. auch *Musil*, Bundesverfassungsgericht, in: DÖV 2004, 116 (119 f.).

[35] BVerfGE 107, 59 (94). Insgesamt sind alle Spannungslagen der Selbstverwaltung zu Teilaspekten und -verständnissen des Demokratieprinzips wie etwa einem streng egalitären Demokratiekonzept, dem erweiterte Einflussnahmemöglichkeiten der Mitglieder von Selbstverwaltungskörperschaften im Vergleich zu Nichtmitgliedern entgegenstehen könnten, im Lichte des Demokratiepotentials der Selbstverwaltung zu sehen (Dazu etwa *Hendler*, Selbstverwaltung als Ordnungsprinzip, 1984, S. 302 ff., 316; *Schmidt-Aßmann*, Zum staatsrechtlichen Prinzip, in: GS W. Martens, 1987, S. 249 (257)). Konsequent binnendemokratisch organisierte Selbstverwaltungsträger können daher im pluralistischen demokratischen System des Grundgesetzes den jeweiligen Betroffenen und damit reflexiv auch dem Gesamtsystem einen Mehrwert an Demokratie vermitteln. Gerade im Hinblick auf den vielfach beklagten Legitimationsverlust des demokratischen Verfassungsstaats stellt eine binnendemokratisch organisierte Selbstverwaltung der Wirtschaft keine Gefahr für die gesamtstaatliche Demokratie dar, sondern bietet im Gegenteil eine zusätzliche Quelle demokratischer Legitimationsvermittlung im differenzierten Staatsaufbau.

[36] Zum Charakter des Demokratieprinzips als Optimierungsgebot: *Bryde*, Demokratieprinzip, in: Demokratie und Grundgesetz, 2000, S. 59 (60 ff.).

[37] Vgl. bereits *Frotscher*, Selbstverwaltung und Demokratie, in: FS v. Unruh, 1983, S. 127 (144); vgl. auch *Schmidt-Aßmann*, Zum staatsrechtlichen Prinzip, in: GS W. Martens, 1987, S. 249 (262 f.); *Oebbecke*, Demokratische Legitimation, in: VerwArch. 1990, 349 (364 ff.); es ist sehr fraglich, inwieweit die früher postulierte eingeschränkte Geltung der Wahlrechtsgrundsätze im Bereich der Selbstverwaltung (vgl. etwa *G. Roth*, in: Umbach/Clemens, GG, Bd. II, 2002, Art. 38, Rn. 14 mit Nachweisen aus der Rechtsprechung) angesichts deren nunmehr konsequenter Rückführung auf das Demokratieprinzip Bestand haben kann; vgl. auch *Dreier*, in: ders., GG, Bd. 2, 2. Aufl., 2006, Art. 20 (Demokratie), Rn. 134.

[38] Siehe oben z.B. S. 432, 731; *Kluth*, Grundfragen des Kammerwahlrechts, in: JbKBR 2006, 139 (145 f.).

III. Von der partizipativen zur demokratischen Selbstverwaltung der Wirtschaft

die IHK im Anschluss an die einschlägige Judikatur inzwischen auf diese Wahlform verzichten[39]. Ein weiteres Beispiel ist die bei den IHK und Handwerkskammern praktizierte Gruppenwahl, die angesichts der Verschiebung von Stimmgewichten im Lichte der Wahlrechtsgleichheit besonderer Rechtfertigung bedarf[40]. Auch seien Bedrohungen der unmittelbaren Wahl genannt, die bspw. bei einer Zuwahl von weiteren Mitgliedern in die Repräsentativversammlung bestehen, welche – jedenfalls soweit es um stimmberechtigte Mitglieder geht –, dem demokratischen Selbstverwaltungsprinzip widersprechen kann[41]. Eine weitere Steigerung des Demokratiegehalts lässt sich durch eine möglichst konsequente Rückanbindung des Exekutivpersonals an die Repräsentativversammlung erzielen. Insofern ist es bspw. zu begrüßen, dass verschiedene Landwirtschaftskammergesetze anordnen, dass der Direktor bzw. Geschäftsführer nur auf Zeit zum Beamten ernannt werden darf[42]. Schließlich ist bspw. auch strikt zu gewährleisten, dass die der Repräsentativversammlung als unmittelbar demokratisch legitimiertem Organ – auch durch Satzung – vorbehaltenen Aufgaben tatsächlich von ihr und nicht von einem schwächer demokratisch legitimierten Organ wahrgenommen werden. In diesem Sinne hat das Bundesverwaltungsgericht jüngst die Veröffentlichung eines Grundsatzpapiers nebst der diesem vorangestellten sog. Limburger Erklärung durch die Arbeitsgemeinschaft hessischer IHK auch aus dem Grund für rechtswidrig erachtet, dass die Vollversammlung einer daran beteiligten IHK nicht an der Erklärung mitgewirkt hatte, obwohl sie nach der einschlägigen IHK-Satzung über alle Fragen, die für die gewerbliche Wirtschaft des Kammerbezirks oder die Arbeit der Kammer von grundsätzlicher Bedeutung sind, zu beschließen hatte[43].

Ist die Selbstverwaltung der Wirtschaft über das allgemeinere Prinzip der Partizipation hinausgehend damit grundsätzlich als Ausprägung des entwicklungsoffenen grundgesetzlichen Demokratieprinzips anerkannt, wäre eine weitere Optimierung ihres Demokratiegehalts ein wünschenswertes Zukunftsziel, um der Selbstverwaltung der Wirtschaft letztlich einen vollumfänglich demokratischen Charakter zu verleihen. Würde dieses Ziel in den kommenden Jahren erfolgreich verfolgt, wäre jedenfalls ein zentrales Anliegen dieses Buches erfüllt und es ließe sich mit Fug und Recht von der demokratischen Selbstverwaltung der Wirtschaft sprechen.

---

[39] Siehe oben S. 432.
[40] *Kluth*, Grundfragen des Kammerwahlrechts, in: JbKBR 2006, 139 (143f.); ders., Verfassungs- und europarechtliche Grundlagen, in: HdbKR, 2005, S. 109 (131); vgl. dazu auch *Jahn*, Interne Willensbildungsprozesse, in: WiVerw. 2004, 133 (145f.).
[41] Vgl. auch *Kluth*, Grundfragen des Kammerwahlrechts, in: JbKBR 2006, 139 (150).
[42] Siehe oben S. 857f.
[43] BVerwG – 8 C 20.09 – Urteil vom 23. Juni 2010, Rn. 45ff.; vgl. auch § 4 Abs. 1 S. 1 IHKG.

Quellenverzeichnis

Allgemeines Landrecht für die Preußischen Staaten von 1794, Textausgabe mit einer Einführung von Hans Hattenhauer, Frankfurt a. M. 1970.
Amtsblatt der Europäischen Gemeinschaften, Brüssel 1958–1967; Amtsblatt der Europäischen Gemeinschaften / L (Rechtsvorschriften), Luxemburg 1968–2003; Amtsblatt der Europäischen Union / L (Rechtsvorschriften), Luxemburg, 2003 ff.
Amtsblatt der Preußischen Regierung zu Aachen, 1919–1949.
Amtsblatt der Regierung zu Düsseldorf, 1920–1945.
Amtsblatt des Saarlandes, Saarbrücken 1945 ff.
Amtsblatt des Staatssekretariats für das französisch besetzte Gebiet Württembergs und Hohenzollerns, Tübingen 1945–1947.
Amtsblatt des Wirtschaftsministeriums Württemberg-Baden, Stuttgart 1947–1952.
Amtsblatt für den Stadtkreis Stuttgart, Stuttgart 1946–1949.
Amtsblatt für Niedersachsen, Hannover 1946–1950.
Amtsblatt für Schleswig-Holstein, Kiel 1946 ff.
Badisches Gesetz- und Verordnungsblatt, Freiburg 1947–1952.
Bayerischer Staatsanzeiger, München 1946 ff.
Bayerisches Gesetz- und Verordnungsblatt, München 1945 ff.
Becher, Johann Joachim: Politische Discurs – Von den eigentlichen Ursachen des Auff- und Abnehmens der Staedt Laender und Republicken, 2. Aufl., Franckfurt 1673; 3. Aufl., Franckfurt 1688 (Unveränderter Nachdruck, Glashütten im Taunus 1972).
Bundesgesetzblatt, Teil I, Bonn, Köln 1949 ff.; Teil II, Bonn, Köln 1951 ff.
Bundes-Gesetzblatt des Norddeutschen Bundes, Berlin 1867–1871.
Bundestagsdrucksachen (Verhandlungen des Deutschen Bundestages – Drucksachen), Bonn, Berlin 1949 ff.
Capitularia Regum Francorum, Bd. 1 (MGH Legum Sectio II, Tomus I), hrsgg. v. Alfred Boretius, Hannover 1883.
Das bayerische Gewerbsgesetz vom 30. Januar 1868 sammt Instructionen, Bamberg 1868.
Deutsche Handwerker- und Arbeiterkongresse 1848–1852 – Protokolle und Materialien, hrsgg. von Dieter Dowe und Toni Offermann, Berlin / Bonn 1983.
Deutsche Verfassungsdokumente 1806–1849, Teil III: Frankfurt – Hessen-Darmstadt, hrsgg. von Werner Heun, Berlin etc. 2007.
Deutscher Industrie- und Handelstag: Der Deutsche Industrie- und Handelstag in seinen ersten hundert Jahren – Zeugnisse und Dokumente, Bonn 1962.
Deutscher Industrie- und Handelstag: Tätigkeitsbericht für das Geschäftsjahr 1955/56; Feste Währung – Gesunde Wirtschaft, Tätigkeitsbericht für das Geschäftsjahr 1956/57.
Deutscher Industrie- und Handelstag: Zeugnisse der Zeit – 125 Jahre Deutscher Industrie- und Handelstag, Bonn 1986.
Deutscher Industrie- und Handelstag / Ernst, Sigrid / van Eyll, Klara / Drees, Brigitte / Wegener, Regina / Wöhrmann, Ursula: Bibliographie zur Geschichte und Organisation

der Industrie- und Handelskammern und des Deutschen Industrie- und Handelstages, Bonn 1986.
Deutscher Industrie- und Handelstag / Reininghaus, Wilfried / van Eyll, Klara / Hermann, Anne / Toussaint, Angela / Weise, Jürgen: Quellen zur Geschichte des Deutschen Industrie- und Handelstages in Kammerarchiven 1861–1918, Bonn 1986.
Deutscher Reichsanzeiger und Preußischer Staatsanzeiger, Berlin 1871–1945.
Die Kölner Zunfturkunden nebst anderen Kölner Gewerbeurkunden bis zum Jahre 1500, 1: Allgemeiner Teil, bearbeitet von Heinrich von Loesch, Bonn 1907.
Entwurf eines Gesetzes, betreffend die Abänderung der Gewerbeordnung (Zwangsorganisation des Handwerks, Regelung des Lehrlingswesens, Meistertitel) – Sonderabdruck aus Nr. 183 des „Deutschen Reichs-Anzeigers und Königlich Preußischen Staats-Anzeigers" nebst einer Einleitung von F[ranz] Hoffmann, Berlin 1896.
Frankfurter Zunfturkunden bis zum Jahre 1612, hrsgg. von Benno Schmidt, Erster Band, 1914, Neudruck: Wiesbaden 1968.
Freiherr vom Stein: Briefwechsel – Denkschriften und Aufzeichnungen, bearbeitet von Erich Botzenhart, Bd. V, Berlin o. J. (wohl 1934); zit.: Freiherr vom Stein, Schriftstück, in: ders., Briefwechsel, Band, Seite.
—: Briefe und amtliche Schriften, bearbeitet von Erich Botzenhart, neu hrsgg. von Walther Hubatsch, Bd. II/1. Teil (neu bearbeitet von Peter G. Thielen), Stuttgart 1959; Bd. II/2. Teil (neu bearbeitet von Peter G. Thielen), Stuttgart 1960, zit.: Freiherr vom Stein, Schriftstück, in: ders., Briefe und amtliche Schriften, Band, Nummer, Seite.
Gesetzblatt der Deutschen Demokratischen Republik (ab 1955 in Teilen), Berlin 1949–1990.
Gesetzblatt der Freien Hansestadt Bremen, Bremen 1849 ff.
Gesetzblatt für Baden-Württemberg, Stuttgart 1952 ff.
Gesetzblatt für das Königreich Baiern/Bayern, München 1818–1873.
Gesetzes- und Verordnungs-Blatt für das Großherzogthum Baden, Freiburg 1869–1918.
Gesetzsammlung für die Königlich-Preußischen Staaten, Berlin 1810–1906.
Gesetzsammlung für Thüringen, Weimar 1920–1944.
Gesetz- und Statuten-Sammlung der freien Stadt Frankfurt, Frankfurt a. M. 1816/17 ff.
Gesetz- und Verordnungsblatt der Landesregierung Rheinland-Pfalz, Teil 1, Koblenz 1948–1950.
Gesetz- und Verordnungsblatt des Wirtschaftsrates des Vereinigten Wirtschaftsgebietes (Amerikanisches und Britisches Besatzungsgebiet in Deutschland), Frankfurt/M. 1947–1948.
Gesetz- und Verordnungsblatt für Berlin, Berlin 1990 ff.
Gesetz- und Verordnungsblatt für Berlin [West], Berlin 1951–1990.
Gesetz- und Verordnungsblatt für das Königreich Sachsen, Dresden 1835–1920.
Gesetz- und Verordnungsblatt für das Land Brandenburg (ab 1992 in zwei Teilen), Potsdam 1990 ff.
Gesetz- und Verordnungsblatt für das Land Hessen, Wiesbaden 1945 ff.
Gesetz- und Verordnungsblatt für das Land Nordrhein-Westfalen, Düsseldorf 1947 ff.
Gesetz- und Verordnungsblatt für das Land Rheinland-Pfalz, Mainz 1950 ff.
Gesetz- und Verordnungsblatt für das Land Sachsen-Anhalt, Freyburg 1990 ff.
Gesetz- und Verordnungsblatt für den Freistaat Thüringen, Erfurt 1990 ff.
Gesetz- und Verordnungsblatt für Mecklenburg-Vorpommern, Schwerin 1990 ff.
Gesetz- und Verordnungsblatt für Schleswig-Holstein, Kiel 1947 ff.
Großherzoglich Hessisches Regierungsblatt, Darmstadt 1819–1918.
Hamburgisches Gesetz- und Verordnungsblatt, Hamburg 1946 ff; seit 1950 geteilt: Teil 1, Teil 2: Amtlicher Anzeiger.

Handwerk zwischen Zunft und Gewerbefreiheit – Quellen zum Handwerksrecht im 19. Jahrhundert, ausgewählt und eingeleitet von Helmut Bernert, Kassel 1998.
Herbst des Alten Handwerks – Quellen zur Sozialgeschichte des 18. Jahrhunderts, hrsgg. von Michael Stürmer, München 1979.
Hessisches Regierungsblatt, Darmstadt 1918–1944.
Military Government Gazette Germany, British Zone of Control (Amtsblatt der Militärregierung Deutschland, Britisches Kontrollgebiet), Bielefeld 1945–1949.
Ministerial-Blatt für die gesammte innere Verwaltung in den Königlich Preußischen Staaten, Berlin 1840–1907.
Niedersächsisches Gesetz- und Verordnungsblatt, Hannover 1947 ff.
Official Gazette of the Control Council for Germany (Amtsblatt des Kontrollrats in Deutschland), Berlin 1945–1948.
Preußische Gesetzsammlung, Berlin 1907–1945.
Quellen zum modernen Gemeindeverfassungsrecht in Deutschland, bearbeitet von Christian Engeli und Wolfgang Haus, Stuttgart etc. 1975.
Quellen zur Geschichte des deutschen Handwerks – Selbstzeugnisse seit der Reformationszeit, bearb. von Wolfram Fischer, Göttingen etc. 1957.
Recueil général des anciennes lois francaises: depuis l'an 420 jusqu'à la révolution de 1789, avec notes de concordance, table chronologique et table générale analytique et alphabétique des matières par Athanase-Jean-Léger Jourdan, Paris 1821 ff.
Regierungsblatt für das Königreich Bayern, München 1826–1873.
Regierungsblatt für das Königreich Württemberg, Stuttgart 1824–1918.
Reichs-Gesetz-Blatt, Frankfurt a. M., 1848–1849.
Reichsgesetzblatt, Berlin 1871–1922; danach aufgeteilt: Teil 1 und Teil 2, Berlin 1922–1945.
Reichsverband des deutschen Handwerks (Hrsg.): Entwurf eines Reichsrahmengesetzes über die Berufsvertretung des Handwerks und Gewerbes, Hannover 1921.
Rohlfing, Theodor / Schraut, Rudolf (Hrsg.): Gewerbe- und Wirtschaftsrecht – Textsammlung mit Einführung etc., Berlin 1938.
Sächsisches Gesetz- und Verordnungsblatt, Dresden 1990 ff.
Sammlung kurhessischer Landes-Ordnungen und Ausschreiben nebst dahin gehörigen Erläuterungs- und anderen Rescripten, Resolutionen, Abschieden, gemeinen Bescheiden und dergleichen, hrsgg. von Christoph Ludwig Kleinschmidt, Cassel 1767–1816.
Sammlung von Gesetzen, Verordnungen, Ausschreiben und anderen allgemeinen Verfügungen für Kurhessen, Cassel 1813–1866.
Schirges, G. (Hrsg.): Verhandlungen des ersten deutschen Handwerker- und Gewerbe-Congresses gehalten zu Frankfurt a. M. vom 14. Juli bis 18. August 1848, Darmstadt 1848.
Staatsanzeiger für das Land Hessen, Wiesbaden 1946 ff.
Statistisches Bundesamt (Hrsg.): Statistisches Jahrbuch für die Bundesrepublik Deutschland, 1954, Stuttgart/Köln 1954; 1955, Stuttgart/Köln 1955; 1960, Stuttgart/Mainz 1960; 1986, Stuttgart/Mainz 1986; 1989, Stuttgart 1989; 1990, Stuttgart 1990.
Statistisches Reichsamt (Hrsg.): Statistisches Jahrbuch für das Deutsche Reich – 51. Jahrgang 1932, Berlin 1932; 52. Jahrgang 1933, Berlin 1933.
Verhandlungen der Deutschen Verfassunggebenden Reichsversammlung zu Frankfurt am Main, hrsgg. auf Beschluß der Nationalversammlung durch die Redactions-Commission und in deren Auftr. von K. D. Haßler, Frankfurt/M. 1. 1848/49–6. 1848/49.
Verhandlungen der zweiten Kammer der Landstände des Großherzogtums Hessen in den Jahren 1869/71, Zwanzigster Landtag, Beilagen.
Verhandlungen der Zweiten Kammer der Landstände des Großherzogthums Hessen – Beilagen, Darmstadt 1820–1900 (mit Unterbrechungen).

Verhandlungen des Bundesrates, Stenographische Berichte, Bonn, Köln 1949 ff.
Verhandlungen des Reichstages, Stenographische Berichte, Berlin 1871–1939.
Verlagsanstalt Handwerk / Signal Iduna (Hrsg.): Organisationen des Handwerks 2004/2005, 19. Aufl., Düsseldorf 2004.
Verordnungsblatt für Groß-Berlin, Berlin [Ost], 1949–1990.
Wendtland, Ernst (Hrsg.): Handbuch der Deutschen Handelskammern und sonstigen amtlichen Handelsvertretungen – Zusammenstellung der Handelskammer-Gesetze sämtlicher deutscher Bundesstaaten, Leipzig 1916.
— (Hrsg.): Handbuch der Deutschen Industrie- und Handelskammern und sonstigen amtlichen Handelsvertretungen – Zusammenstellung der Handelskammer-Gesetze sämtlicher deutscher Bundesstaaten, Leipzig 1927.
— (Hrsg.): Jahrbuch der Deutschen Handelskammern [später: Industrie- und Handelskammern] und sonstigen amtlichen Handelsvertretungen, 1. Ausgabe, Jahrgang 1905, Leipzig 1905; 3. Ausgabe 1917, Leipzig 1917; 9. Ausgabe 1923/25, Leipzig 1925; 10. Ausgabe 1926/27, Leipzig 1928; 11. Ausgabe 1928/30, Leipzig 1930.
Winter, Georg (Hrsg.): Die Reorganisation des preußischen Staates unter Stein und Hardenberg, Erster Teil: Allgemeine Verwaltungs- und Behördenreform, Bd. I: Vom Beginn des Kampfes gegen die Kabinettsregierung bis zum Wiedereintritt des Ministers vom Stein (Publikationen aus den Preußischen Staatsarchiven, 93. Band), Leipzig 1931.

Literaturverzeichnis

Abel, Wilhelm: Agrarpolitik, 2. Aufl., Göttingen 1958.
Aberle, Hans-Jürgen: Inkassotätigkeit von Kreishandwerkerschaften, in: GewArch 1970, 1 f.
Achilles, Walter: Deutsche Agrargeschichte im Zeitalter der Reformen und der Industrialisierung, Stuttgart 1993.
Achten, Hans: Die öffentlich-rechtliche Grundlage der Handwerker-Organisation in der Reichsgewerbeordnung und deren Änderung durch die Handwerksnovelle vom 11. Februar 1929, Diss. iur. Köln 1929.
Achterberg, Norbert: Allgemeines Verwaltungsrecht – Ein Lehrbuch, 2. Aufl., Heidelberg 1986.
Achterberg, Norbert / Püttner, Günter / Würtenberger, Thomas: Besonderes Verwaltungsrecht – Ein Lehr- und Handbuch, Band I: Wirtschafts-, Umwelt-, Bau-, Kultusrecht, 2. Aufl., Heidelberg 2000.
Altenhoff, Rudolf / Busch, Hans / Chemnitz, Jürgen: Rechtsberatungsgesetz – Kommentar, 10. Aufl., Münster 1993.
Alternativkommentar zum Grundgesetz – Kommentar zum Grundgesetz für die Bundesrepublik Deutschland, Bd. 1: Art. 1–20, bearb. von Richard Bäumlin etc.; Bd. 2: Art. 21–146, bearb. von Axel Azzola etc., Neuwied etc. 1984.
Altrock, W[alther] von: Landes-Oekonomie-Kollegium – Preuß. Hauptlandwirtschaftskammer, in: Ludwig Elster etc. (Hrsg.), Handwörterbuch der Staatswissenschaften, 4. Aufl., 6. Bd., Jena 1925, S. 146–148.
—: Landwirtschaftliches Vereinswesen, in: Ludwig Elster etc. (Hrsg.), Handwörterbuch der Staatswissenschaften, 4. Aufl., 6. Bd., Jena 1925, S. 212–218.
—: Landwirtschaftskammern, in: Ludwig Elster etc. (Hrsg.), Handwörterbuch der Staatswissenschaften, 4. Aufl., 6. Bd., Jena 1925, S. 220–229.
Anschütz, Gerhard: Die Verfassung des Deutschen Reichs vom 11. August 1919 – Ein Kommentar für Wissenschaft und Praxis, Dritte Bearbeitung, 11. Aufl., Berlin 1929.
Anz, Christoph: Gilden im mittelalterlichen Skandinavien, Göttingen 1998.
Arnsperger, Leopold: 125 Jahre Handelskammer in der Pfalz, in: Pfälzisches Industrie- und Handelsblatt 1968, 261–263.
Asmis, W.: Aus dem Werdegang der Landwirtschaftskammern, in: Recht der Landwirtschaft 1949, 42–49.
—: Die Rechtsstellung der Landwirtschaftskammern in Hessen, in: Recht der Landwirtschaft 1952, 5 f.
Aßmann, Klaus / Stavenhagen, Gerhard: Handwerkereinkommen am Vorabend der industriellen Revolution – Materialien aus dem Raum Braunschweig-Wolfenbüttel, Göttingen 1969.
Bader, Karl Siegfried: Dorfgenossenschaft und Dorfgemeinde, 2. Aufl., Wien etc. 1974.
Badura, Peter: Das handwerksrechtliche Gebot der Meisterpräsenz in den Gesundheitsberufen, dargestellt am Beispiel des Augenoptikerhandwerks, in: GewArch 1992, 201–208.

Bähr, Otto: Der Rechtsstaat – Eine publizistische Studie, 2. Aufl., Darmstadt 1963 (Fotomechanischer Nachdruck der 1. Auflage, Kassel und Göttingen 1864).
Ballerstedt, Kurt: Wirtschaftsverfassungsrecht, in: Karl August Bettermann / Hans Carl Nipperdey / Ulrich Scheuner (Hrsg.), Die Grundrechte – Handbuch der Theorie und Praxis der Grundrechte, Dritter Band, 1. Halbband, Berlin 1958, S. 1–90.
Baron, Josef: Das deutsche Vereinswesen und der Staat im 19. Jahrhundert, Diss. iur. Göttingen 1962.
Bauer, Gerd / Boehncke, Heiner / Sarkowicz, Hans: Die Geschichte Hessens – Von der Steinzeit bis zum Neubeginn nach 1945, Frankfurt a. M. 2002.
Baumbach, Fritz: Organisation und Rechtscharakter der Landwirtschaftskammern in Preußen und Thüringen, Diss. iur. Jena 1933.
Bausen, Wilh.: Selbstverwaltung, in: Staatslexikon, im Auftrag der Görres-Gesellschaft hrsgg. von Hermann Sacher, 4. Band, 5. Aufl., Freiburg 1931, Sp. 1486–1493.
Becker, Erich: Das staatspolitische Vermächtnis des Freiherrn vom Stein, in: DÖV 1957, 740–744.
—: Die Selbstverwaltung als verfassungsrechtliche Grundlage der kommunalen Ordnung in Bund und Ländern, in: Hans Peters (Hrsg.), Handbuch der kommunalen Wissenschaft und Praxis Bd. 1, Berlin etc. 1956, S. 113–184.
—: Die Selbstverwaltung des Volkes in den Gemeinden des 19. Jahrhunderts und der Gegenwart, in: Aus Geschichte und Landeskunde – Forschungen und Darstellungen (Festschrift Franz Steinbach), Bonn 1960, S. 535–560.
—: Die staatspolitische Bedeutung der Preußischen Städteordnung vom 19. November 1808, in: Wilhelm Wegener (Hrsg.), Festschrift für Karl Gottfried Hugelmann, Bd. 1, Aalen 1959, S. 37–75.
—: Entwicklung der deutschen Gemeinden und Gemeindeverbände im Hinblick auf die Gegenwart, in: Hans Peters (Hrsg.), Handbuch der kommunalen Wissenschaft und Praxis Bd. 1, Berlin etc. 1956, S. 62–112.
—: Gemeindliche Selbstverwaltung – Erster Teil: Grundzüge der gemeindlichen Verfassungsgeschichte, Berlin 1941.
—: Kommunale Selbstverwaltung, in: Karl August Bettermann / Hans Carl Nipperdey (Hrsg.), Die Grundrechte – Handbuch der Theorie und Praxis der Grundrechte, Vierter Band, 2. Halbband, Berlin 1962, S. 673–739.
—: Selbstverwaltung, in: Staatslexikon – Recht Wirtschaft Gesellschaft, hrsgg. von der Görres-Gesellschaft, 7. Band, 6. Aufl., Freiburg 1962, Sp. 45–54.
Behnke, Fritz-Werner: Die rechtliche Stellung der preußischen Landwirtschaftskammern, Diss. iur. Göttingen 1929.
Below, Georg von: Kritik der hofrechtlichen Theorie (Mit besonderer Rücksicht auf die ständischen Verhältnisse), abgedruckt in: derselbe, Territorium und Stadt – Aufsätze zur Deutschen Verfassungs-, Verwaltungs- und Wirtschaftsgeschichte, 2. Aufl., München/Berlin 1923, S. 213–227.
—: Probleme der Wirtschaftsgeschichte, Tübingen 1920.
—: Vom Mittelalter zur Neuzeit – Bilder aus der deutschen Verfassungs- und Wirtschaftsgeschichte, Leipzig 1924.
—: Zur Geschichte des Handwerks und der Gilden, in: HZ 106 (1911), 268–294.
Below, G[eorg] von / Baasch, E.: Zünfte, in: Ludwig Elster (Hrsg.), Wörterbuch der Volkswirtschaft in drei Bänden, 4. Aufl., Bd. 3, Jena 1933, S. 1173–1183.
Bendel, B.: Landwirtschaftskammern, in: Volkmar Götz etc. (Hrsg.), Handwörterbuch des Agrarrechts, II. Band, Berlin 1982, Sp. 360–366.

Benecke, Martina / Hergenröder, Carmen Silvia: Berufsbildungsgesetz – Kommentar, München 2009.
Benoist, Luc: Le compagnonnage et les métiers, 2. Aufl., Paris 1970.
Bergmann, Jürgen: Das Handwerk in der Revolution von 1848 – Zum Zusammenhang von materieller Lage und Revolutionsverhalten der Handwerker 1848/49, in: Ulrich Engelhardt (Hrsg.), Handwerker in der Industrialisierung, Stuttgart 1984, S. 320–346.
Berkenkopf, Paul: Gewerbe und Gewerbepolitik, in: H. H. Lammers / Hans Pfundtner (Hrsg.), Grundlagen, Aufbau und Wirtschaftsordnung des nationalsozialistischen Staates, Bd. 3, Beitrag 52.
Bernert, Günther: Die französischen Gewerbegerichte (conseils de prud'hommes) und ihre Einführung in den linksrheinischen Gebieten zwischen 1808 und 1813, in: Karl Otto Scherner / Dietmar Willoweit (Hrsg.), Vom Gewerbe zum Unternehmen – Studien zum Recht der gewerblichen Wirtschaft im 18. und 19. Jahrhundert, Darmstadt 1982, S. 112–151.
Bernert, Helmut: 100 Jahre Handwerkskammer Kassel 1900–2000, Kassel 2000.
Beseler, Georg: Volksrecht und Juristenrecht, Leipzig 1843.
Bieback, Karl-Jürgen: Die öffentliche Körperschaft – Ihre Entstehung, die Entwicklung ihres Begriffs und die Lehre vom Staat und den innerstaatlichen Verbänden in der Epoche des Konstitutionalismus in Deutschland, Berlin 1976.
Black, Antony: Guilds and Civil Society in European Political Thought from the Twelfth Century to the Present, Cambridge 1984.
Blaich, Fritz: Die Epoche des Merkantilismus, Wiesbaden 1973.
Blanke, Thomas: Funktionale Selbstverwaltung und Demokratieprinzip, in: Redaktion Kritische Justiz (Hrsg.), Demokratie und Grundgesetz, 2000, S. 32–58.
Blasius, Dirk: Lorenz von Stein als Geschichtsdenker, in: Dirk Blasius / Eckart Pankoke: Lorenz von Stein – Geschichts- und gesellschaftswissenschaftliche Perspektiven, Darmstadt 1977, S. 3–76.
—: Lorenz von Stein – Grundlagen und Struktur seiner politischen Ideenwelt, Diss. phil. Köln 1970.
—: Zeitbezug und Zeitkritik in Lorenz von Steins Verwaltungslehre, in: Roman Schnur (Hrsg.), Staat und Gesellschaft – Studien über Lorenz von Stein, Berlin 1978, S. 419–433.
Blaustein, Arthur (Hrsg.): Die Handelskammer Mannheim und ihre Vorläufer 1728–1928, Mannheim etc. 1928.
Blickle, Peter: Unruhen in der ständischen Gesellschaft 1300–1800, München 1988.
Blodig, Hermann: Die Selbstverwaltung als Rechtsbegriff – Eine verwaltungsrechtliche Monographie, Wien und Leipzig 1894.
Blume, Herbert: Ein Handwerk – eine Stimme – 100 Jahre Handwerkspolitik – Eine historische Bilanz handwerklicher Selbstverwaltung, hrsgg. vom Zentralverband des Deutschen Handwerks, Berlin 2000.
Bode, Günter: Das politische Prinzip der Selbstverwaltung in der Verfassungsgeschichte des deutschen Volkes, Diss. iur. Breslau 1936.
Böckenförde, Ernst-Wolfgang: Demokratie als Verfassungsprinzip, in: Josef Isensee / Paul Kirchhof (Hrsg.), Handbuch des Staatsrechts der Bundesrepublik Deutschland, Band II: Verfassungsstaat, 3. Aufl., Heidelberg 2004, S. 429–496.
—: Die deutsche verfassungsgeschichtliche Forschung im 19. Jahrhundert – Zeitgebundene Fragestellungen und Leitbilder, Berlin 1961.
—: Lorenz von Stein als Theoretiker der Bewegung von Staat und Gesellschaft zum Sozialstaat, in: Historisches Seminar der Universität Hamburg (Hrsg.), Alteuropa und die moderne Gesellschaft – Festschrift für Otto Brunner, Göttingen 1963, S. 248–277.

Bödiker, T[onio Wilhelm], Das Gewerberecht des Deutschen Reichs, Berlin 1883.
Böhmert, Victor: Beiträge zur Geschichte des Zunftwesens, Leipzig 1862.
Boelcke, Willi A.: Die deutsche Wirtschaft 1930–1945 – Interna des Reichswirtschaftsministeriums, Düsseldorf 1983.
Boesche, Katharina Vera: Wettbewerbsrecht, 2. Aufl., Heidelberg 2007.
Böttger, Hugo: Das Programm der Handwerker – Eine gewerbepolitische Studie, Braunschweig 1893.
—: Geschichte und Kritik des neuen Handwerkergesetzes vom 26. Juli 1897, Florenz / Leipzig 1898.
Boldt, Gerhard: Gewerbeordnung und gewerberechtliche Nebengesetze unter besonderer Berücksichtigung der Gesetzgebung in der britischen Zone und in Bremen, Münster 1949.
—: Gewerbeordnung und gewerberechtliche Nebengesetze unter besonderer Berücksichtigung der neuesten Gesetzgebung in der Bundesrepublik Deutschland, 2. Aufl., Münster 1951.
Bonner Kommentar zum Grundgesetz, hrsgg. von Rudolf Dolzer, Karin Graßhoff, Wolfgang Kahl, Christian Waldhoff, Lsbl., Heidelberg, Stand: 147. Lfg., August 2010.
Botzenhart, Erich: Die Entwicklung der preußischen Stadtverfassungen im 18. Jahrhundert, in: Jahrbuch für Kommunalwissenschaft, 2. Jahrgang 1935, S. 129–157.
—: Die Staats- und Reformideen des Freiherrn vom Stein – Ihre geistigen Grundlagen und ihre praktischen Vorbilder, Tübingen 1927.
Botzenhart, Manfred: Landgemeinde und staatsbürgerliche Gleichheit – Die Auseinandersetzungen um eine allgemeine Kreis- und Gemeindeordnung während der preußischen Reformzeit, in: Bernd Sösemann (Hrsg.), Gemeingeist und Bürgersinn – Die preußischen Reformen, Berlin 1993, S. 85–105.
Boyer, Christoph: Zwischen Zwangswirtschaft und Gewerbefreiheit – Handwerk in Bayern 1945–1949, München 1992.
Bracher, Karl Dietrich / Sauer, Wolfgang / Schulz, Gerhard: Die nationalsozialistische Machtergreifung – Studien zur Errichtung des totalitären Herrschaftssystems in Deutschland 1933/34, 2. Aufl., Köln etc. 1962.
Brand, J.: Zunft, Zunftwesen, in: Adalbert Erler etc. (Hrsg.), Handwörterbuch zur deutschen Rechtsgeschichte, V. Bd., Berlin 1998, Sp. 1792–1803.
Brandt, Harm-Hinrich: Die Industrie- und Handelskammer Kassel und ihre Vorläufer 1763–1963, Kassel 1963.
—: Von der Fürstlich-Hessischen Commercien-Cammer zur Industrie- und Handelskammer Kassel 1710–1960 (Wirtschaftspolitik und gewerbliche Mitbeteiligung im nordhessischen Raum), Kassel 1960.
—: Wirtschaft und Staat in Hessen-Kassel 1710–1945 – Die Industrie- und Handelskammer Kassel und ihre Vorläufer, in: Harm-Hinrich Brandt / Rainer Olten / Herbert Marschelke, Wirtschaft und Politik in Nordhessen seit dem 18. Jahrhundert, hrsgg. von der IHK Kassel, Kassel 1991, S. 7–42.
—: Wirtschaft und Wirtschaftspolitik im Raum Hanau 1597–1962 – Die Geschichte der Industrie- und Handelskammer Hanau-Gelnhausen-Schlüchtern und ihrer Vorläufer, Hanau 1963.
—: Wirtschaftspolitik und gewerbliche Mitbeteiligung im nordhessischen Raum 1710–1960, Diss. phil. Marburg 1960.
Brandt, Robert: Autonomie und Schutz der „Nahrung", Bürgerrecht und Judenfeindschaft – Das Frankfurter Innungshandwerk während des Verfassungskonflikts 1705–1732, in:

Mark Häberlein / Christof Jeggle (Hrsg.), Vorindustrielles Gewerbe, Konstanz 2004, S. 229–248.
Brandt, Wilfried: Die Neuordnung der landwirtschaftlichen Staats- und Selbstverwaltung in Schleswig-Holstein, in: Agrarrecht 1974, 114–118.
Brauchitsch, Max von: Die neuen Preußischen Verwaltungsgesetze, 1. Bd., Berlin 1881; 2. Bd., Berlin 1882.
—: Die neueren Organisationsgesetze der inneren Verwaltung für die Provinzen Preußen, Brandenburg, Pommern, Schlesien und Sachsen, Berlin 1876.
—: Die Preußischen Verwaltungsgesetze, neu herausgegeben von Bill Drews und Gerhard Lassar, 4. Bd., 17. Aufl., Berlin 1926.
Braun, Klaus: Konservatismus und Gemeinwirtschaft – Eine Studie über Wichard von Moellendorff, Duisburg 1978.
Braun, Oliver: Bauernkammern, 1920–1933, in: Historisches Lexikon Bayerns, <www.historisches-lexikon-bayerns.de/artikel/artikel_44660> (Stand: August 2010).
Braun, Theo: Die historische Entwicklung der deutschen Landwirtschaftskammern bis zur Gegenwart unter besonderer Berücksichtigung der Landwirtschaftskammer Rheinland, Diss. Köln 1952 (maschinenschriftliches Manuskript).
Brause, Hermann: Der Begriff der Selbstverwaltung in Deutschland, Diss. iur. Erlangen 1900.
Brauweiler, Heinz: Berufsstand und Staat – Betrachtungen über eine neuständische Verfassung des Deutschen Staates, Berlin 1925.
Brauweiler, Roland: Art. 127 – Selbstverwaltung, in: Hans Carl Nipperdey (Hrsg.), Die Grundrechte und Grundpflichten der Reichsverfassung – Kommentar zum zweiten Teil der Reichsverfassung, Zweiter Band: Artikel 118–142, Berlin 1930, S. 193–209.
Bree, Georg: Zur rechtlichen Beurteilung der Direktiven der amerikanischen Besatzungsmacht über die Gewerbefreiheit, in: DÖV 1953, 237–242.
Bremer, Heinz: Kammerrecht der Wirtschaft – Kommentar zum Bundeskammergesetz, Landesrecht der Industrie- und Handelskammern einschließlich Wirtschaft- und Arbeitnehmerkammern und Recht der Auslandshandelskammern, Berlin 1960.
Brockhaus Enzyklopädie in 20 Bänden, 17. Aufl., Bd. 20, Wiesbaden 1974; in 30 Bänden, 21. Aufl., Bd. 30, Leipzig etc. 2006.
Brösse, Ulrich: Einführung in die Volkswirtschaftslehre – Mikroökonomie, München etc. 1997.
Brohm, Winfried: Selbstverwaltung in wirtschafts- und berufsständischen Kammern, in: Albert von Mutius (Hrsg.), Selbstverwaltung im Staat der Industriegesellschaft – Festgabe zum 70. Geburtstag von Georg Christoph von Unruh, Heidelberg 1983, S. 777–807.
—: Strukturen der Wirtschaftsverwaltung – Organisationsformen und Gestaltungsmöglichkeiten im Wirtschaftsverwaltungsrecht, Stuttgart etc. 1969.
Broszat, Martin: Der Staat Hitlers – Grundlegung und Entwicklung seiner inneren Verfassung, 6. Aufl., München 1976.
Bruns, Hans: Der Eisenwirtschaftsbund, Jena 1922.
Bryde, Brun-Otto: Das Demokratieprinzip des Grundgesetzes als Optimierungsaufgabe, in: Redaktion Kritische Justiz (Hrsg.), Demokratie und Grundgesetz, 2000, S. 59–70.
Bull, Hans Peter / Mehde, Veith: Allgemeines Verwaltungsrecht mit Verwaltungslehre, 8. Aufl., Heidelberg 2009.
Bullinger, Martin: Staatsaufsicht in der Wirtschaft, in: VVDStRL 22 (1965), S. 264–322.
Burgi, Martin: Selbstverwaltung angesichts von Europäisierung und Ökonomisierung, in: VVDStRL 62 (2002), 405–456.

Burkhard, Johannes etc., Wirtschaft, in: Otto Brunner / Werner Conze / Reinhart Koselleck (Hrsg.), Geschichtliche Grundbegriffe, Bd. 7, Stuttgart 1992, S. 511 ff.

Busch, Erich: Die Entwickelung des Selbstverwaltungsbegriffes im deutschen Verwaltungsrechte, Diss. iur. Greifswald 1919.

Busch, Wolfgang: Wirtschaftliche Selbstverwaltung im Reichsnährstand, Diss. iur. Bonn 1936.

Busse, Martin: Die Selbstverwaltung im Reichsnährstand, in: Deutsche Rechtswissenschaft, Bd. 3 (1938), S. 193–233.

Buwert, Hans: Gemeinschaftsgeist in der Wirtschaft, in: Jahrbuch der nationalsozialistischen Wirtschaft 1937, S. 21–34.

Canzler, Gerhard: Zünfte und Gilden in Ostfriesland bis 1744, Weener (Ems) 1999.

Chesi, Valentin: Struktur und Funktionen der Handwerksorganisation in Deutschland seit 1933 – Ein Beitrag zur Verbandstheorie, Berlin 1966.

Claß, Hans: Die gelenkte Selbstverwaltung – Das Verhältnis des Deutschen Reiches zur materiellen (echten) Selbstverwaltung, Breslau 1941.

Cohn, Kurt: Die Rechtsgebilde des Kohlenwirtschaftsgesetzes und seiner Ausführungsbestimmungen, Leipzig 1926.

Conquet, André: Si les Chambres de Commerce m'étaient contées, Lyon 1984.

Conrad, Hermann: Deutsche Rechtsgeschichte, Band II – Neuzeit bis 1806, Karlsruhe 1966.

—: Freiherr vom Stein als Staatsmann im Übergang vom Absolutismus zum Verfassungsstaat, Köln-Braunsfeld 1958.

Coornaert, Emile: Les corporations en France avant 1789, Paris 1968.

Cordt, Ernst: Die Gilden – Ursprung und Wesen, Göppingen 1984.

Corrado, Martina: Zur Rolle der Handelskammern in Italien, in: Jahrbuch des Kammer- und Berufsrechts 2004, S. 149–169.

Creutzig, Jürgen: Noch einmal: Inkassotätigkeit von Kreishandwerkerschaften, in: GewArch 1970, 124 f.

Crößmann, Klaus: Die deutschen Industrie- und Handelskammern, 4. Aufl., Frankfurt 1978.

Curth, Hermann: Einleitung, in: Wichard v. Moellendorff: Konservativer Sozialismus – hrsgg. und eingeleitet v. Hermann Curth, Hamburg 1932, S. 7–28.

Czybulka, Detlef: Gewerbenebenrecht: Handwerksrecht und Gaststättenrecht, in: Reiner Schmidt (Hrsg.), Öffentliches Wirtschaftsrecht, Besonderer Teil 1, Berlin etc. 1995, S. 111–218.

Darmstaedter, Friedrich: Ist das englische selfgovernment als Grundlage der deutschen Selbstverwaltung anzusehen?, in: Otto Bachof / Martin Drath / Otto Gönnenwein / Ernst Walz (Hrsg.), Gedächtnisschrift für Walter Jellinek, München 1955, S. 535–548.

Démier, Francis: La construction d'une identité libérale (1803–1848), in: La Chambre de commerce et d'industrie de Paris – 1803–2003, Histoire d'une institution, Genève 2003, S. 31–84.

Der Große Herder – Nachschlagewerk für Wissen und Leben, 4. Aufl. von Herders Konversationslexikon, 12. Bd., Freiburg i.Br. 1935.

Der Neue Brockhaus, Lexikon und Wörterbuch in fünf Bänden und einem Atlas, 7. Aufl., Bd. 5, Wiesbaden 1985.

Detterbeck, Steffen: Allgemeines Verwaltungsrecht mit Verwaltungsprozessrecht, 8. Aufl., München 2010.

—: Handwerkskammerbeitrags-Bonussystem für Innungsmitglieder, in: GewArch 2005, 271–278, 321–327.

—: Handwerksordnung – Kommentar, 4. Aufl., München 2008; zit.: Detterbeck, HwO, 4. Aufl., 2008.
—: Vorrang und Vorbehalt des Gesetzes, in: Jura 2002, 235–241.
—: Zum präventiven Rechtsschutz gegen ultra-vires-Handlungen öffentlich-rechtlicher Zwangsverbände – unter besonderer Berücksichtigung der Finanzierung sozial indizierter Schwangerschaftsabbrüche durch die gesetzliche Krankenversicherung, Frankfurt am Main etc. 1990.
Detterbeck, Steffen / Will, Martin: Die Handwerksinnungen in der staatlichen dualen Ordnung des Handwerks – Zur Frage einer Innungspflichtmitgliedschaft und eines Kammerbeitrags-Bonussystems für Innungsmitglieder, Frankfurt am Main etc. 2003.
Deutscher Handelstag (Hrsg.): Der Deutsche Handelstag 1861–1911, Erster Band, Berlin 1911.
Dichtl, Erwin / Issing, Otmar (Hrsg.): Vahlens Großes Wirtschaftslexikon, Bd. 4, München 1987; 2. Aufl., Bd. 2, München 1993.
Dieckmann, Theodor: Deutsche Auslandshandelskammern – Erkenntnisse und Erfahrungen früherer Zeit, Bonn o. J. (ca. 1952).
Diederich, Nils / Haag, Ingeborg / Cadel, Georg: Industrie- und Handelskammern in den neuen Bundesländern – Regionale autonome Interessenorganisationen im Prozess der Neustrukturierung der Wirtschaft, Wiesbaden 2000.
Diefenbach, Wilhelm: Zur Organstruktur der Handwerks- und der Industrie- und Handelskammern, in: GewArch 2006, 313–321.
DIHK, Leistungen im öffentlichen Auftrag – Aufgaben der Industrie- und Handelskammern vom Gesetzgeber übertragen, Bonn, Stand: Mai 2002.
Dilcher, Gerhard: Conjuratio, in: Adalbert Erler etc. (Hrsg.), Handwörterbuch zur deutschen Rechtsgeschichte, I. Bd., Berlin 1971, Sp. 631–633.
—: Die genossenschaftliche Struktur von Gilden und Zünften, in: Berent Schwineköper (Hrsg.), Gilden und Zünfte – Kaufmännische und gewerbliche Genossenschaften im frühen und hohen Mittelalter, Sigmaringen 1985, S. 71–111.
Dirr, P.: Der Handelsvorstand Nürnberg 1560–1910, Nürnberg 1910.
Dix, Arthur: Die gebundene Volkswirtschaft bei und nach Kriegsende, in: Gerhard Anschütz etc. (Hrsg.), Handbuch der Politik, 4. Bd. – Der wirtschaftliche Wiederaufbau, 3. Aufl., Berlin und Leipzig 1921, S. 133–143.
Dochow, Franz: Wirtschaftsrechtliche Tagesfragen (Rubrik), in: Deutsche Wirtschafts-Zeitung 1920, S. 227 f.
Dochow, Franz / Gieseke, Paul (Hrsg.): Eisenwirtschaftsverordnung – Verordnung zur Regelung der Eisenwirtschaft vom 1. April 1920, Berlin 1920.
Doren, Alfred: Untersuchungen zur Geschichte der Kaufmannsgilden des Mittelalters – Ein Beitrag zur Wirtschafts-, Social- und Verfassungsgeschichte der mittelalterlichen Städte, Leipzig 1893.
Dotzenrath, Franz Jos., Wirtschaftsräte und die Versuche zu ihrer Verwirklichung in Preußen-Deutschland, Düsseldorf 1933, zugl. Diss. Köln 1932.
Dreier, Horst (Hrsg.): Grundgesetz – Kommentar, 2. Aufl., Bd. II: Art. 20–82, Tübingen 2006.
Drews, Bill: Das neue preußische Gemeindeverfassungsrecht, in: Juristische Wochenschrift 63 (1934), 197–200.
Drews, Bill: Verwaltungsreform, in: Deutsche Juristen-Zeitung 24 (1919), Sp. 361–366.
Drexler, Martin / König, Jennifer: Die Zugehörigkeit und Beitragspflicht von Steuerberatungs GmbHs bei den Industrie- und Handelskammern, in: GewArch 2004, 461–466.

Düwel, Klaus: Philologisches zu „Gilde", in: Herbert Jankuhn etc. (Hrsg.), Das Handwerk in vor- und frühgeschichtlicher Zeit, Teil I: Historische und rechtshistorische Beiträge und Untersuchungen zur Frühgeschichte der Gilde, Göttingen 1981, S. 399–415.

Ehbrecht, Wilfried: Beiträge und Überlegungen zu Gilden im nordwestlichen Deutschland (vornehmlich im 13. Jahrhundert), in: Berent Schwineköper (Hrsg.), Gilden und Zünfte – Kaufmännische und gewerbliche Genossenschaften im frühen und hohen Mittelalter, Sigmaringen 1985, S. 413–450.

Ehlers, Dirk: Gewerbe-, Handwerks- und Gaststättenrecht, in: Norbert Achterberg / Günter Püttner / Thomas Württenberger, Besonderes Verwaltungsrecht, Band I, 2. Aufl., Heidelberg 2000, S. 96–217.

Ehmer, Josef: Traditionelles Denken und neue Fragestellungen zur Geschichte von Handwerk und Zunft, in: Friedrich Lenger (Hrsg.), Handwerk, Hausindustrie und die historische Schule der Nationalökonomie, Bielefeld 1998, S. 19–77.

Eichhorn, Peter / Friedrich, Peter / Jann, Werner / Oechsler, Walter A. / Püttner, Günter / Reinermann, Heinrich (Hrsg.): Verwaltungslexikon, 3. Aufl., Baden-Baden, Stand: Juli 2002.

Eisenbach, Ulrich: Zwischen gewerblicher Interessenvertretung und öffentlich-rechtlichem Auftrag – Organisation und Rechtsstellung der Industrie- und Handelskammer Gießen seit 1872, in: Helmut Berding (Hrsg.), 125 Jahre Industrie- und Handelskammer Gießen, Darmstadt 1997, S. 5–43.

Elleringmann, Rudolf: Begriff und Wesen der körperschaftlichen Selbstverwaltung – Eine die gebietskörperschaftliche Selbstverwaltung besonders berücksichtigende theoretische Grundlegung, Berlin 1936.

—: Grundlagen der Kommunalverfassung und der Kommunalaufsicht (Verwaltung und Wirtschaft, Heft 18), Stuttgart 1957.

—: Selbstverwaltung, Die Verwaltung (Schriftenfolge zur staatswissenschaftlichen Fortbildung der Beamten und Behördenangestellten) Nr. 19, Braunschweig 1951.

Elster, Ludwig (Hrsg.): Wörterbuch der Volkswirtschaft in drei Bänden, 4. Aufl., Bd. 3, Jena 1933.

Emde, Ernst Thomas: Die demokratische Legitimation der funktionalen Selbstverwaltung – Eine verfassungsrechtliche Studie anhand der Kammern, der Sozialversicherungsträger und der Bundesanstalt für Arbeit, Berlin 1991.

Emig, Kurt: Die Rechtsstellung des Reichsnährstandes, dargestellt an der Frage seiner Fähigkeit zur Anstellung von Beamten, in: Recht des Reichsnährstandes 1937, 341–348.

Engel, Evamaria / Töpfer, Bernhard etc.: Die entfaltete Feudalgesellschaft von der Mitte des 11. bis zu den siebziger Jahren des 15. Jahrhunderts (Deutsche Geschichte Bd. 2), Köln 1983.

Engeli, Christian / Haus, Wolfgang: Quellen zum modernen Gemeindeverfassungsrecht in Deutschland, Stuttgart etc. 1975.

Ennen, Edith: Frühgeschichte der europäischen Stadt, Bonn 1953, 2. Nachdruck 1964.

Ennen, Edith / Janssen, Walter: Deutsche Agrargeschichte – Vom Neolithikum bis zur Schwelle des Industriezeitalters, Wiesbaden 1979.

Ennen, Reinald: Zünfte und Wettbewerb – Möglichkeiten und Grenzen zünftlerischer Wettbewerbsbeschränkungen im städtischen Handel und Gewerbe des Spätmittelalters, Köln 1971.

Erbguth, Wilfried: Allgemeines Verwaltungsrecht mit Verwaltungsprozess- und Staatshaftungsrecht, 3. Aufl., Baden-Baden 2009.

Erbs/Kohlhaas: Strafrechtliche Nebengesetze (hrsgg. von Friedrich Ambs); Lsbl., Bd. 3, München, Stand: 164. Lfg., November 2006.

Erdmann, Manfred: Die verfassungspolitische Funktion der Wirtschaftsverbände in Deutschland 1815–1871, Berlin 1968.
Erler, Georg: Freiheit und Grenze berufsständischer Selbstverwaltung – Dargestellt an den verfassungsrechtlichen Grundfragen der Bundesrechtsanwaltsordnung, Göttingen 1952.
Ernst, Christian: Die Einführung eines einheitlichen Ansprechpartners i. S. der EU-Dienstleistungsrichtlinie durch das 4. Gesetz zur Änderung verwaltungsverfahrensrechtlicher Vorschriften, in: DVBl. 2009, 953–961.
Esenwein-Rothe, Ingeborg: Die Wirtschaftsverbände von 1933 bis 1945, Berlin 1965.
Eyermann, Erich: Staatsaufsicht über Handwerkskammern – insbesondere im Interessenvertretungsbereich, in: GewArch 1992, 209–217.
Eyermann, Erich / Fröhler, Ludwig: Handwerksordnung – Kommentar, 2. Aufl., München/Berlin 1967.
Eyermann, Erich / Fröhler, Ludwig / Honig, Gerhart: Handwerksordnung – Kommentar, 3. Aufl., München 1973.
Eyll, Klara van: Berufsständische Selbstverwaltung, in: Kurt G. A. Jeserich / Hans Pohl / Georg-Christoph von Unruh, Deutsche Verwaltungsgeschichte, Band 3: Das Deutsche Reich bis zum Ende der Monarchie, Stuttgart 1984, S. 71–84.
Faber, Heiko: Verwaltungsrecht, 4. Aufl., Tübingen 1995.
Facius, Friedrich: Wirtschaft und Staat – Die Entwicklung der staatlichen Wirtschaftsverwaltung in Deutschland vom 17. Jahrhundert bis 1945, Boppard am Rhein 1959.
Fahnert, Paul (Hrsg.): Das neue Handwerkergesetz – Gesetz betreffend die Abänderung der Gewerbeordnung vom 26. Juli 1897, Leipzig 1897.
Fahr, Ulrich / Kaulbach, Detlef / Bähr, Gunne W.: Versicherungsaufsichtsgesetz – VAG mit Finanzdienstleistungsaufsichtsgesetz (FinDAG) – Kommentar, 4. Aufl., München 2007.
Fauck, Siegfried: Zur Geschichte der Industrie- und Handelskammer, in: Pfälzisches Industrie- und Handelsblatt 1968, 263–268.
Faure, Edgar: La Disgrâce de Turgot – 12 Mai 1776, Paris 1961.
Fehling, Michael: Neue Herausforderungen an die Selbstverwaltung in Hochschule und Wissenschaft, in: Die Verwaltung 35 (2002), 399–424.
Fezer, Karl-Hein (Hrsg.): Lauterkeitsrecht – Kommentar zum Gesetz gegen den unlauteren Wettbewerb (UWG), Bd. 2: §§ 5–20 UWG, München 2010.
Fiehler, Karl: Deutsches Gemeinderecht, in: Grundlagen, Aufbau und Wirtschaftsordnung des nationalsozialistischen Staates, Bd. 2, o. J., Beitrag 27.
Fikentscher, Wolfgang: Wirtschaftsrecht, Band II, München 1983.
Finzel, Dieter: Kommentar zum Rechtsdienstleistungsgesetz, Stuttgart etc. 2008.
Fischer, Erhard: Bildungs- und Beratungsorganisation für den gesamten Berufsstand, in: Hannoversche Land- und Forstwirtschaftliche Zeitung 1967, Nr. 44 (4.11.1967), S. 2 f.
Fischer, Gerhard: Entstehung und Entwicklung von bremischen Kammern als Körperschaften des öffentlichen Rechts – Dargestellt an der Handelskammer, der Gewerbekammer (Handwerkskammer), den Arbeitnehmerkammern (Arbeiterkammer, Angestelltenkammer) und der Wirtschaftskammer, Diss. iur. Kiel 1974.
Fischer, Wolfram: Das deutsche Handwerk in den Frühphasen der Industrialisierung, in: derselbe, Wirtschaft und Gesellschaft im Zeitalter der Industrialisierung, Göttingen 1972, S. 315–337.
—: Der Staat und die Anfänge der Industrialisierung in Baden 1800–1850, 1. Bd.: Die staatliche Gewerbepolitik, Berlin 1962.

—: Die rechtliche und wirtschaftliche Lage des deutschen Handwerks um 1800, in: ders., Wirtschaft und Gesellschaft im Zeitalter der Industrialisierung, Göttingen 1972, S. 296–314.

—: Handwerksrecht und Handwerkswirtschaft um 1800 – Studien zur Sozial- und Wirtschaftsverfassung vor der industriellen Revolution, Berlin 1955.

—: Unternehmerschaft, Selbstverwaltung und Staat – Die Handelskammern in der deutschen Wirtschafts- und Staatsverfassung des 19. Jahrhunderts, Berlin 1964.

Fleiner, Fritz: Institutionen des Deutschen Verwaltungsrechts, 6. und 7. Auflage, Tübingen 1922; 8. Aufl., Tübingen 1928.

Förster, Christa: Die Innungen und Innungsverbände des Handwerks sind tariffähige Arbeitgeberverbände, in: GewArch 1963, 153–156.

Folz, Hans-Ernst: Die Selbstverwaltung der Studentenwerke, in: Albert von Mutius (Hrsg.), Selbstverwaltung im Staat der Industriegesellschaft – Festgabe zum 70. Geburtstag von Georg Christoph von Unruh, Heidelberg 1983, S. 901–918.

Forsthoff, Ernst: Die Krise der Gemeindeverwaltung im heutigen Staat, Berlin 1932.

—: Die öffentliche Körperschaft im Bundesstaat – Eine Untersuchung über die Bedeutung der institutionellen Garantie in den Artikeln 127 und 137 der Weimarer Verfassung, Berlin 1931.

—: Einführung, in: Ernst Forsthoff (Hrsg.), Lorenz von Stein – Gesellschaft – Staat – Recht, Frankfurt / Main etc. 1972, S. 7–20.

—: Lehrbuch des Verwaltungsrechts – Erster Band: Allgemeiner Teil, 1. Aufl., München / Berlin 1950; 9. Aufl., München etc. 1966; 10. Aufl., München 1973.

—: Nationalsozialismus und Selbstverwaltung, in: Hans Frank (Hrsg.), Deutsches Verwaltungsrecht, München 1937, S. 176–184.

—: Um die kommunale Selbstverwaltung – Grundsätzliche Bemerkungen, in: Zeitschrift für Politik 21 (1932), 248–267.

—: Zur Problematik des Bundeswirtschaftsrates, in: DÖV 1952, 714–717.

Franck, Hans-Peter: Zunftwesen und Gewerbefreiheit – Zeitschriftenstimmen zur Frage der Gewerbeverfassung im Deutschland der ersten Hälfte des 19. Jahrhunderts, Diss. Hamburg 1971.

Frank, Claudia: Der „Reichsnährstand" und seine Ursprünge – Struktur, Funktion und ideologische Konzeption (Diss. Phil. Hamburg 1987), Hamburg 1988.

Franz, Eckhart G.: Der Weg nach Groß-Hessen – Staatsbildung und Landesbewußtsein im Hessischen 1803–1946, in: Blätter für deutsche Landesgeschichte, 132 (1996), S. 71–90.

Franz, Thorsten: Die deutschen Landwirtschaftskammern, in: Jahrbuch des Kammerrechts 2002, Baden-Baden 2003, S. 123–144.

—: Kammerfinanzierung, in: Winfried Kluth (Hrsg.), Handbuch des Kammerrechts, 2005, S. 323–421.

Frauendorfer, Max: Ständischer Aufbau, in: Grundlagen, Aufbau und Wirtschaftsordnung des nationalsozialistischen Staates, Bd. 3, Beitrag 47; zit.: Frauendorfer, Ständischer Aufbau.

Frentzel, Gerhard / Jäkel, Ernst: Die Industrie- und Handelskammern in der neueren Rechtsprechung, in: DVBl. 1964, 973–979.

Frentzel, Gerhard / Jäkel, Ernst: Gesetz zur vorläufigen Regelung des Rechts der Industrie- und Handelskammern – Kommentar zum Kammerrecht der Bundesrepublik und der Länder mit systematischer Einführung, 2. Aufl., Köln 1961; zit.: Frenzel/Jäkel, IHKG, 2. Aufl.

Frentzel, Gerhard / Jäkel, Ernst / Junge, Werner: Industrie- und Handelskammergesetz – Kommentar zum Kammerrecht des Bundes und der Länder, 6. Aufl., Köln 1999, bearbeitet von Werner Junge, Hans-Werner Hinz, Jürgen Möllering; zit.: Frentzel/Jäkel/Junge, IHKG, 6. Aufl.; 7. Aufl., Köln 2009, bearbeitet von: Ralf Jahn, Annette Karstedt-Meierrieks, Jürgen Möllering, Axel Rickert, Bettina Wurster, zit.: Bearbeiter, in: Frentzel etc., IHKG, 7. Aufl.

Frese, Ludwig / Adermann, Woldemar: Führer durch das Reichsnährstandsrecht – Eine Zusammenstellung des geltenden Agrarrechts und der verwandten Rechtsgebiete des Reiches, der Länder, des Reichsnährstandes und der von ihm umfaßten Zusammenschlüsse, Berlin 1935.

Friauf, Karl Heinrich / Höfling, Wolfram (Hrsg.): Berliner Kommentar zum Grundgesetz, Lsbl., Berlin, Stand: 28. Lfg., November 2009.

Friedländer, Heinrich: Artikel 156 – Sozialisierung, in: Hans Carl Nipperdey (Hrsg.), Die Grundrechte und Grundpflichten der Reichsverfassung – Kommentar zum zweiten Teil der Reichsverfassung, Dritter Band: Artikel 143–165 und „Zur Ideengeschichte der Grundrechte", Berlin 1930, 322–348.

—: Die Selbstverwaltung der Kohle- und Kaliwirtschaft, in: Preußisches Verwaltungs-Blatt 41 (1919/1920), 76–79.

Friedrich, Carl J.: Der Verfassungsstaat der Neuzeit, Berlin etc. 1953.

Friedrichs, Karl: Industrie- und Handelskammern, in: Fritz Stier-Somlo / Alexander Elster (Hrsg.), Handwörterbuch der Rechtswissenschaft, 3. Band, Berlin/Leipzig 1928, S. 263–264.

Friemberger, Claudia: Bayerische Landesbauernkammer, 1920–1933, in: Historisches Lexikon Bayerns, <www.historisches-lexikon-bayerns.de/artikel/artikel_44422> (Stand: August 2010).

Friesenhahn, Ernst: Die Selbstverwaltung öffentlicher Genossenschaften, in: Hans Frank (Hrsg.), Deutsches Verwaltungsrecht, München 1937, S. 262–281.

Friters, Alfred: Räte, Selbstorganisation und Reichsverfassung – Der Versuch einer Lösung des Räteproblems, Berlin 1919.

Fröhler, Ludwig: Das Recht der Handwerksinnung (unter Mitarbeit von Siegmund Dannbeck), München 1959.

—: Die Mittel der Staatsaufsicht über die Handwerkskammern, in: GewArch 1955/56, 1–6.

—: Die rechtliche Zulässigkeit einer Zeitungsherausgabe durch Handwerkskammern, in: GewArch 1974, 177–184.

—: Die Staatsaufsicht über die Handwerkskammern, München/Berlin 1957.

—: Interessenvertretung durch Wirtschaftskammern, in: Joseph Listl/Herbert Schambeck (Hrsg.), Demokratie in Anfechtung und Bewährung – FS Johannes Broermann, Berlin 1982, S. 687–701.

—: Ist der Gesellenausschuß ein Organ der Handwerksinnung? (Zugleich ein Beitrag zur Frage der Beteiligungsfähigkeit im Verwaltungsprozeß), in: GewArch 1963, 49–51.

Fröhler, Ludwig / Kormann, Joachim: Wirtschaftliche Betätigung von Handwerksorganisationen, Alfeld 1984.

Fröhler, Ludwig / Oberndorfer, Peter: Zur Zulässigkeit einer Zeitungsherausgabe durch Handwerkskammern – Eine Analyse der Kritik, in: GewArch 1975, 7–11.

Frotscher, Werner: Gewerberecht, in: Reiner Schmidt (Hrsg.), Öffentliches Wirtschaftsrecht, Besonderer Teil 1, Berlin etc. 1995, S. 1–110.

—: Selbstverwaltung und Demokratie, in: Albert von Mutius (Hrsg.), Selbstverwaltung im Staat der Industriegesellschaft – Festgabe zum 70. Geburtstag von Georg Christoph von Unruh, Heidelberg 1983, S. 127–147.

—: Wirtschaftsverfassungs- und Wirtschaftsverwaltungsrecht, 3. Aufl., München 1999; 4. Aufl., München 2004.

Frotscher, Werner / Kramer, Urs: Wirtschaftsverfassungs- und Wirtschaftsverwaltungsrecht, 5. Aufl., München 2008.
Frotscher, Werner / Pieroth, Bodo: Verfassungsgeschichte, 3. Aufl., München 2002; 5. Aufl., 2005; 8. Aufl., 2009; 9. Aufl., 2010.
Fuchs, Karl: Germanische und englische Selbstverwaltung, Berlin, o.J. (ca. 1936).
Fuchs, Rainer: Die bayerischen Industrie- und Handelskammern im Wiederaufbau 1945 bis 1948 – Zwischen amerikanischem Demokratisierungswillen und eigener Selbstverwaltungstradition, München 1988.
Füglister, Hans: Handwerksregiment – Untersuchungen und Materialien zur sozialen und politischen Struktur der Stadt Basel in der ersten Hälfte des 16. Jahrhunderts, Basel etc. 1981.
Gareis, Carl: Allgemeines Staatsrecht, in: Heinrich Marquardsen (Hrsg.), Handbuch des Oeffentlichen Rechts der Gegenwart in Monographien, Bd. I, 1. Halbband, Freiburg i.B. etc. 1883, S. 1–186.
Gehre, Horst / Borstel, Rainer von: Steuerberatungsgesetz mit Durchführungsverordnungen – Kommentar, 5. Aufl., München 2005.
Gehre, Horst / Koslowski, Günter: Steuerberatungsgesetz mit Durchführungsverordnungen – Kommentar, 6. Aufl., München 2009.
Geiler, Karl: Der genossenschaftliche Gedanke und seine stärkere Verwirklichung im heutigen Wirtschaftsrecht, in: Beiträge zur Erläuterung des Deutschen Rechts, N. F. 2 (1921), 134–150.
—: Gesellschaftliche Organisationsformen des neuen Wirtschaftsrechts, in: ders., Gesellschaftliche Organisationsformen des neueren Wirtschaftsrechts, 2. Aufl., Mannheim etc. 1922, S. 11–38.
Geißen, Paul: Die preußische Handwerkerpolitik unter Otto von Manteuffel, Diss. phil., Köln 1936.
Geisthardt, Fritz: Wirtschaft in Mittelnassau – Hundert Jahre Industrie- und Handelskammer Limburg 1864–1964, Limburg 1964.
Georges, Dirk: 1810/11–1993: Handwerk und Interessenpolitik – Von der Zunft zur modernen Verbandsorganisation, Frankfurt a. M. etc. 1993.
Gerber, Hans: Genossenschaftliche Verwaltung im nationalsozialistischen Staate, in: AöR N.F. 25 (1934), 82–91.
Gern, Alfons: Deutsches Kommunalrecht, 3. Aufl., Baden-Baden 2003.
Gierke, Otto (von): Das deutsche Genossenschaftsrecht – Erster Band: Rechtsgeschichte der deutschen Genossenschaft, Berlin 1868; Zweiter Band: Geschichte des deutschen Körperschaftsbegriffs, Berlin 1873; Dritter Band: Die Staats- und Korporationslehre des Alterthums und des Mittelalters und ihre Aufnahme in Deutschland, Berlin 1881; Vierter Band: Die Staats- und Korporationslehre der Neuzeit – Durchgeführt bis zur Mitte des siebzehnten, für das Naturrecht bis zum Beginn des neunzehnten Jahrhunderts, Berlin 1913.
—: Die Genossenschaftstheorie und die deutsche Rechtsprechung, Berlin 1887.
—: Labands Staatsrecht und die deutsche Rechtswissenschaft, 2. Aufl., Darmstadt 1961; Unveränderter Nachdruck; erstmals im Jahrbuch für Gesetzgebung, Verwaltung und Volkswirtschaft im Deutschen Reich, Neue Folge, 7. Jahrgang, Heft 4, S. 1097–1195 erschienen.
Giese, Friedrich: Verfassung des Deutschen Reiches vom 11. August 1919 - Taschenausgabe für Studium und Praxis, 6. Aufl., Berlin 1925; 8. Aufl., Berlin 1931.
Gieseke, Paul: Die Rechtsverhältnisse der gemeinwirtschaftlichen Organisationen, Jena 1922.

— (Hrsg.): Teer- und Schwefelsäurewirtschaft, Berlin 1920.
—: Wirtschaftliche Selbstverwaltung als juristischer Begriff, in: Recht und Wirtschaft 10 (1921), 245–249.
Glum, Friedrich: Das Recht der Selbstverwaltung der Gemeinden und Gemeindeverbände nach Art. 127 der Reichsverfassung, in: AöR 56 (1929), 379–415.
—: Der deutsche und der französische Reichswirtschaftsrat – Ein Beitrag zu dem Problem der Repräsentation der Wirtschaft im Staat, Berlin / Leipzig 1929.
—: Der Reichswirtschaftsrat, in: Gerhard Anschütz / Richard Thoma (Hrsg.): Handbuch des Deutschen Staatsrechts, 1. Band, Tübingen 1930, S. 578–585.
—: Selbstverwaltung der Wirtschaft – Eine öffentlichrechtliche Studie, Berlin o. J., wohl 1925.
Gluth, Oscar: Die Lehre von der Selbstverwaltung im Lichte formaler Begriffsbestimmung, Wien etc. 1887.
Gneist, Rudolf (von): Das Englische Verwaltungsrecht der Gegenwart in Vergleichung mit den Deutschen Verwaltungssystemen, Erster Band – Allgemeiner Theil, 3. Aufl., Berlin 1883; zit.: von Gneist, Das Englische Verwaltungsrecht, Bd. 1, 3. Aufl., 1883.
—: Das heutige englische Verfassungs- und Verwaltungsrecht, I. Theil: Die königliche Prärogative. Die Aemter – Geschichte und heutige Gestalt der Aemter in England mit Einschluß des Heeres, der Gerichte, der Kirche, des Hofstaats, Berlin 1857; II. Haupttheil: Die Communalverfassung und Communalverwaltung. Die heutige englische Communalverfassung und Communalverwaltung oder das System des Selfgovernment in seiner heutigen Gestalt, Berlin 1860.
—: Der Rechtsstaat und die Verwaltungsgerichte in Deutschland, 2. Aufl., Berlin 1879.
—: Die preußische Kreis-Ordnung in ihrer Bedeutung für den inneren Ausbau des deutschen Verfassungs-Staates, Berlin 1870.
—: Englische Verfassungsgeschichte, Berlin 1882.
—: Selfgovernment – Communalverfassung und Verwaltungsgerichte in England, 3. Aufl. (in einem Bande), Berlin 1871.
—: Verwaltung Justiz Rechtsweg – Staatsverwaltung und Selbstverwaltung nach englischen und deutschen Verhältnissen mit besonderer Rücksicht auf Verwaltungsreformen und Kreis-Ordnungen in Preußen, Berlin 1969.
Gömmel, Rainer: Die Entwicklung der Wirtschaft im Zeitalter des Merkantilismus 1620–1800, München 1998.
Gönnenwein, Otto: Gemeinderecht, Tübingen 1963.
Göppert, Heinrich: Die Sozialisierungsbestrebungen in Deutschland nach der Revolution, in: Schmollers Jahrbuch für Gesetzgebung, Verwaltung und Volkswirtschaft im Deutschen Reiche, 45. Jahrgang (1921), S. 313–347.
—: Staat und Wirtschaft, Tübingen 1924.
—: Staat, Wirtschaft und Staatsform, in: Wirtschaftliche Nachrichten für Rhein und Ruhr 1926, 5–10.
Görlich, Hermann: Die ersten Jahrzehnte der Offenbacher Handelskammer in der Zeit der wirtschaftlichen Einigung Deutschlands 1821–1856, in: Kurt Glück / Hermann Görlich, 150 Jahre Industrie- und Handelskammer Offenbach am Main 1821–1971 – Beiträge zur Geschichte der Wirtschaft, Offenbach 1971.
Götting, Horst-Peter / Nordemann, Axel: UWG – Handkommentar, Baden-Baden 2010.
Goldschmidt, Ernst Friedrich: Die deutsche Handwerkerbewegung bis zum Sieg der Gewerbefreiheit, München 1916.
Goldschmidt, Hans: Reichswirtschaftsrecht, Berlin 1923.

Gornig, Gilbert: Pflichtmitgliedschaft in der Industrie- und Handelskammer, in: ders. (Hrsg.), Rechtliche Aspekte der Vermögensberatung, Frankfurt a. M. 2003, S. 1–64.

—: Pflichtmitgliedschaft in der Industrie- und Handelskammer – Verfassungsrechtliche und europarechtliche Aspekte, in: WiVerw. 1998, 157–181.

Grabi: Zur Frage des endgültigen Reichswirtschaftsrates, in: Wirtschaftliche Nachrichten für Rhein und Ruhr 1926, 564–567.

Grabski, Paul: Geschichtliche Entwicklung der Handelskammern in Preußen bis zur Königlichen Verordnung vom 11. Februar 1848 (Teil 1 und 2), Diss. phil., Berlin 1907.

Graeschke, Wilhelm: Die Landwirtschaftskammern als Glied des landwirtschaftlichen Verwaltungsorganismuß in Preußen insbesondere die Landwirtschaftskammer für die Provinz Brandenburg, Diss. Tübingen 1905.

Gräser, Marcus: Interesse(n) und Distanz – Die Handelskammer Gießen 1914–1924, in: Helmut Berding (Hrsg.), 125 Jahre Industrie- und Handelskammer Gießen – Wirtschaft in einer Region, Darmstadt 1997, S. 141–158.

Graetzer, Rudolf: Die Organisation der Berufsinteressen. Die deutschen Handels- und Gewerbekammern. Die Landwirthschafts- und Arbeiterkammern. Der Volkswirtschaftsrath. Ihre Geschichte und Reform, Berlin 1890.

Grassmann, Siegfried: Hugo Preuss und die deutsche Selbstverwaltung, Lübeck / Hamburg 1965.

Greinert, Wolf-Dietrich: Das „deutsche System" der Berufsausbildung – Geschichte, Organisation, Perspektiven, 3. Aufl., Baden-Baden 1998.

Gröpl, Christoph: Verwaltungsdoppik oder Kameralistik – ein Vergleich, in: Jahrbuch des Kammer- und Berufsrechts 2005, S. 80–111.

Gros, Erwin: Der Lebensraum des deutschen Handwerks in seiner geschichtlichen Entwicklung, Diss. Köln 1931.

Groß, Carl H.: Mit der Schiffahrt fing es in Worms an – Die Geschichte der Kammer in der Nibelungenstadt, in: N. N., Rheinhessens Wirtschaftsraum in seinem Werden – nach 150 Jahren – Zum 150jährigen Bestehen der Industrie- und Handelskammer in Mainz am 28. Januar 1848, Mainz 1964, S. 99–102.

Groß, Christian: Die Wahl zur Vollversammlung der Industrie- und Handelskammern – Ein Beitrag zur Stärkung der wirtschaftlichen Selbstverwaltung, zugl. Diss. iur. Bonn 2002, Berlin 2002.

Groß, Thomas: Das Kollegialprinzip in der Verwaltungsorganisation, Tübingen 1999.

—: Kammerverfassungsrecht, in: Winfried Kluth (Hrsg.), Handbuch des Kammerrechts, 2005, S. 187–209.

Großmann-Doerth: Wirtschaftsrecht einschl. Gewerberecht, in: Grundlagen, Aufbau und Wirtschaftsordnung des nationalsozialistischen Staates, Bd. 2, o. J., Beitrag 38; zit.: Großmann-Doerth, Wirtschaftsrecht.

Grote-Mißmahl, Ulrich: Sinn und Aufgaben der Hauptwirtschaftskammer – Eine vorbildliche Einrichtung in Rheinland-Pfalz – Zusammenarbeit der beiden Sozialpartner, in: Staats-Zeitung Rheinland Pfalz vom 27. Mai 1951, Nr. 21, S. 5–6.

Grunewald, Barbara / Römermann, Volker (Hrsg.): Rechtsdienstleistungsgesetz, Köln 2008.

Gündell, Gisela: Die Organisation der deutschen Ernährungswirtschaft im Weltkriege, Leipzig 1939.

Gusy, Christoph: Die Weimarer Reichsverfassung, Tübingen 1997.

Haacke, Heinrich: Wirtschaftspolitische Bestimmungen in den Reichsabschieden – Ein Beitrag zur Wirtschaftspolitik der Reichszentralgewalt am Ausgang des Mittelalters und zu Beginn der Neuzeit, in: JbNSt 116 (1921), 465–506.

Haan, Heiner: Gründungsgeschichte der Industrie- und Handelskammer für die Pfalz im Spiegel der pfälzischen Wirtschaftsentwicklung (1800–1850), in: Beiträge zur pfälzischen Wirtschaftsgeschichte, Speyer 1968, S. 175–207.

Haas, Reinhold (Hrsg.): Der Sachverständige des Handwerks – Grundlagen, Checklisten, Praxisbeispiele, 6. Aufl., Stuttgart 2009.

Häberlein, Ludwig: Das Verhältnis von Staat und Wirtschaft mit besonderer Hervorhebung der Selbstverwaltung des Reichsnährstandes und der landwirtschaftlichen Marktordnung, Bd. 1: Staat und Wirtschaft, Berlin 1938; Bd 2.: Bauerntum, Reichsnährstand und landwirtschaftliche Marktordnung, Berlin 1938.

Hahn, Dittmar: Das Recht der freien Berufe in der jüngeren Rechtsprechung des Bundesverwaltungsgerichts, in: GewArch 2006, 129–138.

Hahn, Erich J.: Rudolf von Gneist 1816–1895 – Ein politischer Jurist in der Bismarckzeit, Frankfurt am Main 1995.

Hahn, Hans-Werner: Wirtschaft und Verkehr, in: Winfried Speitkamp (Hrsg.), Handbuch der hessischen Geschichte, Band 1: Bevölkerung, Wirtschaft und Staat in Hessen 1806–1945, Marburg 2010, S. 73–249.

Hampke, Thilo: Die deutschen Handwerkerorganisationen – Eine statistische Studie, in: Jahrbücher für Nationalökonomie und Statistik 80 (1903), (III. Folge, Bd. 25), S. 577–637.

Handelsblatt-Wirtschaftslexikon, Bd. 12, Stuttgart 2006.

Handelskammer zu Frankfurt a. M. (Hrsg.): Geschichte der Handelskammer zu Frankfurt (1707–1908), Frankfurt a. M. 1908.

Handwörterbuch der Wirtschaftswissenschaft, zugleich Neuauflage des Handwörterbuchs der Sozialwissenschaften, hrsgg. von Willi Albers etc., Stuttgart etc., Bd. 8, 1980, Bd. 9, 1982.

Hardach, Gerd: Der Deutsche Industrie- und Handelskammertag 1861–2011, erscheint 2011.

—: Wirtschaftspolitik und wirtschaftliche Entwicklung in Hessen 1866 bis 1945, in: Hessisches Jahrbuch für Landesgeschichte 43 (1993), S. 205–235.

Hardes, Heinz-Dieter / Schmitz, Frieder / Uhly, Alexandra: Grundzüge der Volkswirtschaftslehre, 8. Aufl., München etc. 2002.

Hardtwig, Wolfgang: Genossenschaft, Sekte, Verein in Deutschland – Band 1: Vom Spätmittelalter bis zur Französischen Revolution, München 1997.

Harte-Bavendamm, Henning / Henning-Bodewig, Frauke (Hrsg.): Gesetz gegen den unlauteren Wettbewerb (UWG) mit Preisangabenverordnung – Kommentar, 2. Aufl., München 2009.

Hartmann, Karl: Neues Handwerksrecht I – Handwerkerinnungen, Kreishandwerkerschaften, Ehrengerichtsbarkeit, 3. Aufl., Berlin 1938.

—: Neues Handwerksrecht II – Handwerkskammern, Deutscher Handwerkskammertag, Reichsgruppe Handwerk, Reichsinnungsverbände, Berlin 1941.

—: Neues Handwerksrecht III – Das Recht zum Betriebe eines Handwerks, Berlin 1941.

Hartmann, Karl / Philipp, Franz: Handwerksrecht – Handwerksordnung – Kommentar, Darmstadt / Berlin 1954; zit.: Hartmann/Philipp, Handwerksordnung.

Hassinger, Herbert: Johann Joachim Becher 1635–1682 – Ein Beitrag zur Geschichte des Merkantilismus, Wien 1951.

Hassmann: Standort und Gestalt der deutschen Industrie- und Handelskammern, Braunschweig, o. J. (wohl 1941).

Hatschek, Julius: Das Wesen der Selbstverwaltung, in: Karl Freiherr von Stengel (Begr.) / Max Fleischmann (Hrsg.), Wörterbuch des Deutschen Staats- und Verwaltungsrechts, 2. Aufl., Dritter Band, Tübingen 1914, S. 419–424.

—: Die Selbstverwaltung in politischer und juristischer Bedeutung, Leipzig 1898; zit.: Hatschek, Selbstverwaltung, 1898.

—: Institutionen des deutschen und preußischen Verwaltungsrechts, Leipzig / Erlangen 1919.

—: Lehrbuch des deutschen und preußischen Verwaltungsrechts, 2. Aufl., Leipzig / Erlangen 1922.

Hauck, Karl / Noftz, Wolfgang: Sozialgesetzbuch – Gesamtkommentar: SGB IV, 1. und 2. Band (hrsgg. von Peter Udsching); SGB V, 4. Band (hrsgg. von Wolfgang Notz), Lsbl., Berlin 2009.

Haupt, Heinz-Gerhard: Neue Wege zur Geschichte der Zünfte in Europa, in: ders. (Hrsg.), Das Ende der Zünfte – Ein europäischer Vergleich, Göttingen 2002, S. 9–37.

Hauschild, Harry: Der vorläufige Reichswirtschaftsrat 1920–1926, Berlin 1926.

—: Der vorläufige Reichswirtschaftsrat 1927–1932, Berlin 1933.

Haushofer, Heinz: Landwirtschaftsverwaltung und landwirtschaftliches Organisationswesen, in: Erwin v. Beckrath etc. (Hrsg.), Handwörterbuch der Sozialwissenschaften, 6. Band, Stuttgart etc. 1959, S. 521–524.

—: Reichsnährstand, in: Volkmar Götz etc. (Hrsg.), Handwörterbuch des Agrarrechts, II. Band, Berlin 1982, Sp. 668–673.

Heck, Hans-Joachim: Kreishandwerkerschaften und Rechtsberatungsgesetz, in: GewArch 1982, 48 f.

—: Neue Mustersachverständigenordnung (MSVO) des Deutschen Handwerkskammertages (DHKT), in: WiVerw. 1999, 126–134.

—: Schieds-, Schlichtungs- und Inkassowesen im Handwerk, in: WiVerw. 1999, 100–111.

Hedemann, Justus Wilhelm: Deutsches Wirtschaftsrecht – Ein Grundriß, Berlin 1939.

—: Die Reichsnährstandsgesetzgebung als Spiegel der Zeit, in: Recht des Reichsnährstandes 1935, 292–294.

Heffter, Heinrich: Die deutsche Selbstverwaltung im 19. Jahrhundert – Geschichte der Ideen und Institutionen, 2. Aufl., Stuttgart 1969.

Hegel, Karl von: Städte und Gilden der germanischen Völker im Mittelalter, Bd. 1 und 2, Leipzig, 1891; Nachdruck: Aalen 1962.

Heidelberger Kommentar zum Wettbewerbsrecht von *Friedrich L. Ekey / Diethelm Klippel / Jost Kotthoff / Astrid Meckel / Gunda Plaß*, 2. Auflage, Heidelberg 2005.

Heilberg, Leopold: Der Aufbau der Gemeinwirtschaft auf Grund des Art. 156 der Verfassung des Deutschen Reiches vom 11. August 1919, Diss. iur. Köln 1929.

Heinrich, Walter: Das Ständewesen mit besonderer Berücksichtigung der Selbstverwaltung der Wirtschaft, 2. Aufl., Jena 1934.

Heinz, Gerhard: Die geschichtliche Entwicklung und die gegenwärtige Gestaltung der Selbstverwaltung in den wirtschaftlichen Berufskammern (Industrie- und Handelskammern, Handwerkskammern, Landwirtschaftskammern), Diss. Tübingen 1958.

Heitz, E.: Das Innungswesen in alter und neuer Zeit, Stuttgart 1887.

Helfritz, Hans: Grundriß des preußischen Kommunalrechts, 3. Aufl., Berlin 1932.

Hendler, Reinhard: Das Prinzip Selbstverwaltung, in: Josef Isensee / Paul Kirchhof (Hrsg.), Handbuch des Staatsrechts der Bundesrepublik Deutschland, Band VI: Bundesstaat, 3. Aufl., Heidelberg 2008, S. 1103–1140.

—: Geschichte und Idee der funktionalen Selbstverwaltung, in: Winfried Kluth (Hrsg.), Handbuch des Kammerrechts, 2005, S. 23–39.

—: Selbstverwaltung als Ordnungsprinzip – Zur politischen Willensbildung und Entscheidung im demokratischen Verfassungsstaat der Industriegesellschaft, Köln etc. 1984.
—: Selbstverwaltung der Wirtschaft, in: Ergänzbares Lexikon des Rechts, Lsbl., 7/730 (Dezember 1991).
—: Wirtschaftliche Selbstverwaltung im Staat der Gegenwart – Betrachtungen am Beispiel der Industrie- und Handelskammern sowie der Handwerkskammern, in: DÖV 1986, 675–685.
Henke, Wilhelm: Die Rechtsformen der sozialen Sicherung und das Allgemeine Verwaltungsrecht, in: VVDStRL 28 (1970), 149–182.
Hennecke, Frank: Schule und Selbstverwaltung – Schülermitverwaltung und Elternmitwirkung in der Schulorganisation, in: Albert von Mutius (Hrsg.), Selbstverwaltung im Staat der Industriegesellschaft – Festgabe zum 70. Geburtstag von Georg Christoph von Unruh, Heidelberg 1983, S. 931–950.
Henning, Friedrich-Wilhelm: Deutsche Agrargeschichte des Mittelalters – 9. Bis 15. Jahrhundert, Stuttgart 1994.
—: Zur Geschichte der wirtschaftlichen Selbstverwaltung: Kammern zwischen Staat und Wirtschaft, in: Wirtschaftsarchive und Kammern – Aspekte wirtschaftlicher Selbstverwaltung Gestern und Heute, Köln 1982, S. 25–51.
—: Zur Mitwirkung der Kaufmannschaft an der Gesetzgebung vom Mittelalter bis zum Deutschen Handelstag 1861/1914, in: Hans Pohl (Hrsg.), Zur Politik und Wirksamkeit des Deutschen Industrie- und Handelstages und der Industrie- und Handelskammern 1861 bis 1949, Stuttgart 1987, S. 35–49.
Heréus, Fritz: Die deutschen Handelskammern als Glieder der Verwaltung – Ihre Geschichte, ihr Wesen und ihre Zukunft, Mannheim etc. 1922.
Herferth, Wilhelm: Der Reichsnährstand – ein Instrument des Faschismus zur Vorbereitung des zweiten Weltkrieges, Diss. 1961.
Hermann, Ingo: Hardenberg – Der Reformkanzler, Berlin 2003.
Herrfahrdt, Heinrich: Das Problem der berufsständischen Vertretung von der französischen Revolution bis zur Gegenwart, Stuttgart und Berlin 1921.
—: Die Formen der wirtschaftlichen Selbstverwaltung in Deutschland, in: Jahrbuch des öffentlichen Rechts der Gegenwart XI (1922), S. 1–37.
Herrmann, Günter: Fernsehen und Hörfunk in der Verfassung der Bundesrepublik Deutschland, Tübingen 1975.
—: Rundfunkrecht – Fernsehen und Hörfunk mit Neuen Medien, München 1994.
Herrmann, Harald: Recht der Kammern und Verbände Freier Berufe – Europäischer Ländervergleich und USA, Baden-Baden 1996.
Herrmann-Herrnritt, Rudolf: Grundlehren des Verwaltungsrechts – Mit vorzugsweiser Berücksichtigung der in Österreich (Nachfolgestaaten) geltenden Rechtsordnung und Praxis, Tübingen 1921.
Herrnritt, Rudolf: Österreichisches Verwaltungsrecht – Ein Grundriß der Rechtstheorie und Gesetzgebung der inneren Verwaltung, Tübingen 1925 [Nicht unter dem vollständigen Namen Herrmann-Herrnritt erschienen].
Herzfeld, Hans: Demokratie und Selbstverwaltung in der Weimarer Epoche, Stuttgart 1957.
Herzog, Roman: Allgemeine Staatslehre, Frankfurt a.M. 1971.
Hessler, Rudolf: Betrachtungen zum Recht der landwirtschaftlichen Selbstverwaltung in Niedersachsen, in: Agrarrecht 1975, 346–348.

Hettlage, Karl Maria: Der Gestalt- und Bedeutungswandel der gemeindlichen Selbstverwaltung seit 1919, in: Robert Tillmanns (Hrsg.), Ordnung als Ziel, Stuttgart etc. 1954, S. 107–121.

—: Johannes Popitz, in: Männer der deutschen Verwaltung – 23 biographische Essays, Köln/Berlin 1963, S. 329–347.

Heusch, Andreas: Rechtsfragen der Doppelmitgliedschaft in Kammern, in: Jahrbuch des Kammer- und Berufsrechts 2005, S. 13–36.

—: Staatliche Aufsicht, in: Winfried Kluth (Hrsg.), Handbuch des Kammerrechts, 2005, S. 495–546.

Heusinger, Sabine von: Die Zunft im Mittelalter – Zur Verflechtung von Politik, Wirtschaft und Gesellschaft in Straßburg, Stuttgart 2009.

Heuss, Theodor: Demokratie und Selbstverwaltung, Berlin 1921.

Heymann, Ernst: Die Rechtsformen der militärischen Kriegswirtschaft als Grundlage des neuen deutschen Industrierechts, Marburg 1921.

Heyne, Karolin: Wirtschafts- und Berufsorganisationen in Dänemark, in: Jahrbuch des Kammer- und Berufsrechts 2007, S. 285–300.

Heyne, Moritz: Das altdeutsche Handwerk, Straßburg 1908.

Hilland, Paul: Die Industrie- und Handelskammern innerhalb der Neuorganisation der deutschen Wirtschaft, in: Deutsche Wirtschaftszeitung 1933, Heft 50 v. 14. Dez. 1933, S. 1185 f.

Hinkmann, Ulrich: Die Korporationen des Handels und Handwerks in Frankreich vor der Abschaffung durch die Revolution, Bern/Frankfurt a. M. 1972.

Hoch, Ernst: Die staatsrechtliche Stellung der auf Grund der neuen Reichsverfassung geschaffenen „wirtschaftlichen Selbstverwaltungskörper" und „Räte", Diss. Göttingen 1921.

Höhn, Reinhard: Rechtsgemeinschaft oder konkrete Gemeinschaft?, in: Deutsches Recht 5 (1935), 233–236.

Hoffmann, Ernst: Zur Geschichte der Berufsausbildung in Deutschland, Bielefeld o. J. [wohl 1962].

Hoffmann, F[ranz]: Die Organisation des Handwerks und die Regelungen des Lehrlingswesens auf Grund des Reichsgesetzes vom 26. Juli 1897, 3. Aufl., Berlin 1902.

Hoffmann, Philip R.: Winkelarbeiter, Nahrungsdiebe und rechte Amtsmeister – Die „Bönhaserei" als Forschungsproblem der vorindustriellen Gewerbegeschichte und deren Bedeutung für das frühneuzeitliche Handwerk am Beispiel Lübecks, in: Mark Häberlein / Christof Jeggle (Hrsg.), Vorindustrielles Gewerbe, Konstanz 2004, S. 183–210.

Hoffmann-Riem, Wolfgang / Schmidt-Aßmann, Eberhard / Voßkuhle, Andreas (Hrsg.): Grundlagen des Verwaltungsrechts, Bd. I, München 2006; Bd. II, 2008; Bd. III, 2009.

Hofmann, Walter: Der Anteil des Handwerks an der Neuorganisation des Wirtschaftslebens, Hannover 1922.

Hohenstein, Angelika: Bauernverbände und Landwirtschaftskammern in Niedersachsen 1945–1954, Hildesheim 1990.

Hohlstein, Michael / Pflugmann-Hohlstein, Barbara / Sperber, Herbert / Sprink, Joachim: Lexikon der Volkswirtschaft, 3. Aufl., München 2009.

Holtzmann, Ernst: Der Weg zur Deutschen Gemeindeordnung vom 30. Januar 1935, in: Zeitschrift für Politik N. F., 1965, 356–366.

Holub, Thomas: Die Herzoglich-Württembergische Kommerziendeputation 1755 – ein Beitrag zum landesherrlichen Merkantilismus des 18. Jahrhunderts, Diss. phil., Stuttgart 1991.

Honig, Gerhart: Die neue Handwerksordnung, in: GewArch 1966, 25–30.

—: Die Wirkung der Kfz-Schiedsstellen, in: DAR 1994, 148–150.
—: Einige Rechtsfragen im Zusammenhang mit den Schiedsstellen des Kfz-Handwerks, in: GewArch 1977, 258–262.
—: Handwerksordnung mit Lehrlingsvertragsrecht des Berufsbildungsgesetzes (BBiG) – Kommentar, 3. Aufl., München 2004; zit.: *Honig*, HwO, 3. Aufl., 2004.

Honig, Gerhart / Knörr, Matthias: Handwerksordnung mit Berufsausbildungsrecht – Kommentar, 4. Aufl., München 2008; zit.: *Honig/Knörr*, HwO, 4. Aufl., 2008.

Hoppe, Werner / Beckmann, Martin: Rechtsgrundlagen und verfassungsrechtliche Grenzen der Gründung und Auflösung von Wasser- und Bodenverbänden, Berlin 1988.

Hornstein, Luitpold Freiherr von: Die landwirtschaftlichen Berufsorganisationen Deutschlands, ihr Aufbau und ihre Stellung mit besonderer Berücksichtigung ihrer rechtlichen Grundlagen, Diss. iur. München 1929.

Hubatsch, Walther: Beamtentum und Staatsprobleme im Zeitalter der Steinschen Reformen, in: Walther Hubatsch: Stein-Studien – Die preußischen Reformen des Reichsfreiherrn Karl vom Stein zwischen Revolution und Restauration, Köln/Berlin 1975, S. 96–115.
—: Die Stein-Hardenbergschen Reformen, Darmstadt 1977.
—: Reichsfreiherr Karl vom Stein 1757–1831, in: Walther Hubatsch: Stein-Studien – Die preußischen Reformen des Reichsfreiherrn Karl vom Stein zwischen Revolution und Restauration, Köln/Berlin 1975, S. 25–47.
—: Stein und die ostpreußischen Liberalen (Osteuropa und der deutsche Osten, Reihe I Buch 4), Köln-Braunsfeld 1958.

Huber, Ernst Rudolf: Bedeutungswandel der Grundrechte, in: AöR 62 (1933), 1–98.
—: Deutsche Verfassungsgeschichte seit 1789, Bd. I: Reform und Restauration 1789 bis 1830, 2. Aufl., Stuttgart etc. 1967.
—: Deutsche Verfassungsgeschichte seit 1789, Bd. II: Der Kampf um Einheit und Freiheit 1830 bis 1850, Stuttgart 1960.
—: Deutsche Verfassungsgeschichte seit 1789, Bd. VI: Die Weimarer Reichsverfassung, Stuttgart etc. 1981.
—: Die Gestalt des deutschen Sozialismus, Hamburg 1934.
—: Die Selbstverwaltung der Berufsstände, in: Hans Frank (Hrsg.), Deutsches Verwaltungsrecht, München 1937, S. 239–261.
—: Lorenz von Stein und die Grundlegung der Idee des Sozialstaats, in: Ernst Forsthoff (Hrsg.), Lorenz von Stein – Gesellschaft – Staat – Recht, Frankfurt / Main etc. 1972, S. 495–512.
—: Rechtsformen der wirtschaftlichen Selbstverwaltung, in: VerwArch. 37 (1932), 301–376.
—: Selbstverwaltung der Wirtschaft, Stuttgart 1958.
—: Wirtschaftsverwaltungsrecht, 2. Aufl., Erster Band, Tübingen 1953; Zweiter Band, Tübingen 1954.

Huber, Franz C.: Festschrift zur Feier des 50jährigen Bestehens der Württembergischen Handelskammern, Stuttgart 1906.

Huber, Peter M.: Die Kammern im Europäischen Verwaltungsverbund, in: Jahrbuch des Kammer- und Berufsrechts 2007, S. 13–27.
—: Überwachung, in: Wolfgang Hoffmann-Riem / Eberhard Schmidt-Aßmann / Andreas Voßkuhle (Hrsg.), Grundlagen des Verwaltungsrechts, Bd. III, München 2009, S. 185–267.

Hueck, Goetz: Die arbeitsrechtliche Bedeutung der Bundeshandwerksordnung, in: Recht der Arbeit 1954, 14–21.

Hüttebräuker, Rudolf: Ein Beitrag zur Wiederbegründung der Landwirtschaftskammer Rheinland und der Agrargeschichte 1946–1962, Bonn o. J.

Hundhammer, Alois: Die landwirtschaftliche Berufsvertretung in Bayern, Diss. München 1926.

Huyskens, Albert: 125 Jahre Industrie- und Handelskammer zu Aachen – Festschrift zur Feier ihres 125jährigen Bestehens, Bd. 1, Aachen 1929.

Industrie- und Handelskammer Düsseldorf (Hrsg.): 125 Jahre Industrie- und Handelskammer zu Düsseldorf 1831–1956, Düsseldorf 1956.

Industrie- und Handelskammer Offenbach am Main (Hrsg.): 175 Jahre Industrie- und Handelskammer Offenbach am Main 1821–1996, Offenbach 1996.

Ipsen, Hans Peter: Über Selbstverwaltung, Aufsicht, Führung, in: Jahrbuch für Kommunalwissenschaft 4 (1937), S. 1–17.

Ipsen, Jörn: Allgemeines Verwaltungsrecht, 6. Aufl., Köln 2009.

—: Der Staat der Mitte – Verfassungsgeschichte der Bundesrepublik Deutschland, München 2009.

Irriger, Ulrich: Genossenschaftliche Elemente bei öffentlich-rechtlichen Körperschaften – Dargestellt am Beispiel der Handwerksinnungen und der Wirtschaftskammern, Münster 1991.

Irsigler, Franz: Zur Problematik der Gilde- und Zunftterminologie, in: Berent Schwineköper (Hrsg.), Gilden und Zünfte – Kaufmännische und gewerbliche Genossenschaften im frühen und hohen Mittelalter, Sigmaringen 1985, S. 53–70.

Isay, Rudolf: Das Gesetz über die Regelung der Kohlenwirtschaft nebst den dazu erlassenen Ausführungs-Bestimmungen, Mannheim etc. 1920.

Isensee, Josef: Subsidiaritätsprinzip und Verfassungsrecht – Eine Studie über das Regulativ des Verhältnisses von Staat und Gesellschaft, Berlin 1968.

Jäkel, Ernst / Junge, Werner: Die deutschen Industrie- und Handelskammern und der Deutsche Industrie- und Handelstag, 3. Aufl., Düsseldorf 1986.

Jahn, Georg: Zur Gewerbepolitik der deutschen Landesfürsten vom 16. bis zum 18. Jahrhundert, Diss. phil. Leipzig 1909.

Jahn, Ralf: Das neue IHK-Beitragsrecht in der Anwendungspraxis, in: GewArch 1995, 457–465.

—: Der IHK-Beitrag der Unternehmen ab 1999, in: Der Betrieb 1999, 253–256.

—: Die Änderungen im Kammerrecht durch das Zweite Mittelstands-Entlastungsgesetz, in: GewArch 2007, 353–361.

—: Die Änderungen im Recht der Industrie- und Handelskammern durch das 4. VwVfGÄndG, in: GewArch 2009, 177–180.

—: Die Beitragsbelastung der Unternehmen nach Änderung des IHK-Gesetzes, in: Betriebs-Berater 1993, 2388–2393.

—: Die Neuregelungen des IHK-Gesetzes zum 1.1.1999, in: NVwZ 1998, 1043–1045.

—: IHK-Wirtschaftsförderung durch Beteiligung an Anlagen und Einrichtungen – Anmerkungen zu BVerwG, Urteil vom 19.09.2000, 1 C 29.99 –, in: GewArch 2001, 146–153.

—: Interne Willensbildungsprozesse in wirtschaftlichen Selbstverwaltungskörperschaften am Beispiel der Industrie- und Handelskammern, in: WiVerw. 2004, 133–152.

—: Kammerzugehörigkeit und Beitragspflicht bei den Industrie- und Handelskammern ab 2004, in: Der Betrieb 2004, 802–805.

—: Kammerzugehörigkeit und Beitragspflicht einer freiberuflichen GmbH – OVG Schleswig-Holstein, Urteil vom 20.07.2004, 3 LB 36/03, in: GewArch 2004, 410f.

—: Zur Beitragsentlastung der Unternehmen nach Änderung des IHK-Gesetzes, in: Betriebs-Berater 1999, 7–11.

—: Zur Entwicklung des Beitragsrechts der Industrie- und Handelskammern – Ein Rechtsprechungsreport 1995/1996, in: GewArch 1997, 177–186.

—: Zur Entwicklung des Beitragsrechts der Industrie- und Handelskammern – Ein Rechtsprechungsreport 2000 bis 2004, in: GewArch 2005, 169–181.

—: Zur Reform des Rechts der Industrie- und Handelskammern ab 01.01.1999, in: GewArch 1998, 356–361.

—: Zur steuerlichen Abgrenzung gewerblicher Tätigkeit von freiberuflicher und sonstiger Tätigkeit, in: Der Betrieb 2007, 2613–2616.

Jakobi, Franz-Josef: Gilden in der Stadt Münster, in: Wilfried Reininghaus (Hrsg.), Zunftlandschaften in Deutschland und den Niederlanden im Vergleich, Münster 2000, S. 121–128.

Jarass, Hans D. / Pieroth, Bodo: Grundgesetz für die Bundesrepublik Deutschland – Kommentar, 10. Aufl., München 2009.

Jellinek, Georg: Allgemeine Staatslehre (Das Recht des modernen Staates – Erster Band), Berlin 1900; zit.: G. Jellinek, Allgemeine Staatslehre, 1900.

—: Allgemeine Staatslehre, 3. Aufl. (unter Verwertung des handschriftlichen Nachlasses durchgesehen und ergänzt von Walter Jellinek), Berlin 1914; zit.: G. Jellinek, Allgemeine Staatslehre, 3. Aufl., 1914.

—: System der subjektiven öffentlichen Rechte, Freiburg i. B. 1892; zit.: G. Jellinek, System, 1892.

—: System der subjektiven öffentlichen Rechte, 2. Aufl., Freiburg i. B. 1905; zit.: G. Jellinek, System, 2. Aufl., 1905.

Jellinek, Walter: Verwaltungsrecht (Enzyklopädie der Rechts- und Staatswissenschaft – Abteilung Rechtswissenschaft, XXV), Berlin 1928.

Jeschke, Jörg: Gewerberecht und Handwerkswirtschaft des Königreichs Hannover im Übergang 1815–1866 – Eine Quellenstudie, Göttingen 1977.

Jeserich, Kurt G.A. / Pohl, Hans / von Unruh, Georg-Christoph (Hrsg.): Deutsche Verwaltungsgeschichte, Band 2: Vom Reichsdeputationshauptschluß bis zur Auflösung des Deutschen Bundes, Stuttgart 1983.

Jeß, Edmund: Die Körperschaften des öffentlichen Rechts im heutigen Staat, Diss. iur. Göttingen 1935.

Jestaedt, Matthias: Demokratieprinzip und Kondominialverwaltung – Entscheidungsteilhabe Privater an der öffentlichen Verwaltung auf dem Prüfstand des Verfassungsprinzips Demokratie, Berlin 1993.

—: Funktionale Selbstverwaltung und Demokratieprinzip im Lichte der neueren Rechtsprechung des Bundesverfassungsgerichts, in: Jahrbuch des Kammerrechts 2003, S. 9–25.

—: Selbstverwaltung als „Verbundbegriff" – Vom Wesen und Wert eines allgemeinen Selbstverwaltungsbegriffes, in: Die Verwaltung 35 (2002), 293–317.

Johlen, Heribert / Oerder, Michael: Münchener Anwaltshandbuch – Verwaltungsrecht, 2. Aufl., München 2003.

John, Peter: Handwerk im Spannungsfeld zwischen Zunftordnung und Gewerbefreiheit – Entwicklung und Politik der Selbstverwaltungsorganisationen des deutschen Handwerks bis 1933, Köln 1987.

—: Handwerkskammern im Zwielicht – 700 Jahre Unternehmerinteressen im Gewande der Zunftidylle, 2. Aufl., Köln 1983.

—: Novellierung der Handwerksordnung: Arbeitnehmerbeteiligung konkretisiert, gefestigt und ausgeweitet, in: WiVerw. 1994, 34–54.

Jordan, Horst: Die wirtschaftliche Selbstverwaltung in der bergischen Industrie- und Handelskammer von 1980, Zweites Buch in: Industrie- und Handelskammer Wuppertal – Solingen – Remscheid, Wirtschaftliche Selbstverwaltung in Aktion – 150 Jahre Handelskammer im Tal der Wupper, Wuppertal 1980.

Kahn, Richard: Rechtsbegriffe der Kriegswirtschaft – Ein Versuch der Grundlegung des Kriegswirtschaftsrechts, München etc. 1918.

Kaltenhäuser, Kirsten: Möglichkeiten und Perspektiven einer Reform der Organisation der Wirtschaftsverwaltung – eine rechtshistorische, rechtsvergleichende und rechtspolitische Betrachtung des Industrie- und Handelskammerwesens, Frankfurt 1998.

Kauczor, H.: Das Haushaltsrecht der Industrie- und Handelskammern – erläutert anhand der Muster-HKRO sowie der vorläufigen Muster-Verwaltungsvorschriften, Bonn 1985.

Kaufhold, Karl Heinrich: Das Gewerbe in Preußen um 1800, Göttingen 1978.

—: Die Auswirkungen der Einschränkung der Gewerbefreiheit in Preußen durch die Verordnung vom 9. Februar 1849 auf das Handwerk, in: Harald Winkel (Hrsg.), Vom Kleingewerbe zur Großindustrie, Berlin 1975.

—: Gewerbefreiheit und gewerbliche Entwicklung in Deutschland im 19. Jahrhundert, in: Blätter für deutsche Landesgeschichte 118 (1982), 73–114.

—: Zur wirtschaftlichen Situation des preußischen Gewerbes in der Mitte des 19. Jahrhunderts, in: Herwig Ebner etc. (Hrsg.), FS Othmar Pickl zum 60. Geburtstag, Graz/Wien 1987, S. 273–283.

Kaufmann, Richard von: Die Reform der Handels- und Gewerbekammern – Ein zweiter Beitrag zur Frage der Vertretung der wirthschaftlichen Interessen in Deutschland, Berlin 1883.

—: Die Vertretung der wirthschaftlichen Interessen in den Staaten Europas, die Reorganisation der Handels- und Gewerbekammern und die Bildung eines volkswirthschaftlichen Centralorgans, Berlin 1879.

Kayser, Ernst: Historischer Rückblick über die Entwicklung der Industrie- und Handelskammer für Rheinhessen, in: N. N., Rheinhessens Wirtschaftsraum in seinem Werden – nach 150 Jahren – Zum 150jährigen Bestehen der Industrie- und Handelskammer in Mainz am 28. Januar 1848, Mainz 1964, S. 7–61.

Kellenbenz, Hermann: Deutsche Wirtschaftsgeschichte, Bd. 1: Von den Anfängen bis zum Ende des 18. Jahrhunderts, München 1977; Bd. 2: Vom Ausgang des 18. Jahrhunderts bis zum Ende des Zweiten Weltkriegs, München 1981.

Kelsen, Hans: Allgemeine Staatslehre, Berlin 1925.

—: Vom Wesen und Wert der Demokratie, 2. Aufl., Tübingen 1929.

Keucher, Johannes: Geschichtliche Entwicklung und gegenwärtiger Stand des Kammer-Systems (Industrie- u. Handelskammern, Landwirtschafts- u. Handwerkskammern.), Diss. iur. Halle-Wittenberg 1931.

Keutgen, F[riedrich]: Ämter und Zünfte – Zur Entstehung des Zunftwesens, Jena 1903.

Klaßen, Kurt: Mitverwaltung und Mitverantwortung in der frühen Industrie – Die Mitbestimmungsdiskussion in der Paulskirche, Frankfurt a. M. etc. 1984.

Klein, Ernst: Von der Reform zur Restauration – Finanzpolitik und Reformgesetzgebung des preußischen Staatskanzlers Karl August von Hardenberg, Berlin 1965.

Klein, Hans H.: Demokratie und Selbstverwaltung, in: Roman Schnur (Hrsg.), Festschrift für Ernst Forsthoff zum 70. Geburtstag, 2. Aufl., München 1974, S. 165–185.

Klein, Thomas: Hessen, Nassau, Frankfurt unter dem preußischen Adler 1867–1933, in: Uwe Schultz (Hrsg.), Die Geschichte Hessens, Stuttgart 1983, S. 204–216.

—: Preußische Provinz Hessen-Nassau 1866–1944/45, in: Walter Heinemeyer (Hrsg.), Handbuch der hessischen Geschichte, Vierter Band: Hessen im Deutschen Bund und im neuen Deutschen Reich (1806) 1815 bis 1945, Zweiter Teilband: Die hessischen Staaten bis 1945, Marburg 2003, S. 213–419.

Kluge, Arnd: Die Zünfte, Stuttgart 2009.

Kluth, Winfried: Beitragsbonus für Innungsmitglieder und Kammerrecht, in: GewArch 2008, 377–383.

—: Das Selbstverwaltungsrecht der Kammern und sein verfassungsrechtlicher Schutz – Exemplarisch untersucht am Beispiel des Art. 57 Nds. Verf., in: Jahrbuch des Kammer- und Berufsrechts 2004, S. 13–32.

—: Einrichtungen, wirtschaftliche Betätigung und Beteiligungen, in: ders. (Hrsg.), Handbuch des Kammerrechts, 2005, S. 281–321.

—: Entwicklungsgeschichte und aktuelle Rechtsgrundlagen der Kammern im Überblick, in: ders. (Hrsg.), Handbuch des Kammerrechts, 2005, S. 41–108.

—: Funktionale Selbstverwaltung, in: Die Verwaltung 35 (2002), 349–376.

—: Funktionale Selbstverwaltung – Verfassungsrechtlicher Status – verfassungsrechtlicher Schutz, Tübingen 1997.

—: Grundfragen des Kammerwahlrechts in Wirtschaftskammern, in: Jahrbuch des Kammer- und Berufsrechts 2006, S. 139–156.

— (Hrsg.): Handbuch des Kammerrechts, Baden-Baden 2005.

—: Verfassungsfragen der Privatisierung von Industrie- und Handelskammern, München 1997.

—: Verfassungs- und europarechtliche Anforderungen an die Ausgestaltung der staatlichen Aufsicht bei der Übertragung der Aufgabe einer Einheitlichen Stelle auf die Industrie- und Handelskammern, in: Jahrbuch des Kammer- und Berufsrechts 2007, S. 122–146.

Kluth, Winfried / Goltz, Ferdinand: Führungsteam statt Hauptgeschäftsführer – Zur rechtlichen Zulässigkeit des Verzichts auf die Bestellung eines Hauptgeschäftsführers einer Handwerkskammer und der Einsetzung eines kollegial arbeitenden Führungsteams, in: GewArch 2003, 265–271.

Kluth, Winfried / Rieger, Frank: Das Kammerwesen in anderen europäischen Staaten, in: Winfried Kluth (Hrsg.), Handbuch des Kammerrechts, 2005, S. 179–184.

Knemeyer, Franz-Ludwig: Wettbewerbsrelevante Dienstleistungen der Industrie- und Handelskammern – Zulässigkeit und Grenzen, in: WiVerw. 2001, 1–25.

Knopp/Kraegeloh: Berufsbildungsgesetz, von Wolfgang Kraegeloh, unter Mitarbeit von Christian Hofrichter, 5. Aufl., Köln etc. 2005.

Kögel, Steffen: Der nach Art und Umfang in kaufmännischer Weise eingerichtete Geschäftsbetrieb – eine unbekannte Größe, in: DB 1998, 1802–1806.

Köhler, Helmut / Bornkamm, Joachim: Gesetz gegen den unlauteren Wettbewerb – Preisangabenverordnng – Unterlassungsklagengesetz, 28. Aufl., München 2010.

Köller, Sandra: Funktionale Selbstverwaltung und ihre demokratische Legitimation – Eine Untersuchung am Beispiel der Wasserverbände Lippeverband und Emschergenossenschaft, Berlin 2009.

Koeller, Hans Wolf von: Die Pommersche Landwirtschaftskammer – Entwicklung und Leistung von der Gründung bis zum Ausbruch des Ersten Weltkriegs, Köln etc. 1999.

Koellreutter, Otto: Deutsches Verwaltungsrecht – Ein Grundriß, 2. Aufl., Berlin 1938.

König, Ingrid: Handelskammern zwischen Kooperation und Konzentration vor 1933 – Aspekte regionaler Zusammenarbeit, in: Wirtschaftsarchive und Kammern – Aspekte wirtschaftlicher Selbstverwaltung Gestern und Heute, Köln 1982, S. 63–75.

Köttgen, Arnold: Die Krise der kommunalen Selbstverwaltung (1931), abgedruckt in: Arnold Köttgen, Kommunale Selbstverwaltung zwischen Krise und Reform – Ausgewählte Schriften, Stuttgart etc. 1968, S. 1–36.

—: Selbstverwaltung, in: Handwörterbuch der Sozialwissenschaften, hrsgg. von Erwin v. Beckerath u.a., Neunter Band, Stuttgart/Tübingen/Göttingen 1956, S. 220–225.

Kötzschke, Rudolf: Allgemeine Wirtschaftsgeschichte des Mittelalters, Jena 1924.

Kolb, Eberhard: Die Weimarer Republik, 6. Aufl., München 2002.

Kolb, Heinrich L.: Zweites Gesetz zur Änderung der Handwerksordnung und anderer handwerksrechtlicher Vorschriften, in: GewArch 1998, 217–223.

Kolbenschlag, H[einrich] / Leßmann, Kurt / Stücklen, Richard: Die neue Handwerksordnung – Berufsausübung – Berufserziehung – Organisation im Handwerk, Köln 1954.

Kolbenschlag, Heinrich / Patzig, Hans Günther: Die deutsche Handwerksorganisation, Frankfurt/M. / Bonn 1968.

Kolisch, [Otto]: Die Gewerbeordnung für das Deutsche Reich mit den Ausführungsbestimmungen, 1. Band: §§ 1–104n, Hannover 1898; 2. Band: §§ 105-Schluß, Hannover 1900.

Kopp, Ferdinand: Die Staatsaufsicht über die Handwerkskammern, Alfeld 1992.

Korinek, Karl: Wirtschaftliche Selbstverwaltung – Eine rechtswissenschaftliche Untersuchung am Beispiel der österreichischen Rechtsordnung, Wien/New York 1970.

Kormann, Joachim: Instrumente der Kammeraufsicht über Innung und Kreishandwerkerschaft, Alfeld 1988.

—: Sieben Thesen zur Kammeraufsicht über Innung und Kreishandwerkerschaft, in: GewArch 1987, 249–258.

—: Statthafte Aufsichtsinstrumente der Handwerkskammer, in: GewArch 1989, 105–118.

—: Steuerberatung als Service-Leistung der Handwerkskammern, in: GewArch 1989, 249–261.

—: Zur Struktur der Aufsicht über Innung und Kreishandwerkerschaft, Alfeld 1986.

Kormann, Joachim / Hüpers, Frank: Das neue Handwerksrecht – Rechtsfolgen aus der HwO-Novelle 2004 für Handwerksbetriebe und -organisationen, Alfeld 2004.

Kormann, Joachim / Lutz, Helmut / Rührmair, Alfred: Beteiligung von Handwerksorganisationen an privatrechtlichen juristischen Personen, insbesondere im Zusammenhang mit wirtschaftlicher Betätigung, Alfeld 2002.

Kormann, Joachim / Lutz, Helmut/Rührmair, Alfred: Service-Einrichtungen der Handwerksorganisation als Gesellschaften des Privatrechts, in: GewArch 2003, 89–95 und 144–151.

Kormann, Joachim / Schinner-Stör, Ute: Zulässigkeit von Rechtsdienstleistungen der Handwerksorganisationen, Alfeld 2003.

Kormann, Joachim / Wolf, Ulrike: Ausbildungsordnung und Ausbildungsberufsbild – aktuelle Rechtsfragen der handwerklichen Berufsausbildung, Alfeld 2004.

Korporation der Kaufmannschaft von Berlin: Die Handelskammern – Ihre Organisation und Tätigkeit – Bericht an den Internationalen Handelskammer-Kongreß in Mailand 1906 erstattet von den Ältesten der Kaufmannschaft von Berlin, Berlin 1906.

Koselleck, Reinhart: Preußen zwischen Reform und Revolution – Allgemeines Landrecht, Verwaltung und soziale Bewegung von 1791 bis 1848, 3. Aufl., Stuttgart 1981.

Krabbe, Wolfgang R.: Die lokale Polizeiverwaltung in der preußischen Provinz Westfalen (1815–1914), in: Blätter für deutsche Landesgeschichte 119 (1983), 141–157.

Kramer, K. S.: Ehrliche/unehrliche Gewerbe, in: Adalbert Erler etc. (Hrsg.), Handwörterbuch zur deutschen Rechtsgeschichte, I. Bd., Berlin 1971, Sp. 855–858.

Kraus, Karl: Die Entwicklung des mittelfränkischen Handwerks von 1945–1960 unter besonderer Berücksichtigung der Gewerbefreiheit, Diss. rer. pol., Erlangen 1963.

Krauskopf, Dieter (Hrsg.): Soziale Krankenversicherung – Pflegeversicherung – Kommentar, 2 Bände, Lsbl., München, Stand: 70. Lfg., Juni 2010.

Krebsbach, August: Die preußische Städteordnung von 1808 – Textausgabe mit Einführung, Stuttgart 1957.

Krenzler, Michael (Hrsg.): Rechtsdienstleistungsgesetz – Handkommentar, Baden-Baden 2010.

Kreppner, Oskar: Tariffähigkeit der Innungen verfassungswidrig?, in: BB 1966, 864–866.
Kristian, Günter: Handwerkskammern in Europa – ein Organisationsvergleich, Brüssel, 2004, <http://ec.europa.eu/enterprise/policies/sme/files/craft/doc/projektbericht-gunterkristian_en.pdf>.
Kroeschell, Karl: Deutsche Rechtsgeschichte 1 (bis 1250), 10. Aufl., Opladen 1992.
—: Reichsnährstands-Abwicklung, in: Volkmar Götz etc. (Hrsg.), Handwörterbuch des Agrarrechts, II. Band, Berlin 1982, Sp. 673 f.
—: Weichbild – Untersuchungen zur Struktur und Entstehung der mittelalterlichen Stadtgemeinde in Westfalen, Köln/Graz 1960.
Kroll, Frank-Lothar: Geschichte Hessens, 2. Aufl., München 2010.
Krüger, Herbert: Der Bundeswirtschaftsrat in verfassungspolitischer Sicht, in: DÖV 1952, 545–556.
—: Die Aufgaben der Gemeinde im nationalsozialistischen Staat, in: Zeitschrift für die gesamte Staatswissenschaft 96 (1936), 593–630.
Kühne, Jörg-Detlef: Die Reichsverfassung der Paulskirche – Vorbild und Verwirklichung im späteren deutschen Rechtsleben, 2. Aufl., Neuwied 1998.
Laband, Paul: Das Staatsrecht des Deutschen Reiches, Erster Band, Tübingen 1876; zit.: Laband, Staatsrecht I, 1876.
—: Das Staatsrecht des Deutschen Reiches, Erster Band, 2. Aufl. (in zwei Bänden), Freiburg 1888; zit.: Laband, Staatsrecht I, 2. Aufl., 1888.
—: Das Staatsrecht des Deutschen Reiches, Band 1, 5. Aufl., Tübingen 1911; zit.: Laband, Staatsrecht I, 5. Aufl., 1911.
—: Das Staatsrecht des Deutschen Reiches, Zweiter Band, 5. Aufl., Tübingen 1911; zit.: Laband, Staatsrecht II, 5. Aufl., 1911.
—: Deutsches Reichsstaatsrecht (Georg Jellinek / Paul Laband / Robert Piloty (Hrsg.): Das öffentliche Recht der Gegenwart, Band I), Tübingen 1907.
Laforet, Wilhelm: Fragen der Selbstverwaltung, in: Schmollers Jahrbuch für Gesetzgebung, Verwaltung und Volkswirtschaft im Deutschen Reiche, 62. Jahrgang (1938), S. 141–168.
Lakies, Thomas / Nehls, Hermann: Berufsbildungsgesetz – Basiskommentar, 2. Aufl., Frankfurt a. M. 2009.
Landmann, Robert von / Rohmer, Gustav: Kommentar zur Gewerbeordnung für das Deutsche Reich, 4. Aufl., 1. Band (§§ 1–104n), München 1903.
Landmann / Rohmer: Gewerbeordnung und ergänzende Vorschriften – Band I: Gewerbeordnung Kommentar, bearbeitet von Peter Marcks, Dirk Neumann, Peter Bleutge, Ralph Böhme, Bärbel Fuchs, Michael Gotthardt, Georg Kahl, Johann-Christian Pielow, Ulrich Schönleiter, Lsbl., München, Stand: 55. Lfg. 2009; zit.: Bearbeiter, in: Landmann/Rohmer.
Landwirtschaftskammer Hannover (Hrsg.): Den Fortschritt in der Landwirtschaft fördern – 100 Jahre Landwirtschaftskammer Hannover, Hannover 1999.
Landwirtschaftskammer Weser-Ems (Hrsg.): Landwirtschaftskammer Weser-Ems 1900–2000 – Die Geschichte, Oldenburg 2000.
Lang, Karl: Politische oder juristische Selbstverwaltung, Diss. iur. Heidelberg, 1937.
Lange, Klaus: Die Entwicklung des kommunalen Selbstverwaltungsgedankens und seine Bedeutung in der Gegenwart, in: Hans Schneider / Volkmar Götz (Hrsg.), Im Dienst an Recht und Staat – Festschrift für Werner Weber zum 70. Geburtstag, Berlin 1974, S. 851–872.
Langkopf, Rainer: Die Landwirtschaftskammern und die landwirtschaftskammerähnlichen Organisationen in der Bundesrepublik Deutschland, Diss. iur. Göttingen 1960.

Laux, Eberhard: Kommunale Selbstverwaltung als politisches Prinzip – Wege der Diskussion, in: Albert von Mutius (Hrsg.), Selbstverwaltung im Staat der Industriegesellschaft – Festgabe zum 70. Geburtstag von Georg Christoph von Unruh, Heidelberg 1983, S. 51–78.

Lefèvre, Albert: 100 Jahre Industrie- und Handelskammer zu Hannover, Wiesbaden 1966.

Lehmann, Max: Freiherr vom Stein – Zweiter Theil: Die Reform 1807–1808, Leipzig 1903.

Leibholz, Gerhard: Die Stellung der Industrie- und Handelskammern in Gesellschaft und Staat, Celle 1966.

Leinemann, Wolfgang / Taubert, Thomas: Berufsbildungsgesetz – Kommentar, 2. Aufl., München 2008.

Leisner, Walter: Die gesetzlichen Aufgaben der Industrie- und Handelskammern. Neue Entwicklungen zum Beteiligungsrecht an Infrastrukturgesellschaften, in: BayVBl. 2001, 609–616.

Lenger, Friedrich: Sozialgeschichte der deutschen Handwerker seit 1800, Frankfurt a. M. 1988.

Lenssen: Zulässigkeit und rechtliche Bedeutung der Wahrnehmung beruflicher Interessen einzelner Kammerzugehöriger durch die Handwerkskammer, in: GewArch 1973, 201–203.

Lentze, H[ans]: Handwerk (rechtlich), in: Adalbert Erler etc. (Hrsg.), Handwörterbuch zur deutschen Rechtsgeschichte, I. Bd., Berlin 1971, Sp. 1976–1984.

Lentze, Hans: Nürnbergs Gewerbeverfassung des Spätmittelalters im Rahmen der deutschen Entwicklung, in: Stadtarchiv Nürnberg (Hrsg.), Beiträge zur Wirtschaftsgeschichte Nürnbergs, Band II, Nürnberg 1967, S. 593–619.

Leonhardy, Friedrich: Gliederung der bayerischen „Handels- und Gewerbekammern" und späteren „Handelskammern" bis zur Gegenwart und ihre innere und äußere Handelspolitik in der Zeit von 1869 bis zum Ausbruch des Weltkrieges, Diss. phil. Erlangen 1926.

Leßmann, Kurt: Das Gesetz über die Kaufmannseigenschaft von Handwerkern vom 31. März 1953, Dortmund 1953.

Lichter, Jörg: Die Handelskammern und der Deutsche Handelstag im Interessengruppensystem des Deutschen Kaiserreichs, Köln 1996.

—: Landwirtschaft und Landwirtschaftskammer in der Rheinprovinz am Vorabend des Ersten Weltkriegs, Köln 1994 (zugl. Diss. Köln 1993).

Linckelmann, Karl: Nochmals: Zum staatsrechtlichen Lehrbegriff der „mittelbaren Staatsverwaltung" – Antwort auf die Erwiderung von Rietdorf (DÖV 1959, 671); zugleich Bemerkungen zum „Erftverbandsurteil" des BVerfG (DÖV 1959, 698), in: DÖV 1959, 813–817.

—: Zum staatsrechtlichen Lehrbegriff der „mittelbaren Staatsverwaltung" – Gehören insbesondere Wasserverbände und berufsständische Körperschaften zur mittelbaren Staatsverwaltung, in: DÖV 1959, 561–569.

Löffler, Peter: Studien zum Totenbrauchtum in den Gilden, Bruderschaften und Nachbarschaften Westfalens vom Ende des 15. bis zum Ende des 19. Jahrhunderts, Münster 1975.

Löw, Peter: Kommunalgesetzgebung im NS-Staat am Beispiel der Deutschen Gemeindeordnung 1935, Baden-Baden 1992.

Lütge, Friedrich: Deutsche Sozial- und Wirtschaftsgeschichte – Ein Überblick, Nachdruck der 3. Aufl. 1966, Berlin etc. 1976.

Lusensky, Franz: Gesetz über die Handelskammern vom 24. Februar 1870/19. August 1897 – Text-Ausgabe mit Erläuterungen, geschichtlicher Einleitung, Sachregister, sowie einer Übersicht des Bestandes der kaufmännischen Vertretungen, 1. Aufl., Berlin 1897; 2. Aufl., Berlin 1909.

Luther, R.: Innung, in: Adalbert Erler etc. (Hrsg.), Handwörterbuch zur deutschen Rechtsgeschichte, II. Bd., Berlin 1978, Sp. 368–370.
Mamroth, Karl: Geschichte der Preußischen Staats-Besteuerung im 19. Jahrhundert – 1. Teil: Geschichte der Preußischen Staats-Besteuerung 1806–1816, Leipzig 1890.
Mangoldt, Hermann v. / Klein, Friedrich / Starck, Christian (Hrsg.): Kommentar zum Grundgesetz, 5. Aufl., Bd. 1: Präambel, Art. 1 bis 19; Bd. 2: Art. 20 bis 82, München 2005.
Mann, Thomas: Berufliche Selbstverwaltung, in: Josef Isensee / Paul Kirchhof (Hrsg.), Handbuch des Staatsrechts der Bundesrepublik Deutschland, Band VI: Bundesstaat, 3. Aufl., Heidelberg 2008, S. 1203–1239.
—: Die Auswirkungen der Verwaltungsreformen in den Bundesländern auf das Kammerwesen – Aufgabenverlagerung, Kammergrenzen, Kammerfinanzen, in: Jahrbuch des Kammer- und Berufsrechts 2006, S. 13–31.
Marcinowski, F[riedrich]: Die Deutsche Gewerbe-Ordnung für die Praxis in der Preußischen Monarchie mit Kommentar und einem Anhange, 4. Aufl., Berlin 1888; 6. Auflage, Berlin 1896; zit.: *Marcinowski*, GewO, Aufl.
Mariaux, Franz: Gedenkwort zum hundertjährigen Bestehen der Industrie- und Handelskammer zu Bochum, Bochum 1956.
Marion, Marcel: Dictionnaire des institutions de la France aux XVIIe et XVIIIe siècles, 1923 (Nachdruck, Paris 1968).
Martens, Wolfgang: Öffentlich als Rechtsbegriff, Bad Homburg etc. 1969.
Matutis, Cornelius: UWG – Praktikerkommentar zum Gesetz über den unlauteren Wettbewerb, Berlin 2005.
Matthias, Werner: Die staatliche Organisation der Kriegswirtschaft in Frankreich, Großbritannien, Italien, Tschechoslowakei und den Vereinigten Staaten von Amerika, Berlin 1937.
Matzerath, Horst: Die Zeit des Nationalsozialismus, in: Günter Püttner (Hrsg.): Handbuch der kommunalen Wissenschaft und Praxis, Bd. 1, 2. Aufl., Berlin etc. 1981, S. 101–113.
—: Nationalsozialismus und kommunale Selbstverwaltung, Stuttgart etc. 1970.
Maunz, Theodor: Der öffentliche Charakter der kirchlichen Aufgaben, in: Roman Schnur (Hrsg.), FS Ernst Forsthoff, München 1974, S. 229–240.
Maunz, Theodor / Dürig, Günter (Begr.): Grundgesetz – Kommentar, hrsgg. von Roman Herzog / Rupert Scholz / Matthias Herdegen / Hans H. Klein, Lsbl., Bd. III: Art. 16–22; Bd. IV: Art. 23–53a München, Stand: 57. Lfg. 2010.
Maurer, Hartmut: Allgemeines Verwaltungsrecht, 14. Aufl., München 2002; 17. Aufl., 2009.
Mayer, Franz: Die Verwaltungslehre des Lorenz von Stein – Verwaltungslehre heute, in: Roman Schnur (Hrsg.), Staat und Gesellschaft – Studien über Lorenz von Stein, Berlin 1978, S. 435–450.
Mayer, Otto: Deutsches Verwaltungsrecht – Erster Band, Leipzig 1895.
—: Deutsches Verwaltungsrecht – Zweiter Band, Leipzig 1896; 3. Aufl., 1924 (unveränderter Nachdruck, Berlin 1969).
Meesmann, Paul: Die Handelskammer zu Mainz 1798–1898 – Ein geschichtlicher Ueberblick (hrsgg. Von der Großherzoglichen Handelskammer Mainz), Mainz 1898.
Meier, Ernst: Das Verwaltungsrecht, in: Franz von Holtzendorff (Hrsg.), Encylopädie der Rechtswissenschaft in systematischer und alphabetischer Bearbeitung – Erster, systematischer Theil, 3. Aufl., Leipzig 1877, S. 879–970.
Meignen, Louis / Quenet, Maurice: Aux origines de la chambre de commerce de Paris, in: La Chambre de commerce et d'industrie de Paris – 1803–2003, Histoire d'une institution, Genève 2003, S. 5–30.

Melzer, Alfred: Die Wandlung des Begriffsinhalts der deutschen kommunalen Selbstverwaltung im Laufe der politischen Geschichte, Stuttgart/Berlin 1937.

Menger, Christian-Friedrich: Entwicklung der Selbstverwaltung im Verfassungsstaat der Neuzeit, in: Albert von Mutius (Hrsg.), Selbstverwaltung im Staat der Industriegesellschaft – Festgabe zum 70. Geburtstag von Georg Christoph von Unruh, Heidelberg 1983, S. 25–40.

Merkel: Reichsnährstand und neues Recht, in: Recht des Reichsnährstandes 1937, 253–257.

Merkenich, Stephanie: Grüne Front gegen Weimar – Reichs-Landbund und agrarischer Lobbyismus 1918–1933, Düsseldorf 1998.

Merz, Helmut: Die berufsständische Gliederung des deutschen Handwerks, Diss. iur. Würzburg 1937.

Meusch, Hans (Hrsg.): Die Handwerkerbewegung von 1848/49 – Vorgeschichte, Verlauf, Inhalt, Ergebnisse (verfaßt von H. Reiners, W. Wernet, H. Meusch), Alfeld/Leine 1949.

Meusch, Hans / Wernet, Wilhelm: Handwerkerbewegung, in: Handwörterbuch der Sozialwissenschaften, hrsgg. von Erwin v. Beckerath u. a., Fünfter Band, Stuttgart/Tübingen/Göttingen 1956, S. 35–38.

Meyer, Georg: Lehrbuch des Deutschen Staatsrechts, 2. Aufl., Leipzig 1885.

Meyer, Georg / Anschütz, Gerhard: Lehrbuch des Deutschen Staatsrechts, Erster Teil, 7. Aufl., München/Leipzig 1914; Zweiter Teil, 7. Aufl., München/Leipzig 1917; Dritter Teil, 7. Aufl., München/Leipzig 1919.

Meyer, Werner / Diefenbach, Wilhelm: Handwerkskammern, andere Wirtschaftskammern und Berufskammern – Eine Untersuchung zu ihrer Stellung im Verfassungssystem des Grundgesetzes und im EU-Recht sowie zu ihren Regional- und Organstrukturen, Alfeld 2005.

Meyer-Ibold, Elmar: Die Organisation des deutschen Handwerks und ihre Stellung zum Tarifwesen, Diss. Göttingen 1931.

Meyers Enzyklopädisches Lexikon, 9. Aufl., Bd. 25, Mannheim etc. 1979.

Meyers Großes Konversations-Lexikon, 6. Aufl., 20. Bd., Leipzig etc. 1908.

Meyers Neues Lexikon, 2. Aufl., Bd. 15, Leipzig 1977.

Meyers Neues Lexikon in zehn Bänden, hrsgg. und bearb. von Meyers Lexikonredaktion, 10. Band, Mannheim etc. 1994.

Michel, Gerhard H.: Die Entwicklung des öffentlichen Rechts in Rheinland-Pfalz in den Jahren 1961 und 1962, in: DVBl. 1963, 498–503.

Mieck, Ilja: Die verschlungenen Wege der Städtereform in Preußen (1806–1856), in: Bernd Sösemann (Hrsg.), Gemeingeist und Bürgersinn – Die preußischen Reformen, Berlin 1993, S. 53–83.

Militzer, Klaus: „Gaffeln, Ämter, Zünfte" – Handwerker und Handel vor 600 Jahren, in: Jahrbuch des kölnischen Geschichtsvereins 67 (1996), S. 41–59.

Minard, Philippe: Die Zünfte in Frankreich am Ende des 18. Jahrhunderts: Analyse ihrer Abschaffung, in: Heinz-Gerhard Haupt (Hrsg.), Das Ende der Zünfte – Ein europäischer Vergleich, Göttingen 2002, S. 181–195.

Mitteis, Heinrich / Lieberich, Heinz: Deutsche Rechtsgeschichte – Ein Studienbuch, 19. Aufl., München 1992.

Mittenzwei, Ingrid: Preußen nach dem Siebenjährigen Krieg – Auseinandersetzungen zwischen Bürgertum und Staat um die Wirtschaftspolitik, Berlin 1979.

Moellendorff, Wichard v.: Aufbau der Gemeinwirtschaft – Denkschrift vom 7. Mai 1919, abgedruckt in: Wichard v. Moellendorff, Konservativer Sozialismus – hrsgg. und eingeleitet v. Hermann Curth, Hamburg 1932, S. 109–125.

—: Aufruf zur Gemeinwirtschaft – Rede vor dem Reichsverband der Deutschen Industrie vom 12. Juni 1919, abgedruckt in: Wichard v. Moellendorff, Konservativer Sozialismus – hrsgg. und eingeleitet v. Hermann Curth, Hamburg 1932, S. 125–140.
—: Deutsche Gemeinwirtschaft, Berlin 1916.
—: Verwaltungsreform und Selbstverwaltung, abgedruckt in: Wichard v. Moellendorff, Konservativer Sozialismus – hrsgg. und eingeleitet v. Hermann Curth, Hamburg 1932, S. 141–164.
—: Wirtschaftliche Selbstverwaltung, in: Gerhard Anschütz etc. (Hrsg.), Handbuch der Politik, Vierter Band – Der wirtschaftliche Wiederaufbau, 3. Aufl., Berlin und Leipzig 1921, S. 160–163.
Möllering, Jürgen: Industrie- und Handelskammern in den neuen Marktwirtschaften, in: Jahrbuch des Kammerrechts 2002, S. 335–350.
—: Vertretung des Gesamtinteresses der gewerblichen Wirtschaft durch die Industrie- und Handelskammern – Legitimation durch Verfahren, in: WiVerw 2001, 25–61.
Möstl, Markus: Grundsätze und aktuelle Rechtsfragen der Staatsaufsicht über Kammern, in: Jahrbuch des Kammer- und Berufsrechts 2006, S. 33–53.
Mohr, Gerhard / Faber, Joachim: Zur Ehrengerichtsbarkeit von Handwerksinnungen, in: GewArch 1989, 157–161.
Molitor, Erich: Deutsches Bauern- und Agrarrecht mit Einschluß des Jagdrechts, 2. Aufl., Leipzig 1939.
Most, Otto: Die Selbstverwaltung der Wirtschaft in den Industrie- und Handelskammern, 3. Aufl., Jena 1927.
—: Die Selbstverwaltung der Wirtschaft in Industrie- und Handels-, Handwerks- und Landwirtschaftskammern, Berlin 1929.
—: Handelskammer und Wirtschaft am Niederrhein – Zum hundertjährigen Bestehen der Niederrheinischen Industrie- und Handelskammer Duisburg-Wesel, Duisburg 1931.
Mosthaf, Walther: Die Württembergischen Industrie- und Handelskammern Stuttgart Heilbronn Reutlingen Ulm 1855–1955 – Festschrift zum 100jährigen Bestehen der Industrie- und Handelskammern Stuttgart Heilbronn Reutlingen Ulm, hrsgg. von den Industrie- und Handelskammern Stuttgart Heilbronn Reutlingen Ulm, Band 1: Die Handels- und Gewerbekammern 1855–1899, Stuttgart 1955; Band 2: Die Handelskammern 1900–1933, Stuttgart 1962.
Muckel, Stefan: Die Selbstverwaltung in der Sozialversicherung auf dem Prüfstand des Demokratieprinzips, in: Neue Zeitschrift für Sozialrecht 2002, 118–125.
Müller, Heinz J.: Wirtschaft, in: Staatslexikon – Recht Wirtschaft Gesellschaft, hrsgg. von der Görres-Gesellschaft, 5. Band, 7. Aufl., Freiburg/Basel/Wien 1989, Sp. 1002–1020.
Müller, Martin: Die Novellierung der Handwerksordnung 2004, in: NVwZ 2004, 403–412.
Müller, Walther: Zur Frage des Ursprungs der mittelalterlichen Zünfte – Eine wirtschafts- und verfassungsgeschichtliche Untersuchung, Leipzig 1910.
Münch, Kurt: Wirtschaftliche Selbstverwaltung, Hamburg 1936.
Münch, Ingo von / Kunig, Philip: Grundgesetz-Kommentar, 5. Aufl., Bd. 1 (Präambel bis Art. 19; Bd. 2 (Art. 20 bis 69)), München 2000/2001.
Münchow-Pohl, Bernd von: Zwischen Reform und Krieg – Untersuchungen zur Bewußtseinslage in Preußen 1809–1812, Göttingen 1987.
Mulert, Oskar: Erneuerung des Selbstverwaltungsrechts, in: DJZ 1931, 186–193.
Musielak, Hans-Joachim / Detterbeck, Steffen: Das Recht des Handwerks – Kommentar zur Handwerksordnung nebst anderen für das Handwerksrecht bedeutsamen Rechtsvorschriften und Bestimmungen, 3. Aufl., München 1995.

Musil, Andreas: Das Bundesverfassungsgericht und die demokratische Legitimation der funktionalen Selbstverwaltung, in: DÖV 2004, 116–120.
Mutius, Albert von (Hrsg.): Selbstverwaltung im Staat der Industriegesellschaft – Festgabe zum 70. Geburtstag von Georg Christoph von Unruh, Heidelberg 1983.
Naphtali, Fritz: Wirtschaftsdemokratie – Ihr Wesen, Weg und Ziel, 2. Aufl., Berlin 1928.
Nauermann, Carl: Übersicht über die wesentlichen Änderungen der Handwerksordnung, in: DB 1965, 1084–1086.
Neuhaus, Georg: Die Handwerkskammer ihre Organisation und ihre Aufgaben, Leipzig 1902.
—: Innungen und Innungsausschüsse, Leipzig 1902.
Neukamp, Ernst: Der Begriff der „Selbstverwaltung" im Rechtssinne, in: AöR 4 (1889), 377–437, 525–553.
Nicolini, Ingrid: Die politische Führungsschicht in der Stadt Köln gegen Ende der reichsstädtischen Zeit, Köln/Wien 1979.
Nipperdey, Thomas: Deutsche Geschichte 1800–1866 – Bürgerwelt und starker Staat, München 46.-51. Tausend 1994.
—: Deutsche Geschichte 1866–1918, Erster Band: Arbeitswelt und Bürgergeist, München 31.-36. Tausend 1994.
Nitzsch, K[arl] W[ilhelm]: Ministerialität und Bürgerthum im 11. und 12. Jahrhundert – Ein Beitrag zur deutschen Städtegeschichte, Leipzig 1859.
N.N., 25 Jahre Deutscher Handwerks- und Gewerbekammertag, Hannover 1925.
N.N., Bericht über die Verhandlungen des Ersten Hessischen Handelskammertages in Mainz am 9. October 1881, Mainz 1883.
N.N., Das nationalsozialistische Wirtschaftsrecht, in: Jahrbuch der nationalsozialistischen Wirtschaft 1937, S. 451–624.
N.N., Handbuch wirtschaftlicher Verbände und Vereine des Deutschen Reiches, 2. Aufl., Berlin 1919.
N.N., La Chambre de Commerce de Marseille 1599–1949 – le passé, le présent, l'avenir, Marseille 1949.
N.N., Zur Geschichte der Industrie- und Handelskammer Konstanz 1828–1945, ohne Orts- und Jahresangabe.
N.N., Zwangsmitgliedschaft in den Handelskammern soll abgeschafft werden, in: Der Spiegel, Heft 17/2005 vom 23.04.2005; <www.spiegel.de/spiegel/vorab/0,1518,352893,00.html>.
Nuckelt, Jana: Bericht über ausgewählte Berufsorganisationen in England & Wales, in: Jahrbuch des Kammer- und Berufsrechts 2007, S. 249–284.
Nützenadel, Alexander: Wirtschaftliche Interessenvertretung in der parlamentarischen Demokratie – Die Debatte über den Bundeswirtschaftsrat in den fünfziger Jahren, in: Vierteljahreshefte für Zeitgeschichte 51 (2003), 229–260.
Nußbaum, Arthur: Das neue deutsche Wirtschaftsrecht – Eine systematische Übersicht über die Entwicklung des Privatrechts und der benachbarten Rechtsgebiete seit Ausbruch des Weltkrieges, 2. Aufl., Berlin 1922.
Oberg, Axel: Über die Organisation und Zuständigkeit der preussischen Landwirtschaftskammern, Diss. iur. Greifswald 1913.
Oberndorfer, Peter: Die wirtschaftliche und berufliche Selbstverwaltung durch Kammern in der Bundesrepublik Deutschland, Alfeld 1987.
Oebbecke, Janbernd: Demokratische Legitimation nicht-kommunaler Selbstverwaltung, in: VerwArch. 81 (1990), 349–369.

—: Selbstverwaltung angesichts von Europäisierung und Ökonomisierung, in: VVDStRL 62 (2002), 366–404.
Oexle, Otto Gerhard: Conjuratio und Gilde im frühen Mittelalter – Ein Beitrag zum Problem der sozialgeschichtlichen Kontinuität zwischen Antike und Mittelalter, in: Berent Schwineköper (Hrsg.), Gilden und Zünfte – Kaufmännische und gewerbliche Genossenschaften im frühen und hohen Mittelalter, Sigmaringen 1985, S. 151–213.
—: Die Anfänge der Gilden im Frankenreich (6.-9. Jh.), in: Kaufmännische und gewerbliche Genossenschaften („Gilden und Zünfte") im frühen und hohen Mittelalter, Teil I: Allgemeine Probleme und europäischer Hintergrund, Konstanz 1980, S. 47–54.
—: Die Kaufmannsgilde von Tiel, in: Herbert Jankuhn / Else Ebel (Hrsg.): Untersuchungen zu Handel und Verkehr der vor- und frühgeschichtlichen Zeit in Mittel- und Nordeuropa, Teil VI: Organisationsformen der Kaufmannsvereinigungen in der Spätantike und im frühen Mittelalter, Göttingen 1989, S. 173–196.
—: Die mittelalterlichen Gilden: Ihre Selbstdeutung und ihr Beitrag zur Formung sozialer Strukturen, in: Albert Zimmermann (Hrsg.), Soziale Ordnungen im Selbstverständnis des Mittelalters, 1. Halbband, Berlin etc. 1979, S. 203–226.
—: Die mittelalterliche Zunft als Forschungsproblem – Ein Beitrag zur Wissenschaftsgeschichte der Moderne, in: Blätter für deutsche Landesgeschichte 118 (1982), S. 1–44.
—: Gilde, in: Lexikon des Mittelalters IV, München 1989, Sp. 1452–1453.
—: Gilde und Kommune. Über die Entstehung von „Einung" und „Gemeinde" als Grundformen des Zusammenlebens in Europa, in: Peter Blickle (Hrsg.), Theorien kommunaler Ordnung in Europa, München 1996, S. 75–97.
—: Gilden als soziale Gruppen in der Karolingerzeit, in: Herbert Jankuhn etc. (Hrsg.), Das Handwerk in vor- und frühgeschichtlicher Zeit, Teil I: Historische und rechtshistorische Beiträge und Untersuchungen zur Frühgeschichte der Gilde, Göttingen 1981, S. 284–354.
Offermann, Toni: Zwischen Korporation und Assoziation – Die Entstehung regionaler und nationaler Arbeiterorganisationen in Deutschland auf Handwerker-, Gesellen- und Arbeiterkongressen 1848–1850, in: Dieter Dowe / Toni Offermann, Deutsche Handwerker- und Arbeiterkongresse, Berlin etc. 1983, S. XI-XXXVIII.
Olten, Rainer: Vom Wiederaufbau zur postindustriellen Dienstleistungsgesellschaft – Die Industrie- und Handelskammer Kassel von 1945 bis 1990, in: Harm-Hinrich Brandt / Rainer Olten / Herbert Marschelke, Wirtschaft und Politik in Nordhessen seit dem 18. Jahrhundert, hrsgg. von der IHK Kassel, Kassel 1991, S. 43–76.
Oppermann, Thomas: Freiheit von Forschung und Lehre, in: Josef Isensee / Paul Kirchhof (Hrsg.), Handbuch des Staatsrechts der Bundesrepublik Deutschland, Band VI: Freiheitsrechte, Heidelberg 1989, S. 809–845.
Ossenbühl, Fritz: Rundfunk zwischen Staat und Gesellschaft, München 1975.
Otto, Eduard: Das deutsche Handwerk in seiner kulturgeschichtlichen Entwickelung, 3. Aufl., Leipzig 1908.
Palandt: Bürgerliches Gesetzbuch, bearbeitet von Peter Bassenge u. a., 64. Aufl., München 2005; 68. Aufl., München 2009; zit.: Bearbeiter, in: Palandt.
Pankoke, Eckart: Lorenz von Steins staats- und gesellschaftswissenschaftliche Orientierungen, in: Dirk Blasius / Eckart Pankoke: Lorenz von Stein – Geschichts- und gesellschaftswissenschaftliche Perspektiven, Darmstadt 1977, S. 79–179.
Pappenheim, Max: Die altdänischen Schutzgilden – Ein Beitrag zur Rechtsgeschichte der germanischen Genossenschaft, Breslau 1885.
Peine, Franz-Joseph: Allgemeines Verwaltungsrecht, 9. Aufl., Heidelberg 2008.

Pelzer, Marten: Landwirtschaftliche Vereine in Nordwestdeutschland. Das Beispiel Badberg – Eine Mikrostudie zur Vereins- und Agrargeschichte im 19. und frühen 20. Jahrhundert, Cloppenburg 2002.

Perner, Detlef: Die „Reorganisation" der Handwerkskammern in der britischen Besatzungszone nach 1945, in: Dietmar Petzina / Walter Euchner (Hrsg.), Wirtschaftspolitik im britischen Besatzungsgebiet 1945–1949, Düseldorf 1984, S. 255–275.

Pernthaler, Peter: Die verfassungsrechtlichen Schranken der Selbstverwaltung in Österreich, in: Verhandlungen des 3. Österreichischen Juristentages Wien 1967, Bd. I, 3. Teil, Wien 1967.

Peters, Hans: Artikel 132 und 133 Absatz 1 – Dienste für den Staat, in: Hans Carl Nipperdey (Hrsg.), Die Grundrechte und Grundpflichten der Reichsverfassung – Kommentar zum zweiten Teil der Reichsverfassung, Zweiter Band: Artikel 118–142, Berlin 1930, S. 290–302.

–: Grenzen der kommunalen Selbstverwaltung in Preußen – Ein Beitrag zur Lehre vom Verhältnis der Gemeinden zu Staat und Reich, Berlin 1926.

–: Lehrbuch der Verwaltung, Berlin etc. 1949.

–: Nichtwirtschaftliche Organisationen im Bundeswirtschaftsrat?, in: DÖV 1952, 556–559.

–: Öffentliche und staatliche Aufgaben, in: Rolf Dietz / Heinz Hübner (Hrsg.), FS Hans Carl Nipperdey, Bd. 2, München/Berlin 1965, S. 877–895.

–: Zentralisation und Dezentralisation – Zugleich ein Beitrag zur Kommunalpolitik im Rahmen der Staats- und Verwaltungslehre, Berlin 1928.

Peters, Hermann: Rechtsnatur, Organisation und Aufgaben der deutschen Industrie- u. Handelskammern, Oldenburg i.O. 1941, zugleich Diss. iur. Hamburg 1939.

Peters, Martin: Die Genossenschaftstheorie Otto v. Gierkes (1841–1921), Göttingen 2001.

Peters, [Wilhelm]: Die landwirtschaftliche Berufsvertretung, Berlin 1932.

Philippi, Hans: Landgraf Karl von Hessen-Kassel – Ein deutscher Fürst der Barockzeit, Marburg 1976.

Pielow, Johann-Christian (Hrsg.): Gewerbeordnung – Kommentar, München 2009.

Pierenkemper, Toni: Gewerbe und Industrie im 19. und 20. Jahrhundert, München 1994, 2. Aufl., München 2007.

Pietzcker, Jost: Kammerrecht in Bewegung?, in: NJW 1987, 305–307.

Piper, Henning / Ohly, Ansgar / Sosnitza, Olaf: Gesetz gegen den unlauteren Wettbewerb mit Preisangabenverordnung – Kommentar, 5. Aufl., München 2010.

Pitschas, Rainer: Recht der freien Berufe, in: Reiner Schmidt (Hrsg.), Öffentliches Wirtschaftsrecht, Besonderer Teil 2, Berlin etc. 1996, S. 1–126.

Planitz, Hans: Die deutsche Stadt im Mittelalter – Von der Römerzeit bis zu den Zunftkämpfen, 3., unveränderte Aufl., Wien etc. 1973.

– (Hrsg.): Die Rechtswissenschaft der Gegenwart in Selbstdarstellungen, Leipzig 1924.

–: Frühgeschichte der deutschen Stadt (IX.-XI. Jahrhundert), in: ZRG Germ. Abt. Bd. 63 (1943), 1–91.

–: Kaufmannsgilde u. städtische Eidgenossenschaft in niederfränkischen Städten im 11. und 12. Jahrhundert, in: ZRG Germ. Abt. Bd. 60 (1940), 1–116.

Plönies, Bartho / Schönwalder, Otto: Die Sowjetisierung des mitteldeutschen Handwerks, Bonn 1953.

Plumpe, Werner: Wirtschaftliche Selbstverwaltung, in: Gerold Ambrosius / Dietmar Petzina / Werner Plumpe (Hrsg.), Moderne Wirtschaftsgeschichte – Eine Einführung für Historiker und Ökonomen, München 1996, S. 375–387.

Poetzsch-Heffter, Fritz: Handkommentar der Reichsverfassung vom 11. August 1919 – Ein Handbuch für Verfassungsrecht und Verfassungspolitik, 3. Aufl., Berlin 1928.

Popitz, Johannes: Der Finanzausgleich und seine Bedeutung für die Finanzlage des Reichs, der Länder und Gemeinden, Berlin 1930; zit.: Popitz, Der Finanzausgleich, 1930.

—: Der künftige Finanzausgleich zwischen Reich, Ländern und Gemeinden – Gutachten, erstattet der Studiengesellschaft für den Finanzausgleich, Berlin 1932; zit.: Popitz, Der künftige Finanzausgleich, 1932.

Poschinger, H[einrich] Ritter von: Fürst Bismarck und die Parlamentarier, 2. Bd.: 1847–1879, Breslau 1895.

Preuß, Hugo: Das städtische Amtsrecht in Preußen, Berlin 1902.

—: Deutschland und die Preußische Verwaltungsreform (1925), abgedruckt in: Hugo Preuß: Staat Recht und Freiheit – Aus 40 Jahren Deutscher Politik und Geschichte, Tübingen 1926, S. 129–143.

—: Die Entwicklung der kommunalen Selbstverwaltung in Deutschland, in: Gerhard Anschütz etc. (Hrsg.), Handbuch der Politik, Erster Band – Die Grundlagen der Politik, 3. Aufl., Berlin und Leipzig 1920, S. 266–286.

—: Die Entwicklung des deutschen Städtewesens, Erster Band: Entwicklungsgeschichte der deutschen Städteverfassung, Leipzig 1906.

—: Die Lehre Gierkes und das Problem der preußischen Verwaltungsreform, in: Festgabe der Berliner juristischen Fakultät für Otto Gierke zum Doktor-Jubiläum 21. August 1910 – Erster Band: Staatsrecht, Verwaltungsrecht, Kirchenrecht, Lehenrecht, Breslau 1910, S. 245–304.

—: Gemeinde, Staat, Reich als Gebietskörperschaften – Versuch einer deutschen Staatskonstruktion auf Grundlage der Genossenschaftstheorie, Berlin 1889.

—: Selbstverwaltung, in: Handwörterbuch der Kommunalwissenschaften, hrsgg. von Josef Brix u.a., 3. Band, Jena 1924, S. 768–776.

—: Selbstverwaltung, Gemeinde, Staat, Souveränität, in: Staatsrechtliche Abhandlungen – Festgabe für Paul Laband zum fünfzigsten Jahrestage der Doktor-Promotion, dargebracht von Wilhelm van Calker u.a., 2. Band, Tübingen 1908, S. 197–245.

—: Verwaltungsreform und Politik – Eine Säkularbetrachtung, in: Zeitschrift für Politik 1 (1908), S. 95–126.

Preuß, Ulrich K.: Zum staatsrechtlichen Begriff des Öffentlichen, Stuttgart 1969.

Probandt, Wolfgang: Die Einigungsstelle nach § 27a UWG – Rechtliche Regelung und tatsächliche Bedeutung, Berlin 1993.

Prölss, Erich R.: Versicherungsaufsichtsgesetz (bearb. von Joachim Kölschbach u.a.), 11. Aufl., München 1997; 12. Aufl., München 2005.

Proesler, Hans: Das gesamtdeutsche Handwerk im Spiegel der Reichsgesetzgebung von 1530 bis 1806, Berlin 1954.

Prowe, Diethelm: Im Sturmzentrum: Die Industrie- und Handelskammern in den Nachkriegsjahren 1945 bis 1949, in: Hans Pohl (Hrsg.), Zur Politik und Wirksamkeit des Deutschen Industrie- und Handelstages und der Industrie- und Handelskammern 1861 bis 1949, Stuttgart 1987, S. 91–122.

Puaux, Pierre: Les Chambres de commerce et d'industrie, Paris 1998.

Püttner, Günter: Die öffentlichen Unternehmen – Ein Handbuch zu Verfassungs- und Rechtsfragen der öffentlichen Wirtschaft, 2. Aufl., Stuttgart etc. 1985.

—: Selbstverwaltung, in: Deutsches Rechts-Lexikon, hrsgg. von Horst Tilch und Frank Arloth, Band 3, 3. Aufl., München 2001, S. 3810–3812.

Puppo, Rolf: Die wirtschaftsrechtliche Gesetzgebung des Dritten Reiches, Diss. Konstanz 1988.

Quante, Christoph: Die geistesgeschichtlichen Grundlagen und die Entwicklung der Gewerbefreiheit in Deutschland, Diss. iur. Münster 1984.
Radloff, Anneliese: Hardenbergs Stellung im Rahmen der preußischen Sozial- und Wirtschaftsreform, Diss. FU Berlin 1957.
Ramin, Eberhard: Die Geschichte der Selbstverwaltungsidee seit dem Freiherrn vom Stein, Diss. iur. Münster 1972.
Ramsauer, Ulrich: Änderungsbedarf im Verwaltungsverfahrensrecht aufgrund der Dienstleistungs-Richtlinie, in: NordÖR 2008, 417–425.
Rathenau, Walter: Die neue Wirtschaft, Berlin 1919.
Ratjen, Wolfgang: Die bayerischen Bauernkammern von 1920 bis 1933, München 1981.
Rebentisch, Dieter: Die Selbstverwaltung in der Weimarer Zeit, in: Günter Püttner (Hrsg.), Handbuch der kommunalen Wissenschaft und Praxis, Bd. 1, 2. Aufl., Berlin etc. 1981, S. 86–100.
Redlich, Josef: Englische Lokalverwaltung – Darstellung der inneren Verwaltung Englands in ihrer geschichtlichen Entwicklung und in ihrer gegenwärtigen Gestalt, Leipzig 1901.
Reichsstand des deutschen Handwerks: Jahrbuch des deutschen Handwerks 1936, Berlin 1937; 1937/38, Berlin 1938; 1938/39, Berlin 1939.
Reininghaus, Wilfried: Die Gesellenvereinigungen am Ende des Alten Reiches – Die Bilanz von dreihundert Jahren Sozialdisziplinierung, in: Ulrich Engelhardt (Hrsg.), Handwerker in der Industrialisierung, Stuttgart 1984, S. 219–241.
—: Die Kammerorganisation nach dem Zweiten Weltkrieg – Verwaltungsgeschichte und Quellenlage, in: Hans Pohl (Hrsg.), Zur Politik und Wirksamkeit des Deutschen Industrie- und Handelstages und der Industrie- und Handelskammern 1861 bis 1949, Stuttgart 1987, S. 21–30.
—: Stadt und Handwerk – Eine Einführung in Forschungsprobleme und Forschungsfragen, in: Karl Heinrich Kaufhold / Wilfried Reininghaus (Hrsg.), Stadt und Handwerk in Mittelalter und früher Neuzeit, Köln etc. 2000, S. 1–19.
—: Zünfte, Städte und Staat in der Grafschaft Mark, Münster 1989.
—: Zünfte und Zunftpolitik in Westfalen und im Rheinland am Ende des Alten Reiches, in: Wilfried Reininghaus (Hrsg.), Zunftlandschaften in Deutschland und den Niederlanden im Vergleich, Münster 2000, S. 135–147 sowie in: Heinz-Gerhard Haupt (Hrsg.), Das Ende der Zünfte – Ein europäischer Vergleich, Göttingen 2002, S. 71–86.
Reischle, Hermann: Der Reichsnährstand und seine Marktordnung, in: Grundlagen, Aufbau und Wirtschaftsordnung des nationalsozialistischen Staates, Bd. 3, Beitrag 49.
Reischle, Hermann / Saure, Wilhelm: Aufgaben und Aufbau des Reichsnährstandes, Berlin 1934.
Reith, Reinhold: Zünfte im Süden des Alten Reiches: Politische, wirtschaftliche und soziale Aspekte, in: Heinz-Gerhard Haupt (Hrsg.), Das Ende der Zünfte – Ein europäischer Vergleich, Göttingen 2002, S. 39–69.
Remling, Ludwig: Bruderschaften in Franken, Würzburg 1986.
Rennen, Günter / Caliebe, Gabriele: Rechtsberatungsgesetz, 3. Aufl., München 2001.
Renzsch, Wolfgang: Bauhandwerker in der Industrialisierung, in: Ulrich Engelhardt (Hrsg.), Handwerker in der Industrialisierung, Stuttgart 1984, S. 589–602.
Ress, Georg: Die Befugnis der Handwerkskammern zur Hilfeleistung in Steuersachen, in: Günter Jahr (Hrsg.), GS Dietrich Schultz, Köln etc. 1987, S. 305–340.
—: Überlegungen zum Grundsatz des selbstverwaltungsfreundlichen Verhaltens – zugleich Bemerkungen zum Verhältnis von Staatsaufsicht und Rechtsschutz, in: WiVerw. 1981, 151–167.

Reuß, Wilhelm: Die Gewerbefreiheit – Eine kritische Studie über deutsche und amerikanische Auffassungen zur Neuregelung mit Text-Abdruck der wichtigsten US-Direktiven und der deutschen Gesetzesvorlagen, Stuttgart 1949.

—: Die Organisation der Wirtschaft, in: Karl August Bettermann / Hans Carl Nipperdey / Ulrich Scheuner (Hrsg.), Die Grundrechte – Handbuch der Theorie und Praxis der Grundrechte, Dritter Band, 1. Halbband, Berlin 1958, S. 91–153.

—: Nochmals: Die rechtliche Zulässigkeit einer Zeitungsherausgabe durch Handwerkskammern, in: GewArch 1974, 317–319.

Reuss: Verfassungsrechtliche Grundsätze zum Organisationsrecht der Wirtschaft, in: DVBl. 1953, 684–687.

Richter, Lutz: Führertum und Selbstverwaltung – am Beispiel der Sozialversicherung, in: AöR N.F. 26 (1935), 187–202.

Rieger, Frank: Das Kammerwesen in Österreich, in: Jahrbuch des Kammerrechts 2003, S. 279–327.

—: Die Besonderheiten des Haushaltsrechts der Industrie- und Handelskammern und deren Bedeutung für die Rechnungslegung und Rechnungshofkontrolle, in: Jahrbuch des Kammer- und Berufsrechts 2005, S. 112–143.

Rinck, Gerd: Wirtschaftsrecht – Wirtschaftsverfassung, Wirtschaftsverwaltung, Wettbewerbs- und Kartellrecht, 5. Aufl., Köln etc. 1977.

Ritter, Gerhard: Stein – Eine politische Biographie, 3. Aufl., Stuttgart 1958.

Rittner, Fritz: Wirtschaftsrecht mit Wettbewerbs- und Kartellrecht – Ein Lehrbuch, Heidelberg/Karlsruhe 1979.

Rodriguez Artacho, Salvador / Barnes Vazquez, Javier: Das Kammerwesen in Spanien, in: Jahrbuch des Kammerrechts 2002, S. 315–333.

Roehl, Hugo: Beiträge zur Preußischen Handwerkerpolitik vom Allgemeinen Landrecht bis zur Allgemeinen Gewerbeordnung von 1845, Leipzig 1900.

Roellecke, Gerd: Bezirke der Handwerksinnungen und Änderungen der Stadt- und Landkreisgrenzen, in: VerwArch. 1987, 105–118.

Rohmer, Gustav: Die Handwerkernovelle (Gesetz vom 26. Juli 1897, betr. Die Abänderung der Gewerbeordnung), München 1898 (Selbständiger Ergänzungsband zur 3. Aufl. von v. Landmann/Rohmer, GewO).

Rohrscheidt, Kurt von: Das Innungs- und Handwerkergesetz – Reichsgesetz betreffend die Abänderung der Gewerbeordnung vom 26. Juli 1897, 2. Aufl., Leipzig 1898.

—: Unter dem Zunftzwange in Preußen während des 18. Jahrhunderts, in: JbNSt 60 (1893), 313–362; 61 (1893), 230–247.

—: Vom Zunftzwange zur Gewerbefreiheit – Eine Studie nach den Quellen, Berlin 1898.

—: Vor- und Rückblicke auf Zunftzwang und Gewerbefreiheit, in: JbNSt 63 (1894), 1–55, 481–535.

Rosin, Heinrich: Das Recht der Oeffentlichen Genossenschaft – Eine verwaltungsrechtliche Monographie, Freiburg 1886; zit.: Rosin, Genossenschaft, 1886.

—: Souveränität, Staat, Gemeinde, Selbstverwaltung – Kritische Begriffsstudien, in: Annalen des Deutschen Reichs für Gesetzgebung, Verwaltung und Statistik – Staatswissenschaftliche Zeitschrift und Materialiensammlung 1883, S. 265–322; zit.: Rosin, Souveränität, in: ADR 1883.

Rudolph, Paul: Zunftverfassung und Gewerbefreiheit im preußischen Gewerberecht bis 1845, Diss. iur. Jena 1935.

Rupieper, Hermann-Josef: Die Wurzeln der westdeutschen Nachkriegsdemokratie – Der amerikanische Beitrag 1945–1952, Opladen 1993.

Ruthig, Josef / Storr, Stefan: Öffentliches Wirtschaftsrecht, 2. Aufl., Heidelberg 2008.

Sachs, Michael: Die Einheit der Verwaltung als Rechtsproblem, in: NJW 1987, 2338–2344.
— (Hrsg.): Grundgesetz – Kommentar, 5. Aufl., München 2009.
Sättele, Annette: Einordnung und Aufgaben der berufsständischen Selbstverwaltung unter besonderer Berücksichtigung der Aufgabe der Interessenvertretung, Berlin 2007.
Saldern, Adelheid von: Rückblicke. Zur Geschichte der kommunalen Selbstverwaltung in Deutschland, in: Hellmut Wollmann / Roland Roth (Hrsg.): Kommunalpolitik – Politisches Handeln in den Gemeinden, Opladen 1999, S. 23–36.
Salzwedel, Jürgen: Die Selbstverwaltung in der Sozialversicherung – Aufgaben und Grenzen, in: Verhandlungen des Deutschen Sozialgerichtsverbandes – Erste Bundestagung München 27. und 28. Januar 1966, Wiesbaden 1966, S. 50–69.
—: Staatsaufsicht in der Verwaltung, in: VVDStRL 22 (1965), S. 206–263.
—: Zur rechtlichen Struktur der modernen Selbstverwaltung, in: Zentralblatt für Sozialversicherung, Sozialhilfe und Versorgung (ZfS) 17 (1963), 202–203.
Samuelson, Paul A. / Nordhaus, William D.: Volkswirtschaftslehre – Das internationale Standardwerk der Makro- und Mikroökonomie, Landsberg am Lech 2005.
Sarwey, O[tto] von: Allgemeines Verwaltungsrecht (Handbuch des Öffentlichen Rechts, 1. Bd., Allgemeiner Theil, 2. Halbband, hrsgg. v. Heinrich Marquardsen), Freiburg i.Br./ Tübingen 1884.
Sauer, Ernst: Landwirtschaftliche Selbstverwaltung – Kommentar zur Landwirtschaftskammergesetzgebung der deutschen Bundesrepublik, Stollhamm (Oldb.) 1957.
—: Landwirtschaftskammern, in: Erwin v. Beckrath etc. (Hrsg.), Handwörterbuch der Sozialwissenschaften, 6. Band, Stuttgart etc. 1959, S. 518–520.
—: Reichsnährstands-Abwicklungsgesetz, in: Recht der Landwirtschaft 1961, 57–60, 85–94.
Schäffer, Hans: Der vorläufige Reichswirtschaftsrat – Kommentar der Verordnung vom 4. 5. 1920, München etc. 1920.
—: Neue Tendenzen in den wirtschaftlichen Organisationen der Gegenwart, in: Archiv für Sozialwissenschaft und Sozialpolitik, Bd. 48 (1920/1921), 761–768.
Schäffle, A.: Das Problem der Wirtschaftskammern, in: Zeitschrift für die gesamte Staatswissenschaft 51 (1895), S. 1–32, 300–342, 494–544.
Schäffle, E. Fr.: Bau und Leben des socialen Körpers, Bd. 4, Tübingen 1878.
Schaeper, Thomas J.: The Creation of the French Council of Commerce in 1700, in: European Studies Review, Vol. 9 (1979), 313–329.
—: The French Council of Commerce 1700–1715 – A Study of Mercantilism after Colbert, Columbus 1983.
Scharf, Gertrud: Die Tätigkeit und Entwicklung der Handwerkskammern, Stuttgart 1910.
Schaub, Günter: Arbeitsrechts-Handbuch, 13. Aufl., München 2009.
Scheerbarth, Walter: Rudolf von Gneist, in: Männer der deutschen Verwaltung – 23 biographische Essays, Köln / Berlin 1963, S. 135–150.
Scheidtmann, André: Wirtschafts- und berufsständische Kammern im europäischen Gemeinschaftsrecht, Frankfurt a. M. 2007.
Scheuner, Ulrich: Das Grundrecht der Rundfunkfreiheit, Berlin 1982.
—: Die freien Berufe im ständischen Aufbau, in: Roland Freisler / Georg Anton Löning / Hans Carl Nipperdey (Hrsg.), Festschrift für Justus Wilhelm Hedemann zum 60. Geburtstag, Jena 1938, S. 424–443.
—: Wirtschaftliche und soziale Selbstverwaltung, in: DÖV 1952, 609–615.
—: Zur Rolle der Verbände im Rahmen der sozialen Verwaltung nach der Lehre von Lorenz von Stein – Die Stellung Lorenz von Steins in der neueren Staats- und Gesellschaftslehre,

in: Roman Schnur (Hrsg.), Staat und Gesellschaft – Studien über Lorenz von Stein, Berlin 1978, S. 273–304.
Schick, Walter: Selbstverwaltung – Berufsständische, in: Evangelisches Staatlexikon, hrsgg. von Roman Herzog / Hermann Kunst / Klaus Schlaich / Wilhelm Schneemelcher, Band II, 3. Aufl., Stuttgart 1987, Sp. 3115–3120.
Schiffer, Eugen: Rudolf von Gneist, Berlin 1929.
Schilp, Thomas: Zunft und Memoria – Überlegungen zur Selbstdeutung von Zünften im mittelalterlichen Westfalen, in: Wilfried Reininghaus (Hrsg.), Zunftlandschaften in Deutschland und den Niederlanden im Vergleich, Münster 2000, S. 107–120.
Schinkel, Harald: Polizei und Stadtverfassung im frühen 19. Jahrhundert – Eine historisch-kritische Interpretation der preußischen Städteordnung von 1808, in: Der Staat 3 (1964), 315–334.
Schliesky, Utz: Die Bedeutung der geplanten EU-Dienstleistungsrichtlinie für die Kammern, in: Jahrbuch des Kammer- und Berufsrechts 2004, S. 33–55.
—: Öffentliches Wirtschaftsrecht – Deutsche und europäische Grundlagen, 3. Aufl., Heidelberg 2008.
Schlögl, Alois (Hrsg.): Bayerische Agrargeschichte – die Entwicklung der Land- und Forstwirtschaft seit Beginn des 19. Jahrhunderts, München 1954.
Schmidt, Georg: Der Städtetag in der Reichsverfassung – Eine Untersuchung zur korporativen Politik der Freien und Reichsstädte in der ersten Hälfte des 16. Jahrhunderts, Stuttgart 1984.
Schmidt, Jörg: Die demokratische Legitimationsfunktion der parlamentarischen Kontrolle – Eine verfassungsrechtliche Untersuchung über Grundlage, Gegenstand und Grenzen der parlamentarischen Kontrolle unter besonderer Berücksichtigung der ministerialfreien Räume und der Privatisierung, Berlin 2007.
Schmidt, Julia: Konservative Staatsrechtslehre und Friedenspolitik – Leben und Werk Philipp Zorns, Ebelsbach 2001.
Schmidt, Reiner: Wirtschaftspolitik, Wirtschaftsverwaltungsorganisation, Wirtschaftsförderung, in: Norbert Achterberg / Günter Püttner / Thomas Württemberger, Besonderes Verwaltungsrecht, Band I, 2. Aufl., Heidelberg 2000, S. 1–95.
Schmidt, Werner: Lorenz von Stein, in: Männer der deutschen Verwaltung – 23 biographische Essays, Köln/Berlin 1963, S. 117–134.
Schmidt-Aßmann, Eberhard: Das allgemeine Verwaltungsrecht als Ordnungsidee – Grundlagen und Aufgaben der verwaltungsrechtlichen Systembildung, 2. Aufl, Berlin etc. 2006.
—: Die Garantie der kommunalen Selbstverwaltung, in: Peter Badura / Horst Dreier (Hrsg.), Festschrift 50 Jahre Bundesverfassungsgericht, Bd. 2, Tübingen 2001.
—: Zum staatsrechtlichen Prinzip der Selbstverwaltung, in: Peter Selmer / Ingo von Münch (Hrsg.), Gedächtnisschrift für Wolfgang Martens, Berlin / New York 1987, S. 249–264.
Schmidt-Bleibtreu, Bruno / Klein, Franz / Hofmann, Hans / Hopfauf, Axel (Begr./Hrsg.): GG – Kommentar zum Grundgesetz, 11. Aufl., München 2008.
Schmidt-Eichstaedt, Gerd: Staatsverwaltung und Selbstverwaltung bei Rudolf von Gneist, in: Die Verwaltung 8 (1975), 345–362.
Schmidt-Wiegand, Ruth: Die Bezeichnungen Zunft und Gilde in ihrem historischen und wortgeographischen Zusammenhang, in: Berent Schwineköper (Hrsg.), Gilden und Zünfte – Kaufmännische und gewerbliche Genossenschaften im frühen und hohen Mittelalter, Sigmaringen 1985, S. 32–52.
Schmitt, Carl: Der Hüter der Verfassung, Tübingen 1931.

—: Inhalt und Bedeutung des zweiten Hauptteils der Reichsverfassung, in: Gerhard Anschütz / Richard Thoma (Hrsg.), Handbuch des Deutschen Staatsrechts, 2. Band, Tübingen 1932, S. 572–606.
—: Verfassungslehre, Berlin 1928.
Schmitz, Heribert / Prell, Lorenz: Verfahren über eine einheitliche Stelle – Das Vierte Gesetz zur Änderung verwaltungsverfahrensrechtlicher Vorschriften, in: NVwZ 2009, 1–12.
Schmoller, Gustav: Zur Geschichte der deutschen Kleingewerbe im 19. Jahrhundert – Statistische und nationalökonomische Untersuchungen, Halle 1870.
Schneider, Walter: Wirtschafts- und Sozialpolitik im Frankfurter Parlament 1848/49, Frankfurt a. M. 1923.
Schöbener, Burkhard: Innenrechtsstreitigkeiten in Kammern, in: Jahrbuch des Kammer- und Berufsrechts 2007, S. 63–93.
—: Rechtsschutz, in: Winfried Kluth (Hrsg.), Handbuch des Kammerrechts, 2005, S. 423–493.
—: Verwaltungsrechtliche Organstreitigkeiten im Kammerrecht, in: GewArch 2008, 329–334.
Schöbener, Burkhard / Scheidtmann, André: Kammersatzungen im Gemeinschaftsrecht – Prüfungsmaßstab und Rechtsschutzmöglichkeiten, in: WiVerw. 2006, 286–311.
Schöfer, Rolf: Berufsausbildung und Gewerbepolitik – Geschichte der Ausbildung in Deutschland, Frankfurt/New York 1981.
Schoen, Paul: Das Recht der Kommunalverbände in Preußen – historisch und dogmatisch dargestellt, Leipzig 1897.
Scholl, Juliane: Der Sachverständige im nicht förmlichen Verwaltungsverfahren – Bedeutung, Anforderungen, Konflikte, Diss. iur. Heidelberg 2004.
Scholtissek, Friedrich-Karl: Der Umfang der Hilfeleistungen der Kreishandwerkerschaften in Steuersachen, in: GewArch 1991, 210 f.
Scholz, Gerhard-Johannes: Die Organisation der Landwirtschaftsverwaltung in Rheinland-Pfalz, in: Agrarrecht 1977, 2–11.
Scholz, Rupert: Selbstverwaltung der Wirtschaft als staatspolitisches Prinzip – Unter besonderer Berücksichtigung der Stellung und Funktionen der Industrie- und Handelskammern, in: Erhard Keller / Clemens Plassmann / Andreas von Falck (Hrsg.), Festschrift für Winfried Tilmann zum 65. Geburtstag, Köln etc. 2003, S. 977–986.
Schotten, Thomas / Häfner, Sascha: Hauptgeschäftsführer einer Handwerkskammer ist kein Organ, in: GewArch 2004, 55 f.
Schreckenbach, Heinz: Die Entwicklung des Handelskammersystems im 19. Jahrhundert in Deutschland unter besonderer Berücksichtigung des französischen Einflusses, Diss. Leipzig 1949.
Schrepfer, Karl: Das Handwerk in der neuen Wirtschaft, München/Leipzig 1920.
Schröder, Meinhard: Grundlagen und Anwendungsbereich des Parlamentsrechts – Zur Übertragbarkeit parlamentsrechtlicher Grundsätze auf Selbstverwaltungsorgane, insbesondere in der Kommunal- und Hochschulverwaltung, Baden-Baden 1979.
Schüler, Felix: Das Handwerk im Dritten Reich – Die Gleichschaltung und was danach folgte, Bad Wörishofen 1959.
Schulz, Günther: Zünfte und politische Strukturen in Köln. Die Beteiligung des Handwerks am Stadtregiment vom Verbundbrief bis zur napoleonischen Zeit (1396–1796/97), in: Hans-Jürgen Gerhard (Hrsg.), Struktur und Dimension – Festschrift für Karl-Heinrich Kaufhold zum 65. Geburtstag, Bd. 1: Mittelalter und Frühe Neuzeit, Stuttgart 1997, S. 388–406.

Schulz, Knut: Handwerk, Zünfte und Gewerbe – Mittelalter und Renaissance, Darmstadt 2010.
—: Zunft, -wesen, -recht – Allgemein und deutscher Bereich, in: Lexikon des Mittelalters IX, München 1998, Sp. 686–691.
Schulz-Nieswandt, Frank: Gilden als „totales soziales Phänomen" im europäischen Mittelalter, Weiden etc. 2000.
Schulze, Hans K.: Kaufmannsgilde und Stadtentstehung im mitteldeutschen Raum, in: Berent Schwineköper (Hrsg.), Gilden und Zünfte – Kaufmännische und gewerbliche Genossenschaften im frühen und hohen Mittelalter, Sigmaringen 1985, S. 377–412.
Schulze, Rainer: Unternehmerische Selbstverwaltung und Politik – Die Rolle der Industrie- und Handelskammern in Niedersachsen und Bremen als Vertretungen der Unternehmerinteressen nach dem Ende des Zweiten Weltkrieges, Hildesheim 1988.
Schuppert, Gunnar Folke: Öffentlich-rechtliche Körperschaften, in: Handwörterbuch der Wirtschaftswissenschaft, hrsgg. von Willi Albers u. a., Fünfter Band, Stuttart etc. 1980, S. 399–405.
—: Selbstverwaltung als Beteiligung Privater an der Staatsverwaltung? – Elemente zu einer Theorie der Selbstverwaltung, in: Albert von Mutius (Hrsg.), Selbstverwaltung im Staat der Industriegesellschaft – Festgabe zum 70. Geburtstag von Georg Christoph von Unruh, Heidelberg 1983, S. 183–205.
—: Verwaltungsorganisation und Verwaltungsorganisationsrecht als Steuerungsfaktoren, in: Wolfgang Hoffmann-Riem / Eberhard Schmidt-Aßmann / Andreas Voßkuhle (Hrsg.), Grundlagen des Verwaltungsrechts, Bd. I, München 2006, S. 995–1081.
Schwab, Dieter: Die „Selbstverwaltungsidee" des Freiherrn vom Stein und ihre geistigen Grundlagen – Zugleich ein Beitrag zur Geschichte der politischen Ethik im 18. Jahrhundert, Frankfurt a. M. 1971.
Schwann, Mathieu: Geschichte der Kölner Handelskammer, Erster Band, Köln 1906.
—: Ludolf Camphausen als Wirtschaftspolitiker, Essen 1915.
Schwannecke, Holger (Hrsg.): Die Deutsche Handwerksordnung – Kommentar, Mustersatzungen und Materialien (zuvor hrsgg. von Hans-Jürgen Aberle, ursprünglich hrsgg. von Kolbenschlag/Lessmann/Stücklen), Lsbl., Berlin, Stand: 44. Lfg., März 2010; zit.: Bearbeiter, in: Schwannecke, HwO, Lsbl., § Rn. (Jahr der Bearbeitung).
Schwannecke, Holger / Heck, Hans-Joachim: Die Handwerksordnungsnovelle 2004 – Die wichtigsten Änderungen, in: GewArch 2004, 129–142.
— / —: Die neue Handwerksordnung – Die wichtigsten Änderungen und ihre Auswirkungen auf die Praxis, in: GewArch 1998, 305–317.
Schwappach, Jürgen: Die Novelle zur Handwerksordnung, in: GewArch 1993, 441–445.
Schwark, Eberhard: Wirtschaftsrecht – Wirtschaftsverfassung, Kartellrecht, Wettbewerbsrecht, Wirtschaftsverwaltung, 6. Aufl. des von Gerd Rinck begründeten Werkes, Köln etc. 1986.
Schwarze, Rembert: Die Rechtsstellung der Landwirtschaftskammern in Hessen, Diss. Marburg 1951.
Schwarzkopf, Karl: Der vorläufige Reichswirtschaftsrat, in: DÖV 1952, 559–561.
Schweitzer, Dieter: Entstehungsgeschichte und Anfänge der wirtschaftlichen Selbstverwaltung im Tal der Wupper 1826–1834, Erstes Buch in: Industrie- und Handelskammer Wuppertal – Solingen – Remscheid, Wirtschaftliche Selbstverwaltung in Aktion – 150 Jahre Handelskammer im Tal der Wupper, Wuppertal 1980.
Schwindt, Hanns: Kommentar zur Handwerksordnung, Bad Wörishofen 1954.

Sedatis, Helmut: Liberalismus und Handwerk in Südwestdeutschland – Wirtschafts- und Gesellschaftskonzeptionen des Liberalismus und die Krise des Handwerks im 19. Jahrhundert, Stuttgart 1979.
Sée, Henri: Französische Wirtschaftsgeschichte, 2. Band, Jena 1936.
Seidenfus, H[ellmuth] St.: Gedanken zur Errichtung eines Bundeswirtschaftsrates, Köln 1962.
Seidl, Alois: Deutsche Agrargeschichte, Frankfurt a. M. 2006.
Seidl, Franz-Peter: Datenschutz im Handwerksrecht – Die Umsetzung der Rechtsprechung zum informationellen Selbstbestimmungsrecht im Rahmen der Novelle zur Handwerksordnung, in: WiVerw. 1994, 55–81.
Siegert, Albrecht: Gesetz zur Änderung der Handwerksordnung, in: BB 1965, 1090–1093.
Siegert, Albrecht / Sternberg, Hans-Karl: Anmerkung zu BVerwG, GewArch 1986, 298, in: GewArch 1986, 300–303.
Simon, Manfred: Handwerk in Krise und Umbruch – Wirtschaftliche Forderungen und sozialpolitische Vorstellungen der Handwerksmeister im Revolutionsjahr 1848/49, Köln etc. 1983.
Simons, Tula: Der Aufbau der Kohlenwirtschaft nach dem Kohlenwirtschaftsgesetz vom 23. März 1919, Bonn/Köln 1931.
Smith, David Kammerling: Structuring Politics in Early Eighteenth-Century France: The Political Innovations of the French Council of Commerce, in: The Journal of Modern History, Vol. 74 (2002), 490–537.
Sösemann, Bernd (Hrsg.): Gemeingeist und Bürgersinn – Die preußischen Reformen, Berlin 1993.
Soltmann, Dieter: Zur Interessenwahrnehmung der gewerblichen Wirtschaft durch Kammern und Verbände, in: WiVerw. 1998, 224–231.
Spieß, P.: Kaufmannsgilde, in: Adalbert Erler etc. (Hrsg.), Handwörterbuch zur deutschen Rechtsgeschichte, II. Bd., Berlin 1978, Sp. 687–694.
Spitz, H[einrich]: Die Organisation des Deutschen Handwerks, München 1936.
Sprick, Fr.: Ausbau der Organisation und Verwaltung des Reichsnährstandes im Jahr 1935, in: Recht des Reichsnährstandes 1936, 4–6.
Stadelmann, Rudolf: Soziale und politische Geschichte der Revolution von 1848, München 1948.
Staudinger: J. von Staudingers Kommentar zum Bürgerlichen Gesetzbuch: mit Einführungsgesetz und Nebengesetzen, diverse Bände, Berlin; zit.: Bearbeiter, in: Staudinger.
Steffens, Heinz: Gesetz zur Ordnung des Handwerks (Handwerksordnung) vom 17. September 1953 – Kommentar, Münster 1956.
Stegemann, Richard: Die staatsrechtliche Stellung der Handelskammern in Preußen, in: Jahrbuch für Gesetzgebung, Verwaltung und Volkswirtschaft im Deutschen Reich (Schmollers Jahrbuch), 12. Jahrgang (1888), S. 219–243.
Steimle, Theodor: Über Begriff und Wesen deutscher Selbstverwaltung, in: VerwArch. 41 (1936), 18–45.
Stein, Lorenz (von): Die Verwaltungslehre – Erster Theil: Die vollziehende Gewalt – Erste Abtheilung: Allgemeiner Theil: Das verfassungsmäßige Verwaltungsrecht – Besonderer Theil, Erstes Gebiet: Die Regierung und das verfassungsmäßige Regierungsrecht – Mit Vergleichung der Rechtszustände, der Gesetzgebung und Literatur in England, Frankreich und Deutschland, 2. Aufl., Stuttgart 1869; zit.: Lorenz von Stein, Verwaltungslehre I/1.
—: Die Verwaltungslehre – Erster Theil: Die vollziehende Gewalt – Zweite Abtheilung: Die Selbstverwaltung und ihr Rechtssystem – Mit Vergleichung der Rechtszustände, der Ge-

setzgebung und Literatur in England, Frankreich und Deutschland, 2. Aufl., Stuttgart 1869; zit.: Lorenz von Stein, Verwaltungslehre I/2.
—: Handbuch der Verwaltungslehre und des Verwaltungsrechts – Mit Vergleichung Literatur und Gesetzgebung von Frankreich, England und Deutschland, Stuttgart 1870.
Steinbach, Franz / Becker, Erich: Geschichtliche Grundlagen der kommunalen Selbstverwaltung in Deutschland, Bonn 1932.
Steinbeck, Norbert: Bürokratisierung und betriebliche Rationalisierung – Die preußischen Landwirtschaftskammern und die Entwicklung der Agrarverfassung im wilhelminischen Kaiserreich, Frankfurt a. M. 1997 (zugl. Diss. Hamburg 1997).
Steindl, Harald: Entfesselung der Arbeitskraft, in: ders. (Hrsg.), Wege zur Arbeitsrechtsgeschichte, Frankfurt a. M. 1984, S. 29–135.
Steinmann-Bucher, Arnold: Die Nährstände und ihre zukünftige Stellung im Staate – Ein Beitrag zur Reform der industriellen, kleingewerblichen und landwirthschaftlichen Interessenvertretung, Köln 1885.
Steller, K. G., Denkschrift zum Jubiläum des fünfundzwanzigjährigen Bestehens der Handelskammer zu Hanau, Hanau 1896.
Stengel, Karl Freiherr von: Die Organisation der preußischen Verwaltung nach den neuen Reformgesetzen – historisch und dogmatisch dargestellt, Leipzig 1884.
Stern, Klaus: Das Staatsrecht der Bundesrepublik Deutschland, Band I: Grundbegriffe und Grundlagen des Staatsrechts, Strukturprinzipien der Verfassung, 2. Aufl., München 1984; Band V: Die geschichtlichen Grundlagen des deutschen Staatsrechts, München 2000.
Stieda, Wilhelm: Zur Entstehung des deutschen Zunftwesens, Jena 1876.
Stier-Somlo, Fritz: Das Grundrecht der kommunalen Selbstverwaltung unter besonderer Berücksichtigung des Eingemeindungsrechts, in: AöR 56 (1929), 1–93.
—: Handbuch des kommunalen Verfassungsrechts in Preußen, 2. Aufl., Mannheim etc. 1928.
—: Universitätsrecht, Selbstverwaltung und Lehrfreiheit, in: AöR 54 (1928), 360–392.
Stober, Rolf: Allgemeines Wirtschaftsverwaltungsrecht, 12. Aufl., Stuttgart 2000; 16. Aufl., 2008.
—: Besonderes Wirtschaftsverwaltungsrecht – Gewerberecht und andere Wirtschaftszweige. Subventionsrecht, 12. Aufl., Stuttgart 2001.
—: Dauerbaustelle Kammerrechtsreform – Zur Stärkung der Selbstverwaltung der Wirtschaft und zum Recht auf gute Kammerverwaltung, in: Jörg Ennuschat etc. (Hrsg.), Wirtschaft und Gesellschaft im Staat der Gegenwart – Gedächtnisschrift für Peter J. Tettinger, Köln etc. 1997, S. 189–211.
—: Der öffentlich bestellte Sachverständige zwischen beruflicher Bindung und Deregulierung, Köln etc. 1991.
—: Die Industrie- und Handelskammer als Mittler zwischen Staat und Wirtschaft, Köln etc. 1992.
Stober, Rolf / Eisenmenger, Sven: Interessenvertretung und Beratung, in: Winfried Kluth (Hrsg.), Handbuch des Kammerrechts, 2005, S. 211–246.
Stödter, Rolf: Über die Handelskammern – Geschichte und Organisation, in: Hans Peter Ipsen (Hrsg.), Hamburger Festschrift für Friedrich Schack, Hamburg 1966, S. 143–155.
Stolleis, Michael: Geschichte des öffentlichen Rechts in Deutschland, Zweiter Band: Staatsrechtslehre und Verwaltungswissenschaft 1800–1914, München 1992.
Stolz, Jürgen: Das Recht des selbständigen Handwerkers auf Eintritt in eine Handwerksinnung – Bemerkungen im Anschluß an das Urteil des VG Augsburg vom 23. 9. 1981, in: GewArch 1982, 153–155.

Storch, Günter W.: Die Hauptwirtschaftskammer von Rheinland-Pfalz – Organisation, Ziele, Erfahrungen und Lehren im Hinblick auf die Pläne zur Errichtung eines Bundeswirtschaftsrates, Diss. rer. pol, Mainz 1963.

Storr, Stefan / Schröder, Rainer: Allgemeines Verwaltungsrecht, Stuttgart 2010.

Strassert, Heinrich: Die Selbstverwaltung in der Sozialversicherung, Diss. oec., Handels-Hochschule Berlin, ohne Jahresangabe (wohl 1933).

Stremmel, Ralf: Kammern der gewerblichen Wirtschaft im „Dritten Reich" – Allgemeine Entwicklungen und das Fallbeispiel Westfalen-Lippe, Dortmund etc. 2005.

Stürmer, Erich: Die Geschichte des Instituts der Handelskammern in Bayern, Diss. iur. Erlangen 1911.

Stuke, Horst: Materielle Volksinteressen und liberale Ideale 1848, in: Archiv für Frankfurts Geschichte und Kunst 54 (1974), 29–42.

Süsterhenn, Adolf: Die Hauptwirtschaftskammer, in: Rhein-Zeitung v. 18. 01. 1957, S. 1.

Süsterhenn, Adolf / Schäfer, Hans: Kommentar der Verfassung für Rheinland-Pfalz – mit Berücksichtigung des Grundgesetzes für die Bundesrepublik Deutschland, Koblenz 1950.

Swoboda, Michael: Was wir tun – Leistungsprofil der Industrie- und Handelskammern, 2007.

Sydow, Jürgen: Fragen zu Gilde, Bruderschaft und Zunft im Lichte von Kirchenrecht und Kanonistik, in: Berent Schwineköper (Hrsg.), Gilden und Zünfte – Kaufmännische und gewerbliche Genossenschaften im frühen und hohen Mittelalter, Sigmaringen 1985, S. 113–126.

Szafranski, Adam: Bericht über die Kammerorganisationen in Polen, in: Jahrbuch des Kammer- und Berufsrechts 2006, S. 215–251.

Tatarin-Tarnheyden, Edgar: Das rechtliche Wesen der deutschen Selbstverwaltung und die mecklenburg-schwerinsche Verwaltungsreform – Eine juristische Studie zum Entwurf der Deutschvölkischen Freiheitspartei, Rostock, ohne Jahresangabe (um 1926).

—: Die Berufsstände – ihre Stellung im Staatsrecht und die Deutsche Wirtschaftsverfassung, Berlin 1922.

—: Grundlegende Betrachtungen zur Flaggenfrage, in: AöR 52 (1927), 313–336.

Taupitz, Jochen: Die Standesordnungen der freien Berufe – Geschichtliche Entwicklung, Funktionen, Stellung im Rechtssystem, Berlin etc. 1991.

Teschemacher, Hermann (Hrsg.): Handbuch des Aufbaus der gewerblichen Wirtschaft, Band III: Reichswirtschaftskammer / Wirtschaftskammern / Industrie- und Handelskammern etc., bearbeitet von H. Franke, Leipzig 1937.

Tettinger, Peter J.: Die Selbstverwaltung im Bereich der Wirtschaft – Verkehrswirtschaft, Energiewirtschaft, Banken und Versicherungen, in: Albert von Mutius (Hrsg.), Selbstverwaltung im Staat der Industriegesellschaft – Festgabe zum 70. Geburtstag von Georg Christoph von Unruh, Heidelberg 1983, S. 809–834.

—: Die Verfassungsgarantie der kommunalen Selbstverwaltung, in: Thomas Mann / Günter Püttner (Hrsg.), Handbuch der kommunalen Wissenschaft und Praxis, Bd. 1, 3. Aufl., Berlin etc. 2007, S. 187–215.

—: Freie Berufe und Kammerrechte im Wandel der Staatsaufgaben, in: DÖV 2000, 534–542.

—: Kammerrecht – Das Recht der wirtschaftlichen und der freiberuflichen Selbstverwaltung, München 1997.

—: Wirtschaftliche und freiberufliche Selbstverwaltung – Aktuelle Rechts- und Organisationsfragen, in: Friedrich Schoch (Hrsg.), Das Verwaltungsrecht als Element der europäischen Integration – Referate und Diskussionsbeiträge des Neunten Deutsch-Polnischen

Verwaltungskolloquiums vom 5.-10. September 1994 in Tübingen, Stuttgart etc. 1995, S. 193–205.

Tettinger, Peter J. / Wank, Rolf: Gewerbeordnung – Kommentar, 7. Aufl., München 2004.

Teuteberg, Hans Jürgen: Geschichte der industriellen Mitbestimmung in Deutschland – Ursprung und Entwicklung ihrer Vorläufer im Denken und in der Wirklichkeit des 19. Jahrhunderts, Tübingen 1961.

The New Palgrave Dictionary of Economics, Second Edition, Edited by Steven N. Durlauf and Lawrance E. Blume, Vol. 2, New York 2008.

Thiel, Markus: Die preußische Städteordnung von 1808 (Speyerer Arbeitshefte 123), Speyer 1999.

Thielen, Peter Gerrit: Karl August von Hardenberg 1750–1822 – Eine Biographie, Köln/Berlin 1967.

Thoma, Richard: Die juristische Bedeutung der grundrechtlichen Sätze der deutschen Reichsverfassung im allgemeinen, in: Hans Carl Nipperdey (Hrsg.), Die Grundrechte und Grundpflichten der Reichsverfassung – Kommentar zum zweiten Teil der Reichsverfassung, Bd. 1, Berlin 1929, S. 1–53.

Thyssen, Thyge: Bauer und Standesvertretung, Werden und Wirken des Bauerntums in Schleswig-Holstein seit der Agrarreform, Neumünster 1958.

Tilmann, Margret: Der Einfluß des Revolutionsjahres 1848 auf die preußische Gewerbe- und Sozialgesetzgebung (Die Notverordnung vom 9. Februar 1849), Diss. phil. Berlin 1935.

Treffer, Christian: Zur Entwicklung der kommunalen Selbstverwaltung im 19. Jahrhundert, in: Der Staat 35 (1996), 251–270.

Trott zu Solz, Levin von: Hans Peters und der Kreisauer Kreis – Staatslehre im Widerstand, Paderborn etc. 1997.

Trute, Hans-Heinrich: Die demokratische Legitimation der Verwaltung, in: Wolfgang Hoffmann-Riem / Eberhard Schmidt-Aßmann / Andreas Voßkuhle (Hrsg.), Grundlagen des Verwaltungsrechts, Bd. I, München 2006, S. 307–389.

—: Die Forschung zwischen grundrechtlicher Freiheit und staatlicher Institutionalisierung – Das Wissenschaftsrecht als Recht kooperativer Verwaltungsvorgänge, Tübingen 1994.

Tschiersch, Wilhelm: Die Handwerks- und Gewerbekammer-Gesetzgebung Deutschlands, Diss. iur. Leipzig, 1930.

Twiesselmann, Hermann: Ein Beitrag zur Geschichte und Kritik der preussischen Landwirtschaftskammern sowie die Anwendung der gewonnenen Resultate auf die übrigen deutschen Bundesstaaten, Diss. Tübingen 1906.

Uerpmann, Robert: Das öffentliche Interesse – Seine Bedeutung als Tatbestandsmerkmal und als dogmatischer Begriff, Tübingen 1999.

Ule, Carl Hermann: Bill Drews 1870–1938, in: Männer der deutschen Verwaltung – 23 biographische Essays, Köln / Berlin 1963, S. 261–283.

Umbach, Dieter C. / Clemens, Thomas (Hrsg.): Grundgesetz – Mitarbeiterkommentar und Handbuch, Bd. I; Bd. II, Heidelberg 2002.

Unruh, Georg-Christoph von: Der Kreis – Ursprung und Ordnung einer kommunalen Körperschaft, Köln / Berlin 1964.

—: Spannungen zwischen Staats- und Selbstverwaltung im bürgerlichen und im sozialen Rechtsstaat, in: Der Staat 4 (1965), 441–468.

Unruh, Peter: Anmerkung zu BVerfG, JZ 2003, 1057, in: JZ 2003, 1061–1063.

—: Demokratie und „Mitbestimmung" in der funktionalen Selbstverwaltung – am Beispiel der Emschergenossenschaft, in: VerwArch. 92 (2001), 531–559.

Unseld, Julia / Degen, Thomas A.: Rechtsdienstleistungsgesetz – Kommentar, München 2009.
Valentin, Veit: Geschichte der deutschen Revolution 1848–49, Zweiter Band, Berlin 1931.
Voelcker: Die Gutachten der preußischen Handelskammern und kaufmännischen Korporationen zu dem Erlaß des Herrn Ministers für Handel und Gewerbe vom 1. Januar 1895 betreffend die Reorganisation der Handelskammern in Preußen, Berlin 1895.
Vogel, Barbara: Allgemeine Gewerbefreiheit – Die Reformpolitik des preußischen Staatskanzlers Hardenberg (1810–1820), Göttingen 1983.
—: Staatliche Gewerbereform und Handwerk in Preußen 1810–1820, in: Ulrich Engelhardt (Hrsg.), Handwerker in der Industrialisierung, Stuttgart 1984, S. 184–208.
—: Verwaltung und Verfassung als Gegenstand staatlicher Reformstrategie, in: Bernd Sösemann (Hrsg.): Gemeingeist und Bürgersinn – Die preußischen Reformen, Berlin 1993, S. 25–40.
Voigt, Fritz: Die Selbstverwaltung als Rechtsbegriff und juristische Erscheinung, Leipzig 1938.
Volk, Otto: Wirtschaft und Gesellschaft am Mittelrhein vom 12. bis zum 16. Jahrhundert, Wiesbaden 1998.
Volkmann, Heinrich: Die Arbeiterfrage im preußischen Abgeordnetenhaus 1848–1869, Berlin 1968.
Waentig, Heinrich: Die gewerbepolitischen Anschauungen in Wissenschaft und Gesetzgebung des 19. Jahrhunderts, in: Die Entwicklung der deutschen Volkswirtschaftslehre im neunzehnten Jahrhundert – Gustav Schmoller zum siebenzigsten Wiederkehr seines Geburtstages, 24. Juni 1908, 2. Teil, Leipzig 1908, Nr. 25.
Wagener, Frido: Die Städte im Landkreis, Göttingen 1955.
—: Maßstäbe für die Abgrenzung von Handwerkskammerbezirken, in: GewArch 1979, 73–80.
—: Neubau der Verwaltung – Gliederung der öffentlichen Aufgaben und ihrer Träger nach Effektivität und Integrationswert, Berlin 1969.
Wallerath, Maximilian: Allgemeines Verwaltungsrecht, 6. Aufl., Berlin 2009.
Walter, Rolf: Wirtschaftsgeschichte – Vom Merkantilismus bis zur Gegenwart, 3. Aufl., Köln etc. 2000.
Wauer, Walter: Die wirtschaftlichen Selbstverwaltungskörper – Ihr Begriff und ihre Organisation, Leipzig / Erlangen 1923.
Weber, Klaus (Hrsg.): Creifelds Rechtswörterbuch, 17. Aufl., München 2002.
Weber, Werner: Staats- und Selbstverwaltung in der Gegenwart, 1. Aufl., Göttingen 1953; 2. Aufl., Göttingen 1967.
Wehler, Hans-Ulrich: Deutsche Gesellschaftsgeschichte, 1. Bd., 3. Aufl., München 1996; 2. Bd., 3. Aufl., München 1996; 3. Bd., München 1995; 4. Bd., München 2003; 5. Bd., München 2008.
Weidemann, Johannes: Die Selbstverwaltung der Gemeinden und Gemeindeverbände, in: Hans Frank (Hrsg.), Deutsches Verwaltungsrecht, München 1937, S. 185–238.
—: Zur Entstehungsgeschichte der Deutschen Gemeindeordnung, in: Jahrbuch der Akademie für Deutsches Recht 2 (1935), S. 90–111.
Weider, Manfred: Das Recht der deutschen Kaufmannsgilden des Mittelalters, Breslau 1931.
Weides, Peter: Selbstverwaltung, in: Staatslexikon – Recht Wirtschaft Gesellschaft, hrsgg. von der Görres-Gesellschaft, 4. Band, 7. Aufl., Freiburg/Basel/Wien 1988.

Weike, Fritz: Der Aufbau der gewerblichen Wirtschaft mit Einschluß des Verkehrs – Ein Gesamtüberblick mit den einschlägigen Gesetzen, Verordnungen, Anordnungen und Erlassen, Berlin 1935.
Weise, Jürgen: Die Kammergeschäftsführung in der „Stunde Null" – Das Beispiel Köln, in: Hans Pohl (Hrsg.), Zur Politik und Wirksamkeit des Deutschen Industrie- und Handelstages und der Industrie- und Handelskammern 1861 bis 1949, Stuttgart 1987, S. 135–142.
Wernet, Wilhelm: Kurzgefaßte Geschichte des Handwerks in Deutschland, 3. Aufl., Dortmund 1959; zit.: Wernet, Geschichte des Handwerks.
—: Soziale Handwerksordnung – Aufriß einer deutschen Handwerksgeschichte im Hinblick auf die Sozialtätigkeit der handwerklichen Berufsorganisationen, Berlin-Lichterfelde 1939.
—: Statistik des Handwerks 1931, Stuttgart 1934.
Wieduwilt, Carl Heinz: Bingen, Umschlagplatz am Mittelrhein – Die Geschichte der Binger Handelskammer, in: N. N., Rheinhessens Wirtschaftsraum in seinem Werden – nach 150 Jahren – Zum 150jährigen Bestehen der Industrie- und Handelskammer in Mainz am 28. Januar 1848, Mainz 1964, S. 89–92.
Wiesemann, Jörg: Auslandshandelskammern – 100 Jahre Dienstleister für die Wirtschaft, Berlin 2000.
Wilbrandt, Robert: Voraussetzungen und Grenzen der Sozialisierung, in: Gerhard Anschütz etc. (Hrsg.), Handbuch der Politik, Vierter Band – Der wirtschaftliche Wiederaufbau, 3. Aufl., Berlin und Leipzig 1921, S. 333–343.
Wilda, Wilhelm Eduard: Das Gildenwesen im Mittelalter, Halle 1831; Neudruck der Ausgabe Halle 1831: Aalen 1964.
Will, Martin: Die Entstehung der Verfassung des Landes Hessen von 1946, Tübingen 2009.
—: Die Konstituierung Hessens nach dem 2. Weltkrieg, in: Zeitschrift des Vereins für hessische Geschichte und Landeskunde, Bd. 108 (2003), S. 231–255.
Willer, Ralf: Das Kammerwesen in Frankreich, in: Jahrbuch des Kammerrechts 2002, S. 271–313.
Willoweit, Dietmar: Deutsche Verfassungsgeschichte – Vom Frankenreich bis zur Wiedervereinigung Deutschlands, 6. Aufl., München 2009.
—: Gewerbeprivileg und „natürliche" Gewerbefreiheit – Strukturen des preußischen Gewerberechts im 18. Jahrhundert, in: Karl Otto Scherner / Dietmar Willoweit (Hrsg.), Vom Gewerbe zum Unternehmen – Studien zum Recht der gewerblichen Wirtschaft im 18. und 19. Jahrhundert, Darmstadt 1982, S. 60–111.
Windhoffer, Alexander: Die Implementierung einheitlicher Ansprechpartner nach der EU-Dienstleistungsrichtlinie – Problemfelder und Anpassungsbedarf im nationalen Recht, in: NVwZ 2007, 495–501.
Winkel, Harald: Geschichte der Württembergischen Industrie- und Handelskammern Heilbronn, Reutlingen, Stuttgart/Mittlerer Neckar und Ulm 1933–1980 – Zum 125jährigen Bestehen, Stuttgart 1981.
—: Mittelrheinische Wirtschaft im Wandel der Zeit – Bilder und Texte zum 150jährigen Bestehen der Industrie- und Handelskammer zu Koblenz, Koblenz 1983.
Winkler, Heinrich August: Weimar 1918–1933 – Die Geschichte der ersten deutschen Demokratie, München 1993.
Wirtschaftskammer Bremen: 30 Jahre Verfassungsorgan 1950–1980, Bremen 1980.
Wissell, Rudolf: Des alten Handwerks Recht und Gewohnheit, 1. Band, Berlin 1929; 2. Aufl. (hrsgg. von Ernst Schraepler), Berlin 1971; 3. Band, 2. Aufl. (hrsgg. von Ernst Schraepler), Berlin 1981.

—: Wirtschaftliche Selbstverwaltung – Rede gehalten in der Philharmonie zu Berlin am 5. Juni 1919 vor dem Verein Berliner Kaufleute und Industrieller, abgedruckt in: Rudolf Wissell / Wichard v. Moellendorff: Wirtschaftliche Selbstverwaltung – Zwei Kundgebungen des Reichswirtschaftsministeriums, Jena 1919 (Schriftenreihe Deutsche Gemeinwirtschaft, Heft 10).

Wissenschaftlicher Rat der Dudenredaktion (Hrsg.): Duden – Das große Wörterbuch der deutschen Sprache in zehn Bänden, Bd. 10, 3. Aufl., Mannheim etc. 1999.

Witte, F.-W.: Wehrordnung der Städte, in: Adalbert Erler etc. (Hrsg.), Handwörterbuch zur deutschen Rechtsgeschichte, V. Bd., Berlin 1998, Sp. 1190–1199.

Woerner, Otto: Das bayerische Gesetz über die Bauernkammern vom 20. März 1920, 3. Aufl., München 1930.

Wolff, Hans J.: Verwaltungsrecht II (Organisations- und Dienstrecht), 1. Aufl., München/Berlin 1962; 2. Aufl., München/Berlin 1967.

Wolff, Hans J. / Bachof, Otto: Verwaltungsrecht II (Organisations- und Dienstrecht), 4. Aufl., München 1976.

Wolff, Hans J. / Bachof, Otto / Stober, Rolf: Verwaltungsrecht, Bd. 1, 11. Aufl., München 1999; Bd. 3 (in Zusammenarbeit mit Winfried Kluth und Martin Müller), 5. Aufl., München 2004.

Wolff, Hans J. / Bachof, Otto / Stober, Rolf / Kluth, Winfried: Verwaltungsrecht II, 7. Aufl., München 2010.

Woll, Artur (Hrsg.): Wirtschaftslexikon, 9. Aufl., München etc. 2000.

Wollmann, Hellmut: Entwicklungslinien lokaler Demokratie und kommunaler Selbstverwaltung im internationalen Vergleich, in: Hellmut Wollmann / Roland Roth (Hrsg.), Kommunalpolitik – Politisches Handeln in den Gemeinden, Opladen 1999, S. 186–205.

Wülker, Gerda: Der Wandel der Aufgaben der Industrie- und Handelskammern in der Bundesrepublik, Hagen 1972 (zugl. Diss. Bonn 1972).

Wuttke, Hans A.: Die rechtliche Stellung der deutschen Industrie- und Handelskammern in Vergangenheit, Gegenwart und Zukunft, Diss. iur. Köln 1949.

Zahnbrecher, Fr[an]z Xav[er]: Landwirtschaftliche Vereine und Landwirtschafts-Kammern in Bayern, Diss. München 1907.

Zee-Heräus, K. Bernh. / Homann, Fritz: Das Handwerk und seine Verfassung, Hamburg 1937.

Zeller, Gaston: Les institutions de la France au XVIe siècle (mise à jour bibliographique assurée par Simone Goyard-Fabre et Pierre Magnard), 2. Aufl., Paris 1987.

Zeyss, Richard: Die Entstehung der Handelskammern und die Industrie am Niederrhein während der französischen Herrschaft – Ein Beitrag zur Wirtschaftspolitik Napoleons I., Leipzig 1907.

Ziebill, Otto: Politische Parteien und kommunale Selbstverwaltung, Stuttgart 1964.

Ziekow, Jan: Freiheit und Bindung des Gewerbes, Berlin 1992.

—: Öffentliches Wirtschaftsrecht, München 2007.

Zierold, Kurt: Die Deutsche Forschungsgemeinschaft als Selbstverwaltungsorganisation der Wissenschaft, in: DÖV 1960, 481–495.

—: Selbstverwaltungsorganisationen der Wissenschaft in der Bundesrepublik, in: DÖV 1961, 686–695.

Zimmerman, Eric: Einführung eines Handwerkskammerbeitragsbonus für Innungsmitglieder, in: GewArch 2007, 141–145.

Zorn, Philipp: Das Staatsrecht des Deutschen Reiches, Bd. 1: Das Verfassungsrecht, 2. Aufl., Berlin 1895.

—: Die staatsrechtliche Stellung der Handelskammern, in: Bonner Festgabe für Ernst Zitelmann zum fünfzigjährigen Doktorjubiläum, dargebracht von der Juristischen Fakultät der Rheinischen Friedrich-Wilhelms-Universität zu Bonn, München/Leipzig 1923, S. 167–189.

Zunkel, Friedrich: Industrie und Staatssozialismus – Der Kampf um die Wirtschaftsordnung in Deutschland 1914–1918, Düsseldorf 1974.

Register

Hauptfundstellen sind *kursiv* gesetzt.

Aachen 262, 264 ff.
Abgeordnetenhaus, preußisches 288, 336
Adenauer, Konrad 619
ADR-Bescheinigung 509 ff.
Äquivalenzprinzip 517 f., 695, 720, 751, 774, 881
Agrarkrise 547, 784 f.
Agrarreformen 780 ff.
Aldermann 245
Allgemeine Geschäftsbedingungen 487
Allgemeiner Deutscher Arbeiterkongress 554 ff.
Allgemeiner Deutscher Handwerkerbund 572 ff., 586
ALR, preußisches 541 f.
Altgeselle 669
Alzey 814 f.
Amt 240, 523 ff.
Anlagen und Einrichtungen 488 f., 516 f.
Anschütz, Gerhard 86
– Selbstverwaltungskonzept 77 f.
Apotheker 378, 471 f., 506
Arbeitnehmerkammer Bremen 229 ff.
Arbeitskammer (des Saarlandes) 112, 225 ff.
Arzneimittelhandel 506 f.
Aufgabenübertragung 382 f.
Aufsicht s. Rechtsaufsicht sowie die einzelnen Körperschaften
Ausbildender 490 ff., 765 f., 769, 868 ff.
Ausbilder 490 ff.
Ausbildung s. Berufsbildung
Ausbildungsstätte 765 f., 769, 868 ff.
Auslandshandelskammern 387
Ausschuss der Kleingewerbetreibenden 305
Ausschuss für Schwefelsäure 151, 158
Außenhandelskontrolle 152
Außenhandelsstellen 152
Auszubildende 419, 490 ff., 765 f., 769, 868 ff.

Baden 341 f., 608, 790, 806
– Handelskammerrecht 292 ff.
– Handwerksordnung 609
– IHK-Recht 354 f.

Baden-Baden 354
Baden-Württemberg 112, 355, 368, 805
– IHK-Recht 395 ff.
– Landwirtschaftskammerrecht 806 f.
Bähr, Otto 46
Bauernbefreiung 780 f.
Bauernkammern 103, 794, 798
Bauernverband, bayerischer 807 f., 819
Bayern 267 f., 334, 341 f., 355, 386, 779, 782, 794, 796, 805, 807 f.
– Handelskammerrecht 298 ff.
– IHK-Recht 356 f., 395 ff.
– Landwirtschaftskammer 807 f.
Bayernpartei 615
BDA 520
BDI 520
Beamte(r) 754, 858, 879, 883, 911
Becher, Johann Joachim 249 ff.
Becker, Erich 113
– Selbstverwaltungskonzept 120 ff.
Befähigungsnachweis 549, 559 f., 572 f., 596, 600, 610, 615
Beitrag 457 ff., 671 ff. s. auch bei den einzelnen Körperschaften
Below, Georg von 525
Berlepsch, Hans Hermann Frhr. von 287 ff., 574 f.
Berlin 269, 291 f., 386, 563, 620, 790, 798, 803, 808
– IHK-Recht 363 f., 366, 396
Berufe, freie 232 ff., 410 ff., 472 f.
Berufsbildung 489 ff., 670 f., 761 f., 767 ff., 866 ff.
– Berufsausbildung 490 ff., 681 f., 761 f., 765 f., 768 ff., 867 ff.
– Fortbildung 493 f., 761 f., 869
– Umschulung 494 f., 761 f., 770 f., 869 f.
Berufsbildungsausschuss 446, 453 ff., 489 ff., 664, 746
Berufsbildungsreform 380
Berufsschulen 683
Besatzungszone, amerikanische 803
– Gewerbefreiheit 356

– IHK-Recht 355 ff.
– Selbstverwaltung des Handwerks 609 ff.
Besatzungszone, britische 600, 803, 811, 813
– Handwerksverordnung 607
– IHK-Recht 361 ff.
– Selbstverwaltung des Handwerks 606 ff.
Besatzungszone, französische 600, 803
– IHK-Recht 353 ff.
– Selbstverwaltung des Handwerks 608 ff.
Besatzungszone, sowjetische
– IHK-Recht 364 ff.
– Selbstverwaltung des Handwerks 611 ff.
Beseler, Georg 46
Betrieb
– handwerklicher und handwerksähnlicher 413 ff.
– landwirtschaftlicher bzw. forstwirtschaftlicher 194, 196, 198, 200 f., 203, 205, 207, 412 f. 364 ff., 824 ff.
Betriebsabbruch 152
Betriebsrat 171
Betriebsstätte 182 ff., 408 ff., 462
Beuth, Christian Peter Wilhelm 271
Bewachungsgewerbe 507 ff.
Bezirksgremien (Bayern) 303 f.
Bezirks-IHK (DDR) 367 f.
Bezirkswirtschaftsräte 155, 159, 337 f., 388
Bingen 309
Binnenfischer(ei) 472 f., 824 ff., 852 ff.
Bipartite Economic Control Group 361 f.
Bismarck, Otto von 285, 570
Blodig, Hermann 140
– Selbstverwaltungskonzept 64 ff.
Bötticher, Karl Heinrich von 573 ff.
Bonn 790, 813
Brandenburg 364, 386, 784, 818
– IHK-Recht 398 ff.
Brefeld, Ludwig 289
Bremen 112, 193 ff., 209 ff., 342, 355, 582, 783
– Arbeitnehmerkammer s. dort
– (I)HK-Recht 357 f., 396
– Landwirtschaftskammer von 1849 783
– Landwirtschaftskammerrecht 808 f., 820 ff.
– Verfassung 217 ff.
– Wirtschaftskammer s. dort
Bremerhafen 357 f.
Breslau 790
Briefwahl 430 ff., 731
Bruderschaft 239 f., 523, 778 f.
Buchführung, kaufmännische 381 f., 444 f.
Bundesinnungsverband 684
Bundespräsident 619
Bundesrat 618 f.
Bundesrepublik Deutschland

– Begriff der Selbstverwaltung der Wirtschaft 167 ff.
– Selbstverwaltungsdiskussion 109 ff.
Bundestag 617 f., 626, 804 ff.
Bundesverfassungsgericht 906 ff.
Bundesverwaltungsgericht 911
Bundeswirtschaftsrat 210
Byzanz 527

Carl Philipp (Kurfürst) 248
Carl von Hessen-Cassel 252 ff.
CDU 383, 615, 626, 628
Celle 779
Centralausschuss der vereinigten Innungsverbände Deutschlands 572 ff., 586
Chambers of Commerce 356, 383
Chambre du Commerce de Marseille 256 f.
Chambres de Commerce 353, 389
– Entstehung 256 ff.
Chaptal, Jean-Antoine 261 f., 265
Code de Commerce 261
Colbert, Jean-Baptiste 258 f.
Commerc-Colleg (Kassel) 315
Commercien-Collegium (Wien) 249 f.
Conant, James B. 619
coniuratio 241, 527 f.
Conseil de Prud'Hommes 559
Conseil du/de Commerce s. Handelsrat
conspiratio 241
conventus 524
CSU 383, 615, 626, 628

Dalberg, Karl Theodor von 317
Danzig 269, 790
Darré, Richard Walter 163, 801 f.
Datenschutz 378, 750
DDR 384
– IHK-Recht 364 ff.
– Selbstverwaltung des Handwerks 611 ff.
Demokratie 82, 85 ff., 90, 91 ff., 96 ff., 110 f., 121, 125, 127 f., 130, 417 ff., 729 ff., 736, 906 ff.
Deutsche Forschungsgemeinschaft 18, 22
Deutsche Gemeindeordnung 100 ff., 165
Deutscher Bund 267, 292, 559
Deutscher Handelstag 284 f., 333
Deutscher Handwerks- und Gewerbekammertag 587 f., 590 f., 599 f., 602 f., 605
Deutscher Landwirtschaftsrat 285, 792, 798
Deutscher Zollverein 267
Deutsches Reich 292, 336, 794
Deutschlandvertrag 369
Dezentralisierung 73 f., 91 ff.
DHKT 620, 684, 757, 762 f., 775
DHT s. Deutscher Handelstag

Dienstleistungsfreiheit 389, 634
Dienstvertrag 477, 754
DIHK 8, 26, 386f., 483f., 496, 501, 511, 520
DIHT 345, 369
Dochow, Franz 150
Doppik s. Buchführung, kaufmännische
DP 615
Dresden 321
Drews, Bill 84
- Selbstverwaltungsstaat 84ff.

Ehegatten 825ff.
Ehrenamt/Ehrenbeamte 44f., 55, 76, 81, 86, 91f., 121, 129, 132, 736, 744f., 898
Ehrengerichtsbarkeit 486f., 609
Ehrenmitglied(schaft) 435f., 727
Eigenbetrieb, kommunaler 416f.
Einheitliche Stelle 382, 389, 631f., 635
Einigungsstelle 487, 503f.
Einigungsvertrag 378, 385
Eisenwirtschaftsbund 6, 148ff., 158, 160, 168
Elleringmann, Rudolf 113
- Selbstverwaltungskonzept 118f.
Entlastung 446f.
Erdölbevorratungsverband 175
Essen 268
EU 484, 486, 489, 495f.
EU-Anerkennungsrichtlinien 628
EU-Ausländer 419
EU-Berufsanerkennungsrichtlinie 2005 631f.
EU-Dienstleistungsrichtlinie 382f., 389, 635
EU/EWR-Handwerk-VO 631f.
EU-Recht 388f., 495f., 634f.
EU (EG)-Zollkodex 495f., 764
Eurochambres 387
Europäisches Kammerwesen 387f., 634f., 819
Existenzgründer 380, 465f., 631, 751

Fabrikant 580
Fachgenossenschaft 574ff.
Fach- und Sachkundeprüfungen 505ff.
Fahrtgenossenschaft 243
Familienangehörige, mitarbeitende 825ff.
FDGB 365f.
FDP 615, 626, 628
Filialleiter 422
Finanzbehörden 407, 750
Finnland 634
Firma 485
Fischerei 824ff., 852ff.
Fleiner, Fritz 86
- Selbstverwaltungskonzept 89ff.
Flensburg 363
Forsthoff, Ernst 14, 29, 57, 123, 131, 895
- Selbstverwaltungskonzept 114ff.

Fortbildung s. Berufsbildung
Frankfurt a. M. 306, 551ff., 613, 810
- Handelskammerrecht 317ff.
Frankreich 256ff., 634, 779, 819
Frauenwahlrecht 314, 336, 340, 792
Freiberufler s. Berufe, freie
Freiburg 354f., 608
Freie Stadt Frankfurt 317
Freiherr vom Stein 5, 27, 29ff., 48, 68, 78, 86, 97, 100, 105, 129, 132, 162, 541, 892
- Selbstverwaltungskonzept 30ff.
- Städteordnung 30ff., 132, 542
Freistaat Frankfurt 319
Frentzel, Gerhard 8
Friedenswahl 432, 834, 910f.
Friede von Lunéville 262
Friedländer, Heinrich 159
Friedrich Wilhelm III. (Preußen) 32, 271f.

Gaffel 240, 523, 530
Gareis, Carl 67
Gartenbaufachkammer (Bremen) 808f.
Gaskokssyndikat 153
Gasparini, Lambert 254f.
Gastmitglieder 189, 727
Gaststättengewerbe 508f.
Gauwirtschaftskammer 349ff., 604f.
Gebühr 516ff., 694f., 720, 774, 880f. s. auch bei den einzelnen Körperschaften, Gebühr
Gefahrgutbeauftragte 509ff.
Gefahrguttransporte 509ff.
Geiler, Karl 138
GEMA-Entscheidung 184
Gemeinwirtschaft 145ff.
Generalhandelsrat (Paris) 263
Genossenschaften/genossenschaftliches Prinzip 45ff., 119f., 133, 138, 240, 286f., 344, 389f., 402ff., 406, 519, 524ff., 648ff., 683f., 725ff., 897ff.
Genossenschaft, landwirtschaftliche 415f., 798
Genossenschaftsinstitute 684, 758f.
Genossenschaftslehre 45ff., 68ff.
Genossenschaftswesen, Förderung des 683f., 758
Gentry 42
Gera 341
Gesamtinteressenwahrnehmung/-vertretung 281, 312, 331, 333, 359, 373, 385, 481ff., 788f., 795
Gesamtperson 70f.
Geselle 729
Gesellenaufstände 536f.
Gesellenausschuss 578, 628, *668ff.*
Gesellenkongress 554ff.

Gesellenprüfung 682, 694, 727
Gesellenprüfungsausschuss 666f., 682, 746, 762
Gesellenprüfungsordnung 762
Gesellenvereinigungen 532ff.
Gewerbe, handwerksähnliches 630f., 649f., 761
Gewerbebegriff 183f., 187f., 406
Gewerbebetrieb 183f., 189, 406
Gewerbeförderungsstelle 762
Gewerbefreiheit 260f., 267, 294f., 302, 320, 328, 356, 358, 538ff., 551ff., 558, 559ff., 564ff., 610ff.
Gewerbekammer 140f., 285f., 299f., 319, 322f., 553, 570, 582, 587
Gewerbeordnung
- Handwerkernovelle von 1897 s. dort
- Handwerksnovelle von 1929 s. dort
- Norddeutscher Bund 563ff.
- Novellen seit 1881 567ff.
Gewerbepolizeigesetz, preußisches 544
Gewerberat 553f., 561ff.
Gewerbesteuer 182ff., 290, 303f., 322, 331, 377, 404ff., 457ff., 748f.
- in Preußen 543ff.
Gewerbe- und Handelskammern (Bayern) 300ff.
Gewerbevereine 324
Gewerkschaften 218, 223
Gierke, Otto von 29, 48, 50, 54, 68, 86
- Selbstverwaltungskonzept 45ff.
Gieseke, Paul 1, 150, 156
Gilde 30, 239ff., 332, 389, 486, 523, 891
- Begriff 239f.
- bruderschaftlicher Charakter 244f.
- Entwicklung 240ff.
- Großgilde 242f.
- Monopolgilde 243
- Niedergang 245f.
- Schutzgilde 241f.
- Schwurgilde 241
Gleichheit, bürgerliche 261
Gleichheitsgrundrecht 517f.
Glum, Friedrich 6, 150f., 156, 160
Gluth, Oscar
- Selbstverwaltungskonzept 58ff.
Gneist, Rudolf von 1, 29, 48f., 51f., 59, 63, 68, 71, 73, 78, 81, 86, 120, 126, 129, 137f., 171f., 224, 892, 899
- Begriff der wirtschaftlichen Selbstverwaltung 137ff.
- Selbstverwaltungskonzept 40ff., 139f.
Graetzer, Rudolf 287
Griechenland 634
Großherzogtum Baden 268

Großherzogtum Frankfurt 317
Großherzogtum Hessen (Darmstadt) 268, 306f., 328, 334, 790
- Handelskammerrecht 307ff.
Grundbeitrag s. bei den einzelnen Körperschaften, Beitrag
Grundgesetz 110ff., 125, 369, 906ff.
Grundsteuer 852ff.
Gruppenwahl 910f.
Güterkraftverkehr 505
Gutachten 485f., 684, 716, 759, 870

Halle 790
Hamburg 195ff., 361ff., 374, 551, 582, 606, 794, 881
- (I)HK-Recht 396
- Landwirtschaftskammerrecht 809, 820ff.
Hanau 316f.
Handbuch der Deutschen (Industrie- und) Handelskammern 335
Handelsbrauch 485
Handelsgenossenschaft 295ff.
Handelsgesetzbuch 295, 319
Handelsinnung (Mannheim) 248, 293
Handelskammer 76, 103, 140ff., 148, 156ff., 561, 789
- Bremen 357f.
- Darmstadt 309, 311
- Düsseldorf 274f.
- Elberfeld/Barmen 270ff., 276ff., 308
- Entstehung in Frankreich 256ff.
- Entwicklung in Deutschland 267ff.
- Frankfurt a.M. 317ff.
- Friedberg 312
- Gießen 311
- Hamburg 426ff.
- Hanau 316f.
- Karlsruhe 293
- Kassel 317
- Köln 263, 274
- Mainz 263, 307f., 311, 354
- Mannheim 293f.
- Offenbach a.M. 307f., 311
- Worms 308f.
Handelskammergesetz
- badisches von 1878 296ff., 355
- bremisches von 1921 358
- großherzoglich-hessisches von 1871 310ff.
- großherzoglich-hessisches von 1902 312ff.
- preußisches von 1870 279ff., 317, 320, 358
- württembergisches von 1899 330f.
Handelskammertag
- hessischer 311f., 314
Handelskammerverordnung
- bayerische von 1842 298ff.

- bayerische von 1908 304ff.
- bayerische von 1927 354
- frankfurter von 1817 317f.
- preußische von 1848 275ff., 390

Handelsrat 258ff.
Handelsrecht 245
Handelstag, badischer 294f.
Handels- und Gewerbekammer
- Bayern 302f.
- Sachsen 320f.
- Württemberg 326f.

Handels- und Gewerbekammergesetz
- sächsisches von 1900 329f.
- württembergisches von 1874 329f.

Handels- und Industriekammer 336
Handelsversammlung 259
Handelsvorstand von Nürnberg 247f.
Handlungsvorstand 247f., 292
Handwerk, verwandtes 626
Handwerk, zulassungspflichtiges 630f.
Handwerker
- ökonomische und soziale Situation im 19. Jh. 546f.

Handwerkerbewegung von 1848/49 550ff.
Handwerkernovelle von 1897 zur GewO 304, 322, 330, 332, *572ff.*, 592
Handwerker- und Gewerbekongress 1848/49 551ff.
Handwerksausschuss 576f.
Handwerksbegriff 188
Handwerksinnung 54, 56, 76, 103f., 127, 140ff., 148, 156ff., 168, 170, 174, 189ff., 240, 565f., *643ff.,* 695ff., 746
- Anzahl 586, 589, 632f.
- Aufgaben 190, *676ff.*
- – Berufsschulen 683
- – Durchführung Anordnungen etc. der Handwerkskammer 685
- – Förderung handwerklichen Könnens 683
- – Förderung des Genossenschaftswesens 683f.
- – Gemeingeist und Berufsehre 680f.
- – Gutachten und Auskünfte 684
- – Innungskrankenkassen 689ff. s. auch dort
- – Interessenförderung 679f.
- – Lehrlingsausbildung 681f.
- – öffentliche 676f.
- – Pressewesen 686
- – staatliche 677ff.
- – Tarifverträge 686f.
- – Unterstützung handwerklicher Organisationen etc. 684
- – Unterstützungskassen 687f.

- – Verbesserung der Arbeitsweise und Betriebsführung 685
- – Vermittlung bei Streitigkeiten mit Auftraggebern 688
- – Vergabestellen 686
- Auflösung 657
- Ausschüsse 658, *662ff.*
- – Berufsbildungsausschuss 664
- – Gesellenprüfungsausschuss 666f., 682
- – Schlichtungsausschuss 665f., 688
- – Zwischenprüfungsausschuss 668
- Beitrag 657f., *671ff.*, 694
- Bezirk 646f.
- Errichtung 643ff.
- Finanzierung 622, *694f.*
- freie 578ff., 621, 648
- Gastmitgliedschaft 627, 651
- Gebühr 657f., *694f.*
- Geschäftsführer/-ung 658, 675, 717
- Geschichte 544ff., 565ff., 635ff. s. auch Zunft
- Gesellenausschuss 618, 628, 664, 666, *668ff.*, 674f., 689f. s. auch dort
- – Aufgaben 670f.
- – Aufsicht 692
- – Zusammensetzung 669f.
- Haushaltsplan 657, 673
- HwO-1953 621f.
- Innungsversammlung 627, *651ff.*, 674
- – Aufgaben 655ff., 673, 689f.
- – Beschlussfassung 654f.
- – Einberufung 653
- – Kreationsfunktion 658ff., 674
- – Mitgliedschaft 651f.
- – Stimmrecht 653ff.
- Mitgliedschaft/Zugehörigkeit 189f., *648ff.*
- – mehrfache 650f.
- – Voraussetzungen 649ff.
- Organe 621f., *673ff.*
- Rechtsaufsicht 622, 691ff., 766f.
- – Aufsichtsmittel 692f.
- Rechtsfähigkeit 643
- Rechtsform 643
- Satzung 650, *655f.*
- Tariffähigkeit 618
- Vertreterversammlung 627, 652ff.
- Vertretung 662
- Vorstand 658ff.
- – Aufgaben 662
- – Stellung 661
- – Wahl 660f., 674
- Zwangsinnung s. dort

Handwerkskammer 140, 148, 168, 170, 174, 187ff., 304, 322f., 330, 504, *722ff.*
- Anzahl 586, 589, 604, 632f.

– Aufgaben 188, 582f., 691f., 700, 718f., 754ff., 885
– – Aufsicht über Innungen und Kreishandwerkerschaften 766f.
– – Berichterstattung 759f.
– – Berufsbildung 761f., 765f., 767ff.
– – Förderung der Formgestaltung 763
– – Förderung des Genossenschaftswesens 758f.
– – Führung der Handwerksrolle und anderer Verzeichnisse 760f.
– – Gutachten 759
– – Interessenausgleich 756f.
– – Interessenförderung 756ff.
– – Interessenvertretung 755f.
– – Sachverständigenbestellung etc. 762f.
– – Unterstützung der Behörden bei der Förderung des Handwerks 759f.
– – Unterstützung notleidender Handwerker 765
– – Ursprungszeugnisse und andere Bescheinigungen 764f.
– – Vermittlungsstellen 763f.
– Ausschüsse 584, 746
– – Gesellenprüfungsausschuss 682
– Beitrag 746ff., 773
– – Beitragsordnung 742, 748ff.
– – Beitragspflicht 751f.
– – Bemessungsgrundlagen 750
– – Erhebung 742
– – Festsetzung 742
– – Grundbeitrag 748f
– – Sonderbeitrag 752
– – Zusatzbeitrag 749f.
– Beteiligungen 742
– Bezirk 582, 724f., 739
– Errichtung 723f.
– Finanzierung 585, 773f.
– Fusion 723f.
– Gebühr, 774
– – Festsetzung 742
– – Gebührenordnung 742, 774
– Geschäftsführer/-ung 753f.
– – Hauptgeschäftsführer 753f.
– Geschichte 572ff., 581ff., 639ff.
– Gesellenausschuss 584, 625 s. auch dort
– Grundeigentum 742
– Haushalt 741
– – Haushaltsplan 741
– HwO-1953 623ff.
– in EU-Staaten 634
– Mitgliedschaft/Zugehörigkeit 187f., 624, 725ff.
– Name 739
– Organe 583, 624, 728ff., 743ff., 752f.

– Präsident 743
– Rechtsaufsicht 585, 771ff. s. auch dort
– Rechtsberatung 758
– Rechtsfähigkeit 723f.
– Rechtsform 723, 739
– Satzung 724f., 739f.
– Sitz 739
– Stellenplan 741
– Steuerberatung 758
– Vollversammlung 584, 728ff.
– – Aufgaben 738f.
– – Beschlussfassung 737f., 740
– – Einberufung 737f., 740
– – Kreationsfunktion 741, 743
– – Mitgliedschaft 735ff., 740
– – Vorsitz 737f.
– – Wahl 729ff.
– – Wahlberechtigung 731ff.
– – Zuwahl 734f.
– Vorstand 743ff.
– – Aufgaben 745, 754
– Zeitschrift 759f.
Handwerksnovelle von 1929 589ff.
Handwerksordnung 111, 600, 607
– Anlage A 626, 629ff., 649
– Anlage B 630f., 649
– Anlage C 631, 729
– Anlage D 760f.
– Entstehung 612ff.
– Handwerkskammerrecht-1953 623ff.
– Inkrafttreten 620
– Innungsrecht-1953 621f.
– Kreishandwerkerschaftsrecht-1953 622f.
– Novelle 1965 626ff.
– Novelle 1993 628f., 726
– Novelle 1998 629f., 741
– Novelle 2003 187, 379, 381, 630f., 725f.
– Wahlordnung 631
Handwerksrolle 592, 600, 624, 760f.
Hannover 279, 587, 811f., 822
Hanse 240
Hardenberg, Karl August Freiherr von 267, 538, 542f.
Hartmann, Karl 606f.
Hatschek, Julius 79, 142
– Selbstverwaltungskonzept 75ff.
Hauptausschuss für Landwirtschaft und Gartenbau (Hamburg) 809
Hauptlandwirtschaftskammer, preußische 793, 798
Hauptwirtschaftskammer Rheinland-Pfalz 209ff.
Hegel, Georg Wilhelm Friedrich 40
Heilbronn 325, 327, 330
Henry IV. 257f.

Herrfahrdt, Heinrich 156, 160
Herrmann-Herrnritt, Rudolf 117
- Selbstverwaltungskonzept 88 f.
Hessen 112, 355, 386, 564
- Handelskammerrecht 306 ff.
- IHK-Recht 358 f., 395 ff.
- Landwirtschafskammerrecht 810
Hitler, Adolf 593 f.
Hofrechtstheorie 524 ff.
Hohenlohe, Chlodwig Carl Viktor Fürst zu 577
Huber, Ernst Rudolf 2, 7, 175
- Selbstverwaltungsbegriff 16 ff.
- wirtschaftliche Selbstverwaltung 161 f., 169 ff.
Hugenotten 252 ff.

IHK s. Industrie- und Handelskammer
IHK der DDR 364 ff.
IHK-Gesetz (ohne Spezifizierung: des Bundes von 1956) 111, 213, 332, 364, 394 ff.
- Änderungsgesetze 376 ff., 395 ff.
- Ausführungsgesetze der Länder 374 ff., 513 f.
- des Volksstaats Hessen 354
- Entstehung 368 ff.
- Gesetzesinitiative 370
- Inkrafttreten 374
- preußisches 338 ff.
- thüringisches 341 ff.
- vorläufige Regelung 370 f.
IHK Groß-Berlin 366
Imkerei 824 ff.
Industrialisierung 546 ff.
Industrie- und Gewerbekammer 263 ff.
Industrie- und Handelskammer 103, 156 ff., 168, 170, 174, 176, 182 ff., 340 f., 776, 885
- Anzahl in Deutschland 386, 604
- Aufgaben 186 f., 373, *480 ff.*
- - Anlagen und Einrichtungen 488 f.
- - Berufsbildung 489 ff.
- - Fach- und Sachkundeprüfungen 505 ff.
- - Förderung der gewerblichen Wirtschaft 483 f.
- - Gesamtinteressenwahrnehmung 481 ff. s. auch dort
- - Geschäftsführung der Einigungsstellen 503 f.
- - Gutachtenerstattung 485 f.
- - Prüfung von Gefahrgutbeauftragten etc. 509 ff.
- - Sachverständigenbestellung 497 ff.
- - Unterrichtung, gewerbliche 508 f.
- - Ursprungszeugnisse und andere Bescheinigungen 495 ff.
- - Versteigererbestellung 502 f.
- - Wahrung von Anstand und Sitte 486 f.
- Aufgabenübertragung 447, 480 f.
- Auflösung 395 ff.
- Aufsicht 512 ff.
- Ausschüsse 452 ff.
- Beitrag *457 ff.*, 515
- - Ausnahmen 464 ff.
- - Beitragsmaßstab 444 f.
- - Beitragsordnung 443 f., 458 ff.
- - Bemessungsgrundlagen 461 f., 463 f.
- - Grundbeitrag 459 ff.
- - Herabsetzung von Freistellungsgrenzen 466 ff.
- - Rechtsschutz 474 f.
- - Sonderbeitrag 473 f., 517
- - Sonderbeitragsordnung 443 f., 474
- - Umlage 461 ff.
- Bekanntmachung, öffentliche 447 f.
- Berufsbildungsausschuss 453 ff.
- Bezirk 395 ff., 400 ff.
- Entwicklung des IHK-Wesens 384 f.
- Finanzierung 515 ff.
- Finanzstatut 444 f.
- Fusion 397 ff., 428
- Gebühr 516 ff.
- - Begriff 516
- - Gebührenordnung 444, 517 f.
- - Rechtsschutz 474 f.
- Geschäftsführung 478 f.
- Hauptgeschäftsführer 448, 476 ff.
- in Europa 387 f.
- Jahresabschluss 446 f.
- Mitarbeiter 479
- Mitgliedschaft/Zugehörigkeit 182 ff., *402 ff.*
- Organe 475 ff.
- Präsidium 449 ff.
- - Organeigenschaft 452
- - Präsident/Präses 449 ff.
- - Rückkoppelung an Vollversammlung 448
- - Wahl 448 ff.
- Privatisierungsdiskussion 383 f., 905
- Prüfungsausschüsse 457
- Rechnungsprüfungsstelle 447
- Satzung *441 ff.*, 452
- Satzungsrecht, sonstiges 445 f.
- Vertretung 477 f.
- Vollversammlung *417 ff.*, 514 f., 911
- - Amtsdauer 422 ff.
- - Allzuständigkeit 440, 911
- - Aufgaben 440 ff., 458, 467
- - Ausscheiden 436 f.

– – Ehrenmitglied 435 f.
– – Kreationsfunktion 448
– – Mitgliederzahl 422
– – Mitgliedschaft 437 ff.
– – Wahl 418 ff.
– – Wahlberechtigung 419 ff.
– – Wahlbezirke 424 ff.
– – Wahlgruppen 424 ff.
– – Wahlverfahren 429 ff.
– Wahlordnung 422 ff., 442 f.
– Wirtschaftsplan 444 f.
– Wirtschaftssatzung 458 ff.
– Zusammenschlüsse 480 f., 483 f., 513, 515
Industrie- und Handelskammertag
– deutscher s. DIHK
– hessischer 315
Inflation 158 f.
Information 483 f.
Inhaberprinzip 631, 649
Inkassostelle 715, 758
Innung 523 s. auch Handwerksinnung
Innungsausschuss 568 f., 576 f., 582, 599
Innungskrankenkasse 689 ff.
– Aufsicht 692
– Errichtung 689 f.
– Rechtsform 690
Innungsverband 568 f., 571
Insolvenzverfahren 826, 831
Interessenkollision 439
Internet 483 f.

Jäkel, Ernst 8
Jahrbuch der Deutschen Handelskammern 334 f.
Jellinek, Georg 79
– Allgemeine Staatslehre 72 f.
– Selbstverwaltungskonzept 72 ff.
– System der subjektiven öffentlichen Rechte 72 ff.

Kaiserslautern 814 f.
Kaliwirtschaft 153, 159, 162
Kammern der freien Berufe 232 ff.
Kammerrecht 4 f., 175
Kapitular von Herstal 241
Karl I. (Württemberg) 328
Karl der Große 241
Karlsruhe 293, 790
Kassel 790, 810
Kaufmann, ehrbarer 486 f.
Kaufmännische Korporation 268 ff., 277 f., 280, 283 f., 287, 291, 295, 332, 340, 561
Kaufmann, Richard von 142, 286 f.
Kaufmannsgilde s. Gilde
Kelsen, Hans 83, 96 ff.

– Selbstverwaltungskonzept 91 ff.
Kerze 240
Kiel 363, 817
Kleingewerbetreibende/-unternehmer 377 f., 414 ff., 464 ff., 631, 725 ff., 732, 747, 751, 761
– Verzeichnis 761
Knappschaftsverein 56
Koblenz 354, 814 f.
Köhler, Horst 384
Köln 262 f., 266 ff., 524, 530
Königsberg 269, 790
Körperschaft des öffentlichen Rechts 14 ff., 160, 171 f., 174, 182, 187, 189, 191 f., 246, 315, 362, 364, 369, 372, 394 ff., 518, 605, 616, 620, 697, 723, 808, 816, 820 f.
Kohlensyndikate 6, 153 ff., 157
Kohlenwirtschaft 153 ff., 159, 162
Kommentare 8 f.
Kommerzialbehörde 249 ff.
Kommerzienkammern (hugenottische) 252 ff., 315
Kommerzienkammer, Kassel 252 ff.
Kommerzienrat s. Kommerzialbehörde
Kommerz-Kollegium zu Altona 283, 291
Kommissar 585, 592 f.
Kompetenzbereich, vorstaatlicher 28
Komplementärgesellschaft 468
Konservative Partei 289, 575
Konstanz 354 f., 608
Konsulats- und Mustervorschriften 496
Kontrollrat, Alliierter 802 f.
Kontrollratsgesetz Nr. 2 352, 802 f.
Kooptation 422
Kostendeckungsprinzip 517, 695, 720, 774, 881
Krefeld 268
Kreishandwerkerschaft 176, 191 f., 569, 599, 638 f., *697 ff.*, 720 ff.
– Anzahl 633
– Aufgaben 191 f., 622 f., 675, *711 ff.*
– – Durchführung von Vorschriften etc. der Handwerkskammer 717 f.
– – Einrichtungen 714 f.
– – Führung der Geschäfte der Innungen 717
– – Gesamtinteressenwahrnehmung 713 f.
– – Unterstützung der Behörden 716
– – Unterstützung der Handwerksinnungen 714
– Ausschüsse 703 f., 707 ff.
– Beitrag 703, *708 f.*, 719 f.
– Bezirk 698
– Finanzierung 719 f.
– Gebühr 703, 720
– Geschäftsführer/-ung 704, 710 f.

- Geschäftsführungsentgelt 708 f., 719 f.
- Haushaltsplan 703
- HwO-1953 622 f.
- Mitgliederversammlung 699 ff., 709
- – Aufgaben 701 ff.
- – Beschlussfassung 700
- – Kreationsfunktion 703 ff.
- – Stimmrecht 699
- Mitgliedschaft/Zugehörigkeit 191, 622, 698 ff.
- Organe 623, 709 f.
- Rechtsaufsicht 718 f., 766 f.
- Rechtsfähigkeit 697 f.
- Rechtsform 697
- Satzung 702 f.
- Vorstand 703 f., 705 ff., 709 f.
Kreislandwirt 860
Kreisordnung, preußische 43 f.
Kreisstelle 859 ff.
Kriegsgesellschaften 144
Kriegswirtschaft 143 ff.
Kunst 240, 523
Kurfürstentum Hessen (Kassel) 279
- Handelskammerrecht 315 ff.
- Verfassung 316
Kurhessen s. Kurfürstentum Hessen

Laband, Paul 13, 50, 67, 86, 113 ff., 128 f., 891
- Selbstverwaltungskonzept 51 ff.
Lahr 354
Landeshandwerkskammer (DDR) 612
Landesinnungsverband 26, 659, 684
Landesökonomiekollegium, königlich preußisches 780 f., 784 f.
Landesverfassungen 110 ff.
Landschaft 38 f.
Land- und Forstwirtschaft 412 f., 472 f.
Landwirtschaftskammergesetz
- bremisches 808 f., 820
- Bundesrahmengesetzentwurf 804 ff.
- hamburgisches 809, 820
- hessisches 810, 820
- niedersächsisches 812 f., 820
- nordrhein-westfälisches 813 f., 820
- preußisches von 1894 786 ff., 792 f.
- rheinland-pfälzisches 814 f., 820
- saarländisches 815 f., 820
- schleswig-holsteinisches 817 f., 820
Landwirtschaftskammern 103, 140, 156 ff., 170, 174, 176, 192 ff., 593, 778 ff., 885 ff.
- Anzahl 818
- Aufgaben 195 ff., 862 ff.
- – Anhörungsrechte 872 f.
- – Beratung 866
- – Berufsbildung 866 ff. s. auch dort

- – Förderung/Betreuung, fachliche der Landwirtschaft 864 f.
- – Gutachten 870
- – Natur- und Umweltschutz 871 f.
- – Sachverständige 870
- – Verbraucherschutz 871 f.
- Ausschüsse 843, 849 f.
- Beitrag 850 ff., 879
- – Beitragsordnung 845 f.
- – Beitragspflicht 850 ff.
- – Beitragssatz 854 f.
- – Bemessungsgrundlage 853 f.
- – Festsetzung 845, 855
- Bezirk 822
- Direktor 843, 856 ff., 911 s. auch Geschäftsführer
- europäische Dimension 819
- Errichtung 821
- Fachbehörde, landwirtschaftliche 873 f.
- Finanzierung 844 f., 879 ff.
- – Zuweisungen, staatliche 881 f.
- Fusion 812 ff., 821 f.
- Gebühr 880 f.
- – Festsetzung 845 f.
- – Gebührenordnung 845 f., 878, 880 f.
- Geschäftsführer/-ung 843, 856 ff., 911
- Geschichte 778 ff.
- Hauptsatzung s. Satzung
- Hauptversammlung s. Versammlung
- Haushalt 844 f.
- Haushaltsplan 878
- Kammerversammlung s. Versammlung
- Mitgliedschaft/Zugehörigkeit 193 ff., 823 ff.
- Organe 843, 856
- Präsident 840, 843, 846 f., 848 f., 856, 858
- Rechtsaufsicht 874 f.
- Rechtsfähigkeit 820 f.
- Rechtsform 820 f., 843
- Satzung 842 ff., 849, 878
- Stellenplan 879
- Untergliederungen, regionale 858 ff.
- Versammlung 827 ff., 856
- – Aufgaben 842 ff.
- – Beschlussfassung 840 f.
- – Kreationsfunktion 844, 847, 850
- – Mitgliedschaft 839 ff.
- – Vorsitz 840 f.
- – Wahl 830 ff.
- – Zusammensetzung 828 ff.
- – Zuwahl 836 ff.
- Vertreterversammlung s. Versammlung
- Vollversammlung s. Versammlung
- Vorstand 845, 846 ff., 856
Lebenspartner, eingetragene 825 ff.
Legitimation, demokratische 906 ff.

Lehrling 726
Lehrlingsrolle 491, 761
Leipzig 321, 779
Lettland 634
Liberalismus 37, 62, 106, 142, 280, 542, 563 ff.
Limburger Erklärung 911
Lindau 608
Loi d'Allarde 541
Loi Le Chapelier 541
Louis XIV. 257 f.
Lübeck 361, 790
Lusensky, Franz 334
Luxemburg 634

Magdeburger Korporation der Kaufleute 291
Mainz 262 f., 266, 268, 307, 608
Malta 634
Mannheim 268
Marburg 759
Marseille 256 f.
Mauerfall 384
Mayer, Otto 50, 75
Mecklenburg 364
Mecklenburg-Strelitz 794
Mecklenburg-Vorpommern 386, 818
– IHK-Recht 386, 396 ff., 502
Meisterbrief 630
Meisteressen 532
Meisterprüfung 559 f., 626
Meisterprüfungsausschuss 746, 762
Meisterprüfungsordnung 762
Meisterstück 532 f.
Meistertitel 549
Merkantilismus 249 ff., 258, 535 f.
Merkel, Angela 384
Meusch, Hans 606 f.
Meyer, Georg 77, 79
Militärregierung, amerikanische 218, 355 ff., 358, 619, 810
Minderheitenschutz 96
Minderkaufleute 343, 371, 377
Ministerialverwaltung 64
Miquel, Johannes von 564
Mischbetrieb 415, 469 f.
Moellendorff, Wichard von 146
Monarchie
– konstitutionelle 62
Morgensprache 245
Most, Otto 6, 159 f.
Münch, Kurt 7
München 268, 298 f.
Münster 813
Muthzwang 532

Nahrung (Zunft) 528 ff.

Nationalsozialismus
– Demontage der Selbstverwaltung 99 ff., 131, 332, 342 ff., 593 ff., 796 ff.
– Führerprinzip 102 ff., 108 f., 162, 165 f., 343 ff., 348, 593 ff., 597 ff., 799 f.
– Gauwirtschaftskammern 349 ff., 353, 359
– IHK-Recht 342 ff., 371 f.
– Reichsnährstand s. dort
– Selbstverwaltung der Wirtschaft 162 ff.
– Selbstverwaltung, kommunale 99 f.
– Selbstverwaltungsbegriff 7, 105 ff., 115, 162 ff.
– Wirtschaftsaufbau 345 ff., 596 ff., 601 ff.
– Wirtschaftskammern 347 f., 351
Nationalversammlung (Frankfurt, 1848/49) 318, 551 ff., 556 ff.
Nationalversammlung, französische 260
Napoleon Bonaparte 30, 35, 261 f., 539
Nassau 306
Neukamp, Ernst
– Selbstverwaltungskonzept 63 f.
Neutralitätspflicht 760
Niederlande 634
Niederlassungsfreiheit 389, 634
Niedersachsen 112, 197 ff., 361 f., 606, 882
– Landwirtschaftskammerrecht 811 ff., 819 ff.
Nießbrauch(er) 824 ff., 831
Nitzsch, Karl Wilhelm 525
Norddeutscher Bund 563 ff.
Nordrhein-Westfalen 199 ff., 361, 606
– IHK-Recht 396 ff., 502
– Landwirtschaftskammerrecht 813 f., 819 ff.
Notgewerbegesetz 564
NSDAP 99 ff., 165 f., 350, 352, 594 f., 598, 610

Oberhessen 306
Obermeister 598, 606, 659 f.
Ökonomie 179, 250, 536
Ökonomische Gesellschaften 779 ff.
Österreich 58, 64, 88, 249, 252, 279, 306, 328, 335, 785, 819
Offenbach a. M. 268, 307
Oldenburg 790, 812, 822
Oppeln 793
Optimierungsgebot 910 f.
Ortsstelle 860 f.
Ostindien-Kompagnie 258

Pächter 824 ff., 831
Paulskirchenverfassung 558
Personengesellschaft 459, 464 f., 468 f.
Person, juristische 14 ff., 290, 311, 313, 323, 331, 391, 404, 733
Person, natürliche 457 ff., 731 ff.
Personenbeförderung 505

Peters, Hans 2, 83, 98, 173
- Begriff der Selbstverwaltung der Wirtschaft 168 f.
- Selbstverwaltungskonzept 95 ff., 114
Pflichtinnung 597 ff., 609 s. auch Zwangsinnung
Pflichtmitgliedschaft 25, 127 f., 185, 288, 353, 356, 361 f., 369, 372, 383, 388 f., 403, 485, 518, 578 ff., 597 ff., 606 ff., 609 ff., 725, 760, 784, 810, 814
Philipps Universität Marburg 759
Physiokraten 251, 779
Pluralismus 82
Polen 634, 819
Polizei 33, 60
Polizeiordnung 534 f.
Polykratiekritik 82 f., 98
Positivismus 49 f.
- Selbstverwaltungskonzept 49 ff.
Presse 483
Preuß, Hugo 74, 79, 84, 86
- Selbstverwaltungskonzept 68 ff.
Preußen 154, 267 ff., 319 f., 328, 333, 341 f., 536 f., 541 ff., 784 ff.
- Agrarreformen 780 ff.
- Allgemeine Gewerbeordnung 547 ff.
- Handelskammerrecht 267 ff., 338 ff.
- Landwirtschaftskammerrecht 786 ff., 792 f.
Prokurist 420 f.
Prüfungsausschüsse 457, 491 ff., 505 ff., 767 ff., 868 ff.
Prüfungsordnung(en) 446, 491 ff.

Rätedemokratie 80
Rathenau, Walther 145
Ravensburg 328, 354
Realkörperschaften 136
Rechtsaufsicht 88, 149, 291, 373, 512 ff., 585, 691 ff., 718 f., 771 f., 874 ff., 903 s. auch bei den einzelnen Körperschaften
- Aufsichtsmittel 512 ff., 692 f., 875 ff.
- Beschränkung auf 28, 134
- präventive 514 f., 693 f., 719, 773, 878 f.
- repressive 512 ff., 691 ff., 718 f., 772 f., 875 ff.
Rechtsberatung 484, 716, 758
Rechtsfähigkeit 394
Rechtsformwechsel 404
Rechtsschule, historische 45 f.
Rechtsschutz 474 f.
Reden, Georg von 811
Reichsbauernführer 164 f., 799, 801
Reichsgruppe Handwerk 602 f.
Reichshandwerksmeister 602 f.
Reichsinnungsverband 601 f.
Reichskanzler 800

Reichskohlenrat 154
Reichskohlenverband 153 f., 157
Reichslandwirtschaftskammer 791 f.
Reichsnährstand 163 ff., 168, *796 ff.*
- Abwicklung 802 f.
- Aufgaben 800
- Entstehung 797 ff.
- Entwicklung 801 f.
- Mitgliedschaft 798 f.
Reichspolizeiordnungen 535 ff.
Reichsstand des deutschen Handwerks 595, 602 f.
Reichstag 285, 575
Reichsverband des deutschen Handwerks 590 f., 595
Reichswirtschaftskammer 347 f., 604
Reichswirtschaftsrat (vorläufiger) 155, 158 f., 209, 216, 224, 256, 337 f., 588
Reichszunftordnung 536 f.
Reisegewerbe 409
Rendsburg 817
Renteln, Theodor Adrian von 594 f.
Reuß, Wilhelm 172 f.
Revolution, französische 260 f., 540 ff.
Revolution von 1848 294, 299, 316, 318 f., 325, 550 ff., 559
Rheinland-Pfalz 112, 202 ff., 209 ff., 354, 368, 608, 882 f.
- Handwerksordnung 609
- Hauptwirtschaftskammer s. dort
- IHK-Recht 396
- Landwirtschaftskammerrecht 814 f., 819 ff.
- Verfassung 210 ff.
Richelieu 258
R-Merker 407
Rosin, Heinrich 13, 86, 97, 113 ff., 128 f., 140, 892
- Selbstverwaltungskonzept 54 ff.
Rottweil 354
Rousseau, Jean-Jacques 481
Rundfunkanstalten 112

Saarland 112, 205 f., 608, 884 f.
- Arbeitskammer s. dort
- IHK-Recht 396
- Landwirtschaftskammerrecht 815 f., 819 ff.
- Verfassung 225 ff.
Sachsen 328, 334, 342, 364, 548, 582, 603, 784, 818
- Handelskammerrecht 320 ff.
- IHK-Recht 364, 396 ff.
Sachsen-Anhalt 364, 818
- IHK-Recht 398 ff.
Sachverständiger 497 ff., 762 f., 870
- Begriff 497 f.

- Mustersachverständigenordnung 762 f.
- öffentlich bestellter 498 ff., 762
- öffentliche Bestellung 498 ff., 762 f.

Salzwedel, Jürgen
- Selbstverwaltungskonzept 122 ff.

Sarwey, Otto von 59, 79

Satzung 394 ff.
- IHK s. dort

Schaumburg-Lippe 794

Scheuner, Ulrich 2, 173
- Begriff der Selbstverwaltung der Wirtschaft 169
- Selbstverwaltungskonzept 119 f.

Schiedsgericht 489

Schiedsstelle 688

Schild, Heinrich 594

Schleswig-Holstein 206 ff., 361 ff., 374, 606, 883 f.
- IHK-Recht 502
- Landwirtschaftskammerrecht 816 f., 819 ff.

Schlichtungsausschuss 688

Schlichtungsstelle 489

Schneidemühl 793

Schoen, Paul 67

Schröder, Gerhard 383

Schuckmann, Friedrich von 270 ff.

Schusswaffen 506

Selfgovernment 40 ff., 69, 94

Selbstregierung 61 f., 70, 90, 123

Selbstverwaltung
- akademische 82, 111 f., 136
- arbeitnehmerbezogene 232
- Begriff 12 ff.
- - körperschaftlicher 57, 67 f., 78 f., 87
- - korporativer 67 ff., 78 f., 97, 115, 128 ff.
- - politischer 13, 25, 57, 64 f., 69, 73, 75, 78, 86, 91, 95, 116, 132, 140
- - positivistischer 49 ff., 67 f.
- - sozialstaatlicher 17 ff., 124 f.
- Definition 134
- demokratische 906 ff.
- ehrenamtliche 44 f., 51, 55, 71, 73, 86, 122, 126, 129, 132, 134, 171, 448 ff., 475 ff., 519, 827 ff., 899
- freiberufliche 111, 136, 232 ff.
- funktionale 127 f., 135, 176, 906 ff.
- gesellschaftliche 123
- Kategorien 134 ff.
- kommunale 30 ff., 43, 46 f., 53, 60, 73 f., 76, 80 f., 110, 134 f., 139, 224 f., 906 f.
- mittelbare 21 ff.
- Partizipation 29 ff., 48, 58, 67 f., 89 f., 94, 97 f., 117, 119, 121 f., 126, 333, 437 ff., 448 ff., 643 ff., 651 ff., 695 ff., 735 ff., 822 ff., 827 ff., 839 ff., 846 ff., 888 f., 898 ff., 904 ff.

- soziale 81 f., 111 f., 126 ff., 132 ff., 136, 168
- wirtschaftliche 82, 111, 112, 136 s. auch Selbstverwaltung der Wirtschaft

Selbstverwaltung der Wirtschaft 136
- Begriffsentwicklung 139 ff.
- Definition 177 ff.

Selbstverwaltungsgarantie 80 f., 110 ff.

Selbstverwaltungsstaat 68 ff., 84 ff.

Sigmaringen 793

Slowenien 634

Smith, Adam 280

Sonderbeitrag s. bei der jeweiligen Körperschaft, Beitrag

Sozialisierungsgesetz von 1919 146 f.

Sozialversicherung(en)/Sozialversicherungsträger 82, 112, 155, 170

Spanien 634

SPD 370, 383, 618, 626, 628

Speyer 298, 535

Staat, moderner 49 f.

Staatslehre, konstitutionelle 67

Staatsverwaltung, mittelbare 18, 115, 123, 131

Stadtrecht 243

Stadtverfassung 245 f.

Städteordnung, preußische 30 ff., 128 f., 132

Ständestaat 209

Standesrecht 234

Stein, Lorenz von 19, 48, 52, 71, 86, 114, 157
- Selbstverwaltungskonzept 36 ff.
- Verwaltungslehre 36 f.

Steinmann-Bucher, Arnold 286

Steuerberatung 484, 715 f., 758

Stettin 340

Stolberg 268

Straßburg 266

Stücklen, Richard 615

Stuttgart 325, 327, 330, 558

Tarifvertrag 686 f.

Tettinger, Peter J. 4, 8, 174 f.

Theorie der freien Einung 525 ff.

Thüringen 340 f., 364, 398 ff., 794, 818

Tochtergesellschaft 468

Trier 268, 354, 815

Turgot, Anne Robert Jacques 539 f.

Ulm 327, 330, 608

Umlage s. bei den einzelnen Körperschaften, Beitrag

Umschulung s. Berufsbildung

Umwandlung 404

Universität zu Köln 168, 759

Unruh, Christoph von 12

Unterstützungskasse 687 f.

Ursprungszeugnisse 495 f., 764 f.

Verband der Landwirtschaftskammern 819
Verbraucherschutz 487, 489
Vereine, landwirtschaftliche 780 ff., 788
Vergabestellen 686
Verhältnismäßigkeitsgrundsatz 514 f., 693
Verkehrssitte 485
Vermittlungsstellen 763 f.
Verschwiegenheitspflicht 439
Versteigerer 502 f.
Verwaltungsakt 474 f.
Verzeichnis der Berufsausbildungsverhältnisse 491
Völkerbund 496
Voigt, Fritz
– Selbstverwaltungskonzept 105 ff.
– wirtschaftliche Selbstverwaltung 162 ff.
Volksstaat Hessen (Darmstadt) 314, 341 f., 796
Volkswirtschaftsrat
– deutscher 570
– preußischer 284 ff.
Vorbehalt des Gesetzes 487, 693, 773, 878

Wahlberechtigung 419 ff., 731 ff., 792 f.
Wahlmänner 733
Wahl, mittelbare 433 ff., 629, 734 f., 793, 836 ff.
Wahlprinzip/Wahl der Mitgliederversammlung 85, 89 f., 91 f., 108, 110 f., 121 f., 126 f., 132 ff., 192 f., 332, 339, 372, 418 ff., 729 ff., 786 ff., 830 ff.
Waldeck 790
Waldgenossenschaft 56
Wanderzwang 532
Warenverkehr, freier 495 f.
Wassergenossenschaft, öffentliche 56
Wasserwirtschaftsverbände 908
Weber, Werner 2, 173 f.
Weimar 341, 790, 794
Weimarer Reichsverfassung 68, 111, 147 ff., 369
– Selbstverwaltung 80 f.
– wirtschaftliche Selbstverwaltung 147 ff.
Weimarer Republik 6, 113, 130, 167 f., 209
– Handelskammerrecht 335 ff., 371
– Landwirtschaftskammerrecht 791 ff.
– neue wirtschaftliche Selbstverwaltungskörper 138, 145 ff.
– Selbstverwaltungsdiskussion 79 ff., 130
– wirtschaftliche Selbstverwaltung 143 ff.
Westdeutscher Handwerkskammertag 606
Wiedervereinigung, deutsche 384 ff.
Wendtland, Franz 334
Werk 240
Wesermünde 357 f.
Westfalen 548
Wettbewerb, unlauterer 487

Wiesbaden 790
Wik 242
Wilda, Wilhelm Eduard 524
Wilhelm I. (Hessen-Kassel) 315
Wilhelm I. (Württemberg) 324
Wilhelm II. (Deutsches Reich) 573
Willkür 527 f.
Winkelblech, Karl Georg 551
Wirkungskreis, eigener 27 ff.
Wirtschaft, Begriff der 178 ff.
Wirtschaftsdemokratie 145 f.
Wirtschaftskammer 209 ff., 347, 351, 603 f.
Wirtschaftskammer Bremen 209 f., 217 ff.
Wirtschaftsverband für Rohteer 151, 158
Wissenschaftsfreiheit 112
Wissenschaftszweige 425 f.
Wolff, Hans Julius 29, 57, 113, 895
– Selbstverwaltungskonzept 116 ff.
Worms 268, 308
Württemberg
– Handelskammerrecht 323 ff.
– Landwirtschaftskammerrecht 794 f.
Württemberg-Baden 354, 806 f.
– IHK-Recht 360 f.
Württemberg-Hohenzollern 608
– Handwerksordnung 608
– IHK-Recht 354

ZAG 613 ff.
ZDH 26, 612 ff., 626, 684, 775
Zeche 240, 523
Zeitschrift 759 f.
Zeleny, Karl 594 f.
Zentralverband Deutscher Industrieller 285
Zentralvereine, landwirtschaftliche 780 f., 784 ff., 788 ff.
Zollrecht 495 f., 764
Zorn, Philipp 67, 157 f.
Zunft 30, 239 f., 523 ff., 565 f., 581, 891
– Begriff 523 ff.
– Entstehung 524 ff.
– Rechtsetzung 530 f.
– Sozialverband 527 ff.
– Stadtverfassung 527 ff.
– Zunftkämpfe 529 ff.
– Zunftverfassung 529 ff., 545 ff.
– Zunftzwang 527 ff., 538, 543 f.
Zusammenschlüsse, öffentlich-rechtliche 382 f., 513, 515
Zuwahl s. Wahl, mittelbare
Zwangsinnung 576 ff. s. auch Pflichtinnung
– fakultative 577 ff., 616
Zwangsmitgliedschaft s. Pflichtmitgliedschaft
Zwangswirtschaft 144, 146
Zweckverband, regionaler 339 f.
Zwischenprüfungsausschuss 668, 746, 868 f.

Jus Publicum

Beiträge zum Öffentlichen Recht – Alphabetische Übersicht

Alleweldt, Ralf: Bundesverfassungsgericht und Fachgerichtsbarkeit. 2006. *Band 151.*
Anderheiden, Michael: Gemeinwohl in Republik und Union. 2006. *Band 152.*
Appel, Ivo: Staatliche Zukunfts- und Entwicklungsvorsorge. 2005. *Band 125.*
Arnauld, Andreas von: Rechtssicherheit. 2006. *Band 148.*
Axer, Peter: Normsetzung der Exekutive in der Sozialversicherung. 2000. *Band 49.*
Baer, Susanne: „Der Bürger" im Verwaltungsrecht. 2006. *Band 146.*
Bauer, Hartmut: Die Bundestreue. 1992. *Band 3.*
Baumeister, Peter: Der Beseitigungsanspruch als Fehlerfolge des rechtswidrigen Verwaltungsakts. 2006. *Band 142.*
Beaucamp, Guy: Das Konzept der zukunftsfähigen Entwicklung im Recht. 2002. *Band 85.*
Becker, Florian: Kooperative und konsensuale Strukturen in der Normsetzung. 2005. *Band 129.*
Becker, Joachim: Transfergerechtigkeit und Verfassung. 2001. *Band 68.*
Biehler, Gernot: Auswärtige Gewalt. 2005. *Band 128.*
Blanke, Hermann-Josef: Vertrauensschutz im deutschen und europäischen Verwaltungsrecht. 2000. *Band 57.*
Böhm, Monika: Der Normmensch. 1996. *Band 16.*
Böse, Martin: Wirtschaftsaufsicht und Strafverfolgung. 2005. *Band 127.*
Bogdandy, Armin von: Gubernative Rechtsetzung. 2000. *Band 48.*
Borowski, Martin: Die Glaubens- und Gewissensfreiheit des Grundgesetzes. 2005. *Band 144.*
Brenner, Michael: Der Gestaltungsauftrag der Verwaltung in der Europäischen Union. 1996. *Band 14.*
Britz, Gabriele: Kulturelle Rechte und Verfassung. 2000. *Band 60.*
Bröhmer, Jürgen: Transparenz als Verfassungsprinzip. 2004. *Band 106.*
Brüning, Christoph: Einstweilige Verwaltungsführung. 2003. *Band 103.*
Burgi, Martin: Funktionale Privatisierung und Verwaltungshilfe. 1999. *Band 37.*
Bultmann, Peter Friedrich: Beihilfenrecht und Vergaberecht. 2004. *Band 109.*
Bumke, Christian: Relative Rechtswidrigkeit. 2004. *Band 117.*
Bungenberg, Marc: Vergaberecht im Wettbewerb der Systeme. 2007. *Band 163.*
Butzer, Hermann: Fremdlasten in der Sozialversicherung. 2001. *Band 72.*
Calliess, Christian: Rechtsstaat und Umweltstaat. 2001. *Band 71.*
Cancik, Pascale M.: Verwaltung und Öffentlichkeit in Preußen. 2007. *Band 171.*
Classen, Claus Dieter: Die Europäisierung der Verwaltungsgerichtsbarkeit. 1996. *Band 13.*
– Religionsfreiheit und Staatskirchenrecht in der Grundrechtsordnung. 2003. *Band 100.*
Coelln, Christian von: Zur Medienöffentlichkeit der Dritten Gewalt. 2005. *Band 138.*
Cornils, Matthias: Die Ausgestaltung der Grundrechte. 2005. *Band 126.*
Cremer, Wolfram: Freiheitsgrundrechte. 2003. *Band 104.*
Dammann, Jens: Materielles Recht und Beweisrecht im System der Grundfreiheiten. 2007. *Band 162.*

Jus Publicum – Beiträge zum Öffentlichen Recht

Danwitz, Thomas von: Verwaltungsrechtliches System und Europäische Integration. 1996. *Band 17.*
Dederer, Hans-Georg: Korporative Staatsgewalt. 2004. *Band 107.*
Detterbeck, Steffen: Streitgegenstand und Entscheidungswirkungen im Öffentlichen Recht. 1995. *Band 11.*
Di Fabio, Udo: Risikoentscheidungen im Rechtsstaat. 1994. *Band 8.*
Dörr, Oliver: Der europäisierte Rechtsschutzauftrag deutscher Gerichte. 2003. *Band 96.*
Droege, Michael: Gemeinnützigkeit im offenen Steuerstaat. 2010. *Band 191.*
Durner, Wolfgang: Konflikte räumlicher Planungen. 2005. *Band 119.*
Enders, Christoph: Die Menschenwürde in der Verfassungsordnung. 1997. *Band 27.*
Englisch, Joachim: Wettbewerbsgleichheit im grenzüberschreitenden Handel. 2008. *Band 174.*
Epping, Volker: Die Außenwirtschaftsfreiheit. 1998. *Band 32.*
Fassbender, Bardo: Der offene Bundesstaat. 2007. *Band 161.*
Fehling, Michael: Verwaltung zwischen Unparteilichkeit und Gestaltungsaufgabe. 2001. *Band 79.*
Felix, Dagmar: Einheit der Rechtsordnung. 1998. *Band 34.*
Fisahn, Andreas: Demokratie und Öffentlichkeitsbeteiligung. 2002. *Band 84.*
Franz, Thorsten: Gewinnerzielung durch kommunale Daseinsvorsorge. 2005. *Band 123.*
Franzius, Claudio: Gewährleistung im Recht. 2009. *Band 177.*
Frenz, Walter: Selbstverpflichtungen der Wirtschaft. 2001. *Band 75.*
Gärditz, Klaus Ferdinand: Hochschulorganisation und verwaltungsrechtliche Systembildung. 2009. *Band 182.*
Gaitanides, Charlotte: Das Recht der Europäischen Zentralbank. 2005. *Band 132.*
Gellermann, Martin: Grundrechte im einfachgesetzlichen Gewande. 2000. *Band 61.*
Graser, Alexander: Gemeinschaften ohne Grenzen? 2008. *Band 178.*
Grigoleit, Klaus Joachim: Bundesverfassungsgericht und deutsche Frage. 2004. *Band 108.*
Gröpl, Christoph: Haushaltsrecht und Reform. *2001. Band 67.*
Gröschner, Rolf: Das Überwachungsrechtsverhältnis. 1992. *Band 4.*
Groh, Kathrin: Demokratische Staatsrechtslehrer in der Weimarer Republik. 2010. *Band 197.*
Groß, Thomas: Das Kollegialprinzip in der Verwaltungsorganisation. 1999. *Band 45.*
Grote, Rainer: Der Verfassungsorganstreit. 2010. *Band 192.*
Grzeszick, Bernd: Rechte und Ansprüche. 2002. *Band 92.*
Guckelberger, Annette: Die Verjährung im Öffentlichen Recht. 2004. *Band 111.*
Gurlit, Elke: Verwaltungsvertrag und Gesetz. 2000. *Band 63.*
Haack, Stefan: Verlust der Staatlichkeit. 2007. *Band 164.*
Häde, Ulrich: Finanzausgleich. 1996. *Band 19.*
Haltern, Ulrich: Europarecht und das Politische. 2005. *Band 136.*
Hase, Friedhelm: Versicherungsprinzip und sozialer Ausgleich. 2000. *Band 64.*
Hecker, Jan: Marktoptimierende Wirtschaftsaufsicht. 2007. *Band 172.*
Heckmann, Dirk: Geltungskraft und Geltungsverlust von Rechtsnormen. 1997. *Band 28.*
Heinig, Hans Michael: Der Sozialstaat im Dienst der Freiheit. 2008. *Band 175.*
Heitsch, Christian: Die Ausführung der Bundesgesetze durch die Länder. 2001. *Band 77.*
Hellermann, Johannes: Örtliche Daseinsvorsorge und gemeindliche Selbstverwaltung. 2000. *Band 54.*

Jus Publicum – Beiträge zum Öffentlichen Recht

Hermes, Georg: Staatliche Infrastrukturverantwortung. 1998. *Band 29.*
Herrmann, Christoph: Währungshoheit, Währungsverfassung und subjektive Rechte. 2010. *Band 187.*
Hochhuth, Martin: Die Meinungsfreiheit im System des Grundgesetzes. 2007. *Band 153.*
Hösch, Ulrich: Eigentum und Freiheit. 2000. *Band 56.*
Hofmann, Ekkehard: Abwägung im Recht. 2007. *Band 158.*
Hohmann, Harald: Angemessene Außenhandelsfreiheit im Vergleich. 2002. *Band 89.*
Holznagel, Bernd: Rundfunkrecht in Europa. 1996. *Band 18.*
Horn, Hans-Detlef: Die grundrechtsunmittelbare Verwaltung. 1999. *Band 42.*
Huber, Peter-Michael: Konkurrenzschutz im Verwaltungsrecht. 1991. *Band 1.*
Hufeld, Ulrich: Die Vertretung der Behörde. 2003. *Band 102.*
Huster, Stefan: Die ethische Neutralität des Staates. 2002. *Band 90.*
Ibler, Martin: Rechtspflegender Rechtsschutz im Verwaltungsrecht. 1999. *Band 43.*
Jaeckel, Liv: Gefahrenabwehrrecht und Risikodogmatik. 2010. *Band 189.*
Jestaedt, Matthias: Grundrechtsentfaltung im Gesetz. 1999. *Band 50.*
Jochum, Heike: Verwaltungsverfahrensrecht und Verwaltungsprozeßrecht. 2004. *Band 116.*
Kadelbach, Stefan: Allgemeines Verwaltungsrecht unter europäischem Einfluß. 1999. *Band 36.*
Kämmerer, Jörn Axel: Privatisierung. 2001. *Band 73.*
Kahl, Wolfgang: Die Staatsaufsicht. 2000. *Band 59.*
Kaufmann, Marcel: Untersuchungsgrundsatz und Verwaltungsgerichtsbarkeit. 2002. *Band 91.*
Kersten, Jens: Das Klonen von Menschen. 2004. *Band 115.*
Khan, Daniel-Erasmus: Die deutschen Staatsgrenzen. 2004. *Band 114.*
Kingreen, Thorsten: Das Sozialstaatsprinzip im europäischen Verfassungsbund. 2003. *Band 97.*
Kirchhof, Gregor: Die Allgemeinheit des Gesetzes. 2009. *Band 184.*
Kischel, Uwe: Die Begründung. 2002. *Band 94.*
Kluth, Winfried: Funktionale Selbstverwaltung. 1997. *Band 26.*
Kment, Martin : Grenzüberschreitendes Verwaltungshandeln. 2010. *Band 194.*
Knauff, Matthias : Der Regelungsverbund: Recht und Soft Law im Mehrebenensystem. 2010. *Band 193.*
Koch, Thorsten: Der Grundrechtsschutz des Drittbetroffenen. 2000. *Band 62.*
Korioth, Stefan: Der Finanzausgleich zwischen Bund und Ländern. 1997. *Band 23.*
Kube, Hanno: Finanzgewalt in der Kompetenzordnung. 2004. *Band 110.*
Kugelmann, Dieter: Die informatorische Rechtsstellung des Bürgers. 2001. *Band 65.*
Lang, Heinrich: Gesetzgebung in eigener Sache. 2007. *Band 159.*
Langenfeld, Christine: Integration und kulturelle Identität zugewanderter Minderheiten. 2001. *Band 80.*
Lehner, Moris: Einkommensteuerrecht und Sozialhilferecht. 1993. *Band 5.*
Leisner, Anna: Kontinuität als Verfassungsprinzip. 2002. *Band 83.*
Leisner, Walter Georg: Existenzsicherung im Öffentlichen Recht. 2007. *Band 157.*
Lenze, Anne: Staatsbürgerversicherung und Verfassung. 2005. *Band 133.*
Lepsius, Oliver: Besitz und Sachherrschaft im öffentlichen Recht. 2002. *Band 81.*
Lindner, Josef Franz: Theorie der Grundrechtsdogmatik. 2005. *Band 120.*

Jus Publicum – Beiträge zum Öffentlichen Recht

Lorz, Ralph Alexander: Interorganrespekt im Verfassungsrecht. 2001. *Band 70.*
Lücke, Jörg: Vorläufige Staatsakte. 1991. *Band 2.*
Luthe, Ernst-Wilhelm: Optimierende Sozialgestaltung. 2001. *Band 69.*
Mager, Ute: Einrichtungsgarantien. 2003. *Band 99.*
Mann, Thomas: Die öffentlich-rechtliche Gesellschaft. 2002. *Band 93.*
Manssen, Gerrit: Privatrechtsgestaltung durch Hoheitsakt. 1994. *Band 9.*
Martini, Mario: Der Markt als Instrument hoheitlicher Verteilungslenkung. 2008. *Band 176.*
Masing, Johannes: Parlamentarische Untersuchungen privater Sachverhalte. 1998. *Band 30.*
Möstl, Markus: Die staatliche Garantie für die öffentliche Sicherheit und Ordnung. 2002. *Band 87.*
Möllers, Christoph: Gewaltengliederung. 2005. *Band 141.*
Morgenthaler, Gerd: Freiheit durch Gesetz. 1999. *Band 40.*
Morlok, Martin: Selbstverständnis als Rechtskriterium. 1993. *Band 6.*
Müller-Franken, Sebastian: Maßvolles Verwalten. 2004. *Band 105.*
Müller-Terpitz, Ralf: Der Schutz des pränatalen Lebens. 2007. *Band 165.*
Musil, Andreas: Wettbewerb in der staatlichen Verwaltung. 2005. *Band 134.*
Niedobitek, Matthias: Das Recht der grenzüberschreitenden Verträge. 2001. *Band 66.*
Odendahl, Kerstin: Kulturgüterschutz. 2005. *Band 140.*
Oeter, Stefan: Integration und Subsidiarität im deutschen Bundesstaatsrecht. 1998. *Band 33.*
Ohler, Christoph: Die Kollisionsordnung des Allgemeinen Verwaltungsrechts. 2005. *Band 131.*
Pache, Eckhard: Tatbestandliche Abwägung und Beurteilungsspielraum. 2001. *Band 76.*
Pauly, Walter: Der Methodenwandel im deutschen Spätkonstitutionalismus. 1993. *Band 7.*
Pielow, Johann-Christian: Grundstrukturen öffentlicher Versorgung. 2001. *Band 58.*
Pöcker, Markus: Stasis und Wandel der Rechtsdogmatik. 2007. *Band 170.*
Poscher, Ralf: Grundrechte als Abwehrrechte. 2003. *Band 98.*
Puhl, Thomas: Budgetflucht und Haushaltsverfassung. 1996. *Band 15.*
Reinhardt, Michael: Konsistente Jurisdiktion. 1997. *Band 24.*
Remmert, Barbara: Private Dienstleistungen in staatlichen Verwaltungsverfahren. 2003. *Band 95.*
Rensmann, Thilo: Wertordnung und Verfassung. 2007. *Band 156.*
Rixen, Stephan: Sozialrecht als öffentliches Wirtschaftsrecht. 2005. *Band 130.*
Rodi, Michael: Die Subventionsrechtsordnung. 2000. *Band 52.*
Röben, Volker: Außenverfassungsrecht. 2007. *Band 160.*
Rossen, Helge: Vollzug und Verhandlung. 1999. *Band 39.*
Rozek, Jochen: Die Unterscheidung von Eigentumsbindung und Enteignung. 1998. *Band 31.*
Ruffert, Matthias: Vorrang der Verfassung und Eigenständigkeit des Privatrechts. 2001. *Band 74.*
Sacksofsky, Ute: Umweltschutz durch nicht-steuerliche Abgaben. 2000. *Band 53.*
Šarčević, Edin: Das Bundesstaatsprinzip. 2000. *Band 55.*
Schenke, Ralf P.: Die Rechtsfindung im Steuerrecht. 2007. *Band 169.*
Schlacke, Sabine: Überindividueller Rechtsschutz. 2008. *Band 179.*
Schlette, Volker: Die Verwaltung als Vertragspartner. 2000. *Band 51.*
Schliesky, Utz: Souveränität und Legitimtät von Herrschaftsgewalt. 2004. *Band 112.*
Schmehl, Arndt: Das Äquivalenzprinzip im Recht der Staatsfinanzierung. 2004. *Band 113.*

Jus Publicum – Beiträge zum Öffentlichen Recht

Schmidt, Thorsten I.: Kommunale Kooperation. 2005. *Band 137.*
Schmidt am Busch, Birgit: Die Gesundheitssicherung im Mehrebenensystem. 2007. *Band 168.*
Schmidt-De Caluwe, Reimund: Der Verwaltungsakt in der Lehre Otto Mayers. 1999. *Band 38.*
Schönberger, Christoph: Unionsbürger. 2006. *Band 145.*
Schorkopf, Frank: Grundgesetz und Überstaatlichkeit. 2007. *Band 167.*
Schröder, Rainer : Verwaltungsrechtsdogmatik im Wandel. 2007. *Band 166.*
Schroeder, Werner: Das Gemeinschaftrechtssystem. 2002. *Band 86.*
Schulte, Martin: Schlichtes Verwaltungshandeln. 1995. *Band 12.*
Schwartmann, Rolf: Private im Wirtschaftsvölkerrecht. 2005. *Band 122.*
Seiler, Christian: Der souveräne Verfassungsstaat zwischen demokratischer Rückbindung und überstaatlicher Einbindung. 2005. *Band 124.*
Shirvani, Foroud: Das Parteienrecht und der Strukturwandel im Parteiensystem. 2010. *Band 195.*
Siegel, Thorsten: Entscheidungsfindung im Verwaltungsverbund. 2008. *Band 180.*
Sobota, Katharina: Das Prinzip Rechtsstaat. 1997. *Band 22.*
Sodan, Helge: Freie Berufe als Leistungserbringer im Recht der gesetzlichen Krankenversicherung. 1997. *Band 20.*
Sommermann, Karl-Peter: Staatsziele und Staatszielbestimmungen. 1997. *Band 25.*
Spranger, Tade M.: Recht und Bioethik. 2010. Band 190.
Stein, Katrin: Die Verantwortlichkeit politischer Akteure. 2009. *Band 181.*
Stoll, Peter-Tobias: Sicherheit als Aufgabe von Staat und Gesellschaft. 2003. *Band 101.*
Storr, Stefan: Der Staat als Unternehmer. 2001. *Band 78.*
Stumpf, Christoph A.: Alternative Streitbeilegung im Verwaltungsrecht. 2006. *Band 149.*
Sydow, Gernot: Verwaltungskooperation in der Europäischen Union. 2004. *Band 118.*
Talmon, Stefan: Kollektive Nichtanerkennung illegaler Staaten. 2006. *Band 154.*
Thym, Daniel: Migrationsverwaltungsrecht. 2010. *Band 188.*
Trute, Hans-Heinrich: Die Forschung zwischen grundrechtlicher Freiheit und staatlicher Institutionalisierung. 1994. *Band 10.*
Tschentscher, Axel: Demokratische Legitimation der dritten Gewalt. 2006. *Band 147.*
Uerpmann, Robert: Das öffentliche Interesse. 1999. *Band 47.*
Uhle, Arnd: Freiheitlicher Verfassungsstaat und kulturelle Identität. 2004. *Band 121.*
Unruh, Peter: Der Verfassungsbegriff des Grundgesetzes. 2002. *Band 82.*
Vöneky, Silja: Recht, Moral und Ethik. 2010. *Band 198.*
Volkmann, Uwe: Solidarität – Programm und Prinzip der Verfassung. 1998. *Band 35.*
Voßkuhle, Andreas: Das Kompensationsprinzip. 1999. *Band 41.*
Wall, Heinrich de: Die Anwendbarkeit privatrechtlicher Vorschriften im Verwaltungsrecht. 1999. *Band 46.*
Wallrabenstein, Astrid: Versicherung im Sozialstaat. 2009. *Band 186.*
Walter, Christian: Religionsverfassungsrecht in vergleichender und internationaler Perspektive. 2006. *Band 150.*
Weiß, Wolfgang: Privatisierung und Staatsaufgaben. 2002. *Band 88.*
Welti, Felix: Behinderung und Rehabilitation im sozialen Rechtsstaat. 2005. *Band 139.*
Wernsmann, Rainer: Verhaltenslenkung in einem rationalen Steuersystem. 2005. *Band 135.*
Will, Martin: Selbstverwaltung der Wirtschaft. 2010. *Band 199.*
Windthorst, Kay: Der verwaltungsgerichtliche einstweilige Rechtsschutz. 2009. *Band 183.*

Jus Publicum – Beiträge zum Öffentlichen Recht

Winkler, Markus: Verwaltungsträger im Kompetenzverbund. 2009. *Band 185.*
Winterhoff, Christian: Verfassung – Verfassunggebung – Verfassungsänderung. 2007. *Band 155.*
Wißmann, Hinnerk: Generalklauseln. 2008. *Band 173.*
Wittreck, Fabian: Die Verwaltung der Dritten Gewalt. 2006. *Band 143.*
Wolff, Heinrich Amadeus: Ungeschriebenes Verfassungsrecht unter dem Grundgesetz. 2000. *Band 44.*
Wollenschläger, Ferdinand: Verteilungsverfahren. 2010. *Band 196.*
Ziekow, Jan: Über Freizügigkeit und Aufenthalt. 1997. *Band 21.*

*Einen Gesamtkatalog erhalten Sie gerne vom Verlag
Mohr Siebeck, Postfach 2040, D–72010 Tübingen.
Aktuelle Informationen im Internet unter www.mohr.de*